ספר

פרדס רימונים

לרבינו המקובל

רבי

משה קורדואירו

הרמ"ק

זצוקלה"ה

ידוע כי אין בר בלי תבן, כך אין ספר בלי טעויות, ועוד יודע אני כי דל ועני אני, **ואין עני אלא בדעה**. לכן מבקש אני בכל לשון של בקשה אם יש לכל אחד שאלות, הערות, הארות, תיקונים, נא לשלוח ל - book@simchatchaim.com והשתדל לענות, ולתקן את הצריך תיקון.

בברכה והצלחה בלימוד התורה הקדושה
ובעיקר בפנימיות התורה, תורת האר"י הח"י.
ורפואה שלימה לכל חולי ישראל.

היב"ש

מהדורה שניה תשפ"ד 2023

בס"ד

ירפא **ה**מאציל **ו**יושיע **ה**בורא את כל חולי בני ישראל, וישלח להם רפואה שלימה, רפואת הנפש ורפואת הגוף, בכל אבריהם ובכל גידיהם לעבודתו יתברך.

בי"ב במנחם אב תשס"ה, הובהלתי לבית החולים, הרופאים לא נתנו לי סיכוי לחיות יותר מכמה שעות בגלל מספר תסבוכות. עם כל זאת בזכות התפילות של בני ישראל הקדושים, ברחמיו הרבים, ריחם עלי הקדוש ברוך הוא, ונשארתי בחיים.

עם כל זאת, הובחנה אצלי מחלה קשה בכליות, ונאמר לי שהצטרך למכונת דיאליזה. בשבילי זה היה שוק!!! אף פעם לא הייתי אצל רופא, או בבית חולים. כך בעל כרחי התחברתי למכונת דיאליזה, ומכונה זאת הייתה קשורה בי ככלב במשך שמונים חודשים בדיוק, כמניין יסוד, במשך 10-12 שעות ביום.

בשבת פרשת ויחי יעקב י"ב טבת תשע"ב, בזכות בני ישראל, שכולם אהובים כולם ברורים כולם גיבורים כולם קדושים... וכולם פותחים את פיהם באהבה שלוש פעמים ביום, ואומרים - ברוך אתה... רופא חולי עמו ישראל, וכללותם כל האברכים, תלמידי הישיבות, רבנים וחכמים, חסידים, מקובלים עם תינוקות של בית רבן, זקנים עם נערים, בחורים וגם בתולות, בארץ הקודש ובעולם.

ומצד שני בנות ישראל היקרות מפז, שהתפללו וקבלו עליהם כל מיני קבלות, מהפרשת חלה עד צניעות וכיסוי הראש, עם הרבנים, המנהלים, המורים, המורות והתלמידות של בית יעקב דטורונטו שכל יום התפללו, וכללו בתפילתם שבקעה את כל הרקיעים אותי, ונושעתי אני הקטן. הושתלה בי כליה. והתנתקתי ממכונת הדיאליזה.

אמר המלך דוד - **לולי תורתך שעשעי אז אבדתי בענייי**. מה שנתן לי חיות היא התורה הקדושה, בשעות הרבות שהיתי מחובר למכונת הדיאליזה [כ-12 שעות ביום], ערכתי סדרתי וכתבתי וניקדתי במחשב את קונטרסים שלמדתי במשך שנים. וקונטרסים אלו הפכו לחיבורים, ואחרי התלבטויות ובקשות מבני גילי, החלטתי בעזרתו יתברך להדפיס קונטרסים אלו.

בברכה והצלחה בלימוד התורה הקדושה.
ובעיקר בפנימיות התורה, ותורת הקבלה, תורת רבינו הרמ"ק.

ורפואה שלימה לכל חולי ישראל.

היב"ש

תוכן הספר

תצלום השער של הספר פרדס רימונים
שנדפס בעיר קראקא בשנת שנ"ב 1592

הקדמה לרמ"ק

נאם הצעיר משה בן לאבי אדוני בן רבי יעקב קורדואירו בראותי ימי הילדות חלפו עברו למו ברודפי כל תאוה ויכלו באפס תקוה. ויהי בהגיעני קוני אל שנת העשרים ושער צהוב צמח ויעירני קוני כאיש אשר יעיר משכתו ואומרה אל נפשי עד מתי תתחמקין הבת השובבה עד מתי תשתכרין הסירי את יינך מעליך עד מתי ילין בקרבך מחשבות אונך ותשכח ה' עושך ויוצרך מבטן ועתה קומי קראי אל אלהיך ותשקוד על דלתותיו יום יום ורפא את מזבח ה' ההרוס. ויהי כשמעה את קול הקריאה הומה ותאמר אקומה נא ואסובבה בעיר בשווקים וברחובות לבקש לי מנוח אשר ייטיב לי ואשמע קול מדבר עיר וקדיש מן שמיא נחית מורי ורבי המקובל האלהי החכם ה"ר שלמה אלקבץ הלוי נר"ו ויביאני אל היכלי טירותיו ויורני ויאמר לי בני יתמוך דברי לבך הט אזנך ושמע דברי חכמים ויציבני על דלתי החכמה והתבונה מתוק מדבש ונופת צופים המהגים והמצפצפים בעמקי סתרי התורה ויהי בפי כדבש למתוק ואשקוד על דלתי מדרשו ואשמע נאמו ויועירני ללמוד דרכי הזהר ומפתחות לפתוח שעריו ויתחזק כי ואהי עוסק ימים ואשתומם ואומר מה טוב ומה נעים להיות עסקי זה כמה ימים אהיה לבן לחכמה הזאת באהבתה אשגה תמיד דדיה ירווני בכל עת ובכל רגע עד אשר לא תשכח מפי וכאשר באתי לשלם נדרי ערכתי לפני כל ספרי האלהי הרשב"י ע"ה ואתבונן בהם ויהי לבבי כהולך בלב ים וכשוכב בראש חבל נבוך ומתבלבל בעמקי הדרושים הרבים ואומרה אקח קסת הסופר אשר במתני ואערוך כל הדרושים עדר עדר לבדו עד אשים ריוח לשכלי בין עדר ובין עדר וכאשר יתחזק לבבי בדרוש הזה אפנה אל זולתו ואראה והנה עצתי נכונה ומיושרת מאת ה' מן השמים ואמתח מגלת ספר לפני לבעבור תהיה לי למזכרת ולהורות על ענייניה וסדריה קראתי '**פרדס רמונים**' לסבות ידועות. ראשונה להיות שהחכמה הזאת חכמת הקבלה מכנים אותם בלשון פרד"ס כנודע שנית להיות שהמגלה הזאת תהיה לי למשיב נפש להתעדן בה בעולם זה ולעולם הבא ולכלכל בה כל שנותי והוא פרדס שנטעתי להשתעשע בו. והיא של רימונים להיות ששעריו הם נטיעותיו. ורימוניו פרקיו. ובם מסודרים חדושים זה בצד זה וזה בצד זה לא אחד ולא שנים אלא מלאים כרימון לכן יחסנוהו בשם פרדס רימונים. וראינו לחלק המגלה לשלשים ושתים חלקים ויחסנום בשם שערים להיות שהם שערים להיכנס אל פנימיות התורה וסודותיה. ועוד חלקנו השערים לפרקים מהם קצרים מהם ארוכים לפי מדת הדרוש שבכל פרק ופרק. ואנו מחלים פני המעיין לבל יכנס בשערינו אלה אם לא נמסרו לו המפתחות ודרכי השערים כי ח"ו ישיגהו היזק ולא תועלת ומי שנמסרו בידו מפתחות שיעור שיוכל לפתוח שערינו אנו מובטחים שיפתחו לו בשערינו אלה כמה וכמה מפתחות בחכמה הזאת ואל יקוה ממנו המעיין בביאור העניינים שתי פעמים כי יאריך לנו המלאכה לכן לא יסע מהפרק עד שידענו כי מה שיצטרך ממנו להשכלתו לא נחזור אלא נסמך על מה שכבר כתבנו בפרק הקודם וכן לא יעקור רגליו משער זה אל זולתו עד שישכלהו כראוי ואז ילך לבטח דרכו ולא יפחד ועם כל זה לא נאסוף ידינו מלבאר כמו שכתבנו במקום פלוני או כמו שנבאר במקום פלוני ואלה שמות השערים איש על דגלו באותיות:

שער ראשון יחסנו אותו בשם **עשר ולא תשע** מפני שבו יתבאר איך היתה הסכמה בקבלת חכמינו וזקננו וניבאנו הספירות הם עשר ולא תשע ולא אחד עשרה ומנין פרקיו עשר.

שער שני יחסנו אותו בשם **טעם האצילות** מפני שבו יתבאר טעם למה היו עשר לא פחות ולא יותר וטעם למציאות האצילות בעצמו ומנין פרקיו שבעה.

שער שלישי יחסנו אותו בשם **אם האין סוף הוא הכתר** מטעם שבו יתבאר אם הא"ס הוא הכתר כאשר חשבו רבים וכן אם הכתר במנין הספירות אם לא כאשר דמה ר' ש"ט אבן ש"ט ופרקיו הלא הם שמנה.

שער רביעי יחסנו אותו בשם **עצמות וכלים** מטעם שבו נחקור אם עשר ספירות הם עצם האלהות כאשר חשבו רבים או אם הם כליו ככלי האומן לפעול ולא שהם עצמותו ומנין פרקיו עשר.

שער חמישי יחסנו אותו בשם **סדר האצילות** מפני שבו יתבאר בענין האצילות מי נאצל ע"י מי ומי קדם למי מפני שרבו בזה הדעות ומנין פרקיו הם ששה.

שער ששי יחסנו אותו בשם **סדר עמידתן** מפני שבו יתבאר סדר עמידת הנאצלים לפי מקומם לא מקום ח"ו שאינם בעל מקום אלא מקום המעלה והקדימה כי רבו הדעות ומנין פרקיו שמנה.

שער שביעי יחסנו אותם בשם **צנורות** מפני שבו יתבאר ענין הצנורות הנמשכות מספירה לספירה וכמה הם ומה עניינם ומה משמשים ומנין פרקיו חמשה.

שער שמיני יחסנו אותו בשם **מהות והנהגה** מפני שבו יתבאר המהות המושג בספירות ולא מהות ממש ח"ו וכן עניינים לדין ולרחמים והנהגתו של מלך מלכי המלכים ע"י ומנין פרקיו ששה ועשרים.

שער תשיעי יחסנו אותו בשם **שער המכריעים** מפני

שהעסק בו מי מכריע בין נצח והוד ובין גדולה וגבורה ובין חכמה ובינ' ומה עניין ההכרעה ומה משמשת ומנין פרקיו ששה.

שער עשירי יחסנו אותו בשם **שער הגוונים** מפני שבו יתבאר מה הנרצה בשם גוון בספירות ומה הם הגוונים שיתיחסו בספי' כפי מה שבארו בזהר ומנין פרקיו חמשה.

שער אחד עשר יחסנו אותו בשם **צחצחות** מפני שבו יתבאר ענין עשר צחצחות שעל הכת' המפורסמות בדברי המקובלים וכן ענין אור צ"ח ואור מצוחצח ואור קדמון ומנין פרקיו שבעה.

שער השנים עשר יחסנו אותו בשם **נתיבות** מפני שבו יתבאר ענין ל"ב נתיבות שבחכמה בכללם ופרטם ושמות המונחים להם ומנין פרקיו ששה.

שער שלשה עשר יחסנו אותו בשם **שערים** מפני שבו יתבאר ענין חמשים שערים שבבינה וסיבתם שם ומנין פרקיו שבעה.

שער ארבעה עשר יחסנו אותו בשם **שער המציאיות** מפני שבו יתבאר ענין רבוי המציאיות בספירות עם היותן מצד עצמן עשר לבד וכן בו יתבאר מציאיות ידועים לספירות ומנין פרקיו ארבע.

שער חמשה עשה יחסנו אותו בשם **ממטה למעלה** מפני שבו יתבאר ענין המפורסם בדברי הרשב"י ע"ה בתיקונים שהספירות הם עשר ממעל למטה ועשר ממטה למעלה ומניין פרקיו חמשה.

שער ששה עשר יחסנו אותו בשם **אבי"ע** מפני שר"ת "אצילת "בריאה "יצירה "עשיה ובו יתבאר ענין מפורסם בתיקונים עשר ספירות דאצילות עשר דבריאה עשר דיצירה עשר דעשיה ומנין פרקיו תשעה.

פרק שבעה עשר יחסנו אותו בשם **ירך יעקב** מפני שבו יתבאר ענין הנז' בזהר בספי' נצח שנפגמה על ידי ענין יעקב ויאבק איש עמו יזרח לו השמש והוא צולע וכו', ומנין פרקיו ארבעה.

שער שמנה עשר יחסנו אותו בשם **מיעוט הירח** מפני שבו יתבאר ענין המעטת הירח העליון וכן מציאות אצילות הת"ת והמלכות ומניין פרקיו ששה.

שער תשעה עשר יחסנו אותו בשם **בן ד'** מפני שבו יתבאר שם בן ד' המיוחס שם העצם לדעת המקובלים וקדושתו נבדלת משאר קדושת השמות. ומנין פרקיו ארבעה.

שער עשרים יחסנו אותו בשם **שער השמות** מפני שבו יתבאר שאר השמות שאינם נמחקים ומנין פרקיו שלשה עשר.

שער עשרים ואחד יחסנו אותו בשם **פרטי השמות** מפני שבו יתבאר שמות מונחים לספירות כמו שם בן ע"ב ושם בן מ"ב שם בן כ"ב שם בן י"ב שם בן ד' וי"ב הוויות ומנין פרקיו הם שבעה עשר.

שער שניים ועשרים יחסנו אותו בשם **שער הכינויים** מפני שבו יתבאר ענין הכינויים וסבת רבויים ומה עניינם ומהותם ועוד יתבאר שם ענין היות האדם מרכבה אל הספירות ומנין פרקיו ארבעה.

שער שלשה ועשרים יחסנו אותו **ערכי הכינויים** דבר מספיק בפר' רוב הנמצא בספר הזהר כי הם עיקר ומנין פרקיו עשרים ושלושה.

שער ארבעה ועשרים יחסנו אותו בשם **היכלות** מפני שבו יתבאר ענין ז' היכלות הקדושות כפי הנמצאים בזוהר וכן שם נבאר קצת ענין המלאכים ומנין פרקיו חמשה עשר.

שער חמשה ועשרים יחסנו אותו בשם **שער התמורות** מפני שבו יתבאר ענין הקליפות שהם רע תמורות טוב ושם יתבאר מציאות' מהיכן ומנין פרקיו שבעה.

שער ששה ועשרים יחסנו אותו בשם **היכלי התמורות** מפני שכמו שיש לקדושה היכלות כן יש לקליפות היכלות והם שבעה ומנין פרקיו שמונה.

שער עשרים ושבעה יחסנו אותו בשם **שער האותיות** מפני שבו יתבאר ענין כ"ב אותיות בכלל ובפרט ומנין פרקיו עשרים ושבעה.

שער שמונה ועשרים יחסנו אותו בשם **שער הנקודות** מפני שבו יתבאר ענין הנקודות וסודם ומנין פרקיו ששה.

שער תשעה ועשרים יחסנו אותו בשם **שער הטעמים** והטעם מפני שבו יתבאר ענין הטעמים וסודם. ופרקיו חמשה.

שער שלשים יחסנו אותו בשם **שער הצירוף** מפני שבו יתבאר ענין הצירוף והם ג' חלקים הצירוף תמורה גימטריא ויתבארו בשער זה סודם ומנין פרקיו שמונה.

שער שלשים ואחד יחסנו אותו בשם **שער הנשמה** מפני שבו יתבאר ענין הרשמה בכל פרטיה וכלליה ומנין פרקיו אחד עשר.

שער שלשים ושניים יחסנו אותו בשם **שער הכונה** מפני שבו יתבאר תועלת הכונה וסוד הכונה בשרשים העליונים בלי חטא ובלי פשע ומנין פרקיו שלשה.

<u>בקשה</u>

פזר נתן לאביונים כי הם מפזרים מעינותם להשביע תאב לשתות מימי הדרושים והיודע ובקי בהם כראוי הוא עובד את ה' בכל לב ועליו נאמר יש מפזר ונוסף עוד. אמת כי יש שער אשר נסגר ואין רצוננו לפתוח בו כלל והוא בשמיטות ויובלות והטעם מיראתנו לעלות בהר ואפי' מנגוע בקצהו כי העסק בו דבר נוגע קצת בשרשי האמונות ולא זו בלבד אלא שלא מצאנו בדברי הרשב"י ע"ה שישביענו וירוה צמאננו ואם הוא בהיותו בעל הקבלה ואב הסודות רצה להסתיר סודו מי יבא אחרי המלך לפתוח שער אוצרותיו בלא רשותו. עוד יש שני והוא שער הגלגול שדבר בו הרשב"י ע"ה מגלה טפח ומכסה ארבע אמות אמנם בל"ב אלו נשא ונתן בדברו הרשב"י ע"ה מהזהר מהתיקונים מרעוא מהימנא וינוקא וסבא ופקודין ושא' דבריו הנעימים הנמצאים אתנו וגם בדברי ספר הבהיר וספר יצירה וספרי שאר המפרשים כי ממבחר נטיעות הגנים האלה נטענו הפרדס הזה. ואל יחשבנו המעיין לאוייב לו להרוס גדרי הגן אשר נטענו כי העיקר הם דברי הקדושים הנזכר

בפרט ברוב שער ערכי הכנויים אין בו תוספות כקליפת השום ובשאר שערים לא נאמר דבר שלא נסתייעו בו כדברי הקדושים ואם ירצה המעיין לחלוק קודם כל ענייניו צריך לתקן ולישב דברי האלהים הקדושים ואח"כ יעשה מה שלבו חפץ בו אין לשוננו עט ברזל לחקו' בשכלו מה שאין רצונו לקבל ח"ו כי אין אנו כדאין לומר קבל דעתנו כי הוא רשאי ולא אנו להפיק האמת לאורה יחזור על דברי פעם ופעמים ושלש ויהפך בזכותם ואם עשה כן יתלה הדבר שמא שכח איזה צד מצדדי הדרוש שבו הוא נכשל ונעלם ממנו ואח"כ אם יגע ולא מצא דברי' כהוייתן מה טוב ומה נעים כי יגיד תעלומ' חכמה כי ידענו כי כפלים לתושיה לכל אחד מבני גילנו כי צעירים אנו לימים ועוד שבענו בוז ומרורים מכל הנערים אשר בדורנו כי יד ה' נטויה עלינו ורצועות העניות תלויות כותלי ביתינו. כנודע לכל באי שערנו ועל השעבוד והרחים התלויים בצוארנו. התעונו ולא יכחד ממנו היות לכל אחד חלק בחכמה ואם פרצנו גדר ליכנס בתוך חלקו האל יכפר והוא יגידנו ועטרות לראשו לענדנו, ומשמר' יהיו דבריו עמנו לבלתי סור מן הדבר אשר יגידנו ימין ושמאל.

עוד זאת נדרש למעיין כי אין ראוי לבא בכל עת אל הקדש עד יטהר מחשבותיו מהבלי הזמן ותחבולותיו וינקה ראשו מהגאוה כי היא קליפה המונעת לבעלה מליכנס לחזות בנועם ה' ומלבקר בהיכל החכמה הזאת וצריך להשפיל עצמו כעפר לפני כל אדם ויהיה שומ' חרפתו ושמח ביסורין ולא יהיה עסקו בחכמת התורה להתגאות ומה גם לימוד החכמה הזאת כי אם הוא עד אבדון תאכל בדברי רז"ל ע"ה במדרש ב"ר ר' הונא בשם בר קפרא פתח תאלמנה שפתי שקר וגו' יתפרכון יתחרשן ישתקקן יתפרכן יתחרשן כד"א או מי ישום אלם או חרש ואומר והנה אנחנו מאלמים אלומים בתוך השדה ישתתקן כמשמעו הדוברות על צדיק חי העולמים דברים שהעתיק מבריותיו בגאוה אתמהא בשביל להתגאות ולומר אני דורש במעשה בראשית. ובוז אתמהא מבזה על כבודו דאמר רבי יוסי בר חנינא כל המתכבד בקלון חבירו אין לו חלק לעולם הבא בכבודו של מקום עאכ"ו וכו' עכ"ל: לכן צריך להתנהג בשפלות זמן עד אשר יראה בעצמו ואז יכנס אל מקדש ה'. וראוי לכל הבא בשערי הגן גן החכמה להיות תפלתו לא יישר צעדיו וייטיב לכתו לבל יכשל ולבל ימוט מן האמת ימין ושמאל.

וזאת תפלה נאה לכל הבא ליכנס אל היכל קדש הקדשים פנימי בס"ד: יושב המרומים וכו'

בקשה זו תיקון החסיד איש האלהי המחבר למעיין לאומרה קודם שיכנס בפרדס כמו שזכר בהקדמתו וזו היא התפלה:

יושב המרומים ומשגיח התחתונים אדון לכל הנאצלים יחיד מיוחד אחד מלך נאדר מ"אציל כל נאצל. ב"ורא כל נברא, יוצ"ר כל נוצר, ע"ושה כל נעשה. מי יגיע להשיג אחד מאלף אלפים וריבי רבבות גודל מעלת רום הסתר סתרי מעש"יך כ"ש גודל יציר"ותיך. ומי יחשוב לדעת אחד מאלפי אלפים וריבי רבבות סתרי סודות צפונים בבריא"תך. כ"ש וק"ו להשיג קצת מן הקצת מחלק מן החלק של אלף אלפי אלפים וריבי רבבות מנא"צלך. שאדון יחיד ואין שני מתייחד עמהם ייחוד גמור. לכן ה' אלהי גל עיני ואביטה נפלאות מתורתך ומחול וסלח והעבר על כל חטאתי ועונותי ופשעי שחטאתי ושעויתי ושפשעתי לפניך מיום היותי על האדמה עד היום הזה שאין אני עז פנים וקשה עורף לומר לפני ה' אלהי ואלהי אבותי צדיק אני ולא חטאתי אבל חטאתי עויתי פשעתי אני וכל מאתים וארבעים ושמונ אברי ושלש מאות וששים וחמשה עורקי וגידי ונפשי ורוחי ונשמתי והגלוים עמי כלנו כצאן בלי רועה תעינו וקלקלנו את אשר לא נוכל לתקן אם לא בשפע הרב הבא מלמעלה מרום מעלת סדר הצנורות. היודע מעוותי תקן את אשר שחתתי וזכני באור תורתך וחשבני משגיאות ורוח נדיבה תסמכני ואלמדה פושעים דרכיך ואבינה נועם רזי תורתיך ללמוד וללמד לשמור ולעשות אמן ואמן סלה ועד. יהיו לרצון אמרי פי והגיון לבי לפניך ה' צורי וגואלי.

עד כאן לשון התפלה

השער הראשון הנקרא עשר ולא תשע

פרק ראשון:

ידוע ומפורסם כי בדבר מנין הספירות כל העוסקים בחכמה הזאת הנעלמת הסכימו פה אחד היותם עשר ואין בדבר זה מחלוקת כלל. והנה זהו אחד מן הדברים אשר בהם נכרת ברית בחכמת הספירות והנה אתנו ספר יצירה המכונה לאברהם אבינו ע"ה. ויש מכנים אותו לרבי עקיבה ואינה מוסכמת. והנה דברי הספר הזה עמקו שגבו ויסתרו מעיני שכל מבט המעיינים ואף אם רבו בו פירושים שונים עם כל זה עדיין בכל חלקיו צריכים אנו למודעי. ועם כל זה נפרש דבריו בכל האפשר לקוצר שכלנו הדל. וז"ל עשר ספירות בלי מה מספר עשר אצבעות חמש כנגד חמש וברית יחיד מכוונת באמצע במלת לשון ובמלת מעור עכ"ל. עם שעלה בדעתנו שלא לבאר המשנה הזאת מפני שנכחד ממנו עמקיה וסודותיה שהם ודאי למעלה משכלנו ואין איש יוכל לרדת לעומק לשונה זולת הרשב"י ע"ה ור' עקיבא ע"ה די מדרהון עם בשרא לא איתוהי. אבל מפני החוב המוטל עלינו נפרש בה בחזקת היד. ומה שיש לדקדק בה. ראשונה הוא אמרו עשר ספירות בלי מה מספר. כי לפי האמת הוא מיותר כי מן הראוי שיאמר עשר ספירות בלי מה נגד אצבעות, מספר למה. שנית אמרו חמש למאי מבעי ליה. ג' לפי דבריו הם י"א כי הם חמש כנגד חמש וברית שהוא באמצע הם י"א. ד' אמרו במלת לשון ובמלת מעור נראה שהם שני מכריעין ושניהם למה. ה' כי מה כוונתו לבאר לנו אם הם כנגד האצבעות. כי לפי הנראה אין זה המתיחס אל הדרוש אשר הוא בו. ו' השתא דנחית לבאר באברים היה ראוי שיבאר כל האברים שרמוזים הספירות בהם כמו שנבאר בשער הנשמה בפרק ד' בע"ה בס"ד. ונאמר כי בעל הספר הזה כוון להסתיר בפרק זה כל חכמת הספירות ולהכריח אותה. ואמר כי הם י' ספירות ומפני שאמר שהם עשר שמזה ימשך קצת ענין הגבול והגשמות אחר שנחלקים במספר, אמר שהם בלימה פי' ב' מלות בלי מה והכוונה בלי מהות. כי אע"פ שלא נשמר מאמר פינו באמרנו עשר, עם כל זה האמונה האמיתית שהם בלי מה בלי מהות. הכוונה שאין להם מהות מושג אל בני אדם לפי שאינם מוגבלות ולא מושגות מפני שהם נשללות מהגבול ומהגשמות, ומה שאינו גשם לא יושג כי אם בלב משכילי עם בני ישראל דרך ראות כמו בנבואה. וטעם מספר הי' אחר שהם בלי מה יתבאר בשערים הבאים בע"ה. ואמר מספר י' וכו' מפני שלא נבא לומר מרוב הדוחק מפני קוצר ידיעתינו שאין במציאות כי אם האחד הפשוט לזה אמר כי הם ממש מספר. ולשון הספירות הוא לשון מספר שישפוט בהם המספר ואף אם הם בלי מה. והעד על זה שמם שהם ספירות לשון מספר כדפירשנו. ולהכריח שהם מספר ושמספרם י' אמר מספר י' אצבעות. והכתוב אמר (תהלים ח' ד') כי אראה שמיך מעשה אצבעותיך. והנה מן הכתוב יוכרח כי בריאת שמים וחיליהם הם ע"י האצבעות שהם כינוי אל ספירותיו של ממ"ה. והנה האצבעות הם י' א"כ נמצאו שהספירות שבהן היה בריאת העולם הן י'. חמש נגד חמש. הוקשה לו שהכתוב אמר (ישעיה מ"ח י"ג) אף ידי יסדה ארץ וימיני טפחה שמים, הנה נמצא שהשמים הם מעשה יד אלקים שהם ה' אצבעות והן ה' ספירות לבד ולא י'. לזה אמר ה' כנגד ה' כי כיון שהשמים הם מעשה יד אלקים והארץ מעשה יד אלקים נראה כי ודאי שניהם יחד הם י' וזהו ה' כנגד ה' ה' מימין וה' משמאל ימין למעשה שמים ושמאל למעשה הארץ. וברית יחיד מכוונת באמצע. הוקשה לו כי אין מענין זה הכרח כי נאמר שהם ה' או שהם כ'. והטעם כי האצבעות הם כ' י' בידים וי' ברגלים כללם כ' [וכן נאמר בספירות ג"כ]. מה תאמר שהי' שברגלים הם צל ודמיון לי' שבידים ולעולם אינם אלא י' ספירות אלא שהרמז כי י' ספירות דבריאה צל ולבוש אל י"ס שבאצילות כמו שנבאר בשער אבי"ע בע"ה. א"כ נאמר שלעולם אינם אלא ה' וה' השמאליים הם צל אל הה' הימניים, ולעולם הספירות אינם אלא ה'. או חזר הדין ונימא שהם כ'. לזה הכריח שתיהן בבת אחת באמרו וברית יחיד כו'. וכלל הדברים כי מאחר שבין ה' לה' מצינו יחוד וברית המייחדם נמצא שהחמש הימיניים וה' השמאליים הם דבר א' וענין א' שכללם י' ספירות. מה שלא מצינו כן בין י' שבידים לי' שברגלים שנראה היותם שתי מערכות כל אחת מי' זו צל ולבוש לזו. והמכריעים בין ה' לה' הוא לשון מכריע בין האצבעות של ידים, וברית מעור בין י' שברגלים. ובספירות בענין הזה שהם חמש כנגד חמש, בדבר הזה פי' המפרשים שני פרושים. הא' הוא שערכו הספירות לשתי מערכות. המערכת הא' הוא כתר חכמה בינה גדולה גבורה הם ה', ואמרו שהם לנהל העליונים. ות"ת נצח והוד יסוד ומלכות, היא מערכת שניה לנהל התחתונים. ואף שאין ענין אמרם לנהל העליונים ולא לנהל התחתונים מוסכם אצלנו. עם כל זה בענין חלוק הספירות כיוונו יפה. כי כן סברת הרשב"י ע"ה בקצת מקומות ובפרט בענין התפילין כי ד' פרשיות

של ראש הן חכמה ובינה גדולה גבורה, וביד הם ת"ת נצח הוד יסוד, כן בארו בזוהר פ' ואתחנן (דף רס"ד.). ועם היות שהדברים האלה צריכין עיון נמרץ כי הוא כתב במקום אחר כי ד' פרשיות הן ד' אותיות, עם כל זה יצא לנו מכללות דבריו כי הספירות נחלקות לב' מערכות כדברי המפרשים. וכן בענין מרכבות בספירות פירשו בתיקונים (בהקדמה ד"ג ובתז"ח דף קי"א) שפני אדם על הכסא הוא חכמה כ"ח מ"ה כמנין אד"ם, ונשר בינה, ואריה חסד, ושור גבורה, הרי מרכבה עליונה. ותחתיה מרכבה שניה, והם פני אדם ת"ת, נצח הוד יסוד, אריה שור נשר, הרי מרכבה שניה. וכתר עליון כולל הכל למעלה ומלכות כולל הכל למטה. הרי שחלק הספירות לשתי מערכות כנזכר. ובזולת אלה יש הכרחיות רבים ולא נאריך שלא לצאת מן המכוון. והנה ע"ד הפי' הזה נבאר המשנה הזאת והוא כי הת"ת הוא ברית יחיד העולה מעלה מעלה בסוד הדעת וקושר עליונים בתחתונים ע"י עלייתו בשלש ספירות הראשונות והכרעתו בזרועות ומשפיע בנצחים וביסוד ובמלכות. הרי כי ברית יחיד במלת לשון ובמלת מעור מכוונת באמצע. פי' באמצע עשר אצבעות עליונים, המכריע הוא הת"ת שהוא הנקרא מלת לשון כמו שאבאר. ואמר ברית יחיד כי ענין הברית הוא ענין כריתה וחתיכה וע"י כריתת הדבר ההוא נעשה קשר הברית וזהו ענין ברית. ויש גורסים יחוד, ויש גורסים יחיד. והכל עולה אל מקום א'. והיותר מובחרת הוא יחוד שע"י הברית הוא היחוד שהוא קשר הדבר וחזקו ויחודו. ויש רוצים לבאר מלת לשון על הבינה, אבל לפי דרכנו יתבאר על הת"ת. אע"פ שהלשון כנוי לבינה ולא לת"ת. עם כל זה לא אמר לשון אלא מלת לשון, שהוא הקול והדבור היוצא מהלשון ר"ל ע"י הלשון. והנה הקול הוא כלול ממים ואש ורוח, כמפורסם, והם שלשה בחינות של הת"ת כי הוא רוח המכריע בין המים והאש של החסד והגבורה. והנה לא כיון אל האבר שהוא הלשון, שמזה יקשה שהם י"א עם המכריע. אלא המכריע הוא הקול שהוא הת"ת בסוד עלייתו אל הבינה שהוא הלשון שהוא השופר שמשם יוצא הקול כלול ממים ואש ורוח. והוא בחינת הת"ת העולה לבין ג' ראשונות. ומכריע בין גדולה וגבורה המורה על קשר ה' עליונות בה' תחתונות, וכמו שנבאר בשער ערכי הכנויים בע"ה. ומלת מעור הוא הברית מילה, ופי' מעור כמו כמער איש ולויות (מ"א ז לו), כדפי' רז"ל (יומא דף נ"ד) כמער, כחבור איש עם הלויה שלו שהיא הנקבה. והכוונה על יחוד אשר בין עשר אצבעות רגלים ע"י המעור המייחדם. ופי' זה מוכרח כי מלת לשון הוא מייחד עשר אצבעות ידים ומלת המעור מייחד עשר אצבעות הרגלים ממה שפירשו בפרק ששי וז"ל כרת לו ברית בין עשר אצבעות רגליו והוא ברית מילה, ובין עשר אצבעות ידיו והוא ברית לשון עכ"ל. והנה נתבארה המשנה הזאת על דרך הפי' שפירשו המפרשים בענין חמש כנגד חמש:

פרק שני:

עוד נבאר המשנה הזאת על דרך פירוש אחר שפירשו המפרשים בחמש כנגד חמש, והוא יותר נאות ומתקבל. והוא והוא מוסכם גם כן בדברי הרשב"י ע"ה במקומות רבים.

והענין ה' מימין וה' משמאל, ה' מימין ה' ספירות שרוב נטייתם אל צד החסד שהוא הימין והם כתר חכמ"ה גדול"ה נצ"ח ת"ת, וה' שבשמאל הם ה' ספירות שרוב נטייתם אל צד הדין שהיא השמאל והם בינה גבורה הוד יסוד מלכות. ועם היות שהת"ת עקרו קו האמצעי, עם כל זה עקרו חסד כנודע שהוא מטה כלפי חסד, ונטייתו אל הימין. ובינה מתייחסת לדין בבחינתה. כי היא נקראת פועל גבורות כי ממנה מתערין דינין, כמו שנבאר בשער מהות וההנהגה בפ"ו. וכן הוד, עליו נאמר (דניאל י ח) והודי נהפך עלי למשחית. כל היום דו"ה (איכה א יג) אותיות הו"ד. ויסוד ג"כ עיקר נטייתו אל צד הגבורה. וכן ביאר הרשב"י ע"ה בתקונים (תקונא י"ג דף כ"ט ע"ב) גבי תשיעאה ברנה וכו' וז"ל וצדיק נטיל משמאלא ועמודא דאמצעיתא נטיל מימינא. ועוד ביאר שם (בתקוני ז"ח דף קכ"ה השייך למאמר הנ"ל) בענין זה עצמו וז"ל צדיק איהו נטיל לשמאלא דאיהו יצחק ק"ץ ח"י חי עלמין קטיר בשמאלא וכו'. ועם היות שהלשון במקומו צריך ביאור רחב ועיון יפה, מ"מ מכללות דבריו יוצא לנו שהיסוד עיקר נטייתו אל השמאל הפך הת"ת. ואפשר היות זה הענין טעם אל שני המכריעין בזולת טעמים אחרים שיש לדבר, כמו שנבאר בשער המכריעין בפ"ד בע"ה. ומלכות ג"כ עיקרה דין, שכן מפורסם שמה בפי כל המקובלים שהיא נקראת מדת הדין הרפה. ואע"פ שנמצא בקצת מקומות לכאורה חולקין על הענין הזה, מ"מ הדברים האלה יסודות מיוסדות וכמסמרות נטועים, והדין דין אמת. והנה הספירות האלה כסדרן הן ב' ידות יד ימין הם כתר חכמה גדולה נצח ת"ת. וחמש משמאלא הם יד שמאל בינה גבורה הוד יסוד מלכות. והנה הת"ת הוא ברית לשון שהוא המכריע בין הדין והחסדים כנודע והוא הוא ממנין הי' עצמם.

וכן ברית מעור עם היות שעקרו ביסוד הנה לפי זה ירמוז ג"כ אל הת"ת, כי גוף וברית חשבינן חד, כמבואר בדברי הרשב"י ע"ה בתקונים פעמים הרבה. והנה נמצא לפי זה שבין עשר לעשר אין הכרע כמו שיש הכרע בין חמש לחמש כדפי' לעיל בפרק א'. והנה נתבארה המשנה הזאת פירוש שני ע"ד מה שפי' המפרשים בה' כנגד ה':

עוד נבאר המשנה הזאת פירוש שלישי ע"ד אחר בחמש כנגד חמש לפי הנראה אצלינו והבורר יברור לעצמו. והוא כי אמרו ה' כנגד ה' אין הכונה על האצבעות הנזכרים כי נסע מענין העשר לבאר לנו ההכרעה שבין הדין והחסד וסדר ההכרעה וענין הצריכין הכרעה, ולזה אמר שהם חמש כנגד חמש שת"ת מכריע בין החכמה והבינה בסוד הדעת בהיותו עולה אל הכתר כאשר נאריך ביאורו בשער המכריעין בע"ה. הרי שנים א' כנגד אחד. חכמה כנגד בינה כי זו שורש החסד וזו שורש הגבורה. עוד ת"ת מכריע בין גדולה וגבורה כנודע, ובארו הרשב"י ע"ה בתקונים (תקונא ל' דף ע"ה) בפסוק ויהי ערב ויהי בקר וז"ל ויקרא אלהים לרקיע שמים. ויקרא אלדים דא אימא עילאה, לרקיע שמים דא עמודא דאמצעיתא דאיהו בין ימינא ושמאלא וכליל תרווייהו, הה"ד ויהי ערב ויהי בקר ואינון ערב דיצחק ובקר דאברהם עכ"ל. ועם היות שמתוך פשטן של דברי המאמר יש ראיה אל כונתנו, עם כל זה הואיל ואתא לידן נימא ביה מלתא זעירא ואל יפטר בלא לינה. ויש לדקדק בו. א' אמרו ויקרא אלקים דא אימא, וכי עד עתה לא שמענו זו שכל אלקים שבפ' מעשה בראשית שהרמז הוא לבינה. ב' מה כוונתו באמרו אימא ולא אמר בינה שזהו שמה המפורסם יותר. ג' אמרו עמודא דאמצעיתא דאיהו בין ימינא ושמאלא, וכי מאחר שאמר עמודא דאמצעיתא לא ידענו שהכוונה שהוא באמצע הימין והשמאל שהן גדולה וגבורה עד שהוצרך לבארו ולהאריך דאיהו וכו'. ד' דהשתא דנחית לפרושי דאיהו בין ימינא ושמאלא לימא ת"ת דאיהו וכו' ולשתוק מעמודא דאמצעיתא שנראה כפל. ה' אמרו דאיהו בין ימינא ושמאלא וכליל תרווייהו. שהוא כפל דהיינו דאיהו בין ימינא ושמאלא. ו' אמרו הה"ד ויהי ערב ויהי בקר, דלכאורה אין ראיה כלל אל כוונתו מן הפסוק. ונאמר כי הרשב"י עליו השלום הוקשה לו בכתוב ויקרא אלהים לרקיע שמים כי רקיע הוא ת"ת ושמים גם כן הוא ת"ת א"כ מה כוונת הכתוב באומרו ויקרא אלהים לרקיע שמים שנראה שרקיע ושמים אינם דבר אחד. ולזה השיב ואמר אלקים דא אימא עילאה. פירוש כאומר כבר ידעת שכל אלקים שבבראשית הוא בבינה ואלקים זה הוא בבינה מצד בחינתה עם התחתונים שהיא המשפעת ר"ל המאצלת הנאצלים ומשם נקראת אם וז"ש דא אימא עילאה. לרקיע שמים דא עמודא וכו'. פי' הת"ת יש לו שני מציאות. האחד מצד החכמה והוא מציאות מובחר בערך מה שהוא סוד קו הרחמים שהוא הנאצל מן הכתר ונתפשט אל החכמה כמו שנבאר בשער סדר האצילות בע"ה. והוא המציאות שמשה רבינו ע"ה מרכבה אליו כמבואר בתקונים (תקונא י"ג דף כ"ט.) וז"ל ויעקב ודאי הוא דיוקנא דעמודא דאמצעיתא מסטרא דלבר. והא משה תמן הוה. אלא מסטרא דלגו הוה ודא מסטרא (דלבר. דא מגופא ודא מנשמתא) עכ"ל. והנה המציאות הזה שהיא בחינתו בערך הרחמים בלי הרכבת החסד והדין עמו, יקרא נשמתא אל המציאות המתחדש מתוך ההמזגה וההרכבה. והנשמה הזאת נקרא רקיע. ונוכל לומר על דרך הצירוף רקע י' שהיא המציאות שנרקע ונתפשט מהכתר על ידי היו"ד שהיא חכמה. וזה המציאות באר בלשונו באמרו עמודא דאמצעיתא ר"ל העמוד והקו האמצעי אשר אין לו מהחסד והדין שום כללות אלא היותו בין שניהם וז"ש דאיהו בין ימינא ושמאלא. וע"י הבינה נתקן הרקיע הזה והלבישו כללות האש והמים שהוא הנקרא שמים וזהו כונן שמים בתבונה (משלי ג יט). והבחינה הכוללת המציאות הזה הוא הבינה הנקרא אימא שהיא מציאות הה"א שהיא שלשה וו"ן שהן ג' קוים חסד דין ורחמים כמו שנבאר בשער המציאות בע"ה. ולכן אמר וכליל תרווייהו, פירוש מצד האם כולל הימין והשמאל שהוא הלבוש המתלבש ומתעטר על המציאות המובחר. ויש לענין הזה ראיה מספר הזוהר פרשת יתרו (דף פ"ד.) וז"ל בפסוק צאינה וראינה בנות ציון וגו' בעטרה שעטרה לו אמו. מהו בעטרה. אמר רבי יצחק כמה דכתיב ושאול ואנשיו עוטרים את דוד. משום דמתעטר בחיוורא בסומקא בירוקא בכל גוונים דכלהו כלילין ביה ואסתחרן ביה. אמר רבי יהודא, בעטרה שעטרה לו אמו. מאן עטרה. דכתיב ישראל אשר בך אתפאר וכתיב ובית תפארתי אפאר עכ"ל. ופירש מלך שלמה שהשלום שלו שהוא התפארת ויסוד שלום שלו. והעטרה שהיא המציאות הנקרא שמים הסובב את מציאותו הפשוט הנקרא רקיע הנאצל מחכמה. והיינו בעטרה שעטרה לו אמו שהוא אלקים הנזכר בנדון שלפנינו. ולכן אמר לעיל דא אימא שהיא הבינה אם הבנים. ועטרה לשון סבוב ועטוף כענין ושאול ואנשיו עוטרים את דוד, דהיינו סובבים. ופירש כי

העיטור הזה הוא בשלשה גוונים, שהם חיוור מצד החסד ואדום מצד הגבורה והירוק מורכב משניהם שהוא המזג הנמזג ע"י איש הבינים ת"ת. ומפני שלא נטעה לומר שהלובן והאודם אינם במציאות הת"ת אלא הירוק לבד, אמר דכלהו כלילן ביה ואסתחרן ביה. פי' המלך שלמה שהוא הבחינה הרוחניות מצד החכמה הנקרא ג"כ המלך שלמה כמו שאבאר בערכי הכינויים בע"ה, הוא מסובב מהגוונים הג' ומסתחרן ביה ממש. והוא לבן בערך בחינתו אל החסד, ואדום בערך בחינתו אל הגבורה, וירוק בערך בחינת שניהם בשווי המזג. וכלם סובבים אותו ועוטרים אותו. ור' יהודא פי' בעטרה פי' אחר, שהוסיף על ר' יצחק ואמר שלא זה בלבד אלא העטרה הוא כללות כל השש קצוות, שבערך בחינה זו צודק כנוי התפארת שהיא מלשון פארות וכמו פארי המגבעות (יחזקאל לט כח) ופי' ענפים, ר"ל שהוא מסתעף בששה קצוות והו' קצוות הם ענפיו. וזה שאמר ישראל אשר בך אתפאר. ופי' הבינה אומרת על הת"ת הנקרא ישראל שבו היא מתפארת ומסתעפת בענפים. ועוד הביא ראיה מפסוק ובית תפארתי אפאר, כי היא מסתעפת ומתפארת בענפיה. וירצה בית הת"ת למעלה הוא הבינה כי שם ג"כ שכינתו כי הוא מבריח מן הקצה אל הקצה מקצה השמים שהוא הבינה ועד קצה השמים שהוא המלכות. וכמו שהמלכות בית לת"ת כן הבינה וזהו בית תפארתי אפאר. פי' הוא מסתעפת עם ענפי הת"ת אשר לו מידה. או ירצה כי המלכות הוא בית לתפארת. ואמרה הבינה בית תפארתי שהוא תפארת מצדי כי מצד הבינה הוא כולל הפארות ג"כ לביתו שהוא המלכות, אפאר ואסתעף בסוד שהיא כוללת שש ענפים מצדו שהוא מתלבש שש בשש והיינו בעטרה שהוא העטור והלבוש הזה, ע"כ. וזהו הנרצה בפסוק ויקרא אלקים שהיא האם המעטרת לרקיע העטרה הנקרא שמים. והביא ראיה לזה מפסוק ויהי ערב ויהי בקר יום אחד. ופי' ערב ליצחק ובקר לאברהם. בכללותם יחד מתהווה ומתלבש הת"ת שהוא הנקרא יום אחד והיינו שמים. וכללות השמים היינו יום שהוא אש ומים, ערב ובקר. ולז"א יום א' מיוחד שמייחד שתי הבחינות. ונוכל לומר שמשם י"ב שעות. במה שהוא נראה וא"ו במלוי שעולה אח"ד. ופי' שתי פנים מייחדים. ו' מצד ימין פן אחד, ו' מצד שמאל פן אחד. וא' באמצע מייחד שתי הפנים יחד. והיינו אחד ושתי הווי"ן היינו י"ב שעות ו' מעלות הבקר עד חצי היום שהוא חסד. ו' מהצהרים עד הלילה והוא ערב גבורה זהו יום אחד. ואין להאריך הנה. וכבר היה באפשר להרבות על ענין הכרעת הת"ת בין גדולה וגבורה בראיות. אלא מפני שהוא דבר פשוט ומוסכם. ולא הוצרכנו אל זה אלא להבין המאמר הזה על מתכונתו. ויצא לנו כי הת"ת מכריע בין גדולה וגבורה והם שנים א' כנגד א':

פרק שלישי:

עוד מכריע הת"ת בין גדולה להוד ובין גבורה לנצח. והטעם כי גדולה ונצח הם צד הימין חסד, וגבורה והוד הם דין שמאל וצריכים אל ההכרעה. ויש לזה קצת ראיה מדברי הרשב"י ע"ה בספר ר"מ (פנחס דף רמ"ד.) ז"ל ובחבורא קדמאה אריתי מורי עם בשמי, דרועא ימינא בירכא שמאלא. יערי עם דבשי, יעקב ברחל. ייני עם חלבי, דרועא שמאלא בירכא ימינא. חסד עם הוד, אינון דרועא ימינא עם ירכא שמאלא. יעקב ברחל, עמודא דאמצעיתא במלכות. גבורה עם נצח, אינון דרועא שמאלא עם ירכא ימינא. ואמאי שני מדות דיליה הכי. אלא רזא הוא דיימא הכי. דוד אמר הכא כהניך ילבשו צדק וחסידיך ירננו. ואיתמר התם, ולוייך ירננו מבעי ליה למימר. אמר הקב"ה לאו אורח ארעא לשנות מדותי, אלא בתר דזמינת לי אית לי למעבד רעותך. מהכא אוליפנא דבעל הבית דמזמן אפי' למלכא אית ליה למלכא למעבד רעותיה, ובג"ד אוקימנא כל מה שיאמר לך בעל הבית עשה וכו'. ועם כל דא דרזא דא שפיר איהו וכו' עכ"ל. ומה שיש להתעורר במאמר הזה הוא אריכות לשונו וכפל הענין שלא במלות שונות. באמרו דרועא ימינא בירכא שמאלא, חסד עם הוד וכו', וכי עד עתה לא שמענו כי שני זרועות הם גדולה זרוע ימין גבורה זרוע שמאל, וב' שוקים שהם נצח שוק ימין הוד שוק שמאל, ומה צורך אל האריכות הזה בביאור הדברים הפשוטים. ב' כי מעקרא היה לו לתפוס לשון קצר ומבואר באמרו מורי עם בשמי, חסד עם הוד. יערי עם דבשי, עמודא דאמצעיתא עם מלכות. ייני עם חלבי, גבורה עם נצח. וישתוק מירכין ודרועין כדי שלא יצטרך אל ביאורם אח"כ. ג' דעיקר המאמר הזה הוא בפ' פינחס (דרמ"א.), שכן אמר ובחבורא קדמאה, פי' בזוהר כי הוא היה הספר הקודם אל זה. ושם בפרשת פנחס לא האריך לא מינה ולא מקצתה, אלא ראש המאמר לבד. וזה לשונו אריתי מורי עם בשמי, דרועא ימינא בירכא שמאלא. יערי עם דבשי, יעקב ברחל. ייני עם חלבי, דרועא שמאלא בירכא ימינא עד כאן לשונו. ועם היות שהאריך שם בענין ההכרעה כנוי מורי שהוא החסד, ובשמי הנצח כנדרש. עם כל זה בענין ביאור

המלות לא האריך יותר. ויש לראות למה לא תפס כאן היחס הזה. ד' באמרו יעקב ברחל. ולא אמר גופא בנוקבא, כדרך וכיחס האברים שיחד בשאר הספירות. ה' בתר דנחית לפרושי דבריו במה שאמר ואינון וכו' היה מן הראוי שיאמר דרועא ימינא עם ירכא שמאלא, חסד עם הוד. כי זהו הסדר הנכון, ולא להקדים הפירוש אל הלשון באמרו חסד עם הוד דרועא ימינא עם ירכא שמאלא וכו', וכן לכולם. ו' מאי דקשייא ליה ואמאי שני מדות הכי. ומאי קשיא והרי לפעמים יונק הנצח מהגבורה וכן ההוד מהחסד עם היות שרוב יניקתם הם נצח מהחסד והוד מגבורה. כי לפעמים יקרה לפי ההמזגות וההשפעות שיהיו יונקות נצח מגבורה והוד מחסד. ולכן כל א' כלולה מכולם כדי שיהיו כולם מסכימות אל פעולה אחת ולשפע אחת. ולכן אפשר להשתוות שני ההפכים אפי' גבורה עם חסד. ונפרש כי רשב"י ע"ה הוקשה לו בכתוב כי היה מן הראוי שיאמר אריתי מורי ובשמי אכלתי יערי ודבשי שתיתי ייני וחלבי. עם עם למה, כי הוא מיותר. ולזה השיב ששם למעלה מן המאמר אשר לפנינו (הנדפס בפ' ויקרא דף ד' ע"ב ע"ש) אמר מורי עם בשמי, חסד עם נצח. יערי עם דבשי, גבורה עם הוד. ייני עם חלבי, גוף וברית. והנה בזה ניתרצה קצת שאלתנו כי אמר עם עם לייחד המדות האלה בדרך הנז'. ומפני כי אין התשובה הזאת מספקת כיון שאין הכונה בפסוק אלא לייחד חסד בנצח, גבורה בהוד ות"ת ביסוד. עם כל זה לשתוק מעם עם וממילא משתמע דמיוחדים קאמר דארחייהו בהכי כי ג' מתייחדים בג'. לזה אמר ובחבורא קדמאה פי' בזוהר בפ' פנחס נתבאר בזה פי' אחר יותר מרווח והוא זה דרועא ימינא בירכא שמאלא. שהכוונה חסד עם היותו קו החסד, מיוחד בהוד עם היותו קו הדין. וכן גבורה עם היותו קו הדין, מיוחד בנצח עם היותו קו החסד. ועתה לא יקשה למה אמר עם עם, דאיצטריך משום דלאו אורחייהו בהכי. ולפי שהוא הפך מנהגם וטבעם, לכך הוצרך לומר עם עם להשמיענו הפך הסדר הזה. והטעם שאמר בזוהר בלשון כינוי האברים ירכין ודרועין ולא המדות בשמם. מפני שהוקשה לו כי מאחר שהוא פי' הספירות מהופכות שלא כסדר הוא דבר בלתי אפשר. כי דרך יניקת הנצח הוא מן הימין, וכן הוא תחת החסד קו החסד. ודרך יניקת ההוד מן השמאל, וכן היא תחת הגבורה קו הדין. והיאך אפשר שישנו את תפקידם, כי דבר זה בלתי אפשר. ולפרש לנו ענין זה במליצה נמרצת נקט בלשונו ירכין ודרועין. לומר לך. כי כמו שהירכים והזרועות מדובקים יחד ומחוברים עם הגוף וע"י הגוף הוא מייחד הזרוע ימין עם הירך השמאלי, וכן הזרוע השמאלי עם הירך הימיני, והגוף האמצעי הוא המייחדם והמזווגם יחד. כך העניין למעלה ע"י הת"ת שהוא המסתעף בו' קצוות והקצוות אבריו. כדרך שהאברים ענפים לגוף, כן הקצוות אברים וענפים לת"ת. ולכן על ידו אפשר לספירות האלה להיותן נמזגות במזיגה הזאת והיא באפשרית ואינו מן הנמנע. ועם כל זה לא ניצלנו עדיין משאלת אמאי שני המדות דיליה הכי כמו שנבאר. והנה התבאר הטעם שהוכרח לומר ירכין ודרועין ולא המדות ממש בשמם. אבל הרשב"י ע"ה בס' ר"מ כיון להביא לשון החבור הראשון בהעתקות לשונו ממש שהוא אריתי מורי עם בשמי, דרועא ימינא בירכא שמאלא. יערי עם דבשי, יעקב ברחל. ייני עם חלבי, דרועא שמאלא בירכא ימינא עכ"ל החבור. והאריך בבאור שאר המאמר. הכוונה לבאר לנו דקדוק לשונו היפה באמרו דרועא ימינא בירכא שמאלא וכו' שאין הענין על צד המקרה לא בכונה ממש שהחסד מתייחד עם ההוד, ולא ההוד מתיחד עם החסד. ר"ל שיהי' משכן החסד בהוד ויהיה העיקר החסד. וכן הגבורה שיהיה משכנה ומושבה בנצח ויהיה העיקר (הנצח) [נ"א הגבורה] ולא להפך. וכן הת"ת במלכות למטה. שאם נאמר שיהיה העיקר למעלה התחתונות בעליונות לא יתיישב טעם אמאי שני מדות הכי. שא"כ נמצאת הכלה ושושביניה עולה לבית החתן ושושביניו. וא"כ אין ראוי לכלה לשנות מנהגי החתן כלל, מאחר שהיא מתאכסנת בביתו. אלא הכי הנכון הוא. חסד בהוד, גבורה בנצח, ת"ת במלכות. והם ג' עליונות בג' תחתונות. נמצא החתן מתאכסן עם שושביניו בבית הכלה עם שושביניה. ואחר שהוא בבית הכלה ראוי שיתנהג ברצון הכלה. ויש בידה לשנות המנהג כרצונה כאשר יהיה יותר טוב בעיניה. ועם הענין הזה יש תשובה לשאלת אמאי שני מדות הכי וכו', כמו שנבאר בע"ה. וזהו שכיון הרשב"י ע"ה לבאר לנו דקדוק לשונו בהקדים פי' המאמר אל המאמר עצמו באמרו חסד עם הוד דרועא ימינא בירכא שמאלא ולא להפך. להעירנו על דקדוק לשונו כי בכוונה מכוונת נקט לישנא דירכין ודרועין ולא לישנא דמדות חסד והוד וכו'. להורות שע"י הגוף היא המזיגה הזאת. וזה כיון בהקדימו לשון חסד והוד אל דרועא וירכא כאמרו דוק כי כבר היה באפשר לקצר בלשון לומר חסד והוד לישנא דמדות ולא לישנא דאברים. אלא להשכילך בינה. כי סוד המזיגה הזאת דלכאורה נראה מהופכת, היא

מיושרת ע"י הגוף שהוא הת"ת האמצעי כמו שפי'. ואדרבא דרועא וירכא פי' אל חסד והוד, ולא חסד והוד פי' אל דרועא וירכא. ולזה נתרץ כי ביעקב ורחל לא הוצרך לשנות שמהן אל שם אברי הגוף. כי ענינם ויחודם אין בו שינוי אלא כנוהג שבעולם, ת"ת על המלכות, ולכן לא שנה אותם. ועוד השכילנו כי בלשון חבורא קדמאה אמר דרועא ימינא בירכא שמאלא וכן דרועא שמאלא בירכא ימינא, ולא אמר עם עם אלא בקצור. ובמאמר הזה בביאורו פירש חסד עם הוד וכו' ואמר עם עם. ואמאי שני מדות דליה הכי, פי' בשלמא אם היינו מפרשים כי לא היה שינוי המדות אלא לענין ההשפעה והיניקה לבד דהיינו מאי דהוה סליק אדעתן בפי' דרועא ימינא בירכא שמאלא שכוונתו על השפע לבד שישפיע חסד בהוד וכן שישפיע גבורה בנצח לא קשיא לן כלל דהכי אורחייהו דמדות דינקי הני מהני. אלא לפי מה שפירש במאמר הזה דרועא ימינא בירכא שמאלא פי' עם ממש דהיינו שתתייחד חסד למטה בתוך ההוד, והגבורה למטה בתוך הנצח. א"כ קשיא אמאי שני המדות הכי. כי בדרך הייחוד ממש אין זה דרך ייחוד הספירות כי נצח מתקשר בחסד והוד בגבורה כמו שנבאר בשער ירך יעקב בעה"ו בפ"ג ד'. והענין כי בהשפעה עם היות שישפיע החסד בהוד עם כל זה ההוד יפעול פעולתו שהיא פעולת הדין אע"פ שלא יפעול בחוזק כמו בשעת יניקתו מן הגבורה ואין בזה חשש מאחר שאין שינוי במדות. אמנם ביחוד ממש יש מיחוש מפני שמתבטל פעולת הדין מכל וכל. כי כאשר ירצה לפעול בדין הגבורה, הנצח יכבוש הדין ההוא ולא יניחהו לפעול בסוד היחוד. ולכן קשה אמאי שני מדות הכי. כי הוא שינוי המדות וחסימת הדין וזה אין ראוי. וזהו לאו אורח ארעא הנאמר אל דוד. והשיב בעבור דוד עבדך כו' שנה והמשיך כח הרחמים. כי אפי' הרנה שהיא מצד הדין כנודע רצה שיהיה מצד החסד, וזה יתבאר יותר בשער מהות וההנהגה בע"ה בפ"ו. וכן הענין בת"ת מאחר שהוא בא אל בית המלכות כאמרו באתי לגני אחותי כלה א"כ ראוי להתנהג כרצונה אפי' בשינוי המדות להמשיך כח הרחמים ביותר. וזהו הנאמר חסד בהוד גבורה בנצח ויעקב ברחל, כי הם שלשה עליונות בשלש תחתונות ע"י יעקב החתן הבא לבית כלתו רחל כדפירשנו. אבל אם היתה הכלה עולה לבית החתן לא היה ראוי לשנות דלאו אורח ארעא לשנות. והנה נשלם פי' המאמר, ויצא לנו טוב טעם ודעת כי תפארת ג"כ מכריע בין גדולה והוד ובין גבורה ונצח:

פרק רביעי:

להיות שבפרוש הקודם הכרחנו מתוך המאמר הנז' בו כי תפארת הוא מכריע בין גדולה והוד ובין גבורה ונצח, והענין זר קצת לאזן שומעת. אמרנו להכריח עוד הדרוש הזה ולהסביר הדברים להורות שאינם רחוקים מן השכל ולא זרים כי קרוב לנו הדבר מאד. והענין במה שמפורסם שהתפארת מקבל מגדולה וגבורה ומשפיע בנצח והוד. ואין ספק כי מה שישפיע הת"ת אל ההוד יוכרח היות בו בשפע ההוא חלק שפע מהגדולה שקבל התפארת ממנו כדפירשנו וכן מה שישפיע התפארת בנצח הוכרח היות בו בשפע ההוא חלק מהגבורה. ואין ספק שלא יהיה ממש השפע המושפע מהתפארת אל הנצח וההוד במזגו כקבלתו מהגדולה והגבורה. אמנם יתמזג על ידי התפארת המזגה בינונית משתוה אל הגדולה ואל ההוד וכן משתוה אל הנצח והגבורה, ואם כן נמצא היות ההכרעה הזאת קצתה דבר תמידי. ולפעמים יקרה היות התפארת מוכרח להיות עיקר קבלתו מדין הגבורה להשפיע אל הנצח לצורך העולם אל הדין לנקמה וכיוצא בעניינים אלו. או לפי שקבל רוב מהגבורה ישפיעהו אל הנצח למתק הדין. וכן לפעמים יקבל התפארת רוב מצד החסד וישפיע אל ההוד למתק ההוד. וההתמזגות הזה וכיוצא בו יתבאר בשער הצנורות בפ"ב בה"ו והדברים נכוחים למבין וישרים למוצאי דעת. עוד נוסיף לקח בדבר הזה ונכריח הענין במה שהסכימו כל הגאונים בגווני הספירות שגוון נצח אודם נוטה אל הלבן, וגוון הוד לובן נוטה אל האודם עכ"ל. והנה נצח פירשו בו שהוא אודם נוטה אל הלובן, פירוש אודם מצד קבלתו מצד הדין הקשה של הגבורה ע"י התפארת המכריע כדפי', ומפני הדין הזה יהיה אדום. אבל מצד רוב יניקתו מצד החסד כי שם ביתו יהיה נטייתו אל הלובן להלבין האדמימות להחזירו אל הלובן, וזהו נוטה כי כוונתו להיות רובו לובן. וכן הענין בהפך אל ההוד כי ע"י יניקתו מהחסד ע"י התפארת המשתווה ומתמצע ביניהם הוא לובן. אבל מפני שעיקר יניקתו מצד הגבורה כי שם עיקר נטייתו ומקומו יוכרח היותו נוטה אל האודם ומכריע הרחמים אל צד הדין. והנה נמצא לפ"ז התפארת מתמצע בגוונו שהוא מלובן ואודם בין הגדולה וההוד ובין הגבורה והנצח. וענין הגוונים הללו יתבארו בשער הגוונים בה"ו. ושבח והודאה לגומל לחייבים טובות אשר גמלנו כ"ט. אל ה' ויאר לנו להכריח הדבר הזה בשלשה עדים נאמנים בדברי הרשב"י ע"ה ובסברת הקבלה ובדברי הגאונים. כלל הדברים המקומות הצריכים הכרעה הם ה' נגד

ה'. חכמה נגד בינה גדולה נגד גבורה הרי ב' נגד שנים, גדולה נגד הוד גבורה נגד נצח הרי ב' נגד ב'. הם ארבע נגד ארבע. עוד יסוד מכריע בין נצח והוד כאשר יתבאר בשער המכריעים בפ' ד'. הרי שהם ה' כנגד ה'. אמנם המכריעים בין ה' לה' אינם אלא שנים שהן יסוד ותפארת. כיצד יסוד בין נצח והוד ות"ת בין הגדולה והגבורה ובין הגדולה וההוד ובין הגבורה והנצח ובין החכמה והבינה במציאות נעלם בסוד הדעת כמו שיתבאר בשער הנזכר. ועם ההקדמה הזאת יובן המשנה שאנו בביאורה שאמר ה' נגד ה', כי האמת שהם ה' כנגד ה' וברית יחוד מכוונת באמצע כי המכריעין מתמצעים ומתכוונים בין הקצוות. ומלת לשון הוא הת"ת ונקרא מלת לשון מפני כי ע"י הבינה שהיא לשון הוא עולה למעלה להכריע בין החכמה והבינה בסוד הדעת כמו שיתבאר בשער הנז'. וכן על ידה הוא מתמצע בין הגדולה והגבורה כמו שבארנו בפ"ב בס"ד. ומלת מעור הוא היסוד המכריע השני. והנה בדבר זה נתיישב הענין יותר ונתתרץ בעצם מה ששאלנו שהם ה' כנגד ה' והמכריע הם אחד עשר. כי אין אנו עתה במנין הספירות אלא במנין ההכרעה כדפי' וא"צ להאריך. והנה בארנו המשנה הזאת בנוסחא היותר מפורסמת בספרים ובמפרשים. עם היות שהרמב"ן ע"ה נראה שהיה לו גרסא אחרת עם כל זה לא נחוש אלא להסכמת רוב הספרים. וכאשר יביט המעיין בגרסאות ימצא היות גרסא זו יותר מדוקדקת, ועוד שעדיין לא נתאמת היות הפי' ההוא להרמב"ן כפי הנראה מתוכו:

פרק חמישי:

אחרי אשר נסענו מהר ה' הר גבוה ותלול המשנה הקודמת ובה הכרחנו הסכמת המקובלים היות הספירות י' ולא יותר. נלך אל הר המור המשנה השניה אליה ואם היא רביעית לראש הפרק. וז"ל עשר ספירות בלי מה. עשר ולא תשע. עשר ולא אחד עשר. הבן בחכמה, וחכם בבינה. בחון בהם וחקור מהם ודע וחשוב מהם והעמד דבר על בוריו והשב יוצר על מכונו עכ"ל. הסכמנו שלא לעורר על המשנה הזאת כלל להיות דבריה מעצמם בלתי מסודרים והמקרא אומר דורשני ואין שטחיותה סובל פי' כלל עד שבו נשא ונתן. ונכתוב את אשר ישים אלקים בפינו בענין י' ולא ט' ופירושו. והוא כי כוונתו להזהירנו מן השגיאה שלא נאמר שאין הכתר מכלל הספירות לחשבנו שהוא האין סוף, שאינו כן. כי גבוה מעל גבוה שומר. ולא כמו שחשבו רבים כי א"ס הוא ממנין הספירות ושהוא הכתר.

והדעת הזאת נבטל אותה בשער אם הא"ס הוא הכתר בה"ו ורחמנא ליצלן מהאי דעתא. אלא בודאי הם י' בזולת המאציל. שאם לא כן נמצאו הספירות הנאצלות ט'. וזה אינו ראוי, אלא הנאצלים ממש הם עשר ולא תשע. עוד פי' כי בא להזהירנו שלא נטעה להפריד המלכות מן המנין כאשר יש מי שדמה בסברתו קרוב לזה. ורחמנא ליצלן נמי מהאי דעתא. אלא היא עמהם באצילות. ואע"פ שאינה באחדות שלהם מפני שנטרדה כאשר נבאר בשער מיעוט הירח בס"ד. וקרוב לפי' זה פירש הרשב"י ע"ה בס' ר"מ (תצא דף רע"ז ע"ב) וז"ל ואית אחרנין מארי ס"ת מארי מדות דאינון ירתין נשמתין מסטרא דמלכותא קדישא דאיהי כלילא מי' ספירן. דכל מאן דירית לה וזכי לה זכי לעשר ספירן בלא פרודא. עשר ולא תשע, דאי הוה ירתין למלכותא יחידאה הוו תשע בפרודא מנה. ובגין דלית תמן פרודא אמר בעל ספר יצירה עשר ולא תשע. ואי תימא דסליקת לעילא מי'. שמא מפרש יו"ד ה"א וא"ו ה"א הא עשר, יו"ד דמתייחד בה לא סליק לעילא מעשר, ובג"ד עשר ולא אחד עשר עכ"ל. כוונת המאמר הזה שאמר ואית אחרנין. כי למעלה מן הענין אמר יש באנשי מעשה מי שיש לו נשמה שהיא אמה מצד הבריאה, והענין הזה יתבאר בשער הנשמה בה"ו. ועתה אמר שיש אחרים מארי ס"ת שהם העוסקים בתורה האלהיית וסתריה. ומפני שהיה באפשר לומר כי מארי ס"ת יקראו אותן שהם עוסקים בסתרי הלכות דרשות ואגדות והחוקים והדינים והמשפטים כפי פשוטן של דברים לבד. לזה אמר כי אם היות אלו שכרם כפול ומכופל והוא המדה הנבחרת. עם כל זאת אינם זוכים למעלת הנשמה הזאת עד הגיעם לסתרי הספירות שהם סוד האלקות. והם נקראים מארי מדות. ונקראים כן מטעם כי כל העסק של החכמים בקבלה הוא במדות ועניינם. ואמר שאלו יורשים נשמה מצד המלכות בעצמה לא מצד מטטרון עבד. ולא מצד אמה כנז' שם. ואמר שהוא זוכה לנשמה כלולה מעשר. ומפני שהוקשה לו שמא ג"כ שאר הנשמות יהיו כלולות מי' או שמא הנשמה זאת לא תהיה כלולה מעשרה. ומהיכן לנו כח לחלק בין נשמה לנשמה, ואע"פ שתהיה זו חשובה מזו. לזה יכריח כי במלכות רצה לומר הנשמה שהיא מסטרא דמלכות היא כלולה מעשר בהכרח. מטעם שהספירות לא יפרדו והם מקושרות ומיוחדות ובאמרנו מלכות יוכרח היות שאר הספירות נטפלות אליה. מה שאין כן בנשמה מסטרא דמטטרון או אמה כי הם מעולם הפרוד. אחר שהם יורדים מן

האצילות. ולא חוייב בחיוב הזה כי אם באצילות ולא בהם. ולפיכך לא תהיה כלולה מעשר, אלא נשמה מסטרא דמלכות. ומה שאנו אומרים שהנשמה מסטרא דמטטרון או אמה שאינה כלולה מי', אין הכונה שאין נכללות בה י' כמשמעו. כי זה א"א להיות פעולה נמשכות מלמעלה שלא תהיה הפעולה ההיא כלולה מכל הי', שא"כ יראה פרוד. וזהו טעם בעלי מומים כגון נטולי ידים וכדומה שהם חסרים ומראים על רוע פעולתם שפגמו במקום קדוש והפרידו ולכן נשמתם אינה מתפשטת בגוף באברים ההם והיא פגומה וחסרה והכל לפי מקום פגימתם כן מומם. והמום שמתחילת הבריאה מורה על חסרונה בסבת הגלגול כמו שנבאר ענין האברים בשער הנשמה בפ"ז בה"ו. ולעולם א"א בעולם נשמה או פעולה שלא יהיו בה נכללות כל העשר ספירות. ועם היות שנגזר אומר נשמה מסטרא דמטטרון, או מסטרא דאמה, אין הכונה שאינם מלמעלה ח"ו. כי כל הנשמות נמשכות מלמעלה. והענין כמו שנבאר בשער הנזכר בפ"ב בה"ו. ולעולם היא נכללות מעשר ולא יפרדו כדפי'. ומה שבין נשמות מהמלכות לשאר הנשמות. הוא כי שאר הנשמות הם כלולות מעשר לא שיתראה בהם י' ממש אלא הכונה שהם נכללות בה והיא מעצמה כלולה מעשר. אבל הנשמה מסטרא דמלכות היא נאצלת מעשר ספירות שבמלכות בהיות המלכות מתראות בה כל העשר ספירות ומתייחדת עמהם. ועוד יתבאר הענין הזה בשערים הבאים בה"ו. והענין הזה בספירות עצמם כי יש חילוק גדול בין אמרנו מלכות כלולה מעשר או אם נאמר שהיא ביחוד עם עצמי שאר הספירות כי אין הכל דבר (דבר) אחד. כי לא יהיה שבח הספירה בהיותה כלולה כמו שהיא משובחת בהיותה מתייחדת עם עצמי הספירות שזהו שיתראו בה י' ספירות ממש וזה מבואר. וזה כוון באמרו כלילא מעשר ספירן. וביאר כי אין הכונה באמרו כלילא שכלולה לבד כדרך טבע הספירות אלא דמאן דירית לה וכו' זכי לי"ס בלא פרודא, פי' זוכה ממש אל ע"ס במציאותן ע"י שמתראין ממש בה י' ספירות כדפי'. וענין אמרו דירית לה וזכי לה. פי' כי צריך שני דברים לזכות אל הנשמה החשובה הזאת. ראשונה מצד הכנתו מצד אביו בשעת ההולדה בשעת הזווג כאז"ל המקדש עצמו בשעת תשמיש כו' ואחר שיתקדש אביו בכך כאשר תעלה כונתו הטובה ההיא יזכה לנשמה קדושה ממקום גבוה ולפי שעור קדושתו כן תתרומם המשכתו וזה מפורסם בזוהר ובתלמוד במקומות רבים רבו מספר. ואמרם זוכה

לבנים הגונים, הכונה שימשיך לבניו נשמה ממקום גבוה בענין שיהיו הגונים וזהו נקרא ירושה מאביו ועל זאת כיוון באמרו וירית לה. עוד שנית צריך בעצמו אל מעשים הגונים ורצוים לפני קונו כדי שלא תסתלק ממנו הנשמה ההיא וזה יתבאר יותר בשער הנשמה פ"ג בה"ו. ועל השנית הזאת אמר וזכי לה פי' הוא הזוכה במעשיו אל הנשמה הקדושה ההיא. זכי לעשר ספירות בלא פרודא. פי' כמו שבארנו כי כאשר הנשמה מעצם המלכות הנה בהכרח תהיה הנשמה ההיא כלילא מעשר ספירן פי' מעצם עשר ספירות שבה מפני שהיא מתייחדת בי"ס ואינה נפרדת מהם כלל. וזה שאמר זכי לעשר ספירות בלא פרודא ר"ל מיוחדות במלכות בלתי נפרדות ממנה. והכריח זה מדברי ס"י שאמר עשר ולא תשע. ואם היה באפשר לומר שתהיה נפרדת הנשמה, אשר היא חלק ממלכות בהכרח כאומרו ויפח באפיו (בראשית ב ז) כל הנופח מעצמותו הוא נופח וא"כ דרך החלק יקרה אל הכל כי כמו שהנשמה הנמשכת ממנה היא נפרדת משאר חלקי הספירות כן המלכות נפרדת ח"ו משאר הספירות. וזה א"א, שא"כ יהיו נשארות הספירות תשע, לז"א עשר ולא תשע שלא ימעטו מעשר לעולם, ולכן צריך שתהיה הנשמה בזולת היותה כלולה מעשר שיהיו נכללות בה עצם הספירות כדרך המלכות ממש כי כל מה שיש בחלק יש בהכל. ואי תימא דסליקת לעילא וכו', פי' הוקשה לו שנאמר שהם עשר בזולת המלכות ולפ"ז כבר אפשר לומר שהמלכות נפרדת מהשאר ועם כל זאת הם עשרה לזה תירץ שמא מפרש וכו'. פי' שם המפורש הוא שם בן ד' הוי"ה כמו שנבאר בשער שם בן ד', והשם הזה הוא במדת התפארת והוא זכר המתייחד עם המלכות שהיא הנקבה והוא מתייחד עמה. והשם הזה מורה במלואו שהוא רשות היחיד גבהו עשר ורחבו ד' שהוא הוי"ה וזהו רחבו. וגבהו עשרה יו"ד ה"א וא"ו ה"א הרי י', כי לעולם אינו עולה מעשר. ואם היה שהיו עשר בזולת המלכות הנה בהתיחד השם עם המלכות יהיו י"א עשר למעלה ואחד המתייחד עם הנקבה. לז"א בספר יצירה עשר ולא י"א. והנה נשלם פי' המאמר, וכתבנו אגב אורחין פי' המשנה עשר ולא תשע ולא אחד עשר. עוד נוכל לפרש עשר ולא אחד עשר כיון להזהירנו שלא נביא בחשבון הנאצלים הכסא המכונה אל הבריאה כמו שנבאר בשער אבי"ע בעה"ו. וכן כוון להזהירנו שלא נביא בחשבון הנאצלים המלאך שר הפנים מטטרון, כי עם היות ששמו כשם רבו אינו אלא יצירה ולא אצילות כמו שנבאר בשער הנז' בה"ו. וכל

הפירושים האלה בפי' המשנה מאחר שדברה בלשון חיוב ושלילה. עשר הרי חיוב, ולא תשע הרי שלילה. וכן עשר ולא אחד עשר. וכוונתו לחייב זה המנין שהוא עשר ולשלול כל איזה צד טעות המרבה על העשר או הממעיט בהם:

פרק ששי:

עוד בארו לנו פי' אחר במשנה הזאת בספר ר"מ (תשא דקפ"ז ע"ב) וז"ל פקודא ליתן מחצית השקל בשקל הקודש. אמר ר"מ מאן מחצית השקל. איהו כגון חצי ההין. ודא ו' ממוצע בין שני ההי"ן. אבנא למשקל בה דא י', עשרים גרה השקל דא יו"ד. העשיר לא ירבה דא עמודא דאמצעיתא, לא ירבה על י'. דהכי אתמר בס' יצירה עשר ספירות בלי מה, עשר ולא אחד עשר. והדל לא ימעיט דא צדיק, לא ימעיט מעשר, כד"א עשר ולא תשע, ומחצית השקל עשר איהו עכ"ל. ויש לדקדק במאמר הזה. א' אמרו מאן מחצית השקל איהו כגון חצי וכו', פירוש חצי ההין הוא התפארת שהוא ממוצע בין שני ההי"ן. אמנם במחצית השקל לא שייך לפרש הכי ממוצע בין דלא ידעינן בין מה. שני אמרו אבנא למשקל בה דא י' וכו', הנה לפי המשמעות כי יו"ד הוא עשרים. ואיך אמר שאין לפחות ואין להוסיף על העשר הרי יו"ד שמחציתה עשר והנה הוסיפה עשר על עשר שהוא עשרים. ולפי פירושו אין להוסיף על העשר בשום ספירה. דלאו דוקא תפארת או צדיק אלא נקט הני דאינהו עשיר ודל וכ"ש שאר אחרים. ג' אמרו אבנא למשקל בה דא י', והאיך שוקלין באבן זו אחר שהיא עשרים גרה והמשקל צריך שיהיה בעשר שהיא מחצית השקל לבד. ואם נאמר שכוונתו לומר דרך לשקול באבן זו והוא האבן השלם, אם כן הוא אריכות לשון והיה ראוי שיאמר אבנא למשקל בה דא יו"ד והיא עשרים גרה למה אמר אבנא למשקל בה דא י' עשרים גרה השקל דא יו"ד שהוא כפל ואריכות. ד' אמרו ומחצית השקל עשר איהו, שנראה שאין לו קשר. ועוד שהוא הפך למה שפי', כי למעלה אמר פירוש מחצית השקל היינו ממוצע והשתא קאמר מחצית השקל י' איהו דמשמע דמחצית הוא חציו של שקל כמשמעה. והנה להבין המאמר הזה צריכין אנו להקדים כי ענין הספירות הם עשרה מלמעלה למטה ועשרה מלמטה למעלה, כדמיון נצוץ השמש הבא ומכה במראה הלטושה וחוזר האור ומתהפך נגד מקורו כן העניין בספירות כי הם באים מלמעלה למטה עד המלכות ושם מצב האור וחוזר אל מקורו דרך המסעות עד שכמו שהם עשרה מלמעלה למטה כן הם עשרה מלמטה למעלה, והדרוש הזה נאריך בו בשער בפ"ע בה"ו. והנה הסוד הזה הוא מתבאר מתוך צורת הא' שהוא י' למעלה י' למטה להראות אל מקור האור מלמעלה למטה ומלמטה למעלה, והם מים עליונים ומים תחתונים כמו שנבאר בשער ערכי הכנויים בערך מים בה"ו. והנה הוא"ו אשר באמצע שני היודי"ן הוא התפארת המייחד מים העליונים ומים תחתונים, וזהו מחצית השקל שהוא ממוצע בין השקל שהוא המדה השלימה מדת האצילות עשר מלמעלה למטה ועשר ממטה למעלה והוא ממוצע ואמצעי בין שני יודין שהם עשרים גרה השקל, ועתה משמעות חצי ההין ומשמעות חצי השקל הכל דבר אחד. ומתורץ קושיא א'. אבנא למשקל ביה דא י'. פירוש לעולם אבן היא צורת י' שהיא נקראת אבן וכל אבן רמוזה במציאות י' כמו שנבאר בשער ערכי הכנויים בערך אבן בה"ו. והנה היא אבן לשקול בה מחצית השקל כי מחצית השקל הוא עשר כמו שנבאר. ולכן האבן שבו שוקלים הוא צורת י' והיינו עשר. עשרים גרה השקל דא יו"ד. פירוש מה שאמר עשרים גרה השקל דא יו"ד במלואה שהוא מורה על עשרים שהיא שני היודי"ן י' מלמעלה למטה י' מלמטה למעלה. והנה מחציתה שהוא י' פשוטה היא האבן לשקול. ובהיותה מלאה היא שקל שלם שהוא עשרים גרה י' מלמעלה למטה וי' מלמטה למעלה כדפירשנו. העשיר לא ירבה דא עמודא דאמצעיתא, לא ירבה על עשר וכו'. פי' אצ"ל שאר הספירות אלא אפילו העשיר שהוא עשיר בשפע ובכללות יותר משאר הספירות עם כל זה אין לו להרבות כללות על יותר מעשר ספירות מפני שהן י' ולא י"א. וא"כ אין לו להרבות כללות על יותר מעשר מפני עשרו אלא עשירותו יהיה בריבוי שפע ואור או היותו כלול מעשר כליליות הרבה ולעולם לא יוסיף על כללות העשר. והדל לא ימעיט דא צדיק לא ימעיט מעשר וכו'. פי' יסוד עם היות שנקרא עני מפני עניותו [בזמן הגלות] כאמרו (ישעיה נז א) הצדיק אבד וכו'. והוא עני ודל. ואמר שעם היות שהוא עני אין עניותו לפחות מעשר ספירות כלל שאין לפחות מהן כענין עשר ולא תשע, אלא עניותו הוא במעוט שפעו או מעוט כליליות מהעשר אבל לא שיפחות מהן אלא שלא יוסיף כלילות הרבה מעשר עשר. אמנם מהעשר הנזכר אין לפחות כדי שלא יהיה פחות מעשר. שא"א לומר שיהיה מקום משולל [מהעשר] משום אחד מהם אלא לעולם הן עשר. ומחצית השקל עשר איהו. פירוש עתה לפי מה שפירשנו כי העשיר היינו עמודא דאמצעיתא שהוא ממש

מחצית השקל באמצעי בין שני יודין שהם שקל עשרים גרה א"כ מחצית השקל הוא עשר ועשר הוא מחצית השקל. וא"כ כיון שהכתוב בא ללמדנו שהעשיר שהוא הת"ת אין ראוי להוסיף על עשר א"כ היך אמר העשיר לא ירבה ממחצית השקל והוא עצמו מחצית השקל ואיך נתן שיעור אל העשיר שהוא התפארת במחצית השקל שהוא התפארת עצמו, לזה אמר ומחצית השקל עשר איהו. פירוש עם היות שפירשנו למעלה כי התפארת הוא הנקרא מחצית השקל מפני שהוא אמצעי (על) [עם] כל זה אין מקרא יוצא מידי פשוטו שהוא נקרא כן בבחינתו בין השקל וחוצה אותו לשנים וחצי השקל הוא עשר. ועתה אמר העשיר לא ירבה לעולם במציאתו שהוא מחצית השקל דהיינו שהוא חוצה השקל לשנים ועושה אותו כל אחד מעשר עשר. ע"כ פירוש המאמר. ונמצינו למדין מתוכו פירוש המשנה שעשר ולא תשע עשר ולא אחד עשר בא ללמדנו על ענין כללות הנכללים שאין להוסיף מעשר כדפירש:

ועתה נשוב לבאר שאר לשון המשנה שאמר הבן בחכמה וחכם בבינה וכו' ופירשו המפרשים כי הכוונה ליחד החכמה עם הבינה והבינה עם החכמה. עוד פירשו כי הכוונה לפרש ששורש החכמה בבינה ושורש הבינה בחכמה. עוד פירשו כשתמשיך שפע לחכמה תהיה ע"מ שיבא אל הבינה וכשתמשיך אל הבינה תן לו כח החכמה. ועפ"י הדברים האלה וכיוצא בהם פירשו המפרשים, ואין פירושם מתישבים. כי למה יזהירנו עתה בעניינים אלה בבינה ובחכמה ולא בשאר ספירות, כי ודאי כמו שאנו חייבים לייחד שלש ראשונות כן חיוב אלינו יחוד השבע אשר למטה מהם. ועוד כי למה הכתר לא נכנס בעניין היחוד הזה לקצת מן הפירושים. עוד אמרו בחון בהם וכו' ופירשו המפרשים כי כשתבחון היטב תדע כי החכמה והבינה הנז' הם שורש הגדולה והגבורה, וחקור מהם פי' כשתחקור תמצא שהגדולה והגבורה הם שורש נצח והוד שהם המתפשטים מהם. ואמר והעמד דבר על בוריו דבר מלכות. בוריו כמו משענתו וכן תרגם אונקלוס (שמות כא יט) והוא יסוד. והשב יוצר על מכונו והשב נגד תשוב"ה לתת כחה בת"ת שהוא המכונה בשם יוצר ומכונו של ת"ת הם נצח והוד. עכ"ד המפרשים אחר שבחרנו המובחר והסלת שבפירושיהם. ולהיות שאין הענין הזה מתיישב אלינו מפני שאין זה טבע לשון מחבר ועוד כי מה טיבו בהשמיענו עתה העניינים האלה וחדושים האלה כי זהו דרך המתפללים לא המחברים ואין לנו מזה שום למוד וחדוש. לכן נ"ל לבאר כי חכמה היא הקבלה והלמוד שאדם למד מרבו. כענין מוסרין לו ראשי פרקים. הבינה הוא העיון והתוס' שאדם מעיין ומוסיף מעצמו מתוך כללים וראשי פרקים הנמסרים אליו. ועתה אל זה כוונו באמרו הבן בחכמה ר"ל עיין היטב במה שלמדת מרבך בחכמת המדות שאין מוסרין בה אלא ראשי פרקים. וצריך האדם שיבין בה דבר מתוך דבר, כענין אמרם ז"ל (חגיגה י"ג) אין אומרים דבר זה אלא לחכם ומבין מדעתו. הנה שצריך האדם לדמות דבר אל דבר ולהוציא דבר מתוך דבר כדי שיהיה לו שכל מוליד ולא שכל עקר. ואמר חכם בבינה פירוש כשאתה מוליד ומדמה בשכלך ותבין צריך שתחכמהו ותסברהו בקבלת הרבנים ובקוצר דבריהם שיהיה נכלל הענין במוסף אליך הן רב הן מעט ואל בינתך אל תשען. ובחון בהם ר"ל בעצם הספירות דהיינו בהם במהותם תהיה הבחינה בדרך רצוא ושוב בלבד ובדרך ענוה ולחוש על כבוד קונך המחכים הפתאים וזהו בהם. אמנם בפעולות הנמשכות מהם יהיה הענין בחקירה עצומה ובידיעה טובה במשא ומתן ובעיון גדול. ולהיות כי החקירה היא בפעולות הנמשכות לנו ממציאות הספירות אמר וחקור מהם רצה לומר בהנמשך מהם ולא בעצמותם דהיינו בהם כמו שאמר למעלה. והעמד דבר על בוריו, פי' העמד הענין על תקפו ורד לעומק הדרוש כדי שיהיה ברור לך בלי ספק. והשב יוצר על מכונו, פי' כל כוונתך עכ"פ יהיה להיות ממ"ה הא"ס ב"ה משגיח במכונו שהם כסאותיו שהם י' ספירות, והכוונה הכל יהיה לענין יחוד הנאצלים המתייחדים במאציל והמאציל בנאצלים. או ירצה העמד דבר על בוריו כדרך שפירשו המפרשים דהיינו יחוד המלכות ביסוד ושלא להפרידם בהאמין ט' ח"ו אלא עשר עם המלכות. והשב יוצר על המכון שהספירות מכון וכסא אליו והוא אדון מאציל כמלך על הכסא ואינו במנין הכס"א, ע"כ פי' המשנה. והנה נתבאר מתוך הפרקים האלה היות הספירות עשר לא פחות ולא יותר ואין בדבר הזה פקפוק ח"ו אלא היא אמונה בלב כל המקובלים:

פרק שביעי:

אחר שנתעסקנו בפרקים הקודמים בחזקת אמונתינו המוסכמות בפי כל המקובלים כי הספירות הם עשר לא פחות ולא יותר, ראינו בפרק זה להציל המעיין ממקום השבוש והטעות, והיא שאלה נשאלה לרב האי גאון. וז"ל השואלים ילמדנו

רבינו כי מצינו לרז"ל י"ג מדות שקבל מרע"ה. ולאברהם אבינו ע"ה בספר ייחסוהו רז"ל על שמו והוא ספר יצירה מונה שם עשר ספירות. ואנחנו צריכים ללמוד מפיו קדוש אם י"ס הם י"ג מדות. א"כ י"ג מדות מצינו י"ג ספירות לא מצינו. או י"ג מדות לבד וי' ספירות לבד. לתורתך אנו צריכים ותשובתך אנו מיחלים עכ"ל השאלה. והנה הרב באר להם שי"ג מדות הם ענפי תולדות יוצאות מעשר מעלות נקראו ספירות אלו כנגד אלו עם שלשה גנוזות ראשי ראשים. ואם אינם מציאות לכם מסורת להם לקדמונינו איש מפי איש עד מפי הנביאים ז"ל והתולדות הן הן הפעולות נקראו מדות, והשרשים שהן אבות נקראו ספירות לא מפני שיש מספר וכו' ולא נעתיק כל טופס תשובתו מפני שאנו עתידין להעתיקו ולבאר ביאור רחב בשער הצחצחות פ"א בע"ה. ועתה ראוי שנאמר שאין כוונת הרב באמרו עם שלשה ראשי ראשים וכו' שיהיה תשובתו אליהם שהם שלש עשרה ספירות. שאם זו כוונתו של הרב היה לו לתרץ להם עקר שאלתם שהוא שבספר יצירה שאמרו עשר ולא אחד עשר אינה הלכה. וכיון שראינו שהגאון לא חש ליישב הלשון ולא לדחותו כנראה שהוא מורה שאין הג' הנעלמות ספירות עד שנאמר שהם י"ג. שאינם אלא כחות נעלמות מציאות דקות ממציאות הספירות כמו שנרחיב הביאור שם בה"ו. וכמו שאין לנו דוחק ממה שמצינו שהם עשר דאצילות ועשר דבריאה ועשר דיצירה ועשר דעשיה, כן לא יקשה לנו מציאות הנעלמות מפני כי הספירות לעולם אינם אלא עשר. ואם מצינו מציאות נעלמות הם מקורות לנגלות ואם יש נגלות הם צל אל העליונות ולעולם אינם עולים מעשר ולא ירדו מעשר והשלשה הם מקורות כמו שנבאר שם בבאור דברי הגאון בע"ה. עוד יש מקום לטעות בברייתא של ר' שמעון הצדיק והעתיקה רב חמאי גאון בספר העיון שחיבר וז"ל ואלו שלש עשרה כחות יש לכל אחד שם ידוע. ושם מעלתם זו למעלה מזו. א' אוי"ר קדמון, ב' חכמה קדומה, ג' או"ר מופלא, ד' חשמל, ה' ערפל, ו' כסא הנוגה, ז' אופן הגדולה הנקרא חזחזית מקום מוצא חזיון החוזים, ח' כרו"ב, ט' גלג"לי המרכבה, י' אוי"ר הסובב, י"א פרגוד זהו כסא הכבוד, י"ב מקום הנשמות הנקרא חדרי גדולה, י"ג סוד המערכה העליונה הנקרא היכל הקדש העליון. ואלו הי"ג כחות הם מתגלים כאחד מכתר עליון הנעלם הנקרא אומן וכו' עכ"ל לענייננו. והאמת שלכאורה משמע שהוא מונה סדר הספירות וכן הוא שהספירות הם עשר. האחד אויר קדמון והוא הכתר שכך מפורסם שמו ויתבאר בשער ערכי הכינויים, ב' חכמה קדומה והוא ממש חכמה, ג' אור מופלא הוא הבינה, ד' חשמל הוא חסד, ה' ערפל גבורה, ו' כסא הנוגה הוא הת"ת, ז' חזחזית הוא הנצח והוא א' מנביאי קשוט, ח' כרוב הוא הוד, ט' גלגל המרכבה הוא יסוד, י' אויר הסובב הוא מלכות. מכאן ואילך אינו בספירות אלא מדריגות שהן למטה מהספירות. ויש שפי' שהם ג' מיני אצילות שהם במלכות ולא אצילות ממש. אלא הנראה לנו כי כוונתו שהם ג' מקורות נעלמות במלכות כי באו בה הרמז כמו שנרמזו שלשה עליונות נעלמות בכתר כן באו בה בגלוי ואין כאן מקום הענין הזה אלא בשער הצחצחות ובשער אבי"ע בעה"ו. ולענין הג' יתרים הנה בדברי רבי שמעון הצדיק ע"ה שהם י"א פרגוד, י"ב מקום הנשמות הנקרא חדרי גדולה, י"ג סוד המערכה העליונה הנקרא היכל הקדש העליון. נראה לנו מתוך לשונו כאשר יעויין בטוב העיון שאינו מדבר בענין הספירות אלא כחות הספירות, ובפרט שקרא לי"א פרגוד שפירוש מקום הפסק והוא פרכת ומסך בין האצילות לשאר הדברים שתחת האצילות וקראה כסא הכבוד שהוא כסא הכולל כסאות הרבה והוא אצלנו ענין המכונה בלשון בריאה כאשר יתבאר בשער אבי"ע בע"ה. והנה ידוע שהנשמות חצובות מתחת כסא הכבוד, ועם היות שלפי האמת הם אצולות ממעל לכסא עם כל זה הם חצובות מתחת לכסא שהחציבה כנוי אל היצירה כמו שנבאר בשער הנז'. והנה היצירה תחת הבריאה נמצאו הנשמות מקום חציבתן תחת כסא הכבוד דהיינו תחת הבריאה, ולכן המדרגה שתחת כסא הכבוד נקרא מקום הנשמות וכן חדרי גדולה שהם ממש חדרי גן עדן. ותחת היצירה הזאת עשייה והוא המכונה בלשונו סוד המערכה העליונה והם מערכת המשרתים בסוד העשייה שהם תחת היצירה. זהו הנראה לנו בענין הברייתא של ר"ש הצדיק. והנה נתיישב ענין הי"ג מדות, ובין למר ובין למר לעולם הספירות אינם אלא י'. ואולם בענין השאלה ששאלוהו לגאון אם הי"ג מדות הם ספירות אם לאו יש לנו ראיה שאינם רמז לספירות כדרך סברת הגאון. והראיה שהם נקראות י"ג מדות של רחמים, והרי יש בספירות מדות של דין כגון גבורה והוד. לכן הברור לנו בזה שהי"ג מדות הם י"ב גבולין שהם י"ב הויות והם י"ב. ומקום הסובלן שהוא השם הכולל אותם הם י"ג. והם בכל אחד משלשה מקומות שהם תל"י וגלגל ול"ב והסימן תג"ל. בזולת שיש עוד י"ג נעלמות והם בכתר. ימה שראוי להאריך בביאור ענין הדרוש הזה יתבאר

בשער פרטי השמות בע"ה כי שם מקומו בביאור שם בן ע"ב. והנה רבי נחוניא בן הקנה ע"ה מכלל הסברא הזאת שמנה י"ג מדות בכתר כמו שאעתיק לשונו בשער מהות והנהגה בפ"ג בע"ה. וכן ג"כ הרשב"י ע"ה באדרא כתב י"ג מדות של רחמים בזעיר אנפין וי"ג מדות באריך אנפין. נראה ודאי שסברתם הפך סברת הגאון ז"ל. ובאור י"ג מדות אין מקומו הנה כי יתבאר בספר בפני עצמו אם יגזור השם בחיים. והמכוון אצלינו בזה להחזיק אמונת המקובלים כי אין להאמין בתוספות הי"ס ולא בפחות מהם כי הוא אהל בל יצען בל יסע י' ולא י"א והמוסיף או הגורע חוטא וגורם רעה לעצמו. ומהאל נשאל יצילנו משגיאות:

פרק שמיני:

אחרי שנתאמתנו בענין מספר הספירות, ראוי שנחקור אם הם מוכרחות מצד החקירה אם לאו. ולזה נאמר כי הם מוכרחות מכמה סבות. הראשונה מפני שאנו המאמינים בהשגחה ואפי' בהשגחה פרטית מוכרחים אנו לומר שהוא משגיח מצד הספירות מפני כי האחד הפשוט סבת כל הסבות ועלת כל העלות מסולק מן השנוי ומן המדות. ר"ל חכם צדיק שומע ושאר התוארים אשר סלקו ממנו החוקרים. וכן גדרי הגוף והגשמות כגון וירד ה' וכן ומראה כבוד ה' כאש אוכלת וכו' וכן ואראה את ה' יושב על כסא וכו' וכן וכבוד ה' מלא את המשכן וכן ויראו את אלקי ישראל ותחת רגליו וכו' וכן הנאמר בדניאל (ז ט) ועתיק יומין יתיב לבושיה כתלג חיור וכן כתובים באצבע אלקים, אזני ה' יד ה' עיני ה' כעניינים אלו אשר באו בכתוב המורים על הגבול ועל הגשמות וכן המורים על התוארים. וזה באחד הפשוט בערך בחינתו אל עצמותו ופשיטותו א"א לומר עליו כן. אם לא נערוך בחינתו אל מדותיו כאשר נבאר בשער עצמות וכלים ובשער הכנויים בעזרת האל. והנה על ידי המדות יהיו השינויים והדין והרחמים לא בבחינתו כאשר יתבאר בשער הנזכר. והנה מפאת בחינה זו כדי שלא נכחיש עקרי אמונתנו באחד הפשוט במציאות פשיטותו שהוא מסולק מן התוארים המחייבים הגוף והנשמות. ואנו מוכרחים להאמין השגחתו שגם הוא מעיקרי הדת ולכן אנו צריכין להאמין בספירות כדי שלא יהיו עיקרי אמונתנו סותרים אלו לאלו כדפי'. וזו הוא סבה או סבות המכריחות אמונת הספירת והם ראיות מוכרחות קצת מפאת התורה על דרך החקירה. אמנם על דרך החקירה בזולת סעד וסמך מהתורה כתבו המפרשים עוד ראיות רבות ומפני שאין דרכנו בחבור זה על דרך החקירה לא העתקנו אותם כלל. עוד נתבארו המדות האלה עשרה, סודם ועניינם בכתוב. ג' ראשונות נתבארו מתוך דברי איוב לחביריו שאמר (כח יב) והחכמה מאין תמצא ואיזה מקום בינה. בפסוק זה באר לנו סדר ג' ראשונות שהם נקראים אין חכמה בינה. ראשונה אמר החכמה היא נאצלת מהספירה הראשונה הנקרא אי"ן וזהו והחכמה מאי"ן תמצא. וא"י שהוא א' אין י' חכמה, ז"ה הוא מקום בינה שע"י נאצלת הבינה. ואמנם מאצילות האי"ן לא דבר בו כלל כי אפילו הנאצל נקרא אין כ"ש המאציל. והנה הז' הנמשכות מהם נתבארו בדברי דהמע"ה בכתוב שנאמר (ד"ה א' כ"ט) לך ה' הגדולה והגבורה והתפארת והנצח וההוד כי כל בשמים ובארץ לך ה' הממלכה. מלות לך ה' הם כנוי אל ג' ראשונות והבינה נקרא לך שעולה נ' כמנין חמשים שערי בינה. ול"ך וכ"ל האותיות זה כאותיות זה. והיסוד כאשר הוא מקבל מבינה מנו"ן השערים הנזכר נקרא כ"ל והוא כדמות החותם המתהפך מן ל"ך אל כ"ל, והטעם שנרמזו חמשים שערים במלת לך ובמלת כל מפני שהשערים הם נ' בסוד הבינה המתפשטת עד הוד שהם ה' ספירות וכל אחת כלולה מעשר הרי חמשים והם שלשה על שנים גג"ת הם סגול או סגולתא הם ל'. נצח והוד הם צי"רי או שב"א. הרי ך' הרי ל"ך כסדרן. וכ"ל בסוד חותם המתהפך, מה שהיה למעלה חזר למטה. ושאר ענייני השערים יתבארו בשער השערים בע"ה. הגדולה היינו חסד, הגבורה היינו פחד, והת"ת והנצח וההוד. כ"י כ"ל בשמים ובארץ, דא יסוד כת"א דאחיד בשמיא ובארעא. פי' המייחד הת"ת הנקרא שמים, וארץ הנקרא מלכות, והוא היסוד. ומלכות לא נתבארה בכתוב היטב אלא אמר לך ה' הממלכה, מפני כי המלכות מקומה למעלה מהנצח וההוד והיסוד ומפני המיעוט ירדה למטה לכן לא רצה להזכירה אלא ע"י היחוד להורות שמקומה בשמים אלא שהשליך משמים ארץ ואח"כ אמר לך ה' הממלכה לבאר חייליה וקשוטיה בפני עצמה ועם כל זה חזר ויחד אותה עד השרש העליון באמרו לך ה' הממלכה לך בינה כדפי'. הוי"ה ת"ת. ממלכה מלכות כמשמעה. והיינו מציאותה עם בעלה שני מלכים יונקים מכתר א':

פרק תשיעי:

אחרי אשר נתעסקנו בפרקים הקודמים בהכרח מציאות הספירות ומספרם, ראוי שנדע אם המכחיש ענין מציאות הספירות יקרא כופר אם לאו.

ונאמר כי טעות האדם בענין זה יהיה בא' משני פנים. הפן הא' מי שלא ידע בהם כלל לא מצד שאם יתגלו לו תעלומות חכמה יכחישם ח"ו אלא מצד שלא הורגל בהם ולא נתגלו לו שערי אורה. האיש הזה ודאי ראוי שלא יקרא כופר ולא מכחיש. וראיה לזה שהרי אפי' בענין סלוק הגשמיות מהפשוט אמיתי ית' אמר הרמב"ם בס' המדע בהל' תשובה פ"ג כי המאמין שהא' הפשוט הוא גוף ובעל תמונה הוא מין, וכלל אותו בכלל המינין. והשיג עליו הראב"ד ע"ה וז"ל א"א ולמה קרא לזה מין, וכמה גדולים וטובים ממנו הלכו בזו המחשבה, לפי מה שראו במקראות ויותר ממה שראו בדברי אגדות המשבשות את הדעות ע"כ. הרי שהראב"ד ע"ה תפס עליו על שאמר כי האומר שהאלוה גוף הוא מין. ואין ראוי לחשוב שיהיה סברת הראב"ד ע"ה שלא יהיה מין, כי ודאי המגשים את האלוה הוא מין. אמנם מחלוקתם תלויה בזה שהרמב"ם לפי הנראה מלשונו ס"ל שהאומר שאלוה הוא בעל גשם הוא מין ואע"פ שיהיה הטעות הזה מטעם כי לא הורגל באלהיית ורדף אחר פשוטי המקראות והמדרשים ולא ירד לעמקם להבין עניינם כצורתם. ולזה השיגו הראב"ד ז"ל והכחישו ואמר שאיש כזה שבכל ענייניו עובד את האל והולך בדרכי התורה בתמימות ומפני קוצר ידיעתו האמין בגשמות לא יקרא מין, עם שהוא בודאי טועה. מאחר שאין כוונתו להרע ח"ו. אבל המכיר את בוראו שנגלו לו שערי ההקדמות בסילוק הגשמות ואינו מודה באמת ומעיז פניו ואומר שהאלוה הוא גשם, זה ודאי יקרא מין ואפילו לסברת הראב"ד ז"ל. וכן נאמר בענין הספירות כי ודאי מי שלא ידע בהם והאמין בא' הפשוט בלתי ידיעת הספירות אין ראוי שיקרא כופר ח"ו ולא מקצץ בנטיעות ח"ו שא"כ היה מן הראוי שבהיות האדם יודע להבין בחנוך המצות יחנכוהו בענין האמונה בספירות וידיעתן מה שלא מצינו כן. אבל אדרבא אמרו כי מן הראוי הוא להסתירם ואין מוסרים דברים אלו אלא לצנועים וכו'. מה שאין כן בענין מציאת האל והאחדות וענין תורה מן השמים ונבואת משה ורוב עקרי הדת כי בהיות הנער יודע קרוא אבי ואמי יחנכוהו בהם ויגלו לו פשטם של דברים כאמרם ז"ל במס' סוכ' (דף מ"ב) יודע לדבר אביו מלמדו תורה וק"ש ושאלו בגמרא תורה מאי היא ואמרו תורה צוה לנו משה כו' וק"ש שמע ישראל כו'. והנה שבחרו בב' הפסוקים האלה להיות כי בהם כלולים רוב פנות עיקרי התורה. בפסוק שמע ישראל כלול מציאות האל והיינו ה'. עוד בהיותו משגיח ואפי' השגחה פרטית וזהו פי' אלקינו. כי עם היות מציאותו מחויב מצד כל העולם כלו והוא היה הוה ויהיה ומהוה כל הויות שזהו פי' שם בן ד' בכתיבתו. ועם היותו רבון כל העולמים עליונים ותחתונים שזהו פי' קריאתו באדנות. ומזה יוכרח היות השגחתו כוללת בכל העולם. עם כל זה אלקינו פי' משגיח בפרטיות בנו. ה' אחד מכריח האחדות. וכבר בארו בגמרא (ברכות י"ג) שצריך האדם לכוין במלת אחד שהוא מלך מעלה ומטה ובד' רוחות. ובזה הוכרח שאינו גשם שהגשמי לא ימצא במקומות מתחלפים בזמן אחד. עוד פי' אחד פי' לא כאחד המנוי וכו' כאשר נבאר בשער עצמות וכלים בשער ד' בפ"ה בעה"ו. ובפסוק תורה צוה לנו משה כלול עיקר תורה מן השמים ונבואה ונבואת משה וזהו תורה צוה לנו משה כמפורסם. שכר ועונש באמרו מורשה קהלת יעקב כי ה' חפץ למען צדקו את ישראל והנחילם תורתו. וזה כוונו באמרם שני פסוקים האלה מטעם כי כאשר יגדל הנער יתחיל לשוטט במחשבתו במלות האלו וישאל לאביו וזקנו טעמם ועניינם. והם יגידוהו ויכניסוהו בענייני פנות התורה מעט מעט לפי שכלו כאשר יוכל שאת. זהו הנמצא במציאות העקרים. משא"כ בספירות העליונות אדרבא יעלימו סודם מעין כל ולא יגלום אלא לצנועים יחידים בדור, והרי מכאן ראיה שמי שלא יבחין בענין הספירות לא יקרא מפני זה כופר ולא מקצץ בנטיעות ח"ו. אמנם יצדק אמרנו עליו שלא זכה לראות מאורות מימיו ולא טעם במתק התורה וצוף אמריה הנעימים והנה מת באין חכמה ולא ראה טובה. הפן השני הם אותם אשר נגלו אליהם ענין הספירות ומציאותם, ויכחישום מפני רוע תכונתם כי הורגלו בחכמות חצוניות ובילדי נכרים יספיקו. ואלו אם לא יקראו כופרים או מינים מפאת כי הם מאמינים בכל ענייני האלהות, עם כל זה יקראו כופרים מפני שהם מכחישים פי' תורה שבע"פ. והאחד מג' כופרים הוא המכחיש פי' מפירושי תורה שבע"פ כמו שכתב הרמב"ם בפ' הנזכר, והוא ג"כ מכחיש דברי רז"ל. ומלבד אשר אלה לו עוד יוסיף על חטאתו פשע כי מהכחשת הספירות ימשך על הכפירה כי נכריחנו בהקדמות ופנות התורות כי מאחר שהאחד הפשוט לא ישיגהו שנוי איך ישגיח בעניינים חולפים. וכן אחר שהוא אחד איך ישגיח על סוגי המינים כי יחייב הרבוי כנודע. ולזה יוכרח להאמין בספירות ואם לאו יכפור ח"ו. כאשר טעו רבים בסלוק ההשגחה הפרטית ובעניינים האלה שאין ראוי להעלותם בכתב. והנה על כרחו נכריחהו בהאמנת הספירות או יקרא כופר. ועל זה הדרך

יוכרח שהאומר שאין לו עסק בקבלה ואינו רוצה לכוין בתפלתו אלא לבעל האורות כאשר חשבו רבים ודאי שיקרא טועה שאם יבא אדם לדבר באחד הפשוט בערך בחינתו אל מציאותו בזולת מציאותו ובחינתו בערך הספירות נמצא מסלק פעולותיו מכל וכל. כי הא"ס בערך בחינת עצמותו הוא פשוט ואינו בעל שנויים שישתנה מדין אל רחמים ושיתפעל ברצון וישתנה מרצון אל רצון על ידי התפלה אם לא בערך בחינתו אל ספירותיו שהם הם השגחותיו ועל ידם יהיה שנוי הדין והרחמים. ואל ידחוק המעיין ליכנס מתוך דברינו אלה לפנים מהמחיצה להבין ענין השינויים וההשגחה כי ישיגהו היזק ולא תועלת אמנם נבאר הענין בארוכה בשער עצמות וכלים בע"ה. סוף דבר האדם מוכרח להאמין בספירות כדי שיצדק בעקרי האמונה ובפנותיה שא"א להעמיד פנות התורה אלא בהם ר"ל על ידם שעל ידם יפעול המאציל השנויים ולא ישיגהו מזה שנוי כלל ח"ו כמבואר בארוכה בשער הנחמד ההוא. ומהאל נשאל המחילה:

פרק עשירי:

אחר שנתעסקנו בענין הספירות והכרח מציאותם וענין המסור להם בין החכמים, צריכין אנו לדעת מהותם ושמותם הכולל המוסכם בין המפרשים ובפרט בדברי הרשב"י ע"ה. והוא זה. הא' כתר, והב' חכמה, והג' בינה, והד' גדולה או חסד, והה' פחד או גבורה, והו' תפארת, והז' נצח, והח' הוד, והט' יסוד, והי' מלכות. והספירות אלו הם י' שמות שאינם נמחקים והשמות והספירות הכל דבר אחד כי רוחניות השמות הם ממש הספירות. הכתר הוא אהי"ה, ולא נמצא בכתוב כ"א ג"פ בפסוק אחד (שמות ג יד) ויאמר אלהים אל משה אהי"ה אשר אהיה ויאמר כה תאמר לבני ישראל אהי"ה שלחני אליכם, ואולם הטעם למה לא בא בתורה ועוד ספקות אחרות שבדרוש הזה יתבאר בשער השמות בעה"ו. ושם חכמה הוא י"ה, ויש מהם הרבה כתוב בתורה שנוי בנביאים משולש בכתובים. כתוב בתורה עזי וזמרת יה וכן כי יד על כס יה. שנוי בנביאים אראה יה יה בארץ החיים שבמכתב לחזקיהו. משולש בכתובים מן המצר קראתי יה ענני במרחב יה וכמוהם רבים. ושם הבינה הוא שם בן ד' בנקודת אלקים, כתוב בתורה שנוי בנביאים משולש בכתובים. כתיב בתורה אדנ"י הוי"ה במה אדע כי אירשנה וכמוהו רבים. שנוי בנביאים הוי"ה אדני חילי וישם רגלי וגו' וכמוהו רבים. משולש בכתובים אבא בגבורות אדני הוי"ה אזכיר צדקתך לבדך וכמוהו רבים. ושם החסד הוא שם א"ל, ויש מהם הרבה בתורה בנביאים ובכתובים. בתורה ויקרא לו אל אלקי ישראל וכמוהו רבים. בנביאים אל אלקים הוי"ה הוא יודע וכו' וכמוהו רבים. בכתובים האל תמים דרכו וכמוהו רבים. ושם הגבורה אלקים כתוב בתורה שנוי בנביאים משולש בכתובים. כתוב בתורה והאלקים נסה את אברהם וכמוהו רבים. שנוי בנביאים ותהי חרדת אלקים וכמוהו רבים. משולש בכתובים קומה אלקים שפטה ארץ וכמוהו רבים. ושם הת"ת הוי"ה כ"ב ש"ב מ"ב. כתוב בתורה ויאמר הוי"ה, וידבר הוי"ה וזולתם רבים. שנוי בנביאים כה אמר הוי"ה וזולתם רבים. משולש בכתובים ה' אמר אלי בני אתה וכמוהו רבים. ושם הנצח לא תמצא לבדו כי אם משותף בשם ההוד מטעם כי לשניהם שם אחד והוא צבאות. וזה לא נמצא בתורה כלל. ובנביאים הרבה כה אמר ה' צבאות וזולתם רבים. ובשם היסוד פירשו בו כל המפרשים האחרונים שמו המיוחד אל חי. וקשה שאין אל חי משמות שאינם נמחקים כי מלת חי אינו קדוש לפי הנראה במסכת שבועות (דף לה.) שלא מנו שם אלא אל. ושם אל שהוא הקדוש הוא מושאל אליו מהחסד בדרך הכנויים ומנאם. ומכלל הסברא הזאת רבי אבא בספר הזוהר פ' ויקרא (דף י"א.) וז"ל שתיתאה ושביעאה צבאות אקרון. תמינאה אל חי כד"א כי שם צוה ה' את הברכה חיים וגו', ודא צדיק דכל חיים נפקין מניה עכ"ל. ומה שמנה נצח והוד ששי ושביעי עם היות שהם שביעי ושמיני כנודע, מפני שרבי אבא התחיל למנות השמות משם י"ה מחכמה כמבואר שם. ופירש כי צדיק נקרא אל חי מטעם כי מוצא החיים הוא ממנו ואמר דכל חיים נפקין מיניה, מפני שעקר החיים הם למעלה בחכמה ובינה כדכתיב (קהלת ז יב) החכמה תחיה בעליה וכמו שנבאר בשער ערכי הכנויים בעה"ו, לז"א כי הטעם שהיסוד נקרא בשם אל חי עם היות שעיקר החיים הם למעלה מפני כי הוא מקורם בערך יציאתם לחוץ, ומפני כן נקט לישנא דנפקין דהיינו בערך יציאה. הנה שרבי אבא פי' ששם היסוד אל חי. ור' אלעזר (שם ע"ב) חלק עליו ואמר כי שמו הוא שדי וז"ל תשיעאה שד"י, דאמר לעלמא די, דהא די ספוקא הוא וספוקא לא אתי לעלמא אלא מן צדיק דאיהו יסוד עולם דאמר לעולם די עכ"ל. ומפני שהוקשה לו לרבי אלעזר שהשם שדי פי' שאמר לעולם די, דהיינו שהגבילו שהיו מצריו נמתחים והולכים עד שאמר לו די. וזה לא יוצדק ביסוד כי בריאת העולם היתה על ידי האדריכל

שהיא המלכות וא"כ היא ודאי שאמרה לעולם די. לז"א שד"י פי' ספוק ומזון והמזון הוא מצד היסוד והוא המספיק מזון לעולם והיינו וספוקא לא אתי לעלמא אלא מן צדיק דאיהו יסוד עולם. וכוון לומר מן צי"ע כי הוא יסוד ומעמיד העולם וזהו שכפל לשונו ואמר צדיק דאיהו יסוד עולם דאמר לעולם די. ועם כל זה לא נכחיש היות שם אל חי ביסוד כמו שבאר רבי אבא, אבל לא שיהיה שם קדוש כדרך שאר שמות שאינם נמחקים אלא כנוי כשאר הכינויים ובא בכתוב (תהלים פד ג) לבי ובשרי ירננו אל אל חי. ושם שדי כתוב בתורה ואל שדי יברך אותך ויפרך וירבך, ש"ב כקול שדי בלכתם, מ"ב והיה שדי בצריך. ושם המלכות אדני כתוב בתורה שנוי בנביאים משולש בכתובים. כתוב בתורה ועתה יגדל נא כח אדני וכמוהו רבים, שנוי בנביאים דבר שלח אדני ביעקב וכמהו רבים, משולש בכתובים אדני שפתי תפתח וכמהו רבים. ובא במסורה כי יש מהם במקרא קל"ד, והטעם תמצאהו בפי' התורה להחזקוני בתחלתו אמר כי מספר זה הוא כנגד אותיות של ראשי וסופי תיבות של מזרח מערב דרום לומר שג' רוחות אלו סגורים בשמו של הקדוש ברוך הוא וכן קלד לשון סגירה כמו אקלידי אבל צפון אינו בכלל שהוא פתוח ליפרע מן הרשעים ולעתיד לבא יסגירנו הקב"ה ג"כ וכו' ע"ש ותמצא טעמים נמשכים לזה הדרוש. ועשר שמות אלו הנזכר הם היכלות לרוחניות הספירות והרוחניות ההוא לבוש אל רוחניותם הפנימי הנרמז בשם בן ד' שבכל ספירה וספירה. והענין הזה וזולתו בבאור השמות האלה ועניני הספירות יתבאר בשערים הבאים בעה"ו וכל אחד ואחד במקומו הראוי לו. והנה נכלל השער הזה והודאה לאל אשר עזרנו הוא יעזרנו נצח סלה ועד אמן:

שער שני - עשר ולא יותר

בטעם למה עשר ולא יותר. ואחר שנתעסקנו בשער הקודם בהכרח ענין האצילות ושהוא מוסכם בין המקובלים שהם עשר לא פחות ולא יותר וסדרנו עניינם ושמותם, ראינו בשער זה לתת טעם היותם עשר ואל ענין האצילות כלו בכלל בעה"ו:

פרק א:

בהיותנו משתעשעים בגן עדני ספרי החכמים בחכמה הזאת מצאנו החכם רבי יהודא חייטי בספרו מנחת יהודא ד"ט ע"ב כתב בטעם העשר טעם א' משמו של רבי עזריאל ותשובתו בצדו. וז"ל דע כי כל נקודה באה בג' קוטרים אורך ורוחב ועומק וכשתכם זה בזה בדרך מספר מרובע הג' עושים ט' ועם המקום הסובלם הם עשר עכ"ל הר"ר עזריאל ז"ל. והשיג עליו רבי יהודא וז"ל ולא ייטב בעיני הטעם הזה משתי סבות. הא' כי ההקדמה אינה אמיתיית מפני שהקוטרים הנזכר הם בעלי הכמות והנקודה אין לה כמות כי היא סוף הקו. ועוד הייטב בעיני ה' שהקוטרים הנזכר אשר בהם יגדר הגשם יוחסו אל האצילות, והלא באלקות הגשם חלף הלך לו עכ"ל. ומפני שדבריו סתומים בקצת בפרט בקושיא הראשונה באמרו הנקודה אין לה כמות וכו' ראינו לבאר כונתו. והענין הוא כי כל גשמי יש לו אורך ורוחב ועומק ואין לך דבר גשמי בעולם שלא יהיו לו ג' אלו כי הם גדרי הגוף. ואילו יצוייר ב' גדרי הגוף לבדם שהם האורך והרוחב בלא עומק יקרא שטח שפי' כמו גוון השטוח על פני הנייר אשר יוצדק בו האורך והרוחב ולא יצדק בו העומק ולכן נקרא שטח. וכאשר נצייר גדר הגוף א' לבד שהוא האורך ולא הרוחב יקרא קו פי' קו האורך משולל מהרוחב וכ"ש מהעומק. וכאשר נצייר שלילת שלשת גדרי הגוף תקרא הענין ההוא נקודה. והענין שאין לה לא אורך לא רוחב ולא עומק. ולא מפני שיכולה להיות במציאות אלא נקרא נקודה צוריית ר"ל ציור שלילת גדרי הגוף ולא שתהיה במציאות. ועם ההקדמה הזאת תובן כוונת ר' יהודא שהשיג על ר' עזריאל שדבריו סותרים שאמר נקודה באה בג' קטרים, וזה א"א שלנקודה אין לה אורך ולא רוחב ולא עומק אלא שהיא סוף הקו פי' כמו שבארנו כי היא סוף הקו שהוא ג"כ שלילת האורך ונמצא כי הנקודה בלא קטרים כלל. ואומרו שהוא סוף הקו אינו מוסכם בין בעלי התכונה. כי י"א ששתי נקודות או יותר קבוצם יעשה קו. וי"א כי אפי' יקובצו כל הנקודות שבעולם לא יעשה הקו אחר שהנקודה אין לה אורך כלל א"א שיתהוה על ידה האורך. ואין זה מעקר העסק שלנו. והנה ר"י לשתי השגותיו על דעת ר"ע תירץ בדרך מספר לזכות ר' עזריאל ולפי שאין הדבר נאה ומתקבל לא נעתיק אותו הנה. ונראה לנו להפך בזכות ר' עזריאל ונאמר כי אמת שהאצילות אינו גוף ולא גשמות. עם כל זה ממנו נמשך הגוף והגשמות וכמו שבעלי הקבלה האמינו היות ד' יסודות שהם מים אש אויר עפר רמוזים בספירות. שהם גדולה יסוד המים, וגבורה יסוד האש, והת"ת יסוד האויר, והמלכות יסוד העפר. ולא מפני שהם ממש יסודות ח"ו. אבל הם שורש היסודות, והיסודות נבראים משרשם. כן הענין בגדרי הגוף כי אין הענין שיהיה ממש גוף למעלה ולא שיצדק בספירות גדרי הגוף אלא אחר שהגוף נברא מהם והם שרש אליו נמצאו בשרשים על דרך הכינוי מציאות גדרי הגוף. ולכן יוצדק למעלה אמרנו אורך ורוחב ועומק. והכונה הכח שבו נעשה האורך, והכח שבו נעשה הרוחב, והכח שבו נעשה העומק. וכן כל אחד מג' כחות הללו עושים ג' פעולות אחרות נמצא מציאותם ט'. והממציא מציאות הגוף קודם בואו אל גדריו הוא כח עשירי. הרי שמוכרחים למעלה עשר כחות שהם עשר ספירות. ולא שתהיה סברת הרב רבי עזריאל שיהיו למעלה גדרי הגוף חלילה. עוד נראה כי מתחלה הקושיא אינה כלל כי היטיב רבי עזריאל עם אשר המשיל האצילות לגדרי הגוף שכבר נתן רשות לדבר זה. והנה בס"י דרך דרך זו באומרו עומק רום ועומק תחת ורום ותחת ומזרח ומערב ודרום וצפון הם גדרי הגוף, ועם כל זה לא מנע עצמו בס"י לדמותו באלקות להיות שהם משל ודמיון בדרוש. ואל קושיא הב' שהנקודה אין לה כמות, זו אינה השגה. שהרי אין נקודה שלא תהיה בעלת הגדרים ודאי ואם אמרנו לעיל שהנקודה אין לה כמות היא דוקא נקודה צוריית שאינה במציאות והנקודה שהוא במציאות היא בעלת קטרים וא"כ אינה השגה. ועוד כי להיות שאין האצילות גוף וגשמות כנה אותו בלשון נקודה שאינה גוף להיות שהאצילות שרש הגוף וגדריו. ועוד כנה האצילות בלשון נקודה לומר כי כמו שהנקודה מתייחדת בחלקיה ואינה מקבלת חלקים כלל כן האצילות אינו מקבל החלקים ואף אם נאמר בה חלקים הכל משל ודמיון. ע"כ הגיע מה שנראה לנו להפך בזכות הרב רבי עזריאל. ועתה נכתוב מה שכתב ר' יהודא בטעם האצילות וז"ל מאחר שהאצילות בא בנקודה יש להודות על כרחינו שיש בנקודה הזאת ראש תוך סוף. יש לנו להודות בסוף מאחר שאנו רואים כי אם היו נבראים מצד הכח

שאין לו סוף היו הולכים לבלתי סוף והיו לעולם קיימים ולא היתה זאת הכונה, ומאחר שיש לה סוף אם כן יש לה ראש כי אין סוף בלי ראש ואין ראש בלי סוף. והשמר לך מלחשוב באמרי ראש תוך סוף היות הכונה ראש תוך סוף כמות חלילה, אלא בענין הכח כי יש הבדל בין העלה והעלול. ומפני שכל הג' קצוות הנזכרים בנקודה כלול מן הג' כי בראש יש סוף תוך וכן בתוך וכן בסוף נמצא שעולים תשע כשנכה ג' על ג' בדרך מספר המרובע והמקום הסובל וכו' עכ"ל. הן אלה קצת דבריו בקצור והביא מאמרים הרבה מהזהר לראיה. ולפי שאין המאמרים ראיה כלל אל דבריו לא ראינו להעתיקם. ומה שראוי להקשות אם לדבריו אם לדברי ר' עזריאל ע"ה הוא כיון שטעם העשר הוא הנקודה אשר הוא בעלת שלש וכל אחד כלול מג' א"כ אף אנו נאמר כי כל חלק מהג' אשר בכל א' מהשלשה חלקים שיהיה כלול מהג' ויעלו לאין תכלית משלש אל שלש. ואם אינו נרצה לכללם בענין הזה א"כ הכללות הראשון שאנו עושין מג' ט' מהיכא תיתי לן. וזה ודאי דוחק גדול. עד שמתוך זה יש שרצו להרכיב ב' סברות יחד ואמר שכל נקודה יש לה עמק וארך ורחב וכל א' מג' אלה יש להם סת"ר הרי ט' והמקום הסובל הרי י'. ובידי להשיג על בעלי שלש סברות אלה כי איני רואה מקום לדברים אלה, שנמצאו היות הגופים והגבול הכרח למציאות האצילות. וזה דבר בלתי מתקבל שנאמר כי מפני שאלו הם גדרים מוכרחים הוכרחו הספירות היות מדתן כך שהרי הספירות פעלו והולידו העולם והנבראים כלם. והרי אם היו הספירות י"ו אפשר שיהיה במציאות הגדרים י"ו דברים ד' על ד'. ומי ראה להכריח המצאת צורת האב מפני מציאות צורת הבן, וכי התאמר הוכרח שראובן יהיו לו ידים כדי שיהיו לבנו ידים או ג"כ לראובן ג' ידים כדי שיהיו לבנו ג' ידים ואיך נכריח צורת הסבה מפני צורת המסובב. כי לפי האמת הסבה הוא העקר והמסובב טפל אליה, והיאך יהיה המסובב הכרח אל צורת מציאות סבתו אתמהה. ועוד לדברי רבי יהודא שאמר שהנקודה יש בה סת"ר וכל אחד משלשתן שיהיה בהן סת"ר. ג"ז אינו עולה יפה שהרי תוך אי אפשר שיהיה בו סוף וראש שאם יהיה בו סוף וראש לא יהיה תוך ומה שהוא תוך לא יוצדק בו סוף וראש כי ראשו הוא הראש הראשון וסופו הוא הסוף האחרון כי סוף וראש אינו סוף וראש כמותי אלא אפיסת הכח או תחלתו. ואיך אפשר לומר שיש כח שיהיה אפיסת כחו או תחלתו אם לא אפיסתו האחרונה או תחלתו הראשונה דהיינו ראשו וסופו בעצמו. ועוד אחר שאין הכונה בראש וסוף אלא בענין אפיסת הכח או תחלתו כמו שנתבאר א"כ אחר שהסוף הוא אפיסת הכח איך באפיסה ההיא נוכל לומר ראש ותוך שהרי אינו אלא אפס כי אפס הכח ואין באפס התחלה ותוך, עם שאפשר לישב קצת מזה בדוחק. וע"ד מה שהקשה הוא לר' עזריאל כי קטרי הגשמי איך יוחסו אל האצילות כי באלקות וכו'. ולדידיה נמי מי ניחא איך אפיסת כח ותחלת כח יפול באצילות כי האלקות לא יוצדק בו חסרון כח ח"ו כי הוא שלם תכלית השלמות. ועל כרחנו נשיב לזה אחד משני דברים. הא' כי הוכרח מטעם כי יש הבדל בין האין סוף והנאצלים כהבדל שבין עלה לעלול ולכן יוצדק בו קצת אפיסת הכח לפי שבהכרח אינו כדמיון המאציל ממש מטעם שירד מאתו והוא נאצל ממנו, ואין הענין הזה חסרון במאציל ח"ו ולא בנאצל אלא מפני שהוא נאצל ועלול הוכרח לרדת מדריגה מן העילה וזה מפני מעלת המאציל על הנאצל ומטעם זה יוצדק בו אפיסת כח מצד מה. או שנאמר כי הוכרח להיות גבול בפעולתם למלאת כוונת המאציל שהיתה שהנבראים יהיו בעלי תכלית ובעלי האפיסה. א"כ גם לדברי הרב ר"ע נאמר כי הוכרח הגבול באצילות מטעמים האלה. ראשונה כי העילה הראשונה הוא תכלית שלילת האפיסה מן הציור ומן הכמות מכל וכל אמנם הנאצלים ממנו הוכרח כי כפי רדתם מאת פניו יוגבלו קצת בגבול ציורי ולא גבול ממש, אמנם בערך המאציל שהוא עלתם אשר אנו חייבים לשלול ממנו הגבול והאפיסה ושאר העניינים הדומים לאלו הוכרח שיהיה לנאצלים הבדל ממנו כהבדל העלול מן העילה. ועוד שנית לשיהיו הנבראים הנמשכים מהנאצלים בעלי גבול, וזהו כחו יתברך כי כמו שנברא העולם יש מאין כך האין סוף ממ"ה האציל נאצלים שמהם ימשכו פעולות בעלי תכלית כדי שיהיו הנבראים בעלי גבול. וצריך המעיין בזה להבין דעתו ולכוננו ולסעדו ולישרו אל האמת. ואל יחשוב היות כוונתנו בזה להגביל לא במאציל ולא בנאצלים חלילה וחס. אבל הכונה בזה הוא שאחר שנשלול הגשם והגבול והכמות ואפיסת הכח והתכלית והסוף מהאצילות הטהור והקדוש תכלית השלילה וההרחק, חוייבנו בהכרח גמור להעלות עוד במדריגה יותר עליונה ויותר נבחרת באין סוף המאציל ממ"ה. ולכן קראוהו אין סוף מהטעם הנזכר. ומעוט הדבור בענין הזה יפה ונאות ועל כזה ועל כיוצא בו נאמר (משלי כז כו) כבשים ללבושיך. ועם כל זה ראינו להכריח הענין בדברי הרשב"י ע"ה בתקונים (תקונא ע' דף ק"ל.) וז"ל כתר עלאה אע"ג

דאיהו אור קדמון אור צח אור מצוחצח, אוכמא איהו קדם עלת העלות עכ"ל. הכוונה אע"ג שהוא אור צח וכו' תכלית הטוהר והוא באין גבול ואנו חייבים לשלול ממנו העביות והגבול, עם כל זה חוייבנו להאמין כי יש לו עביות וגבול ואפיסת האור והכח בערך המאציל שהוא עילתו. ולזה כנה בלשון זה אל האין סוף בלשון עלת העלות והכונה לחייב הענין בהכרח גמור כי הוא עלת העלות כולם ולכן הוא מוכרח היות לו מעלה על כלם. ואם נשלל האצילות מכל חסרון שבעולם ונעלהו במדרגה היותר שלמה שאפשר בעולם, ימשך מזה הכחשת מציאות סבה ראשונה כיון שהכתר במעלה שאין מעלה למעלה ממנה א"כ מה המעלה שיתעלה עליו המאציל. לכן חוייבנו לתת מקום שבו נעלה המאציל על כל הנאצלים עם שנעלה הנאצלים בכל האפשר. והדבר הזה צריך האדם להתבונן ואל יתבהל להשיב מהר:

פרק שני:

עוד כתב רבי יהודא טעם אחר וכתב שהוא יותר מספיק מטעם ר' עזריאל שהעתקנו בפרק הקודם וז"ל המספר הכולל הוא עשר אין עוד מלבדו. וזהו כי כל מה שלמעלה מהעשר חוזר אל האחדים בין מצד האחדים כמו י"א י"ב י"ג בין מצד העשירות כמו כ' ל' מ' הם הכפל ממערכת העשיריות. ואחר שהאצילות נכנס במספר, ראוי שיתפוס במספר היותר כולל שבמספרים. עכ"ל. ומ"ש שאחר שהאצילות נכנס במספר. פי' הוכרח היותם בעלי מספר לשיהיו הנבראים בעלי מספר וגבול כמו שפירשנו למעלה. ומה שיש להקשות הוא כי מי גורם שיהיה המספר הכולל עשרה ולא עשרים ולא מאה, ולא מכ' ולמעלה חזרת המעלות. נשיב כי היה סבה לזה הספירות היותם עשר שאם היו הספירות עשרים יעלה המספר ג"כ כ'. וזה ודאי אמת, וזה טעם יותר מספיק ויותר מתקבל שיהיו הספירות עקר והמספר טפל ולא להפך שיהיה המספר עשר בלי טעם וזה יהיה סבת האצילות במספרו. ועוד שהספירות הם סבה קודמת לכל הנבראים והם עילות אל כל אשר מהם ולמטה וא"כ איך יהיה מספר המאוחר סבה אל הספירות הקודמות, וזה ודאי דוחק גדול. ועם היות שאנו דוחים תשובות אלה אל טעם האצילות לא נכחיש היות אמת, כי המספר והאצילות יש להם יחס וענין גדול כי ענין המספר הוא עשר ויעלה מעשר לעשר לאין תכלית ולעולם לא יעלה מעשר כן הענין בספירות. ועוד כי המספר הם עשר ומעשר יעלו למאה וממאה יעלו לאלף והיינו אלף שהוא אחד בסוד חזרת הענין אל היחוד הגמור כענין הספירות שבכולם כי עשר פעמים עשר הם מאה. עוד נכללם פעם אחרת הם אלף דהיינו אל"ף בסוד פל"א שהוא חזרת הדברים אל מקורם בסוד היחוד. וכן עוד כמה עקרים גדולים התלוים במספר שהם עקרי תורה כמ"ש בשער הצירוף בע"ה. ולא נחשוב היות דבר בעולם דומה יותר לאצילות כענין המספר. וכן ג"כ לא נכחיש היות אמת שהאצילות הוא שלש של שלש שלש וכח הכולל, דהיינו ג' שהם חסד ודין ורחמים בכל אחד מהם ג'. שהם בחסד סת"ר דהיינו חכמה ראש וחסד תוך ונצח סוף, וכן בדין ראש בינה תוך גבורה וסוף הוד, וכן ברחמים ת"ת ראש ויסוד תוך ומלכות סוף. וכתר עליון כולל הכל כמו שנרחיב באור זה בשער מהות והנהגה בפכ"ה בס"ד. והענין הזה עמוק כמו שנאריך שם. אבל עם כל זה נאמין באמת במה שהוא אמת כי אין הענינים האלה מספיקים בטעם האצילות כלל כדפי' לעיל. עוד כתב הרב רבי מנחם מרקנטי ז"ל טעם אל שבע ספירות הבנין אחד לאחד בספר מטעמי המצות אשר לו בענין דרוש העצמות והכלים והעתיק לשונו רבי יהודה חייט ז"ל ועתה נבאר כיצד צריך העולם לז' קצוות האלה שהם חסד גבורה ת"ת נצח הוד יסוד מלכות. תחילת הבנין היא חסד שא"א לבנין בלא זה ר"ל שבזאת המדה הקב"ה מלבין עונות של ישראל ובס"י קראה למדה הזאת מלבנת עונות ישראל וסולחת אותם על הנעשה מצד הגבורה שיצר הרע נשפע משם וזאת הספירה נאצלת מן הבינה אשר היא למעלה ממנה. אך השלש ראשונות הם שכליות ולא נקראו מדות ועתה אין אנו בפירושם. וזהו חסד גדול שעושה הקב"ה עם בריותיו שהוא מעביר ראשון ראשון ומתרצה להם אעפ"י שאין הדין נותן כך וע"כ א"א לעולם להתקיים בלתי זה העמוד. ובספר הבהיר מצאתי כך אמרה מדת החסד כל ימי היות אברהם בעולם לא הוצרכתי אני לעשות מלאכתי שהרי אברהם עומד שם במקומי וישמור משמרתי. שאני זאת היא מלאכתי שאני מזכה את העולם ואפילו נתחייבו. ועוד אני משיבן ומביא בלבם לעשות רצון אביהם שבשמים כל זה עשה אברהם. עוד צריך העולם לעמוד השני והוא דין והוא הפך המדה ראשונה שזכרנו ולולי העמוד הזה לא היה מגיע עונש לרשעים והיה כל אדם גוזל והורג את חבירו ואין נפרע ממנו ע"כ צריך העולם להתנהג בעמוד זה כדי ליפרע מן הרשעים. וזאת הספירה נאצלה מן החסד שהזכרנו ונק' אש ממים ר"ל אש שיצא ממים

וכמו שהמים הם הפך האש כן פעולות המדה הזאת הם הפך פעולת המדה האחרת. ונקרא שנים אלו זרועות עולם שנאמר (דברים לג כז) ומתחת זרועות עולם. עוד צריך העולם לעמוד שלישי והוא ת"ת והיא המדה ממוצעת ומקבלת משניהם והיא עומדת בין שניהם. והצורך שהוא לעולם במדה זו מפני שבשתי המדות הראשונות אין די לעולם בהם כי מי שנתחייב אם יהיה נדון במדה השניה שהוא מדת הדין ידון אותו בלי חמלה כאשר היא מדת הדין הקשה והיה ג"כ [מעניש] את הזכאי והטוב למעלה לגמרי. ואם יהיה נדון במדת החסד לא היו נזכרים לו המעוט עונותיו אפי' בעה"ז. ע"כ צריך העולם למדה הממוצעת כאדם שמחבר שני דברים כאחד ומחברם בנושא אחד כדי לתת לאיש כדרכו וכפרי מעלליו שאם הצדיקים חטאו נפרעים מהם בעה"ז ואם רשעים עשו מצות משלמים להם שכרם הטוב בעה"ז. וזאת המדה נקרא מזרח שמשם אורה יצאה לעולם וגלגל חמה הוא כנגדה כי מדת היום נשפעת ממנה. עוד צריך העולם לעמוד רביעי ולעמוד חמישי שהם נצח והוד שהם נשפעים ונאצלים מן הגדולה ומן הגבורה שזכרנו למעלה שנאמר (תהלים טז יא) נעימות בימינך נצח ר"ל שהנצח הוא בימין מכוון תחת החסד וההוד בשמאל מכוון תחת הגבורה. וענין נצח הוא מענין נצוח ר"ל שבמדה ההיא החסד והזכות מנצחים המקטרגים. וע"כ צריך להודות לה' וזהו הוד מלשון הודאה לשם שיסד זה העמוד שאלמלא סיוע ה' לאדם לא יוכל לעמוד לפני השטן. עוד צריך העולם לעמוד ששי ולעמוד שביעי שהם יסוד ומלכות והם דוגמת זכר ונקבה והכל נשפע אל המלכות הנקר' שכינה וכנסת ישראל שכל הספירות שוכנות בה וכבר בארנו זה למעלה. וע"כ רז"ל קראו אותה כלה וגם בשיר השירים נקראת כלה מפני שהיא כלולה מן הכל והיא במערב כמו שארז"ל שכינה במערב מפני ששם מתערב הכל עכ"ל לטעם האצילות. ועם היות אמת כי רוב דבריו צודקים עם כל זה אין הדברים האלה מספיקים לטעם האצילות מפני כי אחר שהדין והעונש והחסד והשכר בשתי מדות חסד וגבורה והמדה הממוצעת הוא התפארת מה צורך עוד אל שאר הספירות כי למה לא יהיה נצוח המקטרג ויצה"ר בגבורה כמו שהיא לפי האמת וכן פי' הרשב"י ע"ה שהיות שהאדם גובר על יצרו הוא מצד הגבורה ונאריך בשער מהות והנהגה בפ"ג. וכן ההודאה אינה מדת פועלת לפי דבריו אלא שיודה האדם לשם וכי להודות לה' שצריך האדם הוצרך להאציל ספירה אחת אתמהא. עוד היסוד ומלכות למה כי כיון שהחסד והדין באים במצועי מתיחדים מה צורך אל זכר ונקבה כלל אל ערוב כי כבר נתערבו הכחות במצועי. ועוד שלא נוכל לתת טעם על דרך זה אל ג' ראשונות כלל כמו שאמר בפי'. ועוד ח"ו הקצור קצרה יד המאציל להאציל אצילות אחד לבד ר"ל ספירה אחת שיהיה בה כח העונש והשכר והמצוע. ואין תשובה מלשון המשנה (אבות פ"ה מ"א) בעשרה מאמרות נברא העולם והלא במאמר אחד יכול להבראות וכו'. כי אדרבה כוונת המשנה הפך מה שאמר שעם היות בריאת העולם בעניינים מתחלפים המורים על הדין והרחמים והמצוע עם כל זה היה אפשר להיות בריאתו בכח המאמר אחד דהיינו ספירה אחת כנראה שלא נמנע בכחו היות כח העשר כלם בכח ספירה אחת. והיינו כוונת והלא במאמר אחד וכו' ודאי שבריאת העולם כמו שהוא עתה קאמר. ואמרו אלא ליפרע אין הכונה כמו שדמה הר"ר מנחם אלא הכונה על התכלית או מבלתי בעל תכלית או זולתו כמו שנרחיב באור בפרקים הבאים בעה"ו. ולכן אין הטעם הזה ממלא רצוננו ומרוה צמאוננו כלל:

פרק שלישי:

אחר שבפרקים הקודמים כתבנו כל הטעמים שכתבו המפרשים הן רב הן מעט והתעוררנו עליהם כפי אשר הורונו מן השמים, אמרנו לדבר בענין זה כפי אשר יעלה בגורלנו. וקודם כל דבר נאמר דגברי חזינא תיובתא לא חזינא כי לא יבצר שאלה זו מאחד משני דרכים. אם שיהיה שאלת טעם העשר אלינו כלומר מהיכן לנו ראייה בתורה או מהחקירה אל קבלתנו. או תהיה השאלה הזו אל המאציל א"ס ממ"ה הב"ה למה האציל עשר ולא מספר אחר. ולכל אחד מאלו נאמר. אם השאלה אלינו ר"ל מהיכן לנו סעד אל הקבלה שהם עשר שנאמר שהם עשרים או חמשה או אחד, מעיקרא אינה שאלה כי כמה וכמה ראיות יש לנו בתורת משה המגלה לנו ומאירה עינינו בסודות הצפונות האלה. אם בבריאת העולם בעשרה מאמרות, אם בנתינת התורה בעשרה דברות, ודהע"ה בעשרה מיני הלולים שבמזמור הללו אל בקדשו בו חתם ספרו. וכבר נתבאר הענין הזה במסכת ר"ה (דף ל"ב) דגרסינן התם הני עשרה מלכיות כנגד מי. אמר רבי כנגד עשרה הילולים שאמר דוד בספר תהילים. הילולים טובא הוו. הנך דכתיב בהו הללוהו בתקע שופר רב יוסף אמר כנגד עשרת הדברות שנאמרו לו למשה בסיני. רבי יוחנן אמר כנגד עשרה מאמרות שבהם נברא העולם. הי ניהו ויאמר

ויאמר דבראשית. תשעה הוו. בראשית נמי מאמר הוא, דכתיב בדבר ה' שמים נעשו עכ"ל. האמת כי המאמר הזה לכאורה קשה בענין רבי יוחנן שתרץ בראשית נמי מאמר הוא. והנה הוא רומז בחכמה שנקרא ראשית והבי"ת גדולה רומזת אליה, אם כן אף על גב דבראשית נמי מאמר הוא אכתי תשעה הוו וקשה א"כ מאי קשיא ליה למקשה אם הקשה שחכמה אינה במנין א"כ שמונה הוו ה"ל לאקושי. ואם הקשה שכתר אינו במנין אם כן למה ניתרצה כשהשיב בראשית וכו', דהוה ליה לאקשויי אע"ג דבראשית נמי מאמר הוא עם כל זה אכתי עם בראשית תשעה הוו דבראשית חכמה איהו. זו היא שאלה כללית בענין המאמרות הנז' במאמר הזה. וכן מתוך קושיא זו נכריח סברת הר"ר שם טוב בן שם טוב בעל ספר האמונות שנעתיק לשונו בשער אם הא"ס הוא הכתר פ"ג, והוא סברת הדעת דס"ל דכתר אינו במנין הספירות אלא העשר ספירות הם מחכמה ולמטה, ומפני שדחקו המנין אמר שנתחדשה לו ספירה אחרת והיא נקראת דעת והיא למטה מחכמה ובינה ולמעלה מחסד וגבורה. ונאריך שם בענין. ועתה לפי דבריו ימצא שהמאמרות אינם מתחילים אלא מחכמה ועם כל זה תשעה הוו בלא בראשית דהוא חכמה ועשרה הוו עם בראשית שהיא חכמה. ומפני הריסה הנמשכת מתוך המאמר הזה. קודם שנעורר עליו עוד הערות ונבאר בו כלל, ראוי שנסתכל בתקון הענין הזה ונאמר כי הענין הזה בלתי אפשר. כי אחר שהרב ר' ש"ט הודה בפיו שהדעת הוא הנזכר בפסוק (משלי ג כ) בדעתו תהומות נבקעו וכן משארז"ל (חגיגה דף י"ב ושם אי' בי' דברים נברא העולם והג' מהם חכמה כו') בג' דברים נברא העולם בחכמה ובתבונה ובדעת הוא מוכרח מתוך דברי רשב"י ע"ה כי הדעת הוא מציאות הת"ת הנעלם בין אבא ואמא וזהו הנק' ב"ן י"ה שעל ידו יחוד חכמה ובינה כמו שנאריך בעניינים אלה בשער ההוא. הנה לפ"ז ראוי שנשאל מה נשתנה הדעת הזה שהוא מציאות הת"ת הנעלם המתאצל בין אבא ואימא להיותו פועל מאמר בפני עצמו משאר מציאיות הספירות שלא פעלו מאמרים עם שכבר הוייתם קדמו להוייות הדעת הזה כמו מציאות הבינה הנעלם בחכמה כי כמו שפעלה החכמה בעצמה ראוי ג"כ שתפעל הבינה הנעלמת וכן מציאות גבורה הנעלם בבינה ומציאות חסד הנעלם בחכמה היה מן הראוי שיפעלו כל אחד מהם מאמר א' בזולת המאמר אשר לו במציאות המתגלה כדרך הדעת והת"ת. ואין לומר שהטעם שהדעת פעל מאמר בפני עצמו היה מפני שהדעת הוא מציאות התפארת בהיות בת זוגו בצדו והם מציאות שני המאורות הגדולים ומפני שהיו מיוחדים פעלו שניהם יחד מאמר אחד כדמיון שאר הספירות אמנם אחר שקטרגה הירח ונתמעטה ונטרדה נחלקו המאורות לשנים וחזר הת"ת ופעל מאמר בפני עצמו והמלכות מאמר בפני עצמו, דא"כ למה מעיקרא לא פעל הת"ת מאמר לעצמו והמלכות לעצמה עם היותם מיוחדים תכלית יחוד. שא"א להכחיש שהיו שתי ספירות, שאל"כ אלא שאינם נחשבים אלא ספירה אחת א"כ נמצאו הספירות קודם המעוט ט' ספירות ולא עשר, שהרי מלכות ות"ת הם ספירה אחת, וכן כשתחזור אל מקומה הראשון יהיו ט', וזה נמנע בחק החכמה הזאת כדפי' בשער הקודם. ועוד הרי עשר דברות ועשר מאמרות ענינם אחד כדמוכח מתוך המאמר שהעתקנו למעלה, וכן מוכח בזוהר פ' יתרו (דף צ"ג ע"ב) וז"ל הני עשר אמירן דאורייתא אינון כללא דכל פיקודי אורייתא, כללא דעילא ותתא, כללא דכל עשר אמירן דבראשית עכ"ל. ואמרו כללא דכל פקודין דאורייתא, משום דהכי ס"ל לרשב"י ע"ה דתרי"ג פקודין כלולים בעשר דברות כמבואר בפרשת יתרו וכן כלולים בעשר מאמרות כדמוכח בפרשת בראשית ובתקונים. ולכן אמרו שהי' דברות הן כלל פקודין. וכן אמר שהן כלל עשר מאמרות, פי' כל מה שמתבאר מתוך עשרה מאמרות דמעשה בראשית הוא מתבאר מתוך י' דברות שבמתן תורה לעיני המשכילים. ועתה נאמר אחר שי' דברות וי' מאמרות הכל אחד א"כ איך אפשר לומר בדברות שהיו מיוחדים ונטרדה שכינה שודאי אחר שנתייחדה אל הזווג לא נתמעטה בעוד היותה בחיק בעלה ואם היתה למטה למה הן י' שהרי הדעת כבר היה נעלם ולא היה ראוי שיאמר דבור מאחר שכבר נתעלם ולא חזר הדבר לתקונו. ועוד הנוכל לומר שאם לא היה המעוט לא היו המאמרות אלא תשעה אתמהא, כי היה העולם חסר משלמותו כל ענייני המאמר האחד. ועוד מאחר שהדעת הוא כולל המלכות והת"ת הנה המאמר שאמר שנברא הבריאה ההיא וכי למה לא ברא כל מה שהיה אפשר בכח המלכות ומה שהיה אפשר בכח הת"ת אחר שהוא מציאות יחודם שהוא היותם שני מאורות גדולים ולמה נשארה עוד בריאה אל המלכות ות"ת אח"כ וכי חסר כח הדעת שהוא שלם יותר משניהם. ועוד שיש לנו כמה ראיות ברורות שבראשית הוא מאמר כתר עליון. ראשונה בספר הבהיר ז"ל מאי ניהו מאמרות ראשון כ"ע ברוך הוא

ומבורך וכו', חכמה שניה דכתיב וכו', הרי שמנה מכלל המאמרות כ"ע והוא ראשון לכלם. ועוד כי הקושיא מעיקרא אינה קשיא ואינה הכרח מפני שעם היות שמלת בראשית הוא בחכמה עם כל זה המאמר הוא בכתר ומפני דקות הכתר וקרבתו אל מקורו עד שלא יחסו בו משם בן ד' אלא קוצו של יו"ד וכן ג"כ נקרא אלף מלשון פלא והוא נקרא אמון מופלא ומכוסה ועם היות שבי"ת של בראשית הרמז בחכמה עם כל זאת עוקצה מורה על הכתר. וכן פי' רבי עקיבא וז"ל אומרים לבי"ת מי בוראך ומראה בעוקצה אל האלף. והכונה שהבית עצמה שהיא החכמה להויות שאינה תחלה לאצילות אלא שהיא אצילות שני יש לה עוקץ מאחריה להראות אל האלף כמורה אל השואלים אליה מי בראך ר"ל אם נאצלה ע"י נאצל או ע"י מאציל ראשון, והיא מראה בעוקצה שהיא אצילות שני ושקדמה לה האלף שהוא הכתר ועתה כבר יצדק היות מאמר בראשית בכתר עם היות שמלת בראשית תרמוז בחכמה אחר שכבר נרמז בו הכתר בקצת כדפי'. והענין שבפסוק בראשית נכלל כל האצילות להורות עליו שהוא המאציל ר"ל בכח הא"ס ועם כל זה הכתר עצמו הוא המאציל והפועל האומר המאמר. וכן נמצא כי רוב המאמרות כלולים מכל העשר ולכן בא במלת בראשית רמז אל החכמה עם היות עקר המאמר בכתר. ואין זה מן התימא שהרי ברכת אבות היא בחסד ולא נזכרה החסד בה עד אלהי אברהם ואפי' אלהי אברהם הוא בחכמה ולא נזכרה בעצם אלא במלת האל הגדול בזולת החתימה, וכן הענין במאמר בראשית דתינח דמלת בראשית היא בחכמה עם כל זה עקר המאמר בכתר ונתעלם כמנהגו. ועם כל זה בא ברמז בעוקצה של בית כדפי' והכונה חכמה שבכתר. ועוד זולת זה אפ"ל שהבי"ת ממש תרמוז בכתר, והסמך לזה כי הבי"ת של בראשית הוא אל"ף של אבגית"ץ שהוא שם מ"ב כמו שנבאר בשער פרטי השמות בעה"ו ופי' הרשב"י ע"ה שאל"ף של אביגת"ץ הרמז אל הכתר וז"ל (בתקונא ע' דף קט"ז) א' מן אבגיתץ איהו כתר מופלא אמון ומכוסה. הנה בבאור העיד שבית של בראשית בכתר. וקרוב לזה סברת הרמב"ן ז"ל בפ' בראשית וז"ל ומלת בראשית תרמוז בחכמה שהיא ראשית הראשים כאשר הזכרתי, ולכך תרגמו בתרגום ירושלמי בחכמתא. והמלה מוכתרת בכתר בי"ת עכ"ל. ופי' דבריו כי בי"ת תרמוז אל הכתר מטעם כי הוא בית לכל הספירות. וכן מוכח מתוך לשונו דקאמר ומלת בראשית תרמוז בחכמה, הכונה מלת בראשית לא הבי"ת אלא התיבה

בעצמה וכדמסים שהיא ראשית וכו' ולא אמר שהיא נקרא בראשית אלא ראשית לבד וכדמייתי ראיה מהתרגום שתרגם בחכמתא אינה חכמה ממש אלא בית של בראשית שימושית כי תיבת ראשית הוא חכמה ובית של בראשית הוא כתר ולפיכך אמר והמלה מוכתרת בכתר בי"ת. הנה מכל זה נראה שאין הכרח מן המאמר הזה אל סברת ה"ר ש"ט ז"ל. אמנם נשאר עלינו לחובה עדין לבאר מה שנמצא חולק על המאמר הזה בזוהר פ' ויקרא. כי במאמר הזה אמר כי בראשית הוא מאמר עשירי, ובפ' ויקרא (דף י"א ע"ב) פי' הרשב"י שהם י' מאמרות בזולת בראשית. וז"ל ר"ש אמר כתיב עשרה עשרה הכף בשקל הקדש, עשרה עשרה למאי קאתי. אלא עשרה למעשה בראשית ועשרה למתן תורה, עשרה מאמרות במעשה בראשית ועשרה מאמרות במתן תורה. במאי קא מיירי. אלא בגין דעלמא לא אתברי אלא בגין אורייתא, דכל זמן דישראל מתעסקי באורייתא עלמא מתקיימא וכ"ז דישראל מתבטלי מאורייתא מה כתיב אם לא בריתי יומם ולילה חקות שמים וארץ לא שמתי. ת"ח עשרה מאמרות למעשה בראשית כדתנן בעשרה מאמרות נברא העולם. עשרה מאמרות למתן תורה אלו עשרת הדברות. כתיב אנכי ה' אלקיך ובמעשה בראשית כתיב יהי אור ויהי אור. דא (הוא) מהימנותא דקב"ה אור אקרי דכתיב ה' אורי וישעי וגו'. כתיב לא יהי' לך אלקים אחרים על פני, וכתיב במ"ב יהי רקיע בתוך המים וגו'. יהי רקיע אינון ישראל דאינון חולקא דקודשא בריך הוא דאחידן בההוא אתרא דאיקרי שמים. והיינו רזא, דזמנא חדא שאל רבי ייסא סבא לרבי אלעאי אמר הא כל שאר עמין יהיב לון קודשא בריך הוא לרברבין ממנן שליטין, ישראל באן. שלח ליה ויתן אותם אלקים ברקיע השמים, ושפיר שלח ליה. בתוך המים בין מילולי אורייתא. ויהי מבדיל בין מים למים בין קב"ה דאקרי באר מים חיים ובין עבודה זרה דאקרי בורות נשברים אשר לא יכילו המים דאינון מים המרים כו' סרוחין מכונסין. ועל דא ישראל קדישין מבדילין בין מים למים. כתיב במתן תורה לא תשא את שם ה' אלקיך לשוא, וכתיב במ"ב יקוו ו,מים מתחת השמים אל מקום א'. ת"ח כל מאן דאומי בשמא קדישא לשקרא כאלו פריש אימא מאתרה לעילא וכתרין קדישין לא מתיישבי בדוכתייהו, כד"א ונרגן מפריד אלוף ואין אלוף אלא קב"ה. וכתיב יקוו המים מתחת השמים אל מקום אחד לא תשוו פרודא בגין אומאה דשקרא. אל מקום א' כדקחזי באתר דקשוט ולא באתר אחרא לשקרא. ומאי שקרא הוא דאזלין

מיא לאתר אחרא דלאו איהו דיליה. כתיב במ"ת זכור את יום השבת לקדשו, וכתיב במע"ב תדשא הארץ דשא עשב. אימתי אתרביאת ארעא קדישא ואתעטרת בעטרהא, הוי אומר ביום השבת, דהא כדין אתחברת כלה במלכא לאפקא דשאין וברכאן לעלמא. כתיב במ"ת כבד את אביך ואת אמך, וכתיב במ"ב יהי מאורות ברקיע השמים. מאי קא מיירי. אלא אלין מאורות דא הוא אביך ואמיך. אביך דא שמשא, אמך דא סיהרא. ואין שמשא אלא קב"ה כדכתיב כי שמש ומגן ה"א. ולית סיהרא אלא כנסת ישראל דכתיב וירחך לא יאסף. ועל דא כלא חד. כתיב במ"ת לא תרצח, וכתיב במע"ב ישרצו המים נפש חיה. ואנת לא תקטול בר נש דאיקרי הכי דכתיב ויהי האדם לנפש חיה, לא תהוו כדגים הללו דרברבי בלעי לזוטראי. כתיב במ"ת לא תנאף, וכתיב במע"ב ריצא הארץ נפש חיה למינה. מכאן אוליפנא דלא ישקר בר נש באינתו אחרא דלאו היא בת זוגו, ועל דא כתיב תוצא הארץ נפש חיה למינה דלא תוליד אתתא אלא ממינה. ומאן הוא מיניה, דא בן זוגה. כתיב במ"ת לא תגנוב, וכתיב במע"ב ויאמר אלקים הנה נתתי לכם את כל עשב זורע זרע. מאי דיהבת לכו ואפקידת לכו יהא לכו, ולא תגנובו מה דהוא מאחרא. כתיב במ"ת לא תענה ברעך עד שקר, וכתיב במ"ב ויאמר אלהים נעשה אדם בצלמנו. מאן דהוא בדיוקנא דמלכא לא תסהיד ביה שקר. ומאן דאסהיד שקר בחבריה כאלו אסהיד לעילא. כתיב במ"ת לא תחמוד אשת רעך וכתיב במ"ב לא טוב היות האדם לבדו. הא בת זוגך לקבלך ועל דא לא תחמוד אשת רעך, והיינו עשרה מאמרות למעשה בראשית ועשרה מאמרות למתן תורה, והיינו דכתיב עשרה עשרה הכף בשקל הקודש, אתתקלו כחדא בשקולא חדא. ובגין כך קאים עלמא ואשתכח ביה שלמא עכ"ל. וממנו נראה בפירוש העשרה מאמרות שבמעשה בראשית אין בראשית מאמר כלל, ודוחק הוא ודאי. וכדי להבין הענין הזה נקדים עוד מאמר מהתקונים וע"י יתבאר המבוכה הזו בעה"ו:

פרק רביעי:

בתיקונים משמע שלא היתה פעולת המאמרים ע"י שום אחד מג' ראשונות שהמאמר הראשון הוא כתר, יהי אור. ומאמר שני חכמה, יהי רקיע. ומאמר שלישי בינה, יקוו המים. וז"ל (בתקונא מ"ב דף ע"ט) בראשית תמן איש דאתמר ביה ויעקב איש תם ודא יומא תליתאה דהא תלת אומנין הוו עד הכא. יומא קדמאה יומא תניינא ויומא תליתאה כל חד אפיק אומנותיה. יומא קדמאה א"ל ההוא אמון מופלא ומכוסה ההוא דרגא דאקרי אי"ן כליל תלת ספירין א' כתר י' חכמה ן' בינה כו' אמר לכל אחד מתלת יומין דיפיק אומנותיה אמר ליומא קדמאה יהי אור מיד אפיק אומנותיה ועביד ליה הה"ד ויהי אור. והא אוקמוה דלית הויה אלא ע"י עשיה. א' מן אי"ן דהוה פרח באויר אפיק אור, י' אפיק רקיע, ן' מן אי"ן אפיק יבשה הה"ד ויאמר אלקים יקוו המים כו' עכ"ל. נראה ממנו בפירוש כי הפועלים היו האומנים שהם הימים הששה ופעלו במאמר שלשה ראשונות שהם אין. וממה שראוי להבינו ג"כ בענין המאמרות האלה הוא היותם עשר ואע"ג שהם עשר ידענו שאין בריאה ופעולה אם לא ע"י ששת ימים לבד שהם גדולה יום אחד גבורה יום שני תפארת יום שלישי נצח יום רביעי הוד יום חמישי יסוד יום ו' וכן ביאר הרשב"י ע"ה כי כל מעשה בראשית נכלל ונעשה ע"י הימים האלה במלכות המלכות מוציאה הדברים לאור בשלימות. וז"ל בפ' תרומה (דף קכ"ז) מעצי הלבנון אינון אילנין נטיעין דעקר לון קב"ה ושתיל לון באתר אוחרא. ואילין איקרון ארזי לבנון כד"א ארזי לבנון אשר נטע. ולא אתבני האי אפריון ולא אשתכלל אלא בהו. תו מעצי הלבנון אלין שיתא יומי בראשית, כל יומא ויומא מסדר בהאי אפריון סדרא דאתחזי ליה. סדרא קדמאה אתנגיד מסטרא דימינא אור קדמאה דאתגניז ואתנטיל מסטרא דימינא, ועאל בהאי אפריון חד דיוקנא כגוונא דהאי אור על ידא דיסודא חד ועביד ביה שמושא. לבתר אפיק האי אפריון חד דיוקנא כגוונא דהאי אור. ודא הוא רזא דכתיב יהי אור ויהי אור, כיון דאמר יהי אור אמאי כתיב ויהי אור לא אצטריך קרא למכתב אלא ויהי כן מהו ויהי אור, אלא דההוא אור אפיק אור אחרא דאתחזי ליה. ודא איהו יומא קדמאה מאינון עצי לבנון. סדורא תניינא אתנגיד מסטרא דשמאלא פרישו דמיא בנגידו דאשא תקיפא ואתנטיל מסטרא דשמאלא ועאל בההוא אפריון ועביד ביה שמושא ואפריש בין מיין דבסטר ימינא ובין אינון מיין דבסטר שמאלא. לבתר אפיק ההוא אפריון חד דיוקנא כגוונא דיליה. ודא הוא רזא דכתיב בין המים אשר מתחת לרקיע ובין המים אשר מעל לרקיע ויהי כן. ודא איהו יומא תניינא מאנון עצי לבנון. סדורא תליתאה אתנגיד מסטרא דשמאלא ומסטרא דימינא חד יומא תליתאה דעביד שלמא בעלמא. ומתמן אתמשכו איבין. ודא עביד שמושא בהאי אפריון ואפיק זינא לזיניה, זינא לעובדין סגיאין זינא דאתחזי ליה. וכל דשאין ועשבין ואלנין בכמה חילין.

ואשתאר דיוקניה תמן ואפיק זינא ההוא אפריון בההוא גוונא ממש. ודא איהו יומא תליתאה דאתכליל מתרין סטרין מאינון עצי לבנון. סדורא רביעאה אתנגיד ואתנהיר נהירו דשמשא לאנהרא להאי אפריון גו חשוך דיליה ועאל בה לאנהרא ולא עביד ביה שמושא עד יומא חמשאה דאפיק האי אפריון ההוא שמושא דנהירו דעאל ביה ביומא רביעאה ואפיק ההוא אפריון בההוא גוונא ממש דההוא נהירו. ודא הוא יומא רביעאה חד מאינון עצי לבנון. סדורא חמשאה אתנגיד חד משיכו דרחישו דמייא ועביד שמושא לאפקא ההוא נהירו דסדורא דיומא רביעאה ועביד בהאי אפריון שמושא ואפיק זינין לזיניה אינון דאתחזי בההוא גוונא ממש. והאי יומא שמש ההוא שמושא יתיר מכל שאר יומין. ותליא כלא עד יומא שתיתאה דאפיק האי אפריון כל מה דאיהו גנוז ביה דכתיב תוצא הארץ נפש חיה למינה. ודא איהו יומא ה' חד מאינון עצי לבנון. סדורא שתיתאה דא איהו יומא דאתתקן כל האי אפריון. ולית ליה תקונא ולית ליה תוקפא בר מהאי יומא. כד אתי האי אתקן האי אפריון בכמה רוחין בכמה נשמתין בכמה עולמתין שפירין בחיזו אינון דאתחזון למיתב בהיכלא דמלכא. אוף איהו אתתקן בשפירו כל שאר יומין דהוו בקדמיתא ואתקין לון בתיאובתא חדא ברעוא בחדוא תקונא דלעילא ותתא. כדין אתקדש האי אפריון בקדושין עלאין ואתעטר בעטרוי עד דסליק בסליקו דעטרא דנייחא ואיקרי שמא עילאה שמא קדישא דאיהו שבת נייחא דכלא תיאובתא דכלא דבקותא דכלא דעילא ותתא כחדא וכדין כתיב אפריון עשה לו המלך שלמה מעצי הלבנון עכ"ל. ועם שהמאמר צריך ביאור ארוך כאשר יתבאר בס' אור יקר בס"ד עם כל זה מתוכו משמע בפי' שכל המאמרות והבריאות היו ע"י ששת ימים. יהי אור ויהי אור הוא בחסד כו', נמצא שאפי' שנאמר שבראשית מאמר לא נשאר ענין אל השלשה ראשונות כלל. ולכן צריך לסקל אבני נגף הקושיות מהמאמרים האלה ולהציב הדרוש הזה על מתכונתו. וקודם כל דבר נאמר שא"א להכחיש היות בריאות מעשה בראשית בששת ימים כענין ויהי ערב ויהי בקר יום אחד, יום שני וכו', מורה שעם היות שהיו עשר מאמרות עם כל זאת היו נכללים בששת ימים. ועתה נדע אם אמת שבראשית הוא מאמר יהיה בחכמה או בכתר. איך יצדק שם אמרו והארץ היתה תהו ובהו וחשך וגו'. הייטב בעיני' ה' שנאמר שבהיות המלכות בחכמה או בכתר היו סובבים אותה שם הקליפות דהיינו תהו ובהו וחשך. זהו ודאי דוחק גדול כי מי נתן קליפה למעלה. ועתה ודאי הענין הזה הוא כי התורה הודיעתנו קודם כל דבר מציאות האצילות בסדר אצילותו בכלל. וזהו פי' הפסוק בראשית שפירושו הכתר הנעלם עם הראשית שהוא החכמה ברא והאציל אלקים שהיא הבינה את השמים הם חסד והת"ת. וכן פי' הרשב"י ע"ה שמלת את באה לרבות החסד. והשמים ת"ת. ואת הארץ היינו גבורה ברבוי את. והארץ הוא מלכות. ונצח והוד ויסוד הם נכללים בגדולה גבורה תפארת. ואח"כ אמר והארץ היתה תהו ובהו וגו' שהוא להשמיענו מציאות המלכות ומרכבותיה טובים ורעים. ואח"כ השמיענו פעולות הספירות האלה במלכות. ולהיות שג' ראשונות הן נעלמות ואין להם פעולה מתגלית, הנה פעולתם ומאמרם היתה נמשכת על ידי ג' אבות שהן ג' אומנים חסד גבורה תפארת. ולכן יהי אור הוא מאמר ראשון והוא נמשך מהכתר ע"י הגדולה אל האפריון. [ומאמר ב' יהי רקיע נמשך מחכמה ע"י גבורה אל האפריון ולכן כו' ע' בעסיס רמונים ובפלח] ולכן נמצא ענין רקיע המבדיל בין מים למים לעתים נרמז בחכמה בסוד מים עליונים ומים תחתונים ורקיע באמצע כמו שנבאר בשער ערכי הכינוים בס"ד. ומאמר ג' יקוו המים מן הבינה על ידי התפארת וזהו כללות מאמר התקונים. ועתה נאמר שמאמר רביעי שהוא ביום ג' והוא מאמר תדשא הארץ נמשך מהחסד ע"י התפארת יום ג'. ומאמר יהי מאורות נמשך מהגבורה כנודע היות מארת חסר מצד הגבורה ונעשה על ידי הנצח יום רביעי. ומאמר ישרצו המים הוא נמשך מהתפארת על ידי הנצח בהוד. וזהו נרמז במאמר דתרומה שהעתקנו למעלה שאמר בסדורא רביעאה אתנגיד נהירו דשמשא דהיינו מציאות התפארת. והטעם כי להיות התפארת כלול מימין ומשמאל קבל שלשה מאמרות מחסד וגבורה ואחד שלו, ומטעם היותו נוטה אל החסד פעל מאמר אחד בחסד והוא מאמר תדשא שהוא שני ליום שלישי ורביעי למאמרות שהוא בחסד ומסר לנצח שני המאמרות שהם הה' של גבורה וששי שלו. הנצח פעל חמישי של גבורה ומסר להוד ששי של תפארת. ומפני כי אין שלמות הדין אלא עם הרחמים לכן לא היה אור השמש מאיר ע"י הנצח ולא היתה פעולת הנצח שלימה עד בא יום חמישי שהוא הוד שבו נעשה מאמר ששי שהוא מאמר התפארת. וזה שאמר במאמר דתרומה בסדורא חמשאה ועביד שמושא לאפקא ההוא נהירו בסדורא דיומא רביעאה וכו'. ויסוד שהוא יום ששי מפני היותו כולל נצח והוד הוציא שלשה מאמרים שהוא נגד נה"י והם מאמר תוצא הארץ נגד נצח

ומאמר נעשה אדם נגד הוד ומאמר הנה נתתי נגד יסוד, כי מאמר פרו ורבו אינו מאמר ואינו אלא ברכה דאלת"ה עשרה מאמרות ממש הויין והיכי קאמר תשעה הוו, אלא ודאי לסברא זו אינו נקרא מאמר אלא מאמר דבריאה, וזהו מאמר דברכה. ומפני שענין פריה ורביה ביסוד לכן נתנה ברכה זו בששי שהוא יסוד. ובזה נתקדש יום השבת שהיא המלכות ונכללת ונבנית עיר על תלה. ואחר שנשלמה אמרה מאמר שלה שהוא, לא טוב היות האדם לבדו אעשה לו כו' שעל ידי הזווג תהיה נשפעת הברכה כדמוכח בזוהר במקומות הרבה. ועתה נמצאו כי לרמז המאמרות בעצמם שהם הפועלים בעשר הספירות אין המאמרים אלא תשעה כי מאמר לא טוב אינה [מאמר] המלכות ממש אלא פעולות המלכות ומאמר המלכות הוא אותו שנגזר מפי היסוד כי היסוד האציל מלכות. ומפני כי במאמר התלמוד דר"ה אשר עסקנו בו הי' הכוונה שעשרה מלכיות הם עשרה מאמרות ממש לכך הקשה ואמר הנך תשעה הוו כי מאמר יהי אור היא החכמה כמבואר בזוהר במקומות רבים והיא יוצאת מכח הכתר ואין כוונתו חכמה ממש אלא המאמרות הנמשכים אל המלכות מה שהיה נמשך מהכתר היתה מציאות חכמה ומה שהיה נמשך מהחכמה היתה מציאות הבינה ולכך הקשה הנך תשעה הוו כי המאמר הנמשך מהמלכות שהוא לא טוב היות האדם לבדו אינה המלכות אלא הנמשך מהמלכות לכן רמז המאמרות בספירות ממש אינו אלא תשעה. ולזה השיב בראשית נמי מאמר הוא, כי עם היות שהוא מציאות האצילות הענין היה עם הכתר ואי אפשר שלא יהיה נכלל הכתר שם כדפירשנו. ועתה יצדק מה שנמצא בזוהר פ' בראשית ובתקונים פעמים המאמר הזה רומז בכתר פעמים בחכמה, פעמים בבינה, פעמים במלכות שהיא גם כן נקרא ראשית, פעמים בדעת. להיותו מאמר הכולל מציאות האצילות כלו בכללו כדפירשנו. ובזה יצאנו ידי חובותינו לעת כזאת אל הענין הזה כדי שלא יהיו דברי הרשב"י ע"ה חולקים קצתם על קצתם ושלא יהיה חולק ח"ו עם מה שנתבאר בגמרא במאמרים האלה שלא לתת פתחון פה לדוברי שקר. ואיש על מקומו יבא בשלום וינוח על משכבו:

פרק חמישי:

ועתה אחרי אשר סקלנו אבני נגף מכרם המאמר הזה בפרקים הקודמים, נדקדק בו קצת ואחר כך נבאר כוונתו בקיצור בעה"ו ומה שיש לדקדק הוא. א' על סדר החכמים שהקדים רב יוסף לרבי יוחנן ור' יוחנן קדם אליו זמן רב. ב' אחר שהדברות והמאמרות וההלולים כלם רמז אל עשר ספירות א"כ במאי פליגי. ג' אמרו י' הלולים שאמר דוד בס' תהילים שהוא אריכות ללא תועלת כי ודאי הוא שלא אמר דוד הלולים אלא בס' תהלים עד שכמעט מתוך האריכות הזה נתן מקום לטעות שהקשה לו הלולים טובא הוו שהבין המקשה מתוך מ"ש בס' תהילים שהכוונה בכל הספר. ד' אמרו עשרת הדברות שנאמרו לו למשה בסיני, למה האריך כ"כ וכי איכא אחריני. ומה שיש לדקדק עוד בלשונו יתבאר ע"פ דרכינו בע"ה. והמאמר הזה יובן עם מה שקדם אלינו בתיקונים שפירש שם הרשב"י ע"ה כי המלכיות הם במלכות, וזכרונות בת"ת, ושופרות בבינה. ואף אם יש בזה פירושים אחרים במפרשים האחרונים עם כל זה כלם הסכימו כי מלכיות הם במלכות והשואל כבר קדם אליו שודאי עשר מלכיות הם בעשר ספירות. אבל נסתפק אם יהיו י"ס הכלולות במלכות ממש כדרך שכל אחת כלולה מעשר כמו שנבאר בשער מהות והנהגה בפ"ב בע"ה, או אם יהיו העשרה ספירות ממש אבל יהיה מציאותם בהשפעתם אל המלכות, או נאמר שיהיו הספירות במקומם ממש. וא"ת שנקראים מלכיות ומוכרח שיהיו במלכות כי שמם מוכיח עליהם. נשיב כי יהיו י' מלכיות שהן מלכות שבכל ספירה וספירה במקומה. ועל פי הדרכים האלה נבאר בזכרונות ושופרות כמבואר. וז"ש הני עשרה מלכיות כנגד מי. מאחר שהם עשרה ידעתי שמניינם מוכיח עליהם שהם נגד י"ס, אבל השאלה היא באיזו בחינה מהם משלשה בחינות אלו שאמרנו. ובזה נחלקו שלשת החכמים האלו שזה אומר בזו וזה אומר בזו. ורבי השיב שהם כנגד עשר הילולים שאמר דוד בס' תהילים. וכוון באריכת לשונו שאמר דוד אל מה שכבר פירשו רז"ל כי כל מה שאמר דוד בספר תהלים לא אמרו אלא כנגד המלכות שהיתה מדתו. והנה כוון אל הבחינה הא' שהיא עשר ספירות הכלולות במלכות כאשר בארנו. והמקשה לא הבין מתיקון המליצה באמרו בספר תהלים ודמהו לכוונת הוראת מקום, ולזה הקשה טובא הוו. והשיבו כי לא כוון כי אם על אותם שנזכר בהם שופר. והם בסוף הספר. הללו אל בקדשו הוא כתר. הללוהו ברקיע עזו הוא חכמה. הללוהו בגבורתיו הוא בינה. הללוהו כרוב גדלו הוא גדולה. הללוהו בתקע שופר הוא גבורה. הללוהו בנבל וכנור הוא תפארת. הללוהו בתוף ומחול הוא נצח. הללוהו במינים ועגב הוא הוד. הללוהו בצלצלי שמע הוא יסוד. הללוהו

בצלצלי תרועה הוא מלכות. ואלו כלם במלכות כדמוכח מהיותם בספר תהלים שהוא כנגד מלכות. ורב יוסף כוון אל הבחינה השנית והוא שהכוונה בעשר מלכיות שיהיו הספירות כלם משפיעות אל המלכות וזה כוון באמרו כנגד עשרת הדברות וכו'. ונתבאר כי בנתינת התורה כל מדה מהמדות היתה משפעת דבור אחד מהדברות בספירות המלכות והמלכות היתה מגלה אותו הדבור ומראה אותו לישראל. וזהו אמרו (שמות כ טו) וכל העם רואים את הקולות היו רואים את הקולות באות אל המלכות כדי שתאמר המלכות הדבור בכח כל ספירה וספירה. וזהו כוון רשב"י ע"ה בס' התקונים (בהקדמה דף י') וז"ל וביום שבעה נתנה התורה דא צדיק יסוד עולם ובדרגא דיליה מלכות מליל עמהון והא אוקמוה לי' מלכין שמא לא יוכלו לדבר על פה אחד נגע [א] בבית וכלל בה כל העשר עכ"ל. והנה הכוונה מבוארת בלי שנדקדק עתה בלשונו שלא להאריך ועוד כי מצד המלכות דבר כי היא היתה המדברת מצד כח כל ספירה וספירה המשפעת עלה. וזה כוון רב יוסף באמרו עשרת הדברות שנאמרו לו למשה בסיני והכוונה שנאמרו לו על ידי הסיני שהיא המלכות כמבואר. ואין תימא איך הם עשר זולת המלכות. שהרי יש למלכות בחינה עם העשר ובחינה מקבלת מעשר במה שהיא מקבלת מעצמה בסוד המציאות י' וה' שבה כמו שיתבאר בשער המציאות. ובזה ידוקדק לשון הרשב"י ע"ה שאמר נגע בבית שמציאות בי"ת במלכות הוא מציאות ה' והם מדרגות תחתונות בה בערך בחינת היו"ד כאשר יתבאר בשער הנז'. ולכן אמר וכלל בה כל העשר כי אפילו המלכות צריך לכללה עמה. והנה רב יוסף כוון אל הבחינה השנייה שהיא עשר ספירות משפיעות אל המלכות. ורבי יוחנן כוון אל הבחינה השלישית והיא בחינת הספירות ממש במקומן. וזה כוון באמרו בעשרה מאמרות נברא העולם שהן עצמות הספירות במקומן. והמכוון במלכות הוא כי בהיותנו במלכיות נכוון אל עשר ספירות במקומן או במלכות שבכל ספירה וספירה כדפירשנו לעיל. וענין תשעה הוו נתבאר לעיל. והשיב בראשית נמי מאמר הוא, כי אע"פ שהוא מדבר במציאות האצילות עם כל זה הוא מציאות מאמר, וההכרח לזה בדבר ה' שמים נעשו פירוש כי מציאות האצילות השמים שהם תפארת אצילותם מן הכתר כאשר נבאר בשער סדר האצילות בעה"ו. והנה אמר בדבר לשון מאמר תורה על זה כי מציאות האצילות יתיחס במאמר. הנה מתוך המאמר הזה נראה בפי' כי מציאות י' דברות וי' מאמרות וי' הלולים הם עדים נאמנים בתורתנו הקדושה על מציאות עשר ספירות בלי פקפוק כלל ועיקר. בזולת מה שכתבנו בשער הקודם בפרק א' בס"ד ולא נשארה שאלה בזה אל קבלתינו לאמר שמא הם עשרים או חמש כלל:

פרק שישי:

אחר שבפרק הקודם הכרחנו שאין מקום לשאול הכרח אל קבלתינו שיש לנו הכרח גמור כדפי'. נאמר שג"כ אין לשאול טעם אל המאציל למה האציל עשר ולא עשרים ולא חמש וכדומה (גם לא יפול השאלה משום דאעיקרא דדינא פרכא). וראוי שנחקור על כל האצילות הזה למה נאצל ועם תשובתנו בזה יתישב הכל. והיא זאת. כי כוונת המאציל מלך מלכי המלכים הקב"ה להביא בגבול הדברים שאינם בגבול ר"ל כי המאציל היא בלתי בעל תכלית וכוונת המאציל בבריאת העולם השפל הזה לשיהיה העולם בעל תכלית כלה ואבד ולסבה זו הוכרח האצילות כדי שעל ידי שיתאצלו הנאצלים וישתלשלו המדרגות ממדרגה אחר מדרגה נאצל ממאציל ונברא מנאצל ונוצר מנברא ונעשה מנוצר עד אשר יגיעו המדרגות אל ההפסד והכליון אשר הם בו. כי יש הוית בריאה שבן לילה היה ובן לילה אבד ויש אשר אם יום או יומים יעמוד לא יקום. ועתה איך יאמר חומר ליוצרו למה כך ולא כך והוא ראה בחכמתו כי א"א להגיע אל תכלית הויות והפסד הנבראים אם לא שיהיה מספר הנאצלים י'. כי אם יפחתו מהעשר לא ירדו הנבראים אל מדרגת הירידה ההיא מפני קרבתם אל המקור. ועתה אחר שנאצלו כל האפשר באצילות יחויב שירדו המדרגות המשתלשלות מהם אל התכלית מפני שהם מתרחקים מן השורש כל הצורך לבא אל תכלית. ואין כוונתינו לומר שהאצילות בעלי גבול ותכלית ח"ו אלא כוונתינו שהפעולות הנמשכות מהן הן פועלים פעולה תכליתית כמו פעולת העה"ז שהוא הוה ונפסד ובעל גבול וקצבה נפעל מהפעלים ע"י הנבראים מהנאצלים. והצורך אל התכלית והגבול בהויות התחתונות. ביארום רז"ל במתני' באמרם בעשרה מאמרות נברא העולם ומה ת"ל והלא במאמר אחד יכול להבראות. ר"ל כי לא היה בנמנע ח"ו להיות בריאת העה"ז במאמר א' שיהיה כולל כל הדברים והמדרגות והבריאות וההויות אשר נתהוו עתה. כי עם היות קצת הפעולות ע"י חסד וקצתם ע"י גבורה וכן מכלם לא מפני זה יהיה נעדר כח הבריאה ע"י מאמר אחד לבד שהרי כח כלם בכל אחד מהם כנודע היות כל אחד כלולה

מעשר כאשר נבאר בשער מהות וההנהגה בפ"ב בס"ד. והטעם שהוצרך אל עשרה מאמרות הוא כדי ליפרע פי' כי ע"י עשרה מאמרות ירדו הנבראים אל תכלית שאם היו בלתי בעלי תכלית א"כ היה אדם חי לעולם ולא יקבל עונש על עונותיו והיתה צד הטומאה והקליפה מתפשטת בעולם והקלקול אינו נתקן. וכן הצדיקים היו נשקעים בעה"ז ואינם רואים בטוב. לכן הוצרך להיות העולם בעל תכלית וגבול כדי ליפרע מן הרשעים ולתת שכר טוב לצדיקים. ופי' שמאבדים את העולם שנברא כו'. פי' שמאבדין העולם ויש להם כח לכלותו מפני היותו בעל תכלית ונברא בעשרה מאמרות. וכן הצדיקים מקיימין אותו שאם היה בלתי בעל תכלית לא היו הצדיקים מקיימין אותו ולא הרשעים מאבדין אותו. לזה הוכרח להיותו נברא בעשרה מאמרות והיינו אצילות עשר מדרגות כדי שיהיה בעל תכלית, והרשע כלה ואבד וחוזר על עפרו ונתקן, והצדיק נפטר בכבוד להקביל פני אביו שבשמים ולאכול פרי מעלליו. אמנם קשה לטעם זה שא"כ שסבת האצילות הי' להגיע הוויות התחתונות אל ההפסד והכליון להשכיר עושי צדקה בכל עת ולהעניש הרשעים כדפי', א"כ אחר התחיה שהוא אינו זמן השכר והעונש ואינו זמן המעשה כנודע א"כ מה טעם אל האצילות כי כבר אפס רשעה מן הארץ והוא זמן הקיום וכי נאמר שלא היתה כוונת האצילות אלא עד זמן התחיה ח"ו זה ודאי לא. כי עיקר העולם ושלמותו הוא אז כנודע, ואז ודאי יהי' שלמות האצילות והארתו. וכקושיא זו ג"כ קשה בענין ההיכלות הקדושים שבהם דנין את האדם לפי מעשיו להשכירו ולהענישו כאשר יתבאר בשער ההיכלות הקדושה בס"ד, וא"כ בזמן התחיה שאין להשכיר ולהעניש ולדון ולערער על בני האדם מה יהיה ענין ההיכלות, הנאמר שיהיו לבטלה ויתבטלו איש איש ממלאכתו אשר המה עושים. ועם כל זה זו אינה שאלה כי אפשר שיתייחדו כל אחד אל חברו זה בתוך זה וזה בתוך זה איש באחיהו ידובקו ובזמן אחדותם ויחודם אין בהם דין והניצוצות נבלעים במקוריהם והם נהנים על רוב שלום כמבואר בפ' פקודי בענין ההיכלות בזהר. ומטעם זה ג"כ אין לומר שיהיה כוונת האצילות להשכיר ולהעניש לדון ולערער על החייבים והזכאים. שא"כ נשאל כי אחר התחייה שאין לדון בני האדם כפי מעשיהם אלא הם נהנים ממה שטרחו בע"ש א"כ נמצא ח"ו שיהיה עניינם לבטלה. לכן נאמר כי לא היה עקר אצילותם לעניין זה, ואף אם נמשך מהם שכר ועונש בהשגחה העליונה כאשר נבאר בשער מהות והההנהגה ובשער עצמות וכלים. אמנם היה עקר הכוונה להודיע אלקותו אל זולתו כאשר נבאר בטעם שני בפרק זה ונוסיף ביאור בפ"ז בע"ה. ובזה נמצא שאדרבא כל עוד שהעולם בקלקול מזוהמת הנחש והקליפה אין הנאצלים מתיחדים כראוי ואין אלקותו מתגלה והידיעה בעם בני ישראל ספה תמה עד ירחם משמים ויצא העולם מזוהמת נחש ויתוקן כראוי ואז יחזור העולם אל תקונו ויתגלה אלקותו בתחתונים כהוגן וכשורה ובני אדם יוסיפו אומץ בידיעתו. ואז נאמר (ירמיה ל"א) ולא ילמדו עוד איש את רעהו וגו' כי כלם ידעו אותי למקטנם ועד גדולם. ואז יתגלה אור התורה ומצפוניה וסודותיה כראוי וכשורה והנאצלים יתאחדו ייחוד גמור כי יתקיים מקרא שכתוב (זכרי' י"ד) והיה ה' למלך על כל הארץ ביום ההוא יהיה ה' אחד ושמו אחד. וממתני' דעשרה מאמרות ליכא למשמע מינה, דאפשר דהכי פירושו בעשרה מאמרות נברא העולם פי' כל העשר ספירות פעלו בבריאות העולם עם היות שהיה באפשר בכח א' ליבראות דהיינו הכתר הנקרא מאמר אחד כדפי' בזהר. אלא כדי וכו' דהיינו משום שיוכלו לפעול פעולות בבחינות שונות בין לדין בין לרחמים והכתר אין בו דין אלא רחמים פשוטים כנודע. ואין הכוונה במשנה זו שיהיו אצילות הנאצלים לסבת העולם ח"ו אלא הוא טעם אל פעולתם למטה בעולם התחתון עם היות כח בספירה ראשונה לפעול הכל. עוד טעם אחר קרוב אל הקודם כי המאציל ממ"ה הקב"ה מדתו להשפיע אל זולתו ולהיות שפעו הטוב להטיב אל הנבראים ולהשפיע אליהם ממדותיו כמו חסד במדת חסד וכן לכל הספירות. וראה להאציל האצילות הזה ולגלות לעיני הנבראים גדולתו כדי שיהא ניכר לנבראיו ומושג קצת ע"י אצילותו הקדוש והטהור וזהו ממדות טובו היות רצונו לגלות רוממותו אל השפלים. ולהיות כי בהתגלות רוממותו בכתר אל הנבראים מרוב רוממות הנאצל עדיין אין כח בהנבראים להשיגו, הוצרך להאציל החכמה וכן מהחכמה אל הבינה עד המלכות כי שם השגת רוממותו המלך. והמשל בזה בהיות ניצוץ השמש נכנס דרך ארובה אל הבית להאיר אל עבר פנימי ביתה ומרוב בהירתו אין איש בבית יוכל שאתו ועיניהם כהו מהביט אל השמש כי רב ומבהיק ביותר עד שהוצרכו לעשות שם עששית גדולה ביותר לשיהיה האור מאיר אל עבר פניה ויושג אל העומדים בבית תועלת האור ולא היזק. ומרוב בהירות אור השמש בתקפו וגבורתו עם היות כי נמתק האור קצת ונסתר ונתעלם קצת, עם כל זה

לחולשת ראות העומדים בבית צריכין אל המסך שני ומשני אל הג' עד עשר. ועתה בבא איש אל הבית ליהנות מאור המאיר דרך העששית וישאל למה היה מנין העששיות האלה כך וכך ולא כך נקהה את שיניו ונאמר לו כי מרוב פתיותו שאל על הענין הזה, כי אחר שענין המסכים כוונתו לתקן ענין האור כדי שיהיה נמתק לעיני הרואים א"כ אם יתמעטו המסכים יחשיך עין הרואים מרוב אורו ויזיק ואם ירבו עליהם עוד יחשך האור ולא יושג מתק אורו אל הרואים וחשכו הרואות בארובות. ואין המכוון כך אלא לתקן האור כדי שיתהנו ממנו ביותר בהיר שאפשר ולא יהיה דבמציאות שיהיה מזיק מרוב הבהירות אלא אור בהיר אור מתוק אור מבושם. ונמצא לטעם זה ראיה מוכרחת במאמר מהזהר שנעתיקהו בשער עצמות וכלים בע"ה והוא מאמר אל מי תדמיוני ואשוה וגומר. ושם בארנו בפירוש הרשב"י ע"ה כי עקר האצילות בגין דישתמודעון ליה וכו' כי ע"י הספירות יתגלה גדולתו אלינו. ולא כאשר ראינו החוקרים בעלי חשך והבהלה כי מפני הרחקת התארים נעלם מעיניהם השגחת אלקות וחשבו כי השיגוהו ולבם רחוק ממנו מפני שטעותם באמיתית הא"ס ב"ה [שלרוב גדולתו ורוממותו לא ישגיח בתחתונים] ועי"ז מכחישים השגחתו ורוב עניניו ופעולותיו בעה"ז. ולא כאלה חלק יעקב כי יוצר הכל הוא. ועניני תואריו ושבתו וקימתו והליכתו ודבורו וכל הדומה לאלו מובן ליודעי החכמה ויתבאר בארוכה בשערים הבאים בה"ו:

פרק שביעי:

אחר שזיכנו האל בפרקים הקודמים ופירשנו בטעם האצילות דבר נאה ומתקבל והעמדנו אותו בדברי רז"ל. רצוננו בפ' זה להאריך הענין ולהרחיבו בזה בע"ה באופן יאורו עיני המעיין בענין הזה. וקודם שנבא בביאור ענין זה נשאל שאלה אחת אשר בה נבוכו קצת מחוקרי החכמה. והוא אם יש יכולת בא"ס ממ"ה הקב"ה להאציל י"ס זולת אלה אם לאו ח"ו. והנה ראוי שנחקור אם יכול מאחר שמדת טובו להשפיע אל זולתו למה לא האציל אפי' אלף אלפי אלפים כיון שהוא באפשריות ביכולתו ויאציל כמה פעמים י"ס וכמה עולמות כדרך שהמציא העה"ז. ולכאורה השאלה הזאת תבהיל עיני המשכיל וישתומם עליה. והאמת כי השאלה הזאת היא שאלה פתיות גדול ומרוב סכלות שאל השואל השאלה הזאת. והטעם שנאמר אל השואל שאלה הזאת כי לא נמנע שאלתו מג' דברים. או שישאל שיהיו הספירות השניות שוה אל הספירות האמיתיות האצולות, ר"ל כתר שוה אל הכתר חכמה שוה אל חכמה בינה שוה אל הבינה וכן כלם. או שיהיו גדולים מהם ר"ל דקים מהם. או שיהיו קטנים מהם ומתגלים. ועתה ג' בחי' אלה א"א להיות. מפני שהספי' דקות תכלית הדקות ר"ל רוחניות תכלית הרוחניות פשוטות מגוף וגשמי ומשיגיו כמו שבארנו וכמו שנבאר בשער השערים. ואחר שאמת הענין הזה שאינם גופים א"כ א"א להיות נבדלים מהמאציל ולהיותם נכנסים במנין העשר אם לא בדרך עלה ועלול ר"ל המאציל עילה אל הנאצלים הרי הבדל בינו ובין נאצליו. וזולת הבדלים אחרים שאין לנו עתה עסק בביאורם. והנה הכתר נבדל מהחכמה במה שהחכמה עלולה מהכתר והכתר עילה אל החכמה וכן הוא הבדלם זו מזו עד המדריגה התחתונה כי זולת עניין זה אין להם הבדל ליכנס במספר עשר כי מה שאינו גוף לא יחלק לחלקים כמו שנאריך בענין הזה בשער סדר עמידתן בס"ד. ועתה כאשר יאמר השואל שיהיו עשר ספירות האחרות שוות לאלו נשיבהו שא"א. כי אחר ששוה הכתר אל הכתר א"א להיות שני כתרים, שאם כן במה יבדלו להיותם שנים. א"כ א"א להיות נאצל מהמאציל האחד המיוחד אלא נאצל אחד. כי שנים א"א מפני שאין ביניהם להבדל כי שניהם עלולים מהעילה הראשונה דאל"כ אינם רוחניים ואם הם רוחניים א"א להיותם שנים. א"כ הוכרח שלא יהיה נאצל מן המאציל אלא נאצל אחד. ועל דרך זה נשיב אל החכמה עם החכמה וכן לכל ספירות עד שנכריח שא"א להיות זולת י"ס אלה. ולא יפול השאלה הזאת שא"כ ח"ו אין כח במאציל להאציל שני כתרים עלולים ממנו שוים ושיהיו נבדלים זה מזה עם היותם שוים. כי זה פתיות. כי אין הענין זה מפני חסרון ותשות היכולת ח"ו לא במאציל ולא בנאצלים. אלא אדרבא הוא שבחם. כי כדי שיהיו נבדלים צריכים הם לרדת אל פחיתות הגוף הנחלק לחלקים ואין זה ראוי. כי מגדולת העבד גדולת האדון נודעת ומשלמותו הוא להשלים אל זולתו. ואין לשאול כי אדרבה נדע ונכיר מעלתו כי מבלי גוף יגשימהו ומהיותו פשוט ובלתי בעל גשם כנודע ימציא הגוף והגשמות ויאציל שני כתרים ויהיו גשמיים. כי לזה נשיבך שהרי ברא הרבה מסוג זה והם המלאכים שהם גשמיים לפי האמת עם היות שגשמותם דק כגשמות האש ויותר דק ממנו כמו שנתבאר בשער היכלות. וגם אין לשאול כי יטביע ברוחניות שעם היותו דק ורוחני יחלק לחלקים. כי ענין זה יהיה הגרעון ברוחניות כי

עיקר שלמותו באחדותו והיותו בלתי מתחלק. והמשל בזה כי לא ישאל השואל אם יש כח במלך להיות עבד ואחר שאין בו יכולת העבד נמצא העבד משובח ממנו. שאדרבה יש ויש אבל אם יעשה זה יהיה פחיתות וגירעון בכתר המלכות, וכבוד המלך הוא להרחיק עצמו מכל מיני עבודת העבדים. וכן הדבר במאציל ובנאצלים. כי זה משבח המאציל להטביע בנאצלים כח חותמו להיותם פשוטים בלתי מורכבים ורחוקים מהגשמות ומכל מקריו. והנה כי הכרחנו כי להיות שוים א"א. ועתה נאמר כי ג"כ לשאול שיהיו גדולים מאלו לא צדקה שאלתו ולא אמת בדבריו. שהרי אין הבדל בין המאציל והנאצל אלא הבדל מה שבין עילה ועלול וכל מה שאפשר להיות הנאצל קרוב אל המאציל נתקרב הכתר עד שלא נשאר מקום לומר שיהיה נאצל בין הכתר והמאציל אלא שזו עלה וזו עלול וזה חיוב ירידתו ממעלת המאציל עם היות שהוא רבה עד לאין תכלית כי הוא חשוך לפני מאצילו, כדפי' הרשב"י ע"ה בתיקונים. ואין מקום לשאול למה לא האציל הא"ס את הכתר שוה לו ממש כיון שאין חסר כח. לפי שהאמת שא"א להיות הנאצל שוה למאציל. וזה אינו מפני חסרון המאציל אלא מפני תכונת הנאצל. לפי שאחר שהוא נאצל הוא עלול מעילתו ועילתו למעלה ממנו קדימת מה בכמה עניינים שא"א לעלול א' להשיג את עילתו וא"כ יוכרח ממנו היותו נאצל ועלול לרדת מאת פני אדוניו כהבדל שבין עילה לעלול וזה גרם לו חסרונו שהוא נאצל ועלול ועילה ראשונה קודמת אליו. ואם כן נשללה בזה ג"כ השאלה לומר שיהיה גדול אותו הכתר מהכתר הזה אחר שהכתר הזה הוא יותר גדול שאפשר בחק הנאצלים. וג"כ לומר שיהיה פחות מזה א"א שהרי כבר יש פחות ממנו שהוא החכמה ומה שתעלה על החכמה הוא הכתר ר"ל מאחר שהחכמה עלולה מהכתר ואינה יורדת מהכתר אלא מה שבין עלה לעלול הרי א"א לשאול שיהיה נאצל אחר בין החכמה והכתר. שהרי הנאצל הזה שוה אל הכתר א"א לו להיות ולא שוה אל החכמה מן הטעם שבארנו. בין הכתר והחכמה א"א מפני שהכתר והחכמה הם עילה ועלול ואין ביניהם הבדל שתוכל לסבול עלול קודם אל החכמה ומאוחר אל הכתר אם לא שתרד החכמה אל מקום הבינה דהיינו עלול השלישי וא"כ היינו חכמה ובינה. ובזה נסתלקו כל השאלות מכל וכל. והנה עתה נבאר במה שהתעוררנו על ענין שלש בחינות שבכל ספירה שנאריך בהם בשערים הבאים בעה"ו והם אלו. כי לכל ספירה וספירה הם ג' בחינות. א' בחינתה בערך הנאצל ממנה, ב' בערך עצמה, ג' בערך מאצילה. והענין הוא כי בכתר עצמו בהיות שהוא נאצל מאת המאציל אשר הוא מאציל ולא נאצל אשר אריכות הדבור בו ודאי אסור והאל יכפר במה שהארכנו בו עד עתה. וא"כ בחכמה הנאצלת מהכתר הוכרח היות בה בחינה המשתוה ר"ל קורבה המתייחדת במאצילה שהוא הכתר אשר לא יבדל ביניהם כלל ואחר זה תרד היא בעצמה ויבדל מעצמה אל עצמה עד הגיעה להיותה עילת הבינה העלולה ממנה. והנה בה בעצמה יוכרח היות בה בחינת מעילה לעלול שתעלה מבחי' לבחי' עד מעלה מעלה. והמשל בזה הבחי' המשתוה אל הכתר היא העילה אל בחינת עצמותה ובחינת עצמותה היא עילה אל המשתוה אל הבינה [וכן בכל בחי' ובחי' תהיינה ג' בחי' אלו עצמם מעס"ר] ובין כל שתי בחינות יוכרחו עוד ג' בחי' והם בחי' המשתוה הבחי' הראשונה אל הכתר והבחינה עצמה והבחי' המשתוה אותה אל עצמותה. ונצייר צורה גופניות שמתוכה יעלה השכל אל הרוחני כאלו נצייר ראש תור והוא המשולש המשוך הזה.

והנה המשולש הזה הוא משפע ויורד ומצד עליונו מתרחב הוא משל אל הנאצלים שכל עוד שיתקרבו אל מקורם הם מתעלים ומתרחבים. לא רוחב גבוליי גשמיי אלא רוחב בדקות ורוחניות. והנה כאשר יסתכל המעיין היטיב ימצא כי עליון שבכתר הוא רחב ומשפע ומצר והולך עד שיגיע רחבו להשתוות אל רוחב החכמה. ואפילו במקום שווי הכתר והחכמה יש הבדל רב שכן הוכרח מצד המשפיע המשפע ויורד שאין מצב לירידתו כי כל שיתרחק מהפנים העליונים יתגלה הנאצל ויסתבב ממסובבו העליון ממנו והיינו עילה ועלול למי שעיני שכל לו וחננו ה' דעה. וזהו סוד כל אחד כלול מעשר וסוד ירידת המדריגות בעצמות הספי' בעצמה. כי כתר שבכתר הוא הצד המתקרב אל המאציל ומלכות שבכתר הוא הצד המתקרב אל החכמה וכתר שבחכמה הוא עלול ממלכות שבכתר. וכל זה ניכר מתוך הצורה שציירנו. כי הצר שבכתר הוא עילה אל הרחב שבחכמה וכן הכתר שבחכמה הוא הצד המתקרב אל הכתר. ומלכות שבחכמה הוא הצד המתקרב אל הבינה וכתר שבבינה הוא עלול ממלכות שבחכמה. ובדמיון זה ג"כ צ"ל כי כל חלק וחלק כלול מעשר ספירות ג"כ מפני שאין מצב אל האור אלא מתרחק ויורד וכל נקודה ונקודה וכל חלק וחלק עילה לנקודה שלמטה ממנו ועלול מהנקודה שלמעלה ממנו. והוא ראה בחכמתו שאם לא ירד

הכתר בעצמו עשר מעלות א"א להיות החכמה נאצלת ממנו כלל ועיקר. וכן אם לא היתה החכמה יורדת עשר מעלות לא היה באפשרות הבינה להתאצל ממנה. וכן לכל הספירות וכן לכל החלקים והנקודות. וזה הדין וזה הטעם לאבי"ע כי באצילות יש אבי"ע ובבריאה יש אבי"ע וביצירה אבי"ע ובעשיה אבי"ע כי ענין אבי"ע הם כללות כל הנבדלים מן המחויב הראשון א"ס ממ"ה הקב"ה מן הכתר עד הנקודה האמצעית שבטבור הארץ והם מיני ירידתם בד' מדרגות. וכן כ"א מהם כאשר נבא לחלקם נחלקם לד' מדרגות וכן כל מדרגה ומדרגה לארבע מדרגות אלא שהד' של אצי' הם דקות כ"כ עד שעשייה שבאצילות סיבה ועילה אל אצילות שבבריאה וכן עשיה שבבריאה היא סיבה ועילה אל אצילות שביצירה וכן על הסדר הזה כל המדרגות וכל החלקים עד שנמצא המציאות כמנורה של פרקים מתיחדים ומתחבקים איש באחיו כמבואר.

ואחר שהתעוררנו בזה רצוני בדבר זה להתעורר על שאלת מנין העשר ששאלנו בפרקים הקודמים ידוע כי כל עלול מוקף מעילתו והעילה מקיף העלול כאשר נאריך בשער סדר עמידתן בס"ד. ועתה נצייר צורה גופנית והיא עגול בתוך עגול כזה עד שהריוח לא יעבור בין

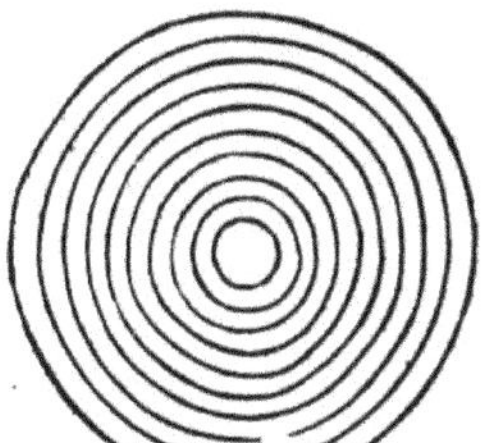

הגלגלים האלה ועתה הישאל השואל למה המצייר הזה לא צייר בתוך העגולים האלה יותר עגולים אחרים. הלא ודאי נקהה את שניו ונאמר לו כי רוח אסף בחפניו כי א"א להיות עוד תוספות על חשבון עגולים אחר שהם יורדים איש מאת אחיו כנקודה וא"א במציאות להיות עוד עגול בתוך העגולה הגדולה המקפת את כולם בתוכה. והנה מן הצורה הגופניות נעלה שכלנו אל הרוחניות אשר אנו בביאורה. ידוע כי הספירות הם יורדים איש מאת אחיו כהבדל שבין עלה ועלול ולכן הם זו בתוך זו עלול מוקף מעילה כדמיון העגולים האלה שהגדול מקיף הקטן ממנו שהוא העלול ולכן הכתר הוא מקיף אל החכמה והוא עילתו וחכמה יורדת מהכתר כערך מה שבין עילה ועלול והחכמה עילה אל הבינה והרי בינה יורדת מהחכמה מדרגה א' ויורדת מאת הכתר ב' מדרגות שהיא עלולה מזאת העלולה ממנה וע"ד זה ירידת המדרגות עד המלכות. והנה המלכות הוא סוף לאצילות וראש לבריאה והיא לבריאה כערך הא"ס לאצילות והמדרגה האחרונה שבבריאה אל היצירה כערך המלכות אל הבריאה וזהו סדרם עד בואם אל הגלגלים דרך מעלות הנעלמות ונסתרות לנו ונגלות אל הבקיאים במעשה בראשית ובמעשה מרכבה.

והנה אין הבדל בין המלכות והבריאה אלא כהבדל שבין עלה ועלול וברדת מן המדרגה האחרונה שבאצילות הוכרח היות תחלת הבריאה שהיא המדרגה המתייחדת באצילות כיחוד העלול אל העילתו וכן מבריאה אל יצירה וכן מיצירה אל עשייה עד הגלגלים. והנה סדר הגלגלים התוכנים חשוכי עינים דמו שהגלגל סמוך לחברו עד שריוח לא יעבור ביניהם. ואין זאת סברת בעלי התורה הרואים באור עולם, אלא שבין רקיע לרקיע מהלך ת"ק שנה ועם היות האויר זה ביניהם עם כל זה הענין מורה על שווי הבריאה וההכרח' ושא"א להיות בין גלגל לגלגל פחות מזה עד רדת הענין אל יסוד האש ויסוד האש מתאחד ביסוד הרוח ויסוד הרוח מתאחד ביסוד המים ויסוד המים מתאחד ביסוד העפר זה למעלה מזה ואין ריוח ביניהם.

ועתה מי ישום פה לאדם לשאול יהיה עוד כך וכך מדרגות או יפחות מהם כך וכך או למה לא ברא העולם יותר גדול מזה או קטן ממנו, כי כל זה הוא פתיות גדול ליודעי סדר המדרגות. ותכונת העולם הוא על מציאות היותר משובח שאפשר בסדר המדרגות מהעליונה שאפשר במציאות עד התחתונה שאפשר במציאות אם בגבול אם בתכלית אם בגשמות והנה אם לא היה בינו ובין העולם סדר הספירות א"א לעולם מפני פחיתותו להיותו מתנהג ע"י הא"ס אם לא שיעלה העולם במדרגות הרוחניות שהם הספירות ולענין זה כבר האציל הספירות. ואין זו הכוונה אלא לגלות האצילות והאלקות ולא להעלימו. וגלוייו הוא ע"י ירידות המדרגות להבחינה התחתונה שהם עתה. שהרי אפי' הארץ הלזו העבה והגסה עד טיבורה יש לה מדרגה אחר מדרגה עד ז' ארצות כמו שנבאר קצת בזה בסדר עמידתן בע"ה. הפך סברת הפתאים התוכניים כי דמו לתת מדת הארץ ואמרו שקו בן כ"ב אלף מיל יסוב אותו סביב ואלו תוקדר הארץ יהיה עובר אל עבר פניה התחתונים בעובי ז' אלף מיל ושל"ג ושליש מיל והמה בחשך יתהלכו למו. הנה לנו בענין הזה תורה מקובלת ומעשה רב כאשר נכתוב בשם הזוהר בשער הנזכר. ונחזור לענייננו שאם היה העולם נברא בלי אמצעיות. בזולת שא"א מן הטעם שפירשנו. הנה זה יהיה העלם האלקות כשנבא לדעת גדולתו מתוך הנהגתו הלא נאמין שהוא יתעלה מעולמו מה שבין העילה לעילתו לפי האמת. ולכן שלא להעלים

אלוהותו האציל המדרגות אל הדרך שפירשתי, כי כאשר נראה עתה בכתר יתברך ויתעלה ונעלה עליו עילתו האין סוף ממ"ה כמה יתגדל שמו בעיני כל ברואיו.

והנה נשלם פרק המפואר ונכלל השער הזה. ואחרי אשר עד כה ברכנו ה' ועזרנו בכל הדרך אשר דרכנו, נוסעים אנחנו אל המקום אשר ידענו והוא לחקור אם הא"ס הוא הכתר בסייעתא דשמיא:

השער השלישי לדעת אם אין סוף הוא הכתר

פרק ראשון:

הנרצה בשער הזה הוא לשאת ולתת בענין המבוכה נפלה בין המקובלים לדעת אם א"ס הוא הכתר עצמו או זולתו. וזה שמו אשר יקראו לו אם הא"ס הוא הכתר:

רבים מהמתקבלים בבני עמנו נבוכו במבוכה רבה ונפלו בשוחת הטעות וחשבו כי הכתר עליון הוא הא"ס והוא במנין העשר. ויש מהם אמרו כי מאחר שיש לנו עשר מדרגות מה צורך אל אצילות יותר אלא שענין המאציל עם הנאצלים הם עשר. ודמו להסתייע ממשנת ספר יצירה שאמר עשר ולא תשע עשר ולא אחד עשר ואמרו שאמרו ולא אחד עשר לומר שלא נוסיף עוד על עשר אלא שעשר הם ממש עם המאציל שהוא הא"ס כתר עליון. זה דרכם. ושרי להו מרייהו כי זהו ענין קצוץ ופרוד והרואה במה שפירשתי במשנה ההיא בשער הראשון בפ' ששי יראה כי אדרבה משם ראיה להפך. והנה הסברא הזאת דחויה מכמה טעמים אב"א קרא אב"א סברא. הסברא היא כי מאחר שהמאציל נבדל מנאצליו בכמה עניינים. ראשונה שהנאצלים הם נופלים תחת הזמן והוא אינו נופל תחת הזמן. ואין רצוני לומר זמן כפי הנראה מפשוטן של דברינו, אלא הכוונה שכבר היה זמן שלא היו נאצלות כמו קודם האצי'. וזה אחד מהדברים הנמנעים בא"ס שלא הי' מציאות שלא ימצא, אלא הוא מחויב המציאות והוא המציא הזמן ולא שהוא בעל זמן ח"ו. ובענין זה יובן אמרו ראשון ואין ראשית לראשיתו כי עם שנאמר ראשון וכל לשון ראשון מורה על שיש לו ראשית כי אמת שהוא ראשון לכל הבאים אחריו אבל לשון ראשון מורה על התחלת זמן. וע"כ אמר שהוא ראשון ועם כל זה אין ראשית לראשיתו, ולשון ראשון אינו אלא לשלול שלא קדם אליו זולתו. וז"ש בתקונים אני ראשון ואני אחרון. ופי' הרשב"י ע"ה כי אנ"י הוא אי"ן שהוא הכתר עליון. ואני הוא מלכות שהיא תכלית האצילות נעוץ סופו בתחלתו ותחלתו בסופו כי אי"ן הוא א' כתר עליון י' חכמה ן' בינה עם משך הוא"ו שהוא ן' י' על ו' ומציאות הן' בעצמה היא המלכות לפי האמת נמצא אי"ן כולל כל האצילות. וזה אני ראשון סוד משך והתפשטות אצילות ממעלה למטה. ואני אחרון הוא מציאות אור החוזר המתהפך ממטה למעלה. ובזה יובן ענין ראשון ואחרון כי הכתר יקרא באמת ראשון מפני שהוא ראשון לכל הבאים בראשית שהוא מהנאצלים ולמטה אבל למעלה ממנו בא"ס לא שייך לשון ראשון וזהו ולפני אחד מה אתה סופר. פי' הכתר נקרא אחד שהוא תחלת החשבון שהוא מספר העשרה שבו כלול כל החשבון והחשבון יסודו למעלה כמו שפירשנו בשער הקודם. ואמר כי לפני אחד שהוא הקודם לו דהיינו הא"ס מה אתה סופר דלא שייך תמן לא מנין ולא דבור ולא חיוב כלל. ועליו נאמר (איוב לז כ) היסופר לו כי אדבר ולא שייך תמן מנין. ועם ההקדמה הזאת יובן הפסוק (בישעיה מ"ג) אשר נבוכו בו כל הפשטנים אתם עדי נאם ה' ועבדי אשר בחרתי למען תדעו ותאמינו לי ותבינו כי אני הוא לפני לא נוצר אל ואחרי לא יהיה. ופי' כי אני הוא היינו הכתר כי הוא הכתר הנקרא הו"א באמת. ולהורות על העלמו מלת הוא כנוי אל הנסתר. ולכן אמר שהוא נקרא אני ג"כ להורות שהוא תחלת האצילות וסוף האצי' בסוד אני ראשון ואני אחרון כמו שפי'. ואמר כי לפני לא נוצר אל ומלת נוצר כמשמעו שפי' לא נאצל כי לשון יצירה ג"כ משמש אל האצילות כמו שמשמש לשון בריאה דהיינו בראשית ברא. ואמר כי לפני לא נאצל זולתי, כי הוא ראש הבא בגדר הנאצל. והוא סוף לכל האצילות, וז"ש ואחרי לא יהיה. וזה מורה על תוקף גדולות הא"ס ממ"ה הב"ה שמורה על קיומו שאינו נופל תחת הזמן אלא אדרבה הוא המציא הזמן ולא יצוייר מציאות העדרו בשום אופן בעולם. וזו אחת ממעלותיו הרבות על נאצליו שכלם נופלים תחת המציאות שכבר היה זמן שהיה הא"ס זולתם כמו קודם האצילות. ויש רבים חשבו לומר שהכתר היה קודם לכל ר"ל כי עם היות שלא היה אצילות היה הוא במציאות והוא לבוש אל המאציל לעולם. ובעלי הסברא זאת הם בעלי תריסין ועיקר ההכרח שהכריחם לדבר זה הוא אמרם ז"ל בפדר"א קודם שנברא העולם היה הוא ושמו לבד פי' כי הוא ושמו היינו הא"ס וכתר. והכריחו מזה שכתר קודם ושהוא מתאחד במאציל ולבוש אליו. והענין הזה אין ראוי להאמינו. אלא שכל האצילות נאצל בעת אחת וגם הכתר מכלל הנאצלים כאשר הוא מוכרח מתוך כמה מאמרים וקצתם נעתיק בשערים בע"ה. ובפרט בשער עצמות וכלים ובשער סדר האצי' ושער הצחצחות בס"ד. נמצא שנתעלה המאציל על נאצליו. כי נאצליו קדם אליהם העדרם. משא"כ המאציל ממ"ה הקב"ה. והרי הבדל ראשון. עוד נבדל המאציל מן הנאצלים כי חיותם תלוי בזולתם היינו במאציל המחייה אותם והוא מקור והאור והשפע לכל נאצליו נמצאו כלם צריכין אליו. והא"ס

ב"ה אין צריך אל זולתו אלא הוא מקור החיים והחיים נמצאים ממנו עד שהוא חיות החיים. ולכן בקצת מקומות כנהו הרשב"י ע"ה בתקונים בלשון נהורא דלא קיימא בנהורא וכו' אחר שאינו תלוי בחיות ושפע מצד זולתו אלא הוא מקור האור אל כל שאר המאורות. ודבר זה ביאר הרשב"י ע"ה בתקונים (תקוני ז"ח דף קל"ב ע"ב) ובזהר בראשית (דף כ"ב) פתח עוד ר"ש ואמר ראו עתה כי אני אני הוא ואין אלקים עמדי. אמר חבריא שמעו מלין עתיקין דאנא בעינא לגלאה כו' מאי ניהו דאמר ראו עתה כי אני אני הוא ואין אלקים עמדי. אלא דא איהו עילת על כל עלאין ההוא דאתקרי עלות העלות עלת מאלין עלות דלא יעביד חד מאלין עלות שום עובדא עד דנטיל רשותא מההוא דעליה כמה דאוקימנא לעיל בנעשה אדם נעשה ודאי על תרין אתמר דאמר דא לההוא דלעילא מיניה כו' וההוא דלעילא מיניה לאו עביד מדעם עד דנטיל עצה מחבריה. אבל ההוא דאתקרי עלת על כל העלות דלית לעילא מיניה ולית לתתא שוה ליה הה"ד ואל מי תדמיוני ואשוה יאמר קדוש. אמר ראו עתה כי אני אני הוא ואין אלקים עמדי עצה מיניה כגוונא דההוא דאמר ויאמר אלקים נעשה אדם עכ"ל. הנה כיון במאמר הזה הקדוש ע"ה להפליג במעלה הזאת שמתעלה הא"ס על נאצליו שהם צריכין ליטול עצה התחתון מן העליון כי הוא צריך שפע מעילתו המשפיע עליו ולכן הוא אומר נעשה אדם כלומר תשפיע אתה ואני אפעול ונמצא אדם עשוי ע"י שנינו והעליון עדיין צריך להיות נשפע מעילתו כי אין בידו ג"כ היכולת. אבל א"ס ב"ה אינו צריך לאמר לזולתו נעשה אלא אני אני הוא ואין אלקים עמדי ר"ל בסיוע עמי לא תחתון שאין לו למטה שוה אליו ולא עליון שאין עליון זולתו כי הוא למעלה מכל הנמצאים. ואמר עילת על כל עלאין, עלת מאלין עלות. כיוון לבאר לנו שהטעם שהוא נקרא עלת העלות הוא משני פנים. הא' פי' מלשון עלייה והכוונה שהוא למעלה מכל העליונים. ואין הכוונה בעליית מקום ח"ו שאין שום דבר נכנס במקום באצילות כ"ש במאציל, אלא פי' מציאות עליית מעלה והרוחניות והיכולת. והפי' השני הוא מלשון עילה וסיבה שהוא סבה ועילה לכל העלות שבמציאות. והנה נתבאר הבדל שני שנבדל הא"ס המאציל ב"ה מן הנאצלים. עוד הבדל שלישי והוא כי לכל הנאצלים יש להם שם משמות הקדש שהוא מגבילם אשר בו יקרא הספירה והנאצל ההוא כענין אהי"ה בכתר וי"ה בחכמה וכן לכל שאר הספירות כמו שבארנו בשער הראשון בפי'. וכן שם בן ד' כולל כל האצי' כלו כמבואר בזהר ונבאר בשער שם בן ד'. מה שאין כן בא"ס המאציל ב"ה שאין שם ונקודה שנוכל לכנותו בה ולא מדה שתגבלהו ולא מצאנו לו שם לכנותו אלא מחויב המציאות. ופי' כי הוא מחויב במציאותו מפני שא"א לעולם בלא מנהיג הנותן שפע ומחיה לכל הנמצאים ומטעם זה מחוייב מציאותו. ומפני שאין שם שיגבילהו לכן נתארהו מחויב המציאות, ושם זה יחסו אליו החוקרים. עוד ייחסו אליו שם א"ס והטעם מפני שאין לו סוף ותכלית. כי הדבר הנגבל בשם יש לו סוף, והאלקות מפני שאין לו סוף אין לו שם שיגבלהו ולכן אנו מתארים אותו בא"ס. ועוד פי' אחר מפני שהחקירה בו אין לו סוף. שאינה כדרך שאר החקירות שיש לה סוף והסכמה אל מסקנא אחת. אמנם החקירה באלקות היא בא"ס ולכן אין מי שידע בו מהות כלל אם לא ע"י ספירות המגלות קצת מגדולתו אמנם מספירותיו ולמעלה אין השגה מצד עומק המושג ולכן תארוהו בא"ס. עוד ייחסו אליו עלת העלות, והכוונה כי העלות אשר מהם עלולים אחרים הם עלולות ממנו ולכן נקרא סבת הסבות לפי שהוא סבה ראשונה לכל סבות שבעולם ואע"פ שהן סבות למסובבים אחרים עם כל זה כלם מסובבים ממנו. ויש שאמרו כי כתר עליון ג"כ נקרא סבת הסבות לפי שהוא סבה לכל שאר הסבות שהן מסובבות ממנו. משא"כ ממנו ולמטה שאין החכמה סבה לכל הסבות המסובבות שהרי הכתר הוא הסובב ואינו מסובב מהחכמה אלא אדרבא החכמה מסובבת ממנו. וכן מן הטעם הזה אמרו שנקרא הכתר עלת העלות שהוא עלת העלות העלולות ממנו. אמנם אין סוף נקרא סבת כל הסבות ועלת על העלות בתוספת כל להראות על הא"ס שהוא סבת כל הסבות ואפי' הכתר. מה שאין כן הכתר שלא יצדק בו לשון כל הסבות וכן כל העלות שכבר יש עילה וסבה שהוא מסובב ממנו שהכתר מסובב מהא"ס וא"ס סבתו. וכן לכל העלות, שלא יתייחס כן בכתר. ושלשה שמות הללו היינו א"ס וסבת כל הסבות ועלת כל העלות יחס הרשב"י אל המאציל ב"ה בספריו פעמים רבות וג"כ יחס אליו שמות אחרים כמו טמירא דטמירין וכן עתיקא דעתיקין וכאלה רבות כיוצא בהם וכאשר ידקדק המעיין בהם ימצא כלם מורים על ההעלם כמו שבארנו שאין לו שם ולא הויה ולא כנוי שיגבילהו. והרי הבדל שלישי שנבדל המאציל מן הנאצלים. בזולת כמה הבדלים אחרים כמו הרחקת השיעור והמדה והתארים והשנויים כי הכל בספירותיו ולא נאריך בהן. ונאמר כי אחר שיתעלה ונבדל המאציל מנאצליו תכלית ההבדל ונתרחק

תכלית הרוחק אם כן הסברא נותנת שאין ראוי שיכנס המאציל במנין הנאצלים ח"ו כמו שחשבו האומרים שהוא הכתר. ועתה נבא להוכיח מן הראיות:

פרק שני:

אחר שבפרק הקודם הכרחנו מן הסברא שאין הכתר הא"ס, עתה נבוא בפ' זה לבטל סברא זו בדברי הרשב"י ע"ה מאיר עיני ישראל בחכמה הזאת ולנו מדבריו כמה ראיות. ראשונה אמר בס' התיקונים (בהקדמה ד"ו) וז"ל אבל שם הוי"ה איהו מרכבה למריה לכתר עלאה. ובגין דא אין קדוש כהוי"ה עלת על כלא טמיר וגניז בכתר ומניה אתפשט נהוריה על הוי"ה דאיהו י' חכמה ה' בינה ו' כליל שית ספירן ה' מלכות עכ"ל לעניננו. וזה פירושו הוי"ה שהוא רמז לט' ספירות כדמפרש ואזיל הוא מרכבה למריה כתר, וטעם אמרו מריה מפני שהוא אב לאצילות כלו וכל האצילות כסא אליו. ואמר אין קדוש כה', יובן עם מה שבאר הרשב"י ע"ה במקום אחר שאמר שאין קדוש כה' הכוונה על הכתר. ואמר כי זה הוא הכ"ף דכה' שהוא כ"ף כתר וטעם הכ"ף כי הוא שני יודין בסוד עשרה עשרה הכ"ף וזהו שאמר ובג"ד אי"ן קדוש, פי' מפני שהוי"ה היא מרכבה אל הכתר שהשם בן ד' יו"ד בראש ואדני יו"ד בסוף הם שני יודי"ן בסוד אור ישר ואור חוזר שהיא כ"ף כתר. כאשר יתבאר הענין הזה בארוכה בשער התהפכות האור בס"ד. ומפני ששתי האורות האלה הם מרכבה לכתר שהוא סבת האורות מצד עלת העלות אין סוף ב"ה הגנוז בו וממנו התפשט האור ע"י הכתר כדי שיהיה האור ישר והאור חוזר לכך נקרא כ"ף כתר שהוא שני יודי"ן. ואל יקוה ממנו המעיין ביאור ענין זה כי עקרו בשער הנזכר. ע"כ פי' המאמר בקיצור. והנה אמר בפי' עלת על כלא טמיר וגניז בבתר, מורה על שאין הא"ס הוא הכתר. עוד כתב בתיקונים (תקונא ע' דקכ"ד) וז"ל אתקריאת יהוה מסטרא דכתרא עילאה דאיהו סתים כקומץ דאיהו סתים דלא ידע בר נשמה דאית לגו. ומאן דאיהו לגו איהו סתום במחשבה עלת העלות קרינן ליה עכ"ל. ופי' שאמר בתחלת דבריו למעלה שבמלכות הוא השם בן ד' בלא נקודה ולפי יניקתה כך נקודתה ועתה אמר דמסטרא דכתר פי' כאשר היא יונקת ממנו תקרא על שם יהוה שהיא הויה בנקודת קמץ והטעם כקומץ דאיהו סתים פי' כמו הוא סתום במחשבה פי' כי אפי' המחשבה אסורה בו, ונקרא אצלינו עלת העלות אבל לא שיהיה שם זה מגבילו כי אין שם שיגבילהו כדפי' בפרק הקודם. ועיקר המאמר הזה עם כל הנמשך אחריו נתבאר בארוכה בשער שם בן ד'. הנה באר לנו בפי' כי עלת העלות גנוז ונעלם בכתר ושאין הא"ס הכתר עצמו. ועוד בפי' בתיקונים במקום אחר (תקונא ע' דף ק"ל) ז"ל כתר עלאה אע"ג דאיהו אור קדמון אור צח אור מצוחצח, אוכמא איהו קדם עלת העלות. ועיקר המאמר יתבאר בשער הצחצחות ב"ה. הנה הורה בפירוש שאין הכתר הא"ס. באמרו שהכתר הוא חשוך. ר"ל שאין אורו מבהיק לכלום. שאין לו כח לפני עלת העלות שהוא מאצילו. עוד בתיקונים (בתיקון י"ח דף קי"ב.) וז"ל אדון יחיד שליט על כלהו מופלא ומכוסה בכתר עכ"ל. ופי' כי למעלה מן המאמר הזה אמר ענין החיות והמרכבה הרוחניות בספי' ואח"כ אמר שהא"ס שנקרא אדון יחיד כמבואר בס"י הוא מופלא ומכוסה בכתר. והכוונה שאין אלהותו מתגלה אלא על ידי תיק אורו ולבושו שהוא הכתר ועל ידה רוכב בשאר הספירות. הנה הורה בפירוש שאין הכתר האין סוף. עוד בר"מ (פינחס דף רמ"ג) וז"ל בגין דעלת העלות מופלא ומכוסה בהאי כתר ואתפשט בשם יהו"ה. בשבתות וימים טובים לית שלטנותא דסמא"ל ונחש ולכל ממנן דיליה ולית שלטנותא לגיהנם נוקבא בישא דסמאל ונחש ולא למשריין דיליה, כלהון מיטמרן קדם משריין דמלכא כגוונא דאתטמרון אומין דעלמא כד אתגליא משיח הה"ד ובאו במערות צורים ובנקיקי הסלעים. ופירושו מבואר וממנו נראה בביאור שאין לומר שהכתר הוא הא"ס מורה על זה באמרו עלת העלות מופלא ומכוסה בהאי כתר. נראה מדבריו שכתר היכל לעלת העלות. והנה לנו כמה ראיות ברורות ועדים נאמנים שאין הכתר הוא הא"ס, בזולת עוד כמה ראיות אחרות, ולא העתקנום מפני שאנו צריכים להעתיקם בשערים הבאים כמו מאמר אליהו דאנת הוא חד כו' שנעתיקה בשער עצמות וכלים פ"ה וקצתם לא ראינו להעתיקם כלל מפני האריכות. עם כל זה בראיות האלה בטלה דעת האומרים שהכתר הוא האין סוף:

פרק שלישי:

אחר שבפרק הקודם השתדלנו להעמיד בהכרח שאין הא"ס הוא הכתר אלא כל אחד מהם ענין בפ"ע ר"ל זה מאציל וזה נאצל. ראינו בפרק זה לבטל סברא אחרת קרובה לדעת המקובלים הקודמים והיא סברת הר' שם טוב בספר האמונות שער ד' פ"א שתחלה מנה הספירות ואמר שכתר היא ספירה ראשונה, אח"כ אמר שאין הכתר בכלל

הספירות. וזה טופס לשונו בקצור נמרץ. כל המקובלים הסכימו למנות עשר ספירות אלו א' כתר עליון ב' חכמה וכו', אולם המופלאים והעמוקים שבחכמה הסכימו שאין למנות כ"ע ע"ד האמת בכלל העשר כי הוא כא"ס, וכמו שסבת כל הסבות אין למנותו כלל כן אין ראוי למנות לכ"ע כי אין שום התחלה ושום קץ וסוף בו והוא הכל. ורשב"י הזהיר על זה בכמה מקומות ועל זה כוון בס' יצירה עשר ולא אחד עשר. וכבר ידעת היות מוסכם אצל חכמי המשנה שאליהו הנביא מתגלה אל כל הראוים. ויש קבלה למקצתן מן האחרונים ז"ל שהיה מתגלה להרב הגדול ר' אברהם אב"ד החסיד ז"ל וממנו קבל הרב הגדול הראב"ד חתנו והרב החסיד רבי יצחק שקבלתו סלת נקייה לעמוק מאד בחכמת הקבלה. והוא ג"כ פירש י' ולא י"א שאין להכניס במנין הכתר. והמשלים המנין הוא הדעת העליון שרמז הכתוב (משלי ג כ) בדעתו תהומות נבקעו. ועליו אמר בספר הבהיר שהוא היכל הקודש. ועיקר שם המיוחד הכתוב בספרי הנביאים כוונו באותיות השם באמצעות הת"ת לזה כי הוא היכל לשרש העליון עכ"ל. ועוד האריך הרבה ע"פ הסברא הזאת. ובמקום אחר כתב כי מטעם זה קרא בס"י לחכמה עומק ראשית כי הוא תחלה וכו'. זאת היא סברת רש"ט שרצה לומר שהכתר אינו במנין הספירות עם שהודה בענין שהא"ס אינו הכתר כדמוכח מתוך לשונו שאמר וכמו שסבת כל הסבות אין למנותו כלל כן אין ראוי למנות לכ"ע, הורה שסבת כל הסבות אינו הכתר, אמנם הכתר נאצל ממנו. וקודם שנכנס בהריסת סברא זו ראוי שנדע מי הביאם בטעות זה ונאמר כי הוזקקו לסברא זו מפני ג' דברים ראשונה מאמר בעשרה מאמרות נברא העולם (אבות פ"ה מ"א) שהעתקנהו בשער הקודם בפ"ג. ושם השתדלנו בענין והכרחנו שאין מאותו המאמר ראייה לדבריו כלל. והשני שראו בס"י התחיל למנות משנת העמקים מחכמה באומרו עומק ראשית ועומק אחרית שהן חכמה ובינה שנראה שהיא ראשונה לאצילות ואין הכתר בחשבון הספירות וכן באמרו אחת רוח אלקים חיים וכו' שנייה רוח מרוח אמרו כי אחת רוח אלקים חכמה ורוח מרוח בינה וכו' נראה שמחכמה מתחיל מנין הע"ס. והשלישית כי מצאו אילן גדול לתלות בו והוא האלהיי רשב"י ע"ה באדרא וז"ל אתר דשירותא אשתכח מעתיקא קדישא דאתנהיר ממזלא וכו' כמו שנעתיקהו בע"ה. והנה אחר כי תחלת האצילות הוא מחכמה המתנהרת מהכתר נראה בפי' שאין הכתר מכלל מנין ע"ס לכן דחקו עצמם לבקש תשלום מנין העשר ובקשו דעת. והאמת לא בקשו צדק. כי ענין הסברא הזאת היא דחויה אב"אי קרא ואב"אי סברא. ראייה מן הסברא מפני שלא ימלט מב' דברים בכתר אם הוא נאצל או אינו נאצל. אם הוא נאצל א"כ מאחר שהוא עלול מהסבה הראשונה למה לא יכנס במנין הספירות כי מי המעיט בכבוד האצילות עד שהכתר מפני שהוא כא"ס והוא גדול ומשובח לא יכנס במנין הספירות כי הספירות (הם חכמה ובינה) הם ג"כ כאין סוף בכחם ומעלתם ועם כל זה לא מנענו עצמנו מלמנותם בעשר. והרי אחר שהכתר עילה לחכמה וחכמה עילה לבינה ושלשתם ודאי נאצלים א"כ כערך חכמה אל הבינה כן ערך הכתר אל החכמה וכמו שהחכמה נמנית במנין הספי' עם הבינה כן הכתר ימנה עם החכמה א"כ מה הטעם שנעלה הכתר על כל שאר הנאצלים ועוד כי מה שאמר שהוא כא"ס אינו מעלה כלל לפי שהרי א"א שיהיה שוה אל המאציל ממש מאחר שהוא עלול ממנו בהכרח ירד ממעלת עילתו ואחר שנפליג בעלת כל העלות כל מה שאפשר במה שהוא א"ס אין ראוי להפליג כ"כ בכתר כי אינו במעלת מאצילו אחר שהוא נאצל ועלול מעילה ראשונה כדפי'. וכמו שפי' הרשב"י ע"ה באמרו אוכמא איהו קדם עלת העלות הורה שאין הוא במעלת הא"ס ח"ו וא"כ למה הוא כא"ס כי גדר הא"ס הוא תואר שלא יתואר בו כלל באמיתית כ"א במאציל. ומאחר שישנו בכלל הנאצלים ואינו כא"ס א"כ למה לא יבא במנין הספירות כי אינו רק ממנין הנאצלים ולמה נמנה קצתם ונניח קצתם זה בלתי ראוי. וא"ת שאינו נאצל, זה א"א להאמינו אם לא שנא' שהוא סבת הסבות ואין זולתו שאל"כ הוא שניות ח"ו שנאמר שיהיה דבר אחד זולת סבת הסבות ולא היה נאצל ממנו. ואם נאמר שהוא נאצל ג"כ אלא שאינו כדמיון שאר הנאצלים מפני שקדם להם זמן רב. זה א"א כי א"א קדימה על החכמה אלא קדימת עילה ועלול כי א"א להפרד ולהבדיל בין כל נאצל ונאצל אלא כהבדל עילה ועלול וכן ההבדל ג"כ בין החכמה ובין הבינה וכמו שנכניס במנין הנאצלים החכמה עם הבינה כן נכניס ג"כ הכתר עם החכמה. ואחר שמתוך הסברא הוא מוכרח שהכתר הוא במנין עשר ג"כ מוכרח מתוך הראיה מדברי הרשב"י ע"ה בתקונים (תקונא ע' דף קי"ח) וז"ל ואברין אלין כלהו בספירן. רישא כ"ע, מוחא חכמה, בינה לבא ובה לב מבין, תרין דרועין חסד וגבורה, גופא עמודא דאמצעיתא, תרין שוקין נצח והוד, יסוד אמה. שכינתא אות דיליה עכ"ל. ועם היות שיש בו

להתעורר קצת עם כל זה אינו מהמתיחס אלינו. והנה מנה י"ס נגד האברים ומנה כ"ע רישא ולא מנה דעת כלל, הרי שכ"ע בכלל ספירות. עוד בתקונים (בהקדמה דף ג') ואשמע את קול כנפיהם בעשר מיני תהלים. בשיר פשוט דאיהו י' כתר, שיר כפול דאיהו י"ה, חכמה ובינה משולש ביה"ו דאיהו חג"ת, מרובע בהוי"ה דאיהו נהי"ם עכ"ל. הנה מנה עשר ספירות בעשר אותיות ולא מנה הדעת כלל אלא הכתר. ואין סברא לומר כי זה הכתר שמנה הוא הדעת, א"כ היה לו להתחיל מחכמה שהוא ראשית האצילות לפי דעתם ועוד דכולי עלמא סברי שזה כתר שמו וזה דעת שמו ולא פליגי אלא איזה מהם יבא במנין עשר. ועוד ראייה מהזהר פ' בראשית (דף ל"א) וז"ל וע"ד בראשית ב' ראשית היא חכמה כמה דתרגם יונתן בראשית בחכמתא, בגין דאיהו תניינא לחשבנא. ואקרי ראשית, דהאי כתרא עלאה טמירא היא קדמאה. ועל דלא עייל בחושבנא, תניינא הוי ראשית, בג"ד ב' ראשית עכ"ל. ופי' כי הוקשה לו במלת בראשית כי הבי"ת היא גדולה והיא רומזת לחכמה כנודע ומלת ראשית ג"כ הוא רומז בחכמה נמצא א"כ החכמה נרמזת בתיבה זו שני פעמים שלא כראוי וזה כוון באמרו בראשית ב' ראשית היא חכמה. פי' שניהם רומזים בחכמה הבי"ת כמפורסם שהוא בי"ת וראשית באמרו ראשית שהיא חכמה ומטעם כי מתוך קושיא זו הייתי אומר בראשית בכללה רומז בחכמה, ר"ל כי אין הרמז בחכמה למלת ראשית אם לא שיבא בבית דהיינו בראשית, לזה הכריח כי מלת ראשית לבד הרמז בחכמה וראייה לזה מת"י שפירש בחכמתא ולא אמר חכמתא כנראה כי הבית לעולם היא רומזת בחכמה מלבד מלת ראשית שהוא ג"כ רמז בחכמה כמו שפירש יונתן בחכמתא הבי"ת שימושית. והנה מת"י מוכרח שלעולם הוא כפל כי ראשית היא חכמתא והבי"ת ג"כ רומז אל החכמה. והשיב אל הענין הכפל מפני שמלת ראשית מורה על תחלת, והיה נראה שהחכמה תחלת האצילות וראשיתו. וזה אינו כי הכתר תחלת האצילות, לכן באה באות בית בתחלתה כאומר אע"פ שנקרא ראשית עם כל זה היא שנית לי' למנין הספירות וכתר הוא הראשון. וז"ש בגין דאיהו תניינא לחושבנא פי' חכמה שנית למנין הספירות. ואיקרי ראשית, פי' ולמה נקרא ראשית והוא מקום הטעות לפי האמת מפני שהכתר הוא הראשון והקדום, (ולכן הוצרך לומר בי"ת כדמסיק בסוף דבריו). לז"א דהאי כתרא עלאה טמירא היא קדמאה. פי' מפני שהוקשה לו כי כיון שלפי האמת היא שנית ולא ראשונה א"כ למה נקרא ראשית שאינה ראשונה מאחר שהכתר קודם אליה. ולזה אמר שהכתר טמיר ונעלם ואין ראוי שיקרא ראשית, כי פירוש ראשית ר"ל תחלת הגלוי ותחלת הגלוי הוא בחכמה לא בכתר כמו שיתבאר בע"ה. לכן נקרא החכמה ראשית ולא הכתר. ועם היות שאין ראוי לכתר להיות נק' ראשית עם כל זה הוא ראשון לאצי' ונכנס בחשבון האצי' וז"ש היא קדמאה. ועל דלא עייל בחושבנא [ר"ל בכלל הגלוי] כדפי', תניינא הוו ראשית, פי' הוי הוא שנית עם שהיא נקרא ראשית מן הטעם שבארנו. בג"ד ב' ראשית, פי' ולפיכך באה מלת ראשית כפולה לומר לך חכמה נקרא ראשית ועם היותה ראשית היא שניה והיינו בית שבראש התיבה. ע"כ פי' המאמר. והנה הורה לנו בפי' כי הכתר הוא במנין ע"ס, ושאין בו פקפוק עם שהחכמה נקרא ראשית ויש לנו עוד ראיות טובות הרבה מאד כהנה וכהנה ולא נטריח עצמינו בהעתקתם הנה להיות שאנו מוכרחים להעתיקן בשערים הבאים בע"ה. והנה הכרחנו בפי' שהכתר ממנין הספירות (ע' בפלח הרמון):

פרק רביעי:

להיות שבפרק הקודם הכרחנו שהכתר במנין הספירות, נשאר לנו לבאר ענין המאמרים המנגדים לכאורה סברא זו והם אותם שהכריחו המפרשים לדעתם מהם. ראשונה מספר יצירה שאמר במשנת העמקים וז"ל ע"ס בלימה מדתן עשר שאין להם סוף. עומק ראשית ועומק אחרית, עומק טוב ועומק רע, עומק רום ועומק תחת, עומק מזרח ועומק מערב, עומק צפון ועומק דרום. ואדון יחיד אל מלך נאמן מושל בכולן ממעון קדשו ועד עדי עד עכ"ל. ואמרו כי מאחר שעומק ראשית היא החכמה ועומק אחרית היא הבינה כמו שביארו, א"כ הוא מוכרח כי מנין הספי' הם דוקא מהחכמה ולמטה ושאין הכתר במנין הספי' ועומק רום הנזכר במשנה הוא הדעת. ועוד הוסיפו להביא ראיה ממשנה אחרת כזו שבס"י וז"ל ע"ס בלימה. אחת רוח אלקים חיים ברוך ומבורך שמו של חי העולמים קול ורוח ודבור וזהו רוח הקודש. שתים רוח מרוח חצב וחקק בו עשרים ושתים אותיות שלש אמות ושבע כפולות ושתים עשרה פשוטות ורוח לכל אחת מהן. שלש מים מרוח חקק וחצב בהן תהו ובהו רפש וטיט חקקן כמין ערוגה והציבן כמין חומה וסככן כמין מעזיבה. ארבע אש ממים חקק וחצב בה כסא הכבוד ואופנים ושרפים וחיות הקודש ומלאכי (השרש) [השרת], ומשלשתן יסד מעונו שנאמר (תהלים קד ד) עושה

מלאכיו רוחות משרתיו אש לוהט. חמש חתם רום ג' אותיות מן הפשוטות קבען בשמו הגדול יה"ו וחתם בהם שש קצוות פנה למעלה וחתמו ביה"ו. שש חתם תחת ופנה למטה וחתמו ביו"ה. שבע חתם מזרח פנה לפניו וחתמו בהי"ו. שמנה חתם מערב ופנה לאחריו וחתמו בהו"י. תשע חתם דרום ופנה לימינו וחתמו בוי"ה. עשר חתם צפון ופנה לשמאלו וחתמו בוה"י. אלו עשר ספירות בלימה רוח אלהי' חיים, ורוח, ומים, ואש, ורום מעלה, ותחת, מזרח, מערב, צפון, דרום עכ"ל. הנה בפי' נראה שדרך דרך המשנה האחרת ואמר א' רוח אלקים חיים שהוא חכמה, וב' רוח שהיא הבינה, ג' מים מרוח שהיא החסד, ד' אש שהיא הגבורה. ורום בהכרח הוא הדעת, הרי בהכרח שאין מנין הספי' אלא מחכמה. זהו דעת רש"ט וההכרח שלו. ועתה ודאי חייבים אנו לבאר המשניות האלה כדי שיתוקן הכל בה"ו. תחלה יהיה עסקנו במשנת העמקים ומשם יתבאר ענין משנה הקודמת. ובמשנה זאת כתב הרמב"ן ז"ל איני מבין בבא זו עכ"ל. והאמת אין קושי המשנה הזאת כ"כ אם לא שנאמר שהוקשה לו הסדר. ועם כל זה נראה מזה ענותנותו של החסיד ע"ה, שבחר לומר אינו מבין מלסתור טעם קבלתו מפני דוחק משנה אחת. מפני שרצה לחשוד דעתו ולא לסתור גבול ראשונים. ועם כל זה אין אנו רואים במשנה זו דוחק כלל. וזה פירושה עשר ספירות בלי מה פי' המלה הזאת נחלקת לשתים שר"ל בלי מה ופי' מה היינו מהות. והכונה שע"ס הם בלי מהות לפי שאין מהותם מושג אלינו. ואף אם נאמר זו דין וזו רחמים וכיוצא בזה, הכל מושג אלינו מתוך פעולתם אבל מתוך עצמותם הם בלימה. עוד הוא מלשון בלום כדכתיב (תהלים לב ט) עדיו לבלום שראוי לאדם לבלום פיו ואל ירבה דבריו במהותם ובענינם מפני קוצר המשיג ועומק המושג. או יהיה מלשון הסתר והעלם כמו עדיו לבלום והיינו כסוי העדי והסתרו. והנה הספי' נקראו בלימה ר"ל ספירות ההעלם שהן נעלמות. וג' פירושים אלה עולים אל מקום אחד שהכוונה להורות על העלמם וקוצר השגה ושאין ראוי להאריך בהן הדבור מפני העלמן. ואמר מידתן עשר ומפני שמזה יומשך היות להן גבול ח"ו לז"א שאין להם סוף. ועם היות שהוא דבר והפכו שאנו נותנים בו גבול ואח"כ נאמר שאין להם גבול, כבר פי' בפרקים הקודמים כי בערך שיש להן בחינתם אל המאציל אין להם גבול, אבל בערך בחינתם ופעולתם הנמשכות אלינו יש להם גבול אל פעולתם כפי קבלתנו שאנו בעלי גבול וזה כח גדולתו של יוצרינו מבלי גבול יגבילהו ויצמצמהו לתועלת התחתונים בעלי גבול ותכלית. ולדבר זה אל יבהל עיני המשכיל. שאינו רחוק, כי השמים ושמי השמים לא יכלכלהו אף כי ב"ה, ועם כל זה לאהבת ישראל היה מצמצם שכינתו בין שני בדי הארון כמו שפי' רז"ל. עומק ראשית ועומק אחרית הם חכמה ובינה, כי חכמה נקרא ראשית כמבואר בפרק הקודם ובינה נקראת אחרית כי שם אחרית וסוף הדברים בסוד היובל וזו תחלת ההעלם וזו סופו בסוד הגלגול והיובל וכמו שנבאר בשער סדר האצילות. וטעם אמרו עומק בכאו"א, להורות כי עם היות שראשית ואחרית ומזרח ושאר הגבולים מורים על הגבול, עם כל זה הם עמוקות עמוק עמוק מי ימצאנו וההשגה בהם נמנעת מפני שהם בלי גבול כדפי'. וטוב ורע הם גדולה והגבורה ונקראים טוב ורע, מפני שהחסד פועל פעולת הטוב והשכר, והגבורה פועל פעולת הדין והעונש. ועם כל זה לישנא דרע לאו דוקא. ואחר שבאר הד' העמקים האלה חזר לבאר ששה עמקים שהם ו' קצוות שהם עומק רום ועומק תחת מזרח מערב צפון דרום. וזה הטעם איחור הכתר עד הנה ליחס הקצוות. עם היות שאינו מתייחס בענין סדר הספי', כי קרוב לדבר זה צריכין המפרשים לבאר לפי דעתם שרום הוא הדעת. מפני שהרי דעת למעלה מגדולה וגבורה ולמטה מחכמה ובינה, כדמוכח קראי (שמות לא ג) ואמלא אותו רוח אלהים בחכמה ובתבונה ובדעת ובכל מלאכה וכו', ועוד כתיב (משלי כ"ד) בחכמה יבנה בית ובתבונה יתכונן ובדעת חדרים ימלאו. וכן פי' רז"ל בג' דברים מהי' שבהם נברא העולם, בחכמה ובתבונה ובדעת. הרי שהדעת קודם אל החסד והגבורה. וא"כ למה אחרו עד לאחר עומק רע ועומק טוב, אלא מאי אית להו למימר כי הטעם מפני סדר הקצוות. א"כ לדידן נמי איחור הכתר מפני סדר הקצוות. ועוד אמר עומק רום ועומק תחת היינו כ"ע שהוא המרומם על כל האצילות ועומק תחת היינו המלכות שהיא תחת כל האצילות. ועומק מזרח ת"ת. ועומק מערב הוא יסוד, שבו מתערבים כל הכחות כח הדין וכח החסד וכח הרחמים ולכן נקרא מערב. או ירצה עומק תחת, יסוד. שהוא תחת כל האצילות שהמלכות מקומה למעלה אם לא מפני הקטרוג, כאשר יתבאר בשער מיעוט הירח בע"ה. ועומק מערב היא המלכות שבה מתערבים כל הכחות. ועוד שהוא נגד מזרח לעולם. ומזרח ומערב, ת"ת ומלכות. ועומק צפון ועומק דרום, הם נצח והוד. כי נצח נטייתו לחסד דהיינו דרום, והוד נטייתה אל הגבורה דהיינו צפון. ולכן יצדק בהן צפון

ודרום. ואדון יחיד הוא הא"ס. שאינו במנין הספירות ח"ו. הפך אותה הדעת שבטלנו בפרק א' ובפרק ב' מזה השער. וטעם אמרו "אל "מלך "נאמן. נוכל לומר כי ר"ת אמ"ן. ואמ"ן עולה צ"א, כמנין יאהדונה"י. וכן פי' הרשב"י ע"ה פעמים הרבה. וקצת מבעלי החכמה יחסו שם זה לא"ס לא מפני שא"ס מקבל שם ח"ו אלא מפני ששם זה מורה על היחוד והחיבור לספירות שיש על ידי הת"ת והמלכות ממטה למעלה ומלמעלה למטה. כי שם בן ארבע כולל כל הספי' מלמעלה למטה, ואדני הוא כולל עשר ספי' ממטה למעלה. וזהו י' בראש וזהו י' בסוף כמו שנרחיב הביאור בשער התהפכות האור בס"ד. לכן יחסו השם הזה אליו להורות כי היחוד הזה הנרמז בשם יאהדונה"י הוא על ידו. וזהו שכנה אותו כאן "אל "מלך "נאמן. ועוד כי מלת אל מורה על חיוב מציאותו, ומלך מורה על מציאות השגחתו ומלכותו בעולם השפל ובכל העולמות, ונאמן מורה על נצחיותו וקיומו שהוא נאמן שלא ימוט ח"ו. וכל זה הענין מחייב הא"ס כדפי' קצת בפ"א. ואמר מושל בכולן פי' ממעלה למטה וממטה למעלה. וענין מושל בכלן להורות על עצמות המתפשט בתוך הכלים, כאשר נרחיב הביאור בשער עצמות וכלים בס"ד. ממעון קדשו. הוא הכתר ששם העלמו כמו שנתבאר בפ"ב מתוך הרשב"י ע"ה. ועד עדי עד. פי' ג' מדות הנקראות עד, בינה יסוד מלכות. שהם כוללים כל האצילות בכלל. כי בינה כוללת ג"ר. ות"ת ויסוד הכל אחד כי גוף וברית חשבינן חד. והיינו וא"ו, שהיא כוללת שש קצוות. ומלכות היא עצמה. הרי בענין וע"ד עד"י ע"ד כלול כל האצילות. או אפשר לומר ועד עדי עד. פי' אע"פ שנתפשטו ההויות לעדי עד עם כל זה הוא מושל בכלם אם ירחקו ואם יקרבו. ע"כ פי' המשנה. ותרצנו ענין התחלתו בחכמה כי אין כוונתו ח"ו שלא יכנס הכתר במנין הספי' אלא עומק רום הוא הכתר. ואם לא מנה אותו כסדרו תחלה לכל הספי', הוא מפני סדר הקצוות. ובענין זה הוא הדרך והיא הטעם למשנת החותמות שכתבנו בריש פרקין. ונמצא שאין המשניות אלו הכרח כלל להפוך ההקדמות המקובלות לנו:

פרק חמישי:

אחר שבפרק הקודם פי' המשנה הנז' ע"ד שפירשו המפרשים להראות העמים והשרים את יופיה ושאין ממנה הכרח לדברי המפרשים כלל אפי' לפי דרכם. עתה ראינו לכתוב בה המתבאר. וכתוב בתיקונים (בהקדמה דף י"ד) וז"ל אהי"ה איהו יה"ו ואיהו כללא דשית סטרין דבהון חתים שית סטרין ואינון יה"ו הו"י וה"י וי"ה הי"ו יו"ה. יה"ו נטל ליה ימינא דאיהו חסד וחתים ביה לחכמתא וביה הרוצה להחכים ידרים. הו"י נטיל לשמאלא דאיהו גבורה וחתים ביה לעותרא וביה הרוצה להעשיר יצפין. וה"י פנה למזרח ונטיל לעמודא דאמצעיתא וחתים בני. וי"ה נטיל ליה ירכא ימינא ואסתכל בה לעילא וחתים ביה חיי. הי"ו נטיל ליה ירכא שמאלא ואסתכל לתתא וחתים ביה מזוני, אסתכל לעילא לגבי חכמה ואתקשר בירכא ימינא וחתים ביה חיים בגין דחכמה עליה אתמר החכמה תחיה בעליה, אסתכל לעילא לגבי אימא עלאה ואתקשר בירכא שמאלא וחתים ביה מזוני. יו"ה פנה למערב לצדיק דאיהו ערוב דתמן מתערבין כל חיילין ואתכליל בח"י אתוון דאינון יה"ו הו"י וה"י וי"ה הי"ו יו"ה אלין אינון ח"י אתוון דבהון ח"י עלמין אתקרי וצדיק בהון איקרי ח"י עלמין עכ"ל. ועל האמת על הפי' הזה ישתומם המשכיל כי השש קצוות הנז' הן ו' קצוות ממש כמנהגו בכל הזוהר כי לעולם שש קצוות הן ששת ימי הבנין ואין קצוות אלא במקום הבנין והענין הזה מה טוב ומה נעים. אבל קשה להם ענין אחת ושתים ושלש וארבע, שאין דרך לכאורה לפרשם. עוד ראינו בענין משנת העמקים פי' הרשב"י ע"ה בדרך הזה וז"ל בתיקו' (תקונא ע' דף ק"כ ע"ב) בענין זה ספר תולדות אדם ובענין ואתה תחזה וז"ל. ארבע אתוון אלין מתלבשין בד' גוונין אלין. י' בגוון חוור, ה' בגוון סומק, ו' בגוון ירוק, ה' בגוון אוכם. האי שמא איהו דרקים גוונין בכל אתר ואיהו דצייר שרטוטין דמצחא כגוונא דא הוי"ה. ואינון ד' רשימין דשרטוטין דאינון עומק רום ועומק תחת ועומק מזרח ועומק מערב עכ"ל. והנה הורה כי ד' עמקי המשנה שהם רום תחת מזרח ומערב, הם ד' גוונים שהן לבן אדום ירוק שחור. ועל האמת לפי המורגל כי אדום ולבן חסד וגבורה. אבל לא פי' כן במשנת החותמות כדמוכח לעיל. אלא שמעלה ומטה הם נצח והוד, וכן פירש הרשב"י ע"ה במקומות אחרים בפסוק (יחזקאל א כז) ממראה מתניו ולמעלה וממראה מתניו ולמטה שהם נצח והוד. ולכן נוכל לדחוק ולפרש כי עומק רום ועומק תחת הנזכרים ג"כ הם נצח והוד ושהם ג"כ אדום ולבן, עם היות שאין כן גוונים העצמיים עם כל זה הם נכללים בגוונים האלו כי זה נטייתו אל הימין וזה נטיתו אל השמאל, ועם זה יתייחס ג"כ אליהם ענין י' וה' שהם אותיות המתלבשות בשני גוונים אלו כדפריש'. ואמר ד' אתוון אלין מתלבשין בד' גוונים אלין י' בגוון חוור ה' בגוון סומק. כענין שאמרנו במאמר הקודם

בפי' משנת החותמות שאמר אסתכל לעילא לגבי חכמה ואתקשר בירכא ימינא. וכן הוד שנתקשר עמו בינה ונמצא שיו"ד בנצח וה' בהוד אל הענין הזה. ועתה נמצאו דברי הרשב"י ע"ה בשני המקומות בשני המשניות לפי דרכו. ומתוכו יצא לנו אור גדול לענין הנדון שלפנינו. ראשונה אמר אחת רוח אלהים חיים, הוא הכתר. וכן מוכרח מתוך מה שאמר ברוך ומבורך שמו. וז"ל ג"כ בספר הבהיר בספירת הכתר שאמר ומאי נינהו מאמרות ראשון כ"ע ברוך ומבורך שמו. כנראה שיחס ברוך ומבורך שמו הוא מתייחס אל הספי' הזאת. והענין כי עם היות שימצאו מלת ברוך רומזת במקומות שונים, עקר רמיזתו בכתר. וכן פי' בתיקו' (תקונא ע' דף קט"ז ע"ב) וז"ל כי בי"ה ה' צו"ר עולמים. ואיהו ב' ברוך. וסימן ברוך בראשי אתוון, ר' ראש, ו' מקור, ך' כ"ל, ב' ברכות דדא הוא ראש ומקור לכל הברכות. ובג"ד ב' איהי חכמה ומורה על הכתר דאיהו רישא ומבועא דכל ברכאן. ובג"ד ב' תרין איהי לחושבנא עכ"ל. ועקרו שם בענין ב' של אבגית"ץ ואמר שהוא רישא שהוא שם ביהרירו"ן. פי' כי בי"ה ה' צור עולמים. ואמר שאות בי"ת של בי"ה ר"ל ברוך. והענין כי ברוך פי' ראש ומקור כל ברכות דהיינו הכתר שהוא מקור לכל הברכות. ולכן בא מלת בי"ה ב' בראשה להורות שהיא שנייה (היינו החכמה), מושפעת ממקור הברכות שהוא הכתר ספירה ראשונה. ועתה נאמר כי פי' ברוך ומבורך שמו פי' הוא הכתר הוא ברוך שפירושו ראש ומקור כל הברכות והוא מברך ומשפיע לחכמה שהיא שם הכתר. כי גדר השם ירצה לבוש וכסוי כאשר יתבאר בשער ערכי הכנויים בעה"ו. ולבוש וכסוי כתר הוא החכמה. ופי' אחת רוח אלהים חיים. פי' אחת שהיא נשמה ורוח חיונית לחכמה שהוא אלהים חיים. ונקרא כן, מפני שמן החכמה מקור החיים נובע. והכתר נקרא אחת. שכן רמז, אחת, אחת ואחת. הם ג"ר. כמבואר בדברי הרשב"י ע"ה במקומות רבים. ברוך ומבורך שמו של חי העולמים. כבר פירשתי כי זה נדרש אל הכתר. ונקרא חי העולמים, מפני שהכתר חיות הנמצאות כלם מאחר שהוא מקור כל הברכות כלם. קול ורוח ודבור וכו' פי' בענין שהוא נקרא חי העולמים. פי' העולמים העומדים נעלמים בחכמה ששם השפעתו כי העולמים המתגלים מחכמה ולמטה עם היות שהם נזונים ע"י הכתר אבל הוא ע"י אמצעיים, אבל כאשר העולמים האלה הם בחכמה אז באמת הם נזונים ממנו מהכתר דוקא. וזהו קול ורוח ודבור פירוש העולמות אשר הכתר נקרא חייהם. וזהו שאמר קול והיינו ת"ת הכולל ו' קצוות. ורוח הוא קלא דלא אשתמע שהיא קול דממה דקה דהיינו בינה שהיא רוח שאין לו הברה אלא קלא דלא אשתמע כדפי' והיינו הבינה. ודבור היא המלכות. וזהו רוח הקדש, פי' כי כללות ג' אלה הם ששם הם יונקים מהכתר ואז נקרא ברוך ומקור הברכות וחי העולמים דהיינו ג' אותיות אלה שהם הו"ה הנעלמות ביו"ד. שתים רוח מרוח חצב וחקק בה. פי' עמה, דהיינו בכח החכמה חקק והאציל שפע שיצטיירו האותיות בבינה דהיינו כ"ב אותיות. או נאמר בה בה ממש כמשמעו, והטעם כי החומר שבו נצטיירו הצורות העליונות הם ל"ב נתיבות והם היו החומר ומעבה האדמה שבו היה יוצק כ"ב אותיות דהיינו ג' אמות שהם אמ"ש שהם כח"ב או נאמר ח"ב ודעת. ולכל הפירושים אמ"ש עניינו אותיות יה"ו כמו שנבאר בשער התהפכות האור. ונודע כי מציאות ו' בכתר הוא סוד הדעת כמו שיתבאר זה בס"ד. ועתה בה בחכמה ממש היא מציאות ציור ח"ב ודעת ולכן בריאות העולם היתה בחב"ד והיינו ל"ב נתיבות חכמה והכל אחד מיוחד. ז' כפולות הן ז' ספירות הבנין שהן כפולות מורכבות מדין והרחמים שהרמז אליהן בג"ד כפר"ת שמקבלות דגש דהיינו דין. ורפה דהיינו רחמים. ושתים עשרה פשוטות הן י"ב גבולי אלכסון שיתבאר בארוכה בשער פרטי השמות בע"ה. וענין ג' וז' וי"ב יתבאר יותר עוד בשער המציאות בס"ד. ורוח לכל אחת פי' כאשר האציל האותיות נאצל מעצמות החכמה רוח ונשמה לכל א' מהן, דהיינו הנקוד שהוא נשמה לאותיות, האותיות בבינה והנקוד מחכמה. ובספירות רוח לכל אחת מהן היינו העצמות המתפשט לתוך הכלים שכך הי' מציאות אצילותם כאשר יתבאר מתוך מאמר הזהר בשער עצמות וכלים בפ"ז. שלש מים מרוח היא הבינה שהיא שלישית, [פי' מים (ממש) (כש"כ בשער טעם האצילות פ"ד) בענין מאמר ג' שהוא יקוו המים הוא בבינה. והטעם שנקראת מים מפני שהם עבים מהרוח והם מקבלות הציור יותר וכן היא מקבלת יותר ציור הנמצאות ושם מתגלות יותר מבחכמה. חקק בהם תהו ובהו ורפש וטיט שהם מציאות ד' אותיות שבבינה. תהו י', בהו ה', ו' רפש, ה' טיט. ובב"ר פי' מאי בהו, דבר המלביש את התהו. ואמר תהו הוא קו ירוק דאסחר עלמא שהיא הבינה. ולא הבינה ממש, אלא הי' שבבינה שיש לה מציאות היולי שאינו מתגלה בעצם. ר"ל כי השכל שופט בה כל השפטות כענין ההיולי והוא סובלן לרוב הרחקו מהדעת [של האדם להשיג], אבל בהו שהוא הה"א

מלביש הי' דהיינו ה' בית והיכל אל י' כזה. והוא בהו שנותן ציור אל התהו ומגלה העניינים הנעלמים בה. רפש הוא עביות יותר מורה על גלוי יותר והיינו רפש שהוא הו' שהוא התפארת שהוא גלוי הבינה עם היות שהוא עדיין נעלם בה. וטיט הוא עביות וגלוי יותר היינו המלכות שהיא ה"א האחרונה. והנה מציאות אצילתן בבינה הם מכח החכמה. חקקן כמין ערוגה וכו' כאן כלל מציאות ו' קצוות. דהיינו כמין ערוגה הוא התחת. והציבן כמין חומה היינו חגורת ארבע דפנות החומה מערב מזרח צפון דרום. סככן כמין מעזיבה היינו מעלה. להורות כי במציאות הוא"ו האמורה במלת ורפש כדפרישת שם כלולים הו"ק הנזכר והם בכח הבינה. ארבע אש ממים כו' הוא המלכות ועל ידה נבראו שאר העולמות כי ע"י ג' הראשונות נעשה ונאצל כל האצילות ובפרט ע"י הבינה. והקדים המלכות [במלת וטיט] אל מציאות הקצוות מפני שכבר נרמזו במציאותן בתוך הבינה. ולפי שהזכיר אצילתן מהבינה הזכיר שאר מציאות העולמות דהיינו כסא הכבוד ושרפים כו'. והמלכות נקרא אש מפני שהיא גבורה תתאה, ואמר ממים שהיא מלכות מבינה וכן נטייתם. הבינה ה' עילאה נטייתה אל הימין ומלכות ה' תתאה נטייתה אל השמאל והם יד ימין ויד שמאל כדמוכח בתיקונים וכמו שיתבאר בשער ערכי הכנויים בס"ד. וסוד כסא הכבוד היינו הבריאה כמו שנבאר בשער אבי"ע. ומשלשתן יסד מעונו פירוש מג' בחינות אלה שהם רוח מים אש הן יסוד ומעון השכינה כדמוכח מקראי. חמש חתם רום כו' היינו נצח דהיינו מעלה. והקדימו לסיבות. אם מפני שעיקר חתימתו הי' על ידי החכמה כמו שפירש הרשב"י ע"ה כמו שהקדמנו. וכן חתימת התחת שהיא ההו"ד הי' ע"י הבינה ולכן הקדימו. או לסבת סדר הקצוות. והוכרח הרשב"י ע"ה במאמר התיקונים לבאר שחתימת מעלה ומטה הי' ע"י החכמה והבינה מפני שבהם נחתמו חיי ומזוני וקי"ל דבני חיי ומזוני לאו בזכותא תליא מלתא דהיינו חסד אלא במזלא דהיינו כתר ולאו דוקא כתר אלא ג' ראשונות וכן מוכח בזוהר בפ' וירא [ב] בפסוק הנני יוסיף על ימיך שלא אמר מוסיף כמדבר לנוכח אלא יוסיף כמדבר לנסתר שהיא הבינה. לכן ודאי מזלא עם היות שעקרו כתר הוא בשתוף הראשונות ולכן כדי לחתום חיי ומזוני בנצח והוד הוכרח להיות ע"י חכמה ובינה. ובזה יובן כפל לשון הרשב"י ע"ה במאמר [התקונים הנ"ל]. ז' חתם מזרח כו' ח' חתם מערב כו' היינו ת"ת ויסוד כדפי' בפרק הקודם וכן בארו הרשב"י ע"ה. וצפון ודרום כמשמען שהם ג"ג. ואחר שכללנו באור משנת החותמות נבאר משנת העמקים וזהו פירושו עד"ז ולא ממש כמוהו. עומק ראשית ועומק אחרית הם כתר ומלכות בסוד אני ראשון ואני אחרון שבארנו בפ"א. עומק טוב ועומק רע הם חכמה ובינה, כי זה מקור הרחמים והחסד כנודע, וזה מקור הדין והעונש. ולכל הפירושים רע לאו דוקא (ו' או) (ואומרו עומק רום ועומק תחת כו' הם) ו"ק כדפי' לעיל. והרוחנו אגב אורחין שהני שש קצוות הם ממש שית סטרין הנזכר ורמוזים בדברי הרשב"י ע"ה בכמה מקומות. ואין בהם נפתל ועקש ואיש על מקומו יבא בשלום. ובטלה ראייתם מתוך משניות אלו דבתלי דהוו סמוכי איתסחו. ובדרך זה שביאר בתיקונים ביאר ג"כ בר"מ בתשלום י' תיקוני השלחן. ולא ראינו להעתיקו הנה שלא להאריך:

פרק שישי:

אחר שבפרק הקודם השתדלנו בביאור משנת ס"י ולבטל ראיות הרש"ט ושאר המפרשים האומרים שכתר אינו נכנס במנין הספירות, נבא עתה בפ' זה ג"כ לבטל ראיותו מדברי הרשב"י ע"ה (באידרת האזינו דף רפ"ט ע"ב) וז"ל אתר דשרותא אשתכח, מעתיקא קדישא דאתנהיר ממזלא, הוא נהירו דחכמתא דאתפשט לל"ב עיבר, ונפקו מההוא מוחא סתימאה מנהירו דביה. ומה דעתיקא קדישא נהיר בקדמיתא (נ"א בחכמתא), דא היא, ושרותא ממה דאתגליא הוה, ואתעביד לתלת רישין. ורישא חדא כליל לון. ואלין תלת מתפשטין בזעיר אנפין. ומאלין נהרין כלא. אתגליף האי חכמתא, ואפיק חד נהרא דנגיד ונפיק לאשקאה גינתא. ואעיל ברישא דזעיר אנפין, ואתעביד חד מוחא. ומתמן אתמשך ונגיד בכל גופא, ואשקי כל אינון נטיען. הה"ד ונהר יוצא מעדן [להשקות את הגן וגו'. תו) אתגליף האי חכמתא ואתמשיך, ועייל ברישא דזעיר אנפין, ואתעביד מוחא אחרא. ההוא נהירו דאתמשכא מניה אלין תרין משיכן אתגליפו ואתחברן כחד ע"י [חד] משיכו דעמיקא דבירא, דכתיב בדעתו תהומות נבקעו. ועייל ברישא דזעיר אנפין ואתעביד מוחא אחרא, ומתמן אתמשך ועייל בגו גופא, ומלייא כל אינון אידרין ואכסדרין דגופא. הה"ד ובדעת חדרים ימלאו. ואילין נהירין מנהירו דההוא מוחא עילאה סתימאה דאתנהיר במזלא עתיקא קדישא, וכלא דא בדא תליין. ואתקשיר דא בדא ודא בדא. עד דאשתמודע דכולא חד, וכלא הוא עתיקא ולא אתפרש מניה כלום. אלין תלת נהורין נהרין לתלת אחרנין דאקרון אבהן, ואלין אבהן נהרין לבנין

וכלא נהיר מאתר חד עכ"ל. ובמאמר הזה נמצא אלינו קונטריס אחד מהחכמים המתקבלים בדור הזה ובאר בו פי' בארוכה בראיות ממאמרים מהזוהר. ולהיות שאח"כ חזר ובאר התכת לשון המאמר וביאורו בלי ראיות אל הקדמותיו ראינו להעתיק הנה הפירוש ההוא להזהר ממנו המעיין כי לא נצטרך להאריך יען היות רוב הקדמותינו מבוארות בשערים האלה. וז"ל אתר דשרותא אשתכח, מקום התחלת האצילות שנמצא ונאצל מעתיקא קדישא אין סוף שמאיר דרך הכתר הנקרא מזל והטעם תמצאנו בביאור הארוך. הוא נהירו דחכמתא, הוא אור החכמה חכמת אלקים שאורה מתפשטת בל"ב נתיבות. ונפקו וכו', שהתפשטות האורה הזאת באה ויוצא מהכתר הנקרא כ"ע סתים וחתים ואינו נופל תחת המחשבה. ומה דעתיקא קדישא נהיר וכו', ומה שאין סוף מאיר בתחלה. דא היא, ר"ל החכמה. ושירותא ממה דאתגליא הוה וכו', והיא תחלת התגלות האצילות מהאין סוף היא זו כי הכתר אינו מושג אפילו במחשבה. ואתעביד לתלת רישין, האצילות הזה הבא מאין סוף נעשה ג' ראשין הן כתר חכמה בינה. ורישא חדא כליל לון, כי אע"פ שיש להם מקום אין היחוד האמיתי כ"א בשלשתן. ואלין תלת מתפשטין בז"א, השלשה הנזכרים מתפשטין אצילותן עד האחרונה הנקרא זעיר אנפין, והענין תב"ה. ומאלין נהרין, כלהו מקבלין אור ושפע האלה ואין להם זולתם. אתגליף האי חכמתא, פי' מה שאמר למעלה ואתעבידו תלת רישין כי לא מצינו אלא שנים והג' האיך נאצל אמר אתגליף וכו' נפתחה זאת ונאצל ממנה. נהיר דנגיד ונפיק, והיא הבינה, והטעם שנקרא כך תב"ה. אלין תרין, הן חכמה ובינה אשר נאצלו ונמשכו מן הכתר מתפתחין וממשיכין עצמן יחד בהמשך אחד בעומק הת"ת בכל אינון אדרין ואכסדרין, וענין המשך האור הזה מן החכמה והבינה תב"ה. ואלו נהרין בנהירו, אלו החדרים כלם מאירים באור של אותה מדה והיא כתר מזלא עתיקא קדישא. וכלא דא בדא תליין, וכל הספירות מתקשרות זו בזו ועד שניכר ונודע ונישג האצילות הבא מאין סוף, והענין הזה סוד גדול מסודות הקבלה, והענין תבינהו מב"ה. וכלא חד, והכל מיוחד מתיחד זה בזה. וכלא הוא עתיקא, ומתיחדים כלם בו כשלהבת ק"ב. אלין תלת נהורין, הן כתר חכמה בינה. נהירן לתלת אחרנין, הם חכמה פחד תפארת אשר למטה מהם מתיחדים כל אחד זה כנגד זה החסד בחכמה והפחד בבינה והת"ת עולה דרך קו האמצעי ומתייחד בכתר והטעם תב"ה. ואלין אבהן נהירין לבנין, הן נצח הוד יסוד, ומה שקרא לאלה אבות ולאלה בנים תב"ה. וכלא נהיר מאתר שרותא, חזר עתה וכלל כל מה שאמר מלמעלה וסיים במה שהתחיל בו כל הספירות מקבלות אורה ממקום התחלת האצילות עכ"ל הפי' הקצר. ובכ"מ שכתוב תב"ה ר"ת תמצאנו בביאור הארוך לפי ששם הביא מאמר או מאמרים מהזהר לראייה על הענין ההוא ואין המאמרים האלה מעלין ומורידין בפירוש המאמר כלל. ומה שיש להקשות עליו הוא זה כי הוא פי' עתיקא קדישא א"ס, ואינו נראה כי אפילו הכתר רוב פעמים מכנה אותו הרשב"י ע"ה בשם עתיקא דעתיקין כ"ש שיכנה עתה לא"ס בשם ע"ק. ועוד שא"א שתהיה כונת ע"ק בא"ס מפני שאמר כי ע"ק מתנהר ומתקבל אורה מהמזל ולכן אמר דאתנהיר בלשון התפעל ולא אמר דאנהיר או דנהיר שהוא פועל יוצא וכן כתוב בכל הנוסחאות וכן היה כתוב בנוסחת המפרש הזה ועם כל זה דחק לפרשו לשון פועל יוצא שאמר עתיקא קדישא אין סוף שמאיר דרך הכתר הנקרא מזל עכ"ל. ועוד קשה אמרו ומה דנהיר עתיקא קדישא בקדמיתא דא היא. ופי' שאין סוף מאיר בתחלה היא זו ר"ל החכמה. וקשה כי בשלמא ושרותא ממה דאתגליא וכו' ניחא כי עם היות שהיא שניה אל האצילות עם כל זה היא ראשונה אל הגלוי, אבל ומה דע"ק נהיר וכו' נראה שממש זה תחלת הארתו, וזה אינו כי הכתר הוא תחלת הארה ואצילות לכל הפירושים אפילו לדברי הרש"ט דע"כ לא פליגי אלא שאומר שאין ראוי שיכנס הכתר במנין אבל מודה שהוא תחלת הארת של אין סוף. ועוד כפל לשון ושירותא שאינו מתישב לפירושו כלל. עוד אמרו ואתעביד תלת רישין. כי בשלמא אם היה אומר מציאות האצילות בכלל הוה ניחא שיאמר שהאצי' הזה היה נעשה בג' ראשין שהן כח"ב. אבל כוונת המאמר לא היה אלא לומר שמציאות תחילת הגלוי הוא החכמה א"כ מה אמר דאתעביד לתלת רישין כי איזהו נעשה לג' ראשים שהרי פרטיות הראשים הזכיר למעלה שאמר דאתנהיר ממזלא דהיינו כתר הוא נהירו דחכמתא היינו חכמה לא שייך עלה דאתעביד לתלת רישין. עוד אמר ורישא חדא כליל וכו' פי' כי אע"פ שיש להם מקום אין היחוד האמיתי כי אם בשלשתם ע"כ, וקשה דאם הכונה לומר ששלשתם חשובות כאחד לא היה לו לומר ורישא חדא דמשמע ספירה אחת כוללת אותם אלא ואתכללן בחד שהכוונה ששלשתן חשובות כאחד. עוד אמר ואלין תלת מתפשטין בז"א ופירש השלשה הנזכרים מתפשט אצילותן עד האחרונה

כו', ודוחק גדול הוא זה כי אין טבע הלשון מורה שיהיה עסקו כאן בענין מציאות האצילות, וכן לא היה ראוי שיאמר ומתפשטין בז"א שמורה שז"א היא נאצל כבר ולפי פירושו עדיין הוא עוסק בתחלת האצי' קודם שנאצל הבנין כלו. ויש עוד כמה וכמה עניינים ביתור לשון ועניינם אינם מתבארים לפירושו, וכדי שלא להאריך אין רצוני להקשות על כל דבריו ובמעט העיון יושג קושי הבנתו בפי'. ועתה ראוי שנבא בפירוש המאמר באופן שיתב' ביאור מתישב ותתבטל ראיות הרש"ט בס"ד:

פרק שביעי:

קודם שנכנס בביאור המאמר הזה צריכין אנו להקדים הקדמה אחת בקצרה ויאריך ביאורה בספר או"ר יק"ר בפירוש האידרא בע"ה. והענין הוא שעם היות עשר ספירות נאצלות והם לבושים אל אור השגחת הנהגתו כמו שנבאר בשער עצמות וכלים בע"ה, עם כל זה הוא מתלבש בכתר ושם היכל השגחתו ואורו והוא המתדבק ומתאחד במאציל תכלית הדיבוק והיחוד עד שיהיה אסור להאריך הדבור בענין זה. והנה ע"י הכתר העלם מציאותו העלם ראשון. ולפ"ז הוכרח העלם הכתר עד שאין מציאותו ממש מתגלה בשאר הספי' ולא יגלה בהם וכמו שלא יוכללו ממציאות המאציל כן אינן נכללות מהכתר אלא שהכתר שופע שפעו בכח המאציל בספי' ע"י הדעת שיתבאר בע"ה. ולרוב העלם הכתר לא נקראהו תחלת האצילות מפני שאינו תחלת האצילות המתגלה אלינו אלא החכמה ומחכמה ולמטה הם כללות הספירות מעשר באמצעות הדעת המשלים. ולא שהדעת היא ספירה, אמנם היא בחינה משלמת כללות הספירות להיותם כלולות מעשר מחכמה ולמטה כמו שנרחיב הביאור בספר הנזכר. וידענו היות ענין זה מבהיל לב המתחילים בחכמת הקבלה ואין הדברים מתישבים אליהם עד שיבאו אל המקום שיעדנו אל הדרוש הזה ואז יפתחו שערי אורה. והנה אצילות הכתר נקרא אריך אנפין והוא העלם ראשון אל המאציל. העלם ב' הוא זעיר אנפין והוא כולל כל ח' ספירות שהם מחכמה עד יסוד וזהו סוד העלם שני אל המאציל. העלם ג' הוא נקרא נוקבא דזעיר אנפין והוא המלכות. וסוד ג' העלמים אלה הם מתבארים באדרא בפטירת הרשב"י ע"ה כאשר יתרחב לנו הביאור שם. ועם כל זה יהיו הדברים האלה נגד המעיין ואל יתריס כנגדם וישק שפתיו ויאמר אם קבלה נקבל כי מקום ביאורם יעדנו אל הספר הנזכר בעה"ו. ועוד צריכין אנו להקדים הקדמה קבלנוה ממורינו ורבינו הר"ר שלמה נר"ו, שכל ספירה וספירה תבחן בג' בחינות. בחינה ראשונה בערך מה שמקבלת, ושנייה בערך עצמותה, שלישית בערך מה שמשפעת. המשל בזה בחכמה שהוא הנדון שלפנינו יש לה בחינה ראשונה בערך שמשתווות אל הכתר שבבחינה זו היא מקבלת ומאירה ממנה ובחי' זו היא דקותה ורוחניותה עליונה במעלה יותר מבחינת עצמותה להיות שנצטרף אליה הכתר עליון. ויש לה בחי' שניה והיא בחינת עצמותה אשר היא תכונתה אשר הוא האור המאיר בעצמותה בלי שיצטרף אליה שום ספי' אחרת זולתה. ויש לה בחי' ג' היא בחינת שהיא משתווית בה אל הבינה כדי להשפיע לה משפעה. והנה הבחינה הזאת אינה דקה ורוחניות כשני בחי' הראשונות מטעם שנצטרף אליה מדה התחתונה שהיא למטה ממנה. ולאו דוקא הבינה אלא ה"ה החסד ושאר הספי' היונקות ממנה. ועוד צריכים אנו להקדים בענין המאמר הזה בכללו כי המאמר הזה נדרש בפרשת האזינו בשעת פטירת הרשב"י ע"ה אחר שהפליג לדבר בענין הכתר והעלמו ושבו תלוי כל עיקר האצילות. אח"כ התחיל לומר במציאות האצילות המתגלה ואמר כי מצד שהכתר אינו מתגלה לכן תחלת כל אברי עתיקא קדישא תחלתם הם החכמה וענין ג' מוחין שהם כנגד ג' עליונות ביען שהכתר הוא נעלם כאשר באר שם. אמר בכללות המאמר הזה כי מציאות ג' מוחות הנכללות בחכמה שבכתר הם ג' ספי' ובאים שתי בחינותיה במקום שתי הספי' שהם כתר ובינה ונמצאת בחינת הדעת שבחכמה במקום הכתר בעצמו כדמפרש ואזיל. ומאחר שבא לבאר ענין ג' מוחות שבאריך אנפין אגב אורחיה הורה לנו סדר יניקת המעלות ר"ל ג' אבות שהם גדולה גבורה תפארת יונקים מג' מוחות כי הא' מהם ר"ל ענין הדעת כאשר יתבאר והוא במקום הכתר ומשם יניקתם ר"ל מג' בחינות אלה. ומג' אבות יניקת ג' ענפים שהם נצח הוד יסוד. ועתה יובן ענין יניקת הספירות מג' לג' עם היות שהכתר הוא נעלם. ועתה נבא בביאור לשון המאמר בע"ה. אתר דשרותא אשתכח, פירוש מקום התגלות האצילות והיותו נמצא אלינו ר"ל כי אע"פ שתחלת האצילות הוא מכ"ע שהוא אריך אנפין עם כל זה הוא נעלם ואינו מתגלה לרוב העלמו ותחלת התגלות דאצילות הוא מז"א שתחלתו החכמה והוא נק' שירותא לפי שהוא תחלת הגלוי ואמר כי אצילותה ומציאותה במציאות הוא מאריך אנפין שהוא הכתר. וז"ש אתר דשרותא אשתכח פי' מקום שהחכמה נאצלה ונמצאת ונגלית

הוא מעתיקא קדישא ר"ל כתר אריך אנפין הנקרא ע"ק. ולשון עתיקא מורה על הקדימה כאשר הורה בפסוק (דניאל ז ט) ועתיק יומין. ונקרא קדישא כי שם מקור הקדושות כולן, או ירצה כי קדוש פי' נבדל ונעלה והוא קדש בערך ז"א הנאצל בגלוי. ועוד לפי שיש ב' זקנים, זקן זה שקנה חכמה, ויש בסטרא אחרא זקן אשמאי כנודע בסוד לבן הארמי. לכן קראו זקן הקדוש פי' בסוד הקדושה ובשמחתו לא יתערב זר. דאתנהיר ממזלא, פי' כי שרותא הזאת שאמר אינה מאירה מצד עצם הכתר כי הוא נעלם תכלית ההעלם אלא מצד בחי' מתגלת שבו שהוא סוד דיקנא דע"ק דיקנא דא"א והיא נקראת מזלא. והוא סוד בחינת הבינה שבכתר כאשר יתבאר בספר הנז'. ונקראת בחינה זו בכתר בשם מזל להורות על בחינה המשפעת שבכ"ע שהוא משפיע בה בז"א כי אותה בחי' יקרא מזל מלשון יזל מים מדליו (במדבר כד ז). ונוזלים מן לבנון (שה"ש ד טו). והכוונה עתה אעפ"י שהכתר היה נאצל, תחלת התגלות האצי' הוא בחכמה בבחינת קבלתה מכ"ע. ונמצא לפ"ז כי בחינת דיקנא שבכתר משפיע בבחינה ראשונה דז"א שהיא חכמה וזהו הנרצה באומרו דאתנהיר ממזלא וכן הדרך כי בחי' אחרונה של זו משפעת בראשונה ובחינה ראשונה של חכמה היא תחלת ההתגלות. הוא נהירו דחכמתא דאתפשטא לל"ב עיבר. קודם פירושו צריכין אנו להקדים כי ב' חכמות הן ועליהם נאמר (משלי א כ) חכמות בחוץ תרונה. וכדפי' הרשב"י ע"ה באידרא והם חכמה נעלמת שבכתר והיא מוחא דא"א וזו נקראת מוחא סתימאה שאינה נפתחת אפי' אל הבינה ונתיבותיה לא נודעו. וזו נקרא מוחא דשקיט על דורדייה שאינו מתפשט כלל כמו שפי' שם הרשב"י ע"ה. אמנם מוחא דזעיר אנפין היא חכמה הנאצלת היא מתפשטת ומתגלית מצד נתיבותיה המתפשטים ממנה אל הבינה. ולא שהיא נגלית ממש אלא שאינה נעלמת כהעלם החכמה העליונה שבכתר. והרחבנו פי' ענין זה בפי' האדרא בספר הנזכר. והנה אצילות החכמה המתגלית היא מהחכמה הנעלמה. ועתה בזה אמר כי השרותא הנזכר היא החכמה ומפני שהן שתי חכמות כדפירש' אמר דהיינו אותה החכמה המתגלית המתפשטת לל"ב, משא"כ החכמה הנעלמת כדפי'. ואמר ונפקין מההוא מוחא, פי' כי החכמה הזאת ול"ב נתיבותיה הם מתאצלים ונמצאין מהחכמה הנעלמה שבכתר שהיא מוחא דעתיקא קדישא מוחא דאריך אנפין. והוכרח לומר כן שלא נטעה לומר שהחכמה הזאת נאצלת מעצם הכתר, שא"כ נמצא שעצם הכתר מתגלה וזה אינו כמו שהפליג שם בהעלמו. לכן אמר כי מוצאה ואצילותה הוא מחכמה שבכתר. ואית דגרסי מההוא סתימאה והכוונה על החכמה הסתומה שבכתר, ועם כל זה היותר נכון מההוא מוחא והכונה מוחא דאריך אנפין. ואפשר היות הגרסא האמיתית מההוא מוחא סתימאה והכל ענין אחד. וסוד מנהירו דביה. הכוונה על החסד שבתוך החכמה שבתוך הכתר ודבר זה מבואר ומוכרח באדרא כמו שנבאר בספר אור יקר בשער ז' סימן ט"ו. ומה דעתיקא קדישא נהיר וכו'. הוקשה לו לפי דבריו תרתי. חדא אחר שאין אצילות החכמה מהכתר כדפי' אלא מבחינת החכמה הנעלמת א"כ מאי קאמר דשרותא אשתכח מע"ק כדפי' לעיל. ולזה תירץ ומה דע"ק נהיר כו' דא היא. פי' מה שכל עצם הכתר מתגלה אינו אלא זאת. ואחר שאין לכתר גלוי אחר אלא החכמה ראוי שניחס אצילותה אליו. שוב הוקשה לו שנית למה אמר שהחכמה הוא שרותא שהרי לפי האמת הכתר וכל תקוניו הם ראשית לכל הנאצלים. ותירץ כי אין הכוונה באמרו שרותא ראשית הנאצלים אלא ראשית גלויים והכתר אינו מתגלה וז"ש ושרותא ממה דאתגלייא הוה פי' החכמה הזאת כדפי'. ואתעבידא לתלת רישין, הכונה אל ג' בחינות אשר האחד כנגד הכתר הוא הדעת ב' כנגד חכמה ג' כנגד בינה, והן ג' מוחות כי לעולם מוח הוא בחכמה כדמוכח בזהר ולכן המוח נעשה ג' רישין בג' חללין כדמוכח שם באידרא. ורישא חדא כליל, פי' כי שלשתם הם בחכמה נגד ג' בחינותיה הכלולות יחד והיא נקרא גולגלתא כדפי'. ואינון תלת מתפשטין בז"א, הוא כללות האצילות עד המלכות. ובערך א"א וקשוטיו ותיקוניו נקרא הכל ז"א. וענין התפשטו בזעיר אנפין מפרש לקמיה. ומאילין נהרין כלא, פי' ג' קוין שהן גג"ת וכן נה"י והן חסד דין רחמים וכדמסיק. והענין כי אין יניקתם ממש מכתר לרוב העלמו אם לא ע"י בחינה הזאת שהוא מוחא דז"א כדפי'. והן ג' שרשים חכמה שורש אל החסד דעת שרש אל הרחמים בינה שורש אל הדין. ואתגליף האי חכמתא כו', הכוונה לבאר סדר ג' מוחות בזעיר אנפין היותם ג' ראשים דכלולין כחד כדפי'. ואמר כי החכמה הכלולה מג' ראשים היא בעצמה נתגלה ונתחקקה והאצילה הבינה מתוך הבחי' השלישית ולכן אמר בבחינה זו ואפיק מה שלא נאמר כן בכל שאר הבחינות. ואפיק חד נהרא פירוש הבינה שהוא הנהר והוא יוצא מעדן שהוא החכמה וענין יוצא היינו לישנא דאפיק דקאמר שהוא אצילותה להשקות את הגן שהם ז' נטיעות שהן ז' ימי הבנין

כאשר נתבאר. ואעיל ברישא דז"א, היינו מוח ראשון מלמטה למעלה בז"א. ושם אתעביד חד מוחא, ומתמן אתמשך ונגיד בכל גופא, ירצה התפשטות הבינה מרישא דזעיר בשש ספי' שבז"א דהיינו שנמשך מהראש להשקות הגוף. והכונה שמעצם החכמה מתגלפים במציאותה ואח"כ ממקומה נמשכת להשקות את הגוף דהיינו בנטיעות הגן שהן ו' קצוות שעם הת"ת הנקרא גוף שבו ו' שבשם שזעיר אנפין הוא הת"ת כמו שנאריך ביאורו בס' אור יקר. ואמר שמשם מראש ז"א שבת"ת שהוא כללות ג' ראשונות שבו נמשכת הבינה להשקות שאר הנטיעות שהן ו' קצוות שבו דהיינו גוף כדפי'. תו אתגליף האי חכמתא כו'. היא בחינת החכמה בעצמה. ולא אמר ואפיק מפני שאין אצילות מתחדשות אלא המשכה שהוא התפשטות אורה דרישא דז"א דהיינו בחינת גולגלתא הכוללת שלשתן על ז"א ובה נעשה מוח שני. ההוא נהירו דאתמשך, אפשר היותו מוסב למעלה ואהדר לגבי חכמתא. והיותר נכון שהוא נמשך למטה וירצה ההוא נהירו דאתמשך מניה אלין תרין משיכין דהיינו חכמה הכוללת הבינה והחכמה במציאות חכמה. אתגלפו, פי' נחקקו שתי בחינות אלה לבחינת עצמם שהיא חכמה ובינה ממש. ואין אתגליפו זה כענין גליפו הנזכר למעלה כי למעלה נתגלה להתפשט אל ז"א וכאן אתגליפו אל בחינת עצמם כדפי'. וענין הגליפה וההתראות הזה הוא כדי להתיחד כדי להאציל מוח שלישי כמו שנבאר בע"ה. ואתחברן כחד ע"י חד משיכו וכו'. יען כי לבאר לשון זה צריך לבאר ענין הדעת והוא ענין נכבד מאד וארוך וביאורו יפה לכן ראינו ליחד לו פרק בפני עצמו:

פרק שמיני:

בו יתבאר ענין הדעת בעזרת חונן הדעת. הדעת הוא הנקרא ת"ת בערך מציאותו העליון הוא מציאות נבחר ויפה. והענין כי הכתר עקרו קו הרחמים עם היות שהוא כולל כל הג' קוים קו חסד וקו רחמים וקו דין. ואין המעיין יכול לעמוד על ענין הזה עד שער מהות והנהגה שבו יתבאר הענין הזה בארוכה בס"ד. והנה מן הכתר נאצל כל קו הרחמים שהוא הת"ת והיסוד והמלכות כאשר יתבאר בשער סדר האצילות בעה"ו. והנה הת"ת לו מציאות נעלם ונבחר בכתר והמציאות ההוא כולל ו' קצוות וכן נתבאר בזוהר פ' פנחס (דף ר"כ ע"ב) בפסוק כל אשר תמצא ידך כו' כי אין מעשה וחשבון וחכמה ודעת וכו' ופירשו ודעת דא איהו רזא דשית סטרין דתליין במחשבה ואקרון עלמא דההיא מחשבה עכ"ל. פי' כי דעת סוד העלם ו"ק למעלה במחשבה פי' שורש הו"ק שהן שש ספירות ששת ימים הכלולים בוא"ו של שם ששרשם הוא נעלם במקור העליון. ואמר שנקרא עלמא דההיא מחשבה. פי' עולם הוא ההיקף דהיינו ששת ימים שהם ימי ההיקף ואלו מפני שהם היקף העליון נקראים עלמא דההוא מחשבה דהיינו כתר וחכמה דהא והא איתנהו לענין הדעת. עוד בס' התיקו' (תקונא כא דף מ"ז) וז"ל בגין דנשמתא איהו נשמת חיים בינה דנטלא מחכמה. נפש מלכות תבונה. רוח ת"ת ואיהו דעת כליל תרווייהו עליה אתמר ובדעת חדרים ימלאו עכ"ל. ופירוש כי הנשמה היא מבינה ונקראת נשמת חיים מפני שמקבלת מחכמה שהוא מקור החיים (קהלת ז יב) וכתיב החכמה תחיה בעליה, וז"ש דנטלא מחכמה. נפש מלכות תבונה, פי' כי המלכות מצד הבינה נקראת תבונה וכן באר הרשב"י ע"ה במקום אחר ויתבאר בשער ערכי הכנויים (בערך תבונה). וכיון לומר זה מפני שמצד הבחינה הזאת היא מתיחדת עם הבינה ע"י ת"ת ומצד זה נקראת היא נפש שהיא מתיחדת עם הנשמה ע"י רוח ת"ת דאיהו דעת. ואפשר שכיון שלעולם דעת מורה יחוד כאשר יתבאר ואמר שרוח דא יחוד הבינה והמלכות ולכן נקרא דעת שהוא כולל שתיהן עליה אתמר ובדעת חדרים ימלאו והוא סוד גדול. וכאן כיון לבאר לנו יחוד הת"ת עם הבינה והכריחו מן הענין הזה כי חדרים הם בבינה והחדרים הם ו' קצוות הנעלמות בבינה והם שרש לשש קצוות שש ספי' הבנין והם בית והיכל וגוף אל הדעת לפי שהדעת נשמה אליהם מפני שהדעת הוא מציאות שש קצות מהחכמה ולמעלה, וכמו שהחכמה זכר נגד הבינה והבינה היכל אל החכמה כן הו"ק חדרים העולים לאלף אלפי אלפים הם היכל הדעת והדעת שורש להם והוא מקור ושרש ונשמה אליהם. ואיך שיהיה למדנו היות מציאות הת"ת נק' דעת והוא כולל שית סיטרין [ג]. עוד נתבאר קצת הענין הזה בר"מ [ד] וז"ל ובגין דתרועה איהו בדעת ואיהו עמודא דאמצעיתא ע"כ. הורה בפי' היות הדעת ת"ת אלא ודאי שיהיה מציאותו העליון כמו שהוכחנו מתוך שאר המאמרים. עוד בר"מ (תצא דף ר"פ ע"ב) וז"ל במראה אליו אתודע. במראה, אימא עלאה אתודע בדעת ב"ן י"ה. בחלום אדבר בו ה' בתראה עכ"ל. ואמר דעת ב"ן י"ה להורות שהוא מציאות הנעלם השוכב בחיק אב ואם שהם י"ה. ולהיות כי עקרו מתפשט בתוך הבינה כדפי' ובדעת חדרים ימלאו לכן צרוף בינה הוא ב"ן י"ה.

ואחר שנתעוררנו על ענין הדעת היות מציאותו הנעלם של הת"ת נקדים עוד כי מסגולת הדעת הוא לייחד החכמה והבינה. וכן באר הרשב"י ע"ה בתקונים (תקונא ס"ט דף צ"ה ע"ב) וז"ל בראשית ב' תרין חכמה ובינה. תליתאה יראת ה' ראשית דעת ובהאי דעת אתמר והאדם ידע את חוה אשתו דלית זווגא אלא בדעת דאיהו עמודא דאמציעותא וכמה דאיהו עמודא דאמציעותא יחוד דאבא ואימא הכי לתתא צדיק יחוד דעמודא דאמציעותא ושכינתא תתאה. וגוף וברית עלייהו אתמר כי אל דעות ה' ותרוייהו עדו"ת דלית עדות פחות מתרוייהו והאי איהו בין (לפנינו איתא והאי בן איהו יחודא דאו"א) אבא ואימא עכ"ל. וזהו פירושו. כונת הרשב"י ע"ה במאמר הזה לבאר כי מלת בראשית כולל ג' ספירות שהם חכמה ובינה ודעת. ופירוש כיצד, כי הב' רומז ב' שהם החכמה והבינה שהם זכר ונקבה מזדווגים על ידי הדעת כדמסיק וז"ש בי"ת תרין וכו'. תליתאה יראת יהו"ה וכו', הכונה כי אותיות ראשית הנשאר מבראשית הוא הדעת. ונקרא ראשית דכתיב (משלי א ז) יראת ה' ראשית דעת והכונה בפסוק לפי דרך פשט הכתוב הוא יראת ה' הוא ראשית לדעת וקודם אליו. אמנם לפי פי' הרשב"י ע"ה הכונה יראת ה' שהיא הבינה ראשית וקודם אליה הוא הדעת כי הדעת ראשית ליראת ה' כאמרם ז"ל (אבות פ"ב) אין בור ירא חטא. ובהאי דעת וכו', הוקשה לו שנאמר כי הדעת שהוא ת"ת לפי האמת שיהיה קודם אל הבינה. והביא ראיה ורצה להכריח הענין ואמר ובהאי דעת וכו'. כבר נתבאר כי אדם הראשון הוא חכמה כמו שנתבאר בשער ערכי הכנויים בערך מה שמו ומה שם בנו. וחוה במקום בינה וע"כ נקראת (בראשית ג כ) אם כל חי. ואמר כי בהאי דעת אתמר (שם ד א) והאדם ידע. כי ידע מלשון דעת דלית זווגא אלא בדעת. שלא נאמר שפי' והאדם ידע פי' ידיעות זווג אבל זווג הזה לא הי' ע"י אמצעי ולז"א דלית זווגא אלא בדעת פי' כי אחר שלשון דעת הוא לשון זווג א"כ הזווג יוכרח היותו ע"י אמצעי כמו הברית המייחד אדם ואשתו ואחר שאין הזווג אלא בדעת נמצא שזווג החכמה והבינה הוא ע"י ת"ת הנקרא דעת. ומפני שלא נטעה לומר שאמת שהזווג והיחוד ע"י הת"ת וסוד הדעת עם כל זה מי יכריחנו לומר שהדעת למעלה מהבינה שזה היה נקודת המרכז שעליה תסוב גלגל המאמר הזה מראשי ועד סופו. לזה אמר וכמה דעמודא דאמצעותא וכו'. וצריך לדקדק כי לפי פשוטן של דברים משמע שכוונתו ללמוד מהת"ת אל היסוד וזהו הפך הסברא, שהיסוד נודע בשערים פעולתו בענין הזווג אמנם הת"ת נתחדש אלינו במאמר הזה, והיאך ילמד מפורש מן הסתום ומלמד ממתלמד. אלא ודאי כונתו להכריח כי הת"ת למעלה מן הבינה, ואמר כמו שמצינו יחוד ע"י ת"ת כן מצינו יחוד ע"י היסוד וכמו שהיסוד למעלה מהמלכות שהיא הנקבה המתייחדת עם הת"ת הזכר על ידו והוא עומד בין שניהם כן בהכרח נדון אל ענין הת"ת שודאי הוא למעלה מהבינה בינה ובין החכמה. וז"ש כמה דאיהו עמודא דאמציעותא יחודא דאבא ואמא כדפי' מהכרח פסוק והאדם ידע, כן מצינו יחוד ע"י הצדיק מהת"ת והמלכות. וכמו שהיסוד בין הת"ת והמלכות ולמעלה מן המלכות, כן הכרח בדעת שהוא ת"ת במציאותו הנעלם שהוא למעלה מהבינה כדי ליחדה עם בעלה שהיא החכמה. ונמצא לפי זה דעת ראשית לבינה כדפי'. ועתה בזה יצדק מלת ראשית בת"ת דהיינו במציאות דעת. ואמר ושכינתא תתא"ה להורות על מציאותה אחר הקטרוג שהיא למטה מהיסוד, שאחר עלייתה אז תהיה למעלה מהיסוד. ואלי ענין יחודה אז נבאר בשער המיעוט בס"ד. וגוף וברית עלייהו אתמר כי אל דעות ה', פירוש רצה להכריח מציאות יחוד חכמה ובינה על ידי הת"ת. כי נאמר שאין יחודם כלל על ידו ונמצא שלעולם שאין הת"ת למעלה מהבינה. לזה אמר גוף וברית דהיינו תפארת ויסוד וכוון לקראם בשם גוף וברית להראות כי כמו שהוא נעלם ומסתתר בתוך הגוף לכן יש כח בגוף ליחד למעלה כמו שפירש בתיקו' שאין יחוד האמיתי אלא על ידי היסוד ואם לאו הוא ערוה לכן אמר גוף וברית עלייהו אתמר כי אל דעו"ת ה'. תרי, דהיינו דעת יסוד ודעת תפארת. הורה שפעולת תפארת והיסוד שוה אל היחוד. וכן בצירוף דעות הוא עדו"ת ואין עדות פחות משנים ולכן בהכרח הם שנים דהיינו תפארת ויסוד. ואחר שהכרחנו שהם שני מעידים מיחדים א"כ הוכרח דהאי איהו בין אבא ואמא דהיינו דעת עליון תפארת. כי יסוד יחודו למטה, דאפכא לא שייך, וכן לומר שהוא למטה משניהם לא שייך לומר כמו שהוכיח, ולכן אמר והאי איהו בין אבא ואימא בין שניהם ממש. או אפשר לפרש בדרך אחרת בגוף וברית, כי כוון להכריח כי לעולם היסוד למעלה מהמלכות כאמרו גוף וברית כמפורסם כי משך הגוף הוא הברית בדברי האלקיי במקומות רבים גוף וברית חשבינן חד וכו' להורות כי אף כאשר יהיה אור הלבנה כאור החמה ותעלה אל מקומה הרמתה ויהיה היסוד העשירי ועל כל זה יהיה אל היסוד בערך הזווג מהלכים ויעלה אל בין

שניהם כדמוכח מענין גוף וברית והברית בין איש לאשתו וכמו שיתבאר הענין הזה בשער המיעוט בס"ד. ועלייהו אתמר (ש"א ב ג) כי אל דעות ה'. כוון להכריח ענין זה מאמרו כי אל דעות ה' ודרשו (רז"ל ברכות לג) גדולה דיעה שנתנה בין ב' אותיות שהם ב' שמות, ואם אמת שהיסוד העשירי ואל הזווג מיחד ממכון שבתו, אם כן אין דעה בין שני שמות שהרי אחד משתי הדיעות הוא למטה ואין שם למטה ממנו אלא אדרבה גדול שם שהוא בין שתי דעות אלא מאי אית לך למימר שעולה שם אל היחוד כדפי'. ואמר עוד ותרוייהו עדות וכו' פי' צרוף דעו"ת הוא עדו"ת ואין עדות פחות משנים ובפרט בענין דיני נפשות שצריך שיבאו ויעידו שניהם כאחד ואם לאו אין עדותן מצטרפין וזהו שאמר ולית עדות וכו'. והאי איהו בין אבא ואימא, פירוש מאחר שהכרחנו שהיסוד לעולם אל היחוד בין שתי הספירות המתיחדות א"כ משם נלמד אל הת"ת כי לעולם הוא אל היחוד דעת בין אבא ואימא בין שניהם ממש למעלה מהבינה, ולפיכך נקרא ראשית שהוא ראשית ליראת ה' שהיא הבינה כדפירש:

ואחר שנתבאר ענין הדעת כראוי ויחודו בין אבא ואימא נבא לבאר שאר המאמר [מהאדרא] שאנו בביאורו. כי החכמה והבינה שהם תרין משיכין דאתגליפו כמו שפי' בפ' הקודם הם מתחברין פי' מזדווגין ע"י חד משיכו מעמיקא דבירא הוא הדעת הנמשך מהכתר הנק' עומק הבאר והיא הבחי' העליונה שבחכמה וכדי להמשיך הדעת אל המוח הג' הן צריכין להתיחד ע"י משיכו דעמיקא דבירא. והטעם שנקרא כתר עומק הבאר הוא כאלו נאמר מציאות הבאר היא בינה שנקראת באר כמו שנבאר בשער ערכי הכנויים בע"ה, וממנו שופעים מים חיים על ידי החכמה שהם כתליו המעמיקים. ועמקו שהוא תחתיתו שמתוכו שופע המים הוא הכתר. ועל ידי הדעת המתאצל מהכתר ונמשך ממנו אל בין שניהם בעצם החכמה הם מתייחדים ומקבלים זה מזה. ועל ידי הדעת שתי תהומות אלה נבקעים זה מקבל וזה משפיע, ומתאצל בין שניהם מציאות הדעת הנעלם ונמשך אל ראש זעיר אנפין ונעשה מוח ג' כדמפרש ואזיל. ומתמן אתמשיך ועייל בגו גופא. הדעת הזה מתפשט בתוך שש קצוות כי הדעת הם שש עליונות וגוף שש תחתונות והתחתונות גוף ממש אל העליונות והעליונות נשמה אל הספירות הששה תחתונות. ושם ממלא אדרין ואכסדרין כדפי', וענין אדרין ואכסדרין אין זה מקום ביאורו. ואלין נהרין, פירוש אילין ב' בחינות שהם (נגד) חכמה ובינה הם מאירות מכח החכמה הראשונה הקדומה שהיא בחינתה בכתר, וזה שאמר מנהירו דההוא מוחא עילאה סתימאה וכו' פירוש בחינת חכמה שבכתר שהיא מוח עליון ומוח ג' שבאריך אנפין. דאתנהיר במזלא, פירוש שהיא מאירה אותה החכמה העליונה שבתוך הכתר ממש בבחינתו הנקרא מזל שהיא בעתיקא קדישא שהיא חכמה סתימאה כדפי' בפרק הקודם. וכלא דא בדא תליא וכו', פי' הבחינות האלה תלויות בסוד בחינתן בכתר אריך אנפין וכן לענין היניקה כי חיות התחתונות תלוי בעליונות. עד דאשתמודע [דכולא חד], בזה ניכר אחדותן והן מקבילות הלולאות. ועם היות שאנו אומרים אריך אנפין וזעיר אנפין עם כל זה כלא חד, מאחר שאין למעלה אלא בחינות מציאות מה שלמטה. וכלא הוא עתיקא, פי' ג' בחינות האלה הן ג' ראשונות ששלשתן באריך אנפין וממנו נמשכין והכל אחד ולא אתפריש מניה כלום ח"ו. אלין תלת נהורין נהרין לתלת אחרנין, פי' ג' מוחות אלה שהן ג' בחינות ראשונות הן משפיעות לגג"ת כי כן דרך יניקתם גדולה מצד חכמה ממש גבורה מצד הבינה ממש ת"ת בסוד הדעת מצד הבחינה העליונה כתר. ואלו ג' נקראו אבות ונה"י הם כמו בנים בערכם כי כל מה שיש באלו יש באלו אלא אלו הם אבות ואלו בנים אלו ממנן ואלו שליחן כמו שפי' רשב"י ע"ה במקומות הרבה. וכלא נהיר מאתר חד, דהיינו מציאות הכתר בעצמו שבו ג' בחינות אלו נעלמות בסוד א"ק אור צח א"מ כאשר יתי' בשער הצחצחות בס"ד. וטעם שלא הזכיר המלכות, מפני שהיא נוקבא וז"א כולל הכל, ולא בא אלא ללמדנו מציאות ג' קווין נמשכין מג' בחינות, קו החסד מבחינת החכמה קו הדין מבחינת בינה קו הרחמים מבחינת הדעת והכתר כדפירשתי לעיל. אבל המלכות היא כוללת ג' בחינת האלה ואין לדבר בה ביחס הדרוש הזה. ובזה נשלם ביאור המאמר. ואגב אורחין למדנו ענין הדעת שאין ענינו כמו שחשב הרש"ט שדימה לעשותו ספירה בפני עצמה ואין הענין כך אלא שהוא מציאות הת"ת הנעלם כדפי' בריש פירקין. וכמו שאין ראוי למנות הספירות בפני עצמן וכמה מציאיות אחרות שיש לספי' בזולת התפארת כמו שיתבאר בשער המציאות בס"ד, כן אין ראוי למנות הדעת לספירה בפני עצמו כלל. ואגב אורחא נתבאר כי אמרו אתר דשרותא אשתכח אין הכונה ששם הוא תחלת האצילות ומנין הספירות כאשר חשב ח"ו. אלא הכתר הוא במנין הספירות. אמנם הכוונה באומרו אתר דשרותא פי' תחלת הגלוי וההשגה כענין שמבאר אותה רוב

פעמים בזהר שרותא דקיימא לשאלא אל הבינה וכן שרותא דקיימא לשאלא ולאתבא אל החסד. והכל לענין הגלוי וכמו שפי' הרשב"י ע"ה במאמר האחרון שהעתקנו בפ"ג. והנה בזה נכלל השער המפואר הזה ומהאל נשאל הסליחה והמחילה והכפרה על הכלל ועל הפרט אמן:

שער הרביעי הוא שער עצמות וכלים

השער הזה שמו מוכיח עליו, והוא לבאר בענין הספירות אם הם עצמות המאציל או הם כליו ככלים אל האומן. והיא מבוכה רבה נפלה בין המקובלים האחרונים ר"ל מהמחברים האחרונים כמו הר' מנחם מראקנטי והרב ר' דוד. ובענין זה יהיה עסקנו בשער זה בע"ה:

פרק ראשון:

הכונה בפרק זה להעתיק דעת ר' מנחם מראקנטי בספירות אם הם עצמות או כלים בקצרה כפי האפשר. עם היות שבספר טעמי המצות האריך בענין הרבה. ואנחנו נקצר בדבריו ונעתיק עיקר ראיותיו ולא כולם כי אינם מהמצטרך אלינו וז"ל. אמת שאין עליה גמגום שבבורא יתברך לא יצדק בו לא רבוי ולא שנוי א"כ קשה אם הספירות הוא עצם אלקות איך יוצדק היותם פועלות דין ורחמים וצד ימין וצד שמאל כי כל זה מורה שנוי. שנית כי בבורא יתברך לא יצדק הגבול וזה אמת שאין בה ספק, א"כ איך בספר היכלות אמרו גבול בבורא יתברך באמרם מימינו עד שמאלו ששה עשר רבבות פרסאות שיעור קומתו רל"ו אלפים רבבות פרסאות, כל זה ודאי יורה גבול ולא יוצדק. ועוד כי בבורא לא יוצדק מנין וא"כ איך אנו אומרים עשר. ועוד כי מה שאינו גוף לא יתחלק, וא"כ איך אנו אומרים זה דין וזה רחמים וזה מכריע ביניהם וכו', כי כל זה יורה גשמות. דע כי באמת הבורא יתברך אין לו שום שנוי ולא יצדק בו דבר ממשיגי הגשמות ח"ו וכל מה שמדדו בס' מרכבה לא אמרו בבורא ממש אלא בספירות. וא"ת והרי ידוע כי כח המאציל בנאצל וא"כ מן הטעם אשר לא יצדק במאציל לא יצדק ג"כ בנאצל, וא"כ איך אנו אומרין כי הם בספירות. יש לומר דע כי מה שנדבר בספירות אין אנו אומרים בבורא אלא הספי' הם כמו כלי האומן שפועל בהם פעולתו להבדיל כמה פעמים. והספי' הם שוים לכל דבר ותמורתו. ולקרב הדבר אל השכל דמו החכמים אותה אל רצון הנפש שהוא שוה לכל החפצים ולכל המחשבות המתפשטות ממנו ואע"פ שהם רבים אין עקרם אלא א' והנפש אינה משתנית, אלא השנוי הוא בגוף שמוציא לפועל מחשבת הנפש וע"כ יל"ל כי הם דברים שוים לכל דבר ותמורתו שאם לא נאמר כן לא היה בהם כח לכל דבר. ועל כן דמו אותם לרצון הנפש וכמו שהנשמה מתלבשת מן הגוף כן הבורא ית' מאורו הגדול התנוצצו הכלים האלה וקראו אותם החכמים ספירות והתפשטות הסבה הראשונה בכלים האלה נקרא אצילות עכ"ל. והביא מאמר ראיה לדבריו ולפי שאינו מן הענין לא העתקנוהו. ונחזור לדבריו ואין הספירות מגבילות אותו אלא הן מקבלות ממנו השפע תחלה יותר מכל שאר הנבראים וחלילה שיהיה בהם גוף וגשמות אלא הם מיני אורה כמו האור היוצא מן העין שאין מושג ונתפס כי אינו כלום אלא הדבר המושג אחרי האור נתפס בציור מחשבות הלב ומצויירת הצורה ההוא בכח המדה. והנני מוסיף לך בראיות הרבה מדברי רז"ל כי כל מה שדברו בספירות אינו ראוי לאמרו בו יתברך. ומצאתי בזוהר המופלא (נשא דף קל"ז ע"ב) וז"ל הכי תאנא לא דיין לרשעים שאין מהפכין מדת הדין למדת רחמים אלא שהן מהפכין מ"ר למ"ה. והיאך מהפכין והכתיב אני ה' לא שניתי. אלא בכל זמנא דעתיקא דעתיקין רישא חוורא אתגליא רעוא דרעווין אתגלייא רחמין רברבין אשתכחו בכלא. ובשעתא דלא אתגליא כל דינין דזעיר אנפין זמינין. וכביכול רחמי עביד דינא ההוא עתיקא דכלא. דתניא, כד אתגליא עתיקא דעתיקין רעוא דרעווין כולהו בוציני דאקרון בשמא דא נהירין, ורחמי אשתכחו בכלא. ובשעתא דלא אתגליא טמירא דטמירין, ולא נהירין אלין בוציני, מתערין דינין ואתעביד דינא. מאן גרים להאי דינא, רעוא דרעווין דלא אתגליא, ובג"כ מהפכי חייביא רחמי לדינא, עכ"ל הזהר. ועל תעשה עצמך כמתנמנם בקראך זה כ"א תדקדק במאמר תמצא שהוא מוכיח כי אין הספירות עצמות הבורא ממש שאל"כ מאי תירץ אלא בכל זמנא דעתיקא דעתיקין וכו' כיון שלסוף אמר ובשעתא דלא אתגליא, אלא נראה כי הדין הוא בהסתר פניו יתברך מספירה ואז והיה לאכול מעצמו. משל למלך שצוה לאחד מעבדיו כשתראה איש מהיר במלאכתו העניק תעניק לו מגרנך ומיקבך ולאחר צוה כשתראה איש עצל הכה אותו והנה המלך אינו מריע ואינו מטיב לאחד מהם אלא הכל במצותו, כך הוא ית' משפיע אל המדות לפעול פעולות והוא אינו משנה את פעולתיו. עוד בזהר (שם דף קל"ו.) ז"ל בחלליה דגלגלתא תלת חללין אשתכחו דשריא בהו מוחא, וקרומא דקיק דחפיא עלייהו. אבל לא קרומא קשישא סתימאה כעתיק יומין ובג"ד האי מוחא אתפשט ונפיק לל"ב שבילין, הה"ד ונהר יוצא מעדן. ותנא, בתלת חללין דגולגלתא מוחא שריא, מחללא חד מתבקע ומתפשט חד מבועא לד' סטרין, ונפיק מההוא מוחא דשריא בהאי חללא ל"ב שבילן רוחין דחכמתא. מחללא תניינא מתבקע ומתפשט חד מבועא אחרא

ומתפתחין חמשין תרעין. מאלין חמשין תרעין אתאחדין חמשין יומין דאורייתא ונ' שנין דיובלא. נ' אלף דרין דזמין קב"ה לאתביה ליה רוחא ולשרייא ביה. מחללא תליתאה נפקין אלף אלפין אדרין ואכסדרין דדעתא שריא עלייהו ודרי בהו. והאי חללא שרי מדוריה בין האי חללא להאי חללא. ומתמליא מתרין סיטרין כל אינון אדרין, הה"ד ובדעת חדרים ימלאו. ואלין תלת חללין מתפשטין בכל גופא להאי סטרא ולהאי סטרא. ובאינון אחיד כל גופא ואחיד בהו גופא מכל סטרוי ובכל גופא אתפשטן ואשתכחן וכו'. עד ובהאי תליין ימינא ושמאלא נהורא וחשוכא רחמי ודינא. וכל ימינא ושמאלא בהאי תליא ולא בעתיקא עכ"ל. וראינו לקצרו ושלא להעתיק פי' ר' מנחם ז"ל עליו כי לא העמיק בו כלל אלא שטחיות המאמר ושאר המאמר אינו מעלה ולא מוריד. ונחזור לדבריו, תתבונן מאוד על דבר זה והשיבהו במחשבתך ותראה שסילק התוארים ממנו יתברך שאמר בהאי תלייא ולא בעתיקא, כי הבורא ית' אין לומר עליו לא אור ולא חשך ולא אחד מן ההפכים שלא יוחסו אלא במדות, ואם נאמר שהמדות עצם האלהות איך אמר ולא בעתיקא, הנה שיש לנו בדבר הזה ב' ראיות. עוד ראייה ג' בספר הזוהר (במדבר דף ק"כ) בלשון זה, ר' אלעזר שאיל לר' שמעון אבוי אמר ליה סימנא לזווגא דיחודא מניין. א"ל ברי אע"ג דאוקימנא מלין לכל סטר וסטר ואתבדרו הכא מלה והכא מלה סימנא דא נקוט בידך והכי הוא כעין סחרא דמדבחא דתנן בא לו לקרן דרומית מזרחית מזרחית צפונית צפונית מערבית מערבית דרומית וכו'. וצריכין אנו לבאר השאלה והתשובה. ובזה יתבאר כוונתנו בעה"ו. סימנא לזווגא, פי' האיך ישפיע האדם לראש צדיק ואיזו מדה מקבלת קודם חברתה היאך הוא סדר היחוד. והשיב ר"ש כי צריך האדם ליחד קודם מזרח שהוא ת"ת בדרום שהוא חסד כי הוא מדת רחמים אבל לא כ"כ כמו החסד בעבור שמדת הדין נשפעת שם שהיא צפון שנאמר (ירמיה א יד) מצפון תפתח הרעה, ואח"כ צריך ג"כ מזרח בצפון כי היא מקבלת משניהם, אח"כ צריך להדביק אשה בבעלה דרך מדת הדין שהיא מקבלת קודם מצפון דרך מזרח, ואח"כ צריך ליחד אותה בדרום דרך מדת הרחמים כדי שלא תפרד מן המים העליונים ותהיה מדת הדין הקשה. ובעבור כי השכינה מקבלת באחרונה ע"כ אמרו כי השכינה במערב ר"ל כי שם מתערב השפע והברכה מדת הדין והרחמים ואז נמצאו הברכות למעלה ולמטה. ומצאתי סמך לזה הסדר בענין היחוד הכתוב (שה"ש ד טז) עורי צפון ובואי תימן וכו', ותראה האיך פי' כאן כי הגן שהוא נמשל לשכינה מקבל קודם מן הצפון ואח"כ מדרום שנא' עורי צפון ובואי תימן, והפיחי גני ר"ל להמשיך הברכה אל הגן היבש ולהשקות אותו מימי התשובה והרחמים. וכל ההשפעה וההמשכה הזאת כולה באה מאת הבורא ית' בהתפשטות עלת העלות במדות שקורא היחוד והוא האצילות כאשר פירשתי למעלה. ובעבור תהיה בקי בפאות אמר נקט סימנא וכו'. ונ"ל כי מכאן נוכל לומר כי הקצוות אינם דבוקות בו ית' כי א"כ לא היו צריכין ההשפעה והברכה אם הוא ית' והספירות הם עצם א' כמו שבארנו למעלה ולפי שאין הנאצל נפרד מן המאציל יש לנו לומר כי לא מן הבורא אמרו שאין בו לא חיבור ולא פירוד אלא במדות. עוד הביא ר' מנחם ראיות מתפלת רבי נחוניא ולפי שאינם ראיות כ"כ לא כתבתים, וכן מספר הבהיר. והנה השלמנו מה שהיה בדעתנו להעתיק מדברי ר' מנחם וכן העתיק דבריו בארוכה ר' יהודא חייט בספרו מנחת יהודה והוסיף עליו קצת מזעיר לא כביר ואמר אעפ"י שהלכה כדברי ר"מ עם כל זה מה שהכריח מענין הפרסאות שנאמר בספר מרכבה אין הכונה פרסאות ממש בענין כמותי ח"ו אלא הלשון נגזר מלשון (דניאל ה כח) פריסת מלכותך והכונה ניצוצות מתפשטות ממנו לכל צד ותפס ר' יהודה על ר"מ על פי' מאמר היחוד ג"כ על מה שכתב בדמיון האור היוצא וכו' והמשיל ר' יהודה משל אחר ואמר כדמיון ניצוץ האור השמש ואורו אשר אינו עצמות השמש אלא סגולה בו כך האצילות סגולה במאציל ואינו עצמות המאציל. ע"כ הגיעו דברי האומר שהספירות הם כלים בקיצור:

פרק שני:

אחר שבפרק הקודם כתבנו דעת האומר שהספירות הם כלים והוא רבי מנחם ונמשך אחריו רבי יהודה. כונתנו בפרק זה להעתיק סברת ר' דוד בספר מגן דוד דס"ל שהם עצם אלהות. ולפי שהוקשה לו ההערות שהבאנו מר' מנחם בפרק הקודם. תירץ ואמר דע שאין חלוף השמות או מנין הספי' מחייב רבוי בבורא ית' חלילה. כי מי שאמר בשם אהיה שהוא יורה הרחמים הגמורים ובשם אלקים שהוא מורה על משפט ודין, וכן בהוראות שאר הספי' וכנוייהן, זה אינו כי אם חלוף הבחינות בהצטרף אל פעולות מתחלפות, ר"ל שכאשר תבחן עצם האלקות מצד שיורה על הרחמים גמורים ר"ל שהוא פועל פעולת הרחמנות תקראהו בשם אהיה,

וכאשר תבחנהו מצד שיורה על דין ומשפט רצה לומר שהוא פועל המשפטים תקראהו בשם אלהים. וכן בספירות וביתר השמות, שאין כאן אלא עצם א' בתכלית האחדות והפשיטות אשר לפי חילוף הבחינות בו בהצטרף אל פעולותיו המתחלפות יקראו בשמות רבים ויאמר בו שהוא עשר ספי', ואל ישאוך שזה יחייב רבוי בבורא ית' כי אלו נאמרים בהקש עצמותו ית' אל נבראיו עכ"ל. ואח"כ כיון להכריח בזה בראיות פלוסופיות ולא העתקנום למעוט תועלתם. והביא ראיה שהספי' הם עצם האלקות מספר הזוהר (האזינו דרצ"ז) וז"ל כי שם ה' אקרא מאי כי שם ה' אקרא. א"ר שמעון הא כתיב הבו גודל לאלקינו כו'. הבו גודל, דא גדולה. הצור תמים פעלו, דא גבורה. כי כל דרכיו משפט, דא ת"ת. אל אמונה, דא נצח. ואין עול, דא הוד. צדיק, דא יסוד. וישר, דא מלכות. הוא כלא שמא קדישא דקב"ה. ובג"כ כי שם ה' אקרא כו'. א"ר חייא האי קרא מיניה אוליפנא חכמה עלאה והכי הוא, אבל סיפא דקרא מקשר קשורא דמהימנותא במאי דכתיב הוא, כד"א צדיק וישר הוא, כלומר הוא כלא, הוא חד בלא פרודא. דאי תימא כל הני סגיאין אינון, חזר ואמר הוא, כלהו סלקין ומתקשרין ומתאחדין בחד. וכלא הוא היה והוא הוה והוא יהיה, והוא חד בריך שמיה לעלם ולעלמי עלמין, עכ"ל. הא לך ראייה מבוררת במה שאמרנו. כי אמרו שסוף הפסוק במלת הוא קושר כל הספי' יחד בקשר אמיץ. להראות שאעפ"י שהספירות הם רבות במספר עשר מצד הבחינה אל פעולותיו מ"מ נוכל לומר שהם הוא כלומר הם עצם הש"ית שהוא יחיד בתכלית האחדות עד שנאמר עליו הוא. ולכן אמר דאי תימא סגיאין אינון, כלומר א"ת שכל אלו הספירות הם רבים וא"כ היאך אפשר שיהיו דבר א', לכך השיבו שאמר הכתוב הוא אחר שהזכיר ע"ס. להורות שהן מתיחדים בעצמותו ית', והרבוי הוא בהצטרף אל המקבלים בבחינות מתחלפות. וזו ראייה גדולה. וא"א להודיעך מבלי שאפרש לך כונת הזוהר. כי בראשונה הזכיר המדות בפרט, ואחר כך כללם בשם אחד. והנה כי שם ה' רומז לג' ראשונות. הבו גודל לאלקינו, חסד נקרא גדולה. הצור תמים פעלו, זה רמז לפחד יצחק שהוא תקיף וחזק. כי כל דרכיו משפט, רמז ת"ת וכו'. ואחר הרמז כל ההתפשטות, חזר וכללו ביחד גמור במלת הוא, כלומר אלה הספירות שהם עשר בערך המקבלים הכי הוא ממש, ר"ל עצם האלקות הפשוט בתכלית. עוד הביא ראיה ממשנה בספר יצירה מענין עמקים שפירשנו למעלה בשער אם

הא"ס הוא הכתר. ואמר שאחר שהזכיר כל הספירות אמר שהשם הוא יחיד בהם, וא"כ הם עצם האלקות ממש. עוד הביא ראייה ממשנה אחרת עס"ב נעוץ סופן בתחלתן ותחלתן בסופן וכו' שאדון יחיד ואין לו שני. ולפני אחד מה אתה סופר ע"כ. כלומר שהספירות הם עשר בערך אל בחינות מתחלפות מ"מ נעוץ הסוף בתחלה כי הראש הוא סוף והסוף הוא ראש מצד רוב אחדותם בעצמות הבורא. וה' ית' הוא יחיד בהם. ואין שם שניות חלילה, עד שאין ליחס אליו שום מספר ורבוי ח"ו, וזהו אמרם לפני אחד מה אתה סופר. שאין לומר אלא שהוא אחד, אחד הוא בתכלית האחדות. עוד ראיה (מב"ר) [ממ"ר] (שמות פ"ג) בפסוק ואמרו לי מה שמו. אמר רבי אבא בר ממל, אמר ליה הקב"ה למשה, שמי אתה מבקש לידע, לפי מעשי אני נקרא. פעמים שאני נקרא באל שדי בצבאות באלקים באדני וכו'. כשאני דן את הבריות אני נקרא אלקים וכו'. הנה זה המדרש הוא ממש הכרח אל מה שאמרנו. כי ה' ית' הוא אחד ואם נקחהו בערך אל פעולותיו בנבראים כן יקרא בשמותיו המתחלפים. עוד הביא ראייה מספר הזוהר (בראשית דף י"ט ע"ב) בפ' אל גנת אגוז ירדתי וכל עלמא דא כהאי גוונא, עילא ותתא. מריש רזא דנקודה עלאה עד סופא דכל דרגין כלא איהו כו', דא לגו מן דא ודא לגו מן דא, עד דאשתכח דהאי קליפה להאי והאי להאי. נקודה קדמאה הוא נהירו פנימאה דלית לה שעורא למנדע זכיכו ודקיקו ונקיו דיליה, עד דאתפשט פשיטו. וההוא פשיטו דההיא נקודה, אתעביד חד היכלא לאתלבשא ההוא נקודה נהירו דלא ידיע לסגיאו זכוכא דיליה. היכלא דאיהי לבושא לההוא נקודא סתימא, איהו נהירו דלית ליה שיעורא. ועכ"ד לאו דקיק וזכיך הוא כההוא נקודה קדמאה טמיר וגניז. ההוא היכלא אתפשט פשיטו אור קדמאה. וההוא פשיטו איהו לבושא לההוא היכלא דקיק וזכיך פנימאה יתיר. מכאן ולהלאה אתפשט דא בדא ואתלבש דא בדא עד דאשתכח דדא לבושא לדא ודא לדא. דא מוחא ודא קליפה. ואע"ג דדא לבושא, אתעביד איהו מוחא לדרגא אחרא. וכלא כגוונא דא אתעביד הכי לתתא עד כו' דב"נ בהאי עלמא מוחא וקליפה גופא ורוחא, וכולא איהו תיקונא דעלמא עכ"ל. והנה כשתתבונן היטב זה המאמר תבין מאמר בעלי הקבלה שקראו לה' ית' נשמה לנשמות כי הוא ית' נשמה למדותיו הנקראים נשמות כי העליונה נשמה לשל מטה וכל אחד לחברתה והן מיוחדים ביחוד גמור אמתי. וענין משל הנשמה הוא כי כמו שנשמת האדם הוא אחת

ולא נוכל להשיג אמיתתה רק בפעולותיה הנראות באברי הגוף, כן להבדיל אלף אלפי אלפים לאין קץ לא נוכל להשיגו ית' רק מצד פעולותיו הנעשות ע"י מדותיו. וכמו שאין פעולה לאברי הגוף בלתי נשמה כי היא חיותם וסיבתם, כך אין פעולה למדות מבלי רצון קונם ית', כי הוא סיבת קיומם. וכמו שהנפש היא אחד וכחותיה אדוקים בה והם עצם הנפש, אלא שיש לה שמות מחולפים לפי התחלות פעולותיה, ולזה תקרא לפעמים חיונית ולפעמים טבעיות ולפעמים נפשיות, עם היות כוחות המשתלשלות מעצמות הנפש הפשוט, כן הספירות מתאחדות בעצמות הבורא ית' והרבוי וההתחלפות הוא בערך אל הפעולות המשתלשלות מאחדות הבורא לא שיהא בו חלוף אלא בערך המקבלים. ולכן דימו רז"ל (ברכות ד"י) הנשמה להקב"ה בה' דברים עכ"ל. ועוד האריך בראיות מרב חמאי ורבינו האי גאון ז"ל ורבינו בחיי ז"ל, ור"ל שכולם מסכימים אל דעתו. ועל האמת כי לא דברי הזהר ולא דברי המפרשים מסכימים אל דעתו כ"ש שיהיה הכרח אל הסברא ההיא כי במעט העיון יוכל האדם להתבונן כי כל ראיותיו את כלם ישא רוח ואין בהם ממש. והאמת כי העתקנו מראיותיו היותר מתקרבות אל דעתו. ולא דיו בזה אלא שהאריך נגד הר' מנחם ובטל קצת ראיותיו בלשון לא רכה אלא בשבירת גרם ועם כל זה נעתיק הנה קצת מתשובותיו לקושיות הר' מנחם תירץ כי המספר אינו נופל בו ית' מצד עצמו אלא מצד חלוק הבחינות, וכן חלוק המדות וענף ושרש ודין ורחמים וימין ושמאל כל אלה הדברים נאמרו בו ית' ובעצמותו, ואין חסרון בעצמו כי לא נאמרו בו ית' מצד עצמותו המוחלט אלא מצד מה שנבחן אל בחינות מתחלפות. והבן זה. ולא נצטרך אל סברתו. כי היאך נוכל לאומרו כי מפורסם בכל ספרי הקבלה וגם הוא יודה בזה כי הספירות הן נאצלות ולא נבראות וידוע הוא כי כל דבר שנאמר בו אצילות הוא כח המאציל בנאצל ואין הנאצל נפרד מן המאציל וא"כ כל מה שנאמר בספירות הוא ממש נאמר בבורא ית' והיאך יוכל לחלק כי מן הספירות אמרו ולא מן הבורא והלא הוא עצמותו ית'. וכבר נגע הוא בזה והגדיל הספק והשיב בדרך הנז' ואין מה שהשיב תשובה לספק זה. והיאך יתישב מה שאמר בס"י שהן באחדות נפלא כשלהבת קשורה בגחלת. והיאך נתרץ ג"כ שאר המאמרים שאמר למעלה. ועוד כי במה שתירץ חזר אל המבוכה, שאם נאמר חילוק במדותיו ורבוי א"כ יחייבו הרבוי בו ית' כשיתואר בהם כיון שהם נבדלים ממנו. ועוד

כי משל הנפש שהביא למעלה שהוא שוה לכל החפצים וכו' הוא הפך כונתו. שכיון שאין הספירות עצם האלקות, היאך מתפשטות ממנו ועקרם א' והלא לדעתו נפרדות הן ממנו. והמאמרות שהביא הם הפך כונתו וראייה אל דברינו. מאמר הראשון והכתיב אני ה' לא שניתי א"כ איך מהפכים מדותיו. אחר שמדותיו והוא ית' הכל דבר א' א"כ איך אתה אומר שמהפכין. תדע כי התנא לא אמר אלא מה"ר למה"ד דאל"כ מאי קשיא ליה. אלא ודאי כי כיון שהמדות הם עצמותו, לפיכך הקשה כי אפי' המדות אין ראוי לומר מהפכין. ולענין המאמרים כלם התירוץ כי כל הדברים שאמר מדין ורחמים ימין ושמאל צפון ודרום, כל אלו הדברים הם מצד בחינתו לא מצד עצמותו. אלא מצד הסתר פניו יפעל הדין מעצמותו, ואז נאמר שהוא דין. וכשישפיע יתלבן הכונה אל הרחמים, ואז נאמר שהוא רחמים. עכ"ל ר' דוד, ועם כל זה רצה להפך הראיות והמאמרים, ולפי שאין אל דעתינו ענין זה לא מעלה ולא מוריד ראינו לקצר. ולפי האמת רוב השגותיו על ר"מ אין להם מקום. כי ר"מ אמר כי מה שאמרו שהם האצילות וכח המאציל וכו' והוא דוקא אל השגחתו המתפשטת בתוך ספירותיו, אבל לא הספירות. וכן מה שהקשה מענין משל הנפש שהמשיל ר' מנחם, וכו' אין כונתו כמו שפי' הוא בדברי ר"מ. אלא כונת ר"מ היה לתרץ על הענין המדות שהן עשר והפעולות הם לאין תכלית, וע"ז היתה כונתו לומר כי כל מדה ומדה היא פועלת דבר והפכו, כמו הנפש, שאל"כ הי' ראוי שיהיו הספירות לאין תכלית, כמו הפעולות שאין להם תכלית, ודא ודאי קושיא עצומה לר' דוד. וכאשר נדקדק בדברי ר"מ, נמצא זה הענין מבואר וז"ל והספי' הם דברים שוים לכל דבר ותמורתו. והכונה כי הספי' עצמם פעם תעניש פעם תשכיר, והטעם כי המקיים מצות הברית שהיא תלויה ביסוד המדה ההיא ודאי תתן לו שכר טוב בעמלו, והיה שכרו על ידה כמו שמצינו (בזהר מקץ קצ"ז) ביוסף הצדיק, מפני שקיים מצות נטירת הברית, אכל מפרי מעלליו בעה"ז, וזכה למלוכה ושיכלכל כל העולם כדרך היסוד שהוא זן ומפרנס העולם. וכן אם יחטא איש במצוה זו ויחלל בריתו הנה ע"י היסוד יהיה עונשו ודאי. ועל ענין זה אמרו רז"ל (סוטה ד"ח ע"ב) במדה שאדם מודד בה מודדין לו. הכונה כי כפי הפגם הנפגם על ידו כן יהיה עונשו ע"י המדה ההוא, ולא נטריח עצמינו בביאור הענין זה הנה מפני שהוא מיועד אל שער מהות והנהגה בס"ד. וכן מה שהשיג על ר"מ שאם הם כלים איך יתואר בהם ית', האי נמי לא קשיא,

דלדידיה מי ניחא אם הם בחינות איך יתואר וכו', אלא מאי איכא למימר, שהם בבחינת המקבלים כענין השמש המתיך והמיבש וכו' והוא בבחינת המקבלים וגם לדעת זה באלקות וכו' כמבואר מתוך דבריו, וג"כ לדברי הר"מ נתרץ שהם בבחינות הספירות לא בבחינתו ית', ואע"פ שיתואר בהם הכונה להיותו פועל בהם. ע"כ מה שראינו לבאר בדברי ר' מנחם ור' דוד בלי רדיפת האריכות, אלא בקוצר נמרץ. ולא נטריח עצמינו בישוב המאמרים שמתוכם הכריחו ראייתם, מפני שאין אחד מצדי הדרוש הזה חולק עם כונתינו. ועוד שכל המאמרים ההם נוטים לצד זה ולצד זה ואין מהם הכרח לא לזה ולא לזה כאשר יראה מהם בעיון קל:

הפרק השלישי:

אחר שבפרקים הקודמים הצגנו שתי המערכות האלה והם דעת ר"מ שהם כלים ודעת ר' דוד שהם עצמות, נעורר עתה בפ' זה עליהם את דעתנו הקצר והחלש. המערכה הראשונה שהיא הנערכת בפ"א דעת הר"מ ונמשך אחריו דעת רבי יהודה חייט, והיא זאת כי הספירות הן כלי האומן לפעול בהם כרצונו דבר והפכו והפעולות הטובות והפכיותם כלם נמשכות מהמדות שהם כליו ולא מעצמותו חלילה. ויש לעורר על הדעת הזה, הנה כי ידוע הוא כי אין ידיעת השם יתברך כידיעת שאר הנבראים כי המה יודעים בידיעה חוץ מהם. המשל בזה האדם היודע צורה מן הצורות או איזה דבר שיצטייר בדעתו הנה עכ"פ יהיו ג' דברים. א' הדעת שהיה משולל מאותה הצורה קודם ידיעתו אותה הרי א', והדעת שבו ידע ויכיר הצורה ההיא הרי ב', והצורה הידועה הרי ג'. ונקראים הדעת היודע והידוע. ואין ידיעת הקב"ה כן ח"ו אלא הוא הדעת והוא היודע והוא הידוע כאשר יתבאר בארוכה בשער מהות והנהגה בפי"ג בס"ד. וא"כ אחרי היות ההקדמה הזאת אמיתית וראויה להיות נקבעת בלב המאמינים, איך יצדק אמרנו כי הספירות אינם עצמותו והלא ח"ו יהיה יודע בחכמה שחוץ ממנו חלילה חלילה, וכן איך יהיה מבין בבינה שחוץ ממנו ח"ו, ועל דרך זה נקיש לשאר הספירות המיוחס' אל שאר הפעולות. עוד לפי דעתו שהשכר והעונש נמשך מהמדות כי באלקות לא יצדק בו לא אור ולא חושך לא דין ולא רחמים וכו', א"כ נמצא לפ"ז שהמדות הם המשכירות והמענישות מטבעם שהטביע בהם מאצילם כאמרו משל למלך שצוה לא' מעבדיו כו', א"כ לפי דעת זה ח"ו אין באלקות יכולת המשכיר והמשגיח אלא עזב ה' את הארץ ביד המידות, ואם יחטא איש לא תועיל תפלתו לפני המאציל להשפיע לו טוב ושימחול עלבונו אחר שאין תלוי שכרו ועונשו בו אלא יתפלל לעבד ההוא שמנהו המלך על השכר והעונש. שאם נרצה לומר לפי דעתו כי כשיתפלל האדם אל סבת הסבות יקבל תפלתו ויצוה לעבד להטיב לו ולהעביר רעתו מעל פניו, א"כ ימצא שבמצותו וברצונו החיים והטוב והמות והרע השכר והעונש והוא משתנה מרצון אל רצון קודם תפילתו היה רוצה באבודו ולהענישו ועתה רוצה בקיומו וחיותו וטובתו. אלא מאי אית לך למימר לפי דעתו כי החיים והטוב וההפך הכל נמסר ביד המדות שהוא העבד הנאמן הנמשל למעלה, ועם זה ח"ו תסתלק השגחתו ית' מן העולם וכן תסתלק עבודתנו מלפניו כי לפניו הכל שוים בטובה כצדיק כרשע כי אין ברצונו הבחינה בין טוב ובין רע ח"ו. ודברים אלה וכיוצא בהם הם סתירת האמונה ח"ו ולא קיומה. וברור לנו כי הר"מ ז"ל מן השקועים באמונה השלימה. עוד יש לדקדק לסברא זו כי כיון שאין עצם האלקות המשכיר והמעניש מטעם כי אין שינוי הרצון נמצא בו א"כ לפ"ז שהוא משולל היכולת להטיב ולהרע כי סלק יכלתו ומסרו ליד העבד ההוא. שאם לא תאמר כן לפי דעתו אלא שביכלתו להשכיר ולהעניש נמצא א"כ שיש בו שינוי רצון כי משינוי הרצון ימשך השכר והעונש והדין והרחמים. וכיון שאין לו שינוי רצון נמצא שאין ביכלתו לדין לחובה ולזכות, כי החובה נמשכת מרצון הדין להרע עם האיש החייב ההוא עד כלה. והזכות והשכר נמשך מטעם שנוי רצונו אל ההטבה וההצלחה אל האיש הישר ההוא, ובהשתנות האדם מן הדרך הטובה אל הדרך הרעה כן ישתנה הדין עליו וכאשר ישתנה מן הרעה אל הטובה כן ישתנה הדין אליו אם לטובה אם לרעה. נמצא א"כ שאין דבר זה תלוי בדעתו וברצונו כ"א את אשר ייטב מראשיתו יטיבהו ואם ישתנה לרעה ואת אשר ירע בתחלתו יריעהו ואם ישתנה לטובה, וכל הדברים האלה נגד היושר והצדקות. ועתה ימצא לפ"ז ח"ו כי התורה כלה לא נתנה מאת האלהים כ"א מעבדיו שהרי בה כתוב השכר והעונש ובפרט בפסוק (דברים כח סג) והי' כאשר שש ה' עליכם להטיב אתכם ולהרבות אתכם כן ישיש ה' עליכם להאביד אתכם ולהשמיד אתכם. כי אין אלו אלא דברי עבד מעבדיו כי אין באלוה שנוי רצון ולא להטיב ולהרע וכן רוב גופי תורה ורחמנא לצלן מהאי דעתא. כי אין זה רק דעת הפלוסופים המדברים על ה' תועה הבודים מלבם כחש וכזב, ועליהם יאמר (תהלים קלט כ) אשר יומרוך למזימה וכו' כי הם ממירים

כבודם לקלון. ובודאי יש לנו להאמין כי אין זו כונת החסיד ר' מנחם ז"ל אלא שבודאי רוח אחרת היתה עמו וקצרה יד לשונו בהעתקתו מהשכל אל הפה ומהפה אל הקולמוס כי נודע לכל רואה ספריו חסידותיו ויושרו, ומה בהמתן של צדיקים אין הקב"ה מביא תקלה ע"י צדיקים עצמם לכש"כ. אלא ודאי הנכון להאמין כי לא זאת היתה כונתו כפי הפשט המובן מדבריו ח"ו. ועוד יש להשיג כנגד בעלי הסברא הזאת כהנה וכהנה אלא שאין ראוי להאריך בדברים האלו מפני כבוד יוצרנו. ואפי' זה לא היה ראוי להעלות בכתב אלא כדי לסלק חלושי הדעת מן הטעות ח"ו והאל יכפר. ואל המערכת השנית אשר ערך ר' דוד ז"ל ורצה להסמך על דעת רב האי ורב חמאי ועל בעל המערכת. והיא שהספירות הם עצם האלקות האמנם אין הרבוי מצדו ית' אלא מצד בחינת פעולותיו אלינו כדמיון השמש כי כן באר בסוף דבריו כשיעויין בספרו. ועל דבר זה אנו אומרים כמה לא חלי ולא מרגיש האי גברא וכי נאים ושכיב אמרה. וכי מאחר שמציאות הספירות הם בחינת הפעולות כדמיון השמש כדפי' א"כ למה יצטרך שיקבל המלכות מהת"ת ושום מדה אחרת מזולתה מאחר שהן מצד בחי' פעולותיו ית' וכלם נאחזים בעצמותו כדמיון אור השמש כדפי' א"כ לא יצדק בו שנאמר כי מדת היותו מיבש צריך אל מדת היותו מתיך כי לא יצטרך זה כדי שתהיה חברתה נאצלת ממנה וזו יונקת מזו כי כלם שוים לטובה הכתר שוה למלכות והמלכות לכתר וכן כלם. נמצא לפי זה שבטל ענין הצנורות ומדרגות העולמות וקשורם ויחודם זה עם זה וכן סדר אצילותם כי אין להם סדר כי כלם אדוקים בו כאיש אחד כדמיון השמש שמדותיו אדוקות בעצמו לא מדה במדה כדפי'. והנה הרב ר' דוד רצה להסתייע ממ"ש בזהר דא מוחא לדא ודא קליפה לדא, והוא מנגד אל דבריו מכל וכל כדפי' כי לפי דעתו אין מדה שתצטרך אל זולתה או יהיו כלם מוחות או כלם קליפות. וכן רצה להסתייע מדברי הגאונים והמפרשים ואין דעתו משתוה עם שום אחד מהם כמבואר למעיין בספריהם ז"ל. עוד יקשה כי לפי דעת זה בטלה כל הכונה מהתפלה והמצות והתאחדות העולמות זב"ז. והנה כוון להקים פנת האחדות וכדומה שסתרו, כי כונת הפסוק שמע ישראל וכו' הוא ליחד הספירות יחד ובמלת אחד ליחד מלכות עם כלם וכלם עם המלכות ולהעלותה דרך המעלות אשר ירדה ולפי דעתו לא שייך שם לא מיעוט הירח ולא והיה אור הלבנה כאור החמה. ועוד אם כן כיון שהספירות הם כשתבחון אל פעולותיהם א"כ לא ימצאו הספירות כי אם בזמן שהפעולות נפעלות. המשל תמצא מציאות ספירת החסד היותו פועל פעולת החסד ובהסתלק פעולתו תסתלק המדה ההיא נמצא כי פעמים יהיו עשר כאשר יפעל כל פעולותיו ופעמים יהיו חמשה או שנים הכל כפי שיעור פעולותיו ופעמים ג"כ יעלו למעלה מעשר כאשר יתרבו פעולותיו בעה"ז. ואף אם אפשר לישב בדוחק קצת משאלותינו אלה מ"מ ניכרים דברי אמת. ועוד יש לדקדק כי דלפי דעתו שאין הספירות אלא מצד הבחנת פעולותיו אל המקבלים א"כ נמצא כי אין הספי' נמצאות במציאות האמיתי וא"כ מה שנדרש בזהר בענין הספירות ודקות העולמות ההם ובפרט באדרא דנשא ובאדרא דהאזינו אשר ודאי תשוקת הנשמה אינה כ"א אליהם. ועוד שנתבאר בכמה מקומות מהזהר מענין הנשמה והשפעתה ע"י מעשיה מהספירות אל העולמות ועלייתה להדבק דרך מעשיה בשרשיה הנכבדים שהן הספי' ולפי דעתו שאין הספירות אלא כנ"ל הנה לא יתדבק אל דבר כלל כי אינם ספי' אלא בבחינת הפעולות כדמיון השמש שלא נוכל לומר שיש בו מציאות מדות וכן באלקות אין ספירות ח"ו ובמה יתיחדו הנשמות הנוכל לומר שיתיחדו בעצם האלקי זה ודאי לא. ואלו הדברים וכיוצא בהם הם סתירת החכמה והשבתתה. ועתה איה סופר ואיה שוקל העלם דרוש מדרושי החכמה נדחה רוב פינותיה. והנה רבי דוד סתר כותל מפני הכנסת מחצלת כי מפני מבוכה אחת שהיה נבוך בחכמה סתר רוב פינותיה. עד כאן הגיע מה שראינו לעורר על דעת ר"מ ור' דוד, ובזה נכלל זה הפרק:

פרק רביעי:

אחר שכבר העתקנו סברת ר"מ ורבי דוד והתעוררנו עליהם בחזקת היד, נבא עתה בפרק זה לבאר דעת הרשב"י ע"ה בדרוש הזה. וקודם כל דבר לא נכחיש כי האנשים האלה שלמים הם אתנו בראיותיהם אם עצמות הן הספי' או הן כלים ואלו ואלו דברי אלקים חיים והלכה כמותם ולא מטעמם כאשר יתבאר. ולפיכך לא נחוש בביטול ראיותיהם כלל כי כלם הם אנשי שלומינו והם יבאו בשלום ינוחו על משכבותם ואיש על מקומו יבא בשלום. אמת כי יוצרנו יוצר הכל א"ס מלך מלכי המלכים הקב"ה אשר לא יצדק אמרנו בו ית' ולא ישתבח ולא יתפאר וכיוצא בהם מפני שאינו מתברך משום אחד ולא משתבח ולא מתפאר מזולתו אלא הוא המברך והמשבח והמפאר והמחייה מתחלת נקודת אצילותו עד נקודה תחתונה מקרני ראמים ועד ביצי

כנים. וקודם יצירת העולם לא הוצרך אל האצילות כאשר נתבאר בשער הקודם והיה נעלם בפשיטותו הקדוש והטהור. ואף כי האציל האצילות הזה הקדוש והטהור לא יצדק בו שום אות ונקודה וציור. כי אפי' כתר תחלת האצילות נשלל ממנו השם והציור כ"ש וק"ו המאציל מלך מלכי המלכים הקב"ה. ובו אין אנו יכולין לדבר ולא לצייר ולא לחייב לא דין ולא רחמים לא רוגז ולא כעס לא שנוי ולא גבול ולא שום מדה לא קודם האצילות לא עתה אחר האצילות. אמנם מה שראוי שנדע הוא כי בתחלת האצילות האציל האין סוף ממ"ה הקב"ה עשר ספירות אשר הם מעצמותו מתיחדות בו והוא והם הכל אחדות שלימה. והספירות האלה הם נשמה ומתלבשות בע"ס הנקובות בשמות שהם כלים כאלו נאמר שע"ס שהם עצמות הם מוח ונשמה לע"ס שהם כלים. ויובן הדבר הזה היטיב בהיותינו מביטים אל הגלגלים שכל החכמים הסכימו היותם גופים עם שהם חיים נצחים הם גשמיים זכים וכח אלוה נתון בכל אחד מהם המסבב אותו והכח ההוא היא נשמתו והיא המספרת כבוד אל כאמור בדברי המשורר (תהלים יט ב). והנה לפי האמת הם שני מיני גלגלים מתיחדים כאחד. הא' הגלגלים הגשמיים והשני הכח המחייה אותם שהוא הכח האלוק השופע עליהם המתפשט בגלגלים. כן נוכל לדמות בספירות להבדיל כמה הבדלות. ולפי האמת לא יקרא החכמה הכלי רצה לומר הספירה החיצונה שהוא לבוש אל התיכונה כי התיכונה הוא אשר יקרא חכמה באמיתית וזו לבוש אליה להראות העמים והשרים את יופי נשמתה הפועלת בה וזו לבוש אליה. וכן אין הבינה הספירה החיצונה ר"ל הכלי אשר היא לבוש אל התיכונה אלא הנשמה הנכנסת בה ונסתרת בתוכה היא הבינה באמיתית והחיצונה לבוש אליה וכן לשאר הספירות. ולזה לא יהיה שנוי במאציל ולא חלוק בו כדי שיצדק לאמור בו היותו מתחלק לחלקים באלה חלקי הע"ס כי אין השנוי והחלוק בו אלא בספירות החיצוניות. ונוכל להמשיל משל נאה כדי שיתקבל דבר הזה בדעת המשכיל. המשל אל המים אשר הם מתחלקים אל הכלים והכלים משונים בגוונם זה לבן וזה אדום וזה ירוק וכן כלם. הנה כאשר יתפשט המים אל הכלים ההם עם היות המים פשוטים מכל גוון הנה יתראו בגווני הכלים ההם וישתנו אל גוונם. והנה לפי האמת אין שינוי הגוון ההוא קנוי במים, אבל ע"י הכלים המשונים ישתנו אל הגוון ההוא במקרה לא בעצם, והמקרה ההוא בערך הרואים לא בערך המים בעצמם. וכן הדבר בספירות. הכלים הם הספירות המכונים אלינו חג"ת ולהן גוון לפי פעולתם לבן אדום וירוק ואור המאציל שהוא עצמות העשר אורות המתפשט בע"ס הם המים אשר אין להם גוון כלל כי הם פשוטים מכל שנוי ומכל פעולה ולא יפעלו השינוי אלא ע"י הכלים המשתנים בפעולתם. ואין שנוי בעצמות המתפשט בהם בעצם אלא במקרה לעין רואים ר"ל לפי המקבלים לא לפי עצמן. ונמשיל עוד משל יותר נאות והמשל אל ניצוץ השמש העובר דרך החלון ודרך מעברו בדרך עשר עששיות מעשר גוונים משונים ומאיר האור אל עבר פניהם. והנה לפי האמת אור השמש לא יתפס בו גוון כלל (ועל) [ועם] כל זה דרך העברת העששיות ישתנה בסיבת שנוי העששיות ונמצא האור מאיר אל עבר פניהם ביתה כגוון העששיות, ולפי האמת אין השנוי נקנה באור קנין עצמי אלא בערך בחינתו אל הרואים. וכענין ההוא ממש אל הספירות. כי האור המתלבש בע"ס שהם הכלים הוא העצמות הנמשל בדברינו אל ניצוץ השמש שאין בעצמות ההוא שנוי גוון כלל לא דין ולא רחמים לא ימין ולא שמאל. אמנם ע"י התפשטותו בספירות שהם העששיות המשונות בגוונם שבהם ישפט הדין והרחמים והאור המאיר אל עבר פנים הוא ההנהגה הנמשכת מאתו ממש ע"י ספירותיו כפי שנוי ספירותיו שהם הכלים משתנים ומשנים הפעולה כפי רצון האור להאיר ולהחשיך והאור המשתנה הוא במקרה לא שנוי עצמי קנוי באור. וידוע כי כפי אשר יגדלו העששיות או הכלים יגדל אורם ונשמתם וספירתם הפנימית. והנה הגבול לא היה כ"א בכלים המוגבלים. ואמרנו מוגבלים אין הכוונה אלא על הגבול הנגבל בפעולה אלינו. אבל לא שיהיה בהם גבול ח"ו ובערך המאציל אין גבול אפי' בפעולה הנמשכת. והשינוי הזה אין שנוי בעצם ח"ו כי אפי' בספירות אין השינוי בעצם. והשינוי הוא בערך התלבש האצילות בבריאה והבריאה ביצירה והיצירה בעשייה ועל ידיהם יפעל השינוי ויתבאר עוד בע"ה. והאמת שכחם בנשמתם להגדיל או להקטין אותם ולכוננם ולסעדם כאשר ברצונו. ואמרנו להגדיל או להקטין, ר"ל להעלות מה שהוא נאצל עשירי שישתתוה אל הששי כענין יחוד ת"ת ומלכות, או להקטין כענין לכי ומעטי עצמך כמו שיתבאר בשערים הבאים בס"ד. והנה עתה שני מיני ספירות ושניהם מיוחדים תכלית היחוד. הא' כמו אופן בתוך האופן והיא הנשמה והספירות האמיתית והכח הפועל באמיתית והוא התפשטות עצמותו וכחו של יוצרנו. והשני הכלים שהם שלוחי נשמתם אל הפעולות.

ונוכל להמשילו משל נאה ואמיתי המודיע כל פרטי הדרוש הזה והוא המשל אל הנשמה המתפשטת בגוף ופועלת על ידו. וידוע כי אבר היד אין פעולות היד תלוים בו כי כמה וכמה יש להם ידות ואין להם כח פעולתם מפני שאין החיות והנשמה מתפשטות ביד ההוא א"כ נמצא עקר הפעולה תלוי בנשמה המאירה ביד ההוא. והנה באמיתית נאמר שאין שינוי בנפש היד מנפש העין ועם כל זה אין פעולתם שוות שזו פעולתה ראייה וזו פעולתה המישוש אבל הפעולה תלויה באמיתית הנפש הפנימית ומשתנית על ידי האבר החיצון כמראה הפעולה, ושינוי הפעולה אינו בנפש, אלא או ביד או ברגל בשיתוף הנפש עם האבר ההוא העושה הפעולה ההיא. והנה כאשר נשאל מהו הגדר הרגל או היד לא יצדק באמיתות כ"א בכח הנפש השופע כיון שהוא כח ההליכה או כח הלקיחה וכן הענין בספירות שהם כדמיון גוף ונשמה, הנשמה הוא העצמות המתפשט בספירות ונותן בהם כח לפעול דבר ותמורתו ושינוי הפעולות תלוי במציאות הספירות שהן הכלים אשר ח"ו בהתאסף האור השופע שהם הנשמות הספירות העצמיות ישארו האחרות כגוף בלא נשמה. ומה שראוי שנדע הוא כי בהתאסף רוב האור המאיר ולא יאיר בהם כראוי ח"ו אז העולם בדין עד כלה. ואל הענין הזה יש כמה חלוקי חלוקים עד אין תכלית. ועם כל זה נעורר על קצתם ומשם יצא המשכיל להקיש אל כמה בחינות זולתם וקודם שנבאר הענין נמשיל משל אל עלייה ע"ג עלייה ועלייה ע"ג עלייה עד עשר והעליו' יש להן ארובה באמצע של כאו"א מהן זו כנגד זו ודרך העליונה יכנוס אור השמש וניצוצו דרך אותם הארובות אל כל העליות ויאיר אל עבר פניהן ביתה. וכאשר בהיות העולם בהשקט ובשלוה יורה היות הארובות ההם מקבילות אחת אל אחת עד היותן שואבות אור ניצוץ השמש. ואם ח"ו עלה בדעת שעליה אחת מהן נטתה לאחד מהצדדים ויעדר אור השמש מהעלייה אשר נטתה הארובה אל הצד ואינה מקבלת ניצוץ השמש נמצא ודאי העלייה ההוא בחשכה גדולה עם כל אותם שלמטה ממנה לפי המקום שיפול שם הפגם ההוא והנה באמת אין החשך מהעדר האור וחשכו בעצם האור אמנם נמשך מפני רוע הכנת המקבל. ועתה אחר שנתעוררנו במשל הזה ראוי להסתכל בנמשל ונמצא כי הספי' הן מאירות מאור הנשמה ההיא המתפשטת דרך הצינורות ואם ח"ו תפגם ספירה מן הספירות בודאי לא יאיר האור דרך הספירה ההיא ויתקבץ למעלה מפני שאין הקב"ה משרה שכינתו והשגחתו אלא במקום שלם. ובהיות הספירה ההיא נפגמת מפני רוע מעללי ב"א, תהפוך הספי' פניה מבלי להביט אל מקום האורה מפני בשתה וכלימתה מרוע מעשה בני אדם והפגם ההוא, ונמצא האור מסתלק והארובות נסתמות והצינורות נשברים והחשך והדין הווה. והנה אין זה בסבת האור, אמנם בסבת הסתר פני רחמים והאור העליון המאיר נסתלק ונשארה הספירה ההיא מעצמה חשוכה ומתלבשת בה הגבורה ואע"פ שתהיה ממדת החסד או הרחמים. ועם ההקדמה הזאת יובן מאמר הראשון שהעתקנו בפ"ב בדברי ר' מנחם ז"ל וה' המטיר לא דיין וכו', כי ההפוך שהישר מהפך מה"ד למדת הרחמים, הוא על ידי הופעת האור ההוא בתגבורת על המורגל ואז ישתנו השרשים הנעלמים וימתק הדין כאשר יתבאר בשער מהות והנהגה בס"ד. וההפוך של רשע מה"ר למה"ד הוא ח"ו ע"י הסתר האור המאיר בפגמו למעלה בשרשים הנכבדים כאשר יתבאר בשער הנזכר. ובהקדמה זו יובן המאמר ההוא וכיוצא בהם. ואמנם ענין הפגם ומציאותו למעלה ע"י מעשה ב"א יתבאר בשער הנשמה ואין הדרוש הזה עתה מתיחס אל הנדון אשר לפנינו. והנה נתבאר ענין עצמות וכלים היטב וכל דברינו יתבארו מתוך דברי הרשב"י ע"ה במקומות רבים בפרקים הבאים בעה"ו:

פרק חמישי:

אחר שכללנו בפרק הקודם כל כונתינו בענין הדרוש הזה הנחמד. באנו בפרק זה להכריח הענין הזה מתוך מאמר אליהו אל רשב"י וחבריו בספר התקונים (בהקדמה דף ט"ו). וז"ל פתח אליהו ואמר. רבון עלמין דאנת הוא חד ולא בחושבן. אנת הוא עלאה על כל עלאין סתים על כל סתימין. לית מחשבה תפיסא בך כלל. אנת הוא דאפיקת עשר תיקונין וקרינן לון י' ספירן לאנהגא בהון עלמין סתימין דלא אתגליין ועלמין דאתגליין. ובהון אתכסיאת מבני נשא. ואנת הוא דקשיר לון ומיחד לון. ובגין דאנת מלגו כל מאן דאפריש חד מן חבריה מאילין עשר אתחשיב לה כאילו אפריש בך. ואילין עשר ספירן אינון אזלין כסדרן חד אריך וחד קצר וחד בינוני. ואנת הוא דאנהיג לון, ולית מאן דאנהיג לך לא לעילא ולא לתתא ולא מכל סטרא. לבושין תקינת לון דמנייהו פרחין נשמתין לבני נשא. וכמה גופין תקינת לון דאתקריאו גופא לגבי לבושין דמכסיין עליהון. ואתקריאו בתיקונא דא, חסד דרועא ימינא, גבורה דרועא שמאלא, ת"ת גופא,

נצח והוד תרין שוקין, ויסוד סיומא דגופא אות ברית קדש, מלכות פה תורה שבעל פה קרינן לה, חכמה מוחא איהו מחשבה מלגו, בינה לבא וביה אתמר הלב מבין, ועל תרין אלין כתיב הנסתרות להוי"ה אלהינו. כתר עילאה איהו כתר מלכות, ועליה אתמר מגיד מראשית אחרית. ואיהו קרקפתא דתפילי. מלגו איהו יו"ד ה"א וא"ו ה"א דאיהו ארח אצילות, ואיהו שקיא דאילנא בדרועוי וענפוי כמיא דאשקי לאילנא ואתרבי בההוא שקיו. רבון עלמין אנת הוא עלת העלות וסבת הסבות דאשקי לאילנא בההוא נביעו. וההוא נביעו איהו כנשמתא לגופא דאיהו חיים לגופא ובך לית דמיון ולית דיוקנא מכל מה דלגו ולבר. ובראת שמיא וארעא ואפיקת מנהון שמשא וסיהרא ככביא ומזליא, ובארעא אילנין ודשאין וגנתא דעדן ועשבין וחיון ועופין ונונין ובעירין ובני נשא לאשתמודעא בהון עלאין ואיך יתנהגון עלאין ותתאין ואיך ישתמודעין עלאי ותתאי. ולית דידע בך כלל. ובר מינך לית יחודא בעלאי ותתאי. ואנת אשתמודע אדון על כלא. וכל ספירן כל חד אית ליה שם ידיע ובהון אתקריאו מלאכיא, ואנת לית לך שם ידיע דאנת הוא ממלא כל שמהן ואנת הוא שלימו דכלהו. וכד אנת תסתלק מנהון אשתארו כולהו שמהן כגופא בלא נשמתא. אנת חכים ולא בחכמה ידיעא, אנת הוא מבין ולא מבינה ידיעא. לית לך אתר ידיעא, אלא לאשתמודעא תוקפך וחילך לבני נשא ולאחזאה לון היאך יתנהג עלמא בדינא ורחמי דאינון צדק ומשפט כפום עובדיהון דבני נשא. דין הוא גבורה, משפט עמודא דאמצעיתא, צדק מלכותא קדישא, מאזני צדק תרין סמכי קשוט, הין צדק אות ברית. כלא לאחזאה איך אתנהג עלמא, אבל לאו דאית לך צדק ידיע דאיהו דין, ולא משפט ידיע דאיהו רחמי, ולאו מכל אלין מדות כלל עכ"ל כי לא נמצא אתנו יותר. ואע"פ שמתוכו נתבאר שחסר סוף המאמר, עם כל זה מדבריו יצא לנו אור גדול אל הנרצה לנו בשער הזה. והנה אליהו ז"ל כיוון לבאר במאמר הזה בקיצור נמרץ ובמלות נרמזות רוב גופי החכמה האלקות. ובאר עיקר הא"ס באחדותו הפשוט וענין האצילות ודרוש עצמות וכלים וטעם האצילות ומנין הספירות והכרחתם. וכל זה במליצה נכונה רבת האיכות ומעט הכמות דברים נאותים וכמפי אמרם וכשיעור שומעיהם אליהו היה אומר ורשב"י ע"ה ורבי יהודא ושאר החברים החשובים עם החסידים והצדיקים שבגן עדן היו שומעים. כי כן הספר הקדוש ההוא ספר התיקונים כמבואר בתוכו. והנה אמר רבון עלמין הכוונה נגד האין סוף וקראו רבון עלמין כי הוא רצה לדבר בענין העולם ואצילותו לכן קרא להא"ס רבון עלמין. ועוד שרבון עלמין הוא כמו מחוייב המציאות כי מתוך מציאות הנבראים יבא האדם לחייב שיש לעולם מנהיג ולכן יצדק שיקרא אותו רבון העולמים. והכוונה דאנת הוא. פירוש אתה הוא מחוייב המציאות. וחוזר לרבון עלמין הנ"ל וז"ש רבון עלמין דאנת הוא. והאריך במלת הוא. ומשמעותו מחוייב [המציאות]. חד ולא בחושבן. הענין הזה יובן במה שמורגל בפי בעלי האמונה באמרם אחד ולא כאחד המנוי. ופי' כי אחד המנוי יש לו חברים רבים. כי אע"פ שנאמר אחד עם כל זה יש אחר שהאחד הזה כמוהו אלא שהקודם אחד והבא אחריו אנו מכנים בשם שני. ועם כל זה בין האחד ובין השני הם שוים. משא"כ ברבון העולם שהוא אחד ואין שני לו. וגם אינו כאחד הסוג שכולל מינים רבים ולא כאחד המין שכולל אישים רבים. אלא אחד שאין כאחדותו בעולם. ועוד גדר אחד לא יוצדק כ"א על ענין המושג במהות ומוגבל מכל צדדיו כאמרו איש אחד הנה במלת אחד יגבילהו. והנה באמרנו איש אחד נגביל האיש בכל קטריו ומושג מהותו. ולא כן גדר אחד באלקות כי לא יצדק בו על הצד החיוב לחייב שהוא אחד בחיוב גדר אחד אלא הכוונה על צד השלילה שהוא אחד בערך שאין שני. וזהו שכיון ר' שלמה בן גבירול בתפלתו באמרו אתה אחד ובסוד אחדותך חכמי לב יתמהו כי לא ידעו מהו. הכוונה כי אין האחד מושג בהשגה כלל. אמנם יצדק בו יתברך מלת אחד על צד השלילה לא ע"צ החיוב. וזהו כוונת אליהו באמרו דאנת הוא חד ולא בחשבן, כי האחד המנוי יש לו בו השגה, אמנם אחדותו יתברך לא יצדק בו אחד כ"א על הדרך שפי'. וזו כוונת מעמידי האמונה באמרם אחד ולא כאחד המנוי ר"ל כי אין האחד כ"א ע"ד השלילה כדפי'. וזה כוון בס"י באמרו עשר ספירות בלימה מדתן עשר שאין להם סוף נעוץ סופן בתחלתן ותחלתן בסופן כשלהבת קשורה בגחלת שאדון יחיד הוא ואין שני לו ולפני אחד מה אתה סופר עכ"ל. והכוונה כי הוא מנה ע"ס ואמר אל העשר שהם בלימה ופי' בלי מהות. וכדפי' בשער הג' בפ"ד יע"ש. ולפי שמנה עשר והמספר הוא גבול, לזה אמר מידתן עשר שאין להם סוף. והכוונה שהם בלי מדה כי בערך בחינתם אל המאציל אין להם גבול. אבל בערך פעולתם הנמשכות אלינו יש להם גבול כי הם פועלות הגבול. ומפני שהמספר מורה על רבוי, יחדם תכלית היחוד ואמר נעוץ סופן בתחלתן ותחלתן בסופן. ר"ל מיוחדים ביחוד אמיתי בקישורם ראש בסוף וסוף

בראש. וענין נעוץ סופן בתחלתן יתבאר בשער ההתהפכות האור בפ"א. וענין כשלהבת קשורה בגחלת פי' כענין השלהבת הקשור בגחלת שאין אדם יכול לצייר שלהבת בלי גחלת ויחוייב קשר ויחוד השלהבת עם הגחלת, כן הספירות כ"א נקשרה בחברתה כמו הגחלת לשלהבת הנמשכת ממנה. והכריח הענין ממ"ש למעלה שאדון יחיד מושל בכלן. והכוונה כי האין סוף מושל בהן ומתנהג בהן בכלן, שכן אדון יחיד הוא ואין שני לו. ובזה הוא נתינת טעם אל האחדות בספירות, שכיון שאדון יחיד ואין שני לו א"כ הוכרח כי הלבוש שהוא מתלבש בו ומתגלה על ידו דהיינו ע"ס יהיו מיוחדות תכלית היחוד וז"ש שאדון יחיד וכו'. וטעם אמרו ואין שני לו להורות על מה שאמרנו כי אין הנרצה במלת אחד אלא לשלול השניות לא לחיוב ולכן ראוי שספירותיו ג"כ תהיינה מיוחדות. ולפני אחד מה אתה סופר. פי' אחד לא שייך על דרך החיוב אלא בכתר והטעם שהוא אחד. ולא לשלול שיהיה אחד כמוהו שהרי יש משובח ממנו והוא המאציל ב"ה הקודם לכל. אבל שם אחד יצדק בכתר מפני שהוא ראשון לאצילות ולפניו לא נאצל כלל ואפי' שם אחד לא יצדק בו. וז"ש ולפני אחד מה אתה סופר. פירוש אחר שהכתר הוא אחד לא שייך מנין במה שקודם אל האחד. ונמצא שאין אחד אלא בכתר ולמעלה מכתר לא שייך אחד מן הסבות שאמרנו. ונמצא גילוי לפירוש הזה מהתיקו' (בתז"ח דף קי"ב ע"ב) וז"ל כל חשבונות וגמטריאות דקצין, אינון פרפראות לחכמה. דבכתרא עילאה לית קץ וחשבון כמו שאמר בס"י ולפני אחד מה אתה סופר רישא דכל קצין חכמה וכו' עכ"ל לעניינו. והכונה כי מניין וחשבון לא שייך אלא בחכמה שהיא שנייה וצודק בה מספר שכיון שנוסיף אחד על אחד הרי הוא מספר, עם היות שאינו מספר שלם עם כל זה כבר הוא מספר. אבל מהכתר ולמעלה אין מספר מפני שהכתר הוא אחד ואינו מספר כלל. וכ"ש משם ולמעלה שאין מספר אחד. שהאחד אינו מספר, כ"ש הקודם אל האחד. וז"ש ולפני אחד מה אתה סופר. פי' לפני אחד שהוא כתר עליון מה אתה סופר. ונחזור לדברי המאמר אנת הוא עלאה על כל עלאין, פי' הוא עליון על כל העליונים כתר. הוא עילה לכולם, וכלם עלולים ממנו. ומפני שאמר עליון ומלת אנת שכל זה נראה ח"ו היותו נתפס במקום ומושג במהות. באמרו אנת, מורה מהות. ובאמרו עליון, מורה מקום. ואין זה מן המדות באלוה, כי אינו נתפס במקום, ולא מושג כלל. לז"א סתים על כל סתימין, לית מחשבה תפיסא בך כלל. סתים וכו', להורות שאין לו מקום ח"ו אלא הוא סתים על כל סתימין. פי' כי אפי' בערך הסתומים, הוא סתים ונעלם אליהם שאינם משיגין בו כלל. ואפי' בערך הבלתי בעלי הגוף הוא משולל ממציאות גופני. כאילו נאמר כי השכלים הנפרדים הם בערכו בערך בעלי הגוף לרוב העלמו ולבלתי היותו בעל הגוף. ולמלת אנת דמורה השגת מהות, אמר ליה מחשבה תפיסא בך כלל. הכונה כי אין השגה למהותו ולעצמותו כלל. כי אפי' תפיסה מועטת במחשבה אין בו כלל ח"ו. ואחר שהפליג במעלות המאציל במלות קצרות התחיל לדבר בענין האצילות באמרו אנת הוא דאפיקת עשר תיקונין. פי' האציל עשרה נאצלים וקראם תיקונים מפני שבהם תיקון המאציל, מטעם שבהם מגלה הקב"ה כחו וגבורתו כאשר נבאר בס"ד. או ירצה מפני שבהם תיקון העולם, דא"א לעולם זולתם, והם המנהיגים אותו בכח המאציל המתגלה בתוכם. וקרינן לון י' ספירן, פי' העשרה תיקונים הנזכר אנו מכניס אותם ספירות. והטעם כי הוא מלשון ספיר ומלשון הארה מפני שבהם מאירים הדברים הנגלים והנעלמים כנודע שע"י הספירות הוא הארות כל העולמות. וזהו אמרו לאנהרא בהון עלמין סתימין דלא אתגליין ועלמין דאתגליין. מפני כי טעם אצילות העשר תקונים הוא כדי שיאיר הא"ס על ידם העולמות העליונים ותחתונים. כי אם לא היו הספירות לא היו העולמות מספיקין לקבל שפע מא"ס לרוב רוממותו, ועתה ע"י הספירות הם מקבלים השפעה ואורה ממנו ומגדולתו. והטעם כי סבת האצילות הוא מפני שני דברים ואם הם אחד כדפי' למעלה בשער טעם האצילות בפ"ו. אם מפני שרצה להתעלם כדי שיהיו הנבראים בעלי התכלית, אם מפני שרצה להתגלות כדי שיוכלו הנבראים להשיג גדולתו ב"ה. ולזה כיון בדבריו אל שני הטעמים באמרו לאנהרא וכו', כי לא היו יכולין להאיר ולהשיג עצמותו וליהנות מזיוו אם לא ע"י הספירות וזהו הגילוי. אם מפני שרצה להתעלם כדי שיהיו הדברים בעלי תכלית. אמר ובהון אתכסיאת מבני נשא. שבהן נעלם מהם והדברים ירדו מאת פניו על ידי אמצעיים אל ההויה וההפסד וההרכבה הנבזית והפחותה כהרכבת בני האדמה והדומה להם. וזהו שאמר אל הטעם הראשון לאנהרא בהון עלמין. ואל הטעם השני אמר ובהון אתכסיאת מבני נשא. פי' בערך הגלוי עקר הגלוי בעולמות הנעלמים. אמנם ההעלם עקרו לבני האדם ופחותי ההרכבה הזאת. אבל בערך העולמות העליונים מתגלה הוא אליהם יותר, לכל אחד לפי ערכו. ואנת הוא דקשיר לון ומיחד לון, כי

קשר הספירות ויחודם הוא בכח הא"ס החופף עליהם. ומטעם זה יש מכניס לו שם יאהדונה"י מורה היחוד כדפירש הרשב"י ע"ה בו כל הצורך. ואל זה רמז כאן באמרו ואנת הוא דקשור וכו'. ואמרו דקשיר ומיחד הוא לרמוז אל שני יחודים שיש בספירות. האחד הוא קשר שיש להם בערך יחודם וקשורם זה בזה. והשני הוא יחוד דהיינו זווג. שזה אינו צודק אלא בד' ספי', חכמה ובינה ת"ת ומלכות. כמו שנפ' בשער מהות והנהגה פ"ג. והנה שני יחודים האלה בכח הא"ס המייחד וקושר אותם. ובגין דאנת מלגאו וכו', בזה כוון לבאר הענין אשר אנו בביאורה היא ענין העצמות המתפשט בתוך הכלים. וז"ש ובגין דאנת מלגאו, כי הא"ס עצמותו מתפשט בתוכם כדרך הנשמה המתפשטת בתוך הגוף כאשר בארנו בפרק הקודם. ונמשך אל הדרוש הזה לבאר לנו כיצד אם יחטא איש ויפגם בספירות ופללו אלקים עם היותו בלתי בעל מדות וכן אם יצדק מה יפעול לו. והטעם הוא הגם שהפגם הוא בספירות עם כל זה מפני היות המאציל מתלבש בהם יחוייב ראשו למלך. והמשל בזה אל האדם הקורע בזדון לבו לבושי המלך ומה גם בהיותם על המלך אע"פ שלא נגע במלך עצמו עם כל זה נגע בכבוד המלך וחייב ראשו למלכות. כן הדבר בספירות מטעם שא"ס ב"ה מתלבש בהן ראוי שיחוייב הפוגם בהם ח"ו כאלו נגע במלך עצמו, וז"א ובגין דאנת מלגאו כל מאן דאפריש וכו' ענין הפירוד וההפרשה הוא עניין הקצוץ כמבואר בפרק הקודם במשל העליות. ואלין עשר ספירן אינון אזלין כסדרן. בזה כוון להורות לנו כי סדר עמידתן הוא כסדר אצילתן זו למעלה מזו בדרך עילה ועלול ואע"פ שנאמר בזה בשער סדר עמידתן בס"ד. וראינו לחלק המאמר הזה לשני פרקים כדי לתת ריווח בין הדבקים למען יוכל המעיין לכלול ענין הפרק מצד היותו קצר:

פרק ששי:

חד אריך וחד קצר וחד בינוני, הכונה לבאר לנו כי החסד והרחמים והדין הכל ע"י הספירות לא במאציל. וז"ש שהספירות הולכים כסדרן וסדרן הוא חד אריך וחד קצר שזה מורה על המדות כמו שנבאר בס"ד, והכל הוא מצד הנאצלים והם הגבוליים לא המאציל. ואין הכוונה באמרו אריך וקצר על אורך וקוצר גבוליי ממש חלילה. אלא הכונה. אריך, מצד קו החסד ששם אריכת אפים אפילו לרשעים. וקצר, ר"ל קצר אפים דהיינו בעל חימה שהוא קו הדין. ובינוני, שהוא קו הרחמים המתמצע בין שניהם, דהיינו ת"ת בין ג"ג, ויסוד בין נצח והוד. והכל נכלל באריך וקצר ובינוני דהיינו חסד דין רחמים שהוא כללות כל האצילות כמו שנבאר בשער מהות וההנהגה בס"ד. ואנת הוא דאנהיג לון, הכונה כי עם היות שאמר ששנוי הדין והרחמים ושאר השינוים הם מצד הספירות לא מפני כך ניחס הפעולה אליהם שאין הפעולה אלא ע"י המנהיג המאציל שהוא הנשמה המתפשטת בתוכם, דהיינו הע"ס שהם עצמות כדפי' בפ"ד. כי ע"י הכח החופף עליהם המנהיג אותם כרועה עדרו ולכל אשר יחפוץ יטם ואין מנהיג אותם זולתו ומושיע אין בלתו. כדמיון הנפש שהפעולות הם ע"י הנפש ושנויים ע"י הגוף כדפי' שם. ונמצא לפ"ז כי החסד והדין והרחמים הם בערכם שהם בעלי שנוי והכח אל הפעולה הוא העצמות. לבושין תקינת לון, פי' שהן כמו לבושין אל מה שבתוכם כענין הגוף שהוא לבוש אל הנפש. והכריח הענין הזה מענין הנפש ואמר שהנשמות אצולות מהספירות וכעניין הנשמה אל הגוף כן הא"ס אל הספירות. וז"ש דמנייהו פרחין נשמתין. פירוש אצילות הנשמות הוא מהספירות. ועם היות שאצילותן ממקום אחד דהיינו הספירות ולזה יתחייב שיהיו האנשים בשווי אחד מפני שווי נשמתם ואף אם ישתנו לפי מדרגות הספירות עם כל זה לא יתרבו השנוים מפני מיעוט המקורות ר"ל מקור אצילות הנשמות שאינן אלא י' בחינות כנגד י' ספירות. ועם כל זה נשתנו הנשמות מפני שתופן אל הגוף עד שאין אדם דומה לחבירו. והנה השנויים האלה הם בבחינות הגוף עם היות שהנפש אינה בעלת שנויים. וכן העניין בספירות שהם מקורות הנשמות שהם לבוש אל המאציל ועם היות שהמאציל אינו בעל שנוים עם כל זה השנויים הם בבחינת הנאצלים שהם לבוש אל המאציל. או ירצה לבושין תקינת להון פי' כי עוד ברא המאציל י' ספירות אחרות שהן לבושין אל הספירות. והספירות בערך הלבושין שהם הספי' האחרות כערך הא"ס אל הספירות המתלבש בהן כי כמו שא"ס ב"ה אינו כלל בעל שנוי כן הספירות שהם כלים אל הנשמה אינם בעצם בעלי שנוים לקרבתם אל מקורם והם נאצלים ראשונים ע"כ הוצרך לי"ס דבריאה. והאצילות בערך הבריאה כערך הנשמה המתפשטת אל הכלים. והשניים הנקראים בריאה עוד אליהם לבוש הנקרא יצירה שהבריאה אליו כענין הנשמה בתוך הגוף, שביצירה השינויים יותר פרטיים מהבריאה. וכן ערך הבריאה אל היצירה כערך האצילות אל הבריאה. ועוד מפני קרבתם אל מקורם הוצרך המערכת השלישית שהיא היצירה

למערכה רביעית שהיא העשייה וע"י השתלשלות הלבושים האלה תפעל הגבול והשנויים והאפיסה והתכלית. ויתבאר העניין בשער אבי"ע בס"ד. ונחזור אל פי' המאמר, כי האצילות שהם עשר ספירות הם כלים בערך הנשמה המתפשטת בהן ועם כל זה הנשמה והכלים מתיחדים יחוד גמור והאצילות נשמה אל הבריאה והבריאה גוף אל האצילות והיצירה כדמות לבוש אל הגוף כי כמו שהלבוש מכסה את הגוף ומלבישו כן היצירה לבוש שבו מתלבש הבריאה כמבואר שם וז"ש וכמה גופין תקינת לון. פירוש תקינת עוד לספירות אלה לבושין שבהן מתלבשין הגופין לפעול השנויים כי אפילו אותם הגופים יש להם עוד לבוש שבהן מתלבשים דהיינו יצירה היא לבוש הבריאה. וז"ש דאתקריאו גופא לגבי לבושין דמכסיין עליהון פי' אותם הגופים הן נקראים גוף בערך לבוש אחר שבו מתלבש אותו הגוף והיא הבריאה שהיא גוף אל האצילות ואל הבריאה הזאת יש לבוש שהיא היצירה כדפי', וזה הפירוש עיקר ונכון. ולהורות ממש שהן כדמיון הנשמה בגוף אמר שהאצילות מכונה בכללו באברי הגוף וז"ש ואתקריאו בתקונא דא וכו' חסד זרוע ימין, וגבורה זרוע שמאל, והת"ת הוא הגוף שבין שתי הזרועות, וממנו נמשכים השוקים שהם נצח והוד זה לימין וזה לשמאל, והברית צדיק יסוד עולם נמשך ממשך הת"ת, והמלכות הוא הפה. ומטעם שהוקשה לו הסדר, שמן הראוי היה שהמלכות תהיה בסדר הספי' התחתונות לא למעלה מכלם שהיא הפה. לזה הכריח הענין שהיא נקראת תורה שבעל פה מפני שהיא תלוייה בפה. ואח"כ חזר לבאר הג' ראשונות ואמר כי החכמה הוא מוחא ולכן נקרא מחשבה כי המחשבה במוח. ובינה בלב, וראיה לזה ממה שארז"ל הלב מבין רמזו שהלב מבינה. ולהיות שהמחשבה והבינה שבלב הן פעולות נסתרות שבגוף כי אין לך בגוף פעולות נסתרות יותר מהמחשבה וההבנה שבלב, ולהיותם בצורה העליונה המוח שבה המחשבה והלב שבה הבינה הם החכמה והבינה. עליהם נאמר (דברים כט כח) הנסתרות שהן המחשבה והבינה לה' אלקינו שהם החכמה והבינה שהם נקראים ה' אלהינו שהם המחשבה והבנת הלב שהם נסתרות. כתר עלאה איהו כתר מלכות ועליה אתמר וכו'. פי' עתה בה לבאר בענין הכתר למה המלכות נקראת פה שהיא למעלה בראש נעוצה בקרקפתא שהוא הכתר ולכן הראש נקרא כתר מלכות מפני ששניהן מיוחדים כתר מלכות בסוד מגיד מראשית אחרית (ישעיה מו י) ראשית הוא הכתר ואחרית המלכות והמשכתה ואצילותה מכתר עלאה. וזהו טעם שהקדים ז' ספי' הבנין אל הראשונות, מפני שביאור הפה שהוא המלכות אינה מתישבת אלא מתוך ביאור הכתר כדפי'. ויש נסחאות כתוב בהן קרקפתא דלא מנח תפילין. ונ"ל שאפשר שט"ס הוא ועיקר הנוסחא הנכונה קרקפתא לבד וענינו הגלגולת שבראש החופף על המוח והוא הכתר הכותר החכמה והוא למעלה מן הכל. ואי גרסינן ליה ה"פ, כי יש למטה מהכתר קרקפתא דזעיר אנפין ומנח תפילין שהן ד' פרשיות ד' אורות, קדש חכמ"ה, והיה כי יביאך בינ"ה, שמע חס"ד, והיה אם שמוע גבור"ה. והם תפילין ברישא דזעיר אנפין. אמנם בריש אריך אנפין לית תפילי מפני שאין אצילות למעלה מאצילותו. ולכן נקרא קרקפתא דלא מנח תפילין. וענין זה יתבאר באדרא בספר אור יקר. מלגאו איהו יו"ד ה"א וא"ו ה"א, כבר פי' למעלה כי בתוך הספירות הוא העצמות, והספירות גוף אל הנשמה המתפשטת בתוכם. ולכן אחר שפירש ענין האצילות בצורת גוף ומשל נאות בא לבאר העצמות המתפשטת בתוכם. וכבר נתפרסם כי שם בן ד' עם היות שיסודו ד' אותיות עולה י' אותיות במלוי שהם עשר ספירות והם הספירות המתפשטין בתוך הכלים. ואיהו שקוו דאילנא וכו'. פי' כמו שבארנו בפ"ד שבכח העצמות לגדל הספירות ולהוסיפם להגדילם ולהקטינם כפי רצון מאצילם כמבואר בפי' במאמר רע"מ שנבאר בפ"ח. ולכן קרא לעצמות שקיו דאילנא כי כמו שהמים מגדלין האילן ומצמיחים אותו, כן האצילות הפנימי מגדל ומחיה הכלים המלבשים העצמות. וז"ש ואיהו שקיו דאילנא בדרועוי וענפוי כמיא דאשקי לאילנא ואתרביא בההוא שקיו. וזהו עצם השפע כאשר נבאר בה"ו. רבון עלמין וכו', הוצרך להאריך זה להורות כי שם בן ד' במלואו שהוא השקאת האילן הוא עצמות פנימיות הספירות המתפשט מאין סוף אל תוך הספירות. והעצמיות הוא הנשמה לספירות הכלים והם חיים בסבת הספירות הפנימיות כנשמה המחיה את הגוף. ובך לית דמיון ולית דיוקנא וכו'. בא לבאר לנו כי מציאות הפעולות והדין והרחמים הנפעל על ידי העצמות המתפשט אינו נקנה בקנין אל העצמות אמנם הפעולה נעשית במקרה ע"י העצמות ובעצם ע"י הכלים כדמיון המים שבכלים וכדמיון האור המתפשט בעששיות שאמרנו למעלה. ולכן אמר ובך, פירוש בא"ס למעלה קודם התפשטותו בספירות אין דבר לא בפעולה לא במקרה ולא בעצם. והפעולות הם אחר התפשטות הספירות העצמיות בתוך הכלים. וזה

שאמר ובך לית דמיון ולית דיוקנא מכל מה דלגאו ולבר, פי' לא מן הפעולות שבעצם ולא מן הפעולות שבכלים. ועתה לא יושג לזה כלל מכל מה שהשגנו לדעת ר' מנחם, כי לפי דעתנו עיקר ההשגחה וההנהגה על ידי הספירות שהן עצמות המתפשט בתוך הכלים. והעצם ההוא והא"ס הכל דבר אחד מיוחד. אלא שיש חלוק אל השגתינו בו בין קודם התפשטותו אל אחר התפשטותו. פי' הא"ס ב"ה בבחינתו קודם האצילות שבבחינה זו לא יושפט בה פעולה כלל. או בערך בחינתו אחר האצילות שאז נתגלה והאיר דרך הספירות האלה ואז העצם מתפשט בתוך הכלים. והגלוי שנתגלה וקודם גילויו הכל אחד מיוחדים כדמיון המים המיוחדים במעיין אפי' אחר התפשטותם וכדמיון ניצוץ השמש במקורו. ובראת שמיא וארעא כו', פי' עתה בדרך הזה שבארנו יצדק שבריאת שמים וארץ ושאר הנבראים היו ע"י עצם האלקות לא ע"י הכלים כפי העולה על הדעת מצד החקירה והיא סברת החוקרים כפי מה שאומרים שסלק מן העולם הזה השגחתו כמבואר פרק ג' אלא הבריאה היתה באמת ע"י העצם הפשוט ועם כל זה לא נמשך לו מזה לא רבוי ולא שנוי כדפי' ולכן הרבה בהזכרת עניני הבריאה באמרו שמיא וארעא וכו' כי עם היות שהן דברים הרבים משונים זה מזה עם כל זאת לא יתחייב בו רבוי חלילה. לאשתמודעא בהון, הכוונה כי על ידי הבריאה שהרבה בענייני הפעולות הוא להודיע בהן הדברים העליונים כי מן התחתונים אנו מכירים העליונים. כאמרו (איוב יט כו) ומבשרי אחזה אלוה. ועל ידם אדם מכיר באלקות. ואחר שישכיל האדם מן התחתונים את העליונים, יחזור מלמעלה למטה ויכיר גודל התחתונים שהן נתלים בעליונים כי כן סדר השגת הנסתרות מן המאוחר אל הקודם ואחר כך מן הקודם אל המאוחר. והענין הוא שהאציל אצילותו בתחלה ובתוכו מתפשט העצמות ואחר האצילות בריאה ואחר הבריאה יצירה ואחר יצירה עשייה כל זה להודיע גדולתו ומציאותו בעולם כי מן העשייה נשכיל היצירה ומן היצירה נעלה ונשכיל הבריאה ומן הבריאה נעלה ונשכיל האצילות ומן האצילות נכיר העצמות המתפשט ואחר כך נכיר קשר הדברים בסבה הראשונה כי נדע ונכיר קשר ויחוד העצם באצילות ושניהם מיוחדים בקשר אמיץ בסבת כל הסבות ומשם נכיר ונדע קשר ויחוד הבריאה עם האצילות ומן הבריאה נדע ונכיר קשר ויחוד היצירה עם הבריאה ומן היצירה נדע ונכיר קשר ויחוד העשייה ביצירה הכל יחיד מיוחד כשלשלת חזק ואמיץ ומנורה של פרקים. וכל זה בנאצל ונברא ונוצר ונעשה ממנו, אבל בעצמותו אין השכלה אלא שנדע ונכיר שהכל תלוי בו כקמיע בזרוע. וזה רצה באמרו ולית דידע בך כלל, כי אין שיוכל להשיג ברוממותו כלל אלא שנכיר ונדע שהוא אדון הכל וממנו נמשך הכל בשלשלת הרצון והאהבה ולא בהכרח כלל רק בנדבה מעלה לעלול והוא עילה על כלא. וז"ש ואנת אשתמודעא אדון על כלא, כי השגת השכל האנושי בו הוא השתלשל העולמות ממנו מעלה לעלול והוא עילה על הכל. וכל ספירן כל חד אית לה שם ידיע. ר"ל כאשר נתבאר בשער הראשון ויתבאר בשער שם בן ד' כי השמות והספירות במציאות, הכל דבר אחד. והשם המגביל הספירה הוא כולל הספירה במציאות רוחניותו. ואמר שם ידיע שיש לכל ספירה שם בפני עצמו אין זה כזה כמו שאין פעולותיהם שוות. ובהון אתקריאו מלאכיא, כי אותן השמות אשר לספירות, פעמים יקראו בהן המלאכים הממונים על פעולות הספירות כמו שיתבאר בשער ההיכלות פרק ט"ו. והאריך בזה לומר כי עם היות שערך הספירות אל הבריאה כערך הא"ס אל הספירות וכן ערך הבריאה אל היצירה כדפי' לעיל. עם כל זה לא ישתוו העניינים. כי האין סוף אינו נקרא בשם הספירה והמלאך נקרא בשם הספירה והספירה בשם הפעולה כענין הגבורה גבריאל. ולא כן בא"ס, כי לא יקרא הוא בעצמו גבור שאינו בעל תארים. ומזה נקיש אל ההויות ושמות שאינם נמחקים. כי הספירה והמלאך נקראים בשם אחד, מפני שהם נגבלים בשם או ההויה ההיא. אבל בא"ס אין הויה ושם שיגבילהו. וזה שאמר אבל אנת לית לך שם ידיע, מפני שאין בו יחס הפעולות ואינו בעל שנוי ולא נגבל בגבול ולא בעל תכלית כדי שיהיה מכונה בשם פעולה או בהויה ושם. דאנת הוא ממלא כל שמהן, כנודע כי הוא עצמות המתפשט בתוך הספירות וממלא ומחיה אותן והוא עיקרן כדמיון הנשמה שהיא עיקר אל הגוף. וזה שאמר ואנת הוא שלימו דכלהו, כי שלמותם בכחם וכחם הוא העצמות המתפשט. ולהורות שהוא הנשמה ועיקר הפעולה תלויה בו ואעפ"י שהפעולות נפעלות על ידי הספירות כדפירשתי, לכן אמר וכד אנת תסתלק מנהון וכו'. פי' כי בהסתלקות עצמותו המתפשט בתוך הספירות נשארו הכלים ריקנים בלי תועלת כגוף בלא נשמה ח"ו. אנת חכים ולא בחכמה ידיעא. הפליג לומר כי עם היות שהספירה נקרא חכמה אין הכוונה שהוא חכם על ידי החכמה הזאת וכן עם היותו נקרא נבון שאינו מבין מתוך הבינה הזאת, אלא אדרבא הוא

מקור החכמה והבינה, והחכמה והבינה כלים אל חכמתו ובינתו, ולא שהספירה הוא ממש חכמתו ובינתו שא"כ נמצא חכם בחכמה שחוץ ממנו. והוא חיות החכמה והבינה והם נשפעים ממנו כמו שביאר הרעיא מהימנא במאמר שיתבאר בפ"ח שאמר חכם מעצמו כו' כי החכמה לא אתקריאת חכמה מעצמה כו'. לית לך אתר ידיעא אלא לאשתמודע וכו'. פי' כי לא מפני שאנו אומרים שהוא חכם בחכמה ומבין בבינה יחויב מזה שיהיה מקורו ושכינתו בחכמה ובינה ח"ו שאינו בעל מקום ואין החכמה והבינה ושאר הספירות מגבילות גדולתו ורוממותו, כי אינו נתפס בגבול ומקום. ואעפ"י שהאצילות הוא מקום שכינתו זהו שצמצם את עצמו להראות העמים כבודו כדי שיוכלו להשיג בקצת מגדולתו. ושעור הלשון לית לך אתר ידיע, מפני שהמקום מחייב גבול וגשמות שהנתפס במקום הוא גוף בעל גבול. ואין הדבר כן באצילות. כי הא"ס אינו נתפס במקום ואף אם יתלבש באצילות ומתגלה בו קצת מגדולתו הוא כדי להראות העמים והשרים שידעוהו. וזהו טעם האצילות כדפי' בשער השני בס"ד. ולאחזאה איך אתנהג עלמא בדינא ורחמי. פי' גלה אצילותו להראות הנהגתו לבני עולם וכדמסיק כי ענין צדק ומשפט הם בספירות בערך בני אדם לא שיהיה נתפס בו מדות כלל והמדות הם בו במקרה ובעצם בספירות. ע"כ הגיע שכלנו הדל בביאור המאמר הכולל רוב פינות החכמה. ונחלה פני המעיין שבמאמר הזה ישקוד על דלתי העיון פעם ופעמים ושלש וימצא לנפשו נופש בענין הזה כדפי':

פרק שביעי:

יש לנו עוד ראיה נכונה אל הדרוש הזה מתוך דברי הרשב"י ע"ה (בז"ח פ' ואתחנן דף ס"ז). במאמר [קו המדה] וז"ל נהורא דלא קיימא בנהורא גליף ונפיק נציצו דכל נציצין ובטש גו רעוא דרעוון ואתטמיר ביה ולא ידיעא. בזמנא דרעוא דא בעא לאתפשטא נפיק האי נציצו דטמיר גו ההוא רעותא כגוונא דאתחזי ולא אתחזי לאתקיימא כגוונא. כד אתפשט רעותא דא בטש האי נציצו דאחזי גוון ולא גוון ואעל בהאי אתפשטותא ונפיק בגוונוהי וסלקא ונחתא וקיימא בסליקו גו רעותא ואתפשטותא. בטש רעותא אתפשטותא דיליה בסתימו דלא אתיידע ואפיק נהורין דקיקין כלילן כחדא. כד בעאן לנפקא האי נציצו די ביה נהורין, בטש בההוא אתפשטותא ואתרחיק (נ"א ואתדחיק) ומגו רחיקו (נ"א דחיקו) נפקין אינון נהרין דקיקין ואשתמעו כחדא. כדין האי נציצו אחזי בהו גונוהי ואצטבעו כלהו כחדא חוור וסומק ירוק ואכם. ואתעכב ביה תריסר ירחין. לבתר אתעקרו מתמן ואשתילו באתרא אחרא. והאי נציצו סלקא ונחתא. והאי אקרי בוצינא דקרדוניתא. האי אתקין ובטש בכל נטיען נהורין ואומר לו גדל כדין אפיק מבועי ההוא אתפשטותא (עלמא) (נ"א עילאה) קדמאה וחשיך ונהיר לכלהו ואתרביאו. בהאי בוצינא דקרדוניתא, נהיר מאן דנהיר וסלקא ונחתא ואתפשט בכל סטרין. וכדין אקרי קו המדה וקיימא משחתא לעילא ותתא, קו המדה בוצינא דקרדוניתא סתימא דכל סתימין משחתא נהירא [דאתקין] שפירו לכלא ההוא שפירו דנפיק מפשיטו קדמאה איהו אתקן לון. ביה קיימין למשחתא לעילא ותתא. מאן דזכי בהאי וידע ביה זכי למנדע בחכמתא דמריה. זכאה חולקיה בהאי עלמא ובעלמא דאתי עכ"ל. ראינו שלא להאריך בדקדוק לשון המאמר אלא לפרש אותו בחזקת היד מפני שאין בו הבנה כל עיקר ועל פי דרכנו יתבאר הכל בע"ה. נהורא דלא קיימא בנהורא, פי' אין סוף מלך מלכי המלכים שהוא אור מאיר לכל האורות. ועם כל זה אינו עומד באור הספירות אלא מושל בהן ואינו מתגלה בהן כי הוא במציאותו המחוייב העומד בעצמו כקודם התפשטותו בספירות. או ירצה כי מן הראוי שהא"ס לגודל העלמו יקרא חשך, ולאשר המלכות ג"כ נקראת חשך, ואין שניהם שווין כי חשך הא"ס הוא לתכלית הבהירות שאינו מושג ומתגלה ומרוב העולמו יקרא חשך, והמלכות נקרא חשך להעדר האור. והנה מטעם שקרא לאין סוף אור שלא כראוי, כי אינו מושג שיקרא אור. והוכרח לקרא לו אור להורות שהוא מקור כל האורות כלם, והאצילות כלו הם ניצוצי אור מאירים ממנו. ולכן כנהו בשם אור. אחר כך תקן בזה שאעפ"י שקראו אור אינו אור מושג, אלא אור נעלם שאין ראוי שיכונה בשם אור אלא נהורא דלא קיימא בנהורא אלא נעלם תכלית ההעלם. או ירצה נהורא כו', פי' האין סוף שהוא זוהר מאיר לכל המאורות ונתעלה על כל האורות. ששאר האורות מקבלים אור מזולתם והם נתלים באורות זולתם. אבל אין סוף ב"ה הוא אור שאינו מקבל ולא צריך לזולתו. ופי' גליף חקק. וזה כי כבר מפורסם שהספירות הם יותר דקות בהיותם במקורם ממו, שהן אחר התפשטותן כאשר יתבאר בשער סדר האצילות בס"ד. ועתה כיון שרצה לומר ונפיק שהוא תחלת האצילות וההתגלות והעבות, הוצרך לומר גליף. הכוונה לומר התחלת העבות האור להתגלות, כל זה דרך משל אל שכלנו האנושי

ולדעתינו הקצר. ואמר ונפיק שהוא פועל עומד ולא אמר ואפיק, מפני כי הניצוצות האלה הם העצם המתפשט בתוך הספירות כאשר יתבאר ולהיות כי זהו מציאות עצמותו לכן אמר ונפיק שפירושו יצא הוא בעצמו ולא מוציא לזולתו כי התפשטות עצמותו וגלויו הוא על ידי עצמו לא על ידי זולתו. נציצו דכל נצוצין. פירוש אור המאורות נשמה לנשמות שהוא עצם האלקות שהם עשר ספירות נשמה לספירות הכלים כדפי' בפרקים הקודמים. ובטש גו רעוא דרעוון. הכוונה הכתר בהיותו נעלם בא"ס אז יקרא רעוא דרעוון. והנה בטש בו להתגלות והנציצו נתעלם בתוך הכתר כראוי מפני שהוא נשמה אליו וזה שאמר ומתטמר ביה ולא ידיעא הכוונה לא היה מתגלה לא הכתר ולא הנציצו אשר הוא הנשמה אליו מרוב העלם. בזמנא דרעוא דא בעא לאתפשטא. פי' רעוא נקרא הכתר והטעם שקראו רעוא ולא קראו רעוא דרעוון כמ"ש למעלה, מפני שכבר נאצל ועומד להאציל שיש לי גלוי יותר ויותר מבהיותו נעלם בא"ס, ולכן נקרא רעוא לבד מורה על הגלוי. בעא לאתפשטא, הכוונה שרצה הכתר להתגלות ולהאציל התפשטות שהיא החכמה עם הספירות שהיו נעלמות בתוך הכתר. נפק האי נציצו. דבר פשוט הוא שקודם אצילות הספירות הוצרך להאציל הנשמה. כי הנשמה היא סבת הספירות והוא המגדל ומחיה אותם כאשר התבאר למעלה ויתבאר בה"ו. ואם כן הוכרח לסדר הענין להאציל הנשמה שהוא הנציצו דהיינו אור המאיר ומתנוצץ בספירות, ואח"כ יתגלה ויתאצל החכמה שהוא עצם הספירה שהוא הכלי, ואח"כ יכנס הנציצו והנשמה בתוך החכמה. וזהו שבתחלה אמר נפיק האי נציצו וטמיר גו ההיא רעותא שהוא אור הנשמה הנעלמת בתוך הכתר שהוא רעותא. כגוונא דאתחזי ולא אתחזי כו', פי' שבהיותו בכתר היה טמיר נעלם ולמעלה בכתר מרוב ההעלם אמר ולא ידיעא. אבל עתה אחר התפשטות אל מציאות החכמה והאור והנשמה מתנוצץ בה מפני שיש בה גלוי יותר כנודע שנקרא יש, אמר כגוונא דאתחזי ולא אתחזי. ודקדק באמרו כגוונא ולא אמר בגוונא בבי"ת מפני כי אפי' גוון לא יצדק כ"א אתחזי ולא אתחזי פי' מציאות מושג ואינה השגה מספקת אלא ולא אתחזי לאתקיימא כגוונא. פי' הגוונים הם הפעולות ופעולות החכמה אינה מושגת כמו שנבאר בשער מהות והנהגה פ"ג בס"ד. כד אתפשט רעותא דא. פי' למעלה אמר כד בעא פי' כאשר רצה להתפשט ולהתגלות ועדיין לא נתפשט ואז הי' מציאות הנשמה של החכמה, ועתה אמר כד אתפשט דהיינו שממש נתאצל מציאות החכמה בעצמה. בטש האי נציצו וכו'. פי' נשמת החכמה בטש בה והאצילה ועאל בה, שכן דרך הנשמה בתוך הספירות. ואמר גוון ולא גוון ולא אמר אתחזי ולא אתחזי כאשר אמר למעלה, הטעם כי למעלה היה בתוך הכתר והיה נעלם יותר ולפיכך אמר אתחזי וכו' ועתה שהוא בתוך החכמה ממש אמר גוון ולא גוון שהוא יותר גלוי דהיינו גוון המושג. ושלא יוכל האדם לשפוט איזה גוון הוא מפני שאין מהות החכמה מושגת כלל. ונפק בגוונוהי. הכונה שנתאצלו בחכמה שאר הספי' כלם שהיו נעלמות בתוך הכתר וכן נתאצלו שם ג"כ שאר נשמות הספירות הנכללות בנציצו שהוא נשמת החכמה ונקראים גוונים מפני שאין בעששית להראות גווניה אם לא על ידי האור המאיר ומאירים גווניה אל עבר פניה לכן נתייחס אל הנשמה דהיינו הנציצו והאור הגוונים. וענין הספירות איך היו נכללים בכתר ונתאצלו אל החכמה וכו' יתבאר בשער סדר האצילות בס"ד. וסלקא ונחתא וקיימא בסליקו גו רעותא ואתפשטותא. פי' כי הנשמה מתטמרא בא"ס דהיינו עצמותו. ונוקב ויורד עד סדר הספירות שאין לומר שמה שהוא בחכמה אינו מה שבכתר ומה שהוא בכתר אינו מה שבחכמה ח"ו. אלא הכל דבר אחד כדמיון ניצוץ השמש המאיר דרך העששיות. כי עם היות שאור המאיר דרך העששיות האחת הוא אדום והמאיר דרך האחרת הוא ירוק עם כל זאת לא נכחיש ששתי האורות הם אור אחד מיוחד והשנוי נמשך משנוי העששיות. וכן לענין הנשמה שהכל אור אחד מיוחד ואף אם תשתנה הוא מפני הספירות וא"כ הנשמה סלקא ונחתא וקיימא בסליקו ששתיהן מתעטרות כחד והכל מיוחד בא"ס. ועם היות שנאמר שהאור אחד מיוחד. לא נכחיש שהאור המאיר דרך הכתר הוא מדרגה ראשונה והאור מתגלה שם תכלית המעלה. וכאשר תרד האור מאת פני הא"ס כן תרד פלאים לפי ירידת המדרגות מעילה לעלול. ועם כל זאת טעם השתנות הוא מפני המסכים והעששיות המעבים את האור ומחשיכים אותו והוא מקרה אליהם לא עצם. ולא ימשך מפני זה פגם אל האור כלל כמו שלא יוחס פגם אל ניצוץ השמש עם היות שיחשיך אורו בסבת העששיות. וזה שאמר וסלקא ונחתא וקיימא בסליקו והיינו הא"ס. גו רעותא הוא הכתר, ואתפשטותא הוא החכמה. והכוונה כי האור מתיחד יחוד גמור כדפי'. בטש רעותא אתפשטותא דיליה. כי החכמה בכח הכתר האצי' הבינה עם שאר הספירות וזהו בטש רעותא שהוא הכתר,

אתפשטותא דיליה חכמה. בסתימו דלא מתידע. פי' בבחינת הראשונה אשר לחכמה עם הכתר. ומשם יחוד הכתר עם החכמה. לתת לה כח להאציל הבינה. והבחינה ההיא נעלמת כאשר ראוי אל הכתר. ומתוך הבחי' ההיא נתייחד הכתר עם החכמה. למען יאציל החכמה מכחו הבינה. ויתבאר הענין הזה בארוכה בשאר סדר האצילות בסייעתא דשמיא. ואפיק נהורין דקיקן כלילן כחדא. הכוונה אל הבינה אשר היא כוללת ז' ספירות. ואז בהיותם שם הן כקרני חגבים. עד ששתלן הב"ה וכו'. וז"ש דקיקין. שאינם בגלוי ובעביות כמו כאשר מתאצלים למטה, אלא הם בדקות הרבה. ואמר כלילן כחדא. הכוונה אל הבינה שהיא הכוללות אותם כאשר אמרנו. וכל עיקר הבינה הוא כללות שש קצוות. ועל ידם נקרא ה"א שהוא חמשה בריחי המשכן. שהם מחסד ולמטה נכללים בה' אורות שבמעשה בראשית כאשר נבאר בשער נ' שערים בפ"ז בס"ד. כד בעאן לנפקא. פי' אעפ"י שאמר למעלה שכבר נאצלו כבר פירשנו שאי אפשר להתאצל אם לא תתאצל תחלה אליהם נשמתם ואורם המתנוצץ בהם. אלא שרצה להשלים ענין אצילות הספירות. אח"כ חזר ואמר כי כאשר רצו להתגלות להם נתגלו ע"י הנשמה שהיא הנקרא נציצו. די ביה נהורין. הוא הנשמה הראויה לבינה הכוללת נשמתן של שאר הספירות כענין שהיא כוללת ג"כ הספירות ממש כדפירשנו. בטש בההוא אתפשטותא ואתרחיק וכו'. הכונה כי מכח הנשמה נאצלו הספי' נהורין דקיקין על הדרך שפירשנו למעלה כי כקרני חגבים היו. ואשתמעו כחדא. הכונה כי עד עתה לא נתגלו האורות גלוי כלל ואפי' עתה שהם גלוי' אינו גלוי עצמי אלא גלוי קצת שמיעה בלא ראייה וזה שאמר ואשתמעו כחדא. ואמרו כחדא, פי' מיוחדים כאחד במציאות הבינה ובה מתראות הספירות תחלת גלויים כאשר נבאר הלכתא וטעמא בשער סדר האצילות בס"ד. כדין האי נציצו אחזי בהו גוונוהי. פי' נציצו הנשמה. וכאן אמר אחזי ולא למעלה, והטעם כי בבינה הוא דרגא דקיימא לשאלא כנודע, ולפיכך אחזי בהו גוונוהי, משא"כ למעלה וזה שאמר למעלה ואשתמעו להורות כי בבינה תחלת ההתגלות כדפירשנו. וטעם גוונוהי. לא שהנציצו דהיינו הנשמה המתפשטת היא בעלת הגוונים כי כבר הקדמנו למעלה כי הנשמה פשוטה וכו' אלא ע"י האור המתגלה מתראים הגוונים בספירות כמשל העששיות שהיא בעלת גוונים ידועים ולא יתגלו הגוונים ההם אלא ע"י ניצוץ השמש המאיר דרך בה ואז ע"י האור נראים הגוונים. וכן הדבר בספירה לא היתה יכולה להראות העמים והשרים כחה אלא ע"י הנשמה המחיה אותה ונותן לה כח לפעול כדמיון הגוף שאין לו פעולה אלא על ידי הנפש ואעפ"י שהנפש פשוטה כדפי' והכוונה שהנשמה מגלה גווני הבינה. ושיעור הלשון כך. אחזי בהו, ר"ל מראה בהם בעצמי הספירות הגוונים שלהם. וטעם אמרו גוונוהי בלשון יחיד ולא אמר גווניהו להיות שהם כלולים בבינה באחדות מיוחד כדפי'. ואצטבעו כלהו כחדא וכו', פי' אין גוונים אלא בבינה כאשר היא מתגלית בעצם. וזה ואצטבעו אח"כ למטה באמצעות גלוים, ולפי שמשם ולמטה הם הגוונים דהיינו הפעולות לכן קרוב אל גלויים אמר ואצטבעו. חוור, חסד, ונצח המסתעף ממנו כי הוא ג"כ לובן אבל לא כמוהו. סומק, גבורה והוד, ששניהם אדומין בסוד הדין. ירוק, ת"ת ויסוד, אשר הם בין שני הגוונים חוור וסומק. ואוכם, היא המלכות, ושמה כך על דרך החשך שפירשנו למעלה. ויתבאר כ"ז בשער הגוונים בס"ד. ומתעכב ביה י"ב ירחין, כבר מפורסם שאנו מונין בהר"ד למולד קודם בריאת העולם (עי' טאו"ח סי' תכ"ז). והנה הוכרח להיות חדש שלם ואין חדש בלא שנה אם כן הוכרח להיות קודם האצילות הבנין זמן מה ולא זמן ח"ו אלא קדימה על דרך שאר הקדימות שהם קדימת מעלה כקדימת העילה על העלול. ולכן הוכרח כי קודם אצילות ו' ימי הבנין היו מתעטרים בבינה בסוד ששה וששה. ששה לרחמים, וששה לדין. וזהו הנקרא עכוב. והם הם י"ב גבולים שבבינה ג"כ, שהם י"ב הויות שבת"ת אחר אצילותו במקומו כאשר יתבאר בשער פרקי השמות בפרק ו' ז' ח' בס"ד. והנה עם זה יובן ספק גדול הנופל במעשה בראשית והוא אמרם שלא היתה בריאה ביום השביעי ולמה שכבר היתה בריאת יום השבת בעצמו שהיום בעצמו צריך בריאה שכן אמר בזהר כי ששת ימים עשה ה' ששת קאמר ולא בששת משמע ששת עצמן עשה ה' והיינו בריאת שמים וארץ שהם ששת שהן כוללות שש קצוות, וא"כ לפי"ז כבר היתה בריאת שבת בעצמו ואם כן איך שבת ונח ביום ז'. אלא ודאי שבת קדמה לעולם ואלולי שבת שנותן כח בששת ימים לא היה בהן כח לפעול מפני כי כל ששת ימים שהן ו' קצוות מקבלים כח מהנקודה האמצעית שהוא קיום חלל הקצוות כמו שנבאר בשער נ' שערים בפ"ה בס"ד. והנה הוכרחו ששת ימים להתעכב בשבת לקבל ממנו פרנסתם וא"כ האצילות לא הי' כ"א ששת ימים כי שבת קדמה לעולם. וכן ענין העה"ז אחר ששת ימים תהיה שבת וכמו ימי השבוע שיונקים משבת

ונכנסים בו וזהו ואתעכב תמן י"ב ירחין שהן שנה דהיינו ת"ת הכולל ו' קצוות והוא יונק דין ורחמים נמצא ו' לדין וששה לרחמים והיינו י"ב ירחין. וזהו מבחר הפירושים העולים בענין זה. ואשתילו באתר אוחרא. הכונה אל אצילותם אל מקומותם כנודע שהיו כקרני חגבים ושתלן הקב"ה. וענין טעם השתילה והנטיעה יתבאר בארוכה בשער סדר האצילות בס"ד. והאי ניציצו סלקא ונחתא. הכונה אל הנשמה המתיחדת בתוכם, ועולה עד מעלה מעלה, ויורדת עד מטה מטה כדפירשתי. והאי אקרי בוצינא דקרדוניתא. פי' בוצינא דקרדוניתא בכל הזהר גפרית, והכונה על הכתר, כי האור העליון שהוא א"ס דבק בכתר ונאחז בו כמו מנורה של גפרית שהאור נאחז בה ביותר. ויש גורסין קדרינותא ופי' שחרות על רוב העלמו. ויש לנו דרך אחר בענין זה ונתבאר בספר אור יקר ב"ה. ועתה לפי"ז האור המתפשט מתוך הא"ס שהוא נעלם בכתר עליון מתפשט משם ויורד ומאיר דרך הספירות שהוא נשמתן. ומפני היות מקור האור והעצמות מן הכתר, לכן נקרא כל העצמות בוצינא דקרדוניתא מפני שעקרו ומקור האור מתיחס אל הכתר. וכן באר הרשב"י ע"ה בתיקונים (בהקדמה ד"ו) עלת על (כל) כלא טמיר וגניז בכתר, ומניה אתפשט נהוריה על הוי"ה דהיינו י' חכמה ה' בינה ו' כליל שית ספירן ה' מלכות עכ"ל, וכבר בארנו אותו בחזקת היד בשער ג' פ"ב בס"ד. והנה כל ענייננו נראה מתוכו כי האור העצמות המתפשט בתוך הספירות מקורו הכתר ע"י הא"ס המתעלם בתוכו. א"כ ראוי שאור הזה יקרא בשם בוצינא דקרדוניתא שהוא שם כתר כי ע"י האור הזה נקרא הכתר כן כי הוא מאיר כבוצינא וכו'. האי אתקין ובטש בכל נטיען נהורין ואומר לו גדל. פי' כי ע"י האור הזה שהוא שופע ומאיר בספירות הוא מגדל אותן ונותן להם מדה ומשקל כפי רצון המאציל דהיינו עצמותו המתפשט. ואל זה כיון בס"י (המובא לעיל בשער ג' פ"ד) באמרו מדתן עשר שאין להם סוף כו', שבידו להגדילן עד אין תכלית ולהגבילם בגבול על דרך שפי' למעלה בשערים הקודמים. ועל ענין הנשמה אמר ואדון יחיד כו' שהוא מיוחד במקור, שהנשמה והמקור הכל אחד הוא. מושל בספירות כולן ועד עדי עד, הכונה שאם ירצה ירחיבם עד א"ס ואין תכלית. והכונה בהתרבות גלוי אורו בהם. ושיעור לשון המאמר הנז'. האי אתקין ובטש, דהיינו אצילות. בכל נטיען, שהם הספי'. נהורין, שהם הנשמות, והעצם המתפשט. פי' מאציל בספירות אורות ועצמות. כדין אפיק מבועי ההוא אתפשטותא [עילאה] וכו' פי' אז אחר האצילות ותיקון סדר הספירות איש איש לפי מעלתו אז החכמה שהיא התפשטות הנז' לעיל הוא מתקן מקור האורות, ר"ל השפע מן הכתר, ובידו להוסיף או להמעיט. הענין כי העדר האור והסתלקו, או השגחתו ורדתו דרך הספירות היא בחכמה. כענין (תהלים י א) למה ה' תעמוד ברחוק. ע"ד האור הנמשל במשל העליות שפירשתי בס"ד. ולכן החכמה הוא המוציאה המקורות ואור הספירות כדי לחיותם ולגדלם בשפע האור ההוא ובידה להעלים האור ולא יאיר כראוי ואז הדין הווה. והיינו דאמר כדין אפיק מבועי וכו' בהאי בוצינא דקרדוניתא. פי' ע"י האור העצמות המתפשט מכתר עליון כדפי'. נהיר מאן דנהיר. פי' על ידו מאיר הא"ס המכונה בהעלם נהיר מאן דנהיר שלא לכנותו בשם. או ירצה ע"י בוצינא דקרדוניתא יש אור ושפע לכל בעל אור ומאיר מפני שאין אור לספירה אלא ע"י בוצינא דקרדוניתא שהוא מקור האור לכל האורות. וסלקא ונחתא ואתפשט לכל סטרין. פי' כי ע"י האור מגדל הספירות ונותן בהן מדה לכל צד כדמסיק עם היות האור הזה מתיחד במקורו כדפי', ולכן נקרא קו המדה פי' קו בדרך המדות שהם בקו והיא קו המדה שנותן מדה לכל האצילות. והיא ממש בוצינא דקרדוניתא כדפירשנו. אלא שבחינת האור בעצמה נקרא בוצינא דקרדוניתא. ובבחינות המדות למוד אותם כרצונו שהוא עצם המאציל נקרא קו המדה. וז"ש בהאי בוצינא דקרדוניתא שהוא האור כדפי', כד אתפשט לכל סטרין, דהיינו שנותן מדה לכל צד מצדי האצילות, אז נקרא קו המדה. וקיימא משחתא לעילא ותתא. פי' כי בבחינת היותו נותן מדה לכל המדות, נקרא קו המדה. ובבחינת עצמותו, נקרא בוצינא דקרדוניתא. כי הוא בחינתו בערך אל קודם התפשטותו בספירות להאיר ולמוד. וזה שאמר וקו המדה בוצינא דקרדוניתא, פי' קו המדה הזאת היא עצמה בוצינא דקרדוניתא סתימא דכל סתימין. דהיינו בחינתה קודם התפשטה למוד ולתת מדה אל הספירות. משחתא נהירא דאתקן שפירו לכלא ההוא שפירו דנפיק מפשיטו קדמאה. פי' בוצינא דקרדוניתא וקו המדה שתי בחינות מיוחדות תכלית יחוד. כי ענין בחינתה קודם התפשטותה דהיינו הסתלקות האור במקור ובחינת מדתה הכל ביחד דהיינו משחתא נהירא. והוא האור המתפשט ונותן יופי לכל המדות. כענין משל האור אל העששיות כדפי'. דנפיק מפשיטו קדמאה, א"כ היותה מדה למדות והיותה בוצינא דהיינו דנפיק מפשיטו קדמאה הכל אחד מיוחד. איהו

אתקן לון ביה וכו' פי' בוצינא דקרדוניתא הוא המתקן המדות בעצמות דהיינו קו המדה. מאן דזכי בהאי וכו', כמפורסם כי המשכיל תהלוכות העצם בתוך הספירות היא המעלה הנחמדת אשר אין ערך עליה ועל כיוצא בזה נאמר ראה עולמו בחייו מכיר את קונו. ועליו נאמר (תהלים צא יד) אשגבהו כי ידע שמי, ועל זה אמר (דה"א כח ט) דע את אלקי אביך ועבדהו. ואל יחשב המעיין כי הסתלקות האור העצם הזה המתפשט אל מקורו או התפשטותו מורה שנוי במאציל ח"ו כי לא יצדק על ענין כזה שנוי כמו שלא יצדק שנוי בסלוק ההשגחה מן העולם אפילו בדרך ר' דוד ושאר המדברים בענין זה. כי השנוי במדות מפני שאינן מוכנות לקבל העצם לא מפני שנוי חלילה וחס. והנה נשלם באור המאמר הזה כאשר נשפע עלינו מן השמים. ולא נעלם ממנו כי המאמר הזה צריך באור יותר רחב ושכל שאינו בחק האנושי עתה כ"ש שיוכל לבארו ההעדר המציאות אבל עם כל זה עשינו המוטל עלינו ומתוכו למדנו מציאות הספירות והעצמות המתפשט בתוכם כאשר נתבאר. ויתבאר עוד בארוכה בע"ה. וברוך ה' אלקי ישראל אשר לא השבית לנו גואל והאיר עינינו במאמר הזה והוא בהשגת דבר מוסכם בפי כל המקובלים באמרם שפע השופע ונתבאר מתוכם שקלא וטריא כי שפע הוא גילוי נשמת הספירות ועצמות המאציל בספירות ואז יהיה אורו יורד ונוקב עד התהום כי הספירות יענו האור אל הבריאה והבריאה אל יצירה ויצירה אל עשייה ועשייה אל השמים והשמים יענו את הארץ והארץ תענה את ישראל ורב טוב לבית יעקב בהיותם דבקים באלהיהם כדכתיב (דברים ד ד) ואתם הדבקים בה' אלהיכם חיים כלכם היום. כי סבת החיים הוא בסבות הדביקות. וירצה באמרו חיים כלכם יונקים מהחי נצחי ולכן חיים כלכם:

פרק שמיני:

אחר שהכרחנו מן המאמר בפרק הקודם ענין העצמות והכלים. יש עוד להוכיח הוכחה ברורה. במאמר שלישי להרשב"י ע"ה בס' ר"מ (פ' בא דף מ"ב ע"ב) וז"ל ואל מי תדמיוני ואשוה. דהא קדם דברא קב"ה דיוקנא בעלמא וצייר צורה הוה הוא יחידאי בלי צורה ודמיון. ומאן דאשתמודע ליה קדם בריאה דאיהו לבר מדיוקנא אסור למעבד ליה צורה ודיוקנא בעלמא, לא באת יו"ד ולא באת ה"א ואפילו בשמא [קדישא] ולא בשום את ונקודה בעלמא. ודא איהו כי לא ראיתם כל תמונה, מכל דבר דאית ביה תמונה ודמיון לא ראיתם. אבל בתר דעביד האי דיוקנא במרכבה דאדם עלאה, נחית תמן ואתקריא בההוא דיוקנא הוי"ה בגין דישתמודעין ליה בכל מדה ומדה במדות דיליה וקרא אל אלקים שדי צבאות אהיה בדיל דישתמודעין ליה בכל מדה ומדה איך אתנהג עלמא בחסד ודינא כפום עובדיהון דבני נשא. דאי לא יתפשט נהוריה על כל בריין איך ישתמודעין ליה ואיך יתקיים מלא כל הארץ כבודו. ווי ליה מאן דישוה ליה לשום מדה אפילו מאלין מדות דיליה כ"ש לבני אדם אשר בעפר יסודם דכלים ונפסדים. אלא דמיונא דיליה כפום שלטנותיה על ההוא מדה ואפילו על כל בריין ולעילא מההוא מדה. וכד אסתלק מינה לית ליה מדה ולא דמיון ולא צורה. כגוונא דמיא דימא דלית למיין דנפקין מיניה תפיסו כלל ולא צורה, אלא באתפשטותא דמיא דימא על מאנא דאיהי ארעא אתעביד דמיון ויכילנא למעבד תמן חושבן. כגון המקור דימא הא חד. נפיק מיניה מעיין כפום אתפשטותא דיליה בההוא מאנא בעגולה דאיהי יו"ד. הא מקור חד, ומעיין דנפיק מיניה תרין. לבתר עבד מאנא רברבא כגון מאן דחפר חפירא רברבא ואתמלייא מן מייא דנפיק מן מעיין, הא ההיא מאנא רברבא אקרי ים והיא מנא תליתאה. וההיא מנא רברבא אתפלג לז' מאנין, כפום מאנין ארוכין הכי אתפשט מיא מן ימא לז' נחלין. והא מקור ומעיין וימא וז' נחלין הרי עשר. ואי יתבר אומנא אלין מאנין דתקין, הא מיא אתחזר כלא למקור ואשתארו מאנין תבירין יבשין בלא מיא. הכי עלת העלות עביד עשר ספירות וקרא לכת"ר מקו"ר וביה לית סוף לנביעו דנהורא, ובג"ד קרא לגרמיה א"ס ולית ליה דמות וצורה, ותמן לית מנא למתפס ליה למנדע ביה ידיעה כלל ובג"ד כתיב במופלא ממך אל תדרוש ובמכוסה ממך אל תחקור. לבתר עבד מנא זעירא ודא יו"ד ואתמליא מניה וקרא ליה מעיין נובע חכמה. וקרא ביה גרמיה חכם ולההוא מאנא קרא חכמה. ולבתר עבד מאנא רברבא וקרא לה ים וקרא לה בינה, והוא קרא לגרמיה מבין. בה חכם מעצמו ומבין מעצמו. כי החכמה איהי לא אתקריאת חכמה מעצמה, אלא על שם ההוא חכם דאמלי לה מנביעו דיליה. ואיהי לא אתקריאת בינה מגרמה, אלא על שם ההוא מבין דאתמליא היא מניה. דאי הוא אסתליק מינה, אשתארת יבשה, הה"ד אזלו מים מני ים ונהר יחרב ויבש. לבתר והכהו לשבעה נחלים, ועביד ליה לשבע מאנין יקירין וקרא לון גג"ת נה"י מלכות. וקרא גרמיה גדול בגדולה, וחסיד בחסד, וגבור בגבורה, ומפואר בתפארת, ובנצח מרי נצחן קרבין ואיהו נצח נצחים. ובהוד קרא שמיה

הוד יוצרנו, וביסוד קרא שמיה צדיק. ויסוד כלא סמיך ביה כל מאנין וכל עלמין. ובמלכות קרא שמיה מלך. ולו הגדולה והגבורה והת"ת והנצח וההוד כי כל בשמים דאיהו צדיק, ולו הממלכה דאיהי מלכות. כלא ברשותיה למחסר במאנין ולאוספא בהון נביעו ולמחסר כפום רעותיה ביה, ולית עליה אלהא אחרא דאוסיף ביה או יגרע ביה. עכ"ל המתייחס אל כוונתנו. ועתה יתעלה מנוחתו של הקדוש רשב"י ע"ה כי האיר עינינו בנועם אמריו ומתיקות לשונו האריך לבאר לנו כל הפרטים אשר הארכנו בהם בפ"ד. ועם היות כונתינו מבואר מתוך דבריו עם כל זה נשים עינינו אל המאמר הזה לבאר קצת מכפלי הלשון ולפרש עוצם דבריו בע"ה. קודם דברא וכו', פי' כי קודם שהא"ס ב"ה נתגלה באצילותו הטהור והקדוש הזה. מציאות אלקותו הפשוט היה מתאחד בעצם אלקותו לבד ולא היה לו לא שם ולא אות ולא נקודה, לפי שמציאות השמות הן באצילות, וא"כ מאחר שלא היה אצילות לא היה לא שם ולא ציור. ופי' צורה וציור, הכוונה מדה שיכונה אליו כי האצילות הוא מדה וצורה נעלמת מושגת לנביאים ע"ה ע"י האמצעיים. אבל אז קודם אצילותו לא היה לא שם ולא ציור ולא מדה כלל, אלא הא"ס מתאחד בעצם אלקותו כדפי'. ומאן דאשתמודע ליה קדם בריאה, פי' הא"ס ב"ה יש לו שתי בחינות, אם שנבחנהו בערך אלקותו קודם האצילות שהוא בחינתו הנגלית אל עצמותו ולא לזולתו, או בחינתו המושגת שהיא בחינתו אל הנאצלים. ועתה אמר ומאן דאשתמודע ליה, הכוונה הרוצה לעסוק במציאותו בידיעת אלקותו למעלה מן הנאצלים שהיא הבחינה הראשונה צריך ליזהר שלא לצייר בו לא שם ולא אות ולא נקודה. וז"ש ומאן דאשתמודע ליה קדם בריאה, פי' לעסוק בו קודם אצילות הנבראים והנאצלים והיינו בחינתו הראשונה שהוא לבר מדיוקנא, פי' שהוא למעלה מן הנאצלים דהיינו בחינתו הנעלמת מהם. אמר שאסור למעבד ליה צורה ודיוקנא וכו', פי' שאין ראוי להגבילו לא באות ולא בנקודה לומר מדתו כך שאין לו מדות למעלה. ולכן אינו מכונה באותיות כי האותיות והמדות הכל אחד. והענין כי האותיות הן צורות נאצלות מגבילות האותיות הגשמות אל הרוחניות ואיך יצדק ליחד צורות נאצלות אל בחינת הא"ס קודם האצילות. ולכן לא יצדק בא"ס לא שם ולא נקודה ואפילו בכתר לא שייכי אותיות בבחינת עצמותו אלא בבחינת תיקונו דהיינו מה שהוא נכלל מט' ספירות ולכן נקרא בשם אהי"ה ובשם הוי"ה. מצד החכמה נקרא בשם הוי"ה. ומצד הבינה בשם אהי"ה, כי שם אהי"ה נוקבא לשם הוי"ה. ודבר זה יתבאר בשערים הבאים בס"ד ובספר אור יקר בפי' האידרא. ואפילו בשמא קדישא כו'. ולכאורה קשה עם מה שנדרש בפרקי דרבי אליעזר שאמר עד שלא נברא העולם היה הקב"ה ושמו לבד, כנראה ששם בן ד' קדם קקדמותו. וזו אינה שאלה, ששם בן ד' הוא מציאות הספירות והוא חדוש בחדוש הספירות אבל בא"ס לא שייך לא שם ולא נקודה. וענין המאמר יתבאר בשער סדר האצילות פ"ד בס"ד. מכל דבר דאית ביה תמונה וכו'. פירוש מכל הספי' המקבלת תמונה ודמיון על התפשטותו בתוך הכלים כאשר יתבאר. והוא הבחינה השנית אשר למאציל שהיא בחינתו אל ספירותיו דהיינו עצמותו המתפשט בתוכן, והבחינה הזאת מקבלת דמיון ע"י הספירות כדמיון הנפש המקבלת צורה ודמיון ע"י הגוף. ואמר כי אפי' אותו המציאות אין ראוי ליחס אל בחינתו הנעלמת מכל נאצליו כי אין בו השגה ולא שם כלל. ושעור הלשון מכל דבר דאית ביה תמונה וכו', פירוש שהוא הגבלת הספירות אע"פ שאינו גבול. לא ראיתם בא"ס ואע"פ שאין נביא וחוזה יכול להגיע לכתר כ"ש בא"ס למעלה. הכונה כי הגיעו במדרגות החכמה לדעת פשיטות הא"ס בעצם בהבנת השכל והשכילו כי למעלה בסבה ראשונה א"א לצייר בציור התפשטותו בספירות מפני שאינו מושג לזולתו כדפירשתי. אבל בתר דעביד וכו', הכוונה אחר שהאציל האצילות הטהור והקדוש דהיינו ציור אדם במשל כדפי' למעלה בפ"ו במאמר אליהו. נחית תמן, פי' היינו התפשטותו בספירות. ואתקריא כו', פירוש כענין הספירות כן נקרא האור המתפשט בהם. בגין דישתמודעין ליה, פי' לכן הוא מתפשט בהם. והטעם כי כל עצם האצילות אינו אלא לגלות אלקותו אל השפלים כדפי' בשער טעם האצילות. בכל מדה ומדה כו', פי' נתפשט לפי מדותיו כדי שיהיה בני העולם מכירים אותו לפי מציאותו בכל מדה ומדה ופעולתו על ידה. דאי לא אתפשט כו', הכוונה שאם לא היו המדרגות יורדות עד התכלית הזה והנשמה שהוא העצמות מתפשטות בתוכם, לא היו מכירים היוצר כדפי' בשער הנז'. ואיך יתקיים מלא כל הארץ כבודו, הוא טעם שני שהוצרך התפשטותו בכל נאצליו. שאם לא היה מתפשט בתוכם איך יתקיים מלא כל הארץ כבודו, וזה הענין יתבאר בארוכה בשער סדר עמידתן ב"ה. כגוונא דמיא דימא. פי' כמו המים אשר יתקבצו אל הכלים הארוכים או העגולים או המרובעים יהיו המים כדמות הכלים ואין הדמיון והצורה ההיא נקנית במים אלא בעודם שם לא בעצם אלא

במקרה. כן העצמות המתפשט אל תוך הספירות אין השנויים והמדות נקנים אליו בעצם אלא במקרה כדמיון התפשטות הנפש בתוך הגוף והדין ורחמים הוא בעצם אל הספירות הנק' כלים, ובמקרה אל הספי' הנקרא עצמות. והענין על ידי הספירות, ואחר הסתלקו מן הספירות אין מדה קנוי אליו. במופלא ממך אל תדרוש וכו'. כבר מפורסם כי מדת כתר אפי' לספירות אינה מושגת כלל ולכן נדרש על הספיר' הזאת במופלא וכו'. עבד מאנא זעירא, הכוונה על מיעוט ההשגה בה ולכך נקרא זעירא אבל בענין מציאתה היא יותר גדולה מאותה שלמטה ממנה כי היא סבה לכל מה שתחתיה. וקרא לה מעיין נובע חכמה, פי' להתפשטותו אשר בתוך הספי' קרא מעיין וכו'. ולההוא מאנא, פירוש לספי' שהוא הכלי קרא חכמה כו'. בה חכם מעצמו ומבין מעצמו. הכוונה לבאר לנו כיצד הוא חכם בחכמה שהוא בעצמו ולא בחכמה שחוץ ממנו אע"פ שהן כלים, כיון שאינם חכמה ובינה אלא ע"י העצמות המתפשט בתוכם ואותם העצמות הוא עקר החכמה והבינה, וא"כ נמצא שהוא חכם בחכמה שהוא עצמו הוא החכמה ומבין בבינה שהוא עצמו הוא הבינה, וחכמה והבינה הם כלים שבהם תתלבש חכמתו ובינתו.

וקרא גרמיה גדול בגדולה כו'. כונתו לבאר לנו כי אע"פ שבו יתברך אין התוארים מתיחסים לפי שהוא פשוט בתכלית בלתי תארים. עם כל זה מצד התיחדו בספירות והתפשטות בהם נתחייבו אליו התארים. וזהו וקרא גרמיה וכו' פירוש קרא עצמו גדול ע"י שהוא מתפשט בגדולה וכו' וכן לשאר הספי'. לאוספא במאנין או למחסר בהון. ע"ד שפי' בפרק הקודם כי ההתפשטות אשר בתוכם הוא המגדיל אותם והמביאם בגבול והמפשטם עד עדי עד כי כליו הם והכל כרצונו. משא"כ בעצמותו ממ"ה כי אין מי שישפיע אליו והוא משפיע לכלם. ע"כ הגיעו תוקף דברי מרע"ה עם הרשב"י ע"ה וחביריו בדרך נכוחה אליהם וגלוי לעיניהם. כאשר באר בהקדמת התיקונים שנותן רשות לראשי ישיבות שבג"ע להקבץ אליהם ולעסוק עמהם בחכמה הזאת. והנה נתבאר מתוך המאמרים האלה כי הספירות הם עצמות הבורא והוא הנשמה המתפשטת בתוך הספירות שהם כלים והנה על דרך זה יקרא הא"ס נשמה לנשמות כי הוא נשמה לספירות שהן נשמות אל שאר העלולים אשר תחתיהן והן דקות תכלית הדקות עד שאין השכל יכול להמשילם אל דבר בעולם לרוב דקותם ומעלתם:

פרק תשיעי:

אחר שהסכמנו בענין הספירות היותם עצמות וכלים, ונתבאר הענין היטב שהתוארים שבא"ס לא בו ממש הם אלא באמצעיות ספירותיו, כפי שבארנו בפרקים הקודמים, הרווחנו תירוץ יפה ונעים על המבוכה הגדולה שנבוכו בה כל הפילוסופים ורוב חכמי ישראל האחרונים העוסקים בחיצוניות. והיא אותה ששאל הרמב"ם ז"ל בספר המדע בה' תשובה פ"ה וז"ל שמא תאמר והלא הקב"ה יודע כל מה שיהיה וקודם שיהיה, ידע שזה יהיה צדיק או רשע או לא ידע. אם ידע שיהיה צדיק, אי אפשר שלא יהיה צדיק. וא"ת שידע שיהיה צדיק ואפשר שיהיה רשע, הרי לא ידע הדבר על בוריו עכ"ל. והנה לפי השאלה הזאת א"א לומר שתהיה הידיעה למעלה ובחירה ביד האדם כי האחת מכחשת חברתה. ועתה אנו אין לנו מזו קושיא כלל ועקר [ה] והענין כי הם הניחו בבורא הידיעה ואמרו שהוא יודע רוצה ויכול, כי עם היות בשאר התארים אין ליחסם אליו האלו אנו מוכרחים. וכן כתבו קצת מן המקובלים. ואני אומר כי אחר שאמרנו למעלה שהבורא חכם מתוך מדת החכמה ולא בחכמה שחוץ ממנו כמו שהרחבנו הביאור בפרקים הקודמים. כן נאמר כי הכתר נק' רצון והבורא רוצה בו וכבר נאריך בזה בשער הצחצחות פ"ו בע"ה. וכן הבורא יכול בבינה כי הוא נקרא' כח כנודע. ויודע בדעת כי מדת הדעת היא דעתו של הבורא ר"ל שהוא יודע בו. ומתוכו כדרך שביארנו למעלה וכן מוכח כי דעת זה הוא דעתו וידיעתו שכן אמר הכתוב (משלי ג כ) בדעתו תהומות נבקעו. ולא יקשה עלינו א"כ נמצא שאין הוא ודעתו אחד כמו שלא יקשה עלינו שאין הוא וחכמה אחד כמו שנתבאר למעלה. ועתה הנה נודע כי הדעת הוא הת"ת כמו שבארנו בשער שלישי פ"ח. ונודע שבחירת האדם היא מצד המלכות כי ממנה ולמטה שני הדרכים ולפתח חטאת רובץ והיא הנקראת בחירה וכן נקראת בית הבחירה כנודע. ועתה נאמר כי יש חילוק בידיעה קודם שיחטא האדם אעפ"י שעתיד לחטוא בין לאחר שחטא. כי קודם שחטא היתה הידיעה בחטא ההוא בדעת אבל לא היה עושה פגם ורושם למעלה מפני שעדיין לא פגם ולא הגביר החיצונים. וכן דרך זה בידיעה העליונה לענין צדקה ושאר מצות כי עם היות שידוע למעלה אין המצוה משפעת ולא מאירה עד שיעשה אותה וז"ש (בראשית כב יב) עתה ידעתי כי ירא אלקים אתה. והכונה כי עם היות שהידיעה היתה למעלה עם כל זה לא היתה התפארת והמלכות מתיחדים

ומשפיעים מצד אותה ידיעה כי היתה בכח. אמנם אחר שבאה בפועל ונעשה המצוה הנה היתה הידיעה בפועל ונתיחדו הת"ת עם המלכות על ידו. וזהו עתה ידעתי שהוא לשון ידיעה וחיבור כמו והאדם ידע כו' (שם ד א). וכן לענין העבירה אותה הידיעה העליונה שהיתה בדעת לא עשתה רושם מפני שהקב"ה אינו דן אלא באשר הוא שם אבל אחר שחטא הוא עושה רושם ופגם למעלה. ועתה אחר שידענו חלוק זה עוד נדע כי הת"ת הוא מדת רחמים והמלכות מדת הדין. והנה מצד הת"ת הוא שם בן ד' ביושר כזה הוי"ה ושם זה נקרא זכר כי הזכר בסוד הרחמים. מפני ששם זה מגביר הרחמים על הדין דהיינו י' שהוא חכמה על ה' שהיא בינה זה רחמים וזו דין. וכן ו' על ה' דהיינו ת"ת ו' גובר על מלכות שהיא ה'. ויו"ד וא"ו הם אבא וברא רחמים. ושתי ההי"ן אימא ובתה או כלה וחמותה שהם מצד הדין. והמלכות הוא השם בהיפוך כזה הוה"י והיינו הנקבות שולטות והוא הדין. וכל זה נתבאר בארוכה בתיקונים, ויתבאר עוד בשער ההתהפכות האור. ועתה נאמר כי כמו שלא יתרחק שיגבר הדין על הרחמים עם היות שהא"ס בעצמו דן את בריותיו בהן, וכמו כן שלא יתרחק היות המלכות פעמים גוברת על הת"ת עם היות הא"ס מתלבש בהן. כן לא יתרחק היות המלכות גוברת שהיא הבחירה על הת"ת שהוא הידיעה והדעת. ומה גם שאותה הידיעה אינה עושה רושם כמו שביארנו. כי אחר שנעשה רושם צריך אל התשובה שהיא הבינה שהיא יותר עליונה. והנה תגבר [הבחירה על הידיעה במצוות אחרות שיעשה האדם] ולא יחטא. ובזה יובן אמרם ז"ל (במס' ע"א דף ד') לא היו ישראל ראוי' לאותו מעשה וכו' וכן דוד לא הי' ראוי לאותו מעשה, והיינו ע"י שיגבירו הבחירה על הידיעה [ו]. עוד הרוחנו כמה וכמה טובה כפולה מענין שהוקשה למפרשים בפי' ר' מנחם. ולדעתו מאחר שהספירות בעלי השנוי והגבול עם היות שאינו ממש גבול אלא ע"ד שפי' בשערים הקודמים, א"כ איך אפשר שהאין סוף עם היותו מרוחק מהענין הזה תכלית הרוחק יתחבר אליהם ויתלוה אל בעלי השינויים. והאמת כי יקשה זה יותר ויותר על דעת הרשב"י ע"ה שפי' למעלה שממש עצם האלקות מתפשט בתוך הספירות, איך אפשר שנאמר שנתייחדו שני דברים הפכים, כי האין סוף משולל מהתוארים וההפכים והשנויים והגבול, והספירות בעלי הענינים האלה, ואיך אפשר שנאמר שא"ס והספירות הכל דבר אחד. עד שקצת מן המפרשים אמרו כי ענין קשרו ויחודו בספירות נעלם ונשגב, כמו שנעלם ממנו ג"כ מציאות יחוד וקשר הנשמה עם הגוף, עם היות שהגוף הוא גס ועב בעל התאוות הגשמיות ושאר הדברים המתיחסים אליו והנשמה משוללת מטבעי הגוף ומקריו והיא הויה דקה ורוחניות, א"כ איך אפשר שיתיחדו. אלא ודאי הם מיוחדים ודרכם נשגבה ונעלמה מעין הנבראים וכהו עיני החכמים מהשכיל הענין הזה. ואם הנשמה אשר בקרבנו כך א"כ איך יהי' לנו עסק בנסתרות. זהו כללות דעתם בענין. ולנו אין התשובה הזאת מספקת כי מציאות קשר הנשמה עם הגוף מבואר אצלינו והוא מן הדברים הפשוטים שבחכמה הזאת כמו שיתבאר בשער הנשמה כי יש יחס גדול לנשמה עם הגוף עד שלא יפלא יחודם וקשורם. וכן נאמר בענין הספירות והא"ס ב"ה. כי האין סוף יש לו מדות ואם אינם מדות בערכו הם מדות בערך הנבראים. כי ידוע שהוא חכם מעצמו וגדול מעצמו ועם כל זה לנהל הנבראים הוצרך להראות פעולתו אל זולתו. ואחר שכן הוצרך להאציל אצילות ולעשות באופן שתהיה הגדולה והחסד פועלת בעה"ז ומצורף לזה הוצרך שהנהגה תהיה על ידו דוקא לא ע"י זולתו. וא"כ הוצרך לאהבתו להבריאה להאציל כלי למעשהו שיהיה מתיחד החסד ההוא אל חסידותו, והגבורה אל גבורתו, ודינו אל היותו דיין. ולכן נמצא כי כל ענייני החסד הם מתיחסים אל החסד שהוא העצמות. והחסד שהוא העצם כדי לפעול פעולתו צריך אל החסד שהוא הכלי, והחסד שהוא הכלי צריך אל החסד שהוא העצמות. והם מיוחדים תכלית היחוד. והוא כהדין קמצא דלבושיה מניה, שהלבוש בלעדו הוא כאבן דומם והוא בלא לבוש אין לו מציאות אל פעולותיו. וכ"ה אל ענין הספירות. והנה כמו שלא ישאל השואל ולא יתמה על הב"ח המדבר החשוב המתלוה אל המלבושים שהם חסרי השלימות פחותי הערך בלוי הסחבות. מפני שרואה שייחס האדם אל המלבושים ההם עד שאפי' הפרושים לא יזירו עצמם מהם כלל כענין לחם לאכול ובגד ללבוש ששאל יעאע"ה (בראשית כח כ) עם היותו מבחר המתבודדים שבדורו עד שנדד שינה מעיניו כ' שנה. כן לא יפלא בדברים העליונים היותם צורך האלקות ויחוד האלקות עמהם כי הם צורך גבוה להנהגת השפלים. עם היות אמת שהאצילות לא לצורך שהיה לו אליהם ח"ו אלא רק נדבה שנדבו מדתו להטיב אל זולתו ולא שהוכרח רק ברצון ואהבה וענין זה יתבאר ג"כ בשער מהות וההנהגה בס"ד. ונשאר עלינו לחובה לבאר שאלה עצומה נופלת תחת סוג הדרוש הזה

שנתעסקנו בשער הזה והיא זאת כי א"כ שהוא אמת שאין בו ספק כי הבורא ממ"ה אין בו שנוי כלל ולא ישתנה מענין לענין, וכן אינו בעל ההרכבה ח"ו שהוא פשוט ואין פשיטותו כפשיטות המלאכים השכלים הנבדלים כי הם אפשרי המציאות וכבר היה זמן שלא נמצאו כדמוכח בדברי חז"ל (בב"ר פ"ג) ובפרט בפרקי ר' אליעזר שרמז שם שהמלאכים נבראו ביום שני ואם כן הם אפשרי המציאות. ומצד זה הוא הרכבתם שהם מורכבים מהעדר ומציאות משא"כ באלוה שהוא אחד פשוט תכלית הפשיטות מחוייב המציאות ומציאותו לא יחסר ולא יעדיף. ואלו יצוייר השבתת כל הנבראים לא יגיעהו מפני זה חסרון חלילה, ואולי יצוייר רבוים לא מפני זה יתרבה ח"ו, ואלו יצוייר השבתת כל הנבראים הם יאבדו והוא יעמוד. ואחר שהקדמות האלה אמתיות וראוים להיות כמסמרות נטועים בלב המאמינים איך נוכל להתאפק נגד הצנועים בעלי העבודה שהם אומרים שהספירות הם עצמותו והן נאצלות מזמן מה הן רב הן מעט. לפי דעתם כבר היה זמן שלא היו במציאות א"כ הם אפשרי המציאות והנה מצד זה הן מורכבות כהרכבת המלאכים והוא הפך האמונה האמיתית. והן אמת שאפשר לתרץ לזה כדרך שרצו לתרץ קצת המפרשים ואמרו כי החידוש והאצילות אינו מצד המאציל כי האצילות עצמו היה נעלם בעצמותו בכח היותר טוב ודק ומשובח מן הפועל אמנם עתה נתגלו ויצאו מן הכח אל הפועל והוא חדוש בערך הנבראים ולא בערך המאציל. והענין הזה יספיק לומר שאין האצילות חדוש בערך המאציל שהוא עצם הא"ס הפשוט. אבל אל מציאות האצילות בעצמו שהן הספי' שהן עצמותו כדפירשתי ודאי לא נכחיש שעם היות שהיו נעלמות עם כל זה מציאותם זה שהוא מציאות התפשטותם לא היה. א"כ נאמר שהן אפשרי המציאות הזה ואחר שהמציאות הזה הוא אפשרי שאפשר שיהיה ואפשר שלא יהיה, אף אנו נאמר שאינם כמציאות האלוה כלל מפני שהאלוה מחוייב המציאות. ועתה לתקן ולישב הענין הזה נמשיל משל נאה ומתיחס אל האצילות והוא כי יצייר האדם בדעתו אש גדול בתכלית ומרוב בהיקת אורו ועוצם חמימותו אם יצויר איזו יצירה בתוך האש ההוא הלא תכוה ויאבד כרגע. והנה המציא בתוכו והווה באמציעותו ברוב כחו ברצונו כדור מעלים האש מכל פאותיו לבלתי יתגלה האור כלל ועם היות כי הכדור ההוא אינו מעצמות האש עם כל זה האור המאיר בכדור ומנהיגו הוא האור הבהיר הקודם אל מציאות הכדור ולא נשתנה מציאותו אלא שנמנע אורו קצת מכמות שהיה מפני הכדור ואין שנוי אל האור ואל החמימות אלא אל הכדור. עוד ראה בחכמתו שאם בתוך הכדור הראשון תתהוה הויה העולה ברצונו להתהוות לא תוכל להתקיים ולא תצא הכוונה אל הפועל מרוב בהיקת האור וחום האש. ע"כ הוצרך להמציא כדור בתוך הכדור כדי שיעלים כל א' וא' מהם האור ובהיקת אש הגדולה המחמם ומאיר אל עבר הכדורים ביתה עד שהגיעו הכדורים למספר העשר. ואח"כ עוד המציא בתוכם כדורים מעשר לעשר כלם כדורים לבושים ומסכים אל אור והחום הבא משרשי האש הגדולה ומשתלשל דרך הכדורים ומתלבש בהם עד אשר הבריאה הפנימית שהוא האמצעיות והיא החיצונית ביותר לפי האמת תוכל לסבול אור וחום מתוק שוה למזגו יועילהו ולא יזיקהו. והנה אין כל זה לסבת האור והחום אלא לחולשת הבריאה ההיא שאינה יכולה לסבול האור והחום הנמשך מהאש בלתי אמצעיים. ולא נאמר כי ע"י האמצעיים נשתנה האור והחום בערך החום והאור. כי החום והאור הראשון הוא האחרון ובערך מציאות עצמות האור והחום לעולם לא נשתנה. והשנוי הוא בערך אותם הכדורים והמסכים שהם משתנים ויורדים ובסבתם לא יגיע להם בהיקת האור כבמקורו. והנה האור והחום המתפשט בתוך הכדורים לא נתחדש בהתחדש הכדורים אלא אדרבא קדם אליהם כקדימת האש הגדולה שהוא מקור האור והחום ולא נתחדשו אלא הכדורים והכלים המעבים אורו בערכם לא בערך האור והחום שככחו אז כחו עתה. ואדרבה קודם היה מגיע אורו אל מציאות מתגלה ומובחר יותר מזה אלא שהכדורים הלבישוהו והעלימוהו. ועתה הנה האש הגדולה הוא א"ס ממ"ה והוא הנמשל הנה במשל האש הגדולה לדמיון קצת סגולות [האש] כאשר האריכו המפרשים. והכדורים הם הספירות הכלים. והאור והחום המתפשט בהם הוא עצמותו [ית' הנעלם המתפשט בספירות, מעסיס רמונים] שהוא נשמה לנשמה ומחייה הספירות ומגדלן ומחזקן ונותן בהם כח לעמוד ולשרת. והנה לא נתחדש ולא נשתנה האור והחום אלא בערך הכלים המחודשים. אמנם בערך האור בעצמו אין חדוש ושנוי כי הנשמה היתה מקודם. אמנם בערך הכלים המציא להם מקום בעצמותו כדי שעל ידם יסבלו החיים [הכלים] כח אלקותו. ע"כ הגיע המשל והנמשל. והנה נתבאר הדרוש הזה ביאור יפה. והאריכות בזה עון ואשמה ואין כונתנו אלא לכבוד המקום לקבוע אמונה בלב המשכילים. וכאשר

יעיינו דברינו אלה בטוב ההשקפה במשל הזה יובנו ויושכלו מתוכו כמה דברים מתוקים מדבש והקיצור יפה והאל יכפר:

פרק עשירי:

הנה הכונה בפרק זה לבד להעתיק מאמ' מהרשב"י ע"ה מגלה ענין המדות בכל פאות הדרוש אשר התעסקנו בפרקים הקודמים. ומתוכו יתבארו קצת המאמרים שהביא רבי דוד להכריח דעתו. וז"ל [הרשב"י] ברע"מ (פנחס דף רנ"ז ע"ב) פקודא י"ג ק"ש. ואית למנדע דאיהו אקרי חכם בכל מיני חכמות ומבין בכל מיני תבונות וחסיד בכל מיני חסדים וגבור בכל מיני גבורות ויועץ בכל מיני עצות וצדיק בכל מיני צדקות ומלך בכל מיני מלכות עד א"ס (ס"א עד כתר) ועד אין חקר. ובאלין דרגין בחד אקרי רחמן ובחד דיין והכי בכמה דרגין עד א"ס. אי הכי שנוי אית בין רחמן לדיין. אלא קודם דברא עלמא אקרי הוא בכל אילין דרגין על שם בריין דהוו עתידין להבראות. דאי לאו בריין דעלמא אמאי אתקרי רחום דיין. אלא ע"ש בריין דעתידין. ובג"ד כל שמהן אינון כנויין דיליה על שום עובדין דיליה. כגוונא דא ברא נשמתא בדיוקנא דיליה דאתקריאת על שם פעולות דילה בכל אבר ואבר דגופא דאתקרי עלמא זעירא. וכגוונא דמרי עלמא אתנהיג בכל בריין ובכל דרא ודרא כפום עובדי [כך נשמתא כפום עובדוי] דכל אבר ואבר. ההוא אבר דעביד ביה פקודא אתקריא נשמתא לגביה חמלה וחסדא חנא ורחמי. ובההוא אבר דעביד ביה עבירה אתקרי נשמתא לגביה דינא וחימה וכעס. אבל לבר מגופא למאן תהי חמלה או אכזריות. אוף הכי מארי עלמא קדם דברא עלמא וברא בריין דיליה למאן אתקרי רחום וחנון או דיין. אלא כל שמהן דיליה אינון כנויין ולא כנויין, ולא אתקרי בהון אלא על שם בריין דעלמא. ובג"ד כד מארי דרא אינון טבין אקרי לגבייהו י"הוה במדת הרחמים וכד דרא אינון חייבא איהו איקרי אדני במדת הדין, לכל דרא ולכל בר נש כפום מדה דיליה. אבל לאו דאית ליה מדה ולא שם ידיעא. כגוונא דספיראן, דכל ספירה אית לה שם ידיעא ואית לה מדה וגבול ותחום, ובאילין שמהן מרי עלמא איהו אתפשט ואמליך בהון ואתקרי בהון ואתכסי בהון ודר בהון כנשמתא בכל אברין דגופא. ומה רבון עלמין לית ליה שם ידיע ולא אתר ידיע אלא בכל סטרא שלטנותיה, אוף הכי לית לה לנשמתא שם ידיע ולא אתר ידיע בכל גופא אלא בכל סטר שולטנותה ולית אבר פנוי מנה. ובג"ד לית לרשמא לה באתר חד. דאי לאו, חסר שולטנותה בשאר אברים. ולא לאתקרי לה בשמא חד או בתרין או בג' למימר בה דאיהי חכמה ומבינה ואית לה דעת ולא יתיר. דאי עביד הכי הא חסיר לה משאר דרגין. כ"ש למרי עלמא דלית לרשמא ליה באתר ידיעא או לאתקרי ליה בשמהן ידיען או לשנאה ליה בהון או לשלשא ליה בהון כגון דרגא דמרכבתא דאתמר בה קדושה לך ישלשו דכל דרגין ומרכבות דיליה כולהון משולשין כגון האבות הן הן המרכבה דאינון דמות אריה שור נשר ואינון מרכבה לאדם דאתמר עליה ודמות פניהם פני אדם ומסטרא דנוקבא אינון שלטין על אדם ונוקבא איהו מרכבה לגבייהו ובג"ד אתמר עלה קדושה לך ישלשו. אוף הכי אתוון דאינון אנפין דחיון משולשין כגוונא דא יה"ו הו"י וה"י ה' רביעאה קדושה לך ישלשו איהו שלמים דכלהו לאשלמא בהו שם הוי"ה. אבל למריה דכלא לית לשלשא ליה בשמהון ולא באתוון, אלא איהו אקרי בכל שמהן ולית ליה שם ידיע, וכל שם ושם אסהיד עליה. דאיהו אדון על כל עלמין אסהיד עליה אדנ"י. ולית דידעין דאית בר נש דירית תלת מאה ועשר עלמין הה"ד להנחיל אוהבי יש כפום דרגא דיליה דאקרי יש מאין ודא חכמה עלאה. ואית בר נש דלא ירית אלא עלמא חדא כפום דרגא דיליה כמה דאוקימנא כל צדיק וצדיק יש לו עולם בפני עצמו והכי ירית עלמין כל בר נש דישראל כפום דרגא דיליה לעילא. אבל למרי עלמא לית לרשמא ליה עלמין בחושבן אלא אדון על כל עלמין ואדני קסהיד עליה. אוף הכי הוי"ה מינה תליין כל הויין, ואיהו וכל הוויין דיליה סהדין על מרי עלמא דאיהו הוה קודם כל הוויין ואיהו בתוך כל הויה ואיהו לאחר כל הויה, ודא רזא דסהדי הוויין עליה היה הוה ויהיה. דינא בהיפוך אתוון אדני ובג"ד ארז"ל דינא דמלכותא דינא. שם א"ל סהיד על מריה דכלא דלית יכולת לכל שם והויה ודרגא כ"ש לשאר בריין פחות מניה הה"ד וכל דיירי ארעא כלא חשיבין וכמצבייה עביד בחיל שמייא וגו'. אלהים סהיד על אלקות דיליה דאיהו אלקים ואלקי האלקים ואיהו אלוה על כלא ולית אלוה עליה. צבאות סהיד כמה דאתמר וכמצבייה עביד בחיל שמייא. שדי סהיד עליה דכד איהו אמר לעולמו די עמד בתחומיה וגבוליה ולא אתפשט יתיר, ואוף למיא ורוחא ואשא. ואוף הכי כל שם והויה קא סהדין עליה. דכד הוה איהו יחיד קדם דברא עלמא אמאי הוה איהו צריך לאתקרי בשמהן אילין או בשאר כנויים כגון רחום וחנון ארך אפים וגו' דיין אמיץ חזק וסגיאין בכל אלין שמהן וכנויין אתקרי על שם כל עלמין ובריין דילהון לאתחזאה שולטנותיה עלייהו. אוף הכי נשמתא על שלטנותא

דכל אברין דגופא אמתיל לה לגביה. לאו דאיהי אדמיא ליה איהי בעצמה. דאיהו ברא לה ולית ליה אלהא עליה דברא ליה. ועוד נשמתא אית לה כמה שנויין ומקרים וסבות דאתקריאו לה, מה דלאו הכי למארי כלא. ובג"ד היא אדמייא לגביה בשולטנותא דילה על כל אברי גופא, אבל לא במלה אחרא עכ"ל. ומתוכו מתבארים כל חלקי וצדדי הדרוש הנדרש בשער זה. ועתה רצוננו להאריך בביאורו ובפרטי דבריו מפני רבוי תועלתו. ועוד שמתוכו יתבאר רוב מה שפי' בפרקים הקודמים. ופי' חכם בכל מיני חכמות, מפני שיש בחי' רבות אל החכמה והבינה. והם מיני חכמות כפי שנוי ורבוי הבחינות. ובכלן מתפשט הא"ס כדי לפעול כל הפעולות כי אין בכח המדות לפעול פעולות זולתו. ואמר עד אין סוף. פי' כי כל פעולותיו אינן כפעולות המדות בעצמן. מפני שפעולות המדות יש להן גבול וסוף כפי השגת כל מדה ומדה בעצם המתפשט לספירות. אבל לעצמות המתפשט לספירות אין סוף לפעולותיו. ומה שלא הזכיר הכתר כלל מפני שאין בכתר מדה ופעולה כלל ואינו אלא כסא והיכל לא"ס שעל ידו מתפשט האצילות והעצמות בתוך הכלים. והנה הכתר מקור וסבה אל הכלים וא"ס מקור סבה לעצמות. ושתיהן כאחד מתפשטים, מאציל מתלבש בנאצל. ולזה אין לנאצל הראשון פעולה כלל ותחלת הפעולה מחכמה. ויועץ בכל מיני עצות, היינו בנצח והוד שהן כליות יועצות וע"י השפעת העצה בבית דין העליון והיינו בשתוף הת"ת עמהן שעקר העצה ממנו. ואמרו דאיהו אתקרי דהיינו ליחס המדות אל עצם הא"ס. וז"ש ובאלין דרגין בחד אתקרי וכו' והיינו שעצם הא"ס נקרא כך ע"י המדות וכמו שיתבאר. בחד אתקרי רחמן, והכוונה רחמן מצד הימין ודיין מצד השמאל והיינו השנוי מדין לרחמים ומרחמים לדין. ולזה הקשה איך יהיה השנוי. ויקשה לזה שתים. אחת שהוא בעל התוארים, שנית שהוא בעל השנויים. וא"ת שזהו בבחי' הנבראים. הנה יקשה שקודם בריאת הנבראים לא היה נקרא רחום ודיין וזה דוחק גדול שנאמר שנתחדשו בו כנויים בהתחדש בני אדם. ולזה תירץ כי לעולם הכינויים והמדות והשנויים הם מצד בני אדם הנפעלים ממנו על ידי המדות וגם קודם בריאת הנבראים היה נקרא בכינויים אלה ע"ש המדות הנעלמות בו כהעלם השלהבת בגחלת וכהעלם האש באבן החלמיש כאשר נבאר בשער סדר האצילות בע"ה. והיה נקרא רחום ודיין ע"ש שבהתאצל והתפשטות המדות על ידם יפעל הרחמנות והדין. וז"ש אלא קדם דברא עלמא וכו' דאם לאו בריין וכו'. הכריח שאין התוארים מצדו אלא מצד הנבראים מענין התוארים בעצמם וכן השנויים שהרי הכנוים הן דיין ורחום וכיוצא וכן השנויים מדין לרחמים ומרחמים לדין, והנה הענין הזה בהכרח הוא מצד הנבראים לא מצדו פי' מצד בחינתו קודם התפשטות האצילות שאל"כ איך יצדק בו רחום ודיין למי מרחם ולמי דן. אלא מה אית לך למימר דלא שייך אלא מצד התפשטות האצילות ובריאת הנבראים וזה שאמר דאי לאו בריין בעלמא אמאי אתקרי וכו'. ובג"ד כל שמהן וכו', פי' תינח שהכרחנו לגבי כנויים דרחום וחנון שהן פעולות יוצאות להזולת נפעלות ממנו אל זולתו. אבל בענין חכם ונבון ושאר השמות והכנויים שהן עומדים בודדים בעצמם ואינם יוצאים אל זולתו אין לנו הכרח. ולעולם נאמר שהן בעצמו וסוף סוף בעל תוארים ושנויים הוא. ולזה תירץ ובג"ד, פי' מאחר שאנו מוכרחים לומר בקצתם שעל ידי התיחדו עם המדות לפעול בבני אדם הם אותם התוארים. אף אנו נאמר כן בכל שאר הכנויים והשמות כי קצתם גלו על קצתם. וזה שאמר ובג"ד כל שמהן כו', עם היותם בודדים הם כינויים אליו על שם הפעולות. ואפשר שהכוונה באומרו ע"ש עובדין דליה, פי' ספירותיו שהם מעשיו ועל ידי ספירותיו הם כנוייו. והענין כי קודם התפשטות המדות היה מתחכם בעצמותו וחכמתו בהשגת עצמותו. כי הוא וחכמתו הכל עצם אחד. אמנם נתפשטה חכמתו בכלי החכמה להחכים לזולתו וכיוצא בזה בבינה ולעולם המתפשט בחכמה ובינה הוא עצמותו שהוא מקור החכמה והבינה. כגוונא דא ברא נשמתא, הרי משל הנשמה שהמשלנו בפ"ד והוא משל נאות שאין פעולות גשמיות לנשמה לומר מבחינה זו רואה ומבחינה זו שומעת ועם כל זה בהצטרפות אל הגוף תפעל בפעולת הגוף לפי הכנת איבריו יש אבר שבו רואה ויש אבר שבו שומעת. וכן הענין בא"ס שהוא נשמה לנשמות בהצטרפו אל המדות יפעלו המדות השנויים ההם מכחו כמו שפועל הגוף מכח הנשמה. וז"ש ברא נשמתא בדיוקנא דיליה דאתקריאת על שם פעולות דילה, כדפי' כי יתייחסו שמות הפעולות הגשמיות אל הנשמה מפני שבאמצעות צרופה אל הגוף נפעלות הפעולות כדפי'. ההוא אבר דעביד ביה פיקודא וכו', כל הענין הזה ליחס הדין והרחמים אל הנשמה כענין הא"ס. וזה כי האדם כולל בבריאתו כל הנמצאות כלם מן הנקודה הראשונה עד תכלית הבריאה והיצירה והעשייה כדכתיב (ישעיה מג ז) בראתיו יצרתיו אף עשיתיו. וכנגד הא"ס המתפשט והמאיר והמחייה

מראשית כל עד סוף, כך היא הנשמה בגוף. ולכן על ידי הגוף יש לה פעולות, וחוץ מן הגוף אין לה פעולות כענין הא"ס כדפי'. ולכן אין לזה משל יותר נאות ממשל הנשמה. וזה שאמר אוף הכי מרי עלמא וכו' אינון כנויין ולא כנויין. פי' הן כנויין מצד הצטרפות אל המדות. ואינן כנויין מצד עצמו. שאין בו לא מדה ולא תואר ולא פעולה. ובאלין שמהן כו', פי' הם ע"ס עשר שמות. כי השמות הן הספי' והספירות הן השמות. איהו אתפשט. היינו התפשטות עצמותו בשמות ובספי'. ואמליך בהון. שאין להם פעולה אלא מצדו. שהוא מולך בהן כרצונו, ועל ידו הוא פעולתם. ואתקרי בהון. כי ע"י כך הוא נקרא בהן. אבל לא שיצדק בו השמות מצד עצמו. אלא מצד שהוא מולך בהן כדפי'. ואתכסי בהון. כי האצילות הוא בסבת התגלות המאציל. והיינו נמי ואתקרי בהן שאין לו שם ומקום לקראו או לאמרו אם לא ע"י פעולותיו, וזהו סבת גלויו. וכן הן סבת העלמו וכסויו כדי שלא יהיה אלקותו נגלה אלא לראוים ואלו הן מסכים מבדילים בינו ובין התחתונים. וזהו שההתגלות סבת ההעלם, וההעלם סבת ההתגלות. ודר בהון וכו'. היינו שהספירות והשמות הנאצלים הם לבוש אל המאציל כנודע. ובג"ד לית לרשמא לה וכו' כ"ש למארי עלמא כו', לומר שהוא מתגלה בכתר ובחכמה וכיוצא, שאם כן הוא גורע שולטנותו ופעולותיו. וז"ש דאי עביד הכי הא חסר לה משאר דרגין. כל שכן למארי עלמא כו'. וקשה שהרי בכמה מקומות מהזוהר משמע, כשמסתלק השגחתו מהמדות העולם אבד וכלה כרגע. ולפי דבריו הרי בעת הסתלקו הוא חסר שלטנותיה. ואין לומר כי לחסר שלטנותיה ולסלק השגחתו לעולם הוא דאמרן דאין ראוי, אבל לפי שעה אפשר שהוא מסלק השגחתו. משום דא"כ סוף סוף הרי בעת ההיא יחוייב חסרון חלילה. שהרי כשסלק השגחתו מהמלכות מפני שהיא פועלת דין א"כ הרי לא יקרא מלך, ונמצא האלקות חסר כנוי המלכות. וזה אינו ראוי שאין לו שנוי לא תוספת ולא גרעון בכנוייו ומדותיו מהטעם והעיקר הגדול שהוא י' ולא תשע, י' ולא י"א. ומזה הטעם אסור לנו להוסיף על (העצמות) [הספירות] ולא לגרוע מהם מפני שהם אברי תמונה עליונה. ובתוספת האברים נמצא מוסיף על נשמתן. וכן כאשר יחסר א' מהן חלילה וחס. אלא ודאי זה אינו תירוץ. ועיקר התירוץ הוא כמו שנבאר בשער מהות והנהגה פ"ג כי מיני השפע הם ג' והראשון הוא התמידי אשר לא יחסר ולא יעדיף והוא עצמות המתפשט שהוא מחיה את המדה כי אפי' תתלבש המדה ההיא בדין חזק לעולם לא יחסר [שפעה התמידי] שאל"כ אפי' בדין לא היתה פועלת אלא היתה ככלי אין חפץ בו והיה כלא היה ח"ו. אלא מצד נשמתה השופע בה תמיד היא פועלת הכל. אמנם התגבורת המתגבר על הענין הזה כדי להעלות המדה ולהגדילה ולהשוותה אל העליונה וכיוצא בזה זהו שמסתלק לפעמים ח"ו וזהו שפי' בשער הנזכר בענין ג' מיני שפע. מה שאין כן במדות שיש מדה שמתפשטת אורה עד מקום פלוני, ויש עד מקום פלוני וכדמסיק שיש מרכבה מרובעת ויש מרכבה משולשת. אבל בא"ס לאו הכי אלא בכל איהו, וכדמפרש, איהו איקרי בכל שמהן, מפני שכלם שואבים ממנו ואין להם מציאות זולתו. ועם כל זה אין השמות נקנין בו וז"ש ולית ליה שם ידיע. או ירצה שאין לו שם מיוחד אלא הוא מתפשט בכולן וכדמסיק. דאית בר נש דירית וכו', הכוונה אל הנשמה שאינה שוה אל הא"ס חלילה וחס. כי למעלה יש נשמה שנוחלת י"ש עולמות והיא החכמה דהיינו הנשמה שזכתה לעלות אל המדרגה ההיא. ויש נשמה שאינה זוכה אלא כנגד הצדיק יסוד עולם ואין לה אלא עולם אחד והיינו בסוד כללות המדות. כי בערך כאו"א מחלק כללות היסוד יש אל הנשמה י"ש כלליות ובחינות. והנה הנשמה יש לה חשבון י"ש עולמות שהיא מתפשטת בהן אבל אין סוף נקרא אדנ"י פי' אדון לכל מציאות עולמות עד א"ס. וזה הוראות שם אדנות. ושם בן ד' מורה על שהוא היה קודם כל הויה, פי' שהוא מהות ההויות והוא סבת הקודם אליהם כקדימת העילה לעלול. ואיהו בתוך כל הויה, הוא סבת כל הויה וקיומה וחיותה, וזולתו אין לה מציאות. והוא נשמת ההויות וקיומן. ואיהו לאחר כל הויה, היינו שהוא אחריתם לעת יאסוף רוחו ונשמתו אליו. נמצא שהוא נשמת כל ההויות והוא קיומם והוא סוף כל ההויות. ודא רזא דסהדין הווין עליה היה כו', פי' שם בן ד' כולל הי"ה הו"ה ויהי"ה כי ג' תיבות אלו מצטרפים מאותיות השם וזהו סוד בן י"ב המצורף שנבאר אותו בשער פרטי השמות בפ"ט. אל סהיד וכו' היינו שלשון אל הוא לשון כח וחוזק כמו ואת אילי הארץ לקח (יחזקאל יז יג), וכן צדקתך כהררי אל (תהלים לו ז) וכיוצא בהם רבים. אלקים סהיד וכו'. וע"ש שהוא אלוה על כל הנאצלים נקרא אלקים שהוא קרוב ללשון רבים וזהו שדקדק בלשונו באמרו דאיהו אלקים ואלקי האלקים. צבאות סהיד וכו', פי' כי הוא נקרא צבאות מפני שהוא שר על כל צבאות לעשות בהם כרצונו כדכתיב (דניאל ד לב) וכמצבייה וכו'. שדי וכו' מורה שאמר לעולם די,

דהיינו עולם התחתון יסוד הארץ וכן לשאר היסודות. ומאריך כל זה להורות שכל השמות אינם אלא מצד הפעולות הנמשכות ממנו לצורך הנבראים. אמנם מצד בחי' עצמותו אין צורך לשמות כלל ואינו בו לא שמות משמות הקדש כל שכן כינויין שהם ממש מורים על פעולות כדמפרש ואזיל. ע"כ הגיע דעתנו בדרוש הזה הנחמד כפי הנשפע עלינו מן השמים. ומהמרומם על כל בְרכה ותהלה נשאל הסליחה והכפרה על פתיחת דלתי שפתינו כי הכל לכבודו ולכבוד שמו. ונכלל השער הזה. ואחרי אשר עד כה עזרנו ה' נוסעים אנחנו אל שער סדר האצילות בס"ד:

שער החמישי על איזה דרך נאצלו הספירות

הכוונה בשער זה לבאר על איזה דרך נאצלו ספירות אלו. וענין אצילותם למחלקותם וסדר עמידתן יתבאר בשער בפני עצמו בס"ד:

פרק ראשון:

אחרי רדפנו בענין סדר אצילות הספירות כאשר ירדוף הקורא בהרים מצאנו הר' רבינו שרירא גאון כתב סדר אצילתן והעתיק לשונו ה"ר שם טוב ן' שם טוב בספר האמונות שער ד' פי"א. וז"ל אצילות הראשון כתר וכו', אצילות השני אויר היא החכמה וכו', אצילות ג' מדע והסימן נבון וידעם (הושע יד י) היא התבונה וכו', אצילות ד' הוא זרוע ימין והסימן ארך אפים וגדל חסד (תהלים קמה ח) והוא החסד, אצילות ה' זרוע שמאל והסימן לך זרוע עם גבורה (שם פט יד). אצילות ו' עמוד האמצעי והסימן הן אמת חפצת בטוחות וגומר (שם נא ח). אצילות ז' ברית עולם והסי' צדק יקראהו לרגלו (ישעיה מא ב) ר"ל כי המלכות נקרא צדק מקבל מצדיק יסוד עולם, אצילות ח' שוק הימין והסי' נעימות בימינך נצח (תהלים טז יא). אצילות ט' שוק שמאל והסימן הדום רגליו (איכה ב א). אצילות י' בת קול והסימן כל כבודה בת מלך פנימה (תהלים מה יד). זה כלל סוד י' כתרים אשר קבלו ראשי ישיבות וכו' עכ"ל. והאריך הרבה ואנו קצרנו משום לעולם ישנה אדם לתלמידיו דרך קצרה. אמנם הנראה בפי' מדבריו כי אחד לאחד על הסדר נאצלו וזה דקדק באמרו אצילות ראשון שני ושלישי וכן מוכח מכמה מקומות שראינו להרשב"י ע"ה מונה סדר הספי' כח"ב גג"ת נהי"מ. וכן מוכח מתוך הכתוב (איוב כח) והחכמה מאין תמצא גילה בפי' כי החכמה נאצלת ונמצאת מאין שהוא הכתר. ואח"כ אמר ואיזה מקום בינה פי' א"י שהוא חכמה שהוא י' בשתוף הכתר שהוא א', הוא מקום ומציאות הבינה. מורה על סדר ג' אלו. וכן אמר דהמע"ה (ד"ה א' כ"ט) לך ה' הגדולה והגבורה והת"ת והנצח וההוד כי כ"ל הוא יסוד דאחיד בשמיא ובארעא, וכן ת"י, ואח"כ אמר לך ה' הממלכה דהיינו מלכות. הנה הוכיח סדר האצילות. וכן מוכרח כי סדר אצילתן הן א' לאחד ולא יותר. כי א"א שנאמר שנאצלו שתים, כי כל אחת עילה לחברתה אם כן מוכרח היות העילה קודמת לעלול. ולכן אחד לאחד נאצלו שאל"כ נמצאת ספירה אחת עילה לשתים וזה א"א שא"כ יהיו שוות, ר"ל אחר ששתיהן עלולות מעלה א', ב' העלולות הם שוות, ואחר שהן שוות א"כ במה יפרדו כי מה שאינו גוף לא יפרד לחלקים. אם כן בהכרח עלולות זו מזו ואין שתים עלולות כאחת בשוה. ובודאי צדקו דברי הגאון, ומוסכם עם דברי הרשב"י בשטפי דלישניה בזהר במניינם כסדר זא"ז, ולעולם לא משתמיט תנא להקדים חכמה לכתר ולא בינה לחכמה וכן השאר, מורה על יחודם זו עם זו. וכן שניהם הגאון והתנא מסכימים וצודקים עם הכתובים שפירשנו למעלה מורה על אמתת הדבר. ונוסף ע"ז הסברות וההקדמות האמיתית מוסכמות אפי' לדברי החוקרים. וא"כ הוכחנו בבירור היות סדר הספירות כך אצילות ראשון כתר. ומכתר נאצל וכו', והמלכות היא סוף האצילות. ומה שיש לדקדק בלשון הגאון הוא מה שכתב אצילות ז' ברית עולם וכו' והכונה על יסוד. וידוע כי יסוד הוא ט' למטה מנצח וההוד כפי המוסכם ברוב הפסוקים בפירוש ובפרט במה שכתבנו שאמר והנצח וההוד כי כל. תחלה נצח והוד סמוך לת"ת ואח"כ יסוד דהיינו כי כ"ל כדפי'. וכן רוב מאמרי הרשב"י ע"ה בתיקונים ובזהר כמו שכבר העתקנו בשערים הקודמים קצת מאמרים מורים על ענין זה. אבל בהיותנו מלקטים שושנים וורדים בשדה החכמה והקבלה האלהיית מהרשב"י ע"ה, הקרה ה' לפנינו מאמר דרך בו דרך זו ובו יתוקן הכל בע"ה, ונציב לו פרק בפ"ע לתת ריוח בין פרק לפרק:

פרק שני:

וזה לשון הרשב"י ע"ה בתקונים (תקונא ס"ט דף ק"ב ע"ב) פתחי לי ביומא קדמאה דאיהו ימינא דעליה אתמר פותח את ידיך כו' ידיך יודיך דא יו"ד דאיהו לימינא. אחותי ביומא תניינא דתמן ה"א. יונתי ביומא תליתאה דתמן ו'. שראשי נמלא טל ביומא רביעאה דאיהו כללא דיו"ד ה"א וא"ו דאיהו חושבן ט"ל, ודא גופא וברית דחשבינן חד בחושבן דאיהו וא"ו דסלקין אח"ד. ו' עילאה עמודא דאמצעיתא ו' תתאה צדיק. א' אחזי על תרווייהו דאינון חד. קווצותי אילין שית קצוות דאינון ה"א שית פירקין דכלילין בתרי שוקין דאינון יום חמישי ויום ששי דעלייהו אתמר שוקיו עמודי שש. רסיסי לילה דא שכינתא תתאה כללא דיו"ד ה"א וא"ו ה"א ואמאי אתקרי לילה דאיהי ליל שבת ליל שמורים איהי ודאי להוי"ה ע"כ. והנה הורה במאמר הזה בפי' היות היסוד סמוך אל ת"ת למעלה מנצח והוד, וזה ודאי דוחק גדול והפך דעתו הגדול ברוב המאמרים. ונבאר לשונו ומתוכו יתוקן הכל ב"ה. פתחי לי וכו', למעלה מן המאמר הזה ביאר כי

הת"ת בעל השכינה שהוא הדוד הדופק לפתח חשוקתו ואמר כי הוא בא כלול משש קצוות שהן ששת ימי בראשית. ועתה הוא מבאר ענין כלולתו בהן וביאורו בכתוב. ואמר כי כונת פתחי לי הוא בחסד שהוא הימין והוא יום ראשון כמפורסם. ומפני שלכאורה אין יחס הפתיחה אל החסד אלא אדרבא שם הקמיצא והסתימא כענין קמץ שהוא בחסד ומקרא מלא הוא וקמץ הכהן. לכן הכריח הענין בפסוק פותח את ידיך ומלת ידיך ר"ל יודי"ך דהיינו יו"ד מורה על מציאות הפתיחה היותה במקום היו"ד דהיינו בחסד בסוד החכמה הנותן משכנה עליה כדפי' רז"ל (ב"ב דף כ"ה) הרוצה להחכים ידרים. וענין וקמץ הכהן יתבאר בשער הנקודות. אחותי ביומא תניינא פי' הגבורה שהוא יום שני כמפורסם. ומפני שהוקשה לו כי אין מלת אחותי מורה אל מציאות הגבורה כלל לכן ביאר ואמר דתמן ה"א פי' כי בגבורה משכן הבינה היא ה"א ראשונה של שם. ומפני היות מציאות הת"ת ע"י הבינה כענין שנתבאר כונן שמים בתבונה (משלי ג יט) ומשם המלכות נקרא ה"א כאשר יתבאר ב"ה, לכן אמר כי אחר שמשכן הבינה שהיא ה' בגבורה ומשם המלכות ה"א ומשם כונן שמים בתבונה שהיא הבינה א"כ נמצאו מצד הגבורה בסוד הבינה ת"ת ומלכות אחים. ולכן מצד הגבורה קראה אחותו. והנה עתה יתיחס מלת אחותי בסוד הגבורה. יונתי ביומא תליתאה דתמן וא"ו, פי' היא נקראת יונה מצד הת"ת בעצמו שהוא יום ג' כנודע. ולהבין יחס יונתי אל הת"ת צריכים אנו אל מה שבאר במקום אחר (תקונא ו' דף כ"ג) וז"ל אימא עלאה מקננא בכרסייא בתלת ספירן עלאין. עמודא דאמצעיתא כליל שית ספירן מקננן במטטרון. אימא תתאה מקננא באופן דאתמר ביה (יחזקאל א טו) והנה אופן אחד בארץ. ועוד שכינתא מסטרא דכורסייא אתקריאת נשר ומסטרא דנער יונה ומסטרא דאופן צפור עכ"ל לענייננו. ולא נטריח עצמנו בבאור המאמר הזה כי יתבאר ביאור רחב בשער אבי"ע. והיוצא לנו מדבריו אל כונתו כי שכינה נקרא יונה מסטרא דנער להיות ת"ת כלול משש קצות שוכן שם. ומטעם זה אמר בנדון שלפנינו יונתי מסטרא דיומא תליתאה שהוא הת"ת, ואמר דתמן וא"ו הכונה לבאר על היותו כולל שש קצות כי הוא הנרצה בוא"ו. ואפשר לומר כי טעם אמרו בגדולה דתמן יו"ד ובגבורה דתמן ה"א ובת"ת דתמן וא"ו, הצעה אל כונתו למטה על פסוק שאמר (שה"ש ה ב) שראשי נמלא ט"ל שהוא יומא רביעאה דהיינו יסו"ד שענין ט"ל הוא כללות יו"ד ה"א וא"ו להורות שהוכרח למנות היסוד סמוך אל גג"ת שהן ט"ל והוא כי היסוד מלא משפע ט"ל דאיהו יה"ו גג"ת, נמלא ט"ל ביומא רביעאה הכונה על יסוד כמו שבארנו. כללא דיו"ד ה"א וא"ו, הכונה כי שם יושפע שפע של שלשה אבות שהן ג' אותיות יה"ו והוא נקרא כ"ל ג"כ על שם שהוא כולל הכל. ולזה אמר דאיהו כללא פי' כלל ג' אותיות שהן ג' אבות. ודא גוף וברית דחשבינן וכו'. הוקשה לו מה שקשה לנו בדברי רב שרירא ז"ל כי היה לו לומר תחלה נצח והוד ואח"כ יסוד ולמה שנה הסדר. לזה תירץ שכיון שגוף וברית שהם ת"ת ויסוד הן חשובין כאחד א"כ ראוי לאמרו אחר הת"ת. והכונה כי כאשר נאצל הת"ת נעלם בתוכו היסוד והיה היסוד מתגלה קצת במציאות נחמד. ומטעם זה יוצדק עליו אצילות שביעי. ויצדק עליו שהוא תשיעי או עשירי מפני ששם הגיע האצילות והוא היה סוף כל ונתגלה אחר נצח והוד גלוי עצמי המגלה אותו בעצם ולא במציאות דק כמו שהוא בת"ת. והיינו כדמפרש ואזיל חד בחשבן כו' דסלקין אחד. הכונה הת"ת וא"ו והיסוד משך הוא"ו א"כ שניהן יחד הן וא"ו ועולין אחד כי הן גוף אחד ואח"כ פי' עוד ראיה אחת כי הן שני וו"ן עלאה ותתאה וא"ו במילואה הן שני וו"ן וא' באמצע. הכונה ליחדם שהן אחד וכלם ענין אחד. ואמרנו אחד ליחדם, הכונה לפי שלא יתיחדו שתי מדות שלא יתחדש בין שתיהן מציאות מיוחד המייחדם ר"ל ענין בחינה אמצעית שבין שתיהן שע"י אותה בחינה מתיחדות וזו הבחי' אמצעית ממנם בעצם. לא מהעליונות לפי שהיא נגלית ממנה, ולא מהתחתונה שהיא נעלמת ממנה. אבל היא בחי' המתמצעת בין שתיהם ונקרא הבחינה הזאת אל"ף מפני שבה כח היחוד ליחד שתי המדות האלה. ויש לבחינה זו לנו ראייה מספר הזוהר פ' אחרי (דע"ד ע"ב) בענין או"י ו"י הו"י שאמר שם בענין שנסתלק ו' וראש צדיק יעוין במקומו ויתבאר אלינו בספר אור יקר. ונחזור לענין המאמר כי מפני שני הטעמים שאמר אין ראוי להפריד היסוד מן הת"ת לפיכך ראוי שיהיה הת"ת יום שלישי והיסוד אחריו יום רביעי. קווצותי וכו' פי' שיש קצוות שהן בנצח והוד. וביארם במ"א בזוהר (ויחי דרמ"א) ואמר שם נצח נצחים הוד הודות. והכונה על ג' בחינות אשר בכל א' מהם האמצעי הוא הנצח האמיתי' והשנים הקיצונות נקראו נצחים הן השתי בחינות הקצוות הבחינה אשר לנצח מצד החסד והוא בערך מה שמקבלת ממנה והבחינה הג' והיא בערך מה שמשפיע. ואלה השתי בחינות אינם בעצם הנצח אלא בחינת נטפלות אליה. ועצם

הנצח היא הבחינה האמצעיות והקיצונות הן נצח במקרה לא בעצם כאמצעיות. וכן על דרך זה בהוד. וכבר בארנו ענין שלש בחינות אלה בשער אם הא"ס הוא הכתר פ"ז יעוין שם. דעלייהו אתמר שוקיו עמודי שש. הוקשה לו כי כמו שיש נצח נצחים הוד הודות גם כן יש חסד חסדים גבורה גבורות כמו שבאר בזוהר פ' ויצא (דף קנ"ה.) בענין שנים עשר שבטי ישראל וכל אחוריהם ביתה, וא"כ לפי"ז נמצא שכבר ימצא שש קצוות בגדולה וגבורה לזה אמר כי הקצוות שהן בנצח והוד הם יותר מפורסמים בפסוק באמרו שוקיו עמודי שש. רסיסי לילה דא שכינתא וכו', כי היא כוללת כל מה שלמעלה כנודע. ואמאי אתקרי לילה, אין הכונה לשאול למה נקרא לילה כי ברור הוא שהיא מדת לילה ולילה לעולם כנוי אל הדין כמבואר בערכי הכנויים. אמנם כוונת השאלה הוא לפי שמשמעות הפסוק שעתה קול דודה דופק לפתח ביתה להתחבק עם חשוקתו כנראה שעדיין לא נזדווג עמה. ואנן קיימא לן עפ"י הזוהר שלא נקראת לילה כי אם לאחר קבלתה מהזכר ויחודה עמו. וז"ל בזוהר פרשת בא (דף ל"ח ע"ב) תנינן כתיב כי יהיה נערה בתולה. נער כתיב. מ"ט, משום דכל זמן דלא קבילת זכר אתקריאת נער מדקבילת דכר אתקרי נערה. אוף הכי ליל עד לא קבילת דכר. ואף על גב דכתיב ביה שמורים, דכר הוה זמין להתחבר עמה. ובשעתא דאתחבר עמה דכר כתיב (שמות יב מב) הוא הלילה הזה לה' שמורים. שמורים דכר ונוקבא. ובג"כ כתיב הוא הלילה הזה. ובתר דאשתכחו דכר ונוקבא לית לשבחא אלא לדכורא עכ"ל. ולכאורה נראה דבר הזה הפך הסברא כי מן הראוי היה שבעוד שלא קבלה הזכר שנקרא לה לילה להורות על הנקבות וכאשר קבלה הזכר תקרא ליל המורה זכרות, וכן נער נערה. אבל הענין יובן במה שארז"ל (סנהדרין דף כ"ב) אין האשה כורתת ברית אלא למי שעשאה כלי. ועניין עשיית הנקבה כלי הוא ע"י זכר והאות המורה ענין עשיית הכלי הוא ה"א ולכן כאשר קבלה הזכר נקראת לילה בה"א רמז אל היותה עשויה כלי כנקבה לקבל על ידי בעלה. ואז לזכר שיתחבר עמה בעלה ועשאה כלי נקראת לילה. והענין הוא כי ה"א שבמלכות הוא רמז לג' וי"ן שהן חסד דין רחמים. ויש חלוק גדול בין ה"א עלאה לה"א תתאה כי ג' וי"ן שבה"א תתאה הן נצח הוד יסוד, וג' וי"ן שבה"א עלאה הן גדולה גבורה ת"ת. והיחוד ת"ת עם המלכות על ידי האבר הקדוש שהוא היסוד ותרין ביעין דדכורא שהן נצח והוד. והנה בעוד שלא קבלה הזכר שהוא המשלח אליה הדורון להתקשט בג' וי"ן אלה כדי שיהיה בה משכן עליה בעת הזווג נקראת ליל או נער או צדק וכיוצא בהן המורה שעדיין לא קבלה עליה אור הזכר והיא חסרת הקשוט שהיא הה"א שהן שלשה ווין. אבל כאשר קבלה עליה אבר הזכר אז מאירים בה שלשה אורות אלו שהם נצח הוד יסוד ומצטיירים בה קשוטים נאים והם צורת ה"א שהיא שלשה וי"ן כזה ה. ואין הכונה כד קבילת עלה דכורא שיתייחד יחוד הזווג ממש, אלא ההזמנה וההכנה אל הזווג הוא ענין קבלת עליה דכורא הנזכר הנה. דהיינו שדוכין וארוסין שקבלה עליה שם הבעל. והיינו קבלתה קודם הזווג מן הימין ומן השמאל בסוד שמאלו תחת לראשי (שה"ש ב ו) כמו שנרחיב הביאור בשער מהות וההנהגה ובשער פרטי השמות. ואז בציור צורת הה"א דהיינו ג' וי"ן נעשית ודאי כלי דהיינו בית קבול לקבל מציאות שלש הספירות בעצמן שהן נצח הוד יסוד שהן שוכנים בעת הזווג בה ממש במציאות הה"א שהיא מציאות שלשה וי"ן שבה כדפי'. ועתה לפי"ז הוקשה לו כי היה לו לומר קווצותי רסיסי ליל כאשר אמרנו שעדיין לא נזדווג עמה. לזה תקן ואמר דאיהי ליל שבת ליל שמורים, הכונה כי הוא ליל שבת שהוא זמן עונתה וליל שמורים שהכונה שמורה לבעלה לה' וא"כ כיון שהיא לפתח תקוה ראוי שתקרא לילה כיון שכבר הגיע זמנה והיא מקושטת כי אין מלת לילה רמז אל יחוד ממש ויחוד עצמי. אמנם לילה פי' ליל ה' דהיינו ליל שהיא המלכות בסוד תוקף הדין נעשה כבר לילה שפי' שהאיר אותה הזכר וקשט אותה בסוד הה"א שהם חסד דין רחמים לבן אדום ירוק סוד ג' וי"ן הנזכרים לעיל. ולפי האמת כי זה אינו יחוד אלא קישוט, כי על ג' גוונים אלו פי' בענין הקשת בפ' נח (ט טז) וראיתיה לזכור ברית עולם וראיתיה ככלה המתקשטת לבעלה בגוונין ואז לזכור ברית דהוא היחוד. הרי בפירוש שמציאות אור הה"א שהיא ג' גוונים ואלו הג' וי"ן אינם אלא קישוט ואעפ"י שאמר מדקבילת עלה דכורא אתקריאת נערה. לפי שאין גוונין אלו אליה אלא מצד הזכר כדפי' ולא מפני שיהיה אז ממש יחוד שלם כי א"כ היה ראוי שתקרא בשם הזכר או מלה המורה בעצם על הזכר לא לילה ונערה שלפי האמת עקר הה"א בנקבה אלא ודאי כדפי' שאין עיקר היחוד בענין זה ועקרו הוא אחד שהוא נקרא לילה שהוא הקישוט והיותה נקרא לילה הרמז אל קשוטיה והיא יושבת ומצפה לחתנה מתי יבא החדרה להתיחד. וזה שאמר ליל שמורים הוא ודאי לה' פירוש כי היותה נקרא לילה פירוש ליל הממתנת לבעלה שאינה חסר הקישוט אלא

מצפה לבעלה. וענין הכתוב ליל שמורים הוא לה' הוא הלילה הזה לה'. פי' ליל שמורים וכו' שהוא ענין היותה יושבת ומצפה שזהו לשון שמורים הוא הלילה וכו'. ונמצא כי לילה בה"א וליל שמורים הוא לה' הכל ענין אחד. וזה שבאר הכתוב ליל שמורים הוא להוי"ה הוא הלילה וכו'. ואמרו רסיסי לילה הכונה כל אלו האיברים שהם הימים מלאים שפע ורב טוב שהן טפת הזרע הראוי ללילה ואחר כך פתחי לי וכו' ע"כ. והנה נשלמה כונתינו במאמר הזה, ונתבאר בו כי כבר יוצדק היות היסוד אחר הת"ת קודם אל נצח והוד וזה במקרה לא בטבע כי היותו מורגל הוא תשיעי. וטעם שנוי המנהג במאמר הזה באר הרשב"י ע"ה בלשונו באמרו גוף וברית חשבינן חד וכיון שכוונת הכתוב לענין היחוד והזווג לכן יחד התפארת והיסוד שהן גוף וברית המתיחדים יחד אל הזווג. וכבר נוכל לדקדק קצת מזה מדברי הגאון באמרו אצילות שביעי ברית עולם והסי' צדק יקראהו לרגליו. וכי נעלם מהגאון שהיסוד נקרא יסוד ומקרא מלא הוא וצדיק יסוד עולם. אלא הכונה לבאר יחוד המלכות עם יסוד שהיא הנקרא צדק אחוזה ברגלו של היסוד להיותה מתחברת אל הת"ת ולכן הקדימו להורות אל מציאותו הקדום אל הנצחים. ואל מציאותו אחר הנצחים כוון באמרו אצילות ששי עמוד האמצעי והסי' הן אמת חפצת בטוחות. וכי נתעלם מהגאון הפסוק תתן אמת ליעקב כי הוא היותר מפורסם. אלא לבאר לנו איך הוא מיוחד אל הטוחות שהן נצח והוד, וכוונת הכתוב הן אמת שהוא ת"ת חפצת משפיע חפץ ושובע בטוחות שהן נצח והוד. וגדול כח הגאון שכוון לבאר לנו שני ענינים בדבור אחד, והנה נתבאר ענין הקדימה, ועוד נדבר בפרקים הבאים. וכלל הדברים הוא כי האצילות הוא נאצל אחד לאחד. כי כתר האציל חכמה וחכמה האציל וכו' עד אצילות המלכות. והיא סברה נכונה ומוסכמת מן הכתובים ומן הסברא ומדברי התנא הקדוש הרשב"י ומדברי הגאון:

פרק שלישי:

הכונה בפרק זה לבאר סברא אחרת מנגדת לזה. והוא קבלת מורי ורבי החסיד כמהר"ר יוסף קארו נר"ו וז"ל. הא אתינא לאודעא לך קושטא דמלתא ורזא דרזין אלו למנדע. דכד סליק רעוא דרעוין עתיקא דעתיקין א"ס למברי עלמין. בטש מניה חד בטישו ונהיר חד נהירו דאיהו כליל תלת. וכדאמרי רבנן ונקודה חדא איהי כלילא תלת. אורכא ורוחבא ועומקא. והכי ההוא נהירו הוה חד וכלילן ביה תלת "אינון כתר חכמה בינה. לבתר כל חד מהני תלת בטש מיניה נהירו חד דאיהו כליל תרי. חכמה בטיש מיניה נהירו חד דאיהו כליל תרין דאיהו חסד ונצח ועם חכמה גופא הוה תלת. ובינה נמי בטיש מיניה נהירו חד דאיהו כליל תרי דאיהו גבורה הוד ועם בינה גופא הוה תלת. וכתר בטיש מיניה חד נהירו דאיהו כליל תלת דאינהו תפארת יסוד מלכות. דבגין דאיהו קריב טפי לא"ס ודמי ליה דהא נמי איהו נעלם טובא כגוונא דא"ס, מש"ה בנהירו דאפיק כלילן תלת כגוונא דא"ס. והשתא מגו דכח"ב הוה חד נהירו ומלכות נפיק מכתר ואברהם מן חכמה הוו כאלו נפקו תרווייהו מאתר חד. ומשום הכי קאמר אברהם עלה (בראשית כ יב) וגם אמנה אחותי בת אבי היא אך לא בת אמי והא אשתלימו להון ע"ס אילין. עכ"ל תאר צדקותו וחסידותו. וכלל דבריו כי החכמה האצילה ח"ן ובינה האצילה ג"ה וכתר תי"מ. והנה הענין הזה מוכרח מן הסברא. כי מאחר שהחסד הוא מטבעו חסד איך אפשר שתהיה גבורה נאצלה ממנו בהיות הגבורה דין ואש חזק. וכן איך אפשר כי בהיות גבורה דין ואש חזק תהיה עילה אל התפארת שהוא רחמים. זה בלתי אפשר שנאמר שתהה פעולת העלול הפך פעולת העילה. אלא בהכרח נאמר כי החכמה שיסודה חסד הוא עילה לח"ן שפעולותם חסד בשרשם שהוא חסד. וכן ג"ה שהם דין יסודם הבינה שמשם הדינין מתערין כמו שנרחיב הביאור בענייני הדרושים האלה בשער מהות וההנהגה. ולכן נדרש בפרקי דרבי אליעזר בעשרה מאמרות נברא העולם ובשלשה נכללו בחכמה ובתבונה ובדעת. הורה על שעם היותם עשר נכללות בשלשה, שהן חכמה שרש קו החסד, ותבונה שרש קו הדין, ודעת שרש קו הרחמים. וטעם אמרו דעת ולא כתר, נרחיב ביאורה בשער הנזכר. כל זה מורה על חוזק דעת מורי היותו צודק ואמיתי. אבל קשה במקצת כי בזוהר נדרש, מיא אעדו חשוכא, וראיה (שם כה יט) אברהם הוליד את יצחק, ר"ל כי גבורה עלולה מחסד וזה דוחק גדול. ולכאורה הפך הסברא. וכן ג"כ דרשו בספר הבהיר המים הרו וילדו אפילה. מורה כי עלת וסבת הגבורה שהיא האפלה היה החסד שהן המים. וכמה קשה ענין זה להולמו כי היא הפך הסברא כדפירשנו. כי איך אפשר שהדין יהיה עלול מחסד. ועוד כי הרשב"י ע"ה פי' הפך זה באמרו כי דינין מתערין מסטרא דבינה כמו שנבאר בשער הנזכר מורה כי עילת הגבורה היא הבינה ומשם דינים והיא סבתה. ובזולת שתי הדעות האלה שהצגנו בענין האצילות, עוד דעת ג' והוא

דעת הרשב"י ע"ה והוא מבואר במקומות הרבה שהכתר האציל החכמה והחכמה האצילה הבינה והבינה האצילה כל הבנין יחד. וזה נתבאר מהמאמר שהעתקנו בשער עצמות וכלים פ"ז. וכן מוסכם בכמה מקומות כי נטיעות האצי' היו בבינה ומשם נשתלו למטה אל מקום אצילותן. ובדרך זה דרך ג"כ כמה פעמים בכמה מקומות. ולכאורה נראה היות דעת זה מוסכם ברוב דברי הרשב"י ע"ה. ולהכריח הסברא הזאת אין צורך כי היא מפורסמת הרבה. ועתה אל מי ננוס לעזרה ומי יפיס לנו בין ג' הדעות ששלשתם דברי הרשב"י ע"ה ועל מי מכלם נשען לאמר זה הדרך הישר נלך בה. וכאשר לחצנו הדעות האלה, נאמר אין לנו מקום להפטר מלתקן דעות האלה על מתכונתם עד בלי השאיר לנו פקפוק לא קטן ולא גדול. ומהאל נשאל העזר:

פרק רביעי:

קודם אצילות הנאצלים היה הא"ס הפשוט בתכלית הפשיטות, נעלם תכלית ההעלם. ולא היה אלקותו מתגלה אל זולתו להעדר ההויות אשר על ידם קצת גילוי רוממות אחדותו. והיו הספי' בכחם נעלמים בו בכחו במציאות דק ונעלם כאשר ראוי אל אחדותו. ואל יתמה לב האדם באמרנו שהיו נעלמים בו ואל יתבהל להשיב א"כ נמצא שכבר היו הספירות בו יתחייב מזה הרבוי והשינוי. כי אין זה מכלל שאלת החכמים כי אם פתוי השכל. והטעם כי עם היותנו אומרים שהיו הספירות נעלמות בו אין כונתינו בענין זה לומר שהיו הספירות ממש כמו שהן עתה. אבל היו מתיחדים באחדותו יחוד האמיתי וחזק. ונמשיל משל נאה אל אבן החלמיש שמוציאין ממנו האש ע"י הכאת הברזל ומן האש יוצא ברק. ועתה לפי האמת לא יצדק שהאש ההוא ממש היה בתוך האבן והיה אבן נחלק לרבוי החלקים כפי חלקי הניצוצים הנתזים ממנו, זה ודאי לא ישפוט בשכל המשכיל. אלא אדרבה האש ההוא נעלם בתוך האבן ומיוחד בו יחוד אמיתי וחזק באופן שאין בין האבן והאש שבתוכה חלוק ופרוד כלל. כן הדבר בעצם האלקות הפשוט קודם התפשטות לנהל התחתונים היו הספירות מתיחדים בעצמותו וקשורים בו קשר אמיץ וחזק עד שכמעט לא יוצדק בו שם מציאות הספירות כלל אלא יחוד האמיתי. והיחוד הזה והדקות הנזכר הוא מקור הספי' הנעלמים בתוכו הנקראות צחצחות עליונות אשר מהן נאצלו עוד צחצחות אחרות שלא יצדק בהן עדיין אפי' לשון צחצחות כאשר יתבאר בשער הצחצחות בס"ד. וכאשר עלה ברצונו הפשוט לגלות אלקותו ולהטיב במדותיו הנעלמים אל זולתו הוציא ההעדר אל ההויה והאציל מאורו הפשוט ספירה ראשונה הנקר' כתר. והספי' הזאת לרוב דקותה אינה נגלית אפי' אחר אצילותה כל עיקר כ"ש שיהיו ההויות על ידה. כי א"א לרוב אדיקותה במקורו עד שלא יצדק בו יש כלל אלא אי"ן. ואפי' שם אין לא יצדק בפשיטותה אלא בהצטרפה להחכמה והבינה. והטעם כי אי"ן לא יצדק אלא על דבר שיושג חיוב מציאותו השגה במקצת ונשאל על השגה זו מה היא וישיבו אין. להורות שהוא דבר בלתי מושג אבל כבר השיג השכל וחייבה עד ששאל עליה מה ענינה והושב אין. וכתר למיעוט ההשגה בו שאין השגה לתחתונים בו כלל. לא יתחייב בו מלת אין בבחינתו אל המאציל. אלא בבחינתו אל הנאצלים ממנו, שהוא שתופו עם החכמה והבינה, נקרא אין. וכן רמז אי"ן, א' כתר, י' חכמה, ן' בינה, כמפורש בדברי הרשב"י ע"ה במקומות רבים. וכן מבואר בשער ערכי הכנויים ב"ה. עד שהגיע דקותו להיותו מכונה בקצת מקומות א"ס על דרך מקרה. וכן נקרא עלת העלות במקרה. וכן כמה כנוים המורים על העלמה. והחכמה בערכו נקרא י"ש. וזהו אמרו יש מאין, ר"ל חכמה מכתר. ואע"פ שהאציל החכמה עדין היא תכלית הדקות ואל ההוויה לא יוכלו ההויות להתגלות על ידה שמרוב דקותה מכנים אותה בשם מחשבה כי כמו שהמחשבה היא העדר ואינה הויה כן החכמה היא דקה וההויות אל ההנהגה הן בהעדר ואעפ"י שאינה כדקות הכתר לפי שהיא נקרא יש. ועם היות שאמרנו שנקרא יש אין הכונה ביש ישות המושג ממש ישות גמור ח"ו אמנם הכונה במלת יש בההבדל אשר בין האין והיש. לא ישות גמור, אלא כשולל האין. ולא מחייב היש כלל. ואפי' מלת יש לא שייך בחכמה בערך בחינתה אל הכתר אם לא בערך בחינתה אל הבינה והצטרף אליה. שכן פי' י"ש י' חכמה ש' בינ"ה כמבואר בשער ערכי הכנויים. ולפיכך, אעפ"י שנאצלו שתי הספי' לרוב קרבתם אל מקורם לא תוכל ההוי"ה להתהוות. וענין זה אין הכוונה בו שלא יוכלו הספירות להתאצל כלל, שכבר היו מתאצלים כלם בכתר וכלם בחכמה. אבל הענין סוד נעלם ואין מדרכנו להפליג הדברים ח"ו אלא לגלותם. והענין כי הרחמים הן קרובים אל המקור מפני שאינם כ"כ הבעלי השנויים וכל עוד שיתקרב אל המקור הם יותר רחמים. ולא מפני הדקות כאשר חשבו רבים כי ההתפשטות היה סבת הדין, כי זו אלינו סברא דחויה כמו שיתבאר בשער מהות וההנהגה. אלא הטעם כי באור פני

מלך חיים וכל עוד שיתקרבו הספירות אל המאציל ימעט הדין מהספירה שהיא שרשי הדין ויזדכך כ"כ עד שיהי' הכל אור וחיים רצון המטיב ולא יפעלו גזירות הדין ויתבטלו וכוחותיו לא יצאו לפועל לפעול מפני קירוב הנאצלים במאציל והיו כוחות הדין עולים במחשבה ולא נפעלים. וזהו סוד ואלה המלכים וגו' וימת וימלוך וגו' (בראשית לו). ועקר ההנהגה היא מצד בעלי דין כדפירשו רז"ל ראה שאין העולם יוכל להתקיים שתף עמו מדת רחמים אבל עם כל זה עיקר ההנהגה הוא בדין אלא ששתף עמו מדת רחמים שתוף בעלמא. ולכן בהיות שתי מדרגות ראשונות שהן כתר חכמה לא היו כחות הדין מתגלים כלל. ולזה נדע הטעם שקו הדין באחרונה יסע. שמן הראוי להיות הבינה שנייה. כי כמו שהגדולה ראשונה וגבורה שנייה ות"ת המכריע הוא השלישי. אף כי השרשים העליונים היה ראוי שיהיה אצילותם כן, ראשונה אצילות חכמה שרש החסד, ושנייה אצילות בינה שורש הדין, שלישית כתר שרש הרחמים קו המכריע. אלא מפני כי לרוב קורבתן אל המקור א"א אל הדין לגזור גזירותיו ולדון דיניו, כי באור פני מלך חיים. ולכן הוצרך לימשך האצילות ולא נאצלה שורש הדין עד המדרגה השלישית וכאשר נבאר. וענין זה נתבאר בזוהר באדרא דנזיר (דף קכ"ח.) ז"ל תנא עתיקא דעתיקין טמירא דטמירין, עד לא זמין תקוני מלכא ועטורי עטרין שרותא וסיומא לא הוה. והוה מגליף ומשער ביה ופריס קמיה חד פרסא ובה גליף [ושיער] מלכין. ותקנוהי לא אתקיימו. הה"ד ואלה המלכים אשר מלכו בארץ אדום לפני מלך מלך לבני ישראל. מלכא קדמאה, לבני ישראל קדמאה. וכולהו דגליפין בשמהן [אתקרון] ולא אתקיימו עד דאנח להו ואצנע להו. ולבתר זמנא הוא אסתלק בההוא פרסא ואתתקן בתקנוהי. ותנא, כד סליק ברעותא למברי אורייתא ואפקה, מיד אמרה קמיה מאן בעי לתקנא ולמעבד, יתקן בקדמיתא תקנוהי, טמירא דתרי אלפין שנין עכ"ל. ופי' עתיקא דעתיקין הוא כתר עליון. ונקרא זקן זקנים. והכונה כי הוא קודם לקדומים. כי הכתר הוא זקן בערך חכמה ובינה שהם זקנים. וזהו עתיקא דעתיקין. אפי' בערך הזקנים שהן חכמה ובינה הוא זקן ונעלם. להורות על דקותו כי הוא זקן נעלם ומתעלה על העליונות הנעלמות. טמירא דטמירין. פירוש נעלם מן הנעלמים. הכונה כי אפי' מאותם הספירות שהן בהתעלמות. הוא נעלם מהן. עד לא זמין. פי' קודם גלוי תקוני המלך הגדול שהוא הכתר שכבר היה נאצל, אלא שלא היה מתגלה. וספירותיו הנעלמות

ועניניו נקרא עטורי עטרין שהן עטרה לעטרות הספירות כלן. והכונה קודם גלוי תקוני מלכא ועטורי עטרין. שרותא וסיומא לא הוה. פי' חסד ודין לא היה בעולם. כי החסד נקרא ראשית שכן אמרו פותחין בזכות תחלה. ולכן חכמה נקרא ראשית ובו תחלת גלוי שורת החסד. וסיומא נקראת בינה, כי היא שורת הדין כנודע. והן תחלת ההויות והעדרן, כי בחכמה תחלת מציאותן, ובבינה הוא תשלום היקפן בסוד היובל ששם תשובות ההויות בהתימם להקיף שבע שנים שבע פעמים. ולכן אמר כי שרותא וסיומא לא הוה. ואין לומר ששורת הרחמים שהיא האמצעי לא היתה במציאות כלל, שכבר היתה קצת שהיא אצילת הכתר שהוא עתיקא בעצמו. ולכן נאמר שרותא וסיומא שהן שתי הקצוות לא הוה. והוה מגליף ומשער ביה. פי' היו הספירות והקצוות בסוד בחינת הדין מתאצלות במציאות הכתר ושם היו מתחקקות ולא היו מתקיימים שלא היה העולם יכול להתנהג על ידם מפני הדין שלא היה מתגלה כדפי'. וכאשר ראה דקות ההויות ומעוט הדין האציל החכמה והתחיל להחריט בה ההויות ולהוציאם אל גלוי הדין במציאותם. וז"ש ופריס קמיה חד פרסא, דהיינו החכמה שהוא פרוכת ומסך המעלים הכתר וסוגר בעדו. ובה גליף שעור מלכין. ותקונוהי, הן כוחות הדין. ולא כוחותיו החצונים, ר"ל בעל הדין ממש. אלא ענייני הגבורה ודיניה והעולמות שבה הן הנקרא שעור מלכין דהיינו מלכי אדום כדמפ' ואזיל. ותקנוהי, הוא התיקון והאצילות וגילויו, לא אתקיימו. פי' כי לא היה אפשר עדיין בהדין להתאצל ולהתגלות מפני קרבתו אל מקורו. והנה בחכמה הוא בדקות גדול וקרוב אל המאציל ולכן סוד הרחמים מתגברים. ועוד סוד האצילות מצד הדינים לא אתקיימו. הה"ד ואלה המלכים אשר מלכו, פי' כוחות הדין אשר עלה במחשבה להתאצל, לא נאצלו ולא נתגלו מפני דקות החכמה ולכן נאמר בהן וימת, דהיינו העלם. וכן פי' הרשב"י באדרא לקמן, ואמר שאין הכונה שנתבטלו ח"ו אלא שנעלמו עד שנתאצל האצילות ומשם נתגלו העולמות האלה במקום הראוי כדרך הספירות כי היו מתגלות בכתר ואח"כ בחכמה ולא נתקן שם האצי' עד שנאצלו אל מקומם ואל שורתם כראוי. וענין וימת וימת הוא העלם עולם הדין ושורתו שלא היו באפשרות להתגלות מפני תוקפו. ואמרו לפני מלך מלך לבנ"י. פי' מלכא קדמאה [היינו הבינה]. לבנ"י קדמאה. פי' ישראל קדמאה היינו הת"ת. וזה כי [הכתוב] אמר לפני מלך מלך לב"י. פירוש קודם שימלוך ויתאצל הבינה שהוא מלך, וקודם אל

ישראל שהוא ת"ת. והיינו מציאות גלוי העולמות ההם בחכמה. ואמר בארץ אדום. הכונה במקום הדין. כי שם היה מחריט לפניו העולם דהיינו שורת הדין והיו העולמות מתעלמים בלתי מתגלים מפני שעדיין לא נאצלה הבינה ששם תחלת הדין. עד דאנח להו ואצנע להו. פי' כי לא מתו ממש דמשמע שנתבטלו. אלא אצנע להו, דהיינו שהעלימם, כמו שפירש שם בתקוני זעיר אנפין. ונעלמו כענין הספירות עצמן שהם נעלמות בחכמה כמו שנבאר. ולבתר זימנא הוא אסתלק בההוא פרסא. פי' כי סבת ההתגלות הוא סבת ההעלם, וסבת ההעלם הוא סבת ההתגלות. והענין כי בהעלמות האור החזק והתלבשו בלבוש הוא מתגלה. והנה האור מתעלם ולפי האמת הוא מתגלה שאם לא היה מתעלם לא היה מתגלה. כדמיון הבא להביט בניצוץ השמש מפני גלוי ניצוץ השמש הוא העלמו שלא יוכל האדם להביט ברוב בהיקתו וכאשר יעלימהו ויביט בו דרך מסכים אז ישיג להביט בעינו ולא יזיקהו, וכן הענין באצילות כי יתעלם ויתלבש כדי שיתגלה. וז"ש ולבתר זמנא, פי' אחר החריטה הזאת כאשר נבאר אז אסתלק בההוא פרסא. פי' נסתלק כ"ע עם החכמה והאציל הבינה. ושם נתקן, כי משם תחלת גלוי הדין כנודע, דמבינה דינין מתערין, כמו שנבאר בשער מהות וההנהגה בס"ד. ותנא כד סליק ברעותא. הביא הברייתא הזאת להסתייע על הנדרש. סליק ברעותא, היינו הכתר. למברי אורייתא, היינו חכמה שהיא תורה של מעלה הקודמת אלפים שנה וכו'. והכונה שעל ידה תהיה ההנהגה ושורת הדין. ואפקה מיד כו', פי' שהאצילה אל מציאות החכמה חוץ מהכתר, ואמרה קמיה היינו משל אל מציאות העולמות ושורת הדין שלא היו מתגלים בחכמה והיו מתים ומתעלמים. וזהו ענין אמירתה לפני מאצילה (כענין) כענין הפרסא שהזכיר ריש שמעתין. מאן בעי לאתקנא ולמעבד וכו'. פי' כי א"א אל הנעלמים וההויות להתגלות אם לא יתגלה עוד הכתר שלא היה מזומן כדפי' לעיל. ואח"כ כשנתגלה עוד מדרגה שלישית דהיינו בבינה, אז יהיה באפשרות ההויות ושורת הדין להתהוות כראוי. וקרא לכתר טמירא דתרי אלפין שנין. פי' כתר הוא נעלם מחכמה ומבינה שהן תרי אלפין שנין. כי כל ספירה כלולה מי' עולין אל אלף. כי י"פ י' הן ק', וי"פ ק' הן אלף. נמצא הכתר טמירא בתרי אלפי שנין. וקראו טמירא, מפני שלעת כזאת היה נעלם אפי' מתרי אלפי שנין שכן קראו לעיל עתיקא דעתיקין טמירא דטמירין כדפי'. ואז אחר שתקן הכתר בעצמו במה שיתגלה ויזדמן ע"י הבינה אז אפשר לההויות להתגלות ולהתאצל. ועם הקדמת המאמר הזה יובן ענין תשובת הספירות ביובל בשנת החמישים אל הבינה. ולמה לא ישובו אל הכתר שהוא דקות יותר משובח ויותר מתעלה. והטעם כי בבינה הם שם במציאות גלוי ספירו'. אבל מן הבינה ולמעלה, אם יתעלו. יתעלמו כקדמותם. ואין מעלה שיתבטלו ח"ו. כי אין גלוי הספירות אלא מבינה ולמטה, שמשם שורת הדין נוהג. ועם המאמר הזה יובן מה שנדרש בפרקי דרבי אליעזר וז"ל עד שלא נברא העולם היה הקב"ה ושמו לבד. ועלה במחשבה לברא את העולם. והיה מחריט לפניו את העולם. משל למלך שרצה לבנות פלטרין אם אינו מחריט בארץ יסודותיו ומובאיו אינו מתחיל לבנות. כך היה הקב"ה מחריט לפניו את העולם ולא היה עומד עד שברא את התשובה עכ"ל. פי' עד שלא נברא העולם, הכוונה עד שלא נתאצלה הבינה שהיא נקראת עולם, כמו שנבאר בשער ערכי הכנויים, היה הקב"ה ושמו לבד. ורבים פירושו, הקב"ה א"ס, ושמו כתר. וזה לנו דוחק גדול. שאינו צודק מלת הקב"ה בא"ס, כי מלת ברוך הוא מושפע. ואף אם נבאר שפירוש מקור הברכות, כבר בארנו בשער אם א"ס הוא הכתר פ"ה כי מקור הברכה הוא הכתר לפי דעת הרשב"י ע"ה. ולכן נאמר כי הקב"ה הוא הכתר, ושמו היינו החכמה. וענין שם בחכמה אינו זר. כי פי' שם בכל מקום הוא לבוש, כמו שנבאר בערכי הכנויי' (בע' שם). והנה לבוש הכתר הוא החכמה. ואם נבאר לפי דרכם, הב"ה א"ס, ושמו כתר, ועלה במחשבה היא החכמה, לברא את העולם היינו אצילות ההויות כשורת הדין שהן העולם באמיתות ועל שמם נקרא הבינה עולם. והנה עלו במחשבה ונחקקו בה ההויות ושורת הדין כענין הפרסא דהוה מגלף וכו' והיינו היה מחריט לפניו את העולם, ולא היה עומד מפני הדקות כענין מיתת המלכים שפירשנו למעלה שמפני רוב דקות החכמה וקרבתה אל מקורה אין שם הויה נגלית ולא דין מתגלה כי באור פני מלך חיים. עד שהאציל הבינה כי שם גלוי הדברים וזה שאמר עד שברא את התשובה. והנה יצא לנו מזה כי מציאות ההויות וגלויים ע"י הבינה ודקדק וקראה תשובה כי שם תשובת ההיקף וחזרתו אחר היובל:

פרק חמישי:

הכוונה בפרק זה לבאר עוד בענין ג' ראשונות באצילתן. והוא כי עקר ההנהגה בתחתונים אינה כ"א ע"י השש קצוות שהם גדולה גבורה ת"ת נצח הוד יסוד. והם הנחלים הדנין את העולם לטוב ולרע

כאשר ברצון קונם. והנה הו"ק האלה הם דמות אל האילן הצריך נטיעה ושתילה. הכוונה כי צריך ראשונה מציאות נעלם שעל ידו תהיה השקאת האילן הזה. והם שרשיו התקועים ונטועים בתוך הבינה ומשם הנהר היוצא מעדן משקה גן עדנים כדי שיהיה עושה פרי למינהו אשר זרעו בו על הארץ התחתונה היא המלכות. נמצא אל הקצוות האלה שהוא המכונה אלינו בפ' הקודם בשם ההויות ובשם שורש הדין ג' מציאיות מוכרחים. והם מציאות הנטיעה שהם השרשים, ומציאות השתילה שהם ענפי האילן, ומציאות הפירות [הספירות] שהם למטה מקום השפעת הפעולות. והנה להיות ענין מציאות האצילות צריך אל ג' עניינים האלה. כאשר עלה ברצונו להיות נטיעתן בכתר ולא היה מתקיים וכן בחכמה לסבת קורבתם אל מקורם כדפי' וההויות בהם היו בכח הרחמים הפשוטים ולא היה הדין נראה בהם כצורך ההנהגה כדפי'. לכן כשהגיעו הקצוות אל הבינה שם היה נטיעתן ראשונה ושם מציאות שרשם כדי שמשם יהיה שפעם נשפע להם על ידי השרשים הנעלמים בבינה. ושרשם שבבינה משרשם שבחכמה ושרשם שבחכמה משרשם שבכתר. ושם בבינה מציאות ראשון אל הקצוות במציאות מתגלה אל הדין ואל הרחמים. כי בחכמה עם היות ששם ג"כ מציאותם כמו שהעיד באמרו והוה מגליף כו' שמחקק בה בפרסא, הורה שמציאותם בחכמה וכמו שנבאר. אבל בבינה נתגלו מציאות מתגלה אל דין ואל רחמים כענין שהוא [רחמים] ודינין מתערין מינה כמו שנבאר בשער מהות והנהגה. ואח"כ מהבינה נשתלו אל מקומם העצמי דהיינו מציאות שני אל הקצוות והוא מקומם ממש שהם הו"ק מאירות כלם ופעלו פעולתם. והם כמו עצם האילן היונק משרשיו כן הספי' יונקים משרשם הנעלמים בבינה וזהו מציאות שני אל הקצוות כלם. אח"כ האילן עושה פירותיו שהם פעולות הספירות הנפעלות על ידי המלכות כנודע. וענין הקצוות האלה הששה הם כפולים ששה לדין וששה לרחמים. והן הן י"ב הויות שבת"ת שהם י"ב גבולים שהם פקידי התל"י גלג"ל ול"ב שסימנם תג"ל. והם עולם שנה נפש וסי' עש"ן שג' אלה הם בינ"ה ת"ת מלכות, שבהם ג' מציאות של הקצוות, ולכן נצטיירו הגבולים בג' מקומות אלה כמו שנרחיב ביאור בשער פרטי שמות בפ' ז' ח' ט' י'. ואחר שנתעוררנו כי מציאות הקצוות לא היה באפשר להתגלות ע"י כתר וחכמה נבא לבאר סדר אצילתן עד הגיעם אל הבינה. ואח"כ נבאר בפ"ע אצילתן מבינה ולמטה.

הנה כאשר עלה לפניו להאציל הכתר בעת אצילותו היה בתוכו ע"ס זו בתוך זו וזו בתוך זו מתעלמת אחת בחברתה וכלם בתוך הכתר, אמנם לא היו מתגלים בתוך הכתר הז' ספירות אבל העיקר שהיו מתגלים בו היו החכמה והבינה. נמצא שבכתר נקודה כלולה מג' נקודות מתגלות בתוכו שהם נעשו מג' אורות שהם שרשים נעלמים שהם אור קדמון אור צח אור מצוחצח כמו שנרחיב ביאור בשער הצחצחות. והנה בתוך הג' נקודות האלו היו הספי' נעלמות כמו שנבאר בפ"ו בע"ה. והנה הכתר האציל החכמה והשפיע בתוכה כל הספי' שהם נכללות בג' נקודות והם ג' בחינות שבחכמה כנגד ג' ראשונות שהם ג' מוחות שבארנו מתוך דברי הרשב"י ע"ה בשער אם הא"ס הוא הכתר בפ"ז בס"ד. והנה החכמה האצילה הבינה ובה ג' נקודות שבהם נכלל כל האצילות והם ג"כ נגד ג' ראשונות. והנה לא בעת האצילות החכמה או הבינה נאצלו הספי' בתוכה אלא בענין אצילות כל ספירה וספירה מג' ספירות האלה הראשונים היו ששה בחינות. הבחינה הא' בחינה הנעלמה קודם גלויה בספירה המאצלת אותה והיא נעלמת כ"כ עד שכמעט היא נעדרת. בחי' ב' הוא גלויה שמתגלית ונראית בתוך הספירה המאצלת אותה. בחינה ג' גלויה בעצם אל מקומה הראוי והיינו מציאות הספירה. בחינה רביעית לתת בה כח לשתוכל הספי' העליונה להאציל בה הספירות ולקבל כל שאר הספירות. בחי' חמישית היא לתת בה כח שתוכל להאציל הספירות הנעלמות בתוכה אל מציאותם המתגלה בעצמותה. בחינ' ששית גלויים במקומם הראוי להן. והענין הוא בראשונה הא"ס האציל הכתר והיה הכתר נעלם ולא מתגלה אויר שאינו נתפס. אח"כ בטש בו הא"ס והאצילו בחי' מתגלה. שלישית בטש בו והאצילו במקומו הראוי לו. רביעית אח"כ בטש בו והאציל בו כח שיוכל לקבל הספירות. ה' האציל בו כח שיתראו בו הספי'. ו' האציל בו כח שיוכל להאציל הספי' אל מקומם הראוי להם דהיינו בחכמה המתגלית בערך עצמה. וכדרך שש בחי' אלה אל הכתר מצד הא"ס כן דרך החכמה מצד הכתר. אלא שג' בחינות אחרונות של הכתר הן ג' ראשונות של חכמה כיצד ראשונה גלויה בכתר ולא גילוי מתגלה אלא מציאותה שם הרי זו היא רביעית שאמר בכתר שנתן בו כח שיוכל לקבל הספירות שהם מציאות הספי' בהעלם. ושנייה של חכמה שהיא גלויה בעצם בתוך הכתר היינו חמישית של הכתר שהיא שנתן בו כח שיתראו בו הספי'. ושלישית של חכמה שהיא גלויה אל מקומה העצמי

היינו ששית של הכתר שהוא ר"ל הא"ס האציל בו כח שיוכל להאציל הספירות אל מקומם הראוי להם. עוד ד' אל החכמה והיא שנתן בה כח שתוכל לקבל הספי' בעצמותה היינו בחינה ראשונה של הבינה שהוא מציאות אצילותה בחכמה בהעלם. חמישית אל החכמה והיא שנתן בה כח שיוכל לגלות מציאות הספירות בעצמות החכמה והיא שנייה אל הבינה שנתגלה בתוך החכמה גלוי מתראה קצת. ששית אל החכמה והיא שנתן בה כח להאציל הספירה אל מקומה הראוי לה והיא שלישית אל הבינה שנתאצלה אל מקומה. עוד רביעית אל הבינה והיא ראשונה לתת בה כח שתוכל לקבל הקצוות והיינו מציאות ראשונה אליהם ובחינה ראשונה. עוד חמישית אל הבינה לתת בה כח שיתראו בה מציאות הקצוות גלוי מתראה והיינו שרשים שפי' למעלה. עוד ו' אל הבינה והיינו לתת בה כח שתוכל להאציל הקצוות אל מקומם העצמי. הרי מציאות אצילות ג' ראשונות אמור. וענין הבחי' האלה הם כמסמרות נטועים אין בהם פקפוק כלל שכללנו אותם מתוך דברי רשב"י ע"ה בענין האצילות. וידענו כי כאשר ירד המעיין אל עומק דברי הרשב"י מתוך דברינו אלה תברכנו נפשו. והנה מציאות אשר לקצוות בדרך העלם גמור בתוך הכתר ובתוך החכמה היא המכונה בחריטה הנזכר במאמר בפרקי דר"א. וכן ענין הגליפה והחקיקה הנזכר בדברי הרשב"י ע"ה. ואין הכוונה באמרם היה מחריט את העולם. וכן עניין הוה מגליף, ולא אתקיימו. שממש היה מביט אם היה אפשר להתקיים ר"ל להתגלות שורת הדין שם ח"ו שהרי אין ספק לפניו ולא חסרון ידיעה. אלא הוא מציאות מקורות הספירות הנעלמות בכתר ובחכמה כנ"ל. והנה ענין ארבע מערכות אלו שהם חכמה ובינה ות"ת ומלכות באו הרמז בהם ארבע אותיות שבשם שבכל אות ואות מהם נכלל כל העשר ספירות כמו שנבאר בשער שם בן ד'. והנה המערכת החמשית והיא הכתר קוצו של יו"ד לרוב דקותה אינה נזכרת בשם. וד' מערכות שהם חכמה בינה ת"ת מלכות פי' הרשב"י ע"ה בפ' בראשית כאו"א לבדה במקום בפ"ע פעמים הרבה. והזכירם רבי אבא ארבעתם יחד בפ' תזריע (דף מ"ג) וז"ל אמר רבי אבא, מה רבו מעשיך ה' (תהלים ק ד). כמה סגיאין עובדוהי דמלכא קדישא. וכולן סתימין בחכמה. הה"ד כלם בחכמה עשית. כלם בחכמה כלילן ולא נפקין לבר אלא בשבילין ידיען לגבי בינה. ומתמן אתעבידו כלא ואתתקנו כלא. כד"א ובתבונה יתכונן. ועל דא כלם בחכמה. עשית בבינה. מלאה הארץ, הארץ דא כנסת ישראל דמתמן אתמלי מכלא כד"א (קהלת א) כל הנחלים הולכים אל הים וגו'. קניניך, דהיא אפיקת לון לבתר, הה"ד אלה תולדות השמים והארץ בהבראם בה' בראם ובג"כ מלאה הארץ קנינך עכ"ל. והנה לא חסר המאמר הזה כלום מצרכינו ואמר וכלהו סתימין בחכמה. פי' שאע"פ שנראה שהם בחכמה אחר שעשייתה עמה עם כל זה אינם בגלוים בחכמה אבל בחכמה הם סתומים נעלמים תכלית ההעלם. והכריח הענין באמרו הה"ד כו', פי' עם הדבר הזה יובן הפסוק שאמר כלם בחכמה עשית ואח"כ מלאה הארץ. וקשה בו כי הארץ ודאי הוא המלכות, וחכמה היינו חכמה ממש, וא"כ איך אפשר שמציאות ההויות הן מן החכמה אל המלכות ואין ביניהם חילוק בחינה כ"א מדריגה אחת שהרי החכמה עילה ראשונה אל ההויות והמלכות עלה רביעית ויש ביניהם שתי מדרגות זולת החכמה והמלכות והיאך הזכירם הכתוב יחד אל ההויות. אלא מאי אית לך למימר דפסקיה לקרא בסכינא חריפא. ופי' כלם בחכמה ולא שהם בחכמה בעצם אלא כלולים בה, וז"ש וכלהו בחכמה כלילן. ודקדק מלשון כלם שהוא לשון כללות וע"כ אין להמלט שלא יצאו ע"י הנתיבות לחוץ היינו לבינה ששם אשד הנתיבות ושם ינוחו מרוצתם. וז"ש ולא נפקי לבר אלא בשבילין ידיען לגבי בינה. פי' על כרחך יציאתם מהחכמה אל הבינה. וא"כ הרי הבינה מערכה שנייה אל הקצוות שהם ההויות. ומתמן אתעבידו וכו'. הוקשה לו כי אין בכך הכרח כי כבר אפשר שיהיה עשייתם בחכמה והם עוברים דרך הבינה מעבר בעלמא ולא שיפעלו שם פועל קנייני מציאותיי כלל. לז"א שאינו כך אלא מתמן אתעבידו כלא ואתתקנו כלא וכו', והרי עקר עשייתם ותיקונם היה על ידי הבינה. ולזה הביא ראיה מן הכתוב ובתבונה יתכונן. פי' ובבינה שהיא ג"כ נקראת תבונה כדפי' בערכי הכינויים, על ידה יתכוננו ויתייצבו הספירות וההויות והמעשים. והנה לפי"ז ע"כ מלת עשית לא אהדר לחכמה, אלא ענין בפ"ע דהיינו עשיית הבינה בהויותם והתכוננותם על ידה. וזה שאמר וע"ד כלם בחכמה, פי' כלם כלולים בחכמה. ופסקין לקרא הכא. עשית, היינו עשיית הבינה ותיקון ההויות וגלויים בה. מלאה הארץ וכו'. הוקשה לו כי הוא הכריח היות העשייה בבינה מטעם כי א"א שיהיו ההויות נאצלות מהחכמה למלכות דהיינו מן הקצה אל הקצה. ומכח זה אמר שעשית אהדר לבינה. ועתה גם לפי"ז קשה שהרי בין בינה למלכות נמי אית מדריגה שנייה דהיינו שנה שהוא הת"ת דהיינו מקום

שתילתן כדפי' לעיל. ולזה השיב כי מלאה הארץ, תיבת הארץ היא המלכות בבחינת קבלתה מן הת"ת. וז"ש דא כנסת ישראל. פי' דא, כאמרו א"א להמלט כי הארץ נקרא מלכות בבחינתה המקבלת מן הת"ת שזהו כנסת המקבלת ומכנסת מישראל שהיא הת"ת. וכן הארץ מקבלת מן השמים ושמים וארץ הם ת"ת ומלכות כנודע. נמצא בחינתה הנקרא ארץ ובחינתה הנקראת כנ"י הכל דבר אחד, ושניהם בסוד קבלתה מן הת"ת. ומה גם עתה שנאמר מלאה הארץ. כי המלוי של הארץ הם הנחלים הנשפעים אליה והם ההקצוות היוצאות מן הבינה. ענפים מקבלים משרשיהם ומוציאים במלכות פרי מעשיהו. וזה שאמר דמתמן, דהיינו הבינה הנז' לעיל. היא מתמלאת מכלא, פי' מכל הנחלים שהם המערכה השלישית. והכריח הענין מן הכתוב כל הנחלים הולכים אל הים והים איננו מלא. נראה שמלוי הים הוא ע"י הנחלים שהם הקצוות הנכללים בנחל הגדול הוא נחל ת"ת. וכיון שאמר מלאה הארץ, ודאי שהכוונה שנתמלאה על ידי הממלא אותה שהוא הת"ת שהוא כולל המערכת השלישית דהיינו עצם הספירה והקצוות. והנה עתה נמצאו בפסוק זה ד' חלוקות הם ד' מערכות. מערכת הראשונה היא החכמה, ושם ההויות נעלמות תכלית ההעלם וז"ש כלם בחכמה. ומערכת שנייה והיא מערכת השרשים והיא הבינה והיא נרמזת בכתוב במלת עשית. ואין לתמוה על עניין עשייה בבינה כמו שנבאר בשער ערכי הכנויים (בע' מעשה). ומערכת שלישית והיא מערכת הת"ת, והוא נרמז במלת מלאה לפי הדרך שפירשנו. ומערכת רביעית והיא מערכת המלכות הנרמזת בארץ, והיא להוציא הדברים על המציאם למטה. וז"ש דהיא אפיקת לון לבתר. ופי' לבתר, לאחר המדרגות האלה נזכר לעיל. דהשתא ניחא דהיא אפיקת לון לבתר. אבל למאי דסלקא דעתין דמחכמה למלכות היה פי' הפסוק קשה, שאין מערכת המלכות לאחר מערכת החכמה. אבל עתה שפי' כי בפסוק הוזכרו ג' מערכות שהם בחכמה ובבינה והקצוות דהיינו הת"ת. היינו דהמלכות אפיקת לון לבתר דהיינו לבתר דחכמה ובינה ות"ת כסדרן. הה"ד אלה תולדות השמים והארץ. ופי' תולדות שמים והארץ, שהם ת"ת והמלכות, הרי שהתולדות א"א להיותם בארץ אם לא ע"י שמים שהוא הזכר המשפיע בנקבה. בה' בראם. פי' כי אע"פ שאנו אומרים שהת"ת ומלכות הולידו והוו התולדות וההוויות, אין כוונתנו ששניהם יחד היו מהוים אותם שוה בשוה ונמצאו שניהם יחד מערכת אחת. אלא הכוונה שהתפארת עם קצוותיו מראה הפעולות ומשפיעם למלכות והם מערכה אחת. והמלכות מראה אותם למטה והיא מערכה אחרת. וז"ש הכתוב בהבראם בה' בראם. כי הבריאה היה בה' לבדה. ובג"כ בא הת"ת בהעלם בפסוק ולא הזכיר הת"ת בפסוק. כי היה ראוי שיאמר ושמים וארץ מלאו קניניך. למה העלים השמים במלת מלאה הארץ כדפירשנו. אלא ודאי שרצה להשמר שלא נבא לכלל טעות לומר ששמים וארץ היו מהווים ההויות יחד שניהם ביחוד אחד ונמצאו שניהם מערכה אחת ואין כ"א שלש מערכות. לזה אמר מלאה הארץ קניניך. כי המלכות היא מערכת רביעית, כמו הת"ת והקצוות עצמן. והממלא הארץ שהוא הת"ת והקצוות הם מערכת שלישית בפ"ע. ע"כ הגיע פי' המאמר. ומתוכו למדנו ענין ד' מערכת אלה, ויש לד' מערכות האלה כמה וכמה ראיות יותר ויותר ברורות מאלה. ולפי שכל אחד מהד' היא לבדה במאמר בפני עצמו אחד הנה ואחד הנה לא ראינו להאריך בראיות כ"א במאמר קצר ונחמד ומתוק:

פרק ששי:

אחרי אשר נתעסקנו בפרק הקודם בענין אצילות ג' ראשונות ואמרנו כי היו שלשתם כלולות בנקודה אחת שהוא הכתר. עתה נאמר מש"א שכל הספירות היו נכללות בהן הוא על סדר זה כי בכתר עליון היו ת"ת ויסוד ומלכות שהם מתיחסים בקו האמצעי קו הרחמים. ובנקודת עצם שרש החכמה היו נכללים גדולה ונצח שהם מתיחסים אל קו הימין קו החסד. ובבינה היו כלולים גבורה הוד שהם מתיחסים אל קו הדין לצד השמאל. זה הענין מוכרח בסוד הפעולות כמו שנבאר בשער מהות והנהג' בס"ד, וכמבואר לעיל בפ"ג בדברי מורי נר"ו. ואחר כך כשעלה הרצון לפניו להאציל בכח הכתר החכמה, הנה כשהאצילה אח"כ השפיע בתוכה והאציל ראשונה הבינה. ואחר כך הת"ת ויסוד ומלכות ולא במציאות מתגלה כגלוי הבינה. ועם היות שאמרנו ת"ת ויסוד ומל', עם כל זה יסוד אינו עולה עדיין בשם כלל אלא ד"ו פרצופין לבד. והנה תחלת גלוי ד"ו פרצופין הוא בהחכמה לבד. ומפני זה נמצא כי ענין ד"ו פרצופין עם היות שעקרם מכתר אינם עולים בשם אל ענין אצילותם אלא בחכמה לבד מפני ששם היו מתגלים מפני שהיה להם מסע ראשון מהכתר לחכמה. הרי שבחכמה הם עתה ד' מדרגות באצילות. הראשונה בינה והיא מתגלית בה מפני כי אפילו בכתר היתה באה

בנקודה [אחת מן הג' הנכללים בו. מעסיס רמונים] כ"ש עתה. והשנייה היא אצילות ד"ו פרצופין והם מתגלים אבל לא כבינה מפני שבכתר היו נעלמים ועתה לא נתגלה אלא גלוי קצת. והשלישית היא אצילות חסד ונצח והם נעלמים שעדיין לא נסעו ממקומם. והרביעית הוא אצילות גבורה והוד שאין להם מציאות הגלוי כלל מפני שאפי' מקורם שהיא הבינה היתה עדיין נעלמת בחכמה ולא נאצלה. אח"כ האצילה החכמה הבינה בכח הכתר בכח הא"ס. ובעת גלוי הבינה נתאצלו בעצמותה סוד קו הדין הנעלם כי כן ראוי שהם מעצמותה והיא שרשם. ותיכף לאצילות הבינה האצילה החכמה בה בכחה החסד והנצח ובכח הכתר הד"ו פרצופין. נמצאת הבינה מתאצלת בתוכה ג' מיני אצילות ראשון היותה מתגלה ועיקר הד"ו פרצופין שהאציל כתר עליון בחכמה והחכמה בכח הכתר האצילם בבינה נמצא הכתר ממש האצילם וממנו היו כדפי'. והנה האצילות הזה מתגלה יותר משאר האצילות שבתוך הבינה שזה לו מסע שני. ראשונה יסעו מכתר אל החכמה ואח"כ מחכמה אל בינה. ואצילות שני הוא קו החסד שהם גדולה נצח וזה מתגלה יותר מקו הדין ולא כ"כ כמו קו הרחמים. מפני שאין לו אלא מסע הראשון שהוא מחכמה אל הבינה. אבל קו הדין עדיין בשרשו נתון שהוא בבינה עצמה ולא נסע אנה ואנה עם היות שנתגלה על ידי הגלוי ששרשו נתגלה קצת. ועם ההקדמה הזאת יתישב טעם למה אין הדין אלא מבינה ולא מבינה ולמעלה מפני כי הבינה שורש הדין ואפילו בתוך הבינה אין לו גלוי כ"ש מבינה ולמעלה. וגם עם ההקדמה הזאת יובן הטעם למה תפארת ומלכות עולים עד הכתר כדמוכח בתקונים משא"כ לחסד ולנצח שלעולם אינם עולים מהחכמה ולמעלה. מפני ששרשם הוא בחכמה. ונמצא עתה כי הת"ת ומלכות עולים עד הבינה ושם להם מקור ושרש מתגלה. עוד עולים בחכמה. ושם להם מקור מתגלה ושרש נמצא ולא כשרשם בבינה שהוא יותר נעלם. עוד עולים עד הכתר כי שם שרשם הנעלם. והחסד והנצח עולים עד הבינה ושם להם שרש המתגלה. עוד עולים בחכמה ושם להם שרש נעלם יותר משרשם בבינה. ומחכמה ולמעלה אין להם עלייה מפני שאין להם שרש למעלה אלא שרש שרשם שהיא שרש בחכמה, ועם היות שבשרש הזה ג"כ נכללים היינו בהעלם גדול. והגבורה וההוד עולים עד הבינה לבד ושם להם שרשם ומשם ולמעלה אין להם שרש אם לא שרש שרשם שהוא שרש הבינה והם שם בדקות גדול כדפי'. וזהו טעם שהדין מבינה ולמטה. וכן זהו הענין ואלה המלכים אשר מלכו בארץ אדום שפירש הרשב"י ע"ה שפי' [בפ"ד]. ועם היות שאמרנו שאין להם עלייה משם ולמעלה לא ח"ו שאין להם עליה כלל כי מי נגע בזה ונקה. אלא הכוונה מדה אחת או שתי מדות אין להם עלייה אבל כשיתייחדו כל שלשה קוים לעלות כל קו וקו לשרשו אז יתעלו אפי' עד אין סוף כדפי' בפרק הקודם בענין ג' נקודות, וכן אפילו על מדה אחת יכול להיות שתרד הכתר על הגבורה וכדומה. ונחזור לענייננו הנה אחר שנתאצלו כל הקצוות בבינה על סדר האמור, הנה בכח החכמה האצילה הבינה החסד שבה עם הנצח שכלול בה עם החסד. והטעם שהקדים החסד אל הגבורה מפני שפותחין בזכות תחלה ולכן הוכרח להקדים החסד. ולהאציל הת"ת כדרכו א"א מפני שהת"ת הוא המכריע בין הקצוות. ואם אין מחלוקת, מכריע למה. לכן הוכרח להאציל תחלה החסד. ואח"כ הבינה בכח עצמותה האצילה הגבורה וההוד כלול בתוך הגבורה, שנצח ענף החסד והוד ענף הגבורה. ואח"כ האצילה הבינה בכח הכתר ד"ו פרצופין, להיות מכריעים בין הימין קו החסד ובין השמאל קו הדין. ולהיות כי קדימת ד"ו פרצופין קודמת באצילותן אל הגדולה והגבורה כדמוכח לעיל שהם קודמין שאצילתן מכתר לכן יש להם מציאות על החסד והגבורה. וזה הטעם כי רוב הפעמים הת"ת אנו מונים אותו שביעי ממטה למעלה להורות שהוא על החסד והגבורה בסוד הבחינה הזאת העליונה שהוא קודם אל הגדולה והגבורה והוא בחינתו הנעלמת שהוא בסוד העלמו בבינה. אבל מצד אצילותו למטה הוא חמישי ממטה למעלה שמורה על היותו למטה מגדולה וגבורה בסדר אצילותו. וכן הענין הזה אל היסוד כמו שבארנו לעיל בפרק א"ב. והנה נמצא עתה שנאצלו ג' ספירות, חסד מצד החכמה גבורה מצד הבינה ת"ת מצד הכתר, והכל ע"י הבינה. ואין עתה מקום לבעל הדין לחלוק ולומר כי שבעה נאצלו יחד מהבינה שכך הוא שבתוך כל אחד וא' מג' אבות נאצל ענף אחד, וכן צדקו גם כן דברי הגאון שעל הסדר נאצלו שכן היו הענין כי כל אחת ואחת קודמת לחברתה כדפירשנו, וכן צדקו דברי מורי נר"ו. אח"כ גלה החסד הנצח בכח החכמה, ואח"כ גלה הגבורה ההוד בכח הבינה, ואח"כ גלה הת"ת היסוד הנעלם בו בכח הכתר. וכבר ימצא לפי האמת שהיסוד בערך בחינתו עם התפארת קודם אל הנצח וההוד ואף אם הוא מאוחר מן הטעם שבארנו בתפארת. והנה אחר כך בעונותינו שרבו נתמעטה הירח ונטרדה ממקומה וירדה להיות עשירית

למטה מהיסוד ונעשה היסוד תשיעי כמו שנרחיב ביאור בענין זה בשער מעוט הירח. והנה נתקן בזה הדרוש ונתישב על מתכונתו והושלמו כל הדעות עם הדעת המחייב שאחד לאחד על הסדר נאצלו כמו שבארנו. כי תחלה נאצל הכתר ואחר כך נאצל מן הכתר חכמה ומן החכמה נאצלה הבינה ומהבינה נאצל החסד כי כן היה כי עם היות שעקרו בחכמה נאצל ע"י הבינה ואח"כ מחסד נאצלה הגבורה כי עם היות שעקרה מן הבינה לא נכחיש כי דרך החסד נתגלה אל מקומה ודרך בה דרך העברה דרך משל אל השכל האנושי. וכן דקדק לשון הרשב"י ע"ה (בראשית דף ל"ב ע"ב) שאמר מייא אעדו ואולידו חשוכא פי' הרו החשך כי הריון היה שהרו מן החשך כענין [הבן] הנשפע מן הזכר אל בטן הנקבה והנקבה מתעברת ממנו ואין עקרו מן הנקבה אלא מן הזכר שהפקידו בבטן הנקבה. וכן החסד הורה מן הגבורה ועקר הגבורה נשפע בו מן הבינה. וכן הת"ת נאצל בכח הכתר מן הבינה דרך החסד ודרך הגבורה עד מקומו הראוי לו ואח"כ נאצל הנצח מן החסד דרך המדרגות עד מקומו הראוי לו ואח"כ נאצל ההוד מן הגבורה ואח"כ יסוד מן הת"ת בדרך הספירות הנזכר ואח"כ המלכות ע"י המיעוט. וכן נתבארו דברי הרשב"י שחייבו כי שבעתים נאצלו מתוך הבינה כי כן היה כי שם נמצאו השבע ספירות יחד ומתוכה נאצלו למטה כדפי' לעיל בענין ג' מיני אצילות שבתוך הבינה. וכן נתבארו דברי מורי נר"ו ביאור מספיק. והוא יסוד כונתינו בסדר האצילות. עם היות שאין אנו צריכין אל הטעם למה מן הכתר נאצלו ג' ומן החכמה שנים ומן הבינה שנים, מפני שכבר נתבאר ענין ד"ו פרצופין ששניהם אחד ותרי פלגא דגופא הוו והיסוד בתוכם מיחדם. וגוף וברית חשבינן חד. וע"י אחד משני טעמים אלה נתקן הכל. ועוד שסוד קו הרחמים המכריע בין הימין והשמאל עקר הכרעתו בין הגדולה והגבורה בסוד יסוד האויר ויסוד העפר ששניהם יחד מכריעים יחד בין האש והמים כמו שנבאר בשער המכריעין יעויין במקומם. ואמנם צריכין אנו אל הטעם ההוא לענין הדעת שהוא שרש הרחמים בענין ונכללו כלם בחכמה ותבונה ודעת שכתבנו לעיל בפ"ג ויתבאר הענין בארוכה בשער מהות והנהגה. והנה בזה נכלל הפרק הזה ונשלם השער הזה בחנינת החונן לאדם דעת:

שער הששי הוא סדר עמידת הספירות

הכוונה בשער הזה הוא מה שראינו המקובלים האחרונים מציירים להם צורות בענין הספירות זה אומר בכה וזה אומר בכה, ולפי האמת אין אחד מן הדעות עולה על הדעת. ובשער זה נבאר צורת רוב הדעות ונגלה הדרך שיבור לו האדם:

פרק ראשון:

בענין צורת הספירות ר"ל סדר עמידתן רבו בו הדעות וציירו להם המקובלים צורות ביריעות גדולות וקראום אילן. יש שרצה לציירם בצורת א' כיצד חלקו הראש לג' חלקים הא' לכ"ע וצד ימין של ראש א' חכמה והשמאלי בינה. והקו אשר למטה מהיו"ד שהוא וא"ו של אלף קרא ראשו הימין חסד וראשו השמאלי גבורה ואמצעי ת"ת. וממראה מתניו ולמטה מה שכנגד הימין נצח ומה שכנגד השמאל הוד ומה שבין שניהם יסוד ועוקץ התחתון מלכות וזו צורתה. הנה כוונו לכתוב צורות האדם העליון בצורת אלף לרמוז כי כלו יחוד שלם.

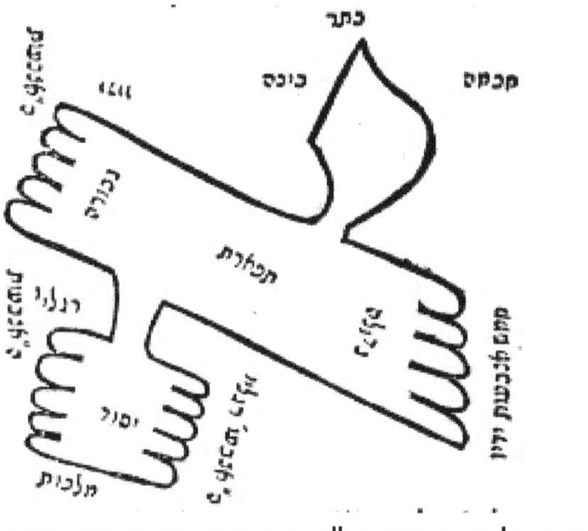

אף על פי שנאמר י"ס שהוא מורה דברים מחולקים כלו הוא יחוד שלם וזה הורה בדמות אלף. ויש קצת סמך לדעת זה בדברי הרשב"י בס' התיקונים (תקון נה) וז"ל תא חזי קרקפתא דא **א** כגוונא דא, ד' סטרין דיליה בהון הוי"ה הוא חד ושמיה חד אין עוד מלבדו כו' עכ"ל. ואע"פ שאין דבריו וציורו ממש כנ"ל, אעפ"כ מתוכו נראה כי כוונת השם שהוא י' ספירות כנודע, נרמז בצורת

האלף לרמוז אל י"ס מיוחדים אחדות שלימה אחדות שוה. וז"ש בהון ה' הוא חד ושמיה חד פי' להורות שמתייחד הוא ושמו עם היות ששמו מורה י"ס. והנה מציאות הא' מורה על היחוד. וענין י' אצבעות וי' אצבעות אין מקומו הנה ויתבאר בשער הנשמה פ"ח. ואחרים ציירו צורת י' ספי' בצורת אלף כזה. והן אמת כי הצורה הא' היא היותר מתקבלת כי היא קרובה אל הקבלה אשר ביד רוב המקובלים כאשר נבאר. ואין כוונת המקובלים האלה לומר שזה ממש סוד עמידתן כי במציאות

הצורה הזו לא צינורות ולא ימין ושמאל בעצם (ר"ל חסד ודין). אלא כוונתם להורות על היחוד הגמור כמו שהאלף פי' אחד כן הי"ס הן אחדות שלימה. וכיון עוד בזה לעשות צורת הפתח בעוקצה למעלה מן הכתר לרמוז כי אין הכתר סבה ראשונה ח"ו אלא עליו אדון יחיד המושל בכלן ומשפיע עליהם שפע. ופתח אחד למטה במלכות לרמוז כי כוונת כל זה להנהגת התחתונים והוא מעבר אל השפע הנשפע מהסבה ראשונה אל ברואיו כאשר בארנו בשערים הקודמים. עוד צורה אחרת כתבה ר' משה דליאון בספר השם שחבר ואמר שהיא תלויה בדעת ספר הבהיר. וקצת מקובלים דרכו דרך זה ובפרט כי רצו להסמך בו על ענין נעוץ סופן בתחלתן כי הסוף שהיא המלכות נעוץ בתחילה שהוא הכתר וצורתה כזו. ואין דעתם בענין צורה הזו בענין נעוץ סופן בתחילתן מתישבת כלל כאשר יראה המעיין בשכלו אלא ענין נעוץ סופן בתחילתן הוא סוד גדול נתבאר בתיקונים בדברי הרשב"י ונבאר אותו בשער ממטה למעלה. עוד יש שכתבו צורה קרובה אל הסכמת מקובלים והיא כזו:

כתר	בינה	חכמה
גדולה	תפארת	גבורה
נצח	יסוד	הוד
	מלכות	

והעתיקה גם כן רבי משה דיליאון בספר השם וכתב ואין הדעת הזה עולה יפה ע"ד הקבלה אבל ה"ר שם טוב בן ר' שם טוב הגיה עליו בגליון ז"ל לענ"ד אין הדעת הזאת עם הדעות אחרות חולק והוא עמוק מאד ומנה ע"ס מכתר הידוע ששמו כשם רבו הוא הכ"ע אדון יחיד וזה נקרא בס' יצירה חתם רום (ביו"ד) [ביה"ו] ונקרא כתר כמוהו כי הוא המקיף אל כל הספירות וזהו סוד המחשבה הנאצלת מכ"ע

החכמה כלומר היותר נגלית והיא בכח הא"ס מוציאה הפעולות לפעול דמיון הנקבה לכן היא בשמאל והבינה נקרא כן שהיא בין שניהם בסוד הדעת הגנוז בה הוא אצילות כתר הידוע בסוד כ"ע וזהו סוד ג' שמות שגילה השם למשה בסנה והשני' בשם שני הוא הכל דמיון הנקבה על זה סוד עמוק מאוד עכ"ל. והנה כיון לתת טעם לבינה שהיא בנתים לחכמה שהיא בשמאל. ותחלת דבריו יובנו קצת בסברת הדעת אשר לו אשר כתבנו בשער אם הא"ס הוא הכתר פ"ג. ולפי האמת אריכות בענין הסברא הזאת שחכמה אל השמאל וכתר אל הימין ובינה היא באמצע הוא פועל בטל כי הוא סברא זרה ודחיה כי סבירא להו שחכמה היא דין ובינה מכרעת בין החכמה והכתר. והדעת זה בטל כמו שנאריך בשער מהות והנהגה בפרק ה'. והדעת הנכונה והמקובלת המוסכמת בפי כל המקובלים היא זו וכתבה ר' משה דיליאון בספר השם וז"ל ויש דעת אחרת נאה ומקובלת מאוד עולה על כולנה והיא אמת שג' עליונות כעין סגולתא והוא זאת.

כתר

חכמה   בינה

גדולה   גבורה

תפארת

נצח   הוד

יסוד

מלכות

ודברי פי חכם חן, כי היא סלת נקיה. והדרך הזה תפס ר' יהודא חייטי בספרו ונתן סימן לדבר סגולתא סגול. סגול. כי ג' ראשונות סגולתא, וג' שניות סגול, וג' שלישית סגול, ומלכות מקבלת מכלן למטה מכלן. אמנם כתב בענין המלכות דברים שאסור לשומען ושרי ליה מאריה. וכן מוסכם ומוכרח הצורה הזאת מתוך דברי הרשב"י במקומות רבים. ובפירוש הנקודות סבירא ליה כי ג' ראשונות הם סגולתא וסגולתא הרמז שלה בהם וכן סבירא ליה שסגול הם ג' אבות ולעתים ס"ל שהם נה"י מורה היות הדעת הזה מוסכם ומוכרח. עוד פי' במ"א והוא הכרח גדול להדעת הזה וז"ל בס' רעיא מהימנא (בהעלותך דף קנ"ג) ויהון חכמה חסד נצח לימין דבגינייהו אמר דוד ימין הוי"ה עשה חיל ימין הוי"ה רוממה ימין הוי"ה עושה חיל. ותלת משמאלא יתקשרון כחדא דאינון בינה גבורה הוד. ותלת דרגין דאמצעיתא כתר תפארת יסוד, דאחדין בימינא ושמאלא עד כאן לשונו. הנה ביאר בפירוש, כי חכמה חסד נצח הם אל הימין, ובינה גבורה הוא אל השמאל, וכתר תפארת יסוד באמצע. ולפי סדורם הידוע אצלינו הוכרח היותם על הדרך שציירנו למעלה. והיות המלכות תחת היסוד הוא מוכרח, כי היא מקבלת ממנו, והוא השושבין בינה ובין בעלה, והוכרח היותה תחתיו. ועוד כי היא פתח הכניסה כאשר הוכרח מתוך דברי הרשב"י ע"ה מקומות רבו מספר. עוד נתבאר הענין הזה בתקונים (בתיקוני זוהר חדף דף קי"ב) וז"ל - ותשע ספירות אינון משולשין בעמודא דאמציעותא כגוונא דא. חכמה חסד נצח, כתר תפארת יסוד, בינה גבורה הוד, מלכות עשירית לון ורביעית לון עכ"ל. והכוונה מבוארת כי הספירות מסודרות שלוש שלוש. ואחר שידענו הענין הזה. בהכרח סדרם הוא כתר ת"ת יסוד באמצע. מפני כי הת"ת והיסוד הם ממוצעים ומכריעים בין הדין והרחמים, כמו שנבאר בשער המכריעין. ולכן הוצרך ציורם בצורה הזאת שציירנו לעיל. עוד נתבאר בתיקונים (תקונא ס"ט דף ק"א ע"ב) וז"ל כתר על חכמה ובינה איהו סגולתא חולם על צר"י. סגול איהו נקודה תחות צר"י. חסד גבורה תפארת לתתא. נצח הוד יסוד באמצעיתא איהו שרק והכי כד תפארת באמצעיתא איהו שלשלת. עכ"ל לעניינו. והנה אמר כי כתר על חכמה ובינה בצורת סגולתא. ואמר כי תפארת למטה מגדולה וגבורה והיינו סגול. אמת כי לעתים תהיה ממש בין גדולה וגבורה ואז תהיה בצורת שלשלת. וז"ש כד תפארת באמצעיתא איהו שלשלת. וכן יסוד בין הנצח וההוד והם שרק, שהם ג' נקודות בשורה אחת, עם היות שאינם באלכסון כמשפטו, ע"כ. הרי מתוך המאמרים האלה הוכרח הצורה שציירו רוב המפרשים בספירות והיא סברא נכונה ואין בה ספק:

פרק שני:

אחר שבפרק הקודם עמדנו להציב ענין האצילות בצורה שהסכימו בה כל המקובלים או רובם והכרחנו אותו במקצת מאמרים מדברי הרשב"י ע"ה בתקונים. ראינו להעתיק הנה סברת בעל מאירת עינים שיש מתוך המאמרים האלה הריסה אל דבריו והוא מנגד אל כל המקובלים וז"ל בפרשת

תרומה. ראשונה כתב בשם ר' שם טוב צורה אחת והיא עם הצורה המוסכמת צודקת ואינה חולקת על הצורה שהכרחנו בפרק הקודם אלא בשלש ראשונות וזו צורתה.

כתר

חכמה

בינה

גדולה גבורה

תפארת

נצח הוד

יסוד

מלכות

ועם היות סדר ג' ראשונות אלו הוא סברת בעל מאירת עינים ודעת רבי טודרוס הלוי בספר המערכ' וכן כתב קצת מזאת הסברא רבי משה דיליאון. הנה מתוך המאמרים שהכרחנו בצורה הקודמת בפרק הקודם נמצא הריסה אל דבריהם בפירוש ואין צריך להאריך. עוד כתב בספר מאירת עינים בפרשה הנז' וז"ל הנני מצייר לך צורת עשר ספי' בהעמדתן הנכונה האמיתית לאשר נתן השם ית' עינים לראות ולב להבין ולא ראיתי אחד מן אלף בכל המקובלים שהרגיש בענין זה מבלעדי מורי שקבלתי ממנו וזו היא.

כתר

חכמה

בינה

גבורה גדולה

תפארת

הוד נצח

יסוד

מלכות

וכל האומר על התבני' הזאת שהיא מהופכת, דור תהפוכות הוא. ואם כונת האומר טובה, שכלו מהופך הוא. מבקש לראות אחוריים, ואנחנו הפנים שנאמר שויתי ה' לנגדי תמיד וגו'. ואעפ"י שאין הספירות אלא רוח הקדש מחשבות רוחניות מיוחדות זו לזו יחוד אמתי. והכל מיוחד באין סוף, לא"ס. ואין למעלה לא ימין ולא שמאל. אלא שאלו מיימינים לזכות, ולפיכך נקרא ימין ורחמים. ואלו משמאילים לחובה, ולכך נקרא שמאל ודין. מ"מ הרי דהמע"ה אמר שויתי ה' לנגדי תמיד וגו' (תהלים טז ח). ועל כל זאת אחז"ל (יומא דף נ"ג) כשאדם פוסע שלש פסיעות יתן שלום לשמאלו תחלה מפני ששכינה כנגדו והכי הוא משתחוה לימינו של שכינה ואח"כ נותן שלום לימינו שהוא שמאלו של שכינה עכ"ל. ויש לנו עליו כמה תשובות. ראשונה במה שאמר הוא מבקש לראות האחוריים ואנחנו הפנים. אפילו לדידיה אין בטעם זה ממש כי כן ראוי שלא להביט בפנים כדכתיב (שמות לג כג) וראית את אחורי ופני לא יראו. ואפילו האחוריים כמה אחוריים לאחוריים הנראים כ"ש להביט בפנים הנוראים (ע' בתקונא סט דקי"א במ"ש על לא תוכל לראות את פני). וזהו הפך הדעת הנכון. ועוד כי הענין הוא הפך דעתו [ז] כי הפנים הם בסדר הזה ימין כנגד ימין ושמאל כנגד שמאל. וראיה מענין דתפילין כי פרשה ראשונה קדש והיא חכמה לימין הקורא ולשמאל המניח, ופרשת והיה אם שמוע שהיא גבורה לימין המניח ולשמאל הקורא. ולפי דעתו היה ראוי להיות בהפך כי המניח מניח ימין כנגד ימין ושמאל כנגד שמאל והקורא שהוא כנגדו יהיה שמאל לימין וימין לשמאל. ואין תשובה מן והיה כי יביאך שהוא הבינה ושמע שהוא הגדולה הם ביושר שמע גדולה לימין המניח והיה כי יביאך לשמאל המניח. זו אינה תשובה כלל, שאדרבה החכמה והגבורה הם עיקר אל הענין הזה מפני כמה דברים. כי מן הראוי לסדר חכמה אל הימין מפני שהוא ימינית ראש לכל הספירות, וגבורה עיקר השמאלית לחובה. ולמה לנו להפך אלו שהם עיקר מפני שנים שאינם [אלא] שורש הימין והשמאל. ועוד כי שמע נמי אל הימין הקורא בבחי' והיה אם שמוע וכן והיה כי יביאך אל שמאל הקורא בבחינת קדש. וזו ראיה מוכרחת מה שא"א לומר בקדש והיה אם שמוע, שבבחינת כלם לעולם קדש לשמאל המניח וימין הקורא, והיה אם שמוע לימין המניח ושמאל הקורא. וזה ודאי הריסה אל דברי בעל ספר מאירת עינים. ועוד ראייה מעליית המזבח כי שם יסוד היחוד, כמו שפי' הרשב"י ע"ה בזוהר (במדבר דף ק"ך), והעתקנו ל' בשער עצמות וכלים בפ"א, ובשער מהות והנהגה פכ"א. והנה עלייתו היה בכבש והכבש היה בדרומו של מזבח ובהיותו עולה היה פונה לקרן דרומית מזרחית שהוא ימינו של העולה, ואם אמת כדברי ספר מאירת עינים

היה ראוי שיפנה על שמאלו כי שם ימין כנגדו, והיה ראוי שיהיה הכבש בצפון המזבח כדי שבעלייתו בכבש יפנה אל שמאל העולה דהיינו ימין שכנגדו ויפנה לקרן צפונית מזרחית כסדר הזה וכו'. אלא מאי אית לך למימר כי הצורה הזאת אין בו ספק שהיא מהופכת והצורה האמיתית היא הצורה המוסכמת בדברי הרשב"י ע"ה שהוא ימין אל הימין ושמאל אל השמאל [ח]. ולכן דרשו כל פנות שאתה פונה לא יהא אלא לימין וזה ימינו של אדם ממש דלא שייך תמן שמאל שכנגדו ולא ימין שכנגדו. וכן דרשו באאע"ה שכל פנותיו היה אל החסד. עוד תשובה אל מה שרצה להסתייע מפסוק שויתי ה' לנגדי תמיד אינו ראייה כי דהמע"ה היה אומר כך משום יראת השם נגד פניו כל היום והיה חושב כאלו שכינה כנגדו לעולם והוא כעבד לפני המלך לבלתי יתמוטט מעבודתו לא מעט ולא הרבה. ומה שרצה להסתייע מענין ג' פסיעות וכי נניח כל שאר ענייני המעשה ונביא ראיה מפרטי אחד והוא ענין הפסיעות. ועוד כי אין ראייה כלל דאדמותבת לי מסברת רבא דאמר ימינו ימינו של הקב"ה שמאלו שמאלו של הקב"ה, תסייעי לי מסברת אביי דהוה חשיב ימינו ימין דידיה ושמאל שמאל דידיה ממש לחושבו כי ענין הפסיעות ככוונת שאר המצות והמעשים. עד שרבא הורה לו כי פי' ימינו ר"ל ימינו של הקב"ה שמאלו שמאל של הקב"ה הפך שאר הדברים. והטעם כי עתה שבא להפטר בא להורות לאדם שלא יחשוב היות דבריו לריק ולבטלה ח"ו אלא שיהיה מובטח שנשמעו דבריו כאדם המדבר עם המלך החדרה ונפטר מהמלך בשלום ואהבה. או אפשר להראות האדם אמונתו שאעפ"י שייחד העולמות העליונים באחורים הנראים עם כל זה הקב"ה הקשיב לו בפנים הנוראים. לפיכך כשבא ליפטר נותן שלום לימינו של הקב"ה שהוא שמאלו. ועד"ז נוכל לפרש פסוק שויתי ה' לנגדי תמיד וגו'. או אפשר שנאמר כי ענין השלום בזה הוא למקבל התפלה ועושה אותה כתרים לרבו עם היות שאמר ימינו של הקב"ה ושמאלו של הקב"ה. כך ג"כ אמרו (במס' ברכות ד"ז) א"ר ישמעאל ראיתי את אכתריא"ל י"ה הוי"ה צבאות וכו' והוא הוא המקבל התפלות ואינו מלך הכבוד, שא"כ לא היה אומר ראיתי ממש ח"ו. וכמו שהוא ידוע כי אכתריא"ל הוא שר במרום ולא אלוה. ועם כל זאת אין דוחק אמרו י"ה הוי"ה צבאות, כי המלאכים נקראים בשם רבם בשם הכבוד החופף עליהם. וכן הוא אומר באברהם (בראשית יח ג) ויאמר אדני אל תעבור, ופירשו חז"ל לגדול שבהם אמר, והכוונה הכבוד החופף ומתלבש בהם שהיא השכינה. וכן בענין אכת"ריא"ל כי על הכבוד המתלבש בו נאמר י"ה הוי"ה צבאות. וכן בענין עושה שלום שנותן שלום לימין שכנגדו ולשמאל שכנגדו מפני שהכבוד חופף עליו ומתלבש בו. ושם שייך שמאל ממש וימין ממש. וסוד זה תלוי בידיעה ענין המלאכים יתבאר בשער ההיכלות [ט]. ועוד תשובה אחרת והוא במה שמפורסם היות האדם צורותיו ותכונתו ואבריו ועורקיו וגידיו דמות בבואה עליונה. והאדם הוא צל עליון שנתגשם ונתעבה בעה"ז והוא דמות בבואה עליונה הנראה בעולם הזה. א"כ מן הראוי שיהיה ימינו לימין הדברים העליונים ושמאלו לשמאל דברים העליונים כענין הצל שהוא ימינא נגד הימין שרשו. והענין הוא שרש ועיקר באמונה והחסידות. ועוד כי לפי האמת אין למעלה לא ימין ולא שמאל והכל ימין והכל שמאל. וראייה גדולה מענין הלוחות שהיו אחד מהענפים העליונים שנתגשם הרוחניות ונתעבה לכבודן של ישראל, והעידו עליהם רז"ל (שקלים דף ט"ז) כי עשרת הדברות נראות בהם מכל צד ומכל עבר ומכל פנה. ואם במתגשם כך שאין בו לא ימין ולא שמאל אלא הכל ימין והכל שמאל, כל שכן וק"ו בדקות הרוחני המתעלה על כל עילה ישתבח ויתעלה. ואם אנו גוזרים ימין ושמאל הוא בבחינת הזכות והחובה כענין שאמרו אלו משמאילים לחובה ואלו מיימינים לזכות. וידוע כי ענין הזכות והחובה הוא בערכנו לא בערך הרוחניות אלא בערך פעולותיו אל נבראיו, אם כן ימינו הוא ימיננו ושמאלו הוא שמאלנו ואין חלוק בין זה לזה. וענין הפסיעות הוא על אחד מן הדרכים שפירשנו. ונמצאנו למדים שעיקר הצורה הנכונה בזה היא כפי מה שציירנו בפרק הקודם והכרחנו בדעות הרשב"י ע"ה ג' אל הימין ג' אל השמאל ג' באמצע והמלכות מקבלת מכלם. זהו העולה מתוך דברי רוב המקובלים. ויש עוד חזון ונבאר אותו בפרקים הבאים בעזרת הצור וישועתו:

פרק שלישי:

אחרי שנתעסקנו בפרקים הקודמים בחקירת צורת עמידת האצילות הטהור והקדוש, ועלה בהסכמתנו הצורה המוסכמת בפי כל המקובלים. רצוננו לגלות אזן המשכילים בענין הצורה הזו מה מהותה וענינה ומה הכוונה בציורה. וקודם כל דבר צריך להקדים עם היות שאנו אומרים ימין ושמאל אין שם לא ימין ולא שמאל במקומם לא אחור ולא פנים. אמנם ענין הספי' הם כמו שנבאר. והנה ידוע כי כל סבה מקיף את מסובבו וכל עילה מקיף את עלולו והעלול מוקף

מעילתו, כאשר נקודת הארץ באמצע הרקיע והרקיע סובב את הארץ והרקיע סבת כל הדברים אשר תחת השמים ברצון הקונה, כאשר הוא מפורסם בין החוקרים כי תנועת הגלגלים סבת הרכבת היסודות, וביארו הרמב"ם ז"ל בפ"ד מהלכות יסודי התורה ואמר כי תנועת הגלגלים יחייב הרכבת היסודות בעולם השפל. וכן הגלגל היומי מקיף כל הגלגלים והוא סבתם עד שהוא מחזירם הפך תנועתם שהוא ממערב למזרח והוא מחזירם ממזרח למערב ברצון קוניהם. ועל הכל מקיף את הכל גלגל השכל. וכן מידי עלות המדרגות, כי כל אחד ואחד מקיף את כל המדרגות אשר למטה ממנו. וזה נראה בהכרח ובפרט כשיעיין בפרקי מעשה בראשית ישמח ויגל וישקע אהבת הקדמתנו זאת יותר בלבבו. ויש לזה ראייה ממאמר דריש לקיש (בחגיגה די"ב) וז"ל אר"י שני רקיעים הן שנאמר הן לה' אלקיך השמים ושמי השמים ריש לקיש אמר שבעה ואלו הן וילון רקיע שחקים זבול מעון מכון ערבות. וילון אינו משמש כלום אלא נכנס שחרית ויוצא ערבית ומחדש בכל יום מעשה בראשית שנאמר הנוטה כדוק שמים. רקיע שבו חמה ולבנה ככבים ומזלות קבועים בו שנאמר ויתן אותם אלקים ברקיע השמים. שחקים שבו רחיים עומדות וטוחנות מן לצדיקים שנאמר ויצו שחקים ממעל וגומר וימטר עליהם מן לאכול. זבול שבו ירושלם ובית המקדש ומזבח בנוי ומיכאל השר הגדול עומד ומקריב עליו קרבן שנאמר בנה בניתי בית זבול לך מכון לשבתך עולמים. ומנא לן דאקרי שמים דכתיב הבט משמים וראה מזבול קדשך ותפארתך. מעון שבו כתות של מלאכי השר' שאומרים שירה בלילה וחשות ביום מפני כבודן של ישראל שנאמר יומם יצוה ה' חסדו ומה טעם וכו'. עכ"ל לעניננו. והנה לומר שהז' רקיעים אלו הם ז' רקיעים שמנו חכמי התכונה א"א שהרי אמר שבאחד משבעה אלו הם חמה ולבנה ככבים ומזלות ואם היו הז' רקיעים אלו שבע רקיעים שמנו חכמי התכונה היה ראוי שימנה שמנה. ז' אל ז' ככבי לכת, וא' למזלות. ולא כן כוונתו שאמר שחמה ולבנה ככבים ומזלות הם באחד מז' רקיעים ששמו רקיע. ולפרש כי רז"ל חולקים עם חכמי התכונה [ס"ל דחמה ולבנה כוכבים ומזלות קבועים בגלגל אחד לבד א"א. וע"כ לא פליגי חכמי ישראל עם חכמי האומות אלא אם גלגל קבוע ומזל חוזר או מזל קבוע וגלגל חוזר אבל במנין הגלגלים לא פליגי. ועוד הרי חזרו והודו חכמי ישראל לחכמי אומות דמזל קבוע וגלגל חוזר אבל במנין הגלגלים לא פליגי. ואחר שמזל קבוע וגלגל חוזר יחויב רבוי הגלגלים לפי מנין המזלות שהם משונים בהתהלכותם, וזה מוכרח. והטעם הנכון לזה הוא כי כלל כל הט' גלגלים הוא ברקיע אחד. וכן כל שאר הרקיעים הם עולמות עליונים ובכל אחד מהם כמה וכמה רקיעים. וכבר אמרו החכמים המדברים בענין מעשה בראשית כי מספר הרקיעים כחשבון השמים הנזכר בפסוק (יחזקאל א א) נפתחו השמים ואראה מראות אלקים ומספרם תשע מאות וחמשים וחמשה כי מ"ם סתומה של השמים עולה שש מאות שהיא אות שניה של הכפולות והם נכללים כלם במספר קצר שהם ז' רקיעים או ט' או ה' כי יש לכלם סמך וסעד, ואין מקום להאריך. והנה כשאמר חמה ולבנה ככבים ומזלות שם כלל כלל כל הרקיעים שמנו חכמי התכונה. ואין זה מן התימה שהרי חכמי התכונה מנו כיוצא בזה שאמרו שגלגל הירח אחד והם אמרו בפי' שהם ג' וכן כל הגלגלים מספרם י"ח כמו שפי' הרמב"ם בפ"ג מהלכות יסודי התורה. וכן כלל כלם ברקיע אחד והטעם הזה מספיק ונכון על דרך הפשט. ולפי האמת לא מנה ברקיעים אלו אלא עניינים רוחניים כמבואר בזהר ורעיא מהימנא, והרי שמכנה הדברים הרוחניים ההם בלשון רקיעים להיות שכלם מקיפים את העולם ואת הגלגלים, וכן הכל כי כל שיעלו המדרגות יסבבו המדרגות בתוכן. וכן עד"ז ענין הספירות, כי כלם בתוך הא"ס ממ"ה, ובתוך הכתר החכמה, ובתוך החכמה הבינה, ובתוך הבינה החסד, ובתוך החסד הגבורה, ובתוך הגבורה הת"ת, ובתוך הת"ת נצח, ובתוך הנצח הוד, ובתוך ההוד יסוד, ובתוך היסוד המלכות. ותוך המלכות הבריאה, ובתוך הבריאה היצירה, ובתוך היצירה העשייה, ובהם נכללים ענין מעשה בראשית ומעשה מרכבה. נמצאו בתוך המלכות המרכבות. וביארו רז"ל בפרקי מרכבה מענין המרכבות והכסאות. ובאותן הדברים אשר בפרקי מרכבה אותן הדברים אשר בפרקי מעשה בראשית, ובתוך אותן הדברים אשר בפרקי מעשה בראשית הגלגלים, ובתוך הגלגלים הארץ, ובתוך הארץ בטיבורה הם ז' ארצות. ולענין זה מז' ארצות היינו משתוממים בכל המציאות הזה בעצמו עד שעלה בדעתנו לומר שענין ז' ארצות האמור במעשה בראשית ובדברי הרשב"י ע"ה היא ענין האיקלימים אשר חלקו התוכנים. עד שזכנו האל ברחמיו ואנה לידינו מאמרים הרבה המכחישים הסברא הזאת ומסכימים כי שבעה ארצות ממש הם בתוך הארץ. וז"ל הזהר פ' ויקרא (ד"ט ע"ב) רבי יהודא פתח

ויאמר אלקים יהי רקיע בתוך המים. תא חזי, בשעתא דקודשא ברוך הוא ברא עלמא ברא ז' רקיעים לעילא, ברא ז' ארצות לתתא, ז' ימים, ז' נהרות, ז' יומין, ז' שבועות, ז' שנים, ז' פעמים, ז' אלפי שנין דהוי עלמא. קב"ה בשביעאה דכלא. ז' שחקים [ס"א רקיעין] לעילא וכלא חד. ובכל חד וחד שמשין ככבים ומזלות דמשמשי בכל רקיע ורקיע ובכלהון מאינון רתיכין אלין על אלין לקבל עליהון עול מלכותא דמאריהון. ובכלהו רקיעין אית רתיכין ושמשין משניין דא מדא אלין על אלין, מנהון בשית גדפין ומנהון בד' גדפין, מנהון בד' אנפין מנהון בתרין אנפין מנהון בחד, מנהון אשא דלהיט מנהון מיא מנהון רוחא הה"ד עושה מלאכיו רוחות משרתיו אש לוהט. וכלהו רקיעין אלין על אלין כגלדי בצלים אלין לתתא ואלין לעילא, כל רקיעא ורקיעא אזלא ורעשא מאימתא דמאריהון על פומיה נטלין ועל פומיה קיימין. ועלאה מכולהו קב"ה דנטיל כלהו בחיליה ותוקפיה. כגוונא דא ז' ארצות לתתא וכלהו בישובא. בר דאילין עלאין ואלין תתאין. וארעא דישראל עלאה מכלהו וירושלים עלאה על כל ישובא. וחבירנא יתבי דרומא חמו בספרי קדמאי ובספרא דאדם דהכי מחלק כל אינון ארצות דכלהו משתכחי לתתא כגוונא דאינון רקיעים לעילא אלין על אלין ואלין על אלין. ובין כל ארעא וארעא רקיע דמפריש בין דא לדא ועל דא כולהו ארצות פרישן בשמהן וביניייהו ג"ע וגיהנם ואית ביניייהו בריין משניין אלין מאלין כגוונא דאינון רתיכין דלעילא מנהון בתרין אנפין מנהון בארבע מנהון בחד וחיזו דאלין לאו כאלין. ואי תימא הא כל בני עלמא מאדם נפקא וכי נחית אדם לכלהו ארצות ואוליד בנין וכמה נשין הוו ליה. אלא אדם לא אשתכח אלא בהאי עלמא עלאה מכלהו דאקרי תבל וכמה דכתיב (ויצו לתבל) [משחקת בתבל] ארצו. והאי תבל אחידא ברקיעא דלעילא ואתאחידא בשמא עלאה הה"ד והוא ישפוט תבל בצדק ודאי ובג"כ בנוי דאדם אשתכחו בהאי עלאה דאקרי תבל ואינון עלאין על כלא כגוונא דלעילא. מ"ט, כמה דלעילא לכלהו רקיעין אית רקיע עלאה מכלהו ולעילא אשתכח כסא דקב"ה כד"א כמראה אבן ספיר דמות כסא ועל דמות הכסא דמות כמראה אדם עליו מלמעלה, אוף הכא בהאי תבל אשתכח מלכא דכלא ומאי איהו אדם מה דלא אשתכח בכלהו תתאין. ואינון תתאי מאן אתו אלא מקסטורא דארעא וסיועא דרקיעא דלעילא נפקין בריין משניין אילין מאילין. מנהון בלבושיהון, מנהון בקליפין כאינון תולעים דמשתכחי בארעא, מנהון בקליפין סומקין אוכמין וחיורין ומנהון מכל גוונין. כך כל בריין כגוונא דא. ולא אשתכחו בקיומא בר י' שנין או יתיר. ובספרא דרב המנונא סבא פריש יתיר דהא כל ישובא מתגלגלא בעיגולא ככדור אלין לעילא ואלין לתתא וכל אילין בריין משניין משנוייא דאוירא כפום כל אתר ואתר וקיימין בקיומייהו כשאר בני נשא. ועל דא אית אתר בישובא כד נהיר יממא לאלין חשוך לאלין לאלין יממא ולאלין ליליא ואית אתר דכולא יממא ולא אשתכח בו ליליא בר בשעתא חדא זעירא והאי דאמרי בספרי קדמאי ובספרא דאדם קדמאה הכי הוא. דהכי כתיב אודך על כי נוראות נפליתי נפלאים מעשיך, וכתיב מה רבו מעשיך ה'. ועל דא כלא שפיר ורזא דא אתמסר למאריהון דחכמתא ולא למפלגי תחומין בגין דאיהי רזא עמיקא דאורייתא. כגוונא דא אית בימא דאית ביה כמה בריין משניין דא מן דא הה"ד זה הים גדול ורחב ידים כו' שם אניות יהלכון כו'. וכלא תליא דא בדא ומתקשרא דא בדא וכלא (כוונא) [כגוונא] דלעילא ובכלהו עלמין לא שלטא בכולהו בר אדם וקב"ה עליה. רבי נהוראי סבא פריש לימא רבא ואתרגיש ימא ואתאבידו כל אינון דהוו בארבא ואתרחיש ליה ניסא ונחית בשבילין ידיעאן בליבא דימא ונפק תחות ימא לישובא חדא וחמא מאינון בריין כולהו זעירין והוו מצלי צלותא ולא ידע מאי קאמרי. אתרחיש ליה ניסא וסליק אמר זכאין אינון צדיקייא דמשתדלי באורייתא וידעי סתימין דרזי עלאי, ווי לאינון דאפליגו על מלייהו ולא מהימני. מההוא יומא כד הוה אתי לבי רב ואמרו מילי דאורייתא הוה בכי. אמרו ליה ואמאי קא בכית אמר לון בגין דעברנא על מהימנותא דמילי דרבנן ומסתפינא מן דינא דההוא עלמא עכ"ל. וידענו כי הדברים האלה קשים אל השכל האנושי ומבהילים לב המעיינים. ואין ראוי למאמין בקבלתם לספק בהן כי לא לחנם הביא הזהר שנסתפק ר' נהוראי עם היותו מגדולי ישראל וממעתיקי השמועה כדמוכח מתוך המדרשים ומתוך הגמ'. אם נרצה לומר שהוא היה ר' מאיר שהוא ר' נהוראי כדפי' במס' [עירובין] (דף י"ג) או אם נאמר שהיה זולתו כדמוכח מתוך דברי המאמר הזה שהיה מוקדם אל הרשב"י ע"ה או בזמנו והיה בעל שם ומסוים בדורו. וכן מוכח במדרש רות מהזוהר וכן בספר הבהיר. ועם רוב חסידותו וחכמתו נסתפק בו ונענש בענין אבידת הספינה וראה בעינו קצת מן הענין, ולכן הנשארים ישמעו ויראו ולא יזידון עוד. והנה מתוך דברי המאמר יובן איך הם בעצמם לא היו בקיאים בענין הזה בבירור כדמוכח מתוך ראיותיו מספרא דאדם קדמאה

ומספרא דרב המנונא נראה דהוו מילי פייגן בלבייהו ולא מתיישבי כאשר יראה ויקרא המעיין. והדברים מוכרחים מצד עצמם מכח הקבלה האמיתיית ואין להרהר. ואפי' נמשך מזה אל המעיין ספק או ספיקות כאשר יקרה לנו ראוי להעלימם ולהסתירם אחר שאין להם כעת תרוץ. שלא יבא אחר מן הנרפים בדברי רז"ל ויקנתר מתוך דבריו. ולכן נקוה רחמי האל יזכנו בידיעת זה באמיתית בלי שגיאה בלב. וכעת אין להשפיע לזולתו כלל אלא חוזק האמונה הנמסרת בזה מתוך המאמר הזה. [י] ואל היותר עינינו אל ה' אלקינו עד שיחננו ויוציא לאור משפטינו ולכן לא נכניס עצמינו בביאור המאמר לא רב ולא מעט. ואיך שיהיה הנה מוכרח מתוך המאמר הזה כי בטיבור הארץ הם ז' ארצות זו בתוך זו כדרך הגלגלים, וכדרך הזה נעלה מנקודת הארץ עד הסבה הראשונה הא"ס ב"ה וכל הדברים הם בתוכו. ועם זה נוכל להבין מה שאמרו הוא מקומו של עולם ואין העולם מקומו. וכבוד אלקים הסתר דבר ולא יחייב הענין הזה ח"ו מקום לכבודו ית' עם היות שיש אומרים כי כבר נתן רשות ליחס מקום [ר"ל] המעלה. ואף מזה אנו בורחים אלא שמלא כל הארץ כבודו. כי אפי' מגלגל ט' אמרו שממנו ולמעלה אפס המקום והוא בלי מקום כ"ש למעלה למעלה. ומה שאנו אומרים כאן מענין ספירה בתוך הספי' ובדברים האלו אין הכונה היות פשוטן של דברים כן ח"ו כי זה עון פלילי ואש הוא עד אבדון תאכל כי המאמין כדברים האלה ח"ו מגשים האלקות והוא הפך האמונה השלימה שאינו גוף ולא כח בגוף. וכן כל האצילות אחר שהוא קרוב אליו הוא משולל מן הגוף ומקריו כי כל הקרוב קרוב מחבירו מקודש מחבירו. ומה שאנו אומרים זה למעלה מזה הוא קדימת מעלה לא קדימת מקום כמו שנבאר. וישים המעיין דברינו אלה נגד עיניו ואל יהיה בחושבי רע ואל יחשוב היותו בעל מקום. כי אדרבה הוא מקומו של עולם ואין לו מקום והוא המציא המקום שבו נתהוה כל בעל מקום. וקודם בריאת בעלי המקום הוצרך לברוא המקום שבו יברא בעלי המקום. וכבר הסכימו החוקרים כי מגלגל ט' ולמעלה אין מקום, וגלגל השכל העשירי שהוא הקודש חונה בלי מקום והוא מקום אל בעלי המקום שהוא ממנו ולמטה. ודי לנו בזה להתראה אל המעיין ובאלקיו ישוב וחסד ומשפט ישמור וצריך ליזהר מן השגיאה כי בדברים אלו שגגת תלמוד עולה זדון. ובטחנו בקוננו שלא יבא מתוך דברינו אל השגיאה ח"ו. כי על כיוצא נאמר (קהלת יב ט) ואזן וחקר ותקן משלים הרבה, ודרשו בגמ' (עירובין דף כ"א) היתה התורה כקופה שאין לה אזנים. עם שזה נדרש בגמרא על סייגי התורה עם כל זה ירמז גם אל כונתינו כי היתה התורה כקופה שאין לה אזנים עד שתקן המשלים בהגשים הדברים הדקים ומשם יובן הרוחניות. וכמה מעניינים כיוצא באלה בספר הבהיר. וכמה מהמאמרים מרז"ל להגשים עניין האלקות להבין ולשבר את האוזן. ולכן צריך המעיין להזהר ולהשמר:

פרק רביעי:

בפרק זה היה ראוי לבאר סדר הספירות מעילה לעלול באמת בלי פקפוק וכן סדר הספירות להיותם עשר. אלא הוא נכלל בפרקים הבאים בס"ד, ומתוכם נמצא באר היטב סדר הספירות מעלה לעלול בלי פקפוק וסדר הספירות להיותם עשר, ואפוכי מטרתא למה לי:

פרק חמישי:

אחר אשר חלפו לנו עידן ועידנין בענין הצורה הזאת שהמציאונו בפרקים הקודמים האיר ה' עיני שכלנו בה והקרה ה' לפנינו קדושים מדברים ושמחנו בהם כעל כל הון לפי שנמצא לנו בהם משען וסמך. ראשונה בעל ספר מאירת עינים וזה טופס לשונו זו היא צורת עמידתן של עשר ספי' בלי מהות ושנוי יתברך ויתעלה שמו וזה שאמר הכתוב (איוב כו ז) תולה ארץ על בלימה ואל תאמר אינו כי ישנו וכאשר תמנה מימינך לשמאלך תמצא עשרה ותראה כי הכתר בית לכלן ומקור כלן נמצא שהקודם לאצילות גדול ומקיף הכל והמאוחר לאצילות קטן ומוקף מהכל וכלול מכלן וזהו כגלדי הבצלים וכמו שהארץ השפלה הזאת היא קטנה והיא באמצע כל הנבראים כחרדלא בעזקתא והנה היא כלולה מכל היסודות והיא באמצע כל כמו לב בגוף האדם, כך כביכול העטרה. ולפיכך נקראת ארץ החיים והלב. והסתכל ותראה כי העטרה כלולה מהצדיק ומכל העליונים, מיוחדת בהם ומוקפת מכלם ומקבלת מכלם. וכן הצדיק וכן ההוד וכן הנצח וכן הגבורה וכן החסד וכן הבינה כולל הכל ומיוחדים זה בזה וכל א' כלול מכולם וכולם מיוחדים בו והכל מיוחד בא"ס בסבת הסבות עכ"ל. והוא ראייה מוכרחת אל דעתנו אות באות תיבה בתיבה. ועוד יש לנו ראייה וסמך בזוהר פ' תרומה (דף קס"ה.) וז"ל ר' יוסי אמר תשע

רקיען אינון ושכינתא איהי עשיראה. דאי תימא בגין דכתיב עשר בר משכינתא איהי, אי הכי שכינתא חד סרי איהי דקיימא על י'. אלא ודאי ט' אינון ואינון ט' יומין דבין ר"ה לי"ה וי"ה איהו עשיראה. כגוונא דא משכן דאיהו י' יריעות. י' רקיען רזא דרזין דלא אתמסר בר לאינון דידעי חכמתא. וכלא איהו ברזין דבוצינא קדישא דאיהי גלי רזא דכל רקיעא ורקיעא ואינון שמשין דמשתמשי בכל חד וחד. ז' רקיעין אינון לעילא וז' רקיעין אינון לתתא כגוונא דלעילא. ז' רקיעין אינון דבהון כוכביא ומזלות לאנהגא עלמא דא כפום אורחיה כמה דאצטריך ליה. בכלהו שביעאה עדיף. בר תמינאה דקא מדבר לכולהו וקיימא על כלהו. דכתיב סולו לרוכב בערבות. מאן רוכב בערבות ומאן איהו ערבות. אלא ערבות דא רקיעא שביעאה. אמאי אקרי ערבות על דאיהו כליל מאש ומים כחדא מסטרא דדרום ומסטרא דצפון ואיהו מעורב מתרין סטרין. עכ"ל לענייננו. ופי' המאמר, שלמעלה מן הענין דרש ר' חייא בפי' הפסוק ואת המשכן תעשה עשר יריעות וגו', ורבי יוסי הוקשה לו בפסוק שאמר ואת המשכן תעשה עשר יריעות וידוע כי המשכן היא שכינה מלכות וא"כ האיך אמר שיעשה עשר יריען שהן ע"ס על המשכן שהיא המלכות. נמצא לפי"ז שהספירות אחד עשר, וזה הפך האמת שהם י' ולא ט' י' ולא י"א וכמבואר בשער י' ולא תשע. לזה אמר שלא היוד יריעות יחייבו עשר ספירות זולת השכינה. אלא ט' רקיעין אינון. פיר' ט' ספירות לבד הם על השכינה והשכינה היא העשירית. ונקט לישנא דט' ולא אמר י' רקיעין אינון ושכינתא חדא מנייהו שהוא יותר מדוקדק שהשכינה ג"כ נקרא רקיע כמבואר מתוך דבריו. הטעם מפני כי מקום הטעות והשגיאה היה מפני שאמר ואת המשכן שהיא השכינה תעשה עשר יריעות כנראה שעשר ספירות הם על המלכות. ולשמור עצמנו מן השיבוש הזה אמר נגד הטעות תשע רקיעין והשכינה שהיא המשכן היא עשירית אל הרקיעין והיינו דקאמר ושכינתא איהי עשיראה. דאי תימא בגין דכתיב עשר וכו'. פי' שאם תרצה לומר כי מטעם שאמר הכתוב ואת המשכן תעשה עשר יריעות ולא אמר ט' יריעות נראה שהם עשר מלבד השכינה ח"ו. א"כ נמצאת אומר שהם אחד עשר והמשנה בס"י אמרה י' ולא י"א. ולכן לא רצה לומר אלא אי הכי שכינתא חד סרי. ובהזכירו מלות חד סרי מי לא ידע המשנה שאמרה עשר ולא אחד עשר והמוסיף על עשר אינו מן השם. אלא ודאי ט' אינון וכו'. ואין כונת רבי יוסי לומר שיום הכפורים היא המלכות וי' ימי תשובה הם מלמעלה

למטה. לפי שכבר מבואר בזוהר ובתיקונים ובכמה מקומות כי יום הכפורים הוא בבינה והעד על זה ה' עינויים והוא מעין עולם הבא כמו שארז"ל (ברכות דף י"ז.) העולם הבא אין בו לא אכילה ולא שתייה וכו'. אבל כונת רבי יוסי אינו אלא לומר לנו כי הספירות הם עשר בדמיון אותן הימים שאינם אלא עשר. ואם היו הספירות י"א יהיו הימים י"א. וכמו שהימים ט' ויום הכפורים עשירי כן ראוי לענין הספירות כי המשכן עצמו העשירי. והענין כי עשרת ימי תשובה הם ימים שבתשובה שהיא הבינה והנה היוד היא התשובה עצמה רצה לומר המדרגה העליונה שבה והיא נכללת בעשרה ימים שהם עשר ספירות והיא מכלל הימים. כן ענין המשכן עצמו הוא היריעה העשירית והספי' העשירית. וכונת הכתוב באמרו ואת המשכן תעשה וכו' הכונה כי מציאות המשכן תעשה שתהיה כלולה מעשר ספירות שהם י' יריעות וכל העשר היינו המשכן. לא שהמשכן אחד והיריעות עשר בפני עצמן כדקא ס"ד שאם כן יעלו לאחד עשר, אלא שהמשכן היינו כללות עשר יריעות. וזה שאמר רבי יוסי כגוונא דא משכן איהו יו"ד יריעות, פי' המשכן הוא קבוץ היו"ד היריעות דהיינו מה שאנו אומרים מלכות כלולה מי' וכמו שבארנו בשערים הקודמים ונבאר בשער מהות וההנהג' ב"ה. רזא דרזין וכו', הפליג בשבח החכמה ומעלתה. דאיהו גלי רזא בכל רקיעא ורקיעא ואינון שמשין וכו'. הכונה כי כל מדה כמה מלאכים ממונים על ענין פעולת המדה ההיא והמלאכים מקבלים כח הפעולה מהשרשים העליונים על ידי משרתים המתקרבים אל מקורם הם אותם אשר נבאר בשער היכלות הקדושה. ומאותם הקרובים אל השרשים היושבים ראשונה בהיכל מלך משתלשלים כמה אלפים ורבי רבבות ממדרגה אל מדרגה ומעלה לעלול עד הגיעם אל העולם [הזה]. והענין הזה נתבאר בדברי הרשב"י ע"ה מקומות רבו מספר. ואלו המלאכים הנז' הם נקראים משרתים לאותם הרקיעים העליונים הם הספירות וזהו כונת רבי יוסי הנה באמרו ז' רקיעים אינון לעילא, פירוש ז' ספירות לבד הם המשמשים העקריים להנהגת העולם, ולכן בנין העולם ז' ימים עם יום השבת להיות כי עקר ההנהגה עם הז' האלה. וכמו שלמעלה הם ז' מנהיגים, כן ברקיעים התחתונים המנהיגים העולם הם ז', דהיינו ז' כוכבי לכת. ואמר כי למעלה משש רקיעים הוא רקיע שביעי משובח מהששה אשר למטה ממנו והוא נקרא ערבות מלשון ערוב שבו מתערבות ב' מדות דהיינו מזיגתו בין הדין והחסד והערבות הוא התפארת המערבם

וקראו שביעי עם היותו חמשי למטה מגדולה וגבורה מן הטעם שבארנו בשער סדר האצילות בפ"ו. ואמר שיש רקיע שמיני רוכב על הכל, דהיינו הבינה שהיא האם הרובצת על הבנים. והנה נכלל ביאור המאמר ומתוכו למדנו ענין האצילות שהם כדמות הגלגלים הסובבים העולם הזה זה בתוך זה כגלדי בצלים ומטעם זה קראם רקיעים והנהגתם כהנהגת הרקיעים התחתונים והם גלגלים מקיפים כל אשר בתוכם כחרדלא בגו עזקתא. וברוך ה' אשר הפליא חסדו לנו בעיר מצור ומצאנו לנו סעד וסמך מתוך דברי הזוהר קראי כולהו אליבא דרשב"י כנודע ואין לענין זה ספק:

פרק ששי:

אחר שבפרק הקודם הארכנו בפ' צורת האצילו' ועמידתן והכרחנוהו ואשרנוהו וקיימנוהו כדחזי. ראוי לראות כי נמצא הצורה הזאת הורסת כל הבנין שבנינו בפרקים הקודמים מענין צורת האצילות שהם ג' ימינים וג' שמאלים וג' אמצעיים. ולפי"ז אין זה לצורתו כי כלם זב"ז ואין בהם לא ימין ולא שמאל. השתא הא והא הם דברי הרשב"י, ואין ראוי לומר שיהיו חולקים דבריו קצתם אל קצתם. וכן בעל ספר מאירת עינים, שכתב הצורה ההיא שכתבנו לעיל בפרק ב', ואחר כך כתב הצורה הזו וחזר בו תוך כדי דבור, והוא אמר לעיל שהמכחיש הצורה ראשונה דור תהפוכות וכו', וזה דוחק גדול. ולתקן הענין הזה נאמר שאלה נשאלה בין החוקרים בענין המלאכים אשר כנו אותם בשם שכלים נבדלים ואמרו כי אחרי שהם פשוטים רוחניים ורחוקים מכל מאורעי הגוף אם כן במה יפרדו אל מנין העשרה. וכתב ענין השאלה הזאת הרמב"ם ע"ה בפרק ב' מהלכות יסודי התורה וז"ל ובמה יפרדו הצורות זו מזו והם אינם גופים. ותירץ לפי שאינם שווים במציאות אלא כל אחד מהם למטה ממעלתו של חבירו, והוא מצוי מכוחו זה למעלה מזה, והכל נמצאים מכח של הקב"ה עכ"ל. והכוונה כי הוא הפליג שם בשלילות הגוף ומאורעיו במלאכים והוקשה לו כי אחר שהם רחוקים ממאורעי הגוף ואחר שאין הנמצאים השוים במציאות נפרדים זה מזה אלא במאורעות הגוף ואחר שהמלאכים אין להם מאורעי הגוף א"כ במה יפרדו להיותם עשרה מדרגות כמו שמנה הוא בעצמו. ותירץ לפי שאינם שווים במציאותם. פי' כי אמת הוא כי השוים במציאותם לא יפרדו אלא במאורעי הגוף והמלאכים שהם נפרדים עם היות שאין להם מאורעי הגוף הטעם הוא מפני שאינם שוים במציאותם אלא עלולים זה מזה וכ"א מהם למטה ממעלתו של חבירו וכו'. והרב ר' שם טוב בן שם טוב בספר האמונות שער ד' פרק א' ב' ג' הכריח בראיות ברורות שאין דעתם צודקת. וז"ל הנה לדעתם אין בין עילת העילות אליהם אלא שזה עלה אל העלולים ממנו ואין בנו כח לידע דבר אחד מחילוף בין הסבה הראשונה לאחרון מהם וכו' כי אם מעילה לעלול כלומר כלם יתיחדו באחדות גמור כי אין ביניהם לא חבור ולא פירוד ואין להם מקום כלל כי אינם גשם ולא כח בגשם אלא שכל נבדל אבל הסבה למעלה מן המסובב והעילה למעלה מן העלול ונמצא שהסבה הראשונה סבה לכלם והעלול הראשון עילה לכל העלולים שלמטה ממנו והם למעלה מן התחתונים. ועוד הרב הכחיש סברא זו במלאכים מפני שהוכרח בדברי רז"ל שהמלאכים נבראו ביום ב' או ביום ה' כפי מה שנחלקו בזה חז"ל (בב"ר פ"ג) ואמר שאם היו המלאכים כאחדות השם איך אפשר לומר שאחר בריאת שמים וארץ נבראו והוא נמנע כמו שנמנע לומר שקדמו לסבה ראשונה. ועוד איך צודק בהם לשון בריאה. ועוד הכריח מפ' וירא אליו ממראה אברהם שראה אותם כדמות אנשים והכריח שם כי לא יצדק לומר שהיה במראה הנבואה. עכ"ל השגותיו. והנה הכריח על פי השאלות האלה שהם הויות דקות מתגשמים בגוף דק וזך ולזה הכריח מדברי רז"ל וכמו שנבאר בשער ההיכלות בס"ד. ועתה נשאל אנחנו בענין הספירות כשאלתם ממש שאחר שהפלגנו בשערים הקודמים בענין הספירות והרחקם מן הגוף ומאורעיו א"כ במה יפרדו אם הם שוים במציאותם. ונשיב כפי תשובתם שהפרדם הוא במה שאינם שוים במציאותם כי הכתר מצוי מא"ס ולא כן חכמה שמציאותה הוא מן הכתר ולא כן הבינה שהיא מצויה מן החכמה ולא כן החסד שמציאותה מן הבינה ולא כן הגבורה שמציאותה מן החסד ולא כן הת"ת שמציאותה מן הגבורה ולא כן הנצח שמציאותה מן התפארת ולא כן ההוד שמציאותה מן הנצח ולא כן היסוד שמציאותה מן ההוד ולא כן המלכות שמציאותה מן היסוד והנה עתה הם נפרדות זו מזו במה שכל אחת עילה לחברתה. ועתה בספירות לא יקשה עלינו מה שהקשה הרש"ט לדברי הרמב"ם. מפני שהספירות קדמו אל בריאת שמים וארץ ואינם נופלים תחת הזמן, אלא אדרבא הם שרש אל הזמן. כי ו' ספירות הם שרש ו' ימים, ושביעית יום שבת. כאשר יתבאר בשער ערכי הכנוים בע"ה. ועליהם אמרו זיכרונם לברכה (בבראשית רבה פ"ג) מלמד שהיה סדר זמנים

קודם לכן. וגם לא יקשה עלינו שנראו לנביאים, שמעולם לא ראו הנביאים עצם הספירות ממש, ואפילו למשה רבינו ע"ה נאמר שמות לג כג) וראית את אחורי וכו'. ומה שאנו אומרים שנבואת מרע"ה בת"ת ושאר הנביאים במלכות. וכן מה שאנו אומרים כי נצח והוד הם ב' נביאי קשוט. אין הכוונה בכל זה שהיו משיגים ממש בספירות, אלא שמשם יניקתם. אבל השכלתם הי' בהיכלות. וכן פי' הרשב"י ע"ה כמו שנבאר בשער היכלות בפרק ב' בהיכל שני בס"ד. כיון שלא יקשה עלינו קושיותיו. אם כן כשנשאל מאחר שהספירות בלימה כדפי' בשערים הקודמים א"כ במה יבדלו. אף אנו נאמר שהם נבדלות במה שהאחת עילה לחברתה כאלו נרצה שאין הבדל בין הכתר למאצילו אלא שהמאציל עילה אל הנאצל. ואל היותר מזה הם מיוחדים תכלית היחוד אבל בין הא"ס והכתר בסבות היות הכתר נאצל ולא מאציל וא"ס מאציל ולא נאצל הבדל הרבה יש כדפי' לעיל בשער אם הא"ס הוא הכתר ובשער עצמות וכלים. וזה ברור כי הכתר נאצל והא"ס המאציל לא נאצל. אבל מצד רדתם הספירות מאתו אינם יורדות אלא בענין שבין מאציל לנאצל ומה שבין עילה ועלול וכן יורדת החכמה מהכתר והבינה מחכמה וכן שאר הספירות כירידת העלול מן העילה. והענין כי המלכות משיג היסוד אבל לא כשיעור שישיג את עצמו. והיסוד משיג עצמו ומשיג המלכות ביותר שלימות שישיג המלכות את עצמו. וכן אינו משיג בהוד כשיעור שישיג את עצמו. וההוד משיג את עצמו יותר ממה שהשיג היסוד. וכן משיג המלכות ביותר השגה ממה שישיג היסוד וכל שכן המלכות בעצמה. וכן הנצח תתעלה ידיעתו את עצמו ממה שישיג ההוד. וכן ישיג היסוד יותר ממה שישיג ההוד וכ"ש היסוד. וכן ישיג המלכות יותר ממה שישיג היסוד וכ"ש המלכות עצמה. ועל דרך זו גם כן יתעלה השגת היסוד בהוד מהשגת המלכות בהוד וכן תתעלה השגת ההוד בנצח מהשגת היסוד וכן תתעלה השגתם זו על זו עד המדרגה הראשונה.

וענין זה עיקר גדול במציאות כאשר נרחיב ביאור בספר אור יקר בס"ד. וידענו שיקשה בעיני המעיין שא"כ נמצאו שהחכמה אינה מתייחדת עם המאציל וכן בינה עם הכתר מאחר שמה שהוא עלול ממנו זו עילתו וקשר העלול עם עלתו לא עם עלת עלתו בעצם. נשיב על זה כי אמת הוא יפה כוון השואל וצדק בגזרתו שאינם מיוחדים מצד זה, אבל הם מיוחדים מצד אחר כל אחד בכלם וכלם בכל אחד בערך בחי' כללותם מיו"ד. והנה לפיה זה יש לכתר עם הגבורה יו"ד יחודים והם כתר שבכתר עם כתר שבגבורה והחכמה שבכתר עם חכמה שבגבורה ועל דרך זה שאר המדרגות וכן לכל הספירות. ואחר שנתבאר כי על דרך הכללות עולה הספירות במציאותי' לאין תכלית כמו שנבאר בשער מהות והנהגה פרק ב' בס"ד. ולפיכך יעלה ביחוד לאין תכלית וזהו בערך יחודם וקשורם הנאצלים הם בעצמם. ובמאציל הם מתייחדים בשתי פנים האחד בערך קשורם עם שרשם הנעלם למעלה כמבואר בשער הצחצחות. והב' בבחינת האור העצמות המתפשט בתוך המדרגות שהוא עצם האלקות בלתי מתחלק לחלקים האלה אלא על ידי הספירות כדפי' בשער עצמות וכלים. והעצם המתפשט מיוחד במקורו כנצוץ השמש המיוחד בשמש וכדמיון הנפש המיוחדת בכחותיה שמתפשטות בגוף. והספירה עצמה מתייחדת בעצם המתפשט תכלית היחוד כמו שמתייחד הנפש עם הגוף לסבות כאשר נבאר בשער הנשמה. והנה אחר שנתבאר ענין קשורם וענין יחודם וענין הבדלם שהם כדמיון עילה ועלול סבה ומסובב נמצא האצילות מנורה של פרקים מיוחדים ומקושרים תכלית היחוד והקשר והחשק. ועל ענין זה נכרת ברית למתעסקים בחכמת הפרדס. וזה הי טענת אלישע שעל ידי כך נעשה אחר.

וזה היה חטא אדם הראשון שבא לפרק את האהל ונמצא מפרק בשבת ולכן חייבו. והמתבונן ענין זה העסק צריך ליזהר שלא יעשה כתבניתם, ולכן המעיין יעסוק בפרק זה ובו ימצא מרגוע לנפשו ונפשו בטוב תלין ושכן לבטח ואין מחריד:

פרק שביעי:

אחר שנתבאר מתוך הפרק הקודם ענין קשר הספי' בעצמם וקשורם עם המאציל, כאשר יתבונן המעיין בו בטוב השקידה ימצא טוב טעם ודעת והכרח הענין מעצמו והאמת יורה דרכו. וימצא לפי"ז היות הספירות כאשר נבא להמשילם ולציירם ע"ד דמיון אל השכל האנושי יוכרח להאמין שהם זו למעלה מזו. מפני כי הא"ס המאציל הוא עלת כל העלות וסבת כל הסבות והעלול הראשון ממנו הוא כתר וכתר סבה ועילה לחכמה מכח המאציל השופע מאורו עליו וחכמה הוא סבה ועילה לבינה מכח המאציל ע"י הכתר בהשפיע אור המאציל ע"י הנאצל הראשון כתר עליו. וכזה לכל שאר האצילות כי בינה עילה וסבה לחסד וחסד עלה וסבה לגבורה וגבורה עלה וסבה לת"ת ות"ת עלה וסבה לנצח ונצח עלה וסבה להוד והוד עלה וסבה ליסוד ויסוד

סבה ועלה למלכות. הרי הם עשר מדרגות מסודרות זו למעלה מזו כזה כתר חכמה בינה גדולה גבורה תפארת נצח הוד יסוד מלכות. וממה שראוי לדעת כי בזולת הסדר הזה יש להם סדר אחר. וטעם לזה כי לכל ספירה ב' עלות. והם הא' עילתו שאחר שנאצלה הקודמת נאצלה היא. המשל בזה כי אעפ"י שעילתו האמיתית של הנצח הוא החסד עם כל זה מפני סדר אצילותו עילתו אינו אלא התפארת כמו שהארכנו בענין אצילותם בשער סדר האצילות בפ"ו. והנה נמצאו להם ב' בחינות אל עלתם. וסבתם האחד הסדר שפירשנו למעלה זו על זו עד העשר. השני סדר שפעם ומקורם לפי חלוקם יש שבחינתה חסד וצריך היותה נוטה אל קו החסד ויש שבחינתה דין וצריך נטייתה אל קו הדין. ויש שבחינתה רחמים וצריך נטייתה אל קו הרחמים והיא מתיישרת בין שני הקוין האלה אל המיצוע. והנה ענין בחינתם אלה הוא קיומם ושפעם הנשפע עליהם. ונמצא לפי זה להם ב' בחינות אל סבותם. בחי' ראשונה סבת הסדר כדפי'. בחינה שנייה היא היניקה והשפע והקיום. ואעפ"י שמצד הבחינה אל סדר האצילות הוכרח סדרם זו למעלה מזו. כשנביט אל צד יניקתם אשר הוא סבת קיומם נמצאים בענין אחר כי אנו רואים כ"ע משפיע אל החכמה ואל הבינה א"כ יוכרח מזה היותו סבת שתיהם. ומצד אחר יוכרח היות חכמה סבת הבינה והכתר סבת החכמה א"כ יוכרח היות מסודרת כדמות סגולתא כזה. **כתר** וצינור אחד המורה על הסבה הקודמת והם סדרן כתר חכמה בינה. ומצד היות הכתר משפיע אל הבינה יתחייב היות צנור מכתר אל הבינה, וענין הצנורות יתבאר בשער בפ"ע. ומצד היות חכמה משפעת בחסד והבינה בגבורה יוכרח היות חסד תחת חכמה וגבורה תחת בינה שהוא מורה כי החכמה סבת החסד והבינה סבת הגבורה. ומצד היות הת"ת יונק מן הכתר ומן החסד ומן הגבורה יוכרח היותו כנגדו מורה שסבתו הוא הכתר. ומצד היותו יונק מן החסד ומן הגבורה יוכרח היותו בין שניהם להורות שהוא מסובב משניהם. ומצד היותו ששי אל האצילות יוכרח היותו נמשך קצת למטה משניהם כאשר ציירנו. ומצד היות הנצח שביעי לאצילות יוכרח היותו יונק מן התפארת. ומצד היותו יונק מן החסד יוכרח היותו תחת החסד. וכן הוד ע"פ דרך זה תחת הגבורה. ויסוד

יוכרח היותו תחת הת"ת כי משם עיקר יניקתו והוא סבתו מצד ההשפעה. ומצד היותו יונק מן הנצח וההוד יוכרח ג"כ היותו בין שניהם. ומצד היותו תשיעי לכלם יוכרח היותו נמשך למטה אל תחת כלם כאשר ציירנו. ומלכות מצד היותה עשירית למטה מהיסוד נמשכת למטה מן היסוד. והנה אחר שנתבאר ענין הסכמת הצורות אל ענין אחד ראוי לבאר ענין זה הנמצא בזוהר פעמים רבות סלקא ונחתא. והנה ענין עליה וירידה הוא מורה על הגשמות וזה אינו צודק כלל, ועם ההקדמה הזו יתבאר הכל. והוא כי אחר שענין היותם זו למעלה מזו אין הכוונה על מציאות המקום ח"ו כאשר בארנו אלא על הענין המעלה והקדימה מעילה לעלול כמבואר לעיל בארוכה. הנה ג"כ ענין העליה והירידה תהיה על דרך זו כמו המשל המלכות היותה קודם שנטרדה למטה במדרגה העשירית היתה במדרגה שביעית תחת הת"ת במעלתה ודקותה כל כך עד שהיא היתה סבה אל הנצח וההוד והיסוד. וכאשר גרם העון ונטרדה ממקומה ירדה ונתעבו וחשכו מאוריה עד שאין בידה סיפוק להיותה סבה אל הנצח וההוד אלא אדרבה היא עלולה מהם וצריכה אליהם ומקבלת מהם אור ושפע וזו היא ענין ירידתה. וכן ענין עלייתה שתזדכך כל כך עד שתשוב אל הת"ת ויהיה הת"ת עילתה והיא עילה וסבה אל כל אשר תחת הת"ת לרוב בהיקותה ואורה. וכן עד"ז כאשר נאמר שתעלה מדה מן המדות אל מדה אחרת עליונה ממנה הכוונה על הענין הזה כי מפני השפע שהשפיעה המדה ההיא העליונה במדה התחתונה נזדככה עד שתעלה ממדריגה אל מדריגה עד היותה עילה אל שאר המדות שהם תחת המדה השופעת עליה וזה יקרא שעלתה המדה ההיא אל האחרת. ולכן נתבאר בזהר פעמים הרבה ובפרט בפקודין פקודא לברכא (בפ' עקב דף רע"א) וכו' שא"א אל שום מדה לעלות אל מדה אחרת אם לא שתקבל ממנה קודם שפע רב במקומה כדי שע"י שיעור רבוי השפע כן תתעלה ממדרגה למדרגה. ויש פעמים שלא יוגבר השפע כ"כ ולא תעלה עד המדה השופעת עליה אלא אל מדה אחרת אשר תחתיה ומשם תקבל ממנה כמו המלכות העולה לפעמים עד היסוד לבד לקבל שפע מבעלה הת"ת וזה מורה כי נזדככה המלכות עד שעלתה מהיותה עשירית אל הט' ולא נזדככה כל כך להיותה ממש שביעית קרובה אל הת"ת אלא מן המדרגה ההיא תקבל ממנו. וזהו ענין עליה וירידה הנז' בזוהר במדות, ודי בזה הערה בענין הזה. ובזה נתבאר

פשר כל הדברים והצורה המוסכמת בפי כל המקובלים היותר אמיתית ולא שתהיה שם צורה ממש ח"ו ולא מקום עמידתן ולא פנים ולא אחור ולא ימין ולא שמאל אלא מצד הדין או הרחמים על פי יניקתם כל אחד ואחד כפי השפעתו ויניקתו. ואמנם מפתח כל הדברים כי היות סבה או מסובב [והיות מדרגות זו תחת זו. מעסיס רמונים) הוא על שני דרכים המבוארים לעיל, ובזה מבואר כי פעמים יהיה הציור הזה ופעמים זולתו הכל לפי ההשפעה עם שהוא אמת שזהו המורגל והתמידי:

פרק שמיני:

אחר שכבר נתעוררנו כל הצורך בענין סדר עמידתן בפרקים הקודמים. נשאר אלינו לחובה בענין הדרוש הזה להציל המעיין מן הטעות. כי שמא יסתפק ויאמר אחר שהוא אמת שהספירות יש להם מספר כאשר מבואר בשערים הקודמים והמספר המחוייב בהן הוא עשר. א"כ כאשר נבא בעניינם נאמר כי מקום סיום המלכות הוא תחלת היסוד ר"ל דרך הרוחניות מעלול לעילה, ומקום סיום היסוד הוא תחלה ההוד, כי מה שהוא הוד אינו יסוד ומה שהוא יסוד אינו הוד ומה שהוא הוד אינו נצח שהם נבדלים מה שבין עילה לעלול והנה העלול אינו עילה והעילה אינו עלול. והנה לפי"ז נמצא שאע"פ שהם מיוחדים יחוד גמור עם כל זה הנה הם בערך זה נבדלים כדפי' לעיל. ועתה הנה הכתר עלול מא"ס והא"ס עלתו א"כ מה שהוא כתר אינו הא"ס ומה שהוא א"ס אינו כתר, והנה נמצא שיש לא"ס גבול ח"ו מה שאינו הכתר כי מקום סיום הכתר הוא תחלת הא"ס. ולכאורה שאלה זו היא מקום הטעות שיביא האדם להתבונן בזה והוא טעות ושבוש גדול. והשבתת ספק זה מבואר ואין מקום לשאלה זו כלל והטעם כי כח העילה בעלול ואין העלול משולל מעילתו. ר"ל כי כאשר נאמר זהו הכתר לא מפני זה נחייב שאינו הא"ס ח"ו. כי אדרבה אין מקום לעלול בזולת העילה והנה העלול יונק ממנה והיותו הוא עלתו כדמיון הנשמה בתוך הגוף. כי לא תוכל להקשות שמה שהוא גוף אינה נשמה ומה שהוא נשמה אינו גוף. כי לא יצדק טענה זו משני פנים. אחד מפני כי הנשמה ודאי עילתה של גוף ואין גוף בלי נשמה ומה שהוא גוף הוא הנשמה כי הנשמה מחייה את הגוף והגוף נזון מן הנשמה וא"א לצייר שיתבטל הנשמה מקצת הגוף אם לא שישוב לעפר אבל הגוף החי הוא לבוש אל הנשמה ודאי ולכן יוכרח היות מה שהוא גוף נשמה דהיא עילת הגוף ואין להמציא גוף חי בלי נשמה. אמנם יוצדק אמרנו נשמה בלא גוף כי כבר יש מקום לנשמה בלא גוף אחר שאין הנשמה עלולה מן הגוף. וכן הדברי' בא"ס והעלולים ממנו, כי אין באפשרות להמציא עלול בלא עילה ומה שהוא עלול בודאי כח העילה בתוכו אמנם עילה בלא עלול יצדק כי יש בחינה לעילה בפני עצמו מצד מה שאינו צריך אל העלולים, ויש לו בחינה המתפשטת ומאירה בעלולים ומחייה אותם. ועד"ז נבין ענין הספירות בעצמן, כי מפני טעם זה יוכרח היות כח הכתר בחכמה כי הוא עילה אליו והוא חיותו וכן כח חכמה בבינה כי עלת הבינה הוא החכמה והיא חיותה וכן כח הבינה בחסד הוא כי עלה אליו והוא חיותו וכן כח החסד בגבורה כי הוא עילה אליה והוא חיותה. ועם זה יובן מה שפי' בזוהר פ' תרומה (דף קס"ז) שחמש פעמים מים שבמעשה בראשית הם ביום ב' בגבורה ואחר שהגבורה כח האש איך אפשר שיהיה בהן כח המים אלא על הדרך הזו. וכן כח הגבורה בת"ת כי היא עלה אליו והוא חיותו וכן כח הת"ת בנצח כי הוא עלה אליו והוא חיותו וכן כח הנצח בהוד כי הוא עלה אליו והוא חיותו וכן כח ההוד ביסוד כי הוא עלה אליו והוא חיותו וכן כח היסוד במלכות כי הוא עלה אליה והוא חיותה. ונמצא לפי"ז כי המלכות הוא היסוד והיסוד הוא ההוד וההוד הוא הנצח והנצח הוא התפארת והת"ת הוא הגבורה והגבורה הוא הגדולה והגדולה הוא הבינה והבינה הוא החכמה והחכמה הוא הכתר והכתר הוא הא"ס. ולא זה בלבד אלא מתפשט בכולן עד שלא יצדק לומר זהו מלכות ולא א"ס ח"ו אלא המלכות ג"כ יש בה כח האין סוף. ולא זו בלבד אלא בדרך זו הוא חיות הספירות וחיות המרכבות וחיות המלאכים וחיות כל מעשה בראשית מן הנקודה הראשונה ועד האחרונה. וזהו ואתה מחיה את כלם (נחמיה ט ו) ופי' רז"ל ואתה מהוה לכולם. וכן פי' ואתה מחיה את כלם והכל ענין אחד. כי מאחר שהוא היוה אותם והמציאם מן האין יוכרח שיושפעו ממנו ושואבים כלם ממנו חיותו ואחר שהוא מחיה אותם נמצאו שהוא ממציאם ומהווםֿ בכל עת ובכל רגע ובכל שעה. והנה מהוה ומחיה הכל ענין אחד להם. ובענין הזה יובן ובטובו מחדש בכל יום תמיד מעשה בראשית שהוא שפע השופע להחיותם ולהעמידם ולהציבם בצביונם. ואם ח"ו יעלה על הדעת הסתלקות שפעו מהם כרגע יספו. ואינם אלא מחודשים בסוד חדוש אורו והוא שפע נהר שאינו פוסק אלא מתחדש כמימי הנהר שבכל רגע הם מחודשים. ונחזור אל ענינינו כי הא"ס ממ"ה מושל בכלם כי עצמותו נוקב ויורד

דרך הספירות ובין הספירות ותוך המרכבות ובין המרכבות ותוך המלאכים ובין המלאכים ותוך הגלגלים ובין הגלגלים ותוך היסודות ובין היסודות השפלים ותוך הארץ ובין הארץ וצאצאיה ועד נקודה האחרונה שבתהומות מלא כל הארץ כבודו. וזה כיון רשב"י בתיקונים (בהקדמה ד"ג ע"ב) באמרו ועלת על כלא נהיר בעשר ספירן דאצילות ובעשר דבריאה ונהיר בעשר כתות דמלאכיא ובעשר גלגלי דרקיע ולא אשתני בכל אתר עכ"ל. ודקדק באמרו ולא אשתני, להשמר שלא נאמר שאחר שהוא מתפשט בשעור הזה נמצא שהוא משתנה לפי שנוי הלבושים ח"ו לזה אמר ולא אשתני בכל אתר. ושאר דברי המאמר יתבאר בשער אבי"ע. והנה כאשר יעמיד המעיין שכלו על יושר העלמו של מלך מלכי המלכים. נעמידנו עוד על ענין הספירות שאמרנו למעלה שהכתר בחכמה והחכמה בבינה וכו'. עוד סדר נבחר להם והוא כי כח המלכות ביסוד וכח היסוד בהוד וכח ההוד בנצח וכח הנצח בת"ת וכח הת"ת בגבורה וכח הגבורה בגדולה וכח הגדולה בבינה וכח הבינה בחכמה וכח החכמה בכתר. מה שלא נוכל לומר שכח הכתר בא"ס. ואין הכוונה לומר שאינו בא"ס ח"ו כמו שיתבאר בשער הצחצחות בס"ד. אלא בדרך אשר נחייב בסדר זה בספירות לא נחייב שכח הכתר בא"ס. והענין כי כבר נתבאר ענין שכינה בתחתונים צורך גבוה ונרחיב בו ביאור בשער מהות והנהגה בס"ד. והענין כי הכתר צריך אל החכמה כי מצד הארתו אל החכמה מאיר בו הא"ס נמצא שבבחינה זו החכמה עילה וסבה לכתר וכח החכמה בכתר. ובדרך זו לכל הספירות, ונמצא כח המלכות ביסוד מפני שהוא עילתה בערך שהיסוד צריך אליה לקבל מהוד שלמעלה ממנה, וכן כח היסוד בהוד מפני שהוד צריך אליו כדי לקבל מן הנצח שהוא למעלה ממנה, וכן כח ההוד בנצח מפני שהוא צריך אליה כדי לקבל מהת"ת שהוא למעלה ממנו, וכן כח הנצח בת"ת מפני שת"ת צריך אליו כדי לקבל מהגבורה שהיא למעלה ממנו, וכן כח הת"ת בגבורה מפני שהגבורה צריך אליו כדי לקבל מהגדולה שהיא למעלה ממנה, וכן כח הגבורה בגדולה מפני שהגדולה צריכה אליה כדי לקבל מבינה שהיא למעלה ממנה, וכן כח הגדולה בבינה מפני שהבינה צריכה אליה כדי לקבל מהחכמה שהיא למעלה ממנה, וכן כח הבינה בחכמה מפני שהחכמה צריכה אליה כדי לקבל מהכתר שהיא למעלה ממנה, וכן כח החכמה בכתר מפני שהכתר צריך אליה כדי לקבל מהא"ס שהוא למעלה ממנו. ואין אנו יכולין לומר שיהיה כח הכתר בא"ס כי אינו צריך אל זולתו והכל צריכין לו והוא מקור לכל והכל שואבים ממנו הוא סבת עצמו ואין סבה קודמת אליו ח"ו. ועל ענין שתי הכללות האלה שהם ממטה למעלה וממעלה למטה בספירות פי' פעמים הרבה בזוהר ובפרט בפ' ויצא (דף קנ"ח) בענין השבטים, שאמר שם ר' חזקיה הרי בשמים, מאן אינון בשמים, אילין שית בנין דלאה דכליל שית אחרנין, ואינון תריסר ואינון שית בגין דכל חד כלול בחבריה עכ"ל. וע"ד שפי' הוא מבואר אלא שהכללות באחד משני פנים אם העליונים בתחתונים או התחתונים בעליונים. עוד נתבאר ענין הזה בזוהר שה"ש בפסוק שבעה ושבעה מוצקות ושם ביאר הכללות ממטה למעלה כמבואר ולא נעתיק לשונו הנה מפני שהוא צריך ביאור רחב והוא מבואר אצלינו במקומו. עוד נתבאר הענין הזה שם בפסוק (א ב) ישקני כו'. ועם זה יובן ענין דכליל ימינא בשמאלא ושמאלא בימינא הבא בזוהר פעמים הרבה והוא מפתח לכמה שערים. והנה נכלל פרק הזה ונשלם השער הזה כאשר הורונו מן השמים והתהלה לאל יתברך אשר עזרנו אמן:

שער השביעי הוא שער הצינורות

הכוונה בשער הזה לבאר ענין הצינורות שהסכימו בהם המפרשים שהן בין כל ספירה וספירה שעל ידם שואבות הספירות שפעם זו מזו. וכן נבאר מה עניינם והכונה בהם וצורתם ומספרם:

פרק ראשון:

קודם כל דבר נאמר כי לשון צינור נגזר מלשון תהום אל תהום קורא לקול צינוריך (תהלים מב ח). ופירוש צינור הוא סילון העשוי דרך בו יבוא המים ממקום למקום. והמקובלים כינו ענין זה אל דרך השפע הנשפע ממדה למדה. והרבה פעמים כינו המקובלים אל השבתת השפע לשון שבירת הצינורות וכן קלקול הצינורות וכיוצא בזה, ואין הדברים האלה כפשטן. והענין הוא כי כל ספירה המקבלת מחברתה בעת רצונה לקבל בודאי צריך שיעלה התעוררות ממנה אל העליונה כדי שע"י התעוררותה תתעורר העליונה ותשפיע בה וכן פי' הרשב"י ע"ה במקומות רבים. וראיית הענין מפסוק (בראשית ב ו) ואד יעלה מן הארץ ואח"כ והשקה וכו'. ויחדנו הענין הזה לבארו באור מספיק בשער מהות וההנהגה בס"ד. ואחר היות הענין כך לכן כאשר תרצה הספירה לקבל מספירה של מעלה ממנה תצטרך המידה התחתונה להאיר כנגדה פנים מאירים כדי שבאור פניה המביטים באור הספירה יעורר אותה ויושפע בה שפע רב ויאירו פניה מאור הספירה העליונה ולא מכל הפנים יחד תתעורר לקבל אלא פנים מיוחדים כנגד פנים מיוחדים לפי רצון מאצילם. וכאשר יתרבו הפנים נגד הפנים יתרבו הצינורות כאשר נבאר בפרקים הבאים. והכלל כי האור המתעורר מזו לזו ומזו לזו שעל ידה יושפע השפע נקרא צינור. והמשל בזה אל ראות העין שאמרו רוב הטבעיים כי אור דק יוצא מהעין ומכה בדבר הנראה ושואב האור ההוא ומתוכו משיג הדבר הנראה. נמצא לפי דעתם כי האור המתעורר מן העין לשאוב הראות יקרא צינור. ע"ד המשל כי כמו שהצינור הוא מעבר אל המים ועל ידה נשאבים המים אל מקום הנרצה כן האור היוצא מן העין הוא צינור אל הראות לשאוב על ידו הדבר הנראה בעין. וכן הענין בספירות האור היוצא מהתחתונה אל העליונה ומהעליונה אל התחתונה יכונה בשם צינור, מפני שעל ידה נשאב השפע מן הספירה העליונה אל הספירה התחתונה. וכמו שכאשר יעלים האדם עיניו מהראות יושבת הצינור ההוא ולא ישאב העין הראות ויכונה הענין הזה שבירת הצינור והשבתתו, כן בענין הספירות כאשר ברוב העונות תסובנה הפנים ולא יתעורר האור ההוא ולא ישאב הספירה השפע מחברתה זה יכונה בשם שבירת הצינורות והשבתתם. ועתה עם הענין הזה מה מתוק מדבש משל העליות שהמשלנו בשער העצמות וכלים פ"ד. והנה הענין הזה פי' בזוהר במקומות רבים ובפרט בפ' ויקרא (דף ט"ו) וז"ל דתאנא, בשעתא דקב"ה אשגח בעלמא וחמא דמתכשרין עובדיהון דבני נשא לתתא, אתגליא עתיקא קדישא בזעיר אפין ומסתכלין כל אינון כתרין קדישין אנפין באנפין סתימין ומתברכין כלהו. מ"ט מתברכין משום דמסתכלין אילין באילין בארח מישור. דלא סטו לימינא ולשמאלא. הה"ד ישר יחזו פנימו. ומתברכין כלהו ומשקיין דא לדא עד דאתברכן כולהו עלמין ואשתכחו עלמין כלהו כחד, וכדין אתקרי ה' אחד ושמו אחד. וכד חובי עלמא סגיאו, אסתים עתיקא קדישא ולא משגיחין אפין באפין. וכדין דינין מתערין בעלמא וכרסוון רמיו ועתיק יומין אסתים ולא אתגלייא. הה"ד חזה הוית עד די כרסוון רמיו ועתיק יומין יתיב כו'. דאינון כתרין עלאין דאשקיין לכלהו אחרנין לא קיימי בקיומייהו (בזהר שלנו איתא לאוקמי בקיומייהו) (לא). ומאן אינון אבהן. ועתיק יומין יתיב ולא אתגלייא. וכדין מהפכי חייבי עלמא רחמי לדינא עכ"ל. מתוכו מתבאר בפירוש ענין הצינורות ותיקונם שהוא בעת רצון המאציל להשפיע ואז עתיקא קדישא שהוא הכתר אריך אנפין משפיע אור ושפע לכל הספירות והפנים שהם ענין הספירות יישירו נגדם והשפע מתרבה. אמנם כאשר תסובב הפנים אל הימין ואל השמאל בעון הדור, אז הצינורות מתקלקלים ואין שפע נשפע. ויש כיוצא במאמר זה הרבה בזוהר המגלים הענין הזה ואין צורך להאריך כי ניכרים הם דברי אמת. ואחר שנתבאר מהות הצינור והנרצה בו. נבאר עוד מנין הצינורות אשר הסכימו בהם המפרשים. ומנין הצינורות הם ג' נמשכים מהכתר, אחד אל החכמה, ואחד אל הבינה, ואחד אל הת"ת. עוד ג' (נ"א ד') נמשכים מהחכמה, אחד אל הבינה, וא' אל החסד (נ"א וא' אל הגבורה), וא' אל הת"ת. עוד ב' (נ"א ג') נמשכין מהבינה, (נ"א א' אל החסד), א' אל הגבורה, וא' אל הת"ת. עוד ג' מהגדולה, א' אל הגבורה, א' אל הת"ת, א' אל הנצח. עוד שנים נמשכים מהגבורה, א' אל התפארת, ואחד אל ההוד. עוד שלשה נמשכים מן הת"ת, א' אל הנצח, וא' אל ההוד, וא' אל היסוד. עוד שנים נמשכים מהנצח, א' אל ההוד, וא' אל היסוד ולדעת קצת א'

אל המלכות. עוד צינור א' נמשך מהוד אל היסוד ולדעת קצת א' אל המלכות. עוד א' נמשך מהיסוד אל המלכות. נמצאו כללם כ"ב כמספר ב"ך יברך ישראל לאמר (בראשית מח כ). ורצוננו לצייר צורתם הנה. כדי שיקל הבנתם בעיני המשכיל וזהו צורתם:

(אמר המגיה ציירנו הצורה הזאת המוסכמת לדעת המחבר דהיינו ד' מחכמה וג' מבינה כי כך צייר וביאר בספר אור נערב שלו בחלק ו' בפרק ב'. אבל בחבור הזה כתב דעת המפרשים וחסר ב' צינורות א' מחכמה אל הגבורה וא' מבינה אל גדולה והוסיף ב' צינורות א' מנצח אל המלכות וא' מהוד אל המלכות. ואינה מוסכמת כמו שביאר בפ"ג והכריח מהזהר פ' נח):

פרק שני:

אחר שבפרק הקודם נטענו את עץ החיים לדעת טוב וכיצד התהומות תהום אל תהום קורא לקול הצינורות ראוי למעיין ליזהר בעבודתו ובשמירתו כדי שלא נצטרך עוד אל ציורו בפרקים הבאים ב"ה. ועתה נבאר מה הקריאות האלה משמשות. והנה מהכתר יוצאים ג' צינורות:

צינור ראשון אל החכמה. מזה הצינור התחלת התפשטות של עולם העליון והם הפנים המאירים אשר משם כל העולם האירה מכבוד אצילותו ומשם נתגלו כל הספירות וקראו שמו צינור הנעלם להיות כי אין נעלם יותר ממנו כי התחברות החכמה אל הכתר אין נודע כיצד והאיך עד שכמעט דרך אותו צינור לפעמים יונק החכמה בשפע מהא"ס ע"י הכתר כי שם הסתר סבת הסבות. וזה הענין ביאר הרשב"י ע"ה בתיקונים (תקונא נ"ב דף פ"ד) וז"ל בפסוק אדנ"י הוי"ה חילי וגו'. מאי חילי, תוקפא דכלא מלעילא חילי חיל י' ודא אבא תוקפא דיליה נביעו דיליה א"ס (נ"א נביעו דלית ליה סוף) עכ"ל. ומפני שידמה המעיין לדחות ראיותינו זו באמרו כי לעיתים כתר יקרא אין סוף ראינו לבאר המאמר כדי שמתוכו יוכרח שא"ס הוא האין סוף ממש. וזה פירושו. מאי חילי. מטעם כי למעלה ביאר כל שאר הכתוב ועתה שאל מלת חילי מהו פירושו. והשיב תוקפא דכלא מלעילא והכוונה בא"ס. ומפני שאין סוף לא יצדק בו לא שם ולא מלה, לזה אמר כי פי' חילי הוא מלשון כח והכוונה האין סוף הוא הנותן כח וחיל ועצמה לכל הספירות. ומפני שכבר יצדק ענין זה בכתר כי כתר נמי נותן כח וחיל לכל אשר למטה ממנו לכן האריך בלשונו ואמר תוקפא דכלא מלעילא. פי' אותו הנותן כח לכל, והוא למעלה מן הכל שאין למעלה ממנו והיינו הא"ס. ומפני כי אחר שחילי ר"ל כח העליון הייתי אומר כי פי' חילי היינו חילי של כתר, לזה אמר חיל י', דהיינו חכמה שהיא הנקרא יו"ד כנודע. ומה שאמר ודא אבא הוא נמשך עם שאר פירוש המאמר ואין להאריך. ואמרו כי אל הצינור הזה שמכתר לחכמה רמז רצועה ימנית של תפלין של ראש והיינו בהיות הרמז של בי"ת בכתר ומן הצינור הזה יצאו מים חיים נוזלים מן לבנון אל החכמה:

צינור שני יוצא מן הכתר אל הבינה מן הצינור הזה תקבל הבינה שפע רב טוב מהכתר. ואמרו כי ממנו מתפשט היין המבושם אל הבינה והבינה מוציאה אותו מכח אל הפועל והיין המבושם מתפשט עד המזבח כדי לתקן תבשיל הקדרה המסרחת מחמת עבירות ישראל ושם בעוונותי' מנסכים אותו. כי כאן לא שייך יין נסך, כי אין כאן מגע גוי. ורצו באמרם לתקן תבשיל המסרחת כענין מה שבארו בזהר (אולי כוונתו לזהר בלק דף קפ"ט א' ב' ע"ש) בענין יצחק כי היה מעורב ביינו יין של עשו הנסוך לברך אותו. והביא לו יעקב מיין הרקח מיין הטוב כדכתיב (בראשית כז כה) ויבא לו יין ואז נתוסף עליו כח הרחמים. וכן מן הצינור הזה נשפע הרחמים אל הבינה להניק כח החלב אל הבנים להיות עינינו רוחצות בחלב וישקטו וינוחו כמו שנבאר בשער מהות והנהגה פ"ו. ואז בהתרחצם בחלב יתלבנו

העינים האדומים וזה בכח הצינור הזה המשפיע כח החלב מן הלובן העליון. והצינור הזה נעלם. ואמרו כי היא רצועה שמאלית של תפלין של ראש:

צינור ג' יוצא מהכתר אל הת"ת ומשם דרך עלייתו אל הכתר לקבל שפע ורב טוב להשפיע אל ארבעת עדרי צאן אשר תחתיו והם נצח הוד יסוד מלכות ודרך הצינור הזה יעלה לחבר אב ואם בסוד יחודם ע"י הדעת כמבואר לעיל בשער אם הא"ס הוא הכתר. וע"י השפע הנשפעת עליו מן הכתר דרך הצינור הזה יש לו כח להטות כלפי החסד כי מפני היותו יונק מחסד וגבורה עומד בין שניהם שוה וכאשר יושפע עליו שפע מהלובן העליון אז יטה כלפי חסד והצינור הזה קרוי קו האמצעי עם המשכו עד המלכות. ופירשו המפרשים כי הצינור הזה הוא שבקש מרע"ה לידע והשיב לו כי לא יראני האדם וחי (שמות לג כ). ואלו הם דברי נביאות כי מעולם לא שאל מרע"ה בזה:

עוד ג' צינורות נמשכים מן החכמה. הא' אל הבינה. הוא אשר בו נמשכים הל"ב נתיבות מן החכמה אל הבינה והם כ"ב אותיות וי' מאמרות הנעלמות בחכמה כ"ח מ"ה ובינה מוציאם מכח אל הפועל, כך פרשו המפרשים. ואפשר היות זה הצינור שבו היה ההתפשטות מהחכמה אל הבינה בעצמות הספירות בתחלת האצילות כדפי' בשער סדר האצי' בס"ד, ודרך הצינור הזה מתעלמת החכמה בתוך הבינה כמבואר בזוהר בהרבה מקומות:

צינור ב' נמשך מהחכמה אל החסד. דרך הצינור הזה נמשך שפע החסד אל הגדולה מהחכמה. ודרך הצינור הזה נמשכים אל החסד הע"ב גשרים כמה שנבאר בשער מהות והנהגה פרק ט"ז. והע"ב גשרים הם בחכמה כ"ח מ"ה בכח, ובחסד בפועל. וכן חכמה עולה ע"ג שהם ע"ב גשרים והחסד חופף עליהם. וכן ע"י הצינור הזה נמשך השמן הטוב על הרא"ש יורד על הזקן זקן אהרן כמו שנבאר בשער ערכי הכינויים בערך שמן שעיקר השמן הוא מהכתר ע"י החכמה אל הכהן איש החסד. ומפני ששרשו בכתר לכן שמ"ן בא"ת ב"ש עולה בי"ט הוא אהי"ה והוא שם קדוש. וכן דרך הצינור הזה ירד [שפע] החכמה אל החסד כאמרם ז"ל הרוצה להחכים ידרים, וע"י כך יכונה י' של שם לעתים בחסד כמורגל בזוהר ובתיקונים:

צינור ג' נמשך מהחכמה אל התפארת וזה לא מצאנוהו אלא לבעל היריעה. ואפשר הטעם כי התפארת הוא בן החכמה והבינה והנה יוכרח היות כח האב בכח הבן וכן כח האם כי ג' שותפים באדם. ואפשר כי דרך הצינור הזה הוא ענין ישראל עלה במחשבה. ויש לענין זה גילוי ממקומות הרבה בזוהר ובאדרא כאשר יתבאר בספר אור יקר בס"ד:

עוד שני צינורות נמשכים מהבינה. הא' אל הגבורה. ופי' המפרשים שהוא להשקיט דין הגבורה וכח הקליפות. וידוע כי משני פנים תשפיע הבינה אל הגבורה. האחד הוא הדין והגבורה. כי הבינה פועל גבורות נקראת. ומסטרא דיליה דינין מתערין. כמו שנבאר בשער מהות והנהגה. וזה דוקא כאשר תשפיע בצינור הזה לבד שהוא מעצמותה. אמנם כאשר תקבל בצינור אשר לה מהכתר ותשפיע בצינור הזה אל הגבורה. אז השפע הוא להשקיט הדין והגבורה. ובדרך הזה ימשך חולשות הקליפות שהם שוטרי הדיינים מבחוץ. ובהתבטל הדין יתבטל כחם, מאחר שאינם פועלים פעולתם:

צינור ב' מבינה אל ת"ת. הנה הצינור הזה יתבאר על דרך שבארנו למעלה בצינור הג' הנמשך מחכמה אל הת"ת. ודרך הצינור הזה יעלה הת"ת אל הבינה. ודרך הצינור הזה כונן הבינה את הת"ת. כענין כונן שמים בתבונה (משלי ג יט). כמו שיתבאר בשער המציאות ונתבאר בשער י' ולא תשע:

עוד ג' צינורות יוצאים מהחסד. והאחד מהם אל הגבורה. וכן מהגבורה יוצא כח אש של גבורה אל החסד ליבש לחות המים של חסד. וכח מים של חסד לכבות אש הגבורה. כי כן ביאר הרשב"י ע"ה. ועם זה יובן דבר המנגד זה לזה. כי הדרום הוא חם ויבש, והצפון קר ולח. והיה מן הראוי להיות להפך. ומה שפי' בזה מבואר בשער מהות והנהגה בפי"א ובשער ערכי הכנוים בשם הרשב"י ע"ה. רבים פירשו כי בין הצינור הזה הוא הת"ת שהוא המצרפם. ובמה שבארנו הוא יותר מתיישב כי בזולת הת"ת יש להם צינור יחד והוא היותר מסכים עם רוב דברי הזוהר. וע"י הצינור הזה נכללים חסד בגבורה וגבורה בחסד בלי הצטרפות הת"ת כמבואר בזוהר ופי' בשער מהות והנהגה. צינור ב' יוצא מהחסד אל הת"ת. ואמרו כי מזה הצינור נמשכים ל"ה שרים אל הת"ת. והת"ת מוציאם מהכח אל הפועל. והם המיימינים לזכות, כן פי' המפרשים. וכן ע"י הצינור הזה נמשכים ג"כ ע"ב כוחות המצטרפים אל ע"ב שמות כנודע, שהם רי"ו אורות ע"ב ימינים ע"ב שמאלים ע"ב אמצעים. והת"ת הוא המוציאם מהכח אל הפועל ומכריען אל הימין. וכן ע"י הצינור הזה הוא ענין ההכרעה בצרוף אותו של גבורה:

צינור ג' יוצא מהגדולה אל הנצח משם עיקר יניקת הנצח מהחסד. והסוד נעימות בימינך נצח (תהלים טז יא). כי הוא שליח הגדולה ועקר פעולת הנצח

הוא בחסד, וכמו שבחסד ע"ב כוחות אל שם ע"ב כן יש גם בנצח. כי ג' אבות ג' ווי"ן "ויסע "ויבא "ויט (שמות יד). וג"כ הם נצח הוד יסוד, ובהם ג"כ שם ע"ב. כ"פ הרשב"י בתיקונים:

עוד נמשכים שני צינורות מהגבורה. האחד אל הת"ת. ופי' המפרשים כי משם נמשכים ל"ה שרים המשמאילים לכף חובה והת"ת מוציאם לפועל. וכן מתוך הצינור הזה נמשכים ע"ב כוחות המצטרפים אל ע"ב שמות כנודע שהם רי"ו אורות וע"ב מהם שמאלים וע"י הצינור הזה ושל חסד הוא המכריע ביניהם כאשר בארנו. ועוד ע"י סיוע צינורות אלו של חסד ושל גבורה הוא מתיחד בכלתו בסוד (שה"ש ב ו) שמאלו תחת לראשי וימינו תחבקני. וכמו שנבאר בשער מהות והנהגה. וכבר כתבנו בשערים הקודמים קצת מזה:

צינור ב' יוצא מהגבורה אל ההוד ועל ידו עקר יניקת ההוד מן הדין כאשר בארנו למעלה בשער י' ולא תשע. ופי' המפרשים כי ע"י הצינור הזה נמשכים מצות ל"ת מהגבורה אל ההוד ובהוד ביאורם, וכן מ"ע מהחסד אל הנצח ע"י צינור שיש לו ממנה. ואפשר כי גדולה וגבורה הם עיקר כחות מצות עשה ומצות לא תעשה, ועל ידי נצח והוד מתגלים כמו ששאר הפעולות שבחסד ובגבורה מתגלים על ידם:

עוד ג' צינורות נמשכים מהת"ת. הא' אל הנצח. ועל ידו יונק קצת מאודם הגבורה לסבת המזג כמבואר בארוכה בשער י' ולא ט' בפ"ד. ויש מי שלא כתב הצינור הזה וכן היוצא ממנו אל ההוד. וסברא בטלה היא זו. וזו היא מוסכמת כדפירשנו:

צינור ב' יוצא מהת"ת אל ההוד למתק דינו מעט. וזה מסבת נטייתו הלובן אל האודם כמבואר בשער הנזכר ויתבאר בשער הגוונים. וע"י שני הצינורות הנז' משפיע ויורד הט"ל מן השמים ת"ת אז והם שוחקים מן לצדיקים יסוד ומלכות צדיק וצדק. ויתבאר בשער ערכי הכינויים בערך שחקים:

צינור ג' יוצא מהת"ת ליסוד. ועל ידו מקבל היסוד רב טוב ליחד החתן עם כלתו, כי על ידו ירד מזונה והוא השושבין. נמצא לצינור הזה שתי פעולות. הא' המזון השופע לאשה ע"י השליש וכן מזון היסוד בעצמו. והפעולה השנית כי הוא דרך עלייתה להתיחד עם בעלה אחרי אשר היא מקושטת ככלה תעדה כליה:

עוד ב' צינורות יוצאים מהנצח. האחד אל ההוד. ופ' המפרשים שע"י הצינור הזה מתאחדים לעלות (השמים). ואפשר שע"י הצינור הזה הוא שחיקת המן בשווי מזג מועט קודם בואו אל היסוד. וע"י צינור זה וכן צינור שמחסד אל הגבורה וכן צינור שמחכמה אל הבינה הם יחוד ת"ת ומלכות בסוד נטייתם אל הימין ואל השמאל. כי הת"ת בנצח והמלכות בהוד. יהוה בנצח אדני בהוד. וע"י היסוד מתיחדים שניהם יחד ונעשה יאהדונה"י. וכן הם בחסד וגבורה הזכר אל הימין והנקבה אל השמאל יהוה בחס"ד אדני בגבורה. ושניהם מתיחדים בת"ת. וכן הם בחכמה ובינה הזכר אל הימין ונקבה אל השמאל יהו"ד בחכמה אדנ"י בבינ"ה ושניהם מתיחדים בכתר. ולא ממש הכתר אלא בסוד הדעת שהוא יחוד חכמה ובינה. והנה נמצאו ג' צינורות אלה שמחכמה לבינה ושבין גדולה וגבורה ושבין נצח להוד הם לעתות ר"ל אל עתות היחוד מת"ת למלכות. וענין היחודים האלה נתבארו בתיקונים [תקונא י"ח דל"ג.]:

צינור ב' יוצא מהנצח אל היסוד. כי ע"י הצינור הזה ושכנגדו הוא המזיגה וההכרעה שמכריע יסוד בין נצח והוד. וע"י שני הצינורות הללו הוא כח הזרע וע"י מתבשל כמו שנודע שהיסוד הוא האמה והנצח וההוד הן תרין ביעין דדכורא:

צינור שלישי יוצא מהנצח אל המלכות. ועל ידו חוט של חסד נמשך על אסתר ועל ידו תקבל שפע מהחסד קודם הזיווג. וכן ע"י ההוד שהיא צריכה קבלת שפע משני מקומות מהימין ומהשמאל בסוד (שה"ש ב ו) שמאלו תחת לראשי וגו' ויתבאר בשער מהות והנהגה בס"ד בפרק כ"א:

עוד ב' צינורות יוצאים מהוד. האחד אל היסוד. ופי' משפטו למעלה. והשני אל המלכות. ופי' בעל היריעה כי מן הצינור הזה הטיל נחש הקדמוני זוהמא בחוה. ודבריו דברי חלומות כמתנבא חזיון שוא כי מי נתן שכור בין הנזירים כמו שנבאר כי אין מבוא לקליפה בקדושה כלל כאשר יתבאר בשער התמורות. ומה שהיה באפשר לומר שע"י הצינור הזה נשפע הדין מההוד למלכות אבל כל זה בלי יסוד כמו שנבאר בפרק הבא:

פרק שלישי:

ומה שראוי לדעת, כי מה שאמרו המפרשים מענין ב' צינורות א' מנצח אל המלכות והשני מהוד אל המלכות, אינם מתישבים כלל. כי ברור הוא שהמלכות לא תקבל שפע כ"א ע"י היסוד. כמו שנתבאר בזוהר פ' נח (דף נ"ט ע"ב) וז"ל אמר ר' אלעזר אלה בכל אתר פסל את הראשונים. תנינן וכו'. מה כתיב לעילא בפרשתא דבראשית, ונהר יוצא מעדן להשקות את הגן ומשם יפרד וגו'. ההוא נהר דנגיד ונפיק ועייל לגנתא ואשקי ליה משקיו דלעילא ועביד ליה נייחא ועביד איבין ורבי זרעין

והוא כדין נייחא לכלא. ודא נייחא ליה לגנתא ודא עביד נייחא ביה. כד"א כי בו שבת, וכתיב וישבות ביום השביעי. ודא רזא דמלה דא עביד תולדות ולא אחרא. תא חזי [כגוונא דא] נח לתתא קיימא קדישא הוה דוגמא דלעילא, ועל דא איקרי איש האדמה. ורזא אוליפנא, דהא נח איצטריך לתיבה לאתחברא בה ולקיימא זרעא דכלא דכתיב לחיות זרע. מאן תיבה, דא ארון הברית. ונח ותיבה לתתא, הכי הוו כדוגמא דלעילא. נח כתיב ביה ברית דכתיב והקימותי את בריתי אתך וגו'. ועד דאתקיים ביה ברית לא עאל לתיבותא, דכתיב והקימותי את בריתי אתך ובאת אל התיבה. וכדין הוה תיבה ארון הברית. תיבה ונח, כלא כגוונא דלעילא. ובגין דהאי ברית לעילא הוא עביד תולדות, כגוונא דא נח לתתא הוא עביד תולדות. בג"כ כתיב אלה תולדות נח נח איש צדיק. הכי הוא ודאי כגוונא דלעילא. וע"ד וצדיק יסוד עולם כתיב. וארעא ע"ד אתקיימא. דהא איהו עמודא דעלמא קיימא עליה. ומאן איהו דא צדיק. ונח איקרי צדיק לתתא. ורזא דכלא את האלקים התהלך נח דייקא. דלא אתפרש מיניה לעלמין. ולמהוי הוא בארעא כגוונא דלעילא. איש צדיק, יסודא דעלמא. ברית שלום, שלמא דעלמא. איש האדמה ודאי. וע"ד ונח מצא חן בעיני ה' עכ"ל.

מה שיש לדקדק במאמר זה הוא. א'. מ"ש ההוא נהיר דנגיד ונפיק. מה צורך אל מלת נגיד כי באמרו נפיק דהיינו לישנא דקרא דקאמר ונהר יוצא מעדן די. ועוד נפיק ולבתר נגיד מבעי ליה. דהכי אורחא שקודם יוצא, ואח"כ נמשך. ונוכל לתרץ דלישנא דקרא נקט נהר דינור נגיד ונפיק מן קדמוהי (דניאל ז י). ועם כל זה ע"פ דרכנו ידוקדק יותר. ועוד דאקרא נמי קושיא. אמאי לא קאמר נהר נפיק מן קדמוהי. או לימא נפיק ונגיד. מאי נגיד ונפיק שלא כסדר. ב'. מאי דקאמר ואשקי ליה משקיו דלעילא. ודאי דמשקיו דלעילא איהו. כי כן דרך הנהר נמשך מלמעלה למטה ומשקה התחתונים משפע העליונים. ולמה האריך במה שלא השמיענו דבר כי ברור הוא. ג' אמרו ועביד ליה נייחא כו' ואח"כ אמר והוא כדין נייחא לגנתא כו' לגרסא א', או לגרסא אחרת והוא כדין נייחא לכלא וכו'. יש לראות למה לא אמר ברישא ב' בחינות כמו שאמר בסיפא כפי הנראה ממשמעות לישנא דקאמר והוא כדין נייחא לגנתא וגנתא נייחא ביה, או לגרסא אחרת ודא נייחא ליה לגנתא ודא עביד נייחא ביה. אבל ברישא לא קאמר אלא ועביד ליה נייחא לבד. ד'. אמרו ועביד איבין ורבי זרעין נראה כפל ללא צורך. ה'. אמרו מאן תיבה דא ארון הברית. אמאי נקיט לישנא דארון הברית ולא קאמר מאן תיבה דא מלכות דעדיף טפי. ו' דהכא משמע דתיבה סתם איהו ארון הברית, ולקמן קא מסיק דכד נח בתוך התיבה נקרא תרווייהו ביחודא ארון הברית. ז'. אמרו איש צדיק הכי הוא ודאי כו' עד דהא איהו עמודא דעלמא קיימא וכו', הכל נראה אריכות במה שכבר נדרש ברישא. ח'. אמרו ומאן איהו דא צדיק. וכי עד השתא במאי עסיק דקא שאיל מאן איהו, וכי לאו על צדיק קיימינן. ולתרץ כל זה נראה לפרש שרבי אלעזר הוקשה לו בפסוק מאי דקאמר אלה תולדות. וק"ל לעולם ואלה מוסיף על הראשונים אלה פסל את הראשונים, והאי אלה מאי פסיל. דאין לומר דפסיל כל מעשה בראשית, דלא ניחא למרייהו דלימא הכי. ואמר תנינן וכו' מה כתיב לעילא בפ' דבראשית. משום דקשיא ליה דנימא דפסיל תולדין דתהו ובהו וחשך שהם הקליפות. לכן אמר מה כתיב לעילא בפ' דבראשית, כמדקדק ואומר שאין ראוי לפרש דאהדר לתוהו ובוהו ולא אהדר לכל פרשתא דבראשית דסמיכא ליה. ונהר יוצא מעדן להשקות וגו' ההוא נהר דנגיד ונפיק וכו', אמר נגיד מפני שהעדן היא הבינה והנהר הוא הת"ת והגן הוא המלכות. ומפני שלא כצאתו מרחם אמו ישקה הגן. כי צריך לימשך מהלך ת"ק שנה, דהיינו ה' הספירות עד הגיעו להשקות את הגן. לכן הוכרח לומר לישנא דנגיד דהיינו פי' נמשך כל המדרגות ההם עד הגיעו אל הגן. והיפך הסדר באמרו דנגיד ואח"כ נפיק. משום דקש"ל שמן הראוי דלשתוק קרא מתיבת יוצא ולימא נהר מעדן משקה את הגן כיון שתיבת יוצא לא דייקא שהרי יוצא ונמשך, או נימא ונהר יוצא מעדן ובא להשקות את הגן דהשתא דייק לישנא דכל א' דהיינו נמשך. ולתירוץ זה כיון באמרו נגיד ונפיק והוא שהכתוב בא להודיענו ענין מחודש. שלא נטעה לומר כי כאשר הת"ת משקה המלכות לא ישקה ממש משפע הבינה אבל ישנהו מטבעה וישקה המלכות כפי שעורה למטה, לזה אמר שאינו כן אלא הת"ת משפיע במלכות השפע ההיא כפי טבעה בבינה וכאילו המלכות ממש היתה מקבלת מהבינה ממש בלי אמצעי כלל. וז"ש יוצא מעדן להשקות את הגן. ולכן לא אמר ובא משום דלא שייך בזה בעצם ענין ההמשכה אחר שאינו משתנה מעניינו בסבת ההמשכה, כאלו ממש הגן שהיא המלכות מקבלו מן המקור שהיא הבינה, והת"ת והיסוד משמשים אל ענין ההשקאה הזאת רק שמוש מעבר. וזה השמיענו בלשונו נגיד ונפיק הכוונה כמציאות יציאתו מהבינה כן מציאות המשכתו. ושעור הלשון כך נגיד במציאות דנפיק

ובמציאות דנפיק עייל לגנתא כאילו היא ממש היתה מקבלת מן הבינה בלי אמצעי. וז"ש ואשקי לה משקיו דלעילא. הכוונה כי השפע הבא אליה ע"י הנהר כאילו היא היתה יונקת ומקבלת מהבינה עצמה בלי אמצעי משקיו דלעילא ממש ואין האמצעים משמשים אל הענין הזה אלא שמוש צינור בעלמא עם היות שאינו כן אל העניינים אחרים ואל שפע אחר. ועביד ליה נייחא, הכוונה כי היסוד עושה נייחא למלכות בשפע הזה ואין נמשך ממנו תועלת אל היסוד. מפני שהשפע הזה הוא לתקן המלכות ולקשטה לבד. שהשפע הזה הוא כמו רביעה ראשונה לארץ שהוא לתיקון הקרקע לחרוש ולזרוע ולא לגדל זריעה. ולכן אמר ועביד ליה נייחא. פי' שהתועלת הזה הוא אל המלכות לבד. אבל אחר התיקון הזה משפיע לה שפע הראוי להוליד, שהוא הזווג אחר התקון והקישוט אל הכלה. ואז השפע הוא לעשות פירות שהם הנשמות הנשפעות מלמעלה בסוד יחוד חתן וכלתו. והיינו ועביד איבין. שהנשמות הם פרי האילן, והיינו ענין רביעה שניה שהיא להצמיח מציאות הזרעים. ורבי זרעין. הוא ענין רביעה שלישית, שהוא השפע הנשפע לגדל ולהדר הנטיעות והזרעים שהם הנשמות והיינו ורבי זרעין. והם משל אל התשמיש בג' חדשים אחרונים. שפי' בגמרא (נדה דף ל"א.) שיפה לולד ולאם. והוא שיצא הולד מזורז. ומבשרנו נחזה אלוה. כי כן למעלה כאשר יגבר השפע אל הנטיעות, הנטיעות מתרבות ומתגדלות. והעד על זה, ענין הנשמה הבאה בחסרון הלבנה או במלואה הנדרש בדברי הרשב"י בתיקונים (תקונא ס"ט דצ"ח). והוא כדין נייחא לכלא, פי' בהיות השפע בשתי פעמים האלה שהם רביעה שניה ושלישית אז בזה נמשך תועלת ונייחא לכלא, אל הת"ת ויסוד שהם סוד הנהר וסוד הזכר, ואל המלכות שהוא סוד הנקבה כנודע. כי בזווג נייחא לזכר ונייחא לנקבה בסוד שכינה בתחתונים צורך גבוה. ודא נייחא ליה לגנתא ודא עביד נייחא ביה. כוון לבאר כי עם היות שאנו אומרים ודא נייחא לכלא, אין הכוונה שהוא ניחא אליהם בשוה. אלא נייחא דשכינה הוא נמשך מהנהר עצמו. וז"ש ודא נייחא ליה לגנתא ע"י הנהר הנז' הוא תועלת ומנוח אל השכינה. אבל אינו נייחא דנהר ושהשכינה עושה לו מנוח, אלא שנמשך אליו מלמעלה בסבתה. וז"ש ודא עביד נייחא ביה. פי' הנהר עושה מנוח נופש ומרגוע בה. ולא שהיא עושה לו המנוח. אלא הוא עושה מנוחתו שם, והמנוחה נמשכת אליו מלמעלה בסבתה ע"י שיזדווג הנהר עד ימשך אליו מלמעלה שפע רב.

והוא משל אל האדם היגע ועומד לפוש במקום מן המקומות שלא המקום עושה לו מנוחה אלא שהוא עושה מנוחתו שם. כד"א כי בו שבת כו'. אין אחד מהכתובים מסויימים אל ראייתו כי כל אחד מהם סובל לבארו על ב' פנים. אם שנאמר כי בו שבת פי' ביסוד שבת ולא המלכות, או שנאמר כי בו פי' בגן שהיא המלכות שבת ונח היסוד. וכן פסוק וישבות ביום השביעי, נוכל לבארו על שני פנים האלו. הא' פי' וישבות היסוד במלכות שהוא יום שבת או ירצה וישבות המלכות ביום השביעי שהוא יסוד כי בשניהם יצדק שם יום שביעי כמו שנבאר בערכי הכינויים בערך שבת ובערך ימים. וכוון לבאר מתוך שני כתובים האלה שתי הבחינות נייחא דמלכות ונייחא דיסוד דמיתורא דקראי דרשיין חדא הכי וחדא הכי. דאי לא תימא הכי אמאי צריכי אלא כדפרשינן. ומשום דלכאורה משמע חדא דהיינו שהמלכות שבת ונח ביסוד שהוא היותר מוסכמת לכאורה. לכן נקט ברישא קרא תניינא וקאמר כי בו שבת דהיינו קרא יתירא דאתא לאשמועינן שביתת היסוד במלכות. דשביתת המלכות ביסוד היינו קרא קדמאה דאיהו וישבות ביום השביעי. וזהו מה שכוון בהפוך סדר הכתובים. כאמרו תדע שהיסוד שבת ונח במלכות דכתיב כי בו שבת מה תאמר היינו שביתת מלכות ביסוד לזה אמר וישבות ביום השביעי פי' שביתת המלכות ביסוד הרי כתיבא דתרי קראי נינהו. וקדמאה לשביתת מלכות ביסוד, ותניינא לשביתת היסוד במלכות. זהו הדרך לגרסא זאת והיא הגרסא היותר נכונה. ואית ספרים דגרסי לעילא ורבי זרעין והוא כדין נייחא לגנתא וגנתא נייחא ביה כמו דכתיב כי בו שבת וגו'. ואפשר ליישבה כי הכונה אל היחוד הם ב' בחינות במלכות. מציאותה המתיחדת בבעלה העולה להתייחד, ומציאותה הנשארת במקומה בסוד המציאיות. והנה המציאות העולה מנוחתה הוא בבעלה ממש המתייחד עמה. ומציאותה התחתונה יש לה מנוחה אבל לא בבעלה ממש שאינו מתיחד עמה אלא עם המציאות העליון לבד. ואל שני בחינות האלה אמר. אל הבחינה הנשארת שהיא הבחינה התחתונה אמר והוא כדין ניחא לגנתא. פי' נמשך מנוח ונחת רוח אל הגן, אבל לא שיהיה מנוחתה עמו ממש. ואל הבחינה השניה אמר וגנתא נייחא ביה, דהיינו בו ממש שהוא המציאיות העולה להתייחד. והביא ראיה אל הענין הזה משני הכתובים. ראשונה כי בו שבת דהיינו בו ממש בסוד הבחינה המתיחדת עם בעלה למעלה. והשנית וישבות ביום השביעי שפי' שהשפיע שביתה אל יום השביעי. אבל אינו ניכר

מתוכו שבו ממש ככתוב הראשון שאמר כי בו שבת דהיינו בו ממש ולכן הקדים פסוק כי בו שבת מפני שמתוכו יוכרח כי וישבות ביום השביעי אינו בו ממש מדלא קאמר בו בההוא קרא. רזא דמלה וכו' פי' כלל סוד כל הענין כי אין מי שיעשה נחת רוח למלכות אלא היסוד בסוד הנהר מתחלתו ועד סופו דהיינו ו' שהוא הנהר כמפורסם. ובזה יובן מלת אלה, כי אין הכונה אלה הם תולדות ולא אחרים, שאין אחרים זולתם אלא הכי פירושא, אלה תולדות נח, נח בעל תולדות ולא זולתו. ומלת אלה הפוסל אינו פוסל תולדות. אלא פוסל בעל תולדות שאין בעל תולדות אלא היסוד. וזהו הנרצה ברזא דמלה וכו'. ת"ח כג"ד נח לתתא קיימא קדישא הוה. עתה בא לבאר נ"ח נ"ח שפי' שתי נייחות כדפי' לעיל. ולהורות שהכוונה על היסוד שהיא הנרמז בנח אמר נח קיימא קדישא הוא. פי' נח היה המרכבה אל היסוד שהוא קיימא קדישא שפירושו ברית קודש. וע"ד איקרי איש האדמה. פי' בעל האדמה הכונה בעל המלכות הנקר' אדמה. ורזא אוליפנא דהא נח וכו'. רצה להכריח כי אין ליסוד מקום להשפיע אלא במלכות. שלא נאמר שאמת הוא שאין המלכות מקבלת מזולת היסוד, אבל כבר אפשר שהיסוד ישפיע אל זולת המלכות, לז"א רזא אוליפנא וכו'. נח אצטריך לתיבה וכו'. שהכונה כי כמו שהמלכות צריך אל היסוד, כן היסוד צריך אל המלכות. כדמפרש ואזיל שאין הקיום לתולדותיו של היסוד אם לא ע"י המלכות כדמסיק. מאן תיבה דא ארון הברית וכו'. הוקשה לו כי אין התיחסות התיבה שהיא המלכות מתיחס אלא אל בחינת היסוד שהוא נח. כי כמו שתפלה של ראש שהוא הזכר והנקבה המתיחסת אליו היא תפלה של יד. וכן יום לגבי לילה, וכן שמש לגבי הלבנה, וכן אתרוג עם מינים שבלולב. ולכן הוא מן הראוי שלהיות נח היסוד שתהיה אשתו המלכות והיא בחינה מתיחסת. אבל שיתיחס נח שהוא אדם עם תיבת עצי גופר זה ודאי בלתי מתיחס. לז"א כי אדרבה בחינת המלכות בערך היסוד לא תמצא אלא בתיבה. וראיה מהארון ששם התורה, קראה הכתוב ארון הברית. פי' שהמלכות נקראת ארון ותיבה בערך הצטרפה אל היסוד והיינו ארון הברית. ועתה כיון שנח הוא היסוד, המתיחסת אל היסוד שהוא נח אינו כ"א התיבה. וז"ש ונח ותיבה לתתא הכי הוו כדוגמא דלעילא, פירוש מתיחסים הם עם היות שנח הוא אדם וזו תיבה של עצים. והכריח הענין מן הכתוב באמרו נח כתיב ביה ברית. פי' הכתוב העיד על היותן מרכבה אל היסוד. כמו והקימותי את בריתי אתך וכו'. ועד דאתקיים ביה ברית וכו'. פי' אחר שהכריח שנח הוא היסוד רצה להכריח ג"כ כי התיבה היא המלכות, וז"ש ועד דאתקיים ביה ברית. פי' מדחזינן שלא זכה ליכנס בתיבה עד היותו במדרגת ברית, כנראה שהתיבה הוא המלכות ולא זכה ליכנס בתוך המלכות עד היותו ברית שהוא היסוד. וז"ש הכתוב והקימותי את בריתי אתך ובאת אל התיבה. פי' כאשר אקים את בריתי אתך דהיינו שיהיה מרכבה אל היסוד אז יזכה ליכנס בתוך התיבה שהיא המלכות. וכדין הוה תיבה ארון הברית, פי' בהיות נח הנק' ברית בתוך התיבה אז תקרא התיבה ארון הברית. ויתישב ענין התיבה ונח היותם מתיחסים זה לזה יחס שלם. וז"ש תיבה ונח כלא כגוונא דלעילא כו'. פי' כמו שנח לא נכנס לתיבה עד היותו ברית. כנראה שאין למלכות שפע וקבלה אלא מיסוד. וכיון שלהחיות זרע הוצרך ליכנס לתיבה כנראה שאין ליסוד מקום בלתי המלכות. והכוונה בזה לבאר לנו מה שאמר הכתוב אלה שפסל את הראשונים שאין משפיע למלכות אלא היסוד, ואין ליסוד מקבל אלא המלכות. וזהו תיבה ונח כלא כגוונא דלעילא כדפי', שאין מחייה וקיום ותולדות נח אלא ע"י התיבה ואין מציאות לתיבה אלא בנח. נח איש צדיק הכי איהו ודאי כגוונא וכו'. הוקשה לו כי לפי מה שפי' עתה שכונת הכתוב בענין אלה תולדות נח נח הכוונה על היסוד שהוא עושה תולדות ופסל שאין אחר עושה תולדות. ואמר ב' פעמים נח נח שהם ב' נייחות נייחא למלכות ונייחא ליסוד. א"כ קשה כי הפסוק מיותר שאמר איש צדיק וביאר כי אין בחינת היותו נקרא צדיק שוה עם בחינת היותו נקרא נח. כי נח יקרא בסבת התולדות והנשמות כדפי' ריש סוגיין. אבל צדיק נקרא מבחינתו שהוא קיום המלכות, ר"ל מבחינות השפעת היסוד אל המלכות השפע אשר אין לה קיום זולתו. וז"ש הכי הוא ודאי כגוונא דלעילא. הכונה כי כמו שליסוד עוד בחינה זולת התולדות. כן לנח שהיה מרכבה לו גם כן בבחינה זו. וזה שאמר כגוונא דלעילא, פי' בכל בחינות עליונות. וע"ד וצדיק יסוד עולם כתיב. פי' בא לבאר כי בחינת היסוד שנקרא צדיק, הוא מפאת שאין למלכות מציאות זולתו. לא בבחי' הנשמות, אלא בבחינת המזון והשפע וקיום המלכות. והכריח הענין מפסוק וצדיק יסוד עולם. והכונה כי הוא יסוד. המלכות שהיא עולם התחתון. ואין לה מציאות זולתו, כמו היסוד שהוא מקומה ומעמיד הבנין. וזולתו אין מצב ומעמד לה. וז"ש ועל דא ארעא אתקיימת. דהא איהו וכו' פי' מציאות הקיום העצמי

אינו כ"א ע"י היסוד. ומאן איהו דא צדיק. פי' ומי הוא השם והכנוי המגביל והמגדיר הבחי' הזאת. הוי אומר דא צדיק. רומז אל בחינה זו. כדכתיב וצדיק יסוד עולם. א"כ נראה בהכרח היות תיבת צדיק רומז אל בחינת קיום המלכות, וזו שכוון הכתוב באמרו איש צדיק. הכוונה שהיה לו בחינת הקיום ג"כ. שגם בערך בחינה זו היה מרכבה אל היסוד. וז"ש ונח איקרי צדיק לתתא. פי' שהיה ג"כ מרכבה לו בבחי' זו. ורזא דכלא כו', פי' הכריח הענין מן הכתוב שאמר התהלך נח. ואם יעלה על הדעת שלא היה נח מרכבה אל היסוד אלא בערך התולדות לבד למה אמר הכתוב את האלקים וכו' שהכונה שלעולם הליכתו עם השכינה הנקראת אלקים. שהרי אין בחינת התולדות אלא מזמן לזמן. אלא ודאי כדקא אמרן. את האלקים כו' דלא אתפרש מניה לעלמין. פי' שהשכינה לעולם עם היסוד ביחוד. נראה שג"כ היה מרכבה בערך השפע התמידי הנשפע למזון. ולפיכך הוא מן הראוי שלא תפרד ממנו כי אין לה מציאות זולתו. ולמהוי הוא בארעא כגוונא דלעילא. פי' בכל הבחי' אשר ביסוד כדפי'. איש צדיק יסודא דעלמא ברית שלום וכו'. הוקשה לו תינח דלימא צדיק כדקאמרן. איש למאי אתא. דאיש היינו צדיק ממש דהיינו בעל, כאמרו איש האלקים שפי' בעל השכינה. לזה תירץ כי איש הוא בחינה אחרת זולת שתים האלה. והוא כי היסוד נקרא איש בהיות השכינה מתלבשת בתוקף הדין בהיותה חרב מלחמה. ומשפיע בה היסוד ומשים דמי מלחמה בשלום אז נקרא איש. וז"ש ברית שלום. פי' היסוד נקרא ברית שלום. ובהיותו נקרא ברית שלום הוא בבחי' זו שהיא משלים העולם ההווה בתוקף הדין הנשפע מהמלכות המאודמת בדין. וז"ש שלמא דעלמא, בבחינה זו נקרא נח איש. וז"ש בנח עצמו איש האדמה ודאי. שהכוונה שהוא איש ומשפיע שלום ורחמים בהיות המלכות נקרא אדמה. שהכוונה בהיותה אדומה מצד תוקף אדמימות הדין. והיא בחינה מחודשת משתים הקודמות. וע"ד ונח מצא חן כו', פי' להיות שנח היה מרכבה אל היסוד מצד כל הבחינות האלה נאמר במעלת מרכבתו ונח מצא חן. מה שלא נאמר בזולתו. שכמה אחרים שהיו מרכבה אל היסוד ולא נאמר בהן מצא חן. אלא ודאי הטעם מפני היותו כולל כל הבחינות אשר ליסוד עם המלכות מה שאין כן בהזולת. ע"כ פי' המאמר. והכלל העולה מתוך המאמר הוא היות היסוד משפיע במלכות ואין מלכות מקבלת מזולתו. ובטלה בזה דעת האומרים שיש ב' צינורות מנצח והוד למלכות. אלא שא"א לספירה מהספירות להשפיע במלכות אלא ע"י היסוד. עוד אה"כ (ישעיה נ"ז) ואין מבין כי מפני הרעה נאסף הצדיק, פי' נאסף מלהשפיע. נראה שכל השפע תלוי ביסוד שהוא הצדיק. שאל"כ איך אמר נאסף הצדיק לבד. וכן דרשו בכנסת ישראל שהיא המלכות שנמשלה ליונה וכו'. וכן נאמר (ישעיה נז א) הצדיק אבד [יא] וכו' למטרוניתא אבד. וכיוצא בזה. כ"ז מורה על כי אין משפיע למלכות אלא היסוד. והן אמת כי נמצא שהנצח משפיע למלכות. וכן ההוד. וכן למעלה בענין חוט של חסד מצד החסד, וחוט השני מצד הגבורה. אין הכונה שלהם צינורות אחרים. אבל הכונה כי הכל ע"י היסוד שהוא מעבר אל כל מזון ושפע הנשפע למלכות. וכן כמו שאנו מפליגים בה, כן נפליג בענין היסוד שאין לו מקום להשפיע אלא בה כדמוכח מתוך המאמר הנזכר לעיל:

פרק רביעי:

עוד צינור נמשך מיסוד אל המלכות כי הוא משך הנהר הגדול היוצא מעדני הבינה להשקות הגן וע"י הצינור הזה אוחז במלכות לזווגה לבעלה למעלה ודרך הצינור הזה נטרדה בעונות. ובענין הצינור הזה ראינו בטעמי המצות לבן פרחי במצות לא תעשה שלא לשתות יין נסך, וז"ל שם. ב' נקבים יש בברית העליון האחד משם משפיע לשכינה שנקרא אותו השפע היוצא מים מתוקים ומשם יוצאים כמה טעמי תורה שנקראו מים שנאמר (ישעיה נה א) הוי כל צמא לכו למים ואין מים אלא תורה. והנקב השני משפיע לכחות הטומאה ונק' יין נסך וכו'. עכ"ל בקיצור. הנה מתוך לשונו משמע היות דבריו אלה דברי קבלה. והדברים מוכיחים מצד עצמם כי מבשרי אחזה אלוה. והנה באדם ב' נקבים, האחד להשפיע בנוקבתו להוליד בדומה לו, והשני להוציא הגיעול והמותר. עוד מצינו לו חבר בס' לא נודע שם מחברו אצלנו והוא פי' שיר השירים ופי' פ' תרומה ולשונו בקצת המקומות לשון ארמי, וז"ל בפי' האותיות באות ע'. וכען אית לן להחויא ברזא דע' מקורם מה הוי דיוקנא כך רמז רזין רמיזין טמירין אתגליפו. תחות רתיכא דמלכא קדישא איהי רזא דברית קדישא דקודשא בריך הוא דאתקרי צדיק יסוד עולם ואיהו מבועא דשאיב לבירא קדישא דאיהי מטרוניתא. והנהו תרי ראשין דע' אינהו רזא דהני ב' נקבין דאיכא בפומיה דאמה. ואינון תרין מבועין מבועא דימינא קדישא יניקו דמטרוניתא ומתמן ינקי נביאי וחסידי ותמימי וצדיקי דמתפנקא בגנתא דעדן. ומבועא תנייא יניקו דכתות מסאבותא

ומלאכין דמקטרגין בעלמא. ומתמן יניקו דבלעם רשיעא. ומתמן אתי טיבו לרשיעא דמצליחין באורחיהון בעלמא דנן. ועל דא כתיב (איוב לח יג) וינערו רשעים ממנה עם עי"ן רבתא. דיניקיהון מרישא תניינא דעי"ן עכ"ל. ודבריו מבוארים היותם עזר לקבלת ן' פרחי שכתבתי למעלה שאמר שביסוד ב' צינורות א' קדוש וא' לסיגים היתוכי זהב. עוד כתב כדברים האלה בעצמם בפי' אות צדי', צ' אית ליה תרין ראשין דרמיז מדת צדיק והנהו תרין מבועין קדישין חד שפיך ושאיב מתמן למטרוניתא ומתמן מתברכין עלאין ותתאין, כי שם צוה ה' את הברכה וכו'. ומבועא דא דמתמן אתבריאו מלאכין קדישין ואתבריאו כמה נשמתין קדישין. ומבועא תניינא איהו שפיך לסטר שמאלוי (דקב"ה) ומתמן יניקו דאשה זרה ואשה מנאפת. ואי זכיין ישראל ההוא מבועא סתים ופתיח מבועא קדישא דימינא. ואי לאו, אפתח ההוא מבועא דשאיב אשה זרה כחות הטומאה היושבים חוץ לישיבה עליונה שנקראו אחרים וכו'. וממבועא שנית משם יוצאין [יונקין] שדין ורוחין ולילין ומזיקין ורשעים מצד השמאלי וכו' עכ"ל. ודבריו מבוארים ומסכימים לענייננו. ויש לזה קצת הוכחה בזוהר פ' אחרי (דף ע"ד.) וז"ל ר' יהודא אמר בשעתא דאסגיאו זכאין בעלמא כנסת ישראל סלקא ריחין טבאין ומתברכא ממלכא קדישא ואנפהא נהירין. ובזמנא דאסגיאו חייבין בעלמא כביכול כנס"י לא סלקא ריחא ואטעמת מסטרא אחרא מרירא. כדין כתיב השליך משמים ארץ תפארת ישראל. ואנפהא חשוכאן עכ"ל. והכוונה כי בהיות בעולם הזה זכאין וחסידין, אז ע"י מעשיהם הטובים שואבת השכינה מלמעלה בזכותם שפע והם המים נוקבין דאשדית לקבלא מיין דכורין כמו שנבאר בשער מהות והנהגה בס"ד. וכן הדבר לענין השפע והברכה וז"ש סלקא ריחין פי' מעלה ריח מעשה הצדיקים כענין (בראשית כז כז) ראה ריח בני כריח שדה. שהריח בו שהיה מהשדה העליון. וכשאין צדיקים בעולם הזה אין השפע יורד והמלכות מבקשת מימי החסד ואין. ואז מתעורר כח הדין ע"י תביעות הקליפות ונשפעות דרך הצינור הרע ההוא ואז היא טועמת מר ממות וזהו ואטעמת מסטרא אחרא וכו' פי' טועמת מרירות ממקום מרה מהטומאה. ולפי"ז הוכרח היות ביסוד ב' צינורות אחד לברכה מצד הימין ואחד למרירות מצד השמאל הנשפע אליה סיגים מצד היתוכי הזהב והיא מקבלת סיגים מרים. ולמי שעיני שכל לו והוא ממחצדי חקלא יבין בהקדמה זו ענין חטא בן הישראלית (ויקרא כד) הנסתם בזוהר וגלוהו ליודעים ואנו לא נפרש מפני כי כבוד אלקים הסתר דבר. והענין יובן כשתדקדק לשון הזהר בפ' אמור (דף ק"ו.) שאמר שם ה"א בתראה הות נוקבא וכו'. ועם זה הוה מכסה על אמיה וקלל עצמו ח"ו. ואנחנו נברך יה. וטעם היותו בצדיק ב' נקבים האלו הוא מפני שצדיק היה המנהיג המשפיע לעליונים ותחתונים לפנימים ולחצונים ובו היה תלוי מזון לכל הנבראים ימיניים ושמאליים קודם המיעוט וגם מדי עלות המלכות אל מקומה הרמתה אל בעלה ששם ביתה יושבת בראש פנה כאשר יתבאר בשער המיעוט אז יוכרח היות הצדיק זן את העולם ואז יושפעו הנבראים ע"י ב' נקבים אלו האחד אל המזון לבני ההיכל והשני המותר לכלבים. ואם ישאול השואל מי נתן מותר בקדשים, זה יתבאר בשער התמורות. והדברים האלה הקצור בהן יפה לחוס על כבוד המקום:

פרק חמישי:

אחר שבפרקים הקודמים כללנו קבלת הצינורות כפי אשר נמצא בפי כל המקובלים הראשונים ואחרונים. עתה נרחיב ביאור ונבאר ענין צינורות האלה כפי בחינתם וכפי המובן אלינו מתוך דברי הרשב"י ע"ה אחר עבור על דעתנו כלל ערכי הכנויים בביאורם כמו שיתבאר בחינתם וחילוקם ועניינם. ואחר ההבטה בענין קשר הספירות להרשב"י כאשר יתבאר בשער מהות וההנהגה ושם מבואר שהם מתקשרות ע"י שוויים. ר"ל כי הכתר מתיחד עם הט' ספירות ע"י חלק הכתר שבכל הספירות, והחכמה ע"י חלק החכמה שבכל הספירות, והבינה ע"י חלק הבינה שבכל הספירות. ואחר שיתחזק השכל בהקדמה זו היטב בכח עיון והשכלה נכונה כמו שיתבאר בשער מהות והנהגה, ישכיל המעיין בשכלו כי הצינורות ישתנו לפי הבחינות לאלפים ולרבואות כמו שכללות הספירות אין להם מספר. והמשל בזה כאשר תסובינה הפנים ויהיו פני הכתר מאירים בחכמה בפנים המאירים אשר בו מצד עצמו כתר אז הוכרח היות החכמה מראה כנגדו פנים המתייחסים אל פני הכתר [שהוא כתר שבחכמה] ואז יתייחדו ויתקשרו ייחוד וקשר אמיץ וע"י הארת הפנים והמשכת האור כדמיון האור היוצא מן העין כדפי' לעיל ריש פ"ק וזהו יחוד משובח שעל ידו תקבל החכמה שמות [שפע] הכתר ובחינותו ממש מפני היות יחודם וצינורותם ע"י הכתר בעצמו משפיע ומקבל וזהו יחוד משובח שבכל היחודים. ואז יבחנו ביניהם ג' בחינות זולת ג' הבחינות הנז' לעיל כדפי'. והבחינות האלה הם

בחינת כתר המשפיע ובחינת כתר המקבל ובחינת צינור האמצעי שביניהם המעלה האור ומשפיעו הרי יחודם שלם. ולפעמים יתייחדו ע"י בחינות החכמה, המשל בזה שיגלה הכתר פני החכמה אשר לו להשפיע אל החכמה ואז החכמה יגלה פניה פני החכמה אשר לה ואז יתייחדו יחוד אמיץ ע"י הפנים השוים לטובה ויתהוה ביניהם צינור הראוי להם כפי בחינת יחודם. והנה היחוד הזה משובח אבל לא כראשון כי בראשון שאמרנו שהיחוד על ידי הכתר תקבל החכמה מהכתר שפע כפי הראוי מהכתר כי מכתר אל כתר נשפע הכל ויקבל שפע נעלם כפי שעור המשפיע והמקבל. אבל בחכמה אע"פ שתקבל שפע משובח עם כל זה לא יהיה כראשון שזהו שפע חכמה כי מחכמה אל חכמה יצא ועד"ז ישפוט המעיין לכל היחודים אשר לספירה זו עם אותה שלמעלה הימנה. ומהיחוד של ספירה זו יובן יחודם זע"ז אחד עם כלם וכלם עם אחד וכן לכל הספירות. ועתה לפי דרך זה כאשר נרצה להשפיע רחמים בסוד רחמי הכתר נייחד החכמה עם הכתר בבחינת הכתר, והבינה בכתר בבחינת הכתר, והחסד עם החכמה בבחינת הכתר, והגבורה בבינה בבחינת הכתר. ואל יפול לב אדם עליו באמרנו שבינה מקבל מכתר בבחינת הכתר שבה ומשפיע בגבורה בבחינת הכתר שבה. כי ידוע הוא שכלולותם מי' יעלה לאין תכלית ולאין סוף. ונמצא לפי"ז כמה פנים לפנים הנוראים וכמה אחוריים לאחוריים הנראים. וכשמקבלת מקבלת בבחינת הכתר שבכתר שבבינה, וכשמשפעת משפעת בבחינת הכתר שבמלכות שבבינה. וכן לכל הספירות. כי עד"ז יהיו הבחינות וימצא לפי"ז ההשפעה השפעת הכתר מכתר לכתר עד המדרגה האחרונה שבמדרגות, והרחמים רחמים פשוטים בענין שראוי לכתר. ועוד ראוי שיתייחד הכתר בכל הספירות שבכתר שבהם באותו רגע, וכן חכמה וכן לכל הספירות. ואז השפע שפע בהיר ומזהיר כזוהר המאירים. וכאשר ח"ו יושפע דין, אז יקבלו הספירות אלה מאלה ע"י בחי' הגבורה אשר בכל א' מהן. ואז הדין נשפע בתוקף וממהר האלקים לעשותו ולא יאחר את יום בואו. ולפי דרך זה נקיש אל שאר פעולות. ועם הקדמה זו יובן בפרסום הכרח מוכרח להנהגה כמו הפעולות ביחוד בהסכמות כל הספירות בהקשר אבר אל אבר ובחינה אל בחינה עד הסכמתם יחד אל הפעולה ההיא ויתלבשו כלם כדמות הפעולה ההיא ונתהפכו כפי בחינת פעולתם. ובזה הצינורות ישתנו בחינתם לאלפים ולרבואות כי לעולם הם מתיחדים כפי קשרם ויחודם שהוא ייחוד כל הבחינות וכל החלוקות בשווי גמור וכן הצינורות כי הבחינות והצינורות הכל דבר אחד, והועד אלינו שנמצא ספר ששמו ספר הצינורות הוא מדבר בענין צינורות דוקא ומונה ס' רבוא צינורות. ובעונותינו לא זכינו אליו ואומרים שהוא נמצא אצל אחינו שבמדינת פאס יצ"ו. ורצוננו עתה לחלק ענין החלוקות שאפשר לספירות לקבל זו מזו אם מכתר לכתר עד המלכות, או מחכמה לחכמה עד המלכות, או מבינה לבינה עד המלכות. וכן לכל הספירות מחסד לחסד ומגבורה לגבורה ומת"ת לת"ת ומנצח לנצח ומהוד להוד ומיסוד ליסוד וממלכות למלכות. ונמצאו בזה כל הספי' מוסכמות אל פעולה אחד, בסוד הצינורות כלם נכללים ומוסכמים אל הפעולה ההיא. ולא זו בלבד מספירה לספירה אלא אפי' בספירה עצמה בסוד השפעתה בחלקיה יהיו ג"כ עד"ז. המשל מכתר לכתר והכל בכתר. ונמצאו כללות ע"ס שבכתר כלם נפתחות ומאירות באור כתר או באור חכמה או באור בינה וכן בשאר אורות שבספי' וכן לחלקי שאר הספי' שיהיה ספי' חכמה נפתחת כולה בכתר או כולה באור חכמה או כולה באור בינה וכן בשאר אורות הספירות. והנה יש עוד בחינות. המשל בזה אם ישפיע כתר בכתר שבו אל חכמה שבחכמה ומחכמה שבחכמה אל הבינה שבבינה ומבינה שבבינה אל חסד שבחסד וכן לכל הספירות עד"ז יש כמה מיני חלוקות אשר א"א לעמוד בהם אם לא בציור גשמי שנצייר לפנינו עשר עגולים ובכל עיגול ועיגול עשר פנים שהם עשר בחינות מע"ס שבכל אחד מעשר ספירות ויתגלגלו הפנים כנגד פנים כפי אשר יעלה משפטם. המשל פני המלכות שבכתר עם פני הכתר שבחכמה וכן כתר שבכלם עם מלכות שבכתר שאז השפע ממין אחר ואח"כ נסבב פני היסוד שבכתר עם פני הכתר שבכלם יהיה השפע ממין אחר. וכן לכל עשר פני הכתר הוא עשר מיני שפע ועשר מיני צינורות כי לפי שינוי השפע ישתנו הצינורות ועתה אם נסבב החכמה לבד עשר פעמים לכל אחד מעשר פני הכתר מבלי שישתנו ויסבבו פני הספי' הנשארות יעלה המספר אל מיני השפע מאה במספר. וענין החלוקים האלה א"א להעלות בכתב ואם ירצה האדם להרגיל עצמו בהם יתעסק בצורה המצויירת לפניו ויתנהג בה בעיון ימים רבים עד יאיר ה' עיני שכלו כי כשל כח הקולמוס להאריך הדברים האלה יותר אם לא שיושפע הענין הזה מפה אל פה או שיעמיק המשכיל בהם בשכלו ע"י הצורה הזאת. והנה בזה נכלל השער הזה וברוך העוזר האמיתי

אשר לו חכמה. ואנו בעניינים אלו יריאים מן השגיאה ובטוחים במחילה כי על כזה נאמר (משלי ה יט) באהבתה תשגה תמיד הם דברים שאין אדם עומד בהם אלא מתוך הקושי:

(אמר המגיה אלו עשר עגולים שנצטיירו בו עשר ספירות יצייר המעיין כאלו מתגלגלים העיגולים בסביבובם ואז יבין כוונת המחבר ע"ה והענין כשיעיין המעיין בהבטת הספירות דרך משל בבחינה חכמה שבחכמה לבחי' חכמה שבכתר או בחינת בינה שבבינה בבחינת בינה שבחכמה או שבכתר אז צריך לדמות ולחשוב כאילו העיגול מתגלגל ועומד חכמה שבחכמה בעיגול חכמה נגד חכמה שבעיגול הכתר וכן כולן אז יבין וישכיל כוונת המחבר וידע אותו באמיתית בעזרת אל דעות ה' עכ"ל ע"ב):

שער השמיני עניין הספירות במהותם אלינו

אחרי שנתעסקנו בשער הקודם בענין הצינורות בכל פרטי חלקיהם, ראינו לבאר בשער זה ענין הספירות במהותם המושג אלינו אם חסד אם דין אם רחמים וקצת מדרך הנהגתם כפי המושג אלינו:

פרק ראשון:

רוב המקובלים הסכימו כי הספירות הם כח הכולל הפכים רבים והמשל בזה אל רצון הנפש כי היא מתהפכת לכמה פעולות ואם הם כמעט הפכיות כמו אהבה ושנאה וכעס ושחוק ושאר הפעולות ההפכיות כאלו. וכן הענין בספירות שיש בהן דין ורחמים לפעמים היא מתלבשת בדין ולפעמים ברחמים. וכמו שביד האדם לקבל ולהשפיע וכל א' מאלו השני פעולות יתחלקו אל שנים אם קבלת טוב אם קבלת רע אם השפעת טוב אם השפעת רע וכן כמה פעולות והוא אבר קטן שבאדם מתנהג כפי רצון הנפש. כן ענין הספירות יש בכל ספירה וספירה כח לפעול אלף אלפי אלפים פעולות משתנות כל אחד ואחד כפי ענינה וכחה והשגתה וידיעתה וטבעה שהטביע בה המאציל. וידענו כי ההקדמה הזאת אשר הקדמנו יקשה להמעיין ויאמר א"כ די היה בספירה אחת ולמה האציל עשר, מאחר שהאחת היא כח הכולל הפכים רבים ובה יוכל לפעול כל הפעולות. ולזה נשיב כי הוצרכו לטעם מה שפי' בשער טעם האצילות בפ"ו כי להשיג האדם הנעלם ר"ל האלקות הוצרך הגלוי הזה עד עשר גלויים זו למטה מזו כדי שע"י כך יוכלו הנבראים להשיג קצת מידיעת רוממות המאציל. ועוד שאפי' שאנו אמרים שיש בכל ספירה כח הכולל הפכים רבים עם כל זה כבר יהיו כמה דברים שמה שתשפיע זו לא תשפיע זו כאמרם ז"ל (מ"ק דף כ"ח) בני חיי ומזוני לא בזכותא תליא מילתא אלא במזלא תליא מלתא. ופי' זכות הוא החסד ומזל הוא כתר. והכוונה כי עם היות שרוב החסדים והטובות הם נמשכים מחסד ושמו מוכיח עליו, עם כל זה בני חיי ומזוני אינה ביד המדה הזאת אבל עקרם בכתר כי הוא המזל העליון. ואעפ"י שהמפרשים פי' בענין אחר ואמרו שזכות הוא גבורה, עם כל זה כדברינו אלו יתבאר בתיקונים (תקונא י' דף כ"ד) וכמו שנבאר בשער ערכי הכנויים בערך זכות. ועל דרך זה נבאר כי הבינה היא מקבלת השבים לפיכך נקראת תשובה. ושם עיקר תליית הסליחה והכפרה בכח כתר עליון השופע עליה. ועל דרך זה הנקמה בגבורה, וכן פעולות שונות נפקדות לספירות ומה שנפקד לזו לא נפקד לזו. ומה שאמר למעלה שהוא כח כולל ההפכים רבים יהיה על דרך זה, כי בפעולה הנמשכת ממנה צריכה לפעול הפכיים רבים. כענין העין שפעולתו הראות אמנם כולל הפכיים, ראייה רעה או ראייה טובה, ראייה מועטת או ראייה מרובה. וכן הענין בספירות. המשל בזה השב אל ה' בכל כחו ובכל כונתו כתשובת דהמע"ה וכל שאר בעלי תשובה אשר שבו אל ה' בכל האפשר בגדר התשובה. אלו ודאי תשובתם מעולה ומתקבלת ביותר להעלות נשמתם למדרגה הנבחרת אשר לבעלי תשובה. וכאשר לא ישוב החוטא לה' במדרגה הזאת, אזי תשובתו מתקבלת אבל לא תעלה נשמתו במדרגה הנבחרת ההיא אשר עלתה תשובת דהמע"ה. וכן מי שישוב ויסגף נפשו סיגוף מעט, ויש מי שיתוודה על חטאו לבד, וכן מי שלא ישוב עד דכדוכא של נפש. וכאלו הדברים אשר במציאות חלקי חלקים אשר אין דעת בני אדם יכול לכוללם כ"א הדעת והכח האלקי אשר לו ית' ויתעלה בהספירות. וכל אלו החלוקות הם לטוב ולהשכיר שכר טוב לעה"ב. ויש ג"כ על דרך זה להעניש מי שלא התענה ביום הכפורים בה' ענויים התלויים ביום הכיפורים שהיא בינה ודאי. שאין ראוי להעניש מי שאכל עד כדי שביעתו כמי שאכל כזית או שני זיתים ולא ישתוה מי שאכל ושתה עם מי ששמש מטתו. וכן לא ישתוה מי ששימש עם מי שסך וכאלו החילוקים הנופלים במציאות אשר אין הדעת האנושי יכול לכללם כ"ש לשופטם כ"א כח האלקי. וענין מצות לא תעשה ועשה הם נחלקים ותלוים בכל עשר ספי'. ועם היות שכלם בכללם הן רמ"ח מ"ע בחסד ושס"ה ל"ת בגבורה, עם כל זה פרטיהם בי"ס כאשר אמרנו. וענשם או שכרם או תביעתם בדין או תיקון הקלקול אשר קלקל החוטא הוא תלוי בספירות אשר המצוה רומזת אליה. ופרטיו ודיניו ושכרו וענשו בכלל ובפרט הוא כח הכולל ההפכים רבים אשר אמרנו. שאם היה כח מסוגל בספירה וקנוי בה, הנה אם יטיב לא יעניש, ואם יעניש לא ייטב. ואם ירבה שכר לאחד לא ימעט לאחרים ואם ימעט לאחד לא ירבה לאחרים. אלא ודאי הוכרח היותם כח הכולל ההפכיים לדון את החוטא או להשכיר את העושה אם מעט ואם הרבה וכל אלו הפעולות ברצון המאציל השופע עליהם השגחתו וע"י ספירותיו כאשר פירשנו בשער עצמות וכלים. ועל דרך זה יהיה ההנהגה בעולם. ולא יפול השאלה לומר יהיו כל המצות בכח אחד והשפיטה עצמה בכח ההוא.

מכמה טעמים אם מן הטעמים שפירשתי בשער טעם האצילות ופירשנו למעלה. ועוד מפני כי לא המצות הכריחו הספירות כי הספירות הכריחו המצות כי בעשותינו המצוה ניחד הכח הרומז אל המצוה שהיא ענף הספירה אל שורשו וזה רצון קוננו שנייחד ספירותיו כי באורם נראה אור כי בהם עצמותו והוא כבוד מלכותו של עולם שנתקן היכליו וכסאותיו כראוי לשתהיה שכינתו בינינו. ויש בקצת מהמצות כח להעביר רוח הטומאה מן הארץ והאלילים כרות יכרתון וזהו כבוד מלכו של עולם שנתקוטט במתקומיו וע"ז אחז"ל (סנהדרין דף קי"א) ופערה פיה לבלי חק מי שלא קיים אפילו חק אחד, שהיא מצוה אחת, אעפ"י שלא עבר על מצות לא תעשה עם כל זאת אין לו חלק במידותיו ית' כיון שלא תיקן או ייחד שם איזה מדה לשידבק בה. עוד נוכל להשיב בטעם ההיא באופן אחר יותר נאה ומתקבל, כי ענין הספירות הן ההתגלות כחותיו העלולים ממנו וכלולים בעצמותו כאשר יתבאר יותר בשער הצחצחות וזהו לסבת ההנהגה. והחסד והרחמים והגבורה והנציחה וההודאה והצדקות והמלכות כלם הם מדות כלולים בו ונעלמים בעצמותו. ולא יפול בזה רבוי במאציל ח"ו כאשר בארנו בשער סדר האצילות, ונבאר ג"כ בשער צחצחות בפ"ג ד'. ועתה הישאל השואל למה עשה האדם בלבושו בתי ידים או בתי שוקיים או בתי האצבעות. לא. כי נשיב לו כי אחר שזה הלבוש אל הגוף והגוף סבת הלבוש הוכרח היות הלבוש מתייחס אל הגוף בכל חלקיו ובכל אבריו. ואחר שהספירות הם גלוי מדותיו והם לבוש אליהם כאשר בארנו בשער עצמות וכלים בפ"ד א"כ לא יפול השאלה למה כך ולא כך כאשר אמרנו. והנה על דרך זה נתבאר איך לא יפול השאלה בגוף האדם למה אבריו כך ולא כך ולמה שערותיו כך וכל הדברים כאלה. כי אחר שהגוף הוא לבוש אל הנשמה והנשמה מגלה פעולותיה על ידו עד שכאשר יחטא ויתטנף יצטייר החטא ההוא בנשמה ואח"כ בגוף כאשר העיד הנביא במוסריו (ישעי' ג') הכרת פניהם ענתה בם וכו'. וכן אמר בזוהר כי בזמן שיש דבר בעיר ח"ו ראוי לכל אדם שיכסה מצחו לשלא יכיר מלאך המות עונותיו החקוקים במצחו. וכן אמרו רז"ל (תענית דף ל' ע"ב) כל האוכל בשר ושותה יין ערב תשעה באב עונותיו חקוקים על עצמותיו שנאמר ותהי עונותם על עצמותם. וכל זה לסבה שהנשמה מראה בהם פעולותיה והכתמים אשר בה מראה בגוף. והנה ידוע שהנשמה כלולה מיו"ד כאשר בארנו בשער י' ולא תשע פ"ה ויתבאר בשער הנשמה. ואחר שהנשמה היא כלולה מכל העולמות העליונים הוכרח היות לבושה דפוס וצורת הנשמה אשר הוא צורת העולמות העליונים. וזש"ה (איוב יט כו) ומבשרי אחזה אלוה. א"כ נמצא לפי זה שהוכרח היות אבריו בתכונה ובפרקים האלה והעורקים האלה שהם צינורות השפע המושפע אל האברים וכל האברים [הדברים] האלה הם מאומתים מצד עצמם ואינם צריכין הכרח ויתבארו בארוכה בשער הנשמה בחלק ב'. והנה בזה הוספנו לקח על ענין טעם האצילות מוסיף על מה שבארנו בשער טעם האצילות בסייעתא דשמיא:

פרק שני:

אחר שהקדמנו בפרק הקודם ענין הספירות ופירשנו שהם כח הכולל הפכים רבים, נוכל לומר כי זה טעם היותם נקראות ספירות מלשון אבן ספיר. כי כמו שהספיר אין לו גוון מיוחד אלא כולל כל הגוונים הנראים בו כן הספירה כוללת כל ההפכים כאשר בארנו. ועם שיש לכל אחד גוון ידוע כמו שנבאר בשער הגוונים, עם כל זה בבחי' זו הם נקראים ספי' כדפי'. והם נקראים ספי' ג"כ מלשון סיפור וכן פי' רבי שם טוב ן' ש"ט בספר האמונות ש"ד פ"ד וז"ל בבהיר מצאתי אמאי אקרי ספי' משום השמים מספרים כבוד אל. והנה הכונה כמו שהדבור והמכתב יבאר בהגבלתו להיות מורגש הדברים הנעלמים בתוך מחשבת החכם, כן השמים מורים על ה' יתברך, שכן הספי' הם המגלות מחשבות הנעלמות והצורות הנבדלים משום גשם ולא שום תפיסה וציור. עכ"ל ודפח"ח. כי הספירות מספרות ומגבילות הבלתי בעל גבול, ולא גבול ממש ח"ו כמו שבארנו בשערים הקודמים. ויש שפי' מלשון מספר כי המספר מבעלי הגבול. ואע"פ שאינם בעלי הגבול בערך שרשם הפשוט, בעלי גבול הם (ו)בערך פעולתם אלינו כדפי' לעיל (בשער ב' פ"א). ומפרשים אחרים פי' מלשון סיפור. והכונה כי הסיפור והדיבור בם מותר משא"כ בא"ס. ויש שפירשו מלשון ספר כמו עיר הסמוכה לספר והוא לשון תחום וגבול והכונה שהם מגבילות מה שאינו גבול כלל, ואין הכונה מגבילות ממש אלא כדפי'. ומה שראוי לבאר כי מה שאמרנו בפרק הקודם שההנהגה והשכר והעונש הוא על ידי מדה מיוחדת אין ר"ל שיפעל להם חסד ע"י מדת חסד לבד ח"ו שא"כ הוא פירוד וקיצוץ ח"ו. כי אחר שאפשר להיות הפעולה ע"י אחד מן מספירות נמצא שאפשר להיות ספירה נפרדת בחלקיה בפני עצמה ואין זה מן האמת. אלא אין ראוי לצייר פעולה

והנהגה בשום ספירה בפ"ע לפי שאין ספירה פועלת באמצעית מציאותה בפ"ע אלא ההנהגה היא באמצעות כלם. ומה שאנו אומרים שהפעולה ע"י איזה ספירה, הכונה כי כאשר יגבר החסד בספירה תקבל מלכות שפעם ואז יהיו כלם בה חסדים וכלם מסכימות אל צד החסד. וכן הגבורה כאשר יגבר הדין והגבורות בספירה תקבל מלכות שפעם ואז יהיו כלם בה גבורות וכלם מסכימות אל צד הגבורה. וכן פי' הרשב"י ע"ה בס' התקונים (תקונא יט ד"מ.) וז"ל כד האי אבנא בעא למעבד דינא בעמלק או בסטרא אחרינא וכן בחייבין נטלא מגבורה ואתכלילן בה כל ספיראן ואתקריאו בה כלהו גבורות. וכד בעאת למעבד חנא וחסדא בעלמא נטלא מחסד וכלהו ספירן אתכלילן בה ואתקריאו חסדים. וכד בעאת לרחמא על עלמא נטלא מעמודא דאמצעיתא וכלהו ספירן אתכלילן בה ואתקריאו רחמי עכ"ל. הנה ביאר בפי' איך הספי' כלם הם מסכימות אל הספי' הגוברת והכל ע"י מדה האחרונה המנהגת העולם שבה עיקר ההנהגה. ומה שראוי לדקדק בענין זה הוא כי א"א להיות שהחסד יסכים אל צד הגבורה וכן הגבורה אל צד החסד אחר שהם ב' הפכים זה דין וזה חסד ואיך אפשר לומר שמה שהוא חסד שיפעול כח הדין ומה שהוא דין שיפעול כח החסד. ונשיב כי א"א הענין הזה אלא במה שהם כל א' כלולה מי' ותמצא שיש בחסד כח הגבורה ויש בגבורה כח החסד וכן לכל הספי'. וע"י השווי הזה הם מתיחדות ומשתוות כמו שנבאר בשער זה. וצריכים אנו לבאר ענין כל אחת כלולה מעשר שאל יחשוב המעיין שיהיה כל אחת כלולה מי' כפשוטה ר"ל שיש בחסד חלק ניכר שהוא גבורה וכן בגבורה חלק ניכר שהוא חסד שא"כ ח"ו נמצאו הספי' נחלקו לחלקים ונפרדים זמ"ז. ומה שעלה בדעתינו לתקן במאמרינו כל א' כלולה מי' נתקלקל במה שנמשך מזה כי אפי' כל אחת נחלקת לי' חלקים. אלא הכונה שאין אדם יכול לומר זה חלק חסד שלא יכלול מי' ולא בחלק מחלקי שאר הספי' שלא יהיה נכללים בו כל הי' וכן י' מי' עד לאין סוף ותכלית הכל כלול מיו"ד ליו"ד ויו"ד מיו"ד. וא"ת א"כ שכל א' כלול מכלם ימצא עתה לפי זה שאין חלוק בספי' וכלם יהיו שוות וא"כ איך אנו אומרים שזו גבורה וזו חסד וכן לכלם, כיון שבחסד י' ובגבורה י' נמצאו כלם שוים לטובה או לרעה ח"ו. לזה נשיב בהקדמה אחת שפי' הרמב"ם בענין היסודות בפ"ד מהלכות יסודי התורה. וז"ל ימצא כל גוף וגוף מאדם ובהמה וחיה ועוף ודג וצומח ומתכת ואבן, גולמו מחובר מאש ורוח ומים ועפר. וארבעתם יתערבו ביחד וישתנו כל אחד מהם בעת העירוב עד שימצא המחובר מארבעתם אינו דומה לא' מהם כשהוא לבדו. ואין במעורב מהם אפי' חלק אחד שהוא אש בפני עצמה או מים בפני עצמם או עפר בפ"ע או רוח בפ"ע, אלא הכל נשתנו ונעשו גוף אחר. וכל גוף המחובר מארבעתם ימצא בו קור וחום לח ויבש כאחד. יש מהם גופים שיהיה בהם חזקה מיסוד האש כמו וכו'. ויש מהן גופים שיהא בהם חזקה מיסוד המים כו'. ועל דרך זה ימצא גוף חם יותר מגוף אחר חם, וגוף יבש יותר מגוף אחר יבש. וגופים שיראה בהם הקור בלבד, וגופים יראה בהם הלח בלבד, וגופים שיראה בהם הקור והיובש כאחד בשוה כו' או החום והיובש כאחד בשוה וכו'. עכ"ל לענינינו. והנה בהקדמה הזאת יוכל האדם להתבונן בספי' כי העיקר הוא כח הגבור' אשר יראה בו הדין ולא החסד, וכח החסד אשר יגבר בו החסד ולא הדין. והוצרכנו לכל זה לבלתי עשות פירוד ח"ו כמו שפי'. וכאשר יקבע העיקר הזה בלב המשכיל הנה לא ירחק ממנו המקום לדעת איך יכול החסד כאשר יגבר הגבורה להיות ג"כ הוא פועל הגבורה בהיות כי גם בחסד יש כח גבורה. וכן לכל הספי' ובכל המוזגות. ואולם ענין ההסכמה הזאת היא בעצם ע"י העטרה המנהגת העולם שבה יעשה המזיגה הזאת. שבמקומם אי אפשר, שאם נאמר שההסכמה והמזיגה היא במקומם למעלה נמצא ח"ו חסר תשעה ספי' כי כלם גבורות או חסדים, אלא על כרחינו נאמר שבמקומה הם מזיגתם אשר שם בהם מאצילם. אמת שתהיה המשכתה לפעול הפעולה ההיא ע"י הגבורות שבהם או ע"י החסדים שבכל ספי' וספי' כמו שבארנו בשער הצינורות בפ"ה. אמנם לשיהפכו לדין וגבורה או לחסד מכל וכל, זה א"א כי אם ע"י המלכות דוקא. וזה דקדק בלשונו הרשב"י ע"ה במאמר שהעתקנו שאמר וכלהו כלילן בה ואתקריאו חסדים וכו' פי' כי קודם יכללו בהאבן שהיא המלכות ואז יקראו חסדים או גבורות או רחמים מכל וכל. ולרמוז על היותם כל אחת כלולה מי' היא על הדרך אשר אמר הרשב"י בס' התקונים (תקונא מ"ז דף פ"א ע"ב) וז"ל דלית ספירה דלא אתכלילת בעשר כל חדא בממשלת דילה עכ"ל. ומבואר הוא. ודקדק באמרו בממשלת דילה, פירוש עם היות גובר בה ממשלתה פעולתה על הדרך שפירשנו. ועתה אחר שבארנו ענין היותם כלולות מיו"ד רצוננו לבאר ענין התגלות העשר בכאו"א כי הוא מעלה נפלאה. והענין כי בזולת שהם נכללות מי' על הדרך שבארנו והכללות הזה לא יחסר ולא יעדיף לעולם כמו שא"א לספירות

להיותם י"א ולא ט', וכן לענין כללות ג"כ. אמנם יש ענין חשוב מזה אשר זה לא ימצא בהם כי אם בהיות רוב טובה והוא שיתגלה בהם ויוכללו כל אחד מהם בכלם כאלו תאמר שיהיו כל הע"ס שבה מתראות מצד שקבלה מי' ומאירה בי'. ר"ל הכתר כלול מי' מצד שהוא מתייחד בעשר, כיצד הוא מאיר בט' והט' מאירים בו והם מאירות כלפי פני הכתר הרי שמאירים בו עשר. וכן בחכמה וכן בבינה. כיצד הבינה משפעת בז' התחתונות הרי ז' שנכללים בה והיא נכללת בהם, ושני העליונות מאירות בה ונכללות בה הרי ט', ועוד מאירים בה פניה ממש הרי עשר. וכן לכל הספירות. ובזה מתראות בכלן עשר ספי' והוא מציאות מובחר מענין הכללות הנדרש למעלה ונמצא מציאות הזה בהרגל יותר אל המלכות כדפי' בשער י' ולא תשע. וצריך המעיין להיות עיניו פקוחות על המציאות הזה שאינו כמציאות הקודם. והמציאות הזה לעיתים יהיה במקצת ר"ל שלא יוכללו אלא בשבע שהם ז' ספירות הבנין והכללות הזה לא יהיה בחשיבות ומעלה שיהיה כאשר הוא מעשר כמו שנבאר בשער המציאות בפ' ה'. ואין לתמוה ולומר כי יראה בזה פירוד אחר שלא יתראו בה אלא ז' ולא י'. הטעם הוא מאחר שנכללות בה כל העשר ומפני מיעוט האור אינם מתראות כלם אלא מתעלמות ואינם פועלות לא יקרא פירוד. כי כן דרך הספי' עם היותה כלולות מעשר לא יפעלו אלא מהגוברת ועם כל זה לא יקרא פירוד אחר שכלם נכללות בה. ועם כל זאת הגוברת היא העיקרית אם בחסד חסד אם בגבורה גבורה. וכן הענין אל הכללות האלו שמפני שלא קבלו אלא מן השבע לא נכללו אלא בשבע ועתה לפי"ז כאשר נמנה בהם עשר פעמים י' שהם מאה נרצה בענין הכללות החשוב הזה. וכאשר נמנה עשר פעמים מאה נרצה לומר כי אפילו אותם העשר היו מאירות בעשר אחרות וכן יעלה המספר מעשר לעשר עד אין תכלית וכפי אשר יגדל המספר יורה על רוב הכללות. וכן לפעמים נמנה שבעה פעמים שבעה מורה על שבעת ימי הבנין שנכללו הן בעצמן וכן יעלה מספרם מז' לשבעה בשביעיות כמו שבעה פעמים שבעה מ"ט או מ"ט פעמים מ"ט. ולפעמים נרכיב ב' המספרים ונאמר שהשבעה התחתונות נכללו בעשר ועתה יעלו שבעה פעמים עשר שהם שבעים או שבע מאות הכל לפי התגברות הכללות כדפי'. ויש בחינה אחרת והיא שנאמר שי"ס נכללו משבע ויעלו המספר והכללות כדרך המספר הקודם. אמנם יורה על הרחמים יותר להיות שבבחי' זו נתגלו הג' ראשונות בעצמם מה שאין כן בבחי' הקודמות שלא נתגלו אלא בתחתונות והוא מבואר. וכל הבחינות האלה וכללותם באו ביאורם בזהר ובתקונים ובמפרשים, ולהיות הדברים מפוזרים א' הנה וא' הנה ויכבד עלינו להביא ראייתם כתבנום בקצרה והם מוסכמים מצד עצמם. עוד הספי' נכללות מעשר בבחינה אחרת והם מציאיות הספי' בעצמם. והענין כי בכתר נתגלו כל הספי' בעת האצילות כאשר בארנו בשער האצילות. והנה לזה חיוב היות שם מציאותם כמו שנבאר ענין המציאות בשער המציאות. והנה הט' האלה הם הויות רוחניות דקות מעצמותם המתגלה למטה עד שהם מקורות וצינור שבהם יושפע החיות אל מציאותם התחתון. וכאשר נאצלו בחכמה שם ג"כ נשארו מציאות ח' ספי' וכ"ע נאצל מציאותו בה כדי שלא יהיו ט' ח"ו. ועוד הוכרח כן מפני שע"י נאצל האצילות. הרי בחכמה מציאות עשר אבל לא כמציאות שבתוך הכתר מפני שבכתר הם בדקות. ועוד כי הט' למעלה היו מקור לתשע התחתונות משא"כ בחכמה כי הח' מקור לח' התחתונות, אבל הכתר אדרבא מקורו העיקרי הוא מציאות ספירות העליונות שנשלמה למעלה ממנה במציאות והיא ענף וצריך אליו. וכן נאצלו ז' בבינה הרי ז' והם מקורות לז' תחתונות ואינם כמקורות אשר בחכמה. ועוד שבחכמה היו ח' מקור לח' ובבינה ז' מקור לז'. ושנים העליונות נאצלות שם להשלים. ועוד מפני שעל ידם היה עיקר האצילות כי מכחם נאצלו בה הז' ולכן נשאר שם מציאותם ועל דרך זה לכל הספירות שכולם הם בכולם. וזה ענין אחר שהוא מציאות הספירה ממש בספי'. ונמצאו לכל הספירות בחינות כנגד כלם. והמלכות נשתנה מכלם כי יש לה מקור ממש בכל אחת מהספירות אחר שהיא אחרונה לכלם. וזה הטעם שנשאר מציאותה בכל מדרגות הספירות כי דרך מדרגות הסולם ירדה וכמו שנתבאר בתקונים (בהקדמה ד"י ע"ב) וז"ל כד אתנטילת מכתר אתקריאת עטרת תפארת כו', כד אתנטילת מחכמה עילאה דאיהי ראשית אתקריאת על שמה, וכד אתנטילת מבינה אתקריאת על שמה תבונה. וכד אתנטילת מחסד אתקריאת וכו'. ובדרך הזה פי' שם בתיקונים להראות על שמה כפי בחינותיה דרך מדרגות הסולם אשר ירדה וכפי המקורות להראות עלייתה אל הבחינה ההיא תקרא על שמה וכמו שנבאר בפי' המאמר במקומו אם יגזור השם בחיים. עוד לספי' כללות אחר' מג' והיינו ג' קווים קו החסד קו הדין קו הרחמים ובבחינתו יוכלל מג' ולפעמים יוכלל מד' והיינו חסד גבורה תפארת

מלכות שהם ד' רגלי המרכבה והם ממש הד' אותיות שבשם כי יו"ד בחס"ד וה' בגבורה כמבואר בתיקונים פעמים הרבה והם ג"כ פני אדם פני אריה פני שור פני נשר כמו שיתב' הענין בשער הכינוים. ולפעמים יוכללו מה' והם חסד גבורה ת"ת נצח הוד, והטעם כי ע"כ הגיע האצילות כי מלכות ויסוד הם נכללים בת"ת. וכאשר נבחן החמשה הנז' בערך שהם נכללים בעשר יעלו לנ'. וכן כאשר נבחין אותם בערך שכלול כל א' מה' יעלו כ"ה. ועוד נכללים לפעמים מו' והם ו' קצוות הנכללות בת"ת ואז הם מכונים בשם ו' כאו"א. והם שלשה ווין עליונים גדולה גבורה ת"ת והם ויס"ע ויב"א וי"ט וו"ו והם ח"י. והם ג"כ בנצח והוד ויסוד והם ח"י אחרים כללם ל"ו. וכאשר נכללים מעשר יעלו ששים. והכלליות האלה וסדרם מתבארים בזוהר ובתיקונים פעמים הרבה וקצרנו הענין בפ' זה כדי שיהיה סדור לעיני המעיין לכל אשר יהיה שם הצורך אליו:

פרק שלישי:

אחר שנתעסקנו בפרקים הקודמים בענין כללות הספי' ועניינם אל ההנהגה. עוד נוסיף ביאור במהות המושג בהם אל המקובלים קבלה איש מפי איש עד מרע"ה מפי הגבורה. הספירה האחד הוא הנאצל הא' והוא כ"ע אשר בערך הנאצלים אשר למטה ממנו אין בו חוסר כלל ולא גירעון כלל אלא הוא רחמים פשוטים מבלי תערובות דין כלל. א"כ איך אפשר להיותה כלולה מיו"ד כי הכללות מורה שיש בה צד גבורה שהוא דין ואנו אומרים שהיא פשוטה מבלי תערובת דין כלל. ואפשר לזה להשיב על כמה פנים. הראשון הוא כי לא יוכרח שיהיה כלול מהגבורה בבחינת הדין אבל יהיה כלול מהגבורה בבחי' העושר אשר תחת יד הגבורה. כמו שאחז"ל (ב"ב דף כ"ה ע"ב) הרוצה להעשיר יצפין. ועניינו כנגד הגבורה אשר שם הזהב. וכן עניינים כאלה אשר הם רחמים והם מפעולת הגבורה. כמו הגשמים שהם מצד הגבורה והם רחרים לעולם. וכן היות האדם גבור כובש את יצרו אותה הגבורה יהי' מצד הרחמים הגמורים אשר לא נמסר ביד יצרו בכח הגבורה שהגבירו על שונאו. וכן ביארו בתקונים (בתז"ח דף קי"ד ע"ב) וז"ל בירחא חמשאה יהיב ביה תוקפא דגבורה לאתגברא על יצר הרע מסטרא דשמאלא דלא שליט ביה וכו' ע"ש. ועם היות כי זה נדרש שם לענין אחר, עם כל זה יצא לנו מתוך דבריו כי היות האדם מתגבר על יצרו הוא מצד הגבורה. ועוד יש להם פעולות אחרות כאלה וכאלה טובות ונעימות. ומצד בחינת הגבורה בפעולות האלה הכתר נכלל ממנה. וכאשר תתעורר הגבורה הנה ישפיע הכתר בצד הגבורה אשר לו, ואפי' אם תשפיע פעולת הרחמים כמו שפע העושר או התגברות למטה הנה מכ"ע השפע ההוא יגביר הגבורה באופן שיהיה בה חוזק ואמיץ כח לפעול. ואע"פ שזה הענין יהיה אל הכתר במקרה כי עיקר השפעתו לרחמים היתה, עם כל זה בגבורה מצא מין את מינו ונתעוררה על ידו הגבורה לפעול. עוד אפשר להשיב ע"ד אחרת כי אמת הוא שהכתר אינו פועל אלא רחמים זהו כחו הגם שהוא נכלל מהגבורה עם כל זה יש בו כח לבטל הגבורה ההיא ולהכניעה אל הרחמים ולא מפני זה יוכחש היותה כלולה מעשר. כאשר הענין בהיסודות שלא מפני היות הגשם ההוא מורה על החום בלבד או על הקור בלבד נחייב שהוא פשוט ואינו מורכב מארבע יסודות כלל. אלא נאמר שהוא מורכב מד' יסודות ומפני תגבורות יסוד המים שבו לא יפעלו בו שאר היסודות ויתראה בו הקור לבד. וכן הענין כאשר יתראה בו החום סבתו תגבורת האש כמו שפי' הרמב"ם ע"ה בלשונו שהעתקנו בפ' הקודם. ועל דרך זה בספירת הכתר אעפ"י שיהיה בו כח הגבורה לא יפעל דינה כמקרה היסודות שפי'. עוד נוכל לתרץ ע"ד אחרת והוא יותר קרוב אל האמת ועיקר. והענין מפורסם הוא שבא"ס הפשוט הוכרח בו היות שם מציאות ע"ס כאשר נבאר בשער הצחצחות. ועתה למה לא יקשה עלינו שנמצא לפי"ז האלוה הפשוט מורכב מהרכבה גדולה כזאת מע"ס שמכללם הגבורה כח הדין והגדולה כח החסד. והאמת שאין הרכבה גדולה מזו. ואין כן חק האמונה העקריות הקבועה בלב המאמינים. שעיקר האמונה להאמין שהא"ס הוא אחד פשוט תכלית הפשיטות בלי שום הרכבה. א"ו תשובת שאלה זו בצדה כי ח"ו אין כונתינו באמרנו שמציאות הספי' בא"ס שיהיה מציאותם למעלה כדרך שמציאותם למטה. אלא למעלה הם פשוטות תכלית הפשיטות ומתייחדות בעצם השרשים תכלית היחוד והם דקות רוחניות תכלית הדקות עד שלא יתיחס בהן רבוי ושנוי ודין ורחמים ונאריך הדבור בהם בשער הצחצחות. ועתה אחר שהכתר הוא הנאצל הראשון אין בינו ובין המאציל כ"א שזה עילה וזה עלול ממנו. ולפי השיעור שחוייבנו להפליג בענין הספירות שבא"ס. על דרך ההוא חוייבנו להפליג בענין הספירות שבכתר, כי כפי רדתם מאת פניו כן יתגלו הדברים והפעולות וכפי קרבתם אל מקורם כן יתעלמו ויסתתרו. ולכן אע"פ שהכתר כלול מעשר אין הכונה שיהיו העשר פועלות דין

ורחמים כפעולתם במקומם אלא הם מקורות נעלמים. ועל דרך זה היא מציאות אצילות הדין להשואלים מהיכן יצא הדין כמו שנבאר בשער זה בפי'. זהו הנמסר אל שכל האנושי להשיב בשאלה. אמנם הקבלה הכרחנו היות הכתר תכלית הרחמים כדכתיב (דניאל ז ט) ועתיק יומין יתיב לבושיה כתלג חוור. ואין שפעו אלא רחמים פשוטים ואיהו יתיב על כורסייא דשביבין דנור לאכפייא לון וכן פי' הרשב"י ע"ה באדרא (דנשא קכ"ח ע"ב). אמנם הדין נפעל בהסתר פניו ח"ו והסתלקות שפעו מן הספירות אז הדין יפעל מעצמו, כי התעוררות קו הדין יתגבר על קו הרחמים, וגבורה שבכל מדה ומדה תתגבר ועל ידה תפעל הדין. אמנם גבורה שבכתר היא להפך להכניע הדין והיא מצחא דמלכא כי בהתגלות מצח הרצון הדינין מתבטלין כדפי' הרשב"י באדרא (שם דף קכ"ט.) ונבאר שם ב"ה בס' אור יקר. אמנם ימשך מזה קושיא עצומה כי נמצא פעולות הדין נפעל ע"י ט' ספירות לבד וזה אין ראוי. ונשיב כי הסתלקות והסתר פני הכתר מן המדות כדי שתפעל הדין זה נקרא שתוף שמשתתף הכתר אל הדין. וכן פי' הרשב"י שם באדרא. והיינו פי' המאמר שפי' ר' מנחם רקאנטי כמו שהעתקנו בשער עצמות וכלים בפ"ב וה' המטיר על סדום וכו'. וכן ענין משל העליות שפי' שם בפ"ד. ואין דוחק באמרנו כי סלוק והסתר פניו נקרא שתוף אל הדין, שהרי מוכרחים אנו לומר קרוב אל ענין זה אל הא"ס שאם היה מתפשט בכל הספי' לא היה דין כלל, וא"א לומר שאין הדין נפעל על ידו, שא"כ נמצא אין העונש על ידו ח"ו וזהו סילוק ההשגחה. אמנם הסתר פניו וסילוק השגחתו מספירותיו הוא שיתופו אל הדין. ויש להקשות שא"כ שהוא מסלק השגחתו ועצמותו מן המדות א"כ נמצא שיש פעולות לספירות זולתו שהרי הם פועלת דין בהסתלק השגחתו. לכן נשיב שודאי יש בחינות שונות אל השגחתו בספירות. הנה בהיות הענין רחמים גמורים ושמים זכו לפניו הוא מתגלה במדותיו גלוי עצמי עד שכולם מתיחדות תכלית היחוד. אמנם בהיות השמים לובשים קדרות מסתלק השגחתו מן הספירות ולא מכל וכל אלא הוא מגלה האור בהם ע"י אמצעי ע"י הבינה בשש קצוות מצד הגבורה והשפע וההשגחה מועטת עד שהדין נפעל. וזהו סוד (ירמיה לא ב) מרחוק ה' נראה לי, וכן (תהלים י יא) למה ה' תעמוד ברחוק, שאין האור מתגלה כראוי והיינו תעלים לעתות בצרה, וזהו סבת הדין והווייתו לפי האמת. ותיקונו [הוא ע"י התשובה] בסוד גלוי ההשגחה והארת האין סוף ע"י הכתר בספירות. וזהו סוד השפע והרחמים הנשפעים שעל ידו הדין יתוקן ועינים רוחצות בחלב כאשר יתבאר בע"ה בפ"ה.

עוד במציאות ספירה זו עם היותה נעלמת תכלית ההעלם עד שמרוב התעלמותה נקרא החכמה ראשית ההתגלות כמו שבארנו בשער אם הא"ס הוא הכתר פ"ג. עם כל זה גלו לנו חכמינו וזקנינו שקבלו מנביאינו היות בספירה זו תר"ך עמודי אור כמנין כת"ר. והמגלה הראשון אל העניין הזה הוא רבי נחוניא בן הקנה בתפלתו הנחמדה וז"ל שם אקראך בשש מאות ועשרים עמודי אור שהם ראש מילולך, שהם תיקון לרום מעלתך, ומהם יתמשך החיות בכל הספירות, ועומדים זה בצד זה כנשמה בתוך הגוף, והם מלאים מבפנים ומבחוץ ובחיצון, יהו"ה יהו"ה יהו"ה, והם נחקקים כדמות זכר ונקיבה, ומתהפכים לתפארת וממלכה בצירוף רום קומתם, ואין לדקותם תכלית, והן חלקים שאינם מתחלקים כלל, ומתנשאים במאמר ומכלל וחשבון, יוצא מעיין השלהבת שהוא עד אין חקר ואין מספר, מאורה המתעלמת בתוספת החשך המסותרת, והיא המציאות הידוע לכל המשכילים, בי"ג מיני תמורה, שהם גלוים ונעלמים מונחים על הכתר ממש, מצפ"ץ מצפ"ץ ת"ך גספ"י פסטפ"ט תג"ל תומ"י פג"ש סח"ק פתי"א טה"ג סח"ק כתכומ"י טב"ת זפ"ט פוב"ז פסנת"ץ פטד"ץ עכ"ל. ופיר' אקראך בשש מאות ועשרים פי' קריאה מלשון השפעה כענין (תהלים מב ח) תהום אל תהום קורא לקול צינוריך. וכמו (ישעיה ו ג) וקרא זה אל זה ואמר, ות"י ומקבלין דין מדין. והנה אקראך וכו' ירצה אשפיע שפעתך בשש מאות וכו', שהם ראש מילולך פי' תחילת ההתגלות אל הא"ס ואעפ"י שאינן מושגים אלינו. ולפי שהדיבור הוא משל אל הגלוי מפני שלמעלה בא"ס לרוב ההעלמו הדיבור אסור בו לכן אמר כי תר"ך הם ראש מילולך פי' ראשית הדברים הנאצלים הנכנסים בדיבור. או ירצה אקראך בשש וכו' ר"ל אקראך ואכנה אותך בשם תר"ך עמודי אור כי ידוע שבאין סוף אין שם שיגבלהו כמו שביארנו בשער אם הא"ס הוא הכתר פ"א בס"ד. והנה שם הא"ס הוא האצילות כלו בכלל כמו שהשם מורה על הענין המכונה בשם ההוא כן האצילות כלו מורה על הא"ס. וכמו שהשם הוא כמו בית אחיזה על הנדבר כאלו נאמר שאין מציאות לדבר על פלוני אם לא שנכנה לו שם פלוני וע"י השם ההוא יהיה לנו מקום לדבר בדבר ההוא, כן בהא"ס אין מקום לדבר בו אם לא מצד בחינת האצילות וגלויו והוא מקום בית אחיזה לו. לכן אמר שהם ראש מילולך הוא מקום התחלה וראש

הדיבור בהאין סוף שמשם ולמעלה אין מקום אל הדיבור ותחילת הדיבור הוא מתר"ך מכת"ר ולמטה. שהם תיקון לרום מעלתך. פי' כבר נתבאר באדרא דנזיר והעתקנו לשונו בשער סדר האצילות פ"ד שהאצילות הוא תיקון אל המאציל מאחר שאין השכלה במאציל אלא ע"י הנאצל א"כ תיקונו הוא האצילות וגלויו הוא יופיו אחר שחפצו בגילוי הגילוי לו ליופי ולמעלה. או ירצה שהם תיקון פי' העמודים האלה הם יופי וקשוט ותיקון הכתר שהוא רום מעלת האין סוף לפי הנגלה אלינו. ומהם יתמשך החיות פי' מן העמודים האלה נמשך האור והשפע שהוא חיות הספירות כלם, כי אור הא"ס הוא המחיה והמזון לכל הנאצלים, והנאצלים נהנין מזיו ואור המאציל כמו שביארנו בשער סדר עמידתן פ"ח. ולפי הנראה היות העמודים האלה צינורות ומקורות לספירות ששואבין אור מהא"ס. ועומדין זה בצד זה כנשמה בתוך הגוף. פי' הנה העמודים האלה בכתר הם כסדר זה שהם זה בצד זה והם זה בתוך זה כנשמה בתוך הגוף כן נמצאים בעניני סדרם זה בתוך זה. נמצאו זה בצד זה ונמצאו שהם כנשמה בתוך הגוף זה בתוך זה כסדר הספירות שפי' בשער סדר עמידתן בפרוש ד' ובפרק ז'. ואמר זה בצד זה כי בערך הספירות זה בצד זה הם כאשר נראה כי הנקודה האמצעיות הם ספירות (עיין בעסיס רמונים) נמצאו שהם זה בצד זה. ולפי האמת כאשר נראה להעריכם בעצמם הם זה בתוך זה כמו הנשמה בתוך הגוף שזה עילה לזה וזה עלול מזה כערך הספי' בעצמם שהם נבדלות מה שבין עילה ועלול כן הבדל ערך העמודים האלה. והם מלאים מבפנים ומבחוץ ובחיצון פי' כי כל עמוד ועמוד יש בו ג' מיני שפע שהם מבפנים ומבחוץ ובחיצון. פי' הם מלאים מבפנים דהיינו עצם העמוד ובחינת עצמו, ומבחוץ הוא בחי' עילתו דהיינו אור המקובל אליו מלמעלה, ובחיצון הוא בערך בחינתו המשפעת. והם עתה שלשה בחינות, האחד בחינתו העצמי שהוא מהות העמוד בעצמו, והשני בחינתו מצד קבלתו שהוא לפי האמת מבחוץ של עצמותו עם היותו משובח מעצמותו, השלישי בחיצון שהוא בחינתו בערך מה שמשפיע אל זולתו והוא לפי האמת נקרא חיצון מפני שיוצא חוצה ממדרגתו ומפנימתו שהוא בחי' עצמותו. והנה ג' בחינות האלה הם הא' בערך העילה אשר לו והשני בערך עצמו שהוא העלול מן העליון ממנו והשלישי בערך עלול אשר למטה ממנו. והיינו מבפנים שהוא בחינת עצמו ומבחוץ בחי' עילתו ובחיצון בחינת העלול ממנו והם ג' מיני שפע. והאור השופע על כאו"א מהעמודים יהו"ה יהו"ה יהו"ה. פי' כבר נודע כי שם בן ארבעה כולל כל הע"ס ויתבאר בשער שם בן ד'. וידוע כי כל עמוד ועמוד הוא כלול מע"ס לפי שאין ענף וענף בספיר' שלא יהיה כלול מי' ולכן אחר שהם שלשה בחינות בכל עמוד ועמוד נמצא שהם שלשה פעמים עשר ספירות כי כל בחינה כלולה מעשר והן שלשה שמות שם בן ד' שהם יהו"ה יהו"ה יהו"ה. והם נחקקים כדמות זכר ונקבה פי' כי שמות האלה הם חקיקתן וציורן דהיינו אצילותן בדמות זכר ונקבה. והענין כי הבחינה שהיא בערך מה שמקבלת דהיינו הבחי' הנקרא לעיל מבחוץ היא בחינת זכר משפיע אל בחי' עצמותו הנקרא לעיל מבפנים. א"כ נמצאו ב' שמות העליון זכר והשני נקבה משפיע ומושפע. וכן בחינת עצמו הוא זכר משפיע אל בחינתו המושפעת שהיא המכונה לעיל בחיצון. ולכן נמצא ג' שמות ג' בחינות ענינם וחקיקתן כדמות זכר ונקבה. ומתהפכים לת"ת ומלכה וכו'. פי' כי הבחינה הראשונה שהיא המכונה בחוץ למעלה והבחינה השנייה שהיא המכונה בפנים אמרנו שהם זכרים והאחרונה שהיא בחיצון היא נקבה, אמר שהם מתהפכין לת"ת ומלכה דהיינו זכר ונקבה כי הבחינה האחרונה החצונה של העמוד הזה היא משפעת בראשונה שהיא החוץ על עמוד התחתונה נמצאו שנתהפכו הבחינות כי מה שהוא זכר נתהפך אל נקבה ומה שהיה נקבה נתהפך לזכר כי הבחינה האחרונה הוא זכר אל הראשונה של העמוד אשר תחתיו שהיא מקבלת ממנו. בצירוף רום קומתם ואין לדקותם תכלית פי' ההתהפכות והוא כאשר יצטרפו כלם כסדר רום קומתם שהם זה על זה נמצא הבחינה האחרונה של העליון מהם הוא זכר אל הבחינה הראשונה של השני אשר למטה ממנה וזהו כאשר נעריכם בערך צירופם יחד ובערך רום קומתם זה על גב זה כמבואר. ואין לדקותם תכלית פי' אעפ"י שאמרנו בהם כל אלו החלקים אין הכונה ח"ו על שיש בהם גשם המתחלק כלל ועיקר כי אדרבה הם דקים ורוחניות תכלית הרוחניות מפני קורבתם אל מקורם שאין לדקותם תכלית, ואעפ"י שנשפוט בהם חילוקים ובחינות לא שהם חלקים מתחלקים ח"ו אלא הם חלקים שאינם מתחלקים אלא בערך עלה ועלול כדרך שהפלגנו בספירות. וראוי להפליג יותר ויותר בענין העמודים מפני שהן חלקים ובחינות של ספירה אחת, ועוד מפני שהם בספירה הזאת שהיא דקה ורוחניות נאצל ראשון מיוחד במאציל כנודע. ועוד לנו פי' בלשון הזה ויתבאר בפ"ה בעזרת הצור:

פרק רביעי:

ומתנשאים במאמר ומכלל וחשבון, הענין הזה לכאורה קשה הרבה שהעניינים האלה הם חמשה תקון וצרוף ומאמר מכלל וחשבון. וכן באו ביאורם בספר מעיין החכמה וז"ל זהו תיקון וצירוף ומאמר מכלל וחשבון פי' של שם המפורש המיוחד בענפי שורש התנועה המתגברת בי"ג מיני תמורה כיצד הוא התיקון להוציא דבר במאמר ומאמר בדבר ותיקון בצירוף וצירוף בתיקון ומכלל בחשבון וחשבון במכלל עד להעמיד כל הדברים במעיין השלהבת והשלהבת במעיין עד אין חקר ואין מספר לאורה המתעלמת בתוספת החשך המסותרת ולהביא הכל במלאכה הנגמרת בי"ג מיני תמורה עכ"ל. והנה לכאורה משמע שר' נחוניא לא כתב אלא ג' שהם מאמר ומכלל וחשבון וצריכין אנו לדעת מה זה ועל מה זה. קודם ראוי שנכנס בביאור ה' עניינים אלה מה תארם. ובספר הקנה ביאר אותם בקצרה וז"ל התיקון שתדע השם מתחלתו ועד סופי כמו שהוא כתוב. וצירוף כמו שתצרף אותו בכ"ב אלפא ביתא שבספר יצירה של אברהם אבינו, ותדע לעשות מכל צירוף וצירוף מאמר, ואחר כך לכלול הכל ביחד שהוא המכלל, ואחר כך לידע בחשבון כדי שלא תטעה בצירוף האותיות גם בנקודם עכ"ל. ודבריו הם בפי' שם בן מ"ב היוצא מבראשית כמו שנבאר בשער פרטי השמות. והנה פירש כי התיקון הוא שידע האדם השם בענין סדר כתיבתו ותיקונו וזה נתבאר ג"כ בברייתא אחת המכונה לשמעון הצדיק ע"ה וז"ל אמר שמעון הצדיק לתלמידיו דעו כי שם המפורש נחלק לה' חלקים ואלו הן תיקון וצירוף ומאמר ומכלל וחשבון. התיקון הוא שיתחיל אדם סדורו מתחלה ועד סוף כמו השלשה פסוקים אשר נקראו שם הע"ב והם ויס"ע ויב"א וי"ט הראשון הוא מראשו לסופו והאמצעי מסופו לתחילתו והאחרון מתחילה ועד סוף וזהו סדר קריאתן וה"ו יל"י סי"ט וכו' עכ"ל לענייננו. והנה דבריו מסכימות עם דברי הקנה שאמר שתיקון הוא לידע האדם תחילה תיקון השם אשר הוא עוסק בו ואחר כך משם ימשך לענינים אחרים. ואפשר שנקרא הענין הזה תיקון להיות שהוא תיקון השם וסדרו בלי בלבול ושבוש וזהו תיקון. ואין דברי ספר מעיין החכמה מורים כן שאמר כיצד הוא התיקון להוציא דבר במאמר ומאמר בדבר וכו' ואין הדברים האלה מתיחסים לכאורה עם מה שבארנו בענין התיקון. לכן נצטרך לבאר דברי ספר מעיין החכמה. והנה הצירוף הוא המשל בזה אם יש לפנינו שם בן ד' שרצוננו לצרפו הנה צירוף אותיותיו יעלו י"ב תיבות כאשר הם מצורפים בשער פרטי השמות פ"ט בשם בן י"ב. והנה אחר תשלום י"ב ונבא אל הי"ג יחזיר הצירוף אל התיקון שהוא מקורו. וזהו התיקון הבא אל הצירוף והצירוף החוזר אל התיקון מפני שבהתם הצירוף יחזור הדבר אל מקורו דהיינו התיקון שהוא השם ככתבו. וזה מורה ודאי על אחיזת הענפים שהם הצירופים המצטרפים מן השם שהוא השרש והם נאחזים בשרשם ויוצאים ומתפשטים וחוזרים ונכנסים אל מקורם. וכן הדרך אל צירוף ותמורות השם בכ"ב אלפא ביתות שכתבנו בשער הצירוף שעל ידיהם יצטרף כ"ב פעמים וכשנבא לצרפו הכ"ג הנה יחזיר הצירוף אל מקורו דהיינו התיקון וכל זה מורה על הענפים המתייחדים בשרש. הצירוף חוזר אל התיקון והתיקון אל הצירוף. לכן צריך המסתכל בחכמת הצירוף קודם שיבא אל הצירוף שידע אם השם אשר לפניו הוא שורש או ענף כדי שידע מקום יניקת הענפים מן השרש כדי שיוכל ליחד הענפים בשרשם. כאלו נאמר אם היה לפניו מצפ"ץ שהוא בא"ת ב"ש הוי"ה צריך לידע אם השם הזה שהוא מצ"פץ הוא מקור או שורש ואחר כך יגלגלהו אל הצירוף. שהמשל בזה אם יגלגל מצ"פץ כשיגיע אל כ"ג שהוא תשלום אלפא ביתות כלם ותחלתם, בהכרח יחזור השם אל מצ"פץ שהיה מקורם. נמצא העני בסכלותו שהפך הסדר שחשב שמצ"פץ הוא השרש ובו מתפשטים כ"ב ענפים ושהשם בן ד' היוצא ממנו בדרך תמורות א"ת ב"ש הוא ענף, ודאי שהלך חשכים ואין נגה לו. כי מה שחשב לענף הוא שרש ומה שחשב לשרש הוא ענף. וזהו שצריך התיקון להוציא צירוף בתיקון ותיקון בצירוף הנאמר בספר מעיין חכמה. וכן הדבר במאמר ומכלל כי מסוד הצירוף שידע לעשות ממנו מאמר. המשל בזה אחר שיגלגל בצירוף צירוף מן הצירופים יעשה ממנו מאמר שיהיה בו משמעות מה. כמו המשל בזה כאשר יצרף האדם מלת שלמה יעשה ממנו מאמר שיובן ממנו איזו גזירה כמו ש"ל מ"ה שהם ב' מאמרים וגזרתם מ"ה עולה בגי' שם בן ד' במילואו דהיינו חכמה. וש"ל ר"ל שהוא של חכמה שהוא הנקרא מ"ה כדפי'. או ירצה שהת"ת שהוא נקרא שלמה הוא של. פי' כמו (דברים יט ה) ונשל הברזל דהיינו הסרה, הוסר ונאצל מחכמה שהיא מ"ה. ואחר כך נצרף אותו אל של"ם ה'. פי' כי בשפעם נעשה המלכות שהיא הה"א שלמה. וזהו מאמר. ומה שאמר להוציא מאמר בדבר ודבר במאמר פי' כי אחר שיעשה מהצירוף מאמר יעשה מן המאמר דבר ומן הדבר מאמר. המשל בזה

שהרי תיקון שלמה שהוא מקור צרפנו אותה אל ש"ל מ"ה זהו צירוף. אחר כך יעשה מזה הצירוף מאמר דהיינו ש' מלה. אחר כך יעשה ממנו דבר דהיינו פי'. ופירושו הת"ת הנק' ש' למה. ירצה ש' הוא בינה שהוא הנקרא ש' שורש האילן כדפי' בתיקו' והעתקנוהו בשער ממטה למעלה. ומל"ה ירצה קול שהוא ת"ת היוצא מבינה. עוד יעשה מהצרוף שהוא ש"ם ל"ה מאמר שהוא שם לה. אח"כ יעשה מן המאמר הזה דבר והוא פי' המאמר שהוא שם פי' שם בן ד' הוא מתייחד עם המלכות דהיינו שם לה' פי' לה' אחרונה שהיא המלכות. ואחר שיעשה הדבר יחזור הענין אל המאמר. ואחר כך יעשה מן המאמר מכלל, וענין המכלל הוא לכלול תיבה בתיבה אם יצטרך. המשל בזה שלמה אלקים יצטרף שתי תיבות יחד ויכללם לעשות מאמר ויאמר של"ם הא"ל מי"ה יש ביד המצרף כח לעשות ולכלול שתיהם יחד. ויעשה מהם דבר פי' עקר שלימות הא"ל שהוא חסד הוא מי"ה שהוא החכמה והכל על ידי שלמ"ה אלקים ת"ת ומלכות. שעל ידם השפעת השפע מתוך היחוד. וכן יכלול אותם הש"ל מהא"ל מ"י וזהו כלל ומאמר, ויעשה מהם דבר שהוא פי' מ"י שהוא הבינה מוריד ומשפיע השפע מהא"ל. ומפני שמכלל הוא דבר המשבש השכל ברוב הבלבול לכן צריך לדעת מנין האותיות וחשבונם וזהו והחשבון. והענין ג"כ צריך אל מנין אותיות ר"ל חשבונם ומספרם שאם יצטרך לעשות מאות אחת שתים או משתים אחת על דרך החיבור והפירוד שפי' בשער הצירוף יעשהו ולא יטעה וזהו מכלל בחשבון וחשבון במכלל. עד להעמיד כל הדברים במעיין השלהבת וכו' כאשר יחזור החשבון אל המכלל והמכלל אל המאמר והמאמר אל הצירוף והצירוף אל התיקון, זו חזרת השלהבת אל המעיין כי הפרטים יחזרו אל הכללים והכללים אל המקור שהוא הצירוף והצירוף אל התיקון דהיינו אפי' השלהבת עצמו במעיין. וכדי לקבוע ענין זה בשכלנו עוד נאריך בו עם היות שלא יהיה מהמתייחס אל השער הזה. ונאמר כי הענין הזה הוא שכל קיבוץ אותיות השמות וקיבוץ אותיות התורה הם כוחות מתיחדות יחד, כי כל אות ואות יש לו רוחניות ונשמה לעצמו, ובהצטרף כל כך אותיות כמו תיבת בראשית הוא מלאך וכח אחד, אשר תחתיו ו' כוחות שהם ו' אותיות ותחתיו כמה מיני כחות וכמה מיני רוחניות. כי כל מה שיעלה ביד המשכיל בצירופם אל יחשוב שהמציא מה שלא היה בעולם, שלא המציא אלא קצת מן הכחות המתעלמים המסתעפים, וכל צירופי התיבה הם ענפים המסתעפים מהכח והרוחניות ההוא וכל מה שירחק הצירוף מהמלה כן יסתעף לפרטית ומזה יוכל האדם להכיר כבוד קונו וגודל רוממותו. והנה בהחזיר הדברים אל המעיין השלהבת ידע ויסיר מתוך תוקף הצירוף רום מעלות' וכאשר ירצה לצרף תיבה מתיבות התורה בכל הצירופים שבאפשר יכלו ימיו ולילו והם לא יכלו מרוב הענינים המושגים ע"י הכ"ב אלפא ביתות שבספר יצירה וע"י המספרים והצרופים לאין תכלית. ולכן צריך להעמיד הדברים במעיין השלהבת עד לאין חקר כו' לאורה המתעלמת בתוספת וכו'. פי' ידע מתוך התיקון הצירוף ומאמר ומכלל וחשבון שאין חקר לאורה המתעלמת שהם הענפים המתגלים מתוך הצירוף וחוזרים ומתעלמים במקורם שהוא כ"ע ששם העלם הענפים כלם בסוד חזרת הדברים והחוטים והשלהביות אל מקורם. בתוספ(ו)ת החשך (המוסתרות) [המסותרת] פי' בתוס' קדושת המאציל א"ס שהוא חשך בערך ההשגה ולכן נקרא חשך מסותרת שלפי האמת הוא אור לכל המאורות כי בהיות הענפים מתעלמים בכתר עליון והכתר בא"ס אז ודאי שם מתעלים הדברים עד שאין המחשבה יכולה לדמות כח רוממות הענפים, ולכן צריך להביא הכל במלאכה הנגמרת. ר"ל היא המלכות שבכתר שבה התעלמות כל הדברים ושם מצב ההשגה כי משם ולמעלה אין השכלה. והוא הפך מ"ש בראש דבריו בענפי שורש התנועה המתגברת בי"ג מיני תמורה. שזה מורה על שרשם המתגברת על י"ג מדות ששם שרש ומקור כל הדברים ומשם יציאתם ואצילתם כי הוא שרש והכחות הם ענפים מסתעפים ממנו. אבל בהבאת הכל שהוא חזרת הדברים אל המקור אין כח באדם להעלותם ולהשרישם אלא במלאכה הנגמרת לבד כדפי'. בי"ג מיני תמורה פי' להעמיד הדברים במקורם שהם י"ג מדות של רחמים הנכללים בכתר כי שם התעלמות הדברים כלם ושם סוף ההשגה כי שם הם מתעלמים. ונקרא מיני תמורה שהם מחולפים זה מזה שאין המדות שוות אלא הם מחולפות זו מזו והם הם שלש עשרה מקורות שבכתר. ובזה נתבאר ענין תיקון וצירוף ומאמר ומכלל וחשבון ונתבארו קצת על שבו נכלל ענין רב ואין לנו בעניותינו מי שישיג לקצת מן הקצת עד ירחם ה' משמים. ואגב אורחין נתבארו קצת דברי רבי נחוניא בן הקנה ע"ה. ועם כל זה לא נשיב ידינו מדבריו שאמר ומתנשאים וכו' פי' העמודים האלה הם מתנשאים ברוממות חשבון עד לאין תכלית לענפים המסתעפים במאמר ומכלל וחשבון כאשר

נכללם ונעשים מהם מאמרים ויוכללו ואחר כך נחשבם בחשבונות ויעלו לאין תכלית ובזה נוכל לרמוז קצת. ומשם יוכל המשכיל להבין כי אין ערך העמודים האלה כאשר נבחינם בערך ב' ב' שיעשו אור יותר מובחר מכאשר נבחינם כאו"א לעצמו, וכן אם נבחינם ג' ג' יעלו יותר ויותר אור זך ומובחר מכאשר נבחינם שנים שנים. וכן יעלו לאין תכלית בדרך תיקון וצירוף ובדרך מאמר ובדרך מכלל ובדרך חשבון. המשל בזה נמציא בדעתינו שתר"ך עמודי אור אלה הם תר"ך אותיות ונחלקם שנים שנים ונצרף התיבות ההם כפי הצירוף אשר יוכלון שאת, עוד נחלקם ג' אותיות ונצרפם, עוד נחלקם אל ארבע ארבע ונצרפם עד שיגיעו שיהיו תר"ך אותיות יחד תיבה אחת ונצרפם על דרך הצירוף יעלה מספר תיבותיו לאין תכלית. וזה שאמר בצירוף רום קומתם. פירוש רום קומתם הוא תיקונם, פעמים שנים שנים והרי תיקון אחד, וג' ג' הרי תיקון אחר. וכן לכל המספרים עד שיהיה תיקונם תר"ך אותיות ויצטרפו אח"כ ובזה יעלה דקותם לבלי תכלית. וזהו בצירוף דהיינו צירוף. רום קומתם היינו תיקון ואין לדקותם תכלית כדפי'. וכאשר ירצה המעיין לעמוד על תוקף רוממות העמודים האלה יתבונן בשכלו בכללם שנסדר בשער הצירוף ושם ישכיל בשכלו איך סדר הצירוף וענינו וכיצד יעלה למה שאין הפה יכולה לומר ולא האזן יכולה לשמוע ודאי שאז יעמוד על תוקף רוממותם שאין לדקותם תכלית. וטעם אמרו ואין לדקותם תכלית הכונה כי בסבת הדקות הוא הבחינות הרבות האלה כי הדקות והאצילות יבחן בהתייחד שני עלולים יחד יהיו מציאת בחינה אחרת מהיות העלול האחד לבדו. והטעם כי בהתיחדם שנים הוא דביקות ויחוד העלול בעלתו ויתרבה תוספת מעלה בעילה ובעלול. בעלול מפני קורבתו ויחודו בעילתו, ובעילה ג"כ מפני שצריך העילה אל העלול כצורך האם אל התינוק כדי שיתרבה לה החלב. ועל דרכים כאלה כמה וכמה כי אפילו תתיחד העלול בזולת עלתו לא ימנע אחת מהשתים אם שתהיה למעלה ממנה או למטה ממנה ועכ"פ הוא שלימות ייחודם. וכן אם יתייחדו שלשה אותיות הוא מעלה יותר ויתרבה אורם מפני שהעילה והעלול נתייחדו בעילתם העליונה וכיוצא בזה. ולכן כל עוד שיתרבו האותיות יתרבו האורות ויתרבו הבחינות. והטעם כי הדקות אשר לעלולים יתיחדו מצד בחינה זו ומצד בחינה זו וכן לכמה בחינות ועניינם מפני דקותם. ואמר שהם מתנשאים עוד במאמר מכלל וחשבון, כי כאשר נדמה לפנינו תר"ך אותיות כתובות כסדרן בתיבה אחת כמה מאמרים ומכלולים וחשבונות נוכל להוליד מתוך התיבה ההיא ומהם ידע ויכיר נשיאתם ומעלתם. והנה נתבאר שכבר הזכיר רבי נחוניא בן הקנה תיקון וצירוף במה שאמר בצירוף רום קומתם. ואם יעמיק המעיין יראה כי זה מסכים עם מה שפי' בו בפרק הקודם שאלו ואלו דברי אלקים חיים והכל עולה אל מקום אחד כי על ידי הצירוף ג"כ הבחינות הן מתהפכות כי האחרון יעשה ראשון והראשון אחרון והסוף תוך והתוך סוף והראש תוך והתוך ראש ויבחנו עוד ג' בחינות מתהפכות מזכר לנקבה וממשפיע למושפע והוא הוא עצמו הצירוף בערך הכללות שנכלל כל אחד בחבירו כמו שנבאר בשער הצירוף ב"ה. יוצא מעיין השלהבת פי' כי בתיקון וצירוף ובמאמר ובמכלל וחשבון הם מתפשטים לכמה וכמה עניינים כלם יוצאים ומתפשטים ממעיין השלהבת שהוא המקור. ואפשר היות מעיין השלהבת הגחלת והיינו י' שהיא חכמה וממנה התפשטות השלהבת דהיינו הו"ה כי כן פירש הרשב"י ע"ה ונבאר אותו בשער הכנויים בערך גחלת. והטעם כי מהחכמה התפשטות הדברים מהמקור ומשם יוצא שלהבת להסתעף שהוא עד אין חקר ואין מספר פי' התפשטות הענפים מהמקור עד אין חקר ואין מספר כדפי'. ואמר מאורה המתעלמת. ובספר מעיין החכמה אמר לאורה המתעלמת. והענין מפני שבספר מעיין החכמה אמר להעמיד כל הדברים וכו' שהוא חזרת הדברים אל המקור כדפי' לכן אמר לאורה המתעלמת. וכאן הכונה להמשיך ולהוציא הדברים מהמעיין כמו שאמר יוצא מעיין וכו' לכן אמר מאורה המתעלמת שהוא הכתר שהוא מתעלם אפילו מהדמיון והמחשבה. וחשך המסותרת הוא סבה ראשונה מאציל כל נאצל. ונקרא חשך לפי שבהשגתינו הוא חשך כי אין בו השגה כמו שאין מציאות השגה בחשך ולהראות על הענין הזה קורא אותו חשך מסותר כי חשך בסבת ההסתר. ואמר כי בתוספות השפע מחשך המסותר באור המתעלם אז יתעלו הענפים ויתרבו לאין תכלית בסוד הארתם אלו באלו ואז יוכללו לאין תכלית בסוד תיקון וצירוף ומאמר ומכלל וחשבון כדפי' שהיא המציאות הידוע למשכילים. בי"ג מיני תמורה. פי' שאין לנו ידיעה אלא מקור מעיין השלהבת שהיא מחכמה ולמטה הוא הגלוי כי הכתר נעלם ואינו מושג, ואמר כי מציאות השגתו הוא בי"ג מיני תמורה פי' י"ג מדות שהם ג"כ בכתר ועל ידם יש השגה קצת והשכלה מפני שעל ידם פעולת הכתר בסוד י"ג מתגלה בי"ג

וי"ג בי"ג עד המדרגה האחרונה. וקראום תמורה, פי' מדות מתחלפות, וכ"פ בס' מעיין החכמה, והתמורות מדות והמדות תמורות. שהם גלוים ונעלמים ומונחים על הכתר ממש פי' כי המדות הללו הם גלויים בסוד הגבולים שהם י"ב והכח הכולל אותם י"ג והם בתלי גלגל ולב, ואלו הם י"ג שהם גלוים, והם נעלמים בסוד המקור המתעלה שהם י"ג שבכתר ועל ידי הגלוים נדע הנעלמים וזהו שאמר שהם גלוים ונעלמים ומונחים על הכתר פי' שהם ממש בכתר לא למטה אלא המדות הם בכתר עצמו במציאותו והם מקורות לי"ג מדות שהם ג' פעמים י"ג בתלי גלגל ולב כדפי' בשער פרטי השמות בשם בן ע"ב. וביאר שי"ג מיני תמורה הם מצפ"ץ וכו', ואמר שהם מונחים על הכתר ולא בכתר שהם בערך מה שמתייחד הנאצל הזה במאציל. ע"כ הגיע מה שחננו קוננו בביאור המאמר הזה לרבי נחוניא. ובענין הכתר ובי"ג מדות הללו יש שפי' שהם י"ג מקורות ובארנום בארוכה ומפני אהבת הקיצור לא נעתיקם הנה:

פרק חמישי:

אחר שנתעסקנו בפרקים הקודמים בענין הכתר, נבוא בפרק זה לבאר שני הנאצלים ממנו והם חכמה ובינה. ובענין מהותם אם הם דין או רחמים נחלקו המפרשים. יש מש"כ כי החכמה בערך הכתר יש בה קצת דין ובערך בינה היא רחמים, וענין זה נבאר בו לפנים. ויש שכתב שהיא רחמים פשוטים והדין הוא מבינה ולמטה. וי"מ שכתבו הפך ואמרו שהבינה רחמים והחכמה דין והיא סברא זרה תכלית הזרות. וז"ל כשעלה הרצון והמחשבה להבראות העולם אותו הרצון והחפץ הוא גלוי הדבר ואותו הרצון כנוהו המקובלים בלשון מחשבה וכשנאצלה אותה המחשבה נתפרסמה עוקץ של יו"ד משם העצם ואותו האור המתנוצץ לכתר נצוצות במנין כת"ר והם ניצוצות לבנים בתכלית הלובן ובזה האור מתנוצצים כל המאורות והוא כולל את כולם. וחייבה החכמה להאציל ניצוץ אחר הנקרא חכמה מן האור המתואר ובהתפרסם זה האור נתפרסם עובי של יו"ד משם העצם ואותו האור מתנוצץ אל ל"ב נתיבות חכמה. וחייבה החכמה להאציל מזה האור ל"ב נצוצות והם ניצוצות אדומים בתכלית האודם ועל כן נקראו ל"ב נתיבות חכמה. וחייבה החכמה להאציל מזה האור אור השלישי הנקרא בינה ובהתפשט זה האור נתפרסם ה' ראשונה משם העצם ואותו האור מתנוצץ לנ' ניצוצות והן ניצוצות נוטים אל האודם ואל הלובן ונקראים בפי החכמים נ' שערי בינה עכ"ל. והנה שפירשו שהחכמה דין יותר מהבינה, שבל"ב נתיבות החכמה אמר שהם ניצוצים אדומים בתכלית האודם ובשערי הבינה אמר שהם נמזגים בדין וברחמים שהם ניצוצות נוטים אל האודם ואל הלובן. עוד פירשו נתיב אחד נמשך מן החכמה אל החסד כי היו מתבטלים כל אותם הכוחות החיצונות כי מחסד לא תתגלה התאוה וכבר ידעת כי החכמה דין הוא וזה מבואר עכ"ל. והסברא הזאת ודאי מן המתמיהין לומר מי הכניסם בסברא זו. ונ"ל כי נכנסו בזה בראותם כי גדולה קודמת לגבורה והוא החסד והלובן ואחר הגדולה נאצלה הגבורה והיא דין ואודם ואחר כך נאצל תפארת העומד בין שניהם להכריע בין האודם והלובן והוא גוון אודם ולובן מעורב. ר"ל כי כענין ג' אלה כן דרך שלשה הראשונות כי ג' הראשונות הם שרשים וג' אבות ענפים להם ומן הענפים נדון להשרשים. ולכן אמרו שהכתר הראשון לאצילות הוא הזקן והלבן ולכן נקרא עתיק יומין שהוא כח הלובן והוא כנגד הגדולה והנמשך אחריו שהוא החכמה הוא כנגד הגבורה והיא אדומה. כי כמו שאחר הלובן חסד נאצל האודם גבורה כן אחר הלובן כתר נאצל האודם חכמה. וכמו שאחר הגדולה והגבורה שהם הקצוות נאצל המכריע המתמצע בין שתיהם, כן בין הכתר והחכמה הבינה מתמצע בין שתיהן. והכרח לזה שנקרא בינה מלשון (מ"א יז) איש הבינים שפירושו שהיא עומדת בין שתי הקצוות. לכן אמרו שלה חמשים ניצוצות נוטים אל האודם ואל הלובן. וכן התפארת אחרון להב' קצוות ומכריע בין שתיהם. זה נראה לכאורה שהכריחם לסברא הזאת. ואמנם השבתת הכרח הזה יתבאר בשער המכריעין בעזרת האל. עוד מצאנו אדם גדול שנתפתה אחר סברא זו והוא רבי טורדוס הלוי בעל המערכות האלקות. שבמערכת השמות ומדות בספי' חכמה כתב שהיא דין מלחמה גבורה, ובספירת בינה כתב רחמים גמורים וכו'. הנה בפי' דסבירא ליה כהאי דלעיל. ורבי יהודה חייט בפי' המערכת הנק' מנחת יהודה פירש דין מלחמה מפני שהחכמה הוא הראשית אשר הופרש מן העיסה מן הצד הזה בא השנוי וההיפוך והדין וכו' כי מאחר שיש עילה ועלול יש היפוך כי העילה נותנת והעלול מקבל ולזה העלול הראשון דבק בו ועמו החסרון ומשם נתפשט כל מיני היפוך וטומאה וטהרה ושלום ומלחמה דין ורחמים כי מצד המשפיע יהיה רחמים ומצד המקבל יבא דין ומפני זה כי החכמה היא התחלת הדין מן הצד שאמרנו לזה נקרא דין אע"פ

שהדין בה הוא בכח בערך הדין החזק של הגבורה שהוא בפועל. ומפני הייחס שיש לה עמה בדין יש מי שאמר כי בכוון קדוש קדוש צריך בקדוש שני לכוין בחכמה קשורה עם הגבורה כמו שאומר במקומו בסיעתא דשמיא. ובספר האידרא [יב] אית אדם דבריאה דאיהו כתר קדמון לכל הקדמונים סטא לימינא לחסד ורכיב באריה ואחיד ועביד שרטוטין. ואית אדם דיצירה איהו חכמה רכיב בשור וסטא לשמאלא ואטיל אשא בפומיה וצייר ציורין. ואית אדם דעשיה רכיב בנשר ואיהו תפארת וסטא למזרח באנפוי ועביד גוונין בנהירו דאנפין וכו'. הנה מבואר מזה כי החכמה קשורה עם הפחד והבינה עם הת"ת. ודעת בעל ספר האורה כי החכמה רחמים והבינה דין הפך סברת הרב. ואני בא להטיל שלום ביניהם ואומר כי מצד הפנים שלה הפונים אל הכתר היא רחמים ומצד האחורים היא דין לגבי הפנים ולזה הבינה שהיא נאצלת מאחריה היא דין עכ"ל של רבי יהודא. עוד פירש רבי יהודא בערך בינה רחמים גמורים וכבודו של הרב במקומו מונח כי אין רחמים גמורים אלא כתר. ופשוט שהבינה מצד האחוריים של החכמה יש בה דין כמ"ש בעל ספר האורה. ולזה השם שלה יהו"ה בנקודת אלקים. ולזה נתפשטו ממנה דרום צפון ומכח הדין שבה הולך ממנה שביל ישר לגבורה. ובספר הזוהר וז"ל ומסטרא דאבא אחיד חסד עלאה מסטרא דאימא תלייה גבורה ובן דכר בינייהו עכ"ל של ר"י. ועוד הוסיף להביא ראיות מספר הזוהר הרבה ולא רצינו להאריך. ועתה מה נאמר בראותינו לרבי יהודה שעושה כמעלים עיניו מהמאמר שהעתיק למעלה מהאידרא להכריח סברת בעל המערכת, ומשם ראייה שכתר אל הימין על החסד, והחכמה אל השמאל על הגבורה, ובינה אל הקו האמצעי תפארת. וכמעט מתוך המאמר הזה מתבאר כי בינה מכריע בין כתר וחכמה ושכן הוא סוד סדר עמידתן כתר אל הימין חכמה אל השמאל בינה באמצע כמו שכתבו קצת מן המפרשים והעתקנוהו בשער סדר עמידתן. לכן סברת החכמים האלה שכתר אל הימין והחכמה אל השמאל זה שורש החסד וזה שורש הדין. ולפי סברתו שדימה להכריע מן המאמר והקדושה לסברת בעל המערכת שחכמה אל השמאל דין א"כ מה הוקשה לו שבינה רחמים אל האמצע שכן ביאר במאמר אדם דיצירה איהו חכמה רכיב בשור וסטא לשמאלא ואחר שמכאן לדעתו ראייה שהחכמה דין אל השמאל א"כ אף אנו נאמר מאחר שאמר באדם דעשייה רכיב בנשר ואיהו תפארת וכו' א"כ בינה אל אמצע רחמים, וכן הענין בקדושה מאחר שהוא הכריח כי קדוש שני להמשיך מהחכמה אל השמאל גבורה א"כ החכמה דין א"כ אף אנו נאמר שאחר שקדוש שלישי הוא להמשיך מבינה עד ת"ת א"כ בינה היא רחמים כמו הת"ת ונמצא בינה אל קו האמצעי בת"ת והיא רחמים יותר מהחכמה שהיא אל השמאל. עוד תמיהה לן על ר"י שכיון להטיל פשרה בין בעל ספר האורה ובין בעל המערכת בהיות דעתם זו הפך זו, כי לבעל המערכת חכמה דין בינה רחמים, ולבעל ספר האורה בינה דין וחכמה רחמים. והוא רוצה להטיל פשרה ביניהם לומר כי חכמה דין מפני שהיא נאצלת מצד הכתר, מצד הפנים הפונים אל הכתר היא רחמים ומצד הפנים המביטים אל הבינה שהם אחוריים היא דין, ואיך בדבר הזה יוכל לתקן סברות הפכיות ושתי הפכים לא יוצדקו. ולפי הכרעתו נמצא כי לעולם הבינה דין יותר מבחכמה כסברת בעל ספר האורה מפני שהחכמה אחוריה הם פנים אל הבינה. עוד כי הפשרה שדימה לעשות הם דברי ספר שערי אורה כאשר נעתיק בשער זה פ"י. ואיך אפשר שבדעת הסברא ההפכיות יתחכם להשלים בין ב' הפכים כי הפשרה היא הסברא אמצעית המיחדת ב' הסברות לא הכרעה להטות לדעת אחת ולהכחיש האחת. ועוד שרצה לדחות סברת בעל המערכת מטעם כי בבינה הוא שם הוי"ה בנקודות אלקים אינה ראייה כי מאן לימא לן ששמה כך על שם שנתפשט ממנה דרום וצפון, ונימא ששמה כך מטעם דאיהי רחמי ודינין מתערין מינה כמו שנבאר. ועוד שרבי יהודה פירש ריש ספרו שבא האצילות כנקודה של שלש שלש, שהחכמה האצילה החסד והנצח, והבינה הגבורה וההוד, וא"כ איך נתפשטו ממנה דרום וצפון מאחר שאין זה דעתו. ועוד הכריח משביל הישר שמהבינה אל הגבורה, ומאי ראייה היא אפשר שבעל המערכת סבירא ליה ששביל הישר הוא מהחכמה אל הגבורה וראייה מהמאמר שהוא בעצמו הכריח כן מהאידרא וכן מפירו' הקדושה שהמחשבה מהחכמה לגבורה. או נאמר דסבירא ליה ששלש ראשונות בצורת השורק זו למעלה מזו שכן כתב בפירוש ואין מהשביל ראייה כלל. ועוד כי אפילו שנאמר שיש שביל ישר מהבינה אל הגבורה אינה ראייה כמו שכתבו שאר המפרשים שדעתם כדעת בעל המערכת וסבירא להו כי החכמה ממש אל הימין והבינה אל השמאל. וז"ל בצינור הנמשך מהחכמה אל החסד. בעבור כי חוץ למרכבות החסד נמצאים קליפות היונקים מן החסד ולולי שפע החכמה הנמשך אל החסד היו מתבטלין כל

אותם הקליפות החצוניות כי מן החסד לא תתגלה התאוה כי החכמה הוא דין ואש עכ"ל. הלא בפי' אמר כי החכמה על החסד ועם כל זה אמר החכמה דין והחסד רחמים, ואם לא היה שפע החכמה, כח החסד שהוא רחמים היה מבטל ברחמיו הקליפות. ובצינור הנמשך מבינה אל הגבורה כתב להפך כי לולי שפע הבינה היו הקליפות מכלות העולם וכו' והנה שאין הכרח של רבי יהודה הכרח כלל. אמנם הראייה המכרחת היא מכמה מאמרים אחרים שיש בזוהר וידועים ומפורסמים הם ליודעי דעת שהחכמה בסוד הלבנונית בסוד רחמים הפשוטים וכן קראוה טלית לבנה בקצת מקומות והל"ב נתיבות הם רחמים פשוטים ואין בזה ספק. ואף אם בתורה הם בלשון אלקים שיורה דין, הטעם הוא מפני הבינה, כמו שנבאר בשער הנתיבות וכמו שהכרחנו במאמר בשער סדר עמידתן שהחכמה אל הימין וכן סברת המפרשים. ולפ"ז כאשר נבא לרדת לסוף דעתם נמצא שאין לענין זה ממש. וכי ימין ושמאל ממש יש למעלה ח"ו אלא הימין והשמאל הוא כנוי אל הדין והרחמים וא"כ איך אפשר לומר כי החכמה הוא דין אלא שהוא עומד אל הימין ואם היא דין אינה ימין ואם הוא ימין אינה דין, וכן בבינה אם היא רחמים אינה שמאל ואם היא שמאל אינה רחמים, ששני הפכים לא יוצדקו ולא שייך לומר זה ימין וזה שמאל אלא החסד הוא הימין והדין הוא השמאל. ועתה לפי"ז איך יצדק ימין באומרנו ימין ודין כאשר בארו המפרשים שהעתקנו לעיל. ועוד לדעת בעל המערכת שסדר ג' ראשונ' בשורק זו על גב זו כנראה שרצה לפרש היותן זו למעלה מזו כקו האמצעי לא חסד ולא דין אלא אמצעים שהם רחמים, וקשה דידיה אדידיה. דאי לא תימא הכי א"כ מה היתה כונתו בסדר ג' ראשונות זו למעלה מזו וכי בעלי מקום הם ח"ו. אלא ודאי דעתו הוא שהם זו למעלה מזו ואין בהן נטיה אל הדין שהוא השמאל ולא אל החסד שהוא הימין אלא הם אמצעים בין הדין והחסד דהיינו רחמים. ועתה אין זה אלא שנתבלבלו בענין סדר ג' ראשונות כסדר ג' שניות בענין ההכרעה ולא הבינו כי הדעת הוא הג' והחכמה והבינה הם הקצוות כמו שנבאר בשער המכריעין. ונמצא לפי"ז כי הכל בסדר נכון כי כמו שגדולה ראשונה חסד ואחריה הגבורה דין ובין שניהם אח"כ ת"ת המכריע. כן הענין להם שהחכמה אל הימין חסד, בינה אל השמאל גבורה, והדעת אחר שתיהם מכריע בין ב' הקצוות. שהכתר הוא שורש לג' קווין שהם קו החסד קו הרחמים כמו שנבאר בשער זה בע"ה.

ולענין הנוטים אל הדין השמאל והימין החסד כבר הארכנו בשער סדר עמידתן. ולבא בפשרת הסברות האלה הוא פועל בטל, כי אינם נכנסים בהסכמה כלל. והאמת שהחכמה היא רחמים כאשר הכרחנו בקודם ובשער עמידתן. והמאמר מהאידרא שהביא ר' יהודה לעזרת בעל המערכת אינה ראייה כלל. וממקום שבא ג"כ מענין הקדושה כי קדוש ראשון בכתר להשפיע אל הגדולה, וקדוש ב' בחכמה להשפיע אל הגבורה, וקדוש ג' בבינה להשפיע אל הת"ת. הכונה בזה כי להחליש כח הדין והגבורה אנו משפיעים לה מחכמה וכן הענין בציורין כי הכל הוא להחליש כח האש. ודקדק רשב"י בלשון המאמר שאמר ונטיל אשא מה שלא אמר כן בשאר, כי הכונה לקיחה שאין דרכה בכך פעולה מחודשת. עוד נוכל לומר בענין אחר כי בכלם לא אמר נטיל אשא בפומיה. שהכונה שאין הציורין האלה יכולים להצטייר אלא ע"י הגבורה לחזקם ולתקפם ואינם אלא לקיחת אש מועט ככותב הנוטל דיו בקולמוס. ולהעלמם הוכרח השפעתם מהחכמה אבל לא שיכריח המאמר הזה כי היא דין ועפ"י דרכים האלה נוכל לתרץ כל אשר יבא לידינו להריסת הענין הזה. והענין הזה מוכרח שהחכמה רחמים והוא שורש החסד ואין בדבר זה גמגום. וכבוד החולקים במקומם מונח ויבאו שלום ינוחו על משכבם. עוד פי' שבחכמה ל"ב נתיבות, והמגלה הראשון אל הדרוש הזה בעל ספרי יצירה וספר הבהיר ורשב"י ע"ה וכן כל המקובלים וקראו לניצוצות האלה נתיבות המורה על ההעלם כמו דכתיב (ירמיה ו') שאלו לנתיבות עולם, וכן (איוב כח ז) נתיב לא ידעו עיט, וכן (ישעיה מג טז) במים עזים נתיבה, כי נתיב מורה על ההעלם משא"כ בבינה שנקראו שערים שהם שער ומבוא לכנס אל ההיכל. והנה הניצוצות שבכתר נקראים עמודים שהם קשים כעמודי שיש שאין העין שולט בחיצונו ולא בפנימותו, והנתיבות אדם משיג הפנימית אמנם בדוחק גדול, והשערים פתוחים ומושכלים ואדרבה הם פתוחים ליכנס אל דבר פנימי ממנו. וכן הענין מענפי מדות אלו שהבינה פתח ושער להשכיל בפנימיות, והחכמה מתגלית ונעלמת, והכתר נעלם מכל וכל. ע"כ הגיע העסק במדת החכמה. והנתיבות האלה לרוב אריכותם סלקנו אותו לשער בפ"ע יקרא שער הנתיבות:

פרק ששי:

אחרי שנתעסקנו בפ' הקודם בענין החכמה אם דין אם רחמים והעלינו שהיא רחמים גמורים. וכן אגב

אורחין ביארנו סברת המפרשים בענין הבינה וכן רובם מסכימים שיש בה דין. ואנא לא חילק ידענא ולא בילק ידענא אנא מתניתא ידענא והם דברי הרשב"י ע"ה בס' הזוהר (ויקרא דף י' ע"ב) וז"ל תנינא הוי"ה דאקרי אלקים בגין דההוא נהר רחמי ובגין דדינין מתערין מינה אתוון דרחמי כתיב ונקוד אלקים עכ"ל. שמענו מדבריו שהבינה רחמים עם היות דדינין מתערין מינה, פי' עם היות שהיא משפעת בגבורה ששם הדין אבל בעצמותה אין דין. ויש לנו עוד ראיות יותר חזקות מזו. א'. מזוהר (חדש שה"ש דע"ג (וז"ל) שיר השירים. על פומא דאליהו אתגזר ברשו עילאא שיר השירים היא שבחא דשבחין למלכא דשלמא דיליה בגין דאיהו אתר דבעי חדוה דלא אית תמן רוגזא ודינא. דהא עלמא דאתי כלא איהו חדוה ואיהו חדי לכולהו. ובגין כן משדר חדו וחדוה לכל דרגין. כמה דאיצטריך אתערו דחדוה לאתערא מהאי עלמא לעילא, הכי איצטריך לאתערא חדוה וחידו מעלמא דסיהרא לגבי מלכא עילאה. ובג"כ עלמין קיימין בדוגמא חדא ואתערו לא סלקא אלא מתתא לעילא עכ"ל. ופי' על פומיה דאליהו בפי' שיר השירים יש בו ב' פירושים בכל פסוק ופסוק לפחות, הא' שהיה מפרש ר' שמעון ואחד שהיה מפרש אליהו. ולמעלה פי' אחר בפסוק והפי' הזה פירש אותו אליהו. וזה כונתו על פומא דאליהו וכו'. ברשו עילאה הכונה שנתן הקב"ה רשות לבא לגלות הסודות הנעלמים שהיו מתגלים בין הצדיקים בישיבה של מעלה. שיר השירים שבחא דשבחין וכו'. פי' שיעור הכתוב, שיר, שבחא דשבחין. השירים, כמו השרים. אשר לשלמה, מלכא דשלמא דיליה לאותו שהשלום שלו דהיינו בינה מלך שהשלום שהוא הת"ת שלו. מלך בינה ושלום ת"ת. והטעם שמכנה הבינה במלת שלמה בפסוק זה הוא מפני כי זה השיר המשורר אותו הוא המלכות כאשר נבאר. והטעם כדי להתיחד עם השלום שהוא בעלה והיחוד הזה הוא על ידי בינה ולכן השיר אל הבינה מטעם שהשלום שלו. בגין דאיהו אתר וכו'. הוקשה לו כי בשלמא לרבי שמעון שפירש בפי' אחר כי השיר הזה שרים אותו אל המלכות שתסתלק על ידו אל הייחוד דרך המדרגות הנזכר שם, ניחא כי היא צריכה אל השבח לאסתלקא לעילא כדפי' שם. אבל למה שמפרש עתה אליהו שהשיר הזה נאמר אל הבינה קשה כי מה צריך המדרגה הזו אל שיר הזה. ולזה השיב כי הטעם הוא בגין דאיהו אתר דבעי חדוה וע"י מתעורר השמחה להשפיע כדמפרש ואזיל. ופירש שהטעם דבעי חדוה הוא לפי דלית תמן רוגזא ודינא הכונה לא רוגז שהוא דין חזק ולא דינא שהוא דינא רפייא. דהא עלמא דאתי וכו'. הוקשה לו כי איך יוצדק אמרנו שאין בבינה דין מאחר שדין הגבורה החזקה נאצלת ממנה כדפי' בשער סדר האצילות בפ"ו, וא"כ הוכרח היות שם דין. לזה הכריח כי אין שם דין מטעם כי הספירה הזאת נקראת עולם הבא. והיא עוה"ב כאשר נבאר בשער ערכי הכנויים. וכיון שהיא עולם הבא א"כ אין בה לא רוגז ולא דין כמו שבעוה"ב אין שם לא כעס ולא רוגז ולא דין אלא הכל רחמים ושמחה וחדוה. ואיהו חדו לכלא. פי' כי היא נקראת עה"ב ע"ש שהיא באה ומשפיע למטה, וזה כוון באמרו ואיהו חדי לכלא כי היא המשלחת שמחה ושפע וששון לכל הספירות. ובג"כ וכו'. פי' הוקשה לו, ואיך נוכל לומר שהיא משלחת שמחה וששון וכו' כיון שאנו רואין שהגבורה יונקת ממנה והיא משפיע לה גבורות והיא נקראת פועל גבורות ע"ש כך. לזה הכריח בהכרח גמור ואמר ובג"כ וכו' אם היתה עיקר השפעתה שהיא משפעת דין א"כ שבעת ימי הבנין שהם יונקים ממנה א"כ היה ראוי שיהיו דין אבל אנו רואים שרובם הם חסד ורחמים א"כ הוכרח היות השפעתה עיקרה רחמים ושמחה. וזהו התכת הלשון ובג"כ וכו', פי' בשביל שהיא שמחה משפעת שמחה לכל הספירות שאל"כ לא היתה משפעת להם רחמים. ולענין התימה שמאחר שהיא רחמים והשפעתה רחמים איך דינין מתערין מינה, כבר תרצנו קצת בשער הצינורות פ"ב ונאריך בו בפרקים הבאים. ולעתים תקבל הגבורה רחמים מן הבינה כי כאשר תשפיע הבינה לגבורה מצד הצינור שממנה אל הגבורה לבדו אז היא משפעת לה דין אבל כאשר תקבל הבינה בצינור אשר לה מכתר ע"י החכמה ותשפיע בגבורה אז תתרחץ הגבורה בחלב האם המלבנות אותה. וכענין הזה נתבאר בזוהר פ' משפטים (דקכ"ב ע"ב) וז"ל כד גבורה מתפשטא ועיינין מלהטין בגוון סומקא נהיר עתיקא קדישא חיורא דיליה ולהטא באימא ואתמליא מחלבא ואניקת לכלא ואסתחון כולהו עיינין בההוא חלבא דאימא דאתנגיד ונפק תדירא הה"ד רוחצות בחלב בחלב דאימא דאתנגיד תדירא ולא פסיק עכ"ל. ופי' כד גבורה מתפשטא ועיינין מלהטין, כי כבר ידוע כי הגבורה יש בה כמה כחות וענפים מתפשטים למטה כלם פועלים בגבורה, ואמר דכד גבורה מתפשטא שהוא כח הדין הנשפע בכחות הגבורה ופועלת דין. ועיינין מלהטין, פי' כי העינים הם כוחות הדין ורובם דין כדמוכח באידרא. ואמר מלהטין בסוד התלהבות הדין והגבורה. ואמר בגוון

סומקא מפני שיש בעינים גוון של רחמים והוא הלבנינות שבהם ואם היו מתלהטים ומושפעים ומאירים מלמעלה א"כ גם הם היו פועלים ברחמים ואין זה המכוון אלא לחוזק הדין, לכך אמר מתלהטין בגוון סומקא פירוש בתוקף האדמומית לבד והלבנינית אינו פועל כלל. נהיר עתיקא קדישא חוורא דיליה. פי' אין הדין הזה אלא מפני שהבינה אינה נפתחת אלא במקור הגבורה לבד כמו שנאריך הביאור בשער הזה בפרקים הבאים. וכמו שאמר בגוון סומקא שהוא האדום בלתי פעולת הלבן כלל כי אין לבינה שפע הלבנינות כ"כ. ואמר שאז למתק כח הדין החזק הזה נהיר עתיקא קדישא שהוא הכתר בהכרח כאשר יתבאר ענין זה בארוכה בס' אור יקר. חיוורא דיליה, פי' כאמרו (דניאל ז ט) ועתיק יומין יתיב לבושיה כתלג חיור שהלבנונית מתייחס אליו בסוד הרחמים. ועוד כי בתוקף בחי' לבנוניתו ממש שהיא עצם בחינתו בו כח המתקת הדין. ולכן אמר חיורא דיליה פי' בחינתו לא בחינת התחתונה, ועל ידו נפתחים בו כל המקורות ברחמים, כי אין שם דין כמו שפי' לעיל בפ"ג. והאי חיורא דיליה, היינו בחינת הבינה שבכתר כאשר נבאר בס' אור יקר ח"א. ולכן בו כח המתקת הדין. ולהטא באימא. פי' מאירה באמא שהיא הבינה בערך בחינתה הנקרא אם שיש בה מקורות אל כל השרשים, בין שרש החסד, בין שורש הרחמים, בין שורש הדין. ועוד כי החלב מתייחס אל כנוי אם, כי האם בעלת חלב. והכתוב אומר רוחצות בחלב כדמסיק, ולכן אמר ולהטא באימא ואתמליא מחלבא. בהיות השפע נשפע מלמעלה הוא בסוד דק ולכן אמר ולהטא באימא לשון להטא שהוא כמו הארה ודקות. אבל אחר שנשפע בה אמר אמתליא מחלבא שהוא לבנונית אבל הוא מתגלה יותר ומתעבה מאור לחלב. ואניקא לכלא. פי' משפעת בכל המקורות במקור החסד ומקור הרחמים. ולא כמו שהיתה מקודם שלא היתה נפתחת אלא בדין לבד כמו שפירש עיינין מלהטין בגוון סומקא לבד ולא הלבנונית. והשתא בסוד הרחמים ואניקת לכלא סוד קו החסד וסוד קו הרחמים. ואסתחון כולהו עיינין בההוא חלבא. פי' כי עתה נשתנה היניקה והשפע מהמנהג. כי עד עתה כשהיתה בינה משפעת היתה משפעת רחמים אל קו הרחמים וכן דין אל קו הדין וכן החסד אל קו החסד, אבל עתה שנתעורר כח הרחמים ביותר צריך שינקו הכל אפילו הגבורה שהיא קו הדין מצד קו הרחמים וקו החסד בסוד החלב. וזהו שאמר ואסתחן כולהו עיינין, פי' כל בחינות העינים בין הלבנינות בין האדמימות מתרחצות ויונקות מההוא חלבא דאימא, פי' סוד הרחמים. ושאר הבחינות שהם קו הרחמים וקו החסד שלא ינקו לא טוב ולא רע אמר בהם ואניקא לכלא, ובעינים בסוד הדין שנתפשט בהם אמר ואתסחן פי' מתרחצות מהדין כדי לבטלו. דאתנגיד ונפיק תדירא. פי' תמיד הוא נשפע כאשר היא נקראת אם שזהו בהשפעת החלב בצד הרחמים והחסד שלעולם הוא נשפע לאותם הבחינות אם לא מפני העונות המלהיבות הדין וסותמין הב' מקורות חסד ורחמים שאז אינו נקראת אם שאינה מניקה חלב. ועתה בהיות עתיקא קדישא נהיר חיורא למתק הדין אפילו כל העינים מתרחצות מהדין בחלב ההוא והשמאל נעשה ג"כ רחמים. וז"ש בחלבא דאימא דאתנגיד תדירא ולא פסיק. פי' בעוד שנקראת אם יש לה חלב שלעולם היא מניקה החלב לבנים. נמצאו עתה במציאות ג' בחינות. הא' היא הבחינה השוה לכל נפש שהיא נקראת אם והיא מניקה לבנים לעולם ואינה פוסקת בסוד ג' קוין קו החסד חסד קו הרחמים רחמים ושתים סוד החלב, וקו הדין דין. והבחינה השנייה היא כאשר פועלת דין לבד ואינה מניקה החלב לבנים ואינה נקראת אם. ר"ל אינה נקראת אם בערך החלב, כי כבר ימצא שתקרא אם ויורה דין כמו שנבאר. ואזי בהיותה מניקה לגבורה לבד בעלי הדין מתגברין ועניינין מלהטין. וכאשר נהיר עתיקא קדישא חיורא דיליה אז הדין נשקט והיא הבחינה השלישית שנפתח הצינור מכתר אליה ונפתחו הצינורות כלם ברחמים ובחסד ואפילו הגבורה יונקת רחמים ומתרחצת בחלב האם ע"כ פי' המאמר. ועפ"י שמועתינו למדנו כי לשאר הספירות היא משפעת בתמידות כשהיא בבחינת האם מאותו החלב שהוא השמחה אבל אל הגבורה וכחותיה משפיע בהם השמחה והחדוה לפרקים כענין הבחינה הג' שפי' למעלה. ועוד שמענו כי החידוש הזה הוא ע"י השפעת הכתר בבינה כדפי'. ואגב אורחין נתיישב קצת שהיא רחמים ועם כל זה משפעת דין, ונרחיב הביאור בענין הזה בפרקים הבאים. ונחזור לענין המאמר (משיר השירים) כמה דאיצטריך וכו'. הוקשה לו בשלמא לפי' ר"ש שפירש כי השבח הוא אל המלכות ניחא שצריך שלימות ועזר התחתונים שעל ידם תתייחד למעלה בבעלה ע"ד (תהלים כה א) אליך ה' נפשי אשא. שהוא מסירת נפשו שעל ידה תתייחד עם דודה שהצדיקים הם מיין נוקבין דאושידת לקבלא מיין דכורין כמו שנבאר בשער זה. אבל הבינה מה צריך העזר והתעוררות מלמטה עד

שישוררו אליה. לזה השיב כמו שמתיישב הדבר אלינו ואינו זר בדעתנו היות המלכות צריכה עזר מן התחתונים אעפ"י שהדבר זר תכלית הזרות, כן נתיישב היות הבינה צריכה עזר מהמלכות, כי המדרגות בשווי, ויותר מתעלות שאין ערכנו עם השכינה שוה כערך השכינה עם הבינה. ולכן לא ירע בעיני המשכיל היות הבינה צריכה התעוררות. והכוונה כי כאשר המלכות לא תשפיע למטה לא יתנו לה מלמעלה. כמו חלב האשה כי בעוד שמניקה את בנה יש לה חלב להניק וכשיגדל הנער יחסר החלב בדדיה, כן הדבר בבינה כאשר לא תשפיע אל שאר הספי' לא ישפיעו לה רב טוב כמו אם היתה משפעת. וזה כוונתם באמרם שכינה בתחתונים צורך גבוה, וכן מה שנדרש בזוהר מקומות רבים ברכאן לא שריין אלא באתר דדכר ונוקבא. והטעם כי כל זכר משפיע וכל נקבה מושפעת, ובהיות שיש מקבל ראוי שיבואו הברכות על המשפיע אבל כשאין מקבל שהוא זכר בלא נקבה אין ראוי שיתנו למשפיע. ודי לנו בזה בעת הזאת. והנה יצא לנו מזה המאמר טוב טעם ודעת שבבינה אין דין רק שמתערין ממנה הדינין והכונה על השפע הנשפע ממנה אל הגבורה ואפי' על הגבורה תשפיע לפעמים רחמים ותתלבן על ידה. ועם זה נבין ענין שיר הלוים כי על ידי שירתם היו ממתיקין הדין והיו פותחין אותם הצינורות מנהירו דעתיקא שהוא מאיר בבינה והיו עינים רוחצות בחלב. וזהו (במדבר יח כג) ועבד הלוי הוא. פי' הוא בינה וכן פי' בזוהר ויצא (דף קנ"ו ע"ב) וז"ל וישכב עמה בלילה הוא. הוא ודאי כו' ועבד הלוי הוא בגין לאמשכא מיניה ברכאן לכלא עכ"ל. ופי' לכלא, אפי' בגבורה צריך להשפיע בה ברכות ורחמים בסוד השיר הפותח הצינור ההוא. ולטעם זה היה מבקש דוד שיהיו הכהנים לויים כאמרו (תהלים קלב ט) וחסידך ירננו (עי' זהר פינחס דף רמ"ב.) להשפיע לגבורה בסוד הימין ויהיה נהירו דעתיקא נהיר באימא ביותר על ידי הימין. אבל לצד הע"ז שהוא השמאל הוא להפך כענין שאמר מיכה (שופטים י"ז) ויאמר מיכה עתה ידעתי כי ייטב ה' לי כי היה לי הלוי לכהן. ר"ל להגביר צד הלוי שהוא הגבורה והדין בסוד הקליפות. ואין לומר להיפך כי היה לי הלוי לכהן השמאל בימין, כי אין זה מהמתייחס אל הע"ז ואל הפסל. והנה בפירוש היות הבינה רחמים ושמחה עם היות שדינין מתעוררים ממנה. ועוד יש לנו ראייה נכונה בזוהר פ' שמיני (דף ל"ט) וז"ל ויברא אלקים. כל אתר דדינא אלקים איקרי. וההוא אתר עלאה אתר דנפקו מניה הכי קרי לה הכא. ואף על גב דרחמי הוא, מיניה נפקו דינין וביה תליין עכ"ל. וממנו נראה בפירוש כי בינה נקרא אלקים ולא מפני שהוא דין אלא שממנו יצא הדין. ודקדק בלשונו שאומר תליין, מפני שממנו יונקים הדינים, ואינם בו אבל תלוין ממנו, ולכן אמר תליין. עוד ראייה בפרשת אמור (דף צ"ט.) וז"ל ת"ח האי נהר אע"ג דלאו איהו דינא. דינין נפקין מסטריה ואתתקפו ביה עכ"ל. ודקדק שאמר מסיטריה, שאין ההתעוררת ממנו ממש אלא מסיטריה, ר"ל מצדו מבחינתו אל הגבורה כעין שפי' לעיל. עוד ראייה בפרשת ואתחנן (דף רס"ב ע"ב) ביתא רביעאה והיה אם שמוע, השמרו לכם, וחרה אף יי'. גבורה תקיפא ודינא קשיא היא ונפקת מסיטרא דאימא עילאה. ותנינן אע"ג דלאו הוא דינא, מסיטרהא נפקא דינא גבורה עילאה עכ"ל. והנה אמר בפי' כי אינה דין כלל, אבל נאצלה ממנה הדין שהיא הגבורה כנודע. ונמצא ענין זה מבואר ומוכרח מכמה עדים נאמנים:

פרק שביעי:

עם היות שבפרק הקודם הפלגנו בראיות שהבינה היא רחמים. עם כל זה ראינו להעתיק המאמר הזה להיות שהיא ראיה על הנזכר. ועוד שמתוכו מתבאר ענין איך הבינה רחמים והתעוררותה דין עם שהוא ענין זר. וכן מתוכו מתבארים ענינים נפלאים אל הדרוש הזה. וז"ל בפ' אחרי (דף ס"ה.) רבי אלעזר הוה יתיב קמיה דרבי שמעון אבוי, א"ל הא תנינן אלקים בכל אתר דינא הוא. יו"ד ה"א וא"ו ה"א אית אתר דאקרי אלקים, כגון אדנ"י יהו"ה. אמאי איקרי אלקים, והא אתוון דרחמי אינון בכל אתר. א"ל הכי הוא כתיב בקרא וידעת היום והשבות אל לבבך כי ה' הוא האלהים, וכתיב ה' הוא האלהים. א"ל מלה דא ידענא דבאתר דאית דינא אית רחמי ולזמנין באתר דאית רחמי אית דינא. א"ל ת"ח דהכי הוא. יהו"ה בכל אתר רחמי, ובשעת דמהפכי חייביא רחמי לדינא, כדין כתיב הוי"ה וקרינן ליה אלקים. אבל ת"ח רזא דמלה. תלת דרגין אינון, וכל דרגא ודרגא בלחודוי. ואע"ג דכלא חד ומתקשרי בחד ולא אתפרש דא מן דא. ת"ח כולהו נטיען וכלהו בוצינין דמתלהטין, כולהון נהירין ומתלהטן ומתשקיין ומתברכן מההוא נהרא דנגיד ונפיק דכלא כליל ביה וכללא דכלא ביה. והאי נהרא אתקרי אם לגנתא ועילא מן גנתא, בגין דעדן משתתף בהדה ולא פריש מינה ובגין כן כל מבועין נפקין ונגדין ואתשקיין לכל עיבר ופתחן בה פתיחין. ועל דא רחמי מינה משתכחין ורחמי פתיחן בה ובגין דקרינן לה אם

נוקבא, גבורה ודינא מינה נפיק. איקרי רחמי בלחודהא, הא מסטרהא דינין מתערין. בגין כן כתיב רחמי ונקוד בדינא אתוון רחמי ואתנגיד בסטרהא דינא כגוונא דא יהו"ה. האי דרגא חד. דרגא תניינא, מסטרא דהאי דרגא קדמאה נפיק ואתער דרגא אחרא דאקרי גבורה והאי אתקרי אלקים באילין אתוון ממש ושירותא חד מזעיר אנפין הוא וביה אתאחד ובגין דאיתאחיד האי בהאי כתיב יהו"ה הוא האלקים, כי הוי"ה הוא האלקים, באילין אתוון, והוא חד, ודא הוא דרגא תניינא. דרגא תליתאה, צדק, כתרא בתראה, הַאי בי דינא דמלכא. ותאנא, אדני הכי כתיב והכי איקרי וכנסת ישראל בהאי שמא אתקרי. והאי שמא באתר דא אשתלים. ואילין אינון תלת דרגין דאיקרון בשמהן דדינא. וכלא מתקשר חד בחד בלא פירודא כמה דאוקימנא עכ"ל. ומה שיש להתעורר בזה המאמר. א' הוא שרבי אלעזר שאל השאלה הזו למה שם בן ד' עם היותו רחמים נקוד בנקודת אלקים המורה על הדין. וכיון שזה כוונתו ושאלתו מה טעם בענינו באמרו הא תנינן וכו', שאלו הם הקדמות מוסכמות. ומן הראוי שיקצר בלשונו ויאמר למה שם בן ד' בנקודות אלקים. ב' מה שאמר בכל אתר, מאי בכל אתר. ג' מה שאמר כגון אדנ"י יהו"ה, וכי עד השתא לא ידענא דאית שם בן ד' בנקודות אלקים עד שהוצרך לומר כגון וכו'. ד' אעיקרא דדינא פירכא מה היה מסתפק רבי אלעזר, וכי מי לא ידע בכל אלה ששם בן ד' בנקודת אלהים הוא שם מתיחס אל הבינה משא"כ שאר שמות שם בן ד' שהוא בת"ת, ואם כן הרי חילוק גדול וטעם השתנות השם הזה בנקודתו. ואם עקר שאלתו לומר למה שם זה בבינה ומה טעם, זו ודאי שאלה היא וזה היה ראוי שישאל. ואם נראה לפרש שזה היא כוונת שאלתו, למה שאל בעקיפין ילך לו בדרך קצרה וישאל טעם התיחס השם הזה בבינה. ה' מה השיב לו ר"ש הכי הוא כתיב בקרא וכו', היאך השיב לו במאי דקאמר קרא הכי כי יהיה קושיא לאלקינו וקרא צריך סברא. ואם כונתו לומר סוף דבריו דאיהו אחד משני תשובות שאמר לו לבסוף, א"כ איך אמר ר"א מלה דא ידענא וכו' והשיב הרשב"י דהכי הוא, ואין שם תשובה. ואם נאמר דלא שביק ליה ר"א לסיומיה למלתיה, זה ודאי דוחק גדול. ו' מה שאמר ר"א מלה דא ידענא וכו', ואם היה יודע כי לפעמים במקום שיש רחמים אית דינא א"כ מאי קשיא ליה דמשום הכי נקוד בנקודת אלקים משום דמתערב תמן דינא כמו שפירש הוא בעצמו. ואם אין זו תשובה מה חדש לו ר"ש במאי דקאמר ובשעתא וכו', שהרי ר"א היה יודע כן ועם כל זה לא ניחא ליה. ואם נאמר שחדש לו שמהפכין וכו', זה מה איכפת לו לענין התירוץ אחר שכבר קדם לנו כי לפעמים באתר דרחמי אית דינא שהוא עקר תירוצא ועם כל זה לא ניחא ומאי איכפת לן אם משום דמהפכי או גוונא אחרא. ז' מ"ש הרשב"י ת"ח רזא דמלה כו', והנראה לפי הדברים האלה שהוא סוד התשובה ואין חילוק ביניהם והכל תירוץ אחד ואנן חזינן דאית חילוק ביניהם כגבוה שמים מעל הארץ כדמוכח לפום ריהטא דשמעתתא. ח' מ"ש תלת דרגין וכו', כי הוא אריכות ללא תועלת בתירוץ השאלה כי בדרגא קדמאה נתיישבה השאלה ומה צריך להאריך בהודעת תרין אחרנין. ודוחק לומר דאגב גררא נקטיה. ט' אריכות לשונו בענין תלת דרגין וכל דרגא ודרגא וכו' עד ת"ח, כי לפי הנראה הוא אריכות ללא תועלת ואם הכונה להודיענו שלא נפריד ונחלק האצילות לחלקים, וכי צ"ל זה הלא הם הקדמות הקודמת לכל מתחיל בחכמה זו כ"ש ר"א שהוא אב בחכמה ובחסידות שיצטרך לאזהרה זו שהרי מנעוריו הורגל בחכמת הקבלה כדמוכח בזוהר במקומות רבים. י' שהאריך וקרא לספירות נטיעות ובוצינין, ב' שמות למה. ועוד אמרו נהירין מתלהטין מתשקיין מתברכאן, והם כפל ד"פ והכל א'. ודוחק לומר שכפל הענין במלות שונות, כ"ש בהיותו משלש וארבע. י"א מה שאמר דכלא כליל ביה וכללא דכלא ביה, כי זה כפל ענין שלם במלות שונות וזה דוחק גדול. י"ב מה שאמר והאי נהרא אתקרי אם לגנתא וכו', מאן גנתא ומאן עילא לגנתא ומאי שייך הכא דלא אדכר הכא גנתא. י"ג אריכות לשונו עד דרגא תנינא, שהוא אריכות לשון בענין קצר שהכל נכלל במלות קצרות כי היא רחמים ודינין ממנו מתערין מצד הגבורה ומפני כך שם מורכב מדין ורחמים כמו שהוא מורכב מדין בערך התעוררות גבורה ורחמים בערך עצמה. והיה אפשר לכלול הענין הזה במלות קצרות כדרכו בפרשת שמיני ובפ' ואתחנן שהעתקנו לשונו בפ' הקודם. י"ד אעיקרא דדינא פרכא, כי הם שני הפכיים שאין הדעת סובלתם כי איך אפשר שהיא רחמים ויתעורר ממנה הדין, כי האש לא יפעל הקרירות והמים לא יפעלו החמימות ואיך אפשר ב' הפכיים שיורכבו. ט"ו מ"ש ושירותא מזעיר אנפין איהו, מאי קאמר ומי הוא שרותא דזעיר אנפין דלא שייך לא בבינה ולא בגבורה, דזעיר אפין אינו אלא או ת"ת או מלכות כמו שנבאר בשער ערכי הכינויים. וא"כ מאי קאמר ושירותא מזעיר אפין וכו' דלמלכות ותפארת מאי בעי הכא ואיך מתיישב עם מ"ש ה'

הוא האלקים. ט"ז מה שאמר צדק כתרא בתראה האי בי דינא דמלכא, והם ג' כנויין אל המלכות ללא צריך כי דיינו שיאמר מלכות ולא שיכפול הדברים במלות שאין בהם צורך כלל לא מינה ולא מקצתה. י"ז מה שאמר ותאנא וכו' הכי כתיב הרי א' והכי איקרי הרי ב' וכנ"י בהאי שמא אתקרי הרי ג' והאי שמא באתר דא אשתלים וכו' הרי ד' דברים וכלם אחד וארבעתם מיותרים. ע"כ הגיע שכלנו בהערת לשון המאמר להבין אותו לכוננו ולסעדו:

פרק שמיני:

ראוי להקדים כי הרשב"י ור"א ע"ה לא נכחד מהם ולא נעלם לכל אחד מהם תשובת חבירו. ולא הפסיק אחד לחבירו בדברים עד שהשלימו כאו"א מהם עיקר כונתו בתשובתו ועם כל זה דבריהם נכוחים וישרים. ועיקר כונת ר"א בשאלתו הוא לשלול שני תשובות הנופלים בשאלתו. וכוון להוכיח שאין האחת מספיק לשאלתו ולא שתיהם יחד. והשתי תשובות הם. אחת לומר מפני שהדין נכלל עם הרחמים והרחמים עם הדין לזה לא יקשה בהיות שם הרחמים עמו קצת דין הכל לפי התגבורת, ר"ל כאשר יגבר הדין עם הרחמים לעתות יתייחס בשם הרחמים וזהו לזמנים ידועים. שנית שמן הראוי ששם הרחמים יורמז בו הדין ולא יפרדו כמו שאין הפעולות נפרדים כלל שהדין והרחמים יחד מסכימים בכל פעולה כמו שנתבאר לעיל פ"ו וכיון שפעולות הרחמים נכללת בה הדין ראוי שיתיחס שם אחד לשניהם. והן אלה ב' תשובות עד שבכל אחד מהם ראוי שיבא שם בן ד' בנקודת אלקים. ויש חילוק ביניהם. כי התשובה הראשונה הוא טעם נכון אלא דקשה שלפעמים ראוי שיקרא הרחמים בשם המורה על כללות הדין עמו הכל לפי התגבורת ולפי המזיגה. השנית הוא טעם נכון אלא שלעולם ראוי שיקרא הרחמים בשם המורה על כללות הדין עמו. ולשלול ב' תשובות אלה כוון ר"א בלשון שאלתו באמרו הא תנינן אלקים בכל אתר דינא פי' אחר שכבר קדם לנו שיש שם לדין בפ"ע עם היות שאין דין פשוט שלא יתערב עמו רחמים, והוא שם אלקים שהוא שם הדין בלא רחמים כלל. א"כ ראוי ששם בן ד' יבא לעולם המורה רחמים בלי תערובת דין כלל. וזהו הטעם אל התמידות, כי כמו ששם אלקים כנוי אל הדין בלי הצטרפות הרחמים, כן ראוי בשם בן ד' שיהיה לעולם מורה על הרחמים בלי תערובת דין. והרי נדחה התשובה השנית במה שאמר שאין לומר שאין ראוי שיקרא שם הרחמים בלי תערובת דין מפני כי הרחמים נכללים עם הדין. כי כמו שהדין נקרא בשם אלקים בלא הצטרפות הרחמים עם היות שאינו נמצא בפ"ע, כן שם בן ד' ראוי שיקרא בשם פשוט לרחמים בלי תערובת הדין עם היות שיהיה הדין נכלל עמו. ולתשובה שהיא פרטות לומר שלפעמים לפי התגבורת והמזיגה יקרא בשם הדין ויזכר בכלל שם הרחמים מפני שנתגבר הדין ונמזג עד שיעלה בשם. לזה אמר אלקים בכל אתר דינא פי' שם אלקים בכל מקום הוא דין כי אפילו שיגבר הרחמים קצת עם כל זה לא ישתנה אלא בכל מקומות כתיב בשוה אלקים מורה על הדין ועל התוקף. ולפי"ז ג"כ שם בן ד' ראוי שלא ישתנה אלא שיקרא לעולם בשם רחמים פשוטים כמו שידעת כי שם בן ד' במילואו עולה מ"ה שהוא חכמה כ"ח מ"ה המורה על הרחמים כנודע ויתבאר עוד. ואמר אית אתר דאיקרי אלקים כגון וכו' כוון בשאלתו ג"כ אל שאלה אחרת כי מעולם לא נמצא שם בן ד' בנקודות אלקים אלא עם שם אדני. וצריך לדעת הטעם למה כי מה יחס זה אצל זה. והנה נתתרצו הקושיות הא' הב' והג'. [ועל הקושיא] הד' ששאלנו דאעיקרא דדינא פירכא וכו', נאמר שכבר ידע ר"א שהבינה נקרא כן מפני הרכבת הדין והרחמים אבל עיקר שאלתו היה שיתייחס הענין הזה בשם אחד שיתישב ולא בשם בן ד' כי אין השם הזה ראוי לכך מן הטעם שאמרנו. אבל יורכב שם אחד מאותיות המורים על הדין ועל הרחמים ויתיחס בבינה. ועל שאלתו זאת השיב הרשב"י ע"ה טעם כעיקר ואמר, הכי הוא וכו' פי' שהכתוב בא להודיענו ולהוציאנו מהכונה הזאת באמרו וידעת היום והשבות וכו'. פי' כי אע"פ שתמצא ששם בן ד' הוא רחמים פשוטים באותיותיו ובעניינו, עם כל זה תדע כי הוי"ה הוא האלקים בו כח הדין החזק ואל תתיאש מן הפורעניות כי אפילו במדת הרחמים לפעמים יתרכב הדין ויתהפך אליו. וזהו פי' וידעת היום וכו'. והשיב רבי אלעזר ואמר מלה דא ידענא. פי' כי לא מפני העלמת הפסוק הזה שאל שאלתו. אמנם הפסוק הזה אינו הכרח כלל. הרי כמו שהודיע לנו הכתוב הקדמה זו כי לפעמים בשם בן ד' שהוא רחמים יתערב הדין כן בהכרח לפעמים עם הדין יתערב הרחמים וכמו שבמקום שנתערב הדין עם הרחמים לא נזכר בשם אלקים נקודה או ענין שיורה עליו כן בשם בן ד' אין ראוי שיזכר הדין. וזה רצה באמרו דבאתר דאית דינא אית רחמי פי' גם במקום הדין יש רחמים ועם כל זה לא נזכר בשם הרחמים כלל, כן באתר דאית רחמי אע"פ שיש דין אין ראוי שיזכר הדין ההוא. ודקדק עוד באמרו ולזימנין

באתר דאית רחמי וכו' כי במקום הרחמים יש הדין לפעמים ולעיתים רחוקות, ובמקום שיש דין לעולם מתערב שם הרחמים כי לא יעיר כל חמתו ומדה טובה מרובה ממדת פרעניות. ועתה השתא ומה במקום שהוא תמידי רחמים מתערבים עם הדין שהיה ראוי שיזכר לפי תמידותו ועם כל זה לא נזכר ולא עלה בשם, במקום שהוא הדין לעתים רחוקות ולזמנים ידועים לא כ"ש שאין ראוי שיזכר בשם. ולזה השיב הרשב"י כי אדרבה ממקום שבאת, כי זה שהוא תערובות הרחמים לעולם, הוא נכלל הכל בשם אלקים. אבל כאן שהוא דבר מתחדש מזמן לזמן הדין המתגבר ההוא ראוי שיקרא בשם. וזה שאמר ת"ח דהכי הוא. פי' כמו שאמרת וממקום שבאת כי שם בן ד' בכל מקום הוא רחמים ולפיכך כשיתעורר עליו הדין מפני הרשעים שמהפכין, ר"ל היפוך הרחמים עצמם אל הדין, ולכך אז ראוי שיזכר בשם בן ד' הדין בעצמו. ואעפ"י שכתיב שם בן ד' קרינן ליה אלקים, הכונה להראות כי אעפ"י שאנו קוראים אותו אלהים עם כל זה עקרו הרחמים. ואמנם בשם הדין קרינן ליה קריאה בעלמא כי הוא מושאל אל הקריאה לבד אלינו לא בערכו, כי בערכו הוא רחמים שם בן ד' כתיב אלא אנן קרינן ליה קריאה בעלמא. ולפיכך אינו כל כך דוחק. ובזה נתרצו הקושיא ה' ו'. אבל ת"ח רזא דמלה וכו'. דע כי עתה בא לומר איך שם בן ד' בנקודות אלקים הוא בבינה ונקרא כן מפני שמגבירין עליו הדין שמהפכין רחמי לדינא ממש וזהו עיקר התשובה והכל תשובה אחת. וכן בא לתרץ מה ששאל למה בא שם בן ד' בנקודת אלהים לעולם ביחוד שם אדני. ולתרץ זה הוכרח לומר תלת דרגין אינון כו' כי המדרגה הג' היא מלכות והמלכות נק' אדני לשון דין מצד הבינה (אולי צ"ל הגבורה וכ"מ לקמן ובפ"ט) הנקרא אלקים והכל אחד מיוחד והם ג' מדרגות והם אחת. כי מטעם היחוד שמתיחדים יתיחס שם אדנ"י אל המלכות מצד הבינה [הגבורה] הנקרא אלקים. וכאשר המלכות נקרא בשם אדני אז הבינה נקרא בשם בן ד' בנקודות אלקים. ואלקים ושם אדני שניהם מורין על הדין והכל אחד בזמן מיוחד. ויחוד המלכות עם הבינה בבחינת הדין הוא הגבורה הנק' אלקים. נמצא עתה שהם ג' מדרגות והם מיוחדות יחוד האמיתי והם שלשה. וז"ש תלת דרגין אינון, פי' הבינה והגבורה והמלכות ומפני שלא יתמה המעיין שלא יקרא הגבורה אלקים אלא ביחוד הבינה וכן המלכות אדנ"י אלא ביחוד הגבורה, ומזה יומשך דוחק כי היה מן הראוי שלא ימצא שם אלקים אלא בייחוד שם בן ד' בנקודת אלקים וכן אדני. וחוייב שיבאו שלשתם לעולם יחד, וזה אינו. לזה הצילנו מן השיבוש ואמר. וכל דרגא ודרגא בלחודוי פי' שאין מן החיוב שיהיו שלשתם יחד אלא כל אחד ואחד לבדה, ועם היות ששם בן ד' בנקודת אלקים מתייחד לעולם בשם אדני הוא מן הטעם אשר נבאר. והנה בזה נתרצו הקושיא הז' והח' והט'. ת"ח כולהו נטיען. כבר בארנו בשער סדר האצילות שהבינה עם היותה שרש הדין ועקרו כמו שנבאר עם כל זה ממנה נתפשטו החסד והרחמים והדין וממנה נתאצלו ג' קוין בסוד חסד דין ורחמים, ג' אבות גדולה גבורה תפארת, ובנים נצח הוד יסוד. והנה הענפים והספירות הם ז' ימי הבנין יבחנו בשתי בחינות בחינת הדין לכלם ובחינת הרחמים לכלם. ובערך בחינת הרחמים נקראים נטיעות שהם גדילות על מימי הרחמים לכלם יושפע הברכה. ובערך בחינת הדין נקראים נרות דולקות של אש וזהו שקראן כאן לספירות נטיעאן בערך הרחמים ובוסינין בערך הדין. ומטעם שהוצרך להכריח ששם בן ד' בנקודת אלקים בבינה, פי' שממנה יצאו הדין והרחמים כמו שנבאר כי זו טעם ההקדמה והאריכות הזה. לכן נקט שתי בחינות האלה שבהם יבחנו הספירות. ומטעם כי עוד יבחנו כל אחת מב' בחי' לשתי בחינות אחרות והם דין מועט ודין מרובה רחמים מועטים ורחמים מרובים. ופי' שאעפ"י שיהיו כל הספירות נוטים אל צד הרחמים, יש בחינות אל הנטייה ההוא. או שיהיה תגבורת הרחמים שלא עלה בה הדין בשם ועם כל זה אין התגבורת כ"כ כי עדיין אין הדברים בשלימות עם היות שהוא רחמים, וזהו אנו מכנים בשם הרחמים מועטים. והשנית שיהיה כח הרחמים גובר והאור מתגלה והשפע מתרבה עד שיטפו ההרים עסיס וגו', וזה אנו מכנים בשם רחמים מרובים. וכאשר לא יהיה אחד משתים, אלא שיהיו הספירות כלם נטייתם אל צד הדין והדין מתרבה אבל לא ח"ו תגבורת הדין עד להשמיד אלא דין סתם, זה אנו מכנים בשם דין מועט. וכאשר יגבר כח הדין והזעם מתרבה והדין הווה כמו בזמן המבול וחורבן בית המקדש שהיה הדבר ח"ו קרוב לכליה, זה אנו מכנים בדין מרובה. ולהיות שישפע בספי' בבחינות הדין והרחמים ד' שפטים האלה אמר כולהו נהירין ומתלהטן פי' הבוסינין שהוא בחינות הספי' בערך הדין. נהירין בערך דין מועט, ומתלהטן בערך דין מרובה שהוא אש התלהבות אש הגבורה ודינה. וזה שאמר נהירין ומתלהטן בערך ב' בחינות אלו. ובערך הרחמים אמר ומתשקיין ומתברכאן. ומתשקיין, בערך ההשקאה הצריכה אל הנטיעות

שהוא הרחמים אך לא בעצם. ובערך הרחמים המרובים אמר ומתברכאן, שהוא כמו בריכת מים. ובזה נתרצה הקושיא י'. מההוא נהרא דנגיד ונפיק פי' ד' בחינות אלו שפירשנו שהם הדין מועט ודין מרובה ורחמים מועטים ורחמים מרובים הכל נשפע מהבינה הנקרא נהרא דנגיד ונפיק כדפי' במקומות רבים, וקרא לבינה בשם נהר מפני ששם זה מתייחס לבינה בערך ההשקאה כנודע:

פרק תשיעי:

דכלא כליל ביה וכו'. להבין הענין הזה צריך שנקדים כי הקדושה והאצילות אינה כדרך שאר העניינים. כי הקדושה היא מתרבה לעולם. וכאשר נתאצלו המדרגות מבינה שהיא מקום הנטיעה הראשונה אל מקום השתילה לא מפני כן נתבטל המציאות הנטוע מכל וכל, אבל אדרבה נשאר המציאות הראשון יותר דק ויותר בהיר מהשני. והמציאות הראשון הוא שורש ומקור ושביל שדרך בו תקבל השפע המציאות השני התחתון. כיצד המציאות הנבחר הנשאר תוך הבינה דק תכלית הדקות וקרוב אל המאציל שרש השרשים, ולכן מפני קורבתו אל מקורו הוא שביל ומקור אל עצם הספירות הנאצלות למטה. נמצא לפי זה שחסד הנטוע שבתוך בינה מקור לחסד הנאצל במקומו. ואל יתדמה המשכיל שירד בזה לסוף דעתינו במציאיות, כי הענין צריך אל שער המציאות שבו יתבאר הקדמה זאת בארוכה. ומלבד המציאות הזה אשר לספירות בבינה יש להם שם עוד מציאות אחר על דרך הקדמה זו ואעפ"י שאינו נעלם ומשובח כזה הראשון. והוא אחר שנתאצלו הספירות למטה במקומם הנה בעלות הרצון ית' מאתו יתעלו הספירות ויחיחדו אל המקום אשר נאצלו ושם יקבלו רוב שפע וברכה. וכאשר יחזרו אל מקומם ישאר מציאות עלייתם שם אחר שנתאצלו למטה והוא דק ונבחר אך לא כמציאות הראשון, והטעם כי המציאות הראשון הוא דק תכלית הדקות מפני שימצא ממציאות הספירות קודם אצילותם והגלותם והתעבם כלל אבל המציאות השני הוא מציאות מתמצא מהספירות אחר האצילות וההגלות ואין מציאותם דק כל כך כראשון. ועוד כי הראשון הוא מציאות מתמצא מהספירות מלמעלה למטה בעת אצילתם. והשני הוא מתמצא ממטה למעלה אחר האצילות. ויש הבדל גדול כי זה משפיע וזה מושפע כמו שנבאר בשער ממטה למעלה. והנה ב' המציאות האלה הם מקורי הספי'. המציאות הראשון הדק הוא מציאות נבחר שבו יושפע הבחינה הנבחרת שהיא רוב שפע וברכה, ובמציאות השני יושפע שפע מועט רחמים מועטים. אמנם דין מועט ודין מרובה הוא בצד גבורה לבדה כאשר ביארנו לעיל פרק ו' ונבאר מזה. והנה אל שתי המציאיות האלה כיון כאן באמרו דכלא כליל ביה וכללא דכלא ביה. פירוש אל המציאיות הנבחר הראשון אמר דכלא [כליל] ביה, פי' כל ההיקף נכלל בו בסוד מציאותם הדק קודם הגלותם ואצילותם. ובסוד המציאות השני שהוא כולל הספי' המתגלה אמר וכללא דכלא ביה, פי' כללות הספי' אחר אצילותם כלם בו למעלה בבינה. וטעם כל האריכות בהקדמה זו הוא להכריח הכונה מענין הדין בבינה שבו סובב עקר הדרוש כמו שנבאר והנה נתרץ הקושיא י"א. והאי נהרא אתקרי אם לגנתא וכו'. כבר נודע ענין אב ואם העליונים שהם חכמה ובינה כמו שנבאר לקמן פי"ז. והנה לא יתייחס אם בבינה אם לא ביחוד האב שהוא חכמה. כי ע"י החכמה שהוא משפיע נקרא הבינה נקבה מקבלת, ואם אין חכמה זכר אב אין בינה אם נקבה. וכן בארו בתיקונים, והכריח הענין מן הכתוב (משלי ב ג) כי אם לבינה תקרא שפי' אל תקרי אם אלא אם. והכתוב אמר שהבחינה הנקראת בינה היא הבחינה הנקראת אם. ואינה נקראת בינה אלא ביחודה עם בעלה ע"י הדעת. וצירופה ב"ן י"ה. וכמו שמבואר אצלינו בפי' המאמר במקומו. ונחזור אל ענייננו, כי הבינה נקראת אם מצד יחודה עם החכמה. ועתה כבר נודע כי הבינה נקרא אם לגנת"א, דהיינו מלכות. וכן ג"כ נקרא אם לשאר נטיעות הגן, שהם הספירות שהם למעלה מן הגן. וזהו אם לגנתא ועילא מן גנתא. וטעם אמרו אם לגנתא ולא אמר אם לשבע ספירן כראוי. הכוונה לפרש עיקר יחוד הבינה עם המלכות לתרץ ענין שם אדנ"י הוי"ה כמו שנבאר. או ירצה והאי אתקרי אם לגנתא, פי' גנתא נקרא כללות הנטיעות שהם הספירות המשתקיות ממנה. והיא נקראת אם אליהם והיא יושבת עילא מן גנתא שאז נקראת אם בהיותה רובצת על בניה להשקותם ולהניקם כדפי' בפ"ו. וזהו ועילא מן גנתא. אמת שהוא לשון קצר. והטעם שקראם גן מפני שהם לשון נטיעות שהוא המתייחס אל מתשקיין ומתברכאן שאמר לעיל. בגין דעדן אשתתף וכו'. פי' כי הטעם שהיא נקראת אם הוא מפני שהעדן שהוא חכמה מתייחד עמה להשפיע להם ואינו מסתלק ממנה לפיכך תקרא אם כדפי' לעיל. ובג"כ כל מבועין נפקין וכו'. הכונה לתרץ כיצד היא רחמים בהכרח ודינין מתערין וכו'. וז"ש ובגין כך, פי' מפני שהיא נכללת במציאות

הספירות כדפי' וכן כלם נשפעים ממנה כמו שנקראת אם, והעיקר ביחוד החכמה עמה, ע"י כך היא רחמים בהכרח, שהרי הכללות אשר בתוכה הם רובם חסד ורחמים ומקבלים חסד ורחמים מהעדן ע"י הנהר, וכיון שכן בהכרח היא רחמים. שהרי קבלתה הרחמים ע"י הקצוות אשר בה במציאות נעלם כדפי' והם רחמים פשוטים ומקבלת רחמים ומשפעת רחמים. ובהכרח אעפ"י שטבעה דין (על) [עם] כל זה עקרה רחמים. מפני ג' סבות הנזכר. הא' מפני הקבלה שמקבלת הקצוות הנעלמות הדקות שבתוך הבינה שהם עצם הרחמים, והשני מפני השפעת החכמה בה כדי שיקבלו המקורות ההם, והג' מפני ההשפעה שהיא משפעת אל הקצוות הנגלים המתאצלים במקומם. ואל ג' סיבות האלו אמר כל מבועין נפקין ונגדין ואשתקיין לכל עיבר וכו'. פי' מתמלאים ומקבלים המקורות והן מושפעים מכל צד מהחכמה בסוד הרחמים. והפי' הזה מוכרח. שאין מבועין נפקין ונגדין, ר"ל יוצאים ממנה ומשקים לכל צד. שא"כ הי' לו לומר ואשקיין לכל עיבר וכו' ולא אמר אלא ואשתקיין בלשון התפעל שהוא אתשקיין מחכמה. ואל יקשה אמרו נפקין ונגדין. שפירושו יוצאין מהחכמה אל תוך הבינה בעצם המקורות. או נאמר כי לשון אשתקיין הוא כמו אשקיין וירצה אל ההשפעה הנשפעות ממנו אל הספי' למטה ע"י המקורות והשרשים הנעלמים בתוכה וזהו מבועין נפקין ונגדין כמשמעו ומבועין היינו המקורות והמציאיות הנעלמים כדפירשנו. והראשון אצלינו הוא עיקר. ופתחין בה פתיחין, פי' פותחין אותה וממלאין אותה שפע הרחמים כזכר הממלא את הנקבה, וכן המקורות הנעלמים בהשפעת החכמה הבא עליהם הם פותחין הבינה. וזו היא הבחינה האחת שהוא שפע החכמה שבה. ואל האחרת שהיא השפעת הרחמים אמר רחמי מינה משתכחין. פי' הרחמים נמצאים ממנה ונשפעים מצדה אל הקצוות התחתונים, ר"ל במקום אצילותם. ואל האחרת שהיא בעצמותה רחמים מפני שהקצוות והמקורות הנעלמות בה הם רחמים אמר ורחמים פתיחין בה, פי' בעצמה בעצמותה היא כח הרחמים ורחמים נפתחים בה. והנה הוכרח מפני ג' טעמים האלה היותה רחמים. אם מצד קבלתה אם מצד עצמה ואם מצד השפעתה. ובגין דקרינן לה אם וכו'. פי' ומפני שהיא נקבה כנודע שכל נקבה היא דין בסוד האילן המתהפך ממטה למעלה והופך את פניו לקבל וכאשר יתבאר בשער ממטה למעלה. והבינה נקבה בערך החכמה מטעם שהיא מקבלת הוויות ממנה כמו שנבאר. לכן הוכרח היות הדין יוצא ממנה. נמצא לפי"ז כי היותה נקראת רחמים מכל וכל לא יתיישב בה, מפני שממנה מוצא הדין והגבורה. ודין לא יתיישב בה מפני שהיא מוצא הרחמים והיא רחמים וקבלתה רחמים. וז"ש איקרי רחמים בלחודהא. פי' שתקרא בשם רחמים לבד אינו מתיישב כלל משום דמסטרהא דינין מתערין. ולכן נתייחס אליה שם זה שעיקר האותיות הם רחמים לרמוז אל שעיקרה רחמים. ואנו הוגים אותיותיו בשם אלקים קריאה בעלמא לרמוז אל שג"כ דינין מתערין ממנה וז"ש אתוון רחמי שהוא העיקר, ונקוד דין מפני דאתנגיד מסטרהא דינא והכל מבואר. ומה שאמר קרינן לה אם וכו'. כבר דקדקנו כוונתו לעיל בפרק הקודם. והרי מדרגה אחת. ובזה ניתרצה שאלת ר' אלעזר בערך שם בן ד' בנקודות אלהים. אבל טעם יחודו לעולם בשם אדנ"י בא לתרץ בסוף המאמר כמו שנבאר. ועתה נתרצו הקושיו' י"ב י"ג י"ד. דרגא תניינא מסיטרא דהאי קדמאה וכו' פי' מצד הבינה שהוא המדרגה הראשונה של הדין, יוצא מדרגה שניה והוא הגבורה שנקרא אלקים באותיות ובנקוד כדמפרש ואזיל. ודקדק באמרו מסטרא דהאי דרגא קדמאה ולא אמר מדרגא קדמאה ממש. מפני שאין העיקר של בינה דין ח"ו כדפי', אבל עיקרה רחמים, ומסטרהא דינין מתערין. לכן אמר מסיטרא שפי' מצדה לא בה בעצם וכלל זה יועיל למקומות רבים. ושירותא דזעיר אפין וכו'. פי' הגבורה הוא תחילת אצילות המלכות כנודע כי המלכות בצד הגבורה כמבואר לעיל בשערים הקודמים ובשערים הבאים. והוצרך לזה לבאר שהדין השלישי שהוא המלכות מתיחד בבינה ע"י הגבורה בסוד הדינין. ועתה יתיישב שם בן ד' בנקודת אלקים אצל שם אדנ"י לרמוז כי מטעם ששם אדנ"י שהיא המלכות וסיבתה שהוא תחילתה אל הדין שהוא שירותא דיליה היינו הגבורה שם אלקים דיוצא מהבינה לכן נקרא הבינה שם בן ד' בנקודת אלקים. וביה אתאחיד. פירוש הדר למאי דסליק מיניה דהיינו הבינה. ומפני שיחוד הגבורה שם אלקים בשם השם בן ד' בנקודת אלקים והתעוררותה מהבינה אמר הכתוב כי ה' הוא האלקים. פי' ה' שהוא שם בן ד' הוא מתייחד בשם אלקים באותיות אלקים דהיינו הגבורה ואמר ה' בשם בן ד' כפשוטו ופירושו שהוא שם בן ד' שהוא בבינה בעצם הוא האלקים הוא התעוררות שם אלקים. ומה שנזכר במקום אחד בשם בן ד' בנקודת אלקים בכלל. נתבאר בפרט בשני שמות ה' אלקים, כל אחד ואחד לבדו.

ולזה לא יקשה מה שפי' בזוהר במקומות אחרים ה' אלקים בבינה, כי זה כלל וזה פרט וכן נתבאר הענין בפסוק כי ה' הוא האלקים שהוא הפסוק הנזכר לעיל. ועתה עם הדבר הזה נתבאר היאך מהפכין הרשעים מדה"ר למדה"ד, כי בהיות החכמה מתעלת ומקורות הרחמים נסתמים נמצאת הבינה מעוררת הגבורה לבד בכח שם בן ד' בנקודת אלקים. והמשל בזה כאשר נדמה בשכלינו אור הנר לאור השמש כי ודאי שרגא בטיהרא לא מהני והנר אינו פועל פעולתה כלל עם שודאי לא נתמעטה אורה מכמות שהיה אלא שמרוב בהיקות השמש פעולותיה אינם עושים רושם. וכן הדבר בבינה בהיותה משפעת אל כל הקוים שפעתם הנה היא רחמים מפני שרוב המקורות רחמים. והגבורה לפני שאר המקורות כשרגא בטיהרא, ולא עוד אלא שלפעמים היא ג"כ תתלבש [ברחמים] מצד שיכבש דינה ברוב הרחמים כדפי' בפ"ו. וכאשר הרשעים גורמים שהמקורות נסתמים ואין הבינה נפתחת אלא במקור הגבורה לבד והדין הווה, הנה הפכו הרשעים הבינה שהיתה מדת רחמים אל הדין שהיא משפעת הדין והיא נפתחת במקורות הדין. ובזה נתבאר היות שתי התשובות אחת. ומתחלת דברי הרשב"י עד סופם הכל תשובה אחת ואינו משתנה מענין לענין ונתתרץ הקושיא ט"ו. דרגא תליתאה כו' כבר בארנו לעיל כי הוצרך לזה לבאר ענין יחוד שם בן ד' בנקודת אלקים עם שם אדנ"י וקראה כאן צדק מפני שהמלכות נקרא צדק מצד הגבורה כמו שנבאר בערכי הכנויים. ומפני שעיקר הדין הוא בסוד בחינתה הנקראת ים המתקרבת אל מצולת הים בבחינתה האחרונה, אמר כתרא בתראה פי' בחינה אחרונה נקרא צדק והוא הב"ד מקום הדין והגבורה שבבחינה זו נקרא בי דינא. וקראה בי דינא מפני ששם אדני ב"ד פי' בית דינו של תפארת כמו שנודע ששם אדנ"י בית והיכל לשם בן ד'. ונבאר אותו בשער השמות בשם אדנ"י. א"כ כיון ששם אדנ"י נקרא בי דינא נראה ששם אדנ"י הוא דין הנקרא צדק וכו' מצד הגבורה המתייחד עם הבינה כדפי'. והנה ניתרצה קושיא ט"ז. ותנא אדני הכי כתיב כו' פי' שם אדנ"י אינו כשם בן ד' הנכתב בהוי"ה ונקרא באדנ"י כי מפני העלמו אינו נקרא ככתבו. אמנם נקרא בהיכלו בכינוייו. וכינוי והיכל שם בן ד' הוא אדנ"י כדפי' ויתבאר בשער הנזכר. אמנם שם אדני אינו כן אלא נכתב אדני ונקרא אדני וז"ש אדני הכי כתיב והכי איקרי כתבו והגיונו שוה. וזה מורה על גלוייו. וכנסת ישראל בהאי שמא איתקרי. פי' המלכות נקרא בשם זה ובבחינת מה שנקרא כנסת ישראל. והמלכות נקרא כנס"י בבחינה אחרונה בבחינת הדין שבה. שמכח הדין שדנה את העולם מקבלת ואינה משפעת כלל. וזה מורה על תוקף דינה, שהיא מקבלת ועם כל זה אינה רוצה להשפיע אלא מכנסת ואינה מוציאה, ויתבאר בערכי הכינויים. והכוונה בזה להכריח כי בבחינה הנקראת צדק ג"כ נקראת אדנ"י והוא בית דין שלישי וכן הכריח מהתוספתא שאמר ותנא. וז"ש והאי שמא באתר דא אשתלים מפני שכבר ימצא מקומות ונראה מהם ששם אדני יהיה רחמים (ע' זהר בלק דף קפ"ה ע"ב):

אמנם עיקר שלימותו אינו אלא בבחינת הדין כמו שנודע בענין אותיות ד"ן הנזכר בתוכו וכן שהוא אור המתהפך כמפורסם שהיו"ד למטה בסוד הוה"י כמו שנבאר בשער ממטה למעלה. הנה עקר שלימותו הוא בסוד בחי' הדין. ואילין אינון תלת דרגין פי' כי הם ג' ביחוד, כי שם אדני מתיחד בשם בן ד' בנקודת אלהים ע"י שם אלהים. וזה שאמר וכלא מתקשר חד בחד וכו' כדפי' לעיל. והנה נתתרץ קושי' הי"ז. ונשלם ביאור המאמר בס"ד. ויצא לנו מכלל דבריו ביאור ענין גדול, מציאות הבינה כיצד היא רחמים גמורים והדינין מתעוררים ממנה כדפי'. וכן ענין התהפכות מדת רחמים למה"ד ומדת הדין למדה"ר. וברוך החונן לאדם דעת בינה:

פרק עשירי:

עם היות שעלתה הסכמתינו בפרקים הקודמים כי אפילו הבינה היא רחמים ואצ"ל החכמה וכ"ש הכתר, אל יחשוב המעיין שבאמרנו שהם רחמים שיהיה כוונתינו שהם רחמים שווים. אלא רחמי הכתר הם רחמים פשוטים בתכלית, והטעם מפני הסיפוק והיכולת שיש בידו מפני היותו מקור הברכות. והחכמה רחמים, אבל לא כרחמי הכתר. וכן הבינה לא כרחמי החכמה. כי אם הם עולות במדריגה זו למעלה מזו אבל שם דין לא יכונה באחת משלשתן. והמעטת הרחמים מזו מבחברתה היא מפני היכולת וההסתפקות שיש לכאו"א מהן על חברתה כנודע. ובענין מוצא הדין נתבלבלו רבים בשאול אם אמת הוא שאין דין כלל בכתר. א"כ איך יוצדק דין משם ולמטה כי מהיכן יצא הדין ומהיכן סבתו ואצילתו שהרי הכתר שהוא אב לכל הספירות אין שם דין כלל א"כ מהיכן יצא תוקף הדין. וכמעט שרצו לומר שבכתר ג"כ יש דין קצת. ותלו עיניהם בדבר שאסור לחשבו כל שכן להזכירו. וזה חלק קצת מהמקובלים שבדורינו מחבלי כרם ה' צבאות. ואין לנו חלק כאלה ח"ו כי

לא מפני מבוכה או מבוכות שיפלו בקבלתינו נכחיש פשוטי המאמרים הפשוטים ורוב הסברות. יותר ויותר נאה לומר כי דרך החכמה נעלמה ונשגבה. ויש קצת מהמפרשים הקודמים שתרצו בדרך אחרת ומכללם הוא הר"ר יוסף גיקטיליא בספר שערי אורה (שער ה' דף מ"ה) וז"ל דע כי בכל שמות הקדש והכנויים מן הכתר ולמטה אין לך מדה פשוטה שאינה מתערבת עם חברתה. כיצד חסד אברהם אינו חסד גמור שהרי מדת הדין של יצחק מתערבת עמו. ואין לך מדת הרחמים שאין בה קצת דין ואין לך מדת הדין שאין בה קצת רחמים. ואם תשוב ותאמר א"כ למה אתה קורא מדת רחמים מאחר שיש בה דין או למה ניחד אותה מדת הדין מאחר שיש בה רחמים. דע כי המדה שעקרה רחמים ורובה מתלבשת ברחמים אע"פ שיש קצת דין אנו קוראים אותה מדת רחמים. וכל מדה שעקרה דין ורובה מתלבשת בדין אעפ"י שיש בה קצת רחמים אנו קוראים אותה מדת הדין. אבל אין שם ולא מדה ולא כנוי מאהיה ולמטה שיהיה כלו דין גמור או כלו רחמים גמורים. שאם אתה אומר כן נמצאת קוצץ בנטיעות ומפריד ביחוד. שאם תאמר שמדת רחמים הוא רחמים גמורים לעולם לא תתחבר עם מדת הדין הגבורה. נמצאו כשני הפכים שאינם מתקרבים זה אל זה לעולם. ואם לא יתחברו הרי היחוד נפרד פרקים פרקים מדה"ר בפ"ע ומדת הדין בפני עצמה. וע"ז נאמר (משלי טז כח) ונרגן מפריד אלוף. אבל סוד קשר הספי' והשמות והכינויים וכל המדות אלו באלו כמו שאומר לך. דע כי מדת הכתר עליון שכולה רחמים מתאחדת תחלה בצד החכמה הפונה למעלה שהוא ג"כ רחמים ומצד [הבינה] [השני של חכמה] שהוא פונה למטה ונקרא אחור נולדת מדת הדין, ומצד מדת הדין של חכמה הפונה מול בינה חזר אותו צד הנקרא דין להיותו נקרא רחמים אצל מערכת הבינה, כי יותר שמתרחקים מן הכתר נולדת מדת הדין ביניהם, וא"כ האחוריים של חכמה נקראת דין אצל הכתר ונקודה רחמים אצל הבינה. ומשתי אלו הספי' הנקראות חכמה ובינה נאצלים שאר כל השמות והכנויים. נמצאת למד כי כל ימין הוא מצד החכמה, וכל שמאל הוא מצד הבינה. ואע"פ שהימין מצד החכמה אין החכמה רחמים גמורים כמו שאמרנו שהאחוריים של חכמה דין הם נקראים כנגד כתר כל שכן הימין הנמשך מן החכמה שיש בו רחמים ודין. אבל זה הכלל, כל הספירות האצולות מצד החכמה כלם נקראים מדת הרחמים, וכל הספירות האצולות מן הבינה כלם דין. ולפיכך מערכת אלו אצל אלו, אלו נקראות רחמים ואלו דין. לא מפני שאלו של צד ימין הם רחמים גמורים אלא שרובם ועקרם הם רחמים אבל קצת דין יש בהם. ולא מפני שאלו של צד השמאל הן דין גמור אלא מפני שרובם ועקרם הוא דין אבל קצת רחמים יש בהן. וזהו קשר הספי' והמרכבות שאלמלא הערוב של המדות לעולם לא היו מתקרבות ונקשרות אלו באלו עכ"ל. וכשנדקדק תכלית הדקות דבריו וסוף דעתו שאמר כי כל יותר שמתרחקים מן הכתר נולדת מדת הדין בהם, א"כ אין ספק כי חסד רחוק מן הכתר יותר מן הבינה וא"כ למה החסד אל הימין בסוד הרחמים ובינה אל השמאל בסוד הדין. וכן כמו שהבינה יונקת מאחורי החכמה שהוא דין, א"כ החסד ג"כ יונק מאחורי החכמה, ואין ספק היות פני אחורי החכמה המאירים בבינה משובחים מהפנים המביטים בחסד מפני היות הבינה שנייה לחכמה והחסד שלישית אליה עד ששלש ראשונות חשובות כאחת כמו שנבאר. וא"כ למה בינה אל השמאל דין, וחסד אל הימין רחמים. דאיפכא הוה ליה למהוי. ועוד כיון שבשלש ראשונות האחוריים של חכמה הן דין כנגד כתר והם רחמים אצל הבינה וכן פני הבינה הם דין כנגד חכמה שזהו כוונתו. א"כ ג"כ אחורי בינה יהיו רחמים אל פני חסד, ופני חסד דין אצל הבינה. כי כערך הבינה אצל החכמה, כן ערך החסד אל הבינה. ובזולת זה מפורסם הוא שהנצח הוא רחוק ממקור הרחמים יותר מן הגבורה. ולכל הפחות יהיו שוים כי הגבורה מקבלת מחכמה מדרגה שלישית ונצח מקבלת מחכמה מדרגה שלישית, נמצאת הגבורה [שלישית] לחכמה על ידי הבינה או החסד, והנצח ג"כ [שלישי] לחכמה ע"י החסד. ולפי זה היה ראוי לכל הפחות שיהיה ג"כ תגבורת הדין בנצח כבגבורה. ואין אתה יכול לומר דבר זה בשום אופן. כי ידוע שהגבורה מדת הדין הקשה, והנצח רחמים בסוד החסד. ועל דרך זה יפול השאלה בכל הספירות כפי מדרגתם מדרגה אחר מדרגה, כי כל עוד שיתפשטו המדרגות היה ראוי שיתרבה הדין לפי דבריו וזה אינו כמפורסם. ועוד בבינה ובגבורה ובהוד למה לא ישפט בהם כמשפט ג' ראשונות ויהיו אחוריים של גבורה רחמים בערך ההוד אחר שההוד יונק מאחורי הגבורה, ולמה הגבורה דין קשה וההוד לא כל כך. ואם אמת כי צדקו דבריו שהפנים של חכמה בערך הבינה הם אחוריים בערך הכתר, זה יהיה דוקא לענין דקות ורוחניות אבל לא לענין דין ורחמים. כי אין התלות הדין בדקות או בהתפשטות כאשר חשב. שהרי המלאך מיכאל שהוא ענף מהחסד

למטה בסוד המלאכים אין ספק שהוא חסד יותר מהגבורה שהוא מדת הדין הקשה, ואף על פי שזה כנגדה כגרגיר חרדל אל הים הגדול ויותר. כי אין ערך ביניהם כי זה דק תכלית הדקות מתדבק אל המאציל אחד מהנאצלים, וזה קטן למטה מטה ותרד פלאים. ועל הדרכים האלה בכל המלאכים והכוחות. ודבר זה ברור הוא והאריכות בזה כמעט פועל בטל. והן אמת יש לאל ידנו לבטל שאלה זו מענין הדין מעיקרו באמרנו כי כמו שלא יפול שאלה זו בענין הגבורה איך מאין גבול נאצל גבול ומבלתי בעל תכלית איך יצא בעל תכלית ומבלתי גשם איך יצא גשם ומהאין איך יצא היש. כי כל אלו הם מעין השאלה הזו. וקרוב לומר שאין להם תשובה [אחרת רק לומר] שאין טעם ברצון וכך עלה ברצונו להמשיך הדברים בענין הנהגת העולם. וכן הענין בדין כי הוא אמר ויהי. אבל על כל זה להיותינו בוחרים באמת במה שהוא אמת רצונינו להשיב הדברים על מתכונתם וארמון החכמה על משפטו ישב. והענין ידוע שהכתר הוא תכלית הדקות שבנאצלים (ועל) [ועם] כל זה הוא שרש אל החסד והרחמים והדין. ואמנם הדין בו אינו דין ממש. ר"ל שפועל שם דין ח"ו עם היות ששרשו שם. אלא הוא נעלם על דרך שפי' למעלה בשער הזה בפ"ג. וכן הוא כולל החסד ונקרא חסד עליון. ולכח הרחמים הוא יסודו ועקרו כנודע שהוא אב לקו האמצעי קו הרחמים. וכבר הארכנו בזה בשערים הקודמים ונבאר אותו בשער הזה ובשער הצחצחות. ומשרש זה נתפשטו ב' כוחות שהם כח החסד מצד החכמה וכח הדין מצד הבינה. ולא שיהיו שם חסד ודין ממש, אמנם הם שם בדקות כדרך דקות היסודות הארבעה, שהם אויר מים אש עפר, ומקורם בארבע מדות עליונות שהם חסד גבורה תפארת מלכות. ולא שיהיו במדות האלה לא אש ולא מים ולא רוח ולא עפר, אלא מקור היסודות האלה הוא שם במדות האלה. וכן הענין בחסד דין ורחמים שהם נשפעים מכתר חכמה בינה והם בהם בדקות ומתגלים בעצם בחסד גבורה תפארת. חסד כח החסד, וגבורה כח הדין החזק, ותפארת כח הרחמים בעצם. ומאלו מסתעפים ג' ענפים משמשים לאלו והם נצח הוד ויסוד נגד שלשה עליונות. והענין, כי כמו שכתר חכמה ובינה היו נעלמים במקורם באין סוף ב"ה כוללים כל האצילות מתייחדים ונעלמים דקים תכלית הדקות כמו שנבאר בשער הצחצחות, אעפ"כ אחר אצילותם מתגלה כחם וענינם. כן הערך אל שלשה מדות בפעולות שהם חסד דין ורחמים הם מתעלמים בכתר מקורם הראשון ולא ישפוט בו לא חסד לא דין ולא רחמים, אלא כדרך שנאמר בענין השרשים באין סוף כן ענין הפעולות בכתר עליון. כי כערך אצילותם במציאות עצם הספירות למעלה באין סוף, כן ערך בחינת פעולתם שהם חסד דין ורחמים בכ"ע. כי הפעולות הם נמשכות מהמדות, נמצא המדות עילות לפעולות. וכן האין סוף עילה לכתר. וכשווי המדות באין סוף, כן שווי הפעולות בכתר. כי המדות היו נעלמות במקורם ומתייחדים תכלית היחוד ולא היו במציאות הספי' ממש אלא אחר גלויים בכתר נאצלו ונתגלו שלשה שרשים שהם כתר חכמה בינה ולא גלוי עצמי אלא גלוי מה מתגלה בערך המקור הראשון ועדין הפעולות נעלמות שאין בהם שפיטה עד בואם אל מקום גלויים שהם חסד גבורה תפארת. וכדי להעמיד המעיין על תוכן דברינו אלה, צריך לעמוד על מה שנכתוב בזה בשער הצחצחות בענין אור קדמון אור צח אור מצוחצח. כי אעפ"י שהם שלשה, הם אחד מיוחד. ועתה לא יפול השאלה מהיכן יצא הדין, כי מוצא הספירות ומוצא הדין והרחמים והחסד הכל דבר אחד. כי הם שלשה שרשים, שרש החסד ושרש הדין ושרש הרחמים, והם אור קדמון אור צח אור מצוחצח נעלמים בשרש אחד ומתגלים בכתר חכמה בינה. והפעולות נעלמים ומתגלים היטב בגדולה גבורה ת"ת (ע' בעסיס רמונים):

פרק אחד עשר:

ואחר שתקננו בפרק הקודם ענין הדין ומוצאו, נשאר עלינו לבאר ענין קשר הספירות ויחודם. כי הוא הדרוש שהכריח רבי יוסף אל הענין הנזכר בפרק הקודם. ולנו בזה דרך נאה על דברי הרשב"י ע"ה כמו שנעתיק לשונו הנה. והענין הוא כי כל הספירות כלולות מעשר כמו שהארכנו בזה בפ"ב. ועם הדבר הזה יתבאר ענין יחודם וקשורם. והענין כי הכתר מתייחד עם החכמה מצד הכתר שבחכמה וכן הוא מתיחד עם שאר הספירות מצד הכתר שבהם, ונמצא לפי"ז לכל ספי' וספירה כמה קשרים עם הספירות. המשל בזה הגבורה עם החסד מצד הגבורה שבחסד, וחסד עם הגבורה מצד החסד שבגבורה. בזולת שיוכלו להתייחד ולהתקשר מצד שאר ט' חלקי שאר הספירות. המשל בזה כתר שבחסד בכתר שבגבורה. וכן לכל שאר החלקים הנעלמים בעצמם בחלקים בעצמם ר"ל חלקי הספירות שבכל ספירה וספירה מתייחדות הם בעצמם זה עם זה על דרך הספירות עצמם כי אין חלק בעולם שלא יהיה כלול מעשר שכן חוייבנו

להאמין שאם לא כן הוא פירוד וקצוץ ח"ו וזה הענין בעצמו ביאר הרשב"י בזוהר בפ' וארא (דף כ"ג ע"ב) וז"ל אמר רבי שמעון, ת"ח, ד' אינון קדמאי אינון רזא דמהימנותא. ואינון אבהן דכולהו עלמין, ואינון רזא דרתיכא עילאה קדישא, ואינון ד' יסודין אש רוח ומים ועפר אלין אינון רזא עילאה. ואלין אינון אבהן דכולהו עלמין אבהן דכולא. ומאינון נפקין זהב וכסף ונחשת וברזל, ותחות אלין מתכאן אחרנין דדמיין לו כגוונא דאלין. ת"ח, אש רוח ומים ועפר אלין אינון קדמאין ושרשין דלעילא ותתא, ועלאין ותתאין עלייהו קיימי. ואילין אינון ד' לד' סטרי עלמא, וקיימין בארבע אלין צפון ודרום מזרח ומערב, אלין אינון ד' סטרין דעלמא וקיימין בד' אלין. אש לסטר צפון, רוח לסטר מזרח, מים לסטר דרום כו', עפר לסטר מערב. וארבע אלין בד' אלין קטירין וכלהו חד. ואלין עבדי ארבע מתכאן דאינון זהב וכסף ונחושת וברזל. הא אינון י"ב וכלהו חד. ת"ח, אש הוא שמאלא לסטר צפון, דהא אש תוקפא דחמימותא ביה, ויבישו דיליה תקיף. וצפון בהיפוכא דיליה הוא. ואתמזג חד בחד ואיהו חד. מים לימינא והוא לסטר דרום. וקודשא בריך הוא לחברא לון כחדא, עביד מזגא דא כמזגא דא. צפון איהו קר ולח, אש חם ויבש, אחליף לון לסטר דרום. דרום איהו חם ויבש, מים קרים ולחים, וקודשא בריך הוא מזיג לון כחד. דנפקי מייא מדרום ועאלין בגו צפון, ומצפון נגדו מייא. נפיק אשא מצפון ועאל בתוקפא דדרום, ומדרום נפיק תוקפא דחמימותא לעלמא. בגין דקב"ה אוזיף דא בדא, וכל חד וחד אוזיף לחבריה מדיליה כדקא חזי ליה. כגוונא דא רוח ומזרח. בגין דאוזיף כל חד לחבריה ואתכליל דא בדא לאתחברא כחד. ת"ח, אשא מסטרא דא, מים מסטרא דא, ואינון מחלוקת. עאל רוח בינייהו ואחיד לתרין סטרין. הה"ד ורוח אלקים מרחפת על פני המים, דהא אש קאים לעילא בסטרא דא, ומים קיימי על אפי ארעא. רוח עאל בינייהו ואחיד לתרין סטרין ואפריש מחלוקת. עפר, מים קיימי עלה ורוח ואשא ומקבלא מכלהו בחילא דתלתא אילין דקיימו עלה. ת"ח, רוח ומזרח. מזרח חם ולח, רוח חם ולח איהו, ובג"כ אחיד לב' סטרין, דהא אש חם ויבש, [ומים קרים ולחים], רוח איהו חם ולח, סטרא דאיהו חם אחיד באשא, סטרא דאיהו לח אחיד במייא, ועל דא אסכים בינייהו ואפריש מחלוקת דאשא ומייא. עפר איהו קר ויבש, וע"ד מקבל עליה כולהו, וכולהו עבדי ביה עבידתייהו, ומקבלא מכולהו לאפקא בחילייהו מזונא לעלמא. בגין דבמערב אתאחיד עפרא דאיהו קר ויבש, [וסיטרא דאיהו קר אחיד בצפון דאיהו קר ולח, דהא קרירא אתאחיד בקרירא. בג"כ צפון אתאחיד במערב בסטרא דא. דרום דאיהו חם ויבש, בההוא יבשותא דיליה אחיד ליבשותא דמערב בסיטרא אחרא, ואתאחיד מערב בתרין סטרין. וכן אתאחיד דרום במזרח, דהא חמימותא דדרום אתאחיד ביה בחמימותא דמזרח. ומזרח אתאחיד בצפון, דהא לחותא דיליה אתאחיד בלחותא דצפון. השתא אשתכח דרומית מזרחית מזרחית צפונית צפונית מערבית מערבית דרומית. וכולהו כלילין דא בדא לאשתלשלא חד בחד עכ"ל. ומתוכו נראה בפירוש יחוד וקשר גדולה גבורה ות"ת ומלכות שהם מים אש ורוח ועפר, ומתייחדים גדולה בגבורה וגבורה בגדולה ע"י חלקיהם השוים וכן גדולה בת"ת ות"ת בגבורה ושלשתם במלכות ע"י חלקיהם המשתוים איש באחיו וזהו סבת יחודם. וכן מזה נלמוד אל שאר ספירות ואופן יחודם וקישורם כדפי' לעיל. אמנם מה שאמר [בנוסח אחר] שרוח קר ויבש, קשה כי מדרך הנראה בנסיון כי הרוח חם ולח הוא משתוה אל האש בחמימותו ואל המים בלחותו, וכן הסכימו כל החוקרים, וכן כתב הרשב"י ז"ל בתקו' (תקונא סט דף ק"ד ע"ב) וז"ל נקודא באמצעותא שורק דנשיב ברוחא על מייא דאחיד בתרווייהו ואיהו חם ולח עכ"ל. נראה ממנו בפירוש שסברת רשב"י שהוא חם ולח והוא משתוה בין שניהם, פי' אש ומים שהם שני הפכים כדפי'. ועוד במ"א (בתקונא כ"א דס"ב) סבירא ליה לר"ש שהאויר חם ולח. ואפשר שבמאמר הזה ג"כ העיקר רוח חם ולח אלא שט"ס נפל בספרים. והמאמר צריך ביאור קצת, וזה ביאורו. ואינון אבהן דכלהו עלמין פי' כי מהם משתלשלין שאר שלשלת הנאצלים ונבראים ונוצרים ונעשים כי כלם נחלקים בד' חלקים אלו כענין (שה"ש ג י) מרכבו ארגמ"ן. שהוא נגד גדולה גבורה תפארת מלכות, שהם אברהם מיכאל, יצחק גבריאל, יעקב אוריאל או נוריאל, דוד רפאל. וכן ענין חלוק אש ומים ורוח ועפר. וכן שנים עשר מזלות נחלקים אל ארבע מחלקות האלה. וכן במרכבה אריה שור נשר אדם. והיינו ד' נהרות גדולים כאמרו (בראשית ב י) ומשם יפרד והיה לארבעה ראשים, וכיוצא בו אל שאר חלקי המציאות. וכן בענין המדות בעצמם כלם נחלקים בארבע מחלקות אלו בבחינות שונות כאלו נאמר חסד גבורה תפארת מלכות הרי ד'. ועל אלו אמר ורזא דרתיכא עילאה קדישא. ועוד יתבאר טעם ענין זה מפני שהם חסד דין ורחמים וכלל הכל. וא"כ יחוייב ענין זה עוד דרך שני אל חילוקם. והוא חכמה בינה חסד גבורה הם ממש ד' אלו הנזכרות.

והוא חכמה אדם מפני שהיא כלל הכל וממנה מוצא הכל. וכמו שהמלכות כלל הכל מפני שמקבלת מן הכל כן החכמה כלל הכל מפני שמאצלת את הכל כאמרו כלם בחכמה עשית. וכן בינה נשר ועליה נאמר (יחזקאל יז ג) הנשר הגדול (בעל) [גדול] הכנפים, וחסד אריה, וגבורה שור, הרי ארבע פנים. ועוד ארבע פנים שניים תפארת אדם, נצח אריה, הוד שור, ויסוד נשר. ועוד פנים שלישית מלכות תבנית היכל (נ"א הכל) ודרך זה פי' רשב"י ע"ה בתקונים (בהקדמה ד"ג ע"ב ובתקונא א' דט"ז ע"ב). נמצא היות רזא דרתיכא עילאה קדישא דהיינו מרכבת האצילות ממש כדפי'. וזה דקדק באמרו עלאה קדישא, ולא נכלל באמרו דכלהו עלמי"ן דהיינו עולמות שהם למטה מהאצילות. והשתא פירש הני ד' מאן אינון. ואמר ואינון אש ורוח ומים ועפר. והענין כי הצורה התחתונה היא חותם תבנית העליונות כמחתים פתוחי חותם צורה נאה בד' טסים האחת היא של זהב שניה של כסף שלישית של נחושת ד' של עופרת. כי הצורה הראשונה היא בכל המקומות, ובחותם אחד נחתמו ובבת אחת נעשו. אלא שכפי רדת החותם הנחתם מהחותם המחוקק כן תתעבה צורתו, וכן כפי עביות החומרים המקבלים החותם כן ירידת הצורה הנחתמת. והיינו טעם היות ד' יסודות אלו מקולקלים ועבים וגסים הווים ונפסדים כצורה הנחתמת בעופרת שבנקל נפסד צורתו. אמנם ד' יסודות אשר למיכאל וגבריאל ורפאל ואוריאל, להם צורה נחמדה וחומר זך שקבל הצורה ההוא ולא תפסד צורתו מפני קורבתו אל מקורו להחותם העליון המחתים. והיינו טס של נחשת. ועוד הכסא לה ד' עמודים של כסף נחמדים למעלה מד' חיות הנזכרים, והם זכים ככסף קרובים אל מקורם יותר בלי שתפסד צורתם. וכן הזהב למעלה מהם. וכדרך זה אל כל סדר העולמות והמרכבות. ולעולם בין למעלה בין למטה הם מים אש ורוח ועפר ודאי, אלא שאלו נחתמים במדרגה א' ואלו בשנית וכו' עד רדתם אל פחיתות הגשמיות. וזהו שאמר ואינון ד' יסודין אש רוח מים עפר שאמרנו למעלה, לא ממש אש רוח מים עפר הם אלא הויה דקה לא כזאת. וז"ש אילין אינון רזא עלאה בסוד ד' יסודות שבאצילות שהם מים חסד אש דין רוח רחמים עפר כלל שלשתם. ואילין אבהן וכו' שהם חותם שבו נחתמו כל אשר מהם ולמטה. ומאינון נפקין וכו', הענין כי מזרח ומערב וצפון ודרום הם מתייחדים בסוד המים והאש והרוח והעפר והם ד' נקבות וד' זכרים. והטעם כי החסד והגבורה והתפארת והמל' הם משפיעים בבחי' התחתונה שבמלכות שבה כלול ארבעתן יחד כדפי' הרשב"י בשה"ש ע"פ והנה אופן אחד בארץ וכו'. ונמצאו ד' סטרין הם ד' נוקביים אל האש והרוח והמים והעפר. והתולדה היוצא מבין יחוד ארבעה בארבעה הוא ד' מיני מתכות שהם זהב כסף ונחשת וברזל. והם מתאצלים מד' בחינות אלו. וז"ש ומאינון נפקין זהב וכו' שהם ממש תולדה להם וכדמפרש ואזיל הא אינון י"ב וכולהו חד. כי הם ד' זכרים מתייחדים בד' נקבות וד' יוצאים מהם והכל ענין אחד ומציאות אחד. והנה להיות שמדרך ההויה הטבעיות צריך שלא ישתוו הזכר והנקבה, ואם לא יהיו הפכיים בטבעם לא יולידו. כן ד' זכרים בד' נוקביים הם הפכיים בטבעם כדי שיתמזג המזגת הדין והרחמים. והאצילות המתהוה יהיה אל הדין והרחמים. וז"ש ת"ח אש הוא בשמאלא. שהוא בגבורה ממש והוא מורה על טבע הגבורה שברוב דינה מנגבת השפע ומייבשו שלא ישפיע כלל ועיקר. וז"ש דהא אש תוקפא דחמימותא ביה ויבישו דיליה תקיף מורה על נגיבת השפע ח"ו. וצפון שהוא גבורה תתאה דאתי מגבורה עלאה שהוא נקבה אל הזכר בהיפוכא דיליה הוא, כי המלכות אין דינה לייבש השפע אלא מעצרו ומעכבו ואין יחוד. ומורה בענין הקרירות המגליד המים ומעכבם. והנה בהשתתף בה דין הגבורה הוא מחממת המלכות בדיניה ומעורר הזווג והשפע ושם מוצא הזהב שהוא היין המשמח וזה שיאמר ואתמזג חד בחד ואיהו חד. וכן בהדברים התחתונים ממש לקיים כח הבריאה והנבראים שלא יתבטלו מפני התגבר עליהם היובש המרובה או הקור המרובה, כי תגבורת היסוד הא' ביותר הוא סבת החלאים וביטול היסודות כנודע. וסבת הכל שרשם העליון כדפי'. ומפני שאין החום והיובש אשר בדרום עם היותו חם ויבש חזק כ"כ כמו חום ויובש האש כדמסיק, לכן אמר דהא אש תוקפא דחמימותא ביה ויבישו דיליה תקיף. ירצה כח היובש והחום החזק כדפי', משא"כ בדרום. מים לימינא וכו' מצד החסד, והם קרים ולחים מורה על תגבורת השפע והרחמים. ודרום חם ויבש לא כחום ויובש שבאש כדפי' אלא חם ויבש כשיעור הגבורה תתאה ומורה על יבושת המים מעל הארץ ואין שפע כלל, והנה הנקבה הפך הזכר כדפי' לעיל. וקב"ה לחברא לון וכו' שמן הראוי היה שיהיה הסדר הנכון צפון שהוא קר ולח המורה על המים לצד החסד שהוא מים קרים ולחים, ודרום שהוא חם ויבש לצד האש שהוא חם ויבש, לא בהפוכו כשהם עתה. אלא קודשא

בריך הוא לחברא לון כחדא עביד מזגא דא כמזגא דא דהיינו שתהיה צד הנקבות היפך צד הזכרות כדי שיתמזג ההוויה ויתהוו מתוכם העניינים הנ"ל. והמשל בזה כי הצד צפון קר ולח מצד מימי החסד שכנגדם עד שיצדק אמרנו כי צפון הוא צד החסד שבגבורה. והדרום תם ויבש מצד האש שכנגדו עד שיצדק אמרנו כי דרום הוא גבורה שבחסד. והנה צפון ודרום צד הנוקביים וחילופם יורה על כת המזגה וההכרעה. ואולם ענין קר ולח או חם ויבש וכיוצא יתבאר בשער המכריעין. והנה לפי סדר הענין הנכון הוא כי צד החסד משפיע בצד הנקבה שכנגד הגבורה וצד הגבורה משפיע בצד הנקבה שכנגד החסד וזהו צורת הענין לשבר האזן. וז"ש נפקי מייא מדרום ועאלין בגו צפון כי מדרום שהוא חסד מים הוא מוצא המים ואינם נשפעים אלא ע"י המלכות דהיינו ועאלין בגו צפון ומשם נמשכים אל התתתונים. וכן דין

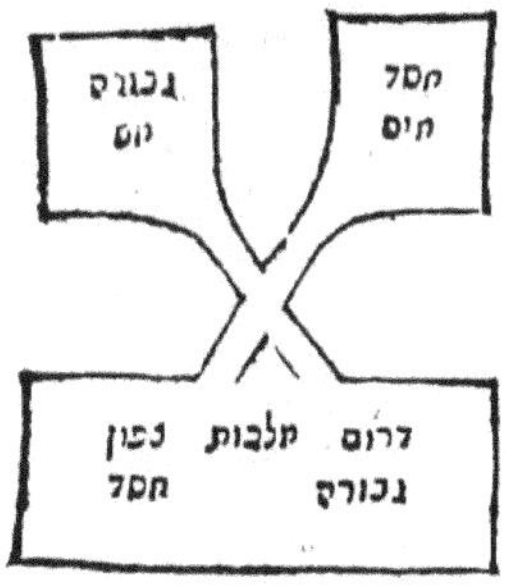

הגבורה נפיק אשא מצפון דהיינו מהגבורה עצמה ועאל בתוקפא דדרום דהיינו במלכות עצמה מצד החסד והגבורה ונמשך אל התחתונים, וז"ש ומדרום נפיק תוקפא דחמימותא לעלמא כו'. כגוונא דא רוח ומזרח וכו'. הכונה כי רוח ומזרח מיחדם. היינו על היות צד המזרח חם ולח מיחד הצפון והדרום שהוא חם בדרום ולח בצפון והרי דרום וצפון מיוחד ע"י שתיהם. וכן רוח הוא חם ולח מיחד המים והאש כי מים לחים ואש חם והרוח משתוה אל המים בלחותו ואל האש בחמימותו. ואמנם הרוח והמזרח אינם שווים ממש, כי צד החם שברוח הוא צד הלח שבמזרח וצד החם שבמזרח הוא צד הלח שברוח. והטעם, כי המים אל הדרום ומצדם לצד הימין הרוח לח, והאש אל הצפון ומצדו הרוח לצד השמאל חם, הרי הרוח לח מצד הימין וחם מצד השמאל. ולא כן המזרח שהוא לח מצד השמאל ששם הצפון וחם מצד הימין ששם הדרום. א"כ נמצא כמו שהצפון והאש הפכיים והדרום והמים הפכיים כן המזרח והרוח ממש הפכיים, כי מצד החם שבמזרח הוא צד הלח שברוח וצד החם שברוח הוא צד הלח שבמזרח והרי חם הפך הלח והלח הפך החם. וז"ש כגוונא דא רוח ומזרח בגין דאוזיף כל חד לחבריה. פי' כיצד, החם שברוח משפיע בצד הלח שבמזרח ומחממו ומשם נמשך החום בעולם וכן צד הלח שברוח משפיע בצד החם שבמזרח ומלחלחו ומשם נמשך הלחות בעולם כדפי' לגבי צפון ודרום. והיינו דקאמר כגוונא דא כו'. ומפני שנעלם ענין זה מהמעתיקים שבשו הספרים לקמן והעתיקו רוח קר ויבש הפך המזרח שהוא חם ולח. ושבוש הוא אלא שהרוח חם ולח וכדפי' והוא אמת וכדמפרש הרשב"י בתקונים ובמקומות אחרים. ושאר דברי המאמר בהקדמה זו מבוארים ויתבאר בספר אור יקר. עוד נמצא ענין קשר ויחוד הזה מבואר בספר הבהיר (המובא בתוספות זהר די"ב בסוף ס' בראשית) ז"ל ולמה נקרא שמים, אלא שהוא עגול כמו ראש ומלמד שמים בימינו ואש בשמאלו והוא באמצע ש"א מים מאש וממים ומכניס ביניהם שלום, בא האש ומצא מצדו מדת האש, בא מים ומצא מצדו מדת המים, והיינו עושה שלום במרומיו עכ"ל. ופי' עגול כמו ראש שהוא עגול כמו השמים. וטעם אמרו כמו ראש ולא אמר כשמים, מפני כי הת"ת נקרא ראש כי הראש מכריע בין הזרועות, וכמו שהראש למעלה מן הזרועות כן הת"ת לפעמים למעלה מהגדולה והגבורה. והכריח ענין העגול מהראש שהוא עגול ודומה לו. ופירוש העגול, הכוונה כמו שהעגול אין לו ראש וסוף ויסודו מקום נקודת המרכז נקודה דקה בתכלית כן התפארת אין לו ראש וסוף ויסודו הנקודה הראשונה והיא נקודת האצילות ג' ראשונות. עוד שהת"ת הוא עולם ההיקף בסוד ו' קצוות, ולכן נקרא עגול ושמים עגולים לרמוז אל ההיקף. ושאר דברי המאמר מבוארים מעצמם. וכן נתבאר כוונתינו בלי ספק שאמר שהשמים מתקשרים בגדולה וגבורה מצד מים במים ואש באש, וכן מצד זה מתקשרים עמו הגדולה והגבורה. ומה שראוי להאריך בענין זה בארנו בשער הצינורות פ"ה. והנה נתבאר קשר ויחוד הספירות בלי שנצטרך אל דברי רבי יוסף בעל ספר האורה:

פרק שנים עשר:

המכוון בפ' זה הוא לבאר מאמר שלכאורה נראה הפך מכל מה שבארנו למעלה שאמרנו שהדין הוא משלש ראשונות ולמטה ואין ג' ראשונות בכלל. [ובחגיגה] (ד"ה ע"ב) משמע איפכא וז"ל הגמ' ואם לא תשמעוה במסתרים תבכה נפשי וכו'. אמר ר' שמואל בר איניא משמיה דרב מקום יש לו להקב"ה ששם בוכה ומסתרים שמו. ומאי מפני גוה. אמר ר' שמואל בר יצחק מפני גאותן של ישראל שנטלה מהם ונתנה לאומות העולם. רבי שמואל בר נחמני אמר מפני גאותה של מלכות שמים שנטלה. ומי איכא בכייה קמיה קב"ה, והא אמר רב פפא אין

עצבות לפני הקב"ה שנאמר הוד והדר לפניו עוז וחדוה במקומו. ל"ק הא בבתי גוואי הא בבתי בראי. ובבתי בראי לא והא כתיב ויקרא ה' צבאות ביום ההוא לבכי ולמספד ולקרחה ולחגור שק. שאני חרבן בה"מ שאפי' מלאכי שלום בכו שנאמר הן אראלים צעקו חוצה מלאכי שלום מר יבכיון ע"כ. משמע מתוכו שיש בבתי גוואי בכיה ועצבות ודין ממה שאמר הא בבתי גוואי הא בבתי בראי, ופרש"י בבתי גוואי איכא דכתיב במסתרים וכו', משמע ודאי מדקאמר במסתרים תבכה כי המקום שיש לו ששם בוכה הוא המסתרים. וכן משמע ודאי מדחזינן שהקשה ובבתי בראי לא והא כתיב כו', שנראה שהמתרץ תירץ לו שבבתי בראי ליכא עצבות מדמקשה ובבתי בראי לא כו'. ומפני שלא נשבש הגרסא פי' רש"י ובבתי בראי לא הכי גרסינן ובבתי בראי ליכא והא כתיב ויקרא וכו' דכל קריאה השמעת קול לחוץ היא עכ"ל. והכריח משני הכתובים כי עקר הפי' כי בבתי גוואי הוא המקום שנקבע בו הבכייה בין לחרבן בין לאחר החרבן בכל עת ממה שאמר מקום יש לו להקב"ה ששם בוכה ומסתרים שמו והיינו בתי גוואי, ומה שאמר ג"כ ובבתי בראי ליכא והא כתיב ויקרא וכל קריאה הוא השמעת קול לחוץ א"כ עקר הקושיא הוא על בתי בראי שאמר דליכא בכייה. וקשה לכל מה שפי' לעיל בפרקים הקודמים שאמר שבבתי גוואי דהיינו ג' ראשונות ליכא דינא דהיינו בכייה ועצבות. ורבי טודרוס הלוי בספר אוצר הכבוד כתב וז"ל אמר ר' שמואל וכו' יש ספרים שכתב בהן ובבתי בראי לא וטעות הוא שאי אפשר כן לפום שקלא וטריא דשמעתא ולפום מה דמייתי ראייה ממלאכי שלום דאלו אראלים חצונים הם דכתיב צעקו חוצה דהיינו בתי בראי. והנה אבאר לך סוד דבריהם מה שאמר גאותן של ישראל גאותן של מלכות שמים הכל אחד, שאין גאוותן של ישראל אלא הקב"ה שנאמר (דברים לג) ואשר חרב גאותיך. אלא שרבי שמואל בר נחמני ביאר בפי' שבחרבן הבית כביכול נתמעטה גאוותה של מלכות שמים כענין שאמרו שנתמעטו רגלי הכסא או שנתמעטו כנפי החיות ונתמעטה פמלייא של מעלה. והמקום שיש לו להקב"ה ששמו מסתרים הם בתי גוואי הם הכתרים הפנימים שעליהם נאמר (חבקוק ג ד) קרנים מידו לו ושם חביון עזו, ומלאכי שלום מקבלים משם באמת ובכו גם הם לחרבן ירושלים ובית המקדש של מטה דהא בהא תליא כמו שרמזנו בכמה מקומות. ובתי בראי עמודי התווך שעליהם העולם עומד ובהם נצחונו גאותו והודו של הקב"ה מתפשטין וצדיקו של עולם הוא יסוד והם שני צנתרות זהב שכן רמזנו להם ודי בזה. ויש אומרים בתי גוואי ה' ראשונות, ובתי בראי ה' אחרונות. והכל כוונה אחת. עכ"ל רבי טודרוס ז"ל הלוי. ודבריו תמוהים שהגיה הספרים ואמר שא"א כן לפום שקליא וטריא דשמעתתא ולפום מה דאייתי ראייה כו', ואין אנו יורדים לסוף דעתו כי אדרבה שקליא וטריא לא משמע הכי אלא כגרסת הספרים שהגיה וכמו שהכרחנו לעיל וכמו שפי' רש"י. ואין לנו לומר אלא שמא נסחא אחרת היה לו במאמר הזה. ועם כל זאת הענין הוא כמו שכתבתי הפך מה שפירש הרב. אלא ודאי בכייה תמידית הוא במסתרים בתי גוואי אלא דשאני חרבן בית המקדש דאפילו מלאכי שלום בבתי בראי בכו כי זה משמעות המאמר וזה עקר הגרסא ברוב ספרים הנמצאים אצלינו. ובשאר פירושו במאמר אין רצוננו להאריך מפני שכוונתינו לבארו על מתכונתו. עוד נמשך אחר הסברה הזאת רבי יוסף גיקטלייא בספר שערי צדק המכונה לו ברוב הספרים וזה לשונו בספירת בינה אמר שהבינה נקראת עלייה. ואמר אם זכה צדיק לעלות למדת העלייה מקרע כל גזר דין שבעולם, והטעם לפי שהנדבק במדת העלייה אין נזק ולא פגע רע ולא חסרון נדבק באותו מקום לפי שהוא המקום השלם בכל מיני שלימות ושם השמחה והששון תמידית וז"ש בכ"מ וקורין אותו בתי גוואי. ומה שאמרו בחגיגה ל"ק הא בבתי גוואי הא בבתי בראי, דע כי בתי גוואי נקרא מן הבינה ולמעלה שהוא סוד העלייה, בתי בראי התפארת והמלכות. ולפי שסביב התפארת ע' שרים שהם צרים את ישראל כשחוטאים, וסביב המלכות כל הכסאות של מלכיות נכריות והיא כשושנים בין החוחים כו', יש באותו המקום המהומה והצרות והחסרונות ומיני הנזק והיגונות. אבל מבינה ולמעלה אין שם כ"א ששון ושמחה אין שטן ואין פגע רע כי הכל הוא במילוי עכ"ל לענייננו. והאמת דרך בדרך רבי טודרוס ואין כן גרסת הגמרא וכפי זה אין המאמר מתיישב. ובזולת כל זה בזוהר נתבאר בפי' כדפי' רש"י ז"ל בגמרא. וז"ל בפ' נח (דף ס"א ע"ב) רבי אלעזר הוה אזיל לגבי דרבי יוסי ב"ר שמעון בן לקוניא חמוי, כיון דחמי ליה אתקין ליה טופסיסא דקומרא במטון דקולפא ויתיבו. אמר ליה חמוי אפשר דשמעת מאבוך האי דכתיב עשה ה' אשר זמם בצע אמרתו אשר צוה מימי קדם. אמר ליה הא אוקמוה חברייא בצע אמרתו דבזע פורפירא דיליה. אשר צוה מימי קדם, דהא פורפירא פקיד לה מאינון יומין קדמאי עלאי וביומא דאתחרב בי מקדשא בזע ליה בגין

דהאי פורפירא איהי יקרא דיליה ותיקונא דיליה ובזע ליה. א"ל עשה ה' אשר זמם. וכי מלכא חשיב קודם לאבאשא לבנוי עד לא ייתון למחטי. אמר ליה ר"א, למלכא דהוה ליה מאן יקר ובכל יומא הוה דחיל עליה דלא יתבר, והוה מסתכל ביה ותקין בעינוי. ליומין אתא בריה וארגיז ליה למלכא, נטיל מלכא ההוא מאן יקר ותבר ליה הה"ד עשה ה' אשר זמם. ת"ח מן יומא דאתבני בי מקדשא הוה הקב"ה מסתכל ביה וחביב עליה סגי והוה דחיל עלייהו דישראל דלא יחטון ויתחרב בי מקדשא. וכן בכל זמנא דהוה אתי לגבי בי מקדשא הוה לביש ההוא פורפירא. לבתר דגרמו חובין וארגיזו קמיה מלכא אתחריב בי מקדשא ובזע ההוא פורפירא היינו דכתיב עשה ה' אשר זמם בצע אמרתו. וגו' האי אמרתו בקדמיתא יתבא בראש אמיר, והא אתעטרו עטרה לרישא ואילן נאה לפניו ואיהי מימי קדם ודאי. וכדין עציבו קמיה בבתי בראי ודאי והן אראלם צעקו חוצה. ויקרא ה' אלקים צבאות ביום ההוא כו' עכ"ל. הנה הסכים שבחרבן ב"ה נתחדש בכיה ועציבו בבתי בראי, כנראה שהתמידות הוא בבתי גוואי כדפרש"י. ואין הדבר הזה צריך עוד הכרח. וקודם שנבא בביאור המאמר רצוננו לבאר הענין הזה ולהוציאה לאורה. והענין הוא כי עם היות שהדין ופעולתו הוא בגבורה, עם כל זה תלייתו הוא בבינה. ולפי הנשפע מלמעלה כן יפעלו מלמטה כי אין ביכולת' להוסיף ולא לגרוע. וז"ל הזוהר בפ' נח (ד"ע.) וירח ה' את ריח הניחוח, וכתיב אשה ריח ניחוח. אשה, הכי שמענא תננא ואשא מחוברין כחדא דהא לית תננא בלא אשא כמו דכתיב והר סיני עשן כלו מפני אשר ירד עליו ה' באש. ת"ח, אש נפק מלגאו ואיהי דק ואחיד במלה אחרא לבר דלאו איהו דק הכי. ואתאחדן דא בדא וכדין תננא סליק. מ"ט בגין דאתאחיד אשא במלה דרגיש וסימנך חוטמא דנפקא ביה תננא מגו אשא. וע"ד כתיב ישימו קטורה באפך, בגין דאהדר אשא לאתריה וחוטמא אתכניש בההוא ריחא לגו לגו עד דאתחיד כלא ותב באתריה ואתקריב כלא לגו מחשבה ואתעביד רעותא חדא וכדין ריח ניחוח דנח רוגזא ואתעבד נייחא. דהא תננא אתכניש ועייל וקמיט באשא ואשא אתאחדת בתננא ועייל תרווייהו לגו עד דנח רוגזא. וכד אתאחיד כלא דא בדא ונח רוגזא כדין הוא נייחא וקשירו חד ואתקרי נייחא. נייחא דכלא נייחא דרוחא, חדוותא דכלא כחדא, נהירו דבוצינין נהירו דאנפין, ובגין כך כתיב וירח ה' את ריח הניחוח כמאן דארח וכניש כלא לגו אתריה. אתא ר' ייסא ונשקיה וכו' עכ"ל. ומתוך המאמר הזה יוצא לנו אור גדול אל הדרוש הלזה ונבאר אותו בקיצור. אמר תננא ואשא מחוברין כחדא פי' אש הוא שפע הגבורה היוצא מן בינה ומשם יוצא הלהבת שלהבת הנאחזות בענין יותר גס קצת המתגלה שהם כמו העצים כמו שיתבאר. והעשן הן כוחות הגבורה המתפשטים לחוץ לפעול בגבורה. ולפי האמת האש והעשן מחוברין כחדא מפני שכמו שא"א לעשן לפעול בזולת אש שבהפרדו מן האש יתבטל כחו כענין (תהלים סח ג) כהנדוף עשן תנדוף. וכן האש אין פעולתו אלא ע"י העשן שהם שלוחי האש שלוחי הדין. ולכן הם מחוברים כחדא. וראייה מהמציאות עצמו דהא לית תננא בלא אשא כן א"א לכחות הדין לפעול אם לא יתעורר דין מלמעלה. והכריח הענין במה דכתיב והר סיני עשן כולו וכו', ופי' הכתוב והר סיני היה כלו מלא כוחות הדין בהגברת הגבורה, ונתן הטעם מפני אשר ירד עליו ה' באש פי' התורה נתנה ע"י הגבורה. ולכן הוכרח להיות כח הגבורה מתגבר. ת"ח אש נפיק מלגו ואיהו דק פי' האש יוצא מלפנים מתוך הבינה בשרש ומקור הגבורה שבתוך הבינה כדפי' והשפע הוא האש השלהבת והוא דק ביען שהוא קרוב אל המקור ואין האש ההוא פועל ואין העשן מתגבר על ידו עד שהוא נשפע אל הגבורה וזהו ואחיד במלה אחרא לבר דלאו איהו דק הכי, דהיינו הגבורה שהוא כח הדין בפועל. וכדין תננא סליק דהיינו כוחות הדין המתפשטין לחוץ. מ"ט פי' מה טעם לא נתפשטו ולא נתגברו בהיות הדין נשפע מן המקור אלא הוצרך להיות כחם ע"י הגבורה, ואמר בגין דאתאחיד וכו' פי' בהיות הדין בדקות הוא למעלה קרוב אל מקורו ואין לו פעולה, אבל אחר שנשפע אל מקום פעולתו אז פועל בכל כחותיו בגבורה. וסימנך חוטמא וכו', כל זה הוא לבאר פסוק וירח דפתח ביה ואמר כי הענין הוא כמו הנשימה החמה הבאה דרך החוטם. וכאשר האדם מריח בריח, הריח ההוא עולה למעלה אל המוח כי בו הוא חוש הריח ונמצא הנשימה ההיא חוזרת אל מקורה, ולא לבד אל מקורה אלא למעלה ממקורה שמקורה הוא הבינה ולמעלה ממקורה דהיינו המחשבה חכמה למתק הדין בנהירו דעתיקא המבואר בפרקים הקודמים. וזה שאמר חוטמא אתכניש בההוא ריחא דהיינו ע"י הריח חוזרת הנשימה והעשן לפנים וזה שאמר ותב לאתריה שהוא הבינה ואח"כ אתקריב כלא לגו מחשבה. ולא אמר ותב לגו מחשבה, מפני שאינו חוזר ממש אל החכמה אלא אל הבינה אבל מתקרב אל החכמה דהיינו הארת החכמה בבינה עד שתתבסס הדין אפי' בצד הגבורה כדפי' לעיל

(ע' ר"מ פינחס דף רכ"ד. ולקמן בשער ערכי הכנויים בע' עשן ובע' ריח ובע' קטורת). וכדין ריח ניחוח וכו' פי' ריח העושה נחת שע"י הריח דהיינו חזרת הדין אל מקורו וקריבתו אל החכמה ובזה נח רוגזא. כדין הוא נייחא וקשירו חד וכו' דהיינו שכלם יונקים מצד הרחמים והחסד כדפי'. וזה שאמר נייחא דכלא אפי' הגבורה עצמה מתלבשת ברחמים ואצ"ל החסד והתפארת. חדוותא דכלא כחדא. פירש לנו לומר שיש שני מינין דין. האחד הוא רוגז ודין, השני הוא יין הבינה המשמח ולא משכר כראשון. ועתה בחזרת הדין אל מקורו ומתבסם, אז הדין ההוא נעשה שמחה ונשפע אפי' בחס"ד ות"ת וזה שאמר חדוותא דכלא שהוא בבחינת הדין המשמח. נמצא נייחא דכלא, דהיינו אפי' הגבורה מתלבשת ברחמים. חדוותא דכלא, כי אפי' החסד מתלבשת בדין המשמח. נהירין דבוסינין נהירו דאנפין כענין (תהלים קד) להצהיל פנים משמן וכו'. והנה מתוך המאמר הזה נראה בפי' כי עיקר הדין מלמעלה ואין למטה אלא מה שנשפע מלמעלה, כמשל העצים שאם לא הי' השלהבת לא היה העשן המוריד דמעות שהוא מהעינים שהם המתלהטים בדין. וכן נתבאר שאין השלהבת מעלה עשן אם לא ע"י העצים נמצא לפי"ז כי עקר העציבות והדין הוא בבתי גוואי שהוא הבינה, דבבתי בראי שהם שאר המדות ליכא עציבו שאין ביד הגבורה להוסיף הדין לפעול אם לא כפי המדה הנשפעת לה מלמעלה מן הבינה. ולפי האמת אין דין למעלה בבינה אחר שאין השלהבת פועלת כלל אם לא באחיזתה בעצי הגבורה כדפירש. ונתבאר הענין הזה עוד שם (ע"ב) וז"ל אמר רבי חזקיה לא אוסיף לקלל עוד את האדמה בעבור האדם, מאי היא. אמר רבי ייסא הא שמענא מר"ש דאמר כל זמנא דאשא דלעילא אוסיף לאתקפא, תננא דאיהו דינא דלתתא אתקיף רוגזא ושיצי כלא. בגין דכד נפיק אשא לית ליה פסק עד דישתלים דינא. וכד דינא דלעילא לא אוסיף לאתתקפא, דינא דלתתא עביד דינא ופסיק ולא ישתלים דינא לשיצאה עכ"ל. והנה אמר כי כאשר לא יוסיף שפעו מלמעלה מהבינה, הנה הגבורה התחתונה וכוחותיה פוסקים שאין מציאות לעשן אלא מכח האש וכאשר מוסיפין מלמעלה הדין הזה. ונמצא לפי זה הדין הפך הרחמים, כי מדרך הרחמים והשפע הטוב להתרבות כמו שנבאר בשער המציאות בפרק ראשון, מה שאין כן בדין שאם לא יושפע מלמעלה לא יופעל ולא יתרבה מלמטה. וזהו דבבתי בראי ליכא עציבו שרצונו לומר שאין בו דין הוא מאחר שאין בהם כח להוסיף ולהרבותו אלא כפי הניתן מלמעלה. ועם הדבר הזה יובן מה שארז"ל (יומא דף ע"ו) מדה טובה מרובה ממדת הפורעניות, כי מדה טובה מתרבה והולכת ומדת פורעניות מתמעטת. וזהו מגדולתו של יוצרינו וחפצו ברחמים וקיום העולם. ואחר שישבנו בענין המאמר ראוי שנבא בביאורו כראוי. וקודם שנבא בביאור לשונו נדקדק בו קצת דקדוקים. א' אמרו מאי במסתרים אמר רב שמואל מקום יש לו להקדוש ברוך הוא ששם בוכה ומסתרים שמו. ולמה פי' שמסתרים הוא שמו, שמורה בזה שאינו במקום נסתר ממש אלא שנקרא מסתרים. יותר ראוי היה לו לבאר מקום יש לו להקדוש ברוך הוא ששם בוכה והוא במקום נסתר ולכן אמר במסתרים והיינו ממש בתי גוואי דמפרש עלה בגמרא. ב' מאי קשיא ליה בקרא דמהדר לפרושי, דקרא כפשוטו מודרש דבמסתרים ממש בתי גוואי יבכה אם לא ישמעו, וא"כ מאי קא מבעיא ליה דאמר מאי במסתרים דמהדר לפרשו. ג' מאי דקשיא ליה מדאמר רב פפא והרי קראי נינהו ואמאי לא רמי קראי אהדדי דאמר במסתרים תבכה דמשמע דאיכא בכיה וקרא אחרא אמר עוז וחדוה במקומו וקשה קראי אהדדי. ד' מאי אתא ר"פ לאשמעינן דפשטיה דקרא איהו דכתיב עוז וחדוה במקומו. ה' אמרו ובבתי בראי ליכא מאי האי, דעד השתא הוה בעי לומר דליכא עציבו כלל ועיקר, והשתא דשני ליה הא בבתי גוואי דתמן איכא ובבתי בראי ליכא פריך דאפי' בבתי בראי איכא, אתמהא. ו' אמרו שאני חורבן ב"ה דאפילו מלאכי שלום וכו' מאי אפילו דמשמע לא מבעיא קב"ה אלא אפילו מלאכי שלום איפכא מבעי ליה אפילו קב"ה בכי דהיינו חידושא. ועתה נבא בביאור המאמר בענין שיתוקן הכל. מאי במסתרים מפני שמשמעות הפסוק משמע שהבכיה והדין במסתרים. ומסתרים נקראו שלש ראשונות שכן פי' רשב"י ע"ה (בתקונא י' דף כ"ד.) בפסוק הנסתרות ליהו"ה אלקנו, שנסתרות הם אותיות י"ה דהיינו שלש ראשונות י"ה, והנגלות דהיינו ו"ה שהם תפארת ומלכות עם כללות שאר האצילות. וא"כ איך אמר במסתרים תבכה נפשי מורה שהדין נשפע מן ג' ראשונות. וזה דוחק גדול שנאמר שיושפע הדין אפילו ע"י הכתר, מפני שלפי האמת אין שם דין כלל כמבואר לעיל בפרקים הקודמים. ולכן שינה משמעות הכתוב ואמר מקום יש לו להקדוש ברוך הוא ששם בוכה ומסתרים שמו. פי' מקום אחד לבד הוא, פי' ספירה אחת לא שלש כדמשמע פשטיה דקרא. וענין מסתרים לא מפני שהבכיה בכל הג' מסתרים אלא מסתרים שמו

היינו שבו נכללים שתים אחרים והיינו בינה ובה נכללת כתר וחכמה לכך נקרא מסתרים ובה היא הבכיה כדפי' ולא מפני שתהיה בכיה בכל המסתרים ח"ו. ופי' מקום יש לו וכו' ר"ל מקום יש לו להת"ת שהוא המכונה כאן הקב"ה שמאותו המקום נשפע אליו הדין והיינו שבוכה בו ומסתרים שמו כדפי'. מפני גאותן של ישראל הכוונה מפני השפע והאור שהיה נשפע לישראל על ידי השכינה, ועתה בעונות נטלה מהם וניתנה לאומות העולם. והענין הזה כענין שמוני נוטרה את הכרמים כרמי שלי לא נטרתי (ע' זהר תזריע דף מ"ה ע"ב). כי בהיותנו בגלות בין האומות והשכינה עמנו ובינינו ודאי לשמרנו הנה תשפיע לנו רב טוב בארצות הטמאות, והנה נמצא שזה השפע נשפע אליהם ואנו אוכלים מתמציתו. ומציאות הענין הזה, כי המשל במצרים כשגלו ישראל ביניהם הנה מזון ישראל היה ניתן לשרו של מצרים כדי שיהיו ישראל ניזונים, כענין האב שזן את בנו על ידי שליש והנה בהכרח מזון בן המלך ניתן אל השליש ההוא, וכן בהיותנו גולים תחת אדונים קשים הנה השכינה אמנו תשפיע אלינו שפעה על ידי השר ההוא, נמצא השר זן ומפרנס בני ביתו במזונותינו ואנו אוכלין מתמציתן ומותרם, והיינו (שאז"ל ע"ז ד"ח) ישראל שבחוצה לארץ עובדי עבודה זרה בטהרה הם. כי תפלתם להשפיע אל השכינה והשכינה תשפיע עליהם. והנה השכינה כשמשפעת אינה משפעת להם אלא על ידי השר אשר הם תחת ממשלתו נמצאים ח"ו מכניסים צלם בהיכל בטהרה גמורה. וזהו תלונת דוד באמרו כי גרשוני היום מהסתפח בנחלת ה' לאמר לך עבוד אלקים אחרים כדפרשו (חז"ל כתובות קי). ולכן ארז"ל (חגיגה י"ג ע"ב) שבכל מקום שגלו ישראל אותה האומה נתעלה. מפני שהיא היושבת ראשונה במלכות. וענין שאמרו ז"ל שאנו אוכלים מתמציתן ממש הוא נראה לעין, כי הברכה שורה במזונות במטר הארץ וסדר השנים הנמשכות לברכה והנה ישראל קונים מהן פרנסתן בכסף מלא נמצא עקר הברכה להם לבדם ואין לישראל היות פרנסתן בשופי וזה נראה לעיני בשר כל שכן לעין השכל וזהו הנרצה בלשון גאותן של ישראל שנטלה מהם ונתנת לאומות העולם ממש כדפי'. ורבי שמואל בר נחמני שאמר מפני גאותה של מלכות שמים העמיק יותר ואמר שלא זה בלבד אלא גם מלמעלה מהאם המפרנסת שהיא נקראת מלכות שמים בהיותה מתייחדת ומתרפקת על דודה שפירושו מלכות המתייחדת בשמים דהיינו תפארת. ואמר שגם ממנה נסתלק השפע, שמפני רשעתן של הבנים מסלקים מזון האם והיא נטרדת מהיכל מלך ח"ו. ומי איכא בכייה קמיה והא אמר וכו'. לא רמי קראי אהדדי משום דלא קשיין, שנפרש עוז וחדוה במקומו שפירושו ברוב הפעמים או לעולם יש חדוה אבל כאשר יקרא איזה סבה אז אפשר שתהיה בכיה ודין. ולפיכך קראי לא קשיין. ועקר פרכא הוא במה שפירש רב פפא אין עציבות לפני הקב"ה שנראה שכוונתו לשלול הדין מכל וכל. לכן קשה למאי דקאמר מקום יש לו להקב"ה וכו'. והנה המקשה הזה בין יהיה סתמא דתלמודא או זולתו לא חילק בין לפני או מלפני, שלפני הוא במלכות. אלא סלקא דעתין דכלא חד, והקשה מדברי רב פפא דאמר אין עצבות לפני. ופי' לפני לפום מאי דסלקא דעתין השתא הוא בבינה. ולפני פי' קודם, ר"ל קודם להקב"ה דהיינו קודם לת"ת שהוא הבינה. או נאמר דהקשה דמאחר דלפני היינו שכינה א"כ יציבא בארעא וגיורא בשמי שמייא וכן אם במלכות אין דין ועצבות כ"ש בבינה שהוא למעלה שאין ראוי שיהיה ח"ו דין כלל, וזה עקר אצלינו. ותרץ לו דאדרבא בבתי גואי איכא ובבתי בראי ליכא, כפי מה שפי' לעיל שהכונה שעקר הדין הוא מהבינה כי במלכות לא יתוסף בו אלא כפי שיעור הנשפע כן יפעל ואדרבה כל עוד שיושפע דרך המדרגות יתמעט, זהו לפי הפירוש השני. ולפי הפירוש הראשון השיב לו, שענין לפני פירוש בבתי בראי דהיינו במלכות אבל בבתי גואי איכא וכמו שפי'. והקשה ובבתי בראי ליכא וכו'. פי' בשלמא לדידי לא קשייא דאנא אמינא איפכא דבבתי בראי איכא והיינו ויקרא וכו' ובבתי גוואי ליכא והיינו אין עצבות ולא הוה קשה לי אלא הדא דאם לא תשמעוה כו' כדמקשינן מעיקרא. אלא לדידך דאמרת איפכא דבבתי גוואי איכא עציבו ורוגזא ודינא והיינו במסתרים תבכה וכו', ובבתי בראי ליכא והיינו אין עציבות. קשה והא כתיב ויקרא ה' צבאות ביום ההוא לבכי ולמספד, וקריאה השמעה לחוץ משמע. ועוד כתיב ויקרא ה' צבאות והיינו קריאת השפעה, ור"ל שהשפיע ת"ת דהיינו ה', ונצח והוד דהיינו צבאות, וכן יסוד דאות הוא בצבא שלו, השפיעו ביום ההוא שהיא המלכות. כדפי' בזוהר (שלח דף קע"א) בפסוק והיה ביום ההוא יצאו מים חיים שנעתיקהו בשער המציאות פ"ג והנה מוכח שנשפע ונתוסף הדין בבתי בראי וקשה לדידך. ותירץ שאני חרבן בית המקדש שאז היה מתרבה מטעם שנסתלק מדת הרחמים. והענין הוא כי בעוד שמדת הדין משפעת ומדת הרחמים ג"כ משפיע כל עוד שיושפע הדין דרך המדרגות

יתמעט ויתמתק על ידי ההמזגות הידועות במכריעים. אבל כאשר ח"ו הדין הווה והרחמים מסתלקין אז הדין מתרבה ומה גם כאשר מדת הרחמים יתהפך אל הדין שאז הדין נוסף ומתרבה כל עוד שיושפע. וז"ש שאני חרבן בית המקדש שאפי' מלאכי שלום בכו, אפילו בחינת הרחמים ומדרגות החסד וכל שכן מה"ד ואין צריך לומר זה. אלא אפי' שלוחי מדה"ר שהם מתפשטים לחוץ אפי' בהם נתרבה הדין, וזהו אפילו מלאכי שלום בכו שנאמר וכו'. והנה בזה נכלל ביאור המאמר הזה ונתישב על מתכונתו ונתקן ענין הדין. ומה שהיה נראה אויבינו נעשה איש שלומינו ונכלל הפירוש: (ע' זהר ויקרא דט"ו ע"ב במש"כ וכדין אתקרי ויתעצב ויתעצב בבתי בראי כו' וי"ל):

פרק שלושה עשר:

אחר שהפלגנו לדבר כפי ערכנו בענין הדין בג' ראשונות, רצוננו בפרק זה לדבר בענין שנתבאר בהם בתפילת רבי נחוניא בן הקנה ע"ה ולא נעתיק לשונו כדי שלא להאריך אלא דברים בקיצור. שאמר ששלש ראשונות אלו הם חשובות כאחד. ואמר שהם דעת כתר, והיודע חכמה, והידוע בינה. ובאור הענין הזה כי אין ידיעת הבורא כידיעת שאר הנמצאים. כי ידיעת שאר הנמצאים אינם הם וידיעתם אחת אלא יודעים הדברים בידיעה שחוץ מהם. המשל בזה האדם היודע צורה מן הצורות או איזה דבר שיצטייר בדעתו הנה על כל פנים יהיה ג' דברים. האחד הדעת אשר היה משולל מאותה צורה קודם ידיעתו אותה. והב' הדעת אשר בה יכיר וידע הצורה ההיא. והג' הצורה הידועה המצויירת בדעתו. והם ג', הדעת והיודע והידוע. ויש שכינו אותם בלשון שכל משכיל מושכל. ואין ידיעת הב"ה כן אלא הוא הדעת והיודע והידוע. והענין, כי אין ידיעתו בעניינים מצד השגחתו בהם אחר הפרדם ממנו. אלא בהשכלה ובידיעת עצמותו ידע וישגיח כל ענייני העולם, כי הדברים שבמציאות הם נמצאים ומיוחדים אליו בעצמותו. כי הוא דפוס כל הנמצאים כלם והם בו במציאות דק ונבחר שבעולם עד שאין לכל הנמצאים שלימות אם לא שלימותם במציאות הנבחר ההוא המתיחד בממציאם וכפי רדתם מאת פניו כן ירדו משלימותם וממעלתם. והנה כל הנמצאים מצטיירים בספירות והספירות במאצילם. נמצאו כל הנמצאים וכל הספירות נכללות בכתר חכמה בינה. שכן הם נכללות קודם התפשטותם. והיינו ג' גנוזות שהם ראשי ראשים שבאר רב האי גאון ז"ל, שנבאר בשעת הצחצחות.

והנה ג' ראשונות מתיחדות שם תכלית היחוד עד שאפי' אחר אצילותם הפליגו ביחודם לומר ג"ר חשובות כאחת כמו שנבאר. א"כ נמצאו היות שלשתן הדעת והיודע והידוע. והענין, כי הכתר שהוא הנאצל הראשון הוא נעלם ועדין הנמצאות נעלמות עד שלא ישפוט בהם יודע דהיינו מציאות עלוי הנמצאות. אלא דעת, שהוא כמו צורה פשוטה מבלי מציאות מתגלה כלל. ובחכמה הוא היודע כבר מפני שבה הוא הגולם שממנו מצטיירים הנמצאות כלם. והנמצאות כלם בכלל היא הבינה שהיא הכוללת כל הבנין והיינו הידוע. וטעם היותם נקראים הנמצאים בלשון ידיעה מפני שמציאות הנמצאות כלם הוא הדעת הנעלם שהוא ו' קצוות הנק' סדר זמנים. ונחזור אל הענין, כי מפני טעם זה אמר הקדוש כי ג' הראשונות הם הדעת היודע והידוע כדפי' רבים להורות על יחודם. ואל הענין הזה אמרו שג' ספירות אלה הם נשמה רוח נפש. ואין הכונה שיהיו מקור שלשה אלה דהא קיימא לן שהנשמה מקורה מבינה ורוח מת"ת והנפש ממלכות כאשר נבאר בשער הנשמה. אלא הכונה כי כמו שהנשמה והרוח והנפש הם ג' מדרגות זו למעלה מזו והם ביחוד אחד, כן ג' ספי' האלה הם יחוד א' אעפ"י שהם ג' מדרגות עלולות זו מזו. ועתה ראוי שנדקדק מה הכוונה באמרנו ג' ראשונות חשובות כאחד שמורה על היות האחדות הזה בספירות הג' האלה יותר משאר הספירות וזה דבר זר תכלית הזרות. כי ידוע הוא כי ראוי שתהיה אמונתנו ביחוד בכל הספירות ועם היות שהם עשר הם אחדות מיוחד. וזה אחד מן העקרים בחכמה הזאת שלא יהיה בדעתינו היות האצילות נחלק לחלקים ח"ו. ואחר שעיקר הזה היא יתד תקועה בלב המאמינים הנאמנים באמונה. א"כ איך יצדקו דברינו שהג"ר חשובות כאחת, שהרי כל העשר ג"כ חשובות כאחד. ויותר יכבד עלינו הענין הזה בראותינו הפך כל זה בדברי הרשב"י ע"ה בתיקונים (בהקדמה ד"א ע"ב) וז"ל כצפור נודדת מקנה כן איש נודד ממקומו, ולית צפור אלא שכינתא דאיהי אתתרכא מאתרהא, הה"ד שלח תשלח את האם וגו' את לרבות שכינתא תתאה האם שכינתא עלאה, הה"ד ובפשעכם שולחה אמכם דתרווייהו אתתרכו מאתריהון, ובג"ד שלח תשלח תרין שלוחין חד מבית ראשון ותניינא מבית שני עכ"ל לענייננו. ועם היות שהלשון צריך ביאור רחב לא נאריך הנה שכבר הוא מבואר ביאור רחב וארוך אצלינו. ועם כל זה מתוכו למדנו שכשם ששכינתא תתאה יחידה וגלמודה מגורשת ממקומה ואינה מתיחדת עם

בעלה, כן שכינה עילאה בינה בענין זה היא גם כן מגורשת. ואיך יוכל האדם להתאפק נגד הדבר הזה שהיא הפך העיקר שאמרנו למעלה והפך דברי הקדוש רבי נחוניא. ועוד מאמר אחר בתיקונים בזולת זה. וז"ל (בתקוני ז"ח דקי"ז) אם תשכבון בין שפתים. זכאה איהו מאן דשכיב אימא עילאה בין שפוון דיליה ובגינה אתמר אם תשכבון כו' אל תקרי אם אלא אם. ותרין אינון אם עלאה אם תתאה שכינתא עלאה שכינתא תתאה, דעלה אתמר שלח תשלח תרין שלוחין לקבלייהו. עלייהו אתמר ותלכן שתיהן. זכאה איהו מאן דשכיב לון בשפוון דיליה בצלותא באורייתא וכו' עכ"ל. ועוד מתבאר הענין הזה בתקונים בזולת מקומות אלו, ולא נעתיקם שלא להקיף בהלכות. והנה התר ספקות האלה וישובם צריך שנקדים כי יחוד הספירות הוא באחד מג' פנים. הא' במה שהם מיוחדות מצד מה שהשגיח בהם הקב"ה בתחילת אצילותם וקבע להם שפעו והאיר בהם אורו אשר במזון ושפע הזה הם מתיחדות יחוד אמתי וחזק ואמיץ עד שאם ח"ו יעלה בדעת המנע השפע ההוא היה העולם כלה ואבד והרוחניות חוזר אל מקורם כקודם אצילותם. וזו היא כוונת ק"ש לפי הכונה הנכונה. שאין הכונה ביחוד ק"ש להשפיע בנאצלים שפע רב יותר משפעם אשר בו עולם כמנהגו נוהג ובו תלוי קיום הדברים וקשר היסודות. אלא הכונה ע"י שנייחד הספירות כלם אחד אל אחד וכלם במאציל ונמליכהו בכל הנמצאים גדולים וקטנים להורות על שהוא סבת קיומם ושזהו אמונתנו השלימה. לא להוסיף ולהעדיף על המתנהג. אלא להורות על היחוד המוכרח לקיימו להעמידו ולהציבו כדי שיהיו הנבראים שלמים בכחם בבריאתם כקודם חטא אדם הראשון שהיתה הבריאה חזקה בכח וחיל השפע הנשפע אלא שנתדלדלה הארץ ונתמעטו יופי הדברים בחטאו כנודע. היחוד השני והוא להשפיע שפע רב דרך הצינורות ביותר על ענין הבריאה והוא כפי צורך הזמן. יש פעם שיהיה צורך הזמן אל המחילה וסליחה וכפרה ואז נמשיך השפע מהלובן העליון הכתר המלבן עוונותיהם של ישראל ע"י הבינה. כי היא עיקר התשובה על הסליחה ועל ידה ביחוד האב שהוא חכמה ישפיע השפע ההוא אל המלכות ויתיחדו הבינה והמלכות. ועל ידי ששה אמצעים דהיינו אחת אחת ואחת כו' ואז הוא יום כיפורים ונסלח לכל עדת בני ישראל וזו עיקר עבודת יום הכפורים כדמוכח דברי הרשב"י בזוהר. ויש פעם שיצטרכו חכמה כדי להתחכם בתורה ואז ישפיע שפע החכמה דרך החסד והיינו הרוצה להחכים ידרים ומשם אל הת"ת שהוא התורה ומשם אל המלכות דהיינו חכמה תתאה. ויש פעם שיצטרך עושר ואז ישפיע שפע הבינה אל הגבורה והיינו הרוצה להעשיר יצפין ומשם אל המלכות. ויש פעם שיצטרכו גבורה וכח להנקם מהאויבים ואז ישפיע הבינה הדין אל הגבורה ומהגבורה אל ההוד ומשם אל החרב הנוקמת נקם ברית בסיוע הנצח ואז יגבירו על האויבים וינצחום. וכעניינים האלה הרבה אשר יתבונן המשכיל בהיותו עוסק בדברי הרשב"י ולא נאריך בעניינים האלה אחר שאינם מהמתייחס. והנה זה הענין יובן יותר בהיות המעיין עוסק בשער ערכי הכינויים. והאמת כל העניינים והממשכות האלה יקראו שפע ורב טוב מיותר על הקצבה שקצב בבריאת העולם לעמידת הבריאות. ויש עוד יחוד השלישי שהוא פרטי בד' ספירות שהם חכמ"ה ובינ"ה ת"ת ומלכו"ת שהוא ענין הזווג אשר לא ימצא אלא בספירות האלה. והענין הזה הוא כעין זווג איש ואשתו דבר שאין אדם יוכל לעמוד בו אם לא שנעריך היחוד השני אל המזון שאדם נותן לאשתו בשופע עם שיהיה פעמים ע"י השליש. והיחוד הג' כענין זווג ממש שמזדווג עמה להוציא כלי למעשהו (ע' בעסיס רמונים) והוא ענין משובח עד שאין הפה יכול [לדבר אלא] לשכך האזן בעניינים כאלה ונרחיב בזה הביאור בשער זה בפרק מיוחד. ועתה אחר שהקדמנו ענין ג' יחודים אלה נבא לבאר ענין התר הספק אשר התעוררנו. ונאמר כי היחוד הראשון הוא בשוה אל כל הספירות ולא ידין האמונה ביניהם חילוק ופרוד ח"ו לענין היחוד ההוא, אלא לעולם ההשגחה שוה בהם מן הקצה אל הקצה מהראשונה עד האחרונה. אבל לענין היחוד השני יחסר פעמים הרבה בז' ספי' הבנין וימצא בזו פעמים מה שלא ימצא בזו מפני שהוא תוספת שפע והכל לפי הצורך. פעמים העולם צריך יותר דין מהרחמים כמו בעת מלחמה, ופעמים העולם צריך ביותר אל תגבורת החסד ממדה אחרת ונמצא השפע מתרבה בה יותר משאר הספירות, וכן לכל הספירות לפי הצורך. ולא יהיה פירוד הזה אם לא בז' ספירות הבנין אבל בג' ראשונות לעולם חשובות כספירה אחת לענין זה. כי אם יסתלק השפע הזה לעולם לא יסתלק אלא מהבנין, אבל מבינה ולמעלה לעולם יעמוד בזיו ואור מיוחד. ולכן נמצא כי לרוב הדברים העליונים אלה השלשה אין ביניהם חלוק אלא מה שיש בזו יש בזו ומה שיש בזו יש בזו. וכן הכתר יש בו בחי' החכמה מצד החכמה, ובחינת בינה מצד הבינה, והבינה בחינת הכתר מצד הכתר, ובחינת חכמה מצד

חכמה. והחכמה בחינת הכתר מצד הכתר, ובחינת בינה מצד הבינה. כמו שנבאר בשער המכריעין מה שלא נמצא כן לכל שאר הספירות כלם. והיינו אש"ר רא"ש שא"ר שהם כנויים אל ג' ראשונות כמו שנבאר בשער הכינויין (ע' בפלח הרמון פ"י). והיחוד הג' שהוא יחוד הזיווג, היחוד הזה תחסר בעוונות גם בבינה מפני שיחודה תלוי ביחוד התפארת והמלכות וכל עוד שאין יחוד בן ובת למטה אין יחוד אב ואם למעלה. וכן ביאר הרשב"י בתיקונים (תקונא ס"ט דף ק"ג) וז"ל א"ל והא אתוון דיהו"ה דאינון קרבן עולה ויורד מאן סליק בקדמיתא או מאן נחית. ו' נחית בקדמיתא לגבי ה' ולבתר סליק יו"ד לגבי ה' עלאה דהכי אוקמוה מ"מ לא אבא בירושלים של מעלה וכו', לא ייעול יו"ד בה' עילאה דאיהי ירושל' דלעילא עד דיעול ו' בה' דאיהו ירושלם דלתתא עכ"ל. והדבר הזה שאלו ר' שמעון לסבא שהיה עוסק לפניהם בפסוק אני ישנה ולבי ער ופי' שם הסבא עניין ההוא באותיות השם וז"ל בזמן דייתי פורקנא דפיקו סליק ונחית כגוונא דקרבן עולה ויורד, סליק ה"א עלאה לגבי יו"ד ונחית ה' תתאה לגבי ו"ו מה דהוה יהה"ו אתחזר יהו"ה אבא עם אימא ברא עם ברתא עכ"ל. ואמר שקרבן עולה ויורד הוא עליית הבינה אל החכמה וירידת המלכות אל התפארת כדי לייחדם יחוד שלם וזהו קרבן לה' שפירושו יחוד אותיות שם בן ד' וקירובם כמו שבאר הרשב"י (שם ע"ב) והנה להיות שפעמים ברתא עם אבא כענין (משלי ג יט) ה' בחכמה יסד ארץ, וברא עם אימא כענין כונן שמים בתבונה. ואז בהיות הענין הזה אותיות השם סדרם כך יהה"ו. וההה"א ראשונה מלכות והשנייה בינה מפני שאי אפשר לומר שיהיה הה"א ראשונה בינה והשנייה מלכות מפני שימצא נכנס בירושלים העליונה קודם כניסתו בירושלים התחתונה וזהו הפך מן הראוי. לכן הוכרח היות ה' ראשונה שבשם יהה"ו במלכות והיינו ברתא עם אבא וה' שנייה בבינה אמא עם ו' שהוא ברא. ואחרי היות הענין הזה כך בהיות קרבן עולה ויורד פי' עליית הבינה אל אבא וירידת המלכות לגבי ברא נמצא השם אז מתתקן ככתבו ביושר שם יהו"ה, ועל זה פירש שם שנאמר על כן יעזוב איש את אביו ואת אמו ודבק באשתו דהיינו ת"ת שנתפרש מה' ראשונה ונתייחד בה' אחרונה והם אבא עם אמא ברא עם ברתא. ולהיות הענין הזה כן שאל רבי שמעון לההוא סבא ואמר כי מה היה ראשונה אם עליית הבינה להתיחד עם החכמה או ירידת המלכות עם התפארת וזהו שאמר מאן סליק בקדמיתא או מאן נחית. ותירץ ההוא סבא ואמר כי בהכרח ירידת הת"ת ממקום ריחוקו אל המלכות הגולה בגלות, ואח"כ עולה יו"ד שהוא אבא להתיחד עם הבינה. ואמרו ו' נחית בקדמיתא, והיה מן הראוי שיאמר ה' נחיתת בקדמיתא שזהו יהה"ו כדפי', וכן ה' עלאה סליקת לגבי יוד, ולא אמר הכי אלא ו' נחית כו' מפני שהוא ביאור שם הוי"ה שהוא ברא לגבי אימא ואבא לגבי ברתא, והוא גם כן עולה ויורד כי כדי ליחדם צריך שירד ו' לגבי ה"א שהוא תפארת לגבי מלכות ויעלה יו"ד לגבי ה"א שהוא חכמה העולה לגבי בינה. ואמר שראשונה יתיחדו ו' שהוא תפארת לגבי מלכות שהיא ה"א קודם שיתיחדו יו"ד שהוא אבא עם ה' שהיא אימא. ונתן טעם לדבר ולא אבא בעיר ודרשו (תענית ה') לא אכנס בירושלים של מעלה עד שאכנס בירושלים של מטה, וירושלים העליונה הוא בינה ולא יכנס ולא יתיחד עמה החכמה עד שיכנס ויתיחד התפארת עם המלכות שהיא ירושלם של מטה. והנה גילה לנו בזה שלא יתיחדו חכמה ובינה בסוד זווג זכר ונקבה עד שיזדווגו תפארת ומלכות חתן וכלתו. עד שמפני זה אמרו כי צריך שקודם יתיחדו ו' עם ה' ואח"כ יו"ד עם ה'. והנה בערך בחינה זו היא ענין הגירושין ששתי האמהות נתגרשו והכתוב שלח תשלח, ותלכנה שתיהן. ועוד באר ענין זה רשב"י ע"ה עצמו בתיקונים (תקונא נ' דף פ"ד) וז"ל וצריך לאחזרא יו"ד לגבי ה"א דאיהי מקום דלעילא ולאחזרא ו' לגבי ה"א דאיהי מקום דלתתא בגין דקב"ה אומי דלא יחזיר לה' דלעילא עד שיחזיר לה' דלתתא, ורזא דמלה ולא אבא בעיר וגו', והא אוקמוה עכ"ל. ולכונתינו מבואר. והנה נשלם הפרק הזה:

פרק ארבע עשר:

אחר שהצבנו הענין הזה בשני עמודים חזקים דברי האלקיי הרשב"י, ראינו לתקן קצת מאמרים הנראים לכאורה מנגדים לענין זה. ראשונה בזהר פ' ויקרא (דף ד') וז"ל רבי שמעון אמר כלא שפיר, אבל רזא דמלה אכלו רעים לעילא שתו ושכרו דודים לתתא. אמר ליה רבי אלעזר מאן אינון לעילא ומאן אינון לתתא. אמר ליה יאות שאלתא, דא אתר עילאה דאינון בחדוותא באחדותא דלא מתפרשין לעלמין אלין אקרון רעים הה"ד ונהר יוצא מעדן. ועדן וההוא נהר לא מתפרשין לעלמין ואשתכחו לעלמין ברעותא באחדותא בחדוותא. שתו ושכרו דודים אלין אינון דלתתא דאקרון דודים לזמנין ידיעאן, והא אוקימנא. ת"ח, באינון עלאי כתיב בהו אכילה בלא שתיה, מ"ט. מאן דאית לה גרבי דחמרא אכילה בעיא, ובגין דתמן שריא חמרא

דמנטרא כתיב בהו אכילה, ובאינון תתאי דבעיין שקיו כתיב בהו שתיה, דהא כל נטיעאן שקיו בעיין מנחלא דעמיקא. ועל דא באלין אכילה ובאלין שתיה אלין רעים ואלין דודים. אמר ליה רבי אלעזר, אתחזי דהא דודים חביבותא אינון, מ"ט אינון תתאי. אמר ליה, אינון דתאיבן דא לדא ולא משתכחי תדיר אקרי דודים, ואינון דמשתכחי תדיר ולא מתכסיין ולא מתפרשין דא מן דא אקרון רעים. ועל דא אלין רעים ואלין דודים. ואלין ברעותא באחדותא בחדוותא תדיר ואלין בתאובתא לזמנין. ודא הוא שלימותא דכלא, בגין דתתברכא כנסת ישראל וכדין חדוותא בכלהו עלמין עכ"ל. ולכאורה נראה כי החכמה והבינה הם רעים לעילא ולא מתפרשן לעלמין. והדודים לתתא שהם תפארת ומלכות יש להם חיבור ויחוד לפרקים. ודבר זה מנגד אל ענין היחוד הג' שהכרחנו מתוך דברי הרשב"י בפרק הקודם. ואין לדחות ולומר שענין היחוד הנזכר במאמר זה הוא יחוד השני שהוא בערך השפע המתרבה ושהג"ר חשובות כא' כדפי' בפ' הקודם. שא"כ מאי אריא דודים שהם תפארת ומלכות דקאמר דתאבין דא לדא ויחודם לפרקים, להוי נמי דודים כל ז' ספי' הבנין ואמאי דווקא הקב"ה ושכינתיה. אלא ודאי זה נראה מנגד אל הענין שפי' למעלה. וקודם שנכנס בביאור המאמר הזה נציע הצעה אחת ובה יתוקן הכל. כי עם היות שבפרק הקודם אמרנו כי ענין הזווג הוא בחכמה עם הבינה ובת"ת עם המלכות, עם כל זה אין זווג החכמה עם הבינה כזווג הת"ת עם המלכות ויש ביניהם חילוק גדול. כי זווג התפארת והמלכות היא לפרקים, ר"ל שעות ידועות כענין שעת העמידה בשים שלום כמבואר בדברי הרשב"י וכמו שיתבאר בספר בפני עצמו אם יגזור ה' בחיים. והנה הזיווג ההוא לא תעמוד כל היום וכל הזמן אלא שעה ידועה בזמן קצוב ואחר הזמן ההוא ישוב כל א' למקומו והמלכות תבא אל מקומה לנהל התחתונים ולרעות עדרי צאנה כי רועה הוא. עם היות שתהיה ברוב שלום וברוב שפע לא יהיה השפע הטוב ההוא סבת הזווג כי לא כל היום יחרוש החורש לזרוע אלא ישפיע לה שפע ומזון לה ונערותיה ויתענגו בעונג גדול. אבל זרע אדם שהוא הנשמות לא יהיה כי אם בזמנים מחולפים וימים ידועים ושעות מזומנות. זהו ענין זוג התפארת והמלכות. אבל זווג החכמה והבינה הוא עומד לעד לעולם לא ישתנה אחים ולא יתפרדו. ומה שאנו אומרים שלעולם לא ישתנה ולא יתפרד זווגם, אין הכונה שלא יתפרד לעולם. אלא הכונה שאין זווגם כמו זיווג התפארת והמלכות שאפילו בשעת שלום הם מתפרדים ומתיחדים מזמן לזמן ואחר התיחדם יתפרדו עד בא זמן חליפתו. והחכמה והבינה לא כן אלא לעולם הם אחים ולא יתפרדו כי אם בזמן החרבן שאין שם יחוד בסבת הזמן שלא יבא בירושלים של מעלה וכו' כדפי'. ועם הצעה הזאת יובן המאמר הזה. ועתה נכנס בביאורו. ר"ש אמר כלא שפיר. הענין הוא שלמעלה מן המאמר הזה דרשו בפסוק באתי לגני וכו' ופירשו בו פירושים שונים. והשיב על זה הרשב"י ע"ה דכלא שפיר, אבל רזא דמלה. פי' שלא ביארו ענין דודים ורעים ובא הוא לבארו וכוון להסתיר הסוד וכלל את המרובה במלות קצרות. ואמרו אכלו רעים לעילא שתו ושכרו דודים לתתא, ופי' לעילא הכונה על הרעים הידועים שהם א"ב וא"ם חכמה ובינה, ודודים בן ובת תפארת ומלכות. וג"כ ר' אלעזר לא נעלם ממנו ההקדמה זאת כי מודעת היא בכל הארץ לכל באי שער החכמה הזאת. אבל נסתפק בב' דברים. א' ענין אכילה למעלה ושתייה למטה שהוא הפך הענין כמו שנבאר. ועוד דודים נראה זיווג ואהבה יותר מרעים, כי רעים לכאורה הוא רעות בעלמא ודודים הוא לשון אהבה וחבה. ואדרבה יותר צודק שיהי' רעים שאינו כל כך זווג יהי' למטה והדודים שהוא יותר יהי' למעלה מפני שלמעלה לא מתפרשן משא"כ למטה שמתפרדים כדפי'. והרשב"י תירץ לשניהם ואמר יאות שאלתא כן הוא עקר הגרסא ואית ספרים דגרסין יאות שאלה דא. אפשר שתמה עליו מפני היותו ארי בן ארי ובקי בחדרי החכמה היותו מסתפק אפי' בדברים האלה לרוב דקות שכלם ועומק פלפולם. והשיב על ראשון ראשון. למה שאמר שהיה ראוי שיאמר דודים לעילא רעים לתתא כדפי'. תירץ אתר עילאה דאינון בחדוותא באחדותא דלא מתפרשן וכו', כפל הענין ג' פעמים לרמוז אל הג' יחודים. בחדוותא הוא היחוד השני שהוא ההשפעה ששלשתן חשובות כאחד כדפי' בפ' הקודם וענין יחודם הוא ברוב שפע ושמחה המיחדת אותם וזהו בחדוותא. ואל היחוד הראשון שהוא יחודם מתחלת אצילותם אמר באחדותא דהיינו יחוד הספירות. ואל היחוד הג' שהוא הזווג אמר דלא מתפרשן לעלמין כל ימי היות שלום בעולם כדפי' בהצעה. אלין אקרון רעים. פי' מטעם זה שיחודם תכלית היחוד שלעולם אין מתאוין זה לזה נקראים רעים. כי כמו שהריעים לא שייך לומר בהם שמתאוין זה לזה כן הספי' האלה עד לעולם מיוחדים ואין מתאוין זה לזה נקראים רעים, וזהו אמרו אלין אקרון רעים. הה"ד ונהר יוצא מעדן.

הוקשה לו כי הפסוק אמר הפך זה שאמר ונהר יוצא מעדן, ופי' ונהר בינה יוצא מעדן חכמה כמו שפי' בזוהר פ' משפטים ונעתיק לשונו בשער השמות פי"א. והנה הכתוב אמר ונהר יוצא מעדן פי' הבינה שמתפרדת מחכמה אחר הזווג, וזה מנגד אל מה שאמר דלא מתפרשין לעלמין. לזה השיב ואמר אדרבה מהפסוק ראיה, וזה כיון באמרו הה"ד ונהר יוצא מעדן. ועדן וההוא נהר לא מתפרשין לעלמין. פי' דוק שאמר יוצא ולא אמר יצא לשון עבר שמשמע אחר שנתייחדו נתפרד יחודם לזה אמר יוצא שהוא הוה שמשמע שלעולם מיוחדים, שלעולם יוצא ממנו ועומד בו. וז"ש ועדן דהיינו חכמה, ונהר דהיינו בינה. כוון הכתוב לומר לנו דלא מתפרשין לעלמין. ואשתכחו ברעותא באחדותא בחדוותא. כוון לכפול הלשון לכוין אל שלשת היחודים. שאמר ברעותא, היינו היחוד הג' שהוא הזיווג שהוא הרצון הנחמד דהיינו רעותא. ואחדותא, היינו היחוד המיחד אותם מתחלת האצילות הוא היחוד הראשון שאמרנו. וחדוותא, הוא היחוד השני השפע המשמח אלקים ואנשים. ועל האמת כי שלשה אלה אין להם סדר ולא מצאנו לענין זה טעם. שתו ושכרו דודים אלין אינון דלתתא וכו'. כיון ליחס שם דודים דוקא באינון דלתתא, מפני שיחודם לזמנים ידועים כמו שביאר לבסוף. וזה שאמר דאקרון דודים לזמנין ומפני כך לא יתישב בהם אלא שם דודים. והא אוקימנא. אפשר שקדם להם העסק בדרוש זה פעם אחרת. או ירצה והא אוקימנא במה שפתח בתחלת דבריו שתו ושכרו דודים לתתא, ואחר שביאר ענין רעים ממילא משמע טעם דודים ולכן אמר והא אוקימנא. ואחר שישב ענין רעים לעילא ודודים לתתא בא לישב ענין אכילה ושתייה, ואמר ת"ח באינון עילאי כתיב בהו אכילה וכו' פי' ענין אכילה הוא כנוי אל הדברים המתגלים באצילות כדמיון האכילה דלא שייך אלא בדברים העבים והגסים, אבל שתייה יכונה אל הדברים הדקים יותר מן אכילה. לכן הוקשה לרבי אלעזר שהיה ראוי שיאמר בחכמה ובינה שהם הרעים שתייה, שהחכמה והבינה הם דקים תכלית הדקות ולכן עניינם ופעולתם ושפעם הנשפע אליהם צריך שיכונה בלשון שתייה שהוא כנוי אל הדקות כאשר נאות אליהם. אבל התפארת והמלכות שהם יותר נגלים ראוי שיאמר בהם אכילה שהוא רמז אל השפע העב והגס שאינו כדקות הקודם כאשר נאות לפי מדרגתם. ולכן השיב הרשב"י ע"ה כי אדרבה מאן דאית ליה גרבא דחמרא אכילה בעיא וכו'. כי הספי' שהם למעלה

בדקות והם הענבים שהיין משומר בהם. ולכן יחודם ושלימותם הוא בהיות הספי' המתפשטות המתגלות למטה שהיא האכילה עולות אליהם אל מציאות הדק. ונמצאו הספירות בדקות כוללות גם הספירות אחר גלויים ונמצאו שרשים מתיחדים בענפים על דרך עליית הענפים אל מקום השרשים ומזה ימשך אל הדקות העליון תועלת רב שיקבלו רוב שפע וברכה על ידם כענין שאמרו שכינה בתחתונים צורך גבוה כמו שיתבאר בשער זה. ובאינון תתאי דבעיין שקייו וכו'. פי' ובאותם התחתונים שהם ההתפשטות בן ובת שבהם נכלל כל הז' ספירות עקרם אכילה היינו התגלות. ולכן צריכין אל התיחדם אל המקורות העליונים הדקים הנעלמים בחכמה ובינה כדי שעל ידם יקבלו רב שפע וטוב. ובהיותם מתיחדים במקורם ומקורם בהם יקבלו שפע מלמעלה בדקות הנמשל אל שתייה. מפני שג"כ היה צודק עליהם לשון אכילה שהוא השפע אל מדרגתם למטה ולכן ג"כ היה יכול לומר אכלו רעים ודודים. לכן תירץ ואמר דהא כל נטיעאן וכו'. פי' כל הספי' המתפשטות צריכין לקבל השפע מנחלא דעמיקא דהיינו בינה מקור המקורות כלם בסוד נטיעה ושתילה שבארנו בשער סדר האצילות פ"ו ולכן לעולם אל השתייה הם צריכין שהוא העיקר להיותם יונקים מנחלא דעמיקא דהיינו השפע שיהיה נשפע למטה כדקות אשר הוא למעלה ולא יתעבה עם שיהיה נשפע דרך הצינורות, ומפני תועלת הרב הזה נאמר שתייה למטה ואכילה למעלה. ועל דא באלין אכילה וכו' פי' עתה במה שאמר נתיישב ענין אכילה למעלה ושתיה למטה וכן נתיישב ענין רעים למעלה ודודים למטה. אמר ליה ר"א, אתחזי דהא כו', שאל הענין הזה ר"א מפני שהרשב"י האריך ביחס רעים למעלה וקצר ביחס דודים למטה שלא אמר אלא דודים אלין דלתתא דאקרון דודים לזמנין ידיעאן ומשמע לכאורה שהם לעתים דודים. א"כ דודים לשון אהבה וחיבה הוא וא"כ למה לא יכנה דודים בעליונים אחר שגם בהן שייך לשון דודים ומן הראוי לבעל לשון לומר בעליונים מה שלא יצדק בתחתונים ולומר בתחתונים מה שלא יצדק בעליונים וכאן מאחר שלשון דודים הוא לישנא דחביבותא א"כ לכל הפחות יהיה שוה דודים אל מלת רעים א"כ אמאי אינון תתאי שאין מלת דודים נגד מלת רעים. א"ל אינון דתאבין דא לדא וכו' בא לפרש כי מלת דודים עם היות שהוא לשון חיבה הוא חיבה המורה על ההרחקה שלא יקראו דודים אלא אותם שהם רחוקים זה מזה והיינו לשון דודים

שפירושו שכל אחד מהם דוד לחבירו ומתאווה לו ואינם נמצאים יחד אלא מזמן לזמן. אבל רעים פי' על היותם חברים ומיוחדים לעולם ומעולם לא נתרחקו כדי שיהיו תאבים זה לזה, ואלו הם החכמה והבינה שמעולם לא מתפרשן וכו'. ועל דא אלין רעים ואלין דודים פי' מפני טעם זה צודק דודים דוקא בת"ת ובמלכות ולא בזולתם. והרעים בחכמה ובבינה ולא בזולתם. אלין ברעותא באחדותא בחדוותא תדיר. וזש"א ג' מלות אלה ירמז אל הג' יחודים כדפי'. ודא הוא שלימותא דכלא. מפני שהוא פירש לפום שקלא וטריא כי דודים ורעים הם ת"ת ומלכות וחכמה ובינה, ומתוך הפסוק משמע שהיחוד בפסוק זה הוא יחוד הו' קצוות כענין (שה"ש ה א) אכלתי יערי עם דבשי שתיתי ייני וכו' שהם יחוד גדולה גבורה ת"ת עם נצח הוד יסוד ומלכות כדפי' הרשב"י ע"ה בר"מ (פינחס דרמ"ד) והעתקנו לשונו בשער י' ולא תשע בפ"ג, וא"כ איך עסיק קרא בדודים ורעים לבד דהוה ליה לעסוקי בכל הו' קצוות. ולזה תירץ ודא שלימותא דכלא בגין דאתברכא וכו'. פי' בברכת הכלה מהחתן דהיינו יחוד תפארת ומלכות וזווגם הוא יחוד כל הו' קצוות והכל ענין אחד. וכן בארו בתקונים (תקונא יט דל"ז) ז"ל וכד אינון מקבלין, כל ספיראן מקבלין דא מן דא ומלאכים לתתא מקבלין דין מן דין, הה"ד ומקבלין דין מדין. וכל חד וחד יהיב רשו למיעל בתחומא דחבריה, כד"א ונותנין רשות זה לזה עכ"ל. והכונה כי כאשר יתייחדו תפארת ומלכות דעלייהו קאי התם וקאמר שכל הספירות מתייחדים ביחודם. או ירצה לומר ודא הוא שלימותא דכלא וכו'. פי' הוקשה לו שבתחלת הפסוק באתי לגני וכו' דהיינו דברי החתן לכלתו אל היחוד. וא"כ איך אמר אכלו רעים שהם חכמה ובינה שאין להם יחס כלל לזה. לז"א ודא שלימותא דכלא בגין דאתברכא כ"י. פי' כי א"א היחוד אל העליונים שהם חכמה ובינה אם לא ביחוד התחתונים שהם תפארת ומלכות. וכדין חדוותא בכלהו עלמין. פי' כי אפילו המלאכים אשר למטה מהאצילות יש להם בזה תועלת רב שמתייחדים ומקבלין אלה מאלה שיש מלאכים זכרים שהם מלאכי שלום מצד הזכר ומלאכי צדקה מצד הנקבה. וכאשר צדק ושלום מתייחדים שהוא יחוד ת"ת ומלכות, מתייחדים המלאכים האלה בסוד זכרים ונקבות. וכן מתבאר בתיקונים מקומות רבים. ע"כ פי' המאמר. ונמצאו למדין כי כאשר אין עון גורם, ושלום בארץ והמקדש יהיה על מכונו, אז הם מיוחדים חכמה ובינה ולא מתפרשין דא מן דא לעלמין. ולעולם יחודם כמער איש עם לויה שלו

מאחר שהמלכות מתענגת על רוב שלום עם היות שאינה מזדווגת עם בעלה אלא בזמנים ידועים כמבואר לעיל. אבל בעונות כאשר בזמן החרבן, אין יחוד וזווג לא בירושלים העליונה ולא בירושלים התחתונה. ואמנם החלוק שיש למלכות בזמן הזה לזמן השלום הוא שעתה מזונתה על ידי שליש והיא בבית בפני עצמה מספקת לדברים קטנים ואינה מספקת לגדולים. ואחר שתהיה שעת שלום תתייחד עם בעלה בבית מיוחד לשניהם ויושפע עליהם שפע ומזון עד אין תכלית. ותהיה בעולת בעל, בעלייתו של בעל עולה עמו ואינה יורדת (כתובות ס"א) ותספיק אור ושפע לגדולים וקטנים. ואין זה ענין הזיווג כי הזווג הוא הייחוד כמער איש ולויות להוליד בדומה נשמות חדשות. וזה אפילו אח"כ עם היות שתהיה אור הלבנה כאור החמה וכו', עם כל זה הזווג יהיה לפרקים כמו קודם מעוטה ג"כ ויותר משובח. ומפני כן אלו רעים ואלו דודים. זה זווג דלא מתפרשאן, וזה זווג דמתפרשין עד בא זמן חליפתו. וכן יזדווגו מידי יום ביום. ע"כ הגיע הנראה אלינו בישוב ענין זה. עוד נראה לכאורה מאמר סותר נמצא בפ' לך (דף צ"ה) וז"ל תנינן כד מתחברן יו"ד בה"א כדין כתיב ונהר יוצא מעדן להשקות את הגן. ולא תימא כד מתחברין אלא מתחברין ודאי עכ"ל. ולכאורה נראה דלא שייך בהו למימר כד מתחברן דמתחזי דלפרקים אתחברן ואית זמנים שאינם מחוברות ומיוחדות. לז"א מתחברין ודאי דהיינו דלעילא מתחברין תרווייהו ולא מתפרשין דא מן דא לעלמין. עם כל זה כשיעויין בטוב ההשקפה ימצא שהוא איש שלומנו בפרט במה שהקדמנו במאמר הקודם. וקודם שנכנס בפירושו צריך שנדקדק למה אמר כד מתחברין לשהוצרך לומר ולא תימא וכו', לימא מעיקרא יו"ד בה' מתחברן ולא מתפרשן לעלמין וכדין כתיב ונהר יוצא מעדן ולמה עקם לשונו. והענין הוא כי הנהר אפ"ל בת"ת או בבינה, והגן הוא המלכות או ו' קצוות לפי הפירוש. וכנוי נהר הוא כינוי אל מציאות אור גדול מלשון (דניאל ב כב) ונהורא עמיה שרא. וכן הוא רמז אל מרוצת השפע המאיר כענין הנהר שאינו פוסק לעולם ועד. ועתה אמר כד מתחברן יו"ד דהיינו חכמה בה"א דהיינו בינה. ואז על ידי יחודם יתעלה התפארת שיקרא נהר יוצא מעדן בינה וכו' שאז שפעו מאיר ומתרבה ונשפע אל המלכות. או אז על ידי יחודם תתעלה הבינה עד שתקרא נהר יוצא מחכמה שהיא עדן והשקה הגן את שהם שבעת ימי הבנין. ואמר ולא תימא כו' לפי שלא נטעה לומר שיחוד החכמה והבינה הוא כיחוד

התפארת והמלכות שהן מתפרשן אחר יחודן. אלא מתחברין ודאי שלעולם יחודם ומעולם אינם מתפרדים איש מעל אחיו בעת שהוא עת שלום. ואמר כד מתחברן לפי שיש עת שאינם מיוחדים כענין הגלות שהוא שעת חירום שאז נשבע ולא אבא בעיר שלא יכנס בירושלים של מעלה וכו' כמבואר לעיל. או אפשר לפרשו באופן אחר כד מתחברן פי' בבחינת חיבורן ויחודן, כתיב ונהר יוצא וכו' ופי' ונהר יוצא כפירוש שפי' לעיל פי"ד, והיינו להשמיענו מעלה זו הנבחרת שענין הנהר וענין יוצא שהוא הוה שפירושו לעולם יוצא ואינו פוסק זהו בבחינת ידיעתה. ואמרו ולא תימא. פי' שלא נטעה בדבריו לומר שענין כד מתחברן שיש זמן דלא מתחברן. אלא מתחברן לעולם וודאי. ומלת כד, הוא להורות שענין זה הוא בבחינת חבורם לבד. וענין חיבור אפשר לפרש כמו שפי' לעיל דהיינו בשעת שלום. או נפרש ונהר חכמה ועדן כ"ע וג"ן בינה שכן פי' הרשב"י בתיקונים (תקונא נ"ה דפ"ה). ועתה ענין כד מתחברן אין הכונה אל הזווג ממש שהוא היחוד הג' שפי' בפרק הקודם, שא"כ הל"ל כד מזדווגין. אלא הכוונה על יחוד השני שהוא הבחי' שהג' חשובות כא'. ואמר דהיינו בחי' ונהר יוצא מעדן להשקות את הגן כי בבחינת יחוד וחיבור החכמה עם הבינה אמר הכתוב ונהר יוצא מעדן. פי' כי לא בא הכתוב לדרוש לנו ייחוד ואחדות חכמה בכתר כי מי לא ידע בכל אלה אלא בבחינת יחוד חכמה ובינה הוא מה שכיון הכתוב לבאר לנו. ומפני שבמלת כד, אפשר לבא ממנו אל הטעות, לחשוב שפעמים הם מתייחדות ופעמים אינם מתייחדות. לכן אמר ולא תימא כד מתחברן שהוא הוראה על הזמן, שזה אינו אלא ודאי מתחברן. ע"כ הגיע פי' המאמר הזה. ובא' מהדרכים האלה יוכל המעיין לתקן אל כל אשר יהיה שם בדק כדי שלא יהיה דברי הרשב"י ע"ה סותרים אלו לאלו ח"ו:

פרק חמישה עשר:

אחר שבפרקים הקודמים התהלכנו כאשר התהלכנו בענין ג' ראשונות. ראינו בפרק זה לדבר בהם ובמה שהפליגו רז"ל לומר כי אין ראוי להאריך הדבור בהם. ונמצא בס' הזוהר פ' יתרו (דצ"ג. וכעי"ז בפ' ויצא דף קנ"ח) וז"ל שלח תשלח את האם ואת הבנים תקח לך וגו'. רזא דעלמא עלאה דלא איתהיב ביה רשו לאסתכלא ואצטריך לשלח מגו שאלתא ואסתכלותא ביה. ואת הבנים תקח לך, דכתיב כי שאל נא לימים ראשונים וגו' ולמקצה השמים ועד קצה השמים. אבל לעילא מקצה השמים שלח תשלח מרעיונך למשאל. ובדא כתיב למען ייטב לך והארכת ימים כו'. כמה דכתיב תקח לך, ברשותיה דבר נש איהו עכ"ל. וממה שראוי לדקדק במאמר הזה הוא אמרו שלח תשלח רזא דעלמא עלאה וכו' ואצטריך לשלח מגו שאלתא, שאין ראוי לשאול בה כלל וזהו לשלח מגו שאלתא. וכן מוכח מתוך מה שאמר ואת הבנים תקח לך דכתיב כי שאל נא לימים ראשונים. פי' ואם תרצה לדבר ולשאול, דוקא בימים שהם הבנים. כי בהאם שלח תשלח וכו'. כלל הדברים נראה שאסור לשאול מהבינה ולמעלה ואפילו בבינה אסור לשאול. וקשה דבזוהר פ' תרומה (דף קכ"ו ע"ב) פי' הרשב"י דמותר לשאול. וז"ל מ"י הא אוקמינא דרגא עלאה לעילא שרותא דקיימא בשאלתא עכ"ל. משמע שנקרא מ"י לשון שאלה להורות שכאן מקום השאלה. ודוחק לומר שהכונה לומר שיש כאן מקום שאלה אבל לא שיהיה מותר לשאול. מפני שבמק"א בזוהר (בלק דף קצ"ג.) נראה הפך זה. וז"ל, פתח ר' אלעזר ואמר ה' אלקי אתה ארוממך אודה שמך וגו'. האי קרא רזא דמהימנותא איהו. יהו"ה, רזא עלאה שרותא דנקודה עלאה סתימא דלא ידיע. אלקי, רזא קול דממה דקה ואיהי שרותא דקיימא לשאלה ואסתים ולא ידיע ולית מאן דאתיב עליה בגין דאיהו סתים וטמיר וגניז. אתה, דא ימינא שירותא דקיימא לשאלה ולאתבא ביה והוא כהן לעלמין כד"א אתה כהן לעולם עכ"ל לעניננו. וכונתו מבוארת שיהו"ה הוא חכמה ודאי, ונק' החכמה ראשית מפני שהיא ראשית גלוי האצילות. סתימא דלא ידיע. הכוונה כי למעלה מחכמה הוא הכתר והוא בהסתר ובהעלם כי הכתר אינו יושג אפילו העלמו. כמו שהארכנו בזה בשער אם הא"ס הוא הכתר. אלקי רזא קול דממה דקה ואיהי וכו'. פי' כי היא הבינה ג"כ נקרא ראשית ובערך שהיא ראשית מקום השאלה. והכונה ודאי ששם מותר השאלה עם היות שאין השגת תשובה, מדקאמר אתה דא ימינא שרותא דקיימא לשאלה ולאתבא ביה משמע שאין חילוק בין זו לזו אלא שהבינה יש בה שאלה ואין תשובה, והחסד יש בו שאלה ותשובה. וכמו שבחסד מותר לשאול ודאי כמו שאמר במאמר אשר לפנינו כי שאל נא לימים ראשונים, כן ודאי מותר לשאול בבינה עם היות שאין תשובה. ומנין לנו לחלק בין זו לזו מאחר שלא שינה בלשונו ובכלם בשוה אמר דקיימא לשאלה וכו'. ובזולת כל זה יש לחקור ענין שליחת האם ושאין ראוי לדבר בג' ראשונות במאי עסקינן, אם הוא לומר לנו שאין ראוי לדרוש בהם ולא בענינם, א"א שהרי ראינו הרשב"י

ע"ה עוסק בהם ובעניינם, אם בכתר בענין תר"ך עמודי אור וכמה עניינים רבים הנדרשים בו בדברי הרשב"י ע"ה ובפרט בתיקונים, וכן בחכמה בענין ל"ב נתיבות חכמה וכמה דרושי' אחרי' הנדרשי' לאין חקר ותכלית, וכן בבינה ובחמשים שעריה, ולא נאמין שיהיה הרשב"י ע"ה נאה דורש ולא נאה מקיים ח"ו. ואם נרצה לומר שיהיה ענין האזהרה הזאת אל הנביאים המביטים באספקלריאות שיהיו נזהרים שלא לשאול על ענין שלשה מדות אלה. קשה שהרי בנבואה היו משיגים עד הכתר ולא נעלמה מהם אלא הכתר לבד כנרמז במראות יחזקאל כשהגיע אל הכתר אמר [ואראה] ואפול על פני כדפי' הרשב"י ע"ה בתיקונים (בהקדמה ד"ו ע"ב). ועם שלא השיגם אלא בציורין כחותמא דשעוה כמו שיתבאר בשער אבי"ע, אפי' הכי כבר השיג עד הכתר. ולפי האמת מעולם לא השיג נביא בספירות עצמם ח"ו כמו שיתבאר בשער ההיכלות. וא"כ כשנחקור ענין האזהרה הזאת בשלש ראשונות לא נמצא לה מקום כלל. ולכן נאמר שענין המדות האלה הם תוארים אל המאציל ב"ה, כענין חסד ר"ל חסיד שהוא פועל חסד על ידי החסד הזה והוא נקרא בו חסיד, וכן חכם בחכמה גבור בגבורה נבון בבינה. ועתה כאשר ירצה המעיין להשכיל במדותיו הקנויות אליו נאמר בקצתם כיצד אחר שהראשונה נקרא מחשבה או שכל והוא הכתר הרי כשיבא האדם להשיג מהותה ודאי אסור כי דמה להשיג מה שאין באפשריות. וכי אפשר לאדם להשיג מחשבת המאציל אשר האציל מראש האצילות ועד כל סדר המדרגות הגדולות והנוראות והוציא מהעדר אל ההויה כל הנמצאות. ודאי כי איש הלזה כביכול הוא נוגע בכתר מלכו של עולם. וכן החכמה הוא חכמתו של המאציל והוא וחכמתו אחד. וכי אפשר לאדם להשיג חכמת מלכו של עולם ח"ו. כי החכמה הוא ממש קרוב אל שכלו ואל מחשבתו. ולא ממש החכמ' הוא השכל. כי השכל יותר מתאחד בעצמותו יען כי השכל הוא יותר דק מהחכמה. ומהאדם אנו יכולים לדעת הענין הזה כי השכל הוא ממש האדם והחכמה הוא דבר חוץ ממנו. ובמאציל אינו כן אלא הוא וחכמתו אחד אבל עם כל זאת לא תתאחד חכמתו כיחוד שכלו ומחשבתו שהוא הכתר שזה נאצל אחד, וזה נאצל שני. וכן הבינה הוא כח האדם להשיג דבר מה מתוך החכמה והרי אין ראוי לדמות האדם להשתכל בבינת המאציל אחר שהם מהדברים הנוגעים אל עצמותו והם הם עצמותו ממש. עם היות שכל המדות עצמותו עם כל זאת נשתנו אלו מכלם יען היות תשמישם במקום הקודש ולהיות שהם בעצמות אסור להסתכל במהותם ועצמותם כי הרוצה להשיג במהות ועצמות שלש אלה נוגע בעצמות ומהות המאציל עצמו. ופורץ גדר במה שיגיעהו היזק ולא תועלת, כביכול שהוא מורד במלכות. ולתכלית זה אמרו ג' ראשונות חשובות כאחת שהם השכל והחכמה והבינה ולכן הזהירנו בתורתו לבל נמרוד בכתרו ח"ו ושלא נדמה להשיג מהות עצמות שכלו וחכמתו ובינתו. אבל החסד והגבורה והתפארת והנצח וההוד והצדיק והמלכות הם מדות כביכול בזולת ממנו ר"ל מתייחדות בו תכלית היחוד אבל הם להנהגת העולם וההשגה בהם אפשריות. כי מתוך חסידותו בעולם נדע דרך הנהגת חסדו בעולם ונוכל להשיג הדרך שהמאציל מתנהג במדת החסד. וכן הגבורה וכן היות מתפאר בעולם הזה נוכל להשיגו מתוך נוראותיו אשר עשה. וכך נצחתו ונצחונו, וכן הודו וכן צדקתו וכן מלכותו, כל המדות האלה נוכל לשאת ולתת בהם יען היותם מדות שנוכל להשיג קצת ההשגה בדרך הנהגתו בהם כפי הפעולות המתיילדות מהם בעה"ז. אבל בשכלו שהוא מחשבתו וחכמתו ובינתו מי יוכל להשיג ענין מחשבתיו אשר עמקו שגבו. ומי יוכל להשיג הצד אשר הוא מתנהג במחשבתו והדרך שהוא מתחכם בחכמתו. וכן הדרך אשר הוא מתנהג להבין בבינתו. זה בלי אפשר והוא מהדברים אשר אנו מוזהרים להבדל מהם שלא נכשל ח"ו. וכיון שהשלשה מדרגות האלו אינם שוים כמו שפי' כי כל אחת היא מתרחקת מהשגתנו יותר מחברתה מטעם קורבתה אל המאציל, לכן הן נעלמות בלשון התורה כענין ה' אלקי אתה הנדרש בזוהר שהעתקנו לעיל. והנה החכמה לא חויב בה כנוי כלל כענין אלוקי שפי' אלוה שלי. אלא ה' בלי מורה גילוי כלל. להורות שהוא בחכמה הנעלמת והיא תחלת הגלוי כענין הנביאים ששם מצב השגתם בראיית הרעיונים בהשגת הנבואה. וזהו הנרצה בדברי המאמר באמרו שירותא דנקודה וכו'. הכונה כי הכתר לא הזכיר יען היותו נעלם יותר מהחכמה אבל החכמה הוא שרותא דנקודה עלאה וכו'. שהרי יש בה תחלת הגלוי אל הנביאים כדפי'. לא השגת העצמות והמהות ח"ו אלא השגת שפעה ואורה ברצוא ושוב. ובבינה מפני שהיא יותר מושגת אמר אלקי שיש בו קצת הוכחה אל הגילוי באמרו אלקי שפירושו אלוה שלי. וזה שאמר ואיהי שרותא דקיימא לשאלה וכו' וענין השאלה נבאר. אתה, הוא מורה על המושג כמדבר אליו לנוכח וז"ש דא ימינא שרותא דקיימא לשאלה ולאתבא. והיותר עוסק

בהם הוא יותר משובח. ובלבד שיזהר מן הטעות ח"ו. ואמר והוא כהן לעלמין פי' המדה הזו הוא תחלת העסק והדבור אל העולמות כלן כי משם תחלת ההשגה ונמשכת משם עד סוף המדרגות. ונאמר כי יש חלוק בין חכמה לבינה כי החכמה מה שהוא קנוי אליו כבר ולא תוספות דבר ולכן בעסק חכמתו יתחייב שלא יתהוה פעולה הנמשכת יען כי משתעשע בחכמתו לא שבשעשוע ההוא יתחייב הויה נמשכת. כענין אדם המשתעשע ומתענג במה שהחכים לא שבשעשוע ההוא יוולד תוספות חכמה כלל דא"כ היינו בינה שהוא המבין דבר מתוך דבר. וכן הדבר אל המאציל בהבדל אשר בינינו לבינו שאין הפה יכולה לדבר ולהמשילו. אבל כאשר יבין בתבונתו הנה יובן ויתהוה הויה מחודשת מה שלא היה עד עתה וזו היא הויה נמשכת לתחתונות מתוך הבינה שהוא המובן מתוך הפעולה בבינה והיא מציאות השרשים הנעלמים בבינה שהוא הקול היוצא משופר בהיותו נעלם בתוך הפנימיות וזהו קול דממה דקה הנזכר במאמר ה' אלקי שפי'. ושם קיימא בשאלתא אבל לא שיושג יען שהוא מסתתים בתוך עמקי הבינה. והשגת המדות ההם בתוך הבינה במציאות הנהגתו בהם יש שאלה ואין תשובה לפי קורבתם אל הבינה שעדיין השאלה בה אסורה ולכן השגת הנהגתו בחסד ובגבורה ובתפארת ובנצח ובהוד והצדקות והמלכות הנעלמים שם היא מותרת בשאלה אבל אין תשובה כי אין ידיעה להשיג מפני ההעלם וההסתר בסבת הקורבה אל הבינה שהשאלה בה אסורה כדפי'. ועתה צדקו דברי המאמר באמרו כי שאל נא לימים ראשונים שהם המדות האלה. אבל אל השלשה ראשונות ההשגה בעצמותם ומהותם אסורה מכל וכל. ובזה נתבארו דברי הרשב"י ע"ה בכל מקומות מושבותם ושאר לשון המאמרים מבואר. ומהאל נשאל הסליחה והכפרה אל הנדרש:

פרק ששה עשר:

אחר שכבר עלה בהסכמתנו כי הדבור בהשגת הנהגתו בו' קצוות הבנין מותרת. א"כ לא נאסוף ידינו מלשאת ולתת במה שכתבו הראשונים בהם. הראשונה היא מדת החסד. והיא פעולתה החסד על שמה ופעולתיה נמשכים מהחכמה. ומהות הנהגתה הוא לבטל כח הקליפות להכניעם ולהשביתם. וזה טעם המבול שהיה במים עם היות שהמים ההם היו מסטרא אחרא עם כל זה כבר היה במים. או יהיה קליפה מצד החסד. או שמקבל המקטרג מצדה כדי לטהר העולם מכל טומאות הדור הרע ההוא. ומפני היות פעולת המדה הזאת נגד הטומאה והקליפה עליה נאמר ואל זועם בכל יום, ופי' בזוהר (פ' צו דל"א) שהוא זועם על המקטרגים שלא יקטרגו. והוכרח הפעולה הזאת במדה הזאת מפני שמדתה לפעול בחסד ר"ל שלא כדין אלא לפרנס ולהטיב לרעים ולטובים. הנה בשלוות החוטא תצעק הקליפה חמס לומר אלו עובדי ע"ז וכו' כמנהגה הרע לקטרג ולגלות מומי בני אדם. ואם לא היה בכחה לזועמם ולבטלם היתה פעולתה מתבטלת והדין מתרבה והולך. לכן כדי לפעול פעולתה ולסכור פי דוברי שקר הוצרך כפי גזרת חכמתו ית' להיות בידה יכולת השבתת הקליפות שלא יקטרגו ויבלבלו שמחתה. כי שמחתה בפעולתה שהיא פעולת החסד. והנה מפעולת המדה הזו הם כל הדברים שהם בסוד הלובן ר"ל כל הדברים אשר בהם הלובן יורה על מדת החסד. כמו האבנים שהם בגוונם לבן שהם בסגולתם לחן ולחסד להיות מציאותם נשפע מהחסד. וזולת הדברים האלה המתבארים מתוך שער ערכי הכנויים. ועוד מפעולות המדה הזו האהבה כי כן פעולתה למעלה בסוד הזווג לאהוב ולקרב חתן וכלתו. ועם היות שכבר נמצא לעתים הפעולה הזו אל הגבורה כמו שיתבאר בערכי הכנויים. הענין הוא כי האהבה יתעורר מתוך הגבורה ותושלם ע"י המדה זו, ומבשרנו נחזה אלוק כי תחלה יתעורר האדם לאהבת נוקבתו מצד ההתלהבות והחום ואח"כ יתקע האהבה ההיא בלבבו מצד מורך לבבו. ויש עתים שתהיה להפך הכל לפי הנושא והנשוא. ונתבאר מתוך דברי רז"ל והרשב"י ע"ה כי החכמה אל האדם נשפעת מצד המדה הזאת בשיתוף החכמה שהיא עליה ונתנו סימן לדבר הרוצה להחכים ידרים. וכן אמרו כי האור והדומה אליו רמוז בה. והסוד מנורה בדרום ומשם אורה יוצאה לעולם. ויש כמה מענייני הפעולות אשר א"א לכוללם כאן אלא בפי' הכינויים אשר בערכי הכינויים. ואין המדה הזאת רחמים וחסד כחכמה יען נמזגה ונתייחדה עם הגבורה בסוד העקידה כמו שנבאר כי משלימות המדה הזאת להיותה מתיחדת לעולם בגבורה ולכן מצד הגבורה שבה יוחס אליה קצת מפעולות הדין ביובש בצד הדרום שכן נקרא נגב. וכמו שאמר הכתוב (שמות טו) ימינך ה' נאדרי בכח כמו שנתבאר בזוהר פר' בשלח ומקומות רבים זולתם. ודרך זו גם כן אל הגבורה שמשלימותה עם היותה תוקף הדין להיותה נכללת בחסד וזהו סוד הליחות בצפון עם היות הצפון רמז אל הגבורה. וזהו סוד עקדת

יצחק שנכלל אש במים ומים באש כמו שנתבאר בזוהר פ' העקידה. ונודע במדה הזאת היות בה ע"ב גשרים, והרמז אליהם ע"ב שמות אשר בויס"ע ויב"א וי"ט, וביאר הענין הזה רבי נחוניא בן הקנה ע"ה בתפילתו הנחמדת. וז"ל אתה יחיד בסתר הזהר הוא מתחלק לשבעים ושתים גשרים שהם מורים על זיעת החיות ומהם המים העליונים ונקראים ספירה רביעית והיא חסד וכל גשר וגשר יש לו שם והם מוכתרים מסודרים בתיבות מזומנות יוצא מן הכח אל הפועל והם וה"ו ל"י וכו' עכ"ל. ולפי הנראה מתוך לשון גשרים הוא היותו ע"ב מאורות אלו שבחסד צינורות ומקורות אל השפע הנשפע מן העליונות דרך החסד שהוא תחלת הבנין. והם גשרים אל מימי החסד. ונחשוב היות ע"ב גשרים רמז אל ג' פעמים כ"ד כ"ד לכל ספירה וספירה מהספירות העליונות, לכתר כ"ד לחכמה כ"ד לבינה כ"ד. והנה הכ"ד זה הם כ"ד צרופים המצטרפים מתוך שם בן ד' כמו שנרחיב ביאור בשער פרטי השמות בשם ע"ב. ולהיות שכל שם מג' שמות בן ד' מדה בפני עצמה וענין בפני עצמו, כי הכתר שורש הרחמים וחכמה שורש החסד והבינה שורש הדין, לכן נחלקו למחלקות השלשה כ"ד לכל חלק. והטעם מפני שלכל שם ושם ארבע אותיות מורות בפרטות על ארבע ספירות שהם חכמה ובינה ותפארת ומלכות. והם ארבע נגד המערכות שבהם מתגלות הששה קצוות כמו שנתבאר בשער סדר האצילות, לכן ארבע פעמים ששה הם כ"ד וכן צרופם ו"פ לי' ו"פ לה' ו"פ לו' ו"פ לה'. וענין חילוק השמות וצרופם לששה ששה ולכ"ד מתיישב היטב כמו שנבאר יחוסם וחילוקם ועניינם בשער פרטי השמות פ"ט. זה הנראה לנו לכאורה בענין ע"ב אלה בלתי שנאריך בו כלל. כי ברור לנו כי הענין סובל הרחבת הביאור כאשר ישוטט המעיין בשכלו. והקצור יפה ובפרט במקום שאין לנו קבלה בהן ולא גלוי מספיק. ומפני שכל מדה ומדה מג' ראשונות היא כלולה מכל שלשה כמו שנבאר בשער המכריעין. לכן הושפע לכ"א מג' אבות ע"ב כי מג' שבחכמה ע"ב לחסד וכן חכמה עולה ע"ג ע"ב גשרים וחכמה החסד הגדול חופף עליהם. ומג' שבבינה נשפעים ע"ב אל הגבורה ומג' שבכתר נשפע ע"ב אל התפארת. ובאו עיקר ע"ב בחסד והם בהשאלה אל התפארת ואל הגבורה. מפני שאין בכתר ובינה השלשה נקודות שהם שלשה ראשונות כסדר מפני שבכתר הם בחינת הכתר בחינת עצמו ובחינת חכמה ובינה מפני השפעתו בהם ואינם כסדר. ובבינה הם ג"כ כן מפני שהיא מקבלת משתיהם מהכתר מהפאה אחת ומחכמה מפאת אחרת. ונמצא אל הכתר חכמה ובינה בהשוואה אחת, וכן אל הבינה כתר וחכמה בהשוואה אחת. אבל החכמה הבחינות אליה הם כסדר, שיש לה בחינות הכתר קודמות לכל מצד קבלתה ממנו, ובחינתה מצד עצמה אמצעית, ובחינת בינה מצד השפעתה בה. והרי בה שתי הבחינות כל אחת לפי ערכה ולכן עיקר ע"ב גשרים בחסד. וענין ע"ב שבגבורה וע"ב שבת"ת יתבאר בשער ההיכלות בפרק ד':

והספירה השנית אל ששת ימי הבנין היא הגבורה והיא פועלת גבורה ודין כשמה וכל ענייני הדינים והגבורות נשפעים ממנה והיא רצועה לייסר האנשים במוסרה לחזקם ולעוררם בעבודת הבורא. וכן ע"י שהיא נותנת כח וגבורה באדם להגביר יצר הטוב על יצר הרע כדפי' בפ"ג. וכן כל הגבורה שהיו ישראל מתגברים על אויביהם היתה על ידה כדכתיב (תהלים ס יד) באלקים נעשה חיל. וכל גבור עיקר יניקתו מהגבורה (ע' בהקדמת ת"ז ד"י ותמן גבורים כו'). ומצד המדה הזאת נשפעים כל החצונים ובעלי הדינין. אלא שיש חלוק גדול ביניהם שבעלי הדין הטהורים נשפעים ממנה מצד הטהור בסוד זהב טהור והתחתונים בעלי הקליפות נשפעים ממנה מצד סיגי הזהב. והיא צריכה אל הכחות ההם לדון העולם הזה בנזקי קרן ושור ובור וחמור וכיוצא באלו. והם רצועות טמאות לייסר בעקרבים הפושעים והזדים. ומפעולות המדה הזאת כל הדברים שהם בסוד אדמימות. ומן המדה זו הדברים אשר בהם האודם יורו על הגבורה כמו האבנים שהם אדומים שסגולתם להטיל אימה על הבריות מפני שיניקתם מן המדה הזאת. והנמצא עוד כדברים האלה מתבאר בשער ערכי הכנויים. ומצד המדה הזו ג"כ התעוררות האהבה בסוד התלהבות היצר כדפי' רז"ל חיבת ביאה. ומן המדה הזאת ההתעוררות בסוד ויאהבה (ע' זהר חיי דקל"ג) ועם היות שהאהבה היא בחסד ג"כ עם כל זה תחלת ההתעוררות מן הגבורה כמו שיתבאר בערכי הכנויים בערך אהבה. ונתבאר מתוך דברי רז"ל והרשב"י ע"ה כי העושר נשפע אל האדם מן המדה הזאת ונתנו סימן לדבר הרוצה להעשיר יצפין. וכן אמרו כי האש וכיוצא בו והשלהבת וכיוצא בה הם במדה הזאת. ועוד אמרו כי עיקר המזון נשפע מן המדה הזו, והעד על זה שלחן בצפון ומשם מזון בא לעולם. וכן הגשמים נשפעים ממנו ולכן כינום רז"ל גבורות גשמים ופירשו מפני שהם יורדים בגבורה. ושמיעת כל דבר צעקה ותפלה הם

במקום הזה. וכן מבואר מתוך דברי הרשב"י ע"ה. אמת שהוא בסיוע הבינה ולכן נמצא שמיעה לדין ולרחמים בשם אלקים כגון (בראשית ל כב) וישמע אליה אלקים וישמע אלקים את קול הנער (שם כא יז). לדין (במדבר יא א) וישמע אלקים ויחר אפו (לפנינו "ה'" ולא אלוקים). והראיה היא בחסד וכן וירא ה'. ונמצא לדין ולרחמים. ועם כל זה הכל בחסד. ונתן סימן ראיה אריה, ואריה הוא בחסד כנודע, ואותיות אריה יראה והוא דין. ויש במדה הזאת ששים גבורים ורמיזתם בשש גבורות שש קצוות שבה. וכן ענין ע"ב סנהדרין כמו שבארנו עניינם לעיל. ויש יותר בפעולות מן המדה הזאת ויתבאר מתוך שער ערכי הכנויים:

פרק שבעה עשר:

המידה השלישית משש ימי בראשית היא הנקרא תפארת. ושמה מעיד עליה כי כל הפאר וההדר הוא נשפע מן המדה הזאת. וכן הוא כי ההדר והיופי הוא הרכבת האדום והלובן כמפורסם. ולכן נאמר (שה"ש ה י) דודי צח ואדום. וכל ענייני הרכבת האודם והלובן הם במדה הזאת כמו האבנים היקרות שבגוונם הירוק כחלמון ביצה שסגולתם אל השלום כמו שהמדה הזאת מתווך שלום בין הקצוות. וכל העניינים שגובר בהם היסוד האווירי הם נשפעים מן המדה הזאת. וכן התורה והעסק בה תלייתה במדה הזאת. והעד הארון אשר שם לוחות הברית הנתון בין (בין) הצפון והדרום ודוקא תורה שבכתב כאשר יתבאר בשער ערכי הכנויים. והבנים הם תלויים במדה הזאת ר"ל כי כאשר יתפלל האדם יכוון בענין שתעלה תפלתו אל המזל העליון שהוא ג' ראשונות בכלל ששם הבנים כדפי' חז"ל בני חיי ומזוני וכו' אלא במזלא תליא מלתא. ולא אמרו הויא מלתא דמשמע שהם שם במזל, אלא תליא דהיינו תלייתם אבל מקומם הוא התפארת כדפי' רשב"י ע"ה (בהקדמת ת"ז דף י"ד) וז"ל פנה למזרח ונטיל ליה עמודא דאמצעיתא וחתים ביה בני עכ"ל. ופשר הדברים כי צריך להעלות טוהר תפלתו למעלה במזל [העליון שהוא הכתר] ואז יתנו לו מאוצר הבנים שהוא בתפארת. ואפשר היות טעם תליית הבנים במדה הזו מפני שהוא בעל הנשמות והם פרי ענביו כמבואר בזוהר מקומות הרבה, וכמו שיתבאר בשער הנשמה. ולכן אין ראוי לתת הבנים אם לא ברשות בעל הפרי שהם הבנים. שהשפעת הבנים הם מן המוח שהוא בענין שלש ראשונות וכן מקום הנשמות הם בבינה. לכן צריך להעלות התפארת אל המזל כדפי'. והמן היה יורד לישראל מתוך המדה הזאת כמו שהורה הכתוב (שמות טז ד) הנני ממטיר לכם לחם מן השמים שהוא תפארת. ומפעולות המדה הזאת הם שפע הנשמות ע"י יחוד התפארת והמלכות. והוא ענין נמצא אל שתי המדות האלה מה שלא נמצא בזולתם אלא בחכמה ובבינה. והענין כמו שבארנו לעיל בפי"ג שהיחוד הזה אינו כענין יחוד וקשר שאר הספירות אלא הוא ענין משובח כענין היחוד שיתייחד האיש עם אשתו בעת הזווג שהוא שפע שמשפיע בה ומן השפע ההוא יתהוה תולדות דבר מה. והענין הזה הוא ממש בחכמה ובינה שהם מכונים אצל הרשב"י פעמים רבות אבא עלאה ואמא עלאה. והענין כי בהזדווג החכמה עם הבינה יתהוה משם הויות רוחניות. וכן היה בענין הספי' בעת שנאצלו מן הבינה נתייחד עמה החכמה יחוד שלם פרטי כענין זווג איש ואשתו ונמשכו ממוחין דאבא שש ספי' הבנין הנכלל הכל בבן ובת שהם נקראים ד"ו פרצופין. והיינו שפי' הרשב"י בענין הת"ת הבן שנמשך ממוח האב. והמשיך הספירות בדקות גדול והשפיעם אל הבינה שהיא האם ונתעברה האם מהם כאשה מעוברת. וכמו שהעצמים בבטן המלאה הם מתהוים מהחומר הדק ומתגדלים ומתהוים שם אל מציאות צורת העובר כן הספי'. ולכן פי' רשב"י שהאצילות נתעכב בבינה י"ב חדשים העיבור הגדול שבאדם שהוא י"ב חדש כדפי' רז"ל (במס' נדה דף כ"ז). וכתבנו המאמר בשער עצמות וכלים (פ"ז) ושם בארנו שאין הדברים כפשוטן. ולכן הם בחכמה והבינה, אב ואם אל כל האצילות, והאצילות כלו בנים אליהם, והבינה נקרא אם הבנים שמחה. ושאל בזוהר פ' ויחי (דף רי"ט). אם ידיעה, הבנים מאן אינון. מפני שאל הבנים האלה ב' בחינות או בחינתם בערך הלידה והענין כי כמו שהאשה כאשר היא מתעברת מתאומים כלם נתונים ברחם אחת כי אין לאשה שתי רחמים אלא א' אבל יש בה חדרים שתוכל לקבל עד ז'. וכן בבינה כלם נכללים כאחד בעת עבורם שמה אבל האמת שהם חדרים רבים כמו שבארנו ענין ובדעת חדרים ימלאו בשער אם הא"ס הוא הכתר. ונחזור אל הענין כי בהיותם שם נכללים כולם בד"ו פרצופין. ואחרי צאתם בעת האצילות הם נפרטים לשבעה ולכן אמר בנים מאן אינון, אם הבחינה הפנימית והם נכללים בד"ו או הבחינה החיצונה שהיא אחר הלידה והם נפרטים בשבעה, ותירץ שם לענייננו ע"ש. והנה לאה היתה במקום הבינה כמבואר בדברי הרשב"י. ויש עתה לשאול והאיך נתעברה מיעקב שהוא ת"ת והוא הבן. ועם

היות שאין ערוה למעלה עם כל זה אין באפשר להיות. כי עם היות שיחוד הבן והאם מותר היאך אפשר שתתעבר לשלום האם מהבן והוא הבן עצמו. והענין הוא כי ענין יחוד החכמה והבינה הוא ע"י דעת הנעלם שהוא מציאות הת"ת קודם אצילותו שמציאות ההוא נקרא דעת והדעת מייחדם כמו שמייחד היסוד התפארת והמלכות כמבואר בשער הנזכר. ועם היות שאין המציאות ההוא מרכבתו של יעקב שאינו אלא בת"ת דווקא ומלבד כאשר נתבאר בשער י' ולא ט' פ"ב, עם כל זה הועיל לו להסתלק בעת הידוע כדי שע"י כך תתעבר לאה. ועוד שהדעת מתלבש בת"ת והוא נשמה אליו כאשר נבאר בספר אור יקר. והנה נתבאר ענין יחוד וזווג חכמה ובינה בעת האצילות. אבל יש לשאול תינח בעת האצילות שהוצרך הזווג הזה כדי להאציל הבנים. אבל עתה אחר האצי' מה שמושם מועיל. כלומר לענין השפע א"א שאין זה זווג כמו שהכרחנו לעיל בפי"ג וי"ד שאין ענין השפע שמוש אלא מזון כעין האיש הזן את אשתו ונותן לה טרף לכל ביתה וחוק לנערותיה. וענין השמוש הוא להיות הוויה מחודשת, א"כ מה הוא ההוי' המתחדשת מתוך שמושם. ולתרץ ענין זה נשאל שאלה אחרת כי בשלמא ביחוד הת"ת והמלכות שהוא לעתים וחוזרים ומתיחדים תינח שהם מהוים נשמות כמו שנבאר כי בכל יחוד ויחוד עושה נשמות. אבל ביחוד החכמה והבינה דלא מתפרשין לעלמין א"כ מה ענין הווייתן או כיצד ואימתי משתלמת האחת ומתהוה האחרת אחר שאינם מתפרשין לעולם כמו שנתבארו כל הפרטים האלו לעיל פי"ג י"ד. לזה נאמר כי ידוע שאם לא היה מציאות אצילות החכמה והבינה לא היה באפשר להתקיים כלל האצילות כמו שבארנו קצת מהענין הזה בשער סדר האצילות פ"ד ה'. והטעם כי אין בריה בלא זכר ונקבה דהיינו שהדברים בדקות ויתגלו ויתעבו. ומצרף וכור אל ו' ימי בראשית שיתהוו ויתגלו מהכתר, היו החכמה והבינה בסוד ייחודם בסוד אב ואם. ואלולי החכמה והבינה אין כח בששת ימים להתהוות. ובאר הענין הזה הרשב"י בפ' האזינו (דר"צ.) בעת פטירתו וז"ל ת"ח, בשעתא דעתיקא קדישא סתימא דכל סתימין בעא לאתתקנא, אתקין כלא כעין דכר ונוק', בתר דאתכלילו דכר ונוקבא לא אתקיימו אלא בקיומא אחרא דדכר ונוק'. והאי חכמה כללא דכלא כד נפקא ואתנהיר מע"ק לא אתנהיר אלא בדכר ונוק', דהאי חכמה אתפשט ואפיק מיניה בינה ואשתכח דכר ונוק' הוא. חכמה אב בינה אם, חכמה ובינה בחד מתקלא אתקלו

דכר ונוק'. ובגיניהון כלא אתקיים בדכר ונוקבא, דאלמלא האי לא מתקיימין. שרותא דא אב לכלא, אב לכלהו אבהן, אתחברו דא בדא ונהירו דא בדא, חכמה אב בינה אם דכתיב כי אם לבינה תקרא עכ"ל. ועם היות מתוך פשטן של דברים יש לנו ראייה אל מבוקשינו, עם כל זה לא נאסוף ידינו מלבאר דבריו. ועוד כדי לתרץ שאלה עצומה שנופלת בענין הזה, שיש לשאול, כל עצמן של חכמה ובינה האיך נאצלו בלא זכר ונקבה מאחר שכל האצילות צריך זכר ונקבה. וזהו עיקר כונת הרשב"י בביאור המאמר הזה. ואמר ת"ח בשעתא דעתיקא קדישא כו' הוא הכתר, וקראו סתימא דכל סתימין מפני שהוא קודם ההתפשטות ואז הכתר הוא סתום ונעלם אפילו מכל הסתימין שהם הנאצלים הנעלמים ואפי' הם אינם משיגים הכתר לרוב העלמו. בעא לאתקנא היינו כאשר רצה להאציל שאר האצילות. ויש בזה שני נוסחאות או בעא לאתקנא או בעא לאתתקנא, והכל ענין אחד. כי בהיותו מתקן האצילות הוא מתקן עצמו כי תקונו הוא גלויו וגלוייו הוא תיקון אצילותו, א"כ לאתקנא או לאתתקנא הכל אחד. אתקין כלא כעין דכר ונוקבא פי' האציל כל האצילות בדמות זכר ונקבה כמו חכמה ובינה זכר ונקבה, תפארת ומלכות זכר ונקבה. בתר דאתכלילו דכר ונוקבא. פי' כוון לתרץ אל השאלה ששאלנו, שהאיך נאצלו חכמה ובינה בלא זכר ונקבה. ותירץ כי הכתר עצמו היה נכלל בו זכר ונקבה כי מקצתו בחי' זכר ומקצתו בחינת נקבה כאשר נבאר בשער ממטה למעלה. וענין זכר ונקבה שבכתר הם בחינת חכמה שבו זכר ובחינת בינה שבו נקבה. ושתיהם נכללים בו בסוד אור קדמון אור צח אור מצוחצח שבכתר כאשר נבאר בשער הצחצחות. ועם היות שהיה הכתר נכללים בו זכר ונקבה עם כל זה לא הספיק מציאות זכר ונקבה שבכתר להאציל על ידו האצילות, והיינו דקאמר בתר דאתכלילו דכר ונוקבא דהיינו בכתר, עם כל זה לא אתקיימו פי' לא היה להאצילות קיום להתאצל אלא בקיומא אחרא דדכר ונוקבא דהיינו חכמה ובינה. או ירצה בתר דאתכלילו דכר ונוקבא. פי' עם היות שנכלל האצי' בזכר ונקבה שהם הכמה ובינה, עם כל זה לא נתקיים האצילות אם לא בזכר ונקבה אחר שהם תפארת ומלכות. ולשון ראשון עיקר. והאי חכמה כו' הוא לתרץ שאלותינו שאפילו החכמה לא נאצלה אלא על ידי זכר ונקבה שהם בכתר כדפי'. וז"ש והאי חכמה כו' כד נפקא פי' כאשר נאצלה מן הכתר שנאצלה כלולה מט' ספירות שהיו ח' ספירות נעלמות בה כדפי' בשער

סדר האצילות. כד נפקא ואתנהיר מעתיקא קדישא פי' כאשר נאצלה מהכתר לא נאצל אלא על ידי זכר ונקבה שהם בחי' זכר ונקבה שבכתר. וענין אמרנו שבכתר הם בחי' זכר ונקבה ממש הוא מוכרח ומבואר בתקונים מקומות הרבה ונבארם בשער ממטה למעלה (פ"ה ע"ש). דהאי חכמה אתפשט וכו'. הוקשה לו תינח שהחכמה נאצלה על ידי זכר ונקבה שבכתר, והבינה האיך נאצלה בלא זכר ונקבה שהרי החכמה האצילה הבינה. ותירץ שאצילות הבינה לא היה אלא התפשטות בעלמא כי החכמה והבינה בבת אחת נאצלו על ידי הכתר וכאשר החכמה האצילה הבינה לא היה אלא התפשטות בעלמא, וז"ש דהאי חכמה אתפשט וכו'. ושם נמצא זכר ונקבה שהם חכמה ובינה, וז"ש בחד מתקלא אתקלו דכר ונוקבא. פי' בנקודה אחת נאצלה ובמשקל אחד נשקלו כדפי'. ובגיניהון כו'. פי' בסבתם מתקיימין הכל שהם זכר ונקבה דאלמלא האי לא מתקיימין מפני שכל בריה צריכה להיות נבראת ע"י זכר ונקבה. שרותא דא אב לכלא, פי' חכמה אב לכל האצילות כי כל האצילות הם בנים לחכמה. ומפני שלא נטעה לומר שהיה ג"כ אב לבינה, וא"כ הדרא קושיא לדוכתיה, שבינה בלא אם נאצלה, לז"א אב לכלהו אבהן, פי' שהוא אב לגדולה גבורה תפארת. אתחברו דא בדא וכו' היינו כדי להאציל כל האצילות כדמפרש ואזיל. ע"כ. והנה מתוכו נתבאר שעיקר קיום האצילות הוא על ידי האב והאם. והנה כמו שיש בענין יחוד איש ואשתו ב' בחינות, האחד הוא להוליד מחדש, והשני לגדל הנטיעות, דהיינו כדי שיצא הולד מזורז כמו שפי' בשער הקודם פ"ג. וכן הבינה והחכמה אין יחודם להיות הויה מחודשת אלא כדי להעמיד ההויות על זרוזם שיהיו עומדים בצביונן. והענין כי כדי שיתעטרו תפארת ומלכות כדי שיתייחדו, א"א להם להתעטר באותן העטרות המשובחות המזרזים ומזיינים הספי' אם לא ביחוד חכמה ובינה. וכן ביאר הרשב"י ע"ה בזוהר פ' אחרי (דס"א ע"ב) וז"ל ת"ח כתיב ונהר יוצא מעדן להשקות את הגן, האי נהרא אתפשט בסטרוי בשעתא דמזדווג עמיה בזווגא שלים האי עדן זווגא בההוא נתיב דלא אתיידע לעילא ותתא כמה דכתיב נתיב לא ידעו עיט ואשתכחו ברעותא דלא מתפרשן תדירא חד מחד. כדין נפקין מבועין ונחלין ומעטרי לבן קדישא בכל אינון כתרין וכדין כתיב בעטרה שעטרה לו אמו. וההוא שעתא ירית ההוא בן אחסנתיה דאבוי ואמיה וכדין הוא אשתעשע בההוא ענוגא ותפנוקי. ותאנא בההוא שעתא דמלכא עלאה בתפנוקי מלכין יתיב בעטרוי, כדין עד שהמלך במסיבו נרדי נתן ריחו, דא יסוד דאפיק ברכאן לאזדווגא מלכא קדישא במטרוניתא בהאי דרגא, וכדין אתייהבין ברכאן בכלהו עלמין ונפקין ומתברכין על ידו עלאין ותתאין עכ"ל. הרי מתוך המאמר הזה מתבאר בפי' שאין עטרה ליחוד בן ובת דהיינו עטרת כל הכתרים כמבואר בפרק י' אם לא בעת יחוד חכמה ובינה, ובהיות יחודם תמידי יהיה העטרה אל הבנים בעת הצורך. והנה העטרה הזאת הפליג רבי יוסי בספור תקוניה. וז"ל בזוהר פ' בלק (דף ר"ט.) ויעמוד מלאך ה' וגו'. תאנא, מסטרא דאמא כד איהי מתעטרא נפקין בעטרהא אלף וחמש מאה סטרי גליפין בתכשיטהא. וכד בעייא לאזדווגא במלכא מתעטרא בחד עטרא דארבע גוונין. אינון גוונין דמתלהטן בד' סטרי עלמא, כל גוונא וגוונא מתלהטא תלת זמנין בההוא סטרא דאינון י"ב תחומי גליפין, ועאלין ואתכלילו בי"ב אחרנין. ברישא דעטרא אית ד' שורין לד' סטרין ואינון מגדלות כמו דכתיב מגדלות מרקחים מהו מרקחים כמה דכתיב מכל אבקת רוכל. ועל כל מגדלא ומגדלא תלת פתחין קביעין באבנין טבן מכל סטרא וסטרא. האי עטרא נהירא בדילוגין דאופיר בגין יקרא דמלכא כמה דכתיב אוקיר אנוש מפז ואדם מכתם אופיר. תחות עטרא תליין זגי דדהבא בסחרנהא זגא דדהבא מסטרא דא וזגא דדהבא מסטרא דא וחד רמונא. בגווה ההוא רמונא אית ביה אלף זגין וכל זגא מנייהו מתלהטא בסומקא בחוורא. ההוא רמונא אתפליג בפלוגין ארבע וקיימא פתיחא לאחזאה זגהא, תלת מאה ועשרין וחמש זגין מסטרא דא, וכן לכל סטרא וסטרא, עד דמתלהטן ד' סטרי עלמא מחיזו דכל פלכא ופלכא ואינון פלח הרמון כמה דכתיב כפלח הרמון רקתך. ד' גלגלין בפלכא ד' זווין, נטלין בגלגולא לההוא עטרא וכד נטלין לה זקפן לעילא עד דמטו לגלגולא דפלכא עלאה דנהים יממא וליליא מתחברן כל אינון פלכין ונטלין לעטרא וזקפן לה. וקלא דאינון גלגלין אשתמע בכלהו רקיען, לקל נעימותא מתרעשין כל חילי שמיא וכלהון שאלין דא לדא עד דכלהו אמרין ברוך כבוד ה' ממקומו. כד אזדווג מלכא במטרוניתא סלקא עטרא דא ואתיישבא ברישא דמטרוניתא כדין נחית חד עטרא עלאה קביעא דכל אבן טבא וחזור ושושן בסחרנהא, בשית גלגלין אתייא לשית סטרין דעלמא שית גדפין דנשר נטלין לה, בפלכוי חמשין ענבין סחרנהא דגליף בה אמא עלאה קביעין באבן טבא חוור וסומק וירוק ואוכם תכלא וארגוונא. שית מאה וי"ג זווין לכל סטרא

וסטרא אלף ושית מאה מגדלין לכל סטרא וסטרא. וכל מגדלא ומגדלא טורין קביען פרחין לעילא אשתאבן בפתורא דאמא עלאה במשח רבות דילה. כדין אימא בלחישו נגיד מתנן עלאין ושדר וקבע לון בההוא עטרא, לבתר אנגיד נחלי דמשח רבות קדישא על רישא דמלכא ומרישיה נחית ההוא משחא טבא עלאה על דיקניה יקירא ומתמן נגיד על אינון לבושי יקר דמלכא הה"ד כשמן הטוב על הראש יורד על הזקן זקן אהרן וגו'. לבתר אתהדר עטרא ומעטרא ליה אמא עלאה בההוא עטרא ופרשא עליה ועל מטרוניתא לבושי יקר בההוא עטרא כדין קלא אשתמע בכלהו עלמין צאנה וראנה בנות ציון במלך שלמה וגו'. כדין חדוותא הוא בכל אינון בני מלכא, ומאן אינון, כל אינון דאתי מסטרייהו דישראל וכו' עכ"ל לענינינו. ואל יחשוב המעיין שענייני העטרה זו הם דברים כפשוטן ח"ו אלא הכל משל אל כמה עניינים נפלאים באצילות אשר לדעת עניינם ילאה המשכיל ימים ולילות ויעלה בידו עמל ויגיעה כי אין מי שירד לעומק הדברים האלה אלא רשב"י וחביריו די מדורהון עם בישרא לא איתוהי, ועם כל זה פירשתיה בספר אור יקר בביאור הפרשה. והאמנם אל כוונתינו יצא לנו מכ"ז כי ענין עטרה זו ולבושי יקר הנז' במאמר הזה הוא מסטרא דאימא והיינו דוקא בסבת יחוד האב עמה כי משם עקר שמן הטוב הנזכר במאמר. ואחר היות הענין הזה כן למדנו כלל גדול אל יחוד אבא ואימא שזהו צריך ליחוד ת"ת ומלכות. ואחר שהפלגנו בפרקים הקודמים בשלילות הדיבור בג' ראשונות די לנו הערה הנדרש ביחודם עד עתה, ונדבר ביחוד הבן והבת:

פרק שמונה עשר:

כמו שנמצא ענין היחוד הזה אל החכמה והבינה יחד כמ"כ נמצא אל התפארת והמלכות. ולכן מתכנים שניהם בלשון חתן וכלה ואיש ואשתו וכיוצא בהן בעניינים האלה. ויש חילוק בין יחוד החכמה והבינה ליחוד התפארת והמלכות. כי יחוד החכמה והבינה לא מתפרשן דא מן דא כמבואר לעיל פי"ג י"ד, אבל יחוד התפארת והמלכות הוא לעתים ולרגעים כמו בזמן שיגיעו ישראל בתפלה לשים שלום. והזווג הזה צריך אל ההתעוררות מלמטה ואם לא יקדים התעוררות תחתון שהוא מן העוה"ז לא יתייחדו כראוי. וזה הענין נתבאר בזוהר פ' בראשית (דל"ה.) וז"ל ת"ח אדם וחוה דא בסטרא דדא אתבריאו, מ"ט לא אתבריאו אנפין באנפין, בגין דכתיב כי לא המטיר ה' אלקים על הארץ וזווגא לא אשתכח בתיקוניה כדקא יאות. וכד אתקקן האי לתתא ואתהדרו אנפין באנפין כדין אשתכח לעילא. מנלן מן המשכן דכתיב הוקם המשכן בגין דמשכן אחרא אתקם עמיה ועד דלא אתקם לתתא לא אתקם לעילא. אוף הכי כד אתתקן לתתא אתתקן לעילא. ובגין דעד כען לא אתתקן לעילא לא אתבריאו אנפין באנפין. וקרא אוכח דכתיב כי לא המטיר ה' אלקים על הארץ, ובג"כ ואדם אין לעבוד את האדמה דלא הוה בתיקוניה. וכד אשתלימת חוה אשתלים אדם וקודם לכן לא אשתלים. ורזא דא דעד הכא לא אית את סמ"ך בפרשתא. ואע"ג דחברייא אמרו, אבל סמך דא עזר. ודא עזר דלעילא דאתהדר לעילא אנפין באנפין, דכר ונוקבא אסתמיך דא לקבל דא. ודאי סמוכים לעד לעולם עשויים באמת וישר. סמוכים, דא דכר ונוקבא דאינון סמוכים כחדא, האי עולם דקא אמרן תלייא בעולם דלתתא וכד לא אתתקן עולם דלתתא לא אתתקן ההוא עולם דקאמרן. כי לא המטיר ה' אלקים על הארץ דהא דא בדא סמיך עולם דא תתאה כד אתתקן ואתהדרו אנפין באנפין ואתתקנו אשתכח סמך לעילא. דהא מקדמת דנא לא הוה עובדא בתיקונא בגין כי לא המטיר ה' אלקים על הארץ ודא בדא תלייא. מה כתיב בתריה ואד יעלה מן הארץ דא תקונא דלתתא, לבתר והשקה את כל פני האדמה. ואד יעלה מן הארץ דא תאובתא דנוקבא לגבי דכורא. ד"א מ"ט לא המטיר בגין דלא אשתכח תקונא דיעלה מן הארץ, ועל דא מן ארעא תתאה אתער עובדא דלעילא. ת"ח תננא סליק מארעא בקדמיתא וענגא אתער וכלא אתחבר לבתר דא בדא. כגוונא דא תננא דקרבנא אתער מתתא ועביד שלימו לעילא ואתחבר כלא דא בדא ואשתלים. כגוונא דא לעילא. אתערותא שארי מתתא ולבתר אשתלים כלא ואלמלא דכנסת ישראל שריא באתערותא בקדמיתא לא אתער לקבלא ההוא דלעילא ובתאובתא דלתתא אשתלים לעילא עכ"ל. ומפני שראינו המאמר הזה מדלג בדברים מענין לענין ובאותו ענין ראינו לבארו. פי' דא בסטר דא אתבריאו כמו שרמוז במסכת (ברכות דף ס"א) ד"ו פרצופין היו. מ"ט לא אתבריאו אנפין באנפין. פי' כי הם היו אחור וקדם והיו אחור נגד אחור ולכן שואל מ"ט היתה בריאה זו לבטלה אחר שאין בריאתם זו מועלת כלל, וראיה שהוצרך אחר כך לתקנם. ותירץ בגין דכתיב כי לא המטיר ה' אלקים. פי' שלא היה היחוד למעלה אל התפארת עם המלכות. ומפני שהוקשה לו שא"א לומר שבאצילות לא נמצא הזווג שהרי הוא פירש בפירוש

כי היה הזווג בענין אצילות נשמתו של אדם הראשון כמו שנבאר לשונו. לכן אמר וזווגא לא אשתכח בתיקוניה פי' זווג היה אבל לא זווג שלם בתיקוניה דהיינו פנים כנגד פנים. וכד אתתקן וכו'. כי בתיקון התחתונים תלוי תקון העליון כדמסיק שבהתעוררות התחתונים תלוים העליונים ולכן בהיות שלא היה התעוררות למטה לא היה יחוד שלם למעלה. ומפני כי ענין זה נראה לכאורה קשה שנאמר שתהיה הסבה תלויה במסובב והעילה צריכה אל העלול ממנה. הכריח הענין מן המשכן מהנדרש בלשון הוקם שפירושו הוקם המשכן משכן אחרא לעילא, דהיינו השכינה. ומפני שהוקשה לו נאמר שאמת הוא שהוקם משכן אחר למעלה שלא נכחיש שמעשה המצות עושה רושם למעלה ודאי. אבל עם כל זה אין הכרח מכאן כלל. כי נאמר שענין הוקם המשכן היינו שנתחדש ענין חדש למעלה מפני קימת המשכן אבל לא שנאמר שלא יהיה מציאות אל העליונים אם לא על ידי התחתונים כדבעי למימר לגבי יחודא. לכן אמר ועד דלא אתוקם כו'. כי הפי' הוקם הכוונה שהוקם עתה מה שלא היה קימה קודם לכן כלל. ולא הוצרך להכריח הפירוש הזה כי הוא מוכרח מעצמו מפני שאין לומר שיהיה כונת הכתוב לומר שמעשה המשכן עשה רושם למעלה כשאר מעשה המצות. כי זה פשיטא, וכי גרע מעשה המשכן עם היותו רומז אל בריאת העולם העליון ותיכון ותחתון משאר מעשה המצות ומה צורך להשמיענו שעשה רושם וענין של קדושה למעלה. אלא ודאי אין זה אלא שהכונה להודיענו כי קודם קימת המשכן התחתון לא היה אפשר להיות קימה אל המשכן העליון וז"ש ועד דלא אתקם כו'. אוף הכא כו' בענין בריאת האדם בעוד שלא היתה קימה אל התחתונים דהיינו הזיוג לא היה אל העליונים שלימות הזווג. ובגין דעד כען כו' הכונה להורות כי גם התחתונים הם תלוים במעשה העליונים כי לא נבראו אדם וחוה פנים אל פנים מפני שלא היו הכרובים למעלה פנים אל פנים. וקרא אוכח דכתיב וכו' פי' מן הכתוב ראייה שלא היה היחוד כתקונו למעלה בעת בריאת העולם וז"ש כי לא המטיר ה', דהיינו דלא הוה בתקוני' וכו'. פי' שאין הכונה בלשון ואדם אין שאין מציאות בריאת האדם כלל שא"כ יראה כי בבריאת האדם נתקן הכל ולא נפקא מינה דבאתערותא דלתתא הוה אתערותא דלעילא. אלא הכוונה ואדם השלם בתקונו לא היה ואין האדם שלם אלא בתיקון הנקבה בת זוגו וכאשר נשלמה הנקבה אחר שנסרה הקב"ה וקלעה כדפי' בגמרא שם על ויביאה אל האדם אז נשתלם האדם. והטעם כי לא יקרא בשם אדם אלא בהיותם יחד שלמים זכר ונקבה. כדאמרינן (ביבמות דס"ג) ע"פ זכר ונקבה בראם ויקרא את שמם אדם. ולכן ואדם אין פי' אדם שלם בדכר ונוקבא כראוי. וז"ש ואדם אין לעבוד כו' דלא הוה בתקוניה וכד אשתלימת חוה אשתלים אדם וקודם לכן לא אשתלים. א"כ לעולם צודק שיאמר ואדם אין עד שנשלמה חוה ונזדווגה פנים כנגד פנים. ורזא דא דעד הכא לא אית את ס' בפרשתא. הכוונה סוד הענין מורה שבכל בריאת האדם בכל הפרשה ההיא לא נזכרה אות סמ"ך. ואף על גב דחברייא וכו'. פי' עם היות שהחברים פירשו (בב"ר פי"ז) כי בעוד שלא נבראת חוה לא נזכרה בפ' סמ"ך ורצו לבאר כל ענין זה בפשט לענין אדם וחוה אשתו. ועם כל זה אבל סמ"ך דא עזר וכו' פירוש הכוונה לבאר הענין על העזר העליון. והכוונה כי בעוד שלא ננסרה חוה התחתונה לא היתה השכינה פנים בפנים ולכן נבראו התחתונים אחור וקדם. אבל כאשר נסר הקב"ה לחוה נעשה השכינה סמך למעלה. ופי' סמך דא עזר. בשלמא למאי דקא מפרשי חברייא היינו ענין סמך שחוה סמך לאדם אבל לעילא גבי קב"ה לא שייך למימר שהשכינה סמך אליו שאדרבה הוא סמך אליה, לכן אמר סמך דא עזר הוציאו מלשון סמך שהוא פירוש סמיכה שהזכר נסמך אל הנקבה, ופירש לשון עזר דהיינו סיוע קצת אל ההנהגה בסבת הייחוד פנים בפנים. וז"ש סמך דא עזר ודא עזר דלעילא דהיינו שכינה דאתהדרת פנים אל פנים. דכר ונוקבא אסתמך דא לקבל דא. הנה בענין סמיכה ממש אמר שהיה סמך לשניהם כי כמו שהשכינה סמך לתפארת יותר ויותר התפארת סמך לשכינה. ולכן הביא ראיה שזה סמך לזה ממה שאמר הכתוב סמוכים לעד לעולם לשון רבים כנראה שג"כ יצדק שהשכינה סעד וסמך אל התפארת. סמוכים דא דכר ונוקבא שהם תפארת ומלכות והם סמוכים כחדא שוה בשוה כמו שסמך הת"ת אל המלכות כן סמך המלכות אל הת"ת. האי עולם דקא אמרן תלייא בעולם דלתתא. פי' הת"ת עולם העליון תלוי במלכות עולם התחתון, והכוונה להכריח כי התפארת צריך לסמך המלכות. וז"ש וכד לא אתתקן עולם דלתתא שהוא המלכות לא נתקן התפארת. כי לא המטיר וכו' דהא דא בדא סמיך פי' התפארת נסמך במלכות ומלכות בת"ת. ועולם דא פי' הת"ת. תתאה כד אתתקן היינו המלכות כדמסיק. דא תאובתא דנוקבא היינו נשמתן של צדיקים כמו שנבאר בפרק הבא שהמלכות אושידת מ"נ לקבלא מיין דכורין כמו

שנבאר. מ"ט לא המטיר בגין וכו'. כל הגלגול הזה שגלגל עד עתה הוא לבאר איך באדם התחתון תלוי ענין היחוד של ת"ת עם המלכות, והוא ברור כי אחר שלימות הת"ת הוא בהיות המלכות עמו פנים בפנים והיא אינה מתייחדת עמו פב"פ אם לא ע"י אתערותא דתאובתא דהיינו מעשה בני אדם למטה כמו שנבאר. ואדם למטה לא היה בשלימות לכן לא המטיר וזה כלל דבריו וזה סבת גלגוליו. ות"ח וכו' ראיה אל הענין הזה כדמסיק ואזיל. ע"כ. והנה מתוך המאמר הזה למדנו כי בהתעוררות התחתונים תלוים העליונים בענין היחוד כמו שבארנו. ועתה ראוי שנחקור כלל ענין התעוררות הזה על מהותו ועניינו, ולזה נייחד לו פרק בפ"ע ושם נבאר שרש ועקר אל התעוררות הזה:

פרק תשעה עשר:

אחר שעלה בהסכמותינו בפ' הקודם כי ענין היחוד שבין ת"ת ומלכות צריך התעוררות העוה"ז. ראוי שנחקור לדעת מה ענין התעוררות הזה. וזה באר לנו הרשב"י בפרשת נח (ד"ס.) וז"ל ר' שמעון אמר בשעתא דקב"ה מתעטר בעטרוי מתעטר מלעילא ומתתא. מתעטר מעילא מאתר דעמיקא דכלא, מתעטר מתתא במה בנשמתהון דצדיקייא. כדין אתוסף חיין מעילא ומתתא ואתכליל אתר מקדשא מכל סטרין ובירא אתמלייא וימא אשתלים וכדין יהב לכלא. כתיב שתה מים מבורך ונוזלים מתוך בארך, אמאי הכא בורך בקדמיתא ולבתר בארך, דהא בור לא אקרי אלא ריקנייא דלא נביע, באר מיין דנבעין. אלא כלא אתר חד הוא [אלא אתר] דמסכני אחידן ביה אקרו בור דלית ליה מדיליה אלא מה דיהבון בגויה ומאן איהו ד'. לבתר אתעביד באר דאיהי מלייא מכל סטרין ומאן איהו ה' אתמלייא מעילא ונביע מתתא. אתמלייא מעילא כמה דאמרן ונביע מתתא מנשמתין דצדיקייא. ד"א שתה מים מבורך, דא דוד מלכא דכתיב ביה מי ישקני מים מבור מבית לחם. ונוזלים, דא אברהם. מתוך, דא יעקב דאיהו באמצעיתא. בארך, דא יצחק דאקרי באר מים חיים. הא בהאי קרא אשתכח רתיכא קדישא עלאה מאבהן ודוד מלכא דאתחבר עמהון. ואית מאן דיימא, ונוזלים, דא יצחק. מתוך, דא משה דאיהו באמצעיתא. בארך, דא אהרן דאקרי באר מים חיים ודוד מלכא דאתחבר עמהון. תיאובתא דנוקבא לגבי דכורא לאו איהו אלא כד עייל רוחא בה ואושדת מיין לקבלא מיין עלאין דכורין. כך כנסת ישראל לא אתערת תאובתא לגבי קב"ה אלא ברוחא דצדיקייא דעאלין בגווה. וכדין נבעין מייא בגווה לקבלא מיין דדכורא. וכלא אתעביד תאובתא חדא וצרורא חדא וקטורא חדא ודא הוא רעוא דכלא וטיולא דמטייל קב"ה בנשמתהון דצדיקייא עכ"ל לעניינו. והכוונה בשעתא דקב"ה מתעטר בעטרוי היינו בעת הזווג כמבואר לעיל פי"ז. בעטרוי לשון רבים, לפי שהעטרה כלולה מו' קצוות כי העטרה שהוא מתעטר היינו שהשרשים מהשש קצוות הנעלמים מתגלים על השש ספירות התחתונות ר"ל האצילות. ולכן אמר בעטרוי שהם עטרות רבות. ולזה כיון ר' יוסי במאמר שהעתקנו למעלה בפי"ז שאמר ופרשא עליה ועל מטרוניתא לבושי יקר דהיינו שהם מתלבשים בשרשים הנעלמים ואז היא יחודם וזווגם. וכן נתבארה העטרה במאמר שבארנו בשער עשר ולא תשע פ"ב דתמן פליגי תנאי אית מאן דאמר דהעטרה איהי משית כדאמרינן ואית מאן דאמר מאינון תלת דהיינו חסד גבורה ת"ת שהם ג' גוונין. ואפשר לומר דלענין הזווג לא פליגי דשית אינון. אבל חד סבירא ליה שהשלשה שהם חסד גבורה ת"ת הם דת"ת דבהכי פליגי תמן, ושלשה הנשארים הם עטרה אל המלכות דהיינו נה"י שהם מציאות הה"א שבה שהיא מתקשטת בהם בעת הזווג כדפי' בשער סדר האצילות פ"ב. אבל לענין מציאת הזווג כ"ע ל"פ דשית אינון דהכי מוכח בזוהר בכמה מקומות. וזהו שפי' בזהר בענין ז' שנים שעבד יעקב ברחל כדי שיהיה מתעטר מו' קצוות שהוא צריך כדי להתייחד והיינו עטרוי הנזכר במאמר. או אפשר דעטרוי היינו תרין עטרין דירית חד מאבא וחד מאימא והם חסד שבחכמה וגבורה שבבינה, וכן ביאר הרשב"י בשעת פטירתו בפ' האזינו. ופי' בספר אור יקר כי הב' עטרות אלו יורש התפארת מחכמה ובינה. מתעטר מלעילא ומתעטר מלתתא כדמסיק מעילא היינו ע"י חכמה ובינה שהם הנקראים עמיקא דכלא והיינו שפירש רבי יוסי במאמר שהעתקנו בפי"ז מענין השמן הטוב ושמן הוא מצד החכמה כמו שנבאר בשער ערכי הכינויים. מתעטר מתתא במה בנשמתהון דצדיקייא. פי' נשמתן של צדיקים שהם בחיים חיותם. כי במתים הם חפשים מן המצות ואין תורתם וטובתם משפיע ולא מועיל לזה כי לא ניתן ענין זה אלא לתחתונים שהם בעלי הבחירה. וענין אמרו בנשמתהון, היינו שהנשמות מציאותם למעלה והם חוט המשתלשל ממעלה מעלה מהת"ת עד עולם התחתון הזה כי משתלשלים מציאות ממציאות ומציאות ממציאות עד הגיעם אל המציאות הזה. ובעת עלות מעשיהם הטובים הם עולים דרך הצינור והשלשלת הזה עד הגיעם שם ומשם ממשיכים השפע למטה. והיינו

שאמר מתעטר במה בנשמתהון דצדיקייא שהם המציאות העליונים של הנשמות, שהם מעלים ריח מעשיהם לפניו והוא מתעטר עמהם כאשר יתבאר הענין הזה בארוכה בשער הנשמה פ"ז. כדין אתוסף חיים מעילא ומתתא פי' מצד שמשפיעין מלמעלה החיות והשפע וכן מלמטה בסוד האור המתהפך האור החוזר שהוא מורה על חוזק האור הבא עד שיש בו כח להגדיל המתהפך. וענין זה יתבאר בשער ממטה למעלה. ואתכליל אתר מקדשא. פי' הבחינה האחרונה שבמלכות בחינתה התחתונה היא הנקרא אתר מקדשא פי' מקום שכינת המקדש שהמקדש שורה בו. והבחינה הזאת האחרונה שבמלכות היא נכללת מכל סטרין. כי מפני היותה אחרונה ע"י שפע הברכות היא נכללת בכל. ואמרו מכל סטרין, אפשר לומר מג' צדדין שהם קו הימין וקו השמאל וקו האמצעי. או אפשר לומר מכל סטרין משתי בחינות בחינת האור ממעלה למטה ובחינת האור ממטה למעלה. ובירא אתמליא וכו'. היינו בחינת המלכות האמצעיות שיש בו מים רבים ו' [יד] היא מלאה. אבל בחינתה העליונה היא הנקראת ים שהיא נשלמת בכל מיני שלמות. ועם היות שהיא נקראת בכנוי ים בסוד בחינתה התחתונה ששם מצולות ים כמו שנבאר בערכי הכנויים, עם כל זה אפשר לפרשו למעלה על דרך השאלה לרבוי המים יותר מן הבאר והפירוש הזה הוא מוכרח. כתיב שתה מים מבורך וכו' דהא בור לא אקרי וכו' וא"כ מה שהוא בור אינו באר ובאר אינו בור, וא"כ איך מכנה למלכות בשתי כנויים שא"א לשניהם שאם יצדק כנוי באר לא יצדק כנוי בור ואם יצדק כנוי בור לא יצדק בה כנוי באר. ולומר שיהיו ב' ספירות א"א, שלא מצינו ספירה שנקרא באר ובור אלא זו. לזה אמר אלא כלא אתר חד הוא פי' לעולם ספירה אחת היא שנק' כך ונקראת כך. והענין לפי שיש לה ב' בחינות כדמסיק. אתר דמסכני היינו בחינתה שהוא דלה ואין לה חיות ברבוי ולכן העניים עניותם נמשך להם משם משום שנולדו בחסרונה של לבנה. וזהו אתר דמסכני אחידן ביה אקרי בור שאין השפע מתרבה בה מטעם שאין לה אז מעשה הצדיקים לשאול על ידם השפע. ומאן איהו ד' וכו'. פי' הנה מציאות ה' הוא מציאות ג' ווי"ן שהם נצח הוד יסוד כמבואר לעיל בשער סדר האצילות. וא"כ מציאות הד' הוא ב' ווי"ן שהם נצח והוד וזה אינו ע"י בעלה שהוא הזווג אלא ע"י קבלתה משתיהם ואין לה יחוד בבעלה שהוא ע"י היסוד מפני שאין לה מעשים כדי להיותה נביע מגוה ולכן היא דלה במסכנות. אבל לבתר. פי' אחר שקבלה מהנצח וההוד שהוא סוד הימין והשמאל אל הזווג כמו שנבאר דהיינו סוד החיבוק אז נעשה באר שהיא מציאות ה' שיש בתוכה ו' זעירא שהוא מציאות היסוד המריק הברכות בתוכה מכח מעשה הצדיקים שהם מיין נוקבין המעוררים התאווה. וז"ש לבתר אתעביד באר דאיהו מליא מכל סטרין דהיינו מכל ג' קוים ימין ושמאל ואמצע, ואז הוא באר שהוא נביע מגוויה וכדמסיק ונביע מתתא מנשמתהון דצדיקייא דהיינו מיין נוקבין הנז' וכדמסיק. ד"א לענין בור ובאר, כי במלכות הוא בור לבד ובאר הוא בספירה אחרת. מבורך דא דוד מלכא פי' בבחינה זו היה דוד מרכבה אל המלכות בערך בחינתה הנקראת בור, והראיה שהתאוה למימיה וקראה בור, א"כ בחינת דוד היא הנקרא בור. וכן מוכח שם (בזהר דס"ג) בפסוק הקשיבה לישה וכו'. ונוזלים דא אברהם לא הוצרך לראייה כלל כי ממילא משתמע כי מים הנוזלים ונשפעים הם מצד החסד מדתו של אברהם. מתוך דא יעקב כי הוא האמצעי והמתווך בין האבות, וז"ש דאיהו באמציעותא. בארך דא יצחק דאקרי באר מים חיים פי' מצד מעין החיים שהיא הבינה שעליה. ובמלת חיים הכריח הענין. הא בהאי קרא אשתכח כו'. לפי שנדחק בעניין ייחס הכנויים אל המדות במה שאפשר לפרשו בפנים אחרות. לכן אמר עם היות שאפשר לפרשו בדרך שפי' לעיל או כיש מפרשים, (על) [עם] כל זה על דרך זה הרווחנו שבהאי קרא אשתכח רתיכא קדישא עלאה, שהם ד' רגלי המרכבה חסד וגבורה ת"ת ומלכות, והיא ענין נאה בהיות נזכרים ד' אלה יחד בכתוב שהם מדות מתייחסות כנודע משא"כ לפי' הקודם שהכל הוא במלכות ולא דקדק בשאר המלות. רתיכא קדישא עלאה מאבהן ודוד מלכא דאתחבר עמהון. פי' כי עם היות שאלה הפירושים שפירשו המפרשים כדבעי למימר גם לפי הדרך ההוא יש בכתוב ד' מדות (על) [עם] כל זה אינם ממש ג' אבות אלא יצחק ומשה ואהרן ודוד. ולפי האמת אין בעצם יחס דוד עם הג' האלה אלא עם האבות כנודע בענין מלכותו בחברון כדי להתיחד עם האבות כמו שפי' בזוהר פ' וארא (דף ל"א. ובפ' ויחי דרמ"ו ע"ב), וא"כ נמצא שהפי' הזה בבחינות האלה הוא משובח משני הפירושים האחרים. ואית מאן דיימא כו'. המפרשים האלה שבקוה לפירוש קדמאה מפני דוחק באר בגבורה כי באר הוא יותר מן הנוזלים, וזה דוחק. והפי' הראשון לא נדחק בזה מפני סדר האבות ועם היות שסדרם הוא אברהם יעקב יצחק (על) [עם] כל זה כבר נתן טעם לדבר ואמר דאיהו באמצעיתא ולכן הוא

בתוכם. ואל קדימת דוד ג"כ כיון שאמר מאבהן ודוד מלכא וכו', שפי' הפסוק דוד המתייחס בג' אבות, ולכן קדם דוד אל שלשתם, וזה כיון באמרו דאתחבר כבר. והמפרשים כיון שראו שכבר אין סדר האבות כראוי ולכן רצו בהבלבול ושיהיו הכנויים מתייחסים קצת ולזה אמרו ונוזלים דא יצחק שכבר יש בו קצת מים כענין גבורות גשמים. מתוך דא משה כבר בארנו החלוק שבין יעקב למשה בשער י' ולא תשע פ"ב, כי יעקב הוא מלבר משה מלגאו וכו', יעויין שם. ומפני שפי' שנוזלים הוא יצחק ומציאות נוזלים מורה על הרחמים, אמר שאין הכוונה כאן אלא על מציאותם הנעלם יצחק דומיא דמשה, וזהו שאמר מתוך דא משה דאיהו באמצעיתא על הדרכים שפי' לעיל. ועוד רצה לבאר מתוך דא משה, לדקדק היטב לשון מתוך ולא אמר תוך אלא מתוך שר"ל תוכניות התוך דהיינו משה דאיהו באמצעיתא ומלגאו כמבואר בשער הנזכר. בארך דא אהרן לקבל משה, והוא באר מים חיים ודאי, ששם רבוי המים של חסד ובפרט במדרגות אהרן שהוא כנגד מדרגת מרע"ה ולכן בה רבוי מים ולא כן אברהם שמדתו נגבה שהוא לשון נגוב כמו שנבאר בשער ערכי הכינויים בע' נגבה. ודוד מלכא דאתחבר עמהון דקדק עמהון ולא אמר עם אבהן כדפי' לעיל. ואמר ודוד מלכא וכו', לתקון הדוחק [טו] הנזכר לעיל בפירוש קדמאה. תאובתא וכו' חוזר לבאר עניין ראשון. תאובתא דנוקבא כו' לאו איהו אלא כד עייל רוחא בה. פי' הוא משל כאשר נכנס היסוד בה דהיינו משך הת"ת משך הוא"ו ואז היא אושידת מייא, היינו מעשה הצדיקים שהם המים הנוקבין והיא אושידת המים האלה לקבלא מין דכורין כי בזכותם היא מקבלת מן הזכר והיא תובעת בזכותם. והיינו אושידת שמראה פעולתה ממטה למעלה בסוד האור חוזר. וז"ש כך כנסת ישראל כו', כי מבשרי אחזה אלוק. ולכן מים נוקבין הם מעשה הצדיקים העולים ע"י נשמתם על דרך שפי' לעיל. וכלא אתעבידא תאובתא חדא וכו' ר"ל התפארת והמלכות עושים תאובתא חדא הוא ההתעוררותם. וצרורא חדא היינו מציאות החיבוק שהוא שמאלו תחת לראשי שנבאר. וקטורא חדא היינו מציאות היחוד הם ג' בחינות שביחוד. הראשונה היא זאת שנתעסקנו בה בפי"ח י"ט כ', שנית היא אותה שנתעסק בפ' כ"א, השלישית היא אותה שנתעסק בפכ"ב. ודא הוא רעוא דכלא פי' הענין הזה וההתעוררות הזה הוא מרוצה ונחמד אל הכל אל התפארת ואל המלכות ואל הצדיקים. ודא הוא רעוא דכולא וטיולא דמטייל קב"ה וכו'. מתוך הלשון משמע כי ההתעוררות הוא ע"י הנשמות שבגן עדן מדקאמר ודא הוא כו' וטיולא דמטייל וכו', והענין הוא בנשמתן של הצדיקים שבגן עדן. וקשה במאמר דכתבנו לעיל בפרק י"ח דבעי אתערותא דלתתא דהיינו מהעה"ז, וכן משמע בזוהר פ' אחרי (דף ע"ד) וז"ל רבי יהודא אמר בשעתא דאסגיאו זכאין בעלמא כנסת ישראל סלקא ריחין טבאן ומתברכא ממלכא קדישא ואנפהא נהירין. ובזמנא דאסגיאו חייבין בעלמא כביכול כ"י לא סלקא ריחא ואטעמת מסטרא אחרא מרירא, כדין כתיב השליך משמים ארץ וגו'. ואנפהא חשוכין. רבי יוסי אמר בשעתא דאסגיאו זכאין בעלמא כתיב שמאלו תחת לראשי וימינו תחבקני ובזמנא דאסגיאו חייבין בעלמא כתיב השיב אחור ימינו. רבי חזקיה אמר מהכא ונרגן מפריד אלוף, כלומר פריש מלכא מן מטרוניתא וכו' עכ"ל. הנה מתוך דברי התנאים האלה משמע כי ענין היחוד הוא על ידי מעשה בני אדם התחתונים כמו שאמר בשעה דאסגיאו זכאין בעלמא כ"י סלקא ריחין טבין דהיינו ריח מעשה המצות. ועל ענין הזה אמר יצחק על יעקב (בראשית כז כז) ראה ריח בני כריח שדה וכו' כי הוא היה מריח בו ריח השכינה כאשר היא מקבלת מן התפארת, וז"ש אשר פירושו כאשר. ריח שדה כאשר ברכו ה' שהוא הת"ת. ובזמנא דאסגיאו וכו' ואין במה להתיחד, לא סלקא ריחא לפי שאין מע"ט. וענין ואטעימת מרירא פי' בשער הצינורות בפ"ד. רבי יוסי אמר בשעתא דאסגיאו זכאין כו' אפשר לומר כי רבי יהודא לא דבר אלא בשפע הכולל לבד, וז"ש ומתברכא ממלכא קדישא דהיינו שפעו ולא מתייחדא או מזדווגא. אבל רבי יוסי פירש בענין היחוד ממש, וז"ש שמאלו תחת לראשי דהיינו החיבוק שנדבר בו. ועוד בזולת זה בפ' ויקהל (ד"ר ע"ב) רבי חייא בשם הרשב"י היה אומר לר' אבא תקונין דתפלה. ובתיקון נפילת אפים אמר שם וכדין אצטריך למנפל על אנפוי ולממסר נפשיה בשעתא דאיהי נקטא נפשין ורוחין כדין הוא שעתא לממסר נפשיה בגו אינון נפשין דאיהי נקטא, דהא כדין צרורא דחייא איהו כדקא יאות. מלה דא שמענא ברזין דבוצינא קדישא ולא אתייהב לי רשו לגלאה בר לכו חסידין עליונין. דאי בההוא שעתא דאיהי נקטא נפשין ורוחין ברעו דדביקותא חדא איהו ישוי לביה ורעותיה לדא ויהיב נפשיה בדבקותא בההוא רעותא לאכללא לה בההוא דבקותא, אי אתקבלת בההיא שעתא בההוא רעותא דאינון נפשין ורוחין ונשמתין דאיהי נקטא, האי איהו בר נש דאתצריך בצרורא דחייא בהאי עלמא ובעלמא דאתי. ותו

דבעייא לאתכללא מכל סטרין מלכא ומטרוניתא מעילא ומתתא ולאתעטרא בנשמתהון בכל סטרין. אתעטרת בנשמתין דלעילא ואתעטרת בנשמתין דלתתא. ואי בר נש יכוין לביה ורעותיה לכל דא וימסר נפשיה מתתא בדבקותא ברעותא כמה דאתמר כו' עכ"ל לענייננו. והנה נראה בפירוש כי מה שהקב"ה ושכינתו נכלל מלמטה הוא באיש הזה המוסר נפשו בנפילת אפים אחר תפילתו, כדי שיהיה נכלל מלמעלה בסוד הנשמות הנשפעות מלמעלה שהם מתחדשות דהיינו שפע הזכר ומיין דכורין, ומלמטה דהיינו מיין נוקבין, הוא בסוד האיש הזה וכיוצא בזה. וכמו שדרשו בזוהר (ויצא דף קנ"ג ע"ב) בענין יוסף ובנימין שזה צדיק לתתא וזה צדיק לעילא. ונמצא השכינה נקבה בין תרין זכרים דהיינו בנימין לתתא בסוד מים נוקבין. וכן נתבאר בפ' תרומה (דף קכ"ח ע"ב) וז"ל כיון דמטו לשים שלום כדין עביד שמושא ההוא נהר דנפיק מעדן באידרא דא וכדין בעאן כולא לנפקא מקמי מלכא ולא אצטריך ב"נ ולא אחרא לאשתכחא תמן ולא למשאל שאלתין אלא אצטריך למנפל על אנפין. מ"ט בגין דההוא שעתא שעתא דשמושא הוי ובעי כל בר נש למכסף מקמי מאריה ולחפיא אנפוי בכסופא סגי ולאכללא נפשיה בההוא שמושא דנפשין דאתכליל ההיא אידרא מעילא ומתתא בנפשין ורוחין עכ"ל לעניננו. ומתוכו מתבאר כי אתערותא דלתתא היינו נשמתן של החיים העומדים בחיים בעה"ז. והענין מעצמו מוכרח כי אין ראוי שנאמר שע"י הצדיקים שבגן עדן יהיה הענין הזה שהרי הם חפשים מן המצות ואין מעשיהם מעלים ולא מורידים. ועוד שא"כ שהזווג הוא על ידי אותם הנשמות, א"כ היה ראוי שלא יחסר לעולם אלא אדרבה יעדיף, וקשה לרבי יהודה ולרבי יוסי ורבי חזקיה דפי' דבהאי עלמא תליא אי אסגיאו זכאין ואי אסגיאו חייבין. וכדי ליישב הענין הזה נשאל עוד שאלה לפום מאי דמשמע כי ענין אושידת וכו' הוא ענין הטיול והשעשוע שהקב"ה משתעשע עם הצדיקים. הרי ידענו מתוך המאמרים הקודמים כי ענין היחוד והזווג הוא בעת שים שלום. והשעשוע הוא בחצי הלילה כדמשמע בכמה מקומות מהזוהר. וז"ל בפ' לך (דף צ"ב ע"ב) וז"ל חצות לילה אקום להודות לך על משפטי וכו'. מאי קא חמא דוד דאיהו אמר חצות לילה ולא אמר בחצות. אלא חצות לילה ודאי ולקב"ה אמר הכי. וכי קב"ה אקרי הכי. אין, דהא חצות לילה ממש קב"ה אשתכח וסיעתא דיליה, וכדין היא שעתא דעייל בגנתא דעדן לאשתעשע עם צדיקייא וכו' עכ"ל. ועוד הוא מאריך שם בענין זה הרבה הרי משמע בפירוש דשעשוע דקב"ה עם הצדיקים בג"ע הוא בחצות לילה. ועוד בפרשת נח (דע"ב) וז"ל כל ב"נ דקם למלעי באורייתא מפלגו דליליא כד אתער רוח צפון קב"ה אתי לאשתעשע עם צדיקיא בגנתא דעדן והוא וכולהו צדיקיא דבגנתא כולהו צייתין ליה וצייתא להנהו מלין דנפקין מפומיה וכו' עכ"ל לעניננו. ומתוכו מתבאר כי השעשוע שהקב"ה משתעשע עם הצדיקים בג"ע הוא בחצות הלילה. וכדי ליישב הענין הזה נאמר כי שעשוע שהקב"ה משתעשע עם הצדיקים בגן עדן זהו ענין השכינה מלכות עם התפארת המשתעשעת עמהם בסוד הבריאה והיצירה והעשיה. דהיינו ג"ע העליון תחת כסא הכבוד, וג"ע התחתון יצירה, ומדור הנפשות עשיה, כאשר נבאר לקמן בשער הנשמה. וכן מוכרח מתוך לשון הזהר שאין השעשוע הזה ייחוד שמתייחד הת"ת עם השכינה בסוד האצילות למעלה למעלה אלא קבלת שפע שמקבלת מתוך הנהר העליון וכן מקבלים הצדיקים. ות"ת עם המלכות מתגלה ביניהם ובסוד מציאותם מתייחדים ואור הצדיקים נוסף והיינו שעשועים. וז"ל בס' הזוהר פ' לך (דף צ"ב.) בפלגותא דליליא כד צפרין מתערין, סטרא דצפון אתער ברוחא. קם בקיומיה שרביטא דבסטר דרום ובטיש בההוא רוחא ושכיך ואתבסם. כדין אתער קב"ה בנמוסוי לאשתעשע עם צדיקייא דבגנתא דעדן. בההוא שעתא זכאה חולקיה דבר נש דקם לאשתעשע באורייתא דהא קב"ה וכל צדיקייא כולהו צייתין לקליה הה"ד היושבת בגנים חברים מקשיבים לקולך השמיעני. ולא עוד אלא דקודשא בריך הוא משיך עליה חד חוטא דחסד למהוי נטיר בעלמא. דהא עלאין ותתאין נטרין ליה. הה"ד יומם יצוה ה' חסדו ובלילה שירה עמי. אמר רבי חזקיה, כל מאן דאשתדל בהאי שעתא באורייתא ודאי אית ליה חולקא תדיר בעלמא דאתי. אמר רבי יוסי מ"ט תדיר. א"ל, הכי אוליפנא דכל פלגות ליליא כד קב"ה בג"ע, כל אינון נטיען דגנתא אשתקיין יתיר מההוא נחלא דאיקרי נחל קדומים נחל עדנים דלא פסקין מימוי לעלמין. כביכול ההוא דקאים וישתדל באורייתא כאלו ההוא נהרא אתרק על רישיה ואשקי ליה בגו אינון נטיען די בגנתא דעדן. אמר ר' יוסי, ולא עוד אלא הואיל וכלהו צדיקייא דבגו גנתא צייתין ליה חולקא שויין ליה בההוא שקייו דנחלא. אשתכח דאית ליה תדיר חולקא בעלמא דאתי עכ"ל. ומתוכו מתבאר בפי' כי אין כוונת ענין השעשוע הזה אל הזווג העליון שבין תפארת ומלכות באצילות אלא השפע שמשפיע

הקב"ה עליהם. ועל האמת כי הקב"ה הנזכר בכל המקומות האלה אין הכונה על התפארת דוקא אלא על המלכות שהיא נקראת ג"כ הקב"ה ברוב המקומות. וסוד ענין זה הארכתי בבאורו בזוהר פ' בלק סימן ה' משער ח' יע"ש. אמנם הטיול הנזכר במאמר שלפנינו היא יחודם באצילות. ואמרו בנשמתהון דצדיקייא אינו ר"ל הנשמות שכבר נפטרו מן העוה"ז אלא אותם נשמות שעדיין בחיים חיותם ועל ידי מעשיהם הזכים והטהורים ועל הדרך שפי'. כי אין ביד הצדיקים שבגן עדן לא לייחד ולא לקצץ, והעיקר הוא הצדיקים שבעולם המעשה. ועם היות שאמרנו שהשעשוע ע"י החיים לא נכחיש כי בעת שהצדיק נפטר מן העולם על ידי נשמתו המסתלקת מן העולם מתייחדת כנסת ישראל עם הת"ת כי כן מוכח מקצת דקדוק לשון הזוהר. אבל עם כל זה אין מיין נוקבין הנזכרים במאמר הזה אלא על ידי החיים ממש, ולכן (במאמר הזהר מפ' נח ד"ס הנ"ל) לא הזכיר עם הצדיקים בג"ע. אלא ודא הוא רעוא דכלא וטיולא דמטייל קב"ה בנשמתהון דצדיקייא לבד ולא אמר בגנתא. ועל הכל אפשר לומר שהוא בעת הסתלקם מן העולם. מכלל הפרקים הקודמים למדנו אל יחוד הת"ת עם מלכות שא"א להיות אם לא ע"י התעוררות תחתון, והתעוררות הזה הוא ריח המצות של הצדיקים:

פרק עשרים:

אחר שכבר פי' לעיל מציאות התעוררות ומהותו. רצינו לבאר ענין ההתעוררות מתחלה וטעמו. והענין הוא כי אין ברכה שורה בעליונים אלא א"כ שורה בתחתונים. וזהו הנדרש בספר הזוהר פעמים רבות שכינה בתחתונים צורך גבוה. והענין כי מציאות כל האצילות לא נאצל אלא לצורך התחתונים כמו שהארכנו בשער טעם האצילות. ואחר שכן הוא שעקרו אל התחתונים א"כ בהיות התחתונים ראוים אל הברכה שישרה עליהם אז שורה הברכה והשפע בעליונים. וכאשר אין ברכה שורה בתחתונים לרוע הכנתם אין הברכה שורה בעליונים. ולכן שכינה בתחתונים פי' שתהיה משכן השכינה בתחתונים דהיינו בעולם השפל, הוא צורך גבוה פי' צורך אל האצילות העליון אשר למעלה ממנו. והמשל בזה אל המינקת כי בהיות בנה בחיים ויש לו הכנה לינק יתרבה החלב בדדיה, וכאשר אין לה בן לינק ולהשפיע עליו אז יחסר החלב מדדיה. והכונה כי ענין התעוררות שאנו אומרים היינו ההכנה והכסא אל השפע ואל הברכה ולכן צריך התעוררות מהצדיק התחתון שהוא בעה"ז אל השכינה כדי שיהיה הצדיק כסא ומעון אל שפע הנשפע אל העה"ז מן השכינה ובזכותו יושפע אל התחתונים. ואז השכינה כסא ומעון אל הת"ת והשפע נשפע. אמנם כאשר אין שפע נשפע מן השכינה אל התחתונים מפני שאין לה כסא ומעון בעה"ז, אז השפע מסתלק ממנה ואין לה יחוד וזווג עם התפארת. וגילה הענין הזה התנא האלקי רבי יהודה בס' הזוהר וז"ל בפ' לך (דפ"ח.) רבי יהודה פתח אני לדודי ועלי תשוקתו. הא אוקימנא דבאתערותא דלתתא אשתכח אתערותא דלעילא, דהא לא אתער לעילא עד דאתער לתתא. וברכאן דלעילא לא אשתכח אלא במה דאית ביה ממשא ולאו איהו ריקנייא. מנא לן מאשת עובדיה דאמר לה אלישע הגידי לי מה יש לך בבית. דהא ברכאן דלעילא לא שריא על פתורא ריקנייא ולאו באתר ריקנייא. מה כתיב ותאמר אין לשפחתך כל בבית כי אם אסוך שמן. אמרה ליה שיעורא דהאי משחא לאו איהו אלא כדי משיחת אצבעותא זעירא. אמר לה נחמתני, דהא לא ידענא איך ישרון ברכאן דלעילא בדוכתא ריקנייא, אבל השתא דאית לך שמן דא היא אתר דאשתכחא ביה ברכאן. מנלן דכתיב כשמן הטוב על הראש וגו' וסיפיה מאי כתיב כי שם צוה ה' את הברכה חיים עד העולם. ובאתרא דא שראן ברכאן. ואי תימא כטל חרמון שיורד על הררי ציון ולא כתיב שמן אלא טל. אלא איהו שמן ואיהו טל ההוא טל הוא איהו דאטיל קב"ה ממשחא עלאה, דההוא שמן נפיק לסטרא דימינא. תרין אינון יין ושמן ואזלו לתרין סטרין יין לסטרא דשמאלא ושמן לסטרא דימינא ומסטרא דימינא נפקי ברכאן לעלמא ומתמן אתמשח מלכותא קדישא. ובגין דשמן הוה אתתקן לתתא בקדמיתא שמן מזדמן לעילא אריקו דברכאן. ת"ח, מאתערותא דהאי שמן דלעילא קאים לארקא על דוד ושלמה לאתברכא בנוי. מנלן דכתיב ויעמוד השמן כתיב הכא ויעמוד וכתיב התם שרש ישי אשר עומד לנס עמים. ת"ח משלחן דלחם הפנים דברכאן נפקין מתמן ומזונא לעלמא, לא בעי לאשתכחא ריקנייא אפי' רגע' חדא בגין דלא יסתלקון ברכאן מתמן. אוף הכי לא מברכין על שלחן ריקנייא דהא ברכאן דלעילא לא שריין על שלחן רקנייא. ת"ח מה כתיב אני לדודי ועלי תשוקתו. אני לדודי בקדמיתא, ולבתר ועלי תשוקתו. אני לדודי לאתקנא ליה דוכתא בקדמיתא, ולבתר ועלי תשוקתו עכ"ל לענינו. והנה פירש בפירוש כי טעם ענין התעוררות כדי שיהיה משכן ומכון וכסא אל האצילות, וזו היא עיקר ההתעוררות שמורה שיש מכון והכנה אל השפע כדפי'. והענין

הזה הוא כי אין אור האצילות מתגלה בלי שיהיה לו תיק להגנז בו. והנה בהיות שאין תיק ומכון בעוה"ז להגנז בו הוכרח לעלות ואין השפע יורד כדי מזון התחתונים ולכן אין האור מתגלה במלכות אלא כדי מזונה. אמנם כשיש בעולם הזה תיק ומכון להתעלם בו האור היורד והשפע, אז האור מתגלה ונראה והשפע יורד אל המלכות בשופי כדי שיזונו התחתונים ויתענגו על רוב שלום. ויש לענין הזה גילוי בזוהר אלא שאין רצוננו להאריך. ועתה יש לשאול אם צריך ג"כ התעוררות אל הבינה, כמו שצריך התעוררות מהתחתונים אל המלכות כדי שיזדווגו חתן וכלתו. ונאמר שצריך ג"כ, וזהו הטעם שאין זווג למעלה בבינה עם החכמה כשאין זווג למלכות עם הת"ת וכמו שהכרחנו בפי"ג י"ד. וכן הורה אליהו ז"ל בפירוש הז"ח משיר השירים (דף ע"ד.) וז"ל כמה דאיצטריך אתערו דחדווא לאתערא מהאי עלמא לעילא, הכי אצטריך לאתערא חדווא וחדו מעלמא דסיהרא לגבי עלמא עלאה. ובג"כ עלמין קיימין בדוגמא חדא, ואתערו לא סלקא אלא מתתא לעילא עכ"ל. הרי שצריך אל היחוד העליון דהיינו אל הבינה התעוררות מהמלכות. ובדבר הזה יובן מה טעם אמרו שהשכינה משוררות לעולם, מפני שיחוד הבינה עם החכמה הוא ולא מתפרשין לעלמין, לכן צריך התעוררות לעולם. אבל יחוד המלכות עם הת"ת הוא לעת הבקר, לכן עקר שירתא היא בבקר בעת תפלתינו כדי לייחדה עם בעלה. ועיקר המאמר הזה בארנוהו למעלה פ"ו. והענין הוא שהעולמות משתלשלים זה מזה והם כסא זה לזה והעוה"ז ר"ל האדם שבו הוא מכון וכסא לשכינה ולכך דרז"ל עיקר שכינה בתחתונים היתה. והשכינה כסא ומכון והיכל אל התפארת והתפארת אל הבינה והבינה אל החכמה. והענין מבואר. ויש לשאול אחר שכן הוא שאין יחוד וזווג אם לא ע"י ידי ההתעוררות, א"כ נשמת אדם הראשון היאך נאצלה. ולומר שהיה ע"י התעוררות א"א שהרי עדין אדם אין. ולומר דהוה זווגא מאחורא ח"ו זה ודאי דוחק דלית זווגא אלא אנפין באנפין, א"כ כיצד נאצלה. ולזה היה עולה על דעתנו לתרץ על דרך שתרצו לענין הזה בס' הזוהר פ' תרומה (דף קס"ז) גבי ההוא רבייא דהוה בריה דרב ספרא כי עסיק בה"פ אור וה' פעמים מים וה"פ רקיע שהם בדיוקנא דזרע דאדם שהוא בקדמיתא דהיינו במוחא אור ואחר כך מים ואחר כך רקיע דהיינו פשיטו דגופו דאדם. וכן היה בענין האצילות אור מצד החסד מים גבורה רקיע תפארת. ושאל על זה עוד ואמר לון האי דאמינא דאבריר הכא רזא

דאדם באור דההוא זרע ולבתר אתעביד מים ומגו אינון מים אתפשט רקיע דיוקנא דאדם כמה דאתערנא. תינח כד אתעביד דא לגו מעוי דאתתא דהא לא אתצייר זרעא אלא בגו מעוי דנוקבא לאתפשטא בה דיוקנא דאדם. והכא אי אילין חמשי דרגין אנון דיוקנא דאדם באן אתר אצטייר ואתפשט האי דיוקנא בגו אינון מים. אי תימא גו נוקבא הוו דא עלמא דאתי, לאו הכי דהא לא אצטייר ציורא ודיוקנא עד דנפקו אתוון לבר ולבתר אתגלימו. ותו דהא עלמא דאתי אומנא הוה דכתיב ויאמר אלקים יהי אור ויהי אור ויאמר אלקים יהי רקיע הא הוה אומנא. ואי תימא בנוקבא דלתתא, לאו הכי דהא עד לא הות וכד נפק האי דיוקנא דאדם נוקביה נפקת בהדיה. הא לא אתצייר דיוקנא דאדם בה. אי הכי באן אתר אתצייר ואתגליף האי זרע למהוי גליפו דיוקנא דאדם. אלא דא רזא עילאה, אדם קדמאה אתצייר ואתגליף בלא נוקבא, אדם תניינא מחילא וזרעא דהאי אגליף ואצטייר גו נוקבא. אדם קדמאה גליפו דציורא ודיוקנא דגופא לא הוה בנוקבא ובלא ציורא כלל הוה. ואתצייר ואגליף לתתא מעלמא דאתי בלא דכורא ובלא נוקבא. אינון אתוון אגלימו גו משחתא ואתצייר ואגליף בהו רזא דאדם. ואתוון בארח מישר בסדורא דלהון מרזא דאור קדמאה שריאו לאתגלפא ולאתציירא (אתוון) ואזדרע האי אור בגויה גו משחתא. כד מטא גו משחתא אתהדר מייא גו מייא אתפשט רקיע ציורא דאדם דיוקנא כדקא חזי. לבתר דאתקשטת נוקבא לגביה ואתהדרו אנפין באנפין, האי דיוקנא דאדם עאל בתאובתא לגבי נוקבא ותמן אתגליף ואתצייר כגוונא דיליה ועליה כתיב ויולד בדמותו כצלמו וגו'. האי אצטייר גו נוקבא מה דלא הוה ההוא קדמאה דאצטייר (גו) ההוא קדמאה בגויה במדידו גו משחתא כמה דאתמר כגוונא דא לתתא. לתתא מה כתיב והאדם ידע את חוה אשתו וכו' עכ"ל לענייננו. ומתוכו נתבאר ענין אדם העליון שנעשה מעצמו בלא נקבה כדמפרש ואזיל. אף אנו נאמר לענין אדם הראשון שנעשה בלא נוקבא אלא עצמות או"ר מי"ם רקי"ע שבעצמם מצד ההתפשטות היה מתגלם, כן הוא הענין בנשמת אדה"ר שהיתה מתגלמת. ויש לזה הוכחה קצת ממה שנתבאר בתיקונים (תקונא סט דף ק"ז) בענין מה שמו ומה שם בנו, כי אדם הראשון הוא מה שמו ומשה הוא מה שם בנו. ויש באדם מה, ובמשה מה. ובמשה הוא מה שם בן ד' במילואו שבת"ת הנק' בן אל החכמה שהוא ג"כ שם בן ד' במילואו ועולה מ"ה כזה יו"ד ה"א וא"ו ה"א. ולהיות שנשמת אדם נאצלה ממקום גבוה לא

הוצרך אל הזווג. וכן פי' בתקונים כי אדם הוא חכמה וחוה היא בינה (כי המילוי של שם מ"ה בגי' חוה) ולכך עליה נאמר כי היא היתה אם כל חי ועל כן לא הוצרך אצילותם אל זווג תחתון. אלא שבזוהר (בראשית דף ל"ד ע"ב) נראה בפי' שנזדווגו ת"ת ומלכות להוציא נשמת אדה"ר. וכבר היה באפשר לומר כי מה שנדרש בזהר שנזדווגו להוציא היינו לגלות נשמתו שהיתה נעלמת בבינה. וכן משמע מתוך לשונו שם שאמר ומזרח אתדבק במערב ואפיק ליה, ולא אמר ואתעביד מיניה אלא ואפיק פי' שהוציאו ממקום הנעלם שהיה. אלא שהלשון נעשה אדם קשה קצת. וכבר אפשר לתרצו נעשה ר"ל נוציאהו ממדרגת האצילות אל מדרגה חיצונה שהיא מדרגת העשייה. אלא שעם כל זה מידי קושיא לא נפקינן, שהרי בפי' אומר במאמר ההוא שנזדווגו בסוד שמאלו תחת לראשי וימינו תחבקני, ומה לנו אם היה הזווג להוציאו או אם יהיה להמציאו סוף סוף נזדווגו. א"כ אחר שאדם אין ולא היתה ההתעוררות כיצד נאצל או הוציאוהו, ולכל הפירושים קשה. ולכן נאמר כי זווגא הוה מאחורא. וענין מאחורא הוא כאשר יש התעוררות מלמטה בכח ההתעוררות ההוא יש כח במלכות להאיר פניה נגד הת"ת ואחר שהיא מאירה פניה נגדו הוא מאיר פניו נגדה בסוד הצינורות שבארנו בשער הצינורות בפרק א'. אמנם כשאין למלכות מעשים אין לה כח להאיר פניה נגד התפארת בסוד אור החוזר כמו שנבאר בשער ערכי הכנויים בערך מים. ואחר שאינם מאירים פנים אל פנים כראוי הרי זווגא מאחורא. והענין הזה לומר שהיה זווגם מאחורא מוכרח לפי שמצד זווג תפארת ומלכות נאצלה נשמת זכר ונקבה כמו שנבאר. והנה כאשר הם פנים נגד פנים הנשמות מתאצלים פנים נגד פנים כענין הנשמות שנאצלו אחר שנברא העולם. ואדם ואשתו נאצלו פנים באחור, והעד על זה ענין הגוף שלו שכך היה כי הגוף לבוש אל הנשמה. עד שאח"כ נסרה הקב"ה, ואחר שנסרה כאשר היתה התעוררות מלמטה, הנשמות הנאצלות למעלה היו פנים נגד פנים והעד שת ובת זוגו שלא נצטרכו אל נסירה כלל. וזה שכיוון הרשב"י ע"ה בלשונו במאמר שכתבנו בפי"ח. ת"ח אדם וחוה דא בסטרא דדא אתבריאו מ"ט לא אתבריאו אנפין באנפין בגין דכתיב כי לא המטיר ה' אלקים על הארץ וזווגא לא אשתכח בתקוניה כדקא יאות. הנה שלא אמר שלא היה זווג כלל אלא שלא היה כראוי שהיה באחורא כדפי', והענין כמו שבארנו. ונשאר עלינו עוד לבאר ענין הנמצא בזהר פ' תזריע (דמ"ה) וז"ל ת"ח בשעתא דקב"ה אשתכח בה בכנ"י באנון זמנין דאשתכח עמה והיא אתערת רעותא לגביה בקדמיתא ומשכאת ליה לגבה בסגיאות חיבתא ותאובתא, כדין אתמליא מסטרא דימינא וכמה אוכלוסין משתכחי מסטרא דימינא בכלהו עלמין. וכד קב"ה אתער חביבותא ורעותא בקדמיתא והיא אתערת לבתר ולאו בזמנא דאיהו אתער, כדין כלא בסטרא דנוקבא אשתכח ושמאלא אתער וכמה אוכלוסין קיימין ומתערין בסטרא דשמאלא בכלהו עלמין. כהאי גוונא כתיב אשה כי תזריע וילדה זכר וגו'. מאי טעמא, תנינן עלמא תתאה כגוונא דעלמא עלאה אשתכח ודא כדוגמא דדא. ועל דא קב"ה גזר דכר או נוקבא לאשתכחא רעותא בעלמא עכ"ל. והנה הורה כי לפעמים לא תתעורר המלכות אלא באחרונה ואז כמה בעלי דינין מתערין וכו'. ומן הראוי היה לשאול כי אחר שיש לה כח להתעורר כמ"ש והיא אתערת לבתר, א"כ למה לא תתעורר בראשונה ולא יהיה ענין הדין. והענין הזה הוא, כי כאשר לא תהיה למלכות מציאות וכח להתעורר כלל ועיקר ח"ו, אז היא פורסת נדה במה שיונקת מר כדפי' בפרק הקודם ובשער הצינורות פ"ד. וכאשר יהיה לה מעשים אלא שהם מועטים לעון הדור או שישראל מחצה זכאין ומחצה חייבין, אז היא אינה מתעוררת כלל אבל הת"ת לרוב רחמיו על ישראל הוא מתעורר על האם ואז הוא מעורר אותה והרחמים מתעוררין והאם מתעוררת באחרונה בקצת מעשים שיש בדור. ואז כמה בעלי דינין מתערין לפי ששואלים בדין ואומרים הללו עובדי ע"ז והללו עע"ז הללו מגלי עריות וכו' ולכן מתעורר כח הדין. ועל ענין כזה הוא תפלתנו שאנו אומרים דלות מעשינו בשורך קרב צדק מאליך. פי' כאשר תראה שמעשה בני עולם הם דלים אבל כבר יש מעשים אלא שהם מועטים ודלים, (או) [אז] תקרב הצדק המלכות שהיא נקרא צדק מאליך ולא מפני זה יתבטל ח"ו יחודך עמה אלא קרב אותה מעצמך ע"י שתתעורר אתה קודם. ונמצא לפ"ז בבחי' ההתעוררות הם ג' בחינות. בחי' א' והיא הנבחרת כד אסגיאו זכאין בעלמא, שאז העולם נדון אחר רובו והיא מתעוררת קודם, ואז וילדה זכר פי' מאן דאלים גבר גובר כח הרחמים על כח הדין ולכן הכל רחמים והעולם בנחת. הבחינה השנית היא כאשר העולם חייבין אבל יש בו זכאין קצת, שאז היא יולדת באחרונה שאין לה כח להתעורר קודם מפני מיעוט המעשים והיא מתעוררת באחרונה כדפי', ואז הוא עת זווג אבל יש מקטרגים בהזווג כדפי'. הבחינה הג' היא כאשר העולם רובו חייבין

או כולו שזהו שאמר כד אסגיאו חייבין בעלמא, שאז אטעמת מרירא שיונקת מצד החצון פי' מן המותר כדפי' בשער הצינורות בפ"ד. ומה שנשאר ביאור המאמר הזה יתבאר בפרקים הבאים. ודי לנו הערה בזה לענין ההתעוררות. ונבא לבאר בענין בחינה שנית אל הזווג והיא בחינת החבוק והנשוק:

פרק עשרים ואחת:

הנרצה בפרק זה הוא לבאר ענין המשל בזווג העליון אל החבוק והנשוק. וז"ל בספר הזוהר פ' בראשית (דף ל"ד ע"ב) רבי שמעון קם ואמר מסתכל הוינא כד בעא קב"ה למברי אדם אזדעזעו כל עלאין ותתאין. ויומא שתיתאה הוה סליק בדרגוי, עד דסלקא רעותא עלאה ונהיר שירותא דכל נהורין. ופתח תרעא דמזרח דהא מתמן נהורא נפיק. ודרום אחמי תוקפי דנהורא דירית מרישא ואתתקף במזרח. מזרח אתקיף לצפון וצפון אתער ואתפשט וקרי בחיל סגיא למערב למקרב ולאשתתפא בהדיה. כדין מערב סלקא בצפון ואתקשר ביה. לבתר דרום אתיא ואחיד במערב וסחרין ליה דרום וצפון דאלין גדרי גנתא. כדין מזרח קריב במערב ומערב שריא בחדווא ובעאת מכלהו ואמרת נעשה אדם בצלמנו כדמותנו דלהוי כגוונא דא בד' סטרין ועילא ותתא. ומזרח אתדבק במערב ואפיק ליה. ועל דא תנינן אדם מאתר דבית המקדש נפק עכ"ל. מסתכל הוינא פי' מעיין הייתי בענין בריאת האדם. אזדעזעו וכו' מפני שלא ישר בעיני העליונים בריאת האדם מפני שע"י האדם עיקר שכינה בתחתונים. ולכן אמרו (תהלים ח ה) מה אנוש כי תזכרנו כדפי' רז"ל. וכן נתבאר בזהר בענין עזא ועזאל. ולכן נזדעזעו העליונים והתחתונים מפני שכלם בידו ניתנו והוא המושל על כלם דכתיב (בראשית א כח) ורדו בדגת הים. ויומא שתיתאה הוא היסוד יום השישי. וענין הוה סליק בדרגוי פי' היה מסתלק עם הת"ת והמלכות שהוא המייחדם. והענין שהיה מתעורר אל הזווג הנעשה ע"י והוא עולה אל הת"ת ויורד אל המלכות. עד דסלקא רעותא וכו'. פי' עד שעלה הרצון לפניו, ופי' עד שהושפע שפע אל הכתר מלמעלה והשפיע אל החכמה שהיא הנקרא שירותא דכל נהורין כדפי' בשער אם הא"ס הוא הכתר בפ"ג וז'. ופתח תרעא דמזרח. מזרח לא קאמר דהיינו הת"ת אלא תרעא דמזרח שהוא החכמה שמשם מאיר המזרח בשעת אצילותו ואף אחר אצילותו. ומשם דרך השער הזה אורה יוצאה אל כל האצילות. ודרום אחמי תוקפיה וכו'. פי' החסד שהוא הנקרא אור ועיקר יניקת החסד מן החכמה ולכן החסד האיר אורו שהוא מקבל מראשו שהוא החכמה. ואתתקף במזרח פי' החזיק והתייחד החסד עם התפארת מצד יחוסם יחד כי החכמה שער המזרח ודרום מקבל משם ולכן מתייחד החסד עם המזרח. ובזה יתיישב מה שנמצא בקצת מקומות כינוי המזרח אל החכמה מפני טעם שאמרנו. והנה החסד מתייחד עם התפארת מצד שהוא מטה כלפי חסד. ומזרח אתקיף לצפון פי' הת"ת אחר שכבר נתייחד עם הדרום וקבל ממנו הוא הולך להתייחד עם הצפון לעשות מעשהו להכריע הגבורה אל החסד. וצפון אתער ואתפשט וקרי בחיל סגיא. פי' מעורר כח הדין לבלתי יתבטל הדין ולכן היא משפעת הדין אל המלכות שהיא נקראת גבורה תתאה, וזהו למקרב ולאשתתפא בהדיה, כדרך עורכי המלחמה שאינם מתפזרים כדי שיהיו כולם אגודה אחת. כדין מערב סלקא והיא המלכות ומתייחדת עם הגבורה שסוד נטייתה הוא אל הדין. לבתר דרום אתיא ואחיד במערב פי' החסד כאשר ראה שהדין מתגבר על ידי המלכות ומתיחדת עם הגבורה הוא מתגבר ואוחז במלכות שהיא הנקרא מערב מפני ששם ערוב הכוחות שהיא מקבלת מן הכל. וסחרין ליה דרום צפון וכו' פי' כי בחינת המלכות היא בחינה בפ"ע שהיא מציאות י' וע"י הצפון והדרום המקשטים אותה ועושים לה גדרים סביבה דהיינו מציאות הה', כדפי' לעיל בשער סדר האצילות פ"ב, ונבאר בשער המציאיות. כדין מזרח קריב במערב פי' ע"י החסד והגבורה יש מציאות היחוד אל התפארת עם המלכות. אבל קודם הענין הזה אין להם קירוב. וענין אמרו מזרח קריב במערב אין הכוונה אל מציאות זווג ממש אלא הוא ענין חבוק כי היחוד הזה נקרא חבוק שהוא ע"י השתי זרועות שמאלו תחת לראשי וימינו תחבקני. והכונה כי המלכות מקדים השמאל אל הימין והיינו שמאלו שהוא הגבורה הקודמת אליה כדפירשתי ואח"כ ימינו שהוא החסד שהוא הדרום האוחז במערב שהוא המלכות ועליו נאמר וימינו תחבקני וזהו הנקרא חבוק אל היחוד העליון. והיינו מזרח קריב במערב דקאמר שהוא בסוד החבוק, ומערב שריא בחדוה זה סוד שמחתה שוכבת בחיק המלך בין שתי זרועותיו. ואפשר שירמוז אל הנשיקה שנבאר אח"כ. כגונא דא בד' סטרין ועילא ותתא. פי' ד' סטרין הם מזרח מערב צפון ודרום הנז' במאמר שהם חסד גבורה תפארת מלכות. ומעלה ומטה הם נצח והוד שהם תרין ביעין דדכורא עם היות שלא נזכרו והם נקראים מעלה ומטה כדפי' בשער אם

הא"ס הוא הכתר. וכן האדם כלול מכלם כמו שנבאר בשער הנשמה. ומזרח אתדבק במערב היינו היחוד והזווג בעצם דכן אמר אתדבק ולא אמר קריב כמו שאמר לעיל. ואפיק ליה פי' האציל נשמתו כדפי' בפרק הקודם. וע"ד תנינן אדם מאתר דבית המקדש היינו המלכות שהוא הנקראת בית המקדש. ואפשר שהמלכות נקרא בית והיכל אל הקודש העליון החופף ומקדש הבית. שהוא התפארת הנקרא קדוש מצד החכמה הנקרא קדש. והוא מקודש משם ומקדש ביתו והיכלו וזהו יחודם ומשם היתה אצילות נשמתו של אדה"ר. ע"כ. ומתוכו למדנו ענין החיבוק אל הזווג העליון שהוא ע"י שהחסד מתייחד בתפארת והתפארת מתיחד בצפון שהוא הגבורה והגבורה אוחז במלכות והחסד אוחז במלכות ואז המלכות והתפארת מחובקים ומחושקים יחד בסוד (שה"ש ב) שמאלו תחת לראשי וימינו תחבקני כדפי'. והטעם שאין להם חבוק וקירוב אלא על ידי החסד והגבורה, הוא לפי שהמלכות היא יסוד העפר ומטבעו שהוא קר ויבש, והתפארת הוא יסוד האויר והוא חם ולח. והרי הם הפכיים בטבעם זה מזה, שזה חם ולח וזהו קר ויבש. וא"א להם להשתוות ולהשלים אם לא ע"י המים והאש שהם אמצעיים ביניהם, שהמים קרים ולחים משתוים אל הרוח בלחותו ואל העפר בקרירותו, והאש חם ויבש משתוה אל העפר ביבשותו ואל האויר בחמימותו. והרי שהם מתייחדים עם היותם הפכיים ע"י אש ומים שהם הגבורה והחסד כדפי' לעיל. והיחוד הזה מתבאר בזוהר בכמה מקומות. ומה שצריך לדקדק הוא שמצינו הרשב"י ע"ה פירש בענין הזה הפך אל הכונה הזו בזוהר בפ' במדבר (דף ק"ך.) וז"ל ר"א שאיל לר"ש אבוי סימנא לזווגא דיחודא מנין. אמר ליה ברי אע"ג דאוקימנא מלין לכל סטר ואתבדרו הכא מלה והכא מלה, סימנא דא נקוט בידך והכי הוא כעין סחרא דמדבחא. דתנן ובא לו לקרן דרומית מזרחית מזרחית צפונית צפונית מערבית מערבית דרומית. א"ל והא לא יכיל עד דמקבל עליה ב"נ עול מלכותא קדישא בקדמיתא ויהיב עליה עול דא, ואת אמרת דייתי לדרום בקדמיתא. א"ל כלא הא אמינא לך, דהא ובא לו לקרן אמינא בקדמיתא, והא ידעת רזא דקרן, ודא הוא עול מלכותא קדישא. לבתר דרומית מזרחית, דתמן הוא אילנא דחיי, ודא לאזדווגא ליה במזרח דאיהו אבא עילאה, דהא בן מסטרא דאבא קא אתי. ובג"כ מדרום למזרח דתוקפא דדרום במזרח הוא ובעי לאתקשרא כחדא דרום במזרח. ומזרח דאתקשר בצפון כד"א וצפונך תמלא בטנם, בגין דהאי אשלים ומלי נחלין ומבועין וע"ד מזרחית צפונית אלין אבא ואימא דלא מתפרשין לעלמין והא אוקימנא. ומה דאתמר צפונית דאיהי טמירא עלאה ומסטרא דילה נפיק צפון ודינין מסטרא דילה מתערין אע"ג דאיהי רחמי וחידו והא אוקימנא. וכד איהי נפקת, צפון נפיק ביה דאיהו אתכליל וקשיר בדרום. לבתר צפונית מערבית דהא מסטרא דאבא נפיק בן ומסטרא דאמא נפיקת בת. ובג"כ צפונית מערבית ודא הוא קרן דקדמיתא, דהשתא אתקשר בצפון סתם. לבתר בעי לקשרא ליה בדרום דתמן הוא קשורא דכלא וגופא ביה אשתכח, ועל דא מערבית דרומית. אשתכח האי קרן תלתא זמני חד לקבלא ליה בר נש בקדמיתא, ולבתר תרי לקשרא לה בתרי דרועי לאתחברא בגופא ולמהוי כלא חד. ודא הוא סדורא דיחודא שלים, וכל סטר וסטר בההוא קשורא דיתחזי ליה ולא יחליף סטרא בסטרא אחרא דלא איתחזי ליה, בגין דלא יתעניש. ומאן דעביד יחודא דא כדקא חזי כמה דאמרן, זכאה חולקיה וכו' עכ"ל לענייננו. והנה מתוכו מתבאר בזולת שנוי הרוחות שפירש דרום בתפארת ומזרח בחכמה וצפון בבינה, עוד שינה ענין החבוק הזה שרצה לבאר כי עיקר היחוד הוא ליחד התפארת ומלכות בין חכמה ובינה. ולפרש הענין כן במאמר הקודם אי אפשר לפי טבע לשון המאמר. ולכן נראה לדקדק לשון המאמר בסופו שאמר אשתכח האי קרן תלת זמני חד לקבלא ליה בר נש בקדמיתא ולבתר תרי לקשרא לה בתרין דרועי. והכונה כי ג' פעמים נזכרת המלכות במשנה ראשונה במה שאמר ובא לו לקרן, דהיינו פתח הכניסה שהיא לקבל עול מלכות שמים ראשונה כדפירש רבי אלעזר, ושנים הם צפונית מערבית דהיינו מערב שהוא המלכות, ומערבית דרומית היא המלכות ג"כ, ואמר שהם ליחדה בשתי זרועות שהם חסד גבורה דהיינו דרומית וצפונית שכל אחד מהם נזכר עם המערב. וקשה שאין זה דרכו הקודמת, שלמעלה אמר דרום שהוא התפארת וצפון שהוא הבינה. לכן נאמר כי כשנדקדק לשונו מעולם לא שינה רבי שמעון. שדרום הוא החסד וג"כ מזרח שהוא החכמה הוא על דרך שפי' לעיל. וכן דקדק שאמר לבתר דרומית דתמן הוא אילנא דחיי. ולא אמר דרומית דאיהו אילנא דחיי, אלא דתמן, שהכונה שהתפארת נטייתו אל הימין שהוא החסד, וז"ש דתמן אילנא דחיי, פי' בדרום שהוא החסד. ואח"כ אמר ומה דאתמר צפונית דאיהו טמירא עלאה ומסטרא דיליה נפיק צפון וכו'. הנה שאמר שהטעם שנקרא בינה

צפון הכוונה שהיא נעלמת דהיינו לשון צפון, ועוד שמשם נמשך הצפון. והנה נמצא לפ"ז כי עיקר צפון בגבורה. והטעם שהוצרך אל היחוד הזה אל הבינה על הגבורה ואל החכמה על החסד. מפני שבא לתרץ הענין שקשה אל ענין החבוק הזה. כי לעולם התפארת יונק מן החסד ומן הגבורה וכן המלכות יונקת מן החסד ומן הגבורה, א"כ מה נשתנה ענין זה היחוד שצריכין לקבל מן החסד ומן הגבורה הרי לעולם מקבלים משם. אלא השינוי הוא כי הת"ת מקבל מן החסד בבחינת החסד לבדו ומן הגבורה בבחינת הגבורה לבדה. אבל אל היחוד צריך שיקבלו מן החסד בבחי' החכמה שעליה, ומן הגבורה בבחי' הבינה שעליה. ואין לומר שאין מתוך המאמר הזה יחוד הת"ת בצפון. שהרי דקדק ואמר ובעי לאתקשרא כחדא דרום במזרח מזרח דאתקשר בצפון כמו דאמרי' וכו'. הכונה כי צריך לייחד הדרום ששם הת"ת על הדרך שפי' עם החכמה והחכמה היא מיוחדת עם הבינה כבר. נמצא שהת"ת ע"י החכמה מתייחד עם הבינה. זהו העולה אלינו מתוך המאמרים האלה, שצריך הת"ת לקבל מהחסד עם החכמה הכוונה שפע החכמה על החסד ומן הגבורה ע"י שפע הבינה ואח"כ הגבורה תשפיע במלכות השפע שמקבלת מהבינה. ואח"כ עוד מקבל המל' משפע החכמה שבחסד. והכונה שהם מתיחדים כלם אל החבוק הזה. ועוד להורות גם בענין החבוק קשר ויחוד החכמה עם הבינה שודאי צריך ג"כ שיתיחד יו"ד בה"א, וע"י יתיחדו וא"ו בה"א. או אפשר לומר כי לעולם אין שני המאמרים האלה מסכימים יחד ועם כל זה לא פליגי. והמאמר הראשון שבבראשית עסקינן בזווג הת"ת והמלכות לענין הנשמות. ולכן אמר שצריך ליחד הת"ת עם החסד והגבורה עם השפע הבא להם מן העליונות שכן הוא מוכרח כדפי'. וכן נראה מתוך דברי המאמר שאמר ודרום אחמי תוקפיה דירית מרישא. שהוא מה שהחסד מקבל מן החכמה וכן המלכות מקבלת מן הגבורה ומן החסד ועל ידו מתיחדים. ובמאמר הזה עסקינן ביחוד פי' בכוונת ק"ש, ואמר שצריך ליכנס בקרן שהיא המלכות דהיינו שמע ואח"כ בדרום דהיינו הת"ת שהוא ישראל. ואח"כ יחודו עם החסד ומשם ייחד הת"ת עם החכמה שהוא המזרח דהיינו הוי"ה. ואח"כ יכוין שהחכמה מיוחדת עם הבינה דהיינו אלקינו שהוא הצפון. ובשם אלקינו יכוין אל הבינה ואל הגבורה שהוא הצפון ואל המלכות ששלשתם נקראים אלקים. ואח"כ ייחד המלכות בהוי"ה שהוא הת"ת שהוא הדרום. ואח"כ במלת אחד ירמוז

שכלם מיוחדים ביחוד שלם. ואין לתמוה שיהיה בענין היחוד כמה דרכים, שכן ביאר בפירוש הרשב"י על שאלת רבי אלעזר שאמר סימנא לזווגא דיחודא כנראה שלא שאל על מציאת הזווג הידוע אלא על היחוד שהוא פי' של ק"ש. זהו דרך אחרת לתקן הענין הזה, ועם כל זה אצלנו הראשון עקר. ואחר שהתעוררנו בענין החבוק נבא בביאור ענין הנישוק. וראשונה ראוי שנאמר הנשיקה היא בפה כי כן כתיב (שה"ש א ב) ישקני מנשיקות פיהו. וכן בארו בזוהר פרשת נח (דף ע') וז"ל ישקני מנשיקות פיהו. דא הוא תאובתא עלאה דנפקא רעותא מפומא לנשקא ולא נפיק מחוטמא כד אשא נפקא, דהא כד אתחבר פומא לנשקא נפיק אשא ברעותא בנהירו דאנפין בחדווא דכלא באתדבקותא דנייחא. ובג"כ כי טובים דודיך מיין וכו'. ומתוכו נתבאר שאין הנשיקה הזאת ע"י הגבורה שמשם השפעת יין המשכר ואש השורף כנודע ויתבאר בשער ערכי הכנוים. אלא הנשיקה הוא בפה שהוא רחמים יותר ומשובח יותר. שמן החוטם לפעמים יוצא הדין אבל הפה הוא רחמים וע"י הנשיקה מתעורר כח הגבורה בסוד שפע הבינה יין המשומר יין המשמח והיינו אשא ברעותא בנהירו דאנפין דקאמר. ועוד הוסיפו בביאור הנשיקה הזאת בפ' משפטים (דף קכ"ד ע"ב) וז"ל ישקני מנשיקות פיהו. מ"ט ישקני יאהבני מיבעי ליה אמאי ישקני. אלא הכי תנינן מאי נשיקות אדבקותא דרוחא ברוחא דבג"כ נשיקה בפה דהא פומא אפקותא ומקורא דרוחא הוא ועל דא נשיקין בפומא בחביבותא ודבקין רוחא ברוחא דלא מתפרשן דא מן דא. ועל דא מאן דנפיק נשמתיה בנשיקה מתדבק ברוחא אחרא ברוחא דלא מתפרש מיניה והיינו אקרי נשיקה. ועל דא אמרה כנסת ישראל ישקני מנשיקות פיהו לאדבקא רוחא ברוחא דלא יתפרש דא מן דא עכ"ל. והנה מתוכו נראה היות הנשיקה דבר נעלם ונחמד יותר מהאהבה שאהבה היא ענין החבוק שאמרנו בו מקודם וענין הנשיקה הוא אחר האהבה ואמר שעל ידו הוא דבקותא רוחא ברוחא. וכן ביאר הרשב"י ע"ה במדרש (בז"ח שה"ש) שיר השירים אתדבקותא דגופא בגופא, ישקני מנשיקות פיהו אתדבקותא דרוחא ברוחא וכו' עכ"ל. והנה הורה שענין שיר השירים שפי' שם בספירות הוא אתדבקותא דגופא דהיינו הספי' בבחינותיהן החצוניות, אמנם הנשיקה אתדבקותא דרוחא ברוחא בסוד פנימיות ונשמה אל הספי' היותם מתדבקות ב' הרוחות הפנימיות יחד כאדם הנושק לחשוקתו בפיו. כי ע"י הפה הוא מיחד פה עם פה

נשימה בנשימה והיינו נשמה בנשמה רוחא ברוחא. והכלל העולה אלינו בענין הפה והנשיקה מקצת מקומות מהזוהר הוא כי הפה הוא ענין המלכות בבחינתה הנעלמת בתפארת ודרך בה מוצא הרוח הפנימי הנעלם בתפארת וכן הרוח הפנימי הנעלם במלכות ועל ידם הנשיקה. וענין הנשיקות מתעוררות מפנימיות הספירות המאיר מהא"ס. וענין זה הוא שכמו שהם מתיחדים מצד הבחינות החצוניות של הספי' כך יתיחדו מצד הבחינות הפנימיות של הספירות. וסוד רוחא ברוחא יתבאר בספר אור יקר בחלק ראשון. ובענינים אלו הארכתי שם הרבה בזוהר בעובדא דסבא ופ' ויצא ע"ש. ונשאר עלינו לבאר ענין מתבאר בספר הזוהר פ' אמור (דף ק' ע"ב) וז"ל רבי אבא שלח ליה לר"ש אמר ליה אימתי זווגא דכ"י במלכא קדישא. שלח ליה וגם אמנה אחותי בת אבי היא אך לא בת אמי ותהי לי לאשה. אתרגיש ר' אבא ארים קליה ובכה ואמר רבי ר' בוצינא קדישא ווי ווי, ווי לעלמא כד תיפוק מיניה ווי לדרא דיהון בעלמא כד תסתלק מנהון וישתארון יתמין מינך. א"ל ר' חייא לר' אבא האי דשלח לקבלך מאי קאמר. אמר ודאי זווגא דמלכא במטרוניתא לא הוי אלא בזמנא דנהרא מאבא עלאה וכד אתנהרא מיניה קרינן לה קדש דהא מבי אבא נטלא האי וכדין מזדווגין כחדא בגין דמלכא קדש אקרי דכתיב קדש ישראל לה' ראשית תבואתה דנטיל מאתר דאקרי קדש. כדין אחותי בת אבי היא אך לא בת אמי דהא מבי אבא שמא דא ולא מבי אימא ועל דא ותהי לי לאשה לאזדווגא כחדא בזמנא דא ולא בזמנא אחרא, בזמנא דנטלא מבי אבא ולא בזמנא דנטלא מבי אימא. ויום הכפורים אוכח דתשמיש המטה אסור בגין דזווגא לא אשתכח דהא מבי אימא נטלא ולא מבי אבא. אמר ר' חייא ודאי זכאה דרא דר"ש שארי בגוויה זכאין אינון דקיימין קמיה כל יומא עכ"ל. והנה ביאר בפי' שאין יחוד ת"ת עם המלכות אלא בהיות המלכות מקבלת מחכמה ואז מתיחדים, אבל כאשר היא מקבלת מבינה לבד אינם מתיחדים. ויום הכפורים שהוא הבינה משפעת במלכות מוכיח שאסור בתשמיש המטה מורה שאין יחוד למעלה. וזהו מבחר הפי' בלשון הזה. ואין תימא מענין חבוק שאנו מיחדים אותה בצפון שהוא הגבורה משפע הבינה כדפי' לעיל, מפני שכבר חוזר ואומר מערבית דרומית שהיא ליחדה בימין בחסד דתמן אבא. ועוד כי החכמה מיוחדת עם הבינה כמו שאמרנו מזרח דאתקשר בצפון דהיינו החכמה מיוחדת עם הבינה. ואין ספק שכל קבלתה מהחכמה היא על ידי הבינה. ומה שאמר אך לא בת אמי פי' אך לא כאשר היא מקבלת מבחינת הבינה בבחינת עצמותה לבד, אלא כאשר היא בת אבי ר"ל שמקבלת בחינתה עם החכמה היינו חכמה ממש. והענין הזה מוכרח מכמה מקומות:

פרק עשרים ושתים:

הכונה בפרק זה הוא לבאר בעצם היחוד ממש מה ענינו והנאתו ומה הנמשך ממנו. והענין הזה כבר נתבאר קצת מתוך לשון מאמר הזוהר שכתבנו בפ"כ. וז"ל במ"א בפ' ויקרא (דף ז'.) ובת כהן, דא נשמתא קדישא דאתקריא ברתא דמלכא, דהא אוקמוה נשמתא קדישא מזווגא דמלכא ומטרוניתא נפקת, ובג"כ היך גופא דלתתא מדכר ונוקבא כך היא נשמתא לעילא עכ"ל. הרי הורה כי הזווג הוא לקבל הנשמות. וכן נתבאר פ' לך (דף פ"ה ע"ב) וז"ל ופריו מתוק לחכי אלין נשמתהון דצדיקייא דכולהו איבא דעובדוי דקב"ה וקיימי עמיה לעילא. ת"ח כל נשמתין דעלמא דאינון איבא דעובדוי דקב"ה כולהו חד ברזא חד. וכד נחתי לעלמא כלהו מתפרשין בגווגין דכר ונוקבא ואינון דכר ונוקבא מחוברים כחדא. ות"ח תאובתא דנוקבא לגבי דכורא עביד נפש (כו'). ורעותא דתאובתא דדכורא לגבי נוקבא ואתדבקותא דיליה בה אפיק נפש, וכליל תאובתא דנוקבא ונטיל לה ואתכלילו תאובתא תתאה בתאובתא דלעילא, ואתעבידו רעותא חדא בלא פרודא. וכדין נטיל כלא נוקבא ואתעברת מן דכורא ותאובתין דתרווייהו מתדבקן כחדא. וע"ד כלא כליל דא בדא. וכד נשמתין נפקין, דכר ונוקבא כחדא נפקין. ולבתר כיון דנחתו מתפרשין דא לסטריה ודא לסטריה. וקב"ה מזווג לון לבתר ולא אתיהיב זווגא לאחרא אלא לקב"ה בלחודוי דאיהו ידע זיווגא דלהון לחברא לון כדקא יאות. זכאה הוא ב"נ דזכי בעובדוי ואזיל בארח קשוט בגין דאתחבר נפש בנפש כמה דהוו מעקרא. דהא אי זכי בעובדוי דא הוא בר נש שלים כדקא יאות. ובג"כ כתיב ופריו מתוק לחכי דהוא בתקונא מבורך לאתברכא מיניה עלמין בגין דכלא בעובדין דבר נש תליא אי זכי אי לא זכי. א"ר חזקיה הכי שמענא דכתיב ממני פריך נמצא. דקב"ה אמר לה לכנסת ישראל ממני ודאי פריך נמצא, פריי נמצא לא כתיב אלא פריך ההוא תאובתא דנוקבא דעביד נפש ואתכליל בתוקפא דדכורא ואתכליל נפש בנפש ואתעבידו חד כליל דא בדא כדאמרן. לבתר אשתכחו תרווייהו בעלמא ודא בחילא דדכורא אשתכח איבא דנוקבא. ד"א בתאובתא דנוקבא אשתכח איבא דדכורא, דאי לאו

תאובתא דנוקבא לגבי דכורא לא אתעבידו פירין לעלמין, הה"ד ממני פריך נמצא עכ"ל. ומתוך כלל המאמר מתבאר כי הנשמות הם מזווג תפארת ומלכות. וכאשר נבא בעומק הבנתו נראה מתוכו כי נשמת הזכר ונשמת הנקבה הם מיוחדים ותאומים בעיבור אחד וא"א לצייר נשמת הנקבה בלא זכר ונשמת הזכר בלא נקבה. והטעם מפני שהם שתי כוחות משתי ספי' מתיחדות. מכח הנקבה נמשכת נקבה ומכח הזכר נמשך זכר. ומצאנו שהנשמות בין זכר בין נקבה מתהוות מיחוד התפארת ומלכות. ויש להקשות על זה דאנן קי"ל שהנשמות הם מבינה כאשר יתבאר בשער הנשמה, ואחר שהם מיחוד ת"ת ומלכות האיך אפשר שיהיו מהבינה. ואין לומר שענין זה הנדרש הנה היינו בערך הרוחות שהם מהתפארת או הנפשות שהם ממלכות וכן אמר נפש בנפש, שהרי בתחלת דבריו נשמתין קאמר כמו שאמר ופריו מתוק לחכי אלין נשמתהון וכו'. ועוד יגיד עליו ריעו המאמר הקודם שבפ' ויקרא שאמר נשמתא ג"כ. ועוד יש להקשות שבזוהר נראה בפי' כי מיחוד ת"ת ומלכות אינו מתהוה אלא או זכר או נקבה וכן מוכיח מתוך הלשון בפ' תזריע שכתבנו בפ"כ. ובפ' פקודי (דף רמ"ה ע"ב) בענין ההיכלות בהיכל הראשון איתא וז"ל בהאי היכל אית רוחא דאקרי סטוטריה והאי איהו חיזו שפירא (נ"א ספירא) דנציץ לכל עיבר והאי איהו דקיימא לתרין סטרין ומאלין מתפרשן נציצין כנציצו דשרגא כמה דאוקימנא בכמה סטרין. וכמה גוונין מלהטן מהאי בסטרא דימינא. כד ההוא רקיעא עלאה נהר דנגיד ונפיק מעדן אפיק נשמתין לאעלא גו היכלא שביעאה לעילא, ההוא היכלא שביעאה נקיט לון. וכד נפקי אינון נשמתין קדישין מגו ההוא היכלא שביעאה נחתין עד דמטין כו' ונקיט לון ההוא רוחא קדישא סטוטרי"ה דאיהו לימינא. וכל אינון נשמתין דכורין דאינון זמינין לאתפרחא בזכאין דכורין לימינא, כלהו נקיט לון ומתעכבי תמן עד דאתכלילו בנשמתין דנוקבא. בגין דמהאי רוחא נפקא רוחא אחרא לשמאלא דמתחזי ואתגניז ואתכליל בהאי רוחא קדמאה ואינון חד כלילן דא בדא והאי רוחא אקרי אדיריה סניגיה האי איהו רוחא לשמאלא. והאי קיימא דכד תאובתא דהיכלא שביעאה לאתדבקא בההוא נהר דנגיד ונפיק, ההוא רעותא דסלקא מתתא לעילא עבדא נשמתין ברעותא דיליה ואינון נוקבי. וכד רעותא דההוא נהר נחתא ואתדבקא מעילא לתתא עבדין נשמתין דכורין. רעותא דלעילא עביד דכורין, רעותא דלתתא עביד נוקבין. וכד אלין נשמתין נוקבין נפקין מגו ההוא היכלא שביעאה נחתין עד דמטו להאי רוחא שמאלא דאקרי אדירי"ה, ואקרי לבנת הספיר כמה דאוקימנא בסטרין אוחרנין. כיון דמטו להאי רוחא אינון נשמתין נוקבין, נקטי לון האי רוחא וקיימאן ביה. ולבתר אתכלילו רוחא דא דשמאלא ברוחא דא דימינא וכדין אתעבידו אינון נשמתין כלילין דכר ונוקבא כחדא, מזדווגין ופרחאן מהאי היכלא ואתפרשאן בבני נשא כדקא יאות עכ"ל. והנה מתוך המאמר הזה הריסה אל שתי הגדרין שגדרנו למעלה בענין הנשמה. ראשונה שאמר שהן מתהוות זכר ונקבה בפני עצמן אלו אל הימין ואלו אל השמאל אמת שהם מתיחדים ע"י שתי הכחות ההם מפורשים בשמות ידועים כמבואר מתוך פשט המאמר. שנית אמר לעיל שהם מיחוד ת"ת ומלכות, והנה אמר כאן בפי' שאינן אלא מהיחוד ההיכל השביעי בנהר דנגיד ונפיק שהיא בבינה לא מיחוד החתן והכלה. עוד נמשך מתוך המאמר הזה הריסה אל המאמר מפ' תזריע שכתבנו בפ"כ. ששם אמר שרעותא מתתא לעילא הוא רחמים והוא זכר והיינו אשה כי תזריע וילדה זכר ופי' רז"ל אשה מזרעת תחלה ילדה זכר. והכא קאמר ההוא רעותא דסלקא מתתא לעילא נקטא נשמתין ברעותא דיליה ואינון נוקבי. הרי שבפי' אמר שבהיות רעותא מתתא לעילא אז הם נקבות ואח"כ אמר וכד רעותא דההוא נהר נחתא ואתדבקא מעילא לתתא עבדין נשמתין דכורין, הפך מ"ש בפ' תזריע שבהיות התעוררות מלמעלה למטה אז היא נקבה ודינא. ונראה לתרץ שזאת השלישית אינה שאלה מפני שהענין הנזכר כאן הוא ענין אחר והנז' בפ' תזריע הוא ענין בפ"ע. ולשנים הראשונים נראה לומר כי הנזכר במאמר הזה הוא ענין בפ"ע והנזכר בשאר המאמרים מיחוד תפארת ומלכות הוא ענין בפ"ע. ולבאר הענין הזה נקדים הקדמה, כי ידוע שההיכלות הם כלים מגלים פעולות הספי' והספי' משפיעים בהיכלות כמו שנרחיב הביאור בשער היכלות. והנה ההיכל הזה הראשון הוא כנגד הספירה התשיעית. והיא היתה עשירית מקודם המיעוט ולכן היכלה הוא זה הראשון ממטה למעלה והוא נקרא לבנת הספיר. וידוע כי היסוד הוא כולל יחוד תפארת ומלכות כאשר נבאר לפנים הוא נרמז בשם יאהדונה"י ולכן בהיכל היסוד שם גלוי הויות הנשמות. ושתי הרוחות אשר בהיכל זה הם אותם שאמר אחד אל הימין ואחד אל השמאל הם משכן וכסא לת"ת ולמלכות, שהזכר נטייתו לעולם אל הימין בסוד הרחמים והנקבה לעולם נטייתה אל השמאל בסוד הדין. וידוע שהעקר נשמות הם

בבינה שהיא הנקראת במאמר הזה נהר דנגיד, ומשכנה בהיכלות הוא היכל השביעי. והנה ידוע כי מציאות המשכת הנשמה מהבינה אל הת"ת והמלכות הוא בהעלם ובדקות, כדרך הזרע הנשפע מהמוח הזכר אל הזכר וממוח הנקבה אל הנקבה. והנה ידוע שסוד הזכר הוא באור ישר ממעלה למטה דרך המשך הספירות, וסוד הנקבה באור חוזר ממטה למעלה. ולכן כאשר יושפע שפע הנשמה אל התפארת יושפע עליו בסוד אורו הישר שהוא מלמעלה למטה, וכאשר יושפע שפע הנשמה אל המלכות יושפע עליה בסוד אורה שהוא ממטה למעלה. ולכן אמר בזכר כד רעותא דההוא נהר נחתא מעילא לתתא עבדין נשמתין דכורין, פי' כאשר השפע הזה הוא בסוד אור הישר והוא אור היורד מלמעלה למטה אז הנשמות הם זכרים. פי' הוא שפע הראוי אל הזכר להוות ממנו נשמת זכר ואז מקבל אותו האור הימיני שהוא משכן ומושב הת"ת שהוא הזכר. ואמנם כאשר השפע הוא בסוד אור החוזר שהוא האור העולה ממטה למעלה אז הנשמות הם נקבות, פי' שפע הראוי להוות ממנו נשמת הנקבה. ואז מקבל אותו האור השמאלי שהוא משכן וכסא אל המלכות שהיא הנקבה. וענין ירידת שפע זה מהנהר אין בו צורה כלל אלא כח הנשפע מהמוח דרך חוט השדרה. אמנם מציאות הנשמה בהווייתה בצורת נשמה הוא בשתי הכוחות שהם אור ימיני ושמאלי שהם משכן תפארת ומלכות ועל ידיהם הם מתיחדים הזכר והנקבה כדפירש במאמר. ובזה נמצא שאין המאמר הזה חולק עם האחד מהמאמרים הנזכרים. ומתוכו יצא לנו אל ענין הזווג כי תחלת השפע הראוי אל הנשמה נשפע מהבינה אל הת"ת הראוי לזכר ואל המלכות הראוי לנקבה, והיינו ענין הנשמות שהם מבינה. אח"כ מתיחדים תפארת ומלכות. וע"י יחודם מתיחדים הנשמות תאומים זכר ונקבה, עד שהם באים אל בני אדם ומשם נפרדים כל אחת ואחת לעצמה. ומה שכתב בפרשת תזריע מענין אשה מזרעת תחלה, אינו לענין הנשמות אלא אל התעוררות הקודם אל הזווג כדפירשתי בפ"כ. ומה שיש לחקור עתה בענין זה הוא שמתוך כל המאמרים האלה בכלל נראה כי מיחוד תפארת ומלכות מתהוים נשמות כדמוכח לעיל, וזה דבר בלתי אפשר שבפירוש אמר הרשב"י ע"ה שהנשמות כלם הם נבראות מבריאות העולם לכל הפחות. וז"ל בזוהר פרשת לך (דף צ' ע"ב) ת"ח דאמר ר' שמעון כתיב זה ספר תולדות אדם. וכי ספר הוה ליה אלא אוקמוה דקב"ה אחמי ליה לאדה"ר דור ודור ודורשיו כו'. היאך אחמי ליה אי תימא דחמא ברוח קודשא דאינון זמינין למיתי לעלמא כמאן דחמא בחוכמתא מה דייתי לעלמא. לאו הכי אלא חמא בעינא כולהו וההוא דיוקנא דזמינין למיקם בהאי עלמא כלהו חמא בעינא. מ"ט בגין דמיומא דאתברי עלמא כלהו נפשין דזמינין למיקם בבני נשא כלהו קיימי קמיה קב"ה בההוא דיוקנא ממש דזמינין למיקם ביה בעלמא. כגוונא דא כל אינון צדיקייא בתר דנפקין מהאי עלמא כלהו נפקן סלקן וקב"ה אזמין לון דיוקנא אחרא לאתלבשא בהו כגוונא דהוו בהאי עלמא בג"כ כולהון קיימין קמיה וחמא לון אדה"ר בעינא. ואי תימא בתר דחמא לון לא קיימי בקיומייהו. ת"ח כל מלוי דקב"ה בקיומא אינון וקיימין קמיה עד דנחתו לעלמא. כגוונא דא כתיב את אשר ישנו פה וכו' הא אוקמוה דכלהו בני נשא דזמינין למהוי בעלמא כלהו אשתכחו תמן. הכא אית לאסתכלא, דהא כתיב ואת אשר איננו פה וכו' ומשמע הנהו כולהו דיפקון מאינון דקיימי תמן בגין דכתיב עמנו היום ולא כתיב עמנו עומד היום. אלא ודאי הכא כלהו קיימו תמן ולא אתחזו לעינא בג"כ כתיב עמנו היום אע"ג דלא מתחזון. ואי תימא מ"ט לא אתחזון הכא כמה דאתחזון לאדה"ר דחמא לו עינא בעינא, והא הכא מתחזי יתיר. אלא הכא כד אתיהיבת אורייתא לישראל חיזו אחרא ודרגין עלאין הוו חמין ומסתכלין עינא בעינא והוו תאיבין לאסתכלא ולמחמי ביקרא דמאריהון. ובג"כ חמו יקרא עלאה דקב"ה בלחודוי ולא מאחרא. וע"ד כלהו בני נשא דזמינין לקיימא בעלמא כו', הה"ד גלמי ראו עיניך ועל ספרך כלם יכתבו. גלמי ראו עיניך מ"ט בגין דדיוקנא אחרא עלאה הוי כהאי ובג"כ כתיב ומי צור זולתי אלקינו מאן צייר טב דכליל כלא דא בדא כקב"ה עכ"ל. והנה מתוכו מתבאר בפי' היות הנשמות נאצלות מצויירות ציור מתגלה. עד שנשמר הרשב"י ע"ה שלא נאמר שהיו הנשמות שראה אדה"ר אותם שעתידין עדיין להתאצל וראה בכח מראה הנבואה. אלא שראה אותם נאצלות מצויירות ציור מתגלה שראה אותם בעיניו כדמוכח בלשונו. וכן בענין אשר איננו פה עמנו היום הוקשה לו למה לא אמר עומד ולמה לא ראו אותם. והוצרך לתרץ שלא נתנו לב לדבר, לפי שהיו רואים עניינים עליונים יותר שהם כסאותיו של ממ"ה הקב"ה. ואחר שכן, ראוי לדעת מה ענין הנשמה שמתאצלת בעת הזווג. ועוד שא"א לומר שהיה זווג קודם אדה"ר ממה שנתבאר בפרקים הקודמים כי לא היה זווג שלם עד אחר שנברא אדה"ר ולא ראינו שת ובת זוגו שיצאו אחור

כנגד אחור וכן הבל וזוגתו וקין וזוגתו. ואם אמת שנאצלו בזוג שהיה קודם אל אדה"ר א"כ היה ראוי שכולם יהיו אחור כנגד אחור. ואמנם הענין הזה לא נמצא כ"א באדם וזוגתו אם בגופו ואם בנשמתו. ואין לומר שכן היו הנשמות בעת אצילותן קודם הנסירה של אדה"ר, דא"כ לא לישתמיט תנא בחד דוכתא לפרושי האי. לכן היה נראה לפרש שבעת אצילות נשמת אדה"ר נאצלו כל הנשמות שבעולם ר"ל כל הדורות העומדים עד התחייה ואותן הנשמות המתהוות מהזווג הם שמורות לעתיד לבא כי אז יחדש הקב"ה עולמו בנשמות חדשות. וזה דוחק. ועוד היה באפשר לומר שאין מתוך המאמר הזה הכרח שהיו נאצלות אלא תיקי הנשמות ודיוקנם שהם מתלבשות בהן אחר אצילותן ודייק הכי אמרו וההוא דיוקנא דזמינין למיקם וכו' משמע שאינן ממש הנשמה אלא דיוקן שבו מתלבש הנשמה. ועוד דייק הכי שאמר וקב"ה אזמין לון דיוקנא אחרא לאתלבשא בהו דהיינו תיקין ולבושין אל כל הנשמות. וכן דייק לישנא דקרא גלמי ראו עיניך דהיינו גלמי לבוש שבו נחתא הנשמה אחר אצילותה. וג"ז אצלינו קצת דוחק, שאם נשמות ליכא עדיין, לבושין למה. וכי לא הספיק בריאת דיוקנא בעת אצילות נשמתם. ועוד נראה לתרץ, ונאמר בעת שהאציל הקב"ה נשמת יציר כפיו האצולה, היתה כלולה מס' רבוא נשמות. שאין דור פחות מס"ר, וכן פי' הרשב"י בתיקונים. והנה בהיות נשמתו כלולה מאותם ס' רבוא כל עוד שהיו האנשים הולכים ומתרבים היתה נשמתו מתפשטת בהם ולעולם אין נשמה שלו חסרה דבר וזהו הטעם קנס המיתה לכל הבאים אחריו כי כלם חטאו במעשה ההוא. והוא הולך ומצטרף בכל הנשמות. ויש לנו קצת דמדומי ראיה שהרי במרע"ה שהוא שת כנדרש בתיקונים ועליו נאמר (בראשית ה ג) ויולד בדמותו כצלמו שהיה כלול מס"ר כאביו כי הוא הבן הנמשך [ממוח] האב ולכן הוציא ממצרים ס' ריבוא. ועליו נאמר אשה אחת ילדה ס' רבוא בכרס אחד. ועל זה רמזו שקול משה כנגד כל ישראל. ועל זה אמר (במדבר יא כא) שש מאות אלף רגלי העם אשר אנכי בקרבו. כי עמו ממש היו ממנו יצאו ובו היו כלולים, ולכן כלם ינקו ממנו תורה. ועל זה רמז (שם שם יב) האנכי הריתי את כל העם הזה אם אנכי ילדתיהו. כי הגם שהם כלולים בו, עם כל זה אין אנכי הרה מהם שהוא רומז כנגד השכינה המתעברת מהם. וגם אין אנכי המוליד אותם כנגד הת"ת שהוא האב המוליד. וע"ז אמר (דברים ג כו) ויתעבר ה' בי למענכם כי נעשת השכינה מעוברת בי. פי' כל עובריה היו בי ואנכי הייתי שלייתכם למענכם ודאי. ולכן פירש בתיקונים (תקונא שתין ותשע דף ק"ח ודף ק"י) שמרע"ה מתפשט בכל דור ודור בס' ריבוא דהיינו סיבוב הגלגול של ס"ר שעליו נאמר (קהלת א) דור הולך ודור בא ופי' דור שהולך הוא דור שבא ולכן בכל דור ודור הוא מתפשט בששים ריבוא ותורתו מאירה בהם וכלם יונקים ממנו כמבואר ענין זה בתיקונים בפסוק (בראשית ד ב) ותוסף ללדת וכו'. ובזה יובן הנדרש בר"מ (פ' תצא דר"פ) שמשה רבינו בעולם הזה בגוף נבזה בין ישראל כמבואר שם. וח"ו שיהיה משה רבינו ע"ה מבחר היצורים כלם מגולגל כלל כל שכן בבזיון. אלא הכוונה על מציאות אור תורתו המאירה בבעלי התורה וששים ריבוא היונקים ממנו והם נבזים בין עמי הארץ, וזה אמת שאין בו ספק אל הענין ההוא. ונחזור אל עניינו שהיתה נשמת אדה"ר כלולה מס"ר שהוא שיעור דור אחד. וזה ביאר במ"ר (תשא פ"מ) וז"ל עד שאדה"ר מוטל גולם הראה לו הקב"ה כל צדיק וצדיק שעתיד לעמוד ממנו. יש שהוא תלוי בראשו של אדה"ר ויש שהוא תלוי בשערו ויש שהוא תלוי במצחו ויש בעיניו ויש בחוטמו ויש בפיו ויש באזנו ויש במלתין (וזה מקום הנזם). ותדע לך בשעה שהיה איוב מבקש להתוכח עם הקב"ה אמר מי יתן ידעתי ואמצאהו וגו' אערכה לפניו משפט. הקב"ה משיבו אתה מבקש להתוכח עמי איפה היית ביסדי ארץ. מהו איפה, ארשב"ל אמר ליה הקב"ה איוב אמור לי האיפה שלך באיזה מקום היתה תלויה בראשו או במצחו או באיזה אבר שלו אם אתה יודע באיזה מקום היתה איפתך אתה מתווכח עמי. הוי איפה היית עכ"ל. ומתוכו בפי' מתבאר כונתינו בלי פקפוק. ואמר עד שאדה"ר מוטל גולם מפני שאחר שהציבו והעמידו הקב"ה בצביונו ובמעמדו נתפשטו הנטיעות הכלולות בו בג"ע עד עמוד להם גופים להתלבש אבל היו כלולים בו קודם גמר בריאותו בהיותו גולם דהיינו עסה מגולגלת. ואחר שהזכרנו ענין זה נאמר כי דקדק לשון המאמר שהראה הקב"ה לאדה"ר דור דור ודורשיו, הנה שלא הראה לו אלא כמנין הדור הזה שהוא ס' רבוא אבל הנוסף על ס' רבוא לא היו עדין נבראות שהם נאצלות ע"י הזווג והם הם הנשמות החדשות שמהם ג"כ עתיד הקב"ה לחדש עולמו כדפי' לעיל. ובזה יובן מה שדרשו רז"ל שראה אדם לדוד שלא היו לו חיים ונתן לו ע' שנה מחייו. עם היות שנדרש ענין זה בזוהר בענין אחר.

זהו הנראה לנו בתיקון הענין הזה ונכלל הפרק הזה. ונבאר עתה ענין נאה ביחוד שנמצא בס' הזוהר:

פרק עשרים ושלש:

בתיקונים פי' הרשב"י ע"ה וז"ל יסודא דעלמא יחודא דקב"ה ושכינתיה. וכאלה הרבה. מורה על שיחוד הת"ת והמלכות הוא ע"י היסוד והיסוד הוא השושבין הקושר ומיחד החתן והכלה ולא שושבין לבד אלא ממש הוא האמה המייחד הזכר עם הנקבה וכן כל כנויי המדה הזאת מורים עליו וכמאמר רז"ל גוף וברית חשבינן חד פי' כי התפארת כנגד הגוף של אדם והיסוד כנגד האמה. ואין ספק כי יש במלכות לענין היחוד ג' בחינות. הא' בחינה אל היסוד, הב' בחינה אל הת"ת, והג' בחינתה אל הגדולה והגבורה והנצח וההוד. והטעם כי כמו שביחוד איש ואשתו יש בחינה בנקבה אל האמה ובחינה אל השדרה שהוא כלל הגוף ובחינה אל הזרועות ואל השוקים, כן יחוד העליון שהם מתיחדים שש כנגד שש. וכן נתבאר בתיקונים וז"ל בתקון נ"א (דף פ"ו ע"ב) בראשית ברא אלקים את כו'. מאי את אלא הא אוקמוה קדמאין כל אתין לרבויא. ודא א"ת, אורייתא כלילא מא' עד תי"ו דבה אתבריאו שמייא וארעא. ועוד את השמים שמים. דא קוב"ה הה"ד ואתה תשמע השמים, את בת זוגו עמיה, ואת דא צדיק ובת זוגיה, הארץ מאנא דכלהו לאפקא זרעין ואיבין עכ"ל. והנה יש לשאול ודאי כי מאי ניהו בת זוגיה דצדיק ומאי ניהו בת זוגיה דקב"ה ומאי ניהו מאנא דכלהו, כי הכל אחד. אלא ודאי כדפרשינן כי השכינה נקרא את והכתוב בא להודיענו ענין היחוד בכל בחינותיו. והראשונה אמר את השמים דהיינו בחינת יחוד התפארת עם המלכות שהיא גוף בגוף. שנית אמר ואת כי הוא"ו הוא יסוד שהוא נקרא וא"ו זעירא והיינו צדיק ובת זוגיה שהוא הנקודה האמצעית מציאות היחוד העצמי. הארץ מאנא דכלהו דהיינו בחינתה אל הזרועות שהם גדולה גבורה ואל השוקים שהם נצח והוד. וכמו שנמצא היחוד אל הת"ת והמלכות כן נמצא היחוד אל כל בחינותיהם והאברים הרוחנים העליונים עד שנמצא היחוד והזווג אפי' במלאכין דשכינתא המתיחדים במלאכין דקב"ה. וכן נתבאר בתיקונים (תקוני ז"ח דף קי"ג ע"ב) ז"ל וכד סליקת עלייהו מיד נחית קב"ה לקבלא לה בכמה חילין ומשריין. משריין סלקין עם שכינתא ומשריין דמלכא נחתין עלייהו ואנון מרכבתא תתאין מעילאין ומקבלין אלין מאילין בחדווא בנשיקו. ורזא דמלה והנה מלאכי אלקים עולים ויורדים בו והנה מלאכים דשכינתא דאיהי אלקים עולים ומלאכים יורדים בו לגבה עכ"ל. והכוונה מבוארת כי בהיות השכינה עולה וכל מחנותיה להתיחד בבעלה בעלה יוצא לקראתה ובבואו להתיחד עמה כן מלאכיו יורדין להתיחד עם מלאכי השכינה להיות שאלו זכרים ואלו נקבות. ואפשר היות מלאכים האלה רוחות אצולים אלו מהזכר ואלו מהנקבה כענין רמ"ח אברים באדם. ואפשר היות אלו רמ"ח כוחות שרמז הרשב"י בפקודין פקודא דק"ש (בפ' ואתחנן דף רס"ג.) שאמר שאל היחוד מתיחדים רמ"ח אברים עליונים כנדרש שם. ונתבארו ב' הבחי' האלה הנדרשות בפרק זה בתקונים (תקונא י"ט דף ל"ז) וז"ל וכד [אינון מקבלין כל ספיראן] מקבלין דא מן דא ומלאכין לתתא מקבלין דין מן דין כד"א ומקבלין דין מן דין. וכל חד יהיב רשו לאעלאה לתחומא דחבריה כד"א ונותנים רשות זה לזה עכ"ל. והכונה שכאשר מתיחדים ת"ת ומלכות דעלה קאי התם אלא שקצרנו דבריו. ואמר שאז הספירות מקבלות אלו מאלו וכן המלאכים. הורה על שתי הבחינות הנדרשות בפרק זה בענין היחוד שהם יחוד ספי' זכרים בנקבות ויחוד מלאכים זכרים בנקבות. עוד מתבאר בתקונים (תקונא י"ח דף ל"ג) היות לחכמה ובינה ג' יחודים ר"ל יחוד בג' מקומות וכן לת"ת ולמלכות, והם אלו. ראשונה הם החכמה והבינה יהו"ד בחכמה אהיה בבינה ואהיה הוא היכל לשם בן ד' נרתיקא דחרבא כמבואר בתיקונים והיינו שם בן ד' שבחכמה ואהיה הוא בבינה זה אל הימין וזה אל השמאל כדרך הזכר והנקבה שהזכר לעולם נטייתו אל הימין והנקבה לעולם נטייתה אל השמאל בסוד שכל נקבה נוטה אל הדין ולכן זה בימין וזה בשמאל כל אחד כראוי לו ושניהם מתיחדים בסוד יחודם בכתר ונרמז יחודם בשם זה יאההויה"ה כי הוא שם מורכב מב' שמות מורה שאהי"ה היכל ומכון לשם יהו"ה, וגם מורה שיהו"ה בהיכלו. ולכן להורות על יחודם בספי' הכתר שניהם מיוחדים שם בשם הנזכר. וכן הם מתפרדים אל הימין ואל השמאל בגדולה וגבורה כזה יהו"ה בחסד אהיה בגבורה ומתיחדים באמצע שהוא התפארת כזה יאההויה"ה. וכן הם מתפרדים אל הימין ואל השמאל בנצח והוד כזה יהוה בנצח אהיה בהוד והם מתיחדים באמצע שהוא היסוד כזה יאה"הויה"ה ושתיהם במלכות שהיא נקרא קרית ארבע על שם שבה נכללות ד' שמות שם יהו"ה אהי"ה יהו"ה אדנ"י שד' שמות אלה הם ד' אותיות שבשם בן ד'. ששם ראשון הוא כנגד הי' שבחכמה,

ושם אהי"ה כנגד הה"א שהיא בבינה, ושם בן ד' השני הוא התפארת שהוא כנגד הוא"ו, ושם אדני הוא כנגד ה"א אחרונה שהיא במלכות. וראשי תיבות ד' שמות אלה הוא י"א י"א כו' שם קדוש והוא ר"ת "יהוה "אלהינו "יהוה "אחד שהם ד' אותיות שבשם כדפי'. והנה יחוד יהו"ה שבחכמה ואהיה שבבינה הוא בסוד ממעלה למטה מפני ששניהם משפיעים, וסוד המשפיע הוא בסוד האור הישר ממעלה למטה. ויחוד יהו"ה אדנ"י בתפארת ומלכות הם מושפעים ויחודם הוא ממטה למעלה. ולכן בנצח והוד הם מתפרדים יהוה אדני זה אל הימין וזה אל השמאל כדרך זכר ונקבה שהזכר לעולם אל הימין והנקבה לעולם אל השמאל ושניהם מתיחדים ביסוד ושניהם יאהדונה"י שם המורה שהשם אדני נעשה כסא ומכון ומעון לשם יהוה ושם יהו"ד שוכן בהיכל שהוא אדנ"י כדכתיב (חבקוק ב כ) וה' בהיכל קדשו הם מפניו כל הארץ. ה"ס כמנין אדנ"י וכמנין היכ"ל. וכן שניהם מתפרדים אל הימין ואל השמאל בגדולה ובגבורה יהו"ה בגדולה אדנ"י בגבורה זה אל השמאל וזה אל הימין נקבה אל השמאל בסוד נטייתה אל הדין והזכר אל הימין בסוד נטייתו אל הרחמים ושתיהם מתיחדים בתפארת שהוא האמצע כזה יאהדונה"י. וכן ענפים מתפרדים בחכמה ובינה ומתיחדים בכתר. זהו העתק דברי הרשב"י ע"ה מהתיקונים בתוספות מעט מזעיר לא כביר בביאור מקצת דבריו ודי לנו כנדרש עד הנה בביאור ענין היחוד. ומה שנשאר בענין יחודם בחול ע"י מטטרון ובשבת ע"י היסוד, לא נדבר בו הנה יען נבאר אותו בשער אבי"ע כי שם הוא המתיחס. ונחזור לבאר ענין מהות המדות בדין ורחמים ובפעולתם:

פרק עשרים וארבע:

אחר שבארנו בפרקים הקודמים בענין הגדולה והגבורה והת"ת. נבאר עתה ענין נצח והוד והיסוד. ובמדות האלה אין צריך להאריך בעניינם אם דין אם רחמים כי הם ענפים מסתעפים מחסד וגבורה ות"ת. וכפעולות האלה כן פעולות האלה אלא שאין דינם חזק כ"כ ולא החסד כ"כ בחוזק מפני שהן יונקין מהת"ת. והענין שהנצח הוא ענף החסד ולכן פעולתו חסד וכן בענין המים כמבואר בחסד אבל מפני שהוא יונק מצד הת"ת שבו כח הגבורה כנודע שהוא איש הבינים, לכן אין פעולתו גוברות על צד החסד כחסד עצמו. ובזולת זה פי' הרשב"י ע"ה (בהקדמת ת"ז דף י"ד) שבנצח חותם כח החיים מצד החכמה וז"ל אסתכל לעילא לגבי חכמה ואתקשר בירכא ימינא וחתים ביה חיים עכ"ל. הורה שעם היות שחיים הם בחכמה כענין (קהלת ז יב) החכמה תחיה בעליה, עם כל זה האוצר שבו נתון החיים להחיות בני העולם הוא הנצח עם היות שפתיחתו תלוי בג' ראשונות כאמרם ז"ל בני חיי ומזוני וכו' אלא במזלא תליא מלתא ופרשנוהו בפרק י"ז. וכיוצא בנצח כן הוא ההוד שפעולתיה דומין לגבורה שהוא ענף נמשך ממנו ולכן פעולותיו בדין ואש כמבואר בגבורה. אבל מפני שהוא יונק מן הת"ת שבו כח החסד כנודע שהוא איש הבינים לכן אין פעולתיו גוברות על צד הדין כגבורה עצמה. ובזולת זה פי' רשב"י ע"ה כי המזון הם תלוים בו וז"ל שם אסתכל לעילא לגבי אימא עלאה ואתקשר בירכא שמאלא וחתים ביה מזוני עכ"ל. וענין מזוני בהוד הוא על דרך חיים בנצח כמבואר לעיל. וזה שיש לדקדק בענין ב' מדות אלו הוא שמצינו אותם משונות בעניינם יותר משאר הספירות כי שאר הספירות לכל אחד ואחד שם בפ"ע כמו שנבאר בשער השמות. ולשתי הספירות האלו שם אחד לבד שהוא צבאות כמו שיתבאר שם. וכן ברוב כנויהם לעולם הם מיוחדות. וכן פי' הרשב"י ע"ה נצח והוד תרי פלגי דגופא אינון. מורה על שתיהם היותן ענין א' מה שלא נמצא כזה אפי' לתפארת ומלכות עם היותם ד"ו פרצופין ושתיהן אחד. וכן פירש לענין שמים וארץ בפעולת המדות גבי אפריון עשה לו המלך שלמה בפ' תרומה והעתקנוה בשער טעם האצילות בפ"ד. ואמר שיום ד' הוא הנצח לא הוציא פעולותיו בשלימות עד בא ההוד מפני ששניהם ענין א' יעויין שם. ועתה צריך לדקדק על הענין הזה בכל האפשר. ואמנם אל מה ששאלנו למה לא נתייחד לכל א' מהם שם בפ"ע אלא שלשניהם שם א' והוא צבאות. מצאנו להרשב"י בשעת פטירתו בפ' האזינו (דף רצ"ו.) פירש הענין הזה וז"ל תו אתפשט גופא בתרי שוקין ומתאחדן בינייהו תרין כוליין ותרין ביעי דדכורא. דכל משחא ורבות וחילא דדכורא דכל גופא בהו אתכנש. דכל חיילין דנפקי, מנהון נפקין. ושריין כלא בפום אמה. ובג"כ אקרון צבאות ואינון נצח והוד. ת"ת יהוה. נו"ה צבאות. ובג"כ ה' צבאות. אמה דדכורא סיומא דכל גופא ואקרי יסוד וכו'. עכ"ל לעניינו. והוא מדבר בענין התפשטות האצי' עד נו"ה ואמר שלהם ג' בחינות כצורת הגוף והם שוקים וכליות וביצי זכר מפני שהם אברים הצריכים אל מציאות הזווג. והטעם שאמרו חכמי הנתוח שמעבר הזרע דרך ב' צינורות א' אל הימין וא' אל השמאל וירידתם דרך הירכים ומשם יורדים אל הכליות ועוברים דרך שם

ומשם נמשכים אל האשכים ומשם אל פי האמה, ולכן אמר דכל משחא ורבותא וחילא דדכורא וכו' דהיינו זרע הזכר, ולכן אמר דכל חיילין דנפקי כו' ושריין כלא בפום אמה היינו הזרע הנמשך מן הירכים ומן הכליות ומן האשכים אל היסוד אל הבחי' המתייחדים בו שהוא הנק' פי האמה. והנה נמצא אל ירכים שהם נצח והוד ג' בחינות. הא' נק' ירכים והיינו בחינתם המתקרבים אל בחינתם הנקראים מתנים שהוא בחינתם אל הת"ת ואל הזרועות שהם גדולה וגבורה, והבחינה זאת נקרא ירכים. ועוד בחינה יותר מתקרבת אל היסוד והיא נקראת כליות. ועוד בחינה יותר ויותר מתקרבת והיא נקראת אשכים. וכלם צריכין אל יחוד איש ואשתו כמבואר לעיל. ולכן אל יחוד העליון ג' בחינות אלה שופעים אל היסוד בבחינתו המתייחד במלכות ומתעלם בתוכה והיא הנקרא ראש צדיק דהיינו מהעטרה ולמעלה כמו שנבאר בשער ערכי הכנויים. ואמר ובג"כ אקרון צבאות לרמוז אל ב' דברים א' על שם החיילים דנפקין מתמן כדפי' לעיל. וזה טעם אל שם צבאות לשון צבאות מפני שהמשכתם והשפעתם אל היסוד וזו עיקר צבא המכונה בהם לכן נקראים צבאות בשם אחד שוה לשניהם מורה על הרבוי משא"כ בשאר השמות הקדש. ולהורות על יחודם עם הגוף שהוא הת"ת אמר ת"ת יהו"ד נו"ה צבאות. הפך דעת האומרים שנצח נק' יהוה צבאות והוד אלקים צבאות. ואין נכלל בשם צבאות אלא נו"ה יחד כמו שנרחיב ביאור בשער השמות. והנה מתוך זה המאמר נתבאר טעם למה לשניהם שם א' כדפי'. ואל השאר נאמר כי אחר שידענו ביאור השם זה אל היחוד ויחוסו וענין בחי' המדות האלה אל הזווג, א"כ ראוי שיקראו שניהם בשמות שוים אחר שכבר קדם לנו כי אין הזריעה אלא ע"י ב' האברים האלה. ועם היות שיש חילוק בין חכמי הנתוח לבין חכמי ישראל במס' יבמות בפ' הערל (דף ע"ה ע"ש בתוס') דסבירא להו שכבר אפשר להוליד בביצה אחת, עם כל זה כבר הודו חכמי הנתוח שלא יוליד בא' כ"א זכרים או נקבות לפי היות חסרון האבר. ואחר שכבר קדם לנו בפרקים הקודמים שמהזווג העליון נמשך זכר ונקבה א"כ א"א מציאת הזווג אלא ע"י שניהם יחד ולכן תרי פלגי דגופא הם ודאי. בזולת שא"א לגוף לעמוד על מעמדו אם לא ע"י ב' הירכים המעמידים אותו משא"כ בשאר הזוגות שבכל אברי האדם. ודי לנו בזה ביאור אל הענין הזה:

ואל ענין היסוד, נודע היות מדתו ופעולותיו כפעולת הת"ת ונתנו סימן לזה רז"ל באמרם כל מה שאירע ליעקב אירע ליוסף והוא ענף מהת"ת נמשך ממנו. ולכן פעולתיו ברחמים בסוד האויר כדפי' בת"ת. אבל מפני שיסוד יונק מן הנצח וההוד ומתגבר עליו כח הגבורה מן ההוד לכן נטייתו יותר אל צד הדין כמו שבארנו בשער י' ולא ט' בפ"ב. ועם היות שאנו אומרים שפעולותיו כהת"ת, יש לו עוד פעולות שוות אל כל הספירות מפני שבו מתערבים כל הכחות ושפע הספירות כנודע. ובזולת אלה יש פעולות אל המדות האלה הרבה שא"א לבארם אם לא בשער ערכי הכנויים ע"י פי' הכנויים:

וממידות המלכות הוא כל הענינים המתייחסים אל הנקבה בענייני העולם וכן הדברים המתייחסים אל יסוד העפר כדפי' לעיל. ונתבאר בדברי הרשב"י שנטייתה אל הדין והיא מדת הדין אבל לא קשה כגבורה אלא רפה, ומדתה להשכיר ולהעניש מכח המדות העליונות שעליה. ובה אחוזים כל הכחות אם טובים ואם רעים כענין המלך שהוא צריך לרעים ולטובים להשלים חפציו ובזה נכלל ענין שבע מדות ומהותם בדין ורחמים:

פרק עשרים וחמש:

הכוונה בפ' זה הוא לבאר ב' בחי' שבהם נבחן האצילות. הבחי' הא' נחלקת לג' בחי'. הא' קראו העולם מושכל והם כ"ח"ב, הב' נקרא עולם המורגש והם גדולה גבורה תפארת, הג' קראוה עולם המוטבע והם נה"י, ובכל א' מג' בחינות אלה מג' ג' ספירות, בזולת המלכו' שהיא המקבלת מן הכל כדפי'. והשנית היא ג"כ נחלקת לג' בחינות אחרות. והם בחינה ראשונה בחינת הימין והוא בחינת החסד ובה נכללו ג' ספירות והם חכמה חסד נצח, והב' בחינת השמאל והיא בחינת הדין ובה נכללות ג' ספירות והם בינה גבורה הוד, והג' בחינות האמצע והיא בחינת הרחמים ובה נכללו ג' ספירות והם דעת תפארת יסוד. והמלכות מקבלת מכלן וכתר כלול מכלן כאשר ביאר. וענין זה נתבאר בזהר פ' ויחי (דף רט"ז ע"ב) דאמר ר' אלעזר לית שכינתא שריא מגו עצבות דכתיב ועתה קחו לי מנגן והיה כנגן המנגן. מנגן מנגן תלת זמני אמאי בגין לאתערא רוחא משלימותא דכלא דהוא רוחא שלימא. ר' אבא אמר תרין. [טז] תנינן מד' סטרין כלא אשתכח. א"ר אבא וכל שרשין דעלאין ותתאין כלא אחידן בהו. ותנא דא עייל ודא נפיק דא סתים ודא פריש אתאחד חדא בחברתא ואינון אבהן דכלא. ר' שמעון אמר רק באבותיך חשק ה' כתיב באבותיך ממש תלתא, ומשמע דכתיב רק, רק ממש, ומאלין מתפרשן ומתאחדין כל שאר אחרנין

וסלקין שמא לאתעטרא עכ"ל. ופי' כי בענין אלישע הנז' בכתוב ג' נגונין. ור' אלעזר פירש שרומזים אל התפארת בהיותו כלול מג' אבות וזהו אמרו לאתערא רוחא משלימותא דכלא, וכוון אל מה שהיה צריך אלישע רוח נבואה שלא היה לו, היה צריך התעוררות מהתפארת הנקרא רוח, ובהיותו שלם עם הגדולה והגבורה הוא רוח שלם כולל כל הבחינות שהם חסד דין ורחמים כדי שתחול על אלישע רוח נבואה מן הימין ומן השמאל ומן האמצע בסוד משך השפע אל הנצח וההוד שהם מקום הנבואה והיסוד שהוא המיחדם, וזה ענין ג' נגונים שהם כנגד ג' אבות כלולים בתפארת הנקרא רוח ונשפע למלכות שהיא נקראת נבואה. וזהו סוד רוח נבואה ת"ת ומלכות מתיחדים ע"י הנצח וההוד, ת"ת אל הימין ומלכות אל השמאל, ושניהם מתיחדים ע"י היסוד בסוד יאהדונה"י כמו שנבאר בשער השמות בפ"ב וכמו שביארנו לעיל בפרק כ"ג. ור' אבא חלק על ר' אלעזר משום דסבירא ליה שאין בכתוב כ"א ב' נגונין כי ועתה קחו לי מנגן אינו מן המנין כי הוא ספור דברים בעלמא והעקר הוא והיה כנגן המנגן שהם ב' נגונים, וז"ש רבי אבא אמר תרין פי' ב' נגונים לבד, וחלק עליו ג"כ שאין כללות האצילות בשלש אלא בד' ונכללות בשתים והם חסד גבורה ת"ת ומלכות כי הת"ת מתייחד עם המלכות וחסד עם הגבורה. והנה בהיותם נכללים בשתים שהם שני נגונים אז הי' הנבואה שורה על אלישע. וזהו אמרו תנינן מד' סטרין כלא אשתכח. פי' שכל הנמצאים מורכבים מד' יסודות אלו הרוחניים. והוסיף עוד מימרא דר' אבא אחריו להורות שדעת ר' אבא שבד' אלו נכללים כל האצילות, וז"ש וכל שרשין דעלאין ותתאין כולהו אחידן בהו פי' בד' אלו נכללים הכל. ותאנא וכו'. הוסיף לבאר היאך הם ד' ונכללים בשתים, כי דא עייל ודא נפיק, פי' החסד מלאכתו לכנס ולקרב והשמאל לפזר ולרחק, כאמרם שמאל דוחה וימין מקרבת, ולכן צריך ליחדם ולהמזיגם אל המיצוע. דא סתים ודא פריש פי' הת"ת הוא מתעלם והמלכות מתגלה ולכן צריך ליחדם כדי לגלות הנעלם מתוך הנגלה וזהו אתאחד חדא בחברתה. פי' להיותם ד' נכללות בשתי כוחות אל המיצוע. ואנון אבהן דכלא, פי' שארבעה אלו הם האבות ושרש לאצילות, הכוונה שבד' בחינות האלה נכלל הכל. ורבי שמעון חלק על רבי אבא ואמר שהכל נכלל בחסד גבורה ת"ת שהם חסד דין ורחמים כי המלכות מקבלת מהם והיא מכללם לא שתהיה בחינה ד' בפ"ע, וז"ש באבותיך ממש אבות שלשה שהם אברהם יצחק ויעקב דהיינו הגדולה והגבורה והתפארת שהם החסד והדין והרחמים. תלתא דוקא ולא ד' כמו שפי' ר' אבא. ומשמע דכתיב רק. פי' שכוון הכתוב לשלול דעת רבי אבא באמרו רק, כלומר אלו ולא אחרים עמהם שבג' אלו לבד נכלל הכל. ומאלין מתפרשן. פי' ואע"פ שיראה לכאורה כי בחינת המלכות בחינה מיוחדת בפ"ע, אינה ראיה. כי היא נכללת באלו ומאלו הג' היא מסתעפת ולא שתהיה בחינה בפ"ע כפי הנראה. ע"כ. והנה מתוך המאמר הזה מתבאר היות האצילות כלו נכלל בג' בחינות אלה שהם חסד דין רחמים דהיינו קו ימין קו השמאל קו האמצע. עוד ביאר הענין הזה רבי אלעזר בפ' שמות (דף י"ד) וז"ל הא תנינן בעשרה מאמרות נברא העולם, וכד תסתכל תלתא אינון ועלמא בהון אתברי בחכמה ובתבונה ובדעת עכ"ל לענייננו. והנה ג' אלה הם ג' מדרגות שהם חסד דין ורחמים. אמנם הם שרשים ובהם נעלמים הענפים שהם ג' וג' כמו שבארנו. וראוי לדקדק למה אינם נכללים בכתר חכמה ובינה שהם שרשים אל ג' קוים כמבואר בשער סדר האצילות. ודעת מאי בעא הכא. והטעם הוא מפני שבכתר לא שייך לא דין ולא רחמים מפני שהרחמים נכללים מדין וחסד שהם קו המיצוע והכתר הוא סוד חסד ורחמים שאין בו תערובת דין כלל ולכן לא יצדק אמרנו בו שהוא קו הרחמים באמיתות. והדעת הוא בחינת הת"ת קודם התפשטותו. בערך בחינתו בכתר בין חכמה ובינה בסוד ההכרעה כמו שיתבאר בשער הבא. ולכן כשנרצה לכלול הבחינה השנית שהוא בחינת הרחמים אין אנו יכולין לכללו בכתר בעצם כי לא יצדק מן הטעם שבארנו. אמנם נוכל לכללו בדעת שהוא בחי' הת"ת ובחי' הכתר דהיינו הת"ת המתעלה עד כתר ובעלותו שם במציאותן העליון נמצא שהוא שורש וכללות הרחמים בקצת דין הנכלל עמו. אבל הכתר בעצמו הוא שורש נעלם בו יוכללו ג' הבחינות בהעלם כדמיון הסתר והעלם הענפים הנאצלים בהמאציל. ולכן מפני זה לא יצדק בו דין כדפי' לעיל בפ"ג. ועתה לפי זה נמצאו הספי' נכללות ונבחנות בג' בחינות לרחבם ולארכם עם היות שאין בהם לא אורך ולא רוחב כזה:

	כתר	
חכמה		בינה
	דעת	
חסד		גבורה
	תפארת	
נצח		הוד
	יסוד	

הרי שלשה על שלשה. כתר חכמה בינה עולם מושכל, גדולה גבורה תפארת עולם מורגש, נצח הוד יסוד מלכות עולם מוטבע.

מושכל	חכמה	כתר דעת	בינה
מורגש	גדולה	ת"ת	גבורה
מוטבע	נצח	יסוד	הוד
	חסד	מלכות רחמים	דין

הרי בחינתם נחלקת לרוחב. ולאורך הם חכמה גדולה נצח הרי עולם החסד, בינה גבורה הוד הרי עולם הדין, דעת ת"ת יסוד הם עולם הרחמים. ולמעלה מהם כתר כלול כל שלשה בחינות כמו שהוא כולל ג' ראשונות ובהיות כלול מן הדין שהרי הוא כלול מהבינה שהוא שורש הדין ולא יחייב הענין הזה בו הדין כלל כמו שבארנו בפ"ג. ולמטה מכלם מלכות כוללת ג' בחינות שהיא הכוללת כל הספירות כנודע. נמצא לפ"ז כי חכמה ובינה ודעת שהוא במקום הכתר סוד הפעולות בכח, וגדולה וגבורה ת"ת סוד הפעולות בפועל, נצח הוד יסוד הם השלוחים הפועלים הפעולות. נמצא לפ"ז שכתר נשמה לת"ת בסוד דעת, והחכמה נשמה לגדולה, ובינה נשמה לגבורה, וחסד נשמה לנצח, וגבורה נשמה להוד, ות"ת נשמה ליסוד, ויסוד המקבל משלשתן נשמה למלכות הכלולה מכלם:

פרק עשרים וששי:

הכלל העולה מהפרק הקודם הוא כי הכתר והחכמה והבינה משפיעים בחסד ת"ת גבורה, וחסד ת"ת גבורה משפיעים בנה"י. אמנם היסוד מקבל כלם ומשפיע למלכות ובזולת המלכות אין להם הנהגה בעולם. כי הכל ניתן בידה ואין להם רשות להשפיע בתחתונים אם לא על ידה. וכן ביאר הרשב"י בתקונים (תקונא ד' דף י"ט.) וז"ל ולית ספירה מכלהו ספירן דיהא לה רשו לארקא ברכאן ולאשפעא לתתאין אלא בבת שבע בגין דאיהי קשורא דכלהו ספירן. דאי ספירן הוו מריקן לבר מינה הוה פרודא ובג"כ לית רשו לארקא ברכאן ולאשפעא לשום אתר בר מינה לגבי תתאין ובג"ד אתמר בה אל יתהלל חכם כו' כ"א בזאת כו' עכ"ל.

ומבואר הוא לענייננו. והאמת כי השפעת הספירות במלכות הוא ע"י היסוד כדפי' בשער הצינורות בפ"ג. וח"ו בהסתלק היסוד תסתלק השפע והטוב. ואם ישאל השואל ואיך אפשר לשער שנסתלק שפע היסוד מהמלכות [יז] ויתקיים העולם. הא ל"ק שכבר נשאלה שאלה זו בזהר פ' תרומה (דף קס"ו ע"ב) וז"ל האי אור זרע ליה קב"ה בגנתא דעדנוי ועבד ליה שורין שורין ע"י דהאי צדיק, ואיהו גננא דגנתא, ונטל להאי אור וזרע ליה זרוע דקשוט ועביד ליה שורין שורין בגנתא דעדן ואוליד ואצמח ועביד פירין ומנייהו אתזן עלמא הה"ד אור זרוע לצדיק וגו'. וכתיב וכגנה זרועיה תצמיח. מאן זרועיה, אלין זרועיה דאור קדמאה דאיהו זרוע תדיר השתא אוליד ועביד איבין והשתא זרוע איהו כדקדמיתא עד לא ייכול עלמא איבא דא אוליד זרועא דא, ויהיב איבא ולא שכיך וע"ד כל עלמין אתזנו בספוקא דההיא גננא דאקרי צדיק דלא שכיך ולא פסיק לעלמין בר בזמנא דישראל בגלות'. ואי תימא בזמנ' דגלות' כתיב אזלו מים מני ים ונהר יחרב ויבש היך עביד תולדין. אלא כתיב זרוע, זרוע איהו תדיר. ומיומא דאפסיק ההוא נהר גננא לא עאל בההוא גנתא. וההוא אור דאיהו זרוע תדיר עביד איבין ומניהו מגרמיה אזדרע כדקדמיתא ולא שכיך תדיר. כגנתא דעביד תולדין ומההוא זרועא נפל ביה באתריה, ומגרמיה עביד תולדין כדבקדמיתא. ואי תימא דאינון תולדין ואיבין הוו כמה דהוה בזמנא דגננא תמן, לאו הכי אבל לא אתמנע זרוע דא לעלמין. כגוונא דא ותורה אור אורייתא [דאתיהיבת מסטרא דההוא אור קדמאה] הכי אזדרע תדיר בעלמא ועביד תולדין ואיבין ולא שכיך לעלמין, ומההוא איבא דיליה אתזן עלמא עכ"ל. וכונת המאמר הזה הוא להכריח שהיסוד הוא המשפיע במלכות והוא האיש העובד האדמה הזאת ואין פורץ גדר ומשיג גבולו לזרוע או לעבוד זולתו. וזהו נקודה אשר עליה תסוב גלגל המאמר הזה. כי למעלה מן הענין אמר שהת"ת הנקרא אור מצד יניקתו מן החסד כאשר נבאר בשער ערכי הכנוים בערך אור, ואמר שזה האור שהוא השפע הנשפע הוא נשפע ע"י הצדיק י"ע. ובאר שהמשפיע הוא הת"ת הקב"ה שהוא בעל הזרע. והאריס העובד את האדמה הוא היסוד. והגן אשר בו נזרע הזרע הוא המלכות. וקראה בשם גן משום לישנא דקרא דקאמר (תהלים צז) אור זרוע ולשון זריעה שייך גבי גינה. ומשום קרא דכתיב (ישעיה ס"א) וכגנה זרועיה תצמיח כי משם ראייתו כאשר יתבאר. ועוד מפני שג"ן סדרים יש בתורה. וזהו סוד הפסוק

(משלי ו) ותורה אור דעליה קאי התם. ובקבלתה מהת"ת שהוא התורה אז נקראת גן לרמוז אל ג"ן סדריה. ועביד ליה שורין וכו'. הכונה לישב הפסוק שאמר זרועיה לשון רבים. וכדי שמתוך לשון זרועיה דמשמע רבים, לא נבא לומר שרבים זורעים בה והיא צומחת ומגדלת כל הזרעים כל אחד למינהו. לזה הקדים להצילנו מן הטעות. ואמת כי בזרע הצדיק יש כמה מיני שפע כל א' אל האוצר הראוי לו אוצרות חיים ואוצרות עושר אוצרות חכמה ואוצרות תורה ואוצרות בינה וזהו ועביד לי' שורין ששהם האוצרות. ונטיל להאי אור וכו'. הוקשה לו א"כ ימשך לפ"ז שאין הזרע היוצא מן הצדיק הוא כמו שמקבל הצדיק מלמעלה אלא ישתנה בעצמות הצדיק. שאל"כ איך יצדק מלת זרוע לצדיק שאם השפע יושפע בה כמו שנשפע מלמעלה מה תועלת ימשך מזה לצדיק עד שיתייחס אליו שם זרוע לצדיק. לז"א ונטיל להאי אור כו' ופי' הוא לוקח האור ומשפיעו וזרעו אור כמו שהוא נשפע מלמעלה ואין בידו לעכב או לשנות כמו שאין באבר המשגל כח לשנות הזרע מטבעו הקנוי לו ע"י שני המריקים. וז"ש וזרע ליה זרועא דקשוט פי' זרע אמת דהיינו הת"ת, ואפי' אחר הזרע הוא זרע אמת מתייחס אל הת"ת. ואל מה שהוקשה לו מה תועלת נמשך מזה לצדיק או מה פעולתו עד שיצדק אמרו זרוע לצדיק. לזה השיב ועביד ליה שורין שורין פי' כי האור והשפע בא מעורב בלי מתפרד כל אחד למינו והיסוד הוא המחלק אל האוצרות כל אחד לפי טבעו הנגזר משרשו. כדרך האריס או האיש העובד האדמה אשר שם חטה שורה ושעורה נסמן וכוסמת גבולתו. ועוד בזולת זה שהוא מולידה ומצמיחה, וז"ש ואוליד ואצמח וכו'. וטעם הכפל הזה הוא לרמז אל שני דברים. האחד לענין השפע הנשפע למזון העולם ולפרנסתו ושאר דברי העולם. והשני לענין הנשמות. וזה כונתו ואוליד נשמות, ואצמח פירות וזרעים. כי שניהם הם מזון העולם. הה"ד אור זרוע וכו'. הכריע הענין מב' כתובי מהכתוב הא' שהוא אור זרוע לצדיק הכריח כי הזורע זרע זה הוא הצדיק כמו שאמר אור זרוע לצדיק. ומן הכתוב השני הכריע והכריח כי המקבל השפע הוא הגן הנבחר, וזהו וכגנה וכו' כדפי'. מאן זרועיה אלין זרועי וכו'. הוקשה לו א"כ נמצא שהגן אחר זריעתו יוכרח אח"כ שישתנה הזרע מכמות שהיה וסוף סוף לא ידוקדק לשון אור זרוע כי אחר היותו זרוע אינו אור, לזה אמר מאן זרועיה אלין זרועי אור קדמאה. פי' כמו שהיה אור קדמאה שהנרצה בו השפע הנשפע מחסד בת"ת להשפיע להכלה, כן אחר שנזרע במלכות ואחרי צמיחתו עדיין שם אור עליו. וזה כוון באמרו אור קדמאה דאיהו זרוע תדיר. הכונה שלעולם לא ישתנה מכמות שהיה במקומו. השתא אוליד ועביד איבין וכו'. הוקשה לו א"כ למה אמר הכתוב זרועיה תצמיח שם חיוב זרועיה שהם שלה שבידה לשנותה שאל"כ היה ראוי שיאמר זרע תצמיח מאי זרועיה. לזה השיב כי מה שנתחדש עתה במלכות הוא היותו עושה תולדות ופירות מה שלא היה קודם לכן. וז"ש השתא כו'. פי' אחר שנזרע אוליד ועביד איבין. והשתא זרוע הוא כקדמיתא פי' אפי' עתה בעת עשותו הפרי הוא אור כקודם בואו אל המלכות מקום זריעותו. ונקט לשון זרוע לדקדק לשון אור זרוע לצדיק המוכיח שאפי' אחר זריעתו יקרא אור כדפי', ולעולם לא ישתנה מכמות שהיה במקומו אור. עד לא ייכול עלמא איבא דא וכו'. הוקשה לו כי מה הכרח אל מציאות הענין הזה שיהיה אור כקודם בואו ולא נאמר שישתנה כדרך כל הזריעות שמשתנים אל מציאות זולת זריעתם שמתרקבים ומשתנים אל מציאות הצמיחה שהוא עשב וממנו נולד הזרע ההוא. לזה השיב שאין ראוי לומר כן במציאות השפע הנשפע אל המלכות. מפני שאם נאמר כן נחייב שהשפע נגבל קצת בעת שזורע וא"כ משתנה אל מציאות זולת מציאות בואו ואח"כ צומח, וא"כ בין זה לזה העולם חרב. אלא ודאי חוייבנו לומר כי כמו שהוא במקורו כן נשפע אל המלכות, וכמו שהוא בעת שפעו כן הוא בעת גידולו ועשותו פירות, ולעולם אין עכוב כי כל זה כרגע. וז"ש עד לא ייכול עלמא איבא דא אוליד זרועא דא ויהיב איבא ולא שכיך. וע"ד כל עלמין אתזנו בספוקא דההוא גננא וכו'. הכונה לבאר מה שכבר קדם לנו כי צדיק נקרא נהר דנגיד ונפיק ולא פסיק לעלמין כי אין הדבר יכול להתעכב בשום אופן בעולם, כי היה העולם חרב כמו שהוא אחר החורבן כדמפ' ואזיל. ואי תימא וכו'. פי' לפי דבריך שאין מציאות לעולם אם לא ע"י משך השפע בלי עכוב, א"כ בזמן הגלות שאין שפע נשפע כדמוכח מקראי א"כ איך העולם מתקיים ומהיכן הם אותן הפירות שהעולם נזון מהם. ועוד אחר שהשפע נסתלק מהיסוד א"כ איך היסוד עושה תולדות ופירות. ונמצא שאלתו בב' פנים. ראשונה על המלכות היאך יש מציאות לעולם דהא כתיב אזלו מים מני ים. והשנית על היסוד היאך הוא משפיע שהרי כתיב ונהר יחרב ויבש. ותירץ לזאת שמיום שנחרב בית המקדש מעולם לא נשפע שפע ע"י היסוד דהיינו גננא, ולא נכנס לגנתא פי' לא נתיחד עם המלכות מפני שאינן נמצאין יחד.

כדכתיב (ישעיה נז א) הצדיק אבד כדפי' בזהר. ואל השאלה במה העולם מתפרנס, הוא ע"י השפע הנשפע מכבר שהוא זרוע מזמן קודם החרבן. והענין כי מדרך הקדושה להתרבות ולא להתמעט כמו שנבאר בשער המציאיות פ"א. וא"כ השפע העצמי אינו נמנע לעולם אלא מתהוה ממנו מציאות זולתו לזון ולפרנס העולם. וזה משל אל הגינה הנזרעת [שאח"כ מהזרעונים הנופלים] מעצמם נזרע וגדל שם מתוך הזרע הנזרע מקודם. ואי תימא דאינון תולדין כו'. הוקשה לו שא"כ מה יתרון לאדם בכל עמלו ביחוד אחר שמעצמו גדל השפע ומתהווה ממנו מזון אחר שממנו העולם ניזון אם כן היחוד עם היסוד לא מעלה ולא מוריד אחר שהגנה נזרעת מעצמה. לזה השיב וכי התחשוב שיהיה הזרע הנזרע מעצמו והמציאות המתהוה שוה אל מציאות השקה ממש ולכן יראה שאין יתרון בשהגנן בתוך הגנה ואל הנהר המשקה. ח"ו אין הדבר כן שעתה מציאות מתהוה ממציאות ומציאות ממציאות ואינם עצם האור כי עצם האור לעולם נשאר שם להוות מציאות זולתו שהוא הזרע הנזרע. אבל בהיות הצדיק בתוך גנתו ומשקה אותה וזורעה כיון שאור נמשך ואינו פוסק, העולם ניזון מעצמות האור בעצמו לא ממציאותיו. אלא אדרבה המציאות מתרבים והברכות מתרבות בעולם. וז"ש אבל לא אתמנע זרוע דא וכו'. הכוונה שאמת הוא שמעולם לא נמנע הזריעה אבל לא שיהיה בערך ובשווי עם זמן היות הצדיק בתוך גנתו כדפי'. כג"ד ותורה אור. חוזר לבאר הקרא דפתח ביה דהיינו כי נר מצוה ותורה אור והכוונה שהתורה הוא כמו האור הזרוע שלעולם עביד איבין ולא פסיק לעלמין. ע"כ פי' המאמר. והכלל היוצא לנו שהמזון והשפע הנשפע למלכות. הוא ע"י יסוד ולא ע"י ספירה אחרת זולתו. ואפי' בזמן הגלות שאין צדיק בבית מלונו עם כל זה העולם נזון ממה שהשפיע מקודם לכן. וממה שצריך לדעת כי כיון שבזמן הגלות העולם נזון משפע שנשפע במלכות מקודם א"כ מה יתן ומה יוסיף הכוונה בתפלה והיחוד. ומה גם עתה בגלות המר הזה שעליו נאמר הצדיק אבד וכן אזלו מים מני ים, א"כ מה פועלת התפילה והתחינה והיחוד, אחר שצדקת הצדיק לא ישפיע לא מעט ולא הרבה כדמוכח מתוך המאמר הקודם. וענין זה בארו בזוהר פ' שמיני (דף מ') ז"ל ומאן דידע ליחדא שמא קדישא אע"ג דברכאן לא משתכחי בעלמא איהו סמיך וסעיד לכנסת ישראל בגלותא. והרי בפי' כי עם היות שהברכות אינם נמצאות עם כל זה יש בענין סמך וסעד. וענין סמך הוא כי המלכות שהיא סוכת דוד הנופלת בגלות ואין לה קימה עד ישקיף וירא ויגיע ההיא שעתא דתתקיים קרא דכתיב ביום ההוא אקים את סוכת דוד הנופלת (עמוס ט'). ודקדק מלת נופלת לשון בינוני במשקל פועלת נוקמת. והכוונה שלעולם נופלת מפני שהשפע ההוא כל עוד שזמן החורבן נמשך ואין בו החדוש הוא כמשל זרע הגנה הנזרעת מאליה שאם לא יחדשוהו יתקלקל ח"ו. ולכן אין לך יום שאין בו קללה מרובה מחבירו יען כי תשש כח הנקבה ח"ו וזהו הנופלת. ומפני כך צריכה אל סומכים שלא תפול מכל וכל. וענין הסמך הוא ע"י ההשפעה קצת [אשר תהיה מתמצא מלמעלה מעסיס רמונים] כמבין סדקי המחט לחדש סמך בעלמא. וכל העושים הסעד והסמך שכרם כפול ומכופל ועליהם נאמר (ישעי' ס"ו) שישו אתה משוש כל המתאבלים עליה. והענין הוא שיתייחדו, ואם לא יהיה יחוד בחינתם כאשר מקודם הגלות. עד שיבנה בית המקדש ויקוים מקרא שכתוב (זכרי' י"ד) והיה ה' למלך על כל הארץ ביום ההוא יהיה ה' אחד ושמו אחד. ובזה נכלל השער הזה ותהלה לאל העוזר האמת. ונסע אל שער המכריעים:

שער התשיעי הוא שער המכריעין

הכוונה בזה השער לבאר מנין המכריעין בין החסד והדין וכמה הם וכיצד מציאות ההכרעה:

פרק ראשון:

הכוונה בפרק זה הוא להודיע ענין ההכרעה. והענין כי בהאציל הקב"ה אצילותו הק' האציל שני מדות הפכיים שהם החסד והגבורה שהשכר והעונש נמשך מהם. ויען כי פעמים יקרה היות העולם צריך אל העונש אבל לא כ"כ וכן יצטרך לפעמים אל השכר אבל לא כ"כ לכן האציל המאציל קו האמצע בין שתי הקצוות והוא הנקרא קו המכריע. כיצד החסד הוא מדה הנוטה אל השכר ואל הטוב ולהשפיע לרעים ולטובים כשמו שהוא חסד. וכן פי' בזוהר שהחסד הוא להשפיע לרעים ולטובים. וז"ל בפ' תרומה (דף קס"ח ע"ב) ובטובו ולא מטובו, ובטובו, דא ימינא עלאה. ומטובו דא דרגא אחרא דאתי מסטרא דימינא ואיהו דרגא לתתא מניה. בגין דבההוא טוב אתבניא עלמא וביה אתזן. אמאי אקרי טוב ואמאי אקרי חסד. טוב איהו כד כלול כלא בגויה ולא אתפשט לנחתא לתתא, חסד כד נחתא לתתא ועביד טיבו בכל בריין בצדיקיא וברשיעיא ולא חייש, ואע"ג דדרגא חד הוא. ומנ"ל דכתיב אך טוב וחסד ירדפוני. אי טוב למה חסד ואי חסד למה טוב דהא בחד סגיא. אלא טוב כליל כלא בגוויה ולא אתפשט לתתא. חסד נחית ואתפשט לתתא וזן כלא צדיקי ורשיעי כחדא. והכא כיון דאמר בטובו חיינו הדר ואמר הזן את העולם כולו בטובו בחסד עכ"ל. ויש לדקדק בו. א' אמרו ומטובו דא דרגא אחרא דאתי מסטרא דימינא ואיהו דרגא לתתא, אחר שאמר שהוא דרגא אחרא דאתי וכו' למה האריך באמרו דרגא לתתא כי מובן מעצמו הוא כי אחר שהוא נמשך מהימין ודאי שהוא למטה מן הימין. ב' אמרו בגין דבההוא טוב אתבניא וכו', שהוא הפך מה שמפרש בסוף דבריו. וקשיא רישא לסיפא. ברישא אמר שבטוב אתזן עלמא, ובסיפא אמר כי טוב הוא קודם ההמשך שאינו זן כלל. וקשה דידיה אדידיה. ג' עוד אמרו ואע"ג דדרגא חד הוא, מאי ואע"ג, וכי כל הספירות לא יש בהם בחינות וכל בחינה לה כנוי בפני עצמה כמבואר בשער ערכי הכנויים וא"כ מאי ואע"ג. ד' אמרו ומנ"ל כו', מאי אריא, נימא דתרי מדות ניהו והיינו דקא שאיל ממדת טוב וממדת חסד ואין מן הכתוב ראייה אל המכוון אליו. ה' לפי פי' שטוב היינו כד כלול כלא וכו', שהוא עכוב השפע ואינו נמשך, א"כ מה לו לדוד לשאול בטוב שהוא עד לא אתפשט מאחר שיש לו חסד א"כ לימא חסד ולשתוק מטוב. ו' לענין ברכת המזון לפי מה שפי' בענין הזן את העולם כו', א"כ למה לנו לומר טוב כדי שנצטרך אח"כ לומר חסד נימא מעיקרא חסד ולשתוק מטוב, יותר טוב שנאמר הרפואה ולא נבא אל המכה כל עיקר. ולישב המאמר הזה נאמר שהחכם בעל המאמר הזה הוקשה לו בברכת המזון מה שאנו אומרים בטובו עד שאנו מוכרחים לומר אח"כ בחן בחסד לתקן, ויותר טוב היה שמעיקרא נאמר בחסד. ולהשיב על הענין הזה שאל שאלה אחרת בתחלה טעם על מ"ש במס' ברכות (ד"נ) אמר מטובו חיינו הרי זה בור, ובטובו חיינו הרי זה חכם. ופירש ואמר ובטובו ימינא עלאה פי' החסד. ומטובו הוא היסוד הנמשך מהחסד, פי' יסוד המקבל מן החסד. והיינו מטובו שפי' מקצת טובו, הכוונה הדבר הנמשך מהטוב. ובטובו פי' טובו ממש דהיינו חסדו. והיינו דקאמר מטובו דא דרגא אחרא דאתי מסטרא דימינא דהיינו מצד היסוד הנמשך מהחסד. ומפני שלא נאמר שפי' מטובו היינו משפע טובו דהיינו שפע הטוב שהוא החסד, לז"א ואיהו דרגא לתתא פי' היא מדרגה ומדה אחרת ממש נמשך מהחסד ויונק ממנו לא שפע החסד עצמו. בגין דבההוא טוב וכו'. הוקשה לו שכיון שפי' מטובו היינו מדרגה אחרת למטה שהוא היסוד או זולתו א"כ אחר שהוא מדה נמשכת מן החסד א"כ למה האומר מטובו הוא בור שהרי מטובו היא מדה מושפעת מהטוב העליון. לזה נתן טעם ואמר בגין דבההוא טוב פי' בטוב העולם העליון שהוא החסד בו היה בנין העולם כנודע ולכן מזון העולם ושפעו ממקום בניינו ולכן האומר מטובו הוא בור אלא הנכון בטובו שהוא החסד שהוא בנה העולם והוא המקיימו ומפרנסו. אמאי אקרי טוב ואמאי אקרי חסד. מאחר ששניהם בבחינה אחד לפי מה שפירשתי שע"י הטוב היה בנין העולם דהיינו ממש החסד דכתיב (תהלים פט ג) עולם חסד יבנה א"כ נמצא שהם בחינות שוות וא"כ למה נשתנו שמותיהם אחר היותם בחינות שוות לפי דעתך. ולזה אמר טוב איהו כד כליל כלא לגויה ולא אתפשט לנחתא לתתא. הכוונה כי החסד הוא כולל כל הבנין. וכן פי' הזוהר (בפ' בלק דף קצ"א) בפסוק ויי' הולך לפניהם יומם שהחסד נקרא יומם, פי' יום כלול מכל הימים, ובארנוהו בשער ערכי הכנויים בערך יומם. והכוונה שהחסד כולל כל הקצוות בסוד כי אמרתי עולם שהוא כל ההיקף [הנקרא עולם] חסד יבנה. פי' בחסד נבנה ונתעבה ונתגלה. ולכן בהיותו בחסד קודם גלויו בחינה מתגלית אותה

בחינה נקרא טוב שהוא מן לשון (שמות ל ז) בהיטיבו את הנרות הכונה מאור שבה האירו כלם אור גדול וקודם היותם לא היו מאירים. וזהו בניינם גלוים ותיקונם אל מציאות מתגלה. וזה שאמר כד כלול כלא לגויה ולא אתפשט לנחתא לתתא, חסד איהו וכו'. היינו אחר שנתעבו הדברים שם והאירו להתגלות ונתפשטו ואז משפיע החסד משפעו ומטבעו לרעים ולטובים וזהו הנקרא חסד ולא חייש. ואע"ג דדרגא חד הוא. פי' עם היות שהכל בחינה אחת כי אותה שהיה טוב היא עצמה שנעשה חסד כי במקום שנבנו משם נמשך קיומם, עם כל זה בערך שני העניינים האלה נקראים ב' שמות אלה. וכן הענין אל השפע כי בטוב הוא מאיר ומתגלה, ונקרא אח"כ חסד כי משם נשפע לרעים ולטובים כדפירשנו לעיל. ועתה בזה נתיישב למה אנו צריכים לומר בברכת המזון טוב ואח"כ חסד, וכן בדוד. כי ממעשה בראשית נלמד שצריך אל הגלוי להיות טוב תחלה ואח"כ להיותו חסד, א"כ כשנשאל המזון צריך קודם אל הטוב כדי שיתעבה ויתגלה ואח"כ שימשך דהיינו חסד שהיא כדין ושלא כדין. והכריח הענין מדהמע"ה שאמר אך טוב וחסד ירדפוני וכו'. ושאל אם דוד היה צרכו אל החסד דהיינו להשפיע כדין ושלא כדין, א"כ למה שאל ממדת הטוב, השתא ומה בחסד אית ליה טוב אצטריכא ליה. ואם לא היה רוצה ממדת החסד כדי שלא יושפע על האויבים, אלא במדת טוב כסלקא אדעתין דטוב היינו מדה בינונית משפיע לטובים, א"כ למה אמר חסד. דחסד אפי' לרעים איהו. אלא מאי אית לך למימר דטוב היינו מקום שבו מתנהר השפע או ההויות הויה מתגלית, וחסד הוא השפעתם אחר גלוים. ולכן הוכרח לומר טוב וחסד, טוב כדי להוות השפע וחסד כדי להשפיעו. א"כ אף אנו נאמר כן בברכת המזון שאנו צריכין להזכיר ב' עניינים האלה, ראשונה בטובו דהיינו מקום הויות השפע והטבתו, ואח"כ בחסד דהיינו המשכתו לרעים ולטובים. ונמצינו למדים מתוך המאמר הזה כי מדת החסד היא להשפיע לרעים ולטובים כדמוכח מתוך פשטן של דברים. ואין לומר כי בחינת הטוב הוא המשפיע לצדיקים לבד, וחסד לרעים ולטובים. מכמה טעמים. ראשונה שאמר טוב כד כליל כלא בגויה ולא אתפשט לנחתא לתתא ואם אמת הוא שמדת טוב הוא משפיע לטובים למה אמר שהוא נקרא טוב כד כליל וכו' ולא אתפשט הא אתפשטט להשפיע לטובים. עוד אמרו כד נחתא לתתא ועביד טיבו וכו'. נראה שכאשר הוא עושה חסד עם הכל אז מתפשט וההתפשטות הוצרך לטובים כמו שהוצרך לרעים. א"ו כדקאמרן שכאשר נקרא טוב אינו משפיע כלל שהוא עכוב השפע לקבל הויה מתגלית, וחסד הוא בהיותה משפעת שאז מטבעה להשפיעה לרעים ולטובים. נמצא שמדת החסד כשמה כן היא משפעת שפעה לרעים ולטובים:

פרק שני:

כמו שבמדת החסד מעלת הויתור שלא להבחין בין צדיק לרשע בין עובד אלקים ללא עבדו, לענין השפע והמזון. כן למדת הגבורה מעלת הקפיצה שלא להשפיע אלא במדת הדין הקשה למי שעמד בנסיון ונתנסה על ידה. כענין יצחק שפשט צוארו על גבי המזבח לעבודת קונו בהיותו בתוקף גבורתו בן ל"ז שנה ואז יש בידה להשכיר. ומדקדק עם הצדיקים כחוט השערה כענין שארז"ל (בב"ק דף נ') ע"פ וסביביו נשערה מאד. וכאשר יחטא איש יצא הקצף מלפניה ויאבדנו כרגע. ולהיות כי אין א' משני קצוות האלה כוונת בריאת העולם ולא בעל הקצוות שלם כאשר נבאר. הוכרח להיות בין ב' הקצוות מכריע והוא קו הרחמים, כי מצד החסד מיימינים לכף זכות, ומצד הגבורה משמאילים לכף חובה, וקו הרחמים מכריע ביניהם. ולהיות שאין דעת שלישי מכריע אלא שצריך להיות נטיית המכריע קרוב אל אחד משני הקצוות, ובהיות קו הרחמים באמצע כלול משניהם יהיה אל האמצעות ואין ההכרעה זו הכרעה. לכן מוכרח אל המשכתו מכ"ע שבכח רחמי הלובן העליון יטה אל צד החסד וזה שנקרא מטה כלפי חסד. ומצד היות החסד היושבת ראשונה במלכות הוכרח להיות פותח בזכות תחלה. וזהו הטעם שאחז"ל פותחין בזכות תחלה ואם הסנהדרין פתחו לחובה תחלה לא היו דנין אותו כל עיקר. וכן דרשו רז"ל (סנהדרין א') ושפטו העדה והצילו העדה בעינן עדה שופטת ועדה מצלת, דבעינן רמז אל שני כוחות הדין והחסד. ולפי שאין המים והאש מתערבים יחד אם לא ע"י אמצעי לרוב רחקם, הוצרך אל האויר שהוא קו האמצעי המכריע שהוא כלול מב' הקצוות, ולכן נק' שמים שהכונה אש ומים. ויש לשאול כי היה ראוי שיאמר מים אש כי המים הם תחלה כדפי' א"כ היה ראוי שיאמר מימש. וי"ל כי כיון שכוונת ההכרעה להיות מטה כלפי חסד כדפי', לזה אמר תחלה שמים אש המושבים אל המים. וזה כונת המשנה (אבות פ"ה) כל מחלוקת שהוא לשם שמים סופה להתקיים דהיינו חסד וגבורה שהם במחלוקת, וחפצים בהכרעה האמצעית דהיינו שמים כדפי'. ולכן סופה

להתייחד ולהתקיים שהיא בתוך הקדושה והאצילות הטהור. אבל המחלוקת שאינה לש"ש שאינם חפצים בהכרעה רק מחלוקת לקנטוריא, הוא מתדבק באשו של גיהנם שהיא הקליפה שאין מקבלת הכרעה והם הם סטרא דשמאלא שלעולם משמאילים לכף חובה ואינם רוצים בהכרעת החסד. ולפיכך נאמר בו הבדלה כענין (בראשית א) ויבדל אלקים בין האור שהוא הקדושה ובין החשך שהוא חשך שבגיהנם כענין (ש"א ב ט) ורשעים בחשך ידמו. ונבדלת מן הקדושה מפני שנתרחקה מן הדין המקבלת הכרעה כמו שהיה בענין קרח ועדתו שהיה עקרם לוים מצד הגבורה ואהרן הכהן איש החסד ומשרע"ה היה קו המכריע שהיא מדתו. ולא רצו עדת קרח בהכרעה לפיכך נאמר בהם הבדלה כענין (במדבר טז) הבדלו מתוך העדה הרעה. ולכן אמר משה רבינו ע"ה (שם) ואם בריאה יברא ה' וכו' כיון ששוו אל הקליפה הרעה שהיא עדה הרעה אין עדה פחותה מי' והיתה רעה לפיכך הכניסם בגיהנם מין במינו. אבל במחלוקת שהיא לש"ש כמחלוקת הלל ושמאי שהלל היה נשיא איש החסד ושמאי אב"ד בעל הגבורה וממדותיהם ניכרים שהלל לא כעס מימיו שלא לפגום מדתו ושמאי היה רגזן שמדתו גרמה לו. ועקר מחלקותם היה לשם שמים לקבל הכרעה, ולפיכך נתקיימה מחלקותם. ועד"ז יובן מה שאחז"ל (עירובין דף י"ג) מפני מה זכו בית הלל לקבוע הלכה כמותם מפני ענוותנותם. והכונה שהיו מתדבקים לצד החסד בענוה ובשפלות ובהיותם נוחים ולכן הלכ"ה שהיא השכינה כמותם שנטייתה לצד החסד כענין אמרם ז"ל (מגילה דף י"ג) אסתר ירקרקת היתה אלא שחוט של חסד משוך עליה. ועד"ז יובן אמרם ז"ל (שם בעירובין) אלו ואלו דברי אלקים חיים וכו' פי' אלקים חיים הוא הבינה שמשם נשפע כל הבנין. ואמר שבין המטמאין והפוסלין והמחייבין שהם נוטין לצד הגבורה אל החומרא להראות שיש שם רשות לקליפות ולכן חייב פסול טמא, בין המטהרין המכשירין והמזכין שהם נוטין לצד החסד אל הקולא להראות שאין שם רשות ושליטה לקליפות ולכן זכאי כשר וטהור, הכל הוא מהבינה שמשם השפעת ב' הקצוות וכאשר יגבר יד ושפע המתרבה מאחד משני הקוים אז הלכה כמותו לאסור ולהתיר וכו'. ולכן בין המטהר ובין המטמא כל א' דבריו צודקים. ולכן לפעמים ג"כ יהיה הלכה כבית שמאי בדוחק שרוב הנטייה הוא לצד החסד. ולהעירנו על הענין הזה אז"ל ב"ה לקולא ב"ש לחומרא זה לחסד וזה לגבורה כמדתם חוץ מדבר מספר כנודע. וטעם החלוף לפעמים הוא ע"ד (בראשית כב ז) הנני בני שלפעמים החסד לצד הגבורה והגבורה לצד החסד שהאש כלול במים והמים כלולים באש כדפי' בשער מהות והנהג' פי"ו, וזה טעם עקידות יצחק כמבואר בזוהר פרשת העקדה. ועם זה יובן טעם חילופם בקצת האילנות אברהם אל השמאל ויצחק אל הימין בפרט ביריעה:

פרק שלישי:

אחר שבפרקים הקודמים נתעסקנו בענין ההכרעה, נבא עתה בפרקים האלה במנין המכריעים. והמוסכם בפי כל המפרשים הוא שהמכריעים הם שנים. האחד הוא התפארת המכריע בין הגדולה והגבורה והם ג' אבות אברהם איש החסד יצחק בעל הגבורה ויעקב (בראשית כה כז) איש תם יושב אוהלים. ופי' תם הכוונה שלם כי אין ראוי שיקרא שלם בעצם מי שהוא מוכרח בפעולה אחת וממנה לא ישתנה כמו הגבורה שהוא כח הדין, וכן החסד כח החסדים, שהם ב' הקצוות והקצוות אינם שלימות. וכן פי' בזהר פ' תרומה (דף קס"ז) וז"ל וירא אלקים את האור כי טוב, דא איהו עמודא דקאים באמצעיתא וקאים ואחיד בסטרא דא ובסטרא דא. וכד הוה שלימו דתלת סטרין כתיב ביה כי טוב מה דלא הוה בהני אחרנין בגין דלא הוה שלימו עד אור תליתאה דאשלים לכל סטרין. וכיון דאתא תליתאה דא כדין אפריש מחלוקת דימינא ושמאלא עכ"ל. ופי' למעלה מזה אמר כי יהי אור הוא חסד, ויהי אור גבורה וזהו ויהי לשון צער. ועתה אמר כי וירא אלקים את האור כי טוב הוא התפארת. והאריך בלשונו באמרו דא היא עמודא דקאים באמצעי' וכו'. הטעם כי לת"ת ב' מציאות. הא' מציאותו הפשוט שהוא עצם התפארת סוד קו השלישי קו הרחמים בלי היותו אוחז אל אחד הקצוות כלל. והמציאות הב' הוא הרכבתו מג' קוים ג' גוונים והכרעתו בהם מפני היותו נוטה אל אחד מהם והיותו משלים ביניהם. ומפני שהמציאות הראשון כבר יצדק בו ג"כ החסרון, מפני שהיא דעת שלישי שהוא קו הרחמים קו בפני עצמו מבלי נטותו אל א' הקצוות ואין זו הכרעה שאין הכרעה שלישית מכרעת, ולכן ג"כ לא יקרא שלם. אבל המציאות השני נקרא שלם שבו כח כל השלשה דעות, ולזה אמר דא איהו עמודא דקאים באמצעי'. ובזולת היותו באמצע, קאים ואחיד בסטרא דא ובסטרא דא שהוא היותו כלול מג' הקוים, ואז הוא שלם. וז"ש וכד הוו שלימו דתלת סטרין שהוא השלמת השלשה קוים שהם חסד גבורה תפארת, ודקדק אל הנדרש

באמרו שלימו דתלת סטרין, שאם הכונה על התפארת הממוצע בין שניהם שלימו דתרין הוה ליה למימר שהם הגדולה והגבורה, אלא ודאי כדפי' כי הוא עצמו במציאותו הראשון הוצרך אל השלום כדי שיהיה מכריע. ולעמוד על בירור ענין זה צריך לעיין בשער י' ולא ט' בפ"ב. ומה שאנו אומרים שאין הקצוות בשלימות, אין הכונה על החסרון שאין חסרון באצילות חלילה כי שם שלימות הכל באמת. והכונה בזה לשכך את האזן. ויקרא שלם באמת בעל ההפכים וזה לא יוצדק כ"א בת"ת במציאותו השני ששם נקרא תם שלם. וז"ש איש תם יושב אוהלים הכונה על שני אהלים שהם גדולה גבורה. ולהורות על הענין ההכרעה הזאת אמר בעל ספר יצירה פרק ג' וז"ל שלש אמות אמ"ש יסודן כף זכות וכף חובה ולשון חק מכריע בנתים עכ"ל. והכוונה שבעל ס"י חלק האותיות לשלש חלקים לענין הבריאה. והחלק הא' הוא אמ"ש. וקראן אמות לפי שהן אמהות לכל הנאצל ונברא ונוצר ונעשה. והרצון באמרנו אמהות הכונה כללות, שם נכלל הכל וממנו תצא הכל כמו שנבאר. ויש שפי' במלת אמ"ש שר"ת א'מת מ'שפט ש'לום. ואינו נכון כי שלשת תיבות האלה הם כנוי הת"ת כאשר נבאר בשער ערכי הכנויים ואין כן הכונה הנה כדפי'. ואמר חובה וזכות ומכריע. יש שפירשו שהם גדולה גבורה ת"ת. והוא היותר נכון ומתיישבת. והם אמ"ש אויר מים אש. אויר תפארת, מים חסד, אש גבורה. וכבר מבואר כי בעוה"ז יסוד האש למעלה ויסוד המים למטה ויסוד האויר בין שניהם מכריע משתוה אל האש מצד חמימותו ואל המים מצד לחותו שהאויר חם ולח. וטעם שהמים למטה והאש למעלה הפך האצילות שהגדולה יסוד המים הוא למעלה והגבורה יסוד האש למטה. הטעם הוא כי העפר הוא כנגד רגל הד' שהיא המלכות והוא יסוד העפר העליון ופי' בה כי אסתר ירקרקת היתה וחוט של חסד משוך עליה. ולכן נתן יסוד המים אצל יסוד העפר ונטבע בו טבע הכובד כדי שיתחבר אל העפר. עוד טעם נכון כי עיקר ההנהגה העליונה עם הנבראים הוא ע"י החסד, וכן פי' רז"ל. והעפר הוא מושב השפלים התחתונים לפיכך הרחיקם מן הדין בכל האפשר כי כל הקרב אל העפר הוא רחמים יותר מחבירו. ולכן על יסוד העפר יסוד המים שהם כנגד החסד, ועל יסוד המים יסוד האויר שהוא כנגד הת"ת שהוא רחמים, ועל הכל אש שהוא הדין רחוק מהנבראים מדרגה שלישית. ועתה יש לשאול אחר שאמ"ש ר"ל אויר מים אש למה לא נזכר בכל ספר יצירה יסוד העפר שהוא יסוד ד' אל הבריאה כדפי'.

והדבר הזה יובן במה שפירשו חכמי המחקר שיסוד העפר עם היותו יסוד רביעי הוא כלל ג' יסודות הראשונים שהם מים אש אויר ומהם נתהוה יסוד הד'. ואמרו מופת לזה שאם ירתיח אדם כלי של מים על האש באופן שלא ישקטו ולא ינוחו רתיחותיו לעולם ואם יחסרו המים יוסיף עליהם עוד עד יעבור עליהם על זה זמן מה יתהוה בתוך המים עפרורית כדמות אבן. והנה כשיעלה האדם בדעתו יסוד האש בכחו הגדול, אשר אין האש המורכב אצלנו א' מכמה חלקים מן האש היסודיי, ובהיות אויר הגדול מנשב ביסוד האש והמים מרתיחים בו, הנה לא ירחק ממנו בריאת העפר הזה והויותו. ולהיות שהוייתו כדמות הרכבה כדפי' לכן לא נזכר בס"י אלא היסודות העיקרים שהם אויר מים אש. וכן בענין האצילות כלו נכלל בג' חלקים הללו שהם אויר קו הרחמים מים קו החסד אש קו הדין ופעולת המלכות היא פעולה מורכבת משלשתן. וזה בענין הפעול' לא בענין האצילות. שאין כוונתינו הנה כדברי ר' יהודא חייטי ח"ו ורחמנא ליצלן מדעתיה. אמנם כוונתינו אל פעולותיה שהם מצד קבלתה מג' קוים האלה וכבר הארכנו בזה בשער מהות והנהגה בפ' כ"ה בעה"ו. וזהו הנרצה הנה באמרנו אמהות, שהם אמהות לכל חלקי המציאות. יסודן כף זכות וכו'. כבר נודע שהאותיות ברוחניות הם אצילות נאצל מהשרשים העליונים והם כלים והיכלות אל השרשים הנכבדים הם הספירות כמו שנבאר בשערים הבאים. ולכן אמר יסודן, פי' יסוד ושורש האותיות האלה שהם אמ"ש הוא כף זכות וכו'. ואמרו כף זכות וכף חובה הוא גדולה וגבורה עם מקורם העליונים שהם חכמה ובינה כאשר נבאר. ולשון חק הוא קו האמצעי המכריע. וכף הוא נגזר מכף מאזנים, והכונה כי הגדולה שהוא הימין הוא הכף השוקל לכף זכות, והגבורה שהוא השמאל הוא הכף השוקל לכף חובה. ולשון חק הוא לשון מאזנים שמקום נטייתו לצד ההכרעה. וכיון באמרו לשון חק הכונה שהת"ת נקר' לשון מצד הבינה כדפי' בשער י' ולא ט' בפ"א. וכיון אל הת"ת ואל מציאות הדעת הנעלם בבינה ומבינה ולמעלה כדפי' בשער אם הא"ס הוא הכתר בפ"ח. והם שני מכריעין. וחק הוא היסוד המכריע השלישי כאשר נבאר ענין שלש מכריעין בפרקים הבאים ושלשתם מכריעים בין כפי זכות וכפי חובה. וכבר הוכחנו למעלה בשער י' ולא ט' בפ"ב ענין המכריע הזה מדברי הרשב"י ע"ה. ומה שראוי שנדעהו שאין שלימות ההכרעה אל הת"ת אלא ע"י המלכות. והענין, שהחסד יסוד המים, והגבורה יסוד האש.

והמים והאש הפכים זה לזה מב' בחינות, הא' שהמים קרים והאש חם הרי הפך א', עוד המים לחים והאש יבש הרי הפך שני. ולכן הוצרכנו אל שני מכריעין כי א"א בא', כי הרוח חם ולא משתוה אל האש מצד חמימותו ואל המים מצד לחותו. בא האש ומצא בצדו חום האויר, באים המים ומוצאים בצדם לחות האויר, נמצא האויר משלים ביניהם ומכריע בשתי בחינות אלה. ועדיין מחלקותם עומדת מצד הקור והיובש עד שיסוד העפר שהוא נגד המלכות מכריע ביניהם. שהעפר קר ויבש באים המים מוצאים מצדם הקרירות בא האש ומצא בצדו צד היובש. ונמצא העפר משתוה אל שניהם ומכריע. שאי אפשר שיהיה יסוד אחד מורכב משני הפכים ממש מקור וחום ולח ויבש שהם ב' הפכים בנושא אחד. ובשתי נושאים שהם האש והמים אינם משתוים, כ"ש שלא ישתוו בנושא אחד. לכן הם משתוים ע"י שבנושא אחד ב' בחינות שאינם הפכיות כל כך כמו הקור והיובש בעפר והחום והלח באויר. ולכן ההכרעה בין הגדולה והגבורה שהם האש והמים אינה אלא ע"י הת"ת והמלכות שהם האויר והעפר. וענין קר ולח בחסד וחם ויבש בגבורה, ירצה כי הפעולות בחסד נגד הגבורה הם שתים, וכן בגבורה נגד החסד. האחד הוא התעוררות החסד לבטל ולכבות כח האש ר"ל כדי לבטל הדין, וזה יוחס במלת קר, והכונה שהוא מקרר חום הנכרי הנשפע מהגבורה כדי שיוכל האדם לחיות. והפעולה השנייה אשר לחסד היא להשפיע ממש החסד שיהיה העולם מתנהג בחסידות. והיינו מציאות מחודש שאינה הפעולה הקודמת שהיא בפעולת הקרירות, והיינו ענין הזעימה שהיא זועמת במלכי דין שלא יפעלו וישקיט כח הדין ויצנן אש של גיהנם. אח"כ צריך להשפיע שפע החסד שהוא להנהיג העולם במדתו, וזה יוחס בשם הלחות שהוא השפעת מים ממש המלחלחים את הצמאים. וכן לגבורה שתי פעולות הפכיות נגד החסד. הא' הוא כח התעוררות לבטל ולייבש כח הלחות ולזעום במלאכי החסד ובחסד שלא יתנהג העולם ע"י, וזה יוחס במלת יבש. והכונה שהוא מיבש ליחות המים הנשפעים מחסד. והפעולה השנית אשר לגבורה היא להשפיע ולעורר הדין ממש בעולם שיהיה העולם מתנהג במדת הדין ובגבורותיה וכוחותיה. וזה מציאות מחודש שאינה הפעולה הקודמת שבפעולת היבש היינו זעימה שהיא זועמת במלאכי חסד שלא יפעלו וישקיט כחם וייבש לחותם. אח"כ צריך להשפיע שפע הגבורה שהוא להנהיג העולם בדין וזה יוחס בשם החום המחמם ושורף. והנה הת"ת טבעו החם והלח מפני שהם שתי בחינות בלתי הפוכות כ"כ שהם השפעת הדין והרחמים יחד. כי להיותו חם וקר א"א כי הקור הוא לבטל כח החום שהוא השפעת החסד לבטל השפעת הדין כדפי', וכן להיותו יבש ולח א"א שהיובש הוא כח הגבורה לבטל שפע החסד שהוא הלחות. לכן הטביע המאציל בו כח החום והלח שהוא השפעת הדין והרחמים. ולומר שיהיה קר ויבש א"א שהרי הקרירות והיבשות הוא לבטל כח החמימות והלחות והוא שהוא ממזג ב' ההנהגות וההשפעות יחד. ואם עוד ישפיע החסד והגבורה כח היובש והקרירות הנה לא יועיל המזגת השפעת הת"ת כי יתבטל פעולותיו, ע"י הקור הנשפע מהחסד יתבטל פעולת החום שבו וע"י היובש הנשפע מהגבורה יתבטל כח פעולת הלח שבו. לכן באה המלכות והטביע המאציל בה שתהיה מוזגת הקור והיובש [יחד] כדי שלא יתבטלו פעולת הת"ת. נמצינו למדים שע"י הת"ת ומלכות הוא ענין ההכרעה של גדולה וגבורה. ונאריך עוד בענין ההכרעה הזאת בשער פרטי השמות בפרק ט"ז. וצריך למעיין ההשכלה והעיון בענינים האלה בטוב ההשקפה:

פרק רביעי:

אחרי שנתעסקנו בפ' הקודם במכריע האחד שהוא הת"ת בין הגדולה והגבורה. נבא לבאר ענין מכריע האחר והוא היסוד שהוא מכריע בין נצח והוד. וכן הסכימו כל המפרשים וקראו אותו מכריע שני. והענין שהנצח הוא ענף החסד וההוד ענף הגבורה וכפעולת השרשים כן פעולת הענפים. ולכן כמו שהוצרך ענין ההכרעה בין שני השרשים כנדרש בפ' הקודם, כן הוצרך ענין ההכרעה בין הענפים. והמכריע הזה שבין ב' הענפים הוא ג"כ ענף השרש העליון המכריע, כי היסוד ענף הת"ת כמבואר בשערים הקודמים. וכן קראוהו משך הוא"ו, ונתבאר ענין הכרעתו בזהר במקומות רבים. וז"ל בפרשת ויקרא (דף י"ב ע"ב) א"ל ר' יהודא, תודה ידיע, שלמיו מהו תרי. א"ל תרי ווין ו"ו דהיינו שלמיו, שלמא דכלא עכ"ל. והכוונה כי תודה ידועה היותה במלכות, אבל שלמיו קשיא לי, דהוה למימר על זבח תודת שלמו, דהיינו ת"ת הנקרא שלום, שהתודה מתיחדת עמו. וביאר כי שלמיו הן ב' ווי"ן כי שניהם נקראים שלום, הת"ת שלום בין גדולה וגבורה, ויסוד שלום בין נצח והוד כדפי'. ויש בזה בזוהר מאמרים רבים המורים על הענין הזה. ונמצא לפ"ז כי הנצח הוא יסוד המים, וההוד יסוד

האש, והיסוד יסוד האויר, והמלכות תחתיהם יסוד העפר. וכן באר הרשב"י בב"ר (פרשה י"א) וז"ל תנא רשב"י, אמרה שבת לפני קב"ה, לכל יש בן זוג ולי אין בן זוג. א"ל הקב"ה כנסת ישראל תהא בן זוגך. וכיון שעמדו ישראל לפני הר סיני, אמר להם הוו זכורים לאותו הדבר שאמרתי לשבת כ"י תהא בת זוגך עכ"ל. ופי' ר' מנחם מריקנטי וז"ל, זכור את יום השבת לקדשו, שבת רמז ליסוד עולם שהוא יסוד הנשמות, וקודם מיעוט לבנה שהיו שני המלכים משתמשים בכתר אחד, לא היה בן זוג לשבת לקבל ממנו כשאר ההוויות, עד שנתמעטה הירח. ואז ניתן לו כ"י של מעלה לבת זוג. איש באחיו ידובקו. כמער איש ולויות, כאיש המעורה בלויה שלו עכ"ל. והנה לפי הנראה מתוך לשונו שרצה לבאר כי היסוד שאל ספירה תחתיו שישפיע בה. וקשה שמה הי' כוונת היסוד בזה שהרי אותה הספי' שיהיה תחתיו, ישאל ג"כ מי יהיה בת זוגו. וא"א למציאות העולם אם לא שיהי' ספירה אחת מקבלת מהכל מושפעת ואינה משפעת. ומה הי' כוונתו אם יאציל המאציל עוד ספי' אחר' תחתיו, אותה האחרת ישאל ג"כ בת זוגו, והאחרת אחרת א"כ אין לדבר סוף. ואם הכוונה לומר שיהיה הוא תשיעי והאחרת תהיה עשירי, א"כ יש לשאול מה כונתו מאי חזית דדמא דידך סומק טפי הלא העשירי ג"כ יאמר לכל נתת בן זוג ולי מנעת בן זוג. ועוד שהוא שאל בן זוג שנראה שהוא שואל זכר ולא אמר בת זוג שהיא נקבה. ועוד לפי פירושו שאמר שענין שאלה זו היתה בת זוג, והשיבו כנסת ישראל היא המלכות והיה קודם הקטרוג. וכי נורא עלילה על נאצליו, שעדיין לא קטרגה הלבנה ונתנה לבת זוג ליסוד לכשתקטרג אתמהה. ועוד גדול קטרוג זה של יסוד מקטרוגה של לבנה, וזה דוחק כי לבנה לקתה וזה נרפא. ועוד אחר תיקון הדבר כשהיה מי יהיה לו לבת זוגו. לכן נראה לבאר כי היסוד לא שאל בת זוג להשפיע עליו כי כן דרך הספירות להשפיע ומה להם אם ישפיעו בספי' אחרת או אם ישפיעו במדרגה אשר תחתיהם. אמנם שאלתו היתה, לכל, דהיינו התפארת נתת לו בן זוג שע"י שניהם [יט] תהיה ההכרעה, וליסוד לא נתת בן זוג אל ההכרעה, אלא הוא לבדו היה מכריע. והשיבוהו, כנסת ישראל יהיה בן זוגך. ואין ספק כי ענין זה היה קודם הקטרוג. ועם כל זה השיבוהו כנסת ישראל תהיה בן זוגך, כי המלכות משמשת למעלה ולמטה אל ההכרעה, כי ע"י המלכות והיסוד הוא שלום בין הנצח וההוד קודם רדתה שתהיה היא משמשת למעלה ולמטה, עם הת"ת בין גדולה וגבורה, ועם היסוד בין נצח והוד. ועם היותה עליהם ודאי. ומה גם עתה אחר הקטרוג. וזה הענין יוכרח ע"י מה שפי' בס' רעיא מהימנא (פנחס דף רמ"ז) בענין א"א לשני מלכים להשתמש בכתר אחד, שהיו נצח והוד יונקים מן המלכות כמו שנבאר בשער מיעוט הירח. ולכן הי' ההכרעה ע"י המלכות מצטרפת עם הת"ת ועם היסוד, וההכרעה משתלמת על ידיה. ונמצא שאין הכרעת הת"ת הכרעה אלא ע"י המלכות, ואין הכרעת יסוד הכרעה אלא ע"י המלכות. ולכן הוזהרנו בענין זכור את יום השבת, שהכוונה בו, לייחד המלכות בת"ת וביסוד, כדי שיהיה הכרעתן שלימה. וזהו הנראה לנו בביאור המאמר הזה. ועתה אחר הקטרוג ג"כ ההכרעה על ידה. כי אפי' מדי עלותה אל חיק בעלה, עם כל זה יהיה מציאותה נשארת למטה. וכן ביארו בתיקונים (תקונא א' דף ט"ז ע"ב). וכן מדי בואה למטה, מציאותה למעלה בסוד שימני כחותם כדפי' שם. ויש חלוק גדול בין הכרעת הת"ת והכרעת היסוד. שהכרעת התפארת הוא אל הימין מטה כלפי חסד, והכרעת היסוד כלפי השמאל. והטעם כי הת"ת להיותו יונק מהלובן העליון יטה כלפי חסד. אבל היסוד כאשר יושפע עליו שפע מהת"ת לא יספיקהו להטותו אל צד הרחמים אבל נטייתו אל הדין בכוונת מאצילו כדי שלא יהיה כל הנטייה אל הימין ע"י הת"ת אלא שיהיה לו מדה נגדית קצת היסוד הנוטה לצד הדין. וכן פי' הרשב"י ע"ה בתקונים ופירשנו בשער יו"ד ולא ט' בפ"ב:

פרק חמישי:

אחר אשר בארנו בפרקים הקודמים ענין ההכרעה אל שתי המערכות שהם תחתונה ואמצעית. ראוי שנדקדק במערכת השלישית העליונה שהם ג' ראשונות אם יצדק בהם הכרעה, או מי יהיה המכריע. ובענין אם יצדק בהם מכריע, כבר היינו יכולים לומר שאין ביניהם מכריע ואינם צריכות אליו מפני היותם רחמים פשוטים, ואפי' הבינה אינה בעצם דין אלא בסבת ההשפעה אל הגבורה כדפי' בשער מהות וההנהגה. ועם כל זה יש קצת סמך מתוך דברי הרשב"י ע"ה שהם צריכים הכרעה כמו שנבאר מפני שהם שרשים אל הפעולות המתגלות. ויש שחשבו היות החכמה דין גמור והכתר רחמים והבינה לא כ"כ והיא מכרעת בין חכמה וכתר. ואמרו שהכתר הם נקודות לבנות תכלית הלובן כמנין כתר, והחכמה ל"ב נקודות אדומות תכלית האודם, והבינה נ' נקודות נוטות אל האודם ואל הלובן. והנה כוונו בפי' היות הבינה מכרעת בין חכמה וכתר. ורצו

להסתייע משמה שהיא נקרא בינה מלשון בין כמו (מ"א יז) איש הבינים לפי שהיא מכרעת בין שני המדות כתר וחכמה. וכבר כתבנו זאת הסברא בשער מהות וההנהגה פ"ה. וכן גם כן מבעלי הסברא הזאת הם אותם המציירים כתר אל הימין וחכמה אל השמאל ובינה באמצע כדכתבנו בשער סדר עמידתן פ"א. עם היות שהרב ר' שם טוב רצה להפך הענין ע"פ דרכו כדפי' שם. ויש קצת סמך אל הדעת הזה בס' רעיא מהימנא (פנחס דף רמ"ז.) ז"ל ואני בתוך הגולה, דא שכינתא, בה קב"ה אחד ו' בתוספת ואנ"י, איהו נהר צדיק חי עלמין. ונהר יוצא מעדן להשקות את הגן, מאי עדן דא בינה, נהר דנפיק מינה דא ו' בן י"ה דרגא דרעיא מהימנא. ורעיא מהימנא נפיק מאימא עלאה ואתפשט בשית ספירן עד צדיק ומיניה אשקי לגנתא דאיהו שכינתא. מאי כבר, כ' כתר ב' בינה ר' ראשית חכמה, כתר מימינא חכמה משמאלא בינה באמצעיתא רכ"ב לעילא לעילת העלות. עשר ספירן כולהו אתכלילו בנהר דאיהו אתפשט עד צדיק דאיהו כ"ל כליל כלא ובגיניה אוקמוה אילנא רבא ותקיף וכו' ומיניה תליא כלא עכ"ל. ופי' באור המאמר הזה, כי הכתר אל הימין בסוד החסד והלובן, והחכמה אל השמאל בסוד הדין והאודם, ובינה באמצע בסוד הרחמים המכריעים בין הימין והשמאל. ולהאמין שיהיה המאמר הזה מלמד לנו על ענין הדין והרחמים וההכרעה אין ראוי. שהרי הכרחנו בשער מהות וההנהגה כי הכתר רחמים פשוטים וכן החכמה רחמים ולא כרחמי הכתר וכן הבינה רחמים ולא כרחמי החכמה, וכן הכרחנו בשער סדר עמידתן שהחכמה ימינית בסוד קו החסד והבינה שמאלית בסוד קו הדין משום דמינה דינין מתערין וכו', וכל זה בכח מאמרי הזוהר. ואחר שכן האיך אפשר שנאמר שתהיה מכרעת בין הכתר והחכמה ששתיהן רחמים יותר ממנה והיא אינה נוטה אל אחת משתיהן אלא בחינה בפ"ע רחמים מועטים משתיהן בזולת טעמים אחרים שפי'. ומן המאמר הזה אין ראייה אל הענין הזה כלל כמו שנבאר. וזה פירושו ואני בתוך הגולה דא שכינתא פי' מלכות שהיא נקראת אני כנודע ויתבאר בשער ערכי הכנויים בעה"ו. בה קב"ה אחד ו' בתוספת ואני. פי' שהוא"ו של ואני ירמוז אל הת"ת המיוחד עם המלכות. והכוונה כי שניהם היו עמהם בגלות לשמרם כי צורך הענין הזה היה כדפי' הרשב"י ע"ה בזוהר (לך דף פ"ה ובריש פ' שמות) כי הנבואה הזאת צורך שעה היתה. איהו נהר צדיק חי עלמין. פי' הנהר הנזכר בפסוק הוא צדיק חי עלמין שהוא היסוד. וכוון לכנותו בשם חי עלמין, לפי שכונתו לומר שהוא משקה את הגן והיינו כנוייו חי עלמין שפירושו שהוא נותן שפע וחיות לכל העולמים. וכונת הכתוב שראה המלכות מיוחד עם הת"ת על היסוד כדרכה קודם המיעוט ובעת היחוד. ונהר יוצא מעדן מאי עדן וכו'. כונתו בכל האריכות הזה לפי שכונתו לפרש נהר בצדיק כדפי'. וזהו דוחק, שעיקר לשון נהר הוא בת"ת. ועוד שאינו מתיישב לשון יוצא מעדן, כי בשלמא הת"ת יוצא ממש מעדן שהן ג' ראשונות אבל יסוד אינו יוצא מעדן ממש כי הוא מקבל מהעדן ע"י הת"ת. ושמא מתוך כך היינו נדחקים לומר שעדן הוא הת"ת והנהר היוצא ממנו הוא הצדיק, ועתה יצדק לשון יוצא מעדן כי הוא יוצא ממש מהעדן שהוא הת"ת לפי הדרך הזה. לזה הקדים ואמר מאי עדן דא בינה הכונה שאין כנוי העדן צודק בכל מקום אלא לכל הפחות בבינה או מבינה ולמעלה כאשר נבאר בשער ערכי הכנויים. ואמר דא בינה ולא כנוי אחר, להורות שמלת בינה מורה על צירוף הזה שהוא ב"ן י"ה כדמפרש ואזיל שהוא הנהר ת"ת היוצא מן העדן באמיתית. ואמר דא ו' דרגא דרעיא מהימנא לרמוז על מציאות הדעת הנעלם שהוא מדרגת מרע"ה כדפי' בשער י' ולא ט' פ"ב. והוא מציאות ו' כולל כל שש קצוות והוא מתפשט בתוכם ומשקה אותם בדרך נעלם ונסתר וכיוון אל הדעת כדי שיתכן היות הנהר בת"ת ויתכן גם בצדיק מטעם שבסוד הדעת הוא מתחיל מהת"ת ומתפשט והולך עד הצדיק שכן כולל שש ספי' כמנין ו', וז"ש נפיק מאימא עלאה דהיינו דקדוק לשון יוצא מעדן. ואתפשט בשית ספירן עד צדיק. דהיינו שצדיק עצמו הוא נהר מאחר שהוא משך הנהר. ומניה אשקי לגנתא דאיהי שכינתא. פי' כי אם נאמר שיהיה כל עצם הנהר הת"ת לא ידוקדק לשון להשקות את הגן מפני שאינו בעצמו משקה אלא ע"י היסוד וא"כ לא יתיישב לשון להשקות את הגן. ולומר שיהיה השכינה למעלה עם הת"ת בסוד מקומה קודם המיעוט א"א, שהרי אמר הכתוב להשקות את הגן וגן נקראת בסוד בחינתה במדרגה העשירית. וזהו שדקדק בלשונו ואמר ומניה אשקי לגנתא, דהיינו ומניה ע"י צדיק כי הוא המשקה האמיתי. ודקדק באמרו לגנתא דאיהי שכינתא, כי היא נקראת שכינה כשהיא שוכנת ודרה בתחתונים ובאותה בחינה נקראת גן שהיא בחינה תחתונה המקבלת עליה כל הנטיעות בבחינה שהיא למטה מיסוד. ולכן הוכרח שיהיה היסוד המשקה את הגן וענין הנהר כדפי'. מאי כבר וכו'. להבין ענין הזה ראוי לדעת כי חכמה ובינה הם

י"ה כנודע. ולפעמים הם י"ה, שפי' ששולט הזכר שהוא יו"ד על הנקבה שהיא ה'. ולפעמים הם ה"י, שפעמים ששולטת הנקבה על הזכר. ולעולם כתר על שניהם, בין שיהיה כך או כך. וענין אמרנו ששולט ה' על י' או י' על ה', הכוונה כי בבינה יש בחינת החכמה ובחכמה בחינת הבינה, בסוד (שה"ש ח ו) שימני כחותם, כי אחר ששניהם מתייחדים נחתמים זה בזה ומצטיירים זה בזה. ולהיות שהחכמה הוא הזכר ובחינת הבינה נטפלת לו, לכן מצדו גובר יו"ד על ה"א והוא זכר והיינו שנקרא החכמה י"ה. ולהיות שהבינה היא נקבה בערך החכמה, שכן נקראים אבא ואימא, בחינת החכמה נטפלת אליה, לכן מצדה גוברת ה"א על יו"ד והיא נקבה והיינו ה"י מן אלקים. נמצא לפ"ז כי הכתר לעולם רחמים יותר משניהם ולא ישתנה, אבל חכמה ובינה מתחלפים לפי בחינתם. וביאר הרשב"י כי מצד היסוד גובר ה' על יו"ד, ר"ל כי ביסוד נראים ב' ספי' אלה בינה על החכמה. ואפשר הטעם כי מפני שהיסוד נטייתו אל הדין כדפי' בפ' הקודם, ולכן מצדו מראה בענין הנבואה כח הדין שהוא הגברת נוקבא על דכורא שהוא דין. כדפי' הרשב"י ע"ה כל הויה דשלטה ה' על יו"ד וכו' נוקבא איהי ודינא. ומצד הת"ת שנטייתו אל הרחמים מראה בענין הנבואה כח הרחמים שהם גוברים דהיינו יו"ד על ה"א, וכן הורה לנו רשב"י בס' רעיא מהימנא (ויקרא דף י"ז) וז"ל צדיק איהו כליל שית דרגין, ובג"ד תקינו למפתר ביה חלמא בתלת שלומות ובתלת פדיונות דאינון שית בחושבן וא"ו. ואיהו סולם דחלמא דיעקב כליל שית ספירן. מוצב ארצה שכינתא תתאה ודא ה' תתאה. וראשו דא יו"ד ביה איהו צדיק שביעי. מגיע השמימה דא אימא עלאה ודא ה' עלאה. דמסטרא דחלמא ה' שלטא על יו"ד דאיהו רישא דסולמא ה"י מן אלקים. ובג"ד והנה מלאכי אלקים עולים וגו', ולא מלאכי ה' עכ"ל. ועם היות המאמר הזה צריך אל ביאור רחב, עם כל זאת מתוכו למדנו כי מצד הצדיק שהוא הסולם שהוא ו' עם היו"ד שהוא ראשו נעשה ז'. והיינו דקאמר ביה דאיהו צדיק שביעי, פי' אחר שהוא עם היו"ד ראש הוי"ו נעשה ז' שהוא עטרה בראש צדיק והיא שבת מנוחה. וראשו זה מגיע השמימה שהיא הבינה. נמצא ה"א של בינה על יו"ד. ואמר מסטרא דחלמא שכן מראה של יעקב היה בחלום. ומצד הצדיק נקראת המלכות מראה בחלום כדפי' הרשב"י (בתקונא חי ד"ל) וזה לשונו בסתימו דעיינין אתקריאת מראה בחלום, ורזא דמלה אני ישנה ולבי ער. ובפתיחו דעיינין איהי מראה בהקיץ כו'. מסטרא דעמודא דאמצעיתא איהי שכינתא מראה בהקיץ, ומשה בסטריה דכתיב ביה פה אל פה בו אדבר וגו'. מסטרא דצדיק דאיהו אור הגנוז לצדיקים לעתיד לבא (נ"א לעלמא דאתי) אתקריאת מראה בחלום עכ"ל. והנה מתוך המאמר הזה מבואר כי זולת נבואת מרע"ה כל נבואת שאר הנביאים נבואתם מצד מראה בחלום דהיינו מצד הצדיק. וכן פירוש הרשב"י ע"ה בתיקונים (בהקדמה ד"ו.) כי נבואת יחזקאל בי' מראות שלו היה מראה בסתימו דעיינין. והכלל העולה מכל זה כי המלכות היא מראה בחלום. וסתימו דעיינין מצד היסוד אשר מצדו הוכרח היות היו"ד תחת הה"א. ולהיות שנבואת יחזקאל הי' בסתימו דעיינין כדפירשנו, לכן נראה לו שהבינה היא למעלה מהחכמה. ובזה יתבאר אריכות לשון המאמר דאמר ע"ס כלהו אתכלילן בנהר דאיהו אתפשט עד צדיק, הכוונה שכיון שכללות הנהר הוא בצדיק, א"כ אין לתמוה שנקרא הנהר כב"ר שפי' כתר בינה חכמה בהיפוך המדות. ולא נקרא כר"ב שפי' כתר חכמה בינה כסדר המדות, מטעם שעצם הנהר נמשך לצדיק. וזה להכרח שהנהר הוא צדיק ולא תפארת. שאם הנהר היה תפארת, היה ראוי שיהיו המדות כסדרן דהיינו כר"ב. אלא ודאי הנהר הוא הצדיק שהוא העקר המשך הנהר ומצדו הסדר כב"ר שהוא ה' על יו"ד כדפירשנו. ובזה נמצא שאין מתוך המאמר הזה ראייה כלל אל המאמרים שהבינה מכרעת בין כתר וחכמה (ע' בפלח הרימון שער ו' פ"ב ותבין ד"ק וע' בעסיס רמונים):

פרק שישי:

אחר שבטלנו בפרק הקודם שאין ראוי לומר שיהיה הבינה מכריע בין הכתר והחכמה. נאמר שכבר אפשר שיעלה על הדעת שיהיה המכריע בין החכמה והבינה הכתר שהוא באמת בין שניהם אמצעי. ויש להסתייע לסברא זו מדברי הרשב"י ע"ה בספר התיקונים (תקונא ע' דף קי"ט) וז"ל כלהו שמהון דפתחין בהויות ביו"ד עקרא דלהון החכמה, וכלהו שמהן דפתחין באלף עקרא דלהון אימא עלאה. וכמה דעמודא דאמצעיתא איהו כליל מימינא ומשמאלא, הכי כתר עלאה כליל תרין שמהן אלין דאבא ואמא ואיהו כתר על ראשייהו עכ"ל. אמר בפי' כי כמו שת"ת כלול משתי הקצוות להכריע ביניהם, כן הכתר. ונאמר שא"א שיהיה הכתר מכריע בין החכמה והבינה מפני שדרך החולקים להיותם בעלי הקצוות והמכריע ענין ממוצע בין שניהם, והנה כן דרך החסד והפחד כי זה דין אש

וזה חסד מים ב' הפכים והרוח הת"ת אמצעי בין שניהם. ולא כן הכתר בין החכמה והבינה כי הכתר הוא רחמים פשוטים יותר מהחכמה והבינה ואיך בעל הקצה האחת יהיה אמצעי מכריע בין הממוצע ובעל הקצה השני. ולפ"ז היותר נכון אל הדעת היה עולה שיהיה החכמה מכריע בין הכתר והבינה שהיא אמצעי בין שניהם כי כתר רחמים גמורים והבינה יש בה קצת דין וחכמה אמצעית בין שניהם, אינה רחמים גמורים ככתר ולא נוטה אל הדין כבינה. ואפשר להסתייע אל הדעת הזה מתוך דברי הרשב"י בס' ר"מ (בפ' תצא דף רפ"א ע"ב) וז"ל בקיצור, ואיהו כ"ב מן כוכ"ב, כ"ו כי שמש ומגן יי' צבאות, שכינתא מלכות הקודש ב"ך יברך ישראל כ"ב אתוון דאורייא, כ"ב כלילא מתלת דרגין, כ' כתר ב' בינ"ה, יהו"ה כליל תרווייהו חכמה. וכולא כליל כוכ"ב, דרגא דעמודא דאמצעיתא. ושכינתא איהי לבנה וכו' עכ"ל. הנה בפ' הורה שחכמה כלולה מכתר ובינה והיא מכרעת בנתים כדפי'. ולזה נאמר שא"א שיהיה חכמה מכריע בין הכתר והבינה מטעם שמדרך המכריע להיות אמצעי בין הימין והשמאל לא כן החכמה שהיא לפי האמת ימינית כמו שהכרחנו בשער עמידתן. ולפי דעת קצת היא שמאלית ועם כל זה אינו אמצעית, ולא לשתמיט תנא בחדא מתניתא לומר לנו שהיא אמצעית. ועוד עדיפא מכלהו, שהרי החכמה שרש החסד והבינה שרש הדין והכתר שרש הרחמים כדפי' בשער מהות וההנהגה בפרק כ"ה וכ"ו. וא"כ איך אפשר לומר שיהיה החכמה שרש החסד מכרעת שהרי היא עצמה כף זכות. ואיך אפשר לומר שיהיה בינה שורש הדין מכרעת שהרי היא עצמה כף חובה. ועיקר המכריע הוא הלשון המכריע בין כף זכות לכף חובה, והזכות והחובה צריכים אל המכריע. ומענין המאמרים הקודמים אין ראייה כלל והם מבוארים במה שהקדמנו בשערים הקודמים מענין ג' בחינות שבכל ספירה וספירה. ועם כל זה לא נאסוף ידינו מלבארם, והם אלו. א' בערך מה שמקבלת, שניה בערך מה שמשפעת, שלישית בערך בחינת עצמה. והכוונה שהוא מוכרח היות בכל מדה ומדה ג בחינות האלה. המשל בזה גדולה כלולה מג' בחינות. בחינה האחת היא מבחינת החכמה שהיא בחינה דקה שבה משתווה קצת החסד אל החכמה עד שמפני כך היא מקבלת מחכמה, ואם לא הי' דקה קרובה אל דקות החכמה לא הי' באפשר לקבל ממנה. ואח"כ יתעבה השפע ויתגלה אל מציאות החסד בחינת עצמו. וכאשר תשפיע לנצח יוכרח להתגלות יותר כדי להשתווה אל הנצח כדי שיוכל הנצח לקבל ממנה עד שיתעלה הנצח אל בחינה ראשונה לקבל ממנה. ועל דרך ג' בחינות הנזכר הם בחינות כתר חכמה בינה בכל אחד מהם. כיצד הכתר הוא כלול מחכמה ומבינה מצד שהוא משפיע בשתיהם הוא כלול מחכמה מצד החכמה ומבינה מצד הבינה. וכן החכמה כלול מכתר ובינה, כלול מהכתר מפני שמקבלת ממנו וכלול מהבינה מפני שמשפעת בה. וכן הבינה כלולה מכתר וחכמה מפני שמקבלת משתיהם מחכמה מצד החכמה ומכתר מצד הכתר. וג' בחינות אלו רמוזים בג' תיבות והם אש"ר רא"ש שא"ר. ואין ספק כי ג' אותיות שבשלשה תיבות אלו ירצו א' כתר, ר' חכמה שהיא ראשי"ת, שי"ן בינה שרש האילן. כאשר נרחיב ביאור ענין זה בשער הצירוף בפ"ג. ובזה לא נשאר ספק במאמרים הקודמים או דומיהם אם נמצאו. כי הכוונה על הבחינות שבכל אחד מהמדות האלה כדפי'. וכן דקדק הרשב"י ע"ה שאמר וכמה דעמודא דאמצעיתא כליל מימינא ומשמאלא וכו' הורה על הדין והרחמים ימין ושמאל. אבל בכתר אמר כליל מתרין שמהן שאין הכונה על ההכרעה והדין והרחמים ימין ושמאל, אלא על שהוא כולל בחינת החכמה ובחינת הבינה כת"ת הכולל בחינת הקצוות. ואחר שכבר סלקנו ענין כל הדעות האפשריות לעלות על הדעת בענין ההכרעות, נאמר שכבר אפשר שאין ביניהם הכרעה כלל. כי כל ענין ההכרעה וטעמה בפרקים הקודמים, ובפרט בפ"ק, אמר שהיא מפני היות השכר ממוצע והעונש ממוצע וכו' כדפי' שם. וא"כ אחר שהכתר והחכמה והבינה הם רחמים כדפי' בשער מהות וההנהגה. א"כ לא יצדק אמרנו שיהיה ביניהם מכריע כלל ועיקר, כי אינם צריכים אל ההכרעה כי הם אנשי שלום. וכבר אפשר לומר שלזה כוונו האומרים שלש ראשונות חשובות כאחד. כי כמו שבספי' אחת לא יצדק מכריע מקצתה אל קצתה, כן לא יצדק בג' ראשונות. אך הסברה הזאת אינה צודקת כמו שיתבאר מתוך דברי רשב"י ע"ה. והענין הוא כי אחר שהחכמה שרש החסד כנודע והבינה שרש הדין. עם היות שלא יהיה דין ממש, עם כל זה מינה דינין מתערין. והנה אל ההתעוררות ההוא צריך הכרעה להכניעו אחר שהוא המקור ואם לא יכבו האש במקורו לא יועיל כבייתו לחוץ ממקורו. והנה נמצא לפ"ז צריך אל הדין ג' הכרעות. ראשונה במקורו והוא מקום השרשים העליונים דהיינו ג' ראשונות. שנית צריך הכרעה במקום הדין והחסד עצמו שהוא בגדולה וגבורה עצמם. שלישית צריך הכרעה במקום הענפים והם השלוחים הפועלים

הפעולות שהם נצח והוד כמו שהארכנו בביאור ענין זה בשער מהות וההנהגה בפרק כ"ד כ"ה. והטעם כי בג' מדרגות האלה הם המקורות והפעולות. ובמקורות הוא עקר שהכל תלוי בו, ולכן צריך קדימת ההכרעה הזאת במקורות שהם השרשים העליונים כדי שלא יתגבר הדין מן המקור ויכריע המכריע לכף הדין ח"ו. עוד צריך במקום הדין והמשפט והיינו בגדולה וגבורה ששם פעולת הדין והחסד, ואח"כ בפועלי הדין והחסד שהם הנצח וההוד כדי שלא יהיה הדין שם חוזר ונעור. ואחר שכן, א"כ נאמר שהמכריע לעולם בין למעלה בין למטה בין באמצע הוא קו הרחמים שהוא המכריע בין כף זכות הוא קו החסד ובין כף חובה הוא קו הדין. ואין להמלט שלא יהיה הוא המכריע שהוא הממוצע בין שתי הקוים כנודע ומבואר לעיל. והנה ראש קו הרחמים הוא הדעת, פי' הוא מציאות דקות התפארת המתמצע בין החכמה והבינה ועל ידו יחודם, כאשר בארנו בשער אם הא"ס הוא הכתר בפ"ח וכן בשער מהות וההנהגה בפרק כ"ה. וזולתם יבאר ענין ההכרעה הזאת הרשב"י. בזולת מה שביאר בענין יחודם ע"י, כדפי' בשער הנזכר בפ' הנזכר. וז"ל בתיקונים (בהקדמה דף ג'.) בקיצור מופלג ועל שמיה אתקרי עמודא דאמצעיעותא ישרא"ל. שי"ר אל. שי"ר דלווים משמאלא, א"ל מימינא דכהניא, עמודא דאמצעיתא ישראל כליל תרווייהו. חכמה נחית בברכה דכהנא בימינא וביה הרוצה להחכים ידרים. אימא נחית בקדושה דליואי משמאלא וביה הרוצה להעשיר יצפין. עמודא דאמצעיתא קשורא דתרווייהו יחודא דתרווייהו עכ"ל. והנה כוון לומר שמה שהת"ת נקרא ישראל הוא בבחינת מה שהוא בסוד הדעת הנקרא ישראל עלה במחשב"ה דהיינו חכמה. וקאמר שהמכוון בשם ישראל הוא שי"ר א"ל, ושי"ר הוא מצד הבינה שכך הוא עבודת הלוי אל הבינה. וכן ביאר הרשב"י ע"ה בזהר (ויצא קנד), והכריח הענין מפסוק ועבד הלוי הוא. כי הבינה נקרא הוא, ועבודת הלוי שהוא השיר הי' אל המדה הזו. א"ל מימינא דכהניא, כנודע ששם א"ל הוא בחסד. ישראל כליל תרווייהו וכו'. פי' כי מלת ישראל הוא כולל שי"ר א"ל שהוא הבינה והחכמה כדמסיק. וז"ש חכמה נחית בברכה וכו', כי אין מציאות דין ורחמים בחכמה ובבינה בבחינת עצמם אלא בערך שהם שרשי החסד והגבורה, וז"ש בחכמה נחית בברכה וכו'. וכן בבינה נחית בקדושה וכו'. ולכן עמודא דאמצעיתא שהוא קו האמצעי קו הרחמים הוא יחוד ב' קצוות כדפירשנו דהיינו שרשים בערך בחינתם למטה. וכן דעת רבי משה דיליאון בענין הזה, וז"ל בספר השם בספירת ת"ת במלת דעת. דעת על שם השפע הבא אליו מן המוח הסתום ויורד דרך חוט השדרה לברית המעור עד בית המלכות ליעדה לו. ועל שם כי דעת השלישי והיא מכרעת כי קו האמצעי בין כל שתי הדעות, תחלת הכרעתו הגדולה והגבורה, כשהוא עולה בעת הרצון עד הכתר לקבל רחמים פשוטים הוא מכריע בין החכמה והבינה ועולה למעלה ממעלת אבותיו שנאמר (בראשית מט) ברכת אביך גברו על ברכת הורי וגו'. וכשהוא יורד ויודע העטרה הוא מכריע בין נצח והוד. ולכן תמצאהו בציור שמציירים בעלי הקבלה כדי להבין דמיון באצילות, פעמים למעלה מגדולה וגבורה, ופעמים ממוצע בין שתיהם, ופעמים תחתיהם. ובין ותדע כי אם אין בינה אין דעת עכ"ל. ורוב דבריו אל הדרוש מסכים עם כונתינו בזולת פרקים אחרים שמתייחסים אל זולת הדרוש, קצתם מבוארים בענין אחר למעלה וקצתם יתבאר בס"ד. והורה היות הת"ת בבחינתו הנקרא דעת מכריע בין החכמה והבינה. ונתבאר ביאור שלם עניין המכריעים, ונכלל השער הזה בסייעתא דשמיא:

שער העשירי הוא שער הגוונים

הנרצה בשער זה הוא לבאר ענין הגוונים הנזכרים אל המפרשים ובזוהר בדברי הרשב"י. וכן נבאר גוון כל ספירה וספירה והטעם בו וזה בקצור מופלג:

פרק ראשון:

פעמים רבות ימצא המעיין בספרי המקובלים ובזוהר מייחס גוונים ידועים אל כל ספירה וספי', ראוי למעיין ליזהר. ואל יעלה על לבו ומחשבתו שיהיו דברים כפשוטן ח"ו, לפי שהגוון הוא דבר הנגשם והוא אחד מתארי הגשם ומקריו ומה שאינו גשם אין ראוי שיתואר במקרי הגשם ח"ו. והחושב שהגוונים ההם בספי' כפשוטי המאמרים הוא מחריב העולם וגבול אשר גבלו ראשונים, ונמצא מגשים ח"ו. לכן ראוי למעיין ליזהר בענין זה. והנרצה בגוונים הוא משל אל הפעולות הנמשכות מהשרשים העליונים. המשל בזה הגבורה הנוצח במלחמה ראוי שיתייחס אליו האדום להיות שדרכו לשפוך דמים אדומים, וגם כן האדום הוראות האכזריות חמה ושטף אף. וענין זה מבואר. לכן אל מקום הדין החזק ניחסהו באדמימות. ועוד שאין ספק שהדברים האדומים נמשכים מכח השרש ההוא כאשר בארנו בשער מהות והנהגה. וכן הלבן מורה על הרחמים והשלום ומדרך הלבנים להיותם בעלי רחמים כמו הזקנים ובעלי שיבה אשר אין מדרכם לצבא צבא, ולכן כאשר נרצה לייחס השלום והחסד והרחמים נייחסהו בלבנינות. ואין ספק שהדברים הלבנים הם נמשכים מכח השרש ההוא כאשר בארנו בשער הנז'. וזהו הנרצה בגוונים אל הספי' משל אל הפעולות הנמשכות לפי טבעם ועניינם. ואין לנו מקום וגדר להמשילו ולהגדירו בענין חילוקם אלא במשל וגדר הגוונים אשר יתחלקו ויעלו וירבו לפי תגבורת הגוונים אחד על חבירו. לכן נמשיל ענין הפעולות העליונות במשל הגוונים והכל לשכך האזן הגופני במה שיכול לשמוע. ואין ספק שיש לגוונים מבוא אל פעולות הספירות והמשכת שפעם. ולסבה זו כאשר יצטרך הממשיך להמשיך שפע רחמים מהחסד יצייר נגדו שם הספירה בגוון הענין הנצרך אליו כפי גוון המדה. אם חסד גמור ללובן גמור, ואם לא כ"כ יצייר לובן כסיד ההיכל וכיוצא בזה, כמו שנבאר בשער הכוונה. וכן כאשר ירצה לפעול פעולה ויצטרך אל המשכת הדין אז יתלבש האדם ההוא בבגדים אדומים ויצייר צורת ההוויה באודם, וכן לכל הפעולות והממשכות, וכאשר יצטרך חסד ורחמים יתעטף לבנים. ולנו בזה ראיות ברורות מהכהנים שהמשכתם מצד החסד ובגדיהם בגדי לבן להורות על השלום. וזה ענין כ"ג ביה"כ שהיה מעביר זהבים ולובש לבנים מפני שעבודת היום בבגדי לבן. ונתנו טעם לדבר שאין קטיגור נעשה סניגור, הורו בפי' על הנדרש. ועד"ז ודאי לענין הקמיעין כאשר יעשה אדם קמיעא לחסד יצייר השם ההוא בלובן מזהיר כי אז תגדל פעולת השם ההוא. וכן בדין לצייר שם הדין באודם, ומה גם אם יציירהו בדם שעיר שאז הגוון וסבתו הכל מורים על הדין. והדברים האלה ידועים ומבוארים אצל כותבי הקמיעין ואין לנו חלק בעמלם. וכבר ראינו מי שצייר שמות בקמיעין המורים על הדין באודם והמורים על החסד בלובן והמורים על רחמים בירוק והכל ע"פ מגידי אמת אשר הורוהו במעשה הקמיע הכל להורות שיש מבוא לענין הגוונים אל הפעולות הנמשכים מלמעלה (וקרוב לענין זה היו עושים עובדי הככבים והמזלות שהי' עבודתם בקטרת ידוע אצלם להשפיע להם כח מהמזל ההוא והיו מתלבשים בלבושים מתייחסים אל פעולתם כאולתם). והעד הנאמן בזה אבני החשן י"ב אבנים מתייחסים לפי המשכת י"ב שבטי ישראל ממקום גבוה. ואין להרחיק הענין הזה. שהרי בעלי הטבע אמרו כי אם יביט האדם בעיניו במרוצות המים הרבים יתעורר בו [מרה] הלבנה. עד שהחולים שאין להם ישוב ושנתם אינה ערבה בעיניהם יריצו לפניהם סלוני המים כדי שיתעורר הלבנה ויגביר הליחה וישן. וכן הענין בזה כאשר ישוטט המעיין בשכלו ימצא אל הענין הזה עשר ידות כי מהגוונים הנראים לעינים או המצטיירים בשכל בגופני יתפעל הרוחני והנפש תעורר לרוח והרוח לנשמה והנשמה ממציאות למציאות עד שתתעלה אל מקום יניקתה ויתעורר לפי מציאות ציורה יען שהם כמים הפנים לפנים שעל ידה המקור יראה הפנים באודם ויושפע אליה אודם וכן אם לובן לובן כמבואר בשער הצנורות בפ"א כי ההתעוררות והפנים התחתונים הוא ע"י בני אדם וכמבואר בשער מהות והנהגה פי"ח. והנה לפי ההתעוררות ושעורו תהיה ההשפעה וכאשר יראה המעיין ישמח ויגיל אחר עבור על דעתו כל הדרושים הנזכרים כי קצרה יד הלשון להאריך. וזה טעם הלבנת לשון של זהורית ביום הכפורים כי בהתבטל הדין בשורש העליון יתבטלו הענפים התחתונים, וכמו שהמקור אשר בו עקר התלות האודם היה משתנה מדין לרחמים כן הענף התחתון היה משתנה מאודם ללובן. וזה טעם החסידים הראשונים בימי העצירה היו משליכים

מים לפניהם בעת תפלתם כדי שיתכוון לבם אל הענין ההוא ותתפעל נשמתם וימשוך כפי התעוררותו כדפי'. ואין ספק שזו היא הסבה בעטיפת השחורים לאבלי ציון כדי שיתפעלו מהעדר האור והשחרות הגובר כענין (לבשו) [אלביש] שמים קדרות (ישעיה נ ג), אל תראוני שאני שחרחורת (שה"ש א). וכן ענין העטיפה כענין (שם) שלמה אהיה כעוטיה. ויש כמה וכמה עניינים המורים על זה ומעידים על הענין ואמיתיתו. והקצור יפה (הסבות) [מסבות] רבות. ואחר שכבר בארנו ענין הגוונים ומהותם והנרצה בהם בספירות ראוי לבאר גוון כל ספירה כפי מה שהסכימו המקובלים והרשב"י ע"ה בס' הזהר:

פרק שני:

בגווני הספירות כאו"א בפני עצמה. ראשונה הכת"ר. יש שפירשו שאין גוון כלל בכתר מפני שאין פעולה נתפסת בו לרוב העלמותו, וקראוהו בכלל אור מתעלם להורות על העלם פעולתו. ויש שפירש שיצדק בו הגוון הלבן אור לבן תכלית הלובן. ויש למפרשים הכרח מן הכתוב שאמר (דניאל ז ט) ועתיק יומין יתיב לבושו כתלג חיור וכו', הנה שעתיק יומין הוא בכתר כדמפרש הרשב"י ע"ה במקומות רבו מספר, ועם כל זה כנה אליו הכתוב הלובן עם היותו תכלית הלבנונית כפי שיעור רחמיו. וכבר היה באפשר לדחות ראייה זו ולומר לבושו קאמר ולא הוא ממש, שערו קאמר ולא הוא. אמנם לפי האמת יתייחס אליו הלובן, ואין שתי הדעות האלו חולקות כלל והכל ענין אחד. כי בכתר בהיות השפע למעלה בשרש לא ישפוט בו גוון כלל אלא הוא העלם, והשפע ראוי אל הלובן שיתגלה ויתלבן. וענין הזה נמשל בדברי הרשב"י ע"ה באדרא אל הטל שהם טיפות שלא ישפוט בהם גוון כנודע, אמנם אחר רדתו יתעבה ע"י הקור ויתגלה גוונו גוון הקרח הנורא בתוקף הלבנינות. וכן הענין בפעולות הכתר, לפי האמת לא ישפוט בו אפי' פעולת הרחמים לרוב העלמו. אבל מצד בחינת גלוייו והתפשטותו בספירות יתגלה גוונו לובן בתכלית הלבנונית. הכוונה תכלית החסד והרחמים. ולבושו ושערו הנאמרים בכתוב הכל משל אל עולמות נעלמות כדמוכח באדרא. ולכן נקרא מחשוף הלבן שפירושו גילוי הלובן שאחר גלוייו הוא לובן וזהו מצד בחינתו אל הספי' והתפשטותו כדפי'. ויש שפי' בכתר הגוון השחור להורות על האור המתעלמת בתכלית החשך המוסתרת. ואין דעה זו חולק עם ב' הדעות הקודמות. כי הכתר נק' חשך מצד בחינת העלמו למעלה למעלה עד אשר יחשיך בעדו ולא ישגוהו אפי' הספירות והיינו בחינת יחודו במאצילו. וזה לא תושג לזולתו יען שהיא בחי' שמשתווה המאציל בנאצל עם היות שיש כמה וכמה יתרונות ומעלות אל המאציל על הנאצל כדפי' בשער אם הא"ס הוא הכתר פ"א. הכלל העולה שבכתר ג' בחינות. בחינה ראשונה היא בחינתו עם המאציל, וזה נק' חשך לסבה שאמרנו. בחינה ב' היא בחינת עצמו מתגלה ולא מתגלה, יצדק בו שם טל שהוא מציאות מתגלה אבל אין בו גוון כלל. בחינ' ג' היא בחינת הלובן בתכלית, שהוא הטל המתעבה כקרח הנורא וכענין הבדלח והיא בחינתו אל הספירות. ובזולת זה יש בכתר ג' מיני חשך שיחסוהו כלם בתיקונים מקומות שונים ובזהר. חשך ראשון הוא ממש ליחס העדר האור. והכונה כי כנגד האור העליון שהוא הנמצא הראשון הממציא כל הנמצאים, הוא חשך נגדו. וז"ש הרשב"י בתקונים (תקונא ע' ד"קל) כתר עלאה אע"ג דאיהי אור צח וכו' אוכמא איהו קדם עלת העלות עכ"ל, וביארנוה בשער ג' פ"ב. הנה כינה אותו בלשון שחרות ליחס הלובן והאור אל הנותן אור לכל מאיר. ב' נקרא חשך אל הבחינה העליונה שבו הנז"ל והיא נקרא חשך ושחרות לטעם הפך הנזכר להראות גדולת העלמו ואורו הדק שאין השגה לעליונים בו. ג' נקרא חשך ושחרות בחינה אחרונה שבו בחינת הנקבות שבו שהוא אוכמא נוקבא לחוורו, וזהו השחרות א"א לעמוד על עניינו אלא בשער ממטה למעלה בפ"ה. ובזה נכלל הנמצא בגווני המדה זו בדברי המקובלים:

שנייה החכמ"ה. יש מי שפירשו שגוונה אדום. והטעם לפי שעולה על דעתם שהיתה החכמה דין. וכבר בטלנו דברי בעלי הדעת הזה בשער ח' פ"ה. ומפרשים אחרים יחסו לה גוון ספיריי שהוא גוון המקבל כל הגוונים ויש שהוסיפו שהוא גוון התכלת שהוא תכלית כל הצבעים. ולפי האמת כי ענין התכלת שיחסו אפשר לומר כי השחרות תחילת פתיחתו אל הגוון הוא התכלת. ואפשר לסבה זו יחסו אליו גוון התכלת יען היות החכמה פתיחת הכתר והתנוצצותו. אמנם מ"ש שהיא מקבלת כל גוון ושהיא תכלית כל הגוונים לא יצדק כ"א בצדיק או במלכות כמו שנבאר כי כן ביאר הרשב"י, אבל גוון המתייחס בה הוא גוון שממנו יושפעו כל הגוונים ויהי הגוון ההוא מקורם, כי כן נראה מתוך דברי הרשב"י ע"ה. ואפשר שזו היתה כונת המפרשים בגוון התכלת והספיר שהוא פתיחת כל הגוונים מאין גוון לגוון וממנו יתחלקו לגוונים לפי

גלוייו ובהירותו והרכבתו, וכן החכמה מקור כל הפעולות ע"י השפעתה בבינה. ועם כל זה יש תכלת אחר שהוא כנוי אל הדין כמו שנבאר ואין זה ממינו ח"ו. ומה שאמר שהוא תכלית כל הגוונים הכוונה שממנו ימשכו כלם ואליו יחזרו כדמיון הגלגל שמקום התחלתו שם סופו. ויש מי שפי' כי הם ז' גוונים בחכמה וז"ל מדת חכמה נקרא יש ולפיכך אמרו (שמות יז ז) היש י"י וגו' וזה שאמר (ירמיה לא טו) יש שכר לפעולתך. וכביכול זו המדה נקרא אגוז, ונקרא עי"ן שיש בה ז' גוונים כנגד גווני העין. ואלו הגוונים שיש במדת חכמה שם האחד המקיף לעין שסובב סביב למדת חכמה גוון אדום ולפיכך יש באדם בעין גוון אדום שסובב לעין ומכאן יוצא מבוע שאמר הכתוב (שה"ש ה י) דודי צד ואדום. וכתיב (ישעיה סג) מי זה בא מאדום חמוץ בגדים וכו'. וגוון השני לבן וראיה שנסמך הלבן לאדום דכתיב (שם א יח) אם יהיו חטאיכם כשנים כשלג ילבינו, הוקשו זה לזה ולפיכך יש בעין האדם לבן. והגוון הג' הוא כעין ירוק נראה ואינו נראה ומכאן המשכת הבינוני ומכאן נמשך קו האמצעי. והגוון הד' הוא כעין כרתי וכנגדו בבנ"א העוברים על כריתות [ב]. והגוון הה' הוא כענין תכלת שבציצית והוא הנותן אור בד' גוונים שזכרתי והוא בבת עינו של אדם ממש. והגוון ו' הוא כעין המים בין ירוק ובין כרתי ועומד בין אלו המדות ומכאן המשכת בן תלמיד חכם לבעלי מצוות. והגוון הז' הוא קדש הקדשים המאיר לכלם והוא הגוון הנמשך מכ"ע. ולפיכך ארז"ל כל השביעיות קדש. ומכאן יניקת כל החכמות. והכ"ע הוא הסובב סביב לזו המדה וגוונו לבן וכנגדו היה לובש כהן גדול בגדי לבן ביום הכפורים עכ"ל. ועם היות דבריו דברי קבלה וקדש קדשים, בענין העין במה שייחס אותו בחכמה לא צודק לכמה טעמים, כי אין עין בחכמה אלא או עינא פקיחא שהוא למעלה בכתר ושם הוא עינא חיוורא בזולת גוון, או עינים בעלי הגוונים אלו שהם בגבורה כדמוכח מתוך האידרא. אם לא שנאמר שענין הגוונים האלה הוא על ידי הל"ב נתיבות הנמשכות למטה וישתנו פעולתם לדין ולרחמים אפשר שיצדק:

השלישית בינ"ה. יש שפי' שהיא אודם נוטה ללובן. וזה הדעת כבר בטלנו למעלה בשערים הקודמים. אמנם כלם הסכימו שהיא גוון אור ירוק, ואמרו שהיא קו ירוק המקיף העולם. וכן דעת הרשב"י ע"ה כמו שנבאר בפ"ה. והירוק הזה הוא ירוק ככרתי וכעשבים. ופירשו המפרשים הטעם לגוון זה, כי כמו שהירוק הוא הקודם לכל הפירות שבעולם כי תחלתם ירוק כנודע, כן המדה זו קודמת לכל מעשה בראשית כמו (בראשית א) ויאמר אלקים שהרמז בבינה. ואין זה מספיק כי אין ראוי שיהיה הגשמי טעם והכרח לרוחני. ואפשר לומר בזה שכאשר בתכלת יתערב הירוק כחלמון ביצה או כמוריקא יתהוה ממנו הירוק כעשב, ולכן אחר שהבינה דין ולא דין ממש א"כ אינו אודם לפי שאינו ממש הדין בעצם אבל יהיה ירוק כמוריקא שהיא אודם ולובן מעורב, ולכן כאשר יתערב עם התכלת שהוא אור החכמ' יתהוה ממנה גוון הירוק ממש כעשבים כנודע ענין הרכבה זו לבעל הצביעה. עוד אפשר קרוב לזה כי הבינה ממנה נמשכים הלבן שהיא החסד והאדום שהיא הגבורה והמורכב משניהם שהיא הירוק כמוריקא שהוא עמודא דאמצעותא. ומציאות הבינה היא קיבוץ ג' אלה היוצאים ממנה, וא"כ כשיתקבצו בה גוונים אלה יתהוה מהם ירוק כחלמון וכאשר יתערב עם הירוק הזה התכלת שהוא שפע החכמה ואורה יהיה גוונו הירוק ככרתי לכן יתייחס אל הבינה גוון הירוק כעשבים מפני שהוא קבוץ החכמה והגדולה והגבורה והתפארת כנודע:

פרק שלישי:

אחר שבפרק הקודם נתעסקנו בגווני ג' ראשונות, וכתבנו בשם ככל האפשר אלינו. נבא בפ' זה לבאר גווני ו' ספי'. בזולת שהמלכות יתיחד לה פרק בפ"ע לדבר בה. הרביעית גדול"ה. יש שפי' בה הלובן סתם. ואחרים אמרו שהוא תכלת מלובן. והטעם כי החכמה תכלת והחסד תכלת המתלבן דהיינו גלוי החסד שהוא נעלם בחכמה. ופי' כך ולא לבן ממש, לחלק בין הלובן שבה אל לובן כ"ע כי לובן כ"ע הוא לובן התכליתיי כדפי' ולענין החסד לא כן אלא לובן הנוטה אל התכלת. והיינו אמרם תכלת מלובן. וכאשר נדקדק בגוון הזה נמצאהו שהוא ממש גוון הכסף המיוחס למדה זו כדברי הרשב"י שאין הכסף לבנה ממש בלתי אם ילבנוה בעלי המלאכה אבל מטבעה הוא נוטה קצת אל התכלת והיינו תכלת המלובן. ולפעמים יתייחס אליה הלובן ממש בגוון החלב וכיוצא בו, ואפשר הטעם לפי תגבורת החסד העליון שהוא כ"ע עליון:

החמשית גבור"ה. כלם פה אחד הסכימו שגוונה האור האדום באדמימות להורות על תוקף הדין. וכן פי' הרשב"י בזהר מקומות רבים. ובקצת מקומות מכנה אל המדה הזאת השחור ובקצתם גוון התכלת. וכן ארז"ל כל הרואה תכלת בחלום וכו' [כא] פי' תכלת שהוא מכלה. והכוונה ביחס ג' גוונים

אלה אל המדה זו. היא מפני היות בה ג' בחינות. בחי' א' היא הדין המתקרב אל התפארת שהוא מקבל כח ההכרעה, והיא קרובה אל הלובן והרחמים. והיינו בחי' האדום שהוא צהוב ומשמח שהוא הדין הטוב המעורר האהבה והשמחה. בחינה ב' היא בחינת הדין החזק המעצב הממית, והוא שחור המשחיר פני הבריות אשו של גיהנם. ולכן אמרו שחור אדום הוא אלא שלקה דהיינו אשו של גיהנם שהיה אוחז בסוד הקדושה בסוד האדמימות ולא רצה בהכרעה לכן לקה ונאמר בו הבדלה וירד לאשו של גהינם דהיינו הקליפ'. וכ"נ בעדת קרח (במדבר טז כא) הבדלו כו' כדפי' בשער המכריעין פ"א. ולכן נאמר הבדלה ביום שני בין האור ובין החושך הוא סטרא דשמאלא דאחידן בגבורה. בחינה ג' היא בחינת הדין הפועל והיא נשפע דרך קדושה והוא דין צדק והוא מכונה בתכלת והוא נשפע אל המלכות כי שם עקר התכלת כמו שנבאר והוא מדת הדין הרפה. ובה בגד כליל תכלת לכלות השפע ולהתם החטאת. עוד גוון ד' והוא גוון הזהב, שכינו אותו אל הגבורה מפני שהוא אדום וכן בקצת מאמרי הזהר. ויש שכינו אותו אל הבינה וכן בקצת מאמרי הזוהר. והפשרה בענין הזה הוא כי הזהב הוא התעוררות הבינה עם הגבורה ויחודם שניהם בסוד הדין המשמח. וכן בארו בזהר קרוב לענין זה בפ' תרומה (דף קמ"ח) וז"ל זהב הא אתמר דשבעה מיני זהב אינון. ואי תימא זהב איהו דינא וכסף איהו רחמי ואסתלק זהב לעילא מיניה. לאו הכי, דודאי זהב סליקו יתירא איהו על כלא. אבל זהב בארח סתים איהו ודא זהב עילאה דאיהו שביעאה מכל אינון זיני זהב ודא איהו זהב דנהיר ונציץ לעיינין ודא איהו דכד נפיק לעלמא מאן דאדבק ליה טמיר ליה בגויה ומתמן נפקין ואתמשכן כל זיני זהב. אימתי אקרי זהב מאן דאיקרי זהב, כד איהו בנהורא ואסתלק ביקר דחילו ואיהו בחדווה עלאה למחדי לתתאי. וכד איהי בדינא, כד אשתני מההוא גוון לגוון תכלת אוכם וסומק כדין איהו בדינא תקיף. אבל זהב בחדווה איהו ובסליקו דדחילו דחדווה קיימא ובאתערותא דחדווה. וכסף לתתא, רזא דדרועא ימינא. דהא רישא עילאה איהו זהב דכתיב ראשה די דהב טב חדוהי ודרועוהי די כסף לתתא. וכד אשתלים כסף כדין אתכליל בזהב וכו' עכ"ל. ואמר שהזהב הוא למעלה מהכסף שהיא בבינה ושלימות הכסף אינו אלא ביחודו עם הזהב שהוא נעלם. ועם היות שאמר שהוא למעלה מבחי' סומק וסומק הוא דין ואינו משמח, לא דייק בגוון סומק אלא אשגרת לישנא הוא כי כן ביאר הרשב"י עצמו כי האדום והזהב הכל ענין אחד. הכונה כי האדום הוא בחינה קרובה אל בחינת הזהב. וז"ל (שם דף קמ"ט ע"ב) סומק ואוכם. ותכלת סומק איהו דיליה מיומא תניינא ממש כעין גוון דאשא ודא איהו אלקים וירית גוון דדהבא דכלא גוונא חדא. תכלתא נפיק מגו ההוא גוון סומק וכד נחית לתתא אתרחק גוון סומק ועאל גו ההוא אתר דאיהו ימא ואצטבע גוון תכלא. ההוא סומקא עייל גו ימא ואתחלש גוון דיליה ואתהדר תכלא. ודא איהו אלקים, אבל לאו איהו תקיפא כקדמאה. אוכם גוון דא נפיק מהתוכא דסומקא כד אתהתך ואתחלש לתתא בהתוכא דזוהמא וכו' עכ"ל. והנה מתוכו מתבאר ענין הסומק והזהב שהם קרובים זה לזה עם שיתעלה קצת האחת על חבירו שהזהב הוא בחינת הגבורה ועם הבינה בסוד היין המשמח. ולכן הזהב חשוב מן הכסף כי הכסף למטה בחסד לבד. וענין אוכם ותכלת וסומק בארנוהו למעלה. ובענין שבע מיני זהב ראיתי מי שהפליג לדבר בהם. וז"ל ז' מיני זהב הם, ג' מיני זהב למעלה בסוד הפנים הנוראים, וד' הם למטה בסוד אבני קדש המתנוססות. ג' הם כמו שאמרנו. ואלו הם, זהב סגור הוא הזהב הנסתר והסגור מכל עבריו אשר עין לא ראתה אלקים זולתיך. זהב שחוט בסוד צפון בזמן שרוח רעה באה מן הצפון כי מתחלפות הסבה ומתחלפות הנקודה. כשהיא בדין על העולם הזהב נקרא זהב שחוט. וכשהיא מתבסמת בנקודות הימין נקרא זהב תרשי"ש זה הבא מתרי שיש ב' נקודות שכל אחד מהם כלל ו' קצוות. אבל כשהיא בדין נקרא זהב שחוט כאשר אמרנו. זהב ירקרק מלכות בסוד מדת הדין שלמטה, אסתר ירקרקת היתה. ובעל המשיח יונק משתי סבות הללו מזהב שחוט ומזהב ירקרק, וע"כ שוחט והופך כל פנים לירקון כפי הסבות שיונק בהם. וארבעה הם למטה. זהב אופיר והוא מקום דין הבא אחר דין ויונק מסוד זהב שב"א [כב] הוא מקום דין ונסתר בסוד נקבה והסוד (איוב א) ותפול שבא ותקחם כפי הסוד אשר תרגם רב יוסף בפסוק הזה [כג]. זהב טהור כלו טוב מפני הסוד אשר אמרנו והוא למעלה בסוד (ירמיה י ט) כסף מרוקע מתרשיש יובא, ובסודו זהב תרשיש והוא בנין מצידי הטוב והמובחר הוא למטה כמו בתערובות הטוב. וע"כ דהמע"ה כל אלו ז' מיני גווני זהב היו נראים בו בשערו בשבעה מקומות בשער הראש בשער שעל גבי עיניו בגבות עיניו ובזקן ובגרון ובחזה ותחת זרועותיו וכבר רמזנוהו זה בפי' קהלת. אמנם כי אמרו שער שבגרון תחת הזקן היא הנקרא זהב

שבא. ולפי הסוד שאמרנו כי סוד זהב שבא סוד דין נסתר בנקבה כענין אמרו ותפול שבא ותקחם ותרגם רב יוסף ונפקת לילית חייבתא. אמנם כי סוד עניינה נסתר כי היא אסכרה שנבראת ביום ד' במעשה בראשית ולא לתינוקות בלבד אלא היא עוררת כמה מבני העולם ועל סוד זה נאמר במלך המשיח (תהלים עב טו) ויחי ויתן לו מזהב שבא, ישית בו חיים תחלה קודם הכנסו בה מפני שהיא אסכרה ויתן הקב"ה מאותו דין הנמצא בה להיות מפעליה בכרך גדול של רומי ובה יפלו שוכניה וזהו סוד (ישעיה לד יד) שם הרגיעה לילית ומצאה לה מנוח, כי משרש ועד ענף תכלה. וע"כ דוד המלך במקום הגרון שם גנוז זהב שבא להורות שבמקום האסכרה שם החיות עכ"ל. ודבריו ודאי דברי קבלה ומתוקים מדבש ולפיכך הארכנו בהם:

הששית תפאר"ת. יש שפי' בו צבע ספיריי, ואינו מתיישב. אמנם רוב המפרשים פירשו בו גוון אדום ולבן. והסכים הרשב"י ע"ה שהוא כלול חיוור וסומק. והטעם כי הוא כלול מהימין ומהשמאל לבן ואדום. וכבר אפשר לומר כי הכללות הזה הוא מצד ההכרעה שהוא כלול משניהם וגוון הספיריי הוא מצד בחינתו הדקה הפנימית הנקרא רקיע שפי' בשער א' פ"ב. והרשב"י בקצת מקומות פירש בו גוון ירוק. והאמת שהירוק הזה הוא הירוק כמוריקא וכחלמון ביצה שהוא ממש כללות אדום ולבן. וכן פי' הרשב"י ירוק כלול חיוור וסומק ומבואר. ובמקומות הרבה פירש הרשב"י ע"ה כי בתפארת גוונו ארגמ"ן שפירושו "אוריאל "רפאל "גבריאל "מיכאל "נוריאל. והיינו ד' גוונים בד' אותיות שבשם, דהיינו יו"ד בחסד קו החסד מיכאל לבן, ה"א בגבורה קו הדין גבריאל אדום, וא"ו בת"ת ירוק דהיינו אוריאל מצד החסד נוריאל מצד הגבורה, והיינו כליל חיוור וסומק. רפאל מצד המלכות. ה"א תערובות הכל כאשר נבאר. וד' גוונים שהוא כלל ו' קצוות נק' ארגמן והטעם מפני שהת"ת כלול מכל הגוונים וע"כ נקרא תפארת כל הגוונים:

השביעית נצ"ח. פי' בו אדום הנוטה אל הלובן. פי' שהוא נוטה יותר אל הלובן שהוא רחמים מנטייתו אל האודם שהוא הדין. והטעם כי הוא יונק רחמים מן החסד. ודין ורחמים ממוזגים מהתפארת, ומפני תגבורת החסד עליו שהוא שרשו יתחייב נטייתו יותר אל הרחמים:

השמינית הו"ד. אור לובן נוטה אל האדום, פי' שהוא נוטה יותר אל האודם שהוא הדין מנטייתו אל הרחמים שהוא הלובן. וטעם שהוא יונק דין מגבורה ודין ורחמים ממוזגים מהת"ת ומפני תגבורת דין הגבורה עליו שהוא שרשו יתחייב נטייתו יותר אל הדין:

התשיעית יסו"ד. יש שפי' בו צבע ספיריי. ואפשר ליישבו ע"ד שפי' בת"ת. ויש שפי' בו אור כלול מלובן ואודם מן הלובן הנוטה אל האודם ומן האודם הנוטה אל הלובן, שעניינו היותו יושב בין שתי מדות נצח והוד ויתחייב היות ירקותו יותר מתאדם מהירוק של התפארת יען היותו נוטה אל הדין והת"ת אל הרחמים כדפי' בשער המכריעין בפ"ד. ויש שפי' בו גוון כלול מכל גוון. ומתיישב הוא כיון שמקבל הוא מהכל. וכן פירוש הרשב"י ע"ה, והסימן (בראשית לט ו) ויהי יוסף יפה תואר ויפה מראה. והוא עץ נחמד למראה (שם ב ט) דכל גוונין שפירין אתחזיין ביה. ועם כל זה עיקר עירוב הגוונים הוא במלכות כאשר נבאר:

פרק רביעי:

העשירית היא מלכות. ופי' בה שהיא כלולה מכל גוון. ונכון הוא כי היא הפועלת הפעולות ע"י כלם. ובזוהר בקצת המקומות מייחס השחרות למדה זו להעדר אורה, וזה יהיה בימי חסרונה שאז נאמר (שה"ש א) אל תראוני שאני שחרחורת. ולפעמים היא מתלבשת בגוון תכלת להורות על תוקף הדין. ועם היות שיש כבר גילוי לענין זה כמה שכתבנו בפרק הקודם בגבורה ובחינותיה, עם כל זה ראינו להעתיק הנה דברי הרשב"י ע"ה שימשך מדבריו אל הדרוש הזה תועלת. וז"ל בפ' תרומה (ד"קלט.) ותכלת דא איהו תכלת דבציצית. תכלת דא איהו כרסייא רזא דתפלה דיד, תכלת דא איהו כרסייא דדיינין ביה ד"נ, בגין דאית כרסייא דדיינין ביה ד"מ ואית כרסייא דדיינין ביה דיני נפשות. וע"ד כל גוונין טבין לחלמא בר גוון תכלא, בגין דינדע דהא נשמתיה סלקא בדינא. וכד נשמתיה סלקא בדינא, גופא אתדן לאשתצאה, ואצטריך ההוא חלמא לרחמים סגיאין. תכלת דא איהו כרסייא, דכתיב ביה כמראה אבן ספיר דמות כסא וכתיב ואש מתלקחת ונוגה לו סביב, בגין דעבדין ביה כריכן לציצית. וכד נגה לו, אתהדר לגוון ירוק כגוון כרתי. מההוא שעתא ואילך אשתרי זמנא לק"ש דהא אשתני גוון תכלת מכמה דהוה. ובג"כ אסור למידן ד"נ בליליא, בגין דשלטא ההוא גוון תכלא בההוא זמנא, ואתיהיב רשו למחטף נפשא בלא משפט, דהא משפט לא שלטא בההוא זמנא. כד אתי צפרא ואתער ימינא דלעילא, נפיק ההוא נהורא דלעילא

ומטי עד האי תכלת ואשתני מכמה דהוה, וכדין שלטא עליה ואתדבק ביה כרסייא אחרא קדישא. מההיא שעתא ואילך זמנא לק"ש עכ"ל. וענין הגוון הזה גוון התכלת במלכות הוא בבחינתה התחתונה המתקרבת אל צד החיצונים. וכן ביארו בזוהר (שלח דף קס"ג ע"ב), וז"ל דסיהרא קדישא שפירא איהי בחוורו, וכל גוונין מנצצין בה ומרקמן, ואיהי כההוא שפירו וחוורו דשמשא ממש. ובההוא ימא דיליה גו ע' שנין נפקא נונא חדא ואפיק מיניה גוון תכלת ואיהי נטלא גוון דא ותקינת ליה ואתחפייא לבר בהאי גוון. לאו דהאי גוון לבושא דילה, דהא שש וארגמן לבושה. אבל חופאה דלבר האי גוון איהו. כגוונא דא הוה משכנא דכוליה בשפירו מרקמא לגו, ולבתר ופרשו עליו בגד כליל תכלת. מ"ט, בגין דתחות ים דא אית מצולת י"ם כלל דכר ונוקבא, ואית לון עינא בישא לאסתכלא. וכד מסתכלין, זמין לעינייהו גוון תכלא, ולא יכלא עינייהו לשלטאה. ואיהי אתתקנת לגו בכל גוונין מרקמן כדקא יאות עכ"ל. וכשידוקדק במאמר זה היטב יצא לנו שיש במלכות ג' בחינות. בחינה ראשונה היא הגוון עצמי אשר לה בעצמותה שהוא גוון לבן המאיר דהיינו כשפירו דשמשא שהוא בעלה אשר ממנו נלקחה. ויש לה בחינה ב' והיא לבוש שלה דהיינו שש וארגמן לבושה. ודקדק לשון שש, דהיינו שהיא כלולה מו' גוונין שהיא מקבלת מהספי' העליונות שהם ו' קצוות. וארגמן ג"כ הוא בהיותה מקבלת ד' גוונים יחד שהם ד' ספירות גדול"ה גבור"ה תפאר"ת ומציאות מלכות. ולכן ארגמ"ן ר"ת אוריא"ל ת"ת "רפאל מלכות "גבריאל גבורה "מיכאל חסד "נוריאל ג"כ תפארת אלא הכל לפי בחינתו פעמים מקבל מהימין פעמים מהשמאל כמו שנבאר בשער היכלות פ"ה. וקבלתה מלמעלה והיותה מתלבשת מכל הגוונים יחד נקרא שש וארגמן לבושה, ואז היא מתלבשת ברחמים. ויש לה בחי' ג' והיא לבוש התחתון הבחינה המתקרבת להקליפות שהם נקראים מצולת ים. והגוון הזה הוא תכלת כמו שפי' בזהר הנ"ל. וז"ש ותכלת דא איהו תכלת שבציצית, שהוא מורה על תוקף הדין כמו שפי' הרשב"י בפקודין פקודא דציצית (בפ' שלח דף קע"ה) יעו"ש. והוצרך לומר כן, לפי שיש מין תכלת אחר והוא גוון הספיר שגוונו נוטה אל התכלת, והתכלת ההוא הוא רחמים שהוא רומז בחכמה כדפירשנו לעיל. ואין הכוונה בו לשון כליון ח"ו אלא לשון תכלית לפי שחכמה תכלית לכל מעשה בראשית שהיא סוף הישות ממטה למעלה, וממנה הוא הוויית הישות. משא"כ תכלת שבמלכות.

שתכלת שבמלכות, הוא לשון כליון חרוץ. וז"ש תכלת דא איהו כרסייא, פי' כי היא בחינה תחתונה שבמלכות שהיא נקראת כסא, בסוד תפלה של יד שהוא קיבוץ כל המחנות כמבואר. והתכלת הזה פי' תכלת וכליון האדם ח"ו בתוקף הדין. וז"ש תכלת דא איהו כרסייא דדיינין וכו'. והטעם שאין הכסא הזה כשאר הכסאות, כי בשאר הכסאות דנים בהם ענייני האדם בפרטיו והיינו ד"מ, אבל בכסא הזה שהוא גוון התכלת דנין בו ד"נ וכו'. וכד נוגה לו אתהדר לגוון ירוק וכו'. הכוונה כי התכלת הוא גוון האניי"ד בלע"ז ושמו אזו"ל והירוק הוא ירוק כעשבים והירוק הזה הוא מורכב מהירוק ככרכום או כחלמון עם התכלת. ובהתערב שניהם יחד, יהפך גוון התכלת לגוון הירוק ולכן בהיות הבקר אור והשמש עולה ומתערב אור השמש שהוא התפארת שגוונו ירוק כחלמון כדפי' לעיל עם הגוון התכלת שהיא המלכות בבחינת מצולת ים כדפי' לעיל. וזה גוון התכלת שולט בלילה בסוד הקליפות השולטות בלילה מצדה. ובהתחלת אור השמש לעלות אז התכלת מתהפך אל ירוק ככרתי. וזה הענין משיכיר בין תכלת לכרתי דהיינו כאשר יאור היום ואור השמש גובר במלכות עד שתתמתק קצת גוון התכלת ויהפך לירוק. ואז הוא זמן ק"ש שהוא אברהם חסד. ובזה נתבאר כוונת המאמר מתחלתו ועד סופו, ונתבארו גווני המלכות השש וארגמן ותכלת וירוק ולבן כמבואר:

פרק חמישי:

אחר שכללנו בפרקים הקודמים כל גווני הספירות ועניינם כפי הרשום בכתב אמת. רצוננו להעיר על ענין זה שענין הגוונים הוא משל נאות אל הפעולות והעניינים הנמשכים מהספירות כדפי' בפ"א. א"כ נמצא שכמו שאין הפעולות של ספירות מתגלות אלא ע"י המלכות, ולא ישפוט פעולה בספירה מהם אם לא על ידה. כן ענייני הגוונים הכל במלכות, כי בספירות לא ישפוטו הגוונים. וכן באר הרשב"י ע"ה בתיקונים (בהקדמה ד"ט) וז"ל בראשי"ת ב"ת ראש"י אלה ראשי בית אבותם, בת, עלה אוקמוה מארי מתניתין בת בתחילה סימן יפה לבנים. ואיהי י' מן אדנ"י מרגליות יקרא כלילא מכל גוון. דאת יו"ד מן יהו"ה לא תפיס ביה גוון כלל. הה"ד אני יהו"ה לא שניתי, לא ישתנה בשום גוון כלל, אלא נהיר מלגאו דגוונין. דשם יהו"ה כנשמתא בגופא דאיניש או כשרגא בהיכלא. ואת יו"ד מן אדנ"י איהו ספיר נטיל גוון תכלת ואוכם מסטרא דדינא, ונהיר ביה נהורא חיוורא מסטרא דרחמי, ואיהי את יו"ד מן

אדנ"י. אודם מסטרא דגבורה, פטדה מסטרא דימינא, ברקת מסטרא דעמודא דאמצעיתא. איהי אל"ף דל"ת נו"ן יו"ד כלילן מי"ב גוונין. וכלהו משולשין באבהן, משולשין בכהנים לוים וישראלים, קדושה לך ישלשו. כל אבן דגוון דילה חיור, נטילת מחסד וסגולה דילה לרחימו, ורזא דמלה אהבת עולם אהבתיך על כן משכתיך חסד. אבנא סומקא נטילת מפחד, וסגולה דילה למיהוי אימתו מוטל על ברייז דעלמא. אבנא כלילא מתרין גוונין חיור וסומק איהו עמודא דאמצעיתא. ירוק מסטרא דאימא עלאה דאיהי תשובה, קו ירוק דאסחר כל עלמא עכ"ל. ב"ת ראש"י, פי' בת היא מלכות, והיינו דוקא במציאותה הנקרא בת עין. והיא מציאותה הנרמז בי' שהיא המציאות שיש לה מחכמה כמו שנבאר בשער המציאות פ"ג. וראשי, הם האבות ג' גוונים הסובבים לבת עין. והם ג"כ ג' גווני קשת הסובבים אותה ובונים לה בנין סביבה, והם גווני החסד והרחמים והדין כמו שנבאר. וג' גוונים אלה נרמזים בה' שבה, כאשר נבאר בשער הנזכר. והכריח היות האבות נקראים ראש"י מפסוק אלה ראשי בית אבותם וגו' שהם ג' אותיות הו"ה וג' אותיות אד"נ כמו שנבאר. בת, עלה אוקמוה מארי מתניתין בת בתחלה. הכוונה תחלה להאותיות כאשר היא למעלה בשם יהו"ה שהוא יו"ד על הו"ה הוא בת בתחלה סימן יפה לבנים שהם רחמים וההויה היא זכר, אבל כאשר הבת באחרונה שהוא יו"ד מלמטה מן הו"ה כזה הוה"י אז הוא דין וההויה היא נקבה והוא דין. ודברים אלו יתבארו יפה בשער ממטה למעלה פ"א ב' כי שם עקר הדרוש הזה וטעמו. ואיהי י' מן אדנ"י וכו'. הכונה כי ג' אותיות שהם הו"ה הם ג' אבות גדולה גבורה תפארת. כי באברהם היא ה' בסוד אברם אברהם, וה' שנייה ביצחק כנודע שהיא נטיית הדין אל השמאל כמו שבארנו בשער מהות וההנהגה בפ"ב וג', והוא"ו בתפארת קו האמצעי. וכ"פ הרשב"י בר"מ (בפ' תצא דף רע"ט) וז"ל מה דהוה ברתא דמלכא י' על הו"ה דכלילן באבהן, ה"א קדמאה באברהם ה' תניינא ביצחק ו' ביעקב עכ"ל. ודקדק באמרו ה' באברהם כאמרנו, כי לפי שיש בו ה' לפיכך נקרא שמו עליה. [כד]. נמצא הו"ה ג' אבות שבהם כלולים הגוונים כאמרו וכלהו משולשין באבהן כדמסיק. וכן אד"נ הן ג' אותיות במלכות כנגד ג' גווני האבות שבהם הגוונים כדמסיק. ועתה יאמר כי הגוונים כלהו הם כלולים ביו"ד של אדנ"י שהיא הבחינה האחרונה המראה הפעולות למטה וכן כל הגוונים נראים בה וזהו בת באחרונה שהיא בת עין התחתונה. אבל בת עין העליונה שהיא יו"ד של חכמה אין בה גוון, אבל היא האור שע"י יתגלו הגוונים. והוא משל אל העששית העשויה גוונים גוונים ובעוד שלא יאיר האור בה הגוונים מתעלמות ולא נראים אבל בהאיר האור בה אז יתראו הגוונים. והנה מקור האור המאיר בגוונים היא יו"ד של חכמה. והכוונה הוא כי הספירות אין להם פעולה אם לא ע"י השפע הנשפע מהמקור העליון שהיא יו"ד של חכמה. וכאשר ישפע השפע והחיות ההוא בתוך הספי' אז יפעלו כל הספי' פעולתם. ויאירו הו"ה באד"נ ויאיר הגוונים ביו"ד של אד"נ כי יו"ד של אדנ"י בקבלת הגוונים היא כנגד יו"ד של יהו"ה בהארתם כדפי'. ובזה מבואר רוב עקר המאמר. ואות י' מן אדני כו' נטיל גוון תכלת ואוכם כו'. כבר פי' למעלה כי התכלת כנוי אל הדין הנשפע לה מגבורה. אבל אוכם אין הכונה אל השחרות שיושפע לה מגבורה, כי השחרות מגבורה הוא בחצוני כמבואר לעיל בפ"ג. אלא הכונה באמרו אוכם להעדר האור ואמר בתכלת ואוכם נטיל לשון לקיחה. ובנהורא חיוורא אמר נהירו. לבאר שעיקר יניקתה מן השמאל, ולכן אמר נטיל שהיא מקבלת אותו מטבעה, אבל בסוד החסד אמר נהיר כי החסד מאירה בה שלא בטבעה. וסגולה דילה וכו'. הכריח הגוונים מכח הסגולות. ירוק מסטרא וכו'. פי' ירוק כעשבים, והכריח שהבינה היא גוון הירוק שהיא נקראת קו ירוק הסובב כל העולם. והכריח כן ממה שהיא נקראת תשובה בסוד תשובת הגוונים בה בסוד היובל ואז היא מקפת הכל. והנה שאר פרטי המאמר יתרחב ביאורו בספר אור יקר חלק שני. והנה על דרך כלל מתבאר היות עקר הגוונים במלכות בסוד קבלתה הפעולות מהמדות העליונות כי עיקר ההנהגה על ידה כדפי', ובזה נתבאר ענין הגוונים בספי'. ואולם בגווני הצינורות פירשו קצת המפרשים כי גוון כל צנור וצנור הוא לפי שיעור גוון המדה שהצנור נמשך ממנה. המשל, צנורות הנמשכים מכתר ככתר, ומחכמה כחכמה, וכן לכל שאר הספי'. וע"פ דרכנו שדרכנו בענין הצנורות בשער הצנורות, שאמרנו היות הצנור המתערב משתי המדות כעין הצנור היוצא מן העין כמבואר שם בארוכה, יחוייב היות גווני הצנורות מגוון מורכב מב' גוונים מהמקבל והמשפיע. וכן לפי בחינות היחוד שבה מתיחדות שתי הספי', כן יהיה ענין הצנור. המשל אם יהיה יחוד התפארת והמלכות ע"י בחינת החסד יהיה הגוון שבצנור לבן. ולא לבן כגוון הלבנונית שבחסד ממש מפני שיש בו תערובת האדמימות קצת, אמנם יהיה גוון לבן רובו נוטה אל הלובן או כולו

בקירוב. כי הת"ת ישפיע לבן קרוב ללובן החסד, והמלכות קרוב לאודם הגבורה, מפני שעקר יניקתה מהגבורה. ובזה נקיש לשאר הספי' בענין הצנור כאו"א לפי עניינו. ובזה נכלל הפ' הזה, ונשלם השער הזה, בילא"ו:

שער האחד עשר הוא שער הצחצחות

הכוונה בשער זה לבאר ענין הצחצחות הם הספירות הנעלמות בשרש כל השרשים כפי המקובל בפי כל המקובלים והרשב"י ע"ה:

פרק ראשון:

המגלה הראשון אל ענין הדרוש הזה בין המפרשים הוא רבינו האי גאון בתשובת שאלה. ועם היות לשונו ארוך יוצא מענינינו וצריך ביאור רחב, עם כל זה לא נאסוף ידינו מלהעתיקו יען היותו תועלת רב. וז"ל הגאונים. נשאלה שאלה למאור הגדול אדון החכמה רבינו האי גאון ז"ל מרב פלטוי וחבריו. ילמדנו רבינו כי מצינו לרז"ל י"ג מדות שקבל מרע"ה. ולאברהם אבינו בספר יחסוהו רז"ל על שמו והוא ספר יצירה מונה שם י"ס ואנחנו צריכין ללמוד מפיו הקדוש אם י"ס הם י' מדות. א"כ י"ג מדות מצינו, י"ג ספי' לא מצינו. או י"ג מדות לבד, או י"ס לבד. לתורתך אנו צריכין ולתשובתך אנו מיחלים. תשובת שאלה זו צריך לפנים ולפני פנים וכמה זמנים לפנינו ולפניכם נשאלה שאלה זו בימי הדורות הראשונים ובימי קדמוננו הזקנים והפי' ארוך לא ליום אחד ולא ליומים עד היותו אחוז בחבלי החכמה הנעלמת הגנוזה בחדרי הנבואות ובמסורת החכמים בעלי רשומות. מ"מ אין אנו רואים מצד חכמתכם ומעלתכם להיות שאלתכם ריקנית מכל וכל ודרכי תשובה זו עמוקים אם תגיע לידכם בקצרה. י"ג מדות האמורים בתורה הם ענפי תולדות יוצאות מעשרה מעלות נקראות ספירות. אלו כנגד אלו. עם שלשה גנוזות ראשי ראשים ואם אינם מצויות לכם מסורות הם לקדמונים איש מפי איש עד מפי הנביאים ז"ל. והתולדות הן הן הפעולות נקראות מדות. והשרשים שהן האבות נקראו ספירות. לא מפני שיש להם מספר או הן עצמן חשבון ומנין רק על דרך סוד עשרה עולמות שנתחדשו מהן שאין להם חשבון ודרך להשיגם רק מי שבראם לבדו והוא אדון על הכל שאינו מושג בשום צד ובשום ידיעה כלל יתברך בהתעלמותו. ושלמה רמז בשה"ש (ו ח) באמרו ועלמות אין מספר. ומפני כבוד תורתכם ראינו למסור לכם שמות הספי' כמו שקבלנו אותם מזקנינו ז"ל ואין לנו רשות לגלות יותר מכבוד נעלם כמו שכתוב בספר משלי (כה ב) כבוד אלקים הסתר דבר. עשר ספירות נחלקו ביצירתן. ג' ראשונות הא' אור מופל"א אור שאינו מושג רק הוא מיוחד ונערך למחשבה הטהורה. ונערכים אליה מאורות המד"ע והשכ"ל כי המחשבה תדין בשניהם. וז' אחרונות הם ז' מאורות והג' מהם כף זכות וכף חובה ולשון הסליחה מכריע ביניהם. והמאור הד' הוא המחדש עולם הנשמות קראוהו יסוד עולם. בעלי רשומות וחכמי התלמוד קראוהו צדיקו של עולם. ועוד יש אור חיצון נקרא אש אוכלת וזרועותיו צפון וימין והוא סוף כל המאורות והתחלת כל המעשים. ועתה ארמוז לכם הג' מאורות העליונות על ע"ס אין להם התחלה כי הם ש"ם ועצ"ם ושר"ש כל השרשים ואין המחשבה יכולה להשיג בהם כי ההשגה ודעת כל נברא קצרה מהשיג. בשם זקנינו הקדושים קבלנו שמותיהם. אור פנימי קדמון והוא מתפשט בשרש הנעלם ומתנוצץ מכח התפשטותו כדמיון ב' אורים גדולים אור מצוחצח ואור צח כלו אור אחד ושרש אחד נעלם לאין סוף. וחכמי התלמוד הזהירו מלפרש החכמה והמחשבה ממה שאינו מושג לשום נברא, ואמרו במופלא ממך כו' אל תחקור אין לך עסק בנסתרות. ומה שאמרו בעלי רשומות שהספי' כדמות מאורות, לא כדמיון מאור השמש והירח והכוכבים רק מאורות רוחניות דקות וזכות פנימיות זהר מזהיר הנפשות. וחפשנו בכל צדדי החקירה מרבותינו המקובלים מפי זקנים הקדמונים לדעת אם יש לשלש העליונות שמות נבדלים בעצמן כאשר לשלמטה מהם. ומצאנום כלם מסכימים בדעת מוסכמת שאין להם שם ידוע מרוב העלמתן זולת השמות המיוחסים להם בשם מאורות, וכן השרש שאין לו התחלה אין לו שם ידוע. ושם בן ד' אותיות כ"ש שאר הכנויים כלם מיוחדים על כבוד נברא. ואמנם שם יו"ד ה"א וא"ו ה"א שהוא יסוד המעלות דמות האות הראשון כדמות נקודה דקה מאד נצטיירה בכתיבתה כתיבה ידוע לבעלי רשומות להורות סוד מופלא כי נתגלמו ונצטיירו גולם וצורה רוחניות מכח הג' מעלות שהם שם עצם ושרש. ומן השרש הנעלם עלתה ונתפשטה עלוי ופשוט אור מחשבי ומתפשטות בעצם השורש ובו (נ"א ומהתפשטות בעצם השורש באו לא כו') לא חוץ ממנו ונתגלמו ונצטיירו מהם כח המדע וכח השכל והן התחלת יצירה רוחניות נעלמת. וזאת הנקודה קבלה כח הציור חזק ומופלא להצטייר בה עשר מעלות דק בתכלית הדקות על כן עלה מספרם למספר עשרה. ומכח נקודה זו נתגלמו עשרה מעלות בצורת אות ה"א המיוסדת אחריה ובנקודת כתיבתה על הסדר אשר קבלנו מרבותינו ומזקנינו הקדמונים וכל הכוחות היו גנוזות בתוכה כדמות אוצר רוחני ומכח צורה זו השנית נתגלמו ונצטיירו שש קצוות עולם הגלימה

גולם וציור רוחני פשוט וגלוי מן הראשון שהיו גנוזות באות השנית והן התחלת גלוי העולמים הנעלמים. וע"כ חכמי הספירות קראו ספירה זו מראה העולם הנסתר. והה"א האחרונה הוא תקון הפועלים ומוציאה כל הכוחות הגנוזות לפעולה שלימה והיא שלמות כל הכוחות. עד הנה סדרי המעלות רק אין בידינו לכתוב ולפרש זה הסוד הנכבד והנורא בפי' רחב וארוך יותר מדאי. והאדון יוצר הכל יתן לנו ולכם לב לדעת וכו'. עכ"ל תשובת ר' האי גאון ז"ל. ומפני רוב העלם דבריו שרוב גופי החכמה תלוים בה ראינו לבאר אותה הנה בפרק בפ"ע כי קצרה המגלה לקצת דבריו הנעימים:

פרק שני:

כבר פירשנו בשער א' פ"ז שאין הנרצה להגאון בתשובה זו לומר שהם י"ג ספירות ח"ו כפי הנראה מפשטי דבריו כמו שהכרחנו שם הכרח גמור. וענין שלש נעלמות יתבאר. וכן דקדק בלשונו שאמר י"ג מדות האמורות בתורה הם ענפי תולדות יוצאות מי' מעלות נקראים ספירות אלו כנגד אלו עם ג' גנוזות ראשי ראשים וכו'. הנה שלא רצה להעלות בפיו י"ג ספירות ח"ו. אבל אמר מי' מעלות נקראו' ספירות, שהעשרה הם ספי' ואין למעלה מי' שום ספי', ועלו לענין המדות לי"ג עם ג' הנזכרות שהם הנעלמות כמו שיתבאר עניינם. עוד אמר והתולדות הן הן הפעולות נקראות מדות, והשרשים שהן האבות נקראים ספירות. ירצה לבאר ענין עצמות וכלים. כי המדות הם הכלים המודדות לאיש כדרכיו וכפרי מעלליו אם מעט ואם הרבה אם טוב ואם רע כי הם בעלי השינוי. ולא כן העצמות שהם אשר מכנה בלשון שרשים ואבות מפני שהם שרשים מתפשטים מאור העצם הפשוט. והם עצמותו ואין להם פעולות השנוי בעצם כמו שבארנו בשער עצמות וכלים. וקראם אבות יען היותם אבות וסבות אל תולדות שהם המדות הכלים המודדות כדפי'. והעצם נקרא ספירות מלשון ספיר כי הוא אור ספיריי ילאה הלשון להגיד דקותו אלא במשל הספיריי. לא מפני שיש להם מספר או הן עצמן חשבון ומנין, רק על דרך סוד עשרה עולמות שנתחדשו מהם. הכונה כי גדר המספר עשר הנרצה בלשונינו, אין הכוונה שיהיו השרשים נחלקין לעשר ממש ח"ו. שאין האחד הפשוט נחלק לחלקים. אמנם המספר בהם מפני היות שרש מתפשט אל תוך עשר עולמות שנתחדשו מן השרשים העליונים שהם העצמות כדפי'. ויצדק בהם המספר מצד בחינת עשר עולמות. כמו שנאמר בהם דין ורחמים מפאת בחינת הכלים כדפי' בשער עצמות וכלים פ"ד. שאין להם חשבון ודרך להשיגם רק מי שבראם לבדו. פי' אפי' הכלים עם היות שהם המחייבים חשבון בשרשים לא מפני כן נחייב שהם מספר ח"ו ושהן עולמות מתגלים, אלא הם נעלמות ואין להם חשבון ח"ו כי חשבונם הוא מצד שהם מתחלקות בדרך עילה ועלול כדפי' בשערים הקודמים. והוא אדון על הכל וכו'. פי' שהוא אדון על השרשים והמדות כלם בכלל. ושלמה בשה"ש רמז ועלמות אין מספר. הכונה העולמות העשרה המתחדשות מן העשרה השרשים הנעלמים שהם מחייבים מספר העשר בהשרשים, עם כל זה אין להם מספר שלא יצדק בהם מספר העשר הגבוליי שאין להם מספר וחילוק, ומספרם הוא על דרך עילה ועלול כדפי'. ואין לנו רשות וכו'. להנצל מטעם שלא גילה ענין העצמות והכלים אלא ברמז וקצור מופלג. ועשר ספירות נחלקו ביצירתן. פי' באצילתן. כי היצירה בספיר' הוא אצילות, כמו שראינו בראשית ברא, והכונה האציל, וכיוצא בהם הרבה. והכונה כי מה שאנו אומרים שהם נחלקות לעשר, אין הכונה שהם נחלקות מצד המאציל. שבבחינתם אל המאציל הם שוים מיוחדים תכלית היחוד. וחלוקם ורדתם זו מזו מעילה לעלול, הוא מצד עצמם מצד אצילותם. שהעילה למעלה מעלול, והעלול למטה מהעילה. והנה כיון לחלק הספי', ג' ראשונות לבד וז' אחרונות לבד, מפני מעלת השלש על הז', כמבואר בשע' מהות וההנהגה. ואמר שענין החלוק הזה הוא מצד אצילותן, אלו קרובות למאציל ואלו יורדות יותר מאת פניו. האחד אור מופלא אור שאינו מושג רק הוא מיוחס ונערך למחשבה הטהורה. פי' כ"ע נקרא אור, כי אין לנו דקות יותר בעולם הגשמי כדקות האור להמשיל בו הרוחניות. ומפני דקות והעלם הכתר על שאר הספירות קראוה מופלא, פירוש נעלם מלשון (שופטים יג יח) והוא פלאי. וזהו שבאר עוד ואמר אור שאינו מושג. כי עם היות שנאמר שהוא אור מופלא. אין כונתינו לומר שאנו משיגים הפלאתו עד שנאמר בו שהוא אור מופלא. אלא שהוא אור שאינו מושג בשום השגה בעולם כלל. עד שכאשר נבא ליחס הספי' אל אברי הגוף נייחסהו ונעריכהו אל המחשבה הדקה תכלית הדקות שאינה אבר מאברי הגוף ולא עצם מעצמיו אלא היא פעולה גוברת על הגוף והיא הפעולה היותה דקה ורוחניות שבכל פעולת הגוף. וקראה מחשבה טהורה, כלומר לא כאשר תהיה המחשבה ההיא באדם בדברים הגשמיים שהיא מחשבה

עבה ודאי, אלא הכונה מחשבה טהורה דהיינו בחשבו בדברים הטהורים ודקים ורוחניים שאז תתעלה המחשבה ההיא על השכל והמדע בלי ספק כי היא מחשבה בדברים דקים יותר משכל האנושי. ונערכים אליה מאורות המדע והשכל. הם ב' כחות רוחניות בגוף האדם, ובהם נמשלות חכמה ובינה. והמחשבה היא יותר דקה ורוחניות מהמדע והשכל. כי המדע והשכל הם ב' כחות בגוף יותר מתגלות, אמנם המחשבה היא יותר רוחניות מעולה בלי ניכרת. כי כן משפט הכתר שהוא יותר דק מחכמה ומבינה. ונקיט לשון ונערכים אליה וכו', לרמוז ששלשתם חשובות כאחד. וכמו שהמדע והשכל הם א' עם המחשבה שרוכבת עליהם, כן הדבר בספירות. והחכמה והבינה נטפלים אל הכתר ונכללים בו. ואומר מאורות, כלומר רוחניות המתפשט מן הכתר בחכמה ובינה. ואמרו שהמחשבה תדין בשתיהם, היינו בערך שמן הכתר נמשך ההכרעה לבין החכמה והבינה בסוד הדעת כדפי' בשער המכריעין פ"ו. הג' מהם כף זכות וכו'. היינו גדולה כף זכות, גבורה כף חובה. ולשון וכו' הוא התפארת נקרא לשון הסליחה, מפני שהוא נק' לשון בבחינתו עם הבינה כדפי' בשער עשר ולא תשע בפ"ב, ולכן אז הוא לשון הסליחה, כי הבינה היא יום הכיפורים כנודע, והוא לשון הסליחה מצדה. והמאור הד' הוא המחדש כו'. הוא היסוד והקדימו לנצח והוד מן הטעם שאמרנו בשער סדר האצילות פ"ד. ומלכות נק' עולם הנשמות כי על ידה היסוד מוליד הנשמות כנודע. וחכמי התלמוד וכו'. כענין אז"ל (חגיגה י"ב) על מה העולם עומד על עמוד א' וצדיק שמו שנא' וצדיק יסוד עולם. והורו בזה עמידתה וקיומה של המלכות הוא ע"י היסוד וע"י חדושה והוא הנדרש לעיל. ועוד יש אור חיצון וכו'. ויחד [ויחס] המלכות אל היסוד כדי שיהיה כסדר תפארת יסוד ומלכות. ועם כל זה פי' אור חיצון וכו', דהיינו הנגלה שבכלם. והעד על זה (שמות כד יז) ומראה כבוד ה' כאש אוכלת בראש ההר לעיני ב"י, ולכן מכנה אותה בשם אש אוכלת. והטעם שנק' כך להורות על הדין. וזרועותיו צפון וימין פי' זרועותיה של המלכות הם נצח והוד. והיא סוף המאורות והתחלת כל המעשים פי' המלכות היא סוף אל המאורות שהם הספירות והיא התחלת כל המעשים כענין (תהלים קד) כלם בחכמה עשית שהיא האדריכ"ל שעל ידה נעשה כל מעשה בראשית. להורות שהיא סוף לכל האצילות. והאריך בזה להורות שעם היות שהקדים המלכות אל נצח והוד לא מפני זה הוכרח שתהיה היא שמינית לאצילות אלא לעולם היא עשירית וטעם הקדימה כדפי'. ועתה ארמוז וכו' אין להם התחלה. פי' כי השגת וידיעת הספירות הוא אל הנביאים מעילה לעלול. המשל בזה כי כאשר ישיג הנביא העלול, יעלה עד העילה. ומן העלה הזאת יעלה משם אל עילתה. המשל בזה כאשר ישיג המלכות שהיא עלולה מן היסוד, יעלה בהשכלתו ובהשגתו וישיג כי סוף המלכות ממטה למעלה היא התחלת עילתה שהיא היסוד. וכן מן היסוד ישכיל וידע כי סופו הוא תחלת עלתו שהוא ההוד. וכן עד"ז יעלה בראיית נבואתו עד הכתר. אמנם בכתר עצמו ומכתר ומעלה אין השגה לשום נביא וחוזה. וכן נתבאר ענין זה ביחזקאל אמרו לשון מראה עד עשר, ובעשירית אמר ואראה ואפול ע"פ, כי לא עצר עוד כח להשיג, כי הוא מן הנמנע. וכן פי' הרשב"י בס' התיקונים (בהקדמה ד"ו וז"ל) וכד מטא לדמות כתר דאיהו דרגא עשיראה חזי מה כתיב ביה ואראה ואפול על פני דלא יכיל למסבל עכ"ל. ואל זה כיון הגאון באמרו אין להם התחלה, כי אפי' בכתר אפס קצהו יראה וכלו לא יראה, ואיך ישיג אפי' התחלה ממה שלמעלה מהכתר. כי הם שם ועצם ושרש וכו'. הוקשה לו א"כ שכבר יש למעלה מהכתר ג' עולמות עד שיהיו נעלמות לסבה ידועה, סוף סוף הם י"ג ספירות, א"כ קשה למה שאמר בעל ס"י שהם י' ולא ט' ולא י"א ואדון יחיד וכו' והלא י"ג הם ע"פ דרכו. לזה אמר כי אינם במנין הספי' ח"ו אלא הם ש"ם ועצמו"ת ושר"ש כל השרשים. ואמר שם ועצם ושרש, שהם ג' דברים והכל אחד והכל א"ס. כי השם הוא העצם והעצם הוא השרש והוא ושמו אחד מיוחד. ולכן אין לו שם כלל. כי כמו שמציאות עצמותו אינו נגבל, כן אין שמו נגבל, ואין לו שם כלל, אלא מחויב המציאות, והשם נודע אל עצמותו ולא לזולתו. ולהיות שהג' נעלמות הם בו, לכן אינם ספי' אלא עצם הא"ס. ואין המחשבה יכולה להשיג וכו'. כדפי' שאין מחשבה נתפסת בא"ס מן הטעם הנזכר. אור קדמון אור מצוחצח אור צח. ג' שמות אלה בשם אור וקדמות וצחות הכל מורה על העלם, כמו האור הצח והבהיר שאין העין יכול לשלוט בו, כן הג' נעלמות אין השגה בהם אל ראות השכל והנביא וזולתם. והראשון נקרא קדמון להורות אל קדמותו על הכל בשרש. ובענין צח מצוחצח נבאר לפני' בע"ה איזו מהם קודמת. ופי' הגאון כי ג' שמות אלו נמצאו לאלה המאורות. וטעם חלוקם לשלשה אלה מפני התפשטותן בעצמותן לא מפני גלויין לחוץ אל זולתן אלא התפשטותן וגילויין הוא בעצמותן. וז"ש והוא מתפשט בשרש הנעלם וכו'.

ולהורות שעם היות שבפינו נקראם ונכנם בדמות ג' אורות בעצמותן הן אחד, אמר כולו אור אחד ועצם אחד ושרש אחד. ומפני שהמחשבה והחקירה בהם סבת הסכנה, אמר וחכמי התלמוד וכו'. ואמר שאין להם שם ידוע כמו שאין לא"ס שם ידוע לרוב העלמו כדפי'. וענין השמות והכנויים ואפי' שם בן ד' הכל רמז אל הספירות כדמפרש ואזיל. וענין ד' המערכות הנז' בלשונו באותיות השם יתבאר אל המעיין כאשר יזכור מה שכתבנו בשער סדר האצילות פ"ה, וכן יתבאר עוד ענין זה בשער שם בן ד' בפ"ד:

פרק שלישי:

ראינו בפרק זה לבאר בענין ג' נעלמות אלה באור יפה יתיישב בשכל המשכיל. והענין כי לא מחשבותיו מחשבותינו ולא דרכיו דרכינו כי כאשר ידמה האדם בשכלו להוות איזו מציאות שיהיה, הנה מחשבתו לא תפעיל. ואף אם ידמה ויצייר בשכלו צורת המציאות אשר ברצונו להוות, עם כל זה והיה כלא היה עד יפעל ויצא לפועל. ונמצא הפועל שלם מהכח. כי הכח חסר המציאות ואין לו מציאות ושלימות כלל, והפועל הוא העיקר והמציאות וזולתו אין דבר. ואין כן פעולותיו והוייתיו של ממ"ה הקב"ה. כי כאשר עלה ברצונו להוות ולהאציל אצילות הטהור והקדוש הנה אז נאצל ונצטייר כלו בעצמותו בלי שנוי בו ח"ו אלא מציאות מתייחד עמו עד שאין בין המאציל והמציאות ההוא הבדל כלל אלא הוא והם הכל אחד ועצם אחד ושרש אחד. ואף אם נייחס האצילות ההוא אל הג' בחינות כאשר נבאר שהם אור קדמון וצח ומצוחצח. אין בחינת חלוקם בערך עצמותם אלא בערך בחי' ענפיהם המתפשטות ומתאצלות. והענין בזה, כי כבר בארנו בשער סדר האצילות כי האצילות נכלל בכתר וחכמה ובינה מפני היותן שרש החסד ושרש הדין ושרש הרחמים, וכן בסדר אצילותן היו נצח בחסד חסד בחכמה נכללין זה בזה והכל א', וכן הוד בגבורה וגבורה בבינה נכללים זב"ז, וכן המלכות ביסוד ויסוד בת"ת, והכל בכתר. ולכן בעלות הרצון להאציל האצילות נצטיירו בעצם השרש ג' נקודות שהם כתר חכמה בינה ובהם נכלל כל האצילות. וטעם היותם מתחלקים אל ג' עם היות שהם מיוחדים תכלית היחוד, מציאות החילוק הזה א"א אם לא ע"ד השאלה. כי כמו שהעצם השרש אחד כן הג' נקודות אחד וכן הנקודה והשרש הכל דבר אחד, אמנם נייחסם אל השלשה מפני שהם שורש ומקור אל ג' ענפים שהם כתר חכמה ובינה. ולא כתר חכמה בינה ממש אלא כתר חכמה בינה המצטיירים בכתר מצד מציאות התחלת התפשטותם מעצם השרש אל הכתר. והנה נמצא שכתר חכמה בינה הם שואבים שפע ממקוריה' המיוחד בכתר חכמה בינה שבכתר. וכח"ב שבכתר שואבים ממקור הנעלם בעצם השרש שהוא אור קדמון וצח ומצוחצח המיוחדים תכלית היחוד. וכאשר יעלה בדעתנו עוצם ייחוד כתר חכמה בינה המתגלים בספירות, ר"ל הספירות בעצמם כפי אשר חוייבנו בייחודם בפרט יחוד מתעלה על יחוד שאר הספירות כדפי' בשער מהות והנהגה. ונעלה על יחודם עלוי והפלגת היחוד. עאכ"ו יחוד הכתר וחכמ' ובינה שבכתר, עד שנאמר שאין בכתר אלא מקור אחד ועצם אחד ושרש אחד. ואם נייחסהו לג', הוא מפני יניקת הג' ספירות משם שהם כתר חכמה בינה. ואח"כ עוד נפליג ונעלה על יחוד הג' שרשי' שבכתר יחוד הג' [נקודות] הנעלמות, הנה לא ירחק ממנו יחודם בהפלגה מרובה, ואינם מתייחסים בג' אורות אלא בערך שמהם שואבים שלשה שרשים שהם אחד ומתייחסים בשלשה מפני שהם מריקים שפע וברכה לג' הספי' מיוחדות תכלית היחוד. ומכאן יפליג המעיין בייחוד הספירות בעצם השרש שהם כולם מתייחדים יחוד אמיץ. נצח בתוך חסד וחסד בתוך חכמה כזה:

על הדרך שפירשנו בשער עמידתן בע"ה. וכן הוד בתוך גבורה וגבורה בתוך בינה כזה.

וכן המלכות בתוך הצדיק והצדיק בתוך התפארת ותפארת בתוך כתר כזה.

וכל זה בהיותן בתוך הכתר. ומה יתייחדו עוד בהיותן בתוך השרש המיוחד בלתי מתחלק לחלקים כלל. ואם ניחסהו מספר השלשה הוא מפני שהם מקורות לג' מקורות של ג' ענפים כדפי'. אבל בערך עצמם בהתפשטותם הם מיוחדים תכלית היחוד. והנה המציאות והיחוד והמקור הזה נתגלה במציאותו הפשוט מצד בחינת רצונו אל האצילות. ואמרנו נתגלה הכונה מציאות ההוויה שלא הי' משפעת [מושפעת] להעלם האצילות בעצמותו

ועתה מצד התפשטותו באצילות משפיע במקורות ההם. והיינו גלויים, ולא שהם גלוי אל הנאצלי"ם כ"ש אל הנבראי"ם כ"ש אל הנוצרי"ם כ"ש אל הנעשי"ם. כי אין מציאותם מתגלה אל זולתו כדפי'. אלא בערך המשכת השגחתו באצילות יתייחס ענין זה אליו אל התפשטות וגלוי ולא שיהיה נגלה אל זולת עצמותו, וכמו שנבאר בפרקים הבאים. וגילה הענין הזה יותר האלקי רב חמאי גאון ונעתיק אותו בפרק בפ"ע כפי אשר מצאנוהו שהעתיקו רבי דוד בס' מגן דוד עם היות שלא כוון אל הדרוש הזה כלל. ועם פי' רבי אהרן על דבריו כי הוא מורה צדק בדרוש הנחמד הזה בס"ד:

פרק רביעי:

כתב רב חמאי גאון בספר היחוד ג' ההוויות ראשונות שהניח למעלה מן הכתר, כמו שבארנו בפ' ראשון בתשובת רבינו האיי. כי אלו השלשה שמות כלם ענין אחד הם ועצם אחד דביקים דבוק אמיץ מבלי פרוד ובלי חבור בשרש כל השרשים. כדמיון משל גשמי הלב והריאה והטחול שרש אחד לכלם, ולשאר האברים שבכל החלל. ואור קדמון נמשכה ממנו המחשבה הטהורה כהמשך מחשבות הלב, ומן האור המצוחצח והצח כשתי מעיינות נמשכה מהן המדע והשכל. ובאמצעית השכל והמדע נתעצמו כל השלהביות הרוחניות זה בזה וזה עם זה כענין הלהבות הנאחזות בתוקף הגחלים ומה שיהיה (נ"א שהיה) כנוס ונסתר זה בתוך זה וזה בתוך זה עד שהגיע זמן רצון הפועל הקדמון ויצאו מן הכח אל הפעולה הרוחניות ונאצל אצילות העולם העליון עד יסוד אבן העשירית הנקרא בלשון חכמי הרזים או"ר ע"ב. ומרוב העובי קראוהו גם כן חשך מעורב, כי כל כחות השלהביות מתערבות בה ומשתנות בתוכה והוא יסוד כל העולמות רוחניים וגשמיים. וכמה מיני גוונים מתעצמים בהן ומצטיירים בכחה מהם צורות רוחניות ומהם צורות גשמיות. כי היא חותם האחרון לכל החותמות. עכ"ל הרב רבינו חמאי גאון בספר היחוד. וזה פרישת רבינו אהרן ע"ה. הנה כוונת הרב לבאר שג' שמות אלה ענין א' ועצם א' דבקים דבוק אמיץ בלי פרוד. ואחשוב שאמר זה לא להבדילם מהמלאכים והמורכבים אבל להבדילם הבדל מה מהי' ספירות שהם א'. ר"ל הי"ס עם שלא יצוייר בהם חבור ופרוד לענין המשכת השפע אבל אלה השלשה הכל עצם אחד וענין א' בשרש כל השרשים והן הן עצמותו, והבן. כי לא אמר משרש כל השרשים אלא בשרש כל השרשים, להורות על רוב היחוד שהם בעצמותו

ית' ועצמותו בהם. ולמה שהדבר קשה להצטייר שתהיינה ג' והכל ענין א', הביא משל גשמי ואמר שזה כדמיון משל גשמי. אמר הלב והריאה והטחול שורש א' לכלם, וראינו שהם אברים נפרדים, ונתחייב לומר שקודם שיצטיירו בפועל באלו הצורות היו גנוזות ומעורבות באותו הגולם שיתהוו ממנו בתחלת הווייתן מהטיפה זרעיית עם היות שעדיין לא נתפשט פעל ההויה להבדיל כל דבר ודבר לעצמו. אבל היו אותן כחות האברים גנוזות ומעורבות בגולם ההוא בלתי נפרד זה מזה וזה מזה עד שתגזור על שלשתן ועל שאר כחות האברים הגנוזות שם שהם היו אז ענין א' ועצם א', עם היותנו אומרים ששם גנוזות כח הלב וכח הריאה וכח הטחול. וכן יש להמשיל בקצת דמיון אע"פ שאינו משל אמת. ונאמר אנחנו ידענו מפי השמועה שהתפשטות היותר רוחני והיותר דק ונעלם מכל האצילות היו הג' ספי' העליונות הרוחניות הם כתר חכמה ובינה. וא"כ נתחייב שאלה הג' ספירות עם היותן מתייחדות באחדות נפלא ודקות נעלם יותר נפלאות ונעלמות עד מאד שכבר יצטיירו בשרש השרשים והוא הא"ס באחדות ודקות והעלם יותר נפלא ממה שהם אחר התפשטותן כי כל מה שהדבר מתקרב אצל השרש הוא יותר מתאחד כדמיון ענפי האילן. שאל"כ ילך הדבר אל בלתי תכלית. ולא נאמר שהמשל דומה לנמשל מכל צדדיו. וזהו כי האברים אחר שיצאו אל הפועל לא נשאר מהם שום מציאות מאותו המציאות שהי' להם קודם צאתם, משא"כ בכאן כי בעבור שהאין סוף לא יקבל שינוי נשארו שם גנוזות אחר שנאצלו כח"ב כמו שהיו קודם התפשט אצילותן. כי האצילות אינו אלא כמדליק נר מנר לענין העדר השינוי במאציל. ובעבור היות הגנוזות יותר נעלמות יובדלו. וכן נוכל לומר בכל שאר הספי' שהבינה היא הו' קצוות וכן הו' קצוות הם הם הבינה אחר שנשארו שם השש קצוות נעלמות ואין הבדל ביניהם כ"א מצד העלם וההתגלות. וז"ש שאין בין הספירות שום פירוד לומר שהם עצמים נבדלים בעצמם. אבל הם הכל אחד כי כל א' כלולה מכלם. ואמר אור קדמון נמשכת ממנו המחשבה הטהורה, שהוא הכתר נמשך ממנו כהמשך מחשבת הלב. ומן האור המצוחצח וצח שהם כשתי מעיינות נמשכות מהם המדע, שהיא החכמה. והשכל, שהיא הבינה. ובאמצעות השכל והמדע נתעצמו כל השלהביות הרוחניות זה בזה וזה עם זה, עד שלא תמצא האחת בלתי האחרת ולא האחרת בלתה. עד שאם תצייר שאתה רומז באצבעך לאחת מהם

אתה רומז לכלם כי כלם בה. וענין התפשטות מן השכל והמדע כעניני הלהבות הנאחזות בתוקף הגחלים. ומה שהיו גנוזים ונסתרים זה בתוך זה וזבת"ז, היו לעולם באותו אופן מן הגנוזה. עד הגיע זמן רצון הפועל הקדמון ויצא מן הכח אל הפעולה הרוחניות ונאצל אצילות עולם העליון עד יסוד אבן העשירית היא המלכות היא הנקרא בלשון חכמים אור עב. ומרוב עביו בהקש אל מה שלמעלה ממנה קראוהו ג"כ חשך מעורב, כי כל השלהביות מעורבות בה והיא יסוד כל העולמות הרוחניים שהם כל הספי'. כי על ידה פועלות, ובלעדה לא יפעלו. והיא יסוד העולמות הגשמים, כי היא משפעת להם מציאותם. וכמה מיני גוונים מתעצמים בה ומצטיירים בתוכה, כפי כח כל אחת מהספי' המשפיעות בה מהן צורות רוחניות ומהם צורות גשמיות, כפי הצריך לפעול, כי היא חותם אחרון לכל הצורות עכ"ל. הנה בפי' פה קדוש ימלא תהלת ה' ברוך הוא מדבר בענין הג' נעלמות איך הם מציאות ג' ראשונות שנשארו שם בעצם השרש מציאות דק ונעלם יפה ושלם יותר ויותר ממציאותם המתגלה והם מיוחדים תכלית יחוד ולא יצויר בהם מנין השלש אלא בערך מציאותם המתגלה אחר ההתפשטות. והנה ע"י הגאון רב חמאי ופרישת רבי אהרן עליו לא חסרנו מכל מבוקשנו כלל. והם לנו מעיר לעזור אל כל הנדרש בענין הזה בפ' הקודם בלי שנעורר בדבריהם וביאורם כלל לאהבת הקצור. והנה עתה לא יקשה לנו שהם י"ג מדות אחר שהם מציאות ג' ראשונות הנעלם במקורם, כמו שלא יקשה עלינו ממציאות ו' קצוות הנעלמות בבינה כדפי' הרב. והם הם י' צחצחות, מפני שכל אחד משלשה ראשונות כולל באמצעיתו ובמציאותו מיוחד בעצמותו כל הקוים קו החסד בחכמה קו הדין בבינה קו הרחמים בכתר כפי אשר הארכנו לעיל. ובזה יתבאר מה שפירש הרב רבינו האי גאון בתשובתו, שאמר שהמערכת הראשונה שהיא בציור היוד שיש לה שלשה נקודות עוקץ למעלה ועוקץ למטה ונקודה באמצע להורות על הכתר והחכמה והבינה שהם מתפשטות מש"ם ועצ"ם ושר"ש דהיינו השלשה הנעלמות. ואמרו נתגלמו ונצטיירו. הכונה הגולם שהם הכלים. והצורה שהוא העצמות. דהיינו צורת ונשמת האצילות כמבואר בשער עצמות וכלים בפ"ד. ואמר כי הם בכח השלשה נעלמות כי על ידם נאצלו. והכונה כי בעת עלות רצון לפניו להאציל היו"ד שהם נכללות בשלשה נקודות דהיינו שלשה יודי"ן שלשה נקודות אשר ביו"ד כדפי' לעיל, הנה אז קנו מציאות השלשה בעצם השרש כדפי' בפרק הקודם. ומכח המציאות ההוא שנתפשט בשרש עצמו, נאצלו שלשה ראשונות עם השלשה נכללות בשלשה. כי בחכמה נכללים שתים ונעלמים בלתי נראים שהם חסד נצח, ובבינה נעלמים שנים שהם גבורה הוד, ובכתר נעלמים שלשה שהם תפארת יסוד ומלכות כדפי'. ושאר התשובה מבוארת. הנה נתבאר מתוך דברי הגאונים ענין הצחצחות הנעלמות בהאין סוף:

פרק חמישי:

וכן ביאר הרשב"י ע"ה בזהר פ' פקודי (דף רל"ט.) וז"ל אין סוף לא קיימא לאודעא ולא למעבד סוף ולא למעבד דבר כמה דאי"ן קדמאה אפיק ראש וסוף מאן ראש דא נקודה עלאה דאיהו רישא דכלא סתימאה דקיימא גו מחשבה ועביד סוף דאקרי סוף דבר. אבל להתם אין סוף, לא לרעותין ולא לנהורין, לאו בוצינין בההוא אין סוף. כל אלין נהורין ובוצינין תליין לאתקיימא בהו, ולא קיימי לאתדבקא, מאן דידעי ולא ידעי, לאו איהו אלא רעו עלאה סתימאה דכל סתימין אי"ן. וכד נקודה עלאה ועלמא דאתי אסתלק (נ"א אסתלקו) לא ידעין בר ריחא כמאן דארח בריחין ואתבסס עכ"ל. ופי' דבריו, כי שרש השרשים הנקרא אין סוף אינו עומד להתגלות מפני רוב העלמו שאין בו ידיעה כלל. וז"ש לא קיימא לאודעא. ואמר כי בזולת שא"א לדעתו ולהשיגו בערך בחינתו כפי מציאות העלמו. ג"כ אינו עומד להתגלות ולהתפשט כדי שיכירהו וישיגהו. כי אינו מושג עצמותו בשום אופן אם לא השגת פעולותיו דהיינו ספירותיו. ונודע כי הגילוי וההתפשטות הוא ע"י התהוות הדבר בתחלה וסוף שזהו גדר ההויה שיש לה ראש וסוף. לזה אמר שאין הא"ס עומד למעבד תחלה וסוף שזהו סוף ודבר. והכוונה סוף היינו קצהו האחד ודבר היינו קצהו השני, וזהו סו"ף ודב"ר, כי ממעלה למטה תחלת דבר הוא סוף. ואמר שאין הא"ס עומד לגלות מציאותו בסוף ודבר כדי שיושג כמו הכתר הנק' אי"ן. ואמר אי"ן קדמאה. להורות כי אפי' בבחינתו הנעלמת הנקרא קדמאה דהיינו בחינתו בערך המאציל אינו דומה לא"ס כלל מפני רוב העלמו. מפני שאי"ן קדמאה אפיק ראש וסוף. פי' הכתר הוא מתגלה, וגלויו הוא ע"י הראש והסוף דהיינו חכמה ומלכות כדמפרש ואזיל. ועל ידו הוא גלוי הכתר מפני שבכתר בחי' החכמה שהוא הראש ובחינת הבינה שהיא בחינת הסוף, וגלויו הוא ע"י חכמה ומלכות שהם הראש והסוף עם כלל האמצעי ודאי. מאן ראש דא נקודה וכו'. פי' הכוונה על החכמה כי הוא ראש וראשית לאצילות ע"ד שפי'

בשער ג' בפ"ג וז'. ואמר שעם היות שהוא תחלת הגלוי לא שיתגלה גילוי עצמי אלא תחלת הגלוי קצת. ולכן הפליג ואמר סתימאה דקיימא כו' ואינה מושגת אלא במחשבה לבד. ובערך ששם תחלת המחשבה לכן הוא ראשית לגילוי הכתר. ועביד סוף וכו' פי' כי תחלת המחשבה הוא סוף המעשה כי חכמה בראש וחכמה בסוף וזהו יו"ד בראש וי' בסוף. ואצילות המלכות משם כענין שפי' הרשב"י ע"ה בתקונים (תקונא ס"ט דף ק"ג) אני ישנה אני שניה לחכמה, וכמו שנבאר בשער המציאות. ולכן החכמה עביד סוף שהיא המלכות סוף האצילות. אבל להתם וכו'. פי' כל ענין הראש והסוף הוא באצילות ובספירות, אבל להתם בא"ס הנז'. א"ס לא לרעותין וכו'. הכוונה כי הרצון בבורא ר"ל בהא"ס א"א מפני שאם נאמר שהוא רוצה נמצא משתנה מרצון לרצון וזה נמנע בחק הא"ס מחוייב המציאות שאינו בעל שנויים. אמנם ענין הרצון הוא האצילות ראשון המשתלשל ממנו, וע"י הרצון ההוא הוא פועל רצונו כדמיון העצמות והכלים. שהכלים בעלי השינוי, והעצמות פועל השינוי על ידם. ולכן תחלת התפשטות האצילות הוא הרצון להאציל. אמנם הרצון הזה נעלם שאינו אצי' מתגלה ממש אמנם הוא רצון שע"י מתרצה להאציל. והנה הרצון הזה אינו הרוצה, אמנם עצמות הא"ס הוא הרוצה והוא נקרא רוצה ע"י הרצון כדרך שפי' בענין הדין והגבול בשער עצמות וכלים בפ"ד. ועד"ז נמצא היות הרצון הקרוב אל המאציל עד שאינו אצילות אמנם הוא עצמות ולא עצמות ממש. אמנם הוא מציאות עלות רצונו להאציל הנאצלים ולכן הרצון הוא הנאצלים עצמם שנתהוו ונמצאו במציאות עצמותו מצד עלות רצונו להאציל הנאצלים כדפי' בפ"ג. והנה לפ"ז כבר יהיה רצון להמציא רצון כי יעלה רצון להמציא רצון עד שיהיה נקודה משתווה אל המאציל. והרצונות האלה בסוד יחודם העצמי בעצם המאציל נקרא רעותין. ומפני התעלמות הא"ס שבו הרעותין אמר א"ס לא לרעותין ולא לנהורין שכן מכונים בשם נהורין. כענין אור קדמון אור צח אור מצוחצח. ואמנם הרצון שעל ידו יפעל שינוי בעוה"ז הוא הכתר שהוא הנקרא רצון. וע"י הא"ס רוצה כמו שע"י החכמה נקרא חכם. לאו בוסינין בההוא אין סוף. פי' אפי' בעת היות הספירות מאירות מכונים בשם מאורות אינם דומות לאין סוף. ולאו דווקא לאין סוף אלא אפי' למאורות הנעלמות המיוחדות בעצמותו כדפי'. כל אלין נהורין וכו'. פי' כל הספירות הם תלוים בשרשים הנעלמים ההם מפני שהם מקורות אל הספי' שע"י המאורות הנעלמות ישאבו הספי' שפע מהאין סוף. כמו האילן שהוא שואב הלחות משרשיו ועקר ההשקאה אל השרשים. נמצאו הספי' תלויים בשרשים ומתקיימים על ידם. ולא קיימי לאתדבקא. פי' עם היות שהמקורות והשרשים הנעלמים שהם הצחצחות המיוחדות בעצם השרש הם חיותם וקיומם של הספי', עם כל זה אין השרשים מתגלות לספירות ואין הספי' משיגים אותם מפני רוב העלמם. וז"ש ולא קיימי לאתדבקא, פי' אינם עומדות בענין שיושגו כלל. מאן דידעי ולא ידעי וכו'. פי' אותם שיצדק בהם שיודעים ושאינם יודעים אינם אלא כתר חכמה ובינה. כי שאר הספי' לעולם אינם יודעים ומעולם לא ידעו ולא נתגלו להם השרשים עד שנאמר שיש עת שאינם יודעים. אמנם יצדק ענין ידעי ולא ידעי, בכתר חכמה בינה כדמסיק. ועם כל זה ג' אלה אינם שוים בהשגתם. כי הכתר בבחינתו הנעלמת שהוא הנקרא רעו עלאה שהוא כנוי לשון רצון כמו רעותין הנז' בא"ס. והוא סתימאה דכל סתימין, הנקרא אי"ן. שלא יצדק עליו הישות כלל ועיקר. הבחינה הזאת לעולם מתייחדת בשרשים הנעלמים שהם סבתו וסבת השרשים הנעלמים בו כדפי' לעיל. אבל חכמה ובינה השגתם הוא לעתים. דהיינו דווקא בעת עלותם אל בחינת הנעלמת בכתר שהוא המקור. שבו ג"כ ג' שרשים כדפי' בפ"ג. וז"ש וכד נקודה עלאה שהוא החכמה ועלמא דאתי שהוא הבינה, אסתלק, שהוא בעת התייחדות שתיהם תכלית היחוד עד שלא יצדק עליהם אסתלקו לשון רבים אלא אסתלק לשון יחיד, ואז בעת עלייתם ביחוד בשרש העליון כתר. עם כל זה אינם משיגות בשרשים, אלא כריח המריח בריח הטוב בלתי פגעו בבושם, אלא מריח בו, וע"י מתבסס ומתמתק. כך הספי' האלה אחר עלייתם הם [משיגות] בשרשים ויונקים מהם ע"י שרשם הנעלה בכתר. ולא שינקו וישאבו הם עצמם וישיגו בעצם השרש הנעלם. ולזה יקרא יניקתם מא"ס וכן עלייתם לא"ס. הנה מתוך המאמר הזה בפי' נראה שבענין השגת השרשים נחלק כל האצילות לשלש מחלוקת. הא' הם ז' ימי הבנין, שאינם משיגות בנעלמות כלל אלא עלייתם עד הבינה בסוד היובל ומשם ולמעלה אינם משיגות אלא משם ינקו מהכתר ומהחכמה, בזולת הת"ת והמלכות כי בסוד יחודם יעלו עד הכתר ששם מקורם העצמות כמו שנתבאר הענין וטעמו בשער ה' בפ"ו. והב' הם חכמה ובינה, שלא ישיגו בשרשים הנעלמות אם לא לפרקים בעת עלותם. וההשגה ההיא אינה בעצם המאציל, אמנם כמאן

דארח וכו' כדפי' לעיל. ואין ספק שעם כל זה לא יהיה שוה השגת החכמה עם השגת הבינה אלא בעלוי זו על זו ודאי. עם היותם עולות יחד מפני שהם זכר ונקבה והא בלא הא לא סגייא. הג' הוא הכתר, שזה בבחינתו הנעלמת השגתו שוה לעולם לא יפרד משרשו והוא והשרש הכל דבר א' מתאחד בבחינתו העליונה כדפי'. ועוד האריך הרשב"י בביאור הצחצחות האלה והשרשים שהם באין סוף:

פרק שישי:

בספר הזהר פ' נח (דס"ה.) בקצת נסחאות בספרי'. וז"ל אר"ש ארימת ידא בצלותין לעילא, כד רעותא עלאה לעילא ועילא, קיימא על ההוא רעותא דלא אתידע ולא אתפס כלל לעלמין. רישא דסתים יתיר לעילא. וההוא רישא אפיק מה דאפיק דלא ידיע, ונהיר מה דנהיר כלא בסתימו. רעו דמחשבה עלאה למרדף אבתריה ולאתנהרא מיניה. חד פריסו אתפריס ומגו ההוא פריסא ברדיפו דההוא מחשבה עלאה מטי ולא מטי כו'. כדין בטש האי נהירו דמחשבה דלא אתידע בנהירו דפרסא דקיימא דנהיר ממה דלא ידיע כו'. וכדין דא נהירו דמחשבה דלא אתידע בטש בנהירו דפריסא ונהרין כחדא ואתעבידו ט' היכלין, להיכלין דלאו אינון נהורין ולאו אינון רוחין ולאו אינון נשמתין ולאו אית מאן דקיימא בהו רעותא. דכל תשע נהורין דקיימי כלהו במחשבה דאיהו חד מנייהו בחושבנא כלהו למרדף אבתרייהו בשעתא דקיימי במחשבה ולא מתדבקן ולא אתיידיעו. ואלין לא קיימי לא ברעותא ולא במחשבה עלאה, תפסין בהו ולא תפסין. באילין קיימין כל רזי דמהימנותא וכל אינון נהורין מרזא דמחשבה עלאה דלתתא כלהו אקרון א"ס. עד הכא מטון נהורין ולא מטון ולא אתידעו. לאו הכא רעותא ולאו מחשבה. כד נהיר מחשבה ולא ידע ממה נהיר. כדין אתלבש ואסתים גו בינה ונהיר מאן דנהיר ואעיל דא בדא עד דאתכלילו כלהו כחדא. וברזא דקרבנא כד סליק, כלא אתקשר דא בדא ונהיר דא בדא. כדין קיימי כלהו בסליקו, ומחשבה אתעטף בא"ס. ההוא נהירו דנהיר מיניה מחשבה עלאה דלא ידע איהי בה כלל אקרי א"ס, דמניה אשתכח וקיימא ונהיר למאן דנהיר. ועל דא כולא קאים. זכאה חולקהון דצדיקייא בעלמא דין ובעלמא דאתי עכ"ל. ודרכו נעלם ונשגב, ועם כל זה לא נאסוף ידינו מלשאת ולתת בו בכל האפשר. מפני שהעתיקוהו המפרשים בספריהם, בפרט רבי יהודה חייט, ולא פי' בו כל עקר. לכן נבאר בו בחזקת היד. אר"ש ארימת ידא כו' טעם הנשיאות ידים אל התפלה נתבאר בזהר פ' יתרו (דף ס"ז.) ואין מקומו הנה. ומפני היות כונת הרשב"י במאמר הזה לגלות ענינים נסתרים בא"ס לכן התקדש עצמו ויהיו ידיו אמונה עד תומו לדבר. וכה אמר כד רעותא עלאה לעילא ועילא. פי' החכמה נק' רעותא כמבואר במקומות רבים, והטעם שהיא דקה מן הדקה ולכן נתייחס אליה לשון רצון כדפי' כי הרצון מורה על הדקות והקדמות. וכן כ"ע נק' רעותא כי הוא הרצון האמיתי בספי'. והרצון העליון על כלם הוא הא"ס על הדרך שפי' בפרק הקודם. והנה אמר רעותא עלאה. ולא מחכמה אלא לעילא שהוא למעלה מרצון החכמה. ולא הכתר שהוא הרצון שהוא למעלה מחכמה. אלא ועילא שהוא הרצון שהוא למעלה מהרצון שהוא האין סוף. שהוא למעלה מהכתר שהוא הרצון שעומד על החכמה שנקרא רצון כדפי' לעיל. ולא הספיק באמרו רעותא עלאה, מפני שהחכמה ג"כ נקרא רעותא עלאה כדמוכח בזהר פעמי' הרבה. קיימא. פי' שורה וחונה על ההוא רעותא, פי' על הכתר. דלא אתידע. פי' בערך בחינתו הנעלמת שאינה מושגת. ולא אתפס כלל לעלמין. פי' לא בלבד בחינתו הנעלמת שהיא מתעלמת עד לעתים רחוקות כמו בעת עלות אליו החכמה והבינה כדפי' בפ"ה. אלא אותה הבחינה הנעלמת תכלית ההעלם שמעולם לא נתגלה ולא הושגה לזולתו מן הנאצלים ולא יושג. ובאותו בחינה הוא כסא אל המאציל בחינה מתקרבת אליו. רישא דסתים יתיר לעילא. פי' א"ס שהוא הראש העומד ומתאבק ושורה בבחינה הזו והיא נעלם יותר מהבחינה הזו עם היותה נעלמת תכלית ההעלם כמבואר. וההוא רישא. פי' בחינת הכתר הנעלמת שהוא ראש אל שאר בחינות הכתר, וכ"ש אל שאר האצילות. אפיק מה דאפיק. פי' האציל מה שהאציל. והיינו הספירות הנעלמות שהם כלים אל העצמות הנעלם. ועם היות שהם כלבוש אל העצמות עם כל זה לא ידיע. וז"ש דלא ידיע. ונהיר מה דנהיר. היינו העצמות המתפשט בתוך הלבוש, ולכן הוא מכונה בלשון אור שהוא אור העששית. ומפני שהעלם העצמות מופלג על העלם הלבוש, אמר כלא בסתימו. שהוא הפלגת ההעלם יותר מאמרו דלא ידיע. כי לא ידיע מורה שהוא נגלה אבל לא ידיע, אבל כלא בסתימו מורה על היותו סתים מעצמו מכל וכל. ועם זה יובן למה הוצרך להאציל ע"י רישא. ורישא, שהוא הא"ס והנאצל הראשון. מפני שע"י הא"ס נאצל העצמות המתפשט, וע"י הכתר הסובל העצמות ומתמלא ממנו והכל ברצון המאציל נאצלו הכלים. ומי יתן ויעמיק המעיין בזה

שאין מדרכנו להגזים הסודות. והענין, כי אחר שהשרשים המתאחדים בעצם השרש, לפי האמת הם שרשי הכלים, לא שרש העצמות. כי העצמות הכל אחד, ואין צריך לא לשרש ולא למקור. א"כ כמו שבכלים הספי' החצונית ר"ל ספירות האצילות העצם מתפשט בהם, כן בשרשם העצם מתפשט בהם עם היות שיתגלה בהם יותר ויותר עד שהם עצמותו ממש והם עצם השרש. והענין הזה הוא מהענינים שהעיון בו ביותר אסור והוא ברצוא ושוב. רעו דמחשבה עלאה. פי' חכמה. וקראה עלאה בבחינתה העליונה היותר נעלמת המתאחדת עם הכתר. ועם היות דקותה והעלמה כ"כ, עם כל זה חשקה ותאוותה להדבק בשרשים הנעלמים האלה והיותה מתנהרת מהם ולכן היא רודפת אחריהם. וז"ש למרדף אבתריה ולאתנהרא מיניה. פי' להיות מקבלת ומאירה מן השרש המיוחד הנעלם הזה המתאצל משני הראשים הנז' לעיל ואין לה השגה כלל ואפי' קבלה מהם. חד פריסו אתפריס. היינו הכתר בעצמו הנאצל ומתגלה שהוא מסך בין הנאצלים והמקורות המתאחדים בעצם השרש. ומגו ההוא פריסו ברדיפו דההוא מחשבה עלאה. פי' מתוך הכתר הנקרא פריסא כדפי' בסבת החשך. וההתעוררות, דהיינו הרדיפה הנז'. שמעוררות החכמה הנקרא מחשבה עלאה בבחינתה העליונה כדפי'. וענין הרדיפה וההתעוררות, היינו גלוי פניה ואורה כלפי האור המסך המבדיל בינה ובין השרש והעצם. מטי ולא מטי עד ההוא פריסא. פי' השרשים הנעלמים הנז' לעיל מטי ולא מטי לכת"ר שהוא הפריסא. וענין מטי ולא מטי, פי' גילוי ולא גלוי בערך החכמה וכ"ש שאר הנאצלים, אלא הוא מטי בערך הפריסא. וענין מטי ולא מטי, שהיא פעולה מתיחסת אל הלבוש שהוא המכונה לעיל בלשון אפיק. ואח"כ אמר נהיר מה דנהיר, שהוא כנוי אל העצם המתאחד בשרש שהוא המכונה לעיל בלשון אור כדפי'. ואמר נהיר מה דנהיר, פי' להורות על ההעלם ושאינו מושג כראוי אל שרש הנעלם. וכדין איהו מחשבה עלאה. פי' אז כאשר האיר האור הנעלם אל הפרסא שהוא הכתר, אז מתנהר ממנו המחשבה שהיא החכמה. נמצא האור משתלשל ג' בחינות. בחינת הא"ס דהיינו בשרש הנעלם, ובחינת הארתו בפרסא שהוא הכתר, ובחינת הארת מה שבפרסא במחשבה שהיא חכמה. ועם כל זה האור והשרש המתגלה בחכמה הוא נעלם ואינו מתגלה כלל עם היות שכבר נתגלה מדרגה שלישית כדפי'. והענין שאין המחשבה הזאת ממש עצם החכמה המתגלית. אמנם היא בחינת הכתר אל החכמה דהיינו החכמה בבחינתה בכתר. לכן הכל נעלם שהכל הוא באמון המופלא ומכוסה שהוא הכתר כדפי'. וז"ש וכדין איהו מחשבה עלאה נהיר בנהירו סתים דלא ידיע וההיא מחשבה לא ידיע. כדין בטש כו' ממה דלא ידיע ולא אתידע ולא אתגליא. פי' כי אפי' עתה אחר שנתגלה האור בהשתלשלות אל המחשבה שהיא בחינת החכמה, עם כל זה לא השיגה המחשבה ההיא מפני כך באמצעות האור המאיר הנעלם כלל מה שהיה נעלם מתחלה. אלא כהעלמו אז כן העלמו עתה. ולא הוסיפה השגה בנעלם אלא האור שמאיר בה ומושג אליה שהיא בחינה שלישית אל האור לבד. ואמר דלא ידיע ולא אתידע ולא אתגליא. כי הם ג' בחינות, ר"ל ג' עניינים. שהענין הראשון הוא לא ידיע, דהיינו שאינו נודע אל החכמה בבחינת המחשבה הנז' לעיל. הענין הב' שלא אל המחשבה לבד לא נודע, אלא אפי' למעלה ממנה דהיינו הפריסא לא אתידע. פי' לא הוסיף להשיג מפני הגלוי הזה כלל והיינו פועל בודד באור. ולא אתיידע, פי' לזולתו, לא לחכמה ולא לזולת החכמה. הענין הג' ולא אתגליא, שלא לבד לא נודע, אלא האור בעצמו לא מפני כך נתגלה ונתפשט מעצמו אל עצמו יותר ממה שהיה מפני הגילוי הזה. והפליג בזה להרחיק השנוי בעצם המאציל, אלא כמדליק נר מנר ואין המאציל חסר ולא נודע ולא נשתנה ח"ו כפי' רבי אהרן שכתבנו בפ"ד. וכדין דא נהירו דמחשבה דלא אתידע כו'. פי' גלוי האור שהאיר במחשבה באמצעית אור שהאיר בפריסא שהוא אור נעלם דלא אתידע. ולפיכך יש לו כח לבטשא בנהירו דפרסא שהוא האור השני המאיר בכתר מכח האור הראשון המתייחד בעצם השרש. ונהירן כחדא. פי' כאשר מכה אור המחשבה באור הפרסא אז מאירים שני האורות יחד. ואתעבידו ט' היכלין להיכלין. פי' מתוך הארתם יחד נעשים מהארתם ט' היכלות ט' ספי' נעלמות והם היכלות וכלים ולבושים לאותם היכלות הנעלמות שהם האורות העליונות הנאצלות מא"ס בבחינה ראשונה כמבואר לעיל. דלאו אינון נהורין ולאו אינון רוחין ולאו אינון נשמתין. פי' הם היכלות לאותם ההיכלות שאינם לא במדרגת מאורות ולא במדרגת רוחות ולא במדרגת נשמות. והנה הזכיר בזה ג' דברים נהורין רוחין נשמתין. ואין ספק כי נהורין כמו נפשין, והעד על זה רוחין ונשמתין. והכונה כי ר"ש פירש במ"א כי כתר שהוא סוד הטעמים הוא נשמה, וחכמה שהוא סוד הנקודות הוא רוחא, ובינה שהוא סוד האותיות הוא נפש. ואמר שאלו המאורות אינם לא בינה ולא

חכמה ולא כתר, אפי' בסוד שרשיהם העליונים שבכתר. אלא הם עצם שהשרש מתאחד עמהם והוא והם הכל דבר אחד. או ירצה דלאו אינון נהורין, שאינם מקורות הספירות אלא אדרבה הם מתלבשות במקורי הספי' שהם הנהורין באמיתות. ולאו אינון רוחין, שאינם הספירות בעצמם שהם כעין הרוח אל הנשמה שהוא העצמות המתפשט. ואמר שג"כ אינם עצם המתפשט בתוך הספירות שהם נשמות הספירות, אמנם הם מאורות ושרשים מתאחדים בעצם השורש שהוא והם הכל דבר אחד. ולאו אית מאן דקיימא בהו. פי' אפי' עתה בהתלבשם באורות המתאצלים מאור הפריסה ואור המחשבה עם כל זה אינם מושגים ולא אית מאן דקיימא בהו לרוב העלמם ולרוב אדיקתם בסבתם שהם עצם השרש כדפי'. רעותא דכל ט' נהורין דקיימי כלהו במחשבה דאיהי חד מינייהו בחושבנא כלהו למרדף אבתרייהו בשעתא דקיימי במחשבה ולא אתדבקן ולא אתידעו. פי' חשק הספירות הנעלמות במציאות החכמה בעצמה אינו כ"א להשיג ולידע האורות והמקורות הנעלמות האלה. דאיהי חד מנייהו, פי' אין הכונה באמרו נהורין דקיימי כלהו במחשבה באורות המתהוים מתוך נהירו דפריסא כי על אותם המאורות כבר אמרנו שהם מתיחדים באור הכתר שהוא הפרסא ונעשים היכלות למאורות הנעלמות והרי הם היכלות אליהם והיאך אינם יודעים אותם. אלא ודאי אלו הם מאורות זולתם שהם מעצמות המחשבה שהם הספי' שמתאצלות מבחינת החכמה בבחינת הכתר למטה עד עשר. ועל אותם אמר שעם היות שנתלבשו המאורות האלה ונתגלו עם כל זה חשק המאורות האחרים שהם מעצם המחשבה להשיגם ולידעם אחר התפשטם במחשבה ועם כל זה אינם משיגים דבר מהכתר, וז"ש כי החכמה בעצמה בסוד בחינתה עם הכתר הוא הכתר שבהם והוא אחד מהם מאותם ט' ספירות במנין משא"כ המאורות העליונים שאין המחשבה מהן אלא האור המאיר במחשבה מגוף הפריסה שהוא אור נעלם ומשובח ומתוכו ומתוך אור הפריסה מתהוים האורות ההם, אלא ודאי הני לחוד והני לחוד. כלהו למרדף אבתרייהו, אחר אותם המאורות העליונים המתלבשים ואחר אותם המתהוים הנוספים על המחשבה אפי' בעת הארתם במחשבה והתלבשם באור ההוא, וז"ש בשעתא דקיימי במחשבה. ועם כל זה לא מתדבקן, פי' אינם משיגין אותם השגה כלל. ואצ"ל שאינם מתדבקן שהוא השגה להשיג אותם אלא אפי' מציאות ידיעה כלל אין להם. וז"ש ולא אתידעו, פי' אין למאורות המחשבה עצמה ידיעה בהם כלל כדפי'. ואילין לא קיימי לא ברעותא ולא במחשבה. פי' הטעם שאין אורות הללו מושגים כלל אפי' למאורות המחשבה מפני שאין עמידתן לא בכתר עצמו שהוא רעותא ולא במציאות המחשבה שהיא החכמה בעצמה אלא עמידתם הוא שהם מתלבשים ומתפשטים באור המאיר מעצמם בכתר ובחכמה ר"ל שתי הבחינות כדפי' לעיל. נמצא שהכתר והחכמה הוא עצם לטוש שמכה בהם האור ומתהוה מהם נצוצות אור שאינם ממש החכמה והכתר אלא דק מכתר ומחכמה ובהם מתלבשים המאורות הנעלמים ולכן א"א להשיגם. עלאי תפסי בהו ולא תפסי. פי' אפי' אותם האורות העליונים שהם מתלבשים בהם שהם המתהוים מאור כתר עליון וחכמה הם משיגים אותם ואינם משיגים עם היות שהם היכלות להם כמבואר לעיל, ועם כל זה השגתם מועטת לרוב העלמם ודקותם שהם מתאחדים בעצם השורש. באלין קיימי כל רזי דמהימנותא. פי' באלו אורות הנעלמים הדקים תלוים כל הספירות וכל האצילות כלו בכלל ופרט מטעם שהם הצחצחות הנעלמות שהם דבקים בסבתם למעלה למעלה והם והשרש הכל דבר אחד ועצם אחד כמו שהפלגנו ביחודם לעיל ובפרקים הקודמים. וכל אינון נהורין מרזא דמחשבה עלאה ולתתא כולהו אקרון א"ס. כ"ה הגירסא בקצת הספרים. ואית דגרסי דלתתא. ולהספרים דגרסי ולתתא ירצה כי השרשים העליונים הנז' לעיל כלם הם מציאיות הספי' אשר נצטיירו בעצם השרש מצד עלות הרצון להאציל האצילות כדפי' לעיל ובפ"ג. ולכן נמצא כי כל אותם המאורות שהם סוד והעלם מהמחשבה ולמטה דהיינו ע"ס האצילות כי מחשבה היא חכמה בבחינת הכתר הרי שממנה ולמטה הם ע"ס. ואמר שכל אלו המאורות שהם למעלה נקראים אין סוף והכונה שעם היות שאמר שהם עשר מתלבשות בעשר וכו' כמבואר לעיל לא יחייב המספר הזה להם גבול וחשבון ויורה על השגת מה אלא עם כל זה נקראו א"ס ואמנם טעם המספר בעשר ובשלש היינו מפני שהם מתפשטים ומתאצלים לחוץ ואחר אצילותם יתכנו במספר העשר כדפי' בשערים הקודמים. ולהספרים דגרסי דלתתא ירצה כי אפי' אותם המאורות שהם מאירים מכח המחשבה כדפי' שהמחשבה מאירה מכח הפרסא, ואמר שאפי' אותם המאורות המאירות מכח המחשבה העליונה, ואמר דלתתא מפני שהמחשבה היא למטה מאותם המאורות המאירות ממנה, ולכן היא

נתפסת במחשבה. והמאורות לא ידיען כדפי' לעיל. וזה כי המאורות מאירות ממנה כלפי מעלה כעין המראה השקוע בקרקע ומכח השמש מאיר נצוצות כלפי מעלה. ואמר שכל אותם המאורות הם נק' אין סוף לרוב העלמם עם היות שהם מתאצלות מכח המחשבה. אחר שהענין הוא שאור הפרסא שהוא מאור המאורות הנעלמות מכה באור המחשבה והיא מאירה כלפי מעלה ולכן הם מכונים בא"ס יען שהם והשרש הכל דבר אחד. עד הכא מטון נהורין ולא מטון ולא אתידעו. פי' עד כאן הם המאורות הנעלמים שאינם ידועים ולא מושגים כדפי', ואמר מטון ולא מטון, כאמרו עד כאן הגיעו המאורות, ולא ממש שהגיעו שהרי אין להם גבול ולא מקום כי בכל מקום הוא נמצא למעלה מהספי' ובין הספי' ולמטה מהספי' כראוי אל קדושת הא"ס. לאו הכא רעותא ולא מחשבה. פי' המאורות שזכר עד עתה אינם לא ספירת הכתר הנקרא רצון ולא ספירת החכמה הנקרא מחשבה. אלא הם מאורות מתאחדים בעצם השרש המחויב במציאותו והוא והם הכל דבר אחד. ועם היות שאמר שהם מאור הפרסא ומאור המחשבה, היינו דוקא מאורה המתפשט למעלה. וטעם אל ענין ב' מיני המאורות האלה בא"ס שהם האורות הנעלמים. ועוד היכלות אליהם מכח האור המאיר מפרסא ומחשבה שהם כתר וחכמה כמבואר לעיל. הענין הוא כי הנמצא הקודם לכל הנמצאים מלך מלכי המלכים הוא יודע כל הנמצאות ולא מצד ידיעות הנמצאות וזה נמנע בחק שלימותו. כי כמו שאלקותו לא יתחלק לחלקים כן ידיעתו לא תתחלק לחלקים מפני שהוא וידיעתו אחד מיוחד. אמנם ידע הענינים וישכיל בהם מצד השכלת עצמו כי בהשגת עצמותו ישיג כל נמצא זולתו והוא והם הכל דבר אחד מיוחד. ולכן חוייב שמציאות הספי' הם נעלמים בעצמותו מפני שהספי' הם דפוס וסבה אל כל המציאות. וע"י השרשים הנעלמים בעצמותו ישכיל וידע כל המשתלשל מהם הן רב הן מעט הן קטן הן גדול איש מהם לא נעדר. ומפני שציור הצורות בדעת המצייר הם בשני מינים האחת כשיצייר האדם הצורה קודם היותה ואז היא דקה מן הדקה, כי עדיין לא נהיתה במציאות המתגלה. השנית כשיצייר האדם הצורה אחר היותה שאז היא דקה בשכלו אבל לא כראשונה מטעם שכבר היתה ויוצאה אל מציאות הגוף. ומפני שהידיעה השלימה הוא בהיות הידיעה בעניינים קודם היותם במציאות ההעדר הקודם אל ההויה וכן בידיעתם אחר הויותם ואם תחסר אחד מהם לא תהיה הידיעה שלימה,

א"כ הוכרח היות במציאות הנמצא הנעלם שתי מיני ידיעות. הא' בהעדר הקודם אל ההויה שהיא מציאות השרשים הנעלמים המאורות הראשונים הקודמים כדפי' לעיל. והשנית אחר הוייתם והיינו מציאות האור החוזר כלפי מעלה מן החכמה והכתר כמבואר שזהו חזרת הדברים אל השרש אחר גלויים. ולכן אינם בדקות הראשונים אבל אדרבה הם לבוש אל הקודמים כמו ההויה המלבשת ההעדר. כדרך שאמרו (בס' הבהיר) מאי בהו דבר המלבש את התהו. ולכן [קרא] אותן היכלין להיכלין כמבואר לעיל. ומי יתן ויתבונן המעיין בזה וישים ידו לפיו ויהיה העיון בדרוש הזה אליו ברצוא ושוב ומהאל נשאל המחילה. כד נהיר מחשבה ולא ידע ממה נהיר. אחר שנשלם ונכלל הדרוש במחוייב המציאות והשרשים המתאחדים בו, התחיל לעסוק בעניני הנאצלים. וגם אם לא הוזכר בעצם הכתר כבר נרמז לעיל. ואמר כי כאשר מאיר המחשבה שבה נכלל הכתר בבחינתה אל הכתר דהיינו הכתר אל הגלוי שהוא אחד משלשה מוחין כי ג' בחינות החכמה הם ג' ראשונות כסדרן כתר חכמה בינה כדפי' בשער ג' פ"ז. ולא ידע ממה נהיר, כדפי' לעיל שאין השגה לה אל המקורות הנעלמים. כדין אתלבש גו בינה כבר נתבאר בשער מהות וההנהגה כי יחס הבינה אל החכמה כיחס המלכות אל התפארת. וכמו שהמלכות היכל אל הת"ת כענין שנאמר (חבקוק ב) וי' בהיכל קדשו ה"ס כו', שהוא כמנין אדנ"י וכמנין היכ"ל. כן הבינה היכל וגניזה אל החכמה. ולכן בהיותה מאירה אז היא נגנזת בבינה וכן בסוד יחודם זכר ונקבה ולכן נתוסף עליהם ברכה, כאמרו ונהיר מאן דנהיר. דהיינו תוספות אורה אל היחוד. עאיל דא בדא עד דאתכלילו כלהו כחדא. פי' כל האצילות ר"ל הספירות נכללים יחד. וברזא דקרבנא כו', פי' וזהו סוד הקרבן דכתיב קרבן לי"י ופי' בזוהר (ויקרא ד"ה) לא אמר קירוב או קריבות שהיה נראה ענין אחד הנקרב ליי' אלא אמר קרבן שהוא פועל בודד מקור עומד בשם עצמו. והיינו שהשם בן ד' עצמו מתקרב עצם אל עצמו ומתחבר ומתקרב יו"ד בה"א וא"ו בה"א. וז"ש כד סליק כלא, פי' כל האצילות. ואתקשר דא בדא, פי' מתאחד ה' בו' ה' ביו"ד ממטה למעלה. ונהיר דא בדא בסוד האור החוזר. כדין קיימי כלהו בסליקו, כי אחר שהם מתאחדים ונקשרים יחד, אז המחשבה שהיא ראש לכלם היא מתעטפת בסיבתה למעלה. וז"ש ומחשבה אתעטף פי' נכלל בתוך הא"ס כדרך המתעטף בטלית שהוא נגנז ונכלל בתוכו. ההוא נהירו דנהיר וכו'. פי' ולא באין

סוף ממש אלא דוקא באותו האור שהיא מאירה ממנו שהוא שופע עליה. ואגב אורחין למדנו שענין העטיפה הזאת הוא שתהי' היא מאירה מכחו. דמיניה אשתכח וקיימא ונהיר למאן דנהיר. כוון אל ג' דברים. א' אשתכח מציאות אצילות. ב' וקיימא, דהיינו שפע קיומה שהוא מזונה. ג' שפע שהיא משפעת לאחרות, וזהו ונהיר למאן דנהיר. ומאחר שג' בחינות האלה הם מאותו האור שאינו מושג לבד לא מעצם הנעלם א"כ גם כי יתיחדו לא תעלה אלא עד אותו האור לבד ולא להשיג אלא לינק ממנו והיינו עטיפתה בו. ע"כ ביאור המאמר הזה, ומתוכו נתבאר אלינו כמה וכמה עניינים נוראים בצחצחות, וכן מוכרח כי עיקר השרשים שהם הצחצחות הן נעלמות באין סוף:

פרק שביעי:

אחר שבפרקים הקודמים נתבאר ענין הצחצחות בהא"ס כפי דברי הרשב"י והגאונים. יש לדקדק כי נמצא הפך זה להרשב"י ע"ה בתיקונים (תקונא ע' דף ק"ל.) כי שם ביאר שג' אלה הנעלמות הם בכתר וז"ל כתר עלאה אע"ג דאיהו אור קדמון ואור צח ואור מצוחצח איהו אוכם קדם עלת העלות. נראה בברור שג' הנעלמות הם בכתר. ועוד נדקדק בלשונו שלא אמרם כדרך הגאון כי הגאון סדרם אור קדמון ואח"כ אור מצוחצח ואח"כ אור צח. והשכל נוטה לכאורה לענין זה כי מצוחצח מורה צחות ולובן גדול עד שנכפלו בו האותיות להורות על חוזק הפעולה ולכן ראוי להיות מתעלה בצחותו על צח שאינו אלא צחות אחד. ואפשר לומר כי הענין הוא כמה שכבר הקדמנו בפרקים הקודמים, כמו שנשארו נעלם מציאות ג' ראשונות בכללות העשר בהא"ס, כן בעת אצילתם נצטיירו בכתר ונשאר שם מציאותם. אלא שאינם כסדר שהם בהא"ס. כי בהא"ס הם אור קדמון ואח"כ אור מצוחצח ואח"כ צח וסימנם קמ"ץ, אבל בכתר קדם הצח אל המצוחצח, והטעם כדמות החותם המתהפך ולא כחותם ממש אלא מפני שאצילות החכמה קדמה אל אצילות הבינה לכן קדם גלויה והיא אחרונה קרובה אל הגלוי והאצילות ולכן הם אור קדמון ואה"כ אור צח ואח"כ אור מצוחצח. ובזה נתבאר דברי הרשב"י בכל אופניו. אמנם מצאנו בס' מעיין החכמה המכונה למרע"ה רבן של הנביאים ענין באלו הצחצחות שחולק על דעת הגאונים ודברי הרשב"י. וז"ל ואלו היו נובעים מהחשך. והם אור מאור, וזוהר מזוהר, זיו מזיו, וזהר מאור, אור מזוהר, זיו מאור, ואור מזיו, וזיו מזוהר, וזוהר מזיו, ויקוד מיקוד. הרי י'. הראשון אור מופלא וזהו אור מאור, והב' אור נסתר וזהו זוהר מזוהר, הג' אור מתנוצץ וזהו זיו מזיו, הרביעי אור צח וזהו זוהר מאור, הה' אור מצוחצח וזהו אור מזוהר, הו' והוא אור מזהיר וזהו זיו מאור, הז' אור מזוקק וזהו אור מזיו, הח' אור צח ומצוחצח וזהו זיו מזוהר, הט' אור בהיר וזהו זוהר מזיו, הי' אור נוגה וזהו יקוד מיקוד עכ"ל. ואם היות דברים סתומים ונעלמים בלתי מודיע מתוכו אם בצחצחות אם בספי' עסקו. עם כל זה לכלהו פירושים קשיא אם בספי' הרי שיחס שם הנעלמות אל הספי'. ואם בנעלמות ג"כ קשיא ראשונה שהוא מנה עשרה והגאונים שלש. ועם היות שזו איננה קושיא שכבר אמר למעלה שעשר ושלש הכל ענין אחד להם כדפי' בפרקים הקודמים. אבל קשה כי הוא ייחס אור צח בחסד ואור מצוחצח בגבורה. וקשה שהרי בין להרשב"י ע"ה בין לגאונים כלם הסכימו שהם חכמה ובינה. וזה נוכל לתרץ בדוחק ונאמר שאחר שהחכמה קו החסד והבינה קו הדין והקוים היו נכללים בצח ומצוחצח, א"כ כבר יתייחס הצח אל החסד והמצוחצח אל הגבורה על שם שרשיהם. אבל קשה טובא שהרי הגאונים אמרו שאור מצוחצח עדיף מצח, והכא משמע שצח עדיף כמה שאמר שהרביעי שהוא חסד הוא צח והה' שהיא גבורה הוא מצוחצח. וכן משמע נמי דברי הרשב"י בתקונים עם היות שישבנו אותו בדוחק לעיל. לכן נראה לומר שהסדר הנכון הוא כן אור קדמון אור צח אור מצוחצח. והענין הוא, כי הא' נקרא קדמון המורה על קדמותו והפלאתו והעלמו אפי' אחר אצילותו יתייחס בשם זה שהכתר נקרא אויר קדמון, וכן נקרא אמון מופלא והכל ענין אחד. ולכן יחס בספר מעיין החכמה הראשון בשם אור מופלא. הב' הוא צח. ויקרא צח להראות על הלובן והצחות כראוי אל החסד ואף גם אל החכמה שהיא קו החסד והלובן והצחות. הג' מצוחצח ולכן יחס בספר מעיין החכמה השם הזה אל הגבורה מפני שהגבורה הוא קו הדין בפועל, ופי' מצוחצח ירצה אור העשוי בהרת כתמים מל' צחצוחי חלב הבא בלשון רז"ל (במס' ע"ז דל"ה) והכוונה נקודות כתמים. ולפי שאור הגבורה יש בו כח הדין לכך נקרא אור מצוחצח שהם כתמי החשך והדין המערבבים האור. או נרצה כי החכמה היא נעלמת ואינה מתגלית אלא בבינה שהיא היכלה כמבואר בפרק הקודם ולכן בחכמה הוא צח אחת לבד אבל בבינה הם שני צחות שהוא מצוחצח צחות הבינה בעצמה וצחות החכמה המתראה בבינה. וקרוב לענין זה ביאר הרשב"י בזהר פ' ויחי (דף רכ"ד)

בפסוק והשביע בצחצחות נפשך בכפל צחצחות לגבי הנשמה כמבואר שם. וכן עד"ז נאמר שהוא דעת הרשב"י ע"ה בתקונים שקדם הצח אל המצוחצח, והגאונים לא דקדקו בסדרן. והנה אל מציאות צחצחות האלה שבכתר פי' הרשב"י ע"ה בתקונים שם יו"ד ה"י וא"ו ה"י והם ג' יודין סגולתא ג' נקודות אלו הנעלמות בכתר. ולא שיהיה שם זה בכתר בבחי' עצמו ממש שאין שם נתפס בו כאשר נבאר בשער שם בן ד' פ"ב. אמנם הכונה על החכמה קדומה שמא דכתרא עלאה כדפי' בתקונים (בתז"ח דף קי"ז.) וכמו שפי' בספר אור יקר. וסוד א' אמצעית שבוא"ו קרקפתא דחפי על מוחא דהיינו ועולה הכל כמנין א"ל אמנם יתמלא לפעמים בד' יודין כזה יו"ד ה"י וי"ו ה"י וזה ירצה ג' יודין [האחרונות רומז על] ג' נקודות הנעלמות שבכתר וי' ראשונה תהיה רומז לג' ראשי ראשים שהם בעצם השרש. והיינו י' ראשונה שהיא ג"כ ג' יודין כזה עוקץ לעילא ועוקץ לתתא וגוף באמצעיתא להורות עלוי ג' הנעלמות שבא"ס על הג' שבכתר שהם מצויירים בג' אותיות ואלו הג' בצורת י' אחת לבד להורות על עצם אחד ומציאות א'. וכל שמות אלו אינם אלא בחכמה, והמספר יעיד על זה כי השם הזה עולה ע"ב ועם השם הוא ע"ג והחכמה ע"ג להורות על יחודם. וכן שם ס"ג וי' אותיותיו הם ע"ג וכ"פ הרשב"י ע"ה. ובענין הצחצחות הנעלמות בכתר יחסו המפורשים להם שמות וז"ל. **יַהַוַהְ יַהֵוֵהֵ יְהֹוְהְ יַהֶוֶהֶ יְהָוָהְ יְהַוְהְ יְהָוָהְ יֱהֱוֱהֱ יָהָוָהָ**. באלו השמות כתבו וז"ל עשר צחצחות הם למעלה מכתר עליון והם הם ע"ס עליונות ונקראים ענפים לכ"ע וז"ש בשיעור קומה והוא נקרא לובן של הראש. והצחצחות הם ענפים למעלה מכתר עליון והם המיחס שעומדים ע"י עלת העלות, עכ"ל אות באות. ועם היות שהגאון רבינו האי גאון כתב שאין להם שם משמות הקדש עם כל זה כבר אפשר לומר שאלו שהם בכתר שיהיו להם שמות. או אפשר שנאמר שבהיותם למעלה אין להם שמות כלל אמנם אחר התפשטם יתיחס אליהם השמות הקדושים האלה מתחלקים לפי נקודתם בחילוק שמות הספי' כמו שנבאר בשער שם בן ד'. וכמו שיחסו עשר צחצחות בכתר כן יחסום בת"ת. וז"ל בפי' הספי' בספירת תפארת, הספירה השישית היא תפארת היא ספירה נותנת כח ופאר לכל הספי' וכלם מתפארים בה והוא תכשיט לכלם וכלם משתוים בה והיא השואת הכל. ויש בה השלמת עשרה מאמרות. האחד נקרא אור צח, לפי שנותן צחצוח לצחצח כל הספי' בכח. הב' נקרא אור מצוחצח, לפי שנותן צחצוח לעצמו ומעצמו לעשר האחרות. הג' נקרא אור צח ומצוחצח, לפי שנותן שפע צחצוח שפע בפנימית הספי' מבית ומחוץ. הד' נקרא אור בהיר, לפי שאור הזה עומד במקום אחד ואין לו נענוע כלל שנאמר (איוב לז כא) ועתה לא ראו אור בהיר הוא בשחקים. ועוד שהוא כמו בהרת מתחקקות בליבונה במקום הקדושה העליונה הה' נקרא אור מזהיר, הטעם הנכון שבו הוא מפני שמתגלגלת הזהר בתוכו ונעשה ענין אחד דבוק עומד במקומו ואינו מתפצל לשום צד כלל וזוהרו מתגלה ומתרבה באמצעיות שלם עי"ז נקרא אור מזהיר. הו' נקרא אור היקוד, מפני שמשיג להם מיקוד הכח צד מתרבה ומתעלה בכל צדדיו. הז' נקרא אור מתנוצץ, מפני שמתנוצצים ממנו כמה כחות וכמה עניינים וכלם קשורים זו בזו כענפי האילן הנשרשים בעצם האילן ומתרבים ומתעלים ממנו ומהענפים ענפים עד א"ס. הח' נקרא אור מתחזק, מפני שהוא מתחזק מרבוי לרבוי ומרבוי לעילוי ומהשלמת קיום הכח עד תכליתו. הט' נקרא אור מושכל, מפני שממנו מתאצל השכל בעליונים ובתחתונים עד א"ס, והכח הזה אין לו תנועה כלל אלא מצד עצמו. הי' נקרא אור מפעל, מפני שהוא המפעל הקדמון ואין אדם יכול לידע עקר זה המפעל כלל וזה המפעל מכ"ע שהם נקראים בזו המדה עכ"ל. והנה שינה הרבה בשמות אלו כי אמרנו שצח ומצוחצח בראשונות ועוד שנוים ואין בנו כח לישבם. ועם כל זה מתוכו למדנו היות עשר צחצחות ג"כ בת"ת. ואפשר הטעם לזה מפני שראשו מגיע ללובן העליון בסוד הדעת הנעלם כמבואר בשערים הקודמים. א"נ אפשר מפני שהת"ת כולל ג' ראשונות כמו שנתבאר בשער כ"ג בער' איש. וכיון שכן ראוי שיתייחס אליו כל יחס הג"ר. והנה נכלל השער הזה בס"ד:

שער יב הוא שער הנתיבות:

הנרצה בשער זה לבאר ענין ל"ב נתיבות כפי אשר הסכימו חכמי הקבלה קדמונים ואחרונים. ובשער זה נתבאר ענינם ומוצאם ופעולתם אחד לאחד כפי אשר ימצא אלינו. וקודם שנכנס בביאורם נקדים להמעיין שאל ישתומם במה שימצא בהם מבואר בס' הקנה כי הוא מועתק מספר רבי יוסף הארוך בעל ביאור ספר יצירה כמו שנכתוב קצת דבריו:

פרק ראשון:

כל המקובלים הקדמונים ואחרונים הסכימו על ל"ב נתיבות שבחכמה. והמגלה הראשון אל הדרוש הזה הוא בס"י. וז"ל במשנה ראשונה בפ"א. בשלשים ושתים נתיבות פליאות חכמה חקק י"ה ה' צבאות את עולמו בג' ספרים בספר ספר ספור עכ"ל. ואית דגרסי חקק י"ה יהו"ה צבאות אלהי ישראל אלהים חיים אל שדי רם ונשא שוכן עד וקדוש שמו את עולמו כו' עכ"ל. והם יו"ד בין הכנויים והשמות, ופירשו שהוא רמז לי"ס. ואין זה מספיק. שאין לשמות האלה יחס וסדר עם ספר הספי' כמפורסם לכל משכיל. וכן יש גורסים בג' דברים במקום בג' ספרים. והיותר נכונה היא ספרים כי דברים הם ממש ספרים. וספרים הוא מתיחס אל ספר וספור שהוא לשון נופל על הלשון כאשר נבאר. ובשם י"ה יהו"ה צבאות ג"כ נכללים י"ס כמו שנבאר. לכן הגרסא היותר נכונה ומתישבת אצלנו במשנה זו כמו שהעתקנו למעלה. ועתה נבא בביאורה. בל"ב נתיבות כו'. ענין הנתיבות האלה הם בחכמה. ואמנם מציאות חילוקם ודאי על דרך עלה ועלול. כאלו נאמר הנתיב הא' עילה אל הב' והב' אל הג' והג' אל הד'. וזהו מניינם וחלוקם ע"ד שבארנו בשער ח' פ"ג בענין תר"ך עמודי אור שבכתר. ואין ספק שהנתיבות האלה הם דרכים וצנורות אל השפע והם מקורות הבאים מחכמה אל הבינה. כי שם אשד הנתיבות. כמבואר בתקונים במקומות רבים. ולכן היא נקרא כבוד שעולה כמנין הנתיבות השופעים, וכן נקרא ל"ב על שמם. ועל דרך הנתיבות האלה נפעלו כל מעשה בראשית כדמוכח במנין אלקים שהם ל"ב כאשר נבאר. והענין כי דפוס כל הנבראים הם בחכמה כדכתיב (תהלים קד) כלם בחכמה עשית, ומשם נמשכים בדקות עד המלכות מל"ב אל ל"ב עד המלכות שהיא חכמה תתאה והם ל"ב תתאין. וע"י יוצאים המעשים אל הבריאה והוא האדריכל הנז' במעשה בראשית כדפי' רז"ל (בב"ר פ' כ"ז). ולכן הוכרח היות דפוס כל הנבראים בל"ב נתיבות והל"ב נתיבות הם מעבה האדמה אשר בם יצקם המלך. ולכן יש קוראים לחכמה גול"ם לפי שהוא חומר נושא כל הצורות שבעולם. וכן עולה ע"ג חכמ"ה גל"ם. פי' היולי נושא כל הצורות שבעולם. וזהו כונת המשנה באמרה בל"ב נתיבות חכמה חקק וכו' את עולמו. הנה כי חקק העולם היה בל"ב. ונמצא הל"ב נתיבות אל העולם כקלף אל הכתיבה. או ירצה כי הל"ב נתיבות ממש היו פועלות העולם והם היו המדפיסים את העולם והכל עולה אל מקום אחד כי הא בלא הא לא סגיא שאם לא קדם אליהם צורתם מלמעלה מעמקי החכמה לא היו פועלים כלל. א"כ קודם נתצייר העולם בהם, ואח"כ ציירו הם העולם. נתיבות. סתם נתיבות ודאי הם נעלמות ואינם כדברים שהם נגלים כאמרו (ירמיה ו') עמדו על דרכים וראו ושאלו לנתיבות עולם. הנה שבדרכים אמר ראו. אבל בנתיבות אמר ושאלו. ואעפ"כ, השבילים נעלמים מהשכלה יותר מהנתיבות. וכן פירש בספר מעיין חכמה למרע"ה. וז"ל השבילים צרים וקצרים, והנתיבות יתרות, והדרכים רחבות. והשבילים הם כבנים, והנתיבות כאמות עכ"ל. ואפשר היות השבילים הם הנתיבות הנכללות בכל נתיב ונתיב. שודאי הוא שהנתיבות כלולים כל אחד מחבירו וכל נתיב ונתיב כלול מל"ב נתיבות קצרים וצרים שהם הנקראים שבילים. ולכן הנתיבות הם אמות אל השבילים. והדרכים הם גלוי הנתיבות יותר. כמו שנבאר בשער ערכי הכנויים בערך דרכים. ומפני היות הנתיבות נעלמות לכן אמר פליאות. שפירושו מלשון (דברים יז ח) כי יפלא, ותרגום אונקלוס ארי יתכסי. וכן מלשון פלא. ואמרו את עולמו. היינו הבינה שהיא נקראת עולם. ואמר בספר ספר וספור. בג' מצות אלו רבו הפירושים בין המפרשים. ואנא לא חילק ידענא ולא בילק ידענא, אלא מתניתא ידענא. וז"ל הרשב"י ע"ה בזהר בפ' תרומה (דקל"ז ע"ב) בפסוק השמים מספרים כבוד אל. שמים נטלי ממקורא דחיי בקדמיתא, ואינון מנהרי ומתקני לכבוד עלאה מרזא דספר עלאה אבא דכלא, ומרזא דספר אימא עלאה, ואיהו מרזא דספור. ובג"כ מספרים כדקאמרן ברזא דתלת שמהן אילין דשלטין ביומא דשבתא על כל שאר יומין עכ"ל. ופי' כי משאה"כ השמים הוא התפארת הנקרא שמים ואלו השמים משפיעין ומנהרין למלכות שהיא נקרא כבוד אל. ורצה לדקדק לשון מספרים שהוא מגזרת לשון ספרים שהם הספרים הנזכרים במשנה זו שהם ספר ספר ספור. ומפני שפי' הספרים הם שלש אותיות שהם יה"ו שהם

חכמה ובינה ודעת שבהם נברא העולם. וא"כ איך אפשר שנאמר שהשמים מספרים הוא לשון ספרים שהם ספר ספר וספור שהם יה"ו דהיינו חכמה ובינה ודעת, שהרי אינם שמים. לזה אמר שמים נטלי ממקורא דחיי בקדמיתא. פי' השמים שהוא התפארת הם מקבלים האור וההתנוצצות ממקום החיים שהם חכמה ובינה. כי החיים הם בחכמה כדכתיב החכמה תחיה בעליה (קהלת ז') ומקור של החיים היא הבינה שעל ידה נשפעים החיים. והתפארת מקבל מחכמה ובינה החיים וההשפעה קודם לכל האצילות והם אחר כך משפיעים לכבוד עלאה שהוא המלכות. ונמצא לפ"ז שבצדק כל אמרי פיו באמרו השמים שהוא התפארת. ואעפ"י שההתנוצצות הוא ממקום גבוה. כיון שעל ידו נשפע, לכן נתייחס אליו. וקרא למלכות כבוד עלאה. לדקדק לשון המקרא שאמר כבוד אל. ופי' כמו (תהלים לו ז) הררי אל. והוא מגזרת (יחזקאל יז יג) ואת אילי הארץ לקח. ואין דוחק. כי הלא אל שבכבוד אל הוא קדש, כי כל עצמו של שם זה פירושו כן כדפי' בשער השמות. וקראה למלכות כבוד אל מטעם שעמה נטפלים כל שאר ימי הבניין מתפארת ולמטה כדמוכח התם בריש דבריו. מרזא דספר עלאה אבא דכלא. פי' יש ספר ויש ספר וכ"פ הרשב"י ונבארהו בערכו. ולכן אמר כי הספר הנרצה הכא הוא ספר עלאה שהוא חכמה. ואמר אבא דכלא, מפני שהחכמה נקרא ספר. מטעם שבו כל המקורות הדקים אשר לפרטי הדברים נאצלים ונבראים ונוצרים ונעשים כלם נכללים בדקות בחכמה בסוד ל"ב נתיבות שבהם נבראו ונחקקו כל הדברים גדולים וקטנים שממנה ולמטה. ולכן נקרא ספר ששם כל הדברים כתובים ומסודרים כספר. ולהורות אל הטעם הזה אמר ספר עלאה אבא דכלא, פי' שנקרא ספר מפני שהוא אב לכל אשר ממנו ולמטה בסוד הל"ב נתיבות כדפי' ויתבאר בארוכה. ומרזא דספר אימא עלאה פירוש ספר מלשון ספירות דברים. וחבירו (דה"ב ב טז) אחרי הספר אשר ספרם דוד. וכן ע"י הבינה נפרטים הדברים העומדים בספר. כי כל הדברים שהם בחכמה בדקות יוצאים לפועל מתגלה על ידי הבינה. כי החכמה אל הבינה כערך הזכר אל הנקבה כדמיון ערך המלכות אל הת"ת. וכמה שהנקבה מוציאה לפועל מה שבכח הזכר, כן הבינה מוציאה לפועל ובפרטי' מה שבתוך החכמה. כי המספר מורה על היות הדברים נפרטים בפרטים אחד לאחד. ולכן קראה אימא עלאה, כי היא אם כל הדברים היוצאים מחכמה שהוא אב כדפי'. ואיהו מרזא דספור. פי' התפארת שהוא השמים הנזכר למעלה הוא בסוד ספור. כי הוא עצמות הדברים הנספרים כי על ידו יצאו השש קצוות מהבינה והוא הכולל אותם. והם ששת ימי בראשית והם כלל הדברים הנספרים מהספר והספר. ולכן נקרא ספור כי הוא הספור עצמו דהיינו הדבר הפעול ע"י הספר ונקראים ספר ספר ספור ג"כ מלשון ספירות. ולהיות שהשפע בא מהתפארת אל המלכות מכלל הג' ספרים לכן אמר מספרים לשון ספור. וזה רצה ובג"כ מספרים וכו'. פי' נקט לשון מספרים כדי שיהיה נגזר מלשון ספר ולשון ספר ולשון ספור בסוד ג' שמות, שהם חכמה ובינה ותפארת שהם יה"ו. וזהו פי' ספר ספר ספור הנדרש במשנתינו. ושיעור לשון המשנה כי הספר והספר והספור היו נכללים בהם הי' ספי' שהם חותם כל הנמצאים. והטעם שלא נזכרו ד' ספרים שהם ד' (אותיות) יהו"ה אלא ג' שהם יה"ו. מפני שהצלע עדיין לא לוקח מן האדם. והאצילות כלו נכלל בחכמה בתבונה ובדעת. והצלע שהיא הה"א, עדיין לא היתה אצילותה. והנה החריט הרצון הנמצאות כלם בגולם הל"ב קודם צאתם למציאות היש העצמי והאציל אותם מהאין העליון אל היש הדק שהוא בחכמה בחומר הל"ב ומשם אל מציאות הספירי' מציאות היש המתגלה גלוי השש קצוות והיינו ל"ב אלהים הנזכר במעשה בראשית כאשר נבאר בעזרת הצור וישועתו:

פרק שני:

הכלל העולה מהפרק הקודם הוא היות הל"ב נתיבות כלל כל הנמצאות מעלה ומטה ומטעם זה בבריאת עולם נזכר ל"ב פעמים שם אלקים להורות כי כל אחד מל"ב נתיבות היה מגלה מה שהיה מצויר בו מענין הבריאה. ובאו ל"ב פעמים אלקים ולא ל"ב פעמים י"ה כפי הראוי אל החכמה. מפני שגילוי הדברים הנמצאות מחכמה הוא ע"י הבינה ששם אשד הנתיבות כדפי', ולכן באו בשם אלקים, שהרמז אל הבינה. והטעם שנכתב בשם אלקים באותיותיו ולא בשם בן ד' בנקוד אלקים, כי הוא השם הנרמז בבינה. עם היות ששם אלקים ג"כ הרמז אלי', כאשר נבאר בשער השמות פ"ד ז' ח' ט', וכאשר ביארנו ג"כ בשער ח' פ"ז ח'. אבל נכתב בשם אלקים באותיות אלקים לרמוז אל תוקף דין הגבורה כי היא עולם הטבע. וכן עולה שם אלקים במנין הטב"ע שהוא בו. והטעם כי השמיטה היתה בגבורה כפי המוסכם בין רוב המפרשים. והשמיטה הטביעה בעולמה כפי טבעה ורצונה כי הטבע רצון

אלקי הוא. ולכן בריאת העולם היה בדין גמור עד שראה שלא יכול לעמוד ושתף עמה מדת הרחמים כדפי' רז"ל:

ולפי היות השמיטה הזאת מדת הגבורה בראש התורה וסופה ל"ב ב' בראשית ל' של ישראל. ובאה בראשיתה שם מ"ב היוצא מבראשית וכן בסופה ולכל היד החזקה וכו' כמו שנבאר בשער פרטי השמות. וכ"ז להורות שהל"ב ששם אותיות התורה חתומים בשם הגבורה והדין שהוא שם מ"ב. וכן שם בן מ"ב הם ל"ב נתיבות וי' מאמרות ובו היה בריאת העולם כמו שהוכיח פסוק של בראשית. ואחר שהקדמנו הענין הזה נבא לבאר הל"ב נתיבות בשמם ופעולתם כפי אשר בארו הקדמונים. וקודם כל דבר נעתיק הנה ל"ב אלקים שבמעשה בראשית אשר באורם נראה אור:

א. בראשית ברא אלקים את:
ב. ורוח אלקים מרתפת:
ג. ויאמר אלקים יהי אור:
ד. וירא אלקים את האור:
ה. ויבדל אלקים בין האור:
ו. ויקרא אלקים לאור יום:
ז. ויאמר אלקים יהי רקיע:
ח. ויעש אלקים את הרקיע:
ט. ויקרא אלקים לרקיע שמים:
י. ויאמר אלקים יקוו המים:
יא. ויקרא אלקים ליבשה ארץ:
יב. וירא אלקים כי טוב:
יג. ויאמר אלקים תדשא הארץ:
יד. וירא אלקים כי טוב:
טו. ויאמר אלקים יהי מאורות:
טז. ויעש אלקים את שני המאורות
יז. ויתן אותם אלקים ברקיע השמים:
יח. וירא אלקים כי טוב:
יט. ויאמר אלקים ישרצו המים:
כ. ויברא אלקים את התנינים:
כא. וירא אלקים כי טוב:
כב. ויברך אותם אלקים:
כג. ויאמר אלקים תוצא הארץ:
כד. ויעש אלקים את חית הארץ:
כה. וירא אלקים כי טוב:
כו. ויאמר אלקים נעשה אדם:
כז. ויברא אלקים את האדם:
כח. בצלם אלקים ברא אותו:
כט. ויברך אותם אלקים:
ל. ויאמר להם אלקים פרו ורבו:
לא. ויאמר אלקים הנה נתתי:
לב. וירא אלקים את כל אשר עשה:

הנה אלו הם ל"ב נתיבות שבפרשת בראשית וכן מנה אותם הרשב"י בתיקונים (תקוני ז"ח דף ק"ל.). שוב הגאונים, שמו להם שמות כפי אשר קבלו בפעולתם. והעתיקם רבי יוסף הארוך בספר פי' ס"י שחבר. וכן העתיקם בעל ספר הקנה עם שנתחכם לכותבם בשם מגידים והם נמצאים לגאונים בבירור. ואלה שמותם איש על דגלו באותות:

נתיב א' נקרא שכל מופלא. והוא אור מושכל קדמון, והוא כבוד ראשון אשר אין כל בריה יכולה לעמוד על מציאותו:

נתיב ב' נקרא שכל מזהיר. והוא כתר הבריאה וזוהר האחדות השוה המתנשא לכל לראש, והוא נקרא בפי בעלי הקבלה כבוד שני:

נתיב ג' נקרא שכל מקודש. והוא יסוד החכמה הקדומה הנקרא אמונה אומן ושרשיה אמן, והוא אב האמונה שמכחו האמונה נאצלת:

נתיב ד' נקרא שכל קבוע. ונקרא כן שממנו מתאצלים כל הכוחות הרוחניות בדקות האצילות שמתאצלות אלו ואלו בכח המאציל הקדמון:

נתיב ה' נקרא שכל נשרש ונקרא כן מפני שהוא עצם האחדות השוה והוא המיוחד בעצם הבינה מגדר החכמה הקדושה:

נתיב ו' נקרא שכל נבדל. ונקרא כן לפי שבו מתרבה שפע האצילות, והוא משפיע השפע ההוא על כל (הבריאות) [הבריכות] המתאחדות בעצמו:

נתיב ז' נקרא שכל נסתר. ונקרא כן מפני שהוא זוהר מזהיר לכל הכחות השכליים הנראים בעין השכל וברעיון האמונות:

נתיב ח' נקרא שכל שלם. ונקרא כן מפני שהוא תכונת הקדמות אשר אין לו שרש להתיישב בו כי אם בחדרי גדולה הנאצלים מעצם קיומו:

נתיב ט' נקרא שכל טהור. ונקרא כן מפני שהוא מטהר את הספירות ומבחין ומבהיק גזרת תכניתם ותוכן אחדותם שהם מיוחדות מבלי קצוץ ופרוד:

נתיב י' נקרא שכל מתנוצץ. ונקרא כן מפני שהוא מתעלה ויושב על כסא הבינה ומאיר בזהר המאורות כלם ומשפיע שפע הרבוי לשר הפנים:

נתיב י"א נקרא שכל מצוחצח. ונקרא כן מפני שהוא עצם הפרגוד המסודר בסדר המערכה, והוא ייחס (הנתנת) [הנתיבות] לעמוד בפני עלת העלות:

נתיב י"ב נקרא שכל בהיר. ונקרא כן מפני שהוא עצם האופן הגדולה הנקרא חזחזית פי' מקום מוצא החזיון החוזים במראה:

נתיב י"ג נקרא שכל מנהיג האחדות. ונקרא כן מפני שהוא עצם כסא הכבוד, והוא תשלום אמיתת הרוחנים האחדים:

נתיב י"ד נקרא שכל מאיר. ונקרא כן מפני שהוא עצם החשמל והמורה על רזי הסודות הקדש ותכונתם:

נתיב ט"ו נקרא שכל מעמיד. ונקרא כן מפני שהוא מעמיד עצם הבריאה בערפלי טוהר. ובעלי העיון אמרו כי הוא הערפל, וזהו (איוב לח ט) וערפל חתולתו:

נתיב ט"ז נקרא שכל נצחי. ונקרא כן מפני שהוא עידון הכבוד שאין כבוד למטה הימנו כמו שהוא, והוא נקרא גן עדן המוכן לצדיקים ולישרים:

נתיב י"ז נקרא שכל ההרגש. והוא מוכן לחסידי האמונה להתלבש בו ברוח הקדושה, והוא נקרא יסוד הת"ת במעמד העליונים:

נתיב י"ח נקרא שכל בית השפע. ומתוך חקירתו מושכים רז וחידה המתלוננים בצלו והדבקים בחקירת (ממשותו) [עצמותו] מעלת העלות:

נתיב י"ט נקרא שכל סוד הפעולות הרוחניות כלם. ונקרא כן מפני השפע המתפשט בו ממקום הבריכה העליונה והכבוד המעולה:

נתיב כ' נקרא שכל הרצון. ונק' כן מפני שבו תכונת כל היצורים כלם ובזה השכל יודע כל מציאות החכמה הקדומה:

נתיב כ"א נקרא שכל החפץ המבוקש. ונק' כן מפני שהוא מקבל שפע האלקות כדי להשפיע מברכתו לכל הנמצאים כלם:

נתיב כ"ב נק' שכל נאמן. ונקרא כן מפני שבו מתרבים כחות רוחניים כדי להיותם קרובים לכל המתלוננים בצילם:

נתיב כ"ג נקרא שכל קיים. ונקרא כן מפני שהוא כח קיום כל הספירות. (נ"א קיום לכל המחזיקים בו להלבישם מרוח קדשו):

נתיב כ"ד נקרא שכל דמיוני. ונקרא כן מפני שהוא נותן דמות לכל הדמיונים אשר נבראו בדמיונם הראוי לצביונם:

נתיב כ"ה נקרא שכל נסיוני. ונקרא כן מפני שהוא הנסיון הקדמון שבו מנסה השם לכל החסידים:

נתיב כ"ו נקרא שכל המחודש. ונקרא כן מפני שבו מחדש הקב"ה לכל (החסידים) [החדשים] שהם מתחדשים מבריאת העולם:

נתיב כ"ז נקרא שכל מורגש. ונקרא כן מפני שממנו נברא שכל כל נברא מתחת גלגל העליון והרגשותם:

נתיב כ"ח נקרא שכל מוטבע. ונקרא כן מפני שבו נשלם טבע כל נמצא תחת גלגל החמה בשלימות הגלגלים:

נתיב כ"ט נקרא שכל מוגשם. ונקרא כן מפני שהוא מתאר כל גשם אשר יתגשם תחת תכונת הגלגלים (בגבולם) [בגידולם]:

נתיב ל' נקרא שכל כללי. ונקרא כן מפני שבו כלולים הוברי שמים במשפטי הכוכבים והמזלות עיונם ותשלום ידיעתם באופני גלגולם:

נתיב ל"א נקרא שכל תמידי. ונקרא כן מפני שבו מתמיד מהלך השמש והלבנה דרך תכונתם כל א' וא' הראוי לו:

נתיב ל"ב נקרא שכל נעבד. מפני שהוא מתוקן לכל המשתמשים בעבודת ז' כוכבי לכת לגבולם:

עד הנה הגיע מה שנמצא בביאור הנתיבות בדברי הגאונים ודבריהם נעלמים ונסתרים וצריכים ביאור. ונבאר בפרקים הבאים. וראינו לחלקם לד' חלקים ח' ח' בכל פרק ופרק כדי ליתן ריוח בין פרשה לפרשה:

פרק שלישי:

כל הנתיבות האלה נקראים שכליים. והכונה כי ההשכלה הוא בחכמה. וזהו שאנו אומרים בתפלה דעה בינה והשכל שהם דעת ותבונה וחכמה ממטה למעלה. ולפי שאלו הנתיבות נמשכים מחכמה לכן נקראים על שם מקורם שכליים כי כל השכלה היא בחכמה כמו שנבאר בשער ערכי הכנוים בערך משכיל:

נתיב הא' נקרא שכל מופלא. פי' רבי יוסף מלשון (דברים טז ח) כי יפלא כתרגומו ארי יתכסי. ופי' שכל נעלם ונסתר ואינו מושג לזולתו כמו עלות העלות. ואמר שכל הנתיבות כלם כלולים בו בדרך כלל, וזה טעם פל"א אל"ף כמו שצורת הא' כולל כל האותיות כן הנתיב הזה כולל כל הנתיבות כלם, ונקרא קדמון כי הוא קודם לכל הנמצאות. והרשב"י ע"ה בתיקונים (תקונא ל' דע"ג ע"ב) וז"ל נתיב קדמאה עליה אתמר נתיב לא ידעו עיט ולא שזפתו עין איה. מאי עין איה, אלא מאינון מלאכים דאמרינן איה מקום כבודו להעריצו. כד איהי בהאי נתיב לית לון ידיעא בה דאיהי סתימא מחיוון דמרכבתא עכ"ל. והכונה כי כאשר תעלה האבן הראשה אל בית אביה בסוד החכמ' אל הנתיב הזה, אז היא הסתלקות שפעם והעלם שכינתא מהם מכל וכל עד ששואלים איה מקום כבודו להעריצו. שהיא השכינה הנקרא כבו"ד על שם הל"ב. ומטעם הזה נקרא

נתיב הזה מופלא לרוב העלמו כנדרש. עוד נקרא מופלא, פי' מוכתר בכתר הנקרא מופלא ומכוסה. ובזה הנתיב הנעלם הוא בחינת יחוד החכמה בכתר ולפיכך נק' מופלא. ואין ספק שהנתיב הזה הוא עצם החכמה בעצמה. ר"ל עצמותה של חכמה משא"כ בשאר הנתיבות שהם ענפים המתפשטים מחכמה. ולכן הנתיב הזה הוא כולל כל הנתיבות והוא נקודה שכלם שואבים ממנה מפני שהוא עילה לכל הנתיבות. ולכן הוא סבת קיומם. וע"י הנתיב הזה הוא יחוד החכמה עם הבינה ולא יחוד אלא זווג ממש. וכן בארו בזהר פ' אחרי (דס"א ע"ב) וז"ל ת"ח כתיב ונהר יוצא מעדן להשקות את הגן. האי נהרא אתפשט בסטרוי בשעתא דאזדווג עמיה בזווגא שלים האי עדן זווגא בההוא נתיב דלא אתידע לעילא ותתא. כמה דכתיב נתיב לא ידעו עיט וכו' עכ"ל. והעתקנוהו בארוכה בשער ח' פי"ז. ולעניננו מתבאר מתוכו היות יחוד העדן שהוא חכמה עם הנהר שהוא בינה ע"י הנתיב הנעלם. ואין להקשות ממה שפי' בשער הנז' שייחוד החכמה והבינה ע"י הדעת. מפני שהדעת והנתיב הזה הכל ענין אחד, כי הדעת עיקר המשכתו היא מבחינת החכמה עם הכתר שהוא הנתיב הנזכר כדפי' בשער ג' פ"ח שאמר שם בענין המוח השלישי הנמשך מלמעלה לרישא דזעיר אנפין יעו"ש. וכן אפשר לומר כי בעלות הדעת אל הבחינה הזו שהוא הנתיב הזה הוא מייחד אותם. וע"י הנתיב הזה היה אצילת כל האצילות שהוא נכלל בשם בן ד' יהו"ה שהם חכמ"ה בינ"ה ת"ת מלכו"ת. וכן נרמז בפסוק בראשית אשר הרמז בו חכמה מכתר בכתר ברא אלקים זו בינה, את השמים זו היא תפארת, ואת הארץ זו היא מלכות. עוד אמר והוא אור מושכל קדמון. פי' אור מורכב מב' בחינות של ב' ספירות שהם כתר וחכמה, ולכן נקרא מושכל מצד החכמה כדפי' לעיל וקדמון מצד הכתר שהוא הנקרא קדמון. והוא כבוד ראשון פי' כל הנקרא כבוד הוא מצד כללות הל"ב כדפי' לכן הנתיב הזה מפני שהוא כולל כל הנתיבות נקרא כבוד. אמנם הוא הראשון והסבה לכל הבא בשם כבוד כי ממנו מקור הל"ב כדפי'. ויש חילוק בין כבוד ול"ב כאשר יתבאר בשער ערכי הכנויים בערך כבוד ובערך לב:

נתיב הב' (בזהר) [בתקונים הנ"ל] פי' הרשב"י בנתיב זה וז"ל נתיב תניינא ורוח אלקים מרחפת על פני המים. מאי ורוח, אלא בזמנא דשכינתא בגלותא, האי רוח נשיב על אלין דמתעסקין באורייתא בגין שכינתא דאשתכחת ביניייהו. והאי רוח אתעביד קלא וכו' עכ"ל. כוונתו לומר כי הרוח הזה הוא המשפיע על השכינה והמאיר אותה ומלחלח אותה ממימי החסד וע"י כך מושפעים בעלי תורה שהשכינה שרויה ביניהם. וע"כ קראו לנתיב הזה שכל מזהיר שפירושו מזהיר השכינה מזוהר החכמה. ורבי יוסף אמר כי מטעם שהנתיב הא' נקרא אי"ן ואין להויה ולבריאה התגלות בו אלא מנתיב השני שהוא י"ש, לכן נקרא הנתיב הזה כתר הבריאה. ונראה שנקרא כן, מטעם שבנתיב הראשון ענין האצילות כדפי' למעלה, והנתיב הזה להאיר המלכות כדפי' ויתבאר, לכן נקרא כתר הבריאה כי המלכות היא כתר לבריאה והיא ראש לכל הנבראים. כי כל עצם הבריאה לא נבראת אלא ממנה, כמו שיתבאר בשער אבי"ע. וזהר אחדות השוה. כמו שפי' שהוא זוהר אל המלכות הנקרא אחדות השוה, מפני שהיא משוה המדות ומייחדם וקושר אותם. ויש אומרים אחדות השוה כ"ע, כי הוא אחד שוה מכל צדדיו והוא האחד שאין במה שלמעלה ממנו אפי' מנין האחד כדפי' בשערים הקודמים. והנתיב הזה השני הוא זוהר הנמשך ממנו והמתנשא לכל לראש. אם בכתר פירושו שהכתר שהוא אור האמיתי השוה והזהר הזה נמשך ממנו והוא לכל לראש כמבואר. אם במלכות ג"כ יתבאר שעליה נאמר לך ה' הממלכה והמתנשא לכל לראש. ופי' כי ע"י נתיב הזה מתנשא על כל לראש. מפני שהנתיב הזה הוא יש מאין. ועל ידי הנתיב הזה הוא השבתת הקליפות והכנעתם והעברת גילולים מן הארץ. וזה ביאר הכתוב באמרו והארץ היתה תוהו ובוהו וחושך. הם ג' קליפות קשות שהם כנגד ג' גווני הקשת, כאשר נבאר בשער התמורות פ"ו. ואמר שהארץ שהיא המלכות היתה מתלבשת בקליפות האלה. אלא שהנתיב השני שהוא רוח אלקים הוא מרחף על פני המים מימי החסד להיות חוט של חסד משוך על אסתר להעביר ירקרוקת הדין מעל פניה ועל ידה מתבערים הקליפות. אלו הן קצור דברי הרשב"י ע"ה בתיקונים הנ"ל. וקרא הרשב"י ע"ה הנתיב הזה רוח הקודש מפני שהמלכות מצד החכמה נקרא רוח הקדש כאשר יתבאר בשער ערכי הכנויים. והוא ע"י הנתיב הזה הנמשך מחכמה עליה. וכן אמר שם כי הנתיב הזה הוא רוח ה' הנמשך על משיח רוח חו"ב רוח עצה וגבורה רוח דעת ויראת ה':

נתיב הג' נקרא שכל מקודש. כבר בארנו בשני הנתיבות הקודמים כי האחד מהם הוא שכל מופלא נדמה למאציל, והב' שכל מזהיר דומה אל הכתר, כמבואר בשני הנתיבות הקודמים. וזה הג' דומה אל

החכמה ולכן נקרא שכל מקודש כי כל קדש הוא בחכמה. כי סדר הנתיבות י' ראשונים כנגד י"ס. וכ"ב כנגד כ"ב אותיות כאשר נבאר. ומפני שכל אחד מהספירה שלמטה היא מראה למה שלמעלה הימנה, לכן הנתיב הראשון מודיע גדולת המאציל ולכן בו ענין האצילות כמבואר, והנתיב השני מודיע כח הכתר, והג' מודיע כח החכמה. וכן על זה הסדר עד תומם. עוד אמר והוא יסוד החכמה הקדומה להורות על הנדרש. כי הנתיב הראשון היא הבחינה המתייחדת עם הכתר שהוא בכתר. והנתיב השני בחינת עצמותה מודיע ומראה גדולת הכתר. והג' בחינתה המשפיע כנגד בינה, מודיע עצמות ופנימיות ויסוד החכמה. עוד אמר הנקרא אמונה אומן. פירוש אמונה נקרא הבינה והיא אמונה ומגודלת מהחכמה. והחכמה אומן ומגדל שלה. או אפשר שיתיחס אמונה במלכות שגם היא אמונה ומגודלת מהחכמה, כאשר נבאר בשער המציאות. ובדברי הרשב"י (שם) ויאמר אלקים יהי אור. יהי אויר, אור י'. וכד האי נקודה אתעטפת בהאי אור ואתעבידת אויר, מהכא אתמשכו כל ההויות עכ"ל. ופי' כי בריאת העולם היה ע"י החכמה ומקרא מלא הוא (תהלים קד) כלם בחכמה עשית. אמנם הכל היה ע"י הבינה כמבואר בפרק הקודם. והענין שהיתה החכמה מתלבשת בבינה. ועל ידי הבינה היו ההויות נמשכות והם ה' אורות בפסוק זה הרמז אל הבינה שהיא ה' ראשונה של שם. וכן ביאר הרשב"י בדרוש הזה שם. ולבישת ועטיפת החכמה בבינה, ירמוז אויר שהוא י' שהיא חכמה מתעטפת באור שהוא הבינה. ומטעם שהכתר מתייחד עמהם ומאיר בהם בשעת יחודם והוא כולל את שתיהם יחד לכן ירמוז בו אויר. ונקרא ג"כ מגדל הפורח באויר שהוא פורח ושוחה על שתיהם. עם היות שג"כ יתיחס שם זה אל הבינה, מפני שהתפארת ג"כ נקרא אויר כאשר נבאר בשער ערכי הכנויים. והכונה כי ע"י הנתיב הזה ימשכו ההויות בעת יחוד הבינה והחכמה:

נתיב הד' נקרא שכל קבוע וכו'. ופי' ר' יוסף ז"ל כל הכחות בו הם נתאצלו ממנו בדקות האצילות. כדרך שצורת הבנין בדקות ציורו במחשבת הבנאי והצורה הדקה ההיא הוא סבת הבנין, כן הדבר בנתיב זה דקות האצילות אשר בו הוא סבת המשכת האצילות המתגלה בכח המאציל הקדמון. פי' כי הנתיב הזה בכח הנתיב הראשון הנקרא קדמון. וכבר נתבאר שהנתיב הזה הוא מגלה מה שבתוך הבינה. והנה בבינה הם הספי' בדקות ר"ל ו' קצוות. ובכתוב וירא אלקים את האור. הנה האור הזה הוא תפארת. כי שני המאורות הקודמים, הם גדולה וגבורה. ואמר שהנתיב הזה הראה ותקן טעם האור הזה שהוא הכולל ו' קצוות כנודע. ועם זה הנתיב היה נגנז האור לצדיקים לעתיד לבא, ונודע כי אור הצדיק הוא התפארת ונגנז לעתיד לבא שהוא הבינה. כל זה הוראה גמורה על כונתינו:

נתיב הה' נקרא שכל נשרש. הכונה שהנתיב הזה שרשי המלכות קבועים בו מפני שעקר המלכות הוא מהחכמה כי שם ביתה ושם שרשיה ומשם מציאותה הנרמז ביו"ד כאשר יתבאר בשער המציאות. ולפיכך תחלת לקיחתה מן האדם במציאות הצלע הוא מן הנתיב הזה. והנה לפי דרך הנתיבות הנתיב הזה מגלה מה שבחסד. ונודע כי ע"י החסד היתה ענין לקיחת הצלע כמו שפי' הרשב"י ע"ה ונבאר אותה בשער המיעוט פ"ד. ונקרא נשרש מפני ששרשי המלכות לקיחתה היתה ממנו כמבואר. והמלכות היא נקרא אחדות השוה כדפי' לעיל בנתיב ב'. ונקרא נשרש לשון נפעל מפני שהוא פעול משרשי המלכות והוא המיוחד בעצם הבינה. וכבר נתבאר כי הנתיב הקודם הוא מגלה כח הבינה, והנתיב הזה מגלה כח החסד. הנה נמצא מיוחד בעצם הבינה ביחוד החסד עם הבינה. ובזולת זה הנתיב הזה רמז במלכות והנתיב הקודם רומז בתפארת. א"כ נמצאו מיוחדים שניהם ביחוד תפארת ומלכות. ובכתוב ויבדל אלקים בין האור ובין החשך, כי האור הוא תפארת והחשך היא מלכות, ובו היתה הבדלתם כדפי'. ולהרשב"י בו דרך אחרת. הנתיב הזה מבדיל בין האור החסד, והחשך אשר בגבורה. כי מצד החשך [שבגבורה] אין הכרעה כלל אלא נבדל מן הקדושה כדפי' בשער הגוונים פ"ג. והוא המבדיל בין טומאה לטהרה בכל מקום ומקרא מלא הוא ויבדל אלקים בין וכו', בין האור דימינא לחשך דרשיעייא. ואין ספק שענין זה הוא בכח התפארת והמלכות, כי בפירוש פי' הרשב"י בתיקונים (בתז"ח דף קט"ז ע"ב) כי כמו דעמודא דאמצעיתא מייחד בקצוות הקדושה כן מבדיל בין החיצונים. והנה היחוד בימין והקדושה הוא ע"י תפארת והמלכות כדפי' בשער ט' פ"ג, א"כ נמצא שניהם מבדילים בין האור דהיינו הקדושה ובין השמאלי החצוני ובזה יצדק דברינו עם דברי הרשב"י ע"ה וע' פנים לתורה:

הנתיב הו' שכל נבדל. ואית דגרסי שפע נבדל, ופי' שהוא המשפיע לכל המדרגות רבוי זה השפע המתרבה בו. ובפסוק ויקרא אלקים לאור יום ולחשך קרא לילה וכו'. ואין החשך הזה כחשך הנזכר לעיל כי יש חשך טמא וחשך טהור. ופי' הענין

הזה בשער הגוונים. וכן פי' הרשב"י ע"ה בתיקו' (תקונא ל') וז"ל ואית חשך מסטרא דדכיו כו' הה"ד גם חשך לא יחשיך ממך כו', וחשך איהו נוקבא דמקבל מנהורא דאיהו אור דכר כגוונא דסיהרא דמקבלא משמשא. ותרווייהו אינון אספקלריא דנהרא ואספקלריא דלא נהרא. ואית חשך דסט"א דאית בה הבדלה ולאו חבורא עכ"ל. הורה בפירוש שהם שני מיני חשך אחד טמא ואחד טהור אחד טמא הוא אשר נאמר בו הבדלה. וכפל באמרו דאית בה הבדלה ולאו חבורא מפני שכבר נמצא בקדושה עצמה הבדלה בענין המיעוט אבל הוא הבדלה שיש אחריה חיבור ויחוד. אבל הטומאה והקליפה אין בה חיבור לעולם. וחשך הטהרה נקרא לילה והוא המלכות שנקרא מדת הלילה והיא מקבלת מהיום. ומה גם שנקרא לילה שפי' ליל ה' שהיא מקושטת אל היחוד כמו שפי' בשער סדר האצילות פ"ב. ושיעור הכ' ויקרא אלקים לאור יום הוא הת"ת שהוא אור, וקראו ותקנו יום דהיינו בחינתו להשפיע בלילה. ולחשך קרא לילה כלומר למלכות שהיא חשוכה תיקנה וקישטה בבחינתה הנקרא לילה כדי שתוכל להתיחד מדת יום במדת לילה ומדת לילה במדת יום. והנה היום והלילה הם ארבע ועשרים שעות י"ב י"ב ז"ה מקבל מז"ה י"ב מי"ב. והיינו שלעתים מתגדלת הלילה ולעתים מתגדל היום כי לפעמים גובר הזכר ולפעמים גוברת הנקבה וזהו (ישעיה ו) וקרא ז"ה אל ז"ה, ות"י ומקבלין דין מדין. ונמצא שתיקון המדות האלה וקישוטם הוא ע"י נתיב הזה. ולכן נקרא נבדל להיות שפעו לתקן התפארת והמלכות הנבדלים זה מזה. ונודע כי ביחוד התפארת והמלכות וקבולם מקבלים כל הספירות, ולכן הנתיב הזה הוא המשפיע השפע ההוא על כל הבריכות המתאחדות בעצמו פי' המתיחדות על ידם דהיינו הספירות שהם מתייחדות ע"י התפארת והמלכות:

נתיב הז' נקרא שכל נסתר. לא יתייחס שם נסתר אלא לענין היה גלוי ואח"כ נסתר. ר"ל הדבר שפעמים יתגלה ופעמים יסתר נקרא נסתר, והדבר שלא יתגלה כלל לא יקרא נסתר אלא נעלם או נפלא וכיוצא בו, וברור הוא. והנתיב הזה יקרא נסתר שלפעמים יתגלה להשפיע אל השכליים והכחות המתאחדות בשרשיהם אשר במלכות והיא הנקראת אמונה כמבואר לעיל בנתיב ג' ויתבאר בשער ערכי הכינויים. ובפסוק ויאמר אלקים יהי רקיע בתוך המים ויהי מבדיל בין מים למים. והנה הרקיע הזה הוא מט"ט שהוא שליח הת"ת ועל ידו יחוד התפארת והמלכות בו' ימי החול כאשר יתבאר בשער אבי"ע פ"ו ז' ח'. והוא מבדיל בין מים טהורים ובין מים זרים מפני שרגליה [שהוא מט"ט] יורדות מות (משלי ה ה) כנודע, ויתבאר בשער התמורות פ"ו. ולכך ההבדל הוא ע"י הנתיב הזה כי הוא המגדירו לפני פריצי חיות:

נתיב הח' נקרא שכל שלם. כדי להבין ענין הנתיב הזה צריך להקדים כי הת"ת והיסוד הם מושפעים מהבינה ושניהם עלייתם שמה. המשל כמו אבר ההולדה שהוא יונק הכח מדרך חוט השדרה. ובדרך נעלם תהיה עלייתו עד המוח. וכל זה להורות כי יהיה תמים על ראשו אל הטבעת האחת שהיא הבינה. והעד על זה שני קני הזרוע שהם זה למעלה מזה וכאשר יכפול אדם זרועו ימצא ב' הקנים מתייחדים אל הטבעת האחת שהוא הפרק העליון להורות ששני הווי"ם ראשם אל הבינה. וכן ביאר הרשב"י ע"ה כל זה בתיקונים שם. וכן ביאר הזוהר (בפ' בלק דף ר"ד ע"ש) שת"ת ויסוד ומלכות אצילותם מהבינה. ונמצא לפ"ז שאין האדם יכול לעמוד על עצם אצילות היסוד כי אם בבינה שהיא חדרי הגדולה שאין חדרים אלא בבינה והיא על הגדולה וחדריה הם שם ובעלותו אל חדרי הגדולה שם בעצם יבינו בשרש היסוד ושם יראה שהנתיב הזה משפיע עליו ומקיימו. וזהו ויעש אלקים את הרקיע, שהוא הצדיק שהוא רקיע מבדיל בין מים זכרים ובין מים נקבות כי אלו עליו ואלו תחתיו. וזהו תחלת המיעוט ביום ב' שבו נבראו המאורות ועם כל זה לא נתלו עד יום ד'. ובענין הזה שביארנו יתפשרו דברי הרשב"י ע"ה ודברי המפרשים יחד. ונקרא שלם שהוא משלים ומכין היסוד הנקרא שלום והיסוד הוא תכונת הקדמות שאין אדם יכול לעמוד עליו במציאותו כי אם בחדרי הגדולה שהם בבינה שאותם החדרים הם נאצלים מעצמות קיום היסוד שהוא הנתיב הזה שהוא המאצילו והמקיימו. עד הנה פי' ח' נתיבות בפ"א:

פרק רביעי:

(בפ"ז יתבארו ח' נתיבות אחרים)

נתיב הט' נקרא שכל טהור. מפני שע"י הנתיב הזה יש כח הת"ת להחיות השש קצוות ולכוללם בעצמו וליחדם כענין שכתוב לך ה' הגדולה וכו' והשם ההוא רמז בתפארת לאמן הפי'. ואין שאלה איך ימנה שני פעמים, כי כן לו ב' בחינות, בחינה כוללת כל הו' קצוות והיינו שנקרא שמים שהוא כולל כל האצילות [הקצוות], ובחינת עצמו והוא נקרא רקיע וזהו ויקרא אלקים לרקיע שמים, כמו שבארנו בשער א' פ"ב בשם רשב"י יעו"ש. וכל ענייני

הרקיעים האלה בפי' פירשם הרשב"י ע"ה בתיקונים. ונקרא מטהר כי הוא מטהרם מחלודת העברות. ועז"נ ויגולו רחמיך על מדותיך כי הוא המקבל רוב רחמים מכ"ע:

נתיב הי' נקרא שכל מצוחצח. ע"י הנתיב הזה יתקבץ כל השפע אל הת"ת והוא מתעלה (לקבלו) עד הבינה ומשם הוא נכלל עם הספי' כלם ואינו משפיע אל המלכות כדפי' בשער ערכי הכנויים בערך הוי. וכן פי' הפסוק ע"ד הרשב"י ע"ה ויאמר אלקים יקוו המים, ר"ל יקוו המים שהוא השפע, מתחת השמים פי' המלכות שהיא תחת הת"ת הנקרא שמים, וענין יקוו פי' יתעלה ויתקבץ השפע ממנה, אל מקו"ם שהוא התפארת. וכן עולה שם בן ד' מקום. כיצד י"פ י' הם מאה, ה' פעמים ה' הם כ"ה, ו"פ ו' הם ל"ו, ה"פ ה' הם כ"ה, עולה הכל קפ"ו כמנין מקום. ונקרא אחד ביחוד עשר ספי'. כיצד, כתר א', ח' שמונה ספירות, ד' מלכות. וכלם נכללות בו ביחד. וענין ההסתלקות השפע מהמלכות בתוקף הדין הנתיב הזה הנקרא מצוחצח שפירושו דין כמו שפי' בשער הצחצחות. או ירצה מצוחצח כולל כל המדות והצחצחות בערך הסתלקות כדפי' שם. והנה הנתיב הזה נעשה פרגוד ומחיצה לעכב השפע בסבת תוקף דינו והשפע מתעלה והיבשה נראית ונעשית למעלה מקוה מים לבלתי ירד השפע ח"ו ונמצא תוקף הדין והעולם אבד והחרב נוקמת נקם ברית התורה ח"ו עד ישקיף וירא ה' משמים:

נתיב הי"א נקרא שכל מתנוצץ. והוא התנוצצות הת"ת אל המלכות ע"י יניקתו חלב האם. ומה שהיתה יבשה בסוד חמימות ויובש האש והדין נעשה אר"ץ לשון רצון. וזהו פי' הפסוק ויקרא אלקים ליבשה ארץ וגו' ולמקוה המים קרא ימים, פי' לת"ת שהוא מקוה המים קרא ויחדו והשפיעו אל הימים התחתונים שבמלכות. וכל התיקון והרצוי הזה הוא ע"י התשובה והיינו ע"י הנתיב הי"ב כאשר נבאר. ושר הפנים היא המלכות כי היא שר פני הספי' כי כלם מאירות בה וכל הטוב והרחמים האלו הם ע"י השפע ששופע הנתיב הזה ממעון קדשו. והוא פותח הצנורות ומעלה התפארת לקבל רחמים פשוטים ויתפשטו בכל הספי' והנה שני הנתיבות האלה הפכנום הי"א לי' והי' לי"א כדי לישבם עם סדר הפסוקים ודברי הרשב"י ע"ה בנתיבות כדפי':

נתיב הי"ב נקרא שכל בהיר וכו'. ונקרא כן, כי מרוב בהירותו ישפיע בהירות במלכות. ויסתכלו בה הנביאים להשיג המדרגות העליונות הנראים בה. ומשם ישכילו ויבינו על מה אבדה הארץ וישיבו העם מדרכם הרעה. וע"י הנתיב הזה מתקבלים בתשובה כענין (יחזקאל א ח) וידי אדם מתחת כנפיהם. וכן ימינו פשוטה לקבל שבים. וזהו וירא אלקים כי טוב. שם טוב הזה, הוא להשלים חסרון הטובה שביום שני מפני תוקף גבורותו, וילחלח יובש הארץ. וקרוב לענין זה נתבאר בתיקונים תקון מ"ג (דפ"ב.) וז"ל. ויאמר אלקים תדשא הארץ כו'. אמר רבי אלעזר אבא והא קרא ליה יבשה מאן תדשא הארץ. א"ל ברי הכא אוליף תיובתא לבני עלמא. דאם בר נש יחזור בתיובתא נחית לה נביעו דאסתלק, ומה דהוה יבשה קרא לה ארץ. ונהר דהוה חרב ויבש, קרא ליה מקוה המים וימים, הה"ד ויקרא אלקים ליבשה ארץ ולמקוה המים קרא ימים. בההוא זמנא דאתקרי ארץ, מה כתיב ביה, ויאמר אלקים תדשא הארץ עכ"ל לענייננו. הנה מהמאמר זה הוא הכרח אל סדר הנתיבות, עשירי וי"א וי"ב, ואין בהם פקפוק. והמלכות נקרא חזחזית כי שם גי החזיון:

נתיב הי"ג נקרא שכל מנהיג האחדות וכו'. אחרי שע"י הנתיב הנק' שכל מתנוצץ הוא הי"א יושפעו הרחמים ותתעבר הנקבה. ועוד צריך כח מהנתיב הזה הנקרא מנהיג האחדות שהיא המלכות כי היא המייחדת כל הספירות כדפי'. וע"י הנתיב הזה תוציא הדברים הדקים והרוחניים והנשמות אשר בה אל הפועל. ובכחו משלמת המלכות כל הדברים שהוא המצמיח דשא מארץ. והיינו דכתיב ויאמר אלקים תדשא הארץ שהיא המלכות. דשא שהוא הויות הכחות אשר בה. עשב וגו' הת"ת נקרא כן, כאשר נבאר בשער ערכי הכנויים. עץ פרי יסוד. וע"י הנתיב הזה, הוא ותוצא הארץ כו':

נתיב הי"ד נקרא שכל מאיר. והוא הנתיב אשר על ידה נתהוה החשמל שהוא חומר הנושא צורות (הנאמרות) [והמראות]. ובו נטבעו הצורות כלם מכח המלכות אל מציאות יותר מתגלה והם חיות המרכבה. וכן אחז"ל (חגיגה דף י"ג) מאי חשמל חיות אש ממללות, והם תחת הכסא ובם יתבארו הסודות ויתגלו המראות. וזהו וירא אלקים כי טוב ופי' הוראת הדברים והארתם מלשון (שמות ל ז) בהטיבו את הנרות:

הנתיב הט"ו נקרא שכל מעמיד וכו'. הכונה שהשכינה נקראת ערפל מצד יניקתה מן השמאל שהוא תוקף הדין. וכן פי' הרשב"י ע"ה וכאשר נבאר בשער ערכי הכנויים. והוא נקרא עצם הבריאה כי היא סבת הבריאה ובעצמותה נבראו הנבראים. ועל ידי הנתיב הזה תכנס היא אל יניקתה מן הדין. והנבראים בתוקף הדין הם נאספים. ומטעם זה בא בפסוק ויאמר אלקים יהי מארות חסר ו', להורות על

המארה והמהומה והמגערת והאסכרה בתינוקות כאמרם ז"ל. והבדל היום והלילה כי היא חסרת האור. והיא מרה כענייה נבדלת מבעלה. וזה סבת המועדים, כי בזמן שהשמחה הווה יהיה על ידה. וכאשר תחסר האור, יהיה חול ולילה וחסרון לבנה עד שירחם ה' ויחזור עטרה ליושנה:

נתיב הט"ז נקרא שכל נצחי וכו'. הענין כי כמו שחסרון הלבנה הוא ביום ד' כן מלואה ותקונה בו ביום. וכן פי' הרשב"י ע"ה בשה"ש (בז"ח דף פ"ב) כי בתולה נשאת ליום ד', להראות שבתולת ישראל קימתה ביום הרביעי. ובת קול מכרזת בפמליא של מעלה, (מיכה ז ח) אל תשמחי אויבתי לי כי נפלתי קמתי, קימה ביום נפילה. וכן בנתיב [בכתוב] הזה שני המאורות, הוא נפילה מאור קטן, הוא קימה מאור גדול. ובמקום שנפל, בו יקום ע"י הנתיב עצמו. וזהו אמרו עידון הכבוד שאין כבוד למטה ממנו. פי' כי הנתיב הזה סבת העדון כי העידון תלוי במילוי הלבנה. והחסרון סבת הגהינם. ועדון הכבוד שאין וכו' הוא המלכות ועידונה יהיה בסבת הנתיב עצמו. ונקרא נצחי מלשון נציחה כי ינצח צד הרחמים לשתעלה הרמתה כי שם ביתה ולא תרד עוד. והוא הנקרא ג"ע פי' כי המלכות נקרא ג"ע לחסידים וכו', והעדן האמיתי אינו אלא במלוי הלבנה. עד הנה פי' ח' נתיבות:

פרק חמישי:

גם בפ"ז יתבאר ח' נתיבות אחרות. ויש שרצו לומר שי"ו נתיבות הם להנהגת העליונים וי"ו הנשארים הם להנהגת התחתונים. ואין הדבר מתישב כלל לא בספי' ולא בנתיבות כי כלם בעליונים וכלם בתחתונים כדמוכח במעשה בראשית שמתבאר כלו באצילות וכן כלו ביצירה וכן כלו בעשיה ואין מקום לחלק:

נתיב י"ז נקרא שכל ההרגש. וכן הענין כי בג"ע מתלבשות נשמות הצדיקים לבוש כדמות הגוף שהיו בעולם הזה. ויש מתלבשת בעלייתה, ויש מתעכב זמן מה עד התלבשה. הכל לפי זכות הנשמה ומעשיה. והלבוש ההוא, מתהוה מאור הגן שהיא המלכות. וכן נאמר (שם ה א) ומרדכי יצא מלפני המלך בלבוש מלכות. וכן (שם ה א) ותלבש אסתר מלכות. הכונה לרמוז שזכו להתלבש בלבוש זך אשר הצדיקים מתלבשים בג"ע וראו עולמם בחייהם. ואל זה רמז הש"י למשה (שמות ג ה) של נעלך שהוא הפשט הגוף. והנה האויר שהצדיקים מתלבשים ממנו בג"ע, הוא ע"י הנתיב הזה. ונקרא הרגש על שם שהוא המלביש לצדיקים דבר מורגש דמות הגוף. והוא נקרא יסוד התפארת. כי יסוד הת"ת הוא (הבינה) [היסוד], והגן הוא המלכות, והעולם הבא הוא הבינה. והענין שריח הבינה מושפע למלכות, וממנה מתלבשות הנשמות, ועיקר ההשפעה היא ע"י היסוד, ושם מעמד הנשמות. וז"ש ויתן אותם אלקים ברקיע השמים. ופי' רז"ל כי פסוק זה נאמר על הצדיקים, וכן פי' הרשב"י ע"ה בתיקונים שהצדיקים הם ביסוד שהוא רקיע השמים. להאיר על הארץ, הכונה להשפיע למלכות. כי נשמת הצדיקים הם צנורות אל השפע כאשר נבאר בשער הנשמה פ"ה. ולמשול ביום וכו', הצדיקים הם מושלים בשמש שהוא היום והירח שהוא הלילה. כדמיון יהושע (י יב) שמש בגבעון דום וכו'. וכן פי' רז"ל (בב"ר פ"ו). והכל בכח נתיב זה, שהוא הממשילם על הנבראים מכחו:

נתיב י"ח נקרא שכל בית השפע. פי' כי בהבטת העלולים כלם אל עילתם ימשך להם רוב שפע וברכה מן הנתיב הזה. וא"כ יוכרח כי כל הדבקים אליו והחוקרים אל עצמותו יקבלו רב טוב. וז"ש וירא אלקים כי טוב, כמו (שמות ל ז) בהטיבו את הנרות, כי הוא המטיב והמאיר לכל המתלוננים בצלו. ולכן נקרא בית השפע, כי הוא עיקר השפע כדפירשנו:

נתיב י"ט נקרא שכל סוד הפעולות רוחניות וכו'. פי' שעל ידי הנתיב הזה יתהפך השפע הנשפע מן הנתיב שאמרנו למעלה אל טבע הנשפע. והמשל בזה כמו הכבד המבשל כל המאכל אל טבע הגוף ומשם ע"י העורקים יתהפך הדם ההוא לכל אחד כפי טבעו. כן ע"י הנתיב הקודם יושפע שפע כולל אל כל המצטרך אליו. אמנם ע"י הנתיב הזה השני יתהפך אל טבע הנשפע כאו"א כפי כחו. וזה נרמז בפסוק ויאמר אלקים ישרצו המים שרץ נפש חיה. והנה המים השריצו כל א' וא' למינו ואפילו העוף שהוא מן הרקק. כן הנתיב הזה השריץ כל דבר ודבר לפי טבעו. ולפעמים ג"כ שפע הנשמות. וע"י הנתיב הזה ישרוץ בים העליון נשמות ומיני נאצלים כל אחד ואחד לפי טבעו ושרשו כמו בענין הנשמות לפי הפרדם בספירות כל אחד לשרשה, יש חכם בחכמה ונבון בבינה וחסיד בחסד וכן לשאר המדות. וכן המלאכים כגון חסדיא"ל מיכא"ל מחסד, גבריאל דניאל מגבורה, אוריא"ל רחמיא"ל מתפארת, וע"ד זו לכל ספירה וספירה. וכ"פ הרשב"י ע"ה בתיקונים (תקונא מ"ה דף פ"ב ע"ב) (ובהקדמת הזהר ד"יב) בפסוק זה:

נתיב כ' נקרא שכל הרצון וכו'. הענין הוא כי בהתהוה בעוה"ז איזו הווייה כמו שאמרנו בנשמות העליונות הוכרח היות מקור ברכתו בעולם העליון

כי משם יתזן כל בשרא. והנה תליית כל הדברים ר"ל ההוויות והנשמות המתאצלות יוכרח תליית העלמתם בנתיב הזה. ובנתיב הזה הם נמצאים דמיון דק תכלית הדקות כמשל הבנאי שפי' בנתיב רביעי. ויש חלוק בין נתיב זה לנתיב ד'. כי נתיב ד' הוא שרש הכחות הנאצלות בתחלת ו' ימי בראשית, וזה הוא תליית הדברים העלולים ברצון מאצילם מן המים האלה הנאמרים למעלה שהם דברים בפ"ע וזהו ויברא אלקים כו' הדברים אשר שרצו המים:

נתיב כ"א נקרא שכל החפץ המבוקש. פי' שעל ידו יושפעו כל הדברים הנבראים בשכל הרצון אשר אמרנו ועל ידו יושפע [גדילתם] למטה במקומם ע"ד אין לך כל עשב ועשב מלמטה וכו' שדרשו רז"ל (בב"ר פ"כ) בפסוק אם תשים משטרו בארץ. והנה הנתיב הזה יקבל ממקורם שהם באלקות וישפיע לכל אותם הנבראים שהם למטה וזהו וירא אלקים כי טוב ע"ד שפי':

נתיב כ"ב נקרא שכל נאמן. פי' שע"י הנתיב הזה יתרבו הדברים העליונים לשמור אמונתם לתחתונים לכל אשר יולידו אחריהם. כמו שנתבאר שדברי הקדושה הם מתרבים מעת לעת לבלי שעור ותכלית וזשאה"כ ויברך אותם אלקים ויאמר להם פרו ורבו:

נתיב כ"ג נקרא שכל קיים וכו'. דע כי כל הדברים הנבראים בעולם הוא דפוס וצל העולם העליון ואפי' ממין הבהמה והחיה וכל דבר. וזה טעם האסור והמותר, כי האסור צלם בצד הטומאה, והמותר צלם בצד הטהרה ועד"ז ג"כ הכשר והפסול והטהור והטמא. וכמו שיש ספי' עליונות כן יש ספירות תחתונות בעול"ם שנ"ה נפ"ש, וסימנ' עש"ן. והנה קודם בריאת התחתונים הוכרח להיות הוויות הכח המקיים. וכחם הוא ע"י הנתיב הזה והוא כח קיום הספי' התחתונות כאשר נבאר עניינם בשער אבי"ע. ובפסוק ויאמר אלקים תוצא הארץ הארץ, הוא המלכות. וענין ההוצאה הוא הוצאת כח הדברים. כי הדברים עצמם הם ע"י הנתיב האחר:

נתיב כ"ד נקרא שכל דמיוני וכו'. פי' שהוא עושה הדברים אשר ראוי אל כחם אשר נאצל מן הארץ העליונה הנאמר למעלה בנתיב כ"ג. וזה כי בנתיב הזה אמר ויעש אלקים, כי העשייה הוא התגשמות הדברים. וכחם הם כמו נשמה לרוח הנעשה. עד כאן פי' ח' נתיבות:

פרק שישי:

בפרק ז' נבאר ח' נתיבות הנשארים:

נתיב כ"ה נקרא שכל נסיוני וכו'. הענין כי הנתיב הזה מחייב נסיון הצדיקים והחסידים כאאע"ה. וכל מיני הנבראים, כמו המלאכים והשרפים לפעמים נענשים כמשאחז"ל (חגיגה ט"ו) בענין אלישע אחר דמחיוהו למטטרו"ן שתין פולסי דנורא, וכן גבי ר' חייא דמחיוהו לאליהו (ב"מ פ"ה), וכן נמצא בברייתא דרבי ישמעאל ע"ה שהמלאכים נענשו כאשר אינם מיישרים נעימתן בקדושה. ונסיונם נשפע מהנתיב הזה. וז"ש וירא אלקים כי טוב. הכונה ניסה אותם וראה אותם טובים וחזקים זריזים וטובים בעבודתם ועומדים בנסיונם:

נתיב כ"ו נקרא שכל מורגש וכו'. הענין הוא כי שכל האדם נברא ממקור החכמה. וכן פי' במדרש רות (מהזוהר חדש דף צ"ב) וז"ל פתח ואמר מה רבו מעשיך ה' כולם בחכמה עשית וגו'. כל עלמא לא איתון אלא בחכמה וב"נ אתמלי בכלא. שאר בריין בטופסא (נ"א בתוספתא) דחכמה דאשתאר בבר נש. ואע"ג דכלהו בריין הכי לא הוה בריה קליל למרדף בתר עובדי דבני נשא כעופא וכו', ע"ש עכ"ל. הנה בפירוש ששכל האדם מושפע מחכמה וממותר האדם נשפע על שאר הבריות, וזה כוון בכתוב זה ויאמר אלקים נעשה אדם בצלמנו וכו' הכונה אל הדעת. וכן נאמר כאשר חטא (בראשית ג כב) הן האדם היה כאחד ממנו לדע"ת. והכונה כי הצלם והדמות של אדם נשפע מחכמה מן הנתיב הזה שהוא השכל ומטעם זה נקרא מורגש פי' הורגש בעולם הזה:

נתיב כ"ז נקרא שכל מוגשם כו'. נודע היות גוף האדם במדה ובמשקל וכל אבריו בתכונה עליונה להיותו צל העליונים איש איש על עבודתו ועל משאו להיות צל על ראשו דמות עולם העליון כמו שנבאר בשער הנשמה פ"ח. והנה תארו מתואר במחוגה באצבעות יד בוראו ע"י הנתיב הזה. והנה על ידו האברים שומרים מתכונתם ותכונתם לבל יתארך ויתקצר מהיחס אשר תאר להם הקונה. וזהו ויברא אלקים את האדם בצלמו. ואין ספק שע"י נתיב זה הוא צורת העובר במעי אמו:

נתיב כ"ח נקרא שכל מוטבע וכו'. השלמת הטבע הוא ע"י הנקבה כי כן בארו רז"ל (יבמות ס"ג) במשאה"כ זכר ונקבה בראם ויקרא את שמם אדם, שניהם יחד הם אדם שלם. והנה האשה היא לקיום הטבע במין האנושי כנודע, וכן כל הדברים העליונים הם זכר ונקבה כדמיון השמש והירח וז"ש הכתוב בצלם אלקים ברא אותו זכר ונקבה ברא אותם. ואין ספק כי על ידי הנתיב הזה הם הזווגים של אדם בין ראשונים בין שניים:

נתיב כ"ט נקרא שכל כללי וכו'. הכונה כי הקב"ה ברחמיו השפיע אל האדם שכל בידיעות הנעלמות בענין תנועת השמים וגלגלים וכוחותם המניעים אותם. וכן מלאכי התקופות והחדשים והימים והמזלות כי לכל אחד מהם כח ומלאך המניעו. ועל זה נאמר (דברים ד ו) כי היא חכמתכם ובינתכם ופי' רז"ל (שבת דף ע"ה) אלו תקופות וכו'. ולא על התכונה הכוזבת שהמציא אקלידס בפתיותו. אלא התכונה האמיתית שהיתה נודעת לחכמים ז"ל כענין שנדרש קצת בפרקי רבי אלעזר ובפרקי מעשה בראשית כי זאת היתה חכמה לעיני גוים ודאי ועל ידו ידע האדם הנהגת העולם לעתיד. וזהו ויברך אותם אלקים. פי' השפיע להם ידיעות התקופות ושאר הדברים והידיעות הנעלמות:

נתיב ל' נקרא שכל תמידי וכו'. הכונה כי תנועת הגלגלים ומרוצתם הוא ע"י הנתיב הזה כי הוא הנותן כח וחיל להמניע אותם. והוא התנה עמהם להיותם משעובדים ליראי ה' ולחושבי שמו. וזהו ויאמר להם אלקים וגו' ורדו בדגת הים וכו', הכונה השליט אותו אפי' במלאכים הנאצלים מן הארץ העליונה כי הם המניעים הגלגלים:

נתיב ל"א נקרא שכל נעבד וכו'. הכונה מפני שידיעת הדברים הנעלמים הוא ע"י הדברים הנגלים בעה"ז. והמשל בזה כי כאשר נרצה לדעת תכונת הירח נבחין הפעולות התחתונות הנמשכות ממנה וכאשר נראה שהדברים הקרים גדלים בכחה נדע שהיא קרה בטבעה וכן הנסיון אל השמש וכן אפילו לדברים הנאצלים. וזה רצה הכתוב באמרו ויאמר אלקים הנה נתתי לכם את כל וכו' לאכל"ה. הכונה באכיל"ה, ידיעת הדברים הנסתרים בנגלים מהם. והכל על ידי הנתיב הזה:

נתיב ל"ב נקרא שכל מחודש וכו'. הכונה שעל ידו הקב"ה שולח שפע לכל הנאצלים כדי שיתחדשו כאשר בתחלת בריאתם. כמו שאמרו רז"ל (ברכות דף נ"ט ע"ב) בענין השמש כי מכ"ח שנה לכ"ח שנה חוזר בתקופתו כבתחלת מעשה בראשית ומברכין עליו. וכן הדברים בנאצלים ונבראים ונוצרים ונעשים, כלם מתחדשים מזמן לזמן. והכל על ידי הנתיב הזה. וזשאה"כ וירא אלקים את כל אשר עשה והנה טוב מאוד. ואמר מאד, להורות על החדוש שהם מתחדשים והוא הטובה היתירה על טובת הבריאה. ובזהר פ' יתרו (דף ס"ח ע"ב) פי' רבי אלעזר בפסוק וירא אלקים את כל אשר עשה, דאסתכל כו' כלא בכללא חדא עילא ותתא כו' עכ"ל. הורה על כל מה שפירשנו. עד הנה הגיע פרישת הנתיבות כלם. ובזה נשלם ונכלל השער הזה והשבח לאל האמיתי:

שער יג הוא הנקרא שערים

הנרצה בשער זה לבאר ענין חמשים שערים המתיחסים אל הבינה, כדפירשו כל המקובלים הקדמונים והאחרונים. וטעם אל מספרם ועניינם:

פרק ראשון:

פירש הרשב"י במקומות רבים כי כנגד חמשים שערי בינה נזכר בתורה חמשים פעמים יציאת מצרים וז"ל (בתקונא ל"ט דף ע"ז) אנכי ה' אלקיך כו', אמר ר' אלעזר, אבא, וכי מאן דאיהו תחות שעבודא דרבוניה ורבוניה אבטח ליה לאפקא ליה לחירו ואפיק ליה, אית לשבחא גרמיה דאפיק ליה מגו שעבודא. והא קב"ה אמר לאברהם כי גר יהיה זרעך וכו' והא הוא אבטח לאפקא לבנוי מן גלותא הה"ד ואחרי כן יצאו ברכוש גדול ואיהו משבח גרמיה כמה זמנין אשר הוצאתיך מארץ מצרים. א"ל, ברי, שפיר קאמרת, אבל לאו איהו דא לשבחא גרמיה. אלא כל ספירה וספירה אתקריאת ראש לחברתה. ובגין לאשתמודעא לון מאן אתר אפיק לון מגו שעבודא, פתח באנכי ואדכר ביה אשר הוצאתיך מארץ מצרים וגו'. חמשין זימנין לקבל חמשים תרעין דבינה עכ"ל. והנה בבירור שהוקשה לר"א על רוב הזכרת יציאת מצרים בתורה. והשיבו ר"ש אביו שאין הכונה להשתבח ח"ו, אבל הכונה להודיעם מאיזה מקום היתה גאולתם. ולכן נכתבו חמשים פעמים י"מ בתורה כנגד חמשים שערים שבבינה. והכונה כי כל פסוק ופסוק שבתורה מורה לנו שער אחד מה שלא גילה חברו. ולכן הוכרח להיות נכתב בתורה נ' פעמים כדי להראות לנו כח החמשים שערי בינה ורוחניותם. ויש להקשות כיון שלא היתה כוונת הנ' פעמים אלא להראות לנו שמכח הבינה הוציאם, ראוי שיזכור הענין בתיבה מן התיבות הרומזת בבינה ויורה לנו שיציאתם היתה מכח הבינה. ואין לומר שגילה לנו בכל פסוק ופסוק שנזכר בו שער א' שלא גילה חברו, ולכן הוכרח שיהיה נזכר חמשים פעמים. מפני שלא יספיק זה לשאלת רבי אלעזר, שסוף סוף היה ראוי שיורה בתיבה או בכנוי אחד שיציאת מצרים היתה מכח הבינה, ולענין השערים יגלה אותם בענין אחר ולא באופן שיקשה עלינו שמשבח עצמו. אלא ודאי הכונה בתשובת רבי שמעון הוא שהוצרך להשפיע מכל השערים כדי להוציאם ממצרים ואם לא היה משפיע מכלם לא היה באפשר להם לצאת בשום אופן בעולם. ולכן הוכרח להיות נזכר י"מ נ' פעמים להראות השפעת נ' שערי בינה אל הגאולה, ומה שהשפיע שער א' לא השפיע חברו. וכן נוכל לדקדק קצת מתוך דברי רשב"י ע"ה שאמר ובגין לאשתמודעא לון מאן אתר אפיק לון מגו שעבודא, פתח באנכי. פי' להודיעם שגאולתם היתה מבינה אמר אנכי שהרמז בו אל הבינה. ואולם אדכר ביה אשר הוצאתיך מארץ מצרים. חמשים זמנין לקבל וכו'. פי' עוד הוצרך להזכיר חמשים פעמים כנגד נ' שערים להודיעם כי מכל החמשים שערים היתה גאולתם (וכ"ה בזהר ואתחנן דף ס"ב. בד"ה ביתא תניינא). והטעם כי ישראל בהיותן במצרים נכנסו בתוך הקליפה והפקירו עצמן עד ששלטה הקליפה בהם מחמשים שערי קליפות, וכדי לשבר הקליפות האלה הוצרך להיות נשפע שפע מכל שער ושער כדי לשבר כל שערי הטומאה. כי כמו שיש מ"ט פנים טהור כן יש מ"ט פנים טמא. וכלם נשתעבדו בישראל ולכן הוכרח השבתת כלם אחת לאחת בכח נ' שערי בינה. וז"ש אלא כל ספי' וספי' אתקריאת ראש לחברתה, ושולט עליה. ומה שבכח זה אין בכח זה. ולכן כיון ששערי הטומאה הם נגד שערי הטהרה לא היתה בכח הספירה התחתונה לבטל מה שנגד העליונה ולכן הוכרח להיות מהבינה ומחמשים שעריה. וכאשר באנו למנות פסוקי התורה בענין יציאת מצרים מצאנום יותר על נ' חשבון אחד עשר. ואלו הן החמשים שערים ואחד עשר היתרים:

א. וידעתם כי ה' הוציא אתכם מארץ מצרים, דפ' בשלח:

ב. למען יראו את הלחם אשר האכלתי אתכם במדבר בהוציאי אתכם מארץ מצרים, שם:

ג. כי הוציא ה' את ישראל ממצרים, בפסוק וישמע יתרו:

ד. אנכי ה' אלקיך אשר הוצאתיך מארץ מצרים, שם:

ה. את חג המצות תשמור וגו' כי בו יצאת ממצרים, משפטים:

ו. וידעו כי אני ה' אלהיהם אשר הוצאתי אותם מארץ מצרים וגו', תצוה:

ז. לך רד כי שחת עמך אשר העלית מארץ מצרים, תשא:

ח. למה ה' יחרה אפך בעמך אשר הוצאת מארץ מצרים וגו', שם:

ט. לך עלה מזה אתה והעם אשר העלית מארץ מצרים, שם:

י. את חג המצות תשמור וגו' כי בחודש האביב יצאת ממצרים, שם:

יא. כי אני ה' המעלה אתכם מארץ מצרים, שמיני:
יב. מאזני צדק וגו' אני ה' אלהיכם אשר הוצאתי אתכם מא"מ, קדושים:
יג. המוציא אתכם מארץ מצרים להיות לכם לאלהים כו', אמור:
יד. למען ידעו דורותיכם וגו' בהוציאי אותם מארץ מצרים, שם:
טו. את כספך לא תתן כו' אני ה' אלקיכם אשר הוצאתי אתכם מאר"מ, בהר:
טז. כי עבדי הם אשר הוצאתי אותם מארץ מצרים לא ימכרו ממכרת עבד, שם:
יז. כי לי בני ישראל עבדים עבדי הם אשר הוצאתי אותם מא"מ כו', שם:
יח. אני ה' אלקיכם אשר הוצאתי אתכם מא"מ מהיות להם עבדים, בחקותי:
יט. ותבכו לפניו לאמר למה זה יצאנו ממצרים, בהעלותך:
כ. ושמעו מצרים כי העלית בכחך את העם הזה מקרבו, שלח:
כא. אני ה' אלקיכם אשר הוצאתי אתכם מארץ מצרים כו', שם:
כב. וישלח מלאך ויוציאנו ממצרים, חקת:
כג. ולמה העלתינו ממצרים, שם:
כד. אל מוציאם ממצרים כו', בלק כג:
כה. אל מוציאו ממצרים כו', בלק כד:
כו. אלה מסעי בני ישראל אשר יצאו מארץ מצרים, שם:
כח. ואתכם לקח ה' ויוציא אתכם מכור הברזל ממצרים, ואתחנן:
כט. ויוציאך בפניו בכחו הגדול ממצרים, שם:
ל. אנכי ה' אלקיך אשר הוצאתיך מארץ מצרים, שם:
לא. השמר לך פן תשכח את ה' אשר הוציאך מארץ מצרים כו', שם:
לב. ואמרת לבנך עבדים היינו לפרעה במצרים ויוציאנו ה' ממצרים כו', שם:
לג. ויתן ה' אותות ומופתים וגו' ואתנו הוציא משם, שם:
לד. כי מאהבת ה' וגו' הוציא ה' אתכם ביד חזקה ויפדך מבית עבדים מיד פרעה מלך מצרים, שם:
לה. זכור תזכור וגו' המסות הגדולות וגו' אשר הוציאך ה' אלקיך, עקב:
לו. ורם לבבך ושכחת את ה' אלקיך המוציאך מארץ מצרים כו', שם:
לז. ויאמר ה' אלי קום רד מהר מזה כי שחת עמך אשר הוצאת ממצרים, שם:
לח. אל תשחת עמך ונחלתך אשר פדית בגדלך אשר הוצאת ממצרים כו', שם:
לט. פן יאמרו הארץ אשר הוצאתנו משם מבלי יכולת ה' כו', שם:
מא. והנביא ההוא וגו' המוציא אתכם מארץ מצרים והפודך כו', ראה:
מב. וסקלתו באבנים ומת וגו' המוציאך מארץ מצרים כו', שם:
מג. וזכרת כי עבד היית בארץ מצרים ויפדך ה' אלקיך וגו', שם:
מד. כי בחדש האביב הוציאך ה' אלקיך ממצרים לילה, שם:
מה. לא תאכל עליו חמץ וגו' כי בחפזון יצאת מארץ מצרים, שם:
מו. למען תזכור את יום צאתך מארץ מצרים, שם:
מז. כבוא השמש מועד צאתך ממצרים, שם:
מח. וזכרת כי עבד היית במצרים, שם:
מט. ויוצאנו ה' ממצרים ביד חזקה, תבא:
נ. וזכרתי להם ברית ראשונים אשר הוצאתי אותם מארץ מצרים, דפרשת בחקותי:

אלו הם חמישים שערי בינה הנרמזים בתורה בנ' פעמים יציאת מצרים (**א"ה: חסר השער הכ"ז והמ'**) אבל מצאנום יותר מחמשים והם אלו אשר נזכיר עתה והם אחד עשר היתרים:

א. בחדש השלישי לצאת בני ישראל מארץ מצרים, יתרו:
ב. בשנה השנית לצאתם מארץ מצרים, במדבר:
ג. במדבר סיני בשנה השנית לצאתם מארץ מצרים וגו', בהעלותך:
ד. הנה עם יצא ממצרים הנה כסה את עין הארץ, בלק:
ה. הנה העם היוצא ממצרים, שם:
ו. ויעל אהרן הכהן וגו' בשנת הארבעים לצאת בני ישראל וגו', מסעי:
ז. אלה העדות וגו' אשר דבר משה אל בני ישראל בצאתם ממצרים, ואתחנן:
ח. בעבר הירדן וגו' ובני ישראל בצאתם ממצרים, שם:
ט. למן היום אשר יצאת מארץ מצרים עד בואכם עד המקום הזה, עקב:
י. זכור את אשר עשה לך עמלק בדרך בצאתכם ממצרים, תצא:
יא. ואמרו על אשר עזבו את ברית ה' אלקי אבותם

אשר כרת עמם בהוציאו אותם מארץ מצרים, נצבים:

וראינו מפרש אחד שהעתיק הפסוקים האלה וחלקם כמו שהעתקנום למעלה, ותרץ אל י"א היתרים וז"ל נראה כי הנו"ן פעמים הן העיקר אל היסוד מוסד לזכור יציאת מצרים בעבור הנס הגדול, אבל הנשארים אין עיקר הכונה בהם אלא לזכור המאורע שאירע באותו הזמן ביום פלוני מי"מ או בשנה פלונית מציאת מצרים או לזכור העם שיצא ממצרים שאין הכונה בהם לזכור את הנס. אבל בהחמשים הכונה בהם ועקרם לזכור הנס וזהו וידעתם וגו', למען ידעו דורותיכם וגומר, זכור תזכור, וכן כלם:

פרק שני:

עם היות שבחילוק המפרש שכתבנו בפרק הקודם יש לדחות קצת מהחמשים הנ"ל ולהניח אחרים תחתיהם [כה] ועם כל זה הסכים החכם יפה בתרוצו. ומצאנו לתירוץ זה סמך בס' הזהר פ' יתרו (דף פ"ג ע"ב) וז"ל א"ר יהודא מיומא דנפקו ישראל מארץ מצרים עד יומא דאתיהיבת אורייתא חמשין יומין הוו. מ"ט אר"י משום אינון שני דיובלא דכתיב וקדשתם את שנת החמשים שנה. תאנא א"ר שמעון ההוא יובלא אפיק להו לישראל ממצרים. ואי תימא דיובלא ממש. אלא מסטרא דיובלא. ומסטרא דיובלא אתער דינא על מצראי. ובג"כ חמשין יומין אלין דיובלא הוו. תאנא לקבל דא חמשין זמנין אתמר ואדכר באורייתא נמוסין דמצרים, וכלהו שבחי, אשר הוצאתיך מארץ מצרים, ויוציאך ה' אלקיך משם ביד חזקה, כי ביד חזקה הוציאך. וכלהו זמנין חמשין אינון ולא יתיר. משום דכולא ביובלא אתעטר ומסטרא דיובלא אתא כלא. ובג"כ אורייתא דאתי מגבורה אתעטרת בימינא דכתיב מימינו אש דת למו. ותניא חמשא קלין הוו וכלהו אתחזיאו בהו ואתכלילו בהו ואתעטרו בדא עכ"ל. ויש לספק במאמר הזה. א' אמרו שנ' יומין שהם בין יצ"מ לקבלת התורה הם כנגד שני יובל. א"כ היה ראוי שיהיו ימים ביובל, או שנים בין נתינת התורה ליציאת מצרים. וכיון שאין הענין כן, נימא דלאו לקבל שני יובלא אינון ונחפש להם טעם אחר יותר צודק. ב' מה שהביא ראייה מפסוק וקדשתם את שנת החמשים. כי שנת החמשים, שנה אחת לבד היא יובל. כי השנה האחרונה שהיא תשלום חשבון החמשים היא יובל. א"כ מה קמייתי ראייה דאינון שני דיובלא. ג' אעיקרא דדינא פרכא. גם כי נאמר ששני היובל הם נ' שהם בינה מה ענין מ"ט יום לקבלת התורה שלא קבלוהו כשיצאו תיכף. ומה גם לדברי ר"ש שכבר נתעוררו עליהם כל הנ' כדמפרש ואזיל, א"כ מה צורך אל העכוב הזה. ועדיין הקושיא במקומה עומדת. ד' תאנא אמר ר"ש מאי בעי הכא, דאי משום דעסיק ביובלא אי הכי ליתי כל מילי דר"ש דעסיק ביה ויתירן אינון. ה' אמרו ההוא יובלא, מאי ההוא. לימא יובלא אפיק וכו' דהכי אורחא. ו' אמרו ההוא יובלא, לא היה לו לומר אלא סטרא דיובלא אפיק, דהכי מסיק דלאו יובלא אלא סטרא דיובלא, ומה לי לומר יובלא כדי שיצטרך ואי תימא. ז' אמרו ומסטרא דיובלא אתער וכו', מאי בעי הכי. ח' אמרו אתער, דמחזי דאתער אבל לא דהוא ממש אלא ההתעוררות. ואם בסטרא דיובלא אתער במאי הוה. ט' אמרו ובג"כ חמשין יומין וגו', מאי ובגין כן. בשלמא אי הוה יובלא ממש היינו ובג"כ דיובלא ן' שנין אינון. אלא דאיהו סטרא דיובלא א"כ מאי חמשין. ואי נימא דארישא קאי דקאמר יובלא א"כ היה ראוי שיקדים ובג"כ אל ואי תימא, ועוד שהוא דוחק. י' אמרו חמשין יומין אילין דיובלא הוו, והא ביובלא שנין אינון לא יומין. ובשלמא לר"י דקאמר לקבל ולא ממש ל"ק טובא. אבל לר"ש דקאמר חמשים יומין אילין דיובלא הוו, דמשמע דהוו ממש, קשה. י"א אמרו וכלהו שבחי, מאי קאמר. י"ב אמרו וכלהו זמני חמשין אינון ולא יתיר, מאי ולא יתיר דמחזי לישנא יתירה. י"ג אמרו ולא יתיר, ויש י"א יתירן כדלעיל בפ"א. ואי תימא דלא יתירן כדתירץ האי צורבא מרבנן דלעיל, הו"ל לפרושי ולתרץ כדתריצנא לעיל דלאו מלה זעירא איהו. י"ד אמרו משום דכלא ביובלא אתעטר, מאי בעי הכא. דהא מלה ברירא איהו, דבה קא עסיק, ומאי צריכא למימר. ט"ו אמרו אתעטר, ולעילא אמר אתער, מאי בינייהו. י"ו אמרו כלא ביובלא אתעטר, מאן כלא ביובלא אתעטר. מאן אינון ובמאן אינון. י"ז אמרו ומסטרא דיובלא וכו', דאיהו פליג דידיה אדידיה, דאיהו קאמר לעיל דיובלא [וסטרא דיובלא] לא חדא מלתא איהו, והשתא משוה לון שוין דקאמר כלא ביובלא אתעטר ומסטרא דיובלא אתא וכו'. י"ח ובגין כן וכו', מה ענין זה אצל זה דקאמר ובג"כ אורייתא דאתי מגבורה אתעטרת בימינא. דלכאורה אין להם יחס כלל. י"ט אמרו ותניא כו', דמחזי דאתי לראייה, ולכאורה אין משם ראייה כלל. כ' אמרו וכלהו אתחזיאו ואתכלילו ואתעטרו, נראה כפל ללא צריך. כ"א אמרו ואתעטרו בדא, במאן, אי תימא בקלין, בהו הו"ל דה"ק אתחזיאו בהו ואתכלילו בהו. ע"כ מה שראינו להתעורר במאמר הזה.

וקודם שנכנס בביאורו צריכים אנו להקדים קצת הקדמות וניחד להם פרק בפ"ע:

פרק שלישי:

כדי להבין המאמר הזה על מתכונתו צריכים אנו להקדים ה' הקדמות ואלו הן. א' החלוק שיש בין ימים לשנים. והענין כי סתם שנה היא בבינה וסתם ימים היא במלכות. כנודע כי המלכות היא מצוה שהיא יום אחד. והענין מבואר כי בשנה שס"ה ימים והם נקראים שס"ה ימי החמה. ונודע כי תהלוכות החמה ועניניו הם בכח הבינה ועליו נאמר (קהלת א ה) וזרח השמש. ובארו בזהר פ' ויצא (דף קמ"ו) היות זריחתה מבאר שבע שהיא הבינה ומשם שואב כוחו ושפעו עד שמתיחס כינוי החמה אל הבינה ברוב המקומות בזוהר. וטעם היות ימיה של בינה שס"ה מפני שהיא נקבה ונטייתה אל השמאל ובה הם שס"ה מצות לא תעשה. וכן פי' הרשב"י ע"ה בר"מ (פנחס דף רמ"ח). ואף אם נמצא שנה בת"ת לפעמים. הכל ע"י הבינה כמו שנבאר בשער ערכי הכנויים בס"ד. ובה הם רומזים י"ב חדשים כמו שבארנו בשער ד' בפ"ז. והענין כי שם מציאות שש קצוות הנעלמות מפני שעל ידה נאצל כל האצילות כמבואר שם. והנה שש קצוות לפעמים נוטים אל הדין לפעמים אל הרחמים לכן הם י"ב ובה התחלת י"ב גבולים כאשר נבאר בשער פרטי השמות פ"ו. ולכן לעולם שנה היא בבינה. ולכן ימים במנין שנה הם מיה"כ עד ר"ה. ויהכ"פ הוא קבוץ כל הימים והוא יום המסויים בשנה שהוא כנגד כל השנה (וכן) [ובו] שובתים כל ימי השנה כמו אחר ו' ימים שבת, אחר ל' יום ר"ח, אחר שנה יום א' שהוא יה"כ שבת עולם הבא. וכל שנה יש בה שס"ה ימים וי' היתרים על השנה הם י' ימי תשובה שהוא חותם השנה חותם השביתה שהם ימי תשובה תשובה ממש שהיא בינה ששם ישובו כל הימים. ולכן הם הימים שיוכל האדם לתקן הימים שעיוות בהם קודם שיבא לראות את פני האדון ה' ולכן הם ימי תשובה כדפי'. ועם היות שימצא שנה שאין בה ימים כי אם שנ"ג ימים וכן שנ"ד וכן שנ"ה לפי שנות המחזור, אין זה דבר כי זהו שהשנה לווה מחברתה ופורעת ולעולם ימי החמה שס"ה והרמז בהם לבינה כדפי'. ואחר שענין הימים והשנים היותם אלו בבינה ואלו במלכות שהיא יום א'. נבא לבאר הקדמה שנייה והיא הקדמת חלק הזמנים ברמיזתא:

הב' היא חלוק הזמנים ברמיזתם. ונאמר שהזמן יתחלק לז' חלקים, והם. א' יובלים, ב' שמיטות, ג' שנים, ד' חדשים, ה' שבתות, ו' ימים, ז' שעות. ונבאר עניינם. היובל הוא קבוץ ז' שמטות, שמיטה הוא קבוץ ז' שנים, השנה הוא קבוץ י"ב חדשים, החדש הוא קבוץ ד' שבתות, השבת הוא קבוץ ז' ימים, היום קבוץ כ"ד שעות. והענין הוא כי סתם שעה היא במלכות והיא פועלת פעולת ושנוי הזמן בכח סדר הזמן השופע עליה. וסדר הזמן הם ז' ספירות מחסד ולמטה וסדר הזמן פועל בכח הבינה השופעת עליהם כאם על הבנים. ונמצא עיקר האילן הוא בינה והיא שרש האילן ששרשיה מתפשטים לאין תכלית. וכן כינוה בתיקונים בלשון שורש האילן וכמו שנבאר לשונו בשער ט"ו פ"ב. והיא יובל ולה ז' ענפים. וז' ענפיה הם ז' שמיטות שהם ז' ספירות. ולז' ענפים אלו לכל אחד מהם ז' ענפים והם ז' שנים. ולא נכחיש כי עם שיתייחס שם שמיטה בכל הספי' ואף כי במלכות (על) [עם] כל זה לא יעלו הם לעניין השמיטין אם לא בכח הבינה השופעת עליהם. וכן בארו בפי' בתיקונים. כי מצד החכמה הספי' כלולות מי' ומצד הבינה כלולות מז'. והנה נמצא שאין להם כללות השבע להיותם שמיטות אם לא בכח הבינה המאירה בשרשים הנעלמים ומשם יונק כל האילן. ולכל ענף וענף מז' ענפים עוד י"ב ענפים והם י"ב חדשים שבכל שנה ושנה, והם י"ב הוויות, שהם י"ב גבולין, שהם י"ב עלין שבשושנה ששה אדומים וששה לבנים, לפי שנטייתם לעתים לדין ולעתים לרחמים. ויש בענין החדשים וההויות כמה וכמה עניינים שאם היינו נכנסים בביאורם היינו יוצאים מהמכוון ואין לנו אלא לקצר ולעלות. והנה הי"ב הויות הם צירופים שמצטרפים משם בן ד' כזה יהו"ה יהה"ו יוה"ה, הרי שלשה ביו"ד. וכן ג' אחרים באות ה' ההי"ו ההו"י היו"ה, הרי ג' בה'. וכן ג' אחרים באות ו' והי"ה וה"י ויה"ה, הרי ג' בו'. וכן ג' אחרים באות ה' הוי"ה היה"ו הוה"י, הרי ג' בה'. ובראשי תיבותם שם בן ד'. וכן בכל חדש וחדש שלשים ימים וכאשר נחלקם יבואו ג' לכל שבוע ושבוע ויעלו כ"ד ימים. כי יום שבת אין לו כלל כי הוא קבוץ ההויות ר"ל כל ההויות הוא ביום שבת שהם שלשה הוויות. וכן אמרו שמשם נזונים כל ימי השבוע לכן הם שובתות כל שלשה ההויות שבשבוע ביום שבת. אח"כ מתחלקות שני אותיות בכל יום. אחד ביום וא' בלילה זו זכר וזו נקבה. שכן בהוי"ה שתי אותיות שהם י"ו זכרים ה"ה נקבות ולעתים שניהם זכרים ושניהם נקבות ולפעמים הלילה זכר והיום נקבה הכל בסוד האור המתהפך. וכן יש ימים שיש בהם דין יותר מחברתה כמו שביארנו ענין זה בס' אור יקר בפרשת החדש הזה לכם שהתחלנו בחבורו (ע' בעסיס רמונים). ואיך

שיהיה נמצאו הימים ענפים אל השבת, והשבת ענף אל החדש. והנה בשבת ז' ימים נגד ז"ס, עוד בכל יום כ"ד שעות י"ב יום זכר רחמים וי"ב לילה נקבה דין. הכל לפי התחלקות הוייות כמו שנאריך בביאור ענין זה בס' הנזכר וכן לפנים בספר הזה. ועתה לא יקשה עלינו אם מזל יום גורם ואם מזל שעה גורם הנזכר בשבת (דף קנ"ו). או אם מזל שנה או מזל חדש או שמטה או יובל. ופתח עיניך. ועתה לא יבצר ממנו כי השעות הם צנורות של אור נשפעים מהימים, והימים צנורות של אור נשפעים מהשבועות, והשבועות צנורות של אור נשפעים מהחדשים, והחדשים צנורות של אור נשפעים מהשנים, והשנים צנורות של אור נשפעים מהשמטות, והשמטות צנורות של אור נשפעים מהיובלות. והנה אין ספק לפ"ז כי לעולם יחזרו הענפים אל מקורם, כי השעות יחזרו אל הימים. וע"כ אמרו בס' הזהר שיתודה האדם על עונותיו קודם שוכבו לתקן את אשר עותו. וכן הנשמה עולה ומודה על עונותיה. וכן הימים יחזרו אל מקורם שהוא השבוע. ולכן יש שכתבו כי השבת מכפרת, ונכון הוא שהוא שביתת הימים. ואל ישתומם נפש המעיין ויתבהל להשיב, הלא מהשבת נזונים הימים הבאים. וא"ז קושיא כלל [כו]. שהרי כהנים במשמרותם יוכיחו שהיו עובדים ביום השבת שתי משמרות העוברת והבאה. וזה ודאי יורה על הקשר והיחוד. וכן השבועות יחזרו אל החדש ונאמר בו כפרה, כמו שאנו מתפללין ראשי חדשים לעמך נתת זמן כפרה לכל וכו'. וכן החדשים אל השנה. ומשם אל התשובה שהוא יוה"כ שהיו מתפללין ט' ברכות [כז] הכל להורות על המקור. ועתה בהקדמה זו לא ידחק שיהיה היום מגלה לעתים כח השנה כאשר ירצה המקור להגביר בו האור והשפע. ועם כל זה לא ישתוה אל השנה ממש. ואחר שנתבאר העקר הזה נודע ענין הזמן שמה שהוא היום הזה אינו מחרתו ומה שהוא מחרתו אינו היום שעבר. וכן בשנים וכן בשמיטות וכן ביובלות מה שהוא יובל זה אינו זה כי השרשים מתפשטים למעלה עד לאין תכלית במה שאין ראוי לעיין בו. ואחר שהקדמנו מה שהספיק לענין חלוק הזמנים ורמיזתם נבא לבאר גלות מצרים בהקדמה בקצרה:

הג' ענין גלות מצרים להיות שעד שזרח אור אברהם היה הקב"ה משפיע שפע נשמותיו בהמובחרים שבין האנשים כי כן היה ראוי. כ"א לא חטא אדה"ר היה לו כתנות אור באלף שהוא רומז לאחדות השם ויחודו. אבל כשחטא וערבב קדש בחול וחול בקדש ובא נחש על חוה והטיל בה זוהמא, נתערב הקדש והוליד לקין קינא דמסאבותא והיה העולם הולך ומתקלקל והפת מתעפש ולכן נתלבש בכתנות עו"ר שהוא שבעים אומות [כמניין ע' שבעור]. ולא חלקם הקב"ה לכבוד שמים שעדיין לא זרח אור אברהם עד דור הפלגה וחלקם הקב"ה כאו"א לפי מקומו הראוי לו. ונטיל לחלקו אברהם שהוא אור ונתקן כתנות אור באלף ולא תיקון גמור כי עדין היו סיגים מעורבים בכסף וכסף בסיגים, שבין האומות היו נשמות קדושות ובין הקדושה היתה עדיין זוהמא. והנה בראשונה נתחכם הבורא לטהר הקדושים ויצא מאברהם ישמעאל ומיצחק עשו. ויעקב מטתו שלימה טהורה ונקיה. אח"כ רצה לטהר ולקבץ ניצוצות הנדחות כי רצונו לבלתי ידח ממנו נדח. והכניס הכסף הנקי בתוך הכור הברזל עבדות מצרים בתוקף הקליפה. ושם נתקבצו כל הניצוצות אל רוב הכסף הנקי ולכן שם נתגלגלו כל הדורות דור המבול שעליהם נאמר (שמות א כב) כל הבן הילוד היאורה תשליכוהו. ודור הפלגה שעליהם נאמר (בראשית יא ג) נלבנה לבנים, וכן במצרים נאמר (שמות ה יח) תוכן לבנים תתנו. עד שיצא הכסף צרוף נקי מנוקה מכל סיג שש מאות אלף. ומן הראוי היה שלא לקבל עוד גרים. ועל זה נאמר ראה ויתר גוים. ופי' רז"ל (ב"ק דף ל"ח) כשעמדו ישראל וכו' התיר להם ז' מצות, כי כבר לא היו ניצוצות כמו שלא יהיו בזמן המשיח כענין שאחז"ל (יבמות כ"ד) אין מקבלים גרים לימות המשיח. וכד"א (דברים לב) ה' בדד ינחנו וכו'. אבל קלקלנו בעגל נעשה להם כהתר והוכרחו להתגלגל [כח] במותר ולעבדה ולבא בתוך כור שאר הגליות. ונחזור להענין שהיו ישראל ביציאת מצרים נקיים שש מאות אלף אבל במצרים גברה עליהם הקליפה והסיגים עם היותו כסף צרוף שבטי יה עדות לישראל עם כל זה נכנסו בתוך הקליפה וירדו פלאים והסיגים והעופרת שלט עליהם עד שנכנסו בשער מ"ט פנים טמא. ואלו לא נתעורר מ"ט פנים טהור ן' שערי בינה עדיין אנו ובנינו ובני בנינו משועבדים היינו כו', ולכן הוכרח להיות החרדה הזאת לחזק לב פרעה [ולהכותו מכת בכורות] ולשבר מתלעות עול ומשיניו ישליך טרף. וקם פרעה לילה והכריז בני חורין אתם לעקור את הקליפה ולשבר אותה מכל וכל. והנה בצאת ישראל ממצרים עדיין לא היו נקיים לגמרי כאשר נבאר בהקדמה הרביעית:

הד' הוא שאין ראוי לחשוב שבצאת ישראל ממצרים כבר נתעוררו עליהם ן' שערי בינה ונטהרו

מהקליפה מכל וכל, כי זה טעות שא"כ היו מקבלים התורה תכף ליציאתם. אלא שהוצרכו למנות ימי הלבון וביציאתם פסקו הדמים הטמאים. ואח"כ מנו ז' שבועות כענין (ויקרא טו כח) וספרה לה שבעת ימים. וכן בארו בזוהר פ' אמור (דף צ"ז.) ז"ל רבי אבא ורבי חייא הוו אזלי באורחא. אמר רבי חייא כתיב וספרתם לכם ממחרת השבת וגו' מאי קא מיירי. א"ל הא אוקמוה חברייא. אבל ת"ח ישראל כד הוו במצרים הוו ברשותא אחרא והוו אחידן במסאבותא כאתתא דא כד איהי יתבא ביומי דמסאבותא. בתר דאתגזרו עאלו בחולקא קדישא דאקרי ברית כיון דאחידו ביה פסק מסאבו מנייהו כאתתא דא כד פסקו דמי מסאבו מינה בתר דאתפסקו מינה מאי כתיב וספרה לה שבעת ימים. אוף הכא כיון דעאלו בחולקא קדישא פסק מסאבו מנייהו ואמר קב"ה מכאן ולהלאה חושבנא לדכיותא. וספרתם לכם. לכם דייקא, כד"א וספרה לה שבעת ימים לה לעצמה אוף הכא לכם לעצמיכם ולמה בגין לאתדכאה במיין עלאין קדישין ולבתר למיתי לאתחברא ביה במלכא ולקבלא אורייתא. התם וספרה לה שבעת ימים הכא שבע שבתות. אמאי שבע שבתות, בגין למזכי ולאתדכאה במיין דההוא נהר דנגיד ונפיק ואקרי מים חיים וההוא נהר ז' שבתות נפקו מיניה. ועל דא ז' שבתות ודאי בגין למזכי ביה. כמה דאתתא דכיא דילה בלילא לאשתמשא בבעלה כך כתיב וברדת הטל על המחנה לילה. על המחנה כתיב ולא כתיב וברדת הטל לילה. ואימתי נחת האי טלא, כד קריבו ישראל על טורא דסיני כדין נחת ההוא טלא מההוא נהרא על אינון יומין דאתקרי מחנה בשלימו ואדכו ופסק זוהמתן מנייהו ואתחברו ביה במלכא קדישא וקבילו אורייתא וכנסת ישראל אתחברת במלכא קדישא והא אוקמוה [כט]. ובההוא זמנא ודאי כל הנחלים הולכים אל הים לאתדכאה ולאסתחאה וכלא אתקשרו ואתחברו ביה במלכא קדישא. ת"ח כל בר נש דלא מני חושבנא דא מאינון שבע שבתות תמימות ולמזכי לדכיותא דא לא אקרי טהור ולא בכללא דטהור הוא ולאו הוא כדאי למהוי ליה חולקא באורייתא. ומאן דמטי טהור להאי יומא וחושבנא לא אתאביד מניה כד מטי להאי ליליא ליבעי לי' וכו' עכ"ל. ועם היות שכוונתנו מבוארת מתוכו עם כל זה נבארהו כיון שהוא מענייננו. ופי' שהוקשה לו הכתוב שאמר וספרתם לכם ממחרת השבת. למה תלה הספירה במחרת השבת שהיה ראוי שיאמר וספרתם לכם מיום י"ו בחדש, מחרת השבת מאי אכפת ליה. ולזה תירץ כי בהיות ישראל במצרים הוו ברשותא אחרא והוו אחידן במסאבותא. והכונה שהיו בתוך הקליפות שהכניסן הקב"ה בכור לצרפם ככסף כדפירשנו בהקדמה הג'. ואם לא היה כ"א זה לא היה כ"כ. אבל הוו אחידן במסאבותא שהפקירו עצמן לטומאה ואחזו מעשה מצרים בידיהם. וזהו והוו אחידן. כדכתיב (שמות יב כא) משכו וקחו לכם צאן. ופירשו רז"ל משכו ידיכם מן עבודה זרה. כאתתא דא וכו'. הם נמשלים אל האשה שהיא שופעת בימי זובה. ופסק זיבתן היתה ביום ראשון של פסח. שכן פי' רז"ל במ"ר (בא פ"יט) וז"ל והרבה מהם לא היו מקבלין עליהם למול. אמר הקב"ה למשה שיעשה הפסח. וכיון שעשה משה את הפסח גזר הקדוש ברוך הוא לארבע רוחות העולם ונושבות בג"ע. ומן הרוחות שבגן עדן הלכו ונדבקו באותו הפסח שנאמר עורי צפון ובואי תימן. והיה ריחו הולך מהלך ארבעים יום. נתכנסו כל ישראל אמרו לו בבקשה ממך האכילנו מפסחך ומפני שהיו עייפים מן הריח. היה אומר הקב"ה אם אין אתם נמולים אין אתם אוכלים שנאמר ויאמר ה' אל משה כו' זאת חקת הפסח וגומר. מיד נתנו עצמן ומלו, ונתערב דם הפסח בדם המילה. ועם היות שיש לדקדק במאמר זה עם כל זה יצא לנו מכללו שמילתן היתה בלילה סמוך לשעת אכילתן כיון שהיו שואלין למשה האכילנו מפסחך. ולכן כתיב ממחרת השב"ת פי' ממחרת יום השבתה וההפסקה מדם טמא. וזהו שכוון באמרו כיון דאחידו ביה פסק מסאבו וכו' עד אוף הכא לכם לעצמכם. ועוד לא פסקה זוהמתן דהיינו יציאתן מתחת שעבוד הקליפות ויד מצרים עד אחר חצות לילה שאמר להם הללויה הללו עבדי ה' ופי' רז"ל (מגילה דף י"ד) עד השתא עבדי פרעה, מכאן ולהלאה עבדי ה'. וכן לא נכנעו ונשברו הקליפות אלא בחצות הלילה במכת בכורות כדכתיב (שמות יב כט) מבכור פרעה וגו' והם הד' קליפות [ל]. ולמה בגין לאתדכאה במיין עלאין קדישין. הוקשה לו כי כיון שכבר נכנסו במדרגות הקדושה במה שמלו עצמן, מה ענין הספירה אח"כ, כבר הם טהורים וקדושים דבקים בקדושה. ואם אמת הוא שעדיין צריכים טהרה, א"כ היה ראוי שימנו ימי הספירה קודם המילה. ולתרץ זה שאמרנו שראוי שימנו הספירה קודם כניסתן לקדושה קודם המילה. אמר [ולמה] בגין לאתדכאה במיין עלאין קדישין. פי' תדע למה קדמה המילה, לפי שאם לא היו נכנסים כלל בקדושה וקודם כניסתם היו סופרים, נמצא שלעולם לא היו נטהרים. מפני שהטהרה היא במימי הקדושה מים עליונים פנימים שאינם במדרגת

הקדושה הראשונה אלא הם עלאין קדישין. ואם לא היו נכנסין במצות המילה קצת במדרגות הקדושה, לעולם לא היו יכולין לטבול במים עליונים שהם פנימיים הרבה כדמפורש מפני שהן עדין מבחוץ. לכן הוצרכו קצת ליכנס בקדושה כדי שאחר ספירתם יזכו למים העליונים ליטהר. ועם זה יובן טעם שמילת הגר קודמת אל הטבילה ואם טבל ואח"כ מל לא עלתה לו טבילה. ולמה ששאלנו כי כיון שכבר נטהרו למה להם עוד ספירה וטבילה, תירץ לאתחברא ביה במלכא פי' להתיחד עם התפארת דהיינו קבלת התורה כנודע. והענין כי ישראל במילה עלו מתוך הקליפ' וזכו להיות השכינה עמהם. אמנם במדרגות הזכר שהם מיסוד ולמעלה לא נכנסו עד אחר ספירת המ"ט ימים ימי ליבון, ואז נתיחד הזכר עם הנקבה. והשתא ניחא למה מלו ישראל ולא פרעו דהיינו מלו הקליפ' ולא פרעו דהיינו גלוי היו"ד שהוא יסוד [לא] מטעם כי אסור להם לטמא אות ברית ח"ו בימי ליבון כדפי'. התם וספרה לה שבעת ימים הכא וכו' אמאי וכו'. הוקשה לו כמו שטהרת האשה היא בז' ימים גם טהרתן של ישראל לסגי להו בשבעת ימים ולמה היה ז' שבועות. ותירץ בגין למזכי לאתדכאה וכו'. פי' כדי שיהיו ראוים לקבל שפע הבינה הנקרא נהר דנגיד וכו' והוא הנקרא מים חיים והטבילה צריך להיות במים חיים לא במים שאובין. ולכן גם אם ישאבו מהם בכלי שהיא המלכות לא נטהרו עד שיזכו לגלות ן' יום כמו שנבאר. וההוא נהר שבע שבתות נפקו מיניה. הוקשה לו סוף סוף הם ששת ימי בראשית הימים שבין הבינה למלכות, וא"כ הדרא קשיא לדוכתא לסגי בשבעת ימים כזבה. ותירץ כי בעת אצילות הימים העליונים הם ז' שבתות כל אחד כלול משבעה מצד הבינה כדפי' בהקדמה א', ולכן הוכרחו למנות שבעה שבועות שהם ז"פ שבעה. וזה שאמר ועל דא שבע שבתות ודאי וכו'. כמה דאיתתא וכו'. הוקשה לו א"כ מה צורך אל יום החמישים, ביום מ"ט היה להם לקבל התורה. לזה אמר שכמו שטהרת אשה בליל שמיני לספירתה כן ישראל ליל יום חמשים צריכין אל טהרתן. וברדת הטל על המחנה לילה ולא כתיב וברדת הטל וכו'. פי' אי הוה בעי למימר שהיה הטל היורד עם המן כפשטן של דברים היה ראוי שיאמר וברדת הטל לילה מאי על המחנה שהרי סביב למחנה היה יורד, אלא מדקאמר על המחנה משמע על המחנה ממש והיינו הטל היורד לטהר את ישראל. ואימתי נחת האי טלא וכו'. פי' לפי פירוש זה צריכים אנו לומר כי ענין ירידת הטל לא היה אלא דוקא בליל יום חמשים כד קריבו ישראל לטורא דסיני. והענין הוא ט"ל עולה במספר יו"ד ה"א וא"ו, והכונה כי החכמ"ה משפיע אל הבינ"ה והבינ"ה בת"ת והתפארת יורד ומשקה חלב האם אל הבנים. והקליפות מתבערות מכל הנטיעות שאינם יונקים מהקדושה. כדין נחת ההוא טלא וכו'. הענין הוא כי נשמתין של ישראל הם צנורות משפיעים מבינה עד המלכות וכן משם ולמטה כאשר נבאר בשער הנשמה ובשער הכונה. והנה כאשר האדם פוגם נשמתו יחייב הפגם ההוא קצת פגם למעלה על הדרך אשר נבאר שם. ולכן בעוד שישראל לא היו טהורים לא היה יורד השפע על המחנה העליונה שהוא קבוץ הספירות וכאשר נטהרו ישראל אז מיד נחת ההוא טלא מההוא נהרא שהוא הבינה על אינון יומין שהם ז' שבועות עליונים שקבוצם נקרא מחנה. ואז ע"י יחוד התפארת והמלכות נשפעים כל הימים העליונים. ושאר דברי המאמר מבוארים. והנה אנו מברכין על ספירת העומר. עומר נקראת השכינה, וספירת מלשון ספיר. והכוונה שאנו מקשטים המלכות בימים [לב]. ולהיות שיש בה שערים כמנין שערים העליונים צריכים להאיר התחתונים שישפיעו בהם העליונים. ובכל יום ויום אנו מתקנים ומקשטים [ומספרים] שער אחד. ולכן צריכין אנו לומר היום יום פלוני שהוא השער המתגלה ולצרף אותו בימים הקודמים כדי שיהיה הארתם כלם יחד. ולמנות שבועות שהם כך שערים לכל ספירה וספירה כדי ליחד הענף בשרשו. ואחר שביארנו כל הצורך בהקדמה זו הרביעית נבא לבאר ההקדמה החמישית:

הה' היא שיש חלוק גדול בין יובלא ובין סטרא דיובלא. והקדמה זו היא מועילה לדברי לשון הזוהר וכן קבלנוהו ממורינו. כי כשאומר יובלא הוא יובלא ממש פי' עצם הבינה, אבל כשאומר מסטרא ירצה הנמשך ממנה לא היא. וכן פי' בזוהר בפי' בפ' לך (ד"צ ע"ב) וז"ל כה ההוא סטרא דאתיא מסטרא דגבורה. דהא מסטרא דגבורה קא אתא יצחק. וההוא סטרא דגבורה כה אתקרי, דמתמן אתיין איבין ופירין לעלמא עכ"ל. הורה שהמלכות נק' כ"ה מסטרא דגבורה, והטעם שהיא נמשכת מגבורה. וזהו שבין יובלא לסטרא דיובלא. ובכל מקום שנזכר בזהר כן משפטו. ואחר שכללנו ההקדמות האלה נבא בביאור מאמר הזהר מפ' יתרו בפרק בפני עצמו בעה"ו:

פרק רביעי:

אמר ר"י מיומא דנפקו וכו'. הוקשה לו למה נתעכבו

ישראל נ' יום לקבלת התורה ולא קבלוהו תיכף ליציאתם ממצרים. ולזה תירץ משום אינון שני דיובלא. דקדק שלא אמר לקביל שני דיובלא מפני שהם נ' ימים ואחר שהם ימים הם במלכות כדפי' בהקדמה הא'. ועוד שהיו ימי לבון והם במלכות כדפי' בהקדמה ד'. לכן אמר משום אנון שני דיובלא, פירוש בעבור שני היובל שהם חמשים הוצרכו להיות הימים נ' כדי לספר המלכות ולהאירה מנו"ן. וכדי לעטר אותה ולקשטה בהם צריך להאיר בהם נ' פנים כדי שיהיה האור נשפע כמים הפנים לפנים כדרך שפי' בשער הצנורות פ"א. ומפני שהוקשה לו כי שני היובל אינו לכאורה אלא שנה אחת, לזה הכריח שהיובל הם ממש כל החמשים שנה כדפירשנו בההקדמות, דאל"כ יאמר וקדשתם את שנת החמשים, ומשמע שנה שהיא אחר מ"ט שנים שמספרם חמשים ולשתוק. ומדקאמר שנה החמשים שנה, ש"מ שנה שהיא בעצמה נ' שנה קאמר כדפי' בהקדמ' ב'. ונתישבו קושיות אב"ג. והביא ראיה אל דבריו מדברי הרשב"י שאמר ההוא יובלא וכו', ואין הכונה על הבינה שא"כ לימא יובלא סתם מאי ההוא. אלא כלומר ההוא יובלא, פי' היובל התחתון שהוא היובל המתגלה במלכות כדפי' בהקדמה השנית שהוא יובל ימים לא שנים. ונקרא ההו"א, פי' היובל שהיו עומדים בו שהוא אשר נכנסו בו כשמלו ולא היובל הגדול. והקשה ואי תימא כו', דמאן לימא לן שהיובל תחתון היה נימא יובל עליון היה. ועוד שהוא מוכרח שהחירות הוא משם. ועוד שהיו ישראל בתוך מ"ט קליפות ואם לא היו נכנעים לא היה אפשר להם להיות נגאלים. א"כ נאמר יובלא ממש שהוא יובל העליון יובל השנים. לזה השיב אלא מסטרא דיובלא. כי לעולם אלא קא עקר הס"ד דמעיקרא, והשתא קאמר דיובל תחתון היה כדפי', ומאי דקשיא לך מענין החירות וכן שבירת הקליפות יתיישב כי היובל הזה התחתון היא נשפע מן היובל העליון. וזהו הימים התחתונים מאירים בסוד השנים העליונים והשניה מתלבשים בימי' כדפי' בהקדמ' ב'. ולכן היה להם חירות. שאין לומר שהיה ביובל העליון, שא"כ היה חירות שאין אחריו שעבוד כאשר אנו מקוים שתהיה גאולתינו בשופר גדול ולא יעננו עוד. וכיון שאנו רואים שחזרו ונשתעבדו משמע שלא היה בעצם היובל אלא מסטרא דיובלא שהוא הנמשך ונשפע ממנו כדפי' בהקדמה ה'. והכונה כי מן הנ' שערי בינה נמשך ונתפשט ממנו ונתלבש במלכות בנ' ימים שלה כדפי'. והכריח הענין ומסטרא דיובלא אתער דינא וכו'. פי' בשלמא אם נאמר שהיה מסטרא דיובלא, היינו דאתער דינא מתמן דהכי אמרי' דמסטרא דיובלא מתערין דינין על הגבורה כדפי' בשער ח' בפ"ו ז'. אבל אם נאמר דמיובלא ממש מהיכא אתערו, דדינין ביובלא לאו אינון. וזהו ומסטרא דיובלא אתער דינא על מצראי. ובג"כ חמשין יומין אילין וכו'. הוקשה לו א"כ שא"א לומר דיובלא ממש הוה משום שהיה אחר חירותם שעבוד ואחר גלותם גלות, א"כ נימא דלאו יובלא הוה ולא מסטרא דיובלא הוה אלא מלכות בעצמה הוה ולכן לא הי' גאולה שלימה כלל. לז"א ובגין כך כו', פי' זה מכריח הענין מכל פאותיו, מדחזינן דהוו יומין משמע דלאו יובלא עלאה הוה ומדחזינן דהווה חמשין משמע דמסטרא דיובלא הוה. ומפני שאין הכונה עליו אלא להכריח שאין יציאת מצרים אלא מצד הבינה, לכן לא הביא ראיה אלא ממנין הימים שהם חמשים. ובזה ניתרצו קושיא ד' ה' ו' ז' ח' ט' י'. תאנא לקבל (דא כו') זהו להכריח היות יציאת מצרים מכח היובל ממה שנזכר בתורה נ' פעמים היציאה ממצרים. ומפני שזכירת יציאת מצרים הם יותר מנ' כוון להכריח שאין כלם במנין יצ"מ באמרו נימוסין דמצרים וכלהו שבחי כו'. פי' מקומות שמשתבח הקב"ה או שנזכרו יציאת מצרים לשבח. שכבר יש מקומות שנזכר בהם יציאת מצרים ואינם לשבח ואין ראוי שיהיו במנין, כדתריץ ההוא צורבא מרבנן שכתבנו בפ"א. ולהוראת הדרך הזכיר מהם קצתם כי כדומה להם הם אותם שראוי למנות, אבל אותם שבאו להורות על המנין כמו בשנה השנית לצאת בני ישראל מארץ מצרים וכיוצא בהם אין ראוי למנותם. וכלהו זמנין חמשין אינון ולא יתיר. הוקשה לו דמאי ראיה משום שהזכיר במעשה המצות יציאת מצרים. דנימא דהקב"ה הכי קאמר בכל מצוה ומצוה עם היות שאני מטריח אתכם במעשה המצות עם כל זה אתם חייבים לקיימם לפי שאתם חייבים בכבודי שהוצאתי אתכם מעבדות מצרים, וא"כ אין מכאן ראיה. לזה אמר וכלהו זמנין חמשין אינון ולא יתיר. פי' אם הי' הכונה להראות לנו החיוב במעשה המצות היה ראוי שיהיו ההזכרות כמנין המצות, אבל מדחזינן דאינון חמשין ולא יתיר ודאי משמע שבכונה מכוונת היו כמנין השערים, ולהודיענו כי ע"י השפעת כלם היתה יציאתנו ממצרים. או ירצה שהיה קשה לו מה שהקשה ר"א לר"ש (בתקונים) כדפי' בפ"ק. ותירץ דאינון נ' ולא יתיר, להראות תוקף וחוזק הגאולה שהוצרכו להשפיע כל החמשים שערים כדפי' התם. וניתרצו הקושיא י"א י"ב י"ג. משום דכלא ביובלא אתעטר. פי' הוקשה לו שכיון שלא היא יובל ממש אלא סטרא

דיובלא כדקאמר לעיל א"כ למה היו חמשים שמורה שהיה ביובל ממש. לזה אמר שהיו חמשים מפני שכלם היו מתעטרים בסוד היובל הגדול כדפי' שהיו השנים מתלבשים בימים והימים מתעטרים עמהם. ומסטרא דיובלא אתא כלא. פי' אבל לפעול לא היתה פעולה נמשכת מהשנים ממש אלא [מסטרא דיובלא] אתא כלא. פי' מצדם היה נשפע לימים והימים היו פועלים כפי כחם. ודקדק שבדין אמר אתער היינו שמתעורר משם הדין אבל בחמשים שערים אמר אתעטר שהם מתעטרים בעליונים כדפירשנו. ובזה ניתרצו שאלה י"ד ט"ו י"ו י"ז. ובג"כ אורייתא וכו'.

הכריח היות כל ענייני הגאולה בכח היובל, ממה שראינו שנתינת התורה היתה בהיות הגדולה נכללת בגבור"ה והיות הגבור"ה בגדול"ה. וזה א"א אם לא בכח הבינה המיחדם והמזווגם שמכחה יצאו הימין והשמאל. ועוד הביא ראיה מההיא ברייתא דקאמר דבנתינת התורה הוה חמשא קלין וכל אחד מהן היה כלול מכל העשר הרי שהיו חמשים שערים כמו שנאמר בטעם החמשים בפנים. וז"ש חמשה קלין הוו בנתינת התורה, שנא' (שמות יט) ויהי קולות וברקים וגו'. וכלהו אתחזיאו בהו. פי' כל הספירות היו נראים בכל אחד מחמשה קולות ולא שהיו נראות בהם כפרצוף הנראה במראה שא"כ לעולם לא היו אלא חמשה, אלא שהיו נכללות ממש כלם בהם. ולכן חמשה פעמים עשרה שהם חמשים והם גדול"ה גבור"ה תפאר"ת נצ"ח הו"ד. וכל אחד כלולה מי' הן חמשים כאשר נבאר. וזה שאמר וכלהו אתחזיאו בהו, דהיינו היות כל העשר נראים בכל אחד מהחמשה קולות. ומשום דלישנא דאתחזיאו משמע דנראין בהם אבל לא שהיו כלולות מהם ממש, לכן חזר ואמר ואתכלילו בהו. ואי הוה אמר אתכלילו לבד הוה משמע כללות שם אבל לא בכללות מתראה אלא מתעלם ככללות שאר המדות סתם. לכן אמר אתחזיאו, דהיינו נראות וכלולות ממש. ואתעטרו בדא. פי' כיון שלא היו ממש הן הפועלות אלא שהיו מעוטרות התחתונים בעליונים. ואמרו בדא, פי' במלכות שהיא היתה הקול הכולל כל הקולות. ע"כ פי' המאמר, ונתתרצו כל הקושיות הנשארות. ומתוכו מתבאר התרוץ אל היותם חמשים פעמים יצ"מ הנזכר בתורה כדפי'. והארכנו בענין הזה מפני היותו מתייחס אל ענייני השערים איך מתגלים העליונים בתחתונים כמו שנתבאר מתוך הפרקים הקודמים. ועתה נבא בביאור השערים וטעם אל עניינם ומניינם:

פרק חמישי:

אחר שלמעלה בפרקים הקודמים נתעסקנו במציאות השערים ותלייתם במקרא, נבא בפרק זה לתת טעם במניינם. ובזה יש שפירש שהם נגד שבעה ספירות שהם ג"ג תנהי"מ וכל אחת כלולה מהשבעה הם זפ"ז הם ארבעים ותשעה, והבינה היא עצמה היא שער החמשים הרי חמשים. וז"ל בינה נקרא שבת הגדול, הטעם כי השביעי הוא כולל כל הימים והוא השבת. ואל תחשוב כי השם ברא יום ראשון ואח"כ יום שני וכן עד הששי חלילה. אמנם האל יתברך ויתברך יחיד בעולמו וכמו שהוא יחיד כך ברא פעולה יחידה והיא השבת כי היא מלאכה נכבדת ועמה יתהווה שש קצוות שהם ו' ספירות והיא נקודה האמצעית הפנימית ומדרך כל נקודה יש לה שש קצוות והנקודה קיום הקצוות והם חלל הנקודה והם זוגות א"כ לשבת אין זוג א"כ הוא יחיד. לכן כל העושה מן הנקודה קצוות שהוא חלל הוא הורס כל הקצוות לכן אמר (שמות לא יד) מחלליה מות יומת כי הוא עושה מן הנקודה שהיא יחידה והיא קודש והיא קיום הקצוות הנקראים חלל והעושה חלל ממנה כשאר החלל מות יומת. לכן השבת שהוא נקודה עם הקצוות כי אי אפשר לנקודה בלי קצוות הם נאצלות מן הבינ"ה, א"כ השבת הוא עומד בכח הבינה כי לא היה מפורסם כל זמן שלא יצא לפועל. ר"ל הנקודה עם הקצוות נקרא שבת שלם. אבל בהיותו בכח נקרא שבת הגדול, וכל הדברים היו עומדים בכח באמצע הבינה ונק' חמשים שערי בינה. והטעם כי זאת הנקודה שאמרנו נגד הקצוות היה כנגד הבנין אינם יכולות להיות הנקודה בלתי הקצוות ולא הקצוות בלתי הנקודה א"כ כל אחד מהספירות יש לה כח כלם א"כ יאיר שבעה פעמים שבעה והם ארבעים ותשעה וכלם נאצלים מהבינה כמו שאמרנו ועמה שהוא השער הגדול יהיו נ' שערים כי המלך הוא יחיד ואין דרך להתיחס עם הדברים הנאצלים ממנו כמו השביעי שהוא מקום לקצוות, כן הבינה מקום לכלם. וכמו שאין ראוי להתיחס עם הענפים, כן אין דרך להתייחס הנקודה שהוא שביעי עם הקצוות. לכן ספירות העומר תשעה וארבעים והם שבעה שבועות שהם כנגד שבעה ספירות והיה ראוי להיות נ' יום אמנם אין אנו מונים אלא מתשעה וארבעים יום בעבור הטעם שאמרנו שאין ראוי לנו ליחס הבינ"ה עם תשעה וארבעים שערים בעבור שהיא נעלמת מהן. וכן אין לייחס השביעי שהוא נעלם עם הקצוות. וע"כ מצוה לממני יומי ומצוה לממני שבועי א"כ הם חמשים שערי בינה לכן נאמר גבי משה

(תהלים ח ו) ותחסרהו מעט מאלקים, כי הבינ"ה נקרא אלקים חסר לו שער אחד שהיא הבינה ולא השיג אלא ארבעים ותשעה שהוא הבנין עכ"ל. והנה הכונה מבוארת כי חמשים שערים הם שבעה כלולות משבעה שהם ארבעים ותשעה. והנה הארבעים ותשעה הם בשבעת ימי הבנין ושער החמשים היא בינה בעצמה שממנה נאצלו כל השבעה וממנה יונקות ולכן הם שערים מראים כחה ופעולותיה. ועצמותה נעלמת אפי' ממרע"ה. וכן זו היא דעת הרשב"י ע"ה כמו שהוכחנו לעיל בענין תשעה וארבעים ימים שבין פסח לעצרת. ובתקונים (תז"ח דף קי"ב) קרוב לזה ויוצא לכאורה קצת מהדעת הזה וז"ל ושבע שבתות לכל שבע יומין סלקין תשעה וארבעים והאי איהו וספרת לך שבע שבתות שנים אינון תשעה וארבעים שנים. ותשעה וארבעים ימים שבע שבתות לקבל שבע שמהן אלין דאינון אבגית"ץ כו'. אינון שבע שמהן לכל חד שיתא אתוון לקבל שית יומי שבוע לכל שבת ושבת ואלין אינון דאתמר שרפים עומדים ממעל לו שש כנפים שש כנפים לאחד וכלהו מ"ט [שבע שבתות וארבעין ותרין יומין דחול] ושבע שבתות שבע ספירן ולכל חד שית דרגין וסלקין תשעה וארבעים פנים טהור דאורייתא. אמא עלאה נ' יום דספירות העומר ה' עלאה מן מט"ה עכ"ל לענייננו. ולכאורה משמע שדעתו במאמר הזה כי שבעה ספירות כלולות משש קצוות שהם ארבעים ושנים. ושבע שבתות עצמם שהם מציאות הספירות הכולל הכללות הם תשעה וארבעים והבינה עצמה היא שער הן'. וכאשר נרצה לדקדק דבריו בטוב העיון נמצאהו מסכים עם המפרשים. והוא שבכל שבת ושבת יש שש קצוות שהם גדולה גבורה תפארת נצח הוד יסוד ונקודת החלל הוא השבת שהוא המלכות שהיא רביעאה לכל תלת כמבואר בתיקונים (בהקדמה ד"ג ע"ב) כזה גדולה גבורה ות"ת למעלה ממנה והיא למטה משלשתן שכן היא רגל רביעית למרכבה וכן מקומה אצל בעלה קודם המיעוט. ולמטה ממנה נצ"ח הו"ד יסו"ד והיא רביעית לשלשה אחרונות נמצאת מקומה הנקודה האמצעית משש קצוות והיא ג"כ השבת של כל שבוע ושבוע שהם ששה ימים ושבת קבוץ כל הימים כדפי' בפרק ג' בהקדמה שניה. ונמצא לפ"ז שבע שבתות באמיתות הם שבעה מציאות של המלכות. הא' מציאותה מחס"ד, והב' מציאותה מגבורה, והג' מציאותה מת"ת, והד' מציאותה מן נצח, והה' מציאותה מהוד, והו' מציאותה מיסוד, והז' מציאותה מעצמה והיא נקודה המוקפת משש קצוות והיא שבת קבוץ שש קצוות שהם ימי השבוע. נמצאת אומר כי לעולם שבעה ספירות כלולות משבעה קאמר. ומאי דקאמר לון הכי, לאשמועינן שהם ארבעים ותשעה בספי' ובשערים. וענין השרפים שהם בבינה ואין להם כ"א שש כנפים, הטעם מפני שהשרפים עצמן הם במנין. וכן הספי' כלולות משש קצוות ושבע שבתות במנין ושבע שבתות הם עצם המלכות הכוללת הספי' כדפי' שהיא הנקודת האמצעית בין תחומיה והיא נקודה בחלל דילה. וגם אינה מהא' מהקצוות שהקצוות הם עדיה לבד. ואינה שום אחד מהקצוות כדפי' אלא היא נקודה אמצעית. ובזה נתפשרו דברי הרשב"י ודברי המפרשים בזולת מה שנתבאר בזה בס' אור יקר ב"ה:

פרק שישי:

בזולת הדעת הזה עוד מצאנו להרשב"י בתיקונים (בהקדמה ד"ו ע"ב) מנגד לזה וז"ל ממראה מתניו ולמעלה וממראה מתניו ולמטה אינון תרין שוקין תרין נביאי קשוט ואינון רביעאה וחמישאה לחסד דמתמן בניינא דעלמא הה"ד עולם חסד יבנה ה"א עלאה בינה אתפשטת עד הוד נו"ן תרעין. ובג"ד קא רמיז עלה ראיתי כמראה אש בית לה ובה שית מראות עכ"ל. ופי' שהרשב"י ע"ה ביאר שם כל מראות יחזקאל והם עשר מראות ואחר שפירש שלשה מראות אמר כי הרביעי והחמישי שהם ממראה מתניו ולמעלה וממראה מתניו ולמטה הם נצח והוד וקראם שוקים מפני שכיון שהם שוקים יתייחס בהם כנוי מתנים. ואח"כ אמר תרין נביאי קשוט לרמוז כי מאחר ששתי מראות אלו יחדם הכתוב כאחד אין מקום שיתיחסו אם לא בנצח והוד שהם תרי פלגי דגופא שהם תרין שוקין שלעולם מיוחדים. וכן הם תרי נביאי קשוט שהם לעולם אחים ולא יתפרדו שהם מקום מראות הנביאים כי שניהם יחד עולים עשר ספירות. כי אדנ"י בהו"ד ויהו"ה בנצ"ח ושניהם מיוחדים עולים יאהדונה"י שהוא שמנה אותיות ועצם שני השמות הם עשר מראות עשר ספירות הנראות לנביאים. א"כ נמצאו שניהם מציאות א' ועצם א' משא"כ שאר הספי' ולכן לא יתייחסו שני מראות אלה אלא לנצח והוד. וכן ביאר הרשב"י זה הענין בהם בתקונים (בהקדמה ד"ב.) וז"ל חוזים נביאים מסטרא דנצח והוד דבהון כלילן תרין שמהן דאינון י"אהד"ונה"י דבהון תמניא אתוון לקבל תמניא ספרי נביאים ונביאים (תרין הא עשר) לקבל עשר ספירן לקבליה חזא יחזקאל עשר מראות עכ"ל. ומבואר הוא לעניננו. ואל היותר

יתבאר בספר אור יקר חלק שני. וכן קראם נביאי קשוט, שפירושו אמת, שהוא התפארת ומצד התפארת שהוא הגוף יתיחס בהם מתנים ושוקים. ולהכריח שהמראות הללו בהם, אמר ואינון רביעאה וחמישאה לחסד דמתמן וכו'. הכוונה כי תחלת מראות יחזקאל היה מחסד וכן תחילת בריאת העולם מחסד כדמסיק ואלו הם רביעי וחמישי לחסד ואם כן מראה ד' וה' ראוי שיתייחס אליהם ולא לזולתם. וכל ההכרחיות הוצרכו לבלבול הספי' במראות כדפי' התם. ה' עילאה בינ"ה וכו'. הוא רוצה לבאר שמראה שלישית שהוא כמראה אש בית לה סביב היא הבינה. ומפני שאין זה יחס הסדר כי מה ענין הוד ונצח עם הבינה, הקדים ואמר שיש לה יחס והיחס הוא דבינה אתפשטת עד הוד חמשין תרעין. והענין כי הבינה וחמשים שעריה הם עד הוד. כיצד גדול"ה גבור"ה תפאר"ת נצ"ח הו"ד שהם חמשה ספירות עשרה פעמים חמש כי כל אחת כלולה מעשר והם חמשים. ולכן להיות ששעריה מתפשטים עד הוד ראוי למנות הבינה סמוכה לנצח והוד. וזה שאמר בגין דא קא רמיז כו' פי' מפני כן רמז עליה המראה הזאת סמוכה למראה ההוד. ומפני כן קראו בינה ה' עילאה וכו', כי היא נקראת ה' לרמוז אל חמשה ספירות אלה המתפשטות ממנה כדפירש. הנה הורה בפירוש היות שערי בינה המתפשטים ממנה עד הוד לבד שהם חמשה ספירות וכל אחת כלולה מעשר. וכן ביאר בפירוש עוד (שם ע"ב) גבי ביאור הגדה דרבי בר בר חנה דחזא האי צפרא דימא מטא עד קרסולוי, ופירש שם כי הים הוא בינה וקרסולוי אלין נצח והוד. דאימא עילאה איהי ימא דאתפשטת לחמשין תרעין עד קרסולי דההוא עופא. כגין דא י' איהי עשר ה' חמש. עשר זמנין חמש הא אינון נ' תרעין עשר בכל ספירה מאילין חמש מחסד עד הוד. יסוד נטיל לון כולהו ואיקרי כ"ל, כליל מאילין חמשין עד כאן לשונו. הנה ראייה שבפירוש ביאר שהחמשים שערים הם מהחסד עד הוד. ואגב אורחין שמענא כי היסוד נקרא כ"ל שעולה חמשים לפי שמקבל חמשים שערים מהבינה ומשפיעם למלכות הנקרא כלה פירש כל ה' כ"ל העולה נ'. וכן בפסוק לך הוי"ה הגדולה והגבורה כו', ל"ך עולה חמשים והוא הבינה על שם חמשים שערים המתפשטים בגדולה ובגבורה ובתפארת והנצח וההוד, ואחר כך היסוד נקרא כ"ל שהוא מקבל החמשים, והוא כדמות החותם המתהפך כ"ל ל"ך. ועתה ראוי לחקור הזה יכשר או זה, אם שניהם כאחד טובים. וממה שראוי להאמין שאין דברי הרשב"י סותרים אלו לאלו ח"ו, ולכן נבא בפרק בפ"ע בביאורם בס"ד:

פרק שביעי:

כדי להכנס בפשר דברי הרשב"י צריך לדעת ענין השערים האלה אל הבינה מה ענינם. ונאמר כי יחס הבינה אל האצילות כלו ר"ל ז' ספירות אחרונות, כיחס האם עם הבנים. וכן בסבת הענין הזה היא נקראת אם הבנים והספי' התחתונות בנים אליה כמבואר הענין הזה בתיקונים ויתבאר בשער ערכי הכנויים. אמנם היחס הזה אינה לבד על היותה חופפת עליהם באשר היא האם אלא גם ירמוז שכמו שהאם מתעברת מהטיפה ההיא והולידה והצמיחה והמציאה מתחלת הישות עד גבול הטבעי לצאת לאויר העולם, כן הבינה קבלה הספי' והולידם והצמיחם והמציאם מציאות מתגלה להאצילם אל מקומם. אמנם תשתנה המשל מהנמשל בקצת. כי בהמשל האם הטבעית אחר לידתה ההויה המתהוית בבטנה תשאר היא ריקנית מן המציאיות ההוא, משא"כ באם המאצלת הרוחניות שאחר לידתה את הבנים ישארו שם מציאותם הדק כקודם לידתה. והענין הזה מוכרח מעצמו והוא מעלה באצילות האלקיית כאשר יתבאר בשער הבא. והנה יצא לנו מהקדמה הזאת היות שרשי האצילות כלו בבינה במציאות דק. עוד נתבאר בדברי הרשב"י שאין מציאות האצילות הנעלם בה כמציאותו עתה המתגלה אלא בפנים אחרות. כי המציאות כאן הגיע עד המלכות שהיא השביעית לקצוות. אמנם בבטן האם הם נכללות בה' לבד והם גדולה גבורה תפארת נצח הוד לבד, כי היסוד והמלכות הם מיוחדות בת"ת בספירה אחת. וכן באר הרשב"י בזהר מקומות רבים. והנה נמצא כי אין למעלה בבינה כי אם חמשה ספירות. ומלכות ויסוד הוא התפשטות הת"ת שנתפשט אחר אצילותו. ולכן האותיות הפשוטות שהם ך' ם' ן' ף' ץ' הם נעלמות בבינה. ואין ספק שהם רמז אל הספירות החמשה הנעלמות שם, כי הם חוץ למנין הכ"ב כפופות. שתחלת האותיות הם מחסד כי כן נתבאר בזהר פ' תרומה (דף קנ"ט.) וחמשה אותיות אלה הם מהכפופות אלא שהם פשוטות בעבור היותם רומזות במקום גבוה אל מציאות הנעלם. ואין יחס הדרוש הזה הנה. והנה נמצא כי לשערי הבינה שהם מקורות אל הספי' המתגלות הם שתי בחינות. בחינה ראשונה הוא בבחינת היותן מיוחדות יחוד גמור ואז נכללות בחמש והיינו שנתייחד המלכות עם הת"ת ע"י היסוד. ואז ודאי

המקורות נפתחים ברחמים גמורים ומשפיעים שפעם בסוד קבלתם מכל שלש ראשונות מתוך עמקי האי"ן. וכאשר אין יחוד אלא הם שבעה אז ישפיעו ולא השפעה נעלמת אלא מכח השפע שבהם. ולזה נמצאו שערי הבינה בשני בחינות. בחינה ראשונה הוא בהיות הקצוות נכללים ואז שעריה הם נכללים שכל אחד כלול מעשר. יען שהיות הספי' כלולות משבע היא מהבינה לבדה. והיותן כלולות מעשר הוא מצד החכמה ולמעלה. וכאשר הם בסוד היחוד מתגלה הכתר והחכמה עליהם להשפיע והם נכללות מעשר והם נ' חמשה פעמים עשר. תפארת ומלכות ויסוד הם אחדות מיוחד והם נכללו כלם בעשר לבד וזהו מעלתן ביחודן לעצם אחד. וכאשר אין יחוד אז לא ישפיעו השרשים שפעם אלא מפאת עצמם דהיינו שפע הבינה א"כ אינם נכללות אלא בשבעה והם ז' פעמים ז' הם תשעה וארבעים. ובזה יצא לנו אור גדול במה שראוי לשאול למה כשהם שבעה הם תשעה וארבעים ונעלם שער החמשים וכשהם חמש הם חמשים שלמים ולא נעלם שער הנ'. והענין שפי' הרשב"י בתקונים ששער החמשים היא הבינה כדכתבנו בפ"ה כי ה' מן מט"ה הוא ה' עילאה שער החמשים. ובמ"א בתיקונים (תקונא כ"ב דף ס"ז) פי' שכ"ע הוא שער החמשים. וז"ל כ"ע דא איהו שלימא דחמשין שערי בינה, ודא איהו דלא אתייהב למשה דעליה אתמר נתיב לא ידעו עיט עכ"ל. הורה בפי' כי שער החמשים הוא כתר. ולא פליגי כי שלשה ראשונות הם מיוחדות ובפרט שאמר שהוא נתיב לא ידעו עיט, ופירש בשער הנתיבות היות הנתיב הזה מקום שיתיחד בו החכמה עם הכתר ובו יחוד החכמה עם הבינה כאשר הוכחנו שם פ"ג בנתיב א' מדברי הרשב"י ע"ה. וא"כ נמצא שזה מורה דוקא על היותן מיוחדות. וכאשר הספי' למטה הם מיוחדות ישפיע המקור משפע עמקי האי"ן. שבהיות היחוד ומלכות בתפארת הוא יחוד החכמ"ה והבינ"ה כמבואר בשער מהות והנהגה. לכן ישפיעו מסוד יחודם ויתגלה שער הנעלם, ואז הוא חמשים שערים שלמים מתגלים בספי'. אמנם כאשר אין יחוד למטה אז אין יחוד למעלה ולא יתגלה שער החמשים ואינם נכללים אלא בשבעה מפאת הבינה לבדה מפני שאינה מתיחדת למעלה בחכמה ובכתר. ובזה נתפשרו דברי הרשב"י והם מסכימות אל ענין אחד. ואגב אורחין נתבאר ענין שער החמשים והעלמו וגילויו. ועתה רצוננו לגלות ענין מתמיה נמצא בתיקונים [לג] ז"ל תשעה וארבעים אתוון דיחודא דאינון כ"ה אתוון דשית תיבין דאינון שמע ישראל וגו'. דאיהו עמודא דאמצעיתא. וכ"ד אתוון דצדיק דאיהו וא"ו זעירא כליל שית תיבין דברוך שם כבוד וכו' דבהון כ"ד אתוון וכו' עכ"ל. והנה קשה הרבה למה יגרע הצדיק אות אחת שהוא שער אחד. ואין לומר שמה שחסר שער אחד הוא שער החמשים שאינו מתגלה אלא לעיתים כדפי'. מפני שהענין לעיל הזה הוא פסוקי היחוד וא"כ היה ראוי שיהיו חמשים שערים שלמים כדפי'. ועוד שאחר שמה שחסר הוא שער החמשים היה ראוי שיחסר בתפארת שהוא העליון על היסוד ששער חמשים מעולה מכל השערים הוא. לכן נאמר שהענין הוא שהחמשים שערים הם בה' ספי' שהם גדולה גבורה תפארת נצח הוד ושער החמשים מתגלה מפני היחוד כי בפסוקי היחוד עסקינן. אבל הת"ת מקבל י' מהגדולה וי' מהגבורה וה' מכתר חכמה בינה גדולה גבורה שבתפארת הרי כ"ה בתפארת ומקבל אותם התפארת להשפיעם ליסוד שהוא כ"ל שישפיעם להכלה שהיא המלכות בסוד היחוד. ויסוד מקבל י' מנצח וי' מהו"ד וד' מהת"ת. כיצד נצח הוד יסוד מלכות כי תפארת שבת"ת מקבל כ"ה עליונים. ואינו במנין העליונים כי הוא המקבל אותם ואינו במנין התחתונים כי אין יסוד מקבל אותו אלא ביחוד הקב"ה להשפיע לכלה כדפי'. לכן הם כ"ה בתפארת וכ"ד ביסוד ולעולם שער החמשים מתגלה ואין חסר דבר מהחמשים כדפי'. והנה בזה נשלם הפרק הזה ונשלם השער הזה. ועוד הוסיפו המפרשים לבאר החמשים שערים במענה אליהו. ומפני שאין מתישב אצלינו לא רצינו להעתיקו ודי לנו בזה עד יבא מורה צדק. בריך רחמנא דסייען:

שער ארבעה עשר הוא שער המציאות

הנרצה בשער הזה הוא לבאר ענין מציאיות הספירות כי עם היותן עשר לבד להם מציאיות לפנים ממציאיות. ועוד לבאר מציאיות ידועים לספירות כאשר נתבאר בזהר ובתיקונים בעזרת ה':

פרק ראשון:

ענין המציאיות בחכמה הזאת הוא מפתח שמשתמשים בו בכמה משערי החכמה הזאת. והענין שאין דברי הקדושה והאצילות והרוחניות הדק כעניני העולם השפל הזה הגשמי כי ענייני הגוף להיותם מוגשמים פחותי הערך כאשר ירצה האדם לפעול פעולה באיזה דבר מזולתו מהגשמיים א"א לאדם לפעול הפעולה ההיא הנרצת אליו אם לא שיתבטלו קודם כל המציאות הגוף הקודמים אל הגשמיים ההם כדי שיתהפכו אל הדבר הנרצה בו. המשל בזה ברצות האדם להמציא אליו בגד ללבוש הנה יגזוז הצמר או השער מהבעל חי ההוא. והנה לפי האמת הצמר נקנה לו פעולה משונה מכשהיתה והבעל חי נשאר משולל וערום ובחוסר כל. הנה שנתבטלה מציאות ראשון כאשר בא להתפעל אל מציאות זולתו. אח"כ עוד ילבן הצמר ההוא והנה אחר ליבונה לא ישאר מציאות הראשון אשר היה לה בהיותה בגיזה כי הגשם הראשון חלף הלך לו ונקנה אליה מציאות יפה ונבחר מהראשון והוא מציאות הצמר הזך המלובן. וכאשר יטוו הצמר ההוא לא ישאר בה מציאותה הראשון כי כבר נהפך אל דבר יותר משובח והוא המטווה. וכאשר יארוגו הבגד הנה לא ישאר מציאות המטווה כי ע"י המלאכה פשט צורתו הראשונה ולבש צורה יותר מתוקנת. ועל הדרך הזה כפי שיתרבו המלאכות יתפשטו הצורות ויתבטלו ויעברו והיו כלא היו וצורותיו הראשונות לא תזכרנה. והנה הענין הזה במקרה הגופים. אבל דברי הקדושה והרוחניות והאצילות הפך לענין הזה שאין אלו מקריו ואע"פ שיתפשטו מיני הנאצלים והרוחניים וילבשו צורה יותר מתגלות מכמו שהיו קודם התפשטותם, לא מפני זה יתבטלו מציאותם הראשונים ח"ו אלא אדרבה יתרבו הדברים עד לאין תכלית מתעלות עד לאין קץ. ואף אם יתחלף הדק הרוחני אל מציאות יותר מתגלה עם כל זה מציאותו הראשון לא יזוז ממקומו ולא יפקד מושבו. עוד נשתנתה הרוחניות בענין זה מן הגופני כי הגופני וכל מציאיותיו המתחדשים הם בעלוי אל הקודמות בפרט בפעולות המתכוננות בבני אדם, כי כל עוד שיתפעל יתקרב אל הנרצה וזהו שבחו. ואין כן הרוחני אלא אדרבא כל עוד שיתגלה, המציאות הקודם הוא עיקר ושרש אל מציאיותיו המתחדש והמתאצל. והשרש שואב משרשו ושרשו משרשו לפי רבוי המציאיות עד שזה תלוי בזה וזה תלוי בזה עד הקודם אל כלם. וכל עוד שיעלו הם משובחים קרובים אל המקור והשורש האמיתי שהיא שרש כל השרשים ומקור כל המציאיות מלך מלכי המלכים. וראייה אל ענין המציאות הוא מכלי המקדש ותשמישי קדושה כי אם יחליפום בחדשים הראשונים נגנזים כי עדיין קדושתם בהם עומדים כי נשאר בהם קדושה דקה ורוחניות ומציאותו במקומו עומד וענין הקדושה הנשארת בהם דקה מן הדקה עד שאין העין יכולה לשפוט בהם כלל. ואף אם לא יהיה הראיה דומה אל הנמשל מכל וכל מפני ששם הקודם עקר אל המתאצל כדפריש' ואין זה במשל, כי ודאי יותר משובחים הם תשמישי קדושה העומדים לשרת מאותם שכבר נתבטלו. (על) [עם] כל זה הדין דין אמת ואף אם לא ידמו בכל והטעם שתשמישי קדושה הם גופניים וברוחני אין לנו השגה להמשילו. ומן הטעם הזה דרשו רז"ל (מגילה דף כ"ח) והשימותי את מקדשיכם, אע"פ שהם שוממים בקדושתם הם עומדים. לפי ששרתה שכינה שם נשאר בהם דבר קדושה שאין העין יכולה להשיגו אלא בעין השכל על פי תורתינו הקדושה. וע"פ הדברים האלה היה הענין בספירות כי כאשר עלה הרצון לפניו להאצילם הנה נצטיירו מציאיות הצחצחות הדקות הנעלמות כפי שביארנו בארוכה בשער הצחצחות. וממציאות הדק ההוא נשתלשלו המדרגות עד הגילוי מחשביי ושם ג"כ נצטיירו מציאיות שני. ואמרנו שני, מפני שאין לחקור מה שבין אין סוף לכתר כלל אלא שהם בדקות באין סוף והם מתאצלות בכתר הוא שקראנו מציאות גלוי מחשביי. והדקות שבאין סוף ממשיך שפע אל השרשים הדקים שבכתר. וכן נתאצלו מציאיות ממדרגה למדרגה. וכל עוד שיתקרבו אל המאציל הם נקראים פנים וכל עוד שיתרחקו נקראים אחוריים ולכן כמה פנים לפנים הנוראים וכמה אחוריים לאחוריים [דלאו] נראים כי אין הספירה עצם אחד שלא ישפוט בו כי אם ענין אחד. אמנם בכל ספירה וספירה כמה מציאיות כמה עולמות כמה עניינים שאין השכל יכול להשיגם. נתגלה עניינם בתורה ואין שכל אדם יכול להקיפם כי איך אפשר שעלול מעלול קטן שבקטנים יוכל להקיף סבת סבתו ולא סבת סבתו לבד אלא יורד

מסבה למסובב עד לאין תכלית. אלא שרצה הקב"ה לזכות את ישראל והרגילם בתורתו כו'. ועם כל זה אין מי שיורד לעומק א' מסודותיה לרוב העלמ' אם לא מעט האור הזה היוצא מבין בדקי וסדקי השער כעובי המחט והם דברי האלדיי הקדוש רשב"י ע"ה, והוא הורה לנו הענין הזה בתיקונים (תז"ח דף קי"ט ע"ב) וז"ל וכמה אינון ספירן פנימיים וכמה ספירן אחוריים ואינון דא על גב דא הה"ד כי גבוה מעל גבוה שומר וגבוהים עליהם ובגינייהו אתמר כמה פנים לפנים הנוראים וכמה אחוריים לאחוריים דלאו נראין. ואינון פנימים אלין יו"ד ה"י ו"ו ה"י יו"ד ה"י וא"ו ה"י יו"ד ה"א וא"ו ה"א. אחוריים אינון י' י"ה יה"ו יהו"ה, א' א"ה אה"י אהי"ה וכו' עכ"ל. עם היות שנתבאר המאמר הזה במקומו ביאור אורך בס' אור יקר חלק ב', עם כל זה מתוכו יצא לנו אור גדול אל המכוון היות לספירות כמה בחינות ועניינים ומציאיות אשר אין הדעת יכול לכוללם לסבה הנזכר. ובזולת זה יש עוד בחינות בספירות לפי הבחי' אשר נרצה להבחינן והיא נקראת כך ובחינה זו תקרא כך והיינו מציאיות השמות המתיחסים לכל ספי' וספי' כי רבים הם כאשר נבאר בשער ערכי הכנויים. וביאר אותה רשב"י במקומות רבים. וז"ל בתיקונים (תקונא נו דף פ"ז) ה"ה אינון אשה ובתה כלה וחמותה כפום ענפין [דאילנא הכי אתקריאו] עכ"ל. והכונה שהבינה שהיא ה' ראשונה של שם והמלכות שהיא ה' אחרונה של שם לפעמים יקראו אשה ובתה ולפעמים כלה וחמותה. והוקשה לו למה ישתנו שמותם להיותם נקראים לפעמים כך ולפעמים כך. ותירץ שאין זה מן הדוחק כי לפי ענפיהם כן ישתנו שמותם. והכונה לפי שנוי בחינתם כמו שיתבאר בשער הנז'. וזהו פתח ומבוא גדול בחכמה הזאת. ויש כמה חילוקים אחרים יתבארו בפרקים בפ"ע:

פרק שני:

בזולת המציאות והבחינות הנזכרות למעלה, עוד יש ויש בחינות אחרות. והיא כי כאשר נרצה להבחין האצילות בסוד הרכבתה מדין ורחמים, זו יהיה בחינה אחת. וכאשר נראה להבחינו מפאת שכולם רחמים, יהיה בחינה אחרת. וכן כאשר נבחנה מפאת כל ספירה מצד פעולתה בפ"ע בזולת שיצטרף אליה חברותיה, יהיה ענין אחר. וכאשר נרצה לצרף אחד מהם לפי אות שנצטרפה, תשתנה פעולתם ובחינתם ויעלו הבחינות אל עשר. וכן כשנרצה אל שתים, תתחלף לפי חלוף שתיהם. המשל כשנצטרף מלכות אל יסוד והוד היא בחינה אחת במלכות, ואם נצטרפה אל יסוד ונצח היא בחינה אחרת, ואם נצטרפה אל הוד ונצח היא בחינה אחרת. כך יעלו הבחינות לאין תכלית ולאין מספר על דרך שפי' בשער הצינורות בפ"ה. ובזולת זה כאשר נבחין כל האצילות המשל לז' ספירות לבדן או על י' ביחד או ג' ראשונות לבדן, ודאי הם בחינות שלא ישתוו ואין הכל ענין א'. ובזה יובן משנה אחת בס"י וז"ל י"ס בלימה וכ"ב אותיות יסוד ג' אמות וז' כפולות וי"ב פשוטות עכ"ל. והיא משנה שניה והקודמת אליה בארנוה בשער הנתיבות, ושם במשנה ההיא אמר שהם ל"ב נתיבות. ועתה במשנה זו בא לבאר חילוקם ומספרם אחר שהספירות אינם כ"א עשר איך הנתיבות הם ל"ב, ואמר שהם י"ס וכ"ב אותיות וכו'. והענין כי אין יחס כלם ביחד שוה אל כאשר יהיו ז' לבד כי אין הארתם של אלו כהארתם של אלו, וזה יובחן על כמה דרכים אם בדרך הדמיון אם בדרך החשבון. והמשל בזה הספי' הם י' וכל א' כלולה מי' כנודע. הנה יעלו לק'. וזה יעלה חשבונם לאין תכלית בחשבון העשריות והמאות כי כל חלק ג"כ כלול מי' עד אין תכלית. כי אין חלק שנאמר זה כתר לבדו וזה חכמה לבדה כדפי' בשער מהות וההנהגה פ"ב. ואין זה כשנבחינם בערך השבעה כי נאמר ז' פעמים ז' או ז' פעמים י', וזה יעלה חשבונם על דרך אחרת שהוא על דרך השביעיות עם היות שג"כ יעלה לאין תכלית. והנה לא ידמה חשבון הי' עם חשבון הז'. עוד על פי הדמיון כאשר נרצה לדמות הי' גוונים שבספירות הנה יצטרפו ויעלו הגוונים באופן יותר נאה ומשובח ברבוי גווניו ממה שיעלה אם לא היו כ"א ז', שלא יעלה הצטרפות הגוונים גוון משובח כמו בהיותן עשר. עוד נוכל להמשיל המשל הזה באופן יותר מכוון אל הנמשל אם יעשה התריאק"ה הגדולה אשר יש בה כמה מיני סמים יהיה מעלתה יותר גדולה מה שלא יהיה בהתריאק"ה של ארבעה מינים, כי זו תועיל לסם המות הארסי הממית והקטנה תועיל אבל לא כ"כ וזה מבואר. ועד"ז נקיש בספירות אחרי שידענו חלוקם בדין ורחמים כמו שקדם לנו בשער מהות והנהגה. והנה בהיות רחמי ג' ראשונות עם הז' יהיה המזג נוטה יותר אל רחמים, והטעם מפני היות הרחמים פשוטים במזג. וכאשר יהיו ג' ראשונות לבדם יתפשטו הרחמים יותר ויותר ויהיה המזג כלו נוטה אל הרחמים מה שלא יהיה כן בהתחברם אל ז' ספירות אחרונות. וכאשר יהיו הז' לבדם אז המזג נוטה יותר אל הדין מב' המערכות הקודמות. ובהקדמה זו תובן המשנה הזו. כי הם ד' מערכות בל"ב נתיבות והכל

בעצם הספי'. מערכה ראשונה מזג כלם העשרה ביחד, והיינו י"ס הנזכרות במשנתינו. עוד מערכ' ב' והם ג' אמות שהן אמ"ש שהם כתר חכמה בינה שהם אמות אל החסד והדין והרחמים כמבואר בשער המכריעין פ"ג. עוד מערכת ג' והם מזג הז' ספירות לבדם אשר הרמז אליהם אותיות כפולות שהם בג"ד כפר"ת. ונקרא כפולות שהם מקבלות דגש ורפה וישמשו לשתים. ודגש ורפה הוא רמז אל הדין והרחמים, ורמז אל ז' ספירות הבנין שהם לפעמים פועלים בדין ולפעמים ברחמים. וי"ב פשוטות הם מערכה ד' שהם הי"ב גבולים שהם י"ב הוויות והם ו' קצוות פועלים דין ורחמים כאשר יתבאר בארוכה בשער פרטי השמות בשם בן ע"ב בפ"ז ח' ט' י'. והנה אינם הז' ספירות אלא הם ו' קצוות שבמקומות ידועים ענפים פרטיים כאשר יתבאר בשער הנז'. ושוב מצאנו מאמר בזהר קרוב למשנה זו בהקדמה זו והוא בפ' פקודי (דף רכ"ז ע"ב) וז"ל בפסוק ואת האלף ושבע המאות וחמשה ושבעים עשה ווים וגו'. כל אינון ווי"ן עבד בצלאל למיהב לון לאשראה על נוקבי. ונפקי מרזא דאלף דאיהו חושבן שלים, ושבע המאות דאיהו רזא שלים, וחמשה הכי נמי, ושבעים כלא רזא חדא. וע"ד מרזא דא וחושבן דא עשה ווים. וכלא ברזא דוא"ו ודיוקנא דוא"ו אתעבידו וכלא ברזא עילאה עכ"ל. ופי' בא לבאר ענין הווי"ן במנינם שאין ראוי להאמין שבא משקלם כך על צד המקרה וההזדמן. אבל היה הענין בכונה מכוונת. וזה רצה באמרו כל אינון ווי"ן דעבד בצלאל, פי' מאחר שבצלאל עשה אותם, וכבר דרז"ל יודע היה בצלאל לצרף אותיות שבהם נבראו שמים וארץ, וכן העיד עליו הכתוב (שמות לא ג) ואמלא אותו רוח אלדים כו', וביארו כי כמו שבריאת שמים וארץ הי' בחכמה ובתבונה ובדעת כך היה מעשה המשכן. ומקום שכינת החכמה והתבונה והדעת היה על בצלאל ומטעם זה הוכרח שהיה יודע לצרף אותיות שבהם נברא העולם מאחר שרוחניות האותיות שהם נכללות בחכמה ובתבונה ובדעת היו נכללים בו. למיהב לון לאשראה על נוקבי וכו' הכונה כי אותם הווי"ם היו רומזים בזכר שהוא הת"ת הנקרא וא"ו. ואע"פ שהיו על העמודים והעמודים עצמם זכרים כמפורסם עם כל זה העיקר היו הווי"ם שהיו מצד הת"ת שהוא עיקר הוא"ו ומהם היה נמשכת השפעת הארץ התחתונה הנרמזת במלכות והעמוד היה ביניהם להורות על העמוד המייחד שמים וארץ כנודע עמוד א' יש לו להקב"ה וצדיק שמו וכו'. ונפיק מרזא דאל"ף דאיהו חושבן שלים. פי' נודע כי כל הספירות כלולות מעשר, והנה לפי זה הם י' פעמים י' עולים למאה וכל אחד מהמאה כלולה מי' יעלו לאלף. ומפני היות המנין הזה כולל כל הי"ס עם כללות כללותם קראו חושבן שלים, עניינו מספר שלם. משא"כ שאר מספרי' שאינם כוללים כל הענפים כמספר אלף. ואין לפרש שפי' מספר שלם יהיה, כי האלף מספר שלם מפני שכולל אחדי"ם עשרו"ת מאו"ת אלפי"ם, שכבר כתבו החכמים בחכמת המספר כי שלימות המספר הוא עשרה מטעם כי מי' ולמעלה הוא כפל האחדים והעשרות, ובחבור החלקים האלה יעלה ויכפל המספר לאין תכלית, וא"כ המספר השלם הוא העשר וזה דבר ברור. ועוד נוכל לפרשו על דרך זה כי האלפא ביתא ימצא בה המספר עד ט' מאות, ומשם יחזיר האלפים לאחדים. נמצא לפי זה האלף הוא מספר השלם הנועץ סוף המספר בתחלתו ונצייר הנה צורה יפה שבה יתבאר כונתינו בקוצר כזו

א ב ג ד ה ו ז ח ט	אחדים
י כ ל מ נ ס ע פ צ	עשרות
ק ר ש ת ך ם ן ף ץ	מאות

והנה בהשלים המאות ישוה מספר האלפים אל האחדים והאל"ף הוא הנועץ סופו בתחלתו כי אל"ף הוא אלף הוא פלא והוא כ"ע הנועץ סופו בתחלתו ותחלתו בסופו בסוד אי"ן אנ"י שפי' בשער ג' וכן נבארו בשער ממטה למעלה. ולסבה זו נקרא האל"ף מספר שלם והוא המשכת הת"ת מהכתר כי כללות הספירות מי' הוא ע"י חכמה ומה גם בעלותה מי' לי' כדפי'. ושבע המאות דאיהו רזא שלים דקדק שלא אמר מספר שלם כדקאמר לעיל, מפני שאינו שלם לכלהו, פי' אבל אמר רזא שלים כי הז' ספירות הם מלאות ושלימות בכל כללות העשר (חסרה מלה) מעשר ע"ד העשר הקודמות אלא שהקודמות יסודן עשר ולכן עלו לאל"ף ואלו יסודן שבע ולכן לא עלו כ"א לשבע מאות. ולכן לא אמר מספר שלם מפני שלא נשלם מספר העשר. ונקרא שלם מטעם שלימות כל אחד מספירותיה במאה שערים ולזה אמר רזא שלים. וחמשה הכי נמי. פי' כי ה' ג"כ הם בסוד הוא"ו כמנין הספירות בסוד כללות השבעה בה' כדפי' בשערי'. וכן כשנסיר ממנין השבעה העמו"ד והאד"ן נשארו ה'. וע' כלא רזא חדא. פי' כי הע' ג"כ בסוד שבע מאות אלא שאלו כלולים בכללות גדול ואלו נכללים בכללות א' לבד דהיינו כל אחד מז' כלולה מעשר נמצאו הז' עולים ע'. ועל דא מרזא דא וחושבן דא עשה ווים. פי' לרמוז הסוד הגדול הזה שיהיה הת"ת כלול מכל הבחי' הללו. וכלא ברזא דוא"ו כו'.

הוקשה לו כי האל"ף הוא רמז בכל העשר וז' מאות ושבעים הם בשבעה וה' ג"כ, וא"כ מה ייחס מספר זה לת"ת. ועל זה השיב וכלא ברזא דוא"ו, וראיה על זה צורתם שהיו עשוין כמין וא"ו אלא שהוא הת"ת בהיותו כלול מכל המציאיות האלה. ונמצאו הוויית האלה בצורת"ם ורמיזת"ם ומקומ"ם וחשבונ"ם בסוד העליונים. בצורת"ם שהיו בצורת ו', ברמיזת"ם שכן היו רומזים לת"ת, במקומ"ם שהיו עומדים על העמודים בסוד הוא"ו על משך הוא"ו שהוא ת"ת על צדיק. וחשבונ"ם בסוד האל"ף ושבע המא"ות וחמש"ה ושבעי"ם. ועתה אין להמלט שלא נאמר שאין הז' מאות מכלל האל"ף. אבל הוא מציאות בפ"ע שמציאות האל"ף נבחר ממציאות הז' מאות וכן לע' וכן לחמשה כל א' היא מציאות בפ"ע. והוכרח לענין המשכן להיות הוא"ו כלול מכל המציאיות מטעם שתהיה ג"כ המלכות כלולה מכל המציאות. והמשל בזה כשנקח אבן מהאבנים או עץ מהעצים ונחלקנו לשנים הנה בהכרח ימצאו אותם החלקים מפאת יחודם שוים בחוטיהם וציורהם ולא ישתנו ציור זה מציור זה כי חתיכה אחת היו שניהם ויוכרח להם מציאות א'. וכן הדבר באצילות הת"ת והמלכות אחר שהיו ד"ו פרצופין כאשר נבאר בשער המעוט. והנה עם היות שנסרם הקב"ה עם כל זה הם שוים כדמיון המשל שהמשלנו, ולכן בהיות הזכר מתיחד עם הנקבה בכל אבריו יחוד גמור ושלם יוכרח היותן משתווים שווי גמור מקבל הנקבה לזכר והזכר לנקבה שהם כדמות מקבל ומשפיע. ומה גם ראותינו ענין הצנורות שפי' בפ"א מהשער שיחדנו להם. ולכן במשכן לרמוז אל כל חלוקי חלוקם להיות היחוד שלם הוכרח להיותם על צד המספר ההוא כדי שתהיה הוא"ו כלולה מכל החלקים והבחינות שאפשר שתבחן כדי שהנקבה ג"כ תבחן בכל הבחינות ההם לקבל ממנו. ומזה הטעם יובן הכרח למה כל מה שאירע ליעקב אירע ליוסף (ב"ר פד ו), מפני שיסוד הוא מיחד הת"ת והמלכות בכל החלקים והבחינות של שניהם וא"כ יוכרח לפי זה היות בו בחינה שוה אל בחינת המלכות והת"ת כדי שיהיו מקבילות הלולאות ויחדיו יהיו תמים על ראשו:

פרק שלישי:

כונתינו בפ"ז לבאר מציאיות מתבארים בקצת ממאמרי הזהר והם צריכין אל העיון בחכמה הזאת ביותר. והוא במציאות הבינה ובמציאות הת"ת ובמציאות המלכות. במציאות הבינה, בה שני מציאות. ראשונה מציאות שאין לו יחס עם האצילות כלל, ונרמזת במציאיות יו"ד נקודה דקה שבבינה. והשניה מציאות המתייחס עם האצי' מצד המציאות אשר לה. ואין לומר שאין מציאות היו"ד אלא בחכמה, ושאות הבינה היא ה"א. שגם אות הבינה היא יו"ד. וכן מבואר בדברי הרשב"י שג' יודין הם ג' ראשונות והיינו בחינת הבינה עם ב' העליונות והיא נרמזת ביו"ד ככל אחת משאר העליונות. אבל כאשר תאציל האצילות במקומם, אז יש לה בחינת הה"א. והנה בחינת היו"ד נקרא מ"י שהוא שאלה בלא תשובה מרוב העלמה. ובחינת ה"א הוא נרמזת באלה שהם ג' אבות דהיינו ג' ווי"ן שבצורת הה"א כזה ה והוא"ו הימיני הוא חסד, והגג שלה הוא גבורה, והרגל התלוי הוא ת"ת. והם נקראים אלה. ולעמוד על ענין זה היטיב, צריך לעיין במה שנכתוב בשער השמות פ"ח ט' ובשער ממטה למעלה פ"ה בשם אלדי"ם שהוא צרוף מ"י אל"ה, ה' על י' כמבואר בתקונים פעמים הרבה. ירצה ה' שהוא לבוש אל היו"ד כזה.

ולכן היא נקבה כי בחינת הגילוי גרמה לה היותה נקבה. אבל קודם היא י' לבד בסוד נקודה שוה אל שתי הנקודות. אבל בסבת אצילותה להאציל האצילות נצטייר בה מציאות ג' קווים. כי בהיותה משגחת בחסד להשפיעם יוכרח היות בה בחינת החסד, ובהיותה משגחת ברחמים יוכרח היות בה בחינת הרחמים, ובהיותה משגחת בדין יוכרח היות בה בחינת הדין. וג' בחינות האלה שנצטייר בה זה ודאי מציאות מקור ג' קווין שנשארו שם בדקות שהם שרש ומקור אל המתגלים. ואין שאלה לומר שהאבות אינם ווין אלא הת"ת לבד. כי כן פי' בתיקונים בזולת הדרוש ואמרו שג' פסוקים ו"יסע ו"יבא ו"יט הם ג' ווי"ם בג' אבות. ואחר שבארנו שני המציאות האלה בבינה נאמר כי גם שתיהם במלכות. והם נרמזים בשתי אותיות אלה ממש בה' וי' כי עיקרה היא יו"ד ומציאותה המתאצל אליה מקבלת הג' קווים [שהם נה"י] ונעשית ה'. וקרוב לענין זה נתבאר בזהר (שלח דף קע"א.) וז"ל פתח ההוא ינוקא ואמר, והיה ביום ההוא, לא ידיע מאן הוא. אלא בכל אתר ביום ההוא יומא בתראה איהו. אמאי איקרי יום ההוא. אלא רזא דא הוא יומא דאחיד סופא בשירותא. שירותא אקרי הוא כמה דכתיב ועבד הלוי הוא. פולחנא דלוי לדרגא דאקרי הוא טמיר וגניז ואקרי ההוא לאחזאה סופא דכל דרגין דאיהו שירותא וכלא חד ובגין דאיהו סופא

איתוסף ביה ה'. זמינא ירושלם לאפקא מיין ולנבעא נביעי. הכא אית למימר סופא דכל דרגין לאו איהו ירושלם אלא ודאי ירושלם ויומא ההוא כלא חד. מה בין האי להאי, אלא ירושלם כל דרגין קדישין דילה כד אסתחרן אקרון ירושלים והכי אתתחמן אית דרגין דסחרן ואקרון עזרות אילין פנימאן ואילין לבר ואית דרגין דאקרון כד אסתחרן לשכות ואית דרגין דאיקרון כד אסתתחרן היכל ודביר. לגו מכל אינון דרגין, אית נקודה חדא כבודה בת מלך פנימה. נקודה דא אקרי יום ההוא וסימנך ההוא יקרא ארץ רפאים. וכד יקום יומא דא מגו (כיפין) (שבכין) דעזרה יקום נביעו דמיין והאי נביעו מן הים הקדמוני ליהוו כגוונא דאמא דברה בין דרועהא ומסגיאו חלבא דיניק אתמלי פומיה ואתרבי ביה אריק חלבא לפומא דאימיה. כך חציים אל הים הקדמוני וכו' עכ"ל. והנה המאמר הזה רב במקומו ואנו קצרנוהו והעתקנוהו ממנו הצורך אלינו. והענין בקצרה, זה הינוקא היה תנוק א' שנסתלק מן העולם לסבה ידועה אליו יתברך וכאשר עלתה נשמתו אל פתח שערי ג"ע אחזו בו הכרובים שומרי הגן לבלתי תתו להכנס לסבה שנאמרה שם ובין כך ובין כך היה ראש ישיבת הצדיקים דורש בפסוק זה והיה ביום ההוא והתינוק מבחוץ הקשה וז"ל מיין דאינון מלרע היך סלקין לעילא מיניה לאתר עילאה יתיר מיניה בכמה דרגין ומה איצטרך לון לאינון מיין. ומה אתר דכל מבועין ונחלין נפקין מיניה ולית פסיקו למבועי ונחלוי אשתקייא מאתר נגוב מאן חמא חפירא דבירא יהיב מייא למבועא דנביע. וכי ירושלם יהיב מים אל הים הקדמוני אתר דכל מימין דעלמא נפקי מתמן עכ"ל. והיא קושיא חזקה, כי ירושלם היא המלכות והים הקדמוני היא בינה ולפיכך נקרא קדמוני וכיצד אפשר שישוקה הבינה מהמלכות. ולהשיב על הקושיא הזאת אחר שהכניסוהו לישיבה פתח ואמר והיה ביום ההוא לא ידיע וכו' כי מלת הוא מורה על הנסתר והיא כנוי אל ההעלם כאשר נבאר בשער ערכי הכנויים וה"א הידיעה מורה על הנגלה כמפורסם. והנה הם ב' הפכים במלה אחת. וזה כיוון באמרו ההוא לא ידיע מאן הוא. פי' הוא מורה העלם, וההוא מורה התגלות, והם ב' הפכים. והשיב אלא בכל אתר ביום ההוא, הוא המלכות, שהוא יום האחרון. ואע"פ שהיא מדת לילה ג"כ הוא יום, שהרי ז' ימים הם, וכבר יתייחס אליה שם יום. ומאחר שהיא המלכות ראוי לבא בה' הידיעה מפני שהיא גלויה וידועה. אבל תיבת הוא לא יצדק שהוא מורה על ההעלם כדפי'. והשיב אלא רזא דא הוא יומא כו'. פי' להורות על מציאות היו"ד שהוא מציאות נעלם שיש בה. כי המלכות היא שירותא וסיומא שהוא תחלה וסוף כדאמרי' תחלת המחשבה סוף המעשה שהיא למעלה בחכמה במציאות יו"ד והיא סוף המעשה במלכות במציאות ה'. ואמר שהמציאות הנעלם שהוא התחלה נקרא הוא, שמורה על התחלה. וראייה ממאי דכתיב ועבד הלוי הוא, ועבודת הלוי היא אל הבינה כדפי' בשער מהות והנהגה בפ"י. והנה הוא, מורה על שירותא שהוא תחלה וראשון כי הבינה נקרא שירותא דקיימא לשאלתא כדפי' שם בפט"ו. ובחי' המציאות המתגלה שהוא סוף כל דרגין נקרא ההוא בה' הידיעה. נמצא תיבת ההוא מורה על שני המציאיות יחד. והנה ביאר הינוקא ב' המציאיות שלה בה' שסביב לי' בענין ההוא. והנה הנקודה האמצעית נקרא כבודה בת מלך פנימה. וכן נקרא בת עין שהוא כבבת עין נקודה זעירא דקיקא וסביבה ג' גוונים שהם גווני הקשת הם ג' אבות. והנה בעלות הנקודה הזאת אל מקומה הרמתה אל בית אביה חכמה באמצעות שפע הבינה שהיא האם המניק לה החלב וע"י תתעלה עד שהיא עולה והיא משפעת אפי' בבינה עצמה כדקאמר כגוונא דאימא דברה וכו', וכן תשפיע אל מציאותה התחתון שבה ממש (שהיא הה' לזון בו התחתונים) וזהו וחצים אל הים האחרון. וכלל הדברים, כי הבינה לה ה' ומציאותה ג' אבות. ולמלכות ה' ומציאותה נצח והוד ויסוד. ושתי הקדמות אלו נתבארו ברעיא מהימנא (תרומה דקנ"ח) וז"ל מאנא דקב"ה איהי שכינתא דאיהו מאנא לשמשא לבעלה איהי מנרתא דיליה דאתמר בה שבע ביום הללתיך דאינון הגדולה והגבורה והת"ת והנצח וההוד יסוד ומלכות. ז' כלילן. מז' דרגין אלין ג' קני מנורה מצדה האחד, גופא ותרין דרועי דמלכא איהו נר מצוה לאנהרא בהון. וג' קני מנורה מצדה השני, אינון תרין שוקין וברית ואיהו נר מערבית לאנהרא בהון. מנרתא דמלכא אתקריאת ואיהי נר לאנהרא ביה נר מצוה דאתמר ביה מצות ה' ברה מאירת עינים ומאן רישא דמנרתא בינה ה' עילאה דאית לה תלת קנים בדיוקנא דא ה תלת ווי"ן דאינון תלת אבהן. ה' תניינא ג' קנים תניינין בדיוקנא דא ה תלת ווי"ן דאינון נצח הוד יסוד. ו' מנרתא דאמצעיתא ב"ן י"ה על שמיה אתקרי בינה איהו כליל שית קנים לתתא בחשבון ו' בו' קנים דיליה. י אשת חיל עטרת בעלה תגא דס"ת בצורת זיין. מסטרא דעלמא דאתי לאו איהי מאנא לגביה ולאו משמשא לגביה אלא עטרה על רישיה אבל בעלמא דין איהי כגוונא דא הוה"י איהי מאנא תחותיה שמושא דיליה וכו' עכ"ל. ובו

בפירוש כי ב' ההי"ן הם ג' ווי"ן כל אחד מהם. וגם מציאות המלכות שהיא לפעמים יו"ד בעלותה למעלה ואז היא נקראת אשת חיל עטרת בעלה שהיא י' עטרה על ו' ונעשית ז' ואיהי עטרת תפארת וזו כאשר היא עולה לבינה להתייחד עם החכמה שמשם מציאותה כדפי' לעיל. ועתה נבא בפ' זה לבאר עוד ענין מציאיות היו"ד אל המלכות בה"א עם היות שיתבאר בשער המיעוט:

פרק רביעי:

אחר שלמעלה אמרנו אגב גררא היות מציאות המלכות מהחכמה, נבא בפרק זה להכריע בקצת מאמרי התקונים וז"ל (בתקונא ס"ט דף ק"ג) ועוד אני ישנה שניה ודאי לחכמה דאיהו י' כד אתרחק מיני רחימאי דאיהו ו', ורזא דמלה ה' בחכמה יסד ארץ כונן שמים בתבונה, חכמה דאיהו אבא י', יסד ברתא דאיהי ארץ ה' זעירא הארץ ודאי. כונן שמים דא וא"ו. בתבונה דא אימא עלאה. דבינה אתקריאת לעילא כד איהי עם בעלה. תבונה אתקריאת לתתא כד איהי עם ו' לתתא ואיהו ב"ן ו', ות' דאיהו ת"ת אשתארת איהי ה' עמיה. ובההוא זמנא דאת ו' איהו עם אימא ואיהו מרחק מינה, אתמר בה אני ישנה בגלותא, ואיהי שניה ליה. והכוונה כי בהיות המלכות למעלה היא שניה לחכמה ואיהי יו"ד ממש כמותה כמו שביאר במקומות רבים. וזה דקדק באמרו שניה ודאי לחכמה דאיהו יו"ד. בסוד מציאות היו"ד אשר בה משתוים שניהם. זו י' של שם בן ד', וזו י' של אדני. (ובספרא דצניעותא פ' תרומה דף קע"ו) בכלל ההויות מביא הוי"ה כזו יהו"י והוא המורה על סוד הענין הנזכר. וז"ל יהו"י. י' בתראה שכינתא (לתתא) כמה דה"א שכינתא אשתכח. ובחד מתקלא אתקלו עכ"ל. ואמרו כד אתרחק מני רחימאי וכו' פי' המלכות אומרת שהיא שנייה לחכמה בעת שנתרחקה מבעלה. והענין כי בשם בן ד' אותיות והם הוי"ה כסדרן לפעמים יצטרפו אל ידד"ו, וירצה שהמלכות עלתה אל החכמה לבית אביה והת"ת מתיחד עם הבינה. וזה שביאר ורזא דמלה ה' בחכמה יסד ארץ וכו'. פי' בחכמה שהוא יו"ד היה יסוד הארץ כי הארץ היא המלכות במציאות ה' ויסוד הה"א הוא יו"ד שהוא מציאות הצלע אשר נלקח מן האדם. ופי' הרשב"י ע"ה בתקונים (תקונא י"ב דף כ"ז.) וז"ל ואתמר התם לגבי אדם ויבן ה' אלדים את הצלע אשר לקח מן האדם, דא חכמה. ויביאה אל האדם, דא עמודא דאמצעיתא כו'. הורה כי מציאות היו"ד הוא מציאות הצלע ונלקחה מהחכמה שהוא אדם העליון, ונבנתה בבנין הה"א כאשר נבאר ואז ייחדה עם התפארת. והנה יסוד הבנין שהוא ה"א הוא כזה.

וזה שכתוב חכמה דאיהו אבא י', יסד ברתא דאיהי ארץ ה' זעירא הארץ ודאי. פי' כי מציאות הנקרא ארץ דהיינו בחינתה התחתונה ענין הארץ שהיא למטה מן הכל ויסוד הארץ הזאת היתה בחכמה כדפי'. כונן שמים בתבונה, וכן התכוננות ובנין השמים היה בתבונה. כי עקרם הם מחכמה כמו שפי' בשער י' ולא ט' בפ"ב. כי מציאות רקיע הוא מחכמה אמנם כוננותו דהיינו בניינו ובחי' הסובבת ומלבשת הרקיע דהיינו בחינה הנקרא שמים זה היה בתבונה שהוא הבינה בהיותה מתייחדת עם הת"ת כדמסיק. עוד נתבאר הענין הזה בתיקונים (תקונא כ"ט דף ע"ג.) ז"ל ושכינתא תתאה מצוה כלילא מארבע אתוון איהי אתקריאת י' מסטרא דחכמה ה' מסטרא דאימא עילאה וכו' עכ"ל. הרי בפי' כי מציאות יו"ד מצד החכמה וכן אז נקראת ע"ש החכמה וכן פי' במ"א (בהקדמה ד"י) כד אתנטילת מחכמה אתקריאת ראשית על שמה ע"כ. וכן היא ה' מצד הבינה דהיינו הבנין דכתיב (בראשית ב) ויבן ה' אלדים את הצלע. ושני שמות האלו מורים על הבינה. וכן ביאר הרשב"י בפי' שה"ש (בז"ח דף פ"ג) בפסוק כיריעות שלמה, ושם פירש כי לפעמים יהיה בניינה מן הבינה במציאות ט' דחפי על י'. כי הבינה למ"ד וכאשר יבנה בנין סביב הי' של מלכות יצטייר בצורת ט' דהיינו למ"ד בעגול כזה.  וכן נתבאר ענין המציאות הזה בעובדא דינוקא. ולאהבה הקצור לא נאריך בהבאת לשונם הנה. וכן ביארו הענין בזהר (פ' ויחי דף רמ"ו) וז"ל מלכותא קדישא לא קביל מלכותא שלימתא עד דאתחבר באבהן, וכד אתחבר בהו אתבני בניינא שלים מעלמא עילאה עכ"ל. (וכ"ה בזהר וארא דף ל"א). הנה בפי' כי עיקר בנין שלה דהיינו ה' היא ע"י הג' אבות שהם ג' ווי"ן כמבואר בפרק הקודם. וכן מכחם נבנית היא בג'

וי"ן דהיינו ה' ועקר הבנין מעלמא עילאה דהיינו סוד הבינה כדפי'. וכן נתבאר הדרוש הזה ג"כ בספר הבהיר ז"ל א"ר ינאי הארץ נבראת קודם השמים שנאמר ארץ ושמים. א"ל והא כתיב את השמים ואת הארץ. א"ל משל לה"ד למלך שקנה חפץ נאה לא היה שלם ולא קרא עליו שם ואמר אשלימנו ואתקן לו כנו וחבורו ואז אקרא לו שם. הה"ד לפנים הארץ יסדת ומעשה ידיך שמים, ואומר עוטה אור כשלמה נוטה שמים כיריעה המקרה במים עליותיו, ואומר עושה מלאכיו רוחות משרתיו אש לוהט ואח"כ יסד ארץ על מכוניה בל תמוט עולם ועד. כשתיקן לה מקום אז תאמץ בה שנאמר בל תמוט, ומה שמה, ועד, ומכונה עולם והיינו עולם ועד עכ"ל. ופי' הארץ נבראת, הכוונה כי המלכות קדמה לת"ת במציאות גילוי אצילותה כאשר יתבאר בשער המיעוט בפ"ג. והביא ראיה לזה מפסוק ביום עשות ה' אלקים ארץ ושמים, כנראה שהארץ קדמה לשמים. והקשו לו מפסוק את השמים ואת הארץ כי שמים נבראו תחלה כדמוכח מפשט הפסוק. והשיב להם בדרך משל נאה למלך שקנה חפץ נאה שהיא המלכות וענין הקנין הזה הוא תחילת אצילותה בחכמה והוא ג"כ נקרא מלך ומפני שלא היה שלם כי היתה במציאות צלע חסרת הבנין. ואמרו ולא קרא עליו שם. הכוונה לא האצילוהו ולא גילהו להיות נגבל ומכונה בשם אלא העמידו עד הכנותו ועד הכנת מקומו שהוא המרכבה שעליה עומדת כבוד המלכות הוא המכון שלה. וההשלמה הוא הבנין בנין הצלע שהוא מציאות הה"א שבה כדפי'. והביא ראיה לזה מפסוק לפנים הארץ יסדת פי' קודם השמים הארץ שהיא המלכות יסדת. וענין יסדת הוא היסוד המוסד בחכמה כאמרו אבא יסד ברתא כדפי'. ומזה הכתוב ראייה על ענין יסוד הארץ שהוא קודם למעשה שמים דהיינו כוננות השמים. כי מעשהו הוא על ידי הבינה כמו שיתבאר בשער ערכי הכנויים. וזהו ואמר אשלימנו שכוון אל הבנין הנזכר לעיל. ולענין המכון הכריח מפסוק עוטה אור כשלמה. ולהבין ענין ראייה זו צריך שנעתיק הנה מה שביאר בזה הסבא (בפ' משפטים דף צ"ח) וז"ל עוטה אור כשלמה, דא שירותא דיומא קדמאה. נוטה שמים, הכא אתכליל שמאלא ולא אמר מאד אתכליל שמאלא בימינא למהוי נהיר בכללא דשמים. המקרה במים עליותיו, הכא נפיק בחדווה ההוא אילנא דחיי נהר דנפיק מעדן ואשתרשו ביה במימוי אינון תרין בדי ערבות דאינון גדלין במימוי הה"ד המקרה במים עליותיו. מאן עליותיו, אלין בדי ערבות. ודא איהו דכתיב ועל יובל ישלח שרשיו. ודא הוא רזא דכתיב נהר פלגיו ישמחו עיר אלקים. מאן פלגיו, אינון אלין שרשיו, והכי אקרון עליותיו, שרשיו, פלגיו. כלהו אשתרשו באינון מים דההוא נהר. השם עבים רכובו, דא מיכאל וגבריאל אלין הם עבים. המהלך על כנפי רוח, למיהב אסוותא לעלמא, ודא איהו רפאל. מכאן ולהלאה עושה מלאכיו רוחות וכו' עכ"ל. ועם היות שהמאמר הזה צריך ביאור עם כל זה אל כוונתינו למדנו שנזכר בפסוק זה סדר האצילות גדולה גבורה כלולה בת"ת ושתי הנצחים שהם נצח והוד וכן משך הנהר. אמנם המלכות לא נזכרה עדיין. ולכן הזכיר המרכבה התחתונה שהוא מיכא"ל וגבריא"ל ורפא"ל. ואין ספק ששם נזכר אוריא"ל שזהו כוונת כנפי רוח לשון רבים וכן נזכרו שאר המלאכים הרי בפי' שנזכרו המרכבות שהם המכון שלה ואז אמר יסד ארץ על מכוניה. וזה רצה באמרו כשתיקן לה מקום אז תאמץ בה פי' אחר שברא המרכבות אז היא מאומצת וחזקה ואז בל תמוט. ודקדק באמרו ומה שמה ועד. פי' שם המלכות שהוא היסוד (שלה) מציאות הי' הנקרא ועד. ואפשר הטעם מפני שעדיה הגיע האצילות, ונבאר בערכי הכנויים (בע' עד). ומכונה עולם כי המכון הוא מצד הבינה כי הבנין נבנה בבינה והוא מציאות הה"א שהם מצד החסד והגבורה והת"ת ומשם מיכאל גבריאל רפאל או אוריאל כמו שנבאר בשער ההיכלות פ"ז. ומטעם שעיקר המכון על שם הבינה אמר ומכונה עולם, ע"ש הבינה הנקרא עולם. וזהו בל תמוט עולם ועד. וענין בל תמוט, ע"י שתשפיע ותקבל תתקיים ע"ד שכינה בתחתונים שבארנו בשער מהות וההנהגה. והנה נשלם ביאור המאמר. ומתוכו נתבאר עקר ההקדמה שאנו בביאורם. ועם ענין הקדמות המציאיות הנזכר בשער הזה יתבאר ענין קשה מאד בענין הכוונה בק"ש בפרק א' של ק"ש במלת אחד. שאנו מעלים הספי' אל הבינה

ומשם ולמעלה. כי הלא זהו ענין היובל שישובו הענפים אל שרשם ויחזור הכל אל הבינה והעולם חרב ואבד, וא"כ מהו התיקון שאנו מתקנין בכוונה זו. ועם ההקדמה הזאת יובן הענין כשנעלה (כשתעלה) מדה או מדות למעלה עם כל זה מציאותם נשאר במקומן. ואין זה ענין היובל כי ביובל יחזרו גם המציאיות והענפים אל מקורם. וכן ביאר הרשב"י בפקודא דקדושה (בזהר אמור דף צ"ג) וז"ל וכיון דישראל קא מקדשי סלקא מתתא לעילא יקרא עילאה עד דאסתלק וא"ו רזא דשמים עלאין לעילא. כיון דאינון שמים אסתלקו לעילא נהיר ההוא קדש בהו וכדין אקרי לעילא קדוש. ולבתר נהיר ההוא נהירו עילאה על כורסייא דאיהו שמים. ואינון שמים תייבין לדוכתייהו ומתיישבן ביה בההוא נהירו וכדין אקרי קדוש. לבתר נחית ההוא נהירו עד דנטיל כלא חד צדיק עלאה דרגא יקירא עלאה לקדשא כלא לתתא. כיון דאיהו נטיל כלא כדין אקרי קדוש וכו' עכ"ל. ונבאר אותו בקיצור. למעלה מזה פי' הרשב"י כי ג' קדוש אחד בכתר אחד בת"ת אחד ביסוד, וכל ג' מדרגות האלה מקבלים קדושה מהקדש העליון שהוא הכתר. והוקשה להרשב"י כי בכתר אין קדוש בוא"ו אלא קדש. ותירץ לזה דשמים שהוא ת"ת הנקרא וא"ו מסתלק לעילא ובעלות הוא"ו אל הכתר הנקרא קדש מה שהיה קדש נעשה קדוש. וחזר ואמר לבתר נהיר ההיא נהירו עילאה על כורסיי"א דאיהו שמים פי' מציאות הת"ת הנשאר במקומו שהוא כסא אל מציאות הדק שהוא סוד הרקיע כמבואר בשער י' ולא ט' פ"ב. ומציאות המתגלה נקרא כסא אל מציאות העולה וכמקרה הזה אל הת"ת, כן מדבריו נלמד אל מציאות שאר הספי' שמציאותם נשאר במקומם. ומשם מתפשט קדוש שני וג' ביסוד שהוא משך וא"ו. ואגב אורחין למדנו ענין הג' וי"ן. א' הכתר ע"י הדעת הדק העולה שם כמבואר, ושני בת"ת ממש, ושלישי ביסוד. ע"כ. והנה נשלם הפ' הזה ונכלל השער הזה:

שער ט"ו הוא שער ממטה למעלה

הנרצה בשער זה לבאר ענין הנזכר בספירות בתיקונים ובזוהר ממטה למעלה וממעלה למטה, כי לכאורה הדבר קשה כי מה שהם ממטה למעלה היינו ממעלה למטה והוא מונה אותם ב"פ כאשר יתבאר:

פרק ראשון:

הענין כי הספירות כמו שהם ממעלה למטה כסדרן כתר חכמה בינה גדולה גבורה תפארת נצח הוד יסוד ומלכות כך הם ממטה למעלה כתר חכמה וכו' כיצד כתר במלכות וחכמה ביסוד ובינה בהוד וגדולה בנצח וגבורה בת"ת ות"ת בגבורה ונצח בגדולה והוד בבינה ויסוד בחכמה ומלכות בכתר. וכדי שלא יקשה ענין זה בעיני המשכיל נמשיל לו משל נאה והוא כדמיון נצוץ השמש המתפשט ממקורו ומכה במראה הלטושה אז אורו מתהפך וחוזר אל מקורו וזהו הנקרא בין החוקרים אור המתהפך. וכן אנחנו כאשר רצינו לרמוז בשערינו אלה אל הסוד הזה קראנוהו בשם אור המתהפך או אור החוזר שהכל ענין אחד. ונחזור אל הכוונה שממש כדמיון האור הנז' כן דמיון האצילות כי הספי' שהם האצילות ומתפשטות ממעלה למטה כסדר הישר בספי' זהו שקראנוהו לפעמים בשערים אלה אור הישר והוא שהם מתפשטות כסדר הזה. וכן האור עושה, מצבו במלכות וחוזר אל מקורו עד הכתר ושם מצבו. וזהו נעוץ סופן בתחלתן ותחלתן בסופן כי כתר שורה במלכות ומלכות בכתר ולא זה בלבד אלא אף המלכות שבכתר חוזר ויורד למטה. ומנהגה כדרך האור הראשון עד שנעשה אור לאור ואור לאור עד אין תכלית והכל נעוץ סוף בראש וראש בסוף וזהו סוד ההויה ביושר וסוד ההויה בהפוך זה בסוד האור הישר וזה בסוד האור המתהפך כזה **א** הענין נרמז בסוד א' שהוא יו"ד בראש ויוד בסוף כזה:

והסוד הוא יוד בראש ויו"ד בסוף כי מקור האור לעולם הוא יו"ד. ומשם האור נשפע פעמים היו"ד למעלה והוא אור ישר ומקור וראש. ופעמים היו"ד למטה והוא אור מתהפך ומקור אל האור החוזר. ונמצא נעוץ סופן בתחלתן ותתלתן בסופן. וכן פירש הרשב"י בפי' משנת ס"י זו וז"ל בתיקונים (תקונא כ"א ד"ס.) והאי אבנא איהו י' בריש **א** ואיהו י' בסופה, עלה אתמר מגיד מראשית אחרית, ואיהי יו"ד ה"י

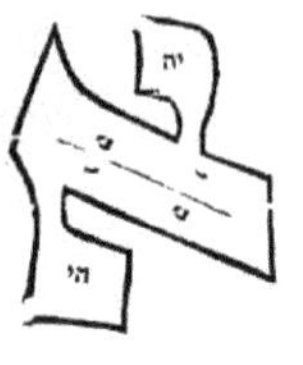

וא"ו ה"י כליל עשר ספירן דאיהו נעוץ סופן בתחלתן ותחלתן בסופן עכ"ל. כיון בשם הנזכר היות האותיות השם ביושר יהו"ה והשם בהפוך הוה"י והכל נכלל בעשר אותיות שבמלוי השם והיינו ענין **א** שהוא יו"ד בראש ויו"ד בסוף. והוא מגיד מראשית, שהוא יו"ד בסוד החכמה וקוצה שהוא הכתר. אחרית, שהיא יו"ד ג"כ. והוא חכמה בראש וחכמה בסוף. ואחר שנתבאר הענין בכלל ובקיצור נבא להכריע בדברי הרשב"י ע"ה בתיקונים [בהקדמה ד"ו.] אין קדוש כה' עלת על כלא טמיר וגניז בכתר ומניה אתפשט נהורא על יהו"ה דאיהו י' חכמה ה' בינה ו' כליל שית ספירן ה' מלכות. והאי איהו אתפשטותא מעילא לתתא ואוף הכי אתפשט נהוריה על [י' מן אדני] מתתא לעילא עד אין סוף דאתרמז באדנ"י אי"ן אנ"י. ובג"ד י"י מן יאהדונה"י עשרה הכ"ף דא כ' מן כתר עכ"ל. הורה בפי' על כוונתינו כי האור הישר יוצא ומתפשט מן המקור שהוא יו"ד עד הסוף שהוא ה'. וחוזר מי' של אדנ"י שהיא המלכות כי אדנ"י לבוש אל **יהו"ה** כזה יאהדונה"י כמו שנבאר בשער השמות בפ' י"ג ושם אדנ"י הוא סוד אור המתהפך כי שם אדנ"י ושם הוה"י הכל ענין אחד ורמז א'. וזהו סוד אנ"י אי"ן שהוא אני **אדנ"י** במלכות ואי"ן בכתר והכל רומז נעוץ סופו בתחלתו ותחלתו בסופו. וכמו שבסוד הכתר הי' על ה', כן באי"ן הי' על הן' כי הכל רמז אחד וענין א'. וכמו שבמלכות י' תחת ה', כן באנ"י נ' על היו"ד. והכל אחד זו בחכמה שהיא י' נ' בבינה שהיא ה'. ולהיות ששתי אורות מתייחדים בכתר ב' מדות שבספיר' י' מלמעלה למטה וי' ממטה למעלה לכן נקרא כ' כתר והיינו אין קדוש כה' שפירושו כ"ף כת"ר שהוא התפשטות האור ממעלה למטה וממטה למעלה כדפי'. והנה בזה נכלל המרובה במיעוט, שהספי' הם עשר ממעלה למטה בסוד האור הישר וכן עשר ממטה למעלה בסוד האור המתהפך אור החוזר. ועתה נבא בפרק זה לבאר ענין זה אפילו בקצת הספירות:

פרק שני:

הכונה בפ"ז לבאר כי לא יהיה ענין סדר זה אל הספירות כל העשר בכללם לבד אלא גם אל קצתם. כיצד אם נרצה לומר תשע מכתר עד היסוד ותשע מיסוד עד הכתר וכן ח' מהוד עד כתר וח' מכתר עד הוד וכן ז' מחסד עד מלכות וז' ממלכות עד חסד ולא זו בלבד אלא אפי' בספירה אחת כאשר נבאר.

וכל הבחינות האלה נתבארו בתקונים כאשר נבאר. והטעם אליהם הוא כי כמו שיש הארת חזרת האור מהמלכות, כן חזרת האור מהיסוד וכן מההוד וכן לכלם. וכמו שיש אור ישר מכתר כן מחכמה כן מבינה כן מחסד כי כל ספירה מקור לכל אשר תחתיה וכל ספירה היא מראה שבה מכה אור העליונה והאור חוזר עד שבדרך זה יעלו המאורות ישרים וחוזרים עד אין מספר כאשר יבין המעיין בשכלו כאשר יתן אל לבו אל הנרמז. ועתה נבא לבאר הענין הזה מתוך דברי הרשב"י בתיקו' (תקונא י"ח דף ל"א ע"ב) וז"ל אילין נפקין. וסגרו"ן סגר תרעא אבתרייהו הא מארי דאותות קא דפקין לפתחא ואמרין אדנ"י שפתי תפתח תפתח דא פתחו"ן ואלין אינון מארי דח"י ברכאן דצלותא מסטרא דח"י עלמין דמייחדין לקב"ה ושכינתיה תמן דצדיק תשיעאה איהו מעילא לתתא ומתתא לעילא ט' נקודין ט' טעמי. ועלייהו אתמר ויתן אותם אלקים ברקיע השמים ודא צדיק דביה כל נקודין, להאיר על הארץ דא שכינתא דאיהי כלילא מכל אתוון עכ"ל. ופי' כי יש צדיקים תלויים כל א' וא' לפי מעשיו לפי אצילת נשמתו מהספירות. כיצד, מי שתורתן אומנתן קרוין מארי תורה והם בת"ת, והשומר בריתו קרוי צדיק, והעומדים בתפלה בעמידה קרוין מארי דרגלין. והם תלויין למעלה כל א' לפי מקומו וסדר עבודתו בעוה"ז כאמרו למעלה מן הענין כי הצדיקים נכנסים למעלה בתפילתם לפי מעשיהם. ואמר שביציאתן המלאך הממונה על סגירת ונעילת שערי היכל סוגר הדלתות עד אשר באים להתפלל מארי דאותות השם הזה הוא בצדיק הנקרא אות. וקראם מארי דאותות כי הצדיק נקרא אות ועתה הכונה לבאר בענין היסוד לכן קראם מארי דאותות. ומלאך הממונה על הפתיחה הנקרא פתחו"ן פותח להם היכל מלך. ואמר שהם בעלי ח"י ברכות שהם בצדיק הנקרא ח"י העולמים ע"ש ח"י [החיים] התלוים בו. ואמר כי בעמידה מייחדים קב"ה ושכינתיה ע"י הצדיק המיחד אותן וקושר אותם כנודע. דצדיק ט' איהו. פי' כיצד בצדיק הם ח"י, ואומר כי הם ט' ממטה למעלה וט' ממעלה למטה. ואין לומר שהענין הוא כשנחשוב ונמנה הספירה ממעלה למטה יהיו ט' וכשנמנה ממטה למעלה יהיו ט' שא"כ לעולם אינם עולים יותר מתשע וכיצד מונה י"ח. אלא ודאי היסוד הוא בסוד אור הישר ואור החוזר. וכענין המלכות למנין עשר כן היסוד למנין ט', וכן ההוד למנין ח'. ואינם דומים אלה לאלה כי כל מספר ומספר הוא סוד בפני עצמו ובחינה בפ"ע. כמו שאין האור הישר ואור החוזר ענין א'. והטעם

כי האור הישר הוא סוד האור העיקר יסוד מוסד באצילות אמנם סוד אור המתהפך אינו מאיר בסוד אור הישר. כדמיון נצוץ השמש שלא ידמה החוזר מכחו אל עצמותו, כי החוזר תולדה אחת מתולדותיו בסבת אחד מהמקבלים, וניצוץ הישר הוא עצם הנצוץ בעצמו, ועד"ז נקיש באצילות. וכמו שלא ידמה האור בחזרתו מתוך העששיות והמראה שאינה מאירה אל חזרתו מתוך מראה בהירה ספיר גזרתה, כן הענין בסוד חזרת האור מהמלכות או מהיסוד וכיוצא בו. וכן שנוי האור לפי שנוי הגוונים במראה המקבלת הניצוץ וחוזרת אורה אל מקורה הקדמון. ואלה הם חלוקים בבחינות האורות בזולת חילוק אחר שיש בין הישר והחוזר כאשר נבאר. ועוד ראיה אל הענין בתקונים (תקונא י"ח דף ל"ד) וז"ל, ושית מזלות אינון מעילא לתתא מחסד עד יסוד, ושית מתתא לעילא מיסוד ועד חסד. מסטרא דמלכות אתקריאו ז' כוכבי לכת וכו' עכ"ל. והנה במאמר הזה מנה רשב"י שש מחסד עד יסוד ושש מיסוד עד חסד. ואם אינו כמו שאמרנו, כיצד הם י"ב אינם אלא שית. א"ו כדפרישית, והיינו בסוד אור הישר ואור החוזר שאין עניינם אחד כדפי'. ועד"ז ג"כ מנה עוד ז' מחסד עד מלכות ואם לא על דרך שפי' דמסטרא דמלכות היינו אור החוזר ממלכות עד החסד א"כ נמצאו כי ז' כוכבי לכת הם שש מזלות והכל אחד א"ו כדפי'. ולהיות כי האור החוזר ממלכות אינו כמעלת האור החוזר מהיסוד לכן הם ז' ככבי לכת שהם מקבלים מי"ב מזלות כנודע. וכן היסוד משפיע במלכות והמלכות מקבלת ממנו. ובהקדמה זו יובן מה שנתבאר בתיקונים (תקונא י"ח דף ל"ג) בענין היחוד וז"ל ת"ח יהו"ה אדנ"י אינון קב"ה ושכינתיה בתרין שוקין יהו"ה לימינא אדנ"י לשמאלא ואינון אספקלריא המאירה ואספקלריא שאינה מאי' בצדיק תרווייהו חד יאהדונה"י [והכי בתרין דרועין. הוי"ה לימינא אד' לשמאלא בעמודא דאמצעיתא יאהדונה"י] תרווייהו ביחודא חדא בסוד אמ"ן, ובג"ד גדול העונה אמ"ן יותר מן המברך. הא איהו מתתא לעילא. מעילא לתתא, יהו"ה אהי"ה תרווייהו כחדא בכ"ע כגוונא דא יאההויה"ה בחכמה ובינה יהו"ה אהי"ה. בתרין דרועין יהו"ה אהי"ה בעמודא דאמצעיתא תרווייהו כחדא. בנצח והוד יהו'ה אהי"ה דא לימינא ודא לשמאלא. בצדיק תרווייהו ביחודא כחדא וכן במלכות וכו' עכ"ל. וכיוצא בזה האריך שם הרבה. והכונה כמו שבארנו בשער מהות והנהגה פכ"ג כי ענין הזווג כמו שהוא בת"ת ומלכות כן הוא בחכמה ובינה כמבואר שם. ומצד זווג החכמה ובינה שופע השפע אל תפארת

ומלכות. והניצוץ עולה עד למעלה ולפיכך ממעלה למטה אל הימין שם בן ד' שהוא חכמה ושם אהיה שהוא בינה אל השמאל ודרך קו האמצעי מתיחדים כי הבינה משפעת דרך השמאל והחכמה דרך הימין והאמצע היא המשוה שני קצוות כמבואר. אמנם בעליה דרך הקו החוזר יעלה מת"ת ומלכות ניצוץ דרך המדרגות, הת"ת אל הימין והמלכות אל השמאל כי זה דרך עלייתם. ואל האמצעי מתיחדים כלם ביחוד. וכבר הארכנו שם בביאור המאמר הזה בקצרה. ועם הקדמת האור החוזר שביארנו יובנו עוד דברי הרשב"י בתקונים שהם לכאורה סותרים אלו לאלו, במקום אחד (בתקונא מ"ט דף פ"ג) אמר כי **ש** הוא בבינה שרש האילן, ובמ"א אמר (בתקונא ס"ט דף ק"ז) כי **ש** לתתא שורש האילן במלכות וכן ה' תתאה. ועתה קשה אם ש' שרש האילן למעלה בבינה אינו למטה במלכות ואם הוא למטה במלכות אינו למעלה בבינה. א"ו עם היות שכל האצילות אחד מיוחד עם כל זה בבחינת שתי האורות הנזכר הם שנים. יש אילן ששרשיו למעלה במקור העליון והיינו אור ישר שענפיו שית מתפרדין למטה, ויש אילן ששרשו למטה בסוד אור המתהפך החוזר וענפיו שית מתפרדין לעילא. וענין אמרו ש' שרש האילן, שכן ש' בה ג' ענפים בסוד ג' קווים קו הדין קו הרחמים קו החסד, והיינו ממש ה' שהיא ג' ווים כדפי' בשער הקודם. ואחר שכללנו המרובה במעט בפ"ז, נבא לבאר ענין אור החוזר בעצמו והצורך אליו:

פרק שלישי:

עתה זה כונתנו לבאר סוד האור החוזר מצד מהותו וסבתו. והענין הוא כי לעולם הזכר עליון משפיע רחמים והנקבה תחתון מושפעת דין. וד' דברים אלה הם אחוזים זה בזה. ר"ל א' זכר או נקבה, ב' דין או רחמים, ג' עליון או תחתון, ד' משפיע או מושפע. והדבר הזה יובן בסוד שפי' בשער הצינורות פ"א היות אור העולה וכו' כדמיון האור היוצא מן העין כמבואר שם בארוכה. ולכן בהיות המלכות מקבלת מהעשר הנה פניה מועדות לקבל מכלם בסוד אורם הישר והיא הופכת פניה כלפי מעלה ונעשה שם ההו"י. והזכר העליון משפיע בסדר וביושר הוא שם יהו"ה. וזה טעם שהשם ביושר רחמים מפני שהוא זכר משפיע בסדר המדרגות כהלכתן זו משפעת לזו. והמלכות השם בהפוך האותיות כזה הוה"י נקבה מקבלת. ולכן אמר הרשב"י ע"ה (בהקדמה דף ג'.) כל הוי"ה דשלטא ה' על ו' ה' על י' נוקבא איהי ודינא איהי. מפני שהזכרים למטה מהנקיבות כי ה"ה הם נקבות ו"י הם זכרים. והנה בהיות הנקבה חוזרת פניה לקבל אינה משפעת ודאי ובהיות הזכר משפיע אינו מקבל. וכן אמרו בספר הזהר ובספר הבהיר שאסור אדם להתעכב בנשיאות ידיו בתפלה יותר מג' שעות. והטעם כי נשיאות הידים מורה על ההשפעה כענין וישא אהרן את ידיו אל העם ויברכם כמבואר בזוהר פ' יתרו (ד"סז). ומפני שהמלכות נקרא שעה והיא מקבלת מג' קוים [בג' שעות] הנה השפעתה ג' שעות בלבד ואם ירים אדם ידיו יותר יסתכן. מפני שבעוד שעשר ספי' משפיעות אינם מקבלות וא"כ צריך להתעכב עד שיקבלו כדי שישפיעו וזהו סבה (שמות יז יא) וכאשר יניח ידו וגבר עמלק [לד]. הנה ראיה מבוררת כי בעוד שהספירות משפיעות אינם מקבלות ובעוד שהספירות מקבלות אינם משפיעות. ואף אם ימצא מנגד לזה קצת בזהר באמרו שכינה בתחתונים וכל פרטי הדרוש הזה הנמצא בזוהר, אפשר לומר כי זה דוקא סמוך להשפעתו לא בעוד שהיא משפעת. איך שיהיה מפני שסוד ההויה בהפוך הוא סוד חזרת הפנים ממטה למעלה לקבל ואינה משפעת זו היא סבה שהיא דין והיא נקבה וכן הזכר המשפיע הוא רחמים. ואולם בשם בן ד' בהפוך נמצא קרוב לזה לאחד מכותבי סודות ז"ל דע כי כמו שיש עשר ספירות פנימיות אשר הטוב בא מהם לישראל ג"כ יש י"ס חיצונות שעומדין כנגדם וכשישראל עושין עברות הם פועלות כפי הרע שישראל עושין ח"ו. ואתה בן אדם ראה גם בעין שכלך כבר ידעת כי בד' ספירות עומד השם המיוחד כי הי' עומדת בספירת חכמה וה' בבינה ו' בתפארת ה' במלכות. וכשישראל עושין רצונו של מקום ומצותיו אז מתלבשת מדת רחמים על מדת הדין כי היו"ד שבחכמה מורה על הרחמים ומתלבש על הה' שבבינה שמורה על מדת הדין וכן ו' שבת"ת מורה על מדת הרחמים מתלבש על ה' שבמלכות ואז העולם כלו בשלום ומרחם על בניו כרחם אב על בנים. ואם חס וחלילה ישראל עושין להיפך אז מתהפך מדת רחמים למדת הדין כי ה' שבמלכות מתלבשת על הו' של התפארת וכן ה' שבבינה מתלבש על היוד שבחכמה שמורה על מדת הדין. ודע לך כי כשהיו"ד מתחילת השם ואחר כך ה"ה אז מורה מדת רחמים וכן הו' כשמתחילת ואחר כך ה"ה הוא מורה על רחמים, וכשמתחילת אחת מן הב' ההין אז מורות על הדין עכ"ל. ואין ספק שמה שאמר בתחילת דבריו באמרו כמו שיש ספי' פנימיות וכו' כן יש ספירות חיצוניות, שאין כוונתו

בקליפות משום דמסיק בהשם בהפוך אתוון. אלא ודאי הכונה על האור החוזר המעלים הרחמים בסוד הקבלה וזהו הסוד ההפוך באותיות. ואין צריך לומר באותיות השם כלו שיהיה הענין הזה כמבואר לעיל, אלא אפי' בב' אותיות כגון י"ה או ה"י וכן ו"ה או ה"ו כמו שפי' האי צורבא מרבנן. וכן מבואר בתקונים כמו שנבאר בפ"ה. וכן נתבאר העיקר הזה בס"י משנה אחרונה שבפ"ג וז"ל המליך א' ברוח וקשר לו כתר וצרפן זה בזה וצר מהן אויר בעולם רויה בשנה וגוייה בנפש זכר באמש ונקבה באש"ם. המליך מ' במים וקשר לו כתר וצרפן זה בזה וצר בהן ארץ בעולם קור בשנה ובטן בנפש זכר ונקבה זכר במא"ש נקבה במש"א. המליך ש' באש וקשר לו כתר וצרפן זה עם זה וצר וחתם בהם שמים בעולם חום בשנה וראש בנפש זכר ונקבה זכר בשמ"א ונקבה בשא"ם עכ"ל. והנה במשנה זו מבוארת כל כונתינו. וזה פירושו. וקודם כל דבר ראוי אל המעיין להשכיל במה שנכתוב בשער פרטי השמות מענין יצירת האדם על ידי גלגול האותיות וצירופם ושם נבאר בארוכה ענין המליך אות פלונית וקשר לו כתר. ועם כל זה לא נשיב ידינו מלבאר הנה מה שיספיק אל הבנת המשנה. והענין כי אותיות הם ענפים מסתעפים מהשמות ר"ל כחות אצולים מעצמות הספירות כשוכנים בחגוי סלע מרום שבתם כמו שנאריך בשער האותיות. ולהיות כי הכחות אינם פועלים פעולתם אלא ע"י צירופם אל מקוריהם ובחזרתם והתקשרם אל מקורם יושפע עליהם רב שפע לפעול פעולתם בחוזק כאשר נאריך ביאורם בשער פרטי השמות. לפיכך הוצרך אל היצירה שיהיה על ידי הענפים המתיחדים אל מקוריהם דהיינו הספירות. והאותיות שהם ענפים המסתעפים מהם בהתיחדם עם השרש וחזרת הכחות אל מקורם אז פעולתם שלימה וטובה. ולהיות מקורי האותיות כוללים י"ס כאשר נאריך בשער האותיות, לזה לחזק כחם אל הבריאה נתיחד כל ענף וענף אל מקורו. וזה רצה באמרו המליך אות א' או מ' או ש', וכן לז' כפולים בג"ד כפר"ת, וכן לי"ב פשוטות הו"ז חט"י לנ"ס עצ"ק. ופי' המליך, ייחד אותה האות ואותה הענף הרוחני אל המלכות ואח"כ וקשר לו כתר. וקשר פי' תקיעה שברים תרועה שהם ג' אבות חג"ת עם ענפיהם נצח הוד יסוד ועם אבותיהם שהם חכמה בינה כתר. והיינו כתר הנזכר בפי' במשנה כי ג"ר כלולות בשם כתר כענין שכלולות בשם אי"ן וכן שלשתם כתר לג' קוין חסד דין ורחמים. ולכולהו פי' הכונה ליחד האות בשרשו שהם הספי'. ואמר א' ברוח וש' באש ומ' במים, הכונה כי אמ"ש רמיזת' יה"ו כי היוד הוא חכמה כי החכמה שורש למימי חסד. וכן ה' היא בבינה וכן ש' הוא בבינה שרש האש שהוא שורש הדין ע"ד שפי' בשער מהות והנהגה פכ"ה. והוא"ו הוא בכתר בסוד הדעת כדפי' בשער המציאות פ"ו. וכן האל"ף, כי הכתר שרש לאויר המכריע בין הקצוות כמו שפי' בשער המכריעין. ולכן כאשר נרצה ליחד הענף נייחד אותו בשרשו המיוחד בעשר ספירותיו. וזה רצה באמרו המליך א' ברוח מ' במים וש' באש, כי היחוד והקשר הוא לייחד הענף בשרשו המיוחד לו אם חסד אם דין אם רחמים ובעשר ספירותיו הנמצאים לו לפי טבעו. ואחר היחוד בענפים צריך עוד לקבל משאר המקורות עצמן להיותו כלול מחסד דין ורחמים ולזה אמר וצרפן זה בזה שהוא חוזר אל האותיות אמ"ש הנז' מראש הפרק עד כאן. וע"י הצירוף יתייחדו הכחות יחוד אמיתי ושלם ויתגלגל ויעלה התחתון וירד העליון עד ישוב הדבר הוייה כוללת. ולזה אחר היחוד של הענף בשרשו עם עשר ספירותיו הוצרך להיות מתיחד בג' כחות שהם אמ"ש הכוללים כל האצילות וזהו צרפן זה בזה, ואז היה נוצר ומתאצל ומתהווה המציאות ההוא בג' מקומות שהם עש"ן כאשר נבארם בארוכה בשער פרטי השמות בשם ע"ב. וע"י ציורם ברוחניות היו מצטיירים בגשמות העולמים הזה. ומפני ש א הוא ראש להוי"ה ועיקר לצורה המצטיירית, כי עיקר המציאות הוא מהרוח, והאש והמים סיוע בעלמא כדמות הרכבה, אבל התגבורת הוא מהרוח, לכן בין בזכר בין בנקבה בא הא' בראש הצרוף והמים והאש תחתונים. ומטעם היות הזכר ממעלה למטה באה המ' שהם המים על הש' שהוא האש כדרכם כי הימין לעולם על השמאל וזהו אמ"ש שהוא וי"ה ו"י על ה'. וכשבאה הנקבה באה ממטה למעלה שהוא אש"ם, הש' שהיא האש על המ"ם שהוא המים וזהו אש"ם אש על המים השמאל על הימין כדרך הנקבה שהוא וה"י שהוא ה' למעלה מי'. לעולם הנקבה הפך הזכר כי הזכר משפיע והנקבה מקבלת ולכן הנקבה דין. וכאשר המליך אות מ' שהוא עיקר המים לכן בין בזכר בין בנקבה המ' קודמת והיא הגוברת בהרכבה כי לעולם מדת (היום) [המים] גורמת ולכן גוברת עיקר המדה ושתי המדות שהם האויר והאש או זה יגבר או זה הזכר במא"ש שהיא הא' שהוא האויר על הש' שהוא האש והגביר הרחמים על הדין כדרך הזכר לנטותו אל הימין ברחמים א' על ש' שהוא ו' על ה"א זכר על נקבה. והנקבה באה ממטה למעלה הנקבה

במש"א הגבירה האש על האויר. הדין על הרחמים ה"א על וא"ו מגברת הדין על הרחמים ופונה למעלה כי הזכר משפיע והנקבה מקבלת. וכאשר המליך אות ש' שהוא האש בתוקף הדין בא הזכר בשמ"א שלעולם גוברת העיקר כפי מה שהוא עקר היסוד בין בזכר בין בנקבה. ולכן הש' גובר בין בזכר בין בנקבה אבל שאר אותיות ההרכבה נחלקו למחלוקת כי הזכר הגביר יסוד המים שהיא המ' על יסוד האויר שהוא הא' דהיינו הי"ו כי הה' גוברת מפני שהוא יסוד האש כמבואר אבל הוא י' על ו'. והטעם שעם היות שהוא"ו שהוא האויר שהוא האל"ף הוא רחמים, עם כל זה הם רחמים ממוצעים ורחמי החסד הן רחמים גמורים, ולכן בחר לו הימין והגבירו על המיצוע כדרך היו"ד שהיא לעולם על ו'. אבל הנקבה באה בשא"ם שהגבירה יסוד האויר על המים. והטה אותו כלפי האש ונמצאו בה האותיות ממטה למעלה כדרכה הפך הזכר כי הנקבה מגברת האויר על המים ופונה למעלה והזכר משפיע ופונה למטה ולכן באה הנקבה בשא"ם שהוא הו"י האותיות מהופכות פונות למעלה לקבל. ע"כ הגיע ביאור המשנה, ומתוכה נתבאר ענין ההפוך אפי' בשתי אותיות כמבואר לעיל:

פרק רביעי:

עוד נתבאר הדרוש הזה באור יפה בספר הבהיר. ז"ל אמרו לו תלמידיו רבינו מלמעלה למטה ידעינן מלמטה למעלה לא ידעינן והשיב ולאו חד הוי ממטה למעלה ומלמעלה למטה. רבינו אינו דומה העולה ליורד. שהיורד יורד במרוצה והעולה אינו כן. ולא עוד אלא העולה אפשר לו לעלות דרך אחרת שלא ירד. אמר להם צאו וראו. ישב ודרש להם שכינה למטה כשם ששכינה למעלה ומאי שכינה זה האור הנאצל מן האור הראשון שהוא חכמה גם כן הוא מסבב את הכל שנא' מלא כל הארץ כבודו מאי עבידתיה הכא. מלה"ד למלך שהיו לו ז' בנים ושם לכל אחד מקומו ואמר להם שבו זה על גב זה. ואמר התחתון אני למטה לא אתרחק ממך. אמר להם הריני מסבב ורואה אתכם היינו מלא כל הארץ כבודו. ולמה הוא ביניהם כדי להעמידם ולקיימם. ומה הם הבנים כבר אמרתי לכם ז' צורות קדושות יש לו להקב"ה וכו' עכ"ל. והפי', למעלה מן הענין ביאר הרב לתלמידיו הי' מאמרות א' לא' למצוא חשבון ממעלה למטה. ובהשלימו לבארם שאלו תלמידיו הנעימים רבינו ממעלה למטה ידעינן כמו שביארת לנו, ממטה למעלה לא ידעינן. והטעם לפי שכבר פעמים רבות שמעו התלמידים מפי הרב ממטה למעלה ומפני רוב ענותנותן לא ראו לדחוק השעה ולא שאלו את פי רבם עד אשר ראו כי העת עת רצון שהרב ביאר להם ממעלה למטה ביאור רחב ולזה שאלו שג"כ יבאר להם ממטה למעלה. והרב כדי לחדדם ולראות אם עמדו בסוד ה' וירדו לסוף דעתו שאל להם ולאו חד הוי ממעלה למטה וממטה למעלה כי הכל אחד ואין חילוק ביניהם וכיון שביאר להם ממעלה למטה כבר הם יודעים ממטה למעלה כי הכל אחד. והם להיותם בנים לימודי ה' השיבו רבינו אינו דומה העולה להיורד שהיורד יורד במרוצה והעולה אינו כן. פי' ממעלה למטה שהוא המשפיע הוא משפיע בתוקף הרחמים ואין השפע מתעכב אלא בא במרוצה. אבל העולה אינו כן, שהוא דין שהוא צד הנקבה ואינו רחמים כדרך הזכר כמו שפי'. ואמרו עוד חלוק אחר. כי העולה אפשר לו לעלות על דרך שלא ירד כי הירידה הוא דרך הימין כי יגבר הימין על השמאל מפני שיקדים הימין לבא ואח"כ יבא אל השמאל כי קודם יורד השפע אל החסד ואח"כ בא אל הגבורה וכן על זה הדרך, אבל העולה עולה מהשמאל אל הימין כי תחלה מקדים השמאל ומן השמאל יעלה אל הימין. והנה העלייה על דרך אחרת שאין כן הירידה. ואמרו אפשריות, כי כבר אפשר שיהיה העליה דרך ימין כלו כי אפשר שיעלה דרך היסוד אל הנצח אל החסד אל החכמה, והנה על דרך זה יהיה כל העלייה דרך ימין כלו. אמנם [אפשר] שיהיה העלייה דרך המדרגות מן היסוד אל ההוד ומן ההוד אל הנצח ומן הנצח אל התפארת ומן הת"ת אל הגבורה ומן הגבורה אל החסד ומן החסד אל הבינה ומן הבינה אל החכמה, והנה לעולם יקדים השמאל אל הימין כי מגביר הדין על הרחמים. ובראות הרב הגדול מענה תלמידיו דרך קצרה וירדו לעומק המחשבה וידעו החילוק שבין ממטה למעלה ובין מלמעלה למטה ולא נסתפק להם אלא דרך הכחות ואופן הסוד. השיב להם בטוב מענה צאו וראו ישב ודרש שכינה למטה כשם ששכינה למעלה ומאי שכינה זה האור הנאצל מהאור הישר ואור החוזר ושני האורות הם שני היודי"ן כמבואר לעיל. וזהו האור הנאצל מהאור ראשון שהוא חכמה הנאצלת מהכתר שממנה אורה מתפשטת ממעלה למטה בסוד שהיא יו"ד של שם. ואין תימה על לשון שכינה, כי הוא לשון מושאל להעלם המליצה. ועוד כי כל האצילות וכל גילוי מלכו של עולם נק' שכינה. ועוד כי עיקר גלוי והתפשטות החכמה ע"י הבינה שנקראת שכינה, וכן שם יאהדונה"י בו שמונה אותיות שהיא מבינה ולמטה. ויש לזה סמך בדברי

הרשב"י בתקונים בפסוק שלח תשלח, והתם נאמר כי שם זה הוא תמניא ספי' דהיינו מבינה ולמטה. והענין כי היו"ד היא נקודה בהיכליה. ג"כ הוא מסבב את הכל שנאמר מלא כל הארץ כבודו. פי' כי העיקר ממטה למעלה וממעלה למטה הוא מראש אצילות כ"ע ולמטה עד שיעלה למספר עשר ועשר ממטה למעלה שהם עשרים שהם עשרה עשרה הכ"ף מן כתר כמבואר בפ"ק. ועם כל זה עפ"י הדרך שהוא בכתר הוא בכל הספירות כי בכל ספירה וספירה יש אור ישר וחוזר כדפי' בפ"ג, ולכן כאן לבלתי עלות בכתר ונגוע הדיבור בו אמר אור הנאצל מאור ראשון. הכתר הוא בדרך העל' ואמר בחכמה ג"כ הוא מסבב הכל. ר"ל כי כדרך הכתר שמתפשט אורו וחוזר אליו למעלה פניו דרך מקורו, כן דרך החכמה. נמצא עפ"י דבריו מבואר ענין הכתר בדרך נעלם והחכמה בגלוי. ואמרו מסבב את הכל, הוא האור היורד למטה דרך המדרגות וחוזר ומתעלה. ונמצא לפ"ז מלא כל הארץ כבודו כל האצילות בשוה כי הכתר במלכות ומלכות בכתר אי"ן אנ"י והחכמה למטה ביסוד והיסוד בחכמה וכל המדרגות אחוזות זו בזו. וזה רצה באמרו מלא כל הארץ כבודו כי שוה לפ"ז קצת גילוי המתגלה למטה כדרך המתגלה למעלה. ולבאר הענין הטיב אמר משל למלך שהיו לו ז' בנים וכו' ודקדק כי נתרעמו התחתונים שהיו למטה עד שהוצרך מפני זה להשוותם בסוד האור החוזר על דרך המדרגות ממטה למעלה וממעלה למטה ונמצא נעוץ סופן בתחלתן ותחלתן בסופן ואמצעותן נעוץ בכל אחד משני קצוות, וכל הענין מבואר. ע"כ הגיע כוונתנו בביאור המאמר. ולא כל זה הענין בלבד אלא אפי' בספירה אחת ימצא בה שיהיה אורה ממטה למעלה וממעלה למטה. המשל בזה היסוד שבין הת"ת והמלכות שיהיו שנים א' יסוד היוצא מהת"ת אל המ' וא' יסוד היוצא מהמלכות אל הת"ת. והענין הזה בארו בזהר פ' ויצא (דף קנ"ה.) וז"ל ר' חזקיה אמר אי הכי הא אתמר כל מה דאוליד עלמא תתאה איהו בפרודא דהא כתיב ומשם יפרד. מה תימא ביוסף ובנימין, אי תימא דעלמא חד בהני, לאו איהו דהא לא נפקו מעלמא עלאה, ועלמא תתאה מה דאולידת אולידת לתתא ולא לעילא, ואי הכי פרודא איהו. אתא ר' אבא ונשקיה. א"ל מלה דא סתים איהו, דהא עלמא עילאה אתתקן בתריסר דאינון מדיליה. אבל ת"ח רזא דמלה, חזינא בכל זמנא צדיק מעלמא תתאה נפיק ועייל ביה עייל ומיניה נפיק. ובג"כ אתבני באתר דא ועקרא הוא לעילא ועקרא הוא לתתא ובעלמא תתאה איהו תדיר לעלם. כתיב ויהי בצאת נפשה כי מתה (נ"א ת"ח, בהאי עלמא תתאה צדיק ביה עייל ומניה נפיק. כד עייל איהו ברזא דיוסף הצדיק כד נפיק ברזא דבנימין, הה"ד ויהי בצאת נפשה כי מתה). מאן נפשה, דא צדיק דנפיק מנה, ודא בנימין. ותקרא שמו בן אוני דחשיבת דאולידת לתתא בעלמא דפרודא ואשתארת תריסר (נ"א חד סרי) באינון לעילא. מה כתיב ואביו קרא לו בנימין, בן ימין, דהא אסתלק לעילא בעלמא עלאה. דכד אתאביד יוסף בנימין אשלים אתריה. ועל דא צדיק בעלמא תתאה עייל ונפיק. ובג"כ יוסף ובנימין וכלהו תריסר כגוונא דלעילא ביחודא חד עכ"ל. ופי' כי למעלה מן המאמר הזה פי' רבי אבא ענין בני לאה כמו שמפורסם היות לאה רמז אל הבינה, ורחל אל המלכות. וכלל דבריו אמר בענין ותעמוד מלדת, בגין דהכא אתכלילו ארבעה סמכין. הכונה כי עד עתה היו ד' בנים רמז לד' רגלי המרכבה הם ראובן חס"ד שמעו"ן דין לוי ת"ת יהודה מלכות. עוד אמר אח"כ ותעמוד דעד הכא ביחודא חד, מכאן ולתתא עלמא דפירודא איהו. הורה כי כל מה שממלכות דהיינו יהודה ולמטה הוא עולם הפירוד כי משם יפרד. והוקשה לו לזה כי א"כ נמצא שהנולדים אחר יהודה מעולם הפירוד ח"ו. ותירץ לא, דהא אינון תרין בנין דאולידת לבתר באילין אתחברו פי' נתייחדו עם הד' בסוד ב' שוקים מיוחדים עם ד' רגלי המרכבה. והוקשה לו אח"כ בבני השפחות, ותירץ שהם ד' קשרים וכו' כמבואר שם. ועתה במאמר שלפנינו הקשה לו ר' חזקיה אי הכי הא אתמר וכו' פי' מאחר שתקנת כל השבטים וביוסף ובנימין לא דברת, כנראה דלא קשה לך מידי בהו, וקשיא טובא. בפרט במה שפירשת כי ממלכות ולמטה היא עולם הפירוד, א"כ מאחר דיוסף ובנימין הם בני רחל שהיא המלכות נמצאו בני' למטה ממנה בעולם הפירוד, וקשה לפ"ז היות יוסף ובנימין מעולם הפירוד למטה מבני השפחות. כי שנאמר שיהיו בעולם העליון א"א שהרי אמם היא למטה בסוד המלכות ולידתם בעולם הפירוד כדפי'. והשיבו מלה דא סתים איהו דהא עלמא וכו' פי' אין לומר שיהיו כלם תקוני הבינה שהיא לאה והיא צריכה י"ב בנין דכל חד כליל בחבריה וכו' כמפורסם, מפני שא"כ היה ראוי שיהיו כלם יוצאים מהבינה. וזה שאמר בתריסר דאינון מדילה, א"כ אין זו תשובה. אבל עיקר התשובה הוא בכל זמנא צדיק מעלמא תתאה נפיק ועייל. ביה כו'. פי' כל אל היסוד ב' בחינות. הבחינה הא' והיא הקודמת אל היחוד, הוא שהמלכות שופעת מיין תתאין דרך בו בסוד אור החוזר דרך התעוררות, כמבואר בשער מהות

והנהגה פי"ז י"ח י"ט. והנה לפ"ז מינה נפיק מתוך המלכות יוצא האור הזה. ועייל פי' ואח"כ נכנס בו בסוד האור הישר שדרך בו נשפע שפע הזווג אל המלכות. והיינו שהקדים נפיק לעייל, מפני שכן דרך הבחינות אל הזווג כדפי'. ומפני שאינו כן סדר דרך הבחינות אל האצילות שתחלה הוא בחינת האור הישר ומכחו מתאצל האור החוזר, חזר ואמר ביה עייל דהיינו אור הישר. ומניה נפיק דהיינו אור המתהפך. ונמצא לפי האמת שתי הבחינות האלה מצד המלכות. הא' מצד ההתעוררות ובכח ההתעוררות הוא כח השפעה, ואם אין ההתעוררות אין השפעה. נמצאת המלכות סבה אל שתי הבחינות א"כ ראוי שיתיחס היסוד אל המלכות לבדה לא אל זולתה. וז"ש ובג"כ אתבני באתר דא. פי' מצד ב' בחינות האלה הנזכרות מפני כך נבנה במלכות דהיינו יוסף ובנימין שנולדו מרחל ולא מלאה, מפני שלה נאות לסבות הנזכר. ואמר ועקרא הוא לעילא, ועקרא הוא לתתא. פי' היסוד יש לו שרש למעלה דהיינו בחינתו בסוד אור הישר, ויש לו שרש למטה דהיינו בחינתו בסוד אור החוזר. ויוסף היה סוד אור ישר, ובנימין סוד אור החוזר, ושניהם ביסוד. וז"ש ובעלמא תתאה איהו [תדיר לעלם] כי לעולם היסוד מתייחס אל המלכות שכן הוא לעולם מתייחד עמה. כתיב ויהי בצאת נפשה. על דרך (תהלים כה א) אליך ה' נפשי אשא. ותקרא שמו בן אוני דחשיבת וכו'. פי' מפני היותו בסוד אור המתחדש ומתאצל ממנה חשבה היותו בעולם הפירוד, מה שלא חשבה כן ביוסף אלא אדרבה קותה לבן אחר. והטעם מפני שהיה בצאת נפשה והיה מכחה (לכן חשבה כנ"ל), מה שלא היה כן יוסף אלא מכח יעקב בא, כדכתיב (בראשית לז ב) אלה תולדות יעקב יוסף. ואביו קרא לו בנימין בן ימין דהא אסתלק וכו'. הוקשה לו למה קראו יעקב בן ימין שאינו כן אלא בן שמאל כי סוד אור החוזר הוא בסוד השמאל וא"כ מאי בנימין. ותירץ דהא אסתלק פי' כי ג"כ שמש בנימין בסוד אור ישר דהיינו היותו מסתלק בשרש העליון וחוזר ומתפשט משם ולמטה.

וזה היה כד אתאביד יוסף, הוכרח שהיה בסוד היסוד באור הישר ששמש במקום יוסף בסוד היסוד. ועל דא צדיק בעלמא תתאה עייל ונפיק בסוד אור ישר ואור מתהפך. וכלהו תריסר וגו' שכולם למעלה כדפי'. והנה נתבאר היות ענין אור המתהפך אפי' במדה אחת כעין זה הנזכר, ויתרחב ביאור המאמר בס' אור יקר בפ' זו:

פרק חמישי:

אחר שבפרקים הקודמים ביארנו ענין ממטה למעלה בארוכה כפי אשר הורונו משמים, עד שבאנו לומר כי אפי' במדה אחת מן המדות יצדק היות בה בחינת ממטה למעלה וממעלה למטה. נבא בפ' זה לבאר יותר ויותר מזה כי גם במדה א' בעצמה יצדק היות קצתה ממעלה למטה וקצתה ממטה למעלה מינה ובה בלתי שתבחן אל זולתה. והענין שיש להקשות לדברי הרשב"י בתיקונים דקשה מדידיה אדידיה, כי במקום א' אמר ששם בן ד' במילוי יודין כזה יו"ד ה"י וא"ו ה"י שהוא נקבה דין. וז"ל בתיקונים (תקונא נ"ו דף פ"ט ע"ב) בראשית ברא אלקים. אלקים הא אוקמוה דתמן דחילו מסטרא דאת ה"י דאיהי לשמאלא דאע"ג דאת י' איהי רחמי באתר דשלטא ה' עלה נוקבא אתקריאת כגוונא דא ה"י והאי רזא מתגליא ביו"ד ה"י וא"ו ה"י דלית בריה בלא דכר ונוקבא דתרין שותפין אינון ברא וברתא אבא ואימא חד יהיב טפה דכורא וחד יהיב נוקבא וכד שליט דכורא על נוקבא איהו דכר וכד שליט נוק' על דכורא איהי נוקבא והא אוקמוה ברזא דאשה כי תזריע וילדה זכר עכ"ל. ואיך נחריש ונתאפק בראותנו כי אמר שהשם במלוי יודין שיהיה נקבה ודין ולא נזעק חמס אהה כי אין מנוסה כי הרשב"י ע"ה פי' להפך בס' ר"מ (פינחס דף רמ"ו) בהיותו משבח למרע"ה א"ל [מה ל' אסתלק על כל אתוון הכי] אתה עתיד לאסתלקא על כל בריין בגין דאסתלק לשמא דיו"ד ה"י וא"ו ה"י דביה ייי דחושבניה ל'. דבקדמיתא הוית בשם יו"ד הא וא"ו ה"א דאיהו יאא"א י"ג מכילאן דרחמי דאינון אח"ד, כען תסתלק בשם אל דאיהו ייא"י דתרין שמהן סהדין כו' הלא אב אח"ד לכלנו הלא א"ל אחד בראנו. והנה כונת המאמר מבוארת, כי מילוי יודין הוא למעלה ממילוי אלפין. והנה נודע ומפורסם מלוי אלפין בדברי הרשב"י במקומות אין מספר כי מלוי אלפין הוא בחכמה והוא כ"ח מ"ה שהוא חשבון מלוי אלפין. והנה ע"ד זה ימצא היות מלוי יודין לכל הפחות בכ"ע ואיך נתאפק לומר שיהיה נוקבא. ועוד כי השם במלוי יודין הוא מוחא ובמלוי אלפין הוא אוירא והיודין מתלבשין ומתעלמים בתוך האוירין, כל זה ביאר הרשב"י בתיקונים (תקונא ע' דף קי"ח). וקשה כי אחר שהשם במלוי האלפין היא בחכמה שהוא אבא דכורא רחמי ודאי, איך נאמר שהשם במלוי יודין שהוא למעלה שיהיה נוקבא הא ודאי קשיא. והענין הוא שאחר שאמרנו כי הענין הבחינות בסוד אור ישר ואור מתהפך הוא סוד משפיע ומושפע א"כ יוכרח היות שכל ספירה

משפעת בפני עצמה מכתר שבה למלכות שבה והאור חוזר בעצמותה ומתהפך ממלכות שבה אל הכתר שבה. והנה על הדרך זה יהי' בכ"ע בחי' אחת שהיא אותה הבחי' המתקרבת אל השרש העליון והיא משפעת ולא מושפעת ר"ל מעולם לא תחסר בה השפע אלא לעולם נשפע ובא. והבחי' הזאת אינה עולה בשם כלל ביען קורבתה אל מקורה, כמו שבמקורה לא יתייחס שם ונקודה כדפירשנו בשער אם הא"ס הוא הכתר, כן בו לא יתייחס שם מפני העלם סבתו בו כאומרו ע"ה (בהקדמת ת"ז דף ו'.) עלת העלות טמיר וגניז בכתר כו'. ולכן לא יתייחס בו לא שם ולא נקודה אמנם בו בחינה אחרת המקבלת מבחינה זו שהיא מקבלת והיא מושפעת בחי' נוקבא. וכן באר הרשב"י בפי' (בתיקונא נ"ו דף צ ע"ב) וז"ל גוון אוכמא דעינא ושערוי אוכמין וכל גוונין אוכמין שפירין אתייהיבן ביה מסטרא דאימא. חוורי דעינא וחוורו דאנפין וכו' אתייהיבת בי' מסטרא דאבא וכו'. וחוורו ואוכמו תרווייהו אשתכחו מכתרא עילאה. אוכמא מלבר וחוורו מלגאו. ועליה אתמר ועתה לא ראו אור בהיר הוא בשחקים כו', ישת חשך סתרו. והא אוקמוה חברייא, אוכמא נוקבא לחוורא. הנה בפי' כוון הרשב"י שבכ"ע עצמו משפיע ומושפע כאשר נאמר. והנה בהיות הבחי' המושפעת נקבה הוכרח להיות חזרת פניה לקבל מהמשפיע ולכן הוא ה' על יו"ד להורות סוד האור החוזר ושרשה למטה וענפיה מתפרדין כלפי מעלה שהוא ה' כדפי'. ועתה בזה יתבאר לשון הרשב"י שהקדמנו ביאור יפה. וזה פי', דתמן דחילו מסטרא וכו' פי' בשם אלהים שהוא ה' על יוד. שלא נכתב אליה"ם שמורה זכר ורחמים ואהבה אלא אלהים שהוא ה' על י' שמורה נקבה ודין ויראה. דאע"ג דאת י' וכו'. פי' הוקשה לו אדרבה מפני שיש י' בשם אלהים יורה היות בו קצת רחמים כי היו"ד אות של רחמים היא. לזה השיב כי עם היות שיש בו י' כיון שהה' שולטת על הי' יחוייב היותו דין, ואמר שסוד זה יגלה בשם מלוי יודי"ן שהה"ן שולטין על יודי"ן. דלית בריה וכו'. הוקשה לו כיון שהשם במילוי יודין הוא בכתר א"כ איך יצדק אמרנו שהוא נוקב' ומושפע. לזה השיב דלית בריה בלא דכר וכו' פי' כיון שתחלת האצילות הוא הכתר, וחכמה בינה נאצלים ממנה והם אב ואם לכל אשר תחתם. תינח הם, כי מאחר שהם זכר ונקבה יכולים להאציל כל אשר תחתם. אלא הכתר שהוא אחד לבדו האיך אפשר לו להאציל חו"ב הלא לית בריה בלא דכר ונוקבא. והטעם לזה פי' בשער מהות והנהג' פ' י"ז ביאור ארוך וטעם יפה. אלא ודאי הוכרח שבכתר עצמו הם כח דכר וכח נוק', פי' משפיע ומושפע כדפי'. ונתבאר ענין המאמר ונכלל השער בע"ה. ברוך ה' לעולם אמן ואמן:

שער ט"ז הוא שער אבי"ע

הנרצה בשער זה הוא לבאר דרוש נחמד נמצא בדברי הרשב"י ע"ה פעמים רבות אמרו עשר ספירות דאצילות ועשר ספירות דבריאה ועשר ספירות דיצירה ועשר ספירות דעשיה וסימנם אבי"ע. ולכאורה הדבר הדבר מבהיל הלבבות בהיות שקדם לנו י' ולא ט' י' ולא י"א, כ"ש שנאמר שיהיו ארבעים וענין זה יתבאר בפרקים אלו בע"ה:

פרק ראשון:

הנרצה בפ"ז לבאר הכונה במלות אצילות בריאה יצירה עשייה.

אצילות: הוא נגזר מלשון (במדבר יא יז) ואצלתי מן הרוח וגו'. ופי' הענין הוא כי כח המאציל בנאצל ואין המאציל חסר דבר אלא כמדליק נר מנר ואין הראשונה חסרה דבר בהדלקת חברתה כן בהא"ס אין חסרון בו אחר אצילות ואין יתרון בו קודם האצילות ולא אחר האצילות. אמנם כחו מתפשט בתוכו כמבואר בשערים הקודמים. ולשון אצילות נגזר מלשון אצל המזבח שפירושו ענין קורבה. והכונה להורות על רוב אדיקות השרשים בסבתם. והנה הספי' לרוב אדיקתם במקורם וסיבתם יקראו עשר ספירות דאצילות. ולכן כל הדברים הדקים הרבה המתרבים מדקות סבתם בקרבתם עם סבתם יקראו בשם אצילות. ולכן נתייחס נבואת ע' זקנים בלשון אצילות להיות כי כלם היו שואבים רוח הקדש ממרע"ה והיו אדוקים בו כאדיקות אור הלבנה עם נצוץ השמש עד שהכל אחד כנודע. ולכן כתיב ואצלתי מן הרוח:

בריאה: הנה בריאה נגזר מלשון (במדבר טז ל) אם בריאה יברא ה' וגו', אשר הכונה בו הויית הדבר בהוייה נגלית יותר מן האצילות. ולהיות כי העוביות הדברים א"א כ"א ע"י הרחקם והבדלם מן הדקות והרוחניות. לכן כאשר יתפשט ענין ההוייה להבראות, יוכרח שיבדלו ויתרחקו ההויות מעילת העלות הנעלם תכלית ההעלם ומרוחק מהעביות. ואע"פ שההויות ההם לא יהיו עבות כעביות גשמי ח"ו, עם כל זה הם רחוקות מגדרי האלהות, שהם בעלי הפרוד והחבור והשנוי והגבול. לכן יוכרח הרחקם והבדלם מן השרש. ויקראו בשם בריאה מלשון ברא בנקודת פתח כי כונתו חוץ. או מלשון כריתה [כמו כי יער הוא ובראתו] (יהושע יז) והכונה להורות על הבדל הדבר מהמקור ואע"פ שלא יהיה הבדל ח"ו:

יצירה: היא מלשון יצר סמוך תצור (ישעי' כו), שהוא יותר עב ומתגלה מבריאה. וכמו (בראשית ב ז) וייצר ה' אלקים את האדם עפר מן האדמה, הנה בעפר לקח לשון יצירה. וכן (ישעיה מג כא) עם זו יצרתי לי, כי הכונה על העוביות הדברים יותר:

עשיה: הוא דבר יותר מתגלה מן הג' הקודמים. והשם מעיד עליו, כי לשון עשיה הוא עביות הדברים ביותר. וראייה אל סדר שלשתן בפסוק א' (שם שם ז) כל הנקרא בשמי ולכבודי בראתיו יצרתיו אף עשיתיו:

ואחר שבארנו ביאור המלות בהקדמה זו, נבא עוד בביאור הענין במציאותו העליון. והענין הוא כי הספירות הם בעצמותם הם הראשונים המתקרבים אל סיבת כל הסיבות אשר נתעסקנו בהם מריש ספרא עד כאן. והוא האצילות הדק שהיה נעלם במקורו ואחר עלות הרצון לפניו נתגלה. והם מתייחדים בשרשם תכלית היחוד ויתייחסו בשם אצילות. ואחר האצילות הטהור והקדוש רצה ית' לברוא הויה שנית לאצילות והיא הבריאה והיא נקראת **כסא הכבוד** מכונה אצל חכמי הזוהר כורסייא והיא בת עשר ספירות. והטעם כי כל העניינים אשר תחת הספירות מדרגתם עשר עשר כספירות עצמן. כי עשר שבבריאה הם כסא ולבוש לי' דאצילות המתלבשות בבריאה ואותם הענפים המתאצלים מעשר ספירות ומאירים בכסא הזאת יקרא עשר ספירות דבריאה. ואל יחשדנו שומע שכונתינו לומר שהבריאה דהיינו הכסא הם עשר ספירות דבריאה. שאין זה כונתינו, אלא י' ענפי הספי' המתפשטות בה הם מאירים בה והם עשר ספירות דבריאה. ולפי האמת הם הם י' דאצילות אלא התפשטותם עד הבריאה שהיא הכסא גרמה להם שהם י' דבריאה. ואחר הכסא הזאת יצר עשר כתות מלאכים והם מתייחסים בשם **מטטרו"ן** יען היות מטטרון מלאך שר הפנים ממונה עליהם לתת לאיש לחם חקו ושפעו וחיותו וכלם שואבים ממנו. והוא על המלאכים כדמות הלב בגוף שהוא משכן החיות ומשם שואבים חיות כל האיברים לכן נייחס כל המלאכים בשם מטטרו"ן. והוא הנקרא עולם היצירה והענפים המתפשטים מי' מדרגות דבריאה הנזכר לעיל מאירים בו ומתלבשים בו וי' מדרגות שבו לבוש אליהם והם הנקראים עשר ספירות דיצירה. ואחר היצירה הזאת עשה עוד עשייה והם כל הדברים הנעשים מתחלת נקודת העשייה דהיינו כל הנזכר בפרטי מעשה בראשית עד נקודת התהום. ובו נכללים הקליפות, והכל נקרא בשם עשייה כאשר נתפשט האור הנעלם המתפשט מעולם היצירה עולם המלאכים אל עולם העשייה

הם המתיחסים בעשר קליפות ולא בהם ממש אלא על ידי כחות הקדושים כאשר נבאר. וטעם התפשטות הקדושה בהם הוא להכניעם ולהשפילם כאשר נבאר וזה יקרא עשר ספירות דעשייה. ואין כונתינו לומר שתהיה העשיה עשר ספירות דעשיה ולא היצירה עשר ספירות דיצירה ולא הבריאה עשר ספירות דבריאה ולא דאצילות, שא"כ יקשה עלינו מ' ספי' ובפי' נאמר בספר יצירה י' ולא ט' י' ולא י"א כדפי' בשער הראשון. אלא הכונה כי מציאות הבריאה הוא הכסא והיצירה הוא המלאכים והעשייה הוא כל אשר תחתיה הרקיעים והמזלות והקליפות והאור המתפשט מעצם הספירות להשגיח בעליונים ובתחתונים מתפשט מרום העולמות עד הנקודה האחרונה, והנה ניצוץ אורם המתפשט בבריאה נקרא עשר ספירות דבריאה וניצוץ אורם המתפשט ביצירה נקראו עשר ספירות דיצירה וניצוץ אורם המתפשט בעשייה נקרא עשר ספירות דעשייה. ולעולם הענפים הם מאור העליון המתפשט והם הם עצמם הספי'. ואין ספק כי בבריאה כח היוד וביצירה כח הי' ובעשייה כח הי', ואין ספק שלא תתלבש העשר ספירות דאצילות בי' דיצירה אם לא ע"י י' דבריאה האמצעיים, וכן לא יתלבשו י' דבריאה בי' דעשייה אם לא ע"י י' דיצירה. הא למדנו שאין עשר דעשייה אם לא על ידי ג' מדרגות העליונות אצילות בריאה יצירה, ואין י' דיצירה אם לא על ידי ב' מדרגות העליונות שהם אצילות בריאה, ואין י' דבריאה אם לא על ידי מדרגת האצילות. ועתה נאמר שאין כן באצילות כמו שיש בבריאה ואין בבריאה כמו שהוא ביצירה ואין ביצירה כמו שהוא בעשייה. כי כבר אפשר להתגלות ולהתנהג העולם ביצירה זולת העשייה. עד שאל העשייה פירש הרשב"י הטעם לאכפייא לאינון קליפין לקיים מה שנאמר ומלכותו בכל משלה. הורה שאין חפץ בה להנהגת העולם הזה כ"א לאכפייא וכו' כאשר יתבאר. וי' דיצירה הוא הנהגת העולם על ידי שר העולם שהוא הנקרא שר מטטרו"ן. והנה ההנהגה בעולם על ידו לא חוייבה אם לא ביומין דחול או בימי הגלות כאשר יתבאר. אמנם בבריאה הוכרח עד שהרשב"י ע"ה אמר עליה לבושין דשבתות וי"ט. והענין כי בשבתות או בי"ט יתגלה האור העליון בלי לבוש בלי אמצעי אלא הוא הוא בעצמו ע"י הבריאה, ואז נאמר על זה הענין שהקב"ה לבוש בגדי מלכות בגדי שבתות וי"ט. אבל כאשר עוד יצטרך האור של בריאה להתלבש באור של יצירה אז נאמר שהמלך לבוש לבושי חול. ולא לשלול ממנו שאינו לבוש לבושים דשבת מבפנים אלא כל עוד שאין ההארה ע"י לבושים הפנימים אלא ע"י לבושים החצוניים יקרא שהוא לבוש בגדי חול. המשל בזה למלך שלבוש בגדי חופש ורקמה וממעל למדיו לבש מדו בד, הנה אז יאמר על המלך שהוא לבוש בגדי חול שהתראותו לפני עבדיו הוא בלבוש בד כא' הגולים. אבל כאשר האצילות אורו זך בלי אמצעיות היצירה אלא ע"י הבריאה שהוא הכרח לעצמות האור וחולשת הנשמות בעולם השפל, אז נאמר שהמלך לבוש לבושי שבת וי"ט ובגדי חופש וחירות. וכאשר תתלבש הבריאה ביצירה שהוא מטטרו"ן וי' כתות המלאכים אז נאמר שלבש בגדי גלות ועבדות אחר שהאור הנמשך אלינו הוא ע"י הגלות והעבד. וזהו הקיצור להמאמרים שנבאר עוד. ועתה נאמר כי יחס הבריאה אל האצילות כיחס האצילות אל העצמות המתפשט אשר נתעסקנו בביאורו בשער עצמות וכלים, ויחס היצירה אל הבריאה כיחס הבריאה אל האצילות, ויחס העשייה אל היצירה כיחס היצירה אל הבריאה. והענין כי השנויים והעונשים והגשמות הוא רחוקה מהעצמות כמבואר שם. אמנם יפעלו השינוים ע"י הכלים שהם ספי' האצילות, ועם כל זה לקרבתם אל מקורם הם רחוקים מהשנוים עד שנצטרכו אל כלים להתלבש בהם והם הבריאה, והבריאה עדין רחוקה מהגשמות והשנויים עד שנצטרכו אל כלים להתלבש והם היצירה, והיצירה עדיין רחוקה מהשנוים עד שנצטרכו אל העשייה שהם המזיקים הפועלים רע בפועל. ולפחותי הנפש (ע' בעסיס רמונים פ"ז ובפלח פ"ג)לפעמים הם מלאכיהם לטוב. וזה בחוצה לארץ. כי בארץ ישראל אין עשייה שולטת כלל כי אין קליפות ואפי' מלאך המות אין שם, וכל השנויים הם נפעלים ע"י י' דיצירה, כגון המיתה הוא ע"י מלאך [מענפי היצירה] המתלבש בדין ובאכזריות חמה לא ע"י מלאך המות הטמא ח"ו. וכאשר ישראל הם בגלות או בימות החול אז הם מוכים בעונותינו מפני דין המתוח והעולם מתנהג ביצירה בעלי השנויים יותר. ובימות השבת וי"ט שאין דין אלא צדיקים יושבים ועטרותיהם בראשיהם בתוספות נשמתם אז העולם מתנהג בבריאה הנקרא כסא. ולפחות מזה א"א מפני שלא יחשבו כ"כ. כי אין סיפוק בידם בעולם הזה להנות אלא מאור הבריאה שהוא הכסא. עד שתתפשט הנשמה מהגוף כי אז תהנה מהאצילות שהם הספירות. ואחר שבארנו זה הענין בכללות אבי"ע, נבא עתה בפרקים הבאים לבאר כל חלק וחלק מאלו כל א' לעצמו:

פרק שני:

בחלק האצילות: הנה **האצילות** הוא עצם הספי' אצילות מהאין סוף. ויחודם בהא"ס הוא ע"י העצמות המתפשט בהם. ויחודם בעצמות פי' בשער ד' פט"ו. הנה נמצא בעצם האצילות ג' בחי'. א' בחי' אין סוף, ב' בחינת העצמות, ג' בחינת הספי' עצמם. וזה מיוחד בזה וזה בזה כמו שפי' בשער הנזכר. והנה אל רמז ג' בחינות אלה כיון הרשב"י בתיקונים [בהקדמה ד"ג:] וז"ל די"ס דאצילות מלכא איהו וגרמיה חד בהון, איהו וחייוי חד בהון, מה דלאו הכי בי"ס דבריאה דלאו אינון וחייהון חד, לאו אינון וגרמיהון חד עכ"ל. הרי בפי' דקדק בלשונו באמרו באצילות איהו וגרמיה חד בהון להורות אל ג' בחינות הנזכר. מלכא איהו, היינו הא"ס בבחינתו הקדומה. וגרמיה, היינו בבחינת התפשטות העצמות בספי', וקראו גרמיה כאמרו עצמותו. חד בהון, פי' בהספי' שהם הבחינה השלישית. ומפני שיחוד הא"ס בספי' הוא ע"י עצמות המתפשט אמר איהו וגרמיה חד בהון. ומלת אחדות בין גרמיה אל בהון, להורות שיחוד הא"ס בספי' עם היות שאינם עצמותו הוא ע"י עצמות המתפשט והעצמות המתפשט מתייחד עם הספירות כדפי' בשער הנזכר. ואין תימא במה שקרא לא"ס מלך, שהוא המלך האמיתי מלך מלכי המלכים. איהו וחייו חד בהון. פי' איהו שהוא א"ס, וחייוי היינו העצמות שהוא החיות שלו שהוא שולח אל הספי'. ומלת וחייוי פי' חיים המתפשט ממנו והם חיי הספירות. וזה מוכרח לפי שאינו בעל חיים עד שנאמר חייוי חיים שהוא חי בהם ח"ו. אלא הוא חייו והוא עצמותו. מה דלאו הכי. פי' בבריאה וכ"ש ביצירה אינו כן, לפי שאין האור המתפשט והבריאה חד שאין חייהם שהוא האור המתפשט והבריאה עצמה אחד. שאין יחודם האמיתי אלא למעלה בספי' האצילות. וזה כח המאציל בנאצל שהוא העצם המתפשט להכלים בלתי מתפרד לעולם אפי' רגע אחד, אבל בבריאה יצירה ועשייה יחודם לפרקים כמבואר בפרק הקודם. ואמנם אל המלך המתייחד בנאצליו עבודתנו ותפילתינו וברכתינו ושבחנו וקיום מצוותינו ועסק תורתנו ויחודנו וזמירותינו אליו. אליו ודאי ולא למדותיו אלא בהצטרפות עצמותו. וזהו שיקובלו תפלתינו ושנוכל להגבילו בשמות ומלות ודברים. כי הא"ס בבחינת עצמו לא יוגבל בשם ולא יתכנה לא בכנוי ולא בשם, וע"י מדותיו הנאצלות נוכל לכנותו בשמות כפי יחס כל שם ושם אל כל ספירה וספירה. וכל שמות הקדש וכל כנוייהם ושם בן ד' ומלואיו כלם כנויים לעצמותו ע"י ספירותיו הנאצלות. אבל בבריאה יצירה ועשיה אין שם משמות בן ד' ומלואיו ולא שם משמות שאינם נמחקים ולא כינוי מכינויו יתב' ולא יתייחסו אליהם שאין באלו לא יכולת ולא גבורה אך בהתפשט האור בתוך הבריאה אז יתכנו בשמות שאינו נמחקים בשם אדנ"י ובשם הנתבאר במס' ברכות (ד"ז) א"ר ישמעאל פעם אחת נכנסתי לבית קדשי קדשים וראיתי את אכתריא"ל י"ה יהו"ה צבאות כו'. ואין ספק שאכתריא"ל הוא שם שר הבריאה ועם כל זה נתייחס אליו ג' שמות י"ה הוי"ה צבאות על כח אור הספי' המתפשט בתוכן, ולכן א"ל ישמעאל בני ברכני לפי שהיתה שעת רצון, ולכך אמר יהי רצון כו' ויגולו רחמיך על מדותיך דהיינו פשיטות הרחמים על המדות בהיותו תוך הבריאה שהוא אכתריא"ל. והנה קראו י"ה יהו"ה צבאות כי בי"ה נכלל ג' ראשונות וביהו"ה נכלל ג' אבות, כדפי' בשם הרשב"י בשער השמות פ"א. כי י"ה בחסד ו"ה בגבורה ובאמצע ת"ת יהו"ה מיחד הימין והשמאל. ובצבאות נכלל נצח והוד שהם נקראים צבאות וכן היסוד שהוא אות בצבא שלו, והיא עצמה נכללת במלכות שהיא שם אדנ"י לפעמים כאשר יתבאר. ולסבה זו לעתים יתייחס שם משמות הקודש אל הבריאה. וזהו סבה כי ימצא רמז בדברי הרשב"י היות קצת מדברי הספי' מתייחס אל הבריאה. ואחר שדברנו בענין האצילות דבר מספיק, נבא בפרק זה לבאר ענין הבריאה:

פרק שלישי:

בחלק הבריאה: הבריאה הוא **הכסא**, ונקרא בלשון הזוהר כורסיא. וז"ל הרשב"י ע"ה [בר"מ פ' בא ד"מג.] ולית עליה אלהא אחרא דאוסיף וגרע ביה. לבתר עבד משמשין לאילין מאנין כורסייא בד' סמכין ושית דרגין לכורסייא הא עשר וכולא איהו כורסייא וכו'. ומ"ש ולית עליה אלהא וכו' פי' בשער עצמות וכלים פ"ח. והיתה כוונתינו בהעתקתו הנה להורות על קשר מאמר עם המאמר שהעתקנו שם ונתעסקנו בביאור ע"ס הנאצלות. ואמר לבתר עבד פי' לאחר שהשלים אצילות י' ספי' עוד רצה לברוא כסא שהיא משמשא בי' מדרגותיה לי' ספירות דאצילות שהם המאנין כדפי' שם, ובאר שהמשמשים הם הכסא שיש לה ד' סמכין ושש מדרגות שהם י'. ומפני שהוקשה לו שא"כ יהיו י"א, העשר והכסא הנסמך על העמודים והמדרגות נמצאו י"א, לכן אמר וכולא כורסייא פירוש קיבוץ הכל הוא הכסא. שאין הכסא זולת ענין המדרגות והעמודים, אלא קבוץ המדרגות והעמודים הוא

הכסא. וענין ד' סמכין ושש מעלות, הוא מפני שכן נחלקות הספירות כמו שנאמר בספר יצירה אחת שתים שלש ארבע ואח"כ שש קצוות כדפי' בשער ג' בפ"ד. ונקראים משמשים לי' ספירות, מן הטעם שפי' בפ"ק כי היא פועלת השנויים בהתלבש אור הי' ספירות בי' משמשין. עוד בתיקונים (בהקדמה דף ד') בענין הכסא, וז"ל ודמות החיות מראיהן כגחלי אש. אילין אינון נקודין דאורייתא דאינון תשעה דבהון אתבריאו ט' גלגלים דכורסייא. כורסייא איהו עשיראה לט' גלגלים ונהרין בהון י' אתוון דיו"ד ה"א וא"ו ה"א ובהון אתבריאו עכ"ל לעניינו. והנה ביאר כי הט' נקודין הם ט' ספי' כנודע וכמו שנבאר בשע' שם בן ד' פ"ד. ואמר שעל ידיהם נבראו תשע גלגלים של הכסא שהם עצמם עצם הכסא כדפי' לעיל בענין העמודים. ואמר כורסייא איהו עשיראה נתכוון לתרץ למה הם ט' גלגלין ולא י' כמשפטם, ואמר שהטעם מפני שהכסא עצמו משלים המנין כי הכסא הוא על הגלגלים. ונהרין בהון י' אתוון כיון על נצוצות הספי' המתפשטות ומאירות אורם בכסא. וי' אתוון הם עשר ספי' עצמם כמו שנבאר בשער הנז'. ודקדק עוד באמרו ובהון אתבריאו פי' בכח י' אותיות המתלבשות בהן נבראת כהדין קמצא דלבושי' מיניה כי הכסא וגלגליו לבוש אל האותיות שהם הספי'. והאותיות סבה אל הלבושי' נמצאו הכל אחד. וכן ראוי לעולם שלא להפריד בריאה מאצי' שהם לבושי י"ט. ואמר הרשב"י בתיקונים (שם דף ג) וזכאה איהו מאן דלביש מלכא ומטרוניתא בי' ספירן דבריאה כו', והכוונה על האור המתפשט בהם שהספירות הם האותיות. וסוף המאמר הזה באר הרשב"י עוד (שם דף ד') כי בראשית ברא אלדים, פירושו בשכינה שהיא תורת אמת תורתו של אמת דהיינו שכינה הנקראת ג"כ ראשית והוא המורה מה שנעלם בת"ת ולכן נקרא תורת אמת ולשון תורה הוא לשון הוראה, ואמר שבמלכות הנקראת ראשית ברא דהיינו בריאה. אלדי"ם שעול"ה בחשבון הכסא שעולה למנין פ"ו. והאריך שם בענין והכלל כי הכסא נבראת מכח המלכות והיא עולם הבריאה לבוש אל האצילות. עוד בתיקונים (שם ד"ו) וז"ל הכא שם הוי"ה איהו וכנוייה חד בגין דמיניה אשתכח כנוייה אבל מסטרא די"ס דבריאה לאו שם יהו"ה וכנוייה חד הה"ד כל הנקרא בשמי ולכבודי בראתיו וכו' הרי ספירות אתקריאו בשם הוי"ה ובשם אדנ"י ואינון דאדנ"י אתבריאו וכו' עכ"ל. ופי', למעלה מן הענין ביאר שם בן ד' במלואיו איש על דגלו באותיותיו ואח"כ אמר הכא שם הוי"ה איהו וכו'. הכוונה בשמות הנזכר שהם באצילות. שם הוי"ה הנרמז בכל האצילות בכלל כדפי' בשער עצמות וכלים וכמו שנבאר בשער שם בן ד'. הנה האצילות איהו וכנוייה חד, כמו שפי' בפ"ב שבאצילות הוא יחוד גמור יחוד האמיתי אבל בבריאה אין העצמות והספירות מתיחדות יחוד גמור ואמיתי כדפי' למעלה. כל הנקרא בשמי וכו' פי' נקרא בשמי אבל אינו שמי ממש, והיינו בראתיו פי' בריאה מלשון הבדל כדפי'. הנה שאין היחוד הגמור אלא אדרבא נבדל מהשורש. הרי ספי' אתקריאו בשם הוי"ה. פי' האצילות נקרא בשם בן ד'. אמנם הבריאה נקרא בשם אדנ"י. וכמו ששם הוי"ה כולל כל העשר כן שם אדנ"י כולל כל עשר כי הם ד' אותיות נגד ד' כמו שנבאר בשער השמות שאלו הד' הם היכל לד' האלו, וכן הבריאה היכל אל האצילות. והנה ענין הבריאה וענין הכסא הוא, שכאשר נטרדה שכינת עוזו ונתמעט הירח הרבה את חייליה להפיס את דעתה. וענין רבוי חייליה הוא, כי כל ספירה וספירה נתנה ובראה מכחה ענף אחד, ונתייחדו י' ענפים למטה מהמלכות ונעשו לה כסא והוא הכסא שאמרנו לעיל. ואלו הי' ענפים הם היכל לי' עליונים והם משפיעים איש איש על עבודתו ואל ענפו התחתון, ולפי שהם למטה מהמלכות הם נקראים על שמה אדנ"י וז"ש ואלין דאדנ"י אתבריאו. ובענין זה יובן כי במקום א' חלק הרשב"י ע"ה י' ענפים לד' סמכין ושית דרגין, ובמ"א (הנ"ל) לט' גלגלין וכורסייא. והטעם, כי מאחר שהם ענפים נבראו מי"ס לכן נחלקים בחלקי הספירות ושני החלקים הנזכר הם חלקים מורגלים בספי'. וקרוב אל ענין זה מצאנו עוד בס' הזהר פ' משפטים (דף קכ"ו.) וז"ל היא החיה אשר ראיתי תחת אלקי ישראל כו'. מאן חיה דא. אמר רבי יוסי א"ר חייא חיה זוטרתי. וכי אית חיה זוטרתי. אין. חיה זוטרתי, וחיה עלאה, וחיה זוטרתי דזוטרתי. ויראו את אלהי ישראל דייקא כמה דאמינא עכ"ל. וכונתו כי חיה שתחת אלהי ישראל היא הבריאה, וקראה זוטרתי מפני החיה עלאה שהיא המלכות. והנה המלכות נק' אלהי ישראל, פי' שכינתא של הת"ת. והקשה וכי אית חיה זוטרתי, כי עד עתה לא שמענו אלא המלכות הנקרא חיה. והשיב אין, חיה זוטרתי שהיא הבריאה, וחיה עלאה שהיא המלכות, וחיה זוטרתי דזוטרתי שהיא היצירה. או ירצה כי קרא חיה זוטרתי למלכות. ומה ששאל וכי אית, מפני שלא נדמה אלינו לעולם היות חיה למעלה ממלכות עד שנקרא המלכות בערכה חיה זוטרתי. ותירץ אין, חיה זוטרתי שהיא המלכות, וחיה עלאה שהוא

הת"ת עד שבערכו נקרא המלכות זוטרתי, וחיה זוטרתי דזוטרתי היינו הבריאה שהיא למטה מהמלכות. ואצלנו הראשון עקר ומוכרח מתוך המאמר במקומו. וכן עוד קרוב לכונתינו מצאנו לר' יצחק הכהן בר יעקב ז"ל, וז"ל כבר עמדתם על שרשי אצילות המעלות מראש כ"ע עד הברכה חיים עד העולם. עכשיו יש להתעורר סוד האצילות הנאצל מהם אצילות מעלות כדמות גויות לנשמות נקובים בשמות כאשר קבלנום מחכמי קדם ומספרים דרב חמאי, לא ראיתיו בכל פרינציאה כ"א לג' חסידים. הא' היה בנרבונה חכם מופלג מקובל מפי זקן ורב וגם רבו הזקן הקדוש ההוא היו מעידים עליו כי אליהו היה נגלה אליו מיום הכפורים ליוה"כ, והשנים באדלי היא העיר הגדולה. האצילות הראשון שהוא כדמות גוף רוחני לאצילות הקדמון שמו סביא"ל וקוראים אותו שר רום המעלות. השני לו היא אצילות חכמה ששמו פליא"ל הוא שר פלאות החכמה וקבלנו ששמו אשר בו נגלה אצילותו הוא זקוניא"ל ושמו סגסגא"ל בחשבון והדרת פני זק"ן (ויקרא יט) והוא מטע החכמה מטע ה' להתפאר והסימן ביום נטעך תשגשגי (ישעיה יז יא) כי הסמך והשין מתחלפים זה לזה ומוצא אחד להם. השר השלישי הוא השר הנאצל מאצילות התשובה שהוא אוצר לכל יודעי בינה ובעלי יראה גדולה ושמו ירואיא"ל. ושלשתם רמזם הכתוב בתורה בפסוק א' מפני שיב"ה תקום והדרת פני זק"ן ויר"את מאלהיך. אלה השלשה נקראים גויות לנשמות קשורים זה בזה כדמות השלהבת הקשורה בגחלת פנימות לפנימיות עזרי מעם ה' וכו'. הז' מעלות, עוד מהם ג"כ ז' מעלות נאצלות בדמות גויות לנשמות ואם הנה רוחניות. שם המעלה הראשונה מיהרו"ן שר החסד המיוחד למים, השני לו גבירורו"ן הוא שר של גבורה החזקה והנוראה, הג' שמו ידידרירו"ן הוא שר הרחמים שהוא ידיד ה', הד' שמו סתירירו"ן הוא שר יסוד עולם הגנוז והנסתר בקו האמצעי הנקרא סתר עליון וזהו יושב בסתר עליון בצל שדי יתלונן (תהלים צא א) ודי למשכיל, הה' שמו נצחירירו"ן הוא שר הנצחון הוא נצח ישראל. הו' הודירירו"ן הוא שר נאצל מאצילות ההוד. הז' שמו ספירירו"ן הוא שר נאצל מאצילות סוף כל המעלות. ואלה שמות הגבורים אשר מעולם. וקבלנו בזה כי הג' ראשונות נחתמים בסוף בשם א"ל, והז' רו"ן בסופם. כי הג' הם כחות מכחות הנאצלות בכח החפץ הגדול האדיר העליון על כלם עלות על כל העלות וסיבת כל הסבות. והז' כדמות נרות דולקים ומאירים כל אחד ואחד נר"ו מהשבעה פנימיים, שהם כדמיון נשמות פנימיות והם כדמיון גויות רוחנית. עכ"ל החכם מנוחתו כבוד. ואמר שי' כתרים אלה הם לבוש אל י' כתרי הספי' ושהם לבוש אל הרוחניות כדמיון גויות לנשמות, ואין ספק היות הענין הזה הכסא הנזכר לעילא הוא הבריאה. ואח"כ הוסיף הרב בביאור ג' עמודים נאצלים ממדת המלכות. ושמם מלכיא"ל על שם מדת המלכות, והשני עטוריא"ל ע"ש עטרת זהב הבינה, והג' נשריאל ע"ש הת"ת. ואמר כי כלם נאצלים מהמלכות והם נושאים אותה ועובדים עבודתה ומעלים הכסא מאצילות לאצילות עד ידיד ה' המחבק אותה ומנשקה באמצעות יסוד עולם. ואמר כי י"ג ענפים אלו הם י"ג מדות. ושם סימן אל שלשה עמודים אלה נע"מ חרו"ן, ופי' בשם זה הכולל שלשתן, כי רו"ן רמז בת"ת דכתיב (ירמיה לא) רנו ליעקב שמחה וע"מ (מ"ב יב ל) עטרת מלכם, שהם ג' מקורותם שכלם במלכות, וג' מדות אחרונות הם אלו. ונוטריקון נע"מ חרו"ן, נוש"א עו"ן מר"ד חט"א, למען ישוב מחרון אפו ויחמול וירחם. ע"כ כלל דבריו בקיצור נמרץ. ומפני שאינו מתיחס אל ענינינו קצרנו בו בכל האפשר. ואחר שנתבאר בפ"ז ענין הבריאה, נבא לבאר בפרקים אחרים ענין היצירה:

פרק רביעי:

בחלק היצירה: כבר בארנו כי היצירה הוא **מטטרו"ן**. ולא מטטרו"ן ממש אלא על דרך אשר נבאר. והענין הוא כי המלאך הזה נקרא בשני שמות פעמים נקרא מטטרו"ן ופעמים נקרא מיטטרו"ן ביו'. והכונה כאשר המלאך הזה לבוש השכינה והשכינה מתעלמת בתוכו והיא מראה פעולתיה על ידו אז נקרא מיטטרו"ן ביו"ד רמז אל השכינ' הכלולה מעשר היורדת ומתעלמת ומסתתרת בתוכו, ולא השכינה ממש אלא ניצוץ והאור המתאצל מהשכינה והוא ניצוץ ואור כלול מי' נציצות. וכביכול הדבר הזה נקרא גלות השכינה וזה נתבאר בתיקונים [תקונא כ"א דף סא.] וז"ל ועוד שלף איש נעלו, דא גופא דאיהו אתתא כלי דיליה ודא מטטרו"ן. ונתן לרעהו, דלזמנין אשתכח ביה עמודא דאמצעיתא ולזמנין צדיק. ולזמנין שכינתא עלאה איהי תעודה ביה, ולזמנין שכינתא תתאה איהי תמורה ביה. ודא איהו גל נעול וביה מעיין חתום דאיהי שכינתא י' כלילא מי"ס י' מן מיטטרו"ן כל ספירן פועלין ביה בהאי עלמא שפלה וביה יבום וחליצה וגט פטורין. וכל אתוון ביה אינון תמורות כגון מצפ"ץ ואיהו נעילת חגין וזמנין וי"ט נעילת דלת בפני לווין. ביום

הכפורים דאיהו עלמא דאתי לא איתקרי הוי"ה באדנ"י דאיהו דין [ואיהו נעל נעילת דלת] ואינו נועל הדלת אלא איהי פתיחא לקבל שבים. ובג"ד יום הכפורים אסור בנעילת הסנדל, דלית יחודא ביה לקב"ה ושכינתא דלזמנין איהי שכינתא ואסתלק קב"ה ולזמנין קב"ה ואסתלק שכינתא. ובג"ד עונת ת"ח בשבת, דביומין דחול דשליט מטטרו"ן אתמר ביה יהיה סגור ששת ימי המעשה, ביה איהי סגירא תרעא. וביום השבת יפתח, יפתח תרעא ותיפוק מיניה שכינתא לאתייחדא עם בעלה עכ"ל. וזה פירושו שלף איש נעלו דא גופא פי' ת"ת הנקרא גוף ונק' איש כנודע. והנה ת"ת שולף הנעל שהיא המלכות בהיותה במטטרון הנק' ג"כ נעל כדפי' לעיל. וכבר נודע כי נעל הוא כלי כי כן הכריעו במסכת מציעא (דמ"ז.) בענין הקנין שצריך כלי, ולכן מלכות שנקראת כלי נרמז במלת נעלו. וזהו שכפל אתתא כלי דיליה. פי' היא אשתו ולכן נק' כלי וזה היחס שלה במלת נעל. ונתן לרעהו. כבר נתבאר בשערים הקודמים כי ת"ת ויסוד הם ב' רעים בבחינת המלכות ששניהם משמשים עמה כי פעמים תתייחד המלכות עם הת"ת עצמו וע"י צדיק ופעמים בצדיק לבדו. ומה שקרא עתה לת"ת גוף מטעם שקורא למלכות אתתא כלי וכו'. וענין שליפה אינה אלא ברגל, לכן קורא לת"ת גוף כדי שתתיחס אליו לשון שליפה. ולזמנין שכינתא עילאה כו'. הכונה לבאר לשון הכתוב (רות ד) וזאת לפנים בישראל על [הגאולה ועל התמורה כו' וזאת התעודה בישראל], והאריך בזה להכריח שהמלכות היא בתוך מטטרו"ן כדמפרש ואזיל. ובינה נקרא תעודה והמלכות תמורה. ואמר ולזמנין שכינתא תתאה איהי תמורה פי' נקראת תמורה ביה, פי' במטטרו"ן, וזה יהיה לפי היות הנהגת העולם על ידה פעמי' ע"י הבינה פעמי' ע"י המלכות כאשר נבאר. וכל זה יהיה ביחוד תפארת ויסוד עם שתיהם כדפי'. והטעם שנק' הבינה תעודה, מפני שבה מתוועדים כל המדות ר"ל שש קצוות, או בסוד היובל. והמלכות נקרא תמורה, מפני שבה תמורות כל מה שבעליונים דוגמתו ותמורתו בה, כעין הים שיש בה כל שיש ביבשה (ע' זהר בשלח מ"ח ב'). ודא איהו גן נעול. לפי הנראה לכאורה דגן היינו בינה דאיהי נעולה ביה ומעין היא מלכות דאיהי חתומה ביה. ודוחק לפרש כן. אלא תרווייהו אמלכות קא מהדר דאיהי גן ומעיין. ושתי בחינות הם בה. גן בערך בחינתה הנקראת שכינה תתאה דהיינו מציאות ה. ובערך הנקראת יו"ד היינו מעיין פי' נקודת המעיין והמקור היינו ו. והיינו דקאמר

דאיהי שכינתא י' כלולה מי"ס, והיא חתומה בתוך מטטרו"ן, ולזה רמז באמרו י' מן מיטטרו"ן שהיא השכינה הגנוזה בתוכו, ונקרא השכינה י' לרמוז שהיא כלולה מי' כאשר היא גנוזה בתוך מט"ט. ולזה אמר בהכרח, כל ספירן פועלין בי' בהאי עלמא שפלה. פי' כל הספי' מתלבשות במטטרו"ן לפעול ע"י מטטרו"ן בעה"ז, ולזה הוכרח היות השכינה כלולה בתוכו כמו שנבאר עוד. וביה יבום וחליצה. פי' בו ענין חליצת סנדל שרומז שם להפשטת הנעל כדפי', או יבום שהוא ונתן לרעהו, דהיינו הצדיק שהוא ריע אל הת"ת ומיבם אשתו, והכל ע"י מטטרו"ן כמו שאמר למעלה ולזמנין צדיק וכו'. וכן גט פטורין שהוא ענין גרושין וגרושי השכינה מבעלה הוא בהיותה בגלות במטטרו"ן כמו שנבאר. וכל אתוון ביה אינון תמורות. פי' כל שנוי שמות ברל"א שערים הם ע"י מטטרו"ן כאשר יתבאר שם, ותמורות יהו"ה באדנ"י הוא במלכות. וכל תמורה הוא במטטרו"ן הא כיצד, אלא שהמלכות היא בתוך מטטרו"ן. וענין התמורה יתבאר בשער הצירוף. וענין נעילת חגין וכו', נודע כי סתם חג וי"ט הוא במלכות ולא תקבל בהיותה נעולה בתוך מטטרו"ן נמצא מטטרו"ן הוא נעילת חגין וכו'. נעילת דלת בפני לווין. כי הוא נועל דלת השפע בפני המלכות שלא תקבל מבעלה, כי לא יתיחדו בימות החול אלא על ידה. וענין לווין, פי' כי הירח לווה מן השמש כענין שנאמר (משלי יט יז) מלוה ה' חונן דל. פי' כי הת"ת מלוה ומשפיע אורו ושפעו למלכות וחייליה כדמיון השמש עם הירח ושאר הכוכבים. ומטטרו"ן נועל הדלת, כי בהיות ימות החול אז היא נעולה ולא תקבל כי אם ע"י. ולא ע"י ממש אלא כמו שפי' כי שכינה בתחתונים צורך גבוה, כי בהיות האם מניקה חלב לילדיה יתרבה החלב בדדיה וכן בהיות המלכות מנהגת העולם היא בעצמה מחלקת מזון בשופע לכל חייליה והתחתונים ואז יתרבה בה השפע והטוב. ובהיות ימות החול והגלות אז לא תשפיע כ"א בצמצום ואז אינה מקבלת שפע בשופע. וזה מה שפעמים נמצא בדברי הרשב"י בתיקונים ובשאר ספריו שמלכות מקבלת מזון ע"י שליח מטטרו"ן, וזה א"א דברים כפשוטן כי מי נתן מלאך נוצר בתוך האצילות, אלא כדפי', ועוד נוסיף לקח בענין בפרק הבא. ובימות החול והגלות הדלת סגור ונעול מתנהג ע"י השר הזה. ובימות השבתות וי"ה אז הוא חירות ויובל. ועם הענין הזה נתבאר שאר המאמר. אמנם לרמוז אל שהגלות היא העלם שכינה בתוך מטטרון נרמז עוד בתיקונים (תקונא נו דף צ.) וז"ל כד גלת שכינתא כל ספירן נחתו עמה

ולית פרודא בה ובין י' ספירן וכד נחתו אתלבשו בשית יומין דחול שית ענפין. חסד ביומא קדמאה גבורה ביומא תניינא עמודא דאמצעיתא ביומא תליתאה תלת ספירן תניינין בתלת יומין אחרנין דאינון יומא רביעאה חמישאה שתיתאה וכו' עכ"ל. הנה בפי' שהשכינה גלתה ביומין דחול שהוא מטטרון. וכדפי' הרשב"י במ"א (בהקדמה ד"ב ע"ב) וז"ל והכי סליק מלאך כחושבן תרין שמהן כחדא, ובג"ד אתקרי מלאך שר הפנים דע"י שליח דא מתייחדים בשית יומי דחול עכ"ל. וזהו ענין הזוג בימי החול שהוא ע"י מטטרו"ן כאשר נמצא בדברי הרשב"י. ועוד כענין הזה פי' הרשב"י בר"מ (בפ' תצא דף רפ"א.) וז"ל ועל התמורה, שכינתא תתאה באן אתר אתטמרת בעולימא דילה מטטרון עכ"ל. ועוד בתיקוני' (תז"ח דף קי"ט.) ויונה קדישא כל שית יומין דחול אזלא מנדדא מדוך לדוך. ואם אשכחת צדיק בעלמא אתדבקת ביה ואם לאו אתחזרת לקינהא בההוא אתר דאקרי ק"ן צפור. ומאי ניהו קן דילה מטטרו"ן די שמיה שדי דאיהו נטיר תרעא דאתמר ביה זה השער לה' כו' עכ"ל לעניינו. ולמעלה מהמאמר הזה ספר בשבחי המלכות ביום השבת וי"ט ביחודה עם בעלה למעלה, ועתה בא לבאר כי בימי החול אין הדבר כן. וענין ימי החול האלה לפי האמת קשה להולמם כי לכאורה ישתומם המשכיל. כי ח"ו נראה סלוק השגחה קצת כי מסר השגחתו לתחתונים, וכן קשה שנאמר כי גם בהיות ישראל על ממשלתם בהיות ימי החול שיהיו מונהגים על פי המלאך הזה שזכרנו והרי הוזהרנו בו (שמות כג כא) אל תמר בו ודרז"ל אל תמירני בו. וביאור התר ספקות אלו יתבאר בפ' זה:

פרק חמישי:

בענין התר ספקות שנסתפקנו בפ' הקודם נתבארו במאמר מזהר פ' נח (דף ע"ה), ז"ל ר' שמעון פתח כה אמר ה' אלקים שער החצר הפנימית הפונ' קדים יהי' סגור ששת ימי המעש' וביום השביעי' יפתח וביום החדש יפתח. האי קרא אית לאסתכלא ביה דאיהו רזא כמה דאתמר יהיה סגור ששת ימי המעשה וביום השבת יפתח וביום החדש יפתח וגו' אמאי יהיה סגור כל אינון יומין דששת ימי המעשה. אלא אילין ימי חול דתרעא דא יהיה סגור דלא לאשתמשא חול בקדושה. וביום השבת יפתח וביום החדש יפתח דהא כדין שמושא דקב"ה וכדין אתנהיר סיהרא לאתחברא בשמשא. ת"ח, תרעא דא לא אתפתח באינון שית יומי דחול בגין דהא באינון יומי דחול עלמא תתאה אתזן ושלטין כל אינון שית יומין דחול על עלמא בר בארעא דישראל. ואינון דשלטי [לא שלטי בארעא קדישא] בגין דהשער הזה יהיה סגור אבל ביום השבת וביום החדש כולהו מתעברן ולא שלטין בגין דהשער הזה איהו פתוח ועלמא איהו בחדוה ואתזן מתמן ולא אתיהיב עלמא לרשו אחרא. ואי תימא דכל אינון שיתא יומין אינון שלטין בלחודייהו. ת"ח, הפונה קדים, עד לא יקומון לשלטאה איהו אסתכל תדיר בעלמא אבל לא אתפתח לאתזנא עלמא מקודשא בר ביומא דשבתא וביומא דחדשא. וכלהו יומין כלהו מתדבקין ביומא דשבתא ואתזנו מתמן דהא כדין ביומא דשבתא כולהון תרעין פתיחן ונייחא אשתכח לכלא לעילאי ותתאי. ת"ח, וירד ה' לראות, נחת מקודשא לחול ורדיד פרישא לאשגחא במה דבנו וקיימו קיומא לאתערא על עלמא לדחלא להון עכ"ל. והנה בפי' ביאר הרשב"י במאמר הזה שאין ההנהגה ע"י המלאך הזה בא"י באמרו ושלטין כל אינון שית יומין דחול על עלמא בר בארעא דישראל. הנה בפי' שאינם שולטים בא"י לפי שחלק ה' עמו. והועד בתורה (דברים יא יד) תמיד עיני ה' אלקיך בה מראשית השנה ועד אחרית שנה. וענין זה יהיה בהיות ישראל על ממשלתם. ועתה יתבאר עם הענין הזה ספק אשר בו יתקשה כל מעיין בקראו במאמר הזה כי בא"י אין שליטא לימי החול, ובשאר המקומות אשר שולטים בפי' נראה מתוכו שאין יחוד ופתיחת השער אלא בשבת ור"ח. וקשה דקיימינן דע"י שליחא מתייחדים ביומי דחול כמבואר בפ' הקודם, ונראה משם בביאור דבימי החול הפתח הזה פתוח אל ימי החול שהרי ע"י מתיחדים כמבואר שם בפירוש. א"ו היינו בימי החול דא"י דאז ודאי בא"י מתייחדים. וא"א שג"כ בא"י לא יהיה יחודא אלא ע"י הצדיק, שא"כ היה ראוי שיהיו כל ימי החול קדש בא"י ואין הדבר כן. א"ו שהדבר ממוצע. והיינו שיתייחדו והיחוד הוא ע"י המלאך הזה ולא יהיה לו שליטה לזון א"י אלא המזון הוא ע"י השכינה, אבל בח"ל יהיה מזונותם על ידו. עוד נוכל לומר להתר הספק הזה כי מה שנדרש בתיקונים שהיחוד ע"י מטטרון, הוא אחר הגלות שהשכינה גלתה על ידו כדפי' בפ' הקודם. אבל בזמן ב"ה אין היחוד על ידו כלל. וזה בעינינו דוחק. ואחר שהגיענו הקב"ה אל הדרוש הזה ראוי שנבאר ענין היחוד הזה שהוא ע"י המלאך הזה מה טיבו. שאין לומר שיכנס המלאך הזה בתוך האצילות לייחד הספירות שעם היות שקודם הסתלקו מן העולם היה בשר ודם ומצד זה הוכרח היות לו

נשמה אצולה מלמעלה כמונו, עם כל זה סוף סוף מפני מה תשתנה נשמה זו שיתייחדו על ידה הספירות משאר נשמת הצדיקים והנביאים הטובים והנעימים שלא יעלו במדרגה הזאת בנשמתם אחר אשר היחוד הזה הוא ע"י נשמה עד שלפי האמת היא מתייחדת בבעלה על ידי נשמת הצדיקים כאשר נבאר ולא מפני זה נאמר שיהיו הם המיחדים. וג"כ זו הנשמה עם היות שזכתה ליחד ב' הספירות האלה למה יתבטל מעלתה ביום השבת, כי אדרבא היה ראוי שיגדל כחה בשבת לייחדם, ואעפ"כ לא מפני זה נאמר שיתייחס היחוד אליה כדפי'. ועוד כי לא מפני שהנשמה אצולה יזכה המלאך הזה ליכנס אל האצילות, שסוף סוף מציאות המלאך הזה הוא גוף חנוך ממש כמו שדרשו בפרקי מרכבה גופו נהפך ללפידי אש וכו'. וכיון שכן אין ראוי שיכנס גופו ביותר זך שיהיה אל הקודש פנימה ליחד לב' הספירות. ואם נאמר שיהיה היחוד ע"י הנשמה שהיתה לו. הנה לפ"ז נשמתו אינו ממש המלאך שהרי המלאך הוא הגוף כדפירשנא, וא"כ איך אמר הרשב"י שהם מתיחדים על ידי שליחא. ועוד נוסף על כל זה איך אפשר שיתיחדו איש ואשתו שלא ע"י אבר ברית הקדש, והרי היסוד הוא ברית הקודש אל היחוד העליון ואם לא יתיחדו על ידו איך אפשר שיתיחדו. ועוד בעוד שמתיחדים ע"י המלאך, יסוד האמצעי ביניהם להיכן הלך ומה עניינו אז. לכן ראוי לחקור קודם על ענין יחוד היסוד וממנו נבא אל יחוד המלאך. ונאמר כי בזולת שהיסוד מעבר אל השפע כדרך שהאבר מעבר אל הזרע, עוד לו פעולה אל היחוד והוא בחינות אורו ממטה למעלה וכדפי' בשער ממטה למעלה. ובאותו בחינה מקבל היסוד תפילתן של ישראל ומעלה אותם למעלה וכן עשיית מצותם. והם הם המיין נוקבין דאושידת נוקבא לקבלא מיין עילאין כדפי' בשער מהות והנהגה פי"ט. והם רוחניות התפלות שמזדככים אותיותיהם ואורם מבהיק וכן אור המצוה ורוחניותיה וחיותם הוא מציאות אור היפה ונעים המתעלה עד היסוד. וזהו הנדרש בתיקונים אצל היחוד הנז' שאמר שם שקבלת התפלות בשבת הוא ע"י היסוד. והטעם כי בהיות הבל פיו של אדם כח מתאצל מנשמתו, כפי שעור נשמתו תהיה שיעור תפילתו. והנה ביום השבת שיש באדם תוספות נשמה ממקום גבוה כאשר נבאר בשער הנשמה הוכרח היות רוחניות האותיות הקדושות עולות עד היסוד. ומפני זה קבלת התפלה בשבת ע"י היסוד, כי יש כח ברוחניות האותיות במציאותם א' על א' לעלות דרך עליית הנשמה עד הצדיק ששם מאיר הנשמה, כמבואר בתקונים בפסוק (דניאל יב) והמשכילים יזהירו כזהר הרקיע, דנהרין ברקיע וכו' ע"ש. ועם היות שהתפלות שהתפלל אדם בימי החול לא יהיה בהם הכח ההוא, עם כל זה הם מתעכבים עד יום השבת שבדרך עליית תפלות השבת יעלו עמהם שאר התפילות. ויש סמך לזה בזהר פ' פקודי בהיכלות בהיכל ראשון ע"ש. וכאשר רוחניות המצוות ורוחניות התפלה עולין עד למעלה בסוד רוחניות היסוד, היות השפע הנשפע בעבורו כנגד שיעור דקות המצות והתפלה. ולכן היחוד ביסוד, פי' כפי דקות היסוד שכן הוא המראה ושופע ההתעוררות. וזהו ביום השבת. ולאשר בימות החול אין קבלת תפלתן של ישראל ע"י היסוד אלא ע"י מלאך. יען שאין כח בנשמה להעלות רוחניות האותיות עד למעלה מפני שאין התפלה עולה ברוחניות אלא לפי שעור הנשמה וכחה כדפי'. וכאשר התפלה לא תעלה אלא עד המלאך הזה הנה התעוררות יהיה כפי שעור דקות המלאך הזה. שבהיות המלכות לוקטת המעשים כפי דקות שיעור של המלאך לא ישפיע לה בעלה שפע אלא כפי דקות ורוחניות המלאך הזה, שפע שאינו שלם ואינו כל כך רוחני אלא שפע שאינו נשלם אלא כעביות המלאך. וזהו ענין היחוד בימי חול, ולא שיכנס המלאך הזה באצילות. ויש לנו ראיות אל כל העניינים וההקדמות הצריכות אל הדרוש הזה אלא לאהבת הקיצור לא רצינו להאריך בהם. ועם כל זה כאשר יעיין המעיין בשער מהות והנהגה פ' י"ט כ' וכן בשער הנשמה יתיישבו דברינו יותר ויותר עאכ"ו. ונחזור אל מאמר הזה שאנו בביאורו, כי מפני היות נראה לכאורה שענין ימי החול והשער הסגור הוא סלוק ההשגחה, נמלט ממנו הרשב"י באומרו ואי תימא דכל אינון שיתא יומין אינון שלטין בלחודייהו. ת"ח הפונה קדים עד לא יקומין לשלטאה איהו אסתכל תדיר בעלמא אבל לא וכו'. פי' שאין הכוונה באמרנו ושלטין כל וכו' שההנהגה הוא על ידם ח"ו. כי עם היות שאמר שער החצר הוא סגור אין הכונה להשגחה כי בההשגחה לעולם הוא משגיח בעולמו אלא הכונה אל המזון שאינו נשפע אלא מלמטה במאמר העליון. ואמר ת"ח הפונה קדים וכו' פי' כי מזה רצה להמלט הנביא באמרו הפונה קדים, פי' המשגיח כמקודם אל ימות החול כי אותה ההשגחה שהיתה קודם הוא עצם ההשגחה המשגיח עתה ואין לחלק בענין ההשגחה. והמשל אל המלך העומד לדון את הארץ ולפנים בביתו יש לו אוצרות מליאים כסף זהב

ובימים ידועים זן בני ביתו בכסף ובזהב הפנימים ובימים אחרים זן אותם בכסף ובזהב המעט אשר לפניו ולעולם הוא הדיין הוא המשגיח והזן אלא הפרעון וההוצאה יש בה חלוק בין הימים, וכן הדבר למעלה ממש. ומה שאמר לעיל וכדין אתנהיר סיהרא לאתחברא בשמשא. דקדק במ"ש בענין היחוד כי ענין החילוק שבין חול לקדש הוא ההתעוררות וההארה מלמטה. וז"ש וכדין, פי' בעת יום השבת אתנהיר סיהרא לאתחברא, ולא אמר וכדין אתחברא וכו' אלא אתנהיר לאתחברא, דהיינו ההתעוררות העליון בסוד דקות היסוד כדפי'. ומה שאמר ת"ח וירד ה' נחת וכו' הוא לבאר ענין וירד ה' לראות את העיר ואת המגדל וגו', ואמר שהירידה הזאת היתה שירדה השכינה ונתגלתה בחול דהיינו מטטרו"ן. ורדיד פרישא פי' כי הי' פרוכת בינו ובין העיר והמגדל אשר בנו שהיא הקליפה שהחזיקו וקיימו להם לאלוה. ונחזור עתה בפ"ז לבאר מאמר התקונים (תז"ח) שהיינו בו שאמר שם:

פרק שישי:

ויונה קדישא כל אינון ו' יומין אזלא מנדדא מדוך לדוך כו' פי' שכינתא נודדת ממקום למקום להשגיח בבעלי העבודה ואנשי מעשה להשכין שכינתה בהם מפני שעל ידיהם יתייחד עמה בעלה שהם עוסקים בתורה שהוא הת"ת השורה עליהם נמצאת מתיחדת עם בעלה ולכן היא מתדבקת עם הצדיק. וכענין זה נדרש בזהר פ' נח (דף ס"ו) ע"פ והקימותי את בריתי. אמר רבי שמעון מלה סתים איהו באתערותא דדכורא לגבי נוקביה כד איהו מקני לה. ת"ח רזא דמלה כד צדיקא איהו בעלמא מיד שכינתא לא אתעדיעת מיניה ותיאובתא דילה ביה. כדין תיאובתא דלעילא לגבה ברחימו כתיאובתא דדכורא לגבי נוקביה כד איהו מקני לה, וע"ד והקימותי את בריתי אתך, אתער תיאובתא בגינך. כגוונא דא ואת בריתי אקים את יצחק. והקימותי את בריתי אתך, למהוי את בריתי בעלמא עכ"ל. והענין הוא כי בהיות שהשכינה רודפת אחר מעשה המצות כדי שעל ידיהם יהי' לה יחוד בבעלה ובהיות האדם צדיק בעולם רודפת אחריו ומתייחדת עמו כדי שע"י מעשיו הטובים תעורר היחוד לבעלה ולכן היא קודמת. ובהיות הענין כן מקדים הצדיק ומתייחד עמה ע"י המעשים ההם נמצא התעוררות הצדיק ההוא גורם לצדיק העליון להתייחד עם השכינה. והמשל בזה אל האשה הרודפת אחר איש זר ומרוב אהבת בעלה אליה מתעורר ומקנא אותה ומתייחד עמה שלא לזוז ידו מתוך ידה רגע. כן הצדיק העליון כיון שבזכות הצדיק התחתון שכינה שורה עליו לסבת מעשיו מהר ימהר הצדיק העליון להתייחד עמה. וזה ענין נקבה בין ב' צדיקים הנזכר בזוהר במקומות רבים וז"ש וע"ד והקימותי כו'. וכבר נודע בחכמה הזאת כי מבשרי אחזה אלוה ואין יחוד בלי קישוי, וזהו והקימותי קימה ממש מורה על התעוררות הצדיק אל השכינה, וזה ענין ראייתו מפסוק ואת בריתי אקים את יצחק, וזהו אתער תיאובתא תאוה ממש כדפי'. והענין כי ע"י מעשה הצדיק הם המים נוקבין שהיא צריכה אל הזיווג כדפי' בשער מהות והנהגה בפי"ט. ואחר שיש מיין נוקבין הכרח הוא שיהיו מיין דכורין כי לא יעצור כח אחר שיש זכות והוכרח לזכור ברית עולם כנדרש במקומות רבים מהזוהר. ולהיות הענין הזה בו' ימי חול שאין לה זווג היא רודפת ומבקשת לה מנוחה עם הצדיק. וח"ו כשלא מצאה מנוח לכף רגלה אמר דאתחזרת לקינא דילה ואתטמרת תמן פי' היא מתעלמת ומסתתרת בסתר ההוא. והענין כי בהיות הצדיק בעולם יהיה מכון ובסיס לשכינה והשכינה משכנה בתחתונים לסבות שאמרנו ויתגלה אור השכינה ע"י הצדיק אור השכינה ממש בלי אמצעי. ואחר שאין צדיק בארץ שיהיה ראוי לענין הזה הנה האור ההוא מתעלם ובא דרך המלאך שהוא ימי החול ואם תתייחד תתייחד על ידו על הדרך שפי' בפרק הקודם. ואל יתבהל המעיין להשיב שאחר שאין מעשה הצדיקים במה יתייחד, שאין כוונתינו לומר שאין מעשים טובים כלל ח"ו שא"א לומר בלי צדיקים [לה], אלא כונתינו שאין צדיק שיזכך עצמו כ"כ כדי שיהיה הוא מכון וצפוי [לו] לאור השכינה כנדרש לעיל. ואז היא חוזרת ומתעלמת בקינה. ואמר שבזמן ההוא נקרא המלאך הזה ק"ן צפו"ר לפי שהוא קן אל הצפור הנודדת מקינה שהיא השכינה כנודע. מט"ט די שמיה שדי כו'. נודע כי השם הזה מיוחס אל יחוד ת"ת ומלכות בין ביסו"ד בין במלאך ואז נקרא שמו שד"י כשם רבו וכן עולה מטטרו"ן שד"י. והביא עוד ראייה דאיהו נטיר תרעא פי' שומר הפתח העליון והיא פרכת המסך לפני השכינה הנק' שער ה'. הנה כל מה שסבבנו בכל זה להורות ענין העלם השכינה במטטרון בגלות ובחול. ויש עוד כמה ראיות בדברי הרשב"י ומפני שדי לנו בהקודמות ולאהבת הקצור לא נאריך עוד בזה. ונאמר כי ענין הזה נקרא יציר"ה. וראיה מהתקונים (בהקדמה דף ג) וז"ל ואי תימא דרזא דא חזא יחזקאל, לא חזא אלא דמות דאלין חיון ולא דחזא חיון אלא כמלכא דשלח שטר בחותמיה ודיוקנא דמלכא רשימא על שעוה

מחותמיה. דבספירן [דאצילות] איהו דיוקנא דמלכא ממש ובספירן דבריאה חותמא דמלכא ובספירן דיצירה ובמלאכין דאינון חיון ציורא דחותמא בשעוה וכו'. והנה גילה לנו בפי' כי יציר"ה הוא חותם דשעוה והם אותם שראה יחזקאל. ואמר ובספי' דיצירה ובמלאכין. הורה שהיצירה הוא המלאכין שכלם נכללים במטטרון. ובזולת זה לפנים מן הענין אמר (שם ד"ו ע"א) ומסטרא דציורין דשעוה חזא יחזקאל [אילן מראות דחמא]. הנה בפי' כי המראות היו ביציר"ה ולא בבריא"ה ולא באצילות. ולפנים מן הענין אמר (שם ד"ו ע"ב) שביעאה כמראה הקשת. הקשת דא צדיק יסוד עלמא, כמראה דיליה לתתא מטטרון דא חזא יחזקאל דאיהו כליל כל מראות עכ"ל. הלא תראה כי כל המראות שראה יחזקאל שאמרנו שהיו ביצירה היינו מטטרון. עוד בתקונים במ"א (בתז"ח דף קי"ב) בהיותו מתעסק במראות יחזקאל, וז"ל חיזו תניינא ועל דמות הכסא דמות כמראה אדם עליו מלמעלה, הכא חזא עמודא דאמצעיתא סמיך לשכינתא וחזא ליה מגו מטטרו"ן דאיהו שד"י עכ"ל. ודקדק ביתור לשונו באמרו דאיהי שדי הכונה כי המלאך הזה הוא המייחד הספירות האלה שהם ת"ת ומלכות ומפאת בחינה זו יתייחס אליו שם שדי כדפי' לעיל ולכן ראוי ליחס בו שבו ראה יחזקאל ב' המדות יחד כדפי' בתחלת דבריו. והיינו דקאמר קרא ועל דמות הכסא דהיינו המלכות, דמות כמראה אדם וכו' דהיינו תפארת, מיוחדים יחד בלתי שנעריך שזה חמישי וזו אחרונה אלא ראם מיוחדים זו אחרונה וזה שני לה מפני שמדרך המלאך שבו נראו המראות לייחד ב' מדות אלו. הנה בפי' מתוך המאמר הזה כי המראות שראה יחזקאל שאמר במ"א שהיו ביצירה היו במטטרון שהם ציורין דשעוה כדפי'. ועוד שם (בתז"ח) וז"ל וצדיק איהו חשמל כללא דתרין שמהן אילין דאינון יאהדונה"י וחזא ליה מגו שר הפנים עכ"ל. ולא נטריח עצמנו בבאורו הנה מפני שנבארהו בערך הכנויים, ועכ"פ מתוכו למדנו שראה יחזקאל לצדיק יסוד עולם מתוך שר הפנים דהיינו מטטרון כמפורסם שמו מטטרו"ן שר הפנים. וקראו הנה שר הפנים, להראות שכמו שצדיק שר ב' פנים שהם הוי"ה אדנ"י דהיינו חשמ"ל כן המלאך הזה שר הפנים האלו, ולכן ראה שר הפנים מתוך שר הפנים. ועוד בס' רעיא מהימנא (פ' בא דף מ"ג) וז"ל ותקין לכורסייא כתות לשמשא ליה, דאינון מלאכים אראלים שרפים חיות אופנים חשמלים אלים אלהים בני אלהים אישים עכ"ל. והנה הורה בפי' עשר כחות המלאכים הם המשמשים לעשר דבריאה דהיינו כורסייא כדפי' בפ"ג. ואין ספק היות הם היצירה כי היצירה לבוש אל הבריאה כדפירשנו בפ"א ואחר שהכרחנו החלק הזה נבא בפרק זה לבאר חלק העשיי"ה:

פרק שביעי:

מה שראוי לדעת כי שבירת הקליפות והשבתתם הוא בהכנסתם בתוך הקדושה ר"ל בהתקרבם אל הקדושה. וזו היא תפלתינו שאנו אומרים יכירו וידעו כל באי עולם כי אתה הוא האלדים לבדך. כי בהתקרבם אל עבודת השם זו היא הכנעתם. וזהו ג"כ ויאמר כל אשר נשמה באפו הוי"ה אלהי ישראל מלך. שאותם אשר נשמה באפם הם מצד הקליפה כדפי' בזוהר (תצוה דף קפ"ב) ע"פ חדלו לכם מן האדם אשר נשמה באפו. וזה הענין ויראוך כל המעשים וישתחוו לפניך כל הברואים וכו'. וכן זה הוא סבת הכנעתם והשבתתם כי ינקו מצד הקדושה ויטהרו ויתבטלו כל צד טומאתם וכאשר יתצרפו הסיגים נשרפים באש. וזו היתה סבה אל פרי החג שהיו ע' למספר השרים המשפיעים לחוץ ועליהם נדרש בס' הזוהר (בפ' פינחס דרנ"ט) ע"פ והמים היו הלוך וחסור כי הם מתמעטים בסבת קורבתם אל הקדושה. ויש גילוי להענין הזה שם ולא נאריך בהעתקתו הנה. ומטעם זה כאשר ברצון הקדושה להכניע הקליפות תתלבש בהם כדי להכניעם. והענין כי על כזה נאמר עת אשר שלט האדם באדם לרע לו. ודרשו בזוהר (משפטים דף צ"ה ע"ב) כי עת אשר שלט האדם, דא אדם בליעל איש און. באדם, דא אדם דקדושה. לרע לו, דאדם בליעל. כי עם היות שהוא שולט בקדושה דהיינו היות השפע נשפע בו ויראה מזה אליו איזה ריוח, לרע לו הוא כי יתבטל ויוכנע. וראייה מהגרים שהם נשמות חטופות אליהם מצד הקדושה, ועל ידם הקב"ה מתקדש כענין יתרו שהיה כהן און ונתקדש הקב"ה על ידו באמרו עתה ידעתי כי גדול ה' מכל האלדים כנדרש שם בזוהר (יתרו דס"ז). וכן השכינה בי' ניצוצות של הי"ס מתפשטת להתלבש בי' קליפות להכניעם ולהשפילם לקיים מה שנאמר (תהלים קג יט) ומלכותו בכל משלה. והענין שאם היו הקליפות נמצאות בזולת הקדושה בתוכם א"כ חוייב שכבר ימצא מקום שנאמר עליו אין זה במציאות האלהות ח"ו וזה א"א מפני שהוא מחייה את כולם ואין לכל המציאות שבעולם מציאות וקיום זולתו כדפירשנו בשער סדר עמידתן פ"ח ולכן חוייב התלבשות הקדושה בהקליפות ולא שיומשך מזה תועלת אל הקליפה אלא אדרבה לרע לו כדפי'.

וגילה לנו הרשב"י הדרוש הזה בתיקונים [תקונא ס"ט דף ק"ה.) אחר שבאר העשר קליפות בשמם אמר ואינון כתרין תתאין אינון קליפין לעשר ספירות, ועשר ספירות מוחא בגווייהו. ואינון קליפין אינון מחיצה בין ישראל לאביהם שבשמים. באילין קליפין מתלבש קב"ה ושכינתיה לקיים בשכינתא ומלכותו בכל משלה ולקיימא ביה כי מלך כל הארץ אלדים. אבל לעילא באתריה אתמר לא יגורך רע כו' עכ"ל. הרי בפי' שהעשר ספירות מתלבשות בעשר קליפות. וביאר כי ההתלבשות בהם יהיה על ב' פנים. הא' על דרך (איכה ג מד) סכות בענן לך מעבור תפלה ולפעול הדין על ידו בשעת חירום. והב' להכניעם. והיינו דהדר ואמר באלין קליפין מתלבש קב"ה ושכינתיה וכו'. ועוד בתקונים (תקונא י' דף כ"ד) וז"ל דהא דא לקבל דא ברא קב"ה. אבל כתרין תתאין אינון קליפין לגבי כתרין עלאין דמתלבשין בהון י' אתוון בגלותא למהוי כפוין תחותוי כו' עכ"ל. והנה באר כי להיות שישראל בגלות והקליפות שולטים על ישראל ואפשר שיאבדו בגלותם ח"ו לכן הקב"ה מתלבש בי' נצוצות ומתלבש בהן כדי להכניעם. ואין להאמין שיהיה הקדושה מתלבשת ממש בקליפה ח"ו דלא יגורך רע אתמר. אלא הכונה ע"י כחות האמצעיים בינה ובין הקדושה כמו שנבאר בשער התמורות פ"ו ז'. וענין התלבשות השכינה הוא ע"י כחות הידועים שנקרא אופנים כאשר נתבאר. איך שיהיה למדנו היות נצוצות הקדושה מתלבשים בי' קלפות. וענין זה נקרא עשר ספירות דעשיה וכן ביאר בתיקונים (תקונא ס"ט דף קי"ב ע"ב) והא דאתמר אדה"ר מושך בערלתו הוה, דא אדם דעשיה, ומאי ניהו דא קליפה דאתלבשת בה לשלטאה על כלא הה"ד ומלכותו בכל משלה עכ"ל. הורה בפי' היות ענין העשייה שהיא י' נצוצות המתלבשות בי' קליפות, שעליהם נאמר ומלכותו בכל משלה כדלעיל. ועוד פי' הענין הזה בר"מ (פ' בא) וז"ל ותקון לכרסייא כתות כו' מלאכים אראלים שרפים חיות אופנים חשמלים אלים אלדים בני אלדים אישים. ולאילין עבוד שמשין סמאל וכל כתות דיליה, דאינון כעננין למרכב בהון לנחתא בארעא ואינון כסוסוון לון וכו' עכ"ל. הורה היות י' קליפות משמשין ולבושים לי' כתות המלאכים, שהם משמשין ולבושים לי' דרגין דכורסייא, שהם שמשין ולבושים לעשר ספירות ממש כמבואר בפרקים הקודמים. ואחר שהכרחנו ד' חלקים אלה כאו"א לבדו נבא בפרק זה להכריחם יחד כפי מה שנמצא בדברי הרשב"י בסעתא דשמיא:

פרק שמיני:

הכונה בפרק זה להביא בו ראיות שלא נכתבו בפרקים הקודמים לסבת עסקם בד' חלוקות יחד או שלשתן ועסקנו היה בכל א' לבדה. ולכן נביאם הנה להכריע הד' בחי' שאמרנו שהם בחי' האצי' בחי' הבריאה בחי' היצירה בחינת העשייה. וז"ל בתקונים [תקונא ו' דף כ"א) לא תקח האם על הבנים ביצים אינון מסטרא דאופנים אפרוחים מסטרא דנער מטטרו"ן בנים מסטרא דכורסייא ואיהי סכת שלום דאיהי קינא דשכינתא. דאימא עלאה מקננא בכורסייא בתלת ספירן עלאין. עמודא דאמצעיתא כליל שית ספירן מקננן במטטרו"ן. אימא תתאה מקננא באופן דאתמר ביה והנה אופן אחד בארץ. ועוד שכינתא מסטרא דכורסייא אתקריאת נשר ומסטרא דנער יונה ומסטרא דאופן צפור, ושכינתא דמות אדם להנה. ועוד שלח תשלח. ת"ח, מלאכא אית דממונא על עופין מאינון נשמתין דאתקריאו צפרין וסנדלפו"ן שמיה, ובזמנא דישראל מקיימין האי פקודא ואזלת אימא מתתרכא ובנין צווחין איהו אוליף זכו על עופין דיליה ויימא לקב"ה והא כתיב בך ורחמיו על כל מעשיו אמאי גזרת על האי עופא דאיהי מתתרכא מקינהא וכן מטטרו"ן אוליף זכו על עופין דיליה דאינון רוחין [דפרחין בבני נשא דמכרסייא] אינון נשמתין ומהאי חיה אינון רוחין ומאופן נפשין ואינון בבריא"ה יציר"ה עשי"ה. בשבתות וי"ט נחתין עלייהו נשמתין ורוחין ונפשין באורח אצילות דאינון רוחא דקודשא מי"ס וכל ממנא אוליף זכו על עופין דיליה וכו' עכ"ל. ועם היות אמת שהמאמר הזה צריך ביאור רחב עם כל זה לענייננו למדנו בביאור החפץ המבוקש. כי נודע כי נשמה ורו"ח ונפש הם מבינ"ה ות"ת ומלכו"ת. ונרחיב בו הביאור בשער הנשמה. ואמר כי בינ"ה מקננת בכורסייא הוא הכסא שפירשנו בפ"ג, ות"ת מקנן במטטרון, ומלכות מקננת באופן הוא הענין שפי' בפרק הקודם שהקב"ה מושל על הקליפות ע"י המלאכים הנקראים אופנים הם המשפיעים בגלגלים. עד שיש מי שאמר על פי מגיד שאם יזכיר האדם שם אופנים על איזה ענין יעלה הדבר ההוא בין השמים והארץ באויר העולם ויתגלגל עד כדי כך וכך שעות. הנה נראה היות האופנים הם השופעים בגלגלים ונותנים בהם כח גילגולם. עד שעתה לא יתרחק מה שאמר יהושע (י יב) שמש בגבעון דום ועמדו הגלגלים מגילגולם, מפני שצוה להכחות המשפיעים עליהם לבלתי יפעלו בגלגלים. והטעם כי אל האופנים ב' פעולות. הא' שמסבבים ומגלגלים הגלגלים כמבואר לעיל.

שנית היות מכניעים הקליפות ע"י השכינה השורה עליהם כדפי'. ומפני היות אז צורך הכנעת הקליפות בחוזק ובמהירות, צוה לבלתי יפעלו פעולתם האחרת שהיא סבוב הגלגלים אלא יהיה פעולתם בהכנעת הקליפות וז"ש שמש בגבעון דום וירח בעמק אילון עד יקום גוי אויביו. ונחזור אל עניינו כי הגלגלים והאופנים הכל ענין אחד אלא שזה משפיע וזה מושפע. וענין השכינה בהם הוא להכניע הקליפות שהשמים והגלגלים האלה מיוחסים אליהם כדמוכח בדברי הרשב"י (בתקונא ח') בענין כי שמים כעשן נמלחו והארץ כבגד תבלה, וכן במאמר א' שנעתיקהו בשער התמורות פ"ב, כאשר אמר שאין ארץ ישראל מתנהג ע"י השרים אלא ע"י הקב"ה אמר ואי תימא היך שריא למגנא רקיעא בארעא דישראל וכו' יעו"ש. וכן בספר ר"מ (פנחס דף רנ"א) וז"ל אר"מ, אמאי מני דלא למיכל חמץ שבעה יומין ולמיכל בהון מצה ואמאי לא יאכל ואמאי לא תאכלו. אלא שבעה כוכבי לכת אינון שצ"ם חנכ"ל. ואינון מסטרא דטוב ורע. נהורא דלגו מצה, קליפה דלבר חמץ וכו' עכ"ל לענינינו. ומתוכו מתבאר היות שצ"ם חנכ"ל כחות החמץ והקליפה, ובתוכם מתלבש האור שהוא מצה. והיינו דכתיב (ירמיה י') ומאותות השמים אל תחתו כי יחתו הגוים מהמה. איך שיהיה נמצאת אומר כי הכורסייא קן לבינה. ואמר שמשם הוא בריא"ה יצירה עשייה. אבל בשבת הנשמה והרוח והנפש הם באים מן האצילות עצם הספירות. והנה זה הכרח גמור אל כוונתנו בדרוש הזה כנדרש בפרקים הקודמים. עוד ביארם הרשב"י בתיקונים (בהקדמה ד"ג) וז"ל וזכאה איהו מאן דלביש מלכא ומטרוניתא בי"ס דבריאה דכלילן בשם יאהדונה"י כשמיה כן לבושוי, ומאן דתקין ליה סוסיא דאתמר ביה לסוסתי ברכבי פרעה וכו' דאיהו מרכבה דיליה. דביומי שבתות וי"ט איהו לביש לבושי מלכותא דאינון י"ס דבריאה, ובימי דחול לביש עשר כתות דמלאכיא דמשמשין לון לי"ס דבריאה. די"ס דאצילות מלכא בהון איהו וגרמיה חד בהון איהו וחייוי חד בהון. מה דלאו הכי בי"ס דבריאה דלאו אינון וחייהון חד, לאו אינון וגרמיהון חד. ועלת על כלא הוא נהיר בי"ס דאצילות ובי"ס דבריאה ונהיר בעשר כתות דמלאכיא ובי' גלגלי דרקיעא. ולא אשתני בכל אתר עכ"ל. וזהו פי' המאמר בקיצור עם היות שכונתנו מבוארת. אמר שי"ס דבריאה כלולות בשם יאהדונה"י שהם ח' אותיות וב' שמות הם י'. ומפני שהוקשה לו כי שם זה הוא ממש באצילות ועתה הוא מייחס אותו בבריאה שהוא הכסא

הנזכר. לז"א כשמיה כן לבושוי. פי' כשם המתלבש בהן, כן שם הלבושים. כי יתייחס אל הלבושים שם האצילות בהיות האצילות מתלבש בהם. ולכן בהיות שהנצוצות המתלבשות הם ניצוצות מיחוד הקב"ה ושכינתיה שהם ת"ת ומלכות, לכן יתייחס אליהם שם היחוד ג"כ. ומפני שיש בבריאה אל האצילות ב' בחינות. א' היותה מרכבה אליה והיות האצילות שוכן עליו. והשנית היותה מתפשטת בתוכה כדמות לבוש. לכן המשילם בשתי דברים הא' במשל הלבושים, והב' במשל הסוס שהוא היותה מרכבה אל האצילות לבד. ומפני שהוקשה לו כי מה מעלתו בזה כי אחר שהבריאה אינה מעצם האצי' מה לנו אם יתלבש בה או בזולתה כי לא חוייבנו בענין היחוד אלא באצילות לבד. ותירץ כי הם לבושין אל האצילות בימי שבתות וימים טובים. הכונה כי בימים קדושים כאלה הקב"ה מגלה אורו בעולם על ידם כדפי'. והם נקראים לבושי מלכות, מפני שאינם המלכות ממש אבל הם לבושי מלכות לבושים שמתלבש המלכות בהם. ומה שמתחדש ביום השבת הוא היות האור (בת זכר ונקבה) (אולי צ"ל בחי' יחוד זו"נ על ידה), משא"כ בשאר הימים שאין אור היחוד מתגלה אלא ע"י מטטרון שהם ימי החול וז"ש וביומי דחול לביש עשר כתות דמלאכייא שכלם נכללים במטטרון כדפי' לעיל בפרק ד' ה"ו. ואמר דמשמשי לי"ס דבריאה כדי שלא נאמין שיהיה אור האצילות מתלבש ממש ביצירה שהוא מטטרון י' כתות דמלאכים אלא הוא מתלבש בהם ע"י י' דבריאה וי' דבריאה מתלבשים בי' כתות דמלאכים. ונאמר בהם שהם לבושי חול מפני היות גלוי האור לעולם השפל על ידו. והוקשה לו א"כ נמצא שאין התחתונים שואבים מאור עצם האצילות לעולם. לזה אמר כי כן הוא שא"א לעולם להיות הנהגתו על ידו כמו שא"א להיות הנהגתו ע"י המאציל אלא אחר התלבש האור המאציל בנאצלים והנאצלים בנבראים מפני צורך השנויים הדין הרחמים וז"ש די"ס דאצילות מלכא וכו' כמבואר לעיל בפ"ב, ואחר שי"ס דבריאה לא אינון וחייהון חד נמצא שכבר אפשר לשנויים להיות נפעלים על ידם. ועלת על כלא נהיר בי' דאצילות ובי' דבריאה שהיא הכסא, ובי' כתות דמלאכיא שהיא היצירה, ובי' גלגלים היינו העשייה כמבואר לעיל. וסוף המאמר הזה מתבאר באור ארוך בשער סדר עמידתן פ"ח. ולא אשתני בכל אתר כי השנוי הוא בכלים ולא בנשמתן כאשר הארכנו בשער עצמות וכלים. ע"כ פי' המאמר. ומתוכו הכרח אל ד' בחינות הנזכר אבי"ע.

וכן ארבעתן נמצאו (בר"מ בפ' בא דף מ"ג) וז"ל לבתר עבד משמשין לאילין מאנין, כורסייא בד' סמכין ושית דרגין לכורסייא הא עשר, וכלא איהו כורסייא. כגון כוס דברכה דתקינו ביה י' דברים. כגון תורה דאתייהיבת בי' דברים. כגון עלמא דאיהו מעשה בראשית דאתברי בי' מאמרות. ותקין לכרסייא כתות לשמשא ליה דאינון מלאכים אראלים שרפים חיות אופנים חשמלים אלים אלדים בני אלדים אישים. ולאילין עביד שמשין סמא"ל וכל כתות דיליה, דאינון כעננים למרכב בהון לנחתא בארעא, ואינון כסוסוון להון. ומנלן דעננים אתקרי מרכב הה"ד הנה ה' רוכב על עב קל ובא מצרים, ודא ממנא דמצרים, ומיד דחזו דממנא דאיהו אלהא דילהון חזו ליה כסוסיא תחות מרכבתיה דקב"ה, מיד ונעו אלילי מצרים מפניו וגו' עכ"ל. ועם שכבר העתקנוהו בפרקים הקודמים חזרנו להביאו הנה, להורות הכרח גמור להיות זה תחת זה זה לבוש לזה והיות הקליפה מרכבת לרוחניות לרדת לעולם הגשמי הזה. והיינו בח"ל כענין מצרים. והיות זה להם הכנעה כדכתיב ונעו אלילי מצרים. ואחר שבפרקים הקודמים פי' הדרוש בבחינות אלה ואשרנוהו וקיימנוהו כדחזי. ראוי עתה לבאר בפרק בפ"ע מה שנמצא לכאורה מנגד לזה בדברי הרשב"י ע"ה:

פרק תשיעי:

בזולת המאמרים האלה נמצאו עוד מאמרים חולקים קצתם על קצתם. במקום א' אמרו שגדול"ה גבור"ה ת"ת הם בריאה יצירה עשיה, ובמקום אחר אמר שהם כת"ר חכמ"ה ובינ"ה. ולפ"ז לא נמצא אצילות בכל הספירות אחר שכתר ג"כ הוא בריאה. ובמ"א אמר שנצ"ח הו"ד יסו"ד הם בריאה יצירה עשיה, ובמ"א אמר שת"ת יסו"ד ומלכו"ת הם בריא"ה יצירה עשיה. וחוייבנו להשלימם ולבארם על נכון. ולכן נקדים ונאמר כי כל ענין האצילו"ת בריא"ה יציר"ה עשיי"ה הם כטעם הד' דברים הנקראים רשימ"ה חקיקה חציבה עשי"ה. וכשנרד לעומק ד' האלו נדע אלו. והענין שהרשימה הוא כדבר הנרשם שאין בו תפיסת דבר מה זולת שהיא רשימה בעלמא, שאין בו כי אם הבדל אשר בין אינו לישנו. ר"ל כהבדל שבין האי"ן הגמור לי"ש הדק תחלת הישות, שהישות אז בתכלית הדקות והקורבה אל האין עד שאין הבדל בין הי"ש והאי"ן כלל. וזה הדקות נקרא רשימה בעלמא. אמנם הבחינה הזאת היא בחינת האצילות עצמות הספירות במקומם שאינם גבוליי ולא רשימה עצמי אמנם הם בין היש והאין בין הגבול לבלי גבול כאשר מבואר עניינם בשערים הקודמים. והחקיקה הוא דבר הנתפש קצת יותר מהרושם, כי הרושם אינו נרגש והחקיקה נרגשת כחגירת הצפורן. וכן הבריאה היא הויה נגלית יותר מהויות האצילות ומפני שעדין היא דקה מן הדקות היא מכונה בשם חקיקה לבד. והחציבה הוא גילוי הדבר יותר מחקיקה עד שיקרא בלשון חציבה שהוא משל אל החוצב דבר ממקורו שהוא דבר הנרגש יותר מחקיקה בעלמא. והוא דמיון אל היצירה שהיא הויה נגלית יותר ויותר מבריאה. והעשיה הוא גלוי הדברים בעצם עד הגיעם אל מדרגת הגשמיות. ושמה מעיד עליה עשיה שלא נתייחס שם זה אלא על מקרי הגוף והגשמות. והנה בד' גדרים אלו נשתמש בס"י בענין אבי"ע והכל ענין א' כדפי'. ונודע כי העולם מנקודתו הראשונה עד נקודת התהום בראו הקב"ה מדרגה אחר מדרגה, ותחלת המציאות הוא מעצמותו מלך מלכי המלכים ותרד המציאות פלאים מעלה לעלול ומסבה למסובב. ונכלל העולם כלו מתחלתו ועד סופו בד' חלקים אלה. והחלק הראשון הוא חלק הספירות והעצמות המחוייב כמבואר בשערים הקודמים והוא הנקרא רשימ"ה ואצילות. ואחר החלק הזה חלק שני והם המרכבות והכסאות הם היותר דקים ונעלמים ורוחניים מהמלאכים ונקרא' בשם כסא. וידוע שיש כסא לכסא כי כמה פנים לפנים הניראים וכמה אחוריים לאחוריים דלאו נראים, וכן פי' הרשב"י כורסיין ז' בז' כאשר נעתיק בשער ההיכלות פ"ט. וכענין הספי' כן ענין הכסאות. והכסא הזה נקרא בשם חקיקה ובשם בריא"ה. ואחר החלק הזה נמשך עולם מט"ט הוא עולם המלאכים שהם י' כתות וחייליהון לאין תכלית והם יותר עבים ומתגלים מהכסא. ולכן המלאכים הם נושאי הכסא. והכסא הוא נושא את נושאיו. שהיא המשפעת למלאכים כלם. והיא השואבת ראשונה השפע מהאצילות ומשפיע אל המלאכים אשר תחתיה שהם מטטרון וי' כתות המלאכים וחייליהם והם נקראים חציבה ויציר"ה. ואחר החלק הזה נמשך עולם הגלגלים וכמה ענינים הנכללים בהם הנקרא מעשה בראשית כי עם היות כי הגלגלים נכללים בי', פרטיהם רבים כמו שביארו רז"ל בפרק מעשה בראשית. והם נקראים עשי"ה. וכל מדרגה ומדרגה חלק וחלק מד' חלקים אלה נחלקים לי' חלקים זה למעלה מזה. כמו חלק האצילות שהם עשר, וכן בריא"ה וכן יציר"ה וכן עשי"ה. אמנם העשירית שבאצילות קרובה אל הראשונה שבבריאה,

והעשירית שבבריאת קרובה אל הראשונה שביצירה, והעשירית ביצירה קרובה אל הראשונה שבעשיה. אבל יש חלוק גדול ביניהם כאשר יש בין גלגל הירח לנקודת הארץ כן יש חלוק בין מדרגה למדרגה שבעשר מדרגות העשיה ומעשיה ליצירה ובין מדרגה למדרגה שביצירה וכן בין יצירה לבריאה ובין מדרגה למדרגה שבעשרה מדרגות הבריאה והאצילות וכו', כי כאו"א מה שלמטה ממנו חשוב לפניו כגרגיר חרדל בתוך הים הגדול. כמו שחילקו התוכנים בין הט' גלגלים לגלגל העשירי כי הט' גלגלים חשובים בתוכו כגרגיר חרדל ולזה הערך נעריך ממנו ולמעלה, וממנו ולמטה. וכונתנו באמרנו ממנו ולמעלה, לא מעלת מקום חלילה. אלא מעלת מעלה וקדימת סבה כדפי' בשער סדר עמידתן. ואחרי שנחקקה הקדמה זו בדעת המעיין לא ירחק ממנו שכבר ימצא באצילות, אצילו"ת בריא"ה יציר"ה עשי"ה. כי מאחר שפי' אבי"ע הוא הכונה אל סדר מדרגות הגילוי, א"כ כ"ע יקרא בריאה בערך דקות המאציל, וחכמה יצירה בערך כ"ע, ובינה עשיה בערך החכמה. ולא שיהיה ממש בריאה יצירה עשייה אלא בריאה יצירה עשייה דאצילות ר"ל והכל באצילות. וכן ג"כ ת"ת יקרא בריאה ויסוד יצירה ומלכות עשיה, לא שיהיו ממש בי"ע אלא להורות על גילוי הדברים מדרגה אחר מדרגה. וכן ביאר הרשב"י ע"ה בתיקונים (תקונא ע' דף קט"ז.) דכמה דאיהו אדם דבריאה אדם דיצירה אדם דעשייה בדיוקנא דכתר עליון חכמה ובינה הכי איהו בדיוקנא דעמודא דאמצעיתא וצדיק ושכינתא תתאה דבספירן כולא איהו אצילות עכ"ל. הנה בפי' הורה כדפי' ולכן דקדק בלשונו בדיוקנא כו' ולא בי"ע ממש אלא בריאה יצירה עשיה בדיוקנא דכח"ב. ופי' כי כמו שכתר חכמה בינה הם זו למעלה מזו כן בדמותם הם למטה בריאה יצירה עשיה ג' מדרגות וכן הם בדמות ת"ת צדיק מלכות ג' מדרגות זו למעלה מזו על בי"ע. וז"ש דבספי' כלא איהו אצילות כי אין הכונה בי"ע ממש אלא כלא הוא אצילות אלא שהוא נחלק לד' חלקים האלה כדפי'. וע"ד זו ג"כ לא יסתפק לנו כשנראה להרשב"י ע"ה שאמר כח"ב בי"ע, וכן גג"ת וכן נה"י, כי הם ג' נגד ג' ובכל ג' בי"ע על הדרך שפי'. וז"ל הרשב"י בתיקונים (תקונא ע' דף קכ"ח) ובריז אשכחנת במתניתין ברזא דשרטוטין וציורין וגוונין בסתרא דרזין טמירא דטמירין, דאדם דבריאה דאיהו קדמון לכל קדומים רכיב באריה סטא לימינא ועביד שרטוטין דאינון אורחין ושבילין דימא דאורייתא ועלייהו אתמר הנותן בים דרך. אדם דיצירה רכיב בשור וסטא לשמאלא ונטיל אשא בפומיה וצייר ציורין. אדם דעשייה רכיב בנשר [ונטיל רוחא בפומוי] וסטא למזרח ועביד גוונין בעיינין באנפין. א"ל מאן אדם דבי"ע הכא. א"ל ברי האי דאתמר ביה ואדם אי"ן, ומותר האדם מן הבהמה אי"ן. ואיהו אדם דבריאה, דבהאי ברא עלת העלות כל בריין. אדם דיצירה חכמה עליה אתמר והחכמה מאי"ן תמצא, דאיהו י' מאי"ן וכו'. אדם דעשי"ה דא ן' מאי"ן, בינה, איהי אם כל חי, מעשה בראשית וכו'. אריה דביה עביד שרטוטין דא חסד ימינא. ושור דביה צייר ציורין דא גבורה. נשר באמצעיתא דביה אשתמודעין כל גוונין ודא ת"ת שפירו דכלא דכל גוונין נהירין ביה. ונצח והוד ויסוד לקביל תלת אבהן וכו' עכ"ל. הרי בפי' ששאל רבי אלעזר מאן אדם דבי"ע הכא. לרמוז כי כאן היתה שאלתו כי ענין בי"ע באצילות הכל לפי המקום. והשיב לו כי בי"ע הם כח"ב. ובי"ע גג"ת. ובי"ע נצח הוד ויסוד. ובמ"א (תז"ח ד"קלד) אמר ועוד בראשי"ת ברא שית. ואינון אדם דבי"ע עלאין ואדם דבי"ע תתאין ע"כ. לרמוז אל חג"ת עלאין ונה"י תתאין, והכל ע"ד שפי'. ויש דרך אחרת והוא בהיות הספירה נכנסת בעשיה תקרא עשיה, וכן יצירה וכן בריאה. ע"ד מה שפי' הרשב"י ע"ה בינה נשמה, ת"ת רוח, מלכות נפש. בריאה יצירה עשיה. והעתקנוהו למעלה בפרק הקודם. ועד כאן הגיע שכלנו הדל והחלש בבאור הדרש בסייעתא דשמייא:

שער י"ז הוא שער ירך יעקב

הנרצה בשער הזה לבאר ענין זר הנמצא בזוהר בענין הנצח שהיה אל השמאל וכאשר נגע בכף ירך יעקב נפגם הנצח ואח"כ נהפך אל הימין. והדברים זרים תכלית הזרות וצריכים ביאור יפה וזה יהיה העסק בשער הזה:

פרק ראשון:

בפרק זה נערוך דברי הרשב"י בדרוש הזה ונעורר עליו מה שיאות להבנת דבריו וז"ל (בפ' בראשית דכ"א ע"ב) והוא צולע על ירכו, דא איהו נצח ישראל. על ירכו כתיב ולא ירכיו, דא דרגא רביעאה דלא אתנבי מתמן ב"נ עד דאתא שמואל ועליה כתיב וגם נצח ישראל לא ישקר, כדין אתתקן דרגא דא דהוה חלשא מכד אסתכן יעקב בממנא דעשו ונגע בכף ירכו. כד אתא לגבי דיעקב נטיל תוקפא מההוא פנות ערב בדינא תקיפא, ויעקב הוה אתכליל ביה ולא יכיל ליה. וירא כי כו' ויגע בכף ירכו, ונטיל תוקפא דדינא מתמן, בגין דירכא איהו לבר מגופא. דיעקב גופא הוה וגופיה הוה כליל ברזא דתרין דרגין ברזא דאתקרי אדם. דכיון דנטיל תוקפא לבר מגופא מיד ותקע כף ירך יעקב. ולא אתנבי בר נש מתמן עד דאתא שמואל ועל דא נצח ישראל כתיב ביה כי לא אדם הוא. יהושע אתנבי מהודו של משה שנאמר ונתת מהודך עליו, הוד דא דרגא חמשאה, נצח ירכא שמאלא דיעקב. ובג"כ אתא דוד וכליל ליה בימינא דכתיב נעימות בימינך נצח, ימינך נצח לא כתיב אלא בימינך. מ"ט אתחלש ירכא דיעקב, בגין דאתקרב ביה סטר מסאבא ונקיט תוקפא מניה ואתעכב עד שמואל. ועל דא אתא [לאדכרא דדא הוא ירכא דישראל דכתיב וגם נצח ישראל). וע"ד כל מלוי הוה בדינא בשירותא ובסופא. ותו קב"ה הוה כליל ליה לבתר בהוד. אימתי, לבתר דמשח מלכין. וע"ד הוה שקיל שמואל כמשה ואהרן, מה משה ואהרן בתרין סטרין דלעילא אוף איהו לתתא כגוונא דאינון תרין סטרי. ומאן אינון נצח והוד, כגוונא דמשה ואהרן דלעילא. וכלהו דרגין אחידן דא בדא דכתיב משה ואהרן בכהניו וכו'. דהא שית סטרין אתכלילו ונהירין דא בדא עכ"ל. ויש לדקדק במאמר הזה. א' כי הכריח כי הירך הזה הוא הנצח לפי שכתיב ירכו ולא ירכיו, ואין זה הכרח אלא שלא נוכל לומר שיהיו שניהם נצח והוד אבל להכריח שיהיה נצח ולא הוד אין כאן ראייה דאדרבה עליו נאמר שיהיה הוד שגם בו יצדק ירכו. ב' אמרו דרגא רביעאה ללא צורך, כי מאחר שאמר הירך הוא נצח מה צורך להודיענו שהוא רביעאה לחסד ומי לא ידע בכל אלה. ג' אעיקרא דדינא פירכא, דאינה אלא חמשית מאחר שהיא ירכא שמאלא כדמסיק א"כ היא חמישית ולא רביעית. ד' אריכות לשונו דלא אתנבי מתמן וכו' וע"ד כתיב וגם נצח ישראל. מאי ראיה, דאדרבה איפכא משמע. ה' מה שאמר יהושע אתנבי מהודו של משה וכו'. ומה הכרח מיהושע דלמא אע"ג דיהושע לא אתנבי מתמן אחרים נתנבאו. ועוד יתור לשונו באמרו מהודו של משה לימא מהוד סתם. ו' אמרו ודא דרגא חמישאה כו'. וכי עד עתה לא ידענא שהוד חמישית, ומה גם אחר שכבר אמר למעלה שנצח רביעית ודאי שהוד חמישית. ז' אומרו מ"ט אתחלש כבר ביארו למעלה במה שאמר ונטיל תוקפא דדינא מתמן וכו', ונמצא לפ"ז שאין מקום לא לשאלה ולא לתשובה. ח' אמרו ותו קב"ה הוה כליל ליה לבתר בהוד. אמאן קא מהדר. אי למאי דקאמר וע"ד כל מלוי הוו בדינא וכו', קשייא כי לשון ותו הוא להוסיף מאי ותו היינו הא. ט' אומרו משה ואהרן לעילא שמואל לתתא. מאי לעילא ומאי לתתא. כי נבואת שמואל מנצח והוד והיינו דרגא דמשה ואהרן כדמשמע לפום ריהטא דשמעתא. זה מה שראינו להתעורר בלשון המאמר. בזולת שהענין הזה בעצמו קשה משתי סבות. הא' כי מי נתן סמאל למעלה בקדושה עד שפגם בספירה, וכי סמאל אינו שרו של עשו והשרים למטה ממט"ט הם כי שר כל צבאות מעלה הוא מט"ט. ועוד בספי' אין לו שייכות, כי הספירות אינם מושגים אפי' למלאכים הקדושים כל שכן לבלתי קדושים לשנוכל לומר שפגם סמאל בספי' ודבר זה ודאי בלתי מתקבל. ועל הכל מאחר שאלו הספירות נאצלו על הסדר שכתבנו למעלה ונודע היות סדרן כי החסד ענף החכמה ונצח ענף החסד, א"כ מאי ס"ד למימר דנצח הוה לשמאלא וכי אפשר לומר כך, הא ודאי תימא. ועוד דאיפכא פי' הרשב"י בספר ר"מ (פינחס דף רמ"ג.) וז"ל וישכם אברהם בבקר בריש שעתא קדמאה בסוף השחר נצח יעקב, דתמן למנצח על אילת השחר, לנטלא נוקמא מסמאל דנגע בירך שמאלא דיעקב דאיהו הוד, דביה אתמר נתנני שוממה כל היום דו"ה, הו"ד כו' עכ"ל. ועוד בתיקונים (בתז"ח דף קט"ו) וז"ל חק"ב טנ"ע דא הוד, ביה שם שם לו חק ומשפט וגו', דהוד אתקשר בגבורה ונצח בחסד, ואתמר בהוד נתנני שוממה כל היום דוה. ביה אסתכל בחורבנא דמקדשא וכמה קטולין דאתקטלו לנטלא נוקמי מאומין דעלמא, וביה אתמר והוא צולע על ירכו עכ"ל. והנה מכל אלו המאמרים נראה בפי' שעיקר

הפגם היה בהוד שנעשה דו"ה, ועליו נאמר והוא צולע על ירכו ולא על הנצח. וכדי לבאר הדרוש הזה היטיב נייחד לו פרק בפ"ע:

פרק שני:

לבאר המאמר הטיב צריך שנקדים ב' הקדמות. הא' שלא יחשוב המעיין שיהיו הקליפות נכנסות תוך האצילות כאשר חשבו רבים מהמקובלים בדורנו. ואם היות שפשוטי הדברים יחייבו הענין צריך להבינם ולכוננם. והענין הוא כי בהכנס צעקת הצוררים הנקראים אחרים שהם חוץ (לישיבה) [ליצירה] ואינם נכנסים לחזות בנועם ה' ויצעקו בחוץ בחובותם ועוונותם של ישראל ואומרים הללו עובדי ע"ז והללו כו' הללו מגלי עריות וכו'. והנה אז יעשן אף ה' וקנאתו ובמקום אשר יאמר עמי אתם יאמר להם לא עמי ח"ו וחרה אף ה'. ובמקום שהיה ראוי שישפע שפע רב ורחמים במדות, ח"ו מתעורר כח הדין וסיגי הזהב יושפעו אל החצונים והדין נגמר. וזהו כניסתם אל תוך הקדושה ולא ממש שיכנסו, אלא תביעתם ולימודם חובות על שונאיהם של ישראל וכניסת צעקתם שם להעלות חמה ולעורר דין לנקום נקם ענין זה נקרא כניסתם אל תוך הקדושה. ולא לבד השפעת הדין, אלא שאז במקום שהדין מתעורר פני הרחמים מסתלקים, והחשך והדין גובר, והמדה ההיא [אשר עונות התחתונים תלוין בה. מעסיס רמונים] נפגמת עד נטילת נקמה מהענין ההיא. ואז יתגלו הרחמים ויאירו מקום החשך וברבוי המים יכבה האש ואין העולם נתון בדין. ובזולת זה המקום ההוא פגום, והוא חשך בהסתר פני הרחמים ממנו, והוא פועל הדין. והנה בפעולת הדין אין ספק שתהיה המדה ההיא ראש לשועלים כי היא מוכרחת להשפיעם הדין לחבל כרם ה' צבאות בית ישראל ח"ו והדין הנשפע להם הוא מזונם שהוא סיגי זהב. והוא סוד דם הנדות [וזוהמא שהטיל נחש בחוה] וזהו הפגם שנפגמת המדה ע"י העונות וזהו כח הקליפה לפגום בשרשים העליונים, ולא שיהיה להם כניסה לשם. וכמו שעוד נאריך בביאור הענין הזה בשער התמורות:

הקדמה ב' כבר בארנו בשער המכריעים גודל שלימות ההכרעה ומעלתה. והנה לסבה זו כאשר גזרה חכמתו שיהיה הת"ת מכריע בין החסד והגבורה. עוד הוסיף להרבות השלום שיהיה הנצח עם היותו ענף החסד יונק מצד הגבורה, וההוד עם היותו ענף הגבורה יהיה יונק מצד החסד. ובזה נמזגו הדין והחסד המזגה חזקה, עד היות הדין והחסד ענין א' להם. כיצד, באה הגבורה להשפיע דין משפעת בנצח והנצח ענף החסד ובטבעו החסד מוזג הדין ההוא מזיגה יפה עד שנמתק הדין. בא ההוד לפעול הדין משפיע עליה החסד שפעו עד שנמתק דינה ונעתק אל צד החסד. וכאשר נרצה להעריך גודל ההמזגה הזאת נדענה מתוך דברי דהמע"ה באמרו (תהלים קלב ט) כהניך ילבשו צדק וחסידיך ירננו כמבואר בשער י' ולא ט' בפ"ג. והנה נודע כי ענין הנטיה אל הימין או אל השמאל הוא ע"י ההשפעה הנשפע בהמדות. המשל בזה בהיות השפעת הדין גוברת ביסוד יקרא שמאלי ודאי וכאשר יגבר עליו השפעת הרחמים נקרא ימיני. כי עיקר ימין ושמאל הוא הפעולה, שאין ימין ושמאל ממש בעליונים כמבואר בשער מהות והנהגה. ולכן כאשר היה הנצח יונק מן הגבורה בסוד ההמזגה הנז' לעיל היה ודאי שמאלי. מפני שעם היותו ענף החסד, השפע הנשפע בו הוא היה דין, והוא היה ממתיק הדין ומחלשו כדי שלא יפעול בכח. וכן כאשר היתה ההוד יונקת מן הימין היתה ימינית, כיון שפעולתה בסוד החסד. ועם היות שהיא ענף הגבורה עם כל זה היה בידה לפעול החסד ההוא בהמזגה יפה בינונית. וכאשר גברה ההשפעה בהוד בכח הדין חזרה אל יסודה להיותה דין. ולכן קודם היתה נקראת הוד שעניינה ה' בינה ו' ת"ת ד' מלכות, הנה הורה על סדר המדרגות על היחוד בסוד ההויה ביושר סוד הזכר והרחמים לפי שהיתה נטייתה אל החסד. אמנם כאשר באה ה' כדמות ד' להורות על מציאותה מצד הדין שהיא ענף הגבורה כדפי'. וכאשר נטתה אל צד הגבורה מכל וכל, נעשתה דו"ה. שהוא סוד אור החוזר אור המתהפך שהוא דין. ד' על ו' ושתיהם על ה' להפך להורות על תוקף הדין ומה גם בהיותה ד' דלה ועניה. ובשתי הקדמות האלה אין ספק שנתתרצו הספקות שנסתפקנו שלהי פ"ק. כי ענין מה שאמר נצח שמאלי והוד ימיני הוא בסוד המזגה כדפי'. ומה שנאמר והוא צולע על ירכו בהו"ד מפני שאח"כ נשפע הדין אליה כדרכה. עתה נמצאת לפי האמת הצליעה בהוד. שהנצח נתקן במה שחזר להיות יונק מן הימין, אבל ההוד נהפך למשחית מאחר שנשפעת מהדין עתה אחר הצליעה. ואחר שבארנו הקדמות האלה בפרק זה נבא לבאר לשון המאמר הנזכר:

פרק שלישי:

והוא צולע על ירכו דא איהו נצח ישראל. פי' יעקב הוא בחי' הת"ת והוא נמשל אל הגוף וכמו שהגוף

יש לו מעמידים והם השוקים, כן השוקים העליונים נקראים מעמידי הגוף העליון כמבואר ברוב דברי הרשב"י. והנה מצד הפגם אשר נבאר כביכול הת"ת צולע על ירכו. כמו שכאשר יפגם הירך בגוף האדם התחתון יקרה לו מקרה הצליעה כן כביכול אל פגם העליון מתייחס לו הצליעה. ועם היות שנצח והוד הנז' תרי פלגי דגופא פי' שוים לכאורה, עם כל זה לעולם הנצח למעלה מהוד. ועם היות שלא יתיישב הענין זה בירכים ממש כן נאמר ממראה מתניו ולמעלה ופי' הרשב"י בתקונים (בהקדמה דף ו') שהוא נצח. וממראה מתניו ולמטה הוא הוד. [לז] ולעולם ניחס הנצח על ההוד. ולכן מאחר שאה"כ והוא צולע על ירכו משמע על ירכו ממש ואיזו היא הירך שהת"ת עליו ממש הוי אומר זה הנצח. שאין לומר שיהיה ההוד מאחר שאמר על ירכו על ממש כדפי'. ומפני שהיה באפשרות לומר שיהיו שתיהם, ירכו הוד, על ירכו הנצח. לזה אמר ירכו ולא ירכיו. כאומר שאם היה כן היה ראוי שיאמר ירכיו שהוא מבואר ואין בו אריכות. ומדלא קאמר הכי משמע דירך חד הוי. ולדקדק ענין אמרו על, אמר דא דרגא רביעאה. או אפשר שנדקדק כן מאמרו ירכו בכנוי אליו ואיזו היא שיתיחס יותר הוי אומר זה נצח מפני שהיא דרגא רביעאה נאצלת מן השלישית שהיא הת"ת ולכן זה יתייחס אליו ולא ההוד. עוד אפשר שכוון באמרו דרגא רביעא, שלא נחשוב עם היות שנאמר שהיה אל השמאל שמא אז היתה חמשית וההוד עליה מדרגה ד', לזה אמר דא דרגא רביעאה כי עם היות שהיתה שמאלית לא סרה מהיות רביעית לעולם כדפי'. ולהכריח מציאות הפגם בשרשים הנכבדים אמר דלא אתנבי מתמן בר נש עד דאתא שמואל. והמגלה אל הענין הזה היא שלא נזכר זה בכל ספרי נביאים עד הנה. ועליה כתיב וגם נצח ישראל כו' וזהו ראיה שהנצח היה נפגם כאשר נבאר. כדין אתתקן. פי' כאשר בא שמואל אז נתקן הנצח שהיה חלוש ע"י הפגם וענין הפגם יתבאר. כד אתא לגבי דיעקב נטל תוקפא וכו'. הנה שרו של עשו רצה לקנטר על יעקב ולהשפיע דין מהגבורה לעורר כחות הדין מפני כמה סבות אם בטול תורה אם מנשואי ב' אחיות, ורצה להשפיע הדין מפנות ערב שהם הדין והחושך שביצחק היא הגבורה ששם אחזתו כי משם יניקת אש של גיהנם כדפי' בשער הגוונים ונקראים הכחות ההם שבגבורה פנות ערב בסוד גוון חושך. ויעקב הוה אתכליל ביה כו'. פי' כי הת"ת הוא המכריע הגבורה לצד החסד ולכן לא עלה בידו להשפיע דין מן הגבורה אל הת"ת. ולכן לא יכול ל"ו לת"ת לוא"ו שביעקב. וזהו ויעקב הוה אתכליל בסוד שנקרא שמים אש ומים והוא מטה האש לצד המים כדפי' בשער המכריעין. ויגע בכף ירכו נטיל תוקפא דדינא מתמן פי' מצד הנצח השפיע כח הדין החזק. והטעם שעלה בידו הוא מפני שעם היות שהם ג"כ מעמידי הגוף עם כל זה הוא נגע בהם בבחי' שאינם נכללים בגוף וז"ש דהא ירכא לבר מגופא. ועוד בבחינת הירכיים שיש שם יניקה אל החצונים משם וזהו רמז הקשר היוצא לחוץ. ועם היות שנאמר בכיוצא בזה בזהר פ' ויצא (דף קנ"ד.) וכל אחוריהם ביתה, סוף סוף אחור הוי וליה ביה חולקא קצת ומה גם כשגורם העון ולכן ביה נטיל ומשם נשפע. ומפני שקשה שסוף סוף הרי הת"ת נכלל בשש קצוות וא"כ כמו שלא יכול לו בצד הזרוע היה ראוי שלא יוכל בצד הירך. לזה אמר שאין יעקב מרכבה בסוד כללות הששה קצוות, שזהו סוד המרכבה בסוד הדעת שהוא ו' כולל ו' קצוות. אבל לענין זה מרע"ה הוא מרכבה כמבואר בשער י' ולא ט', אבל יעקב אינו מרכבה כ"א בבחי' הת"ת שנק' אדם שהוא ימין ושמאל כלולים בקו האמצעי. וזהו אד"ם, כאמרו (יחזקאל א) ודמות פניהם פני אדם ופני אריה אל הימין ופני שור מהשמאל כו' ופני נשר כו' [לח]. נמצא שפני אדם אינם כוללים אלא ימין ושמאל. ושעור הלשון דיעקב גופא הוה. פי' שהיה מרכבה אל הת"ת בבחינת הגוף והיא הבחינה הראשונה החצונה, כי משה מלגאו יעקב מלבר דא מגופא ודא מנשמת' כמבואר בשע' הנז'. והגוף אינו כולל אלא תרין דרגין ברזא דאקרי אדם כדפי' שהיא כללות ימין ושמאל. כיון דנטל תוקפא כו' מיד ותקע כו' פי' השפיע דין ונפגם המקום ההוא כדפי'. ולא אתנבי ב"נ. פי' בסבת הפגם לא היתה נתקנת להתראות מראותיה אל הנביאים עד שבא שמואל. ולא ששמואל תקן כל הענין כי עדיין הפגם במקומו היה עומד כי לא נתקן עד כמה כאשר נבאר. אמנם נתקן קצת לנבואה. ועם כל זה אמר וגם נצח ישראל לא ישקר ולא ינחם פי' אינו חוזר בדינו מפני הפגם הנזכר אלא שכיון שדן את שאול להעבירו ממלך בתוקף הדין שוב אינו מתנחם דהיינו שישפע עליו רחמים כדי לתקן הדין. והטעם כי לא אדם הוא פי' שאינו ענף מתגלה מהת"ת הנקרא אדם כדי שיתנחם ויגולו הרחמים על הדין. יהושע אתנבא מהודו של משה. רצה להכריח מכאן שהנצח היא שנפגמה, ואמר הלא תראה שיהושע היה תחת משה במדרגה וא"כ אחר שמשה היה בת"ת יהושע שהוא למטה ממנו היה [ראוי שתהיה] נבואתו מנצח מדרגה ד' מאחר שמדרגת מרע"ה בת"ת מדרגה ג'

אלא שהיתה פגומה כדפי'. נצח ירכא שמאלא כו'. הוקשה לו מהפסוק שאמר נעימות בימינך נצח נראה שהנצח אל הימין הפך דעתו. לזה אמר שאדרבא משם ראיה שהיה אל השמאל אלא שדוד תקנו והפכו אל הימין. והכריח כן ממה שאמר הכתוב נעימות בימינך ולא אמר ימינך נראה שהוא תפלה שיהיה נצח אל הימין. מ"ט אתחלש וכו'. אינה שאלה שכבר פירש למעלה, אלא הרדפת לשון. מ"ט אתחלש משום דאתקרב ביה וכו' כדפי' בהקדמה הא', וזו היא סבה שנפגם א"כ בא לתקן עצמו ולטהר דינו ולכן א"א להנחם. וע"ד כל מלוי הוי בדינא כו'. פי' בשירותא בעובדא דעלי ובניו, ובסופו בענין שאול. ותו קב"ה וכו'. פי' בזולת שהיה נטהר ע"י הדין שהיה משפיע על הצדיקים האלה (היינו בני עלי ושאול וביתו) במקום יעקב, גם קב"ה שהוא בינה היה כולל אותו בהוד כדי שיטהר ויתבטל הדין ההוא. ועל דא שקול שמואל וכו' פי' להיות שכלל נצח בהוד נמצא שמואל אוחז בימין ושמאל דהיינו ב' בחינות נצח והוד והוא שקול כמשה שהיה לוי בגבורה ואהרן כהן איש החסד והיינו לעילא פי' למעלה מנצח והוד. ושמואל לתתא בנצח והוד עצמם. דהא שית סטרין כו' נהירין דא בדא וכו'. הוקשה לו שזה אינו שקול אלא אדרבא תחתיהם מקבל משניהם כי הוא בהוד כלול בנצח ומרע"ה ואהרן בחסד וגבורה. לז"א דהא שית סטרין כו', ואחר שאלו מאירות באלו אם כן מה לי נצח ומה לי חסד ומה לי גבורה ומה לי הוד הכל אחד מיוחד. ושמואל שהיה אחוז בנצח והוד נמצא שקול כמשה ואהרן. ע"כ פי' המאמר, ונתתרץ הענין הזה על מתכונותו. ואחר שפי' המאמר הזה נבא עתה לבאר מאמר א' שלכאורה מנגד לזה:

פרק רביעי:

הנראה בפרק זה לבאר מאמר אחד הנמצא בזהר פ' תרומה (דף קס"ח ע"ב) שלכאורה מנגד לזה. וז"ל אתפשטותא דטוב איהו הודאה דאקרי חסד. וע"ד איהו אומר נודה לך על כך ועל כך נסין ואתין דאתעבידו מסטרא דטוב. ואי תימא והא כתיב נעימות בימינך נצח, הא איהו מסטרא דימין. לאו הכי אלא כל חד וחד אחזי על ההוא אתר דנפיק מניה. ואי תימא נצח בימין. הא כתיב נעימות וכתיב נעים זמירות ישראל ודאב שמאלא וכל שמאלא אתכליל בימינא ואודאה אודי על ימינא לאחזאה דהא מניה נפיק ודא פשיטו דטוב דאתפשט בארץ החיים. מ"ט לית הכא שמאלא, בגין דלית חולקא לסטרא אחרא במזונא דישראל. ואי אתער שמאלא סטרא אחרא אתער עמיה והא איהו זבין בכרותיה וחולקיה ליעקב אבונא. ואנן יהבינין ליה חולקא לההוא מקטרגא בזוהמא דמיין בתראין וכו' עכ"ל לענינינו. ועם שהמאמר ארוך במקומו. ולכאורה נראה חולק על מה שקדם אלינו בפרקים הקודמים במה שהקשה ואי תימא והא כתיב נעימות בימינך נצח והשיב לאו הכי וכו', ולפום ריהטא משמע שאין נצח אל הימין. וקודם שנכנס בביאורו נעורר עליו קצת. א' כפל שאלתו ואי תימא והא כתיב כו' והשיב לאו הכי, ושוב חזר ואמר ואי תימא נצח בימין, מעיקרא מאי קאמר ולבסוף מאי קאמר. ב' קשה דידיה אדידיה, בתחלת דבריו נראה דס"ל דנצח אל השמאל כמו שדקדקנו ובסוף דבריו אמר ודא שמאלא וכל שמאלא אתכליל בימינא ואודאה אודי, כנראה שהו"ד שהוא הודאה הוא אל השמאל ולא הנצח. ג' ששאל מ"ט לית הכא שמאלא כנראה שאין נזכר שמאל בברכת המזון והוא פירש לעיל שהודאה אל השמאל והא איכא שמאלא. ועתה נבא לבאר המאמר. למעלה מן הענין אמר כי ובטובו חיינו וכן בברכת הזן את העולם כלו בטובו הוא במדת החסד שהוא מדת טוב ואקרי טוב כד כלא כליל בגווה כמו שהעתקנו ראש המאמר בשער המכריעין פ"א. ועתה פירש כי ברכת נודה הוא פשיטות החסד והיינו הוד. הודאה דאקרי חסד פי' כי ההוד נקרא חסד. ועם היות שבעצם אינו חסד, אלא שהוא נקרא כן על דרך השאלה. ועל שהוא זר תכלית הזרות. לזה חזר להכריח הענין בנוסח הברכה עצמה שהוא אומר נודה לך על כך ועל כך כו' פי' על הטובות הנשפעות מאתו בירושת הארץ לישראל ונתינת התורה והמצות והחיים והמזון כנזכר בברכה עצמה. ואלו הן נסין ואתין דאתעבידו מסטרא דטוב. וידוע כי עיקר הנסים הם מצד החסד, כי מצד הדין והגבורה הכל הוא בדרך הטבע וכן עולה שם אלהים בחשבון הטבע שהוא פ"ו. והטעם לפי שבריאת שמים וארץ הי' במדת הדין וכן כל מעשה בראשית. והעד על זה שבאו ל"ב נתיבות שבהם נבראו כל הבריאה בשם אלהים והוא ענין הטבע. אמנם אח"כ לקיום הבריאה שתף עמו הרחמים כמו שדרשו רז"ל ולכן שנויי סדרי בראשית שהוא ענין הנס הוא הפך הטבע ונגד מדת הדין לכן הנס בחסד שהוא טוב, וזהו אמרו נסין ואתין דאתעבידו מסטרא דטוב, ולא טוב ממש מפני שידוע שהנסים ע"י היסוד הנקרא נס. וכן פי' הרשב"י בתקונים (בתז"ח דקי"א). ועם היות שגם היסוד יקרא טוב. השתא בחסד הנקרא טוב עסקינן ולכן מסטרא דטוב ולא טוב ממש שפירושו מצד

החסד הנשפע אל היסוד לפעולת הנסים. או ירצה מטעם שהוא ביאר למעלה מן הענין כי טוב הוא חסד כד כליל כלא בגויה ולא מתפשט ואז נקרא הוא טוב כדפי' בארוכה בשער המכריעין, ולכן אמר מסטרא דטוב ולא טוב דטוב אינו משפיע לא נסים ולא חילוף הנסים, אמנם הוא מצד הטוב שהוא הטוב הנשפע דהיינו חסד גמור ולכן מצד הטוב ולא הטוב עצמו. וא"ת והא כתיב וכו'. פי' שהוא אמר כי ההודאה שהוא הוד הוא התפשטות החסד והיה נראה שדעתו שהוד אל הימין ענף החסד וימשך מזה שנצח ענף השמאל. לזה אמר ואי תימא והא כתיב. פי' אם תיסק אדעתך שכוונתנו לומר שהוד אל הימין ותקשה לך מפסוק נעימות בימינך נצח דמשמע שנצח אל הימין והוד אל השמאל. לאו הכי פי' לא יעלה על דעתך שכונתנו שהוד אל הימין ח"ו כי ודאי נצח הוא אל הימין. אלא כל חד וחד אחזי כו'. פי' וא"כ שאינו נמשך מהימין ואיהו בימין כדקא ס"ד א"כ מאי קאמרת שהוא נמשך מחסד. לז"א אלא כל חד אחזי. פי' אמת הוא שהוד אל השמאל נמשך מהגבורה כמפורסם, אמנם נודע שהמים הרו וילדו אפילה וכך אברהם הוליד את יצחק א"כ נמצא שהוד שהוא ענף הגבורה נמשך מחסד ולכן ההודאה בהוד להגיד שאצילותו מהימין וממנו נמשך כדפי'. ואי תימא נצח בימין. פי' וא"א שנאמין שנצח והוד נמשכים מהימין כדקא אמרת שהרי הכתוב אומר נעימות בימינך נצח משמע נצח אל הימין ולא ההוד נמצא כי לעולם אין אחיזה להוד בחסד, לזה השיב הא כתיב נעימות וכו'. פי' אדרבה ממקום שבאת דקאמר נעימות תרין והוד נעים אקרי [לט]. וראיה לדבר שדוד נקרא נעים זמירות ונודע שדוד עם המלה עולה הוד וכן מרכבתו בהוד שכן נתבאר בר"מ (ויקרא דף ד' ע"א). והענין כי בהיות האצילות כלולים השבעה בחמש כדפי' בשער השערים נמצא המלכות בהוד. וכן בעלותה להתייחד היא בהוד ותפארת בנצח. ופי' הענין הזה בשער מהות והנהגה פכ"ג. ועוד שכנור שהיה מזמר בו דוד שהיה מנגן מאליו היה ברוח צפונית שהוא בהוד. וכן מלחמות דוד היו מצד ההוד. וז"ש וכתיב ונעים זמירות ישראל ודא שמאלא. כדפי' שהוא אל השמאל. וכל שמאלא אתכליל וכו'. הוקשה לו כי למעלה מן הענין אמר כי בענין ברכת המזון לא נזכר שמאל כלל, ואמר כי אפי' בנקיטת הכוס שיתיישב בימין שמאל לא תסייע תמן מפני שאין ראוי לכלול שמאל בענין זה. וקשה שעתה פי' שברכת נודה הוא שמאל והוא הו"ד, א"כ כבר נמצא שנז' שמאל בברכת המזון. ולזה השיב כי שמאלא אתכלל ברזא דימינא כי אם נזכר הוד שהוא שמאל לא נזכר אלא בסוד כללותו בימין והביא ראייה לזה ואודאה אודי על ימינא לאחזאה דמיניה נפיק הכוונה כי עיקר ההוד בזה הוא בהיותו כלול בימין ונמשך ממנו להמשיך אל המלכות וזהו כמו ימין ממש וההודאה על זה הוא מציאות הברכה כדפי' לעיל. ודא איהו פשיטו דטוב דאתפשט. פי' המשכה המתפשטת מבחינת החסד הנעלמת ומתפשטת שהיא נקרא טוב כדפי' לעיל והוא להשפיע אל המלכות הנקרא ארץ החיים ונקראת ארץ החיים בסוד קבלתה מן החיים העליונים ע"י הימין כענין כוס ברכת המזון שאחד מעשר תנאיו הוא ח"י ולכן היא נקרא ארץ החיים שכבר קבלה החיים. מ"ט לית הכא שמאלא. כיון לתרץ על ענין השמאל וההוד הנזכר, ואמר מ"ט וכו'. והענין שבשמאל ג' בחינות. בחינה אחת יניקת אשו של גיהנם והוא גוון שחור. שנית בחי' הדין גוון תכלת. ג' גוון אדום והוא הדין הנכרע לכף החסד. ואמר אם היה הטעם שלא נזכר השמאל בברכת המזון מפני פחד הדין מן הראוי היה שלא להזכירו כלל לא כלול בימין ולא זולתו. אבל אין הטעם אלא מפני פחד הקליפות כדמפ' ואזיל וא"כ גם אם יזכר בחינת הדין המתיחד עם החסד לית לן בה, שאין להם אחיזה בו כלל ואין בו פחד. ועוד כיון באמרו דלית חולקא לסטרא אחרא במזונא דישראל להורות שכל עיקר המזון מצד הגבורה כענין אז"ל קשין מזונותיו של אדם, רומז על הדין ושממנו נשפע ולכן ראוי להזכירו. אלא שלא נבוא לידי היזק הא כיצד נזכיר אותו, בהיותו כלול בימין כדפי'. והנה נתבאר המאמר ביאור יפה ואין מתוכו הריסה אל הנדרש בשער זה כלל. כי לעולם הנצח אחר שבא דוד כללו בימין. וכן מוכח מתוך לשון התקונים שהעתקנו בפ"א שאמר הוד אתקשר בגבורה ונצח בחסד. ומלת אתקשר מורה על שנתקשר אח"כ משום מעשה שהיה מה דלא הוה הכי מקדמת דנא. וכן דקדק עוד בתקונים במ"א (תקונא ל' דף ע"ב.) וז"ל איהו שוקא ימינא כהנא דאתמר ביה נעימות בימינך נצח, וכמה דנצח אתקשר בימינא הכי הוד אתקשר בשמאלא [מ] עכ"ל. והנה זה מורה באצבע על הענין. ואמר שלא נטעה לומר שהנצח היה בימין והוד במקומו עומד, אלא כמו שזה נקשר בימין זה נקשר בשמאל ובזה נמצאת הנגיעה והפגם. והדין נשפע אל ההוד והיינו הנרצה במקצת המקומות כי ותקע כף ירך יעקב הוא הוד וראיה לזה מפסוק (דניאל י ח) והודי נהפך כו' דהיינו נהפך ממש שהיה אל הימין ונהפך אל השמאל:

שער יח הוא שער מיעוט הירח

הנרצה בשער הזה הוא בביאור ענין ת"ת ומלכות הנרמזים בשמש וירח וענין הירח והמעטתו כפי הנמצא בדברי הרשב"י ושאר המפרשים:

פרק ראשון:

יען ראינו שהמאמר הזה הוא נקודת מרכז הדרוש כפי דעת הרשב"י ושאר המפרשים ראינו להעתיקו הנה שהוא יסוד מוסד אל השער הזה בעסק ביאורו וז"ל במס' חולין (ד"ס ע"ב) ר' שמעון בן פזי רמי כתיב ויעש אלהים את שני המאורות הגדולים וכתיב את המאור הגדול ואת המאור הקטן. אמרה ירח לפני הקב"ה רבש"ע אפשר לשני מלכים שישתמשו בכתר אחד. אמר לה לכי ומעטי את עצמך. אמרה לפניו רבש"ע הואיל ואמרתי לפניך דבר הגון אמעט את עצמי. אמר לה לכי ומשול ביום ובלילה. אמרה ליה מאי רבותא דשרגא בטיהרא מאי אהני. אמר לה זיל לימנו בך ישראל ימים ושנים. אמרה ליה יומא נמי אי אפשר דלא מנו ביה תקופותא דכתיב והיו לאותות ולמועדים ולימים ושנים. א"ל זיל ליקרו צדיקים על שמך יעקב הקטן שמואל הקטן דוד הקטן. חזייה דלא מיתבא דעתה, אמר הקב"ה הביאו עלי כפרה על שמעטתי את הירח והיינו דאמר ר"ל מה נשתנה שעיר של ר"ח שנאמר בו לה', אמר הקב"ה שעיר זה יהא כפרה על שמעטתי את הירח עכ"ל. ובבאור המאמר הזה מצאנו בעל ספר מאירת עינים בהקדמתו. וז"ל דע כי התשובה [שהיא הבינה] הוא מלך מלכי המלכים. מלכי זרועות עולם, המלכים ד"ו פרצופין שהם שני המלכים המשרתים ומשתמשים בכתר א' כי כבר ידעת כי ד"ו פרצופין שוין היו אור זה כאור זה. וכאשר קטרגה שלא ישתמשו שני מלכים בכתר א' היתה דורשה לעצמה ונתמעט אורה שנעשית אספקלריא שאינה מאירה. כי התשובה שהוא הקב"ה אמר לה לכי ומעטי את עצמך. ואמר הקב"ה שהוא הת"ת כי גם הוא נקרא הקב"ה, הביאו עלי כפרה, לתשובה שהוא עלי. לפי שמעטתי את הירח, כלומר בסבתי נתמעטה, שעל ידי אמרה התשובה לעטרה, לכי ומעטי את עצמך. ואולי כוונת קרבן הזה כמו שאר הקרבנות לקרב אותה אל הת"ת למען תתברך עלינו. וטעם שעיר שהוא הצד השמאל ולא כבש שהוא מצד הרחמים, אולי מפני שהיא עיקר קבלתה משם והיה הענין ע"ד קטרוג ומשם הוא בא. ולשון עלי, פי' רבינו מרדכי אשכנזי עד"ז הביאו עלי כפרה כמו לפני, שהקב"ה אומר לישראל עליכם להביא כפרה על נפשכם לפני לפי שמעטתי את הירח המשיל על סלוק אור העטרה. ובסבת זה נתחזק המקטרג שהוא יצה"ר חשך בכם ולא זכיתם לאותו אור הראשון הזך והבהיר. שאלו זכיתם בו הייתם כאלהים בני עליון. ומצאתי כתוב בדברי המקובלים כי התשובה היא אמרה הביאו עלי כפרה למי שעלי. אמנם פירושו לשון חוב והלואה הראשונה. וא"כ לא יקשה אמרו על שמעטתי כי הוא האומר לכי ומעטי את עצמך. ובקבלת ספורטא דע כי היו ד"ו פרצופין והיותם פועלים שווים הי' מתייראאחר שממשלתה שוה שמא יטעו העולם לומר שיש ב' רשויות ח"ו, ע"כ. אבל לדעת החכם אפשר לומר ד"ו פרצופין מצד שהיה בחמה כח הלבנה כלולה וגם שאותו כח הלבנה המותאמת באותה שעה בחמה לא היה מעורב בכח החמה אלא שהיה ניכר, כאלו תאמר דרך משל שחלב ויין היו בכלי אחד והיין לבדו ניכר אלא שנוגעין זה בזה. ומ"מ אפשר לומר שכח הלבנה המותאמת בחמה באותה שעה היתה ג"כ פועלת פעולת הרחמים כמו שנראה מדברי ספורטא. כי איך אפשר לומר שמדה א' פועלת רחמים ודין כאחד, אלא ודאי החמה היתה פועלת ברחמים והלבנה היתה מסייעת אותה בפעולת הרחמים ולכן אמרה הלבנה אפשר לשני מלכים שישתמשו בכתר אחד ושיקבלו בשוה ממקום אחד ושלא יפעלו שניהם כי אם פעולה אחת כי מה צריך הלבנה כי די בחמה שהוא מלך אחד לפעולה זו, אחר שכל הפעולה ממין אחד לא ישתנה בעבור היותה מותאמת מן הלבנה. ואמר לה לכי ומעטי את עצמך, זהו מיעוט כי מתחלתה היתה פועלת ומסייעת למדת הרחמים ועתה נתמעטה ממדת הרחמים ונעשה דין, וז"ש הביאו עלי כפרה על שמעטתי את הירח דעו כי אתם צריכים להביא כפרה למי שעלי על מיעוט הירח שנתמעטה מן הרחמים לדין, ומחמת אותו המיעוט שחזרה לדין אתם צריכים כפרה להיות תמיד כלולה משפיע עליה שפע הרחמים עכ"ל. והנה מתוך דבריו נראה פוסח על שתי הסעיפים אם נאמר שהיתה כלולה ממש הלבנה בחמה ושתיהם כח אחד, ומצאנו לר' בחיי (בראשית לח ל) היות דעתו נוטה קצת לזה כפי מה שביאר בענין פרץ וזרח. או אם נאמר שהיו ב' כחות מותאמות אבל היה כל א' וא' לבדו כדמות היין והחלב בכלי אחד כדמפ' ואזיל. והנה ב' הדעות האלה אין לנו נחת רוח בהם. ראשונה אם נאמר שהיתה ממש כלולה נשאל במה היו נחלקות י"ס, הא ט' הוו שהרי תפארת ומלכות הם כאחד מיוחד

אם בכחם אם בפעולתם. ואם נשיב מפני שהי' כלול מכח הזכרות וכח נקבות כפי מה שביאר רבינו בחיי. זה אינו מספיק כי סוף סוף כח אחד היה ופעולה אחת היתה. ואף אם הוא כלול משתי כחות, כן גם כל הספי' כלולות מכמה מיני כחות לפי בחינותיהם ומציאותם כמבואר בשערים הקודמים ועם כל זה לא ניחס אלא לספי' א' כל כח וכח הכלול בכל כלליו ופרטיו. וכן אלה עם היות הכח הזה כולל זכר ונקבה סוף סוף אור אחד וכח אחד היו ונמצאו הספי' ט' ולא עשרה הפך הקדמת הקבלה. ועוד אחר שהיה עניינם כח אור שוה אחדיי א"כ איך אמר הכתוב את שני המאורות הגדולים כנראה שהיו שני מאורות אלא שהיו גדולים דהיינו שוים. וזה לפי דעתנו לא יקשה לרבינו בחיי אם נאמר שלא היה כוונתו שהיו כח אחד אלא בהיותם למעלה נעלמים קודם אצילותם אל מקום הראוי להם דהיינו ביום ד' ששם מקום הלבנה והחמה, אבל כאשר נאצלו אל מקומם היו שנים. וכבר אפשר לדקדק כן מתוך לשונו בפ' וישב וז"ל ידוע כי שם אלהים הנז' בבראשית הוא מלך העולם והוא התשובה וכו'. ואמר הכתוב ויאמר אלהים יהי אור ויהי אור לבאר כי מכח מלכות שמים הנקרא אלקים נאצלו ב' אורים הללו וע"כ אמר ויהי אור ולא אמר ויהי כן כבשאר מעשה בראשית. ויש לך להתבונן שאין הכונה שהיו שני אורים ממש רק ב' כחות היו בו הא' כח זכרות והב' כח נקבות אבל האור הראשון לא היה אלא אחד. והוא א' כולל כח זכרות וכח נקבות ומן האור הזה נאצלו חמה ולבנה ביום הרביעי וכמו שביארתי שם בסדר בראשית ונאצל כח הזכרות על החמה וכח הנקבות על הלבנה עכ"ל. ולפי האמת אין מקום להשיג על רבינו בחיי כי אפשר היות כוונתו כי בהיותם למעלה בבינה היו אור א' וכח א' כדכתיב יהי אור ויהי אור הורה שהם אור אחד אבל כשנאצלו אל מקומם היו ב' כל אחד לעצמה לבנה לעצמה חמה לעצמה כמו שאמר ומן האור הזה נאצלו חמה ולבנה ביום ד' ונאצל כח וכו'. אבל לדעת בעל ספר מאירת עינים דסבירא ליה שאפשר היות כח ופעולה אחת קשיא לן במה היו נבדלים להיותן ב' ספי' כי בדרך עלה ועלול א"א שזה הבדל שאר הספי', ושתים אלו היו מיוחדות באור א' וכח א'. ואחר שאין להם הבדל בעלה ועלול במה נבדלות להיותה נחשבות ועולות למנין ב' ספירות. כי במה שכלל ב' כחות אין ראיה כי כל עצם הכלל הוא בדרך עלה ועלול ודאי, ועוד שאין זה הבדל לפירושו כדפי' לעיל. וגם לומר שהיו שתיהם ניכרות כל א' וא' לבדה קשה ענין פעולתם באמרה א"א לשני מלכים להשתמש בכתר א' מאי קאמר שהרי ב' כתרים היו כאו"א לבדו. וכבר הוקשה זה אל בעל ס' מאירת עינים לדעת ספורטא וכיון לדחוק וליישב הענין ולא עלה בידו. ועוד ראינו כי להקת החכמים שהביא בעל ס' מ"ע כלם אמרו כי ענין ד"ו פרצופין וב' המאורות הגדולים הכל ענין א' ומה שנסרה הקב"ה וכן מיעוט הירח הכל ענין א'. וזה הפך הסברא כי ענין ד"ו פרצופין כאדם וחוה היה פחיתות וחסרון ולא היה היחוד כראוי עד שהוצרך הרשב"י ע"ה בזהר (אולי ר"ל בראשית דף ל"ה. וע' זהר פקודי רנ"ח ע"ב) לתת טעם לדבר מפני שהיה מזווג העליון מאחורא ולא נתקן פנים אל פנים עד שנתקן בזווג התחתון שנסרה הקב"ה לחוה, והנה בזווג התחתון היה לטוב ובזווג העליון לרע ח"ו, הא ודאי קושיא. ובזולת זה קשה לי עלייהו כי ד"ו פרצופין שנדרש בגמרא (ברכות ס"א) היינו שהיו ב' גופים ממש אלא שהיו דבוקים מגביהם עד שנסרה הקב"ה, וא"כ איך יעלה על דעתם לומר שאור א' היו שהרי לשון ד"ו פרצופין איפכא הוי כדפי'. והם רצו לומר שהיו אור א' עד שלא ישפט בו השניות, ואין כן ענין ד"ו פרצופין. וכבר ימשך מזה קושיא אל דעת רבינו בחיי. זהו מה שקשה לנו אל דעת הרבנים בזולת מאי דק"ל בענין הדרוש בעצמו כמו שנבאר בפי'. ומלבד כל זה קשה לן כמה מאמרים מנגדים לזה המאמר שבריש פרקין כמו שנבאר:

פרק שני:

ראינו בפרק זה להביא שני מאמרים מהזהר חולקים זע"ז בדרוש ועוד חולקים עם מאמר הגמ' הנ"ל. מאמר א' הוא בשה"ש מהזהר (ז"ח דף פ"ד ע"ב) וז"ל ויברא אלהים את שני המאורות הגדולים וכו'. בקדמיתא תרין נהורין הוו [שקולין דא לקבל דא כמה דאוקמוה חברין, ואוקימנא דאינון תרין נהורין הוו ברזא חדא] דבוקים כחדא והוה בשקולא חדא לאתקריא תרוייהו גדולים כמה דאוקימנא. לאו דהוה סיהרא בקדמיתא רב ועלאה אלא דבכל זמנא דסיהרא קיימת בשמשא ברזא חדא בגיניה אתקרי איהו בהדיה גדולים, זנבא דאריה אריה איהו ואריה אתקרי. אמרה סיהרא קמיה קב"ה אפשר למלכא חד לאשתמשא בתרין כתרין כחדא אלא דא בלחודוי ודא בלחודוי. א"ל חמינא בך דרעותא דילך למהוי רישא לשועלים זילי ואזעירי גרמך דהא אע"ג דאת תהוי רישא להון אזעריו אית לך מכמה דהוית. ודא איהו דאמרת סיהרא הגידה לי שאהבה נפשי איכה תרעה, איכדין אפשר לך לאנהגא עלמא בתרין כתרין כחדא. איכה תרביץ בצהרים, דהא

סיהרא לית היא כדאי לאנהרא וא"א לך לאנהגא בתרין כתרין כחדא בשמשא ובסיהרא דהא סיהרא מה נהורא אית לה בצהרים בג"כ א"א לך לאשתמשא בתרין כתרין כחדא. שלמה אהיה כעוטיה, איכדין אהא אנא מתעטפא בצהרים כד נהירו ותוקפא דשמשא למהוי אזיל ואתקיף הא אנא מתעטפא בכסופא קמיה ולא איכול לשמשא קמך ואנת איך תיכול לאנהגא ולאשתמשא בתרין כתרין כחדא. אמר לה הקב"ה הא ידענא ביך זילי ואזעירי גרמך אם לא תדעי לך היפה בנשים דאמרת קמאי דא"א לי לאנהגא עלמא בתרין כתרין כחדא זילי ואזעירי גרמך ותהוי רישא לשועלים. צאי לך בעקבי הצאן, פוקי והוי רישא לכל אינון אוכלוסין וחיילין זעירין דלתתא ורעי לון ואנהיגי לון והוי מלכא דכלהו תתאי ואנהיגי לכל חד כדקא חזי ליה והוי שליטא בליליא ודאי פוקי ואזעירי גרמך והכי אתחזי לך עכ"ל. ויש לדקדק במאמר הזה. א' אמרו שקולין כו' לאתקרי תרווייהו גדולים. כי מהו השיקול בענין השם לבד, והנה הגדולה והכבוד הזה אינו כ"כ עד שמפני זה לבד נאמר לכי ומעטי, ומהו המיעוט בהעדר השם. ב' בשלמא אם נאמר שהיו שוים ממש נוכל לומר שהיתה כונת הירח שירד השמש ממקומו ותשאר היא במקומה כדפי' בפסוק (שופטים ה) ואוהביו כצאת השמש בגבורתו, אלא שחזר הדין וירדה היא ממקום מעלתה ועל זה נתרעמה ולא נתפייסה עד שאמר הביאו עלי וכו'. אלא לפי מה שפי' הרשב"י ע"ה במאמר הזה כי לעולם השמש היה גדול יותר ויותר א"כ ודאי שלא היתה כוונת הלבנה שתרד השמש שהיה גדול ותשאר היא גדול אלא ודאי כוונתה הי' שתרד היא [למהוי רישא לשועלים], וא"כ איך אמרה לפי שאמרתי לפניך וכו' וכן הביאו עלי וכו' מה היתה מתרעמת כי זאת היתה כונתה מקודם. ג' שהרשב"י ע"ה פי' א"א למלך אחד להשתמש בשני כתרים כנראה שהיתה מגמגמת בקוצר יד ה' מהושיע, ובמאמר הגמרא הנ"ל אפשר לשני מלכים וכו' משמע שהיתה מגמגמת על קוצר יכולת ב' המלכים שהם השמש והירח שלא יהיה להם כח להשתמש בכתר אחד שהוא הכח אשר למעלה מהם. ועם היות שהכל עולה אל מקום א' עם כל זה אין הענין א'. ואין לומר דפליג הרשב"י אגמרא, שזה דוחק כי מאמר זה נכתב בגמ' בסתם. ועוד כי הרשב"י במקומות הרבה מפרש ענין הביאו עלי כפרה כמו שנבאר. ד' שמתוך שני המאמרים האלה נראה כי השמש והירח הם שני מלכים או ב' כתרים והמלך או הכתר האחד הוא הכח העליון אשר א"א להיות שמושו על ידיהם או שמושם על ידו והמתרעם היתה הירח שהיא א' מהשני הכתרים או משני המלכים לפי חילוק הפירושים. וברעיא מהימנא (פנחס דף רמ"ז ע"ב) פי' הרשב"י פי' שלישי חולק על שתיהם וז"ל ובראשי חדשיכם. וכי כמה רישין אית לה לסיהרא, אלא אינון תרין נקודין כגוונא דא

נקודא תתאה סיהרא. תרין ראשין דילה תרין נקודין דאינון עלה סגול, בקדמיתא הוא כתר על תרין מלכין כגוונא דא והות סגולתא. ולבתר דאמרת א"א לשני מלכים שישתמשו בכתר אחד אמר לה הקב"ה לכי ומעטי את עצמך ונחיתת לרגלוי דתרין מלכין כגוונא דא והיינו סגול, מה דהוה סגולתא אתחזר סגול. ורזא דמלה, לקבל תרין נקודין דאינון תרין מלכין קא רמיז פרים בני בקר שנים, ולקבל נקודה עטרה על רישייהו אמר ואיל אחד כגון כתר א'. בתר דאמרה א"א לשני מלכים שישתמשו בכתר א' אזעירת גרמה אוף הכי ושעיר עזים א' לחטאת, איל דיצחק אתהדר שעיר אתהפך מרחמי' לדינא ואתזעיר. ובג"ד שעיר עזים אחד לחטאת ולא אמר לעולה למהוי כתר. ומנא לן דאית ירידה בחטאת, הה"ד וירד מעשות החטאת. ואמאי שתף עולה עם החטאת בירידה, אלא לאולפא דעולה הוי בקדמיתא מדת הרחמים ולבתר אתהפכת לדינא בירידה ואתקריאת חטאת וכלא חד. ובג"ד הביאו עלי כפרה, עלי הות סיהרא כתר ודאי כגוונא דא ולבתר אתמעיטת ונחתת לרגלין דיליה כגונא דא (בנוסחתינו איתא כגונא דא. כו' כגונא דא.), ובזמנא דא הביאו עלי כפרה, אתמר בה היא העולה, סליקת מרגלוי דאתמר בה והארץ הדום רגלי למימר בה השמים כסאי, והאי איהו רזא צדיק מושל יראת אלהי"ם, דמהפך דינא לרחמי. ורזא דמלא אבן מאסו הבונים היתה לראש פינה, כגונא דא הו"הי יהו"ה עכ"ל. והנה מתוכו מתבאר בפי' היות כוונת הרשב"י בענין א"א לשני מלכים, פי' א"א להנצח וההוד שהם ראשי סיהרא כדקא אמרינן שישתמשו במלכות שהיא כתר על גבייהו. וזה הפירוש חולק [ודאי כי לפירושו] אין לה קטרוג עם השמש, וזה דוחק. ורז"ל [בחולין ובז"ח] פירשו שקיטרגה הלבנה עם החמה. וקודם שנבאר בישוב ג' מאמרים האלה צריכים אנו לבאר אצילות ב' מדות אלה מתחלתם שלא נתבאר ענינם בשער סדר האצילות מפני שיעדנוהו אל השער הזה:

פרק שלישי:

המכוון בפרק הזה לבאר ענין אצילות התפארת והמלכות מתחלה ועד סוף. והענין שכאשר עלה ברצונו הקדום יתעלה להאציל אצילותו הטהור והקדוש היה סבה מאתו להוות הדברים בסדר שאינם עתה במציאותם. כי להיות כוונת האצילות היה כדי שעל ידו יתגלה גדולתו ויוכלו בני העולם הכלה ההווה ונפסד להיות מונהגים על ידו, ועוד לסבה אחרת. וזה בלי אפשר לכמה סבות. אם לרוב העלם קדושתו, או לקוצר השגת הנבראים והיותם בעלי תכלית כמבואר בשער טעם האצילות. ולפ"ז נמצא כי עיקר עלות הרצון היה המלכות המנהגת העולם. והנה להיות גדולתו של יוצרנו הפך מחשבת בני אדם שהם תהו ומחשבותיהם הבל. ולא כשיחשוב אדם בדבר מהדברים [שלא] יתהווה [הדבר] עד שיטרח במציאותו במעשה ואז יהיה הויה נגליית כמבואר בשער הצחצחות פ"ג. ולא כן בוראינו יתי' מחשבותיו עמקו ועצמו למאד מאד, ובחשבו בהויות הנה ההויות קודם בואם להויה קנו מציאות מבחר ומעולה ממציאות המעשה. וכבר נתבאר כי תפארת ומלכות הם עיקר האצילות ובהם נכלל הכל כמו שנודע כי אותיות ו"ה הם כללות האצילות מבינה ולמטה והם עיקר ההנהגה והם סדר הזמן כי הזמן מתהוה ע"י ההקף שהוא ו' שש קצות, ומלכות ה'. שניהם מדת יום ומדת לילה. ולכן במחשבה (ר"ל החכמה) הקודמת אל האצי' היו הת"ת והמלכות. ומפני היות המלכות הויה יותר מתגלית נתהוה גלויה קודם הת"ת והת"ת היה נעלם מפני שהמלכות היכל אליו והיא מגלה כבוד המלך והיא מראה נגלית שבה מתגלה הת"ת. ולכן ההויה הנגלית ראשונה במחשבה שהוא החכמה היה הת"ת והמלכות, וזהו אמרם ז"ל (בב"ר פ"ג ויהי ערב ויהי בוקר) מלמד שהיה סדר זמנים קודם לכן. וסדר הזמנים הם ת"ת ומלכות. והיו לפניו בסוד החריטה שהיה מחריט העולם. ומפני שאין הויה נתפסת בחכמה מפני שהיא תחלת הישות כדפי' בשער הנזכר, לכן הוצרך להאציל הבינה וממנה יתאצלו ההויות שהם תפארת ומלכות. ועם הדבר הזה נבין ענין ד"ו פרצופין נבראו. ר"ל בחכמה שהיא הי'. והי' צירופה י' שבחכמה ומילואה ו"ד. יען כי הוא"ו שהוא הת"ת והד' שהיא המלכות הם היו מילוי החכמה ובה היתה מעוברת כאשה עוברה וזהו מציאות הי' של מלכות ומציאות הדעת של ת"ת. ומטעם שהת"ת על המלכות היתה המלכות בבחינת החכמה עצמה. והדעת שהוא הת"ת בבחי' כ"ע כי היה בבחי' החכמה הקרובה אל מקורה בחינת החכמה המתדבק בכתר. וכאשר עלה הרצון לגלות יותר וראה שאין ההויות מתגלות ע"י החכמה האציל הבינה והניח הדעת בתוכה וקדם אצילות הדעת אל המלכות מפני שסבת האצילות היה ההעלם, כי מפני שהיו ההויות נעלמות נאצלו. לכן קדם הת"ת הנעלם להתגלות בבינה ולכן קדם בריאת האדם משל חוה אשתו ואזי נחלקו הד"ו פרצופין ויצא הת"ת לבדו. ואין בענין הזה מוקדם ומאוחר כי הכל היא ברגע אחד. והכל משל אל קדימת המעלה והעלם המציאות ורבוים, לא קדימת זמן ח"ו שאין האלהות תחת הזמן. וכל זה משל לשבר את האזן כדפירשנו בשערים הקודמים. וכאשר נתאצל הת"ת בבינה האציל הקב"ה המלכות ממקומה שבחכמה ולקחה מאדם שהיא חכמ"ה אד"ם מ"ה שם בן ד' במלוי יו"ד ה"א וא"ו ה"א שעולה מ"ה ואז היתה בבחי' צלע מצד יו"ד פשוטה ונבנתה ע"י הבינה. וזהו (בראשית ב) ויבן ה' אלהי"ם את הצלע אשר לקח וגו'. ושם זה רומז בבינה כנודע, ויביאה אל האדם זה הת"ת במקומו [המיוחד והמתגלה]. ושם יחדם יחוד איש ואשתו פנים כנגד פנים ביחוד שלם כאשר אנו מקוים שיהיה במהרה בימינו, כדכתיב (ישעיה ל כו) והיה אור הלבנה כאור החמה. ושם היה זכר עליון מהנקבה והנקבה משמשת תחתיו כאשר נבאר עוד. ומשם נטרדה וירדה להיותה הדום רגליו עד ישוב אפו וינחמנו. ועתה נמצא לפ"ז המלכות קודמת אל הת"ת, והת"ת אל המלכות. כי בחכמה במציאותו הראשון הי' הת"ת נעלם הרבה עד שלא היה ניכר כלל וקדמה אליו גלוי המלכות מפני שהיא עיקר הנהגת העולם ולכן קדמה גלויה. והת"ת היה נעלם למעלה קרוב אל הכתר מפני התעלמותו יותר מהמלכות כדפי', לכן לא נתפרסם גלויו עד מקומו הנגלה. ובמקומו הנגלה קדם אצילות הת"ת כי הוא יצא ראשונה כי הוא היה סבת ההתגלות כדפי'. ובזה צדקו דברי ב"ה וב"ש בחגיגה (דף י"ב) בש"א שמים נבראו תחלה ובה"א ארץ נבראת תחלה וחכ"א שמים וארץ כאחד נבראו. כי הכל א' ודברי כלם אמת ודברי אלהי"ם חיים. כי בחכמה קדמה גילוי המלכות הרי ארץ נבראת תחלה, ובאצילותם [בבינה] קדם הת"ת הרי שמים נבראו תחלה, ועל האמת כאחד נבראו [כדברי חכמים] אלא שזה נגלה קודם לזה [מב]. ועם הקדמה הזאת יתבאר מאמר אחד בספר הבהיר וז"ל א"ר רחומאי האורה קדמה לעולם שענן וערפל סביביו שנאמר ויאמר אלהי"ם יהי אור ויהי אור. אמרו לו קודם יצירת בנך תעשה עטרה. אמר להם הן, מלה"ד למלך

שהתאוה לבן ומצא עטרה נאה וקלסה ושבחה ואמר שמרו זה לבני לראשו כי לו נאה. אמרו לו יודע הוא שבנו ראוי לה. אמר להם שתוק כך עלה במחשבה, ונודע. שנאמר וחושבי מחשבות עכ"ל. ועם היות שלכאורה דבריו קשי ההבנה, עם הקדמתינו זאת יקל ויתבאר. וזה פי'. ר' רחומאי אומר שהאורה שהוא המלכות כמו שנתבאר בשער ממטה למעלה פ"ד בפי' מאמר א' מספר הבהיר ע"ש. וקראה אורה ולא אור לרמוז אל אור המלכות הנקרא אור ה'. והכריח הענין מפסוק יהיה אור וכו' כי הפסוק אמר לנו מציאות האור קודם מציאות הרקיע. כי האור הזה במלכות, והרקיע בת"ת, והאור קודם אל הרקיע. ולזה כוון באמרו האורה שהיא המלכות קדמה לעול"ם שענן וערפל סביביו שהוא הת"ת. ופי' שנודע כי ההקף כלו נקרא עולם, ומטעם זה נקרא הבינה עולם שבו כללו של היקף כמו שנבאר בערכי הכנויים. ועקר ההקף הוא הת"ת כולל ו' קצוות שהם ימי ההקף. ולזה אמר שהאורה קדמה לעול"ם. ומפני שלא נטעה לומר שהכונה שהיתה אצילותה במחשבה קודם לאצילתו בסוד הדעת, שזה אינו כדפי'. ולז"א שענן וערפל סביבי"ו. פי' למציאות הת"ת המתגלה, שהוא בין החסד והגבורה שהם ענן וערפל והם הבחינות שיש להת"ת עם החסד והגבורה והם לבוש שמתלבש בהם הת"ת. ותלמידי רבי רחומאי מטעם שהיה קבוע בלבם קבלה אמיתית שאצילות הת"ת קודם למלכות הקשו בתוקף המליצה כי איך אפשר שתקדם המלכות לת"ת שהרי המלכות כלי לת"ת והת"ת אדון וקצין עליה ועם היות שפעמים תתעלה עליו לכל הפחות תהיה עטרה על ראשו, וא"כ סוף סוף שאלו לו האם יעשה אדם עטרה לבנו קודם יצירת הבן. וזה ששאלו קודם יצירת בנך תעשה לו עטרה. ור' רחומאי לפי שקבלת התלמידים היא נכונה ואמיתית כי אצילות הת"ת קודם לאצילות המל' לא מיחה בידם, אלא השיב להם ע"פ דרכם במשל נאות ומתקבל למלך שהתאוה לבן. ודקדק באמרו לשון התאוה. כי התאוה היא יותר דקה ממחשבת המעשה, וכן הת"ת מציאותו דק ונעלם יותר ממחשבת המעשה והוא בסוד הדעת כדפי'. ומצא עטרה נאה כי העטרה היא יותר מתגלית, וזהו הטעם ומצ"א כי יצדק עליה כבר לשון מציאה קצת. ואמר שמרו זה לבני, הכוונה אל לשון שמור, שעוד תהיה נעלמת ושמורה במציאותה הנעלם הנקרא י' עטרת תפארת לראשו כי לו נאה מה שלא נמצא בתפארת שיהיה מציאותו מתגלה למטה כ"כ כמו המלכות מטעם העלמו עדין. והתלמידים הצנועים לפי שעדין היה קשה להם לפי שלא קבלו מציאות התפארת הנעלם אשר למעלה מהעטרה, שאלו כמסתפקים בענין כדי שיבאר להם הרבה ואמרו לו יודע שבנו ראוי לה. וכונו לשאול כמסתפקים בקבלת הדעת הנעלם. והרב הנחמד השיב שתוק כך עלה במחשבה. והכונה כי כבר היה במחשבה בסוד הדעת וזהו ונודע לשון דעת. והכונה כי מציאות הת"ת הנעלם עלה במחשבה ונצטייר בסוד הדעת וזהו ונוד"ע. שנאמר וחושבי מחשבות אית דגרסי וחשב מחשבות. והכונה לכלהו פי' להכריח שהכתר ג"כ נקרא מחשבה הגם שאין לנו לכאורה מחשבה אלא בחכמה. והכריח שיש מחשבה בכתר ממה שאמר מחשבות, תרין, מחשבה לפנים ממחשבה. ולכן במחשבה עליונה היה הת"ת כדפי' לעיל. ואחר שבארנו בפרק זה ענין אצילות המלכות מתחלת האצי' ועד סוף. נבא לבאר שאין המיעוט ענין נסירת חוה מאדם כאשר דימו המפרשים:

פרק רביעי:

בפרק זה נבאר שאין נסירת חוה מאדם ענין המיעוט כי הנסירה היתה לטוב אל הזווג ואל ההולדה משא"כ המיעוט. ואין מקום לשאול כיון שכן, איך היה ההולדה קודם הנסירה או למה נבראו כך כדי שיצטרכו אל הנסירה. כי ענין זה נתבאר בזהר והעתקנוהו בשער מהות והנהגה בפי"ח. ושמא ידמה המעיין לנגד לזה מכח דברי הרשב"י בפ' אחרי (דע"ז ע"ב) וז"ל תאנא, אתעברת ה' עלאה ברחימותא בחביבותא דלא אתפרש מינה יו"ד לעלמין, אתעברת ואפיקת ו', לבתר קאים קמה וינקא ליה, ודא וא"ו כד נפקא בת זוגו נפקת עמיה. אתיא חסד אתער גביה ופריש לון ונפקו גזעין מתחות לעילא ואתפשטו ענפין ואסגיאו ואתעבידת ה"א תתאה. ואתרביאת בענפהא לעילא לעילא עד דאזדווגת באילנא עילאה ואתחברו ו' עם ה', מאן גרים לון, חסד הוא, חסד הוא ודאי דחבר לון כחדא. י' עם ה' עילאה לא תלייא חבורא דלהון בחסד, אלא במזלא תלייא חבורא דילהון וחביבותא דלהון דלא מתפרשין לעלמין. יו"ד אתקשר בה' ה' אתקשר בוא"ו ו' אתקשר בה' וה' אתקשר בכלא וכלא חד קשורא הוא וחד מלה. לא אתפרשו דא מן דא לעלמין עכ"ל. ולכאורה משמע כי הת"ת יצא ד"ו פרצופין ונתחלק למטה במקומו ולא היה יכול להוליד אלא ע"י חלוקה דהיינו מיעוט הירח. ונמצא המאמר הזה חולק עם כל מה שפי' בכמה ענינים. ראשונה נראה שאחר שיצא אח"כ היה ענין החילוק

ונסירת הצלע באמרו ו' כד נפקא וכו' כנראה שנאצלו ואח"כ נסרן. ועוד כי פירשנו למעלה כי חילוק הת"ת מן המלכות היה ע"י הבינה וכאן נראה שהיה ע"י החסד. עוד נראה כי היינו המיעוט באמרו ואתעבידת ה"א תתאה שפי' המיעוט שהורידוה, וכן משמע מתוך לשון המאמר. לכ"נ לבאר המאמר הזה, וקודם שנכנס בביאורו נעורר בו קצת הערות באופן שבהם יובן כונת המאמר. ומה שיש להתעורר. א' אמרו אתעברת ואפיקת ו' לבתר קאים וכו', מאי לבתר ומאי אפיקת דכלא חד. אפיקת ולבתר קאים היכן אפקיה דאצטריך לבתר לאוקמיה. ב' אמרו אתיא חסד כו' ופריש לון, וכי ס"ד דמעוטא בחסד אתעביד, והרי בסטר המיעוט אחיד אסכרא ברביי כדאמרי' בזהר פ' תרומה (דף קס"ז) וז"ל כיון דנפק מקטרגא כדין כתיב יהי מארת חסר ו', ואתמשכא אסכרא ברביי וחסר נהורא דסהרא עכ"ל. הרי בפי' משמע דבסטרא דמקטרג אתזעיר סיהרא. עוד דמי איכא למימר דסיהרא אתזעיר בחסד, והרי מובן מתמן דזעירו דילה לאו לטיבו אתעביד כמה דאמרה בשביל שאמרתי לפניך דבר הגון, וענין הביאו עלי כפרה וכל מאי דקאמרי רבנן התם כדפי' בפ"ק. ועוד דא"כ דיחודא דסיהרא וזווגא לא אשתכח אלא ע"י זעירו דסיהרא, א"כ לעתיד שיהיה אור הלבנה כאור החמה איך אפשר והרי לא יהיה היחוד והזווג. ג' מה דקאמר י' עם ה' עלאה לא תליא כו', מאי בעי הכא דלאו בהכי עסקינן. ועוד דהא קאמר ליה בריש שמעתתא ברחימותא בחביבותא דלא אתפרש כו', ותרוייהו למה צריכי הכא. ועתה נבא בתיקון המאמר מעיקרו. כבר בארנו למעלה כי ה' אלהי"ם הוא הבינה, והצלע מלכות, והאדם חכמה. וכן באר הרשב"י (בתקונא י"ב דף כ"ז.) בפסוק ויבן ה' אלהי"ם את הצלע אשר לקח מן האדם, דא חכמה. ויביאה אל האדם, דא עמודא דאמצעיתא, דרגא דמשה. והאי צלע איהי ודאי כלת משה עכ"ל. וידוע כי ה' אלהי"ם הוא בינה כנודע. ואחר שנתבאר הענין הזה ראוי לדעת עוד כי אין בנין אלא בחסד שנאמר (תהלים פט ג) כי אמרתי עולם חסד יבנה, וכל בנין בו תלוי. ועתה הוכרח כי בנין הצלע היה בחסד. עוד ראוי לדעת כי הבינה הנרמזת בצורת ה' ראשונה שבשם אין צורתה ממש ה' אמנם עיקר צורתה הוא י' כמבואר בשער המציאות וצורת ה' הנרמזת אליה הוא על רמז הנאצלים ממנה, ופירוש הרשב"י ע"ה כי הו' שבתוך הה' היינו צורת תפארת הנאצל. ועתה לפ"ז קשה כי היכי דאצטייר בגווה צורת ו' שהוא הת"ת אמאי לא אצטייר בגווה צורת המלכות ולהוו בגווה ו"ד שתים. ד' דהיינו צורת המלכות במציאות הצלע, וא"ו דהיינו הת"ת. אלא מאי אית לך למימר דתרווייהו בבת אחת נאצלו. [מג] (והכי מוכח התם אדם וחוה ד"ו פרצופין הוו אחר הבריאה. ואי תימא דד"ו היו בחכמה לא אית תמן הויה נגלית כמו שהיה אדם וחוה כי הוו ד"ו פרצופין אחר בריאתם). והרשב"י ע"ה בשמעתין באר הענין הזה בפשרה נכונה, והיא זו, כי החכמה בשעת אצילות של אלו מתוך יחודה והעלמה בתוך הבינה היו מיוחדים באהבה באופן שהיו שתיהם אחד ביחוד גמור. וז"ש תאנא אתעברת וכו' כי לא היו מתפרשות ויחודם בתוקף אהבה שאין ביניהם פירוד ח"ו. וענין דלא מתפרשין ביארנו עניינו בשער מהות והנהגה בפ' י"ד. והטעם שקראה כאן לבינה ה' עלאה מפני שהוא רומז לעיבורה. וענין ואפיקת ו' אינו ממש ו' שבשם אלא הכוונה ו' שבתוך הה' עצמה כדפי' הרשב"י ע"ה במאמר ה' ד' הות מדאתחברת כו' והעתקנוהו בשער השמות פי"א י"ג יעו"ש. ומ"ש ואפיקת ו', היינו ההוראה שבעיבור שהוציאה מחכמה והאצילה בעצמה הוא"ו והיינו הת"ת והמלכות יחד אמנם נוקבא לא אדכר דצלע הות. ומ"ש לבתר קאים וכו' פי' לבתר דאפיקת האי בן מגווה כדפי' ונלקח ממנו הצלע שם כמו שנבאר אח"כ. קאים קמה. פי' האצילו במקומו המיוחד לו דהיינו אצילתו למטה בוא"ו שבשם עצמה. ואחר שהשלים אצילות הת"ת מכל וכל בכל מציאותיו חזר לבאר החילוק שבין ת"ת למלכות באצי', ואמר כד נפקא בת זוגו כו' דהיינו העבור והוראתו דהיינו ואפיקת ו' דקאמר לעיל כדפי'. ואותו ההתגלות בתוך הבינה היו נכללים שניהם יחד בסוד ד"ו פרצופין, והנה בה' צורת ד"ו למינו אלא שעדין היו שם ד"ו פרצופין. וזו א' מפירושי ה' של בינה. אתיא חסד וכו'. הענין הוא כמו שפי' שהבינה והחכמה היו מיוחדים והחכמה בתוך הבינה והיא היא הכל א', א"כ כבר יתיישב היותם עדין ד"ו פרצופין בתוך הבינה והיות הצלע נלקח מאדם דהיינו חכמה. ועם זה יובן שם י"ה בחכמה שהוא י' חכמה בחבור הבינה שהיא ה' וצורתה ד"ו והיינו ד"ו פרצופין בחכמה ובינה. ובזה יתישב עתה שלקחה הבינה הצלע שהיא המלכות לבדה מחכמה ולקחה גם מת"ת, כי בהיותם שתיהם יחד בתוך הבינה ועדין החכמה בתוכה היתה הלקיחה, באופן שנאצל למטה הת"ת לבדו ונשארה הצלע בבחי' י' למעלה נבנית והולכת. ומטעם כי החסד פתח הבינה והפירוד והחלוק הזה היה שם לפתח תקוה, הנה נחלקו ע"י החסד. ולהיות כי כל בנין הוא בחסד

כדפי' הנה בניינה דהיינו צורת ה' כדפי' בשער המציאות הי' ע"י החסד. וז"ש הרשב"י בשמועתנו אתיא חסד כו' ופריש לון. ועתה נתתרץ הכל ונתקן לשון התיקונים כי הלקיחה הי' מחכמה. ונתתרץ כי ד"ו פרצופין היו בבריאתן דהיינו אחר העבור. ונתתרץ מה שלא נשארו שניהם בבינה צורות נחלקות. ונתתרץ ענין ד"ו פרצופין בבינה ג"כ. ונתתרץ ענין הבנין בחסד. ונתתרץ על הכל קושיה גדולה שקשה במה שאמר בתיקונים [מד] (כי האדם שנלקחה ואליו ממש הובאה). ובזה יתישב כי האדם עצמו היה שם בעת לקיחתה בתוך הבינה כשהבינה האצילה הת"ת אז לקחה הצלע מחכמה נמצאת לקיחתה מחכמה ולקיחתה מת"ת בבת אחת. ונחזור לענין המאמר ונפקו גזעין מתחות לעילא. פי' כי קודם היו ד"ו דהיינו מלכות למעלה מת"ת ולפיכך לא היו מולידים. וטעם היותם שם כן, כבר פי' למעלה מפני שקדם הת"ת באצילות אל המלכות ונשארת המלכות למעלה ממנה. וזהו ג"כ צורתם כחותם. כי בכתר היו ו"ד ת"ת למעלה וזהו בבחינת הכתר. ומלכות בחכמה. ובעת התגלות הת"ת נעשו ד"ו כחותם המתהפך. וזהו ו"ד בחכמה כי החכמה היא י' ומילואו ו"ד ובבינה ד"ו דהיינו ה' ד' קודם על הו'. והנה נחלקו ונתפרשו ע"י הבינה וכדי ליחדה עם בעלה נבנית המלכות בצורת ה' דע"י כך הוא היחוד בהיותה מקושטת ופושטת ענפיה וקשוטיה כלפי מעלה כדי שיזכור ברית עולם ויתיחד עמה בעלה מה שלא היה אפשר להתייחד עמה עד עתה. והטעם שלא נחלקו עד צאתם למטה מהבינה מפני שעיקר יחודם הוא לפעול פעולת ההוויה כי ע"י שניהם ההויות מתגלות גלוי עצמי. ומפני שאין הויה עצמיית עד למטה מהבינה כדפי' בשער סדר האצילות לכן היו בענין שלא היה להם יחוד וזווג עד בוא אל מקום צורך הזווג שע"י יצאו הפעולות בהוויות נגליות כדפי' בשער הנזכר. וז"ש בשמעתין ואתעבידת ה' תתאה פי' ע"י החסד שנתפרשו ונבנית [בצורת ה'] כדקאמר ואתפשטו ענפין וכו' שע"י כן נעשית ה' למטה מהת"ת דהיינו ה' תתאה. ואתרביאת וכו'. היינו הענפים המתעלים למעלה המעוררים ביופיים את הזכר להתיחד. ואתחברו ו' עם ה'. פי' היחוד שנתייחדו פא"פ היו מיוחדים דהיינו קודם המיעוט דאז היתה ביחוד עם בעלה תמיד. מאן גרים לון וכו'. פי' רצה להכריח כי פרישתם זו מזו ובנינה היתה ע"י החסד שהוא דוחק קצת. לז"א מי גרם להתייחד הוא החסד, אע"פ שהמיחד האמיתי אינו אלא היסוד אמנם עם כל זה עיקר הסבה היה החסד. וראייה לזה אמרם בני חיי ומזוני לאו בזכותא תליא מלתא אלא במזלא. ופירושו אע"פ שכל ההויות הם ע"י הת"ת והמלכות המתיחדים ע"י הזכות דהיינו חסד כמו שנבאר בערכי הכנויים, עם כל זה בני חיי ומזוני הם תלויים במזל שהוא הדעת המתעלה בכתר המייחד החכמה והבינה בו תלוי בני חיי ומזוני, כי ע"י יחוד וזווג חכמה ובינה יושפעו שלשתן. וז"ש יו"ד בה"א עלאה לא תליא חבורא דלהון בחסד כיחוד ת"ת ומלכות. אמנם יחודם תלוי בכתר, והענין ע"י הדעת כדפי' בשער אם הא"ס הוא הכתר. והנה בדרך העלם פירש המאמר בני וחיי ומזוני כו' כי הוא עיקר ההכרח, כי כיון שאנו אומרים דלאו בזכותא דהיינו חסד, כנראה ששאר הדברים הנשפעים מיחוד תפארת ומלכות הם ע"י החסד. הרי הכרח שסבת יחודם היתה ע"י החסד כדפי'. וכל זה גלגל הרשב"י ע"ה לישב פי' (ויקרא כ יז) ואיש אשר יקח את אחותו וגומר חסד הוא, חסד ודאי. כי יחוד אח ואחות הוא ע"י החסד. חבורא דילהון וכו'. הכונה לבאר היות זה בחסד, מפני כי היחוד למטה הוא לפרקים, ומפני כן הוא לפרקים, כי בהיות חסד יש יחוד, ובהסתלקו אין יחוד. אמנם היחוד העליון הוא תמידי ע"י המזל הנוזל לעולם ואינו פוסק, ויחודם הוא יו"ד בה"א חכמה בבינה, ובינה שהוא ה' בו' שהוא הת"ת, והו' בה' שהיא המלכות, והמלכות מתיחדת בכלם כי יש בה מציאות החכמה בצלע שהיא הי' ומציאות הבינה בה'. ובת"ת אין צריך לבאר. וטעם האריכות הזה הוצרך אל ענין העריות הנדרש שם (מעל"ד) כי המפריד גדול ענשו. ולא העתקנוהו מפני שאינו לענייננו. והנה נתבאר המאמר הזה ביאור יפה. ומתוכה למדנו סדר אצילות הת"ת והמלכות מראש המדרגות עד סוף וענין הנסירה. ואחר שנתבאר הענין ביאור מספיק מה שיאות אל כונת הדרוש, נבא עתה בביאור ענין המיעוט ותקון המאמרים הקודמים:

פרק חמישי:

הכונה בפ"ז הוא להשיב ידינו על ג' המאמרים הנ"ל ולבארם בחזקת יד. ובראשונה נבאר מאמר הרע"מ משום דהוא כמאן דעקץ לון עקיצת עקרב. ראשונה אמר תרין רישין דסהרא הם נצח והוד כאשר ביאר בתוך דבריו והם ב' נקודות שוים אשר היתה המלכות נקודה עליהם והיתה סגולתא והיתה עליהם ומשפיעם. וכאשר קיטרגה הלבנה מן הטעם אשר נבאר, ירדה אל תחת רגליהם. וקיטרוגה היה שאמרה א"א לשני מלכים הם נו"ה להשתמש עמה שהיא כתר א'. והענין כי הת"ת הוא זכר ובטבעו

ומהותו לנטות אחר הרחמים לצד ימין, ומלכות נקבה וטבעה ומהותה לנטות לצד שמאל לצד הדין, כמבואר בזוהר פ' בא (דף ל"ז) וז"ל בראשית ברא אלהי"ם וגו'. את דא ימינא דקב"ה ואת דא שמאלא. אוליפנא שסטא הקב"ה ימיניה וברא ית שמיא וסטא שמאלא וברא ית ארעא, הה"ד אף ידי יסדה ארץ וימיני טפחה שמים עכ"ל. הורה בפי' היות אצילות השמים ומהותם אל הרחמים עד שמפני זה הוכרח להרבות במלת את החסד ובמלת ואת הגבורה מפני שזה נסמך לשמים וזה נסמך לארץ. עוד ביארו הענין הזה בזהר פ' ויקרא (דף י"ד.) ז"ל אמר ר' שמעון, תנינן, תרין כתרין אתאחדן כחדא ואינון פתחא דכל שאר כתרין. ותאנא, חד דינא וחד רחמי ומתבסמין דא בדא דכר ונוקבא. בסטרא דדכורא שריא חסד, בסטרא דנוקבא שריא דינא. [חד חוורא וחד סומקא כו']. ובג"כ מתקשרין דא בדא. והאי ברית אחיד בהו ביומם ולילה בדינא וחסד. בקדמיתא בדינא ולבתר שריא ביה בחסד ואתבסם בכלא, ודא הוא ברית דאקרי יומם ולילה דאחיד בתרווייהו עכ"ל. ואמר שהם פתח לכל אותם הכתרים, פי' בהשגת השנים אלה יושג הכל שכלם נכללים באלה. חד דינא וחד רחמי. כדפי' כי הזכר נוטה לצד הרחמים והחסד, והמלכות דין נוטה לצד הדין והגבורה והם בגוונם הא' אדום והא' לבן, ומתמתקים אדום בלבן דין ברחמים כי ע"י יחוד הזכר והנקבה מתייחדים הדין והרחמים. וז"ש ובג"כ מתקשרין כו'. ואמנם קשורם ויחודם הוא ע"י היסוד הברית המיחד מדת יום ומדת לילה ועי"ז אמר הכתוב (ירמיה לג) אם לא בריתי יומם ולילה חקות שמים וארץ כו' פי' ברית המיחד יום ולילה. וז"ש והאי ברית אחיד בהו ביום ולילה בדינא ובחסד. פי' יחוד הדין והרחמים הוא ע"י יחוד מדת יום ומדת לילה. בקדמיתא בדינא פי' כי היסוד הוא ח"י והוא נוטה לצד השמאל וזהו יצחק ק"ץ ח"י כמו שבארתי בשער א' פ"ב. ולכן בקדמיתא בדינא נוטה אל השמאל מטבעו שיחודו תמידי בנקבה, ואח"כ חזר ואוחז בזכר ונוטה אל החסד ומתיחדים על ידו הדין והרחמים ואתבסם בכלא. ומפני כן חוייב היות היסוד כלול מדין ורחמים. וזהו שברית יסוד נקרא יומם ולילה, מדת יום ומדת לילה בעצמו נכללים בו. כדי שעי"כ יוכל ליחד ב' המדות. וז"ש דאחיד בתרווייהו פי' ע"כ אוחז בשתי מדות שהוא כלול משתיהם כדי שיוכל להכריע כמו שבארנו בשער המכריעים. והנה מתוך דברי המאמרים האלה מתבאר היות התפארת עקרו רחמים וחסד, והמלכות עקרה דין וגבורה. והנה כאשר קודם הקטרוג היתה מתיחדת עם בעלה ייחוד עצמי. ולא שהיו ב' כוחות נכללים בכח א' אלא לעולם היו ב' ספירות מתייחדות בפעולתם, שעם היות שנטיית הזכר אל הרחמים ונטיית הנקבה אל הדין היו פעולות הדין והרחמים נפעלים על ידיהם יחד. אם דין היה נשפע ע"י ת"ת והמלכות אלא שהיה בתגבורת המלכות שהיא פעולתה הפך פעולת הזכר, ואם רחמים נשפע ע"י שניהם אלא שהיה בתגבורת הת"ת שפעולתו רחמים. ונמשיל משל נאה גשמי אל הענין הזה כדי לשבר את האזן והוא משל אל שני חצאי הכדור כזה

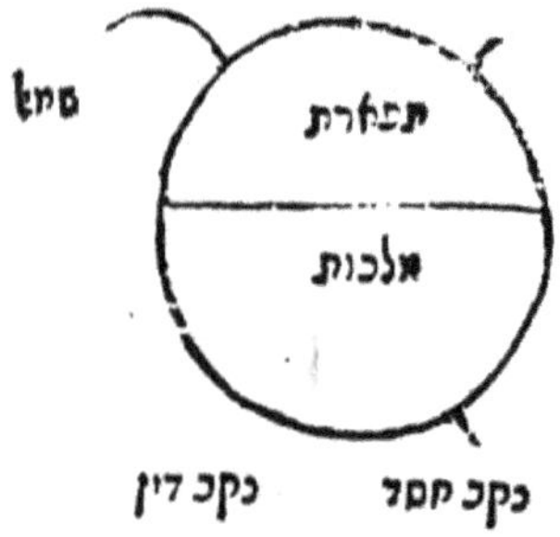

שהם שניהם מתאימות ודרך בהם ב' נקבים האחד אל הימין וא' אל השמאל, ובהם מעבר השפע, הימיני אל הרחמים והשמאלי אל הדין. ואין ספק כי מטבע העליון להגביר וכיון שהתפארת למעלה היה גובר בפעולתו על החסד. לכן בכוונתה היה שיהיו שניהם במקומם כל אחד ואחד מהם פועל פעולתו כזה.

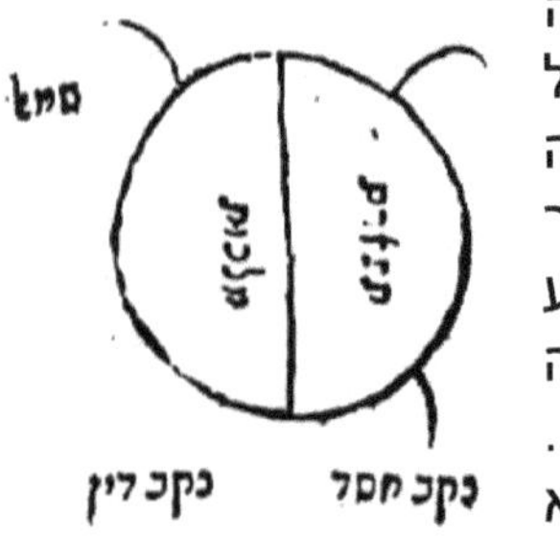

המלכות שהיא הנקבה ומטבעה הדין תפעל ותשפיע שפע הגבורה ודין. ות"ת שהוא זכר רחמים יפעול וישפיע החסד, והנה יהיה בטבעו פעולת הרחמים. ועם היות שהיתה היא קטנה אז וגם עתה, כי לעולם הימין גובר על השמאל. לא כוונה בשאלתה שירד הת"ת אלא להיותם שוים, לא להיות פועלים פעולה א' אלא כאו"א יפעול פעולתו. ומפני שמענין הזה נמצא לפי הנראה תועלת אל ג' בחי' או היזק להם. והם בערך מה שמקבלים, או בערך עצמם, או בערך מה שמשפיעים. בחינה א' בערך מה שמשפיעים הוא היות הנצח וההוד בלתי פועלות כראוי כי מטבע הנצח הוא החסד ומטבע ההוד הוא הדין מהראוי להם לקבל כאו"א מהם כפי פעולתו וטבעו, וז"ש א"א לשני מלכים שהם נצח והוד שהאחד ימיני והשני שמאלי להשתמש בכתר א' שלא יקבלו אלא מפעולה אחת או דין או רחמים. אבל אם היו הת"ת והמלכות שוים היתה המלכות משפעת בהוד והת"ת בנצח וזהו מה שיאות להם

ויוכלון שאת, כי אותה הפעולה השוה א"א. זהו בחינה אחת והיא אותה שפי' הרשב"י ע"ה בר"מ שאנו בביאורו. והבחינה השניה בערך עצמם כי אחר שהת"ת רחמים יאות לו פעולת הרחמים ואחר שהמלכות דין יאות לה פעולת הדין ואם יתחלפו פעולתם עליהם יכבד עבודתם. ולאו אורח ארעא לשנוי מדות הכי, ולכן אמר א"א לשני מלכים שהם תפארת ומלכות שמש רחמים וירח דין להשתמש בכתר אחד. וזה גילה לנו ר"ש בן פזי במסכת חולין. והשלישית בערך המקום שהם מקבלים ממנו שהוא הבינה. והנה הפירוש א"א למלך א' שהוא הבינה להשתמש בשני כתרים כי יכבד עבודתו וכמעט מן הנמנע להשפיע הדין אל מקום הרחמים והרחמים אל מקום הדין. והנה הוכרחה הבינה קודם ההשפעה להטביע הטבע ההוא אל השפע כדי שהמדה המקבלת תוכל שאתו. והנה הב' טענות הקודמות אמרה הירח בתוקף מליצתה באמרה א"א לשני מלכים להשתמש בכתר א', אבל זאת הטענה השלישית לא רצתה לבאר כ"כ מפני כבוד הבינה החופף עליהם [לכן אמרה אפשר למלכא חד לאשתמשא בתרין כתרין כו']. ובחינה הזאת הג' גילה לנו הרשב"י בשה"ש הנ"ל. ולטעם זה נאמר לה ממקום גבוה מאת הכבוד החופף עליהם שהיא הבינה הנק' קב"ה לכי ומעטי וכו' הכונה כיון שאין ברצונה כך והיתה מטחת דברים כלפי מעלה תרד למטה מב' המלכים שהם נצח והוד ולא למטה מהם אלא תחת רגליהם, דהיינו המלכים נו"ה ורגליהם יסוד ותחת רגליהם היינו למטה מהיסוד, ושם היא פועלת פעולת הדין שכן נקראת חרב נוקמת נקם ברית ועוד כנויים אחרים המורים על הדין כאשר נבאר בשער ערכי הכנוים. וזהו שנתהפכה מרחמים לדינא, כי במקומה היתה לפעמים פועלת פעולת הרחמים או רובם בהכרעת הת"ת ועתה רובה דין. (חוזר לבאר לשון הרע"מ שבפ"ב) איל דיצחק אתהדר שעיר וכו' פי' כי למעלה היתה היא נטייתה מעט אל השמאל עם היות עקר פעולתה רחמים וחסד מפני הכרח הת"ת המכריעה לימין ולפיכך הי' נקראת למעלה איל דיצחק. אבל כשירדה למטה ינקה כח תוקף הדין ונקראת שעיר ששם הזה הרמז לדין. וזהו החילוק שבין עולה לחטאת, עולה רומז לעלייתה למקומה ואל אישה ואז היא איל רחמים כדפי', והשעיר לחטאת הרמז אל ירידתה אל תחת רגלי המלכים פועלת הדין ראש אל השועלים המחבלים את הכרמים. שעיר ודאי ע"ש שהיא מיינקת את השעירים בתוקף הדין. ובג"ד הביאו עלי כפרה עלי הות סיהרא כתר וכו'. קודם שנבאר לשון הזה צריכין אנו לזכור הקדמה קטנה רמזנוה בשער המציאות. והיא זו. כי המלכות בהיותה בת מלך נשואה לבעלה ומתיחדת עמו לרוב הפעמים תהיה למעלה ממנו והיא בשופע הרחמים אשת חיל עטרת בעלה ולא זז מחבבה עד שקראה אמי. וכאשר בעונותינו ירדה ממדרגתה אבדה המדרגה הזאת הנכבדת בכלל שאר הדברים אשר נאבדו. וכאשר נבא ונקריב השעיר לחטאת אז נזכור צערה אל בעלה ויעלה אותה אל מקומה הראשון כי טוב לה אז מעתה. וזהו הביאו עלי כפרה, פי' השעיר אשר הוא בא לכפר תוקף הדין, בשחיטתו ובקשירתו נעקד הדין ונשרף על המזבח כי אבוד הקליפה הוא בקורבתה אל הטהרה. וכדי שלא יטמאו אשה תטוהר לבעלה הקריבו השעיר כענין קרבן ע' פרי החג כדפי' בשער אבי"ע בפ"ז. והענין הזה מתבאר בארוכה בזהר (פ' נח) (פנחס רנ"ו ע"ש) וזולתו מהמקומות בהזהר. וזהו הביאו עלי כפרה לכפר הדין ולטהר אותו ולהעלותה אל מקומה להיותה עטרת בעלה בהשפעת הרחמים וקבלתה מהשמש כקודם רדתה. ומה שאמר על שמעטתי את הירח הכוונה שבעבורי ובסבתי ר"ל בסבת הת"ת נתמעטה הירח כי הוא היה הסבה שקטרגה ואמרה א"א לשני מלכים כו'. ובזהר פ' אחרי (דף ע"ט ע"ב) פי' הרשב"י בענין עלי, כי הוא לרמוז כי בר"ח מתגלה הבינה בשפעה כענין השפע בשבת, ולכן אמר הביאו עלי, פי' הביאו כפרה שיטהר הדין מפני שעלי שופע אור הבינה ותקבל גם השכינה אור ממנה ומפני שהבינה מתגלית היא שעת הרצון לשתטהר ותקבל השפע ממנה ויתייחדו. והפי' שמעטתי את הירח פי' שם כדפי'. סליקת מרגלוי כו'. פי' עולה מתחת היסוד שהוא עליה. דאתמר בה והארץ שהיא המלכות הדום ומושב לרגלי ת"ת שהוא היסוד. למימר בה השמים כסאי. פי' היא כסאי, שר"ל שהמלכות שהיא כסא עלתה השמים שהוא הת"ת. או ירצה השמים שהוא ת"ת הוא כסא למלכות בסוד עטרת בעלה, ושעור הכתוב השמים הם כסאי אע"פ שאתם רואים שהארץ הדום רגלי. ולפי הפי' שפירשנו למעלה שעלייתה או ירידתה הוא על ידי היסוד. ז"ש והאי איהו רזא צדיק מושל וכו'. צדיק יסוד הוא מושל במלכות מצד הדין הנקרא אלהי"ם ועל ידי עלייתה למעלה נהפכה לרחמים ובידו להעמידה במקומה להפך דין לרחמים על ידי הזווג. ורזא דמלה אבן מאסו הבונים וכו' בבחינת היותה עטרת בעלה היא י' למעלה שניה לחכמה. והארכתי בענין זה בשער המציאיות בפ' ג' ד'. והנה נשלם פי' המאמר הזה.

ועתה נבא בפרק בפ"ע בביאור שני המאמרים הנשארים:

פרק שישי:

עם היות שכבר נתבאר עיקר המאמרים האלה מתוך הקדמת הפרק הקודם עם כל זה לא נשיב ידינו מהם בע"ה. המאמר השני מהזהר בשיר השירים. שאמר בקדמיתא כו' דבוקין כחדא כו'. פי' כמו שבארנו בפרק הקודם כי שניהם יחד היו פועלים הדין והרחמים ביחד והיא היתה תחתיו טפלה אליו ולעולם פלגא דגופא הוה. אלא שלא היתה שוה אליו כי הת"ת ששי לאצילות והמלכות שביעית עלולה ממנו והוא עילתה וכן הת"ת רחמים ימיני והמלכות דין וגבורה שמאלית ולעולם הימין כובש אל השמאל. ולעולם היתה מעלתה משובחת ודאי אז מעתה כמה וכמה פעמים כי היתה לעולם במלואה ואורה מבהקת עם היות שאינה שוה אליו. אפשר למלכא חד לאשתמשא וכו'. גילה לנו הרשב"י הטעם הזה היותר נעלם והוא מתייחס אל פסוק אם לא תדעי וכו', חמינא בך דרעותיך למהוי ראש לשועלים. נודע כי השועלים רמז אל מלאכי דין וחמה כענין (שה"ש ב טו) אחזו לנו שועלים שועלים קטנים מחבלים כרמים שהרמז אל מלאכי החבלה. והיא שאלה להיותה נוטה במקומה אל צד הגבורה כדפי' בפרק הקודם, והכונה להיות מלאכי הדין נשפעים ממנה, לכן נאמר לה זילי ואזעירי גרמך הכונה שתרד ממעלתה וממקומה ותהיה ראש להם ושם תעשה פעולתה וזהו המיעוט שירדה ממעלתה עוד ונתמעטה יותר ממה שהיתה. שלמה אהיה כעוטיה, אכדין אהא אנא וכו' הכונה כי בהיות הת"ת פועל בכח הרחמים ויכריח אותה לצד הרחמים הנה אז עכ"פ תתבטל פעולתה והדין לא תפעול ולא תוכל לשמש ותהיה מתעטפת כח הדין בהיות כח הרחמים גובר. ודקדק הרשב"י ע"ה באמרו והוי שליטא בליליא כו' שאז שולט הדין והוא ממשלות השועלים הנרמזים לעיל וזהו ורעי את גדיותיך שהם השעירים שהם תוקף הדין כנודע. ואחר שכבר בארנו שני המאמרים הקודמים רצוננו לבאר המאמר הראשון מהגמרא שבו היה יסוד השער. אמרה ירח כו' רשב"ע הוא הבינה שהוא רבון ואדון לשבעת ימי ההקף שהם נקראים עולם והיא האם הרובצת על הבנים. אפשר לשני מלכים וכו' נתבאר בפ' הקודם. והיא הבחינה האמצעית שהיא מצד ערך עצמם שלא היה אפשר להם לפעול פעולה א' אלא שכל אחד יפעל כפי טבעו הת"ת רחמים והעטרת דין. לפי שאמרתי לפניך דבר הגון. פי' כי כן דרך הדין לחפש אחר תוקף הדין והגבורה. אמר לה לכי ומשול ביום ובלילה. פי' שיהיה שפע הרחמים שהוא היום ושפע הדין שהוא הלילה נשפע אל העוה"ז על ידה, וזהו קצת מעלה אליה שתהיה מעלתה למטה במיעוט כמעלתה למעלה בסוד מקומה הראשון. והיא השיבה מאי רבותא כו' הכונה כי אין הדבר הזה תועלת אליה כי זה היתה הסבה שקטרגה מקודם כי לא היתה רצונה במזיגה הזאת. וזהו שאמרה שרגא בטיהרא מאי אהני. כי בהיותה למטה פועלת הרחמים הנשפעים לה מלמעלה אז ג"כ תתבטל פעולתה. ואז השיב לה לימנו בך ישראל וכו' הכונה כי לא יוכל ת"ת שהוא ישראל לפעול פעולותיו למטה אלא על ידה ונמצא לפי זה כל טוב אדוניה בידה. והיא השיבה לזה. יומא נמי א"א וכו'. הכונה כי לא יהיה תקון אל האבדה אשר אבדה. כי בשלמא אם היה הפעולה כולה על ידה ניחא. אמנם היא ג"כ א"א לה לפעול אם לא ע"י הת"ת. וזו אינה רבותא. שכבר היה הת"ת גובר עליה בזה. וזה היה לה מקודם ג"כ. וזה שאמרה א"א דלא מנו ביה תקופותא פי' גזרת הדברים והפעולות הנפעלות ע"י התקופות וסבוב הי"ב גבולים שהם י"ב הויות אשר בו, שכל ג' מהם תקופה אחת כאשר יתבאר בשער פרטי השמות. ולזה השיב לה, ליקרו צדיקיא על שמך כו' והכונה כי ע"י דבקות הצדיקים תמיד יתיחד עמה בעלה. ולא היה עם כל זה מתישבת דעת"ה. פי' יחודה, כמו (בראשית ד א) והאדם ידע וכו'. כי הכונה שעם זה אינה חוזרת בעצם למקומה הראשון שהיתה. לפעמים עולה על בעלה להיות לו עטרת תפארת. ולזה השיב לה הביאו עלי כפרה וכו' כמבואר בפ' הקודם. והנה נתבארו ג' המאמרים האלה ביאור שלם. ומה שנשאר לנו לבאר הוא שאלה עצומה הנופלת בדרוש הזה עד שכמעט ישתומם המשכיל, והוא זה, כי איך אפשר כי במקום הרוחניות הקודש האצילות הטהור והקדוש יפול בו ענין הקטרוג והקנטור ודבר זה הוא מהמדות המגונות בב"א כ"ש וק"ו בן בנו של ק"ו באצילות הטהור והקדוש כי מי שלח ידו לדבר אפי' דבור הקל ונקה. ועוד שנית שאחר שהיא אמרה מפני שאמרתי לפניך דבר הגון, ורצה להפיס דעתה. כנראה שהיו דבריה טובים ונכוחים. א"כ איך נתמעטה על כך ח"ו והיה ראוי שלא תתמעט. והנה ספקות אלה קשות וכמעט ישתומם המשכיל בחשבו בהם. ונשיב כי בענין הדין הם ג' בחינות ובארנום בשער הגוונים בפ"ג. הא' הוא הדין הרע ר"ל תוקף הקליפה אשר הוא דין שאינו מקבל

הכרעה אשו של גיהנם שנאמר בו הבדלה (בראשית א) ויבדל אלהים בין האור ובין החשך, והחשך הוא אשו של גיהנם שנבדל מאור הקדושה כי לא מקבל הכרעת הרחמים מפני קשיותו ותוקפו וכדפי' בשער המכריעים. ויש בחינה שנית והיא החפץ בהכרעה הנוטה אל החסד. ויש דין ג' והוא ממוצע בין הדין המוכרע לצד החסד ובין הדין הנבדל. והנה המלכות נשפעת ונאצלת מצד הדין החזק שהוא תכלת המכלה הכל כדפי' בשער הגוונים לכן מצד תוקף הדין [רצתה] לפעול פעולת הדין החזק ולהיות נוטה לצד שרשה שהוא הדין ולבלתי היותה פועלת הרחמים כדפי' בפ' הקודם. ולזה קטרגה ורצתה לצאת מתחת יד תפארת ולהיות פועלת הדין בעצמה מפני שהתפארת מבטל פעולתה ומכריעה לצד הרחמים כדרכו אל הגבורה. ולהיות שהיא לא רצתה בהכרעה וזה נדמה קצת אל ענין אשו של גהינם ותוקף הדין החזק ע"כ ירדה ממעלתה והושמה (בגוון ירוק כמבואר בשער הגוונין פ"ד. וע' בשער הנתיבות דס"ז בסוף נתיב הב') בירקות הקדושה בתוך האצילות להיותה ראש לשועלים המושלים באשו של גהינם שהם אותם שאינם רוצים בהכרעה. ומפני שתביעתה הי' דבר הגון מצד יניקתה בדין החזק. אמנם פעלו לה מצד הרחמים להיותה רגליה יורדות מות עד יתבטל הקליפה ובלע המות לנצח יתקרב הקליפה אל המוח ויהיו יודעים כל הברואים כי הוא אלהים לבדו. ונמצא החזיר נטהר (היינו קליפת עשו שנמשל לחזיר מיער) ואשו של גיהנם מתבטל. ותשוב המלכות לאיתנה הראשון של בית בעלה כקדמיתא ואז יתקיים בה (ישעיה ל כו) והיה אור הלבנה כאור החמה כו'. ומה שראוי לחקור הוא כי אחרי שקודם מיעוטה היתה אצילותה למעלה במקום התפארת והצדיק היה מדה אחרונה א"כ ראוי לדעת איך היה הזווג לתפארת ומלכות וע"י מי היו מזדווגים ומי היה השושבין האמצעי. שאם נאמר שיזדווגו שלא ע"י אמצעי זה אי אפשר, כי לא ישתנה מבריאת אדם, ומבשרי אחזה אלוה ובריאת האדם יחודו ע"י יסוד ברית עולם. ועוד כמה צדיקים שהיו משמשים ליחד ולזווג כמו יוסף הצדיק וכן בועז ופלטי בן ליש הנה יתבטלו אז מעלתם, וזה אין ראוי שנאמר. ועוד כי כמה דברים הם בתורה ובמעשה המצות המורים יחוד התפארת עם המלכות ע"י היסוד, א"כ נאמר ח"ו שיתבטל קיום המצוה ההיא או הפסוק ההוא. ולזה נשיב כי מעולם לא נשתנה היחוד ולא ישתנה לעולם ועד. כי קודם המיעוט יחודם היה ע"י יסוד וגם בזמן מיעוט כן יחודם וכן יהיה יחודם אחר שתעלה אל מקומה הרמתה אל אישה כימי קדם קדמתה. ואין תימה לזה היות היסוד מדרגה עשירית כי כבר ביארנו כי בעת אצילות הת"ת היסוד נאצל עמו כי גוף וברית חשבינן חד. ולו ב' בחינות ר"ל ב' מציאיות מציאות דק ונעלם שהוא משך הוא"ו הקודמת אל הנצח וההוד, ומציאות מתגלה שהוא אחר הנצח וההוד כדפי' בשער סדר האצילות פ"ח. וכמו שיחוד חכמה ובינה ע"י הת"ת שהוא מציאותו הנעלם דהיינו הדעת כדפי' בשער מהות והנהגה בפי"ז וכן בשער ג' פ"א. וכן ג"כ יחוד התפארת והמלכות הוא ע"י היסוד במציאות דק אשר לו שהוא למעלה מתייחד עמהם. והדבר הזה מוכרח בעצמו שהרי כאשר יעלו הת"ת והמלכות מעלה מעלה מיוחדים יעלה ג"כ יסוד עמהם וזה ודאי במציאות הדק אשר לו ולעולם יחודם ע"י היסוד. ומאמר אמרה שבת לפני הקב"ה בארנוה בשער המכריעים פ"ד. והנה נשלם הפרק הזה ונכלל השער הזה בעזרת הצור העוזר האמיתי:

שער י"ט הוא שער שם בן ד'

הנרצה בשער הזה הוא לבאר קצת מפירוש שם בן ד', להיות קדושתו מתבארת והיותו נבדל משאר השמות הקדושים כאשר נבאר:

פרק ראשון:

אחרי שעזרנו קוננו וכללנו בשערים הקודמים כל הצורך אל המעיין בענין הדרושים במציאות האצילות. נבא עתה בשער הזה לבאר השם המתייחס אל כללות האצילות כלו בפי' הנמצא בדברי הרשב"י. ואל יקוה ממנו המעיין שנכלול הנה בשער זה כל מציאות הפירושים הנמצאים בענין השם בדברי הרשב"י. כי זה בלתי אפשר. ועוד יכבד הענין אלינו מאד והמעיין לא יקל עליו קריאתו. אבל נכתוב בו הנה די הצורך לבא בו אל שערי הזהר. כדי שיקל עיונו אל המשכיל והננו נכנסים בביאורו. כל דורשי רשומות מתורתינו הקדושה אם מבעלי הקבלה ואם מבעלי הפשט אם מחוקרי שרשי תורתינו כלם הסכימו פה אחד היות שם זה שם העצם ולא זולתו. ויחדוהו בין שאר השמות הקדושים שאינם נמחקין. עד שאמרו כי אפי' שם אהיה עם היותו שם נורא מאד לא ישתוה אל השם הזה. ובהשם הזה יש סבות רבות. והיותר מכרחת שבכלם הוא. להיות שכל השמות שאינם נמחקים יגזור מהם פעל קצת, זולתו שם בן ד' שאין אותיותיו מחייבות בשום הגיון פעל כלל. וזה כי שם אלהי"ם אלו"ה א"ל הוא נגזר מלשון גדולה וחוזק ותוקף, וכן (יחזקאל יז יט) ואת אילי הארץ לקח, וכן (תהלים לו ז) צדקתך כהררי אל, שהם לשון גדולה וחוזק. ושם שד"י מורה על שהוא שודד המערכות. ושם צבאו"ת מורה על היותו בעל צבאות מעלה, והוא נגזר מלשון צב"א השמים. ושם אדנ"י מורה לשון אדנות על היותו אדון כל הארץ, והוא נגזר מלשון אדנות. ואהיה מורה על ענין הויה בלשון עתיד המדבר בעדו מבנין הקל, וכן דרז"ל (ברכות ד"ט) אני הייתי עמהם בגלות מצרים אהיה עמהם בגליות אחרות וכו'. אמנם שם בן ד' נורא מאד מי יכילנו ביאור כי אין לו ביאור כלל. סבה השניה כי כל השמות האלה נשמש בהם לשון חול אם נרצה, משא"כ באותיות שם בן ד'. כיצד. אל, נשתמש בו הכתוב בלשון חול אל אחר, וכן כהררי אל וכיוצא בו רבים. וכן אלהי"ם, כמו ראה נתתיך אלהים לפרעה, וכן אלהי"ם לא תקלל וכיוצא בו הרבה. ושדי, כמו וזיז שדי עמדי, בין שדי ילין, הרי אותיו ואינם אלא חול. ושם צבאות, כמו יצאו כל צבאות ה' וכיוצא בו. אדנ"י, כמו (בראשית יח ג) ויאמר אדני אל נא תעבור מעל וכו' ויש מרבותינו אומרים לגדול שבהם אמר, ועם היות שיש חולקים בזה ואומרים שהוא קדש עם כל זה נ"מ דאליבא דכלהו אם ירצה לדבר לאדונו אדני ר"ל אדון שלי מותר להשתמש בו בלשון חול. אהי"ה, כמו שלמה אהיה כעוטיה, לא אהיה חובש וכיוצא בהם הרבה. משא"כ בד' אותיות קדושות האלה **הוי"ה**. כי עם היות ששלשה מהם ימצא. ארבעתם לא ימצאו בענין אחר חול. כמה דכתיב (קהלת יא ג) במקום שיפול העץ שם יה"ו. אבל שם בן ד' כלו לא נמצא. וסבה זו קרובה אל סבה הראשונה בקצת. עוד סבה הג' כי כל השמות נהגין ככתבן. זולת השם הקדוש הזה כי לא היה נהגה באותיותיו זולתי במקדש בברכת כהנים, וכן כ"ג ביה"כ. והטעם הוא כי שאר השמות הם המנהיגים העולם כדמוכח מתוך ביאורם, ושם בן ד' אין לו ביאור ופעולה אליו מתפשטת בעולם הזה זולתי בהתלבשו בשאר השמות כמו שנבאר. ולכן שאר השמות מותר להזכירם כי כאשר אותם האותיות יתהוה רוחניותם בנשמת האדם [המזכירם בחיתוך אותיותיהם] ויתלבשו באויר העולם הזה לפעול פעולתם [מה], אבל שם בן ד' מרוב קדושתו אינו מתלבש באויר העוה"ז זולתי בבית המקדש בפרט בברכת כהנים שנאמר (שמות כ כא) בכל המקום אשר אזכיר את שמי אבוא אליך וברכתיך והאויר טהור וזך ויכול להתלבש כי הוא מתלבש באויר בית המקדש דהיינו השכינה שם אדנ"י. והיינו (חבקוק ב) וה' בהיכל קדשו. ואל יקל בעיני המעיין הקדמה זו כי היא יקרת הערך. ועמה יתבאר הטעם למה אסור לדבר בתורה במקום המטונף ובמרחץ ובבית הכסא, כי הוא מקום אויר הקליפה והטנופת. ודברי תורה הם רוחניות הקדושה ואם יזכירם במקום אויר מטונף נמצא מרכיב טהור בטמא, וקדושה מתלבשת באויר הקליפה. ועם כל זה לאפרושי מאסורא מותר, כי אז הדברי תורה הם להכריע הקליפה לקיים (תהלים קג יט) ומלכותו בכל משלה כדפי' בשער אבי"ע פ"ז. והנה כינו שם בן ד' בלשון שם המפורש וזה אפשר בו פי' שונים. אם לשון פירוש, או מלשון הפרשה והבדלה. מלשון פי' ירצה כי הוא היה מתפרש ונהגה באותיותיו ביה"כ או בברכת כהנים במקדש, או ירצה מפורש ידוע. ומלשון הפרשה ירצה מופרש מרעיוני ההבנה, או מופרש מההזכרה וההגיון. כל זה יוצדק בו. ואל יעלה בדעת המעיין לומר כי מה שאנו אומרים שם העצם ר"ל עצמות המאציל א"ס חלילה, כי זה דבר בלתי הגון כמו שבארנו והארכנו

בשער ג' פ"א. אלא הכוונה באמרנו שם העצם, שהוא עצם הספירות פי' שם הכולל כל עצמות הספירות. ונודע שענין האצילות כולו הוא שמו של הא"ס פי' מורה על עצמותו. המשל בזה כמו ששם יצחק הוא בית יד אל האיש ההוא שבו תהיה תפיסת הדיבור, ואם לא נייחסהו בשם לא נוכל לדבר בו כי לא נדעהו. כן הא"ס ע"י האצילות יהיה בית יד ושם המורה על עצמותו כדי שנוכל לדבר בו. ולכן שם בן ד' הוא שם כולל כל האצילות בכללם ופרטם כו' ולכן נייחס אותו [שם העצם אליו] ושמו פי' האצילות. ואין שם בן ד' או שאר השמות אליו ית' כשמות העצם אל האנשים. כי שמם הסכמיים אבל לא שיורה השם על תכונת האיש כלל, ולא שיורה שמו על עצמותו. ואין כן שמותיו יתברך כי כלם מורים על תכונת הדבר הנקרא בו. ולפיכך אמרנו כי אין שם העצם מורה על עצמות המאציל כי אין דבר שיגביל עצמותו ואחדותו ומציאותו חלילה. ולהיות זה אמת הסכימו חכמי ישראל ונביאיהם לכנותו בשמות מורים על ההעלם קדושתו מרעיוני הלבבות. וזה שמו אשר יקראו לו בשמי מרום כל צבאי מעלה מערכה מול מערכה אי"ה מקום כבודו להעריצו כי לא ידעו לו מקום ולא יבינו לו תבונה. אמנם המגלה לנו אלהותו וקצת מרוממתו הם נאצליו. וע"ד האמת יצדק לפ"ז כי האצילות הוא שמו המורה קצת מהסתרו והעלמו ושם העצם שהוא שם בן ד' הוא המורה על עצמות נאצליו כללם ופרטם, כפי אשר נגלה ברצון רחמיו לזכותנו [בתורתו הנתונה] למרע"ה. ומציאות כוללת כל הנאצלים רבו בו הפירושים כמו שנבאר בפרק בפ"ע בע"ה:

פרק שני:

בענין קדושת שם בן ד' היותו כולל כל האצילות רבו בו הפירושים יש שפי' יו"ד איהו דיוקנא דרישא דקב"ה. ה' איהו דרועא ימינא וסטר גופא. ו' איהו כל גופא, ושוקין ורגלים וברכים וברית קדישא. ה' דרועא שמאלא ושכינת אל. והכי סדרוי יהו"ה. וכען אית לפרשא בכל את ואת כמה ספירן נפקין מנוי בחיזו עינא, והכין סדרוי, וכלא פתגם חד הוא

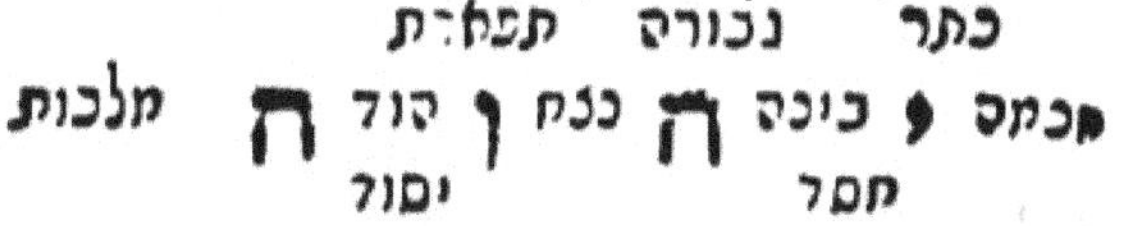

וכען אית לון למללא היכא נפיק מהני דיוקני דהני ד' אתוון קדישין נפיק תיקון גופא וכו' עכ"ל לעניינו. והנה לו דרך אחר בשם בן ד'. כי י' כוללת ד' ספירות כתר חכמה בינה חסד, ה' גבורה, ו' ת"ת נצח הוד יסוד, ה' מלכות. ורצה לבאר כי הו' שבתוך הה' שהוא מטטרון, ובעיננו ראינו שאין ראוי לומר זה. ויש שרוצים לומר כי ביו"ד ב' ספירות ואין סוף. זהו דעת קצת מפרשים בתשובת רבינו האי גאון שכתבנו בשער הצחצחות פ"א ב', ולא כן דעת כל המקובלים כי כלם הסכימו פה אחד היות שם בן ד' בספירות לא למעלה מהם ח"ו. ומה שרובם פירשו והסכימו הוא כי הי' היא בחכמה, וקוצו העליון בכתר. ה' ראשונה בינה. ו' הוא ו' קצוות כשמה, שהם חסד גבורה ת"ת נצח הוד יסוד. ה' אחרונה מלכות. וקרוב לענין זה באר הרשב"י במקומות רבים וז"ל (בהקדמת ת"ז ד"ה) הוי"ה איהו, י' חכמה ה' בינה ו' כליל שית סטרין ה' מלכות עכ"ל. ולא מצינו להרשב"י שיאמר שקוצו של יו"ד רמוז בכתר, אבל במ"א (תקונא ה' דף י"ט ע"ב) יש גילוי קצת שפירש יו"ד קוצא דלעילא קוצא דלתתא וגיו באמצעיתא אינון ברזא דאתוון נקודי וטעמי. ופי', כי האותיות הם בבינה וקוצו התחתון בבינה, ונקודין בגיו האמצעי בחכמה, וקוצו העליון בכתר שהם הטעמים. וכן בפ' אחרי (דס"ה ע"ב) וז"ל קוצא דיו"ד לעילא רמיזא לאי"ן עכ"ל (וכן בפ' ויקרא ד"י ע"ב דקוצא דלעילא מרמז לכתרא עילאה ע"ש) ואי"ן הוא הכתר כנודע. אבל ראוי שנדקדק לשונו דאמר קוצא דלעיל' וכו' פי' הקוץ העליון הרמז לכתר בבחינתו התחתונה שהיא הבחי' המתיחד עם החכמה והבינה, שזהו פי' אי"ן א' כתר י' חכמה ן' בינה כמו שנבאר בערכי הכנויים. והטעם מפני שבבחינת עצמו למעלה בערך בחינתו המתייחד בשרשו הפשוט אין לו שם ונקודה כדפי' בשער ממטה למעלה פ"ה, ושם קוצו של יו"ד הוא בבחינתו המתייחד עם החכמה והבינה כדפי'. וזהו הנמצא בזוהר בפרישת השם בלי שיפרטהו (במילואיו) בכל הספירות. ולטעם זה קראוהו שם המיוחד שהוא שם המתייחדים בו כל הי"ס מיוחדים כאחד. זהו דרך א' בשם בן ד' בספירות. עוד כתב הרשב"י בתיקונים (בהקדמה ד"ג.) דרך אחרת בזה. י' כתר, י"ה חכמה ובינה, יה"ו חסד גבורה תפארת, יהו"ה נצח הוד יסוד מלכות. וז"ל ואשמע את קול כנפיהם, בעשר מיני תהלים. בשיר פשוט דאיהו י' כתר, שיר כפול דאיהו י"ה חכמה ובינה, משולש יה"ו דאיהו חסד גבורה תפארת, מרובע ביהו"ה דאיהו נצח הוד יסוד מלכות ע"כ. והיחס אל האותיות האלה בספירות הוא כמו שבארנו בשער ח' שהספירות הם מתחלקות לאלו הג' קוים. א' קו החסד, ב' קו הדין, ג' אמצעי קו הרחמים. ולג' קוים

אלו ג' אותיות שהם יה"ו. י' שרש לקו החסד ו' שרש לקו הרחמים ה' שרש לקו הדין. והנה הכתר עם היות שג"כ יצדק בו ו' כמבואר בשלהי שער המציאיות, עם כל זה הוא"ו הוא בהשאלה, לפי ששורש הרחמים הוא מהדעת, כמבואר בשער ח' פכ"ה. והי' נרמזת בו מפני קטנותה ודקותה והעלמה להורות על העלם הכתר ומעט ההשגה בו כמו שמתייחס אליו קוצו של יו"ד היינו יו"ד קטנה. אח"כ הוא יו"ד בחכמה שהוא שורש החסד. ה' בבינה שהוא שורש הדין. אח"כ הוא יו"ד בחסד מפני שהיא ענף מהחכמה, ועוד שלעיתים החכמה שוכנת עליו כנודע בסוד הרוצה להחכים ידרים. וה' בגבורה מהטעם שהיו"ד בחסד. והוא"ו בתפארת. אח"כ י' בנצח מן הטעם שהיא בחסד. ה' בהוד מן הטעם שהיא בגבורה. וא"ו ביסוד כנודע שהוא משך הוא"ו וכן ו' זעירא מן הטעם שהוא בת"ת. ה' במלכות כי שם עיקרה שהיא ה' האחרונה של שם וזהו יחס בי' אותיותיו י' י"ה יה"ו יהו"ה אל הי"ס. עוד פי' הרשב"י כי שם בן ד' במלוי אלפין בחכמה הם י"ס שהם יו"ד ה"א וא"ו ה"א. ופי' הרשב"י ע"ה בתקונים שכולל השם בי"ס כללות נגלה מזה שהוא כלל הנמצאות נגלה בד' מערכות כמו שנבאר בפ"ג. אבל מצד הבינה אינם נכללות אלא בד' אותיות יהו"ה לבד. והטעם כי כאשר יגביר ויאיר אור החכמה בספי' הנה יאיר כ"ח מ"ה שעולה אדם ושם זה העולה אד"ם הורה היות האור אור בהיר וזך ומתנוצץ בי' נצוצות. אבל כשהאור מבינה לבד אין הספי' מתגלות אלא בכללות לא בפרט. כיצד י"ה בבינה (שהיא כלל הג' ראשונות) וכן נקרא הת"ת בן י"ה בינה אותיות דדין כאותיות דדין. ו' כולל שש ספירות. ה' במלכות. נמצאו שאין הספירות מתגלות מעצמן אלא אור הספי' נכללות בכלל הבינה והתפארת והמלכות וזה יהו"ה בכללות אבל יו"ד ה"א וא"ו ה"א הוא מצד אור החכמה ומגלה כל עשר ספירות יחד בלא כללות כלל אלא הם מתראות כלם. וכ"ז ביאר הרשב"י בתקונים ושלא להאריך בהעתק לשונו שהוא מפוזר ומפורד לא נאריך. עוד ביאר הרשב"י בשם בן ד' במלוי יודי"ן יו"ד ה"י וא"ו ה"י, והוא מורה העלם יותר ממלואו באלפין כמו שנבאר בפ"ג. והטעם כי זהו אור המתגלה מכתר והוא מראה הספי' כלם אך לא גילוי עצמי כאשר נבאר. ועם היותם סתומות ונעלמות לא באו נכללות שלא להראות עניות במקום עשירות. והשם הזה ודאי בכתר ולא בבחינת עצמו אלא בבחינתו עם החכמה והבינה, ולכן בשם זה ג' יודין שהם סגולתא בכתר ג' ראשונות. והיינו בבחינת החכמה שבו יו"ד ימינית, ובבחינת הבינה שבו י' שמאלית,

ובחינה למעלה מהם היינו היו"ד הראשונה. ואלף שבאמצע וא"ו היא קרקפתא המכסה על ג' מוחות כזה.

וזהו סוד שם א"ל המעתיקים אותו כך, וכבר פי' הרשב"י שעולה כמנין א"ל. שבכתר ג"כ אית שם א"ל שהוא חסד עליון. ע"כ הגיע מה שראינו לדבר בשם בן ד' הכולל י"ס. ואולם בשם בן ד' עצמו בביאור ד' אותיותיו נבאר בשער השמות:

פרק שלישי:

בשם בן ד' במלואו שפי' בפ' הקודם ביאר הרשב"י פ' אמור (דף צ"ב) ולא נעתיק לשונו לבל תכבד עלינו העבודה אבל נכתוב מהותם בתוספות מקום שהניח לנו להתגדר בו. והענין כי בזולת ששם בן ד' מורה כל כללות האצילות כלו כדפי'. עוד מורה בד' אותיות, כל אות ואות מהם מורה על כללות השם כלו ר"ל כולל ג"כ כל האצילות. והיינו שיו"ד במלואה הוא יו"ד וא"ו דל"ת. היו"ד הוא בחכמה והוא"ו בת"ת והד' במלכות הנה כללות האצילות כלו מראש ועד סוף. כי ביו"ד נכללות ג' ראשונות כמו שפי' בפ"ב, והוא"ו בת"ת כולל שש קצוות, והד' במלכות הם עשר ספירות נכללות ביו"ד במלואה. ולהורות ענין היחוד האמיתי יו"ד במלואה הוא צורת **א**. כיצד היו"ד שלמעלה מהקו האלכסוני, והקו האלכסוני הוא ו', והיו"ד התחתונה בצורת ד'. הרי י' במלואה ואלף הכל א'. ועתה אין תימה בשם אהי"ה כי תחלתו א' ושם בן ד' ראשו יו"ד, כי יו"ד ואלף הכל אחד, כמו שנבאר בשער השמות בשם אהי"ה בע"ה. וההי"ן ג"כ הכל אחד, ובהם נכלל האצילות כמציאות היו"ד בעצמה. כיצד העוקץ האמצעי שבין שני צדי הד' דהיינו קוצו של ד' היא י', וכן פי' הרשב"י בזהר במאמר שנעתיקהו בשער השמות פי"א יעויין שם. והד' עצמה הרי ד'. והו' שבתוך הד' הרי יו"ד. ובדרך זה לה' אחרונה. ולפעמים מתגלה פרטיות הה"א בעצם במלואה שהיא במלוי אלף, כזה ה"א. מורה על גילוי הכללות בעצם. והוא"ו הוא ג"כ מתמלא באל"ף הרי כללות האצילות. נמצאו הד' אותיות מגלים ד' מערכות ד' כלליות. להיות החלק בכל והכל בחלק לרבוי [הוראת] האחדות. וטעם ד' כללים אלו שהם בפרטיותיהם י' חכמה ה' בינה ו' תפארת ה' מלכות, לרמוז אל ד' מערכות שנעריך האצילות כדפי' בשער סדר האצילות פ"ה בס"ד. ושם ביארנו

שהאצי' ד' מערכות, מערכה ראשונה חכמה מערכה שניה בינה מערכת שלישית תפארת מערכה רביעית מלכות. ולכן ד' אותיות אלו נרשמות ומסומנות בד' מערכות אלו בפרט. ועיקרן בכל האצי'. והעלמם שהוא מילואם מורה על כללות האצילות הנעלם בתוכם. ומה שנדע עוד הוא שהאותיות האלה במערכותם אינו שוה כי האלף מורה על האצי' הנעלם גילוי יותר מתגלה מהיו"ד כי היו"ד מורה עליו במלואו וזה מורה עליו בפשיטתו כי יו"ד במלואה הוא **א** פשוטה כדפי'. ולהיות כי החכמה נעלמה יותר משאר המערכות בא גילוי המערכת שבה בהעלם גדול דהיינו העלם מלוי היו"ד. אמנם ה' מורה עיקר המערכת בעצמה בגילוי עצמותה כדפי'. כי ה' פשוטה בלי מלוי כלל מורה על המערכת שבה ובהיותה מתמלאת מתגלה המערכת יותר להעטיר הבן הנחמד שהוא וא"ו. ועוד ה"א וא"ו מתמלאים על שני פנים אם באלף אם ביו"ד. מטעם כי כאשר יתגלה המערכת בבינה גילוי עצמי באל"ף אז יתגלה התפארת הבן הנחמד גילוי המערכת במציאות אל"ף כפי יניקתו מאמו. אמנם כאשר הה"א תתמלא ביו"ד כזה ה"י אז מורה העלם כמו שבארנו שיו"ד היא נעלמת יותר מאלף ואז תתמלא הוא"ו ביו"ד כזה וי"ו מורה על העלם המערכת שלא נתגלה אליו יותר מהאם. ולפי היות מלוי ו' שבתפארת כן תתמלא ה' שבמלכות לפי שקבלתה ממנו לבד. ולפעמים אע"פ שמלוי הוא"ו באל"ף, מלוי הה' ביו"ד מורה על שנתגלה ונתעלם כי כן דרך המלכות שהיא פרוכת מסך מעלים ומסתיר האצילות כולו. ובהקדמה זו יובן כי לפעמים תתמלא הה' בה' כזה ה"ה. ולפי מה שפי' נמצא שבאו גלוי המערכות בג' מינים אם ביו"ד אם בא' אם בה' וכל א' נעלם יותר מחבירו. י' נעלמת מכלם שלא יתגלה בה כללות האצילות אלא ע"ד המלוי. וכשיתמלא הוא"ו ביו"ד אז נמצאו הענין נעלם מנעלם כי יו"ד פשוטה נעלמת בוי"ו ויו"ד עצמה צריכה אל מלוי. והטעם לפי שהמערכה המתגלית במלוי היו"ד הוא מערכת האצילות הנעלם בחכמה והוא נעלם תכלית ההעלם. וכאשר יתגלה בבינה שהוא ה' או בתפארת שהוא ו' או במלכות שהיא ה' אחרונה לא יתגלה בעצם אלא בדוחק גדול, לפי עומק המדרגות מכח שפע אור הכתר כמו שראוי אל הדקות שהוא בחכמה. ולהיות שהחכמה נעלמת ואין ראוי שיתגלה המערכה אלא בעצם ההעלם ר"ל בצורת י' ולא בשאר האותיות. ולכן אין ליו"ד מלוי בלתי היו"ד ולא תתמלא לא באל"ף ולא בה', בלתי אם תהיה תיבה שלימה דהיינו י"ה שהה' הוא שם והיכל אל הי' שבתוכה וכמו כנוי אליו ואל השם שבתוך הספירה כאשר יתבאר בשער הבא בע"ה. אמנם הה"א תתמלא באלף ויו"ד, ולדעת קצת גם בה"א אחרת. וכן ה' אחרונה וכן הוא"ו. אמנם נגלה המערכת בעצם גוף ההי"ן בלי (גילוי) [מילוין] כדפי'. ויצאו מכלל שאר האותיות כי יו"ד וא"ו אין בעצמותם גלוי מערכת כלל אלא במילואם. משא"כ בההי"ן שההי"ן עצמה מתגלים בצורת המערכות כדפי'. שבצורת ה"א עצמה יש צורת יו"ד דהיינו צורת א'. והטעם כי היו"ד והוא"ו שהם חכמה ותפארת הם זכרים שכן נקראים אב בן, והבינה והמלכות הם נקבות שכן נקראים אם בת. וידוע כי התולדות וההויות הם בזכר בהעלם גדול כי במוח הזכר תלוים הבנים. כנודע משל הזרע הנעלם בזכר ומתגלה בבטן המלאה ע"י יחוד הזכר והנקבה והיא מגלה הפעולות בעצם. ולכן החכמה והתפארת נעלמות בהם ההויות דהיינו המערכות הכוללות האצילות ואין מתגלה בהם בלתי בהעלם גדול ע"י המילואים היינו אחרי צאת הפעולות מאתם ויוצאין מהם כדמיון מלוי האות שהוא יוצא מן האות וחוץ מן האות כנודע. אמנם הנקבות שהם ההי"ן מראים הפעולות בעיבור בתוכם דהיינו מציאות צורת ה' עצמה ומראים יותר בצאתם מאת פניהם דהיינו המילואים. ואין שאלה שהרי הבינה היא נעלמת יותר מהת"ת, וא"כ למה באו בגילוי המערכת בבינה יותר מהת"ת. זו אינה שאלה, כי הבינה בערך החכמה הוא נקבה והתפארת בערך המלכות זכר ולכן נדון כל א' לפי ערכו. ואחר שנתבאר ענין החילוק שבין א' ליו"ד כי אלף מגלה יותר מיו"ד וא' נקבה בערך יו"ד לא ירחק ממנו הטעם של שם בן ד' מלוי יודי"ן בכתר ומלוי אלפי"ן בחכמה כי זה מגלה יותר מזה. ע"כ הגיע מילוי האותיות שם בן ד' כפי המושג אלינו מתוך דברי הרשב"י פ' אמור הנ"ל:

פרק רביעי:

אחר שבפרקים הקודמים ביארנו דעת הרשב"י ע"ה ששם בן ד' כולל כל האצילות. נבאר עתה ענין אחר שביאר לנו בזה ששם בן ד' הוא בכל ספירה וספירה. וז"ל בתיקונים (תקונא מ"ב דפ"ב.) לאו ספי' דלית תמן הוי"ה יו"ד ה"א וא"ו ה"א. והנה כפל השם בפשיטותו ובמילואו לגלות לנו כי כמו שיתיחס השם בפשיטות בכל ספי' וספירה כן השם במלוי בכל ספירה וספירה הכל לפי הבחינות שפי' בפרקים הקודמים. אבל ראוי לחקור אם אמת ששם

בן ד' בכל ספירה וספירה. א"כ במה יתחלקו הספירות בשמותם. והענין הזה בארו הרשב"י ע"ה בתיקונים במ"א (תקונא ע' דקכ"ד) וז"ל ת"ח תשע זמנין איהו יהו"ה בכל ספירה וספירה נקודה דיליה ואיהו יהו"ה במלכות בלא נקודה. ואילין אינון נקודין דמחייבין כל ספירה וספירה. ט' נקודין אינון. חד יָהָוָ"הָ, תנינא יַהַוַ"הַ, תליתאה יֵהֵוֵ"הֵ, רביעאה יֶהֶוֶ"הֶ, חמישאה יְהְוְ"הְ שתיתאה יֹהֹוֹ"הֹ, שביעאה יִהִוִ"הִ, תמינאה יֻהֻוֻ"הֻ, תשיעאה יוּהוּווּ"הוּ מלכות יהו"ה כלילא מכלהו.

קמץ אתקריאת בנקודה דא יָהָוָ"הָ מסטרא דכתרא עלאה דאיהו סתים כקומץ דאיהו סתים במחשבה דלא ידע ב"נ מה דאית לגו. ומאן דאיהו לגו איהו סתים במחשבה עלת העילת קרינן ליה. ואתקריאת פתח כנקודה דא יַהַוַ"הַ מסטרא דחכמה דבה אתפתחת ואתגליא מחשבה סתימא כגוונא דא לעילא כדיוקנא דא **א** לתתא כדיוקנא דא אֵ. ותרין נקודין אלין אתגליאו באימא. [בכתרא עלאה סתימין אינון] ואתעבידו צירי יֵהֵוֵ"הֵ עלייהו אתמר וייצר ה' אלהי"ם, כי ביה ה' צור עולמים. צייר תרין עלמין עלמא דין ועלמא דאתי. סגו"ל דא חס"ד דביה שכינתא איהי סגולתא לעילא סגול לתתא יֶהֶוֶ"הֶ סגולתא ורחימא מסטרא דימינא. שבא כגוונא דא יְהְוְ"הְ מסטרא דשמאלא. כי באש ה' נשפט, ותפול שב"א ותקחם. טוב תתי וגו' שבה עמדי. דאיהי שכינתא דאתקריאת שבא מסטרא דשמאלא. ואתקריאת חולם כג"ד יֹהֹוֹ"הֹ מסטרא דעמודא דאמצעיתא. משם רועה אבן ישראל, אבן מאסו הבונים היתה לראש פינה. כל מרגליתא יקירא היא בחולם הה"ד לשם שבו ואחלמה וביה ונחלמה חלום. חיריק אתקרי' מסטרא דשוקא ימינא כגוונא דא יִהִוִ"הִ ביה חקירה. החקר אלוה תמצא. ואיהו הקרח הנורא קרח מההוא נורא דאיהו עמודא דאמצעיתא. שרק הוד אתקרי כג"ד יֻהֻוֻ"הֻ מתמן אתקריאת שכינתא שרק קשר המרכבה ואיהו הוד דמשה דביה אשתלימו. וחמשה בריחים לקרשי צלע המשכן השנית. כחושבן ה' דילה אשתאר ו"ד ד"ו פרצופין עליה אתמר י' אמות אורך הקרש, קרש קשר. שרק יוּהוּווּ"הוּ דא צדיק דאיהו קושר המרכבה דאיהו שכינתא עם קב"ה הדא דכתיב כי כל בשמים ובארץ ודא דמתרגמינן דאחיד בשמיא ובארעא. ועליה אתמר ואנכי נטעתיך שורק כלו זרע אמת, זרע אמת הוא ודאי דאתמר ביה תתן אמת ליעקב חסד לאברהם. איהו זרע ושכינתא עזר הה"ד אעשה לו עזר כנגדו. כל אלין נקודין אתחייבו בשמא קדישא מסטרא דתשע ספירן. ומלכות כללא דכלהו, אהבת כלולותיך עכ"ל. וכוונתינו בו מבוארת היות הספי' נחלקות בנקודתן כמו שסדר הרשב"י ע"ה. ועם כל זה לא נאסוף ידינו מלבאר בו קצת. אמר ואיהו יהו"ה במלכות בלא נקודה כבר פי' בשער מהות והנהגה ובשער הגוונים, שכל הספי' משפיעים במלכות ועל ידה הם מראות פעולותיהן, וכן הענין בנקודות שהיא מקבלת כל הנקודות מהספירות להראות פעולותיהן. וכפי קבלתה מלמעלה כן פעולתה (לשוב) [לטוב] או למוטב. ואלין אינון נקודין דמחייבין. אין ענין הנקודות בספירות נקודות ממש, אלא הכוונה שאין רוחניות הספי' נגבלת אם לא בנקודות האלה, וז"ש ואלין אינון נקודין דמחייבין וכו'. מסטרא דכתרא עילאה. כבר ביארנו מעט המאמר הזה בשער ח' פ"ב בס"ד ועם כל זה נבאר אותו הנה בקצרה. קמץ מלשון העלם מלשון (ויקרא היב) וקמץ הכהן והכוונה כי כמו הקומץ שהאדם סותמו אין מי שידע מה שבתוכו כן כ"ע הוא קמוץ וסתום ואין מי שמשיג מה שבתוכו. ומאן דאיהו לגו. פי' אין המשל דומה לנמשל, כי הקומץ הסתום פעמים שלא יהיה בתוכו דבר כי השכל לא ישפוט אם יש בו או אין בו כלל. לז"א שאין כן בנמשל דהיינו הכתר. כי לא מפני העלם האין סוף שבתוכו יכחיש האדם מציאותו ח"ו, וז"ש ומאן דאיהו לגו סתום במחשבה. פי' מציאותו לא יוכחש כלל ועיקר. אלא מי שהוא בתוך הכתר הוא סתום בכתר שנקרא מחשבה. עלת העלות כו' פי' שהוא עילה לכל הספי' שהם עילות לכל העלולים מהם, והכוונה מאציל הספירות. ואמר קרינן ליה. פי' כי אין השם הזה מורה על עצמותו ח"ו כי אין שם שיגבילהו כדפי', אבל הוא שם מושאל שאנו מכנים אותו כן להבחין כשאנו מדברים בעילה או בעלולים. ואתקריא פתח וכו' הכוונה כי חכמה פותח ומגלה הקומץ. ולא שיתגלה בחכמה ח"ו כי שם ג"כ אין השגה, אבל הכוונה שהחכמה מגלה הכתר במה שהאציל הבינה. וזה כיון בצורת **א** וקוץ עליון כתר וקו האמצעי חכמה וקוץ תחתון בינה ובבינה הם מתגלים. ותרין נקודין אלין וכו' פי' קמץ ופתח נעשו צירי בבינה, כי היא המגלה את כל העליון ולכן נקראת שכינה כאשר נבאר בשער ערכי

הכנויים. והכריח כי הציר"י בכח כתר וחכמה מן הפסוקים כאשר נבאר. שבפסוק א' אמר וייצר שהוא ציר"י. ירצה כי באותו הציר"י היה אצילות ה' אלהי"ם שהוא בינה שנקרא ה' בנקודות אלהי"ם. ויורה ג"כ אל הצירי שתי יודי"ן שבוייצר. ומפני שפסוק זה אינו הכרח גמור כי אדרבה משם נראה שהבינה יצר כפשוטו. וגם נפרש צירי בבינה ונאמר וייצר ה' אלהי"ם כי ציר"י שבבינה יצר. ואין הכרח כי כבר פירשו באדרא בסוד וייצר דהיינו צר צורה גו צורה כמבואר בספר אור יקר בס"ד. לכן הכריח הענין מן הפסוק כי ביה ה' צור עולמים. והכוונה כי בי"ה שהוא חכמה צייר ה' שבהכרח הוא כתר. ופי' עולמים, לרמוז עלמא דין מלכות היא המקבלת הנקודות כדפי', ועלמא דאתי בינה כי היא קבלה שני נקודות עליונות ואתעבידו ציר"י. ומזה יוכרח כי פסוק וייצר כוונתו כדפי' היות ציר"י שתי נקודות עליונות כתר וחכמה. ומענין האידרא אין קושיא כלל כי יו"ד של שם בן ד' שבכתר יו"ד אחת ויו"ד שניה של זעיר היא יו"ד של חכמה דהיינו רישא דזעיר, ויעויין שם. ובכל השמות האלו כוונת הרשב"י גם להכריח היות המלכות ג"כ נקראת כן על שם אותה המדה וז"ש עלמא דין דהיינו מלכות, ועלמא דאתי דהיינו בינה. הנה יוכרח מזה היות המלכות מצד הבינה נקראת בנקודת ציר"י. וציר"י היינו קמץ ופתח וממנו יוכרחו השתים כנודע כי היא מקבלת ג' ראשונות ע"י הבינה ולכן ע"י הציר"י מקבלת הקמץ והפתח. וזה כוונתו בכל הנקודות לבאר המלכות, כענין אמרו בסגול סגולתא לעילא סגול לתתא, וכן בשבא וכן בכולם כאשר נבאר. סגול דא חסד כו' סגול הוא מלשון סגולה כדכתיב (שמות יט) והייתם לי סגולה וכו'. והסגולה מורה על האהבה כמו האדם שהדבר החשוק לו מסגלו ומעלימו להיות לו סגולה. ואהבה הוא בחסד. סגולתא לעילא כו', מבואר כי המלכות יש לה מציאות למעלה כתר על שני ראשים, או למטה משני ראשים שהם גדולה וגבורה. שבא כג"ד כו' כי בא"ש אותיות שבא ואש מורה דין, וכן ותפול שבא ותקחם מורה על תוקף הדין. ופי' טוב תתי וכו' ושם היה בענין רחל לרמוז כי הם ג"כ במלכות. חולם מסטרא דעמודא דאמצעיתא. כבר נתבאר כי לפעמים המלכות הוא עטרה על הת"ת ואז נק' עטרת תפארת ואז היא חולם על וא"ו ואז נאמר עליה אבן מאסו הבונים היתה לראש פנה. וכשהיא עטרה על ראשו משם רועה אבן ישראל פי' זן אבהן ובנין (ת"א בראשית מ"ט כד). כי אפילו יעקב יונק ממנה כדפי' בשער המציאות. ואז היא מרגליתא יקירא. והביא ראייה מפסוק לשם שבו ואחלמה. כבר בארנו בשער הגוונים כי כל האבנים הם משולשות במלכות מחיבורא דאבהן. והנה לפ"ז לשם מצד החסד, שבו מצד הגבורה, ואחלמה מצד הת"ת. ועוד הביא ראייה מונחלמה כו', והחלום מצד המלכות כדפי' בשער המכריעים פ"ה. חירק כו' ביה חקירה כו' פירושו בנצח לא מצאנוהו והוא זר אצלנו ואין מזה המאמר הכרח כי אפשר לומר בו הכונה על המלכות והיא בעצם חקירה כי שם נחקרים כל הדברים וכן קרח הנורא שהיא קרח מנורא שהוא הת"ת. ואם יתפרש בנצח יהיה מטעם שבו העצה ודרך העצה לחקור הדברים. שרק כו' ה' בריחים מהי' בריחים שהם גדולה גבורה ת"ת נצח הוד [ויסוד נכלל עם הת"ת]. והם נחלקים ה' לצלע הימין, וה' לצלע השמאל. כיצד גבורה ובה כח גדולה, הוד ובה כח הנצח נכלל עמה הרי ד'. ות"ת לפעמים מטה לדין או לפחות קצתו שהוא היסוד הרי ה' לצלע המשכן השנית. והנה נשלמו ע"י ההו"ד כי הוא האחרון מחמשה בריחים שהם לקרשי וכו' וכן עולה ה' של הוד, נשאר מהוד ו"ד שהם ד"ו פרצופין והם ת"ת ומלכות. והוד בעצמו בה' שהיא חמישית לבריחים והיינו שלשה נקודות זו על גב זו מקושרות. עליה אתמר י' אמות אורך הקרש שהוא ד"ו עשר. הקרש הקשר שהוא ההוד קשר וסוף הבריחים כדפי'. ונקראת השכינה קשר המרכבה על שמה שהמלכות קושרת המרכבה ומייחדת אותה א"כ נמצא בזה קש"ר קר"ש שרק הכל א'. שורק בוא"ו והוא בצדיק כי הראשון בלא וא"ו עולה קשר וזה עם וא"ו עולה קושר והוא הקושר מלכות עם ת"ת והיינו דאחיד וכו'. וכן נקרא זרע כי הוא מעבר הזרע להכלה וכן נקראת הכלה עזר כנגדו. וכ"ז ע"י הקוש"ר שהוא השור"ק. אהבת כלולותיך פי' הכללות הנעשה במלכות ע"י הספירות כי נכללת מכלם כדפי'. ע"כ פי' המאמר הזה. והנה נתבאר מתוך דבריו היות שם בן ד' בכל ספירה וספירה ויבחנו השמות לפי נקודתם כמבואר. ועתה נתיישב הענין הזה אל השכל לאמר שכל הספירות הם נכללות בשם בן ד' והוא שם העצם כדפי'. ולפי שכל ספירה כלולה מי' לכן בכל ספי' וספי' הם י' ספירות. והאמת שלא ישתוו י' ספירות שבכתר עם י' שבחכמה וכן לכל שאר הספירות אלא ישתנו לפי בחינת פעולתם וכן המלכות כמו שפעולותיה היולית לפי קבלתה כן י' ספירותיה יהיו פעולותם בלתי מסומנות. וכן לכל ספירה וספירה נקודה המורה שנוי י' ספירותיה מחברתה כדמוכח לעיל. ואל ידמה המעיין היות

ממש אותיות בספי' ח"ו כי החושב כן מגשים חלילה וחלילה. אבל הכונה כי אין כלי שיגביל רוחניות הספירות אם לא שם זה. ולא שהספי' נגבלות ח"ו שאינם דברים נגבלים כאשר הארכנו בשערים הקודמין, אבל הכונה כי אין לנו מקום ושם לכנותם שיתייחס השם ההוא אל רוחניותם אלא השמות האלה שם אחד כולל לכלם. ושם זה וגילה לנו רוח הקדש שאין דבר שיגביל אלינו הרותניות ההוא אם לא בעשר שמות שם בן ד' הנחלקים לפי נקודתם. ואין ספק ששמות אלו הם היכל וכלי מקבל ושואב רוחניות הספירות כמו שהיה ב"ה היכל אל השכינה. וכאשר נזכיר כנוי מהכנוים המתייחסים אל הספי' ונכוין אל שם נקודתם דהיינו הוייה הנז' מעורר הכת העליון, אם לא יהיה איזו סבה מונעת כאשר יתבאר בשער הכונה בס"ד. ובזה ניצול האדם מעון ונכון לבו בטוח בה'. והנה נשלם הפרק ונכלל השער הזה בס"ד בילא"ו:

שער עשרים הוא שער השמות

הנרצה בשער זה הוא לבאר י' שמות שאינם נמחקים שייחסנום בעשר ספירות בשער א' פ"י. ויחדנו להם שער בפ"ע מפני שהדרוש הוה אינו מתיחס עם הקודם, שבשער הקודם היה עסקנו בשם העצם ועתה יהיה עסקנו בשאר השמות שאינם נמחקים:

פרק ראשון:

העשר שמות המיוחדים לעשר ספירות הם **אהי"ה** לכתר. **י"ה** לחכמה. שם בן ד' בנקודת אלהי"ם כזה **יֱהֹוִ"ה** לבינה. **א"ל** לחסד. **אלהי"ם** לגבורה. **יהו"ה** לתפארת. ולדעת המפרשים **הוי"ה צבאו"ת** בנצח, **אלהי"ם צבאו"ת** בהוד. ולדעת הרשב"י ע"ה צבאות בנצח והוד כמו שנבאר. **א"ל ח"י** ביסוד לדעת קצת. והמוסכם בזוהר ששם היסו"ד **שד"י** כדפירוש בשער א' פ"ו. **אדנ"י** במלכות. והנה השמות האלה הם היכלות אל שמות בן ד' שהם בכל ספי' וספירה כדפי' בשער הקודם כאלו נאמר כי הרוחניות הנגבל או הנרשם בשם אהי"ה הוא היכל אל רוחניות הנרשם בשם הוי"ה בנקודת קמץ ושניהם בכתר. וכן בכל שם ושם הם כדמות הגוף אל הנשמה בערך שמות בן ד' שבכל ספי' וספי'. כי השמות שאינם נמחקים האלה הם לבוש אל שמות בן ד'. ואין לתמוה על הדבר הזה שהרי בספר ברית מנוחה ביאר י' שמות שם בן ד' בנקודות ידועות ופירש לכל נקודה ונקודה אורות ידועים מבוארים ומפורטים בשם ידוע כאו"א, ובודאי כל דברי הספר הנחמד ההוא דברי אלהי"ם חיים נאמרים ברה"ק או מקובלים מפי אנשים גדולים. והנה אותם המאורות המבוארים בכל שם ושם מהשמות הם לבוש אל המקור ההוא. וכן הענין כי עצם הספי' הדקה הוא חלק שם בן ד' המיוחד בעשר הספירות כלם. ועוד מסתעפים י' ספי' אל ק' ענפים י' ענפים לכאו"א מהספי', ואותם הענפים המסתעפים הם לבוש א' שמתלבש הספירה העקרית הרוחניות. ומה שמסתעפים עוד העשרה ענפים הם לבוש אל העצם העצם ענפים. והנה העשרה ענפים מכונים בשם בן ד' בנקודה ידועה. והענפים המסתעפים עוד הם היכל אל מקורם והם מכונים בשם שאינו נמחק. ומפני הרחקו מן המקור נגבל בגיזרת פעולה כי כל הקרוב מחבירו מקודש ממנו. ולכן שם בן ד' העצמי אין לו נקודה כלל אלא הוא פשוט שאין בו גיזרה. וכאשר יתמלא יהיה נקודתו כזה **יוֹד הֵא וָאו הֵא** והם ט' נקודות ט' ספי' ד' מצד הוא"ו מפה וד' מצד הוא"ו מפה. שהם כתר חכמה בינה חס"ד, ת"ת רקיע וא"ו המבדיל בין מים למים בין דין לרחמים. ותחתיו גבורה נצח הוד יסוד. והאותיות בעצמם [בלי הנקודות] נרמזים במלכות שהיא המקבלת הנקודות כדפי' בשער הקודם. נמצאת שגיזרת הנקודות האלה אינה גיזרה, אלא אדרבה הוסיף העלם על העלם והורה בנקודתו שהם נעלמות יותר מהאותיות שהאותיות ישפטו בצורתם לא כן הנקודות אלא נעלמות והם כמציאות יודי"ן. והנה כשנקדנו שם העצם הורה על העלם יותר אבל למדנו מתוך כך נקודת שם העצם כזה **יְהֹוָה** להורות על סוד נעלם אבל בשעור נתפשט ומתוך פשיטותו המציא לעצמו היכל בהסתעפו אל ענפיו ונתייחסו ענפיו בשמות מורים פעולות שהם הנקודות כדפי'. ועם כל זה אינם נקודות מורכבות שיורו על הגיון המלה לרוב העלמם עדין אלא הם שמות מנוקדים בנקודות שות (ר"ל היוד שמות שבשער הקודם) להורות על אחדות המשתוה ורחוק מהשנוי, אבל לא כמקור הקודם. וכאשר עוד נסתעף אל ענפים שלישים ונתלבש בהם כהדין קמצא דלבושיה מיניה אז נהגה באותיות שהם אהי"ה י"ה וכו'. אמנם יצא מכלל זה שם התפארת שבכל לבושיו נתלבש בשם בן ארבע הרומז בתפארת בשמות שאנו בביאורם בשער זה השם הנזכר במאמר הרשב"י מהתקונים בשער הקודם. כי אותו השם הוא היכל לעצם השם והוא נשמה לשם זה שנבאר. ולכן לא בא בתורה שם בן ד' בנקודות חולם כולו כי זה מורה על דקות והעלם גדול אבל בא בנקודת **צְבָאוֹת** כזה **יְהֹוַה** שהשם הזה רומז בת"ת שהוא היכל אל שם נקוד כולו חולם, ומתוך הרכבתו (ר"ל בנקודות שאינם שוות) מורה על שהוא מסתעף ממקורו. ועם היות שביאר הרשב"י ע"ה בתיקונים ששם זה נקרא חש"ק חול"ם שב"א קמ"ץ. הרמז אל המלכות המקבלת מג' אבות. וז"ל בתיקונים (תקונא י"ט דמ"א) כד איהי נקודה מסטרא דקמץ, נטלא מחסד. וכד נקודה מסטרא דשבא, נטלא מגבורה. וכד נקודה מחולם, איהי מסטרא דעמודא דאמצעיתא. עכ"ל. אין זה תימא כי מוכרחים אנו לומר שפי' התפארת במלכות. כי זה דרכו בכל הזהר ששם בן ד' הנכתב בכל התורה שהרמז שלו בתפארת, ולא קשיא מדידיה אדידיה. אלא מאי אית לך למימר דהיינו דנקרא במלכות ביחוד התפארת וה' בהיכל קדשו. והרמז לזה כי המלכות מקבל מבעלה אם מצד

הגדולה אם מצד הגבורה אם מצד עצמו. והעד על זה כי שם אדנ"י זהו ממש נקודתו. ושם בן ד' ג"כ נקרא בשם אדנ"י. ועם היות שהוסיף בשם אדנ"י כי במקום שב"א בא שב"א פת"ח. אדרבה משם ראייה כי בתוספת הפתח שהוא כמו ו' נרמז בו ו' שהוא תפארת במקום שם בן ד' עצמו וזה אמת ונכון ואין בו פקפוק. וטעם קדימת השב"א בנקודת השם אל הקמ"ץ אחר שהשב"א הוא בגבורה והקמץ בחסד. ביאר הרשב"י ע"ה במ"א בתיקונים (בהקדמה דף ד') בענין כל שיראת חטאו קודמת לחכמתו וז"ל ואוף הכי אקדים שב"א דאיהי יראה בשם יְהֹוָה לאהבה דאיהי קמץ רחמי שב"א מסטרא דגבורה כי באש ה' נשפט. קמץ מימינא וקמץ הכהן בגין דמעלין בקדש ולא מורידין ובגין דא אקדימו שס"ה לא תעשה דאינון דחילו לרמ"ח פקודין דאינון רחימו הדא הוא דכתיב זה שמי לעולם שמי עם י"ה שס"ה זכרי עם ו"ה רמ"ח עכ"ל. ופי' כי הדין בכל מקום מושפע ומקבל מן הרחמים כי הנקבה דין והזכר רחמים כמבואר בשער ממטה למעלה. ומפני זה צריך להקדים יראה שהוא מצד הנקבה דין לאהבה שהיא רחמים. וכן יו"ד מאדנ"י קודם לי' מיהו"ה כי זה בסוף תיבה למטה בתחלת הכניסה וזה למעלה בסוף העלייה והטעם כי מעלין בקודש ולא מורידין. ולפיכך צריך להקדים יראה שהוא לא תעשה למצות עשה, שנא' (תהלים לד טו) סור מרע ועשה טוב. כי שס"ה לא תעשה מצד הנקבה, ורמ"ח מ"ע מצד הזכר. וזה שאמרה התורה זה שמי לעלם וכו' ושם מדבר בשם המיוחד ושמי עם י"ה שהם אותיות הזכר עולה שס"ה. והנה שמי הוא במלכות ולהזכיר מדת יום בלילה צריך לערב עמה י"ה. וזכרי שהוא הזכר עם ו"ה שהם אותיות הנקבה עולה רמ"ח. ואנו מיחדים זכרי עם ו"ה להזכיר מדת לילה ביום. ושם בן ד' מתחלק אל שני חלקים י"ה ו"ה זה זכר וזה נקבה. וכן פי' הרשב"י ע"ה בתיקו' [תקונא נ"א דף פ"ו ע"ב) וז"ל דכלא אתברי ואתתקן בשמא דיהו"ה דאינון את השמים. ורזא דמלה י"ה בשמי"ם, הה"ד "ישמחו "השמים. ו"ה בארץ, "ותגל "הארץ עכ"ל. פי' את השמים הם תפארת הנקרא שמים. ומלכות הנקראת את. כאשר נבאר בשער ערכי הכנוים בע"ה. ואין תימא על היות ו"ה בארץ י"ה בשמים, כי הכונה היא כי בשמים הוא שפע חכמה ובינה שהם י"ה והוא מקבל מהם ומשפיע בארץ שפעו ושפע המקבל הראוי לה והם ו"ה. וקרוב לענין זה בקבלת הגאונים בסוד כתיבת שם בן ד' וחקיקתו וז"ל הוראת הגאון לתלמידיו כי כתיבת כל אות ואות בצורת שלשה נקודות ומחלקו לשלש ראשים וחלק כל ראש וראש לשלשה נקודות עד אשר יעלה כל מספר הנקודות לכ"ד במספר כ"ד צוריות פנימיות למספר כ"ד ספרי הנבואה י"ב משפיעים וי"ב מושפעים י"ב נותנים י"ב מקבלים והם בסוד ע"ב עכ"ל.

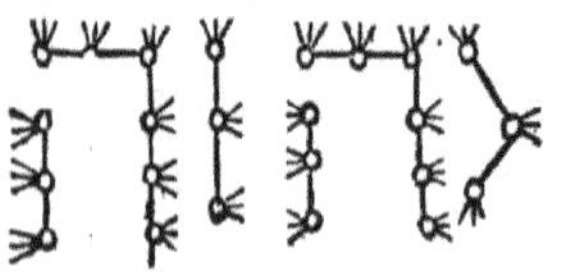

הנה מתוך דבריהם משמע ודאי שחצי השם מקבל שפע מחציו כדרך זכר ונקבה. ושאר דבריהם יתבארו מתוך מה שנבאר בשער פרטי השמות בשם ע"ב בס"ד. ונחזור אל עניינו כי שם הכתוב בתורה הוא התפארת אך לא עצם השם בן ד' הנזכר בשער הקודם בפרק ד'. כי אותו השם נקוד בחולם ושם הלבוש שלו הוא שם בן ד' הנזכר בתורה ונקודתו חש"ק והשם הזה לבוש אליו כמו ששאר השמות לבושים אל שם בן ד'. ונמצא ראיה לזה בתיקונים (תקונא מ"ב דף ע"ט) וז"ל לית ספירה דלא אית תמן יהו"ה יו"ד ה"א וא"ו ה"א. והכי צריך לאתכנשא כלא ביה בכל אתר, דכל שמהן אינון כנויין ליה עכ"ל. ופי' שאין ספירה שאין בה שם בן ד' וגם במילואו לרמוז אל הכלל ואל הפרט כמו שביארנו בשער הקודם בפ"ד. ולפיכך חוייב המכוין להביא כוונתו בכל מלות התפלה אל שם בן ד' כאשר נבאר בשער הכונה בס"ד. וזה רצה באמרו והכי צריך לאתכנשא וכו' ונתן טעם לדבר כי אפילו שאר השמות הם כנויים אל שם בן ד'. וכן שם בן ד' שבתפארת מתלבש בשם בן ד' בנקודת חש"ק והוא כנוי אליו. ואין תימה איך אפשר שיהיה שם בן ד' כנוי אל שם בן ד' בהיות אותיותיהם שוות. המשל כמו שלא נתמה על שני ב"א שווים בנוי ובכח ובהדר ובתפארת היות הא' חכמתו מרובה מחבירו, כי הכל לפי המשכת הרוחניות שהמשיך אביו עליו בעת הזווג יותר מחבירו. כן האותיות זה חוייב עליה רוחניות יותר מחברתה מאת בעל הרצון יתברך וכמו שצריך כונה להמשיך הנשמה להוולד בשעת הזווג, כן צריך הכותב כוונה בכתיבות האותיות. וכן ארז"ל במס' גיטין (דף נ"ד) שכל ס"ת שאין האזכרות שבו כתובין לשמן אינו שוה כלום. וכן אחז"ל (במס' כלה פ"ה) בשעה שכותב את השם אפי' המלך שואל בשלומו לא ישיבנו. וכל זה שלא לקצץ צנורות הקדושות והרוחניות הנמשך בדרך כתיבת האותיות. והכל לפי המשכה הראויה אליו. וכל זה יתבאר בשער הכונה. ולכן כבר אפשר ולא ירחק היות אותיות דומות שוות והיות אלו קדושות ואלו אינם קדושות. וכבר אחז"ל (שם) שאם היה

צריך לכתוב את השם ונתכוון וכתב יהודא ולא נתן בו ד' מוחקו, ואף אם היה ראוי לכתוב שם השם כיון שהכוונה היתה לכתוב יהודא לא נתקדש. וכ"ש שנאמר שיהיו אותיות שקדושתן עולות על אותיות כהם, וכ"ש כשיתחלקו בנקודתן שנקודות שם הפנימי חולם ושם הלבוש חש"ק. והפירוש שהוא כנגד ג' אבות גדול"ה גבורה ת"ת, שהיא בחינה בת"ת שכולל ג' אבות בעצמו. וכן הרמז בנקודותיו היה הוה ויהיה והיינו מלך מלך ימלוך שהם הג' אבות כמבואר בתיקונים פעמים רבות. וכל זה בשם בן ד' שהוא היכל אל הפנימי כדפי'. והנה נמצא בספי' זולת שם העצם שפי', עוד ג' חלוקות והם הוויו"ת שמות כנויים. וההויות הם י' ההוויו"ת הנזכר בשער שם בן ד'. והמגלה הראשון אליו הוא בעל ספר האורה בהקדמתו וז"ל דע כי כל שמותיו הקדושים הנזכר בתורה כלם תלוים בשם בן ד' שהוא יהו"ה ית'. וא"ת והלא שם אהיה הוא העיקר והמקור. דע כי שם בן ד' אותיות הוא כדמיון נוף האילן, ושם אהיה הוא עיקר האילן הזה וממנו ישתרשו שרשים ויתפשטו ענפים לכל צד, ושאר כל השמות הקדש כולם כדמיון ענפים וסנסנים נמשכים מנוף האילן וכל אחד מהענפים עושה פרי למינהו עכ"ל. ופי' דבריו כי כל שמות שאינם נמחקים הם תלוים בשם בן ד', וממנו מתפשטים וממנו יונקים. והקשה לפי דבריו כי למה לא יהיו תלוים בשם אהיה שהיא בכתר שהוא העיקר והשרש כמו שהם תלוים בשם בן ד' שאינו כ"כ שהוא בת"ת. ועל פי שאלתו זאת תירץ תירוץ נאה. כי שם אהיה הוא עיקר האילן ושרשו, ושם יהו"ה הוא נוף האילן. והנה לפד"ז הענפים מתפשטים מן הנוף לא מן העיקר כנודע, כי הכתר הוא העיקר ומרוב העלמו אין הענפים מתפשטים ממנו והת"ת הוא הנוף אשר משם מתפשטים הענפים, וכן תפאר"ת מלשון פארות פי' ענפים. וכן השש קצוות מסתעפים ממנו. והן אמת דבריו דברי אלהים חיים. ולנו עדיין הקושיא במקומה עומדת שנקטה באופן אחר והוא זה שאפילו לפי דבריו לא יבצר היות שם אהי"ה גדול ומשובח משם בן ד' אלא שאין הענפים מסתעפים ממנו ושם בן ד' הוא בת"ת ואע"פ ששבחו גדול אך לא כשם אהי"ה שהוא עיקר האילן, וא"כ למה שם בן ד' שהוא בת"ת אינו נהגה באותיותיו. ורחמנא ליצלן מדעת האומרים שכתר ענף לת"ת, כי אין זה בעינינו כ"א מהנוגעים בעצם האצילות שהם מהפכין הקערה על פיה וקוצצין בנטיעות ח"ו. אבל כאשר נזכור מה שהקדמנו בשער שם בן ד' בריש פ"א יתיישב אלינו הדבר מאוד. כי גם בכתר שם בן ד' נעלם תכלית ההעלם. והשמות האלה עם היות קדושתן גדולה ואינם נמחקים, עם כל זה הם היכלות להויו"ת כדפי'. ומטעם העלם הכתר אינו מתגלה בו שם כלל המגביל ומגדיר רוחניותו בהגיונו כשם בן ד' ושאר השמות. אבל שם אהיה הגיונו מורה העלם שפירושו הא אנא קאים למהוי [ולהתגלות]. והכונה כי עם היות שנאמר ספירת כתר אינו מפני שיש בו השגה כלל אלא מפני שעתיד להתגלות למטה בחכמה ובבינה, וכן פירשו הגאונים כי פי' כתר לשון המתן, מלשון (איוב לו ב) כתר לי זעיר ואחוך. והכונה אל תעמיק בו שאין בו השגה, והשגתו הוא בשאר הספי'. וא"כ נמצא כי הגיונו הוא סבת רוממותו והעלמו כדפי'. אבל אם היה שם בן ד' נהגה באותיותיו היה מראה כי האצילות מושג, וזה אין ראוי לרוב העלמו. ולכן אנו הוגים אותו בהיכלו, כי השגת הת"ת הוא במלכות כעניין (חבקוק ב) וה' בהיכל קדשו ה"ס כמנין היכל כמנין אדנ"י (ע' בעסיס רמונים ובפלח). ועוד יתבאר הקדמה זו בפ"ב בעזרת הצור. ואחר שהקדמנו הענין הזה במהות השמות, נבא עתה בביאור כל שם ושם בפ"ע בע"ה:

פרק שני:

בשם אהי"ה. השם הזה יחסו אותו לספירת הכתר. וביאר פירושו רבי משה בספר השם, וז"ל מלת אהיה מורה על ראש וסוף. האל"ף מורה על קדמותו, ואין א' בלא ה' הנעלם, וי"ה מורה על חכמת שלמה. עוד אמר [שעיקר השם] הוא א"ה והוא נעלם, ולכן אין מזכירין אותו בשום ברכה כי לא גילהו משה לזקנים. עכ"ל (ע' בפלח). והנה דבריו מבוארים כי שם אהי"ה מורה אני ראשון ואני אחרון, כי א' בכ"ע מורה על קדמותו והיותו ראשון לאצילות. וה' ראשונה הוא נעלם באל"ף, כי אין הזכרות אל"ף בלא ה', אמנם י"ה מורה על המלכות כי היא אחרונה לכל הספי' והיא תכלית האצילות. והנה עיקר השם שמורה על הכתר הוא א"ה והוא נעלם וכו'. עוד כתב המדבר על פי מגיד כי ד' אותיותיו הם נגד ד' אותיות של שם בן ד'. כי הא' נגד י'. כיצד, קוצו של יו"ד של האל"ף הוא בכתר מורה על דקותו והעלמו, וגוף היו"ד מורה על עצמותו והמחשבה הטהורה המתפשטות. והוא"ו האמצעי של הא' מורה על ההפשטות הצנורות מחכמה אל הבינה. והיו"ד התחתונה של האל"ף הוא מציאות הבינה המתדבק בחכמה. והה' רומזת בבינה במקומה, כי היא פתוחה מלמטה להשפיע

אל שאר האצילות אשר תחתיה והיא פתוחה מלמעלה פתיחה דקה לקבל מהכתר ורחבה מלמטה להשפיע להתפשטות כלו. והיו"ד באמצע נגד הוא"ו בשם בן ד', והנה היא התחלת שם בן ד' אשר בתפארת כנודע. והה' אחרונה נגד המלכות כי היא פתוחה מלמטה להשפיע ופתוחה מלמעלה לקבל הדקות העליון ורחבה למטה ג"כ לקבל התפלות כלם ולהעלות בצד הדק למעלה בדקות. ע"כ דברי המגיד וקצרנו לשונו. ובשם זה מצאנו בס' הזוהר פ' אחרי (דף ס"ה.) וז"ל א"ל, אי ניחא קמיה דאבא הא שמענא בהאי דכתיב אהיה אשר אהיה ולא קאימנא ביה. א"ל אלעזר ברי הא אוקמוה חברייא, והשתא בחד מלה אתקשר כלא. ורזא דמלה הכי הוא. אהיה דא כללא דכלא. דכד שבילין סתימין ולא מתפרשן וכלילן בחד אתר, כדין אקרי אהי"ה כללא, דכלא סתים בגוויה ולא אתגלייא. בתר דנפיק מיניה שירותא וההוא נהר אתעבר לאמשכא כלא, כדין אקרי אשר אהיה, כלומר על כן אהיה, אהיה זמין לאמשכא ולאולדא כלא. אהיה, כלומר השתא אנא הוא כלל כלא כללא דכל פרטיא. אשר אהיה, דאתעברת אימא וזמינא לאפקא פרטין כלהו ולאתגלייא שמא עילאה. לבתר בעא משה למנדע פרטא דמלה מאן הוא, עד דפריש ואמר אהיה דא הוא פרטא והכא לא כתיב אשר אהיה. ואשכחנא בספרא דשלמה מלכא, אשר בקיטורא דעדונא קסטירא עילאה חברותא אשתכח כד"א באשרי כי אשרוני בנות, אהיה דזמינא לאולדא. ת"ח היך נחית מדרגא לדרגא כו' לאחזאה קב"ה למשה קשרא דמהימנותא. בקדמיתא אהיה כללא דכלא סתים ולא אתגלייא כלל כמה דאמינא, וסימנך ואהיה אצלו אמון וגו' וכתיב לא ידע אנוש ערכה וגו' לבתר אפיק וכו' וההוא נהרא דאיהו אימא עלאה אתעברת וזמינא לאולדא. ואמר אשר אהיה, זמינא לאולדא ולתקנא כלא. לבתר שארי לאולדא ולא כתיב אשר, אלא אהיה, כלומר השתא יפוק ויתתקן כלא. בתר דנפיק כלא ואתתקן כל חד וחד באתריה, שבק כלא ואמר יהו"ה. דא פרטא ודא קיומא. ובההיא שעתא ידע משה רזא דשמא קדישא סתים וגלייא ואתדבק ביה במה דלא אתדבקו שאר בני עלמא. זכאה חולקיה. אתא רבי אלעזר ונשיק ידוי עכ"ל. ופי' כי ר"א שמע דברי החברים הנחמדים בפי' שם אהיה אשר אהיה היותו בכתר חכמה בינה. פי' אהיה הראשון בכתר, אש"ר בחכמה, אהיה בבינה. ולא היה מתישב אצלו. שדוחק הוא לומר ששם אהיה יהיה שוה לבינה ולכתר. ובזולת זה מלת אש"ר היותו בחכמה. ולזה שאל את אביו

ואמר לא קאימנא ביה פי' שלא היה מתישב אצלו. והשיבו אביו הרשב"י ע"ה בחד מלה אתקשר כלא. ופי' אל תתמה היות שם אהיה מתייחס גם בבינה כי הכל ענין א' ודרך א' כמו שיתבאר. אהיה דא כללא דכלא. פי' בתחלת האצילות קודם ההתפשטות הספי' היה האצי' נכלל בכתר ושם במציאות הכתר מתגלים החכמה והבינה דהיינו נקודה דכליל ג' טיפין כמבואר בזוהר ובארנו בשער סדר האצילות. ואמנם אמרנו שהיו הג' ראשונות מתגלות, אין הכונה גילוי עצמי. אבל הכוונה קצת גילוי, פי' נתהוו שם במציאות נעלם. והנה בהיות הכתר נכלל בכללות הזה נקרא אהי' הראשון שבפסוק. וז"ש אהיה דא כללא דכלא, פי' כללות האצילות קודם ההתפשטות בהעלם ג' ראשונות ומתגלות קצת ביחוד גמור. וזהו אמרו דכד שבילין סתימין. שזהו העלם החכמה בכתר ושם הנתיבות הם נעלמות, וקראם שבילין לפי ששבילין הם צרים ודקים מן הנתיבות ובהיותם בכתר לא די שלא היו בכלל נתיבות אלא שבילין ואפי' בהיותם שבילים היו נעלמים וסתומים. ולא מתפרשן נודע כי הנתיבות הם נקראים פליאות חכמה. ואחד מן הפירושים שבמלת פליאות הוא מלשון (דברים יז ח) כי יפלא שענינו הבדלה והפרשה. והטעם שהנתיבות הם נבדלות כל אחת מחברתה ומתחלקים אל ל"ב בחכמה. ולפיכך אמר כי לפי שהחכמה נעלמת בכתר הנתיבות לא היו נבדלות א' מחבירו, וזהו ולא מתפרשן. וכבר נתבאר כי גלוי הנתיבות שבחכמה הוא ע"י הבינה ומפני העלם הבינה בכתר שעדין לא נאצלה לפיכך לא היו מתפשטים אל הבינה אבל היו כלולים במקום א' דהיינו בחכמה שבתוך הכתר, וז"ש וכלילן בחד אתר. ואפשר לפרש ולא אתפרשן, מלשון פי'. והכוונה שלא היו מתבארים, דהיינו התפשטותם אל הבינה כי הבינה היא פירוש וביאור אל החכמה כנודע. וכל הכללות הזה שהיא כללות האצילות כלו בהיותו נכלל בכתר נקרא בשם אהי"ה. ושם אהיה לפ"ז הוא בכתר בהיותו רומז אל האצי' כלו נכלל בתוכו קודם התפשטותו אנה ואנה, וז"ש כדין אקרי אהיה כללא, דכלא סתים בגוויה ולא אתגלייא. פי' כדין איקרי אהיה ר"ל הכתר שהוא כלל כדפי' שבו נכלל כל האצילות והכלל הזה כלא סתים ולא אתגלייא. פי' סתים ונעלם בערך הכתר שלעולם הוא סתום אפי' אחר האצילות. ובערך שאר האצילות הנעלם בו אמרו ולא אתגלייא, פי' לא נתגלה מציאותה כלל. בתר דנפק מיניה שירותא פי' אחר אצילות החכמה והתפשטותה. והחכמה נקרא

שירותא כדפי' בשער ג' פ"ז בס"ד. וההוא נהר אתעבר פי' הבינה הנקרא נהר. והרי אחר אצילות החכמה, הבינה. והבינה מעוברת בכל הספי' של ההקף בתוכה כי בה היה הסדר האצילות. כי הכתר האציל החכמה ובתוכה כל ח' ספירות הנשארות, והחכמה האציל הבינה ובתוכה כל ז' ספירות הנשארות כדפי' בשער סדר האצילות. וז' ספי' שבתוך הבינה נקראים עיבורה ועתה אצילות' ועיבורה הכל א'. ולפיכך אמר וההוא נהר אתעבר לאמשכא. פירוש נתמלא מהספירות להאצילם ולהמשיכם אל מקומם. וקרא לבינה נהר להורות על רצון ההמשכה כדפי'. כדין אקרי אשר אהי"ה. נודע כי עיבור הבינה ומילואה הוא ע"י החכמה והחכמה והבינה נכללים באש"ר אהי"ה כדמפרש ואזיל. כלומר על כן וכו' הוקשה לו כי לפי דבריו אהי"ה הראשון מורה על כללות והעלם כדפי', ואהיה השני מורה גלוי והמשכה, ואיך אפשר שתיבות שוות יורו עניינים הפכיים. לזה בא ליישב כל תיבה ותיבה לפי ענינה ומתכונתה. וז"ש כלומר ע"כ אהי"ה. פי' אהי"ה הא' ע"כ אהי"ה פי' אהיה זמין לאמשכא ולאולדא כלא. הכונה כי פי' אהי"ה הא' כמו אפעל. והכונה אני אגלה ואמשיך הענין באצילות אבל עדין איני מתחיל לימשך. ואע"פ שמלת אהיה מורה על ההויה העתידה אין הכונה שהוא מעותד להגלות, אמנם כוונת המלה להורות לנו כי הוא מלא ומוכלל בכל האצי' המעותד להגלות. וזהו שא"א לומר הענין הזה אם לא בתיבת אהיה המורה אני נכלל בכל האצילות המעותד להגלות. ואין הכונה שהוא מעותד להגלות ממש אמנם הכונה אני מלא בכל האצילות העתיד [להתגלות] וזהו תיבת אהיה. וזהו שחזר ואמר אהי"ה כלומר השתא אנא הוא כלל כלא כללא דכל פרטא. פי' כלל כל האצילות שהוא פרטי הספירות. והנה כיון בלשונו שני פעמים, כלומר האחד ביאור המלה שכונתו לומר שהוא עתיד להגלות, וז"ש אהיה זמין לאמשכא ולאולדא כלא. ולפי שאין הכונה שרוצה הוא להמשיכו אלא הכונה בתיבה זו לומר לנו שבו נכלל האצילות העתיד להתגלות ואין מלה שתכלול זה אלא תיבה זו, וז"ש השתא אנא הוא כלל כולא כללא דכל פרטא, פי' אין הכונה אלא להודיעו שהוא כללות האצילות העתיד להגלות ע"י הבינה לא על ידו. אמנם אש"ר אהי"ה שהוא התפשטות החכמה והבינה להאציל, ופי' דאתעברת אימא וזמינא לאפקא פרטין כלהו לאתגליא שמא עילאה. פי' אשר הוא לשון הכנה והזמנה, וכ"פ רז"ל. והכונה הוא שאהיה העליון נזדמן והוכן להתגלות, וז"ש וזמינא לאפקא פרטין כלהו דהיינו פרטות הספירות עולם ההיקף המתגלים ע"י הבינה כנודע. ולאתגליא שמא עילאה פירוש אהיה הנעלם. וזהו אשר אהיה, פי' אהיה הנעלם מזומן להגלות. והנה אשר אהיה הוא חכמה ובינה כי שתיהם נכללות במלת אשר כמו שנבאר ב"ה. לבתר בעא משה וכו'. פי' רצה לדעת האצילות בעצמו במקומו למטה במקום פרטיותו, ונאמר לו אהיה פעם ג' המורה על האצילות במקומו. וזהו שאמר פרטא דמלה מאן הוא. פי' האצילות בעצמו, ונאמר לו אהיה פעם ג', וזהו עד דפריש ואמר אהיה. ומשום דקשיא ליה דאהיה לאו איהו פרטא אלא אדרבה הוא כללות האצילות כדפי' לעיל. לכן השיב ואמר כי כיון שלא נאמר כאן אשר אהיה דהוה חזי למימר אהיה אשר אהיה שלחני ולא קאמר אלא אהיה ש"מ מלה חדתא אמר. והיינו התפשטות האצילות ופרטיותו, דאי לא תימא הכי לבעי ליה למימר אהיה אשר אהיה שלחני אליכם אלא ש"מ כדאמרן. ואשכחנא בספרא דשלמה מלכא וכו'. הביא ראיה לפי' אש"ר אהי"ה דהיינו חכמה ובינה, משלמה שפירש המלות בלשון ארמי. וקיטורא, פי' קשר ויחוד. וקסטירא, פי' היכל, וכן תרגומו בירושלמי (בראשית כה טו) אלה הם בני ישמעאל וגו' בחצריהם ובטירותם, ובקסטרותהון. ועתה בא לבאר תיבת אשר, ואמר בקשורא דעדונא, פי' ביחוד וקשר העדן שהוא החכמה עם הבינה שהיא ההיכל העליון דהיינו קסטירא עילאה. חברותא, פי' יחוד גמור אשתכח. נמצא תיבת אשר ועניינו הוא שהבחינה אשר לחכמה להשפיע לבינה נקרא אשר. והבינה ג"כ נקרא אשר בבחינתה הראשונה המתדבקת בחכמה. וזה שאמרה לאה שהיא הבינה באשרי כי אשרוני בנות פי' השפע הנשפע אליה מהחכמה שבה היא מתאשרת בין הבנות ר"ל בין שאר הספירות. ואהיה היא בחינה של בינה העתידה להתגלות וללדת הספירות. ת"ח היך נחית מדרגא לדרגא וכו'. בא עתה להכריח ענין אהיה כי עם היות שהם שלשה שמות שוות יורו על עניינים מחולפים. וזה הכריח מהפסוקים שכיון השם ית' להודיע למרע"ה להבין ולהסתכל בסדר האצילות מדרגה אחר מדרגה ולכן מוכרח שאין ג' אהי"ה שוים אלא כל אחד מדרגה למטה מחבירו. בקדמיתא אהי"ה וכו' פי' אהי"ה הראשון כונתו בכתר, והטעם שהוא כלל הכל כמו שפי' למעלה. וסימן ואהי"ה אצלו אמון וכו'. פי' אהי"ה הוא אצלו כלומר אצל הכתר, שם הכל אמון ומתגדל ומתברך ומתרווה ומתעלה. וכן כתיב לא ידע אנוש ערכה. פי' אין מי שידע ערך

החכמה ואינה מושגת אפילו בארץ החיים שהיא הבינה, והטעם מפני שעדין לא היה אצילות הבינה כי הכל היה כלול בכתר הנעלם כדפי' לעיל. לבתר אפיק כו' פי' לאחר אצילות. החכמה האציל הבינה, והיינו פי' לבתר. אפיק ההוא נהרא דאיהי אימא עילאה כו' קראה נהר ואם. הוכרח לומר נהר לרמוז אל ההמשכה הנמשכת כנהר, וקרא אם לרמוז שהיא מליאה ומתעברת כאם המתעברת ומלאה בעוברין. ואמר אשר אהי"ה זמינא לאולדא כו' כדפי' אשר. הכונה שמזומנת להוליד האצילות הנעלם והיינו אהי"ה. וכבר נמצא האית"ן משמשת פעולת המקור והצווי. וכן אהי"ה עם היות אית"ן עתיד משמש במקור שהוא תחלת ההויות ועדיין לא נשלמו. וזהו לבתר שארי לאולדא פי' תחלת ההתגלות וקודם הגלוי מכל וכל נקרא ג"כ אהי"ה. ומפני שזה דוחק גדול כי עקר אהי"ה פירושו זמין לאולדא כדפי' לעיל. לזה הכריח הענין שאמר אהי"ה, ולא אמר אהי"ה אשר אהי"ה. ומ"ש כלומר השתא יפוק וכו'. פי' קצת ההתגלות כאומר על קצתו עתה יושלם הענין מכל וכל. וז"ש ויתתקן כלא פי' יתתקן מכל וכל. כי כבר התחיל לצאת ועדין לא נשלם ולפיכך לא נתתקן ובתשלומו יהיה נתקן הכל גם הפנימי. ופי' יפוק, ר"ל יפוק קצת הנעלם. בתר דנפיק כלא ואתתקן כל חד וחד באתריה. כלומר בעוד שלא נשלם האצילות וסדר המדרגות היה נכלל בשם אהיה. ואחר השתלם התיקון מכל המדרגות אז נכלל בשם בן ד'. וז"ש בתר דנפק כלא ואתתקן כל חד וחד באתריה שבק כלא. פי' הניח שמות אהי"ה ואמר יהו"ה. ולפיכך לא נזכר עוד בתורה שם אהיה כי מורה על חוסר שלימות ותיקון ואצילות המדרגות ולכן אין ראוי שיזכר שם אהי"ה עוד אלא שם בן ד' כי לא הוזכר בתורה שם אהיה אלא ללמוד סדר המדרגות וסדר אצילותן. אמנם אח"כ אמר (שמות ג טז) לך ואספת את זקני ישראל ואמרת אליהם כה אמר יהו"ה. כי אין ראוי שיזכר אלא שם בן ד' המורה על קשר העולמות ואצילותם ממעלה למטה מראש ועד סוף, כמו שפי' בשער הקודם בביאור שם בן ד' שהוא כולל כל המדרגות בד' אותיותיו. ואעפ"י ששם אהיה מורה על עשר ספירות כדפי' לעיל, עם כל זה אינו אלא בהיותם כלולות למעלה קודם אצילותן כדפי'. ושם בן ד' מורה על התפשטות הענפים והסנסנים כדמוכח. ולכן יתייחס שם אהיה בכתר ולא להראות גילוי דבר מה אלא להורות על ההעלם. ולא יתייחס אליו שם בן ד' מפני שהוא מורה על התפשטות הענפים והסנסנים. ולכן שם בן ד' אינו נהגה מפני שבהגיונו מורה גלוי והעושה כן חוץ מהיכל מלך הכרת תכרת הנפש ההיא. אבל שם אהי"ה אדרבה בהגיונו מורה העלם. וכבר הארכנו בענין הזה בפרק הקודם. ואמר יהו"ה דא פרטא כו' כדפי'. ידע משה רז"א דשמא קדישא סתים וגליא. פי' קודם האצילות בהיותו נעלם וגם אחר האצילות אחר ההתגלות. והשיג המדרגות הנעלמות והנגלות מה שלא השיג ילוד אשה. ע"כ פי' המאמר. ומתוכו נתבאר לנו פי' שם אהיה כל א' לפי מקומו ועניינו. ועם היות שעלה מתוך המאמר הזה ושאר דברי המפרשים היות שם אהיה בכתר, וכן פי' לעיל בשער הקודם כי בו שם בן ד' נעלם. זהו לפי דברי הרשב"י ע"ה באידרא דנשא. אמנם בשעת פטירתו הסכים כי אין בכתר שם כלל ועיקר. ושם בן ד' הוא מחכמה ולמטה. ובתיקונים פי' הענין ואמר שהכתר לא יצדק בו שם כלל. אמנם נקרא בשם בן ד' מצד החכמה ובשם אהי"ה מצד הבינה. והדבר בעצמו מתבאר מתוך דבריו כי החכמה מציאותה למעלה בכתר וכן הבינה וזהו חלק המתגלה מהכתר לא הכתר עצמו. ולכן אם יכונה בו שם היינו מה שיתגלה ממנו. והטעם שהחכמה בשם יהו"ה שהוא פרטא והבינה בשם אהיה שהוא כללא, והיה ראוי להיות בהפך. הענין ההוא מתבאר במה שפירש באדרא כי החכמה מוחא והבינה קרומא דחפי על מוחא. נמצא היות הבינה מעלמת ומסתרת החכמה ולכן החכמה בגלוי והבינה בהעלם (ר"ל בשם אהיה המעלים אור החכמה. ע' עסיס רמונים). ואגב אורחין הרווחנו כי ב' שמות אהיה הם בבינה אלא שזה מציאותה בכתר וזה מציאותה בבינה עצמה, ושם ג' הוא מציאותה אחר תחלת האצי'. וידענו כי לא יוכל המעיין לעמוד על דברינו באמתות אם לא מתוך מה שפי' בס' אור יקר בשער ה' באידרא בענין מוחא וקרומא:

פרק שלישי:

השם המתייחס לחכמה הוא שם י"ה. השם הזה פירושו לשון חוזק. כמו (שה"ש ח ו) שלהבת י"ה, שפי' חזקה. והרמז בשם זה אל החכמה, וירצה לחוזק ההעלם של המדה הזו. והיא נרמזת בי' של שם זה. וה' שבו רמז אל הבינה. וכן פי' בזוהר (ויקרא דף י"א.) וז"ל תניינא י"ה, בגין דחכמה אפיק ה' וסתים ביה ולא אתפרשא מיניה לעלמין והא אוקמוה דכתיב ונהר יוצא מעדן כו'. ופי' כי משתי סבות יתיחס הה' בשם החכמה עם היות שאין רומז בה' אל החכמה כי אם הי' לבד. הא' מפני שאצילות הה' שהיא הבינה הוא מחכמה. ומפני שזה לא

יספיק כי גם בהיותה בתוך החכמה לא היתה מתיחדת עמה באות ה' מפני העלמה אלא בי', ולפי טעם זה היה ראוי שיהיה שם החכמה שני יודי"ן הא' של החכמה והשני של הבינה הנעלמת בה. לז"א כי אפילו אחר אצילותה אינה נבדלת ממנה לעולם כי לעולם חכמה ובינה מיוחדות ואינם מתפרשות, והראיה מהפסוק ונהר יוצא מעדן ועדן היינו חכמה ונהר הוא בינה. ואמר הכתוב יוצא ולא יצא, הכונה שלעולם יוצא ולעולם הוא עמה. וכן פי' ג"כ שם (דף י' ע"ב) וז"ל קדמאה י"ה, בגין דיו"ד כליל ה"א וה"א נפקא מיו"ד, בגין כן חכמה י"ה אקרי עכ"ל. ומבואר הוא. וכמו שבינה כלולה בחכמה מטעם זה, כן חכמה נעלמת בבינה. אלא שבחכמה הוא י"ה דהיינו י' על ה' פירוש יו"ד ובתוכה נכללת ה', אבל בבינה הם ה"י מלמטה למעלה פי' ה' שהיא הבינה הוא העיקר ובתוכה נכללת החכמה שהיא י', ומבואר. והנה לפ"ז ימצא כי כאשר נייחד החכמה בשם י"ה מורה על היותה מתייחדת עם הבינה כדפי' והבינה נכללת עמה. ואין ספק שאחר ששם זה יורה על היחוד שגם בו נכלל הכתר דהיינו המיחד האמיתי כדפי' בשערים הקודמים נמצא שם זה כולל שלשה ראשונות. ורצוננו להעתיק שאלה ששאל הרב בספר האורה שער ט' בשם זה, וז"ל ועתה צריכים אנו להודיעך מ"ט שתי האותיות הראשונות של שם נקראות בפ"ע ואין שתי אותיות אחרונות נקראות בפ"ע. כבר ידעת מה שפי' בסוד יחוד שני ההי"ן של שם. ה"א ראשונה שהיא הבינה מתיחדת עם שבע תחתונות, וה' אחרונה שהיא מלכות היא מתייחדת עם ט' ספירות עליונות ע"י היסוד. סוף דבר עיקר כל הע"ס הוא ג' ראשונות אשר מהם נשפעות כל שבע התחתונות ואם ח"ו יפסקו המשכות הג' אז נמצא חורבן הבית ושריפת ההיכל וגלות הבנים בין האומות. ולפיכך חצי השם שהוא י"ה אפשר לו להקראות בפ"ע, וחצי השם שהוא ו"ה א"א לו להקרא בפ"ע שהוא קציצה בנטיעות כו'. וכשאת' קורא י"ה גם חצי השם האחרון נכלל בו ואין שם קציצה. וכן סוד י"ה יו"ד ה"א במילואו עולה ככלו וחציו ככולו. וזה בחצי השם הא', אבל חצי השם האחרון עמידתו וקיומו בסוד י"ה הוא עכ"ל. והוא טעם נכון ודבריו מבוארים. ומה שכתב וכשאתה קורא י"ה חצי השם האחרון נכלל בו פי' כי ה' דמות ד"ו והוא ד"ו פרצופין שהם ו"ה. וכן נכללים ביו"ד ה"א במילואם שעולים כ"ו נמצא הכל נכלל בהעלם י"ה. ע"כ. ועם ההקדמה הנעימה הזאת תבין ענין (אז"ל שבועות דף ל"ה) כתב א"ל מאלקים וי"ה מיהו"ה הם משמות שאינם נמחקים, וש"ד משד"י וצ"ב מצבאות נמחקים. מטעם שהאותיות הם רומזין פרקי המרכבה כמו ד' אותיות שם בן ד' שהוא רומז אל הפרקים הידועים ועד"ז כל השמות באותיותיהם. והנה כשכתב י"ה וא"ל, אין שם קצוץ ויכול הרוחניות להשכין שכינתו כי היא כלי המקבל הרוחניות בלי קיצוץ לפיכך נתקדש ואינו נמחק. אבל כתב קצת משאר השמות אינו מתקדש כי אינו כלי שלם שישרה בו הרוחניות מפני הקיצוץ כיון שהכלי אינו מחזיק כולו אינו שורה בו הרוחניות ולפיכך נמחקים:

פרק רביעי:

השם הג' המתייחס אל הבינה הוא יהו"ה בנקודה אלהים. ויש מי שפי' הטעם לשם זה ונקודתו מפני כי מהבינה נאצלו ד"ו פרצופין ת"ת ומלכות והת"ת נקרא יהו"ה ומלכות נקרא אלהים ולהורות על אצילות שניהם נכתב בזה ונקרא בזה. אבל בזהר במקומות רבים נמצא בו פי' אחר וז"ל (ויקרא ד"י) תניינא יהו"ה דאקרי אלהים. בגין דההוא נהר רחמי ובגין דדינין מתערין מינה אתוון דרחמי כתיב ונקוד אלהים. ופירושו מבואר כי עיקרה רחמים אבל עם כל זה ממנה מתערין דיני הגבורה כמבואר בשער מהות וההנהגה פ"ח ט' בס"ד. ומפני כך נכתב יהו"ה שהוא שם הרחמים, ומפני שע"י השפעתה דינין מתערין נקרא בנקודת אלהים בגבורה. ואצלינו ב' הפירושים האלה אינם חולקים והכל ענין א'. כי ידוע שהמלכות שהיא נקבה ועיקרה דין ונטייתה אל הדין, והת"ת זכר עיקרו רחמים ונטייתו אל צד הרחמים. ודין ורחמים היינו ממש זכר ונקבה והיינו ימין ושמאל. וכאשר נבא לדקדק בענין שם בן ד' נמצא לו בתורה שני נקודות ושני כנויים. הא' נקודת צבאות וכינויו אֲדֹנָ"י [וכ"ה נקודתו כנקו' אדני] ועם היות שנוסף בשם אֲדֹנָ"י פתח עם השבא כבר תרצנוה בפ"ק. והב' הוא נקודת אלהים וכן הוא כנויו. ובתקונים אמר חרבא בנרתקא דיליה. כי יהו"ה הוא חרבא כדפי' בתקונים (תקונא כ"א דף מ"ג) י' רישא דחרבא, ה"ה תרין פיפיות דחרבא, ו' גופא דחרבא, אלהים נרתיקא דחרבא [מן]. ומה שיש לדקדק הוא כי בהיות נרתק שלו בבינה שהוא אלקים אז הוא דין ובהיות נרתק שלו במלכות אז הוא רחמים כדמסיק שם, וזה ודאי תימה דאיפכא מסתברא. וכן יש להקשות עוד כי ראינו הרשב"י ע"ה מייחס אל המדה הזאת ברוב המקומות שם אהי"ה ולא שם יהו"ה בנקודת אלהים, ובמ"א נראה להיפך. ונראה לתרץ כי ענין

זה יובן כי בהיות ששם יהו"ה מתייחד עם המלכות בסוד (חבקוק ב) וה' בהיכל קדשו הס. אז ודאי הוא רחמים גמורים ונקודתו ונקודת היכלו הכל ענין א'. ויורה על קבלתו מן הגבורה ומן הגדולה בסוד החיבוק שפי' בשער מהות והנהגה (פ"כא) ואח"כ יורה על השפעתו. וזהו שב"א מצד הגבורה, וקמ"ץ מצד החסד, וחול"ם היינו השפעתו סוד היחוד הגמור. ומפני שיחוד זה הוא ע"י נצח והוד כי שם יחוד הת"ת והמלכות כמבואר בשער הנזכר לכן נקודותו ג"כ בסוד צבאו"ת להורות על יחוד א' וקשר א' ואז היא רחמים גמורים. אבל כאשר הוא מסתלק אל הבינה בסוד הו"י המבואר בערכי הכנויים ע"ש ואז הדין נפעל והעולם חרב והדין הווה, אז נרתיקו המלכות הנקרא אלהים בסוד הדין החזק הנשפע אליה לנקום נקם, ולכן אינו בסוד היחוד אלא בסוד ההסתלקות, ומפני הסתלקותו אל הבינה בסוד הו"י כדפי' יתייחס השם אהיה אל הבינה להורות על הת"ת המסתלק ומתלבש בסוד ההיכל הזה ומתלהב בסוד הדין. ובנקוד שם יהו"ה מצאנו לא' מן החסידים המדברים ע"פ מגיד פי' בשם כי נקודו הוא שב"א סגו"ל חול"ם חירק. והטעם כי השב"א כבר נודע שהוא סוד הדין כאשר נבאר בשער הנקוד, והיו"ד הוא סוד כתר חכמה. ומטעם כי ע"י רחמי שניהם יכנע הדין לכן היו"ד בשב"א וסגו"ל לרמוז אל ג' ראשונות בסוד הרחמים. וה"א שהיא הבינה בחול"ם לרמוז אל יניקתה מהמקור העליון שהוא הכתר. והוא"ו בחירק אעפ"י שהוא דין רמז אל השפעת השפע למטה על פי הדין בסוד הוא"ו. ע"כ דבריו, ואם אינו לשונו ממש מפני אהבת הקיצור. ומה שנמצא בזהר על כיוצא בזה כי הטעם שהה"א אחרונה אין לה נקודה מפני שאין לה פעולה ידועה אלא הכל לפי קבלתה כן תשתנה פעולתה, ונמצא זה טעם יפה אל רוב ההויות שאין להם נקודה בה' אחרונה כלל. ובענין היות הקריאה בשם אלהים והכתיבה בשם בן ד' ולא בהיפוך. בזולת שנתבאר מתוך דבריו שהוא חרבא בנרתקא ומעולם לא ראינו נרתקא בתוך חרבא. עם כל זה להרשב"י ע"ה טעם נכבד מאד נתבאר בשער מהות והנהגה בפ"ח ט' כי שם הארכנו בפי' שם זה בס"ד כי שם נפל לגורלינו:

פרק חמישי:

השם הד' הוא מתיחס אל החסד והוא א"ל. ורצוננו להעתיק הנה דברי ס' האורה בשער ז' בשם זה להורות שדבריו בזה ודאי דברי קבלה הוא. וז"ל כי שלש מאות ועשר מחנות של מדת הדין מתפשטות בעולם כלם יונקים מצד הדין הגדול מלאים עושר ונכסים להשכיר לכל אשר יהיה ראוי. ומלאים שכר טוב להשכיר לצדיקים. ועל זה נאמר (משלי ח כא) להנחיל אוהב"י י"ש, שהם שלש מאות ועשר. וכל אלו המחנות מתפשטים בעולם לגמור הדין בחוטאים. מהם שוללים ומהם בוזזים מהם פוצעין מהם עוקרין מהם מנגעין ומהם מחליאים, והם הגומרים דין על כל בריה ובריה כפי מה שנפסק בב"ד של מעלה לא פחות ולא יותר. ולמעלה מאלו ממדת הדין וגבורה, יש מדת רחמים וחסד א"ל והוא מעשר של המחנות הנקראים י"ש. ואם יש צדיק בעולם שידע לכוין אל המדה הזאת הנקראת א"ל אז היא יוצאת ממקומה וכל י"ש מחנות בורחים ומתפזרין וכל העולם ברחמים ואין בכח הדין לפעול. ומטעם זה אומרים א"ל מלך יושב וכו' להשקיט כח הדין וכו'. עד כאן קצור דבריו. והנה נמצא הטעם שנקרא א"ל נגד שלשים ואחד מחנות של רחמים. ובזהר פ' תרומה (דף קס"ו) מבואר שם כי ש"י מיני אורות הם שעליהם נאמר להנחיל אוהב"י י"ש. מאתים ושבע מהם בחסד והם כמנין או"ר, ומאה ושלשה הם בגבורה. ולשון המאמר ופירושו נבאר בשער ערכי הכנויים בערך אור. ואפשר היותו חולק על דברי ספר האורה. ואפשר דדא ודא איתנהו כי אין מספר לגדודיו. ולמה שפי' שהחסד זועם וגוער במחנות הגבורה, כן ביאר הרשב"י ע"ה בזהר פ' צו (דף ל"א.) וז"ל א"ל בכל אתר נהירו דחכמתא עילאה הוא וקיימא בקיומיה כו'. ואלמלא דהאי אל אתער בעלמא לא יכיל עלמא למיקם שעתא חדא קמי דינין תקיפין דמתערין בעלמא בכל יומא. הה"ד אלה תולדות השמים והארץ בהבראם, אל תקרי בהבראם אלא באברהם, באתערותא דאברהם קיימי, וכד אתער אברהם בעלמא כל אינון דינין דמשתכחין בכל יומא ויומא דחי להו לבר ולא קיימין קמיה. הה"ד ואל זועם בכל יום, נזעם או זעום בכל יום לא כתיב אלא זועם. בכל יומא ויומא דדינא אשתכח דחי לון לבר וקיימא הוא ומבסם עלמא הה"ד יומם יצוה ה' חסדו, ואלמלא האי לא יכיל עלמא למיקם אפי' רגעא חדא. וע"ד כלא קיימין בגניניה דאברהם כו' עכ"ל. ומה שאמר א"ל בכל אתר נהירו דחכמתא פי' כי אפי' במקום שכתוב (ישעיה ט) אל גבור, אין הפי' אל שהוא גבור, כי מאחר שא"ל הוא חסד אין גבורה וזעם בחסד שהוא אל. אבל הכונה אל שהוא חסד, וכן גבור שהוא מדה בפ"ע. וכן ביאר שם הרשב"י ע"ה בפירוש ואני קצרנו המאמר שלא להאריך. ועד"ז יובן מה שאנו אומרים בתפלת העמידה האל

הגדול הגבור שאין הכונה אל שהוא גדול ואל שהוא גבור. אלא הכונה האל הגדול וכן גבור וחוזר לשון גבור על מאי דפתח אלקינו ואלקי אבותינו. ועתה יובן לשון שנמצא בזוהר (שם ד"ל ע"ב) ומקומות רבים בתקונים (תקונא כ"ב דף ס"ה ס"ו) כשהוא מבאר שם אל שהוא בחסד מכריח הענין ממאי דקאמר האל הגדול לראייה. ואם פי' הענין הוא האל הגדול וכן הוא אל גבור מאי קא מכריח מאל הגדול שהוא החסד הרי הוא ג"כ בגבורה שהרי אומר הגבור, אלא ודאי כדפי'. ונמצא לפ"ז נדחו דברי ר' משה שכתב שאל גבור בגבורה כמו שנכתוב בע"ה. ובפי' אמר הרשב"י ע"ה שם באל גבור שהם שתי מדות כדפי'. אמנם בשם אל ראוי שנבאר כי לא נקרא חסד אל אלא בסוד בחי' הראשונה המתנהיר ומקבל מחכמה. וז"ש אל נהירו דחכמתא, פי' בחינה הראשונה המאיר מחכמה. וכן פי' בפ' אחרי (דף ס"ה ע"ב) וז"ל אל דא נהירו דחכמתא עילאה ואקרי חסד עכ"ל. עוד בפ' לך (דף צ"ד) ומאן חסד, חס"ד א"ל דאתי ונפיק מחכמה כו', אל נהירו דחכמתא כו'. [הוא מבואר. ועתה ממילא משמע שא"א שיקרא אל גבור הגבורה. עם היות שבמקומות אחרים נקרא החסד בשם הדין והדין בשם הרחמים, בשם אל לא יתייחס דין כלל. כי החסד נקרא אל בסוד הבחינה המתדבקת בחכמה כדפי', ובבחינה הזאת לא שייך אלא חסד גמור. וז"ש במאמר הנ"ל אל נהירו דחכמתא עילאה. ולמה קראה עילאה וכי לא ידענו שהיא חכמה העליונה. אלא לרמוז שבבחינה המתדבקה בחכמה לא שייך דין מפני שהחכמה היא עליונה והיא א' מהג' עליונות שאין שם שפיטת הדין כלל כדפי' בשער מהות וההנהגה פ"ח ט' י"ו בס"ד. ובשם זה כתב ר' משה בספר השם וז"ל השם הזה הוא סמוך לכנויים רבים ותארים רבים לפי שכוונתי בספר הזה לעורר לבנו. השם הזה נקרא אל עליון והוא לכתר וגם לחכמה ולבינה שהם עליונים. ויקרא אל מלך יושב והוא רומז לבינה שהוא מלך הבנין כלו. ולכן אנו אומרים בתפילתינו בעת בקשת סליחות ורחמים אל מלך יושב על כסא רחמים ופי' שיושב על הת"ת שהוא מדת רחמים, ומתנהג בחסידות שמטה כלפי חסד אע"פ שאין אנו ראוין לרחמים. וכשפועל במדת החסד יקרא אל גדול, במדת הגבורה יקרא אל גבור, וכשפועל נוראות יקרא אל נורא, ויקרא אל עולם שהוא בעל המדות הקרויות עולם. ואל רומז ליסוד ולמלכות כאשר יתבאר. וכשהוא אומר אל סתם הוא רומז למדה זו פי' תקיף, כמו (יחזקאל יז יג) ואת אילי הארץ לקח. ואמר הכתוב (תהלים כב כ) אילותי לעזרתי חושה. והוא תקיף בחסדיו ומגביר חסדיו על הדין והפורעניות והוא תקיף ומושל על גובה מדת הדין ותוקף ומאריך אפו ומרחם. ונקרא אל עליון שהוא עליון על כל הבנין בחסדיו וברחמיו והבינה נקרא עליון, ואמר הכתוב (בראשית יד יט) ברוך אברם לאל עליון קונה שמים וארץ ופי' ברוך אברם אל החסד לאל עליון הגומל חסדים טובים הגדולים וקונה שמים וארץ ת"ת ומלכות. אל גדול במחילה וסליחה מצד גודל חסדיו עכ"ל. והנה החכם לפי שראה פעמים אל גבור ופעמים אל עולם וכן אל מלך וכו' הוקשה לו להיות הכנויים האלה בחסד, ואמר כי מלת אל כשהוא בכנויים הוא רומז פעמים הרבה אל הבינה. ודבריו תמוהים. ואין דוחקיו דוחקים כלל לשבסבת זה יהפך לנו את המקראות. אלא נאמר כי החסד הוא הנקרא אל בכל מקום הן לבדו הן כשיתחבר אל כנויים אחרים, כענין אל גבור שאין הכונה אל שהוא גבור אלא הענין כדפי' למעלה בשם הזוהר. ודע כי באל שד"י (כתב בזוהר) פ' וארא שהוא במלכות. ונק' שד"י פי' שמספיק לעולם די ספוקם. וכ"ז בכח החסד המזדווג אל המלכות להשפיעה ובהיות החסד נזקק אל המלכות צודק לשון אל זועם בפשוט כי כן ביאורו סתם. עוד אפשר לבאר הפסוקים והכנויים על דרך אחרת, כי חסד ממש נקרא אל גבור בהיות כח הגבורה [מז] גובר וכובש אל החסד ומכריע כף חובה לכף זכות. או לפעמים יהיה דין והדין ההוא סבת הרחמים כמו מכות מצרים שהיו דין למצרים ורחמים לישראל, ואז אל גבור יקרא אל מצד א' וגבור מצד א'. ויקרא אל עולם בהיותו נכנס בבינה ירצה אל מעולם העליון. ואל מלך יושב, בזוהר פי' כי אל מלך יושב וכו' הכוונה אל הבינה שהיא יושבת ושוכנת על כסא רחמים, ומשם ראיה כי להיות פעולתה ברחמים וכוחה ייוחס אליה שם החסד מפני התחברות החסד. ושאר בחי' שם א"ל המתלוה אל זולתו מהכנויים והשמות יתבאר בשער ערכי הכנויים בס"ד:

פרק שישי:

ובשם זה פי' הרשב"י בשיר השירים (בז"ח דף ע"ח) וז"ל חדרא תניינא א"ל, דא חדרא ואדרא דימינא דאית ביה חיזו דאתטמר ואתגנז. כיון דנפיק ונהיר לפום שעתא מיד אתגניז. אל אמאי אקרי הכי. א' איהו רזא דנהורא קדמאה דכליל בתרין נהורין. ועל דא א' איהו חד. מתמן שירותא לאתנהרא ולאתפשטא נהורין לכל סטר וע"ד איהו קדמאה לכל

אתוון שירותא דכלהו כללא דתלת דאינון חד. תלת נהורין אינון כלילין באת א דרועא חד בחד סטרא ודרועא חד בחד סטרא ו' באמצעיתא דכליל תרין דרועין דתרין סטרין ואצטרך שיעורא דאמצעיתא בתרין דרועין דתרין סטרין בגין דאיהו נטיל לון ואיהו בלחודוי בתרווייהו א אש מסטרא דא מים מסטרא דא רוח פסיק באמצעיתא ונטיל בתרין סטרין וכולהו איהו חד. ותו א דא אתפשט ואתכליל בכללא דכלהו. וכיון דאיהו כליל בשלימו דתרין סטרין באתערו דלתתא אתער לגביה נוקביה ואתהפך א ברזא אוחרא ונטיל נוקביה לתתא מיניה ומתחברן כחדא וכדין נקודה עילאה שריא עליה לאחזאה דנהורא עילאה נקודה קמייתא ברזא דשכינתא עילאה לא שריא אלא באתר דאיהו דכר ונוקבא מתחבראן כחדא. ת"ח בראשית ברא אלהים את הא הכא ד' אלפין מתחברן כחדא דכר ונוקבא בד' תיבין, בכל תיבה ותיבה א' דאיהו דכר ובכל תיבה ותיבה את חד דאיהו נוקבא. ובספרא דרב המנונא סבא, בראשית אדם ואתתיה, ברא אברהם ונוקביה, אלקים יצחק ונוקביה, את יעקב ונוקביה.

ואי תימא את הא נוקבא בכל אתר. ת"ח א דכר ת נוקבא. כלילן תרווייהו כחדא ונוקבא אתחזי בשלימו כלילא ברזא דכל אתוון. ובגין כן א"ת אע"ג דנוקבא איהי, אבל ברזא דכללא דדכורא. ועל דא ארבע זווגין אינון הכא, ובכל אתר א דכר דמתחברא בנוקבא באת אחרא. קרית ארבע על דאתקברו [דאתחברו] ארבע רברבן ממנן דעלמא תמן. ל דא מגדל דפרח באוירא דאיהו מלך גדול ובג"כ איקרי א"ל. עילא ואמצעיתא כחדא עילא ורישא דאשגחותא רישא דכל אתוון כחדא. א"ל נטיל אל"ף סיוע דההוא מגדלא דפרח באוירא לגביה ועליה סליק בשמא. תלתין ותרין שבילין אינון דנפקי מאורייתא אינון רזא דעשר אמירן ועשרין ותרין אתוון דאורייתא וכלהו נפקי מרזא דנקודה עילאה. עשר אמירן כולהו כלילן ברזי דאורייתא דאיהי מלך עילאה רזא דתורה שבכתב עלמא דאתי. ועשרין ותרין אתוון מתפשטן ושריין לאתנהרא מרישא דנהורא קדמאה ברזא דיחודא דמתמן אתוון לאתגלייא, ומתמן נהרן אתוון וסלקא א רזא דכל אתוון ברזא דאחד עכ"ל. א"ל דא חדרא ואדרא דימינא. פי' שהוא כנגד החסד שהוא אל הימין כנודע. דאית ביה חיזו. פי' לפי שאין השכלה והשגה אלא מחסד ולמטה. ומחסד ולמעלה דהיינו בג' ראשונות אין השגה כלל כדכתיב (דברים ד לב) כי שאל נא לימים ראשונים, וכתיב (שם כב ז) שלח תשלח את האם וכדפי' בזהר (יתרו דצ"ג) ופי' בשער ח' פט"ו בס"ד. ומפני שלמעלה אמר אידרא קדמאה שהיא נגד ג' ראשונות שאין שם השגה כלל, אמר עתה באידרא זו שהיא נגד החסד דאית ביה חיזו. פי' יש בו השכלה והשגה. דאתטמר וכו'. פי' השכלה הנגנזת כי אין ההשגה בו עומדת אלא מתגלה וחוזר ומתעלם, וז"ש כיון דנפק וכו'. פי' ההשגה בו כענין הברק מאיר לפי שעה וחוזר ונגנז ברצוא ושוב כדפי'. א"ל אמאי אקרי הכי. הכוונה לבאר ייחס השם הזה באותיותיו אל החסד. א איהו רזא וכו'. פי' עיקר ה א בחסד ומורה יחודו עם שני ספירות וכללותיה מהם גבורה ות"ת. וע"ד א איהו חד. הוקשה לו דנימא דאלף איהו תלת אבהן בתר דהכי רמז דיליה. לז"א כי מפני שעיקר האחד הוא בחסד לבדו אלא שהחסד הוא כלול מהב' כדפי'. ולכן יתייחס היות הא עניינו אחד ולא יצדק שם זה על הג'. מתמן שרותא וכו'. הוקשה שכיון שהא בפי' יחייב שיהיה א ולא שלש מן הראוי היה שנבאר שהא הוא בתפארת כי הוא בעצ' כולל הג' אבות ואין זה הענין מתייחס היטב בחסד. ולזה הכריח ואמר מתמן שירותא, כי החסד נקרא ראשית וכמו שנבאר בשער ערכי הכנויים. והטעם כי משם תחלת ההתפשטות וההתגלות. לא אל האצי' כי האצי' תחלתו מכתר. אלא תחלת הסתעף הענפים וההתפשטות דליותיו לכל עיבר כנודע שג"ר אינם מתפשטות ולא מתגלות. ואם נאמר שיהיה הא בתפארת נמצא שהתפשטות האותיות תחלתן מהת"ת לא מהחסד וזה אינו צודק. לכן הוכרח היות הא בחסד. ועתה יצדק ראש האותיות שהם הענפים העליונים המתפשטים וראש התפשטות הענפים הכל אחד ומיוחד. וז"ש וע"ד איהו קדמאה וכו' כללא דתלת. היינו חג"ת. דאינון חד. פי' בהיותם אחד דהיינו דוקא קודם התפשטותם בהיותם נכללים בא. וכוונת הרשב"י ע"ה במאמר זה כי הכ"ב אותיות הם כלם ענפים

משבע ספירות, וכאשר נבא לחלקם נמצא ג' פעמים ז' הם כ"א, וא יותר זהו המורה על יחוד ג' קוים שהם גדולה קו החסד גבורה קו הדין תפארת קו הרחמים, ובכל אחד מהם ז' ענפים הם כ"א אותיות, והא שהיא ראש להם הוא המורה על יחודם באחדות שלימה בחסד שהוא תחלה להתפשטות. וענין האותיות והענפים נבאר בסוף המאמר ב"ה. תלת נהורין אינון כו' שב לבאר מציאות הג' קוין מיוחדים בצורת א כי יו"ד שמצד ימין הוא חסד וי' שמצד שמאל הוא גבורה והקו האלכסוני הוא הת"ת. ואצטריך שיעורא דאמצעיתא וכו'. הוקשה לו בשלמא למאי דפריש להלן כי י' עלאה בבינה י' תתאה במלכות ו' ממש בת"ת ניחא שיתייחסו ב' יודי"ן ב' נקודות והת"ת ו' המיחדם. אבל לפי פי' זה שהיה האחד בגדולה והשני בגבורה אינו מתייחס אל הת"ת בערכם אלא י' שלישית. כי כן דרכם או שלשתם ג' ווי"ם או שלשתן ג' יודי"ן. לזה השיב כי כן הוצרך כי החסד היא לבדו ולכן שיעורו י' והגבורה לבדה ולכן שיעורה י' אבל התפארת שהוא המייחדם צריך בשניהם ולכן הוא נרמז בקו האלכסוני שבו שיעור שני יודי"ן לרמוז שהוא כלול משניהם ובמציאותו יש מציאת החסד ומציאות הגבורה כדי שיוכל להשלים ביניהם. ולהכריח הענין הזה ביאר ענינם שהם נמשלים אל אש מים רוח. והענין כי המים קרים ולחים והאש חם ויבש [ורוח הוא אויר חם ולח לכך הוא מכריע] כדפי' בשער המכריעים פ"ג. ואמר וכלא הוא חד פי' בצורת א להורות על אחדותו מציאות אחדיי בזולת הכרעתם. או ירצה כי שני המציאיות שפי' עד עתה באות א שתיהם אחד עם היות שפי' במלות שונות וכדפי'. ותו א דא אתפשט וכו'. כבר פי' לעיל היות הא כולל כל האותיות והענפים ולכן חוזר לבארו בענין יכלול בו כל האצילות ועוד שירמוז אל הזווג כדי שיתבאר ענין הל' שבשם א"ל. והיינו, ותו א דא אתפשט ואתכליל בכללא דכלהו. כי עד עתה אמרנו שהא הוא כולל שלשתן בסוד החסד. אחר כך מתפשט עוד וכולל אותם במציאות' ממש. וכיון דאיהו כליל בשלימו דתרין סטרין. פי' מאחר שהזכר שהוא גוף האחד הוא כלול בשלימות בעצם יונק מחסד ואח"כ מגבורה, ולכן תחלת התפשטותו מחסד ותו אתפשט ואתכליל ג"כ בגבורה כי כן דרך הזכר מתחיל מימין ומסיים בשמאל כדפי' בשער מהות וההנהג' פכ"א בס"ד. ואז באתערו דלתתא כו' היינו התעוררות המלכות אל הזיווג והיחוד כדפי' שם בפי"ח בס"ד. ואתהפך א ברזא אחרא כו'. וזהו מציאות ג' אל הא דהיינו ו' אמצעית תפארת, י' עלאה בינה, יו"ד תתאה מלכות. ונטיל נוקביה לתתא מניה דהיינו המלכות המתרפקת על דודה. וכדין נקודה עלאה שריא. פי' מאחר שמתייחד עם המלכות אז שורה עליו נקודה עלאה. ופי' נקודה עלאה היינו הבינה. לאחזאה דנהור"א עלאה כו' היינו חכמה. נקודה קמייתא בכתר. והענין כי ביו"ד כלולות שלש ראשונות כי יש לה עוקץ למעלה עוקץ למטה וגיו באמצעיתה כדפי', ואמר כי גלוי כל ג"ר הוא על ידי הבינה שהיא נקראת שכינה על שם שמשכנת כל מציאות ג"ר על הבנין. ואמר כי אינה שורה אלא אם נתייחדו תפארת ומלכות, ולכן צריך להקדים היחוד ואח"כ נקודה עלאה שריא. ת"ח בראשית ברא וכו' כל האריכות הזה הוא מפני שכוונתו לומר שהל' של א"ל הוא בינה ולזה קשה שהרי הבינה נכללת ביו"ד עליונה של א א"כ מה צורך עוד אל למ"ד. לזה הכריח שהרי א עם היות שהנקבה שהיא נקודה תחתונה נכללת עמו עם כל זה הוצרכו אל אות אחרת שירמוז אל הנקבה כענין א"ת וכו' כאשר נבאר, א"כ גם לענין הבינה צריך לאות אחרת שירמוז עליה. והענין הוא שהא במציאותו מראה כל היחודים האלה בסוד החסד והוא סוד הזכר אח"כ צריכה להתייחד מציאות הנקבה בזולת היחוד הנכלל בענפיו. וקרוב לזה בענין א"ת שיתבאר לפנים ב"ה. ועד"ז נתרץ ג"כ לענין הל' ומבואר הוא. הא הכא ד' אלפין וכו'. כי בכל אחד מהד' תיבות יש אות א שהרמז אל הזכר ואות א שהיא נקבה. כיצד בראשית יש בו א זכר, ונקבה ת'. ברא יש בו א' זכר ב' נקבה. אלהים יש בו א' זכר ה' נקבה. א"ת א' זכר ת' נקבה. ובספרא דרב המנונא סבא בראשית אדם ואתתיה. אדם חכמה שהוא מתייחד עם המלכות בסוד (ישעיה מד ו) אני ראשון ואני אחרון חכמה בראש וחכמה בסוף. י' של יהו"ה זכר י' של אדנ"י נקבה. ואין לומר ואתתיה בינה שאינו מתיישב קריית ארבע שיתבאר לפנים שהוא במלכות. אברהם ונוקביה בסוד ה'

שנתוסף לשרה. ויצחק ונוקביה בסוד (בראשית כד סז) ויביאה יצחק האהלה שרה אמו. א"ת יעקב ורחל כנודע. ואי תימא את הא נוקבא בכל אתר וכו'. פי' כי א"ת הוא מיוחס אל המלכות בכל מקום כאשר נודע ויתבאר בערכי הכנוים. וא"כ איך אנו מייחסים אותו אל הזכר והנקבה יחד. ולזה תירץ ת"ח א' דכר ת' נוקבא וכו'. פי' לעולם אימא לך כי ת' לבד הנקבה בתיבת את והא' הוא דכורא, ומה שתאמר מתיבת את, הכוונה אל הנקבה בשלימות דהיינו בסוד הזכר הנכלל עמה, וע"י היא מראה כל האותיות, והיינו דמפרש במקום אחר, א"ת אורייתא כלולה מא' ועד ת', פי' המלכות נכללת בכל אותיות התורה דהיינו כחות הזכר כי ע"י הזכר היא מגלה כל האותיות. ולעולם א"ת הרמז א' זכר ת' נקבה. וע"ד ארבע זוגין אינון הכא. פי' לפיכך נמצא ד' זוגות שאל"כ לא יהיו אלא ג'. ובספרא דרב המנונא סבא אמר שהם ד'. ועוד כי מג' הראשונים נלמד שהרי הזכרים הם א'. א"כ מה גרע א' של א"ת מא' של בראשית וכן של בר"א. א"ו מאי אית לך למימר כדקאמינא וכו'. וז"ש ובכל אתר א' דכד כו'. קרית ארבע על דאתקברו [דאתחברו] כו'. פי' המלכות נקרא קרית ארבע על שם שהיא מתיחדת בד' מקומות אלה. ואין הכונה שמזדווג המלכות אל זולת התפארת, אלא הכל לפי המקום שהיא מזדווגת עם בעלה. לפעמים מזדווגת עמו בסוד יחוד זיווג אדם ואשתו שהיא הרמז שלו בסוד חכמה, ולפעמים בצד החסד וכו', ומבואר. וכן ביאר הרשב"י ע"ה בתקונים [מח]. הנה נמצא לפי זה שמציאות הא' הוא בחסד. ולה ג' מציאות. ראשון כללות ג' אבות בחסד ביחוד גמור, אח"כ מציאות שני בסוד קבלתה מימין ושמאל, אח"כ מציאות ג' דהיינו יחוד עם נקבתו שהיא המלכות נקודה התחתונה והבינה השורה עליו שהיא יו"ד העליונה בסוד ג' ראשונות כדפי'. ואגב אורחין למדנו כי אברהם ונוקביה הם א' ואות אחת נקבה. הרי שיתיחס א' בחסד והיינו א' של א"ל. ועתה שב לבאר **ל** של א"ל. וז"ש **ל** דא מגדל דפרח באוירא. היינו הבינה שהיא פורחת וחופפת על התפארת שנקרא אויר כאשר יתבאר בערכי הכנויים. וקראו מלך גדול פי' מלך שהוא בינה והוא חופף על החסד שהיא גדולה ובסיבתו נקרא הוא מלך גדול. והיינו **ל** חופפת על א' שהוא באויר ובמציאות חסד. ולכן נק' המדה הזאת **א"ל** להורות על סוד העמוק הזה. עילא ואמצעיתא כחדא פי' בינה שהיא עילא [כמבואר] למעלה בענין הבינה [השוכנת] על היחוד והיא **ל** כדפי'. ואמצעיתא היינו התפארת שהוא אמצעית הבנין כדפי'. ואין לפרש עילא היינו א' ואמצעיתא **ל** שהיא אמצעות האותיות. שאינו מתישב לפד"ז מאי דקאמר בתר הכי עילא ורישא דאשגחותא רישא דכל אתוון כחדא. דעל כרחין עילא דקאמר היינו בינה. אלא ודאי כדפי'. והאי דהדר קאמר עילא ורישא דאשגחותא להורות כי גם היות שאמר עילא בינה ואמצעיתא שהוא הת"ת, עם כל זה לא נכחיש היות הענין של הא' דוקא בחסד מפני שהיתה תחלת ההשכלה תחלה לכל האותיות. א"ל נטיל אל"ף סיוע וכו'. פי' כי מפני שהא' שהוא היחוד כדפי' צריך אל עזרת הבינה שהיא הל' לכן החסד נקרא בשם אל. ל"ב שבילין אינון דנפקין וכו'. הכונה לבאר ב' דברים. הא' מה שפי' למעלה כי תחלת גלוי האותיות הוא מחסד. ב' מה שאמר כי הא' נוטל סיוע מהבינה כדפי' לז"א הנה ל"ב נתיבות נודע היותם בחכמה וממנה ולחוץ הם מתפשטות והיא נקרא אורייתא וכמו שנבאר בערכי הכנויים. והנה נודע היות הנתיבות האלה ל"ב ופרטם י' ספי' וכ"ב אותיות כמבואר בס"י וביארנו בשער הנתיבות פ"א והעתקנו המשנה בשער המציאיות פ"ב בס"ד. וז"ש דאינון רזא די' אמירן דהיינו ע"ס וכ"ב אותיות דאורייתא. וכולהו נפקי כו' פי' אין עניינם בחכמה אלא הם מתפשטות מחכמה שהיא נקודה עילאה נמצא עיקרם מחכמה ולחוץ. א"כ נמצא שכאשר נבא לחלקם הנה תחלתם בבינה ושם י' נתיבות שאין להוסיף בה יותר מעשר והם עשר מאמרות. וז"ש ברזא דאורייתא דאיהי מלך עילאה היינו הבינה והיא ג"כ נקראת תורה כדכתיב (משלי א ח) ואל תטוש תורת אמך, כי אם לבינה תקרא (שם ב ב). ומפני שהוא דוחק שנאמר שעשר מאמרות הם בה שהיא נקר' תורה שאדרבא חכמה בה הם י' מאמרות והיא נקראת תורה כדפי' לעיל. לכן אמר רזא דתורה שבכתב פי' אין התורה הת"ת אלא הבינה והיא נעלמת בכתב שהוא הת"ת כמו שנבאר בערכי הכנויים פכ"ב. וז"ש רזא דתורה שבכתב, ובבחינה זאת היא נקראת עלמא דאתי דהיינו שהוא נשפע ובא אל הת"ת דהיינו כתב. ואחר שהכרחנו היות י' מאמרות שהם עשר נתיבות הקודמים היותם בבינה, א"כ כ"ב אותיות תחלת התפשטותם מהחסד והיינו א' בחסד. וז"ש וכ"ב אתוון מתפשטין ושריין לאתנהרא מרישא דנהורא קדמאה. שהוא חסד יום ראשון יהי אור **א** כנודע.

ועתה אחר שראש הנתיבות ועיקרם הם בבינה א"כ שאר הנתיבות צריכים לקבל שפע מעילתם. והיינו דא נטיל סיועא וכו' דקאמר לעיל. ברזא דיחודא דמתמן אתוון לאתגלייא. השתא כוון לבאר סוד חילוק הכ"ב אותיות בספי'. כי בשלמא עשר אמירן הם בבינה ניחא דכלילא מי' אבל כ"ב איך יתחלקו לז' ספירות ואין להם ייחס ועניין. לזה אמר כי הא' הוא סוד היחוד וראש אל הגלוי כמבואר לעיל בראש המאמר, שאינה בכלל האותיות שהיא המתייחדת וממנה מאירות האותיות, נמצא הא סוד אחדות כל האותיות וז"ש ברזא דיחודא דמתמן אתוון לאתגלייא, פי' מא' ולמטה הוא תחלת גלוי האותיות. ומתמן נהרן אתוון פי' ממנה שופעת שפע ואור להאיר מפני שבא נעלמות מציאות כל הכ"א אותיות והאלף מקור לשאר האותיות כענין הספירות כמבואר בשערים הקודמים. וסלקא א' רזא דכל אתוון כו' פי' א' עולה סוד יחוד כל האותיות, כאלו נאמר שהאותיות אינם אלא כ"א ויחודם ומציאותם העליון הוא הא' דהיינו קבוץ מקורם, וז"ש ברזא דאחד פי' הא' מעיד על עצמה שהיא המייחדת כל האותיות. וזהו פי' א' דהיינו אחד מיוחד. וז"ש למעלה ושריין לאתנהרא מרישא דנהורא קדמאה, ורישא דנהורא היינו הא' ומשם מאירות. והם מתחלקות ז' אותיות לחסד, וז' לגבורה, וז' לתפארת. וא' ג"כ בחסד בראש כלם מאירה לכלם קיבוץ כל מקורי האותיות כדפי'. ואין ספק שג' הם בחסד וג' בנצח ואחד במלכות מצד החסד, וכן ג' בגבורה וג' בהוד וא' במלכות מצד הגבורה, וכן ג' בת"ת וג' ביסוד וא' במלכות מצד הת"ת. וטעם ג' בכל ספירה וספירה מפני שבה ג' קוים סוד יניקתה מן החסד וסוד יניקתה מן הדין וסוד יניקתה מן הרחמים. ולכן הם גם כן במלכות בסוד ג' קוים הנזכר. ונמצא בזה כי הם ז' בחסד וז' בגבורה וז' בתפארת והכל ענין אחד. ונשלם פי' המאמר הזה, ומתוכו מתבאר פי' שם א"ל:

פרק שביעי:

השם החמישי מתייחס אל הגבורה. הוא שם אלקים. וביאר בו רבי משה בספר השם וז"ל אלקים על שם הדין כי שם זה יקרא לכל שופט ומנהיג ודיין לכן משותף בו האל יתברך, והמלאכים והדיינים ומנהיגי העמים והשלוחים להשלים הדין לכל דין ולכל הנברא ונעשה בדין להמית ולהחיות ולהוריש ולהעשיר להרים ולהשפיל וכו' עכ"ל. ופי' כי אלהי"ם לשון דיינים כמו (שמות כב כז) אלהי"ם לא תקלל. וכן (שם שם ח) עד האלהי"ם יבא דבר שניהם. ובשם זה ביאר הרשב"י ע"ה בשה"ש מהזוהר (חדש דף ע"ח) וז"ל חדרא תליתאה אלהי"ם דא איהו זוהרא סומקא נציץ כדהבא זהרא דלזימנין (תאיב) [נהיר] וטב ולזמנין אתחשך בחשוכא דלית לה נציצו כמה (דהוה) [דהבא]. אלהי"ם רזא דאתערו' לגבי נוקבא בההוא סטרא. שמא דא איהו ברזא דרזין לידעי חכמתא, דשמא דא איהו דכר ואתערו לגבי נוקבא. בשמא דא כלא אתער ואלמלא אתערו דשמא דא צדי"ק לא אתער. ואע"ג דכלא איהו דינא, וצדיק מסטרא דימינא איהו. אבל אתערו דיליה לאו איהו אלא מסטרא דשמאלא. אדם שבק ההוא סטרא ואתער בההוא טופסרא דדהבא מה דנפק מלכלוכא דהיתוכא דיליה. אלהי"ם א דכר להי"ם אתערותא דצדיק ואיהו מיל"ה בפריעה בלא סטר ערלה כלל ודא איהו כד אדכר שמא דא לטב כגון ויזכור אלקים את בריתו דאתער ברית ברזא דא ואלהי"ם פקוד יפקוד. בסטרא אחרא אורייתא אסהידת על דינוי דהא מתמן ערלה נפקת. לזמנין שמא דא נוקבא ירתא ליה בגין לאתדנא עלמא בההוא שמא רזא דערלה כד אתתקף האי אלהי"ם לעילא ואתקשי ההוא ערלה ופריעה לא אשתכח. וע"ד לטב בפריעו דערלה איהו, דהא אתפרע ערלה ואתעבר, ואתגלייא רזא דברית קדישא. וכלא ברזא דאלהי"ם הוא, דהא גוון דא אההפך לכמה גוונין לזמנין הכי ולזמנין הכי ודא איהו ברזא דאלהי"ם. אלהי"ם תלת שמהן אינון. חדא אלהי"ם חיים דאיהו מלך עולם, אלהי"ם דפחד יצחק, אלהי"ם בתראה ומתמן מתפשטין. אלהי"ם דפחד יצחק אשגחותא דיליה חציו אל הי"ם הקדמוני וחציו אל הי"ם האחרון. אל הים האחרון דייקא לאתקרי בשמא דא. ובג"כ מה דנטיל מלעילא אית ליה רשו לאכללא ימינא בגויה. וכד אתכליל ימינא בגויה כדין איהו בחדוה ואחיד בגו ימא תתאה תחות רישא דכתיב שמאלו תחת לראשי וכדין אתקרי אלהי"ם דהא אזיל אל הים האחרון. ודא איהו חדרא תליתאי מההוא מלך עילאה עכ"ל. ופירושו, כבר פי' בשער הגוונים פ"ג שבגבורה הם ג' גוונים האחד אדום, או כזהב שהוא יותר טוב מהאדום כמבואר שם. והדין הזה הוא יפה כיין המשמח ולא המשכר. ויש יין המשכר בסוד הדין החזק ובזה יש בו שחרות. ולזה אמר זוהרא סומקא נציץ כדהבא. היינו הב' גווני הדין שהוא היפה שהוא המוכרע לכף החסד. זהרא דלזמנין נהיר בסוד החסד והרחמים והוא טוב. ולזמנין אתחשך היינו סוד הדין החשוך שאין בו

התנוצצות יפה אלא הוא מתלהט בסוד הדין. ולא ממש שחור ח"ו דהיינו הקליפה. אלא שאין אורו בריא כמה דהבא פי' כזהב, או כסומקא. אלא משחיר קצת בסוד קירוב הדין אל הקליפה. אלהי"ם רזא דאתערותא לגבי וכו'. פי' שם אלדי"ם הוא בסוד היין המשמח בסוד הדין המעורר הנקבה אל הזווג כדפי' בשער מהות וההנהגה בפכ"א בס"ד. והנה הזכר ג"כ צריך אליו כי גם הזכר מקבל מהימין והשמאל אל החיבוק והתאוה אלא שהזכר מקדים אל הימין. משא"כ הנקבה שמקדמת קבלתה אל החיבוק מצד השמאל לכן יתייחס אליה התעוררותה מן הגבורה שם אלהי"ם. ולז"א רזא דאתערותא לגבי נוקבא בההוא סטרא. ר"ל בצד בחינת השם הזה. שמא דא הוא ברזא דרזין ליודעי חכמתא. פי' עם היות דלכאורה משמע שאין בשם זה ענין רחמים אלא דין, עם כל זה יש בו סודות נוראים ליודעי חכמה כמו שיתבאר. שמא דא איהו דכר כדמסיק א' ודאי שהוא זכר עם כל זה הוא התעוררות אל הנקבה כדפי'. כי מכח שם זה התעוררות הנקבה. בשמא דא כלא אתער. פי' בין הת"ת, בין המלכות כדפי', בין היסוד כדמסיק. ואלמלא אתערו דשמא דא צדיק וכו'. פירוש התעוררות התפארת עם היותו בגבורה עם כל זה הוא גם כן בחסד המעוררו, וכן המלכות מתעוררת בכח החסד. אבל הצדיק אינו כן כי אם לא הוי שם זה לא היה מתעורר כלל כי כל התעוררותו בזה. ונמצאו עתה שהמתעוררים הם ג', תפארת מלכות יסוד. והם בהדרגה. הא' תפארת אבל עיקר התעוררתו מהחסד. והמלכות עיקר התעוררותה מהגבורה ועם כל זה מתערב עמה התעוררות החסד. אבל היסוד כל התעורותו הוא בגבורה וזהו סדר הדרגותיו. ואף על גב דכלא איהו דינא וכו', פירוש עם היות שאמר שהתעוררתו הוא בגבורה ואין לו התעוררות מחסד. ולזה יקשה כי אדרבה עקרו הוא אל הימין יותר ממלכות, ולזה חוייב כי כמו שגם התעוררות מלכות מחסד כן יהיה ההתעוררות היסוד בסיוע החסד. עם כל זה לענין התעוררות אין לו אלא התעוררות הגבורה לבד. ויש חלוק בין ענין מהותו להתעוררותו. ואין להקשות מכאן למה שפי' בשער א' פ"ב בשם הרשב"י ע"ה שהיסוד אל השמאל. שהרי דקדק הרשב"י ע"ה התם ואמר צדיק נטיל לשמאלא ולא קאמר צדיק איהו שמאלא אלא נטיל. דהיינו התעוררותו. עוד אפשר לומר דהא והא איתנהו. ומה דקאמר הכא דאיהו ימינא היינו בערך המלכות וכדפירשנא. ומ"ש אבל אתערו דיליה לאו איהו וכו' שב לבאר ענין ב' הגוונים הנזכר לעיל. ואמר שאדם הראשון בעת שבא על חוה לא נוד"ע אל הידיעה ההוא מצד הגוון היפה גוון הזהב והאדמימות אלא מצד המשחיר דהיינו סיגי הזהב כדמסיק. אלקים **א** דכר פי' זכר מצד הגבורה כדפי' בפרק הקודם כי גם א' זכר מצד יצחק ונוקביה. להי"ם אתערותא דצדיק. הכונה כי א' הוא סוד הזכר דהיינו מציאות הגוף, ולהי"ם פי' מיל"ה דהיינו ברית הנמשך מהגוף דהיינו התעוררות הנמשך משם זה אל הצדיק. ואיהו מילה בפריעו בלא סטר ערלה. דהנה הקליפות והערלות הם שלשה וכשחותכים א' שהוא כפול לשנים והג' נכפל כלפי פנים והיא קליפה ג' של האגוז שהיא כמעט נאכלת וזה נקרא חזיר על שם שעתיד להחזירו כמו שנבאר בשער התמורות. ואמר בפריעו בלא סטר ערלה, כלומר אפי' הערלה הדקה הזאת לא יתערב בשמחת השם הזה אלא אדרבא היא נגרעת מכוחו. והוצרך אל האריכות הזה, מפני שאמר להי"ם שפי' מיל"ה ומשמע בלא פריעה, לזה אמר בפריעו בלא סטר ערלה אפי' הקליפה הדקה כדפי'. ודא איהו כד וכו' פי' בהיות האדמימות ויין המשמח ואז הוא ויזכור וכו', וכן ואלהי"ם פקוד וכו'. כי כל זה מורה על הרחמים. אבל כאשר שם זה הוא בסוד הדין המשחיר אז התורה העידה בפי' על דינו כמו ואף אלהי"ם חרה בהם [מט] וכיוצא בהם. דהא מתמן ערלה נפקת פי' מצד בחינה זו הוא מוצא הויות הקליפות. לזמנין שמא דא נוקבא ירתא ליה פי' המלכות לעתים נקראת אלהי"ם, ואמר כי כאשר המלכות נקראת אלהי"ם אז מורה על הדין החזק לדון את העולם. כי בהיות השם הזה הזכר הוא רחמים רוב הפעמים, אבל בהיותו נקבה אז הוא דין. ולא יחוייב שיהיה השם בנקבה לעולם דין אלא רוב פעמים שגם לפעמים בהיותו בנקבה הוא רחמים כאשר יתבאר. דהא גוון דא אתהפך לכמה גוונים. פי' או אלהי"ם פי' דיינים דהיינו דין קשה, או פי' אלהים א' מיל"ה שהתעוררות אל הרחמים כדפי'. והכל תלוי בענין הקליפה אם יש קליפה הוא דין ואין מילה מפני שהדין נפעל ע"י המלאכים המחבלים, וכשאין ערלה וקליפה אז אלקים שהוא א' מיל"ה הוא רחמים. תלתא שמהן אינון רצה לבאר סוד ענין הדין והרחמים בקצרה. והוא כי המקור הוא בינה והוא אלהי"ם חיים ומלך עולם. בסוד שהוא חופפת ומולכת על העולם שהם ימי ההקף כו'. אלהי"ם בתראה פי' מלכות. ומתמן מתפשטן פי' משם התפשטות הדינים והכוחות השולטים על הדין טובים ורעים. ובג"כ מה דנטיל מלעילא. פי' כאשר חציו אל הים הקדמוני שהוא

הבינה ע"י השפעתה בו הוא נעשה אלהי"ם שם שלם כי כאשר הגבורה יונק מבינה נכלל עמו החסד שהוא א"ל ומשפיע אל המלכות דהיינו הי"ם וע"י כך קונה הגבורה שם אלהי"ם אל מחסד והי"ם ממלכות. דכתיב שמאלו תחת לראשי היינו התעוררות המלכות כמבואר לעיל. והארכנו בשער מהות והנהגה בפ' כ"א. והנה נשלם פירוש המאמר, ומתוכו נתבאר פי' שם אלהי"ם בגבורה:

פרק שמיני:

מפני שראינו שם זה רומז בבינה כענין ל"ב אלקי"ם שבמעשה בראשית ועוד כמבואר בפרק הקודם ראינו להעתיק הנה מאמר מהזהר (בהקדמת בראשית ד"ב.) שבו ביאר אליהו ז"ל להרשב"י ע"ה ענין השם הזה בבינה והוא ביארו אל החברים. וז"ל בשעתא דסתימו דכל סתימין בעא לאתגלייא עבד ברישא נקודה חדא ודא סליק למהוי מחשבה. צייר בה כל ציורין חקק בה כל גליפין. ואגליף גו בוצינא קדישא סתימא גליפו דחד ציורא סתימאה קדש קדשים בניינא עמיקא דנפיק מגו מחשבה ואקרי מ"י שירותא לבניינא. קיימא ולא קיימא עמיק וסתים בשמא. לא אקרי אלא מ"י. בעי לאתגליא ולאתקרי בשמא ואתלבש בלבוש דיקר דנהיר וברא אלה וסליק אל"ה בשמא. אתחברו אתוון אילין באילין ואשתלים וסליק בשמא אלקים. ועד דלא ברא אלה, לא סליק בשמא אלהי"ם. ואינון דחבו בעגלא על רזא דנא אמרו אלה אלדיך ישראל (וכו'). וכמה דאשתתף מ"י באל"ה הכי הוא שמא דאשתתף תדיר. וברזא דא אתקיים עלמא עכ"ל. ודברי המאמר הזה נעלמים רב האיכות ומיעוט הכמות כפי האומרם וכפי שיעור השומע. וזה פירושו. בשעתא דסתימא דכל סתימין. אין סוף נקרא סתימא דכל סתימין ונעלם בתכלית ההעלם. כי הספי' הם סתומים ונעלמים אבל הם נגלות כל אחת למדה שתחתיה כאלו נאמר שהחכמה משגת את הכתר ומכ"ש שהכתר משיג את החכמה ועם היות ששתיהם נעלמות תכלית ההעלם וכן אל שאר הספי'. נמצא לפ"ז כי עם היות הספי' סתומות ונעלמות הם מושגות אל הנעלמות שכמותם. מש"כ בא"ס כי הוא נעלם תכלית ההעלם עד שהוא נעלם גם אל הנעלמים, ר"ל כי אפי' בערך הדקים והנעלמים הקרובים אליו הוא נעלם. וזהו פי' סתימא דכל סתימין, פי' סתום ונעלם מהשגה אפי' לדקים הסתומים והנעלמים. וזה הכלל יהיה מסור ביד המשכיל גם במקום שימצא טמירא דטמירין, כי סתימא דסתימין וטמירא דטמירין הכל ענין א'. ועם היות שבקצת מקומות ימצא שמכנה כנויים אלה אל הכתר אין זה מן התימה מפני שלפעמים מתעלם בתוכו הא"ס, ירצה שהוא מתאחד לעיתים בשרשו עד שראוי להעלמו להתייחס אליו כנויים אלה. ומאשר שבא לידינו נבאר אותו בס"ד. בעא לאתגלייא, פי' בעת שעלה הרצון לפניו להאציל אצילותו, כי האצילות היא גילוי המאציל כדפי' בשערים הקודמים. עבד ברישא נקודה חדא פי' י'. הראש הוא הכתר כי הוא ראש לכל האצילות ובתוך הכתר היה ענין אצילות החכמה. וזהו עבד ברישא, שהוא הכתר. נקודה חדא, שהיא חכמה. ואף אם נפרש לישנא דרישא כפשוטו דהיינו בתחילה מוכרחים אנו בפי' זה, כי לעולם התחלה קודם הנקודה היא הכתר, דלעילא מכתר לא שייך תחילה מטעם כי תחלה יש לה סוף. ודא סליק למהוי מחשבה. כבר נתבאר בשערים הקודמים כי טבע לשון מחשבה בדברים האלקיים היא המציאות שבו יצטיירו הנאצלים כלם. ר"ל כי כמו שהמחשבה בה ישפוט האדם העניינים והפעולות אשר ירצה לפעול. כן באלקות, המקום אשר בו נצטיירו ההוויות אשר יצאו אל הפועל מציאות מתגלה, קודם אצילותם נקרא מחשבה. והנה בכ"ע לא יתייחס הענין הזה לרוב העלמו כי לא יצדק בו ציור הויה כלל עם היות שבו הם כלולים, אמנם הם נעלמים תכלית ההעלם שלא נוכל לכנות בענין ההוא לשון מחשבה כלל. אמנם בחכמה יצדק לשון מחשבה עד"ז מטעם כי היא מערכה הראשונה מהד' מערכות שערכנו בסדר האצילות בפ"ה בס"ד. וזהו אומרו הנה במאמר הזה ודא סליק למהוי מחשבה, פי' זו ולא הכתר, כי בכתר לא יצדק מן הטעם שפי'. ואעפ"י שנמצא כי הכתר לפעמים נקרא מחשבה זהו מן הטעם שיצדק בו קוצו של יו"ד שהוא י' קטנה להורות אל הדקות הנעלם נכללות בשם מערכת שהוא יותר דקה ממערכת הי' שהיא בחכמה כדפי' ענין המערכות באותיות השם בשער שם בן ד'. או מפני מציאות החכמה שבו כי היא כוללות האצילות בדקות הגדול, כי בכתר עצמו לא יצדק כדפי' הרשב"י ע"ה באידרא וכדפי' בס' אור יקר בשער ה' בס"ד. ולמעלה מהכתר נקרא ברחוק מחשבה דכל מחשבתין, מפני ששם המחשבות הם בערך מחשבה כאשר נודע העלמם שם, כדפי' בשער הצחצחות. ועתה יצדק לנו ענין היות הכתר הראש, והחכמה המוח והמחשבה, מן הטעם הזה כי המוח בו יצטיירו צורות מחשבות אבל בראש לא יצטיירו בתוכה דבר כי שם לא יתגלה האצילות כלל אפי' כעין מחשבה אבל הכתר

סובב וכולל החכמה כעין הגלגלת הסובב וכותר המוח. ואמר ודא סליק למהוי מחשבה, כי היה ראוי שיאמר ודא היא מחשבה, הטעם כי קודם נאצלה החכמה בלי שיתגלה בה האצילות ואחר כך הוצרך שתתעלה למעלה לקבל כח מהנותן כח לכל כדי שיתגלו בתוכה כל היצורים והאצילות. וזהו ודא סליק, פי' נתעלה למעלה בבחינת הכתר עצמו אל בחינתו המתייחדת במאציל להיותה מתייחסת במחשבה דהיינו ציור האצילות בעצמותה. צייר בה כל ציורין חקק בה כל גליפין. פי' כבר הארכנו בשער עצמות וכלים בענין הספירות והעצם המתפשט בתוכן כי נאצלו ב' דברים הספירה והנשמה שבתוך הספירה כמבואר שם. ולכן בערך הנשמה נקט לישנא דצייר, דהיינו ציור לשון צורה מתייחסת אל נשמת הספירות ואורם ועצמותם המתפשט. ולשון חקיקה שהוא העבות הדברים וגלויים יותר נקט בערך הכלים שהם כענין גוף אל עצם הספי'. ודבר זה א"א לעמוד עליו אם לא בעיון רב ודק בשער הנזכר. ואגליף גו בוצינא קדישא וכו'. פי' לשון גליפו וחקיקה אל הכלים, וציורא אל הצורה והנשמה כדפי'. והתכת הלשון כך הוא, וחקק חקיקה אשר הוא לבוש אל הנשמה והצורה הנעלמת. והענין הוא כי בוצינא קדישא הוא כתר עליון. ובו נחקקת הבינה והיא הנקראת קדש קדשים מטעם שהיא קדש אפי' בערך הז' ספירות שהם קדשים, פי' אפי' לקדשים היא בערך קדש ע"ד שפי' בסתימו דסתימין. והטעם שקראה כאן קדש קדשים הכוונה כי היא מלאה מן הקדשים התחתונים, פי' כי היא כוללת כל הקדשים והספי' התחתונים כנודע כי בה הוא כלול כל האצילות כי היא מערכה שנייה אל האצילות כי היא מעולה ונעלמת מכלם ומקפת את כלם והיא סיבתם. בניינא עמיקא וכו'. פי' עם היות שאמרנו ואגליף גו בוצינא וכו'. אין הכונה שהיא ממש בכתר. אלא הכונה בתוך המחשבה שבכתר. ולפי שלא נטעה לומר כי היה ציור בינה בתוך החכמה לבד, לז"א גו בוצינא קדישא. הכונה בתוך הכתר, פי' בתוך המחשבה שבכתר. וכדי שלא נטעה שהיא בכתר ממש אמר בניינא דנפיק מגו מחשבה, הא כיצד בתוך החכמה שבתוך הכתר. וקראה בניינא עמיקא וכו', מטעם כי הבינה היא מערכה שנייה המגלה מערכה הראשונה. לזה אמר בניינא עמיקא. כי בה כלול כל הבנין, אמנם אעפ"כ היא בעומק ובהעלם. דנפק מגו מחשבה. פי' כי לא יצדק שם מ"י בבינה בעת היותה עדיין נעלמת בחכמה. כי מי הוא השכלת דבר מה שיפול בו השאלה לומר מי הוא זה וזהו ענין מ"י. ואעפ"י שלא יהיה תשובה לשאלה זו. וז"ש כי לא יצדק שם מ"י אלא בבינה בהיותה יוצאות מהבחינה הפנימיות שבמחשבה. וזהו לשון דנפיק מגו מחשבה. ופי' מגו, הכונה שיוצא מהבחינה הפנימית העצמית של המחשבה אל הבחי' הקיצונה במחברת של חכמה עם הבינה, ושם נקרא מ"י כי כאשר יתגלה בעצם אל עצמותה לא יצדק אליה שם מ"י. וז"ש שירותא לבניינא קיימא ולא קיימא וכו'. הכונה קיימא, כי הוא תחלה לבנין שהוא ההקף מחסד ולמטה. ולא בעצם כאשר היא תחלה לבנין אלא כאשר עדיין אינה מתגלית, וז"ש ולא קיימא. פי' גלוי ולא בעצם כענין שכבר היא קרובה להאציל הבנין אמנם מתעלמת, וז"ש עמיק וסתים כי כבר נתהווה. אמנם ההויה היא עמוקה בבחי' החכמה הנקרא עמקים שאז היא סתומה אין ראוי שיקרא בשם המחייב בענין חיוב כלל המגביל הדבר בגדר ענין מה. אלא מ"י שפי' אע"פ שכבר נאצל ויצא מעמקי המחשבה אל בחינה מתגלית עדיין לא יוצדק בו חיוב שם אלא מ"י שאלה בלא תשובה. בעא לאתגלייא. פי' רצה להתגלות ע"י אצילות ימי ההקף כי הם גלוי הבינה כנודע כי ז' הימים הם המגלים הדברים הנעלמים בבינה. ולאתקרי בשמא. פי' כי כבר אמר כי בהיותה נעלמת אין לה שם כלל ומ"י אינו שם אלא העלם. אמנם כאשר יתגלה יצדק בו שם מגדיר הדבר בגדר קצת. אתלביש בלבוש יקר דנהיר. פי' זהו מציאות הה"א העליונה וצורתה כאשר נבאר בשער זה והיא לבושה בערך החסד והדין והרחמים. והלבוש הזה נתלבשה להאציל החסד והדין והרחמים שהם כלל כל ההיקף. ואמר דנהיר, מפני שזו היא הבחינה המתגלה המשפעת לשש קצוות. וזהו לישנא דנהיר, פי' מאיר לשבעת הנרות אשר תחתיה. ובחינה זו נקרא אימא, פי' אם לכל התחתונים. לכן עתה שבא לבאר בענין בחינתה אצל האצילות, אמר דנהיר וברא אל"ה. פי' ההקף הנכלל בחסד ודין ורחמים. ונקראות אלה מטעם כי הם מתגלים יותר מבחינתה הנקרא מ"י שהוא שאלה בלא תשובה. אבל עתה באלה הם גלוי עצמי כאדם המורה באצבע ואומר אלה. וסליק בשמא אלהי"ם פי' כי לא בבחינות רישא ונקודה האמורות למעלה היא בחינת מ"י. כי למעלה אע"פ שמתגלה יותר אינה מתגלית הבחינה הנעלמת. אמנם יתעבה ויתגלה מציאות אחר יותר עב ומתגלה מהקודם. משא"כ בבחי' מ"י, כי בחי' מ"י עצמה היא מתגלית ע"י אלה. וזהו ואשתלים וסליק בשמא אלהים. וכיצד הוא זה השם. כי ע"י שיתייחד תיבת מ"י עם אלה ועמם נשתלם השם ועלה בשם אלהים. וזהו וסליק

בשמא אלהי"ם. ודקדק באמרו וסליק בשמא, פי' עלה בשם. והכריח הענין שעד עתה לא היה שם. כי בחי' מ"י עצמה עלה בשם אלהי"ם ומתגלה היינו שנתחברו אותיות מ"י עם אלה בשם אלהי"ם. שאל"כ היה ראוי שיקרא אלה לבד אלא כי נתחברו אותיות מ"י עם אלה בשם אלהי"ם מ"י עצמה נתגלה ע"י אלה ועי"ז נשתלם שם אלהי"ם מ"י באלה. ועד לא ברא אלה לא סליק בשמא. הוקשה לו בשלמא אם נאמר שבחי' מ"י לא נתגלה לעולם כדרך שאר הבחינות אשר לאצילות קודם גלויו כי לעולם הם נעלמות ניחא, כי בערך הבחינה הנעלמת אשכחן בקרא מ"י בכל אורייתא. אמנם לפום מאי דפי' דבחינת מ"י עצמה נתגלה ע"י אלה נמצא כי עתה לפי האמת בחינת מ"י היא קודם האצילות ואינה עתה אחר האצי', וקשה דאשכחן באורייתא. ודוחק לומר מאי דהוה ואינו עתה במציאות מה דהוה הוה דומיא דשם אהיה שלא נזכר כ"א ג' פעמים משום מאי דהוה הוה כדפי' בפ"ב. ולזה השיב ועד לא ברא אלה וכו', פי' כי כבר תבחן עתה ג"כ לעיתים בחינת מ"י בערך מה שהיה אל קודם היות אל"ה במציאות. וזה היה עון בעלי העגל כי הפרידו בין מ"י לאל"ה ולא רצו לחברם ולייחדם ולהגלות מ"י על אל"ה אם כן בערך זו תבחן מ"י לבדה ואל"ה לבדה. וזה עון פלילי כי אחר שנתייחדו מעולם לא נפרדו כי לעולם מ"י בחינתו מיוחד ומתגלה ע"י אלה ואין זמן לעולם שיפרדו. וכמה דאשתתף מ"י באלה וכו'. פי' שהוקשה לו כי הראייה מעון העגל אינה ראייה כי אפשר שימצא מ"י בלא אלה, והשתא ניחא לישנא דקראי טובא דאשכחן בהו מ"י. ועון בעלי העגל היה שהפרידו בין אלה למי כי אלה בלא מ"י לא ימצא לעולם בשום אופן וזה היה עונם שהפרידו אל"ה ממ"י. אמנם מ"י בלא אל"ה כבר יבחן שימצא. לזה הכריח להפך ואמר כי כמו שא"א לאל"ה בלא מי כן א"א למי בלא אלה. וזהו כמה דאשתתף מי באלה הכי הוא שמא כו'. פי' כמו שבעת עלות הרצון היה שישתתף מי עם אלה, כן הוא ההכרח שיהיה לעולם. וברזא דא אתקיים עלמא כוון אל מתק צוף דבש אמרי נועם, כי אם היה שאל"ה יוכרח היות עם מ"י ומ"י לא יוכרח היות עם אלה נמצא העולם חרב כי יסתלק מ"י למעלה ונמצאו לפעמים אלה בלא מי והעולם חרב כי אין ביכולת אלה לעלות אל מי יותר ממדתה. לכן הטביע המאציל כי מי יצטרף לאלה באופן שלא יתעלה כי אלה יאבד מעלתו ולכן בסוד מי המתייחד עם אלה העולם מתקיים. וטעם הענין הזה, כי שכינה בתחתונים צורך גבוה כדמפרש במקומות רבים בשערים הקודמים. ע"כ פי' המאמר. והכלל העולה מן המאמר היות שם אלהי"ם בבינה רומז אל ב' בחינות מתיחדות מתגלות האחת ע"י האחרת. בחינה ראשונה היא נקראת מי, והיא בחינתה בערך עמידתה בבחינה אחרונה שבחכמה בעת שעלה רצונו הפשוט להאצילה. ובחינה שני' והיא בחינתה בעת שעלה לפניו שתאציל הבינה החסד והדין והרחמים (ע' עסיס רמונים), והבחינה הזאת נקראת אלה כדפי'. והנה בהתייחד הבנין שהם ז' ימי ההקף עם הבינה דהיינו יחוד ב' הבחינות נקרא הבינה אלהי"ם שפירשו מי אלה ביחוד. זהו אשר העלינו בפי' שם אלהי"ם בבינה מתוך המאמר הנחמד הזה. אבל לענין שם אלהי"ם במלכות נרמז עוד שם במאמר הנז' ונעתיקהו הנה בה"ו:

פרק תשיעי:

עוד בשם אלהי"ם שם (בהקדמה ד"ב.) מאמר א' וז"ל א"ר שמעון על דא שמייא וחיליהון במ"ה אתבריאו דכתיב כי אראה שמיך מעשה אצבעותיך וגו' וכתיב מה אדיר שמך בכל הארץ אשר תנה הודך על השמים על השמים איהו לסלקא בשמא. בגין דברא נהורא לנהוריה ואתלבש דא בדא וסליק בשמא קדישא ה' עילאה. וע"ד בראשית ברא אלהים דא אלהים עילאה. דהא מ"ה לא הוי הכי ולא אתבני. אלא בשעתא דאתמשכן אתוון אילין אל"ה מעילא לתתא ואימה אוזיפת לברתא מאנהא וקשיטת לה בקישוטהא. ואימתי קשיט לה בקישוטהא כדקא יאות, בשעתא דאתחזן קמה כל דכורא דכתיב אל פני האדון ה'. ודא אקרי אדון כד"א הנה ארון הברית אדון כל הארץ. כדין נפקת ה' ואעילת יו"ד ואתקשטת במאני דכורא לקבליהון דכל דכר בישראל. ואתוון אחרנין משכין לון ישראל מלעילא לגבי אתר דא. אלה אזכרה. אדכרנא בפומאי ושפיכנא דמעאי ברעות נפשא בגין לאמשכא אתוון אלין וכדין אדדם מעילא עד בית אלהים למהוי אלהים כגוונא דיליה. ובמה, בקול רינה ותודה המון חוגג עכ"ל. ופי' ע"ד שמייא וכו' למאי דהוה סליק אדעתין בזהר בביאור ענין מי אלה שנתבאר בפרק הקודם היה קשה למה נבראו שמים וחיליהון במ"ה כדכתיב כי אראה וכו'. כי מה יחס כינוי מ"ה אל המלכות לענין בריאת שמים וחיליהון. אמנם לפי מה שפירש אליהו להרשב"י ע"ה בשם אלהים שפי' מי אלה כמו שבארנו בפ' הקודם מענין מ"י ואל"ה, יתישב טעם מ"ה לבריאת שמים וחיליהון כאשר יתבאר בע"ה. וזה המאמר

הוא סוף מאמר הקודם בפרק הקודם. וקודם נתינת טעם למלת מ"ה לבריאה הכריח הענין מהפסוק. כי הפסוק אמר כי אראה שמיך מעשה אצבעותיך וזה חוזר אל שם מ"ה הנז'. ואמר שהם מעשה אצבעותיך מה. וז"ש קודם לזה מה אדיר שמך. ר"ל מ"ה הוא שמך האדיר במלכות הנקרא ארץ. וזה כוון באמרו דכתיב כי אראה שמיך וכו' וכתיב מה אדיר וכו'. ומפני כי סוף הפסוק אשר תנה הודך קשה לכאורה לפי' זה. ולפי האמת הוא הכרח אל העניין. לזה סיים פי' הפסוק ואמר על השמים איהו לסלקא בשמא. פי' הוד שמך השלם אינו במלכות כי מלכות הוא מ"ה לבד. אמנם הודך הוא על השמים שכוונתו על תפארת הנקרא שמים, והיא הבינה שהיא על השמים ת"ת. בגין דברא נהורא לנהוריה הכונה שהאציל אל"ה שבהם מתלבש מ"י כדפי' בפרק הקודם. והם מאורות שבהם נתלבש אור הבינה הנעלמת הנקראת מי. וסליק בשמא קדישא כו' פי' אז נשתלם השם ונתעלה האצילות של הבינה בשם אלהים. וע"ד בראשית וכו'. פי' הכריח הענין כמוסכם בפי הכל כי אלהים זהי בינה, דאל"כ מאן לימא לן שהוא בבינה נימא שהוא במלכות. אלא ודאי מן הטעם שפי' דלא שייך שם אלהים במלכות אלא ע"י עליית רגלים כדמפרש ואזיל. וז"ש דהא מה לאו הכי שהרי מדת המלכות לא שייך בה מ"י אלא מה. וכיון שכן אע"פ שתתייחד עם אלה לא תעלה בשם אלהים מלא אלא (ה"ם שהם היא מה) [אלה"ם שהמלכות היא מ"ה] בה' ולא בי'. וז"ש דהא מ"ה לאו הכי, פי' אינה בי' אלא בה'. ועוד דלא אתבני להיותה נקראת (בהם אלה) [בשם אלהים] אלא ע"י המשכת אל"ה אלה וזה א"א אלא ע"י כח בני אדם כאשר יתבאר. וזה שחזר לבאר על ראשון ראשון. ראשונה למה נקראת מ"ה. אמר ואימא אוזיפת לברתא וכו' פי' להבין הענין הזה צריך אל מה שבארנו בשער המציאיות מענין המלכות שיש לה שני מציאיות. הא' מציאות שבו נקראת י' והיא דקה ביותר וזהו מצד החכמה זכר, לכן אז היא בצורת זכר והיא אות ברית מילה בסוד היו"ד שבה. ומצד הבינה יש לה מציאות הה"א שהיא הבנין אשר נבנתה בלקיחתה מן האדם דכתיב (בראשית ב) ויבן ה' אלהי"ם את הצלע. הבינה (הבינה) [בנה] את הצלע שהיא המלכות בסוד היו"ד ונבנתה הה"א. וטעם שנבנתה הה' בה מצד הבינה, הוא כי לבינה ג"כ צורת הה"א. והה"א ג' ווי"ן בסוד חסד דין ורחמים כאשר ביארנו בשער הנזכר. והנה המלכות אינה נבנית מהבינה בקישוטיה הנחמדים שהם מציאות היו"ד אשר בבינה הנרמזת ביו"ד של מ"י. אמנם אוזיפת לה מבניין הה"א שהיא בחינת ה"א שבה כי היא בחינה קרובה אל מלת אלה הנזכר והנה המ"ם של מ"י והמ"ם של מה הם שוים מטעם שהוא רומז אל כללותם מד' סטרין שהם ד' יסודות. הבינה מצד היותה משפעת בהם, והמלכות מצד קבלתה מהם. ובזה לפי שהיא בחינה מתגלית יצאו שוים. אמנם קשוטי הבינה שבהם היא מתקשטת שהיא מציאות היו"ד אין לה מצד הבינה בכל הזמן בלתי בהראות כל זכר אל פני האדון ה' שהיא המלכות בבחינת היו"ד כמו שהכריח מפסוק ארון הברית אדון כל הארץ. הנה כי המלכות נקרא אדון בבחינת היו"ד ולפניה נראין הזכרים כדכתיב אל פני האדון. כדין נפקת ה"א וכו'. פי' כי לפי שאז מתראים לפניה הזכרים ולאו דווקא הזכרים אלא הזכרות ממש אות ברית היה מתראה לכל א' אם היה שומרו בטהרה. וזהו לשון זכורך ולא כתיב זכרך שנראה הזכר עצמו אלא זכורך שהוא האבר הקדוש אות ברית יו"ד וכן דקדק בזוהר במ"א (משפטים דף קכ"ד. ובפ' שלח דף קס"ה ע"ב). ומפני שהיו מתראים הזכרים. לכן היא היתה מתקשטת בקשוטי הבינה עצמה שהם מצד החכמה דהיינו יו"ד. וז"ש אתקשטת במאני דכורא וכו' פי' בכלי הזכר דהיינו מצד החכמה והיא אות ברית כדפי'. והנה אז ע"י הזכרים היתה בחי' מ"י. ואתוון אחרנין כו' פי' אותיות אל"ה הצריכים להשלים שם אלהי"ם היו מושכים אותם ישראל מלמעלה למטה, הכוונה היו מייחדים את המלכות הנקראת מי עם האבות שהם החסד והדין והרחמים הנקראים אלה. ולהורות כי ענין היחוד וההמשכה הזאת היתה טורח ודוחק גדול. הכריח הענין מפסוק אלה אזכרה. ופי' כי אין הכוונה אזכרה כפשוטו שהוא זכרון אחר הגלות אלא הזכרון ממש בזמן הרגלים כי היו ישראל מתפללים על יחודם באותיות אלה בדמע הלב ובתפלה ובתחנונים וזהו שהיו זוכרים אל"ה בתפלתם והיו שופכים דמעות כדי להמשיך ולייחד אותיות אל"ה אל מ"י. וזהו אדדם [אדדם עם הכולל בגי' מ"י], הכוונה אורידם ואניעם ואשפיעם אל המלכות כדי שיהיה שם אלהי"ם שלם. ובמאי בקול רינה ותודה וכו' פי' צעקה. או יהיה פי' רנת הלוים כדכתיב (במדבר יח כג) ועבד הלוי הוא וכו', והמון חוגג הם ישראל העולים לרגלים. ונשלם ביאור המאמר הזה שבח לאל. והכלל העולה הוא כי אלהי"ם שבמלכות הכוונה אל מ"י, פי' מ"ם של מ"ה והיא עצמה מ' של מי הנזכר בבינה, וי' הוא מציאות היו"ד שלה והיא נשפעת מצד מ"י שהוא י' של בינה מצד החכמה

בסוד קוצו של ה' ראשונה, כאשר נבאר בפ' י"א בע"ה, ואלה הוא ג"כ אל"ה הנזכר בבינה. כלל זה הענין (בבינה המ' רומזת) בסוד שהוא משפעת בד' קצוות הם ד' יסודות והיו"ד על הסוד הנרמז. ובמלכות המ' הוא בסוד שהיא מקבלת מד' יסודות שהם ד' רגלי המרכבה. ואין לתמוה שאחר שהמלכות היא א' מד' רגלי המרכבה שאינה מקבלת אלא מג' שהיא עצמה הד'. כי כבר ביארנו בזה בכמה מקומות היות כח בחינה מקבלת מעצמה ומשאר הספירות שלמעלה ממנה. ואלה בבינה בסוד שהיא משפעת באלה. ובמלכות בסוד שהיא מקבלת מאל"ה. ואחר שנתעוררנו בפי' השם הקדוש הזה בכל ענייניו ומציאותיו מצאנום ג'. העקרי הוא בגבורה והוא מקומו המיוחד, הב' הבינה, הג' המלכות. וראוי שנחקור האיך השם הזה מורה דין, שהרי לפי מה שפי', אדרבה עקרו רחמים וכן מורה מה שפי' בכל א' משלשת המאמרים הנז' בפ"ז ח' ט'. ולזה נשיב בהקדמה מה שפי' בשער ט"ו פ"ג שבכל מקום שהמדרגות ממטה למעלה מורה דין והם דין, ולכן להיות כי בשם זה הם המדרגות ממטה למעלה הם דין. כיצד כי לפי מה שפי' בענין מ"י ואל"ה מן הראוי היה שיהיה סדר השם מי"אלה. כי מ"י הוא בסוד הנעלם בבחינה הנעלמת כדפי'. ואל"ה הוא בבחינה המתגלית. ולכן בא בהיפוך ממטה למעלה בג' פנים. ראשונה היות אלה קודם למי כמפורסם. ועוד קדם יו"ד למ"ם עם היות כי במ"י קודם מ' לי' נתהפכה המדה וקדם בהשם י' למ'. ואע"פ שאפשר לדחות כי אדרבה זו היא עקר סדרו שהיו"ד תקדם למ'. זו אינה ראייה, כי העקר שבשם הוא משמעות מ"י המורה על העלם הדבר ואם היה לשון ים היה מורה גלוי ובחינה מתגלית כמו שנבאר בערכי הכנויים בפ"ד. והטעם כי בהיות המלה י"ם מור"ה גלוי כי יו"ד שהיא נעלמת מתפשטת אל ד' סטרין שהיא מ' ונמצאת היו"ד שהוא נקודה בלי הרחבה מתרחבת אל מ' ומתפשטת אל ד' קצוות כי"ם המתרחב והולך. אמנם בהיות מ' קודמת אל י' מורה אדרבה העלם כי ד' סטרין אע"פ שהם רחבים ונמתחים בסוד החכמה עם כל זה הם נעלמים ומתקבצים בסוד היו"ד. שהיו"ד נקודה נעלמת וזהו מ"י המורה העלם. ולכן במלכות מ' קודם ה' המורה אדרבה יותר גלוי, שהמ"ם היא פתוחה קצת ואינה מתפתחת לכל הצדדים וה"א בחינה יותר מתגלית. אבל בהיותה מ"י מורה על כי היא מתעלמת בסוד הבחינות הנעלמות. ונחזור אל הענין כי מ"י ג"כ בא בהיפוך י"ם. עוד בא בהיפוך ג' והוא מפורסם בדברי הרשב"י ע"ה במקומות רבים בתיקונים ה' של שם הקודם לי' וגובר עליו ובארנוהו בשערים הקודמים. והרי בבחינות אלה עם היות שענין האותיות מורות רחמים ישפוט בהם הדין מפני הפוכים האלה. ע"כ הגיע מה שראינו לבאר בשם זה:

פרק עשירי:

השם הששי יהו"ה והוא מיוחס אל הת"ת. וכלם הסכימו בו שהוא רחמים גמורים. אמנם נמצא בתקונים (תקונא כ"א דף מ"ד ע"ב) הפך זה. וז"ל דרישא דחרבא איהו י', גופא דחרבא ו', תרין פיפיות דחרבא תרין ההי"ן, נרתקא דילה אדנ"י [וחרבא הוי"ה]. וכד איהי יהו"ה בר משכינתיה איהו דין דחתך מכל סטרא. כד עאל בנרתקא אתעביד רחמי ולא חתוך דינין. ורזא דא דחרבא בנרתקא יאהדונה"י הכי הוא ודאי. ובזמנא דיהו"ה בר משכינתיה אתמר ביה כי יהו"ה אלהיך אש אכלה הוא, דנטיל מגבורה לאוקדא עלמא עכ"ל. הרי בביאור כי השם בן ד' הוא דין אש אכלה. וכשנדקדק היטב בלשון המאמר הזה נמצא איש שלומינו ואינו חולק כלל עם הסכמת המפרשים, ודקדק שאמר י' רישא דחרבא להיות שהיא חכמה בראש ולהיותה רחמים אין לה חלק בגוף הדין אלא כלאחר יד בהסתר פנים והוא ראש החרב. וגוף החרב שהוא הוא"ו תפארת. אבל החותכים הם הב' פיות שלה שהם הבינה המשפעת דין אל הגבורה ומשם יונק הת"ת להיותו דין חוץ מטבעו ומדתו. וז"ש דנטיל מגבורה וכו' כי בלי יניקתו משם הוא רחמים מכל צד ובחי'. והפה האחרת היא המלכות שהיא חותכת ופועלת בדין, אמנם כאשר הוא ביחוד עם המלכות הוא רחמים. והשם המורה על היחוד הוא שם בן ח' אותיות והוא שם נפלא וקדוש. והרשב"י אמר ג"כ בפי' שהוא רחמים בתקונים (תקונא ע' דף קי"ח) וז"ל ואית אבר דאתקרי ביה יהו"ה רחמי וכו'. אלא ודאי כדפי' והוא נכון וברור. וברמז שם זה בזהר שה"ש (ז"ח דף ע"ט) פי' הרשב"י ע"ה. חדרא רביעאה דיוקנא דיעקב סבא ברזא יה"ו דנטיל ירותא דאבא ואמא ואיהו אתרבי בגווייהו ואזל לקמייהו בארח דצניעו דכל עלמא הכי אתחזי כגוונא דסדורא דאתוון דמארי כלא כמה דאינון מסודרן יהו"ה אורחי דדכורא לשוואה תדיר נוקביה לקמיה לאשגחא בה ולאסתלקא מינה חשדא וקנאה ולא יהיב עינוי באנתו אחרא. י' דכר ה' נוקבא י"ה הא נוקבא לקמי דדכורא ולאסתכלא בה תדיר. ברא אזיל לקמי אמיה לחפיא לה מעינא בגין יקרא דילה ויקרא דאבוי כו' [יעקב] נטיל (ס"א נטיר) נוקביה

(ושוי לה לקמיה) לאשגחא בה תדיר ולא באחרא הה"ד תמיד עיני ה' אלהיך בה דלא תסתלק מעינא רגעא חדא ודא איהו סדורא דאתוון קדישין למהוי סדורא דא עילא ותתא עכ"ל. ולכאורה מציאות המאמר הזה בכללו רחוק מאד כי אין קנאה ושנאה למעלה וכן נתינת עיניו באשה אחרת. אלא כדי לתת טעם ע"י כן אל סדר האותיות השם הקדוש. ועוד יש לדקדק בדבריו באמרו ברזא יה"ו דנטיל ירותא וכו', נראה מתוך דבריו כי טעם היות בת"ת אותיות י"ה הוא מפני שמקבל מהם ירושת אב ואם והוא טעם נכון. ואח"כ בתוך כדי דבור אמר כי הטעם הוא ואיהו אתרבי בגווייהו, וזהו טעם שני. אח"כ בתכ"ד אמר ואזל לקמייהו ארח דצניעותא א"כ נראה שהרשב"י ע"ה ח"ו אינו מתיישב בענין כראוי כי הוא מתהפך מענין לענין. עוד צריך לדקדק מהו ירותא דאבא ואמא ועניינו, וכן אמרו אתרבי בגווייהו. (והענין הוא) שהרשב"י ע"ה פי' חדרא רביעאה ואמר שהוא ת"ת ברזא יה"ו. ר"ל כי עיקר האותיות של השם בת"ת הם אותיות יה"ו. ולזה הוקשה לו כי בשלמא אם נאמר שיהיה עיקר השם כל ד' האותיות כפשוטו ניחא שמפרש הטעם מפני שהוא נוף האילן כולל כל הענפים וממנו מתפשטים לכן נתייחס לו שם כולל כל האצילות שהוא שם בן ד'. אלא לפי מה שפי' עתה שעיקר השם בו הוא יה"ו ג' אותיות לבד, קשה מה טעם אל האותיות האלה או יכלול הכל או לא יכלול אלא הוא"ו הרומז בו לבד. לזה תירץ כי הטעם הוא דנטיל ירותא דאבא ואמא. ופירושו ביאר הרשב"י ע"ה בשעת פטירתו כדפי' בספר אור יקר בס"ד. וזהו כלל דבריו. כי כאשר נאצל חסד מחכמה מציאות החסד נשאר שם, וכאשר נאצלה הגבורה מהבינה מציאות הגבורה נשאר שם. ובהיות שהתפארת מתעלה בסוד הדעת. כמו שהת"ת דרכו להכריע בין הגדולה וגבורה וכולל אותם במקומם כנודע, כן בהיותו מתעלה יורש שתי מציאיות אלו וכולל אותם. וכמו שגובר התפארת על החסד וגבורה הנאצלים במקומם בסוד הכרעתו, כן הוא מכריע בין אותם המציאיות וגובר עליהם. וז"ש הנה דנטיל ירותא דאבא ואמא, דהיינו שתי המציאיות הנעלמים וע"י הוא נקרא בשם י"ה. ומפני שהוא אתרבי בגווייהו, דהיינו מציאות שלישי המכריע, לכן יצוייר בו ו'. והיינו סוד יה"ו שהם סוד ג' קווין קו הימין חסד קו שמאל גבורה קו האמצעי רחמים ת"ת וזהו סוד יה"ו אשר בו. והם מציאיות נכללים בעצם הת"ת כדפי'. ואזל לקמיהו וכו'. הוקשה לו כי לפי המציאיות האלה היה ראוי שיהיה סדר השם יו"ה דהיינו מציאות קו הרחמים בין הימין והשמאל כדפי' ואמר ואתרבי בגווייהו. ולזה תירץ כי טעם סדר האותיות הוא כי אחר שאותיות שם בן ד' כולל כל האצילות והוא שם הנעלם שפי' בשער הקודם יוכרח היותם סידורם כזה יהו"ה. גם בכל מקום אשר ימצאו אותיות אלה אין ראוי שיהיו אלא כסדר הזה. וז"ש ואזל לקמייהו. פי' טעם היות אות ו' הקצונה ולא האמצעית, הוא מפני אורח דצניעו כאשר יתבאר. דכל עלמא הכי אתחזי כגוונא וכו'. פי' בכל מקום שיהיו האותיות האלו ראוי שיהיו מסודרות כסדר האותיות השם הנעלם הכולל כל האצי'. ולכן אמר דמארי כולא, דהיינו מציאות עצם השם כדפי'. ואח"כ נתן טעם אל האותיות וסידורם, ואמר אורחיה דדכורא היינו חכמה שהוא יו"ד והוא משפיע בבינה וזהו נוקביה לקמיה. כי מצד הזכר שהוא צד הרחמים מגביר הרחמים על הדין לעולם. ולכן מצדו הוא יו"ד על ה"א רחמים על הדין, לעולם ימין גובר על השמאל. וז"ש ארחיה דדכורא, פי' ענין זה וסדר זה אל האותיות הוא מצד הזכר, כי מצד הנקבה לעולם מגברת ה' על י' דין על הרחמים כדפי' בשער ממטה למעלה. וז"ש לאשגחא בה כדפי', להשפיע בה שיהיה האור ישר זכר משפיע ונקבה מקבלת, ולא בהפך בסוד אור החוזר שיש בו דין וקנאה. וז"ש לאסתלקא מינה חשדא כו', פי' הקליפות. ואע"פ שאין הקליפות למעלה הנה בהסתלק השפע בסוד אור החוזר ודאי קליפות מתפשטות למטה מפני רבוי הדין הנשפע. וקנאה הוא כינוי אל הדין כדפי'. ואמרו ולא יהיב עינוי וכו' אפשר לומר כי בהסתלק השפע והיותו אור חוזר, נמצא הזכר מסלק שפעו ומשפיע כלפי מעלה במקום אשר למעלה ממנו. ונמצא יהיב עינוי באנתו אחרא. או אפשר לפרש בהסתלק השפע אל החיצונים ואף אם לא שייך זה למעלה ח"ו, עם כל זה בהסתלק שפעו יחוייב הענין הזה כנודע. ולסדר האותיות זכר על נקבה משפיע על המושפע, רחמים גוברים על הדין, אמר י' דכר ה' נוקבא י"ה הא כו' כדפי'. ברא אזיל לקמי אמיה. פי' הרשב"י ע"ה בתקונים כי השם יוה"ה שהוא ו' עם י' שני משפיעים יחד. ושתי הה"ין הוא סוד ותלכן שתיהם (רות א יט) כי שתיהן הולכות בגלות אמא עלאה ואמא תתאה. ופי' הענין בשער מהות והנהגה בפי"ג. וא"כ נמצא כי צריך היות הבן לפני האם לחפייא לה מעינא שלא ישלוט בה עין הרע. והטעם איך יצדק ענין זה בבינה, נתבאר בשער הנזכר. בגין יקרא דילה ויקרא דאבוי. כי דבר זה נוגע עיקר אל הבינה שמסתלק ממנה השפע ולכן הקדימה. ויקרא

דאבוי, כי גם למעלה יש בזה נדנוד שכינה בתחתונים צורך גבוה. יעקב נטיל נוקביה היינו המלכות שהיא ה' אחרונה. ולהיות האור ישר רחמים ולא יאחזו סרכי הקליפות בכנפי המשכן, צריך להיות ו' על ה' רחמים גוברים על הדין. דלא תסתלק מעינא רגעא חדא. כי המלכות צריכה יותר שמירה מפני קורבתה אל הקליפות. למהוי סדורא דא עילא וכו' פי' בכל מקום שיהיו אותיות השם גם אם לא יהיו רומזים במקומות אלו, עם כל זה ראוי שלעולם יהיו הרחמים גוברים על הדין כדפי'. ע"כ פי' המאמר. והנה נתבאר מתוכו שאין שם בן ד' אשר בת"ת רומז אל עשר ספירות באותיות אלו כדרכו ברוב המקומות, מפני כי אין שם הזה שם העצם כדפי' בפ"א. אבל כיון לפרש סדר האותיות בו להיות שהוא כולל אותם העטרות שהם סוד אב ואם ולכן נכללות בו ג' אותיות בסוד יה"ו. וה"א היינו שכינה המתייחדת עמו. ואל השם הזה מציאיות רבים בתקונים. כמו י' רישא דלויתן, ה"ה סנפיריו, ו' גופא דלויתן. וכן י' רישא דעופא, ו' גופא דעופא, ה"ה הם כנפיו (בתקונא מ"ה ע"ב). וכן ו' שרביטא דשושנה, ה"ה תרין זמנין, ה' עלין מלגאו ה' עלין מלבר, י' תפוח דילה (תקונא ל"ח ע"ב). וכן ו' גופא דאילנא, ה' ענפין דאילנא, ה' שורשא דאילנא, י' איבא דאילנא. וכיוצא באלו עניינים רבים בביאורם יאריך הענין לנו לבלי צורך מצטרך לכן לא נאריך. והרוצה לעניינים ימצאם בתיקונים במפוזר:

פרק אחד עשר:

בצורת אותיות השם והתיחסו במדות אלו בזולת מה שנתבאר בפרקים אלו, מצאנו בזוהר פ' משפטים (דקכ"ג ע"ב) וז"ל ת"ח, אנא חזינא ליה בחלמאי ושאילנא קמיה דר' שמעון, י' הא אוליפנא קמיה דמר דאיהו חכמה והכי הוא ודאי. ה' אמאי איהי בינה. אמר לי ת"ח הא כתיב ונהר יוצא מעדן להשקות את הגן, מאן הוא נהר דיוצא מעדן דא בינה. ובג"כ ההוא נהר יו"ד סתים בגויה, ויו"ד פשיט נהרא דא מכל סטרוי ואפיקת בן תחותה דהוא ו'. כגוונא דא ה. לבתר אולידת ואפיקת האי בן ושויה לקמה. ובג"כ יה"ו, דהא וא"ו לקמה יתיב לינקא ליה. וע"ד תנינן במתניתא דילן, הדהות. מדאתחבר דכורא עמה אתעברת מחד בן ואיקרי ה'. לבתר אולידת ואפיקת ו' ההוא בן וקאים לקמה. ועל האי כתיב ונהר יוצא מעדן, מיניה נפק ודאי, להשקות את הגן, לינקא ליה עכ"ל. ודברים האלה הם דברי ר' אבא לר' אלעזר בן ר' שמעון. והיה מספר לו ענין הזה שראה להרשב"י ע"ה בחלום ושאלו השאלה הזאת והשיב לו הדברים הנז' למעלה. וראוי לדקדק בדברי המאמר הזה למה נסתפק רבי אבא בה' למה היא בינה ולא נסתפק בי' למה היא חכמה עד שאמר י' הא אוליפנא וכו', והכי הוא ודאי כנראה שאין שם שאלה, ועקר השאלה הוא בה', וראוי לדעת זה. עוד למה לא שאל כן בוא"ו למה בת"ת, וה' אחרונה למה במלכות. ונאמר בביאור זה כי הספירות להיותם נעלמות, לפי קרבתם אל סבתם כן העלמם והסתרם. ומטעם זה אמרו כי הכתר לרוב העלמו לא נתגלה כי אם בקוצו של יו"ד, לרמוז אל דקותו והעלמו והסתרתו כמו שהקוץ הזה דק ואין בו שפיטת אות וציור כלל. וי"א שאין בו אות ולא קוץ כלל כדפי' בשער הקודם. והחכמה להיות שהיא עלול שני, נתרחקה מדרגה שנית מסבתה, לא הרחק מקום ח"ו, אלא ר"ל היא מדרגה שנית מהעלולים והנאצלים. ולכן הרמז אליה ביו"ד. להיותה גדולה מהקוץ הנרמז בכתר. ולהיות כי היא נעלמת עדיין, האות הזה אין בה מציאות כ"א בגוף שחור כענין גולם בלי צורה והיא דקה ג"כ להורות שלסבת דקותה נמנע לנו ההשגה בה. וז"ש ר"א בשאלתו להרשב"י ע"ה י' הא אוליפנא קמיה דמר דאיהי חכמה והכי הוא ודאי שכן מורה צורת האות במציאותה ודאי שהיא בחכמה להיות צורתה דק ואין לה כמעט צורה אלא גולם פשוט כנקודה שאין לה גוף כדפי'. וא"כ ה' אמאי בינה. ודייק כיון שבחכמה לא תצדק צורת אות כלל אלא נקודה פשוטה כדפי', א"כ בינה שהיא עלולה ממנה והיא ג"כ נעלמת כמו שביארנו בשער מהות והנהגה בפרק ו' ז"ח בס"ד, ג"כ ראוי להיות האות הרומזת בה צורה בינונית בין י' שבחכמה ובין ו' שבת"ת, כי ו' שבת"ת מתיישב וכן הה' שבמלכות היא מתיחסת לו' שבת"ת ומטעם זה לא שאל בה להיותה מדרגה התחתונה, אמנם עיקר שאלה בה' שבבינה שאינה מתייחסת אל י' שבחכמה ואל ערך ו' שבת"ת. והרשב"י ע"ה הופיע עליו משפעו הטוב והשיב לו. ונהר יוצא מעדן וכו' מאן הוא נהר דיוצא מעדן דא בינה. פי' בפסוק זה רבו הפירושים בזוהר במקומות רבים ובכללם פי' כי הנהר הוא הת"ת והעדן הוא הבינה וכן העתקנו לשונו בשער המכריעים פ"ה בס"ד. ואם נפרש הפי' הזה בפסוק זה נמצא שאין הכרח לפי' הרשב"י ע"ה במאמר הזה כלל, מפני שעיקר כוונתו תלוי בפי' הפסוק כאשר נבאר. לז"א מאן הוא נהר דיוצא מעדן דא הוא בינה, פי' עיקר עדן הוא בכתר. ואף אם ימצא פעמים בחכמה

ופעמים בבינה הוא ע"ד השאלה. וכן ביאר הרשב"י ע"ה בתיקונים (בהקדמה דף י"א ע"ב) וז"ל ולית עדן אלא כתר עליון דאיהו מופלא ומכוסה. ובג"ד אתמר בעדן עין לא ראתה אלהי"ם זולתך ע"כ. הרי בפי' דעת הרשב"י ע"ה שעדן עיקרו בכתר, וכן הכריח מן הפסוק. וא"כ לא יצדק עדן בבינה אלא בריחוק. ויותר יצדק בחכמה לקורבתה אל הכתר. ואם נפרש שהנהר הוא הת"ת ויוצא מהכתר שהוא העדן האמתי. לא יצדק מלת יוצא ממש מהכתר. כי אינו יוצא אלא מהבינה כנודע. ומתבאר מתוך המאמר לפנים. ואם נרצה לבאר נהר חכמה ועדן כתר כמו שפי' הרשב"י ע"ה במקומות אחרים, הנה לא יצדק נהר בחכמה. לזה אמר מאן הוא נהר, שיהיה מדוקדק לשון יוצא ולשון עדן אלא בבינה כמו שהכרחנו לעיל. ועתה יצדק יוצא שהוא ממש יוצא מחכמה, ויצדק לשון נהר שהיא נקראת נהר, ויצדק לשון עדן בחכמה על צד ההשאלה. ובג"ד ההוא נהר י' סתים בגווייה. פי' לרמוז אל מקום מוצאו ומקום אצילותו הוכרח היות מצוייר בעצמותה מציאות מקורה שהיא החכמה. ולכן נמצא בצורת ה בדל"ת שלה בקוצה האמצעית (עב) [תג] בצורת יו"ד לרמוז אל מקורה שהיא חכמה כדפי'. ויו"ד פשיט נהרא דא מכל סטרוי. ידוע שאצילות חסד דין ורחמים הוא מהבינה. ועם היות שאין הבינה עיקרם, עם כל זה נאצלו על ידה ודרך בה נאצלו, כדפי' בשער סדר האצי' פ"ו בס"ד. א"כ נמצא לפ"ז יוכרח היות מקורי החסד והדין והרחמים נעלמים בתוכה והיא מפותחת בסוד ג' קוים אלה. והיינו דקאמר י' פשיט נהרא כו', דהיינו שנתפשטה במציאות ראשונה לשתי רוחות, א' אל הימין וא' אל השמאל, זה דין וזה חסד. והפשיטות הזה ואצילותו, הוא ע"י החכמה. כי הבינה מחכמה נאצלת. וזה פשיט נהרא מכל סטרוי דהיינו צורת הד' שבה, ואפיקת בן תחותה, הוא צורת ו' שבתוך הד' ע"י זווג וחיבור שני כמו שיתבאר לפנים [במש"כ] הד'הות. אמנם ראוי לדעת למה לא נאצלו ג' הפשיטות יחד החסד והדי"ן והרחמי"ם, ולמה נתעכב הרחמים בחיבור שני חכמה בבינה כמו שיתבאר. אלא הענין הוא כי היו השני הקצוות שהם הדין והחסד, ואח"כ הוצרכו למכריע ביניהם. וקודם ראוי שיקדמו החולקים ואח"כ המכריע. ואין הכוונה באמרנו קדימה קדימת זמן ח"ו, אבל כוונתינו קדימת מעלה. ואמר בן תחותה דאיהו ו'. להורות על מציאותו הנעלם בסוד הדעת ששם מציאותו רקיע פשוט בצורת ו' כמו שפי' בשער א' פ"ב. וכוון באמרו תחותה. הכונה שהוא למטה ממנה בלבד ועדין אינו בין גדולה וגבורה. שהוא בסוד הדעת הפשוט בלי בחינת הדין והחסד. אלא למטה מבינה שני לה. שכאשר הוא בין גדולה לגבורה הוא למטה משניהם או ביניהם לכל הפחות. ולא תחת הבינה ממש כמו עתה במציאות ראשון בהיותו רקיע לבד. ואפיקת האי בן וכו' פי' זה אצילות שהאצילו והוציאו בין חסד וגבורה. ואמרו ושויה לקמה כי כלם הם לפניה אבל לא תחתיה בעצם. או יהיה הכונה על סדר עמידת האותיות, כי כאשר יתאצל ממנה ולחוץ ויעשה תפארת בסוד הפארות והגוונים שהם החסד והדין והרחמים, אז הוא לפני אמו לכסות עליה כמו שביאר הרשב"י ע"ה במאמר שבפרק הקודם. וזהו לקמה פי' לפניה להעלימה מעיני המביטים. כי ההעלם סבת ההתגלות והגילוי סבת ההעלם. ומבואר הוא כי ע"י גילוי הת"ת נעלמה הבינה. וע"ד תנינן וכו' הד'הות וכו'. כי נודע היות יחוד י' בה' כדרך יחוד ו' בה' כדפי' בשער ח' פי"ג בס"ד. ולהיות מציאות הת"ת רקיע מתפשט מצד החכמה בסוד הדעת כדפי' בשער א' ובשערים אחרים. לכן היתה הבינה ד' כי לא הי' עדיין אצילות הקו האמצעי הממוצע עד שהאצילו החכמה בבינה ומשם יצא למקומו. וזהו ד' הות, שהוא כח הדין והחסד בבינה לבד עד שיצא התפארת במציאות הדק שבתוך החכמה וע"י נעשה ה' בבינה ומשם נאצל למטה אל בין הקצוות ונעשה ג"ן כי הוא בעל שש נטיעות כנודע. ועל האי כתיב ונהר יוצא וכו'. מבואר כמו שפי' למעלה וזהו אמרו מיניה נפיק ודאי. הכונה בעצם יוצא מעדן מיניה נפיק תכף כדפי' לעיל. נמצא נהר יוצא ועדן שהוא מדוקדק. אך לפ"ז להשקות את הגן קצת דוחק. כי בשלמא לפי' עדן כתר נהר חכמה גן בינה, וכן לפי' עדן בינה נהר תפארת גן מלכות, ניחא, דלשון גן צודק כי עיקר נטיעות הם בבינה או במלכות. אבל לפי הפי' הזה כי גן הוא הת"ת אינו צודק בו לשון גן. לזה אמר כנדחק בענין זה. לינקא לי'. פי' לת"ת. כי כבר יצדק בו לשון גן. כי הוא בעל ו' נטיעות וכו'. ומטעם הדוחק הזה הקדים ואמר מיניה נפיק ודאי. כי אע"פ שלא יצדק לשון גן, יותר טוב שנדקדק ראש הפסוק שהוא ונהר יוצא מעדן ועוד שהם ג' תיבות משנדקדק תיבה אחת. ולזה אמר מיניה נפיק, דהיינו ונהר יוצא מעדן. וגם יתיישב קצת להשקות את הגן לינקא ליה, שגם בו יש נטיעות. ע"כ מה שראינו לבאר המאמר הזה בפי' שם בן ד'. ובמה שפי' הרשב"י במאמר הזה

מענין ה' שהוא ג' קוים הקו הימיני המשוך למטה חסד והגג המשוך למעלה קו השמאלי גבורה והוא"ו האמצעי הת"ת, יתיישב מה שפי' בשער המציאיות בפ"ג שכל ה' היא ג' ווים, שהם ג' אבות, יעויין במקומו:

פרק שתים עשר:

השם השביעי והשמיני צבאו"ת. והנה הוא מיוחס אל הנצח וההוד ואולם נמצא השם הזה מצטרף אל שם יהו"ה ואל שם אלהי"ם כגון הוי"ה צבאות אלהי"ם צבאות. ופירשו בו כי הנצח נקרא הוי"ה צבאות, והטעם כי הנצח הוא ענף הרחמים. וההוד נקרא אלהי"ם צבאות, והטעם כי ההוד הוא ענף הדין. ונקראו צבאות מטעם כי צבאות עליונים ותחתונים נמשכים ונשפעים משם. כ"פ כל המפרשים. וקשה טובא, כי כמו שהוד מטעם שהוא ענף הגבורה נקרא אלהי"ם צבאות על שם הגבורה שנקרא כן, היה ראוי שנצח מטעם שהוא ענף החסד יקרא א"ל צבאות. ואין לומר לפי שאינו רחמים גמורים כמו החסד אין ראוי לקרותו א"ל, אמנם נקרא הוי"ה כי הוא בינוני כמו הקו האמצעי. זו אינה תשובה, כי ג"כ הו"ד אינו דין גמור ונקרא אלהי"ם על צד השאלה, כן הנצח היה ראוי שיקרא א"ל על צד השאלה. ואין להמלט ולומר כי א"ל לעולם רחמים גמורים, משא"כ בשם אלהי"ם כי לפעמים המלכות נקרא בשם אלהי"ם וכן הבינה נקרא בשם אלהי"ם. מב' טעמים א' שכבר נאמר (תהלים ז יב) ואל זועם בכל יום ופשוטו שיש לו זעם קצת. ב' שהרי מלאך הגבורה גבריאל והוא שר האש כנודע, ועם כל זה נקבע בשמו שם א"ל. וא"כ נחזור לשאלתנו כי היה ראוי שיקרא נצח א"ל צבאות. ואין להשיב שנקרא יהו"ה צבאות מטעם שהוא שני לת"ת. כי זה ו' לאצילות, וזה ז' כנודע. ומטעם זה קנה לו שם הת"ת. שהרי הת"ת והנצח מפסיקין בין הוד לגבורה. ועם כל זה נקרא בשם אלהי"ם בשם הגבורה ולא נקרא בשם יהו"ה שהוא תפארת שהוא קרוב לו יותר מאלהי"ם שהוא בגבורה כי זה ב' וזה ג'. ועוד כי אע"פ שהנצח שני לת"ת, עקרו החסד כדפי' בסדר האצילות בפ"ו בס"ד. לכן נראה להשיב כי נצח והוד הם שני מדות מיוחדות בכל פעולותיהם אחים ולא יתפרדו ולכן רוב כינוייהם הם להם ביחד כמו אפיקי מים, שקתות המים, וכיוצא בהם, כאשר יתבאר בשער ערכי הכנויים. והטעם ביארנו בשער ח' פכ"ד. ולכן השם הכולל אל שניהם יחד הוא שם צבאות. וזולת שם זה השוה אל שניהם אין להם שם אחר בשמות שאינם נמחקים ולא יצדק שם זה אלא אל שניהם יחד. כמו שלא יצדק שם צבא אלא על קבוץ עם. וכן שניהם יחד נקראו צבאות. וכן פי' הרשב"י בתיקונים נצח והוד צבאות. וכן בזהר פ' ויקרא (ד"א) וז"ל שביעאה ותמינאה צבאות איקרון. וכן במקומות רבים. אמנם שם יהו"ה ואלהים הוא מושאל אליהם לסבה אשר נבאר. והענין כי שני מדות אלו זו ימין וזו שמאל שניהם משכן ומושב לת"ת ומלכות. ושם ע"י היסוד מתיחדים. כי הנצח כסא לת"ת וההוד כסא למלכות. וזהו ביאר הרשב"י ע"ה בתיקונים (תקונא י"ח דף ל"ג) וז"ל ת"ח יהו"ה אדנ"י אינון קב"ה ושכינת' בתרין שוקין. יהו"ה לימינא, אדנ"י לשמאלא. ואינון אספקלריא המאירה, ואספקלריא שאינה מאירה. בצדיק תרווייהו חד יאהדונה"י עכ"ל. והכריח הענין הרשב"י ע"ה בלשונו במה שהאריך ואמר ואינון אספקלריא וכו'. כי כבר נודע כי אספקלריא המאירה הוא תפארת והוא מדרגת מרע"ה. ושאר הנביאים במלכות שהיא כאספקלריא שאינה מאירה. וכן אמרו (חז"ל ב"ב ע"ה) פני משה כפני חמה ופני יהושע כפני לבנה. והכונה מרע"ה היה מתנבא בכח התפארת והוא פני חמה, אבל יהושע פני לבנה שהוא המלכות. ואחר שכן איך אומרים במקום אחר שהנבואה הוא ע"י נצח והוד שהם תרי נביאי קשוט כמורגל בדברי הרשב"י ע"ה מקומות רבים אין מספר. אלא ע"כ מאי אית לך למימר שהת"ת הוא אל הנצח שכן דרך הת"ת אל הימין וזו היא מדתו של משה, והמלכות אל ההוד שכן דרכה אל השמאל כאשר ביארנו בשערים הקודמים, וביסוד הם מתיחדים כנודע. ואחר הקדמה זו כבר נודע היות הת"ת שמו יהו"ה ושם המלכות אלהים. וברוב המקומות שבא ה' אלהים הוא ת"ת ומלכות. או ברחוק על החכמה והבינה שנקראו ע"ש הת"ת והמלכות. וכן הבינה לבדה נקראת בניקוד אלהים ונכתב יהו"ה להורות עליהם כדפי' בפ"ד בס"ד. א"כ ראוי שיקראו הנצח וההו"ד על שמם יהו"ה אלהי"ם. ואין להקשות כי לפ"ז היה ראוי שיקרא ההוד בשם אדנ"י ולא בשם אלהים כדברי הרשב"י ע"ה. זו אינו שאלה, כי המלכות כשהיא נוטה אל השמאל כ"ש בהיותה בהוד נקראת אלהי"ם כדפי' לעיל בפ"ז ח"ט. והרשב"י ע"ה במאמר הזה נקט אדני לרמוז על היחוד דרך מעלות הסולם עד המעלה העליונה כדמפרש ואזיל בחסד וגבורה וכו' באמצעית וכו' כמו שהעתקנו לשונו בשער ט"ו פ"ב. וכן ביאר הרשב"י ע"ה בזהר פ' ויקרא (דף י"א ע"ב) ז"ל

שביעאה ותמינאה דא צבאות. וע"ד יהו"ה קריבא בכלא אחיד לכל סטרין. לזמנין יהו"ה אלהי"ם דהא קריבין אינון תפארת לגבי גבורה. ולזמנין יהו"ה צבאות דהא קריבין אינון תפארת לגבי נצח והוד דאקרון צבאות. והא אתמר דאשתמודעין מילי נביאי מהימני מפומיהו כד אמרי כה אמר יהו"ה אלהים וכד אמרי כה אמר יהו"ה צבאות, והוו ידעי מאן אתר קא אתיין מילין עכ"ל. והנה הורה בפירוש כי בסבת שהת"ת קרוב אל הגבורה שהיא חמישי והת"ת ששי. וכן הוא קרוב אל נצח והוד ולכן ראוי שיהיה שם יהו"ה מתיחד או עם שם אלהי"ם שעליו, או עם צבאות שתחתיו. ולכן נמצא יהו"ה אלהי"ם, ויהו"ה צבאות. ומתוכו מתבאר בפי' כי יהו"ה צבאות היינו ת"ת מתיחד עם הנצח והוד. ומזה נקיש אל אלהי"ם צבאות שהוא המלכות בהיותה למעלה עליהם נקרא אלהי"ם צבאות. וכן מתוכו מתבאר כי נצח והוד אינם נקראים אלא צבאות. ועוד יש הכרח לענין זה מהזהר (האזינו דף רצ"ו) והעתקנוהו בשער ח' פכ"ד. ואין להרוס מתוך המאמר הזה קצת מהבנין אשר בנינו ולומר כי אלהי"ם צבאות יהיה בגבורה על נצח והוד. כי זה אין לו טעם דלא שייך לומר דהא קריבין אינון וכו' ויותר קרובה היא המלכות כדפי' בס"ד. ונמצא שם זה לפעמים בהשאלה אל הת"ת, ופי' בזהר (שם) הטעם כי הנשמות וההשפעות הם יוצאים מהת"ת אל נצח והוד הנקרא צבאות שמם העצמי. וכן היסוד נקרא בהשאלה צבאות, מטעם כי הנשמות והצבאות הנשפעים מהנצח וההוד יוצאים דרך היסוד. וכן ביאר הרשב"י עליו השלום בזוהר שיר השירים (בתחלתו) ועל דאפיק זהרין נציצין ועביד איבין לזיניה, אקרי האי זהר צבאות. ושם העסק על היחוד, ופי' הטעם שמשפיע נשמות של צדיקים דהיינו פרי למינהו, ג"כ נקרא צבאות. ודקדק בלשונו, ואמר דאפיק ולא אמר דעביד כלישנא דקרא דאמר עושה פרי למינו. להיות כי אין הנשמות והצבאות בידו אלא מלמעלה ממנו הם נשפעים על ידו והוא המוציא בלבד כמו אבר הזרע שאין הזרע בידו ואין בידו לעכב ולא להרבות אלא הוא מעבר בלבד. מה שאין כן הנצח והוד שהם ביעין דדכורא והם המבשלים הזרע הנשפע להם מהת"ת. וזהו שחקים ששוחקין מן לצדיקים, והמן הוא מן השמים כדכתיב (שמות טז) הנני ממטיר לכם לחם מן השמים. והמן הוא השפע הנשפע מן השמים תפארת. והנצח וההוד הם השחקים הביצים המבשלים הזרע השוחקים מן לצדיקים שהם צדיק וצדק:

פרק שלש עשרה:

השם התשיעי א"ל ח"י ושד"י, שהשמות הללו מיוחסים אל היסוד. וכתב בעל ספר האורה הטעם שנקרא יסוד א"ל ח"י לפי שהוא סוף תשע ספי' הנקראים ט' אספקלריאות והוא המושך מכל הספירות מדת החסד והחיים למדת אדנ"י כמו שהודעתיך. לפי שמושך מדת החסד נקרא אל, ולפי שמושך מדת חיים נקרא ח"י, וכאשר נתחברו יחד החסד והחיים נקרא אל ח"י עכ"ל. ופי' מדת החיים היא מן הבינה. וקרוב לענין זה נתבאר בשער א' פ"י ושם הארכנו כי עיקר שם היסוד הוא שד"י משני מאמרים מהזהר. [ג]. וכן מצאנו עוד להרשב"י ע"ה מקומות רבים שם שד"י אל היסוד. וז"ל ברעיא מהימנא (תצא דף רפ"ג) [אבל] מסטרא דאילנא דחיי שדי איהו יסוד עכ"ל. ואמר מסטרא, מטעם כי שם פי' כי שדי הוא מטטרון והוא משמש למטה כיסוד כדפי' בשער אבי"ע בפ"ד, ועתה אמר כי למעלה מצד הספירות דאילנא דחיי השם הזה הוא ביסוד. עוד נמצא שם זה במלכות אבל מצד הצדיק. וז"ל (ברע"מ פינחס דף רנ"ז) שכינתא אתקריאת מזוזה מסטרא דעמודא דאמצעיתא דאתוון דיהו"ה. ומסטרא דצדיק רזא דברית אתקריאת שדי. שדי חותמא דמלכא דאיהו יהו"ה עכ"ל. ופי' מצד שם בן ד' נקראת מזוזה, פי' שער, כי המזוזה והשער להכנס לשם בן ד' היא המלכות. ומצד הצדיק, פי' יסוד צדיק שהוא ברית מילה, נקראת שד"י, פי' חותם הנחתם מצדיק אל המלכות בסוד היחוד הוא שד"י. והנה צדיק מושך עליה כח הת"ת ונקרא שד"י חות"ם יהו"ה. עוד מצאנו בתקונים (בז"ח דף קי"ט) שיחס הרשב"י ע"ה שם זה ג"כ למטטרו"ן. כי מאחר שאומנותו ליחד בימות החול כדרך היסוד בימים טובים כמו שבארנו בשער אבי"ע בפרק ד"ה, לכן יתיחס אליו השם הזה שהוא מתיחס אל היחוד כמבואר לעיל:

השם העשירי אדנ"י. שם זה מתיחס אל המלכות והיא נקראת מפתחות החצוניות בדברי הרשב"י ע"ה פעמים רבות. והטעם כי שם הזה הוא פתח הכניסה אל שאר הספירות. ובשם זה ביאר בספר האורה מלשון אדנ"י המשכן לשון [בית] קבול כי שם אוצר (ובית) קבול לשם בן ד' ולכל הספי' כנודע. עוד כתב שם וז"ל ששם אדנ"י אותיותיו מורות על ממשלתו ועניינו. כיצד, א' שבו שהוא סוד אהי"ה שהוא למעלה. יו"ד שבו הוא סוד יהו"ה שהוא שוכן בו. ד"נ שבו הוא סוד נ"ד שמות ההוי"ה שהם סוד כל מיני שפע ואצילות וקיום לכל הנבראים שבעולם. נמצאת למד, כי כל הממשלה והשלטנות ביד אדנ"י.

ולפיכך הוא מורה לשון אדנות שזה השם אדון כל הארץ בכח יהו"ה השוכן בו עכ"ל. וענין נ"ד הויות שאמר נבאר אותם בשער פרטי השמות פי"א בס"ד. ור' משה בספר השם פי' בענין אחר וז"ל השם הזה הוא ראשון ובית שער ליחוד ליכנס בו ממטה למעלה. והוא סוף היחוד מלמעלה למטה. לכן נחשב ראשון ועשירי. ולכן תחלתו א' וסופו י', ונעוץ סופו בתחלתו. והוא ראשון והוא אחרון. והאותיות הדין כלולות בו. לומר שהכל בו. ולפיכך נקרא אדני עכ"ל. ובתקונים (תקונא כ"א דף מ"ג) ענין נא"ה בשם זה וז"ל. כד סליקת סליקת [באימא דאיהי א' מן אדנ"י אהיה, ועל מאן סליקת) על עמודא דאמצעיתא דאיהו ו'. כריכא ביה כעזקתא באצבעא. וסליקת בד' מאדנ"י דאינון תרין דרועין ותרין שוקין. עד דסליקת לאת יו"ד דאיהו אבא חכמה י' עלאה. בגין דמתמן אתנטילת. הה"ד יהו"ה בחכמה יסד ארץ עכ"ל. וכוונתו כי המדה הזאת מתייחס אליה י' בסופה, והוא המורה על עצמותה. אמנם תעלה דרך המעלות עד למעלה לקבל שפע. ומעלתה שם עליונה עד אין תכלית וסוף. ודרך עלייתה הוא דרך בית אימא. ולפי היות כללי עלייתה עיקר הבינה שהיא אמא ומכחה הוא תחלת התעוררותה לעלות, לכן בא בשמה בראשונה א' להורות על אלף מאהיה שבבינה, כי כן ביאר הרשב"י ע"ה בזהר שה"ש והעתקנהו בפ"ב. ועל מאן סליקת. פי' דרך עלייתה באיזו דרך הוא. דרך האמצעי. וזה רצה באמרו על עמודא דאמצעיתא דאיהו ו'. דאיהו כריכא וכו'. כי עלייתה לבית אביה בסוד (משלי יב ד) אשת חיל עטרת בעלה. והיינו שהיא כטבעת בראש האצבע י' על ו'. וכן רמז שלה עליו בהיותה עולה כמבואר בתקונים שם. וסליקא בד'. דהיינו שהיא עולה על נצח והוד דרך בעלה, ועל חסד וגבורה דרך בעלה. עד עלותה אל הי' שהוא אבא. זהו (חילוק) [סילוק] אותיות השם אדני. עוד מצאנו [נא] בשם זה, ובשם בן ד'. היות זה היכל לזה. כדמיון ת"ת ומלכות. כי השמות הם הספי', והספי' הם השמות, ואין חלוק ביניהם כלל. ונודע כי המלכות היכל ומעון לת"ת, שבה מתראה ומראה חייליו כנודע. ואותיותיו של זה כאותיוו של זה. ד' כנגד ד'. ד' פנים וד' כנפים. ודבר זה נתבאר בזהר פ' פקודי (דף רל"ה ע"ב) וז"ל. אדנ"י האי איהו רזא דמשכנא גוונא דרזא עלאה רזא דארונא כמה דכתיב הנה ארון הברית אדון כל הארץ. אדון כל הארץ, דא איהו רזא קדישא דשמא דאל"ף דל"ת נו"ן יו"ד, ודא איהו כגוונא דרזא דשמא קדישא עלאה יהו"ה, ואתוון אלין כגוונא דאלין. א' איהו רזא דיו"ד כגוונא דא א' הא אוקמוה. ד' איהו רזא ודא כגוונא דדא. וכלא רזא חדא וגוונא חדא. נ' איהו רזא דאת ו'. ואע"ג דדא דכר ודא נוקבא, אבל דא אתכליל בדא והא אוקמוה. נ' ו' איהו באמצעיתא, בגין דאיהו כללא חדא. ה' איהו רזא דאת יו"ד, בגין דהכא יו"ד דא איהו רזא דחכמה זעירא דאקרי חכמת שלמה. ואתכלילו אתוון אלין באלין כו'. וכלא חד. וכלא איהו רזא חדא באתוון קדישין עכ"ל. וכוון הרשב"י ע"ה בזה, ליחס ד' אותיות הלבוש אל ד' אותיות המתלבש בהם. כיצד א' לבוש אל היוד כי כלם ענין א', כי א' (מתחיל) [מתייחס] ביו"ד. דהיינו עוקץ העליון של הי' הוא י', ואח"כ מתרחב גוף היוד שהוא כמו ו' שבאמצע האלף, ואח"כ עוקץ התחתון של הי' שהוא י' כמו י' תחתונה שבאלף. וכמו ששלשה עניינים האלה בי' רומזים אל ג' ראשונות כדפי' בשער שם בן ד' פ"א, כן הא' רומזת לג"ר כדפי' שם בפ"ד בס"ד. הנה מתייחס י' בא'. עוד מתלבש ה בד'. ידוע כי ד' וה' הכל אחד, אלא שזה מורה הוא"ו קטנה שבתוכה וזה מורה עצם הבינה. כאמרו ה' ד' הות כדפי' בפי"א. עוד מתלבש ו' בנ'. והוקשה לו כי נ' במלכות והוא"ו בת"ת, ותירץ כי הנו"ן אותו הקצת הפשוט שבה הוא רמז אל הוא"ו. עוד מתלבש יו"ד בה'. וזה מבואר כי ה' וי' במלכות הכל א', ולכן אמר איהו חכמה זעירא וכו' כי י' מתלבשת בה' והיא נקראת חכמה זעירא. ועם היות שדרך היו"ד להתלבש בה', וכאן ה' מתלבשת בי'. אין בזה דבר כי כמה פנים לפנים [הנוראים] וכמה אחוריים לאחוריים דלאו נראין. ולכן מה שהוא אחור לענין זה הוא פנים לזה, ומה שהוא לבוש לזה הוא מוח לזה. ע"כ הגיע הנרצה בשער זה בענין פי' השמות שאינם נמחקים. אמנם מה שנמצא התחברות ב' או ג' שמות יחד כגון אל אלהים יהו"ה, וכגון אלהים אל חי, וכן א"ל שד"י, וכן אלהים אדנ"י, וכיוצא בהן, הוא להורות על חבור המדות לפי פעולתם והזדווגות והשפעות המדות אל הדבר הנרצה שם. וקצת מהם יתבאר בערכי הכנויים ב"ה. והנה נשלם הפרק ונכלל השער הזה תלו"ל:

שער כ"א הוא שער פרטי השמות

הנרצה בשער הזה הוא לבאר ענין גדול ונפלא שנמצא ברוב דברי המפרשים ובפרט בתפלת ר' נחוניא בן הקנה ייחס שם שמות מיוחדים ומפורשים אל הספירות כמו שם ע"ב ושם מ"ב ושם י"ב וכיוצא בהן. ורצוננו לבאר אותם כל אחד ואחד מוצאיו ותכונתו לכל אשר תשיג ידינו למצוא בהן מי שידבר בהם בין רב למעט, כי דברים אלו הם מסורים בקבלה ולא ניתן להוסיף בהם ולא לגרוע:

פרק ראשון:

קודם שנכנס בביאור פרטי השמות נקדים בפרקים אלו בלתי מושגת הבנתם. וכאשר יראה המשכיל ענין זה יחשוב הקדמה יקרת הערך בכלל השמות האלה כי בהשכיל בדעתו היות השמות אלה רתוקים מהמדע והתבונה וכמעט בהם ימצא תיבות בלתי מובנות בלתי מוגבלים בהוצאת הפה שידמה אותם היות מעשה נערות או דברי הבאי ת"ו. חוייבנו להזהיר לבל יהיה כחושב רע וידע באמיתות כי אדרבה מעלתם גדולה ועליונה וחקוקים כלם במקום העליון. ומקורם עולה דרך מעלות הסולם מעלה מעלה עד הגיע אל המקור המורה על עצמות הספי' ורוחניותם. ונשמת האותיות האלה הם עצמות הספי' בפנימיותם ושמות המונחים אליהם המבוארים בשער הקודם שהם לבוש אליהם כמבואר שם פ"א. ולפיכך הם קדושים שאינם נמחקים. אמנם שמות האלה וכיוצא אשר יש שיהיו גלויים אל הקדושים משרתי עליון והנביאים המדברים ברוח הקודש ומהם קבלוה התנאים והאמוראים וקבלת איש מפי איש עד למרע"ה מסיני מפי הגבורה. והנביאים ע"ה היו משיגים דרך אותם האותיות בהתבודדות גדול וזכות הנשמה הטהורה אותו הרוחניות המתלבש באותיות וסדר יחוד המדרגות אחת אל אחת מקבילות הלולאות משולבות אשה אל אחותה ואיש באחיהו ידובקו ובם מכירים קשר העולמות ומוסיפים ידיעה על ידיעתם והיו יודעים כחם ושמושם, לא להשתמש בהם ח"ו אלא לדעת יכולת קונם. ומרוב הצרות נסתמו עיני חכמים ונתמעטו הלבבות ודורשי התורה נחלש כחם מהשיג פשטי הדברים, כ"ש בידיעת הקבלה העיונית הספי', כ"ש קבלה המעשית, עד שלא נשאר בהם עוצר כח נגד הצרות כ"א הרשב"י ע"ה וחביריו שעמדו וגילו כבשונו של עולם. וגם דבריו אין אנו משיגים מקוצר רוח ומעבודה קשה כי יודעים אנו בבירור כי אין שכלנו הדל מגיע לקצת מן הקצת בעמקי מאמריו בחכמה הזאת, וכל דבריו נעלמים תכלית ההבדל וההעלם. אכן ע"י הכאת פטיש השכל בקושיות וקליפות שעל ההלכות יצא לנו אור מארובות דקות כסדקי המחט. עוד היתה סבה אל קבלה המעשיית אשר היתה גלויה בימי הרמב"ן ע"ה והרב ר' אלעזר מגרמיזא רבו והרב ר' יוסף גיקאטלייא ועמודי עולם כמותם וכן בימי הגאונים שהיו משתמשים בשימושא רבא ושימושא זוטא. וכל זה (גרמו) [אבדנו] בעונותינו, כי הם בעצמם לא רצו לגלותם לפי שראו אנשי חסד נאספים ונתמעטו אנשי מעשה וחששו שמא ישתמש בהם אדם שאינו הגון, כמו שראינו באותם שהיו אחריהם הרבה וקרובים אלינו כמו יוסף דיליריינא וכיוצא בו המחריבים בית אלהינו ומרבים את פרצותינו. ולטעם זה לא נחקור אחר שמושי השמות עם היותם נמצאים בספרי הקדמונים זולת בביאורם ממה שיועיל אל העיון. וממה שראוי לדעת כי כל האותיות הם תלוים בשם בן ד' עד שכמעט קצת האותיות קונה מציאות דומה לו כמו הא שצורתה שני יודי"ן וא"ו שעולה כ"ו כמספר השם. וכן ל רומז כ"ו וכן ט וכן ק. ואל זה הענין ירמוז צרוף האלפא ביתות עם שם בן ד' וצרוף הנקוד להחזיר הדברים אל מקורם ולהשפיע עליהם מהמקור העליון. ולהיות כי הדברים הרוחניים והחוטים השלהביות יתחלקו לפי מקורם. וזה יורה הנקוד כנרמז לעיל בשער שם בן ד' פ"ד. לכן יוכרח שיצטרף אות השם עם אות האלפא ביתא ושתיהם עם כל הנקודים אשר יוכלון שאת להיות רומזים אל כל המקורות פרטיים וכללים להיותם נשפעים מהמקור העליון. ובדרך צרופם נחלקו המקובלים. קצתם לא רצו לגלגל צירופו אלא ע"י ה' תנועות המבטא שהם נטיריקון וא"כ יעלה צרופו בכל אות ואות כ"ה תיבות פנים וכ"ה תיבות אחור. ובעל הסברא הזאת הוא מחבר ספר הניקוד כשהזכיר סדר הזכרת שם בן ד'. וראינו להעתיק לשונו הנה ואף אם הוא ארוך להיות כי הוא מועיל לידיעת אזכרתו בידיעת גדולת יוצרנו. וז"ל ידוע שהאותיות אין להם תנועה בעצמם וע"כ נתן השי"ת בהטבע ע"פ השכל כוחות בכלל הפה להוציא האותיות במבטא כדמות מציאותם הנמצא בספר. והושמו להאותיות נקודות מורות על תנועת המבטא בהעתקתם מן הספר אל הפה. וא"כ המתנועעים בעצם הם אותיות הפה ובמקרה הם אותיות הספר. והשתתף אל זה הכרח ממקום התנועות החלקיות כי לא יתנועע שום מתנועע בלתי מקום ובלתי זמן.

וחלקי המקום הם הרחוקים. וחלקי הזמן הסובבים הנחשבים בפקודים בשנים ובחדשים ובימים והדומים להם. ומפני הרחוקים צריך אדם לדעת כמה יאריך במבטא כל אות ואות. וזהו סוד ההזכרה. בשעה שתרצה להזכיר את השם הנכבד הזה קשט את עצמך והתבודד במקום מיוחד שלא ישמע קולך לזולתיך וטהר לבבך ונפשך מכל מחשבות העולם הזה וחשוב שבאותה שעה תפרד נפשך מגופך ותפטר מן העוה"ז ותחיה לעולם הבא אשר הוא מקור החיים הנמצאים המפוזרים בכל חי והוא השכל שהוא מקור כל חכמה ובינה ודעת (אינו כדמות) ממ"ה הקב"ה אשר הכל יראים ממנו יראה גדולה והיא יראת המשיג היא יראה כפולה יראת אהבה ויראת מעלה. וכשבאה דעתך להדבק בדעתו הנותנת בך דעת, צריכה דעתך להסיר מעליה כל הדעות הזרות זולת דעתו המשותפת בינך ובינו על פי שמו הנכבד והנורא ועל כן צריך אתה לדעת דמות מבטאו וזה ציורו:

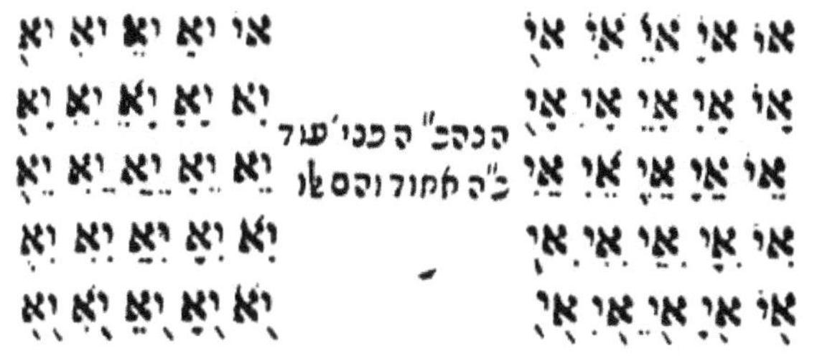

ועל דרך זה בה' וכן בו' וכן בה' אחרונה. ואנחנו קצרנוהו ועוד תקננו אותו על מתכונתו כי בעל הספר הניקוד בילבלם בדרך שירה להעלים וגילהו בסוף דבריו ואנחנו ישבנו אותו כראוי וכשורה. ונחזור לדבריו זהו ציורו כשתתחיל להזכיר א' באיזה ציור שתזכירהו מפני שהוא מורה על סוד היחוד אל תאריך בו כי אם לפי שיעור נשימה אחת ולא תפסיק בנשימה ההיא שום הפסק בעולם עד שתשלים כנויו. ותאריך בנשימה ההיא המיוחדת כפי שיעור כח אריכות נשימתך כאחת בכל מה שתוכל להאריך בה ונגן בא' ובכל אות ואות שתהיה בדמות הניקוד והוא החולם למעלה וכשתתחיל בהזכרתו תכוין פניך אל פני המזרח לא למעלה ולא למטה ואתה שב מעוטף בבגדים לבנים מכובסים טהורים על כל בגדיך או טליתך לראשך מוכתר בתפילין לפני המזרח שמשם האור יוצא לעולם ולך"ה קצוות להניע בם ראשך. ובחולם תתחיל מאמצע המזרח וזכך רעיונך ותעלה ראשך עם הנשימה מעט מעט עד שתשלים וראשך למעלה ואחר שתשלים תשתחוה עד הארץ פעם אחת ולא תבדיל (בין) נשימת האלף לנשימת האות הדבק בו כי אם נשימה אחת קצרה או ארוכה או בין אות של שם בישרים או בהפוכים יש לך יכולת להנשים ב' נשימות בלי מבטא ולא יותר אבל פחות הרשות בידך. וכשתשלים כל טור וטור יש לך רשות להנשים ה' נשימות לבד ולא יותר אבל פחות הרשות בידך ואם שנית או טעית בטור מזה הסדר שוב אל ראש הטור ההוא עד שתאמרהו כראוי וכדמות החולם הנמשך למעלה נגן בחיר"ק הנמשך למטה ומושך כח העליון להדביקו בך. ובשורק לא תעלה ראשך לא למעלה ולא למטה אלא משיכה אמצעית כנגד הפנים האמצעיים ובציר"י תמשיך ראשך מהשמאל אל הימין, ובקמץ מהימין אל השמאל. ובכולם אחר שתשלים אם תראה צורה לפניך תשתחוה מיד כנגדה ואם תשמע קול קטן או גדול ותרצה להבין מה שאומר ענהו מיד ואמר דבר אדוני כי שומע עבדך ואתה לא תדבר כלל אלא הט אזניך לשמוע מה שיאמר לך. ואם תפחד פחד גדול שלא תוכל לסובלו ואפי' באמצע האזכרה תשתחוה מיד. ואם לא תראה ולא תשמע עזוב הדבר בכל אותו השבוע. וטוב עוד להזכיר פעם אחת בשבוע כדמות רצוא ושוב שעל דבר זה נכרת ברית. ומה אוסיף עוד להודיעך שכבר ידוע הוא שאם חכם אתה מן הרמוז תבין הסדר כלו ואם תרגיש ששכלך חלוש בחכמה או בקבלה או רעיונך חזקה בהבלי זמן לא תזכיר (אם) [את] השם פן תוסיף אז לחטוא. ודע שבין דף של יו"ד לדף של ה"א תוכל להנשים כ"ה נשימות ולא יותר ובלבד שלא תפסיק בנתיים לא בדיבור ולא במחשבה וכן בין ה"א לו' ובין ו' לה' רק פחות מכ"ה תוכל להנשים. עכ"ל דברי הרב בעל הספר הניקוד. ודבריו דברי קבלה מפה אל פה או דברי מגיד. והארכנו בהם להיותם רבי התועלת בידיעת גדולת כבודו של יוצרנו ב"ה. ומ"מ יצא לנו ראייה לגלגול השם באותיות האלפא ביתא עם ה' נקודות לבד ע"ד הצירוף בתיבות ובנקודות כאשר נאריך ונבאר עניינם עוד בשער הצרוף בעה"י. ואמנם המקובלים האחרים בראותם השב"א כי היא תנועה בפני עצמה זולת ה' תנועות כי היא בינונית בין הפתח והסגול כאשר ביארו המדקדקים ואם תנועתה נעלמת אצלינו, הוסיפו בצירוף השם תנועתה ונמצאו שש תנועות ועלו אל ל"ו שהם ששה פעמים ששה ע"ד הצירוף כנודע. ויצא מהתנועות וחשבונם פרפראות וגימטריאות לחכמה. ולהיות שהם האריכו בענין הרבה ראינו ליחד לדבריהם פרק בפני עצמו:

פרק שני:
האריך בביאור הדעת הנזכר בעל ספר מערכות אלהי"ם חיים וז"ל ולדבקה בו דבוק נפלא נקרא אחדות. ראוי להעלותו על לב בכל חלק וחלק מן השעה שהיא תתר"ף חלקים כאשר גלגול שמו יתברך עם כל אות ואות עם הניקוד שסימנו נוֹטָרִיקוֹן ועם האות בלתי נקוד יהי' קמ"ד וסימנך מעונה אלה"י קד"ם תראה לפנים בע"ה ונחשבה לדעת זאת שהוא אלה"י קדם יוצ"ר ובור"א ועוש"ה ומאצי"ל כל והוא מהאותיות אשר הוא דבר ה' יוצא ממקומו אשר כל הדיבור יוצא מהם ובכלל הדיבור הוא כל שם של כל מין ומין ממיני הנמצאות וכל היצור יוצא משם א' ר"ל השם יהו"ה המצטרף עם כל אות ואות שיש ברל"א שערים ל"ו פעמים ונצרף אות אחת והוא הדין יהיה עם כל שאר הכ"ב אותיות זהו צרוף א' עם י' ועם ה' ועם ו' ועם ה' והבן זה. וטעם יציאת כל דבר וכל לשון מהרל"א שערים בגלגול אלפא ביתא לפי שאם תעשה על דרך משל כ"ב עגולים זה בתוך זה ויהיה בכל א' מהם כ"ב אותיות אז תראה בעיניך איך כל הדברים והלשונות יצטרפו מתוך גילגולם ברל"א שערים וחוזרת חלילה וחוזר הגלגל פנים ואחור רל"א שערים ר"ל רל"א שערים של פנים ורל"א שערים של אחור. והרי שמצטרף כל אות ואות מרל"א שערים עם ד' אותיות של שם הוי"ה קמ"ד פעמים כיצד האל"ף מצטרפת עם היו"ד ועם הנקודים ששה ל"ו פעמים וכן עם הה"א באותם נקודות עצמם ל"ו פעמים וכן עם הוא"ו באותם הנקודות עצמם ל"ו פעמים וכן עם ה"א אחרונה באותם הנקודות עצמם ל"ו פעמים הרי קמ"ד פעמים עם הא'. וכן עם כל אחת ואחת מכ"ב אותיות נמצא קמ"ד פעמים כ"ב יעלו ג' אלפים וקס"ח תיבות בכ"ב אותיות בלבד. ועוד חשוב ג' אלפים וקס"ח פעמים ברל"א שערים יעלו מספרם תשל"א אלפים ותת"ח. וכל אלו שמותיו ממש ר"ל ממשית היצירה כי הלביש הצורה לדבר תהו ועשה את אשר אינו ישנו ואצילות הנמשך מאי"ן שאין לו צורה ודמיון והשכל אלא שכל חכמת הבריות נאספות מלידע מהן והנה ע"י אלה ההויית הוציא מאין ליש כל הנמצאות:

יוד

אָיָ אַיָ אֵיָ אִיָ אֹיָ אְיָ
אָיַ אַיַ אֵיַ אִיַ אֹיַ אְיַ
אָיֵ אַיֵ אֵיֵ אִיֵ אֹיֵ אְיֵ
אָיִ אַיִ אֵיִ אִיִ אֹיִ אְיִ
אָיֹ אַיֹ אֵיֹ אִיֹ אֹיֹ אְיֹ
אָיְ אַיְ אֵיְ אִיְ אֹיְ אְיְ

הא

אָהָ אַהָ אֵהָ אִהָ אֹהָ אְהָ
אָהַ אַהַ אֵהַ אִהַ אֹהַ אְהַ
אָהֵ אַהֵ אֵהֵ אִהֵ אֹהֵ אְהֵ
אָהִ אַהִ אֵהִ אִהִ אֹהִ אְהִ
אָהֹ אַהֹ אֵהֹ אִהֹ אֹהֹ אְהֹ
אָהְ אַהְ אֵהְ אִהְ אֹהְ אְהְ

ואו

אָוָ אַוָ אֵוָ אִוָ אֹוָ אְוָ
אָוַ אַוַ אֵוַ אִוַ אֹוַ אְוַ
אָוֵ אַוֵ אֵוֵ אִוֵ אֹוֵ אְוֵ
אָוִ אַוִ אֵוִ אִוִ אֹוִ אְוִ
אָוֹ אַוֹ אֵוֹ אִוֹ אֹוֹ אְוֹ
אָוְ אַוְ אֵוְ אִוְ אֹוְ אְוְ

הא

אָהָ אַהָ אֵהָ אִהָ אֹהָ אְהָ
אָהַ אַהַ אֵהַ אִהַ אֹהַ אְהַ
אָהֵ אַהֵ אֵהֵ אִהֵ אֹהֵ אְהֵ
אָהִ אַהִ אֵהִ אִהִ אֹהִ אְהִ
אָהֹ אַהֹ אֵהֹ אִהֹ אֹהֹ אְהֹ
אָהְ אַהְ אֵהְ אִהְ אֹהְ אְהְ

עיניך לנוכח יביטו איך גלגול אותיות השם הוי"ה עם כל אות ואות עם הנקודים ידועים הששה עולים אלף ושמונים לכך תתר"ף חלקים לשעה. וכן גלגול השם הוי"ה עם האלף והנקודים תתר"ף. וכן עם בי"ת וכן עם גימל וכן עם כולם:

ראה והבן פלא עצות איך בכל חלק וחלק מהשעה ראוי לנו לחשוב על מוראו. וזהו אל תפנו אל האלילים (ויקרא יט ד) אל תפנו אל מדעתכם (שבת קמ"ג.) שכל היום תחשוב באהבת שמים ע"כ אסור לדבר דברים בטלים כי שמו ית' בגלגול תתר"ף וראוי לחשוב כבוד שמו בשבת"ך ובלכת"ך ובשכב"ך ובקומ"ך בארבע אותיות של השם הנכבד והנורא הוי"ה שהוא עם הכל וע"כ שמו הוי"ה והם גלגול יו"ד עם א' הם ל"ו תיבות וכן גלגול א' עם ה' הם ל"ו תיבות וכן גלגול ו' עם א' הם ל"ו תיבות וכן גלגול א' עם ה' שניה הרי קד"ם פעמים עם א' כמו שאמרנו למעלה פעם אחת והם בגי' תתר"ף למביני הצירוף לכן תתר"ף חלקים לכל שעה כי תתר"ף חלקים לכל אות ואות בגלגול הוי"ה. בגלגול א"י הם ל"ו תיבות בגי' שצ"ו, וגלגול א"ה והם ל"ו תיבות בגי' רי"ו, וגלגול א"ו הם ל"ו תיבות בגי' רנ"ב, וגלגול א"ה הם ל"ו תיבות בגי' רי"ו. סך הכל שצ"ו רי"ו רנ"ב רי"ו הם תתר"ף חלקים. והבן סוד אחר והוא זה אם תצרף ותגלגל כל הי"ב גבולי אלכסון של שם

יוד"ד וא' עם כלם יהיו תתר"ף לכך היום י"ב שעות. ועוד פקח עיני שכלך לראות אם שם הוי"ה בראש גלגל והא' בסוף כי הגלגל חוזר פנים ואחור יהיה ג"כ תתר"ף והרי ב' תתרפי"ם ב' שעות לכל מזל ר"ל לכל אחד מהי"ב גבולי אלכסון של שם הוי"ה אשר המזלות האלהיות להם משפט [הבכורה] על המזלות שבגלגלים ועל פיהם יחנו ועל פיהם יסעו ונמצאו כ"ד שעות וכ"ד תתרפי"ם למזלות האלהיית הנזכר בין הפנים והאחור י"ב תתרפ"ים לאחור י"ב תתרפי"ם לפנים וכן כ"ד שעות ליום א' בין היום והלילה י"ב שעות ליום וי"ב שעות ללילה על כן בכל חלק לשעה יש לחשוב במוראו וליטע אהבתו ויראתו בלבבנו אחרי שהוא היוה כל דבר ובתוך הלב נאצל פיו של כל איש ואיש. וממנו הכ"ח העתים הנזכר בספר קהלת (ג) י"ד מהם דבר אחד וי"ד אחרות תמורתם כנגד כ"ח מחנות ללבנה הם כ"ח מחנות שכינה. בי"ב מזלות אלהיית שאמרנו מחליף את הזמנים ולכל זמן ועת לכל חפץ מיכולתו והוייתו עכ"ל. ופריו מתוקים מדבש ונופת צופים. האמנם אחרי אשר ברור ומפורסם כי כחות הנקודות הם עשר ואם פעולתם חמש א"כ כמו שנכנס השבא בחשבון התנועות כן ראוי שיכנסו כל שאר התנועות כי לפי האמת יש חלוק גדול בין המלכים ובין העבדים אם בתנועתם ר"ל בהברתם ואם בפעולתם ר"ל בכחם ורמיזתם כאשר יתבאר בע"ה בשער הנקודות. וא"כ ראוי שנצרף שם הוי"ה בכל הנקודות עם האותיות ואז יוכרח צרוף כל הכחות אל מקורם כדפי' בריש פ"ק והנה יהיה צרופו עד"ז וכאשר נחפש אחר כלל התנועות נמצאות י"ב והם קמ"ץ פת"ח ציר"י סגו"ל שור"ק שר"ק חול"ם חיר"ק שב"א חטף קמץ וחטף פתח וחטף סגול, ולכל א' מהם רמז בפני עצמו ואם לא נמנו בנקודת הספירות אשר בארנו למעלה יתבארו בשער הנקודות בע"ה. נמצא היות צרוף השם בנקודות עם האותיות קד"ם תיבו"ת כי הם י"ב פעמים י"ב הם קמ"ד והם מעונה אלה"י קדם כמבואר לעיל. וזה סדר צירופם בס"ד:

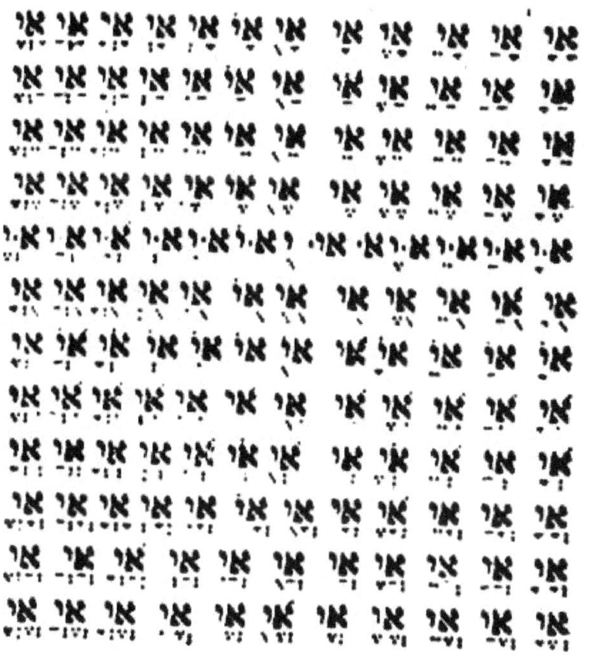

וכן לכל אות ואות משם בן ד' פנים ואחור וכן לכל אותיות אלפ"א בית"א עד שנצטרפו כלם אל מקורם ויקבלו שפע רב טוב מהמקור העליון כאשר נאריך בענין האותיות בשער האותיות בס"ד. אבל ראינו קצת המקובלים מסכימים אל דעת בעל ספר הנקוד וכן כתבו שם כ"ה היוצא מפסוק (שמות ב יב) ויפן כה וכה והוא שהם מצרפים תיבת כ"ה חמשה ועשרים פעמים פנים וחמשה ועשרים פעמים אחור כגון כ"ה ה"כ על דרך שכתב בעל ס' הנקוד בשם י"א לעיל. וכן כל כותבי צרוף הנקוד לא כתבו כ"א צרוף ה' נקודות לבד. וכן הרשב"י ע"ה בענין הנקודות נתן הסימן פתוחי חותם. והורה היותם ה' ספירות נאצלות שהם גדולה גבורה תפארת ובו נכלל יסוד ומלכות כדפי' בשערים הקודמים ונצח והוד. אבל בפי' ספר יצירה בענין [בריאת] האדם כתבו כדברי בעל מערכות אלהי"ם חיים שהם ששה פעמים ששה שעולים ל"ו וכתבו כלשונו מלה במלה ונראה היות הדבר מוכרח כי שם דברו לענין מעשה בראשית בהזכרת האלפא ביתות בהמלכת האותיות בבריאת כל אבר ואבר. וכן כתב בעל ספר אור זרוע בענין תנועות הלולב שכתב שהם ל"ו. ואמר למה ששה ושלשים כדי לרמוז לך לאותיות הקדושות המתחברות ומצטרפות בתנועותיהן ובגלגוליהון ל"ו תנועות וזה סדר תנועותיהם על פי נֻוטָרֵיקֹוֹן א"י וכו' וכן א' יתגלגל עם ה' וכן אח"כ עם וא"ו ואח"כ עם ה' עכ"ל. ואחר שענין הזה מחלוקת הגדולים ואין לנו בו גלוי כלל מהרשב"י

ע"ה הדבר תלוי ועומד עד יבא מורה צדק. איך שיהיה מתוכו מתבאר כי ענין הצורך הזה אל בריאת האדם בצרוף האלפא ביתא בהמלכת האות שבה יברא האבר ויחודה אל שם בן ד' והצטרפה עמו. הסיבה היא להיות כי תכונת האדם ר"ל גופו ועורקיו וגידיו ושרטוטי אבריו ושעורי אבריו ושיעורי האברים הכל במדה ובמשקל כלם נרמזים אל האברים העליונים, יוכרח בריאותו היותה כוללת כל הדברים הרוחניים כולם כי כן הוא דפוס כל הנמצאים כולם כאשר נבאר בשער הנשמה בפ"ח. ולהיות שהשכל והדיבור הוא כח נתון בו לרמוז אל הא"ס עילת העילות המחייה ומנהיג כל הדברים גשמים ורוחניים ועולות עד הגיעם אל עצמותו, כן השכל והדיבור מנהיג כל הדברים אשר נכללים בגוף כמו כחות הנפש ועניינה. והכרח לזה הלא אמרו ז"ל שהנפש נמצאת בגוף האדם אחר פטירתו והכריחו כן מפסוק (איוב יד כב) ונפשו עליו תאבל. ועם כל זה שהיא בתוך הגוף אינה פועלת פעולותיה לפי שנמנע ממנה שפע השכל ולפי שאין מלה ולשון ואות ודיבור כולל אותו. לכן אותם החכמים שהיו עוסקים במעשה יצירה בסדר האלפא ביתא עם היות שהיו בוראים אנשים. לא היו מדברים להעדר הכח הנדמה לא"ס כמו שאמרנו שלא היה מושפע עליו לפי סדר האלפ"א ביתו"ת. וע"ד זה יובן מה שיש כותבים שם מ"ב ושם ע"ב ושאר השמות מצורפים אל מקוריהם כזה יאהבוג"ה והוא שם אב"ג מצורף עם מקורו הוי"ה וכן כולו. ויש שכותבין אותו בפנים אחרות כזה אב"גיהוהית"ץ וכן כולו. וכן יש שכותבין שם בן ע"ב כזה יו"ה הוו"ה ייה"ל וי"ה וכן כולו. שם וה"ו עם מקורו הוי"ה, ושם יל"י עם מקורו הוי"ה עד כולו. ויש מצרפים אותו אל שם אהי"ה כי ג"כ הוא מקורו ולא עליון כראשון כאשר נבאר בשם מ"ב. וטעם כל זה כי בחזרת הדבר אל מקורו או בהתחברו אליו ישפיע אל פרטיו שפע רב טוב כדמות הצטרף שם יאהדונה"י ושם יאההוי"הה כאשר בארנו בשער מהות והנהגה בפכ"ד. ובזה יתבאר המשניות שבס"י המליך אות פלונית וקשר לה כתר כו'. והכונה כי המליך רומז אל המלכות. וקש"ר ר"ל תקיע"ה שברי"ם תרוע"ה, שהם גדולה גבורה תפארת כמבואר בדברי הרשב"י ע"ה בתיקונים ור"מ מקומות רבו מספר. ובשלשתם כלולים ענפיהם נצ"ח הו"ד ויסו"ד וכן ראשיהם כתר חכמ"ה ובינה. כת"ר רומז אל כת"ר עליון או ירמוז לג' ראשונות שהם כתר אל האבות ואז היה נשפע שפע רב על האות ההיא והיה בה כח לברוא אותו אבר ואותו מזל ואותו דבר הנרצה בו. ואחר שהקדמנו הענין הזה בפרקים האלה, נבא עתה בביאור השמות אחד לאחד בעה"ו:

פרק שלישי:

הנה בתפלת רבי נחוניא בן הקנה ע"ה יחס בכתר זה השם שהוא אראריתא"א ושם לו סימן בר"ת "אחד "ראש "אחדותו "ראש "יחודו "תמורתו "אחד. ע"כ. ובשם זה כתב רב חמאי גאון בספר העיון, והביא בפירושו ברייתא אחת וז"ל תנן א"ר ישמעאל אותו היום היינו מסיים אני ועקיבא בן יוסף אצל רבי נחוניא בן הקנה והיה שם רבי חנינא בן תרדיון ושאלתי לרבי נחוניא ואמרתי לו הראני כבוד מלכו של עולם כדי שיתבאר ידיעתו בלבי בשאר פעליו. אמר לי בן גאים תא ונעסוק בעזקתא רבתא דחתימין ביה שמיא ואראירית"א שמיה ובעזקתא דארעא דאיהי אהו"י שמי"ה ואראה לך הכל. נכנסתי לפני לפנים בהיכל הקדש החיצון והוצאתי משם ספרו של ר' נחוניא בן הקנה הנקרא ספר היכלות ומצאתי כתוב בתחלת הספר כך אדיר בחדרי גדולה היושב על גלגלי מרכבתו בחתימות אהי"ה אשר אהי"ה ובעזקתא רבתא דחתימין ביה שמייא אראריתא"א שמיה. סי' אחד ראש אחדותו ראש יחודו תמורתו אחד יחיד ומיוחד אחד. ובעזקתא דארעא דאהו"י שמיה סי' "אחד "היה' "ויהי' "יחוד והמתמצע בין שניהם הוה עכ"ל הברייתא. וע"פ הפירושים אשר נבאר בשער ערכי הכנויים אנו רוצים לבאר. והנה הכתר אדיר עליהם כי אפי' בחדרים ההם אין השגה שלימה ונכונה להשיג כי מן החדרים ההם הוא אדיר ונעלם אמנם יושב בגלגלי המרכבה שהם השבכות אשר על הכותרות שהם על ראש העמודים שהם חכמה ובינה שהם על גדולה וגבורה שהם על ב' עמודים נצח והוד יכין ובועז. וחכמה ובינה מרכבה אל הכתר ולהם הוא גלוייו יותר במה שהם נעלמים מצד עצמם לא מצד הגדולה והגבורה שנמשכים מחכמה ובינה. ואפשר עוד לפרש כי בזוהר פי' הרשב"י ע"ה כי בכתר אין מציאות האצילות מתגלה בעצמותו מרוב העלמו וכל מציאות הענפים המסתעפים מעצמותו אינם אלא חו"ב והם המתפשטות בעצם הכתר לגלות ולהאציל בו בעצמו האצילות ועם כל זה אין שם אצילות אלא ע"י החסד הנעלם שם וענפיו מתפשטים בעצם הכתר. וכן הכתר נקרא חסד עילאה ונתבאר ענין זה בארוכה אצלינו בספר אור יקר בחלק ראשון בפירושנו להאדרא בס"ד. איך שיהיה משם נלמד כי החסד הפנימי הוא הבינה ומסתעף הכתר בעצם מחכמה אל הבינה ולא יותר.

ואפשר כי על זה אמר אדיר ונעלם ומתגלה מציאות אדירותו בחדרי גדולה דהיינו בינה וחכמה הנעלמים בו והגדולה מסתעפת ובונה בין שתי אלו החדרים הנעלמים. ואמר היושב על גלגלי מרכבתו ירצה שהוא יושב על זעיר אנפין כמו שאמר הרשב"י ע"ה באדרא כי הוא יושב על כורסייא דשביבין דנור לאכפיא לון וכדפי' בספר הנז' בס"ד. ולישנא דקרא נקט גלגלוהי נור דלק (דניאל ז'). ואמר כי חתימת אהי"ה אשר אהי"ה הם ג' ראשונות כדפי' בשער הקודם כי שתי שמות אלו מורים על העלם האצילות בכתר ומיעוט ההשגה בו וכן בחכמה ובינה וזהו לשון אדיר, וכן לשון בחתימת פי' בהעלם כי החותם הוא המעלים הדבר החתום. ובעזקתא רבתא וכו' בשם זה ראינו למפרשים שפי' אותו מלשון ארי. והכונה על רוב הגבורה והחוזק והאדירות ולזה נקרא בשם הגבור שבעולם אריה וכו'. ואפשר שמפני ששם זה חותם השמים שפי' קיום העולם חזקו ברחמיו הגדולים לבלתי יתמוטט נקרא בשם אריה המורה על הרחמים כדכתיב (יחזקאל א) ופני אריה אל הימין וכו'. וידוע כי למעלה בכתר תגבורת הרחמים הפשוטים ולכן נכפל השם לחוזק הפעולה. ואפשר היותו לשון אריתא דדלאי הנז' בגמ' (חולין דק"ז.) שעניינו השוקת שממנו משקין הנטיעות. ומפני שהכתר מקור להשקות כל הנטיעות העליונות לכן נקרא בשם זה. ונכפלו בו אותיות א"ר להורות שהוא מקור המקורות. עוד אפשר היות פירושו מלשון אור כי הוא אור לכל האורות. ועם כל זה קשיא לן טובא כי שם זה הוא לשון נקבה ומן הראוי להרחיק ענין הנקביות מן הכתר. אלא שמתוך כך נוכל לומר כי הוא כינוי אל הבינה שבכתר כדפי' ענין זה בארוכה בשער ממטה למעלה בפ"ה. ועתה בזה יצדק אומרו ובעזקתא רבתא, דלא קאמר רבא אלא רבתא לישנא דנוקבא. ופי' דבריו עזקתא היא בינה ובה נחתם ונמצא ונאצל הת"ת הנק' שמים. או ירצה דחתומין ביה שמייא פי' הטבעת היא הבינה בסוד אויר אור י' יהי אור שפי' בספר אור יקר בשער ג'. והנה השמים שהוא הת"ת עם השש קצוות חתומים בעצם הטבעת. והנה הטבעת הוא הבינה בכללות כתר וחכמה. והחותם הוא הת"ת שהוא מציאות הדעת הנעלם בה. ואפשר על דרך זה לבאר כי א"ר הוא ארי זכר ואריתא נקבה להורות על יחוד החכמה והבינה יחד בתוך הכתר. זהו כשנבאר אותו לשון אריה רחמים כדפי' לעיל. וכן נוכל ג"כ לבארו בלשון אור שהם שתי אורות יחד כדפי'. אחד ראש וכו' פי' ידוע כי אחד הוא מציאות האחדות בעצמו, אמנם מלת מיוחד הוא התחברות הדבר שנתחבר יחוד מיוחד. ועתה נודע היות יחוד חכמה ובינה בב' פנים אם מציאות יחודם בסוד אויר דהיינו י' חכמה אור בינה מיוחדים אויר. וזהו מציאותם קודם אצילותם בהיותם בכתר עצמו חכמה בתוך הבינה ושתיהם בכתר וזה היחוד יקרא בשם אחדות כי אינם נפרדים שנתייחדו אלא לעולם היו אחדים מתחלתם. אמנם יחוד שני אשר לחכמה ולבינה והוא יחודם אחר אצילותם במקומם אבא ואימא, יחוד זה יקרא בשם יחוד כי אחר שלא היו מיוחדים נתייחדו. נמצא לפ"ז אל החכמה ואל הבינה עם הכתר ג' בחינות, או יחודם קודם אצילותם או מציאות אצילותם בלי יחוד או יחודם אחר אצילותם. ולהיות כי אין ביניהם פירוד לעולם כי לעולם ג"ר חשובות כאחד אמר "אחד "ראש "אחדותו. פי' אחד הוא כינויים האמתי בתחלת אחדותם יחד דהיינו קודם אצילותם. וכן הוא אחד ג"כ "ראש "יחודו דהיינו יחודם אחר אצילותם. וגם בהיות חלוף זה דהיינו בהיותם נפרדות ח"ו הם אחד וז"ש "תמורתו "אחד פי' גם בהיות תמורות הייחוד כינויים האמתי הוא אחד כי לעולם לא ישתנה לא יחסר ולא יעדיף. ואחר [שאמר] שיחוד ג' ראשונות בכל פאותיהם וגם יחוד מציאות הכתר בכל האצילות, אמר יחיד ומיוחד אחד. וגם בס' הבהיר נמצא כענין הזה בכתר. וז"ל אל"ף כ"ע ברוך ומבורך שמו ועמו ומי עמו ישראל דכתיב כי ה' הוא האלהים הוא עשנו ולא אנחנו עמו ולאלף אנחנו להכיר ולידע אחד אחדות ומיוחד כו' כי הוא א' ומיוחד בכל שמותיו ע"כ. כ"ע ברוך ומבורך שמו הכונה כ"ע הוא נשפע ממקור ההויות כלם וזהו ברוך. או ירצה מקור הברכות כדפי' בשער כ"ג. וכן מבורך שמ"ו, פי' שאר הספירות שהם לבוש אליו דהיינו ענין ש"ם כדפי' בשער ערכי הכנויים בערך שם. ומי עמו. הוקשה לו דלא שייך ענין עם אצל הכתר לשיתייחסו אליו העם או כיוצא בו. ולזה השיב ישראל. כי בהיות נשמת ישראל אחיזתם בכתר שכן הת"ת עולה אליו דרך קו האמצעי. ולזה הביא ראיה מפסוק ולא אנחנו כתיב בא' וקרי בוא"ו ופירושו ולאל"ף אנחנו דהיינו כתר, וכן פי' בזהר (וירא דף ק"כ ע"ב). ועתה יש אם למקרא ויש אם למסורת כי בסבת ולו"א אנחנו לאלף אנחנו. וענין אחד אחדות ומיוחד. פי' אחד בערך עצמו שאין לו שניות, ועוד שהוא הראשון הנכנס בגדר המספר כי לפניו אין מספר ולפני אחד מה אתה סופר דלא שייך אחד בעצם במחוייב [המציאות] מטעם כי האחד מושג אחדותו מוגבל מכל צדדיו וזה א"א במאציל שאין בו השגה

זולת שהוא מחוייב המציאות כדפי' בשער אם הא"ס הוא הכתר בפ"א. לזה אמר שהוא אחד ולפניו אין מספר. אחדות, פי' מתייחד בענפיו ובחינותיו שאין בו פרוד כלל אלא אחד המתייחד בעצמותו. ופי' ומיוחד ירצה מיוחד בספי' התחתונות והוא מתייחד עמהם. וע"ד זה נבאר אחד יחיד ומיוחד. אחד כדפרי'. ויחיד, פי' מתייחד בענפיו. ומיוחד, פי' מיוחד בספי' כלם בייחוד גמור. ואמר יחיד ומיוחד אחד ולא סדרם על הסדר שהוא אחד יחיד ומיוחד, הכונה כי גם בהיות הכתר יחיד דהיינו מציאות ייחוד ענפיו אל עצמותו כדפי' וכן בהיותו מיוחד דהיינו יחידו בספי' הנאצלים, לעולם הוא אחד, ונמצא כי בכל בחינותיו לעולם הוא אחד. ויש שפירשו אח"ד יחי"ד ומיוח"ד כתר חכמה ובינה. כי כתר נקרא אחד וחכמה יחיד, ובינה מיוחד. וזר להם למצוא להם ייחס:

ובעזקתא דארעא דאהו"י שמי"ה. בשם זה אמרו קצת המפרשים כי זה עיקר שמו של הקב"ה והוא אהו"י, והקב"ה הסתיר שמו למשכילים בשם אהי"ה ובשם יהו"ה כי מבין שניהם יוצא שם אהו"י והוא עקר השם והשמות האלה שבהם נכפלו האותיות נתנו להמון העם וכו', ובזה האריכו בפיהם להעמיק בקבלותיהם. ורחמנא ליצלן מהאי דעתא לא נאבה לו ולא נשמע אליו כי עיקר השמות הם אותם אשר באו בפי התורה. ועם היות ששם זה יהיה קדוש כשאר השמות בזולת שמות שאינם נמחקים שהם ודאי יותר קדושים ממנו בלי ספק. ועוד מתוך דברי רבי נחוניא אנו יכולין להשיג עליהם שאמר שחותם השמים הוא ארארית"א ושם חותם הארץ אמר שהוא אהו"י, נמצא שיותר נעלם ומתעלה שם ארארית"א משם אהו"י ואין ספק בזה. והארכנו בזה להועיל למשכילים שלא יתפתו אחר אותו הדעת. ודקדק ר' נחוניא כי בר"ת של ארארית"א חותם השמים, אמר אחד ראש אחדותו ראש יחודו תמורתו אחד. מפני היות שם זה בכתר עליון העלול הראשון המתקרב אל מקורו והנוגע בו כנוגע בכבוד מלכו של עולם לא רצה לגזור בו מאמר כלל אלא לשון מורה על אחדות. ואמר תמורתו א', הכונה כי לעולם אינו מתחלף בא' לזולתו ח"ו בין קודם הוי"ה ואצילות בין אחר הוי"ה ואצילות כדפי'. אולם בשם אהו"י שהוא למטה מספירת הכתר שהוא ההתפשטות עד המלכות, אמר הי"ה הו"ה ויהי"ה, למען נדע כי אין נגזר לשון הוי"ה מכת"ר ולמעלה כלל ואפי' בכתר לפי שכל הוי"ה יש לה ראשית שמקודם לא הי'. ואפי' נאמר הי"ה והו"ה ויהי"ה פי' הי"ה שקודם אותה הוי"ה היה ג"כ. עם כל זה אינו דבר, כי כל הנכנס תחת הוי"ה יש לו סוף ויש לו ראש ואין נגזר לשון היה והוה ויהיה אלא מבינה ולמטה ואין הבינה בכלל מפני שהחכמה והבינה הם גדר ההוייה דהיינו ראשית ואחרית כדפי' בשער סדר האצילות. והנה ר' ישמעאל שאל לר' נחוניא בן הקנה הראני כבוד מלכו של עולם שכוונתו שיורהו מציאות האצילות, והנה בשתי חותמות אלו הורה לו מציאות האצילות קודם אצילותו ומציאותו אחר אצילותו, כי בשם ארארית"א שהוא חותם השמים הורה לו מציאות הכתר ארך אנפין המתגלה ע"י הבינה וכמו שהארכנו לעיל, ובחותם אהו"י מורה על ההתפשטות. והנה שם זה נבדל משם אהי"ה בשתי פנים, כי שם אהי"ה מורה על העלם כדפי' לעיל וזה מורה התגלות קצת. וכן יו"ד באהי"ה וא"ו באהו"י על סוד הוא"ו שש קצוות המתפשטות ומפני שאינו התפשטות גמור באה הה"א אחרונה בסוד י' להורות על ההעלם כי אין המלכות עדיין נבנית בסוד ה"א כדי שיתגלה למטה. וזהו סוד אהו"י שפי' אחד היה ויהיה והמתמצע בין שניהם הוה. וג' אלה הם מלך מלך ימלוך שהכל בת"ת. והוא. היה בגדולה, הוה בגבורה, ויהיה בת"ת. וענין זה אחוז בסוד השמיטות שהקודמת חסד, והעתידה ת"ת, וההו"ה גבורה. ובספי' חכמה יחס עוד שם כזה איה ביה גיה דיה וכו' עד תום כל האותיות. והטעם כי האותיות וע"ס הם ל"ב נתיבות. המקור שם י"ה חכמה. וכ"ב אותיות רמז לכ"ב נתיבות והמקור עצמו עשר מאמרות הם ל"ב נתיבות כדפי' בספר יצירה וניקודו שב"א קמ"ץ לרמוז על (ויקרא ה יב) וקמץ הכהן בחסד. (ישעיה סו טז) בא"ש ה' נשפט, (איוב א) ותפול שב"א ותקחם בגבורה. לרמוז אל התפשטות הנתיבות בסוד הדין והרחמים בספירות למטה ובסופו עוד הויות אחרות כאלו:

פרק רביעי:

עוד מיחס רבי נחוניא בן הקנה להג"ר, אלו השמות כוז"ו במוכס"ז כוז"ו. וז"ל בתפלתו אחר שהזכיר ג' ספירות בסוף ספירה הג' אמר ונעשו הכל ראש אחד ואלו הם השמות המשווה לכלם כוז"ו במוכס"ז כוז"ו ומיוחדים יהו"ה אלהינו יהו"ה אחד עכ"ל. (ובספר אחר מצאנו לשם זה נקודות אחרות). ויש שפי' בשם זה וז"ל אלו הג' שמות יהו"ה אלהינו יהו"ה הם בחשבון האחוריים. כלומר לקחת האותיות השניות להם באלפ"א ביתא י"כ ה"ו ו"ז ה"ו, א"ב ל"מ ה"ו י"כ נ"ס ו"ז, י"כ ה"ו ו"ז ה"ו. ונקודו כנקוד הכתוב. ומיוחדים וכו', פי' עם היות שאלו השמות באו בחשבון האחוריים ולכן לא יורו כ"כ על

האחדות הזה, לז"א עם כל זה הם מיוחדים ה' אלהינו ה' אחד עכ"ל. ורצוננו לבאר מה שהעלינו מתוך דברי הרשב"י ע"ה בתיקונים (תקונא נ"ה דפ"ו) זעיר שם זעיר שם ולשונו לא נוכל להעתיק מפני האריכות. והענין כי שתי הידות האלה שהם י"ד אותיות י"ד ימין י"ד הגדולה והם ה' אלהינו ה' והם ימיניות. ועוד י"ד שמאל י"ד החזקה והם כוז"ו במוכס"ז כוז"ו והם שמאליות י"ד אותיות והם כ"ח. ויש כנגד אלו הידות עוד י"ד רמ"ה והוא יהו"ה יוד ה"א וא"ו ה"א והיא י"ד רמה. ויש כנגד' י"ד אחרות והיא אהיה אל"ף ה"א יו"ד ה"א. ושתי הידות האלה הם כ"ח שהם מתלבשות בכ"ח אותיות של מעשה בראשית. וע"ז נאמר (איכה א ו) וילכו בלא כ"ח לפני רודף. להיות שנמנע הכח ההוא בעונות. וע"ז אמר מרע"ה (במדבר יד יז) ועתה יגדל נא כ"ח אדנ"י. שהם כ"ח עתים של לבנה שהם כ"ח ימים, י"ד מלאים וי"ד חסרים, י"ד ימיניים וי"ד שמאליים, ולכן אמר יגדל נא כ"ח אדנ"י שהם כ"ח. ושתי הידות הגדולה והחזקה הם חסד וגבורה ומושפעים מחכמה ובינה. ונודע שפותחין בזכות תחלה לפיכך י"ד הגדולה קודמת באותיותיה לי"ד החזקה והכח הזה הוא בבינה וזהו חכמה כ"ח מ"ה, מה הוא בחכמה. וכן עולה שם בן ד' במילוי. וכח הוא בבינה. וע"ז נאמר (תהלים קיא ו) כח מעשיו הגיד לעמו מעשה הוא בבינה ושם הכ"ח. והגיד ר"ל המשיך. ונודע ששם בן ד' הוא ג"כ כ"ח במילוי דמילוי. והיינו חכמ"ה כ"ח מ"ה כי כללותם מ"ה שהם בחכמה ופרטם כ"ח שהם בבינה. ואלו הם יו"ד ה"א הוא רחמים עולם הזכר וא"ו ה"א הוא דין עולם הנקבה כדפי' בשער השמות בפ"א. והנקבה לעולם אל השמאל והזכר אל הימין ועם היות שאמרנו שי"ה הוא רחמים ו"ה הוא דין. עם כל זה לא נכחיש שהיו"ד יותר רחמים מהה"א והוא"ו יותר רחמים מה"א שנייה. והנה עתה יו"ד ה"א הם ה' אצבעות שביד ימין, וא"ו ה"א חמש אצבעות שביד שמאל. ונודע שבהאצבעות כ"ח פרקים י"ד לכל יד. וכן החמש אותיות יו"ד ה"א, להם י"ד אותיות אל מילוי מלואם, יו"ד וא"ו דל"ת ה"א אל"ף, הרי י"ד. בד' אותיות שהם ד' אצבעות יש ג' פרקים בכל אצבע, ג' אותיות בכל אות ואות, ובאות החמישי שהוא האגודל יש ב' פרקים ב' אותיות כנודע. וכן בוא"ו ה"א שהם ה' אצבעות שביד שמאל ובחמשה אותיות האלה י"ד פרקים. כזה וא"ו אל"ף וא"ו ה"א אל"ף, הרי י"ד. בד' אותיות שהם ד' אצבעות יש ג' פרקים בכל אצבע, ג' אותיות בכל אות ואות, ובאות החמישית שהוא האגודל יש בו ב' אותיות ב' פרקים כנודע. וכבר בארנו שהה"א לעולם יש בה דין. לכן אומרים בעלי הגורל המפיסים באצבעות כי אין להפיס באגודל מפני שבו תלויין שרי הדין [נב]. הנה האותיות האלה רמוזים בי"ד רמ"ה הנז' לעיל שהוא בת"ת כנודע. והוא כולל ב' ידות כדפי' לעיל. והנה הי"ד הנשפע בת"ת הוא נמשכת מהכתר שהוא למעלה ממנו. ושורש כל זה הוא הוי"ה אלה"ינ"ו הוי"ה. והם יהו"ה בכתר הוי"ה בחכמה אלה"ינ"ו בבינה והיא באמצע, כמו שהדין שהוא יצחק בין אברהם ויעקב שהם שתי תקיעות כדפי' הרשב"י ע"ה בס' הזהר. ועם היות שבפרק ב' פירשנו בענין אחר בשם הרשב"י ע"ה עם כל זה אלו ואלו דברי אלהי"ם חיים. ונחזור לעניינו כי בין הכתר והחכמה היא הבינה להיותה נמתקת אל הרחמים להשפיע רחמים אל הגבורה וכל הידות מתיחדות בה' אלה"ינו ה'. וזהו שפי' ר' נחוניא בתפלתו ומיוחדים בה' אלהינ"ו ה' ע"כ. עוד מצאנו בקבלת רז"ל כי מן השם הזה משתלשלים ענפים והם במנין אותיותיו וז"ל "כרוביא"ל רבא "וכריא"ל רבא "זעניא"ל רבא (חסר). "בערניא"ל רבא "מאליא"ל רבא "ועניא"ל רבא "כוכביא"ל רבא "סוריא"ל רבא ז"כ רבא. "כספיא"ל רבא "ולילא"ל רבא "זוטריא"ל רבא "ומליא"ל רבא ע"כ. ואין ספק היות אלו נציצות מתאצלות משם הזה ודאי כל אות ואות מאציל כח א' כענין אשר קרה לשם בן מ"ב כאשר נבאר בפרק י"ב:

פרק חמישי:

בשם בן ע"ב והוא מיוחס אל החסד, כי כן ביאר הקדוש רבי נחוניא כאשר נבאר בע"ה. וזה כללו:

והו ילי סיט עלם מהש ללה אכא כהת הזי
אלד לאו ההע יזל מבה הרי הקם לאו כלי לוו
פהל נלך ייי מלה חהו נתה האא ירת שאה
ריי אום לכב ושר יחו להח כוק מנד אני חעם
רהע ייז ההה מיכ וול ילה סאל ערי עשל מיה
והו דני החש עמם ננא נית מבה פוי נמם ייל
הרח מצר ומב יהה ענו מחי דמב מנק איע חבו
ראה יבם היי מום:

ונקרא בשם ע"ב מפני שבו ע"ב תיבות. ויש שקוראים אותו אריה מפני שאותיותיו בחשבון ארי"ה שעולה רי"ו. ויחס ר' נחוניא שם זה אל

החסד וניקד אותו כמסוים (כמסומן). אמנם בספר מדבר על פי מגיד אמר שנקודו בשם אהי"ה על הדרך הזה סגו"ל שב"א סגו"ל. והה' אחרונה אין לה נקודה. ועם הנקודות השם הגדול הזה פועל בחזקה. וסוד הסגול הוא סוד הרוחניות כלו סוד האש הלבן והוא בג' נקודות לרמוז אל זה הסוד. וסוד השבא הוא סוד מדת הדין וכדי לפעול בחזקה נתערב עם הסגול כי כלו חתיך דין והסגול הוא רחמים גמורים וזהו סוד אהיה בנקודו ובצירופו ובפשוטו עכ"ל. עוד כתב רבי נחוניא שהוא שם לחסד המתחלקת לע"ב גשרים וכל גשר וגשר יש לו שם א' מאלו. וקראם גשרים משל אל מעבר מימי החסד ושם זה יוצא מפסוק ויס"ע ויב"א וי"ט שני הפסוקים כסדרן והשני ממטה למעלה. כיצד ויס"ע הוא סוד החס"ד ביושר, ויב"א להפך בסוד הגבורה, וי"ט ביושר אל הת"ת. וכן ביארו בזהר מלתא וטעמא. וז"ל בפ' בשלח (דף נ"א ע"ב) צרופא דאתוון אילין, אתוון קדמאי רשימין כסדרן באורח מישר. בגין דכלהו אתוון קדמאי אשתכחו בחסד למהך באורח מישר בסדורא מתתקן. אתוון תניינין רשימין בגלגולא למפרע. בגין דכלהו אתוון תניינין משתכחי בגבורה לגלאה דינין וזינין דאתיין מסטרא דשמאלא. אתוון תליתאי אינון אתוון רשימין כסדרן לאחזאה גוונא לאתעטרא במלכא קדישא. וכלא ביה מתחברן ומתקשרן והוא מתעטר בעטרוי באורח מישר ורשים להאי סיטרא ולהאי סיטרא כמלכא דמתעטר בכלא. הכא אתרשים שמא קדישא גליפא בע"ב תיבין דמתעטרי באבהתא רתיכא קדישא עילאה. ואי תימא הני אתוון תליתאי מ"ט לאו אינון כתיבין מנהון לאורח מישר כסדרן, ומנהון למפרע, לישרא להאי סטרא ולהאי סטרא, דהא תנינן אתה כוננת מישרים קב"ה עביד מישרים לתרי סטרי, וכתיב והבריח התיכון בתוך הקרשים מבריח מן הקצה וגו' דא קב"ה. רבי יצחק אמר דא יעקב וכלא חד. אלא למלכא דאיהו שלים מכלא דעתיה שלים מכלא. מאי אורחיה דההוא מלכא, אנפוי נהירין כשמשא תדיר בגין דאיהו שלים. וכד דאין, דאין לטב ודאין לביש. ועל דא בעי לאסתמרא מניה. מאן דאיהו טפשא חמי אנפי מלכא נהירין וחייכן ולא אסתמר מיניה. ומאן דאיהו חכימא חמי אנפוי דמלכא נהירין אמר מלכא ודאי שלים הוא, שלים הוא בכלא, דעתיה שלים, אנא חמי דבההוא נהירו דינא יתיב ואתכסייא, אע"ג דלא אתחזייא, דאל"ה לא יהא מלכא שלים, וע"ד בעי לאסתמרא. כך קב"ה הוא שלים תדיר בהאי גוונא ובהאי גוונא אבל לא אתחזייא אלא בנהירו דאנפין. ובג"כ אינון טפשין חייבין לא אסתמרן מניה. אינון חכימין זכאין אמרין מלכא שלים הוא אע"ג דאנפוי אתחזיין נהירין דינא אתכסייא בגויה בג"כ בעי לאסתמרא מיניה. א"ר יהודא מהכא אני ה' לא שניתי לא דליגנא לאתר אחרא. בי אתכליל כלא. הני תרי גווני בי אתכלילן, בג"כ כלא באורח מישר אתחזייא. ואע"ג דאתוון אחידן להאי סטרא ולהאי סטרא כסדרן כתיבין. עכ"ל. ודבריו מתוקים מדבש ונופת צופים ומבוארים ומבוררים. ומתוכו מתבאר היות פסוק וי"ט בתפארת וכן מוכח מתוך המאמר שם. וצרוף השם מפסוק ויבא הוא בגבורה. ובתקונים (תקוני ז"ח דף קי"ב ע"ב) הוא להפך וז"ל ויט משה את ידו על הים וגו' וישם את הים לחרבה בתוקפא דגבריאל שליחא דגבורה דממנא על חרבה, ובג"כ אתמר ביה וישם את הים לחרבה. מסטרא דאוריאל שליחא דעמודא דאמצעיתא אפריש בין מייא ואשא, הה"ד ויבא בין מחנה מצרים דאיהו אשא נוכראה, ובין מחנה ישראל וכו' עכ"ל. הורה בפי' כי פסוק וי"ט הוא בגבורה, ופסוק ויבא בת"ת הפך צרוף השם כי פסוק ויבא הוא מהופך דהיינו דין הגבורה, ופסוק וי"ט ביושר מצד רחמי הת"ת. וקשה. ואפ"ל כי כשנדקדק לשונו היטב שאמר מסטרא דאוריאל וכן אמר בתוקפא דגבריאל משמע כי וישם את הים לחרבה לעולם היה בת"ת וע"י אוריאל מלאכו. אמנם היה בתוקפא דגבריאל מפני כי החרבה (ר"ל הכח ליבש) הוא מצד הגבורה, לכן נפעל בכח מלאכו עם היות שהיא פעולה נפעלת מצד הת"ת. וכן אמר מסטרא דאוריאל אפריש וכו'. היינו עם היות שהיה הפעולה ההיא בכח הגבורה. כי העומד בין המים והאש הוא הת"ת לכן הוכרח היותה בגבורה מצד בחינתה עם הת"ת, וז"ש מסטרא דאוריאל וכו'. וכן דקדק באמרו עמודא דאמצעיתא כי הוא האיש הבינים זה נראה לתרץ לעת כזו. ובפרושנו אור יקר יתארך הענין בס"ד. ועם היות ששלשה הפסוקים אלה רומזים בג' אבות עם כל זה כלל השם הזה הוא בחסד כאשר נרמז בתפלת רבי נחוניא, וכן עולה חס"ד ע"ב וכן דברי הרשב"י ע"ה במקומות רבים לאין חקר. ואין תימה בדבר, כנודע שאין מהות הפרט ככללו, כי כל אחד מציאות בפני עצמו כאשר הארכנו בשער המציאיות. והנה פרטיו בג' אבות שהם גדול"ה גבור"ה ת"ת וכלו יחד הוא בחסד. ולפי הדרך בצירוף השם המסומן לעיל נמצא ויבא שהוא גבורה בין ויס"ע לוי"ט שהם גדול"ה ת"ת, לרמז על הכרעת הדין אל הרחמים בסוד התקיעות כאשר רמזנו שלהי הפרק הקודם. ובסבת זו כללו חסד. אמנם פרטיו גבורה, וכן עולים

אותיות כמנין גבורה רי"ו. וכן מפורסם בדברי הרשב"י ע"ה מקומות רבים. וכענין זה נמצא בזוהר (בהקדמה ד"ז ע"ב) בענין חבקוק בן השונמית שהחיה אלישע. נתבאר שם, כי ע"י האותיות מהע"ב שמות שהם רי"ו נתקיים גופו ועי"ז נקרא שמו חבקו"ק שעולה רי"ו כמנין האותיות שבשם ע"ב. וע"י הע"ב תיבות נתלבש אלישע להחזיר רוחו אליו. וממה שאמר שקיום הגוף היה ע"י אותיות והשבת הרוח היתה על ידי התיבות, כנראה מכאן בפי' שהע"ב תיבות הם כדמות רוח ונשמה להאותיות. והענין הוא כי התיבות הם קיבוץ האותיות כדמות הענפים הגדולים שהם קיבוץ היניקות הענפים הקטנים והאמירים והעלים. והנה לפ"ז השם כלו בכללו שהוא קבוץ הפסוקים הוא כדמות האילן כלו. והפסוק שהוא קבוץ התיבות הוא כדמות הענף הגדול המתפשט מתוך עצם האילן. ומהענף הגדול הזה יתפשטו כך וכך ענפים שהם תיבות ומתיבה זו יתפשטו עוד ענפים דקים ועלים שהם כך וכך אותיות. ונמצא לפ"ז כי הפרשה שהוא קיבוץ הפסוקים נשמה לענפים שהם הפסוקים והפסוקים יונקים ושואבים שפע ממקוריהם שהוא הפרשה וכן התיבות יונקים מהפסוקים והאותיות מהתיבות וזה נשמה לזה וזה לבוש לזה. והענין כי הרוחניות העליון הוא עד"ז כי מן המקור העליון מחוייב המציאות יתפשטו י' ענפים צורות רוחניות שואבים שפע ממנו. והוא להם עיקר ושרש ובו תלוי הכל כענבים באשכול. והנה הוא פועל על ידם השינוי והדין והרחמים כדפי'. והוצרך לזה האצילות שיסתעפו מהם עוד ענפים הרבה שבהם יפעלו הם השנויים היותר פרטיים וכן מן הענפים עוד ענפים קטנים עד יתרבו לאין מספר ולאין חשבון. וטעם כל זה מפני כי כל עוד שיתקרב הדבר אל המקור הפשוט יחוייב היותו משולל ומופשט מהשנויים כי הפשוט לא ישתנה. לכן יתלבש בנצוצות המתפשטים ממנו ויפעל בהם השינוי כרצונו כאשר נתבאר עוד בשערים הקודמים. ולכן חוייב מזה היות התיבות נשמה ומקור להאותיות. ונמצא לפ"ז כי כבר אפשר היות התיבות מורות רחמים והאותיות דין, מפני שהתפשטות החסד עילה להגבורה והגבורה עלולה ממנו, כי החסד רביעי לאצילות והגבורה ה' לאצילות, ודא קליפה לדא ודא מוחא לדא. עוד בענין השם הזה למחבר א' בספירה הזאת וז"ל הנה הוריתיך שבחסד הוא בנין העולם, וא"כ יש לך להתבונן שהוא קיומו והוא המעמידו. והעולם מתחלק לד' חלקים שהם צפון ודרום ומזרח ומערב, והם כנגד ד' אותיות שם בן ד' שהוא הוי"ה. ובכל חלק יש לך להתבונן כי יש בו רום ושפל ומיצוע, א"כ יהיו כל הקצוות י"ב. וצריך לך להתבונן שבכל קנה יש כח אחד מחזיקו, והכחות ההם יקראו עמודי עולם. וכל עמוד בהכרח יש לו ו' קצוות שהם ד' צדדים ורום ותחת ובכל אותם הקצוות יש להם כח מחזיקו. ובחשבך קצוי עולם שהם ו' פעמים י"ב יהיו ע"ב, ואם כן יהיו ע"ב כוחות יקראו שמות, וזה שם של ע"ב שמות היוצאים מן הפסוקים בפר' ויהי בשלח. בזולת שהאריך בחלוק השמות אל העמודים, ואין צורך להאריך בו. אמנם שורש ענין זה הוא בספר הבהיר:

פרק שישי:

רצוננו בפרק זה להעתיק דברי הספר הבהיר בשם הזה ולבארו בחזקת היד. דאיתא התם ישב רבי אמוראי ודרש מאי דכתיב השמים ושמי השמים לא יכלכלוך, מלמד שע"ב שמות יש לו להקב"ה וכלם קבועים בשבטים דכתיב ששה משמותם על האבן האחת ואת שמות הששה הנותרים על האבן השנית וכתיב ושתים עשרה אבנים הקים וגו' (נ"א והאבנים תהיין על שמות בנ"י) הקישן מה אלה אבני זכרון אף אלה אבני זכרון לשתים עשרה אבנים הם ע"ב כנגד ע"ב שמות של הקב"ה. ומ"ט התחיל בי"ב, ללמדך שי"ב מנהיגים יש לו להקב"ה ובכל א' וא' ששה כוחות ומאי הם ע"ב שמות. אילן א' יש לו להקב"ה ובו י"ב גבולי אלכסון, גבול מזרחית צפונית, גבול מזרחית דרומית, גבול מזרחית רומית, גבול מזרחית תחתית, גבול מערבית צפונית, גבול מערבית דרומית, גבול מערבית רומית, גבול מערבית תחתית, גבול צפונית רומית, גבול צפונית תחתית, גבול דרומית רומית, גבול דרומית תחתית. ומרחיבין והולכין עד עדי עד והם זרועות עולם ומבפנים בהם הוא האילן. ובכל אלה האלכסונין יש כנגדן פקידים והם י"ב וגם בפנים בגלגל י"ב פקידים וכן בלב י"ב פקידים אלה ל"ו פקידים עם האלכסונין ולכ"א יש כח א' כדכתיב כי גבוה מעל גבוה שומר. נמצא לרוח מזרחית ט', ולרוח מערבית ט', ולרוח צפונית ט', ולרוח דרומית ט', והיינו י"ב וי"ב וי"ב שהם פקידים בתלי וגלג"ל ול"ב והם ל"ו וכללם ל"ו מל"ו שכח אחד כלול מחבירו. ואע"פ שי"ב בכאו"א מן השלשה. כלם אדוקים זה בזה, וכל הל"ו כוחות הנמצאות בראשון שהוא תלי אם תדרשם בגלגל תמצאם הם עצמם וכן אם תדרשם בל"ב תמצאם בעצמם. הלכך לכאו"א י"ב. נמצא לשלשה הם ל"ו, וחוזרים חלילה,

נמצא כל כח א' בחבירו. הלכך לכל אחד ל"ו. וכלם אינם יותר מל"ו צורות. וכולם נשלמות בלב מסור לל"ב ונשארו ס"ד. והם ס"ד צורות. ומנלן דנמסר לב ללב דכתיב כי גבוה מעל גבוה שומר. וא"כ היינו ס"ד חסר שמנה לע"ב שמותיו של הקב"ה, והיינו דכתיב וגבוהים עליהם. והם (ז') ימי השבוע וחסר א' והיינו ויתרון ארץ בכל היא. ומאי יתרון, מקום שמשם נחצבה הארץ והוא יתרון ממה שהיה ומאי ניהו יתרון כל דבר שבעולם. כשאנשי העולם ראויים לקחת מזיוו אז הוא יתרון ומאי ניהו ארץ (אבן) דנחצב ממנו שמים והוא כסאו של הקב"ה הוא אבן יקרה הוא ים חכמה וכנגדה תכלת טלית בציצית. דאמר ר' מאיר מה נשתנה תכלת מכל מיני צבעונין, מפני שתכלת דומה לים וים דומה לרקיע ורקיע דומה לכסא הכבוד שנאמר ויראו את אלה"י ישראל ותחת רגליו כמעשה לבנת הספיר וכעצם השמים לטוהר. ואומר כמראה אבן ספיר דמות כסא עכ"ל. והנה דברי הספר הזה בהירים ומבהיקים ומרוב בהירותם ובהיקותם מעצמין עיני המעיין. כי כוונתם בכל עניינם לגלות אצבע ולכסות אלפיים אמה סביב. האמנם נגלה ממנו מאשר תשיג ידינו והאל יחשכנו משגיאות. התחיל השמים ושמי השמים, לכמה סבות. אם לפי שהוא רוצה לדרוש מגדולת יוצרנו כדמפרש ואזיל ולכן התחיל בשבח וכבוד השמים ושמי השמים וכו'. או אפשר הטעם כי בפסוק הזה שלשה מדרגות של שמים השמים א', ושמי ב', השמים ג'. והם נגד ג' מדרגות שהם תל"י גלג"ל ל"ב וסימנם תג"ל נפשי וכו' כאשר נבאר ב"ה. ואמר שע"ב שמות יש לו להקב"ה כאשר בארנו למעלה בפרק הקודם וכלם קבועים בשבטים הכוונה כי י"ב שבטי ישראל הם מרכבה אל י"ב צורות עליונות אשר הם בספירות עצמם ע"י המציאיות כאשר נבאר. ואל אותם הי"ב צורות עליונות נעלמות אמר כאן שהם שבטים. ולשון שבטים פי' בספר הבהיר עצמו כאשר נבאר. וכנגד אלו הצורות העליונות היו י"ב בקר תחת הים שעשה שלמה. וכן יעקב נטל י"ב אבנים תחת מראשותיו ונעשו אחד שנתייחדו יחוד א' להיותם רומזים אל מקום היחוד. כי אע"פ שהם י"ב הכל א'. וכנגדן י"ב אותיות פשוטות. וכן י"ב מזלות בעולם, וכן י"ב חדשים בשנה, וכן י"ב כוחות בנפש. והם עול"ם שנ"ה נפ"ש. וסימנך עש"ן, והר סיני עשן כולו. והם מפורשים בספר יצירה. ונחזור אל ביאור המאמר כי ע"ב שמות הם קבועים בי"ב צורות שהם הנקראים שבטים והביא ראייה לזה מן הכתוב שאמר ששה משמותם על האבן האחת. הנה ראיה כי ששה היו על אבן אחת. ובחושן אמר הכתוב והאבנים תהיינה על שמות בני ישראל. הנה י"ב שהם י"ב אבנים. וששה שמות על כל אבן ואבן הם ששה פעמים י"ב הם ע"ב. והראייה הזאת היא בדרך היקש. כי כיון שהקישן הכתוב כנראה כמו שבאבנים האלה בכ"א יש ששה שמות, כן בי"ב אבני השבטים בכ"א ששה שמות כי הם ע"ב שמותיו של הקב"ה. ומאי טעמא התחיל בי"ב, הוקשה לו שאם הכוונה לומר לנו סוד ע"ב שמות שיש לו להקב"ה, מהו לומר שהם י"ב אבנים ואלה החלוקים. לזה השיב שהוא ללמדנו שהם ששה צורות בכל אחד מהי"ב צורות, כי הם י"ב ראשים, ותחת כל א' מהם ששה אחרים. וכן ראייה מבעלי הקבלה המעשיית מחלקים שם זה לששה ששה שמות. ובכל ששה פעולה בפ"ע. וחותם הששה, בראשם אגל"א וכן בסופם. ומצאתי להם סמך אל חותם שם זה כי שם אגל"א עולה חמשה ושלשים, ועם המלה עצמה עולה ל"ו, והיינו ל"ו שהזכיר במאמר. ויש נסחאות מוסיפין בשם זה יו"ד והוא אגיל"א ואז עולה מ"ה כמנין שם בן ד'. ואפשר היות זה שם אחר כי שם אגל"א הוא מוכרח היותו חסר י' כי הוא יוצא מן "אתה "גבור "לעולם "אדני. אם לא שנאמר כי שם זה אל מלאך מטטרו"ן וכמו שפעמים נקרא מיטטרון ופעמים מטטרון כן בשם אגל"א. ואפשר היות צרוף השם הזה אגא"ל והוא לשון גאולה והוא בחסד כענין (תהלים ס ז) הושיעה ימינך וכו' וכן (שם צח א) הושיעה לו ימינו. ולפ"ז יהיה עולה עד הבינה כמו שאמר הכתוב (רות ד ד) אנכ"י אגאל והוא הבינה הנקרא אנכי. ועתה בזה לא ירחק היותו חותם שם ע"ב. ומפני היות שפעמים הימין בגלות בעונות כדכתיב הושיעה ימינך. לכן שם זה מצורף אל לשון גלות אגל"א. ועם כל זה אנו מקוים אל גבורותיו וישועתו של הקב"ה. ולכן אנו אומרים ע"י שם זה את"ה גבו"ר לעול"ם אדנ"י וכו' בהיותו כובש מדותיו נגד המכעיסים. וכן יש שם חשוב ועניינו בשם הזה והוא שם אל"ד ג' אותיות. ואפשר כי א"ל בשם אל"ד הוא שם אל שבחסד והכל ענין אחד ושם זה הוא עשירי שבשם ע"ב, ופעולותיו נוראות. ועתה נכנס בביאור הענין הזה והגבולים כפי חזקת היד. וקודם כל דבר כבר ביארנו בשער ג' פ"ד ה', שהקצוות הם ששה, והם אותם שמנה בעל ספר יצירה באותה המשנה פנה למעלה וכו' כמבואר שם, והם גדולה גבורה תפארת נצח הוד יסוד. והנה התפארת הוא כלול לעולם מהשש קצוות כי הוא כח הבינה והחותם כי הוא כלול מיה"ו כנודע, ואין זה מקום להאריך

בעניינו. הנה יהיה הוא האילן בין השש קצוות. וכן נקרא תפארת לשון פארות ופי' ענפים. והכוונה כי הוא אוחז ומתפאר ומסתעף ומסתבך בספירות אלו. ולכן יוכרח מציאותם היות התפארת בתוכם כחתן בתוך חופתו, וזהו לשכך את האוזן. ואין לשאול כי איך אפשר לומר שהוא האילן בתוך הקצוות, והוא עצמו אחד מהקצוות. כי זו אינה שאלה כי הכל יתיישב על דרך המציאות והבחינות כדפי' במקומות רבים מהשערים הקודמים. ונחזור אל ענייננו. כי רום החופה הוא נצח, ותחתית החופה הוד, ומזרח החופה תפארת, ומערב החופה יסוד, ודרום החופה גדולה, וצפון החופה גבורה. וסדר זה מוכרח ובארנו בשער ג' בס"ד. וקרוב הדבר כי שש ספירות אלה הם ג' נגד ג' בדרך הקצוות שהם שלשה נגד ג'. כיצד מזרח נגד מערב, כן ת"ת נגד היסוד. והתפארת נקרא מזרח כי בו זריחת השמש והוא זורח אור לכל הקצוות. ומערב יסוד שבו יתערבו כל הכחות. וכמו שאור יוצא מן המזרח ונכנס במערב כן שפע יוצא מן התפארת ונכנס ביסוד. וכמו שצפין נגד הדרום כן הגבורה נגד החסד. ולהם יחוסים אחרים ביארנום בשער מהות והנהגה פי"ו בס"ד. ורום ותחת הם נצח והוד, כן ביאר הרשב"י ע"ה, ממראה מתניו ולמעלה נצח, וממראה מתניו ולמטה הוד. ואחר שנכללו ענין הקצוות הרוחניות, נבאר עתה לבאר הגבולים בגשמי ומשם נכנס אל הרוחני:

פרק שביעי:

כל דבר גשמי שיהיה לו שש קצוות יחוייב היות לו י"ב גבולים באלכסון. הא כיצד, נצייר בדעתינו בית אחד בד' כתלים וקרקעית ותקרה שהם שש קצות. הנה יחוייב י"ב גבולים באלכסון שהם י"ב הוויות. הא כיצד, גבול שבו יתדבק כותל מזרח עם התקרה שהוא גבול מזרחית רומית. וכן לד' כתלים, גבול צפונית רומית, גבול מערבית רומית, גבול דרומית רומית. הם ד' גבולים. וד' גבולים אחרים למטה. גבול מזרחית תחתית, גבול צפונית תחתית, גבול מערבית תחתית, גבול דרומית תחתית. הם ד' גבולים אחרים למטה. והם ח'. וד' זוויות מקום דבוק הכתלים זו בזו. כיצד, גבול מזרחית צפונית והיינו צפונית מזרחית הרי א', וכן גבול מזרחית דרומית והיינו דרומית מזרחית הם ב', וכן גבול מערבית דרומית והיינו דרומית מערבית הם ג', וכן גבול מערבית צפונית והיינו צפונית מערבית הם ד'. ונקראים גבולי אלכסון מפני שהם באלכסון. ואינם כסדר הו' קצוות שהם ביושר מזרח נגד מערב צפון נגד דרום מעלה נגד מטה. אבל אלה הם נגדיים זה לזה באלכסון. גבול מזרחית רומית נגד מערבית תחתית, וגבול מערבית רומית נגד מזרחית תחתית, וגבול צפונית רומית נגד דרומית תחתית, וגבול דרומית רומית נגד צפונית תחתית, וגבול מזרחית צפונית נגד מערבית דרומית, וגבול מזרחית דרומית נגד מערבית צפונית. וכלם נגדיים באלכסון. ובישוב דברים האלה הם קרובים אל השכל בציור נקל מאד כדפי'. וכענין הזה אל הספירות להבדיל כמה הבדלות. כי הכל ע"ד משל ולשכך את האזן. כיצד ת"ת שהוא המזרח יתיחד עם הצפון שהוא הגבורה ועם הדרום שהוא החסד ועם הנצח שהוא המעלה ועם ההוד שהוא המטה. וכמו שלא ישתוה הדרום עם הצפון דהיינו החסד עם הגבורה, שהרי הם שתי ספירות, לכל אחד מהם פעולה בפני עצמה. כן לא ישתוה יחוד הת"ת עם החסד עם יחודו עם הגבורה. וכן לא ישתוה בחינת יחודו עם הנצח עם בחינת יחודו עם ההוד. נמצא לפי זה יתהוה בחינה אחת מיחוד התפארת עם החסד והיא תקרא גבול מזרחית דרומית. ובודאי שהיה מתהווה מיחוד שתי מדות בחינה של רחמים. הרי גבול אחד. ונגד הגבול זה שהוא מזרחית דרומית היא גבול מערבית צפונית. והיינו יחוד יסוד עם הגבורה. והנה היחוד הזה הוא דין, כי היסוד בעצמו דין והגבורה דין, ויחודם יתהוה ממנו דין. והיינו גבול ב'. עוד יתייחד הת"ת עם הגבורה, וזה יהיה בהכרח נוטה אל הדין כי הגבורה דין, וזה נקרא גבול מזרחית צפונית. הרי גבול ג'. ונגד הגבול הזה שהוא מזרחית צפונית הוא גבול מערבית דרומית, והיינו יחוד היסוד עם החסד. וזהו ודאי רחמים הפך הגבול הקודם. הרי גבול ד'. והם שנים נגד שנים תפארת נגד היסוד. עוד יתייחד הדרום עם המעלה. והיינו יחוד החסד עם הנצח. ואז ודאי היא בחינת רחמים, שכן שניהם רחמים. והיינו גבול דרומית רומית. הרי גבול ה'. ונגד זה הגבול גבול צפונית תחתית והיינו יחוד הגבורה בהוד, וזה ודאי דין גמור, שכן שניהם דין, וזהו יחוד הצפון עם התחת. והרי גבול ששי. עוד יתיחד הדרום עם התחת, והיינו יחוד החסד עם ההוד, והיא בחינת רחמים, והיינו גבול דרומית תחתית. הרי גבול ז'. ונגד הגבול הזה הוא גבול צפונית רומית, והיינו יחוד הנצח עם הגבורה, והוא הפך הגבול הקודם. הרי גבול ח', הם שנים נגד שנים. עוד יתייחד הרום עם המזרח, והיינו יחוד הנצח בת"ת, והיא בחינת רחמים, והיינו גבול מזרחית רומית. הרי גבול ט'. ונגד גבול זה גבול מערבית

תחתית, והיינו יחוד הוד ביסוד, והיא בחינת דין. הרי גבול י'. עוד יתיחד הנצח עם היסוד, והיינו גבול מערבית רומית, והיא בחינת רחמים. והיינו גבול אחד עשר. ונגד גבול זה גבול מזרחית תחתית, והיינו יחוד התפארת עם ההוד, והיא בחינת דין. והיינו גבול י"ב. הרי שנים נגד שנים נצח נגד הוד. נמצא כלל הגבולים האלה ששה לדין וששה לרחמים ולכן בחינתם י"ב כדפי'. וכאשר נבחינם בערך ד' קצוות שהם מזרח ומערב צפון ודרום שהם עיקר ועולים ג"כ ברוחניות אל ד' רגלי המרכבה ואין מעלה ומטה נחשבים לעצמם אלא נטפלים אל הד' הנזכר כנודע ומפורסם בדברי הרשב"י ע"ה בענין ד' רגלי המרכבה אברהם יצחק יעקב דוד כי יסוד ומלכות הכל אחד לענין מערב כמפורסם הם י"ב נחלקים אל ד'. כיצד, ג' לכל אחד מהד' רוחות והם ד' פעמים ג' יעלו י"ב. הנה גבול מזרחית צפונית משוך כל פני המזרח וגבול מזרחית רומית וגבול מזרחית תחתית הם ג' גבולים למזרח ומתמתח והולך עד גבול דרומית מזרחית ומשם תחלת גבולי דרום. כיצד גבול דרומית מזרחית וגבול דרומית רומית וגבול דרומית תחתית הרי ג' גבולים לדרום ומתמתח והולך עד גבול מערבית דרומית ומשם תחלת גבולי המערב כיצד גבול מערבית דרומית וגבול מערבית רומית וגבול מערבית תחתית. הרי ג' גבולים למערב ומתמתח והולך עד גבול מערבית צפונית ומשם תחלת גבולי הצפון כיצד גבול מערבית צפונית וגבול צפונית רומית וגבול צפונית תחתית הרי ג' גבולים לצפון ומתמתח והולך עד גבול צפונית מזרחית שהוא מכלל גבולי המזרח כדפי'. נמצאו לפ"ז שלשה גבולים למזרח שלשה גבולים למערב שלשה גבולים לדרום שלשה גבולים לצפון וכלם גבולים לאילן האמצעי שהוא הת"ת כדפירשנו בפ' הקודם. וזהו אילן אחד יש לו להקב"ה ובו י"ב גבולים והאילן באמצע. וראוי עתה ליחד פרק בפ"ע לענין תלי גלגל ול"ב כדי ליתן ריוח בין הדבקים לתת מקום אל השכל להבין:

פרק שמיני:

והנה בעל ספר יצירה כלל ענין הבריאה בעול"ם שנ"ה נפ"ש. וז"ל בפ"ו תלי בעולם כמלך על כסאו. גלגל בשנה כמלך במדינה, לב בנפש כמלך במלחמה עכ"ל לענייננו. ועם היות דבריו אל הפשט באמרו תלי בעולם כמלך על כסאו ופי' מלך על הכוכבים ומזלות. ותל"י הוא גשם מאש ואויר ומים ואינו נראה לעין. ולפי האמת הוא הקו הישר שעליו תסובנה הגלגלים כי אותה הנקודה לא תזוז לעולם ממקומה כאלו נאמר שהוא היה גשם מאש אויר וכו'. ע"ד משל הקו שמצפון לדרום עובר בין האש הסובב העולם ובין המים והאויר ויסוד הארץ שעל אותה נקודה סיבוב כל הגלגלים ולא יחטיאו השערה לא יעלה ולא ירד זה יקרא תל"י, ולקצת התוכניים נקרא תנין. והוא כמלך על כסאו ע"י הנהגת הגלגלים כדפי'. גלגל בשנה פי' גלגל השמש שבו יתסדרו ענייני השנה בתקופות וכל העניינים והוא מלך בענייני השנה. לב בנפש הכוונה כי בחלל הלב עקר משכן הנפש החיונית ומשם מתפשטת בשאר איברי הגוף, נמצא עיקר הנפש בלב והוא מולך על שאר הכוחות המתפשטים ממנו והוא מנהיג הגוף ומתקוטט עם אויבי החיות כנודע לבעלי הרפואה והיינו כמלך במלחמה. זהו דרך פשוטו. ועם היות פשוטן של דברים אמת רמיזתן במרומי ערץ. שכן דרך הספר מדבר בעולם הזה ודבריו עומדים ברומו של עולם. והענין הוא כי עולם ר"ל בינה הנקרא עולם ע"ש ימי ההקף שהיא העולם באמיתות. ונקרא עולם על שם שהם נעלמים בה, כאשר יתבאר בשער ערכי הכנויים ב"ה. והאריכות עתה בהכרח ששת ימי ההקף הם בתוכה אין צריך, כי נודע היותה מערכה שניה אל האצילות כדפי' בשערים הקודמי'. ואמר תל"י בעול"ם מלשון (שה"ש ה יא) קווצותיו תלתלים דהיינו מציאות הת"ת הגנוז בבינה בסוד הדעת. והיינו התל המקבץ השש קצוות הנעלמות בבינה כנודע. והוא כמלך על כסאו. שבמקום הבינה נקרא מלך. וכסאו הוא פארותיו שהם ששת קצוותיו. הנעלמים ומפני שבהיותן שם אינו חסר שפע וברכה לכן נקרא מלך על כסאו בהשקט ובבטחה. והוא על כסאו מיוחד במלכות מלך תפארת על כסא מלכות כי במציאותה הנעלם אין מיעוט כדפי' בשער המיעוט בפ"ד. גלג"ל בשנ"ה. שנה היינו תקופות הששה ימים במקומם בתפארת. ר"ל מקום אצילותם וקיבוצם ומציאותם שם יקרא שנה והתפארת בתקפו עמהם יקרא גלגל. ומפני שאין שם שקט ובטחון הדין, לכן אמר כמלך במדינה לשון דין, דדין ודאי איכא, אבל מולך עליו, והיינו שהוא מלך במדינה. והיינו יחודו נמי עם בת זוגו שהיא עיר ומדינה. ונקראת כן כשהיא מתלבשת בדין מפני היניקה מהגבורה והמיעוט. ל"ב בנפ"ש שני כנויים אלה הם במלכות. אמנם ירצה בלב בתוכיות מציאות עצמות הנקודה האמצעית. ונפש היא בחינת עצמה אל בחינות הו' קצוות שבה והיא נקודה באמצע מציאות נקודת ציון נגד הת"ת. ואחר שקודם אלינו מציאות ששה קצות בשלשה מערכות

אלה והם נקראים עולם שנה נפש. והנקודה האמצעית היינו האילן האמצעי הנזכר במאמר נקרא תלי גלגל ולב וסי' עש"ן תג"ל. הנה ע"י תהיה ההנהגה בגלגול הקצוות במערכות שהם מערכה מול מערכה זו שואבת מזו וזו משפעת לזו ומכחה נברא עולם שנה נפש הגשמיות דרך המערכות שהם אצילות בריאה יצירה עשיה. ובכולם עולם שנה נפש כסדר אצילות כן סדר הבריאה כן סדר היצירה כן סדר העשייה. ואחר שנודע כי י"ב גבולים הם מכח ו' קצוות הנה נמצא היות י"ב גבולים בבינה וי"ב בת"ת וי"ב במלכות. וביארנום כי הם נחלקים לד' ג' גבולים לכל רוח כזה:

דרום	צפון	מזרח	מערב
א	ה	י	ה
י	ה	ו	ה
א	ד	נ	י

הרי י"ב לבינה וי"ב לתפארת. [עתה נכתב כ"ד צירופים למלכות:

אדני אדינ אניד אנדי אינד אידנ דרום:

דאני דאינ דינא דיאנ דנאי דניא צפון:

נאדי נאיד ניאד נידא נדיא נדאי מזרח:

יאדנ יאנד ינדא ינאד ידאנ ידנא מערב:

א	אהיה	איהה	אההי	דרום
ה	האיה	האהי	היהא	צפון
י	יההא	יאהה	יהאה	מזרח
ה	ההיא	ההאי	היאה	מערב
י	יהוה	יההו	יוהה	דרום
ה	ההיו	ההוי	הויה	צפון
ו	ויהה	והה י	והיה	מזרח
ה	היוה	היהו	הוהי	מערב

הרי י"ב לבינה וי"ב לתפארת
ועתה נכתב ד' למלכות

א	אדני אדינ אניד אנדי אינד אידנ	דרום
ד	דאני דאינ דינא דיאנ דנאי דניא	צפון
נ	נאדי נאיד ניאד נידא נדיא נדאי	מזרח
י	יאדנ יאנד ינדא ינאד ידאנ ידנא	מערב

והנה שלשה פעמים לדרום שהוא הי' בחכמה שהוא בחסד דרום והיינו ג"כ א' של אהי"ה וא' של אדנ"י כי הכל א' כמבואר בהרשב"י ע"ה באמרו ענין יחוד ג' שמות אלו כזה יאהדונה"י יאההויה"ה והם ג' פעמים לצפון שהוא הה"א שהיא בבינה שהיא בגבורה צפון והם ג"פ למזרח שהוא הוא"ו שהוא בת"ת (והם ג"פ למערב כו' כנודע) אמנם ביחס ההויות וכן השמות אל הגבולים זה אין בנו כח עד יבא מורה צדק. והנה תל"י הוא שם אהי"ה, וגלג"ל הוא שם יהו"ה, ול"ב הוא שם אדנ"י. והד' רוחות הם ד' אותיות השם, אות אחת לכל רוח. והגבול הוא צרוף שם אחד כמו שציירנו. והנה לכל שם מהי"ב ששה שמות מהע"ב שמות והיינו דקאמר ששה משמותם על האבן האחת. והטעם כי כל גבול יהיה כלול משששה קצוות. כי כח כלם בכל אחד. ע"ד שבארנו בענין כללות הספירות בשערים הקודמים. וכל שם הוא מג' אותיות שהם נגד חסד דין רחמים. שבזה נכלל כל האצילות כדפי' בשער מהות וההנהגה פכ"ה בס"ד. וכן הם ג' אותיות אות א' בכל פסוק שהרמז בהם אל ג' קוים כדפי' לעיל. והנה כל אחד כלול מחבירו והכל להורות על היחוד ועל ההנהגה. כי כשם שטבע המזלות מתחלפים כן הדבר בהויות ובצירופים איש על עבודתו ועל משאו, ואיש במלאכתו אשר המה עושים. וכבר נתבאר כי הג' מדות האלה הוא הנהגת העולם עליונים ותחתונים והם נכללים בסוד יהו"ה כנודע ומהם נתפשטו ההויות כלם בכל העולמות בעולם שנ"ה נפ"ש (ע"ד הפשט) שהם י"ב י"ב בסוד י"ב גבולים כאשר נתבאר בספר יצירה. ונתפשטו הצורות העליונות עד היותם במלכות כ"ד. לסבה כי המלכות היא י' והת"ת ו' ושיעור ו' שני יודי"ן כדפי' הרשב"י ע"ה והעתקנוה לעיל בשער השמות בפ"ו בע"ה וכן שיעור המלכות זרת כמו שנבאר בערכי הכנויים ושיעור הת"ת אמה כאשר יתבאר שם ושיעור האמה ב' זרתות כנודע. וכן הת"ת החוצה השקל עשר הוא. ומלכות היא ה' מחצית העשר כדפירשנו בשער א' פ"ב בס"ד (כצ"ל ע"פ הפלח) וכן המלכות ה' והיינו שהיא ג' וי"ם שהם נצח הוד יסוד כדפי' בשער המציאיות. ושיעור הת"ת כפלים שהוא ו' קצוות. הוכרח מכל זה ששיעור הת"ת כפל לשיעור המלכות, א"כ הוכרח לזה שמה שנכללו ו' שמות של הע"ב בצרוף הא' של אהי"ה או הי' של יהו"ה צריך שנים בשם אדנ"י מפני שאינה כוללת מהקצוות כ"א ג' כדפי' ולכן באו צרופי אדנ"י כ"ד שהם ג"פ כ"ד הם ע"ב, וכן פי' בספר הבהיר במ"א. ועוד פירש שם כי אפי' בשם בן ד' הם כ"ד צורות

כ"ד צירופים. ואין לתמוה על זה, כי אם היותו שישתוו ההוויות באותיותיהם לא ישתוו ברמיזתם. וראייה מאותיות ה"ה שבשם ששוים בצורתם ומשונות ברמיזתם כמו שביארנו בשער השמות בפ"א בס"ד. ולכן נחשוב כאלו ה' שניה הי' צורתה משונה מחברתה, ויצא לנו כ"ד צירופים כ"ד צורות. ועם היות שידמו הי"ב אל הי"ב הם כדמות זכר ונקבה מקבל ומשפיע וכן הם י"ב שעות ביום וי"ב שעות בלילה, של הלילה מקבלות מהיום ושל יום משפיעות בלילה בסוד מדת יום ומדת לילה. ועוד ראוי שנקדים כי תפארת ומלכות מתייחדים ומתדבקים בכל הספירות ובכל האברים העליונים פעמים כלם יחד ופעמים במקום מיוחד כאשר מתבאר מסוד התפילות. כי תפלת השחר מכונה לאברהם ושם מתרפקת על דודה ע"י החסד, ותפלת המנחה יצחק ושם יחודה עמו ע"י גבורה, ותפלת ערבית יעקב וכו'. וכסדר התפלות כן סדר המועדים כי פסח הוא חסד ושבועות ת"ת ור"ה גבורה וסוכות יסוד וש"ע מלכות וחנוכה ופורים נצח והוד כי כן ביאר הרשב"י בתיקונים (תקוני ז"ח דף קי"א). והכונה על יחודה עם בעלה, בעוד הענפים האלה ואין זה מקום הדרוש הזה כי נבאר אותו בס' אור יקר בס"ד. אמנם תשתנה הבחינה לפי השתנות המקום ויתגלה הדבר הזה בסוד צרוף הניקוד כי יעלה המספר לאין תכלית כאשר נבאר בשער הצירוף פ"ד בס"ד. הנה נמצא עתה היות אמת שהם כ"ד צורות כ"ד צירופים והם הם י"ב צורות י"ב צרופים שהכל א' והכל עולה אל מקום א'. ובזה יתוקן דברי ספר הבהיר במקום אחר, כי כן ביאר הוא בפי' כאשר נבאר כי י"ב זכרים וי"ב נקבות דומים אלו לאלו והם עולים כ"ד. והנה נודע היות הזכר הפך הנקבה כמו שנתבאר בספר יצירה זכר באמ"ש נקבה באש"ם. ולנו בזה שני דרכים. או אם נאמר שיהיו תיקון הזכרים והנקבות כמו אמ"ש ואש"ם ונמליך לעולם אות אחת בראש הזכר והנקבה דהיינו אות מהרוח שבו הזכר ובו הנקבה. כגון אם אנו ברוח מזרחי שהוא י' משם אהיה כמבואר לעיל הנה יהיה הזכר יאה"ה ונקבתו יהה"א. וכן אם יהיה הזכר יהא"ה יהיה הנקבה כמוהו יהא"ה אלא שהוא המליך אות ה"א ראשונה והנקבה הפכה והמליכה אות ה' השניה. וכן באדנ"י המשל אות רוח דרומי הוא א' ויהיה הזכר אדנ"י והנקבה אינ"ד, ואם יהיה הזכר אדי"נ יהיה הנקבה אני"ד, ואם יהיה הזכר אנד"י יהיה הנקבה איד"נ. זהו דרך א'. או אם נאמר י"ב צרופים ממש נקבות כי"ב הזכרים ולעולם הזכר והנקבה שוים כזה הזכר יהו"ה והנקבה יהו"ה, הזכר הוה"י והנקבה הוה"י, זה משפיע וזה מקבל. והב' דרכים שקולים אצלנו עד יבא מורה צדק. וראינו לחלק העניין הזה עוד לפרק בפ"ע לתת ריוח בין פרשה לפרשה:

פרק תשיעי:

והנה בענין כ"ד צרופים י"ב וי"ב שהקדמנו, יתבאר מה שכתב בספר הבהיר (סי' מו) וז"ל השם היוצא מג' פסוקים ויס"ע ויב"א וי"ט אותיות פסוק ראשון כסדר וכו' נמצא שבכל שם ושם מע"ב שמות היוצאים מאלו הג' פסוקים כו' ומתחלקים לשלשה חלקים כ"ד לכל חלק ועל כל חלק מג' חלקים שר גבוה עליהם ועל כל חלק יש לו ד' רוחות לשמור מזרח ומערב וצפון ודרום ומתחלקים ששה לכל רוח נמצאו לד' רוחות כ"ד צורות. וכן לשני וכן לג' וכלם חתומים ביהו"ה אלהי ישראל אלהים חיים שדי רם ונשא שוכן עד וקדוש שמו יהו"ה בשכמל"ו עכ"ל. וכוונתו כי שם בן ע"ב חותם בע"ב שמות של הוי"ה. וביאר זה שם למעלה וז"ל מאי דכתיב יברכך ה' ישא ה' וגו' יאר ה' פניו וגו' זה שמו של הקב"ה המפורש והוא שם של י"ב אותיות דכתיב יהו"ה יהו"ה יהו"ה מלמד ששמותיו של הקב"ה שלשה חיילים וכל שם מחיל וחיל דומה לחבירו ושמו כשמו וכולם חתומים ביו"ד ה"א וא"ו ה"א והיאך תצרף יהו"ה כ"ד פעמים היינו חיל אחד יברכך ה' וכן השני והם כ"ד שמותיו של הקב"ה וגם הג' והם כ"ד מלמד שכל חיל ראשיהם ושריהם הם כ"ד ועתה תצרף כ"ד ג' פעמים ויהי וע"ב שמותיו של הקב"ה והיינו ע"ב שמות היוצאים מן ויס"ע ויב"א וי"ט עכ"ל. והנה הוכרח מתוך המאמר הזה ששם בן ד' מצטרף כ"ד צרופים ויתבאר על שדרך שפי' למעלה. וכך פירושו, כי עם היות כל חיל וחיל דומה לחבירו עם כל זה הוא חיל בפ"ע. ועתה נכנס בביאור כל המאמרים האלה על נכון ומתוכו יתבאר שם בן ע"ב על מתכונתו. כבר נתבאר בשערים הקודמים כי כל האצילות נכלל באמ"ש שהם אוי"ר מי"ם א"ש והיינו חס"ד די"ן רחמים והם עיקרם בגדול"ה גבורה ת"ת. ולג' אלה רומזים ג' שמות שבברכת כהנים שהם ג"כ מלך מלך ימלוך. ובניקוד ג' שמות אלה רבו בו הפרושים יש שרצו לנקדם יפעל יפועל יפעול והוא הראשון כלו פתח, והשני פתח חולם צירי, והשלישי חיריק שבא חולם. ויש שכתבו שנקודו יַפָעַל יַפוּעֶל יִפְעוֹל והוא שראשון כלו קמץ, והשני כלו סגול, והג' חירק שוא חולם. ובתיקונים (בהקדמה ד"י. ותקונא ע' דקל"ד ע"ב) פי' הרשב"י ע"ה שנקודו כתיבות שלאחריו שהיא מלך מלך

ימלוך שהם יָפָעָל יֶפֶעֶל יִפְעוֹל והוא הראשון כלו סגול, והשני קמץ פתח, והשלישי חיריק שבא חולם. וכן פי' בר"מ (פינחס דרי"ז.) וז"ל מיכא"ל ארי"ה ד' אנפין דיליה יֶהֶוֶ"ה. ד' אנפי דשור ואיהו גבריאל ואינון יָהַוַ"ה. ד' אנפין דנשר ואיהו נוריאל ואינון יִהְוִ"ה. ואינון ממנן תחות חס"ד פח"ד אמ"ת דרגין דג' אבהן, ואוקמוה רבנן האבות הן הן המרכבה, וסלקין נהורין לחושבן יב"ק. ואינון מֶלֶךְ מָלַךְ יִמְלוֹךְ הנה ג' שמות נקראים שם בן י"ב ועליו אמרו כל היודעו והזהיר בו וכו' והוא טוב לכוין בו בחתימת כל ברכה וברכה בסוד היה הוה ויהיה דהיינו מלך ימלוך. ונחזור לענייננו כמו שג' שמות אלה בג' אבות כן שם בן ע"ב מהג' פסוקים בג' אבות כדפירש בזהר (בשלח דף נ"א). נמצא שאחר שנצרף השם ע"ב ונחלקהו לג' חלקים חלק לכל שם ושם מאלו הג' שמות הנזכרים יעלה כ"ד שמות לכל שם. עוד נצרף שם בן ד' לכ"ד צרופים הנה יהיו כ"ד שמות נגד כ"ד אשר לו משם ע"ב. ויהיו כ"ד הויות מקורות לכ"ד שמות משם ע"ב. וג' הויות אלו שמהם יצטרפו הע"ב צרופים הנה יהיה כל א' מהם שר לכ"ד המצטרפים ממנו. והיינו דקאמר לעיל ג' חיילים וכל שם מחיל וחיל וכו' וכן במאמר הקודם ועל כל כ"ד שר גבוה וכו'. וכשנחלק כ"ד לד' רוחות שהם ד' גבולים מי"ב הנזכר לעיל הנה יהיו ששה תחת א'. כי יהיו ד' גבולים ולכל כ"ד שמות יהיו ו' שמות משם ע"ב תחת ו' שמות משם בן ד' אלו תחת שם א' שבי"ב גבולין. וי"ב גבולים מצטרפים משם בן ד' כדפי'. ורצוננו לצייר צורה נכונה יתישבו כל אלה הדברים בלב המשכיל על ידה. והצורה תמצא בעמוד תפ"ו:

עד הנה הגיע כח הציור בדברים האלה וכצורה הזאת לשם יהו"ה כן הצורה לשם אהי"ה וכן לשם אדנ"י. והכלל העולה היות הי"ב גבולין צירוף שם בן ד' אשר בתפארת והנה התפארת כולל חסד וגבורה ורחמים כי הוא איש תם יושב אוהלים ומזה חוייב ג' שמות בשם בן ד' ושם בן ד' א' כלול שלשתם והא' נחלק לי"ב צרופים שהם י"ב גבולים כדפי'. והי"ב צרופים נחלקים כאו"א לשנים שנים זכר ונקבה הם כ"ד. והג' כל אחד מהם לכ"ד הם ע"ב הם ו' שמות מהם לכל א' מהם י"ב ולכל א' מהם כ"ד זהו מקורם הנעלם. אמנם יתלבשו הכחות האלה הע"ב בע"ב שמות של ויס"ע ויב"א וי"ט שהם כל א' מג' אותיות רמז אל חסד וגבורה ת"ת שכן רמז הפסוקים וראשי אותיות של י"ב צרופים של שם בן ד' אשר בת"ת הוא י"י הה"ה וו"ו הה"ה שהם ג' שמות הנזכר והכל ממקום א' והכל שב אל מקור א'. וע"ד זה נקיש לשם אהיה כי הכל אחד זה כזה ולרמוז אל שלשה (שהם) [שמות] אהיה שהם חסד דין ורחמים לא נזכר בתורה כולה כי אם ג' פעמים דהיינו ג' ראשונות. ואדני ג"כ עד"ז כי ה' בהיכל קדשו אין בין זה לזה אלא שאין אנו צריכין (לפעל) (לכפול) השמות. וע"פ דרכנו למדנו כי מקור שם של ע"ב הוא על הדרך שאמרנו וכן אהי"ה וכן אדנ"י. אמנם בס' האורה פי' בענין אחר וכן בתיקונים ונבארהו ב"ה. שוב מצאנו שם הי"ב גבולים זולת שם בן ד' ושם אהי"ה ושם אדנ"י אלא שם אחד. וז"ל בס' הבהיר ואלו הם השמות המפורשות היקרות והמפוארות שם י"ב לי"ב שבטי ישראל:

אהציצהרון אבליתהרון טמקהון רמוההטרון
וצפצפשיתרון יהורמרון כרחיה גאון עדשגדראן
כסאות הוהויהה ויהאאהיה והרמתתירהון

בשכמל"ו. וכלם נכללים בלב נתיבות השמים ומתחלקים לכ"ד שמות ובהם כלול זכר ונקבה ופקדיו בתל"י גלג"ל ול"ב והם מעיינות החכמה עכ"ל. ודקדק בדבריו שאמר זכר ונקבה והם הכרח אל מה שכתבנו למעלה בענין י"ב הנחלקים לכ"ד זכר ונקבה. ואין ספק שהשמות הללו לבוש אל י"ב הויות ואל י"ב אהי"ה ואל כ"ד אדני ע"ד שפי' למעלה בע"ב עצמם. ואחר שנתבאר ענין הי"ב גבולים כפי השפעת השם בחסדו עלינו, ניחד פרק זה בתשלום ביאור המאמר:

פרק עשירי:

אמר שהם י"ב פקידים בתל"י גלג"ל ול"ב, כמבואר לעיל כי י"ב גבולים הם בתל"י שהיא הבינה וי"ב בגלג"ל שהוא התפארת וי"ב בל"ב שהוא המלכות. והם ל"ו, ג' פעמים י"ב יעלו ל"ו. ירצה שכל אחד מתל"י גלגל ול"ב יעלה מספר י"ב שבו אל ל"ו. מפני שהמלכות כלולה מבינה ות"ת, והתפארת כלול מבינה ומלכות, והבינה כלולה מת"ת ומלכות. לכן חוייב שיהיו כל אחד מהי"ב כלול משתים זולתו שהם ג', וג' פעמים י"ב הם ל"ו. אם תדרשם בגלגל תמצאם וכו'. ומ"ש וכללן ל"ו מל"ו שכח אחד כלול מחבירו פי' שכל אחד מהל"ו צורות היא כלול מל"ו צורות. והטעם לזה שכח אחד כלול מחבירו, פי' שכלם שואבים זה מזה ומקבלין דין מן דין, א"כ יוכרח היות בכל א' בחינת כלם כדי שיוכלו לקבל מכולן. ואמר עוד וכלם אינם יותר מל"ו צורות כי אע"פ שאמר שהם ג"פ ל"ו וכל אחד מל"ו כלול מל"ו צורות עם כל זה שרשם האמיתי העקרי אינם אלא

ל"ו מהג' מערכות שהם ג"פ י"ב, ולכן אינם נכנסים לחשבון אלא י"ב והשאר הוא הכללות שנכללו כדפי'. וכולן נשלמות בל"ב הם שלשים ושנים. ואפשר הטעם כי צריך להסיר ד' מל"ו מפני שהד' אותיות הם יסוד הל"ו ולכן כאשר נחסר הד' מל"ו יושלמו ויוכללו בל"ב. אח"כ אמר מסור בל"ב ול"ב נשארו ס"ד. פי' כאשר נמסור ונכלול ל"ב עליונים בל"ב תחתונים יהיו ששים וארבעה. והכריח דנמסר ל"ב לל"ב משום דכתיב כי גבוה כו' הרי של"ב הם על ל"ב ולכן הם נכללים בס"ד. חסרו ח' להשלים ע"ב והיינו וגבוהים עליהם שהם כח שבע ספירות למעלה מהמלכות שהיא הל"ב כמבואר לעיל. והנה ז' ימי בראשית הם והבינה הוא יום השבת א' מהז' ימי בראשית ולכן קראם ז' ימי השבוע כי שבוע היא הבינה. וחסר אחת. והמלכות אינה משלמת שהיא עצמה הלב כדפי'. ואמר כי המנין נשלם ביתרון ארץ בכל היא. ושאל על עניינו ואמר מקום שמשם נחצבה הארץ. פי' מציאות המלכות הנעלם בסוד מקורה למעלה שהוא מציאות יתרונה ומעלתה ומשם נשפע אור חדוש הלבנה כמבואר בר"מ כי מן הנקודה האמצעית מאירה הלבנה והיינו כזה (. והנקודה האמצעית היא מקור האור ומשם חדושה והיינו מציאות הי' שבמלכות נקודה האמצעית וזה שכתוב ויתרון ארץ יתרון ממה שהיה בה כי היתה חסרה והיא מתמלאה מתוכה בת עין המאירה את כל העין ומתוך יתרון זה שופעת חיות לכל

העולם וזהו ויתרון ארץ שהיא הנקודה בכל הוא. פי' בכל בני העולם שופע שפעה. כשאנשי העולם ראויים לקחת מזיוו וכו'. פי' כשיש כשרון מעשים בעוה"ז אז היא לבנה במילואה והאור נשפע. ומאי ניהו ארץ שנחצבה ממנה שמים. דקדק שלא אמר ארץ דנחצבה משמים דהיינו המיעוט אלא ארץ שנחצבה ממנה השמים דהיינו ענין הצלע שהתפארת שהוא השמים נחצב ממנה והיא נשארה בחכמה כמבואר בשער המיעוט פרק ד' בס"ד. והיא כסאו. פי' אח"כ הוא כסא לתפארת והיא אבן יקרה שהיא סגולת מלכים בסוד היו"ד העליונה בחכמה ובסוד המציאות ההוא היא ים החכמה, וכנגדה תכלת שגוונו ספיר. והביא ראיה מדברי רבי מאיר לג' מציאיות שבמלכות והיא מציאותה למטה אחר המיעוט ומציאותה עם התפארת קודם המיעוט ומציאותה בחכמה. וז"ש תכלת דומה לים דהיינו מציאות המלכות בסוד בחינתה התחתונה והיא נקראת ים ושם תחתיה מצולת ים בסוד (משלי ה ה) רגליה יורדות מות. וים דומה לרקיע דהיינו מציאתה עם הת"ת הנקרא רקיע. ורקיע לכסא הכבוד דהיינו החכמה שהיא כסא לכבוד החופף עליו והוא (רחוק) (הכתר). והכריח שלשה מציאות אלו מן הפסוק ויראו א"ת אלהי ישראל. ותחת רגליו היא המלכות שהיא תחת רגלי אלהי ישראל שהוא תחת נצח והוד שהם רגליו לתפארת. כמעשה לבנת הספיר פי' ענין מציאותה בחכמה ששם הוא הספיר. וכעצם השמים דהיינו מציאותה בתפארת. וכן עליה נאמר כמראה אבן ספיר והיינו שהשכינה כמראה אבן ספיר שהיא החכמה. דמות כסא פי' דמתכסה ומתעלם, וכן פי' הרשב"י ע"ה. ודי בזה הערה בסוף המאמר הזה כיון שאינו מעניננו. ומתוכו נתבאר ענין הי"ב הגבולים וע"ב שמות לכלם יחד כדפי' שלהי המאמר בפרק הזה כי הם שש קצוות וראשם וסופם כנ"ל. ודי לנו העסק במאמר הזה ובענין הזה. ונבא לבאר בפרק בפני עצמו ענין מקורות השם הזה בס"ד:

פרק אחד עשר:

בענין מקורי השם הזה כתב ס' האורה וז"ל צריך אתה לדעת כי השם ית' יש לו נ"ד שמות מרובעים בצרוף יהו"ה והם עולים לחשבון רי"ו אותיות. ואלו הנ"ד שמות הם בסוד המשכת כח בכל הנמצאים אשר בעולם בהויות כל הוה, והם כדמיון נשמה אל רי"ו אותיות שהם ויס"ע ויב"א וי"ט. ובתוך אלו הנ"ד נכללו כל הדברים אשר בעולם ואלו הן המספיקים צורך כל הנבראים ע"י האדנות עכ"ל. ומה שאמר שבשם ההוי"ה יש נ"ד שמות קבלנו צרופו כזה. יהו"ה יוה"ה יהה"ו יוה"ו יהו"ו יוו"ה יוה"י יהו"י יוי"ה. והי"ה ויה"ה והה"י הוי"ו היו"ו הוו"י יוי"ה ויה"ו יהי"ו ההו"י ההי"ו היו"ה וה"ה וה"י ויה"ו ויו"ה ויי"ה והי"י ויה"י היו"ה היה"ו הוה"י היו"ו הוי"ו ווי"ה הוי"י היו"י היי"ו ויו"ו יוי"ו יוו"י ייה"ה יהי"ה יהה"י ווה"ה והו"ה והה"ו ווי"י ויי"ו ויו"י ההי"י היה"י היי"ה ההו"ו הוה"ו הוו"ה.

אלו הם נ"ד צרופים שבשם הוי"ה כפי אשר קבלנום מאנשי לבב. ועד"ז נצרף שם אהי"ה כי הכל ענין א' לחקורהשם הזה כדפירשנו:

אהי"ה איה"ה אהה"י אאי"ה אאה"י איא"ה ייא"ה ייה"א יאי"ה יאה"ה יהא"ה יהה"א איה"א אהי"א אהא"י יאה"י יהא"י יהי"א האי"ה האה"י ההי"א האא"י היא"א האי"א איי"א איה"ה אה"יי ההא"י היא"ה היה"א יאא"ה יהא"א האי"י היי"א היא"י ההי"י היה"י היי"ה אאה"ה אהא"ה אהה"א ייא"א יאי"א יאא"י ייה"ה יהי"ה יהה"י ההא"א האה"א האא"ה אאי"י איא"י איי"א. הרי נ"ד צרופים

בשם אהי"ה כפי אשר קבלנום והם מקור לשם ע"ב לדעת הרב:

ויש מחלקים שם ע"ב לד' אותיות כל שם ושם ואין לנו עסק בעני יהזה כלל. ויש מהמקובלים במעשים שכתבו שמקור השם הזה הוא א"ל כמו המשל יליא"ל סיטא"ל וכן עד תומו, ונכון הוא שכן הוא בחסד ושם אל בחסד. וכבר היינו יכולים לומר שיהיה מקור א"ל כלול עמו בדרך אחרת כזה יאלל"י וכן סאיל"ט אלא שראינו לעולם א"ל בסוף שמות כל המלאכים וכן בשם זה לא נשתנה. ולהרשב"י ע"ה במקור השם הזה דרך אחרת וז"ל בתיקונים (בהקדמה ד"ח.) ומקור דאילין הוויין בחשבן חסד דבהון צריך למבני בניינא דא אינון מחסד דמקור ההוויות איהו יו"ד ה"י וי"ו ה"י דסלקין לע"ב הוויין כחושבן חס"ד כולהו אבן וקורה ובניינא דאתבני בתרווייהו. ואילין אינון ע"ב הויין דנפקין מן יו"ד ה"א וא"ו ה"א עכ"ל. וכתב ההויות ובכל הספרים נפל בהם הבלבול והטעות לכן היותר נכון לצרפם מתוך שם יו"ד ה"י וי"ו ה"י. והנה בשם זה שהוא יו"ד ה"י וי"ו ה"י הם ד' יודי"ן ושלשה ווי"ן ושני ההי"ן, כשנרצה לצרף אותיות אלה אל תיבות יעלה מהם ראשונה יה"ו יה"ו וי"י הם ג' הויות מכלל אותיות ההוי"ה שבשם זה. והנה עוד נוכל לצרף שם יה"ו כזה יה"ו יו"ה הי"ו הו"י וי"ה וה"י הרי ו' הוויות, וכן מיה"ו השני הם י"ב. ושם וי"י יסבול ג' צרופים כזה וי"י יו"י יי"ו. נמצא כלל הצירופים עד עתה ט"ו. עוד נעשה מאותיות השם שהם ד' יודי"ן ונצרף כל י' מהם אל ב' ההי"ן ויהיו יה"ה יהה"ה יה"ה ויעלה מספרם י"ב צרופים, כי נצרף כל הוי"ה מאלו אל ג' כזה יה"ה הי"ה הה"י והם ג' פעמים ד' הם י"ב וט"ו הם כ"ז. עוד נצרף ג' ווי"ן אל שני ההי"ן ויעלה וה"ה וה"ה וה"ה ויעלה מספרם ט' צרופים, כי נצרף כל ההוי"ה מאלו אל ג' כזה וה"ה הו"ה הה"ו והם שלשה פעמים ג' הם ט' וכ"ז הם ל"ו. עוד נצרף ד' יודין אל שני ווי"ן ויהיו יו"ו יו"ו יו"ו יו"ו ויעלה מספרם י"ב צרופים, כי נצרף כל הוי"ה מאלו אל ג' כזה יו"ו וי"ו וו"י והם ד' פעמים הם י"ב ול"ו הם מ"ח. עוד נצרף ג' ווי"ן אל ב' יודי"ן ויהיו וי"י וי"י וי"י ויעלה מספר ט' צרופים, כי נצרף כל הוי"ה מהם אל ג' כזה וי"י יו"י יי"ו שהם ג' פעמים ג' ט' ומ"ח הם נ"ז. עוד נצרף שני ההי"ן אל שני יודין ויהיו הי"י הי"י ויעלה מספר ו' צרופים, כי נצרף כל הוי"ה מאלו אל ג' כזה הי"י יה"י יי"ה הם ששה ונ"ז הם ס"ג. עוד נצרף ב' ההין אל ב' ווין ויהיו הו"ו הו"ו ויעלה מספר' ו' צרופים, כי נצרף כל הוי"ה מאלו אל ג' כזה הו"ו וה"ו וו"ה הם ששה, וס"ג הם ס"ט. וכלל האותיות יסוד הצרוף שבשם הם ד' יודין וג' ווי"ן ושני ההי"ן נעשה מהם ג' תיבות כזה וו"ו יי"י יה"ה הם ג' וס"ט הם ע"ב. זה דרך מוצא ע"ב ההויות שבשם ע"ב לדעת הרשב"י ע"ה ויסודם יו"ד ה"י וי"ו ה"י שעולה ע"ב. ואחר שכללנו סדר צרופו נצייר עתה בלוח זה סדר ההויות. יה"ו יו"ה הי"ו הו"י וי"ה וה"י יה"ו יו"ה הי"ו הו"י וי"ה וה"י יי"ו יו"י וי"י יה"ה הי"ה הה"י יה"ה הי"ה הה"י יה"ה הי"ה הה"י יה"ה הי"ה הה"י וה"ה הו"ה הה"ו וה"ה הו"ה הה"ו וה"ה הו"ה הה"ו. וי"י יו"י יי"ו וי"י יו"י יי"ו וי"י יו"י יי"ו וי"ו יו"ו וו"י יו"ו וו"י וי"ו וו"י יו"ו וי"ו וו"י יו"ו וי"ו וו"י הי"י יה"י יי"ה הי"י יה"י יי"ה הו"ו וה"ו וו"ה הו"ו וה"ו וו"ה וו"ו יי"י יה"ה הרי ע"ב והם כל א' וא' מאלו ההויות של ג' אותיות כעין שם ע"ב שכל א' מהם ג' אותיות. ואין לתמוה על כפל ההויות אחר שאין אותיות הכפל שוות כדפירשנו. וכן ההוי"ה של שלשה יודי"ן או שלשה ווי"ן אין לתמוה עליה שהרי אין היודין ברוחניותיהם שוות וכן הווי"ן. וענין זה בההי"ן וביודי"ן ובווין שבשם כל אחד ואחד רמז אל ענין בפ"ע כמבואר בשערים הקודמים. והנה נשלם ונכלל המובן אלינו בפירוש שם בן ע"ב לעת כזו ואין להאריך עוד. ונסע אל ביאור שם בן מ"ב הקדוש בעה"ו:

פרק שנים עשר:

הכוונה עתה לבאר שם מ"ב ונקרא כן לפי שבו מ"ב אותיות כאשר נבאר וזהו השם בנקודו:

אַבְגִיתַץ : קְרַעשְׂטַן : נַגְדִיכַשׁ : בְּטַרְצְתַג :
חַקְבְּטְנַע : יְגַלְפַּזְק : שְׂקוּצִית :

ע"כ. כמו שנקדנו אותו מצאנוהו בתפלת ר' נחוניא. ובדברי מקובל ע"פ מגיד כתוב וז"ל. אַבְגַיְתַץ תנקדהו בפת"ח ובשב"א, האל"ף והבי"ת והגימ"ל בפת"ח והיו"ד בשב"א והתי"ו בפתח ובדגש. קְרַעשְׂטָן הקוף בשב"א והרי"ש בפת"ח והשי"ן בשב"א והט' בקמץ. נְגֲדִיכַשׁ על הדרך הזה הנו"ן בשב"א הג' בפתח והד' בשב"א היו"ד בפתח והכ"ף ג"כ. בְּטַרְצְתַג הבי"ת בשב"א הטי"ת בפת"ח הצד"י בשב"א התי"ו בפתח. חַקְבַטְנַע החי"ת בפתח הקוף בשב"א הבי"ת בפת"ח ובדגש הטי"ת בשב"א ובדגש הנו"ן בפתח ועי"ן בלי נקודה. יְגַלְפְּזַק היו"ד בשב"א ובדגש הגימ"ל בפת"ח בלי דגש הפ"א דגושה ובשב"א הזי"ן בפתח הקוף בלי

שום נקודה. **שְׁקֻוָצִית** תנקדהו על הדרך הזה השי"ן בקמ"ץ והקו"ף בשב"א והוא"ו בקמץ ג"כ הצד"י בחיר"ק. זהו צירוף נקודו. ידוע כי סוד הפת"ח הוא סוד גדול לפתוח מלמעלה על פתחי הרחמים הגמורים יען כי הוא רחמים גמורים. וקמץ סודו (תהלים פז י) קפץ באף רחמיו. ר"ל אם תנקדהו בקמץ הוא קופץ באף והשמר לך שלא תנקדהו בקמץ אלא לנקום נקם. ובמקום השב"א חירי"ק ועמו תעשה ותשיג פלאי פלאות. ובפת"ח תשיג פעולות הרחמים ויפתח ברכות עד בלי די וזש"ה (מלאכי ג') אם לא אפת"ח לכם את ארובות השמים והריקותי וגו' עכ"ל לענייננו. ונחזור לענין פירוש השם והוא נרמז בספי' הגבורה ומקום מוצאו מפסוק בראשית עד ב' ובה"ו וכן פי' הרשב"י ע"ה בתיקונים בתקון ד' וז"ל קם ר' שמעון על רגלוי ואמר רבון עלמין אפתח עיני לאסתכלא בהון לעילא אבא ב"ם במ"ב אתוון דשמא מפרש למנדע כל את ואת על תקוניה ואינון בראשית ברא אלהי"ם את השמים ואת הארץ והארץ היתה תהו ובוהו. בראשית ברא אלה ימאת הש מימואת הארצוה ארצהית התהוב. ואינון אבגיתץ קרע שטן נגדיכש בטרצתג חקבטנע יגלפזק שקוצית. כל את ואת אית ליה מאמר ואית ליה נתיב י' אמירן אינון ול"ב שבילין וכולהו תליין מן אי"ה ודא איהו אבא ב"ם אודה י"ה אי"ה בחשבן אודה י"ה (י"ה חכמה ובינה א' כתר עלאה). ואינון ז' ספירן כלילן בז' שמהן וכולהו כלילת לון בת שבע עכ"ל. ושיעור הכתוב הוא פתחו לי שערי צדק והיא השכינה כשהיא נקרא בת שבע על שהיא כלולה משבע שמות אלו שהם שבע הספירות ואז היא נקראת צדק מעבר הנתיבות והמאמרים. אח"כ אבוא ב"ם שהם שבע שמות שבע ספירות ובהם נכללות מ"ב אותיות שהם י' מאמרים ול"ב נתיבות וכל אות ואות יש לה כח א' מהמאמרים או ההנתיבות. אודה י"ה הם ג' ראשונות הנשארות. הנה בפירוש שמוצא השם הזה הוא מפסוק בראשית עד ב' של ובה"ו, ויש בזה קצת בלבול כאשר נכתוב. ויש מי שחלק האותיות האלה לג' חלקים שהם ג' ידות יד ימין יד רמה ויד החזקה וזה סדורו עם נקודו בראשית ברא אלה ימ. ע"כ יד הגדולה ימין. אתהש. מימואתהא. רצ. ע"כ יד רמה הרחמים. והארצה יתהתהו. וב. ע"כ יד החזקה:

וכתב עוד כי מ"ב אותיות אלה בסוף התורה בפסוק ולכל היד החזקה ולכל המורא וגו'. ושם ג"כ ג' ידות והם אלו ולכלהי דהחזקה ול ע"כ היד האחת. כל המוראה גדול אש ע"כ היד השנית. רעשה משה לעיני כל. ע"כ היד הג'. כן מצאתי. ואפשר היות נקודות אלו כנקודות האותיות שבו נקוד האותיות שמבראשית כאשר רמזנום לעיל ושמענו אומרים שדברים אלו הם דברי החסיד החכם ר' שלמה מלכו ז"ל. ובשם זה מצאנו בס' הקנה שמות שראשי תיבותם הוא שם בן מ"ב נראה משם שהם לבוש אל זה השם ואלו הן השמות כאשר כתב הוא בספרו:

אדירירוץ בהירירוץ גבירירון יגבהיה תלמיה צתניא קדמיה רגריה עריריה שנעיה טלטיה נהריה נשמריה געריה דהריה יעליה כסיה שניוניה בועליה טורריה רמיה צצציה תחבהיה גלגליה חנניה קתקיה בהבחביה טוהויה נתניה עממיה יהלשריה גורריה לממריה פקורקריה זהרזהר זהריה קמליה שתהודדיה קדושיה והאלאליה צעדיה יתהרריה תמתליה. ע"כ:

והכוונה כי מ"ב אותיות השם הם מ"ב מאורות מאירות צורות רוחניות ושם כל א' כפי הנזכר לעיל ולרמוז אל אות השם שהוא מקורו בא בראש שמו סימן האות לרמוז כי הענף נעוץ בשרש והשרש בענף ולהורות שהוא אצילות נאצל מן המקור ההוא. עוד מצאתי באמתחת החכמים דרך שני מ"ב שמות ראשי שמותם השם הקדוש ואלו הם. ארפניא"ל בוא"ל גבריא"ל יופיא"ל תומיא"ל צדקיא"ל. השם השני קבציא"ל רבחיא"ל עזוזיא"ל שמשיא"ל טופיא"ל נגדיא"ל. השם הג' נחליא"ל גבוריא"ל דניא"ל יהודיא"ל כבשיא"ל שפריא"ל. השם הד' ברכיא"ל טפטיא"ל רחמיא"ל צפוניא"ל תרומיא"ל גרודא"ל. השם הה' חזא"ל קומיא"ל ברקיא"ל טהריא"ל נוריא"ל עמיא"ל. השם הששי ישרא"ל גדיא"ל להביא"ל פנוא"ל זכריא"ל קדושיא"ל. השם השביעי שלגיא"ל קרביא"ל וויא"ל צוריא"ל ילפיא"ל תבריא"ל ע"כ. ואין ספק היות שמות הקדומים מתעלמים ומתעלים על אלו חלק רב. ויש עוד דרך ג' בזה כפי הנמצא בספרי הקדמונים:

פרק שלוש עשר:

אחר שכתבנו זה השם בפרק הקודם נבאר עתה בפרק זה לכתוב אופן מוצאו מהפסוקים:

ב	תמורתה	א	מאכ"נד	א
ד	תמורתה	ט	מאלכ"ס ותחת ט"כ מאחם כטע	ב
א	תמורתה	י	מאי"ק ותחת י' ג' מאחם כטע	ג
ש	תמורתה	י	מא"לכס	י
י	תמורתה	א	מאי"ק ותחת א' ת' מא"ת כ"ם	ת
ת	תמורתה	ב	מא"ל כס ותח' כ' נ' מאחם כטע	ץ

וזהו השם הראשון:

ב	תמורתה	ח	כא"ט כ"ח ותחת ח' ק' כאלכ"ס	ק
ד	תמורתה	ט	כא"לכ"ס ותחת ט' כ' מא"ת כ"ם כ' ר' מאלכ"ס	ה
א	תמורתה	ל	כאלכ"ס תחת ל' ע' כאטל"ח	ע
א	תמורתה	ת	כא"ת כס ותחת ת' ש' מאכ"נד	ש
ל	תמורתה	ע	כאטל"ח ותחת ע' ט' כאח"ם כטע	ט
ה	תמורתה	ב	מאט"כח	ז

וזהו השם השני:

י	תמורתה	ט	מאכנ"ד ותחת ט' כ' כא"תכס	נ
ם	תמורתה	ב	מאלל"ס ותחת כ' ג' כא' כנד	ג
א	תמורתה	ת	כאתל"ס ותחת ת' ק' כאט"כח ותחת ק' ר' כאתכ"ס	ד
ת	תמורתה	א	כאת כס ותחת א' י' מאי"ק	י
ה	תמורתה	ל	מאחם כטע ותחת ל' כ' כאתכס	ב
ש	תמורתה	ד	מאט כח ותחת ר' ש' מא"כנד	ש

זה השם השלישי:

מ	תמורתה	ב	מאלכס	ב
י	תמורת'	ט	מאכ נד	ט
מ	תמורתה	ד	מאחם כטע	ד
ך	תמורתה	פ	כאת כס ותחת פ"נ" כאכנד	צ
א	תמורתה	ת	כאת כס	ת
ת	תמורתה	ק	כאט כח ותחת ק' ר' כאכנד ותח' ר' ג' כאת כס	ג

זה השם הרביעי:

ה	תמורתה	ע	כאלכס ותחת ע' ט' כאחם כטע ותחת ט' ח' כא"כנד	ח
א	תמורתה	ת	כאת כס ותחת ת' ק' כאטכח	ק
ד	תמורתה	ג	כאת כס ותחת ג' ב' כאכנד	ב
צ	תמורתה	י	כאט כח ותחת י' ט' כאכנד	ט
ך	תמורתה	ף	כאטכח ותחת ד' ג' כאכגד ותחת ג' כ' כאל"כס	ב
ה	תמורתה	ע	כאל"כס	ע

זה השם החמישי

א	תמורתה	י	כאי"ק	י
ד	תמורתה	ג	כאתכס	ג
ץ	תמורתה	ב	כאחם כטע ותחת כ' ל' כאת כס	ל
ה	תמורתה	ץ	כאת כס ותחת נ' פ' כאכנד	פ
י	תמורתה	צ	כאטכח ותחת נ' ז' כאלכס	ז
ת	תמורתה	ק	כאט' כח	ק

זה השם הששי:

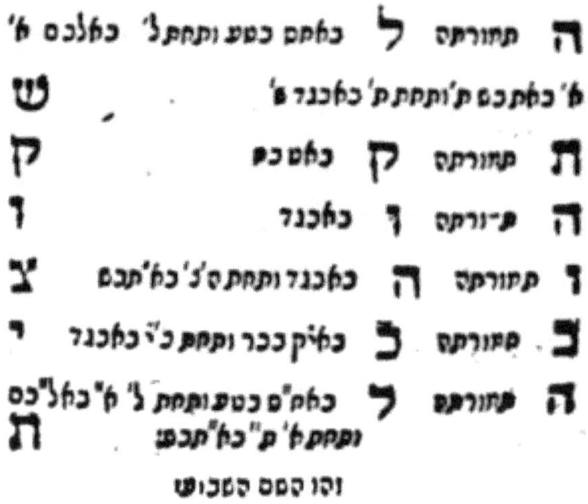

זהו מוצא שם מ"ב ע"פ אלפא ביתות רשומות כי לא הותר להמציאו אם לא ע"י א"ת ב"ש ואח"ס בט"ע ואלב"ם ואבג"ד אי"ק ואטב"ח, שאל"כ בקל היה מצטרף ע"י כ"ב אלפא ביתות. ומה שנמצא כי פעמים אות השם הוא אות הפסוק כגון ר' של ברא שהיא בעצמה ר' של קר"ע וכן ש' של השמים היא ג"כ ש' של יכ"ש, ועם כל זה אנו מוציאין אותה ע"י תמורות אלפא ביתות. לא על חנם הוא, כי הוצרך השם להצטרף ולעבור דרך האלפא ביתות פעם אחר פעם ואם ירד ויעבור דרך האלפא ביתות היורד יחזור ויעלה דרך האלפא ביתות העולה כי כל זה רמז לעליית מדרגות העולה. והצרוף שנצטרף ונתלבש השם עד בואו בפסוק בראשית וכל הדברים האלה מקובלים אל הקדמונים קבלה אמיתית אין בה פקפוק. אמנם מה שדלגו על ו' של ובהו וצירוף ה' של ובה"ו הוא הפך דעת הרשב"י ע"ה כמבואר לעיל והם עצמם אמרו שספק הוא להם ונשתכח קבלת הענין ובצירוף זה העתיקו כל המעתיקים. ובענין מקור השם הזה יש לו מקור ומקור על גבי מקור וז"ל הרשב"י ע"ה בתקונים [תקונא ס"ט דק"ג ע"ב] (ואית שם בן מ"ב בצורת חותמא דשעוה נכתב). ואית שם מ"ב בציור דיוקנא דמלכא חקוק על חותמא. ואית שם מ"ב דאיהו דיוקנא (ממש. שם מ"ב דאיהו דיוקנא) איהו יהו"ה יו"ד ה"א וא"ו ה"א. יו"ד וא"ו דל"ת ה"א אל"ף וא"ו אלף וא"ו ה"א אלף. שם מ"ב דאיהו חותמא איהי אהי"ה אשר אהי"ה. ציור מ"ב בשעוה דא אבגית"ץ עכ"ל. הנה צירוף שם מ"ב עם שם בן ד' והוא מקור העליון וממנה נובע אהיה וכן שני פעמים אהיה עולה מ"ב וכן ג"כ יצטרף שם אהיה כשם יהו"ה אלא שחסר א'. ואפשר שהשם עצמו משלים כזה אהי"ה אל"ף ה"א יו"ד ה"א. אל"ף למ"ד פ"ה ה"א אל"ף. יו"ד וא"ו דל"ת. ה"א אל"ף. הרי מ"א, והשם עצמו משלים המנין. וממנו נובע ויונק שם מ"ב היוצא מבראשית אשר אנו עוסקים בו. עוד להרשב"י ע"ה בשם זה עניינים גדולים ונוראים והרוצה להבין ביאורם יעיין בתיקונים במקומו. עוד (בתקונא ע' דקל"ה.) בשם זה ז' שמות מנוקדים כשמות האלו והז' ימים הם כנגד ז' ספירות ושם אחד מאלו בכל יום משששת ימי בראשית. אבגית"ץ ביום א' ושמו יְהֱוָהֶ ונקודתו יוצא מפסוק בראשית ברא אלהי"ם את. שם השני נגד יום ב' והוא קר"ע שט"ן ושמו יַהֱוָהָ ונקודתו יוצא מפסוק ויאמר אלהי"ם יהי רקיע. שם הג' נגד יום ג' והוא נג"ד יכ"ש ושמו יַהֱוָהַ ונקודתו יוצא מפסוק ויאמר אלהים יקוו המים. שם הד' נגד יום ד' והוא בט"ר צת"ג ושמו יַהֱוָהְ ונקודתו יוצא מפסוק ויאמר אלהי"ם יהי מאורות. שם ה' נגד יום ה' והוא חק"ב טנ"ע ושמו יַהֱוָהַ ונקודתו יוצא ויאמר אלהי"ם ישרצו המים. שם הששי נגד יום ששי והוא יג"ל פז"ק ושמו יַהֱוָהָ ונקודתו יוצא מפסוק ויאמר אלהי"ם תוצא הארץ. שם השביעי נגד יום שביעי והוא שקוצי"ת ושמו יַהֱוָהָ ונקודתו יוצא מפסוק ויאמר אלהי"ם הנה נתתי. ע"כ מה שראינו להעתיק מדברי האלה"י רשב"י ע"ה. עוד ביאר קצתם ולפי שלא נמצא כלו לא ראינו לכתבו. וכאשר נדקדק בנקודים שניקד אותם הקדוש נמצא נקוד ג' שהוא נגד תפארת וניקוד שביעי שהוא נגד המלכות נקודתם שוים לרמוז כי החמה מאירה בלבנה. ואין תימה היות השם הזה כלו בגבורה ופרטיותיו בספירות כי כבר קדם לנו התשובה על זה בפ"ה. עוד כתב הרשב"י ע"ה (תקונא סט דק"ג ע"ב) שבכל שם יש בו ו' אותיות נגד שש כנפים שבשרפים וע"ז נאמר (ישעיה ו) שש כנפים שש כנפים לאחד. ואמר ששם זה טוב להזכירו קודם שינתו וכן האדם סמוך לעת פטירתו כי ע"י כנפים האלה בשתים אתוון מכל שם הנשמה תכסה אנפהא כו' ובשתים תעופף הנשמה למעלה ותזכה להנצל ממלאכי חבלה ומכל מזיקין ותזכה לחיי עה"ב. והנה נשלם ביאור מאמר שם בן מ"ב:

פרק ארבע עשרה:

בשם בן כ"ב ונקרא כן מפני שיש בו כ"ב אותיות ויחסו רבי נחוניא אל התפארת וכן הסכימו המפרשים וזהו:

אֲנַקְתָּם פַּסְתָּם פַּסְפָּסִים דְּיוֹנְסִים

והוא יוצא מברכת כהנים וזהו סדורו:

י תמורתה **א** באי"ק	**א**
ב תמורתה **ט** באחס בטע ותחת ט' נ' באתב"ש	**נ**
ר תמורתה **ק** באבג"ד	**ק**
כ תמורתה **ת** באלב"ם	**ת**
ך תמורתה **ת** באלב"ם ותחת ת'	**מ** באי"ק
(השם השני)	
י תמורתה **פ** באח"ס בט"ע	**פ**
ה תמורתה **ו** באבג"ד ותחת באי"ק ו'	**ס**
ו תמורתה **מ** באחס בטע ותחת מ'	**ת** באי"ק
ה תמורתה **ו** באבג"ד ותחת ו' באחס בטע	**מ**
(השם השלישי)	
ו תמורתה	**פ** באלב"ם
י תמורתה **מ** באתב"ש ותחת מ'	ס באי"ק
ש תמורתה **י** באלב"ם ותחת י' באח"ס בט"ע	**פ**
מ תמורתה	**ס** באי"ק
ר תמורתה **מ** באחס בטע ותחת מ'	**י** באתב"ש
ך תמורתה **ת** באלב"ם ותחת ת'	**מ** באי"ק
(השם הרביעי)	
י תמורתה **מ** באתב"ש ותחת מ'	**ד** באי"ק
א תמורתה	**י** באי"ק
ר תמורתה באח"ס בט"ע	**ו**
י תמורתה **ט** באבג"ד ותחת ט'	**נ** באתב"ש
ה תמורתה **ו** באבג"ד ותחת ו'	**ס** באי"ק
ו תמורתה **פ** באתב"ש ותחת פ' באחס בטע	**י**
ה תמורתה **ו** באבג"ד ותחת ו' באחס בטע	**מ**

ופי' המפרשים בשם זה כי לכל א' מהד' שמות הנזכר לו סגולה בפ"ע. הא' אנקת"ם הוא טוב להשמיע תפלה ופירושו שומע אנקת תמים. הב' פסת"ם הוא נותן פסת בר לצריכים מזון. הג' פספסי"ם מלשון (בראשית לז ג) ועשה לו כתונת פסים והוא נותן בגד ללבוש. הד' דיונסי"ם והוא עושה ניסים ונפלאות. ובהם נשתמש יעאע"ה באמרו (שם כח כ) אם יהיה אלהי"ם עמדי ושמרני כו' ונתן לי לחם לאכול ובגד ללבוש. זהו צרוף מוצא השם מברכת כהנים ולא מצאנו מי שידבר בזה השם יותר:

טוּטְרוּסְיָא תָּרְכוּסְיָה וּצְלִיצָיָה

בכולם בשם י"ה באחרונה. וכן נראה כי שלשה שמות הכי ולא גריס בשם ראשון טוט"ו אלא חסר ו' שניה טוטר וכו' כדי שיהי' השם בן כ"ב כי זה השם הוא ג"כ של כ"ב אותיות ויחדו רבי נחוניא לספירת נצח ומוצאו ומקורו נעלם ממנו עד יבא מורה צדק:

אֶדֶע תֶּבֶב לֶוֶשׁ הֶעֶת יֶבֶו כֶּתֶם תֶּוֶשׁ יֶוֶב רֶתֶו אֶתֶק אֶדֶב יְהֹוֶהֲא

זה השם יחסו רבי נחוניא לספירת הוד ומוצאו מפסוק (דברים י כ) את ה' אלהיך תירא אתו תעבד ובו תדבק ובשמו תשבע. ועתה נסדר אותיותיו אות ראשון מתיבה ראשונה ושניה היא את. ומדלג שם יהו"ה וא' מאלהיך והוא השם האחרון. ואותיות ראשונות משאר התיבות הוא להי"ך תיר"א א' [ואח"כ בהיפוך בדילוג תיבה וקריאת תיבה ר"ל ת' מתיבה י' ו' מתיבה ח' הרי תו. ת' מתיבה ו', ע' מתיבה ד', ב' מתיבה ב', ד' מתיבה א', הרי תעבד]. ואח"כ ביושר בדילוג תיבה וקריאת תיבה הוא וב"ו ת"ד. ואח"כ הוא בהיפוך בסוף התיבות ב"ק ובשמ"ו תשב"ע. והטעם על זה הענין הוא כי שם זה רמז לג' ענפים שהם נצח הוד יסוד ע"ד שם ע"ב. והא' הוא ביושר והוא נצח רחמים. והאמצע חציו ביושר וחציו מהופך ביסוד היונק מב' צדדים חציו דין וחציו רחמים. וטעם דילוג תיבה וכו', הוא למזג הדין ברחמים שלא יהיה פירוד בינו לבין עצמו בדין וברחמים, וסופי תיבות הוא דין ולפיכך הוא בהיפוך. וזהו על דרך מה שפי' הרשב"י ע"ה בשם ע"ב כדפי' בפ"ה. וכלל השם הוא רומז בהוד. ולכן היסוד בא חציו בהפוך ולא ביושר כתפארת. מפני ששם ע"ב בחסד ורחמים והוא נוטה אל הרחמים כשמו (ורב חסד) מטה כלפי חסד. והוד הוא דין וע"כ יסוד הוא בינוני:

השם הזה ייחס אותו ר' נחוניא לספירת היסוד. ויש נוסחאות שהוא כתובה בהן ט' הויות בלבד אמנם ג' הויות שבראש השם אינו כתוב בהם. ואין נראה לנו עיקר לפי שידוע שי"ב הויות הם נגד י"ב גבולי אלכסון והם בת"ת והם ג"כ ביסוד. כי כל מה שאירע ליעקב אירע ליוסף ויסוד דפוס התפארת. והיה באפשר לפרש הטעם מפני כי י"ב גבולים הם י"ג תקוני דיקנא עלאה דיקנא דאריך. ודיקנא דזעיר אינו אלא ט' ולכן אין ראוי ליחס אל היסוד דאיהו דיקנא דזעיר אלא ט' הויות. אלא שלזה קשה קצת יחס ג' הויות אחרונות ובי"ה (נ"א בשם הוי"ה). ולעמוד על תוכן ענין זה צריך לעיין בספר אור יקר שחברנו. ובענין נקוד ההויות האלה יש חלוקים הרבה אבל הרשב"י נקדם בתקונים [בהקדמה ד"ט ע"ב] ולעולם דבריו לנו לעיקר לכן נכתוב נקודו בהם:

וז"ל
יהו"ה - "ישמחו "השמים "ותגל "הארץ.
יהה"ו - "יתהלל "המתהלל "השכל "וידוע.
יוה"ה - "ידותיו "ולצלע "המשכן "השנית.
הוה"י - וכל זה" איננו" שוה" לי". ולמפרשים ארצ"ה וישליכה"ו ארצ"ה ויה"י לנח"ש. לענין נקוד הכל אחד.
הוי"ה - "הסכת "ושמע "ישראל "היום.
ההו"י - עיר"ה ולשרק"ה בנ"י אתונ"ו.
והי"ה - ויירא"ו אות"ה שר"י פרע"ה.
והה"י - "ודבש "היום "הזה "יהו"ה.
ויה"ה - "וירא "יושב "הארץ "הכנעני.
היה"ו - ליהו"ה את"י ונרוממ"ה שמ"ו.
ההו"י - "המר ימיר "והיה "הוא.
ההו"י - וצדק"ה תהי"ה לנ"ו כ"י.
ועוד כתבו המפרשים כי יהו"ה הוה"י והי"ה היה"ו ההי"ו ההו"י ששה הם נסתרים. יהו"ה הוי"ה היו"ה יוה"ה ויה"ה והה"י ששה הם נגלים. ולא ירדנו לסוף דעתם. ועוד אמרו שאין בפסוקים האלה סוד לשמות האלה אלא ששמו אותה לסימן בעלמא. וגם בזה אנו מסתפקים שהרי הפסוק הוא סודו בנקודות ההויו"ת. אמנם בנקודתם אפשר על שני פנים הוי"ה מראשי התיבות ונקודתה מסופי התיבות או הוי"ה מסוף התיבות ונקודתה מראש התיבות או הוי"ה ונקודתה מראשי תיבות או מסופי התיבות. ועתה ניחד פרק בפני עצמו בביאור ההויות אלו על פי הסוד על דרך שפי' הרשב"י ע"ה קצתם:

פרק חמשה עשר:

בפי' ההויו"ת וחילוק אותיותיו יש לנו גלוי קצת בדברי הרשב"י ע"ה בתיקונים במקומות מפוזרים ולא נעתיק לשונו הנה שלא להאריך ועוד שכמעט הוא נמנע ובלתי אפשר להיות הענין מפוזר אחד הנה ואחד הנה. ועם כל זה כאשר בא לידינו נרמז בו בלשון קצר כפי אשר נוכל: יַהֲוִהָ

יחוס הוא הוי"ה הא' שם בן ד' כתיקונו וכהלכתו. והשם הזה מורה על היחוד השלם והרחמים הגמורים וזהו סוד קרבן ליי' ולא אמר לאלהי' ופי' קרב"ן קירוב ויחוד שמתייחדים ד' אותיות האלה שהם ב' זכרים וב' נקבות זכר ונקבה זכר ונקבה והיינו י' עם ה' ו' עם ה' כמו שפי' בזוהר ויקרא (ד"ה) ובתיקונים (תקונא ס"ט דף ק"ג ע"ב) וזהו השלמות שבשם הזה המורה על סדר ההשפעה כהוגן וכשורה. ויש עוד בו רמזים רבים רמזנום בשער שם בן ד' וכן בשער השמות ואין להאריך:

יהה"ו היא הוי"ה הב'. וביאר אותה הרשב"י ע"ה בתיקונים והעתקנו לשונו בשער ח' פרק י"ג. ופי' כי לפעמים תעלה המלכות ותתייחד עם החכמה. והבינה תרד ותתייחד עם הת"ת. כענין (משלי ג יט) יהו"ה בחכמה יסד ארץ הנה שהמלכות היא בסוד החכמה, וכן כונן שמים בתבונה כי הת"ת מתכונן ע"י הבינה. וזהו סוד יהה"ו שהה"א המתיחדת עם היו"ד היא המלכות, והה"א שעל הוא"ו היא הבינה. וזה מוכרח משני טעמים, הא' מפני שא"א להיות ה' הא' בינה שא"כ נמצאו חו"ב מתייחדים ות"ת ומלכות אין להם יחוד וזה א"א כדפי' בשער הנזכר, א"כ מוכרח שה"א ראשונה היא ברתא מלכות דאיהי לגבי אבא וכן ה' שנייה אמא לגבי ברא. והטעם הב' כי מסטרא דברא שהוא הת"ת לעולם המלכות למטה ממנו ולכן ה"א שהיא למעלה מהו' הוא הבינה ולא המלכות. והארכנו בשער הנזכר יעו"ש:

יוה"ה היא הוי"ה הג'. ובזה ג"כ נתבאר בתקונים מפני שדרך הזכר לנטות אל הימין ומדרך הנקבה לנטות אל השמאל הנה הוכרח מזה שהת"ת עלה דרך החסד עד החכמה והמלכות דרך הגבורה עד הבינה ונמצא שהת"ת שהוא הוא"ו מתייחד עם היו"ד שהיא החכמה וה' אחרונה שהיא המלכות מתיחדת עם ה' ראשונה שהיא הבינה וזהו יוה"ה. ואמר כי על ענין החכמה והתפארת אתמר הבן דאתמשך ממוח האב. עוד פ"א מורה על ענין שפי' בשער ח' פי"ג מענין גלות שכינתא עילאה ושכינתא תתאה דתרווייהו אתתרכו מאתרייהו ונשאר חכמה ותפארת לבדם וזהו יוה"ה שני ההי"ן מתגרשות והת"ת מסתלק אל החכמה בסוד (תהלים י א) למה ה' תעמוד ברחוק ובסוד תבא לפני"ך תפלתינ"ו מלכות שהוא לפני הת"ת ואל תתעלם מתחינתנו ר"ל בינה דהיינו העלמה בעולם הנעלם:

היו"ה היא הוי"ה הד'. נראה שהוא אבא נחית לגבי ברא כי כאשר ההוי"ה הוא יוה"ה מורה שנסתלק ברא ת"ת לגבי אבא חכמה אבל כאשר ההוי"ה היו"ה מורה על האב שהוא חכמה דנחית לגבי ברא. עוד פ"א כי ו"ה איהו בסטרא דימינא וזהו ענין שם אלו"ה א"ל ו"ה ובסטרא דשמאלא אלהים דתמן ה"י דה"א דאיהי נוקבא שלטא על י' דאיהי דכורא מורה על הדין והנה בהיות השמאל שולט על הימין נמצאת ההוי"ה שהיא היו"ה ה"י הוא דין שולט על ו"ה שהוא מצד הימין. וענין ה"י בשמאל ו"ה בימין הארכנו בביאורו בספר אור יקר בחלק שני:

הוי"ה היא ההוי"ה הה'. מורה על ברא דסליק לגבי אימא ת"ת עם הבינה שהוא ה' על ו' המורה על האם הסוככת על הבן ואבא נחית לגבי ברתא שזהו

י' על ה' והנה ההוי"ה הזאת הוא הפך ההוי"ה הב' שפירשנו. כי שם היא ברתא לגבי אבא ואימא לגבי ברא, ובהוי"ה הזאת אבא לגבי ברתא וברא לגבי אימא כדפי' וזהו הוי"ה. עוד נוכל לפרשו בסוד הו"י שפי' הרשב"י ע"ה בפ' אחרי (דף ע"ה) וביארנוה בשער ערכי הכנויים כי ה' היא בינה ו' מורה על הת"ת שנסתלק אל הבינה ונסתלק עמו ראש הצדיק שהוא ענין משך הברכות וזהו י' והיינו הוי"ה ופירושו הו"י שנסתלק מה'. ומטעם זה כאשר רצה על תוקף הדין אמר (שמות ט ג) הנה יד יהו"ה הוי"ה. וכן פי' הרשב"י (בתיקונים בהקדמה ד"ט.) בענין סוד התפילין כי ההוי"ה הזאת מורה על תוקף הדין. וי' שהיא ראש הצדיק היא מציאות הנחמד המתהוה שם והוא רמז אל מציאות היו"ד של היסוד שהוא כנגד העטרה ראש הצדיק והוא כנגד החכמה. והוכרחנו לגלל הענין שלא לצאת מהמנהג שהד' אותיות אלה מורות על ד' ספירות ידועות שהם י' חכמה ה' בינה ו' ת"ת וכו':

היה"ו היא ההוי"ה הו'. והיא מורה על י' אבא דנחית לגבי ה' ברתא מלכות וברתא סלקא לקדמותיה והיינו ה"י ה"ו כי י"ה האמצעים הם חכמה ומלכות כדפי'. וגם היא מורה על הדין ושאין ייחוד. או נוכל לומר כי היא מורה דשמאלא שליט על ימינא ומכריעה אל צד הדין. פי' כי היו"ד הוא אל השמאל וה' אל הימין ובהיות כי השמאל שולט על הימין הוכרחו להיות ה"י קודם ו"ה ומפני תוקף כחה הופך ו"ה אל ה"ו וזהו ה"י ה"ו. והוי"ה זו קרובה אל הוה"י שהוא מורה דין גמור כמו שנבאר. ועם כל זה אינה ממש כהוה"י כי הוה"י מהופך מראשו לסופו וזה מהופך קצתו בפני עצמו שמה שהיה י"ה נעשה ה"י ומה שהי' ו"ה נעשה ה"ו ועם כל זה עדיין ה"י שהוא עליון עולה על ה"ו שהוא למטה ממנו. לפיכך הוא מורה על הדין ולא על דין מכל וכל אלא מורה על האור החוזר מבינה כלפי חכמה ועל האור החוזר ממלכות לת"ת. אבל הוה"י מורה על הדין החוזר ממלכות עד ראש המעלות כמו שנבאר:

והי"ה היא ההוי"ה הז' וההוי"ה הזאת היא הפך הקודמת בכל פרטיה והיא מורה על ימין שולט על שמאל ומהפך השמאל להיות רחמים ביושר. פי' בימין ו"ה כהלכתו והנה הו' קודם להורות שמשליט הימין על השמאל ומהפך השמאל כי מה שהי' ה"ו נעשה ו"ה. ולפי האמת נמצא ימין בשמאל ושמאל בימין לטוב כי ו"ה עניינו מקבל וי"ה עניינו משפיע. והנה י"ה הם רחמים ו"ה הם דין בסוד משפיע ומושפע, והנה עתה להיות שהימין נמזג בשמאל והשמאל בימין נרמז בסוד והי"ה. עוד נוכל לפרש אותו בדרך אחרת כי בימין הם ו"ה [בשמאל ה"י ובאמצע הוא יהו"ה כי ת"ת אמצעי כולל ימין ושמאל ונמצא צירופם והיהוהה"י. וכאשר נצרף ימין הת"ת בימין החסד יעלה סוד ההוי"ה הזאת והי"ה. ובהתייחס שמאל הת"ת אל הגבורה יעלה וההי"י שהיא ההוי"ה הט' ועוד נוסיף במקומה בע"ה:

ויה"ה היא ההוי"ה הח'. בהוי"ה הזאת פירוש הרשב"י ע"ה בתיקונים (תקונא י"ט דמ"ב.) שהוא מורה על גלות השכינה עילאה ושכינתא תתאה ותרוייהו אתתרכו מאתריהון ואבא וברא אסתלקו. והוקשה לו שמן הראוי שיהיה יוה"ה אבא על ברא ותירץ שם הענין, ושלא להאריך לא נעתיקהו. עוד נוכל לפרש כי שתיהם נתגרשו ואבא נחית לגבייהו לנטרא להו בגלותא. וקרוב לענין זה פי' הרשב"י ע"ה בס' ר"מ (תצא דף רע"ח ע"ב) דאבא נחית בצדיק לנטרא לשכינתא בגלותא כו'. וא"כ נמצא ברא על אבא וזהו ויה"ה:

וההי" כבר פי' בה בהוי"ה הז'. ועוד נפרש בה פ"א כי הוא מורה על הימין השולט על השמאל ו"ה שבימין שולט על ה"י שבשמאל. ועם כל זה אינו רחמים גמורים כמו והי"ה כי שם ימין שולט על השמאל ומהפך אותו ג"כ לרחמים אבל וההי מורה על ימין שולט על השמאל ועדיין השמאל כמנהגה נוהגת שהיא ה' על י' ויש בה קצת דין:

ההו"י היא ההוי"ה הי'. זה מורה על גלות שכינה עלאה ושכינה תתאה וברא דאסתלק לגבי אבא והיינו ה"ה (רות א) ותלכנה שתיהם ואשתאר ו"י כדפי' הרשב"י ע"ה בהוי"ה ח' ויה"ה. אלא שהוויית ויה"ה מורה על קצת ההשפעה והרחמים בגלות דהיינו שני זכרים על שתי נקבות אלא שאין היחוד מפני שעדיין ה' ראשונה על ה' אחרונה. עוד נוכל לפרש כי נסתלק הת"ת שהוא ו' עם ראש הצדיק שהוא יו"ד אל הבינה דהיינו פי' הו"י כדפי' לעיל וכמו שנבאר בערכי הכנויים והכוונה כי ה' נשארה לבדה ובעלה נסתלק למעלה ונעשה הו"י והיינו ה' הו"י:

ההי"ו היא ההוי"ה הי"א. זו ג"כ מורה על גלות ב' האחיות בסוד ותלכנה שתיהם כלה וחמותה ואבא וברא אסתלקו. אבל לא ו"י כאשר בהוי"ה הקודמות אמנם נסתלק בסוד קצת הבטה והיינו י"ו כסדרן ועם כל זה עדיין השתי ההי"ן לעילא להורות על מעוט ההשפעה:

הוה"י הוי"ה הזאת מורה על תוקף הדין החזק הנוקבין שלטין על דכורין בסוד אור החוזר כדפי' בשער ממטה למעלה והנה ע"י ההוי"ה הזאת יובן ענין הכתוב (עמוס ה') ובכל חוצות יאמרו הוו, ועניין הכתוב (יחזקאל ב') קנים והגה והי, להורות על

תוקף הדין והשבר ההווה להם מה"ו וה"י, דהיינו זאת ההוי"ה הוה"י. וכאשר יתהפך הגלגל בסוד הרחמים נאמר (תהלים קיח) אבן מאסו הבונים היתה לראש פינה, ומה שהיה הוה"י חוזר להיות יהו"ה. ובכלל ההויות האלה נמצא בראש צרופם שהם ג' הוויות ג' יודין וג' ההי"ן וג' ווי"ן וג' ההי"ן כזה יי"י הה"ה וו"ו הה"ה. ומבואר בתקונא (תקוני ז"ח דף ק"כ) כי ג' יודין הם ג' ימיניים בסוד קו החסד והם חכמה חסד נצח, וג' ההין הם ג' שמאליים בסוד קו הדין והם בינה גבורה הוד, וג' ווי"ן הם ג' אמצעיים בסוד הקו הרחמים והם כתר ת"ת יסוד, וג' ההין הם סוד נטיית ה' אחרונה מלכות אל א' מהג' קוים האלה. והענין ההוא יומתק לחיך בעיון מה שכתבנו קרוב לזה בשער שם בן ד' בפ"ד בס"ד. ודי לנו הערה בפי' ההוי"ת באותיותיהם:

פרק שבעה עשר:

אחר שקדם לנו בפרקים הקודמים כי י"ב ההוי"ת האלה הם י"ב גבולי אלכסון והם נגד י"ב שעות ביום וי"ב שעות בלילה ונגד י"ב חדשים ג' חדשים בכל תקופה מד' תקופות שהם ד' אותיות. י' תקופת ניסן, ה' תקופת תמוז, ו' תקופת תשרי, ה' תקופת טבת. וג' חדשים בכל תקופה. ר"ל שי"ב צרופים אלה הראשי תיבות מג' צרופים הראשונים הם י' והם תקופת ניסן, ור"ת של ג' צרופים השניים הם ה' והם תקופת תמוז, ור"ת של ג' צרופים שלישיים הם ו' והם תקופת תשרי, ור"ת של ג' צרופים רביעיים הם ה' והם תקופת טבת. וכן ג"כ הם נגד י"ב מזלות וי"ב פשוטות שהם ה"ו ז"ח ט"י ל"נ ס"ע צ"ק. והכונה כי י"ב אותיות האלו נקראים פשוטות מטעם שאינם מקבלות דגש ורפה כז' הכפולות. ואין לומר שנקראים פשוטות מטעם שאין בהם הרכבת דין ורחמים כאשר פי' המפרשים (עי' בשער האותיות פ"ג). לפי שכבר נתבאר כי כל הוי"ה דשלטא ה' על י' ה' על ו' נוקבא איהי ודינא איהי כדפי' בשערים הקודמים, וכן ג"כ כל ההויות הם מורכבים מדין ורחמים כדפי' בפרק הקודם, וכן ג"כ הי"ב גבולי הם בת"ת בהרכבת ו' קצוות ואין ספק שיש בו דין ורחמים אלא ודאי כדפי'. עוד נוכל לומר שהם מקבלות ג"כ דגש חזק כדפי' המדקדקים. ומה שנקראו פשוטות מפני שהם ענפים מתפשטות מהספי' ואינם עצם הספירות כמו שהם אמ"ש וכן בג"ד כפר"ת שהם י' נגד י' ספירות. והנה בהי"ב אותיות נבראו י"ב חדשים וי"ב מזלות וי"ב אברים. וז"ל בס"י ה"ו ז"ח ט"י לנ"ס עצ"ק חקקן וצרפן שקלן המירם וצר בהם מזלות בעולם וכו':

ה	ו	ז	ח	ט	י
טלה	שור	תאומים	סרטן	אריה	בתולה
ניסן	אייר	סיון	תמוז	אב	אלול
כבד	מרה	טחול	המסס	כולי' ימינ'	כולי' שמאל
ל	נ	ס	ע	צ	ק
מאזנים	עקרב	קשת	גדי	דלי	דגים
תשרי	חשון	כסליו	טבת	שבט	אדר
קרקבן	קיבה	יד ימין	יד שמאל	רגל ימין	רגל שמאל

עוד שם המליך אות ה' וקשר לו כתר וצר בו טלה בעולם וניסן בשנה וכבד בנפש. המליך אות ו' וקשר לו כתר וצר בו שור בעולם אייר בשנה ומרה בנפש. המליך אות ז' וקשר לו כתר וצר בו תאומים בעולם סיון בשנה וטחול בנפש. המליך אות ח' וקשר לו כתר וצר בו סרטן בעולם תמוז בשנה והמסס בנפש. המליך אות ט' וקשר לו כתר וצר בו אריה בעולם אב בשנה וכוליא ימינית בנפש. המליך אות י' וקשר לו קשר וצר בו בתולה בעולם אלול בשנה כוליא שמאלית בנפש. המליך אות ל' וקשר לו כתר וצר בו מאזנים בעולם תשרי בשנה וקרקבן בנפש. המליך אות נ' וקשר בו כתר וצר בו עקרב בעולם מרחשון בשנה וקיבה בנפש. המליך אות ס' וקשר לו כתר וצר בו קשת בעולם כסליו בשנה ויד ימין בנפש. המליך אות ע' וקשר לו כתר וצר בו גדי בעולם וטבת בשנה ויד שמאל בנפש. המליך אות צ' וקשר לו כתר וצר בו דלי בעולם ושבט בשנה ורגל ימין בנפש. המליך אות ק' וקשר לו כתר וצר בו דגים בעולם ואדר בשנה ורגל שמאל בנפש. וראינו לציירם הנה בציור יפה יקבע בשכל המעיין זהו לפי הנוסחא אשר לפנינו. אמנם רבו חילוקי הגרסאות בענין הזה. בספר הזה. ואיך שיהיה למדנו שי"ב פשוטות הם י"ב חדשים וי"ב מזלות והם י"ב אברים והכל בעולם שנה נפש הם רמז אל עניינים גדולים כדפי' בשערים הקודמים. ועתה נדע כי מהפעולות יוודעו הכחות. והנה הבקיאים בחכמת הטבע אמרו כי הי"ב מזלות כסדרן שהם טלה שור תאומים סרטן אריה בתולה מאזנים עקרב קשת גדי דלי דגים הם נחלקים למחלקות בפעולתם איש על דגלו באותות פעולתו. וזה סדרן דגל מחנה טלה אש, והחונים עליו אריה קשת. דגל מחנה שור עפר, והחונים עליו בתולה גדי. דגל מחנה תאומים אויר, והחונים עליו מאזנים ודלי. דגל מחנה סרטן מים, והחונים עליו עקרב דגים. וסדרן הוא לפי סדרן ברקיע, הראשון אש והשני אחריו עפר והג' אחריו אויר והד' אחריו מים. והטעם על הסדר זה נכון הוא במה שפירשנו

שהי"ב מזלות נבראו ע"י הי"ב גבולים והם הי"ב פשוטות. ונודע היות האצילות בגבולים נחלקים אל מזרח מערב צפון דרום והם ד' נגד אויר עפר אש מים והם ד' אותיות השם כדפי' בפרקים הקודמים. והנה המים והדרום הם כח החסד, והאש והצפון הם כח הגבורה, והאויר והמזרח הם כח התפארת, והעפר והמערב הם כח המלכות. והנה מבחינת קשר ויחוד המזלות יבחן יחוד וקשר הגבולים העליונים. כי האש חם ויבש והנה החום בו טבע היובש מרוב חמימותו, והעפר יבש וקר, והמים קרים ולחים, והאויר חם ולח. והנה בעלי הקצות מתקשרים ומתיחדים ע"י בעלי המצוע. כיצד הרי האש ומים הפכיים נגדיים מב' בחינות המים קרים והאש חם המים לחים והאש יבש, נקשרים מפאה אחת ע"י האויר וע"י העפר מפאה אחרת. וכן האויר והעפר הפכיים נגדיים מב' בחינות האויר חם והעפר קר האויר לח והעפר יבש, והם נקשרים מפאה אחת ע"י המים ומפאה אחרת ע"י האש. כיצד האויר משלים וקושר המים הלחים והאש החם שכן הוא חם ולח הרי שהוא שוה אל האש מצד חמימותו ואל המים מצד לחותו והעפר משלים וקושר המים הקרים והאש היבש שהוא קר ויבש הרי שהוא שוה אל האש מצד יבשותו ואל המים מצד קרירותו הרי אש והמים מקושרים ומיוחדים קשר שלם מכל פאותיהם ואין ביניהם מחלוקת. וכן המים והאש משלימים בין האויר והעפר. כיצד המים שוים אל האויר מצד לחותם ואל העפר מצד קרירותם הרי העפר הקר והאויר הלח מיוחדים ע"י המים, וכן האש שוה אל האויר מצד חמימותו ואל העפר מצד יבשותו הרי העפר היבש והאויר הם מיוחדים ע"י האש. וזהו קשר היסודות וכן קשר המזלות וכן קשר הגבולים. וכן קשר היסודות העליונים הם הספי'. כיצד החסד יסוד המים והגבורה יסוד האש והם נקשרים ע"י הת"ת יסוד האויר וע"י המלכות יסוד העפר. ע"י ת"ת מבחינה אחת, וע"י המלכות מבחינת האחרת. ואין תימה באמרנו כי המלכות מכרעת בין הגדולה וגבורה, שהרי

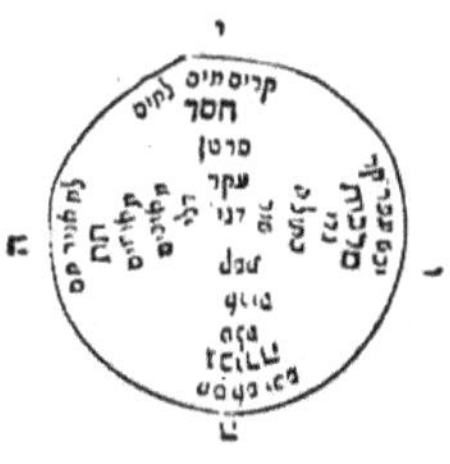

בתחלה קודם הקטרוג היתה משמשת לבעלה ומכרעת ביניהם ועתה בהיותה למטה על האמת אין ההכרעה שלימה עד עלות הרצון מאתו יתב' ותהיה האשה בחיק בעלה במהרה בימינו. ועוד שיחוד ת"ת ומלכות יחודם הוא ע"י קבלתם מהאבות כדפירשנו בסוד עלה בכבש בשער מהות והנהגה פכ"א. ועתה נצייר צורה נכונה הנה אל הענין הזה.

והנה כאשר נתבונן בענין התקופות ביסודות וסדר החדשים נמצאם מנגדים קצת בעניינם. שהרי תקופת ניסן והם ג' חדשים ניסן אייר סיון, והם י' שבשם והיינו חסד יסוד המים. ותקופת תמוז אב אלול הם ג' חדשים, והם ה' שבשם ביסודות שהרי תקופת ניסן שהוא יסוד המים היא י' והמזלות והחדשים הם ניסן טלה אש, אייר שור עפר סיון תאומים אויר. ע"כ תקופה אחת. ובתקופת תמוז יסוד האויר הוא ה'. המזלות והחדשים הם תמוז סרטן מים, אב אריה אש, אלול בתולה עפר. ע"כ תקופה אחת. ובתקופת תשרי יסוד העפר היא ו'. המזלות והחדשים הם תשרי מאזנים אויר, מרחשון עקרב מים, כסליו קשת אש. ע"כ תקופה א'. ובתקופת טבת יסוד האש היא ה'. המזלות והחדשים הם טבת גדי עפר, שבט דלי אויר, אדר דגים מים. ע"כ תקופה א'. ובאו הבלבולים בסוד הזה ובענין הזה להורות על ההמזגה שהעפר כלול במים ואש ואויר וכן כל אחד וא' מהם כלול משלשתן. ודי בזה הערות כאלה:

מטטרו"ן. זה השם יחסו ר' נחוניא בתפילתו למלכות, והדברים עתיקים ונתבארו בשער אבי"ע בפרק דה"ו בס"ד. ולפעמים נקרא מיטטרו"ן. ושם הארכנו. ודי לנו הערה בזה אל השמות האלה. והנה נשלם הפרק הזה, ונכלל השער הזה שער הכנויים:

שער כב - שער ענין הכינויים

הנרצה בשער הזה הוא לכלול ענין הכינויים מה עניינם ומהותם. ובו יתבאר העניין שהוא מפורסם שהאדם הוא מרכבה אל הספירות בע"ה:

פרק ראשון:

מן הדברים המתמיהים בדברי תורתינו הוא מה שכתוב בתורה ותחת רגליו כו', כתובים באצבע אלהי"ם כו', י"ד ה' עיני ה' אזני ה', וכיוצא בדברים האלה אשר הם כנויים אל הגוף. ודבר זה לא יתייחס בו יתברך כי אינו גוף ולא כח בגוף. ולכן לא יתייחסו הענינים האלה גם בספירותיו כי הם ג"כ רחוקים מכל גדרי הגוף. שאם לא כן הלא נודע שהוא נשמה אל ספירותיו והוא הכח בהם. נמצא שח"ו יהיה כח בגוף חלילה וחלילה. לכן ראוי להרחיק גדרי הגוף מהספירות וחוייבנו בזה כמו שחוייבנו בהרחקתם מעצם הא"ס. וא"כ באמרו הגדרים מגדרי הגוף כגון וירא ה' וישמע ה' ויאמר ה' וידבר ה' שהם גדרים שלא ישוערו כ"א באברים הגשמיים, ראוי שנאמין שהם תואר אל ענין נסתר לא ממש ראיה שמיעה דבור. ואין ספק כי לא נקרא העין עין והאזן אזן והפה פה בלשוננו הקודש ע"ד מקרה והזדמן או ע"ד הסכמה כשאר הלשונות. והראיה לזה היות לשוננו זה נקרא לשון הקדש ירצה ודאי היותו המצאה אלהיית ולא כשאר הלשונות. ואין ספק שהוא הלשון שהמציא הקב"ה כשהמציא עולמו אז ודאי הלשון קדם אל העולם. והענין הוא כי כאשר ברא הקב"ה את אדה"ר בראו גוף קדוש ונשמה קדושה שאין לערכה גבול כמו שיסופר משבחיו בספר התקונים. עד שהיה אורה מבהיק בגוף והגוף המשובח מכהה גלגל חמה עד שלא היה ודאי נהנה מאור חצון אור השמשים חמה ולבנה אלא מאור יפה וזך אור זיו השכינה בג"ע. ובהיות אדה"ר גוף קדוש כזה מסר לו הקב"ה גנזי חכמה ומפתחות התורה נתונים בידו והוא היה עוסק בה, ואז נתן לו לשון הקודש לשון המשובח ואותיות קדושות קבועות בפיו. וכאשר חטא מה שהיה כתנות אור בא' שהוא קדושת יחודו של עולם, כשהפקיר עצמו לקליפה נעשה עו"ר שהוא ע' ענפים המתפשטים מהפנימי לחוץ. ולאשר לא היה עדיין חלק מיוחד להקב"ה מפני שעדיין לא זרח אור אברהם עד אחר דור הפלגה כדפי' בשער השערים בפ"ג. וכאשר זרח אור אאע"ה חלק הקב"ה ע' אומות לע' שרים לע' לשון. ובחר בנו ונתן הדיבור לנו בחלקנו שהוא גורלנו גורל הקודש ולשון הקודש הסכמה אלהיית על האזן שיקרא אזן ועל הפה שיקרא פה. להורות על הכחות שהם צל על ראשו של אדם ונאצל האבר מכוחו העליון המאציל ושופע עליו. ועתה לפי האמת אין המכון באזן אל האזן הגופני אלא על הפעולה הנפעלת ע"י האזן מכח השופע עליו. ועל כזה נאמר (תהלים צד) הנוטע אזן הלא ישמע אם יוצר עין הלא יביט. פי' אחר שבריאת אברי האדם הוא ע"י גלגול האלפ"א ביתו"ת קדושות שואבות שפע מהכוחות העליונים השרשים המתאחדים בשרש השרשים, הוא בהכרח היות באות ההוא כח הפעולה שנפעל על ידו האבר הנברא וכן בהשרש השופע באות. וכן מעילה לעלול עד למטה. כי מהפעולות נודעו הכוחות ואחר שכחם הראיה והשמיעה חוייב היות בשרש ההוא כח השמיעה וכן הראיה. ולא ראיה ושמיעה גופניית אמנם יהיה דבר רוחני. המשל כמו האנשים שכאשר ישמעו קול דבור באזניהם יבחנו הענין הנשמע אליהם, כן הכח העליון המקבל הקול ההוא ובוחן אותו אם ראוי שיקבל אם לא. זה יקרא אזן. ועל זה נאמר (איוב ל"ד) כי אזן מלין תבחן. וכן הענין במלאכים שאין להם כח גופני כמו פה שלנו שבו ידברו הדבור הזה שהוא גופני. אמנם בהביט מלאך אל מלאך יבין זה את זה. כי שפע שם הוי"ה בעצמיות וברוחניות האותיות הנרצות אל הענין הנרצה אליו, ועי"ז יבין חברו הדבר הנרצה אליו, וזהו דבורם. ואין להם עינים כעיני בני אדם שבהם הם רואים. אמנם יש להם רוחניות הפעולה שהיא פועלת הראות ובה ישכיל ויביט עד למרחוק. והוא משובח מראייתנו כשבח ראיית השכל על העין. כי העין לא יראה אלא מה שכנגדו ולא כל שכנגדו אלא דבר מוגבל שיוכל כלי העין הגשמי להגבילו. אבל השכל יראה אפי' מה שאינו כנגד העין. כמו שיראה האדם בשכלו עתה כמה דברים שראה אותם מכמה שנים או אפי' דברים שלא ראה אותם מעולם ימציא בדעתו שהוא רואה ענין כך עד שתהיה ראות השכל דקה שיראה מעניינים הדקים שאין העין יכולה להביט. ויגדל על זה ראות הנביאים שהנביא בשכלו ישיג הרוחניים ולפי רוחב השכל כן רוחב ההשגה. וכן אמר שלמה ע"ה (משלי כ"ז) כמים הפנים לפנים כן לב האדם לאדם. כי לב האדם לאדם יובנו מעצמ' אל עצמ' והוא אבר גופני ויש לו הכח הזה מפני שפעת הנפש וכן השכל השוכנת עליו. ועם כל זה לפי שהוא דבר נגבל תהיה השגתו נגבלת, וכפי שיעור הנביא כך תהיה מדרגת נבואתו. ומן הענין הזה נעלה להשכלת המלאכים אלו לאלו ומשם כמה וכמה מעלות נשיג לדעת

מציאות הראות והפעולות הגשמיות ברוחניים. וכמו שאמר הנביא (זכריה ד') ראיתי והנה מנורת זהב, וכן (שמואל א' ט') כי לנביא היום יקרא לפנים הרואה. לא יהיה הענין ראיית אברים ולא יהיה ג"כ לשון ראיה ע"ד משל אלא שממש הוא ראיית השגה. כן הענין למעלה ראייה במלאכים הוא כח ההשגה ההיא שבה משיגים העניינים. וזה ענין ר"א בר"ש דאזיל למחמי לר' יוסי בן לקוניא חמוי (הובא בתוספות הזהר ח"ג דף ד"ש) ואגב אורחייהו ראו ענין ההוא של הנחש שדבר ר' אלעזר הדברים ההם ותמהו החברים והוא אמר להם שלא השיג הענין ההוא בחכמה אלא בראייה שהיה רואה. וכי אפשר לומר שראה ר' אלעזר בעיני בשר העניינים ההם. אלא ודאי זו היא ראיית ההתבודדות שישיג האדם העניינים העתידים ועניינים שעברו ומכח דקות השכל ישמע הענינים. הנה ע"ד זה יהיה הראות בעליונים ובעליונים מן העליונים עד גבוה מעל גבוה שומר. ואין זה מן התימה כי אפי' בכלים הגופנים אשר בנו לא יקרא העין עין מפני העין ממש אלא מפני כח הראות הנקרא עין באמת, וכן לא תקרא היד יד מפני היד בעצמה אלא הפעולה הנמשכת מהיד היא תקרא יד באמת. וראיה לזה אמרם ז"ל בגיטין (דף פ"ה) ידים שאינן מוכיחות הווין ידים או לא הווין ידים. ר"ל ענין לקיחה, וכן פירש"י ז"ל ידים בית יד ואחיזה לדבר לאחוז בו ולומר שע"י וכו'. וכן לענין קדושין וגרושין קטנה אין לה יד או יש לה יד. ואין הכוונה אין לה יד שהיא גדמת, אלא הכונה כח קבלה לקבל קדושין או גרושין. וכן מורגל בלשון חז"ל רגלים לדבר או אין לו רגלים, ואין הכוונה על שיש לו רגלים או על שאין לו רגלים אלא הוא משל כמו שהרגלים הם עמידת האדם וסמיכות שלו כן כשיש לדבר ישיבה ומציאות מתיישב בשכל יקרא שיש לו רגלים לדבר, וכשאין הדבר מתיישב יקרא שאין לו רגלים. וכן מה שכתוב בתורה (שמות כא) עין תחת עין יד תחת יד רגל תחת רגל דגמרינן הכאה הכאה ממכה נפש בהמה ישלמנה נפש תחת נפש, ובאה הקבלה שאין הכוונה לומר שאם חתך ידו שיחתכו לו ידו וכן שאר האברים אלא הכוונה שישלם לו כל דמי היד וכן שאר האיברים, והוא הנקרא עין יד ורגל להיות שהוא שווי כח העין והיד והרגל. וכן הם הדברים הם ברוחניים הכח אשר יתפשט מהספירות להשגיח על העולם מכח הא"ס הוא יקרא עינים. וכן (זכרי' ד') שבעה אלה עיני ה' המה משוטטים בכל הארץ. ופירשו המקובלים כי הם ז' כוחות ונקראים אורפניא"ל תגריא"ל דנרא"ל פלמיא"ל אסימו"ן ספיא"ל בוא"ל, והם המשגיחים בענייני בני אדם. ולהיות שלהם כח ההשגחה נקראו עינים ולא שהם עינים אלא שיש בהם השגחה רוחניות כדפי' למעלה ובהם נרשמים כל המעשים מטוב ועד רע ועל ידם מעידים הב' מאורות על עלילות מצעדי גבר מחשבות איש ותחבולותיו ויצרי מעללי איש לפני הע' דיינים כאשר נתבאר בשער היכלות בהיכל זכות בפ"ד. ועל העינים האלה עוד עינים אחרים כי גבוה מעל גבוה שומר וגבוהים עליהם. (וע"ד זה ג"כ בפסוק (מיכה ו ב) שמעו הרים את ריב ה'. להיות כי כמו שההרים מחזיקים את העולם ומעמידים אותו על כף מאזנים כדפי' רז"ל והם גבוהים ברומו של עולם כן האבות הם מחזיקים אותנו בזכותם ומעמידים את העולם על עמדו והם עומדים ברומו של עולם). וכן מה שאמר מרע"ה ליתרו (במדבר י לא) והיית לנו לעינים ופי' רש"י ז"ל כל דבר ודבר שיתעלם מעינינו תהיה מאיר עינינו עכ"ל. ולהיות כי כמו שהעינים מורים להגוף הדרך הישר אשר ילך בה כן המורה צדק יקרא עינים. ועד"ז נקיש לכל שאר הדברים אשר נאמר בכנוי הספי'. כמו למשל אב ואם. אין הכוונה ח"ו שיהי' שם אב ואם כי זהו כפירה ח"ו. אלא הכוונה כי כמו שמציאות ההולדה באין ע"י חבור זכר ונקבה וע"י החיבור ההוא נתהווה הולד ההוא, כן הדבר בספי' ע"י חבור חכמה ובינה והשפעת החכמה בבינה היה סיבת כל האצילות כי בחכמה היו ההויות דקים בתכלית כמו שהוא העלם הבן במוח האב. ואחר שנתפשטו בבינה נתגלמו ונצטיירו ציור יותר נגלה. ולפיכך יקרא חכמה אב. כי כמו שהאב בניו הם בעצמותו ובמוחו דקים תכלית הדקות כטפה, ובאמצעות התחברות הזכר אל הנקבה תתעורר הטפה ההיא ותתהווה טפה זרעיית וישפיעה אל הנקבה ומצד שפעו בה יתהוה הולד ההוא במעיה. כן החכמה הוא האב והבינה היא הנקבה אשר תקבל כל הציורים הנשפעים מהחכמה ויצויר בה ציור יותר מתגלה ותאציל אותו האצילות ולזה תקרא נקבה ואם אל האצילות. והאצילות יקרא בשם בנים אליהם מן הטעם הנזכר. והכל משל מן הגשמי אל הרוחני. וכן מה שנקראים ת"ת ומלכות חתן וכלה, והבינה אם או חמות, והחכמה אב או חמיה. והנה לפעמים יקראו שתיהם חתן וכלה וחכמה ובינה אב ואם, ולפעמים בן ובת, ולפעמים המלכות בת לחכמה וכלה לבינה, ולפעמים כלה לחכמה ובת לבינה וכיוצא. וראוי להרחיב הביאור בעניינים האלו. והנה הת"ת והמלכות נאצלים מן החכמה והבינה, ובמציאות אצילותם הפשוט אין

להם זווג יחד כדפי' לעיל בשער המיעוט. והיחוד אין להם אלא אחר תיקונם וזיונם וקישוטם. ולפיכך מאותה הבחינה יקראו התפארת והמלכות בן ובת והחכמה והבינה אב ואם. ותקרא החכמה אב לת"ת מצד בחינת הדעת הנעלם. ונקרא הבינה אם לת"ת מצד הכוננת שמכוננת אותו (מלשון (משלי כד ג) ובתבונה יתכונן) שהוא מציאות נוסף על הנאצל מהחכמה כדפי' לעיל, כי מהחכמה להם מציאות דק ומפאת הבינה מציאות יותר מתגלה. ומצד מציאות הדק שיש להם שהוא מציאות י' למלכות ומציאות רקיע לת"ת כדפי' בשער א' פ"ב ובשער המציאות פ"ד, יקראו בנים לחכמה. וממציאות המתגלה שיש להם מהבינה יקראו בנים לה. ובהיותם אח"כ מתייחדים בסוד העטרות שמתעטרים כדכתיב (שה"ש ג יא) צאינה וראינה בנות ציון במלך שלמה וגו', יקראו חתן וכלה, איש ואשתו. ויש חילוק ביניהם כי קודם יחודם והם מוכנים ומזומנים ליחוד יקראו חתן וכלה ויש להם קישוטים כמו החתן והכלה, ואחר שהם ביחוד יקראו איש ואשתו. ויש ביחוד כמה חלוקים ובחינות יתבארו במקומות רבים בספר אור יקר בעה"ו. וכאשר יתייחדו מציאות המתגלה במציאות המתגלה או מציאות נסתר במציאות נסתר אז הם סתם בנים לחכמה ולבינה מיוחדים יחד יחוד גמור והם בן ובת אח ואחות מותרים זה לזה. אמנם לא יתייחס בהם חתן וכלה לחכמה ובינה ובן ובת, כי אם הוא בן לחכמה הוא חתן לבינה. ונקרא אז חמותו הבינה או חמיו החכמה אם הוא בן לבינה. וכיוצא בזה אם יתייחד מציאות מתגלה שבת"ת עם מציאות נעלם שבמלכות, אז אב המלכות הוא חכמה ואם הת"ת בינה, וכלה המלכות לבינה ובינה חמותה למלכות והת"ת חתן לחכמה והחכמה חמיו. ואם יהיה מציאות נעלם שבת"ת מזדווג במציאות מתגלה שבמלכות, אז הוא בן לחכמה והיא בת לבינה והמלכות כלה לחכמה והחכמה חמיה והת"ת חתן לבינה והבינה חמותו. ועד"ז יקיש המעיין לכל הבחי'. ועד"ז כל שאר הדברים המתמיהים שבספרי החכמים בחכמה הזאת, כי ניתן רשות להמשיל בהם משלים ככל אשר יצטרך האדם להבין ולהשכיל ולדון בהם ועל כזה נאמר (איוב יט כו) ומבשרי אחזה אלוה. ובשכמל"ו:

פרק שני:

הרב בעל ספר האורה (בשער א' ד"ב) האריך בכנויים ובעניינם קרוב למה שהתעסקנו בו ולכן נעתיק לשונו הנה. וז"ל דע כי אמיתת עצם הבורא יתברך איננו מושגת לזולתו. ואין בכל המוני מעלה יודעים מקומו כ"ש עצם אמיתתו. הלא תראה מלאכי מעלה מה הם אומרים ברוך כבוד ה' ממקומו (יחזקאל א) בכל מקום שהוא. ואם בעליונים כן בתחתונים עאכ"ו. ואותם העניינים שאנו קוראים בתורה כגון יד או רגל אזן עין וכל כיוצא בהם מהו. דע והאמן כי כל אותם הענינים אע"פ שהם מורים ומעידים על גדולתו ואמיתתו אין כל בריה יכולה לדעת ולהתבונן מהות אותו הדבר הנקרא יד או רגל או עין או אוזן וכיוצא. ואם אנו עשויים בצלם ובדמות אל יעלה בדעתך כי עין כצורת עין ממש או יד כצורת יד ממש או רגל כצורת רגל ממש אבל הם עניינים פנימיים ופנימים לפנימיים באמיתות מציאות השם אשר מהם המקור והשפע יוצא לכל הנמצאים (בגזירת השי"ת). אבל אין מהות יד כמהות יד ולא תבנית כתבנית יד כשה"כ (ישעיה מ כה) ואל מי תדמיוני ואשוה. ודע והבן שאין בינו ובינינו דמיון מצד העצם והתבנית, אלא על כוונת צורת האברים אשר בנו שהן עשוים בדמיון סימנים לעניינים פנימיים סתומים עליונים שאין הדעת יכולה לדעתם אלא כדמיון זכרון. כמו שכותב ראובן בן יעקב שהרי אין אלו האותיות וזו הצורה עצמותו של ראובן בן יעקב וצורתו ותבניתו ומהותו, אלא זכרון שזה ראובן בן יעקב הכתוב הוא סימן כנגד אותו עצם והתבנית הידוע הנקרא ראובן בן יעקב. ולפי שהשי"ת רצה לזכותנו ברא בגוף האדם כמה אברים נסתרים ונגלים בדמיון סימן למעשה מרכבה, ואלו יזכה האדם לטהר אבר מאבריו יהיה אותו האבר כדמיון כסא לאותו דבר העליון הפנימי הנקרא בשם זה אם עין עין אם יד יד אם רגל רגל וכן בשאר. כיצד כגון שנשמר ונזהר במראה עיניו שלא יביט בעריות ולא בשאר דבר של גנאי אלא בכל דבר שהוא קדושת השם ועבודתו אז אותו עין נעשית כמו כסא לאותו דבר הנקרא למעלה עין וכן היד וכן הרגל ושאר הדברים. ועוד אז"ל האבות הן הן המרכבה. ולא אמרו כל אחד מהאבות הוא המרכבה אלא האבות הן הן המרכבה. כיצד אברהם אבינו לקח בטהרה צד הימין וירש ימין של מעלה שהוא מדת החסד וע"ז נאמר (בראשית יב ט) ויסע אברהם הלוך ונסוע הנגבה. ויצחק לקח בטהרה מדת צד השמאל שהוא הפחד וע"ז נאמר (שם לא נג) וישבע יעקב בפחד אביו יצחק. ויעקב לקח בטהרה קו האמצעי וע"ז נאמר (שם כה כז) ויעקב איש תם יושב אהלים כו'. נמצאו השלשה אבות כסא למרכבה. ודברי פי חכם חן, ועם היות שיש חילוק קצת בין דרכו

לדרכנו. ועתה רצוננו להקדים בענין הכנויים עוד הקדמה אחת:

והיא שלכאורה ישתומם המשכיל בראותו לי' ספירות כנויים שונים עד אין מספר. אם בכתובים אם בדברי רז"ל, עד שמפני זה כתב ר' משה דילאון בהקדמת ספר השם כי טעם רבוי הכנויים הוא שהחכמים כוונו להסתיר החכמה הזאת וכל אחד העלה לעצמו שמות נסתרים להכחיד החכמה תחת לשונו. הן אלה קצות דרכיו. ואנחנו לא נראה כן ח"ו. אבל עוד נוסיף ונשאל כי נמצא בזהר ובתקונים בענין המשכן כמה פעמים נרמזים הספירות. שהרי המשכן עצמו היא השכינה עשר יריעות ע"ס, היריעות של הקלעים הנקראת בלשון התורה חצר היא השכינה, היכל הפנימי היא השכינה, א' מן הכרובים שכינה, א' מן הלוחות שכינה, הארון שכינה השלחן שכינה המנורה שכינה המזבח החיצון שכינה לבונה שכינה האדנים שכינה, ועוד כמוהם הלחם שעל השלחן שכינה ונרות שעל המנורה שכינה, וכמה עניינים זולתן. ועתה מהו הענין הזה וכי לא יספיק לנו ברמז א' מהדברים אל השכינה ולא כל אלו העניינים. אלא ודאי אמיתת הענין הוא כי אין ענין הספירות עצם א' בלתי מתבחן אל בחינות שונות עד שיקרא בשם א' לבד. אמנם הספירות יבחנו אל כמה בחינות ואל כמה עניינים וכמה מציאיות. ולכל בחינה ובחינה שם וכנוי. ומה שיורה הכנוי הזה לא יורה הכנוי הזה. ועתה עם היות שכבר קדם לנו הענין הזה בשערים הקודמים כמו שער הצינורות ושער המציאיות וזולתם, עם כל זה לא נאסוף ידינו מלעסוק בו די צורך להשכיל הדרוש הזה היטב. והענין הזה נמשיל במלכות ומשם נקיש אל שאר הספירות. הנה נתבאר בשער מהות והנהגה היות הספירות כח שוה לכל דבר ותמורתו, והנה לפ"ז תשתנה המדה מבחינה לבחינה לפי מציאות קבלתה מא' מהספירות העליונות לפעול ברצון המאציל. ועתה כאשר נבחין שהמלכות מקבלת מהיסוד תתבחן לפחות בי' בחינות אל המלכות המקבלת וי' אל היסוד המשפיע. כיצד היסוד ישפיע אליה מה שהוא מקבל מהת"ת ומעצמותו הרי שנים או ישפיע מה שמקבל מהוד הרי ב', כי המלכות תשתנה לפי שפע הנשפע והמשפיע ג"כ. וכן אם ישפיע לה מנצח וע"ד זה לשאר הספירות. ועם היות שאנו אומרים תשתנה, אין הכונה שנוי ממש ח"ו אלא הבחינה היא בה לעולם קיימת אלא הכוונה שתאיר בבחינה ההיא. וכן תתבחן בי' בחינות אל כל ספירה וספי'. ולפעמים תהיה הבחינה בענין אחר, כי תתבחן בבחינה זו בעת שתקבל מהת"ת בהיותו מקבל מהגבורה והת"ת ישפיע לה חסד (בסוד ההמזגה) או תתבחן בבחינת שהתפארת מקבל מהחסד וישפיע חסד. כי בחינות אלה אינם שוות ולכל אחד מהם כנוי לעצמו. וזה הטעם שהסכימו חכמי ישראל שאין לנו כעת כוונה. מפני שצריך המתפלל להיות בקי בענין הכנויים לומר בחינה זו שוה אל בחינה זו ותקרא בשם זה וע"ד זה ישפיע השפע דרך הבחינות השוות ויקובל התפלה. ועכשיו שאין לנו ידיעה בעניינים האלה נאמר שאין אנו מכוונים. וזהו ענין שנוי הבחינות בכל מדה ומדה. ולכל כנוי וכנוי בחינה שיורה זה מה שלא יורה חבירו ומציאות זולת מציאות חבירו. והקדמה זו מתבארת מכמה מקומות מתוך דברי הרשב"י ע"ה. וז"ל בתקונים (תקונא נ"ו דף פ"ט ע"ב) ה"ה אשה ובתה כלה וחמותה, כפום ענפין דאילנא הכי אתקריאו עכ"ל. והנה ביאר ששני ההי"ן הם אשה ובתה מצד היות המלכות בת אל הבינה ואח"כ אמר שהם כלה וחמותה ירצה היות המלכות כלה אל הבינה והם דברים כמעט הפכיים. ותירץ שאין זה מן התימה כי לפום ענפין דאילנא הכי אתקריאו ר"ל לפי ענפיה ובחינותיה היא נקראת בערך בחינה זו וענף זה הנקרא כך. נמצא שיורה כנוי זה מה שלא יורה חבירו. ואין ענין הכנויים ע"ד מקרה כאשר חשבו המפרשים. וענין הכנויים בעניינם הם התפשטות ענפי הספירות כאלו נאמר שם בן ד' שבכל ספירה וספירה הוא עצם הספירה. ואמנם נתלבש כל שם ושם מי' שמות האלה בי' שמות שאינם נמחקים, ולא נכחיש היות שם בן ד' כולל כל עצם הספירה ועיקרה. ואין השם הקדוש שאינו נמחק שהוא ענף מענפים כולל כל עצם הספירה כדמוכח מתוך ביאורנו בשער השמות פ"א. ואולם עוד לענפים האלה ענפים והם הכנויים שהם יותר פרטיים מהשמות שהם ענפים קטנים מתפשטים מהענפים הגדולים. נמצא לפי זה הכנויים לבוש אל השמות שאינם נמחקים, ושמות שאינם נמחקים לבוש אל ההויו"ת, וההויו"ת לבוש אל שם בן ד' העצמי המבואר בשער שם בן ד'. כענפי האילן שעליו חופים את עציו הדקים, ועציו הדקים חופין את ענפיו הגדולים, והענפים הם חופין את עיקרו. וכן ממש הענין למעלה. וזה שנמצא בתקונים פעמים רבות מזכיר הוויו"ת ושמות וכנויים, והכוונה אל הבחינות האלה. ועתה לא יתרחק שיהיה כנוי א' פנימי יותר מחבירו לפי שנוי הבחינות. ויתבארו כל פרטי העניינים האלה בשער ערכי הכנויים בס"ד:

פרק שלישי:

הכונה בפ' זה לבאר ענייני האדם להמרכבה, מפני היותו ענין מתייחס אל הדרוש הזה. וקודם כל דבר נאמר כי כל אדם שיהיה מרכבה לאיזו ספירה שתהיה, צריך שני תנאים. ראשונה טהרת אותו האבר ביותר משאר כל גופו עד שיהיה כזכוכית לבנה. ואין לחשוב כי בטהרת אותו האבר די אע"פ שיחטא בשאר האברים ח"ו. חלילה להאמין כזאת שאם הוא פגום באיזו אבר שיהיה אין השכינה שורה עליו, כי אין השכינה שורה על נשמה פגומה ח"ו. וכן פי' הרשב"י ע"ה בתיקונים (בהקדמה ד"ג ע"ב) וז"ל דאיהו לא שרייא באתר פגום הה"ד כל אשר בו מום לא יקרב. אוף הכי בנשמתא פגימא לא שריא. זכאה איהו מאן דאשלים נשמתיה לשרייא ביה שם יהו"ה ועביד ליה כורסיא לגביה עכ"ל. וכן כתיב לא יגורך רע, (ודרז"ל שבת קמ"ט) לא יגור במגורך העושה רע, והוא בעל העבירה. אלא הענין הוא שיטהר כל גופו מכל מום ואח"כ ידקדק באיזו מצוה ויאחז בה ביותר. כמו מי שתורתו אומנתו שנעשה מרכבה לת"ת. וכן נאמר ביעקב (בראשית כה כז) איש תם יושב אוהלים, ופשוטו איש שלם שלא היה פגום באבר מאבריו ח"ו אלא שלם בלא מום. יושב אהלים, ר"ל אהלי התורה ועוסק בה. וכן אמרו רז"ל בב"ר וישכב במקום ההוא (שם כח יא). שם שכב אבל י"ד שנה שהיה בבית מדרשו של שם ועבר לא שכב כי היה כל עסקו בתורה. ולפיכך נעשה מרכבה לת"ת בסוד יושב אהלים. אמנם נתעלה עליו מרע"ה להיות כי הוא עסק בתורה ביותר ועוד שלמדה לששים רבוא, ועם היות שמרע"ה הוא ג"כ מרכבה לת"ת הוא נעלם יותר שהוא בסוד הדעת כמו שפי' בשער א' פ"ב בע"ה. וכן אברהם נעשה מרכבה לחסד להיות שאחז בעה"ז במדת החסד לאין תכלית כאשר האריכו רז"ל והיה גומל חסדים לנשמות ולגופים כמבואר ברז"ל ע"פ (שם יב) ואת הנפש אשר עשו בחרן כי היה מאכילם ומשקם ומקרבם לעבודת ה' ולכן נעשה מרכבה לחסד וזהו מדת החסד שארז"ל וימין מקרבת. וכן יצחק נעשה מרכבה לגבורה, להיות שאחז מדת הדין לחלקו ופשט צוארו על גבי המזבח והיה מודיע לכל באי עולם כי יש לעולם שופט ואלוה ויש דין ויש דיין, וכן דרשו בזהר. וכן היה מציל עשוק מיד עשקו ולהשיב הגזילה מיד הגזלן ומשיניו ישליך טרף. וכל עניינים כאלה הם התלוים במדת הגבורה. וזהו תנאי הראשון. עוד צריך תנאי השני שתהיה נשמתו אצולה מן המדה ההיא, שעי"כ תהיה המדה ההיא משפעת בו שפע ופועלת פעולתה ע"י עד שהנשמה תהיה מקור להשפיע הנשפע ממנה. ולכן הוכרח היות נשמת אברהם מחסד ונשמת יצחק מהגבורה וכן עד"ז לשאר הצדיקים והנה נשמת יוסף היתה מהיסוד וכאשר זכה והשלים נשמתו במעשה הרב ההוא שלא טימא אות ברית קדש ונתגבר על יצרו נעשה מרכבה לצדיק ומשם היה זן את העולם בימי הרעב. וכן משם כלכל כל בית אביו כל ימי היותו. כי היא המדה הנותנת מזון לפרנסת ישראל. וכן דהמע"ה זכה למלכות לו ולזרעו אחריו בזכות שתקן המדה הזו וקישטה בהיותו מתגרה עם לוחמיה סביב. וזהו שהיה קם בחצי הלילה וכן מעולם לא ישן אלא כשינת הסוס וכיוצא בעניינים האלה מקישוטי הכלה כנודע. וכאשר נחקור על מציאות המרכבה נמצאם ג' בחינות. הבחינה האחת היא בחינת דוד והיא שקישט הכלה בבחי' מלכות. הבחינה הב' בחי' יוסף דהיינו בחי' יסוד, והיינו מעבר השפע מכל הספי' אל המלכות. הבחינה הג' היא בחינת האבות ומרע"ה, עם שנתעלה הא' על חביריו כאשר נבאר בס"ד. והנה לא נכחיש כי כל ענין המרכבות הם תקוני השכינה ר"ל המלכות. ואל הענין הזה ה' בחינות. הא' היא בחינת המלכות בערך קישוטיה ר"ל להשפיע מהמדות העליונות שפע ולא שפע המזון ולא שפע צורך העולם אלא לתקן הכלה שתהיה מקושטת בקשוטיה כמבואר בשער מהות והנהגה. והנה הקישוטים האלה הם תיקונים אל הזווג לא הזווג ממש. והנה מזה הענין והשפע הנשפע אל התיקון הזה אין ממנו עדיין תועלת כל כך עד היות הזווג שאז תקבל השפע לזון ולפרנס עליונים ותחתונים. וזהו הטעם שהיה דוד בעניות כמו שפי' בזהר פ' נח (דף ס"ג) בפסוק הקשיבה לישה מפני שהיו כל עניניו תיקונים כדי שתהיה מקושטת. ובימי שלמה היה הזיווג והיתה הלבנה במילואה. וכן ביארו בזהר שיר השירים ומקומות אחרים. וזו היא בחינת דוד. וזה טעם שמאסו הבונים שהם האבות בענין זה מפני שראו היות זווגה שלם ריחוקי המציאות עד היות ישראל על אדמתם שקטים ושלוים וה' יניח להם מסביב בהשבתת הקליפות והאויבים. ולריחוק הענין תקנו בחינה אחרת כאשר נבאר. הבחינה השנית היא בחינת יוסף והוא תיקון היסוד והיא ודאי מעלה נכבדת מתעלת על הקודמת והיא ע"י הענין הזה. אבל אין זה הזווג ממש אלא הוא תיקון אל הזווג. כי בהיות הצדיק מתוקן משפיע שפע במלכות מבחינתו ואף הוא מזומן אל יותר מההשפעה שהוא תקונו אל הזווג שהיא בחינה יותר נבחרת

מהשפעת השפע, ובו נמצאו שתיהן שפע שהוא משפיע ועוד שהוא מתוקן אל הזווג שהוא האבר הקדוש כנודע. וכמו שצורך האבר אל יחוד איש ואשתו כן צורך היסוד אל ייחוד ת"ת ומלכות כמבואר בשערים הקודמים. הבחינה הג' היא בחינת אברהם ויצחק והיא בחינה נכבדת, (עם היות שלא תתעלה בבחינת יוסף). והטעם כי היא בחינה אל השפעת השפע ממש אל המלכות. שכן נודע שיניקתה מן הימין ומן השמאל שהוא חוט של חסד המשוך עליה ביום וכן מהגבורה נשפע עליה כמה שפע ומזון, ויש עוד צורך אליהם שהם הכנה אל הזווג לענין החיבוק כמבואר בשער ח' פכ"א בס"ד. ועם כל זה לא ישתוו למעלת היסוד מפני שמעלת היסוד משובחת שהוא העיקר אל הזווג כדפי'. הבחינה הד' היא בחינת יעקב שהוא בעלה דמטרוניתא, דהיינו כי מלבד שהוא משפיע בשכינה השפע עוד הוא משפיע בה שפע הזווג והיינו שע"י יתעורר הת"ת להזדווג ממש. והיא בחינה משובחת מבחינת היסוד, שהיסוד הוא הכלי אל הזווג כהאבר אל הזכר, ואין ספק שהעיקר הוא הגוף שהוא הת"ת שהוא העיקר אל הזווג והיסוד הוא מעבר וצנור אל הענין הנשפע. וזה היה מדרגת יעקב אבינו שהיה מרכבה לת"ת בשתי פנים אלה. אם בהשפעת השפע כדרך שאר המדות, אם בהתעוררת הזווג ממש שהיא בחינה משובחת עאכ"ו כאשר מבואר בשער הנזכר בס"ד. הבחינה הה' היא בחינת מרע"ה, והוא במעלת יעקב בשפע ובזווג ונוסף עליו שהוא מצד בחינה הנעלמת שבת"ת שהוא סוד הדעת והוא מציאות דק כמבואר בשער א' פ"ב בס"ד. ושם הארכנו במעלתו עד שלא תהיה בחי' מלכות בת זוגו אלא בבחינת הצלע שהוא הי' כמבואר בשער המציאות וזאת היא הנקראת כלת משה בת מלך ודאי כמבואר בתיקונים פעמים רבות. עוד הוסיף מרע"ה מעלה על כל המעלות שע"י בחינתו בחי' הדעת יהיה יחוד החכמה והבינה כמבואר בשער הנזכר. וע"י ידיעת בחינות אלה יתבארו כמה וכמה מאמרים נעלמים שנסתמו בהם עיני המעיינים בזהר. ואחר שביארנו ענין הבחינות האלה עוד נבאר במה יהיה הענין הזה בספירות העליונות ומהו הנרצה בענין מרכבה. והענין הוא כי כבר נתבאר בשער ח' פי"ט כי ענין ההתעוררות היותו ע"י מעשה הצדיקים. והשכינה מקבלת הרוחניות ההוא והענין המתהווה ע"י התורה או המצוה והיא מקבלת ע"י אור נשפע מלמעלה כפי ענין המצוה, אם המצוה היא מחסד מקבלת מחסד וכן מגבורה וכן לשאר המדרגות. וכן ביארנו בשער

אבי"ע בפרק ג"ד כי השכינה רודפת אחר הצדיק להתייחד עמו כדי שע"י תקבל הכח ההוא והאור ההוא. והנה בהיות הענין כן נמצא נשמת הצדיק שהיא הפועלת המצות נעשה מרכבה וכסא אל השכינה והשכינה מתלבשת ומתעלמת בתוך הנשמה ההוא. והיא כסא ומקור לכל הברכות וממנה נזונים כל העולם והיא המקור להם. והיינו שנאמר לאברהם (בראשית יב) והיה ברכה פי' תהיה בריכה לשפע הנשפע מלמעלה. וכאשר עוסק הצדיק בעה"ז בענייני השפע מצד החסד הנה יהיה מדרגתו במדרגת המרכבה לחסד כאברהם אבינו שהיתה השכינה בלי היכל ומתלבשת בקן צפור עד שתקן לה היכל בנשמתו הקדושה. ויצחק תקן לה היכל מצד הגבורה ע"י מעשיו להשפיע לה משם. ולא דין ממש ח"ו, שהרי כמה מיני שפע נשפע מהגבורה לתועלת העולם לזונו כו' כמו שנתבאר בשער ח' פט"ז וכמו שיתבאר בשער ערכי הכנויים בע"ה. ויעקב בתורתו זכה להשפיע בה ועוד זכה לזווגה ממש, והוא נקרא בעלה דשכינתא ברוב דברי הרשב"י ז"ל. וזהו הטעם שאמרה המשנה (פאה פ"א) אלו דברים וכו' ות"ת כנגד כלם. לפי שהוא גורם הזווג והייחוד. ולכן מי שתורתו אומנתו פטור מן התפלה. ויוסף הצדיק זכה שבמעשיו נעשתה נשמתו היכל אליה כדי שישפיע בה היסוד הכח לזון ולפרנס לכל העולם. וגם הוסיף על זה שהוא מסייע אל הזיווג כי יעקב צריך אליו. וזהו (שם לז ב) אלה תולדות יעקב יוסף כדפי' בזהר. וכן (שמות יג יט) ויקח משה את עצמות יוסף עמו כמבואר שם. ומרע"ה זכה שנעשה נשמתו היכל אליה כדי שע"י ישפיע בה שפע רב כענין (שם טז) הנני ממטיר ושאר ענייני הנסים. ועוד הוסיף שיחדה עם הדעת העליון והיינו בסוד בחינתה הנעלמת. ודוד נעשתה נשמתו היכל אליה לקשטה ולתקנה, ועל ידי תשבחות והודאות ומעשיו הטובים היו נשפעים קשוטיה מלמעלה (ע' זהר תרומה קמ"ה.) והנה נמצא כי האור הנשפע אל השכינה משפעת אל הצדיק. והאור ההוא המאיר בשכינה מכח הספירה ההיא מתעלם בנשמת הצדיק ההוא שהוא היכל להשכינה נמצא שהוא היכל אל האור העליון המתגלה בשכינה. והיינו אמרם ז"ל אברהם מרכבה לחסד, ירצה לאור החסד המתגלה בשכינה, כי הצדיק אינו מרכבה לעולם אלא להשכינה ועם כל זה יתייחס אליו שהוא מרכבה למדה העליונה מן הטעם שאמרנו. וכן יצחק היה מרכבה לאור הגבורה המתגלה במלכות, וכן יעקב לאור המתגלה מן הת"ת אל המלכות, וכן יוסף אל

אור היסוד המתגלה במלכות, וכן מרע"ה לאור המתגלה מן הדעת במלכות, וכן דוד אל אור הקישוטין המתגלה במלכות. ובזה יובן כמה מאמרים מהזהר המורים כי לעולם הצדיקים אינם מרכבה אלא להשכינה כמו (בראשית יז כב) ויעל אלהי"ם מעל אברהם כי שם הכריחו חז"ל שהיתה השכינה מתגלה בו. ובהקדמת הפרק הזה ידענא שיפתחו כמה שערי אורה אל המעיין בספרי הזהר בעניינים אלה וצריכים להיות קבועים בלב המעיינים וקצרנום בתכלית הקצור כדי שיוכל המעיין לכוללם וישמע חכם ויוסיף לקח:

פרק רביעי:

הנרצה בפרק זה הוא לבאר ענין נפלא נמצא בס' הבהיר באמרו כי אברהם לא רצה לקחת לחלקו כ"א החסד וכן יצחק הגבורה וכן יעקב הת"ת ומאסו ח"ו המלכות. ולכאורה נראה שהם דברים מתמיהים וצריכים ביאור. וז"ל דא"ר מאיר מאי דכתיב ויאמר אלהי"ם יהי אור ויהי אור ולא אמר ויהי כן, מלמד שהאור ההוא היה גדול מאוד ואין כל בריה יכולה להסתכל בו. גנזו הקב"ה לצדיקים לעתיד לבא, והיא מדת כל סחורה שבעולם, והוא כח אבן יקרה שקורין סוחרת ודר. ועל מה היא מדת דר. אלא מלמד שלקח הקב"ה מזיוה אחת מאלפים ובנה ממנה אבן יקרה נאה ומקושטת וכלל בה כל המצות. בא אברהם ובקש כחו ליתנה לו ונתנו לו אבן יקרה זו ולא רצה בה, זכה ולקח מדתו חסד שנאמר (מיכה ז) חסד לאברהם. בא יצחק ובקש כחו ונתנו לו מדה זו ולא רצה בה. זכה ונטל מדת הגבורה דהיינו הפחד שנא' (בראשית לא) וישבע יעקב בפחד אביו יצחק. בא יעקב ורצה בה ולא נתנוה לו, אמרו לו הואיל ואברהם למעלה ויצחק למטה אתה תהיה אמצעי ותטול (נ"א ותכלול) שלשתן. ומאי אמצעי דהיינו שלום. והא כתיב (מיכה ז) תתן אמת ליעקב. אמת ושלום חד הוי כד"א (אסתר ט) דברי שלום ואמת, הלא אם שלום ואמת יהיה בימי (מ"ב כ'). והיינו דכתיב (ישעיה נח) והאכלתיך נחלת יעקב, דהיינו נחלה גמורה דאית לה החסד והפח"ד והאמת והשלום. ולפיכך אמר (תהלים קיח) אבן מאסו הבונים היתה לראש פנה. אבן שמאסו אברהם ויצחק אשר בנו העולם היתה עתה לראש פנה. ולמה מאסו בה והלא נאמר (בראשית כו) עקב אשר שמע אברהם בקולי וישמר משמרתי מצותי וכו'. מאי משמרתי, כך אמרה מדת החסד כל ימי היות אברהם בארץ לא הוצרכתי אני לעשות מלאכתי שהרי אברהם עמד שם במקומי. וישמר משמרתי, ואני זאת היא מלאכתי שאני מזכה את העולם כלו ואפי' נתחייבו אני מזכה אותם. ועוד משיבם ומביא בלבם לעשות רצון אביהם שבשמים. כל זה עשה אברהם וכתיב (שם כא) ויטע אשל בבאר שבע ויקרא שם בשם ה' אל עולם. סדר לחמו ומימיו לכל באי עולם והיה מזכה ומדבר על לבם למי אתם עובדים עבדו את ה' אלהי השמים והארץ, והיה דורש להם עד שהיו שבים. ומנא לן שאף החייבים היה מזכה שנאמר (שם יח) וה' אמר המכסה אני מאברהם וגו' ואברהם היו יהיה וגו', אלא אזכהו שידעתי שיבקש עליהם רחמים ויזכה. וכי אפשר לומר שלא ידע הקב"ה שלא (יוכלו להנצל) אלא לזכותו קאמר. מכאן אמרו הבא לטהר מסייעין לו. בא לטמא פתחין לו מאי פתחין, אותם הפתוחים תמיד. מצותי חקותי ותורתי, אמר הואיל ולא חפצתי בה אשמור מצותיה. ומאי תורתי, אלא אפי' הוראות ופלפולים שמורים למעלה הוא ידעם ופלפל וקיימם. ומאי (בראשית מט) משם רועה אבן ישראל, משם נזון אבן ישראל. ומאי משם, הוי אומר זה צדק עליון. ומאי הוא, היינו האור הגדול הצפון, והיינו סוחרת. ואבן יקרה שבנה (שדרה) למטה ממנה נקרא דר עכ"ל. ועתה ניכנס בביאור המאמר הזה מראשו ועד סופו. ואגב אורחין יתבאר הכל:

ראשונה הוקשה לו טעם כפל הפסוק באמרו ויהי אור ולא אמר ויהי כן כדרכו בשאר העניינים. ולזה השיב כי שתי הוויות היו. ראשונה הויות האור הגדול אשר אין העולם כדאי להשתמש בו. וכאשר ראה בחכמתו שאין לבני העולם בזה תועלת כמו שנבאר, הוצרך אל הויה השנית אור השני. וזהו ויהי אור, שפירושו הוית האור השני. זהו כללות הכתוב לענין הכפל. ועתה נחזור לבאר התכת לשונו. שני האורות הללו, האור הא' הוא החכמה ראשונה, והאור השני הוא חכמה אחרונה. וראוי לדעת הקצור קצרה ח"ו ידיעתו ית' בענין האור אם היה העולם יכול להסתכל בו אם לא, עד שהוצרך לגנוז האחד מפני חבירו, אתמהא. ויברא השני ולא הראשון. ושאלה זו כבר נתקנה בשער סדר האצילות בפ"ד. ושם אמרנו כי קודם ההויות כלם עלה ברצונו הקדום להיות ההויות ע"י החכמה ומפני המעטת הישות שבה שהיא קרובה אל האין ביותר עד שלא יצדק בה הויה כלל לכן הוצרך אל הויות הספירות (אצילות הבינה) כדפי' שם. ושם ביארנו כי אמרנו עלה ברצונו וכו' וכן היה מחריט וכו' הכל משל ודמיון אל גזרת חכמתו בענין סדר האצילות. ועתה לא יצדק שאלתינו שיהיה האור

השני ולא הראשון. כי האור הראשון הוא חכמה שבראש, והאור השני הוא חכמה שבסוף. וכי נשאל יאציל מלכות ולא חכמה. נשיב כי אם היתה המלכות מדרגה שנייה במקום חכמה היתה המלכות מדרגת החכמה עלול שני וסוף סוף לא יכול העולם לסובלו ואין כל בריה יכולה להסתכל בו, פי' לא יוכלו הנבראים לשאוב השפע ממנו לרוב דקותו וקירבתו אל מקורו. לכן הוכרחו הדברים להיותם מדרגה אחר מדרגה. הראשונה אי"ן ואח"כ הי"ש וכן ממדרגה למדרגה מרשימה לחקיקה ומחקיקה לחציבה ומחציבה לעשיה כאשר הארכנו בשערים הקודמים. כי בהיות הדברים קרובים אל מקורם הם תכלית הדקות, ובצאתם מאת פניו ירדו פלאים לשיעורים משוערים מעילה לעלול מנקודה לנקודה מנקודה עליונה עד נקודה אחרונה. ועתה נחזור ללשון המאמר אמר מלמד שהאור ההוא היה גדול מאוד. כבר נודע היות החכמה למעלה מהגדולה והוא מאציל הגדולה. לזה קראה גדול בסוד הגדולה. ואמר מאד, להורות שהיא למעלה ממנה מעל דמעל. ואין כל בריה יכולה וכו'. כבר נתבאר כי טעם האצילות להודיע מעלתו ורוממותו אל זולתו כי קודם האצילות לא הי' גדולת מחוייב המציאות נודע לזולתו לפי שאין בלתו. והאצילות היה כדי שיוכלו הבריות לדעת כחו ורוממותו כדפי' בשער טעם האצי', וכדי שישתלשל המציאות ותצא מאת פניו ותרד דרך מדרגת הסולם אשר ראשו מגיע אל אלדי האלהי"ם וקצהו מוצב ארצה. וזה רצה באמרו אין כל בריה יכולה להסתכל בו, לרוב העלם החכמה אין לנבראים השגה בהמאציל על ידה. ולזה אמר לשון הסתכלות, שמורה על רוב העיון והתבוננות גדול. עוד אפשר לפרש כדפי' לעיל שלא היו יכולים הנבראים לשאוב שפעה מפני דקותה והיינו הסתכלות שהוא ההנאה מזיווה. גנזו הקב"ה לצדיקים לעתיד לבא. כבר נודע כי העולם הבא הוא הבינה ונקרא עולם הבא שלעולם הוא בא שהוא נהר שאינו פוסק לעולם. ועולם הבא ולעתיד לבא הכל אחד בקרוב כמפורסם. ויש חילוק ביניהם עם היות שתיהם בבינה. כי עולם הבא נקראת הבינה בבחינתה התחתונה המשפעת כדפירשנו שהוא נהר דנגיד ונפיק ולא פסיק מימיו לעלמין. אמנם לעתיד לבא היא בחינה עליונה שעדיין לא בא אלא עתידה לבא והיינו התעלמות הבינה שהיא היכל שבו נטמן ונגנז החכמה. ומבואר בזוהר בפ' יתרו (בתוספתא דף ס"ח ע"ב) וז"ל בקיצור ההוא רשימו בעיא לחפיא גרמיה ועביד ליה לגרמיה לאתטמרא ביה חד היכלא. ההוא היכלא אפיק ליה מגרמיה ומתח ליה במתיחו רב וסגיא לכל סטרין. אוקים ליה בלבושי יקר, פתח ליה חמשין תרעין לגו בגו, אתטמר ואתגניז ההוא רשימו, כיון דאתגנז ביה ועאל בגווייה אתמליא נהורא עכ"ל. והנה מן המאמר הזה נראה בפי' שהחכמה שהיא הרשימו הנז' הנקרא יש, היא נגנזת ונטמנת בבינה שהיא ההיכל שבו נ' שערים וכו'. ובזה נתבאר מה שאמר גנזו לצדיקים, היינו ת"ת וצדיק. כי ת"ת ג"כ נקרא צדיק שנאמר (תהלים יא ז) כי צדיק ה'. כי הם שואבים אור ושפע מן החכמה ע"י הבינה דהיינו לעתיד לבא כדפי'. ולא אמר לעולם הבא, מפני שאין החכמה מתעלמת בבינה אלא בבחינתה העליונה שעדיין לא נתגלה. והיא מדת כל סחורה שבעולם. פי' כי החכמה היא מדה שבה מתהוים כל ההויות וכל ההקפים, דהיינו סחורה לשון סחור תרגום של סביב. ואמרו שבעולם, כי הבינה שהיא נקרא עולם וההויות המצטיירות בתוך הבינה הם בכח החכמה המגבילם ונותן להם מדה בלי מדה כדפי'. והיא כח אבן יקרה שקורים סוחרת ודר כי חכמה הוא כ"ח מ"ה שפירושו בחי' החכמה המתייחדת בבינה היא נקראת כ"ח מ"ה כמו שנבאר בשער ערכי הכנויים. והיא ג"כ אבן יקרה דהיינו י' שהיא נקודה בתוך ההיכל. שקורין וסוחרת. פי' לשון סבוב והיקף כי היא המקפת כל הספירות ונותנת בהם כח ואור. ואפשר היות פירוש יקרה לשון מאירה כמו וירח יקר הולך (איוב ל"א). ועל מאי היא מדת ודר. לפי שבפסוק הוזכרו שניהם יחד באמרו (אסתר א) ודר וסוחרת. ומפני שמתוך פי' דר יתבאר ענין ויהי אור, לכן שאל מאי ודר. אלא מלמד שלקח הקב"ה מזיווה א' מאלפים. פי' ד"ר הוא מציאות המלכות הנלקח מחכמה שהוא ענין הצלע כדפי' בשער המציאיות בפ' ג' ד' בע"ה. וז"ש שלקח הקב"ה מזיווה, פי' מזיו הסוחרת שהיא החכמה דהיינו אור הראשון והצלע היא אחת מאלפים מזיווה הם אלפים שנה שקדמה תורה לעולם והיינו עשר ספירות שבחכמה ועשר שבבינה וכל עשר מהן עולה לאלף כי הם י"פ י' שהם ק' וי"פ מאה הם אלף. והיינו עשר כלולה מעשר ועשר מעשר והם אלף. וכן אלף שבבינה הם אלפים, ואחת מאלפים האלה היא המלכות שהיא המשלמת האלפים. וקראום אלפים להורות על שעדיין לא הי' אצילותה ואצילות שאר הנאצלים שאז חכמה ובינה מתייחסים בשם אלפים. כאמרם ז"ל תורה קדמה לעולם אלפים שנה. ובנה ממנה אבן יקרה נאה ומקושטת. כבר נתבאר בשער הנזכר ענין ויבן ה' אלהי"ם את הצלע (בראשית ב) דהיינו מציאות הי' שבמלכות, ואמר שהצלע הוא

אבן יקרה מציאות י' אבן ספיריי כדפי' בתקונים שנייה לחכמה. והיא נאה ומקושטת בסוד מציאות בנין ה' שלה והיינו ויהי אור שהוא הויות המלכות מהחכמה שהוא אור הראשון כדפי'. ונקראת יקרה, מלשון הארה כדפי' לעיל. ופי' נאה, היינו מצד שפע תפארת שהוא בעלה שהוא וא"ו. וזהו נאה, נו"ן מלכות, ה"א עולה ו' שהוא ת"ת, ולהיות שפעו נשפע בה לקשטה ולכן הוא נעשה מוא"ו ה"א. ופי' מקושטת, היינו קישוטי הכלה שהוא מציאות ה"א שהם קישוטיה כענין ג' גווני הקשת. שהם קו אדום קו ירוק וקו לבן. שהם גדולה גבורה ות"ת. והיינו ה' ג' ווי"ן כמבואר בשער המציאיות. וכלל בה כל המצות פי' שבמלכות כלולות בה כל מצות עשה ומצות לא תעשה. מ"ע מצד ימין חסד, ל"ת מצד השמאל גבורה. והיא כלולה מימין ושמאל. והטעם שהיא כלולה מכל המצות. מפני שהמצות הם תלויות בע"ס. והיא נכללת מעשר ספירות. ולכן היא נכללת מכל ענפי הספי' שהם המצות. והנה ענפי הספירות הם רמ"ח מצד הגדולה, ושס"ה מצד הגבורה, ונמצאת שהיא נכללת בכל ענפי הספירות מן הימין ומן השמאל. והוצרך לומר ענין זה לענין המרכבות שנבאר:

בא אברהם ובקש וכו'. הענין הוא כי עם היות שתהיה נשמת האדם אצולה מאיזה מדה מן המדות. עם כל זה הוא אפשר שיעשה מרכבה למדה אחרת ע"י מעשיו. כי כל נשמה היא כלולה מעשר. וכאשר ישתדל אדם בחסד יהיה מרכבה למדת החסד. ואף אם נשמתו אצולה ממדה אחרת מפני שיגביר על נשמתו צד החסד עד שיהיה עיקר הארתה בחסד. וכן לשאר הספירות ונאריך בענין זה בשער הנשמה בפ"א בע"ה. ולפיכך היה הקב"ה רוצה שיהיה אאע"ה מרכבה למדת המלכות שיגביר עליו חלק המלכות. ומה גם במלכות שהיא נכללת מכל הספירות כדפי', ובפרטות מצד החסד כדפי'. והטעם שהיה הקב"ה רוצה בתיקון המדה הזאת יותר מכל שאר המדות לפי שהיא המדה הצריכה תיקון יותר משאר המדות מטעם שהיא מדה האחרונה ורגליה יורדות מות וצריכה תיקון לתקן מיעוטה. ולזה נאמר לאברהם אבינו ע"ה לך לך מארצך וממולדתך וכו' הכונה שיסיר עצמו מהקליפות וממערכות השמים כאמרם ז"ל צא מאצטגנינות שלך וכו' וזהו אל הארץ אשר אראך דהיינו המלכות. והכונה שישתדל לתקנה. והוא תפס למדתו בחסד במעשה החסידות כדמסיק. וזהו ולא רצה. פי' לא רצה במלכות ועשה מעשים הגונים לזכות לחסד. וז"ש זכה ונטל מדתו. ואמר מדתו, מטעם כי עיקר התנוצצות נשמתו מחסד. ולכן נטה לעיקר נשמתו. וכן כשנאמר לו אל הארץ אשר אראך, כתיב ויסע אברהם הלוך ונסוע הנגבה לצד הדרום לצד הימין דהיינו חסד. הנה שדחה ממש בידים ורצה לידבק במדתו שהוא החסד:

בא יצחק וכו'. כל ענייני יצחק הוא מצד המלכות, וכן נאמר (בראשית כא א) וה' פקד את שרה ולשון פקידה הוא מצד המלכות. וכן נאמר לו (שם כו ג) גור בארץ הזאת. ועם היות שנאמר לו אחר העקדה, עם כל זה הוא ראיה שהקב"ה היה רוצה שיהיה מרכבה למלכות. ולא רצה בה אלא לקח מדת הפחד. ודקדק באמרו ונטל מדת הגבורה, ולא אמר מדתו כדקאמר גבי אברהם, מפני שלא היתה מדתו ממש כאברהם שמטבעו היה בעל חסד. אבל יצחק לא היתה מדתו בטבע אלא מלכות. שכן בארו בזהר כי קודם העקדה היתה מדתו המלכות ומטעם זה התחייב א"ע למיתה כי היה מסטרא דנוקבא כמבואר בזהר דכתיב (בראשית יח יד) ולשרה בן. ולכן לא אמר ביצחק ובקש ליתנה לו כדקאמר באברהם אלא ובקש כחו דהיינו שבקש מדה אחרת זולת זה ודחה את זו. וזכה ונטל מדת הגבורה עם היות שלא היתה מדתו. ועם הקדמה זו יובן מאמר שני מספר הבהיר בענין זה וז"ל ובזכות אברהם שזכה למדת חסד זכה יצחק למדת פחד. ולכאורה הוא הפך המאמר שלפנינו שכאן אמר שקודם היו נותנים לו המלכות עד שלא רצה בה וכו'. אלא כדפי' כי הוא דחה המלכות ואע"פ שהיתה מדתו ולא זכה כ"א בפחד דוקא ולא בזולתה. אלא מצד אברהם שהיה בחסד. וידוע כי המים הרו וילדו אפלה. ולכן כיון שיצחק היה בן אברהם ניתן לו הפחד בן החסד. וזכה לפחד בעקידתו שנעקד ע"ג המזבח. והענין כי המזבח הוא המלכות, וגב המזבח היא יסוד, והעצים שעל גבי המזבח היינו ת"ת נצח הוד. והוא נעקד ע"ג המזבח ממעל לעצים. נמצא יצחק זכה בפחד ע"י העקידה. ועוד נוכל לפרש שהמזבח מלכות, וגב המזבח ת"ת, והגב הזה הוא ממעל לעצים שהעצים הם נצח הוד יסוד שהם ג' ווי"ן ג' עצים (ע' בפלח):

בא יעקב. הנה יעקב רצה לידבק במלכות בכל ענייניו. ראשונה שיצא מבאר שבע הוא הבינה וילך חרנה היא המלכות, וכן פי' בזהר. ועוד כי שם פגע במקום שהוא השכינה ושם הקים מצבה. וכן אמר (בראשית כח כב) והאבן הזאת אשר שמתי מצבה יהיה בית אלהי"ם, כל עניינו היה במלכות לידבק בה. ולא נתנוהו לו אלא שיהיה מרכבה לת"ת. וזה נאמר לו בענין נשואי לאה שהיא הבינה. והנה

כוונתו הי' ברחל עקרת הבית ורימה אותו בלאה כי מאת ה' היתה לו שהוא איש הבינים זכר בין ב' נקבות. וכן נאמר לו (שם לב כח) לא יעקב יאמר עוד שמך כ"א ישראל. ויעקב הוא במלכות וישראל בת"ת כמו שיתבאר בשער ערכי הכנויים. כל זה להורות לו שיהיה מרכבה לת"ת. והטעם מפני שהיו אברהם ויצחק ב' הפכים זה חסד וזה דין זה מים וזה אש, והוצרך השלום ביניהם לתיקון העולם. וזה אמרו הואיל ואברהם למעלה ויצחק למטה (וכו') אתה תהיה אמצעי ביניהם. וכן דרך הת"ת שהוא אמצעי בין החסד והפחד, זה למעלה וזה למטה ות"ת באמצע. וזהו ו' באמצע ב' יודין כצורת א' כמבואר בשער השמות פ"ו. ותטול שלשתן. פי' כי ת"ת בצד ההכרעה יש לו כח גדולה מצד הימין. וגבורה מצד השמאל. ות"ת באמצע כולל כל בחינות האלה בעצמות הת"ת כמבואר בשערים הקודמים. ומאי אמצעי שלום וכו'. הוקשה לו כי התפארת היא בחינה אמצעית בפ"ע שהוא קו הרחמים ואינו כולל שלשתן. לזה אמר ומאי אמצעי שלום וכו', פי' צד המשלים המאחד הקצוות כמבואר בשער המכריעים. והא כתיב תתן אמת ליעקב. וא"כ נמצא שאין יעקב מרכבה לת"ת במציאות השלום, אלא במציאות האמת שהיא בחינה בפני עצמה בחינה אמצעית לבד. לזה השיב אמת ושלום חד הוי. פי' הבחינה הכוללת ג' בחינות הוא הנקרא שלום והוא הנקרא אמת. והכריח היות שני הכנויים אחד באמרו דברי שלום ואמת וכן הלא אם שלום ואמת כו'. ועם כל זה החילוק בין שלום ואמת, כי האמת הוא הא' בסוד י' מכאן למעלה חסד. וי' מכאן למטה גבורה. ו' באמצע ת"ת היינו בחי' השלום. ות' ומ' הנשאר הוא מלכות כאשר יתבאר בשער ערכי הכנויים בס"ד. ועקר מלת אמת הוא הת"ת, ולכן אמת ושלום חד הוי, כי כל אחד מהם כולל ג' בחינות. דכתיב והאכלתיך נחלת יעקב אביך דהיינו נחלה וכו'. כבר ביארנו בשער המכריעים כי לא יקרא שלום באמת אלא הת"ת מפני היותו כלל הקצוות כלם ולכן היא נקראת נחלה גמורה ולא כן שתי הקצוות, וז"ש דהיינו החסד והפחד והשלום והאמת שהם ג' בחינות שהם החסד והדין והרחמים שהיא נחלה גמורה שלימה, ויעקב איש תם (בראשית כה כז), גבר שלים (ת"א שם) כמבואר בארוכה בשער הנזכר. ולפיכך אמר אבן מאסו הבונים פי' דוד שהיתה מדתו המלכות אמר כי האבן שהיא המלכות שמאסו בה הבונים, פי' כל אותם שנעשו מרכבה לאצילות ומאסו בה להיותה אחרונה לכל האצילות. והיא היתה לראש פנה, כי היא לפעמים נקראת אשת חיל עטרת בעלה דהיינו שהיא עולה למעלה עד היותה עטרה על הת"ת ואז היא נקראת תגא דספר תורה כמבואר בשערים הקודמים. ולמה מאסו בה. פי' למה אתה אומר שמאסו בה והרי אינו כן שהרי הכתוב אומר וישמר משמרתי דהיינו המלכות, שהיא נקראת שימור מצותי שהם כלולות במלכות כדאמר לעיל וכלל בה כל המצות. והנה לפ"ז נמצא שלא מאס בה אלא אדרבה השלימה וקיים מצותיה ותיקנה. מאי משמרתי. פי' אל תחשוב היות הדברים האלה דברי המלכות שאמרה ששמר אברהם משמרת המלכות, שאינו אלא דברי החסד שהיא מדתו. וכוונת אמרו משמרתי, היינו המלכות המקבלת אור החסד ע"י נשמת אברהם כדפי' בפרק ג'. והכונה שהפסוק הזה הורה דאברהם אבינו היה מרכבה לחסד. כל ימי היות אברהם בארץ כו'. כבר בארנו בשערים הקודמים שענין ג' בחינות שיתבחנו כל ספירה וספירה הם הבחינה הראשונה מה שמקבלת מהמדה שלמעלה ממנה, והיא משובחת ודקה משאר בחינות המדה, כי כל עוד שתתעלה היא יותר דקה ומשובחת. הבחינה הב' בערך עצמותה והיא אמצעית בין הא' ובין הג'. והג' שהיא בערך מה שמשפעת למטה, והיא היותר מתגלית מהשתים הקודמות. וכן הם ג' בחינות אלה בחסד שלשה פעולות שונות של רחמים בערך השלשה בחינות. והנה בערך בחינה ראשונה ממטה למעלה אמר ואני זאת היא מלאכתי שאני מזכה את העולם והיא רחמים. ואחר כך כנגד בחינה שנייה שהיא יותר רחמים אמר ואפי' נתחייבו אני מזכה אותם והכונה כי אפי' שהם חייבים ואינם ראוים לרחמים מצד תוקף הרחמים שגוברת בבחינה זו אני מרחם עליהם. ובערך בחינה הג' שהיא המתקרבת אל הבינה בקבלתה ממנו אמר ועוד אני משיבם ומביא בלבם כו'. וכבר נודע כי התשובה לעולם מצד בחינת הבינה עם החסד. שהבינה נקרא תשובה. וכתיב ימינך פשוטה לקבל שבים. ומביא אותם לעשות רצון קונם. פי' הבינה שהיא קונה הנשמות ומקורם שמאצלת אותם כנודע. ואל ג' הבחינות האלה ממש היה מכוין אברהם במעשיו. וזהו סדר לחמו ומימיו הרי בחינה ראשונה ממטה למעלה. והיה דורש להם עד שהיו שבים הרי בחינה שלישית שהוא התשובה. ומנין שאף החייבים היה מזכה. זהו בערך בחינה האמצעית, ונקטה באחרונה ואם היא אמצעית מפני שלמעשה בני אדם היותר קשה לזכות מי שאין לו זכות וזה כמעט אינו ביד האדם עד שלא עלה ביד אאע"ה להציל אנשי סדום. וזהו

שדקדק לשון המאמר שאמר וכי אפשר שלא ידע וכו' כי כבר היה בידיעתו יתברך שאין יכולת באדם לזכות מי שאין לו זכות. ולא נאמר המכסה אני וכו' אלא לפי שהיה אברהם משתדל בשלימות החסד והשתי בחינות הי' מקיים בעצם, רצה הקב"ה שישתדל בשלישית כדי שמחשבתו יצרפה למעשה וישתלם בחסד בעצם. הבא ליטהר וכו' בא לטמא פתחין לו. מאי פתחים פי' למה לא אמר מסייעין כדאמר הבא לטהר מסייעין. אלא הטעם כי כשבא אדם ליטהר אז פותחין לו פתחים יותר מן הראוי כענין (בראשית כה כא) ויעתר לו ה' ויחתור לו שפתח לו פתח. (ע' בזהר תולדות דף קל"ז.) וכן במנשה שחתר לו הקב"ה פתח מתחת כסא הכבוד (בסהדרין דף ק"ג). וזהו מסייעין. אבל כשבא לטמא אין פותחים לו אלא הפתחים נפתחים מעצמם שבהם יצא אם ירצה וזהו פתחים לו. ר"ל יש לו פתחים פתוחות שבהם יצא. מצותי חקותי ותורתי. בא ג"כ לתרץ מאי דהוה קשיא ליה מעיקרא כי המצוות הם במלכות כנראה שהשלים המלכות. ועתה תירץ שאין הכונה שהשלימה ונדבק בה להיותו ממש מרכבה אליה, אלא הכוונה כי אע"פ שלא היה חפץ בה עם כל זה שמר מצותיה להשפיע בה ממדתו כי זהו הנרצה בענין המרכבה כדפי' בפ"ב. מאי תורתי אפי' הוראות ופלפולים וכו'. פי' אפילו עירובי תבשילים. ומאי משם רועה אבן ישראל כו' הוקשה לו כי משם נראה שר"ל מידי אביר יעקב הוא היסוד כנודע, ומשם רועה היא המלכות. ואבן ישראל, ר"ל ניזון מהיסוד כתרגומו זן אבהן ובנין. ונמצא לפ"ז היות יעקב מרכבה אל המלכות. וקשה מדידיה לדידיה, דהוא אמר שהוא מרכבה אל התפארת. לז"א כי משם ר"ל צדק עליון והיינו בינה שהוא היכל שבו נגנז האור הראשון לעתיד לבא כדפי'. והיינו וסוחרת כו'. פי' כבר בארנו כי אין האור הראשון נקרא סוחרת אלא בהיותו גנוז בבינה שאז ממנה כל סחורה שבעולם כדפי'. וזה רצה באמרו והיינו וסוחרת. ואין צדק עליון אלא בבינה. כי יש צדק עליון וצדק תחתון, עליון בבינה ותחתון במלכות. ועתה יהיה פירוש משם רועה ממציאות החכמה הנעלם בבינה, משם ניזון התפארת עם השנים עשר גבולים שאליהם היה מרכבה יעקב ושנים עשר בניו. ועתה צדקו דברי המתרגם בפי' אבהן ובנין. ואבן יקרה שבנה למטה ממנה נקרא ד"ר. וחזר על ענין הראשון שכל עצמו לא בא אלא לפרש מלת ד"ר ומלת סוחר"ת. ע"כ הגיע שכלנו הדל בפי' המאמר הזה בעזר החונן לאדם דעת. והכלל העולה מדברי המאמר הוא שע"י מעשה בני אדם יעשה האדם מרכבה לא' מן הספירות. וכן בחנו"ך מטטרו"ן אמרו שזכה אל המדרגה ההיא מטעם שתופר מנעלים היה ובכל נקיבה ונקיבה שהיה נוקב במרצע היה מברך לצורך גבוה וכו', כי היה מיחד למלכות הנקרא נעל עם הת"ת ע"י כל הצנורו"ת אשר לו ולזה רמז הנקיבו"ת שאמר. ומן הראוי היה שיהיה מרכבה למלכות לפי' זה. אמנם ראינו מי שפירש כי הסנדלפון נקרא סנד"ל ומטטרו"ן מנעל והוא היה מחבר ומשפיע למטטרו"ן ומשם היה סיבה שיושפע אל השכינה ולפיכך זכה להיות מרכבה למטטרון מדה כנגד מדה, וז"ש תופר מנעלים היה ובכל נקיבה ונקיבה היה מברך כי היה מיחד מטטרון עם המדה ואח"כ היה משפיע למלכות. והנה זו היא בחינה ששית להמרכבה אל חמשה הבחינות הנזכר לעיל בפ"ג. ובענין חנוך ומטטרון נאריך הביאור בשער ההיכלות בס"ד ושם יתבאר ענין אליהו וכן ענין המלאכים ביאור ארוך בע"ה יתברך. והנה נשלם הפרק הזה, ונכלל השער הזה בס"ד ע"כ:

שער כג - שער ערכי הכינויים

והנרצה בשער הזה הוא לבאר כל הכנויים שנמצא ביאורם בזהר ושאר מפרשים רבים אשר קדמונו במלאכה הזאת כתבו הכנויים ע"ד הספירות לכל ספי' וספי' הכנויים המתייחסים לה. ואנו לפי דרכנו מפני שפעמים יקרה למעיין בבקשו כנוי מהכנויים יכבד עליו מבוקשו מפני שנעלם ממנו מקומו. בזולת זה פעמים יהיה כנוי אחד מתייחס אל כמה ספי' לסבות ידועות. ולפעמים עקרו במדה זו ויתייחס אל זולתה מפני סבה ידועה ולא יתן המעיין לבו אל הדבר אלא אל הספירה המכונה אליו לבד. לכן ראינו לכתוב הכנויים בערכים לפי סדר האותיות ובו נבאר כל ענין וספירה המתייחסת אליו ובזה יקל על המעיין מבוקשו:

פרק ראשון:

אב יש שפי' נכתר כי הוא אב הרחמים וכן ממנו שואב התפארת הרחמים. ויש שפי' בחכמה כי נקרא כן מטעם כי הוא אב ומוצא כל ההויות על דרך שפי' בשער הקודם בפ"ק ושם זה מורה על היותו משפיע כמו האב הנותן לבנים. וקרוב לומר שהוא בשתיהם יחד והאותיות יורו על זה שהם א' כתר ב' חכמה, והטעם שההויות יושפעו מהחכמה ממקור הנעלם בו שהוא הכתר כנודע:

אב האמונה יש שפי' בכתר מפני שהוא אב אל המלכות. ורחוק כי כיחסו עם המלכות כן יחסו עם שאר האצילות. ואפשר לומר בדוחק, כי לפעמים מתעלה המלכות עד הכתר כמבואר בשער המציאות ואז בעלותם שם יונקת מהכתר ומשפיע על הכל. ואפשר [אז] יקרא הכתר אב האמונה לרמוז אל האמונה אשר שם. אמנם באמונה יתייחסו שני פירו' אם בינה אם מלכות כאשר נבאר עוד בעה"ו. ולשניהם ירצה כי החכמה אב אל המלכות בסוד ה' בחכמה יסד ארץ (משלי ג יט) כדפירשנו בשער הנזכר. וכן הוא אב אל הבינה כי ממנה נאצלה. ולכולהו פי' לא יקרא הכתר או החכמה אב האמונה אלא בסוד בחי' השפעתו באמונות:

אב הרחמן נק' הת"ת כי הוא אב לנשמות ונק' רחמן בכח (הכתר) השופע עליו ברחמים ובבחי' זו יקרא רחמן. נמצא לפ"ז כי בהיותו מרחם על הנשמות בסוד רחמי הכתר יקרא אב הרחמן. וכבר יתיחס שם זה בכתר לדעת קצת המפרשים. ויש שפירשו בחכמה ועקר שהוא נקרא אב והוא רחמן בסוד רחמים גדולים מהכתר:

אב לשון ענף כענין עודנו באבו וכו' (איוב ח'). ודאי שהוא ענין התפשטות האצילות והכל לפי ענינו המשל בזה אבי הנחל. נחל תפארת אבי הנחל הענפים המתפשטים ממנו. או אם נפרש נחל יסוד ירצה הסתעפות היסוד. וכן אם נפרשהו במקום אחר הכל לפי עניינו. וחדש האבי"ב ירצה החדש המתפשט ומסתעף כי ניסן הוא ראש לחדשים שהוא הויה כסדרה יהו"ה וממנו מסתעפים י"ב הויות י"ב חדשים. וענין אבי"ב קלוי באש (ויקרא ב יד) ירצה מגזרה זו ומזה יוכל המעיין לשפוט אל כיוצא בזה:

אבה הוא מלשון רצון ובכ"מ שימצא ירצה אל עלות הרצון דהיינו השפעת הכתר הנקרא רצון ומזה ישפוט לפי עניינו:

אבד כענין הצדיק אבד (ישעיה נז) ירצה אל הסתלקות השפעתו ומזה יקיש המעיין:

אבחת חרב הוא לשון להט החרב והוא הקליפה כדפירשנו במקומו. וכן יש שפי' בעתה של חרב והכל ענין אחד:

אביר הוא תפארת וכן אביר יעקב וכן אביר ישראל. ואפשר שנק' כן בסוד אבירותו להכרעת הדין אל הרחמים כנודע. ויסוד נק' כן לעיתים כנודע שהוא משך הו"או:

אבל לשון אבלות הוא משל אל הסתלקות השפע ושלטנות החצוניים להשמיד חס ושלום ובזה הוא הוא סוד האבלות שהם ז' ימים של בכי. ואפשר היותו בתוך הקדושה. אבל הוא מצד תוקף הדין והכל ענין אחד. כי השפע מסתלק מצד הדין. וכל לשון אבל כענין אבל שרה אשתך (בראשית יז יט) וכן אבל אשמים אנחנו (שם מב כא) וכיוצא אפשר היותו במלכות מצד הדין ויש גילוי לזה מן הכתובים:

אבן לעולם הוא בסוד יו"ד ורובה במלכות במציאות היו"ד שבה. וכן גולם הי' בצורת אבן. וכן המלכות היא יסוד ואבן שכל הבנין העליון עליה. ועליה נא' (זכריה ג ט) על אבן אחת שבעה עינים:

ולפעמים יתלווה כנוי זה, ונקראת אבן בוחן וזהו בסוד שמבחנת ומנסה לצדיקים כענין עשר נסיונות שנתנסה א"א ע"ה. ובבחי' זו שתי בחינות. או בחי' יניקתה מן הדין ומשם בוחנת הצדיקים, או מצד יניקתה מן הרחמים ומתעלית עד הכתר והיא צריכה טהרה כדי להתעלות ואז הדין שבה משפעת לבחון הצדיקים והיא נטהרת ומסתלקת וזה סוד יסורים של אהבה שהיא מייסרת הצדיקים:

עוד נקראת אבן הראשה בבחי' שהיא שניה לחכמה כמבואר בשער הנזכר:

עוד נקראת אבן מאסו הבונים ופירוש שאבות העולם שהם בנו המרכבה לא לקחוה לחלקם ולקחו לחלקם גדולה גבורה ת"ת. ולפעמים היא ראש לכלם בעלותה עד אין סוף ואז נקראת כתר כהונה בראש החסד, כתר לוי"ה בראש הגבורה, כתר תורה בראש הת"ת. וזהו היתה לראש פינה. והמפרשים פירשו כי היא היתה לראש פינה שהכל פונים אליה. העליונים להשפיע בה, והתחתונים לשאוב ממנה:

עוד נקראת אבן ישראל והטעם כי משם רועה אבן ישראל. על ידה נשפע אפי' הת"ת לפעמים ובבחי' זו נקראת עטרת תפארת. והמפרשים פירשו מפרנסן ורועה של ישראל למטה:

עוד נקראת אבן השתיה יש שפי' מלשון השקאה כי משם ישקו כל העדרים וזה דוחק. ועקר פירושו לשון יסוד כי היא יסוד כל העליונים כנודע:

עוד נקראת אבן הספיר וכולם פי' הטעם כמו שהספיר מקבל כל הגוונים כן המדה הזאת מקבלת הפעולות מלמעלה בין לטוב בין למוטב. ובתקונים (הקדמה ד"ו) פי' שהיא נק' כן כאשר היא דומה לחכמה שהיא הנקראת ספיר כדפירשנו בשער הגוונים בפרק ב' ואז היא נקראת אבן ספיר. וכשנראה בענין הגוונים שהחכמה אין לה גוון והמלכות אין לה גוון כדפי' שם בפ"ה. הכל עולה אל מקום אחד:

עוד נקראת אבן שלימה מצד הבינה. והענין כי החכמה י' והמלכו' י'. וז"ש רבי עקיבא לתלמידיו כשתגיעו אצל אבני שיש טהור אל תאמרו מים מים. שהם שני מיני מים. שהכל יחוד אחד שנא' (ישעיה מד ו) אני ראשון ואני אחרון. כמו שאמר הכתוב (משלי ג יט) ה' בחכמה יסד ארץ שיסוד המלכות שהיא י' הוא מצד החכמה ומשם נקראת אבן לבד צורת י'. אמנם מצד הבינה נקראת אבן שלימה, כי אז שלימה בבנינה ועליהן נא' (דברים כז ו) אבנים שלמות תבנה את מזבח ה' אלהיך. וכאשר היא שלימה בבניינה אז נאמר עליה (דניאל ב') חזה הוית עד די התגזרת אבן כו', מן החכמה. ונוטלת כח הדין מצד הבינה. ומחת לצלמא, להעביר הגלולים מן הארץ והאלילים כרות יכרתון. ואז הות לטור רב, במקומה. ומלאת כל ארעא, כי היא מלא כל הארץ בסוד המציאיות. כל זה נלמד מתוך דברי הרשב"י בתקונים אחת הנה ואחת הנה:

ויש אבן נגף וצור מכשול והם הקליפות. וכן פי' הרשב"י עליו השלום בזהר פ' ויצא (בס"ת ד' קנ"א ובפקודי ד' רמ"ט):

עוד יש אבן משכית והיא מסטרא דבריאה. שפחה דקדושה מצד מטטרו"ן. ופי' בשער אבי"ע:

אבנים מפולמות פי' בחסד. ואמרו כי הוא משל אל מוצא המים ולחלוחיהון. ובזהר נמצא אבנים מפולמין דמשקען גו תהומי ומנייהו נפקין מיין. עוד פי' (בר"מ פינחס ד"רכז) כי יש ג' קליפות:

הראשונה קו ירוק והיא תהו, ושניה אבנים מפולמות והוא בהו כו' ע"ש. ולפי זה הם בקליפה. ואפשר להסכימם כי בהיות החסד מתלבשת בתוך הקליפה ההיא נקרא אבנים מפולמות כי ג' אבות מתלבשות בג' קליפות וזה יתבאר בארוכה בשער התמורות בפ"ז בה"ו:

אבני תהו הם בחסד והם כמו אבנים מפולמות לשני הפי' שפירשנו בהם לעיל. וכבר אפשר היות הקליפות שהם תה"ו בה"ו חש"ך כנודע ופי' בשער התמורות פ"ו:

אבק נק' הקליפה והטעם כי היא כמו האבק שהוא העפר השרוף תחת הכבשן שאינו עושה פירות וכן הקליפה אינה עושה פירות כי היא שרופה באש כסוחה כן פי' בזהר פ' וישלח (דק"ע):

אבקת רוכל פי' בזהר (משפטים קי"ז) שהיא הבינה ואפשר שהיא נקראת כן מטעם שבה כלולות ובה מצטיירות כל הצורות בסוד היום הרת עולם ובתיקונים (תקונא כ"א ד"מד) פי' ביסוד. ואפשר שהוא נקראת רוכל שהוא כמו הרוכל הרוקח מרקחות וכן פי' (שם ד"נד) איהו רוכל ואיהי אבקת דיליה פירוש היסוד הוא הרוכל והמלכות היא אבקת שלו:

אבר פי' הרשב"י עליו השלום בתיקונים (בסוף תקונא י"ג ד"כח) בפסוק באברתו יסך לך כי אבר הוא צדיק והוא נק' אבר מן החי שהוא יסוד וכן נרמז בו לשון אבר שהוא תשמיש המוצנע. ואפשר שג"כ בו יכונה לשון התעופפות כענין יאבר נץ (איוב לט כו). והוא עוף השמים ובעל כנפים ביום השבת כדפי' בתיקונים:

אברהם פירושו בחסד ומטעם כי אברהם נעשה מרכבה לחסד נקרא על שמו. ואפשר שלא נקראת בשם אברהם אלא בסוד הבחינה שאברהם מרכבה אליה שהיא בחינה הנקרא נגבה כאשר יתבאר (בע' נגב) וכן באותה בחינה שהיא שופע חסדו על בני אדם באותה בחינה הי' מרכבה אליה:

אגודה פירוש כן נקרא כל האצילות כשהוא במלכות ונקרא כך מפני שבה מתאחדים ומתחברים כל הספירות והיא הקושרת כלם יחד ומפני זה לולב אין צריך אגד מפני שהוא מיוחד אל האתרוג ואגדו עמו. ובזוהר פ' צו (ד"לה) פי' בפסוק ואגודתו על

ארץ יסדה כי בהיות האצילות מיוחד ביחוד עמה נקראת אגודה כדפירשנו:

אגלי טל עניינו טיפות השפע וגלוייו הנשפעים מהתפארת ששם מקום הטל בסוד יו"ד ה"א וא"ו בגימ' טל. ומזה ישפוט לפי מקומו ואפשר לפרשו מלשון גל נעול במלכות יעויין בע' גל:

אגוז פי' הרשב"י ע"ה בתיקונים (תקונא כ"ד ד"סז ותקוני ז"ח ד"קלו) שהמלכות נקרא אגוז והטעם שהיא מתלבשת בתוך הקליפות כמוח האגוז המתלבש בתוך קליפותיו כמו שנבאר בשער היכלי התמורות פרק ז' ב"ה. והמוח נחלק לד' חלקים להראות על ד' אותיות שבשם שהם ד' רגלי המרכבה וכלם מיוחד. וזה קרוב לתפלה של י"ד שד' פרשיות ד' אותיות והם מבפנים ד' ומבחוץ אחד. ונמצא לפי זה שנקראת כן המלכות בסוד בחינתה המתלבשת בתוך כל הקליפות כלם. ובמקום אחר בתיקונים (תקונא כ"ו ד"סט) פי' שהיסוד נקראת אגוז והמלכות גנת אגוז. (וע' זהר שמות ד"טו):

אגם פירוש אגם מי"ם וכיוצא היא המלכות בהיותה מקבלת מימי החסד והשדה נעשית אגם מים והענין מוכרח מעצמו:

אגן פי' בזהר פרשת משפטים (ד"קכו) בפסוק וישם באגנות וז"ל באגנת חסר כתיב כמה דכתיב שררך אגן הסהר אל יחסר המזג עכ"ל. והכונה כי אגן היא מלכות בהיותה מלאה ושלימה בכל עגוליה וזה לשון אגן ולשון עגול וזה מורה לשון קבול ככלי הזה שיש לו אוגן שמקבל הדבר הנתון בו. וזהו אל יחסר המזג הכונה שלא יחסר מליאות' ושלימותה דהיינו מזיגתה:

אגף הוא ענין כנפים כתרגום גפין והוא כנוי אל קבוץ החיילות המתלוים אל השכינה או אל התפארת כי לשון כנפים הוא ג"כ ענין כנופייא וקבוץ. והוא משל אל החיילים המתקבצים אל השכינה. רצה לומר התפשטות בחינתו לחסות תחת כנפי השכינה וכענין אשר באת לחסות תחת כנפיו (רות ב יב) הנדרש בזוהר בענין הגרים נבאר בערכו:

אגרת לשון קבוץ כענין אגרה בקציר (משלי ו') וכו' והוא כנוי אל המלכות שהיא מקבצת השפע בתוכה. ובהיות השפע מצד החסד נקרא אגורת כסף. ומזה יקיש המעיין אל כל הנמצא כיוצא בו:

א"ד פירש בתיקונים (תקונא נב ד"פד) כי היא ה' אחרונה המלכות שעולה אד כמנין ה' והוא א"ד מאדנ"י. והוא רמז על התעוררות המלכות ועל בחינה זו נאמר (בראשית ב) ואד יעלה מן הארץ. והיא בחינה שבה היא שופעת ההתעוררות למעלה:

אדון היא המלכות ונקראת כן בבחינתה התחתונה שהיא כאדון יושבת על הכסא להנהיג העולם עליונים ותחתונים. והרשב"י ע"ה פירש בר"מ (משפטים ד"קיח) כי הת"ת בהיותו במלכות יקרא אדון כי הוא עצם האדנות ועל שמו נקראת היא אדנ"י והטעם שבהשגחתו בעולם נקרא אדון. אם כן נמצא כשהוא ביחוד עמה למטה במקומה נקראת על שמו. וכן נתבאר ג"כ בזהר בראשית (דל"ד). ובר"מ (פינחס ד"רמב) פי' עוד אדון בצדיק בפסוק נאם ה' לאדוני שהוא ביסוד והטעם לקושרו בימין וזהו שב לימיני ואפשר שנקרא כן מטעם שפירשנו בתפארת:

עוד יש אדון הנפלאות ופירש רבי משה בספר השם שהוא בנצח. ונקרא כן מפני שהוא בא מכח פליאות החכמה ימין או מפני שהוא מפליא פלאות לכוחות תחתונות להכריח ההוד שתחתיו. ודוחק הוא כי למה יקרא אדון. אם לא שנפרשהו על התפארת ונקרא אדון הנפלאות בסוד קבלתו מן הפלא העליון וכן פירש בתיקונים. ויש שפירשו במלכות. וכן נמצא בתפלת יוצר ממרום וקדוש עד אדון הנפלאות עשר מדרגות כנגד עשר ספירות, מרום כת"ר, קדו"ש חכמה וכו', אדון הנפלאות מלכות. ואפשר שנק' בלשון נפלאות כי ל"ב נתיבות פליאות חכמה היא מקבלת אותם ומגלה אותם בתחתונים:

עוד נקראת מלכות אדון האדונים כי היא ראש לכל שרי מעלה ואפשר שנקרא כן כשהיא נותנת טרף לבית' וחק לנערותיה איש למלאכתו אשר המה עושים. למיכא"ל חסד ולרפא"ל רפואה הכל להשפיע ולהנהיג התחתונים. ולכן היא נקראת אדון מנהיג האדונים המנהיגים אשר תחתיה שמקבלים ממנה:

אדיר יש שפירשו בבינה. ולי נראה שהוא כנוי לכח הגבורה מצד הדין. וכן משמעות התיבה כי אדיר פירוש חוזק. ואפשר שמצד הגבורה נקראת המלכות אדרת ומה גם בהיותה נקראת אדרת שנער שאז מורה היותה מקבלת מן הגבורה ומשפעת אל סערה וסופה שתחתיה:

אדם סתם אדם הוא חכמה והוא מ"ה שם בן ד' במלוי יו"ד ה"א וא"ו ה"א עולה מ"ה והוא חכמה כ"ח מ"ה, כ"פ הרשב"י ע"ה בתקונים. עוד נקרא אדם המלכות והוא אדם התחתון. עוד נקרא כ"ע אדם קדמון. וכן פירש הרשב"י עליו השלום בתיקונים (תקונא ע' ד"קטז) לית ספירה דלא אתקרי אדם אבל אדם קדמאה עלאה דכלהו כתר עליון כו'. וקראו שם אדם קדמון. ונקרא קדמון להורות כי הוא

קדמון לכל האצילות. ואין ספק שלא יקרא כן אלא בהיות בתכלית ההעלם כמו האור קדמון. עוד נקרא הת"ת אדם בעלותו אל החכמה, וז"ל בספר ר"מ (פנחס ד"רנה) ובחכמה דאיהי חיי תפארת איהו סליק לאתקרי אדם הדא הוא דכתיב כתפארת אדם עכ"ל. ובמקום אחר אמר כי מסטרא דאדם עליון ואדם תחתון שהם שתי חכמות נקרא אדם כשהוא מיחד אדם עליון חכמה עם אדם תחתון מלכות והוא בסוד י' עלאה וי' תתאה ו' באמצע המייחדם וזהו סוד הא. ונקרא התפארת אדם הגנוז על שם שהוא גנוז ונטמן בסוד הדעת. ומוכח בזהר בפרשת תזריע (ד"מח) כי אדם משובח מאיש והכריח שם הענין בארוכה כי שם אדם משובח משם איש. והטעם כי באדם נכללים המלכות עם התפארת זכר ונקבה בראם ויקרא את שמם אדם (בראשית ה ב) שלימא דדכר ונוקבא. ואיש הוא זכר לבדו כמו שיתבאר בערכו בעזרת השם. ובזוהר פרשת בראשית (דל"ד) פירש הרשב"י ע"ה כי אלף של אדם רמז לכתר עליון בבחינתו העליונה הנעלמת, ומ"ם סתומה בבינה בסוד מ' דלמרבה המשרה (ישעיה ט ו), והד' במלכות. נמצא לפ"ז שהת"ת כולל שלשה מדות אלה והוא תואר משובח מאיש כי תיבת אדם ג"כ מורה על יחוד המלכות כדפירשנו. ובענין פנ"י אדם. רבים הסכימו פנ"י אד"ם בת"ת ופני נשר במלכות. ובתקונים נמצא הפך הענין הזה כי עקר פני אדם הם בחכמה והוא האדם העליון והמלכות פני אדם התחתון. ואין פני אדם בתפארת כלל אלא פני נשר וכבר אפשר שיהיה פני אדם בתפארת על דרך שפירשנו באדם שהוא על ידי חכמה וענין זה יתרחב הביאור בספר אור יקר בס"ד:

אדמה היא במלכות ונקראת אדמה לרמוז כי היא תחת כל הספירות כמו האדמה שהיא תחת כל בני העולם ונקראת אדמה כשהיא יונקת מן הדין ונעשית אדומה באדמימות הגבורה. ובתיקונים (תקונא נ"ג דפ"ד) פירש הרשב"י ע"ה בפסוק וייצר ה' אלהי"ם כו' מן האדמה שהיא הבינה ואפשר שנקרא' כן על דרך שפירשנו במלכות:

אדמוני הוד ונקרא אדמוני ולא אדום מפני שיש בו קצת לובן כי הוא יונק מן התפארת גם כן ולכן יש בו קצת לובן קצת רחמים:

אדני היא המלכות (ונקראת) כן מפני שהיא בית קיבול לשפע הנשפע אליה ואדני המשכן שהיו מאת אדנים רומזים עליה שהיא מקבלת מעשר כ"א כלולה מי' הם מאה. והיינו מאה שערים:

אדריכל היא המלכות והכוונה. כי כמו שהאדריכל הוא האומן הגדול המצוה לאומנים לעשות הבנין כראוי מדעת בעל המלאכה, כן המלכות היא המצוה בבנין לכל הבונים אשר תחתיה לצייר צורת הדברים אשר בעולם בכח הת"ת שהוא עליה ונק' כן בהיותה מציירת את אשר תצווה מהעליונים:

אהבה הוא בחסד ולכן נקרא אברהם אוהבי (ישעיה מא ח) כי המשיך עליו כח האהבה. וכן השכינה כשהיא יונקת מצד החסד נקראת אהבה וכן הוא בתיקונים (תקונא כט ד"עא) ונקראת אהבה כשהיא יונקת חוט של חסד להזדווג עם בעלה. וזה שאמר רשב"י ע"ה בתיקונים (תקונא לו ד"עו) כד אתפתחת לגבי בעלה אתקריאת אהבה. וכן ביארו בזוהר פרשת מקץ (ד"קצו) כי בהיותה יונקת חוט של חסד נקראת אהבה. ובמ"א (בר"מ פנחס ד"רנז) פירש כי אהבה נקראת בהיותה כלולה מכל האבות. ונוכל לומר כי מצד החסד נקרת אהבה אמנם ראשונה יונקת מן הצפון כי כן סדר חשוקה עם בעלה כדפירשנו בשער מהות וההנהגה בפ"כא בס"ד ואח"כ מקבלת מן הדרום ואח"כ נפתחת ע"י הדרום ונקרת אהבה מצדה והיא כלולה מכלם:

עוד נקראת אהבת ה' ופירש הרשב"י ע"ה בתיקונים (בהקדמה ד"ט) וז"ל ואהבת ה' היא המלכות כלילא מכל ספירין. והטעם כי על ידי החיבור היא נעשית כלולה מעשר ספירות וכשהיא כלולה על ידי החתן נקראת אהבת ה'. עוד יש אהבה רבה והיא חסד ופירש הרשב"י הטעם בפקודין (בר"מ ואתחנן ד"רסג). וז"ל בימינא דקודשא בריך הוא דאיהו אהבה רבה מאי טעמא איקרי הכי בגין מאן דקאים בהאי אהבה אתקשר בעלמא עלאה עכ"ל. הנה בפירוש כי כאשר יתחבר חסד בבינה יקרא אהבה רבה כי גדולה ביותר:

עוד יש אהבת עולם והיא מלכות ופירש הרשב"י ע"ה [שם) הטעם וז"ל אהבת עולם רזא דא בעלמא תתאה בלא פרודא דאתקשר ביה רחימו דידיה וכו'. הנה בפי' שתקרא כן בסוד יחודה עם הת"ת שהוא גם כן נקרא עולם כאשר יתבאר בערכו. ובזהר פרשת חיי (ד"קלז) פי' כי ההתעוררות האהבה הוא מצד השמאל ולכן נאמר ביצחק ויביאה יצחק האוהלה שרה אמו כו' ויאהבה. ומה שנאמר ביעקב ויאהב יעקב את רחל סטרא דיצחק דהוה ביה הוה קא עביד ליה ע"כ. נראה בפי' היות האהבה מצד הגבורה. ופשר הענין הזה נתבאר אלינו מתוך דבריו בפרשה ויחי (ד"רמה) בפסוק מים רבים לא יוכלו לכבות את האהבה שתחלה הוא מצד הגבורה בסוד שמאלו תחת לראשי והוא קבלת המלכות מן הגבורה וע"י מתעטרת האהבה והחבוק ואחר כך

משפיע החסד. ומדרך החסד להשקיט כח הדין ולכן היה מן הראוי שיכבה את האהבה המתעוררת מכח הדין על ידי רחמי החסד. והכתוב באר לנו הפך זה באמרו מים רבים לא יוכלו וכו' פי' מימי חסד שקבלה ממנו אחר שקבלה מן השמאל וזהו וימינו תחבקני כמו שבארנו בשער מהות והנהגה. זהו כלל דברי הזוהר במקומו ולא ראינו להעתיקו לאהבת הקיצור והחפץ בו ימצאנו שם. איך שיהיה כלל הדברים תחלת האהבה הוא ע"י הפחד בסוד שמאלו תחת לראשי ואח"כ על ידי הימין ע"י החסד דהיינו וימינו תחבקני ועם הפשרה הזאת צדקו דברי הרשב"י ע"ה בכל פנותיו:

אהה בפסוק אהה אלהי"ם פירש הרשב"י ע"ה בזוהר פ' אחרי (ד"עד) כי אהה האלף הוא בכתר ושני ההי"ן בינה ומלכות וענין כי השכינה ה' אחרונה הושלכה משמים ונסתלקו הברכות מבינה ג"כ שהיא ה' עילאה ונתעכבו בכתר שהוא אות א'. ולכן יאמר אהה לקונן על ג' מדרגות אלו כל אחד לפי ענינו ע"ש:

אוהל מועד היא השכינה מלכות ונקר' כן מפני שהיא בית ועד לתפארת ומועד שלו וכן תרגום אהל משכן כי היא משכן ה' וכן כתוב (שמות כה כב) ונועדתי לך שם. התפארת שהי' מדבר עם משה בתוך האהל פנים אל פנים. ונקראת כן כאשר היא מקושטת בקשוטיה לקבל פני המלך החתן. וז"ל בזהר פרשת בלק (ד"ר ע"ב) בפסוק ויקרא אל משה מאהל מועד מהיכלא קדישא מהיכלא מתקנא מהיכלא יקירא דעילאין ותתאין תאיבין לגביה ולא יכלין למקרב לגביה עכ"ל. עניינו בהיות הכלה מקושטת לקבל פני בעלה ואז היא נכללה בעצמה בסוד אל תראוני שאני שחרחורת הנדרש בשיר השירים מהזהר עיין שם וע"כ נקראת משכן זמנא שפי' לעיתים שאין בו יחוד גמור. והסוד ויהושע בן נון נער לא ימיש מתוך וכו' ופי' בזהר פרשת תרומה (ד"קמג) כי המשכן היה בסוד הנער. ואז נקראת משכן זמנא לזמנים אבל משכן העקרי הוא בהר הקודש כי שם למעלה בסוד כסא נכון:

או מלה לדעתנו ירמוז אל הוא"ו הנמשך מכתר שהוא אל"ף. והוא קו האמצעי שהוא בין הימין והשמאל. ולכן כדי לחלק בין ענין לענין יאמר מלה זו:

אווז מצאנו לא' מן המפרשים שפי' כי אווז הוא בחכמה ונסתייע לזה מדברי רז"ל (ברכות נ"ז) הרואה אווז בחלום יצפה לחכמה כו' ואין לנו טעם לרמז זה להכריחה אלא מפני שהאווז לבן וירמוז אל החכמה בלבנינותו. ונ"ל שכוונתם ז"ל בגמרא יצפה לחכמה הוא מפני שהאווז צועק בקולות כדרך החכם בעוסקו בתורה. לכן נאמר שהיא בחכמה תתאה שהיא בקולות, או בחכמה עלאה בסוד חכמות בחוץ תרונה וכו' שזהו אחר גלויה אל הבינה, ומהבינה ולחוץ בסוד ברחובות תתן קולה כמבואר בזוהר (תולדות ד"קמא):

אוי בפסוק (ירמיה ו ד) אוי לנו כי פנה היום פירש הרשב"י ע"ה (בפ' אחרי ד"עה) כי בהיות שנסתלק התפארת אל הכתר והשפע אינו אפילו בבינה ואין תשובה מועיל לבטל גזרה זו ח"ו אז נאמר אוי. ופי' כי [ראש] היסוד [הוא י'] והוא וא"ו זעירא וראש צדיק היינו מקום משכן הברכות שנאמר (משלי י ו) וברכות לראש צדיק היינו ו' שהוא משך הת"ת על היסוד ובהיות שהשפע מסתלק מן היסוד אל הת"ת נסתלק ראש ו' למעלה אל הוא"ו שבת"ת והיינו וי (ע' לקמן בע' אות). וכאשר מסתלק עוד הת"ת אל הכתר שהוא א' לבלתי יושפע אפי' בבינה כמו שנודע שיחוד החכמה בבינה הוא ע"י הוא"ו בסוד הדעת כדפירשנו בשער אם הא"ס הוא הכתר בפ' ח'. אז נאמר אוי מורה הסתלקות היסוד והת"ת אל הכתר והצנורות הם נשברים והרעב הווה ח"ו כל זה נתבאר שם בארוכה והוא מאמר נפלא מבואר אצלנו באור יפה:

אוב בענין אוב או ידעוני הוא כנוי אל הקליפה החצוניות וכן ידעוני והם שתי קליפות ועניינם נודע. וידענו כי יתמה המעיין אל ענין אותיות הקודש שיורו על החצונים כענין שור וחמור וכיוצא בזה. ובענין אוב הארכתי בספר אור יקר בס"ד:

אוד מוצל מאש וכיוצא הוא כנוי אל היוצא מכח הדין והניצול מאשו ומדינו יקרא אוד כנודע מעניינו. ואפשר היותו כנוי אל המלכות שהיא נקרא א"ד כמבואר לעיל ובהיותה מטה מן הדין אל צד החסד על ידי הוא"ו שבה, אוד דהיינו אד ו' תקרא אוד מוצל:

אוה [כמו אוה] למושב לו (תהלים קלב יג) פירש בתקונים (אולי רומז לתקונא ד' די"ז.) כי הוא יחוד א' שהוא כתר עם הת"ת והמלכות הנקראים ו"ה ואין המקרא יוצא מעניינו כי ע"י הרצון והשפע הנשפע מהכתר לקשוטי חתן וכלה הם מתאוים זה לזה ומזה יוכל המעיין להקיש אל השאר:

אוחים פירוש הכתוב ומלאו בתיהם אוחים (ישעי' יג) הם מיני חיות והוא מין ממיני קליפות השורה במקום חרוב כענין שאי"ה שפי' רז"ל (ב"ב דכ"א ובזהר שלח ד"קסג) וכיוצא ואפשר היות לילית וסמאל שהם אחים באחוה:

אויב וכל עניינו מצד הדין ופעמים בחיצונים שהם

אויבים אמיתים ולפי דברי הרשב"י ע"ה באדרא (המלאכים גם כן נקראים אויבים וזהו עיר וקדיש מן שמיא נחית פירוש אויב קדיש מלשון ויהי ערך):
אויל לשון סכלות וכיוצא והוא משל אל הקליפה וכן כל לשון שגעון וכיוצא:
אויר שם אויר יחסוהו בספר ר"מ (פנחס ד"רנה) לתפארת וז"ל תפארת אויר ובג"ד אוקמוה התר נדרים פורחים באויר ופי' כי הנדר הוא בבינה והיא פורחת על הת"ת כנודע. ובמ"א אמר שם אוריא"ל דאיהו אויר ובמ"א (בר"מ צו ד"כח) ודא עמודא דאמצעיתא דאיהו אויר. הנה מכל המקומות האלה נראה היות האויר בת"ת. ובענין זה במ"א (פנחס ד"רמה). [כתב] ז"ל דאת י' מן יהו"ה איהו אתעטף באור ואתעביד אויר והיינו אוירא דארעא דישראל מחכים בגין דאת י' דאיהי חכמה באויר והאי איהו אור דאתעטף ביה כד ברא עלמא הה"ד עוטה אור כשלמה והאי איהו יהי או"ר יהי אויר ואוקמוה מארי סתרי תורה בטרם נתהווה כל דבר נתהוו ההויות ובג"ד יהי אור ויהי אור דהוה מקדמת דנא עכ"ל. ופי' עיקר האור הוא הבינה ובה נרמזו ה' אורות הנזכרים בפ' זו והם כנגד ה' עלאה וכ"פ הרשב"י ע"ה בתקונים (תקונא ל' ד"עב ותקונא מ"ז ד"פב) והחכמה מתעטפת בבינה וזהו עוטה אור. וזהו סבת ההויות שמשם נמשכות ע"י חבור שניהם וזהו נוטה שמים וכו' אמנם א"א שיתחברו החכמה והבינה כ"א ע"י הדעת המיחדת אותם כדפי' בשער אם הא"ס הוא הכתר ובשער מהות והנהגה. וכיון שהדעת הוא חיבור שניהם לכן נקרא על שמם אוי"ר כדמיון חבורם ויחודם. ולא יקרא אויר אלא המציאות הדק בסוד הדעת ובזה נתבאר המאמר:
עוד הכתר ג"כ נקרא אויר ויש בו ב' בחינות בחינ' ראשונה נקרא אויר שאינו נתפס והיא המתדבקת ומתאחדת במאציל. והבחינה שניה נקרא אויר הנתפס קצת. וז"ל הרשב"י ע"ה בשיר השירים (בז"ח ד"פז) כיון דההוא בטישו אתיישב במוחא מגו אוירא דכיא דאתפס. בגין דאית אוירא דכיא דלא אתפס כלל. והאי דאתפס כד אתישבא בההיא מוחא ההוא בטישא עלאה כדין נפקי כל תנועי דטעמי וכו' ע"כ. והטעמים הם מכתר והיינו אוירא דמתפס בחינתו המתיישב ורוכב על החכמה הנקרא מוחא כאשר יתבאר בע"ה. ויש בחינה אחת שאינה נתפסת והיא נקראת לפעמים אויר קדמון כי קדמון מתיחד אל הכתר כאשר נבאר. ואמרנו שאינו נתפס אין הכונה אצלנו נתפס ממשי כי אפי' החכמה אינ' נתפסת, אמנם פי' הוא שאינו נתפס אפי' לספי' חכמה כי הוא דק מתאחד בא"ס כאשר נתבאר בשער הצחצחות. ויקרא הכתר אויר בהיותו רוכב על החכמה והבינה בהיותם מיוחדים בסוד הדעת שסוד יחודם רומז אויר אור י'. ולכן הכתר הנותן כח בדעת לייחדם יקרא אויר וכן לפעמים יקרא מגדל הפורח באויר שהם חכמה ובינה ובתיקונ' (כב ד"סב) קרא לבינה אוירא דכיא וז"ל דאיהי ה' עלאה אוירא דכיא אוירא דארעא דישראל דאיהו מחכים מסטרא דחכמה דאיהי י' עכ"ל ואין הענין רחוק כדפי' לעיל:
אוכל בפסוק (שופטים יד יד) מהאוכל יצא מאכל פי' בזהר פ' ויחי (ד"רח) כי האוכל הוא צדיק מפני שהוא אוכל כל שפע עליון להשפיע למטה למלכות כדכתיב (משלי יג כה) צדיק אוכל לשובע נפשו ומאכל היוצא ממנו הוא הנשפע לתחתונים שהוא מאכל השכינה:
אומן פי' היסוד נקרא אומן על שם שהוא אומן את הדסה היא השכינה ומשפיע לה רב טוב מהספירות העליונות אשר למעלה ממנו:
און בזוהר פרשת (יתרו ד"סז) פי' הרשב"י ע"ה כי און ואוני הכל כנוי הוא לצד הקליפה. וז"ל כהן און סטרא אחרא דאיהו סטר שמאלא ודא איהו רזא דאמרה רחל כד חמת דמיתת כמה דכתיב בן אוני ובג"ד אוחי יעקב ואמר בן ימין ולא בן אוני סטרא דימינא ולא סטרא דשמאלא עכ"ל וכן כל לשון און כענין כי לא יצא מעפר און (איוב ה') וכן כל לשון אונאה וכיוצא. אמנם אמרו כחי וראשית אוני (בראשית מט) ירצה לשון כח והוא כח קדוש ואפשר שהוא יחוד אני שהוא מלכות עם הוא"ו שהוא התפארת ואוני זה הוא בצד הקדושה ניג]:
אופל היא הגבורה ועל שם הדין נקרא כך ואין ספק כי נקראת אופל בבחינה ג' שבגבורה שהיא בחינת החשך כדפירוש בשער הגוונים:
אופן הגדולה נקרא כן מפני שהיא המנהיג הגדול לכל המרכבה כן פי' רבי משה בספר השם. ובתיקונים (תקונא ס"ט ד"קג) פי' הרשב"י ע"ה כי אופני המרכבה הם נצח והוד. וצדיק אופן א' ונמצא המרכבה ד' חיות שהם גדולה פני אריה, גבורה פני שור, תפארת פני נשר, מלכות פני אדם. ושני אופני המרכבה נצח והוד, ואופן א' בארץ הוא היסוד שהוא על הארץ שהיא המלכות. ובזוהר חדש שה"ש (ד"עה ע"ש) כי ג' פנים למלכות. מביטים לג' אבות והם נקראים א"ל אלהי"ם יהו"ה. ולמטה מהם פן אחד המקבלת מג' פנים והיא נקראת אופן א' בארץ, ירצה ששואלים עליה א"ו פ"ן כלומר אן פן אחד, ומשיבים בארץ:
אור יתייחס אל כמה מקומות. א' בתפארת דכתיב

(משלי ו כג) ותורה אור. כי הוא משפיע אור ומאיר בבת עין שהיא המלכות. עוד נקרא הבינה אור כי היא המאירה בה' ספירות שהם הגדולה גבורה ת"ת שהם ג' גווני עינא, ותרין כרובי עינא שהם נצח והוד. וכבר בארנו כי היא המאירה בהם בסוד נ' שערי בינה. וז"ל הרשב"י עליו השלום בספר ר"מ (תצא דר"פ ע"ש) י' איהי בת עינא. כי נר מצוה ותורה אור ו' דנהיר בה. ה' ג' גווני דעינא ותרי כנפי דעינא. אור נהיר בהו מלגאו ה' עלאה דאיהי אור וכו'. ע"כ. אמנם הת"ת נק' אור בהיותו מאיר במל'. והבינה נקרא אור בהיותה מנהרת בה' ספירות הנזכר באור נ' שערי בינה. ומן הראוי לדעת כי עקר האור עם היותו בשני המקומות הנז' עקרו בחסד. וכן נמצא כי ביום א' נזכרו ה' אורות לרמוז אל ה' ספירות הנזכר שהם ה' אורות והם בה מצד הבינה ולא נקראו אורות אלא מצד החסד. וכן מבואר בזוהר פרשת תרומה (ד' קסו קסז) עובדא דר' אבא ור' חייא דשרו בבי אשפזייהו וז"ל ועל דאינון ה' דרגין דאתפרשו ואתמשכו מהאי אור קדמאה כתיב אור ה' זמנין וכלא הוי מסטרא דימינא ואתכלילו ביה עכ"ל. ועל ידו נקראו אורות כי עיקר האור בחסד וכן נתבאר שם למעל' מן הענין וז"ל ותורה אור דקא נהיר להוא נר ואדליקת מניה מסטרא דאור קדמאה דאיהו ימינא דהא אורייתא מההוא סטרא דימינא אור קדמאה אתיהיבת דכתיב מימינו אש דת למו מסטרא דימינא אתיהיבת. אע"ג דאכליל ביה שמאלא דהא כדין איהי שלימא דכלהו. אור דא אתכליל במאתן ושבעה עולמות דאינון גניזין בסטרא דההוא אור ואתפשט בכולהו. תחות כורסייא עלאה טמירא שריין אינון עולמות מסטרא דההוא ימינא תלת מאה ועשר אינון. מאתן ושבע אינון בסטרא דימינא, מאה ותלת אינון בסטרא דשמאלא, ואינון שלש מאה ועשר. ואילין אינון דקב"ה מתקן תדיר לצדיקייא ומאילין מתפשטן כמה וכמה אוצרי חמדה וכלהו גניזין לאתעדנא מנהון צדיקייא לעלמא דאתי ועל אילין כתיב להנחיל אוהבי יש וכו' ועל אילין כתיב עין לא ראתה אלהי"ם זולתך. י"ש אילין תלת מאה ועשר עולמות גניזין תחות עלמא דאתי. ועל אינון מאתן ושבע דאינון מסטרא דימינא איקרון אור קדמאה בגין דאפילו אור שמאלא אור איקרי אבל אור קדמאה איהו זמין למעבד תולדין לעלמא דאתי. ואי תימא לעלמא דאתי ולא יתיר, אלא אפילו בכל יומא ויומא. דאי לא הוה האי אור עלמא לא יכיל למיקם. דכתיב אמרתי עולם חס"ד יבנה עכ"ל. ופי' כי קודם לזה פי' כי נ"ר מצוה היא המלכות ותורה אור הוא הת"ת שהוא

מדליק ומשפיע למלכות והוא אור המאירה ומדליקה. ואמר כי אותו האור הוא מצד החסד כי משם עיקר יניקת הת"ת והביא ראיה לזה מפסוק מימינו וכו'. וזה שאמר דהא אורייתא וכו', אף על גב דאכליל וכו', כי הוקשה לו כי מן הפסוק נראה שהתורה נתנה מן הימין ומן השמאל ולכן אמר מימינו א"ש דת למו. לזה אמר כי ענין אש דת היינו השמאל שנכלל בימין ולעולם ימין עיקר וכללות השמאל לשלימות החסד ג"כ כי שלימותה בהיות השמאל נכלל עמה. אור דא אתכליל וכו', הכריח ענין אור בחסד ממנין העולמות שהם בימין בחשבון או"ר ומתוך כך יוכרח היות השמאל נכלל" בעלמא בימין ולעולם הימין גובר שהרי האורות כלם נכללים בי"ש כדפי' תלת מאה ועשר אינון וכו' ומהם מאתים ושבע אל הימין. והטעם כי האורות האלו הם נכללים בג' קוים, שהם קו הימין חסד ובו מאה ותלת וכן בקו האמצעי רחמים ובו מאה ושלש ומפני נטייתו אל החסד כנודע לכן בהיות דת מימינו הם בימין מאתים ושבע, ובקו שמאל הם מאה וג'. והנה א' המיותר הם מציאות יחודם יחד. ולכן בא א' בראש התיבה וסימנו א' א"ו או"ר והכל אחד. והנה מתוך ענין י"ש עולמות אלה יוכרח שם אור בחסד שנטיית הקו האמצעי אל הימין כלפי חסד ונמצאו מנין האורות בימין כמנין אור ובשמאל ק"ג לבד. והוכרח ג"כ כי ענין אש דת למו היינו כללות שנכלל כענין שנכללים האורות ועלים י"ש אורות. והוכרח ג"כ ענין האור אל הת"ת מצד החסד כי על ידו עולה אור בסוד הימין. ומפני שהאור נמשך מהבינה לכן אמר ואילין אינון דקב"ה, שהיא הבינה. מתקן תדיר כו', פי' משפיע בהם ומאירם והם אורות לצדיקייא לעלמא דאתי וכן עליהם נאמר עין לא ראתה אלהים זולתך שהיא הבינה. ועל אינון מאתן וז' דאינון מסטרא דימינא וכו', בא לתת טעם למה נקרא חסד אור קדמאה כי אור כבר נתבאר אבל קדמאה [למה לז"א] כי הטעם מפני היותם פועלים ומהום הוויות בסוד קבלתם מן הבינה מפני שהם קרובים אליה בסוד חסד שניה לבינה לכן נק' קדמאה בסוד קדמות זה. כי שם האור לבד ג"כ יתייחס בדוחק אל ק"ג אורות השמאליים. ואי תימא לעלמא דאתי וכו', הוקשה לו שאם כן שעקר פעולתם לעלמא דאתי ואין בעוה"ז נמשך מהם תועלת, אם כן למה נאמר שהתורה נתנה מצד הימין וענין ותורה אור הוא מצד הימין שהרי אותם אורות אינם אלא לעלמא דאתי לבד. לזה אמר אלא אפי' בכל יומא ויומא וכו'. והכלל העולה כי ה' אורות הם ה' ספירות והם נקראים אור מצד החסד כי הוא עיקר האור. אמנם

בהמשכת הבינה והחסד נק' אור רמז אל ר"ז, והת"ת נקרא אור בהיותו נמשך מן הימין, והמלכות נקראת אורה שפי' אור ה' בהיותה מקבלת מן התפארת מצד החסד כדפירשנו:

עוד נקרא התפארת אור גנוז ונקרא כן בהיותו נגנז ומתעלם ואינו נגלה אלא לצדיק ועל ידו נאמר אור גנוז לצדיקים וגניזתו לעלמא דאתי שהיא בינה כנודע. וה' אורות הנזכר נכללים עמו בסוד חמישים שערים שבבינה עלמא דאתי. ולמטה מהם אין אור אלא רקיע שהוא היסוד והוא רקיע [על] ראשי החיות שבמלכות ועליו נאמר ויתן אותם אלהי"ם ברקיע השמים כי הוא רקיע הגונז כל מה שלמעלה הימנו. כל זה נתבאר בתיקוני' (תקונא י"ט ד"לח) וז"ל הנורא איהו עמודא דאמצעיתא ושורק איהו טמיר וגניז מסטרא דצדיק דאיהו ברית אור גניז דאיהו ר"ז כחושבן אור כמה דאוקמוה מארי מתניתא אור זרוע לצדיק ודא איהו אור הגנוז לצדיקים. דחמש אור דלעילא מיניה כולהון אינון באתגליא:

עוד יש אור מופלא והוא כתר עליון ונק' כן מפני שהוא מופלא ומכוסה מעין כל. ויש שפי' שהחכמה ג"כ נקראת אור מופלא מפני שהוא מופלא ומכוסה מעין כל מה שלמטה ממנה. ונ"ל כי בהיותם שלש ראשונות מתאחדות ומתעלמות בסוד הכתר הנקרא פל"א אז כלם נקראים אור מופלא כל אחד וא' שהם נעלמות ומכוסות משאר הספירות. ור' משה פי' בספר השם שגם היסוד נקרא אור מופלא שהוא נעלם לפעמים מהמלכות. וכן יש אור צח אור מתנוצץ ואור מצוחצח ופי' רבי משה שהם בבינה וענין אורות אלו בארנום בשער הצחצחות. ויש שקראו לחסד אור לבן בסוד לבנינות הרחמים והחסד, ולגבורה קראו אור אדום בסוד אדמימות הדין, והבינה נקראת אור מתנוצץ וכן המלכות מפני שהם מתהפכות לדין ולרחמים. ויש שקראו להוד אור מעולה שהוא מתעלה ומתהדר ברוב ההוד לעשות דין וללחום מלחמות, וקראו לנצח אור היקוד מטעם כי גלגלו נוגה שהוא מכניס אהבה היוקדת בלב החושק. וכן אמר שנקרא הכתר אור פנימי ואור מבהיק מטעם שהוא פנימי וגנוז מאור הספירות, ומבהיק מטעם כי הוא מבהיק ומאיר לכל הספירות, ואור מתעלם מטעם כי הוא נעלם תכלית התעלם:

אוצר במלה זו יש אוצר חיים. ואפשר במקומות רבים וכלם מטעם אחד או בבינה והוא אוצר לחיי החכמה כדכתיב (קהלת ז יב) החכמה תחיה בעליה. וכן אפשר בתפארת וכן ביסוד וכן במלכות. וכן יצדק בכלם אוצר הנשמות וכן אוצרו הטוב. וירצה אוצר לטוב או אוצר שנק' טוב. והיותר צודק הוא בשני ההי"ן שהם שהם היכלות לשני זכרים:

אורח הוא אורח המתנהר לכמה עולמות נעלמים בכתר וממנו מתאצלים לכמה אורחות ויוצאים לת"ת. כן מבואר בזוהר פ' נשא באדרא. ויש ארחות זרים בסטרא דשמאלא והם נקראים אורחות עקלקלות:

אות בכל מקום אות וכן אותו הוא ביסוד, כי הוא אות הברית. וכן נתבאר במקומות רבים בזוהר ובתקוני' (תקונא ח"י ד"לד). ובפרשת וירא (ד"קיב וז"ל מאי) ואותו דא את ברית קדישא אות לעלמין. פירוש אות לעלמין אות מסטרא דוא"ו. וכן אותות הם ווי"ן וכן יש אות לטובה ואות לרעה. אלא לטובה מצד החסד והרחמים, אות לרעה מצד הגבורה. ומצד התפארת נקרא אות ארוך שהוא בינוני עולם ארוך. וברעיא מהימנא [פנחס ד"רנז] שכינתא אתתקריאת אות ברית מסטרא דיסוד צדיקא דעלמא. ושם ביאר כי האות הוא י' על ו', ושכינתא נקראת אות הי"א, וחכמה נקראת אות הו"א, ששניהם נקראים יודין כדפירשנו שבשער המציאות בפרק ג' וד'. ולכן אמר כי אות הוא ו', ולכן השכינה מצד הצדיק נקראת אות היא שהיא י' עטרה בראש צדיק שהוא ו':

(ע' בעס"ר ע"ב) אז פי' רבי משה שהוא בחכמה ונתן טעם כי אז בחשבונו שמנה כמו שהוא א' על ז' מן הבינה עד היסוד. והוא חיבור א' עד היחוד ועד בכלל והוא רמז לח' שבאח"ד שבק"ש. ועליה נאמר (איוב כח כז) אז ראה ויספרה וגו' והוא ראיית הלב. והוא המלך המרומם לבדו מא"ז. ובתיקונים (תקונא י"ח ד"לב וד"לג ע"ש) פי' הרשב"י ע"ה כי אז רומז חיבור שני שמות שהם יהו"ה אדנ"י שהם ת"ת ומל' וחבור יאהדונה"י והוא שמונה אותיות. ולזה רמז א"ז תקרא וה' יענה (ישעיה נח ט). ופי' א"ז תקרא כשתחבר א"ז, מיד וה' יענה הוא ובית דינו. והם חכמה הוא, ובית דינו בינה. ושניהם יענה שאינם משכינים שכינתם למטה אלא מתוך היחוד. ועוד יש א"ז א' והוא שני שמות אה"י הוי"ה בינה וחכמה ויחודם יאהה"ויהה והיינו ח' אותיות כמנין א"ז:

אזל פי' הילוך והוא מפני שהיא הולכת פעמים למעלה פעמים למטה ואינה במקום קבוע. ופעמים הוא לרעה כענין אזל"ו מי"ם מנ"י י"ם (איוב יד יא), שהוא משל אל הסתלקות השפע:

אזן פירוש אזנים הוא משל אל כחות הגבורה והם נקראים אזנים ובהם קבלת התפלה והצעקה כענין כי אזן מלין תבחן (איוב לד ג). וענין זה יתבאר בארוכה בס' אור יקר בס"ד:

אזור הוא משל אל המלכות המתייחדת בתפארת

למעלה מנצח והוד. כאשר ידבק האזור אל מתני איש כו' (ירמי' י"ג). המתנים נצח והוד, איש ת"ת, אזור מלכות:

אזוב פי' הרשב"י ע"ה בזהר פ' מצורע (דף נ"ג) ז"ל אזוב דא ו' זעירא דיניק לה לכנסת ישראל עכ"ל והאריך שם בביאורו והכונה כי צדיק יסוד עולם נקרא אזו"ב בהיותו משפיע למלכות ומתייחד עמה:

אח הוא הת"ת כי הוא אח אל המלכות ונקרא אח מצד החסד. וכן פירש הרשב"י ע"ה בתיקונים (תקונא נ"ו ד"פז). וז"ל תמן אתקרי ו' אח. ועוד הוא נקרא אח בהיותו כלול מט' ספירות עד המלכות וכן הוא א"ח א' כ"ע ח' שמונה ספירות מחכמה עד היסוד. כ"ז נתבאר בר"מ ובתיקונים. עוד פירוש שם (בר"מ משפטים ד"קטו) כי הוא א"ח רחו"ק בהסתלקו אל הבינה והוא רחוק מהמלכות:

אחד נקרא הת"ת והמלכות בהיותם יחד כלולים מי"ס כי א"ח הם ט' כדפי' ודל"ת היא שכינה וקוצה של ד' הוא היסוד המיחדם יחד. וזהו אחד ת"ת ומלכות יחד ות"ת בלא מלכות אינו נק' אחד. וכן בארו בזוהר פ' ויקרא (ד"ז) וז"ל תנינן אח"ד מהו אח"ד דא כ"י דאחידת ביה בקב"ה. דאמר ר"ש זווגא דדכר ונוקבא אקרי אחד, באתר דנוקבא שריא אחד אקרי, מ"ט בגין דדכר בלא נוקבא פלג גופא אקרי ופלג לאו הוא חד, וכד מתחברן כחדא תרי פלגי אתעבידו חד גופא כו'. וענין זה יתבאר במה שפי' בשער מיעוט הירח בפרק ד"ה:

אחור ואחוריים הכל הוא במלכות. אמנם נקראת אחורים מפני שהיא אחור לאצילות כן פי' ר' משה. אמנם פי' שאין נק' אחורים אלא המדרגות האחרונות אשר לה. וכן פי' דרגין דשכינתא ופי' המדרגות אשר למטה מן השכינה והם חייליה וכן לשון אחרי כגון ואשמע אחרי קול רעש וכו' (יחזקאל א):

אחז כל לשון אחיזה הוא דבקות המתדבק הענף בהמסתעף. כענין אחזו לנו שועלים (שה"ש ב טו) וזהו דבקות השמאליים בכנפות המשכן:

אחר הדברים פי' בזוהר בפ' העקידה (ד"קיט) כי הוא רמז אל הקליפה והמקטרג. ופי' כי דברים הוא המלכות ומה שאחריה הוא הקליפה וסמאל. וכן פי' בפ' וישב (דקפ"ט):

אחרית נקרא הבינה כי היא אחרית הכל בסוד היובל וזו היא אחרית הנז' בספר יצירה. ויש אחרית אחרת והוא אחרי"ת הימי"ם והוא המלכות בהיותה נכללת עם כל חייליה רעים וטובים. וכן פי' בתיקונים שהיא אחרית לחכמה עלאה וזהו מגיד מראשית אחרית (ישעיה מו י) שהחכמה נק' ראשית. וכן בזוהר (תצא ד"קפט וד"קל) פי' ר' חייא ז"ל אחרית הימים איהו אילנא כולא מראשיה ועד סופיה דאיהו אילנא דטוב ורע וכו' ושם הכונה על השכינה כמבואר שם. ובזהר פ' אחרי מות (דס"ה) פי' הרשב"י ע"ה כי עת עלות השחר נק' אחרית ים פי' אחרי זמן המל' הנק' י"ם. ותחלת זמנה הוא מחצות הלילה ואילך, ואחריתה היא בסוף הלילה כעלות השחר:

אחת פי' ר' משה שהוא בבינה. ונק' אחת מטעם כי היא אחת בשבע ימות הבנין והוא סוד מנין הזאות של יום הכפורים עכ"ל. ובר"מ (בהר דק"ח ע"ב) פי' כי כל אחת ואחת מג' ראשונות נקרא אחת. וז"ל ובינה איהי אחת ושכינתא תתאה שבע ולעילא מבינה אחת ואחת הא עשר וכו' ע"כ. וכן מוכח בזוהר פ' אמור (דק"ב). והטעם כי כל שלשתם נראות בכל אחת מהם בענין הבחינות כדפי' בשערים הקודמים. ולכן נייחס לכל א' מהם בשם אחת כלו' כל הג' הנראות בה חשובות הן כאחת וכלם מיוחדות:

אט כענין ואט אליו אוכיל (הושע י"א) וכן ואני אתנהלה לאטי (בראשית לג יד) וכל כיוצא הוא כנוי אל המלכות שהוא אחת ומקבלת מתשע ספי' והיינו א"ט:

אטד משמע מתוך דברי הזהר בפ' ויחי (דרמ"ט) כי המל' מצד הגבורה והדין הקשה נקרא אט"ד וכן אט"ד בגי' י"ד, והיינו יד שמאל מלכות מצד הגבורה, ידכ"ה י"ד כה"ה. וכן דו"ד עולה י"ד והוא סילון ממאיר לאויביו וכענין (שפי' שם) לומר לך מה אט"ד זה בכל צד ממנו כמה קוצים וכמה סלונים כן הדין הקשה מכל צד ופאה כמה קשי דין וכמה מלאכי דין וכמה משמאילים:

אי פירש הרשב"י (בתקונא י"ט ד"מ) בפסוק אי הבל אחיך ת"ח תרין אתוון אלין דאסתלקו מיניה דבהון חב גרמו ליה מיתה. א' אמון מופלא ומכוסה, י' מחשבה. לרמוז כי בעבור העון נסתלקו שתים אלה מלהשפיע לבינה:

איום ענין איום ונורא פי' המפר' איום במלכות. ואינו אלא בת"ת מצד הגבורה. והמלכות מצד הגבורה נקראת איומ"ה:

איך וכן איכ"ה הוא כנוי אל המלכות בהיותה יונקת מצד הדין ששם השממון וענינו איכה יעיב. וכן פי' הרשב"י ע"ה א"י כ"ה כמקונן עליה:

אילן בתיקונים (תקונא מ"ט דפ"ג) פי' בינה נקרא שורש האילן ופשיטא שהיא שורש אור ישר. אמנם המלכות שורש אור החוזר. וזה לך האות כי איל"ן בגי' שם הוי"ה אדנ"י. עוד שם הוי"ה מצטרף לי"ב

הויות עולין לסך שי"ב כך אילן במלואו י"ב אותיות אל"ף יו"ד למ"ד נו"ן ועולה שי"ב. ואינ"ו גו"ף ול"א כ"ח בגו"ף עולה שי"ב לרמו"ז הסוד האמת הזה. עוד פי' הרשב"י בפ' פנחס אילנא עלאה בינה ותתאה מלכות:

אילת אהבים היא המלכות ונק' אילת בסוד חדוש הלבנה. והקרנים גבוהות והם קרני ההוד אשר לה מצד החדוש כזה ולפעמים הא' גבוה מן השני כזה כן ביאר הרשב"י ע"ה בר"מ (פנחס דרמ"ח) ופי' לפי חדושה אם תקבל בשוה מן הימין כבשמאל ויהיה חדושה שוה משתי המקומות אז הם הקרנים גבוהות בשוה. ואם תקבל מצד ימין יותר ויגבר הימין על השמאל, אז הקרן האחת גבוה מן השנית ואז נקראת אילת אהבים בסוד אהבת חסד הגוברת עליה. וכאשר יגביר צד השמאל יותר אז נקראת אילת השחר על שם השחרות והצער אשר לה בגלות. ופי' שם עוד הטעם למה נקראת אילת מטעם כי אילת מחלקת מזון לכל חברותיה וכן נא' ותתן טרף לביתה וחק לנערותיה. וכן ג"כ נק' אי"ל וכן פי' בזהר פ' אחרי (ד' ס"ח) בפסוק כאיל תערוג על אפיקי מים. ובזהר פ' תרומה (ד' קלח) פי' הרשב"י ע"ה וז"ל אילותי מה איל וצבי בשעתא דאזלי ומרחקי מיד אהדרן לההוא אתר דשבקו אוף הקב"ה אף על גב דאסתלק לעילא לעילא לא"ס מיד אתהדר לאתריה מ"ט בגין דישראל לתתא אתאחדן ביה ולא שבקן ליה לאתנשיא מניה ולאתרחקא מנייהו עכ"ל לפי משמעות דבריו כנראה שאמר על הת"ת. אלא דקשיא לן ת' דאילותי שמורה כנוי אל הנקבה ואפשר ר"ל אילת שלו. ויהיה פירושו על המלכות כמאמר הר"מ וכמאמר הזהר (פ' אחרי) ואין תימה על מלת קב"ה שכבר יתייחס שם זה למלכות. גם בפ' אחרי (שם) פי' הרשב"י ע"ה במלת אילו' שהם כל אינון אילתא דסחרני כורסיא יקירא קדישא הה"ד ששים גבורים סביב לה ע"כ. מפני זה לא רצינו לבאר פי' המאמר אילותי מה איל וצבי וכו' שיהיה הכוונה על הבינה:

אימתה וכן אימה הכל בגבורה. ובמלת אימתה ופחד פירש בזהר פ' בשלח (ד"נט) כי אימתה הוא הת"ת וראיה הת' שהיא ת"ת ואין להכחיש דהיינו הת"ת מצד הגבורה:

אין כלם הסכימו היות הכנוי הזה בכתר. ונקרא כן מטעם שאין שם השגה כלל. והשואל עליו ישיבו לו ההשגה ביה היא אין. ור' משה פי' עוד טעם אחר כי בלשון ידוע קורין לראשית אין וכן הוא ראשית כל ראשית. אמנם בעל ספר האורה פי' וז"ל א' סוד קוצו של יו"ד עולם הרחמים אהי'. יו"ד סוד עולם החכמה התפשטות המחשבה אות ראשונה של שם. ן' פשוטה סוד המשכת השפע הברכה והרחמים מספי' לספי' עד הגיעם לספי' המלכות עכ"ל. והנה כוון לכלול כל העשר ספירות באין. ובתקונים (תקונא מב ד"עט) קרוב לענין זה ז"ל אמון מופלא ומכוסה דאיהו אי"ן כליל תלת ספירן א' כתר י' חכמה ן' בינה עכ"ל. הנה בפי' שאין הוא בכתר לבד אלא כהאומרים שזהו ג' ראשונות והאומרים שהוא בכל העשר. ויש מי שפי' כי אי"ן א' אהי' י' הוי"ה ן' במלכות שהוא אדנ"י:

אין סוף הוא רמז לעילת העלות והכונה אין קץ וסוף לרוממותו ואין דבר שיכללהו ויתייחס שם זה בכתר לפעמים (כמש"כ בר"מ פנחס ד"רנח) והטעם כי הכתר הוא כסא לא"ס ר"ל כסא הראשון העליון שאין כסא אחר למעלה ממנו. ולפי שא"ס רוכב עליו ומתעלם בתוכו נקרא א"ס ולא יקרא כן אלא מצד הבחינה העליונה המתאחדת ומדבקת בא"ס. וכבר פי' בשם זה דבר מספיק בשער אם הא"ס הוא הכתר:

איפה פי' לשון מדה דהיינו איפה היא הקליפה כענין מוליכות את האיפה (זכריה ה') ששם כנוי אל הקליפה. וכן לשון איפה כענין מי איפה (בראשית כז לג. ושם "איפוא") ופי' רז"ל שנכנס עמו גהינם. ופעמים יתייחס אל המלכות אבל מצד האף והדין. וכל ענין איפה נגזר מזה מצד הדין והאש החק. ושר האופים הוא כענין סמאל שר המקטרגים:

אי"ק פי' המפרשים אם אין א' אין י' ואם אין י' אין ק' וזה בסוד כהן לוי וישראל. כתר הוא כהן חכמה לוי ובינה ישראל. א"כ ישראל חייבים להשלים בכל יום מאה ברכות ומן המאה יתן עשרה ללוי שהוא מעשר ראשון והלוי יתן א' לכהן תרומת מעשר. וא"כ אם אינם משלימים ק' ברכות בכל יום, הכתר שהוא הכהן לא יתן שפע ללוי הוא החכמה ואם אין שפע לחכמה אין שפע לבינה שמשם יונקים ישראל. וזהו סוד אי"ק אם אין ק' אין יו"ד ואם אין יו"ד אין א'. פי' אחר אם אין ק' (פי' קו"ף במלואה עולה מקום) כי היא נקראת מקום כלומר אם אין ישראל שומרים תורה שבעל פה שהוא רמז למקום לא יבא שפע מהחכמה העליונה שנקרא י' והיא תורה שבכתב ואם אין תורה שבכתב אין א' שהוא כ"ע. וזהו סוד אי"ק כי א' רמז אל עצם המדה בשרשה באחדותה שהוא א' נקודה שוה שאין בה גילוי. ומתפשט מעצם אמתתו י' נקודות שהיא נכללת מעשר ועשר נקודות אלו הם לבוש אל הנקודה האמצעית כזה (חסר הציור) ועוד עשר נקודות אלה מתפשטות ונכללות כל אחת מעשר והם מאה ואותם המאה

הם לבוש אל העשר נקודות בצורה המצוירת למעלה כי ערך הא' אל העשר כערך העשר אל המאה וכמו שהעשר הם ענפים מכסים על השורש כן המאה הם ענפים מכסים את שרשם שהם לבוש אל השרש וזהו סוד כהן לוי ישראל בסוד מחנה ישראל לבוש אל מחנה לויה, מחנה לויה לבוש אל מחנה כהונה דהיינו מחנה שכינה, וזהו סוד כהנים בעבודתם ולוים לשירם ולזמרם וישראל למעמדם. והיינו סוד כתר נקודה אמצעית מתגלה בחכמה וחכמה מתגלית בבינה נמצאת הבינה לבוש אל החכמה וחכמה לבוש אל הכתר. וערך זה גדולה גבורה ת"ת. וערך זה אל נצח הוד יסוד וערך זה אל כתר תפארת ומלכות:

איש השם הזה הוא בת"ת בהרגל כדכתיב ה' איש מלחמה וגו' וה' הוא בת"ת. ובתקונים (תיקון מ"ט ד' פ"ה ע"ב) וז"ל מרוב אונים דא כתר עלאה. ואמיץ כח דא חכמה. מאי כח דיליה אמא עלאה. איש לא נעדר, איהו כללא דתלת ספירן. מאי איש, ה' איש מלחמה ה' שמו. איש, א' כתר עלאה, י' חכמה, ש' שרשא דאילנא דאיהי אמא עלאה תשובה ודאי. ולכאורה משמע שהוא חולק על מה שפי' איש בת"ת ודעתו שהוא בג' ראשונות. ויש לדקדק כבר פי' בפסוק מקודם ג' ראשונות ומה לו לדרשם עוד בשם. ועוד דקאמר מאי איש ה' איש מלחמה וכו', נראה שכוונתו לומר ה' איש מלחמה כמשמעו בת"ת וכמו שפי' בכמה מקומות מהזהר. עוד למה כפל לשונו באמרו שרשא דאילנא ואח"כ אמא ואח"כ תשובה. והענין כי קודם דרש בפסוק ג' ראשונות בעצמם ואמר מרוב אונים דא כתר עלאה כי אונים ר"ל כחות לשון חוזק והוא גדול כחות הכחות הנאצלים. ואמיץ כח דא חכמה פי' המחזק ומאמץ לכח שהיא הבינה כאשר יתבאר בערכו, וז"ש ומאי כח דיליה פי' הכח המקבל מאומץ שלו. או ירצה שהחכמה הוא הגבור האמיץ דהיינו אומץ בכח ולא בפועל והכח שלו שהוא הפועל היוצא מהאמיץ הוא בינה, וז"ש מאי כ"ח דיליה וכו'. איש לא נעדר איהו כללא כו' פי' כי אינו ממש ג' ראשונות שכבר נדרשו אמנם הם מציאות הנכלל בג' ראשונות ונקרא איש כאשר נבאר. מאי איש וכו', הכונה שאחר שאיש אינו ממש ג' ראשונות שכבר נדרשו אמנם הם מציאות הנכלל בג' ראשונות ונקרא איש כאשר נבאר. מאי איש וכו', הכונה שאחר שאיש אינו ממש ג' ראשונות אלא כללות הנכלל מהם אם כן מאי איש פירוש היכן הוא באיזו מדה מן המדות. ופירש מן הכתוב שאמר ה' שמו דהיינו הת"ת שהוא שם בן ד' כמפורסם. איש א' כ"ע וכו', בא לבאר כיצד ג' ראשונות נכללות במלת איש. ש' שרשא דאילנא, הוקשה לו שאין שי"ן רומזת בבינה אלא בג' אבות דהיינו ג' ווי"ן. לזה אומר שהבינה היא שרש האילן פי' שרש ומקור אל ג' אבות שהם ענפי האילן. וא"כ אפשר ירמוז ש' בבינה להורות אל מקום האצילות הקצוות מתוך הבינה ושרשם ומציאותם ומקורם הדק הנעלם בה כמבואר בשערים הקודמים. ומפני כי שורש האילן נמי ביסוד או במלכות כאשר בארנו בשער ממטה למעלה, לכן אמר אמא עלאה שהבינה נקראת אם בערך שבה נתהוו כל הנאצלים שממנה ולמטה והיא אם ושרשם האמיתי. ומפני שאין מלת אם מכריח הדבר הזה היטב אמר תשובה, להורות כי שרש הענפים היא ושם תשובת הדברים אל שרשם בסוד היובל וכן ג"כ תשובה מורה שהיא שבה על הבנים להניקם ולהשפיעם כאשר נבאר בערכו:

כלל הדברים הוא הרמז בת"ת בהיותו כולל ג' ראשונות וכן נתבאר הענין הזה בס' הבהיר ז"ל א"ר אמוראי מאי דכתיב ה' איש מלחמה א"ר רחומאי בר ביבי לא תבעי לו מלתא פשיטא שמע לי ואמלכינך. משל למה"ד למלך שהי' לו דירות נאות, שם לכל א' מהם שם וכו' זו טובה מזו אמר אתן לבני דירה זו ששמה א', גם זו טובה ששמה יו"ד מה עשה אספם כלם השלשה יחד ועשה מהם שם אחד ועשה מהם בית אחד. אמר לו עד מתי תסתום דבריך אמר לו בני אל"ף ראש. י' שני לו. ש' כולל כל העולם, מפני שכתוב בו תשובה עכ"ל. ופי' כי ר' אמוראי הוקשה לו בכל המקרא באומרו ה' איש מלחמה כי ה' הוא ת"ת והוא כפל, ועוד טעם למה הת"ת נקרא איש. ור' רחומאי השיב במשל נאות למלך שהי' לו דירות נאות הכוונה על האצילות שהוא דירה שבו דר מאצילם, וקר' נאות לרמוז אל עלויים שהם קודמות לכל הנאצלים ממנו יתברך, והם היוצאות מאת פניו ראשונה. ושם לכל א' מהם שם, פי' שם הוא לבוש והיכל כאשר נבאר בערכו. והכוונה כי עשה היכל לרוחניות המדה ההיא כדפי' בשער עצמות וכלים. והנה העצמות יקרא דירה והכלים איקרי שם וכסא ולבוש לדירה הנזכר וכלן זו טובה מזו פי' כי השלשה ספי' הם נעלמות עם כל זה כל א' מתעלה על חברתה, כי אין שלשתן שוות אלא עולות בדרגה כל אחת על חברתה מעילה לעלול כנודע. אמר אתן לבני, פי' הבן הוא הת"ת הנק' ב"ן פי' ענף ולבני פי' ענפי המסתעף מא"ס ומתאצל ממנו כי כל הי' שמות אצולים מאתו והשמות והספי' הכל אחד כמבואר. והכוונה כי האציל ג' מציאיות מג' ספירות עליונות כתר א'

וחכמה י' ובינה ש', והמציא מהם שם א' ולבוש א' כי ג' מציאיות אלה כללם יחד ועשה לבוש אל הת"ת והיינו ש"ם כדפי'. והיינו בית א' דקאמר. ומפני תוקף מליצת המשל הזה שאל לו שיבאר דבריו. ופי' כי א' הוא ראש שהוא כתר שהוא ראש לכל הראשים. י' הוא שני לו שהוא חכמה. והשי"ן הוא הבינה. ואמר כולל כל העולם, כמו שנודע כי הבינה הוא סוד כל הנעלם, שבה נכללות כל הספירות שש קצוות בסוד כל ההיקף שהוא הנק' עולם כאשר יתבאר בערכו. וזהו ועבדו לעולם (שמות כא), עולמו של יובל. ושאל ולמה כולל ש' כל העולם שפי' כל ההיקף יותר משני ספירות הקודמות והשיב מפני שכתוב בו תשוב', ירצה מפני ששם שורש כל שש הקצוות ושם תשובה בסוד היובל כדפי'. וזה טעם יחס ש' אל המדה הזו כדפי' לעיל. והנה למדנו מזה כי הת"ת בהיותו כולל ג' ראשונות נקרא איש וכן נתבאר בתיקונים במקומות רבים וכן פי' בספר מאירת העינים פרשת מקץ איש הרמז כח"ב ונקרא התפארת איש על שמם כי כל פעולותיו בכח המחשבה עכ"ל ואין ספק כי נקרא איש בסוד יניקתו מן הדין דכתיב ה' איש מלחמה כדפי' בערך אדם. ור' משה פי' איש מלחמה בגבורה. ואפשר כי הכוונה איש בת"ת בהיותו יונק מן הגבורה ולכן נקרא איש מלחמה וכדפי'. ובזהר פרשת נח (ד' נ"ט) פי' כי יסוד נקרא איש האדמה שהיא המלכות. ומבואר כל מה שאירע ליעקב אירע ליוסף:

איתן הוא כנוי חוזק הגבורה כענין נחל איתן ולפי הנראה מתוך דברי הרשב"י ע"ה כי איתן כנוי אל מרע"ה במדתו כענין וירא את הקני ויאמר איתן מושבך (כמש"כ בר"מ פנחס ד' רל"ח ע"ב):

אך פי' במלכות. וצודק הוא בתנאי דהיינו כשיניקתה או מן הימין לבד או מן השמאל לבד הכל לפי העניין כי אך הוא חצי שם מ"ב. ולכן פי' רז"ל (פסחים ה') אך חלק. ואפשר היותה כן מצד הכתר שעולה כ"א שם אהי"ה ושם ך' ארוכה מצד הבינה:

אכתריא"ל ר' משה מכנה שם זה למלכות ואמר כי זהו (הנז' בברכות ד"ז) שאמר לר' ישמעאל ישמעאל בני ברכני. ור"ל ברכני ממקור הברכות ולכן אמר מלפניך ולא אמר לפניך. ולנו רמז אל הבריאה כדפ' בשער אבי"ע בפ"ב ונקרא אכתריא"ל לשון כתר מפני שהוא קושר כתרים לרבו ע"ד שפי' שם ע"ש ועוד הוא כתר לכל הנוצרים ונעשים:

אל פי' אל שאינו קודש כמו וילך אל נפשו (מ"א יט), ואל משה אמר (שמות כד א) וכמוהו רבים. כלם בעולם הזכר. וזה חילוק שבין אל לאת. שאל הוא בעולם הזכר, ואת הוא בעולם הנקבה. וכן מבואר בזהר פ' ויגש (דר"ט) בפסוק וילך אל נפשו ע"ש: אל ההודאות פירשו המפרשים בהוד. וכל מקום שנמצא לשון הודאה הוא רמז למדה זו. וכן א"ל עליון פי' ר' משה כי הכתר נק' אל עליון מפני שהוא עליון על כל האצילות. ובודאי שלא יקרא כן אלא בהיותו פועל בחסד. וכן נק' חסד עליון כאשר יתבאר בערכו. וכבר בארנו בשער השמות פ"ה שם א"ל עליון ואל מלך. ושם בארנו שלעולם שם אל בחסד. ובזהר פרשת לך (דפ"ז) בפסוק ומלכי צדק מלך שלם פירש א"ל עליו"ן בבינה. ואפשר היות המלה מפורסמת העליון על א"ל והיא הבינה שהיא עליונה על החסד הנקרא א"ל. עוד יש א"ל שדי הוא רמז חבור יסוד ומלכות. וכבר נתבאר ענין שדי במלכות בשער השמות. וא"ל לשון תוקף ופי' משפיע בתוקף רחמיו רחמים אל המלכות עד שיבלו שפתותיהם מלומר די, כן פי' המפרשי'. ונ"ל כי א"ל שד"י הוא יחוד כתר ומלכות כי כתר נקרא לפעמים א"ל ויש לזה קצת סמך מן הזהר (לך דפ"ח) וז"ל א"ר שמעון תא חזי עד לא אתגזר אברהם הוה חד דרגא ממלל עמיה ומאן איהו דא מחז"ה דכתיב מחזה שד"י יחזה. כיון דאתגזר הוו כולהו דרגין שראן על האי דרגא וכדין ממלל עמיה הה"ד וארא אל אברהם אל יצחק ואל יעקב באל שד"י. ועד לא אתגזר לא הוו אינון דרגין שראן עלוי למללא עכ"ל ועוד האריך שם בענין וזה יספיק אל מבוקשנו. והכונה כי בעוד שלא נימול אברהם לא היתה מדרגת נבואתו כי אם ממלכות לבד בלי הצטרפות מדה אחרת והבחינה הזאת נקרא מחזה וז"ש ומאן איהו דא מחזה. והכריח הענין מפסוק אשר מחזה שדי יחזה. ול"ל דבלעם השיג בנבואתו במדרגת הקדושה ח"ו. ועם היות שאמר מחזה שדי יחזה הכונה מחזה של שדי ולא שיתראה לו מחזה שד"י ח"ו. וג"כ לגבי אברהם מחזה של העליונות ולא העליונות ממש. ויש חלוק גדול ביניהם כי אין להם הצטרפות ח"ו. כי אברהם היתה נבואתו במלכות שהוא מחזה הספי' העליונות. אבל בבלעם הוא מחזה של שד"י דהיינו הקליפות שהם תחת המלכות הנקראת שדי שהיא משדדתם. ואין להקשות מפסוק נאם שומע אמרי אל. שהרי פירש בזהר שהוא אל אחר. ונחזור לעניינו כי אחר שנימול השיג להביט בנבואתו מצד המלכות מבחינתה בהיות כל המדות מתראים בה ואז היא נקרא אל שד"י. א"ל בכתר, ושד"י במלכות. והיינו אני ראשון ואני אחרון מראש ועד סוף. הכלל כי המלכות נק' אל שד"י בהיותה כלולה מכל המדות

העליונות. ואפשר לפרש כי ע"י שהקשר הזה והכללות הזה הוא ע"י היסוד נקרא המלכות שדי בשם היסוד שהוא העיקר בשם שדי כמבו' בשער השמות קי"ג ויש סמך לפירוש זה מהזהר שם באמרו ברית קשורא דכלא אתקשר ביה ובג"כ וכו' יעויין שם. ונתבאר בפ' ויחי (דרמ"ז) כי א"ת שד"י הוא שבח ורחמים יותר מאמרו א"ל שד"י. מפני שא"ת נק' מלכות בהיותה מקבלת מהת"ת הנק' תורה שבכתב והיא כלולה מא' ועד ת'. והת"ת מקבל מחכמה נמצאת המלכות מקבלת הל"ב נתיבות מהחכמה ע"י הת"ת. וזה ודאי יותר שבח מאומרו ואל שד"י עם היות שא"ל הוא שם קדוש וא"ת הוא מלה. ועם היות ששם א"ל שד"י הוא כולל מתחלה ועד סוף כדפירשנו. עם כל זה ישובח את שד"י יותר מפני שהוא בעצמו ל"ב נתיבות שמקבלת מן הת"ת ע"י החכמה ואוריי' כלול' מא' ועד תי"ו ובו נכללים ג"כ י' ספירות:

עוד אל קנא ופי' שהוא ההו"ד וכל קנאה הוא מצד תוקף הלב וגבורתו לקנא בחטאים. ואפשר שנק' כן כשהוא מתמלא מהגבורה ולכן אפשר לפרשו על הדרכים שפי' בהא"ל הגבו"ר בשער השמות:

אלה כענין כי מפני אלה אבלה הארץ (ירמי' כ"ג) דהיינו ענין השבועה על ידי הקללה כענין אלות הברית (דברים כט כ) ואין ספק שהיא במלכות מצד הדין והגבורה. ויש אלה לשון אילן והיא ג"כ במלכות. ואפשר שהוא מצד הדין החזק ולכן האלה אינה עושה פירות. ולזה יעקב אבינו ע"ה טמן אלהי נכר תחת האלה אשר עם שכם (בראשית לה ד). ואלון לשון זכר [עם] האלה כאמרו כאלה וכאלון (ישעי' ו') ואפשר לפרש בו כענין אלה שהם ג' אבות (ע' לקמן בערך אלה):

אליל כענין אל תפנו אל האלילים (ויקרא יט ד), וכן רופאי אליל (איוב יג ד), וכיוצא. הכל משל אל הקליפות שהם אל אחר כנודע. וכן יש אל שהוא כן כמו שומע אמרי אל (במדבר כד) דהיינו אל אחר, וכן לאל דברתי. וכן יש שם אלוה כן כאמרו לאשר הביא אלוה בידו (איוב יב) וכן פי' בזהר דהיינו רוח הטומאה השורה בידים:

אלה בזוהר פ' פקודי (ד"רלו) פי' בפסוק (שמות לב) אלה אלהיך ישראל וז"ל והאי רוח מסאבא איהו חויא בישא ואית מאן דרכיב עלה ואינון דכר ונוקבא ואיקרון אלה דאינון מזדמנין בעלמא בכל אינון סטרין דילהון עכ"ל עוד האריך שם בדופיו ואנו קצרנוהו כי המעט יכיל את המרובה. ופי' דבריו כי מטעם שהם מזדמנים מעצמם לעשות רע נק' אל"ה כי תיבות אל"ה מורה שלעולם הם מזומנים זכר ונקבה בסיעותם וכיתותם הרעות להרע רחמנא ליצלן. וכמו שיש אלה בצד הקליפה כן יש אלה בצד הקדושה והם ג' אבות חב"ד די"ן רחמי"ם, גדול"ה גבור"ה ת"ת. ועליהם נאמר (ישעיה מ כו) מ"י בר"א אל"ה כמבואר בשער השמות. ועוד יש בקדושה אלה שניים, והם נצ"ח הו"ד יסו"ד והם ענפים לחס"ד דין ורחמים העליונים כמבואר בשערים הקודמים. וזהו הסוד אל"ה אלהיך ישראל קליפה, אל"ה פקודי המשכן קדושה. עם שנדרש להפך בפ' פקודי, כן פי' הרשב"י עליו השלום במקום אחר (אולי רומז למש"כ בפ' פקודי ד"רכא ע"א) וע' פנים לתורה:

אלו"ה פי' בזוהר בפ' ויקרא (דף כ"ג וז"ל) אלוה. א"ל דא אברהם דכתיב ביה האל הגדול. וא"ו דא קב"ה. ה' דא כנס"י. ודא הוא אלוה עכ"ל. והזה הכונה שבשם זה נכלל הגדולה והת"ת והמלכות. ולפי"ז השם הזה רחמים פשוטים. וכן נדרש פ' לך (דף צ"ד וז"ל) אלוה הכי הוא. א"ל נהירו דחכמתא. ו' דכר. ה' נוקבא. אשתתפו כחדא אלוה אקרי. ובתיקונים (תקוני ז"ח דף ק"כ ע"ב) כתב ששם אלוה בחסד והכריח הענין מפסוק אלוה מתימן יבא. והמפרשים אמרו שהוא בת"ת. ומי ידבר אחר הארי:

אלי בכל מקום הוא הבינה וכן עולה א"ם. ונק' כן בהיותה כלולה מג' ראשונות א' כתר י' חכמ' ל' בינה. וטעם אל הל' באמצע מפני שהוא נגד הבחינה אשר לה מצד הא' שהוא הכתר והי' נגד הבחי' אשר לה מצד החכמה והל' כלולה באמצע מבחינת עצמה. וכבר הארכנו בזה בשער המכריעין. ופירוש תיבה זו ביאר אותו הרשב"י ע"ה בתיקונים (תקונא נ"ה ד"פו ע"ב) ואין ספק כי כאשר יהיו שני פעמים אלי אלי ירמוז על שני אמות עלאה ותתאה בסוד אי"ן אנ"י כך נ"ל:

אלישבע פי' בזוהר פ' שמיני (דל"ח) שהמלכות נק' אלישבע כי היא יונקת משבע מדות עליונות. ויש חלוק גדול בין ב"ת שב"ע לאלישבע. כי אלישבע נק' מצד החסד ובת שבע מצד הגבורה. וכן בארו שם וכן משמע אלי מצד החסד הנק' א"ל:

אלוף נקרא הת"ת לפי שהוא אלוף ובעל נעורים למלכות. ונקרא כן כשהוא ביחוד עמה לפי הנראה. ואפשר שיקרא כן שהוא נושא משאת הברכה מלשון אלופינו מסובלים (תהלים קמד יד). ואפשר שיקרא כן כשהוא יונק מצד הגבורה שנקראת בשם השור. או אפשר שיקרא כן מלשון גדולה ורבנות ונק' כן בהיותו יונק מצד הכתר שהוא אלף. וכל הפירושים האלה מתישב' בו והכל בהיותו מתייחד

עם המלכות שאז יונק מן הגבורה ומן החסד רוב ברכה בסוד שמאלו תחת לראשי כו'. ומן הכתר כי משם עיקר המשכתו:

אלהינ"ו שבשמים הוא הבינ"ה ונק' כן מפני שמקומה בשמים שהם גדולה גבורה ת"ת שהם אש ומים והרכבתם יחד. וע"ד זה גם כן נק' אלהינו שבשמים. ותקרא בשם זה בהיותה משפעת בהם בפרטות. ועוד אפשר שמים ת"ת והכל אחד:

אלהי"ם חיים יתייחס לפעמים אל הבינה מטעם שהיא משפעת חיים לכל הספירות. והחיים הם ג"כ מכח הדין כמו שתקנו אנשי כנסת גדולה בברכת גבורות מח' המתים, ועוד בברכת אשר יצר אתכם בדין ועתיד להחיותכם בדין. ומפני כן תחיית המתים ברעש. וכן היסוד נק' בשם זה בהיותו מקבל החיים מהבינה. וכאשר תקבל המלכות החיים מהיסוד תקרא ג"כ אלהי"ם חיים. ועוד שהיא מחיה לכל אשר תחתיה. ויש חילוק גדול אל היסוד כשהוא נק' א"ל ח"י, או אלהי"ם חיי"ם. שזה סוד החיים מצד החסד הנק' א"ל, וזה מצד הגבורה הנק' אלהי"ם עם ששניהם ע"י הבינה:

אליך נ"ל כי הוא ג' ראשונות. כי א' כתר כנודע. י' חכמה. לך בינה כדפי' בערך [אלי] ובערך ל"י ובערך ל"ך:

אלהי"ך פירוש כולם במלכות. וכבר יצדק בבינה או בגבורה הכל לפי מקומו ששלשתם נק' אלהי"ם וודאי כדפירשנו בשער השמות. ויש שפירשו בכל האצילות ואינו כן:

אלה"י האלהי"ם פי' רבי משה שהוא התפארת. ונק' כן מפני שהוא שר של שבעים שרים הסובבים כסאו והוא מנהיגם. ויש שפיר' שהוא כולל כל האצילות כיצד אלה"י חכמה ובינה האלהי"ם שבע ימי הבנין. ויש שפירשו בג' ראשונות כתר אלהי, חכמה ובינה האלהי"ם. ועל הכל הנ"ל הוא כי הבינה נקר' אלה"י האלהי"ם כי ג' אלהי"ם הם הא' בבינה, והב' בגבורה, והג' במלכות. ושנים האחרונ' תלויים מן הבינה ולכן נקרא הבינה אלה"י האלהי"ם. וכל שם אלה"י יש לפרשו לפי מקומו. אלה"י אברהם חסד, אלה"י יצחק גבורה, אלה"י יעקב תפארת. ונ"ל כי אלה"י היינו בחינת המלכות ולפעמים בחינתה מצד חסד ונקרא אלה"י אברהם, וכן נא' (בראשית יז כב) ויעל אלהי"ם מעל אברהם. וכן היתה מיוחדת עמו בגבורה מצד יצחק, וזהו אלה"י יצחק. וכן כל כיוצא בזה. ויש שפי' אלה"י אברהם חכמה, אלה"י יצחק בינה. דהיינו שהי' אלהות ונשמה לחסד וגבורה שהם אברהם ויצחק. וכן אלה"י יעקב כתר תפארת. ונאות לענין סדר הברכה עם היות שאינו מתיישב הכנוי:

אלה"י הצבאות ירצה ת"ת שהוא על הצבאות שהם נצח והוד. או אפשר מלכות יונקת מן הצבאות נצח והוד. והיא לפעמים למעלה במקומה האמתי:

אלף דור היא המלכות ונקראת כן מפני שהיא עולה לאלף בסוד כללות העשריות כיצד היא כלולה מעשר וכל אחד מעשר הוא כלול מעשר הם ק'. וכל אחד מאותם הק' הוא כלול מעשר הם אלף כי הוא לדורות הגלגול כענין דור הולך ודור בא והארץ וכו' (קהלת א). ובאשר היא נקראת דור לבד יתבאר בערכו ב"ה:

אלמנה היא המלכות כאשר אין הת"ת עמה. והכונה כי מאה שעריה הם בחשך בגלות והיינו א"ל מנ"ה פירוש אין מאה שערים וכן כשנשאת כתובתה מנה דהיינו חזרת האור אל מאה שערים (ע' בע' אדני לעיל):

אם שני אמהות הם א"ם עלאה וא"ם תתאה. א"ם עילאה היא הבינה והיא מקבלת מן האב שהוא חכמה ומשפיע למטה. וממנה נאצלות כל הספירות התחתונות ובה נתהוו כעובר המתהווה בבטן אמו כדפי' בשער הכנויים בפ"ג. וכאשר נק' אם מורה שהיא נקבה והיא דין כי סתם נקבה היא מקבלת בסוד אור החוזר. ולפעמים יורה על הרחמים שהיא כאם המניקה חלב הרחמים לוולדיה:

ולפעמים נקראת אם הבנים ואפשר בו שני פירושים. אם כל הבנים כענין לאה שהוא כנגד בינה וילדה ו' בנים ובת אחת והיינו שבע ספירות היוצאים ממנה ויונק' ממנה. או אפשר שני בנים בן ובת תפארת ומלכות. והכל ענין אחד כי ת"ת כולל שש קצוות ושתי הפירושים האלה אפשר באם הבנים. וז"ל הזוהר פרשת ויחי (ד"ריט) תניא אמר רבי יצחק כתיב אם הבנים שמחה הללויה. אימא ידיעא, הבנים מאן אינון. אר"ש הא תנינן תרין בנין אית לקב"ה חד דכר וחד נוקבא וכו'. והכריח שם כי ראוי לפרש לעיקר כי ת"ת ומלכות הם בנים ואפשר הטעם כי בהיותם בבינה נכללים כלם בבן שהוא התפארת כולל שש קצוות ובת שהיא המלכות. והיינו ד"ו שבצורת ה' ד"ו. ואם נקראת המלכות ג"כ, מפני שהיא אם לכל הדברים שתחתיה עד סוף כל התהום, כי כלם נבראו על ידה והיא אם לכלם והיא המהוה אותם על ידי הת"ת שהוא בעל הוא הא"ב. וג"כ נקראת אם מצד הנשמות כי כלם אצולות ממנה על ידי הייחוד כמבואר בשער מהות והנהגה. ובתיקונים פי' שהמלכות נק' אם מצד הבינה הנק'

אם. והטעם שעל ידה בנין הצלע כמבואר בשער המציאיות. ואולם הבינה נק' אם הנשמות מטעם שהיא מקור הנשמות כדכתיב (איוב לב ח) ונשמת שדי תבינ"ם כדפי' בשער נשמה וכל א' מהם נק' אם שלמה כמבואר בפרשת ויחי (ד"רמח):

אמה הוא התפארת כי כל אמה בת ששה טפחים וכן הוא ו' כולל שש קצוות. וחצי האמה היא המלכות בסוד מציאות ה שהיא ג' ווי"ן ג' גונין דעינא ג' ספירות ג' טפחים חצי אמה. והיא ג"כ י' ושני יודי"ן שיעור ו'. ובזה יתיישבו שני מאמרים להרשב"י ע"ה בתיקונים וז"ל (תקונא י"ט ד"לט ע"ב) בכל אתר אמה הוא ו'. ובגין דא אמה בת ו' טפחים וחצי אמה דא י'. דתרין יודין אינון שיעורא דאמה. ואת י' שיעורא דיליה ג' טפחים. הנה בפי' כי ה' הוא חצי האמה. ובמ"א (בתקונא ה' ד"יח) אמר וז"ל, אמה ה' עילאה, וחצי האמה ה' תתאה. אורך היריעה האחת דא ו'. ואמאי אתקרי ה' תהאה חצי האמה, בגין דאתקרי מצה פרוסה וכו'. ובמה שפי' כי יו"ד וה"א הכל ענין א' יתישב כי י' בה ג' יודי"ן שהם ג' טפחים וכן בה' ג' ספירות הם ג' טפחים. ולכן היא פרוסה כי היא חסרת המזג שאינה שלימה בכל הקפה כזה שהיא סוד ה' עליאה שהיא ששה טפחים ו' קצוות שהם ששת ימים המקיפים הנקודה האמצעית כמבואר בשערים הקודמים אמנם היא מצה פרוסה כזה דהיינו סוד חצי ירח וזה יובן במה שבארנו בשער המציאיות:

אמה וכי ימכור איש את בתו לאמה. ענין זה פי' הרשב"י עליו השלום בתקונים (בהקדמה ד"יג) אמה היא כסא דבריאה דאיהי אמה לגבי שכינתא דאיהי בת מלך פנימה. וכן ג"כ פירש ענין הכתוב (שמות כב) ותשלח את אמתה וגו':

אמן רבו בו הפירושים והעקר דברי הרשב"י ע"ה בתיקוני' (תקונא ח"י ד"לה) כי אמן היא ביסוד הקושר והמייחד החתן עם הכלה וכן עולה ב' שמות יחד הוי"ה אדנ"י יאהדונהי סוד אמן. ועל ידי היסוד מתייחדים דכתיב (דה"א כט יא) כי כל בשמים ובארץ ותרגומו דאחיד בשמיא ובארעא. והנה בהיותו פועל הפעולה הזאת יקרא אמן שהוא רמז אל שלשתן יחד חתן וכלה ושושבין:

אמון בבראשית רבה (פ"א) פי' בו ד' פירושים וז"ל: אמון פדגוג, אמון מכוסה, אמון מוצנע, אמון רבתי. והכריחו שם ד' פירושים אלו מהכתובים. אמון פדגוג פי' מלשון אומן והוא ביסוד כדפי' לעיל בערכו. ואמון מכוסה הוא בכתר. וכן פירש הרשב"י ע"ה במקומות רבים, שאמון מופלא ומכוסה הוא בכתר לפי שהוא נעלם. ואמון מוצנע הוא התפארת בסוד הנקרא או"ר גנוז כדפי' בערכו כי הוא מתעלם בכ"ע. אמון רבתי היא הבינה. זה נ"ל בפי' המאמר הזה:

אמונה פי' כנוי הזה הוא בשני מקומות וכל אחד לפי ענינו. הא' הוא בבינה והוא מענין האמונה וכן פי' הרשב"י עליו השלום בתקונים (בהקדמה ד"ה) בפסוק והיה אמונת עתך וז"ל אמונה איהי אימא עילאה מסטרא דחסד דבה ק"ש דאיהי אמונה עכ"ל. והכוונה כי ק"ש ר"ל ענין יחוד הספירות והוא מצד החסד והיינו אמונה שאנו מאמינים ביחודו וזה בבינה. ויש אמונה במלכות והיא נקראת כן מצד הצדיק בהתייחדה עם החתן. וז"ל הרשב"י ע"ה שם. שכינתא תתאה איהי אמונה מסטרא דצדיק דביה כלילן תרין שמהן אמן דאינון יאהדונה"י עכ"ל. ואמרו דביה כלילן, לרמוז אל היותה מקבלת עליה החתן על ידי היסוד. וז"ל ר' חזקיה בזהר פרשת בלק (ד"קצח ע"ב) בשעתא דאתחבר בה אמ"ת לחדוה וכל אנפין נהירין כדין אקרי אמונה עכ"ל. ודבריו מתבארים ומזוקקים. ובפרשת פקודי (ד"רכג.) אמר שהשכינה נקראת אמונה מטעם שהיא מקבלת עליה כל הנחלים העליונים ומוציאה אותם במספר שהכניסם באמונה ולכן נקר' אמונה. ואמת שנקראת אמונה בהיותה כלולה מהם. ואין זה חולק עם מה שפי' בפרשת בלק, כי על ידי יחוד התפארת עמה היא מקבלת הנחלים העליונים ונכללת מהם כנודע. ובתיקונים פי' דמסטרא דעלת כל עילאין נקראת אמונה דישראל. ופירש מפאת אצילותיו בלי הצטרף יניקתה מהספי' אלא בסוד פשטיות ספירתה הנאצלת מן המאציל ב"ה נקר' אמונתן של ישראל. ונר' הטעם כי היא אמונה ומגודלת מהחכמה בסוד הדעת העליון הנקרא ישראל והיינו הנקראת י' כדפירשנו בשער המציאיות. או אפשר לומר כי בבחינתה זו שהוא עצמיותה מציאות יו"ד המורה על האחדות של ספירות בסוד יו"ד קוצא לעילא וקוצא לתתא וגיו באמצע המורה אני ראשון ואני אחרון ומבלעדי אין אלהים באמצע. וזו היא אמונתן של ישראל להאמין ביחוד הזה והאמונה הזאת וזה ע"י התגלות הא"ס בכל מדותיו על ידי היחוד (ואפילו על) [ת"ת עם] המלכות וע"י הוא משגיח אפילו בנקודת התהום כמבואר בשער סדר עמידתן והנה בסוד הענין הזה נקרא אמונה דישראל. וכן נתבאר עוד בתיקונים (תקוני ז"ח ד"קך ע"ב) ז"ל ובג"ד קרא לה אמונה דישראל רבה אשתמודען עלאין ותתאין ועילת על כל עילאין. ומאן דמייחד ליה בה כאלו מייחד ליה ואמליך ליה על כל עילאין ותתאין עכ"ל. הנה בפי'

כדפי' כי בה תלייא כל אמונתם של ישראל מפני שבה תלויה כל אמונתם ביחודה עם הא"ס וזה אי אפשר אם לא על ידי הייחוד שאין הא"ס מתגלה בספירות אם לא בסוד היחוד החזק וזהו אחד מסגולות היחוד. והענין כי אין האצילות שלם אלא בסוד זכר ונקבה ואז זכר ונקבה בראם ויקרא את שמם אדם שלם. ואין הא"ס משכין שכינתו אלא במקום שלם לא במקום פגום ח"ו ולכן העיקר על ידי היחוד כדפירשנו:

אומנת פירש ר' משה כי המלכות נקראת אומנת כשהאומן בתוכה כי אז היא אומנת ומגדלת לכל. אמנם נ"ל כי אומנת היא הבינה שכן נאמר בנעמי (רות ד טז) ותהי לו לאומנת. ומפורסם שנעמי בבינה ורות במלכות והיא אומנת הבן שהוא ו' כנודע:

אמוראים פי' הרשב"י עליו השלום בתיקונים (תקונא כ"א ד"מב) כי ג' אבות גדולה גבורה תפארת נקראים אמוראים ונצח הוד יסוד נקראים תנאים. ולכאורה היה ראוי שיה' להפך כי תנאים גדולים מאמוראים. אלא שאפשר לומר שהוא על דרך נבון וחכם כי נבון גדול מחכם ונבון בבינה וחכם בחכמה. אלא הטעם כי כל עוד שיתעלה יתמעט הידיעה בו וכן הענין כי תנאים גדולים מאמוראים שהם יורדים לסוד עומק הענין. והאמוראים יודעים הענין כמו בקבלה בלי גילוי טעם כ"כ כפעולות החסד גבורה ת"ת שהידיעה בפעולתם נעלמת:

אמרת הוא המלכות כמו בצע אמרתו (איכה ב יז) ופי' בזהר פרשת נח (ד"סא) בזע פורפירא דיליה פי' לבוש. וכן השכינה לבוש והיכל אל הת"ת כי אין להזכיר שם בן ד' אלא בהיכלו דהיינו אדנ"י. ונקראת לשון אמרא בהיותה עטרה בראש בעלה רמז להיותה בראש אמיר בהיותה יונקת משלש ראשונות. ולשון אמרתו הוא לשון גובה ועלוי מגזרת אמרו צדיק כי טוב (ישעיה ג י):

אמיץ כענין חזק ויאמץ לבך (תהלים כז יד) וכיוצא לפי הנראה מענין הכתובים שהוא מצד אומץ הגבורה החזקה אמנם מצד הבינה השופע עליה. וראיה באמרו ואמיץ כח (ישעיה מ כו. איוב ט ד) שהוא כח הבינה (ע' לעיל בערך איש):

אמירה בזה רבו המפרשים יש שפירש במלכות והכריחו כן מן הפסוק (תהלים סח יב) אדנ"י יתן אומ"ר. והדיבור למדת הגבורה והביא ראיה לזה מפסוק (שמות יב) וידבר אלהי"ם אל משה הזכיר לשון דבור בשם אלהי"ם שהוא גבורה ויאמר אליו אני ה' הזכיר אמירה במלת אני. ואחרים פירשו להיפך דיבור במלכות ואמירה בת"ת. ובזהר בפרשת ויקרא (די"ז ע"ב) בפסוק (שמות לב יג) וכל הארץ הזא"ת אשר אמרת"י, פי' רציתי דהיינו לשון רצון שהיא עלותה אל מצח הרצון והכריח כן מכמה פסוקים. וכן נתבאר בזהר פרשת נח (ד"ס) וז"ל. לאמר, דא נוקבא. נראה בפי' כי האמירה במלכות. וכן כה אמר ה' ודאי. ובפרשת יתרו (ד"פג) בתיבת לאמר פי' ר' יצחק לאמר דא הוא דכתיב אשת חיל עטרת בעלה דכתיב לאמר הן ישלח איש וגו'. וצריך ביאור ועם דקדוק לשונו יצא לנו פי' האמירה מהו. ויש לדקדק למה אמר דא הוא דכתיב אשת חיל וגו' הקצור קצרה ידי הכנויים אשר למלכות. ב' מה ענין ראייתו מפסוק לאמר הן ישלח איש והלא בפרשת נח לא הוצרך אל ראייה כלל, ועוד אדרבא משם נרא' הפך. ולזה נאמר כי אין כוונת ר' יצחק להכריחנו כי מלת לאמר הוא במלכות, כי זה פשיטא. אמנם הי' כוונתו לומר כי היא נקראת כן כשהיא מתעלת להיותה עטרת ולכן אמר דא הוא דכתיב אשת חיל עטרת בעלה. פי' לאמר הוא בהיותה עטרה לראש גבר. וזה פי' לאמר שהוא מלשון את ה' האמרת היום וה' האמירך היום (דברים כו יז), אמרו צדיק כי טוב (ישעיה ג י). וכמוהו רבים שהם מלשון עלוי. והכוונה כי הדברים האלה וגו' הי' להעלות המלכות להיותה עטרת לראש בעלה. והביא הכתוב שאמר לאמר הן ישלח וגו', מפני שהוקשה לו ממנו שהוא הפך דעתו כי בשלוחי' נאמר לאמר. ולזה אמר כי אדרבא משם ראיה כי לאמר הפי' שהיא נקראת כן בהיותה עטרת בעלה והיא נשלחת ח"ו. כי בהיותה למעלה קודם היותה נשלחת היא נקראת אשתו. וזהו כוון בהבאת הכתוב כאמרו כשנעיין בפסוק הזה אדרבא נמצאהו מכריח כוונתנו וראיה אלינו. ועתה בזה גם צדקו דברי המפרשים באמרם שאמירה הוא בת"ת מאחר שהיא במלכות מצד היותה עטרת בעלה. ובזהר פ' וירא (ד"קב) וז"ל בכל אתר דקאמר ויאמר סתם או ויקרא סתם או אמר סתם הוא מלאכא דבריתו ולא אחרא. ויאמר דכתיב ויאמר אם שמוע תשמע ולא קאמר מאן הוא. ויקרא דכתיב ויקרא אל משה ולא קאמר מאן הוא כו'. אוף הכי כו' מלאכא דברית הוה כו' עכ"ל. ופי' שם ג"כ ויאמר שוב אשוב היא ג"כ השכינה שהיא נקראת מלאך הברית. ומשמע מכאן שאין לשון אמירה במלכות אלא בהיותה סתם ולא אמר מי. ואפשר כשיאמר ויאמר ה' יה' האמירה במלכות והכוונה הת"ת מדבר על ידי המלכות, וכאשר יה' האמירה סתם ירצה על ידי המלכות לבדה. וכן דקדק בלשונו באמרו הוא מלאכא דברית ולא אחרא. כי ודאי שאם הוא מלאך

הברית אינו זולתו. אלא ודאי הכוונה, כי כאשר אמר האמירה או קריאה מפורשת הכונה היא על ידי המלכות. ובענין הדבור נאריך בערכו בעה"ו:
אמש פי' אויר מים אש. ופי' בחסד דין, ורחמים מכריעים בנתיים. ובספר יצירה שי"ן שורקת, מ' דוממת, א' רוח חק מכריע בנתיים. ופי' כי הזכרת הש' הוא בשריקה בהשפלת האות למטה והוא רומז אל כח הדין. והזכרת המ"ם הוא בדמות מ' רומז אל כח הרחמים. והא' בינונית בנתיים רומז אל המכריע. ואית דגרסי שי"ן שורקת מ' דוממת לשון וכו' ופי' להפך כי ש' בשריקה וכל עוד שימשך הנשימה בה ימשך השריקה אבל מ' היא דוממת שאינה נמשכת אלא נדממת. והכוונה שי"ן בשריקה לרמוז אל הדין כענין שרקו ויחרקו שן (איכה ב טז). אבל מ"ם בסוד החסד כענין קול דממה דקה (מ"א יט יב) מצד הימין והטהרה. ואלף לעולם בינונית מכרעת וג' אותיות אלה נרמזות בכתר חכמה בינה שהם אמות לכל האצי'. שהם ג' ראשים חסד דין ורחמים ומשם מתפשטים ג' קוים כאשר הארכנו בזה כל הצורך בשערים הקודמים. ואמנם יאמר אמ"ש על יום שעבר שהוא נעלם בשלש אלו שנתעלמו. כאלו נאמר היום שהוא גדולה גבורה תפארת בקר וערב וצהרים. ויום שעבר בג' הקודמות שהם כח"ב הנעלמים:
אמת כל המפרשים הסכימו היות התיבה הזו רומז אל הת"ת ופסוק מלא הוא (מיכה ז כ) תתן אמת ליעקב ויעקב מרכבה לת"ת. זולתי הרמב"ן ע"ה שנראה מדבריו כי יסוד מדת יעקב והיא מדת אמת וזה הפך דעת הרשב"י ע"ה בכמה מקומות. ואחרי שחזרנו על כל המפרשים מצאנום אומרים בתיבה זו כי היא כלולה מרא"ש וסו"ף ואמצ"ע. להורות כי המדה הזו כלולה כן ע"כ. אמנם בספר הזהר (פ' שלח ד"קסג ע"ב) פי' כי אמת הוא רמז לת"ת. כדפי' במקומות רבים ובפרט בשער השמות בפ"ו במלת ת"ם מאמת הנשאר הוא רמז ליסוד ומלכות. כי היסוד נקרא שור תם ועל שמו נק' המלכות תם. אמנם תם תרמז למציאותם העליון כאשר נבאר בערכו בעה"ו. והנה בהיותה מתייחדת בת"ת למעלה אז נקרא מציאותה אליו בסוד שימני כחותם (שה"ש ח ו) ונקרא הוא על שמה אמ"ת. ומפני שהוא כחותם המתהפך מציאות הנשאר בו נעשה [אות מ' קודם לת'] הפך ת"ם בסוד הצירוף והחתימה (ע' בשער הכנוים בד"ה בא יעקב):

אנא בכנוי זה פי' המפרשים שהוא בינה כלולה בג' ראשונות. ואמרו כי עולה גם כן נ' שערי בינה וב' יתרים לרמוז אל כתר והחכמה. ועיקר המלה בבינה ולכן א' מכאן שהיא כתר וא' מכאן שהיא חכמה ונו"ן באמצע בינה כדפי':
אנחה יש לנו קצת גילוי מהזהר פ' שמות (די"ט ע"ב) כי האנחה היא בהת"ת ופסוק ויאנחו בני ישראל מן העבודה (שמות ב כה) לא שהם נאנחו, שלא אמר ויתאנחו אלא ויאנחו כביכול למעלה כלומר שהת"ת מתאנח עליהם שלא היה בהם כח לעלות אנחה למעלה. ואין לתמוה על ענין זה כי גדולה מזו אמרו ז"ל ע"פ (ישעיה סג ט) בכל צרתם לא צר לא באל"ף וקרי בוא"ו בזהר שלהי פ' וירא ד"קך:
אני מלה זו שתופה לשתי מדות לבינה ומלכות ופי' בתקונים כי על שתיהן נאמר (דברים לב) ראו עתה כי אני אני הוא, אחד למלכות ואחד לבינה. ובספר האורה פי' המלה זו למלכות ואמר כי מורה על הדין ולכך אמר ויסרתי אתכם אף אני (ויקרא כו), וכן אני אמית ואחיה (דברים לב), וכן ויראת מאלהיך אני ה' (ויקרא יט) ע"כ. ובספר השם פי' ר' משה כי המדה הזו מדברת ומיסרת לישראל פן יחטאו ולפעמים מבטחת ומנחמת לישראל ומלת אני כמדבר לנכח עם חברו והיא הבטחה לטובה גם לרעה ע"כ. ומן הנכון כי מלכות תקרא אני בסוד היחוד העליון ר"ל שמקבלת ממה של מעלה. וכן מבואר בזהר פ' נח (ד"סה) בפסוק ואני הנני מביא וגו'. ומה שנמצא לפעמים מורה על הדין כאמרו ויסרתי אתכם אף אני, הוא על דרך ארורים הם הרשעים שמהפכים מדה"ר למדת הדין. וז"ש אף אני פי' אפילו במדת אני שלא מטבעה. וזהו טעם שפעמים בא לדין פעמים בא לרחמים:
אניה פי' ספינה. והענין כי הים היא במלכות כאשר יתבאר בערכו בע"ה. והאניות שבתוכו הם כחותיה הנאצלים ממנה. וכן מבואר בזהר במקומות רבים. והנה בהיות המלכות מקבלת דין אז הים הולך וסוער בסוד סערת הדין והאניות אין להם שקט ומנוחה כי הם יונקות ג"כ מן הדין:
אנך היא במלכות מצד הדין וראיה מהכתוב (יחזקאל ז ז) והנה ה' נצב על חומת אנך. ואפשר לפרשו על החצונים קצת:
אנכי הוא ג"כ מלה משותפת למלכות ולבינה והוא אנכי אנכי הוא מנחמכם (ישעיה נא יב) א' למלכות וא' לבינה, כן פי' בתקונים (תקונא תלתין ד"עב ע"ב). ובזהר פי' אנכי א' דכר תפארת נ' נוקבא דא שכינתא תתאה ודאי. והזכר מקבל מזכר ונקבה עליונים. שהם כ"נ דהיינו כ' כתר נ' בינה נקבה כאשר יתבאר בערכו י' זכר חכמה, והם זכר ונק'

מקבלים מזכר ונקב'. וכללות המלה בסוד המלכות או בינה:

אנף כמו פן יאנף (תהלים ב יב), גם בי התאנף ה' (דברים א לז). הוא מצד הדין החזק ביותר:

אנפי רברבי אנפי זוטרי לפי הנר' מתוך דברי הרשב"י ע"ה בקצת מקומות בתקונים (בתקונא שבעין דקכ"ה) כי אנפי רברבי בסוד וא"ו עלאה שיש לה שתי פנים בסוד מלואה וא"ו. ו' מן הימין פן א', ו' שני מן השמאל פן שני. והם בסוד ויס"ע ויב"א והיינו התפארת לפעמים יונק מן הימין ונטייתו שם ולפעמים יונק מן השמאל ונטייתו שם. ושתי הפנים מתייחדים בוא"ו עולם ארוך ת"ת המייחדם והיינו א' באמצע ב' ווי"ן וזהו סוד ארך אפים. ואנפי זוטרי הם בוא"ו שביסוד שמלואה ג"כ וא"ו והם ג"כ שני פעמים שהם נצח והוד וכדרך התפארת בין גדולה וגבורה כן דרך היסוד בין נצח והוד. זהו הנראה במקום א'. ובמקום אחר משמע כי הכרובים אנפי רברבי הם נצח והוד. ועל הדרך הנדרש למעלה והם כרובים (שעליהם) שעל ידם מתייחדים חתן וכלה. ואנפי זוטרי הם מטטרו"ן וסנדלפו"ן שהם כרובים תחתונים ועל ידיהם גם כן היחוד. ועדיין הדבר שקול אצלינו וצ"ע:

אסטומכא המלכות נקר' אסטומכא. כי כמו שהאסטומכא היא המבשלת המזון ומעכלת אותו ומבדלת המותר להשליכו, ושולחת המבחר אל המקום שבו יתבשל וישתלח אל אברי הגוף. כן המלכות היא מקבלת שפע רוחני בעצמותה מלמעלה ומתקנת אותו השפע ומגלימו ומציירו בעביות כדי שיוכלו המרכבות ונערותי' להתפרנס ממנו. שאינם בדקות האצילות לקבלת השפע כפי שיעור אצילותו. והנשאר מחלקת לצד השמאל וזה הענין יתבאר בשער התמורות בסייעתא דשמייא. וכן המזבח שהוא כנגדה בעולם הזה הוא האסטומכא ומעכלת המזון ע"י הארי הרבוץ עליו. והמותר שהם אברים ופדרים הולכים ומתעכלים כל הלילה. ולצד צפון לצד הקליפות מתעקם עשנו כמו שנתבאר בזוהר (תרומה ד"קל) ובשער התמורות (פ"א) ומפני זה אמרה תורה (ויקרא ו ה) והאש על המזבח תוקד בו לא תכבה שלא יעכב המזון:

אסם כענין יצו ה' אתך את הברכה באסמיך (דברים כח ח) ודאי שהם אוצרות שבמלכות שבם מקבלת השפע והצנעתו:

אסן כענין וקרהו אסון (בראשית מד כט) הוא הקליפה הקשה שהיא המקטרגת בשעת הסכנה:

אספקלריא הם שנים. מאירה ושאינו מאיריה. המאירה הוא הת"ת ושאינו מאירה הוא מלכות. ופי' ר' משה בספר השם כי הת"ת אספקלריא המאירה וצחה. ומרע"ה היה מתנבא ורואה בתוכה והיה רואה הדברים על בוריין בלי מראה וחידה. אבל מלכות אספקלריא שאינה מאירה ומתנבא על ידה מתנבא ע"י חידה ומשל. וזהו במראה אליו אתודע (במדבר יב ו) עכ"ל. ובתקוני' (תקוני ז"ח דקכ"ה ע"ב) לכאור' מנגד ליה וז"ל שבעה היכלין היכלא דאהבה. ב' היכלא דיראה. ג' היכלא דרחמי. ד' היכלא קדמאה היכלא דנבואה דאספקלריא דנהרא. ה' היכלא דנבואה דאספקלריא דלא נהרא וכו'. והנה היכל אהבה הוא חסד היכל יראה הוא הגבורה היכל דרחמי הוא הת"ת ונהרא ולא נהרא הם נצח והוד וזה הפך מה שפי' לעיל. והדין נותן כי עקר הנביאים הם נצח והוד וא"כ איך נתן אספקלריא דנהרא ולא נהרא בתפארת ומלכות. ודבר זה יובן במאמר שני בתקונים (תקונא יח ד"לג) ז"ל ת"ח הוי"ה אדנ"י אינון קב"ה ושכינתיה בתרין שוקין הוי"ה לימינא אדנ"י לשמאלא ואינון אספקלריא המאירה ואספקלריא שאינה מאירה עכ"ל. והנה נתבאר שהמלכות היא שאינה מאירה והת"ת מאירה. אמנם הענין הזה הוא בהיותם במקום הנבואה שהם נצח והוד תרי נביאי קשוט ששם יניקת הנביאים והיינו בסוד יחודם וכמו שהארכנו בזה בשער השמות בפ' י"ב. ובתיקונים במקום אחר (תקונא כ"ב ד"סג ובתקוני ז"ח ד"קכט) פי' כי המלכות בהיות תפארת מתייחד עמה נקראת אספקלריא המאירה וכאשר תסתלק תפארת מעליה תקרא אספקלריא שאינה מאירה. ואין זה חולק עם מה שפי' כי עקר הצחות וההארה הוא מצד הת"ת. והכל בסוד יחודם בנצח והוד ע"י היסוד הוי"ה בנצח אדנ"י בהוד וביסוד שניהם א' יאהדונה"י:

אסר יש בו ג' עניינים ענין נדר כמו ואסרה אסר (במדבר ל ד) הוא בבינה מקום הנדר. ומשמעות אסור כענין מלך אסור ברהטים (שה"ש ז ו) היינו קשר הת"ת עם המל' והוא בית אסורים שלהם ופי' מתיר אסורים ששניהם אסורים. וענין אסור ומותר אסור הוא מצד הגבורה כי שם מעמד האסור והארכנו בס' אור יקר:

אף התיבה זו מיוחסת למלכות שנא' ואף גם זאת (ויקרא כו מד). אמנם נק' כן דוקא בקבלת דין חזק מן הגבורה שהיא חרי אף הגדול אמנם יש בתמורות אף וזהו והרבה להשיב אפו. ואפשר כשהיא מקבלת מהגבורה ופועלת ע"י התמורות הנק' אף אז תקרא היא אף:

אפוד יש בו ב' ב' בחינות האחד מצד האחוריים

המקושטים מצד הגבורה וזהו לשון קישוט כענין ואפדת לו בחשב האפד (שמות כט ה). ויש מצד הקליפות כענין אפוד ותרפים (שופטים יח כ). זה מצד יין המשמח, וזה מצד יין המשכר המתנסך לע"ז:

אפיסת הרעיון נק' כ"ע. ופי' ר' משה הטעם לפי שאין המחשבה תוספת בו כלל. ונ"ל הטעם כי שם כלתה המחשבה כי משם ולמעלה אינו נתפס ברעיון ומחשבה ועליו נאמר בספר יצירה אם רץ לבך שוב לאחור:

אפיקי מים הם נצח והוד. והענין שעל פי הרוב הכנוים שלהם הם שניהם ביחד מה שאין כן בשאר הספירות. ואמר בזהר ור"מ כי הם תואמים שני חצאים שניהם יחד אחד, ולפיכך רוב כנוייהם הם משתוים. ונקראים אפיקי מי"ם בהיותם שואבים שניהם יחד מימי הנהר העליון מן הבינה ע"י התפארת כי הוא המשקה אותם יחד בשוה. וכשהם חונים על היסוד אז נקראים אפיקי מים כי השפעתם עליו כמבו' בשער הצנורות וכל זה מבואר בזהר (אחרי דף ס"ח):

אפלה היא הגבורה וזהו אמרם ז"ל המים הרו וילדו אפלה והוא כנוי לדין הקרוב אל הרחמים כמו האפלה שהוא העב הדק הקרוב אל המים וזה אמרם הרו וילדו אפלה כלו' הדין היוצא מן הרחמים והוא צד הרחמים המתקרב אל הגבורה ומתחלת להתעבות והיא קרובה אל הדין יותר מן הרחמים מפי חשכו. לפיכך נקרא הגבורה אפלה:

אפסי ארץ פי' המלכות מצד בחינותיה האחרונות. והם בחינות נצח והוד שבה והעד על זה מי אפסים (יחזקאל מז), שהם היותר למטה שברגלים:

אפרוח בר"מ (נשא ד"קכא ע"ב) פי' הרשב"י ע"ה כי האפרוח הוא התפארת כלול (שם) [שש] קצוות שהם שש כנפים פורח למעלה ולמטה. אמנם בתיקונים בריש ספרא בהגדה דרבה בב"ח מפרש בו האפרוחים הם מצד הצדיק בסוד האור החוזר ממטה למעלה. ופי' האפרוחים הם כמו פרחים שאינם גמר פרי והם הספירות מצד האילן ההופך את פניו ממטה למעלה מצד היסוד שהוא בחינה משובחת מחזרת' מצד המלכות כמו שביארנו בשער ממטה למעלה. ואפשר שגם התפארת נקרא כן מצד הצדיק כמו שבארנו ענין זה בשער הנזכר:

אפעה ענין צעקה כמו כיולדה אפעה (ישעיה מב). וענין תבקע אפעה (שם נ"ט) הוא עניין כח הקליפה הקשה יותר מן הנחש כנודע ענינה:

אפריון פי' הרשב"י ע"ה בזהר פ' תרומה (ד"קכז) כי אפריון היא המלכות בהיותה נכללת מעשר ספירות וכל אחת מהם כלולה מעשר עד שיעלו למאה. וזהו י' ומקבלת אותם ע"י הצדיק י' אות ברית. ואפריון הוא היכל ולשון יופי. ונקר' המלכו' כן בהיותה דומה קצת לבינה וכמו שנתבאר בערך אפרסמון בע"ה. ועקר התיבה הוא אפרין. וגם יתייחס שם זה לבינה. וכן ביאר הרשב"י ע"ה בפ' בראשית (ד"כט) והוא בהיות בינה נכללת ג"כ מעשר ע"י החכמה שהיא י':

אפרסמון פי' הרשב"י ע"ה בפ' תרומה שם שהוא הבינה בהיותה נכללת משש קצות וכל אחד מהקצוות כלול מעשר שעולים ששים וזהו ס'. ובהיותה סובבת על ארבע קצוות וכל א' מהקצוות כלול מעשר עולה מ' ועיקר התיבה הוא אפרון ומ"ם וסמ"ך לרמוז אל הסוד הנדרש שהיא נק' אפרסמון ברצותה להיות סובבת על הבנים כי קודם בהיותה מסתלקת מעליהם נרמזת במ"ם סתומה ובהיותה סובבת עליהם נק' מ"ם פתוחה. ובהיות שהיתה מסולקת והיא שבה ועדיין לא שבה בעצם אלא רוצה לשוב נרמזת באפרסמון:

אצבעות היא בשתי פנים. הא' הוא י' אצבעות הם רומז' לי' ספירות כמו שפי' עניינם בשער י' ולא ט' בפ' א'. ועוד יש מציאות אחר כנדרש בס' הזהר (פ' בלק ד"קפו) כי חמשה בריחים הם ה' אצבעות והבריח התיכון הוא קו האמצעי ת"ת הוא אצבע אמצעי הגבוה מכלם כי ראשו מבריח מן הקצה אל הקצה והה' אצבעות הם גדולה גבורה מצד א' שני בריחים או גדולה נצח. ושנים הנשארים מצד השני. ועצם כללות יד ימין הוא בחסד ויד שמאל בגבורה. האצבעות הם בידות כי כל א' כלולה מעשר כנודע. ובמלת אצבע אלהים פי' ר' משה בספר השם ז"ל כי האצבע א' מחמשה ביד והוא האצבע הפועל בכח אלהי"ם לפי זה ביארו במלכות:

ארגמן פי' בזהר פ' תרומ' (ד"קלט) ארגמן דא כנופיא דכל גוונים כדפי' בשער הגוונים ובדרך נוטריק"ן ארגמן א'וריאל ר'פאל ג'בריאל מ'יכאל נ'וריאל ופי' ארג"מ הוא גדולה גבורה ת"ת ומלכות. ואוריא"ל ונוריא"ל הכל דבר אחד לפי קבלתו אם מהימין אם מהשמאל אם או"ר ואם נו"ר ובארנוהו בשער ההיכלות פרק ו':

ארוך הוא התפארת והוא נק' עולם ארוך שהוא ו' ארוך כן ביאר הרשב"י ע"ה במקומות רבים בתיקונים ובר"מ ופי' שם כי בארכא אחרא הוא מצדו וכן כל מקום בתורה שנמצא בו אורך הוא מצדו. וכן פי' (בר"מ פנחס דרל"ב) שנק' ארך אפים א' ארך. ו"ו אפים י"ג מדות של רחמים. והם י"ב גבולין ו' בת"ת ו' בצדיק זה לימין זה לשמאל הם

י"ב. וא' באמצע הוא מיחד אותם דגוף וברית חשבינן חד. ופי' זה בענין אחר בערך ארך אנפין. עוד פי' שם כי מה שכתוב והארכת ימים,. לעולם שכלו ארוך, הוא בת"ת (והוא בר"מ פנחס ד"רנב):
ארון היא השכינה ונקראת ארון לפי שהיא ארונו של תפארת והוא נגנז בתוך ארונו וזהו הברית והיא הנקראת ארון הברית. אמנם כאשר היא נקראת ארון הברית הוא ביחוד עמה הצדיק מבית ומבחוץ וכן דרש ברמז בפסוק (שמות כה יא) מבית ומחוץ תצפנו. וכן פי' בפ' נח (ד"נט) וז"ל ובאת אל התיבה וכדין הוא תיבה ארון הברית. ופי' כי קודם שנכנס נח שהוא נק' ברית הי' המלכות נקראת תיבה לבד אמנם כאשר נכנס בה נח שנתייחד בה אז נקראת ארון הברית. ובזוהר פ' ויקהל (ד"ריד.) ארון דא איהו רזא למיעל בה תורה שבכתב ואתגניז ביה ואינון שית לוחין מסחרן ודא אקרי ארון. כד סחרין אינון שית למהוי כחדא כדין איהו גופא חד לעאלא ביה רזא דאורי' בשית סטרין. ואינון לוחין אינון חמש ועאלין ביה חמש ספרים ואינון חמש אינון שית בחד דרגא דעאל בה בגניזו דאקרי רזא דכלא והאי איהו רזא דברית. כד עאל דא גו אינון חמש לוחין כדין קיימא ארונא ואורי' ברזא דתשע דרגין דאינון תרין שמהן יהו"ה אלהי"ם. ולבתר קיימא לוחא חדא רזא חדא רזא עלאה דחפי על כלא. וההוא הוי רזא דההוא רקיעיא דסחרא וחפי על כלא וכלא קיימי בגניזו עכ"ל. והכונה בקצור כי המלכות הוא ארון בו נגנז התפארת שהוא התורה והנה כמו שהתפארת כלול משש קצוות כן מלכות כלולה משש קצוות. ושש הם היכל לשש וכן הארון היו בו שש קצוות ודאי. אחר כך אמר כי הארון היא מחמש שכן מלכות נקראת ה' שעולה חמש והם גדולה גבורה תפארת נצח הוד. וכן התפארת שהיא התורה בו חמשה ספרים שהם ה' ספירות הנ"ל ונשלמת השכינה לששה בסוד השושבין האמצעי שהוא היסוד שהוא נכנס בה בהעלם בסוד יחוד זכר ונקבה ובו נשלמים שניהם בסוד ששה ששה ולכן נק' ארון הברית דהיינו אדון התורה. והכפורת חופף על הכלל היא הבינה ובזה מבואר המאמר וענין הכנוי:
ארזי לבנון הם הספירות במציאותם הדק. אשר עליהם אז"ל (בהר בראשית ד"לה תנן) כקרני חגבים הוו וכו' והיינו לבנון מקום הלובן וזהו ארזי לבנון אשר נטע (תהלים קד). ובפ' בלק (דר"ג) פי' ארזי לבנון ג' אבות גדולה גבורה תפארת. ואפשר מפני שהם קרובים יונקים מן הלבנון:
ארז סתם, פי' בזהר פ' ויקרא שהוא התפארת בסוד הדעת המתעל' לינק מן הלבנון כ"ע. וכן פי' בפ' מצורע (ד"נג):
אריה חסד. בסוד ופני ארי"ה אל הימין לארבעתם (יחזקאל א) בסוד המרכבה העליונה. וכן הרמז אל אותיות שם ע"ב שעולים רי"ו:
ארך אפים הוא התפארת ובתקונים פי' כי הוא ארך אפים מצד החסד. וענין ארך אפים בארנו בע' ארוך ובע' אנפי רברבי:
ארמן ודאי שהיא המלכות כדכתיב (ירמיה ל יח) וארמון על משפטו ישב ואין ספק שהיא נק' כך בהיותה למעלה. כענין על משפטו דהיינו על התפארת הנק' משפט דהיינו בהיותה בבינה:
ארמנות פי' בזוהר פ' ויקרא (ד"ה) בפסוק אלהים בארמנותיה (תהלים מח ד) כי נצח והוד הם ארמנות המלכות. מטעם כי בשעת הזווג מתקבץ בהם השפע כדמיון הביצים שבזכר שבהם קבוץ הזרע וע"י הברית נשפע למעי הנקבה. כן השפע מתקבץ בנצח והוד דאינון תרין ביעין דדכורא ונפיק על ידא דצדיק. וכאשר הם מלאים ומזומנים לזאת נקראים ארמנות מלאות שפע:
ארץ סתם, היא השכינה שהיא ארץ מצד כל הספירות. וכן נתבאר בתקונים (תקונא נ"א ד"פד) את השמים תפארת ומלכות, ואת יסוד ומלכות, הארץ דא מנא דכלהו פי' כלי המקבל כל מה שלמעלה כמו הארץ שהיא מקבלת כל הנשפע מן העליונים ובארנו המאמר הזה בארוכה בשער מהות והנהגה. עוד בר"מ (פנחס ד"רמג ע"ב) סבא סבא שכינתא אתקריאת ארץ דקב"ה שנאמר והארץ הדום רגלי מסטרא דחסד אתקריאת וכו' מסטרא דגבורה כו' ואיהי ארץ קרקע לכלהו ע"כ. והוא אותו הצד התחתון שבה שהיא הבחינה האחרונה שבעצמותה שהיא המקבלת מכלם יחד ולכן היא מנא דכלהו. אמנם נקראת ארץ מלשון רצון שכבר נתרצה מהשפע הטוב שקבלה. וכן פי' הרשב"י ע"ה בזהר פ' בראשית (ד"יב) בפסוק ויקרא אלהים ליבשה ארץ וז"ל ומה דהות יבשה אתעבידת ארץ וכו' ארעא רעוא שלים כדקא יאות עכ"ל. וכאשר יתלווה ארץ אל תיבה אחרת יש בהם פירושים האלו. ארץ עליונה היא הבינה ונקראת ארץ כי היא בערך ג' ראשונות כערך המלכות אל שלמעלה ממנה. או מפני שכמו שהארץ מוציאה כל מיני צמיחה ותולדות כן הבינה הוציאה כל ההויות והמציאם לפועל. ויתייחס טעם זה אל המלכות ג"כ. ונקראת עליונה, לחלק בין העליונה שהיא הבינה, לתחתונה שהיא המלכות. ויש ארץ החיים וזה יתייחס על שתיהן. ובמלכות כתב בספר האורה כי

בהיות המדה הזאת שואבת בריכות עליונות ומיני שפע ואצילות מעץ החיים על ידי המדה הנקראת א"ל ח"י, נקראת ארץ החיים עכ"ל. וזה אינו מתייחס אל הבינה. ור' משה פי' הטעם בבינה מפני שהחכמה שוכנת בתוכה והחכמה נקראת חיים כי משם חיים נמשכים כדכתיב (קהלת ז יב) החכמה תחיה בעליה. ונ"ל מפני שחיי הספירות ומזונם ושפעם תלוי בבינה, וכן חיי התחתונים במלכות, לכן נקראים ארץ החיים פי' בחינת' המשפעת חיים בכל השואבים חייהם ממנה ומצאנו לפי' זה סמך בזהר פ' בראשית (ד"א ע"ב) ז"ל ארץ החיים שהוא העה"ב עכ"ל הנה בפי' כי בחי' העה"ב דהיינו הצד המשפיע היא נקראת ארץ החיים. ובתקונים פי' הרשב"י ע"ה כי מפני שהמלכות כלולה מז', נקראים כלם בה ארצות החיים:

עוד נקרא כל אחת מהן ארץ חפץ והטעם הנכון מפני שהספירות חפצות בהם את הבינה לקבל ממנה והעליונים ממנה להשפיע בה וכלם להשפיע במלכות מטעם כי שכינה בתחתונים צורך גבוה כמבואר בשערים הקודמים וחפץ היינו לשון השפעה:

עוד נקראת המלכות ארץ חמדה והיינו כשהיא כלולה ממה שלמעלה. שכן פי' חמדה כלולה. ויכ"ל אלהי"ם תרגום ירושלמי וחמיד. הטעם כי בהיותה כלולה בכל קשוטיה היא חמודה מעליונים ותחתונים:

עוד נקראת ארץ טובה וזה כשהיא יונקת האור מצד הטוב דהיינו החסד ופי' מאירה כמו בהיטיבו את הנרות (שמות ל ז) והטוב יתבאר בערכו:

עוד נקראת ארץ רחבה בהיותה יונקת מהבינה מן הבחינה התחתונה שבה שהיא נקראת רחובות הנהר, ברחובות תתן קולה (משלי א כ). כאשר יתבאר בערכו בעה"ו:

עוד יש בקליפה ארץ גזרה והיא ונשא השעיר עליו את כל עונותם אל ארץ גזר"ה (ויקרא טז כב) כן פי' בתקונים (תקונא כ"א ד"ן ע"ב) ואפשר שגם היא ארץ מלחה ולא תשב (ירמיה יז ו). וקשיא לן לשון ארץ כי הפי' לשון רצון. אלא שנאמר שפי' כאן לשון רץ לשון ארץ כי הפי' לשון רצון. אלא שנאמר שפי' כאן לשון רץ כמו כי רגליהם לרע ירוצו (ישעיה נט ז):

אש בכל מקום שנמצא אש סתם הוא בגבורה והוא שם מורה על הדין כאש בחזקו. אמנם יש אישים הרבה והם ה'. וזהו שאמר וכליל לאישים שהם ה' אישים מצד הגבורה והיא נקראת אש אוכלת ומלהטת ומכלה כל:

ויש אש חלושה והיא הבינה ונקראת כן מפי שממנה התחיל הדין כדפי' בשער מהות והנהגה. וברע"מ (צו דל"ד) קרא לבינה אש יורד רחמים. ולמלכות אש עולה דין. כי מצד יניקתה מן הגבורה היא אש. וכן הגבורה נקראת אש הגדולה לאפוקי המלכות שהיא קטנה. וכן הגדולה חסד נקראת אש לבנה לרמוז אל הדין הקרוב אל הרחמים בסוד הלבנינות. ויש מיחסים שם זה לתפארת שהוא אש מצד הגבורה, לבנה מצד החסד. ונקראת הגבורה אש ממים כי היא נאצלת מחסד שהוא מים ע"ד שפי' בשער סדר האצילות. ותפארת נק' אש מים כאשר נבאר בערך שמים. ועוד יש אש נוגה ופי' הרשב"י ע"ה בר"מ (תצא ד"רפב. וגם בהקדמת ת"ז ד"ו: קראה אש נוגה) כי השכינה נקראת אש נוגה מצד נצח והוד. אש מצד הוד. נוגה מצד נצח:

אשה המלכות נקראת אשה. ויש מי שפי' הטעם כי האישים שהם למטה מקבלים ממנה. וזה דוחק כי כל אשר תחתיה מעולם הנפרדים נזונים ממנה. אמנם נקראת אשה מפני שהיא כח הנקבה המקבלת השפעה מכל האצילות ומשפעת במרכבות ועוד שהיא אשה לבעלה החתן כנודע בשערים ת"ת בעלה. ואין ספק כי גזרת המלה הזאת היא אש יונקת מצד הגבורה והיא ה' בסוד הנקבה. מה שאין כן איש שהוא אש י' בסוד הזכר ושתיהם יחד אש י"ה. ואין ספק שאש אחד מצד הימין אש לבנה, ואש אחד מצד שמאל אש אדומה. והיינו י"ה י' בימין ה' בשמאל:

אשה היא המלכות מצד בחינתה התחתונה אשר בה ששם מתייחדים כל כחות הדין עם הרחמים ובהיות כלם מיוחדים ומקובצים אליה אותה הבחינה תקרא אשה. כן בארו הרשב"י בשה"ש (בז"ח ד"עג) בפסוק משכני אחריך נרוצה וגו':

אשישות פי' בתיקונא (י"ט ד"לח) כי אשישות הם תרי אישות אש י' ואש ה'. ופי' כי הזווג הוא ע"י ב' הגוונים שהם אש אדום ואש לבן בסוד החיבוק ע"י צפון ודרום, כדפי' בשער מהות והנהגה. וכאשר חונה על ב' אשות אלה אבא ואימא דהיינו י"ה, י' אבא אל הדרום לימינא, ה' אמא לצפון לשמאלא, וזהו איש ואשה, וע"ז אמר סמכוני באשישות (שה"ש ב ה) בתרי אישות ורמז אל החיבוק. בסוד שמאלו תחת לראשי וימינו תחבקני (שם שם ו) והוא מאמר השכינה. אבל בזהר פ' שמיני (ד"מ) פי' וז"ל אשישות אילין אינון אבהן דאילין אתמליין בקדמיתא מן ההוא חוזר טב דמנטרא עכ"ל. ירצה כי ג' אבות נקראים אשישות בהיותם מלאים מיין המשומר דהיינו שפע הבינה. וכאשר [פי' לעיל]

אפשר לומר דהיינו איש ואשה שהם נקראים כן בסוד עמידתן בגדולה וגבורה שהם מתלבשין באש דהיינו יין המשומר המשמח ומעורר תאות האהבה:
אשכלות הם נצח והוד שהם אשכלות לצדיק שבו הוא נמשך סוד היין המשומר בענביו והוא הדורך אותו בגת ע"י היחוד הם נצח והוד והם נקראים כן בהיותם מלאים תירוש ויין להמשיך לצדיק בסוד היחוד. וכנגד אלו הקדושים, יש שנים מבחוץ והם נקראים אשכלות מרורות למו (דברים ל"ב) והם לשון שכולה וגלמודה (ישעיה מט כא) שהם נמשכים מארץ משכלת. והארץ כבגד תבלה (שם נ"א ו'). לילית הרשעה:
אשמורת פי' בזהר פ' בשלח (ד"נד) בפסוק (איכה ב') קומי רוני בלילה לראש אשמורות. כי ראש הוא יסוד ואשמורות הם נצח והוד שיסוד ראש לשניהם כמבואר בשער סדר האצילות. ור' אבא פי' שם אשמורת הוא חסר, שהיא אשמורה אחת וכן הוא יסוד ח"י עלמין [הראש לאשמורה]. ואפשר שנקראים נצח הוד יסוד לשון אשמורת להיות שהם לשון שמירה שהלילה מתחלק' אליהם כי היא יונקת משלשתם פעם מזה פעם מזה:
אשל פסוק (בראשית כא לג) ויטע אשל וכו' פי' במלכות. ולי נראה הת"ת והיינו במלכות ששם נטיעתו כדכתיב ויטע אשל בבאר שבע. וכן פי' המלה אילן גדול. ונקרא אשל מצד הבינה כי ג' אותיות אלה הם רומזים בה כמבואר במקומות רבים:
אשר במלת אשר פי' הרשב"י ע"ה בתיקונים (תקונא ל"ט ד"עז ע"ב) שני פירושים. א' אל הבינה כד"א (בראשית ל יג) באשרי כי אשרוני בנות וזה אמרה לאה. וכן פי' בזהר פ' ויחי (ד"רמו) וז"ל ת"ח מאשר דא הוא אתר דכולא מאשרין ליה ומאי איהו עלמא דאתי דעילאי ותתאי מאשרין ליה ונכספין ליה עכ"ל. והנה פי' הלכתא וטעמא. ואח"כ פי' בתיקונים שם פירוש אחר קרוב לזה שאשר הוא בכתר אמנם מסטרא דאימא. וז"ל אשר איהו אשר אהי"ה ודאי ודא כתר עלאה מסטרא דנוקבא אתקרי אשר וכו':
ובשה"ש (בז"ח דף ע"ג ע"ב) בפסוק אשר לשלמה פי' אשר בת"ת ופי' כי הוא רצוא ושוב עולה אל הבינה ויורד אל המלכות וזהו אשר פי' קאים הכא והכא. ובמ"א בתיקונים פי' כי אשר הוא בחכמה וז"ל מסטרא דכתר עלאה אתקריאו תלת ספירן אהי"ה אשר אהי"ה. הרי לפי זה אשר בשלשה מקומות בבינה בחכמה בתפארת. וכן עוד בתיקונים אשר איהו רמיז במלת בראשית אשר דא אימא דאיהו אהי"ה אשר אהי"ה. ולתקן הענין הזה נאמר כי אשר הוא בסוד השפעת החכמה בבינה בסוד היחוד בסוד הדעת. ובזה נתבאר בזהר פ' אחרי מות (דף ס"ה) וז"ל אשכחנא בספרא דשלמה מלכא. אשר בקטורא דעדונא קסטירא עילאה חברותא אשתכח כד"א באשרי כי אשרוני בנות עכ"ל ופי' מלת קסטירא היכל וכן תרגום בירושלמי (בראשית כה טז) ואלה שמותם בחצריהם [ובטירותם] ובקסטרותהון. והנה לפי זה קסטירא פי' היכל, קטורא פי' קשור ויחוד. ופי' דבריו בקיטורא דעדונא פי' ביחוד וקשר העדן שהוא החכמה עם הבינה שהוא ההיכל העליון דהיינו קסטירא עלאה, חברותא אשתכח פי' ביחוד גמור אשתכח פי' נמצא תיבת אשר. ועניינו כי הבחינה אשר לחכמה המתייחדת עם הבינה היא נקראת אשר. ונמצא אשר בחינה אחרונה של החכמה וראשונה של הבינה. וזהו שאמרה לאה באשרי כי אשרוני בנות פי' השפע נשפע אליה מהחכמה שבו היא מתאשרת בין הבנות דהיינו שאר הספירות ע"כ פירוש המאמר. ונמצינו למדים שהחכמה בבחי' יחודה עם הבינה, וכן הבינה בבחי' יחודה עם החכמה נקרא אשר. ובזה לא יתרחק אלינו היות גם אשר בת"ת כי הוא המייחדם ומזווגם בסוד הדעת כמבואר בשער אם הא"ס הוא הכתר בפ' ח', וכן בשער מהות והנהגה בפ' י"ז. ומפני היות האושר נשפע ע"י מן החכמה לבינה לכן הוא נקרא אשר. ובז"ח שה"ש הנ"ל נראה שאשר נקרא מלשון הליכה כמו לא תמעד אשוריו (תהלים לז לא) וז"ש קאים הכא והכא פי' עומד בבינה ועומד במלכות כדמוכח התם. ואפשר לומר שהוא עולה אל הבינה בסוד הדעת להתייחד. ונמצא אגב חדא תרתי לשון הליכה ולשון אושר ממש דהיינו עולה ומייחד אבא ואימא ויורד ומתייחד עם המלכות והכל בבת אחת. עוד נמצא אשר ביסוד וכן פי' הרשב"י בפרשת בראשית (דף מ"ז ע"ב) על פסוק מאשר שמנה לחמו ואפשר שנקרא כן בהיותו יונק מן הת"ת בעת היחוד הנעלם ומה גם במה שפיר' כי עולה ומייחד או"א ויורד ומתייחד במלכות ע"י היסוד וע"י השפע נשפע מחכמה אל הבינה ומשם משפיע אל היסוד ומשם אל המלכות ולכן נקראת אשרה כאשר נבאר בעזרת הצור וישועתו:
אשרה פי' בזהר בראשית (דף מ"ט.) כי מלכות נקראת אשרה בהיותה יונקת מן התפארת שהוא בעלה בהיותו נק' בבחי' אשר. הוא אשר והיא אשרה. כי כן דרך רוב כינוייהם במשקל צדיק צדק עופר עפר:

את כל המפרשים הסכימו היות התיבה הזאת במלכות כי היא נקבה. אמנם הרשב"י (בז"ח דף ע"ז) פי' א' דכר ת' נוקבא. ואמר שנקראת המלכות כן כאשר מצוייר בתוכה כח הזכר שקבלה עליה כבר. וכבר בארנו המאמר בעצמו בשער השמות בפ"ו. וכן פי' במקום אחר אורייתא כלילא מא' עד ת' כי ע"י קבלת הזכר נתחקקו בה האותיות כאשר יתבאר בשער האותיות. עוד בארו בזוהר פ' ויחי (דף רמ"ז.) כי בהיות הל"ב נתיבות נשפעות לתפארת מהתורה העליונה נובלת חכמה של מעלה תורה, והתפארת משפיע למלכות הל"ב הנזכר. אז נקראת המלכות את. מפני כי את מורה היותה נכללת בכ"ב אותיות. והל"ב נתיבות הם כ"ב אותיות וי' מאמרות. נמצא לפי זה כי את הוא במלכות ומורה על כללות הל"ב ע"י התפארת דהיינו יחוד א' דכר עם ת' נוקבא ע"י החכמה המשפעת הל"ב נתיבות בתפארת כדפי'. ובתיקונים פי' היסוד נקרא א"ת ופי' מלשון אות דהיינו אות כדפי' לעיל בערכו:

את נתבאר בזהר פ' לך (דף פ"א ע"ב) בפסוק הנה נא ידעתי כי אשה יפת מראה את כי המלה הזאת הרמז למלכות. עם היות שנקראת אתה כמו שנבאר, יהיה על דרך ליל לילה נער נערה כדפי' בשער סדר האצילות בפ' שני:

אתה בספר האורה פי' כי התפארת נקרא אתה והביא ראיה אתה נורא אתה (תהלים עו ח). נורא ודאי בת"ת, כאשר יתבאר בערכו. והטעם שנקרא אתה מפני שהוא סוד הקו האמצעי תפארת שממנו מתפשטות כל הענפים והפארות והמרכבות בסוד בריאתם וע"י האלפ"א ביתות נבראו כלם בסוד ס"י ולכן בא הא' והת' בשם זה. וה' רמז אל חמשה מוצאות הפה היוצאת מהבינה ולכן נקרא אתה. זה תורף כוונתו בקצור נמרץ. והוסיף עליו ר' משה ואמר כי מפני שנאצלה מהבינה אמר (תהלים צג ב) מעולם אתה. וכן הסכים הרשב"י ע"ה בתקונים (תקונא י"ט דף ל"ח.) כי אתה הוא בתפארת. אבל מצאנו להרשב"י ע"ה בפקודין פקודא לברכא (בפ' עקב דף רע"א) הפך זה. וז"ל אתה שרותא לאתגלייא לבר. ובג"כ אקרי אתה ומאן איהו דא רזא דימינא. הנה פי' כי החסד נק' אתה לנוכח להורות על תחלת הגלוי וההתראות מה שאין כן בשלש ראשונות שהם נעלמות כדפי' בשער מהות והנהגה וכן שם העתקנו מהזהר שפי' בזה הפסוק ה' אלה"י אתה. ונוכל לתקן זה במה שבאר עוד בפקודין (שם ע"ב) אפי' לנהורא דלא נהיר בשעתא דאתדבק בימינא איקרי אתה. הנה לפי זה התפארת מפני היותו מטה אל הימין כי משם נקרא תורה שבכתב כמו שיתבאר בערכו ב"ה לכן אז נקרא אתה וכן המלכות מפני היותה מטה אל הימין כענין כוס של ברכה שהוא בימין לכן נק' אתה. ובסבא (דמשפטים דף ק"ד) פי' איפכא כי עקר אתה הוא המלכות ומפני שמתייחד החסד עמה נקרא החסד אתה ופליג בהדיא למאי דקאמר הרשב"י ע"ה. וז"ל דהא אתה כהן לעולם וגו' הכא אתקשר כוס של ברכה בימינא כדקא יאות עכ"ל. והתם קאמר בפי' דפליג בקצת אר"ש. ובזוהר (בלק דף קצ"ג ע"ב) בפסוק ה' אלה"י אתה פי' אתה בחסד והכריחו הענין מפסוק אתה כהן לעולם. אמנם אמר והא אוקימנא דתלת דוכתי אינון דכל חד אקרי אתה. והכונה כי התפארת נקרא אתה. וכן המלכות נקרא אתה וכן פי' בזוהר בפ' ויצא (דף קנ"ד) שהוא עולם הנגלה, ולפיכך נקרא אתה. ויש שפי' הטעם את ה'. ולי נראה שכיון שהיא נקראת את דהיינו אורייתא וכו' כדפי' בערכו וכן בהוסיפה טובה על טובתה נקרא אתה בסוד נער נערה ליל לילה והכל בסוד הימין כי משם תחלת התגלות האותיות ומשם נק' התפארת תורה שבכתב. ובפרשת פקודי (דף רכ"א) וז"ל אתה רזא דאספקלריאה דלא נהרא דאחזי ליה בגווה כל אינון דיוקנין ע"כ. וי"א שגם החכמה נקרא אתה. ויש שפי' שהבינה נקרא אתה והסוד לשון ואתה מרבבות קדש (דברים לג) כי כן נקרא עולם הבא. ולא מצינו לזה גילוי בזוהר:

אתנים פי' הרשב"י ע"ה בתיקונים (תקונא כ"א דף מ"ב.) כי נצח הוד יסוד נקראים אתנים שפי' בצירוף תנאים ובענין תנאים ואמוראים פי' בערך אמוראים עוד יש אית"ן פי' הרשב"י ע"ה בצרוף תניא ונבאר בערכו בעה"ו:

אתקפתא פי' בערך התקפתא יעו"ש:

אתרוג היא המלכות והיא רמוזה אל הלב שהיא שכינה. ואמנם מלת אתרוג ירצה מלשון ונחמד העץ להשכיל ותרגומו ומרגג. והכוונה כי היא חמודה כנדרש למעלה, ולכן ראוי להיות בלי מום כענין אחת היא יונתי תמתי ברה היא ליולדתה (שה"ש). אמנם נקרא' אתרוג כשהיא גדלה על כל מים שהיא קרובה אל החכמה וכ"פ הרשב"י ע"ה בספר ר"מ (משפטים דף קכ"א). עוד פי' שם מה ששנינו (בכורים פ"ב) אתרוג שוה לאילן בג' דרכים כי היא מקבלת מתלת סטרין שהם חסד דין ורחמים כמו האילן ת"ת. עד הנה הגיע כחינו הכשל והחלש בביאור ערך א' בעזרת אלהי"ם והננו נכנסים לבאר ערך ב' בעה"ה ית':

פרק שני:

אות הב' בעצמה נבאר בשער האותיות וכן נהגנו לכל האותיות:

באר הוא המלכות והטעם כי הוא באר נובע מים חיים מצד המעיין והמקור אשר בתוכה. אמנם לפעמים המדה הזאת נקראת בור ולפעמים בא"ר. והבור היא בשעה שאין לה מעיין ומקור בתוכה אלא מה שקבלה מים מכונסים והיא בעניות. וכשהיא נקראת באר היא נובעת מים ע"י המעין והמקור אשר בתוכה. וכ"פ בזוהר פ' נח (ד"ס) והעתקנוהו ופרשנוהו בשער מהות והנהגה בפ' י"ט. ושם נתבאר כי מה שהוא נובע מתוכה היינו נשמתן של צדיקים. ובזוהר פ' בהעלתך (דף ק"ן) בפסוק באר חפרוה שרים משמע שלא נקראת באר אלא בעת שמקבלת מבינה ע"י הגבורה. ואפשר המקור שבתוכה היינו השפעת הבינה הנשפע ע"י נשמתן של צדיקים וצ"ע שם במקומו כי הדבר שקול. ולפעמים הבאר נקרא בארה ופי' בזוהר פרשת חקת (דף קפ"ג) וז"ל ומשם בארה היא הבאר מ"ש הכא בארה ולבתר באר. אלא בארה לבתר דמתכנשי מייא לגו ימא ונחתי לתתא. באר בשעתא דיצחק מליא ליה עכ"ל. ובפי' אמר שנקרא באר בקבלתה מצד הגבורה ועדיין אינה משפעת אלא מקבל השפע בתוכה, ונקרא בארה בהיותה משפעת לתחתונים אחר שנתמלאה מן העליונים. והנה לפי"ז נמצא בארה היא המלכות לבדה אחר שנסתלק ממנה הזכר המשפיע ולכן היא משפעת. כי כלל זה בידינו כי אין מדה משפעת בעוד שהיא מקבלת, אלא אחר תשלום קבלתה תשפיע כדפי' בשערים הקודמים. ואין לתמוה מענין נהר דלא פסיק. כי היא בבינה למעלה ושם הוא מקור הברכות בסוד יחודה עם העדן ולעולם אינה פוסקת. אמנם בספי' סתם אינם משפיעים בעוד שמקבלים ולכן נקרא בלשון זכר באר שבפני הזכר אין הנקבה עולה בשם. אמנם אחר קבלתה והסתלק השפע היא משפעת ונקרא בארה לבדה. ובזה יתבאר מש"כ שם אח"כ מ"ש בקדמיתא בארה והשתא באר אלא בקדמיתא נוקבא בלחודהא והשתא דקאמר הוא כללא דדכר ונוקבא אקרי באר ובאתר דאשתכח דכר אפי' (מאה) מלה נוקבא דכר קרינן לכלא עכ"ל. והכריח שבאר הוא בהיותה עם הזכר שממלא הוא הבאר. ולכאור' הנה נראה חולק עם מה שהעתקנו לעיל. ובמה שפי' נמצאו דברי הרשב"י הכל ענין אחד וכלם עולים בקנה א'. ולפעמים נקרא' באר מים חיים בהיותו יונק בשופע מן המים העליונים, או ע"ד שפי' באלהים חיים. ונקראת באר לחי ראי בהיותה משמרת ורואה ליסוד הנקרא ח"י לקבל ממנו כדרכה. ונקראת באר שבע בהיותה כלולה משבע ספירות העליונות. והבינה לפעמים נקרא באר שבע מפני שהיא משפעת בשבע והיא שממנה דולים כלם שפעם. וכן פי' בזוהר פרשת ויצא. ובזוהר פ' תולדות (דף קל"ה ע"ב) נראה שנקרא באר מים חיים המלכות מצד הגבורה. והטעם כי משם גבורות הגשמים. ויש בור ובאר בתמורות ועל הבור הזה נאמר (בראשית לז כד) והבור רק אין בו מים, ופי' רז"ל (שבת דכ"ב) מים אין בו אבל נחשים ועקרבים יש בו. ועליו נאמר (שמות כא לג) וכי יכרה איש בור ונפל שמה וגו', ויעלני מבור שאון וגו' (תהלים מ ג). וכן נקרא באר צרה נכריה (משלי כג כז). ועליו נא' (תהלים סט טז) ואל תאטר עלי באר פיה. והזכר שבקליפות נקרא בור. ומשם אין בור ירא חטא (אבות פ"ב). ונקבתו נקראת בורה ועליה נאמר (בראשית לז כד) וישליכו אותו הבורה הרחמן יצילנו:

בגד היא השכינה והיא לבוש מלכו של עולם כדפי' בערך אמרתו. וכן עולה תשע שכן הוא כלול' מט' נקודות:

בהו היא הגדולה ופירשו רז"ל (חגיגה י"ב) אבנים מפולמות כו' שמהן יוצאין מים. והיא רמז אל מוצא האותיות מבינה ונכללות בחסד ושופעת מים בסוד אור מים רקיע שפי' האותיות. והבהו דבר שיש [בו] ממש והוא המלבש את התהו שהוא הבינה דבר שאין בו ממש שאינה נתפסת. כענין שלח תשלח את האם (דברים כב ז). והדברים יוצאים מהבינה הנקרא כ"ח. מהכ"ח אל הפועל חס"ד (ע' תי' יט ד"לט.):

בועז הוא הוד וכנגד המדה הזו היה העמוד השמאלי שהיה במקדש. ופי' ב"ו ע"ז ותעצומות מפני עקר יניקתו מן הגבורה. ויקרא בשם זה כשיחזיק כח התאוה אל הזווג:

בוקר שני בקרים הם זולת שחר שיתבאר במקומו ב"ה. הא' הוא בוקר דאברהם. ואפשר הטעם כמו שהבקר תחלת האור בעולם כן חסד תחלת אור המתגלה. ועוד כי הבקר תחת ממשלת אברהם מדת החסד ולכן כתיב (בראשית יט כז. כב ג) וישכם אברהם בבקר. והבקר שני צדיק מדתו של יוסף ועליו נאמר (שם מד ג) הבוקר אור וכו'. ואפשר שנק' כן מצד החסד וב' בקרים אלו נתבארו בזוהר פ' בלק (דף ר"ד.):

בטן הוא הבינה כד"א (איוב לח כט) מבטן מי יצא הקרח. ומי הוא הבינה כאשר יתבאר בערכה בע"ה.

אמנם אינה עצם הבינה אלא בטן הבינה ובטנה היא המלכות בהיותה למעלה והיא נקראת בטן. ועליה נאמר (שה"ש ז ג) בטנך ערמת חטים. ואין בטן בלא גוף כי הבטן מתייחד בגוף שהוא הת"ת והכל על ידי הבינה בסוד העלמם שם. ור' משה פי' בת"ת ואינו עקר:

בינה פי' הרשב"י ע"ה בתיקוני' (תקונא ס"ט דף ק"ג) וז"ל דבינה אתקריאת לעילא כד איהי עם בעלה. ובמ"א כתב (שם ד"קח) וז"ל בינה תמן י"ה אבא ואימא ובן בגווייהו עמודא דסמך לון וכו' עכ"ל. מכל זה יראה כי כאשר תתייחד חכמה בבינה ע"י הת"ת בסוד הדעת כדפי' בשער מהות והנהגה אז נקראת היא בינה לרמוז אל שלשתן וצרופו בן י"ה:

ביצה בענין המוציא בשעור כזית וכביצה פי' הרשב"י ע"ה בספר ר"מ (פנחס ד"רמד ב') ביצה הוא י' שבשם בן ד' שהוא בחכמה אמנם בתיקונים פירש כי כל הספי' נקראים ביצים מצד המלכות וז"ל (בהקדמ' דף ב' ע"ב) דהא ביצים מסטרא דאימא תתאה אינון דאיהי ביצה עכ"ל. ונקראי' הספי' ביצים מסטרא דידה בסוד האור החוזר ממטה למעלה. ואפשר היו"ד שהוא להמוציא י' של שם היינו י' התחתונה [יוד של אדני] מצד האור החוזר שהי' במלכות והיא ביצה ודאי (ע"ש בר"מ הנ"ל):

בית מתיחס אל המלכות והבינה. והטעם כי שניהם בתים הבינה בית לחכמה שהוא בעלה כנודע. והם אב ואם [לכל] התחתונים ועוד בבחינה אחרת נקרא' בית מפני שהבינה בית לכל האצילות התחתונים ממנה שבה היו וממנה יצאו ובה חוזרים. והמלכות בית לת"ת [בעלה וגם הוא בית לכל האצילות. עס"ר] בערך שאליה שבים ללכת כנודע שכלם משפיעים בה וכלם נכנסים בתוכה. ועוד טעם ג' במלכות כי כמו שהבית כוללת ענינים רבים וכלים מכלים שונים כן המלכות כוללת ג"כ עניינים רבים ובחינות רבות וכחות לאין תכלית. וכבר יתייחס זה קצת אל הבינה. וענין שני הטעמים בבתים האלה הם שני בחינות שונות שבכל אחת ואחת. הבינה יש לה בחינה בערך החכמה שהיא היכל אליה או בערך כל האצילות הגנוז בתוכה. וכן המלכות יש לה שתי בחינות אלה. אך בחינה בערך האצילות העליון כלו המסתתר בה או בערך התפארת לבד. ויש לה בתים אחרים זולת אלה הוא בערך הכחות שלה בערך התחתונים הנבראים ונוצרים ונעשים ע"י והוא הטעם הג' שפי' בה. ולפעמים יתלווה אל הבתים שם אחד כמו בית אל ונקראת המלכות כן בהיותה נשפעת מצד הימין הנקרא א"ל. ולכן אברהם בעל הימין כל מסעיו היו מקד"ם (בראשית יב ח) בסוד כתר וחכמה ששניהם קדומים כאשר יתבאר ב"ה. לבי"ת א"ל בסוד המלכות וכן בית אל מים בסוד הדרום. וכן כל ענייניו להשפיע ולתקן המדה הזאת בסוד חוט של חסד. וכן יצחק השפיע לשמאל וקראה בית אלהים. ובראות יעקב כך אמר אין זה כי אם בית אלהים (שם כח יז) מצד יצחק בסוד שמאלו תחת לראשי (שה"ש ב) כן פי' בזהר פ' ויצא (דף קנ"א.). עוד פי הרשב"י ע"ה שם כי נקי כך מצד הבינה הנקרא אלהים ג"כ כנודע. ובזהר פ' וישלח (דף קע"ג) נראה שהבינה נקראת בית אל ואפשר לומר הטעם כי משם המשכת מזון ושפע לחסד הנק' א"ל וזהו בית אל פי' בית ואוצר שממנו מתפרנס א"ל שהוא חסד ובבחינה זו נקראת כן:

עוד נקראת המלכות בית הכנסת כאשר תכנס ותקבץ ברכות ושפע מכל מדות העליונים אשר למעלה ממנה. וז"ל בתקונים (תקונא מ"ד דף ע"ב.) בית הכנסת איהו כנופיא דכל ברכאן עכ"ל:

עוד נקראת בית המקדש והטעם כי היא בית למקדש שהוא הת"ת ובית המקדש הזה שיבנה בב"י יהיה במדות בית המקדש שלמעלה שהוא המלכות השוכנת בו. אמנם כנוי בית המקדש הוא יותר פרטי מירושלים והוא כולל עזרות ולשכות וכו' כאשר בארנו בשער המציאות:

ונקראת עוד בית המלך ופי' ר' משה הטעם כי היא בית למלך העליון בינה. ואינו מוכרח כי אינו אלא בית המלך תפארת כי הוא ג"כ נקרא מלך והיא ביתו:

עוד יש בית העולם ופי' ר' משה שהיא החכמה כי היא בית לכל הנאצל והנברא והוא מקומו של עולם ואין העולם מקומו:

עוד נקראת המלכות בית זבול ופי' בזהר פרשת בהעלותך (דף ק"ן) ז"ל כד אתפקדין בידתא כל גנזי דמלכא ושלטא בהו כדין אתקרי בית זבול והטעם כי בית זבול ר"ל בית שבו זבול לשכינה וכל פמליא של מעלה:

עוד יש בית דין סתם, היא המלכות. ונקראת ב"ד של שלשה וכן פי' הרשב"י בר"מ (משפטים דף קי"ז) וז"ל בית דין שכינתא בג'. תלת חיון דמרכבתא דילה. והכונה כי היא כוללת שלשה פני' פני אריה פני שור פני נשר כי האדם הוא הרוכב וגם אדם היא עצמ' ג"כ כדפי' בערך אדם. ואז בהיותה נכללת בשלשה פנים היא נקראת ב"ד של ג' והיינו שתקבל מן הימין ומן השמאל ומן האמצעי. עוד יש ב"ד זבול ב"ד עליון וב"ד תחתון והם מדה"ד הרפה ומדת הדין הקשה. וכן ב"ד גדול וב"ד קטן אמנם

נקרא ב"ד הגדול כאשר הגבורה מלאה זכיות מצד הגדולה. וזה כאשר תרד הבינה אל הגבורה ותמלאה מצד הגדולה אז נקראת ב"ד הגדול וכן נתבאר בדברי הרשב"י:

בכן היא חסד וכן עולה במספר ופי' בתקונים כי כל לשון ובכן הוא בחסד:

בכור. רבי משה כתב כי בכור הוא כתר כי הוא בכור לכל האצילות כנודע. ויש שפירשו בחכמה. אמנם בפקודין (בפ' בא דף מ"ג ע"ב) כתב הרשב"י ע"ה כי בכור הוא ת"ת כי הוא בן בכור כולל ו' קצוות. ובר"מ (שם דף מ"ב.) פי' הרשב"י ע"ה כי בכור בתפארת מצד החסד ולכן פדיון בכור הוא בה' סלעים כסף. ואמנם מספר חמשה כנגד ה' שנתוסף באברהם דהיינו ה' של הבינה. ופי' רבי משה ג"כ בכור בחכמה ומלכות. והענין מתיישב במה שפי' בתקונים (בתקונא י"ד דף כ"ח ע"ב) כי בחכמה נאמר קדש לי כל בכור ולכן כל הבכורות מצד החכמה. והמלכות נקראת בכורה. והנצחים מצד החכמה נקראים בכורים למלכות כדכתיב (שמות כג יט. לד כו) בכורי אדמתך תביא וכו'. ומצד החכמה ג"כ נקראים בכורים ליסוד ועליהם נא' (יחזקאל מ"ד) וראשית כל בכורי כל. ולכן נאמר כי עיקר בכור היא החכמה, אבל בהיותו לשון זכר. והתפארת אם נק' בכור הוא מצד החכמה שהוא המבכרו, והמלכות אם נקראת לשון בכורה נקראת מפני מציאות היו"ד אשר לה מצדה. ואמרם בר"מ מצד החסד היינו לענין הכסף, אבל לענין הבכור בעצמו הוא מצד החכמה. והטעם כי הוא הבכור לכל הבא בגדר נאצל. ועם שיש הכתר קודם לחכמה יש לזה סבה כדפי' בשער אם הא"ס הוא הכתר:

במות הם האבות וכ"פ הרשב"י ע"ה בתקונא (נ"ב דף פ"ד ע"א) וז"ל ועל במותי ידרכני אלין אבהן. ור' משה פי' במותי ארץ בבינה שהיא גבוה מכל הארצות. ואינו מתישב כי במותי לשון רבים. אמנם נקרא הבינה ע"ל במותי ארץ וזהו והרכבתיך על במותי ארץ (ישעיה נ"ח) כי הארץ מלכות ובמותי הם האבות ועל הבמות הבינה:

ויש במות זרות ועליהם נאמר (דברים לג) ואתה על במותימו תדרוך שהם הקליפות שהם למטה מהקדושה:

בן סתם, בתפארת. וכן נתבאר בזהר ובתקונים במקומות רבו מספר:

עוד נקרא בן ישי. ופי' בן י"ש י' כי החכמה נקרא יש והוא ג"כ י' כנודע. והתפארת בנו והוא אביו כדפי':

עוד נקרא בן חורין ופירוש הטעם בזהר בפרשת לך (דף צ"ו) שהוא יונק משני חורין הבינ' והחכמ' בהיותם יחד. ונקרא בן חירות שהוא לשון יחיד בהיותו יונק מן הבינה לבדה בסוד יובל:

עוד פי' שם שנקרא בן שמן והוא כמו בן חורין שהוא יונק מן השמן העליון שהוא השפע הנשפע מן הימין בתגבורות החכמה על הבינה. וזה חילוק שבין בן חורין לבין בן שמן. כי החורין הוא בהיות גוברת הבינה ולכן כלם בסוד רחמי הבינה שהיא חירות. ושמן בהיות גובר החכמה על הבינה כי מן הימין הוא סוד השמן:

עוד נקרא בן בית לבינה. שהיא בית לחכמה. ושם היה משה מרכבה ומסטרא דילה נקרא בן בית וזהו בחינת הדעת:

עוד יש בנים לשון רבים ובו שני פירושים. או ששת ימי המעשה ששה בנים ובת אחת. או התפארת ומלכות בן ובת נקראים בנים. ופי' בערך אם יעויין שם. ויש שפי' בנים נצח והוד לשני סבות. אם מפני שמי שצריך בנים יתפלל (ויבקר) [ויבקש] משם תחלה ומשם יעלה אל המזל כדפירשנו בשער מהות והנהגה. ואם מפני שהוא לשון בנין שהם בונים התחתונים ומאצילים צבאות מעלה ומטה:

עוד נקראו נו"ה (בתקונא מ"ח דף פ"ב ע"ב) בני ישראל כי הם בנים לתפארת ומשם יניקתם ונוכל לומר כי מן הטעם הזה נקרא בנים ונקראים כן בשעת יניקתם משם:

בנות ירושלים פי' בזהר פ' ויחי (דף רמ"ב.) פי' אחד כי הם נשמתן של צדיקים והן נקראים כן מפני שהם נשפעים מירושלים העליונה שהיא המלכות. ופי' שני הוא שהם י"ב בקר שעליהם הים מוצב והם י"ב גבולים תחתונים אשר לה והיא רובצת עליהם והם נקראים בנות ירושלים. וקשיא לי למה לא פי' שהם שבע הנערות הראיות לתת לה וצ"ע (ע' בס' מאורי אור):

בר בתיקונים (תי' כא ד"מד) פי' הרשב"י ע"ה בפסוק (תהלים ב) נשקו בר. כי הצדיק כשהוא גולה ויורד ממקומו נקרא בר לשון ברייתא שהוא חצון גולה ממקומו וכו'. והוא ברייתא חצוניות כי הצדיק אבד ונהר יחרב ויבש והיא בגלה הלכה:

ברד פי' רבי משה כי ברד הוא בחסד ועיקר טבעו מים והוא הפך לאש. אמנם נתבאר בזהר (ויצא דף קס"א) כי ע"י הגבורה נקפאים מימי השפע ואינם נשפעים למטה. וכן נמצא שרוח צפון טבעו לקרר ולקפות ולזה יוכרח היות כח הגדולה המתקרב אל הגבור' ברד. וזהו ואש מתלקחת בתוך הברד. וזהו ברד וגחלי אש קרובים זה לזה:

ברוך רבו בו הפירושים אפי' בדברי הרשב"י ע"ה.

ויש חילוק בין ברכת הנהנין לשאר הברכות ואין מקומו הנה. אמנם בקצרה פי' הרשב"י ע"ה כי ברוך כולל עשר ספירות. וז"ל בתיקונים (תקונא ע' דף קט"ז ע"ב) ברוך ב' אחזי תרין, שכינתא עלאה ותתאה. ר' ראשית חכמ'. ו' אחזי שית ספירן. כ' אחזי על כתר עלאה. עוד פי' שם כי ר"ת ברוך ר'אש ו'מקור כ'ל ב'רכות. דדא איהו ראש ומקור לכל הברכות. ובג"כ ב' איהו חכמה ומורה על הכתר דאיהו רישא ומבועא דכל ברכאן עכ"ל. הנה רצה בפי' ברוך בחכמה ומורה על הכתר. ובפקודין (בפ' עקב דף רע"א.) אמר כי ברוך הוא בבינה וז"ל ברוך דא רזא דמקורא עלאה מכלא לארקא ולאמשכא ולאנהרא כל בוצינין ואיהו בריך תדיר דלא פסקין מימוי. ומתמן שרותא דאקרי עלמא דאתי. הנה בפי' אמר כי ברוך הוא בבינה. ובמ"א אמר כל הכורע כורע בברוך וכו'. הנה בפי' אמר כי הוא במלכות. ומטעם זה כורעים בברוך. ובתקונא (תקונא י"ח דף ל"ה ותקונא ע' דף קי"ט) פי' ברוך ביסוד וכן כל הכורע כורע בברוך כו' כי שם יורדים הספי' להשפיע. וכבר יעדנו ענין זה בפירוש התיקונים אם יגזר השם בחיים:

ברזל בזהר (וארא דף כ"ד) פי' כי הוא במלכות. ובמקום אחר נראה שהוא בתפארת. ואפשר שעל שניהם נאמר (משלי כז יז) ברזל בברזל יחד. ועם כל זה הוא מצד הדין והמלחמה ופשוט הוא בענין. וכן כל כלי ברזל לא נשמע בבית (מ"א ו ז). על שבו אחוזים החיצונים. וכן פי' בזהר שיר השירים:

בריחים כבר פי' קצת בערך אצבעות ענין ה' בריחים ובריח התיכון שהוא רמז אל הקו האמצעי. והנה הבריחים היו ה' מימין וה' משמאל ובארנו שם כי הם גדולה גבורה תפארת נצח הוד. ולפי הנראה מדברי הרשב"י ע"ה בתקונים שה' ספירות הנז' נקר' בריחים על שם הבריח התיכון שהוא התפארת שהוא מבריח מן הקצה אל הקצה דהיינו מקצה השמים ה' עילאה ועד קצה השמים ה' תתאה:

ברייתא המלכות בשעה שנודדת וגולה ממקומה בסבת הגלות נקרא ברייתא ר"ל החיצונה שהוא חוץ ממקומה. ובמקום אחר פי' בתיקונים (תקונא כ"א דף מד ע"ב) כי היא נקראת כן מצד הגבורה שמצד תוקף הדין היא גולה ונודדה:

ברית התיבה הזאת בהיותה סתם, מתייחסת אל ג' מקומות אל המלכות ואל היסוד ואל התפארת. ושלשתם נמצאים הרבה בדברי הזהר. אמנם בהתחברה אל תיבה אחרת תשתנה כאשר נבאר. ויש ברית לשו"ן והוא בבינה והעקר בתפארת כדפי' בשער י' ולא ט'. ובספר האורה פי' כי הבינה נקרא ברית לשון, וברית הפה, וברית השפתים. וביסוד הוא ברית המעור ברית שבת. ברית הקשת והמלכות בהיותה נקשרת בין יסוד ובינה נקראת ג"כ ברית. וזהו סוד הפריעה כי המילה רמז ליסוד ופריעה למלכות. וע"ז נאמר מל ולא פרע כאלו לא מל לפי שהוא חסר שער הכניסה שהוא המלכות שהיא הפריעה. הן אלה קצת דרכי ספר האורה, ואם אינם דבריו ממש. עוד היסוד נקרא ברית שלום (בתקוני ז"ח דף קל"ב.). ועתה נתפרש כל הבריתות אשר אמרנו. ברית לשון פי' לעיל ומן הטעם שפי' בשער עשר ולא תשע יתיישב ג"כ. ויתבאר שנקרא ברית הפה וברית השפתים וברית המעור וברית בשר וברית מילה הכל דבר אחד. וברית שלום לרמוז כי הוא המשלים בין תפארת למלכות ע"ד כי כל בשמים ובארץ (דה"א כט) ותרגומו דאחיד בשמיא ובארעא. וברית מילה פי' הכורת את הערלה והמבטלה מן העולם:

ברכה היא המלכות כי היא הבריכה המקבצת כל השפע מכל המקורות העליונים. ולפעמים הבינה ג"כ תקרא בריכה ומקור בריכה התחתונה הוא התפארת ע"י המעין שהוא היסוד. ומקור הבריכה העליונה הוא הכתר ע"י המעין שהוא החכמה:

ברכה ג"כ היא במלכות אמנם בשעה שהיא יונקת מצד הימין. וכן נתבאר בס' ר"מ ובמקומות אחרים וג"כ הבינה תקרא ברכה. וכן פי' בתקונים (תקונא נ"ה דף פ"ו.) ונתנו סימן ברכת ה' היא תעשיר (משלי י כב), בסוד הרוצה להעשיר יצפין. ויש חילוק בין בריכה לברכה הבריכה היא מצד היותה בית קבול לשפע הנשפע, וברכה הוא היותה שופעת הברכה למטה:

ברקים בספר התיקונים פי' הרשב"י ע"ה כי הברקים שהיו במתן תור' הם מצד היסוד כי הוא הנקרא ברק. וז"ל ברקים מסטרא דצדיק דאתמר ביה ויצא כברק חצו. ופי' כי צדיק הוא חץ והוא קשת הזורק הזרע היורה כחץ:

בשמים הם ז' ספי' והג' אבות נקראים ראשי בשמים והת"ת בסוד הדעת נקרא ראש בושם:

בשר על הרוב היא במלכות וזהו ובשר מבשרי (בראשית ב) שני בשרים הם (בשר בת"ת ובמיעוט) ויסגר בשר תחתנה והיינו מציאות' בו (ובשר מציאות' למטה וזהו והיו לבשר א') וכן מרע"ה לענין מרכבתו בשגם הוא בשר (שם ו' ג') בשגם עולה משה וכל זה נרמז בתיקונים. ויש בשר מצד הדין וזה הבשר עודנו בין שיניהם (במדבר יא לג). וזה כי בהיפוך בשר עולה שבר כי השכינה מצד הדין

נקרא בשר והיא אדומה אמנם היא מלהטת להבות מצד חביבות בעלה מצד הצפון להזדווג. וכאשר אין גמר ברכה והזווג אינו נמצא לעון הדור, אז היא שבר. ובזמן הרעב שאין הזווג נאמר (בראשית מב יט) ושבר רעבון וגו' וכן שבר במצרים (שם שם א), וזהו עון המתאוים ששאלו בשר ודחו לחם מן השמים שהיא הזווג, לחם שכינה, שמים תפארת. ורצו בבשר. וזהו ואף ה' חרה בעם (במדבר יא לג). והבשר באדם הוא מצד השמאל ונרקב כנודע ונאריך בערך עצם:

בת סתם, היא המלכות. אמנם בבחינתה הנקרא יו"ד כאשר בארנו בשער המציאיות והבחינה הזאת נקראת ג"כ בת עין וכאשר נק' בת עין ירצה שסביבה ג' גוונים שהם האבות כנודע בענין העין [י] כמבואר בשער הנזכר ובשער הנשמה. וענין הי' נקראת בת לגבי חכמה. אבל לגבי בינה מציאות הה' נקרא בת עין והיינו אשה ובתה שהם שני ההי"ן אשה בינה, ובתה מלכות. ולפעמים תתלוה ותקרא בת קול ופי' ר' משה הטעם כי קול הבינה והמלכות בת. ועם היות שדבריו צודקים הם עם כל זה לא כן באר הרשב"י ע"ה (בתקוני ז"ח דף קל"ג ע"ב) וז"ל ואיהי בת קול מסטרא דעמודא דאמציעתא דאקרי קול השופר הקול קול יעקב וגו' עכ"ל הנה בפי' כי על שם התפארת נקראת בת קול. אמנם דוקא כשהתפארת קרוב אל הבינה ויוצא ממנה שאז נקרא קול השופר ונקראת בת אליו. ע"ד שפי' רז"ל (מגילה דף י"ג.) ותהי לו לבת אל תקרי לבת אלא לבית וכל אשה בת לבעלה. ונקראת בת מלך ופי' ר' משה הטעם כי היא בת מלך העליון בינה. ואפשר לפרשה בחכמה שהוא נקרא ג"כ מלך כאשר יתבאר בערכו ומציאות היוד מצד החכמה נקראת כבודה בת מלך פנימה שהיא מתעלמת במציאות הבנין שהיא הה' כזה כמו שנתבאר בשער המציאות (פ"ג) [יא]. ונק' בת זוג והטעם כי היא בת זוג של תפארת ואפשר שקראה כן ביותה מזדווגת עם בעלה. ונק' בת גלים ופי' בתיקונים שהיא בת י' גלגלים שהם י' ספירות הכלולות בה מורה שם זה על הכללות. ויש פי' אחר נתבאר בערך גלים. ונקראת בת שבע כשהיא כלולה משבע ואין הכוונה כלולה שהיא מקבלת משבע שאז נקראת באר שבע אמנם נקראת (בת) שבע בהיות מאירות ז' ספי' בעצמותה. ובזוהר פרשת שמיני (דף ל"ח) פי' שהיא נק' בת שבע מצד הגבורה ופי' בערך אלישבע. וכבר אפשר שתקרא הבינה ג"כ באר שבע כדפי' בערכו. ונקראת לפעמים בת נדיב בסוד בת היתה לאברהם אבינו ע"ה. כי בהיותה מתיחדת ומקבלת ממנו חוט של חסד המשוך עליה אז נקראת בית נדי"ב. כי אברהם חסד נדיב אקרי. ונקראת עוד בת רבים וכן פי' בפ' פינחס (דף רב ע"ב) ואפשר הטעם מפני שהיא מקבלת משלשה אבות שנק' רבים [יב] כאשר נבאר בערכו. ונקראת בת גלים בהיותה יונקת מבינה או מחסד, וגלים לפי הפי' שפי':

בתי גוואי או בראי, הפנימיים הם ג' ספירות ראשונות הנעלמות. והחצוניים הם ז' ספירות הם ז' ימי הבנין. וענין עצבות בבתי גוואי ולא בבתי בראי נתבאר בשער מהות וההנהגה פי"ב. עד הנה הגיע כחינו הדל בביאור הב'. בעזר אלהי השופע עלינו והננו נכנסים בביאור ערך הג' בעה"ו:

פרק שלישי:

גאולה היא הבינה כי עיקר הגאולה בסוד גאולה תהיה לו וביובל יצא (ויקרא כה לא). כי שם ר"ל בגאולה החרות כנודע. כי אין דיני המקטרגים עולים אלא עד הבינה ולא עד בכלל. וממנו שואב היסוד הגאולה. ונקרא גואל מצד הבינה ומשפיע הגאולה אל המלכות. וזהו אם יגאלך טוב (רות ג יג). כד"א (ישעיה ג י) אמרו צדיק כי טוב. ואם לאו שאין יכולת, וגאלתיך אנכי בינה כדפי' בערכה כן פי' הרשב"י ע"ה בתקונים. ובזוהר פרשת אמור (דף צ"ה ע"ב) פי' כי המלכות נקרא גואל ע"י היסוד המשפיע בה ע"י הנצח וההוד שהם מסייעים אל הזווג כמו שנודע שהם שני ביצי הזכר. ואמר שם כי לפיכך ארבעתם יחד נצח הוד יסוד ומלכות נקראים ארבע גאולות:

גאון פי' ר' משה בתפארת. וז"ל גאון יעקב (עמוס ו ח. נחום ב ג, תהלים מז ה) אשירה לה' כי גאה גאה (שמות טו א). ואינם הכרח גמור. ואפשר היות ענין הגאון לפי מציאות שפע שעל ידו מתגאה הספי' ומתלבש בגאות ועלוי על ידו. ויש לזה דמדומי ראיה בזהר:

גאות הים פי' [בזהר] בפ' נח (דף ס"ט ע"ב) כי חוט של חסד המשוך עד המלכות נקראת גאות הים והטעם כי ע"י הוא המתגאה הים [שהיא המלכות] ומעלה אותה למעלה להתייחד עם בעלה כענין וימינו תחבקני (שה"ש ב):

גבוה סתם, גבוה הרמז לא"ס כי הוא גבוה מהכל עד אין תכלית. אמנם לפעמים על צד המקרה תתיחס גם אל מדות אחרות כד"א (קהלת ה ז) כי גבוה מעל גבוה שומר וגבוהים עליהם:

גבול פי' בתקונים כי המלכות נקרא גבול מטעם שהיא גבול לשם בן ארבע. שעדיה מגיע האצילות

ולא תוסיף. והיא ה' אחרונה והיא אחרית וסוף לאצילות. והיא נקראת כן מצד הבינה והחכמה כי מצד המאציל היא עולה לבלי גבול והמאציל מתעלם ומתאחד בכתר:

גבורה מדת יצחק מדת הדין הקשה נקרא כך. ופי' בספר שערי צדק תוקף הדין וכח הגבורה בלתי גבורי כח החרדים וכובשים את יצרם כמה דאת אמר (אבות פ"ד מ"א) איזהו גבור הכובש את יצרו. ופי' כי הגבור הוא מרכבה לגבורה וראוי להכנס בהיכלה. והגשמים מטעם שהם יורדים בכח הדין נקראים גבורת גשמים כמ"ש רז"ל (תענית דף ח' ע"ב) קשה יומא דמטרא כיומא דדינא. ובס' השם פי' ר' משה שנקראת גבורה מטעם שהיא גוברת ומתגברת לעשות דין ונקמה כפי הראוי לעליונים ולתחתונים. ובספר האורה (שער ו') כתב בענין זה דברים יפים וזה קיצור דבריו המדה הזאת מתגברת לעשות דין בפושעים והיא הנוקמת ממתקוממים והיא ב"ד שלמעלה וע"י כח הגבורה נגמרים כל הדינין והיא הגומלת לכל הראויים לגמול. וכשחטאו ישראל נחלשת כח הגבורה. וזהו שאמר הנביא (ישעיה סג טו) איה קנאתך וגבורתיך. ולמעלה מהגבורה הזאת יש כח משפיע והיא הבינה [נובעים ממנה כמה כוחות של גבורה] ונקראים גבורות כדכתיב (תהלים קו יב) מ"י ימלל גבורות ה', ומי היא הבינה כאשר יתבאר. ובהיותם ישראל טובים וזכאים אותם הגבורות נשפעים אל הגבורה ונוקמת נקמת ה' ואז ישראל מתגברים על אומות העולם ע"כ בס' האורה. ובס' שערי צדק בענין הגבורות פי' כי הבינה נקראת גבורות לפי שגבורותיה מבטלים כח הגבורה כד"א (ישעיה יד כז) וידו הנטויה ומי ישיבנה עכ"ל. ובגבורה פי' הרשב"י ע"ה בתיקונים כי הפחד נק' גבור ל' זכר והמלכות גבורה ל' נקבה, כמו שנבאר בערך גדולה ב"ה. והתפארת מצד הגבורה נק' גבור. וכן המלאך גבריא"ל מצד יניקתו משם נקרא פועל גבורות. ופי' בזהר פ' יתרו (דף פ"ג) וז"ל מי ימלל כו', מי ימלל, מי ידבר מבעיא לי'. א"ר חייא כד"א (דברים כג) וקטפת מלילות בידך. גבורות יהו"ה דסגיאין אינון ומגבורה חד נפקין. ותנא חד גבורה עלאה עטרא דעטרין מתעטרא ונפקין מינה נ' תרעין, מנהון ימינא ומנהון שמאלא. וכל חד וחד גבורה אקרי וכל חו"ח מתעטרא בקרדיטי גליפין נהורין. וכלהו אקרין גבורות ה'. אמר ר' חייא גבורות ה' חסר כתיב, דהא כלהו בדא כלילן עכ"ל. ופי' הוקשה לו כי היה ראוי שיאמר ידבר שהוא לשון דבור כי ימלל לשון תרגום ואין לו ענין ללשון הקודש. ולזה תירץ ר' חייא כי ימלל אינו לשון דבור אלא לשון קבוץ ואסיפה מלשון וקטפת מלילות שהוא ענין עימור ואסיפת השבלים. ושיעור הכתוב מי שהוא הבינה כאשר יתבאר בערכו בע"ה, הוא המאסף וכולל לכל הגבורות. וזה רצה באמרו דסגיאין אינון גבורות ומגבורה חד שהוא מ"י הם יוצאים ומתאצלים, וכוונתו בזה כי הבינה ג"כ נקראת גבורה. ולזה הביא ראייה תנא חד גבורה עלאה, שהוא הבינה וקראה עטרא דעטרין לפי שיש גבורה אחרת והיא מדת הגבורה סתם והיא ג"כ נקראת גבורה עלאה. לפי שיש גבורה תתאה שהיא המלכות לכן קראה עטרא דעטרין שהיא הבינה שהיא עטרה על ראש האצילות שהם עטרות על כל. מתעטרא ונפקין כו', פי' מתעטרא בסוד כללות הספירות בה כדי שיוכללו בה חמשים שערים שהם ה' ספי' וכל אחת כלולה מעשר כדפי' בשער השערים. מנהון ימינא ומנהון שמאלא, כדפי' שם. וכל חד וחד גבורה אקרי, כי אחר שהם תולדות הגבורה הגדולה העליונה שהיא הבינה אם לכלם, נקראו על שמה גבורות. וכל חד וחד מתעטר בקרדיטי גליפין נהורין, פי' כל גבורה וגבורה מהם יש לה כחות תחתיה עד לאין מספר שהיא מתפשטת בהם. וקבוצם יחד כלהו אתקריאו גבורות ה'. ולכן עליהם נאמר מ"י שהוא הבינה ימלל ויקבץ גבורות ה' שהיא כוללת אותם. א"ר חייא כו' כלהו בדא כלילן, פי' כי בתוספתא לא הוזכר שהיא עצמה נקראת גבורה, אלא היא נקראת מ"י וכוללת כל הספירות. ור' חייא קאמר כי תיבת גבורות כתיב חסר להורות שכלם נכללים בגבורה אחת שהיא ממש הבינה ועליה נכתב גבורת ה' חסר. הנה למדנו מזה ענין הבינה נקראת ג"כ גבורת ה' וחמש גבורות נכללים בה וכל אחת מתפשטת לכמה גבורות. ואין לפרש במאמר הזה כי ימלל לשון מל וכריתה שאין המאמר מתיישב בזה כלל. ומוכרח כדפי':

גבירה נקראת המלכות כי היא הגבירה. ויש שפחה כד"א (משלי ל כג) ושפחה כי תירש גבירתה וזה מבואר בשער התמורות בע"ה:

גבעות בינה ומלכות כל אחד מהם נקרא גבעה וכן מבואר בזהר (וארא דף נ"ב.). אמנם גבעות הם בתולות אחריה רעותיה (תהלים מה טו) וכן מבואר בזהר (תשא דף קפ"ט ע"ב) בפסוק (ישעיה ב ב) ונשא מגבעות דגבעות הם בתולות אחריה רעותיה והיא למעלה מהם. ובזהר פ' ויחי (דף רל"ז ע"ב) פי' כי גבעות לשון רבים נק' הבינה ומלכות. וזה עיקר פי' גבעות. מפני שהם גבעות וגבוהות על מה שלמטה מהם. המלכות גבוה על כל חייליה

התחתונים. והבינה היא גבוה על כל הבנין. ומה שפי' שם גבעות שהם בתולות אחריה רעותיה הוכרח מפני הענין כי אחר שבית ה' היא המלכות. ואמר ונשא מגבעות א"א לפרש גבעות כדרכו שהוא בינה ומלכות. לכן פי' גבעות בתולות אחריה רעותיה שהם ז' היכלות שלה ולעולם עיקר גבעות הם בינה ומלכות. עוד המלכות נקראת גבעת הלבונה בסוד הלבנה כמו שיתבאר בערכה בע"ה:

גג החופה נקרא כ"ע ונקרא כן מפני שהוא גבוה על כל האצילות כגג והוא החופף עליו כדמיון אפריון וחופה כמו שנבאר בערך חופה:

גד הוא השכינה ונקרא ג"ד שהוא מצד הימין וכן פי' בתקונים (תקונא י"ט דף ל"ט ע"ב). עוד שם אמאי אתקריאה ג"ד בגין דאיהי כלילא משבע ספיראן דסלקין לחשבון גד עכ"ל הנה בפי' כי המלכות בהיותה כלולה מז' מצד החסד נקרא ג"ד. ובזהר פ' ויחי (דף רמ"ד) פי' כי ג"ד פי' גימ"ל דלי"ת. גימ"ל הוא בינה משקה לדלת, שהיא מלכות שהיא דלה כנודע. ואפשר שרמז המלה שהג' רומז לג' אבות גדולה גבורה ת"ת. וד' תחתיהם שהם נצח הוד יסוד מלכות כי דרך אלו בא השפע. וטעם שהיא נקראת גד מצד החסד מפני שהבינה נקראת גומלת חסד וזהו פי' גימ"ל. וזהו עוקצה לצד מטה לצד הימין. ובתקונים במ"א (תקונא כ"א דף נ"ב ע"ב) גד איהי ימינא ושמאלא גמו"ל דלי"ם עכ"ל. והיינו כי הימין הוא גמול, בינה הגומלת ונטייתה אל הימין. ודלים היא המלכות אתרא דמסכני ונטייתה אל השמאל בסוד העניות:

גדולה נקרא החסד והטעם נתבאר מן המפרשים וזה לשונם נקרא גדולה מפני כי כל הספירות והכחות כלם מתגדלים מזאת הספירה ואפילו המקטרגים. וזה שאמר הכתוב (תהלים קד) הכפירים שואגים לטרף ולבקש מאל אכלם. הכפירים הם המקטרגים, שואגים ר"ל להוציא דבה ולקטרג על עולם השפל, ואע"פ שהם נאצלים מצד שמאל הם מבקשים מאל אכלם כי אל מדת חסד ומבקשים השפעה ולכן נקרא גדולה עכ"ל ודבריו מבוארים. ובתקונים (תקוני ז"ח דף קי"ח.) נראה שהחסד נקרא גדול ומלכות מצדו נקרא גדולה וכן גבורה הפחד נקרא גבור והמלכות מצדו גבורה כו' וז"ל שם ומסטרא דתלת אבהן דאתקריאו אל אלהי"ם יהו"ה דאינון האל הגדול הגבור והנורא אתקריאת גדולה גבורה ת"ת עכ"ל. והנה פי' כי המלכות נקרא גדולה גבורה ת"ת מצד ג' אבות. והאבות עצמם נקראים גדול גבור ונורא ולשון גדולה היא במלכות דהיינו גדול ה' ופי' הה' מתלבש בלבוש הגדול שהוא חסד וע"ד זה נראה בת"ת שהוא [מפואר] והה' נקראת תפארת לשון נקבה ויתבאר בע"ה בערך תפארת:

גויה כתבו המפרשים ובפרט ר' משה שהוא ביסוד ורחוק הוא ואמת שהיסוד ברית מילה נקראת ראש הגויה בלשון המשנה. ובתקונים פי' כי הת"ת נקרא גויה וז"ל ושתים מכסות את גוויותיהנה (יחזקאל א יא) דא עמודא דאמצעיתא דאיהו גופא עכ"ל. והענין מבואר:

גלגלת הוא כנוי לג' ראשונות בכלל. אמנם בפרטות בגלגלת יש ג' אוירים וג' מוחות. והם יו"ד ה"י וא"ו ה"י. ג' יודי"ן בכתר. ויו"ד ה"א וא"ו ה"א ג' אלפין בחכמה. האלפים נקבות ואוירים שבהם מתעלמים היודי"ן שהם טיפי מוחין המתעלמים. וכמו שמתעלמים הטיפים באוירים שבהם כנזכר, כן הכתר מתעלם בחכמה והכל כנוי לראש. אמנם קרקפתא נקרא הכתר, כי כמו שהעצם ההוא הוא על המוח ועל הכל, כן הכתר הוא על כל הספירות וכותר אותם:

גלגל כנוי הוא אל השכינה שעל ידה מתגלגלים הנפשות ועיין בר"מ (פנחס דף רט"ז ע"ב):

גולת הכותרות כבר נודע כי הם על ראש העמודים שעשה שלמה בבית המקדש. וקראם יכין ובועז והם נגד נצח והוד ועל ראשם גולת הכותרות והם נגד גדולה גבור"ה זו לימין וזו לשמאל ולכן הגדולה נקרא גולת הימינית וגבורה גולת השמאלית. אמנם היסוד נקרא גולת הזהב היא המריקה השמן הטוב בראש המנורה. והזהב הטהור מצד הדין. כנדרש בשער פרטי השמות בשם אלהי"ם:

גוף נקרא הת"ת. והטעם כי כמו שהגוף ממנו מתפשט הידים והרגלים לד' צדדים. כן הת"ת יש לו שתי זרועות והם גדולה וגבורה זו אל הימין וזו אל השמאל ושתי שוקים נצח והוד, והוא משך הגוף באמצע. וכמו שהגוף נמשך ממנו האבר לבין השוקים כן הת"ת נמשך ממנו היסוד. וכמו שהגוף יש למעלה ממנו הראש כן הת"ת למעלה ממנו ג' ראשונות. וכמו שהגוף יש לו בטן כן השכינה בטן לת"ת. וכן פי' הרשב"י ע"ה (בתיקונא ח"י דף ל"ה.) שכינ' בטן וגוף דילה עמודא דאמצעיתא. הכונה אל מציאותה בבית בעלה קודם המיעוט. ובזה יובן מה שכתב ר' משה בס' השם כי ת"ת נקרא גוף השכינה, עם היות שהוא דרך בטעם זה דרך אחרת וזה לשונו גוף השכינה דע כי כל הבנין יחד יקרא שכינה וגם המלכות יקרא שכינה ובענין האצילות יחד הת"ת הוא גוף וג' ראשונות היא הראש וגו' ועם העזר כנגדו הוא אדם שלם שנאמר זכר ונקבה

בראם וגו' עכ"ל. ומה שכתבתי נ"ל עיקר שהם דברי הרשב"י ע"ה:

גזרה שוה פי' בתקונים כי הת"ת נקרא כן מטעם שהוא גוזר ומחלק בין הקליפות שלא יתחברו ויזדווגו אלא שיהיו מופרשים. ונק' ג"כ שוה מפני שהוא משוה בין שני (קצוות) [זרועות] שבקדושה בסוד ההכרעה:

גחלת החכמה נקרא גחלת כאשר היא מתלבשת בסוד הגבורה וכן המלכות נקרא גחלת בקבלתה משם להראות שהם נחלקות באש הגדולה. וכן נקרא החכמה בפ"ע גחלת וזהו ענין כשלהבת הקשורה בגחלת ופי' כי כמו שהגחלת הוציאה מכחה השלהבת ואינו דבר מחודש בה כי בכחה היתה השלהבת מעיקרא ולא נתוסף בה כי אם הוצאת השלהבת מהעלם אל התגלות. וכן כבר נודע כי היו"ד האצילה אותיות הו"ה כנודע. והנה היו"ד גחלת והוא"ו שלהבת וה' ראשונה הם ה' אורות המאירות בה' גוונים של ה' אחרונה כנודע (מתקונא כ"א דף מ"ג ע"ב) ומבואר בשער הגוונים. וכבר בארנו בשער ממטה למעלה כי כמו שהיו"ד חכמה מלמעלה למטה גחלת ושלהבת, כן י' ממטה למעלה גחלת ושלהבת בסוד אני ראשון ואני אחרון (ישעיה מד ו). וצורת א יוכיח כדפירשנו בשערים הקודמים:

גיד הנשה פירש הרשב"י ע"ה (בתקונא י"ט דף ל"ט ובדנ"ב ע"ב) כי גיד הנשה הוא השכינה עם הצדיק כי שכינה נקראת ג"ד כדפירשנו בערכו ועם י' דצדיק אתעביד גי"ד. וכבר פי' למעל' ענין גד. ואמנם ענין ותקע כף ירך יעקב (בראשית לב כה) אין זה מקומו אלא בשער ירך יעקב:

גיהנם כל המפרשים הסכימו כי הוא בגבורה. והטעם פי' ר' משה כי היא מצד המקטרגים מבית ומחוץ והוא אש לא נופח והוא משל לכח הדין הקשה עכ"ל ויפה פי' כי כנוי זה לגוון השחור כדפירשנו בשער הגוונים ונקרא ג"י לשון עומק כי שוחה עמוקה פי זרות (משלי כב יד):

גי חזיון נקרא המלכות וכן פי' בזהר פ' מקץ (דף ר"ג.) כי הוא מראה שכל הנביאים צופים בה ונקראת כן בשעת יניקתה מן החוזים הנביאים נצח והוד. ונקרא ג"י לשון עומק כאמרם ז"ל ירד למרכבה שהוא עומק הדברים בהסתרתם ולכן המלכות עומק הנבואה:

גל נעול נקרא השכינה לפי שהיא בתולה ואיש לא ידעה בסוד הצלע מציאותה הנעלם ואז ואיש לא ידעה עדיין כדפירשנו בשער המיעוט בפרק י' וכן בארו בתיקונים:

גלגלי המרכבה פי' ר' משה שהם נצח והוד. והענין כי המרכבה עצמה הם פני אריה חסד, פני שור גבורה, פני אדם או נשר ת"ת. פני נשר או אדם מלכות. וגלגלי המרכבה הם נצח והוד. (ע' לעיל בע' אופן):

גלים פי' בזוהר פ' נח (דף ס"ג.) בפסוק (ישעיה ל י) צהלי קולך כו' בת גלים ברתיה דאברהם אבינו הכי אוקמוה בת גלים כד"א גל נעול. גלים אינון נהרין דמתכנשי ואזלי ועאלין לגווה ומליין לה כד"א שלחיך פרדס רמונים. ופי' בת גלים היא המלכות ונקרא בת לאברהם אבינו והטעם כי על ידה היא יונקת חוט של חסד המשוך עליה. וזה פי' גלים פי' הם הספירות בהתייחדם כלם להשפיע אל המלכות ועל שמה נקראים גלים בהכנסתם שם כי היא נקראת גל והם גלים על שמה. וכאשר היא מלאה מהם היא מגלה מציאותם כי היא המלאה מהמים והומים גליה. והביא ראייה למה שאמר ועאלין לגווה ומליין לה מפסוק שלחייך פרדס רמונים. פי' שלחייך הנהרות השלוחים אליך הם עושים אותך פרדס רמונים שאת מלאה כפרדס של רמונים כאמרם ז"ל מלאים מצות כרמונים. ונמצא לפ"ז ששבע הספירות שבע נהרות נקראים גלים בהיותם בגל שהיא המלכות. ובפ' ויחי (דרמ"ט) פי' הרשב"י ע"ה שהבינה נקרא גלים וז"ל עלמא דאתי אקרי גלים בגין דכלא קיימא ביה ואתכליל ביה תלי תלים ונפקא מיניה לכלא עכ"ל. והנה פירש כי הבינה נקרא גלים מטעם כי השפע הראוי לכל הספי' כמו הראוי לגבורה לגבורה והראוי למלכות למלכות וכן לשאר הספירות הכל עומד שם תלי תלים ומשם נשפע לכלם. והנה לפי"ז שגם כן מפאת שתקרא המלכות גלים תקרא הבינה גלים זה מצד השפעתה וזה מצד קבלתה. ועוד פי' שם פי' אחר שהבינה קרא גלים והגלים הם שבע הספירות שהם יוצאים מהבינה ובאים אל המלכות כגלי הים שאינם שקטים לעולם. ולכלהו פירושים בין הבינה בין המלכות נקראו גלים על שם הספירות הנקראים גלים כדפירשנו. ובפרשת נח (דף ס"ט ע"ב) פירש כי גלי הים הם כחות אשר במלכות הם שואגים ותובעים לטרוף טרף והם המתגאים בתוקף הדין ועליהם נאמר (תהלים קד) הכפירים שואגים לטרף. ואפשר לומר שהם הגלים המתגלים בה מגלים העליונים והכל ענין אחד:

גמל פירש בזהר פ' פקודי (דף רל"ו.) וז"ל סיום דרוגזא קשיא איהו גמל לתתא ודא איהו רזא דמותא וכו' ת"ח האי גמל היינו רזא דכתיב וגמולו

ישלם לו דא גמול דאינון חייביא כו' והאי איהו גמל דקיימא לאכלא כלא ולשצאה כלא עכ"ל ע"ש:
גמילות חסדים המלכות נק' כן מצד החסד כן מבואר בתקונים (בתקוני ז"ח דף קי"ד ע"ב וז"ל דהא שכינתא מסטרא דחסד אתקריאת גמ"ח):
גן נקרא הבינה והמלכות והטעם מבואר כי הבינה היא גן לנטיעות שהיו כקרני חגבים כדפירשנו לעיל בשערים הקודמים. ומלכות נקרא גן כי היא גן לנטיעות התחתונות לכל אשר יהיה חפץ ורצון המאציל להאציל שם הכל בא אל הגן התחתון. ובזוהר פ' שמות (דף ד') פי' וז"ל דאמר רבי אלעזר מה הגן הזה צריך לעדור לשמור ולהשקות כו' ע"ש עכ"ל ופי' ענין לשמור כמו על ירושלים הפקדתי שומרים (ישעיה סב ו), וכן איש חרבו על ירכו וכו' (שה"ש ג ח). ובתיקונים פירש הרשב"י ע"ה שנקראת גן שהיא כלולה מג"ן סדרים שבתורה שבכתב. להורות כי היא יונקת ומאצלת נטיעות הגן אשר לבעלה כנודע והוא המשקה אותם להגדיל נטיעותיה כנודע. עוד יש גנים והם חמש הספירות כי כל אחד מהם מוציא פרי למינהו וכן יש להם מעין משקה אותם והוא הגן בינה. ואחר שנעשה מהגן מעין משקה את הגנים. וכן הגן התחתון מלכות מגן נעשה מעין ומשקה את הגנים אשר תחתיה בתולות אחריה רעותיה (תהלים מה טו) וכן פירש רבי פנחס בן יאיר בזוהר (פרשת בלק דף ר"א ע"ב). וכן בינה ומלכות כל אחת מהן נקראת גן עדן. ובזהר פ' תולדות (דף קמ"א ע"ב) פי' כי המלכות נקרא גן רו"ה בהיות היסוד בתוכה וממלא אותה ומרוה אותה מים עליונים כמנהגו הטוב. עוד נקראת גינת אגוז כי היא גן נזרעת מן האגוז אשר ביסוד:
גפן נקראת השכינה כי היא גפן פוריה (תהלים קכח ג) והיא גפן ממצרים תסיע (שם פ ט) בצאתם מן הגלות. ועליה נאמר הבט משמים וראה ופקוד גפן זאת (שם שם טו) גפן דהיא זאת ודאי. והטעם שנקראת גפן כי כמו שהגפן אינה מקבלת הרכבה ממין אחר כן המלכות אינה מקבלת אלא מבעלה כ"פ בזוהר פ' ויחי (דף רל"ח.). ובה ג' שריגים שהם האשכלות שפירשנו בערכם והיא יונקת מן היין המשומר בענביו הם ענבים יפים לחלום שפע הנשפע מן הבינה כאשר נבאר בערך יין:
ויש גפן הנקרא סורי גפן נכריה וענביה ענבי ראש אשכלות מרורות למו. והם הקליפות. ויש גפן בינונית והיא הגפן והענבים שאינם יפים לחלום שהם מצד הדין:
גר לפעמים הת"ת חוץ ממקומו והוא גולה בסבת העונות כנודע. כצפור נודדת מקנה כן איש נודד וגו' (משלי כז ח). וכביכול משפיע אל החיצונים ואז נקרא ג"ר וע"ז אמר מרע"ה שמדרגתו הת"ת כי גר הייתי בארץ נכריה (שמות יח ג). ומטעם זה נקרא המתגייר גר כי הוא היה עומד עד עתה במקום הקליפ' בארץ נכריה יונק יין נסיכם השפעת סורי הגפן נכריה רחמנא ליצלן. עד הנה הגיע דלות דעתינו בביאור אות גימל. והננו נכנסנו בביאור אות ד' בעזרת הבינה השופע בינה על בריותיו:

פרק רביעי:

דבור הוא השכינה מלכות ונקראת כן מטעם כי הת"ת נקרא קול והמלכות דבור. כמו שהדבור הוא חילוק הקולות תנועות ההברה, כן המלכות גילוי התפארת ומראה בתנועותיו. ונקראת כן מצד הגבורה כי כל דיבור לשון קושי. ולא מפני זה נשלול שלא ימצא בשאר המדרגות כדפי' בזוהר פ' לך (דף פ"ו ע"ב) וז"ל אמר רבי אלעזר הא אתערנא ויגד וידבר ויאמר כלהו לטעמייהו אתפרשן. וידבר איהו באתגליא דרגא דלבר דלאו איהו דרגא פנימאה כאינון דרגין עלאין ודא איהו דובר צדק. ויגד איהו רמז לדרגא פנימאה עלאה דשלטא על דבור ודא איהו מגיד משרים. מאן משרים דא דרגא עילאה דיעקב שארי ביה הה"ד אתה כוננת מישרים ובג"כ מגיד כתיב ולא דובר. אמר רבי יצחק והא כתיב ויגד לכם את בריתו א"ל הכי הוא ודאי איהו דרגא דשלטא על תתאה דאיהו דובר צדק וכלא בה לאסתכלא איכא. ת"ח דאע"ג דדבור איהו תתאה לא תימא דלאו איהו עלאה אלא ודאי מלייא איהו מכלא ודרגא עלאה איהו וסימנך כי לא דבר רק הוא מכם עכ"ל והכונה כי ר' אלעזר פי' כי מלת ויגד וידבר ויאמר הם מדרגות חלוקות. כי ויגד הוא מצד החכמה וכאשר יתבאר בערך הגדה. ויאמר מלכות מצד הת"ת כדפי' בערכו. וידבר במלכות בעצמה. ומפני כך לא אמר הכתוב דובר צדק ומשרים מגיד צדק ומשרים, אלא דובר צדק מגיד מישרים כי צדק שהיא המלכות נקט לישנא דדיבור שהיא צודק בה ובמישרים שהוא הת"ת נקט לישנא דהגדה שהוא לשון צודק במאציל המישרים ובזה נתבאר דברי רבי אלעזר. ומפני שרבי אלעזר אמר כי מגיד לא ימצא אלא לגבי מישרים ולא היה אפשר לומר מגיד צדק ומישרים שאינו צודק לשון הגדה במלכות לכן הקשה עליו מפסוק ויגד לכם את בריתו. ואין ספק שלא נעלם ממנו שברית אפשר היותו ביסוד כדפי' בערכו ועם כל זה הוקשה שהרי אין הגדה במקום שיחס לנו רבי אלעזר ותירץ ר"א כי מאחר שהוא

למעלה ממלכות אפשר שיתייחס ביסוד. וברית זה הוא מדרגה עליונה מצדק ולכן יצדק עליו מגיד, אבל בצדק לא ימצא בשום אופן ולכן לא אמר מגיד צדק ומישרים. וכדי להשמר מקושיא אמר כי עם היות שנייחס להם המקומות האלה לא מפני זה נכחיש על דרך הרחוק שימצא בזולת מקומתם. וז"ש וכלא בהו לאסתכלא איכא, פירוש צריך העיון בהם כי פעמים ימצא חוץ למקומותם לסבות ידועות בענין הבחינות והמציאיות. וז"ש ת"ח אע"ג דדבור איהו תתאה לא תימא וגו', כי גם פעמים ימצא מתייחס במדרגות עליונות. והטעם שירצה לעולם במלכות אבל [לפעמים הכונה] במדרגה עליונה המתגלה במלכות. וזהו שאמר אלא ודאי מליא איהו מכלא, כי המדה הזאת המתייחס אל הדבור היא מדה שבה מתראות כל המדות ולכן על ידה יתייחס גם להמדות העליונות וסמניך כי לא דבר רק הוא. פי' אין מלת הדבו"ר רק ממדת הו"א שהוא הת"ת. ע"כ פי' המאמר ומתוכו מתבאר כי עקר הדבור במלכות ויתיחס גם אל המדות העליונות בריחוק ועל ידי המלכות:

דבר היא המלכות וזהו גבורי כח עושי דברו (תהלים קג כ) ופירוש בזהר (בלק דף קצ"א) דמתקנין ליה להאי דבר וכו'. וכן על דברתי מלכי צדק (שם קי ד) שהיא השכינה וקראה דברתי כי היא היתה מדתו של דוד. ורבי משה פי' כי גם כן נקראת דבר כמו לפניו ילך דבר וכו' (חבקוק ג ה) כי היא יד ה' הויה (שמות ט ג) ודאי. ואמר כי יש אומרים שהדבר בא מיסוד כי הדבר ערוב האויר וכן היסוד אינו פשוט ברחמיו, כי הוא קיבוץ כל הספי' כנודע (וח"ו לומר כן. כן כ' בס' קה"י ערך דבר):

דברים פירש בזוהר (וירא דקמ"ט) כי המלכות נקראת ג"כ דברים ואפשר שנקרא כן בהצטרפות אליה שבעה נערותיה כי כל אחד מהם נקרא דבר ויחודם דברים. ולראיה משם כי קרא לקליפ' אחר הדברים שהוא אחר לדברים והיינו ודאי אחור לכל הנערות כמבואר בשערי היכלי התמורות ושער התמורות:

דבש היא מצד שמאל בכח הגבורה ולכן גוונו אדום. ואם הוא מתוק על כל זה עליו נאמר (משלי כה טז) דבש מצאת אכול דיך. וכן נתבאר בתיקונים (תקונא י"ט דף ל"ט ע"ב) וז"ל וטעמו כצפיחת בדבש מסטרא דשמאלא עכ"ל ועל כן נאמר (שמות טז לא) כי כל שאור וכל דבש כי הדבש קרוב לשאור היא אלא ששאור הוא בשמאל מכל וכל בסוד הקליפ' והדבש בסוד תוקף הדין. ובזוהר פרשת ויחי (דר"מ) פי' שהמלכות תורה שבעל פה נקרא דבש והכל ענין אחד כי היא מצד שמאל נקרא דבש:

ד"ו פרצופין הם בת"ת ומלכות כי שניהם נאצלים כאחד כענין אדם וחוה שהיו ד"ו פרצופין. וענין זה כתבתי בארוכה בשער מיעוט הירח. אמנם נקראים כך בהיותה באותו המציאיות הנעלם שהיו קודם נסירה כאשר יתבאר שם:

דוד נאמן פירש בזוהר (בלק דף קפ"ט) כי צדיק נקרא דוד נאמן וכן פירש שם בתיבת הולך לדוד"י למישרים (שה"ש ז י). ואפשר שנקרא כן מטעם כי הוא דוד המלכות כי הוא סוד סמיכות גאולה לתפלה. ובזוהר פרשת ויקרא (דף ד') אמר כי הת"ת והמלכות נקראים דודים ובארנו בארוכה בשער מהות וההנהגה ולפי זה יקרא היסוד דוד שהוא המיחד שני דודים שעל ידו יחוד הת"ת והמלכות כנודע. ובפ' שמיני (דף ל"ט ע"ב) פי' כי דוד סתם הוא הגבורה וכן פי' בשיר השירים. ואפשר הטעם כי החבה והאהבה מתעוררות ע"י אש הגבורה ומטעם זה נקרא הגבורה דוד. ונמצא לפי זה כי הם ג' ענינים דוד נאמן ביסוד, ודודים ת"ת ומלכות, ודוד הגבורה. ואפשר היותו ביסוד מצד הגבורה:

דוד נקראת המלכות מטעם כי דוד מצד המלכות נעשה מרכבה למדה הזאת וכן נמצא שתקן אותה בהיותו משחר אותה בשירותיו וזמירותיו כי בה תלוים כל הלוליו כנודע. ואמנם היא היתה מדתו מצד ההוד ולכן [דוד עה"כ] עולה כמנין הוד וכן נתבאר בר"מ (ויקרא דף ד'.) כי מדתו של דוד מדת הוד. ושם מצוקות הקליפות ולכן היה מתגרה במתקוממים. ומצד ההוד נקרא דוד:

דור פירוש הת"ת והיסוד. מצד היסוד הם שש קצוות ובת"ת שהוא נכלל יותר מפני רוב אורו עולים לששים. וזהו כל הנפש הבאה ליעקב [וגו'] ששים ושש (בראשית מו כו), כי ששים מצד התפארת ושש מצד היסוד. ובעלותו אל הא יהיה ס' אלף. ובעלותו יותר אל כתר עליון יהיה ששים רבוא. כ"פ הרשב"י ע"ה בתיקונים (תקונא ס"ט דף דף ל"ז.). וכל הדורות הללו מתגלגלים במלכות כי היא גלגול הכל. וזהו דור הולך ודור בא והארץ לעולם עומדת (קהלת א). נמצאת למד כי התפארת והיסוד כל אחד מהם נקרא דור. וזהו דור לדור ישבח מעשיך (תהלים קמה) כי מעשה הוא המלכות ומדור לדור משפיעים בה כי זה כוונת שבח בכל מקום כאשר יתבאר בעזרת השם. אמנם יש מי שפירש דור הבינה בסוד היובל שהוא דרור לכל יושביה כי היא

מקום החירות, ודור שני היא המלכות בסוד שני ההי"ן כי שתיהן שוות:
דיו היא הבינה ופירוש כמו שהדיו שחור ונעלם כך עולם הבא בינה נעלם ואין עולם הבא מושג אלא על ידי שמשחיר אדם עצמו בעולם הזה. והוא אחד מצרופי היו"ד שהיא בחכמה והדברים האלה פי' הרשב"י עליו השלום בספר ר"מ [בפ' תרומה דף קנ"ט]:
דיין כל המפרשים פי' כי דיין הוא כנוי לגבורה. אבל בר"מ במקומות שונים פי' כי הת"ת מצד המלכות נקרא דיין וזהו דיין אמת כי הוא נקרא אמת ומי לנו בקי בכנויים כרשב"י ע"ה. והטעם כי המלכות דין כאמרם ז"ל דינא דמלכותא דינא. וכן צרוף אדני דינ"א ומאותו הצד נק' הת"ת דיין:
דין תורה ודין אמת היא השכינה והיא נקראת דין מן הטעם שפירשנו. ונק' אמת ותורה מצד הת"ת שבו אמת ותורה כמו שנתבאר. ויתבאר כאו"א בערכו. וענין זה נתבאר בר"מ (משפטים דף קי"ז):
דך פי' בתקונים (בהקדמה דף י"ג) כי היסוד נקרא דך שהוא כולל כ"ד אותיות דבשכמל"ו. וכאשר יש בו שפע ומי ברכה נקרא כד שהוא כד מלא מים. וכאשר נהר יחרב ויבש נקרא דך ועליו נאמר (תהלים עד כא) אל ישוב דך נכלם. והמלכות נקרא דכ"ה בסוד החסרון כמו שנקרא כד"ה בסוד המלוי כמו שנבאר בערכו:
דכים פי' בתיקונים (תקונא כ"א דף מ"ו) כי המלכות מצד היסוד נקראת דכים ופי' ד"ך י"ם שלה שאין לה שפע והטעם שהוא למטה ממנה ואין בידו להשפיע שובע ברכות. ועוד מפני שהיא כלולה מכ"ד אותיות דבשכמל"ו שהם ביסוד. והרמז שלהם פירשתי בשער נ' שערים:
דל נקרא הצדיק. והטעם כי הוא עני בערך אל תפארת שהוא עשיר. עוד נקרא דל מטעם דלית ליה מגרמיה כלום. וכן נתבאר בספר ר"מ (תשא דף קפ"ח). ואז המלכות נקרא דלה כנודע ויתבאר שם בה"ו:
דם זה נתבאר בז"ח שה"ש (דף פ"ו ע"ב) כי ם' רמז על הבינה בהיותה סתומה במ"ם סתומה שלא להשפיע ואז המלכות בצורת ד' ומטעם זה דם מורה דין כי שתים אלה סבות הדין כנודע ע"ש:
דמדומי חמה פי' במלכות והטעם שלוקחה מן החמה שהוא תפארת. ואפשר לפרש טעמים אחרים ששם נעלם ודומם החמה ואינו נשמע. או אפשר שהוא זווג החמה דהיינו ביאה בחשאי:
דמיון הוא המלכות ונקראת כן כאשר היא יושבת בכסא הכבוד כאשר נתבאר בשער אבי"ע. ואז כאשר היא כלולה מכל מראות ופרצופי הנביאים נקראת דמיון. וכן פירש הרשב"י ע"ה בתיקונים (תקונא י"ח דף ל.) וז"ל ע"ש דכל פרצופין דנביאים בה אינון רשימין אתקרי דמיון. והכוונה שמתגלים בה כל העניינים המתדמים בנביאי האמת נצח והוד. ור' משה פי' מלה זו בנצח. והענין כדפי':
דמות אדם היא המלכות. כך פי' (בתקונא י' דף כ"ד.) וז"ל ה' זעירא דמות אדם בה אשתלים יהו"ה:
דמעות פירש בזוהר פ' שמות (דף י"ט.) על הענין שהקב"ה מוריד שתי דמעות לתוך הים הגדול וכו'. וז"ל תנן בעשרה כתרי מלכא יש שתי דמעות להקב"ה והם שתי מדות דין שהדין בא משתיהן כד"א שתים הנה קוראותיך. וכשהב"ה זוכר את בניו מוריד אותם לים הגדול שהוא ים החכמה להמתיקם והופך מדת הדין למדת הרחמים ומרחם עליהם. אמר רבי יהודא שתי דמעות שמהם בא הדין שמהם באים הדמעות עכ"ל. ופי' מבואר כי שתי מדות של דין יש בעשר ספירות. ואפשר היותם גבורה הוד ששתיהם דין כדפירשנו בשערים הקודמים. או גבורה ומלכות וראשון עקר. ובהיותם מתלבשות בדין הקב"ה זוכר את בניו פי' הצער שסובלים ישראל על התורה בגלות. מורידן לים החכמה, פירוש מעלה אותם כמו פלוני ירד למרכבה (המובא בשם דף ט"ו ע"ב) שמתוך דקותן לעומקן יקרא העליה אליהם ירידה. וכן היורד לפני התיבה וכן פלוני ירד לסוף דעת וכו' שהכוונה עליה וכמוהם רבים. לים הגדול ים החכמה, ים החכמה פי' נקראת בינה כנודע. ונקראת ים הגדול בהיות' שופעת בגדולה. ונקראת ים החכמה בהיותה מתייחדת עם החכמה והחכמה משפעת בה רחמים גדולים. ואז היא מתמלאת מחלב בסוד הלובן העליון משפעת ומניקה לשתי מדות אלו מאותם הרחמים. ואז עיינין מלהטן רוחצות בחלב כדפירשנו בשער מהות וההנהגה בפרק עשירי. ובהיות עיני הגבורה רוחצות בחלב האם, נהפכת אל הרחמים והדין יתבטל כדפירשנו שם:
דעת סתם, הוא התפארת. ונקרא גם כן הצדיק דעת וזהו כי אל דעות ה' (ש"א ב ג) דעות שנים. ובצירוף עדות ואין עדות פחות משנים. ונקרא דעת מלשון והאדם ידע את חוה אשתו (בראשית ד א), יודעי תרועה (תהלים פט טז) שפירושם לשון חיבור. וזהו ג"כ הטעם כי התפארת מייחד החכמה והבינה בסוד הדעת כמבואר בשער אם האין סוף הוא הכתר. וכן היסוד מיחד ומזווג התפארת והמלכות. וכבר הארכנו בזה בשערים הקודמים. אמנם נקרא כל אחד מהם דעת איש לפי מלאכתו

אשר המה עושים. וקרוב לזה דברי רבי משה ודברי בעל שערי צדק:

דר כל המפרשים הסכימו שהיא המלכות. ובספר שערי צדק פירש הטעם שהיא דירה לשם בן ד' שהוא הת"ת כנודע. ועוד שהיא דרה בינינו כד"א (ויקרא טז טז) השוכן אתם בתוך טומאותם. ורבי משה פירש כי דר הוא שם לאבן טובה. וגם מלשון קוץ ודרדר וכן המדה הזאת כי ממנה טוב ורע. ואמר כי כל דר לשון דרור ור' משה עצמו פי' דר בבינה. ויהיה גם במלכות מצדה:

דרום הוא החסד וכן ארז"ל (ב"ב דף כ"ה) הרוצה שיחכים ידרים ופירוש ידרים יכוין אל הדרום שהוא החסד ששם המשכת החכמה לחסד כנודע. ואחרים פירשו דרום בת"ת והכריחו הסברא הזאת וכן פי' ר' משה שני פי' האלה. ועיקרו בחסד אמנם למה הדרום נגוב ויבש והיה ראוי שיהיה להפך נבאר בערך נגבה בעזה"ו:

דרור פי' הרשב"י ע"ה בתיקונים (תקונא ו' דף י"ט ע"ב) בפסוק ודרור קן לה (תהלים פד ד) כי הבינה נקראת דרור בסוד היובל שהיא נקראת דרור:

דרכים פי' בזהר פרשת מקץ (דף קצ"ז ע"ב) כי דרכים הם צנורות שבהם משפיעים הגדולה והגבורה והת"ת אל המלכות כשמקבלים מהבינה והם נקראים דרכים בערך שהם נגלים ומושגים לכל כדרך הזה שהוא מבוא לכל. מה שאין כן בנתיבות שהם נעלמות כמבואר במקומו. ובתקונים פי' כי סתם דרך הוא התפארת והכריח הענין מהכתוב (במדבר כד יז) דרך כוכב מיעקב וכן דרך הנשר בשמים (משלי ל יט). ועם היות שיש פעמים רבות שדרך הוא נקבה כמו דרך נשים לי (בראשית לא לה) וכן הני שפי' ריש מסכת קדושין כי יש דרך שהוא לשון נקבה. הכוונה שהוא נמשך מן הזכרים אל הנקבות והיינו דרך גבר בעלמה (משלי ל יט). עד הנה הגיע עניות דעתנו בביאור ערך הזה והננו נכנסים בביאור ערך אות ה' בעזרת העוזר דלים ואביונים בתורה:

פרק חמישי:

באות ה' האות בעצמה פי' בשער האותיות. אמנם יש חילוק בין בואה בראש התיבה ובין בואה בסוף התיבה. כמו שמעה סלחה הקשיבה שהיא רמז למדה אחרונה וכן בארו בזהר פרשת חיי (אולי כוונתו לדף קל"ב.) וה' בראש התיבה רמז לבינה ובסוף התיבה למלכות. ועם כל זה לא יצדק הכלל הזה לעולם. וז"ל בזהר בפ' תרומה (דף קס"ח) המוציא מ"ט המוציא ולא מוציא, דהא כתיב בורא השמים ולא הבורא שמים, עושה ארץ ולא העושה ארץ, מ"ט הכא המוציא. אלא כל מילין דאינון מרזא דעלמא עילאה סתירא אסתתרא ה' מתמן לאחזאה דהא מעלמא גניזא וסתירא איהו וכל מילין דאינון מעלמא תתאה דאתגליא יתיר כתיב בה' דכתיב המוציא במספר צבאם הקורא למי הים כלהו מרזא דעלמא תתאה איהו. ואי איכתב בשמא איהו בה' כגון האל הגדול. והכא דאיהו באורח סתים מרזא דעלמא תתאה איהו עכ"ל. ולכאורה נראה כי המאמר הזה מנגד אל מה שפי' בשם הרשב"י ע"ה לעיל. וכאשר נדקדק בו נמצאהו חולק קצתו על קצתו. כי ראשונה אמר כי ה' הידיעה מורה על עלמא מתגלייא שהוא המלכות, ובסיפ' קאמר והכא דאיהו בארח סתים מרזא דעלמא תתאה. כנרא' שמפני היותו עולם תחתון צריך היותו באורח סתום. ובזולת היותו חולק דידיה אדידיה הדבר בעצמו הפך הדעת. כי בשלמא למה שאמר ברישא כי מפני היותו עולם מתגלה בא בגלוי ומפני היות הבינה עולם נסתר בא בהעלם בהסתר ניחא. אלא למאי דקאמר ואי אכתב בשמא, קשה וכי מפני שהיא הבינה יבא בה' הידיעה. לכך נאמר כי מיני הגלוי הם שנים ומיני העלם ג"כ שנים. שני מיני גלוים הם. א' ה' גלוי הפעולה, ר"ל היות הפעולה מורה על הידוע על גלוי פעולה כמו הקורא האומר כי ה' הידיעה שבפעולה מורה על הקדמת ידיעת פעולה וזו מורה גלוי. ויש גלוי שני והוא גלוי השם בעצמו בה' הידיעה כמו האל הגדול כי הה' מורה על גלוי האל כנודע והגדול כנודע. ולכן בגלוי א' שהוא גלוי הפעולה יש שם העלם שאינו מזכיר שם הפועל כלל כמו הקורא האומר העושה, כי אין שם גלוי מי אמר מי עשה מי קרא. והענין הזה בא לכנוי המלכות מפני שהוא עולם נגלה בא בפעולתו בגלוי המורה על גלוי. ומפני כי אין ראוי לנקבה לעלות בשם כי כל כבודה בת מלך פנימה לכן היא נעלמת בבחינת שמה. ואף אם הפעולה בגלוי. מפני שיתייחס אליה גלוי והעלם. גלוי לפי שהיא נגלת, העלם לפי שאין ראוי להעלותה בשם כדפי'. והטעם הנכון והאמתי לענין היא כמו שנבאר עוד בע"ה. אמנם בינה עולם עליון כשמזכירים פעולתה מזכירה בשם העלם בלא ה' הידיעה להראות כי היא עולם נעלם ולכן אמר בורא עושה. כי הבינה ברא השמים שהם התפארת, וכן עשה הארץ שהיא המלכות. ולכן להיותה עולם נעלם באו פעולותיה בהעלם בלא ה' הידיעה וכן פי' בזהר פ' וירא אליו בפסוק (ישעיה לח ה) הנני יוסיף על ימיך כי אמר יוסיף ולא אמר הנני אוסיף כראוי מפני שתוספת

שנים מהבינה והבינה נעלמת ולכן אמר יוסיף. הנה שפעולותיה ראוים להיות בהעלם כדרך שהיא נעלמת. וכן פי' בזהר פרשת פקודי (דף רל"ה ע"ב) וז"ל דכתיב הוקם ולא פירש על ידא דמאן אלא דלא אתקם אלא מרזא דעלמא עילאה דאיהו סתים וגניז ע"כ. אמנם בשם עצמו אדרבא זו היא מעלתה שתתעלה בשם שלא כדרך המלכות. ולכן כשהשם בה"א הידיעה מורה על הבינה שכן הה' רמוזה אליה ולא במלכות שאין ראוי שתתעלה בשם וכל שכן בה"א הידיעה בשם שמורה על גדולתה ומעלתה. ועם הקדמה זו יתיישבו דברי המאמר כי הוא הקשה למה אמר המוציא כנראה דבלא ה"א לא סגיא. ואינו שהרי מצינו ענין פעולה שהוא הווה בלא ה' כמו עושה ארץ בכחו מכין תבל בחכמתו ושם ודאי העיקר הוא על העשייה ההוה שהוא קיום העולם בכל שעה ובכל רגע. וכן בורא השמים העיקר הוא על ענין חוקם תמיד אם כן למה אמר המוציא בה' מיותרת ללא צורך. והשיב אלא כל מילין וכו', ודקדק באומרו כל מלין שפי' ענייני פעולות. ולא אמר כל שמהן וכנויין או תיבין. לפי שהכונה על הפעולות הבאות בה"א הידיעה או בלא ה' כמו מוציא עושה או העושה ודומיהם. אבל בשמות כמו ההרה, היום, ודומיהם הוא סוג בפני עצמו כמו שיתבאר. ואמר בעלמא דאתגליא יתיר, לפי שאף על פי שהוא עולם הנגלה נעלם הוא גם כן על האמת כמו שנבאר בערך מ"ה בעזרת השם. ואי אכתוב בשמא וכו', פי' ואם ה' הידיעה נכתב בשם הכנוי עצמו ולא בפעולה אז תהיה הגזרה להפך שיורה על הבינה כדפירשנו. אמנם הכא דאיהו בארח סתים שאמר המוציא ולא אמר מי הוא המוציא וכן הקורא וכו' הכל במלכות כמו ויקרא אל משה ולא אמר מי והוא המלכות כמבואר בזהר במקומות רבים. ונבארהו בערך וה' הוא ובית דינו בפרק ו'. ובזה נתבארו דברי המאמר. והטעם אל הענין הזה שאין המלכות עולה בשם, הוא כי אין ראוי לאשה לעלות בשם בפני בעלה ולכן אינה נודעת כל כך. ואם כן לא יצדק בה ה' הידיעה שאינה נודעת וכן כתוב באשת חיל נודע בשערים בעלה, אבל היא אינה עולה בשם. אבל פעולותיה לטובתה ולזכות ענייניה ראוי שיעלו בידיעה בשם נודע שמפורסם מעשיה בכל קצווי ארץ. או אפשר מפני כי הבינה אינה צריכה לכסוי ולהעלם מהקליפות שהיא נקראת נשר שהיא כנשר שאינה מפחדת מכל עופות שבעולם ולכן שמותיה בה' הידיעה להראות שאינה מפחדת מהקליפות. אמנם המלכות נקראת יונ"ה וצריכה כסוי כדכתיב (תהלים סח יד) כנפי יונה נחפה בכסף. ולכן אינה ראויה להיות שמותיה בה' הידיעה לכסותה ולהעלימה שלא ישלטו הקליפות. שהיא היונה המפחדת מן העופות הרודפות. והקדמה זו נתבאר בארוכה בתיקונים (תז"ח דקכ"א) ולאהבת הקיצור לא העתקנו לשונו הנה. והכלל כי ה' בסוף תיבה לעולם במלכות, וה' שבראש התיבה כאשר היא רמז אל הפעולה הידועה כמו המוציא אז היא במלכות. ובהיותה הפעולה סתמיות כמו עושה בורא הם בבינה. וכל ה' הידיעה שהיא בראש השם שם ממש שאינו פעולה אז היא בבינה ולא במלכות:

ובענין ה' רבתי וה' זעירא פי' בזהר פ' לך (דף צ"ג) ז"ל כי ה' רבתי בבינה וה' זעירא במלכות. ועוד פי' בו שם פירוש אחר כי ה' רבתי הוא רמז למלכות בהיותה יונקת מן היסוד ולכן היא רבתי להורות שלימתה במילואה מתמלאת מן השמש וכאשר היא ה' זעירא רומזת בהיותה במיעוט וחסרון הלבנה ויונקת מן הדין, אבל לא כ"כ כמו כאשר נקראת בשם ד' שהיא דלה מכל וכל. ואמרו שם כי פי' אחרון עקר:

הבל שבעה הבלים הם והם הנזכר בפסוק הבל הבלים וכו' (קהלת א) והם, הבל א' הבלים שנים הרי ג', הבל הבלים ג' אחרים הרי ו', הכל הבל הרי שבעה. והם שבעה ספי'. ופי' מלשון הבל פה שפי' נשמה כד"א וברוח פיו כל צבאם. וכן יש הבל עולה והבל יורד והם בינה ומלכות. בינה עולה להתדבק בחכמה. ומלכות יורדת להתדבק בתפארת בסוד יהה"ו כדפירשנו בשער פרטי השמות בפרק ט"ו. ובענין הבל יש צרוף לה"ב מלשון חוצב להבות אש (תהלים כט) ונקרא כן מצד הבינה על ידי הגבורה:

הגדה עקרו בחכמה וכל לשון ויגד ותגד וכדומה הוא בחכמה וכן נדרש בשיר השירים [בז"ח דף פ"ד.) בפ' הגידה לי (א ז) (ובזהר ויחי דף רל"ד ע"ב) ובמקומות רבים מהזהר. ובתקונים (תקוני ז"ח דף קט"ז.) פיר' כי חכמה תתאה מצד חכמה עלאה נקראת הגדה וכן כל לשון נקבה שבהגדה וכן מדרש הגדה. ובמ"א (תקון כא דמ"ד) פי' כי המלכות נקר' הגדה כד שרייא בה יהו"ה שהוא בעלה. ואפשר הטעם מפני שאי אפשר הייחוד אלא כשהיא מקבלת מחכמה כדפי' בשער מהות והנהגה:

הדום אלה הם דברי רבי משה בכנוי זה. הדום יש מן המקובלים שקראו להוד הדום רגלי ויותר נראה לקרות שם זה למדת מלכות עכ"ל. ודבריו האחרונים נראה ודאי שכן כתיב (ישעיה סו א) והארץ הדום רגלי ופי' הרשב"י ע"ה בתקונים במלכות. ופי' שם כי היא נקראת הדום רגלי כאשר

היא כלולה מעשר ואז היא הדום ומושב לכלם. ויתיישב פי' רגלי כענין ברגלי אעבורה (במדבר כ יט) [העם אשר ברגלי (מ"א כ) שפי' לשון כנופיא:

הדס בכל דברי הרשב"י ע"ה בתקונים ובזהר. מוכח כי ג' הדסים הם ג' אבות ומלכות מצדם נקראת הדסה כי פי' הד"ס ה'. ואפשר שמצד זה אסתר ירקרקת היתה. וההדס ירוק ומר מצד הדין מצד התעטרות הבינה קו הירוק כמבואר בשער הגוונים:

הדר לפי הנראה כי הדר הוא בהוד. אבל בתיקונים (בתקוני ז"ח דף קי"ב ע"ב) פי' כי הדר בתפארת. וז"ל קול ה' בהדר הידור לישראל סבא הה"ד והדרת פני זקן עכ"ל הנה בפי' כי הדר בת"ת. ובס' אור יקר פירשנוהו בנצח והארכנו בראיות על פי הפסוקים וכן בארו בזהר (בסבא דמשפטים דף צ"ח.) בפסוק הוד והדר לבשת (תהלים קד) כי הדר הוא בנצח. ואפשר דהיינו מאי דקאמר והידור לישראל סבא כי הנצח הוא כסא ומכון לת"ת (ע' זהר תצוה דקפ"ו דגם היסוד נק' הדר לפעמים):

הוא כנוי לכתר. והכונה שהספי' הזאת נסתרת ונעלמת מעין כל ולפי' מכנים אותה בלשון נסתר ונעלם. אמנם בזהר בפרשת וירא אליו בפסוק והוא יושב פתח האהל פי' הוא בבינה. וכן בפ' ויצא (דף קנ"ד ע"ב) וז"ל ועלמא עילאה דאיהו יובלא קרינן הוא דכל מלוי באתכסייא אינון. וכן לעיל בשער המציאיות פ"ג במאמר שהעתקנו בפסוק והיה ביום ההוא. ואפשר הטעם כי הוא לפעמים מתעלמת בסוד הסתלקותה אל מציאות י' שבחכמה. ובהיות ההו"א בה"א הידיעה, הוא במלכות רומז לשני מציאותיה. האחד מציאות י' הוא ונעלם. ושני מציאות ה"א והיא מציאות מתגלה ובא בה' הידיעה בשם, הפך מה שפי' ריש פרקין. מפני כי הוא שם מתעלם בחינה נעלמת למציאות י'. ופעמים נמצא להרשב"י ע"ה מייחס הוא אל הת"ת. ואין מן התימא כי לעולם הוא מורה הנעלם, והת"ת הוא נעלם בערך מה שלמטה. ולפעמים המלכות גם כן נקרא הוא כשהיא מתעלמת כדפי'. ובמקומות הכתוב הו"א ונקרא הי"א פירוש בזהר שהוא כללות הזכר עם הנקבה וז"ל בפ' חקת (דף קפ"ג ע"ב) ר' אבא אמר בכל אתר כתיב הוא וקרינן היא דכר ונוקבא כחדא. וכללא עלאה, ה' נוקבא, ו' דכר, א' כללא דכלא, דהא א' בשלימו שריא עכ"ל. והכונה כי במקומות הכתוב הוא וקרינן היא הוא לרמוז אל המלך בהיכלו וכן הענין בזה הכתוב הוא וקרינן היא. ובהוא עצמו גם כן יש כללות שנכלל בו ענין גדול שהמלכות ה'. ת"ת ו' וא' למעלה בכתר. כי אין הכתר שורה אלא במקום שלם דהיינו דכר ונוקבא כחדא שזהו אדם שלם כאמרם זכר ונקבה בראם ויקרא את שמם אדם, שניהם יחד. ואמר הענין הזה מפני שהוקשה כי בשלמא שם בן ד' שנכתב בי"ה ונהגה בא"ד, הטעם מפני שגם בשם בן ד' כלולה המלכות בסוד ה' אחרונה ולכן אנו מזכירים הה' ושם נכלל שאר השם. אמנם בהוא והיא לא נזכר בהוא הנקבה ולכן לא היה ראוי שיכתב אלא היא ובמקום שנכתב הוא שנקרא הוא ולא היא. ולזה השיב כי גם בהוא נזכרה הנקבה וזה שאמר וכללא עלאה וגומר. ונמצא למדין פירוש מלת הוא שהיא כולל מלכות ותפארת וכתר. ועוד טעם למה נכתב הוא ונקרא היא כי הוא רומז שתיהם יחד מלך בתוך חופתו והיכלו:

הוד בספר שערי צדק הטעם שנקרא הוד בהיותו מתלבש במדת גבורה להשפיל אויבים ולנצח מלחמות ולהציל אוהבי עליון והסוד והודי נהפך עלי למשחית וכו' (דניאל י ח). וכל מיני ההודאות שאמר דוד בספר תהלים מדה זו וכו' עכ"ל וכ"פ בפרק האורה. ובפרק השם פי' רבי משה ג"כ שנקרא הוד בהתלבשו מהגבורה והביא ראיה מהפסוק (תהלים מה ד) חגור חרבך על ירך גבור הודך והדרך ע"כ. ובתיקונים (תקונא י"ג דף כ"ז) ג"כ פירש הרשב"י כי כל הודו הוא בהוד:

הוה בפסוק הוה גביר לאחיך (בראשית כז כט) פי' בזהר פ' תולדות (דף קמ"ג ע"ב) וז"ל דאלין אתוון אינון רזי דהימנותא ה' לעילא ו' באמצעיתא ה' לבתר ובגין כך אמר הוה גביר לאחיך וכו' עכ"ל. והכונה כי במלת הו"ה נכללים סוד הבינה והתפארת והמלכות והטעם להגביר הקדושה על הקליפה להאבידה כדפירשנו התם:

הוי פי' הרשב"י עליו השלום פ' אחרי מות (דף ע"ד ע"ב) כי בהסתלק התפארת דהיינו ו' עם משך הו"או דהיינו ראש ו' זעירא שביסוד דהיינו י' נעשה וי. וכאשר תסתלק עוד אל הבינה ולא יושפע ממנה שפע למטה והברכות מתעכבות שם והצינור שהיא התפארת המשפיע לכל האצילות מסתלק שם אז נאמר הוי. ויש חילוק בין אוי להוי כי במקום שנאמר אוי אין הגזירה מתבטלת בתשובה שאין שם ה' שהיא תשובה וכאשר נאמר הוי עדיין הדבר תלוי בתשובה ותשובה מבטלת. והארכנו בערך אוי:

היא כנוי למלכות אמנם במציאותה הנסתרת המשתווה אל החכמה כדפי' בשער המציאות (פרק ג' וד') וכן פי' הרשב"י ע"ה בספר ר"מ (פנחס דף רנ"ז.). וענין כתיב הוא וקרינן היא פי' לעיל בערך הוא:

היכל נקרא המלכות כי היא היכל אל הת"ת שהוא

גנוז בתוכה וכן עולה שם אדנ"י בחשבון היכ"ל. ושם אדנ"י היכל לשם בן ד' במציאות הספירות וההברת ההזכרה כנודע. והבינה היכל לחכמה ולת"ת שהוא גנוז בתוכה ויוצא מן ההיכל למגדל שהוא התיבה שהיא המלכות כאשר נבאר בערכו בע"ה כן פי' בזהר (שלח דקס"ד ע"ב). ובפ' לך (דף צ"ד ע"ב) פי' כי היכל הוא הכתר ופי' היכל הכונה מקום שבו כולל הכל דהיינו כתר הכולל כל האצילות. ועכ"פ היכל רומז אל הספירה שהדברים נגנזים בה. ולכן ייחס הכנוי הזה לכל הספירות. ובכתר מתייחס ג"כ מפני שבו גנוז הכל בסוד הצחצחות כדפי' בשער הצחצחות (ע' בעס"ר):

הלכה היא השכינה ונקראת כך במציאותה הדק הנקרא בת עין. וזהו הלכה למשה מסיני שהכונה שהיא כלת משה בסוד מציאות היו"ד אשר לה כמבואר בשער המציאיות כן פי' בתיקונים. ובר"מ פי' כי מצד הגבורה נקראת הלכה. כי שם ה"י מאלהי' ה' מאברהם י' מיצחק ונקראת הלכה כרבים בהיותה מקבלת מג' אבות שהם נקראים רבים כמו שנבאר בערכו ובתיקונים (תקונא כ"א דף מ"ה.) פי' שנקראת הלכה כאשר היא בין נצח והוד הולכת להתייחד עם בעלה. ואפשר לחלק בין הלכה סתם ובין הלכה למשה מסיני:

הלל גמור ושאינו גמור יש שפי' כי הגמור הוא בסוד הבינה ושאינו גמור בסוד המלכות. והנכון גמור היא בסוד לבנה במלואה, ושאינו גמור בסוד פגימתה. (וע' תקונא י"ג דף כ"ז דהלל גמור מורה על מצה שלימה ושאינו גמור על מצה פרוסה וע"כ בפסח אומרים שניהם):

הללויה הוא א' מי' תקונים שיש למלכות מע"ס. ומצד התפארת יש לה הללויה וכל ענין הילול. כן בארו בתיקונים (תקונא י"ג דכ"ז). ובזהר פ' וישלח (דף קע"ח) פי' כי הללויה הוא שבח שהשכינה משבחת לתפארת ובאו שניהם בתיבה זו והוא הלל יה"ו. הלל היא השכינה מלכות ונקראת הלל שהיא משבחת תדיר להקב"ה יה"ו הוא התפארת. וענין סדר אותיות אלה וי"ה. ובאורו שהיא משבחת לתפארת שהוא ו' שהוא כלול מחכמה ומבינה ומקבל מהם והיינו י"ה:

הנני היא המלכות בחינתה לבדה בלי הצטרף אליה בחינה אחרת מהבחינה של הספירות כלל והוא מורה על הדין ומורה על גלוי' והזמנת'. כן בארו בזהר פ' נח (דף ס"ה ע"ב) והמפרשים פירשו בענין אחר:

הר ההרים הם הרבה. אמנם הר סתם יש שפי' אותו ביסוד. והם בעל ספר האורה, ור' משה בספר השם ג"כ פי' הר ביסוד. אמנם בזהר (תשא דף ק"צ.) בפסוק נכון יהיה הר בית ה' (ישעיה ב) פי' רבי חייא וז"ל הר בית ה' דא טב בלא רע. הר בית ה' ודאי דלית תמן חולקא לסטרא אחר' וכו' עכ"ל. ושם העסק במלכות כדמוכח התם. עוד נקראת המלכות הר המוריה וכן הר המור כדכתיב (שה"ש ד ו) אלך לי אל הר המור. ופי' רבי משה כי במוריה יש שם י"ה אל ל"ב נתיבות. ועוד בו לשון הוראה. ועוד לשון מור שהוא ענין קטרת. והנה ירושלם היא המלכות ויש הרים סביב לה ומהם הר שעיר, ומהם הר עשו, ומהם הרי נשף והם כנוי לקליפות. ויש שפי' בהר ציון הר הוא ירושלים וציון הוא יסוד וכן נקרא ההר הטוב (דברים ד) מפני שהוא טוב ומטיב לכל, על דרך אמרו צדיק כי טוב (ישעיה ג י). וכן נקרא הר הקדש. וכן יש הררי ציון ופי' כי הם נצח והוד כי הם הרים סביב להר ציון הנזכר שהם משפיעי' ליסוד כנודע. והנראה לנו בענין ההר הוא כי סתם הר הוא במלכות וכן פי' בזהר פ' יתרו (דף ס"ט) וז"ל אל הר ה' דא אברהם דכתיב אשר יאמר היום בהר ה' יראה. דהא אברהם קרא לה הר מה הר הפקרא לכל מאן דבעי בעלמא אוף אתר דא קדישא הפקרא לקבלה לכל מאן דבעי בעלמא. ופי' כי המלכות מצד החסד נקרא הר שהוא הפקר מצד שבו תפיסת הגרים בהיותם נכנסים תחת כנפי השכינה ולכן בימי אברהם היה מקבל רוב הנפש כדכתיב (בראשית יב ה) ואת הנפש אשר עשו בחרן. וכן ביאר עוד שם (דף ע'.) וז"ל הר לשאר עמים כד אתיין לעאלא תחות גדפוי. ופירש שם כי לכן הגר נקרא ג"ר צדק שנכנס תחת כנפי השכינה הנקרא צדק. ונקרא ג"ר מפני שעוזב מקומו ובא לחסות. ובזהר פ' לך (דף פ'.) פירש בפסוק ויעתק משם ההרה וז"ל מתמן ידע הר ה' וכלהו דרגין דנטיען בהאי אתר. נראה מדבריו כי המלכות בערך היותה כולל כל כחותיה התחתונים נקראת הר כמו ההר שבו נטיעות הרבה. וכן מורה במקומות הרבה. הנה מכל זה כי מלכות נקרא הר. ואמנם כל הספירות נקראים הרים כמי שפירש בתיקונא (כ"א דף מ"ב) שמעו הרים אלין אבהן. כי גדולה גבורה תפארת נקראים הרים. ונקראים כן על שמה כי היא עקר אל ההרים כדפירשנו לעיל ולשון הר מורה על ענין גבוה כי הם גבוהים ועליונים:

הרי בשמים נקראת כל שש קצוות עליונות מטעם כי הם מתבשמים כל א' מחבירו. ובתולות אחריה רעותיה נקראים הר"י בת"ר מטעם כי משם ולמטה יפרד והם טורא דפירודא כן נתבאר בזהר פרשת

ויצא (דף קנ"ח.). ונקראת הר המוריה מצד החסד כן פי' הרשב"י ע"ה בפסוק (שה"ש ה א) אריתי מורי. כי המור הוא באברהם ונבארהו בערכו ב"ה. ונקרא מוריה בסוד היות החסד מיוחד בג' ראשונות הנכללות בי"ה כנודע. וכן כתר נקרא מור. וכן פי' הרשב"י ע"ה בפסוק (שם ד ו) אלך לי אל הר המור ואפשר שנקרא מצדו הגדולה כן. וארבעתם יחד בהיותם מריקים ברכה ושפע אל ההר הזה ע"י המעשה ההוא שעקד את יצחק בנו נקראת על שמם הר המוריה. ונקראת הר הקדש בהיותה יונקת ממקום הקדש שהוא בחכמה כאשר נבאר בערכה ב"ה. ונקראת הר ציון במציאותה כאשר יתיחד עמה (היסוד) בנקודת ציון שהוא מציאות יו"ד שבה משכן ליסוד כאשר נבאר בערך ציון בע"ה. ובזה יתוקן הכל כי בתיקונים פירש הרשב"י ע"ה הר ציון יסוד. ובמקום אחר פירש כי המלכות נקרא הר ציון והכריח כן מן הכתוב. והא כיצד אלא כדפירשנו. ונקראת הר גריזי"ם והר עיבל, מצד ימין ששם הברכה הר גריזים, ומצד השמאל הר עיבל ששם תוקף הדין. ונקראת הר הטוב בקבלתה מן החסד מצד בחינה הנקרא טוב כאשר יתבאר בערכו ב"ה. ופירוש טוב מאיר בסוד אור החסד. ויש הר העברים (כמש"כ בזהר חוקת דף קפ"ג.) דאחיד לתרין סטרין ע"כ. וגם מן הטעם זה יתכן ביסוד. עוד נקרא המלכות הר סתם מצד עצמותה כדפי', והר ה' מצד עצמותה לבד בלי הצטרפות הרים זרים עמה. ונקרא הרים סביב לה מצד ההרים מהם טובים ומהם רעים. הטובים נקראים, בתולות אחריה רעותיה כדפירשנו לעיל ויקראו הררי ציון. והרעים יש קצתם נקראים הררי נשף והרי חשך הפך הבקר אור. והר שעיר והר עשו כל אלו מצד הקליפה מצד שמאל. ובתיקו' (ז"ח ד"קלא) וז"ל ותנח התיבה שריא בטורי לווטייא למעבד בהון דינא דאינון טורי קרדו טורי חשוכין בגלותא אריכן בגלותא כו' יראה משם בפי' כי הקליפות נקראים הרי ארמט לשון קללה:

התקפתא פי' הרשב"י ע"ה בתקונים (תקונא כ"א דף מ"ד) כי המלכות מצד החסד נקרא התקפתא. והכריח כן מפסוק ימינך ה' נאדרי בכח ותרגום בתוקפא. והאמת שהיא מצד הגבורה שבגדולה שכן הכריח בזהר דשמאלא אתכליל בימינא מן הפסוק הזה. ואין ספק כי כ"ח הוא מצד הבינה בסוד הדין אל השמאל ומשם נכלל החסד בגבורה. עד הנה הגיע עיון שכלנו בביאור ערך אות ה' והננו נכנסים בביאור אות ו' בס"ד:

פרק ששי:

אות ו' נבאר בשער האותיות ב"ה. ואולם ו' בראש התיבה מורה על התפארת ואעפ"י שהתיבה עצמה רומזת במלכות כמו ועת"ה ואתה ואנ"י וזאת. הרמז הוא לתפארת ולמלכות מיוחדים וזה כלל גדול לכל כיוצא בזה במלת ויהו"ה שנבאר בעה"ו:

ויהו"ה הוא ובית דינו כבר נתבאר כי שם בן ד' הוא התפארת ובית דינו של שם הוא המלכות. ויש לשאול כי אין כאן רמז לבית דינו כלל כי השם הוא בתפארת והוא"ו רמז לתפארת. ויש לפרש כי נזכר שם המלכות בשלימות מפני כי כל מקום שאומר וה' הוא ובית דינו. ואין דין כ"א בתגבורות המלכות היא מדת הדין על התפארת שהוא מדת הרחמים. ולכן גבר ידה ונזכרה שמה בשלימות ונרמז בעלה עליה בוא"ו להורות אל סיוע הסכמתו אל הדין והטעם כי הוא דין מעורב עם רחמים ובכל מקום שנזכר שם בן ד' בדין מעורב עמו רחמים ודאי. ולכן שם הזה מסכים וזהו שאמר וה' הוא. כי הוא"ו שהוא התפארת נקרא הוא. כדפי' בפ' הקודם. ובית דינו כי כשאומר וא"ו נוסף הכוונה כי הוא מוסיף על ענין ראשון. והיינו הנקבה הנעלמת לבא בהעלם כדפירשנו. ובזהר פרשת תרומה (דף קל"ח) בפסוק מזמור שיר ליום השבת וז"ל אשכחן בכמה אתר דעלמא תתאה לא סליק בשמא ואתיא סתים כגון האי וכגון ואל משה אמר עלה אל ה', ויקרא אל משה. כלהו סתים שמא ולא סליק ביה אלא בגין דאית ביה דרגא עלאה ולגבי דרגא עילאה איהי לא סליק בשמא עכ"ל. הנה בפירוש כי כשמלכות מתאחדת עם התפארת אינו עולה בשם אלא הזכר לבד. ולכן כאן שעיקר הוא התפארת שהוא השם באה המלכות בהעלם בתוספות הוא"ו המורה שהוא כמוסיף הזכר על הנקבה הנעלמת. וזה רמזו באמרם הוא ובית דינו כי אין אדם יכול להזכיר שם בן ד' אם לא בבית דינו ואין דיין דן את הדין אם לא בבית ומוכרח מעצמו שם בית דינו. ובא הגלוי בתוספות וא"ו כמוסיף כאלו כבר היתה הנקבה נזכרת כדפי':

וה"ו פי' בסוד אנ"י וה"ו שהם תפארת ושכינת עזו בסוד אשר נקרא תפארת הוא כדפירשנו בערכו. ואין ספק שאין שם וה"ו בלא א' חשוב כשם הוא השלם. שבשם הוא מורה היחוד הגמור והכבוד החופף. והיינו כתר הנרמז בא'. ובשם וה"ו חסר א' כדפירשנו בערך הוא. ואין תימה שזה שם משמות ע"ב וזה מלה וא"כ איך נתעלה יותר מהשם. שכיוצא בזה פי' הרשב"י ע"ה בפסוק ואת שדי, ואל

שדי (בזוהר ויחי דף רמ"ז ע"א) (ע' לעיל בע' אל שדי):

וי פירש הרשב"י כי בהיות וא"ו זעירא שביסוד דהיינו יו"ד מסתלק אל התפארת והשפע מתקבץ שם בתפארת ואין משך וא"ו של תפארת דהיינו ראש וא"ו שהוא היסוד משפיע אז נאמר וי. והארכנו בערך אוי והוי:

ויהי הוא מדת הדין הוא גבורה וכן פי' חז"ל (מגילה דף י') ויהי לשון צער והטעם מבואר שהוא וי כמבואר לעיל. והי ג"כ לשון צער כמו קינים והגה והי (יחזקאל ב') כמו שפי' בשער פרטי השמות. וכ"ז מורה היותו בכח הדין גבורה. וכן בארו בזהר פרשת תרומה (דף קס"ז.) וז"ל ומרזא דימינא נפיק שמאלא ועל דא ויהי אור דא שמאלא מכאן דויהי קדמאה דאורייתא בסטרא דשמאלא הוה. ובג"כ לאו איהו סימן ברכה מ"ט בגין דנפק ההוא חושך דאחשך אנפי עלמא וסימנא דא כד אתגלי רזא דעשו ועובדוי בהאי ויהי הוה דכתיב ויהי עשו איש יודע ציד אתקיים בויהי עשו איש יודע ציד לפתאה עלמא דלא יהכון בארח מישור עכ"ל. הנה בפי' כי ויהי מצד הגבורה בבחינת החשך והשחרות כדפי' בשער הגוונים:

וילון היא המלכות כי היא רקיע ראשון שאינו משמש כלום כ"א כפי הנשפע אליה מלמעלה והוא נכנס שחרית ויוצא ערבית ומחדש בכל יום מעשה בראשית כן פי' חז"ל בחגיגה (דף י"ב ע"ב) וידוע כי היא מדת לילה וידוע שאמרה שרגא בטיהרא מאי מהני לכן עבודתה בלילה. ומחדש בכל יום פי' משפיע לכל מעשה בראשית כי כלם נשפעים על ידה כד"א (משלי לא) ותקם בעוד לילה ותתן טרף לביתה וחק לנערותיה. וזהו אמרם בר"מ (פינחס דף רל"ו) שכינתא תתאה איהי וילון דביה מכניס ערבית ומוציא שחרית ע"כ. וקשיא שהוא הפך גרסת הגמרא שאמרו נכנס שחרית ויוצא ערבית. ולבאר אותו כפי מה שנפרש בגמרא אם נפרש כפי' התוספות נכנס שחרית בעה"ז להאיר, ויוצא ערבית מן העולם והעולם נחשך. נבאר כפי זה מה שאמר בר"מ מכניס ערבית פי' מכניס האור בנרתק שלה והחשך מתפשט ומוציאה שחרית האור ומאיר העולם ולא פליגי. ולפי הנסתר ירצה הפך מה שפי' לעיל כי בלילה כשהיא יונקת מן הדין הרחמים שלה נגנזים וחשוכין וסטרא דשמאלא מתפשט בעולם ובשחרית היא מוציאה רחמים והחשכים הלכו אל הרי נשף. זהו ללשון ר"מ. ולשון הגמרא נכנס שחרית בעולם להעביר חשכים וגילולים מן הארץ, ויוצא ערבית מן העולם והרחמים נגנזים שלא לחסום שור בדישו. זהו פי' ע"ד התוספות. וע"ד פי' רש"י ז"ל שפי' נכנס שחרית בתיקו ופי' כי וילון סבת החשך המחשיך נוכל ג"כ לתקן הלשונות שלא יהו חולקים. ופי' כך כי הגמרא אמרה נכנס שחרית בתיק והאור מתפשט בעולם ויוצא ערבית ומחשיך העולם והאור מתאסף. ובר"מ פי' מכניס ערבית החשך בעה"ז ומחשיכו, ומוציא שחרית החשך מן העולם והאור מתפשט. וע"ד הסוד באורו כמו שפי' בתחלה לעיל כי היא מדת לילה והיא חפצה באבן וצור מכשול להשכיר ולהעניש וזהו והשיבו את האבן על פי הבאר (בראשית כט ג) כדפי' בספר הזהר פ' ויצא כי על פי ר"ל על פומא דבירא שהיא שכינה כמו על פי ה' יחנו ועל פי ה' יסעו (במדבר ט). וירצה שברצונה ובמאמרה היו משיבין האבן נגף כמבואר שם ובסיבתה הקליפות מתפשטים בתחלת הלילה כשהיא יונקת תוקף הדין. והיא המכנסת אותן [בשחרית] לתיקן אל נקב התהום ששם תיק שלהם כמבואר בשער היכלי החמורות. והיא הנותנת להם רשות להתפשט [ערבית] כי הכל עשה יפה בעתו וגם רשע ליום רעה. וביום טובה נהיה בטוב:

ועד בארו בזהר פ' בראשית (דף ל"ד) בפסוק (שמות טו) ה' ימלוך לעולם ועד כי מלת ועד הוא בבינה דתמן ויעודא וקיומא ואשלמותא דכלא. ופי' כי בבינה הוא קבוץ הקצוות כלם לקבל שפע. ומלת ועד לשון בית הוועד. והטעם שבה מתקבצים מפני ששם קיומם ושלימותם ולפי זה לא תקרא הבינה ועד אלא בבחינת קיבוץ הספירות בה להתקיים כדפי':

ושט הוא רמז לאותם הכחות הנקראים אישי ה' כד"א וכליל לאישים. כי הם היו אוכלי הבשר והחלבים. והריח בלבד העולה מעלה מעלה. וזהו אשה ריח ניחח לה'. אשה הוא הושט והריח הוא ניחוח לה'. וזה האשה הוא כללות הכוחות התחתונים אשר תחת המרכבות כלם. כי בענין הקרבנות קרובים אל ה' לעמוד לשרתו ולברך בשמו. וכן ביאר הרשב"י (בז"ח דף ע"ח) בשיר השירים בפסוק משכני כו' (א ד) ואל זה כיון בר"מ (פינחס דף רל"ה) ז"ל ובחבורא קדמאה, ושט דבולע מיכלא ומתמן עאל לכלהו שייפין דאיהו בדרגא דאישים אשים אינון קרבין מיד ובלעי ונטלי כליל מגו אשא עלאה דכליל לאישים. ורזא דא אשי ה' ונחלתו יאכלון וגו'. עד הנה הגיע דעתינו הכשל בכח רב שפעו בביאור הוא"ו. והנה נכנסים בביאור ערך זי"ן:

פרק שביעי:

זאת היא המלכות. וז"ל הרשב"י ע"ה בתיקונים (בהקדמה די"א ע"ב) ובגין דלית השגה לנביא וחוזה וחכם פחות מינה אמר הנביא אל יתהלל חכם בחכמתו וכו' כי אם בזא"ת וגו' ובג"ד יעקב אוליף להו לבנוי ויהב לון קבלה מינה הה"ד וזא"ת אשר דבר להם אביהם. ודוד דהוה ליה קבלה מינה אמר לגבה אם תחנה עלי מחנה כו' בזא"ת אני בוטח. רמז לה בההוא תגא וסליק מחשבתיה לגבה ואמר לא יירא לבי כו' ואהרן דהוה ליה קבלה מינה לא הוה עאל לפני ולפנים פחות מינה הה"ד בזא"ת יבא אהרן אל הקדש דהוה ידע דאיהי עקרא דכלא דאיהי קרבן לה' עולה לה' אשה לה'. וישראל דהוה לון קבלה מינה לא בעו מקב"ה משכונא אחרא דיפרק לון בגינה מן גלותא אלא זאת הה"ד ואף גם זא"ת בהיותם בארץ אויביהם וגו'. והנביא כד חזא דוחקא דישראל תקיפא בגלותא אמר בגינה זא"ת אשיב אל לבי וכו'. וזא"ת ליהודה ויאמר כו' עכ"ל. והנה המאמר הזה מבואר אל כונתנו. והטעם [שנקראת] זאת מפני שהיא נקראת את מן הטעם בארנו בערכו. וכאשר היא טובה כפולה להיות מקבלת תוספות טובה מז' נרות המנורה הטהורה אשר על ראשה אז נקראת זאת:

זבול פי' ר' משה בס' השם במדת הבינה וז"ל זבול מלשון חברה ודירה וחיבור. ואמר הכתוב (בראשית ל כ) הפעם יזבלני אישי כי ילדתי לו ששה בנים, ואחר ילדה בת. ואישי חכם מאד עכ"ל. וכונתו כי לאה הרמז אל הבינה וילדה ששה בנים שהם מחסד עד יסוד. ובת היא המל'. ואמרה הפעם יזבלני הכונה על יחוד החכמה והבינה. ואישי הוא החכמה. וא"כ לפי זה תקרא הבינה זבול ע"י יחוד החכמה אליה. עוד כתב במדת התפארת וז"ל זבול מלשון הפעם יזבלני אישי והוא המחבר ומזבל עמו הבנין כולו איש וביתו והם ששה. ואמר שלמה (מ"א ח יג) בנה בניתי בית זבול לך. והוא אחד משבעה רקיעים. ואין זבול זה כזבול הבינה עכ"ל. והכלל העולה מדבריו כי התפארת נקרא זבול בהיותו מתחבר עם שש קצוות שהוא זבול לשון חיבור כדפירשנו:

זה הוא התפארת ונקרא זה כי הוא עולה י"ב הויות י"ב גבולים. וזה מתחבר ומזדווג בזאת. זה לזכר וזאת לנקבה וכן מבואר בזוהר פי' בא (דף ל"ז ע"ב) וז"ל הכי תנינן האי כתרא דאתקרי זאת אתקרי אשה כד"א לזאת יקרא אשה. אמאי משום דכתיב כי מאיש לוקחה זאת. מאן הוא איש ההוא דאתקרי ז"ה ודא הוא איש דכר כד"א כי זה האיש. האיש הזה וכו' וזאת אתנסיבת מז"ה עכ"ל. ודקדק כי מזה, דהיינו איש. לוקחה זאת, והיינו ענין לקיחת הצלע שהיא כלת משה. ונמצא לפי זה כי נקרא התפארת זה בסוד מדרגת מרע"ה שהוא מלגיו בסוד הדעת כדפירשנו בשער המציאיות. וכן היסוד נקרא ג"כ זה. כל מה שאירע ליעקב אירע ליוסף. וכן אמרו בזהר פי' בשלח (דף ס"א.) וז"ל א"ר יהודא לא קריבו ישראל לטורא דסיני עד דעאלו לחולקא דצדיק וזכו ביה. מנ"ל דכתיב ביום הזה באו וגו' ביום הזה ממש דייקא וכתיב ואמר ביום ההוא הנה אלהינו זה וגו' עכ"ל. ובזהר פ' פקודי (דף רלו ע"ב) פי' הרשב"י ע"ה כיצד הקדושה נקרא זה וזאת מפני שהיא נמצאת עם האדם לעולם בסוד ברית. וז"ל ורוח קדשה אקרי זאת דאיהי רזא דברית רשימא קדישא דאשתכח תדיר עמיה דבר נש וכן זה ה' קוינו לו זה אלי ואנוהו עכ"ל. ומבואר הוא ואין תימא היות זאת במלכות וזה ביסוד וזה בת"ת כדפי', כי שלשתן נקראים ברית כדפי' בערכו. והאמת כי שלשתם אחוזים בו בסוד מילה ופריעה. וכן ברית נקרא ראש הגויה, דגוף וברית חשבינן חד. ונמצאו שלשתם מזומנים עם האדם לעולם בסוד הברית. ולכן נק' בלשון הזמנה כמורה באצבע זה:

זהב הוא רמז אל מדת הגבורה. כד"א (איוב לז כב) מצפון זהב יאתה. ולפעמים יתייחס אל הבינה והארכנו בשער הגוונים פרק ג' ע"ש:

זית הוא המלכות וכבר נודע כי הבציעה יש בכזית ויש בכביצה ופי' בר"מ (פנחס רמ"ד ע"ב) כי כביצה י' ראשונה וכזית יו"ד שניה שבשם יאהדונה"י:

זכור כענין זכור ושמור אינון קב"ה ושכינתיה זכאה איהו מאן דמיחד לון ביום השבת דאיהו יסוד וכו' עכ"ל. הנה בפי' אמר כי זכור ושמור הם תפארת ומלכות וכן מוסכם בפי המקובלים באומרם זכור לזכר ושמור לנקבה. ויש שפי' זכור ליסוד ואינו עיקר. עוד פירש בזוהר חדש פרשת יתרו (דף מ"ט ע"ב) בפסוק אנכי ה' אלהיך אנכי כללא דדכר ונוקבא כחדא וכלא אקרי זכור מ"ט בגין דאיהו נטיל לנוקבא ואכליל לה בגויה וע"ד לא אדכר אלא איהו בלחודוי וכד איהי [אמשיכת] לבעלה בהדה ואתי איהי לגבה כד"א עד שהבאתיו אל בית אמי כדין איהי נטלא שמא וכלא אקרי שמור מ"ט בגין דאיהי אמשיכת ליה לגבה ונטלת ליה כדין כל ביתא קיימא ברשותהא ולא אדכר אלא איהי בלחודהא ולעלמין לא מתפרשין דא מן דא עכ"ל. ולהבין המאמר הזה על בוריו צריך להקשות עליו במאמר שני להרשב"י

ע"ה בר"מ (משפטים דף קי"ח ע"ב) וז"ל וקב"ה זכור מימינא שמור משמאלא ושכינתא זכירה מימינא שמירה משמאלא אינון תפילין דרישא דבר נש ותפילין דיליה (נ"א דיד) והכי שכינתא תורת ה' תמימה ומצוה דיליה. והאי מסטרא דעמודא דאמצעיתא דאיהו כליל דינא ורחמי זכור ושמור אתקריאת איהי זכירה שמירה. ובכל פקודין איהי שקילא לגביה במדריגה. אבל מסטרא דחסד וגבורה קב"ה זכור ושכינתא שמור כמה דאוקמוה מארי מתניתין זכור לזכר ושמור לכלה בגין דבימינא ושמאלא ענפין מתפרדין כגוונא דכנפי ריאה דאינון פרודות מלמעלה ולקבלייהו חיוון וכו' עכ"ל. ואין כוונתינו הנה לבאר את גוף המאמרים כי יארך הדרוש למה שאינו עניננו. אלא לבאר ענין זכור ושמור באופן שיתישבו שני המאמרים האלה על מתכונתם בערך זה לבד. כבר פי' בשער מהות והנהגה כי התעוררות הנקבה אל הזווג העליון הוא מצד השמאל והתעוררות הזכר הוא מצד ימין. והענין כי הנקבה עיקרה בשמאל והזכר בימין. ובהזדווג הזכר אל צד הנקבה אז יהיה הזכר טפל אל הנקבה והנקבה עקר והזכר אינו עולה בשם. ובהיות זווגם כך הנה יצדק אמרנו כי שניהם שמור מצד השמאל הגובר ואף אם א"א אם לא שיתערב עמה בחי' זכור מצד ההתעוררות הימין גם אל הזווג כי הא בלא הא לא סגיא, עם כל זה הזכר לא יעלה בשם ולא הימין מפני שהם הטפלים אל השמאל שמור היא הנקבה. ולכן גברה ידה ועיקר השם מתייחס אליה שמור ודאי ושניהם יחד שמור. ובהזדווג הנקבה אל הזכר ר"ל אל צד הזכר אז תהיה הנקבה טפלה אל הזכר והזכר עיקר והנקבה אינה עולה בשם ובהיות זווגם כך יצדק אמרנו בו כי שניהם זכור מצד הימין הגובר. ואף אם אי אפשר אם לא שיתערב עמהם כח השמור מצד ההתעוררות השמאל גם אל הזווג כי הא בלא הא לא סגיא, עם כל זה הנקבה לא תעלה בשם ולא השמאל מפני שהם נטפלים אל הימין זכור הוא הזכר ולכן גברה ידו ועקר השם מתייחס אליו ודאי שניהם מתייחסים יחד זכור. והענין הזה יובן היטיב במה שפירש' בשער הנז' פכ"ג מענין ענפים מתפרדים לימינא ולשמאלא כי בחסד וגבורה הם הוי"ה אל הימין אדנ"י אל השמאל יאהדונה"י בתפארת כי שם הזווג בשוה כדפי' שם. ובזה יובן ג"כ אשה מזרעת תחלה יולדת זכר פי' כאשר תקריב היא ללכת אל מקום בעלה אז יולדת זכר כי הוא יעלה בשם ולא היא והוא זכור רחמיך אבל כאשר יקריב הוא ללכת אל מקומה אז יולדת נקבה כי היא תעלה בשם ולא הוא והיא שמור דין ונקבה. ובזה נתבארו המאמרים וענין זכור שמור בעצם:

זכירה כל המפרשים הסכימו היות הזכירה ביסוד כי הוא המזכיר כל הדברים למעלה במקום החיים. וזהו זכרנו לחיים בר"ה וכן זכרון תרועה כשהוא ביום השבת יסוד. וכן היא מלשון אזכרתה לה' (ויקרא ו ח), וכמו יזכור כל מנחותיך (תהלים כ). כי הכונה על היסוד הקושר המדות כלם. כדפי' הרשב"י ע"ה בתיקונים (תקונא נו דף פ"ז) וז"ל וכל ענפין תמן מתיחדין ומתקשרין ומשלבין ומקבלין דא מן דא וכלא ע"י דצדיק ובלא צדיק לית קורבא ויחודא אלא אחוה וכו'. הנה בפי' שאין קשר ויחוד לספירות כלל אם לא ע"י יסוד. ולשון זכירה הוא לשון קטורת כענין אזכרתה לה'. וזה כונת דוד באומרו מזמור לדוד להזכיר שפי' לקטר ולקשר למלכות עם שאר הספירות ע"י היסוד. וכבר אפשר היות פי' זכירה לשון זכר ממש כי ע"י הזכרות שהוא היסוד הוא יחוד כל הספירות כדפי'. ונתבאר בזהר פרשת ויצא (דף ק"ס.) כי כמו שיש זכירה מצד הזכר בקדושה כך יש זכירה לרעה מצד הקליפה שמאל כדכתיב (תהלים עח לט) ויזכור כי בשר המה. וכמוהם רבים:

זכות בעל ספר האורה כתב כי זכות הוא הגבורה והטעם לפי שבה נזכרים כל הזכיות וכל החטאים. והאמת כי כן פירשו רבים בענין בני חיי ומזוני וכו' הכוונה שאינם תלוים במדת הדין הקשה. אמנם הטעם שאמר שנקרא כן אינו מתיישב כי אדרבה בגבורה היא כף חובה שם מזכירים חובות בני אדם אמת כי הכל ביושר ובמשפט. ועם כל זה החובה והדין בגבורה מקומה וא"כ איך יקרא זכות. ובתיקונים (תקונא י' כ"ד) פירש הרשב"י ע"ה כי החסד נקרא זכות וז"ל וכתר ביה תלייא בני חיי ומזוני דאיהו מזלא דכלא ואיהו לא תליא במזל. ובג"ד אוקמוהו בני חיי ומזוני לאו בזכותא תליא מלתא אלא במזלא תליא מלתא דחסד איהו זכותא עכ"ל. וצריך לחקור כי בהיכלות כתב הרשב"י ע"ה כי היכל גבורה נקרא היכל זכות כדפי' בשער היכלות בפ"ד. ופי' הטעם כי באתר דא מתהפך זכו דכל בני עלמא. ולכאורה נוטה לדברי בעל ספר האורה וקשה דידיה אדידיה. אמנם בארו הטעם בזהר בפ' שמות (דף ו'.) וז"ל וההוא היכלא איקרי היכל זכותא בגין דכד דיינין דינא מהפכין בזכותא [דב"נ בקדמיתא] וכענין הסנהדרין ע"ש ולעולם זכות הוא חסד כדפי' הרשב"י ע"ה בתיקונים. בס' מאירת עינים פ' וירא בפי' המאמר לאו בזכותא תליא מלתא אמר שהת"ת נקרא זכות וז"ל זכותא

הת"ת שהוא רחמים. ואמר ה"ר אבנ"ר שלכך זכותא רומז לת"ת שכן צדקה רומזת לו ותרגום צדקה זכותא עכ"ל:

זעיר אנפין פי' ר' משה בת"ת וז"ל זעיר אנפין בלשון הזוהר בסוד אנפי רברבי ואנפי זוטרא דע כי כתר ראש לכל האצילות כולו ולכן קרוי ראש ועם חכמה ובינה אפי רברבי ומוח סתים. והת"ת ראש לבנין והוא ג"כ יקרא ראש על דמיון צורת האדם הרוחני ויקרא אנפי זוטרי והם פני יעקב החקוקים בכסא הכבוד והיודע סוד ענין נעשה אדם יבין זה היטב והם פני משה פני חמה עכ"ל והנה כוונתו כי זעיר אנפין הוא התפארת. ולכאורה דבר זה תכלית הזרות כי הוא נקרא עולם ארוך ואיך אפשר כי יתייחס אליו זעיר אנפין. אלא היה נראה כי זעיר אנפין הוא המלכות כי היא דמות כל מה שלמעלה ממנה והיא זעירא ויש הוכחה לזה בקצת מקומות מהזוהר. אמנם קשיא לון כי בזוהר פ' נשא (דף קכ"ט.) ארז"ל ומן ההוא ארחא אתפרשא לתרי"ג אורחין דאורייתא דפליג בזעיר אנפין דכתיב ביה כל אורחות ה' חסד ואמת וגו' ע"ש עכ"ל הרי כי בזעיר אנפין הם אורחות של חסד ואמת ומשמע בתפארת. ועדין אין ולאו ורפיא בידן עד אשר נגיע אל פי' האדרא בס' אור יקר ושם נבאר ענין זה בס"ד:

זעקה היא בבינה וכן יש לנו קצת דמדומי ראייה מהזוהר פ' שמות (דף ך.) שכתב וז"ל שצעקה היא בלב הה"ד צעק לבם אל ה' צעקה וזעקה דבר אחד הוא עכ"ל ואין לב אלא בינה כד"א הלב מבין ולכן הזעקה בעה"ז ובעה"ב כמבואר שם ונאריך בערך צעק"ה בעה"ו:

זקיפה כל זקיפה כמו זוקף כפופים וכן כלם הוא בת"ת וכן אמרו בגמ' (ברכות די"ב) כל הזוקף זוקף בשם דהיינו ת"ת. וכן פי' הרשב"י בתיקונים בענין זה פעמים רבות:

זקן הוא הכתר וכן מורגל הרבה בזוהר. אמנם זקנים לשון רבים הוא מורה על הספי' וכן פי' הרשב"י ע"ה (בזהר בלק דף קצ"ז ע"ב) בפסוק (דברים כא יט) ותפשו אותו וכו' זקני עירו אלין יומין קדמאין יומין סבין דכלא עכ"ל:

זרח פי' ר' משה על הת"ת שמשו מאיר וזורח על עיר דוד הפרוצה בסוד פרץ הלבנה מתחדשת בכל חדש וחדש ודי בזה הערה למשכיל ויפה כיון:

זרועות עולם גדולה גבורה והם זרועות לגוף שהוא הת"ת והוא שם מורה על הכח והגבורה (תהלים קיח) כד"א ימין ה' עושה וגו'. ועוד (שמות טו) ימינך ה' נאדרי בכח וכו'. וההכרח על זה הוא בזרוע נטויה כי הוא שם מורה על האריכות והכח ועוד נקראים כך תכונת גוף אדם הנאצל:

זרת בתיקונים (בתיקונא י"ט דף ל"ו ע"ב) פי' הרשב"י ע"ה וז"ל ושמים בזרת תכן מאי זרת דא גבורה עכ"ל הורה בפי' כי זרת הוא גבורה. ור' חייא פי' בס' הזוהר (תשא דף קפ"ט ע"ב) וז"ל כוס של ברכה אצטריך למהוי מתקנא בימינא. ונשא מגבעות אצטריך למהוי זקיף מן פתורא שיעורא דאקרי זרת לברכא לקב"ה. ודא הוא ונשא מגבעות. מגבעות מאי הוא, אלא בינה ובין בתולות אחריה רעותיה, שיעורא דזרת איהו. עכ"ל. נמצא לפי זה כי זרת הוא המלכות עם בתולות אחריה רעותיה. ונוכל לומר דלא קאמר בינה ובין בתולות וכו' זרת איהו, אלא שיעורא דזרת. כנראה שזרת הוא ענין בפני עצמו, אלא שאלו שיעורם זרת. לכך נאמר דעקרא דזרת הוא הגבורה כדפי' בתיקונים:

זיתים הם האברים העליונים אשר למעלה מיסוד שמהם מוציא היסוד שמן זית זך וכו' שהוא משפיע שפע העליון מאברים העליונים על המלכות. כי כמו שעל ידי כתישות האבר ברית המעור אז האברים נסחטים ומזדעזעים להשפיע בנוקבתו, כן הדבר למעלה ביסוד עם שאר האברים להשפיע אל המלכות. כי השפע הוא שמן והאברים העליונים זיתים כן פי' הרשב"י בתיקונים ובר"מ (פנחס דף רמ"ז ע"א). [וזשה"כ] ושנים זיתים עליה וכו' (זכרי' ג') ופי' כי המנורה היא מלכות כנודע, וגולה על ראשה הוא יסוד כי הוא גולת מים עליונים, ושנים זיתים עליה הם נצח והוד תרין ביעין דדכורא כי שם המשכת הזרע ושם מתבשל כדמיון השמן בזיתים ומשם נשפע ע"י היסוד. אמנם יקראו הספי' זיתים בסוד הימין ששם השמן כאשר יתב' בערכו. אבל מצד שמאל הם ענבים ואשכלות [המושכות יין מהבינה] כדפי' בערכו ויתב' בע"ה. ע"כ הגיע מה שראינו לדבר בערך הזי"ן. והננו מקוים רחמי אל יעזרנו בביאור ערך ח':

פרק שמיני:

חבוש פירוש בתיקונים (תקונא ו' דף ך) שהוא תפארת אסור וחבוש עם המלכות מצד הבינה שהוא החובש אותו עם המלכות בתוך הגלות ועליו נאמר אין חבוש מתיר עצמו מבית האסורים:

חביון פי' ר' משה ז"ל חביון לשון מחבוא והוא משל לרוב הסתר והעלמות שאין לזולתו שום ידיעה במהות, והרי הוא כאלו נחבא דרך משל עכ"ל. וחביון עוזי פי' בת"ת ולא פי' למה. והעקר בכתר

והוא מורה התעלמות. וכבר יצדק בג' ראשונות ועל הבינה קאמר עזו כאשר יתבאר בערכו:
חבל פי' הרשב"י ע"ה בס' ר"מ (שופטים דף רע"ד ע"ב) כי ו' של שם נק' חבל. וז"ל סמא"ל ובה זוגיה עולם הנפרדים בחבל דיחנק ביה אחידן ה"ה בחמש אצבען דימינא ובחמש דיד שמאלא ו' חבל י' חניקא דלהון. שמא דיהו"ה מיתה לסמא"ל וכו' עכ"ל. הנה פי' כי חבל הוא ו' וכן נראה שאמר הכתוב (דברים לב ט) יעקב חבל נחלתו. אמנם יהיה לפעמים מקבל מצד הדין ולשון חבל לשון חבלה והשחתה. ויותר מתישב במלכות כי היא המחבלת המקטרגים. ופעמים מקבל מצד הרחמים ואז יעקב חבל נחלתו [בסוד הוא"ו שהוא חבל נחלתו]:
חבלה פי' בתיקונים (תקונא כ"א דף נ"ב) כי הקליפה הנקבה נקראת חבלה והזכר חובל. ומשם מלאכי חבלה כמו שיש מלאכי שכינה:
חבית היא הבינה כן פי' הרשב"י ע"ה בס' ר"מ (פנחס דרמ"ה ע"ב) וז"ל גבי י' דברים שאמרו בכוס של ברכה וא' מהם ח"י. חי אוקמיה חי מן החבית. ואורח רזא שכינתא עילאה איהי תמינאה דעשר ספירן מתתא לעילא ובג"ד אתקריאת ח' ואתמר בה בחכמה יבנה בית והיינו חבית ח' בי"ת עכ"ל. והנה לפי זה תקרא חבי"ת בהיותה כלולה משמונה ספירות שתחתיה כדפי' כי זהו הנרצה בחי"ת. ותהיה בי"ת ומכון לחכמה שהיא דרה בתוכה אז תקרא חבי"ת כי אז היא בעלת החיים כי היא מקבלת ומשפעת. מקבלת חיים מהחכמה ומשפעת למטה בבנין ואז היין ח"י:
חבצלת היא בשכינה כאמרו (שה"ש ב א) אני חבצלת השרון וגו'. והטעם פי' בזהר פ' אמור (דף ק"ז.) כי כמו שהחבצלת גדלה על המים ומעלה ריח טוב, כן המלכות נקרא כך בשעת יניקתה מן הבינה שמעלה ריח טוב. ועוד אמר שם בזמנא דבעי לאזדווגא ביה במלכא אקרי חבצלת בתר דאתדבקא ביה במלכא באינון נשיקין אקרי שושנה. בגין דכתיב שפתותיו שושנים:
חג כל החגים הם במלכות אמנם ישתנה לפי המקום אשר יהיה פניה אל פני דודה. המשל כאשר הוא חג הפסח אז היא מתחברת בת"ת במדת החסד. וכשהוא מתן תורה אז מתיחדת עם דודה במקומו הראוי לו בתפארת. ר"ה יום הדין אז מתיחדת עם דודה בצד הגבורה (ע' בתקונא כ"א דף מ"ד.). ועל זה הדרך כל החגים והמועדים הם במלכות. וזה מבואר בזוהר ובתיקונים מקומות אין חקר ואין מספר. אמנם פי' הרשב"י ע"ה בר"מ (פנחס דף רכ"ה ע"ב) בפסוק וחגותם אותו חג וכו', וז"ל וחגותם אותו דא אות ו' עמודא דאמצעיתא חג חסד גבורה וכו' ונוכל לישב במה שכבר קדם לנו מענין החבוק אל הזווג שהוא סוד שמאלו תחת לראשי וימינו תחבקני (שה"ש ב) כי עם היות שתתיחד עם בעלה באיזה ספירה מן הספירות כדפי', עם כל זה תקבל תחלה מן הימין ומן השמאל דהיינו החבוק וזהו ח"ג שפי' חסד גבורה. ולעולם עקר חג במלכות לפי יחודה עם בעלה כדפי' בקודם. ופי' הכתוב כך וחגותם אותו פי' תחברו ותייחדו התפארת עם המלכות ויונק ראשונה מחסד וגבורה והיינו חג. ובזה נתקן הכל:
חדרים הם בבינה. ובארנום בשערים הקודמים כי הם מציאות שש קצות הנעלמות בבינה. ומ"ש הכתוב (משלי כד ד) ובדעת חדרים ימלאו פי' ובדעת שהוא סוד הדעת הנעלם הוא ממלא אותם החדרים ומתלבש בהם ונעלם בהם. כי כדרך התפארת בספירות במקומם כן דרך הדעת בחדרים הנעלמים. וכן נקראת חדרי ג"ע כי הבינה נקראת ג"ע. ור' משה פי' חדרי הנשמות ביסוד וז"ל חדרי הנשמות כי משם יוצאות לעולם והן הנשמות שבגוף שאין בן דוד בא עד שיכלו. ואמר חדרי לשון רבים להורות על רבוי המינין למיניהם כאשר כתבנו. ויש שקוראים למדה זו חדרי גדולה מצד החסד עכ"ל. ואין בדעתנו לבאר חדרים אלא בבינה. כי כן ביאר הרשב"י ע"ה בשיר השירים בפסוק הביאני המלך חדריו (א ד). ולכך נאמר כי חדרי הנשמות הם בבינה שמשם נשמות נאצלות למיניהם יש מחדר התפארת ויש מחדר הגבורה וכיוצא בו כמו שיתבאר בשער הנשמה בע"ה. וכן חדרי גדולה הכונה על הגדולה הנעלמת שם. ונקראים חדרי לשון רבים כי כל חדר כלול מחברו. זהו דעתנו בענין החדרים בכלל ובפרט:
חדש כל חדש וחדוש הוא בלבנה כי היא המתחדשת בסוד לבנה בחדושה בסוד שני המאורות כו' שפי' בשער המיעוט וזהו סוד תתחדש כנשר נעורייכי (תהלים קג ה), לחדשיו יבכר (יחזקאל מז יב). והכל תלוי בחדושה של לבנה שהיא מלכות כדפירשנו:

חוה פי' ר' משה כי המלכות נקראת כך ע"ש כי היא היתה אם כל חי. על האמת והיא אשתו של אדם הראשון בסוד מ"ה עולם אדם והוא חכמה כח מה כאשר יתבאר בעה"ו:
חוזה הוא התפארת וכן פי' הרשב"י ע"ה כאשר נתבאר בערך חזון ב"ה. ואפשר שנקרא כן מפני שהוא משפיע החזיון והנבואה במלכות [דרך נצח

והוד] וע"י להנביאים כדפי' בערך אספקלריא המאירה. וחוזה עולה כ"ו כמספר השם:
חוט השדרה פי' ר' משה שהם נצח והוד וז"ל נצח והוד הם חוטי השדרה המעמידים צידי הגוף הנה והנה וכל הבנין והמדות שתחתיהן עכ"ל ואינו מתישב. והנכון כי חוט השדרה הוא סוד קו האמצעי תפארת. וכן הוא נמשך מהמוח והוא משפיע שפע לכל הצדדין כנודע. עוד יש חוט השני הוא שפע הגבורה הנשפע למלכות בסוד ההתעוררות הצפון אל היחוד והוא מעורר הנשיקה והיינו כחוט השני שפתותיך (שה"ש ד ג). עוד יש חוט של חסד הוא שפע הנשפע מחסד אל המלכות. ומצד הגבורה נקרא עוד חוט הזהב. ויש חלוק גדול בין חוט השני לחוט של זהב, מה שבין אדום לזהב כדפי' בשער הגוונים. ומצד התפארת נקראת קו ירוק. ויש חילוק בין חוט השדרה לחוט הירוק, כי הירוק מורכב מדין ורחמים אדום ולבן, וחוט השדרה לבן ככסף. וענין חוט של חסד וחוט של זהב וקו הירוק נמצאים בענין בג' גווני העין והיא המלכות בת עין באמצע:
חוטם לפי הנראה מדברי ר' משה שחוטם הוא בגבורה ובעל החוטם שיודע להאריך האף לבל יצאו שלוחיה חוצה לה טרם שיחל הנגף. ולכן הוא בעלה וכופה אותה כי האדון הוא בעל עכ"ל. והנה משמע מתוך לשונו כי החוטם גבורה ובעלה גדולה המעכבה מלפעול בדין. אמנם הנראה לנו מלשון הזהר כי החוטם עצמו כולל ספירות רבות והוא ענין פרטי נכלל בחכמה ולכן החכמה נקרא בעל החוטם. וז"ל רשב"י ע"ה בתיקונים (תקונא שבעין דף קסה ע"ב) ריחא לדרום ריח ניחוח לה'. ואית לחוטמא תרין נוקבין כלילן מדינא ורחמי ואינון י' י'. חוטמא ו' באמצעיתא תרין צינורות אינון דיליה ואתמר לגביה מתנה ראובן לדרום רא"ו ב"ן. תרין נוקבין דחוטמא, אינון לקבל לאה ורחל. חוטמא בארח מישר בינייהו, דא יעקב עכ"ל. ופי' הריח הוא בחכמה כדמוכח בכמה מקומות. וכמו שיתבאר בערכו בע"ה. ואומר לדרום ששם החכמה, כאמרם הרוצה להחכים ידרים. וז"ש אשה ריח ניחוח לה', כי שם זה בחכמה. וכן מוכח התם מראש הענין. ואית לה תרין נוקבין, פי' שני נקבי החוטם אשר בהם נשאב הריח כנודע. כלילן דינא ורחמי, שהם כלולים כל א' מדין ורחמים ובימיני יש ג"כ דין ובשמאלי יש ג"כ רחמים. וענין י' י' הם בינה ומלכות, אלא שבינה נוטה אל הימין ומלכות אל הגבורה. והיותם נקראים יודי"ן בארנו בשער המציאות ואחר ששניהם מציאותם בחכמה שהוא בעל החוטם כדפי' א"כ מציאותם האמיתי הוא תרין יודי"ן כדביארנו בשער הנזכר. ו' באמצעיתא הוא התפארת קו האמצעי המשתווה בין גדולה וגבורה וזהו בסוד הדעת שהוא מתעלם בחכמה. ואתמר לגביה מחנה ראובן, פי' רא"ו ב"ן תפארת והוא לדרום חכמה. תרין נוקבין וכו', נתבאר לעיל. הנה כי החוטם הוא בכללות תפארת והבינה והמלכות עם החסד והגבורה. וכל זה הענין בחכמה כי שם עיקר הריח כדפירש. ע"כ מה שנ"ל בענין זה אמת. שמתוך לשון התיקונים במקומות אחרים נראה שהחוטם הוא התפארת ושני נקבי החוטם הם גדולה גבורה לכן מחד נפק תננא ואשא והכל מתיישב במה שפי' לעיל:
חוליא הרשב"י ע"ה פי' בספר ר"מ (בהשמטות הזהר ח"ג דף שח ע"ב) חוליא לית לה פחות מתלת כריכין ודא שכינתא דאיהו בת יחידא קשורא בש' דשבת דאיהי אות דתפילין קשורה בש דתפילין דאיהי תלת ענפי דאבהן ודא י"ש דשד"י. וענין זה יתבאר במה שנתבאר בשער המציאיות מענין ג' גוונים דעינא ובת עינא:
חום היום פי' הרשב"י ע"ה בזהר פי' ויקרא (דף י"ד ופי' וירא דף צח.) כחום היום (בראשית יח א) הוא נהירו דחסד. נראה כי חום היום הוא אור החסד. ואפשר שיקרא אור החסד חום היום בסוד מעט האש העומד בשער בצד הגדולה כדפי' בשער מהות והנהגה:
חומה פסוק א' אומר והמים להם חומה (שמות יד) ופסוק א' אומר ואני אהיה לה חומת אש סביב (זכריה ב ט). והנה החומה היא המלכות. וכאשר יונקת מהחסד והמים להם חומה. ומצד יניקתה מהגבורה נקראת חומת אש. ונקראת חומה כי היא הסובבת על ישראל והיא להם לחומה:
חומרא בתיקונים (בתקוני ז"ח דף קטז) פי' הרשב"י ע"ה כי המלכות נק' חומרא מצד השמאל כי משם חומר הדבר בסוד הקליפה. ולכן צריך להחמיר ולהרבות סיג לבל יפרוץ הנחש הגדר. ושם פי' דאית דיימא חומרא מצד החסד שכנגד קליפות החמור. כענין חמור מן הימין (הנזכר בזהר בלק דר"ז. ע"ש) וכן חומר מים רבים (חבקוק ג טו):
חוסן פי' בתקונים (בהקדמה ד"ה.) כי הוא רמז אל התפארת. וראיה מפסוק (ישעיה לג ו) והי' אמונת עתך חסן והוא גדר נשים בתפארת. והנה לפי זה יקרא חוסן ביחודו עם המלכות. וממשמעות המלה כי הוא נקרא חוסן לשון חוזק ותוקף:
חופה ציירו בעלי הקבלה, האצילות כלו לחופה. וזהו סדרו כתר גג החופה, פי' המשכת שפעו על הכל דומה לגג החופה על הכל. והחכמה כתלי החופה. והבינה פתח החופה. וחסד וגבורה ונצח

והוד הם כמו זרועות העומדים בפתח החופה. והת"ת והמלכות חתן וכלה בתוך חופתם ע"י היסוד שהוא השושבין:

חוקקי ישראל פי' בזהר פ' ויקרא (דף כ"ו.) מאן חוקקי ישראל חקוקי ישראל לא כתיב אלא לחוקקי אילין אבא ואימא דאינון מחקקי לישראל קדישא דאיהו נגיד מבינייהו עכ"ל ופי' מבואר כ"א [היה כתיב חקוקי] היה הפי' נצח והוד שהם חקוקים מישראל סבא. כי פי' חקוקי עניינו על החקיקה דהיינו ההתגלות בעצם. ועתה שאמר חוקקי פירושו מגלים התפארת ומהוים אותו הויה עצמות. והם החכמה והבינה שעל ידי שניהם נמשך והיינו דנגיד מבינייהו. ונמצאנו למדנו מן המאמר הזה ג' דברים. א' כי חוקקי ישראל נקראים חכמה ובינה בערך היותם מהוים התפארת. שנית כי מכאן נקיש אל שאר הספירות. כמו במחוקק במשענותם (במדבר כא יח) שיהיה פירוש מאציל היסוד כי משענת הוא היסוד והמחקקו הוא התפארת. וכל זה משל כדי שנוכל לשפוט אל שאר המקומות לפי הענין. ג' כערך חוקקי הוא ממאציל אל הנאצל, כן ערך חקוקי מהנאצל אל המאציל. כי כמו שחוקקי הם מאצילים, כן חקוקי הם נאצלים:

חותם בענין החתימה יש בתיקונים (תקונא נ"ה דף פ"ו ע"ב) דברים סותרים קצתם אל קצתם, וכן בענין הכתיבה. ולא נאריך בהעתקת דבריו הנה להיות שיאריך לנו הענין ואין מקומו הנה. אמנם נכתב העולה אלינו אחר עבור כל דבריו על דעתנו. והוא כי אל ענין החתימה הם ד' חלוקות. א' טבעת, ב' החותם הקבוע בטבעת, ג' החותם, ד' הדבר הנחתם ומקבל החתימה. והנה הטבעת הוא חכמה. והחותם הקבוע בטבעת הוא תפארת. והחותם בו הוא הבינה שהיא נקרא י"ד אותיות ה' אלהינו ה'. שהם כ"ח אותיות י"ד י"ד אלו לבוש לאלו כמבואר בשער פרטי השמות פ"ד. והיא י"ד חותמת. ומקבלת החתימה היא המלכות אשר בה תתישב החתימה והיא בית קבול. וכל זה הענין הוא מהשמאל אל הימין ר"ל נמשך מן השמאל אל הימין. כי עיקר הוא החכמה, והבינה והת"ת נמשכות אחריה אל הימין לחתום. אמנם תקבל החתימה המלכות שהיא שמאלית בצד שמאל ע"י היסוד. וזהו ביד כל אדם יחתום (איוב לז ז), והכונה על החותם הנחתם הנתפס ביד וזה הענין ע"י היסוד הנקרא כ"ל והוא נקרא כל מצד הבינה כאשר יתבאר בערכו בע"ה. זהו כלל החתימה:

וענין הכתיבה ג"כ מתחלקת לחלקים. ראשונה הכותב והם חמשה אצבעות המחזיקות הקולמוס, הכותב והם חמשה אצבעות המחזיקות הקולמוס, והקולמוס בעצמו, והיד הכותבת, והמקום שבו נכתבת הכתיבה שהוא חומר נושא האותיות הנכתבות. והנה הקולמוס הוא הת"ת והוא נקרא קנה בכל מקום כאשר יתבאר בערכו בע"ה. והאצבעות הם ג' האוחזים הקולמוס והם גדולה גבורה ת"ת. ושתים הסוכמים למטה שהם כסא ומכון לג' האצבעות האוחזים הקולמוס הם נצח והוד. ומקבל הכתיבה ר"ל קלף שהוא נושא הכתיבה היא המלכות. נמצאת הכתיבה ע"י ששה ספירות. ובקצת היא משובחת מן החתימה כי הכתיבה ע"י ת"ת שהוא עיקר אבל החתימה היא ע"י היסוד. וכאשר נסתכל במקורם למעלה החתימה מעולה שהוא ע"י החכמה, והכתיבה לא כ"כ שאינה אלא ע"י הת"ת כדפי'. אמנם הכתיבה הפך החתימה כי הכתיבה מן הימין אל השמאל כי עקר הכתיבה מן הבינה. כת"ב ר"ת, כת"ר תור"ה ברכ"ה. ושלשתם בבינה. ונמשך אליה הימין ע"י הת"ת. ועתה יצדק היות הכתיבה ימין והחתימה שמאל או להפך. וכן יצדק היות הכתיבה מעולה מהחתימה או להפך כמבואר לעיל. זהו העולה לעניות דעתנו מפשרת דברי הרשב"י ע"ה כי בא הענין הזה בבלבול גדול בתיקונים:

חזוא די ליליא פי' בזהר פ' מקץ (דף קצ"ו.) כי המלאך גבריאל נקרא חזוא די ליליא. פי' מראה שבו מתראה ענין המלכות הנקראת ליליא. וכדכתיב (דניאל ח טז) גבריאל הבן להלז את המראה. (ע' פ' ויצא קמ"ט ע"ב):

חזון פי' הרשב"י ע"ה בתיקונים (בסוף תיקון ל"ט) כי הוא יחוד התפארת עם המלכות. וז"ל איהי חזון, וקב"ה חוזה דאיהו הוי"ה אדנ"י. דהכי סליק חזו"ן חסר ו' שתין וחמשה כחושבן אדנ"י כו'. ובמאי איהו חזון באת ו'. ביה אתעבידת אספקלריא דנהרא אדון דילה עכ"ל. הורה בפי' שהשכינה עם התחבר אליה התפארת תקרא חזון כמבואר. ובזה יובן למה היו קוראים לשמש הכנסת חז"ן כי כן עולה אדנ"י והוא שמש שהיא משמשת כל הספירות:

חזחזיות פי' ר' משה בת"ת. וז"ל חזחזיות פי' חזיון החוזים. כי כל החוזים מוצאים חזיונם כל א' כפי מדרגת מקומם הבא לו מלמעלה למטה הימנו, כי מדרגות ומעלות רבות לנבואה זו למעלה מזו וסוף סוף הכל מכאן עכ"ל. ויותר נראה כנוי זה למלכות ומן הטעם עצמו:

חטה היא במלכות. והטעם פי' ר' משה וז"ל ויש שקראה חטה והאמת כי סדוקה כנקבה. וגם חטה מלשון חטא (בראשית ד ז) לפתח חטאת רובץ (ע'

ברכות ס"א). ובזהר (בלק דף קפ"ח ע"ב) פי' חטה ברתא דמתחטאה לקמיה דאבוה ועבד לה רעותא ומאי חטה כללא דכ"ב אתוון עכ"ל והנה בפי' כי כאשר היא כלולה מכ"ב אותיות נקראת חטה. ועוד מלשון געגועין כי היא בת מלך חביבה. ושם פי' כי חטה מלשון מחתה בתי"ו כמו וממחתה כי לא תקרב אליך (ישעיה נד יד), מלשון שברון ע"ש שמשברת כל סטרא דשמאלא בסוד עד דהתגזרת אבן די לא בידין וכו' (דניאל ב). ובתיקונים (תקונא י"ז דף כ"ט:

ותקונא ע' דף קכ"ה ע"ב) פי' כי חטה רמז אל השכינה בתוך הקליפות וזה ענין חט ה'. המלכות נקרא ה', והקליפות שמתלבשת בהם נקראים חט שהיא מלשון ובחטא יחמתני אמי (תהלים נא ז). והנה בהיותה מתלבשת בקליפות היא מכנעת אותם כדפי' בשער אבי"ע:

חטאת יש לשון נקיות. ויש לשון חטא. אמנם חטא הוא הזכר נחש הקדמוני. וחטאת היא הנקבה לילית המרשעת. אבל חטאת יש לשון נקיות והיא במלכות כאשר נתמעטה וירדה להדום רגליו בסוד וירד מעשות החטא"ת (ויקרא ט כב) לשון ירידה כן פי' בר"מ (פנחס דף רמ"ז ע"ב) חי הוא יסוד וכן מפורסם בר"מ (פנחס דף רמ"ה ע"ב) אמנם נקרא ג"כ חי העולמים ובמלה זו יש חילוק בין חי לחי. ור' משה כתב חי בפתח הוא כנוי לבינה וחי בצירי הוא כנוי ליסוד. ובס' שערי צדק האריך בזה הרבה. אמנם בזוהר לא נמצא בו חלוק. וכתבו כל המפרשים כי נקרא חי בהיות מושך מן הבינה אל המלכות החיים. (ובז"ח שה"ש דף ע"ג ע"ב) פי' הרשב"י ע"ה כי כאשר הוא נוטל ומקבל מן העליונים לבד נקרא חי. כי הוא מקבל החיים מלמעלה. וכשישפיע החיים והשפע למטה נקרא חי העולמים לפי שהוא משפיע חיים לעולמים אשר למטה ממנו. ור' משה פי' כי התפארת גם כן נקרא חי העולמים לפי שהוא חיותה של מלכות, או של נצח הוד יסוד מלכות. כי כלם נקרא עולם עכ"ל. ואמר בזהר פ' ויצא (דף קס"ד.) כי התפארת נקרא לפעמים חי, ואדרבה הצדיק יונק החיים ממנו. והוא קצת סיוע לדברי ר' משה. עוד כתב ר' משה כי המלכות ג"כ נקרא חי העולמים, כי היא מחיה כל העולמים הנאצלים ממנה ע"כ:

חידה פי' ר' משה, כי חידה הוא בנצח כי שם מקום הנבואה וכבר נודע הנבואה באה אל הנביא בחידה כד"א במשה (במדבר יב ח) ומראה ולא בחידות:

חיה יש חיה עליונה וחיה תחתונה. העליונה היא חכמה שהיא חיה למעלה מן הרקיע שהיא י' שעל הא כזה, ויש חיה תחתונה היא המלכות והיא נקראת חיה שתחת אלהי ישראל שהיא י' תחת ו' כזה א' כל זה נתבאר בתיקונים (תקונא ה' דף י"ח.) ואפשר שנקראת כן מלשון חיים כי החכמה מקור החיים לכל הספירות כאשר יתבאר והמלכות ג"כ היא חיים מצד מציאותה שהיא נקראת יוד שנייה. ובתקונים פי' הרשב"י ע"ה עוד כי המלכות נקראת חיה מצד חיות הקדש. ואפשר שחיות עליונות קאמר והיינו מפני שהיא מקבלת מן החיות העליונות ואפשר שחיות תחתונות קאמר והיינו בהיותה שוכנת שכינתה עליהם:

חיי המלך פי' הרשב"י ע"ה בר"מ (יתרו דף צ"א: ומשפטים דף קט"ו ע"ב) כי המלך הוא הת"ת וחיים שלו הם חכמה ובינה כי הם נקראים חיים ומשם נשפעים החיים כד"א (קהלת ז יב) החכמה תחיה בעליה ובינה משפיע החיים אשר תקבל מהחכמה אל הת"ת. ובזה יתיישב מה שנמצא לפעמים אומר חיי המלך חכמה ובינה ופעמים חכמה לבד והטעם כדפי'. שהעיקר והמקור הוא החכמה ומשם יבאו אל הבינה ומשם אל הת"ת ולזה שניהם צדקו יחדיו. עוד פי' כי החכמה נקרא חיי העולם הבא כי היא חיי הבינה הנקרא עולם הבא כאשר יתבאר בערכו ב"ה. עוד פי' ר"מ כי בינה נקרא חיי העולם והטעם שהיא קיום כל העולמות שלמטה ממנה. ומן הראוי לדעת שלא יקראו כל אלו בשמות אלו כ"א בהשפיעם אל המקום המיוחד לכאו"א להשפיעו השפע הזה שהוא חיות הספירות להשפיע אל זולתה. המשל בזה חיי המלך. מלך הוא התפארת, והחיים הנשפעים אליו הם שפע שהוא חיותו ולכן יתכנה בשם חיים. שלש ראשונות נקראות חיים כי כל אחת ואחת מהם היא חיים למה שלמטה ממנה עד המדרגה האחרונה ומהם החיים נמשכים. וע"כ יצדק שם חיים על כל א' וא' וכן כתבו בתיקונים כי הת"ת נקרא עץ החיים מפני שהוא עץ יונק מן החיים שהם החכמה והבינה. ונעריך בערך עץ בע"ה. ובס' שערי צדק ענין נאה בזה וז"ל וכמה עניים חסרי לבב הם שחושבים שיש חיים טובים או חיים רעים בכל מקראות שבתורה. דע כי בכל מקום שנקראים חיים הוא כי אין שם רע לא מעט ולא הרבה. כי הדבר שנקרא חיים הוא עקר ועצם כל הטובות וכל התענוגים וכל מיני הגמול העתידים לצדיקים ולחסידים. והמקום הנקרא מות הוא הפך החיים. ולפיכך אמרה תורה (דברים ל טו) ראה נתתי לפניך היום את החיים ואת הטוב ואת המות ואת הרע. עם החיים יבא טוב ועם המות יבא רע. כי החיים ממש הם עצם דבר נקרא כך והיא סוד

ספי' עליונות מקור לכל מיני אצילות ושפע ברכות וטובות והצלחות ובריאות וחיים. והמות ממש הוא עצם דבר והוא כחות הטומאה החיצונים אשה זרה וזונה ובאר צרה נכריה. והיודעים סוד זה יבין סוד גויעה ואסיפה (ומיתה) האמורה בצדיק, וסוד מיתה האמורה ברשעים עכ"ל:

חיך הוא בחכמה כן פי' ר' משה. ואפשר שתהיה כן בסוד בחינתה התחתונה שהוא סוף. והראיה שהחיך למטה ממש מהמוח שהוא עצם החכמה כאשר נבאר בערכו. והחיך משולל מכל טעם וכן החכמה אין בה ידיעה כלל להשיגה:

חילי פי' הרשב"י ע"ה בתיקונים (תקונא נ"ב דף פ"ד) כי חילי הוא אין סוף שהוא כח וחיל אל כל מה שלמטה ממנה והוא חיל י' שהיא כח החכמה ודא אבא תוקפא דיליה נביעו דיליה א"ס עכ"ל. ופי' אותו בשער הצנורות פ"ב (ע"ש ובגרסתו):

חירות הוא בבינה כי משם יוצא החפשיות והחירות. וכן נזכר בתורה נ' פעמים יציאת מצרים על ידה ופירשנו בשער נ' שערים בפ' א' ב' וכן עליה נאמר (ויקרא כה לא) וביובל יצא. ובפ' לך (דף צ"ו ע"ב) פי' חורין היא חכמה ובינה יחד בבינה, וחירו' בינה לבדה. והארכנו בערך בן:

חיתו שדי פי' בזוהר (בשלח דף מ"ח ע"ב) ופ' פקודי (דף ר"כ.) כי ירמוז על כוחות התחתונים שתחת המלכות ונקרא' חיתו שדי שהם חיות השדה התחתונים הקדושים:

חכמה היא הספירה השנייה ונק' כן מפני שהיא חכמתו של מחוייב המציאות, כמבואר בשער עצמות וכלים בפ' ד"ה. ועליה נאמר (איוב כח) והחכמה מאין תמצא. ופי' חכמה ר"ל כ"ח מ"ה הוא. מה עולה במנין אדם ובה פני אדם והוא יוד הא ואו הא שעולה מ"ה. והרמז על שם זה בחכמה והכח רמז אל הבינה כי בה נרמזות כ"ח אותיות כדפי' בשער פרטי השמות. והנה נקראת חכמה בבחינה המתקרבת אל הבינה כדפי'. ואולם תקרא חכמה קדומה לרמוז אל קדמות בחי' המתקרבת אל הכתר הנק' קדמון כמו שית' בערכו. עוד נק' חכמת אלהים ופי' ר' משה הטעם כי היא חכמה הנתונה למדות הנק' אלהי"ם ומחכמת אותן בל"ב נתיבותיה לבינה ולעטרה עכ"ל. וכוונתו שהיא נק' כן בהיותה משפעת לבינה ולמלכות בהיותן נק' אלהי"ם. וגם נקראת חכמת כל בני קדם והטעם שהיא משפעת לכל השנים קדמוניות כן פי' הרשב"י ע"ה בתיקונים. ויש חכמה אחרת והיא נקראת חכמה שלמה. והטעם כי היא חכמה שנתנה לשלמה. ועליה אמר הכתוב (מ"א ה כו) וה' נתן חכמה לשלמה ועוד לפי שהיא בת זוג למלך שהשלום שלו כאשר נבאר בערכו ב"ה. ונק' ג"כ חכמה זעירא לפי שאינה כחכמת אלהים וזה שהחכמה השנית היא המלכות נק' בשם [חכמה היא] בסוד מציאות י' שבה היא משתווה אל החכמה כדפי' בשער המציאיות. ועל שתי חכמות אלו נא' (ישעיה מד ו) אני ראשון ואני אחרון. בסוד חכמה בראש וחכמה בסוף כדפי' שם (בתקוני ז"ח דף קי"ז.). וע"כ נקראת המלכות חכמה אחרונה. עוד פירשו המפרשים שנקראת חכמה עליונה חכ"ה מ"ה שיבא ואל תשאל למה שקודם. פי' תמתין ותבין כי אין כאן השכלה להשיגה ע"כ:

חלב פי' ר' משה ז"ל ידוע כי הוא לבן והוא כי התחלת כל הדברים דומין לחלב וזה יראה בזרעים כשיצמחו בארץ בעת הצמיחה והגידול. ובכח תולדות הגבורה יתהפך הלבן לדם או ליין אדום. וחסד תחלת הבנין. וא' הכתוב (ישעיה נה א) ובלא מחיר יין וחלב המעורבים באיש הביניים עכ"ל. וכוונתו שהוא בחסד וטעמו מבואר. והנה בפסוק רוחצות בחלב פי' הרשב"י ע"ה (בפ' משפטים דף קכ"ב.) שהוא השפע מכ"ע ע"י החכמה אל הבינה ושם בבינה אימא עלאה נעשה חלב וינקא לבנין ופי' בשער מהות והנהגה פ"ו:

חלה היא השכינה. וכן פי' בר"מ (שלח דף קע"ד.) כי נק' חלה כאשר היא עם ג' אבות. והטעם כי היא שיעור העיסה מ"ג בצים וחומש שהוא מג"ן מיכא"ל גבריא"ל נוריא"ל שהם כנגד ג' אבות ובמקום שאלו שם שכינה שם ע"ש. הנה כי החלה היא השכינה עם ג' אבות וזהו בסוד י' וה' שפי' פעמים רבות. ופי' שם עוד כל ל' חלה הרמז בה בין שיהה ל' תפלה כגון ויחל משה (שמות לב יא) בין שיהיה לשון התחלה כמו אתה החלות וכו' (דברים ד). ובתיקונים (תקונא ט"ז דף כ"ט ע"ב) פירש כי השכינה נקראת חלה כלולה משבעה מינין שנשתבחה בה א"י. ולכן אפשר היות שבעה מינין אלו שבעה ימי הבנין:

חלום הרשב"י ע"ה פי' בר"מ (תצא דף ר"פ ע"ב) כי השכינה נקרא מראה בהקיץ כשהיא מקבלת מה' ספי' עליונות שהם גדולה גבורה ת"ת ו"ה. והטעם כי היא בת עין. וג' גווני דעינא הם ג' אבות ושתי גבות עינים הם נו"ה. וכאשר אלו משפיעים ומאירים בשכינה נקרא מראה בהקיץ בפתיחו דעיינין להשפיע. וכאשר תסתלק השפעתם ממנה אז תקרא היא מראה בחלום. ומשם נשפע הנביא ושם הבטתו כאשר הוא מתנבא בחלום ע"כ:

חלון פי' הרשב"י ע"ה בתקונים (בתקונא ו' דף כ'

ע"ב) שהוא התפארת ואמר שהוא חלון לבינה, ועליו נאמר (בראשית ח ו) ויפתח נח את חלון התבה ופי' כי התיבה היא בבינה וחלונה אשר בה מקבלת הוא הת"ת בסוד הדעת שהוא המאיר בבינה בסוד התיחדה ע"י בחכמה והיינו החלון שע"י נכנס אליה האור. או אפשר שהוא תפארת ממש והוא חלון שבו מתגלית הבינה אמנם נקרא חלון מציאותו אשר נקרא ותורה אור כדפי' בערך אור והוא מצד הימין כי משם ע"י החסד עלייתו אל הבינה. ובבחינה זו מתגלית הבינה על ידו והיינו חלון המאיר למטה ענייני הבינה וראשון אצלינו עיקר:

חלמיש יש מי שפי' בחכמה ול"נ במלכות והכתוב מוכיח שהיא חלמיש מצד הגבורה. וזהו (תהלים קיד ח) ההופכי הצור אגם מים. חלמיש, שהיא קשה מצד הגבורה, למעיינו מים מצד החסד:

חלצים הוא חיבור הת"ת עם השכינה ויחוד אשר יתיחד בין נצח והוד שהוא דיבוק הת"ת שהוא הגוף עם הנצחים שהם הירכים הם נקראים חלצים והוא צד הרחמים. אמנם מתנים נק' למעלה יותר בסוד הגבורה והחוזק והכל במקום א' אלא זה למעלה בסוד הדין וזה למטה בסוד הרחמים. והענין לפי התגבורת אם יתגבר על נצח יהיה דין או יגבר נצח על הוד ויהיה רחמים. ונאריך בערך מתנים. (ע' בזהר בלק קצ"ח ע"ב):

חם הוא צד הגבורה והוא חם בסוד אש הגבורה. אמנם חם הוא אבי כנען שהוא סוד השחרות והחשך שבגבורה כדפי' בשער הגוונים. ושני מיני חמימות הם הא' חמימות העבירה והוא חום אשו של גיהנם שחרות הגבורה. והשני חום מצד הגבורה כמו בדוד וחם לאדוני המלך (מ"א א ב), והוא אדמוני עם יפה עינים (ש"א טז יב). ויש חום שפי' הארה והתנוצצות כדמיון השמש שכל עוד שיאיר יחמם וכן בארו בזוהר פ' (וירא דף צ"ח.) וז"ל כחום היום דהא אתנהיר ימינא. ופי' כחום היום בהארת היום מן החסד כי מצדו הוא חם (וע' לעיל בע' חום):

חמדת ימים היא השכינה מלכות והטעם פי' ר' משה שהיא חמודה לכל הימים המאירים בה וכלם חומדים אותה ואוהבים אותה עכ"ל. והנכון כי היא כלולה וחמודה מכל הימים העליונים כמו שפי' בערך ארץ חמדה. ויש חילוק גדול בין ארץ חמדה וחמדת הימים. והענין כי ארץ חמדה נקרא אחר שנחמדה בהיותה ארץ משפעת למטה וזהו רומז לשון אר"ץ כד"א (ישעיה סו א) והארץ הדום רגלי. אמנם חמדת הימים נקרא בעודה מקבלת בהיותה עליונה מקבלת מן הימים ועדין שם הימים עליה:

חמה הוא התפארת ונקרא כן בסוד כי שמש ומגן ה' צבאות (תהלים פד יב). ונראה לנו כי מצד הימין נקרא שמש צדקה ומרפא בכנפיה (מלאכי ג כ). ומצד השמאל נקרא חמה בסוד חמימות האש של הגבורה. וזהו מוציא חמה מנרתיקה. כי הנרתק של התפארת הוא המלכות וכאשר הוא בתוך הנרתק ביחוד אז הוא רחמים והוא שמש צדקה תפארת ומלכות. וכאשר יוצא ממקומו אז הוא חמ"ה בסוד האש והדין:

חמשה פי' בזהר פ' אמור (דף ק"ב) כי כל מקום שנאמר חמשה וכדומה הרמז אל התפארת שהוא חמישי וכן בכל מקום שנאמר בחמשה עשר הוא יחוד תפארת ומלכות. תפארת חמשה, ומלכות עשר. כמו שנבאר בערכו. ובתיקונים (בהקדמה דף ג' ע"ב) פי' כי בחמשה הוא המלכות שהיא ה'. והנראה מתוך לשונו שם שהיא נקראת חמשה בהיותה למעלה אצל בעלה בסוד והיה אור הלבנה וכו' (ישעיה ל כו):

חנון פי' ר' משה כי הוא בחסד וז"ל חונן חנם ואעפ"י שאין ראויין כלל מצד הדין ונאמר (שמות לג יט) וחנותי את אשר אחון עכ"ל. ונראה לנו כי המקום אשר בו נותנין מתנת חנם הוא למעלה במקום שאין דין כלל והוא לפנים משורת הדין מכל וכל:

חסד זו מדת הגדולה. ולשון חסד פי' בספר האורה ז"ל דע כי לשון חסד הוא כל העושה דבר שאינו מוכרח לעשות מצד הדין אלא שעושה אותו בחפצו ורצונו מאין מכריח ועושה אותו הדבר בטובתו זה נקרא חסד. שכמו שמדת חסד הוא הפך מדת הדין כך לשון חסד הוא הפך הדבר העשוי בהכרח עכ"ל. ועקר כוונתו כי נקרא חסד מטעם כי המדה הזו פעולתו הפך הדין אע"פ שמן הדין חייב הוא מזכה אותו. ואחרים פי' כי חסד עולה ע"ב והוא רמז אל ע"ב גשרים וכו'. והכונה כי היא נקראת חסד כשהיא פועלת בע"ב גשריה. ולפי האמת כי כן בא הרמז בחסד אל ע"ב כדפי'. וכן נקרא חסד בסוד שהיא מטיבה לרעים ולטובים נמ]. והכתר ג"כ נקרא חסד עליון כן פי' בזהר באדרא. והטעם שהוא משפיע אל החכמה ששם יניקת החסד. ומטעם זה יקרא צד הכתר המשפיע אל החכמה חסד עילאה. ויש אומרים כי גדולה נקרא חסדיך הראשונים (תהלים פט נ). והטעם כי יש חסדים אחרים כאשר נבאר. ולי נראה כי הרמז אל הכתר וכן דקדק במלת אי"ה חסדיך שהוא בשלשה ראשונות כדפי' בערכו. עוד יש חסד עולם הרמז אל החסד כאשר היא יונק

מבינה וזהו חסד היונק מעולם שהיא הבינה כנודע. ויש חסד תחתון ופי' המפרשים כי הוא היסוד. וכן פי' שהוא חסדי דוד כי הוא משפיע למדת דוד הוא המלכות. ויותר ראוי לומר חסדי דוד נצח והוד וכן פי' בזהר פ' תרומה (דף קס"ט.) וז"ל ובשבת דלא אשתכח דינא, למהוי נצח והוד כלל חסדים אומרים רצה והחליצנו. למהוי תרווייהו חסדי דוד הנאמנים. וע"ד אל תהי צרה ויגון ביום מנוחתנו דהא רצה ומודים אינון חסדי דוד עכ"ל. והכוונה כי בימות החול אינם בעצם חסדי דוד מפני שיש בה קצת דין. אמנם בשבת שאין דין ומתגלה הנצח ענף החסד להיות הנצח וההוד כלולים בשם חסדים אנו אומרים רצה והחליצנו כי על ידי התפלה הזאת אנו מזכירים הנצח שהוא הרצון ענף הרחמים המתגלה. ונכללים שניהם בסוד הימין והשמאל שבשבת שניהם רחמים. וע"ד וכו', פי' ומטעם שההוד שהוא דין במקומו בלא רחמים בימות החול. ובשבת שמתגלה הרצון אנו אומרים ואל תהי צרה ויגון ביום מנוחתנו. כי הצרה והיגון מצד הדין ובשבת אין דין ומתגלה הרצון שהיא הימין ולכן אל תהי צרה ויגון ובשבת שניהם נקראים חסדי דוד. הנה מתוך המאמר הזה בפירוש כי הנצח הוא חסדי דוד בהיותו מתגלה וכולל עמו ההוד וזהו חסדי לשון רבים. וגדולה ג"כ נקראת חסדים טובים. ופי' טובים מאירים, כמו בהיטיבו את הנרות (שמות ל ז). והוא סוד החסד קודם התפשטות כמו שיתבאר בערך טוב ופי' חסדים שהיו טובים קודם וזה מוכרח כמו שיתבאר שם ופי' בשער המכריעין בפ"א:

חסיד פי' הרשב"י ע"ה בר"מ (פנחס דף רכ"ב ע"ב) כי החסד בהיות החכמה בתוכו נק' כן ולזה רמז היו"ד אשר בחסיד חסד יו"ד ולזה אמרו (אבות פ"ב) ולא עם הארץ חסיד כי צריך חכמה בחסד כדי שיהיה חסיד:

חסידה פי' הרשב"י ע"ה בזהר פרשת ויצא (דף קס"ג.) בפסוק (תהלים קד) חסידה ברושים ביתה כי הבינה נק' כן והטעם שיוצא ממנה החסד ואז תקרא חסידה. ונ"ל כי בהתייחד שלשתם חכמה בינה חסד תקרא הבינה חסידה ששם חסד היונק וי' שהיא חכמה המשפיע וה' שהיא הבינה המשפעת והחיבור הזה בבינה. ובזהר פ' פנחס (דף רי"ז ע"ב) פי' וז"ל חסידה ודא ברתיה דאברהם אבינו דאקרי חסד ועביד חסד עם כל בני עלמא ועל דא אקרי חסידה. והנה פירוש שני טעמים על שנקראת המלכות חסידה. הא' בערך מה שמקבלת וזהו ברתיה דאברהם אבינו שהוא סוד יניקתה מצד החסד. והשני בערך מה שמשפעת וזהו דעביד חסד עם בני עלמא. ואין זה חולק עם מה שפי' בפ' ויצא כי שניהם נקראים חסידה האי כדינה והאי כדינה:

חפץ פי' ר' משה בחכמה. והטעם וז"ל חפץ ולא בהכרח ואין להרהר אחריו וכן אמרו במחשבה אל תתמה על החפץ כי גבוה מעל גבוה שומר (קהלת ה ז) עכ"ל. והנכון שנקראת כך בהיותה יונקת מן הרצון העליון ואז נקראת חפץ לשון רצון. ואמרו אל תתמה על החפץ. הכונה אל תשתומם לומר ששם אפיסת הרעיון כי עדין גבוה מעל גבוה שומר וגבוהים וגו'. והם החכמ"ה והבי"נה גבוה. וגבוהי"ם עליהם כתר וא"ס. ובתיקונים (תקוני ז"ח דף קכ"ד.) פירש הרשב"י ע"ה שהמלכות נקראת נקראת חפץ. וזהו כי אם בתורת ה' חפצו (תהלים א). פי' שכינה המתיחדת בתוכה ונקראת חפץ ודאי בסוד היחוד והחיבור שהת"ת משפיע החפץ והרצון בה מצד החכמה והכתר:

חפשי הוא הבינה ששם מדרגות החירות כדפי' בערכו. ונראה לנו לחלק בין חירות וחפשי. כי חירות הוא מצד היובל וחפשי מצד השמטה בסוד קבלת' החירות מן היובל. וזהו (שמות כא) ובשביעית יצא לחפשי ואם לא יספיק אז ועבדו לעולם עולמו של יובל:

חצות לילה פי' בזהר פ' לך (דף צ"ב ע"ב) כי המלכות נקראת חצות מטעם שהיא יונקת משני צדדין. מצד הדין והגבורה נקראת לילה שאז דינין מתערין. וחצות לילה היא נקראת בשעת יניקתה מן הרחמים דהינו מחצות ומעלה שאז יונקת מן החסד וזהו חצות לילה חציה היונק מצד החסד. ולמעלה מן הענין פי' שם פי' אחר. ויש שרוצים לדקדק משם כי הת"ת נקרא חצות לילה ולא נראה לנו הכרח. והרוצה לפרש כן צריך ראייה ממקום אחר שהכנוי זר והלשון שקול דאית לפרש הכי והכי:

חצי כל דבר פרוס לחצאין הוא מצד המלכות בבחי' מעוט הירח ויש חצי [שעניינו ממוצע כמו חצי ההין. עס"ר] והוא הת"ת שהוא ממוצע בין שני הה"ין שהם בינה ומלכות בסוד הו"ה וכן מחצית השקל הוא ת"ת. הטעם כי עשרים גרה השקל והיינו יו"ד במילואה שהוא עשרים והוא מחלק אותם לשנים י' למעלה ויו"ד למטה ו' באמצע בסוד א כאשר רמזנו במקומות רבים כל זה נתבאר בר"מ והעתקנו לשונו בשער י' ולא ט' פ"ו ושם בארנו אותו באור ארוך. עוד יש חצי האמה והוא יו"ד שבמלכות ושעור ו' הוא שני יוד"ין כדפי' בשערים הקודמים והארכנו בערך אמה:

חצים פי' בתיקונים כי החצים מצד היסוד שהוא

הנקרא קש"ת כמו שנבאר בערכו בע"ה. וחצי"ם הם ג' ווי"ן שביסוד ויס"ע ויב"א וי"ט, שהם ג' ווי"ן שהם ג' אבות. אי נמי ג' ענפיהם שהם נצח הוד יסו"ד והם החצים שבקשת והוא זורק אותם כנגד המלכות. והיינו סוד קבלת הברכות מן הימין ומן השמאל ומן האמצע ומשפיעם במלכות. וזהו סוד זרע יורה כחץ בסוד הזווג אל א' מג' בחינות אלו שיחודה עם בעלה בסוד ג' מועדים פסח שבועות סוכות שהם גדולה גבורה ת"ת כנודע:

חצוצרות כסף פי' הרשב"י ע"ה בר"מ כי נצח והוד נקראים כן בהיותם מקבלים מצד החסד כי שם מוצא הכסף ונקראים חצוצרות בסוד התקיעות שהם בחסד וגבורה. ואלו ענפיהם כי מעשה אבות יעשו בנים:

חצרות ה' פי' בזהר פ' ויחי (דף רמ"ח ע"ב) כי בתי בראי שהם ז' ימי הבנין נקראים חצרות ה'. והטעם כי כמו שהחצר בית שער לבית והבית נעלם מן החצר וצנוע, כן הז' ימי הבנין נגלים והם בית שער לג' ספירות עליונות שהם נעלמות מהכל:

חק פי' ר' משה על שני פנים. הא' הת"ת ואמר כי הוא לשון גדול ואינו עקר. והשני הוא אשר הסכימו בו כל המפרשים שהוא היסוד נקרא ח"ק ופי' הטעם כי הוא מגביל כל הדברים הבאים בגבול ונתן להם חק כדמברכינן וחק בשארו שם כי מצות הברית הוא:

חקה הוא במלכות. ומן הטעם עצמו כי היסוד והמלכות הם המגבילים וחוקקים לכל הנגבלים וחוקקים לכל הנגבלות. וחוקות וחוקים הוא מורה על זווג שניהם. והחילוק שבין חקות וחקים הוא כי חקות עקר' מלכות ונכלל בכללה היסוד, וחוקים העיקר יסוד ונכלל המלכות. וכן נמצא שזה לשון זכר וזה לשון נקבה. אמנם קצת מן המפרשים כתבו כי חקיקת האותיות בבינה ואמר ששם רמז החקיקה הנזכר בספר יצירה. ובשער אבי"ע פי' ענין החקיקה היטב. ובזוהר פ' אחרי (דף ע"ג ע"ב) [כתב] וז"ל כל אינון נימוסין מאתר דאקרי צדק איקרון חקותי ע"כ. פי' כל (ממצות) [המצוות] הנקראים בתורה חקותי הם תלוים במלכות בבחינתה הנקרא צדק שהיא מורה דין. ואין לשנות כמו שיתבאר בערכו. ובזוהר פ' קדושים (דף פ"ו ע"ב) פי' כי כחות המלכות כאשר הם מקבלים חק טרפם כדין כתיב (משלי לא) ותתן טרף לביתה וחק לנערותיה הם כחותיהם הממונים על ענייני העולם. ואמר שם שנקראים חקות שמים כי החק הנתן להם ע"י המלכות נשפע משמים דהיינו ת"ת וזהו חקות שמים:

חקר פי' הרשב"י ע"ה (בתיקונא י"ט דף ל"ז ע"ב) בפסוק (איוב יא ז) החקר אלוה תמצא כי חקר הוא מלכות כאשר היא תחת הת"ת הדום רגליו ונראה הטעם כי שם חקירות הת"ת והתגלותו כי אין מי שישיגהו כי אם במלכות וזה החקר אלוה שהוא הת"ת וכו':

חרב פי' ר' משה שהיא הגבורה ואמר כי לזה כיוון דוד ע"ה באמרו (תהלים כב כא) הצילה מחרב נפשי. והנ"ל כי החרב שאמר דוד הוא חרב בני עמון הם הקליפות. ולזה אמר הצילה מחרב נפשי. שאם הוא בגבורה כבר אמר (שם נד ג) ובגבורתך תדינני כו'. ואפשר שלזה כיוון גם החכם ר' משה ואמר כי חרב פפיות שיש לה פיות פנימי וחיצון, ונ"ל כי פנימי צד הקדושה וחיצון הוא צד הרע. ובזוהר (פ' שופטים דף רע"ד ובתקונא כ"א דף מ"ג) פי' כי חרב פפיות הוא שם בן ארבע כאשר הוא חוץ מנרתיקו שהוא אדני ואז הוא דין. וז"ל י' רישא דחרבא ו' גופא דחרבא ה"ה תרין פפיות כו' עכ"ל. וכבר הארכנו בזה. וכן נקרא המלכות ודאי חרב סתם וחרב נוקמת נקם ברית. והטעם כי היא התובעת על העריות שהם מפרידים בינה ובין אלוף נעוריה. נמצא שחרב רומזת בג' מקומות. א' בגבורה, וא' במלכות, וא' בקליפות:

חשך ג' מיני חשך הם. אחד בכתר בזולת שנים אחרים שהם א' בגבורה, וא' בקליפות. וחשכים אלה בארנום בשער הגוונים ויש שקראו למלכות חש"ך מעורב והטעם שיש לה אור אלא שהוא מעורב בחשך. ורב חמאי גאון בס' היחוד פירש כי המלכות נקרא חשך מעורב מפני שכל כחות שלהביות מתערבות בה ומשתנות בתוכה עכ"ל. ולפ"ז הטעם שנקרא חשך מעורב מפני שהיא מחשכת גווני האור ומשנה אותם כדי שיוכלו התחתונים לסבול:

חשמל פי' רז"ל (בחגיגה דף י"ג) שהם חיות אש ממללות. ועוד אמרו פעמים חשות פעמים ממללות. ופי' ר' משה שהם ו' קצוות והם עתים חשות כשהם מקבלות שפע מלמעלה עתים ממללות כשמשפיעות. ואמר כי חשמלה היא היא המלכות בבחינתה המתייחדת עם הו' קצוות ביחוד. והחשמל לרמוז אל הבינה המשפעת על ו' קצוות עכ"ל. ובר"מ (פנחס דף רכ"ג: ודרכ"ח.) פי' הרשב"י ע"ה כי חשמל הוא חש מל, חש נצח מל הוד. והם חיות אש ממללות כמו שנודע שהם השפתים המדברים בנבואה לנביאים. ובזה יתבאר מה שפי' בגמרא (ובר"מ שם ע"ש) בשעה שהדיבור יוצא מפי הגבורה חשות ובשעה שאין הדיבור יוצא מפי

הגבורה ממללות בסוד הנבואה לנביאים. ועניינו שתי שמות הוי"ה אדנ"י והם חיות כו' כי ד' פנים הם שם הוי"ה וד' כנפים הם שם אדנ"י והם חיות פעמים חשות בסוד הזווג ובחשאי כי למעלה בשם בן ד' אין דבור אלא שתיקה כי הם מפתחות פנימים והקצור בהם הוא העקר. אמנם בשם אדנ"י שם הוא הדבור כי הוא המגלה ושם שייך לבאר וללבן הדברים והם מפתחות חצונים. ולזה נמצא שח"ש הוא בנצח, מטעם שמצד הנצח שהוא הימין הוא שם בן ד'. ובהוד שהוא השמאל הוא אדנ"י, ולכן שם הוא מל שהוא הדיבור. ולכן נמצא שיסוד נקרא חשמל שהוא כולל יחוד ב' שמות אלה. וכן נתבאר בתיקונים (בתקוני ז"ח דף קי"ב.) וז"ל חיזו תליתאה כמראה אש בית לה סביב (יחזקאל א) ודא צדיק חי עלמין דאחיד בין קב"ה דאיהו הוי"ה ובין שכינתא דאיהו אדנ"י. וצדיק איהי חשמל כללא דתרין שמהן אילין דאינון יאהדונה"י וחזא ליה מגו שר הפנים עכ"ל. והנה ביאר כי ענין כמראה אש בית לה סביב הוא היסוד שראה יחזקאל. והטעם שנק' כמראה אש וגו' מפני שהוא חשמל הסובב לשכינה ליחדה עם הת"ת. ולכן יתיחד לו שם זה והוא חשמל היינו חיות אש ממללות דהיינו שש ספירות שהם שש אותיות שבין ב' יודין והם שש קצוות והיינו יאהדונה"י והם ממללות אחר היחוד להשפיע וחשות בעת הזווג כדפי' לעיל. ושאר המאמר נתבאר בשער אבי"ע בפ' ו'. וענין חשמלה היינו יחוד שתי שמות במציאותם למטה כאשר יתבאר בערך קרית ארבע בע"ה. ועוד נדבר בענין חשמל בשער ההיכלות פ"ו:

חשוקיהם פי' בתיקונים (בהקדמה די"א ע"ב) שנקראים חשוקיהם הנצח וההוד. ואפשר שנקראים כן מפני שהם חושקים זה לזה עד שהם נחשבים כא'. והכל בסוד זווג כדפירשנו בשער מהות וההנהגה. או אפשר מפני שהם חשוקי הבית שהבית נכון עליהם שהם יכי"ן ובוע"ז והוא לשון סעד וסמך [כדפירש שם]. או אפשר שהם בערך התפארת והמלכות המתייחדים בין שניהם כמו שבארנו בשער מהות וההנהגה:

חתן נקרא הת"ת והסימן כחתן יכהן פאר (ישעיה סא י) ובערך חופה בארנו איך הוא חתן בתוך חופתו. ואמנם נקרא חתן בהתייחדו עם כלתו המלכות והם מתעטרים בסוד עטרות חתנים כדפי' בשער מהות והנהגה. עד הנה הגיע כחנו החלש בביאור אות ח' בעזר אלוה השופע עלינו. ועתה נבא בביאור ערך אות ט':

פרק תשיעי:

טבור היא השכינה והרמז ביה אל מציאותה הנעלם הנרמז באות י' ואמנם הגוף הוא התפארת. והבטן הוא המלכות מצד הבינה דהיינו מציאות ה' שהוא הבטן אשר לה מצד הבינה כנודע בסוד הה"א. והטבור מציאות הי' בהיות' בבטן ובתפארת והיא נקודה שממנה הושתת העולם והוא טבור הארץ והיינו נקודת ציון. ויש בזה עיון שאפשר שנקודת הטבור הוא יסוד ונבאר כל הצורך בערך ציון. וכל זה נתבאר בתיקונים אחת הנה ואחת הנה מפוזר ומפורד במקומות רבים:

טבעת הוא בחכמה ולא החכמה בעצמה בעצם. אמנם הוא מציאות המלכות אשר למעלה בחכמה [בבחינה] אשר היא שוה לחכמה כאשר נתבאר בשער המציאות ולזה רמז טבעת של קדושין ואל זה רמז טבעת החותם. ובדרך העברה תקרא טבעת בחכמה כל זה נתבאר בתיקונים:

טהרה כלל אמר הרשב"י ע"ה בתיקונים ובר"מ ובזוהר מקומות רבים כי הטהרה מצד החסד כי משם הטהרה, והקדושה מצד הלוי. ושמענו בו טעם כל דהו כי טהרת סטרא דשמאלא והכרתתם הוא כמבואר בשער השמות. ובזוהר פ' קרח (דף קע"ו ע"ב) פי' הרשב"י ע"ה איפכא וז"ל תרין דרגין אינון קדוש וטהור. כהן קדוש, לוי טהור. ושם מוכרח מן הענין בעצמו כי הטהרה מצד הלוי והקדושה מצד הכהן. וכן בפ' חוקת (דף ק"פ ע"ב) בפסוק ונתתם אותה אל אלעזר (יט ג) איתא מ"ט ליה ולא לאהרן. וקאמר התם אהרן לא אתי מסטרא דטהור אלא מסטרא דקדוש ובגין דדא אתייא לטהרה לא אתיהיבת ליה עכ"ל. עוד שם ואסף איש טהור, ולא קדוש. והניח מחוץ למחנה במקום טהור, דהא טהור לא אקרי אלא מסטרא דמסאב בקדמיתא וכו' ועל דרך זה תירץ שם כל הענין. לכן נ"ל לתרץ לעת כזו. עיקר הקדושה בחסד כי עליה החכמה הנקר' קדש. ומשם סוד הימין המשכת הקדושה על הכל. והטהרה הוא העיקר בסוד הגבורה כי באש של גבורה יצטרפו ויתלבנו הכל והיא סוד פרה אדומה תמימה באדמימות לתוקף הדין. ולא לבן אפי' קצת שהם שתי שערות מפני שלא יהיה רחמים כלל. ולא שחורות מפני שלא יתדבקו אליה הקליפות ובמקום ביעורם יהיה קיומם אלא אדומה. ועוד שרופה בתוקף אש. וכן א"ר יהודה (פסחים דף כ"א) אין ביעור חמץ אלא שריפה. וחכמים פליגי עליו ואומרים אף מפרר וזורה לרוח, בסוד קו הרחמים. או מטיל לים, בסוד קו החסד. ובאש שהוא תוקף הדין כולי עלמא לא פליגי. ואף אם נמצא טהרה

מצד החסד היינו האש המעט הכלול בימין כדפי' בשער מהות והנהגה. וכן אם נמצא קדושה מועטת מצד הלוי היינו בסוד המים המועטים שבצד הגבורה כדפי' בשער הנז'. ובזה יתורצו כל הלשונות החולקים בענין זה לעת כזו עד ירחם ה' מן השמים:

טוב כל לשון הטבה הוא מצד החסד ופי' מלשון בהיטיבו את הנרות (שמות ל ז) והוא לשון הארה. ועל הת"ת מצד החסד נאמר טוב. וכן על צדיק. והמלכות מצדו נקרא טוב. וכן בדוד וטוב רואי (ש"א טז יב) כי היה יונק מן הצדיק מצד החסד. פי' בהיות הצדיק יונק מן החסד. וז"ל בז"ח שה"ש (דף ע"ו.) כי טובים, לגבי אור קדמאה. ודקדק בלשונו שקראו לחסד אור קדמאה לומר לנו כי בחי' הנקרא טוב הוא בחינתה העליונה על בחי' החסד והוא נק' אור קדמאה לשון קדמות. וכן פי' בזהר פ' תרומה (דף קס"ח ע"ב) ז"ל אמאי אקרי טוב ואמאי אקרי חסד. טוב איהו כד כליל כולא בגויה ולא אתפשט לנחתא לתתא. חסד כד נחתא לתתא ועביד טיבו לכל בריין עכ"ל. והעתקנוהו בשער המכריעים פ"ק. וכן בארו בזוהר (בלק דף קפ"ט) כי הטוב מצד החסד בפסוק (שה"ש ז י) וחכך כיין הטוב דארמי ביה מייא. ופי' כי היין מצד הדין וטוב מצד החסד והנה בהיות הספי' מאירות מצד פנימיות אותה הבחינה שהיתה נעלמת קודם היות חסד נקרא טובים. כלם טובים ומאירים בסוד הדקות הפנימיות הנעלם. ות"ת משם נקרא טוב שנאמר (תהלים קמה) טוב ה' לכל. וכן צדיק נקרא טוב שנאמר (ישעיה ג י) אמרו צדיק כי טוב. ומלכות טוב שנאמר (אסתר ח ה) וטובה אני בעיניו במאמר אסתר. והכל הוא מצד החסד כדפי'. ובזהר פר' ויקרא (דף כ"א.) בפסוק (תהלים נב יא) אודך לעולם כי עשית. פי' כי צדיק נקרא טוב מצד חסדי דוד הנאמנים. וז"ל וכד אילין חסדי דוד מתמליין מההוא טיבו כדין אקרי יסוד טוב עכ"ל. והכונה כי כאשר נו"ה מלאים טוב שהוא מצד החסד אז היסוד מקבל מהם ונקרא טוב. ור' משה פי' כי כתר ג"כ נקרא טוב כי הוא המטיב לכל הנרות. ואין דברי הזהר נוטים כן שאמר טוב לאו איהו כו' בלשון שלילה. ונוכל לומר על צד הדוחק כי כשמשפיע הכתר אל גדולה נקרא טוב על שמשפיע בטוב:

טוב ירושלים פי' הרשב"י ע"ה בזוהר פ' ויקרא (דף י"ג) כי הוא השפע הנשפע על המלכות מצד הת"ת באמצעות היסוד וז"ל מאן הוא טוב ירושלים אינון ברכאן דנפקי לה מן מלכא קדישא על ידא דההוא דרגא קדישא דצדיק וע"ד יברכך ה' מציון כו' עכ"ל. ופי' השפע הנשפע על המלכות מן התפארת ע"י היסוד נקרא טוב ירושלים. ואפשר שלא יקרא כן אלא בהיותם שניהם נקראים טובים כדפירשנו לעיל:

טחול פי' רז"ל (ברכות סא) טחול שוחק. והוא שחוק הכסיל. כן ביאר הרשב"י ע"ה בר"מ (פנחס דף רמ"ד.) וז"ל מארת חסר ו' ודא לילית דאיהי ממנא דההוא עושק ואיהי איקרי טחול ואיהי אזלת וחייכת בינוקא ולבתר עבדת בהו רוגזא ודמעא למבכי עלייהו. טחול לזינא דכבד אזלא דא איברי בשני ודא ברביעי עכ"ל וכונתו ברורה:

טוחנות פי' הרשב"י ע"ה בר"מ (פנחס דף רל"ה) שני פירושים. הא' שהם כחות מצד המלאכים הנקראים אישים. וז"ל מאילין אישים נפקי דרגין דקדמי ונטלי מכבד בקדמיתא ומאן אינון אילין טוחנות וכו' עכ"ל. ואח"כ (בדף רל"ו.) פי' שהם נצח והוד שהם נקראים שחקים והטעם שהם טוחנים מן לצדיקים. ובארנו הענין הזה בשם צבאות בשער השמות. ופי' כי נקראו טוחנות מצד הימין ושחקים מצד השמאל והטעם כי טחינה היא יותר דקה ויותר טובה משחיקה וכאשר יגבר הצד הנצח על ההוד ויהיה שפע רחמים אז נקרא טוחנות שהיא טחינת מן יפה למדת צדיק וכאשר יגבר הצד ההוד על הנצח ויהיה גובר הדין אז יקראו שחקים שהוא מלשון שחיקה שאינה טובה כ"כ שהיא גסה ואין המן מזומן יפה כראוי כ"כ:

טל הוא כללות יו"ד ה"א וא"ו שעולה טל והוא שפע הבא מכ"ע דרך הספירות ואותיות אלה עד המלכות שהיא ה"א והטל הוא לראש הת"ת כענין שראשי נמלא טל (שה"ש ה ב) פי' משפע עליון הנ"ל ואז הוא (טל של) תחיית המתים. ויש כנגד טל מלכות ל"ט מלאכות ול"ט רצועות הבאים מרצועה בישא שהיא הקליפה כמו שנבאר בערך ל"ט:

טלית לבנה פי' ר' משה שהוא החכמה והטעם שהיא לבנה בסוד הרחמים והיא מצוייצת בסוד ל"ב חוטין בסוד ל"ב נתיבות. ואפשר שתהיה הבינה גם כן. כי כן פי' עוטה אור כשלמה (תהלים קד). האור בבינה והעוטה היא החכמה והיינו י' חכמה מעוטפת באור בינה ונעשה אויר כדפי' בערכו מלשון הזוהר. ועוד פי' ר' משה טלית לבנה בחסד. ובר"מ (פנחס דף רכ"ח.) פי' התפארת מצד החסד נקראת טלית לבנה וז"ל שם בהיותו עוסק בת"ת דטלית לבנה איהו לימינא מסטרא דחסד דאתמר אל מלך יושב על כסא רחמים כו' עכ"ל. וכוונתו בת"ת. וכן מבואר שם בפי'. ובמה שפי' בענין אור נתבארו כולהו פי'. כי עיקר טלית לבנה היא אור לכן

יצדק בת"ת שכן כתיב (משלי ו כג) ותורה אור ויצדק בבינה ויצדק בחסד:

טנא פי' רבינו בחיי בפ' כי תבא כי המלכות ה"א אחרונה נקראת טנא ובו מונחים הביכורים שהם ג' אותיות שהם יה"ו שהם ביכורים וראשית לכל העולם:

טפה מבואר בתיקונים מקומות רבים (תקונא י"ט דל"ז. ותקונא כ"א דף מ"ג. ובדנ"ב ע"ב) כי המלכות נקראת טפה בבחינת יו"ד שבה שהיא טפה אחת ומצדה נקרא החכמה והבינה ב' טיפין ממטה למעלה וממעלה למטה וכן מבואר שם (בתקוני ז"ח דף קט"ו. וז"ל או"א מסטרא דברתא דמלכא טיפין אתקריאו כו' ע"ש). והכוונה שהם שני יודי"ן בסוד וייצר (בראשית ב ז) המבואר בתיקונים פעמים הרבה. והקליפה היא נקראת טפה סרוחה כן בארו בתקונים (תקונא כ"א דף נ"ב ע"א):

טפח כבר בארנו קצת במלה הזאת בערך אמה ושם העתקנו דברי הרשב"י ע"ה בתקונים ושם מבואר כי י' הוא חצי אמה שהם ג' טפחים. אמנם מצאנו בר"מ (פנחס דף רמ"ה ע"ב) שפי' כי טפח שיעורא דיו"ד וז"ל ומסלקו מן הקרקע טפח בגין דאות ה' איהי כוס צריך לסלקא לה באת י' דאיהו טפח דביה אתפתחת ה' בה' אצבען עכ"ל והנה נראה מדבריו בפי' כי שיעורא דיו"ד טפח לבד וקשו תרי מתניתין אהדרי. ונראה לנו ביישוב המאמרים האלה כי עיקר שיעור היו"ד הוא טפח שהוא קמיצת הי"ד וכן נקרא היו"ד קומץ סתום כמו שנראה במקומות הרבה בתיקונים. ובהתפתחו נעשה זרת שהוא ג' טפחים. וכן בהתפתח ונעשה ה' שהוא פתיחת היו"ד כנודע, אז שיעור' ג' טפחים שהם ג' ווי"ן שהם בה' של יו"ד עליונה. והם גדולה גבורה תפארת שהם כללות האצילות בסוד אמ"ש כדפי' בשער מהות וההנהגה. וכן י' קטנה למטה כשהיא נפתחת נפתחת בה' שהוא נצח והוד ויסוד שהם על האמת ג'. והם ג' טפחים והיינו ה' שהם חמשה כי החמשה בריחים נכללים שם בזרת. ושעורו שלשה טפחים היינו אחר התפתחו אל ה' אצבעות דהיינו ה' זרת ודאי וכשאמרו שהוא טפח הוא בהיות הי"ד קמוצה קודם שיתפתח אל הזרת. וזהו שרמז הרשב"י ע"ה במאמר ר"מ באמרו דאיהו טפח דביה אתפתחת, שהוא לרמוז כי לפעמים שעורו זרת שהוא שלשה טפחים כדפי'. וגם במציאות יו"ד עצמה הם נכללים ג' טפחים עם היותה י'. והוא כי י' אית לה קוצא לעילא וקוצא לתתא וגיו באמצעיתא הם ג' יודי"ן נכללים ביו"ד. והיינו פעמים היא יו"ד אחת והיא טפח אחת ופעמים שלש יודי"ן ג' טפחים. עד הנה הגיע שכלנו הדל בביאור אות ט' בעזרת החונן דלים. ועתה נבא לבאר ערך אות י':

פרק עשירי:

יאור פי' בזוהר פ' מקץ (דף קצ"ד.) כי היסוד נק' יאור והוא עצמו נקרא נהר. וכבר אפשר לומר כי כל המקומות שיקראו נהר יקראו יאור, ויאור ונהר הכל ענין א'. ופירושו לשון אור ונהירו. ויש חילוק בין יאור ונהר כי נהר הוא בהיותו משפיע שפע גדול ובמרוצה. והיינו נמי שפירושו מלשון ונהרו אליו כל הגוים (ישעיה ב ב) לשון מרוצה והוא משל אל רבוי השפע. והיאור בהיותו משפיע ולא כל כך כי היאור חלק הנהר ופשוט הוא. ובתיקונים (בתקוני ז"ח דף קט"ו.) פי' כי הת"ת נק' יאור והטעם דאיהו נהורא דאורייתא. למדנו ממנו ב' דברים. א' כי ג"כ יקרא יאור הת"ת כמו שיצדק עליו שם נהר ודאי. ב' כי לשונו מגזרת אור כדפרשנו:

יבק פירש הרשב"י ע"ה (בר"מ עקב דף רע"ב ע"ב ובר"מ משפטים דף קט"ז.) בשם זה כי הוא ראשי תיבות י'חוד ב'רכה ק'דושה והכוונה על ג' אבות הרומזים בג' דברים אלו. התפארת אל היחוד, והגדולה אל הברכה, והגבורה אל הקדושה. והטעם כי עקר היחו"ד הוא בתפארת כי הוא המתייחד. ומגדולה שפע וברכה באה לעולם על ידו כד"א (בראשית יב ב) והיה ברכה, ומגבורה קדושה כמו שיתבאר בערכו ב"ה. וזהו יבק. ואלו הג' מדרגות כלם ע"י היסוד. וכן אמן באותיות מאוחרות מאבג"ד וכו' עולה יב"ק כיצד א' בחילוף ב', מ' בחילוף נ', ן' בחילוף ס'. עולה יב"ק. ואמן עולה צ"א בחשבון שם יאהדונה"י שהוא רומז אל היחוד. ויב"ק עולה שני שמות אלה עם שם אהי"ה שהוא היחוד ג"כ. וזהו ויעבר את מעבר יבק (שם לב כב) בסוד ויעבר עיבו"ר ע"ב רי"ו שהם ג' אבות שסודו עיבור. ויחוד קב"ה ושכינתיה שהם יהו"ה אדנ"י. והחופה המחופפת אהי"ה וע"ז היחוד נאמר יב"ק. וע"ז נאמר (תהלים כ) יעננ"ו ביו"ם קראנ"ו. וזהו חכם בק"י בהלכה וזהו סוד יחוד אמ"ש קו חסד קו רחמים וקו הדין. אלו הם דברי הרשב"י ע"ה בר"מ ובתקונים מקומות רבים כמלקט שבלים. אמנם בזהר פ' לך (דע"ח.) פי' וז"ל ואעשך לגוי גדול מסטרא דימינא, ואברכך מסטרא דשמאלא, ואגדלה שמך מסטרא דאמצעיתא, והיה ברכה מסטרא דארעא דישראל, הא הכא כורסייא דארבע סמכין וכו' עכ"ל. ונראה מדבריו כי ברכה מצד הגבורה. וכן בתקונים פי' קדושה מסטרא דחכמה וברכה מסטרא דבינה, והעתקנו לשונו בערך

ברכה. והנה יישבנו זה בערך טהרה ועוד נבאר בערך קדושה:

יבשה היא המלכות. וכאשר גרם החטא ונשתברו ונתקלקלו הצנורות ואין השפע יורד והחום שורף בכח והדין גובר אז נקראת יבשה. כי נתייבש לחות מימי השפע וכל לחות מימי השפע מתיבש ומתנגב. עד שמשפיע בה התפארת ועל ידו מתלחלח היבש ומפשיר השפע הנקרש בה. וכן בארו בזהר פרשת בראשית (דף כ"ט ע"ב):

יד צריכים אנו להתבונן כי ביד ה' אצבעות והם ה' ספירות שהם גדולה גבורה ת"ת נצח הוד. והם נכללות בשתי ידות שהם ב' ההי"ן ה' עילאה וה' תתאה זו שמאלית וזו ימנית. והימנית רוב הפעמים הבינה, והשמאלית היא המלכות. והטעם כי זו נטייתה אל הימין וזו נטייתה אל השמאל כענין חסידה שנקרא הבינה. ואין לתמוה על אמרנו שהבינה היא ימנית עם היות עיקרה בקו שמאל כדפירשנו בשער סדר עמידתן כי בערך המלכות היא רחמים. ועוד דקדקנו בלשוננו באמור נטייתה שהיא נוטה עם היותה דין מעקרא. וג' ידות הם והם ששה רצה לומר כי יתחברו אל כל אחד מג' ידות אלה שם גדול"ה חזק"ה רמ"ה. והענין כי פעמים בינה משפעת בגדולה ונפתחת במקורות הגדולה ולכן תקרא י"ד הגדולה. וכשתהיה השפעתה בגבורה דין וחוזק נקראת י"ד החזקה. וכשיהיה השפעתה בתפארת ועל ידו הרמתה תקרא י"ד הרמה. וכערך שלשה שמות אלה אל הבינה מצד השפעתה, כן ערך המלכות מצד קבלתה. ותקרא שלשה שמות אלה גדולה חזקה רמה וג' ידות אלה נרמזות ונכללות בשם מ"ב. וה' אורות הנזכר בפ' יהי אור הם ה' אצבעות שביד הגדולה. וה' רקיעים שבפר' יהי רקיע הם ה' אצבעות שביד רמה. וה' פעמים מים שבפ' עצמה הם ה' אצבעות שבי"ד חזקה. כמו שנבאר. והם פרטי הספירות רצה לומר ענפי הגדולה והגבורה. אבל ה' אצבעות שבי"ד רמ"ה הם עצם החמשה ספירות. ולכן היא נחלה בלי מצרים כי אין שם יכולת לקליפות כלל. אולם בפרטי הספירות גדולה גבורה יש יכולת על דרך שנבאר בשער התמורות. ויש חילוק גדול בין יד לזרוע כי ביד משגת כח המקטרגים ולכן צריך נטילת ידים ולכן הצפרנים בראשי האצבעות כי שם אחיזתם. אמנם הזרוע אין צריך נטילה כי הוא פנימיות הספי' ותוכיותיה וזהו טעם לנטילת ידים ולא הזרועות. עוד יש י"ד ה' הוי"ה. והוא מצד מדין הגבורה אמנם הוא פגיעת הדין והכרעתו אל הרחמים וכן פי' רשב"י ע"ה בתקונים (בהקדמה ד"ח.). עוד יש יד כהה והוא כח הדין החזק במלכות מצד האש הגדולה קרוב אל החשך עד אשר כהו עיניו מכובד הדין. ולפי הנראה מתוך לשון התקונים כי הבינה עצמה היא יד ה' הוי"ה והמל' עצמה י"ד כה"ה. עוד המלכות נקרא יד כותבת מצד התפארת ויד חותמת מצד היסוד והארכנו בערך חותם. עוד יש ידי אדם ונקראים חסד וגבורה מצד שהם יוצאים מהתפארת שהוא נקרא אדם. ונמצא לפי זה שהם חסד וגבורה שבתפארת ובחינתו מהם שהוא נכלל משניהם:

ידיעה הוא לשון חיבור. והוא בא' משני מקומות אם בת"ת שהוא מחבר ומיחד החכמה והבינה. אם ביסוד שהוא המחבר ומייחד הת"ת ומלכות כדפי' בשערים הקודמים:

יהי הוא בתפארת כן פי' הרשב"י ע"ה בתיקונים (תקונא מ"ד ד"פ.) [וז"ל בראשית תמן תר"י תמן א"ש ועלייהו אתמר] יהי מארת וכו' מאר"ת חסר ו' כתיב יהי דא אורייתא דבכתב דתמן א"ש מארת דא אורייתא דבעל פה. ואע"ג דאוקמוה מארת חסר דא לילית, ע' ענפין אית לאורייתא עכ"ל. ואמרו אוריי' דבכתב דתמן א"ש כיון לבאר ענין יהי שהוא מגזרת ויהי לשון צער שהוא בגבורה כדפי' בערכו. ולזה אמר כי יהי בתפארת ששם ג"כ אשו של גבורה כי אש דת למו. ואין ספק כי בשם זה נרמז סוד השמאל וסוד הימין. השמאל הוא ה' על יו"ד דהיינו ה"י מן אלהי"ם שהיא נקבה ודאי, והימין י' על ה' וזהו י"ה שהוא זכר רחמים. וכשנכללים הימין והשמאל הוא סוד יה"י:

יובל היא הבינה. ונקראת כן מפני שהיא כלולה נ' שנה בסוד נ' שערים והיא שנת החמישים שהוא שער הנפלא ממרע"ה כד"א (תהלים ח ו) ותחסרהו מעט מאלהי"ם אל תקרי מעט אלא מ"ט וכו'. ונק' המדה הזו בשם זה כשהיא מנהרת בנ' שערים ומשפיע רב שפע וטוב. וזהו משמעות יובל כמו ועל יובל ישלח שרשיו (ירמיה יז ח). וכאשר יגלגל עד הגיע לשער החמשים אזי בו מתדבק בחכמה. ועליו נאמר למשה שתוק כך עלה במחשבה. כך בגי' נ'. כי שתיקה בחכמה שהיא יוד. ועלה למחשבה שהיא חכמה. ומטעם זה לא השיג בענין מיתת רבי עקיב' כי מיתתו היתה על צד הדין בסוד העלייה כמו שנבאר בשער הנשמה פ"ה. ונחזור לענייננו כי בהתדבקות השער הזה בחכמה אז הוא יובל ואז העולם כולו רחמים ורב שפע וחירות וגאולה ואז נקרא המדה הזאת יובל:

יום בכל מקום יום סתם הוא ת"ת באותו הצד אשר הוא מתדבק בגדולה וזש"ה ויהי ערב ויהי בקר יום

א' ופי' הרשב"י ע"ה ערב דיצחק ובקר דאברהם וכו' ונתבאר לעיל בשער י' ולא ט' פ"ב. וכן נקרא בכל מקום מדת יום. אמנם בפ' בשלח (דמ"ט.) בפסוק עוד היום בנוב לעמוד (ישעיה י לב) בארו כי היום הוא המלכות ואפשר לומר כי היום בה"א הידיעה הוא המלכות שהוא ענין גלוי וידוע כמו שנבאר בערך יום ההוא. ובזהר פ' חיי שרה (דף קל"ב ע"ב) בפסוק כי פנה היום (ירמיה ו ד). פי' כי חסד נקרא יום ולא נקרא יום אלא עד חצות ומחצות ולמעלה נקרא ערב וכן בפ' וירא (דף צ"ח.) פי' כי היום הוא בחסד וז"ל כחום היום דהא אתנהיר ימינא דרגא דאברהם אתדבק ביה ופי' בערך חום. ועוד פי' שם בת"ת. ור' אבא פי' שם (ע"ב) ביסוד. ואפשר שהוכרחו בפי' האלה מפני מלת חום כדמוכח התם. ולכלהו פי' כי עקר יום הוא בת"ת שעליו נאמר ויהי ערב ויהי בקר וכו' כדפי'. ומפני שצדו א' יום הוא והוא צד החסד, לכן נתייחס יום במלכות. ואין ספק שלא תקרא כן אם לא בהיותה עטרה לראש גבר. כי אז נאמר (ישעיה ל כו) והיה אור הלבנה כאור החמה וגו' ואז היא ג"כ יונקת מן הימין ונקראת מצדו יום. ונקרא [גם היסוד] יום, כי גוף וברית חשבינן חד כנודע. ונקראת יום ההוא המלכות במציאות הנעלם המתייחד במציאותה כמו שהארכנו בשער המציאיות מ"ג. עוד יש יום הכיפורים ופי' ר' משה וז"ל יום ספי' הבינה הנקרא כפורים. שהיא למטה הימנה והיא מאירה אותה בסוד נחלי ארנון ולשתיהן קורין י"ה בסוד היחוד הזה. ובזהר פ' אמור (ד"ק) פי' כי י"ה מנהרת אימא עלאה במטרוניתא ואתגלייא עתיקא והיינו יום הכפורים בלשון רבים. ולכן אין בו אכילה ולא שתיה כי העה"ב בינה אין בו בו אכילה כו':

יומם פי' בזהר (בלק דף קצ"א ע"ב) כי יומם הרמז בחסד כשהיא כלולה מכל הימים אשר תחתיו ומאיר לכלם וז"ל בפסוק (שמות יג כא) וה' הולך לפניהם יומם אבל מאן דאזיל קמייהו סבא עלאה מאריה דביתא ההוא דאומי ליה קב"ה ומנו אברהם דכתיב יומם יצוה ה' חסדו. וכתיב אם לא בריתי יומם ולילה יומא דכל יומין כלילן ביה יומא דשאר כל יומין ודאי וע"ד אקרי יומם ולא יום עכ"ל. ופירוש אמרו סבא עילאה, להורות כי הוא ראש לכל הימים ולכן ראוי שיקרא יומם כדמפרש ואזיל מארי דביתא וכו'. הכונה כי בפסוק זה נתבאר ענין גאולת שכינה כמו שפי' שם כי מפני סבתה וה' בזק"ף שהרמז לשכינה שהיתה יוצאת בקומה זקופה. ולהיות שעקר המלכות בסוד החסד כד"א (בראשית כד א) וה' ברך את אברהם בכל וכדפי' רז"ל (ב"ב דף ט"ז) בת היתה לאברהם וכו' ולכן ראוי שיהיה המאיר החסד שהוא עיקר. מארי דביתא ההוא דאומי ליה, במראה בין הבתרים. דכתיב יומם יצוה ה' חסדו, כי נראה משם שחסדו הוא יומם. ולפי שאינה ראיה כ"כ כי לא אמר הכתוב יומם חסדו אלא יומם יצוה. לכן הביא ראיה שנייה מהכתוב אם לא בריתי יומם, והברית הזה הוא התורה והתורה ניתנה מחסד שנ' (משלי לא) ותורת חסד על לשונה. יומא דכל יומין כו', נתן טעם למה נקרא יומם ולא יום. לפי שהוא כלול מכלם מפני שכלם יצאו ממנו והוא נכלל מהם מפני שנשאר שם מציאותם. יומא דשאר כל יומין, פי' יום המאיר ומנהיר לכל שאר הימים כי הוא יום ואור שלהם. דשאר כל יומין ודאי, פי' מאחר שיש שתי סבות הא' בערך אצילותם והשנית בערך יניקתם כדפי' א"כ ודאי יתישב בו שהוא יום שקול ככל הימים והיינו יומם שירצה יום גדול ומעובר וממולא בסוד כל הימים ע"כ. ומתוכו נתבאר ענין יומם בחסד לשתי סבות. אם מפני שהוא כלול מציאות שאר הימים. ואם מפני שכלם שואבים אור ממנו. ולפי האמת זו סבה לזו כי מצד המקורות הם המציאיות שאמרנו מאותו הצד הם יונקים ממנו:

יונה יש מי שרוצה לבאר זה מלשון לא תונו, ורחמנא ליצלן מהאי דעתא כי אדרב' לשון יונה הוא במלכות בהתייחדה עם התפארת. וז"ל הרשב"י ע"ה בתקונים (תקונא ס"ט דף ק"ב) יונתי ביומא תליתאה דתמן ו'. ופי' בשער סדר האצילות פ"ב. ובמקומות רבים אומר הרשב"י ע"ה בתקונים (תקונא ס"ט דף ק"ב) יונתי ביומא תליתאה דתמן ו'. ופי' בשער סדר האצילות פ"ב. ובמקומות רבים אומר הרשב"י ע"ה דמסטרא דעופין נקראת יונה ואין כונתו שמצד העופות גופניות תקרא השכינה יונה אלא העופות האלו הם מטטרו"ן וצדיק יסוד עולם. כי עליהם נאמר (קהלת י כ) כי עוף השמים יוליך את הקול ועל ידם הוא היחוד כמו שבארנו בשער אבי"ע ולפי' כשהיא בת"ת תקרא יונה. ויש יונה פותייה והיא חרב היונה מלשון לא תונו והוא הקליפה בישא:

יוסף הוא היסוד. וקראו בלשון יוסף להיותו מרכבה אליו. ולכן הרמז בכל ענייני' המדה הזאת. אם במה שכלכל כל בית אביו, כי כן המדה הזאת זנה את העולם כדפי'. וכן במה שמל המצרים כנודע. ועוד בענינים אחרים ואכ"מ להאריך:

יועץ פי' הרשב"י ע"ה בזהר פ' צו (דף ל"א.) ז"ל יועץ דא הוא נהר עלאה דנגיד ונפיק ולא פסקא ודא יועץ לכלא ואשקי לכלא עכ"ל. נראה מדבריו בפי' כי

הבינה בערך בחינתה להשקות לכל הספירות נקרא יועץ והבינה משקה לכלם ומנהיגם:

יוצר בראשית כתב בספר שערי צדק כי צדיק יסוד נקרא יוצר בראשית והטעם מפני שהוא מצייר כל הצורות המצטיירות במלכות הנקרא בראשית ויהיה לפי זה בית של בראשית משמשת. ופי' באיזו מקום מצייר בראשית ר"ל במקום הנקרא ראשית וזה דוחק. ולפי פי' יקרא היסוד כן דווקא בהיותו מתאחד עם המלכות ונותן בה כח לצייר הצורות. והמפרשים אחרים פי' כי הכתר נקרא יוצר בראשית שיצר החכמה. ויוצר יהיה פי' מאציל. ואינו דוחק כי כבר בא לשון בריאה במקום אצילות, והוא בראשית ברא ופי' האציל לפי דעת כל המפרשים. ולפי זה יקרא הכתר יוצר בראשית באותה הבחינה שנאצלה החכמה ממנה:

יותרת הכבד שם זה מבואר בר"מ (פנחס דף רל"א ע"ב) בארוכה ונעתיק לשונו הנה וז"ל ובחבורא קדמאה כתיב היותרת מן הכבד וכתיב ואת היותרת על הכבד. בתר דעבידת ניאופה אסתלק' עליה. יותרת מן הכבד כו' לאסטאה בני עלמא ולאסטאה עלייהו ושבקת לדכורא למעבד זנונים ובג"ד היותרת מן הכבד. יותרת על הכבד בתר דעתידה ניאופ' אסתלקת עליה מצח אשה זונה אתגברת על בעלה כו' דאיהו כבד בכעס דמרה אשת מדינים כו'. וכעס כו'. ועוד יותרת אתקריאת מסטרא אחרא, בתר דנפקת לנאפא עם כלא יהיבת שיורין לבעלה והאי איהו יותרת מן הכבד. מגו כבד ויותרת דילה נפקת מרה ואיהי חרבא דמלאך המות דנפקו מיני' טיפין מרירין לקטלא לבני נשא הה"ד ואחריתה מרה כלענה ואיהו תליא בכבד וכל מרעין ומותא ביה תליין עכ"ל. ודבריו מבוארים וכמו שיש בקדושה זכר ונקבה כן בצד הטומאה והם כבד זכר ויותרת נקבה. וענין זה יתבאר בשער התמורות:

יחוד היחוד תלויה בתפארת. והטעם כי עקר היחוד הוא התפארת עם המלכות ועל ידם יתיחדו כל הספירות ולפיכך סתם ייחוד רומז אליו התפארת עם המלכות לבד ואגביה מתייחדים הכל:

יין סתם יין הוא בגבורה אמנם הלבן הוא בהיות נוטה אל החסד והאדום הוא כח הגבורה. ואמנם נקרא טוב כשנמזג במים מצד מימי החסד ששם הטוב כדפירשנו בערך טוב:

ויש יין המשומר בענביו מששת ימי בראשית. ופירושו כי בבינה יש יין וכשאותו יין יושפע אל ששת ימי הבנין אז נקרא יין המשומר בענביו. ופירוש משומר יש בו ב' פירושים. הא' לשון שמרים ופי' נשקט על שמריו כי שמרי היין הם סיגי הזהב שהוא סטרא דחשך דגיהנם. וכשהיין הזה למעלה בבינה עדיין לא שקט כי אפשר להיותו נשפע דרך הגבורה ואז הוא קשה וצריך מזיגה יפה. אמנם כאשר כבר נשפע למטה בענביו אז הוא יפה מעצמו כי הוא שקט. או פיר' משומר מלשון שמירה כי הוא שמור שם מבלי תערובת דין קשה. ושני פי' אלו פי' הרשב"י ע"ה בז"ח בשה"ש (דע"ו.) וז"ל ת"ח ישראל נטלין לחולקהון וחדאן חדווא מחמר טב דנהיר וזכיך ושכיך וקיימא על דורדייא. הנה שפי' לשון המשומר מלשון שמרים. ובסוף דבריו אמר וע"ד ישראל חדוא דלהון בההוא יינא דמנטרא דנפיק מעלמא דאתי ומנטרא בענבוי. הנה שפי' מלשון שמירה. ודקדק לשון דנפק מעלמא דאתי להורות מה שפי' למעלה כי לענין יין יותר טוב אחר שנתפשט לפי שכבר נמזג ונמתק. ור' משה פי' שיין המשומר מענביו הוא בחכמה ז"ל יין המשומר בענביו הוא סוד שפע אהיה העומד בכח לצאת דרך ל"ב נתיבות הידיעות לשמע אזן בקבלה אמיתית ליודעיהם. ויש מן המקובלים יקראו יין המשומר בענביו למלכות ואם כן היין הוא אדום ואמר הכתוב (דברים לב) ודם ענב תשתה חמר והוא משומר ביסוד ואינו אדום כ"כ עכ"ל. ואין לפי' אלה עיקר כלל אלא כדפירשנו וכ"פ הרשב"י ע"ה:

עוד יש יין חי והוא מצד הבינה בהיותה מתחברת עם החכמה כדפי' בערך חבית. עוד פי' אחר חי מצד יסוד שהוא חי. ושני פי' אלה פי' הרשב"י ע"ה בר"מ (פנחס דף רמ"ה) החכמה תחיה בעליה. ויסוד אל ח"י היותו יונק מן הבינה בחיבור החכמה כי ע"י שלשתם הם נמשכים למטה לחיה אשר תחת אלהי ישראל:

יכין שם זה לעמוד ימיני שעשה שהמע"ה במקדש והוא כנגד נצח ונקרא נצח יכין מטעם שעל ידו מתכוננת המלכות כן פי' כל המפרשים. ואפשר היות כוונתם כי על ידו נמשך חוט של חסד המשוך על המלכות ועל ידו מתקשטת הכלה להיותה נאה וחסודה בעיני בעלה. וקשיא לן כי היה ראוי לקרותו מכין על שם ההוה לא יכין על שם העתיד להכין ועדיין לא הכין. ואפשר לתרץ בדוחק כי הכוונה יכין יוסיף על הכנתו הכנה אחרת כאמרו עם היות שהוא מכין עדיין יכין עוד יוסיף אומץ זה נראה לנו ע"ד שיטת המפרשים. והנ"ל כי הכונה על הגאולה כי תחלת הכנתה והוייתה מן הנצח וכ"פ הרשב"י ע"ה כי התחלת הגאולה מן השחר ואח"כ בקר. ופי' שחר נצח כאשר נבאר בערכו ע"כ. וכן תחלת הגאולה מן הנצח. ומפני שידע שהע"ה שעתיד הבית ליחרב הניח העמוד הזה בבית וקראו יכין פי' עתיד להכין

הבית ולסעדו בגאולה. כי אשב בחשך ה' אור לי (מיכה ז ח). ילדים הנצח וההוד נקראים ילדים כן פי' בזהר פרשת וישלח (דף קע"ב.) והם נקראים ילדים בסוד הכרובים שהיו פניהם כפני ילדים:
יללה הוא במלכות מצד כחות הדין והחיצונים שהם מעוררים הבכי ומזה נגזר לשון לילית ולילין וכלם נגזרים ממלת יללה שהיא הדין ושליטתו כנודע:
ים שני מדות נקראות ים. א' הבינה והיא נקראת ים שהיא מאירה בחמשים שערים ולמטה והתנינים הגדולים הולכים בה ושבים והם תפארת וצדיק כי שניהם חשובין כא' ושמו לויתן הרובץ בים הזה כאשר יתבאר בערכו. ויש חילוק גדול בין יובל לים עם היות שניהם רומזים בבינה וחמשים שעריה. כי ים, י' היא חכמה, ומ' היא הבינה. וכשהבינה נקראת ים מורה על התגלות החכמה ג"כ ע"י חמשים שעריה. ויש חילק בין ים למי עם היות שניהם רומזין ענין אחד. כי מי הוא העלם ולכן קדם בינה לחכמה להראות כי היא מתעלמת בחכמה ואינה משפעת. וים הוא להיפך להראות כי החכמה הוא בבינה להשפיע. והמלכות נקרא ים להראות כי היא רחבה מלאה מים שקבלה. אמנם נקראת ים כשהיא מקבלת מחכמה. וכן פי' בזהר פרשת בהעלותך (דף ק"ו ע"ב) וז"ל ים כד אתנהרא מנהירו דאבא כדין אקרי ים. ועם היות שכשהיא מקבלת מחכמה נקראת ים עם כל זאת אינה נקראת ים אלא במדרגה התחתונה אשר לה. וכן פירש בזהר (שלח דף קס"ג. לפי גרסתו) דרגין קדישין תתאין דילה הם הנקראים ים. ונקראת ים סוף לפי שהיא סוף כל המדרגות והיא בחינה עוד למטה מים כנודע. ולפעמים נקראת ים המלח בסוד הדין שהוא סמוך לבחינה התחתונה. וכאשר נדקדק מלת כורסייא יראה שהיא בחינת הבריאה אשר תחתיה מצולת ים שהוא רצועה בישא לאלקאה לרשיעייא כאשר יתבאר בערכו. ובזהר פרשת ויחי (דרמ"א) פירש הפך זה שנקרא המלכות ים המלח בהיות המלכות יונקת מהיסוד הנקרא ברית מלח ועל ידו השקט הדין כי מלח מטעים המר והתפל. ובודאי הני פי' קשו אהדדי. ואפשר לומר כי ענין המלח מיעוטו יפה ורובו קשה. ולכן כאשר יהיה המלח הנרצה במלת ים המלח מלח מועט, יורה על השקט הדין והמתקתו ע"י ברית מלח שהוא הצדיק, כדרך המלח שמדרכו להטעים המר והתפל. אבל כאשר המלח הנרצה בים המלח יהיה מלח מרובה אז יורה על הדין ותוקפו כדרך המלח המרובה להקדיח התבשיל. והנה המכריח אל א' משני הפירושים במלת ים המלח יהיה לפי עניינו. או נוכל לומר כי לעולם ים המלח כוונתו בסוד הדין שאם לא היו המים מרים לא הוצרכו למלח ואף אם נמלאו המים עם כל זאת עדין נשאר בהם כח הדין, כי לפטרו בלא כלום א"א. וכן מוכח מלשון הזהר ויחי הנ"ל דקאמר וכי אמאי מלח בגין דאיהו ממתיק ומבשם מרירא לאטעמא. ואי לא הוי (בגין) מלחא לא יכיל עלמא למסבל מרירא הה"ד כי כאשר משפטיך לארץ צדק למדו וגו' עכ"ל. והנה הורה בפי' שאין כוונת המלח לבטל טעם מרירת הדין מכל וכל, אלא כדי שיוכלו בני העולם לסבלו. ולכן עם היות שיש בו מלח עם כל זאת עדיין טעמו בו דין הוא לעולם ולכן יצדק אמרנו כסא דין. עוד נקראת י"ם האחרון שהיא אצל ים הקדמוני לפי שים הקדמוני הוא בינה ונקרא קדמוני להורות על יחוד הכתר עם החכמה והבינה הנרמזים בי"ם כדפירשנו. ונקראת אז המלכות ים האחרון שהספירות שלמעלה ממנה הם ימים כי אז היא ים האחרון מכלל דאיכא אחריני דלאו בתראי נינהו והם ז' ימים שבעת ספי' ואז שפע וברכה בעולם. וכן נקרא המלכות ים כנרת בסוד התכלת שהוא הדין שיוצא ממנה ונקרא כן בסוד הדין גוון התכלת. והמלכות עצמה נקראת ימים לשון רבים מפני שהיא כלולה משבעה ימים כן פי' בתקונא (כא דמ"ב וז"ל) ימים שבעה בשבע'. ונעתיקהו בשער היכלות. ובפ' ויחי (שם) פי' כי בחינות המלכות הם רבות כפי השתנות הפעולות יש מים מתוקים ויש מים מלוחים ויש מים מרים וכלם ימים הם בחינות במלכות:
ימי עולם ימי קדם. פי' בזהר פרשת נשא (דף קל"ד ע"ב) ימי קדם דעתיקא קדישא סתימא דכל סתימין. וימי עולם דזעיר אנפין:
ויש ימי הרעה ופירש בזהר פרשת מקץ כי כמו שיש ימים בימין בקדושה כן יש ימים בשמאל שהם נקראים ימי הרעב ימי הרעה ימים שאין בהם חפץ:
ימים ראינו לערוך בערך זה ענין הימים ר"ל ימי השבוע וסדרם למעלה לפי דעות הנמצאות למפרשים. יש שמנו ימים כסדרן יום א' גדולה יום ב' גבורה יום ג' תפארת יום ד' נצח יום ה' הוד יום ו' יסוד יום ז' שבת מלכות זו היא דעת הכולל הפשוט כפי' רוב המקובלים. ובספר מאירות עינים יש דעה אחרת והיא גם כן דעת ר' שם טוב ואומר שהיא ג"כ דעת הרמב"ן והיא זו יום א' תפארת יום ב' מלכות יום ג' גדולה יום ד' גבורה יום ה' נצח יום ו' הוד יום שבת יסוד. ודעת זו אינה מתיישבת מכמה סבות. א' כי יום ה' הוא יום דין ומשפט כנודע ולפי דעתם יום ה' נצח ונצח אינו דין אלא אדרבא רחמים. עוד לפי דעה זו יום שני מלכות ואנן קיימא

לן ביום שני נבראו המאורות וזה אי אפשר לדעה זו כי תפארת שהוא חמה הוא יום ראשון והחמה נברא ביום שני. ומטעם זה גם כן אי אפשר היות מלכות יום שני כי אחר שנבראו המאורות ביום שני א"כ כבר קדם יום ב' לבריאת המאורות אם כן יום שני אינו א' מהמאורות. ועוד יומא קדמאה מוסכם בזהר שהוא החסד. ובתקונים (תקונא סט דק"ב) פי' הרשב"י ע"ה שיום א' חסד יום ב' גבורה יום ג' תפארת יום ד' יסוד יום ה' ויום ו' נצח והוד, לילה שכינ' והיא ליל שבת והמאמר עצמו העתקנו ובארנו אותו בשער סדר האצילות בפ"ב ע"ש ודקדקנו שם בלשונו שאמר תרין שוקין אינון יום ה' ויום ו' ולא רצה לפרש לפי שאין מתייחס יום ה' בנצח שיום חמשי דין ונצח רחמים כמו שאמרנו לעיל. אבל קשיא לן בדברי הרשב"י ע"ה שאמר שיום ד' צדיק וזה א"א שהרי בו לקו המאורות ובו נפל אסכר' לרביא. ואם היינו אומרים שהגבורה יום ד' כמו שפי' המפרשים ניחא. וזה ג"כ יקשה לדיעה הא' שאמר שנצח יום ד' כי זה א"א מן הטעם שאמרנו. לכן נראה לפרש כי כבר נתבאר שהת"ת והמלכות ד"ו פרצופין נבראו והם היו יום ג' ת"ת ויום ד' מלכות וכן ביאר הרשב"י ע"ה בזהר במקומות רבים. ובזה צודק הדרוש הזה מכל צדדיו כי ביום א' חסד, וביום ב' גבורה ולפיכך בו נברא גיהנם, ויום ג' תפארת ולפיכך נאמר בו ב' פעמים טוב א' של גבורה וא' שלו, ויום ד' היה במלכות ובאמצע תשמישה קטרגה ונתמעטה וניתנה הדום רגליו ושמש במקומה היסוד דגוף וברית חשבינן חד שזהו מציאות ראשון של היסוד, או אל מציאות שני נצח והוד רביעי וחמשי, וששי ליסוד ונכללת עמו המלכות והיינו ה' דיום ה"ששי כדפירש בתקונים ונשאר' היא הדום רגליו מדת לילה ויום שבת נחלק בין יסוד למלכות כמו שנאריך הביאור בערך שבת בע"ה. ובענין שני המציאות של היסוד בארנו בשער סדר האצילות בפ"ב בע"ה:

ימין סתם, מיוחד אל החסד. וג' ימינים הם כמו שבארנו בשערים הקודמים והם חכמה חסד נצח. ואין הכונה שיהיה שם ימין ושמאל ח"ו. אמנם (כדברים) [הדברים] הטובים המתוקנים בטובה על תקונם נקראים ימיניים וכן דרז"ל (במ"ר שה"ש פ"א בפסוק לסוסתי כו') מיימינים לזכות משמאילים לחוב. הנה כל ענייני החובה וכיוצא בה יקרא שמאל וכל ענייני הזכות וכיוצא בו יקרא ימין. וכל הענין לדין או לרחמים דהיינו חובה וזכות:

יסוד כל המפרשים פרשו כי נקרא יסוד מפני שהוא יסוד של המלכות. כי הרוחני הוא הפך הגשמי. כי הגשמי יסודו למטה, והרוחני יסודו למעלה. והמלכות בהשתוקקותה לעלות אליו מתקיימת ועל ידו מתפרנסת ואפשר שנקרא יסוד בשעה שיושב וזן מקרני ראמים עד ביצי כנים ואז הוא יסוד כל העולמות וכלם ניזונים ממנו עד נקודה האחרונה. ויש גלוי לזה בזהר בפ' נח העתקנוהו ופי' בשער הצנורות פ"ג כי נקרא יסוד בבחינתו שאין למלכות שפע וחיות אלא ממנו. ואם ח"ו יעלה על הדעת שיסתלק הבחינה ההיא נמנעת עמידת המלכות ח"ו ושם הארכנו:

יעקב הוא ת"ת אלא חילוק גדול יש בין יעקב ובין ישראל כי ישראל הרמז בתפארת כאשר יתבאר בערכו. אבל יעקב מלשון עקב והרמז במלכות. וכן נרמז בזהר פרשת בלק (דף ר"י ע"ב) בפסוק מי מנה עפר יעקב וכן בפ' ויגש (דף ר"י ע"ב) בפסוק ותחי רוח יעקב אביהם. אמנם כשהוא מלא בוא"ו הרמז בתפארת שהוא מדת יעקב אבינו והוא ו' שבשם הכולל ו' קצוות. ויש חילוק בין עקב ממש ליעקב כי עקב הרמז במציאותה התחתונה לבד אבל עם היו"ד ירמוז גם כן אל מציאותה הנעלם אל הנקודה המאירה אל העגולה כדפי' בשערים הקודמים ובפרקים הקודמים:

יפה נוף בזהר פרשת ויקרא (דף ה') פירש כי הת"ת נקרא יפה נוף והטעם כי הוא יפה ע"י הענפים ולכן נקרא תפארת ולכן נקרא יפה נוף. ובפרשת ויגש (דף ר"ו ע"ב) פירש כי יפה נוף נקרא היסוד וראיה ויהי יוסף יפה תואר וגו'. ואפשר הטעם כי כל מה שאירע ליעקב אירע ליוסף כי היסוד גם כן מתפאר בשש קצוות בסוד שנקרא גם כן וא"ו כנודע. ובתיקונים גם כן פירש שהיסוד נקרא יפה נוף:

יפה עינים פי' רבי משה בנצח וז"ל יפה עינים מצד החסד אבל לא בחסד אברהם שלמעלה לו עכ"ל. ולי נראה כי עינים הם נצח והוד כאשר נבאר. ומלכות מדת דוד נאמר בו (ש"א טז יב) אדמוני מצד הדין, עם יפה עינים פי' אבל הוא יונק מהיסוד בהיותו שואב מן העינים בהיותם רוחצים בחלב. או נאמר כי עינים הם בכח הגבורה ונקראת יפה עינים בהיותה רוחצת בחלב האם כדפירשנו בשער מהות והנהגה פ"ו והמלכות היתה מקבלת ע"י דוד באותה בחינה:

יצחק מצד הגבורה נקרא יצחק והטעם כי יצחק אבינו מרכבה אליה כדפי' בשער הכנויים. אמנם נקרא יצחק באותה בחינה שיצחק מרכבה אליה ועל שמה נקרא יצחק והיא מלשון שמחה ושחוק. וכבר נודע כי השמחה והשחוק בצד הגבורה וראייה גדולה מן הלוים בשירה. וזהו דוקא בבחינת יין

המשמח לא המשכר. וכן נתבאר בזוהר פרשת וירא (דף קי"ח) ופירש שם כי יצחק הוא חדוה בסוד חלוף אש במים ומים באש ואפשר כי מטעם זה נקרא יצחק בלשון עתיד הכונה דין שיהפך לרחמים ולצחוק:

יקר יראה אותו ביסוד ברוב המקומות וגם יראה היות פעמים בת"ת. ועקרו לשון אור כדכתיב וירח יקר הולך (איוב ל"א):

יראה סתם יראה הוא בגבורה. כי משם עקר היראה וכן היראה נקרא יראת אלהים. והשכינה מצד הגבורה נקראת יראה. ויש עוד יראה שלישית והיא עליונה והיא אוצר החכמה וזהו הבינה. והטעם שנקראת כן מצד הגבורה בהיותה משפעת בה. ומ"ש הכתוב (תהלים ק"א י) ראשית חכמה וגו' כי תחלת המחשבה היא היראה מלכות עם היותה אחרונה למעשה. וזהו אמרו (משלי א ז) יראת ה' ראשית דעת. או יהי' פי' (ראשית חכמה יראת מלכות בינה ועם זה תבין עקב ענו' יראת ה' (משלי כב ד).) כי הענוה היא חכמה עליונה וחכמה שעשתה היראה עטרה היא חכמה תתאה ועשתה ליראה שהיא בינה עטרה וכתר על ראשה. וחכמה שהיא ענוה או [הדעת שעולה עד] הכתר כאשר יתבאר בערכו עשתה להיראה עקב עם היותה עם הבינה:

ירום פי' בזהר פרשת מקץ (דף קצח) כי הוא בבינה וכן פי' בפ' וישב (דף קפ"א.) בפסוק (ישעיה נב יג) ירום ונשא וגבה מאד. ירום מסטרא דנהורא עלאה דכל נהורין עכ"ל. ופי' הטעם שנקרא הבינה ירום מפני שהיא עליונה למעלה מכל ספירות הבנין. ורז"ל (בתנחומא סוף פ' תולדות) פי' ירום מאברהם. ולא פליגי דהכי הוא דאברהם למטה מבינה שהוא חסד. והארכנו בערך רם:

ירושלים היא המלכות ונקראת ירושלים בסוד בחינה חיצונה שבה. וכן ביאר הרשב"י ע"ה בזוהר (בלק דף קע"א.) וז"ל אלא ירושלים כל דרגין קדישין דילה כד אסתחרן איקרון ירושלים עכ"ל. והוא ביאר שם שיש לה מדרגות יותר פנימיות והם עזרות ויש יותר פנימיות והם היכל ובהם מדרגות לפנים ממדרגות ואותם מדרגות אשר הם סובבים אות' הם נקראים ירושלים. ויש ירושלים של מטה והיא ה' אחרונה וכבר בארנו זה בשער מהות והנהגה:

ירח היא השכינה. והיא פעמים פרוצה פעמים מלאה בסוד הקטרוג כמו שפי' בשער המיעוט. אמנם נקרא ירח לרמוז אל התוספת ואל המגרעת ואותו חלק ומציאות נקרא ירח. ויש חילקו בין ירח ובין לבנה. כי לבנה מורה על מלואה בסוד לבונה זכה, והיא לבנה מצד קבלתה מאור השמש הלבן. אמנם ירח מורה על פרצותה לעתים, וששה ספירות נקראים ירחים מצדה וכן פירש הרשב"י ע"ה בר"מ (פנחס דף רנ"ג ע"א):

יריעה הוא התפארת וכן פי' הרשב"י ע"ה בתקונים והסימן נוטה שמים כיריעה (תהלים קד). ונקרא כן בהיותו נטוי מן הבינה ששם התחלתו בסוד שש קצוות עד המלכות. כי מבריח מן הקצה בינה, עד הקצה מלכות, ומתייחד עם הכלה. ובזהר פ' תרומה (דף קס"ד) וז"ל ות"ח אור וחושך כו' אור מסטרא דימינא וחשך מסטרא דשמאלא מה עבד קב"ה שתף לון כחדא וברא מנהון שמים. מאי שמים אש ומים. שתפן כחדא ועבד שלם בינייהו. וכד אתכלילו כחדא ומתח לון, כיריעה מתח לון, ועביד מנהון אות ו' ודא אקרי יריעה. יריעות דהא אות דא אתפשט מניה נהירו ואתעבידו יריעות כו':

ירכתי צפון פי' בתקונים (תקונא כ"א דף מ"ו.) כי נצח והוד (נקראת) [נקראים] ירכתי צפון ונקראים כן בבחינת' התחתונ' ובעבור יניקתם מן הגבורה הנקרא צפון. ויש להם בחינות עליונות יותר מירכתי שהם ירכים. והם בחינות מתנים וחלצים וכליות וביצי הזכר וכיוצא בזה:

יש עקרו הוא בחכמה ונכללת עמה הבינה. והרמז י' חכמה ש' בינה שרשא דאילנא כדפי' בערך איש. והרמז ששניהם נאצלו מכתר הנקרא אין והוא יש מאין. עוד הם נקראים יש על שם יש עולמות שנכללות בשתיהם ומהם נמשכים לגדולה ולגבורה והם אותם שפי' בערך אור וזהו להנחיל אוהבי יש (משלי ח כא):

ישועה כל לשון ישועה הושיעה ויושע וכו' כלם מצד החסד וכן פירש בזהר פרשת תרומה (דף קס"ט.) וז"ל מאן ישועות דא ימינא דאיהי מושיע מכל מקטרגין דעלמא דכתיב (תהלים ס) ותושע לו ימינו וכתיב הושיעה ימינך וגו' עכ"ל. ולפי זה פי' הפסוק הושיעה אתה הימין שאתה ימינו של הקב"ה ולך תאות הישועה ולפיכך האריך הכתוב בלשון ואמר וענני שהוא הכרח אל מה שפי' שהכונה ואתה הימין ענני. ואפשר שמפני שהיא נראה לכאורה מנגד לשון המקרא אל פירושו לכן הביאו להראות שאדרבא משם ראייה כדפי':

ישורון פי' בזהר פ' וישלח (דף קע"ז ע"ב) כי הת"ת נקרא ישורון בערך קבלתו הימין והשמאל שהם ב' שורות שורת הימין ושורת השמאל בלי התהפך ההכרעה והמזגה אל א' הקצוות אלא עדיין הם שני שורות כמו שקבלם. וישראל נקרא אחר שהוא

מהפך שני השורות אל טבע שפעו. ואפשר אל החסד והיינו א"ל שבו:
ישר פי' ישר הוא בשכינה המחוברת בישר שהוא הת"ת. וכן פי' הרשב"י ע"ה בפקודא דתפילין (פ' בא דף מ"ג) וז"ל ועשית הישר דא תפלה של י"ד לאסמכא ליה בתפילין של ראש עכ"ל. הנה בפירוש הישר רצה לומר מלכות בהיותה מיושרת וכלולה בכל מה שלמעלה כעין תפלה של י"ד שיש בה ארבע פרשיות ארבע אותיות של יהו"ה. ובספר הבהיר נראה כי ישר הוא בתפארת וז"ל זכה למדת אמת יעקב שהוא מדת השלום ומדד לו הקב"ה כמדתו שנא' ויעקב איש תם ואין תם אלא שלום שנאמר תורת ה' תמימה משיבת נפש וכן אמת שלום שנאמר שלום ואמת יהיה בימי ואין אמת אלא תורה שנאמר תורת אמת היתה בפיהו וגומר מה כתיב בתריה בשלום ובמישור הלך אתי ואין מישור אלא שלום שנאמר תם וישר עכ"ל. הנה בפירוש, כי ישר וכל לשון יושר הם בתפארת, שהוא מדתו של יעקב. וזה לפי שטתו כי תם הוא בתפארת. ובזהר (שלח דקס"ג ע"ב) פי' כי תם הוא במלכות כאשר נבאר בערכו. ולכן ישר ג"כ במלכות ואפשר שלא תקרא המלכות בלשון יושר אלא מצד התפארת כי הוא המיישר בין שתי הקצוות כנודע:
ישיבה של מעלה פירש הרשב"י ע"ה ברעיא מהימנא כי בינה היא ישיבה של מעלה. ואפשר שנקרא כן בסוד שכל הקצוות יושבין בה. בסוד שהיא מערכת שנייה אל האצילות כדפירשנו בשער סדר האצילות:
ישיני עפר פי' הרשב"י ע"ה כי האבות הם ישיני עפר ולא פי' בו טעם. ומצאנו אומרים הטעם כי הם ישנים בין שני עפרים. עפר עליון בינה, ועפר תחתון מלכות. וזהו כי עפר אתה ואל עפר תשוב (בראשית ג) תשובה. והאבות יוצאים מעפר זה ונכנסים בעפר זה ועומדים בין שתיהם. ואפשר שנקראים כן בסוד קבלתם מהבינה והשפעתם במלכות:
ישראל הוא התפארת. אמנם נקרא ישראל כשהוא מכריע בין חכמה ובינה ומכריע כף הבינה לצד החכמה כדרכו הטוב בהיותו מטה כלפי חסד. וזהו ביאור מלת ישראל. א"ל מצד החכמה בסוד החסד, ויש"ר פירוש שיר מצד הבינה בסוד שיר הלוים. ויכריע שיר למלת אל. הכונה כמו שפירשנו בשמים בשער המכריעים שהכונה אש הנוטה למים וכן הכא שיר הנוטה לאל. ומזה הטעם נהפכה המלה משיר לישר ומפני שאין ההכרעה הזאת ממש בתפארת אלא בסוד הדעת הנעלם. לכן אמרו ישראל עלה במחשבה שהרמז שנקרא ישראל בסוד עלייתו אל המחשבה שהיא חכמה. וכן הוא נקרא ישראל סבא כי מלת סבא עקרו בחכמה. ויש ישראל זוטא אם ביסוד אם במלכות. ובתיקונים פירשו במטטרו"ן שנק' ישראל זוטא. והכל עולה אל מקום אחד כי הכל בכ"ל והכל בתפארת ומטטרו"ן נגד הת"ת. ובר"מ פי' כי החכמה נקרא ישראל ועלה בבינה הנקרא מחשבה. ובערך מחשבה העתקנו לשונו. עד הנה הגיע שכלנו הדל והחלש בביאור ערך היו"ד בעזרת האל. ועתה נכנס בביאור ערך הכף:

פרק אחד עשר:

כבד הוא הזכר של לילית. כי מסטרא דשמאלא יש זכר ונקבה, כמו שיש בקדושה. וכבר רמזנו ענין זה בערך יותרת ובערך טחול כי כל אלו האברים הם שמאליים, ובפרט כבד כי הוא השולח המובחר והטוב שבדם לכל האברים וקולט את השמרים ובצדו המרה הלענה אשר מצודים וחרמים לבה:
כבוד המפרשים פירשו כי כל הספירות נקראות כבוד כי כל אחת כבוד למה שלמטה ממנה וקראו לחכמה כבוד ראשון לפי שהיא תחלה לאצילות, וכן בינה כבוד עליון וכיוצא בזה. וכל הדברים האלה הם בלי טעם. אמנם דעת הרשב"י ע"ה כי כבוד נקרא השכינה כאשר תתחבר אל דודה ותתמלא פגימתה ותהיה לבנה במילואה אז נקראת כבוד והטעם כי נתן לה בעלה כח הל"ב נתיבות העליונות כי כך עולה כבוד. ובחכמה עיקר הכבוד. ולא בכל יחוד אשר תתייחד תקרא כבוד אלא דוקא בהיותה מתקשטת ומתלבנת בהיכל נחמד הנקרא כבוד. וזהו ובהיכלו כלו אומר כבוד (תהלים כט) ואז מלא כל הארץ כבודו. ודברים אלו צריכים אריכות גדול ואין ראוי להאריך הנה. ובס' רעיא מהימנא (פנחס דף רמ"ט.) נתבאר ענין זה בארוכה אצל רבי אבא פתח כאיל תערוג, קרוב אליו קצת. וקרוב לענין זה פי' בזוהר פרשת בראשית (דף ח'.) בפסוק השמים מספרים כבוד אל. וז"ל בכל יומי שתא אקרי אל והשתא דעאלת לחופה אקרי כבוד ואקרי אל עכ"ל. הנה בפירוש כי מפני כניסתה לחופה נקרא בלשון כבוד ואפשר שאז מתקשטת בל"ב נתיבות העליונות המאירים מצד החכמה כדפירשנו. עוד נקרא הבינה כבוד מטעם שהחכמה מעוררת בה נתיבותיה וכן נקרא בית נתיבות. וכבודי הרמז בבינה בסוד ל"ב נתיבות י' עשר אמירן ובהיותה מנהרת בכל זה אז נקראת וכבודי כדפירשנו. ויש חילוק בין כבוד ובין ל"ב עם היותם שניהם רומזים אל ל"ב נתיבות. כי כבוד נקרא ל"ב נתיבות עליונות

שהם בחכמה ע"י הבינה, ולב נקרא ל"ב נתיבות שהם במלכות. וכן פירוש בר"מ (פנחס דף רנ"ו ע"ב) ונפרש בערך לב. ונקרא המלכות כבוד בהיותה מקבלת אותם נתיבות העליונות בסוד היחוד. ונתבאר בזוהר פ' מקץ (דף קצ"ז ע"ב) כי הנתיבות נשפעים במלכות על ידי היסוד בערך בחינתו הנקרא שלום:

כבוש פירוש בתקונים (בהקדמה דף ח' ע"ב) כי הת"ת הוא כבוש עם המלכות בסוד יחודה עמו אפילו בגלות מצד החכמה. ומצדה נקרא כבוש:

כביר הוא אחד מכנוי הגבורה והוא מורה על חזקה. וכאשר נקרא כביר כח, מורה על הגבורה היונקת מכח שהוא הבינה בבחינה שנבאר בערכו:

כבר המלה זו כוללת ג' ספירות עליונות כ' כתר ב' בינה ר' ראשית חכמה. וטעם ההפוך הזה ורמזיו ועניניו הארכנו בשער המכריעים בפ"ה, ופי' כב"ר עניינו רכ"ב לעילת העלות ב"ה:

כבשים בר"מ (פנחס דף רמ"ח.) פי' הרשב"י ע"ה. שבעה כבשים הם כמו שבע שבתות תמימות (ויקרא כג טו) שהם כללות שבע ספירות בהיות כל אחת מנהרת בז' ימים שלהן. ונוכל לומר שהם כך מצד הבינה ונקראים כבשים שהם כובשות הדין בסוד ימי לבון כי הוא ביעור אלילים מן הארץ. ובתיקונים פי' הרשב"י ע"ה כי הת"ת מצד החסד נקרא כבש. ואפשר כי מצדו גם כן נקראים כלם כבשים בסוד שהם לבנים:

כבשן המלכות נקרא כבשן מצד הגבורה המבערת אותה ככבשן ומדלקת אותה בכח הדין. אמנם נקרא בלשון כבשן ולא בלשון חשך או תכלת. לפי שהיא כבושה תחת בעלה ודינה כבוש תחת הרחמים. והוא מקום אפייה ובשול השפע הנשלח אליה מבעלה אל מזון החיילות כמו שנודע שהנקבה מכח החמימות מבשלת הזרע להוליד בדומה. ונמצא לפי זה כי בהיות המלכות יונקת דין ואותו דין כבוש תחת בעלה ובכח אותו הדין מבשלת השפע לתחתונים והיא אופה ומבשלת אז תקרא כבשן. וכל זה נתבאר (בר"מ פנחס דף רנ"ב ע"ב):

כד פי' בתקונים (תקונא כ"א דף מ"ה ע"ב) כי היסוד נקרא כד שהיא כ"ד ספרים דאורייתא וכ"ד אותיות בשכמל"ו. ושכינה איתקריאת כד"ה שפירשו כ"ד ה'. ועל שתיהם נאמר (ישעיה נד יב) ושמתי כד כד שמשותיך שהם שתי כדים. ונקראים כדים בהיותם מלאים מי שפע ברכה מן הנהר (ע' בהקדמת ת"ז דף י"ג ע"א):

כה מדת מלכות נקראת כה. ופירוש הרשב"י עליו השלום בזוהר פרשת לך (דף צ' ע"ב) בפסוק (בראשית טו ה) כה יהיה זרעך מסטרא דגבורה אתקריאת כה וכו'. כנראה שכ"ה רמז למלכות מצד הדין. וכן בפ' נשא (דף קמ"ה ע"ב) בפסוק (במדבר ו כג) כה תברכו פי' כי כה נקרא המלכות מצד הדין והביא שם על ענין זה הכרחיות רבים. אמנם בזוהר (ואתחנן דרס"ט) נמצא כי כה יש לצד ימין וכה לצד שמאל. וזה שאמר הכתוב כה תברכו מלשון ברכה מצד אברהם. ובמקום אחר לדין וזהו נלכה עד כה (בראשית כב ה) והיא בשעת העקידה. ועוד הלא כה דברי כאש (ירמיה כג כט) שהוא לצד הגבורה. ופירש עוד (בתקונים) כי אלו שני פעמים כ"ה אותיות דקריאת שמע דבקר וקריאת שמע דערב, אלו נגד בקר דאברהם ואלו נגד ערב דיצחק. לכן נראה לנו לומר כי המלכות נקרא כ"ה מצד כ"ה שערים שמקבלת ע"י הימין וכן נקראת כה מצד כ"ה שערים שמקבלת על ידי השמאל. כיצד י' של גדולה וי' שבנצח וחמש של תפארת לצד ימין הם כ"ה שערים לימין. וכן כה לשמאל כיצד י' בגבורה וי' בהוד וה' של התפארת שבצד השמאל הם כ"ה בצד שמאל. והמלכות מקבלת אותם על ידי היסוד כי בינה עד הוד אתפשטת כמו שהארכנו בשער חמשים שערים. ומתוכו יכנס המעיין אל דברינו אלה. ועם היות שאמרנו שהם כ"ה אל הימין וכ"ה אל השמאל עם כל זאת לפי שמצד השמאל הם השערים ששם הבינה, כענין אמרם ז"ל הרוצה להעשיר יצפין. ובינה בגבורה עקר גלויה נמצא שאפילו אותם שהם מצד החסד הם בגבורה. ובתקונים (בהקדמה דף י"א. ותקונא כ"א דף מ"ה.) פי' הרשב"י ע"ה שבינה נקראת כ"ה, ואינו מן התימה אחר שהיא כלולה כ"ה וכ"ה שהם חמשים שערים:

כהן גדול הוא בחסד ונקרא גדול מטעם שהוא גדול מכל ימי בראשית והוא ראש ונקרא כהן כי הכהנים מצד החסד הם כדכתיב (דברים לג) תומיך ואוריך לאיש חסידך מצד חסד. ובר"מ (נשא דף קכ"א ע"ב) פירש הרשב"י ע"ה כי מיכאל הוא כהן הדיוט. ומן הראוי שכאשר ישמש בראש כל ההקף אז יקרא גדול:

כובע ישועה יש שפירשו באין סוף ויש שפי' בתפארת ויש שפירשו במלכות. וזה עיקר שהיא כובע ועטרה בראש, והיא ישועה מצד הגאולה שהיא בשתוף החסד:

כוס של ברכה הכוס הזה רמז במלכות אך לא בעצמותה אלא בבחינתה אל צד החיצון ולפיכך צריך הדחה ושטיפה לטהר אותה מן הקליפות. והמקום הזה נקרא כסא וכאשר הכסא הזה אינו

שלם נקרא כ"ס. אמנם בהיותה נקראת כו"ס של ברכה רומז ענין גדול ראשונה רומז ענין הוא"ו אשר בה ואיך ישב עליה בעל הכסא כתפארת אדם לשבת על הכסא ע"כ הוא כוס מלא ברכת ה'. וקודם ישיבתו שם נטהר הכוס ע"י הדחה שטיפה כמו שהוא בברכת המזון. ועוד שהיא אחוזה בימין סמוכה ותמוכה בחסד וכאשר יהיה לה כל הכבוד הזה אז נקראת כו"ס של ברכה כי כל אלו המעלות יש לכוס של ברכה. ויש כו"ס ישועות והיא נקראת כן בהיותה אחוזה ומיוחדת בחמשה ישועות שהם חמשה אצבעות שהם ה' בריחי המשכן שבצד ימין. ולכן כוס של ברכה ביד ימין כן פי' בזהר פ' בראשית (דף א' ע"א ובתרומה דף קס"ט ע"א):

כותל פי' הרשב"י ע"ה בר"מ (משפטים ד"קטז.) שהרמז בו אל הת"ת בהיותו מתייחד עם המלכות על ידי הצדיק. וזה פי' כ"ו היא בחשבון שם בן ד' שהרמז בו אל התפארת. ות"ל הוא תל שהכל פונים אליו שהוא המלכות עם הצדיק שע"י מתייחדים שניהם. ובודאי שנקראת [גם] היא כותל בהיות לה כל הכבוד הזה דוקא:

כיור וכנו פירש הרשב"י ע"ה בתיקונים (בהקדמה דף י"ב ע"ב) כי כיור וכנו הם נצח והוד. ולכן יוכרח שהכיור הוא הנצח, וכנו הוא ההוד שההוד ודאי כן ומושב לנצח. כמו שפירש במ"א (בתקוני ז"ח דף קי"ב.) ממראה מתניו ולמעלה נצח וממראה מתניו ולמטה הוד. והמסתפק אצלנו בענין זה הוא כי כיור וכנו היו נחשת והיה ראוי שיהיה הכיור של כסף המורה על הנצח שעקרו בקו החסד, וכיוצא בזה אנו מסופקים בעמודים יכין ובועז הרמוזים אליהם למה היה שניהם נחשת ולא היה יכין שכנגד הנצח של כסף. ואפשר הטעם בכל זה מפני כי הרמז אליהם בהיותם נוטים אל הדין, כמו ששניהם כסף בחצוצרות בהיותם נוטים אל החסד. אלא דקשיא כי כיור היה בו מים שנראה בחסד. אם לא שנאמר שהמים האלה היו מצד מי גשמים היורדים בגבורה. ולכן היו נפסלים בלינה מפני שהיה שולט בהם הדין החזק:

כח בפירוש מלה זו הארכנו בשער פרטי השמות בענין כ"ח אותיות והעונה אמן בכל כוחו. אמנם כלל העולה משם כי כח היא בבינה בהצטרפות חכמה כ"ח מ"ה. ור' משה קרא לתפארת כח אדני ופירש הטעם כי הוא הנותן כח להמלכות. ואם כדבריו צריכין אנו לומר שנותן לה כח הבינה בדווקא ואז נקרא כח אדנ"י. ובזוהר פ' שלח (דף קס"א ע"ב) פי' כי השפע הנשפע למלכות מלמעלה על ידי המדרגות מכתר אל חכמה ומחכמה אל הבינה ומהם אל המלכות אז נקרא כח אדנ"י וכו' ע"כ עיקר דבריו. ור' משה פירש כי הנצח נקרא כח החסד מפני שהוא ענף ממנו. ונקרא ההוד כח הגבורה ג"כ מן הטעם הזה. ואמר שנקרא הנצח כח מגדל לפי שהוא מגדל הנפש הצומחת בכח חסד ורחמים. ונקרא ההוד כח מחליש לפי שהוא מחליש כח הנפש הצומחת בכח הגבורה. וקרא עוד לנצח כח עצם הגוף ולהוד כח בשר. ואפשר מפני [שהבשר] אדום בא מכח הוד, ועצם שהוא לבן בא מכח נצח. וקרא ליסוד כח גיד והטעם כי הוא הגיד העליון להוליד בדומה וקראו כח להמשיך הדבר ותמורתו והטעם כי מקבל התמורות וההפוכים מימין ומשמאל היורדים בו דרך הצנורות חובה וזכות ע"כ. ויש מכנים לכל הספירות בלשון כחות ואין להאריך:

כי כל. פי' ביסוד וכן פי' הרשב"י ע"ה (בר"מ פינחס דף רכ"ז.) בפסוק (דה"א כט) כי כל בשמים ובארץ ואמר שהוא יסוד. ולזה כיון יונתן שאמר דאחיד בשמיא ובארעא, והכונה שהוא מייחד הת"ת והמלכות:

כל כלה כל פירש הרשב"י עליו השלום (בר"מ פנחס דף רכ"א: ותז"ח דף קי"א.) כי יסוד נקרא כל מסטרא דאימא עילאה שבה חמשים שערים וכאשר יונק ממנה ונכלל בחמשים שערים כמנין כל אז נקרא כל. וכאשר המלכות מקבלת החמשים מצד היסוד אז נקראת כלה. פירוש בהיותה מקבלת שבע ברכות ואז נקראת כלה. וכן נתבאר בזהר פ' תרומה (דף קסט.) וז"ל. בכל חופה איצטריך תקוני שפירא לחופאה לחופה ליקרא דכלה סתם דהא דא כגונא דדא קיימא כו' כגוונא עילאה. אינון שבע ברכאן ירתא כלה מרוחא עילאה אתר דכל ברכאן נגדין מתמן עכ"ל. וכוונתו מבוארת כי צריך לתקן החופה בכל מיני יופי והטעם מפני כבוד השכינה אשר שם. ואמר כי כשם שהכלה לא נקראת כלה אלא כשמקבלת ז' ברכות כן מלכות אינה כלה אלא כשמקבלת ז' ברכות. ופי' כי ז' ברכות היא מקבלת מהבינה שהיא רוחא עילאה אתר דכל ברכאן נגדין מתמן והיא הבינה כי משם השפעת כל הברכות כנודע. והפירוש הזה מוכרח ממקומו שם. ושם פירש כי ברכת היין הוא ברכה שמקבלת מהבינה. ובזה נתבאר יותר אמרו כלה כל ה' שהוא נ' שערים. כי ידוע כי כל הוא יסוד כדפירשנו וה' הוא סוד המלכות והכל הוא סוד חמשים שערים שהם חמשה ספירות כדפירשנו בשער חמשים שערים. הרי ששה ספי' וברכת היין ששם עיקר רמז הה' הרי ז'. נמצא בזה דברי הזוהר ודברי התיקונים (והר"מ) צדקו יחדיו. וכלה רומזת הכל כדפירשנו.

כי כל הוא היסוד שעל ידו המלכות תקבל מהבינה כנודע. וכל הוא חמשים שערים שהם חמש ספירות. והחמשים עצמם רמיזתם בבינה הרי שש וה"א רמז אל המלכות המקבלת אותם. ובזוהר (שמות דף ב') פירש כלה שלימתא כהאי סיהרא דאשתלימת מן שמשא בכל נהורא ונציצו ע"כ. וקרוב למה שפירשנו שלא נקראת כלה אלא בהיותה שלימה בכל מיני שלימות מקבלת אותם מן היסוד ולא שהם של היסוד אלא העקר מן השמש בעלה ודאי ועל ידו עקר הקבלה מהבינה וזהו לשון כלה רצה לומר שלימה. ובפ' בא (דמ"ג ע"ב) פי' הרשב"י ע"ה וז"ל כל, רזא דחסד בכל דוכתי בין לעילא בין לתתא. נראה משם כי כל מקום שנכנה שם כל, הכונה מצד החסד. וזהו (אמרם ז"ל ב"ב דף ט"ז ע"ב) בת היתה לאברהם אבינו ובכל שמה. והכונה שנקראת כל מצד החסד ומצדו ודאי נכללים חמשים שערים. ובתיקונים פירש כי בהיות צדיק כלול משלשה אבות נקרא בכל מכל כל שהם שלשה אבות על ידי צדיק. ועל כל זה כל לשון כל הוא על ידי חסד. וכן הכריח הרשב"י ע"ה (בתקונא מ"ז דפ"א). עוד שהיסוד נקרא ויכלו שעולה ע"ב ולהאריך יותר אין ראוי:

כליות הם נצח והוד. ונראה לי כי על מציאותם הנעלם המייעצים, נקראים כליות. וכן אמרו ז"ל (ברכות ס"א) כליות יועצות ואין ספק שהם נקראים כן בסוד קבלתם מן החכמה על ידי הבינה. וכן נאמר (איוב ל"ח) מי שת בטוחות חכמה. פירוש מ"י שהיא הבינה היא מושכת ומשפעת מהחכמה אל הטוחות שהם הכליות ומטעם זה נקראים כליות לשון כל לפי שהם מצד הבינה כדפירשנו. ומן הראוי שיקראו כלות והוסיפו יו"ד ונקראו כליות להורות שהם מקבלים ע"י הבינה מחכמה כדפי'. ויש חילוק בין טוחות לכליות כי טוחות נגזר מלשון טח לשון הסתר והעלם בעוד שמקבלים, אבל כליות הוא אחר השפעתם. וכן דקדקנו מעצמנו שאין לכל הנדרש בכנוי זה גלוי מן המפרשים ולא מזולתם:

כנור הוא המלכות והיא בת עשרה נימין לפי שהיא כלולה מעשר. ורוח צפונית המנשב בה הוא התעוררות הגבורה אשר משם בא אליה בסוד צפונית גבורה. מערבי"ת מלכות כדפירשנו בשער מהות והנהגה בסוד החבוק והיא מנגנת מאליה על ידי השפע הבא מן הצפון. והנגון והשיר מן השמאל כן פי' בזוהר. ושמענו בזה נוטריקון כ"ו נ"ר והכונה חבור ת"ת שהוא כ"ו בחשבון שם בן ד' ונ"ר היא מלכות כדכתיב (משלי ו כג) כי נר מצוה והכוונה על הזווג:

כנסת ישראל שכינה מלכות נקראת כנסת ישראל. והטעם פי' בזוהר (בלק דף קצ"ז.) ב' פירושים במ"א. הפי' הא' הוא לשון קבוץ שהכונה אסיפת עם ונקרא כן מפני שהיא מאספת כל המחנות העליונות בתוכה. הפירוש הב' כנסת לפי שהשפע כנוס לתוכה ואינה נותנת אלא מעט מעט והטעם לפי שמרוב יופיה כלם אדוקים אליה ולמיעוט הזכיות אשר למטה אינה משפעת אלא מעט מעט וכלו כנוס בתוכה:

כנפים פי' הרשב"י ע"ה במקומות רבים כי ארבע כנפים הם שם אדנ"י וארבעה פנים שם הוי"ה. והכונה כי כמו שהכנפים הם לכסות הפנים כן שם אדנ"י מכסה ומסתיר לשם בן ד' כנודע. ויקרא זה פן וזה כנף בשעת החבור לרמוז אל כניסת זה בתוך זה כזה יאהדונה"י. ומטעם זה כנפי העין הם נצח והוד מפני שהעין היא ענין ג' אבות חג"ת. ומלכות רגל ד' למרכבה למעלה במקומם. ונקרא נצח והוד כנפי העין מפני שהם מסככים ומכסים בעד הספי' הנזכר:

כסא יש כסא דין וכסא רחמים. המלכות נקרא כסא דין, והתפארת כסא רחמים. והטעם כי הם הולכים זה לימין וזה לשמאל. אמנם לפעמים תמצא הבינה נקרא כסא רחמים והטעם כי הוא גם כן כסא לרחמים עליונים. ותפארת נקרא כסא הכבוד ונקרא כן כשהוא כסא לכבוד שהם ל"ב נתיבות וכשנשפעים הל"ב בו אז נקרא כסא הכבוד. ויש שפי' כי השכינה נקרא כסא כבוד, לפי שהיא כסא לתפארת שנקרא ה'. ובכל מקום שנמצא כסא הוא רומז לכסא או ליושב על הכסא, כל אחד לפי מקומו הראוי לו. אמנם שסתם כסא הוא במלכות, ולא במלכות אלא במקום כסאה הנקרא עולם הבריאה כסא הכבוד בסוד המרכבה כדפי' בשער אבי"ע:

כסה היא השכינה כשהיא עולה אל הכתר שהוא מכוסה. כי כשהיא עולה למקום המכוסה שהוא הכתר דאתמר בי' במכוסה ממך אל תחקור נקראת היא כסה שמתכסה שם (ע' תקונא נ"ה דף פ"ו.):

כסף הוא מצד הגדולה וכן הכסף לבן בסוד הרחמים. ואמר בר"מ (תצא דף רע"ז.) כי בינה מצד הגדולה נקרא חמשים כסף כי הם חמשים בסוד נ' שערים וכסף בסוד הגאולה ע"ש:

כף זכות וכף חובה כף זכות היא חסד, כף חובה גבורה. והטעם כי זו מלמדת זכות ומרחמת על הבריות, וזו כף חובה לדון כל העולם. ור' משה אמר כי הכף הוא החסד והזכות ת"ת:

כפורים פירש רבי משה שהיא הבינה ונקראת כן מפני שמלבנת עוונותן של ישראל עכ"ל. וכן ביוה"כ

אסור ברחיצה וסיכה ואכילה ושתיה ונעילת סנדל ותשמיש המטה. ה' עינוים כנגד ה' עלאה ועל זה אמרו העה"ב אין בו לא אכילה ולא שתיה כו'. ואולם אפשר כפורים לשון רבים שהם ה' עלאה משפעת ומאירה לה' תתאה. וכן פי' בזהר פ' אמור (דף ק"ב):

כפורת הוא היסוד והוא עומד על הארון שהוא מלכות וכן פי' בתקונים ואפשר שיקרא כן דוקא כשהוא על המלכות וחופה עליה כענין בן פורת יוסף (בראשית מט) הנדרש בזהר (וישלח דף קע"ה ע"א):

כפות תמרים נקרא צדיק בהיותו אוחז בשמים ובארץ. וזהו ל' כפות שפי' כפות ל' מקושר אוחז למעלה ואוחז למטה. כמה דאת אמר כי כל בשמים ובארץ ומתרג' דאחיד בשמיא ובארעא כן ביארו בזהר פרשת ויקרא (דף כ"ד ע"א):

כרובים הלשון הזה משמש אל מקומות רבים. ראשונה והיא כפשוטה הם רומזים אל שני כרובים אשר תחת המלכות, ואפשר שהם מטטרו"ן וסנדלפון. זהו כרובים כפשוטן. ואמנם באצילות על הרוב נקראים נצח והוד [כרובים] (ע' ר"מ פנחס רל"ו א') והם על הכפורת שהוא יסוד כדפי'. והם זהב מצד הגבורה כנודע. ויש שפי' כרובים בתפארת ומלכות ויש שפי' בגדולה וגבורה על דרך מקרה. ולעתים מתייחסים כרובים חכמה ובינה (בתקונא ע' דקל"א ע"ב). ובתקונים (בתקוני ז"ח דף קי"ב ע"ב) מצאנו דבר שבו יתיישב הכל וז"ל ועמודא דאמצעיתא ושכינתא עלייהו אתמר והיו הכרובים פורשי כנפים למעלה מאן גדפין דלהון לעילא ימינא ושמאלא. סוככים בכנפיהם תרי סמכי קשוט. על הכפורת דא צדיק דצריך לכסאה ליה. ופניהם איש אל אחיו אינון חו"ב דאינון אנפין דכרובים. ולמאן הוו פרשי גדפייהו ומסתכלין איש אל אחיו להוא דעאל בכתרא עלאה דאיהו מכוסה וכו' עכ"ל. והנה בפי' כי עיקר הכרובים הם תפארת ומלכות. וכנפיהם הפורשים למעלה הם גדולה וגבורה. וצד הכנפים שהם סוככים בכנפיהם על הכפורת הם נצח והוד. ופניהם הם חכמה ובינה. ואחר שכל המדות האלו כלולים בכרובים א"כ כבר נתייחס שם הכרובים עליהם בריחוק. והעיקר הוא תפארת ומלכות שהם ממש עצם הכרובים. ואומרו דא צדיק דצריך לכסאה ליה, פי' הכנפים הם צריכים לכסות הצדיק מפני שהוא הברית העליון ומדרכו להיות נעלם כדרך העולם כי הוא מקום מוצנע. וטעם הכסוי למעלה כדי שלא יתעוררו החצונים ליינק מצנור השמאלי שבו כדפירשנו בשער הצנורות. ואמרו לההוא דעאל כו' הוא הכרח גדול לשאין הא"ס הוא הכתר, כדפירשנו שם:

כרם הוא המלכות וקרא צווח (ישעי' ה') כי כרם ה' צבאות בית ישראל. ובית ישראל היא המלכות כנודע. ואפשר שנקראת כן בהיות הרמז אל השפע הזרוע לצדיק שורות שורות ככרם כדפירשנו בשער מהות והנהגה:

כריעה פירש רבי משה כי היא בנצח והוד. ובס' הזהר (פנחס דף רכ"ט.) פי' הרשב"י ע"ה כי הכריעה היא בצדיק וזהו כל הכורע כורע בברוך שהוא צדיק וכל הזוקף זוקף בשם שהוא התפארת:

כתב כבר הארכנו בענין הכתיבה בערך חותם:

כתובים סתם, במלכות כי נודע כל הכתובים ברוח הקדש נאמרו והוא למטה מן הנביאים הידועים. ושניהם למטה מן התורה הידועה. ואולם מלת כתובים בפרט יורה על חסד וגבורה שהם הכתובים והיינו מלכות מגלה אותם וכן פי' בתקונים (תקונא כ"א דף מ"ז ע"ב וז"ל וממלכות כתובים ואינון חו"ג).

כתית פי' הרשב"י ע"ה בתקונים כי מציאות היסוד המתייחד עם המלכות בסוד יחוד הזכר עם הנקבה ע"י האבר הקדוש המתעלם בה נקרא כתית היינו ו' זעירא שבמציאות ה'. והיינו שפי' בר"מ (פנחס דף רמ"ז) ענין כתית דכתיש כתישין שבסוד הנענוע הזרע נעקר ממקומו ונשפע וזהו ענין שמן כתית כי הזרע והשמן הכל ענין אחד. ולכל זה מבשרי אחזה אלוה (איוב יט כו):

כתלי החופה בארנו ענין החופה בערכו ושם נתבארו כתלים שהם רומזים אל החכמה ואל היותר יעו"ש:

כתנות עור פי' הרשב"י ע"ה בתקונים (תקונא נ"ט דף צ' ע"א):

כתף יש כתף ימין ויש כתף שמאל והם ב' ההי"ן עליונה בימין ותחתונה בשמאל ושניהם מציאותם בשני זרועות ימין ושמאל. וידוע כי בינה אל הימין ומלכות אל השמאל כן ביארו בתקונים (תקונא י"ט דף ל"ט ע"ב):

כתר טעמים רבים פי' בשם זה. יש שפי' מלשון המתנה כמו כתר לי זעיר (איוב ל"ו. וע' תקונא ע' דף ק"ל.). והכונה אל תחשוב במקום הזה כלל, אמנם המתן עד שיתפשט ואז תוכל להבין, כן פי' הגאונים. ויש שפי' כתר כמשמעו, והטעם כמו שהכתר ראש לכל לבושי הגוף כן מדה זו ראש לכל האצילות. ויש שפי' כתר מלשון מכתיר שהוא לשון סבוב שמסבב לכל האצילות בתוכו כדפי' בשער סדר עמידתן. ונקרא כן לרמוז אל תר"ך עמודי אור המאירים ממנו ובעצמותו והם כחות נעלמות

השופעים האור הנעלם אל הנאצלים התחתונים. אמנם ראוי לדעת כי כתר הוא לשון נקביות לרמוז אל צד המקבל ממנו בעצמו בסוד [אור] החוזר כאשר הארכנו בשער ממטה למעלה בפ"ה ע"ש. ורמז לזה מצאנו בר"מ (פנחס דף רנ"ו ע"ב) ז"ל וכתר אתקרי מסטרא דאמא עלאה עכ"ל. ומבואר הוא כי מצד הבינה נקבה אקרי כתר. ודקדק באמרו אמא ולא בינה לרמוז אל הנקבה ממש. ועוד פי' בזהר (חדש) פ' יתרו (דף מ"ט) במלת אנכי וז"ל ובכל אתר כי דא איהי נוקבא דאקרי כתר כו' (ע"ש) עכ"ל והענין כי הכתר עצמו כשהוא נקרא כתר מורה על צד המקבל שבו והיא נקבה בערך צד המשפיע כי קצתו מקבל מקצתו כמו שפי' בשער הנזכר. ובתקונים פי' כי המלכות נקרא כתר והיא כתר תורה וכתר כהונה וכתר מלכות בהיות' על ג' אבות בסוד אשת חיל עטרת בעלה (משלי יב ד) שביארנו בשער המציאות. וסוד העטרה היא י' ובבאה מאת המלך אביה נחלקה לג' יודין על ג' אבות ג' ווי"ן ג' כתרים ג' זיינין בסוד הש. עד הנה הגיע כחנו החלש בעזר האלהי השופע עלינו בביאור אות הכ"ף. ואנו נכנסים בביאור הלמ"ד בס"ד:

פרק שנים עשר:

לאה הרמז בבינה. וכן נמצא שילדה לאה ששה בנים ובת. וכן יצאו מבינה ו' בנים ובת ושמה דינה. ואפשר שתקרא כן כשהיא משפעת אל ששת הבנים והבת היוצאים ממנה:

לב הלב הוא המלכות אמנם תקרא לב בהיותה בשמאל בסוד הדין משכן לבינה שהוא לשמאל וע"ז ארז"ל (ברכות ס"א) הלב מבין. וע"י הבינה תקבל ל"ב נתיבות חכמה עד שנקראת לב לרמוז לה הבחי' האלה. והחילוק שבין כבו"ד הרומז אל ל"ב נתיבות ובין לב הרומז ג"כ אל ל"ב נתיבות, ביאר אותו הרשב"י ע"ה (בר"מ פנחס דף רנ"ו ע"ב): כי כבוד נקרא ל"ב נתיבות עליונות שבחכמה. וכאשר תקרא המלכות כבוד תרמוז אל זה שע"י שנכנסה בהיכל הכבוד ונטהרה לבעלה ונתיחדה עמו קבלה מהל"ב נתיבות עליונים. וכאשר תקרא לב תרמוז אל ל"ב נתיבות שבה פשוטים בלי תוספות אור כלל. ובארנו בערך כבוד וכן הבינה ג"כ נקרא כבוד ולב. ע"ד שפי' במלכות:

לבונה פירש הרב שמעון בר יוחאי ע"ה בר"מ (משפטים קי"ז) בפסוק (שה"ש ג ו) מקטרת מור ולבונה כי הלבונה היא חכמה. ואפשר כי שמא גרים. ובתקונים (תקונא כ"א דף מ"ד) פי' שהוא בהוד ואפשר כי זה בסוד גוונו וזהו בסוד טעמו:

לבינה הוא סטרא דמסאבותא וזהו (שאחז"ל בע"ז דמ"ו) זקף לבינה והשתחוה לה כו'. וזהו ותהי להם הלבינה לאבן (בראשית יא ג) פי' היו מביאים לבינה במקום אבן בוחן. ושפחה כי תירש גבירתה (משלי ל):

לבנת הספיר בזולת היותו היכל כאשר יתבאר בשער ההיכלות בפ"א עוד המלכות נקרא כמעשה לבנה הספיר ולא לבנת הספיר עצמו כן פי' בתקונים. והטעם יובן בדקדוק מה שנכתוב שם:

לבנה נקראת המלכות כי היא רמז אליה. והטעם כי כמו שהלבנה אין לה אור מעצמה אלא מה שמקבלת מן השמש, כן המלכות אין לה אור מעצמה אלא מה שמקבלת מן התפארת. ויש חילוק גדול בין ירח ללבנה, כי הירח מורה פעמים פרוצה פעמים שלימה, ולבנה מורה שלימה בסוד הרחמים לבנה ודאי:

לבנון הוא כתר עליון ונקרא כן לרמוז אל רוב לבנותו שהרמז אל הרחמים הפשוטים. ונקרא כן בהורדת השפע כדכתיב (שה"ש ד טו) ונוזלים מן לבנון וכן פי' בזהר פ' ויקרא (דף כ"ו):

להב נקרא המלכות כאשר היא מתלבשת בלהב הגבורה וזהו להב המזבח. ושפע הספירות הכלולות בגבורה נקראים להבים. ויש להבים מצד אשו של גיהנם ועליהם נאמר (ישעי' י"ג) פני להבים פניהם. וזהו הלהב שליהב את המקדש בעונותינו:

להט החרב המתהפכת בשם זה חשבו רבים שהמלכות עצמה נק' להט החרב המתהפכת. אמנם בזוהר פ' ויקרא (די"ט ב') פי' הרשב"י ע"ה וז"ל נשים משלו בו ודאי, ואילין איקרון להט החרב המתהפכת לאו דאינון חרב המתהפכת אלא להט מההוא חרב דאקרי חרב נוקמת נקם ברית עכ"ל. וז"ש הכתוב (ישעיה ג יב) עמי נוגשיו מעולל ונשים משלו בו שהם אלו הנשים שהם כוחות הדין החיצון של המלכות והם נקראות להט פירוש ניצוץ המתלהט ומתנוצץ מחרב שהיא המלכות והלהט הזה הוא מתהפך פעמים אנשים פעמים נשים כמו שנבאר בשער היכלות הטומאה בפרק ב'. ובתיקונים פי' כי המלכות עצמה נקרא להט החרב שהיא מתהפכת פעמים לדין פעמים לרחמים ונראה שם (בתקוני ז"ח דקכ"ד.) שהלהט היא שתא סדרי משנה שהם פעמים מותר כשר טהור וקדוש ופטור וזכאי בסוד הרחמים ופעמים אסור פסול טמא פיגול חייב מיתה חייב ממון בסוד הדין. ואפשר לומר כי אלו השתא סדרי הם בכוחותיה התחתונים, בסוד עץ הדעת טוב דא מטטרו"ן, ורע דא סמאל. כי שם מצד זה מ"ט פנים טהור והיינו

מטטרו"ן כי הנון מתחלף בה"א [באטב"ח והוא אותיות מ"ט טהור]. ומ"ט פנים טמא סמאל. ונמצא שני הפירושים קרובים אל הסכמה אחת. ומצאנו במ"א (בתקוני ז"ח דף קכ"ח.) שפירש להט החרב מאי ניהו מטטרו"ן דאתהפך ממטה לנחש ומנחש למטה עכ"ל. ושם ביאר כי תורה שבע"פ היא לה"ט החרב. וזכה סם חיים, לא זכה סם המות. כי המלכות פעמים דין פעמים רחמים. והכל ענין אחד כי בתיקונים (בהקדמה דף י"ב) פי' ששתא סדרי משנה הם במטטרו"ן פי' בסוד אור המתגלה ביצירה ומסטרא דידיה טמא וטהור פסול וכשר והשאר:

לוחות שני לוחות אבנים שבהם נתנה התורה הם נצח והוד. וכן הוא בתיקונים (בהקדמה ד"י ע"ב) והם מונחות בארון שהוא המלכות עם התפארת. מצד התורה הכתובה בהם הם מצד התפארת. ומצד הלוחות שהיא לשון נקבה, והיותם אבן ומונחים בארון, הם מצד המלכות וכל זה מבואר. אמנם עוד שם (בתקונא נ"ה דפ"ו.) כי שתי הלוחות הם ו"ה של שם ב"ד והיינו ה'לוחות. דהיינו תפארת בנצח, מלכות בהוד, כדפירשנו. ואפשר כתיבה בנצח מצד הת"ת ועצם המקבל הכתיבה מצד ההוד במלכות:

לו בכל מקום רומז על התפארת שהוא ו'. בשיתוף הבינה שהיא למד מגדל הפורח באויר:

לוי כמו שהכהן מצד החסד כן הלוי מצד הגבורה ולכן כי איש בבנו ובאחיו (שמות לב כט). להיות שהם רומזים אל תוקף הדין. ובזוהר פרשת שלח (דף רע"ד) פי' כי לוי הוא מלשון ייחוד וחיבור דהיינו יחוד הבינה והחכמה, והיינו בית לוי פי' יחוד שתי מדות האלה. ואין ספק שזה בסוד הדעת. ובזוהר (ויצא דף קנ"ד ע"ב) ובמקומות אחרים בענייני השבטים ראובן בחסד שמעון בגבורה לוי בתפארת בסוד יחוד שתי הקצוות. ולכן אמרה הפעם ילוה אישי אלי כי ילדתי לו שלשה (בראשית כט לד) כי הי' ענין ההכרעה שלימ' ושלום בין שתי הקצוות. ואפשר דלא פליגי כי התעוררות חום היחוד מגבורה כנודע וכדפי' בזוהר יצה"ר בעלמא עילאה מאן ניהו גבורה. וגם שם אלהי"ם שבגבור' מיל"ה א', דהיינו גוף וברית וכן פי' בז"ח שה"ש (דף ע"ט):

לויתן פי' הרשב"י ע"ה בתיקונים (תקונא כ"א דמ"ב) ור"מ (תצא ד"רעט) כי תפארת וצדיק שניהם יחד הוא לויתן. וכלל דבריו כי הוא התפארת. והוא בעל עינים שהם בינה וחכמה ועליו נאמר (קהלת ב יד) החכם עיניו בראשו. וגופו צדיק. וקשקשותיו הם גדולה גבורה. וסנפיריו נצח והוד. ומתרבי בשבעה ימים מים הגדול בינה שהוא על שפתה עד הים התחתון. ויורה זה על כללות השש קצוות בריבוי ההשפעה כדגים ברבוי המים. ובזה יובן מה שפי' בגמ' (חולין דף ס"ו) כל שיש לו קשקשת יש לו סנפיר כי בהיותו כלול מגדולה וגבורה מכ"ש שיהיה מנצח והוד. כי בכלל מאתים מנה. ומי שיש לו העיקר יש לו הענף. אמנם כשיהיה לו סנפירים שהם נצח והוד לא יוכרח שיהיה לו קשקשין שהם גדולה גבורה. וז"ש ר' יהודא (שם דף נ"ט) שני קשקשים לרמוז אל השנים. לכן אמר תחת לחייו דהיינו תחת ראשו ששם גדולה גבורה כדפי'. כל זה הוא לפי שטה זו שהסנפיר הם נצח והוד וקשקשת הם גדולה גבורה. אבל בתיקונים במ"א פי' אפכא ששני קשקשים הם נצח והוד שני סנפירין גדולה גבורה. ועל כל זה אפשר להיות ולומר כי תחת לחייו היינו ראשו שהוא התפארת, ותחת ראשו היינו נצח והוד והיינו קשקשותיו תחת ראשו. וכל שיש לו קשקשת יש לו סנפיר. כי נצח והוד הם בגדולה גבורה ששם השפעתם כי גדולה משפיע בנצח גבורה משפיע בהוד ונמצא בנצח והוד נכללים גדולה גבורה אבל בגדולה וגבורה למעלה אין שפע נצח והוד שהם למטה ולכן כל שיש לו סנפיר יש לו קשקשת. ופי' לויתן היינו לשון יחוד וחיבור כן פי' בזוהר (שמות דף י"א ע"ב) בלו"י ולויתן. אלא שלוי הוא ייחוד אחד דהיינו דעת המייחד החכמה והבינה. אבל לויתן ר"ל ב' יחודים, שהם, דעת למעלה ויסוד למטה. והיינו לויתן שהם ת"ת וצדיק כדפי' לעיל:

לולב רוב מקומות להרשב"י ע"ה מכריעים ומכריחים כי יסוד הוא לול"ב וסימנך צדיק כתמר יפרח (תהלים צב). ואפשר מפני שראשו מגיע השמימה. ויש שפי' בתפארת וראשו מגיע עד כ"ע. והכל ענין א' כי הכונה דרך קו האמצעי:

לחם המורגל בפי' המקובלים במלה הזאת הוא שהוא מלכות. ויש לזה הכרח קראן לו ויאכל לחם (שמות ב כ). אמנם בר"מ (פנחס דף רמ"ד ע"ב) פי' הפך זה וז"ל אדהכי הא סבא דסבין קא נחית לגביה ואמר רעיא מהימנא חזור בך דהא לחם איהו ו' וכו' עכ"ל ועם היות המאמר במקומו ארוך. ועל כל זה עיקר כונתו הוא להודיע למרע"ה שלחם הוא ו' בתפארת ולא כמו שהי' דעת ר"מ מעיקרא. והכא ודאי לכאורה פליגי אהדדי. ובתיקונים (תקונא י"ט דף ל"ז ע"ב) מצאנו דבר שבו נוכל לתקנו על צד הדוחק קצת כי שם פי' הרשב"י ע"ה כי מלכות יש לה ג' מציאיות והם חול"ם שור"ק חר"ק והוא נקראת חולם על ו' כשהיא עטרת תפארת מצד

החכמה כדפי' בשער המציאיות. ואמר שם והפוך חל"ם ותשכח לחם ודא איהו לחם אבירים אכל איש וכו'. והכונה כי המלכות נתייחד עמה התפארת בסוד ויבן ה' אלהים את הצלע ויביאה וגו' (בראשית ב) כדפי' בשער הנזכר. והנה לפי זה לעולם המלכות היא לחם ובה שני מציאיות. א' לחם עוני לרמוז אל ענייה ואל פרצתה. והשני בעלותה למעלה להיותה חלם על ו' וז"ש בר"מ לחם ו' ופי' שהמציאות שלה סוד החלם. ובזהר פרשת תרומה (דף קי"ד.) דעת שלישי וז"ל ועשית וגו' שלחן דא איהי לתתא לשואה עליה לחם דאפייא. מאן עדיף דא מן דא לחם או שלחן אי תימא דכלא איהו חד דהא שלחן מסתדרא לגבי ההוא לחם ותו שלחן לתתא ולחם עליה לאו הכי אלא שלחן איהו עיקרא בסדורא דיליה לקבלא ברכאן דלעילא ומזונא לעלמא ומרזא דהאי שלחן נפקא מזונא לעלמא כמה דמתייהב ביה מלעילא וההוא לחם איהו איבא ומזונא דקא נפיק מההוא שלחן לאחזאה דהא משלחן דא נפיק פירין ואיבין ומזונין לעלמא. אי לא אשתכח כרם ענבין דאינון איבא דנפקי מניה לא יהון משתכחין אי אילנא לא יהא איבא לא אשתכח בעלמא בגין כן שלחן איהו עקרא. ומזונא דנפיק מיניה איהו ההוא לחם עכ"ל. והנה מתוכו מתבאר בפי' כי הלחם הוא השפע הנשפע על המלכות והמלכות כלי המקבלו והשפע הזה ממנו נזונים כל בני העולם ולכן נקרא לחם. והנה זה דלא כמאן דאמר דאיהו תפארת, ולא כמ"ד שהוא מלכות. ונוכל לומר בדוחק לתקן זה כי המלכות כאשר היא מלאה שפע וכל טוב אז היא נק' לחם להראות כי היא ריקם הלכה למעלה ומליאה השיבה ה'. וזהו חלם לחם פי' אז בקבלתה למעלה בסוד היותה עטרת בעלה היא מקבלת השפע המזוני מהת"ת. ואז הלחם הוא לחם זכר שפי' בתגבורת הזכר על הנקבה. והלבנה מתמלאת מאור החכמה והלחם לחם זכר לחם פנים בהיותה מתעדנת מצד יניקתה מלמעלה ע"י היסוד והשפע הזה נקרא מעדני מלך וכן מבואר בפ' בראשית (דף מ"ז ע"ב). ובפ' ויחי (דף רמ"ו.) פי' כי זהו בהיות המלכות מקבלת מבינה ע"י היסוד ע"ש. ובארו יותר בפרשת ויצא (דף קס"ד ע"ב) וז"ל לחמי דא מזונא דקא אתי מלעילא באתערותא דלתתא עכ"ל והכונה כי השפע הנשפע למלכות מלמעלה מן הבינה בסוד זווג התפארת ע"י יחוד היסוד בהתעוררות המלכות נקרא לחם. ועתה לפי זה כיון שהלחם הוא כנוי אל השפע הנשפע מן המדה לא יתרחק המדה עצמה להקרא לעתים על שם השפע ההוא שהיא מקבלת או שהיא משפעת וזהו לחם ו' וכו' וכיוצא בזה הנמצא בזהר ויחי. וכאשר התעוררות והזווג בסוד מלוי הלבנה השפע נשפע בסוד מלואה והוא לחם פנג. וכאשר תגבר הנקבה והתפארת יקדים לבא אל מקומ' מפני מעוט התעוררות התחתונים והיחוד בסוד מיעוט הירח אז יהיה השפע לחם עוני מצד המלכות. ובזה נתקן הכל. ועוד האריך בענין זה הזהר בפ' ויחי הנ"ל ושם ביאר כי על שני מיני לחם הזה נאמר (שמות טז כב) לחם משנה. ושם בלבול גדול בענין זה. ובמה שהקדמנו יתוקן הכל:

לחם הפנים פי' היסוד ואפשר דהיינו שפע שני פנים עליונים ותחתונים בסוד שר הפנים דהיינו שם יאהדונה"י. ולחם כדפירשנו לעיל:

לט היא קליפה רעה רצועא בישא שבו מלקין ל"ט רצועות והם מ' חסר א' בסוד החסרון ומשם לוט יצה"ר והם מצד ארור כנען שיצאו עמו קללות שזהו פי' ל"ט לטותא. וזהו להעובר בשבת על מ' מלאכות חסר א'. ויש כנגדם בקדושה ט"ל אורות טללי ברכה ובארנו בערך ט"ל:

לי פי' הרשב"י ע"ה בפיקודא דתפילין (בפ' בא רמ"ג ע"ב) ז"ל לי דא בינה רזא דעלמא עלאה היכלא פנימאה עכ"ל. ופי' לי לעצמי. שאינו מושג לתחתונים ר"ל אפילו לנאצלים ממנו [שהם] הספירות אשר למטה ממנו. והיינו בחינת הבינה המתעלמת המתאחדת בחכמה. וזה כיון באריכת לשונו עלמא עלאה שר"ל בצד העולם העליון. וחזר אמר היכל פנימאה ר"ל בסוד היותה היכל פנימי אל החכמה הנעלמת וזהו לי פי' היכל לי. ולזה קרא אותה היכל לפי שהחכמה גנוזה בתוכה. והנה לפי זה תקרא הבינה לי כשהיא נעלמת כשאינה מושגת שהיא היכל לחכמה והחכמה נעלמת בתוכה. ואפשר לומר כי ל' היא הבינה כנודע. י' היא החכמה. והי' נעלמת בתוך ל' בסוד שהיוד היא מוח והיא כוללת ג' יודין כנודע ושלשתן נעלמות בלמ"ד כזה:

ליל לילה היא המלכות. ונקראת כן בסוד החשך בסוד הדין. אמנם לפעמים נקראת לילה ולפעמים נקראת ליל. ופי' הרשב"י ע"ה בזהר (פ' בא דל"ח ע"ב) עד לא קבילת עלה דכורא אתקריאת לי"ל כד קבילת עלה דכורא אתקריאת לילה. והכונה כי בעוד שלא נתייחדה עם בעלה ת"ת נקראת בלשון ליל בלא ה' לרמוז על תוקף דינה והיא עדין לא קבלה רחמים ולא נתייחד בעלה עמה ולא נעשתה כלי. וכאשר קבלה הזכר בסוד הרחמים אז נקראת לילה בה"א. וכן פי' בתקונים וז"ל לילה דא שכינתא תתאה כלולה מה' וכו'. ובארנו הענין הזה בארוכה

בשער סדר האצילות בפ"ב. וקרא צווח ולילה כיום יאיר (תהלים קלט יב) לרמוז לוהיה אור הלבנה כאור החמה (ישעיה לו כו). והמפרשים פי' ולילה ללילה יחוה דעת (תהלים יט ג) שתי לילות שהם בינה ומלכות ואינו ענין. ור' משה פי' כי הספירות השמאליות נקראות לילות ויש סמך לזה קצת מהזהר (שמות דף י"א ע"ב) והעתקנוהו בשער היכלות בענין גבריא"ל:

לישה ליש הוא ע"ד עופר עפרה אשר אשרה. כי זה לזכר וזה לנקבה. ופי' בזהר פ' נח (דף סג.) כי ליש או לישה הוא בסור יניקתה מן הגבורה. ופעמים יהיה הכנוי הזה הכוונה על מעוט השפע ויניקתה מן הדין. ולפעמים על שאין להם שפע כלל ועיקר כענין ליש אובד מבלי טרף (איוב ד יא), או כענין ליש גבור בבהמה (משלי ל ל). כי זהו גבור שיונק מצד הגבורה לבד, וזהו אובד שאין לו במה להשען. והשפיטה אל שני הפי' האלה ישפוט לפי עניינו או ע"י התיבה המתלווה. ופי' זה מוכרח במאמר וזה העלינו אחר עיון ושקידה במאמר ההוא. ואל יתבהל המעיין להשיב כי אין שם המאמר כפשוטו:

לך פי' הרשב"י ע"ה בזהר פ' לך (דף ע"ט ע"ב) כי מלת לך היא המלכות מדרגה ראשונה מהאצילות ממטה למעלה ולכן היא נגלית ונקרא לך לנכח. ואפשר כי ג"כ נקראת כן בהיותה כוללת חמשים שערים עליונים בעצמותה וזהו חשבון לך. והענין הזה מוכרח מצד א' שהיא נקראת כן כשהיא יונקת מן הבינה. ויש מן המפרשים שפי' שהבינה ג"כ נקראת לך וכן דעתנו נוטה והיא נקראת כן בסוד חמשים שערי בינה ונקראת לך בסוד גלויה ובחינתה התחתונה השופעת בבנין:

למודי ה' נקראים נצח והוד. הטעם כי שניהם מלומדים ומושפעים הלימוד והנבואה מת"ת הנקרא הוי"ה. ואפשר שנקראים כן בהיות הנבואה מושפעת מת"ת אל הנביאים דרך מדרגות הנבואה כמו שבארנו בשער היכלות:

למנצח הוא בנצח כמשמעו. והכונה המגביר הנצח על המדה הנז' לפניה כמו למנצח על השמינית (תהלים יב א) שפי' המגביר נצח על השמינית שהיא ההוד. וכן למנצח על אילת (שם כב א) שהיא המלכות:

לפידים כבר בארנו בערך ברקים כי הברקים הם מצד היסוד ובזהר פ' וישמע יתרו (דף פ"א ע"ב) כתב וז"ל ואת הלפידים בקדמיתא ברקים והשתא לפידים. כלא חד. אבל מדאתתקנו בתקונוי לאתחזאה אקרון הכי עכ"ל. הכוונה כי ברקים הם עצמותם ברוחניותם כאשר הם ביסוד. אמנם כאשר הם מתעבים ומתגלים למטה במלכות, או במציאות היסוד עצמו להתגלות ולהתראות, אז נקראים לפידים:

לפני וכן לפני פי' בזהר פ' תרומה (דף ק"ע ע"ב) שהיא השכינה שהיא לפני הקב"ה. וז"ל לפני ההוא דקאים לפני קמיה דקב"ה ומשמש קמיה עכ"ל. ופי' השכינה וכונתו מבוארת. והטעם כי לפני פי' הקודם לתפארת ממטה למעלה והוא עומד לפניו, והיינו המלכות. ושם פי' כי מלפני הוא בבינה למעלה מת"ת ונבארהו בערכו:

לשון פי' ר' משה שהוא הבינה. ונקראת כן מפני שכמו שהלשון מוציאה מחשבת הלב ומגלה אותה לחוץ, כן בינה מגלה כל הדברים הפנימים הנעלמים בשלש ראשונות. וכן הוא מוסכם בפי כל המקובלים. ובר"מ (פנחס דף רן.) פי' הרשב"י ע"ה כי יסוד נקרא לשון למודים. וכשהוא יונק מנצח והוד בהיותם למודי ה' כדפירשנו בערכו, נקרא היסוד לשון למודים ע"ש שהוא יונק מן הלמודים שהם השפתים. והלשון באמצע. ונקרא היסוד שבעים לשון בהשפיעו אל המלכות שהיא מדת ע' כי היא כלולה משבע וכל אחד משבע כלולה מעשר הם שבעים ויסוד לשון. הם שבעים לשון. ואפשר לומר כי שתי פיות הם פה עליון ופה תחתון. פה עליון הם גדולה גבורה השפתים. והלשון בינה באמצע. והקול היוצא מבין שניהם ת"ת כדפי' לעיל בשער עשר ולא ט'. וכן פה תחתון הם נצח והוד השפתים והלשון יסוד והדבור מלכות. ומהפה העליון יוצא קול לבד הברה בעלמא בלא חיתוך התיבות והאותיות לרוב דקותם ורוחניות. ומהפה התחתון מתגלה הדבור בחיתוך האותיות. ויש לנו לשתי פיות אלו דמדומי ראייה ממה שכתבנו בערך חרב פיפיות הם שני פיות שני ההי"ן. ועוד יש לנו ראיות ברורות ונבארם בערך פה בע"ה. ובזהר פ' אחרי (דף ס"א.) פי' המלכות נקרא לה"ק כד נפקין ומתערין מינה רזי אוריי'. והעיקר שתהיה ג"כ מקבלת מהקדש העליון שהיא חכמה וכן ביארו שם:

לשכת הגזית פי' ר' משה כי גבורה נקראת לשכת הגזית על שם שחותכין בה הדין עכ"ל. ונ"ל כי המלכות נקראת כן בהיות הע' סנהדרין העליונים נאספין לתוכה לחתוך דינין נקראת גזית. ועוד אפשר לפרש כי המלכות נקראת כן על שם שנחצבה ממקומה ונאמר לה לכי ומעטי את עצמך. וטעם זה להדיינים להיות דנין דין אמת לאמיתו שהוא הת"ת כדי לחבר את האהל להיות אחד. ע"כ הגיע שכלנו הדל בביאור ערך למ"ד. והננו נכנסים בעזר האלה"י בביאור ערך אות מ"ם:

פרק שלושה עשר:

מאד פי' בזהר פרשת לך (דף פ"ג) בפסוק (בראשית יג ו) ואברם כבד מאד. מאד מסטרא דמזרח. פי' מצד הת"ת שהוא הנקרא מזרח כנודע. ובזהר פ' וישמע יתרו (דף ס"ח ע"ב) פי' כי מאד הוא סטרא דדינא. פי' בגבורה. והכריח הענין ממה שדרשו מאד זה גהינם. ואפשר לומר כי ת"ת מצד הגבורה נקרא מא"ד וצרופו אד"ם:

מאור שני מאורות הם מאור גדול ומאור קטן. המאור הגדול ת"ת והוא חמה, ומאור קטן מלכות והוא לבנה. וצריך באור בענין ב' מאורות אלו ונתבאר בשער המיעוט בע"ה. אמנם מצאנו ענין מנגד לזה בזהר פ' תרומה (דף קל"ח ב') וז"ל המאור הגדול דא מזבח הפנימי דאיהו מזבח הזהב. וידוע כי מזבח הזהב הוא בינה. וכן מצאנו בתקונים (תקונא ח' דף כ"ב ע"ב) כדברים האלה וז"ל ובההוא זמנא דיתבני בניינא ע"י דקב"ה לעילא ותתא אתמר בשכינתא עילאה ותתאה והיה אור הלבנה כאור החמ' ע"כ. ולכאורה נראה שחמה אמר על הבינה. אמנם כשנדקדק היטב בלשון התיקונים יצא לנו אור לענין זה. והענין כי חמה הוא התפארת, והלבנה הוא המלכות. ואורו של חמה הוא הבינה, ואורה של לבנה ג"כ מהבינה. כי אור הלבנה ואור החמה הכל אור אחד. אלא שזה יונק מבינה עצמה בלתי אמצעי, ומלכות יונקת ממנה ע"י אמצעי שהוא השמש בין הלבנה ובין האור הבא אליה. ובזה אמר הכתוב כי כשיהי' היחוד אמת ושלם ותחזור עטרה ליושנה להיותה עטרת בעלה אז ישתווה אל הת"ת השפעת המלכות מהבינה. ונמצא הלבנה שהיא מלכות ואורה הנשפע אליה מהבינה ישפע אליה שלא ע"י האמצעי. כמו החמה שהוא הת"ת שמקבל אורו והשפעתו מהבינה עצמה שלא ע"י האמצעי. וזהו כוונת הרשב"י בתיקונים שאמר בשכינתא עילאה וכו' כי הכוונה אל האורות שהם ההשפעות שהם נמשכות מהבינה. וזהו כוונת הרשב"י ע"ה ג"כ בפ' תרומה באמרו המאור הגדול דא מזבח הפנימי. פי' המאור דהיינו כנוי אל האור המאיר בת"ת עצמו והמאור הזה הוא נשפע מבינה. וכן דקדק הפסוק שלא אמר והיה הלבנה כחמה אלא אור הלבנה כאור החמה. זהו הנראה לנו בתיקון המאמרים האלה וישובם אל ההקדמה הקודמת המוסכמת בכמה מקומות מהזהר שמאור הגדול הוא הת"ת הנקרא חמה ודאי כדפי' לעיל:

מאכל פי' בזהר פ' ויחי (דף ר"מ.) כי השפע שמשפיע היסוד למלכות נקרא מאכל. והענין הזה נתבאר בפסוק (שופטים יד יד) מהאוכל יצא מאכל כי אוכל הוא יסוד כדפי' בערכו ומאכל הוא השפע הנשפע:

מארת חסר בלא וא"ו, פירש הרשב"י ע"ה בתיקונים (תקונא מ"ד דף פ'.) שני פירושים. וז"ל מאי מארת דא אורייתא דבע"פ אע"ג דאוקמוהו מארת חסר דא לילי"ת ע' אנפין לאורייתא עכ"ל. הכוונה כי מלכות היא נקבה ולכן נקראת מארת לשון אור והתי"ו כנוי לנקבה. והיא נקראת כן כשהיא מאירה אבל אין האיש בביתו כי היא חסרת וא"ו. וכאשר נפרש אותו על לילית פירושו מלשון מארה כמו מארת ה' בבית רשע (משלי ג לג) והיא לילי"ת הרשעה סטרא דשמאלא. וכבר נודע דהא בהא תליא ויתבאר בשער התמורות בע"ה:

מבוע היושר פי' ר' משה כי כתר נקרא כן מפני שהוא מיישר נתיבות החכמה על קו האמצעי בארח מישור עכ"ל. ונ"ל כי אפשר שיקרא כן בהיותו משפיע לתפארת הנקרא ישר כדפי' בערכו. ואפשר דהא והא איתנהו:

מגדל שם זה הוא בשני מקומות. הא' במלכות, והשני בבינה. והטעם כי היא כמו המגדל הבנוי במקום גבוה מכל הבנין. ולפעמים תקרא מגדל הפורח באויר. ופי' שהיא פורחת וסוככת בכנפיה על הת"ת הנקרא אוי"ר כדפי' בערכו. ובהיות כי היא משגחת באויר בפרטות ומתעלה בזה אז תקרא מגדל הפורח באויר. ובהיותה מושבה על ההרים הרמים אז תקרא מגדל סתם. ומלכות נקרא מגדל מן הטעם עצמו כי היא ראש לכל אשר ממנה ולמטה כנודע שהיא סוף האצילות וראש לכל הנבראים. לא שהיא נבראת ח"ו, אמנם היא ראש לכלם וכלם נבראו מכחה. ותקרא המלכות מגדל עו"ז בהיות העוז בתוך המגדל כנודע (מזהר שלח דף קס"ד ע"ב). וכבר נודע כי שם מגדל כנוי להורות ג"כ על שמירת הדברים אשר בתוכו כדברי רז"ל שידה תיבה ומגדל. וכן נקראת מגדל דוד ובארוהו בזהר בפרשת ויגש (דף ר"ט ע"ב). ולפעמים הכתר יקרא מגדל הפורח באויר מטעם שהוא פורח וחופף על החכמה והבינה ששתיהם יחד נקראו אויר שפי' אור י' כמו שהארכנו בערך אויר בס"ד:

מגן היא המלכות ונקראת כן בהיותה יונקת מג' אבות ומשפעת לג' מחנות שראשם מ'יכא"ל ג'בריאל נ'וריאל ר"ת מג"ן. זה נראה לכאור' וכן פי' המפרשים. אמנם בזהר פ' שמות (דף ג') נראה כי מגן הוא הברית והכריח הענין מן הכתוב (תהלים פד יב) כי שמש ומגן ה' אלהי"ם:

מדון פי' בזהר פ' ויקרא (דף ט"ז) בפסוק (משלי טז

כח) איש תהפוכות יגרה מדון שהוא השפעת הדין המשולח בכל הספירות מכח איש תהפוכות כי הוא המעורר כח הדין:

מדין [כמו כהן מדין] הוא צד השמאל כמו אשת מדיינים (משלי כז טו) כן פי' בזהר פ' יתרו (דף ס"ח ע"א) ושם פי' כי כהן און וכהן מדין שניהם שוים והכל דבר א' [עג]:

מדע היא הבינה ונקרא כן בבחינתה שהיא מקור הדעת וזהו אמרם ז"ל אם אין בינה אין דעת. והמדע עצם בפועל [עד] כי הדעת מגלה מה שבמדע ומטעם זה אם אין דעת אין בינה:

מדת יום ומדת לילה הם תפארת יום, ומלכות מדת לילה. והיום והלילה לכל א' י"ב שעות זמניות ושעותם תלויות בי"ב גבולים כדפי' בארוכה בשער חמשים שערים. ויש שפי' כי נצח מדת יום, והוד מדת לילה. ואפשר הכל אחד כי המלכות אל השמאל ותפארת אל הימין כדפי' בשער השמות:

מדת הדין הקשה והרפה הם גבורה קשה ומלכות רפה. ושניהם מדות של דין כי הם שני בתי דינין שבהם דנין את העולם. ואלו נוטות לצד הדין הגבורה מטבעה. והמלכות רפה [עה] כשהיא יונקת מתוקף הגבורה. ויש שחלקו המדות לשני חלקים כתר חכמה בינה גדולה גבורה להנהיג העליונים רוחניים ולכן היא גבורה קשה לפי שיעור העליונים. וחמש טבעיות להנהיג התחתונים והם ת"ת נצח הוד יסוד מלכות. ומלכות גבורה אחרונה דין רפה להנהיג תחתונים וכמו כן גבורה היא אחרונה לחמש עליונות. ואין זה מתישב אצלינו. כי שבע ספירות כלם להנהיג עליונים ותחתונים כל א' לפי שיעורו כדפירשנו בשערים הקודמים:

מה שמו ומה שם בנו הכוונה החכמה נקרא מ"ה ות"ת ג"כ נקרא מ"ה. והטעם כי שם בן ד' במילואו יו"ד ה"א וא"ו ה"א עולה מ"ה. והרמז אל שם זה בחכמה בהיות מאירות בה י' ספירות. ולכן נכלל שמה בעשר אותיות ונקרא מ"ה והיינו מ"ה שבחכמה. והיינו מ"ה שמו וכן כשהת"ת כולל עשר ספירות כמנין י' אותיותיו אז נקרא מ"ה כחכמה עצמה וזהו ומה שם בנו. והיינו מ"ה שהוא החכמה נקרא אב. ובנו הוא הת"ת. ויש לכאורה מנגד לזה בתיקונים (בתקונא ס"ט דף ק"ו.) וז"ל ורזא דמלה הכא מה שמו וכו' מה שמו באימא עילאה דתמן חכמה ומה שם בנו באימא תתאה אשתמודע' עכ"ל. וכאשר נדקדק נמצאהו כדברינו אלה. כי כיוון לבאר מלת שמ"ו ומלת שם. והכוונה כי מ"ה הוא בחכמה ומתגלית בבינה וזהו אמרו דתמן חכמה וא"כ שמו הוא בינה כי היא שם לחכמה כמו שפירשנו בשערים הקודמים. וכן תפארת מתגלה על ידי המלכות וזה ומה שם בנו כי תדע. ר"ל ידיעת שני הדברים האלה שהם חכמה ות"ת הם בבינה ומלכות. וז"ש באימא תתאה אשתמודע פי' ידיעת הת"ת במלכות. ובזהר פ' תרומה (דף קכ"ז.) פירש ר' יהודה וז"ל דרגא תתאה דאיהו רזא דעלמא תתאה אקרי מ"ה. ותנינן אל תקרי מה אלא מאה. בגין דכל דרגין תתאין באשלמותהון הכא אינון כו' ע"כ. פי' כי מ"ה הוא כנוי אל המלכות בבחינתה התחתונה וזה רצה באמרו דרגא תתאה שהיא מלכות ובחינתה התחתונה דאיהו רזא דעלמא תתאה, פי' בסוד בחינתה התחתונה. והוצרך לכל זה להיות כי מ"ה פי' אל תקרי מה אלא מאה שהוא סוד י' פעמים י' ואם לא היה בבחינתה התחתונה לא היו כי אם תשעה פעמים י' שהם תשעים. אמנם עתה שאנו אומרים שהוא בבחינתה התחתונה נמצאת המלכות בבחינתה העליונה משלמת ג"כ המנין. עוד אמר שם. תו אמאי איקרי מ"ה אלא אע"ג דמשיכו עילאה אתמשך לא אתגליא עד דאשתלים הכא דאיהו אתר סופא דכל דרגין סופא דאמשכותא דכלא וקיימא באתגלייא ואע"ג דאתגלייא יתיר מכלא קיימא לשאלא מה חמית מה ידעת כד"א כי לא ראיתם כל תמונה עכ"ל. הוסיף לתת טעם למה לא באו בשלימות המאה כיון שהכוונה במ"ה מאה כדאמר אל תקרי מה אלא מא"ה, לזה אמר תו כו', פי' תוספות ביאור על הנדרש כי להיות המדרגה הזאת סוף כל המדרגות ולא בלבד סוף אלא סוף דסוף שהוא סוף המשך העליון שהוא בחינתה התחתונה כדפי' לעיל. וזה כוון באמרו סופא דכל דרגין. ואח"כ אמר סופא דאמשכותא דכלא, לרמוז אל בחי' אחרונה כדפי'. וקודם לזה אמר אע"ג דמשיכו עילאה וכו', פי' אע"פ שנמשך המשך והשפע כלול מלמעלה אינו משתלם לחשבון המאה עד המדרגה התחתונה כדפי' לעיל. ולפי שאינו נשלם אינו מתגלה להתראות בבחינתה עד בחינה הזאת. ונתן טעם לזה דאיהו סופא וכו', כדפי' לעיל. ואז בבחינה אחרונה קיימא לאתגליא מפני שנשלמה במנין המאה. ואע"פ שמתגלית עומדת בשאלה להראות שאין שם הבנה אפי' בבחי' הגלוי. וזה שבא ענין זה בשם מ"ה ולא מאה כאמרו מה חמית וכו'. ובזה נתיישב כוונת מ"ה שהוא מאה וחסר א' להראות שאפילו בבחינה מאה עדיין שייך שאלת מה. ע"כ פי' המאמר. ובזה יצא לנו טוב טעם ודעת למה המלכות נקראת מאה שהוא בחינתה המתגלית והיא כלולה י' ימים כדפי'. ובתיקונים (תקוני ז"ח דף כ"ח.) פי' כי המלכות

נקראת מ"ה מצד החכמה להורות על העלם המאציל הנעלם. ולכאורה משמע דפליג אהאי. ולמאי דפרשינן בשער השמות לא פליגי. דתרי גווני מ"ה איכא או מה כדפרשינן במלכות לעיל דהיינו מאה, או מה כדפי' בחכמה שפי' מילוי השם פני אדם. והיינו מ"ה שבחכמה משובח כמה וכמה פעמים. ומ"ה שבמלכות נקרא מ"ה מצד החכמה היינו מ"ה באותו מ"ה שבחכמה שפי' שם בן ד' במלוי כדפי' לעיל במה שבחכמה. ותירוץ זה מוכח התם בתיקונים דבשם מ"ה יו"ד ה"א וא"ו ה"א במלכות עסקינן:

מוח הוא בחכמה וכסוי המוח שהוא הקרקפתא הוא כתר שהוא על הראש ולכן השערות רומזים עולמות מתאצלים מהכתר. והמוח שהוא חכמה בכללות נחלק לג' חלקים שהם חכמה בינה דעת שהם ג' כחות במוח. והיינו ג' יודין. והמו"ח קר מצד מי הרחמים כי החכמה משפעת רחמים אל הבינה. ולכן המוח כנוי לפעמים אל החסד. וכבר נתבאר כי מחכמה נשפעים ל"ב נתיבות וכן מן המוח נמשכים ל"ב עורקים לפי דעת חכמי הנתוח. והכלל העולה כי בהיות החכמה כלול בתוכה ג' כחות הללו נקרא מוח והם רחמים פשוטים. ובתיקונים (תקוני ז"ח דף קכ"ז) פי' כי המוח היא החכמה כשהיא בכתר שהוא הראש וז"ל ומאי מוחא דא חכמה עילאה סתימאה בכתר דרישא דאיהו כתר עליון עכ"ל וכשנשפעי' ג' כוחות הללו בראש זעיר אפין נעשו שם מוח ג"כ כדמותו ונעשו עם המלכות וכללותם שם בן ד'. כי הדעת הוא הוא"ו והשאר מפורסמים. וכל זה פי' הרשב"י ע"ה. אמנם המקובלים האחרונים קראו לכתר מוח סתים. וכן הרשב"י ע"ה מכנה לכלם בשם מוח, באמרו דא קליפה לדא ודא מוחא לדא. והטעם כי כמו שהמוח מתכסה בראש, כן כל א' נעלמת בחברתה. וכן התחתונה קליפה לעליונה לכסות אותה ולהעלימה. ויש מי שפי' כי המוח הם נ' שערי בינה א' מג' חלקי המוח ויתישב קצת:

מוט פי' הרשב"י ע"ה בתיקונים כי ת"ת עם יסוד נקרא מו"ט. וכבר נודע כי מ"ט אותיות שבק"ש וברוך שם וכו' הם ת"ת ויסוד. ופי' בשער נ' שערים. והם ששה תיבות בכל פסוק שהם ו"ו והיינו ו' במילואה שבין מ"ט. כל זה נרמז במוט. והכלל העולה כי הוא רמז לת"ת ויסוד בהיותם כלולים מנ' שערים ושש קצוות לכל א' וא' (וע' זהר משפטים קט"ו ע"א):

מוסדי ארץ פי' בתקונים (תקונא כ"א דף מ"ה.) מוסדי ארץ צדיק וצדק. ואפשר כי מוסדי לשון יסוד וארץ מלכות:

מוסף נקרא יסוד כן פי' בתקונים (תקונא ח"י דף ל"ב: ותקונא כ"א דף מ"ד ע"ב). והטעם כי בו תלוי כל תוספת. כמו קרבן מוסף תוספת, וקבלת תוספות שבת, ותוספות נשמה. וכל העניינים האלה נקרא מוסף בסוד הקדושה הנתוספות בו דהיינו ענין היחוד שמתייחדים ע"י ת"ת ומלכות ואז יעלה ע"י למעלה והיא נקראת קדושה ואז הוא מוסיף בתוספת קדושה:

מועד בפ' ויצא (דף קסד ע"ב) פי' כי יחוד החסד והגבורה שהם שני מועדים מוע"ד הבקר ומועד הערב בקר דאברהם וערב דיצחק בהיותם כלולים אש במים ומים באש שניהם יחד נק' מוע"ד בלשון יחיד. ובתיקונים (בתקוני ז"ח דף קי"א.) פי' כי שש קצוות נקראים מועדים. אבל ג' ראשונים גדולה גבורה ת"ת נקראים מועדי ה'. וג' שניים נקראים אלה הם מועדי כדכתיב (ויקרא כג ב) אלה ה"ם מועדי שהם נצח הוד יסוד. מועדי המלכות. ונהפוך ה"ם ונמצא מ"ה שהיא המלכות. ובמקום אחר פי' כי מועדם היא הבינה וזהו אשר תקראו אותם במועדם (שם שם ד). מופלא הוא הכתר ונקרא מופלא מלשון העלם שהוא נשגב ונפלא מכל רעיון. וכל לשון הפלאה תלוי בזה:

מור במלה זו פי' הרשב"י ע"ה שני פירושי'. בר"מ (משפטים דף קי"ז) פי' בפסוק (שה"ש ג ו) מקוטרת מור ולבונה שהוא כתר. ובפסוק (שם ה ו) אריתי מורי פי' (בר"מ ויקרא דף ג' ע"ב) שהוא חסד. ונ"ל לחלק כי מקטרת מ"ר הוא חסר בלא ו' ופי' הכתר מלשון אדון כי הוא אדון לכל האצילות. ומלת מורי וכל שאר שהם מלאים הם בחסד. והכונה כי כמו שהמור הוא ראש לכל הבשמים כן החסד ראש לכל הבנין. ובתיקונים (תקונא כ"א דף מ"ד) פי' מור הוא בחסד או בנצח (ובז"ח פ' חוקת פי' מור דא אברהם):

מושיע פי' הרשב"י ע"ה בר"מ (תצא דף רע"ט.) שהת"ת נקרא מושיע מטעם כי הוא המושיע השכינה מהגלות ב"ב ולכן נקרא מושיע. ואפשר שנקרא מושיע מצד החסד ששם הישועה בכח הבינה כי משם המשכת הישועה והחירות. מושל פי' הרשב"י ע"ה כי הת"ת מצד היסוד נקרא מושל. וכן נאמר ביוסף הצדיק (בראשית מה כו) וכי הוא מושל, מצד היסוד:

מות פי' הרשב"י בזהר פ' ויצא (במדרש הנעלם דף קמ"ח.) כי היא הקליפה הנקבה המקבלת מן הזכר שהיא נקראת אשה זרה ונקראת מות:

מזבח שני מזבחות הם פנימי וחיצון. פנימי בי"נה אשר שם הזהב ושם הקטורת כי היא הקושרות כל הספירות ומאחה אותן. וחיצון נחשת היא המלכות. והטעם איתא בזהר פ' תרומה (דף קל"ט) וז"ל בספרא דשלמה ע"ה אית גו האי מזבח הנחשת דקאמרן רזין עילאין דהא מזבח אדמה כתיב מזבח אדמה תעשה לי ודא איהו רזא כדקא יאות. נחשת, כד שלטין טורין אחרנין ואיהי איצטריכא למיזן לון אצטבעא בהאי גוון למיזן לון ואינון אקרון הרי נחשת. ואינון הרי נחשת אתמשך מנייהו רוח חדא מגו האי מזבח. וכד האי מזבח אסתלק בסליקו אחרא כדין אסתליק את נו"ן דאיהי מזבח קדישא ואשתאר רוחא דאילין הרי נחשת. וכד ההוא רוחא אסתלק בקיומיה אקרי תח"ש דהא אסתלק מניה את נו"ן והאי אתפריש לכמה רוחין אחרנין ואקרון אוף הכי תח"ש. וע"ד אקרי ההוא עמא (חד) תחש כד"א ואת תחש ואת מעכה. עכ"ל, ומבואר הוא. ומ"ש ואיהי איצטריכא למיזן לון, הכוונה כי היא נותנת מזון וחיות לכל, לימין הקדושה ולסטרא דשמאלא. ולפי שאין ראוי לתת להם המזון הקדוש נותן להם משמרי היין ומהעכירות כמו הם בלחמם הטמא. ולכן נקראת היא אז נחשת להראות על ענין התחש הקרוב אליה. והנו"ן רומז אל המלכות עצמה. ונודע כי המזבח הרומז למלכות נבוב לוחות היה והיו ממלאים אותו באדמה. ואדמה נגזר מאדם שהוא בעלה. וסביב לה הקליפה של נחש"ת. ועד שלא בא שלמה המע"ה היה מזבח הנחשת מטעם שהיתה לבנה בחסרונה ולא היה הזווג אמתי כנודע. וכאשר נבנה בית המקדש של מטה נבנה ב"ה של מעלה והי' לבנה במילואה והיה המזבח מאדמה כולו להראות על לבנוניתה וכבר נפרדה ממנה קליפת התחש. והיה מלובן בסוד הלובן להראות שכבר עברו ימי לבונה ונטהרה מהדמים ועומדת לבנה בלבונה. וזה החילוק שבין מזבח אדמה למזבח נחשת. ונקרא המזבח לפעמים מזבח אלהי"ם בסוד יניקת המלכות מהגבורה. וכאשר יונקת מהקו האמצעי בעלה נקראת מזבח ה' כן פי' בזהר פ' ויקרא (דף כ"ד ע"ב). ובהיות המלכות נקראת מזבח רומז אל היותה יושבת על י"ב בקר י"ב שבטים שהם תקוני המזבח. ומזבח דאליהו יוכיח. וכן ביארו בזהר פרשת בהעלותך (דף קנ"א ע"ב עניין ב' מזבחות):

מזוזה פי' בר"מ (פנחס דף רנ"ז) וז"ל שכינתא אתקריאת מזוזה מסטרא דעמודא דאמצעיתא דאתוון דהוי"ה:

מזוזות פי' הרשב"י ע"ה בתיקונים (תקונא כ"ב דף ס"ד ע"ב) כי הם נצח והוד שהם מזוזות למלכות שנקראת בית והיינו מזוזות ביתיך:

מזון בארו בזהר פרשת תרומה (דף קס"ח ע"ב) כי החסד נקרא מזון. וז"ל על הארץ ועל המזון הא דביקותא בחסד. על הארץ דא איהו ארץ החיים ועל המזון דא איהו חסד כלילו דא בדא בדבקותא חדא עכ"ל. ופי' ארץ החיים בזה הוא המלכות, כי כן ביאר בפי' למעלה מן הענין. והכוונה כי ע"י ברכת המזון מתייחד המלכות בחסד כי כן הכוס בימין. וכן ביאר שם בפי'. ואפשר שהחסד נקרא מזון מצד שבו תלוי המזון כדפי' בערך טוב. ונקרא החסד מזון בהיותו שופע מזון למטה על דרך טוב וחסד שבארנו בערך טוב:

מזל הכתר נקרא מזל. והטעם כי הוא המשפיע ומזיל ומרביב לכל הספירות. וכמו שהמזל הוא עליון לכל האצילות. אמנם נקרא מזל מצד בחינתו המתגלה ומשפיע לכלם:

מזמור בתיבה זו פי' רשב"י ע"ה שני פי' האחד על המלכות והשני על החסד. ואפשר שהמלכות נקראת כן מצד החסד כי חוט של חסד משוך עליה וכן פי' הוא במ"א. ובזהר פ' תרומה (דף ק"מ.) מזמור דא רוחא דקודשא אמאי אקרי הכי בגין דאיהי משבחת תדיר למלכא עלאה דכלא עכ"ל. ופי' כי מזמור הוא המלכות הנקראת רוח הקדש והיא משבחת לעולם לבינה לעלות אליה ולהיות' שוה לה כדמוכח בזהר שה"ש בפסוק ראשון. ואפשר כי השבח הזה על ידי החסד:

מזרח רבו בו הפי'. יש מי שפי' בחכמה וכן פי' בזהר. ובפ' ויצא פי' שנקרא כן הבינה. ויש מקומות בזהר שפי' שהוא בתפארת. וכל זה עניינו אחד כמו שנבאר בע"ה. והמוסכם בזהר בפ' במדבר (דף ק"כ.) כי מזרח הוא בחכמה. וכבר בארנו בשער מהות והנהגה פ"ד כי מזרח הוא בחכמה ובת"ת. כי הת"ת מאיר מכח המזרח שהוא חכמה ושם הארכנו. וכן מזרח בבינה יתיישב. והטעם כי זריחת השמש שהוא הת"ת אורו הוא מצד החכמה והבינה ולכן בסוד הזריחה שהוא אור השמש המבהיק יצדק מזרח בחכמה והבינה מאחר שהם אור וזריחת החמה:

מחזה פי' בזוהר פ' לך (ד"צא.) כי המלכות לבדה בלי הצטרף שום ספי' אל הנבואה נקראת במחזה. והארכנו בערך חוזה:

מחצית השקל נודע כי עשרים גרה השקל שהוא שעור שני יודי"ן ו' תפארת באמצע. ולכן נקרא מחצית השקל להראות שהוא באמצע השני יודין שהוא שקל. וסימנך א יו"ד בראש יו"ד בסוף ו'

באמצע כן פי' הרשב"י ע"ה והעתקנו לשונו ופי' בשער י' ולא ט'. וברעיא מהימנא במ"א (תרומה דף קנ"ח.) פי' כי גם המלכות בעלותה אל התפארת בסוד וא"ו שורק נקראת מחצית השקל:

מחשבה מלת מחשבה פי' במקומות רבים. האין סוף נקרא מחשבה. וכ"ע וחכמה ובינה. ומלכות נקראת מחשבה ג"כ. וכלם פי' הרשב"י ע"ה. וז"ל בתקונים (תקונא י"ט ד"מ.) א"ל ר' אלעזר אבא והא כמה מחשבות אינון שכינתא תתאה אתקריאת מחשבה וחכמה עלאה אתקרי מחשבה כו', ולעילא מכלהו מחשבה דלית לעילא מינה והיא סתימא דכל סתימין עלאה דכל עלאין עכ"ל, הורה בפי' שהמלכות נקראת מחשבה וכן חכמה וכן כ"ע וכן א"ס. ובבינה נתבאר בר"מ (פנחס דף רכ"ט ע"ב) וז"ל ישראל עלה במחשבה הרהור חכמה לחכימא ברמיזא חכמה עלה במחשבה דאיהי בינה מחשבה והרהור כלא חד. חכמה דלא אשתמודע אלא בבינה ובינה בל"ב ובג"ד מחשבה בל"ב הרהור בלב עכ"ל. הנה בפי' אמר כי הרהור שאינו כ"כ כמו מחשבה נרמז בחכמה ומחשבה נרמזת בבינה שהוא יותר מתגלה מהרהור. ועתה נבאר הטעם לאלו הכנויים. ור' משה פי' בספר השם כי מחשבה בכ"ע ובחכמה וז"ל בכ"ע מחשבה אבל לא השגה כלל מצדה ומחשבה קודמת לכל חכמה ובינה בהכרח ואין לחשוב בה כלל. וגם החכמה תקרא מחשבה כי אינה מושגת כי אם במחשבה ע"כ בכתר ובחכמה מחשבה שבו תחלת המחשבה והתבוננות אבל במיעוט. ועל שתיהן נאמר (תהלים צב) מאד עמקו מחשבותיך שע"י שחושבים בחכמה יבא לחשוב בכ"ע ע"י אומד עכ"ל. והנ"ל כבר בארנו בשער אבי"ע מענין המדרגות זו למעלה מזו כן הדבר בענין המחשבה כי המלכות בערך התחתונים אשר למטה ממנה נקראת מחשבה כי היא דקה תכלית הדקות כמו המחשבה הדקה ולפי זה מכ"ש שיצדק מחשבה לכל האצילות בכללו כמו שקראו המפרשים לכל האצילות נקודה מחשביית להראות על הדקות. ואין בגשם יותר רק מהמחשבה להמשילו. בזולת שיחסהו נקודה מחשביית מפני שאין לה קצוות כלל. ולכן יצדק אמרנו בבינה מחשבה כלומר כי היא בערך השבע ספירות שלמטה ממנה מחשבה. והספי' התחתוני' הם פועל מתגלה בערכה שהיא המחשבה הדקה. והבנין הוא הבנין המתגלה בעצם בערך הבינה הנעלמת. וכן הבינה היא מגלה החכמה לכן נקרא מחשבה גסה והחכמה מחשבה דקה. וכ"ע דקה משניהם כי זו דקה מזו וזו דקה מזו. וכל האצי' נקרא פועל בעצם אל המחשבה הרוחנית המאציל מלך מלכי המלכים. ולעמוד היטב על תוכן הענין הזה צריך לעיין בשער אבי"ע. ובזולת זה פירשתי ענין גדול בשער השמות:

מחשוף הלבן פי' ה"ר משה כי הכתר עליון נקרא כן מטעם שממנו מתגלה הלבן ומצהיל לכל הפנים. ובזהר פרשה ויצא (דף קס"א ע"ב) פי' כי הת"ת בהיותו מגביר צד החסד על הדין נקרא מחשו"ף הלבן. פי' מגלה הלבנינות ומגבירו על הדין:

מטה היא המלכות ונקראת מט"ה במציאותה למטה במקומה. ונקראת כן מפני שעליה הוא תשמיש איש ואשתו תפארת ומלכות במציאות המתייחדת עם בעלה. והמטה הוא המציאות הנשאר במקומה ועליה ארז"ל (ברכות ד"ה ע"ב) הנותן מטתו בין צפון לדרום שהם החסד וגבורה שע"י הוא הזווג, כדפי' בשערים הקודמים. והנה למטה הזאת שהיא לשלמה המלך שהשלום שלו יש לה ששים גבורים שהן שתין פולסי דנורא שהם מכח הגבורה והם לשמור המטה שלא יקרב אליה פסול ח"ו. והם מגבורי ישראל, הם שם מכח ישראל תפארת, שלמה מצד הגבורה (ע' אחרי דף ס' ע"א):

מטה כלפי חסד הת"ת נקרא כן מטעם כי הוא ו' כלול משש קצוות ואז נקרא מטה. ולהיות כי דרכו להכריע כלפי הרחמים והחסד נקרא מטה כלפי חסד. ולפעמים נקרא מטה כלפי הדין כפי מעשה בני אדם אם טוב ואם רע ח"ו. ובתקונים (בתקוני ז"ח דף קי"ב ע"ב) פי' כי הבינה נקרא מטה האלהים מצד הגבורה ופי' מטה הוא מ"ט שערים וה' היא ה' ראשונה שבשם הוא שער הרחמים ונקרא אלהי"ם מצד נטיית' אל הדין. נמצאנו אומרים כי בהיותה כליל' מנ' יום ונוטה אל הדין נקרא מטה האלהים:

מטרה פי' בתקונים (תקונא י"ג דף כ"ח.) כי המלכות נקרא מטרה שהיא מוכנת כמטרה לחץ דהיינו היסוד הזרע היורה כחץ. ופי' עוד שם שהיא נקראת מטרה בסוד בת עין שהיא מציאות היו"ד. ואפשר שהוא ג"כ לשון נוטרה לשון שמירה. מפני שהיא סוגרה ומסוגרת בסוד י' בתוך ה':

מטרוניתא הבריאה, היא הכסא שפי' בשער אבי"ע, ונקרא מטרוניתא כי היא שומרת הגן. ולפעמים המלכות דאצילות נקרא ג"כ מטרוניתא שפי' גיברת, והבריאה אמה שפחה. והארכנו בשער אבי"ע:

מטטרו"ן פי' ר' משה בספר השם כי המלכות נקרא מטטרו"ן ובפי רוב המפרשים כן. ול"נ כי השכינה נקרא מיטטרון ביו"ד דוקא ואז מורה על העלם

השכינה בקן צפור כדפי' בשער אבי"ע ומטטרו"ן בלא יו"ד הוא המלאך שליח השכינה כמו שג"כ נקרא נער. ומה שאמרו ששמו כשם רבו הכונה שעולה שד"י ועוד פי' שיש לו שבעים שמות כמו שיש ע' שמות להקב"ה. ובאו מבוארים בקבלה מעשיית במקומות רבים ואין רצוננו להעתיקם שאין בידיעתם תועלת אל העיונים. ומה שאמר הכתוב (שמות כג כא) כי שמי בקרבו הכונה על השכינה הנעלמת בתוכו כענין מיטטרו"ן:

מי פי' הרשב"י ע"ה בזהר (בראשית ד"א ע"ב) כי שם זה בבינה ומורה על שהיא נעלמת שצודק בה לשון שאלה מי היא וכו' ונקראת מ"י בהיותה כלולה מז' שמיטות בכללות שנת היובל העולה כמנין מ"י. ואל היותר בכנוי זה פי' בשער השמות. ור' משה פי' שלשון מ"י נגזר מלשון מים. ואפשר שכוונתו מי בצירי עם היות תחלת דברו מי בחירק:

מים לפי דעת הרשב"י ע"ה המים הם בחסד. אמנם הם בצד המתקרב אל הגבורה הוא מים ובארו הענין הזה בזהר פ' תרומה (דף קס"ז.) בענין או"ר מי"ם רקי"ע. ולזה נמצא שנזכרו המים ביום שני. ובענין מי"ם עליונים ומי"ם תחתונים רבו בו הפי'. יש מי שפי' כי חסד מי"ם תחתונים וחכמה מים עליונים והרקיע המבדיל ביניהם היא הבינה. כן פי' ר' משה בערך מ"י בספירות בינה. וז"ל מן הבינה תוצאות מי"ם התחתונים הוא. ועליונים הם מים העליונים התלוים במאמר. והיא הרקיע המבדיל בין מים למים חכמה וחסד והפסוק מורה על זה כדרך המאמרות היא הטפה שהוגלדה והם המים אשר מעל השמים. ואמרו רז"ל מים עליונים זכרים מים תחתונים נקבות. ורוב המקובלים אמרו כי ה' ספירות הראשונות הם מים העליונים וה' תחתונים הם מים תחתונים. על דרך זה תפארת נצח הוד יסוד מלכות. ואינו מתישב יפה מכמה טעמים. והמדקדק בעומק הקבלה יבין מעצמו והרי הם שבעתים מכלל הבנין. ועניי כבוד הם המים התחתונים המתגברות ופותחות פיהם לקבל המים העליונים והם נקובות ככברה להריק על הארץ. ויש מי שאומר כי המלכות לבד היא המים התחתונים. ואין נראה כן כי אמר שארבעה חלקים הם זכרים והחמישי נקבה וכלל המים הם שבעה בפ' בראשית וה' פעמים מים בפ' יהי רקיע עכ"ל של ר' משה במקום הנזכר. ולהוציא לאור הענין הנזכר רצוננו לבאר כל הדברים האלה. ה' פעמים מים הם גדולה גבורה ת"ת נצח הוד ה' אנפי הגדולה ולכן נקראו מים על שמה. ובחמשה נכלל כל הבנין כי יסוד ומלכות נכללים עם הת"ת. ויש אומרים ז' פעמים מים עוד ב' פעמים הנזכר אח"כ בפרשה והוא התפשטות הת"ת שהוא היסוד והמלכות ומשלימים המנין. ואמנם מים שעל הרקיע ומים שתחת הרקיע הוא ענין אחר והיינו דברי ר' עקיבא לתלמידיו כשתגיעו אצל אבני שיש וכו' והמאמר הזה פי' אותו הרשב"י ע"ה בתיקונין (תקונא מ' ד"עח) וז"ל קם סבא דסבין עתיקא דעתיקין ואמר ר' ר' מאי ניהו דאמר ר' עקיבא לתלמידיו כשתגיעו לאבני שיש טהור אל תאמרו מים מים שמא תסכנו בעצמכם הה"ד דובר שקרים לא יכון לנגד עיני והא כתיב יהיה רקיע בתוך המים ויהי מבדיל בין מים למים. ועוד מים עליונים ומים תחתונים אית תמן למה אמר אל תאמרו מים מים. א"ל בוצינא קדישא סבא דסבין לך יאות לגלאה רזא דא דלית חברייא יכלין לקיימא ביה על בורייה. א"ל סבא דסבין ר' ר' בוצינא קדישא בודאי אבני שיש טהור אינון י' י' דאינון חד י' עלאה מן א ותניינא י' תתאה מן א והכא לית טומאה אלא אבני שיש טהור ולית הפרשה בין מים למים דכלא יחודא חדא דאלין אינון מסטרא דאלנא דחיי דאיהו ו' באמצעיתא דא דאתמר ביה ולקח גם מעץ החיים וגו' אבל אילנא דעץ הדעת וכו' עכ"ל לענייננו. ופי' כי ביאור דברי ר' עקיבא הוא שלא יאמרו שני מיני מים הם שאינו אמת ונמצאו מפרידים. וזהו אל תאמרו מי"ם מי"ם, עניינו שלא יאמרו שני מיני מים שמא יסכנו מפני עון הפירוד. ולזה שאל הזקן שתי שאלות שהם אמת והא כתיב יהי רקיע בתוך המים ויהי מבדיל וכו', הרי שהם שתי מיני מים ובהם הבדלה כנראה שמותר לומר שני מיני מים. כי קשה מזו אמרה תורה ויהי מבדיל בין מים למים הבדלה ממש. עוד הקשה הזקן כי לפי האמת יש שני מינים, מים שעל השמים ומים שתחת השמים. וא"כ למה אמר אל תאמרו מי"ם מי"ם שלא תסכנו וכו', אדרבא מותר לומר שני מיני מים דלא גרע מלישנא דקרא. ועוד המציאיות עצמו כדפי'. והרשב"י ע"ה לא רצה לבאר הענין כדי שישמעו החברים הדברים מפי זקן הנעלם. ופי' הזקן אבני שיש אינון יו"ד יו"ד, ענינו כמו שפירש בשער המציאיות בענין יו"ד בראש יו"ד בסוף בסוד אני ראשון ואני אחרון. כי היו"ד ראשונה הוא בחכמה והיו"ד שניה היא במלכות בבחינת החכמה בסוד אור המתהפך ממטה למעלה. ויו"ד של מעל' הוא יו"ד של שם בן ד'. ויו"ד תחתונה הוא יו"ד של אדנ"י הבא ממטה למעלה. ואלו הם מים נקבות. ואלו הם מים זכרים. ונקראים נקבות שהיא מקבלת מלמטה ממעשה המצות. וע"י משפיע כלפי מעלה ומאיר האור ומלביש האור הבא כענין היכל והאור

הבא הוא מלך בהיכלו. ואלו הם מפתחות פנימיים ומפתחות חיצוניים. שהפנימי האור הבא הוי"ה ודאי שהוא אור הבא דרך קו הישר. והחצוני הוא מלבו' בסוד אור החוזר. וזהו ענין הנאמר בספיר' ממטה למעלה וממעלה למטה כמו שבארנו בשער ממטה למעלה. וזהו י' על הא' וי' למטה. וזהו סוד יאהדונה"י שהוא י' בראש וי' בסוף כמבואר בשער הנזכר בארוכ'. ואלו הם שני יודי"ן הנקרא אבני שיש טהור. ונקרא אבני, פירו' כל י' נקרא אבן מטעם כי היא מגולגלת כאבן. ונקרא שיש, מפני שהשיש הוא לבן והלבן מורה רחמים כעין המים. ולהיות שני יודין האלה רחמים כמו שהם מים בסוד מי החסד כינה אותם בשם שיש כיון שהוכרח לקראם בשם אבן כדפי'. עוד נוכל לומר ע"ד הצרוף כי החכמ' נקרא יש. וחכמה תתאה בהפך נקרא ש"י. נמצאו הרכבת שניהם שיש ר"ל י' חכמ' היא המקור וש"ן הוא האצילות בענפיו דהיינו ג' אבות וג' נצחים ומלכות שהיא כללות. וכללות הוא הבינה ויו"ד בראש שהוא המקור שממנה נאצלו שתים אלה. ומלכות נקרא ש"י בסוד אור המתהפך. וכאשר יורכבו שתי מלות אלה המורות על שתי האורות יקרא ש"י י"ש ושתי יודין יתיחדו ויהי' שי"ש. וטעם אמרו טהור מפני שיש כמה מיני מים והאחד מהם מי נדה. ולכן נאמר בהם הבדלה ופרוד כמו שנבאר בע"ה. ואלו המים שלש שיש הם טהור כלם טהרה ואצילות. י' י' דאינון חד י' עלאה מן א וכו', כבר פי' לעיל כי בשם יאהדונה"י נכללים חכמה בראש וחכמ' בסוף וששה אותיות באמצע רמז אל וא"ו ת"ת בשש קצותיו. ועל היותו נתון באמצע שניהם הם מתיחדים. פי' כי על ידו יכולה הבת לעלות אל בית אביה כנעוריה. ומפני זה אמר אל תאמרו ששני האבנים האלה הם נפרדים ונבדלים זו מזו ח"ו. שאינו אמת. אלא אדרבא הרקיע הנתון באמצע שניהם שהוא ת"ת הוא המייחדם ועל ידו יתחברו כי אין הבדלה אלא במקום הטומא' כדכתיב להבדיל בין הטמא ובין הטהור. אמנם במקום הטהור שהם אבני שיש טהור אל תאמרו מים מים. וזהו מאמר הזקן והכא לית טומאה כו' דאלין אינון מסטרא דחיי וכו', המים האלה הם באצילות ולפיכך אין בהן הבדלה ועליהם נאמר המים שעל השמים ומים שתחת השמים ושמים הוא"ו הנתון ביניהם ואדרבה הרקיע שהוא וא"ו מייחדם. ובזה ניתרצה הקושיא אחת שהקשה. והקושיא השנית שהיא שאמר הכתוב ויהי מבדיל. זה נאמר בצד הגבור' בין צד הטהור ובין צד הטמא בין הזהב הטהור ובין סוגי הזהב ושם נזכר הבדלה בין מים טהורים זכים וברים, ובין מים טמאים עכורים מי המרים המאררים. וזה כוון באמרו אבל אילנא דעץ הדעת טוב ורע שהוא המקום שבו טוב קדושה, ורע טומא' כאמרם ז"ל במקום אחר טוב דא מטטרו"ן, ורע דא סמאל שם הוא הבדל' בין מים למים. ע"כ ביאור המאמר ונתבארו מתוכו ענין מים עליונים ומים תחתונים:

מים העליונים פי' ר' משה כי חסד הם מים עליונים ואע"פ שיש עליונים מהם והם מימי החכמה וכבר פי' למעלה בזה. עוד אמר כי החסד נקרא מים מרוח ואמר הוא כי כן כתב בס"י. אמנם פירשתי המשנה ההיא בשער אם הא"ס הוא הכתר. עוד אמר כי החסד נקרא מים קדושים והם מים טהורים מצד החסד והם מים חיים. ובצד החיצון בקליפה מים טמאים מים זדונים מים רעים מי המרים המאררים מי המבול. והיא ההבדל' שנאמ' במים ויהי מבדיל בין מים למים והם דם טוהר ודם נדה כדפי' לעיל. עוד אמר שנק' החסד מים זכים מפני שהם נגד מים עכורים ע"ד שפי'. עוד החסד נקרא מים רבים מפני שיש מים מועטים והם מימי נצח שהוא חסד קטן בערך חסד. וכן המים של החסד הם מים מרובים ומימי הנצח הם מים מועטים. וגם נוכל לומר שנקראו מים מועטים החסדים התחתונים הנקראים חסדי דוד כדפי' בערכו. ור' משה פי' כי מים מועטים הם בגבורה ואפשר בצד החסד שבו. ובזהר פ' טהרת מצורע (דף נ"ד ע"ב) פי' כי הבינה נק' ג"כ מים רבים והטעם כי היא נהר שאינו פוסק מימיו. וז"ל ד"א מים רבים דא הוא נהר עילאה דמני' נפקין נהורין לכל עיבר וכלהו נגדין ואתמשכן מיניה עכ"ל הרי בפי' שהבינ' נקראת מים רבים בסוד בחינת' שהיא משפעת מימי הרחמים לכל המקורות. עוד פי' בזהר פ' תרומה (דף קע"א.) כי מי מנוחות הוא שפע הנשפע מן הבינה. עוד אמר ר' משה שחסד נקרא מי כיור והטעם מים הבאים מן הכיור העליון לקדש מהם אהרן ובניו כהני ה' ידיהם ורגליהם לקיום העולמות. והכונה שהם מים נמשכים ממים עליונים שרש החסד שהיא חכמ' ואין זה הכיור כמו שביארנו בערכו. ועם כל זה מי הכיור יהי' כפירושו. עוד אמר שהבינה נקראת מים נאמנים ולא פי' בו טעם ואפשר שנקרא כן מטעם שהוא נהר דלא פסקין מימוי ולפיכך הוא מקור נאמן שאינו פוסק:

מילה היסוד נקרא מילה וכן מוסכם בפי כל המפרשים אמנם לא יקרא מילה אלא בקבלתו מתוקף הגבורה בהתעוררות היין המשמח. וכן בשם אלהים מיל"ה בתוספות א' כמו שבארנו הענין הזה בשער השמות בפ"ד. ואין תימה על הענין הזה

כי עיקר ההתעוררות לאבד הקליפות הוא מצד הגבורה. וזה שאנו מתפללים יבושו ויחתו מגבורתם שאע"פ שכח הקליפות ויניקתם הוא מהגבורה עם כל זה יבושו ויחתו והמחיתה תהי' מצד גבורתם שהיא הגבורה שהיא המשפעת בהם שבה ביעור הקליפות. וזהו אין ביעור חמץ אלא שרפה. ועם היות שדעת חכמים אף מפרר וזורה לרוח דהיינו בכח התפארת. או מטיל לים, בכח החסד. עם כל זה אליבא דכ"ע שרפה עדיפא שהוא כליון חרוץ והאצילים כרות יכרתון. ולכן המילה שהיא העברת הקליפות הוא ע"י הגבורה:

מכון פי' ר' משה במלה זו שני פי'. הא' בבינה וז"ל מכון לכל העולמים כי כל העולמים מכון וכסא לשבתו והוא יושב על כלם והוא מכונם וזיום ומחברם עכ"ל ואין אצלינו אלה הדברים עקר. ונ"ל כי המלכות נק' מכון מפני שהיא מכון לכל האצילות והיא משכינו למטה. וכן בינה מכון לג' ראשונות ומשכינם למטה על שבעה בניה כמו שנבאר בערך שכינה:

מכוסה נק' כ"ע מטע' שהוא מופלא ומכוסה ואין בו תפיס' כלל מפני שהוא אי"ן. ונוכל לומר שנקרא מכוסה כאשר נעלם תכלית ההעלם בעוד שלא נתפשט למטה:

מכפלה פי' בזוהר פ' חיי (דף קכ"ט.) כי המלכות נקר' מכפלה בערך שהיא כפולה. בחינתה עם הספירות ובחינתה עם המרכבות והעולמו' אשר תחתיה נמצאת כפולה. עוד פי' שם כי היא כפולה כי אין אות כפולה בשם כי אם היא שהיא אות ה' אחרונה ונמצאת לפי זה תקרא מכפלה במציאות הה"א המיוחדת עם הה"א העליונה להיותה כפול'. ונ"ל כי גם הבינה תקרא מכפלה כי גם היא כפולה כי הכל א':

מכריע ראשון ושני. קראו כן המפרשים לת"ת וצדיק. וכבר הארכנו בזה כל הצורך בשער המכריעים:

מכתם פי' הרשב"י ע"ה בר"מ (פנחס דף רכ"ג ע"ב) כי מלה זו נחלקת לשנים מ"ך ת"ם מך הוא צדיק וכן נק' עני. ותם הוא הת"ת ובהיות' מיוחדים נקראים מכתם. וגוף ברית חשבינן חד:

מלא בפסוק לה' הארץ ומלואה פי' בזוהר פ' נח (דף ס"ז) השכינה שהיא ארץ עליונה. והמלוי שלה הם נשמות של הצדיקים. ובכל מקום מלוי השכינה הוא השפע והאור העליון הבא מן ת"ת אל המלכות והם הם נשמות הצדיקים:

מלאך המלכות נקראת מלאך בהיותה עושה שתי שליחות ומפני כך נקרא' מלאך פי' שהיא עושה שליחות' ע"י מטטרו"ן או סנדלפון. ולפעמים תקרא בשם לווי מלאך ה' והטעם בהיות' עושה שליחות בעלה בפרטות. וזהו ה' בעלה ת"ת. או ירצה כאשר בעלה ג"כ עמה בסיוע ההוא והכל א'. ונקראת מלאך הגואל בהיות שליחותה לגאול מצרה. ולכן קראה יעקב המלאך הגואל מפני שמעולם גאל אותו מכל צרה. ונקראת מלאך הברית בהיותה משכרת על הברית או בהיותה חרב נוקמ' נקם ברית ונקראת מלאך פניו בהיות' משמשת את פני המשלח כי לפעמים יהי' שליחותה בהסתר פנים עליונים ופעמים בהיותה מאיר את פניה הפנים העליונים המאירים. ולפעמים נקראת מלאך האלהים בהיותה משגחת לדין. וזהו ביציאת מצרים ויסע מלאך האלהים. מפני שהיתה פעולתה האבד למצריים בכח הדין. ולא תקרא מלאך בעת הפעולה [אלא מקודם שפועלת כדאיתא בזוהר בלק (דף קפ"ז ע"א) וז"ל אלא כד איהי שליחא] מלעילא וקבילת זהרא מגו אספקלריא דלעילא דכדין מברכין לה אבא ואימא להאי אמרי לה ברתי זילי נטורי ביתיך פקידי לביתך הכי עבידי לביתך הכי זילי וזני לון. זילי דההוא עלמא דלתתא מחכאן לך בני ביתך מחכאן מזונא ממך הא לך כל מה דתצטרכי למיהב לון כדין איהי מלאך ואי תימא והא בכמה דוכתין אקרי מלאך ולא אתי למיזן עלמין. ועוד דבשמא דא לא זן עלמין אלא בשמא דיי' הכי הוא ודאי כד שליח מגו אבא ואימא אקרי מלאך וכיון דשארי על דוכתיה על תרין כרובי' ה' שמיה עכ"ל והנה מבואר שאינה נקרא בשם מלאך אלא בעת בואה קודם התחלת הפעולה דהיינו ישיבתה על הכרובים לפעול:

מלאכה פי' בזוהר פ' וישלח (דף קע"ב.) כי המלכות נקראת מלאכה מפני שעל ידה נעשה כל מלאכת העולם הזה ונקראת כן בבחינתה הפועלת בעולם. וכן פי' בתיקונים (בהקדמה דף מ"ב.) בפסוק ואמלא אותו וגו' ובכל מלאכה דא ה' עכ"ל:

ופי' עוד (שם דף י"ג.) שהיא נקראת מלאכה מלשון ותכל כל עבודת משכן וגו' שהיא לשון שלימות. וכן ע"י המלכות כל העליונים שלימים כי היא המשלמת הבנין. וה' המשלמת היא ה' רביעית לאותיות יהו"ה הוא שלימות הכל:

מלוכה פי' בזהר פ' ויקרא (דף ז' ע"ב) וז"ל והיתה לה' המלוכה מאי מלוכ' דא כ"י דמלכא בה אתקשר עכ"ל ומבואר כי השכינה נקרא מלוכה בהיותה מתייחדת במלך שהוא הת"ת כמבואר:

מלון היא השכינה וכן ביאר הרשב"י ע"ה בתיקונים (בהקדמה דף א' ע"ב) ונקראת כן מפני שהיא מלון ואכסניא להקב"ה ת"ת. ונקראת כן בעת שאינה

מתייחדת עמו בעצמות אלא אכסניא והיינו מלון לינה א'. ובמ"א (בתקוני ז"ח דף קי"ח ע"א) פי' כי היא נקראת מלון אורחים בסוד היסוד האורח המתאכסן אצלה ע"ש:

מלח כפי הנראה מתוך דברי הזוהר בפי' ויחי (דף רמ"א ע"ב) כי מלח הוא יסוד כי הוא הנותן טעם בתבשיל ואם לא מפני שפעו ומלחו אין אדם יכול לעמוד מפני מרירות הדין שבמלכות ועל שמו נקרא המלכות ים המלח שיונק' מברית [מלח כדפי' בערך ים המלח]:

מלך בשם זה רבו הפי'. ומתוך דברי הרשב"י ע"ה ברוב המקומות נראה כי מלך סתם הוא הת"ת. אמנם לא יקרא מלך אלא בעמדו על המלכות וכן ביאר הרשב"י ע"ה בר"מ (תצא דף רע"ו) וז"ל לאו אתקרי תמן מלך עד דרכיב בסוסיא דיליה כנסת ישראל. קב"ה כד איהו לבר מאתריה לאו איהו מלך וכד אתחזר לאתריה והי' ה' למלך וגו' והכי ישראל אתמר בהון כל ישראל בני מלכים. כגוונא דאבא אינון בנוי לאו אינון בני מלכים עד דיתובון לארעא דישראל עכ"ל הרי מבואר שלא נקרא מלך אלא בהיותו על המלכות. וזהו דווקא במדת מלך סתם. אמנם כאשר יתלווה אליו מלה אחרת אז יהי' באופן אחר לפי הלווי. וכן ביאר הרשב"י ע"ה במ"א בר"מ (בהר דף ק"ט.) וז"ל ובכל אתר המלך סתם דא קב"ה. ופי' הת"ת כדמוכח התם. ובזוהר פרשת תרומה (דף קכ"ז ע"ב) בפסו' אפריון עשה לו המלך שלמה וגו' פי' כי מלך סתם היא המלכות שהוא מלך המשיח כמו שנבאר בודאי פליגא על דא. אם לא שנאמר כי כמו שהוא נק' מלך סתם כן היא על שמו נקרא מלך סתם וזה דוחק. ויש מל"ך שלמ"ה ובו ג' פרושים אחת בת"ת ונק' מלך שהשלום שהוא יסוד הוא שלו כנודע כן פי' בפרשת תרומה שם. ועוד פי' בשיר השירים כי מלך שלמה הוא בבינה שהשלום שהוא הת"ת הוא שלו כנודע. ובסבא (דמשפטים דף ק.) פי' כי מלך שלמה הוא חכמה והשלום שהוא הת"ת הוא שלו בסוד שנק' בן ישי בן י"ש י' שהיא חכמה כדפירשנו בערכו וע' פנים לתורה. ולכולהו פי' לא תקרא מלך שלמה אלא בסוד השפעתה בשלימות ובהיות הת"ת או היסוד עמה תתייחס בשם שלמה שהוא ההכרעה כמבואר בערך שלמים. ויש המלך הגדול והוא הבינה כשמשפיע בחסד. ולפעמים תקרא הבינה המלך הקדוש. ופי' רבי משה שנקרא כן מצד הת"ת שנקרא קדוש. ואפשר שנקרא קדוש מצד הגבורה כי גם מצדה הקדושה כמו שנבאר בערכו וכמו שבארנו בערך יב"ק. וכן הענין הזה בסוד הדין הוא נקרא המלך הקדוש וכבר אפשר שיקרא הת"ת מלך הקדוש ומלך טהור. א' מצד הגדולה וא' מצד הגבורה שמצדה הקדושה והטהרה כמו שבארנו בערך טהרה. ומלך גדול מצד הגדול". וכדי שנוכל להבחין אימת יהי' המלך בת"ת או בבינה והיה כאשר בראש המלה ובראש השם תתלווה ה' הידיעה כמו המלך הקדוש המלך המשפט כי שניהם בבינה בהיותם שוכנות בת"ת. אז ה' הידיעה עד נאמן שהכנוי הזה בבינה כדפי' בערך ה'. אבל בלא ה' אז יהי' בת"ת וזה הכלל נראה אצלינו עיקר. עוד נשפוט הלווי לפי עניינו בפני עצמו. ומלת מלך לפי שפיטתו בה' הידיעה בא' משני מקומות הנזכר (ובזוהר פרשת ויצא (דף קנ"א) כי הבינה נקראת אלף רבתי והבינה קרית מלך רב הכריח כפי' הראשון. ואפשר שיקרא כן מצד החכמה ששם ענין רבות, כי הגדולה גדול בחכמה ר"ב. ואפשר מצד הגדולה). ובתיקונים (בתקוני ז"ח דף קכ"ז) החכמה נקרא מלך רב והבינה קרית מלך רב הכריע כפירוש הראשון בענין רב. עוד מלך העולם ורמז זה בבינה ודאי. והטעם כי הוא מלך העולם שהוא רמז אל ההקף ואין זה מתייחס אלא בבינה, ובהיותה מלך על כל העולם שהוא רמז אל ששת ימי בראשית שאז משפעת בהם כמו שהמלך זן ומפרנס לכל עבדיו. ור' משה פי' בתפארת ואינון מתיישב והוא הפך דעת הזהר. עוד יש מלך מלכי המלכים ורבי משה פי' מלך בינה. מלכי שהם ג' אבות שהם מלכי על המלכים שהם ג' ענפים הנמשכים מהם זו היא כוונתו בקיצור. והיותר מתיישב אצלינו. כי מלך הוא כ"ע והוא מלך המולך על מלכי שהם שני מלכים חכמה ובינ' שהם מלכים המולכים על שבע' מלכים שהם שבע' ימי הבנין. ונמצא בג' מלות אלה כלול כל העשר. ולפי דרכנו בחיבור הזה בהזכירנו א"ס אנו אומרים אח"כ מלך מלכי המלכים, ליחדו בעשר ספירותיו ולהמליכו בהם. עוד יש מלך נורא הוא התפארת והוא עצמו נקרא נורא כמו שיתבאר בערכו. עוד יש מלך שלם והיא הבינה כ"פ בזוהר פרשת לך (דף פ"ז ע"א) ואפשר שנקראת כן בעת שהיא שולטת על התפארת שהוא השלם. עוד פי' שם כי המלכות נקראת מלך שלם בהיותה מתיחדת עם התפארת שאז היא שלימה. עוד פי' בזוהר פרשת ויחי (דף רל"ח.) כי המלכות בערך בחינת' שאין לה אלא מה שמקבלת מהת"ת נקראת היא מלך המשיח. ואפשר לפרש מלך שאין לה אלא משיחת השמן העליון:

מלכות המדה העשירית נקראת המלכות. והטעם כי היא מלכותו של מלך. ושם מלכות כולל כל פמליא

של מעלה. כי כמה פנים לפנים הנוראים. וכמה אחוריים לאחוריים דלאו נראין ובהיות הכל כלול נקרא מלכות. כי שם זה כולל כל המלכות קטנים וגדולים. אמנם בהיות המד' הזאת ובתולות אחריה רעותי' מתייחדות במלך התפארת. אז נק' מלכות שמים ושמים הוא הת"ת כמבואר בערכו. ובהיותה נכללת ביחוד בעלה עם כל מה שלמעל' אז נקראת מלכות שמים שלימ' המור' על שלימות' ולא על פרצות'. שהיא מצה שלימ' לא פרוס'. ולפעמים נק' מלכות בית דוד. והטעם כי כל מלכות בית דוד תלוים בה וכן יש לה כ"ח עתים כמנין מלכי בית דוד. וכמו שיש מלכות שמים כן יש מל' זדון הרשע' שתעקר ב"ב וזהו היא לילית הרשע' ופמליא שלה כמו שנבאר בשער התמורות ושער היכלי התמורות:

מלכי צדק בארו בזוהר (בלק דף קצ"ג ע"ב) שהיא המלכות וז"ל אתה כהן לעולם כו' מאן על דברתי מלכי צדק, אלא כהן עלאה דא איהו דקיימא על דבר בגין דההוא דבר לא קיימא אלא בימינא. וההוא דבר מאן איהו, מלכי צדק כך שמיה עכ"ל:

מלפני ה' פי' בזהר פרשת תרומה (קע"א.) כי מלפני הוא הבינ' שהוא על הת"ת ושם פי' ג"כ בנצח והוד וצ"ע שם:

(וע"ש בד"א) ממלכת כהנים פי' הרשב"י ע"ה בזוהר פרשת צו (דף ל"ד ע"ב) כי כשמתייחדת מלכות עם הת"ת ומתעלת על ידי החסד המשפיע ע"י הכהנים. נקראת ממלכת כהנים:

מנוחה פי' ר' משה כי יסוד הוא מנוחה מטעם כי הוא לשון נופש ומנוחה כי הוא נח בביתו. או מלשון ירידה כי תרגום וירד ונחת כי הוא יורד למלכות. ונראה לי כי הבינ' נקרא מנוחה מטעם וישבות ותרגומו ונח. מנוחת הדברים בסוד היובל הגדול ושם מנוחת הגילגול בשמיטות כלם. והיא נקראת שבת הגדול כאשר יתבאר בערכו:

מנורה היא השכינ' בהיות' מנהרת בסוד שבעת הנרות בהיותן ז' ספירות עליונות מוצקות לשבע נרות שבה ויש מנור' עליונ' והם שבע הספי' עצמן. והמורגל היא השכינ' ונקראת כן בקבלת' מן החכמ' ע"י החסד. והוא פירוש מנו' בדרום והרוצ' להחכים ידרים כן פי' בתיקונים (בהקדמה דף י"ב ע"ב) עוד שם במ"א (בדף י"ג ע"ב) כי מטטרו"ן הוא מנור' פי' כלי המנור'. הפתיל' היא השכינ' השמן הוא שפע היסוד. האור הוא הת"ת:

מנחה פי' הרשב"י ע"ה בר"מ (פנחס דף רמ"ז) שהיא המלכות. כאשר היא בין שתי הזרועות אז נקראת מנחה חדשה. אמנם תפלת המנח' היא מצד הגבור' כדפירשו רז"ל יצחק תקן תפלת המנחה:

מסגרת לעמת המסגרת תהיינ' וכו' פי' הרשב"י ע"ה בזהר בראשית (דף ל"א ע"א) שהוא בינה עלמא דאתי ע"ש:

מספר הימים פי' הרשב"י ע"ה בתיקונים (תקונא מ"ט דף פ"ג ע"ב) כי המלכות נקראת מספר הימים והטעם כי היא חשבון ומספר לימים עליונים ופי' כי הימים העליונים מתגלים על ידי המדה הזאת והיא המגלה אותם. כמו החשבון שהוא הגבלת הדבר הנמנה ומצד הגבול והחשבון מתגלה:

מעון פי' רבי משה כי החסד נקרא מעון. מפני שנאצלת מחכמה עליונה הנק' מעונה שנאמר (דברים לג) מעונה אלהי קדם. ולשון קדם מורה על החכמה. ואמר שלפעמים נקרא ג"כ החכמה מעון. ואמר שג"כ המלכות נקראת מעון שהוא מעון לעליונים ולתחתונים. ויש שפי' בכתר:

מעיין במלה זו רבו הפי' בין בדברי המפרשים בין בדברי הרשב"י. וזה ישוב הדברים על מתכונתם. הבינה נקרא מעיין גנים. והגנים הם הספי' אשר תחתיה ובתוך המעיין מקור שבו יוצאים המים והיא החכמה שממנה יוצאים מים אל הבינה והבינה משפעת למטה. והכתר נקרא מעיין חתום לפי שהוא נקודה פנימי שממנו ואילך מוצא המים. פי' הוא הויות המים ונמצא לפי זה כי מעיין צודק בג' ספירות ראשונות. ועל האמת שלשתם יחד הם המעיין. כיצד המוצא שממנו מתהוים המים הוא הנקודה שממנו ואילך הוויות המים היא הכתר. והמעיין שע"י נשפע המים היינו סילון המעיין המקלח המים היא החכמה. והמעיין עצמו היינו קילוח המים אל ההוץ היא הבינה. ונמצא לפי זה כי כשנאמר מעיין, הכוונה ע"ד ההשפעה הזאת מכתר אל החכמה, והחכמה אל הבינה, והבינה משפעת ומשקה הגנים. ואח"כ כשתקבל השפע ומתמלאת ממנו נעשית מעיין לגנים התחתונים. ובהם ג"כ ג' מדרגות אלה ואין צורך להאריך כי משלש ראשונות נקיש אל ג' אלה. ועתה כשנאמר מעיין במלכות יהיה ברבוי השפע שישפיע בה הת"ת שהוא נקודת מוצא המים, ויסוד סילון המים, ומלכות מעיין. כי היסוד הוא הסילון המקלח המים אל המעיין כדפי' לעיל:

מעייני הישועה פי' בזוהר פ' בלק (דף רי"ב) כי חכמה ובינה נקרא כן מטעם כי מהם נשפע הישועה והחירות. וג"כ פי' כי נצח והוד נקרא כן. ואפשר שנקראים כן בהיותם שואבים הישועה מחסד שבו עיקר הישועה כדפי' בערכו. והחסד מקבל הישועה

מהבינה והם משפיעים הישועה לששון שהוא היסוד. וזהו ושאבתם מים בששון ממעייני הישועה (ישעיה יב ג) כן פי' התם:

מעל שמים פי' בזוהר פ' ויקרא (דף ט"ז.) וז"ל על שמים משמע ההוא אתר דקיימא על שמים ולא יתיר כיון דאמר מעל שמים משמע ההוא אתר דקיימא על השמים לעילא לעילא ומאי איהי איהי אימא עכ"ל. ופי' אם היה אומר על שמים פי' הוא גדולה וגבורה שהם על הת"ת הנקרא שמים. אבל עתה שאמר מעל שמים פי' העליון על אותם שהם על השמים דהיינו בינה שהיא על מעל מגדולה וגבורה שהם למעלה משמים שהוא ת"ת כדפי':

מעמקים פי' ר' משה כי החכמה והכתר נקראים מעמקים ועליהם נאמר (תהלים קל) ממעמקים קראתיך ה'. ובזוהר (בשלח דף ס"ג ע"ב) ובמקומות רבים נראה כי החכמה נקרא מעמקים:

מערב המלכות נקראת מערב מכמה טעמים. הא' מפני שבו הערב שמש כי שם ביתו. ועוד כי מזרח הוא הת"ת וכנגד מזרח הוא מערב שהיא האשה שהיא עזר כנגדו. ועוד נקרא מערב מפני שבה מתערב ומתבלל כל השפע העליון ושם נעשה בו מזיגה יפה. ומפני טעם זה קראוה (הגאון בצחצחות פ"ד) מעורב בוא"ו. ועוד כי שם הערב שמש והחשך כמו שנודע ששם העדר האור:

מערכה פי' הרשב"י ע"ה בר"מ כי הבינה נקרא מערכה. ואפשר הטעם מפני שבה נערכים כל ההויות המתהוים כמו שנבאר בשער השערים. והיא הנקבה המתעברת מן הויות הדקות והולידם והצמיחם. ולפי טעם זה כבר יצדק שם מערכה גם במלכות שהיא ג"כ נקבה המגלה ומעבה ההויות היוצאים מן הת"ת:

מעשה הרשב"י ע"ה קורא בתמידות אל הבינה מעשה והחכמה מחשבה. והטעם כי כמו שהמעשה גלוי המחשבה ועל ידי המעשה היא גמר המחשבה, כן ע"י הבינה הוא גמר ההויות המתהוות ע"י החכמה כדפי' בערך מערכה. ובזהר פ' פקודי (דף רל"ו.) פי' בפסוק (שמות לו ד) ויבאו כל החכמים העושים. ימינא ושמאלא. והיינו חכמה ימין ושמאל מעשה והיינו שהמלכות נקרא חכמה ומעשה בינה כדפי' בערך חכמה וכמו שנבאר:

מעשה מרכבה פירוש בתיקונים (בהקדמה דף י"ג ע"ב) כי מטטרו"ן נקרא מעשה מרכבה שהוא רכב מה פי' רכב למ"ה שהיא המלכות שהיא נקראת מה, ומטטרו"ן מרכבה לה: מעשה בראשית היא המלכות. ואפשר הטעם מפני שהיא פועלת כל פעולות בראשית או שהיא מרכבה לחכמה הנקרא בראשית:

מעשר המלכות נקרא כן וכן בארו בזהר פ' לך (דפ"ז ע"ב) בפסוק (בראשית יד כ) ויתן לו מעשר מכל. ופי' הטעם כי היא מעשר האצילות העליון והיא העשירית ממש מעשר. וכן אמרו בתקונים. ויש מעשר מן המעשר ופי' בתקונים (תקונא י"ז דף לא.) כי מעשר נקרא סוד יחודה עם הלוי גבורה. ומעשר מן המעשר הוא יחודה בכהן בסוד הימין. ויש בענין הזה סוד כדפי' בערך אי"ק כי א' הוא סוד מעשר מן המעשר והיא נקודה אמצעית והיא חסד ומתפשטת אל הגבורה כי ידוע כי חסד הוא מוח לגבי גבורה, וגבורה קליפה. וגבורה מתפשטת בת"ת, ות"ת קליפה לגבורה בסוד מציאותו למטה מגבורה. ולכן ת"ת הוא במאה ענפים שנתפשטו מעשר מהגבורה והיא הלוי. וגבורה היא י' ענפים שנתפשטו מהחסד שהוא נקודה א' והיינו א' מעשר מן המעשר:

מפתחות החצוניות במלכות בסוד שם אד' כפי' הרשב"י (בהקדמה ד"ד: וד"י ע"ב) והטעם כי שם פתח הכניסה אל שאר הספי':

(מעס"ר) מצבה פי' בזהר פרשת נח (דע"ב ע"ב) כי המלכות בהיותה מיוחדת עם הת"ת נקראת מצבה. וז"ל והאבן הזאת אשר שמתי מצבה, מאי מצבה דהות נפולה ואוקים לה עכ"ל:

מצה פרוסה בסוד המלכות ונקראת מצה שאין בה תערובת חמץ שכבר נטהרה לבעלה. ונקראת פרוסה שעדיין לא נזדוגה כדי שתושלם פרצתה. ולה רמז מצה פרוסה בפסח. ואפי' שלא נאמר פרוסה אלא מצה סתם מסתמא הוא לחם עוני. וכן מבואר בזוהר פרשת ויצא (דף קנ"ז.). ובתקונים (תקונא יג דכ"ח ע"ב) פי' כי מצה היא ה', והיותה פרוסה הוא ד'. ואפשר היות מצה גם כן בבינה ששם ג"כ ה"א. ויש לזה קצת הוכחה מהלשון ע"ש. ובתקונים (תקונא ט"ו דף כ"ט ע"ב) פי' דבת זוגיה דצדיק איהי מצה שמורה לגבי מצה שלימה עשירה. על כן נראה היותה נקראת עשירה ושלימה ושמורה הכל לפי הבחינות עשיר' מצד העושר ולכן אין יוצאין בפסח במצה עשירה מפני כי עיקר מצותה מצד החסד שהוא מצד הדרום ולא בעושר שהוא מן הצפון כאמרם הרוצה להעשיר יצפין. שלימה שנשלמה פרצתה. שמורה ר"ל מקושטת וממתנת לבעלה לשון שומרת יבם:

מצוה היא המלכות ונקראת מצוה (כמש"כ פ' ויצא דף קנ"ז.) שהוסיף ו' על המצה לרמוז שנתיחדה עם בעלה ולכן עקרה מצוה בתורה לייחדה עם בעלה ושלא להפרידה. ועוד במצוה גלוי שם בן ד' בשלימות כי מ"ץ הוא י"ה באתב"ש. וכן נקראת

מצות המלך מצות מלכו של עולם שהוא הת"ת כנודע:

מצווה פי' הרשב"י ע"ה בתיקונים (תקונא ל' דף ע"ב: וז"ל ועוד מצווה) דא עמודא דאמצעיתא דאיהו מצווה מסטרא דאבא דאיהו רא"ש ומסטרא דאימא דאיהו אש"ר. והכי צדיק מצווה ועושה מתרווייהו. ובג"ד אתמר על תרווייהו אשר קדשנו במצותיו אימא קדשנו ואבא צוונו. על מאן על שכינתא תתאה דיאהו פטר כל רחם פתיחו דרחם דאיהו רמ"ח פיקודין איהי מצות ה' וכו' עכ"ל לענייננו. ונאמר בפי' כי כוונתו בזה הוא לבאר ברכת אשר קדשנו במצותיו וצוונו. ואמר כי לשון מצוה פי' מיחוד המצוה דהיינו יחודו עם המלכות הנקרא מצוה כמו שמבואר. דא עמודא דאמצעיתא כו', קראו הנה עמודא וכו' לרמוז אל היותו עולה על דרך הקו האמצעי עד לבין חכמה והבינה ומכחם שהם מחזיקים אותו מתייחד עם המלכות הנקרא מצוה ע"י החכמה הנקרא אבא. וקרא לחכמה ולבינה אבא ואימא להורות שכמו שהאב והאם נותנין כח וסדר להבן לישא אשה ע"י ממונם, כן הדבר באב ואם העליונים. ואמר ראש ואשר, הכונה לבאר מלת אשר שבברכה ופי' כי במלת אשר נרמזים חכמה ובינה. כי החכמה נקרא ראש והוא צרוף תיבת אשר ואשר כמשמעו הוא בינה. והכי צדיק מסטרא דתרווייהו וכו', כי יחוד המלכות עם שניהם כנודע שהוא האבר הקדוש אל היחוד. והוכרח לזה כדי לתקן לשון קדשנו וצונו שהוא לשון רבים ואם היה הת"ת לבדו המצווה היה ראוי שיאמר קדשנו וצוני לשון יחיד לכן אמר שהם ת"ת ויסוד גוף וברית. והיסוד ג"כ הוא מצוה מיוחד עם המלכות מצד שניהם החכמה והבינה. וז"ש ובג"ד אתמר על תרווייהו וכו', לשון רבים, הכונה שנתקדשו שניהם ונצטוו. ואימא קדשנו ואבא צוונו, הכונה הקדושה היא הכנה אל היחוד. וכן מצד הבינה הם מכינים עצמם אל היחוד כענין הקדושין הקודמין אל הזווג. וכן ההתעוררות בצפון בסוד שמאלו תחת לראשי (שה"ש ב) והיחוד הוא בימין וימינו תחבקני. וכן הייחוד שהוא הצווי כדפי' הוא ע"י אבא היינו וצונו אבא צוונו. וכן מוכח שאין יחוד המלכות בת"ת אלא בסוד קבלתם מחכמה, כדפירשנו בשער מהות והנהגה. על מאן על שכינתא וכו', כל זה הכונה לבאר שהשכינה בערך הזווג נקרא מצוה. והביא ראייה כי רחם שהוא קיום הזווג עולה רמ"ח ופטר רחם ר"ל פתיחת המצות. ולכן כשהיא נפתחת השער הסגור כל ששת ימי המעשה על ידי הזווג ראוי שיכונה בשם מצוה דהיינו רח"ם. וזהו שאמר איהי מצות ה'. שפירושו כשהיא מתיחדת ב"הוי"ה אז נקראת מצות ה' דהיינו יהו"ה אדנ"י מיוחדים כזה יאהדונ"הי המורה על היחוד. ועתה למדנו מתוך דברי המאמר הזה כי תפארת ויסוד נקראים כל א' וא' מצווה בסוד יחודם עם המצוה שהיא המלכות. ואגב אורחין הרוחנו פי' המאמר:

מצולות ים פי' הרשב"י ע"ה בתקונים ובזהר (שלח דף קס"ג ע"ב) כי סמא"ל ובת זוגו נקראים מצולות ים כי הם תחת הים העליון תחת המלכות. וכללות הקליפות כלם כאשר הם תחתיה נקראים מצולות ים:

מקדש אפשר שיקרא התפארת. וכן פירש הרשב"י ע"ה בתקו' (תקוני ז"ח דקל"ז.) בפסוק (ויקרא יט ל. כו ב) ומקדשי תיראו. וכן על היסוד:

מקוה שם זה יתייחס אל המלכות מפני שבה מתקווים ומתכנסים כל מימי השפע העליון. ונקראת מקוה כשהיא מלאה שפע. ותפארת גם כן לפעמים נקרא מקוה שעליו נאמר (ירמיה כז יג) מקוה ישראל ה'. הרי בפירוש כי שם יהו"ה שהוא בתפארת הוא מקוה. ובזהר פ' בראשית (דף ל"ג.) נחלקו רבי חייא ורבי יוסי חד אמר בתפארת וחד אמר ביסוד ואית דאמר התם במלכות (היינו ר' יצחק):

מקום נקרא התפארת. והטעם כי שם בן ד' עולה מקום בחשבון המרובע. כיצד עשר פעמים עשר הם מאה, חמשה פעמים חמשה עולה עשרים וחמש, ששה פעמים ששה עולה שלשים וששה, חמשה פעמים חמשה עולה חמשה ועשרים, סך הכל קפ"ו כמנין מקום והתפארת נקרא מקום. וכן נתבאר בתקונים (תקונא כ"ו ד"ע.) בפירוש. והכוונה כי הוא מקומו של עולם, פירוש הוא הסובל כל העולם דהיינו שש קצוות והוא סבה לכלם כי כלם מסתעפים ממנו. ואין העולם מקומו, פירוש אין השש קצוות סבה אליו כדפירשנו כי הוא המשפיע והוא באמצעות כמלך בתוך שריו ובבחינה זו נקרא מקום. ורבי משה פירש מקום בכתר כי הוא מקומו של עולם:

מקור הכתר נקרא מקור. ופעמים שנקרא מקור מים חיים שהוא השפע הנשפע מהחיים העליונים. ומקור הברכות כי משם כל הברכות נשפעות. ולפעמים נקרא מקור חיים שממנו נובעים חיים עליונים. ושמות אלו כשם שמתיחסים בכתר גם מתיחסים לפעמים בחכמה. ולפעמים בבינה. כי שלשתם מתיחס בהם ענין המקור על דרך המעיין שפי' בערכו. וכן יסוד נקרא לפעמים בכנויים אלו מן הטעם הזה גם כן כי בו צודק כל הדברים האלה

שפירשנו. ובזהר פרשת צו (דף ל"ד.) קורא מקור חיים לבינה כי היא מקור לחיי חכמה שעל ידי החכמה נשפעים. ובתקונים פירש כי המלכות מצד הכתר נקרא מקור מים חיים. ואפשר הטעם שהכתר הוא בעצם מקור מים חיים כדפירשנו. ולכן בהיותה יונקת ממנו ומשפעת אותם החיים תקרא מקור מים חיים:

מקל לבנה נקרא הת"ת מצד החסד כן פי' בזהר פ' ויצא (דף קס"א ע"ב). והטעם כי הוא מקל בצורת ו' והוא לבנה מצד לבנינות החסד ולא מצד מימי החסד. ואפשר לומר כי הוא נקרא כך בערך בחינות מציאות חסד הנעלם בחכמה הנקרא לבנה שהוא אור לבן דלא שייך ביה מים. ומצד מציאת החסד המתגלה הנקרא מים משם הוא לח:

מקלות פי' בזהר (שם ע"א.) מאן מקלות אילין דרגין דאינון בי דינא ע"ש. והענין כי כחות הדין נקרא מקלות והטעם שהם לרדות האדם אל הדרך הישר:

מקנה פי' בזהר פ' לך (דף פ"ג ע"ב) בפסוק (בראשית יג ב) ואברם כבד מאוד במקנה. במקנה מסטרא דמערב. פי' מצד המלכות. ואפשר הטעם כי שם רמש ואין מספר חיות קטנות עם גדולות (תהלים קד):

מקראי קדש פי' בתקונים (תקוני ז"ח דף קי"א.) שלא נקראו מקראי קדש אלא החסד והגבורה והת"ת. ובפרשת אמור בזהר (דף צ"ג ע"ב) פי' שנקראים מקראי קדש מצד שמושפעים מחכמה ששם עיקר הקדש:

מראה במלה זו עניינים שונים וצריכים ביאור כאו"א. המלכות נקרא מראה. והבינה נקראת מראה. והטעם כי כמו שהמראה מראה כל הדברים, כן הבינה מראה לחוץ כל הספירות הנעלמות למעלה ממנה והיא מראה אותם למטה. והמלכות גם כן נקראת מראה כי כל הספירות מתראים בה ג"כ אבל אין ההתראות שמתראים בבינה כהתראות שבמלכות. כי בבינה נראים דקים תכלית הדקות יותר מכדי שעורם במקומם בפרט הז' אחרונות. אמנם למטה במלכות מתראות בגלוי והעבות יותר. ומה שאינו מושג במקומו יושג במלכות כי על ידה יושגו הדברים הנעלמים. והמשל בזה כמו הרואה עצמו במראה כפי שיעור המראה כן יהיה שעור הנראה. ולכן בבינה שהיא מראה דקה, הספירות נראות בדקות בהעלם. ובמלכות שהיא מראה גסה ועבה נראים בה בעביות ובגילוי. ועוד ראוי לדעת כי כל הספירות כלם נקראים מראות. וכן ביאר הרשב"י ע"ה (בהקדמה דף ו' ע"א ובז"ח דף קי"ב) במראות יחזקאל. כי מה שנזכר שם י' פעמים לשון מראה המראה במראה וכו' הם ע"ס ולא יקראו מראות כי אם בהתראותם בא' מן המראות ועל שם זה יתכנו בשם מראה. וביאר הרשב"י ע"ה בר"מ (תצא דף רפ ע"ב) בענין זה וז"ל האי מראה לזמנין איהו באת ה' המראה הגדול לזמנין באת ב' במראה אליו אתודע כו'. האי מראה איהי כלילא מעשר ספירן וכל את אחזי ספירה דיליה כגון כמראה באת כ' אחזי על כתר והכי שאר אתוון אחזי על ספירה דילה ולא צריך לארכא הכא ולחכימא ברמיזא עכ"ל. ומה שהקשה דלא הוה ליה למהוי תוס' אות כלל הוא מפני שפי' למעלה שמראה בינה נוטה לצד החסד והכריח הענין מן במראה שעולה רמ"ח כמנין אברהם. ומפני כך הקשה שלא היה ראוי שיבא מראה בתוספות אות אחר כי אם באות ב' המורה על הגימטרי' שהיא אברהם. לכן השיב כי התוספות לעולם מראה על הספירות הנוספות בהתראותם במראה כדמפ' ואזיל. עוד יש מראה בחלום ומראה בהקיץ. ופירוש הרשב"י ע"ה (בר"מ שם) ובתקונים (תקונא ח"י ד"ל.) בסתימו דעיינין אתקריאת מראה בחלום ובפתיחו דעיינין איהו מראה בהקיץ. והכוונה כי העינים וגווניו בארנו בשערים הקודמים. כי בת עין היא המלכות במציאות יוד. וג' גווני העין שהם סביבות בת עין לבן ואדום וירוק הם ג' אבות. ושתי גביני עינים הם נצח והוד. וכאשר נתייחדה המלכות עם הת"ת אז מאירים בה הגוונים האלה ונקראת מראה בהקיץ בפתיחו דעיינין. וכאשר אין היחוד שלם אז נקרא מראה בחלום בסתימו דעיינין שאין הגוונים מאירים. ונצח והוד הם מסכים מבדילים סוגרים העינים מבדילים בינה ובין בעלה. וזהו שנמצא במקום א' מסטרא דתפארת מראה בהקיץ ומסטרא דצדיק מראה בחלום כמו שהעתקנו למעלה בשער המכריעים פ"ה. עוד יש מראה סתים שהיא הבינה שהיא נעלמת שאין בה דמיון. ומראה גלוי שהיא המלכות שבה יש גלוי ודמיון. והנה זה הסתום, הפך סתימו דעיינין. כי סתימו דעיינין הכונה שאין האורות מתגלות במלכות והיא חשוכה. אמנם מראה סתום הכונה להעלם המראה במיעוט ההשגה בה לרוב הבהירות. ורבי משה פי' ג"כ ביסוד ואינו ענין. והבינה מצד החסד נקראת מראה הנוגה כי כל לשון נוגה הוא בימין. כן פי' בתיקונים (בתקוני ז"ח דף קיב ע"ב) ונבאר בערכו. והמלכות מצד הנצח וההוד נקרא מראה הנבואה מראה המקבלת הנבואה מן הנביאים. ויש מראות הצובאות ופירש רבי משה נצח והוד וז"ל ופירוש מראות לכל הבא לצבא צבא להגיע לצבאות

הנבואה זולת מרע"ה ואף על פי כן הוא תחלת נבואתו עכ"ל. ולי נראה שנקראו כן בהיותם משפיעים ביסוד ח"י העולמים שחיילותיו נקראים צבאות. עוד נוכל לפרש כי תפארת ומלכות נקראים מראות בסוד אספקלריא המאירה ואספקלריא שאינו מאירה וכאשר הם בצבאות שהם נצח והוד נקראים מראות הצובאות והארכנו בענין זה בשער השמות בע"ה:

מרה היא גיהנם והיא מסטרא בישא חרבא דמלאך המות מותא דרברבי שנברא ביום שני ותליא בכבד זרזיר אצל עורב מפני שהוא מינו ר"מ פנחס (דף רל"ד א' ב'):

מרכבה פי' הרשב"י ע"ה בר"מ (פנחס דף רמז ע"ב) כי גדולה גבורה ת"ת נקראים מרכבה עליונה. ונצח והוד ויסוד נקראים מרכבת המשנה. ובתקונים פי' כי חכמה ובינה וגדולה וגבורה הם מרכבה עליונה. כיצד גדולה אריה, וגבורה שור, בינה נשר, חכמה פני אדם והיא האדם העליון. והנשר הגדול בעל הכנפים הם שש כנפים ו' ספירות והאדם העליון רוכב על פני נשר ואריה ושור. והמרכבה התחתונה הם נצח הוד יסוד אריה שור נשר. ותפארת פני אדם רוכב עליהם מלמעלה. והמלכות כוללת הפנים כלם. ויש דרך אחרת כי גדולה גבורה ת"ת מלכות נקראים מרכבה עליונה שהם פני אריה וכו', ותחתיהן בסוד הבריאה כסא בד' סמכין הם נקראים מרכבת המשנה שהם משנה לספירות עליונות. עוד יש בתקונים (תקוני ז"ח דף קי"ח ע"ב) שהמלכות נקראת מרכבה בהיותה מתלבשת במרכבה ופועלת ע"י החיות. וכן עד"ז אז נקר' פני נשר וכן פני אריה פני שור פני אדם לפי הפעולה. ע"ש וזהו סוד לענין המלאכים שנרחיב ביאור ב"ה בשער ההיכלות:

משה כמו שיעקב מרכבה לת"ת כן מרע"ה מרכבה לת"ת. ויש חילוק גדול ביניהם. כי מרע"ה מרכבה לת"ת בסוד הדעת הנעלם בחינת הת"ת מצד החכמה. והנה הדעת הזה הוא מציאות דק אשר לת"ת והוא כולל שש קצוות בדקות והוא נשמה למציאות הת"ת המתגלה ומתעלם בתוכו. ומרע"ה מרכבה לדעת הנעלם הזה. ויעקב לתפארת. וזהו שנמצא בתקונים (תקונא ס"ט דף צ"ח) דא בגופא ודא בנשמתא, פי' יעקב בגוף שהיא הת"ת ומשה בנשמה שהוא הדעת. וזהו שאמר ג"כ במקום אחר (תקונא י"ג דף כ"ז) דא מלגאו ודא מלבר, פי' מרע"ה מבפנים בסוד הדעת הנעלם, ויעקב מבחוץ בסוד הת"ת. ומפני היות הדעת הנעלם כלל שש קצוות נאמר בתקונים במשה בלחודוי מה דהוה באדם ותלת אבהן:

משבצות זהב פי' בתקונים (תקונא כ"ד דף ס"ח.) כי נצח והוד נקראים משבצות ונק' זהב מצד הגבורה:

משוש כל הארץ בתקונים (תקוני ז"ח דף קכ"ז.) פי' כי תפארת נק' משוש כל הארץ מפני שהוא משוש לכ"ל שהוא יסוד, ולארץ שהיא מלכות. וקצת נוטה לזה לשון הזהר בפ' ויקרא (דף ה'.):

משחית הוא כח מד' כוחות הקליפה הנזכר בפסוק והוא רחום והם משחית ועון אף וחמה:

משכון פי' בתקונים (תקונא כ"א דף נ"ד.) המלכות נקרא משכון שהוא המשכון שיש לישראל שעל ידה שורה הת"ת ביניהם. וכן משכן לשון משכון:

משכיל יש משכיל ויש משכיל. המשכיל האחד הוא היסוד כי הוא משכיל ומתרגם ומודיע ומפרש לדוד שהיא המלכות המגלה דברים העליונים. והשפע העליון והצורות העליונות מודיעם במלכות. וזהו לדוד משכיל או משכיל לדוד ממטה למעלה או ממעלה למטה. ויש משכיל דהיינו משכיל לאיתן האזרחי והיא הבינה המתעלה למעלה במוח ומתדבק בחכמה ומשכיל ומפרש ומתרגם לאזרח י' שהוא אברהם המאיר מן העולם העליון בכח החכמה. וכל משכיל הוא בכח החכמה הנקרא שכל והשכל. ולא נקרא היסוד משכיל אלא בהמשיכו משך הבינה ששם החכמה. ואין תימה מפסוק ויהי דוד לכל דרכיו משכיל (ש"א יח יד). כי הוא על ידי היסוד בהמשכה מבינה. ולעמוד על תוכן הדברים יעויין במאמר הסבא (משפטים דף ק"י ע"א) בפסוק שמעו הרים כו':

משכן שתי משכנות הם משכן עליון ומשכן תחתון. בינה משכן עליון, מלכות משכן תחתון. וכן נתבאר בתקונים ועליהם נאמר (תהלים קלב ה) משכנות לאביר יעקב כי התפארת בין ב' המשכנות האלה. והעד ענין לאה ורחל. ומשכן העדות נקרא המלכות מפני שבה ענין העדאה דכתיב (איכה ב יג) מה אעידך. והטעם מפני ששם מקום העדות שהוא יחוד תפארת ויסוד כמבואר. ופי' במקום אחר שלא תקרא המלכות משכן אלא כאשר היא משכן לתפארת אשר בתוכו:

משלם גמול פי' ר' משה תיבה זו בפחד. והטעם נראה לי כי מפני שהגבורה משלמת הגמול בשוה מדה כנגד מדה בלי להעביר. ועוד יש מן המפרשים קראוה משלם שכר טוב ליריאיו דוקא. ועוד לשון תשלומין מורה על שווי המדה מדה כנגד מדה. ולפי זה תקרא בשם זה בבחינה אמצעית שבגבורה.

שבבחינה ראשונה יש בה חסד, ובאחרונה יש בה כח האש הרע, ובאמצעית הוא במדה שוה [לכאו"א כפי מעשיו]:

משנה היא המלכות. אמנם נק' משנה כמו משנה למלכות פי' שהיא בחינת האמה של המלכה בסוד הכסא דבריאה המבוארת בשער אבי"ע והיא משנה לגבירתה דהיינו מטרוניתא או יהיה במציאות הה"א שהיא שניה ליו"ד. ושניהם יצדקו בדברי הרשב"י ע"ה. ובמ"א פי' שהיא נקראת כן מצד החסד והטעם הוא כי על ידו מציאות הה"א כמו שפי' בשער המיעוט. ובמ"א פי' שהיא נקראת משנה בסוד שהיא שניה למלך שהוא הת"ת ולעולם בסוד הה"א. שהוא ו' והיא ה' משנה לו:

משפט המפורסם במלה זו ברוב דברי הרשב"י ע"ה ושאר המפרשים כי הת"ת נק' משפט. אמנם אמרו שנקרא כן כשהוא יונק מן הדין מצד הגבורה. ובתקונים (תקונא שבעין דף ק"ל ע"ב) וז"ל במדה במשקל ובמשרה. במדה בחמשה תיקונין דה' עלאה, במשקל דא ו', ובשורה דא ה'. משפט דכלא דא י'. הה"ד ויגבה ה' צבאות במשפט עכ"ל. שהכונה שיהו"ה שהוא הת"ת מתעלה אל המשפט שהוא י' גבוה מעל גבוה. ונראה לנו ליישב הענין כי משפט הכונה דין בקצת רחמים. אמנם מתנהג על קו המיצוע ופי' משפט ר"ל מכון מצומצם. ולכן אמר הוא כי החכמה היא המכוננת ומצמצמת המדות ומיישבת אותם לבלתי יתרחבו יותר ממדתן. והכונה במשפט צמצום. קרוב אל משלם גמול שפי' למעלה. ובר"מ פי' כי הת"ת נקרא שופט מצד הבינה יתבאר בערכו. ובזהר פרשת קדושים (דף פה ע"ב) פירש כי משפט הוא דין בתערובות רחמים ובזה יתיישב הכל כי עקרו מצד הבינה דין, ויונק מצד החכמה רחמים. וז"ל כד אתער משפט אית ביה רחמים. ופירוש שיש בו דין ויש בו רחמים. והטעם כי רחמי החכמה הוא מקבל אותם על ידי הבינה. ובפרשת אחרי (דף ע"ג ע"ב) משמע דאיהו רחמים. והטעם כי מקורו שהוא עקרו הוא רחמים והיינו החכמה:

משקוף פירש רבי משה ביסוד וז"ל כשמתעלה היסוד למעלה מנצח והוד ואז הם שתי מזוזות והיא משקוף על גביהם והוא סוד פסח מצרים עכ"ל. והכרח אל דבריו מדם ברית שעל המשקוף במצרים. ולהיות שיש לו מציאות עליהם ומציאות תחתם כדפירשנו בשער סדר האצילות לכן פעמים אומר על המשקוף ועל שתי המזוזת, ופעמים אומר על שתי המזוזות ועל המשקוף (וע' בס' קהלת יעקב):

מתוק נקראת המלכות מצד הגבורה בסוד הדבש כמש"כ בזהר ויחי (דף ר"מ ע"א). ואפשר לומר שנקרא כן בסוד שמאלו תחת לראשי שהיא מתיקות מצד הדין כמבואר בשערים הקודמים:

מתן תורה פירש רבי משה כי הבינה נקראת כן מפני שבה נתנה תורה בסוד יום החמשים הנזכר ואינו מתיישב. ולפי דרך הרשב"י ע"ה בשביעי נתנה תורה והוא יסוד והוא הנקרא יום מתן תורה שעל ידו נתינת התורה ויחודה לכנסת ישראל. ומה שהכריח רבי משה מיום החמשים אינו הכרח כי אין מספר הימים למעלה כדפירשנו בשערים הקודמים. ובמ"א נראה כי מתן תורה הוא הת"ת:

מתנה טובה נקראת המלכות והיא נקראת כן בהיותה למעלה בסוד היו"ד בחכמה. אמנם בהתלבשה בשלשה גוונים שהם הה"א ג' ווי"ן שהיא היותה מתיחדת עם ג' אבות שהם ג' גווני העין ובת עין באמצע והיינו שאמרו רז"ל (ביצה דף ט"ז.) מתנה טובה יש לי בבית גנז"י שהיא חכמה בסוד הצלע. ונקראת מתנה טובה פי' מאירה. בסוד בהיטיבו את הנרות. אמנם בהתלבשה [בהם] נקראת שבת וזהו ושבת שמה. וכל לשון שם הוא לבוש והיכל כמבואר בשערים הקודמים ונבאר בערך שם:

מתנים הם למעלה בסוד ייחוד הת"ת עם המלכות שהיא האזור המתייחדת אל מתני איש ונקרא מתנים יחודם למעלה בסוד הגבורה והחוזק. והחלצים למטה בסוד החלצים כדפיר' בערכו. ואין כונתינו שיהיו מתנים בגבורה אלא מתנים הם נצח והוד אמנם העקר לפי תגבורת יניקתה אם מצד הגבורה אם מצד החסד. ומתנים למטה הוא הוד ומתנים למעלה נצח. וכן פי' הרשב"י ע"ה בפסוק (יחזקאל א כז) ממראה מתניו ולמעלה. הנה נכלל ביאור ערך אות מ"ם בעזרת הצור שוכן מעונה. ונבא לבאר ערך אות נו"ן בע"הו:

פרק ארבעה עשר:

נאמן הרשב"י ע"ה ושאר המפרשים הסכימו היות שם זה מכונה ליסוד. ואפשר שיקרא כן בהיותו משפיע שפע האמת מת"ת אל המלכות הנקראת אמונה. והוא נאמן בינו ובינה לבלתי מנוע הזרע ממציאותו הדק הנשפע מלמעלה. אז יקרא נאמן בסוד אמת ואמונה:

נאה פי' בשער הכנויים בפ"ד נאה במלכות. מצד קשוטיה הנמשכים לה מן הזכר דהיינו נו"ן מלכות. א"ה ת"ת, שכן עולה ו'. והם קשוטין שלה נכללים בה בצורתה:

נבואה נקראת המלכות מצד בחינת השפעת הנביאים שבה שהם נצח והוד, הם הנביאים והיא הנבואה. ועל ידם הנביא מתנבא מתוך המלכות ומבחינה זו נקראת נבואה:

נביאי האמת הם נצח והוד. והרשב"י ע"ה קורא אותם נביאי קשוט והכל א'. וכאשר הם מתנבאים ר"ל משפיעים נבואה לבד אז נקראים נביאים סתם אמנם כאשר הם מקבלים עליהם האמת שהוא הת"ת אז נקראים נביאי האמת. כן פי' הרשב"י ע"ה בר"מ (פנחס דף רל"ו ע"א) ובתקונים (בהקדמה דף י' ע"ב). ונביאים סתם הם נקראים ג"כ מצד שמגלים רצון השכינה למטה וכן פי' בתיקונים:

נגב הוא הדרום מדת החסד מדתו של אברהם וכן מבואר בזהר פרשת לך (דף מ"ד.) בפסוק (בראשית יב ט) הלוך ונסוע הנגבה. ומה שקשה לזה היות נגב לשון נגוב והוא לשון יובש. ואדרבה אנו רואים שבחסד הוא עיקר המים ולחותם כנודע. ור' מנחם מרקנאט תירץ בפ' זו הטעם שנק' נגבה שהוא מלחלח יובש הדין שנשפע מהגבורה והדבר הנגוב הוא מלחלחו. ורחוק הוא שיקרא הוא בלשון הנגיבה מפני שהוא מלחלחה. והנכון הוא אצלנו מבואר בטעם למה הדרום הוא נגב והצפון מלוחלח והיה מן הראוי שיהיה להפך שהדרום יהיה לח מצד מימי החסד שבדרום והצפון יבש מצד הגבורה. אלא הספי' הם נקשרות זו בזו קשר אמיץ והנה הגבורה פועלת אל צד החסד באש הקשה ומכה בדינה ומשפעת בו כדי להשיבו אל טבעה עד שתתחזק חום החסד ביותר ע"י הסבה הזו. והגבורה הוא להפך שהיא מתקררת ומתלחלחת מכח המים שבחסד המתגברים בה להשיבה אל טבע המים. ונמצא לפי זה כי פני החסד שהוא נגד פני הגבורה (הם רחמים) [נ"א הוא חם] ביותר ולכן הדרום שהוא כנגד הצפון הוא נגוב ויבש. והגבורה הפנים שיש לה נגד החסד היא לח ביותר. ולכן צפון לח שהוא כנגד הדרום ולפי זה תקרא נגב חסד בצד המתקרב אל הגבורה שהוא מלשון נגוב. ואין תימה בזה שהרי לא זכה אברהם למדת חסד בעצם עד שעקד את יצחק בנו וכן פי' בזהר פ' העקדה. ולכן היה רודף אחר הנגב להכניעו ליצחק ולעוקדו להיות האש תחת המים. ויצדק עתה נגבה בה"א שהיא ה' אחרונה מדת הדין הרפה שבה הי' רדיפתו עד שעקדו כדפירשנו:

נגון כל נגון הוא מצד הגבורה וכן ביאר הרשב"י ע"ה בתקונים (בתקונא י"ג דף כ"ו ע"א) כשבא לבאר י' מיני הילולים שבס' תלים אמר חמישאה בנגון ושם מונה הספי' ממעלה למטה ושם מתבאר כי הנגון מצד הגבורה. ובתיקונים (בתקונא נב דף פד ע"ב) בפסוק (חבקוק ג יט) למנצח בנגינותי אמר אמה ותרין שוקין. ובהכרח הדין שוקין הם ל"מנ"צח כדפי' בערכו, ובנגינותי הוא הבינה. נראה שנגון הוא בבינה. ונוכל לומר כי הכל ענין אחד כי כן דרך הלוי מצד הגבורה היה מנגן הניגון והוא מצד הבינה כדפי' בשער מהות והנהגה:

נגע נקרא הקליפה הנקראת רעה והרעה היא לילית ונגע למעלה ממנה. ויש נגע שהם נגעי בני אדם שהם השדים שהוליד אדם במאה ול' שנים שפי' מאשתו והם רודפים אחר בני אדם להתעותם ולהזנותם בלילה בקרי והם נראים להם כדמות נשים ואין להם שער והוא הפך ענ"ג. ועל זה נאמר אין למעלה מענ"ג ואין למטה מנגע כי גם את זה לעומת זה עשה האלהי"ם. וענג נבאר בערכו בעזרת הצור וישועתו:

נדיבים נקראים האבות שהם נדיבים לענ"י ולעני"ה צדי"ק וצדק ונותנים להם בעין טובה רוב שפע. וכן פי' רז"ל (חגיגה ב') בפסוק נדיבי עמים נאספו. וכן פירש הרשב"י ע"ה. נמצאו גדולה גבורה ותפארת בהיותם משפיעים לאלו בשעת עניותם נדיבים נקראו:

נדר המוסכם בכל המקומות כי נדר הוא בבינה ואמר (הרשב"י בר"מ משפטים דף קטו קטז.) כי מפני זה תקנו בי"ה שהוא הבינה כל נדרי. ולכן אמרו אין שבועה חלה אלא על דבר שיש בו ממש. מפני שהשבועה הוא במלכות והשבועה עצמה [נסמכת] ביסוד כדכתיב (רות ג יג) חי ה' שכבי עד הבקר ר"ל יסוד. והנה חלה על דבר שיש בו ממש דהיינו היסוד שבו נסמך המלכות. ומצדו נקר' שבועה שכל המדות נקראות בו שביעיות כמו שנבאר בערך שבועה. ונחזור לענייננו כי הנדר חל על הדבר שאינו נתלה בממש אלא אדרב' כל ימי ההקף ניזונים ממנה. ולכן אמרו נדרים על גבי שבועות עולים שכן היא עולה על כל שבע ספי' והיא רובצת עליהם וחופפת עליהם כאם על הבנים. וכן אמרו היתר נדרים פורחים באוי"ר ובארנו בערכו כי אויר נקרא גם התפארת והבינה פורחת עליו כל זה ביאר הרשב"י ע"ה. ועוד פירש רבי משה שמפני כן הנדר בלשון הרי עלי לרמוז על שהיא חופפת על שבעה ימים. וכן פי ר' משה כי לשון נדר מלשון דירה שהיא דרה על ההיקף. וכן גם כן לשון דרור וחפשיות. ולהיות סוככת על הבנים אמר כאלו נודר בחיי המלך. פירוש מלך תפארת. חי הבינה הסוככת עליו ומחייהו. וברעיא מהימנ' [פנחס דף רנ"ה.] יש פירוש אחר בכל זה הדרוש ונראה משם

לפי שטתו כי הנדר בחכמה וצריך ביאור. וזהו המוסכם בפי כל כי הנדר בבינה:

נהר בפסוק (בראשית ב) ונהר יוצא מעדן פירש הרשב"י ע"ה (בתקונא נה דפ"ה) במלת נהר פירושים שונים. פירוש נהר בחכמה, ופירוש נהר בבינה, ופירוש נהר בתפארת, ופי' נהר ביסוד. וקצת פירושים אלו פי' בשערים הקודמים. ועתה נבאר בביאור ענין זה בלי גמגום. פעמים נקרא הבינה נהר ואז נקרא נהרא דלא פסיק מימוי לרמוז שלעולם נגיד ולעולם נפיק ולעולם אינו פוסק לכך נקראת דנגיד ונפיק. אמנם תקרא הבינה כן בהיותה משפעת בבחינתה אל הבנין. ולפעמים היסוד ג"כ נקרא נהרא דנגיד ונפיק ולפי הענין צריך לדון. אמנם נהר סתם נקרא לפעמים היסוד. וכן פי' בזהר פ' מקץ (דף קצ"ג ע"ב) בפסוק והנה עומד על היאור. ולפעמים ג"כ הת"ת נקראת נהר דינור מצד יניקתו מצד הגבורה. ונהר פלגיו מצד החסד הרומז אל רבוי המים כמו פלגי מים. וכן פי' הרשב"י ע"ה במקום אחד. ובמ"א (בהקדמת ת"ז דף ד' ע"א) פי' כי יסוד יש לו שני שמות ע"ד הת"ת נהר דינור ונהר פלגיו והוסיף עוד (בר"מ פנחס רמ"ז.) כי מצד ג' ראשונות ע"י הת"ת המשכינם על ראשו נקרא נהר כבר. ופי' כבר כ' כתר ב' בינה ר' ראשית חכמה. ובארנו מאמר נאה על ענין זה בשער המכריעים בפ"ה. עוד פי' שם כי ג' שמות הללו הם במטטרו"ן נהר פלגיו ונהר דינור ונהר כבר. ואמר כי הת"ת משני הקצוות נקרא נהרי נחלי דבש וחמאה. והכונה כי הדבש מצד הגבורה באדמימתו. והחמאה מצד הימין בלבנינותו. והוא כלול משניהם ומבחינתם נקרא כן. עוד רצונו לבאר שם כי שבע ספירות מצד החסד נקראים ז' נהרות. ובמ"א פי' חכמה ובינה נקראים נהרות מפאת הת"ת, ועליהם נאמר (תהלים צ ג) נשאו נהרות קולם:

נוגה בארנו בערך אש כי המלכות מצד נצח והוד נקראת אש נוגה. אש מצד ההוד הנוטה אל הגבורה ודינה. ונוגה מצד הנצח הנוטה אל החסד ולבנינותו והנגה הוא אש לבן כצמר נקי. ובתיקונים (בתקוני ז"ח דף קי"ב ע"ב) פי' הבינה נקראת נוגה מצד החסד נמצא לעולם נוגה בימין מצד החסד ומפאת זה נקרא נצח כן:

נוה המלכות נקרא נוה מפני שהוא בית ונוה הת"ת וכן פירוש הרשב"י ע"ה בפ' אחרי (דף ע"ד ע"ב) בפסוק (ירמיה כה ל) שאוג ישאג על נוהו. וכן נאמר (ישעיה לג כ) ירושלים נוה שאנן. ואפשר לומר כי אות נו"ן ואות ה"א הם נרמזים במלכות. ואות ו' בת"ת היושב תוך הנוה:

נוזלים פי' בזהר (בלק דף ר"א: ר"ב.) בפסוק (שה"ש ד טו) ונוזלים מן לבנון כי החמש ספירות ר"ל גבורה הוד ונצח וחסד וגוף וברית חשבינן חד הם חמש. ובהיות אלו החמש מקבלות מג' ראשונות הנקראים כלם בשם לבנון ומשפיעים למטה נקראים נוזלים פי' שהם נוזלים המים הזכים המושפעים ממעלה אל המלכות:

נועם ה' נקרא השפע הנשפע למלכות מהכתר דרך החכמה ומהחכמה אל הבינה ומבינה אל המלכות דרך מדרגות הסלם. כן בארו בזהר פ' שלח (דקס"א: ובשלח דנ"ו). ונודע כי עקר הנעימות הוא בבינה ועם כל זה הוא בא מלמעלה ר"ל מהכתר. ובבינה נקרא לו שם נועם ומבינה נשפע הנעימות אל המל' כדפי'. ובזהר פ' תולדות (דף קמ"ב ע"ב) אמר כי נועם ה' הוא שופריה דיעקב. ופי' השפע העליון הנשפע על הת"ת. ואפשר שהוא הוא השפע עצמו הנשפע ג"כ על המלכות והכל מתוך הבינה ע"י הכתר המשפיע בה כדפי'. וכן מבואר בפ' מקץ (דף קצ"ז ע"ב) כי הנעם הוא שפע חירות הבינה המאיר לכל הספירות ונשפע למלכות ע"י האבות:

נוצר חסד לאלפים פי' ר' משה שהוא בת"ת ואין לנו הכרח לענין זה והוא ג"כ לא.כתב בו טעם. ויש מי שפי' כי הבינה נקרא נוצר חסד מטעם שנוצר חסד משמטה שעברה לשמטה זו ומזו לאחרת וכן עושה תמיד אלו הן דבריו ואינו מתיישב (ע' בספר מאורי אור):

נורא הוא הת"ת וכן הסכימו הכל ויש הכרח מלשון התקונים שנקרא כן מצד הגבורה. ומשמעות הלשון מורה כן שפי' מלשון יראה ופחד ואין יראה אלא מצד הפחד:

נושא עון פי' ר' משה בת"ת. ולא נתן בו טעם. ויש מי שפי' בגבורה. ובזהר מוכרח שהוא ביסוד והטעם כי העון פוגם עד היסוד ולכן צריך להיות נשוי [עון] משם:

נח היסוד נקרא כן. והטעם כי נח הוא מרכבה אליו לפיכך נכנס אל התיבה מפני שנתייחד עמה יחוד שלם ועליו נאמר (בראשית ו ט) איש צדיק תמים ופי' רז"ל שנולד מהול. ונקרא נח לשון מנוחה כי על ידו תמצא המלכות מנוחה כמו שהארכנו בשער הצנורות בפ"ד. ועוד כי על ידו ירד השפע כתרגום וירד ונחת. ונמצא לפי' האלה כי נקרא כן בהיותו מתייחד עם המלכות בסוד הת"ת ואז העולם במנוחה ונחמה כדכתיב (שם ה כט) נח לאמר זה ינחמנו:

ניחוח פי' הרשב"י ע"ה (בר"מ פנחס דף רכ"ד.) כי ניחוח נקרא השפע היורד מחכמה אל החסד

ומחסד נמשך אל הגבורה לכבות האש העשניי הדולק ואמר כי זהו ריח ניחוח ונתבאר בערכו:
נחל המפרשים פי' כי החסד נקרא נחל ראשון והגבורה נחל שני וכן כלם עד סוף האצילות. והטעם כי בינה הים הגדול עליה כתיב (ישעיה יא טו) והכהו לשבעה נחלים. ואמנם הנחלים נקראים הענפים הז' הנמשכים מחסד יסוד המים כדפי'. ואין לשון נחל ונהר אלא מצד הת"ת הנקרא ו' משוך כנחל. ונקרא הת"ת נחל קדומים ופי' הרשב"י (בת"ז תי' נ"ה דף פ"ה.) כי מצד הבינה והתכמה נקרא נחל קדומים. והטעם כי שם נקרא קדם כאשר יתבאר בערכו בע"ה. ומצד הכתר ביחוד החכמה והבינה נקרא נחל עדניך, נחל מהעדנים העליונים. אמנם עקר העדן הוא הכתר כדפי' וכמו שנבאר בערכו. ויש חילוק בין נהר לנחל, כי נחל נקרא השוטף מים לעתים ואם יהיו רחוקים, אמנם נהר נקרא שלעולם שוטף ואינו פוסק. ומפני כי יניקת הת"ת מהשלש ראשונות אינו כ"כ בתמידות נקרא נחל שנראה שיש לו הפסק. אמנם יניקתו מהימין ומהשמאל לעולם אינו חסר לכן נקרא נהר מצדם כדפי' בערכו בע"ה. ובתקונים (תקונא כ"א ד"ס ע"ב) פי' נחל סתם הוא יסוד. בפסוק (ש"א יז מ) ויקח דוד חמשה חלוקי אבנים מן הנחל ע"ש. נחלה בלי מצרים הבינה נקרא כן והטעם שעד שם מגיע צעקת הכלבים בצעקתם ה"ב ה"ב כמו שנבאר בשער התמורות. אמנם בבינה אין מגיע שם צעקת וקטרוג הצרים הצוררים כן פי' כל המפרשים. ולי נראה מצרים מלשון מצר והדבר המושג יש לו מצרים שהוא גדר הגבול אבל בבינה ומבינה ולמעלה אין השגה כלל ואינה נגבלת ולכן נקרא נחלה בלא מצרים שאין לה גבול. והת"ת יקרא לפעמים נחלה וכו' והטעם בהיותו עולה למעלה בבינה ואז הנחלה הזאת נקרא נחלת יעקב אביך שפי' רז"ל (שבת קי"ח) נחלה בלא מצרים. ובזהר פ' חקת (דף קפב.) בפסוק (קהלת ז יא) טובה חכמה עם נחלה פי' כי נחלה הוא צדיק יסוד עולם. ונקרא נחלה כי הוא שפע היורד מן הת"ת אל המלכות דהיינו נחלתה של המלכות ומשמע התם שהכנוי הזה מושאל בו ואינו עיקר כנויו:
נימא היסוד נקרא נימא כמו שנקרא חוט השערה ועליו נאמר אין בין מים העליונים למים התחתונים אלא כמלא נימא (ע' בתקונא י"ט דף לו לז.). ונקרא נימא מפני שהוא ו' ובו תלויין נימין דכנור כי הכנור הוא המלכות והנימין הם החוטים שהם ה' ספירות התלויים ביסוד כדמיון הת"ת. ובהם נגון הכנור ע"י השפעת מנין נימין כמנין הספירות וענפים שביסוד. לפי כללות הכנור פעמים בז' פעמים בח' פעמים בי' (כדאיתא בערכין ד"יג ותנחומא פ' בהעלותך ע"ש):
נס בתיקונים משמע כי היסוד בהיותו למעלה מנצח והוד נקרא נס שהוא עומד עליהם לנס:
נעל מטטרו"ן בהיותו מכסה ולבוש אל השכינה נקרא נעל וענין זה בארנו בארוכה בשער אבי"ע:
נער מטטרו"ן נקרא נער. והטעם כי הוא משמש שימוש נער לפני השכינה. כי על ידו מחלקת מזון לכל כתות המלאכים ועולם השפל. ובפסוק (תהלים לז כה) נער הייתי גם זקנתי אמרו בגמ' (ביבמות דף ט"ז) פסוק זה שר העולם אמרו. ונקרא נער בהיותו משמש שימוש נער דווקא. אמנם לפעמים משמש שימוש זקן. והוא בהיות המלכות נעולה בתוכו ולכן אליעזר בהיותו הולך לזווג את רבקה קראו עבדו זקן ביתו (בראשית כד ב). והשכינה ג"כ נקראת נער בסוד נער נערה, ונקראת נער בעוד שלא קבלה הזכר כאשר בארנו בשער סדר האצילות. ולפעמים היסוד ג"כ נקרא נער על שמה כי כמו שהנקבה לפעמים נקרא בשם הזכר, כן הזכר נקרא לפעמים בשם הנקבה כן נתבאר בזהר פ' וישב (דף קפ"ב ע"ב). ולפעמים נקראים נערים שנים, שני הכרובים התחתונים מטטרו"ן וסנדלפון. ולפעמים הכרובים העליונים נצח והוד. כי אלו נגד אלו, כאשר השכינה עולה למעלה נקראים הנצחים נערים משמשים תחת השכינה וכאשר היא למטה הם הנערים מטטרו"ן וסנדלפון:
נפש סתם היא המלכות וכן נתבאר בזהר פ' לך (דף פ"ז) ולפעמים נקרא נפש חיה וכן פי' בתיקונים. ואפשר הטעם שנקרא נפש חיה מפני שממנה מחצב הנפשות. ונקראת חיה מפני שיונקת שפע החיים העליונים של חכמה שבה תלויים החיים. ונקראת נפש בסוד שמקבלת עליה הרוח והנשמה שהם ת"ת ובינה. ור' משה פי' נפש חיה ביסוד ואין לו ענין. ולפעמים נקרא המלכות נפש יתירה בהיות יום השבת והיא כלולה מי' ונכללת לעלות למעלה בסוד שבת שבתון. אז נקרא יתירה כי היא יתירה בעלייה יתירה בהארה. וכן המלכות נקראת נפש דוד מפני שהיא מדתו. כן פי' בזהר פ' תרומה (דף קע"א ע"א):
ע' בעס"ר נצב פי' בזהר פ' ויצא (דף ק"ן.) כי יחוד וקשר הספירות אשר יתייחדו עם הת"ת מיסוד ולמעלה ואין היסוד בכלל נקרא נצב. ר"ל כמו [נצב מלך] (מלכים א' כ"ב). ואפשר שהת"ת עצמו נקרא נצב מפני הטעם הזה כאמרו (בראשית כח יג) והנה ה' דהיינו הת"ת נצב. וקצת משמע כן מלשון הזהר שם:

נצח כבר נודע כי מדה שביעית ממעלה למטה נקרא נצח והטעם כי היא מדת נצחונו של עולם. ועל שם כך נקרא נצח. ולפעמים קוראים המדה הזאת נצח נצחים. והטעם כי לכל מדה ומדה גם בחינות. בחינה המקבלת, ובחינת עצמה, ובחינה המשפעת. וג' בחינות אלו בארנו בשער אם הא"ס הוא הכתר. והנה הבחינה האמצעית היא עיקר הנצח והב' הקיצונות נקראים נצחים. וכן בהוד הודות. ועל כן נאמר בזהר באלו השנים שוקיו עמודי שש שהם שש פרקים שבשוקים שש בחינות אלה כדפי'. ולפעמים נקראת המדה הזו נצח ישראל כאשר דבוקה בגוף אז נקרא נצח ישראל:
נצנים פי' הרשב"י ע"ה בפ' בראשית (ד"א) כי חסד גבורה ת"ת בתחלת עלייתם במחשבה נקראים נצנים והטעם כי שם תחלת צמיחתם וזהו נצנים שהוא תחלת הצמיחה:
נקם ברית המלכות נקרא כן מן מפני שהיא נוקמת נקם המחלל בריתו. מפני שהמפריד אלוף ממנה שהם מתייחדים ע"י הברית העליון כנודע. ולכן נקמת הברית תלויה בה:
נר ה'. השכינה נקראת נר מטעם כי היא נר המקבלת האור העליון ונקרא כן כשהוא כלי מוכנת לקבל האור העליון. וכאשר כבר קבלה האור ונדלקה נקראת נר ה'. שפי' שכבר קבלה עליה האור של הת"ת. ונקראת נר מצוה והכל אחד קרוב זה אצל זה כי מצוה הוא יהו"ה [באת בש] כדפי' בערכו. ולהב הנר יש בתיקונים שני פי'. א' מן הגבורה שהוא אש. וא' מצד החסד שהוא אור. ופי' השלישי כי הוא כלול משלש אורות כדדפירשו [בדברי] בית הלל (ברכות פ"ח) במאורי האש. והם ג' אבות לבן ואדום וירוק ואין ספק כי ג' מאורי הנר הם מצד הגבורה שהם מאורי האש וכן פי' בתיקונים ופי' שם [בתקונא כ"א דף נ"ד] כי השכינה היא נר דולק לפני התפארת מצד הגבורה:
נרד וכן נרדי פי' בזוהר פ' אחרי דס"א שהוא ביסוד. והעתקנו לשונו בשער מהות והנהגה פ' י"ז:
נשא פי' רם ונשא יש שפי' ת"ת. ויש שפי' כתר. ולפי הנראה מתוך דברי רז"ל (בתנחומא ס"פ תולדות) באמרם ירום מאברהם ונשא מיצחק ופי' בזהר פ' וישב (דף קפ"א ע"ב) דהיינו בינה כדפי' בערך ירום. א"כ יהיה בבינה שהיא על הגבורה. ועיין בערך רם כי שם הארכנו:
נשיקה ענין נשיקות הם בהתעוררות האהבה בין ת"ת ומלכות ואין נשיקות אלא ביחוד אבל ביחוד החכמה והבינה אין נשיקות. והנשיקות הם דביקות רוחא ברוחא כמו שנתבאר בשער מהות והנהגה:

נשמה יתירה בכל מקום נשמה סתם היא בינה שמשם מחצב הנשמות כמו שנבאר בשער הנשמה. ובר"מ (פנחס דף רמ"ג.) פי' כי נשמה יתירה היא כתר. ואין לנו לפרש אלא שנאמר שכאשר נקרא הבינה נשמה יתירה היא כשמתייחדת עם החכמה והכתר ונקראת מצד הכתר נשמה יתירה כי הוא היתרון על הנשמה (ע' תקונא כ"ד דף ס"ז וז"ל דנשמה יתירה דאיהי שכינ' עלאה כו'):
נשר כל המפרשים וקצת ממאמרי הזהר מסכימים כי פני נשר הוא במלכות. אמנם בתיקונים מקומות רבים פי' הפך זה כי נשר הוא בת"ת. וכן פי' בזהר פ' יתרו (ד"פ ע"ב) והכריח כן מן הכתוב (משלי ל יט) דרך הנשר בשמים. ולכן נראה לנו כי נשר לעולם במלכות. אמנם נקרא המלכות נשר בהיותה עומדת למעלה במקומה קודם הקטרוג. ויש דרך הנשר בשמים, ופי' מקום הנשר אעפ"י שהיא למטה לארץ אבל מקומה בשמים. ובזה בארו בתיקונים כי מצד הת"ת נקרא המלכות נשר והכריח מן הכתוב דרך הנשר בשמים. ובמקום אחר אמר כי היא נקראת נשר מסטרא דכורסייא שהיא הבריאה שפי' בשער אבי"ע. ואפשר הטעם כי בשבתות וי"ט שהיא והיסוד הם מתלבשים בבריאה כדפי' שם ואז נקראת נשר מסטרא דת"ת. ובמ"א (בתיקוני ז"ח דף קי"א ע"ב) פי' כי הבינה נקרא הנשר הגדול בעל הכנפים ועליה נאמר (דברים לב) כנשר יעיר קנו וכו' וכנפים הם שש כנפים שש ספירות:
נתיבות כבר פי' בשער הנתיבות כי הנתיבות הם ל"ב והם בחכמה. והם נקראים נתיבות פליאות לפי שהם נעלמות מלשון מופלא ומכוסה וכבר הארכנו בשער הנזכר. והנתיבות הם כנוי לצנורות נעלמות. ועצם החכמה פי' בר"מ (פנחס דף רנ"ו ע"ב) שהוא הנתיב הגבוה מכלם הכולל לכלם ועליו נאמר (איוב כח ז) נתיב לא ידעו עיט, וכל הנתיבות שואבים ממנו והוא הראשון מהל"ב כמו שבארנו שם. עד הנה נכלל ערך הנו"ן בעזרת האל השופע עלינו משפעו הטוב. ועתה נבא בביאור ערך אות סמ"ך בס"ד:

פרק חמשה עשר:

סבא דסבין פי' בתיקונים (בהקדמה ד"ג.) שהוא בחכמה ובזוהר פירש כי הכתר נקרא כן והכל מורה על העלם שהיא מורה שחכמה נעלמת בכתר ששם עקר הזקנה כדפי' בערך זקן. והבינה נקרא סבתא דסבתין. וכן מבואר בזהר פרשת נח (דף ע"ב ע"ב) והענין כי היא נקראת כן בסוד מציאותה ומקורה המתעלמת בכתר וחכמה כי שם מציאותה נעלמת.

וכמו שהחכמה נקרא סב"א דסבין בסוד הכתר כדפי', כן הבינה בסוד מציאותה הנעלם תקרא סבתא דסבתין. כי היא נקבה בערך החכמה:
סבת הסבות הכתר נקרא ג"כ סבת הסבות. ויש חילוק בין סבת הסבות ובין סבת כל הסבות. ובארנו בשער אם הא"ס הוא הכתר ושם הארכנו:
סגולה פי' בזהר פ' תרומה (דף קכ"ז.) כי המלכות נקרא סגולתו של הת"ת. ואפשר הטעם שבה הוא מסגל וגונז כל שפעו הטוב. ואפשר שתקרא כן בסוד יניקתה ע"י הת"ת מן הסגול שהם ג' אבות. או לפי הפי' שפירשנו בשער הנקודות. או בסוד יניקת מן הסגולתא שהם ג' ראשונות. או לפי הפי' שפירשנו בשער הטעמים בענין סגולתא:
סדר זמנים הם הת"ת והמלכות שהם מדת יום ומדת לילה ובהם נכלל כל ההקף ומפני שהם קדמו במחשבה ארז"ל (ב"ר פ"ג) מלמד שהיה סדר זמנים קודם לכן:
סוד הצדיק נקרא סוד. והטעם כי סוד הוא הקבוץ. וכן הצדיק קבוץ השפע כלו. ומשם נשפע אל המלכות. ומפני היות השפע נקבץ ונסתם בו נקרא סו"ד עולה יי"ן יין המשומר בענביו שיש בו שמירה:
סוכה בסוכה רבו בו הפירושים להרשב"י ע"ה. במקום א' (בזהר וישלח דף קע"ב ע"ב) פי' כי סוכה היא המלכות והיא נקראת ג"כ סוכתה. ובמקום אחר (בתקונא כ"א דף נ"ה.) פי' כ"ו ה"ס שפי' כ"ו שם יהו"ה וה"ס שם אדני ושניהם יחד עולים סוכה. ועם היות שסכה חסר כתיב, עם כל זה יש אם למקרא ויש אם למסורת. ובמ"א (פנחס דף רנ"ה ע"ב) אמר כי סוכה היא הבינה המסככת על בנהא. ונ"ל להטיל פשרה בדבר. כי סוכה הוא חיבור הת"ת עם המלכות ועקרו המלכות. ר"ל כי עם היות שלפעמים יהיה חבור הת"ת והמלכות ע"י התעוררות הזכר ויהיה הזכר עיקר והנקבה נעלמת בזכר. בסוכה הדבר בהפך כי עקר היחוד בנקבה והנקבה נגלית והזכר נעלם. ולכן נזכר חבורם בשם הנקבה. וזהו סוכה כ"ו ה"ס. שהוא יאהדונה"י המורה על חיבורם. ומפני שכאשר יתחברו יכנסו לחופה והם נכנסים ומתעלים בבינה בסוד ו' קצוות הנעלמות בה. והיינו מציאותם סוכה מזרח מערב צפון ודרום מעלה ומטה והם סוכה למטה במקומ' ומתעלמים והם סוכה למעלה. נמצינו למדים, כי עקר סוכה בבינה דהיינו ו' קצוות הנעלמים בה. ובתיקונים (בתקונא ו' דף כ"א. ותקוני ז"ח דף קכ"ז.) פי' כי הבינה נקרא סוכת שלום שהיא סוככת על שלום שהוא התפארת כאשר יתבאר בערכו:
סוף פי' בתיקונים כי הצדיק הוא סוף וכל מקום שבא סוף וקץ הוא בצדיק. והטעם כי אין המלכות סוף לאצילות באמת עם היותה למטה כי מפני מעוטה ירדה. אמנם סוף וקץ האצילות הוא הצדיק. ועם היות שבערך ים סוף כתבנו שנקרא המלכות כן מפני שהיא סוף לכל המדרגות. לא יקשה כלל מפני שכבר תקרא סוף בערך שהיא סוף אחר המיעוט. ולכן יש שקראוה סוף הבנין כי היא סוף לכל השש קצוות:
סחרת החכמה כאשר היא מתגלית בבינה נקראת סוחרת ופי' מלשון סחורה שבה נבראו כל בריאות שבעולם לכן הוא סחרת שממנה יצא הסחורה כדכתיב (תהלים קד) כלם בחכמה עשית. וג"כ הוא מלשון סיבוב שהוא מסבב כל ההיקף שבבינה. וכבר בארנו ענין זה בארוכה בשער הכנויים בס"ד:
סיהרא פי' ירח. השכינה נקראת כן בעוד שהיא פעמים מלאה פעמים חסרה כדפירשנו בערך ירח:
סירכא פי' הרשב"י ע"ה בר"מ (פ' צו דף כ"ח ע"ב ובר"מ תצא דף רפ"ב ע"א) כי הקליפה בהיותה אוחזת בשכינה ואינה מניחה לעלות את פני המלך ה' צבאות מפני שהיא תובעת דין עונותיהם של ישראל אז נקרא הקליפה ההוא סירכא כי היא מסרכת ואוחזת פני כסא לבלתי עלות השמים ואז בעון הדור נעשית היא גבירתה כמו ושפחה כי תירש גבירתה (משלי ל) וזהו לשון סרכא מלשון סרכין תלתאה (דניאל ו)' סיעתא דשמיא פי' בתקונים (תקוני ז"ח דף קט"ז ע"א) כי כל לשון סיוע הוא המלכות מצד התפארת המקבל מן הגדולה בהיות בה החכמה. ופי' שם כי עליהם נאמר (מ"א ח. דה"ב ו) ואתה תשמע השמים:
סל רבים מן המפרשים פי' במלכות ברוב המקומות וכן היא סל ובית קבול לכל האצילות. וכן נקרא סל המצות (ויקרא ח ב. במדבר ו יז) כי עשר חלות מצות נתונים בתוכה:

סלה פי' ר' משה במלכות ולא נתן לו טעם. ובזהר פ' ויקרא (דף ך') פי' בפ' (תהלים לב ה) ואתה נשאת עון חטאתי סלה דא לעילא לעילא אתר דעתיקא קדישא שרייא עכ"ל. ולפי ריש דבריו התם משמע דעתיקא קדישא דקאמר היינו חכמה ואתר דעתיקא היינו בינה ופי' סלה הרמז אל הבינה בהתייחדה עם החכמה:
סליחה פירש ר' משה כי הסליחה היא בת"ת והוא סולח בסוד הרחמים שבו. וי"מ הסליחה בכ"ע לכן בי"ה הוא יום סליחה בכח כתר השופע עליה. ואפשר שמטעם זה ג"כ יהיה בת"ת ענין הסליחה. וענין הסליחה היא כי החטא יפגום ויחשיך אור

הספי' וכאשר יגביר הסולח אורו ויתקן ויאיר המקום ההוא אז הוא ענין סליחה ונסלח לו:
סלם פי' בזהר פ' ויצא (קמ"ט ע"א) שהצדיק נקרא כן. והוא מוצב ארצה (בראשית כח יב) מלכות. וראשו מגיע השמימה ת"ת. אמנם בר"מ פירש הסולם הוא הת"ת והטעם כי בו עליית המלכות והקצוות עד א"ס. וכן הוא מוצב ארצה מלכות וראשו מגיע המשימה דהיא בינה שהיא נקראת יותר שמימה והכל ענין אחד כי ת"ת וצדיק גוף וברית חשבינן חד. ושניהם סולם כי דרך בהם עלייתה למעלה כי אין עלייה זולתם ולכן יצדק סולם על שניהם:
סלע בר"מ (תצא דף רע"ט ע"ב) פי' הרשב"י ע"ה שיש שני מיני סלע. הא' הוא סלע בת מלך הוא הצלע כלתו של מרע"ה. ולכן נאמר (במדבר כ ח) ודברתם אל הסלע בדבור ופיוס כבת מלך. אמנם יש סלע אחר והיא מציאות הבריאה שהיא נקר' שפחה ונקראת משנה כדפי' בערכו והיא הכסא שפירשנו בשער אבי"ע:
סלת נקראת המלכות כאשר היא נקייה מכל המצולות אשר תחתיה כמו סלת נקייה מסובין שהם הקליפות הסובבים המוח. ונקר' כן כאשר רוצה לעלות להתייחד למעלה בין זרועות עולם ואז נקרא בלולה בשמן הטוב ע"י הצדיק ואז מתקשט ועולה ריח טוב להתייחד. כן נתבאר בר"מ (פנחס דף רמ"ז.) וכן נתבאר בזוהר פרשת ויחי (דף רמ"ח) ע"פ (בראשית מט) בבוקר יאכל עד. ונקרא עשירית האיפה סלת מפני שהיא עשירית כאשר נבאר בערכו:
סנדל הסנדל הוא סנדלפו"ן שהוא סנדל לתפארת בהיות המלכות נעולה במנעל שהוא מטטרו"ן. כי אז בהכרח יתלבש הת"ת בסנדל והיחוד אינו גמור כי הוא בבגדו והיא בבגדה והדין הוא שכופין להוציא:
סנהדרי גדולה וקטנה הגדולה הוא בבינה מתגלים בת"ת והטעם כי הע' סנהדרין הם ע' ענפים שבת"ת שהם ז' ספי' כל א' כלולה מי' הרי ע' ומרע"ה שהוא סוד הדעת הרי ע"א והכלל הכולל הע' הם ע"ב. וסנהדרי קטנה הם במלכות כי שם לשכת הגזית כדפי' בערכו. ויש פעמים מייחסים סנהדרי גדולה וסנהדרי קטנה שהם במלכות כי שם לשכתם כדפי' בערכו. ויש פעמים מייחסים גדולה בחסד וקטנה בגבורה. ואינו מן התימה כי ידוע שהבינה אל הימין בגדולה ומלכות אל השמאל בגבורה:
סעודה גדולה וקטנה סעודה גדולה מצד הבינה היא ה' גדולה. וסעודה קטנה היא מצד המלכות ה' קטנה. ולכן בעצרת אמרו רז"ל שאמר הקב"ה אני ואתם נעשה סעודה קטנה:
סער הוא מורה על תוקף הדין פעמים על הפנימי פעמים על החצון. פנימי כגון סערה שהוא א' מהמדות המלכות ומורה על הדין. וע"ז נאמר (איוב לח א) ויען ה' את איוב מג הסערה בנו"ן כפופ' שהיא נרמזת אליה. והחיצון אשר בשערה ישופני וגו' (שם ט יז) והכל מורה על תוקף הדין. וכן הים הולך וסוער (יונה א):
ספירת העומר פי' הרשב"י ע"ה בתיקונים (תקונא תשסרי דף ל"ז ע"א) שהמלכות נק' ספירת העומר. שבה מונה ז' ימים שהם שבע שבתות כו' שהם מ"ט ימים. ונראה לפי זה שנקראת מנורה כאשר יאירו שבעת נרותיה כלולה כל נר ונר מז' נרות אחרות:
ספר ספר ספור (נ"א) ספור כבר פי' עקר הדברים האלה בשער הנתיבות בפ"א. וכבר היינו מאריכים בפירושים אחרים בזולת אותו שפירשנו שם. אלא שהפי' ההוא סלת נקייה ופי' אותו הרשב"י ע"ה בזהר כדפי' שם:
ויש ספר החיים ופי' הרשב"י ע"ה בתיקונים (תקונא י"ח דף ל"א ע"א) כי צדיק מצד הבינה נקרא ספר חיים. ופי' כי הבינה היא משפעת החיים הנשפעים לה מחכמה מלמעלה ממקור החיים והם משפיעים לצדיק ושם מתהוים הויה נגלה בדבר הנגבל בספר ע"י כתיבה. ולכן הצדיק בקבלתו החיים מהבינה נק' ספר חיים. ועוד יש ספר תורה והוא הת"ת ונק' ס"ת בהיותו כלול מכל תרי"ג מצות, רמ"ח מ"ע מצד הגדולה, ושס"ה מצד הגבורה ומגביל אותם וכוללם בעצמו נק' ס"ת. ואמנם היכל שלו הוא בבינה. וכן מבואר בזוהר (שלח דף קס"ד.) בפי' הפסוק מגדל עוז שם ה'. ומתוך היכל הפנימי הזה יוצא ומתייחד בתוכה (היינו בכנס"י) כמו שכתוב (בראשית ב) ע"כ יעזוב איש את אביו ואת אמו ודבק באשתו. ופי' ר' משה כי ההוד נק' ס' מלחמות ה' לפי שמאתו יצאו המלחמות מצד הגבורה. ונשלמה בעזרת צור ישראל ערך אות סמ"ך. ועתה נתחיל בביאור ערך אות עי"ן בס"ד:

פרק ששה עשר:

עב הוא החסד וכן עולה בגי' חס"ד ע"ב ועל זה רומז הנה אנכי בא אליך בעב הענן (שמות יט) והוא כח ואצילות שם בן ע"ב. ועליו נאמר (ישעיה יט א) הנה ה' רוכב על ע"ב ק"ל. נמצא שע"ב הוא החסד בהיותו בע"ב גשרים כנודע:
עבד נק' המלכות וכן פי' בזהר פ' קדושים (דף פ"ו ע"א) כי דוד עלאה נק' עבד, בפסוק (ישעיה מג י)

ועבדי אשר בחרתי. ובתיקונים פי' כי כל לשון עבדות ועבודה הוא רמז בעבד שהוא מטטרו"ן שהוא העובד והעבד. ומצדו צריך האדם לעשות עצמו כעבד:

עבודת הלוים פי' בזהר פ' פקודי (דף רכ"א ע"ב) כי הבינה נק' עבודת הלויים בסוד השיר כד"א ועבד הלוי הוא כדפי' בשער מהות וההנהגה. ופי' שם עוד פ"א שהמלכות נק' עבודת הלויים בסוד שהיו נושאים המשכן בכתף ממקום למקום (ע' בז"ח חוקת דף ס'; מבואר דהמלכות נק' עבודה):

עגולה נקרא הבינה כי היא כעיגול שאין בה תפיסה כלל משא"כ למטה בבנין שיש בו תפיסה כביכול. ואפילו כשהיא יושבת על בניה היא מרובעת ר"ל רובצת תרגום רביעא. וכן פי' למעל' בערך אפרסמון כי היא עגולה סמ"ך סתומה בהיותה עולה למעלה. אמנם למטה על בניה מ"ם מרובעת המורה על ההשפעה ושהאם רובצת על הקן החופפת על בניה:

עגל נ"ל שהוא מצד הגבורה כענין שור. ועגלה היינו המלכות מצד הדין. אמנם ירמזו אל כחות הדין קרובים לאלו:

עד פי' בזהר פ' ויחי (דף רמ"ז ע"ב) כי המלכות נקראת עד בין שתהיה מתייחדת עם הת"ת בין שתהיה למטה במקומה ואפשר הטעם מפני שעדיה הגיע האצילות ולא עוד. והיא סוף המדרגות ובהיותה עולה למעלה ביחוד עם בעלה נקראת ג"כ עד. וז"ש התם והאי עד הכי נמי לעילא הכי אתקרי. והטעם כי אז עד בלשון עדה ולכן נקראת לעולם עד. וקצת משמע התם כי עד נמי בבינה. ואפשר שיהיה גם במלכות בהיותה עם הת"ת והיינו השב' ע"ד . ובפ' בראשית פי' כי גם היסוד הוא נקרא עד ואפשר לשני טעמים שפי' שהוא המקום שעדיו הגיע האצילות בתחלה קודם המיעוט. או מפני שעדיו הגיע אצילות עולם הזכר וממנו ולמטה עולם הנקבה. כי בינה עולם הזכר הוא כמבואר בזהר פרשת ויחי (דף רמ"ו ע"א) ומיסוד ולמעלה הכל דכורא או מפני שעל ידו היחוד דהיינו ע"ד כדפירשנו:

עדה פירש בזהר פרשת ויצא (דף קנ"ה ע"ב) כי עדה היא המלכות והטעם כי מתקבצים ומתוועדים דרום וצפון ומזרח שהם חסד גבורה ת"ת בסוד הייחוד וכן פי' שם ועדותי זו אלמדם (תהלים קלב יב) כי מלה עדותי מלשון עדה:

עדות הוא ענין היחוד ואל תקרי עדות אלא דעות והם ת"ת וצדיק ששניהם דעות מלשון חיבור. צדיק עדות בין ת"ת ומלכות ות"ת הוא בין חכמה ובינה וכבר הארכנו בזה בשער אם הא"ס הוא הכתר. ובזהר פרשת פקודי (דף רכ"א ע"ב) פי' כי אותיות י"ה הם עדות ובהם קיום כל העולמות כענין כי ביה ה' צור עולמים. ואפשר שעל ידם הוא הויית העדות שהוא הדעת שהוא ו' אבא ואימא י"ה יה"ו:

עדן הרבה עדנים הם ופי' הרשב"י ע"ה בתיקונים אמנם הוא ביאר בפי' כי עקר העדן והיותר מתיישב הוא כ"ע ושאר מקומות הם על דרך השאלה. וז"ל בתיקונים (בהקדמה דף י"א ע"א) ולית עדן אלא כ"ע דאיהו מופלא ומכוסה ובג"ד אתמר ביה עין לא ראתה אלהים זולתיך ע"כ. הנה אמר בלשון שלילה ולית עדן וכו' ואין לומר כי ולית עדן הנזכר כא"ן. כמו כי קאמרי' שבתלמוד. ממה שהאריך בענין להכריע שלא יצדק עדן כ"א על הכתר שהרי על העדן נאמר עין לא ראתה אלהים זולתיך וכיון שכן לא יצדק שם עדן אלא בכ"ע שהוא מופלא ומכוסה ואין בו השגה כלל. ופי' עין לא ראתה אלהים הכוונה כי אלהים הוא הבינה ואין מי שיוכל להביט בעין זולת הבינה. ועל דרך השאלה יקראו החכמה והבינה עדן ויותר יצדק בחכמה מבבינה. וז"ל הרשב"י ע"ה בתיקונים (תיקון נ"ה דף פ"ה.) ונהר יוצא מעדן אית עדן ואית עדן הה"ד ונחל עדניך תשקם. עדניך ודאי עדן עלאה כתר עילאה. עדן דלתתא דא י'. ואית עדן לתתא ודא אימא עלאה. איהי עדן לגבי נהר דלתתא מינה הה"ד ונהר יוצא מעדן להשקות עכ"ל לעניינו. ודקדק בלשונו באמרו אית עדן ואית עדן. לפי שאמר הכתוב ונחל עדניך לשון רבים ולפי המוסכם אין עדן כי אם בכ"ע כדפי' לעיל לזה אמר אית עדן ואית עדן. כלומר יש עדנים ואין כולם שוין. ודקדק בזה שאמר הה"ד, ולא אמר דכתיב כמנהגו. אלא הכוונה לומר הה"ד. פי' עם הקדמה זו יתיישב ונחל עדניך לשון רבים. ודאי עדן עלאה וכו', פי' בכ"ע שהוא עדן אין ספק כי זהו העדן האמתי. וכיוון לקראו כתר עלאה, פי' ודאי כי הכתר לא נקרא עדן סתם כיון שאנו רואים שנקרא כתר עלאה, וכיון שכן ראוי שיקרא עדן עלאה. וא"כ לפי זה יש עדן למטה ממנו שלא נקרא עליון. וזה שאמר עדן דלתתא דא י'. פי' כיון שיש עדן עליון העדן התחתון יהיה חכמה. ומפני שהוקשה לו כי עדן מורה על היותו נעלם כדמוכח מפסוק עין לא ראתה אלהי"ם זולתיך. לכן אמר ודא י', כאמרו גם החכמה נעלמת שאין האות הנרמזת בה מושגת אלא נעלמת דהיינו י'. ואית עדן, פי' עדן שלישי יש וזה אינו עדן בעצם אפילו בעצמותו אמנם הוא עדן בערך הנהר המתעדן ויוצא ממנה. וז"ש אית עדן לתתא ודא אימא עילאה, ואינה עדן בערכה אמנם היא עדן בערך הנהר

המתעדן ויוצא ממנה. ופי' ונהר יוצא מעדן, ירצה לפי זה תפארת הוא הנהר היוצא מהבינה. ועם היות לשון עדן אינו מדוקדק, עם כל זאת ידוקדק לשון נהר יוצא דהיינו דנפיק מבינה שאינו יוצא אלא מבינה. הכלל העולה מהמאמרים האלה כי העדן העקרי הוא בכתר עליון ובחכמה יתייחס קצת והבינה אחר דוחק גדול ונקראת עדן בערך שהנהר מתעדן בה. ובפרשת ויחי (דף רמ"ז ע"ב) בפ' ברכות אביך וגו' פי' עדן בענין אחר וז"ל מאי מעדן אלא בכל שעתא דכל שייפין יתבין בקשורא חדא ואינון בעידונא דתיאובתא מרישא לעילא ולתתא וכלהו מעידונא ותיאובתא דלהון מריקין ביה ואתעביד נהר דנגיד ונפיק מעדן ודאי עכ"ל. והכל ענין אחד כי לעולם עדן הוא למעלה ואם נאמר עדן למטה אין ספירה למטה שנקרא עדן אלא בהתייחד הספירות כלם איש באחיהו מהראש העליון דהיינו בינה עד למטה אז יקרא ענין זה עדן והכוונה כי אינם בערך שהם עדן אלא בערך שהם מתעדנים מעצמם על ידי יניקתם מן הראש שהיא הבינה ואדרבא מתוך הלשון משמע כן:

עדנה היא המלכות כאשר היא מתמלאת שפע ורצון מעדן עליון ופי' עדן ה'. ושרה מטעם שנמשך עליה עדנה מעדנ"ה אמר אחרי בלותי היתה לי עדנה (בראשית יח יב). ודקדק לשון היתה לשון נקבה. וכן דקדק בזהר (שלח דף ק"ע: ע"ש) וכן פירש הרשב"י ע"ה בהר פרשת חקת (דף קפ"ב ע"ב) בפסוק (קהלת ד ב) ושבח אני וגו' אשר הם חיים עדנה שהיא המלכות עדן ה' נקבה:

עובר על פשע פי' ר' משה שהוא בתפארת ופי' הטעם כי הוא עובר על פשע בכח הרחמים כאב רחמן על הבנים:

ויש עובר על הפקודים ופי' בתיקונים (בתקוני ז"ח דף קי"א ע"א) כי נצח והוד נקראים פקודים ויסוד עובר עליהן וכמבואר בשער האצילות פ"ד. נמצא היסוד נקרא כן בבחינתו שהוא למעלה מהם:

עולה נקראת המלכות בהיותה מקבלת ממקומה דרך מדרגות הסולם מדרגה אחר מדרגה עד עלותה עד התפארת להיות עם בעלה ומשם יתעלו שניהם אל הבינה כי שם ביתם. ובהיותם עושין המסעות האלה תקרא עולה. ולכן עולה כולה כליל לה' ואין לאחרים חלק בה כלל ועקר. ולכן נאמר בעולת הבוקר שהיא עולת התמיד היא העולה (ויקרא ו) כיון שעלתה לא תרד בשום אופן בעולם. מה שאין כן בחטאת שיש בה ירידה שנאמר (שם ט) וירד מעשות החטאת. והעולה לעולם עולה. אלו הם דברי הרשב"י ע"ה בר"מ (פנחס דף רמ"ז ודף רנ"ו ע"ב). ובזהר פ' נח (דף ע' ע"א) נראה שעולה הוא בתפארת דהכי קאמר התם עולה סלקא דכר ולא סלקא נוקבא דכתיב זכר תמים יקריבנו. אמאי כתיב אשה דהא אש בעי לאשתכחא תמן. אלא אף על גב דעולה אתקריב דכר ולאתריה אתקריב, נוקבא לא בעיא לאתפרשא מיניה אלא בה אתקרי בגין לחברא דא בדא דסלקא נוקבא לגבי דכורא לאתחברא כחדא וכו' עכ"ל. האי לא קשיא ולא מידי דהתם נמי קאמר כי עולה היא המלכות כדפי' לעיל בר"מ. והכי פירוש ואי סלקא דעתך דעולה איהי רמיזא בתפארת ולא במלכות משם דכתיב זכר תמים יקריבנו, קשיא אמאי כתיב אשה דהיינו לישנא דנוקבא, לימא אש דאיהו לישנא דדכורא אלא ודאי דעולה אתקריב דכר ודאי לאתריה אתקריב דהיינו התפארת. ועם כל זאת עיקר הרמז אל המלכות העולה במקום הזכר ופירש עולה מלכות דסלקא לגבי דכר ולפיכך אתיא דכר לאחזאה מלכות דסלקא לגבי דכורא ולא אדכר בשמא אלא דכורא דאיהו עיקר ועתה צדקו דבריו יחד:

עולם כמה עולמות הם ומתחלקים לפי מניינם. המלכות נק' עולם ופי' בר"מ (פנחס דף רמב.) כי פירוש מלת עולם פי' נער. והטעם או היא משמשת שימוש נער. או פי' מלשון עלמה פירוש נערה מפני שהיא נערה יפה בתולה מקווה להיותה נבעלת מבעלה אחר הגאולה. ובזהר פרשת בראשית (דף נ"ח) כתב כי עלם חסר ו' הוא במלכות. ואפשר כמו שפירשנו. ויש עולם ביסוד אך לא נקרא עולם סתם אלא עולם הנשמות והטעם מפני שהוא אילן שממנו פורחות הנשמות כי על ידו הנשמות פורחות לשכינה פי' על ידי היחוד. ויש שקראוהו עולם תיכון והטעם כי הוא עולם תיכון והאמצעי בין תפארת ומלכות ואינו ענין. והתפארת יש שקראוהו עולם הבנין והטעם שההיקף שהוא הנגדר בשם עולם כאשר נבאר הת"ת כולל אותו כנודע. שהוא בעל שש קצוות לכן ראוי שיקרא בשם עולם. ועתה שני עולמות הם עולם הזה ועולם הבא והוא בינה. וכן אמרו רז"ל (קדושין דף ט"ו.) ועבדו לעולם זה עולמו של יובל. והיינו בינה. ולא תקרא בינה העולם אלא בסוד בחינת השש קצוות הנעלמות בה:

ונקראת עולם הבא פירוש שלעולם בא שאינו מתעכב שפעו לעולם אלא בא ולפיכך אמר הבא ולא אמר שיבא. ומלכות ג"כ נקראת עולם כולל שבעה נרות שבעה ספירות בסוד היותה כוללת כל ההיקף. ועל ב' עולמות אלו נאמר מן העולם ועד העולם ובין שתי עולמות אלו אוחז עולם אמצעי והוא סוד ששה

קצוות עצמם. אמנם לא ייחסהו בשם עולם. ונקראת המלכות עולם הזה לפי שלפעמים פוסק השפע ממנה בעונותינו. ומטעם ההפסק אין אנו יכולין לומר בה עולם הבא כי עולם הבא מורה על שלילת ההפסק. והמלכות בעלת ההפסק לכן נקראת עולם הזה שפי' שאין בה אלא מה שלפנינו לבד עד ירחם ה' ויושפע עליה עוד שפע. ובתיקונים (תקונא כ"ב דף ס"ב.) פי' הרשב"י ע"ה שהתפארת נקרא עולם הבא וז"ל ו"ה אינון תרין בנין ואינון עלמא דין ועלמא דאתי. ו' עלמא דאתי דאיהו עלמא אריכא, ה' עלמא דין דלאו איהו אריך עכ"ל. ונוכל לומר כי עיקר עולם הבא הוא הבינה ונקראת עולם הבא מצד בחינתה המשכת הנהר להשקות הנטיעות אשר בגן. והנהר הוא ו' והיינו עולם ארוך והוא בערך בחינתו עם הבינה ויוצא ממנה. ויש שקראו לבינה עולם החיים מפני שהיא מקבלת החיים העליונים שבחכמה ומשפיעם למטה דרך החיי"ם. ולפ"ז לא תקרא בשם זה אלא כשתשפיע כח החיים מחכמה. ואחרים קראוהו עולם השכל כי היא נקראת עולם השכל בקבלתה כח השכל מהשכל העליון שהיא החכמה קרובה אל הכתר כאשר נבאר. ואחרים קראו לחכמה עולם ההעלם מפני שבה הקצוות הוויות דקות ביותר לכן קראוה עולם ההעלם. ולפ"ז לא תקרא החכמה עולם ההעלם אלא בהתגלות אותם ההויות הדקות שבה בהעלם. ועם כל זה תקרא עולם ההעלם:

עומק כל הספירות קראם בעל ספר יצירה עמקים כדפירשנו בשער אם הא"ס הוא הכתר ושם בארנו הטעם:

עומר הרשב"י ע"ה קרא בתיקונים (תקונא י"ט דף ל"ז.) להבינה עומר. וז"ל וימודו בעומר דא שכינתא עילאה דאיהי עומר לגלגולת דאיהי גולגולתא דרישא עכ"ל. ופי' מלת עומר מלשון עימור שפירוש ענין קבוץ ואגודה. והנה הבינה הוא העומרת ואוגדת ג' ראשונות בתוכה. והיינו גולגולת כי ג' ראשונות נקראים גולגולת. ונמצא לפ"ז כי הבינה נקרא עומר בהיות עומרת ג' ראשונות:

עוף פירש בתיקונים כי היסוד נקרא עוף השמים כי הוא עוף לת"ת (הנקרא שמים) והכוונה עוף המעופף ומשמש לת"ת. ומטטרו"ן עוף למלכות משמש תחתיה. כערך המלכות אל הת"ת כן ערך מטטרו"ן אל המלכות:

עופר נקרא התפארת. כן ביארו בזהר פ' בראשית (ד"מט.) ונראה שנקרא עופר בהיותו יונק משני האיילים העליונים שהם גדולה וגבורה ומגביר כח הדין שכן המלכות נקראת עפר מצדו כמבואר שם שנקראת עפר בסוד [בחינתה התחתונה] כמו שנבאר בערכו:

עושה פלא נקרא התפארת מצד הכתר הנקרא פל"א אל"ף. כמבואר בערכם. כן פי' בתיקונים. וכל עשיית פלא על ידו:

עז נקרא הגבורה מדת הדין העזה כן פירש בזהר פ' ויחי (דר"מ.) ע"פ (שופטים יד יד) ומעז יצא מתוק:

עוז הוא תפארת. וכן פירשו רז"ל (זבחים דף קט"ז.) ואין עוז אלא תורה. היא תורה שבכתב תפארת. ונראה שנקרא עו"ז בהיותו כלול מע' ענפים ושבע ספירות. ובתיקונים (תקוני ז"ח דף קי"ט.) פי' עז"ו היא השכינה אימא עילאה בינה ועליה נאמר (ישעיה סב ח) ובזרוע עזו. כי גבורה היא זרוע שלה והיא נקראת ושכינת עזו בגבהי מרומים ע"ש:

עטרה המלכות נקראת עטרה ולא נקראת כן אלא בהיותה עולה עד הכתר ושם הוא עטרה בראש בעלה עטרת תפארת וכן היא עטרת בראש כל צדיק וכן היא תגא דס"ת ונאריך בשער האותיות בפירושו בביאור אות זי"ן (ע' בהקדמת ת"ז ד"י ע"ב) עין הוא כללות קצת הספירות יחד (ע' כ"ז בתקונא ד' דף י"ח ע"ב). כיצד גביגין דעינא שהם פותחין וסוגרין הם נצח והוד. והעין עצמו גדולה גבורה תפארת הם ג' גוונין דסחרין לבת עין לבן ואדם וירוק. ובת עין היא המלכות. ובת עין גדולה היא הבינה. אור בת עין דא י' מחכמה ע"י כ"ע. אמנם הקיבוץ הזה יהיה כאן מן הספירות. ובר"מ (פנחס דף רנ"ו ע"ב) פי' כי נקראת עין מסטרא דימינא. ואפשר לומר כי הוא כוללת בחינות אלו מצד הגדולה. והטעם ששם הראיה כאשר יתבאר. ולכן על המלכות נאמר (ירמיה ב ב) אהבת כלולותיך שהוא הכללות הזה מן הימין ומצדו האהבה מתעוררת. ולכן נאמר (שה"ש ד ט) לבבתני באחת מעיניך. ורבי משה פירש כי עין בעין (ישעיה נב ח) הם ת"ת והמלכות שניהם נקראים עין. ואפשר להיות כן על ידי כללות המדות האלה בהם. ומתוך הזהר בפ' משפטים (דף קכ"ב ע"ב) משמע כי העינים הם בגבורה שאמר דכד גבורה מתפשטא ועיינין מלהטין וכו' כמו שהעתקנוהו בשער מהות והנהגה. ויש שפי' כי עינים הם חכמה ובינה ויש שפי' בגדולה וגבורה. ויש קצת מקומות בזהר שנראה מהם שהם נצח והוד. ואין לנו לפרש. ועל כל העינים יש עין אחת שאין לה גבות עינים שמעולם אינו נסגר והוא הכתר ונקרא באידרא אשגחותא דכלא והוא משפיע הרחמים בכל עינים התחתונים. ובתיקונים המלכות בהיותה כלולה

מהגוונים הנזכרים היא נקראת עין המים שאין בו הפסק:
עיפתה פירש רבי משה כי המלכות נקראת לפעמים ארץ עיפתה מצד הגבורה. והענין בעצמו מורה כן: עיר שני עיירות יש. עיר עליון והיא בינה ירושלים של מעלה. ויש עיר תחתון והיא עיר דוד ירושלים של מטה מלכות. ונראה שנקראת עיר בכל מציאותיה שיש לה בחומותיה כדפי' בשער המציאיות כי יש נקודה אמצעית והוא נקודת בית המקדש וסביב נקודה זו כמה לשכות עזרות בתים וחומות כדפירשנו שם:
עירוב פירש בתיקונים (תקונא כ"ד דף ס"ז.) כי תפארת נקרא עירוב מפני שעל ידו מערבין ומטלטלין מבית לבית שהם בית עליון בינה, ובית תחתון מלכות. ותפארת מערבן ומייחדן יחד וזהו עירוב:
על הוי"ה פי' בזהר פ' אחרי (דף ע"ט ע"ב) כי ג' ראשונות נקראים על יהו"ד מפני שהם למעלה מן הת"ת. ומפני כן חנה שידעה כי הבנים במזלא תלייא התפללה על יהו"ה. וזש"ה (ש"א א י) ותתפלל על ה' ונתנה אח"כ שבח למקום שממנה נשפע לה בן:
על שמים הם גדולה גבורה שהם למעלה משמים שהוא ת"ת. כן נתבאר בזהר פרשה ויקרא (דף ע"ז.) והעתקנו לשונו בערך מעל שמים ובארנוהו:
על כל מים היא הבינה. כן פירש בזהר שמות (ד"ו.). ונקראת כן מפני שהיא על כל מים שהיא עומדת למעלה מכל הבנין ואפי' למעלה מחסד:
עלת העלות בארנו בשער אם הא"ס הוא הכתר. ויש חילוק בין עלת העלות ובין עלת על כל העלות:
עמוד האש והענן היא השכינה. ובהיותה יונקת מחסד בסוד מדת יום אז נקראת עמו"ד הענ"ן כי ענן מצד החסד. וכאשר יונקת מגבורה הנקרא מדת לילה אז נקראת עמוד האש. ונצח והוד נקראים עמודי שש והטעם כי בם נכללים שש. נצח נצחים, הוד הודות. כדפירשנו ערך נצח. וכן הם היו העמודים שעשה שהע"ה בבית המקדש ושניהם יכין ובועז נצח והוד. וכן נקראים גם כן סתם עמודים:
עמר נקי נקרא חסד בסוד הלבנונית:
ענבים הענבים הם ו' ספירות ושש קצוות ובהם היין משומר מששת ימי בראשית והם הששת ימים. ואמנם יש ענבים לבנים, ויש ענבים אדומים, ויש ענבים שחורים. כשיונקים מחסד אז הם לבנים והם יפים לחלום מורים על חסד. וכשהם יונקים מגבורה הם אדומים. ואם אכלן יפה הוא לו שהכניע הדין ונצחו ובטלו. והשחורים מורים תוקף הדין בסוד השחרות שבגבורה. כ"פ בז"ח שה"ש. ובפ' נשא (דף קכ"ז.) פי' כי הענבים הם במלכות. ואפשר לפרש הענין כי ענבים לשון רבים הם שש קצוות שבמלכות ומקבלת בהם היין העליון הנשפע לה. ויש דין יפה ודין חזק והיינו החילוק שיש בין אדומים ללבנים (כמ"ש בזהר תרומה דף קמ"ד ע"א):
ענג פי' הרשב"י ע"ה בתיקונים (תקונא נ"ה דף פ"ה ע"ב) שהוא כללות ג' שבתות שהם בינה תפארת ומלכות. והמלה הזאת ראשי תיבות "עדן "נהר "גן. פירש עד"ן בינה עם חכמה וכתר הנכלל בהם. נהר תפארת שהוא הנהר היוצא מעדן ומשקה הגן שהיא המלכות. וכל זה נרמז בתיבת ענ"ג. ובזהר פ' אמור (דף צ"ד.) פי' כי הענג והתענוג הוא בבינה וזהו והתענג על ה' (תהלים לז ד) דייקא דהיינו בינה ואפשר לומר כי הבינה נקרא ענג בהיות מתעלם בתוכה הת"ת והמלכות:
ענוה פי' ת"ת בסוד הדעת המתעלם שהוא מרכבתו של מרע"ה ועליו נאמר (במדבר יב) והאיש משה עניו מאד. ומה שפי' רז"ל (בשה"ש רבה פ"א) מה שעשתה חכמה עטרה לראשה עשתה ענוה עקב לסוליתה כו', פי' כי המלכות נקראת יראה מצד השמאל ונקראת חכמה מצד הימין ולהיותה מגברת השמאל על הימין מצדה לכן ראשית חכמה יראת ה' (תהלים קיא י) כי לעולם היראה גובר מצד המדה זו. ועם כל זה היא עקב וכסא לבעלה הנקרא עניו בסוד הדעת. ולהיות שהיא לפעמים עטרת בעלה לכן אמרו שבבחינת ענוה הוא עטרה לעולם עליה והיינו בסוד הדעת שהוא עולה עד הכתר (ע' בתקוני ז"ח דף קל"ז וז"ל ובג"ד עקב ענוה יראת ה' כו'. ע"ש ובהקדמה ד"ח ע"א):
עני יש עני ועניה. עני הוא היסוד ועניה המלכות. ועל צדיק אמר הרשב"י ע"ה דלית ליה מדליה כלום ושניהם נקראים עניים. ויש מתמיהים על ענין דלית לה מגרמה כלום. ואנא גברא חזינא תיובתא לא חזינא. כי כמו שהירח הוא עצם לטוש אין בו אור כלל אלא מה שמקבלת מהשמש כן המלכות אין לה אור מעצמה אלא מה שמקבלת מהת"ת והיא לווה ממנו האור ומשפעת למטה. ואם יקשה המקשה אם כן שאין לה אור אין לה פעולה, ואם כן היאך שאר הספירות כלולות מעשר כיון שהמלכות אין לה אור אינם אלא תשעה. לזה נשיב כי כמו שבהעדר אור הלבנה לא נאמר שנתבטל כוכב לבנה מן העולם שאינו כן ודאי. אלא כאשר היא במלואה פעולותיה בחוזק, ובימי חסרונה יש לה פעולה אבל לא כל כך כמו קודם בהיות האור נובעת ממנה. כן

הענין במלכות כי לא תבטל הספירה מפני מיעוט אורה ושפעה, אלא יעדר אורה וימעט ותשאר כמו האבן ספיר שיהיה נצוץ השמש מכה בו ויהיה מאיר אור חזק בעצם. ובהעדר האור וניצוץ השמש המכה בו לא מפני זה יתבטל ויתחשך מכל וכל. ואם נאמר בו חשך יהיה על העדר האור הרב ההוא לא מפני שאין לה אור כלל. ואפילו אם נאמר דלית לה מגרמה כלל, פי' שאין לה אור כלל מאותו האור שהיה נשפע אליה קודם שבסבתו היה מאיר האור החזק ההוא. ועם כל זה פעולותיה לא יתבטלו כדמיון הלבנה שפי' שאינה מתבטלת מכל וכל. אמנם יתמעט ויתרבה אורה לפי המקום ולפי הזמן. וכמו שבארנו במלכות שהוא עניה דלית לה מגרמה כלום כן נבאר ביסוד שאמר עליו עני דלית ליה מדיליה כלום:

ענן הוא החסד ופי' הרשב"י ע"ה (בזהר אמור דק"ג. ובתיקונא ל' דף ע"ב ע"ב) כי המלכות מצד החסד נקראת ענן. ושבעה ענני כבוד היו ז' ספירות שבשכינה ולכן נקרא ענני כבוד וכבוד היא המלכות כדפי' בערכו:

ענף עץ אבות. ג' אבות שהם גדולה גבורה ת"ת נקראים ענף עת אבות. ולכן ההדס משולש לרמוז אל שלשתם. וראוי לדעת כי כאשר הם נקראים ענף עץ אבות הם נכללים כל א' בחבירו עד שכל שלשתם בכל אחד ולכן צריך ג' בדי הדס ושלשה שלשה בחד קינא. לרמוז אל האחדות השוה ואל המזיגה היקרה. ועיקר הענף הוא בת"ת הכולל אותם ומעובה בהם וכן פירשו בזהר פרשה ויקרא (דף כ"ד.) וכן משמע מלשון עץ וענף:

עפר היא מדת המלכות ונקראת עפר כי כן הוא סוד יסוד העפר בד' יסודות עליונים כדפי' בשערים הקודמים וכן היא עושה פירות כמו העפר העושה פירות. וכן בארו בזהר פ' (וישלח דף ק"ע ע"ב). ויש מי שפי' עפר ג"כ בבינה. ובזהר פ' נשא דף קכ"ה ובפ' בלק (דף ר"י ע"ב) פירוש כי עפר הם כחות הדין אשר במלכות בסוד הדין שהיא הבחינה התחתונה אשר לה בסוד התכלת וזה עפר שהוא תחתון. וכן אותם כחות הדין הם למטה בבחינה התחתונה כן נתבאר שם. וא"כ בסוד בחינה זו תקרא המלכות עפר. ובפרשת בראשית (דף מ"ט.) פירש כי המלכות נקראת עפר בשעת יניקתה מן הת"ת בהיותו נקרא עופר. כנראה שדווקא בעת תגבורת צד הגבורה:

עץ הרבה עצים יש כמו שנבאר אמנם עץ סתם הוא הת"ת כי האדם עץ השדה (דברים כ יט). אמנם לפעמים נקרא עץ החיים. והטעם כי העץ הזה שהוא עץ האצילות בכלל יונק החיים מהחכמה וכן פי' בזהר במקומות רבים (ע' בזהר שמיני דף מ'. ובדמ"א ע"א) ובפרט בר"מ (משפטים דף קי"ז.) וז"ל עץ החיים ת"ת חיים דיליה חכמה ובינה כו'. וכן פירש בתקונים. ועליו נאמר שהוא מהלך ת"ק שנה שהוא ה' ספירות כל א' כלול מעשר ועשר מעשר הם ת"ק. ויסוד נקרא עץ נחמד לפי שבו יופי המראות וכן נקרא ת"ת לשון פאר. ולפי הפירושים האלה לא יקראו נחמד למראה אלא בבחינת היותם כלולים גווני הספירות ומתגלים בהם ומתראים בהם אם ביסוד אם בת"ת. ויש עץ פרי והיא המלכות. ונקראת עץ פרי מפני שהיא האילן ששם פירות ונשמות הנשפעים בתוכה ממעלה וכן נתבאר בזהר פ' ויחי (דף רל"ח.). ויש עץ הדעת טוב ורע ולפעמים קורא הרשב"י ע"ה בספריו למלכות עץ הדעת טוב ורע. ואין להתפתות ולומר שבמלכות יש בה רע ח"ו כי שם זה מושאל בה מפני שתחתיה הטוב ורע. אמנם עץ הדעת הוא המלכות שהוא עץ מתייחדה עם הדעת העליון. ותחתיה טוב ורע. טוב היינו מטטרו"ן, ורע זה סמא"ל. כן פירש הרשב"י ע"ה בתיקונים (תקונא נג דף פה. ובתקוני ז"ח דף קכ"ד.). עוד פי' שם (בז"ח הנ"ל) כי ג"כ הבריאה נקרא עץ הדעת טוב ורע. ואין ספק שאין בה רע כלל כמו שבארנו בשער אבי"ע ויתייחס בה על דרך שיתייחס במלכות. ולפעמים יושאל שם זה במלכות לסבה אחרת שהיא יונקת מעומק טוב ועומק רע שהם גדולה וגבורה וכן נתבאר בזהר פרשת בראשית (דף ל"ה.). ויש עץ שתול ועץ נטוע שתול הוא מסטרא דמטטרו"ן דאית ביה עקירה והנחה לפעמים נפרד ועקור מן הקדושה, לפעמים מונח ומיוחד בקדושה. הכונ' לפעמים יש לו אור מלמעלה לפעמים אין לו אור מלמעלה. לעיתים מיוחד עם השכינה ולפעמים לא כמו שבארנו בשער אבי"ע. אבל עץ נטוע הוא הת"ת בסוד תמידות היחוד כענין אני ה' וכבודי לאחר לא אתן וגו' (ישעיה מב ח). ולכן לעולם הוא נטוע ואין לו שתילה כמטטרו"ן:

עצב ועצבון בארו בזוהר פרשת נח (דף ע"א) וז"ל עצבון עציבו ורוגזא בלא נהירו דאנפין כד אתחשכא סיהרא וברכאן לא משתכחין. בעצבון סטרא דרוחא אחרא דמנע ברכאן מעלמא עכ"ל. והכוונה כי בהיות חסר האור והשפע העליון והדין הווה והקליפות יונקים, אז נקרא עצבון:

עצה פירשו רז"ל (ברכות ס"א) כליות יועצות והכוונה כי נצח והוד שהם הכליות כדפירשנו בערכם הם המשפיעים עצה למלכות וכן ביארו

בזהר (בלק דף קצ"ג ע"ב) הנצח וההוד נקראים עצות מרחוק. והטעם שהם מיעצות הנביאים ואין הנבואה באה אלא [על] ידי מלכות. לכן אנו אומרים שכמו שאלו נקראים נביאים והנבואה היא המלכות כן הם נקראים עצות יועצים והמלכות עצה:

עצי שטים פירש רבי משה כי נצח והוד נקרא עצי שטים שהם עומדים ומקיימים הבנין ומעמידים המשכן. ואינו הכרח:

עצם העצם יש לו בחינה שרומז אל הרחמים ובחינה שרומז אל הדין וכן הבשר. העצם לבנוניתו רומז אל הרחמים, וקשותו רומז אל הדין. והבשר האודם רומז אל הדין, ורך במישושו רומז אל הרחמים. ולכך פעמים מייחס הרשב"י ע"ה זה אל הדין פעמים בחברו. וז"ל בתקונים (תקונא ס"ט דף ק"ה.) עצם מעצמי דא י' עם ה', ובשר מבשרי ו' עם ה' עכ"ל. הרי בפי' כי חכמה ובינה שהם י' עם ה' נקראים עצם מעצמי בודאי, לרמוז אל ששניהם רחמים יותר מהת"ת ומלכות, ולכן יחסם אל העצם בלבנוניתו. ות"ת עם המלכות שהם ו' ה', בשר מבשרי שהם דין כאדמימות הבשר. ואפשר ג"כ לומר כי כמו שמדרך הבשר לכסות על העצם והעצם מתלבש בבשר כן חכמה ובינה מתלבשים בת"ת ומלכות ות"ת ומלכות מגלים סוד חכמה ובינה. ובמ"א בתקונים (תקונא ס"ה דף צ"ג.) ז"ל חד דיצר טוב, וחד דיצר הרע. חדא מסטרא דעצם תקיפא דינא קשיא, וחדא מסטרא דבשרא מתמן אינון רכיכא ליבא. ואינון דגרמא, אינון קשי קדל. ועל איתתא דאתנטלא מגרמא אמר בן סירא, גרמא דנפל בחולקך כו' גררה עכ"ל. הרי בפירוש שהפך המדות. שאמר כי מצד העצם הוה דינא תקיפא, ומצד הבשר רחמים. ובר"מ (תצא דף רפ"א ע"א) וז"ל איהו א"ח, אסור וחבוש דלית ליה רשו למפרק ית גרמיה דאיהי ד' עצמו דאח. עצם מעצמי קרא לה לגביה בקרקפתא תפילין דרישא, ובשר מבשרי קרא לה מסטרא דלבא עכ"ל. ופי' מבואר כי מצד קרקפתא דתפילין דאיהו כתר המוח, קרא לה עצם. ומצד הלב שהוא בינה, נקרא בשר. ובמ"א (בר"מ פנחס ד"רנה ע"ב) אמר כי המלכות מצד החסד נקרא עצם מעצמי ומצד הגבורה נקרא בשר מבשרי. והענין כדפי' שהם בחינות מתחלפות בנמשל. ואין לנו בזה לעת פשרה ממוצעת:

עצם השמים בר"מ שם פי' הרשב"י ע"ה כי המלכות נקרא עצם השמים מטעם שהיא נטלת מן הת"ת שהוא נקרא שמים. והיינו עצם משמים. ורבי משה פי' כי נצח והוד נקראים עצם השמים על שם העצמה הבא להם משמים עד שהם נותנים עצם לכל עצם שתחתיהם. והעיקר כדפי' הרשב"י ע"ה. ובהיכלות היכל הב' נקרא עצם השמים כמו שנבאר בשער ההיכלות בפ"ב:

עצרת המלכות נקרא עצרת ופירש בזהר (בלק דף קצ"ז ע"א) שנק' כן מפני שע"י יופיה ונעימותה לפני בעלה יושפע עליה שפע רב בלי דקדוק כלל לפי שהיא ראויה אליו ואחרי בוא השפע אליה מעכבת אותו מפני רוע מעללי אדם שאינם ראוים אל הטוב ההוא. וכאשר יתעכב השפע שם אז נקראת עצרת. פי' שהיא עוצרת השפע בידה ואינה משלחת אותו למטה [אלא מעט מעט] כדפי' בערך כנס"י:

עקב נקראת המלכות וכן פי' הרשב"י ע"ה בר"מ (בתוס' זהר דף ש"ו: והובא ג"כ בהשמטות בראשית דף ט"ז) והטעם כי כמו שהעקב סוף הגוף כן השכינה סוף המדרגות שבאצילות. וכן יעקב הוא שכינה ופי' אותו בערכו. ורבי משה פי' עקב בחכמה והטעם שהיא עקב לכתר. ואינו ענין לא בעקב ולא בענוה כמו שביארנו (בע' יראה וענוה):

עקדה בתקונים פי' הרשב"י ע"ה כי המלכות מצד הגבורה נקראת עקדה. ואפשר היות זה בסוד קשר הדין ועקידתו. וגבורה נקרא עקוד והיא עקדה:

עיקר הוא היסוד. והטעם כי הוא יסוד ועיקר ושורש לעולם כדכתיב (משלי י כה) וצדיק יסוד עולם ופי' יסוד למלכות כן נתבאר בתקונים:

עקרה נקראת המלכות והטעם כי היא רחל עקרה עד ישקיף וירא ה' משמים. או ירצה עקרת הבית ופי' זה נתבאר בזהר בחילוף המקומות פעמים רבות:

ערב יש ערב גדול ויש ערב קטן בסוד מנחה גדולה ומנחה קטנה. ערב רב הוא משש שעות ולמעלה ואז כח הדין מתגבר והוא מצד הדין הרפה הוד. ומצידיה שולטים קליפות קליפות בערב רב קליפות קשים. ובערב קטן קליפה קשה לא כראשונה ובזה אין תימה אי יש ערב בקדושה וערב בקליפה כי הכל צודק ודא בדא אחידן כדפי': (ע' זהר תשא דף קצ"א. ובקהלת יעקב בע' ערב):

ערבות בת"ת. בשם זה נחלקו בזהר (תרומה דף קס"ה.). ור' משה פי' כי רקיע ערבות ביסוד וכן פירוש בזהר ג"כ במ"א. ואפשר הטעם כי כמו שהת"ת נקרא ערבות מפני שבו מתערבים הכחות שהם גדולה גבורה, כן ביסוד בו מתערבים נצח והוד שהם כח גדולה גבורה. ובתיקונים (תקוני ז"ח דף קכ"א ע"ב) פי' כי הת"ת בעצמו נקרא ערבות והיסוד קרקע ערבות כי הוא משך ו' והוא סוף המכריע לכן יצדק בו ערבות:

ערבי נחל הם נצח והוד בהיותם יושבים על שפת

הנחל (יסוד ושפתים) על כל מים הבאים דרך הנחל. ובזהר פירש כי נחל סטרין דגבורה. ואפ"ל כי על נצח והוד בהיותם יונקים מגבורה קאמר. ואפ"ל דחמש גבורין דמתפשטין מגבורה קאמר והוא שמועה בפרשת אמור (הנדפס בפרשת ויחי דף ר"כ ע"ב) והיא כתובה אצלנו. ונטייתנו אחר הפי' השני מכח השמועה דהתם:

ערבית היא המלכות ולכן אמרו תפלה ערבית רשות לפי שרשות בעלה עליה. וזהו וילן שם כי בא השמש (בראשית כח יא) והיא רשות שמורה לבעלה:

ערוגה פי' הרשב"י ע"ה בתקונים כי המלכות נקראת ערוגה כי היא גן וערוגה לתורה. שבה נטועים ג"ן סדרי אורייתא. ואפשר שחלק מהגן נקרא ערוגה כי היא היא הכולל כל הערוגות:

ערפל פי' הרשב"י ע"ה בתקונים (תקונא ל' דף ע"ב ע"ב) כי השכינה מצד הגבורה נקראת ערפל ונתן סימן ומשה נגש אל הערפל אשר אשר שם האלהי"ם (שמות כ כא) כי אלהי"ם הוא מצד הגבורה. ובתקונים במ"א פי' כי ערפל מצד הת"ת ואפשר בהיותו יונק מן הגבורה: (וע' ר"מ פנחס דף רכ"ה. דחו"ב נק' ענן וערפל סביביו):

ערש פי' המלכות שהיא השכינה. ובצרוף עשר שהיא כלולה מעשר. ועליה נאמר (תהלים מא ד) ה' יסעדנו על ערש דוי. דהיינו שכינה שהוא למעלה מראשותיו של חולה:

עשב במלה זו פי' הרשב"י ע"ה בתקונים (תקונא כ"א דף ס"א ע"ב) ז"ל מאי עשב ע"ב ש' ואינון ע"ב שמהן דאינון לבושין דע"ב שמהן עלאין כגוונא דעשב דאיהו לבושא דחטה עכ"ל וכונתו מבוארת. ובמ"א (בתקונא נ"א דף פ"ד.) פי' עשב ע"ב ש' דא יעקב כליל תלת אבהן דאינון ענפי אילנא וסלקין לע"ב שמהן ויס"ע ויב"א וי"ט דבהאי שמא אתבריאו עשבין ואילנין דאינון נשמתין דצדיקיא עכ"ל. ושתי לשונות האלה יחדו יהיו תמים וכל א' מגלה על חברו כי ע"ב שמהן דאינון לבושין כבר נודע כי גבוה מעל גבוה שומר. וע"ב שמות יש להם ע"ב הויות שהם מקורות לשם ע"ב כדפי' בשער פרטי השמות. והכונה כי הע"ב האלה הם לבוש אל הע"ב שמות הנעלמות שרשם אדנות כנזכר שם. והיינו העשב הלבוש אל החטה שהיא השכינה. ואמנם הע"ב עצמם הם בת"ת ששם הוא ע"ב שהוא כללות רי"ו אותיות שהם ג' פעמים ע"ב לג' אבות ובשם ע"ב נבראו הנשמות הפורחות מצדיק והנשמות עצמם הם לבושי השכינה כדפי' הרשב"י ע"ה (בהקדמה דף ו' ע"ב) בפסוק כמראה אש כו' (וז"ל ודא שכינתא דהכי אוקמוהו רבנן דנשמתין דומין קדם שכינתא כנרות לפני האבוקה) שהם נשמות הצדיקים הסובבים אותה ונעשים לבוש אליה להתקשט בהם להראות לפני בעלה כנודע. וכן היא מתלבשת בהם בעה"ז כדפירשנו בשער אבי"ע בפ"ד. כל זה דחקנו לישב שתי הלשונות האלו אל ענין אחד. והכונה במלת עשב בת"ת בהיותו כלול מג' אבות:

עושה פרי נקרא הת"ת. והטעם כי הוא העושה ומאציל הפירות והנשמות למלכות. ועיקר העשייה בזכר תלוי כן פירש בזהר פרשת ויחי (דף רל"ח.):

עשן יש עשן שאינו טוב כמו כי אז יעשן אף י"י וקנאתו וכו' (דברים כט יט) והוא עשן היוצא ממעלה למטה והוא בכח הגבורה המתעוררת בכמה כחות אשר לה מדין קשה ורצועה רעה לאבד ח"ו. ויש עשן טוב והוא עשן המערכה והוא התפארת העולה בכח ההתעוררות בינה אל החכמה ועולה אל החכמה ושם מתייחדים החכמה והבינה על ידו בסוד הדעת ואז ירד שפע וברכה ועיקר התעוררותו מצד הבינה הנקבה. ולכן היא עשן דין. ועוד הארכנו בשתי העשנים בשער מהות והנהגה בפרק י"ב:

עשיר נקרא התפארת. ונקרא כן בערך הצדיק והצדק שהם עניים שאין להם כל. וזה יתעדן על רוב שלום, לכן נקרא עשיר. ואפשר שלא יקרא עשיר אלא בהיותו כלול מכל העשיריות וזהו ממש עושר שאינו דומה מי שיש לו עשר למי שיש לו מאה או אלף. וכן בארנו בשער עשר ולא תשע בפ"ו. ואפשר שיקרא עשיר מצד יניקתו מן הבינה בסוד הרוצה להעשיר יצפין:

עשר ועשור נקרא השכינה והטעם מפני שהיא כלולה מעשר ספירות. ואין לתמוה איך כל הספירות כלולות מעשר שכבר בארנו ענין זה בשער מהות והנהגה בפ"ב. והכונה היותם מתגלים בה ומתקשטת היא ממש בעשר. ולא תקרא המלכות עשר או עשור אלא בבחינה זו בסוד הכללות הזה. ובזהר פרשת אמור (דף ק"ב) פי' כי כל מלת עשור נרמז בה והטעם כי ממעלה למטה הם עשר עד המלכות ופי' עשור מדרגה עשירית כאומר העשירית. (ע' זהר תצוה דף קפ"ה ע"ב). ובתקונים פי' כל הספירות בה נקראים עשר מפני שעל ידה סלקין לעשר שהם מאה:

עשרון כל הספירות נקראים עשרונים במלכות. והטעם שע"י נעשות כולן כלולות מעשר שהיא משלמת המנין כמו שפי' לעיל מהתקונים בעשר. וג' אבות הם שלשה עשרונים על ידה. ועשרון עשרון הם נצח והוד שהם שני עשרונים. כ"פ בתקונים (תקונא י"ז דף ל"א):

עת המלכות נקראת עת ועליה נאמר (תהלים קיט

קכו) עת לעשות לה'. ומפני כי היא כלולה מכ"ח עתי"ם, י"ד בהיותה מלאה מיוחדת בשמש והם טובים, וי"ד רעים בהיותה חסרה והולכת. וע"ז נאמר (ויקרא טז ב) ואל יבא בכל עת. ויש עת רעה והיא הקליפה. ובזה יובן ענין השלום שנוהגים להקדים שלום ולומר שעה טובה דהיינו המלכות בהיותה במלואה. וח"ו שעה רעה היא חסרונה ושולטנות הקליפות. ולפיכך צריך לזהר שלא יאמר בשעה רעה יהיה ח"ו שנראה כמקלל עצמו ורחמנא ליצלן. ומבואר בזהר פרשת וירא (דף קט"ז) כי עת רצון, ועתה, כמו בעתה אחישנה (ישעיה ס כב), הכל דבר אחד ופי' עת ה'. ובתקונים פי' כי הבינה נקרא עת מצד הגבורה. ולכן אל יבא בכל עת מפני שלפעמים משפעת דין. וכמו שכ"ח עיתים אלו במלכות כן בבינה. כי אין דין למטה, אם לא שיהיה מלמעלה:

עתיקא הרשב"י קורא לכתר כן לפעמים בזהר: ופעמים עתיקא דעתיקין טמירא וכו' [ופעמים] לאין סוף. ובדבר הזה עיקר ההבחנה והשפיעה הוא לפי מקומו. ועם כל זאת כשקורא לכתר עתיקא דעתיקין מורה העלם ביותר. וכשמכנהו בשם עתיקא מורה העלם, ולא כל כך. וכשקורא עתיקא לחכמה מורה על שהיא נעלמת. הכל לפי הבחינות. ואולם פי' המלות באמרו עתיקא דעתיקין וכו' פי' בשער השמות:

עתר פי' מלשון ויעתר וגומר (בראשית כה כא) ונתבאר בזהר פרשת תולדות (דף קל"ז.) כי התפלה הגיעה עד כתר עליון. וענין ויעתר מלשון חתירה כדפי' רז"ל (שם ובסנהדרין ק"ג) והכונה חתירת הספירות עד הגיע התפלה עד המזל העליון כי שם תלוי ענין הבנים. כאמרם ז"ל בני חיי ומזוני לאו בזכותא תליא מלתא וכו'. ואפשר כי כל מקום שנאמר ויעתר הוא הסתלקות התפלה עד הכתר. ע"כ הגיע פי' ערך אות עיי"ן בס"ד השופע עלינו ברחמים. ועתה נכנס בביאור אות הפ"א בעזרת הצור וישועתו:

פרק שבעה עשר:

פאר כבר נודע מה שארז"ל (מ"ק דף ט"ו) שהתפילין נקראים פאר ופי' הרשב"י ע"ה (בהקדמת ת"ז דף ח'.) כי תפילין על רישא דקב"ה בינה על התפארת וחופפת עליו נקרא פאר ע"ש שהוא מפאר התפארת. ועוד שאז הוא כולל ששה ענפים על ידה. ולכן נקרא פאר מלשון פארי המגבעות (שמות לט כח) פי' שמסעף אותו ומפארו. וקרוב לזה פי' ר' משה:

פה בענין הפה פי' בערך לשון. ועם כל זה נרחיב הביאור. הנה פיות הם שתים. הפה האחת היא המלכות ונקראת פה מצד המילה יסוד. וחושבניה דדין כחושבניה דדין. והעיקר הוא מה שאנו אומרים שהמלכות פה אין הכונה שהיא כל הפה. אלא הכונה פתיחת הפה לבד היא המלכות. כאלו נאמר כשיפתח אדם שפתיו אותו האויר והפתיחה המתהווה בין השפתים הוא הפה אמנם השפתים הוא נצח והוד. והלשון המסבב בין השפתים משוכה כלפי פנים הוא היסוד ולכן נקרא לשון. ובפעולות הדבור מתייחד הפה עם הגרון על ידי הלשון שראשו א' בין השפתים מגיע לפה ממש וראשו א' מגיע לגרון שבו הקנה שהוא הת"ת כאשר יתבאר בערכו ב"ה. ולמעלה מכללות הפה הזאת יש פה אחרת והיא גדולה גבורה הם השפתים ולפנים מהם הלשון הוא הבינה שנקרא לשון. ולא בינה בעצמה אמנם בת"ת הנעלם בבינה בסוד הדעת. ופתיחת הפה בעצמה הוא הבינה כי היא הנקבה העליונה. והגרון שממנו יוצא הדבור הוא חכמה: ועתה נבאר מה הפיות האלה משמשות. והענין כי הדבור הוא המשל אל ההויות בעולמות העליונים. וכמו שבעולם התחתון יתהוה הדבור ע"י יחוד האברים האלה שהם פה שפתים לשון גרון, כן בעולם הנאצל יתהוו ההויות ויתאצלו על ידי הכלים האלה. והנה ההויות נעלמות בחכמה תכלית ההעלם עד שלא ישפוט שם מציאות הויות אלא בבינה. והנה ההעלם ההוא שבחכמה יצא אל הבינה ושם יתגלה מציאות דק ונעלם ביותר. וקראנוהו גלוי עם היותו נעלם, בערך ההעלם וההסתר הגדול שבחכמה עד שאין ביניהם ובין האפס והאין אלא כמלא נימא כדפי' בשער סדר האצילות. וכאשר יתגלו בבינה יתהוו במציאות י"ש, שישפטו ביש ולא באי"ן. ונתבאר כי כערך החכמה אל הבינה כן ערך הת"ת אל המלכות. כי ת"ת ומלכות נקראת בן ובת, וחכמה ובינה אב ואם. והנה אב ואם יתייחדו כמו שיתייחדו הבן והבת כמפורסם. והנה יחוד האב והאם על ידי הלשון הנחמד הנקרא דעת כדפי' בשער מהות והנהגה ועל ידי הדעת יצאו ההויות לחוץ בבינה. ובענין דדבורא דהאי דעת אינון גדולה גבורה. והיינו דעת לשון, וגדולה וגבורה שפתים, והבינה פה המוציאה האותיות והדבור מהכח הנבחר אל הפועל המתגלה. ואין [תימא] בהיות בינה הפה למעלה מהשפתיים גדולה וגבורה, שכן דרך המלכות כי ע"י

הזווג תעלה למעלה מנצח והוד. ומי שעיני שכל לו, מבשר קדש אשר עליו בעת זווגו יכול להכריח דבר זה. וכאשר ההויות נתגלו בבינה לא נתגלו בדבור וחתיכת שפתים ופרטי האותיות אלא בקול, וזה מורה על רוב ההעלם שהם עדיין כדמיון אור האותיות בבינה כאשר יתבאר בשער האותיות פ"ב. וע"י הקול שהם בבינה קול דלא אשתמע נתגלו ההויות והם שם נטועים נטיעה לבד, כדפי' בשער סדר האצילות. והוכרחו אל שתילה לשיתגלו ההויות היטב והוצרכו אל פה, והיא פה המלכות שהוא ע"י השפתים והלשון. והנה הת"ת יתייחד עם המלכות על ידי היסוד שהוא הלשון ויצאו האותיות וההויות מבינה על ידי אור מים רקיע כדמיון הזרע ממש. ומשם יושפעו על התפארת רקיע ודאי כאשר יתבאר בערכו. וכאשר הם שם משפיעם ע"י היסוד במלכות והמלכות מתעברת מהם ומולידם ומצמיחם ומוציאם לכח הדבור שהוא חתוך התיבות על ידי היחוד הגמור. והנה לפי זה הפיות הם שנים פה עלאה פה תתאה, והלשונות הם שנים לשון עלאה ולשון תתאה. ויצדק לשון בבינה ועיקרו בסוד הדעת המתעלם בה בתוך חדריה, כמבואר בשער אם הא"ס הוא הכתר. והדבור יוצא על ידי שניהם. והשפתים הם שני עליונים ושני תחתונים. ופה אל פה אדבר בו (במדבר יב ח) פי' רבי משה שהוא ת"ת ומלכות ואין צורך לפי דרכנו לזה. אלא נבואתו של מרע"ה היתה ע"י שני הפיות כדפירשנו ולפיכך היתה מבוארת ומבוררת. אמנם שאר הנביאים היא על ידי פה אחת. כי נבואתם מלמטה ולכן היתה עבה בדמיונות. אמנם נבואת משה רבינו עליו השלום הי' מלמעלה והי' באה אליו מתוך שתי פיות ולכן היו הדברים בחתיכת הדבור ברור ויפה. וכבר נודע כי תורה שבכתב היא נשפעת מחכמה כמו שנבאר בערכו בפרק, ומפני היותה מחכמה היתה מוכרחת הנבואה להיות על ידי שתי פיות כדפי'. ונקרא השכינה פי ה' בהיותה מתחברת עם דודה חבור הזווג לא דרך דבור ואז נק' פי י"י. ורבי משה פי' בענין אחר כי נק' פי ה' לרמוז אל הרחמים. ונקראת פי הגבורה לרמוז אל יניקתה מצד הגבורה ואז משפעת כח הדין וזהו פי שפי' מקום בית שער לכניסה וליציאה. ומלת פה בחולם פירש הרשב"י ע"ה בזהר (תשא דף ק"צ ע"א) שהיא ג"כ במלכות. ובמ"א נראה מדבריו כי הוא ביסוד והכל אחד כי המלכות [ע"י] נקראת פה. (ובר"מ פנחס דף רנ"ו ע"ב) מצינו לכאורה הפך הנדרש למעלה משמו וכאשר נדקדק בלשונו שם נמצא שאינה קושיא. וז"ל ואתקריאת אז"ן מסטרא דשמאלא הטה ה' אזניך ושמע, ואתקריאת רי"ח מסטרא דעמודא דאמצעיתא, ואתקריאת פה מגרמה וכו' עכ"ל. והנה בערך אותם (התיבות) [הבחינות] שהם אז"ן ורי"ח שהם מצד התפארת ומצד הגבורה, אמר שהפה מצד עצמה שאינה מצדם. אבל לא שלא יהיה בה מצד איזו מדה שתהיה. או נאמר כי שניהם צודקות כאשר היא בכל כליה שהם הלשון והשפתים אז לא תקרא פה אלא מצד היסוד כי ע"י מתייחדת עם הכלים האלה. אבל כשנתייחס הפה בערך הפה לבדה בלי התחבר אליה שם אחד מהכלים האלה, אז תקרא פה מצדה:

פקד עון פירש רבי משה כי הגבורה נקרא פוקד עון ולא פירש בו טעם כלל. ונראה לי שלא תקרא כן אלא בהיותה פועלת על ידי המלכות, שבה הפקידה לכל הבחינות כאשר נבאר:

פחד פי' הגבורה נקרא פחד מפני שמכח הדין פוחדים ממנה כל הנבראים עליונים ותחתונים. ונקראת כן בהתלבשה בכח הדין החזק. ונקרא פחד יצחק מפני שיצחק מרכבה אליה וראייה וישבע יעקב בפחד אביו יצחק (בראשית לא נג):

פטר רחם פי' הרשב"י ע"ה בתקונים (תקונא ל' דף ע"ב ע"ב) כי השכינה נקראת פטר רחם מפני שהיא פתיחת רמ"ח מצות עשה. ונראה שנקראת כן כאשר היא למטה בבחינתה התחתונה, שבה משפעת המצות ועניינם ושכרם. ובבחינה זו היא כוללת רמ"ח:

פלא הוא מלשון היפלא מה' דבר (בראשית יח יד), שפירושו בת"א היתכסי. ועיקרו בכתר לרמוז אל רוב העלם. וגם החכמה נקרא לפעמים כן. וכן פי' בזהר פרשת צו (דף ל"א.) פלא דא חכמתא עלאה דהיא פליאה ואתכסייא מכולא עכ"ל. והטעם מפני שהיא מתדבקת בכתר ומתעלמת עמו וזה שאמר דהיא פליאה פירוש נעלמת בכתר. והנתיבות שבחכמה נקראים פלאות. ויש שפירש מלשון כי יפליא (ויקרא כז ב. במדבר ו ב) שפירושו ענין הבדלה והפרשה. ונקראים הנתיבות כן מפני שהן מופרשים זה מזה ומובדלים זה מזה. והעקר אצלינו שנקראים כן מפני שהם נעלמים. ובזוהר (בלק דף קצ"ג ע"ב) פירש פלא דא נתיב לא ידעו עיט כו' ע"ש. הנה מפני העלמו נקרא פלא. ולפי זה אין לתמוה אם ימצא מי שיקרא למלכות פלא. ויש שקוראים לת"ת פלא, מפני שעולה עד הכתר בסוד הדעת. והכלל בעניינים האלה כי אין פלא אלא מצד הכתר הנקרא אלף:

פלג פירוש רבי משה כי הבינה נקראת כן מפני שהיא פלג אלהי"ם מלא מים (תהלים סה י). ונראה

לי כי המלכות נקראת כן מפני שהיא ברכה מלאה מים ונקראת בלשון פלג מפני שנפלגה הארץ ונטרדה למטה:

פנים המאירים פירש ר' משה כי הוא הת"ת שהם מאירים למלכות. ואפשר לומר שפנים המאירים הם פני חמה שהם פני הת"ת או הבינה. וששאינם מאירים הם במלכות. ועם היות שאנו אומרים מאירים ת"ת או בינה, ושאינם מאירים מלכות. כבר אפשר לומר פנים מאירים נצח, שאינם מאירים הוד. על דרך אספקלריאה המאירה, ושאינה מאירה, שפירשנו בערכו. ויש פנים בפנים, והם פני הת"ת ופני המלכות. וכן פני יעקב הוא הלבנה עם היות שבארו המפרשים בענין אחר זהו עיקר. כי צורתו של יעקב חקוקה בלבנה. ולפעמים יש פנים של זעם, כמו פני ה' חלקם (איכה ד טז). ויש פנים של רצון, כמו האירה פניך על עבדך (תהלים לא יז). והכל לפי היניקה. כשיונקת מחסד, אז פני הרצון והרחמים. וכשיונקת מגבורה, אז ח"ו פנים של זעם. ועד"ז פי' הרשב"י ע"ה בר"מ (תצא דף רפב עא) פני חמה, שהם גדולה גבורה. פני לבנה, נצח והוד. ימיניים של רחמים, ושמאליים של זעם. הכל לפי היניקה, אל החמה או אל הלבנה:

פסק נקראת המלכות מצד הת"ת ובהיותו נוטה אל הדין. מטעם שבו תלוי כל פסקי הלכות ופסקי דינין וזהו סוף [פסוק סוף] ופסק לכל המדרגות הקדושות. וכאשר התפארת שהוא ו' יתייחד עמה תקרא פסוק. שהוא התפארת עם המלכות מיוחדים ועולה התפארת בשם המלכות. נמצאנו אומרים המלכות מצד התפארת נקראת פסק והתפארת פסוק וכן בארו בתקונים (בתקוני ז"ח דף קט"ז ע"א.):

פקודה פי' בזהר פרשת פנחס (דף רכ"ב ע"ב) בפסוק (איוב י יב) ופקודתך שמרה רוחי כי המלכות נקראת פקודה. והטעם כי הת"ת לחדשיו יבקר אותה להכינה ולסעדה ולכן היא פקודה ממנו בשפעו הטוב:

פקודים נקרא הנצח וההוד וכן אלה פקודי (שמות לח כא). הם תרין פקודין כן נתבאר בתקונים (בתקוני ז"ח דף קי"א.) עוד בארו שם כי לשון פקד פקדתי הם עצמם ב' פקודין נצח והוד. וקשה למה שנתבאר כי פקודה היא המלכות. אמנם מתעוררת מצד הנצחים שעליה לפקוד. ובזהר פרשת פקודי (דף ר"כ.) פי' שכל כחות הקדושים התחתונים שבמלכות למטה נקראים פקודי המשכן שהם חיתו שדי כדפי' בערכו:

פקידה פי' ר' משה פקידה היא ביסוד. ובזהר (ויצא קנ"ט ע"ב) פירש כי היא במלכות וראייה פקוד יפקוד אלהים וגו' אלהים במלכות. וכן בארו ג"כ בפרשת וירא (דף קט"ו) פקידה לנוקבא זכירה לדכורא. ובזהר (פרשת ויצא דף ק"ס ע"ב) פי' כמו שיש זכירה ופקידה בצד הקדושה כן יש זכירה ופקידה בצד ס"ם ולילית:

פרה אדומה פי' בתקינים (תקונא כ"א דף מז.) כי הבינה מסטרא דגבורה נקרא אדומה, ומסטרא דחסד אברהם נקרא תמימה. ובר"מ (פנחס דף רמג ע"ב) פי' שגם המלכות נקראת פרה אדומה מצד הגבורה ותמימה מצד החסד. והכל אחד, הבינה מצד השפעתה בהם והמלכות מצד יניקתה:

פרט לכאורה נראה כי המלכות תקרא פרט. אבל בתקונים (תקונא ע' דף קכג ע"ב) פי' הכתר כלל, והתפארת פרט, והמלכות כלל. ולפי דרך זה ר"ל כי הכתר נכלל בו חסד דין ורחמים. ונפרטים בתפארת בחסד וגבורה ות"ת. ונכללים במלכות כנודע. ופירשנו בשער מהות והנהגה:

פרי עץ הוא השכינה שהוא אתרוג. ונקראת פרי עץ הדר, בהיותה בארץ החיים משנה לשנה, מראשית השנה ועד אחרית שנה. והוא פרי הנלקח מעץ הדר. בסוד ויבן ה' אלהים את הצלע (בראשית ב). כי ד"ו פרצופין נבראו. והתפארת הוא הדר מפואר. כן בארו בזהר פרשת ויקרא (דף כ"ד ע"א):

פריעה פירש רבי משה שהיא ביסוד. ורבים מהמפרשים פי' במלכות. והענין כי מילה ופריעה הם שני מדרגות. מילה הוא הכרתת הערלה והעברתה מן העולם. ופי' בפרקים הקודמים כי אין ביעור חמץ אלא שריפה וכו'. אמנם פריעה הוא קירוב הערלה אל הקדושה ואנו [מקרעים] את הקליפה באופן שיתגלה הקדושה עליהם. והוא כדמיון פרי החג, שהם שבעים שרים שהם נקרבים על גב המזבח ובקרבתם אל הקדושה הם חוזרים אל הקדושה. ואין אנו מבערים אותה מכל וכל, כדמיון המילה. ואמנם הפריעה הזאת הוא מצד החסד שהוא מקרב הכל, כדמיון לעולם תהא שמאל דוחה וימין מקרבת. והארכנו בדרוש הזה בשער אבי"ע:

פרכת נקראת המלכות כי היא פרכת ומסך בין האצילות לכל הדברים אשר תחתיה. ותקרא פרכת בחינה התחתונה אשר לה שהיא המבדלת בין הקדש ובין קדש הקדשים:

פרנס הבינה נקרא כן לפי שהיא זנה ומפרנסת לכל החיילים העליונים והם ז"י הבנין שתחתיה. וכן המלכות נקראת פרנס לפי שהיא זנה ומפרנסת לכל החיילים התחתונים אשר תחתיה. כדכתיב

(משלי לא) ותקם בעוד לילה ותתן טרף לביתה כו' ונקראים כן בהיותם מפרנסים התחתונים אשר תחתיהם:
פשוטה נקרא החסד וכן פי' בתקונים (בתקוני ז"ח דף קט"ז.) והכריחו בפסוק כי ימינך פשוטה וכן ארז"ל פשוטה לפניה ופשוטה לאחריה והוא תקיעה והיינו חסד:
פתח המלכות נקראת פתח כי היא הכניסה אל האצילות. ולא תקרא כן אלא בבחינתה התחתונה שבערכת היא הכניסה אל האצילות. ונקראת ג"כ פתח עינים ומפני שהיא פתח לעינים נצח והוד העומדים עליה ואין מי שיוכל להתנבאות ולהציץ בעינים אלו אלא מפתח זו. ובזוהר פרשת אחרי (דף ע"א: עב ע"ב) פירש כי נקראת פתח עינים משום דכל עיינין דעלמא להאי פתחא מצפאן ע"כ. וכן נתבאר ג"כ בפרשת בראשית (דף א' ע"ב). ונקראת ג"כ פתח האהל כן מתבאר בזוהר פרשת וירא. ואפשר שנקראת כן בבחינה התחתונה שהיא פתח לשאר האהל שהוא עצם פנימיותה. ויש פתחי עולם פי' היסוד נקרא פתחי עולם מפני שהוא פתח לעולם ההיקף. ונקרא פתחי לשון רבים מפני שבו דרך הימין חסד, ודרך שמאל גבורה. ויש שפירש פתחי עולם גבורה וחסד והם פתחי הבינה הנקרא עולם. ויש פתחי חופה והיא הבינה ופירשנו בערך חופה. ע"כ נשלם אות הפ"א. והננו מתחילים לבאר אות צדי"ק בעזרת העוזר השופע עלינו:

פרק שמונה עשר:

צבא פירש הרשב"י ע"ה בתיקונים כי נצח והוד עליהם נאמר ויכלו השמים והארץ וכל צבאם וכן כל לשון צבא. וכן הם הרומזים בשם צבאות כדפירשנו בשער השמות. ונראה מתוך לשון התיקונים שהם נקראים צבאות מסטרא דיסוד. וכן האבות גדולה וגבורה ת"ת נקראים צביונות מצדו. ובתיקונים (תקונא כ"ב דף ס"ו וכ"ה בתקונא מ"ז דף פ"א וע"ש בכס"מ פירושו) בהיותו מדבר ביסוד וז"ל ועליה אתמר וכל צבאם מאי צבאם תרי סמכי קשוט וביה אתקריאו תלת אבהן צביונות כד"א ויכל אלהי"ם ביום השביעי וישבות ביום השביעי ויברך אלהי"ם את יום השביעי עכ"ל. והכל כנגד היסוד. ומוכרח התם. וקרוב לענין זה פי' במקומות רבים (בתקונא נ"א דף פד) באמרו צבאות אות הוא בצבא שלו. והענין כי מלת אות של צבאות רומז אל היסוד הנקרא אות. וצבא הוא נצח והוד ועליו נאמר אות הוא בצבא שלו כנראה שנקראו צבא מצד היסוד:
צבי נקרא היסוד וכן פירש הרשב"י ע"ה בזוהר בפרשת אחרי (דף סח) בפסוק כאיל תערוג ורמוזו מן הכתוב צבי לצדיק ומשמע התם שנקרא צבי כשהוא אצל המלכות בהיות המלכות נקרא איל. ובפ' בראשית (דף מ"ט.) פירש כי המלכות נקראת צביה. והת"ת נק' צבי והיא צביה. והכל אחד כי כל מה שאירע ליעקב אירע ליוסף:
צדיק היסוד נקרא צדיק. ולא נקרא כן אלא בהיותו עושה צדקה עם צדק שהיא המלכות וי' שבתוך הצדיק יסוד הרי צדיק. ובזוהר פ' אמור (דף צ"א) פי' כי יסוד ומלכות נקראים צדיקים בלשון רבים וז"ל מאן צדיקים דא צדיק וכנסת ישראל. ואפשר שנקראים כן מפני ששניהם אות ברית. זו מילה, וזה פריעה. שניהם אות ברית צדיקים. ולא נקרא הצדיק יסוד אלא בבחינה שאין למלכות קיום זולת שפעו כדפי' בשער המכריעים:
צדק היא המלכות ונקראת כן כשהיא יונקת מצד הגבורה כן פי' הרשב"י ע"ה בזוהר (בלק קצ"ח ע"ב) והכריח מפסוק (ישעיה כו ט) כי כאשר משפטיך לארץ צדק וכו' ר"ל צדק ויושר בשורת הדין. ובפ' בראשית (דף מ"ט פי') כי הת"ת נקרא צדיק והיא נקרא צדק. ויש צדק עליון והיא הבינה ונקראת כן ע"ד המלכות:
צדקה פי' הרשב"י ע"ה (בתקונא ע' דף קכ"ז.) כי צדקה הוא רחמים והצדקה הוא בינה עלאה. ואפשר שגם כן המלכות תקרא צדקה בהיותה רחמים כמו שהבינה גם כן נקראת צדק. ובזוהר פ' אחרי (דף ע"ב.) פי' בפסוק (בראשית לח כו) צדקה ממני שזהו מאמר הת"ת על המלכות כי היא צדק ונעשת צדקה על ידו. וזהו שאמר ממני. והטעם כי הוא עושה אותה כלי וזהו צדקה בה' מורה על הנקבות כדפי' בנער נערה בשער סדר האצילות. ובזוהר פרשת אמור (דף פ"ט.) פירש כי צדקה הוא הת"ת עם היותו כלול בגדולה גבורה ומאיר בהם. וכן פי' בפ' מקץ כי הת"ת נקרא צדקה. ואפשר שנקרא כן מפני שאז הוא עושה צדקה עם המלכות:
צואר הת"ת במציאותו המתעלה להתדבק בג' ראשונות על גבורה וגדולה נקרא צואר. עם כל זה יהיה הצואר גם כן בבינה וכן מצינו בזוהר:
צור המלה הזאת סובלת ג' פירושים. האחד לשון יצירה כדפי' רז"ל (ברכות ד"י), ואין צור כאלהינ"ו ואין צייר כו'. וכשנפרש אותו ע"ד זה יהיה פי' בבינה כי הבינה היא אשר ציירה והוותה ההויות כלם. ופי' שני צור לשון סלע שהוא חלמיש ומטעם שהיא הצור שפתח ויזובו מים (תהלים קה מא) והיא המלכות ולפי בחינתה הנזכר יקראו בשם צור בכל אחד ואחד. ובפסוק (ש"ב כב מז. תהלים יח מז) חי

י"י וברוך צורי פי' בזוהר פ' מקץ (דף קצ"ג ע"ב) כי הוא התפארת ואפשר הטעם בעבור מלת ברוך ודוחק. ופי' שלישי צור לשון חוזק וזהו בגבורה שהיא חזקה בתוקף הדין:

צורך העולם נקראת המלכות מכמה טעמים אם שהיא צורך עולם העליון כדפירשנו בשערים הקודמים כי שכינה בתחתונים צורך גבוה וגם מפני שעיקר אצילותה של מדה זו היתה לצורך עולם התחתון כמו שבארנו בשער טעם האצילות:

צורת זכר פי' ר' משה כי התפארת נקרא צורת זכר והטעם כי הת"ת ומלכות הם זכר ונקבה הזכר תפארת ומלכות נקבה:

צחצחות פי' בזהר פ' תולדות (דף קמ"א.) וז"ל והשביע בצחצחות נפשך דא אספקלריא דנהרא דכל נשמתין אתהנן לאסתכלא ולאתענגא בגויה עכ"ל. והכונה ודאי על הבינה שאליה תשוקות כל הנשמות ונקראים צחצחות מפני שיוצאין ממנה נצוצות הרבה לפי שיעור הנשמות לכל נשמה צח אחד:

ציון בשם זה מצאנו להרשב"י ע"ה שני פירושים האחד הוא במלכות שנקרא לפעמים נקודת ציון. השני הוא היסוד. ונראה לנו לומר כי כמו שביחוד הזכר והנקבה במין האנושי יש מקום מיוחד לגוף היא השדרה משפיע ומקבל, ומקום מיוחד לזרועות ולשוקים משפיע ומקבל עליון ותחתון, ומקום מיוחד לברית כמער איש ולויות. כן במלכות אחר שהיסוד אבר היחוד יש בה מקום מיוחד ליסוד פרטי שבו תלוי עיקר היחוד וזווג ומקום מיוחד וכו' כמו שפירשנו בארוכה בשער מהות והנהגה. ועתה אותה נקודה שבה יחוד יסוד ומלכות, נקראת נקודת ציון. זה ציון וזה ציון, נקודה נגד נקודה, י' נגד י'. זאת י' שביסוד וזאת י' שבמלכות. זה נ"ל בישוב המאמרים. אמנם קשה לנו קצת מהזהר פ' צו (דף ל"א) וז"ל ר' חייא ור' יוסי הוו אזלי מאושא לטבריא. אמר רבי חייא כתיב כי בחר ה' בציון וגו' זאת מנוחתי וגו'. לזמנין קרו להאי חבריא כולהו דכורא, בגין דציון איהו רחמי. והאי קרא נוקבא קרא ליה. אמר ר' יוסי הכי שמיע לן מבוצינא עלאה אבל בשעתא דזווגא אזדווג כחדא לאחזאה דהא נוקבא אתכלילת ביה בכללא חדא אתקרי נוקבא בשמא (דדכורא) דהא כדין ברכאן דמטרוניתא אשתכחו ולא הוי ביה פרישותא כלל. וע"ד אוה למושב לו כתיב וכתיב כי בחר ה' בציון בציון דייקא בההוא דאית בגויה דשריא ביה ולא כתיב לציון. וכלא חד בין דקרא להאי בשמא דדכורא ובין דקרא להאי בשמא דנוקבא כלא חד ובדרגא חד קיימין עכ"ל.

והנה הקשה כי ציון לעולם הוא זכר ביסוד, וכך הוא מוסכם בין חברייא, אם כן האיך קראה הכתוב במה שאמר זאת מנוחתי כנראה שציון היא נקבה ולא זכר. ותירץ ר' יוסי כי הטעם שבא בכתוב זה בלשון נקבה אינו מפני שציון היא נקבה אלא שהמלכות נקבה נכללת עמו ומפני היותה נכללת עמו יצדק בו לשון נקבה ולא בו ממש אלא במלכות שהיא נכללת עמו. ודקדק כן ממה שאמר הכתוב כי בחר י"י בציון ולא אמר כי בחר י"י לציון שנראה שהבחירה הוא שבחר לציון עצמה אלא בציון שפי' באותה הנכללת בציון דהיינו המלכות. והנה מתוך המאמר הזה נראה כי יסוד נקרא ציון ואין מלכות נקרא ציון ואפילו לפום האי סברא לא יקרא היסוד ציון אם לא כאשר יתייחד עם המלכות. וכן פי' שם ר' יוסי עצמו וז"ל ולציון יאמר וכו' כד מזדווגא כחדא בזווגא חד כדין אקרי ציון. וציון בירושלים אשמודע ואשתכח ודא בדא תליא עכ"ל. ולפי הנראה קצת משמע האי לישנא כדפרשינן מעיקרא. ועם כל זאת אין ולאו ורפיא בידן. כי אפילו הלשון במאמר הקודם אפשר לתקנו אלא שאין כונתינו להאריך:

ציץ פירש הרשב"י ע"ה בפקודא דציצית (בפ' שלח דף קע"ד ע"ב) כי הציץ הוא בינה. ולכן כהן גדול מעוטר בציץ כתר הבינה והוא מכפר על עזות פנים ולא ימצא אלא פני האמת פנים הנכללים בתפארת. ונראה לי כי לכן היה כתוב בו קדש לה', כי קדש הוא בג' ראשונות כמו שיתבאר בערכו, ולה' הוא הת"ת ופי' הבינה החופפה על הת"ת באמצעות כ"ג איש החסד:

ציצית היא השכינה ובמציאותה התחתון המתקרב אל מצולת ים. ולכן היא תכלת שהתכלת במלכות הוא בחינתה התחתון בסוד הים אשר תחתיה המצולות בסוד הדין שבה. ולכן אמרו תכלת דומה לים כן פירש הרשב"י ע"ה (שם בר"מ):

ציקי קדירה המלכות היא כדמיון קדירה שבה מתבשל כל ההויות ומתהום הויות הראויה אליהם. אמנם הקדירה הזאת צריכה אל תבלין להמתיק הכח העשני. ולכן הריחה ציקי קדירה, הכוונה נתאוה ליחוד הזכר שהם תבלין לקדירה. והביאו לה עבדיה בחשאי. ולכן אנו מיחדים אותה בברוך שם כמל"ו. והמפרשים פי' בענין אחר ואינו עיקר:

צללי ערב פי' הרשב"י ע"ה בזוהר פי' חיי (דף קל"ב ע"ב) וז"ל צללי ערב דאינון דרגא דדינא קשיא וכדין אתחרב בי מקדשא ואתוקד היכלא. נראה כי תוקף הדין עם כנפיו החצונים הכל נכללין בלשון צללי ערב:

צלמות פירש בזוהר ויצא (דף ק"ס ע"ב) כי הקליפה

הרוכבת על הנקבה נקראת צלמות והטעם כי הזכר הרוכב נקרא צל ונקבתו מות. פירוש צל וכח למות:
צלע הוא המלכות במציאותה הנעלם הנלקח מהאדם העליון כמו שבארנו בשער המציאיות. ויש צלע המשכן ופי' הרשב"י ע"ה בתקונים (בהקדמה די"ב.) כי מטטרו"ן נקרא צלע המשכן פי' צלע למלכות ועבד אליה:
צמר לבן בחסד וכן פי' בעמר נקי בערכו. וכן פי' רבי משה. ולנו נראה שהוא לבנינות הכתר כאמרו (דניאל ז ט) ושער רישיה כעמר נקא. וידוע כי שער הראש הוא בכתר וכמו שנבאר בשער הנשמות פ"ח:
צנתרות פי' ר' משה כי החכמה והבינה נקראים כן כי הם על המנורה הטהורה מריקים השמן ועל שבעת הנרות. ויפה כיון דהכי מוכח מקרא. אמנם הם שניהם זהב, עם היות הא' אל הימין בסוד הכסף, והא' אל השמאל זהב. להיות שהיא החכמה בתוך הבינה בסוד ה' על י' כדפי' במקומות רבים:
צעקה היא בבינה וכן נתבאר בזהר פ' שמות (ד"ך.) וז"ל אמר ר' יהודא הילכך גדולה צעקה מכלם שצעקה היא בלב הה"ד צעק לבם אל י"י כו'. ופי' גדולה צעקה מאנחה ושועה שבארנו ונבאר בערכם. שהשועה היא במלכות, והאנחה היא בת"ת, וצעקה היא בבינה והיא גדולה מכלם והיא הלב, והלב היא בבינה כדפי' הלב מבין. וכן אמר התם ר' יצחק אמר גדולה צעקה שמושלת על מדה הדין שלמעלה. והיא בבינה המושלת על הגבורה. וכן נאמר התם אמר רבי יהודא גדולה צעקה שקורעת גזר דינו של אדם מכל ימיו פי' הצעקה היא בבינה והיא מהפכת וקורעת הדין לרחמים מכל הימים השבעה אשר תחתיה. ועוד אמר התם רבי יוסי אומר גדולה צעקה שמושלת בעולם הזה ובעולם הבא והוא הבינה דהיינו עולם הבא. ויש חילוק בין ג' תנאים האלה. כי רבי יהודא אמר בראשונה שצעקה היא בלב דהינו הבינה. ואח"כ הוסיף רבי יצחק כי היא בינה בהיותה בעלת רחמים ויש בה כח להפך מדת הדין לרחמים דהיינו המושלת דקאמר כדפי' לעיל. ור' יהודא הוסיף עליו ואמר דלאו דוקא מהפכת מדת הגבורה לבד אלא אף מהפכת את כלם, אפילו שיהיה מדת הדין מתפשטת כבר בכל שבע ימי הבנין יש בצעקה התלבשות הרחמים להפך כלם לרחמים. ור' יוסי הוסיף עליו ואמר כי הצעקה היא בבינה בבחינתה למעלה המתדבקת בחכמה דהיינו שמושלת בעולם הבא. כי עולם הבא הוא הבינה בערך הבחינה המשפעת כדפי' בערכו. והנה למדנו היות צעקה בבינה לא' מג' בחינות לפי פירושי התנאים וזעקה וצעקה הכל דבר א' ובארנו בערכו:
צפון הוא הגבורה בכל מקום ולכן מצפון תפתח הרעה (ירמיה א יד) כי משם נמשך מדת הרעה בעולם רצועה להלקות החייבים. ושם גמול טוב לצדיקים דכתיב (תהלים לא כ) מה רב טובך אשר צפנת ליראיך. ולכן פעמים שם זה לרעה פעמים לטובה. ובזוהר פר' במדבר (דף קך) משמע שהוא בבינה והכל דבר אחד:
צפור נקראת השכינה מלכות מטעם כי כמו שהצפור נודדת מקנה כן היא נודדת מקן שלה מבחינת יחודה. ובעלה נקרא עוף והיא צפור מצדו. וכן נתבאר בתקונים (תקונא מו). ובמקום אחר ביארו כי המלכות נקראת צפור מפאת מטטרו"ן הנקרא גם כן צפור. ואפשר לפרשו במה שנודע שהת"ת מקנן במטטרו"ן ובארנו בשער אבי"ע. ובמקום אחר פי' דמסטרא דאופנים נקראת צפור. והאופנים היא העשיה שפי' בשער אבי"ע. וירצה שהיא באופנים ובעלה במטטרו"ן צפור. והיא אז באופנים נקראת צפור מצד בעלה שבמטטרו"ן והיינו שהיא נקראת מסטרא דאופנים צפור והכל א':
צרור החיים ר' משה פי' המלה הזאת בג' מקומות בבינ' ובת"ת ובמלכות. ונ"ל דהלכתא כוותיה ולא מטעמיה. אלא צרור החיים היא המלכות ואין צרורא פחות משלשה דהיינו הבינ' והת"ת המתגלים בה ומאירים ומשפיעים בה. ומתוך המלכות הצדיקים נהנים מזיו העליון. והיינו שנקראת צרור החיים הנשפעים מבינה ע"י התפארת. זה נראה לי לפי שטת ר' משה ויש לזה קצת גלוי מהזהר. אמנם מצאנו בזהר פ' ויקרא (דף כ"ה ע"ב) ז"ל רבי יצחק אמר כו' כד מתעטרא כנסת ישראל במלכא קדישא אתעטר ואקרי צרורא דחיי בגין דבה אתקשר כלא. רבי אלעזר אמר שכינה כד נטלא באבהתא נטלא הה"ד ויסע מלאך האלהים ההולך וגו'. ר' אבא אמר כולא אתעביד חד עטרא בגין דיתעטר כחדא ושמא קדישא אתחזי בגוונוי בההיא שעתא אקרי כתפוח בעצי היער כן דודי בין הבנים כו' עכ"ל. והנה ג' תנאים האלה רבי יצחק ורבי אלעזר ורבי אבא מודים כי אלה ג' פסוקים שלשה אבות הם. אמנם באופן קשרם עמם פליגי. רבי יצחק אמר כד מתעטרא וכו' פי' עיקר יחוד השכינה אינה כ"א עם בעלה תפארת. וזהו עטור שלה האמיתי ובהיותה מתייחדת עמו אז נקראת צרור החיים. והטעם כי הכל מתייחד עמה. אמנם עיקר כונתה אינו אלא להתייחד עם הת"ת ומעצמם מתייחדים שאר האצילות עמה. ומפני כך נקראת צרור החיים כי

היא צרור וקיבוץ לכל החיות העליונות דהיינו כל האצילות. ורבי אלעזר אמר מודינא לך בחדא דהיינו דלית צרורא פחות מתלת ופליגא עליך בתרתי. חדא דאת אמרת דשכינתא לא מתייחדא אלא בת"ת לחוד. ועוד אמרת דצרורא הוא על שם היחוד כל האצילות. בהני תרתי פלגינא עלך. שכינתא כד נטלא נטלא באבהתא וכו', דקדק שלא אמר כד מתעטרא דעטור הוא הייחוד בענין הזווג. אלא נטלא, פי' נסיעה כשהיא נוסעת אינה אלא בחברת האבות. ואפי' הייחוד אם לא תקבל מהאבות לא יהיה לה זווג כלל. כי עיקר התעוררות הוא מחסד וגבורה בסוד החיבוק. והכריח הענין מפסוק ויסע מלאך האלהי"ם וכו' והענין כי מלאך האלהים הוא במלכות. והנה שם נזכר ג' פסוקים זאח"ז דהיינו ויסע ויבא ויט בנסיעת השכינה לרמוז כאשר היא נוסעת אינה נוסעת פחות מג' אבות עמה והיינו שנקראת צרורא דחיי. ור' אבא מודה ליה לר' אלעזר בקצת ופליגא עליה קצת דאיהו אמר דמקבלת מלכות מתלתא אבהן על ידא דכל חד באתריה מכל א' בפני עצמו. ולזה הוכרח להביא ראייה מויסע ואינו ראיה כל כך. לזה אמר רבי אבא כלא אתעביד חד עטרא. פי' הת"ת מתייחד בכלם ומתפטר בכלם בגין דיתעטר כחדא, פי' הכריח הדבר ואמר הכל נעשה יחוד אחד בת"ת. והטעם בגין דיתעטר כחדא, פי' לפי שיתיחד הכל ואם לא ע"י הת"ת לא היה נכלל האצילות כנודע בפירוש אחד שהוא כללות האצילות ונכלל בא' דהיינו אח ד'. ולכן כדי שיתיחד האצילות נעשה הכל בת"ת עטרא ויחוד אחד. והכריח הענין בההיא שעתא אקרי כתפוח בעצי היער וכו', וכבר נודע כי בתפוח יש ג' גוונים לבן אדום וירוק דהיינו יחודה עם הג' אבות. ועתה בהתייחדה עם בעלה התפארת לבד תתייחד מעצמה עם ג' אבות ואז היא נקראת צרורא דחיי עכ"ל. והנה מתוכו מתבאר ג' פי' לצרור החיים. עוד הת"ת נקרא צרור המור כי הוא צרור שבו מתקבץ השפע הנשפע ממור שהוא חסד ולכן נקרא מטה כלפי חסד:

צריכא פי' בתקונים (בתקוני ז"ח דף קט"ז.) כי כל לשון הצרכה הוא במלכות ונקראת כן מצד הת"ת בהיותו יונק מצד הגבורה כאלו נאמר שנקרא כן מצד הת"ת מצד הגבורה שבו ופי' שם דביה ספק צרכנו במדבר. והטעם שנקרא אז צריכא מפני שהיא אז צריכה להשפעה כי הת"ת יונק מן הדין ואין משפיע בה ככל הצורך אלא בצמצום. אבל בצד הת"ת בעצמו נקראת אינה צריכה והיינו לא צריכא. פי' שכיון שיונקת מן הת"ת רחמים אז אינה צריכה שהוא"ו משפיע לה שפע מצד שפעו בחינתו בעצמו. עד הנה הגיע כח כחנו הדל והחלש בביאור ערך אות צ'. ועתה נכנס בביאור אות ק' בס"ד:

פרק תשעה עשר:

קבלה פי' בתקונים (תקוני ז"ח דף קט"ז.) המלכות נק' קבלה מצד היסוד מפני שהיא מקבלת ע"י נשמות מלמעלה. ובמ"א (בתקונא כ"א דף מ"ה.) פי' שהיא נקראת קבלה כאשר קבל אותה בעלה בין שתי זרועות בין הגדולה והגבורה. והכל אחד שאז היא מקבלת נשמות בסוד הזווג:

קדוש הוא בכתר, ובת"ת, וביסוד. וראוי לדעת כי אין קדוש אלא בסוד ו'. כתר הוא קדש בלא ו' וכשעולה הת"ת בצורת ו' בכתר בסוד הדעת אז נעשה קדוש בוא"ו כ"פ הרשב"י בתקונים. ובהמשכת הקדש מלמעלה יהיה אח"כ קדוש בת"ת. ואח"כ קדוש ביסוד ואח"כ קדושה במלכות. נמצא לפ"ז שלא יקרא הכתר קדוש אלא כאשר יעלה הדעת בתוכו. ולא יקרא הת"ת קדוש אלא ברדתו מהכתר בסוד המשכת הקדושה מלמעלה. ולא יקרא היסוד קדוש אלא בהמשכת הקדושה מראש הכתר עד היסוד ואז נעשה קדוש. וכאשר יכנס הקדוש במלכות תקרא קדושה:

קדושה המלכות נקראת קדושה. פירוש כי הת"ת נקרא קדוש. וכאשר יתחבר וישפיע קדושתו במלכות נעשית היא קדושה. פירוש קדוש ה'. ובענין קדושה אם מן הימין או מן השמאל יש בזהר מאמרים חולקים אלו על אלו. במקומות אומר שקדושה מן הימין וטהרה בשמאל ובמקומות אומר שקדושה בשמאל וטהרה בימין. וכבר תקננו הענין הזה בערך טהרה:

קדם פי' רבי משה שהכתר נקרא קדם מפני שקדם לכל הספירות. ובתקונים פירש הרשב"י ע"ה כי קדם הוא החכמה. ונראה הטעם שהיא קודמת לכל הגלוי. כדפירשנו בשער אם הא"ס הוא הכתר וכן ת"א בראשית בקדמין. ונמצא לפ"ז כי שני קדומים הם. קדם לתחלת האצילות וקדם לגלוי. ובמקום אחר נראה להרשב"י ע"ה כי קדם ג"כ נקרא הבינה. ואפשר הטעם כי היא קדם לשאלה כי בבינה תחלת השאלה וכן נקראת מ"י:

קדש הוא בבינה ומבינה ולמעלה כי מחכמה ולמעלה נקרא קדש קדשים. ואפ"ל כי קדש היא הכתר וקדשים הם חכמה ובינה. ויש חילוק גדול בין קדש לקדוש. כי קדש בג' ראשונות. קדוש בתפארת וממנו ולמטה כדפירשנו למעלה. ועיקר קדש סתם הוא בחכמה. וכן נתבאר בזהר פרשת ויקרא (דף

י"ג.) וז"ל מהו קדש אתר עלאה דמבועא דנחלא עמיקא נפיק מיניה דכתיב ונהר יוצא מעדן להשקות ועדן הוא דאיקרי קדש עלאה עכ"ל וכיון לומר יען כי הבינה ג"כ נקרא קדש. ולזה האריך אתר עילאה דמבועא כו', פירוש חכמה שהוא העדן שממנו יוצא הנהר שהוא הבינה וכיון שיוצא מן הקדש ראוי שנקראת ג"כ קדש. וכן נתבאר במקומות רבים בפ' משפטי' (דף קכ"א) ובפי אחרי (דף ס"א ע"א):

קו האמצעי התפארת נקרא כן מפני שהוא אמצעי, עולה ויורד מתחלת האצילות ועד סופו. עולה עד למעלה ונוקב ויורד עד למטה. בסוד הפשיטות קודם אחיזתו בקצוות. כדפירשנו בשערים הקודמים. ונקרא קו המדה בסוד הרוחניות הפנימי שהוא הנותן מדה לכל האצילות כדפירשנו בשער עצמות וכלים. ונקרא קו ירוק הסובב את העולם שהוא ו' קצוות בסוד הדעת המתפשט תוך ההקף. ונקרא ירוק בסוד גוונו שהוא ירוק כדפירשנו בשער הגוונים. ואחרים פירשו כי הבינה נקראת קו הירוק וגוונה בארנו בשער הגוונים שאינו כירוק של תפארת. ובמ"א בתיקונים פירש הרשב"י ע"ה כי התפארת קו ירוק מצד הבינה ובענין זה בארנו בערך חוט. ובמ"א מהזוהר (בז"ח פ' בלק דף ס"ה: ומובא בתוס' זהר) פי' כי הקליפה החיצונה נקרא קו ירוק והוא סובב כל העולם כדפי' בשער התמורות:

קול אין קול אלא מצד התפארת והוא הנקרא קול בכל מקום. ויש קול פנימי שאינו נשמע והיא בבינה ועם כל זה הכונה על הדעת הנעלם בה כי אין קול שלא יהיה בתפארת ו'. וכן פי' הרשב"י ע"ה כי סתם קול הוא בתפארת. וכל שבע ספירות נקראים קולות והם ז' קולות שבמזמור הבו לה' (תהלים כט) וכלם מצד התפארת הנקרא קול כמו שנבאר. ואפילו במתן תורה כלם נקראים קולות מצד הת"ת. והם ששה קולות והוא קול שביעי הכולל כלם בסוד עלייתו אל הבינה כאשר נבאר. ויש קלת חסר שהיא במלכות וכן פי' בזהר וכל העם רואים את הקלת (שמות כ) חסר. וכן כל קל חסר היא שכינה. וכן ביארו בזהר בפרשת ויגש (דף ר"י.) בפסוק (בראשית מה טז) והקל נשמע בית פרעה ופי' שם כי היא נקראת כן קל בלא ו' כשהיא חסרת ו' שהוא בעלה וחסרת האור העליון. והסימן והקל נשמע בית פרעה פי' בית שהיא פרועה וחסרה מכל וכל. ולכן נאמר (ירמיה לא) קול ברמה נשמע בשעת החרבן. ויש קלה בלא וא"ו והיא בה"א והיא בבינה. אמנם קול סתם הוא בת"ת. ולפעמים נקרא קול השופר ופי' קול היוצא מבינה והיא שופר גדול כמו שיתבאר בערכו. והקול יוצא כלול מאש ומים ורוח. וכן הקול האנושי הוא חם והוא לח והוא אויר לרמוז אל התפארת שהוא כלול מג' אבות ולכן נקרא קול. דקול השופר הזה הוא יותר דק ממציאות התפארת בעצמו כמו שפי' בזהר פ' שמיני (דף ל"ח ע"ב) וז"ל א"ר שמעון הא דתנינן דכתיב קול השופר שפיר הוא ודא הוא יעקב דאסתלק במחשבה דאבהן ונפקו כחדא מגו שופר דהא שופר אפיק מיא ואשא ורוחא כחדא ואתעביד מנייהו קלא. כך אימא עלאה אפיק לאבהן בקל חד ומגו מחשבה אסתליקו כחדא בחד קול וההוא קול אתקרי קול השופר ודא יעקב דכליל לאבהן כחדא ואקרי קול כו' עכ"ל וכוונתו מבוארת שלא נקרא יעקב קול השופר אלא כשמסתלק בכללות האבות והאבות נכללים עמו ועולה עד המחשבה שהיא החכמה ומשם יוצאים ע"י הבינה ונכללים בת"ת וזהו קול השופר. עוד יש בבינה קול דמשתמע לבר וקול דלא אשתמע. וזה בסוד שתי בחינות. אחת עם החכמה והיא נקראת מ"י וזהו קול דלא אשתמע שהיא נעלמת. ובחינה השנית היא בחינתה עם הספירות למטה והוא הנקרא קול דאשתמע לבר שהיא מתגלית. עוד יש קול דממה דקה שבמלכות ופי' קול שהוא התפארת מתייחד בדממה דקה שהיא המלכות שהיא עמידה בחשאי כ"ז נתבאר בענין הקול. ויש קול התור ופי' קול ת"ת שהוא קול של התו"ר שהיא המלכות (ע' בפ' ויקרא דף ד' ע"ב):

קולא המלכות נקרא קולא מצד החסד כי קלות הענין הוא מצדה על ידי החסד. ושם פי' אית דיימא איפכא כי קולא מצד הגבורה והאריך בתקונים (בז"ח דף קט"ז ע"ב):

קומה הקומה הוא משך השדרה מהצואר הרמז בבינה כדפי' בערכו עד סוף הירכים עם כל משך היסוד. ונקרא קומה בתפארת וצדיק בהקשרם למעלה בבינה ורדתם למטה עד המלכות מקצה השמים ועד קצה השמים:

קומץ פי' בתקונים (בהקדמה דף ד'.) קומץ הוא י' שהיא חכמה, ונפתח לה' אצבעות שהוא בינה ה', חמשים שערי בינה. נמצא החכמה נקרא קומץ בסוד הקמיצה והעלמה למעלה קודם גלויה והתפשטותה אל הבינה:

קוץ בכל מקום קוצי האותיות נרמזים ביסוד כי הוא נקרא קוץ האוחז בין השמים ובין הארץ דכתיב (דה"א כט) כי כל בשמים ובארץ ומתרגמינן דאחיד בשמיא ובארעא, וכל קוצי אותיות נרמזים בו. ואין תימה מקוצו של יוד שהוא בכתר (כי שם אדון יחיד מופלא ומכוסה וכו'):

קור וחום קיץ וחורף ד' מלות אלה הם ד' חלקי השנה ג' חדשים לכל חלק מהם ודאי לפי עניינם הם ד' חלקי גבולי אלכסון שפירשנו בשער פרטי השמות. וג' הם חסד והיינו קיץ, והם ג' גבולי דרום שהם י' של שם. וג' הם חום גבורה, והם דין חזק ואלו הם ג' גבולי צפון שהם ה' של שם. וג' גבולי מזרח מצד התפארת, והם חורף שהוא מים. ומצד היותם מצד הגבורה נקרא גבורות גשמים ומצד החסד הם מים. וג' הם גבולי מערב מצד המלכות, והם קור שהוא יסוד העפר קר ויבש כי לשלג יאמר הוא ארץ (איוב לז ו). וחורף וקור אפשר היותם גם בנצח והוד כי תפארת נטייתו בנצח ומלכות בהוד והם אותיות ו"ה שבשם:

קושיא פי' בתקונים (בתקוני ז"ח דף קט"ז.) כי המלכות נקרא כן. בסוד מדת הדין הקשה שאז הוא קושיא ומחלוקת:

קטב ישוד צהרים וז"ל בזהר פ' פקודי (דף רל"ו.) דהא מסטרא דדהבא נפקא סוספיתא כד אתבריר דהבא ומתמן מתפשטי כל אינון סטרא שמאלא דאינון היתוכא דההוא סוספיתא ומתפרשן לכמה סטרין. וכל אינון דאית לון חיזו סומקא גוון דדהבא קיימי בטוריא כד שמשא בתוקפיה בגין דתוקפא דשמשא אחזי דהבא ואוליד ליה בארעא וההוא דממנא בההוא תוקפא דשמשא חיזו דיליה כעגלא ואקרי קטב ישוד צהרים עכ"ל. והנה כי קטב ישוד צהרים הי' כח עגל זהב שחטאו בו ישראל. והוא נקרא קטב והוא וכחו נמשך מצד התפארת בסוד הנטייה אל הגבורה. ולא מן התפארת ממש אלא בדרך השתלשלות שאר מדרגות חיצוניות. וכן נראה שהוא קטב מרירי, שפי' שהוא בין גוון חמה שהוא תפארת, לצל דהיינו כח הגבור' חשך:

קטורת כבר פירשנו בשער מהות והנהגה ענין הקטורת כי הוא נכנס בתוך החוטם שהוא משקיט כח הדין. ופי' בערך עשן שהוא התפארת העולה לקשר העולמות בינה וחכמה יחד. בעת עלותו נקרא עשן. אמנם אחר הגיע אל תוך החכמה המציאות ההוא נקרא קטרת. והטעם כי כאשר הגיע אל מחוז היחוד והקשר ונתייחדו על ידו חכמה ובינה נקרא קטרת מלשון קשר שפירוש קושר הספירות יחד. כי באור שני הפנים האלה חכמה ובינה כלם יראו אור ויתייחדו יחוד שלם. ולכן ראוי שיקרא קטורת לשון קשר כן נתבאר בר"מ (פנחס דף רכ"ד ע"א) ומבואר בתיקונים (תקונא כ"א דף נ"ד.) כי המלכות קטרת של התפארת מפני שהיא קשורה בבעלה כמוזכר:

קיבה פירש בזוהר (פנחס דף רל"ד ע"ב) כי היא אחת משמשים במיתה ואמר כי היא מדרגה אחת ממדרג' הקליפה. ויש בקיבה בחי' טובה והוא הגורם חלום דנבואה לצדיקים ע"ש ועם כל זאת עיקר הקיבה היא הקליפה:

קיים פירוש הרשב"י בר"מ (תצא דף רפ"ב ע"א) כי התפארת נקרא קיים וז"ל בחי צדיק. וקיים עמודא דאמצעיתא. ונוכל לומר כי מצד עלותו לבינה נקרא קיים כי הוא הנותן לו קיום כמו שנותן חיים ליסוד:

קולמוס הוא התפארת ונקרא קולמוס בצורת וא"ו מצד היד הכותבת כדפירשנו בערך חתימה:

קלע יש קלע עליון ויש קלע תחתון והם שני ההי"ן ועל קלע עליון נאמר (ש"א כה כט) ואת נפש אויבך יקלענה והיא השבתת הקליפה כן בארו בתקונים (תקוני ז"ח דף קט"ו: ודף קכ"ח ע"ב). ואבני הקלע הם ה' שעליהם נאמר (שם יז מ) ויבחר לו חמשה חלוקי אבנים מן הנחל והם ה' בריחים ה' ספירות שהם גדולה גבורה תפארת גוף וברית חשבינן חד ונצח והוד הם חמשה. ובהתייחדם בבינה או במלכות נקראים קלע ויחודם אבן הקלע מציאות ה' המתעלם ונעשה י' כדפירשנו בשער המציאות. וכן פירש בתיקונים (תקונא י"ט דף מ'. ע"ש בכס"מ):

קן המלכות נקראת קן. והאפרוחים הם ששה הבנים הרובצים עליה באמצעות הת"ת בעלה השוכב בתוך חיקה בין שדיה. והצפור החופפת על הבנים היא הבינה אם הבנים שמחה. וכמקרה הבינה כן מקרה המלכות. ואפרוחים הם שית עולימתן דילה והקן דילה הוא מטטרו"ן. וע"ז אחז"ל (אבות פ"ד) אל תסתכל בקנקן אלא במה שיש בו כי המלכות שם בתוכו. כמו שאמר (שמות כג כא) כי שמי בקרבו. ולפעמים כל הבנין נקרא קן מפני שהם הבנים שבקן ואין עיקר הקן אלא הבצים או הבנים. ובמקום אחר (בתקונא ו' דף י"ט) מטטרו"ן נקרא קן צפור מטעם כי בימי החול הוא קן למלכות הנקראת צפור:

קנה בקנה יש שש טבעות והם נגד שש ספירות והם ו' מעלות לכסא העליון בינה היא הלב מבין והיא עולה דרך הת"ת אל המוח להתייחד עמו ועל ידו בסוד הדעת. והענין בסוד ההוי"ה שהיא יוה"ה. ונמצא הוא"ו בין י' לה' ראשונה והה"א עולה דרך בה להתייחד עם בעלה חכמה כדפירשנו בשער מהות והנהגה. והענין כי המחשבה שפועלת בחכמה הוא בתוכה ו' קצוות וממנה יצאו אל הבינה והם הויות דקות רוחניות בסוד הדעת. ובהיות כי בעלות התפארת אל הבינה יכנס דרך ממנה אל החכמה כדפירשנו בשערים הקודמים. ומבין הקנה הזה יוצא הקול הכולל האש והמים והאויר והת"ת

הפנימי בסוד הדעת כמו שפירשנו למעלה. והקול הוא כמו נשמה לקנה. והקנה הוא יחוד בין בינה וחכמה בסוד קנה חכמה קנה בינה (משלי ד ה). ויש קנה בצד הקליפה והיינו ענין נעץ קנה בים וממנו נבנה כרך גדול של רומי (שבת ד"נו). וזהו גער חית קנה (תהלים סח לא). גם את זה לעמת זה עשה האלהים:

קץ כל בשר הקליפה סמאל נקרא כן. מטעם שהיא רודפת אחר כליית הבריות דהיינו קץ מלשון כריתה כן פירש בזהר פ' בראשית ופרשת נח. כי הקליפות נקראים כן מטעם שהם קץ וכריתת כל בשר. ויש קץ הימין הוא מסטרא דימינא וכן נתבאר בזהר פ' בראשית (דף נ"ד.) ובפרשת נח (דף ס"ג.). ולשון קץ בכל מקום הוא היסוד ופירשנו בארוכה בערך סוף יעו"ש:

קפיצת הארץ פי' בתקונים כי המל' נקראת כן בסוד שהיא קופצת להזדווג עם בעלה. וכן נקראת קפיצת הדרך שהיא קפיצ' הדר"ך שהיא הת"ת כמו שפי' בערכו:

קרבים פירש בזהר פרשת לך (דף פז.) בפסוק (תהלים קג א) ברכי נפשי את ה' וכל קרבי את וגו' וז"ל מאן קרבי אלין שאר חיון ברא דאקרון קרבים כד"א ומעי המו עליו עכ"ל. נראה שהוא מפרש הענין הזה על חיות הקדש. וקראם חיות ברא מפני שהם חוץ לאצילות ונקראים קרבים על שם שהם קרובים לאצילות והביא ראיה מפסוק (שה"ש ה ד) ומעי המו עליו כי מעים וקרבים הכל דבר אחד. וענין המו עליו הוא אל שאלתם איה מקום כבודו וכו' וזהו המו, פי' הומים ומשוררים. עליו, פי' בשבילו. כדרך החיות המשוררים לשכינה (וע' תקונא ו' דף י"ט ע"ב עניין המו מעי לו). קרבן נקראת השכינה מפני כמה טעמים. אחד מפני שבה מתקרבים כל הספיר' ומתקשרים ומתייחדים. ומפני כן נקראת אגודה כמו שבארנו בערכו. ועוד מפני שהיא קרבן המתקרב אל התפארת ולכן נקראת קרבן לה' מורה על ייחוד שניהם יחד תפארת ומלכות. ובהתקרב המלכות אל התפארת מתייחדים על ידה כל הספירות יחוד וקירוב גמור ולכן נקראת בלשון קרבן ע"ש הקירוב. פי' מציאות קירוב ויחוד אותיות יהו"ה שהם יחוד כל הספירות כן פירש בזהר בפר' ויקרא (דף ה'. ובפרשת צו דף ל"א ע"א):

קרוב היסוד נקרא קרוב מטעם כי הוא שכן קרוב אל השכינה והוא טוב מא"ח רחוק שהוא התפארת בעת ריחוקו. נמצא היסוד נקרא קרוב בעת ריחוק התפארת וקרוב היסוד אליה (ע' בר"מ משפטים קט"ו: ובתקונא כ"א דף מ"ב ע"ב):

קרח הנורא השכינה נקרא קרח מההוא נורא עמודא דאמצעיתא כן פירש הרשב"י ע"ה (בתקונא י"ט דף ל"ח ע"א). וקרח וחרק הכל אחד ונקראת קרח בסוד מציאותה התחתון ויש חילוק בין קרח לחרק כי חרק הוא דין מלשון ויחרקו שן (איכה ב טז) כמו שנבאר בשער הנקודות וקרח נתהפך מן הדין אל הרחמים והיינו קרח בסוד הלבנינות והיא מציאותה התחתון שהוא הנטוי על ראשי החיות. ור' משה פירש קרח הנורא ת"ת. ואינו ענין כי נתחלף לו קרח בנורא:

קרית ארבע פירש הרשב"י ע"ה בתקונים (תקונא ח"י דף ל"ג.) כי השכינה נקרא קרית ארבע מפני שבה חיבור ארבע פרשיות שבתפילין והם שם בן ד' ארבע אותיות. ועוד פירש שם מפני שבה מתייחדים ארבע שמות שהם יהו"ה אהי"ה זכר ונקבה הרי שנים. ויהו"ה אדנ"י זכר ונקבה, הרי שנים אחרים. אלו בחכמה ובינה, ואלו בת"ת ומלכות. ופירשנו בהם בשער מהות וההנהגה. ופי' בזהר פרשת ויצא (דף קנ"א) שנקראת ג"כ קריית מלך רב בהיותה מקבלת מהבינה הנק' מלך רב. והבינה קרייה לחכמה שהוא מלך רב עליה נקל]:

קרן בענין קרן וחומש פירש הרשב"י עליו השלום (בר"מ ויקרא דף כ"ד) כי הת"ת הוא קרן, ושכינה חומש. ואמר כי משאחז"ל שור שהקריב אדם הראשון קרן אחת הי' לו במצחו על הקרן הזה נאמר. וכן אמר שם שנקרא קרן היובל פי' קרן היוצא מבינה שהוא היובל. ואפשר דקרן זה מלשון אור כמו כי קרן עור פני משה (שמות לד לה) ולכן הוא בתפארת. אמנם קרן זוית וכן עלה בכבש כו' ובא לו לקרן פי' מלכות ונקראת קרן מפני שהיא קרן ופנה לכל האצילות. וכן פירש בזהר פרשת ויקרא (דף י"ט ע"ב) בפסוק (ש"א ב י) וירם קרן משיחו דא כנסת ישראל דאקרי קרן (היובל) עכ"ל. ובפרשה לך (דף צ"ו ע"א) פירש שהיא נקראת קרן בהיותה יונקת השמן הטוב המדליק ומאיר הספירות הנשפע ממקור השמן כמבואר בערכו. ובתיקונים (בהקדמה דף ט ע"ב) פירש שתי קרנים הם נצח והוד והם קרני השכינה בסוד שתי רצועות של ראש וקרן אחת יסוד קרן של מלכות כזה הי או כזה ה ואמרו בשתי קרנים והאחת גבוה מן השנית שכן נצח גבוה על הוד ע"כ:

קרסולים פירש בתקונים (בהקדמה דף ב' ע"ב) כי הם נצח והוד. ואפשר הטעם כי הם בעצמם הירכים. ופי' בערך הת"ת שהוא הגוף נקראים יריכים. ובערך היסוד שהוא למט' באמת נקראים

קרסולים. שבערכו אינם מיוחדים אליו אלא בבחינת קרסולים שהוא למטה מהירכים:

קרקבן הקרקבן והאצטומכא הכל דבר אחד ופירוש אחד להם וכמו שבארנו בערך אצטומכא כן הוא גזרת הקרקבן:

קרקע נקראת השכינה (בתקונא י"ט דף לז: ובר"מ פנחס רמ"ג ע"ב) מפני שהיא קרקע עולם לכל הט' ספירות העליונות ועליה אמרו (בסנהדרין דף עד ע"ב) אסתר קרקע עולם היתה. ובה נטועים איש על מקומו ובמציאות זה נקראת קרקע. ובתקונים (תקוני ז"ח דף קכ"א ע"ב) פירש כי יסוד נקרא קרקע ערבות כי ערבות הוא תפארת. וזהו קרקע ערבות. ואפשר הטעם מפני שהוא קרקע לתפארת כי הוא משך הוא"ו והיינו קרקע ערבות:

קשר כל קשר הוא אגודה ואין אגודה פחותה מג' והם תקיעה שברים תרועה. דהיינו קשר. דהיינו ג' אבות גדולה גבורה תפארת. והת"ת הקושר ג' אבות בסוד ההכרעה נקרא קשר. וכן יסוד בסוד הכרעתו נקרא קשר של ג' אחרות כאלו שהם נצח הוד יסוד. ג' אבות וג' בנים. ומעשה אבות יעשה בנים נמצא קשר בתוך קשר. ת"ת בתוך יסוד. והיינו חותם בתוך חותם. וכן השכינה נקראת קשר מפני שהיא קושרת שלשה בחינות אלה בסוד ה ג' ווי"ן. וכן שב"ת ש' ב"ת ג' ווי"ן. ועל כן נקראת קשר של תפילין. ופירש רבי משה שהבינה נקראת קשר הספירות מפני שקושרת הז' ספירות עם הג' ראשונות כאשר נבאר בערך שכינה:

קשת פירש בתקונים כי היסוד נקרא קשת מפני שהוא ברית הקשת שעל ידו היחוד ועל יוסף נאמר (בראשית מט) ותשב באיתן קשתו. וקשת וקשר הכל דבר אחד כי קש"ר תקיעה שברים תרועה והיינו קש"ת. וא"א היחוד בלי הקשר האמיץ שהם ברית ותרין ביעין דדכורא. ואז נקרא קשת והוא זורק חצים בסוד זרע היורה כחץ כדפירשנו בערך חצים. ונשלם אות ק' בעזרת הנותן למשור כל עקוב. ועתה נבא בביאור ערך אות רי"ש:

פרק כ':

ראייה פירש הרשב"י ע"ה בזהר כי הראייה היא תלויה בבינה וסימן הלב רואה. וכן נראה מקצת המקומות כי הראייה עקרו תלוי בבינה וגבורה. וכל מקום שתמצא לשון ראיה עקרו תלוי בשמאל. ובמקומות אחרים ברעיא מהימנא (פנחס דף רל.) ובתקונים (תקוני ז"ח דף קט"ז.) פי' הרשב"י ע"ה כי ריאיה היא פני אריה והוא בחסד. וכן ראובן או"ר ב"ן והוא ראייה ואור שהוא בחסד וחכמה וכן פירוש ראייה אריה כי הוסיף בראייה י' על תיבת אריה והרמז אל החכמה שהיא יו"ד. וזה הפי' עיקר ויותר מוכרח. ואמרם הל"ב רואה היינו שבבינה יש גם כן כח הראייה עם כל זה עקרה בחכמה וחסד וימצא בבינה על ידי החכמה. ויש ראיה לטוב, וראיה לרע. והכריח הענין מן הפסוקים בזהר פרשת וירא (דף ק"ה ע"ב). והטעם כי לפעמים החסד נוטה לדין ולכן ראייה לדין:

ראש פירש הרשב"י ע"ה בתקונים (תקונא ל"ט דף ע"ז: ע"ש) כי כ"ע מצד החכמה נקרא ראש. כי החכמה גם כן ראש וכדפי' בערך מצוה והכתר על החכמה נקרא ראש האמתי כי הוא ראש לכל ראשים. ורבי משה פירש כי לפעמים היא נקרא גם כן ראש הלבן מפני שבו הלבנינות האמתי. ונקרא כן כשהוא מלבין עונותיהם של ישראל:

והחסד נקרא ראש הרים מפני שהוא ראש לג' הרים שהם האבות. שמעו הרים את ריב ה' (מיכה ו ב) ומאן הרים היינו ג' אבות כן פי' בזהר (תשא דף קפ"ט ע"ב). ובתיקונים בפסוק (בראשית ח ה) נראו ראשי ההרים פי' שהם ג' אבות הנקראים ראשי ההרים. ואפשר הטעם מפני שהם ראשים לכל שאר הקצוות שכולם נקראים הרים כדפי':

וראש צדיק פירוש הרשב"י ע"ה בזהר פרשת ויצא שני פי'. הא' שהת"ת נקרא ראש צדיק מטעם כי הוא שורה על ראשו. וכן פי' בתקונים (תקונא ז' דף פ"ב ע"א) מאן ראש צדיק דא עמודא דאמצעיתא. והפי' השני, מקום מוצא הברכות של צדיק למלכות. פי' מקום שפך הברכות שדרך האשד ההוא הברכות נשפעות אל המלכות הוא נקרא ראש צדיק ודאי שהיא בחינ' תחתונה של היסוד בערך המתייחד עם המלכות:

ראש דבר יש שפי' בחסד ויש שפי' בת"ת. וזה נראה לי עיקר כי הוא ראש למלכות הנקראת דבר. ואפשר כי מטעם זה נאמר (תהלים קיט קס) ראש דברך אמת כדכתיב (מיכה ז כ) תתן אמת ליעקב ועם כל זה יצדק קצת ביסוד:

ראשי החיה פירש הרשב"י ע"ה בתקונים (תקונא ה' דף ח"י ע"ב) כי החיה מלכות וראשיה הם נצח והוד ועליהם כתיב (יחזקאל א) ודמות על ראשי החיה רקיע. וראשי חיה עליונה יש בה פי' הרבה בתקונים:

ראשית החכמה נקראת ראשית מפני שהיא ראשית לגלוי כמו שהארכנו בשער אם אין סוף הוא הכתר. ומלכות במציאות היו"ד אשר לה המשתוה אליה, נקראת ג"כ ראשית. ואמר בתקונים שהיא ג"כ ראשית לכל הנבראים כמו חכמה עליונה ראשית

לכל המתגלה באצילות. ורבי משה אמר כי החכמה נקראת ראשית תרומה מפני שהיא ראשית וכו' ע"כ. ומפני כך חטה אחת פוטרת כל הכרי ואין לה שיעור למיעוט ההשגה בה. וכן היא נקראת ג"כ ראשית שמני"ם מפני שהיא ראשית לשפע הכתר:

רב פירש בתקונים (תקוני ז"ח דף קכט ע"א) בפסוק (בראשית מח) וידגו לרוב חכמה דאתמר בה (מ"א ה י) ותרב חכמת שלמה כו'. נראה שלשון רב הוא מצד החכמה ויש קצת סמך לדבר כי תרגום שמן המשחה שהוא בחכמה משח רבות קודשא:

רב חסד פירש רבי משה כי החסד נקרא רב חסד. ולא דקדק יפה כי ת"ת נקרא רב חסד מפני שרובו חסד, ואף על פי שיש בו דין. וכן פירשו רז"ל (ר"ה דף י"ז ע"א) רב חסד מטה כלפי חסד והיינו התפארת שהוא מטה עצמו וגבורה עמו כלפי החסד. ונקרא כן בהכרעתו לצד ימין. ויש רב טוב ופירש בזהר פ' בראשית (דף ז' ע"ב) כי הוא ענוגא דחיין דנגדין מעלמא דאתי לגבי חי עלמין עכ"ל. והכונה כי השפע הנשפע מבינה המגדל היסוד נקרא רב טוב. ופירושו שפע המרבה ומגדל היסוד. עוד פי' שם פ"א כי רב סתם הוא התפארת ונקרא רב מפני שהוא אילנא ר"ב ותקיף בגין דאית אילנא זוטא מניה. ובתקונים (תקונא כ"א דף נ"ב ע"ב) פי' כי בקליפה הזכר נקרא רב החובל כדפי' בערך חבלה:

רבוע נראה מלשון הזהר כי הרבוע והמרובע הכל בבינה ולא תקרא הבינה מרובעת אלא בהיותה רובעת על הבנים ובפרט בהיותה רובצת על ד' סטרי עלמא ויש לזה גלוי מהזהר (תרומה דף קכ"ז.):

רבים מוסכם בזהר ובר"מ (משפטים דף קי"ז.) ובמקומות רבים, כי רבים הם ג' אבות גדולה גבורה ת"ת ונקראים יחד רבים וכן אין רבים פחות משלשה (בת"ז דף א'). וכן מוכרח מכמה מקומות. ונקראים רבים מפני שהם רבים לפי שקודם היחוד וההסכמה בסוד ההכרעה נקראים רבים. ר"ל שלשה מחולקים כי לא יקרא רבים אלא בהיותם חלוקים זה על זה. אמנם בייחודם יקראו אגודה לשון יחוד. ורבים לוחמים לי (תהלים נו ג) פי' רבים מלשון ריב או כמו ויהי רובה קשת (בראשית כא כ):

רובע הוא היסוד שנקרא כן מלשון רביע שעל ידו שוכב אלוף עם אשת נעוריו. ופי' בזהר (בלק דף ר"ד.) שנקרא רובע מפני דשיעורא דגופא ארבע בריתות והיינו שנקרא רובע ישראל (במדבר כג י). ובזהר (שם דף ר"י ע"ב) פי' במלכות מפני שני טעמים אם מפני שהיא רביעית למרכבה ואם מפני שהיא מטתו שלשלמה דהיינו לשון רביע:

רביעית המלכות נקראת רביעית ההין. ופירש הרשב"י ע"ה בר"מ (פנחס דף רמ"ז ע"ב) הטעם כי היא רביעית ליה"ו שהם ג' אותיות וה' רביעאה והיינו רביעית ההין. ופי' עוד פ"א רביעית ההין רגל רביעי לכסא של ד' רגלים גדולה גבורה תפארת ומלכות רביעית להם. ולכל הפירושים לא תקרא רביעית ההין אלא בהיותה מתייחדת עם הג' אבות או עם הג' אותיות:

רבקה המלכות נקראת כן. אמנם לא תקרא כן אלא בבחינתה מצד תוקף הדין ומתייחדת עם בעלה מצד הגבורה (ע' בזהר תולדות דף קל"ז ע"א):

רגלים וכן רגלים הכל הוא במלכות והיא נקראת רגלים בסוד הבחינה התחתונה המתלבשת תוך הקליפה. בסוד רחצתי את רגלי איככה אטנפם (שה"ש ה ג) והיא פשיטת הנצוצות המתלבשת בקליפות. ובזהר פ' לך (דף פ"ו.) פי' כי המלאכים נקאים רגלים וז"ל מאן רגליו אלין מלאכין דאינון תחותוי דקב"ה כד"א ועמדו רגליו ביום ההוא וכו' עכ"ל. וקצת צודק עם מה שפי' לעיל דהיינו רגלי השכינה בחינתה עם הכחות [שלה]. אמנם רגלים הוא המתלבשת בנעלים וסנדלים הנעימים, כדפירשנו בערכם. וזה מה יפו פעמיך בנעלים בת נדיב (שם ז ב). כך נ"ל מהקדמת הזהר (וע' בתקונא ח"י דל"ד.):

רהטים לפי הנראה מתוך לשון התיקונים (תקונא י"ט דף ל"ז ע"ב) ירצה כי הנצח וההוד נקראים רהטים בשקתות המים. ובמ"א (בתקונא שתיתאה דף קלח) פי' כי רהטים הוא בינה דקאמר בד' רהיטי מוחא:

רוב בזהר פ' תולדות (דף קמ"ג) משמע קצת כי רוב ביסוד, בהיותו בין התפארת והמלכות. וז"ל ורוב דגן ותירוש הא אוקמוה כו' ולא ראיתי צדיק נעזב וגו' ת"ח נער הייתי וגו' ואוקמוה האי קרא שר העולם אמרו וכו' ובג"כ אמר ורוב דגן ותירוש עכ"ל. ופי' כי הוא נקרא רוב דגן ותירוש מפני שלעולם לא חסר ממנו רבוי השפע בהיותו משפיע לשכינה ומקבל ממעלה. דהיינו ולא ראיתי צדיק נעזב מלמעלה מהת"ת. וזרעו מבקש לחם פי' מבקש במי להשפיע כי אין לחם אלא אשה. ולכן ביותר מחייב רבוי השפע וזה טעם רוב דגן ותירוש. ובתקונים רוב אונים דא כ"ע ופירשנו בערך איש (ע' בס' קה"י):

רוח רוח סתם הוא התפארת וכן הוא יסוד האויר כנודע. ונקרא רוח בסוד הבחינה המכרעת בין הגדולה והגבורה. ולפעמים נקרא רוח צפונית

שהוא יונק מהגבורה ששם הצפון. וזהו רוח צפונית שהיה מנשב בכנור של דוד. וכשיונק מחסד נקרא רוח דרומית ששם הדרום ונקרא רוח חם בסוד חמימות הגבורה ורוח קר בסוד מימי החסד הקרים. והמלכות נקראת רוח הקודש כשהיא יונקת מסטרא דהוד שמשם יניקת המדברים ברוח הקדש שהם למטה מן הנביאים שהם מנצח. כ"פ בזהר במ"א. ובפ' אחרי (דף ס"א.) פי' כי המלכות נקראת רוח הקדש כאשר היא מקבלת מחכמה שהיא נק' קדש. ואפשר דהא והא איתנהו כי החכמה משפיע להוד והוד אל המלכות ונקראת המלכות רוח גדולה כשיונקת מרוח דרומית. ונקראת רוח חזק כשיונקת מרוח צפונית. גדולה מצד החסד, וחזק מצד הגבורה. ונקראת רוח יום ומסטרא דהתפארת. וטעמי הכנויים האלו ומבוארים. ובמלת רוח אלהי"ם בו (בראשית מא לח) שפי' [המפרשים] בחכמה אפשר הטעם שהוא רוח ונשמה לבינה הנקרא אלהי"ם. וגם בענין זה יצדק בת"ת שהוא רוח למלכות הנקרא אלהי"ם. וגם שהוא יוצא מתוך פה עלאה הנקראת בינה:

רוחב נראה מתוך לשון הזהר בר"מ (תרומה קנ"ח.) כי הרוחב הוא מסטרא דמלכות. וכן ביאר שם, חמש אמות אורך מסטרא דה' עלאה וה' רוחב מסטרא דה' תתאה. נראה שהרוחב מצד המלכות:

רוכב שמים פי' ר' משה כי הבינה נקרא רוכב שמים והטעם כי היא רוכבת על שמים שהם אש ומים וכללם שהם גדולה גבורה ת"ת. ונ"ל כי הבינה נקראת רוכב שמים בבחינת הה"א דהיא ג' ווי"ן שהם ג' אבות:

רוכל פי' בתקונים שהוא היסוד כדפירשתי בערך אבקת. והטעם שבו מתערבין כל מיני השפע והוא רוכל שלהם:

רום או רום פירשו המפרשים כי בחולם הוא בכתר ובשורק [בת"ת]. רום שמים פי' בתקונים (תקונא כ"ב דף ס"ו) כי החכמה נקרא רום שמים ועליה נאמר למי נושאים כפים לרום שמים:

רומח פי' בתקונים (בהקדמה ד"י.) כי בעת נטות הת"ת אל החסד שהוא אברהם רמ"ח מצות עשה ועם ו' של ת"ת הוא רומח ויד האוחז בה היא המלכות בסוד היחוד:

רועה בשושנים פי' הרשב"י ע"ה (בתקונא כה ד"סט) שהוא הת"ת שהוא רועה בשני שושנים שהם שני ההי"ן כענין מבריח מן הקצה אל הקצה (שמות לו לח):

רחובות בינה נקראת רחובות מטעם שבה היא רוחב הכל שהיא נחלה בלי מצרים כדפי' בערכו. ול"נ רחובות בצד המתפשט למטה על הבנים. וזהו ברחובות פלגי מים (משלי ה טז), דהיינו התפשטות הספי'. ויש לזה הכרח מהזהר פ' תולדות (דף קמא ע"ב ע"ש):

רחום פי' ר' משה כי החסד נקרא רחום מפני שהוא מרחם על הבריות אע"פ שאינם ראוים מעצמם. והת"ת יקרא רחמן. ולנו נראה כי הת"ת נקרא רחמן בכח הרחמים שבו. ונקרא רחום החסד בכח רחמי התפארת. שהתפארת הוא בעל הרחמים, והחסד בעל החסדים. ונמצא רחום רומז רמ"ח ו' שהוא התפארת אל צד החסד. כדרך שפי' בערך רומח:

רחוק הרוחק לעולם הוא בחכמה ומפני מיעוט ההשגה בו נקרא רחוק. והתפארת נקרא א"ח רחוק אל המלכות כדפי' בערך קרוב. והטעם מפני שמתעלה אל החכמה. ועל זה נאמר (תהלים י א) למה ה' תעמוד ברחוק. פי' הת"ת שמתעלה אל החכמה ונשארה המלכות גלמודה ח"ו. וכן משמע בזהר פ' ויקרא (ד"ך ע"ב) בפסוק (ירמיה ל י. מו כז) הנני מושיעך מרחוק. וקצת משמע התם כי גם הבינה נקראת רחוק:

רחל נקראת המלכות בסוד הבחינה המתייחדת בכח רחמי הת"ת יעקב. ובכח הרחמים שבה, עליה נאמר (ירמיה לא) רחל מבכה על בניה:

רחמים נקרא הת"ת מפני היותו קו הרחמים כדפי' בשערים הקודמים. והכתר מפני היותו שרש הקו האמצעי נקרא רחמים גמורים כי אין בו תפיסת דין:

ריב ה' נקרא השכינה מפני שהיא מתרעמת ומריבה עם בעלה על חרבן בית מקדשה וגלותה וגלות בניה עד ישקיף וירא ה'. וכן הבינה נמי עושה ריב על היסוד החרב שנאמר (ישעיה יט ה. איוב יד יא) ונהר יחרב ויבש. ושתיהם נקראים ריבות שכינתא עלאה ותתאה כדפי' (בתקונא כ"א דף מ"ב ע"ב ע"ש).

ריח ענינו כי המלכות בהיותה עולה למעלה לרצון בסוד עשן המערכה שפי' בערכו. כי עלייתה הוא ע"י הת"ת. ובעלותם מיוחדים אל מקורם הנעלם שבחכמה אז נקראת מלכות העולה עד אין סוף וברדתם יורדת דרך ניחוח שבארנו בערכו. וענין ריח הוא כי בהיות האש וכח הגבורה שהוא היוצא מן החוטם מתפשט לשרוף העולם ונשפע אל המלכות. אז בעלות דרך הדין המלכות ומתדבקת בעשן שהוא כחות הגבורה הנשפעים מהגבורה העליונה ומתדבקים בשרשם שהוא הסתלקות העשן של האש ועולה דרך החוטם שהוא הגבורה ומתדבקת בבינה ששם המקור של אש הגבורה כנודע אז מתעורר אהבה ביחוד הת"ת והמלכות ומתדבקים ביחוד הבינה והחכמה בסוד הדעת

כמבואר לעיל. אז מתעורר שפע החכמה במקורות הרחמים שבבינה ונפתחים המקורות ההם (ונשפע) ומתלבש הבינה בסוד רחמים ואז העולם בנחת וזהו ריח ניחוח. זהו העולה אלינו בהסכמה אחר העיון בס' הזהר בדרוש. ובארנו בזה בשער מהות והנהגת בפ' י"ב. ושם העתקנו קצת מלשון הזהר. ובזה יצדק גם דברי המפרשים ריח סתם בחכמה וכן דברי הרשב"י בתקונים:

ריקם במקומות מהזהר נראה כי כל לשון רק הוא בקליפה כמו והבור רק אין בו מים (בראשית לז כד) ופי' (רז"ל שבת דף כ"ב.) מים אין בו אבל נחשים ועקרבים יש בו. וכן מוכח לשון שלא ניגע לריק ולא נלד לבהלה. ובתקונים פי' כי ריקם הוא בשם אלהים כשהיא ריק מן ה"י ישאר אל"ם. והענין כי אלם הוא בחינת הת"ת כאשר אין המלכות שהיא ה"י עמו והיינו שהוא ריקם מן השכינה. והת"ת [כביכול נשאר] אלם כשאין הדבור שהוא השכינה עמו (ע' בס' קה"י בע' ריקם):

רם יש שפי' בכתר ויש שפירש בת"ת. והיותר נראה אצלינו שהוא בבינה כדפי' בערך ירום ע"ש. ומ"ש הכתוב (ישעיה ו א) יושב על כסא רם ונשא הכונה על המלכות העולה על חסד וגבורה. כי רם ירצה שהוא ירום מאברהם ונשא מיצחק. ולכן כל נשא ורם סתם הוא נאמר על הבינה מצד החסד או מצד גבורה. אמנם בהתייחס אל ענין אחר יתבאר בדרך זה שפירשנו. ועיין בערך ירום ובערך נשא:

רמונים פי' בתיקונים (תקונא כ"ו דף ס"ט ע"ב) כי נצח והוד נק' שני רימונים:

רנה הרנה היא מצד הצדיק דכתיב רננו צדיקים וכו'. ונקרא כן הצדיק בהיותו יונק מצד השמאל כפי מנהגו. כן פי' בתיקונים (תקונא יג דף כח ע"א ע"ש):

רעה היא בקליפה שעליה רוכב הנגע כדפירשנו בערכו:

ריעים פי' הרשב"י בתיקונים כי הנצח וההוד נקראים שני רעים. והטעם כי הם ריעים בפעולתם ולכן נמצא רוב כנוייהם באדם על שניהם יחד. וכן פירש הרשב"י ע"ה במ"א נצח והוד תרי פלגי דגופא הוי. ובזהר פ' ויקרא (ד"ד.) אמר כי החכמה והבינה נקראים ריעים. ואפ"ל שכאשר נצח והוד יונקים מחכמה ובינה דרך חסד וגבורה [ג"כ] נקראים ריעים כדרך ששרשי השרשי' נקראי' ריעים:

רעמים הם מצד הגבורה כדכתיב (איוב כו יד) ורעם גבורותיו כו'. וכן פירוש בתיקונים. ואפשר שלכן מברכין עליהם שכחו וגבורתו מלא עולם:

רעש יש רעש ויש רעש. יש רעש דקדושה והוא שבו עתיד הקב"ה להחיות את המתים ועליו נאמר (יחזקאל א) ואשמע אחרי קול רעש גדול. והמלכות נקרא רעש ובהפוך האותיות עשר כי היא כלולה מעשר ומתלבשת בתוקף הגבורה ומרעשת מלכות הרשעה מלכות זדון ומאבדת אותה (מן העולם). ובחינה זו נקרא רעש. ויש רעש אחר והיא בהיפך אותיות רשע המרשעת והמרעשת פני תבל לאבד צדיקים ברגע ח"ו רח"ל:

רצון השפע היורד מכ"ע הוא מרצה ונותן חפץ ורצון טוב לכל הספירות. ולפיכך נקראו רצון כאדם המתלבש ברצון בעת אכילתו כן הספי' מתרצות ברצון עליון בעת יניקתם ממנו ולכן עיקר הרצון בכתר. ולשון נפעל שימצא בזה, הוא הספירה הנזכר בפסוק לפי הענין המתרצה מהרצון העליון. והמשל בזה רצית ה' ארצך (תהלים פה ב) והכוונה [ספי' מלכות הנקרא ארץ] הנשפע עליה שפע הרצון. ומזה נקיש לכל כיוצא בו:

רקיע הרקיעים הם הרבה. ראשונה כל הספירות נקראים יחד רקיעים כדפירשנו בשערים הקודמים. עוד נקרא החמש ספי' רקיעים מצד הגבורה. והיינו ה' רקיעים הנזכר ביום ב' כדפי' בפרקים הקודמים בשער זה. ונקראו רקיעים מפני היותם מתפשטים ונמתחים בפעולתם ודמיונם מעלה לעלול ברקיעים כמו שפי' בשער סדר עמידתן. ועיקר הרקיע ת"ת ועל ידו הם ה' ספי' ה' רקיעים. והיסוד ג"כ נקרא רקיע שעל ראשי החיות שבמלכות. והמלכות לפעמים נקרא רקיע שהוא הרקיע שעל ראשי החיות תחתונות. והבינה נק' רקיע מפני שהיא רקיע על ראשי החיות עליונות גדולה גבורה ת"ת ומלכות שהם ד' חיות אצילות שבאצילות כל אלו ביארו בזהר (ויגש דף רי"א ע"א ויקהל דף רי"ב י"ג ע"א):

רשות המלכות בהיותה מתייחדת לבעלה נקראת רשות היחיד שהיא רשות ליחידו של עולם ת"ת. וכן שם בן ד' רחבו ד' שהיא יהו"ה וגבהו עשרה שהוא יו"ד ה"א וא"ו ה"א. ולכן מלכות המתייחדת עם הת"ת בעלה נקראת רשות היחיד וכאשר אין האיש בביתו נקראת רשות בפני עצמה. פי' רשות לבדה שאינה עם היחוד. ע"כ דברי הרשב"י ע"ה בתקונים (בהקדמה דף י"א. ובתקונא ה' דף י"ח). ועוד פי' במ"א (בתקונא כ"ד דף סז) כי רשות הרבים הוא נחש אשת זנונים סמא"ל. ונקרא רשות הרבים מפני שהם רבים ע' אומות ועל ידו יונקים כלם. אמנם יחידו של עולם הוא אחד יחיד ומיוחד. ע"כ הגיע ביאור ערך אות רי"ש, בעזר אלהי השופע עלינו. ועתה נבא בביאור ערך אות שי"ן:

פרק כ"א:

שאלה פי' בתיקונים (תקוני ז"ח דף קט"ז.) כי המלכות מצד החסד עם החכמה נקרא שאלה ולכן נחתם במלת שאלה שם א"ל שהוא חסד. ולכן בה נאמר לשלמה (מ"א ג ה) שאל מה אתן לך. ושאל חכמה שהוא על החסד. והוסיפו שם הביאור:

שאגה פי' שאגת לביא הוא בחסד מצד הדין שבו והענין מורה כן כי הוא שואג מצד הדין והוא אריה שהוא חסד ופשוט הוא. ולכן נאמר (עמוס ג ח) אריה שאג מי לא יירא אחר שהכל מתלבשין בדין ואפי' החסד:

שאר כבר בארנו בערך משה החילוק שבין יעקב אבינו למרע"ה. ומלכות נקרא שאר מצד בחינתה עם התפארת במציאותו הנעלם אשר שם מרכבת מרע"ה. כן פי' הרשב"י ע"ה בתקונים. ולשון שאר הוא כמו שאר בשרו כד"א (בראשית ב) ובשר מבשרי:

שאור יש שפירשו בגבורה. ולא יצדק כי אם בקליפה. אם לא שנאמר כי מפני שהיא נשפעת משם נקראת על שמה וזה דוחק:

שבועה היא במלכות וכן מבואר בר"מ (פנחס רנה). ובמ"א (משפט' קט"ז) פי' כי שבועה ביסוד. ובמ"א פירש כי היא בבינה. והענין כי לשון שבועה פירוש מלשון שביעיות והכוונה כי זאת כלולה משבע קנים ולא תקרא שום ספירה שביעית פירוש כלולה משבע אם לא ע"י היסוד כמו שנבאר בערך שביעית. ונמצאנו למדים ששבועה הוא במלכות בעלייתה אל היסוד. וע"כ השבועה חי ה' שהוא היסוד הנקרא חי כנודע. והכל ע"י הבינה כי עיקר השביעיות והחיות של היסוד הוא ע"י שפע הבינה ולכן השבועה תצדק על הבינה, ועל היסוד, ועל המלכות. ועקרה במלכות בעלותה אל היסוד ונכללת שם משבע קני מנורה על ידי הבינה:

שביעיות כל לשון שביעית שביעי וכיוצא בו הכל מסטרא דצדיק, ואם יהיה בספירה אחרת. וז"ל הרשב"י בתיקונים כל ספירן אתקריאו שביעיות מסטרא דצדיק. אמנם לא יתכנו הספירות מצד הצדיק אם לא בקבלתו מהבינה וכן פירש בתיקונים:

שבע שנים היא בינה:

שבע שבתות כל ספירות משבע ימי הבנין נקרא שבת א' בסוד שמיטה א'. ואמנם בינה מפני היותה יובל והיא כלולה משבע שבתות נקרא ג"כ שבע שבתות. והכוונה שהיא נקרא כן בהיות שהבינה כלולה מז' ספי' וז' ספי' כל אחת כלולה מז' נמצאו מתראות בה מ"ט ספי' בסוד מ"ט שערים ובסוד מ"ט שני היובל. ושאר הענין בדרוש זה הארכנו בשער השערים:

שבעה פי' בזהר פ' אמור (דף ק"ב) שהוא הרמז לתפארת ביחוד החסד והגבורה כי הת"ת חמשי ושניהם עמו הרי שבעה ע"ש:

שבעת ימים פי' בזוהר פ' אחרי (דף פ"ט ע"ב) ובאמור (דף צ"ב) כי הבינה נקראת שבעת ימים מפני שהיא כוללת בתוכה ו' ימים שתחתיה. ובפרשת מקץ (דף ר"ד) פירש כי למעלה הם ז' ימים עליונים ולמטה ז' והם שבעת ימים ושבעת ימים י"ד יום:

שבכות פירוש השבכות שעל הכותרות שעל ראשי העמודים יכי"ן ובוע"ז והם נצח והוד והכותרות שעל ראשיהם הם גדולה וגבורה שהם כותרות על ראשי נצח והוד. ועל ראשי הכותרות האלו הם בינה וחכמה שבכות עליהם:

שבת בענין השבת יש דעות חלוקות ואנו נבאר באופן יתוקן הכל כמו שכתבנו בערך ימים. עלה בהסכמתינו כי שבת נשאר לפי חשבון הימים בין יסוד ומלכות. ועיקר השבת הוא מלכות וסימנך ש' ב"ת. והכוונה ב"ת היא מלכות במציאות היו"ד במציאות הה'. ש' הם שלשה אבות הכלולים במציאות הה"א כמו שהארכנו בשער האצילות. כן פי' הרשב"י ע"ה בתיקונים ובר"מ (פינחס דף רנ"ד.) פירש כי ש' הם ג' כתרין כתר חכמה בינה. והכל עולה אל מקום אחד. כי ראשי הווי"ן הם סגולתא דהיינו שלש' יודי"ן. ואחר ששבת היא מלכות ידענו שהיא מדת לילה. נמצא ליל שבת היא לבדה ולכן אנו אומרים בתפלת ליל שבת וינוחו בה לרמוז אל הנקבה. אמנם ביום שהוא הזכר כמו שנבאר אנו אומרים וינוחו בו לרמוז אל הזכר. ושבת שהיא מלכות לא יקרא שבת אלא ע"י היסוד שביעי כדפירשנו לעיל בערכו. והנה השבת שהיא מלכות היא כלולה עם היסוד. ולכן אנו אומרים ויכולו בליל שבת כי ויכלו הוא ביסוד ולכן עולה ע' כי ע' הוא ביסוד שהוא שביעי כדפירשנו לעיל. נמצא לפי זה שאין שבת אלא בכללות היסוד עם המלכות. וכן מלת יסו"ד הוא כללות היסוד עם המלכות. כי היו"ד היא בשכינה. וסוד הוא סוד ה' ליראיו (תהלים כה יד). ובהיות הבקר שהוא מדת יום הנה תהיה המלכות שהיא שבת עולה להתייחד עם שבת שני שהוא התפארת שהם שני שבתות כאחד ביחוד גמור. וזהו ישמח משה במתנת חלקו בסוד הת"ת כמו שנודע. ובהיותם מיוחדים שניהם יעלו להתעטר במדת הבינה והיא שבת הגדול. ועליה אנו אומרים נשמת כל חי שהיא נשמה שממנה

הנשמות אצולות כנודע. לכן נמצא שבת שבתון. כיצד שבת נקראת המלכות כדפי', שבתו"ן נקרא הבינה. כיצד שבת מלכות, ו' ת"ת, ן' בינה. נמצא שבתון כולל ג' שבתות בבינה. ובהיות היחוד הזה משלשה מדות הללו הנה יתיחדו ע"י הבינה והחכמה וע"י הת"ת ו"ק והמלכות בעצמה. ולזה נקראו כלם יחד שבתות הרבה זה הסכמתינו בעינן שבת מוכרח מתוך דברי הרשב"י ע"ה:

שדה סתם היא המלכות וכן מבואר בזהר פרשת חיי שרה (דקכ"ב ע"א ע"ש) ונקראת שד"ה ובשר בשדה טרפה (שמות כב ל) וכן כי בשדה מצאה וכו' (דברים כב כז). ובשדה תפוחים יש בו פי' והנראה כי עיקר המלה הזאת בת"ת ונקרא כן מפני שהוא כלול מג' גוונים אדום ולבן וירוק והם גווני התפוח וכזה פי' רבי משה. ובר"מ (פנחס דף רל"ב) הת"ת נק' ארך אפים כדפי' בערכו. והטעם כי יש לו שני פנים, פני החסד בסוד הלובן, ופני הדין בסוד האודם הפנים הם כדמות שני תפוחים, זה מצד זה, וזה מצד זה. ומטעם זה נקרא הת"ת שדה של תפוחים שיש בו שני תפוחים. ובזהר פרשת תולדות (דף קמב ע"ב) פירש כי המלכות נקראת שדה של תפוחים. והטעם כי היא נקראת שדה וכל התפוחים שהם האבות משפיעים אליה. וכן בפר' ויחי (דף רמ"ט) ז"ל ת"ח כד שלטא סיהרא שדה תפוחים אקרי עכ"ל. והמלכות נקראת ג"כ שדה ענתות כאשר היא עניה כ"פ בזוהר שם:

שדרת הלולב פי' רבי משה כי היסוד נקרא שדרת הלולב והלולב הוא היסוד והת"ת יחד כדפי' בערכו ונקרא כן בסוד העלים העולין בקנה ימין ושמאל והם רומזים אל הקצוות הנכללים בשניהם. וכאשר נאמר שדרת הלולב יהיה הכונה אל היסוד ואל הת"ת הנכללים בכלל והרמז אל פרטיותם לבד:

שה פירש הרשב"י ע"ה בר"מ שהוא סוד החסד דהיינו שה תמים זכר (שמות יב ה) וכענין איש תמים, התהלך לפני והיה תמים (בראשית יז א) (ע' בר"מ פרשת צו דף כ"ח ע"א):

שוטר פי' הרשב"י ע"ה בר"מ (משפטים ד"קיז ע"ב) כי הת"ת מצד המלכות נקרא שוטר. והטעם כי השוטר הוא שליח השופט כי השופט חותך הדין והשוטר מקיים את הדין בעל כרחם של בעלי הדינים ואם צריכים להלקות השוטר מלקה אותם ומטעם כי המלכות היא הרצועה הטהורה להלקות הרשע לכן הת"ת בהיותו מלקה ע"י נקרא שוטר מצד המלכות (וע' בס' ק"י):

שוכן עד פיר' ר' משה כי הת"ת נקרא שוכן עד. והטעם כי היסוד נקרא עד כדפי' בערכו. ובהיות הת"ת שופע על היסוד בהיותו נקרא עד נקרא הת"ת שוכן עד. או אפשר לומר כי הוא שוכן בבינה הנקרא עד, או במלכות הנקראת עד כדפי' בערכו:

שולחן נקראת המלכות בסוד קבלתה מן הגבורה והגבורה שורה עליו. וזהו שלחן בצפון כן פי' הרשב"י ע"ה (בתקונים בתקונא כ"ד דף ס"ח. ובתקונא מ"ז דף פ"א ע"ב) שולט פי' הרשב"י ע"ה בר"מ שם כי הת"ת מצד היסוד נקרא שולט והטעם כי שולט אינו כ"כ כמו מלך ולכן השולט תחת המלך. ובהיותו הת"ת במדרגת שולט הוא מצד בחינת היסוד ששם הוא השולט. כדכתיב (בראשית מב ו) ויוסף הוא השליט:

שועה פי' במלכות. וכן נתבאר בזהר פרשת שמות (דף י"ט ע"ב) ז"ל אמר רבי יצחק אין לך שועה אלא בתפלה שנא' שמעה תפלתי ה' ושועתי האזינה כו' הרי כי השועה היא בתפלה שהיא המלכות:

שופט פי' הרשב"י ע"ה (בר"מ משפטים קי"ז ע"ב) כי הספירות כלם נקראים שופטים מצד הבינה ובפרט הת"ת שנקרא שופט. והטעם כי בינה גבורה נקרא. מפני שממנה נשפע הדין למטה. ולכן בהיותה מתפשטת בכח הדין כל הספירות כלם נקראות שופטים מצדה ובהיות התגבורת הזה על הת"ת אז נקרא שופט:

שופר יש שופר גדול ושופר סתם. שופר סתם הוא הת"ת הנקרא ג"כ קרן כדפי' בערכו. אמנם שופר גדול הוא הבינה ולכן נקראת גדול מפני שבה תלוי החירות בסוד היובל ולכן נקראת קרן היובל. ואפשר שנקראת גדול מצד הגדולה. וזה מורה על גדולתה שאינה מושגת אלא בגדולה לבד. ובבחינת העלמתה אל שעור הזה נקראת שופר גדול:

שוקים הנצח וההוד נקרא שוקים בסוד כי הת"ת שהוא הגוף נשען עליהם. ונראה שאינם נקראים שוקים אלא בהיותם כלולים מנצח נצחים הוד הודות כדפי' בערך נצח שכן כתיב (שה"ש ה טו) שוקיו עמודי שש:

שור המוסכם בדברי המפרשים כי השור הוא בגבורה. אמנם בשור הזה יש שור תם ושור מועד. שור תם הוא מצד הקדושה במדרגת הקדושה. ושור מועד הוא מצד הטומאה כי הוא מועד להרע. ולהיות כי השור הזה מצד תוקף הדין מרחיקין משור תם חמשים אמה. ובתקונים פי' כי הת"ת מצד הגבורה נקרא' שור. ובתקונים (בהקדמה דף ח' ע"ב) נראה עוד כי הנדרש שור שהקריב אדה"ר קרן א' הי' לו במצחו הוא המלכות. והקרן במצחו יסוד כדפי' בערך קרן:

שושן יש שושן אדום ושושן לבן. לפעמים האדום

שולט על הלבן וגובר עליו והוא ההוד הגובר על הנצח שהוא לבן נוטה לאדום ושושן לבן גובר על האדום והוא הנצח הגובר על ההוד והוא אודם נוטה ללובן. ואלו הם שושן בלשון זכר. אמנם יש שושנה נקבה ויתבאר בערכה בע"ה:

שושנה היא המלכות והיא ג"כ כלולה מב' גוונים אדום ולבן שהוא גוון ההתעוררות הימין והשמאל. וכן בזהר פר' אמור (דף ק"ז.) פי' כי היא נקראת שושנה. בזמנא דבעיא לאזדווגא ביה במלכא [אקרי חבצלת. בתר דאתדבקת ביה במלכא] באינון נשיקין אקרי שושנה עכ"ל. וכבר נודע כי קודם הנשיקין הוא החיבוק דהיינו ע"י הגדולה והגבורה אודם ולובן והם גווני השושנה. ובזהר פרשת בראשית (דף א') פי' כי שושנה יש שם י"ג עלין וכן מלכות יש לה י"ג מכילין דרחמי, א"כ שושנה רומזת בהיותה מאירה מי"ג מדות עליונים. ובתקונים (תקונא ל"ח דף ע"ח ע"ב) פי' הרשב"י ע"ה בענין השושנה בפרטיותיה וז"ל בראשית ברא אלהי"ם פתח ואמר כשושנה בין החוחים וכו' (שה"ש ב ב) שושנה אית בה חמש עלין מלגאו וה' מלבר. ואינון ה' ה'. שרביט דילה ו'. תפוח דילה י'. וכלא אלהי"ם, חמש אתוון דיליה, ה' חמש עלין מלבר, ה' חמש עלין מלגאו. י' תפוח, ו' מלא שרביט כו' עכ"ל. ופי' כי כיון לבאר שם אלהים שבבראשית ברא אלהים לכן פתח בפסוק כשושנה בין החוחים. והכוונה על השכינה שהיא בגלות בין החוחים בין הקליפות של טומאה שהם קוצים וחוחים וברקנים. וכוונתו בהתחלה בפסוק זה לבאר שם אלהים שבו ה' על י' ואין זה סדר האותיות בשם בן ד' אלא י' על ה'. ולבאר ענין זה אמר ששם אלהים בשכינה ושושנה בשכינה ושם בן ד' בשושנה ובשכינה. והנה השם הזה מהופך כי ה' ה' הם חמש עלין דלגאו ולבר. והכונה על האמת במשל השושנה כי בשושנה יש חמש עלין פנימים והם עיקר השושנה. וחמש עלים חצוניים הם לבוש אל החמש פנימים שהם בפנים. וכן מלכות ה' ובינה ה' והכונה כי במלכות ה' ספי' שהם ה' בריחי המשכן שהם גדולה וגבורה ת"ת נצח הוד. ויסוד נכלל עם הת"ת. ואלו החמשה הם בבינה ומאירה הבינה הה' אלו בה' תחתונים שבמלכות ומאירה אלו באלו. ונמצא לפי זה ה' עליונים נשמה לחמשה תחתונים. והתחתונים לבוש אל העליונים. וזהו הנמשל אל עלין של השושנה. שרביט דילה ו', פי' השרביט שבו נאחז השושנה הוא ו' שהוא הת"ת. והתפוח שהוא תפוח השושנה הוא י'. נמצינו למדים בשושנה אין השם כתקונו וכשורתו שהה"ן על ו' י' וכן בשם אלהי"ם. וז"ש וכלא אלהי"ם, פי' כל מציאות הזה הוא בשם אלהי"ם. כי הה' אותיות בעצמן הם ה' עלין דלבר, והה' בפני עצמה היא ה' עלין דלגאו, והי' הוא תפוח, ושאר השם שהוא אותיות מל"א לרמוז על וא"ו במלואה שהוא השרביט. והרי בזה אין לתמוה על היות הה"א על הי'. וכיון לומר מל"א ולא אל"ם כדרכו במקומות אחרים, מטעם שתיבת מלא רומז לת"ת דהיינו ו' אבל אלם רומז למלכות כדמוכח בתקונים פעמים הרבה. ע"כ פי' המאמר. ומתוכו מתבאר ענין השושנה שבה נרמז יהו"ה בהפוך אתוון ובה נרמז שם אלהים. וכן נתבאר ענין רמז מציאות השושנה. עוד בתקונים (תקונא כ"ה דף ס"ט ע"ב) שושנים הם ב' והם שכינתא עלאה ושכינתא תתאה כו' ועליהם נאמר שושנים בלשון רבים. ויש בהם י"ג עלין שהם ששה וששה בסוד דין ורחמים מלמעלה למטה ומלמטה למעלה וכן לכל אחד ואחד ע"ש:

שחקים נקראים נצח והוד ופי' הרשב"י ע"ה כי כאשר שוחקים מן לצדיקים דהיינו ההשפעה הבאה על ידם לצדיק כי כמו ששתי ביצי הזכר הם מבשלים הזרע שאם לא כן לא יוכל לבא אל הברית, כן הדבר בשתי ספירות אלו כי הם משפיעים שפע ת"ת ומבשלים אותו ומהוים אותו הוי"ה ראויה אל היסוד. ונקראים שחקים כששוחקים שפע מצד השמאל הגבורה אמנם מצד הימין נקראים טוחנות, כן באר הרשב"י ע"ה בר"מ (פינחס דף רל"ה ע"א) ופי' בערכו:

שחר פי' הרשב"י ע"ה בר"מ (משפטים דף קי"ט: ובפינחס דף רמ"ג.) כי שתי מדרגות הם בקר ושחר, בקר דאברהם, ושחר בנצח. כי הבקר הוא אחר ההארה הגמורה ועלות האור בעצם. ושחר הוא קודם אור היום שהוא תחלת עמוד השחר ולשונו מלשון עמוד השחר. ועל האמת פי' עמוד השחר לשון שחרות כי אע"פ שהוא לבן, בערך החסד שחור הוא ונקרא הנצח שחר כאשר הוא בחסד כמו החסד עצמו והוא קודם אליו ממטה למעלה:

שטנה פי' ר' משה שהוא בגבורה ואינו מתישב אצלינו. אלא הוא בקליפות המשטינות את העולם והוא הבאר אשר רבו עליה (בראשית כו). באר נשבר שלא יכיל מימיו. אמנם הבאר מקור מים חיים לא רבך עליה. ועל האמת כי נכון היא שטנה הוא בקליפות ולא בקדושה:

שיבה פי' בזהר פרשת קדושים (דף פ"ז) בפסוק (ויקרא יט לב) מפני שיבה תקום כי שיבה הוא בכתר ואפשר הטעם מפני הלבנינות שבו שיח פי'

הרשב"י ע"ה בתיקונים (תקונא נ"א דף פ"ד.) בפסוק (בראשית ב) וכל שיח השדה טרם יהיה וז"ל אמר ליה ר' אלעזר, אבא, שיח מנא לן דאיהו צדיק. א"ל ברי ביה תשכח ח"י ש' איהו כללא דכליל תלת עדרי צאן דאינון שורשא דאילנא כו' עכ"ל. הנה כי הצדיק נקרא שיח בהיותו ח"י מצד חיות הבינה ובהיותו מצידה כלול מג' גוונים שהם חסד דין רחמים. ודקדק בקראם ג' עדרי צאן להכריח שהגוונים האלה ביסוד. והטעם כי ג' עדרי צאן רובצים עליה ואמר הכתוב (שם כט ב) והנה באר בשדה היא מלכות וג' עדרי צאן רובצים על הבאר ממש דהיינו ג' גוונים. וקראם שורש האילן לרמוז אל שהוא כלול מהם מצד הבינה שהיא שרש האילן מפני שבה שקועים שרשי האילן שהוא האצילות:

שיטה פי' בתיקונים (תקוני ז"ח דף קט"ז ע"א) כי המלכו' נקראת שיטה מצד פשיטת החסד כי הוא [מלשון] פשוטה. פי' כמו תקיעה שהיא פשוטה והיא סוד החסד:

שיר פי' הרשב"י ע"ה בתיקונים כי שיר הוא בחכמה וסימנך שר י'. ובמ"א פי' המלכות נקראת שירה פי' שיר ה'. ולפעמים מפרש שי"ר במלכות, ובפרט בשיר השירים אין ספק. והטעם כי החכמה והמלכות יש להם מציאות א' בסוד הי' שבמלכות כדפי' בשער המציאיות ובאותה בחינה יצדק שי"ר שר י'. אמנם במציאות היו"ד והה"א שתיהם יחד תקרא שירה שפי' שר י' שר ה'. ובמ"א (בהקדמה ת"ז דף ג'.) אמר שיר הלוים משמאלא. אפשר לומר בישרא"ל שאמר שם שי"ר א"ל ופי' שיר הלוים ע"ש. אבל במ"א שאמר שיר פי' שיר י' אין ספק שיש לו חלק בבינה בסוד השיר:

שכחה פי' בזוהר פרשת מקץ (דף קצ"ג ע"ב) כי מצד הקליפה היא השכחה שאין שם זכירה. ועם היות שיש שם זכירה בצד הקליפה כדפי' בערכו, עם כל זה זכירתם היא לרע והוא יותר רע מן השכחה. וזהו (אז"ל אבות פ"ד) ב"ה שאין לפניו לא עולה ולא שכחה וכו' כמו לא יגורך רע (תהלים ה ה):

שכינה יש שכינה עלאה ושכינה תתאה והם בינה ומלכות. ה"א עלאה, וה"א תתאה. והטעם שהמלכות נקרא שכינה מפני שמשכנת בעולם התחתון כל האצילות העליון. והבינה נקרא ג"כ שכינה מפני שמשכנת ג' ראשונות על שבע ספי' הבנין. או אפשר לומר כי הם מקום ששוכנים בהם שש קצוות, אם בנקבה העליונה בסוד עלייתם, ואם במלכות בסוד ירידתם, ועושים שם שכינתם.

והבינה נקראת שכינת עוזו פי' שכינה הנותנת עוז לגבורה כן פי' בתיקונים (תקוני ז"ח דף קי"ט ע"א):

שכל טוב פירש ר"מ כי היסוד נקרא שכל טוב. ואמנם דעתינו כי כל מקום לשון השכלה מצד החכמה כדפי' בשער הנתיבות. וטו"ב בארנו בערכו. עוד אמר כי הכתר נקרא שכל קדמון מורה על קדמותו וכן שכל קבוע מורה על קביעותו ברחמים ואין להם ענין. ויש שקראו למלכות שכ"ל הפועל הטעם שהיא חכמה תתאה שפועל הפעולות בעולם התחתון. ויש שקראו לחכמה עליונה שכל נבדל מפני שיש הבדל בינה ובין הבינה ובין הכתר, כדמיון הבדל בין היש ובין האין כנודע:

שכן בר"מ (משפטים קט"ו.) פי' הרשב"י ע"ה כי היסוד נקרא שכן קרוב בהיותו שכן למלכות והוא שוכן עליה. וע' בערך קרוב:

שלג פי' ר' משה כי הת"ת נקרא כן והכריח הדבר מאמרם ז"ל שלג שתחת כסא כבוד. ופי' כי כסא כבוד הוא בינה שהיא כסא לחכמה שהיא כבוד. ויפה כיון. אמנם רצה ג"כ להכריח הענין מקרח הנורא. ואין הענין כמו שכחשב כדפירשנו בערכו. ואפשר לומר שיהיה בחסד וידוקדק לשון המאמר תחת כסא הכבוד ממש והוא חסד בסוד הלבנינות כל זה הוא לפי הסברא. אבל בזהר פ' בראשית (ד"ו) פי' השלג הוא דינא תקיפא וכן בארו שם בפסוק (משלי לא) לא תירא לביתה משלג. ולפי' זה נוכל לישב מאמר שלג שתחת כסא הכבוד דהיינו גבורה שתחת הבינה כנודע:

שלהבת פירש הרשב"י ע"ה בתיקונים כי הגחלת הוא י' דהיינו חכמה ושלהבת המתפשטת ממנה הוא וא"ו דהיינו הת"ת עם כללות השש קצוות. ונקרא חכמה גחלת והת"ת שלהבת בהיותם מלובשים בדין וכבר הארכנו בה כל הצורך בערך גחלת. ובשלהבת י"ה פי' בזהר פ' מצורע (דף נ"ד ע"ב) ז"ל ומאן שלהבת יה דא אשא דנפיק מגו שופר כליל ברוחא ומייא ומגו ההוא שלהבת כד מתלהטא בכנסת ישראל אוקיד עלמא בשלהוביה בקנאה דקב"ה עכ"ל. ומבואר הוא כי נקרא שלהבת בערך הגבורה ונקרא יה שהוא יוצא מגו שופר שהוא מתוך הבינה ע"י החכמה ולכן נקרא שלהבת יה. ומטעם כי היוצא מגו שופר הוא קול הכלול במים ואש ורוח לכן אמר כליל ברוחא ומייא. ויש חילוק גדול בין שלהבת ובין קול, כי הקול העיקר הוא הרוח ונטפלים אליו המים והאש, והשלהבת העיקר הוא הרוח ונטפלים אליו המים והאש. והשלהבת הוא לעורר האהבה בסוד שמאלו תחת לראשי (שה"ש ב):

שלום נקרא הכתר בסוד ג' בחינות שבו שהם גדולה גבורה ת"ת, חד"ר. וע"ש השלום המתווך בין הקצוות האלה נקרא שלום. וג"כ יתיחס השם הזה ביסוד וביארו בזהר פ' מקץ (דף קצ"ג ע"ב) הטעם כי בהיות הברית מקבל הל"ב נתיבות העליונים הנשפעים מלמעלה אל המלכות כנודע ובהיות המלכות מתלהטת בכח הדין אז הוא מקבל הנתיבות ההם ומשפיעם למלכות ומשקיט כח דינה אז נקרא שלום שמשלים הדין. ובתיקונים (תקונא כ"א דף מד ע"ב) פירש שהם ב' שלומים, שלום מצד הבינה ה' עלאה והוא הת"ת, ושלום מצד המלכות ה' תתאה והוא היסוד. נמצאו שניהם היסוד והת"ת נקראים שלום. ואפשר שהת"ת נקרא שלום מן הטעם שפי' ביסוד כי כדרך היסוד אל המלכות כן דרך הת"ת אל הבינה בסוד הדעת (ע' בעס"ר):

שלם פי' בזהר פ' אמור (ד"צ ע"ב) כנסת ישראל נקראת שלם שאינה חונה ושוכנת אלא במקום שלם ולכן נקראת שלם. וסימנך ומלכי צדק מלך שלם (בראשית יד יח), ויהי בשלם סכו (תהלים עו ג):

שלמים פי' הרשב"י ע"ה בר"מ (פנחס דף רנ"ו) שהמלכות נקרא שלמים מטעם שהיא משלמת לחשבון ע"ס והיא משלמת לחשבון ד' אותיות שבשם והיא משלמת את הת"ת להיותו נק' שלום כדכתיב זכר ונקבה בראם ויקרא את שמם אדם (בראשית ה ב). אתתא פלגא דגופא הוי. ובזהר פ' ויקרא (דף י"ב ע"ב) פי' הרשב"י ע"ה וז"ל ושלמים אחידן במצות עשה ובמל"ת בהאי סטרא ובהאי סטרא, וע"ד איקרי שלמים. ורזא דמלה ויעקב איש תם כתרגומו גבר שלים, שלים לעילא שלים לתתא עכ"ל. ולפי הנראה מדבריו כי הת"ת נק' שלמים מפני שהוא עושה שלום בין החסד והגבורה. אמנם נדקדק לשון המאמר שאמר תם כתרגומו שלים ושלים פי' שלם. ושלם לא יצדק אלא השלם מכל הצדדים, אם מצד שלא תחסר נקבתו, ואם מצד שצריך שיהיה בעל הקצוות שאל"כ לא יקרא שלם כדפי' בשער המכריעין בפרק ז'. ונמצא שבלשון שלמים נכלל היותו כולל ההכרעה וג"כ יחודו עם השכינה שהיא חציו כדפי'. ועוד כי עיקר ההכרעה הוא ע"י יחודו עם המלכות. מטעם כי החסד מים קר ולח, והאש גבורה חם ויבש, והת"ת רוח חם ולח מיחד החסד והגבורה מצד ההפוך האחד שהוא משוה החום מצד הגבורה והלחות מצד החסד. אמנם היבשות והקרירות לא יתיחדו אם לא ע"י המלכות שהוא העפר קר ויבש, ועל ידה ישתוו הקרירות שמצד יסוד המים חסד, והיבשות שמצד יסוד האש גבורה, כדפירשנו בשער המכריעין. וע"י כך יוכרח שאין הת"ת מכריע בעצם אם לא ע"י המלכות בהיותה מתיחדת עמו. ועתה לא יקרא הת"ת שלמים לבדו, ולא המלכות לבדה, אלא בהיותם מיוחדים. ובזה יובן לשון רבים שני שלומות, שלם מצד הרוח, שלם מצד העפר. ובזה נדע חילוק שבין שלום לשון יחיד שהוא הת"ת לבדו, ובין שלמים לשון רבים ת"ת ומלכות:

שם פי' המלכות נקראת שם ואפשר כי עולה שבע במ"ק י' שהיא כלולה מהשבע בהיותם כלולות בכללות גדול. דהיינו ש' שלש מאות שלשה אבות כנודע, ומ"ם ארבעים דהיינו נצח הי"מ. וגם אם ימצא בבינה כפי כדעת קצת המפרשים, ירצה ש' ג' אבות ומם סתומה בינה על גביהן. ועם כל זה היותר צדק במלכות ונקראת כן מפני שאין להורות באצבע ולומר שם אם לא על זאת שהיא הוראות הכל. ומלשון שימ"ה אפשר שהיא במלכות שהיא החונה על העולם והיא נקראת שכינה. וכבר אפשר לפרשו מטעם זה גם בבינה שהיא ג"כ נקראת שכינה:

שם פי' לפי האמת לבוש כי כמו ששם ב"ד לבוש אל הספי' כן כל הספי' כלם לבוש אל הא"ס כמ"ש בשערים הקודמים. ולפי זה כבר יצדק לשון שם על כל א' מהמדות כי דא קליפה לדא ודא מוחא לדא, וכן זה שם לחבירו וחבירו לחבירו. ולפי המורגל שם נקראת המלכות מטעם שהיא שם כל האצילות העליון שכלו מתלבש בה. ועולם הבריאה יקרא שם לפי שהוא שם ולבוש אל האצילות כמו שבארנו בשער אבי"ע. ופי' הרשב"י ע"ה (בתיקוני ז"ח דקכ"ט ע"ב) שהבינה נקרא שם בפסוק (בראשית מח) ויקרא בהם שמי דא שכינתא עלאה. ואפשר הטעם מפני שאמר שמי שפי' שם יו"ד. לבוש והיכל אל היו"ד היא הה"א כנודע. ונקראת המלכות שם יהו"ה מפני שהיא שם והיכל ליהו"ה שהוא הת"ת ובמ"א פי' הרשב"י ע"ה בתיקונים שהבינה נקרא שם ה' ואפשר מפני שהיא לבוש אל יהו"ה שבחכמה. ואמנם שם המפורש ושם המיוחד ושם העצם נתבארו בשער שם בן ד' בפרק א':

שמאל בגבורה. ולפעמים נקראו כן גם הבינה וההוד. ובארנו הטעם והענין בשער סדר עמידתן, ובשער מהות והנהגה. אמנם יש שמאל טמא והוא הקליפות. ופעמים בזוהר קורא סטרא דשמאלא אל הטמא, ופעמים אל הטהור. וצריך להבחין מתוך הענין:

שמור פי' רז"ל (שבועות ד"כ) זכור ושמור בדבור א' נאמרו והכונה על ד"ו פרצופין שהם ת"ת ומלכות והם זכור לזכר ושמור לנקיבה. והטעם שנקרא זה

זכור לשון זכירה וזה שמור לשון שמירה. מפני שבמצות עשה שייך ביה זכירה כדכתיב (במדבר טו מ) למען תזכרו ועשיתם. ומצות לא תעשה שייך ביה שמירה, כמו השמר פן ואל אינו אלא ל"ת. וכן לעבדה ולשמרה (בראשית ב טו) ופי' רז"ל (סוף תקונא כא) לעבדה, אלו מ"ע. ולשמרה, מצות ל"ת. ומצות עשה הם רמ"ח מצד החסד והזכר נוטה אל החסד. ושס"ה ל"ת בגבורה ולכן הנקבה נוטה אל השמאל. ולזה זכור לזכר, ושמור לנקבה. ולפי זה לא תקרא שמור אלא מצד הגבורה, ולא יקרא זכור אלא מצד החסד. ופעמים שניהם יחד נקראים שמור, ופעמים שניהם זכור. וכן פי' בזוהר (חדש פ' יתרו דף מ"ט ע"א). והארכנו בערך זכור:

שמחה היא הבינה וכל השמחות נשפעות ממנה והיא מדה הצריכה שמחה כמבואר בדברי הרשב"י ע"ה בזוהר שיר השירים שפי' בשער מהות וההנהגה פרק י'. וכן בזהר פ' ויקרא (דט"ו ע"ב) (וז"ל דהא) אימא בחדוותא שלימתא יתבא. דכתיב אם הבנים שמחה עכ"ל. ויש שפי' במלכות וכן נתבאר בזוהר פ' ויקרא (ד"ח ע"ב) וז"ל ואית דמתני הכי שמחה דא כנסת ישראל עכ"ל. ואפשר לומר שכאשר מקבלת השמחה מלמעלה ר"ל מבינה נקראת שמחה (וע' בזהר במדבר דף קי"ח ע"א אמתי נקרא המלכות שמחה):

שמטה היא המלכות ונקרא שמטה בהיות שבע הנרות שבה שבע שמטות מאירות בסוד השמטה שהם שבע שנים. וחלוק גדול בין שמטה ליובל. כי היובל הוא בינה והיא כלולה משבע. וכל א' מהשבע כלולה משבע אחרות. אמנם השמטה שהיא המלכות ההארה בה היא שבע ספירות פשוטות:

שמים הת"ת נקרא שמים מפני שהוא כלול מאש ומים והטעם למה אמר שמים ולא אמר מ"י אש כדרך הסדר כי המים קודמים להאש. פירשנו בשער המכריעים (בפרק שני). ולא נקרא ת"ת שמים אלא במציאות ההכרעה שהוא כולל הקצוות יחד ומשלימם. וכן מבואר בזוהר פ' ויגש (דף ר"ז.) ופי' בשער הנזכר. והטעם שנקרא שמים בלשון רבים, מפני שבהיות הת"ת כלול בכללות נחמד הזה, אז מתראים ע"י ה' גוונים שהם ה"ס גדולה גבורה ת"ת נצח הוד ועל שם כלם נקרא שמים. וכבר נודע כי החסד כולל הנצח שהוא ענף ממנו, והגבורה כולל ההוד שהוא ענף ממנו. וכמו שהת"ת כולל גדולה וגבורה כן כולל גם נצח והוד:

שמימה פי' בתיקונים (בתקוני ז"ח דף קי"ח ע"ב. ובתקונא ס"ט דף קי"ג ע"ב) שהמלכות מצד התפארת הנקרא שמים נקראת היא שמימה:

שמיני חג העצרת היא המלכות ונקראת שמיני מפני שהיא שמינית להחכמה. ונקראת חג מפני שהיא כלולה בחסד גבורה כדפי' בערכו. ונקרא עצרת על שם שבעת עלותה למעלה בחכמה אז היא עצרת שאינה משפעת כלל עד עת בואה אל מקומה. ובדבר הזה צדקו דעת האומרים שמיני ח"ג עצרת בחכמה או בבינה או בכתר כי הכל היא במלכות. אמנם דווקא בעת עליותה להיותה שמינית שמה. ור' משה האריך בענין בפירושים שונים:

שמינית פירוש הרשב"י ע"ה (בר"מ פנחס דף רכ"ג ע"ב) כי ההוד הוא שמינית ונקרא שמינית וזהו למנצח על השמינית (תהלים יב) נצח על הוד. ובמקום אחר פירש שהבינה היא שמיני. ואפשר דלא פליגי דבינה עד הוד אתפשטת כדפי' בשער השערים. ועוד דבדרך ב' מלמעלה למטה הוד ח' וממטה למעלה בינה שמינית כדפירשנו בשער ממטה למעלה דבינה בהוד והוד בבינה:

שמיעה תלויה בגבורה מצד הבינה וכן שמעון הוא בגבורה והוא לשון שמיטה וכן בבינה כד"א הלב שומע. ומה שנמצא שמיעה לדין ושמיעה לרחמים מפני שפעמים הגבורה נוטה אל צד החסד ע"י הבינה, ולפעמים השמיעה בחכמה. ואין זה כ"כ מן הרוחק שכל ה' חושים במוח והיא נקרא חוש המשותף שבו משתתפים ה' חושים בדרך העול' וכן אלו שם. והענין כי גבורה היא שמיעה פי' חוש השמע. גדולה ראייה פי' חוש הראות ושניהם נמצאים בבינה שכן מציאותם שם ושלשתם בחכמה שכן מציאותם שם נעלמים והיינו חוש המשותף וע"ש היותם כלם בחכמה וכלם בבינה. עם כל זה עיקר הראיה בחכמה כמו שעקר הגדולה בחכמה, ועיקר השמיעה בבינה כמו שעיקר הגבורה בבינה. וזה אצלינו עקר לתרץ כמה מאמרים מהזוהר החולקים בענין זה:

שמירה אחת פי' הרשב"י ע"ה בתיקונים (בהקדמה דף י"א.) שהמלכות נקרא שמירה אחת לפי שכבר נודע הוא שלשון שמור במלכות כדפי' לעיל. והיא שמירה אחת לשבתות הרבה. שבה משתמרות כל הספי'. הכוונה שהיא שמירת מצות ל"ת התלויות בכל הספי'. וכן פירש שהמלכות נקראת ג"כ שמירת שבת כדפי'. והיא צריכה שמירה שסביבה היא הקליפה כענין סביב רשעים יתהלכון (תהלים יב ט). ולכן צריך שלא לחללה בחלול שבת:

שמן הרבה שמנים הם והם שמן המשחה והוא השפע הנקרא שמן כאשר נבאר. וכאשר תקבל המלכות השמן מצד החסד נקראת שמן המשחה. והטעם כי תרגומו משחא דרבותא והוא לשון גדולה

שהיא חסד. וכאשר תקבל מצד הת"ת תקרא שמן למאור מטעם שהת"ת הוא המאור הגדול ומצדו מאירה השכינה. ונקרא שמן משחת קודש מצד הגבורה ששם הקדושה כדכתיב וקדשת את הלוים. ומפני כי כאשר יונק השפע מצד הגבורה נכלל עמה החסד לכן נקראת שמן משחת קודש. שמן שהוא השפע שהוא משתי מדרגות מיוחדות. משחת שהוא החסד. קדש שהוא הגבורה ר"ל בצד הגבורה ולא גבורה ממש כדפי' בערך טהור. ונקראת שמן כתית מצד היסוד והטעם כי היסוד כותת הזיתים וכתשם ומעצר שמנם שהוא השפע ומורידו אל המלכות. וכבר נודע ענין הזווג האנושי שהיא על ידי כתיתה והכתישה ההיא סבה שיתעורר השפע שהוא הזרע מכל איברי הגוף כן הענין למעלה שע"י כתישה (מתעורר השפע הזרע הנמשך מן המוח שהיא חכמה מציאות י' טפת זרע בבחי' זית י' עלאה) כתישה עליונה מתעורר השמן מהזיתים העליונים והיסוד כותתם וכותשם. וכן מצד היסוד נקרא שמן זית זך כתית כי היסוד נקרא זית רענן. ואפשר שנקרא כן בבחינת שפע מעצמו שהוא זית אחד בלשון יחיד. וענין השפע בעצמו הנקרא שמן היא השפע הנשפע מן הבינה ועיקרו בחכמה והוא שפע בסוד הימין ובימין נמצא כאשר נבאר. ובא ע"י הבינה וכן הבינה נקרא אהי"ה והיינו שם אהי"ה הב' שבכתוב. ואהיה ויה"ו הכל דבר אחד. וכן יה"ו בבינה שכן רמז תיבת בינה צרופו בן י"ה ובן היינו ו' עם י"ה דהיינו יה"ו. ושמן בא"ת ב"ש יוצא בי"ט והוא שם קדוש ושם זה עולה אהי"ה ועלה יה"ו כן שמעתי. ור' משה אמר שיסוד נקרא שמן טוב ואמר שהכתר ג"כ נקרא כן ואינו מתיישב. ובזהר פ' ויקרא (ד"ז ע"ב) וז"ל כשמן הטוב על הראש (תהלים קלג ב) מאן שמן הטוב דא משח רבות קדושא דנגיד ונפיק מעתיקא קדישא לאשתכחא בההוא נהר עלאה דינקא לבנין לאדלקא בוצינין. וההוא משח רבות נגיד ברישא דמלכא ומרישיה ליקירא דדיקנא קדישא ומתמן נגיד לכל אינון לבושי יקר דמלכא אתלבש בהו הה"ד שיורד ע"פ מדותיו עכ"ל. והנה ביאר בפי' כי שמן הטוב הוא השפע הבא מחכמה אל הבינה ושם מתקבץ להשפיע למטה להטיב הנרות שבמנורה. ודקדק באריכות לשונו דאמר דנגיד ונפיק מעתיקא קדישא לאשתכחא בההוא נהר, מפני שלעולם השמן נשפע מהבינה, כי ע"י יושפעו אם חסד אם דין אם רחמים, ולכן ע"י נשפע השמן כדפי'. ואמר הכתוב כשמן הטוב על הראש וראש בחכמה ושם השמן ומשם יורד ומתקבץ בבינה ומזומן שם להשפיע לשאר הספירות. ואמר לאדלקא בוצינין, מטעם כי לשון טוב בכל מקום הוא לשון הארה כמו בהיטיבו את הנרות (שמות ל ז) כדפי' בערך טוב. ולזה אמר כי מה שאמר הכתוב כשמן הטוב מלשון הארה מפני שהוא בבינה להאיר את הנרות נרות המנורה. וז"ש לאדלקא בוצינין כיון לבאר ששתי בחינות שאמר מחכמה לבינה ומבינה לשאר הספירות פי' הכתוב במה שאמר כשמן הטוב על הראש היינו בחכמה שיורד על הזקן היינו בבינה ונקראת הבינה זקן אהרן מפני שממנה יונק החסד שמן הטוב שהיא ראשון לבנין. ומשם על פי מדותיו דהיינו כל שאר הספירות וז"ש לכל אינון לבושי יקר וכו'. ועם היות שהמעבר הוא דרך הבינה ושם מתקבץ, עם כל זה עיקרו בסוד ימין. וכן פירש בזהר פ' שמיני (דף ל"ט.) וז"ל שמן דאיהו בחשאי בלחישא תדיר אתי מסטרא דמחשבה דאיהו בלחישו תדירא ולא אשתמע והוא בחשאי וע"ד הוא מימינא עכ"ל. ומבואר בפי' כי השמן מצד הימין ומצד החכמה ובזה ידוקדק לשון זקן אהרן שהוא הבינה בבחינת החסד ימין. ודי בזה הערה אל ענין השמן:

שמע המלכות נקרא שמע כן ביאר הרשב"י ע"ה בפסוק שמע ישראל. ופי' שמע מלשון קבוץ שבה מתקבץ כל השפע העליון. ונקראת כן בבחינתה התחתונה שהיא קבוץ של השפע. ויש לדקדק בענין הזה שבזהר פי' חיי (דף קל"ב.) פי' הרשב"י ע"ה כי שמע בה' הרמז למלכות ושמע בלא ה' הרמז לת"ת והכריח הענין שם מן הכתובים. וי"ל כי כונת השמיעה היא לזכר ואם שהמלה נקבה כאלו נאמר שמע ישראל הרי ישראל הוא הת"ת הרי שמיעה נאמרת אל הת"ת. ואם כונתינו לומר שיקבל המלכות אליו עם כל זה הת"ת הוא המקבל אבל כאשר יאמר שמעה הקבלה והדבור הוא למלכות זה נ"ל לתרץ לחלוף המקומות:

שמעתא נקראת המלכות מצד הגבורה ביחוד הבינה ששם השמיעה כמבואר לעיל ונתבאר בתקונים (תקוני ז"ח דף קט"ז.):

שמש וירח נקראים הת"ת ומלכות. וכבר נודע כי הירח קטרגה על השמש כאשר נתבאר בשער המיעוט ועל שניהם נאמר (ישעיה ל כו) והיה אור הלבנה כאור החמה כו' ונקרא הת"ת שמש בסוד הבחינה המקבלת מבינה שמשם זריחתו ומשפיע במלכות כמו שהשמש מאיר בירח. ובזהר פרשת שמות (דף ג' ע"ב) משמע שהיסוד נקרא שמש. וז"ל מה שמשא זרח ואנהיר על עלמא אוף הכי ברית קדישא זרח ואנהיר גופא דבר נש. ויש שמש וירח

אחרים והם סמאל ולילית ועליהם נאמר (ישעיה כד כג) וחפרה הלבנה ובושה החמה:

שנה סתם שנה היא י"ב חדש ופי' הרשב"י ע"ה בפקודין בר"מ (תצא דף רע"ז ע"ב) כי המלכות נקרא שנה מטעם שיש י"ב ירחים והם י"ב עולמתין פי' י"ב אבנים אשר הבית נכון עליהם כדכתיב (מ"א ז כה) עומד על י"ב בקר. ובמ"א (בר"מ פנחס רמ"ח. לפי נסחתו שם) פי' כי הת"ת נקרא שנה מצד הבינה שכולל שס"ה יום מצדה שהם שס"ה מצות לא תעשה ואפשר כי משם ג"כ נקראת המלכות שנה כי במלכות עיקר שס"ה מצות לא תעשה. וכן ביאר ג"כ במקום אחר כי כלם מצד הת"ת נקראת שנים. ופי' כי השנה העיקרית הוא הת"ת שהוא כולל י"ב גבולים ומצדו דהיינו מצד בחי' בן י"ה נקראים כלם שנים קדמוניות כי שלש ראשונות הם הקודמות. ובזהר פ' קדושים (דף פ"ז ע"ב) פי' כי המלכות בהיותה מיוחדת עם התפארת נקראת שנה רביעית כי היא רגל רביעי לכסא ולמרכבה. ובתקונים פי' שהבינה נקראת שנת החמשים:

שנוי מקום שם ומעשה. ביאר הרשב"י ע"ה (בתקונא כ"א דף נ"ה ע"ב) ובמקומות רבים שאין שנוי אלא במלכות שהיא עה"ז ודוקא בהיות המלכות נטמנת ונתעלמת במטטרו"ן כמ"ש בשער אבי"ע ושם הוא שנוי מקום שאין שם מקום אלא במלכות. ושנוי השם מבואר כי מצדו הם התמורות פי' אלפא ביתו"ת וענין צרוף ותמורה כמ"ש בשער הצרוף בעז"ה. ושנוי מעשה שם מבואר כי עיקר מעשה המלכות שם במעשים במקומה:

שעור קומה כפי הנראה מתוך דברי הרשב"י ע"ה כי הנשמה המתאחדת בתוך הספי' נקרא שעור מפני שהיא נותנת שעור לכל הקומה והיא האומרת לספי' די או שמגדילן כדפי' בשער עצמות וכלים. ורבי משה פי' בת"ת ואיננו נכון:

שעורה המלכות נקראת שעורה בבחי' שיש בה מאכל לבהמות וחיות. ולבני אדם המסתפקים מזון ממנה נקראת חטה. ויש צד שמסתפקין ממנה מזון פני החיות שהם אריה שור נשר. והפן הזה נק' שעורה מאכל בהמות וחיות הקודש. ונקרא שעורה בצד החצון שבה המתקרב אל מצולות ים. ונקראת שעורה לפי שיש שעור למקום ההוא עד הקליפה ושם מצמצמת ומשערת השכינה א"ע: (ע' בס' שפת אמת):

שועלים פי' אחזו לנו שועלים (שה"ש ב טו) הכונה בכחות הקליפות האוחזים בכנפי המשכן וזהו מחבלים כרמים:

שער פי' בתקונים המלכות נק' שער שהוא בהפוך אותיות עשר להורות שהיא כלולה מעשר ועוד תרגום שער תרע"א ומלוי שם אדנ"י אל"ף דל"ת נו"ן יו"ד עולה במספר תרע"א וע"ז נאמר (תהלים קיח) זה השער לה':

שערים סתם שערים הם במלכות כי היא שער לכל העליון. אמנם שערים סתם פי' בזהר פרשת ויצא (דף ק"ס ע"ב) כי שית סטרין נקראים שערים פי' השש ספירות נקראים שערים. ולפי זה נמצא כי יש שערים במלכות ושערים למעלה ממנה. ובקליפה יש שערי מות ושערי צלמות כדפירשנו בערכם. ויש שערי דמעה והם בה מצד החסד שבה הדמעה בסוד נסוך המים שאין לך נסוך המים גדול מזה. ובתקונים (תקונא י"א דף כ"ה.) פי' הרשב"י ע"ה כי הדמעה הוא מבת עין שהיא בת (של) עין שהוא מציאות המלכות כנסת ישראל כדפירשנו בשער המציאיות. ושערי צדק הם בהיותם השערים שבהם נשפע הצדק והיושר בתוקף הדין כמבואר בערך צדק. ושערי תפלה הם בה מצד עצמה הנקרא תפלה והוא לשון יחוד כי בשערים ההם מתיחד התפארת עם המלכות. ועם כל זאת נקיש לכל השערים לפי כנוייהם. ונקרא עוד שער בת רבים וכ"פ בזהר פ' פנחס (דף ר"כ ע"ב) וכבר פי' ענין בת רבים שנקראת במקום התחתון שהוא בית שער למלכות עצמה וזהו שער בת רבים שער לבת רבים. או אפשר לפרש שער שהשער עצמו בת רבים ודוחק הוא:

שער השמים.לפום ריהטא נראה שהוא המלכות ובזהר פרשת ויצא (דף ק"ן ע"ב) פירש שיסוד הוא שער לשמים שהוא תפארת שכל השפע הנשפע משמים ת"ת בא על ידי היסוד. וכמו שיש בקדושה שערי חיים והם כחות בקדושה כן יש בקליפות כחות הטומאה הנקראת שערי מות וכן שערי צלמות כנזכר למעלה. וחלוק צלמות ומות בארנו בערכם:

שעטנז היא שפחה בישא כלילא משור וחמור רצועה לאלקאה והיא הקליפה כן בארו הרשב"י ע"ה:

שפה בר"מ (עקב דף ער"ב) פי' הרשב"י שהיא המלכות וכ"פ בתקונים (תקונא כ"א דף ס' ע"ב) שנקראת שפ"ה. ופי' שכן עולה במספר שכינה. ושפה היינו פתיחת הפה סביב סביב דהיינו פה. כי השפתים עצמם הם הם נצח והוד והארכנו בעניינם בערך פה. ובתקונים פירש עוד שהמלכות נקרא שפת היאור דהיינו מפני שהיא שפה לתפארת הנקרא יאור כדפרישנו בערכו:

שפת שקר פירש בזהר פרשת תולדות (דף קמ"ג.) שהנחש נקרא שפת שקר כי כן מנהגו הרע וראיה מאדם הראשון שהביא הנחש בשקריו קללות על כל העולם:
שק הוא הקליפה ועליה נאמר (אסתר ד ב) כי אין לבא אל שער המלך בלבוש שק נטריקון של שק ש'נא ק'דושים ונאריך בענין זה בשער התמורות פ"ו:
שקד פי' בזהר פ' שמות (דף ט"ו ע"ב) שכל לשון שקידה הוא דין וכן לשון שקידים. וראיה וישקוד יי' וגו' (ירמיה א יב), כי שוקד אני וגו' (דניאל ט יד):
שקל הקדש פי' הרשב"י ע"ה שהת"ת נק' שקל הקדש:
שקתות המים הם נצח והוד כ"פ הרשב"י ע"ה בתקונים (תקונא י"ט דף ל"ח ע"ב). והתעלה שבה מתמלאים השקתות האלה הוא התפארת ומתמלאים מים מצד החסד ונקראים כן בהיותם משקים למלכות למטה. ובמ"א בתקונים (תקוני ז"ח דף קכ"ט.) פירש כי השקתות הם גדולה גבורה מצד מימי הבינה שמשם עיקר קבלתם:
שר פי' ר' משה שהמלכות נקרא שר העולם. ואעפ"י שהאמת כן, אינו נק' כן אלא מטטרו"ן המלאך ועליו אמרו בגמר' (יבמות דף ט"ז) נער הייתי גם זקנתי פסוק זה שר העולם אמרו. וכן נקרא שר הפנים מפני שיש לו ב' פנים שהם ב' שמות מיוחדים יאהדונה"י כדפירשנו בשער אבי"ע בפרק ו':
שרה המלכות נקראת שרה. ונק' כן בצד המתייחדת עם בעלה בחסד. וכבר נודע ענין אברהם בעלה של שרה ופי' שר"ה ש"ר ה' כדפי' בערך שיר:
שרון נקראת הבינה כן פי' בזהר פרשת אמור (דף קז). והטעם כי השרון הוא מקום היובל המתהפך לאגם מים כמו הבינה שהוא מקור כל השפע המשקה את הגן:
שרים פירש בזוהר פרשת בהעלותך (דף ק"ן) בפסוק (במדבר כא יח) באר חפרוה שרים אילין אבא ואימא. כי החכמה והבינה נקראים שרים, והטעם אפשר מפני שהם שרי כל האצילות:
שרף פי' בתקונים שהמלכות נקרא שרף בהיותה פועלת ע"י השרפים התחתונים כמו שנק' גם כן עד"ז מלאך כדפירשנו בערכו:
שרפים הם נצח והוד בהיותם יונקים מצד אש הגבורה שש כנפים בהיותם נכללים הא' בחבירו כענין עמודי שש כדפירשנו בערך נצח ובערך הוד כן פירש הרשב"י ע"ה בר"מ (פנחס דף רל"ו):
שררך פירש הרשב"י ע"ה כי שררך הוא הטבור נקודת ציון והוא היו"ד שבה כמ"ש בערך טבור ובערך ציון:
שש משזר פירש בתקונים (בהקדמה דף י"ב.) ז"ל שש משזר דאינון שית יומי דבראשית כלילן מי' אמירן ול"ב נתיבות דאינון ל"ב זמנין אלהי"ם בעובדא דבראשית עכ"ל ואפשר לומר שפי' כי כמו המטוה השזור שהוא כפול ומכופל כן שש משזר פירושו ששה הספיר' כלולות כל אחד מז' שהם מ"ב והיינו משזר כפול ומכופל ושזור. עוד פירש בתקונים שם שהמלכות נקרא שש משזר בהיותה כלולה משש קצוות עליונות:
ששון פי' בזהר פרשת בלק (דף רי"ב ע"ב) כי צדיק ששון אקרי ויש מי שפי' שם כי התפארת ששון אקרי. אבל המוסכם יותר שם שהצדיק נק' ששון והטעם כי ששונה של המלכות תלויה בו. ונקרא ששון בהיותו יונק השפע מהבינה דהיינו שמחה כדפי' בערך שמחה ובערך מעייני הישועה. והמפרשים פי' כי הוא נקרא ששון בערך שהוא יונק משש. ונמצא לפי זה שלא יקרא ששון אלא בהיותו נכלל מהששה:
ששת ימים נקרא הת"ת והטעם כי הוא כלול ששת ימים שהם ו' קצוות. ובר"מ (פנחס דף רנ"ז.) פי' הרשב"י כי הת"ת נקרא ששת ימים מפני שעליו ו' ימים שמכתר ועד התפארת, ודוחק הוא קצת ומי יבא אחרי המלך. אמנם בזהר (בלק דף קצ"א.) פי' שהחסד נקרא ו' ימים שכל הבנין הוא בתוכו כדפירשנו בערך יומם ע"ש ואפשר שנקרא כן בהיות הת"ת בתוכו. עד הנה נשלם אות השי"ן בס"ד. ועתה נכנס בביאור אות תי"ו בה"ו:

פרק עשרים ושנים:

תאוה פי' בזהר פרשת מקץ (דף ר"ב ע"ב) שהמלכות נקרא תאוה והיא בבחינת קבלת התפלות ומכניסם למעלה ונותנת לכל אחד תאותו:
תאומים הנצח וההוד הם כדמות ב' תאומים כי נצח והוד תרי פלגי דגופא הוו. ויש בזה פי' אחר לרשב"י ע"ה (בזהר יתרו דף ע"ח ע"ב) כי תאומים הוא הת"ת ונקרא תאומים שהוא מתאים ב' קצוות אל המיצוע. וכמעט הכל עולה אל מקום א' כי הנצח וההוד ג"כ מתאימים ע"י המכריע (שהוא היסוד):
תבואה פירש בזהר פרשת ויחי (דף רכ"ו ע"ב) שהמלכות נקר' כן והיא בערך בחינתה הראשונה בערך מדריגת הקדושה וכן מוכרח שם:
תבונה הבינה עצמם נק' תבונה. ויש חלוק בין בינה

ותבונה כי בינה נקרא בסוד בן י"ה על ידי הת"ת בסוד הדעת המאחד למעלה ומחבר החכמה והבינה והוא בן י"ה. י"ה היינו חכמה ובינה כנודע ובן הוא התפארת בסוד הדעה בן השוכב בחיק אביו ואמו וזהו פירוש בינה. אמנם נקרא בשם בינה בהיותה בייחוד עם החכמה ומפני היות עקר הייחוד הזה בבינה ולא בחכמה לפיכך עולה היא בשם ולא החכמה כענין זכור ושמור שביארנו בערכם ע"ש. ותבונה פירוש ה' שהוא הבינה לבדה ובן ובת שהם התפארת ומלכות. ובהיות הבינה שופעת ושוכבת עליהם כאם על הבנים נק' תבונה וזה מה שחסר שם היו"ד שהוא האב חכמה מפני שנסתלק היחוד ההוא. כל זה נתבאר בתקונים (תקונא ס"ט דף ק"ג.) ובזוהר ובאדרא (האזינו דף ר"ז) אות באות. ופירש בתקונים (בהקדמה דף י' ע"ב) כי המלכות מצד הבינה נקראת ג"כ תבונה:

תהו הבינה נקראת תהו והטעם כי פירש בספר הבהיר מאי בהו דבר המלביש את התהו ומאי תהו דבר המתהא את בני אדם כן נתבאר שם במקומות מחולפים. ופירש בהו הוא דבר שיש בו ממש. והבינה היא דבר שאין בו אחיזה ועל כן נקרא מי לשון שאלה. והוא כהיולי שהוא דבר שאין לו צורה והוא קודם אל מציאות הצורה ומקבל כל הצורות. וזהו הבינה הקודמות אל מציאות הגלוי ומקבל כל המציאות כן לפי התפשטותה אם דין ואם רחמים ואם חסד ואין בה השכלה אם לא ע"י הבנין. ומפני שהיא שאלה בלא תשובה אמר בספר הבהי' דבר המתהא הכונה דבר מתמיה בני אדם שאין תשובה לשאלה כדפי':

תהילה בשם זה פי' פרושים רבים בספר הזוהר. ובר"מ פי' הרשב"י עליו השלום כי תהלה בכתר. ובמקומות אחרים תהלה בבינה. ור' משה פי' כי חכמה ובינה כל א' נקרא תהלה ושתיהן יחד תהלות. והמלכות נקראת ג"כ תהלה וכן מוכח בספר הבהיר ובזהר בראשית (דף ל"ו.) בפסוק ותרא האשה וגו'. ור' משה הכריח הענין מפסוק (דברים י כא) הוא תהלתך והוא אלהי"ך. והנראה לי לפשרת הענין כי תהלה אמיתית הוא הכתר ומשם נשפע אל החכמה ואל הבינה ושתיהם יחד תהלות מפני שנשפעות מהתהלה הגדולה. ומלכות תהלה בסוד אני ואי"ן נעוץ סופו בתחלתו. ולא יקראו תהלות כי אם מצד המלכות ששם התהלות בסוד י' מיני תהלים שהם בעשר ספי' בסוד המלכות שהם ספר תהילים:

תוך מפורש בזהר פרשת נח (דף ס'.) בפסוק (משלי ה טו) ונוזלים מתוך בארך שתיבת תוך הוא בתפארת. והטעם כי הוא בתוך באמצע הגדולה והגבורה. ושם פי' ב' הפירושים שהוא בת"ת בסוד הדעת שהוא האמצע שבאמצע כמבואר במקומות רבות בשערים הקודמים. או שהוא ת"ת ממש שהוא אמצע בין הגדולה והגבורה ופי' המאמר בשער מהות והנהגה בפי"ט. ונ"ל כי לשון תוך ומרמה (תהלים נה יב) הוא קליפה בקליפות והוא האמצעי נגד הת"ת כי גם את זה לעומת זה עשה האלהי"ם:

תולעת הוא ודאי הקליפה דכתיב (דברים כח לט) כי תאכלנו התולעת, וכן רמה ותולעה. אמנם יש תולעת בצד הקדושה והיינו תולעת שני והוא במלכות דכתיב (משלי לא) כי כל ביתה לבוש שנים. ואפשר תולעת בת"ת דכתיב (ישעיה מא יד) תולעת יעקב. ועם כל זה יצדק גם זה במלכות כדפירשנו בערך יעקב. ולכן אמר דוד (תהלים כב ז) ואנכי תולעת, ולא איש שהיא הבחינה העליונה בת"ת כדפי' בערך איש:

תוספתא פירוש בתקונים (בתקוני ז"ח דף קט"ז ע"ב) כי המלכות מצד היסוד נקרא תוספתא והטעם כי היסוד נקרא מוסף כמבואר בערכו וכמו שהוא נקרא מוסף ביום שבת ובשאר יום טוב כן היא נקראת אז תוספתא:

תור בזהר פרשת ויקרא (דף ד') בפסוק (שה"ש ב יב) וקול התור ביאר שהוא התורה שבעל פה. דתורה שבכתב אקרי תורה סתם, ותורה שבעל פה קרי ליה תור כמה דאמרינן ויקר ויקרא. והכונה מובנת במה שכתבתי בשער סדר האצילות פ"ב בשם הזהר מענין נערה ונער כד קבילת דכורא עלה אתקריאת נערה. ולכן תורה שבכתב נקרא תורה לרמוז אל התפארת והמלכות יחד והעיקר הוא התפארת שכן היא הדרך שפירשנו בערך שמור ובערך זכור. ולכן נקראת תור בעוד שלא קבלה הזכר. וכן ויקר היא מלכות והוא בלא א' לרמוז שעדיין לא התיחד עמה האלף. ועם היות שויקרא היא ג"כ במלכות כבר תירצו זה שם בזהר:

תורה תורות הרבה הם יש תורה בחכמה ומחכמה נאצלה התורה דהיינו הת"ת כנודע וזשאחז"ל נובלת חכמה שלמעלה תורה. וכן פירשו בזהר פרשת קדושים (דף פ"א.) וז"ל לאו אורייתא בלא חכמתא ולאו חכמתא בלא אורייתא וכלא בחד דרגא הוא וכלא חד, אלא אורייתא בחכמה עלאה אשתכחית ובה קיימא ובה אתנטעו שרשהא מכל סטרין עכ"ל הרי מבואר שהתורה נאצלה מהחכמה ועיקרה תלויה בחכמה ואין מתפרדין לעולם. ואף על פי שהיא למטה במקומה בת"ת עם כל זאת

שרשיה משורשים למעלה בתוך עמקי החכמה וז"ש לאו אורייתא בלא חכמתא וכו', ולכן נקראת תורה קדומה כמו בראשית שתרגומו בקדמין. ויש תורה שבכתב ותורה שבעל פה ובענין זה יש חלוקים רבים בזהר. במ"א אמר תורה שבכתב חסד וסימנך ותורת חסד על לשונה (משלי לא), ותורה שבעל פה גבורה וזה שאנו אומרים מפי הגבורה. ובמ"א אמר תורה שבכתב ת"ת, ותורה שבעל פה מלכות. והענין כי תפארת ומלכות זכר ונקבה והזכר סוד הרחמים מטה כלפי חסד, והנקבה סוד הדין כדפי' בזכור ושמור, ובארנו בשער מיעוט הירח בפרק עשירי. ובעת עלותה להתייחד יטה זה אל הימין בסוד החסד זכר. והנקבה אל השמאל דין. ונמצאו חסד ותפארת אל הימין תורה שבכתב, וגבורה ומלכות אל השמאל תורה שבעל פה וזהו מפי הגבור' מפי שהיא מלכות. וגבורה כמשמעו. שניהם מיוחדים כדפירשנו וכן פי' בתקונים (בהקדמה דף ו' ע"ב) כי המלכות מצד החסד נקראת תורה שבכתב, ומצד הגבורה נקראת תורה שבעל פה ע"י הגדולה והגבורה כדפי'. א"כ גם המלכות נקראת תורה שבכתב מצד החסד. ותורה שבכתב ע"י השמאל והימין נתנה שכן תפארת כלול משניהם. ועם הקדמה זו יובן פסוק (דברים לג) מימינו אש דת למו. פי' מימינו חסד, אש גבורה, ד"ת תפארת. ופי' בתקונים (בהקדמה ד"ט ע"ב) כי נקראת המלכות תורת ה' מסטרא דעמודא דאמצעיתא. והטעם בסוד יחוד תפארת ומלכות. ואז היא תמימה כי אתתא פלגא דגופא הוי ומלכא בלא מטרוניתא לאו מלכא איהו. ובמ"א (בהקדמה דף ד' ע"ב) פי' כי המלכות נקראת תורת ה' תמימה (תהלים יט ח) מסטרא דעמודא דאמצעיתא. ובמ"א פי' כי היא נקראת תורה שבעל פה בסוד שהיא בעל פה עם בעלה בסוד הנשיקה כדכתיב (שה"ש א ב) ישקני מנשיקות פיהו לשון זכר. ובתקונים במ"א פי' הרשב"י ע"ה כי המלכות נקראת תורת חכם במקומה למטה בסוד חכמה תתאה כדפירשנו בערכו. ובענין למה הת"ת נקרא תורה פי' ר' יהודא בזהר פרשת מצורע (דף נ"ג ע"ב) ז"ל אמאי אקרי תורה בגין דאורי וגלי מה דהיה סתים דלא אתידע. והכוונה כי הת"ת נקרא תורה מלשון הוראה ונקרא כן כשהוא מגלה הדברים הנעלמים כי צריך גלוי אחר גלוי מחכמה אל הבינה ומבינה אל התפארת ומת"ת אל המלכות והמלכות מגלה אותה למטה. ויש ענין מתייחס לזה בפ' (ויקהל ד"ר) דמוכח התם שהבינה תורה שבכתב והבינה היא התורה והת"ת כתב המגלה אותה והיא נעלמת בתורה. והיינו שהחכמה תורה ר"ל מגלה העניינים הנעלמים בסוד מערכה ראשונה. והבינה תורה מגלה הנעלמות שבחכמה והיא תורה ועליה נאמר (משלי א ח. ו כ) ואל תטוש תורת אמך, כ"א לבינה תקרא (שם ב ג), וכן פי' בתקונים. והת"ת תורה [מגלה] הנעלמות שבבינה. והמלכות תורה מגלה הנעלמות שבתפארת. ושם פי' המלכות נקראת תורה שבעל פה שהיא על כל המדרגות אשר תחתיה שהיא נקרא על פה מפני שהם נקראים פה מפני שהם מגלות כל האצילות:

תחום שבת פירוש בתקונים (בהקדמה דף י"א.) כי תחום שבת הוא תחום המלכות שהיא גבולה סביב שאין ראוי לחללה ולעשותה חלל ח"ו, רק שישמור תחומה מחלל שתסתלק הנקודה חס ושלום. ובמ"א פי' בתקונים (בהקדמה ד"ב. ובתקונא כ"א ד"נג.) שתחום שבת ח' אלפים והם שמנה ימי המילה ושמנה פרשיות שבתפילין. והענין כי היחוד הוא בסוד שם יאהדונה"י שהוא שמנה אותיות. והם שני יודין שבשם זה הם סוד הנקודה אמצעית אל הזכר ואל הנקבה. וסביבם הם ששה אותיות תחומם. וכלל האותיות הם שמנה כאשר נאמר ששני יודין שהם יו"ד במלואה עשרים. היינו א. י' בראש וי' בסוף היא נקודה אמצעית. ו' באמצע הוא קו העגולה הסובב לנקודת המרכז שהוא יו"ד. והנה בענין ששה אותיות ושמנה נחלקו בגמרא (עירובין דף מ"ט ע"ב) בענין תחום שבת. זה אומר עגולות. שכן הוא כי כאשר המרובע שמנה העגולה היא ששה. והאומר עגולות משום דסבירא ליה שאין היודי"ן בכלל שמנה אותיות שהם נקודת המרכז. ונשארו ששה אותיות שהם אהדונ"ה סביב השני יודי"ן שהם האמצעית. וזה שאומר מרובעות משום דהכי אורחיה ודרך האצילות שהם נמנים הכא והכא כמו שנים עשר גבולים. והנקודה שהיא שם הסובל אותם הם י"ג וכדפירשנו בערך אי"ק. ולכן אמר שם כדי שיהא נשכר את הזויות. כי כל זוית הוא יו"ד בצורתו ובענינו וברמיזתו. ושני יודי"ן במלואם יו"ד יו"ד הם ד' יודי"ן לארבע זויות. ובסוד היודי"ן עם הזויות נעשו מרובעות וזהו כדי שיהיה נשכר את הזויות ולכן חלל הנקודה ששה ימים ואמצעי שבת כדפירשנו בשער השערים בפרק י':

תחנה במלכות. ובזולת זה לשון תפלה הוא המלכות ונקראת תחנה מצד הבינה דהיינו מלשון חנון. ושואל אע"פ שאינו הגון דכתיב (משלי יח כג) תחנונים ידבר רש. וכתיב (שמות לג יט) וחנותי את אשר אחון. אף ע"פ שאינו הגון דהיינו מצד הבינה ששם מתנת חנם:

תיבה המוסכם בדברי רשב"י ע"ה בזהר (פ' נח דף נ"ט ובר"מ פנחס דף רנ"ו) שהתיבה היא במלכות. ולכן נתחבר נח אליה בסוד איש צדיק תמים היה. אמנם בתקונים אמר כי תיבת נח היא בבינה. ובתיבת בית הכנסת שהש"צ עומד עליה לקרא בתורה פי' הרשב"י ע"ה (בזהר שלח דף קס"ד.) שהיא המלכות ומתייחד ספר תורה עמה ע"י השושבין יסוד דהיינו שליח צבור הקורא ומתפלל:
תיומת הלולב. פי' ר"מ כי התפארת נקרא תיומת הלולב ופי' בו הטעם נחלקה התיומת פסול הוא. ויסוד מוסד אצלינו הלולב הוא קו האמצעי כמבואר בערכו והתיומת למעלה בסוד הדעת המיחד החכמה והבינה ולכן נחלקה תיומתו פסול. וטעם זה יפה הוא עם היות שנחלקו בו המפרשים. וזהו יותר מוסכם כי תיומת היינו השני עלים העליונים:
תיקו פי' בתקונים (בתקוני ז"ח דף קט"ז ע"ב) שהמלכות נקראת תיקו מצד הכתר מטעם שהוא מקום השתיקה כי אין להרהר. ועל כזה נאמר שתוק כך עלה במחשבה. ובמ"א פירש כי המלכות נקראת כן בסוד שנסתלק בעלה אל הכתר בסוד למה ה' תעמוד ברחוק (תהלים י א). ולעולם שתיקה מצד הכתר:
תכלת היא המלכות במציאותה התחתון בסוד הים המתקרב אל מצולות ים שהם הקליפות התחתונים. ולכן אחז"ל (מנחות מ"ג.) תכלת דומה לים. וגוון התכלת בסוד תוקף הדין בה היא מתקרבת אל הקליפה. ולכן אז"ל כל הגוונים יפים לחלום חוץ מן התכלת. והארכנו בזה בשער הגוונים:
תל פי' הרשב"י ע"ה בר"מ (משפטים דף קט"ז.) יסוד נקרא תל שהכל פונים בו והטעם כי השפע והמזון מהיסוד למטה והעיקר הוא ביסוד:
תלג חוור (דניאל ז ט) פירש רבי משה בכתר. וקשיא לן דניחא שער רישיה דהיינו בכתר. אמנם לבושיה אינו הכתר. לכן נראה לנו לומר דהיינו טלית לבנה שנתעטף בו הקדוש ברוך הוא כדפירשנו בערכו:
תם פירש בזהר (בלק דף קס"ג ע"ב) כי תם היא השכינה עם כללות המדרגות הקדושות העליונות שבה נקרא תם. וזהו ויעקב אי"ש תם (בראשית כה כז) פירוש בעלה דמטרוניתא:
תמונה במלכות. וקשו קראי אהדדי כי במקום אחד אומר (דברים ד טו) כי לא ראיתם כל תמונה ובמקום אחר (במדבר יב ח) ותמונת ה' יביט. תמונת ה' דקאמר בה יביט היינו הבינה שנקראת ג"כ תמונה כמ"ש. והטעם שנקראים תמונות מפני שהם תמונות הנראות בהם עליונים ותחתונים כמו שנודע שבמלכות הם ההויות בגלוי. ובבינה הם בהעלם ולכן נקראים תמונות. וכבר הארכנו בזה בשערים הקודמים ובשער זה בערך פה:
תמורה נפרש בשער הצרוף כי התמורות והצרופין הם במטטרו"ן. והשכינה נקראת תמורה כשהיא במטטרו"ן כמו שנתבאר בשער אבי"ע בפ"ד:
תמים נקרא המלכות והוסיף ים על תם כי תם הוא המלכות בסוד המדרגות הקדושות העליונות שבה. וים הוא כללות המדרגות הקדושות התחתונות עם השאינם קדושות ערלה ופריעה יחד כמו שנודע כי תחתיה מצולות ים. ובהכלל יחד חיות קטנות עם גדולות נקרא הכל תמים. כן נתבאר (בזהר בלק דף קס"ג.). ומפני שהבחינות האלה יתיחדו ע"י היחוד לכן נקרא היסוד תמים והמלכות תמימה זה זכר וזה נקבה. וכן נתבאר בזהר פ' ויחי. והמלכות נקראת תמימה מצד החסד. והכונה שלימה כן נתבאר בר"מ (פנחס ד"רמג). ופרשנו בערך פרה:
תמנתה פי' רבי אבא בזהר פ' אחרי (דע"ב) וז"ל מאי תמנתה כד"א ותמונת ה' יביט עכ"ל והכוונה מבוארת. כי תמנתה ותמונת, הכל א' ומבואר בערכו:
תמר יש תמר זכר ותמר נקבה. ולכן התפארת והעטרת נקרא כל אחד מהם תמר. ולכן אין אילן תמר עושה פירות אם לא יהיה זכר כנגדה. ושניהם מבוארים בפסוק, צדיק כתמר יפרח (תהלים צב), והיא יושבת תחת תומר דבורה (שופטים ד). הרי זכר ונקבה. וכן תמ"ר אם פר"ץ וזר"ח יש בה סוד כי פרץ וזרח הם [בחי'] תפארת ומלכות. וא"כ לפ"ז יוכרח להיות תמר בבינה וזה דוחק גדול. ונוכל לומר כי פרץ וזרח היו קודם בעלה דתמר וכאשר לא זכו ירדו למטה בסוד הגלגול ומאשה עשה אם. והם ירדו ממדרגותם בסוד אותיות ו"ה. אשתו אמי"ה, אחו"ה אבו"ה, הנדרש בסבא (דמשפטים ד"ק ע"ב) בסוד הגלגול. ולכן לעולם תמר במלכות. וענין פרץ וזרח הוא מציאות העליה ממש למעלה וקרוב לענין זה נתבאר בסבא (שם דף ק"א.) בענין ער ואונן שנעקרו מעולם הזכר מהיות למעלה מהנקבה תמר, וירדו ממדרגתם. ולהיות ע"ר במדרגה עליונה בתפארת בא אונן שהוא ביסוד למלא מקום אחיו. ולא רצה להתקיים במקום ההוא וירדו לסוד עולם הנקבה ואשתנו כאילן הנקבה ההופך את פניו לעלות דרך ממטה למעלה. לכן קדם פרץ לזרח בסוד ה' על ו'. (ע' בס' שפת אמת להרמ"ע מפאנו זלה"ה):
תנאים פירש הרשב"י ע"ה (בתקונא כ"א דמ"ב

ע"ב) שהם בנצח הוד יסוד. ועניינם בארנו בערך אמוראים:
תינוק הוא התפארת ונקרא כן בהיותו יונק מהבינה. וזהו ותנוק יונק משדי אמו שהיא הבינה. והשדים הם גדולה גבורה בסוד דבש וחלב זה לבן וזה אדום. והתינוק הזה מניח תפילין וזשאחז"ל מקום שמוחו של תנוק רופס והיינו מקום המתיחד בתפילין עליונים היא בינה תפילין על רישא דעמודא דאמצעיתא:
תנין הגדול פירש הרשב"י ע"ה (בתקונא כ"א דף מ"ב ע"א) כי התפארת שהוא הבריח התיכון בתוך הקרשים והוא נקרא התנין הגדול:
תנינים הגדולים פירוש בזהר פ' שמיני (דף ל"ט ע"ב) וז"ל את התנינים הגדולים אלין אבהן דאינון משתקיין בקדמיתא ומשתרשן על כלא. פי' כי נקראים גדולים מפני שהם ראשונים לקבל השפע מהנהר העליון בינה:
תעודה הבינה נקרא תעודה וכן פי' הרשב"י ע"ה בר"מ (תצא דף רפ"א.) ובתקונים (תקונא כא דף נ"ט) ונקרא כן בהיותה משפעת במטטרו"ן. ובזהר פ' אמור (ד"צ ע"ב) פי' שהמלכות נקרא תעודה וז"ל צור תעדה דא תורה שבע"פ בגין דתמן אתצר' צרורא דחיי ובתעודה אתקשר קשרא דחיי דלעילא למהוי כלא חד עכ"ל. ופי' שהיא נקראת תעודה מפי שבה מתיחדים החיים אל הבינה ומפני שמקבלת מהבינה נקראת כמוהו. ומ"ש אתצר וכו', הוא פי' צור תעודה לשון צרור. ומ"ש אתקשר קשרא וכו', הוא פי' של תעודה:
תפארת המרכבה שיעקב מרכבה אליה נקראת ת"ת. ופי' מלשון פארות (יחזקאל יז ו). וכמו פארי המגבעות (שמות לט כח) ופי' ענפים וסעיפים והיא נקראת כן כשהיא מתלבשת בכל הספירות ובכל הגוונים. ונק' ג"כ לשון פאר שכאשר היא מתלבשת בגוונים הוא מפואר ואז נקרא ת"ת. ולשון תפארת מורה על הנקבה. ופי' בתיקונים כי המלכות בקבלתה מן המדה הזאת נקרא מפואר והמלכות מצדו תפארת והארכנו בערך גדולה:
תפוחים נצח והוד נקראים תפוחים. וז"ל הרשב"י ע"ה (בתקונא י"ט דף ל"ח) רפדוני בתפוחים (שה"ש ב ה) אינון תרי סמכי קשוט דאינון חוור וסומק. ונקראים תפוחים ששם ריח הברית בזווג ולא יקראו תפוחים אלא בסוד נטייתם לחסד להלבין האדום ולהפיג היין המשכר. וכן פי' בזהר פ' שמיני (ד"מ.) אלא שנראה משם כי ג' אבות ג"כ נקראים תפוחים. והכל א' כי מעשה אבות יעשו בנים. ובזהר פ' אחרי (דף ע"ד.) פי' שהת"ת נקרא תפוח כאמרו (שה"ש ב ג) כתפוח בעצי היער וז"ל בכלא קא משבחא ליה בגוונין בריחא ובטעמא. מה תפוח הוא אסוותא לכולא אוף הקב"ה אסוותא לכלא מה תפוח אשתכח בגוונין כמה דאוקימנא אוף קב"ה אשתכח בגוונין עלאין. מה תפוח אית ביה ריח דקיק יתיר מכל שאר אלני אוף קב"ה כתיב ביה וריח לו כלבנון. מה תפוח טעמיה מתיקא אוף קב"ה כתיב חכו ממתקים עכ"ל. וכוונתו כי בהיות הת"ת משפיע לעולם נקרא תפוח. וז"ש מה תפוח אסוותא וכו', והכונה על הוראת ההשפעה לכל כאמרו (תהלים קמה) טוב ה' לכל. או אל המלכות והיינו נמי כ"ל. ונקרא תפוח בהיותו כלול מג' דברים שהן גוון וריח וטעם. והגוונים הם בהיותו כלול בג' אבות ג' גוונים כנודע וזה מה תפוח אשתכח בגווניו וכו' אוף הקב"ה. מה תפוח אית ביה ריחא דקיק, ריח דק היינו השפע הנשפע עליו דרך קו האמצעי מכ"ע הנקרא לבנון וזהו וריח לו כלבנון. מה תפוח טעמיה וכו', הוא שפע החכמה והבינה ששם היחוד כדפי' בערכו. והיינו חכו ממתקים, ב' מיני מתיקות. ובהיותו משפיע כשהוא כלול בעניינים האלה נקרא תפוח ויש חלוק בין תפוח לשון יחיד לתפוחים רבים כדפי' (וע' זהר האזינו דף רפ"ו ובמאמר ר' אבא שם דרפ"ז):
תפלה המלכות נקרא תפלה מפני שבה מתקבצים כל הספי' והיינו תפלה של יד שבה קבוץ הפרשיות הרומזים בשם בן ד'. וכן תפלה כל התפלות רומזת בה אלא שיש חלוק בהם. כי תפלת ערבית היינו יחוד המלכות עם הת"ת שבת"ת, ובשחרית יחודה עם התפארת שבחסד, ובמנחה בת"ת שבגבורה. ולעולם רומזת במלכות מתרפקת על דודה ובזהר פ' וישלח (דף קס"ח) פי' שהת"ת תפלה של ראש ונקרא תפלה למשה ומלכות תפלה לעני ע"ש:
תקות חוט השני נקרא המלכות וסימנך כחוט השני שפתותיך (שה"ש ד ג) כ"פ בזהר פ' ויחי (דף רמ"א ע"ב). ואפשר שנקרא כן בסוד הדין המעורר נשיקה דהיינו בסוד הגבור' והיינו שחוט השני בשפתים הנושקים בסוד הצפון:
תקיעה תרועה שברים פי' בערך קשת ובערך קשר שהם ג' אבות. ובזהר פי' כי תרועה במלכות ותקיעה שנייה בת"ת. ואפשר לומר שלעולם תקיעות כלם בחסד ופחד שהוא בת"ת היינו בסוד שהוא מטה כלפי חסד להטות הגבורה אל הרחמים בין הגדולה והת"ת. דהיינו ב' תקיעות. ותרועה לעולם במלכות ותתיחס ג"כ בתפארת במקומה קודם המיעוט. ובתיקונים המלכות נקרא תרועה מצד הדין תוקף יניקת הגבורה מגבורה עלאה:

תקיף פירש בתקונים שהוא בחסד והכריחו כן מפסוק (שמות טו) ימינך ה' נאדרי בכח ותרגומו בתוקפא. ופי' בערך התקפתא:

תרומה אמר הרשב"י ע"ה שהמלכות נקרא תרומה גדולה מצד החסד. ונקרא תרומת מעשר מצד הגבורה. והיינו שהיה מפריש אותה הלוי והיה נותנה לכהן להיות הישראל נכלל בימין. ובתיקונים (בתקונא י"ז דף כ"ט ע"ב) פי' שהיא נקרא תרומה פירש תרי ממאה שהם ת"ת ומלכות תרי למאה שעולים הספי' שהם י"פ י' עולים ק' ועוד פי' שהוא רמז לשני לוחות התורה שנתנו למ' יום. והיינו תרומה, תורה מ':

תרשיש פי' בזהר תרי שש דהיינו ג' פרקים שבזרוע ימין וג' שבזרוע שמאל. והיינו חסד חסדים גבורה גבורות והארכנו בערך נצח נצחים:

תשובה הבינה נקרא תשובה. והטעם כי שם תשובת הדברים וההויות כלם בסוד היובל. ומשם חוזרים ההויות ומתפשטים ומתגלגלים השמיטות וחוזרים ומשלימים היקפם וחוזרים ונבלעים במקומם בסוד היובל. כן פירשו המפרשים. אמנם בזהר פ' ויקרא (דף טז.) פי' וז"ל אמר ר' יהודא אימתי אתקרי תשובה כד אימא מתכסייא וקיימא בחדוא על בנין דכתיב אם הבנים שמחה ותבאת בקיומא ומה דהוה סגיר תב לאתריה וכלהו תבין חד לחד ומתברכין כל חד וחד וכדין אקרי תשובה שלימתא תשובה סתם לאכללא כלא עכ"ל. והכוונה מבוארת, כי בהיות הדין מתהווה בעולם, הבינה מסתלקת ומתבעת דין והעולם נידון. וכאשר תשוב על הבנים ותשפיע רחמים נקראת תשובה סתם. אמנם כאשר תשוב היא ותתקן שאר המדרגות לתוכה לקבל ממקומם העליון אזי נקראת תשובה שלימה ששבה היא ושבו המדרגות אחת אל אחת ואז היא שלימה בעצם כל המדרגות. ותשובה זו היא ע"י שיתגלה כ"ע מראש האצילות ונוקב ויורד עד המלכות וזהו תשובה וכן נתבאר שם בפי'. ובפ' נשא (דף קכ"ב ע"ב) פי' כי המלכות ג"כ נקראת תשובה וז"ל אלא דא איקרי תשובה כד מהדר רחמי לקבלהא והיא תבת על כל אינון אוכלסין וינקא לון עכ"ל. והענין כי בהיותה יונקת מן הדין אז היא משפעת לכל צדדי הטומאה והקליפות ואז העולם נידון וכאשר הרחמים נשפעים עליהם אז היא שבה להניק לכל חייליה הקדושים ובאותו הזמן נקרא תשובה פי' תשוב ה' כי שבה ה' אל מקומה על חייליה. וכן לשון תשובת שאלה נקראת המלכות מצד הבינה. וכן נתבאר בתקונים (תקוני ז"ח דף קט"ז.). והטעם שאין תשובה אם לא תקדם הבינה שיבין האדם ובזה ישיב לשואל. וכן פי' שם שהמלכות נק' תשובה מצד הבינה. וכן ראוי שלא תשוב להשקות חייליה אם לא תקבל מהבינה ע"כ. הנה נשלם ערך התי"ו בעזרת הנותן ליעף כח ולאין אונים עצמה ירבה. ונכלל השער המפואר הזה תהלה לאל בורא עולם ועתה נתחיל שער ההיכלות בס"ד:

שער כד הוא שער ההיכלות

אחרי אשר עדרנו קוננו וגמרנו כל כוונתינו בעסק הספירות רצוננו לכתוב ענין ההיכלות כפי הנרצה בספר הזה. ואין בענין ההיכלות האלו ענין מחודש מחלק העיון כלל, זולת העתקות לשון ספר הזהר בקיצור מופלג כפי האפשר ביכולת:

פרק ראשון:

ההיכל הא' מלמטה למעלה הוא הנקרא היכל לבנת הספיר. ובהיכל הזה יש ממונה אחד טהריא"ל שמו. והוא עומד על פתח ההיכל הזה עם כמה מלאכים ממונים אשר עמו וכלם אש לוהט ושרביטי אש בידם וכלם בעלי עינים. וכאשר הנשמה עולה למעלה אם זכתה והיא ראויה ליכנס פותחין לה פתח והיא נכנסת ואם היא נטמאת דוחין אותה. ומחוץ להיכל הזה יש ממונה אחד וכמה מלאכי חבלה ודוחין אותה עד שמורידין אותה לגיהנם ונידונת שם י"ב חודש. ועל דרך זה בענין התפלה אם תפלת צבור אחר שבקעה האויר הגיעה עד פתח ההיכל מיד מקבלין אותה כדכתיב (תהלים ק"ב י"ח) ולא בזה את תפלתם ונמסרים ברקיע הזה הנקרא בז"ק כאשר נבאר ושם מתעכבות תחת יד הממונה הזה עד שישלימו כל ישראל תפלתם ואז נמסרות כלם יחד ביד סנדלפו"ן המלאך הקושר כתרים לרבו ומשם נמסרות ונעשות עטרות לראש צדיק יסוד עולם כנודע. ואם היא תפלת היחיד מביטים בה כדכתיב (שם) פנה אל תפלת הערער אם כשירה היא מכניסין אותה ואם לאו דוחין אותה. ומשם יורדת אל הרקיע התחתון ונמסרת ביד המלאך סהדיא"ל לעשות בה כאשר נבאר בשער הכוונה בעז"ה. והנה המלאך הזה טהריא"ל נפקד ונתמנה בפתח הזה לדחות או לקבל הנשמה או התפלה ואפשר שנקרא טהריא"ל לפי שהוא מטהר אותה או פוסלה לפי מעשיה. למעלה מן הפתח הזה יש פתח אחר והם שערים שהקב"ה חתר אותם לבעלי תשובה השופכים דמעות בתפלתם ונקראו שערי דמעה ומעולם לא ננעלו כאחז"ל (ב"מ דף נ"ט.) כל השערים ננעלו ושערי דמעה לא ננעלו. וכאשר עולה תפלת הדמעה ליכנס בפתח זה נזדמן שם אופן אחד רחמיא"ל שמו והוא עומד על ו' מאות חיות גדולות ולוקח תפלת הדמעות ומכניסם למעלה. באויר פנימיות ההיכל הזה הוא רוח א' ונקרא (סטוריא) [נ"א סטוטרי"ה] וזהו הספיר הנזכר לעיל וגוונו כגוון הספיר מתנוצץ ומתחלק לב' מאורות המאור הא' לבן מתנוצץ לכל רוח מעלה ומטה וד' רוחות והמאור השני נעלם ומתגלה ומהמאור הזה מתפרשים ד' מאורות לד' רוחות וכלם מאור א'. ואלו הנצוצות הם מאירות כעין קלל האדום כדכתיב (יחזקאל א) ונוצצים כעין נחשת קלל כל זה אל ימין ההיכל הזה ונקרא ספיר כאשר הרקיע העליון בינה מאצלת הנשמות בתוך ההיכל השביעי הנקרא קדש קדשים כאשר נבאר ששם הם מתאצלים. וכאשר יורד התעוררות מהבינה אל היכל השביעי אז הנשמות הם זכרים מטעם שגובר הזכר על הנקבה ואז יולד זכר כי מאן דאלים גבר כי התעוררות העליון מעורר הנקבה ואז מזרעת תחלה וכשתרד הנשמה יגבר הכח העליון והוא זכר ואז הרוח הזה הספיר הימיני שהוא הזכר כדפי' לוקט אותם למטה עד שיוכללו בנקבותיהם לפזרם בעה"ז בבני אדם והענין הזה הארכנו בו בשער מהות והנהגה בפ' י"ז בס"ד. ואל שמאל ההיכל אויר פנימיותו הוא רוח א' ונקרא לבנת ושמו אדירי"א סנוני"א [א] והמאור הזה הוא לבן ואדום כלולים יחד מפני שמוצאם ואצילותם הוא מהמאור הימיני שהוא לבן ונצוציו אדומים כדפי'. ובהגיע התנוצצות המאור השמאלי הזה בניצוצי הימיני מתעלם זה השמאלי בתוכו ונכלל בו ואינו נראה כלל כדרך הנקבה להיותה נעלמת תחת הזכר. והמאור הזה הנקרא לבנת היא נקבה ובהיותה ההתעוררות מלמטה מההיכל הזה אל הבינה אז הנשמות המושפעים שם הם נקבות. אח"כ יורדות מההיכל הזה ומקבל אותם המאור הזה ומתיחדות ב' המאורות זה עם זה זכר בנקבה ומתיחדות הנשמות זכר בנקבה ויורדים שניהם מיוחדים לג"ע שלמטה ושם נתפרדו. וזהו שהקב"ה מזווג זווגים כדפי' בזהר והעתקנוהו בשער מהות והנהגה בפכ"ב. וב' המאורות האלה יחד נק' לבנת הספיר והם סטוטרי"ה אדירי"ה סנונינ"א [נ"א סניגיה] וביחוד וזווג שתי הרוחות האלה הימין והשמאל נכללות נשמת הזכר והנקבה כדפי'. וכאשר נכללו ב' הרוחות האלה ובאים להתיחד בפגיעתן לאתכללא זה בזה ואז מתנוצצים ונבראים ומתפשטים לכל צד ומתנוצצים מן המאור השמאלי נצוצות ואותם הניצוצות הם האופנים שעליהם אמר הכתוב (יחזקאל א) מראה האופנים ומעשיהם וגו' שאינן כמין החיות. והאופנים האלה הם לוהטי אש ועומדים בשורה. וענין הויות הניצוצים האלה כדמות הנצוצות המתפוצצות מתחת הפטיש בהכאה על הברזל הדולק שזורק נצוצות וכמו כן הענין בפגישת האור הימיני בשמאלי וכאשר

נתחברו ב' הרוחות והמאורות האלה שהם לבנת הספיר יוצא מהם מאור שהוא חיה אחת עולה ויורדת ומתישבת על ארבע אופנים כאשר נבאר פה. ודמות החיה הזאת כאריה ושלטת על אלף ושלש מאות רבוא אופנים אחרים מלבד הד' אופנים האלה. והם מסודרות בד' שורות אלה. כנפיהם ככנפי הנשר ונקרא החיה הזאת בז"ק. ומן הבזק הזה מתפשט רקיע א' והרקיע הזה עומד על שני עמודים א' מצד זה וא' מצד זה והרקיע עליהם וב' העמודים האלה הם ב' כרובים ועל הרקיע הזה כתיב (שם י א) ואראה והנה אל הרקיע אשר על ראשי הכרובים. ואין זה הרקיע אשר על ראשי החיות. ועל הרקיע הזה ממונה הבז"ק והוא הסוכך על הכל וברקיע הזה מתקנים התפלות עד שמתקבצים כלם עד בא סנדלפו"ן לקבלם כדפי' לעיל. וכן כל אותם העוסקים בתורה בלילה ומתפללים מקבל אותם הבז"ק הזה עד עלות השחר. ואחר עלות השחר והאיר היום אותם התפלות והתורה עולות ומסתלקים אל הרקיע הנקרא ספר זכרון. הבז"ק הנזכר עומד על ד' אופנים הם הגלגלים ושמם אהניא"ל קדומיא"ל מלכיא"ל יאהדונה"י וכל א' מהם עומד על ד' עמודים הם ט"ז עמודים לד' גלגלים ולכל א' מד' אופנים אלו ד' פנים שהם י"ו פנים לד' אופנים והפנים האלה מביטים בד' רוחות הבז"ק שהוא עומד עליהם ובד' אופנים האלה נכללות ד' אותיות שהם אדנ"י שסנדלפו"ן בעל המרכבות משתמש בהם. וד' אופנים אלה פורחים באויר הזך שהאויר ההוא כלול בד' אותיות יהו"ד ונכללים אותיות יהו"ה באותיות אדנ"י והם משולבות אשה אל אחותה מקבילות הלולאות אא"א ונכללים במציאות אור הכלול שהוא יאהדונ"הי שהוא כללות כל ההיכל הזה ובהיותו כלו נכלל בשם זה להסתלק אז מתנוצץ בהתנוצצות כגוון השמש המתנוצץ במים ועל מציאות זה נאמר באופנים (שם א) אל אשר יהיה שמה הרוח ללכת ילכו וגו' ומאמצע ההיכל הזה עמוד א' והוא נעוץ מהיכל זה הראשון להיכל שני ושם העמוד הזה אהרהניאל [אדרהניא"ל] וכאשר יוכלל מה שבהיכל הזה זה עם זה והכל ברוח משפט אז ע"י התפלות יתיחד מרוח הכולל שבהיכל הזה עם רוח היכל העליון שבהיכל שני ע"י העמוד הזה ומציאות ההיכל הזה נסמוך בשני עמודים לצד המזרח. ושם הא' קרעיא"ל והוא ממונה על י"ב אלף מלאכים. והשני שמעיא"ל וממונה על י"ב אלף מלאכים אחרים ושניהם זה אל הימין וזה אל השמאל ונקראת יתידות המשכן. ולצד דרום ב' עמודים אחרים ושמם סעד"יאל סטר"יאל כל א' וא' ממונה על י"ב אלף ממונים אחרים והם ממונים על קיום העולם ואלה נקרא מאזנים שהם עומדים לשקול כל זכר ונקבה הראויים להתייחד זה עם זה ואע"פ שלפעמים מכריע כף האיש מן האשה או להיפך עם כל זה הם המיחדים ולפיכך הם נקראים מאזנים לעלות שעולים יחד ואף על פי שאינם שווים ואינם אותם הנקראים מאזני צדק. לצד צפון שנים אחרים ושמם פתחיא"ל עטריא"ל וכל א' וא' ממונה על י"ב אלף ממונים אחרים והם ג"כ יתידות. לצד מערב ב' אחרים ושמם פדתיא"ל תומיהא"ל והם ממונים כל א' וא' על י"ב אלף ממונים אחרים והם מורידין דמעות על המגרשים נשי נעוריהם בעבור ז' ברכות שנתברכו ולא נתקיימו כשנתגרשו והדבר הזה מורה הסתלקות ז' ברכות שנתברכו מהנקבה העליונה ואז בת קול יוצאת ואומרת איזה ספר כריתות אמכם וגומר (ישעיה נ א) ואלו כלם הם יתידות כראשונים אשר אמרנו. ואלו היתידות השמנה ואז שמנה מיתרים שהם מאורות נאחזות ביתדות והם כלם חוץ להיכל וההיכל הזה נסמך עליהם וכלם נעקרים מהמקום כאשר הרוח שבהיכל רוצה להיות נכלל בהיכל השני כדפי'. וזהו מה שכללנו מתוך דברי הרשב"י ע"ה בפרשת פקודי (דף רמ"ו ודף רנ"ה) ובפרשת בראשית דמ"ב:

פרק ב:

היכל השני הוא נקרא עצם שמים בתוך ההיכל הזה נתמנה רוח א' מאור זך הנקרא עצם וכעצם השמים לטוהר (שמות כד י) ונקרא אורפניא"ל ובהיכל הזה ג' פתחים א' לצד דרום וא' לצד צפון וא' למזרח באמצע. ופתחי הדרום והצפון נעולים ועליהם ב' ממונים אשר הם תחת יד הממונה הזה ששמו אורפניאל והוא ממונה לפתח מזרח האמצעי' והוא שולט על ג' רוחות העולם דרום ומזרח וצפון וכל הנשמות שהם הרוגי ב"ד או הרוגי שאר האומות כלם תחת ידי הממונים האלו והממונה שעליהם חוקק דיוקן שלהם בלבושיו שהם אש דולק ועולה למעלה ומראה אותם להקב"ה. והקב"ה חוקק אותן צורת הרוגי האומות בלבוש שלו בפורפיריא דיליה בגדי נקם תלבושת כדפי' רז"ל. ואותם הרוגי ב"ד מוריד אותם ומכניסן בשני פתחים הסגורים וב' הממונים האחרים עומדים עליהם ומשם יוצאים ורואים במעלות הצדיקים שומרי התורה ומתביישים ונכוים מחופת הצדיקים. עד שהממונה הזה ששמו אורפניאל פותח להם שער המזרח

ומאיר להם ונותן להם חיים מצד המזרח שבצד הממונה הזה אור של חיים שהוא מלא מאורות. והמאור הזה נקרא כוס תנחומין כוס החיים כי מפני הכוס המר ששתו זכו לכוס הזה. ויש כוס התרעלה ויתבאר בפי' היכלות התמורות. והמאור הזה הנקרא אורפניאל הוא גוון לבן שאינו משתנה ועליו נאמר וכעצם השמים לטוהר. וזה קשה להתנוצץ מפני שהוא נעלם אבל כאשר המאורות והרוח שבהיכל הראשון הנקרא לבנת הספיר מתנוצץ ובטש בזה אז מתגלגל ומאיר כגוון העין שאינו מאיר כי אם בגלגלו. וזה המאור הנקרא אורפניאל מאיר להיכל הזה ולהיכל הראשון ובעוד שאינו מתנוצץ נקרא היכל זוהר לפני שהוא זוהר פשוט. אמנם כאשר יתגלגל להתנוצץ ההיכל התחתון אז יתנוצץ ויוכלל עם אור אחד שבצד שמאל הנקרא הדרני"אל וכאשר יתכללו שניהם יחד וכלל הגוון השמאלי הנקרא הדרניא"ל עם הגוון השמאלי האדום שבהיכל התחתון שזכרנו בפ' הקודם ואז יתערבו השלשה גוונים יחד. לבן שבימין הנקרא אורפניאל והתכלת עם האדום ושלשתם יחד יעשה כעין השמים וזהו וכעצם השמים אש ומים לבן ואדום ותכלת וכל ההיכל התחתון כלול בהיכל הזה הב' כי לא יתנוצץ אם לא יוכלל ואז נקרא עצם השמים כדפי' ועליו נאמר (יחזקאל א כח) כמראה הקשת אשר יהי' בענן ביום הגשם וגו' והמאור הא' לבדו הנקרא אורפניאל עליו נאמר כעין החשמל והוא לפעמים החשמל מפני שממנו יוצאים שרפים חיות אש ממללות חיות נעלמות נראות ולא נראות. וכן תמצא אור פניאל כמנין חשמל. וענין אורפניאל שאמרנו הוא כח החיים והרחמים ובו נכנע כח הקליפה כמ"ש בעזה"י. וכאשר כח הקליפה שולט והעולם בדין, זה האור נגנז ונחשך והעולם נידון. וברוח זה עומדים לבושי הצדיקים העולים לראות את פני האדון ד' צבאות. ובעלותם שמה להראות בהגיע אצל ההיכל הזה נזדמן לה ממונה א' וצדקיא"ל שמו ולוקח המלאך הלבוש הזה הוא הלבוש שלו שזכה בו בעשיית המצות כי כפי שהאדם משתדל כך הוא זוכה אל הלבוש והולך עמו עד שמגיע לנהר דינור שם הנשמה מתלבנה ומתרחצה ולפעמים נטבעת הנשמה ההיא בתוך הנהר ונכוית שם ואינה עולה כל היום אלא שבכל יום בבקר כאשר תתעורר רוח מצד דרום שהוא צד החסד וכן מתייחס הבקר לאברהם ומצד החסד מתחדשים ועומדים ואומרים שירה כמו שאר המלאכים העוברים משלטנותם שהם ניכוין שם ומתחדשים בכל יום. זכתה הנשמה ואינה נכוית ולא נטבעת בנהר דינור, אז המלאך צדקיאל הנזכר מלביש אותה הלבוש שאמרנו ומשם עולה להיותה נקרבת ע"ג המזבח ע"י מיכאל השר הגדול שבהיכל ד' להיותה עומדת לפני קונה לאור באור החיים. וכאשר באים להתייחד שלשת המאורות האלה שהם סוד עצם השמים קודם התיחדם בהתחבטם זה בזה מתנוצצת בהם ניצוצות כמו המכה בפטיש על הסדן שזורק נצוצות לכל צד כן מתנוצצים [ונבראים] מבין המאורות והרוחות האלה כמה מלאכים הממונים על ענייני עה"ז וכמה שרפים בעלי שש כנפים והם מקדישים ג"פ ליי' צבאות בכל יום. והם בעלי תוקף הדין המדקדקים עם הצדיקים כחוט השערה והם העומדים להעניש בעה"ז ובעה"ב לאותם המזלזלים באותם שלומדים מפיהם תורה ואינם נוהגים בהם כבוד כראוי, וכן לאותם המשתמשים באותם שלומדים שיתא סדרי משנה. וכאשר כבר נתיחדו ונתישבו המאורות יחד אז יוצא מביניהם חיה א' ששמה יופיא"ל והיא שולטת על ד' חיות שאותם הד' שולטים על שאר השרפים שזכרנו למעלה מפני שהם נכללים בתוכ' ופני הד' חיות הם פני נשר. והחיה ששמה יופיאל הוא שר התורה וכל מפתחות החכמה בידו והוא היה רבו של מרע"ה לדעת קצת מקובלים. וזאת החיה תובעת מהקב"ה לתת שכר טוב לכל אותם הרודפים אחרי החכמים ללמוד מהם תורה ואפי' מכל אדם שנאמר (תהלים קיט צט) מכל מלמדי השכלתי ולומדים לשם שמים. והשכר שהוא משכיר לאותם שרדפו אחר התורה הוא לשומרם מסטרא דטומאה כי כאשר הנשמה עולה למעלה זאת החיה יוצאה על ד' שרפים מעופפות והולכות לפניו ואינה מניחה שום א' ממלאכי חבלה לקרב אליו וכמה מלאכי שלום הולכים סביבותיו. והשרפים אשר אמרנו למעלה כשהם בתוך ד' החיות שזכרנו, כשהם נוסעים כל אותם הנחשים השרפים היוצאים מן הנחש הקדמוני כלם נכנעים כאשר אלו יוצאים נוסעים ונראים. וכאשר הנשמה עולה ומגעת אל החיה הזאת אז היא שואלת לה בענין חכמת התורה שלמד וכפי אשר טרח בתורה ורדף אחריה במדרגה ההיא משכיר אותה ואם הי' יכול לעסוק [ולהשיג] בתורה יותר ולא עסק דוחה אותה למטה תחת ההיכל ההוא בבושה ובחרפה. וכאשר השרפים שתחת החיה נושאים כנפיהם ומשיקים אותם אשה אל אחותה שורפים אותה הנשמה והיא נשרפת ואינה נשרפת ונכוית ואינה נכוית וכן היא נידונית בכל יום אע"פ שיהיו לה מעשים טובים כיון שלא נתעסק בתורה כראוי. וכל המאורות והחיות

והאופנים כלם כלולים תחת החיה הזאת. וכלם מסתתרים תחת כנפיהם לעלות על ידה למעלה והחיה הזאת בהיותה מתאחזת בד' חיות אחרות אשר למטה ממנו כאשר אמרנו. כל א' מד' החיות יש לו ד' אופנים אופן פונה לצד המזרח ושמו חניאל ואופן א' פונה לצד צפון ושמו קרשיאל ואופן א' פונה לצד דרום ושמו עזריאל ואופן א' פונה לצד מערב ושמו עניאל ולכל אופן וגלגל ג' עמודים שעומד עליהם. נמצאו ג' עמודים לכל אופן הם י"ב עמודים לכל חיה (וד' חיות עולות מח' עמוד') וכל העמודים פונים אל האמצעי כי סבת הליכתם הוא מן האמצעי וכלם על פיה יסעו ועל פיה יחנו. ובנסוע האופנים נשמע קול נעימתם עד רומי רקיעים וכל החיות והאופנים משוררים להקב"ה הימניים אומרים קדוש והשמאליים אומרים ברוך והאמצעיים אומרים קדוש וברוך. והטעם כי קדושה מצד הגבורה וברכה מצד חסד והאמצעי מורכב משניהם כי הקו האמצעי מאש וממים כנודע וכאן הימניים אומרים קדוש והשמאליים אומרים ברוך להורות על רוב היחוד ימין כלול בשמאל ושמאל בימין ובהתיחד העמודים באופנים והאופנים בחיות והחיות בד' אופנים גדולים אשר להחיה הגדולה האמצעיות יופיא"ל ומתחברות ומשולבות אשה אל אחותה להתיחד למעלה ברוח ההיכל העליון אז נק' חמודות ומטעם זה נאמר לדניאל (ט.כג) כי (איש) חמודות אתה והטעם כי ההיכל השני הוא היכל המראה והחלום ר"ל היכל המדברים ברוח הקודש. והיכל ג' הוא היכל הנבואה מקום יניקת הנביאים:

ועתה ראוי לדעת שאין מקום יניקת הנביאים בספירות ממש כי אין הספי' דבר נגלה בשום אופן בעולם ואפי' למרע"ה. אמנם החילוק שבין מרע"ה לשאר הנביאים הוא שמרע"ה היה מתנבא מתוך היכל הרצון שהוא ההיכל הששי כאשר נבאר ושאר הנביאים מהיכל נוגה שהוא היכל ג' ודניא"ל וחביריו המדברים ברוח הקדש במראה וחלום הם מביטים בהיכל זה השני שאנו בו. ועוד בזולת זה כי כשמרע"ה היה מתנבא מהיכל הרצון ע"י חבור הת"ת והמלכות המתגלים בההיכל ההוא והיתה נבואתו מאספקלריא מצוחצח כי לא היה צריך אמצעי בינו ובין ההיכל להביט ענייני הנבואות ולפיכך (לא) היה במראה ולא בחידות (במדבר יב ח). אבל שאר הנביאים מייחדים הספי' האלה בהיכל ג'. והמדברים ברוח הקדש היו מייחד' הספי' האלה בשני. והענין כי היכל הו' הוא מורה אל היחוד העליון בבחי' שהוא אספקלריא המאי' הת"ת. ובהיכל ג' שהוא היכל נוגה כאשר נבאר מתגלה אור היחוד שהוא יחוד ב' ספי' בתגבורת הת"ת על המלכות ומתראה בתוך המלכות אספקלריא שאינה מאירה. והמדברים ברוח הקדש בהתגלות אור היחוד בהיכל הזה שהוא היכל עצם השמים בתגבורת המלכות על הת"ת והיא שאינה מאירה יותר (משאר) [מלשאר] הנביאים והיינו שיחוד ת"ת ומלכות בנצח והוד כדפי' בשער מהות והנהגה ובשערים הקודמים. ובזולת זה עוד בחינה ג' כי מרע"ה היה משכיל נבואתו בלי אמצעיים בינו ובין היכלו וספירותיו. ושאר הנביאים היו מסכים הרבה בין הספירות וההיכלות וביניהם והיינו שהיו צריכים ביאור אל נבואותיהם כאמרו (דניאל ח טז) גבריאל הבן להלז את המראה, וכן בירמיה א' מה אתה רואה וכו', וכן בשאר הנביאים. והנה בהיות הנבואה מושפעת על ידי אמצעיים כל עוד שיתרבו האמצעיים יתרבו החידות והמראות והעד מדניאל ולהיות נבואת דניאל מהיכל הזה עם חלקיו מיוחדים כאשר בארנו נק' איש חמודות:

וע"י התפלות אשר אמרנו יתייחדו כל הכוחות הנזכרים השרפים בעמודים והעמודים באופנים והאופנים בחיות והחיות באופני החיה הגדולה והאופנים האלה בהחיה עצמה ויעלו ויתיחדו דרך העמוד אשר באמצע ההיכל ויתיחדו בתוך ההיכל הג' כי זה עקר תאוותם להיות ההיכלות ר"ל המאורות והרוחות אשר בתוכם זה בתוך זה כדרך העובר במעי אמו. וההיכל הזה נסמך ג"כ על ח' יתידות כההיכל הראשון אשר אמרנו שנים מהם לצד מזרח ושמם יהדניא"ל גזורי"ה וכל אחד מהם ממונה על י"ב אלף ממונים אחרים ואלה הם ממונים על קולות וצעקות האשה היושבת על המשבר ונוטלים אותם ומכניסים אותם לממונה אשר על הפתח ואין יכולת ביד הטומאה לקטרג ולפעמים שמקדים צד השמאל לקטרג קודם ויכול להזיק ח"ו. ושנים לצד צפון סלסליא"ל קרספיהא"ל שמם והם ממונים כל א' וא' ממונה על י"ב אלף ממונים אחרים ואלה הם ממונים על דם ברית ילדים הנמולים לח' ימים וכאשר ח"ו רוגז נמצא בעולם מביט הקב"ה בדם ההוא ואינו נותן רשות לשטן להשטין. ודרך אלו היתידות כהיתידות אשר אמרנו בהיכל ראשון וכן לשאר ההיכלות:

פרק ג':

היכל השלישי היא נקרא היכל נוגה. ההיכל הזה הוא יותר נעלה ומשובח משני ההיכלות הקודמים ובהיכל הזה ד' פתחים לד' רוחות העולם פתח א' לצד דרום ובו ממונה א' ושמו מלכיא"ל והוא שולט

על כל פסקי הדינין אשר נגזרו על בני אדם לדון אותם כשיוצאים מב"ד העליון באים תחת ידי הממונה הזה ותחת ידו ב' סופרים ושמם שמשיא"ל והם מתקנים כל הפתקים היוצאים על בני אדם לדון אותם ובעוד כך הוא מעכב אותם שלא ימסרו ביד סנגדיא"ל המלאך הממונה בהיכל הראשון אשר בצד השמאלי בתמורות העומדים לקטרג על בני אדם ולפעמים לדון אותם ה' יצילנו. ונאריך בשער היכלות התמורות בה"ו. ולפיכך המלאך הממונה הזה מתקן אותם ומגלגל עוד בזכותם לראות שמא יש עליהם מלאך מליץ א' מני אלף ולרכך הדין החזק עליו ואחר שנתקנו כל הפתקים וגזרי הדינין בפתח זה לוקח אותם גזריא"ל ומביא אותם אל הפתח השני שבצד המזרח ושם ממונה א' שמו עזריא"ל. ושם כל פתח ופתח על שם הממונה אשר עליו והממונה אשר בפתח הזה הוא לחתום הפסקים לחיים או למיתה ח"ו ותחת ידו ב' שמשים ששמם סטרי"ה עדיא"ל, א' עומד מימינו וא' עומד משמאלו, העומד על הימין בידו תלוים החיים וחותם חיים והעומד על השמאל בידו תלויה המיתה וחותם מות בידו והשער הזה סגור כל ששת ימי המעשה ובשבת ור"ח נפתח להראות החיים בחותם החיים אשר שם וביוה"כ השער הזה סגור עד עבור שעת המנחה של י"כ אחר תפלת המנחה מתעורר ויצא רוח מהיכל זכות שהוא היכל ד' כאשר יתבאר בע"ה ונפתח השער הזה ועומד המלאך הממונה ושני שמשים א' מימינו וא' משמאלו וחותם חיים ומיתה בידם וכל גזרי דינין וחותמין אותו הן למיתה הן לחיים. בפתח ג' לצד צפון בפתח הזה נודע כשגוזרים על האדם במיני יסורים בין לחלאים בין לעניות כל גזר דין שאינו למיתה ועל הפתח הזה ממונה א' קפציא"ל שמו והוא ממונה שם לסגור הפתח על גזירת האיש הנגזר שלא תקובל תשובתו בשום אופן בלתי אם תהיה שלימה וחזקה ועל זאת נאמר (איוב יב יד) יסגור על איש ולא יפתח. וכאשר נגזר דין על בני האדם הקטנים בעונות אביהם תחת יד הממונה הזה יש מלאך א' ששמו עיריא"ל ויוצא ומכריז לצד שמאל אז מתעורר בצד הטומאה כח א' אסכרה שמו ושולט בנער ההוא ח"ו ונותן לו רשות כמ"ש הענין בארוכה בשער היכלות התמורות. פתח ד' עומד לצד המערב והשער הזה הוא שער הרפואה ועל השער הזה ממונה א' פדא"ל שמו והוא מלאך הרפואה ומכניס כל תפלת בעלי חולי ומכאובות וצער להיות למליץ עליהם והמלאך הזה מעלה זכותם ותפלתם ומכניסם לפני המלך יי' צבאות. וע"ז נאמר (איוב לג) אם יש עליו מלאך מליץ א' מיני אלף וכתיב שם ויאמר פדעהו מרדת שחת מצאתי כופר. בתוך ההיכל הזה מאור א' נק' נוגה וזה הרוח והמאור משובח ונעלם (משער) [משאר] מאורות שבהיכלות שאמרנו. ואין בו גוון מתגלה כלל ולכן נקרא טוהר להורות על טהרתו ואינו מתגלה כ"א בהתעלות בתוכו שאר המאורות ואז ע"י מתגלה אור גוון משונה משאר גווני המאורות והמאור הזה נקרא זהריא"ל וזה המאור נברא משמן משחת הקדש היורד ושופע מהבינה עה"ב וע"ז נאמר (תהלים קלב יז) ערכתי נר למשיחי וע"י כניסת שאר מאורות ההיכלות התחתונים בתוך ההיכל הזה ובהיותם נכללים בו נמשחים ונדלקים בשמן הטוב. וזה המאור הוא לכל אותם שיש להם חלק לעולם הבא והוא מעטרם זיו וזהר לשיכנסו בשאר ההיכלות בלי רשות ואין מוחה בידם. וכאשר ההיכל הזה מתוקן בשאר ההיכלות התחתונים אשר בתוכו אז הוא מוציא אור א' משובח אהדיא"ל שמו וזה המאור עומד תחת המאור אשר אמרנו למשוח שמן משחת קודש לכל אותם הנשמות אשר עולות למעלה כי בעלותם דרך שאר ההיכלות שזכרנו נרשמו בכ"ב אותיות התורה ובהגיעם אל ההיכל הזה המלאך הזה מושח אותם ועולות ונכנסות בנהר דינור ומשם עולות להיותם נקרבות על גבי המזבח. והמאור הזה אהדיא"ל הוא כלול מג' מאורות מפני כי שמן המשחה הוא כלול מג' גוונים ובהיות המאור הזה מתנוצץ מתנוצצים ממנו כ"ב מאורות כנגד כ"ב אותיות הרשומות בנשמה והכ"ב מאורות כלם ממונים ושמשים לפניו וכלם נקראים על שמו וכלם כלולים בו והמאור הזה עם הכ"ב מאורות כלם כלולים בתוך המאור הגדול זהריא"ל אשר אמרנו וכאשר באים להתחבר יחד מאורות ההיכלות והמאור אהדיא"ל בכ"ב אותיות בתוך המאור הגדול זהריא"ל יוצאת מבין כלם חיה אחת ששמה אהיא"ל והיא כלול בשני גוונים אריה ונשר כלול הכל בצורה אחת. וכאשר המאור הגדול מאיר בה יוצא מבין ההתנוצצות ד' אופנים כלולים בכל הגוונים ושמם הדריא"ל יהדריא"ל אהדורי"א אסימו"ן והם לד' רוחות העולם ולכל א' מאלו ח' כנפים וד' כנפים וד' פנים. והב' פנים מסתכלים לתוך אמצעיתם אל החיה הגדולה אשר עליהן והב' פנים החיצונים מכסים בכנפיהם שאינם יכולים להביט בהמאורות הגדולים שבהיכל מרוב התנוצצות והזיו והזוהר ואלה האופנים הם מראים המלחמה או עקירת מלך שאין מלחמה בעולם הזה שאינה למעלה תחלה בצבא השמים ותחלה עוקרין השר ואחר כך האומה

וכאשר יסעו האופנים האלה להראות מלחמה כפי הנשפע להם מלמעלה מהיכל זכות ששם מקום הדין. מזיעה שלהם נעשה תחתם כמה מיני חיילים מחנות שאין להם חשבון ומהם קצתם בעלי שירה לשבח ליוצרם מהם שלוחים ממונים בעולם לשמור ת"ח מאותן הכתות הטמאים היוצאים מן הקליפות כמ"ש בשער התמורות בה"ו. וע"ז נאמר (תהלים צא) כי מלאכיו יצוה לך על כפים ישאונך פן תיגוף באבן וגו' כי גם את זה לעומת זה עשה אלהי"ם כמו שיש אבן בוחן פנת פנת יקרת צור ישראל כן יש אבן נגף צור מכשול ויתבאר בשער התמורות. וכן הם עומדים לשמור הולכי דרכים של מצוה שלא ינזקו מהכתות האלה היוצאים מהיכל ג' שבקליפ' כמו שנבאר שם. באמצע ההיכל בתוך המאור אהדיא"ל אשר אמרנו אשר באמצעיתו כאשר יהיה האופן שבתוך האופן עומד היכל א' ולו ד' פתחים לד' רוחות העולם ובכל פתח ופתח י' ממונים שהם בכללם מ' אלו המ' נוטלים ומקבלים דין מהיכל זכות שהוא היכל הדין כמ"ש ומיסרים הנשמה הצריכה ליסרה ועומדת שם נזופה עד מלאות ימי נזיפותה וכן המ' האלה מנדים לכל מי שיוצא דברי ניבול מפיו, ומ' יום תפלתו אינה נכנסת למעלה. וכן מנדין ג"כ לכל עובר עבירה שהוא חייב עליה נדוי. ועשרה כרוזים יוצאים בכל יום בכל הרקיעים ומכריזים ואומרים הזהרו מפלוני שהוא מנודה על עון פלוני וכל ימי נידויו תפלתו אינה נכנסת למעלה ולא נשמתו בלילה והמלאכים המלוים לאדם בדילים ממנו עד שישוב בתשובה ואחרי שובו מתקבצים אותם המ' ומתירים לו ומכריזים עליו פלוני שרא נזיפא הוא. ובהיכל זה יש מקום אחד שגוון אורו כאור הזהב הקלל ומתנוצץ לאור העינים ובאותו מקום גנוזים כמה חיילות ומחנות מלאכים ולד' רוחות ההיכל הזה עומדים כמה מגינים שורות שורות אלו על אלו סביב וגוון אורם כגוון הזהב והמקום הזה נקרא תא הרצי"ם. והטעם כי המלאכים שבתוך המקום הזה המגינים הם נקראים חשמלים והם עומדים להגן על כל הצריך מגן מגינים על ישראל ורצים ללחום עם הרצים הרעים אשר ישנם בהיכל ג' שבקליפות כי הם רצים נגד רצים. אלו יוצאים להיטיב ואלו יוצאים להרע על אלו נאמר (אסתר ג טו) והעיר שושן נבוכה ועל אלו נאמר (שם ח טו) והעיר שושן צהלה ושמחה וזהו הרצים יצאו דחופים בדבר המלך וע"ז נקרא המקום הזה תא הרצים לפי שהם רצים להגן על ישראל בכמה רמחים בכמה חרבות מלאים דין מכח היכל הד' היכל הזכות. וכאשר רוצה לכנס במקום הזה

האופן העומד על ד' ממונים שזכרנו לעיל נכנסים לפני הד' הממוני' על ד' הפתחים ועולים כל המגינים ומתיחדים כלם ברוח א' ומאור עליון ונקרא כלם מגן א' וסימן אנכי מגן לך (בראשית טו א). בתוך ההיכל הזה י"ב אופנים וסדורם בתוך ההיכל הזה והם שרפים בשני גוונים לבן אדום רחמים ודין. ואלו נקראים חלונות לפי שהם ממונים להשגיח על בעלי צער המצטערים על ידי בני אדם וזש"ה (שיר ב ט) משגיח מן החלונות. והם עומדים להשגיח על אותם המתפללים המקדימים להיותם נמנים מן הי' הראשונים ועולים וכותבים אותם למעלה ונעשים להם חבירים וזהו חבירים מקשיבים לקולך השמיעני (שם ח יג). והם מעלים התפלה למעלה עד פתח היכל ד'. מאלו האופנים הי"ב יוצאים ד' עמודים לד' רוחות העולם ושמם [ב] עניאל עזריה עזריאל יתריאל ונקראת חרכים ועליהם נאמר מציץ מן החרכים מפני שעקר ההשגחה ההשקפה השלימה. וד' אלה נקראים חרכים שהיא בהשגחה מועטת וזהו לשון מציץ. והד' חרכים האלה עומדים להשגיח על אותם העוסקים במעשים טובים וכן על אותם שחשבו מחשבות מצוה עם היות שלא עלה בידם מפני שלא יכלו. עניאל עומד לצד המזרח. עזריה עומד לצד הדרום להשגיח על אותם המנחמים העניים או המצערים עצמם עליהם אע"פ שאינם ביכלתם לתת להם דבר, ועל כל אותם ההולכים לדבר מצוה ואתם העושים חסד עם המתים וזה מעלה אותם למעלה וחוקק צורתם שם לזכותם לחיי עה"ב. עזריאל עומד לצד צפון והוא עומד להשגיח על כל אותם החושבים לעשות רע או עבירה וכבשו את יצרם ולא עשו. יהריא"ל עומד לצד מערב והוא עומד להשגיח על כל העוסקים בתורה ומכניסים בניהם לת"ת ולכל אותם מבקרים חולים ומשגיחים עליהם להשיבם בתשובה לפני קונם כדי שיתרפאו. וכל הד' האלה ביחד עומדים להשגיח על כל אותם המיעצים עצה רעה ומעלים הדבר למעלה ומבטלים אותה העצה. ותחת כל א' מאלה הד' מלאכים יש כמה מלאכים אשר אין להם חשבון וזה ההיכל בהיותו מתייחד ענף בשורש ושורש במקור ועם היותו מתיחד בהיכלות התחתונים ומתיחד ומתעלם ע"י עמוד א' העומד באמצע ההיכל ועולה עד ההיכל הד' וזהו חשקו ותאותו וחפצו ושלימותו. וגם ההיכל הזה נסמך על ח' יתידות כהיכלות הקודמים. ושני ממונים הם לצד מזרח ושמם יהו"דיה עזריא"ל וכל א' מהם ממונה על י"ב אלף ממונים אחרים ולצד הדרום ב' אחרים ושמם שכניא"ל עזוזי"ה וכל א' ממונה על י"ב אלף

ממונים אחרים ואלה הם ממונים על הבל פיהם של תינוקות של בית רבן וכל הבל והבל עושה ממנו רוח א' ועולה להתעטר למעלה ונעשה ממנו שומר א' לקיום העולם. ולצד צפון ב' אחרים ושמם עזפיא"ל קטטריהא"ל וכל א' ממונה על י"ב אלף ממונים אחרים וב' ממונים לצד מערב ושמם עססני"ה אהדירי"ה וכל א' מהם ממונים על י"ב אלף ממונים אחרים ואלה הם ממונים להכריז בכל רקיעים לכל אותם שמעבירים בניהם מהתלמוד ומבטלים אותם מלמודם ומכריזים עליו ואמרים ווי לפלוני שהעביר את בנו מהתורה ווי לו שאבד חלקו מהעוה"ב יי' הרחמן יצילנו:

פרק רביעי:

היכל הרביעי נק' היכל זכות. וההיכל הזה עומד לשמור דרכי התורה ובו נדונים כל הזכיות והחובות וכל שכר ועונש לכל שומרי התורה או עובריה ח"ו. בתוך ההיכל הזה ד' היכלות זה משונה מזה וכלם יחד היכל א' בהיכל הזה יש מאור א' הנק' זכותא"ל ועל שמו נק' היכל זכות והוא הנק' אל וכאן נדונים כל דיני בני העולם וזהו ואל זועם בכל יום (תהלים ז יב). והד' היכלות הנ"ל להם ד' פתחים ובהם ד' ממונים כאשר נבאר:
ובפתח ההיכל הזה הכולל הד' הוא הנק' היכל זכות יש ממונה א' ושמו סנסיניא [נ"א סנסני"ה] ועל הממונה הזה יש ממונה א' בצד שמאל שהוא נוטל ממנו ענייני הדין לעבור אותו בעולם ומפני שהוא נוטל ממנו נק' על שמו סנסיניא"ל [נ"א סנסני"ה] וכאשר הדין נגמר בתוך היכל זכות הממונה הזה אשר בשער עומד ומכריז הדין לאותם י"ב ממונים הממונים על י"ב שערים. והם עומדים ומכריזים כל הדינים שנדונים בהיכל זה. המאור הזה שאמרנו שהוא כולל הכל הנק' זכותא"ל ממנו יוצאים ע' מאורות וכלם עומדים כגורן עגולה להיותם נכללים זה עם זה שלא יסתר א' מחבירו כדרך הסנהדרין העומדים כחצי גורן עגולה כדפירשו רז"ל. ויוצא מאלו בתוך אמציעותם ב' מאורות עומדים להעיד עדות תמיד. וסוד הענין כי ז' עיני ה' המשוטטת בכל הארץ אשר ייחסו להם הגאונים אלו השמות אורפניא"ל תגריא"ל דנריא"ל פלמיא"ל אסימו"ן ספיא"ל בוא"ל והם המשגיחים בענייני בני אדם ובהם ובעצמותם נצטייר כל דמות ודיוקן וצורה מכל הדברים הנעשים בעה"ז הן רע הן טוב ובהיותם עולים למעלה מביטים בהם הב' מאורות הללו ורואים המצוייר ומעידים לפני הע' ודנין את הזכאי ואת החייב לטוב או לרע לזכות או לחובה. ושנים הנזכרים הם סופרי הדיינים. הע"ב מאורות הללו עומדים באמצע ההיכל וזהו שררך אגן הסהר (שה"ש ז ג). ונגד אלו לצד ימין ע"ב מאורות אחרים ומצד שמאל ע"ב מאורות אחרים נמצאו כלם רי"ו מאורות. וכלם נכללים במאור הגדול הנקרא זכות א"ל ואף על פי שיש ע"ב לימין וע"ב לשמאל עיקר הדינים אינם כ"א ע"י הע"ב האמצעים כי נודע ענין ע"ב של ימין רמז בגדולה וע"ב של שמאל בגבורה וע"ב אמצעיים הפנימיים יותר בתפארת שהוא המכריע וחותך הדין ולכן עיקר הדין על ידי האמצעיים והם פנימיים מכלם. ובזהר פ' בשלח (דף נ"א ע"ב) בפסוק ויסע ויבא ויט וז"ל ותנינן מסטרא דחסד ע"ב סהדין, מסטרא דגבורה ע"ב סופרין, מסטרא דת"ת ע"ב גוונין לאתפארא עכ"ל. ולנו דרך אחרת כי הנה בפ' פקודי (דף רנ"א.) פירש כי שני מאורות הם עדים כדפירשנו. במאור הזה הנקרא זכותא"ל רשימין בו ג' אותיות שם יה"ו וכאשר יתחברו ג' אותיות אלה בהיכל זה אז מצטיירים בו ג' אותיות אלה ועליהם אמר דהע"ה (תהלים צד כב) ואלהי לצור מחסי בתיבה זו רמז א"ל שם ההיכל וג' אותיות המצטיירות בתוכו שהם יה"ו. אח"כ יצא מאור אחר מאיר ומתנוצץ לד' רוחות שהם ד' היכלות והמאור הזה הוציא ג' מיני מאורות שהם ג' בתי דינים המתחלקים למטה לדון בענייני העולם בעושר בעניות בחלאים וברפואה וכדומה. והד' היכלות שנים מהם לב' מיני מאורות שזכרנו למעלה שהם אל הימין והשמאל. וההיכל הג' לכל אותם בעלי העינים החושבים בענייני העולם. וההיכל הד' לסופרים אחרים שהם תחת אותם הראשונים הפנימיים. אלה הד' היכלות הם נכללים בהיכל הזה הנקרא היכל זכותא על שם המאור הגדול זכות א"ל כדפירשנו. בכל פתח ופתח מאלו ההיכלות יש ממונה א'. בפתח א' יש ממונה א' ושמו גזריא"ל והוא ממונה להודיע הדינים שנגזרו [ג] למלאך הממונה בהיכל א' שבצד הטומאה ועל ידי המלאך הזה מתגלים הדינים וכרוזים יוצאים ומכריזים בכל הרקיעים בטהרה ובטומאה ואופן השתלשלות הכרוז מפה אל פה ומרקיע אל רקיע עד רדת הגזרה ההיא אפילו ביד העופות ומכריזים אותו למטה ביד בני אדם וזו היא חכמת צפצוף העופות. בפתח שני יש ממונה א' ושמו דהריא"ל והוא ממונה להכניס זכות בני אדם לפנים כדי שיהיו נדונים לכף זכות. וכאשר האדם בערש דוי והמלאך הזה מכניס זכיותיו ונמצאו מרובים מעונותיו והוכרעה הכף זכות מודיע לממונה אשר בפתח היכל ג' ששמו פדא"ל והוא מכריז ואומר פדעהו

מרדת שחת מצאתי כופר ומשם יורדת הגזירה ממדרגה למדרגה עד העה"ז כדפירשנו לעיל. בפתח ג' יש ממונה אחד גדיא"ל שמו והוא לצד שמאל ממונה על כל חובות בני אדם ועונותיהם ומביא אותם אל המשקל אשר בפתח ד' כאשר נבאר. ושם שוקלות אלו כנגד אלו זכות נגד חובה. ותחת יד הממונה הימיני שבפתח ד' אשר נבאר כמה מלאכים מזומנים להציל האדם מצד השמאל אם גברו זכיות ואם גברו החובות אז כמה מלאכים תחת הממונה הזה השמאלי מודיעים הדברים לכמה מלאכי חבלה ובאים ונוטלים הנשמה. פתח רביעי בפתח זה ממונה א' ושמו יאזני"ה והוא המשקל אשר בו שוקלים חובה וזכות כדפירשנו ותחת ידו ב' ממונים א' לימין וא' לשמאל שבימין הריא"ל שמו ושבשמאל גדובאל (נ"א גדודיא"ל] שמו וכאשר נשקלו חובה וזכות זה המכריע לזכות וזה המכריע לחובה וכל אלו הכחות והמאורות הם נכללים בהמאור הגדול הנקרא זכות א"ל. וכאשר נכללים בו יוצאת חיה אחת לוהטת ושמה קומיאל [נ"א תומיא"ל] והחיה הזאת עומדת להשגיח בענייני בני אדם בעה"ז בכלל ויש כמה אלף אלפים וריבו רבבות בעלי עינים וכלם נקראים עיני ה' המשוטטות בכל הארץ והם משגיחים על כל המעשים הנעשים בסתר וכן משגיחים באותם המעשים הנעשים בלב טוב ובכונה טובה ואע"פ שאינם במעשה כראוי וכן החיה הזאת עומדת על כל שאלת בני אדם אשר שואלין ועל כל התפלות כי כל שאלה מתעכבת בהיכל הזה מ' יום ובבל יום יוצאה החיה הזאת ולוקחת אותה שאלה ומניחה לפני הע"ב מאורות ודנין אותה ואז אותה המאור הנקרא זכות א"ל מעיין בה כראוי אם ראוי לקיים השאלה אם לאו אם זכתה התפלה ההיא בשאלתו יוצאים עמה י"ב ממונים וכל אחד קובע קיום השאלה. תחת החיה הזאת ד' שרפים מלהטים ושמם [ד] הרפיא"ל ברק"י קדש"י קרומ"א ואלו הד' עומדים תחת החיה הזאת לד' רוחות העולם והם ממונים לעיין באותם שומרי שבת ומענגים אותו כראוי כאשר נבאר בע"ה. ואלו הד' כאשר הם נוסעים יוצאים נצוצות של אש בכפתור ופרח ומאלו הנצוצות נעשו ע"ב אופנים מלהטים אש וכאשר אלו האופנים נוסעים נעשה תחתיהם נהר דינור אלף אלפין משמשין לההוא [נהר] אש ורבו רבבן קדמוהי יקומון מתוך האש ההוא ומשם יוצאים כמה אלפים חיילים ואופנים ואלו הד' שרפים שזכרנו שמהם יוצא הנהר של אש. בתוך הנהר ההוא שורפין כמה חיילים כמה מלאכים כמה רוחות כמה שליטים בכל ימי חול וכאשר נכנס השבת כרוז יוצא ומשכך האש והרעשותיו וכל העולם בנחת והחיה הזאת הולכת ומתעלה על ד' שרפים הנזכר ונכנסת בתוך אמצעות ההיכל הזה והוא נקרא ענג והטעם כי בשבת במקום הזה מסתדרים כל שולחנות של בני ישראל השומרים השבת ונקרא בני היכל המלך ואלף אלפים עומדים ממונים על השולחנות האלו וכאשר נכנסת החיה הזאת עם הד' שרפים ורואה כל השולחנות וכל העומדים עליהם עומדים ומברכים אותם וכל אותם אלף אלפי אלפים עונים אמן וכן כל ע' המאורות הנזכר מברכים אותם. כלל הדברים כל הדינים וכל הגזירות דנים אותם בהיכל זה, חוץ מג' שהם בני חיי מזוני שאותם אינם תלוים בהיכל זה הנקרא זכות אלא תלוים למעלה במזל ואע"פ שאינם תלוים בזה ההיכל עם כל זה דנים אותו בהיכל זה ואם זכה נותנים לו מלמעלה ופירוש נותנים יצוו לתת כי הנתינה אינה אלא למטה כדפי' בשערים הקודמים. וההיכל הזה עומד בשמירה יותר משאר ההיכלות הקודמים ויש לו ל"ב יתידות עליונות ותחתיהם חמש מאות אלף ממונים אחרים ועל כלם ד' ממונים שהם על ל"ב ושם הד' חסדיא"ל קסירי"ה קדומ"יה דהריא"ל ואלו הד' הם ממונים על כל הדינים שנדונו ולא ניתנו ליכתב וכלם באים לשאול את פי אלו הממונים והל"ב ממונים הם ממונים על כל אותם הקובעים עתים לתורה וכלם ממונים להעניש על כל אותם שהיו יכולים לעסוק בתורה ולא עסקו:

פרק חמישי:

היכל החמשי הוא נקרא היכל אהבה. והוא היכל שבו תלוי המזון והחיות ושאר ההיכלות אשר תחתיו ובהיכל הזה פתח א' ובו ממונה א' ושמו סניגורי"ה והוא עומד ללמד סנגוריא על ישראל שלא ישלוט עליהם צד השמאל. בהיכל הזה עומד מאור אחד כלול בד' מאורות מד' גוונים לבן שחור ירוק ואדום והרוח הזה הכלול מכלם נקרא סורי"ה שר כל החיילים אשר תחתיו וכל מפתחתות העליונים מסורים בידו והוא סוגר ופותח וכל סתרי רבו מסורים בידו ובו הם נכללים כל המאורות אשר תחתיו ג' פעמים בכל יום ונזונים ממנו ולהיות שבו גנוזים כל גנזי וסתרי רבון העולמים לכן נקרא אהבה כדכתיב (שה"ש ז יג) שם אתן את דודי לך שהוא סוד התדבקות כל מתדבק ולכן בו כל שמירה עליונה ולכן נקרא שומר ישראל שומר הברית להיות כי כאן שמורים וגנוזים כל סודות העליונים ומכאן יוצאים נתיבות ודרכים לכל אותם למטה ממנו

להאיר באורו ואלו הד' גווני מאורות אשר אמרנו כאשר יתייחד לבן באדום שחור בירוק אח"כ שחור בלבן נעשית מהם חיה אחת מרוקמת דיוקן שלה בצורת אדם הכוללת כל הצורות והוא נקרא זהר ועליה נאמר (יחזקאל י) היא החיה אשר ראיתי תחת אלהי ישראל וממנה יוצאים ד' עמודים שהם חיות גדולות על אותם אשר למטה. הא' נקרא אופן שהם שנים כי בתוך האופן נעשה אופן אחר בתוכו וכאשר היא מתנוצצת מתנוצץ האחר בתוכה וע"ז נאמר (שם א טז. י י) כאשר יהיה האופן בתוך האופן ואחר כך שנים אחרים ג"כ זה בתוך זה כלולים יחד כראשונים ומתנוצצים ד' יחד לד' רוחות העולם וכלם א' ועליהם נאמר כאשר יהי' האופן בתוך האופן. המאור אשר אמרנו למעלה הנכלל בארבע גוונים הוא כולל שני רוחות מאורות האחד אל הימין והוא זה אשר הוציא החיה אשר אמרנו ואחד אל השמאלי (הוא כולל) ומתנוצץ שני מאורות שהם ארבע והם מתהפכים בגוונים וזהו להט החרב המתהפכת כאשר נבאר. ומבין שני מאורות אלו יוצאים שרפים והוא אוחז אותם ולוהט אותם. בכח הלהט הזה המתהפך הוציא חיה אחת עומדת על ארבע עמודים כאשר הוציאה הימנית והארבע שתים מימין ושתים משמאל וכאשר המאור הגדול נכנס בתוך אלו ומתנוצץ בהם יוצאים מהם ב' מאורות ומתנוצצים חוץ להיכל הזה ומתהפכים לכמה עניינים לפעמים זכרים ולפעמים נקבות לפעמים רוחות לפעמים מלאכים והם שלוחי הדין בעולם וכך הם מצד שמאלי שבהיכל הזה. ומההיכל הזה יוצאים כל הנשמות שעתידים לכנס בגופות בעה"ז וההיכל הזה לעולם לא עמד ריקן מיום שנברא העולם והוא מקבל כל הנשמות המושפעות מבינה והוא נקרא גוף וע"ז אחז"ל (יבמות ס"ב) אין בן דוד בא עד שיכלו כל הנשמות שבגוף וכאשר יבא מלך המשיח יתעורר ההיכל הזה למעלה והיכל אחר למטה מהיכל הזה ועליהם נאמר (שה"ש ד ה. ז ד) שני שדייך כשני עפרים כי המאור הגדול והחיה הראשונה אשר אמרנו מוציאין שני מאורות כלולים יחד מתקשרים זה בזה ונקראים א"ל שד"י והטעם שנקרא שדי מפני שיוצא' בין אלו השדיים ועוד כי האי א"ל מקבל מן המקום הזה כל אותן הרחמים הראויים למזון וחיות אותם התחתונים אשר בהיכל זכות אשר הם מצד הימין וכן לכל אותם התחתונים הנקראים יתידות המשכן ומטעם שהוא מספיק להם מזון נקרא אל שדי. אל שמו כדפירשנו בהיכל ד' ושדי מפני שדיים העליונים. והטעם כי הוא מספיק חלב מהשדיים לכל אותם התחתונים. וג"כ מהמאור הגדול הזה יוצאת חיה א' ימניית והיא על השמאלית המתהפכת לזכר והיא ממונה על העולם בזמן שיש רעב ושוד לשמור הצדיקים והטובים שלא ימותו ברעב וסועד לבם שלא יתקלקל המזון במיעיהם ע"י ב' כחות הטומאה הנקראים שו"ד וכפן כמ"ש עניינם בשער היכלות התמורות בע"ה. וזהו לשוד ולכפן תשחק (איוב ה כב). בהיכל הזה ישנו ב' מאורות עומד כל א' וא' על אלף אלפי אלפים ורבוא רבבן הנקרא גפנים ואלף ורבוא רבבן [דאקרון רמונים] וכלם עומדים באהבה ואלה הם המכניסים אהבה בין ישראל לאביהם שבשמים והוא בהזכרתם החסידות שישראל עושים למטה וכאשר מעוררים האהבה מלמטה אז מתמלא ההיכל הזה מכמה טובות מכמה חסדים מכמה רחמים ואלה עומדים במעמד על אותה המוסרים נפשותם באהבה על ייחוד קונם והחסד שעושים בני אדם כלם עולים כאן ומשם עולין ומתעטרין לפני הקב"ה. ולהיכל הזה שלש מאות וששים וחמשה יתידות כמנין ימות החמה ולמעלה מכלם ד' יתדות עליונים מכלם ושמם קרשיהא"ל סרטיהא"ל עסירי"ה קדמיא"ל ואלה הם ממונים לשמח העולם בערב שבת כאשר הנשמה נתוספת בישראל אלו יוצאים עמה ומעבירים מכל ישראל כל רוגז וכל דאגה וכל עצבות ומשמחין אותם בשמחה ואלו הם משמחי עולם ואותם אשר תחת הד' ממונים להעביר הדין מאותם היושבים בגיהנם ולפיכך כל היתידות שבהיכל הז' הם בעלי שמחה ע"כ:

פרק שישי:

היכל שישי הוא הנקרא היכל רצון מטעם שבו תלוי עת רצון וטוב לב לכל דבר ולכל שאלה ולכל תפלה והטעם כי בו יחוד ת"ת ומלכות כמ"ש בעזרת הצור וישועתו ולפיכך בו נסתלק מרע"ה בעת רצון כי מת בנשיקה שהוא נשיקת אשה בבעלה. ובהיכל הזה ו' פתחים לשש קצוות ד' לד' רוחות העולם ומעלה ומטה וממונה א' גדול ממונה על כלם ושמו רזיא"ל. וכל רזי סודות התורה תחת ידו ופתחים אלו עומדים להתגלות כי כאשר הם מתגלות כל ההיכלות הם מתגלות וכל המאורות וכל הרוחות נגלים כששערי רצון נפתחים. בהיכל הזה נמסרו נשמות ר' עקיבא וחביריו וכל הנהרגים באהבת קונם שאינם נכנסים בנהר דינור מה שאין כן בשאר הנשמות כדפירשנו. והיכל הזה מוציא י"ב מאורות מטעם שהוא כלול משש היכלות התחתונות ומששה עליונות וכאשר י"ב המאורות עולים ומתנוצצים מוציאים ארבע חיות וכלם נכללים בי"ב כדרך דגלי המדבר שהם ד'

ומתחלקים לי"ב כל א' לג'. הד' הנז' כלם נכללים כא' כאגוז הזה שמתחלק לד' ראשים ונכללים כא' ומטעם זה נקרא ההיכל הזה גנת אגוז וזהו אל גנת אגוז ירדתי (שה"ש ו יא) שהקב"ה משתעשע עם הצדיקים ביחוד תפארת ומלכות. הד' אשר לד' רוחות. הא' לצד דרום הוא הימין והוא נקרא מיכאל השר הזה הוא אפוטרופוס של ישראל המלמד עליהם סניגורא להיותם נצולים מקטרוג הקליפות וכאשר חרב בה"מ וגבר יד עושי רשעה נאמר על המאור הזה השיב אחור ימינו (איכה ב ג) והוא יונק מצד החסד. בצד צפון עומד מאור שני והוא עומד לקחת דין מצד היכל ד' היכל זכות ונותן הדין למלאך הממונה על הפתח כדי שיתן למלאכים העומדים בצד הטומאה כי הוא יונק מצד הגבורה ולכן נקרא גבריאל ולפעמים הוא בעצמו דן את האדם ואינו נמסר לקליפות לזה הם יסורין של אהבה והטעם כי הוא כלול מצד החסד ולכן נקרא אל ולכן כל מכה ומכה שבאת מצד זה קרוב להתרפאות כי מכה ורפואה אחוזים זה בזה. והמלאך הזה ג"כ ממונה על ההריון ר"ל שנוטל הטפה ומעלה אותה למעלה והקב"ה גוזר עליה חכם או טפש וכו' וכן נתבאר בזהר פ' שמות (דף י"א.) וז"ל דתנינן בשעתא דאתיליד גופא דצדיק בהאי עלמא קב"ה קרי ליה לגבריאל ונטל ההיא נשמתא די בגנתא ונחתא לה להאי גופא דצדיקא דאתייליד בהאי עלמא ואתפקיד עלה ונטיר לה. ואי תימא ההוא מלאכא דאתמנא על רוחיהון דצדיקיא לילה שמיה ואת אמרת דאיהו גבריאל. הכי הוא ודאי בגין דאתי מסטרא דשמאלא וכל מאן דאתי מסטרא דשמאלא הכי אקרי עכ"ל. ופי' כי כל הנשפע מן הדין נקרא לילה והטעם כי מדת לילה היא מדת הדין ולילה במ"ק עולה גבריאל:

ובצד המזרח עומד מאור ג' והוא יונק מצד הת"ת והוא אוחז וכולל השני המאורות האלה כדרך הספירה והוא שר הרפואה והוא מזכיר לרפואה כל אותם החולים שנשכחו בחוליים והוא מעלה זכרונם למעלה וע"ז נקרא רפאל. והרפואה הזאת רפואות דין בדוחק כי הוא יונק רפואה מצד ימין ודוחק מצד השמאל ולכן הרפואה מצד זה אל החולה בדוחק רב ואע"פ שלפעמים מתייחס שם רפאל אל המלכות ואל המערב אין תימא כי ג"כ הוא שם בסוד ת"ת במלכות ומלכות בת"ת. ועם כל זה רוב דברי הרשב"י ע"ה בס"ה מסכימים שם זה אל הת"ת במזרח כדפי'. בצד המערב מאור א' ושמו נוריאל והוא עצמו אוריא"ל והוא שליח מג' המאורות שזכרנו כי הוא נגד המלכות שהוא כלול מג' העליונים. וכאשר תינק מצד הימין חסד נקרא אוריא"ל שהוא מלשון אור שכן לשון אור אל הימין כדפי' בשער ערכי הכנויים. וכאשר תינק מן השמאל גבורה נקרא נוריא"ל מלשון נור דלוק. ועניין המלאך הזה נדרש בזוהר פ' יתרו (דף ע"ח.) וז"ל בחדש השלישי דשלטא ביה אוריא"ל רב ממנא ותלת מאה ושיתין וחמש רבוא משריין עמיה כחושבן יומי שתא. וכלהון אית להון שס"ה מפתחן נהורין מההוא נהורא דנפקא מגו חשמל עילאה פנימאה גניז וסתים די רזין דאתוון קדישין עלאין דשמא קדישא תלייא ביה ואיהו רזא דאיש תם מריה דביתא איש האלהי"ם. תם, דתמן סיומא וקשרא דתפילין ויעקב איש תם הוה. ובדיוקניה קיימא רזא דחשמל פנימאה עילאה טמיר וגניז וכל נהורין סתימין עילאין נקט איהו ונפקין מיניה וכל הני משריין נקטי אינון מפתחן דההוא נהורא דנפק מגו חשמל. וההוא נהורא כלול בתרין נהורין ואינון חד. נהורא קדמאה איהו נהורא חיוורא דלא שלטא ביה עינא ודא איהו נהורא דגניז לצדיקייא דכתיב אור זרוע לצדיק וגו'. נהורא תניינא איהו נהורא מנצצא מלהטא בגוון סומק. ואתכללו תרין נהורין כחדא והוו חד. והאי אוריא"ל רב ממנא וכל אינון משריין נטלי ההוא נהורא ובגין דכליל בתרין אקרי תאומים. וע"ד שלטא ביה ההוא מזלא דאקרי ברזא דליה תאומים וביה אתיהבת אורייתא ומכאן אתמשכן דרגין לתתא עד דסליקין בשמהן לאנהגא עלמא עכ"ל. ועי' בפ' צו (דף ל"ב ע"ב) וז"ל ת"ח כתיב ותצא אש מלפני ה' ותאכל על המזבח את העולה וגו' דא אוריאל דנחית כחיזו דאשא בשלהובא עד דנחית למדבחא לקבלא דורונא ואתחזי כאריה רברבא רביע על קורבנא עכ"ל. ובפ' (בהעלותך דף קנ"ד) נדרש בזוהר בד' מלאכים אלו עניינים גדולים ומשם נראה בהם ג"כ ד' חיות שביחזקאל ולאורך הענין לא נעתיקו. ונחזור לדבריו שבפ' פקודי והד' מאורות שזכרנו הם נגד ד' יסודות ומאלו נפרדו היסודות מהם מלאכי אש מצד גבריא"ל מהם מלאכי רוח מצד רפאל מהם מלאכי עפ"ר מצד אוריא"ל מהם מלאכי מים מצד מי"כאל ואל' הד' הם מתיחדים ותחתי' ח' שהם י"ב כדפי'. ההיכל הזה כלול מכל התחתונים וכלם נכללים בו ויש להיכל הזה ק' יתידות לצד ימין ועליהם ב' ממונים עליונים ושמם מלכיא"ל שמעיהא"ל ואל השמאל מאה ועליהם ב' ממונים אחרים ושמם מססרני"ה צפצני"ה והם ממונים בזמן שיגיע עת הצדיק להפטר מן העולם הם מזדמנים שם כדי שתצא נשמתו בנשיקה ולא יהיה כפטורא בפי ושט כדפי' במס' ברכות (דף ח'.)

ואל ההיכל הזה מתאוים כל ההיכלות התחתונים והם מתייחדים זה לתוך זה [בתוך] לבנת הספיר בתוך עצם השמים בתוך היכל נוגה וכן כלם וזהו כל חפצם וכל מאווים ושלימותם כי בזה מתייחדים בשרשם וענין היחוד הזה ע"י התפלה בהיותה כראוי כדמפרש התם הרשב"י ע"ה:

פרק שביעי:

בהיכל שביעי הוא נקרא קדש הקדשים. בהיכל הזה אין ציור ואין דבר נתפס אבל הוא דבר נעלם ומתעלה והוא המתקרב אל האצילות ובתוך ההיכל הזה פרכת פרוש להבדיל בין הקדש ובין קדש הקדשים ושם בתוך הפרכת ב' כרובים ועל ענין הפרגוד הפרוש אתמר בפרשת בשלח (דף נ"ח.) וז"ל דתאנא סנדלפון עלאה הוא על כל שאר חברוי חמש מאה שנין והוא קאים בתר פרגודא דמאריה וקשיר ליה כתרין מבעותהון דצלותא דישראל ובשעתא דמטא ההוא כתרא לרישיה דמלכא קדישא הוא מקבל צלותהון דישראל וכלהו חיילין ואוכלסין מזדעזעין ונהמין ואמרין בריך יקרא דה' מאתר בית שכינתי' עכ"ל. ולכאורה משמע כי סנדלפון הוא בהיכל הנק' קדש הקדשים והפרגוד הנז' כאן הוא הפרכת שאמרנו וכן נראה מדברי הגאונים. ולפנים מהפרכת שם בתוך קדש הקדשים שם חניית השכינה ותחלת קבלת השפע מהכסא העליון שהוא הבריאה כמ"ש וההיכל הזה מקבל הנשמות הקדושות מהבינה אותם נשמות החדשות שהם עתידים להתחדש בעולם בזמן המשיח בה"ו. ע"כ הגיע העתק דברי הרשב"י ע"ה מפר' פקודי בענין ההיכלות:

ומצאנו דברים אחרים בענין ההיכלות להגאונים רב נוטרונאי גאון ורב נחשון עד וז"ל גמירנא דז' היכלות ברקיע דוילון. בהיכל קדמאה כנסיא"ל והיכליה מתקריא כנסי"א דבתייא ותמן מצלן מלאכייא קדישין ג' זימני בכל יומא. בהיכלא תנינא קבציא"ל דעתיד למכנש כנשיתא דישראל מגלותא. בהיכלא תליתאה יופיא"ל דנשמתהון דינוקייא דמיתו מבר שיתא עד בר שבעה ילפין וגמרין קדמוהי והשכינה מחבקתן וסלקין נשמתהון בזיווגא דשכינתא תתאה עד אתרא דכהנא רבא ומתקרבין קורבנא ע"ג מדבחא דשכינתא עלאה. בהיכלא ד' טהריא"ל הוא מטהר ומזהר לנפשתא דהוו מתטנפין בגווין דרשיעיא ומתרחצן ומתטבלין במוי דאבני שיש טהור דר' עקיבא וחברוי דהן זיוון דד' חיותא קדישתא בשעתא דמתחבקן ומתקרבן דא עם דא לפולחנא דמארי עלאה, ודין הוא דמשיקות אשה אל אחותה. בהיכלא חמישאה נוריא"ל נהר דינור נפיק מן קדמוהי מאשתא ומנהורא דמלאכיא דתמן מתחדשן זיקי נהורא דאמרין תושבחתא על מה דאתבריאו ומתעלמין. ודין רזא רזייא דאינון מתקרבן לבתר מתפרשן (חסרה תיבה) זימנין דאינון תלתין ומצפצפין מזיווא לזיווא ואוירא עד דמטיין לזיווא דמאריה כתרא דמלכותא עלאה והן נשמתא דנביאי קדישייא, וחס לנא ולחברנא לסגור במילי דאלוה שמייא ולגלויי מה דלא אפשר ולא ארשיאו לנא רבוותא דקמאי ז"ל. בהיכלא שתיתאה חנוך דאתלבש בלבוש זיוא דנהורא ושני שמיה וגוביה, ושמיה מטטרון כשם רביה וחותמיה וגשמיה, והוא רבא בהיכלא שתיתאה והוא מטהר לכל נפשתא דסלקן מארעא לרום רקיעא ומצרפן ומתלבשן ומתפשטן מכל מיני טינוף גופתא ומתלבשן בזיווי גופי קרניתא דמטמרן ומצטיירן בזיוו דקב"ה דהוא חיי עלמין דמתמן פרחין נפשתא מעלמא לעלמא עד עלמא רבא הוא עלמא דזיויה מבהקא לשיתא עלמין דתמן מתפנקן ומתעדנן נפשתא דגווייתא כמה דאתגזרו מתמן בההוא שעתא דאתבריאו, ואנן לית לן רשו לגלויי פתגמין ורזין דאינון כבשונו של עולם. בהיכלא שביעאה סנדלפון כריכה יציבא מלתא דעובד גבורתיה בשמייא לארעא ובין תרין רברבין גברין שליטין בצורתא דעוברין במעי אמהון והוא דיהיב לכלהון רוחא דחיי והוא דאמית לברייתא דארעא בחרבא שליפא דאשתא דלא מתנפחא וכל ברייתא דארעא וכל דשליטין באוירא דרקיעא תחות שולטניה, ובידוהי מלבושא דנהורא דמלכא דלביש לנביאייא בעידנא דמתנבאן ורוחיהון מזיווא דרוחיה וגופיהון מנהג' בגופיה והוא פומא ומליל לרוחא בשפתיהון ופיו ולישניה מסדר גבריאל מארי נבואתה כמה דאתפקיד (מארי) [ממארי] עלמא ושכינתא דישראל. עכ"ל סדורא דשמושא רבא סדר היכלות. עכ"ל. ואין ספק כי ההיכלות האלה הם הם ההיכלות שפי' בפרקים הקודמים ועם היות שבקצת דברים או רובם משמע דפליגי ארשב"י ע"ה עם כל זה כלהו מלתא חדא אמרו אלא שרשב"י ע"ה סיפר מענין המאורות שהם בדמות נשמה להיכלות והם פי' ענין ההיכלות בעצמם וקרוב לענין זה פי' הרשב"י ע"ה בזהר ובפרט בפ' תרומה כמ"ש בפרק בפני עצמו בע"ה:

פרק שמיני:

עוד סיפר לנו הרשב"י בענין ההיכלות האלה בכלל ויחס להם שם מדורין והכל ענין א' היכל ומדור. וז"ל

בפ' תרומה [ה] שבעה מדורין אינון לעילא דרגא על דרגא ובכלהו מדורין מלאכי עלאין אלין על אלין. הכי נמי לתתא. וכלא אחיד דא בדא למהוי כלא חד. ז' מדורין אינין לעילא והאי ארץ עלאה אחידת לון וכלהו קיימין בה ובכלהו קיימא תושבחתא דקב"ה דרגין פרישן דא מן דא ואתרין פרישן דא מן דא:

מדורא קדמאה הוא אתר בי חשוך בלא נהיר והוא מתתקן למדורי רוחי וקסטרי ועלעולי תקיפין דלא אתחזיין ולא אית בהו נהורא ולא חשוכא ולא דיוקנא כלל. ותמן לא ידעי ביה ידיעה כלל דלאו ביה צורה גו כלל כרסיא. ועל ההוא אתר ממנא חד מלאכא טהריא"ל שמיה ועמיה שבעין ממנין מעופפין ואתמחן מבזיקי שביבין דעלייהו ולא קיימין ולא אתחזון ולא משתכחין. וכד אתא צפרא כלהו מתחדשין ולא קיימי. כד מטאן לגבי האי אתר אבדין ולא משתכחין ועאלין בחד נוקבא דתהומא ולא אתחזון. כד רמש ליליא אתמחון מאינון שביבין עד דימטי צפרא:

מדורא תניינא הוא אתר דנהיר יתיר ואיהו חשוך אבל לא חשוך כההוא קדמאה והוא מתתקן למדורי מלאכין די ממנן על עובדיהון דבני נשא ולמסטי להון בההוא אורח בישא דאינון אזלין וההוא אתר אתחזי יתיר מן קדמאה ואלין מלאכין אית לון קורבא עם בני נשא ומתהנן מריחא ובוסמא דלתתא לסלקא בתועלתא ולאנהרא יתיר. ועלייהו חד ממונה קדומיא"ל שמיה ואלין פתחין שירתא ומשתככי ואזלי לון ולא אתחזן עד דישראל דלתתא פתחי ואמרי שירתא כדין קיימין בדוכתייהו ואתחזון ונהרין יתיר. ותלתא זימנין ביומא מקדשי קדושתא וכד ישראל עסקין באורייתא כלהון טאסין וסהדי סהדותא לעילא וקב"ה חייס עלייהו:

מדורא תליתאה הוא אתר דשביבין וקטורין. ותמן נגידו דנהר דינור ונפיק דאיהו בי מוקדא דנפשייהו דרשיעייא דמתמן נחית אשא על רישייהו דרשיעייא ותמן מלאכי חבלה דטרדי להו. ומתמן אשתכח דלטורא עלייהו דישראל לזמנין ולאסטאה לון. בר בזמנא דנסבי אסוותא לדחיה ליה. וחד ממנא עלייהו מסטרא דשמאלא כלהו מסטרא דחושך כד"א וחושך על פני תהום וסמאל חייבא אשתכח תמן:

מדורא רביעאה הוא אתר דנהיר ותמן הוא נהירו למלאכי עלאה דבסטר ימינא ופתחי שירתא וסיימי. ולא אזלין לאתעברא כהני קדמאי דפתחי שירתא ואתוקדן ומתעברן בנור דליק ותבין ומתחדשין כמלקדמין. והני קיימי בדוכתייהו ולא מתעברן והני מלאכי דרחמי דלא משתניין לעלמין. ועלייהו כתיב (תהלים קד) עושה מלאכיו רוחות וגו'. ואלין עבדי שליחותא בעלמא ולא אתחזון לבני נשא בר בחזווא או בסטרא אוחרא בסוכלתנו סגי. וחד מלאכא ממונא עלייהו פדא"ל שמיה וביה פתיחין מפתחן דרחמי לאינון דקיימין לגבי דמאריהון ופתחין תרעין לאעברא צלותהון ובעותהון:

מדורא חמישאה הוא מדורא נהיר בנהירו יתיר מכלהו קדמאי. ואית ביה מלאכין מנהון אשא ומנהון מיא לזימנין משתכחי ברחמי ולזמנין משתכחי בדינא. אלין בסטרא דא ואלין בסטרא דא. לזמנין נהירין אלין וחשכין אלין. אלין ממנן לזמרא למריהון. אלין בפלגות ליליא ואלין כד סליק נהורא. וחד ממנא עלייהו קדשיא"ל שמיה. כד אתפליג ליליא ואתער רוחא דצפון וקב"ה אתי לשתעשעא עם צדיקייא בגנתא דעדן, כדין רוח צפון אקיש ומטא לאלין דממנן בפלגות ליליא לזמרא וכלהו מזמרין ופתחין שירתא. וכד אתי צפרא ומתחבר קדרותא דצפרא בנהורא, כדין כלהו אוחרנין אמרי שירתא וכל ככבי רקיעא וכל שאר מלאכין דלתתא מסייעין לון כד"א (איוב לח) ברן יחד ככבי בקר ויריעו כל בני אלהים עד דישראל נטלי שירתא ותושבחתא אבתרייהו:

מדורא שתיתאה הוא מדורא עלאה קריב למלכו שמייא. וביה ארבין ונהרין ונחלין דמתפלגין מן ימא. וכמה נונין דמרחשן לד' סטרי עלמא. ועילא מנהון סרכין ממנן. וחד ממנא עלייהו ואוריא"ל שמיה והוא ממנא על כל אלין תתאין. וכלהו נטלי בשעתי ורגעי כד נטלי ארבי לסטרא דא ולסטרא דא. כד נטלי ארבי לסטר דרום ממנא דקאים לההוא סטרא הוא מיכאל דאתי מימינא. וכד נטלי ארבי לסטר צפון ממנא דקאים עלייהו לההוא סטרא הוא גבריאל דאתי מסטרא דשמאלא. וכד נטלי ארבי לסטר מזרח הא תמן ממנא דקיימא עלייהו להאי סטרא רפא"ל (נ"א אוריאל] שמיה והוא לימינא. וכד נטלי ארבי לסטר מערב ממנא דקאים עלייהו להאי סטרא אוריא"ל (נ"א רפאל] שמיה וההוא לבתראה:

מדורא שביעאה הוא מדורא עילאה על כלא. ותמן לא אשתכחו בר נשמתהון דצדיקייא דתמן מתעדנין מזוהרא עלאה ומתעדנן בתפנוקין ועדונין עלאין. ותמן לא אשתכחו בר אינון זכאין, וגנזי שלום וברכה ונדבה, כלא הוא כגוונא עלאה, והא אמרו חברייא: כדין הוא לארץ דלתתא בשבעה מדורין וכלהו כגוונא עלאה. ובכלהו אית זינין בחיזו בני נשא וכלהו מודן ומשבחן לקב"ה. ולית מאן דידעי למפלח ליה כדקא יאות כאינון דבמדורא עלאה ואינון חזאן יקריה למפלח ליה כדקא יאות ולשבחא ליה ולאשתמודעא יקריה. ועלמא דא עלאה דאיהו תבל

לא קיימא בקיומיה אלא בגיניהון דצדיקייא דאינון גופין קדישין. כגוונא דלעילא לא קיימא ההוא מדורא שביעאה אלא לנשמתהון דצדיקייא הכי נמי האי מדורא שביעאה לתתא לא קיימי אלא לגופיהון דצדיקייא למהוי כלא חד דא כגוונא דדא עכ"ל:

והנה כבר אמרנו לעיל כי אין תימה מה שאלו היכלות אינם דומים לאלו. שההיכלות הנז' לעיל הם פנימיות ההיכל והרוח הפנימי וזהו הוא ההיכל בעצמו. ומה שמנה ג' היכלות הראשונים ששם החצוניים כן הוא כי כבר פירשנו בפרק ג"ד שהמלאכים עומדים ומכריזים לחיצוניים ומודיעים לבני אדם וזהו מפני קרבתם כי סביב למשכן יחנו וסביב רשעים יתהלכון ולכן הם אלה קרובים אליהם אמצעיים בין הקדושה לטומאה רצוצה. ומה שאמר שסמאל בהיכל ג' אין זה מן התימא כי כבר ספרו לנו שקודם החטא של אדם הראשון היה סמא"ל אחד מן השרפים בעלי שש כנפים ומרד באדוניו עד בא יומו יום פקודתו כי בא יבא ולא יאחר. וכן פי' הרשב"י ע"ה (בתקונא כ"א דף מ"ב.) שההיכלות הם ז' בז' אלה מוח לאלה כאשר נבאר בס"ד:

פרק תשיעי:

ואחר שכבר כתבנו את כל הרשום בכתב אמת הנה ראוי לנו לחקור על ענין היכלות אלו מה עניינם אם אצילות או בריאה או יצירה או עשייה ומה עניינם ולמה בא עניינם ז' ולא עשר כמנין הספירות כי כל הדברים אשר תחת הספירות הם מי' לי'. ואחר החקירה בענין זה נאמר שא"א שיהיו אצילות מכמה טעמים. א' מפני שאין ראוי שבאצילות יתיחס ענין המלאכים והנה בהיכלות הם מלאכים ממש כדמוכח מתוך דברי הרשב"י ע"ה שהעתקנו בפרקים הקודמים, ומזה הטעם ג"כ לא יתיחס בבריאה שהוא הכסא נכון כדפירשנו בשער אבי"ע בפ"ב בס"ד. ב' כי הרשב"י ע"ה בפ' פקודי (דף רמ"ה.) פי' בענין ההיכלות כי הקליפה סביב קרובה להיכל ראשון וז"ל היכלא קדמאה שרותא גו מהימנותא האי איהו שרותא לרזא דמהימנותא ובדרגין דחיזו דמהימנותא. נביאי קשוט הוו חמאן מגו דא אספקלריא שאינה מאירה. ובגין דהאי איהו שרותא דמהימנותא כתיב (הושע א) תחלת דבר ה' בהושע דחמא מגו דרגא דאאיהו שרותא לכל דרגין לסלקא לעילא וסופא דכל דרגין לנחתא לתתא. ובגין דהושע חמא מגו שרותא דא סופא דכל דרגין אצטריך לנטלא האי אשת זנונים בגין דישראל אתאחדון ואתמשכו מתמן לתתא לגבי ההוא אתר דאקרי אשת זנונים בגין דשבקו ולא אתדבקו בההיא אשת חיל. וחמא מתמן כל אינון היכלין דאינון בסטרא דמסאבא. דאית לון היכלין דמסאבין, כלהו מסאבי למאן דאתדבק בהון וע"ד כתיב קח לך אשת זנונים וילדי זנונים. וכי נביאה דקשוט אצטריך לדא. אלא בגין דאסור ליה לבר נש לאעלא באינון היכלין בגין דלא יתמשך אבתרייהו כגוונא דעבד נח דכתיב (בראשית ט) וישת מן היין וישכר ויתגל בתוך אהלה. והושע דחיל לאסתכלא באינון היכלין דאסתאבו בהו ישראל ואתדבקו [ו]. עד דאמר ליה קח לך אשת זנונים וילדי זנונים. וכתיב וילך ויקח את גומר בת דבלי' למנדע במה אתדבקו ואסתאבו ושבקו רזא דמיהמנותא בגין אל נכר. וע"ד חמא מגו היכלא דא שירותא לכל דרגין. היכלא דא שרותא לכלא לסלקא בדרגין עכ"ל. הנה משמע מתוך המאמר הזה בפי' שההיכל הזה ראש ותחלה לקדושה [ממטה למעלה] וסוף הקדושה ממעלה למטה וממנו למטה היא הקליפה ולכן ירד הושע אל מקום זה להביט באיזו מקום נטמאו ישראל ואין סוף אחר לקדושה כדי שיוכל לרדת אליו להסתכל בו מדרגות הטומאה. ונודע כי הקליפה היא סביב לעולם של מטטרון וכן פירש הרשב"י ע"ה בפי' וכמ"ש בשער התמורות בס"ד. וכאשר אנו אומרים שנכנסו טמאים להיכל הוא דווקא בעולם המלאכים עולם מטטרון כמ"ש התם בעז"ה. ובזולת זה לנו מאמר מורה בפי' שההיכלות הם תחת הכסא וז"ל (בתקונא כ"א דף מ"ג ע"ב) פתח ר' אלעזר ואמר אבא והא שבעה ימים אינון וים עלאה על כלהו ועלייהו אתמר כי שפע ימים יינקו למאן אינון יונקים. א"ל ברי שבעה בשבעה אינון מוצקות והכי אינון רקיעין שבעה כו' והכי אינון ארעין שבעה בשבעה [ז] וראשין דלהון תרין ורזא דמלה שנים שנים שבעה שבעה וכלהו זכר ונקבה ולעילא חד טמיר וגניז והכי אינון ז' כורסיין שבעה בשבעה ז' היכלין ז' בז' והכי ממנן אינון ז' בשבעה עכ"ל. והנה ר' אלעזר התאווה תאוה לדעת סדר מציאות העולם מראשו ועד סופו בקיצור ולזה שאל כי ידוע שהספירות נקראים ימים והם ז' וים עלאה שהיא הבינה שהיא ג"כ מתייחס בשם ים אבל ממנה ולמעלה לא יתייחס אלא מקור ומעיין שהוא דק ונעלם אבל ים שמורה התפשטות לא יתיחס, והכתוב אומר כי שפע ימים יינקו הכוונה כי הימים יונקים שפע וממי יונקים כי הם עצמם מקורי השפע ולא שייך בהו לשון יניקה. ולזה תירץ הרשב"י ע"ה כי הם ז' ימים עליונים וז' ימים תחתונים והתחתונים יונקים מן העליונים ואין ספק שהעליונים הם עצם הבינה שהיא ים עליונה כלולה מז' וז' ימים

התחתונים יונקים ממנה. או נבאר שהספירות עצמן הם ז' ימים עליונים וז' ספירות שבמלכות הם ז' ימים התחתונים והעליונות מוצקות בתחתונות ואמר לשון שבעה בשבעה מוצקות לישנא דקרא להכריח מן הכתוב (זכריה ד) דאמר שבעה ושבעה מוצקות לנרות אשר על ראשה וכן ג"כ יתיחסו בשם רקיעים מצד התפארת וכן יתיחסו בשם ארעין מצד המלכות וכלם הם ז' בז' כדמפרש ואזיל. ואח"כ אמר כמו סדר הספירות כן הם סדר הבריאה שהיא כסא הכבוד כדפירשנו בשער אבי"ע בפ"ג בס"ד והם כסאות ז' מוצקות בז' ונכללות כלם בשם כסא הכבוד. וכן דרך היצירה, וזהו היכלין ז' בז' ועניינם שהם ז' בתוך ז' כדפירשנו כי אלה רוחות לאלה אלו יונקים מאלו כמבואר בפ' הקודם. ואומר עוד כי כן דרך העשיה, וזהו ממנן אינון ז' בז' כדפי' בשער אבי"ע. עוד בפי' פי' הרשב"י (בזהר בראשית דף מ"א ע"ב) בענין ההיכלות שמהם יניקת ז' כוכבי לכת וז"ל בדברו בהיכל לבנת הספיר שהיא היכל ראשון. תחות היכלא דא מתפשטין חילין לבר לכמה סטרין דרקיעין דלתתא עד דמטו לככבא דשבתאי כלהו אסתכיין להיכלא דא. מתמן אתזנו כל אילין די בהיכלא דא. כלהו אסתכו לההוא רוחא כו'. ובהיכל עצם השמים (שם דמ"ב ע"ב) אמר וז"ל וכן כמה חיילין ומשריין דנחתי לתתא ואתערבו בהדי תתאי עד דמטו לככבא דצדק. ותמן כמה ממנן על עלמא. ובהיכל נוג"ה (שם דמ"ג.) אמר ז"ל בהאי דוכתא תליין בד' סטרין שית מאה אלף רבבן מגינין דדהבא לכל סטר וסטר. וכן לתתא מנייהו שורין מקפאן ואינון שורין וכל הני מגינים כלהו מגיחי קרבין סייפין ורומחין לבר בכל אינון שלוחי דינין דעלמא עד דמטו דרגין בדרגין לככבא דמאדים כו'. ובהיכל זכות (שם דמ"ד.) אמר וז"ל ומגו כרוזי אילין נטלין מלה כל מאריהון דגדפין עד דאודע מלה לרקיעא דחמה. ובהיכל אהבה (שם דמ"ד ע"ב) אמר מנהון רמונים. עד דמטו כמה חיילין לבר עד ההוא ככבא דאקרי נגה. ובהיכל הרצון ובהיכל קדש הקדשים לא גלה בהם דבר ואפשר שיהיו נמשכים מהם אל ככב לבנה וקצר בענין. ומה שאמר בהם מלמטה למעלה לפי שהם כדמות חותם המתהפך מיצירה לעשייה, או אפשר כי שבתי הוא אוכמא פתיא כנגד הקליפה הגוברת בו כמו שפי' בתיקונים ולכן יניקתו מן ההיכל הראשון ששם דיבוק הקליפה כדפי'. איך שיהיה הנה הורה שז' כוכבי לכת שצ"ם חנכ"ל יונקים מן ההיכלות לפי סדר המדרגות המשתלשלות אלו מאלו עד הכוכבים בגלגליהם. הורה בפי' שאין בין אלו לאלו אלא שזו היא יצירה וזו עשיה ורצה לגלות סדר יניקת היצירה מהעשיה [ח]. ומה שכתב בפ' פקודי ובפ' בראשית כי זה שלימות הקבלה ליחד ההיכלות האלו והם ז' הנערות הראויות לתת לה. אין מזה תימא כלל כי אדרב' משם ראיה לזכות המעיין מה שבארנו מענין היצירה בשער אבי"ע ושם אמרנו שאין היצירה אלא עשר מדרגות המלאכים הכלולים בשם מטטרון בשיתא ימי חול ואמנם עשר ספי' היצירה הם ענפי הספי' המתפשטות עם השכינה הנקראים ע"ש יצירה ולכן צריך אל היחוד ליחד הענפים אל מקוריהם ולכן אינם מתיחדות כל עצם ההיכלות אלא המאור הזך שבתוך כל א' ואחד מהם ומפני שהם ענפים מתפשטים במטטרו"ן הנק' נע"ר לכן הענפים האלה נקראים נערות ואלה הם ז' נערות הראויות לתת לה מבית המלך שהם מתפשטים מהספירות העליונות עם השכינה אל תוך הנער ומתלבשות שם ואז השכינה ג"כ נקר' נערה ולפעמים נקראת חסר ה' בסוד נער וע"ז נאמר (תהלים קג ה) תתחדש כנשר נעוריכי כמבואר עניינים אלו בזוהר במקומות רבים. ולהיות שהענפים המתפשטים הם נכללים בששת ימי החול כדמוכח בתיקונים. ולכן ביום השבת שהוא המלכות אין לה היכל כלל שהיכל לבנת הספיר הוא ביסוד ועם כל זה לא אשתכח יסוד בלא שכינתא שלא להפריד והיינו ה' דיום הששי שהוא יסוד ומלכות מיוחדים. ולכן בהיכל לבנת הספיר כלל זכר ונקבה ספיר זכר לבנת נקבה כמבואר בפרק א'. והיכל עצם שמים נגד הוד והיכל נוג"ה נגד נצח והיכל זכות נגד הגבורה והיכל אהבה נגד חסד והיכל הרצון נגד הת"ת שכן הוא עליון על כלם שביעי ודאי כדפי' בשער סדר האצילות. והיכל קדש הקדשים הוא נעלם נגד ג' ראשונות. וכלם עשר ענפים מתפשטים למעלה פירוש מדרגות המלאכים הכלולות בז' היכלות הנזכרים וזה ענין הסדר והיחס שיש להיכלות בספירות. ואולם מתוך המאמרים הקודמים משמע היות מעלת הנשמות של הצדיקים משובחת ממעלת המלאכים בפרט מתוך המאמר שהעתקנו בפ"ח ולהשכיל הענין היטב ניחד לו פרק בפני עצמו:

פרק עשירי:

הנרצה בזה הפרק להתבונן בענין המלאכים היטב וטעם עלות הנשמה למעלה מהם. והענין כי כל הדברים בשמים ממעל ועל הארץ מתחת כלם נאצלו ממקום גבוה ולכן היו נזהרים החסידים שלא לספר בגנות שום א' מהנבראים. והענין הוא כי ד'

יסודות העליונים הם גדולה יסוד המים, גבורה יסוד האש, תפארת יסוד הרוח, מלכות יסוד העפר. והם מיוחדים יחוד אמיתי חזק כמ"ש בשערים הקודמים. והנה ע"י ד' היסודות האלה העליונים הנאצלים הדקים נתהוו הד' יסודות שבסדר האצילות והבריאה והיצירה והעשייה, מדרגה אחר מדרגה מעלה לעלול מאצילות אל בריאה ומבריאה אל יצירה ומיצירה אל עשייה. והנה כל ד' מדרגות האלה הם בכל א' וא' מהמדרגות בעצמם כי באצילות בעצמו יש אבי"ע וכלם אצילות, ובבריאה עצמה יש אבי"ע וכלם בריאה, וכן לכל המדרגות. והענין הזה נמשל אל צורף הכסף שיבדיל לכל מין ומין בעצמו לד' מינים. הא' הוא כסף נקי שאין בו סיגים כלל, והשני כסף שיורד מדרגה אחת למטה מהכסף הנקי, והשלישי כסף שיש בו כחצי סיגים, והד' כסף שרובו סיגים. וא"א לכסף הנקי שיהיה כלו כסף שלא יהיו בו סיגים כלל (בשוה) אלא בהכרח יש בו ג"כ ד' חלקים מתייחסים אל שעור טהרת הכסף כשעור ד' חלקים הראשונים בעצמם המשל כסף הנקי שאין לנקותו יותר וזהו חלק מועט מחלק הכסף, וחלק שני והוא כסף נקי אבל לא כחלק הראשון כי מפני נקיון הכסף הקודם לא יתייחס לו שם נקי מכל וכל, וכן יעשה עוד חלק ג' והוא הנקי סתם ולא כשני, הד' הכסף שיש בו תערובות סיגים מעט עד שאינו נחשב למאומה. וכן נוכל לחלק ד' חלוקות בשניה, וכן בשלישית, וכן בד'. נמצא כמו כן באבי"ע כי עשייה שבאצילות ראש לאצילות שבבריאה ועשייה שבבריאה ראש לאצילות שביצירה ועשיה שביצירה ראש לאצילות שבעשייה ומד' השתלשלות מדרגות אלו נשתלשלו כל העולמות מאצילות לבריאה מבריאה להיכלות מהיכלות לקליפות מקליפות למציאות הרקיעים הם המזלות ומהם אל היסודות האלה העבים והמורכבים כאשר הם לעיננו. והנה נמצא כי האצילות שרש אל הבריאה והבריאה שרש אל היצירה והיצירה שרש אל העשייה. וכן נמצא העולם הזה שואב מצד הקליפה הם השרים ושמשיהם הטמאים כי הע' שרים אינם טהורים כל כך והשרים מהיצירה הם המלאכים וע' שרים הם אמצעיים בין המזלות לבין המרכבות. והכסאות מהספירות והספי' מעצמות הא"ס המתפשט ומחיה אותם כדפי'. נמצא לפי זה כי ד' יסודות הרקיעים הם עצמם שביצירה וכן עד העליונים. אמנם מפני השלשלות נתעבו ונתגלו כי כפי ריחוקם ממקורם כן נתעבו ונתגלו. ולפי זה אין דבר בעולם שלא יושפע עליו מלמעלה שפע ואור אלא שהשפע ההוא כפי רדתו מהאחוריים שהם פנים לשאר המדרגות התחתונים כן יתעבו ויתגלו ויתגשמו ממדרגה למדרגה כפי הראוי אל החומר העכור ההוא עד שלא תמצא בעה"ז דבר שלא יהיה בו רוחניות וחיות קצת כפי ערך גופו וחומרו לפי המדרגות שיתרחק מהמקור ומחצב כל הדברים. והנה כשיתעלה החומר העב אל מציאות קורבת החומר הדק שעליו הנה יאיר בו שעור אור החומר המעולה ההוא. המשל אל עששית גדולה דולקת באמצע הבירה ומפני גודל הבירה לא תאיר אל מקצעות הבירה בירכתים אלא אור מועט עד שלא יראה האדם את חבירו וכל זמן שיתקרב האדם אל העששית תאיר אור היותר נאה וחזק עד שהמגיע אל תוך ד' אמותיה יכהו עיניו מרוב אורה כן הענין בכאן כי בהיות שנתרחקו הדברים ממחיצתם וממקורם יתעב ויתגשמו ונמצאו עכורים גסים תכלית הגסות כמו הארץ הזאת ר"ל יסוד העפר שלא יתנועע וממקומו לא ימוש משא"כ במים מפני שעפר אחרון במדרגה והמים עליה מדרגה יותר עליונה מתקרבת יותר קודם וכן עליהם יסוד הרוח אשר בו קצת יותר תנועה ותכונה מיסוד המים. ומכ"ש יסוד האש שיש בו יותר ויותר חיות ונלמוד מיסוד האש המעט אשר לנו לא ישקוט ולא ינוח עד עלותו אל יסודו. הנה אפי' היסודות שהם גולמים מתים לכאורה יש בהם מעלה כל א' על חבירו כפי שעור אור החיות העליון השופע עליו. וכן סדר עליית המורכבים זה על זה, על הדומם הוא הצומח ועל הצומח החי ועל החי המדבר. ומזה נוכל להבין ענין נפש הבהמה ושאר בע"ח, כי כאשר יתקבץ החומר ההוא מורכב מד' יסודות ויתהווה ממנו הבהמה או הבריאה ההיא הנה לפי שנצטיירו היסודות צורה נכבדת עלו במדרגה ונתקרבו אל האור החיוני השופע ואותו האור השופע בו הוא נשמה אליהם. ועל האמת יש נפש חיונית ועל היותר אמת אין בה נפש כל עקר כי במות הבהמה והפרדה תחזור אל יסודותיה להתרחקה מן האור שאין לה נפש ולא רוח ונשמה שתעלה או שתרד ולא היתה אלא בדמיון הזבוב הפורחת באויר הנה בהיותה מתקרבת אל העששית [הדולקת] תאיר בה האור ונקרא זה חיות שלה ובהתרחקה בירכתי הבירה יכבה האור מעליה מפני ריחוקה וזהו מיתתה ואין לה במה לחזור אל מקורה ולא במה לרדת. ואין תשובה ממבחר החכמים שהע"ה באומרו (קהלת ג') מי יודע רוח בני אדם כו' ורוח הבהמה היורדת היא למטה לארץ. כי אדרבה הוא סיוע אל הענין הזה כי בסוד הגלגול [ט] היא עולה

למעלה. אמנם כאשר אין לה הענין ההוא היא יורדת למטה בהפרדה וחזרתה אל יסוד העפר והמנו שהיא יורדת למטה לארץ בהתרחקה מן המצב והמקור וחוזרת אל יסודותיה והרוח החיוני ההוא תחזור כל אחד אל יסודו האש ליסודו והרוח ליסודו. ובזה יובן מ"ש במס' סנהדרין (ד"סה) רבא ברא גברא שדריה לקמיה דרבי זירא הוה קא משתעי בהדיה ולא הוה קא מהדר ליה א"ל מן חבריא את תוב לעפריך ופרש"י שם שעשה זה רבא בהתעסקותו בספר יצירה. והדבר הזה קשה וכי יעלה על הדעת שיש בכח להוריד נשמה ונפש ורוח בגוף ההוא והנה הדבר הזה מן התמיהין שיהיה כח ביד האדם להוריד נשמה מלמעלה על בריאה חדשה אפי' שתהיה בריאתו בכח אלפ"א ביתות כדפירשנו בשער פרטי השמות בפרק י'. ואם בריאה יברא ה' מה מעלתה ליתרונה על הבריאה ההיא אתמה'. ועוד איך לא תצעק חמס העניה ההיא לפני קונה כי הכריחוה לרדת פה אשר לא תושלם בו ולא יעלה ביד הנשמה ההיא כי אם טורח ומשא כבד העה"ז. ועוד במאמר ר"ז מן חבריא את תוב לעפריך נמצא ח"ו כשופך דמים לחזרת הנשמה ההיא בבושת פנים עשוקה ורצוצה לפני קונה [בלי שום השלמה]. אלא בהקדמתינו זאת יובן הכל כי כאשר אותם החכמים מקבצים קבוץ העפר ההוא וע"י חכמתם בהעסקותם בס"י יבראו בריה חדשה הנה הבריה ההיא שהיא בצורת אדם יתקבצו חלקיה ויתעלו למעלה בהתקרבם אל מחצבם ומקורם ויאיר נגד היסודות ההם האור הראוי להם כדמיון קבוץ חלקי הבהמה ולא שיהיה בה נשמה ולא נפש ולא רוח אלא חיות בעלמא עם היות שהוא מעולה מחיות הבהמה מפני תכונת צורתו וטבעו שהוא משובח מצורת הבהמה ונתקרב יותר אל מקור האור מהבהמה. והנה בחזרת הגוף ההוא אל יסודותיו אין לו כ"א כמיתת הבהמה שיתפרדו החלקים ויחזרו אל העפר ממש כשהיה כי עפר הוא ואל עפר ישוב. ולכן לא נתן עיניו בו להמיתו כי אין לו מיתה בעצם אפילו כבהמה. אלא חזרתו אל העפר כרגע והיסודות מתפזרים ומתפרדים. והיינו דקאמר ליה תוב לעפרך. ולכן אין במיתתו והריגתו שום עונש כלל כמו שאין עונש בהריגת בהמה כמבואר. ועתה להיות שהיסודות מתקבצים ע"י הטהרה והקדושה האור המאיר בהם הוא הקדושה והטהרה לכן התירה לנו התורה אכילת קצת מהבהמה חיה ועוף המותרים ומפני כי קצתם קבוץ חלקיהם ע"י הקליפות כנודע והמאיר בהם היא טומאת הקליפות לכן אסרה התורה [בהמה חו"ע האסורים]. ועם זה נבין כי כל הדברים בעה"ז עולים ממדרגה למדרגה המים יורדים על הארץ ויונק הזרע ההוא עובי ושומן הארץ וגדוליהם שיסוד' מן העבים אלו אל חלק אבר הזרע ההוא. והזרע גדל ונעשה עשב מאיר בו אור יותר משובח מאור היסודות מפני קבוצם וקרבתם אל המקור ואז מה שהיה תחת מלאך הממונה על יסוד הארץ יצא מרשותו כי אורו השופע בו אינו אלא אור הנשפע מן המלאך הממונה על העשבים ובפרט הממונה על העשב ההוא וזהו משאחז"ל (ב"ר פרשה י') אין לך עשב מלמטה שאין לו מלאך מלמעלה ומכה אותו ואומר לו גדל. וענין ההכאה עניינו על הכאת האור והארתו בעשב ההוא ע"י המלאך והוא הצנור האור הנעלם בסוד יצירת עולם המלאכים ולזה המלאך מאיר בעשב ע"י הכוכב כנודע כי הכוכבים שבעשייה הם שמשים ועבדים ליצירה. ולזה נמצא בזוהר לפעמים מיחס ענין זה אל המלאכים ופעמים אל הכוכבים והכל ענין א' ואין בהם ספק. ונחזור לעניינינו כי היסודות הפשוטים עולים במדרגה ונעשים חלק אבר לעשב ומתקרבים יותר אל המקור ואח"כ הבהמה אוכלת העשב ההוא ונעשה חלק אבר ממנה ונעשה כצורתה ומתקרב יותר אל מקורו וכפי קרבתו אל מקורו כן יתקרב אליה האור ויגדל בה ההארה כנודע. ומה שהיה תחת המלאך ההוא הממונה על העשבים יוצא מרשותו ונכנס תתחת המלאך הממונה על הבהמות ובפרט אותן המין כי אין המלאך הממונה על העשבים שופע בו אלא אור מלאך הממונה על אותם הבהמות. וכאשר האדם יאכל הבשר ההוא יעלה הבשר אל מדרגה משובחת ומעולה בקורבתה אל מציאות האדם השופע עליו אור מלך מלכי המלכים הוא הנשמה העליונה כאשר נבאר ב"ה. ולזאת הסבה עם הארץ אסור לאכול בשר מפני שאין לו קורבה אל מקורו מפאת רוע מעשיו וטוב ממנו הבהמה שהיא בצד הקדושה וזה בצד הקליפה ברשעו. ובה יובן מה שאחז"ל (שבת דף קח ע"ב) מאן דאפשר ליה למיכל נהמא דשערי וכו' כי האדם שיוכל להעלות בטבעו אל מדרגת האדם הדברים הקטנים אין ראוי שישתדל בהעלות הדברים הגדולים. והמשל אל צורף אומן וחכם שיודע לעשות מהבדיל כסף נקי, ויודע ג"כ לצרף הכסף ולנקותו, הנה לפי האמת ראוי אל האומן הזה שלא ישתדל אלא לצרף הבדיל אל הכסף כי היא מעלה משובחת ותועלתו יותר מרובה. ונחזור אל עניינו שאל זה כיוון מבחר החכמים באומרו (קהלת ג' ע"ש בתרגום ורש"י) ומותר האדם מן הבהמה אין כו'. כי האדם מצד

קבוץ חלקיו לבד אין לו יתרון ומעלה על הבהמה. ופי' אנשי כנסת הגדולה באמרם לבד הנשמה הטהורה כו' וכן נשמה שנתת בי טהורה כו' אתה נפחתה כו' כי האדם יש לו על קבוץ החלקים נשמה טהורה חצובה ממקום קדוש ועל זה אחז"ל אין ישראל תחת מזל ומלאך ושרף לפי שהם מעולים ונשמתם עליונה על המלאכים כדמוכח במאמר שהעתקנו בפרק ח' אלא האור הנשפע עליהם הוא אור האדון ית' המאיר לכל העולמות ואדרבה המלאכים שואפים שפע מהצדיקים ולכן בהיות צדיק בעה"ז אפי' המלאכים יקבלו טוב על ידו. וזהו טעם שישראל בעוד שהי' מרע"ה חי היתה השפעתם ע"י השכינה ממש וכשחטאו נאמר (שמות כג כ) הנה אנכי שולח מלאך וכו' לפי שירדו ממדרגתם ומעלתם אל תחת העלול מהן ולכן לא רצה מרע"ה והשיב אם אין פניך הולכים אל תעלינו מזה (שם לג יד). ובזולת כל זה אפי' ביסודותיו יש בהם הכנ' כמשחז"ל (בב"ר פי"ד) אדם הראשון ממקום כפרתו נברא שהוא עפר המזבח מטעם כי שם נקודת העולם ושם תוקף הארת אור מלך מלכי המלכים ית' כנודע וזהו דברי חכמים כמסמרות נטועים פי' כמו המסמר הזה שאינו נראה ממנו אלא ראשו וע"י אדם הוא נכנס עד עמקו בתוך נטיעתו בדקותו וחודו כן מאמרי חז"ל יש להם פנים ועומק ואין סוף לעומקן. והנה על ידי הפרק הה נתבאר שהמלאכים זכים וברים בסוד קבוץ חלקיהם וקרבתם אל היסודות העליונים ובבחינה זו האדם רחוק ממנו ודאי כי אין מעלת קבוץ חלקי האדם כמעלת קבוץ חלקי המלאך. אבל המלאך אין בפנימיותו אלא אור סתם כדרך שאר מעברי האור השופע והאדם לא כן הוא שיש בתוכו נשמה נקייה וברה עד שכאשר יגביר הנשמה על חלקי חומרו יאיר בו אור המאיר נשמתו אור עליון ומשובח מאור השופע על המלאך מפני כי נשמתו מאצילות בריאה יצירה עשייה ואינו מצטרך לקבל ע"י שום אחת מהמדרגות אלא ע"י עצמו כי תאיר ותקבל השפע ממקום מקור נשמתו כאשר יאריך הענין בדרוש הזה בשער הנשמה בה"ו. ועוד נוסיף לקח בענין המלאכים ועניינם בפ' זה כדי שיתבאר עניינו היטב:

פרק אחד עשר:

הנרצה בפרק זה לבאר ענין המלאכים ובפרט מה שזכרנו בפ' א"ב ג"ד ה"ו בענין הדינין שדנין בני אדם וענין העדים המעידים עליו וכל אלו העניינים שהם זרים קצת אל הדעת. ולזה נאמר כי כבר נתבאר בשער סדר האצילות שכל עצם האצילות אינו אלא להתלבש בו עצם האלהות. ונתבאר בשער עצמות וכלים כי ענין השנויים אינם בו יתב' כי הוא פשוט ואינו משתנה ח"ו והכל הוא על ידי הספי'. ואמרנו כי מפני קירוב הספי' אל המקור עדיין אין ראוי לייחס ענין השנויים כלל אל הספירו' אבל נתלבש האצילות בבריאה וכמו ערך המאציל אל האצילות כן ערך האצילות אל הבריאה. ומפני כי השנויים מתרבים לאין תכלית עדיין הבריאה קרובה אל הנאצלים ואינה מקבלת כלל השנויים אמנם מתלבשת ביצירה. וערך הבריאה אל היצירה כערך האצילות אל הבריאה והיצירה מתלבשת בעשיה בענין פעולות החבלה וטנופי הנשמה לטהרה וללבנה ונזקי בני אדם לחבלותם להענישם להקריבם אל העבודה הוצרכה בעשיה שהיא נקראת רצועה בישא רצועה להלקות. ולכן ענייני היצירה בשנוייהם קרובים אל מעשה בני אדם זה שוקל וזה סופר זה עד וזה מליץ אלו דייני גזרות ואלו דייני גזלות ואלו דייני חבלות ואלו דייני ממונות ואלו דייני נפשות קרובים אל השנויים תכלית הקורבה ואלו בעלי העשייה ממונים לענוש נכסין לשרושי להמית לאסור לחבל כפי אשר יורו הדיינים כן יעשו שוטרי הדיינים. ועתה בהיות הצדיק מתעלה במעלות נפשו שופע עליו אור נשמתו האצילות או הבריאה כי אלו דא בדא אחדין כי לבושיהו די"ס [דאצילות הוא] הבריאה כדפי' בשער אבי"ע. הנה נמצא הצדיק יוצא מתחת יד הדיינים האלה ואין ביכולתם לדון אותו לא ברב ולא במעט. ואדרבה הוא מקור השפע עליהם וכלם יונקים ממנו ומשפיע למשרתים ומבטל בעבודתם למי שרוצה. כענין שמש בגבעון דום וכן מי שאמר לשמן וידליק יאמר לחומץ וידליק. וכן כמה וכמה מביטולי הטבע ביצירה ובעשייה. ואפשר באצילות קצת כענין (המבואר בזהר פינחס דף רמ"ב. ע"פ) כהניך ילבשו צדק וחסידך ירננו. כל זה הורה על תוקף ההשגחה על הצדיק עד שהוא משנה ומבטל כחות היצירה מכל וכל ואינם דנין אותו ודינו נשפע מלמעלה. וזהו אז"ל שתוק כך עלה במחשבה להורות שדינו במקום השתיקה במקום גבוה. אמנם כאשר יחטא ויסתלק ממנו נשמה האצילה והבריאה וישאר ביצירה אז דנין אותו בעלי היצירה וזהו והסתרתי פני מהם והיה לאכול כו' (דברים לא יז) כי נשאר ביד היצירה וביד העשיה ואז דנין אותו כפי מעשיו וכפי בחינותיו וזהו ענין שוקל וענין סופר וענין מליצים לקרבתם אל השנויים כדפי'. איך שיהיה נמצא כל מציאות העולם מן הנקודה העליונה עד הנקודה התחתונה היא כמשל אל נצוץ השמש

העובר דרך החלון ולו ד' עששיות. הא' בהירה, והב' בהירה ולא כ"כ, והג' קצת עכורה, והד' עכורה מכל וכל. והנה אור הנצוץ עובר דרך העששיות. והנה ד' עששיות אלה הם ד' מדרגות שהם אבי"ע והאור השופע הוא אור א"ס ממ"ה הקב"ה עצם השורש המתפשט ומאיר עד הנקודה האחרונה. והנה האור לא נשתנה אלא בערך המקבלים. והחסים על כבוד קונם יודעים כי אין ראוי להעביר האור ההוא דרך העששיות העכורה היא העשיה. וזה הטעם היך שרייא למגנא רקיעא בא"י כמ"ש בשער התמורות (בפ"ב על מאמר הזהר הזה) בה"ו. והוא משל אל האויר הזך רוח צפוני מרפא לנפש העובר דרך אשפה סרוחה שאז הוא בוודאי מזיק. ומי גרם הענין הזה אותם הגורמים העברת (האור) [האויר] דרך האשפה ואין הריח ההוא קנוי ברוח ההוא באמת כי מי ששואף אותו קודם בואו דרך האשפה ריחו כריח הבשמים וכן ממש ג"כ משל האור מי גרם עכירות האור העברתו דרך העששית העכורה ומי שהביט בהאור קודם בואו הנה הוא אור מתוק. ומה גם כמה וכמה יגדל כבוד האור מי שיביט בו קודם בואו אל העששית השלישי שהיא עכורה ג"כ קצת שאז יכיר במעלתו. ולומר כי יביט בו קודם העברתו דרך העששית השניה א"א כי הוא אור בהיר כ"כ עד שיחשיך עין הרואה. ובזה יובן ענין המלאכים כי יש להם קצת גלוי מכבוד מלכו של עולם על דרך האור המתלבש בהם וזהו תועלתם וענינם וזהו ענין כחם. ומה גם המגידים האומרים פעמים רבות שמות היקרים בפסוק מצותי חקותי ותורתי ובעניינים כאלה המורים לכאורה זרות. והוא פשוט כי הן אומרים כן ע"י השפע הנשפע ר"ל האור המתלבש בהם והם נקרי' איברים יען שהאור מתפשט אל ניצוצות מתלבש בכל מלאך ומלאך נמצא המלאך ההוא אבר מאיברי המרכבה אחר שהוא אור מתלבש. והמשל בזה אל עששית גדולה דולקת בתוך הבירה ובה חלונות דקים וארובות והאור עובר בין החלונות ומתלבש בצנורות ההם ומאיר אל החוצה ואין ספק שהניצוצות הכל ענין א' להם ואם יתחלקו לניצוצות רבים הטעם הוא היות הארובות מרובות ולפי שעורם יתרבו המאורות עם היותם כלם מיוחדים במקור ואין הרבוי ההוא נקנה באמת באור שאם יתיחדו הארובות יתיחד האור. וזה טעם היחוד אל ההיכלות בסוד היחוד בסוד התפלה כדי שיתיחדו הניצוצות המתלבשות בהם הוא אור העליון. ואין הענין בערך ההיכלות ר"ל המלאכים בעצמם אבל הוא בערך האור המתלבש בהם וזה כח רבוי האור שיתיחדו הארובות א' אל א' על ידו וזה כח גדולת היוצר שיתיחדו האברים הגשמיים ע"י הנשמה המתפשטת בהם. ומבשרנו נחזה הענין הזה כי אין הנשמה עצם מתחלק לחלקים כלל אלא היא עצם א' בלתי נשפט בו חלקים כלל. אמנם נתחלקה לחלקים בערך הגוף המחולק לחלקים ועם כל זה יתיחס אמרינו אברי הנשמה בערך התפשטות הנשמה באברים וכן ג"כ יתיחס אברים אל המתפשט בערך התפשטותו באברים שהם המלאכים אברים עליונים אל האור המתפשט בהם. ואחר שעמדנו בזה בסוד המלאכים ועניינם מזה נדע מעלת הנשמה על המלאך כי המלאך הוא גוף מד' יסודות פשוטים מתקרבים אל המקור והאור השופע עליהם הוא העיקר. והנה נשמת הצדיק היא עיקר האור המתפשט בתוך המלאך המתלבש במלאך ונמצא ערך המלאך אל הנשמה כערך הגוף אל הנשמה אלא שזה עשי"ה וזה יציר"ה ובודאי זה ענין גדול ומפתח גדול בענין המלאכים. ובסוד זה יובן אמרו (במדבר כג) ויקר אלהי"ם אל בלעם ואחז"ל (בויקרא רבה פרשה א') שלשון ויקר הוא לשון קרי וטומאה. כי ח"ו לחשוב באמרם שיש טומאה וקרי למעלה והענין הוא על אותם הברכות המתפשטות ונשפעות מתוך הקדושה אל הקליפה והיינו סוד האור המתפשט בתוך העששית העכורה ומטמא האור ח"ו כדי שיביט בלעם ויתנבא הברכות ההם. ולכן אה"כ (שם כד) אשר מחזה שדי יחזה ופי' בזוהר מחזה שדי ולא שדי ר"ל מראה שבו מתראה השכינה בסוד היותה שוררת להכניע הקליפות בסוד ומלכותו בכל משלה המבואר בשער אבי"ע פ"ד. והנה היה אור הקדוש מתפשט ומתלבש בתוך הקליפה כדי שידע בלעם הברכות ההם ויתנבא וכביכול שהיה אור הקדושה מתלבשת בו. וגילה הכתוב סוד הזה וישם ה' דבר בפי בלעם וכו'. וכה תדבר ורז"ל (במ"ר בלק פ"כ) הסתירו הסוד ואמרו כי מסמר שם לו בפיו להורות כי הוא להכניעו וכמו מסמר שאינו מניחו לדבר כרצונו והוא הכנעה אליו בסוד ומלכותו בכל משלה עת אשר שלט האדם באדם לרע לו (קהלת ח ט) וזה לרע לו לאדם בליעל כדפי' בפ' הנז'. ועוד רמזו באמרם מסמר כדפי' לעיל בפרק הקודם בסוד וכמסמרות נטועים להורות על האור המתפשט ניצוצו מן המקור עד המקום הנרצה ודי בזה הערה אל ענין זה.

וכשבא הקב"ה להתווכח עם ישראל אמר עמי זכר נא מה יעץ בלק מלך מואב ומה ענה אותו בלעם בן בעור מן השיטים עד הגלגל למען דעת צדקות ה'

(מיכה ו ה) וזה ודאי צדקת ה' צדקה גדולה עשה עם ישראל בזה כנ"ל:

פרק שנים עשר:

אחר שעלה בהסכמתינו שהאדם בצדקתו משובח מהמלאכים והוא מוכרח מתוך דברי הרשב"י ע"ה. א"כ מה מעלת אליהו וחנוך שבהיותם צדיקים מכל בני דורם לא זכו אלא למעלת המלאכים. וכן ביארו בפי' בספר ההיכלות אמר רבי ישמעאל שאלתי למטטרו"ן מפני מה אתה נקרא בשם קונך בע' שמות ואתה גדול מכל השרים וגבוה מכל המלאכים וחביב מכל המשרתים ונכבד מכל הצבאות ורב מכל האדירים בגדולה ובמלוכה ובכבוד. השיב ואמר לי מפני שאני חנוך בן ירד וכשטעו דור המבול וקדחו במעשיהם ויאמרו לאל סור ממנו מה עשה הקב"ה נטלני מביניהם להיות עד עליהם בשמי מרום לכל באי עולם וכיון שלקחני הקב"ה לשמש את כסא הכבוד ואת גלגל המרכבה ואת כל צרכי השכינה מיד נהפך בשרי אל שלהבת וגידי ועצמותי לגחלי רתמים ואור עפעפי לזוהר ברקים וגלגל עינים ללפיד אש ושערות ראשי ללהט ולהבה וכל אברי לכנפי אש בוערת וגוף קומתי לאש יוקדת ומימיני חוצבי להבות אש ומשמאלי בוערי לפידי אש וסביבותי מפרחות רוח סערה וסופה וקול רעש ורעם מלפני ומלאחורי עכ"ל. הורה בזה בפי' כי הוא חנוך בן ירד הצדיק שעליו נאמר (בראשית ה) ויתהלך חנוך וכו'. וכן הענין באליהו שהוא מלאך וכן ביארו בזוהר פ' ויצא (דף קנ"א ע"ב) וז"ל ואמר ר' יהודה כלהו איערעו בהאי באר. ודוד אמאי לא איערע ביה, אלא דוד מארי דבבו הוה לקבליה בההוא זימנא ובג"כ לא איערע ביה. ליעקב ומשה בחדוה קביל לון האי באר ובעא לאתקרבא בהדייהו וע"ד כיון דחמא לון האי באר סליקו מייא לגבייהו כאתתא דחדיאת עם בעלה. ואי תימא הא אליהו ברח ולא איערע ביה, אמאי. אלא אליהו לתתא מן באר הוא ולא לעילא כמה דהוה משה ויעקב ובג"כ מלאך איהו ועביד שליחותא. ובגין דיעקב ומשה לעילא אינון מן הבאר באר חדי לגבייהו וסליק לקבלא לון כאתתא דחדאת לגביה בעלה ומקבלא ליה עכ"ל. ומתוכו נראה ודאי שאליהו הוא מלאך מן המלאכים העושים שליחות וא"כ נמצא שאין להם במעלה הזאת תועלת כלל כי ירדו ממעלתם שאם היו במעלת הצדיקים היו למעלה למעלה ועתה נמצאו בגדר היצירה ובגדר המלאכים. ולהבין ולהשכיל ענין חנוך ואליהו צריכין אנו להעתיק הנה מאמר א' מזוהר שיר השירים (בז"ח ד"פב) ואף אם יאריך הענין יתרבה התועלת וז"ל שחורה אני ונאוה. כתיב חנוך לנער על פי דרכו וגו' כד ברא הקב"ה לאדם ברא ליה בדיוקנא עילאה אברוי ושייפו כלהו ברזא עלאה נחית ליה לארעא גו גינתא דעדן דברא קב"ה בארעא באתר טמיר וגניז דאיהו בדיוקנא וציורא דלעילא דכתיב ויקח ה' אלדי' את האדם ויניחהו בגן עדן לעבדה ולשמרה. ויניחהו בג"ע סתם דכלא ברזא חדא. וא"ת בג"ע עלאה כמה תחומין וכמה שורין מתתחמן סחור סחור ליה מכמה משריין עלאין ורוחין קדישין והכא בהאי גנתא דעדן לתתא בארעא לא מתתחמא הכי דאי תימא הואיל ואיהו בדיוקנא עלאה אתקן ליה בכמה רוחין ונשמתין דצדיקייא אי הכי עד לא הוו צדיקייא בעלמא לא הוה בדיוקנא עלאה האי ג"ע דלתתא. אלא ודאי בדוגמא ודיוקנא עלאה איהו מיומא דאתברי עלמא. ועד לא אתברי אדם הוו כמה שורין תחומי דמלאכין עילאין סחרן ליה דלא הוה בלא נטירו בגין דבכל אינון היכלין דתמן אית שולטנין נטרין לה עד דאינון רוחין אתכללין למיתי בהאי עלמא כל רוחין ונשמתין דהוו זמינין לאעלא בהאי עלמא כלהו הוו תמן עד לא אתברי אדם ועד לא ייתון בהאי עלמא אינון רוחין ונשמתין מזדמנין לאתיהבא כלהון תמן ואילין רוחין ונשמתין סלקי ונפקי מגנתא דלעילא ונחתי בגנתא דעדן דלתתא ומתלבשין תמן בלבושין כגוונא דגופא דהאי עלמא ומתעסקין באורייתא למנדע ולאסתכלא בההוא לבושא ביקרא דמאריהון כל חד וחד כמה דאזדמנן למהוי בהאי עלמא. וההוא דתיקוניה שפיר ויאות בההוא לבושא והוה אשתדלותיה כדקא יאות סלקין ליה לעילא לקמי מלכא קדישא בההוא לבושא כגוונא דהאי עלמא וקאים קמיה וחדי ביה קב"ה הה"ד חי ה' אשר עמדתי לפניו אשר עמדתי עד לא נפקית להאי עלמא. אית לבושין דמתלבשין בהון רוחין כגוונא דגופא דהאי עלמא והאי גופא אזדמן למשבק רוחא קדישא ולאסטאה בתר רוחא בישא. ההוא רוחא קדישא פרחא מגו ההיא לבושא וההוא לבושא אתמשך לבר מגנתא דעדן בגין דבכל יומא תניינא ובכל יומא רביעאה רוחא בשיא מאשת זנוני"ם אזלא סחרניה דגנתא דעדן ואית לבושין דאתמשכן אבתריה דההוא רוחא בישא ותיא בתיה דההוא רוחא בישא בהו וכיון דרוח קודשא נחית ואתלבש ביה לא מתישבא בגווייה ופרח מיניה וסליק לעילא וההוא לבושא אתמשך בתר ההוא רוחא בישא ומפקי ליה לבר ויתבא תמן עד דאתי ההוא בר נש ואתלבש ביה ונחית ליה לגיהנם ואתדן ביה בכל יומא וההוא רוחא קדישא דקפרח מההוא

לבושא סליק לעילא ועייל בחד אוצר עד דנפיק מההוא חייבא ברא או זרעא דייחות ההוא רוח קדישא ביה וישתלים ביה כדקא יאות. וההוא חייבא דאית ליה נייחא לבתר מצפצפא וסליק ואתלבש בלבושא אחרא וקאים אפתחא דג"ע וחמי להההוא רוחא קדישא דאיהו [שבק] שם בכמה יקר בכמה נהירו אכסיף ביה. וכן אשגח בההוא יקר דשאר צדיקייא ובכי ואכסיף על עובדוי. וכד ברא ליה קב"ה לאדם הראשון אעיל ליה לגנתא דעדן בחד לבושא יקרא דנהורא דג"ע ואשתלים ביה ורוח ונשמה קדישא למהוי שלים בכלא. הוא ואיתתיה הוו מטיילין בגנתא דעדן ומלאכי עלאי בסחרנייהו מענגי לון בכמה עדונין וענוגין. פתח ליה חד אוצר ואחמי ליה כל אינון דרין בתראין כל דרא ודרא והוה חמי דיוקנין עלאין ותתאין בנהירו דאספקלריא דנהרא עלייהו. נחתה אשת זנונים וההוא דרכיב ושלט עלה ההוא חסר לב דאסטא כלא. וחמא ההוא יקר עלאה דהוה ביה אדם ואתתי אתתקפא אשת זנונים בחילא ותוקפא דההוא דשליט עלה וקריבת אצל חוה ושריאת לפתאה לה בכמה פתויין בכמה מתיקו דלישנא דאתפתיאת כדין ואתפתי לבתר אדם ופרחו אינון לבושין מיניה וסלקת נשמתא זהרא דאספקלריא דלעילא מיניה ואשתאר ערום מכלא הוא ואתתיה. כיון דעביד תשובה לבתר דאתתרך מגנתא דעדן ואתקיים לבר, חס עליה קב"ה ועבד ליה לבושין אחרנין כגוונא דאצטריך לאשתמשא בהאי עלמא. ולבתר אשתמש לבר ואוליד בנין וההוא זיהרא דנשמתא עלאה דפרחא מיניה סלקית לעילא והוה גניזא באוצר חד דאיהו גוף עד דאוליד בנין ונפיק חנוך לעלמא. וכיון דאתא חנוך ההוא זיהרא עלאה נשמתא קדישא נחתת ביה והוה חנוך בההוא רבו עלאה דשבק מיניה אדם הה"ד ויתהלך חנוך את האלהים וגו'. ובתר אצטריך ליה לקב"ה לנטלא ליה מהאי עלמא ולאתכללא רוחא קדישא מלתתא ומלעילא ואתכלל כלא בההוא רוחא קדישא והוא אתכליל מתתא ומלעילא לאתמשכא כל עלמא זיניה בתר זיניה. כיון דאתכליל אתעבד ממנא בהאי עלמא ובעלמא דלעילא. בהאי עלמא מסטרא דההוא כלילו דאתכליל מהאי עלמא ובעלמא דלעילא מסטרא דההוא כלילו דאתכליל מלעילא. ובכל זימנא וזמנא דצדיקייא וחסידי אית בעלמא אתחדש ההוא כלילו דאתכליל מתתא מסטרא דחנוך כדין איהו נער ברזא דחדתותא דסיהרא. ורזא דא חנוך לנער ע"פ דרכו וגו' מאי [יא] דחנוך למיזל בההוא דרך קשוט באורח מישר ושלים. גם כי יזקין ההוא דיוקנא דחנוך מההוא זימנא דאתכליל בההוא קודשא. לא תימא דהא סיב מכמה יומין ואתעדי מההוא אתר. לאו הכי אלא בכל זמנא דחסידי וצדיקיא אית בעלמא ההוא כלילא דההוא סטרא אתחדש ויתחזי ההוא דיוקנא ממש נער ולא יתעדי מתמן. ובגין ההוא כלילו ירתי תתאי מטלא דשקיו עלאה ונחתא ירותא דרבות קודשא לעלמא עכ"ל. ומפני אורך הענין לא נבאר מן המאמר הזה אלא הבאים לעניננו. הנה סיפר בתחלת דבריו שאפשר לנשמה קודם בואה לעה"ז אחר שירדה לג"ע התחתון להיותה מתלבשת בלבוש דומה אל לבושו שיתלבש בעה"ז וכאשר ייטיבו דרכיו ולא יטה אחר הקליפה הסובבת אז תעלה לפני קונה כדמות הלבוש ההוא וזה היה ענין אליהו שאמר חי ה' אשר עמדתי לפניו כדפי'. ואח"כ אמר כי אדם הראשון היו בו ג' דברים א' הנשמה ר"ל סתם נשמה או רוח כי זה אפי' אחר חטאו לא נאבד ממנו. והשני הלבוש שמתלבש בו שהוא (ממש) [לבוש] אדם שברא הקב"ה, אשר נטה אחרי הקליפה. ג' זיהרא דנשמתא עלאה שהיא מעלה נכבדת. ואל שלשתם כיון באמרו בחד לבושא יקרא דנהורא דג"ע כו' זהו הלבוש המתגשם הנזכר לעיל שהוא נוטה לפעמים אחר הקליפה. שנית רוח שהוא מתלבש בלבוש ההוא. שלשי נשמה זהרא עלאה. אח"כ אמר כדין אתפתו ופרחו אינון לבושין מיניה. אינם הלבושים שנטו אחרי הקליפה, כי אותם עצמם היו אדם וחוה שבראם הקב"ה, אבל עליהם היה עוד לבוש אור והיינו לבושין דפרחו מיניה. וכן הנשמה שהיא זהרא עלאה וכו'. והנה אותם העניינים והמעלות שאבד אדם הראשון זכה אליו חנוך הישר כמשפט הנשמות כדפי' לעיל. ואמר לבתר אצטריך לי' לקב"ה לנטלא וכו', נודע כי הקב"ה כשברא לאדה"ר באותם הלבושים העליונים ואותה הנשמה המשובחת היה עיקר הכוונה כדי שיהיה אדה"ר מקור לכל השפע לעליונים ולתחתונים לכן כלם היו משתחוים אליו כדפי' ז"ל בפסוק בואו נשתחוה ונכרעה. והכוונה כי ההשתחויה היא המשכת השפעה כמ"ש בשער ערכי הכנויים. והנבראים לראותם שהם היו מקבלים ממנו כל כוונתם הי' להיות נשפעים ממנו אליהם לבד. והוא אמר להם שאין לעשות כן אלא להיותם נשפעים ממקור השפע דהיינו נברכה לפני ה' עושנו. אבל אח"כ כשחטא וראו כולם דאדם סגיד להאי אתר ואתדבק ביה אתמשכו אבתריה וגרים מותא ליה ולכל עלמא כמו שפי' בזוהר פ' אמור (ד"קז ע"ב ע"ש). ועתה כאשר זכה חנוך אל מעלתו וכבודו היה חסר מעט

מפני שהיה לבושו ותכונתו כבני עה"ז ולפי זה אין ביכלתו להשפיע אלא לבעלי גשם לבד. ולכן רצה הקב"ה שיחזור גופו הגשמי ללפידי אש כמו שפי' הוא בעצמו בס' היכלות. וז"ש וכיון שלקחנו הב"ה לשמש את כסא הכבוד. מפני שכסא הכבוד הוא הבריאה. והוא (פי' מט"ט) היצירה והוא משמש לכסא שהכסא מתלבש בו כמו שפי' בשער אבי"ע והוא מקבל השפע מהכסא ומשפיע לכל אשר ממנו ולמטה וזהו בסוד בשרו המתהפך ללפידי אש וכו'. והיינו דאתכליל מעילא ומתתא הנזכר במאמר הזה, כי מפני שהיה בן אדם ובצורתו ממש כבני אדם דמות נער לכן הוא נכלל מן התחתונים, ומפני ששב גופו לרוחני הוא נכלל מן העליונים. ודקדק הרשב"י ע"ה בלשונו שאמר ולאתכללא רוחא קדישא וכן בכל לשונו הוא מזכיר רוח לא נשמה כי הנשמה עלתה אל מקום הנשמות סוד ג"ע של מעלה אבל הרוח שהוא עומד בג"ע של מטה ואינו עולה יותר כמבואר בזהר במקומות רבים הוא שזכה להיותו נכלל בשתי כלליות מן העליונים ומן התחתונים. וזהו שהוסיף על הצדיקים כי הצדיקים אינם משמשים בגוף בעה"ז אלא בג"ע של מטה אבל משם ולמעלה אינם עולים אלא בסוד הנשמה שמתלבשת ברוחניות אבל חנוך זכה שעלה אל המעלה שנתהפך ללפידי אש ואין כן שאר הצדיקים אלא שהם מתפשטים מהגוף והגשמות והגשם כלה בעפר ומתרקב והם מתלבשים בלבוש זולתו. והמלאך הזה ממש גופו קיים והוא שנהפך ללפידי אש וכו' כדמוכח מתוך דבריו בספר היכלות שהעתקנו בראש הפרק ונשמתו לעולם בסוד נשמת הצדיקים והחסידים במקומה הראוי אליה:

פרק שלשה עשר:

אחר שבפרק הקודם בארנו ענין חנוך, נבא לבאר בפ' זה ענין אליהו. ונאמר כי כמקרה חנוך כן מקרה אליהו עם היות מעלה לאחד על חבירו, כי בזה לא ניכנס עתה בחקירתו עד סוף השער בעה"ו. והנה הענין אליהו הוא כי הוא גשמי כשאר בני אדם ומפני שזכה בג"ע אל המעלה ההיא שלא נטה אחר הקליפה ומרוב אדיקתו ושלימות נפשו זכה גופו שיהיה נהפך ללפידי אש ולא ממש כחנוך כי חנוך הוא ממש נהפך ללפיד אש אבל אליהו גוף אחר נזדמן לו. וז"ל הרשב"י ע"ה בפ' ויקהל (דף קצ"ז.) ד"א מי עלה שמים וירד (משלי ל). דא אליהו דכתיב ביה ויעל אליהו בסערה השמים. וכי היך יכול אליהו לסלקא לשמים, והא כלהו שמים לא יכלין למסבל אפי' גרעינא כחרדלא מגופא דהאי עלמא ואת אמרת ויעל אליהו בסערה השמים. אלא כד"א וירד ה' על הר סיני, וכתיב ויבא משה בתוך הענן ויעל אל ההר. וכי קב"ה דהוה בטורא דסיני דכתיב ומראה כבוד ה' כאש אוכלת בראש ההר, היאך יכיל משה לסלקא לגביה. אלא משה כתיב ביה ויבא משה בתוך הענן ויעל אל ההר, דעאל בגו עננא כמאן דאתלבש בלבושא. הכי נמי אתלבש בעננא ועאל בגוויה, ובעננא אתקריב לגבי אשא ויכיל למקרב. אוף הכי אליהו דכתיב ויעל אליהו בסערה השמים, דעאל בההוא סערה ואתלביש בההוא סערה וסליק לעילא. ורזא אשכחנא בספרא דאדם קדמאה, דאמר באינון תולדת דעלמא רוחא חדא יהא דייחות לעלמא בארעא ויתלבש בגופא ואליהו שמיה. ובההוא גופא יסתלק ואשתליל מגופיה וישתאר בסערה, וגופא דנהורא אחרא יזדמן ליה למהוי גו מלאכין. וכד יחות יתלבש בההוא גופא דאשתאר בההוא עלמא, ובההוא גופא יתחזי לתתא, ובגופא אחרא יתחזי לעילא ודא איהו רזא דמי עלה שמים וירד. לא הוה ב"נ דסליק לשמיא רוחא דיליה ונחית לבתר לתתא, בר אליהו דאיהו סליק לעילא ונחית לתתא עכ"ל. ומתוכו יתבאר שיש לו נשמה כשאר אנשים מבני ישראל הצדיקים. ומפני זכותו זכה לב' מעלות. ראשונה להתלבש בלבוש המלאך ההוא והיותו משרת עליון. עם היות נשמתו קשורה במקום שאר הנשמות. והרוח לבד הוא המתלבש כדמוכח מתוך לשון המאמר שלא הזכיר אלא רוח כנראה היות הנשמה מתעלה במעלת הנשמות. ועתה ראוי שנשאל למה לא השיגו המעלה הזאת אברהם יצחק ויעקב ומשה שהם גדולים מאליהו, כמ"ש הזהר פ' ויצא בענין הבאר שלא עלה לקראת אליהו כשברח, ותירץ מלאכא הוא וכו' כמו שהעתקנו בפרק הקודם. ונאמר שאם היה להם כך היו חסרים ממעלותם לפי שהאבות מעלותם היא שהם מרכבה אל עצם הספירות על הדרך שפי' בשער הכנויים פ"ג וא"כ אם היו מתלבשים במעלות איזה מלאך ממעלת המלאכים שיהיה הנה ירדו ממעלותם כי בחייהם היו צנורות אל השפע הנשפע מהשכינה ממש ע"י הספירות וכל עצם השפע היה נשפע ע"י אפי' לעליונים כענין ויעל אלקים מעל אברהם (בראשית יז). והיא מעלה מובחרת ממעלת מטטרון ראש השרים שהרי בפי' פי' בזוהר ובתיקונים כי כשאין צדיק בעה"ז אז השכינה מתלבשת במטטרון כמ"ש בשער אבי"ע בפ"ד בס"ד. ואם כן נמצאו שמעלת הצדיקים בהיותם מרכבה היא גדולה ממעלת המלאכים ולכן אם יעלו בחייהם למעלת המלאכים

נמצאו אובדים מעלותם. וא"ת כי אחר מיתתם אין לגופם מעלה כלל בענין המרכב', וא"כ היה ראוי שיעלה גופם למעלת המלאכים. זה אינו קושיא כלל. כי אפי' אחרי מיתתם בקבורתם הם במעלתם. וראייה מדוד הע"ה שמלך בחברון ז' שנים, ופי' בזוהר (וארא דף ל"א.) הטעם כי נתחבר דוד כדי שתכון מלכותו במדת מלכות עם האבות שהם בחברון. נמצא שאפי' אחר מיתתם במעלתם הם עומדים. אבל אליהו וחנוך אינם במעלת המרכבה ממש כי מעולם לא עלו אלא במדרגת המעלה הזאת הנז' בלבד וזהו שתירץ [הזהר לעיל] אלא אליהו מלאכא הוא. פי' הוא במדרגת מלאך לא במדרגת מרכבה, וראיה שסופו מוכיח על תחלתו. ולעולם בין נשמת אליהו בין נשמת חנוך הם צרורות בצרור החיים כשאר נשמת הצדיקים אלא שהוסיפו שזכו להתלבש רוחם במעלת המלאכים, מה שאין כן בשאר הצדיקים שאין הרוח עולה מג"ע התחתון כי שם מתלבש. ועוד שזכו שהם איברי האלהות בסוד ההיכלות שפירשתי, והיא מעלה ניתוספת בזולתם שהם אברי האלהות בסוד החשמל המתפשטת. וענין האבות מעלה גדולה מהם שאינם איברים אבל הם כל עצם האלהות המתפשט אל התחתונים. ונמצא עתה בענין זה ד' בחינות. בחינה ראשונה קטנה מכלם בחינת המלאכים, והם צנורות וארובות שהאור העליון מתלבש בהם ומאיר דרך בם אור חשוך והם נקראים אברי המרכבה. בחינת ב' גדולה מהראשונה היא בחינת הצדיקים, שהם צנורות וארובות שאור העליון עצם הת"ת מתפשט בהם. וסוד זה נתגלה בזהר פ' ויחי (ד"רמה) וז"ל אמר ר' שמעון כל אתר בעיא שתיקותא בר שתיקו דאורייתא. גנזא חד אית לי גניזא ולא בעינא דאתאביד מינייכו. והיא מלה עלאה, ואשכחנא לה בספרא דרב המנונא סבא. ת"ח בכל אתר דכורא רדיף בתר נוקבא ואתער לגבה רחימותא. והכא אשכחנא רחימותא דאיהי איתערת ורדפת אבתריה, ואורחיה דעלמא דלית שבחא לנוקבא למרדף בתריה דדכורא. אלא מלה סתימא היא ומלה עלאה דבי גנזייא דמלכ'. ת"ח תלת נשמתין אינון וכו'. נשמתא אחרא היא נשמתא דצדיקייא [יב] אתיין מאינון נשמתין עלאין מנשמתא דדכורא ומנשמתא דנוקבא. ובג"כ נשמתהון דצדיקייא עילאין על כל אינון חיילין ומשריין דלעילא. ואי תימא הא עלאין אינון מכל סטרין, אמאי נחתין להאי עלמא ואמאי אסתלקו מיניה. למלכא דאתייליד ליה בר וכו'. ת"ח אלו הוו ידעין דא כלהו צדיקייא הוו חדאן ההוא יומא דמטא לון לאסתלקא מהאי עלמא. וכי לאו יקרא עלאה הוא דמטרוניתא אתת בגינייהו ולאובלא להון להיכלא דמלכא ולמחדי בהו מלכא כל יומא, דהא קב"ה לא משתעשע אלא בנשמתהון דצדיקייא. ת"ח אתערותא דלעילא רחימו דכנ"י לגבי קב"ה נשמתהון דצדיקייא לתתא מתערין לה, בגין דאינון אתיין מסטרא דמלכא מסטרא דדכורא. ואתערותא דא מטי לנוקבא מסטרא דדכורא, ואיתער רחימותא. אשתכח דדכורא אתער חביבו ורחימותא לנוקבא וכו' עכ"ל לענייננו, ודלגנו הבלתי מצטרך אלינו שלא להאריך. והנה בפי' אמר כי הנשמותהם עצם הזכר הת"ת ובזה ניתרצ' עקר שאלתו שאיך אפשר לומר שהי' הנקבה חוזרת על הזכר הפך הנהגת העולם הזה והיינו שהשכינ' היא תובעת היחוד. ולכן תירץ כי הנשמות הם עצם הזכר, ואחר שההתעוררות הוא ע"י הנשמות כדפי' בשער מהות והנהגה בפ' י"ז ולכן העיקר הקודם אל ההתעוררות הם הנשמות שהם עצם הת"ת המתפשט בהם. ולכן הם עליונים על כל שאר הנבראים אפי' על המלאכים כדפירשנו. בחינה שלישית היא בחינת הרכבת המלאכים והצדיקים והיינו בחינת מטטרון ואליהו שנשמתם צרורות בצרור החיים למעלה ורוחם מתלבשים בסוד המלאכים וזו היא עבודה כפולה בכפלים ודאי כדפי'. בחינה רביעית היא בחינת האבות וכל אותם שהם מרכבה אל הספי' שהם בחינת הצדיקים בנשמתם ונתעלו עליהם שהם צנור אל עצם הספי' ההוא אפי' בגופם כמו שפי' למעלה. ועתה נשאר לנו לבאר עוד בענין אליהו קצת ונייחד לו פרק בפני עצמו:

פרק ארבעה עשר:

בענין יחס אליהו נחלקו רז"ל (בב"ר פ' ע"א) מאיזה שבט היה, מהם אמרו משבט גד היה ומהם אמרו משבט בנימין ומהם אמרו פינחס זה אליהו. ולכל א' מהדעות האלו יש להם סמך מן הכתובים. ויש מהם שאמרו שהוא מזרע רחל והוא בעצמו היה מתיחס פעם בזה ופעם בזה [יג]. ויש מקובלים שרצו לפרש הכל בסוד העבור. ומצאנו בענין הזה אל המפרשים ז"ל שאמרו שאליהו היה משותלח לפי שלא מצינו בשום מקום שם אב של אליהו אלא אליהו התשבי מתושבי גלעד והבן. ועוד נא' באליהו (מ"א יח) חי ה' אשר עמדתי לפניו, כלומר כשעמד כבר. וע"כ אמרו שאותו מקום שהוא חנוך שהוא מטטרו"ן, ומקום שהוא אליהו שהוא סנדלפון. וכשעלה אליהו בסערה השמימה נהפך בשרו ללפידי אש ונשאר

גופו בעולם הגלגלים או בעולם המלאכים ורוחו עלתה למקומו. וכשהקב"ה רוצה לשלחו בשליחות יורד ומתלבש ויורד לארץ ועושה שליחותו וע"כ הי' נגלה לחכמים ולשלימים ולנביאים והיו מדברים עמו מפני שהיה בו צד חומר והוא הגוף הנזכר וכשמסתלק מניח הגוף ההוא במקומו ועולה עכ"ל. שוב מצאנו בשם ר' משה דליאון ז"ל ועל מה ששאלת בענין אליהו שעלה למרום מה שלא עלה אדם אחר. תדע לך כי בסתרי תורה ראיתי סוד נפלא עד מאד. אליהו לא תמצא לו בכל התורה אב ואם ולא שכתוב בו בן פלוני אלא אליהו התשבי מתושבי גלעד. ואמרו כי קודם לכן ירד מן השמים ושמו ידוע בסתרי החכמה. ועוד שאח"כ נראה אל החכמים בהרבה מקומות בהרבה דיוקנין ולזמנים בדמות טייעא לזמנים כפרש לזמנים כא' מגדולי הדור בהרבה עניינים דמותו ותוארו. על כן אל תתמה בענין הזה בהיות אליהו במדרגה עליונה על כל שאר בני אדם. וא"ת היאך היה כל אותם השנים וכל אותו הזמן דמותו ותארו דמות אדם כי המלאך אם נראה הוא לשעה או יום, ולא יותר, אמרו שבשעה שבקש הקדוש ברוך הוא לברוא את האדם אמר למלאכים נעשה אדם אמרו לפניו רבונו של עולם מה אנוש כי תזכרנו הושיט אצבעו עליהם ושרפם. קרא לכת שניה כמו כן עד שקרא לפלוני וסיעתו א"ל נעשה אדם אמר לפניו רבש"ע אם לפניך מוטב לפני לא כ"ש ואם טוב בעיניך אני ארד ואהיה שמש לפניו א"ל הקב"ה מכאן ואילך לא יקרא עוד שמך פלוני כ"א פלוני ואע"פ כן לא ירד באותו הזמן אלא ירד לאחר זמן והאמין בעולם כי ה' הוא האלהים בענין אחאב. ולימים מועטים שהאמין זה בעולם העלהו המקום לשמי מרומים. ואמר לו הקב"ה אתה אפוטרופוס טוב לבני האדם חייך תרד ותאמין אמונתי בעולם וע"ז כתיב (מ"א יח) ענני ה' וכו' ובדברך עשיתי וגו' ובדברך קודם שארד לעולם. וזהו אז"ל מיכאל בא' גבריאל בשתים אליהו בג', כי הסבה על היותו במדרגה שלהם. וא"ת והא כתיב כי לא טוב אנכי מאבותי ואם הדבר כן מפני מה אמר הדברים האל'. אלא ודאי מה שבקש על זה בהיותו נמשך אחר בני אדם מכמה שנים ואמנם כי לא היה טובתו מצד אב ואם זכות בעולם כי לא היתה טובתו ועמידתו מהם בעולם ולפיכך אמר כי אין זה דרך להתעכב בעולם מי שהוא כמוני עכ"ל. והדעת הזה בטל מעצמו מתוך דברי הרשב"י ע"ה שדעתו הוא שאליהו היה בן אדם וכן דעת כל חכמי הגמרא דעד כאן לא פליגי אלא מאיזה שבט היה אבל לומר שהיה מלאך שנתגשם אין מי שיסכים בזה. ודברי הרשב"י ע"ה בענין זה הוא בפ' ויגש (דר"ט) וז"ל דאמר ר"ש כל נשמתין דעלמא כלהו נפקין מההוא אתר דנגיד ונפיק וכלהו נקיט לון צרורא דחיי, וכד נוקבא אתעברת מן דכורא כלהו בתיאובתא דנוקבא לגבי דכורא וכד תאובתא דדכורא נפקא ברעותא כדין אינון נשמתין בקיומא יתיר בגין דכלא בתיאובתא ורעו דאילנא דחיי. ואליהו בגין דהוה מההוא רעותא יתיר מב"נ אחרא אתקיים. ובג"כ כתיב (מ"א יט) אל נפשו ולא כתיב את נפשו דהא את נפשו דא היא נוקבא. ואי תימא אל האשה אמר. כללא דדכר ונוקבא כד איהו בגו דכורא כדין אל האשה אמר. את האשה נוקבא בלחודאה בלא כללא דדכורא. כג"ד אל נפשו דכר בלחודוי, את נפשו נוקבא בלחודאה בלא כלילו דדכורא. ובגין דאיהו בסטרא דדכורא יתיר מכל בני עלמא אתקיים בקיומיה יתיר ולא מית כשאר בני עלמא. בגין דכולא איהו מאילנא דחיי ולא מגו עפרא ובג"ד אסתלק לעילא ולא מית כאורח כל בני עלמא דכתיב (מ"ב ב) ויעל אליהו בסערה השמים. ת"ח מה כתיב והנה רכב אש וסוסי אש וגו'. דהא כדין אתפשט גופא מן רוחא ואסתלק דלא כשאר אורח בני עלמא ואשתאר מלאכא קדישא כשאר קדישי עליונין ועביד שליחותא בעלמא והא אוקמוה דניסין דעביד קב"ה בעלמא על ידיה אתעבידן עכ"ל. והנה נראה ממנו בפי' היות נשמתו כשאר נשמות הצדיקים אלא מפני תוספת קדושתו בעת הזיווג העליון עלה אל המעלה ההיא, וכן הכריח ג"כ במאמר שהעתקנו בפ' י"ב בענין חי ה' אשר עמדתי לפניו שפי' [יד]. ועם כל זה כבר יהיה אפשר היותו סנדלפו"ן ע"ד שפי' במטטרו"ן היותו חנוך קודם והיה אדם ממש כמבואר בפרקים הקודמים:

פרק חמשה עשר:

הרמב"ם ע"ה האמין היות ענין מראה המלאכים אל אאע"ה וכיוצא בהם שהיה במראה הנבואה. וזה מפני שהאמין שהם דקים תכלית הדקות רוחניים בלתי מתגשמים ועל זה הוקשה לו רבויים. ותירץ שהם מתרבים בדרך עלה ועלול כמו שפי' בס"ד בשער סדר עמידתן בפרק ו'. ולזה הבאים אחריו הקשו לדעתו שאם כן חוייב שלא יהיו המלאכים כ"א י' נאצלים מאחד לא' מאחר שאין הפרדס אלא מעילה לעלול. ומדרגתם הם י', חיו"ת אופנים אראלים חשמלים שרפים מלאכים אלדי' בני אלהי"ם כרובי' אישים. והנה נודע היותן יותר ויותר. ונדחקו בכמה עניינים לישב ענין זה ולא עלה בידם. ואנו אין לנו אלא קבלת הרשב"י ע"ה שפירש

שאפשר אל המלאכים להתעבות ולהתגלם באויר וז"ל בפ' וירא (דף ק"א.) ת"ח (בשעתא) [בתר] דאתגזר אברהם הוה יתיב וכאיב וקב"ה שדר לגביה תלת מלאכין באתגלייא וכו'. וכי מאן יכיל למחמי למלאכין, והא כתיב עושה מלאכיו רוחות וגו'. אלא ודאי חמא לון דנחתי לארעא כגוונא דב"נ. ולא יקשה לך האי, דהא ודאי אינון רוחין קדישין ובשעתא דנחתין לעלמא מתלבשין באוירין וביסודי דגולמין ואתחזין לבני נשא ממש בחיזו דיוקנא דלהון. ות"ח אברהם חזא לון כחיזו בני נשא. ואע"ג דהוה כאיב ממילה רהיט אבתרייהו בדיל דלא למגרע מה דהוה עביד מקדמת דנא עכ"ל. והנה בפי' אמר שאפשר למלאכים להגלם ולהראות לזכי המדות והצדיקים זכי הראות. עוד למדנו שם בענין המלאכים שאינם יודעים בעה"ז ובענייניו אלא איש על עבודתו ועל משמרתו וזולת זה אין להם ידיעה בעולם וז"ל (שם ע"ב) איה שרה אשתך. וכי לא היו ידעי מלאכי עלאי דשרה הנה באהל, אמאי כתיב איה. אלא לא ידעי בהאי עלמא אלא מה דאתמסר להו למנדע ומה דלא אתמסר להו למנדע לא ידעי. ת"ח כתיב ועברתי בארץ מצרים אני ה', וכי כמה מלאכין ושליחין אית ליה לקב"ה. אלא בגין דאינון לא ידעי בין טפה דבוכרא להיא דלא בוכרא בר קב"ה בלחודוי. כגוונא דא (יחזקאל ט) והתוית תיו על מצחות האנשים, ואמאי צריכין. אלא בגין דאינון לא ידעי אלא מה דאתמסר לון למנדע ידעי, כגון כל אינון מלין דזמין קב"ה לאייתאה על עלמא. ומ"ט, בגין דקב"ה אעבר כרוזא בכלהו רקיען בההוא מלה דזמין לאייתאה על עלמא, ואינוי שמעי מלה וידיע. כגוונא דא בשעתא דמחבלא אשתכח בעלמא, בעי בר נש לאתכסייא בביתיה ולא יתחזי לבר בשוקא בגין דלא יתחבל כד"א ואתם לא תצאו איש מפתח ביתו עד בקר. מנייהו דיכול לאסתתרא אין, אבל מקמי קב"ה לא יכיל לאסתתרא מה כתיב אם יסתר איש במסתרים ואני לא אראנו נאם ה' עכ"ל ומבואר הוא. עוד למדנו משם לימוד שלישי בענין המלאכים שעיקר מזונם הוא מצד החסד וז"ל (שם דף ק"ד) ת"ח ויקמו משם האנשים, מההיא סעודה דאתקין להו אברהם וזכה בהו. ואע"ג דמלאכים הוו זכה בהו וכל ההוא מיכלא לא אשתאר מניה כלום בגיניה דאברהם ולמזכי ביה דהא כתיב ויאכלו באשא דלהון איתאכיל. ואי תימא הא תלת מלאכין הוו, האי אשא והאי מיא והאי רוחא. אלא כאו"א כליל בחבריה, ובג"כ ויאכלו. כגוונא דא ויחזו את אלהים ויאכלו וישתו, אכילה ודאית אכלו דאתזנו מן שכינתא. אוף הכי ויאכלו גרמו לאתזנא מההוא סטרא דאברהם אתדבק בי' ובג"כ לא אשתאר ממה דיהיב לון אברהם כלום. כגוונא דא בעי ב"נ למשתי מכוס דברכה בגין דיזכי לההוא ברכתא דלעילא. אוף אינון אכלו ממה דאתקין לון אברהם בגין דיזכון לאתזנא מסטרא דאברהם, דהא מההוא סטרא נפיק מזונא לכלהו מלאכי עילאי עכ"ל. הורה בפי' שמזונות המלאכים כלם מצד החסד. עוד מצאתי בתיקונים בענין זה כי המלאכים קצתם יונקים מצד הגבורה וקצתם מצד החסד וקצתם יונקים מצד הת"ת וכן מכל הספי', ועם כל זה לא פליגי כי לענין מזונם הוא מצד החסד לכלם בשוה. עוד בארו המפרשים שכל מלאך שסוף שמו אל כמו מיכאל יניקתו מצד ספי' החסד, וכל שם שסופו י"ה יניקתו מצד הת"ת, וכל שם שסופו ן' פשוטה יניקתו מצד הגבורה ואין לחפש אחריהם שכולם יוצאים מהפסוקים. אמנם יש להם סמך בפסוק ע"ד המספר וכיוצא בו. ושאר שמות שאין להם סימן מאלו הג' יוצאים מהפסוקים עכ"ל. עוד למדנו בתקונים שיניקת המלאכים מספירות ידועות ופעולתם כפעולות הספירות ושמם על שם הספי' כמו גבריאל על שם הגבורה וכן חסדיאל ע"ש החסד וכן אהביא"ל ע"ש החסד הנקרא אהבה. וכן ע"ש כל שאר הפעולות. והטעם מפני שעשר מאורות מתפשטים מבריאה אל היצירה וע"י המאורות הפעולות נפעלות כמבואר בשער אבי"ע. והנה מי' מאורות אלו מתפשטות בריאת המלאכים. לכן הם מכונים על שם הספירות ועל שם פעולת הספירות:

שער כ"ה הוא שער התמורות

הנרצה בזה השער הוא לבאר ענין הקליפות מה הם ומאיזה צד נאצלו וכיצד אצילותם ומה תועלתם ועניינם כאשר נבאר בעזרת הצור וישעתו:

פרק ראשון:

אחר שבפרקים הקודמים דברנו בכל הרשום בענין המלאכים הקדושים, ראוי לנו לדעת כי גם את זה לעומת זה עשה האלהי"ם כי כמו שיש צד הקדושה והטהרה והצדקה והיושר וטוב תכונת ההנהגה כדפי'. ע"כ כן יש צד הקליפה שהיא הטומאה הרצוצה שהיא הקטרוג ומצדה המשטין ומעוות את האדם מדרך הישר אל דרך לא טוב ועולין ומקטרגין עליו ומטמאין אותו כי טמא הוא וטמא יקרא וטומאה ירדפו. ויש שואלין מאחר שהקדושה והטהרה והדקות הוא באצילות באין תכלית והוא מובדל מהמדות האלה תכלית ההבדל, אם כן מהיכן יצאו הקליפות והטומאות והיכן היו קודם יצירתן. ולכאורה היא שאלה עצומה וישתומם המשכיל עליה. וקבלנו בזה ממורינו תירוץ נאה והוא משל אל הדגן המנוקה מכל פסולת תכלית הנקיון והטהרה, הנה עכ"פ שיאכל האדם אותו ויתעכל המזון ההוא במעיו ישאר שם פסולת הרבה ופרש. והנה הנאמר שבשעת אכילתו אכל הזהמא והפרש ההיא. לא. אלא לפי מציאת המזון קודם אכילתו היה הדבר הנאכל ההוא יותר נקי שהוא יכול להיות במציאות מובדל מכל פרש ומכל זוהמא. אמנם אחר האכילה והבדלת הדבר המובחר ממנו ישאר הפרש ההוא מה שלא היה עד עתה. וכ"ה הדבר בהאצילות האמת הוא כי למעלה במקום האצילות אין דבר רע יורד מן השמים כי למעלה הדברים דקים תכלית הדקות אמנם בהתעבות הדברים וירידתם בסדר מדרגות הנאצלות הוכרח היות הדבר נפרד אוכל מתוך אוכל ויתהווה שם פסולת. עוד משל נאה ומתיישב יותר להמשל אל זרע האדם אשר הוא מהמובחר המתהווה בגוף האדם והוא יוצא מהמוח דרך האשכים אל הגיד ומאותה הטפה בבטן המלאה יתהוה ממנו הולד ודברים אחרים מזוהמים מזולת הולד. וכי יעלה על הדעת שבמוח האדם שהוא מבחר הגוף יתהוה בו מציאות הזוהמא ההיא. לא. ודאי שאם כן יספה כרגע. אבל הזוהמא ההיא מתהווה בהמשכת הטפה זרעית ממקום למקום וממדרגה למדרגה מתהווה הזוהמות בהבדל המובחר שיתהוה ממנו הולד ומהשאר מתהוה הזוהמא. וכן הדברים באצילות למעלה במקומה אין דבר רע, אמנם בהמשכתה למטה יתהווה ממנו בהבדלת הטהרה והקדושה דבר טמא שהיא הפסול וסיגי הזהב. ואחר שרדפנו בחקירת דרושי החכמה מצאנו בענין זה סמך בזוהר פ' תרומה (דף קס"ז.) וז"ל בפ' יהי אור ועל דאינון ה' דרגין דאתפרשו ואתמשכו מהאי אור קדמאה כתיב אור ה' פעמים וכלהו הוו מסטרא דימינא ואתכלילו ביה. וכד אתכלילו בסטר שמאלא אתכלילו ברזא דמיא דנטיל מימינא, ובג"כ כתיב מים ה' זימנין. וכד אשתלימו ברזא דאמצעיתא כתיב רקיע ה' זמנין. וע"ד תלת אינון או"ר מי"ם רקי"ע לקבל תלת דרגין אילין דכלהו ה' דרגין אתכלילו בהו, וע"ד בכלהו כתיב ה' זמנין בכל חד וחד. הכא רזא דרזא באילין תלת אתצייר ואתגליף בגלופא רזא דיוקנא דאדם. דאינון אור בקדמיתא לבתר מים לבתר אתפשט בגווייהו רקיעא דאיהו גלופא דגליפו דיוקנא דאדם. כגוונא דגליפו ציורא דדיוקנא דאדם בתולדתיה. דהא בתולדותיה דאדם בקדמיתא זר"ע דאיהו אור דהא נהירו דכל שייפי דגופא איהו ההוא זרע ובג"כ איהו אור וההוא אור אקרי זרע דכתיב אור זרוע וגו' איהו זרע ממש. לבתר ההוא זרע דאיהו אור אתפשט ואתעביד מים בליחותא דיליה. אגליף יתיר ואתפשיט פשיטו גו אינון מים פשיטו דגופא לכל סטרין. כיון דאתצייר ואתגליף ציורא ודיוקנא דגופא אקריש ההוא פשוטו ואקרי רקיע ודא איהו רקיע בתוך המים. ובתר דאקריש כתיב ויקרא אלקים לרקיע שמים דהא אקריש ההוא ליחותא דאנגיד ואשתאר ההוא פסולת בגופא דהוו גו אינון מים. כיון דאתבריר גופא ואתנקי בנקיו ההוא לחותא דאתנגיד ואשתאר (הוה) פסולת דקא אתעביד גו היתוכא ואינון מים הרעים עכורים ומנהון אתעביד פסולת מקטרגא דכל עלמא דכר ונוקבא. לבתר כד נחתו אינון מים עכורים ואתהתכו לתתא בסטר שמאלא נפקו לקטרגא כל עלמא. זכאה איהו מאן דאשתזיב מנהון. כיון דנפיק מקטרגא כדין כתיב יהי מארת חסר ואתמשכא אסכרה ברביי וחסר נהורא דסיהרא כו' עכ"ל. ודבריו מבוארים וכוונתו אל מה שאמרנו לענין משל הזרע. וזה רצה באמרו כגוונא דגליפו ציורא דדיוקנא דאדם. ומתוכו נתבאר שעיקר הציור הוא בגבורה ושם נשארו מים עכורים כדפירשתי. אמנם נשאר לנו לבאר אחר שכן הוא שענין הקליפה נתהווה מענין התפשטות האצילות עד הגבורה איך נשפעת משם הקליפה דרך מדרגות שעדיין יש ה' מדרגות הקדושה להשלים עד י' ומה גם בהיות שנשאר עדיין בריאה ויצירה

לפי מה שפי' למעלה. ולזה נראה כי נתבאר במה שפי' למעלה בשער הצנורות בפ"ד מענין צנור השני אשר ביסוד שמצדו יניקת הקליפות כל המותר מן השפע העליון כי כל מותרות ראוי אל הקליפות שהם המותר. ועם כל זה לא חל עליו שם טומאה עד היותו יוצא לחוץ וכן דקדקו בזה בלשון המאמר שאמר ההוא לחותא דאנגיד ואשתאר כו' ומנהון אתעביד פסולת מקטרגא כו'. הנה בפי' כי המותר נעשה פסולת ולא היה לו כח לקטרג או לטמא עד רדתו למטה. וזהו שדקדק אח"כ עוד בלשונו ואמר לבתר כד נחתו אינון מים עכורים ואתהתכו לתתא בסטר שמאלא נפקי לקטרגא כל עלמא ונראה שלמעלה במקום התוכם הראשון ומותרם במקום הקדוש לא היה עדיין שם טומאה על המותר בעצם, ועם היות שהיו המים ההם ראוים אל הטומאה היא. ומזה נקיש אל השפע הנשפע עליהם ומזונם הניתן להם משולחן המלך כי בעוד שהם לפני המלך אע"פ שראוי אל הקליפה לא חלה עליהם שם טומאה עד רדתם למטה ממקום הצנור הנשפע להם בו. ואין זה מן התימא שהרי צואה [א] (באדם) פסק ההלכה הוא אם הוא יושב ואינה נראית שאינה מעכבת ק"ש ואע"פ שכבר חל עליה שם צואה והטעם שלא שלט עליה רוח הטומאה עד צאתה מגוף האדם מכל וכל. וכן הדין בשכבת זרע אעפ"י שנעקר ממקומו לצאת בעוד שלא תצא לא חל עליו שום טומאה ועדיין האדם טהור הוא ואינו מטמא עד צאתו מפי האמה ולחוץ שאז תחול עליו הכח הרע ההוא. ולזה הוצרך הצנור ההוא למעלה מתחלה מפני שקודם צאתו לאויר כבר ראוי אליהם ממקום המותר ומשם מתפרד לצד השמאלי דרך אותו הצנור עד צאתו לחוץ אשר שם חטאת רובץ ומקבלים אותו ואז טמא הוא וטמא אוכלו נבל הוא ונבלה עמו:

פרק שני:

נשאר לנו לחובה לבאר ספק גדול בענין הקליפות מאחר שכל מדרגות המציאות זו למעלה מזו עד נקודת הארץ משתלשלים מעלה לעלול וכל עלול מוקף מעילתו א"כ ראוי לדקדק לפ"ז כל טוב וכל שפע שישפע בעה"ז הנה יבא דרך הקליפה והטומאה ח"ו. וכן הנשמה בעת עלייתה אע"פ שהיה חסיד יוכרח שיתלבש קודם בטומאה ויטמא שם קודם עלותו למעלה ח"ו. וזה בודאי דבר חוץ מן האמת ומן הנדון. ועוד המן שהיה יורד לישראל איך נאמר שהיה עובר דרך שם וכן התורה ועליית משה למרום ועליית אליהו. ויש תשובה לומר כי עלו בסערה כי ח"ו אין הסער הזאת סער מתחולל. אמנם היא שערה שעל ידה היו מקריבים קרבן (לחה"פ) [ב] שהיא המלכות מצד הדין כמו שהיו סוסי אש ורכב אש. אבל לא שנא' שעלו דרך הקליפות ח"ו וזה דוחק וכן קשה התלבשות המלאכים וירידתם בעה"ז וכמה עניינים אחרים. ובענין זה היינו מתבלבלים בהתרת הספק עד האיר ה' עיני שכלינו במאמר מספר הזהר בפרשת ויקהל (דר"ט.) וז"ל ובכל רקיעא ורקיעא אית ממנא ואתפקד על עלמא ועל [ארעא לאנהגא כולא. בר] ארעא דישראל דלא אנהיג לה רקיעא ולא חילא אחרא אלא קב"ה בלחודוי והא אוקמוה. ואי תימא איך שריא למגנא רקיעא על ארעא דישראל והא מטרא וטלא מרקיעא נחית עלה כשאר כל ארעא אחרא. אלא בכל רקיעא אית ממנן שלטין על עלמא וההוא ממנא דשלטא על ההוא רקיעא יהיב מחילא דאית ליה בההוא רקיעא בגין למיהב לתתא וההוא רקיע נקיט מההוא ממנא ויהיב לתתא לארעא. וההוא ממנא לא נקיט אלא מתמציתא דלעילא. אבל ארעא קדישא לא שליט על ההוא רקיעא דעליה ממנא אחרא ולא חילא אחרא אלא קב"ה בלחודוי ואיהו פקיד לארעא קדישא בההוא רקיעא. בכל רקיעא ורקיעא אית פתחין ידיען ושלטנו דכל ממנן מפתחא לפתחא רשימא ומההוא פתחא ולהלן לא שלטא אפי' כמלא נימא. ולא עייל דא בתחומא דפתחא דחבריה בר כד אתיהיב ליה רשו לשלטאה חד על חבריה כדין שלטין מלכין דבארעא חד על חבריה. באמצעיתא דכלהו רקיעין אית פתחא חדא דאקרי גבילו"ן. ותחות האי פתחא אית שבעין פתחין אחרנין לתתא ושבעין ממנן נטרין מרחיק תרין אלפין אמין דלא קרבין לגביה. ומההוא פתחא אורחא סליק לעילא לעילא עד די מטא לגו כורסייא עלאה ומההוא פתחא לכל סטרין דרקיעא עד תרעא דפתחא דאתקרי מגדו"ן דתמן איהו סיומא דרקיעא דתחומא דארעא דישראל. וכל אינון ע' פתחי דרשימין גו ההוא פתחא דאיקרי גבילו"ן כלהו רשימין בכורסייא קדישא וכלהו קרינן לון שערי צדק דלא שליט אחרא עלייהו וקב"ה פקיד לארעא דישראל בההוא רקיעא מפתחא לפתחא בפקידו כמה דאצטריך. ומתמציתא דההוא פקידו נטלין אנון ע' ממנן ויהבי לכלהו ממנן אחרנין עכ"ל. ודבריו מבוארים וממנו יראה כדפירשנו כי על ארץ ישראל אין דבר סיבוב אפילו אמה כי אם הרקיע המתעלה למעלה לקבל מתחת כסא הכבוד. ובדבר הזה לא נשאר לנו ספק כי כל העליונים היורדים מן השמים או העולים כלם עולים ויורדים דרך ארץ ישראל.

וזהו שאמר הכתוב (בראשית כח יז) וזה שער השמים והכונה שער ליכנס. מה שאין כן בשאר מקומות שיש קליפות מבדילות ומחיצות. סכות בענן לך כו' (איכה ג מד) ח"ו. ואויר ארץ העמים מטמא. ואויר א"י מטהר ואוירא דא"י מחכים. כי אין הקליפות שולטות בה כלל. וכן בארו עוד הענין הזה בזהר פרשת תרומה (דקמ"א.) וז"ל בארעא קדישא מתתקנא כלא בגוונא אוחרא דהא קליפה תקיפא אתברת מההוא אתר דלא שלטא ביה קליפה כלל. קליפה תקיפא אתברת מההוא אתר תדיר ואתפתחת מהאי סטרא ומהאי סטרא וההוא פתיחו הוה בארעא קדישא בכל זמנא דפלחין פולחנא כדקא יאות. כיון דגרמו חובין משיכו לההוא פתיחו להאי סטרא. ולהאי סטרא עד דאתקרב קליפה כלא כחדא. כיון דאסתים קליפה למוחא כדין שלטא ההיא קליפה עליהון ודחה לון לבר מההוא דוכתא. ועם כל דא אע"ג דדחה לון לבר לא יכילת ההיא קליפה לשלטאה בההוא דוכתא קדישא דלאו אתריה איהו. ואי תימא אי הכי הואיל ולא יכיל ההיא קליפה תקיפא לשלטאה בההוא דוכתא קדישא אמאי קיימא חרוב דהא חורבה לא הוי בעלמא אלא מסטרא דההוא קליפה תקיפא. אלא ודאי כד אתחריב לא אתחרב אלא מההוא סטרא בשעתא דאסתים למוחא. וקב"ה עבד דלא תשלוט ההיא קליפה תקיפא על ההוא דוכתא. וכד דחה לון לישראל מינה אתהדרת ההיא קליפה ואתפתחת כמלקדמין. ובגין דעמא קדישא לא הוו תמן חפייא על ההוא פתיחו חופאה קדישא דפרוכתא קלישא לנטרא ההוא אתר דלא יסתים ליה ההיא קליפה תקיפא ואחיד בכל סטרוי. למהוי רבות קודשא על ארעא כמדקדמין לא יכיל דהא ההוא חופאה קלישא אחיד דלא יחות לתתא דהא עמא קדישא לאו תמן וע"ד לא אתבני חורבן מיומא דאתחריבו. לשלטאה ההוא קליפה תקיפא לא יכלא דהא ההוא חופאה קלישא אחיד ביה בכל סטרוי בההוא פתיחו דלא תשלוט תמן ולא תסתים למוחא ההוא חופאה דפרוכתא קלישא איהו מגו משיכו דפרוכתא קדישא דלעילא דנטיר ההוא אתר. ובגין כך כל נשמתין דשאר עמין דדיירין בארעא כד נפקין מהאי עלמא לא מקבלא לון ודחי לון לבר ואזלין ושטאן ומתגלגלין בכמה גלגולין עד דנפקין מכל ארעא קדישא וסחרין לסטרייהו במסאבו דלהון. וכל אינון נשמתין דישראל דנפקין תמן סלקין וההוא חופאה קלישא מקבלא לון ועיילין לקודשא עילאה בגין דכל זינא אזלא לזיניה. ונשמתין דישראל דנפקי לבר מארעא קדישא ברשותא דההיא קליפה תקיפא אזלא ומסחרא ומתגלגלא עד דתבת לדוכתאה ועאלת לאתר דאתחזי לה. זכאה כו' עכ"ל. וכל דבריו מבוארים וזכים והם הכרח עצום וביאור רחב אל ענייננו שאין בא"י קליפה כלל שלא יצטרכו לעבור דרך הקליפות ח"ו. וכן נשמתן של רשעים ר"ל רשעי האומות הן מתגלגלות לחוץ כדכתיב (ש"א כה כט) ואת נפש אויביך יקלענה בתוך כף הקלע. כי שער השמים ליכנס אל הקדושה הוא א"י ומפני זה אין נבואה שורה אלא בא"י. ואין תשובה מנבואת יחזקאל שהיתה בחוצה לארץ שכבר תרצו רז"ל [ג]. ואין תשובה מענין דור המדבר כי אויר א"י היה הולך עמהם דאי לא תימא הכי איך היו אוכלין קדשים בחוץ לארץ אלא שהאויר והרקיעים והשמים והחלונות והשרים כלם היו נוסעים עם השכינה שהיתה נוסעת עמהם [ד] וזה נתבאר בזהר פ' תרומה (דף ק"מ ע"ב) וז"ל הה"ד ויהי ביום כלות משה דנחתת כלת משה לארעא. ואי תימא בכל אתר ויהי לאו איהו אלא לישנא דצערא והכא כתיב ויהי ביום. אלא בההוא יומא דשכינתא נחתת לארעא אשתכח מקטרגא לגבה וחפי ההוא חשיך קבל לגבה בגין דלא תיחות כו'. ובההוא זמנא אשתכחו כל כנופיא ממלאכי עילאי קמי קב"ה אמרו קמיה מארי דעלמא כל זיווא וכל נהורא דילן בשכינת יקרך איהו והשתא תיחות לגבי תתאי. בההיא שעתא אתתקפת שכינתא ותברת ההוא חשוך קבל כמאן דתבר גזיזין תקיפין ונחתת לארעא. כיון דחמו כלהון כך פתחו ואמרו ה' אדונינו מה אדיר שמך בכל הארץ אדיר ודאי דתבר כמה גזיזין וחילין תקיפין ונחתת לארעא ושליטת בכולא. וע"ד כתיב ויהי ביום צערא דקבילו כמה חיילין ומשריין ביומא דכלת משה נחתת לארעא עכ"ל. ונודע עניין החשך והקבל. ומלבד אלה היה מקטרג ולא היה נותן מקום לפתוח שער לרדת בשום אופן אלא בדרך שבירה. ומלבד המקטרג היו החיילים הקדושים אומרים כל זיווא וכל נהורא וכו' וכאשר ירדה לא הוצרכה אלא שבירת המקטרג והחיילים הקדושים אמנם הוצרכה אל החשך והקבל לבטלו שהוא המגין שלא תרד. ואותו השער והאויר היה הולך עמם עד הכנסה לא"י אל מקומה הראוי לה ושם מנוחת הקדושה כי שם שער השמים כדפירשנו:

פרק שלישי:

עתה חויבנו לבאר תועלת הקליפה הזאת ועניינה בעולם כי לומר שהיא להעניש וכו' לא יספיק. כי נשאל כל עצם העונש הלא סבתו הוא היצה"ר

והקליפה, לא תהיה קליפה ולא יהיה יצה"ר. ונאמר כי הטעם אל בריאתם ברצון הבורא הוא להיות כי הוצרך העולם והנבראים להיותם מקבלים מזונתם ופרנסתם מכח הדין והצדק והיושר ואם היו כלם מלאכים בלתי בחיריים במעשיהם היה העולם בלתי נשכר על פעולתם מפני שהם מוכרחים בפעולתם כמלאכים. ולזה הוכרח להיות האדם בעל בחירה והיותו מורכב מיצה"ר ומיצה"ט, שאם ירצה בטבעו להטות אל הטוב יהיה יצה"ר על שמאלו לשטנו להטותו אל הרע, וכשירצה להטות אחרי הרע יהיה יצה"ט על ימינו ליסרהו ולהזכירו בדברי בוראו באופן שיקבל שכר על הנטייה אל א' מהקצוות אם טוב ואם רע. ולתת לאיש כדרכיו וכפרי מעלליו הוצרך להיות הצד הטמא העבד המורד באדוניו לייסר הרשע בכדי רשעתו במספר ורע תדרוש רשעו וידבק בצד הראוי ושם יקבל עונשו. ונתבאר הענין הזה היטב בזהר פ' תרומה (דף קס"ג.) וז"ל כל מה דעבד קב"ה עילא ותתא כלא איהו בגין לאחזאה יקרא דיליה וכולא איהו לפולחניה. וכי מאן חמי עבדא דמריד דלהוי מקטרגא דמאריה ובכל מה דרעותא דמאריה אתעביד איהו מקטרגא. רעותא דקב"ה דיהון בני נשא תדיר בפולחניה בהאי עלמא ויהכין באורח קשוט בגין למזכי לון בכמה טבין. הואיל ורעותיה דקב"ה בהאי היך אתי עבדא בישא ואשתכח מקטרגא מגו רעותיה דמאריה ואסטי לבני נשא לאורח בישא רחיק לון מאורח טב ועביד לון דלא יעבדון רעותא דמאריהון כו'. אלא ודאי רעותא דמאריה עביד. למלכא דהוה ליה בר יחידאי והוא רחים ליה יתיר ופקיד עליה ברחימו דלא יקרב גרמיה לאתתא בישא בגין דכל מאן דיקרב לגבה לאו כדאי איהו לאעלא גו פלטרין דמלכא. אודי ליה ההוא ברא למעבד רעותיה דאבוי ברחימו. בביתא דמלכא לבר הות חד זונה יאה בחיזו ושפירא בריוא. ליומין אמר מלכא בעינא למחזי רעותא דברי לגבאי. קרא לההיא זונה אמר לה זילי ותפתי לברי למחמי רעותא דברי לגבאי. ההיא זונה מה עבדת אזלת אבתריה דבריה דמלכא שריאת לחבקא ליה לנשקא ליה ולמפתי ליה בכמה פתוין. אי ההוא ברא יאות וציית ואזין לפקודא דאבוי גוער בה ולא אצית לה ודחי לה מניה. כדין אבוי חדי בבריה ואעיל ליה לגו פרגודא דהיכליה ויהיב ליה מתנן ונבזבזן ויקר סגיא. מאן גרים ליה כל האי יקר לההוא ברא הוי אימא ההיא זונה. וההיא זונה אית לה שבחא בהאי או לא. ודאי שבחא אית לה מכל סטרין. חד דעבידת פקודא דמלכא. וחד דגרמא ליה לההוא ברא לכל האי יקר לכל האי טיבו לכל האי רחימו דמלכא לגביה. וע"ד כתיב (בראשית א) והנה טוב דא מלאך חיים. מאד דא מלאך המות, דאיהו ודאי טוב מאד למאן דאצית לפקודא דמאריה. ות"ח אי לא יהא האי מקטרגא לא ירתון צדיקייא הני גנזייא עלאין דזמינין לירתא לעלמא דאתי. זכאין אינון דאערעו ביה בהאי מקטרגא, וזכאין אינון דלא אערעו ביה. זכאין אינון דאערעו ביה ואשתזיבו מניה דבגיניה ירתין כל אינון טבין וכל אינון עדונין וכל אינון כסופין דעלמא דאתי, עליה כתיב (ישעיה סד) עין לא ראתה אלהי"ם זולתך יעשה למחכה לו. וזכאין אינון דלא אערעו ביה דבגיניה ירתון גיהנם ואטרדו מארץ החיים אינון דלא צייתן למאריהון ואתמשכו אבתריה. וע"ד אית לצדיקייא למחזק ליה טבא דבגיניה ירתון כל אינון טבין ועדונין וכסופין לעלמא דאתי. תועלתא דהאי מקטרגא כד חייביא צייתין ליה מאי היא. אלא אע"ג דלית ליה תועלתא פקודא דמאריה איהו עביד. ותו דהא אתתקף בגין האי הואיל ואיהו רע אתתקף כד עביד ביש. חייבא לא אתתקף עד דקטיל בני נשא כיון דקטיל בני נשא כדין אתתקף ואתגבר בחיליה ואית ליה נייחא. כך ההוא מקטרגא דאתקרי מה"מ לא אתגבר בחיליה עד דאסטי בני נשא ומקטרג לון וקטיל לון. כדין אית ליה נייחא ואתתקף ואתגבר בחיליה [ה] כד חייבא צייתין ליה ושליט עלייהו רחמנא לשזבן. וזכאין אינון דזכאן לנצחא ליה ולאכפייא ליה למזכי בגיניה לעלמא דאתי ואתתקף בר נש במלכא קדישא תדיר ע"ד אתמר (תהלים פד) אשרי אדם עוז לו בך מסילות בלבבם זכאין אינון בהאי עלמא ובעלמא דאתי עכ"ל. ודבריו מבוארים וצרופים כצרף כסף והוא טעם מבואר כי הקליפה צורך גבוה נאה לעולם נאה לצדיקים. ולנו עוד טעם יפה בענין היצה"ר והוא כי נודע היות השרשים העליונים פעולתם נמסרים ביד האדם כענין אמרו (דברים לב) צור ילדך תשי. וכן ענין (שם לג) רוכב שמים בעזרך. וכן הענין שמהפכין מדת הדין למדת רחמים ומדת רחמים למדת הדין כמו שפי' בשער מהות והנהגה. ונפרש עניני טעמו בשער הנשמה בס"ד. ועתה הוכרח היות האדם מורכב מן הדין ומן הרחמים כדי שעל ידי שני הענפים האלה יפעול למעלה בשרשים הנעלמים. והנה יצה"ר מצד הגבורה ויצה"ט מצד החסד. עם היות שיצה"ר הוא בסוד הקליפה ויצה"ט בסוד הקדושה. וכאשר האיש הישר יגבר עליו יצרו ומבקש להטותו מדרך הישר אל דרך לא טוב יורה על הקליפה המתגברת לפעול בכח הגבורה השופעת עליה שממנה יניקתה ואז הדין גובר על

הרחמים. וכאשר הישר בכח שכלו יגביר יצה"ט על יצה"ר אז יורה להכניע כח הקליפה והדין נמתק וכח הרחמים גובר ומה"ד מתהפכת למה"ר וכל זה בסוד הענפים שביד האדם הישר להכריעם ולהטותם אל א' הצדדים. וכאשר ח"ו הרשע יגביר יצה"ר על יצ"ט יורה כח הגבורה שולט על כח הרחמים והדין הווה וקליפה מתגברת. וזהו אמרם ז"ל ארורים הם הרשעים שמהפכין מדת רחמים למה"ד. כי בפעולות התחתונות בסוד הענפים יפעלו השרשים. וזהו הטעם שברא הקב"ה היצה"ר כדי שיכול להיות מוכנע תחת כף היצ"ט ואז מתהפכת מ"ד למה"ר והשרשים העליונים יונקים מזוהר אור העליון ומתיחדים יחוד גמור. וזה טעם גמור על ענין יצה"ר. ויש עוד טעם אחר יותר נאה מוסמך על דברי הרשב"י בזוהר והוא כי ענין הקליפה היתה סבתה מפני התפשטות כדפי' בפ"ק [ו]. (והנה ההתפשטות, סבתו האדם הא') כדפי' בשער טעם האצילות פ"ו בכלל. והנה נמצא הוא המעוות והוא היה סבת הקלקול לכן הוצרך להיות מתקן אשר קלקל ובמה מכניע כח הקליפה בהיותו מגביר יצ"ט על יצה"ר והקליפה נכנעת ונשברת ואז הוא מתקן את אשר נתקלקל בעבורו. ובזולת זה הוא מטהר את הטמא כי בהיותו מכניעו ומכניסו בקיום המצוה יחזירהו אל הקדושה ויטהר על ידו ואז יכניסהו בקדושה כמו שהיה מקודם והקליפה נכללת בקדושה והכל טהור כדפי' בפ"ק. ובודאי שיצה"ר נטהר ונעשה יצ"ט. וכך פי' הרשב"י בר"מ (פ' בא דף מ"ג.) וז"ל פקודא דא לפדות פטר חמור ולערוף פ"ח אם לא יפדה ליה הה"ד ופטר חמור תפדה בשה ואם לא תפדה וערפתו. ורזא דא יצ"הר יכיל לאחזרא בתיובתא ולאחזריה יצה"ט כמה דאוקמוה אם זכה עזר אם לא זכה כנגדו בגין דאינון דיוקנא חד דשה וחד דחמור ואם זכה לאחזרא בתיובתא אע"ג דאיהו חמור עם הארץ תפדה מן גלותא בשה וכו' עכ"ל לענייננו. ומתוכו מתבאר היות יצ"הר נטהר וישוב יצה"ט וזהו תפדה בשה וכו'. והענין ע"ד שפי' כי יפעל פעולת מצות והרי יצ"ה נעשה יצ"ט וכיוצא בו. וכן נדרש במ"א בזהר [ז] שאמר יצה"ר לעילא מאן איהו גבורה. הורה כי אפשר להיות יצה"ר מצד הגבורה מצד היין המשמח לא מצד היין המשכר. וכן עתה יתתקן הקליפה והיין המשכר בסוד התפילין שהם התורה יתקנהו ויבשמיהו ויהיה יין המשמח שיחזירהו אל מקורו ונטהר. ובזה יובן ענין הנדרש בזהר פ' נח (דף ס"א.) ז"ל ת"ח אלו אפיק אדם תולדות מגנתא דעדן לא ישתצון לדרי דרין ולא אתחשך נהורא דסיהרא לעלמין דכלהו הוו קיימין לעלמין. ואפי' מלאכין עילאין לא קיימאן קמייהו בנהורא וזיווא וחכמתא כד"א בצלם אלהי"ם ברא אותו. אבל כיון דגרים חטאה ונפיק איהו מגנתא ועבד תולדות לבר לא אתקיימו בעלמא ולא הוו כדחזי. א"ר חזקיה וכי האיך יכלין למעבד תולדות תמן דהא אלמלא דאמשיך עליה יצה"ר וחטא אתקיים איהו בעלמא בלחודוי ולא יעביד תולדות. כגוונא דא אלמלא דחבו ישראל בעגלא ואמשיכו עלייהו יצה"ר לא עבידו תולדות לעלמין ולא ייתון דרין בתראין לעלמין. א"ל אלמלא דחב אדם לא עביד תולדות כגוונא דא [מסטרא דיצה"ר אבל עביד תולדות מסטרא דרוח קדישא] דהשתא לא עביד תולדות אלא מסטרא דיצה"ר. ובגין דכל תולדות דבני נשא כלהו מסטרא דיצה"ר בגין כך לית לון קיום דאי אפשר לון לאתקיימא דסטרא אחרא אתערב בהון. אבל אי לא חב אדם ולא אתתרך מגנתא דעדן עביד תולדות מסטר דרוח קדישא דקדישין כמלאכי עלאין קיימין לדרי דרין כגוונא דלעילא. כיון דחב ואוליד בנין לבר מגנתא ולא זכה לאפקא לון מגנתא לא אתקיימו אפי' לאשתרשא בעלמא דא עד דאתא נח וכו' עכ"ל. והנה בפי' כי עם היותו בג"ע היה בו כח להוליד מסטר דרוח קדישא כי זה היה תחלת הכוונה. והוא המשיך עליו יצה"ר במה שהגביר עליו כח הקליפה וגבר עליו כחו ועי"ז יוכרח האדם לתקן ולהמתיק היצ"ר ולהחזירו בשרשו ליין המשמח כדפי':

פרק רביעי:

הנרצה עתה לבאר על ענין הקליפות שלהם ע"ס וז' היכלות כענין הקדושה כי הם נגד הקדושה כקוף בפני אדם וכמו שצד הקדושה מושך שפע ומזון לכל נבראיו הטהורים, כן הקליפה היא מושכת ומשפעת מזון ושפע לנבראים רבים אשר בצדה. וזה טעם האסור והמותר הטמא והטהור הפסול והכשר. כי כמו שיבא צד הלובן והטהרה מצד החסד שהוא דמות הסבא מפני שיבה תקום, כן יש לובן בטומאה וקליפה והוא זקן אשמאי שהוא שומם ושרש השממה והכליון חרוץ. וכמו שיש אודם המותר ודם טוהר בצד הגבורה שהיא צד החוזר אל ההכרעה הטהורה וזהו הכובש את יצרו כדפי' לעיל, כן יש אודם ודם טמא ואסור. וכמו שיש ירוק בצד הרחמים הקו האמצעי מצד הת"ת אשר שם הכשרות והטוב, כן יש המרה הירוקה הממיתה טפה שממנה פניו ש"א מוריקות והפיסול והרע כי הם אלו נגד אלו. וכמו שאלו הג' הם חסד דין רחמים נכללים בי' ספירות כדפי' בשלהי שער מהות והנהגה, כן אלו

הג' יש להם י' ספירות בקליפות המשטינים כאשר נבאר. אולם שמות אלו רבו בהם הפירוש' ואנו נקצר הרב במעט המספיק:

הא' נקרא תאומיא"ל. פי' כי היא מלשון תאומים במדה אשר מרדה באדון ב"ה ועושה עצמה כתאומים אליו כדמיון תחת עבד כי ימלוך ושפחה כי תירש גבירתה (משלי ל). ואין תימה מה שנמצא שם אל בדמות הקליפות כי כמו שיש שם אל בצד הקדושה כן יש א"ל אחר וזש"ה (במדבר כד) נאם שומע אמרי אל ופירש בזהר דא אל אחר. ויש שקבלו בשם הקליפה הזאת תומיא"ל חסר אלף ופי' כי כל כוונתם לכלות ולהתם הקדושה ח"ו ולהמעיטה מלהשגיח. ושתי שמות אלו ייחסם הרשב"י בתיקונים (תקונא ס"ט דף ק"ה. ע"ש) אל הקליפות שהם נגד נצח והוד. ולקליפה הראשונה ייחס שם בשם כתריאל להורות שהיא כתר לשאר הקליפות ומן הקליפה הזאת הכרת שהיא נק' לפעמים כרתי"אל וע"י נכרתים הרשעים. ויש שקבלו בשם הקליפה הזאת קמטיאל. ואפשר כדפירשנו בכרתי"אל, ועניינו קמט, מלשון אשר קומטו ולא עת (איוב כב טז). וידוקדק עתה העניין הזה אשר קומטו בלא עת דהיינו תתקע"ד דורות שקומטו ונכרתו קודם עתם כדפירשו רז"ל (בחגיגה דף י"ג):

השנית נק' עוגיא"ל. ופי' הטעם כי היא עוגה לחברתה כן פירש הרמב"ן ז"ל. ואפשר לפרש מלשון הלהן תעגנה (רות א). והכונה מעכב השפע ומונע ההשגחה כמו מסך המבדיל בין ישראל לאביהם שבשמים. ואית דגרסי גועיא"ל ופירש מלשון אם יגעה שור על בלילו (איוב ו') והכונה כי הוא גועה לבלל האצילות ולהרוס הבנין. ואפשר מלשון גויעה כי מגמת פניו להגוויע ולכלות כל הדברים הקדושים. ואית דגרסי בלא ו' געיא"ל או עגא"ל ואפשר לפרשו ע"ד שפירשתי בו'. ובתיקונים (שם) קרא הרשב"י לספירה זו אדם בליעל. כי החכמה קדושה נקראת אדם כמבואר בשער ערכי הכנויים, וזאת שהיא כנגדה נקראת אדם בליעל. והשמות האלה עוגיא"ל כו' ייחס לכנגד התפארת. ויש שקראו לקליפה זו בלי"אל והכונה מבוארת כי הוא מכחיש מציאות האלוה וזהו בלי אל:

השלישית נקראת סתריא"ל. כי היא מסתרת פני הרחמים כענין סכות בענן לך וגו' (איכה ג). ואחרים קוראים אותה הרסי"אל ופי' לשון הריסה שהוא הורס והכונה כי היא הפך הבינה כי הבינה משכנת ומגלה האלהות וכן היא בונה בנין הקדושה. וזאת מעלמת האלהות והורסת הבנין. וע"ד זה נוכל לפרש סתריאל מלשון סתירה. ובתיקונים (שם) קראה הרשב"י שערי"אל ומשם עשו איש שעיר ומשם שער באשה ערוה. ויש שקראו אותה עיתיאל ואפשר לפרש מלשון איש עתי (ויקרא טז) והכונה מזומן לעשות עצמו אלוה כענין העגל שנתהוה מעצמו. וכתבו המפרשים כי ג' קליפות אלו היו אפיסתן כרגע ואלו הם העניין בונה עולמות ומחריבן. ולפי דעתם אין ג' מיני טומאה אלו במציאות ואין כ"א ז' קליפות ואין הדבר הזה צודק עם פי' הזהר. כי בפי' מבאר הרשב"י (שם בתקונים) שהם י' מיני קליפות והוא קורא אותה י' כתרין תתאין, וכנגדן י' חמורים וי' אתונות. ואפשר לכוונתם בעינן האפיסה שנעדרת השגחתו מן העולם וגם זה לא יצדק שהרי שעריא"ל היא קליפה שלישית והרי ממנה עשו איש שעיר וכן שער באשה ערוה:

הרביעית נקרא געש כלה. ופי' הרמב"ן שהוא ממונה על כתות חיילים כתות המקנאים ובקנאתו אשר הוא מקנא בהטהרה הוא גועש ורועש ומכלה כמה נשמות ואז אפי' מלאכי השלום מר יבכיון ע"כ. ובתקונים (שם) פי' הרשב"י ע"ה כי הקליפה הזאת נק' עוזיאל ומשם עזא ועזאל שהם שני כחות הטומאה וכן קראה חזריא"ל יכרסמנה חזיר מיער (תהלים פ). ואחרים אמרו כי נקרא סמא"ל ואחרים יחסו סמא"ל במקום אחר כאשר נבאר:

החמישית נק' גו"להב ופי' כמו מן ג"ו יגורשו (איוב ל') והכוונה כי היא גוף של להב כי מזה תחלת הגופים המתכסים מבני אדם וכו' וכסאו מוקף בלהבי אש ואלמלא חפץ השם יתברך בבריותיו כתות חייליו היו מכלים כל הנבראים התחתונים כרגע. ואחרים פי' כי גו מלשון תוך לשון ארמי וענינו שהוא תוך הלהב וכו'. ואחרים פי' שנק' זעפיא"ל והכוונה מלשון זעף שהוא שר הזעף וה' יצילנו. ובתקונים (שם) קראה אגגיא"ל ואמר כי משם אגג מלך עמלק:

הששית נק' תגרי"נון. והכוונה כי הוא מעותד לשים תגר בין המלכים בקול צעקה גדולה שהוא מבלבל. ואחרים כתבו שהוא נק' זעמיאל ואפשר שהוא שר הזעם. ובתקונים (שם) קראו עוגיאל לקבל עמודא דאמצעיתא ומתמן עוג מלך הבשן ומלת עוגיאל פי' למעלה:

השביעית נק' ערבזר"ק. והכונה כי הוא כעורב אכזרי ומתכוין לזרוק ילדיו. עוד פי' כי בשעת קבלתו מן הקדושה ערב לו ואחר שהוא מקבל מהקליפה שונא אותו השפע וזורק אותו. ולנו אפשר לפרש כי בתחלה ערב לאדם בדברו וחלק משמן חכו ואח"כ

זורק לו סם המות וימצא מרורות פתנים בדבשו. ואחרים כתבו שנקרא קצפי"אל שר הקצף:
השמינית סמא"ל הרשע. והאריכות בעניינו אין צורך כי מפורסם כי הוא קטיגור של ישראל. ובתקונים שם פי' כי קליפ' ז' וח' הם תאומיאל ותומיאל ואמר כי משם תהומות יכסיומו. ואחרים כתבו שנקראת רגזיאל ואפשר שהוא שר הרוגז:
התשיעית גמליא"ל. והגאונים אומרים על הקליפה הזאת כי יש מקטרג א' בהמון מעלה גמליאל שמו ובהיותו יונק מהו' (אולי צ"ל מהוברי) שמים כל חייליו חיילי שלום וכשנראים לבני אדם יש להם רשות להראות להם בצורת אדם ומגידות להם עתידות וכאשר הוא יונק מהמקטרג אשר עליו לעתות ידועות מתהפך שמו ונקרא נחשיאל וכל חיילין חיילי בהלה דמות נחשים מבהילים בני אדם ע"כ פי' הגאונים. ואפשר כי כאשר יונק מצד הטהרה נקרא גמליאל מטעם כי ג"ם לו יניקה מצד הטהרה. וכאשר הוא יונק מהקליפה נקרא נחשיא"ל לומר שנחש אלוהו וכחו. ואחרים קראו לקליפה הזאת עבריא"ל ואפשר שהוא שר העברה ובתקונים (שם) קראה סמא"ל הערל כי כנגד המילה היא הערלה:
העשירית נק' לילית. והיא מקבלת מכל הקליפות כמו הטהרה ונקראת אשת זנונים. ובזהר פ' אחרי (דף ע'.) פי' כי מדרגה עשירי שבקליפות היא נקראת דורש אל המתים. ושאר שמות הקליפות נתבארו בשער ערכי הכנויים:

פרק חמישי:

פירשו הקדמונים כי שתי לילית הן אחת קטנה ואחת גדולה הגדולה בת זוגו של סמאל והיא אשת זנונים והקטנה בת זוגו של אשמדאי כאשר יתבאר בשער היכלי התמורות בע"ה. ועל הלילית הזאת כלת סמאל פי' הגאונים שיש תחת ידה ת"פ חיילות בחשבון שמה ויוצאות ביום הכפורים אל המדבריות הולכת ומייללות כי היא שר היללה. ומחלת בת ישמעאל היא ג"כ פלגש סמאל. ויוצאות עם תע"ח חיילות הולכת ומשוררת בלשון הקדש שיר ושבח ובפגעם אלו עם אלו מתקוטטים ביום הכפורים שם במדבר מתגרים אלו עם אלו עד עלות קולם השמים והארץ רעשה לקולם וכל זה עושה הקב"ה כדי שלא ילמדו קטיגורא על ישראל בתפלתם. ואחרים כתבו כי הקליפה הזאת היא נקראת משולחאל והטעם כי היא משלחת מלאכי רעים הרחמן יצילנו. ומצאנו כתוב כי סמאל הרשע ולילית האולת המה כדמות זווג א' באמצעות שושבין מקבל אצילות רשע וזדון מזה ומשפיע לזה ועל סוד זה נאמר (ישעי' כ"ז) ביום ההוא יפקוד ה' בחרבו הקשה וגו' על לויתן נחש בריח ועל לויתן נחש עקלתון והרג את התנין אשר בים. לויתן, פי' חיבורם וזווגם של שניהם שהם כדמיון נחשים על כן כפל נחש בריח כנגד סמאל נחש עקלתון כנגד לילית. והרג את התנין אשר בים, כשם שיש לויתן טהור בים כפשוטו ונקרא תנין כן יש תנין גדול טמא בים כפשוטו. וכן למעלה על דרך הנעלם. והתנין של מעלה הוא שר סומא שהוא כדמיון שושבין אמצעי בין סמאל ולילית ושמו תניניעור והוא כמו תנין עור. ובעלי הקבלה אמרו כי אותו התנין שבים בלי עינים וכן התנין של מעלה כדמות צורה רוחניות בלי גוונים שהם העינים על כן שמו תניניעור והוא המחבר הלוויה והזווג בין סמאל ולילית אלו נברא שלם בשלימות אצילותו היה מחריב העולם ברגע אחד וכשיגיע הרצון וימעט ויחסר האצילות הבא מצד סמאל ולילית באמצעות השר הסומא בכליון גמור אז יתקיים מאמר הנביא ביום ההוא יפקוד ה' וגו' עכ"ל. ונראה כי האמת עמהם כי במקומות רבים (בתקוני ז"ח דף קל"ח ובתקונא ל"א דף ע"ד.) פי' הרשב"י ע"ה כי סמאל ולילית הם נגד תפארת ומלכות והם נקראים שמים וארץ ועליהם נאמר (ישעיה נא ו) כי השמים כעשן נמלחו והארץ כבגד תבלה. אבל על ת"ת ומלכות נאמר ישמחו השמים ותגל הארץ וכן נאמר על ת"ת ומלכות והיה אור הלבנה כאור החמה (שם ל כו). ועל סמאל ולילית נאמר (שם כד כג) וחפרה הלבנה ובושה החמה וגו'. ואין ספק שכמו שיש לויתן טהור וקדוש מזיווג הת"ת והמלכות והוא היסוד כן יש בצד הטומאה כח המחבר הכחות הללו יחד והוא עור. שאם היה בעל עינים היה הזווג הטמא שלם חס ושלום והיו מחריבים העולם. אבל בקדושה הוא בעל עינים ועליו נאמר (קהלת ב יד) החכם עיניו בראשו כדפירשנו בשער ערכי הכנויים בערך לויתן. אמנם על לויתן זה נאמר (איוב יא כ) ועיני רשעים תכלנה. והגאונים פי' כי יש גם כן לסמאל י"ב כחות כמו שיש י"ב כחות לתפארת כדפירשנו בענין הגבולים ושמות הכחות הם אלו. וזה העתק לשונם סמאל הוא רביעי נאצל אחר שלש כחות המשחיתות שנמוחו מן העולם שהם קמטיא"ל בליא"ל עתיא"ל. וסמא"ל רביעי להם וממנו נאצלו י"ב כחות מחבלים ארורים מקטרגים על י"ב שבטי יה עליונים ותחתונים כל שר מהם רע רע. ואלה שמותם:
השר הראשון בערירו"ן ונקרא כן על שם שהוא רביעי וגם מלא רע. השר השני אדמירו"ן גווניו כדם

המעורב במים. השלישי צלל דמירו"ן גווניו כמראה הדם הצלול. הרביעי שיחרינו"ן גווניו כלם שחורים. החמשי שלהבירון גווניו כדמות שלהבת אש. הששי עפרירו"ן גווניו דמות העפר. השביעי עבירר"ו"ן גווניו דמות העבים המסבבים בעולם כל מיני נזקים. השמיני נחשתירון נ"א נחשיכו"ן גווניו כעין הנחשת. התשיעי נחשירו"ן (גווניו כעין נחשים הוא וכל מחנהו. העשירי דגדגירו"ן גווניו) דמות דגים גדולים והגוונים כדמות סימני טמאים. הי"א בהמירו"ן הוא וכל מחנהו גוונים דמות בהמות או חיות, והוא שר מושל על אלף שרים חזקים בהרים וכל שר ושר מהם אלף מחנהו וזהו סוד בהמות בהררי אלף (תהלים נ י). הי"ב נשימירו"ן הוא וכל מחנהו צורת נשים רעות ומזיקות יותר מכל הכתות המזיקים. ובעלי החכמה הזאת הבקיאים בשמוש אומרים על דרך הקבלה ומעשה ששמו גם כן חתורולרו"ן ופעמים הוא וכל מחנהו נראים כדמות החתולים הגדולים ע"כ. עד הנה מה שמצאנו בענין הספירות הטמאות והקליפות בדברי הגאונים עליהם השלום והמפרשים והזהר וקצרנו בהם הרבה לפי שאין הדברים האלה בכונתינו אלא הערה אל המעיין כדי שיצליח בביאור התורה וסודותיה ובזולת זה אין לנו בו חלק ולא ידיעה:

פרק שישי:

הנרצה בפרק זה להציל חסרי הדעת מן הטעות אל יחשוב החושב שהקליפות נכנסות אל תוך האצילות הטהור והקדוש חס ושלום חלילה וחלילה כי החושב זאת חייב ראשו לקונו. ומה שנמצא בקצת מקומות שיורה על שהקליפ' נכנסות תחת הקדושה אינו לא בעולם האצילות ולא בעולם הבריאה אבל הוא בעולם היצירה הוא עולם המטטרון כי סביב לו רשעים יתהלכון. וכן ביאר הרשב"י ע"ה בס' ר"מ (פנחס דרכ"ז) וז"ל לעילא באילנא דחיי לית קליפין כי אין לבא אל שער המלך בלבוש שק לתתא אית קליפה במטטרון דאיהו בדיוקנא דעמודא דאמצעיתא. דבזמנא דקב"ה בר ממלכותיה אתכסי בגדפין ואנפין דעבד דיליה מטטרון הה"ד (ש"ב כב) וירכב על כרוב ויעוף. ואינון קליפון דסחרין לד' חיוון דמטטרון אינון תוהו, (מ"א יט) והנה רוח גדולה וחזק מפרק הרים ומשבר סלעים לא ברוח ה'. בה"ו, ואחר הרוח רעש לא ברעש ה'. הא תרין קליפין ירוק וחיוור. דקליפין דאגוזא חד תה"ו קו ירוק, תניינא בהו אבנין מפולמין קליפא תקיפא כאבנא מפולמא. לקביל תרין קליפין אלין מוץ ותבן דחטה. קליפה תליתאה דקיקא לקבל סובין דחטה דהכי איהו מתדבק בחטה ולא יכול לאתפרשא מתמן עד דטחנין ליה ברחיים דאינון לקבל טוחנות דפומא דבר נש דצריך למטחן בהון מילי דאורייתא עד דיהון כקמח סלת נקייה ובנפה דאיהי שפה אתבריר פסולת דאיהו סובין עד דישתכח הלכה סלת נקייה. בההוא זמנא נטיל לה לבא ומוחא וכל אברין דגופא דאתפשט בהון נשמתא ואתפרנסת בה נשמתא כגוונא דגופא אתפרנסת במלין דעלמא דזה לעומת זה עשה האלהי"ם נהמא דגופא ונהמא דאורייתא הה"ד (משלי ט) לכו לחמו בלחמי. והאי קליפה איהי כקליפא דמתדבקא במוחא דאגוזא ובזמנא דאגוזא איהי רכיכא אתפרשא ההיא קליפה ממוחא דאגוזא בלא קושיא. ובזמנא דאיהי אגוזא יבישה קשה לבר נש לאעברא לה מתמן כי עדיין הקושייא במקומה עומדת. ובג"ד מני קב"ה לבר נש לאחזרא בתיובתא בבחרותיה קודם דיצר הרע יזקין ביה הה"ד (ויקרא יט) מפני שיבה תקום, קודם שיבה דילך. והאי קליפה איהי אש ואתער ביה ואחר הרעש אש לא באש ה'. רביעאה תהום, חלל דאגוזא ביה קול דממה דקה תמן קא אתא מלכא, ומתוכה כעין החשמל מתוך האש (יחזקאל א) כו' עכ"ל. ולא נאסוף ידינו מלבאר המאמר הזה לרבוי תועלתו. אמר לעילא באילנא דחיי, מפני שיש עץ החיים ועץ הדעת טוב ורע. ועץ החיים הוא התפארת בפרט. ובכלל כל האצילות כי שם חיים ואין מיתה רק במקום הקליפות שהם סביב עולם מטטרון שהוא עץ הדעת טוב ורע. כמו שביאר הרשב"י ע"ה בתיקונים (תקונא נ"א דף פ"ה) ז"ל ועץ הדעת טוב ורע איהו לתתא עץ הדעת טוב דא מטטרון, ורע דא סמאל עכ"ל בקוצר מפני האריכות הגדול. ומכאן הריסה להאומר כי עץ הדעת טוב ורע הוא במלכות שטעות הוא בידם. ומה שנמצא להרשב"י ע"ה פעמים קורא למלכות עץ הדעת טוב ורע הוא ע"ד השאלה כי כל מה שלמטה מהמלכות מתייחס אליה ועקרו במטטרון והושאל אל המלכות מפני שרגליה שהם מטטרו"ן יורדות מות שהם הקליפות. וייחס הקליפות בשם סמאל כי הוא שלוחם לכל ריב ולכל נגע לכל עוון ולכל חטאת כמפורסם בדברי הרשב"י ע"ה בכמה מקומות ובכמה מדרשים ואגדות שבתלמוד. ונחזור אל המאמר שאמר כי באלנא דחיי לית קליפין כי הוא מוח בלא קליפה והכריח כן מן הפסוק כי אין לבא אל שער המלך בלבוש שק. כמ"ש בערך שק ושק הוא הקליפה ומטעם זה השבים לובשים שק להראות כי מקבלים עליהם צער וענוי השק בעולם הזה תחת כי שנאו דעת קדושים והמליכו שק

עליהם. ואפשר לומר עליו כי שק ר"ת שונא קדושים ובצירוף הוא ק"ש והם קש ותבן שבתבואה והם קשים כגידים. לתתא אית קליפין במטטרון, הוא עץ הדעת טוב, ורע סביבו, כדמות הקליפה ופרי. דאיהו בדיוקנא וכו', כוון לבאר לנו כי כל מה שאנו אומרים כי הקליפות נכנסים בתוך הקדושה ושולטים עליה וכדומה לזה הוא הענין במטטרון שהוא כנגד התפארת והספירות. והתפארת מתכסה ומתעלם לפעמים בתוכו כדפי' בשער אבי"ע. ומטעם זה אנו אומרים שהם נכנסים בספי' כי הנוגע בלבוש המלך כנוגע במלך עצמו. וידענו כי יקשה לפי זה אל המעיין מהמאמרים רבים מהזוהר ובפרט בפ' אחרי (דף ע"ט) וז"ל (תנן) דתנינן בשעתא דחיויא תקיפא אתער בגין חובי עלמא, שארי ואתחבר עם נוקבא ואטיל בה זוהמא, אתפרש דכורא מינה בגין דהא אסתאבת ואתקריאת מסאבא ולא אתחזי לדכורא למקרב בהדה כו' בזמנא דהיא אסתאבת עכ"ל. וידמה המעיין כי מה שאמר שהטיל בה זוהמא הוא ששמש הוא עמה ח"ו והטיל בה זוהמא כמ"ש שבא נחש על חוה כמשמעו ח"ו חלילה וחלילה כי מי נגע ידו בכך ונקה. ודברי הרשב"י ע"ה הם מים עמוקים כו' ואיש תבונה ידלנה. כבר כתבנו בשער הצנורות (פ"ד) מענין ב' צנורות שביסוד א' אל הימין וא' אל השמאל כי מבשרי אחזה אלוה וכמו שבאדם שני נקבים א' אל הזרע הקדוש וא' אל המותר הטמא כן למעלה המותר מתהוה בגבורה כי שם צרוף הכסף והזהב כדפי' בפ"ק. והנה ברבות הזכות והיושר והאושר והצדק והכושר בעולם הזה אז המלכות מתעוררת מצד נשמות הצדיקים שהן מיין נוקבין והם סבת התעוררות כמבואר בשער מהות וההנהגה. ואז יונקת מצד השמן הטוב ועולתה קפצה פיה והרשעה כולה כעשן נמלחה. וכאשר בני העה"ז להפך אז יונקת המלכות מצד המותר מן הצנור המשפיע סיגי הכסף וסיגי הזהב שהוא השפע הטמא הראוי אל הקליפה. והענין כי אחר שאין למלכות במה להתעורר ולתבוע השפע ואין זכות במה לתלות, אז מתעורר הנחש ומלמד קטיגורא עם העונות והעבירות הנעשים בעולם ומתחיל לקנטר ולקטרג, ואומר רבש"ע מה ראית להשפיע ברכות וטוב על ישראל הרי בני שהם ע' אומות שנשמתם נאצלת מן הקליפה מגלי עריות וישראל מגלי עריות אלו עובדי ע"ז ואלו עובדי ע"ז וכיון שכן תן לי חלק בניי ואז מתעורר ח"ו כח הדין החזק על שונאיהם של ישראל. וכן בארו בתיקונים (תקונא כ"א ד"ן) וז"ל ואינון לרחקא השטן מנייהו דלא יתקרב לגבי כורסייא דאיהו לבא לתבעא דינא על איברין קדישין דאינון ישראל ולבא שכינתא בינייהו עכ"ל. ר"ל לרחקא השטן מנייהו דלא יקרב לגבי כורסייא, דהיינו כסא הכבוד עולם הבריאה. ובהיות הקליפה נכנסת בעולם של מטטרון כדפי', היא מתקרבת אל הכסא בודאי כדפי' בשער אבי"ע כי עולם הבריאה הוא הכסא. ודקדק לומר כי קורבתו שם הוא לתבעא דינא, דהיינו שאומר אלו מגלי עריות ואלו מגלי עריות וכו' ואז הדין נשפע אל השכינה על שונאיהם של ישראל, והיינו לבא ואיברין דקאמר. ובסבת צעקתה המלכות אינה יונקת מצד הצנור הקדוש אלא יונ' מצד הצנור השמאלי שבו יושפע המותר והסיגים ואז הנחש כרוך על עקיבה לקבל השפע המר הזה כי זו כחו לאלוהו. ואז השכינה טועמת מרורות השפע הרע ההוא. וזהו ענין ואטיל בה זוהמא שאין הכונה שיעלה למעלה ח"ו אמנם הכונה כי ע"י התעוררותו יושפע עליה מר ממות. והנה השפע המר הזה הוא דם נדות וזהו כתמים המטמאין ואז האשה מטמאה את בועלה כנדה עצמה. וכבר נודע כי לא כאלה חלק יעקב כי נחלתו נחלה בלי מצרים ובשמחתו לא יתערב זר ולכן לא תבא אל המלך. שהיא נטמאת ח"ו ואז לא יבא אליה המלך כ"א אחר תטהר ותגלה אור פניה אשר נסתרו וחשכו מאוריה. ותספור ימים מספר שבעתים כדי שתהיה אור הלבנה כאור החמה ואז תטבול במי מקוה של מ' סאה שהוא היכל נודע שבו תקבל המלכות טהרתה וקשוטיה ומבואר בתיקונים ובר"מ בארוכה ואח"כ תתייחד עם בעלה. ולכן תמצא כי אחר הרוגז הגדול סופו רחמים ורצון. והנה אין הקליפות לעולם נכנסים תוך הקדושה ח"ו ודי בזה הערה אל המעיין ואזהרה לבל יכשל לעולמי עד:

פרק שביעי:

נחזור לבאור המאמר שהיינו בו ואינון קליפין וכו'. עיקר כונתינו בפ' זה בביאור שאר המאמר הזה הוא על ענין שאלה עצומה נופלת בדרוש הזה. כי המובן מתוך המאמר הזה וממאמרים אחרים רבים נראה שהקליפות הם ג' מלבד אותה הדקה שהיא קול דממה דקה כמו שנבאר. ולמעלה בפ"ד בארנו בפי בשם הרשב"י ע"ה ושאר המפרשים כי הקליפות הם י' כנגד י' ספירות מפורשות ידועות בשם. וקשה דידיה אדידיה, כי במ"א אמר שהם י' ובמקום א' אמר שהם ג' או ד'. ובתירוץ שאלה זו צריך שנדע כי הקליפות הם לפני הקדושה כקוף לפני בני אדם וכמו שהקוף לפני האדם עושה כל מעשה האדם דרך לעג רוצה להדמות ואינו נדמה. כן הטומאה

והקליפה עושה כמעשה הקדושה, אם בענין הנשמות אם בענין הפעולות אם בענין הגוונים. וכמו שהאצילות נכלל בג' קוים קו החסד קו הרחמים וקו הדין כמו שהארכנו בשער מהות והנהגה בסופו, כן הטומאה נכללת בחס"ד די"ן ורחמים. לא חסד חסד ממש אלא חסד הוא כתרגום של חרפה שהוא חסודא. והרחמים רחמי רשעים אכזרי. והדין אין צריך לביאור כי הוא רצועה בישא להלקות הרשעים, ועוד שהוא עוות הדין כדפי' בזוהר (חדש דף ק"י ע"ב) במדרש איכה בפסוק (קהלת יב ג) והתעוותו אנשי החיל ויתבאר ענין דינם עוד בהיכלות. וכן בענין הגוונים לבן משם לבן הארמי ומשם זקן וכסיל זקן אשמאי. וכן ירוק סימן לעביר' הדרוקן. וכן אדום מן האדום האדום הזה. ושלשה הגוונים האלה נגד שלשה גוונים קדושים שבקשת וענין זה ביאר הרשב"י ע"ה בתיקונים (תקונא ל"ז דע"ח.) ז"ל ג' קליפין אינון בערלה לקבל תלת קליפין דאגוזא ועלייהו אתמר והארץ היתה תהו ובהו וחשך. תהו קו ירוק קליפה קדמאה, בהו קליפה תניינא, חשך קליפה תליתאה. ותלת אילין דא על גב דא לקבל תלת גונים דעינא דאתמר בהון ולא תתורו אחרי לבבכם ואחרי עיניכם וגו'. לקבלייהו תלת גוונין דקשת דבהון נהרא בת עין דאיהי נקודה אות ברית. עלה אתמר וראיתיה לזכור ברית עולם וכו' אימתי לבתר דמתעברין תלת קליפין בישין מינה. ובזמנא דאיהי מתלבשא באילין קליפין איהי אמרת אל תראוני שאני שחרחורת וכו' עכ"ל. הנה בפי' כי ג' קליפות אלה הם נגד ג' גווני העין וכבר ביארנו למעלה בשער המציאיות בשם הרשב"י כי ג' גווני העין הם ג' אבות וכן בארנו בערך שבת בשער ערכי הכנויים. וכן אמר שהם ג' גווני הקשת וג' גווני הקשת הם נגד ג' אבות שהם אבות לחס"ד די"ן ורחמי"ם, אדו"ם לב"ן ירו"ק. ומטעם שהם נגד חד"ר לכן ביטולם וגידועם [ח] הוא על ידם. וכן ביאר הרשב"י ע"ה בתיקונים (תקונא י"ח דף ל"ד ע"ב) וז"ל וברי עד די אלין קליפין דאגוזא מתעברין ומתחברין בתקיע"ה ושברים ותרועה. שברים דבהון שבר תשבר מצבותיהם דאינון קליפין דאגוזא, ובתרועה תרועם בשבט ברזל, ובתקיעה והוקע אותם לה' נגד השמש עכ"ל. וכבר נתבאר בשער השמות ובשערים הקודמים כי תקיעה תרועה שברים הם נגד ג' אבות חסד דין ורחמים ובארנו גם כן בשער ערכי הכנויים. ובזה ניתרצה שאלתינו כי הם עשר ונכללים בג' כדפי'. אמנם צריך לדקדק כי אחר שהם נכללים בג' שהם נגד ג' אבות למה הם הפך סדר הקדושה כי בקדושה הם לבן חסד ראשונה ואח"כ ירוק באמצע נגד הת"ת והאדום לשמאל נגד הגבורה, ובהערלה הם להפך כי ראשונה היא קליפה ירוקה ואחריה לבנה ואחריה חשך ואש שהכל א'. וביאר הסדר הזה הרשב"י ע"ה בתיקונים (שם למעלה מזה) וז"ל וארא והנה רוח סערה באה מן הצפון דא קו תהו קליפה ירוקה דאגוזא דאיהו קו ירוק. ענן גדול קליפה תניינא חיוורא דאגוזא ודא בוהו. ואש מתלקחת קליפה תליתאה דאגוזא [ודא חשך. ונוגה לו סביב דא קליפה ד' דאגוזא דאיהו] אתאחדא במוחא ומתוכה כעין החשמל דא מוחא עכ"ל. והנה ביאר בפי' כי הראשונה ירוקה והשנייה לבנה והג' היא חשך ואש. ונראה לתרץ במה שביאר הרשב"י ע"ה בפ' ויבדל אלהי"ם בין האור ובין החושך (בראשית א) ובפ' הבדלו מתוך העדה הזאת (במדבר טז כא) כי הטומאה והקליפה אינה רוצה בהכרעה ולפיכך נבדלו קרח ועדתו שלא רצו בהכרעתו של מרע"ה ונפלו לגיהנם ורמזנו ענין זה בשערים הקודמים. ומטעם זה אין הקו הירוק המכריע הוא הקו האמצעי באמצע בין הקליפה הלבנה והאדומה להורות כי הם שרש התגר והקטטה ואין ביניהם שלום כלל ועקר. וקדמה הירוקה כי כיון שנדחית מבין שני הקצוות נטה כלפי החסדים והחרפות כדרך הקדושה אלא שנטה מכל וכל ולא הכריע ביניהם. כי הלבנה תכלית הקושי והאדומה רפה מציאותה ואם היא קשת ההפרדה והחילוק כי היא נדבקת עמה תכלית הדיבוק כאשר נבאר בעה"ו ונמצאו שני הקצוות יחד והאמצעי דחוי לחוץ כדפי'. ונחזור לענין המאמר לפי שג' קליפות הם נגד ג' אבות שהם ג' חיות המרכבה ולכן הם קליפות לחיות שבמטטרון. ואמר כי הם ג' קליפות מפורשות בשמות. הראשונה תהו קו ירוק רוח סערה ביחזקאל ורוח חזק באליהו. וכבר נודע כי הרוח הוא המכריע בין האש ובין המים בצד הקדושה. ובטומאה דחו אותו לחוץ ונטה לצד החסד והחרפות כדפי'. הב' בהו אבנים מפולמות ופי' מפולמות חזקות כן פי' בערוך בע' מפולם אבנים מפולמות בריאים לחים וחזקים וכן היא קליפה קשה מכלם כי הקליפות הם הפך הקדושה והם לחים שופעות מים הם מי המרים המאררים. וכן נקרא רעש וענן גדול וכו' כן הענן מצד המים בחסד וכן הענן הזה טמא במקום טהור. והשלישית אש וחשך כי כבר מפורסם כי האש שבצד הטומאה הוא חשוך כי השחור אדום הוא אלא שלקה כדפי' בשער הגוונים. ותחת ג' קליפות אלו, היא קליפה מתקרבת אל המוח המתקרבת אל הקדושה שהוא באויר [והיא

קלי' נוגה] והיא כמעט קדושה כמו שנבאר בשער היכלות הקליפות והיא חלוקה רביעית והוא מה שבין טהור לטמא שהוא בינוני וברור הוא. אמנם יש לתמוה שאין אויר באגוז בין הקליפה דקה למוח אבל הוא קודם לקליפה הדקה. ואין זה ספק כי האויר שאנו אומרים היא האויר שיש קצת כשתבדל זו מזו ר"ל הקליפה הדקה מהמוח. או נאמר שכאשר היא לחה שנוחה להתפרק כמו שביאר המאמר אז יש הבדל קצת בין זו לזו. או גם נאמר כי באגוז נדבק הקליפה הדקה אל המוח לקרבתה ג"כ אל הקדושה. איך שיהיה האויר שהוא התהום הוא הקליפה היותר קרובה אל הקדושה מהג' הקודמות ועל הג' נאמר לא ברוח ה' לא ברעש ה' לא באש ה' אמנם בקול דממה דקה נאמר בה ה'. וזהו ונוגה לו סביב ומתוכה כעין חשמל כי הקליפה הזאת הרביעית מתקרבת אל הקדושה ביותר ע"כ לפעמים אין הרשב"י ע"ה מזכיר אותה עם הג' ואין נכללת בי' הטומאות כלל. ולזה בנטע האילן אמר הכתוב (ויקרא יט) שלש שנים יהיה לכם ערלים כי לעולם הקליפה קודמת לפרי אמנם בשנה הרביעית יהיה כל פריו קדש הלולים לה'. כי כמו שפטר חמור קדוש כי אסור להשתמש בו וצריך פדיון וזהו מטעם כי בהיותו בכור נתקרב אל הקדושה ואם לא יפדהו צריך עריפה כדי שלא יגביר עליו כח הקליפה ונמצא מתפרש ממקום הקדושה כן הפרי של שנה הרביעית הוא קדוש וצריך פדיון. והנה פטר החמור אע"פ שיתן אותו הבעלים לכהן אין הכהן יכול להשתמש בו אם לא יפדה אותו בשה אבל נטע רבעי אם ירצה יאכל הפרי בעצמו בירושלים או יפדהו ואוכל דמיו בירושלים כדין כל מעשר שני. והטעם כי החמור הוא חלק הטומאה ממש וחלקו חזק לכך צריך פדיון. ואעפ"י שיהיה ביד כהן עדין יש ספק שלא יצא לתרבות רעה, ואפי' ביד כהן שהוא הימין צריך פדיון. אבל נטע רבעי בהיותו אוכל אותו בירושלים שאין שם קליפה לא דקה ולא גסה כלל די ובזה ברור לנו שלא יצא מקדושתו אבל אם ירצה לאכול אותו בגבולין צריך פדיון שאין כח הקדושה מתחזק כל כך בגבולים כמו בירושלים ששם מקום החשמל ולכן נוגה יהיה לו סביב ולא יצא לחוץ. ע"כ. והנה נשלם הפרק הזה ונכלל השער הזה בס"ד:

שער כ"ו שהוא שער היכלות הקליפות

כבר רמזנו למעלה כי הקליפות האלה הם דומים בענינם אל האצילות כקוף לפני בני האדם ולכן כמו שיש בקדושה ד' היכלות שהם משכן ולבוש אל י' ספירות כן בטומאה הם ז' היכלות שהם לבוש אל עשר מדרגות. ולא שידמו ממש כי למעלה מהיכל שביעי בקליפות אין טומאה כלל ואין כן בקדושה כי למעלה מהיכל ו' כמה וכמה מדרגות הכסא כדפי':

פרק ראשון:

בהיכל ראשון הוא הנקרא בור והבור רק וכל הבא ליכנס בו אין לו סומך שיאחז בידו שלא יפול אלא כלם דוחין אותו שיפול בתוכו. בהיכל זה ממונה א' ושמו דומה והוא עומד כאן בהיכל הזה ועומד בפתח היכל ראשון מהקדושה מבחוץ עם כמה מלאכי חבלה לאחוז בנשמות שדוחה המלאך הקדוש טהריא"ל, כדפי' בשער היכלות הקדושה בפ"א. ותחת הממונה הזה דומ"ה יש ממונה אחר ושמו פתו"ת ותחת ידו כמה אלף ורבוא מלאכי חבלה והוא עומד לפתות בני אדם מדרך טובה להביט בניאוף ובזנות, כשמו כן פעולתו. וכל מלאכי חבלה שעמו הולכים לפני בני אדם להיות עיניהם אל העבירה והממונה זה נקרא ג"כ סרסרים (נ"א סרסורי"ה] כי הוא סרסור העבירה. והממונה הזה עומד על הקבר בזמן שהגוף נדון ושובר עיניו מפני שהטה אחרי עצתו. כי כן דרך הקליפה להשטין למטה ועולה ומקטרג למעלה ויורד ונוטל נשמתו וכל הנמשך אחריו נוטל הוא עצמו נקמתו ממנו. לפנים בהיכל זה כמה נחשים ועקרבים הנושכים הנשמה כשהיא נכנסת שם. ועל כל ההיכל הזה יש ממונה א' ושמו גמגימ"א [נ"א גמגומ"א] והוא אדום כוורד והוא עומד להשטין כשתפלתו של אדם נדחית מהיכל א' של קדושה כדפי' בשער היכלות פ"א. וכאשר זה מקבל התפלה ההיא הנדחית, עולה עמה עד היכל ז' של קליפה ומשם מלמד עליו חובה ומזכיר עונותיו. וזש"ה (איוב א) ויבא גם השטן בתוכם ג"ם הוא שם השטן שהוא גמגימ"א [נ"א גמגומ"א]. ממונים לאחוז בכל מיני דברי ניבול או דבר פגם שמוציא האדם בשפתיו ושומרים אותו וכאשר האדם אח"כ מוציא מפיו דברי קדושה כמו דברי תורה או תפלה אז מטמאים את [נ"א נטמאים אותם] הדברים הקדושים בטומאה ההיא שהוציא מפיו קודם לכן, ואז כביכול תשש כח קדושה ואז אוי לו אוי לנפשו של החוטא ההוא. עוד בהיכל הזה על כל אלו הממונים ממונה אחד ושמו (טפסריני"א) נ"א ספסיריט"א ותחת ידו כמה מלאכי חבלה והם ממונים על כל אותם הדברים שאדם זורק בכעס מידו ולוקחים הדבר ההוא ומעלים אותו למעלה ואומרים זה קרבן של פלוני שהקריב אלינו ומכריזים ווי לפלוני שזנה אחרי אלהי נכר ובת קול יוצאות שנית ואומרת אוי להם כי נדדו ממנו וההיכל הזה נק' שטן בור:

פרק שני:

בהיכל שני והוא הנקרא שח"ת והוא טמא והוא חשך. בהיכל הזה ג' פתחים לג' צדדים. בפתח אחד עומד ממונה אחד ושמו עסטירי"א ותחת ידו כמה אלפים ורבואות ממונים על אותם שהם מוציאים שכבת זרע לבטלה שאינם רואים פני שכינה ואלו באים ומטמאים אותם בעולם הזה ואחר כך כשנשמתו יוצאת אלו אוחזים אותו ומכניסים אותו להיות נדון בהם ואלו נקראים שכבת זרע רותחת ואלו לוקחים חימום העבירה והזרע ומעלים אותו למעלה וגורם להיות ח"ו ברית קדש נכנע [נ"א נכנס] תחת הקליפות. בפתח שני יש ממונה אחד ושמו טסקיפ"ה והוא ממונה על כל אותם הבאים על הבהמות או על העריות החמורות שבתורה ותחת ידו כמה אלפים ורבואות מלאכי חבלה ודרכם עם האיש הזה כדרך אותם אשר אמרנו למעלה. בהיכל הזה יש ממונה אחד ובידו כוס [נ"א ששמו כו"ס] התרעלה וכל אותם הרוגי ב"ד שנהרגו ושתו כוס התרעלה בעולם הזה נצולו מכוס תרעלת עולם הבא. ואיזהו כוס התרעלה, בצאת הנשמה מהגוף הממונה הזה [שבידו] כוס התרעלה אוחז בו ומשקהו כוס תרעלה ובכוס ג' טפות הא' חצ"ץ והאחד מר ממות והאחד קובעת. ובהיכל הזה עומד ממונה אחד ושמו ניאציריא"ל וממנו יוצאין הג' טפות שאמרנו ונכנסות בכוס התרעלה ומשם משקין אותו ביום המות והם הג' טפות שבחרב של מלאך המות שאמרו רז"ל (במס' ע"ז ד"כ ע"ב). בפתח ג' יש ממונה אחד ושמו סנגדיא"ל והוא ממונה על כל אותם המכניסים ומטמאים ברית קודש בבת אל נכר. וכל אותם המטמאים עצמם בנכריות כאן הם מצטיירים צורות הנשים אשר טמאו עצמן בממונה הזה ובכמה אלף ממונים אשר תחת ידו. ובצאת נשמתו מטמאין אותה בצורה ההיא ונקשרת עצמה בהיכל הזה וז"ש רז"ל (במס' סוטה דף ג') ולא שמע אליה לשכב אצלה להיות עמה, לשכב אצלה בעה"ז להיות עמה לעה"ב. בתוך ההיכל הזה רוח א' טמא ובו תלויים כל הכשופים וכל מיני נחושים וכלם תלויים בטומאת

זרע רותח וזה היה חכמת בלעם הרשע שהיה מטמא עצמו באתונו ואז היה מצליח בכשופיו. ועל זה נקרא ההיכל הזה שח"ת טמא כי טמא הוא וטמא יקרא. תחת הרוח העליון הטמא הזה יש בהיכל הזה עוד רוח טמא ושמו סרטי"א וכמה אלף ורבואות מלאכי חבלה תחתיו והם מזומנים בשעה שיורד החלום מצד הקדושה הרוח הזה וכל מלאכי חבלה שעמו יורדים עם החלום ההוא ומתערבים עמו ומודיעים לאיש ההוא דברי שקר דברי התול עם החלום הצודק וכן ארז"ל (ברכות דף נ"ה) כשם שא"א לבר בלא תבן כך א"א לחלום בלא דברים בטלים. ומצד ההיכל הזה יוצאים שני רוחות מתהפכים לפעמים אנשים לפעמים נשים וכאשר נוסעים רוחות טמאים עליונים מצד נסיעתן מתהוים השנים להבים ושלהובים והולכים ומתפשטים בעולם ומתראים לבני אדם בחלום כדמות נשים יפות ומטמאים אותם בקרי וכל זה הוא לנמשך אחרי דבריהם ומושך במעשיו את רוחם עליו וזהו שהזהירה התורה ונשמרת מכל דבר רע כדפירשו רז"ל (במס' כתובות דף מ"ו) שלא יהרהר אדם ביום ויבא לידי קרי בלילה ח"ו. וכענין הזה פי' בזוהר פרשת תרומה (דף ק"ל.) וז"ל חד ממנא קיימא לההוא סטרא על ההוא נוקבא דצפון בכל אינון חבילי טהירין סנוגי"ריא שמיה. ובשעתא דההוא תננא עקים אורחיה וסליק, האי ממנא ושתין אלף רבוא משריין אחרנין כולהו מתעתדן לקבלא ליה ולאתזנא מניה וקיימן בההוא נוקבא ועאלין בחד פתחא דאקרי קר"י ודא איהו רזא דכתיב (ויקרא כו) ואם תלכו עמי קרי וגו' וכתיב והלכתי עמכם בחמת קרי בההוא רוגזא דנפיק מפתחא דקרי. ואלין אינון דמשטטי בליליא. ובשעתא דנשמתין נפקין לסלקא לאתחזאה לעילא אלין נפקין ומקטרגין לון דלא יכלין לסלקא ולאתחזאה לעילא בר אנון חסידין קדישין דאינון בקעין רקיעין ואוירין וסלקין. ואלין חבילי טהירין נפקין ומודעין מלין כדיבין לבני נשא ואתחזיין לון בדיוקנין אחרנין וחייכאן בהו עד דאושדין זרעא ואקרון מאריהון דקרי בגין דאינון דנפקין מפתחא דקרי גרמו לון. ובשעתא דמתעכלין אמורין ופדרין ההוא תננא הוה רוי לון וזן לון כפום יקרא דלהון הכי מזונא דילהון מה דאתחזי לון ובהאי לא נפקי ולא משטטי בארעא קדישא עכ"ל. ומה שאמר ההוא תננא עקים ביאר אותו למעלה מן הענין ופי' כי בתמיד של שחר ובתמיד של בין הערבים לא נצחה הרוח את עמוד העשן אבל בלילה העשן מעצמו היה מתעקם לצד צפון להיות נזונים ממנו אלה בעלי הקרי כדי שלא ישוטטו בארץ ישראל. ובענין בעלי קריין נתבאר עוד בזוהר פרשת בראשית (דף נ"ה.) כי נעמה היא אמן של שדים והיא מזרע של קין ואחריה טעו בני האלדים עז"א ועזא"ל ובני בניה הם המטעים בני האדם בענין חימום ולפעמים גם כן הנשים מתחממות ומתעברות מהן ויולדות שדין ורוחין בישין. ואפשר היות כל הרוחין נתהוין מזה ההיכל להטעות בני אדם ומתלבשין בצורת בני אדם ע"י נעמה. עוד מפורש שם כי אדה"ר בק"ל שנים שפירש מאשתו קודם שהוליד שת היה מוליד רוחות ושדים שמלאכתם להתעות בני האדם בענין הקרי וצורתם כצורת בני האדם ואינם מתהפכים מצורה לצורה כדרך שאר השדים אלא שאין להם שער בראשם ואפשר הטעם להורות שאין להם שרש למעלה כי השערות מורים בסוד השרשים העליונים כמו שנבאר בשער הנשמה ואפשר שהם כחות מזה ההיכל שנתלבשו ונתהוו על ידי אדם בשנים ההם ופי' שם (דף מ"ז ע"ב) כי אלו הם נקראים נגעי בני אדם:

פרק שלישי:

בהיכל ג' והוא נקרא היכל אופייל והוא יותר חושך ואופל מן הראשונים והוא נקרא דומה. כי אעפ"י שאמרנו שהוא יורד בהיכל א' עיקרו בהיכל זה וכנגד זה נקרא יצה"ר שונא. בהיכל הזה ד' פתחים ועליהם ד' ממונים כאשר נבאר. בפתח א' ממונה א' ושמו (קטריט"יא) (נ"א סקפורטי"א) והוא עומד בכח הרוגז כאשר הדין מתוח בעולם והוא כשלון הרשעים על זה נאמר (משלי ד יט) דרך רשעים כאפלה לא ידעו במה יכשלו. הממונה הזה עומד על פרשת דרכים להכשיל במגפתו אותם ההולכים יחידים בדרכים ובשווקים ויכול להזיקם אם יפגע בהם וזה כאשר הוא שולט בעולם בתוקף הדין המתוח ח"ו. בפתח ב' ממונה א' נגדיא"ל (נ"א סנגדיא"ל] שמו ותחת ידו כמה אלפים ורבואות מלאכי חבלה וכלם עומדים לקבל פתקי הדין מחוץ להיכל ג' היכל [נ"א מהיכלי] הקדושה וכאשר הוא מקבל פתקי הדינים יורד לשתי היכלות הקודמים שהם שחת ובור ושם יש לו כמה אלפים ורבואות מלאכי חבלה וכלם משוטטים בעולם להשלים הדין ההוא. בפתח ג' ממונה א' ושמו אנגיריהו"ן (נ"א אנגריו"ן] והוא ממונה על הקדחת השורפות בתוך העצמות וכל מיני חלאים רעים המקדחין והשורפין הגוף וממנו יוצאים כמה אלפים וריבואות הממונים על הענין הזה כמותו. בפתח ד' ממונה אחד ושמו אסכ"רה וזה ממונה על הריגת ומיתת התינוקות

(עד בן י"ג שנה) ומתראה כאשה המגדלת ומניקת אותן ומשחקת עמהם ומחנק' אותן ונשמתן [נמסרת] ביד עזריא"ל המלאך שבהיכל ג' שבקדושה כדפי' שם. באמצע ההיכל הזה עומד רוח א' ונקרא אגירוסי"ון [אגיריסו"ן] וזה ממונה על מיתת הבחורים מבן י"ג שנה ועד בן כ' שנה שעליהם נאמר (משלי יג כג) ויש נספה בלא משפט כי לפי שאינם נשמרים מן החטא כשהם קטנים מפני רוע מוסרם ורואה בהם סימן שיחטאו ויפסדו והורג אותם קודם שיבאו לידי חטא וע"ז נאמר והנה טוב מאד זה מלאך המות. מהיכל זה מתפשטים שני רוחות ושמם אף וחימה את אלו ראה מרע"ה ברדתו מן ההר ואמר (דברים ט יט) כי יגורתי מפני האף והחימה ותחת ידם כמה אלפים ורבואות מלאכי חבלה וכלם ממונים על כל אותם השומעים חרם או שמתא מפי בעל תורה ואינם שמים על לב וכן על כל אותם המתלוצצים בדברי תורה או בדברי חכמים. וכן כלם חונים והולכים לקנטר על כל אותם העוסקים בתורה וכן במעשה מצוה כדי שלא ישמחו בה ויעצבו עמה. תחת הרוחות האלה יש רוח א' ושמו סכסיכ"א וכאשר האדם מלשין את חבירו או מסכסך עליו זה מתעורר עם המלשינות ההיא לרשום הענין ולהרוג במלשינות ההיא. בא וראה אע"פ שהקב"ה קבע לכל חיות ונחשים זמן לפשיטת עורם עכ"ז [הכל] תלוי בלשון הרע ובמלשינות כשהאדם מלשין את חבירו נחשים תחתונות מתפשטות מעורם ונותנים קולות ואותם קולות עולים למעלה בהיכל הנקרא בור ששם כמה נחשים ועקרבים כדפי' לעיל וכלם מלמדים קטיגוריא לעורר הנחש הקדמוני הנחש הגדול והוא פושט את עורו, וכל קשקשותיו ר"ל מחנותיו וחייליו מתפרד מהם ומורידם למטה בהיכלות והוא עולה ללמד קנטורייא במלשינות ההיא ואלמלא הפשט עורו אין אדם יכול לעמוד מפניו הרחמן יצילנו. וכל זה מפני תוקף המלשינות ולשון הרע ולא לחנם ארז"ל (ערכין דף ט"ו) שהיא עבירה ביותר וחמורה כע"ז וג"ע וש"ד:

פרק רביעי:

בהיכל ד' והוא נקרא חוב"ה ונקרא טי"ט היו"ן ונקרא כנגד זה יצה"ר אב"ן מכשול. היכל זה נקרא חובה מטעם שהוא כנגד היכל זכות. וכל חובות בני אדם ועונותיו ישנם בהיכל זה וכמה מלאכי חבלה שמקבצים אותם ומכניסים אותם בהיכל זה. וביום הדין בר"ה כששוקלים חובה וזכות אם כף הזכות (מכריע מכחות צד הקדושה אוחזין בו) [של צד הקדושה מכריע הוא קדוש] ודנין אותו לחיים, ואם כף חובה מכרעת כמה מבעלי חובה אוחזים בו ואומרים שלנו הוא שלנו הוא ושמחים בו ודנין אותו למיתה. בא וראה כמו שהאדם מתנהג בעולם הזה כן נמשך ונשפע עליו מלמעלה אם רודף אחר היצר הטמא והעבירות רוח הטומאה רודף אחריו ומסייעו ליטמא יותר וגורם לו לבא לידי עבירות יות חמורות וטומאות רצוצות יותר מן הראשונות ואם האדם מטהר עצמו ורודף אחר הקדושה ומקדש עצמו רוח הקדושה נמשך אחריו ונשפע עליו ומטהרתו ומקדשתו ומלבשתו ענוה ויראה ומביאתו לידי טהרה יותר גדולה כמו שארז"ל במסכת ע"ז (דף כ') זהירות מביא לידי זריזות וגו'. בהיכל זה הוא מקום כל אותם הנקראים אלהים אחרים והם אותם המפתים לב"א בתענוגי עה"ז ובניאופים ובזנות. ועל כל אלו [הנקראים] אלהים אחרים יש רוח שולט על כלם והוא נקרא א"ל נכ"ר והוא המפתחה הלומדים בתורה בבית המדרש במחשבות רעות זרות ובטינופים ואומרים לו מה אתה עומד כאן ומפסיד ימי בחרותך בעסק הלימוד ומתיש כחך הלא יותר טוב לך לשמוח בילדותך בנאופים ובזנות. וכאשר האדם נפתה אחריו הולכים אחריו כמה בעלי טומאה לטמא אותו בעולם הזה וכל אלו נקראים צוא"ה רותחת שעומדים לטנף האדם כדפי'. באמצע ההיכל הזה יש רוח א' ושמו נגע וממנו מתפשט רוח א' ונקרא נגע צרעת והם עומדים לטמא לכל אותם בעלי לשון הרע יותר על כל אותם המטמאים אותו. והנגע העליון אשר אמר הוא ממונה לקלל לכל אותן שלחנות שלא נסדרו בשבת כראוי וכלם ערוכים לפניו והוא מקלל אותם קללות נמרצות שאין להאריך בהם הרחמן יצילנו. וכדרך הקדושה לטוב כך דרך הטומאה לרע. בהיכל הזה תלויים לרעה כל הדברים חוץ מבני חיי ומזוני [א] שהם תלוים למעלה בשאר ההיכלות ויורדין להיכל זה ומשם יוצאין מקטרגים לרעה אם למעט בניו של האדם (או) להמיתם או למעט מזונותם הרחמן יצילנו. מהיכל זה יוצא רוח א' טמא ונקרא ארי"ריא ותחת ידו כמה אלפים ורבואות מלאכי חבלה וכלם נקראים אוררי יום והם ממונים על המקלל עצמו בכעס ועל שבועות האלה (והקללות) ולוקחים הקללה ההיא ומעלים אותה למעלה ומעוררים עמה נחש הקדמוני הלויתן נחש עקלתון שיעלה ומעורר קללות נמרצות ח"ו וזהו שהיה מכוין איוב (ג ח) באמרו יקבוהו אוררי יום שהם אלו העתידים לעורר לויתן שהוא נחש עקלתון הרחמן יצילנו:

פרק חמישי:

בהיכל הה' והוא נקרא שאול כנגד זה נקרא יצר הרע ער"ל וזהו עיקר הערלה. בהיכל זה יש פתח א' ועליו ממונה א' ושמו איבה והוא מעורר מדנים ואיבות בעולם ועל שמו נקרא ההיכל הזה איבה. בהיכל זה יש רוח א' טמא שהוא שולט על הכל ושמו שוד"ד והוא מעורר שוד ושבר והוא רובץ בהרים הרמים בין סלעים וצורים ויערות. מהיכל זה יונקים כל אותם שודדים ומשם יוצאים כל אותם הרצחנים וההורגים והולכים אחר לה"ט החרב המתהפכת להרוג הכל [משם יוצא רוח א' ונקרא שו"ד] וכאשר יש רעב בעולם ח"ו הרוח הזה הנקרא שו"ד מזדווג עם רוח אחר הנקרא כפן. זה לשודד בני העולם ולהמיתם וזהו הנקרא שוד, וזהו לקלל המזון שבמעיהם שלא ישבעו והוא הנקרא כפ"ן. וכאשר יש בישראל גומלי חסדים בזמן הרעב גורמים לאלו שלא ישלטו בעולם על ישראל ושולטים על אומות העולם ונכנעת צד הטומאה וישראל מתברכים. וכאשר ח"ו אין בישראל מי שיגמול חסד ואומות העולם גומלי חסדים אז ח"ו מתגבר הקליפה, וא' מאלו משפיע לאומות ויונק כל שפע הקדוש. וע"ז נאמר (שה"ש א) שמוני נוטרה את הכרמים, [אלו אוה"ע]. כרמי שלי לא נטרתי, אלו ישראל. שכל השפע יורד מקדושה אל צד אחר ח"ו. תחת אלו שאמרנו יש רוחות טמאים ונקראים ערלה והם זמורי ערלה וענפי ערלה ועל כלם ממונה א' ונקרא גז"ר דיני"א והוא ממונה על כל אותם שאינם שומרים שני ערלה ועל אותם המעכבים את המילה וזה טעם חתן דמים למולות (שמות ד כו) שאמרה צפורה. והוא ממונה על האדם כאשר מטמא בריתו להכניסו בשאול ואבדון לדונו שם. באמצע היכל הזה יש רוח א' שהוא אורב על הדרכים ועל המקומות לראות אותם שעוברים על התורה להלשינם למעלה להכניס איבה בין העליונים והתחתונים וכן כלם עומדים לפתות את האדם מדרך טובה לדרך רעה ואח"כ עולה ומקטרג עליו והורגו ונמצא מוציאים אותו מהעוה"ז ומן העה"ב. ואין לך אי"בה גדולה מזו, וע"כ נקרא היכ"ל איב"ה. והרוח הזה נקרא אפריר"א והכונה עפרא דקטמא שאינו עושה פירות ואינו מגדל צמחים הפך מעפר הקדוש (שהיא המלכות) שהוא עושה פירות. והטעם כי כבר נתבאר כי כל רוח הטומאה מסורסים הם. וזהו מעפר שריפת החטאת כי הוא אחוז בחטא שהוא נחש עקלתון ועוד כי כשאדם חוטא העפר הזה מתגבר ע"י הנחש וזהו כלול במי המרים המאררים וזהו עפר המשכן שהיה משקה ממנו הכהן לסוטה מפני שזנתה ונטתה אחרי הנחש הזונה לזה משקים אותה מעפר קרקע המשכן שהוא העפר [ב] במי המרים ושולט בה הרוח הזה ומכלה אותה ואלו הם מים אחרונים חובה. השם יצילנו:

פרק ששי:

בהיכל ששי ההיכל הזה עליון על כל ההיכלות כמו צד הקדושה כי גם את לעומת זה עשה האלהים כדפי'. בהיכל הזה ד' פתחים ובה ד' כחות טמאים א' מות וא' רע וא' צלמות וא' אופל. אלו עומדים לעולם להרע ולהשטין. וארבעתם מתיחדים כא' כמו הד' של צד הקדושה ועל היחוד הנז' נקראת בי"ת חב"ר כדכתיב (משלי כא ט. כה כד) מאש"ת מדיני"ם ובי"ת חב"ר. וזהו וחובר חבר (דברים יח יא). על ההיכל הזה נאמר (משלי כז ו) ונעתרות נשיקות שונא. כאן עומדים כל אותם נשיקות ופתויים ותאות גופניות דזנותא וניאוף שעל ידם מתגרש האדם מהעה"ז והעה"ב. וכל אותם הכתובים במשלי (פרק ז) בפרשת כי בחלון ביתי בעד אשנבי וגו' (ו)כל אותם הפתויים הם מצד רוח ההיכל הזה. ועליו נאמר בביתה לא ישכנו רגליה שהיא הולכת לפתות בני אדם ואחר שפיתה אותו תטעימהו מרורות פתנים אכזר. ומוציאה נשמתו בחרבה ובה ג' טיפות. בא' נשמתו מתבלבלת ואינה מוצאה מקום לשבת, ובשנית נפשו מתעקרת ויוצאה, בג' פניו מוריקות ויוצאה נשמתו כפיטורי וכו'. כל זה תחת אשר נמשך אחריה וזהו שאמר הכתוב (שם ה ד) ואחריתה מרה כלענה וכו'. בהיכל הזה עומדים כל אותם המקטרגים המפתים לאדם במלבושיו ובבגדיו ועושים שיסלסל וימשמש בשערו וירחוץ גופו וייטיב גהה כדי שיסתכלו בו הנשים. ועל הענין הזה ממונה אחד סקטופ"א שמו. בתוך ההיכל (נ"א ותחת הממונה] הזה עומד ממונה אחר (ושמו מראה) אשר בו וע"י רואה האדם א"ע ומתייפה ומסתלסל ואח"כ רואה במראה ומתלבש בו גאה וגאון וגסות הרוח. ואז מתעורר כח אחר אשר בהיכל ושמו עסירט"א אשר הוא ממונה על כל החלומות להראות לאדם דמות אשר ימשך אחריו לאבד נשמתו. והממונה הזה מעורר ממונה אחר אשר תחת ידיו ויורד ומעורר בהיכל התחתון שבו אסכר"ה ושם מעורר לנקבה [אחת] והיא לילית אמם של שדים. וכאשר מעורר האדם בגסותו הממונה עסירט"א אז מתקשרת עמו לילית ואז בכל ראש חדש וראש חדש מתעורר המראה אשר אמרנו עמה דלילית ולפעמים ניזוק האדם מהם

והוא נופל ארצה ונכפה וניזוק. וכל זה גרם לו המראה וכפי רוב גאותו שנתגאה כן רוב רעתו ונזקו וטומאתו עד יפלח חץ כבדו וכו' (משלי ז) הרחמן יצילנו:

פרק שביעי:

בהיכל שביעי בהיכל הזה הוא היכל שמרי היין להשתכר ממנו כדכתיב (בראשית ט כא) וישכר ויתגל בתוך אהלה והם הענבים שסחטה חוה שבהם גרמה מיתה לבעלה ולכל אותם הבאים אחריו ענבימו ענבי רוש וכו'. בהיכל הזה עומדות כל אותם הנשמות הטמאות להשפיעם לכל אותם המטמאים עצמם בנדה ואשת איש ולבן היוצא מהם שהוא ממזר ונקרא ממזר מפני שהוא מאל זר ולפי היות העבירה וענין יצה"ר כן מושך עליו הנשמה מההיכל הזה וכל רואיהם יכירום כי הם זרע פסול ממזר מאל זר וכל מעשיו מעידים עליו שהוא פסול כאשר קרא לאלה"י נכר והכירוהו שהוא מאל זר. מהיכל זה יוצא רוח אחד שהוא ממונה על כל אותם הנשמות ושמו צפוני וסימן ואת הצפוני ארחיק מעליכם (יואל ב כ) וכנגד ההיכל הזה הגיהנם נקרא ארץ תחתי"ת. בהיכל הזה נקודה דקה קרובה אל ספירות הקליפות וממנו יוצאים (כאותם) [נ"א כל אותם] רוחות הדקים המשוטטים בעולם שהם רואים ואינם נראים ואלה עומדות לעשות נסים לבני אדם כי אלה אינם עומדות בקליפות הטנופות כ"כ כאחרים. ועל אלו ממונה א' נסיר"א שמו והיא מלה ארמית ופי' חתוכה שהכונה שהוא מובדל מהקליפות הטמאות ביותר וביארנו ענין זה בארוכה למעלה בשער הקודם. ואלו פורחים באויר ומזקיקין לצד (נ"א ומזיקין מצד] טומאתן למעשה (נ"א מלעשות] נסים בעולם לאותן העומדים בצד הקדושה. מן ההיכל הזה יוצאים אש חזק ושלג ורוח מתחזק לדון את הרשעים וזשה"כ (תהלים סח טו) תשלג בצלמון. בהיכל זה עומדים ד' פתחים פתוחים לד' רוחות ואלו אוחזים בצד הקדושה ושם מאיר אור הקדושה והוא מקום מתוק לחסידי אומות העולם שלא הרעו לישראל. בפתח ההיכל באמצעיות מבחוץ ששה פתחים והם מכוונים כנגד הקדושה ושם מקומות מתוקנים למלכי אומות העולם שלא הרעו לישראל ולא דחקו אותם והגינו עליהם, ויש להם שם כבוד על כך ומאיר להם אור הקדושה בתוך האפילה ההיא, ועל זה נאמר (ישעיה יד יח) מלכי גוים כלם שכבו בכבוד. ואם דחקו לישראל כמה מלאכי חבלה אוחזים בהם ודנים אותם ג' פעמים בכל יום בכמה דינים משונים ובכל יום ויום מעידים על ישראל ועל אמונתם הטובה. ע"כ בכלל ענין ההיכלות האלה אמנם העתקתיו מדברי הרשב"י ע"ה בפרשת פקודי דרס"ג. ולכאורה היה נראה כי הם היכלות לספירות הקליפות אשר אמרנו בשער הקודם אמנם המסתבר כי הספיר' הם נכללות בהיכלות וההיכלות והקליפות הוא הכל דבר אחד וענין אחד. וכנגד אלו הז' הם ז' מיני יצר הרע שהוא מקבל כח מאלו השבעה ולכן נקרא יצה"ר ז' שמות ואלו הן ר"ע טמ"א שק"ץ שונ"א אב"ן מכשו"ל צפו"ני וכנגד אלו ז' מדורות בגיהנם שבהם נדון החוטא בז' מינין אלה ואלו הם בו"ר שח"ת דו"מה טיט היו"ן שאו"ל צלמו"ת אר"ץ תחתי"ת. והם זה כנגד זה. נגד טהרה טומאה, נגד כשרות פסול, נגד מותר אסור, נגד זכות חובה. כי גם את זה לעומת זה עשה האלהים כדפי' בפ' הקודם:

פרק שמיני:

כתבו המפרשים בשם הגאונים כי מכח הטומאה נמשכים ג' חלקים:

חלק א' הוא אשמדא"י מלכא רבא דשידאי ואין לו רשות לקטרג ולא לחבל אלא ביום שני מהשבוע. ונ"ל כי הטעם שבו לקו המאורות [ג] ובסיבה זו גברה הקליפה מצד המיעוט כמבואר בדברי הרשב"י ע"ה מקומות רבים ואשמדאי הוא תחת ממשלת סמאל. ודע כי סמא"ל משתמש בלילית סבתא כלתו כדפי' בשער הקודם ואשמדאי משתמש בלילית זעירתא ושני הכוחות האלה עם בת זוגם כל אחד מהם נולד עם בת זוגו ד"ו פרצופין כאדם וחוה. ולילית עולמיתא כלתיה דאשמדא"י היא ברתא דמלכא דשמיה קפצפו"ני שנבאר לפנים ואמרו החכמים הקדמונים כי סמאל השר הגדול נולד קנאה בינו ובין אשמדא"י מלך השדים על לילית שקוראין אותה לילית עולימתא שהיא בצורת אשה יפה מראשה ועד טיבורה ומהטיבור ולמטה אש לוהט כי כאמה בתה שהיא בת מהיטבא"ל אשת קפצפונ"י אם לילית עולימתא ושתיהן בת ואם טרודות במלחמתם עם לילית רבתא סבתא אשת סמא"ל ומתולדות אשמדאי ולילית אשתו נוצר שר גדול בשמים מושל על פ' אלף משחיתים ומחבלים וקוראים אותו חרב"א דאשמדא"י מלכא ושמיה אלפפוניא"וש ופניו מלהטים כאש להבה. ועוד קוראים גו"ר יהודה ופי' מקטרג ומתגרה עם שרי יהודה שהם ג' שרים המלמדים זכות על יהודה מלכיא"ל עטוריא"ל נשריא"ל וביארנום למעלה

בשער אבי"ע בפ"ג ובשעה שנולד אותו המשחית נולד ג"כ בשמים שר שורש המלכות הנקרא חרבא דמלכא משיחא ויש לו ב' שמות ואלו הם משיחיא"ל כוכביא"ל וכשיבא ויגיע הרצון אז תצא החרב מתערה ויתקיימו פסוקי הנבואות כי רותה בשמים חרבי (ישעיה לד ה), דרך כוכב מיעקב (במדבר כד יז):

החלק הב' קפקפוני ואשתו צרעיתא שמשו בה חצי השנה וחצי השנה שמשו באשה אחרת ושמה סגרי"ת והתולדות היוצאות מהם צורות משונות זו מזו יש להם גופות והכרת פניהם בשני דמיונות בני צרעיתא כדמות מצורעים ויש אומרים כי המצורעים בני נדה שמצטרעים לי' לכ' לל' למ' לנ' לס' לע' כדפי' במדרש תנחומא פרשת מצורע [ד] הם נולדים מכח זה התולדה המגונה. ובני סגרית אין להם הכרת פנים אלא כדמיון מנוגעים ומלחמה ארוכה ביניהם רוחות רעות מתפשטות באויר וכל הזיקים והזועות יוצאות מכח אלו התערובות וממשלת אשמדאי ואימתו מוטלת עליהם וממה שנתחדש להם הם מודיעים אל שלמטה מהם:

החלק הג' הם המזיקים נבראים ומלובשים בכמה מיני צורות משונות זו מזו יש מהם שצורתם צורת כלבים ואם עון האדם גורם הכלב המצוייר מזו התולדה רעה יקרה באדם ונושך אותו ורפואתו קשה עד מאד להרפא. ולפעמים שמשתנה צורתו בעונו לצורת הכלב ומתחלף באותה הצורה ונובח וצועק ונושך וחוזר ונושך הכלב ההוא ואין לו רפואה עולמית עד שימות וחוזר ומתלבש בערוב האויר ההוא בכח אותה הצורה וזהו עונשו ואפיסתו ועל זה הסוד התפלל נעים זמירות ישראל ואמר (תהלים כב כא) הצילה מחרב נפשי מיד כלב יחידתי. ויש מהם שצורתם צורת שעירים צורת עזים ומאלה היה רכב עז"א ועזא"ל ושניהם לבדם צורתם דמות אדם ממש וכשנפלו ממקום הקודש נתלבשו בכח זה האויר אשר הוא עלינו ונתגשמו בגשמות בני אדם ונחלש הכח העליוני וקבלו כח תחתוני. אבל תולדות שיצאו מהם היו גבוהים בקומה יתירה ובגבורה חזקה מכל בני אדם. ויש מהם צורת נשים נראים לבני אדם ואין ביניהם רק השקר והכזב ויש להם קנאה מבני אדם וכוונתם לרמותם ולהכשילם וכמעט היו מכלין ומשחיתין כל מה שנראה להם לולי מדת המלכות המשילה מאצילותה שר ידיד וחביב לפני השכינה שמו יופיא"ל שר הפנים ולולי השגחתו ואימתו עליהם לא היו מניחים בריה בעולם. והשר הזה מכניעם ומשפילם כאשר ביארנו בשער היכלות הקדושה בהיכל ג' פ"ג. והשר על החלק הג' הזה שמו קפצפונ"י ושם אשתו מהיטבאל בת מטרד והתולדות היוצאות משניהם קופצים בקפיצה אחת מקצה האויר ועד קצה האויר וניתן להם רשות לפעמים להטיב ולהבריח הנזקים מבני אדם ומודיעים העתידות לבני האדם כשנראים להם בצורות בני אדם ואין להם ממשלת בשקרים ולא בכזבים והשואל מהם ימצא שאלתו כרצונו אם השואל ראוי לענות אותו ואם לאו משיבין לו בכח ההשבעה שלא ניתן להם רשות לענות על שאלתו. ולפעמים כפי הכח והממשלה הנתון לשר הזה קפצפונ"י מתחבר ומתדבק עם בת אחת אשר לו ושמה לילית היא אשת אשמדאי כדפי' לעיל וסיבתו היא דבוקו בלילית הזה. ע"כ דברי הגאוני' ע"ה. שוב מצאנו בדברי המפרשים שלשה כתות של מלאכי חבלה נבראו בעולם ואלו הן. כת אחת מהם נבראת כשבא נחש על חוה בע"ש. והכת השנית נבראו מנגעי בני אדם מהקרי שראה אדה"ר כל אותן ק"ל שנה שפי' מחוה וכן הם מתהוים מקרי שאר בני אדם. והכת השלישית נבראות מהם שהם פרים ורבים כדפי' רז"ל (במס' חגיגה דף ט"ז) ששה דברים נאמרו בשדים שלשה כמלאכי השרת ושלשה כבני אדם ואחת מהם פרים ורבים כבני אדם עכ"ל. ובזוהר (ע' בהקדמת הזהר דף י"ז) במקומות חלוקים (ע' זהר בראשית דף מ"ח) נראה שהשדים הם כחות הטומאות והקליפה שנתפשטה בע"ש והיתה רוצה להתחזק בגוף והשפיעה והוציאה אותם הכחות שהם השדים וע"י שקדש היום נשארו נשמות טמאות בלא גוף כלל כנדרש בפסוק אשר ברא אלדים לעשות. והם עמדו ונתלבשו ונתגלמו ע"י קין קינא דמסאבותא ולא נתגלמו להם אלא לפי שעה. ועליהם אמר הכתוב (בראשית לו כד) הוא ענה אשר מצא את הימים במדבר וכו', והנה ענה היה רודף אחר הטומאות האלה ומצאם במדבר כי שם מקום מושבם כראוי להם בארץ ציה וצלמות מקום שאין בו ישוב כלל ונקרא ימם חסר והטעם לפי שאינם לא מיום ששי ולא מיום שבת כי בין השמשות נבראו ולכן כתוב ימם שאינם לא לא מיום א' ולא מב' ימים. וענה בהיותו רודף אחריהם מצאם. והטעם כי צבעון בא על אמו והוליד בן ממזר כזה שהוא ענה ומפני טומאתו היה רודף אחר הממזרות ואנה לידו מציאה כזו פגע בו כיוצא בו ולמדוהו להוציא ממזרים שכמותו והיו מלמדים לו כמה מיני ניחושים וכשפים

להמציא טומאות וקליפות בעולם. והרי בארקא הם בני בניו של קין ועליהם בארקא שני ממונים שרי טומאה ומענין השדים ההם ומעשיהם נדרש שם בארוכה. ע"כ הגיע העתק הדברים האלה להואיל להבנת התורה והשכלת סודותיה ומהאל נשאל עזר להושיענו מכל טומאה וטינוף למען נדבק בקדושתו לעבדו בלב שלם אכי"ר. והנה נשלם הפרק זה ונכלל השער הזה:

שער כז הוא שער האותיות

הנרצה בשער הזה הוא לבאר רמז האותיות הם כ"ב חפצים ותלייתם בשרשים העליונים כפי הנדרש בדברי המפרשים ובפרט דברי הרשב"י ע"ה כי הם יעלו מעלה מעלה והטעם לזה להיות כי הם מבוא אל החכמה הואת כאשר יתבאר בעה"ו:

פרק ראשון:

קודם שנכנס בביאור כל אות ואות כפי אשר יחננו קוננו רצוננו להקדים הקדמה יפה אל ענין האותיות. רבים חשבו היות האותיות האלו הסכמיות ר"ל הסכימו החכמים לעשות סימניות מוצאות הדיבור כיצד הסכימו שתהיה התנועה הנחלקת בשפתים שהם בומף נהגות בצורת הב' ובצורת הוא"ו ובצורת המ"ם ובצורת הפ"א וכן לשאר התנועות שהסכימו. וכן שאר לשונות הגוים יש להם סמניות לכל הנרצה אליהם וכמו שעשו בעלי המספר שהמציאו להם י' סימנים שבהם כללו כל המספר לפי התחלפות המעלות וכפי שיעור רבויים כמפורסם לבעלי המספר. ונמצא לפי זה כי אין בין אותיות אלה לשאר סימני הגוים ללשונם בארצותם לגוייהם. אלא שאלו הם הסכמיות אל האומה הישראל בעצת משה מפי רוח נבואיי ואלו הם הסכמת שכל הסכל שהמציא להם כך ויעלה לפי זאת ההסכמה שאין עיקר בכתב הנרשם ההוא אלא גלוי כוונת המדבר. כמו החכם הרופא הכותב חכמתו בספר הרפואה שאין הכוונה שיהיה הספר ההוא רפואה כלל אבל כוונתו בספרו לגלות דעתו או הנרצה אליו בענין הרפואה וכאשר יבין האדם עיקר החכמה הכתובה בספר לא ישאר בספר ההוא תועלת כלל. וכיוצא בזה אמר החוקר לתלמידיו בני אל תבטחו בעורות הנבלות המתות. ולפי זה יהיה הדין שאם ילמוד האדם בספר ההוא שנים אין מספר אם לא יבין למוד החכמה לא יועילנו דבר ולא ישלים נפש בלימודו כלל אחר שאינו מבין דרושי החכמה אלא אדרבא אבד זמנו במה שיזיקוהו ולא יועילהו. כי יזיקהו אבוד זמנו ואפיסת כוחתיו ולא יועילהו כיון שלא למד ממנו שום לימוד וכן דעתם בענייני התורה שהכוונה גלוי הפנימיות וההנהגה אל שלימות הנפש ומי שלא ידע ענייני דרושיה לא יגיענו תועלת בלימודה ח"ו. וזהו מן הנמנע כי וודאי דברי תורה הם משיבת נפש וראיה ממה שחוייבנו בהשלמת התורה שנים מקרא ואחד תרגום ואפילו עטרות ודיבון וזה מורה על שלימות התורה ושיש לה פנימית והעלם ורוחניות וחיות וכן

פירש ר' שמעון בפרשת בעלותך (דף קנ"ב) וז"ל רש"א ווי לההוא בר נש דאמר דהא אורייתא אתא לאחזאה ספורין בעלמא ומילין דהדיוטא. דא הכי אפילו בזמנא דא אנן יכלין למעבד אורייתא במלין דהדיוטא ושבחא יתיר מכלהו. אי לאחזאה מילי דעלמא אפי' אינון קפסירי דעלמא אית ביניהו מלין עלאין יתיר. אי הכי נזיל אבתרייהו ונעביד מנייהו אורייתא כה"ג. אלא כל מלין דאורייתא מילן עילאין אינון ורזין עילאין. תא חזי עלמא עלאה ועלמא תתאה בחד מתקלא אתקלו. ישראל לתתא מלאכי עלאי לעילא. מלאכי עילאי כתיב בהו (תהלים קד) עושה מלאכיו רוחות. (האי באתר עלאה). בשעתא דנחתין לתתא מתלבשי בלבושא דהאי עלמא, ואי לא כו' לא יכלין למיקם בהאי עלמא ולא סביל להון עלמא. ואי במלאכין כך אורייתא דברא להון וברא עלמין כלהו וקיימין בגינה עאכ"ו כיון דנחתת להאי עלמא אי לאו דמתלבשא בהני לבושין דהאי עלמא לא יכיל עלמא למסבל. וע"ד האי סיפור דאורייתא לבושא דאורייתא איהו. מאן דחשיב דההוא לבושא איהו אורייתא ממש ולא מלה אחרא תפח רוחיה ולא יהא ליה חולקא בעלמא דאתי. בגין כך אמר דוד (שם קיט) גל עיני ואביטה נפלאות מתורתך, מה דתחות לבושא דאורייתא. ת"ח אית לבושא דאתחזי לכולא ואינון טפשין כד חמאן לבר נש בלבושא דאתחזי לון שפירא לא מסתכלין יתיר. חשיבו דההוא לבושא גופא חשיבותא דגופא נשמתא. כהאי גוונא אורייתא אית לה גופא ומלין דאורייתא דאיקרון גופי תורה האי גופא מתלבשא בלבושא דאינון סיפורין דהאי עלמא. טפשין דעלמא לא מסתכלין אלא בההוא לבושא דאיהו סיפור דאורייתא כו'. ודידעי יתיר לא מסתכלין בלבושא אלא בגופא דאיהו תחות ההוא לבושא. חכימין עבדוי דמלכא עלאה אינון דקיימי בטורא דסיני לא מסתכלין אלא בההוא נשמתא דאיהו עיקרא דכולא, אורייתא ממש. ולעלמא דאתי זמינין לאסתכלא בנשמתא דנשמתא דאורייתא. ת"ח הכי נמי לעילא אית לבושא וגופא ונשמתא ונשמתא לנשמתא. שמייא וחיליהון אינון לבושא וכנסת ישראל דא גופא דמקבלא לנשמתא כו'. נשמתא דאמרן דא תפארת ישראל דאיהי אורייתא ממש. ונשמתא לנשמתא דא איהו עתיקא קדישא וכלא אחיד דא בדא. ווי לאינון חייבי עלמא דאמרין דהא אורייתא לאו איהי אלא סיפור בעלמא ואינון מסתכלין בלבושא ולא יתיר. זכאין אינון צדיקייא דאינון מסתכלין באורייתא כדקא יאות. חמרא לא יתיב אלא בקנקן כך אורייתא לא יתבא אלא בלבושא דא. וע"ד אורייתא לא בעי

לאסתכלא אלא במה דאית תחות לבושא וע"ד כל אילין מילין וכל אינון ספורין לבושין אינון עכ"ל. והנה מתוך המאמר הזה נראה בפי' כי חלוקת התורה הם ד' ותחת כל א' מאלו הד' אלף אלפי אלפים בחינות. החלוקה הראשונה היא שמכנה אותה בשם לבוש עליון שהוא ספור דברים שנתגשמה כדי שתובן אלינו. והלומד בתורה לדעת כמי שלומד בס' הזכרונות זה ודאי לא יועיל בלימוד ולא יגיעהו ממנו תועלת והלואי שלא יפסיד אבל כאשר יבא האדם ללמוד בתורה צריך שיהיה כוונתו שהוא לומד הענין ההוא במה שהם דברים אלהיים שנעלם ממנו עוצם פנימיותם ובדבר הזה ייטב הבל תורה היוצא מפיו לפני הקב"ה משור פר. ועם היות שהוא לא ישכיל בה כי אם פשטיות הסיפור. ואין צריך לומר זה אלא אפי' מי שלא יבין כלל מפני שאינו בקי בלשון בביאורו אלא הוא מתעסק במקרא לבד גם לו יש שכר טוב בעמלו. ועל אלו וכיוצא בהן נאמר (תהלים א) ובתורתו יהגה יומם ולילה ודרשו חז"ל (ע"ז דף ט') ובתורה לא נאמר אלא ובתורתו. פי' כפי שיעור ידיעתו כי גם מי שלא ידע לחבר התיבות גם הוא אם יעסוק בו יומם ולילה שכרו אתו ופעולתו לפניו. ובתנאי שיוסיף לעולם דאי לא תימא הכי הא אמרו חז"ל במתניתין (אבות פ"א) ודלא מוסיף יסיף ודלא יליף וכו'. והחלוקה השנית היא אותם העוסקים בהשכלת הפשט רצה לומר הדינים והמדרשים ופי' המצות ופי' הפסוקים כמו שתא סדרי משנה בתשובתם ושימושם שכינו אותו בלשון תלמוד ושימוש תלמידי חכמים, וכן מדרשי אגדה לרבותינו ז"ל בפשטיות. כי הם משמחי לב מאירי עינים יזכנו בוראנו להיות חלקנו בהם וגורלנו עמהם כי הם מעמידי העולם והאריכות בענין לא יספיק הכתיבה. והחלוקה הזאת כינה הרשב"י עליו השלום בשם גופא. ואל זה כוונו מארי מתניתין באמרם (שם פ"ג) קינין ופתחי נדה הן הן גופי הלכות. החלוקה השלישית היא אותם העוסקים בקבלה הנעימה כמו הסודות הנדרשים בזוהר שיכנס בהם האדם ועל ידו יוסיף עוד כהם וכהם כי מקום הניחו לנו. ובתנאי שיתמיד המעיין העסק בדרושי הספר הזה כי ילך לבטח דרכו והם נשמה ופנימיות ודאי לכל התורה. כי כל המדרשים והמשניות וכל הדינין וכל מעשה המצות יש להם פנימיות וסוד נעים. החלוקה הרביעית היא רוחניות האותיות ומציאותם וחיבורם אלו באלו והתייחסם כי מי שירד לעומק הענין הזה יוכל לברוא עולמות וזה נקרא נשמה לנשמה שהוא תלוי בבינה שהיא נקרא העולם הבא וזו היא השמחה שנקווה אחר התחייה. ותחת כל חלוקה מד' חלוקות האלה יש כמה וכמה בחי' שאדם יכול לשפוט מעצמו. ונמצא לפ"ז ענין התורה הוא עצם הספירות כדמפרש בגוף שהיא מלכות ונשמה שהיא תפארת ונשמה לנשמה היא הבינה ונמצאת התורה עצמה לבוש אל עצם האלוה כמו שהספירות הם לבוש אל עצם השרש המתפשט כנדרש בשערים הקודמים ולסבה זו עסק התורה עולה על הכל כנודע בזולת טעמים אחרים. והנה אל ג' חלוקים הקודמים כינה הרשב"י ע"ה בשם מארי מקרא מארי משנה מארי קבלה. החלוקה הראשונה היא נקרא מארי מקרא, והחלוקה הב' נקרא מארי משנה, והחלוקה הג' נק' מארי קבלה. והחלוקה הרביעית אינה נמצא כמעט, ולכן לא באה בשם. ותחתיה תעמוד השמות ופעולתם וצרופם מתוך הפסוקים בהשתתף אליהם ידיעתם יניקתם וסדרם במרכבה העליונה מה שאינו נמצא כמעט. ובספר ברית מנוחה נתעסק בענין זה קצת. ומבוא אליה הם ג' שערים אלה אשר נבאר זה אחר זה. והם שער האותיות, ושער הנקודות, ושער הטעמים. כאשר יתבאר בעה"ו:

פרק שני:

קודם שנכנס בביאור האותיות רצוננו להקדים הקדמה אחת שבה היה פתיחת דבורינו בשער זה בפרק הקודם. והיא שאין אותיות התורה הסכמיות אמנם הם רוחניות מתייחסות בצורתם אל פנימיות נשמתם. וזהו שדקדקו רז"ל בביאור מציאות צורת האותיות וקוציהם ותגיהם וזיוניהם לפי שהם רומזים אל רוחניות ידוע אל הספירות עליונות וכל אות ואות יש להם צורה רוחניות ומאור נכבד אצול מעצם הספי' משתלשל ממדרגה למדרגה כדרך השתלשלות הספירות. והנה האות היכל ומכון לרוחניות ההוא. ובהיות האדם מזכיר ומניע אות מהאותיות בהכרח יתעורר הרוחניות ההוא והבל הפה ממנו יתהוו צורות קדושות יתעלו ויתקשרו בשרשם שהם שרש האצילות. ולא זה בלבד אלא גם במציאותם רצה לומר בכתיבתם להם רוחניות שורה על האותיות ההם. וזה טעם קדושת ספר תורה. וזהו טעם מ"ם וסמ"ך שבלוחות בנס היו עומדים, מפני שהרוחניות מעמיד הגשם הזך ההוא. וזה טעם בענין שבירת הלוחות שפירשו רז"ל שפרחו האותיות. וז"ל במדרש נסתכל בלוחות וראה הכתב שבהם שפרח וכבדו על ידי משה ונפלו מידיו ונשתברו עכ"ל. עוד בירושלמי (תעניות פ"ד) פי' הענין רבי עזריה בשם ר"י הלוחות משאן מ' סאה והכתב היה סובלן כיון שפרח הכתב כבדו ע"י

של משה ונפלו ונשתברו. כך כל דבר שהקדוש ברוך הוא מסלק שכינתו ממנו שוב אינו מתקיים. ובמדרש (רבה במדבר פ"ב) ודגלו עלי אהבה [בראשונה כל מי שמראה איקונין של מלך באצבע היה נהרג והתינוקות הולכים אל בית הספר ומורים את האזכרה באצבע אמר הקב"ה ודגלו עלי אהבה א"ת ודגלון] אלא וגודלו עכ"ל. הורה כל זה על רוחניות האותיות. וזה טעם לענין ס"ת שנשרף ח"ו שאחז"ל (מ"ק ד"כו) שקורע שתי קריעות והכריחו כן מפסוק אחרי שרוף המלך את המגלה ואת הדברים דקורע חדא אגויל וחדא אכתב דהיינו רוחניות האותיות. וכאלה רבות מורות על ענין רוחניות האותיות אפילו בכתיבתן לבד, כ"ש בקריאתן, כ"ש בכוונתן. והענין האותיות הנכתבות הם גוף והיכל לאותיות הקבועות בפה. המשל בזה האותיות הנכתבות הם גשמיות והנקראות על פה הם רוחניות. וזהו טעם תורה שבכתב ותורה שבעל פה כי תורה שבכתב רוחניות במקום גבוה וצריך תיק להתלבש אורה באותיות גשמיות אבל תורה שבעל פה היא עצמה תיק ואינה צריכה אל לבוש התיק כלל. והנה האותיות הנכתבות הם גוף והיכל אל הנזכר בפה. ואותם הנזכ' בפה הם גשמיות בערך המחשביות שהם בלב. ואותם שהם בלב הם האצילות ידועות בלב משכילי עם בני ישראל. והנה הענין בזה הוא בערך האותיות פשוטות כל אחד ואחד לבדה. אמנם כאשר יתחברו האותיות ויתקבצו ויעשה מהם תיבות לפי שיעור התיבה במספר אותיותיה כן שיעור רוחניותה. המשל בזה מ' לבדה היא בינה וי' לבדה היא חכמה, וכל אחד לבדה יורה על ענין רוחניות וכח אצול משתי המדות האלה, וכאשר יורכבו יתהוו מהם רוחניות היותר חשוב ולא שנכללו הב' כחות הקודמים בתיבת מי ואין שם אלא רוחניות מ"י, אלא הוא שרש ורוכב על ב' כחות אצולים שהם מ' בפני עצמה וי' בפני עצמה והיינו מ"י. אחר כך רוכב עליה רוחניות כולל אותם והוא מ"י שמורה על בינה המתעלמת בחכמה בסוד הבחינות. והנה לא מפני זה חסר כח הבינה ממקומה וגם לא חסר כח החכמה. אמנם בין שתיהם יתהווה מציאות יפה מובחר מכל אות לבדו והוא מ"י. והמשל בזה אל שני ענפים מתפשטים מן השרש כי לא מפני ההתפשטות חסר השרש כח שתיהם חס ושלום, והיינו מ"י שורש ליו"ד בפני עצמה ולמ' בפני עצמה עם היות שאינו שרש בעצם אלא אדרבא מ' וי' הם שני ענפים אל ענף אחר גדול. וכן הדין אל מלה מורכבת משלשה אותיות כמו אמת שודאי א' בפני עצמה היא בכתר והמ' בבינה ות' במלכות והם ענפים דקים. וכאשר יתחברו שלשתן יעשה ענף גבוה אמ"ת שירמוז בתפארת. ולא נאמר מפני זה שירדו הא' והמ' ממעלתם שעד הנה היו בכתר ובינה ועתה הם בתפארת. כי עתה הם מתקרבים אל השרש והעיקר. וא' אפשר שהיא כתר שבתפארת או כתר שבמלכות, וכן במ' כי כל אחת כלולה מי' וי' מי'. ויש חילוק בין הענפים הרחוקים מן השרש ואף אם הם רומזים במקום גבוה, או לענפים הקרובים אל השרש ואף אם ירמזו במקום נמוך. ומענין זה נקיש אל תיבה בת ארבע ובת חמש וכיוצא בהן והיינו טעם הצירוף שכל עוד שיתרבו האותיות יתרבה הצרוף והכחות כאשר נבא בשער הצרוף בסייעתא דשמייא. והנה בהזכרת האדם התיבה ההיא הרומזת באותיות בסבת תנועת הכחות ההם והכאתם זה בזה על ידי פטיש הנשמה. בזולת שיתעוררו הם בשרשם העליון לפעול הפעולה ההיא. עוד יתהווה ממנה מהבל פיו רוחניות ומציאות יהי' כמו מלאך שיעלה ויתקשר בשורשו שימהר להפעיל פעולתו בזריזות ומהירות וזהו סוד הזכרת השמות וכוונת התפלה. ואחר קביעות הקדמה זו בלב המעין. עוד זאת צריך אליו כי עם היות שיהיו האותיות שוות בצורתם ותנועתם לא ישתוו ברוחניותם ובאצילותם. וכן התיבות עם היותם תיבות שוות וכבר בארנו זה בשער בן ד'. וראייה משם בן ארבע שבי"ג מדות יהו"ה יהו"ה אל רחום וכו' ופי' הרשב"י ע"ה באדרא כי הראשון רומז בכתר עליון והב' במלכות עם היות האותיות שוות. והטעם כי העיקר הוא רוחניות ואצילות ונשמות התיבה או השם. וכן הענין באהי"ה שלשה פעמים וכל אחד מורה בענין בפני עצמו כדפי' הרשב"י ע"ה והעתקנוהו בשער השמות פ"ב. וענין חלוקם עם היותם שוות גורם לפי סדר התיבות אם הוא שנית או ראשונה. וכן באותיות אם היא שנית בתיבה או ראשונה, כגון שני ההין שבשם. וכן לפי האות הסמוכה אליה. ופי' עניינים אלו קבל משה מפני הגבורה. וזהו שנתעכב משה רבינו ע"ה בהר ארבעים יום וארבעים לילה בלוחות שניות, הוא בלימוד הסודות, יותר ויותר ממה שלמד בפעם הראשון. כי ענין סודות תורתינו הקדושה לא יכילם רעיון ומחשבה. וזה וכדומה לו הוא החלוקה הד' שאמרנו בפ"א שאנו עתידין להשיג בזמן תחיית המתים. וקרוב לזה לעוה"ב שהצדיקים בגן עדן יושבים ועוסקים בלימוד הסודות וזהו שמחתם כשמתחדש ביניהם חדושי תורה וסודותיה. ונחזור לעניננו כי האותיות הם היכלות וטירות לרוחניות

והם כלים שואבים האצילות כדרך הגוף שהוא שואב הנשמה בתוכו. ולפ"ז נמצא כי אף על פי שלא ידע האדם כי אם קריאת התורה ר"ל הפסוק לבד בהכרח יקבל שכר על הקריאה ההיא ויהיה שכרו מרובה. ואין לומר שמפני כך יהיה שכר קריאת תורה שבכתב מרובה משכר קריאת תורה שבעל פה כי זה אינו דבר כי הקורא בתורה הוא כמו שקורא הכל בלי הבנה. וקריאת המלות העיקר צריך שיכוין בנשמתם ובמקורם וברוחניותם שהם פירושם. ואם בלא זה יתעסק בתורה הוא כמו מי שקורא בגוף בלא נשמה לזה צריך בהכרח שיתעסק בתורה שבעל פה שהוא פירוש התורה והיא נשמת התורה רצה לומר מגלה רוחניותיה שהוא פירושיה וסודותיה. וכן כתב הרשב"י עליו השלום (בזהר תרומה קע"ו) וז"ל מאן צניעותא דספרא. אמר רבי שמעון חמשא פרקין אינון דכלילן בהיכל רב ומליין כל ארעא. אמר רבי יהודא אי כלילן הני מכלהו עדיפי. אמר רבי שמעון הכי הוא למאן דעאל ונפק ולמאן דלא עאל ונפק לאו הכי. מתלא לבר נש דהוה דיוריה ביני טינרין ולא ידע בדיורי דמתא זרע חטין ואכל חיטין בגופייהו יומא חד עאל למתא אקריבו ליה נהמא טבא. אמר ההוא בר נש דנא למה. אמרו ליה נהמא הוא למיכל כו'. אמר וממה אתעביד דא. אמרו מחיטין. לבתר אקריבו ליה גריצן דלישא במשחא. טעם מינייהו אמר ואילין ממה אתעבידו. אמרו מחיטין. לבתר אקריבו קדמוהי טריקי מלכין דלישין בדובשא ומשחא. אמר ואלין ממה אתעבידו. אמרו מחיטין. אמר אנא מארי כל אילין דאנא אכיל עקרא דכל אלין דאיהו הטה. ובגין ההוא דעתא מעדוני מלכא לא ידע ואתאבידו מניה. כך מאן דנקיט כללא ולא ידע בכלהו עדונין דמהניין דנפקין מההוא כללא עכ"ל. והנה רבי שמעון התחיל לשבח ספרא דצניעותא שהם חמש פרקים ובהם כלל כל חכמת הקבלה. ולכן אמר רבי יהודא שא"כ נמצא שאין אדם צריך אלא לימוד הספר ההוא לבד. והשיבו ר"ש שכן הוא למי שנכנס באדרא ויצא. ואמר ויצא לפי שנכנסו עשר ולא יצאו אלא שבעה כי ג' נסתלקו כמו שכתוב באדרא בסופה. אבל מי שלא נכנס ולא ידע ההקדמות שנגלו שם לא יוכל להנות מסודות הספר ההוא הנעלם. והמשיל משל אל הבן כפר וכו' וכן ודאי ישיגהו מי שילמוד בתורה שבכתב ויאמר שבו כלול הכל כי ישאר ריקן מכל, כמקרה הבן כפר גם הוא יקרהו. ולכן עיקר השלימות בהשכלת תורה שבכתב היינו התורה שבעל פה כמו שנתבאר. ואחר שבארנו ענין האותיות במציאות רוחניותם נבא לייחסם בכלל אל השרשים ואח"כ נייחס אותם בפרט בעה"ו:

פרק שלישי:

ובאותיות בכלל אמרו המפרשים שיש קצתם דין וקצתם רחמים וקצתם בינוניים. כלל בתורה האלהית כי א"ב ג"ד ה"ו הם רחמים גמורים, ז' ח' ט' י' רחמים סתם, כ"ל מ"ן ס"ע הן מזוגים מדין ורחמים, פ"צ ק"ר ש"ת הן דין גמור. וכשתרצה לחבר שמות ותפלות ומלות לפי הפעולה אשר תרצה תעשה הרכבה בענין השמות המורות לפעולה אם לרחמים אם לדין. לרחמים יהיו רובם מהרחמים, ואם דין יהיו רובם מהדין, וכן בשאר עכ"ל. ודבריהם נעלמים כי אין אנו רואים שיהיו הדברים צודקים לפי מציאות האותיות. כי אותיות שהם רחמים מונה אותם בסוד הדין. ובפרט ש' שהיא בבינה כאשר נבאר והיא רחמים לפי הנראה, ומונה אותה עם אותיות הדין גמור. וכן דלת שהיא דלה ועניה ואמר שהיא רחמים. ואפשר שנאמר כי מציאותה יהיה רחמים אף אם ירמזו בסוד הדין וכן נאמר שמציאותם דין אף אם ירמזו בסוד הרחמים. ועל כל פנים דבריהם דברי קבלה. שוב מצאנו בעינן זה בספר יצירה אמר כי שלש אמות אמ"ש וביארנום בערך אמ"ש שהם א' כתר, מ' חכמה, ש' בינה. וקראם אמות מפני שהם אמות לאצילות וכמו שפי' בשער המכריעים. ושבעה כפולות הם בג"ד כפר"ת. והם שבעה ימי הבנין גדול"ה גבור"ה תפאר"ת נצ"ח הו"ד יסוד מלכו"ת. ונקראות כפולות שהם מקבלות דין ורחמים דג"ש ורפ"ה. וכן הם מבעלי הדין והרחמים מה שאין בשלש ראשונות כדפי' בשער מהות וההנהגה. ובדרך זה ביארם רשב"י ע"ה בתיקונים (תקונא ע' דף קכ"ד) ובר"מ. וי"ב פשוטות שהם ה"ו ז"ח ט"ט לנ"ס עצ"ק הם י"ב כנגד י"ב גבולים. ואף על פי שנחלקם בדרך הזה לא מפני זה יקשה היותם במקומות מיוחדים בספירה פלונית, כי יהיו פרטיים בענף ספי' פלונית. כמו המשל מ' של אמ"ש אמר כאן שהיא בחכמה, ולא מפני זה יקשה היותה בבינה, כי יהיה ענף בינה שבחכמה או להפך. וכן אותיות הוי"ה וכו' רומזים בי"ב גבולים שהם בתפארת כדפי' בשער פרטי השמות, לא מפני זה לא ירמוז ה' בבינה או במלכות וכן י' בחכמה. ובדברים האלה יש עוד לפרש לפי מה שפי' במאמר א' להרשב"י ע"ה בשער השמות פ"ו כי סדר האותיות הם הא' כוללת כל האותיות והיא מקור להם וכלם שואבים ממנה. ואחר כך נחלקים לשבעה שבע' שהם כ"א. כיצד בג"ד ה"ו

ז"ח הם סוד קו החסד, ט"י כ"ל מנ"ס הם סוד קו הרחמים, ע"פ צ"ק רש"ת הם קו הדין. כיצד בג"ד הם ממש בחסד. הו"ז הם בנצח, ח' במלכות. מצד החסד, טי"כ הם בתפארת, למ"נ הם ביסוד, ס' המלכות מצד קו האמצעי. עפ"ץ הם בגבורה, קר"ש הם בהוד, ת' במלכות מצד קו הדין. והרי ג' במלכות מצד ג' קוים כמו שג' בכל ספירה וספירה מצד ג' קוים. כיצד א' י' בראשה חסד, יו"ד בסופה גבורה, וא"ו באמצעיתא תפארת. והא' מקור לכל האותיות בסוד שהיא כוללת כל הג' קוים כדפי'. אחר כך נשפעים בג"ד אל החסד בסוד שלשה קוים. מצד החסד היא בי"ת ר"ל בית לכל השפע להשפיע, אחר כך מצד הדין ג' שר"ל גבורה ועכ"ז היא גומלת חסד, ואחר כך ד' מצד התפארת כי הוא דלת כל השפע הנשפע. או להפך ג' בתפארת כי הוא שלישי להם והוא גומל חסדים טובים. וד' בגבורה כי משם דלות השפע ומעוטו. הו"ז בנצח, ה' מצד החסד דהיינו יחוד איש ואשתו ומה שהיתה דלה מצד הדין נתקנה ונעשתה ה' בסוד החסד. ו' מצד התפארת כמשמעה. ז' מצד הדין דהיינו בסוד נר ואש שהוא מצד הגבורה וכן יו"ד על וא"ו הוא נר למעלה בראש קנה המנורה. ח' המלכות מצד החסד דהיינו ממש חסד או חיים כי הכל א'. טי"כ בתפארת שכן עולה בחשבון ט"ל שהוא יה"ו שהוא בתפארת והוא מוריד הט"ל. ט' מצד החסד דהיינו טוב ה' לכל והיא רחמים וחיים כדמוכח בזוהר בפירוש אות ט'. י' מצד התפארת שכן היא רחמים תפארת מתפאר בעשר ספירות דהיינו י'. וכן המלכות לגבי התפארת נקרא י' עטרת בעלה. כ' הוא מצד הגבורה שכן נאמר (יחזקאל כ"א) הך כ"ף אל כ"ף. וכן נקרא כ"ף חובה. אלא שעל ידי התפארת נעשה כ"ף זכות. למ"ן ביסוד צרופו נמ"ל והוא היסוד. והמלכות ספינה לנמל. ועוד מלכות נקראת נמלה ועליה נאמר (משלי ו ו) ראה דרכיה וחכם. ויסוד נמל בלא ערלה שהוא מילה וכן השכינה נקראת ברה סולת בלא סובין נקראת נמלה. ל' מצד החסד שכן ל' בבינה בסוד מגדל הפורח באויר. והוא נשפע מצד החסד. מ' בסוד התפארת שעל ידו נשפעים מימי החסד אליו. נ' מצד הגבורה בו נפילה. ס' היא המלכות שהיא סמוכה מצד קו הרחמים ובו סומך ה' לכל הנופלים. עפ"ץ בגבורה. ע' מצד החסד שבו עינות מים והתעוררת האהבה הוא בעינים וזהו עין ימין ועליו נאמר (תהלים ג יח) עין הוי"ה אל יריאיו. וכן עין רואה וראיה בחסד. פ"ה מצד הת"ת שעולה מילה. וכן מי שם פה לאדם כו' הלא אנכי הוי"ה (שמות ד יא). בינה ע"י התפארת. וכן קול יוצא מפ"ה שהוא התפארת. צ' מצד הגבורה כי עם היות שהוא דין מקום המשפט שמה הצדק דין צדי"ק. קר"ש בהוד וכאשר מתהפכת למדת הדין האותיות מתהפכות לשק"ר כי הוא גובר בסוד הקליפה הגוברת ע"י הדין. ק' מצד החסד שם קרוב ה' לכל קוראיו ושם קומץ ועל כל זה הוא נחש מפני השמאל כמו שנבאר. ר' מצד התפארת שהוא ראש לאבות קושר לשלשתן. וכן פירש בספר הבהיר למה נקרא שמים שהוא עגול כראש ופירשתי בשער המכריעין. ש' מצד הגבורה כי שם הבינה שרש האילן. ת' במלכות מצד הגבורה שעליה נאמר (יחזקאל ט ד) והתוית תיו. לפעמים ת' תמות ולפעמים ת' תחיה. הכל לפי הקבלה. זהו סדר האותיות למאי דסבירא לן אליבא דרשב"י ע"ה. ע"כ נצייר האותיות בכללות על דרך המנורה כזה

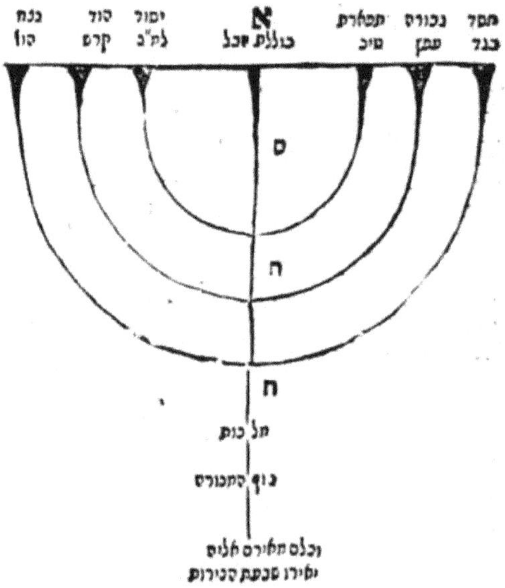

ועתה נבא בביאור כל אות ואות לבדה כפי הנמצא בדברי הרשב"י ע"ה ושאר המפרשים בעזרת ה' וישועתו:

פרק רביעי:

תלו אות **אל"ף** פי' בעל ס' התמונה עקרה בכתר עם הצטרפות שתי המדות שהם חכמה ובינה וזהו ו' באמצע הוא כתר. והוא עליון על כלם ובפרט כשנקימה כזה 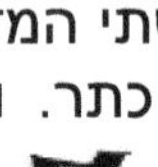 ושני יודין משני צדדיה הם הב' מדות. כי לזה הרמז נמצא היו"ד שבה שבצד ימין מביט כלפי מעלה כזה  רמוז אל החכמה שהיא מבטת כלפי מעלה לקבל. יו"ד שניה שהיא בינה מבטת כלפי מטה כזה  להשפיע אל התחתונים כי

היא האם הרובצת על הבנים להניקם. ולכן נקראת שכינה כי היא משכנת וקושרת הב' ראשונות עם הז' ימי הבנין. ואמר עוד כי הא' נרמזת שהוא ו' עם ב' יודי"ן שעולה כ"ו. והכונה לומר שה א הם ג' ראשונות והעיקר בכתר וידוע הוא שהכתר משפיע בתפארת כי הוא מתעלה עדיו דרך קו האמצעי. ולכן גלוי האות הזה ע"י הכתר. ואם כן נמצא רוחניות האות הזה רמז היותו כלול ממציאות ג' ראשונות בהיות הכתר עיקר וגובר. והצטייר [א] דרך הת"ת. ואמר שם כי ממשלת הצורה והרוחניות הזה הוא בשעת נוגה. ויש שפי' כי תפארת רמז ו'. ושני יודי"ן הם ב' זרועותיו והם פתוחות לקבל המלכות ולחבקה. או ירצה הו' הם הזרועות הפשוטות לקבל המלכות כדפי', והיו"ד ראשונה רמז לחכמה שמשם נאצל, ויו"ד שנייה רמז למלכות ה' אחרונה. ולפי זה נמצא כל שם בן ד' בצורת א ויש מי שפירש כי א' רומז לכתר עליון שנקרא אל"ף והוא פל"א מלשון כי יפלא (דברים יז ח) שהוא נעלם ונסתר מעין כל. ויש מי שפי' בענין אחר וז"ל א יש לה ג' צדדין ראש ואמצע וסוף. הראש הוא מצד העליון שהוא אדוק בו ומורה על ממשות החכמה וזכרון הכח שהיא נאצלת ממנו והאמצע מורה על ממשות השכל המתרבה מן החכמה והסוף מורה על המדע המתרבה מהשכל וזהו צורתה מזומנת להבין מעשה העליונים והיא תחלה לייסר התחתונים ע"כ נעשה דבר אחד והם כבכור הדעת אלו הג' צדדים שפע מוחלט ויונקים כח מזה החלק שלפניו מצד השוואתם. ובזכותם ובזיווג נוקבים בית קיבול לכח הנאצל והנעדר מהם שהיא הגדולה הנראית בע"ס שהיא כלל ענפי החכמה שהם בשרשי העליון אצל הכתר כדי למשוך כח החזוק בכל הספי'. ויש מי שפי' כ"ע אלף גדולה והיא רוחניות בסוד האלפא ביתא העליונה הרוחניות ראש לכל אלפא ביתא ונקרא אלף לפי שהוא אמתי וראשון ובו תלוי הכל בסוד צורת א והבריח התיכון הסובל עליונים ותחתונים. והרשב"י ע"ה פי' בתיקונים (תקוני ז"ח דף קי"ז.) ז"ל א יו"ד לעילא יו"ד לתתא חכמה בראש וחכמה בסוף ו' כריכא דתרווייהו עכ"ל. ועניינו כי בצורת האלף כללות שלש ספירות שהם חכמה ומלכות והם שני יודי"ן כי המלכות ג"כ נקראת יו"ד כמבואר בשער המציאות והוא"ו שבאמצע שניהם הוא הת"ת המיחדם יחד כי ע"י הת"ת תעלה המלכות אל החכמה. ובמ"א אמר תניינא בינה כמה דאוקמוה מ"מ אלף בינה וכו'. ונראה כי בכתר אלף מלשון פלא המורה על תכלית ההעלם. ועוד כמו שאלף ראשונה לאותיות כן כ"ע תחלת האצילות ובבינה לשון אלף הוא לשון לימוד מלשון ואאלפך חכמה (איוב לג לג) וכן נקראת בינה לשון הבנה. ועוד כי בכ"ע הוא אלף רבתי דוקא. ועוד כי בכ"ע מלשון אלוף ר"ל גדול שכ"ע אלוף לכל האצילות. ולכל הפי' הוא מורה בו על ההעלם. ובת"ת הוא ג"כ אלף רבתי כשהוא מתעלם בכתר כדפי' בשער המציאות. ועוד יש אלף קטנה והיא רמוזה במלכות לרמוז שהיא ראשונה ממטה למעלה. ואחרים פי' לרמוז שהיא נעלמת מן התחתונים מלשון פלא. וכבר אפשר לפרשו בלשון אלף כי כערך הכתר אל האצילות כן ערך המלכות לכל אשר תחתיה. ואפשר להיות לשון למוד כמו ואאלפך חכמה כי היא המחכמת הנביאים ומראה להם האצילות העליון.

עוד אלף היא רומזת גדולה גבורה ת"ת. וכן רומז שלשה במציאות החסד וכלא חסד. וכן רומז בינה יו"ד עליונה, מלכות יו"ד תחתונה, ו' באמצע ת"ת האוחז בשתיהן בסוד היחוד. ושלוש פירושים האלו פירשם הרב שמעון בר יוחאי ע"ה וכתבנו בשער השמות בס"ד.

ובזוהר פרשת אחרי (דף ע"ג.) וז"ל ות"ח מלה קדמאה דאורייתא דיהבין לינוקי אלף בית דא מלה דלא יכלין בני עלמא לאדבקא בסוכלתנו ולסלקא ליה ברעותא וכ"ש למללא בפומיהון ואפילו מלאכי עילאי ועילאי דעילאי לא יכלין לאדבקא בגין דאינון סתימין דשמא קדישא. ואלף וד' מאה וחמש רבוא עלמין כולהו תליין בקוצא דאל"ף. וע"ב שמהן קדישין גליפין באתווי רשימין דקיימי בהו עלאי ותתאי שמיא וארעא וכרסייא יקרא דמלכא תליין מסטרא חדא לסטרא חדא. דפשיטותא דאלף קיומא דעלמין כלהו וסמכין דעלאין ותתאין ברזא דחכמתא. ושבילין סתימין ונהרין עמיקין ועשר אמירן כלהו נפקין מההוא קוצא תתאה דתחות א'. מכאן והלאה שארי לאפשטא אלף בבית. ולית חשבן לחכמתא דהכא אתגליף עכ"ל לענייננו. וטעם העלם העולמות האלה באלף הוא מפני שהא' הרמז בכתר. וכבר נודע שהכתר בו היו נכללים כל העולמות וכל האצי' קודם ההתפשטות כמו שפי' בשערים הקודמים. ולכן נכללו בו כל הדברים הנזכר במאמר אות אלף שהיא כתר פלא אלף. או אפשר כדפי' לעיל כי אלף הוא בחסד ראש ההתגלות בז' ימים והיא אות כוללת כל האותיות כדפירוש לעיל בפרק הקודם. עוד פירש (בזוהר חדש שיר השירים דף ע"ז) כי אלף הוא יו"ד בראש

חכמה, ו' תפארת, ויו"ד למטה מלכות, ועוקץ של יו"ד התחתון הוא רמז לכל המחנות אשר תחתיה קטנים וגדולים חצוניים ופנימיים כלולים במלכות שהיא עצם היו"ד:

פרק חמישי:

באות בי"ת נעתיק לשון ספר התמונה והנראה לנו בפירושו. ב' מצורתה עושים ד' ו' וזו צורתה

והיא ב' נתיבות לחכמה עלאה ותתאה וציורה מורה שני מדות כי היא כוללת לת"ת ר"ל בית דינו של הקב"ה וכו' עכ"ל. וכוונתו הוא לומר כי הב' רומז לחכמה. ואולם הרמז בה כי היא ד"ו והם ד"ו פרצופין שהם ת"ת ומלכות שעליהם נאמר ד"ו פרצופין נבראו. והם ד"ו ביחד כאשר הם בחכמה כי אז תעלה היא במעלת הצלע שהיתה בחכמה צלע אל התפארת. כי אין לחשוב כי מיעוט הירח וענין ויקח אחת מצלעותיו הכל ענין אחד. אלא ויקח אחת מצלעותיו הוא באצילותם בחכמה שהיו שם נכללים כאחד מיוחד כאדם שהיה עם אשתו ד"ו פרצופין. ושם מחכמה נתחלקו לשנים ונכנס בבינה והביאה אליו ושם היו שני מאורות גדולים. ואחר כך היה מיעוט הירח כי הוא ענין בפני עצמו. ולפי שהם ד"ו בחכמה לכן מלוי היו"ד ד"ו כי מלואו ועבורו של יו"ד היא חכמה ונתיבותיה הם ד"ו פרצופין וכבר נתבאר כי בית שבחכמה הרמז אל הנתיבות. כדכתיב (משלי ח') בית נתיבות נצבה. ולכן ציור הב' רמז לד"ו פרצופין שהם למטה ב' ספירות. וז"ש וציורה שני מדות. ובארנו הענין הזה בארוכה בשער מיעוט הירח פ"ד. ומ"ש כי הוא בית לתפארת, הכונה כי הל"ב נתיבות הם גם כן בתפארת כמו שנתבאר בשערים הקודמים וכן נרמז בו הל"ב ולול"ב כי שם בן ד' עולה כ"ו ושש קצוות הם ל"ב. ולכן המלכות היא גם כן בית כי היא בית לתפארת לנהג העולם אם לדין אם לרחמים. הכלל העולה כי רוחניות הב' רומז לחכמה עם ל"ב נתיבותיה שבד"ו פרצופין והיא כוללת המלכות היונקת מן הגבורה כי תוקף הדין סבת פגימתה, ומלואה כנודע לכן בשעת הלבנה ממשלתה ע"כ. ויש מי שפי' כי הב' היא מלכות ומפני שנתייחדה בבעלה נצטיירו בה ב' זרועותיו שחבקה בהם והוא באמצע כזה

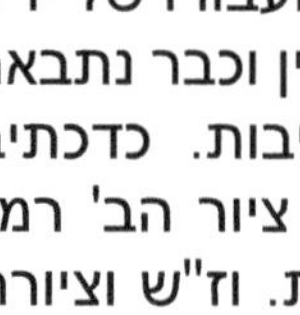

וזהו בסוד שימני כחותם שישאר צורתו חקוק בה. ועוקץ הבית הוא יוד לרמוז שנאצלה מחכמה. וקרוב לענין זה נמצא בתקונים כי הבי"ת היא ג' וו"ן ג' עמודים שהם ויס"ע ויב"א וי"ט אבות סומכים לשכינה כדפירש בשער המציאיות במציאות ה' שבמלכות. ורוב המפרשים הסכימו כי הבית בחכמה וביאר רבי משה הטעם שהיא שניה. ועוקצה להורות שיש למעלה מציאות דק מכל דק. ויש מי שפירש קרוב לענין זה בענין אחר וז"ל ב' יש שני צדדין בממשותה יוצא על הצד השני צדדים מאחריה ומלפניה והוא פתוחה כדי לקבל תוס' רוח הקודש מצד האל"ף כמו דברים בפי תלמיד והיא הבית וצורתה מזומנת להכיל עיקר האחדות וזהו ביאור ענייניה ותבונת ראיותיה בהבחנת החכמה ובדקדוק שכל. והרשב"י ע"ה בר"מ [פנחס דרנ"ו ע"ב) פי' ז"ל אנכי ביה כ' כתר וביה אי"ן, וכתר אתקרי מסטרא דאימא עילאה דאדכר לגבה חמשין זמנין יציאת מצרים באוריי', ואיהי ב"ת מן בראשית דכלילא י' אמירן מסטרא דחכמה בת י' כו' עכ"ל. וביאורו כי הוא בא לבאר אנכי ה' אלהיך ואמר כי במלת אנכי הרמז לכתר ובאנכי יש אותיות אי"ן שהוא הכתר ויש כ' שהוא הכתר. ופי' לנו כי נקרא כתר מצד הבינה כאשר בארנו בערכי הכנויים ומטעם זה שנזכר שם יציאת מצרים כמו שנודע שחמשים פעמים נזכר יציאת מצרים בתו' לרמוז אל נ' שערי בינה כאשר ביארנו בשער נ' שערים. ואמר כי הבינה היא בית מבראשית. כוונת האריכות הזה הוא לבאר איך נתחלקו י' דברות ה' בה' ראשונה וה' בה' אחרונה היא מצד י' דברות אשר בחכמה הנשפעות אל הבינה. ומטעם זה אמר בה י'. בחכמה יבנה בית (משלי כד ג) [ג]. והנה לפי המאמר הזה ב' היא הבינה. ועוד בשיר השירים להרשב"י ע"ה א' דכר ב' נוקבא והנה נקיבה אינה בחכמה כנודע. ועל האמת כל זה הפך דבריו במקומות אחרים שפי' כי ב' לעולם היא בחכמה. ולתרץ זה נ"ל לומר כי במה שאמר בחכמה יבנה בית וכן במקומות אחרים כי י' מעיין אל הגן שהיא הבינה יתורץ הכל כי אחר שהיו"ד היא בונה הבית א"כ חוייב היות שרש הבית ומציאותה הדק נעלם במקורה וא"כ הם שני ביתים בית נעלמת בחכמה ובית בבינה. עוד יש בית זעירא היא המלכות ומקורה הוא הת"ת והמעיין היסוד כמו שנתבאר זה בדברי הרשב"י ע"ה:

פרק ששי:

באות ג'. המתבאר מתוך דברי ס' בעל התמונה כי האות הזה כחה בבינה ולכן היא שלישית. ונקראת גימ"ל מלשון גומל כי גומלת לכל ע"י השלמת הקצוות אל המצוע. ר"ל ישתנה הדין והרחמים וע"י תצאנה הפעולות לפעול במהירות כי הוא ג"כ מלשון

ויגמל שקדים (במדבר יז כג). ושני הדברים האלה מבוארים כי ממנה מקבלת הגבורה רחמים ומתרחצת בחלב האם כדפי' בשער מהות והנהגה פ"ו. ולכן כשהיא (מקבלת) [ממתיק] הדין נמצא שלום בין הדין והחסד. וכן כל ז' ספי' הבנין מקבלות ממנה ועל ידה פועלות במהירות. ובצורתם ו' ז כי הזיין רמז בנצח והו' רמז בת"ת כאשר יתבאר. לכן ירמוז הצורה הרוחניות הזאת עיקר יניקתה מן הבינה ומצטיירת בצורתה ע"י הת"ת והנצח ולפי' ממשלתה ע"י החמה שהוא בת"ת כנודע. ויש שפי' ראש ג' הוא יו"ד שיש לה ד' עוקצים שהם כתר למעלה וחכמה אל הימין ובינה אל השמאל וחסד תחת שלשתם זהו צורת הראש של הג'. והו"או שהיא זקופה הוא הת"ת והרגל שהוא מתוח הוא הימין הפשוטה לקבל שבים והעוקץ רמז למלכות והוא גמול הצדיקים היושבים ועטרותיהם בראשיהם. ויש מי שפי' גימ"ל רומז לחסד בשביל שגומל טוב לחייבים ומטהרם. ויש מי שפי' בענין אחר ז"ל ג' יש לה ב' צדדים מטה ועץ המטה אחוז באמצעיתו דוגמא של זוהר עשוי לקבל שפע האותיות של מעלה למטה והיא פתוחה לפנים כדי להשפיע מאותו כח באותיות שלמטה ממנה ויש לה חלון כדוגמתה מפני שכל האותיות הם צורות עומדת בהשוואת החלונות שנבראו בתוכם והם כמו אספקליראות מאירות דומות לזכוכית צבוע במיני צבעונים מזומנים לגמור בהם מעשה. ויש שפי' בראשי תיבות בג"ד בינה גמול דלים. והדלים הם יסוד ומלכות ונקראו עניים כמו שנתבאר בערכי הכנויים והם מקבלים מן הבינה. וכן היא ג"כ גומלת חסדים בסוד השפעתה דרך החסד והיינו עוקצה אל הימין צינור השפע:

פרק שביעי:

באות ד' אמר בספר התמונה כי היא נרמזת בחסד וכן היא רביעית במספר הפשוט. ואמר כי היא צורה פשוטה שאין לה חיבור עם זולתה והיא מבטת לתפארת שהוא הו"או. ולא אמר שהיא מבטת לה' מפני שבה"א ג"כ הדל"ת ועי"ז מבטת לוא"ו. ונמצא לפי זה רוחניות האות מקבלת מהחסד ומרחמים שהוא הת"ת. ואמר כי נקרא דל"ת מלשון ודלת ראשך כארגמן (שה"ש ז ו) שפי' ענין הבדלה מלשון יחידות. כמו חלק הראש המובדלת מחברתה וכן האות הזאת יחידה בצורתה שאינה מצטרפת בצורה אחרת ואמר כי ממשלתה בשעת ככב. **ויש** מי שפי' כי הד' פי' של ג' דהיינו כמו שפי' למעלה בגימ"ל שבראשו יש לה ד' עוקצים וכו' אלא שזאת הפוכה. לרמוז אל הרשעים המהפכים הדברים העליונים ומבלבלים יצועי אביהם ולכן נהפך להם מות מחיים ח"ו אבל הג' שהוא גמול הצדיקים הם יושבים ועטרותיהם בראשיהם כדפי' לעיל באות גימ"ל. ויש מי שפי' ד' רומזת לעטרת שעומדת בדלת של המלך כעניה. ויש מי שפי' בענין אחר וז"ל ד' יש לה ב' צדדים צד נטוי וצד סמוך והיא דפוס להשלים חומר היסודות דבוקה באמצע הג' וחלון שלה יש בו ממשות להכיל מכל צדדיה מלמטה ולא מלמעלה ועכ"ז נקרא מהות היצירה. ולכן ע"פ הזהר השכינה נקראת דלת ונקרא כן כשהיא דלה במסכנות וקוצה של הדלת רומז ליסוד המחברה עם התפארת בסוד כי כל בשמים ובארץ (דה"א כט). וזה נתבאר בר"מ ובמקומות רבים. גם היא תרמוז בבינ"ה כי כן באר הרשב"י ע"ה (בזהר משפטים דף קכ"ג ע"ב) וז"ל ה' ד' הות מדאתחבר דכורא עמה אתעברת מחד בן ואקרי ה' עכ"ל, והעתקנוהו בשער השמות בפ"א. והנה אמר כי הבינה שהיא ה' עיקרה דלת ומציאות הדלת היינו עוקצה שהיא חכמה ופשיט נהרא מכאן ומכאן דהיינו התפשטות הבינה מן הימין שהוא החסד ומן השמאל שהיא הגבורה. נמצאת אומר שמציאות הד' גם בבינה בסוד התפשטותה בחסד וגבורה, וכבר הארכנו בזה כל הצורך בשער הנזכר. ולשון דלת בבינה לא תהיה לשון דלות, אלא לשון דלו עיני למרום (ישעיה לח יד). וכן לשון משנה (פאה פ"ד) בדלית ובדקל, שהוא לשון גובה:

פרק שמיני:

באות ה' פירש בספר התמונה כי עקרה בגבורה. אמנם היא גם כן במלכות כנודע בענין שם בן ד'. ואמר כי הוא רמז שמדת הדין יכול לפעול בקש"ה ורפ"ה. ואמר כי כל זה בכח הבינה, ואמת כי על ידיה יתרפה הדין או יתחזק כמו שפי' למעלה ולכן תרמוז ג"כ בבינה. וצורתה י"ד ומצינו י"ד לטובה כמו בי"ד רמה, את הי"ד הגדולה (שמות יד). היד הוי"ה תקצר (במדבר יא כג). וי"ד לדין וגם יד הוי"ה היתה בם (דברים ב טו). וכן יש ידות הרבה כמו שבארנו בשער ערכי הכנויים. הקיצור הצורה הרוחניות של אות זה מקבלת עיקרה מגבורה אבל מקבלת גם מבינ"ה ועל ידה יתרפה הדין ותעשה רפה למטה בקבלתה ממנה. ובשעת לבנה ממשלתה כי על כן היא נרמזת במלכות כח הלבנה. **ויש** מי שפי' כי אות ה' היא המלכות והד' שלה מורה על חצי גורן עגולה ובאמצע החצי גורן שהם ע' סנהדרין האב ב"ד עומד והוא הוא"ו קטנה שתחת

הדלת. והכל נרמז במלכות כי היא מוצא הדין והיא הירח העומדת כחצי גורן כירח והנקודה באמצע מלואו. עוד פי' באופן אחר כי הדלת רמז למלכות והוא"ו קטנה רמז למטטרון בנה של השכינה והוא יונק מבין שדי אמו. וזה צודק קצת לפי מה שכתבנו בענין פי' הה' בשער השמות בשם בן ד'. עוד אמר ענין נכון כי הה"א היא השכינה עומדת על ד' חיות המרכבה והם א"ב ג"ד ויפה הוא. **ויש** מי שפי' בענין אחר ז"ל ה' נצבת בדוגמתה פתוחה כדי לקבל שפע מכל צד ופתוחה כנגדה לפניה כי להיות שיונקות כל האותיות ממנה כדרך השפע שהיא יונקת. והיא סתומה מלמעלה כדי שלא יתפשט השפע לצאת חוץ ממנה. וכן כבר בארנו בשער שם בן ד' ובשער השערים כי מציאות הה' היא בשני מקומות שהם בינה ומלכות ובשתיהן על דרך א' כי מציאות צורת הה"א ג' יסו"ד. והם בבינה מפני שנאצלו על ידה. ובמלכות מפני שמשפיעים בה והיא מתקשטת על ידם בסוד הזיווג כדפי' בשער סדר האצילות. והנה המלכות היא דלה בהיותה יונקת משתי הקצוות מן הימין ומן השמאל. ואז הנחש מבקש לינק. עד שמקבלת מן האמצע ומצטיירת בעלה בה דהיינו ו' בין שיהיה ו' של ת"ת ממש או ו' של יסוד אז היא מלאה כל טוב והיינו ה' עשויה כלי:

פרק תשיעי:

באות ו' אמר בספר התמונה שהיא בת"ת ומפורסם הוא ואמר כי היא פשוטה לרמוז כי הוא עמוד לעולם. ואפשר לומר הטעם כי קודם ברא הקב"ה העולם בדין וכשראה שאין העולם מתקיים שתף עמו רחמים הרי שהרחמים הם סבת קיום העולם ולכן הרחמים עמוד סומך העולם. ואמר כי פניו הפוכים מן הה"א לרמוז כי הה"א הוא דין שאין בו רחמים. וכן אפשר לומר הטעם כי הוא מטה כלפי חסד ומחזיר פניו מן הדין. או אפשר כי הוא מביט לזיי"ן שלפניה שהוא משפיע בה כאשר נבאר. ואמר כי הוא משגיח מעלה כנגד הכתר לקבל ומשגיח מטה להשפיע למלכות כנודע. ואמר כי ממשלתה בשעת חמה כי כן הוא מכונה שנאמר כי שמש ומגן ה' אלהי"ם (תהלים פד יב). **ויש** מי שפירש בענין אחר וז"ל וא"ו היא עומדת בזאת הצורה לרשום בה צורת הטבע ולמצוא בה דוגמא נסתרת ונכרת בזו הצורה נקרא חומר קדמון ולכן אמת שהמקום המיוחד לה הוא הת"ת. אמנם הרמז אליו בהיותו קשור וכלול משש קצוות שהם גדולה גבורה ת"ת נצח הוד יסוד. ולרמוז על יופיו בכללות הזה נקרא ו' שעולה שש. והיא ארוכה שהוא הנהר המשקה בדרך העלם בסוד הדעת לשאר כל נטיעות הגן כאשר נתבאר בשערים הקודמים. וכמעט שאז נקרא נשמת הת"ת כאשר רמזנו שם. וכאשר הוא"ו בת"ת תקרא וא"ו עילאה או ו' סתם אמנם לפעמים היסוד נקרא וא"ו זעירא או וא"ו תתאה להיות כי הוא ג"כ כלול מו' קצוות כת"ת עצמו כי כל מה שאירע ליעקב אירע ליוסף דגוף וברית חשבינן חד כמבואר בדברי הרשב"י ע"ה במקומות רבים. אמנם יש וא"ו אחרת והיא בראש הכת"ר בארנוהו בשער המכריעין בסופו. ולפעמים תסובינה הואוי"ן ג"כ על גדולה גבורה ת"ת ג' ואוי"ן והיינו ויס"ע ויב"א וי"ט ג' ואוי"ן. וכן נצח הוד יסוד כאשר בארנו בשער המציאיות. ואלה דברי ר' משה דילאו"ן ז"ל בספר השם בווי העמודים. ווי העמודים בסוד וא"ו של בי"ה שמ"ו שהוא מטה משה שש ספירות וכו' ואין וא"ו בלא שני ווי"ן והוא רמז ליסוד הנאחז בו:

פרק עשירי:

באות ז' פי' בספר התמונה כי צורתה בנצח והיא רמז לכלי זיין לנצח בדין. וכן היא מדתו של משה ובה היה נוצח במלחמת עמלק כי היה מרים ידו ואז וגבר ישראל והוא הרמת יד ימין שהוא נצח על השמאל שהוא הו"ד ואז גובר כח הרחמים וכן בנשיאות כפים צריך להגביה הימין על השמאל וכאשר ירים האדם ידו יראה כזיי"ן בפשיטות אצבעותיו והוא נרמז בנצח ששם הנצחון ע"י הזיי"ן. ואמר כי ממשלתה בשעת החמה מטעם שגובר עליו כח הרחמים ע"י הת"ת ולכן מושל בשעת ממשלת חמה שהוא ככ"ב הת"ת. הקצור רוחניות האות הזה רומז בצד הנצח לבד. **ויש** מי שפירש כי הזיין הוא יסוד והא סוד הברית והוא סוד שבת וכמו ששבת עטרה על ששת ימי המעשה כן בזיי"ן עטרה על הוא"ו והעטרה הזאת היא עטרה שבברית. וכמו שהשבת נותן מזון לכל שאר ימי השבוע כן האות הזה נק' זיי"ן על שם המזון הנשפע ממנו והוא הברית הנמשך מהת"ת שהוא הגוף הנרמז בוא"ו והזי"ן ברית והחי"ת נקבה העומדת לקבל ופוסקת את רגליה לקבל שפע הזכר. ויש שפי' בענין אחר זיין עומדת בזו הצורה כדי לתקן ההשוואה וחלוק לגולם הנאצל והנעשה מן החומר. **ויש** מי שפי' ז' רומזת למדת הגבורה שלוקח כלי זיין להלחם ברשעים ולכן זיין מפורסם בדברי הרשב"י ע"ה בתיקונים בענין האות הזה הוא היות צורתה רמז אל ו' וי'. והנה היא מתפרשת על ב' דברים כי המלכות בעלותה אל מקומה הא' אל בית אביה כנעוריה הלא תעלה דרך מדרגות הסולם ובעלותה

בראש צדיק אז היא עטרה בראש כל צדיק. והכונה כי לבוש הצדיקים בעולם הבא הוא מצד המלכות וזהו ותלבש אסתר מלכות (אסתר ה א) כי ראתה עולמה בחייה. אמנם זהו מצד מלכות שהוא בהיותה למטה מולכת בעה"ז אבל בעלותה למעלה מצד הבינה כי ע"י שהיא האם תעלה אל בית אביה היא עטרה בראש צדיק יסוד עולם וזהו עוה"ב אין בו לא אכילה וכו' אלא צדיקים יושבים ועטרותי' בראשיהם כי עולם הבא היא הבינה כאשר נתבאר בערכו. וזהו ומרדכי יצא מלפני המלך (שם ח טו) שהיא הבינה בלבוש מלכות מצד המלכות כמבואר ועטרת זהב גדולה מצד עטרה בראש כל צדיק וצדיק. וזהו שראה עולמו בחייו. ובזה יובן למה לא נתנה עטרה לאסתר אלא כתר מלכו"ת. ומפני שעטרה בראש הצדיק נמצא י' על ו' והוא ז' ע"כ הוא יום הז' ואין זה מקום ביאורו. וזאת הזי"ן זעירא כי לא נתפרסם שמה. ועוד יש עטרה בראש ס"ת והיא נקרא בלשון הרשב"י ע"ה (בתקונא י' דף כ"ג.) תג"א דס"ת וזהו בעלותה דרך המדרגות עד החכמה למעלה וזהו עטרת בעלה ואז היא י' על ו' והיא זיי"ן ואל הזיינין האלה הם רמז התגין וזהו שג"כ הוא תפארת יום הז'. ולפעמים תתיישב היו"ד הזאת בראש ג' אבות ויעשו ג' זיונין כענין ש֗ וכן בנצח הוד יסוד. וכל זה שבלי הלקט משדה הרשב"י עליו השלום:

פרק אחד עשר:

באות ח' פירש בספר התמונה שהוא בהוד שהיא שמינית ממעלה למטה ואמר שרומז גם כן בבינה ממטה למעלה ושתיהן דין כנודע. ואמר כי לפי שהיא בהוד מדתו של אהרן הכהן היו לו ח' בגדים כנודע. וכן אהרן היה איש חסד כאמרו (דברים לג) תומיך ואוריך לאיש חסידך לרמוז שהיא ג"כ מקבלת מהבינה שהיא על החסד אבל עיקרה בהוד. ואמר שצורת אות זה כוללת [ב' אותיות] שהם ד"ו לרמוז שהיא מקבלת ג"כ שפע מחסד שהיא ד' כדפי'. והכל עשר לרמוז שהכל נכלל במלכות שהיא עשירית. ואמר שלשון חי"ת מלשון (עובדיה א ט) וחתו גבוריך תימן לרמוז אל דין ההוד כי הוא העיקר. ואמר כי ממשלתה בשעת לבנה מטעם כי הלבנה היא (כתר) [כח] במלכות וזה נכלל הכל בי' כדפי'. ודבריו סמוכים בדברי הרשב"י ע"ה כמו שבארנו בשער נ' שערים שהוד עולה למנין נ' שהם ה' פעמים ו"ד עולה הכל נ' שעד ההוד מתפשטים חמשים שערים וכלם מתגלים ע"י המלכות כדפי' שם וכלל דבריו כי הצורה הרוחניות של האות הזה מקבלת מבינה וחסד ומת"ת ומהוד. **ויש** מי שפי' כי החי"ת רמז לשכינה הפתוחה למטה כדרך האשה שהיא סתומה מג' רוחות ופתוחה מרוח רביעי לקבל שפע בעלה. ועוד היא אכסדרה שבה משכן הנשמות. ולה שני צלעות, צלע ימין כנגד עדה מצלת וצלע שמאל כנגד עדה שופטת וגוף השכינה על שניהם ורוח רביעי פתוח לקבל לכל הרוצה ללמד זכות יבא וילמד והצדיק נתון בין שתי הכתות להצדיק ולהרשיע. ועוד ג' צדדין רמז לג' אבות זרוע ימין לצד ימין וזרוע שמאל לצד שמאל וגוף שהוא הת"ת עליהם והיינו ג' ווי"ן ויסע ויבא ויט כדפי'. **ויש** מי שפי' בענין אחר וז"ל כי ח' רומז לגבורה מלשון (בראשית לה ה) ויהי חתת אלהי"ם שהיא פחד. **ויש** מי שפי' בענין אחר וז"ל ח' נקראת כך ע"ש שהיא דפוס לסבת' הגולם גולם רוחני וגולם גופני דמות החי"ת שהוא צורה לכל הדברים שהם בעלי חיים הטבעיים וע"כ נק' בלשון חיים. ורמז האות הזה פי' הרשב"י ע"ה (בזהר פנחס רנ"ז.) במלת אחד כי החית נרמז בשמונה ספי' מהחכמה ולמטה עד היסוד. וז"ל אחד א"ח כליל ט' ספיראן דאינון א' אין כתר. ח' תמניא ספיראן מחכמה עד יסוד ד' מלכות וכו'. ובמקומות אחרים פי' כי הבינה נקראת ח' מפני שהיא שמינית ממטה למעלה וז"ל בינה דאיהי תמינאה מי' ספי' מתתא לעילא ע"כ. ואפשר ליישב ולומר כי כשהבינה כוללת הח' ממטה למעלה אז תקרא חית. ואפשר חי"ת מפני שהיא השפעת החיות לכל הספי' מן החכמה שהיא מקור החיות השופעת בה. ובזה נתיישבו ונתפשרו דברי הרשב"י ע"ה. פרק שנים עשר באות ט' פי' בעל ס' התמונה כי האות זה ביסוד שהוא ט' ואמר שהמדה הזאת היא ז' למספר הימים ואם היא תשיעית למספר הספירות. והטעם הוא כדפי' בשער ערכי הכנויים בערך ימים. ואמר שנקרא שבת לשון מנוחה ולשון השבתה ובטול וחרבה. ונקרא כל, לשון חמדה ולשון כלייה. ולכן לטובים טובה ולרשעי' טי"ת מלשון וטאטאתיה במטאטא השמד (ישעיה יד). ומטעם זה ממשלת האות הרוחניות הזאת בככב שבתי. **ויש** מי שפי' כי הטי"ת מורה בציורה כי בהתחבק התפארת עם המלכות בזרועותיו הקדושים נשארה המלכות מעוברת מכמה נשמות וכמה מלאכים ועניינים אחרים. והנה צורתה מורה על חבוק הזרועות וקוצה הפנימי מורה על העובר היושב במעי אמו כדפי'. ולכן המעוברת יולדת לט' חדשים כמנין טי"ת. ובראש בצד השמאל י' להראות שמשם

מהיו"ד משך הנהר והשפע סביב סביב. ואמר עוד שהאות הזה רמז למדת חכמה תשיעי' ממטה למעלה ומקבלת מהכתר כי החכמה שני לו ולכן ארז"ל (במנחות דף ל"ד) ט"ט בכתפי שתים ובו נתעבר כל העולם וממנו יצא כדכתיב (תהלים קד) כלם בחכמה עשית לכן היא בצורת יו"ד בראשה ומעוברת בהוייות העולם שנתהוו ממנה כדפי'. **ויש** מי שפי' ט' רומז לגבורה מלשון וטאטאתיה במטאטא השמד שהוא לשון כלייה שהוא מכלת הכל בדין. **ויש** מי שפי' בענין אחר וז"ש טי"ת היא כפופה מלפניה וזקופה מכל צדדיה וממנה מתאצלים כל הדברים שהם לבוש השכל והמדעי ר"ל הנסתר שהם נסתרים בתוכה. ובענין האות הזה בארו בזהר (תרומה דף קנ"א) ענין גדול שהיא מקור החיים וזו היא סבה שיש מקום ידוע בעולם שאין מתים אנשים בתוכו כמבואר גם מתוך דברי רז"ל (סוטה דף מ"ו ע"ב) והטעם מפני שעל אוירו תלויה אות ט' מצירוף אותיות שבהם נברא העולם. ובשיר השירים (בז"ח דף פ"ג ע"א וע"ב) ביאר הרשב"י ע"ה הפסוק (קהלת ט יד) עיר קטנה במציאות היו"ד שאז אין מי שישכיל בה שהיא נעלמת וקטנה אל השגת בני אדם ולכן ואנשים בה מעט ולכן היא אומרת (שה"ש א) אל תראוני שאני שחרחרת. פי' לא תחשבו כי תשיגוני שאני נעלמת. ובא אליה מלך גדול וגו' ובנה עליה מצודים גדולים היינו מציאות בנין הצלע בנין שור מקף סחור לקרתא. וזהו כי הבינה מציאותה **ל** כמו שנתבאר וכאשר יקיף סביב למלכות מה**ל** נעשית ט' כזה. ומצאתי אומרים כי ט' היא במלכות בסוד מציאות אור הבינה המקשטת אותה. ואין ספק כי מציאות הט' היא נבחרת ממציאות הה' והוא סוד (זכריה ב ט) ואני אהיה לה נאם ה' חומת אש סביב:

פרק שלושה עשר:

באות י' פי' בספר התמונה כי היא המלכות מדה עשירית והיא מכוונת כנגד החכמה הנקרא יו"ד כמותה. ופי' כי טעם היו"ד כי אפילו בה אין דמיון וצורה אלא כיו"ד קטנה נקודה פשוטה מצורה ודמיון כדכתיב (ישעיה מ יח) ואל מי תדמיון אל. והיא אות ברית כנודע. ולשון יו"ד מלשון (תהלים קז) יודו לה' חסדו כי היא מקום ההודאה וההלול כמפורסם מדוד. וממשלתה בשעת לבנה כי היא מדתה כנודע ואמר כי עד כאן כלל הספי' כסדרן [מא' ועד י' רומז לי"ס כסדרן] ומכאן ואילך כפי אשר נבאר הם שלא על הסדר. **ויש** מי שפי' היו"ד רמוזים בה ד' ספי' כתר חכמה בינה חסד ובארתים למעלה. ואמר שקוצה העליון שהוא הכתר משפיע שפע לשתי קצוות שהם לשני צדדים זה לימין וזה לשמאל שהם חכמה ובינה ולמטה מהם החסד המשפיע לכל חוט השדרה שהוא הוא"ו ומשם (מושתקה) [מושקה] כל גוף האצילות ואמר שזה פי' יו"ד במלואה שהוא י' הראש המשפיע. והו' גוף התפארת וברית קדש. והד' ב' רגלין וב' דרועין והכל נכלל במלת יוד. ועוד פי' עשר ספירות י', שש קצוות ו', ארבע רגלי המרכבה ד'. אשר אין מספר לגדודיו ע"כ. **ויש** מי שפי' י' רומז לחכמה שנקרא י' שהוא גולם בלא צורה. **ויש** מי שפי' בענין אחר וז"ל י' היא צורה רוחניות מקבלת שפע וברכה ונעשית השוואה לכלם וכלם יונקות ממנה והיא קובצת כלם ונעשית כמו דמות צורה זקופה דוממת ויושבת בראש ונעשית ראש לכלן והיא עם כלן וחוץ לכלן והאותיות האחרות הם נסתרות בהיפוך תכליתן עד השי"ן שהוא קשר של תפילין כי כך אמר שכ"ב אותיות והשוואתם והכנתם ואותיות הפוכות משתנות בהם כלם הם וא"ו קשורות זו בזו לגמור פועל ולהכין מעשה וזהו קשר של תפילין ר"ל שכלן הן דבקות בכח השי"ן ומכח התי"ו ונעשית אלף ראש לכלן והיו"ד כלל כלן והכל מורה על קומתו של הקב"ה וז"ש (שמות לג כג) וראית את אחורי ופני לא יראו תרגומו ותחזי ית דבתראי. כלומר תשיג מה שידבק בי ויתחבר אלי הכל ברואי גמור (אבל מה שהיה קודם סבת מציאותי לא תוכל להשיג כדי שלא תאמר עלי כאשר (על) כל האחרים עד שנאמר פ' יצא ממקום פ' ופלוני ממקום פלוני היה ונמצא יחודי חול. ומקום הקדושה בלוע כמו החרב הבלוע בתוך נרתיקו עכ"ל). ולנו כבר נתבאר במה שקדם שהיו"ד היא בחכמה וכן לפי המציאות פעמים במלכות ובזרות פעמים היא בבינה. עוד פי' הרשב"י ע"ה כי ביו"ד ג' קוצים וז"ל בתקונים (תקונא ה' דף י"ח.) יו"ד בכל אתר קוצא דיליה לעילא וגיו דילה באמצעיתא וסופא דילה לתתא כללא דאתוון גופא לתרווייהו וקוצא דילה לתתא ברזא דנקודי עכ"ל. וכוונתו שג' ראשונות נכללות ביו"ד שהם טעמים בכתר ונקודות בחכמה ואותיות בבינה וזה מבואר ויתבאר בשער הזה ובשער הנקודות ובשער הטעמים בעזר הצור וישועתו. והם סוד ג' מוחות הנרמזים בחכמה שהם ג' יודי"ן שבשם בן ד' במלוי יו"ד ה"י וא"ו ה"י. וע"ז נאמר (ישעיה מד ו) אני ראשון בסוד קוצא דלעילא יו"ד קדמאה ואני אחרון בסוד קוצא דלתתא יו"ד תליתאה. ומבלעדי אין אלהים בסוד האמצע קוצא מציעאה יו"ד תניינא. וכל זה נרמז בסוד היו"ד והיינו ממש סוד אלף קוצא

לעילא וכו'. עוד רומזת הי' י"ג מדות של רחמים שבתוך הכתר המתגלים באמצעות החכמה והיינו י' כללותה עשר וג' יודין הרי הם י"ג מכילין דרחמי:

פרק ארבעה עשר:

באות כ' כתב בספר התמונה כי אות זה נרמזת במלכות עם היות כל כליה מוכנת לקבל מלמעלה והוא מלשון (במדבר ז) כף אחת עשרה זהב. ופי' כמו כף העשויה לקבל כן זאת עשויה לקבל מבינה שהיא הלמ"ד כאשר נבאר. וממשלתה בשעת לבנה כי כן ראוי לה כמבואר למעלה. **ויש** מי שפי' כי הכ' היא השכינה בסוד הירח שהיא כחצי הגורן עגולה בסוד (שה"ש ז ג) שררך אגן הסהר והיא לשכת הגזית מקום מושב הסנהדרין. **ויש** מי שפי' כף רומזים לשתי כפות מאזני צדק שהם נצח והוד הה"ד (איכה ג) נשא לבבנו אל כפים. **ויש** מי שפי' בענין אחר וז"ל כ' והדרכים והנתיבות מענין א' נטען הכף של כ"ב אותיות נקראת כבוד והיא צורת שכל קבוע והוא הנתיב שלה ע"כ. ולנו האות הזה רומזת בבינה שהיא אמא עלאה [ד] והיא כף אחת עשרה זהב כי מצפון זהב יאתה (איוב לז כב). והיא מלאה קטרת שהיא הקושרת העולמות כלם ומכחה מתייחדים. או אפשר שהם כ' דגושה בסוד כף חובה גבורה. כף רפויה בסוד כף זכות גדולה. ואפשר שתהיה במלכות כדכתיב (שמות לג כג) והסרותי את כפי. בערך בחינות התחתונות שבה והיא דגושה בעת קבלתה מן הגבורה ורפויה בעת קבלתה מן הגדולה. ובתקונים (בהקדמה ד"ו.) ופעמים רבות פי' כ' כתר בסוד י' ממעלה למטה וי' ממטה למעלה הם שני יודין דהיינו כף שפי' כתר והיינו הכתר בבחינת הבינה וזה מוכרח מכמה מקומות והעתקנוהו בשער ממטה למעלה פ"א:

פרק חמישה עשר:

באות ל' עי' בספר התמונה כי הוא בבינה ולשונה מוכיח עליה כי הוא לשון למוד ובינה. וצורתה מורה כי היא גבוה על כל. וצורתה שתי מדות כ"ו שהם מלכות ותפארת מלכות תחת הת"ת כסוס לרוכב עומדת תחתיו לקבל ועליה התפארת כרוכב על הסוס ומתעלה עד למעלה לקבל מהבינה. ונ"ל כי לכן הוא"ו לצד שמאל של כף לרמוז כי הוא מקבל מהבינה כי שם עיקר מקומה. והאריך המפרש שם כי ד' אותיות של שם בן ד' הם מעידים על קשר הספירות ויחודם במציאות אותיותיו כדפי' בשער שם בן ד' פ"ג ולכן גם האותיות האלה מעידים על היחוד והעד בהם בכפול. כיצד א' במילואו היא אל"ף.

א מורה על שם בן ד' שני יודין ו' שבו. הוא ג"כ כ"ו הרי אות א' מעידה היחוד ועדותה כפול חותם בתוך חותם. השנית הל' ומ' שעמה. השלישית המ"ם מ' עצמה הוא כ"ו ומ' שעמה ג"כ כ"ו הרי חותם בתוך חותם. הרביעית ס' [ה] ומ' שעמה הרי חותם בתוך חותם הרי ד' עדים שהם אותיות **אלמ"ס** ועדותם שמעידים על היחוד כפול ואפשר שנא' שהיחוד שמעידים עליו היינו יחוד ת"ת ומלכות שהם כ"ו כמבואר לעיל. ונחזור לענייננו הצורה הרוחניות הזאת עיקרה בבינה ונרמזות השפעתה במלכות ע"י הת"ת ואמר שממשלתה בעת שבתי ואפשר הטעם מפני שבינה שבת הגדול גם כן וביום שבת מזל שבתי כנודע. **ויש** מי שפי' כל הל' בצורתה למעלה יו"ד והוא רמז לכתר חכמה ובינה חסד בסוד ד' קצוותיה כדפי' לגבי יו"ד עצמה, ותחת הי' וא"ו לרמוז אל התפארת, ותחת הוא"ו ד' לרמוז אל המלכות, ותחת הד' קוץ עקום לרמוז מטטרון שר הפנים היושב ראשונה במלכות. עוד פי' בל' שהל' רמז לחסד והמ"ם סתומה רומז לגבורה ולכן סתומה רמז אל הדין ואל עכוב השפע ומ"ם פתוחה רומז לת"ת באמצע בסוד הרחמים הממוצעים בין החסד והדין. **ויש** מי שפי' שהלמד רומז למלכות שנאמר (תהלים קמד א) המלמד ידי לקרב. **ויש** מי שפי' בענין אחר ז"ל הלמ"ד היא צורת אור מופלא עומדת כמו מראה השכל שהכל נראה מתוכה והוא הנתיב שלה. והאות הזה פי' הרשב"י ע"ה בשה"ש שרומזת בבינה וכן תמצא כי האות הזה למעלה מכל האותיות לרמוז כי עם היות שכל האותיות תחלתן מחסד ולמטה כדפי' בפ"ג עכ"ז יש לה עלייה עליהם בסוד הבינה הגבוה על ז' ימי הבנין:

פרק ששה עשר:

באות מ' פי' בעל ספר התמונה בין סתומה ובין פתוחה שתיהם רמז למלכות. הא' כשהיא מקבלת מן הרחמים ומשפעת למטה ולפיכך היא פתוחה למטה מורה כי שפעה הולך עד התהום וכובש אותו שלא יעלו מימיו ויהפכו הארץ. ושלא ימנעו המעיינות מלתת מים לעולם כראוי. והסתומה להורות כי הוא מאסף כח הדין ומעכבו שלא ירד. ובאו שניהם יחד להורות על תוקף העד הכפול המעיד על הייחוד כדפי' בפ' הקודם. ושניהם יחד כח הרחמים זה בעכוב הדין וזה בהשפעת הרחמים וממשלתה בצדק. **ויש** מי שפי' כי המ"ם חוטמה הוא בדמות ו' הוא תפארת יעקב וגגה העליון הוא אברהם חסד וקרקעיתה התחתון הוא יצחק וכותל

שהוא מאחריה הוא השכינה נמצאת המ' ד' חיות המרכבה כזה

ועיקרה בשכינה מלכות הסתומה אלא שהפתוחה רומז אל המשכת שפע והסתומה מורה על עכוב (ח"ו). עוד פי' במ"ם סתומה שהוא בצורת ב' דלתי"ן מחוברים רמז לשני ההי"ן מקושרים זה בזה ע"י התפארת המיחד עולם עליון ועולם תחתון. ונ"ל לפי זה כי לכן הד' הא' פונה למעלה והא' פונה למטה העליונה פונה להשפיע בתחתונה והתחתונה פונה למעלה לקבל מן העליונה. **ויש** מי שפירש מ"ם פתוחה רמז לזכר שאינו צריך שמירה מ"ם סתומה רמז לנקבה שהיא צריכה שמירה. **ויש** מי שפי' מ' פתוחה אור צ"ח והמ"ם אחרת סתומה והכל דבר א'. והנתיב שלה נקרא אור צח ומצוחצח. ולדעת הרשב"י [ו] ע"ה כי מ"ם בין פתוחה בין סתומה רמיזתם בבינה. והחילוק שביניהם הוא כי כשהיא משפעת למטה היא פתוחה וכשאור מתאסף לתוכה ואינה משפעת בספירות אז נקרא מ"ם סתומה. אמנם היא מרובעת להורות על שהיא רביעא על בטן ד' חיות המרכבה העליונה ומזומנת להשפיע. משא"כ בסמך כאשר נבאר. ור' משה פי' בס' השם כי מ"ם סתומה במלכות (וע' זהר אחרי דף ס"ו: ובמק"מ שם שיש שם ב' אופנים):

פרק שבעה עשר:

באות נ' פי' בספר התמונה כי צורתה בבינה ורומז אל שער החמשים המשפעת ופועלת ע"י המלכות. ולשון נו"ן רומז כמו נינם יחד (תהלים עד ח) שהוא לשון רבוי. והכונה כי ממנה נמשך שפע אל רבוי הבריות והתולדות שבעולם והכל ע"י המלכות המקבלת ממנה ומשפעת שפע רב לנערותיה. כדכתיב (משלי לא) ותקם בעוד לילה ותתן טרף לביתה. ולכן בשעת הלבנה ממשלתה. **ויש** מי שפי' בנו"ן כפופה ופשוטה כי העיקר בנו"ן הת"ת ולכן נרמזה בוא"ו כי עיקרה כאשר תקבל מצד הימין הרחמים והחסד ויש זכות להשפיע. ואז היא נו"ן פשוטה להשפיע למטה. וכאשר נתמעט הזכות והשפע מתעכב אז היא נ' כפופה לרמוז אל קיבוץ השפע לתוכו ועכובו. עוד פי' ב' הנונין במלכות. והחלוק שביניהם כאשר קבלה השפע והשלימה ענין קבלתה אז היא כפופה לרמוז כי היא יושבת בין מרכבותיה לתת טרף לביתה וכאשר היא עומדת בעמידה לקבל על עצמה עטרת ת"ת בעלה אז היא פשוטה לרמוז על עמידתה לכבוד בעלה.

ויש מי שפי' נ' מלשון נוני שהם דגים רומז ליסוד שהוא לויתן נחש בריח נ' העקום רומז למלכות ונ' הפשוט רומז ליסוד שהוא מקבל ממעלה ומשפיע למטה. ויש מי שפי' בענין אחר וז"ל נו"ן שני דברים כנגד אור הנסתר ותכונת הקדמון ונעשה הכל דבר א' וע"ז נקרא משה נאמן והוא מגזרת אמונה שמכחו אמונה ע"ש הכתוב (ישעיה כה א) ה' אלהי אתה ארוממך אודה וכו'. ר"ל אב האמונה שממנו נאצלה והוא נאמן בבריותיו. ולכן ב' נונין הם. פשוטה עיקרה בבינה, כפופה עיקרה במלכות. אמנם פרטיה הם רבים כי ראש הנו"ן הוא יוד המורה על החכמה ותחתיה ו' המורה על הת"ת וזנבה הכפוף היא המלכות זה משפט הכפופה. והפשוטה על דרך זה אלא שהיא פשוטה ממשכת עד היסוד ועוקצה התחתון מורה על המלכות. והכל ביושר בסוד קו האמצעי לעלות דרך שם אל ביתה הרמתה מה שאין כן בכפופה כי היא כפופה נופלת תחת רגליו. ומפני כן ארז"ל (ברכות ד' ע"ב) שנו"ן בה נפילה. וראש הנון כוללת ג' ראשונות בסוד היו"ד הכוללת אותם קוץ בראש ושני קוצות בצדיו להורות על סוד סגולתא. ואין לתמוה בזה על האומרים שנון פשוטה בכתר. ובזוהר פ' אחרי מות (דף ס"ו ע"ב) (יסוד ו' נון כפופה עליה וא"ו נו"ן פשוטה עליה וא"ו) [ז]. ויש חילוק בין וא"ו לוא"ו. ו' דנו"ן כפופה היא ו' זעירתא יסוד, ו' דנון פשוטה הוא וא"ו עלאה תפארת. וז"ל נון כפופה דא מטרוניתא וסמיכה לה ו' זעירא דאיהי יסוד בגין לאתברכא מניה. נון פשוטה אתפשטותא דת"ת. פירש כי בהיות התפארת משפיע במטרוניתא הן השפעתו מספיק להקימה. ובזוהר פ' בהעלותך (דף קנ"ה ע"ב) אמר כי נון כפופה נוק' ופשוטה כללא דדכר ונוקבא כחדא שעליה הת"ת. וכפופה היא נקבה לבד שאין בה הת"ת שהוא עקר הדבר [ח]:

פרק שמונה עשר:

באות ס'. ופי בס' התמונה כי האות ס' רוחניותה המלכות והרמז אליה כי היא סמוכה בגלותא והיא סתומה מכל צד להורות כי ירושלים הרים סביב לה שהם הכחות הגוערים בקליפות לבלתי יכנסו לטמא היכל מלך ולא יבא בה עוד ערל וטמא וממשלתה בשעת נוגה. ויש מי שפירשו כי הס' היא השכינה נסמכת בת"ת כד"א (תהלים קיא) סמוכים לעד לעולם ולכן הס' היא השכינה סמוכה לאות נון שהוא הת"ת לא' מן הפי' שפי' למעלה והנון הופך פניו אליה להשקותה. ויש מי שפי' כי ס' רומז לגדולה שהוא סומך עליונים ותחתונים. ויש מי שפי' בע"א

וז"ל ס' הנתיב שלה הוא אור בהיר מפני שהיא מחופפת בסתימותה בכל צד. ובזוהר (תרומה דף קכ"ז) פירש הרב שמעון בן יוחאי עליו השלום כי הרמז שלה בבינה בהיותה מסתלקת מעל הבנים ומסתתמת ומתעלמת בשלושה ספירות עליונות ואינה משפעת ומפני שמתרבה לסמוך נופלים שהם יסוד ומלכות לכן נאמר בו (תהלים קמה) סומך הוי"ה לכל הנופלים. ובפרשת בראשית (דף ל"ה.) פירש שהיא המלכות ולכן לא נזכרה סמ"ך בענין בריאת אדם עד שנאמר ויסגור. כי תפארת נסמך במלכות ומלכות נסמך בתפארת ועל שניהם נאמר סמוכים לעד לעולם. ואפשר לומר דלא פליגי כי על ידי שנסמכים ד"ו פרצופין בסוד השפעת הבינה ומתעלים אל הבינה והבינה נקראת ס' שהוא שש קצוות כלול מעשר והיינו ד"ו ומתעלים לחכמה דהיינו י' עם ו"ד דהיינו י' במילואה:

פרק תשעה עשר:

באות ע'. ופירש בספר התמונה כי האות הזה עיקרה ביסוד שהוא נקרא עין, עין הוי"ה אל יראיו (תהלים לג יח). והוא עין יעקב שהוא התפארת על המלכות וצורתה מורה נו"ן זיי"ן וא"ו שפירשו כי היסוד מקבל מהבינה על ידי נצח ותפארת. וממשלתה בשעת ככ"ב. כי הוא על לבנה כיסוד על מלכות. ויש מי שפי' העין היא ביסוד ויש לה ב' ענפים ימין ושמאל מהימין יונק צד הקדושה ומהשמאל יונק צד הטומאה בסוד ב' המקורות שבברית א' לזרע הטהור והב' למותר המטונף. [כבר פי' הענין הה בארוכה בשער הצנורות ושם העתקנו לשונו אות באות. עוד פי' כי העי"ן רמז למלכות ותפארת. והמלכות הוא הענף היושב בתוך הענף הגדול לרמוז שהיא שוכבת בחיק דודה. ויש מי שפי' עין רומז למלכות פי' שכל העינים והמראות והגוונים נראים בה וכלן פועלות על ידה כדפי' בשער הגוונים. ויש מי שפי' בע"א וז"ל ע' הנתיב שלה כסא הנגה ויש לה שני ראשים והיא גוף עומד פתוחה לקבל פועל המעשה. ולפי הנשמע מהזוהר מקצת מקומות כי ע' הוא היסוד ונקרא טוב עין הוא יבורך (משלי כב ט) כענין אמרו צדיק כי טוב (ישעיה ג י) וכן וברכות לראש צדיק (משלי י ו) ולפיכך אין עין הרע שהוא מסטרא דשמאלא שולט בו. וזהו הנדרש (ברכות ד"כ.) אנא מזרעא דיוסף קאתינא וכו' וראיה מעלי עין (בראשית מט כב). ויש עין אחר והוא עין פקוח שאין גבות עינים עליו כלל. והוא בסוד עליון באריך אנפין כנדרש באדרא (נשא דף קכ"ט ודף ק"ל ע"א):

פרק עשרים:

באות פ', פירש בס' התמונה כי האות הזה הוא במלכות והוא מלשון לפאה האחת (שמות כז ט), לפאת צפון, (וכן פאת ים. ונקראת קרן כי היא פנת יקרת. והארמאים הערלים הם קצוצי פאה). וצורת האות מורה כ' היא השכינה ובתוכה אות ברית קדש שהוא היסוד שהוא על ראשה ונכפל כלפי פנים ונכנס לתוכה כמו שארז"ל הקב"ה מכניס כלי גדול בתוך כלי קטן. וממשלתה בשעת צדק. ויש מי שפי' כי פ' רמז להקב"ה ובית דינו כי הכף רמז לוא"ו תפארת מעוגל בסוד ע' סנהדרין ומלכות שהיא היו"ד מסכמת עמהם בדין. ונ"ל על פי דרכו כי היו"ד שבתוך הכף רמז לתפארת בעלה דמטרוניתא הכף היא המלכות הבית דין בצורת לשכת הגזית כדפירשנו בערכו. ועוד פי' פ' הוא יו"ד כף יחוד תפארת ומלכות ע"י הצדיק שהוא הברית. דהברית היא י' רישא דצדיק. ועוד פי' כי היוד היא החכמה והכ"ף מתפשטת ומתגלגלת מקוצה של י' העליון הוא הכתר הכותר וסובב החכמה מג' רוחותיה. ויש מי שפי' פ"ף ת"ת ומלכות וזהו סוד (במדבר יב ח) פה אל פה אדבר בו פי' בהשפעת הת"ת במלכות ולכן היתה נבואת מרע"ה באספקלריאה המאירה. ויש מי שפי' בע"א וז"ל פ"ף הם ענין א' נקראים צורות שכל והנתיב שלהם נקרא אור הגדולה הנקרא חזחזית כלומר מקום מוצא חזיון החוזים ולכן המלכות נקראת פ' כי הוא מקום הכניסה והשער לכל האצילות. ובזולת זה היא הפ"ה המדברת ומגלה האצילות העליון. והסוד בה' מציאות י' דהיינו מציאותה הנעלם ומציאות אגן הסהר הסובב על נקודת הטיבור והיינו י' בתוך הירח וזהו סוד ה' וכן ממש מציאות פ"ה וזהו ה"י ה"י שבשם בן ד' במלוי יודין כזה יוד ה"י וא"ו ה"י. וצורתו האמתי כזה. והענין כי הבינה ג"כ פה כי היא המגלה כל סוד ג' ראשונות וזהו שנקראות שתיהן שכינתא עלאה ותתאה וכן פיו"ת וכן ההי"ן. ואין ספק בסוד השפעתן במהירות ולכן פתוחות ונקראות פיות שפעמים פתוחות ופעמים נעולות מושפעים ולא משפיעים ולכן כפופות נעלמות פתוחות מן הצד. ונקודות היו"ד לצד השמאל כמשפט ה"י ולא לימין במשפט י"ה שהוא רחמים כמבואר בשער ממטה למעלה:

פרק עשרים ואחד:

באות צ' פירש בס' התמונה כי רמוזה בצדיק יסוד עולם ובה נו"ן י'. הנון בבינה והיוד במלכות ושתיהן ביסוד, לרמוז כי היסוד [מחבר] שתי המדות יחד.

עוד פי' אחר [ט] וזה עקר. ואמר כי ממשלתה בשעת חמה. ואפשר הטעם כי החמה מכח הת"ת וחבור אלו המדות העיקר ע"י הת"ת ולכן ממשלתו בשעת חמה כי שמש ומגן ה' צבאות. ועוד שגם יתייחס ענין שמש אל היסוד כאשר נתבאר בערכו בס"ד. ויש מי שפי' כי הצדי"ק בצדיק יסוד עולם ושתי ענפיו רמז אל שני צנורותיו הימני והשמאלי כדפי' בפ' י"ט ובשער הצנורות. ועוד פי' כי צ' רמז למלכות ושני ראשיה רמז לב' התפוחים העליונים שעל שמה נקראת שדה התפוחים כדפי' בע' שדה. ויש מי שפי' צ"ץ ת"ת ומלכות כי צד לצד נבראו עד שהפרידם. ויש מי שפי' בענין אחר וז"ל צ"ץ הוא מושכל ומושפע והנתיב שלהם נקרא גלגל המרכבה והוא מקום הטהרה ששם משתוים כל דברי הטהרה והוא מורה עליהם. ולפי המוסכם בזוהר ובספר הבהיר כי האות הזה כמשמעו ביסוד עם התיחדו במלכות וצורתו מוכיח עליו שהוא י' יסוד ונון כפופה מלכות. וכן לא נקרא צדיק אלא בהיותו מתייחד בצדק. ובזוהר פרשת בראשית (בהקדמה דף ב' ע"ב) פי' כי הצדיק עיקרה נ' י'. אמנם היו"ד היא י' של יסוד עולם של זכר והנו"ן של המלכות והנה הי' הופכת פניה מן הנון לרמוז אל ד"ו פרצופין שהיו קודם בתחלת הבריאה כדכתיב (תהלים קלט ה) אחור וקדם צרתני ולא היו הכרובים פנים אל פנים ולכן יוד רוכב על נון והופך פניה ממנה. ועכ"ז עיקר הצדיק ביסוד ושמה מוכיח עליה ואפשר הטעם כי הוא המייחד' ואף אם אינם פנים בפנים. ובצדיק ארוכה בארו בתקונים (בהקדמה דף ט"ו.) כי היא רמז לצדיק יסוד עולם ביחוד הבינה וזהו הטוב הצפון לצדיקים לעתיד לבא. ובפ' כ"ו נרחיב הביאור באותיות מנצפ"ך בע"ה:

פרק עשרים ושנים:

באות ק' פי' בספר התמונה כי היא בת"ת מלשון (תהלים יט) ותקופתו על קצותם. כי הוא הסובב והמקיף. ועיקרה במלכות והיא הכ' שעל הוא"ו שהוא תפארת מקבלת מהבינה. כלל הדברים כי הו' מקבלת מהבינה ומשפיע למלכות וזה כונת האות. ועקרה במלכות ופתוחה למטה להשפיע בסוד ההקפה. וממשלתה בשעת לבנה שכן היא במלכות. ויש מי שפי' בע"א ז"ל ק' ענין וצורה של זוהר שמשם היו לוחות הברית שנתנו ע"י משרע"ה וע"כ נקרא הקב"ה אלהים קדושים שהוא קדוש בכל ענייני קדושות והענין הנתיב של זה האור נקרא כסא הכבוד. ובזוהר בפרט בשיר השירים נראה בפי' כי האות הזה רמז אל הנחש העקום בזנבו והוא מתקרב אל הקדושה ונראה כקוף בפני בני אדם. ואפשר שיהיה הרמז אל המלכות [דקליפה] ונקראת קוף פי' מלשון קופה שהיא מקבלת הכל:

פרק עשרים ושלושה:

באות ר' פי' בספר התמונה כי האות הזה היא ביסוד והיא אות פשוטה שאין לה הרכבה באחרת ומשך שלה מגיע למלכות. והיא לשון ירושה מלשון (דברים א כא) עלה רש כי היא ירושת הצדיקים לעוה"ב כי שם מנוחת הנפשות והוא עה"ב עולם שכולו שבת ולכן במזל שבתי ממשלתה. ויש מי שפי' כי הרמז בה במלכות שהיא ענייה ודלה מלשון (משלי ל ח) ריש ועושר אל תתן לי. וקרוב לזה פי' בזוהר בקצת מקומות. ויש מי שפי' בע"א וז"ל ריש הוא ענין יסוד ההויות והוא הנתיב שלה מיסודי כל ההויות. ובזוהר ג"כ נראה שהיא חכמה ופי' ר' ראשית חכמה והנה לפי לשון רי"ש פירושו ראש והחכמה היא ראש לגלוי האצילות כדפי' בשער אם הא"ס הוא הכתר. ובמקום אחר פי' שהוא לשון עניות ודלות כדפי' לעיל. והנה יש חילוק גדול בין ד' לרי"ש עם היות שרמז שתי האותיות בה אל הדלות והעוני כי הדלת יש בה קוץ והעוקץ הזה רמז אל היסוד כדפי' בפ"ז אבל רי"ש אין בה עוקץ כלל לרמוז על העניות יותר שאפילו היסוד אינו עמה אלא היא לבדה. ובה שני ווי"ן הא' המשוך אל הימין הוא בחסד והגג השמאלי הוא גבורה ועליו עוקץ בסוף הגג השמאל לרמוז שנתמעט היסוד ויונק מצד הגבורה בסוד יצחק שהוא קץ ח"י יסוד נטיל לשמאלא כדפי' בשערים הקודמים. ומפני הסתלקו אל הגבורה נשארה המלכות דלה מן הדלות עד ישקיף ה' וירחם:

פרק עשרים וארבעה:

באות ש'. פי' בס' התמונה כי רמז האות הזה היא בבינה ושלשה יודין הם שלש ראשונות ושלשה ווי"ן הם ג' אבות והכ' ההפוכה למעלה היא מלכות בסוד היסוד לקבל שפע מאלו הספי'. ועיקרה בנצח כי על ידו תתחבר החבור היפה הזה. והיא ג"כ בבינה כדפי'. וממשלתה בשעת ככב. ויש מי שפי' ש' רומז למלכות מלשון (שה"ש ו ו) שנייך כעדר הרחלים פי' שהוא שיני [ההר] שיושבי העיר יושבים שם כדי שלא יכנסו האויבים בעיר כך יושבת בשערי המלך ושומרת עצמה שלא יכנס לה זר. ויש מי שפי' בענין אחר וז"ל ש' כבר אמרתי באות י' שהוא רומזת קשר של תפילין והנתיב שלה נקרא ממשות הפעולה. והמוסכם בדברי הרשב"י ע"ה בזוהר כי

השי"ן רומזת ג' אבות שהם גדולה גבורה ת"ת והרמז בה ג' ווי"ן של ויס"ע ויב"א וי"ט שהם ג' אבות וירמוז ג"כ אל נה"י בכלל הווין בסוד שהם נכללים עם הקוים קו החסד קו הדין קו הרחמים ועכ"ז שרש השי"ן דהיינו נקודה שתחתיה שבנחושתה הרמז לה בבינה או במלכות בסוד ממטה למעלה או ממעלה למטה כדפי' בשער ממטה למעלה:

פרק עשרים וחמש:

באות ת פירש בס' התמונה כי רמז האות הזה בגבורה מורה דין ולכך נאמר (יחזקאל ט ד) והתוית תיו וארז"ל (שבת דף נ"ה.) כי ששה מלאכי חבלה נתפשטו בענין ההוא וזהו רמז הואו ההפוכה (היינו רגל של התיו) שהיתה דרך רחמים ונהפכה לדין כמו (שמות ט ג) הנה יד הוי"ה הויה המלכות נהפך לדין מרחמים והפך השם מורה דין. ומלת תיו כמו (במדבר לד ז) תתאו לכם הר ההר פי' גבול ושיעור לדין. ויש מי שפי' ת' רומז למלכות מלשון והתוית תי"ו וגו' שכל הרשומות והמראות נראים בה. ויש מי שפירש בענין אחר וז"ל ת' הוא כנגד תיק של תפילין והנתיב שלה נקרא שלום. ובזוהר מקומות רבים פירש הרשב"י ע"ה ת' תפארת. ואפשר לומר כי לשון תיו מלשון תאוה. כמו הן תו"י שדי יענני (איוב ל"א) והטעם כי הוא תאוה לעינים ונחמד למראה. או יהיה מלשון אות והטעם כי התפארת מצד היסוד הוא אות. ובזוהר פרשת חקת (דף ק"פ ע"ב) משמע כי האות הזה נרמז במלכות והיא מורכבת משתי אותיות והם רי"ש או דל"ת שהכל אחד כדפי' בפכ"ג כי שתיהם מורות על עוני המלכות ודלותה וכן יש בה אות נ' [ן] ומשמע התם דהנו"ן הרמז שלה בסטרא אחרא דקיימא בשיפולי דמשכנא ולשון נ' מלשון לא תונו כי הקליפה מאנה את האדם ומראה לו פנים מאירים יורד ומשטין עולה ומקטרג ואחריתה מרה כלענה כדפי' בשער היכלי התמורות. נמצא לפי זה כללות האות הזה רומז במלכות עם כללות אבן נגף אשר ע"פ הבאר:

פרק עשרים ושש:

באותיות ך ם ן ף ץ בספר התמונה פי' כי אותיות מנצפך הם מרמזות בבינה ים המלח כי הוא הנותן מלח וטעם בכל העולמות וכן אלו האותיות הם בסוף התיבה והם במעלות ה' נקודות הנותנים מלח בכל התבשיל. ובז"ח שה"ש (דף ע"ט) בפסוק מישרים אהבוך (שה"ש א) פי' אליהו ז"ל מישרים אנון שאר אתוון דאשתארו ומאן אינון מנצפ"ך דלית בכל אתוון דאתקרון מישרין בר אילין. ואינון דאתכפלו משרים אילין באילין מ' בם' נ' בן' צ' בץ' פ' בף' כ' בך' אלין משרים אילין באילין ודא בדא דהא עשרין ותרין אתוון כלילן כך אינון דאשתארו דאינון מישרים אהבוך לאתכללא עמך באינון עשרין ותרין אתוון. אילין מישרים אינון אתוון טמירן גניזן גו עלמא עלאה. וכד אתגניז אור קדמאה אתגניזו אתוון אילין והוה ידע לון אדם. בתר דחטא אדם אתגניזו כמלקדמין. עד דאתא אברהם וידע לון ברוח קודשא דשראת עליה. לבתר אורית לון ליצחק [דכתיב ויתן אברהם את כל אשר לו ליצחק] ויצחק אורית לון ליעקב ויעקב אורית לון ליוסף. כיון דמית יוסף ובני ישראל הוו בגלותא אתגניזו אתוון ואסתלקו כמלקדמין עד דקיימו ישראל על טורא דסיני ואתמסר אורייתא לישראל ואתגלו אתוון והוו ישראל ידעי לון על ברירו דילהון ברזא דשמהן גליפן עד דחטאו. כיון דחטאו כתיב ויתנצלו בני ישראל את עדים מהר חורב והוה ידע לון משה ויהושע ושבעים זקנים ובהו עאלו לארעא. כיון דאתבני בי מקדשא ואתגלי שיר דא אתגליפו אלין אתוון בעשרין ותרין אתוון רזא ב"ך והיינו מישרים אהבוך וכתיב אתה כוננת מישרים, וחכך כיין הטוב הולך לדודי למישרים כלהו ברזא דאילין אתוון דאקרון מישרים ואילין אתוון כתרין גנידין גו עלמא דאתי אינון. וכלהו נביעו בתר נביעו גו מחשבה בגליפו דרזין דשמהן קדישין בגליפי דכר ונוקבא לאסתכמא כחדא דהא לית בכל אתוון אסתכמותא אילין באילין למהוי דא בדא בר אלין עכ"ל. ולפי האמת אין כונת אליהו במאמר הזה לומר לנו שמציאות צורת האותיות ושמותם נשתכח מהם שהרי היו לישראל ס"ת שכתב להם מרע"ה א' לכל שבט ושבט וא' בארון. ואין ספק כי היו הס"ת עשוים כהלכה ובהכרח כי מנצפך שבסופי תיבות היו כהלכתן וא"כ למה ישתכח צורת אותיות אלה מישראל יגיהו ספריהם מתוך ספרי מרע"ה וימצאו כתוב ומפורש. אבל הכונה לאליהו ז"ל בזה הוא כי להיות שהאותיות הם אור הספי' מחסד ולמטה כדפי' בפ"ב ובשערים הקודמים והנה האצילות הזה שהם ז' ימי הבנין נכללים בהם. וכן באו בה האותיות בחמשה מוצאות כאשר נבאר והרחבנו הענין הזה בשער חמשים שערים. והנה להיות שנאצלו מתוך הבינה בהכרח נצטיירו מציאות ה' אורות בבינה שהם ה' ספי' גדולה גבורה תפארת וכו' תפארת בו נכלל יסוד ומלכות בסוד גוף וברית חשבינן חד ובסוד פרצופין. נמצאו לפי האמת בתוך הבינה ז' ימי ההקף נכללים

בה' והיינו ה' שבבינה וכאשר הספירות נתפשטו נשאר המציאיות האלה של חמשת הספירות הנעלמות בתוך הבינה והם מקורות לספי' הנאצלות וז' ימי הבנין מקבלות מהן והם מקורות אליהם. ונודע כל משפיע זכר בערך המושפע והמושפע נקבה בערך המשפיע וא"כ נמצאו שאורות מנצפך שהם האותיות הישרות הנקראים מישרים שהם אורות החמש ספי' ביושר בדרך המשפיע ומנצפך הכפופות הם מושפעות בצרוף שאר האותיות שכללם ג"כ בה' מוצאות הם נקבות אליהם מקבלות מהם והיינו שמתייחסים מנצפך הכפופות לנקבות אל מנצפך הפשוטות כדקאמר ואינון דאתכפלו משרים אילין באילין וכו' ואח"כ אמר שנתייחדו עם ך"ב אותיות כנראה שהם ג"כ מתייחסים אליהם בסוד המושפעים אל המשפיעים לפי שהם מקור לכל כ"ב מפני היותם כלים אל ה' אורות נעלמות בבינה בסוד האור שנתעלם לצדיקים לעתיד לבא דהיינו אור ה' אורות אלו הנעלמות בבינה והם מושפעים מתפשטות ומתאצלות מתוך עמקי החכמה שמשם יונקים המאורות ההם מאורות מתעלמים מהם אשר שם, וז"ש כתרין גניזין גו עלמא דאתי אינון וכלהו נביעו בתר נביעו גו מחשבה וכו'. והנה מה שנתעלם לאדם וכן לכלם, הענין הוא סוד הה' אורות העליונים שלא היו מאירים בהם ודרכי כחותם שלא זכו אליהם אלא אותם הראוים לזכות לעה"ב בעודם בחיים חיותם והיינו ויתנצלו וכו' (שמות לג ו) וז"ש ובהו עאלו לארעא פי' באור שנתגלה מהם עליהם יכלו לטהר ליכנס לא"י ולכבוש ז' עממים ולשבר ז' קליפות השולטים בא"י כדכתיב (בראשית יב ו) והכנעני אז בארץ סוד ארור כנען נחש הקדמוני. וזהו סוד האותיות מנצפך. וכדי לייחס כל א' במקומו הראוי לו לא נטריח את עצמנו כי יש כמה פנים לפנים ואין לנו גלוי בלתי אותן שבארו בתקונים שהוא היסוד הצדיק ועליו נא' טוב הצפון לצדיקים לעה"ב. ואין ספק שבצדיק זה כלול ג"כ ת"ת כי הוא ג"כ נקרא צדיק שנאמר (תהלים קמה) צדיק ה' בכל דרכיו וכמו שנתבאר בערכו. ובזה ידקדק המעיין ויועילנו בה"ו:

פרק עשרים ושבע:

אחר שבפרקים הקודמים נתעסקנו בביאור כ"ב חפצים כל א' ואחד לבדה כפי הנמצא בדברי המפרשים והרשב"י ע"ה כפי אשר הורונו מן השמים. ראוי עתה לבאר מציאות האותיות בכללן יחד. והענין הזה נתבאר בזהר פרשת תרומה (דף קס"ז) ולא נעתיק לשונו שכבר העתקנוהו בשער התמורות. ונתבאר שם כי מציאות האותיות הם בג' בחינות שהם אור מים רקיע. אור הוא האצילות במציאות דק בעת אצילותם מבינה לחסד ועדיין בחסד היו במציאות אור מפני ששם עדין לא נתגלו הדברים בעצם ולא נתהוו בהוי"ה מתגלית אלא כאור הזה שהוא פשוט מגשם ממשי. ואח"כ מהמשכת הדברים מהחסד אל הגבורה מה שהיה אור בחסד בהעלם בהמשכתן והתפשטות קצת הדברים ההויות נתעבו ונתגלו במציאות מים. פי' שלגלוים ממה שהיו בחסד אל מה שהם בגבורה הם בהבדל הרבה בהגלות ההויות מאור אל מים כי המים הם ממשיים גשמים מתגלים. ואין תימה באמרנו כי בגבורה נתהוו מציא' מים עם היות שהמים הם בחסד והאש בגבורה שמציאות המים האלה הם מים בסוד הצטרפות הגדולה אל הגבורה כמדוקדק לעיל מתוך דברינו וכן ביארו במאמר הנז'. וכאשר מתפשטים עוד המים הנזכר מתהווה מהם הרקיע דהיינו מציאות הוי"ה מתגלה ומתעבת יותר מהמים. והיינו בסוד התפשטות האותיות עד הת"ת ששם הרקיע. והנה מקרה האותיות בצורת רוחניות כמקרה הוולד במציאות הוייתו כי במוח אביו הוא בסוד אור כח דק המתפשט מהמוח עד בואו סמוך ליציאתו מכח אביו אל בטן המלאה שהם מים. ובתוך המים ההם מתגלם ומתעבה הוולד. וזהו מציאות רקיע. ומקרה זה קרה לה' ספירות שבהם נכללות כל ז' ימי ההקף כדפירשנו בפ' הקודם. ולכן במעשה בראשית ה' פעמים אור וה' פעמים מים וה' פעמים רקיע. והספירות והאותיות ענין אחד להם ולכן נתייחסו בג' מציאות האלה שהם אור מים רקיע. והאותיות נחלקות אל ה' מוצאות שהם אחה"ע גי"כק דט"לנת בו"מף זס"שרץ והם נרמזים בה' ספירות שהם גדולה גבורה תפארת נצח הוד כי יסוד נכלל בת"ת גוף וברית חשבינן חד כדפי' [יא]. וחילוקם לפי הנראה אותיות אחה"ע הם בגדולה ולהיות שהגדולה היא היותר נעלמת וקודמת לשאר הספי' כן אלו האותיות קודמות במוצאן לשאר האותיות והם נעלמות בתוך הגרון. וגי"כק הם בחיך והם בגבורת מתגלים יותר מהראשונות ונסתרים יותר משאר האותיות. ודטלנ"ת הם בלשון והוא בת"ת והיא מתגלה יותר מחסד וגבורה וכן נקרא הת"ת לשון כנודע ופי' בשער י' ולא ט'. ואותיות השיניים הם זסשר"ץ והם בנצח אצילות רביעי והם נגלות יותר משאר האותיות והם חיצוניות במוצאם משאר

האותיות. ואותיות בומ"ף הם אותיות השפתים והם בהוד שהיא מתגלה יותר משאר הספי' הנזכר ולכן הם חיצוניות מכל שאר המוצאות והם הלכו דרך אצילותם בסוד אור מים רקיע כדפי' במאמר הנזכר. והנה האותיות מציאות מקור הווייתם הם מהבינה כדפי' כי משם תחילת גלוי הארתם אבל בסיוע החכמה. וכן ביאר הרשב"י ע"ה בשה"ש (בז"ח דף פ"ז ע"ב) וז"ל בשעתא דאתוון נפקו מגו עלמא דאתי כו'. שכינה עלאה נקרא עלמא דאתי ודקדק באמרו מגו להורות על תוכיותה דהיינו בחינתה מהחכמה. וכן אתמר שם ת"ח בראשית, בהאי ראשית רזא דנקודה עילאה. ברא אלהי"ם, בחילא דהאי נקודה נפקן אתוון ואתציירו בתקונייהו. הנה שהאותיות הם בבינה עם היות שהם בסיוע בכח החכמה כדקאמר בחילא דהאי נקודה. ועם זה יובן שנדרש (שם ע"א) וז"ל אתוון אינון רשימין ברזין עילאין, דהא כלהו נפקו מרזא דחכמתא עלאה באינון ל"ב שבילין דנפקי מחכמתא. והכונה כי ע"י סיוע השבילין שבחכמה שנשפעו בבינה אותו השפע נתהווה בבינה הויות האותיות ולא הוי"ה ממש אלא הוויות האור כדפי' לעיל מה שאין כן בחכמה שלא היו בה אפי' במציאות האור ולא זולתו לרוב דקותן. ואין לפרש שממש היו האותיות מחכמה שכבר באר הענין הרשב"י ע"ה בתיקונים (תקונא ע' דף קכ"ג ע"ב) ז"ל וגביהם, דא אימא עלאה דאיהי ע"ג ספיראן דאינון תחותה דמינה כל אתוון. וגובה להם, דא חכמה דמינה נקודין. הרי בפי' אמר שהאותיות הם מבינה משא"כ נקודין שהם בחכמה כאשר נבאר בע"ה. וכאלה הרבה בתיקונים. ועל חלקי הדרוש הזה שנתעסקנו בפרק זה כיון בעל ספר יצירה במשנה אחת ז"ל עשרים ושתים אותיות חקוקות בקול חצובות ברוח קבועות בפה בחמשה מקומות אחה"ע בומ"ף גיכ"ק דטלנ"ת זסשר"ץ עכ"ל. והנה כבר נתבאר בשער אבי"ע ענין רשימ"ה חקיק"ה חציב"ה עשי"ה ובארנו כי הרשימ"ה יותר דק מהחקיק"ה והחקיקה יותר דק מן החציב"ה והחציב"ה יותר דק מן העשי"ה כמבואר שם. והנה אמרנו כי בחכמה אין מציאות הוויות אותיות כלל ותחלת הוויתן הוא מהבינה. ולהיות שבחכמה שהיא הדקות הגמור שהוא הרשימ"ה לא הי' מציאות הויית האותיות כלל, לכן לא הזכירה משנתינו רשומות כמנהגו והתחיל מחקיקה ואילך ואמר חקוקות בקול דהיינו הווייתם בבינה שהיא נקראת קול ולכן אמר חקוקות בקול ואע"פ שגם ז' ספירות נקראות קולות עכ"ז עיקר הקול הוא בתפארת בתוך הבינה וע"י מציאותו בבינה נקרא קול. והחציבה שהיא ענין רקיע גלוי אמיתי. כי המים אינם (כלל) אלא בחינה אמצעית בין אור ובין רקיע ועקרם הוא ברקיע שהוא בתפארת כי לא תקרא מערכת בעצם אם לא ברקיע או בבינה מפני ששם תחלת המערכת. ולזה אמר חצובות ברוח כי רוח הוא התפארת האויר האמצעי המכריע בין האש והמים כדפי' למלעה בשער המכריעים והוא התפארת ובו החציבה. ואח"כ אמר קבועות בפה ענין הקביעה בפה היינו עשייה ופה היא המלכות. נמצא לפי זה בריאה בבינה דהיינו חקיקה, יצירה בת"ת דהיינו חציבה, קביעות דהיינו עשייה במלכות. וכן נתבארו בריאה יצירה עשיה במקומות אלו בתיקונים והעתקנוהו בשער אבי"ע. וענין בה' מקומות דהיינו ה' שמות כמו ברוך המקום. ומקום עולה יהו"ה והיינו ה' שמות ה' ספירות כדפי' לעיל. זהו הנראה לנו בפי' המשנה הזאת ע"ד דברי הרשב"י ע"ה שהקדמנו. ואין לתמוה על המשנה שסדרה סדר המוצאות שלא על סדר הספירות שפי'. משום דנקט סדר האותיות דהיינו אחה"ע דהיינו הא', בומ"ף דהיינו ד', ואח"כ זסשר"ץ דהיינו ה'. ולא כיון לא סדר המוצאות ולא סדר הספירות. ואמנם המפרשים אמרו שאותיות גדולות הרמז בחכמה, ואותיות בינונים בתפארת, ואותיות קטנות רמז במלכות. ירצה כי כאשר האות גדולה ירמוז היותה מאירה באור בחכמה השופע עליה וכן בינונים מאיר באור התפארת וקטנות מאירות באור המלכות. ויש לזה הריסה מהזוהר (פ' לך צג) כי בפירוש אמר דה' דהלה' תגמלו זאת (דברים לב) שהיא רבתי שהיא בבינה לרמוז אל אורה ואח"כ אמר כי היא לרמוז סוד לבנה במלואה ואמר שם שזה האחרון עיקר. כדפי' בערכי הכנויים בערך ה'. וכן קרוב לזה בפ' ויקרא ד"א (באתוון זעירין או רברבין) נמצא שאין הכרח לדבריהם כלל:

ועתה צריכין אנו להקדים הקדמה אחת ובה יוכלל עסקנו בשער זה. והענין כי עם היות שאמר אות פלונית תרמוז בספירה פלונית. אין הכונה שממש תרמוז האות ההיא אל עצם הספירה ההיא כי אין האותיות כל עצם הספירה ממש אמנם הם צורות נבדלות מתפשטות ומתאצלות מעצמות הספירות. ואין ראוי לחשוב שיהיו הצורות האלה צורות נבדלות מהספירות וענין בפני עצמן כמלאכים וכמרכבות, אמנם הם חלק מחלקי הספירות. והענין כי בכל ספירה וספירה אלף אלפי אלפים ורבי רבבות מיני אצילות ועולמות וענפים ומציאיות אשר לא יכילם רעיון ושכל אנושי ואף לא מלאכים. ויש אות שגלה במציאותו קצת ענפים מספירה פלונית

ויש אות שיגלה קצת ענפים מאותה ספירה עצמה ולא אותם הענפים אבל זולתם. ויש אות שיגלה הדבר יותר בכללות ויוכלל בה הענפים שכוללים אותם ארבע אותיות או חמשה וכיוצא ונכללים באות זה לרוב דקותה וקרבתה אל עצם השרש. ויש אות שיהיה התלוותה בת"ת. אבל אותו הת"ת אפשר שיהיה ת"ת שבמלכות או ת"ת שביסוד או ת"ת שבגבורה וכן לשאר הספי' וחילוקם ומציאותם ובחינותם. ועם זה יתכן עתה שעם היות שאות ו' בת"ת כמפורסם עכ"ז היא נכללת באותיות בומ"ף שהם בשפה כדפי' שהם בהוד וע"ד זה לכל המוצאות ועד"ז לכל הספירות הכל לפי הענפים והכל לפי הכללים והפרטים. ונאריך בהקדמה זו עוד קצת. והענין כי החיות והמרכבות והאופנים המשתלשלים בתוך ההיכלות כלם שואפים ושואבים רוח חן ואצילות ושפע ומזון וחיות מתוך הספי' כל א' אל ענפים הידועים ואל מציאות בחינה ידועה כפי הבחינות וכפי המציאיות כמפורסם אצל מאצילם ובוראם. ואחר שכן לפי זה ימצא האות נרמזת מדרגה אחר מדרגה לאלפים ולמאות זה אחר זה עד עלות הדבר בשרש כל המדרגות שהם נרמזות שם. ולפי זה ימצאו אותיות ו"ה בת"ת ומלכות. וכן יימצאו מיוחסים אל פני אדם ופני נשר שבחיות שהם שואבים מהם והם עצמם ו"ה. אלא שאלו מקור לאלו וביניהם חלוק רב. וכן יתייחסו לאוריאל ורפאל. וכן דרך כל המדרגות אשר יתאצלו אלו מתוך אלו מדרגות אחר מדרגות. אלא פעמים בענפים ולא בשרשים, ופעמים בשרשים ולא בענפים, ופעמים בזה ובזה כפי מציאות האותיות בתכונתם. והענין עוד כי ופעמים ירמזו אל המקורות העליונים והעילות בעצמם, ובמקרה אל הענפים התחתונים. ועד"ז ישתנו האותיות ברוחניותם ובמציאות אצילותם עד היותם אותיות שוות כענין ו' עלאה ו' זעירא שזו תרמוז בשרש שהוא הת"ת וזו תרמוז בענף שהוא היסוד ולפעמים תרמוז במקום השרש שהוא וא"ו עילאה בכתר. ועכ"ז הכל אחד מיוחד מתקשר בקשר אמיץ וחזק כשלהבת הקשורה בגחלת כן העלול קשור בעילתו ואין ראוי להפריד זה מזה. ומפני חוסר ידיעות יחוד וקשר העולמות והשתלשלותם זה מזה נעלמה ידיעת פעולת השמות, ואף אם נמצא פעולתם במגילת ספר. והרודף אחר פעולת השמות ימצא מרורות פתנים בדבשו כי אפשר לו להרכיב טוב ברע או רע בטוב או לפחות לבלבל יצועי אביו ואז יחלל ויקצץ ח"ו, ואעפ"כ ראוי לצנועים לחפש אחר ידיעתם כי הם טובים לדעת גדולת יוצרנו ושיהיה בעולם הבא מאותם המשיבים טעם בידיעת סתרי התורה וסודותיה. והנה נשלם הפרק ונכלל השער הזה בילא"ו:

שער כח הוא שער הנקודות

אחר שבשער הקודם בארנו ענייני האותיות הערה מספקת נבא בשער זה לבאר ענין הנקודות בכלל ופרט אחד לא' למצוא חשבון כפי הנמצא בדברי הרשב"י ע"ה בעה"ו:

פרק ראשון:

המפורסם בכל חכמי ישראל קבלה מפה אל פה מעזרא הסופר והוא קבל מפה אל פה עד מרע"ה מסיני מפי הגבורה שהנקודות למיניהם הם י"ב ואלה הם ה' מלכים וסימנם פיתוחי חותם שהם חותמי המעלות קודש לה'. ושמם שורק בוּ. חירק ביו"ד. צירי. חולם. קמץ. וצורתם השורק נקודה בתוך הו' כזה וּ והחירק נקודה תחת האות כזה פי והחולם נקודה למעלה מן האות כזה ו והצירי שני נקודות זו בצד זו תחת האות כזה חי והקמץ קו מתוח מן הימין אל השמאל ונקודה תחתיה כזה תם. עוד יש עבדים להם והם חמשה ונכללים בד' כי החירק החילוק שבבין עבד למלך הוא היותו ביו"ד או בלא יו"ד והם נטריקן. תחת חולם הוא שבא וקמץ ביחד ועושים תנועות החולם. ותחת קמץ הוא פתח והוא קו משוכה מן הימין אל השמאל כזה ט. ותחת צירי הוא סגול הם שלש נקודות השתים זו בצד זו כצירי וא' תחתי' כנגד החלק שביניהם כזה ר. ותחת שורק הוא שרוק שהם ג' נקודות זה תחת זה וזה תחת זה כשורש א' משוכה מעט באלכסון אל הימין כזה ק. הרי ט'. עוד יש אחד והיא עבד לעבדים וכ"ש לאדוניהם והיא נקראת שבא והם ב' נקודות זו על גב זו כזה שבא. עוד יורכבו הפתח והסגול עם השבא כדרך הרכבתם עם הקמץ ואף אם לא תשתנה תנועתם כדרך שנשתנתה תנועות השבא קמץ וזה צורתה באמור לאמור וכן לעשות ורבים כהם. נמצאו הנקודות ט' פשוטות וג' מורכבות בין העבדים והמלכים. ואלו הם מספרם בדרך זה קמץ, פתח, צירי, סגול, שבא, שורק שרק וקוראים אותו קבוץ שפתים ויש לו טעם נכון ע"ד האמת ויתבאר בע"ה, חולם, חירק, הרי ט' פשוטות. וג' מורכבות, שבא קמץ, שבא פתח, שבא סגול, וקוראים אותו חטף קמץ חטף פתח חטף סגול, ויתבארו בע"ה. וקודם שנכנס בביאור נקודות אלו צריכין אנו להקדים בהם הקדמות כענין האותיות בשער הקודם כי עם היות שישתוו הנקודות באותיות שוות עכ"ז ישתנו בחינתם ונשמותם ורוחניותם. ועוד נביא ראייה מס' ברית מנוחה והוא ספר נחמד בביאור עשר נקודות משם בן ד'. ומתוך דבריו נראה ודאי היותם דברי קבלה מפה אל פה או מפי מלאך שאינם דברים מושגים ברוב עיון או דקות שכל אלא השגה נפלאה קרוב אל רוח הקדש. והכלל הוא ביאר שם י' נקודות שבשם בן ד' ונעתיק א' הנה בקצור מופלג ומזה נקיש אל השאר כמו שיתבאר בשער הצרוף בס"ד. אמר שנקוד שם בן ד' הוא יהוה. וסימנו קצק"ח. ואמר שקמץ הוא מאור א' כמין רקיע מתפשט ושמו אכתריאל ונצוץ תחת הרקיע מאור א' ושמו אדירו"ן ושניהם כללם קמץ. ותחת הה"א צירי והם שני מאורות הא' פונה צפונה וכו' ושמו יהדריאל והשני שמו זהריאל ושני נקודות רומזים שתי המאורות. ותחת הוא"ו קמץ והרקיע רמז אל מאור א' בן י' אותיות יצציה ציציה ותחתי' מאור א' והוא נקודה תחת הרקיע ושמו טפיהוצ"א. ותחת הה"א אחרונה חירק והוא מאור א' ושמו אזבוג"ה. הנה בפי' כי אין הקמץ דומה לקמץ לא ברקיע ולא בניצוץ וכל א' מהם שם בפני עצמו ומאור בפני עצמו ועולם בפני עצמו. ומזה נקיש אל שאר הנקודים שבשאר השמות שלכלם ביאר כי מה שרומז זה בנקודו לא ירמוז זה בנקודו כמו שנתבאר שם. ושם מבואר שאף אם ישתוו הנקודות באותיות השוות לא ישתוו נקודת' ברמיזת' ומפני הקצור אין ביכלתי להעתיק עניינו הנה. ובזה ודאי אין תימא שימצאו בנקודים פירושים מחולקים זה מזה כי אפשר כי הכל עולה אל מקום א' ואל ענין א'. ועתה נבא בביאור הנקודות אל מתכונתם כפי הנמצא בדברי הרשב"י ע"ה בספר הזהר כי דבריו עולים על הכל:

פרק שני:

בביאור נקודת חולם שורק חירק מפני ייחוסם כאשר יתבאר. החולם הוא ראש לכל הנקודות ואם הוא קטן הכמות הוא רב האיכות וכאשר נתבאר בחכמת הדקדוק כי אותיות אהו"י הם אותיות המשך פי' כי כל ההברות יוצאות על ידיהם כמו החולם שאחר תנועתו וא"ו לעולם [א] אלא שלפעמים נעלמת. אמנם הנקודה הזאת עיקר הרמז שלה הוא המלכות כאשר היא עולה למעלה להיותה עטרת בעלה כדכתיב (משלי ד ט) עטרת תפארת תמגנך. שהמלכות בעלותה אל בית אביה הרמתה מקום החכמה כדפי' בשער המציאות, אז היא עטרת בעלה. וזהו חולם שהיא נקודה אחת והיא על הוא"ו שהוא התפארת כדמיון העטרה בראש האדם ואז היא עומדת בכתר עליון כי היא עולה דרך קו האמצעי אל שלש ראשונות כנודע ואז

כל העולמות יושבים על עלוי השפע והברכה. כלל הדברים חולם הוא מלכות בהיותה עטרת בעלה ולכן ירמוז לפעמים החולם אל התפארת. וכן תמצא כי החולם ירמוז אל כ"ע ואל חכמה ואל בינה להיות כי היא עולה דרך הקו על בעלה ומתייחדת בג' ראשונות כדפירשנו. ועוד נמצא כי חלם בגי' י"ה במ"ק לרמוז אל ג' ראשונות שהם נכללות בשם י"ה כנודע, ולכן נמצא שהנקודה הזאת למעלה מן האותיות לרמוז אל מקום עליון וגובה כדפירשנו. ושורק אשר בתוך הוא"ו הרמז אל מציאותה ביחוד בעלה שוכבת חיקו והוא שורק כלה זרע אמת. ולהיות זה היחוד ע"י היסוד שהוא המיחד וקושר שתי מדות האלה כנודע נרמז השורק עם הו"ו בו. ואם על האמת כי הוא"ו הרמז בתפארת ושורק שהוא הנקודה באמצעיתא הרמז במלכות בעליתה אל בית בעלה. עם כל זאת ירמוז ביסוד כדרך שם יאהדונה"י שסודו תפארת ומלכות יחדיו וירמוז ביסוד כי יחודם על ידו. והרבה ענינים אחרים כאלה. וכן שור"ק בצירוף קוש"ר לרמוז שהוא קושר הספירות ומייחדם. וחירק הרמז שלו אל מציאות המלכות בהיותה במקומה תחת היסוד תחת עוקצי האותיות שרמוזם ביסוד והחירק תחתם. ושלשה הבחינות האלה ביארם הרשב"י ע"ה בתקונים (תקונא י' דכ"ג ע"ב) וז"ל ובחלם איהו תגא על רישיה, ובחירק איהי כורסייא תחותיה, ובשורק איהי יחודא לגביה כגונא דא עכ"ל. ובזה יובן מה שפי' המפרשים כי החירק הוא דין מפני שהוא מדת הדין הרפה ואל זה רמז שרקו ויחרקו שן (איכה ב טז) כי הכונה לומר כי השורק שהיא כבודה בת מלך פנימה המתרפקת על דודה חזרו אותה להיות חירק כענין הגלות ויגרשו אל המלכה ויסירוה מגבירה ח"ו עד ישקיף וירא ה' מן השמים. ויש מי שפי' חלם בכ"ע ואמר שנקרא חלם מלשון התחלה כדכתיב (בראשית יא ו) וזה החילם לעשות. ופי' שהוא התחלה לכל הספירות והוא על האות לרמוז שהוא ראש המשפיע לכל אשר תחתיו. ובשורק בוא"ו פי' כי הוא התחלות הכתר המתגלה קצת ואינו מתגלה כ"כ. ובחירק פי' שהוא המלכות בסוד תכלת שבציצית:

פרק שלישי:

בביאור עבדים השלשה שהם שורק של ג' נקודות וחטף קמץ וחירק בלא יו"ד. הנה העבדים הם מצד המלכות ואם ירמזו אל מקורם העליון כאשר תראה בע"ה. כי מצדה הוא העבדות וההשתעבדות ומצד מעלה הוא החירות כנודע. והנה לפי שהמלכות היא מראות הצובאות אשר בה נראות כל המראות העליונות והיא המגלה כל הדברים הנסתרים כנודע ובה נראים כל צבאות מעלה, לכן כל החמש נקודות שרמז שלהם ה' עליונות גדולה גבורה תפארת נצח הוד יש להם מראות שבהם יתראה אותם המאורות והצבאות במלכות. ואין רצונינו לומר שהמדות יתראו בה ע"י נקודות אלו לבד כי כבר בארנו בשער שם בן ד' כי הספי' יתראו במלכות בט' נקודות והיא כוללות כלם. אבל כונתינו כי אותם הענפים והמאורות הנראות בעליונות ע"י החמשה מלכים יתראו בה ע"י הה' עבדים. והנה עבד החולם הוא החטף קמץ והטעם כי הוא מראה האורות העליונות בפרטות ולא בהעלם כ"כ כמו העליונות ולהיות שנקודת חולם נרמז יסודה בג' ראשונות וע"י בעלה נמצאו כללם ה' ספי' כתר חכמה בינה תפארת ומלכות הנה הראה הוא הענין הזה בפרטות כי הקמץ רמז אל ג' ראשונות בהתייחדם בכ"ע כאשר נבאר בעה"ו. והשבא רמז אל ב' המאורות תפארת ומלכות זה למעלה מזה מאור קטן ומאור גדול לכן משמש הנקודה הזאת שמוש החולם כי החטף קמץ מגלה נקוד החולם. כי למעלה נעלם ונכלל במקור דק וכאן במלכות נתגלה בב' מקורות וכללם ה'. ומה שנמצא לפעמים הקמץ לבד משמש נקודת חולם נוכל לבאר עד"ז כי בקמץ נכללים ג"כ החכמה והבינה והם כח"ב כדפי'. ות"ת ומלכות ברקיע שהוא הו' ת"ת והנקודה אשר תחתיה שהיא המלכות כי כן ביארו קמץ כאשר נבאר בעה"ו. והנה בקמץ נתגלו החמשה ספירות ואם נעלמו קצת:

ועבד השורק הוא השרק של ג' נקודות שקוראים אותו קיבוץ שפתים כאשר המלכות מגלה מציאות התנועה הזאת הגדולה שהוא יחוד אשה ובעלה כדפי' בפרק הקודם שהם חולם שורק חירק. ולהיות שכאשר היא במדרגת השרק היא מאירה בדרך ג' חלוקים אלו שהם חש"ק כי ע"י היחוד אשר תתיחד למעלה ולמטה ואמצע כן הרמז שלה בשורק של ג' נקודות מעלה ומטה ואמצע וכן ביאר הרשב"י ע"ה בתיקונים (תקונא י' דף כ"ה.) וז"ל וכד איהי תגא על רישיה ואיהי ברתא תחות רגלוי ואיהי ביחודא דיליה בחיקיה אתעבידת שורק קשורא דיליה עכ"ל. וכונתו כי כאשר תרצה לגלות המלכות ג' מציאות אלה יעשה שרק והוא במלכות עבד לשורק. ואין לומר שיהיה פי' כי כאשר תשיג המלכות ג' המדרגות יחד אז יהיה שרק שא"כ נמצא שרק על ג' נקודות שהוא עבד משובח משורק בוא"ו שהוא מלך. ועוד שכמו כן פי' הרשב"י ע"ה בשיר השירים (בז"ח דף פ"ח.) וז"ל שרק דתלת נקודין בשעתא

דאות ו' אסתליק מינה אפיקת דעתא מההיא דנטלא מגו עילא כמה דאתמר ובאתריה דאת ו' נפיק שרק עכ"ל. והרי בפי' כי כאשר יסתלק יחוד בעלה ורצונה לגלות מה שקבלה היא מגלה שורק של ג' נקודות לרמוז אל ג' המציאיות שהיא משגת על ידי מיצוע בעלה:

ועבד החירק הוא חירק בלא י'. והענין כי בהיותה באות המשך שהוא יו"ד אז תתגלה עליה מקורה העליון ואז היא נמשלת לבן מלך שהיא חכמה תתאה המקבלת מהמלך שהוא חכמה עלאה כדפי' בספר הבהיר וכאשר היא בלא יו"ד אז היא עבד מורה עצמותה בלי הצטרפות החכמה כלל. ונוכל לומר בזה פרפרת אחת כי כאשר תתחבר אל מקורה אז תרמוז ח"י ר"ק פי' ח"י שהיא מקבלת החיות מהחכמה ור"ק ר"ל עם היות שהיא יחידה למטה שאין בעלה מתייחד עמה בסוד שורק חולם. אבל חרק בלא יו"ד ירצה מלשון שרקו ויחרקו שן כדפי' לעיל. ויש מי שפי' בשורק ג' נקודות שהוא כתר חכמה חסד שהם כסדרן של ג' נקודות כזה. העליונה למעלה משוכה לצד האמצע כמו הכתר והשתים משוכות לצד ימין בחכמה וחסד שהם ימין:

פרק רביעי:

בביאור צירי וסגול. צירי ב' נקודות הם שני המאורות הגדולים שהם תפארת ומלכות בהיותם גדולים ושוים. וזה כאשר תעלה התפארת אל החסד והמלכות אל הגבורה כי כן דרכם זכר אל הימין נקבה אל השמאל ואז הם מתייחדים ביחוד ושוים כאשר היו מקודם זה כנגד זה מתייחדים בכח הגבורה והגדולה בסוד החיבוק כמבואר בשער מהות והנהגה. והנה יחודם האמיתי בסוד הרקיע האמצעי הנקרא שמים בסוד אש ומים. אש משמאל גבורה. מים מימין גדולה והרקיע תפארת האמצעי המייחדם. וע"י כך יתייחד ת"ת ומל' להיותם שני המאורות הגדולים. ובזה לא יקשה אם נמצא לפעמים צירי שירמוז אל חסד וגבורה ולפעמים תפארת ומלכות כי הכל עולה אל מקום אחד. והנה נודע כי מציאות סוד יחודם להיותם שני המאורות הגדולים הוא ע"י הבינה כי עליה נאמר אמרה ירח לפני הקב"ה כדפירשנו בשער המיעוט. וכיון שמציאות חזרתם אל סוד צירי היינו שנתבאר בשער שם בן ד' כי נקודות שם הבינה הוא צירי. ולפי האמת מציאות יחודם היינו הנקודה האמצעית שבין הגדולה והגבורה שהוא ת"ת כי שם מעלתה מימי קדם. והנה לפי זה ימצא עתה הנקודה זו כוללת כל ההרכבות האלה אם שיהיה בתפארת והמלכות ובהיותם שני המאורות הגדולים ואם שיהיו חסד וגבורה והיותם אש ומים. אם בתפארת נקודה אמצעית לבדו כי הוא המייחד האש והמים וכולל אותם ע"י חברת המלכות ונעלמו שתיהן ולא נראו כ"א שתי הקצוות לבד אבל שלום ביניהם ע"י שלום. וגם יתייחס בבינה כי בכחה נתייחדו ד"ו פרצופין חתן עם כלתו כדפירשנו. וכל סדרי הפי' האלה נמצאו להרשב"י ע"ה בתקונים א' הנה ואחד הנה ופשרנו דבריו כדפירשנו:

ועבד הצירי הוא הסגול. והנה הוסיף הסגול נקודה אמצעית שהיא נעלמת בצירי ובסגול נתגלית אלא שאינה ממש התפארת שהוא נעלם אלא היסוד עומד בין המים והאש. ומפני שלפעמים יחודם ע"י נצח והוד כדפירשנו בשער מהות והנהגה ולכן יתיחס פעמים הסגול אל נצח הוד יסוד ולפעמים יתעלה היחוד באדיקות ג' שרשים שעליהם ויתייחס מטעם זה גם אל גדולה גבורה ת"ת. עכ"ז עיקרם בנצח הוד יסוד. וכאשר יתייחס נקודה זו אל האבות הג' יתייחס גם אל הת"ת לבדו מפני שבו נכלל הכל כנודע. ומטעם שהמלכות מגלה הדברים והיחוד יותר מהמקורות העליונים יגלה במקום הצירי סגול לרמוז כי ענין הצירי שהם ת"ת ומלכות ע"י גדולה וגבורה בסוד הת"ת והיסוד כדפי' לעיל. הוסיפה היא בגלוי היסוד המתווך השלום ביניהם. ולכן הסגול עבד הצירי כנודע. ומטעם כי היחוד הזה הוא ע"י החסד והרחמים שהם החפצים ביחוד והרחמים מה שאין כן בצד הגבורה כי מצד תוקף דינה היא נפרדת מבעלה לחזק הדין להיותה נוקמת נקם ברית הפגום בעונות לכן הסגול המורה על היחוד יתייחס אל החסד כדפי' הרשב"י ע"ה והעתקנוהו בשער שם בן ד'. ואפשר לומר טעם אחר מפני שהצירי הוא בבינה כדפי', ועבד הבינה הוא החסד שהוא מרכבה אל הבינה וחסד נקרא סגול, לכן הסגול נקרא עבד הצירי. וראשון אלנו עיקר. ומטעם שהסגול מורה יחוד ת"ת ומלכות ע"י היסוד אמר הרשב"י ע"ה בשה"ש כי השרק שבמלכות והסגול הכל ענין א' אלא שנשתנה במלכות כי מצדה בעלה למעלה והיא למטה ויסוד המייחדם באמצע. ומצד הת"ת שתיהם שוים בסוד המאורות הגדולים והיסוד תחת שניהם. ועם היות שיורה קצת חולק עם מה שכתבנו למעלה בשרק הכל עולה אל מקום א'. אמנם יקשה כי בתקונים פי' הרשב"י ע"ה כי צירי בבינה וסגול בחסד ובשה"ש כתב כי צירי בחסד וסגול בגבורה. ונ"ל כי מה שפי' בשיר השירים הכונה על התראותם וגלויים כי גלוי הבינה היא בחסד ולכן צירי שבבינה מתגלה בחסד וגלוי החסד

הוא ע"י הגבורה כי דא קליפה לדא ודא מוחא לדא ולכן סגול שבחסד מתגלה ע"י הגבורה. ויש מי שפי' צירי הוא רמז למטטרו"ן ויהוא"ל ב' מלאכים שהם עומדים כצירי וכן הם רומזים למיכא"ל וגבריא"ל. ובסגול פי' שהם מכיא"ל וגבריא"ל וסנדלפו"ן שסדרם במרכבה כסדר הסגול ע"כ. ודבר תימא הוא שיהיה סנדלפו"ן למטה ממיכא"ל וגבירא"ל, שהרי סנדלפון למעלה בהיכל שביעי ומיכא"ל וגבריא"ל בהיכל ששי כמבואר בשער היכלות (וע' תקונא ע' דף קכ"ה. דהצרי והסגול מרמזים למלאכים המבוארים שם):

פרק חמישי:

בביאור קמ"ץ ופתח. בקמץ רבו הפי' בדברי הרשב"י ולשונות המחולפים ואנחנו נפרש דבריו כפי אשר יורנו מן השמים. במקום א' פי' כי הקמץ הוא בכתר ופי' הכוונה לרמוז על העלמו כי הוא קמוץ וכמוס כנודע. ובמ"א פי' כי קמץ קומץ סתום תלת ספירן. ובמ"א פי' כי קמץ הוא בחסד והכריח דבריו מפ' וקמץ הכהן (ויקרא ה יב, במדבר ה כו). ובמ"א פי' כי קמץ הוא ת"ת ומלכות בסוד ו' שורק המבואר בפ"ק. כבר בארנו בשער מהות והנהגה פט"ו בתוספת העלם ג' ראשונות על שאר הספי'. ובארו בזהר (יתרו דף צ"ג) בפ' שלח תשלח את האם שהוא הבינה כמבואר שם בארוכה. וא"כ ימשך לפי זה כי חסד היא המגלה כל הדברים העליונים הסתומים ונעלמים בג' ראשונות כי ממנו ולמטה תחלת ההתגלות והנה לפי זה העיקר הקמיצה וההעלם הוא בכתר עם הצטרף אליו גם החכמה והבינה שגם הם נעלמות ואם לא כהעלמו. והנה כאשר נבחין הבינה והחכמה בערך בחינת הכתר הם ודאי נגלות ואדרבא הם המגלות כל הדברים הנעלמים שבכתר ולכן לא יתיחס קמץ אלא בכתר. וכאשר נבחנם בערכם אל ערך שאר הספי' התחתונות נמצאם נעלמות, ומה גם בהצטרפם אל הכתר, ולכן יתייחסו שלשתם בשם קמץ. ומפני כי גלוי ג' ראשונות הנכללות בשם קמץ הוא ע"י החסד א"כ ראוי שיהיה מציאות הקמץ מתייחס גם אל החסד להורות שהקמץ המתעלם למעלה מתגלה על ידו. ועוד שהחסד פרוכת מסך מעלים הדברים העליונים ושך בעדם ומוציא מציאותם לתחתונים א"כ יתייחס בו שם קמץ מפני שהוא קומץ וסוגר בעד האצילות העליון כדפירשנו. ומפני כי כל האצילות ר"ל ההויות הם נכללים בת"ת ומלכות וכאשר ת"ת ומל' יתייחדו אז הוא יחוד העליונות ואז מתייחדים כל ד' אותיות שבשם שהם הת"ת ומלכות והחכמה עם הבינה ומתעלמים ו"ה התחתונות עם י"ה העליונות עד ששואלים כל הספי' איה מקום כבודו כו'. אי"ה, הם א' כתר י' חכמה ה' בינה. שם, הוא מקום שהוא הת"ת. כבודו, המלכות. להעריצו, פי' לחזקו בחוזק ההשפעה והזווג והיחוד שהם מתייחדים. ואז הם נקמצות ונעלמות ואין השפעה לעולמות לרוב ההעלם ואז נאמר חשמל דהיינו פעמים חשות שאין שופע אליהם עד היות שעת פותח את ידיך שהם שני יודין שבשם יאהדונה"י שהאחת בת"ת והשנית במלכות שהם שם יהו"ה ושם אדני ובהתפרדם איש מעל אחיו הם משפיעים לעולמות רוב שפע וברכה ממה שקבלו. א"כ ראוי שיתייחסו בקמץ מאחר שביחודם הם נקמצות למעלה וביחודם נקמץ הכל ועל ידם מתגלה הקמץ הכמוס לכן עיקר צורת הקמץ ו' י' תפארת ומלכות. וחסד הוא תחלת ההתגלות מכתר חכמה ובינה. והכל ענין אחד מיוחד קשר אמיץ וחזק. ובזה אין תימה לדברי המקובלים האומרים שהקמץ הוא דין מפני שהוא מורה קמיצה והעלם כדפי'. וכביכול בעוד כך, יש קצת הסתר, עם היות ע"י ההסתר ההוא נמשך אח"כ רוב שפע וברכה:

ואבד הקמץ הוא הפתח, מטעם כי הוא הת"ת לבדו ומור' גלוי ופתיחת הדברים. והוא שהמל' בבואה מלפני המלך מספרת לנערותיה מכל מיני מאכל אשר יאכל שקבלה מבעלה ומגדנות אשר נתן לה בעלה ואז היא מראה חותם המלך החקוק' עמה כענין שימני כחותם שפירשנו בשערים הקודמים ומטעם זה בקצת המקומות פי' כי הפתח בגבורה מפני כי על ידו תתפרד מהתרפק עם דודה כדי לחלק ולתת טרף לביתה וחק לנערותיה. ולפעמים יתייחס הפתח אל החכמה לפי שג"כ הוא מגלה ופותח את הכתר ומשפיע עניינו למטה בסוד הל"ב נתיבות המגלות שרשם שהם תר"ך עמודי אור ענפי הכתר שבארנו בשער מהות והנהגה. ויש מי שפי' בפתח שהיא השכינה והיא הפתח לכל האצילות העליון ואמר שהוא נגד הרקיע הנברא ביום שני. עוד פי' שהפתח הוא רמז לרקיע שהוא פרכת המשמש תחת השכינה ואפשר שכוון לסנדלפון שהוא פרכת בהיכל ז' כדפי' בשער ההיכלות. ובקמץ פי' כי הרקיע הוא רקיע הנז' לעיל והנקודה הוא מטטרון שתחת הרקיע הנז'. ובספי' הקמץ הוא הוד ויסוד ונקרא היסוד קמץ מפני שהוא מקבץ השפע וקומץ אותו לתוכו. וניקוד השבא פירש הרשב"י שנקרא עבד עבדים כי היא עובדת לכל הנקודות. והשב"א הגיונו בצירי והוא הפך

הצירי כי הצירי הוא רמז אל שני מאורות הגדולים והשב"א מאור גדול ומאור קטן וזה ודאי מורה שאחר ייחודם נתפרדה החבילה וירדה למטה להשפיע ולכן היא למטה מגלה ענין היחוד בהפרדם איש מעל אחיו. ולפעמים הוא עם הפתח מטעם כי הגבורה שהוא (הפתח) [השבא] בתוקף דינה חייבה המיעוט והיותה מאור קטן ומאור גדול ולפיכך תבא עמה [הפתח] להורות על הנאמר. או אפשר לרמוז כי עם היות שהם מאור קטן ומאור גדול שמורה המיעוט עכ"ז עין בעלה עליה שהוא פתח שהוא ו' וכבודו לאחר לא יתן ח"ו. ויש מי שפי' ענין השב"א שהוא יסוד ומלכות ולפיכך מתחטף יותר משאר הנקודות מפני שנבלע אשו של מלכות באשו של יסוד. ובמלאכים פי' שהם ממטרו"ן וגבריא"ל שהם זה למעלה מזה ולכן טעם החטף כדי שלא להזכיר ענין המיעוט אלא אדרבא להעלימו משום כבוד אלהים הסתר דבר. ועוד שלא לעורר הדין כי השב"א בהגיונו מעורר כח הדין ומפני שהוא מעורר הדין לכן בהיותו בגעי"א שהוא ו' שהוא בעלה אז נהפך אל הרחמים מכל וכל. וחלוקי הגעי"א יתבאר בשער הטעמים בס"ד. וכן שב"א הוא דין ואין צריך לראייה. ולא רצינו להאריך בביאור מלות והשמות והנקודות כי ענין זה עקרו בדברי הרשב"י ע"ה:

פרק שישי:

אחר שבפרקים הקודמים בארנו ענין הנקודות בפרטות נבא בפ' זה לברר אותם בכלל. והנה הנקודות בכללם הם ענפים דקים מתאצלים ומסתעפים באותיות. ומקור אצילותם מחכמה ומשם הוויתם והתגלותם ומשם מציאותם. וזה באר הרשב"י ע"ה בתיקונים (בתקונא ע' דף קכ"ג ע"ב) ז"ל וגביהם, דא אימא עלאה דאיהי על גבי ספירן דאינון תחותה דמינה כל אתוון. וגובה להם, דא חכמה דמתמן נקודין עכ"ל. הנה בפי' כי כערך מוצא האותיות מבינה כן ערך מוצא הניקוד מחכמה. ועם היות שאמרנו שמוצאם והוויתם מחכמה עכ"ז הוא ע"י הכתר כי בכח הכתר האצילם החכמה וז"ל הרשב"י ע"ה בשה"ש [בז"ח דף פ"ג] נקודין אינון נפקין מרזא דמוחא לקיימא אתוון על תקונייהו ובנקודה חדא אשתני תיבה ואעבר לההוא תיבה מקיומא (בקיומא) [נ"א בגוונא] אחרא בוצינא דקרדוניתא כד בטש ההיא אוירא במוחא בטש ולא בטש מטא לגבי דההוא מוחא ומסתלק מניה מטא ולא מטא כדין ההוא בטישו נפיק לגבי אתוון מגו מוחא ואתוון אתנקידו עכ"ל. ופירושו נקודין כו' פי' הם יוצאים מסוד החכמה ולא מחכמה מצד בחינותיה החיצוניות המתפשטות אלא מצד בחינותיה הפנימיות דהיינו רזא דמוחא. ולא אמר ממוחא אלא מסודה ופנימיותה דהיינה בחינתה המתדבקת בכתר כי מכח כת"ר נאצלו כדמפרש ואזיל. וקרא לחכמה מוחא ולא קראה בשמה הידוע, לשתי סבות. הא' להורות על העלם בחינת מוצא הניקוד דהיינו בחינת היותה מוח דהיינו מפיאותה המתקרבת אל קרום המוח אל הקרקפתא שהם כנויים מתייחסים אל הכתר כמו שנתבאר בערכי הכנויים. הב' מפני שהמוח משכן לדעת ולשכל ושכל האדם יכונה בשם מוח וכן שכל התיבות שהם הנקודות כדמפרש ואזיל ראוי שיתייחסו בשם מוח להאותיות ודעתם והבנתם. לקיימא אתוון וכו', המשל בזה תיבת יתן אין לו שכל ותקון אם נאמר יתן או יותן בשורק ויש חילוק גדול במשמעותן כדפירשו בגמרא (ב"מ דף כ"ב ע"ב) יתן דומיא דיתן. הנה חלוף הבנת התיבות הוא ע"י הנקודות וע"כ תקונם ודעתם ושכלם הם הנקודות כדפירשנו. בוצינא דקרדוניתא וכו', פירוש כתר ופירשתי בשערים הקודמים פעמים רבות. כד בטש ההוא אוירא במוחא וכו' פי' כתר נקרא אוירא דכיא ונקרא בוצינא דקרדוניתא. ויש חילוק גדול ביניהם כי בוצינא דקרדוניתא נקרא על שם פנימיותו המתעלם המתאחד בסבתו סבת כל הסבות ממ"ה הקב"ה ולכן נקרא בוצינא דקרדוניתא כדפירשנו בשערים הקודמים. ואוירא דכיא נקרא בחינתו המתאחד בחכמה שהיא הבחינה החצונה שבו. והנה בחינת בוצינא דקרדוניתא בטש בבחי' הג' שהיא אוירא שבו מתאחד בחכמה. ושעור התכת לשון המאמר כך הוא בוצינא דקרדוניתא שהיא הבחינה ראשונה כד בטש ר"ל הכה או חבט ופי' גלה הבחי' האחרונה שבו ההוא אוירא דכיא. והנה המגלה היה בוצינא וכו' והמתגלה הי' אוירא והענין שבו נתגלה הוא האי מוחא. ואין לשון בטישה ממש כמשמעו אבל כוונתו כמו אור המתאצל מן העין ומכה בדבר הנראה ושואף הראות ואין לנו משל נאות בעולם הגשמי אלא זה שהוא יותר דק שבנו להמשיל. בטש ולא בטש הכונה להורות על דקות האצילות שהוא גלוי ולא גלוי. גלוי בערכו הנעלם ולא גלוי שאינו מושג אפי' ע"י גלוי זה. וענין השפעת הכתר בחכמה לא הי' מציאות הנקודים אלא השפע הראוי להם כדפי' בשער הקודם לענין כח החכמה באותיות ועקר הוויות הנקודים היה מהחכמה הנק' מוחא. וז"ש נפיק לגבי אתוון מגו מוחא כדין כו' כי משם הנקודות ולכן אתוון אתנקידו. והנה כענין

שהחכמ"ה נפש ורוח אל הבינה והבינה גוף בערך החכמה, כן הנקודים שהם מסתעפים מהחכמה אל האותיות שהם ענפים מסתעפים מבינה. ואין לשאול ולומר א"כ איך אפשר שיתבאר הנעלם בסתום ממנו הפך העניינים העליונים כי התחתונים מגלים ומודיעים העליונים וכאן העליונים מודיעים התחתונים. זה אינה תמיה כי הוא משל אל העששית שהם כל א' וא' מגוון ידוע והנה בהבטתם לא יגלו גוונם ולא יאירו וע"י ניצוץ השמש הפשוט מגוון שיאיר בהם יראה בהם גוונם. וכן ענין האותיות כי הבינה הוא בענפיה כדמות העששית שאין לה גוון אלא ע"י ניצוץ השמש המאיר. וכענין ערך הנקוד אל האותיות כן ערך הטעמים אל הנקודות ומתבאר בשער הטעמים בעה"ו. וכמו שמשתנה רוחניות אותיות אל בחי' מתחלפות כדפי' בשער הקודם כן הענין ממש בנקודות כי כפי מדרגת הנפש יהיה מדרגת הרוח ולפי מדרגת הרוח יהיה מדרגת הנפש כי ודאי לא ישתוה נקוד הכנויים כנקוד השמות וניקוד השמות לא ישתווה אל הניקוד ההויות כי לפי מעלת וקדושת השמות כן יהיה מעלת ניקודם בגובה ועומק אצילותם. וראייה לזה ממה שכתבנו בפ"ק בשם ספר ברית מנוחה. וידענו שיקשה אל המעיין שא"כ לפי זה היה ראוי שיהיה ניקוד השמות אסורים במחיקה כשמות עצמם ויותר מפני שהנקודות רוחניים יותר כדפי' ולא מצינו מי שאסר בזה. וגם היות שאסרו האותיות בביאור זרקא זו אינו שאלה כלל כי קרה אל הניקוד ואל הטעמים כמו שקרה אל שם אהיה ושם בן ד' [ב] כדפי' בשער השמות (פ"ה) כי מפני העלם הכתר לא נתגלה בו שם בן ד' לרוב דקותו והעלמו אמנם נתגלה לבוש אל לבושו כמו שהארכנו שם בס"ד, וכן קרה לנקודות ולטעמים כי מרוב העלמם לא נתגלו אלא לבוש לבושיהם כערך הכנויים הנמחקים אל השמות שאינם נמחקים. ואפשר היות גם כן זה טעם למה לא נכתב הניקוד בס"ת בזולת טעמים אחרים מספיקים שיש בענין. והנה בזה נשלם הפרק ונכלל השער הזה בס"ד בילא"ו:

שער כ"ט הוא שער הטעמים

אחר שבשער הקודם בארנו כפי הנמצא בדברי הרשב"י ע"ה בתיקונים נבא עתה לבאר הטעמים כפי הנמצא גם כן בדבריו. והטעמים בשמם וצורתם הם אלו:

זרקא, מקף, שופר הולך, סגולתא, פזר גדול, ירח בן יומו, קרני פרה, געיא, תלשא, אזלא, גרש, פסיק, רביע, שופר מהופך, קדמא, זקף קטן, זקף גדול, שלשלת, שני גרישין, תרי טעמי, דרגא, תביר, מאריך, טרחא, אתנח, רפה, דגש, יתיב, תרצא, שבולת, סבולת, מפיק בהא, שבא געיא, געיא שבא, סוף פסוק:

אלו הם הטעמים כשמם וצורתם ומקורם ללשונותם. ועתה נכנס בביאור כל א' וא' מאלו הטעמים כאשר נמצא להרשב"י ע"ה:

פרק ראשון:

בביאור זרקא מקף שופר הולך סגולתא. ראשונה **זַרְקָא** הוא המלכות ונקרא זרקא בהיותה נזרקת כלפי מקורה הנעלם ועולה ומתאחדת בסוד החכמה עד הכתר כדפי' בשער הקודם פ"ק בחולם. ולזה נמצא שהיא חוזרת מסוף התיבה לראשה להורות כי היא למטה בסוף המדרגות ולפעמים חוזרת אל בית אביה כנעוריה ומלחם אביה תאכל ותקבל שפע רב ורב טוב לבית ישראל הם מחנותיה וחיילותיה המצפים עת בואה לתת טרף לביתה וחק לנערותיה. והיא נקוד הראש שבראש החוט ההוא והחוט נרמז בתפארת כי דרך התפארת עלייתה דרך שש המעלות תעלה ושם תעשה עטרת תפארת אשת חיל עטרת בעלה. וזה הורה צורת הזרקא בציורה ורמיזתה. ומפני שעליה נאמר (דניאל ב לד) חזה הוית עד דאתגזרת אבן די לא בידין ומחת לצלמא. כן היא אז מתעוררת בכח וחוזק עלייתה ומבטלת כל צלמי ופסילי אלהים אחרים. והיא הנותנת חנק להדבוקים בשערי המות אשר תחתיה [א] והוא סודר שבו היו חונקין הסנהדרין. ומפני היותה קודם עלייתה צורת חירק למטה קצת כזה . . כי היא מציאותה התחתון ועולה מן השמאל אל הימין כי כן כל העליה מן השמאל אל הימין והירידה מן הימין על השמאל כי הימין לעולם על השמאל ואח"כ מתפשט ביושר כלפי מעלה להביט כלפי הכתר כי שם עיקר כוונת עלייתה בסוד אני ראשון ואני אחרון (ישעיה מד ו) אי"ן בראש ואי"ן בסוף כמו שבארנו בשער המציאות. נמצא כי זרקא בטעמים ואל"ף באותיות הכל ענין אחד ורמז **א** י' בראש וי' בסוף ו' באמצע והיינו צורת וכן הזרקא י' בראש וי' בסוף ו' באמצע:

מַקָּף נ"ל כי זה הטעם הוא בחכמה כמו הפתח הנרמזת בחכמה ואמנם הוא בסוד הדעת העומד ומקיף ומחבר ומייחד ב' המדות הם חכמה ובינה כמו שהארכנו בשערים הקודמים ול' מקף מל' חבור כמו [אין מקיפין ב' חביות] (ביצה דל"ב ע"ב) שעניינו לשון חבור ויחוד. ונמצא לפ"ז פי' הטעמים האלה כך זרקא הוא עליית המלכות למעלה למעלה ותחלת חזרתה חוזרת על פי מדותיה וראשונה חוזרת לחכמה ושם מקף אחר עמידתה בכתר כי שם רמז הזרקא כדפי' ולזה נמצא הזרקא למעלה בראשה עקום לצד שמאל להורות על חזרתה וכן בנגונה יש אחרי העליה בנגון קצת השפלה ואח"כ המקף המקיף שתי המדות השניות יחד בנגון מהירות ויחזור המקף עם השופר שהיא הבינה כמו שנבאר:

שׁוֹפָר הוֹלֵךְ מְהֻפָּךְ. שופר היא הבינה וכן היא שופר שעליה אנו אומרים תקע בשופר גדול לחרותינו כי בה החירות כדפי' בשער ערכי הכנויים. ולשון **שְׁפַר** כי היא שפרה המשפרת אל הולד שהיא מניקה חלב לת"ת ומיפה אותו בהשפעתה. ולכן נמצא בשופר צד הרחב להראות אל רחובות הנהר ומשפעת למטה ואין תימה מענין התקיעה שהיא מצד הקצר אל הרחב [ב] כי הוא לעורר כח העליון והוא בסוד אור החוזר. וכאשר הזכות והמצות מאירים בעולם ומנהרים אז היא שופר הולך שלעולם חוזר ומשפיע כענין נהר דנגיד ונפיק. וכאשר ח"ו גורמים העונות, השכינה העליונה מסתלקת ואז היא שופר מהופך רצה לומר טוב הפוך כענין הרשעים שמהפכים מדת הרחמים למדת הדין ח"ו והעולם בצער עד יחזור וישקיף האם על הבנים:

סְגוֹלְתָּא ידוע שמן השופר יוצא אש ומים ורוח כי הקול כלול משלשתן שהם ג' יסודות אש מים ורוח והם גדולה גבורה ת"ת והם סגולתא שהם ג' נקודות. ואין לתמוה על הת"ת שהוא למעלה מגדולה וגבורה, כי כבר בארנו בשער סדר האצילות כי גם לו יחס למעלה משתיהם להיות כי הוא נאצל מן הכתר ועולה עד הכתר. ומה גם עתה בענין הסגולתא שעסקינו בסוד העלייה שעלתה המלכות ועתה תחלת ירידתה אל מקומה ולפיכך הוא למעלה בסוד הדעת בסוד המקף לייחדו עם

השופר כדפי'. ועם היות שימצא הטעם הזה לפעמים מייחס אותו הרשב"י ע"ה בג' ראשונות, העיקר הוא באבות. ומעטם שג' ראשונות נשפעים הנה בג' אלו נקרא בשמם. וכן באר הרשב"י ע"ה בתקונים (תקוני ז"ח דף קכ"ז ע"ב) ז"ל סגולתא ברזא דתלת אבהן דקיימין גו שופרא עכ"ל. ולמעלה מזה אמר ותלת קשרין קיימין בדוכתיה. ואע"ג דברזא אחרא קיימין. כלא הוא ברזא חדא, דהא תלת קשרין אלין דקיימין בדוכתיה תחות גדפי דההוא שופרא עכ"ל. הנה כי הוקשה להרשב"י ע"ה הקושיא עצמה. ותירץ כי אעפ"י שבמקומות אחרים אמר שסגולתה בחכמה [בכח"ב] עכ"ז העיקר הוא בג' אבות אלא לפי שעומדים תחת הבינה כדרך שהם נקראים סגולתא שנקרא כן העליונות והעיקר הוא בג' אבות כדפי'. ובמ"א בתקונים פי' הרשב"י ע"ה כי סגול הוא זכר מציאות הת"ת וסגולתא היא מצד המלכות אשת חיל עטרת בעלה. והטעם כי הת"ת מצד עמידתו הוא למטה משני אבות והם סגול. ומלכות למעלה מנצח והוד והם סגולתא וכן בסוד עלייתם יהיה בעלה בסוד סגולתא גובר מצד עלייתם על גדולה וגבורה כדפי':

פרק שני:

בביאור פזר גדול ירח בן יומו קרני פרה געיא תלשא. **פָּזֵר גָּדוֹל.** הטעם הזה הוא העיקר בתפארת עם כללות שש קצוות שבו ונקרא פזר גדול מלשון פזר נתן לאביונים (תהלים קיב) כי הוא הזן ומפרנס לב' אביונים שהם יסוד עני ומלכות עני"ה ושניהם אביונים ותאבים לכל מה שישפיע ותנועתו קצת בתמיה להורות על חיותו עליון על כל הבנין וקצת מתמיה. וצורת טעם זה הוא כצורת שלש נקודות רוחב ושלש אורך כזה:

ונראין ג' מכאן וג' מכאן והם חמש כך הספי' הם חמש והם שש. הם חמש כי יסוד מעצמות הת"ת ואצלו כדברי הרשב"י ע"ה גוף וברית חשבינן חד, והם שש כי היא ספירה בפני עצמה על האמת. וכן הנקודות האלה נראין שש והם חמש. אלו הם העתק דברי הרשב"י במקום א'. ובמ"א פי' כי הפזר ביסוד. ואפשר לומר כי כל מה שאירע ליעקב אירע ליוסף. כי אחר שהוא משפיע ביסוד נעשה היסוד מפזר ונוסף עוד וגו'. גם הוא יורה הזרע היורה כחץ והוא זורקו במלכות כנודע [ג]:

יָרֵחַ בֶּן יוֹמוֹ פי' הרשב"י ע"ה שהוא המלכות שהוא הירח אמנם כבר נתבאר בשער המציאות בענין ה' וי' שבמלכות וידוע כי מציאות היו"ד אין בו חסרון ומיעוט לעולם אמנם המלוי והחסרון הוא במציאות הה"א ג' גווני העי"ן שהם נגד ג' אבות כדפירשנו שם. ובת עי"ן היא המקור המשפיע אור אל כל הצדדים אשר סביבה וממנה יונקים שפע וברכה והיא נקודת ציון שממנו הושתת כל העולם והיא המנהרת סביבותיה שהוא הירח. ונ"ל כי הטעם שנקרא ירח בן יומו לפי שהיא מתנהרת מהתפארת שהוא יום שלם וזהו בן יומו. ואפשר לומר כי הוא בן יומו לבד שהוא תחלת קבלת האור ואז נרמז אליה הטעם הזה. עוד אפשר לומר שהוא ירח מאיר מעצמה מיום שלה דהיינו נקודה אמצעית שהיא מאיר' ממנה כדפירשנו ובאותה בחינה נקראת היא יום מאיר [מעצמה]:

קַרְנֵי פָרָה הם נצח והוד שהם שתי קרנים זה אל הימין וזה אל השמאל ונקראים קרני פרה היא המלכות שנקראת פר"ה אדומ"ה כשהיא מקבלת מהגבורה. וכן הבינה נקראת פרה אדומה כשהיא משפעת בגבורה ואלו הם קרניה שבהם היא מנגחת כלפי מטה ומשפעת. וכן המלכות ראשה הוא היסוד ועל ראשה הם הקרנים האלה שבה מנגחת ימה וצפונה ותימנה ומזרחה ולפיכך הם בתמיה על סוד קבלתם מן הדין ולהורות על חוזק ועלוי [ד]:

גַּעְיָא הטעם הזה מורה על התפארת שהוא סוד וא"ו אמנם מורה על יניקתו מן הדין שהוא גועה בו והוא דין חזק שהוא נפרד ויורד לבקש על היכלו והנה נשרף על ביתו והנה נחרב ועל שכינתו והנה היא נופלת בגלות. וזהו געי"א לבדה ובהצטרפה אל השבא יתבאר בס"ד:

תְּלִשָׁא תַרְצָא פי' הרשב"י ע"ה כי התלשא אל השמאל ופי' בו ת"ל א"ש, ותרצא אל הימין. ונוכל לומר כי הרמז בשניהם אל היסוד. ונודע שהיסוד מקבל משני קוין, מהחסד אל הימין ומגבורה אל השמאל. ולפיכך כשהוא מקבל מן הימין הוא תרצא ל' רצון, ונגוניו ג' נגונים לרמוז אל קבלתו מג' מקורות שהם בימין חכמ"ה חס"ד נצח. וכשהוא מקבל מהשמאל נקרא תלשא ת"ל א"ש, ונגונו בג' נגונים שהם נגד ג' ספירות שבשמאל והם בינ"ה גבור"ה הו"ד. והצורה מורה על קבלת יסוד על ידי תפארת. ומלכות ועלייתה למעלה זהו כי הוא נקודה ברה כאגן הסהר על קו האמצעי והוא נוטה עמה אל שני הצדדים:

פרק שלישי:

בביאור אזלא גרש פסיק רביע קדמא זקף קטן זקף גדול. **אזלא גרש** פי' הרשב"י ע"ה שהם שתי זרועות. והנראה באלו הטעמים הוא כי הם הזרועות בעת התייחדם בת"ת אל קו האמצעי וזהו שהא' מצד ימין והא' מצד שמאל ושתיהם תואמים מלמעלה אל הטבעת הא' שהוא התפארת והוא המייחדם בקו המיצוע ולכן נק' הא' אזלא לפי שהוא הימין כח חסד והרחמים הנשפעים מאליהם כדרכם והם הולכים בדרך הליכתם. אבל השמאל נקרא גריש שהוא כח הדין המגרש את עצמו ממקומו אל צד הרחמים:

פסיק הוא היסוד הפוסק ומבדיל בין העולם העליון לעולם התחתון כי הוא בין ת"ת ומלכות. והעד הפסיק שבין שם בן ד' הא' שבי"ג מדות לשם הב' כי האחד למעלה בכתר והשני למטה במלכות והפסיק מיחדם דרך קו האמצעי. וזהו אין בין מים העליונים זכרים למים התחתונים נקבות מלכות אלא כמלא נימא ומלא נימא הוא חוט השערה והוא יסו"ד. ופי' הרשב"י ע"ה (בתקונא י"ט דף ל"ו ל"ז) כי על הפסק הזה שבין שם לשם אמרו שהקדוש ברוך הוא מדקדק עם הצדיקים כחוט השערה. והטעם כי הצדיק נשער מאד מצד מדתו שהוא חוט השערה:

רביע פי' הרשב"י ע"ה כי הרביע הרומז בו אל הבינה שהיא נקודה נעלמת ונקראת כן שהיא כאימא רביעא על בנין ותנועתו בעלייה שרומז אל התפארת העולה להתעלם באם. נמצא הרביע הרמז בו אל התפארת מתעלם בבינה בהיות הבינה רובצת על הבנים:

קדמא הוא התפארת המקבל מן הדין להלקות לחייבים ולזה הוא מטה שנוטה לצד השמאל הגבורה ומשפיע הדין אפי' לנצח העומד לצד חסד. ולזה נגונו כפעם בקול:

זקף קטן הוא החסד והדין לבד. ועם היות שאין קו המיצוע ביניהם על כל זה גובר החסד על הגבורה. ונקרא קטן בערך שאין תגבורת החסד על הגבורה כערך שהכריע קו החס"ד את קו הדין לצד ימין אלא שהם זה על גב זה כדרך אצילותם חסד על גבורה:

זקף גדול פי' הרשב"י ע"ה כי השתי נקודות הם החס"ד והגבור"ה ולפיכך הא' למעלה מחבירו להורות על תגבורות החסד על הגבורה ולכן נקרא גדול מלשון גדולה וכל זה על ידי התפארת המטה הגבורה לצד הימין ולכן הוא לצד השמאל להורות שהעביר הגבורה צד עבר הנהר חסד כח רחמים ומה שהיה כזה **א** ת"ת בין שתי הקוים [הנקודות] נעשה כזה: **| :** דהיינו שני הקוים [הנקודות] לצד ימין:

שלשלת פירש הרשב"י ע"ה כי הוא בת"ת ואמר שתרועה גם כן בתפארת ועם היות שהיא במלכות על כל זה גם יתיישב בתפארת כי משם עקר המלכות ומשם באה ואליו תחזור כי שניהם יחד. והטעם שהוא בתפארת מפני שהוא שלשלת הקושר ב' קצוות צד הרחמים וצד הדין. ונוכל לומר כדי לחלק בין שלשלת לאזלא גרש כי השלשלת נרמז בת"ת בעת שקושר בין חכמה ובינה ובין גדולה וגבורה ובין נצח והוד דגוף וברית חשבינן חד ומטעם זה בשלשלת ג' חטוטרות כזה [] להראות קשר שלשה מקומות הללו בסוד ההכרעה ומשפיע השפעתם עד למטה בסוד הנקודה התחתונה אשר בו שהוא סוד ההשפעה המתקבצת במלכות שבו עקר התרועה:

פרק רביעי:

בביאור כל שאר הטעמים. **שני גרישין** פי' הרשב"י כי הם תרין דרועין ונוכל לומר כי הם תרי הזרועות נכללות בתפארת שהוא המכריע בין האש והמים וע"ז שני גרישין הם כשני ווי"ן שבוא"ו במילואה להורות שהת"ת הוא ארך אפים. ופי' שתי פנים, פני הדין מצד הגבורה ופני רחמים מצד החסד. והוא נכלל מהם ומייחדם ועושה כלם א'. וזהו וא"ו מיחד שתי הואוין שהם שתי פנים והוא מטה אותם מיוחדות כלפי חסד. ולכן שני גרישין הם שתי הזרועות שוים נוטה לצד הימין ומתעלם בניגונם לקבל הת"ת מן הכתר להיות גובר עליו כח הרחמים להכריע השמאל אל הימין. ואין תימה בהיות שתי ווי"ן בגדולה וגבורה שכבר ביארנו בשערים הקודמים ענין ג' ווי"ן שהם ויס"ע ויב"א וי"ט שהם ג' אבות. ונק' שני גרישי"ם מפני שמצדם נתחייבו שני גרושין גרוש בית ראשון וגרוש בית שני מפני שעברו ישראל תורה שבכתב ותורה שבע"פ וכן רמ"ח מ"ע ושס"ה לא תעשה שהם בחסד וגבורה כ"פ הרשב"י. ולפי הסברא נקראו גירושין כי הת"ת מגרש אותם ממקומם ומגיעם אל קו המיצוע ומטה אותם לצד החסד:

תרי טעמי פי' הרשב"י ע"ה שהם נצח והוד נוטים אל הימין להמשיך החסד והם מורים על הזכר הפסוק יריכיו להתייחד עם הנקבה שהיא אתנ"ח כמו שנתבאר. ופי' הרשב"י ע"ה (בפ' בלק דף קפ"ט) כי מטעם זה אתמר (בראשית כז כה) ויבא

לו יין וישת בתרי טעמי להגביר הת"ת שהוא מדתו של יעקב לישבו על מתכונתו. ונצח והוד להטות הגבורה לצד הרחמים. ונ"ל שנקראים תרי טעמי, שאין טעם מן ששוחק הנצח מצד החסד, כטעם מן ששוחק ההוד:

דרגא נ"ל כי הדרגא הוא יחוד נצח והוד עם היסוד המייחדם והמזוגם והוא שליש השלשלת כמו שביארנו בפרק הקודם. ואפשר כי הדרגא הוא במלכות כי הוא מדרגה אחת ונקרא דרגא בהיות היחוד הזה בא על ידי היסוד:

תביר טעם זה פי' הרשב"י ע"ה כי בתביר הוא יחוד ת"ת ומלכות לשבר ולהכניע הקליפות ולכן בא הנקודה לצד שמאל להורות אל תוקף הדין שיניקתה מן השמאל ונוטה לצד הימין להורות כי הדין הזה הוא לטובה ולרחמים:

מאריך טרחא נ"ל בזה הטעם כי המאריך הוא מצד החסד המאריך אפים אפי' לרשעים כדי שישובו, והטרחא הוא הגבורה אשר מעשה רשעים ורחמיו עליהם הוא לו לטרח והוא מטריח בני האדם ביסוריו על מעשיהם המקולקלים. או אפשר כי המאריך והטרחא הם משך החסד והתעוררות הדין אל המלכות להעירה אל הזווג כאתנח וההתעוררות בסוד עלה בכבש כו' שפי' בשער מהות והנהגה פכ"א:

אתנח הטעם הזה פי' הרשב"י ע"ה במלכות והרמז כי היא מפשקת את רגליה לקבל זרע הזכר בעלה בשמחה ובטוב לבב כי ענין הזווג בישוב ובשתיקה לכן נקרא אתנח לשון ישוב וכן נגונו בשתיקה ר"ל עמידת התיבה ונק' אתנח בקבלתה מן הת"ת ע"י הנצח וההוד ולכן נמצאו בה ציורם בהם כתואר בנ"י המלך ונקוד' עליהם להורות על הת"ת וכ"ז בסוד שימני כחותם שבארנו לעיל:

רפה דגש כבר בארנו בשערים הקודמים מציאות הרפה שהוא סוד הרחמים ומציאות הדגש שהוא סוד הדין אבל לא רחמי החסד ממש אלא הרפה הוא סוד הת"ת שהוא הזכר ונטייתו אל החסד והרחמים והדגש הוא סוד המלכות שהיא הנקבה שנטייתה אל הדין ולכן אותיות הגרון אינם מקבלות דגש מפני שהן בחסד כדפי' בשער האותיות בס"ד. והנה הרפה הוא סוד ו' והוא רקיע נטוי על ראשיהם למעלה ודגש היא המלכות שעליה נאמר (יחזקאל א יג) והיא מתהלכת בין החיות ולכן הדגש בתוך האות:

יתיב הוא סוד עיכוב השפע בחכמה בסוד למה ה' תעמוד ברחוק והוא הרקיע ו' ת"ת שהיה נטוי להשפיע כזה ו' ונכפל כלפי מעלה ונסתלק כזה יתיב העמדת השפע ועכובו בסוד ה' למבול ישב שפי' בזהר פ' נח (דף ס"ד ע"ב) ישב בלחודוי דלא אתיא עם דינא. וכן כאשר הדין מתפשט והעולם נדון הופך פניו מן השמאל אל הימין והחרב נוקם נקם ברית והוא יתיב בלחודוי והיינו יתיב הפך קצתו אל הימין מפני תוקף הדין והכל ענין אחד:

תלישא תמצא פי' בפ"ב:

שבולת סבולת הנראה מתוך הנקודה הזו כי האות הזה הרמז שלה בבינה והיא רמז אל ג' קוים הנמשכים ממנה שהם ג' אבות. והנה הימין הוא חסד והשמאל גבורה. ובהיות הנקודה הזאת בימין מורה על החכמה שהוא בחסד שופעת עליה והוא רפה בסוד הרחמים, ובהיות הנקודה בו השמאלי מורה על הבינה דמינה מתערין דינין כדפי' בשער מהות והנהגה ולכן זו נדגשת וזו אינה נדגשת כי החכמה נעלמת והבינה מתגלה. בזולת טעם הדין שפירשנו:

מפיק בה"א בזה הטעם מתגלה סוד ה"י מן אלדים שהיא בבינה והיא בחכמה תתאה מלכות. כי שניהם נקראים אלהים כדפירשנו בשער השמות. והענין נתגלה בשם במלוי יודי"ן יו"ד ה"י וא"ו ה"י הרי שבבינה ושבמלכות באו ההי"ן על יודי"ן נקובי על דכורי והוא דין כמבואר בשער ממטה למעלה. והסוד העיקרי כי במלכות מציאות י' וכן הבינה. אמנם נבנו סוד בנין המכסה על היודין והיינו ה' שהיא סוד ג' ווי"ן שבהם מתלבשת היו"ד כדפירשנו בשער המציאות. ולכן העיקר בההי"ן הוא כזה ולכן כאשר באה הה"א לרמוז על שם הנקבה וכנוייה באה הה"א בסופה במפיק כזה להורות על הדין כמו שם אלהים שבו ה"י ולכן המפיק הוא יותר מן הדגש כדפי':

שבא געיא הוא ממש על דרך הזקף גדול שפי' בפרק הקודם אלא שאלו הם למטה בסוד הנקוד להורות שחזרו שתיהם לסוד הימין בסוד הרחמים ולכן תנועת השב"א שהוא דין חזרה אל תנועת פתח שהוא רחמים שהוא סדר הזכר המתייחד שהוא הגעיא. וכאשר היא סמוכה לאותיות הגרון שהן אותיות החסד היא תנועתה בהן מפני תגבורת החסד עליהם. וכאשר היא סמוכה לאות יוד אז היא לעולם חירק מורה על הדין בסוד העלם והסתלקות ההשפעה ממנה ושהיא שחורה כאהלי קדר שהיא אות י' כנדרש בשיר השירים מהזהר. עוד אפשר לומר שהשב"א געי"א למטה מורה על היסוד המטה הנצח וההוד לצד ימין כדפרישנו לעיל בזקף גדול וזה יתהפך לגעיא שבא לעתים שהוא מטה הנצח

והוד לצד שמאל בסוד שהוא נוטה לצד הדין ג"כ לפעמים מה שאין כן בת"ת שהוא לעולם בזקף גדול לפי שאין הת"ת נוטה לצד הדין אלא מסתלק מביניהם והדין הוה בסוד יתיב כדפירשנו לעיל:

סוף פסוק נ"ל שהוא היסוד כמו הפסיק עצמו אלא שיש חלוק גדול ביניהם כי הפסיק יש אחריו מלכות מדרגה עשירית בסוד מציאותה למטה אחר מיעוט והיסוד תשיעי לאצילות. אבל סוף פסוק מורה שהוא עשירי והמלכות היא בסוד והיה אור הלבנה כאור החמה (ישעיה ל כו) והיסוד עשירי סוף האצילות ומפסיקו ואין למטה ממנו אלא סוד הכרובים שהכסא נכון עליהם שהם מטטרון סנדלפון ואינם תלויים בכתב אלא הם ב' נקודות זו על גב זו. ע"כ הגיע פי' הטעמים וסודם בס"ד:

פרק חמישי:

אחר שבפרקים הקודמים נתבארו הטעמים כפי הנמצא בדברי הרשב"י ע"ה בתוספת רב במה שלא נמצא ביאורם בספרי הזהר, נבא עתה לבאר בכללות הטעמים. והנה מקורם ואצילותם מן הכתר ממש וכן פי' הרשב"י ע"ה בתיקונים (תקונא ע' דף קכ"ג ע"ב) וז"ל וגביהם, דא אמא עלאה דאיהי ע"ג ספירן דאינון תחותה דמינה כל אתוון. וגובה להם, דא חכמה דמתמן נקודין. ויראה להם, דא כתרא דתמן טעמי עכ"ל. וכבר כתבנו ושנינו המאמר הזה בשערים הקודמים וההכרח לא יגונה. עוד באר הרשב"י ע"ה בשיר השירים (בז"ח דף פ"ז.) וז"ל כיון דההוא בטישו אתיישב במוחא מגו אוירא דכיא דאתפס בגין דאית אירא דכיא דלא אתפס כלל. והאי דאתפס כד אתיישב בההוא מוחא ההוא בטישו עלאה כדין נפקין כל תנועי דטעמי. והוא סוף המאמר שהעתקנו בשער הנקודות פ"ו ושם בארנו כי הנקודות הם מחכמה ע"י הכתר ולא שנתהוו הנקודות מהכתר אלא בשפע וכח הכתר נתהוו בחכמה ולז"א מטא ולא מטא בטש ולא בטש שלא היה אלא דקות השפע כדפירשנו שם. ועתה אמר כיון דההוא בטישו שהוא אצילות הכתר נתיישב ונתהוה בהוויה עצמות אפי' מהכתר עצמו כי לא הוצרך אל החכמה שישלים אלא הם מיושבים בעצמ' ונאצלו מתוך הכתר. בגין דאית אוירא דכיא וכו' בחינת הכתר בעצמו שאינה מושגת לזולתו כי היא נעלם כמבואר בשער הצחצחות. ואוירא דכיא דאתפס היא בחינת הכתר [המתאחד] בבחי' החכמה. ועתה שהטעמים הם ענפים מתפשטים ממנו יחוייב שהם מבחינת הכתר הנתפס. ועוד נתבאר מתוך דברי הרשב"י ע"ה כי האותיות הם נפש והנקודות הרוח לנפש שהם האותיות. והטעמים הם נשמה לרוח שבנפש וז"ל הרשב"י ע"ה (בהקדמה דף ז'.) וטעמי אינון נשמתין ונקודי רוחין ואתוון נפשין אלין מתנהגין בתר אלין ואלין בתר אלין ואתוון מתנהגין בתר נקודי ונקודי בתר טעמי כי גבוה מעל גבוה שומר וגבוהים עליהם עכ"ל. וראוי שנאמר כי כמו שלא ישתוה רוחניות האותיות ורוחניות הנקודות עם היותם שווים כמבואר בשערים הקודמים כן לא ישתוו רוחניות הטעמים [עם היותם שווים כי יתחלפו מסבת מקומם ועניינם עד לא"ת. מעס"ר] וברור הוא ואין צורך להאריך. ועוד כמו שמדרגת האותיות הם כמו הנפש לנקודות והנקודות רוח אליהם והטעמים נשמה לרוח כן עניינם בגשמי כי האותיות הקבועות בפה בחמשה מוצאות מתבארים בכלים הגשמיים האלה היטב והנקודות רוכבות על האותיות כרוכב על הסוס ולרוב דקותם יותר מהאותיות אינם חונים בעצם בגשמות האות אלא בהברתם שהיא אחר הזכרת האות כגון אותיות המשך המתהוים מן הנקודות ובאות אינו אלא נוגע ואינו נוגע כחוט השערה כדרך הרוח הדק בעצ' שאינו מתייחד היטב עם הנפש הזו לרוב דקותו. והטעם נמצאהו שאינו נוגע באות כלל אלא רוכב על הניקוד שהיא הברה נעלמת וצריך האדם לדקדק בזה מעצמו כי אין בכתיבה לבארו אלא מפה לפה. ובזה נשלם הפרק הזה ונכלל השער הזה ברוך ה' לעולם אמן ואמן:

שער שלשים נקרא שער הצירוף

ידיעת סודות תורתנו הק' הוא ע"י הצרופים והגימטריאות והתמורות וראשי תיבות וסופי תיבות ותוכי תיבות וראשי פסוקים וסופי פסוקים ודלוג אותיות וצרוף אותיות. ועניינים אלו נשגבים ונעלמים וסודם נשגבה ואין בנו כח להשיגם לרוב העלמם כי יתחלפו על פי דרכים אלו לאין סוף ולאין תכלית. ועל זה נאמר ארוכה מארץ מדה וגו'. וענינים אלו אנו מקוים שיתגלו אחר התחיה אחר העכול החומר העכור ואחר שיצרף הגוף הנגוף וישאר הצורה בחפץ יוצרה. והנה מצאנו חלקי הדרוש הזה ג' והם חלק הצרוף וחלק התמורה וחלק הגמטריא ונבא בביאורם בפרקים אלו:

פרק ראשון:

בצירוף. תנן נספר יצירה שתי אבנים בונות שתי בתים שלש בונות ששה בתים ארבע בונות עשרים וארבעה בתים חמש בונות ק"ך בתים שש בונות שבע מאות ועשרים בתים שבע בונות חמשת אלפים וארבעים בתים מכאן ואילך צא וחשוב מה שאין הפה יכול לדבר ולא האזן יכולה לשמוע ע"כ. כבר בארנו בשער האותיות כי האותיות הם אבני מחצב הבינה שהם כחות נעלמות רוחניות ואבן אחת לא יבנה בית כלל אמנם שתי אבנים בונות שתי בתים כי בחבור שתי אותיות יתהוו שתי תיבות כל תיבה בית אחת. ופי' כי כאשר יתחברו שתי אותיות יחד יעשו שתי תיבות כזה א"ב ב"א כי יתגלגל התיבה מראשה לסופה ומסופה לראשה. וכאשר יתחברו ג' אבנים יחד יבנו מהם ששה בתים כזה אב"ג אג"ב, הרי שני בתים בראש כל א' אל"ף. בא"ג בג"א, הרי שני בתים בראש כל א' ב'. גא"ב גב"א, הרי שני בתים בראש כל א' ג', וכללם ששה בתים. וארבע בונות עשרים וארבעה בתים כיצד, אב"גד אבד"ג אגב"ד אגד"ב אדב"ג אדג"ב, הרי ששה בתים ותחלתם א'. באג"ד באד"ג בגא"ד בגד"א בדא"ג בדג"א, הרי ששה בתים ותחלתם ב'. גאב"ד גאד"ב גבא"ד גבד"א גדא"ב גדב"א, הרי ששה בתים ותחלתם ג'. דבג"א דג"אב דא"גב דבא"ג דאב"ג דג"בא, הרי ששה בתים ותחלתם ד'. עלו כללם עשרים וארבע. וכאשר נדקדק בצירופים הללו ונביט בהם ונחשוב בהם נמצאים מסודרים כי בכל א' מהד' חלקים יש צרוף הג' אבנים אשר קדמו וסוף העשרים וארבע הפך בכל עניניו מהא' מהם. ונביט בסדרם ונמצאם כי כאשר יבא לידינו תיבה בת ארבע או חמש או שש צריך קודם שנעלה בדעתנו ששני האבנים האחרונים הם תיבה בלבד ונצרפם לבדם. המשל בזה שלמה. נעלה בדעתנו שהתיבה היא מ"ה בלבד ונצרף ממנו שני בתים מ"ה ה"ס (ואחר כך ה"ל ויעלה ל"ה ה"ל) (ואחר כך מ"ל ויעלה בידינו שנים שהם ל"ם מ"ל) ואח"כ נשים בראש כל א' מאלו התיבות האות השלישית ויהיה ששה תיבות לשלשה אותיות כיצד תיבה של ל"מ או מ"ל נשים בראש ה' ונעשה הל"ם או המ"ל וכן לכל ג' צירופים שעשינו. ועל דרך זה נוכל לצרף בנקל בלי טעות אפי' תיבה בת עשרה אותיות אם נשמור הסדר הזה שסדרנו. ועתה נסדר שלמה בד' אותיות וימצא כי הב' אותיות צירופים יחד והשלשה צירופים יחד. וזה סדרו ערוך בד' מערכות שש המערכת לבונה זכה. שלמה שלהם שמלה שמהל שהלמ שהמל, הרי ששה צרופים וצרופם ג' אותיות כי ש' בראש כלם. ועתה נשים ל' אות שנייה בראש ששה תיבות שניות כזה לשמה לשהם למשה למהש להשם להמש, הרי ששה צרופים וצרופם ג' אותיות כי ל' בראש כלם. ועתה נשים מ' אות שלישית מראש ששה תיבות שלישיות כזה משלה משהל מלשה מלהש מהשל מהלש, הרי ששה צרופים וצרופם ג' אותיות כי מ' בראש כלם. ועתה נשים ה' אות רביעית בראש ששה תיבות רביעיות כזה השלם השמל הלשם הלמש המשל המלש, הרי ששה צרופים וצרופם ג' אותיות כי ה' בראש כלם. ועתה כאשר נתבונן בראשי תיבות של כל תיבות השניות העומדות בשורה נמצא ראשי תיבותם שלמה שלמה ששה פעמים ואין בהם נפתל ועקש. וכשנעמיק בצירופים האלה נמצאים כי כשהם שתי אבנים אינם בונות כי אם שתים אבל כשיעלה אל הג' יעשה ג' פעמים שתים הקודמים מטעם כי האבן הג' מגלגל השתים ובהתחלף הג' בג' אותיות פעם יגביר זאת ופעם יגביר חברתה ויעלה לראשי התיבות נמצא שני פעמים שלש שהם ששה, ועל דרך זה ארבעה יעשו ד' פעמים ששה שהם עשרים וארבע. וע"ד זה יעלה להיות כשהוא בן חמשה אותיות ה' פעמים כ"ד שמספרם מאה ועשרים בתים וששה אבנים בונים ששה פעמים מאה ועשרים שהם שבע מאות ועשרים, ושבעה אבנים בונים ז' פעמים שבע מאות ועשרים שהם חמשת אלפים וארבעים בתים. ומכאן ואילך ע"ד זה נחשוב עד מקום שאין מספר וחשבון לפי רוב האבנים יכפלו הבתים על אחת כמה וכמה כדפי'. ואחר שפי' בפרק זה צרוף התיבות הפשוטות ר"ל האותיות שאין בהם כפל נבאר צירוף התיבות הכפולות:

פרק שני:

כל עניני הצרוף שפי' בפ' הקודם הוא בתנאי שלא תהיה בצירוף אות כפולה כלל ואז יעלה הצירוף במספר מדרגות הסולם אשר אמרנו. אמנם אם נמצא אות כפולה אז מיד יגרע חצי הצרוף הראוי לבא לפי מספר האבנים הן רב הן מעט. ומטעם זה שם בן ד' ושם אהי"ה לא יעלה בצירופו כי אם י"ב צרופים נמצא חסר חצי הצירוף הראוי להיות בו כי ארבעה אבנים בונות עשרים וארבעה בתים וד' אבנים אלה לא יבנו אלא י"ב חצי מן הראוי. וכן אם יהיה בן ג' אותיות שמשפטו הוא ששה תיבות אם יכפל אות אחת יצטרף ג' פעמים לבד. וכן אם יהי' ג' אותיות כפולות שוות בתיבת הכפל, הא' יגרע חצי הצירוף כדפי' והכפל השני שהיא אות ג' יגרע שני שלישי הצירוף הנשארים שהותיר הכפל הראשון ומי"ב יחזרו ד'. כיצד אגג"ג שמן הראוי היה שיהיה בעל כ"ד צרופים ומפני ג' האותיות השוות לא נשאר כי אם ד'. ואם יהיה תיבה בת חמשה אותיות שצירופו הפשוט מאה ועשרים צרופים אם יכפל אות אחד כמו אבדג"ד לא ישאר כ"א ששים צרופים כי חצי הצירוף נגרע מפני הכפל האחת. ואם יכפל אות אחרת כמו אבד"דד אז נגרע מפני האות השלישי כפל שני שלישי הצרוף הנותרים ולא יתהוה ממנו כ"א עשרים צרופים שהם שליש. ואם יכפל אות רביעית אז יוותר רביע הצרוף אשר הותיר הכפל השני שהוא אות שלישית. המשל אדד"דד אין אדם יכול לצרפו כי אם ה' פעמים שהוא רביע העשרים הנותרים כדפי'. ואם יכפל ג"כ אות אחרת חמשית אז יוותר חמישית הצירוף הנותר ולא יצטרף כי אם צירוף אחד שהוא חמישית החמשה. המשל בזה דדדדד אין בו צרוף כי אם פעם אחת. הכלל העולה לפי מנין האות הכפל כך השיעור מותר הצירוף אם שנים שהוא כפל ראשון ר"ל שאין שם כפולות כי אם שנים אז נשאר חצי הצירוף ואם הם שלשה אז נשאר שלישית הצירוף ממה שהיה ראוי אם לא היו כפולות כ"א שנים וכן רביעית לא ישאר כ"א רביעית הנותר וכן חמישית וכן ששית וכן שביעית וע"ד זה נקיש כדפי'. כל זה הכלל הוא בהיות הכפל מעין כפל הראשון, המשל כי ענין הכפל השני הוא ממין הכפל הראשון. אמנם אם יהיה ממין כפל השני כמו המשל א"א ב"ב אז לו דין אחר כי בכפל הראשון נגרע חצי הצרוף כמו שהקדמנו כי תיבה בת ד' אותיות הי' ראוי שיהיו בה כ"ד צרופים ונכפל הא' נגרע חצי הצירוף ונותר י"ב צרופים ומפני הכפל השני לא יותר כ"א ששה כי גרע חצי הצרוף הנותר אשר הותיר הכפל הראשון. המשל א"א ב"ב אין יכולת לצרפו כ"א ששה פעמים שהוא חצי הי"ב הנשארים כדפי'. ואם התיבה בת חמש אותיות שדינו היה להתגלגל ק"כ פעמים ונכפל בו שני כפלים א"א ב'ב'ג' אז יהיה דינו כך בכפל הא' נגרע חצי הצרוף שהוא ק"כ ונותר ס' מהם ובכפל השני נגרע חצי הששים ונותר שלשים. ואם התיבה בת ששה אותיות וכלם זוגות שאם לא מפני הכפל היה דינו להתגלגל תש"כ פעמים ומפני הכפל הא' נגרע חצי השיעור ונותר מהתש"כ שלש מאות וששים. ובכפל השני נגרע חצי הצרוף הנותר משלש מאות וששים נשארו ק"פ. ובכפל הג' נגרע ב' שלישי הצרוף שנשארו מהכפל הב' ומק"פ נשארו ס' שהוא שליש הק"פ. ואם יהיה בתים בת ד' זוגות יהיה דינו כך כי כפל הראשון גרע החצי והכפל השני גרע החצי מהצרוף הנותר והכפל הג' גרע ב' שלישי הצרוף הנותר ולא נותר כי אם שליש א' לבד כדפירשנו לעיל והכפל הד' יגרע ג' רביעיות מהשלישית שהותיר הכפל הג' ולא נשאר כ"א רביע ממנו ועל דרך זה נקיש לכל הכפלים כפי שיתרבו או יתמעטו. וזה דרך צירוף הכפולים כפי אשר כתבו המפרשים וכפי הנראה בכח הנסיון. ואחר שבארנו מציאות הצירוף בחומר האותיות נבאר טעם צירופם ברוחניות בפרק בפני עצמו כי הדברים האלה צריכים פרקים קצרים כדי שיוכל השכל להקיפם ולא יתבלבל בהם:

פרק שלישי:

כבר נתבאר בשער האותיות ענין רוחניות האותיות ומציאותם ולכן כאשר נבא לצרף ג' אותיות אחר שהאותיות האלה הם רוחניות צורות פשוטות בהכרח תהיינה מורכבות ונכללות כל אחד מחברתה כי כן דרך הרוחניות. כי לא לבד קרה הענין הזה לספי' אבל קרה ענין זה גם לענפים ואצילות המסתעפות מהם מאחר שהם צורות נאצלות. וראייה לזה ממה שאמרנו בשער היכלות פ"ד מענין ע' סנהדרין היושבים באגן הסהר שהם כוללים כלם יחד בכל א' מהם. ואחר היות הענין הזה כך, נאמר אותיות אי"ן שהם רומזות בכתר חכמה בינה כמבואר בשער ערכי הכנויים הנה ודאי הכתר כלול מחכמה ובינה והחכמה מכתר ובינה והבינה מכתר וחכמה אבל יוכלל בהם בשני פנים אם שיקבל החכמה מהכתר וישפיע בבינה. ולזה חוייב סדר האותיות כך יוד של אין שהיא חכמה גוברת מפני שכל האותיות השלשה הם בעצם החכמה ולכן בחינתה יגבר לעולם והרי לכן י' בראש הצירוף. ואח"כ א' מפני שהרמז בו הכתר והוא

מקבל מהכתר ומשפיע בבינה ולכן א' יגבר על ן' והיינו יא"ן והוא צרוף א'. עוד יצטרף דרך אחרת שיגביר הבינה על החכמה בסוד אור החוזר ולכן יקבל אור מהבינה וישפיע בכתר ולכן יגביר נון של הבינה על א' שבכתר וזהו צרוף שני שהיא ינ"א אל החכמה כי לעולם החכמה גוברת. וכן אל הכתר שתים לסבות אלו כיצד אות הכתר הוא א' ולכן לעולם גוברת ולפי שלפעמים יושפע מחכמה אל הבינה כסדר האור לכן צרופו אי"ן ומפני שגם לפעמים בסוד האור החוזר יגביר הבינה על החכמה ולכן צרופו אנ"י והם שני צרופים אל הכתר. וכן שתים אל הבינה לסבות אלו כיצד אות הבינה נון ולכן לעולם גוברת ולפי שלפעמים מקבל מהכתר ע"י החכמה בסדר האור לכן יגביר או א' על י' ויהיה צרופו נא"י ולפי שלפעמים יגביר החכמה על הכתר בסוד אור החוזר לכן יגביר אות י' על א' ויהיה צירופו ני"א. הנה במלת אנ"י יש ו' צירופים מבוארים שהם אנ"י אין בסוד הא', יא"ן ינ"א בסוד היו"ד, נא"י ני"א בסוד הנון. וזה יהיה סוד הצירוף לד' אותיות או לחמשה. ואולם כשיוכפלו האותיות עם היות שבצרוף הגשמי לא יצטרפו כבר אפשר להם להצטרף בצרוף הרוחני שאין רוחניותן שוה כדפי' בשער פרטי השמות בענין כ"ד צרופים שבשם בן ד' שפי' בספר הבהיר יעוין שם. ואולם יהיו כפולים אלו זכרים ואלו נקבות כמבואר שם. והקצור יפה. ומפני ענין כללות האורות והארתם אלו באלו נמצא שפי' קצת מהקדמונים כי בצרוף וגלגול שם בן ע"ב או שאר השמות אחר התבודדות גדול יתגלה לצדיק הזכאי המשכיל בעניינם קצת מחלק הבת קול ר"ל רוח ה' ידבר בו ומלתו על לשונו מטעם שהוא מחבר הכחות ומיחדם ומחשקם איש אל אחיו כמער איש ולויות עד שיושפע עליו רוב השפע ובתנאי שיהיה העוסק בכך כלי המוכן לקבל הרוחניות וראוי לכך שאם לא כן יהפך לאכזר ונהפכו לו סורי הגפן נכריה והקריב אש זרה אשר לא צוה ה'. ואחר שבפרקים הקודמים נתעסקנו בהשכלת צרוף האותיות נבא עתה לבאר ענין צרוף הנקודות:

פרק רביעי:

בצרוף הניקוד. ואולם הנקודות בדרך הצרוף רוב המפרשים הסכימו שלא לצרף אלא בחמש נקודות לפי שסימנם פתוחי חותם. ויש שכתבו שהם עם השבא. וכל זה נראה לנו דוחק כי הנקודות הם י"ב וכחותיהם וצורתם משונה זו מזו כדפירשנו בשער הניקוד א"כ ראוי לצרף ולגלגל התיבות ע"י כלם

ואולם שלא לפרוץ גדר וגבול אשר גבלו ראשונים קדמונינו לא נכתוב כ"א צרוף החמשה שהם נוטריקון ומזה יקיש המעיין אל השאר ואם לא יספיק למעיין יעויין בשער פרטי השמות כי שם הארכנו בחלוקים אלה שבין המפרשים ובינינו. וראשונה יתעלה המספר אל התיבות והצירופים האלה בדרך שיתרבה ויתעלה מספר הצירוף באותיות כמבואר בפ"ק. כיצד אות א' יבנה ה' בתים ואלו הם א א א א א הרי חמשה ואם ששה יעלו ששה ואם י"ב י"ב וכאשר נוסיף אות שנייה יעלו אל חמשה פעמים חמשה וכן כשהם שש נקודות יעלו ששה פעמים ששה שהם ל"ו וכן אם יהיו י"ב יעלו י"ב פעמים י"ב שהם קמ"ד כמו שצרפנו בשער הנזכר. וזהו צרוף שתי אותיות בה' נקודות:

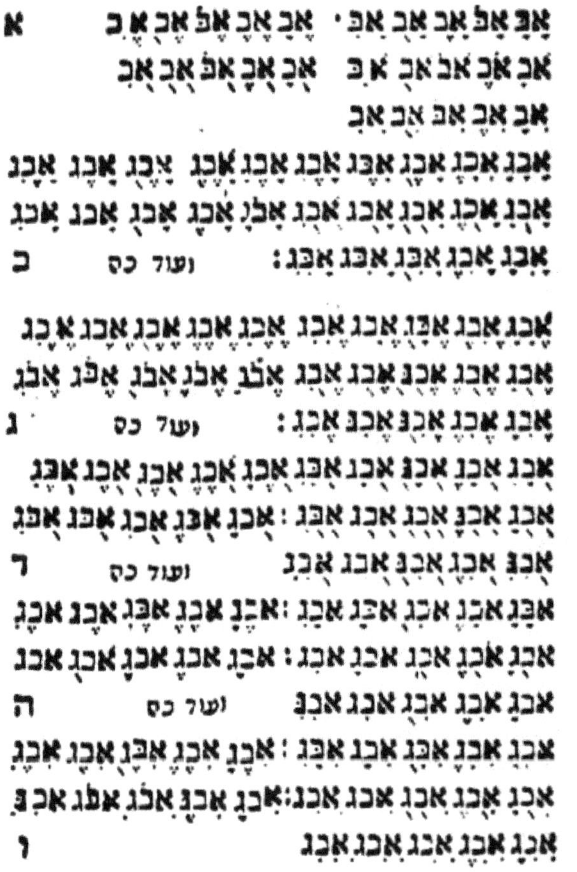

הנה הצבנו דרך כיצד שני אבנים בונים ה' פעמים ה' שהם כ"ה וכאשר נצטרף בת ג' אותיות יעלה ה' פעמים כ"ה שהם קכ"ה כיצד כל אות הם ה' ונופל על הכ"ה ה' פעמים נמצאו קכ"ה וזו צורתו. הנה סדרנו חמשה צורות של חמשה ועשרין תיבות כל א' ואחד כי בהמלכת הקמץ כ"ה והעניינים ישכיל האדם מעצמו בהשכלתו בצורות יותר ממה שישכיל

בעיונו בעניינים בעל פה. והנה אם יהיו האותיות ארבע יעלה הצרוף ו' מאות וחמשה ועשרים ואם יהיו האותיות ה' יעלה הצירוף שלשת אלפים ומאה ועשרים וחמשה כי באותיות שלש הם מאה ועשרים וחמשה שבכפל האות יגבר ה' פעמים קכ"ה שהם שש מאות עשרים וחמשה ואם נוסיף אות אחרת יעשה ה' פעמים שש מאות וכ"ה וע"ד זה יעלה מספרו כי מה שהיה כלל הצירוף יעשה נתח אחד מחמשה נתחי הצירוף כמצוייר לפניך ודי בזה הערה לענין צרוף הנקוד בס"ד והנה נגמר מה שעלה בדעתינו לחבר בענין חלק הצרוף ועתה נבא בחלק התמורה בס"ד:

פרק חמישי:

ענין התמורה להאיר אות באות ברל"א שערים כאשר נבאר. ויש חלוק בין צרוף לתמורה כגבוה שמים על הארץ. והטעם כי הצירוף תשתפכנה אבני קדש ולא תתהפכנה מאותיות אלו לאותיות אלו זולת שהם בראש הצירוף ואותם שהם בראש הצירוף הם אותם שבסוף הצרוף אלא שהוא כמו גלגל המתגלגל מראשו לסופו ומסופו לראשו ונעשה ראש סוף וסוף ראש, ראש תוך ותוך ראש, סוף תוך ותוך סוף. והאותיות לעולם לא ישתנו ואף אם ישתנו בסדרם אבל התמורה הוא חילוף האותיות בכ"ב אלפא ביתות כאשר נבאר כמו המשל שם ידו"ד אלד"ינו ידו"ד המתחלף באבג"ד כוז"ו במוכס"ו כו"זו. ובאתב"ש מצפ"ץ תכצ"מטפ מצפ"ץ וכן בשאר אלפ"א ביתו"ת עד כ"ב. ודרך זה משובחת מהגימטריא כאשר נבאר כי בגימטריא יתחלפו האותיות ואף שאין מספר אלו כמספר א' כי לפעמים משלש יעשו ארבע ומארבע שלש כאשר נבאר:

אלו הם כ"ב אלפ"א שבהם יתחלפו האותיות כאשר באו בספר יצירה וקראם רל"א שערים מפני שהם רל"א זוגות:

אל בת גש דר הק וץ זף חע טס ין כמ:
אב גת דש הר וק זץ חף חע יס כן למ:
אג דת הש ור זק חץ טף יע כס לן במ:
אד בג הת וש זר חק טץ יף כע לס מן:
אה בר ות זש חר טק ין כף לע מס גן:
או בה גד זת חש טג יק כץ לף מע נס:
אז בו גה חת טש יד כק לץ חף נע דס:
אח בז גו דה טת יש כר לק מץ נף סע:
אט בח גז דו ית כש לר מק נץ סף הע:
אי בט גח דז הו כת לש מר נק סץ עף:
אב בי גט דח הז לת מש נר סק עץ יף:
אל בך גי דט הח וז מת נש סר עק פץ:
אמ בל גס די הט זה צת סש ער פק זן:
אנ בם גך דק הי וט זח סת עש פר צק:
אס בג גמ דל הס וי זט עת פש צר חק:
אע בס גנ דמ הל וכ זי חט פת צש קר:
אפ בע גס דנ המ ול זכ חי צת קש טר:
אצ בף גע דס הג ומ זל חס טי קת רש:
אק בץ גף דע הס וג זם חל טב רת יש:
אר בק גץ דף הע וס זג חמ טל יב שת:
אש בר גק דן הף וע זס חג טמ יל כת:
את בש גר דק הץ וף זע חס טן ימ כל:

ע"כ נשלמו רל"א שערים שבספר יצירה ובהם מתחלפות האותיות כל אשר יצטרף אל החילוף השמות והכחות:

עוד יש אלפא ביתות אחרות מצאנו מפוזרות בין דברי הספרים הישנים ואלו הם הראשונה האלפא ביתא הישר והיא זאת:

אב גד הו זח טי כל מג סע פצ קר שת מנצפך:
אחס בטע גיף דכץ הלק ומר זנשת:
איק בכר גלש דמת הנך וסם זען חפף טצץ:
אל במ גן דס הע וף זץ חק טר יש כת:
אט בח גז דו הג סס על פך צי קת רש:
תשרק צפעם נמלך יטחז והדגבא

שער ל' שער הצירוף ומלבד הרל"א האלה מצאנו עוד בפי בעלי החכמה רל"א שערים כתובים פנים ואחור ואלו הן:

רל"א שערים פנים:

רל"א שערים פנים:

אב בג גד דה הו וז זח חט טי יב כל למ מג נס סע עפ פץ צק קר רש שת:
אג בד גה דו הז וח זט חי טכ יל כמ לן מס נע ספ עץ פק צר קש רת:
אד בה גו דז הט וט זי חכ טל ימ כן לס מע נף סץ עק פר צ ש קת:
אה בו גז דח הט וי זכ חל טמ ין כס לע מף נץ סק ער פש צת:
או בז גח דט הי וכ זל חמ טן יס כע לף מץ נק סר עש פת:

אז בח גט די הכ ול זמ חן טס יע כף לץ מק נר סש עת:
אח בט גי דכ הל ומ זן חס טע יף כץ לק מר נש סת:
אט בי גכ דל המ ון זס חע טפ יץ כק צר מש נת:
אי בכ גל דמ הן וס זע חף טץ יק כר לש מת:
אכ בל גמ דן הס וע זף חץ טק יר כש לת:
אל במ גן דס הע וף זץ חק טר יש כת:
אמ בן גס דע הף וץ זק חר טש ית:
אן בס גע דף הץ וק זר חש טת:
אס בע גף דץ הק ור זש חת:
אע בף גץ דק הר וש זת:
אף בץ גק דר הש ות:
אץ בק גר דש הת:
אק בר גש דת:
אר בש גת:
אש בת:
את:

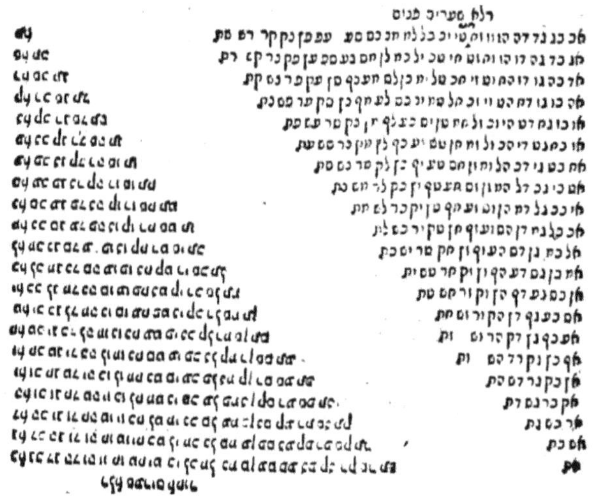

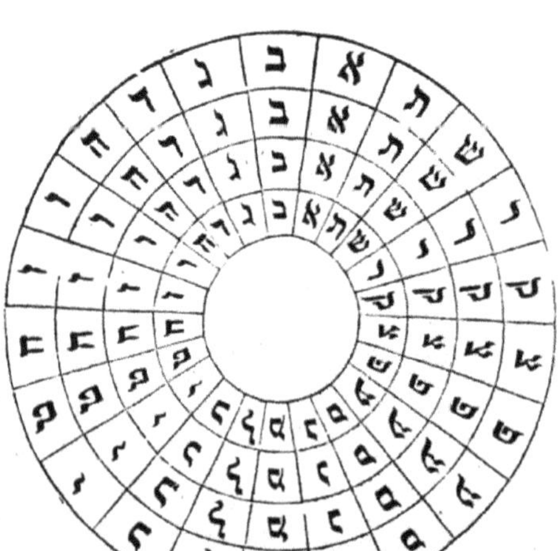

פרק ששי:

ונמצא השערים האלה והאלפא ביתות הם ע"ד זה כשנכתוב אלפא ביתא א' בהפך והא' ביושר אז יצא את ב"ש. ובגלגול העגולים עוד יצא אלפא ביתא שניה שהיא א"ש ב"ר וכו' וכן כלם קצתה מצד פנים וקצתה מצד אחור. וכדי שיובן הענין הזה על מתכונתו ציירנו הנה העגולים כפי המצטרך. הנה הצבנו ד' עגולים אלו בתוך אלו הג' אלפא ביתות ביושר אבג"ד והרביעית תשרק. מהשנים הראשונים נוכל להמציא רל"א שערים פנים ואחור כמו שהם כתובים בפ' הקודם ובשלשת העגולים שהם ביושר נוכל להמציא אלפא ביתות מהם של אח"ס בט"ע וכיוצא בהם מורכבות מג' אותיות ובשנים האחרונים שהם הא' ביושר והשנית תשרק נוכל להמציא כ"ב אלפא ביתות שבספר יצירה שהעתקנום ג"כ בפרק הקודם. ואחר שנתבארו מציאות האלפא ביתות וגלגול" רצוננו לבאר ענין התמורה וסבתה. והענין הוא כי האותיות בתפארת כי שם עיקר הוויות' בעצם ההויה שהיא רקיע כדפי' בשער האותיות. בתפארת הם סדר האלפא ביתא ביושר אבג"ד וכו' ובמלכות הם להפך תשר"ק והטעם מפני שהם זכר ונקבה זכר באמ"ש נקב"ה באש"ם. כי כן דרך החותם כי הצורה החקוקה בחותם ממעלה למטה מתהפך [בנחתם מלמטה למעלה] וכן זכר יהו"ה ביושר נוקבא הוה"י להפך כמו שבארנו בשער ממטה למעלה. וגלה הענין הזה הרשב"י ע"ה בשיר השירים (בז"ח דף ע"ט) וז"ל אתוון עילאין רברבין הוו בארח מישר לגבי דכר, אתוון תתאין זעירין הוו בהיפוכא למפרע לגבי נוקבא. אתוון עילאין רברבין הוו בארח מישר לגבי דכר אבג"ד וכן כלהו כמה דאתחזין למהך אתוון בארח מישר לגבי דכורא. אתוון זעירין תתאין הוו בהיפוכא למפרע גו נוקבא תשרק וכן כלהו כמה דאתחזי גבי נוקבא דהוה מאחורא קשר של תפילין דאקרי אחור כמה דאת אמר אחור וקדם צרתני אחור לגבי נוקבא וקדם לגבי דכורא ודא איהו דכתיב וראית את אחורי דא נוקבא דהוות מאחורא עכ"ל. ובתיקונים פירש הרשב"י ע"ה כי אותיות אבג"ד ביושר הם בחסד ואותיות תשר"ק הם בגבורה. ולא פליגי כי ידוע הוא כי ענין תשר"ק הוא בשם הוה"י שהוא מצד הנקבה ומצד הגבורה מצד תגבורת צד שמאל על הימין כדפירשנו בשער ממעלה למטה ונבארהו הנה עוד. ואותיות אבג"ד הם בענין שם יהו"ה ביושר מצד הזכר מצד החסד ומצד תגבורת הימין על השמאל. והענין כי דרך הזכר לנטות אל הימין ודרך הנקבה לנטות אל

השמאל. וכאשר יגבר כח הזכר על הנקבה היינו שיגבר כח הרחמים על הדין. וכאשר יגבר כח הנקבה על הזכר היינו שיגבר כח הדין על הרחמים והכל ענין א' ודרך א'. הנה נמצא עתה אותיות אבג"ד בת"ת ואותיות תשר"ק במלכות. והנה אותיות שבזכר הם ג' אלפא ביתות שהם אור מים רקיע שהם ג' מדרגות חסד וגבורה תפארת כמבואר בשער האותיות וכלם ביושר שאין אלפא ביתא דתשר"ק אלא מצד הנקבה בהצטרפות הדין אבל מצד הגבורה בעצמה יהיה ביושר ולפי שהם ג' מדרגות ביושר לפיכך יתהוה מהם אלפא ביתא של אח"ס בט"ע וכדומה להם כלם בעלי ג' אותיות מפני שהם גלגלים מתגלגלים ונשפעים אלו בתוך אלו כאשר נבאר והתפארת שהוא הרקיע תחתיו תתגלגל המלכות. וכבר נודע כי תהלוכות הלבנה יותר מהירות מתהלוכות החמה ולפיכך כשיתגלגל המלכות ותקבל מהת"ת לפעמים תקבל התי"ו שבמלכות מהאלף שבתפארת ועד"ז כל האלפא ביתא של א"ת ב"ש. וכאשר ימהר הלבנה גלגולה ועדין החמה בעמידתה תקבל ש' שבמלכות מהא' שבת"ת וכן כל האלפא ביתא של א"ש ב"ר וע"ד זה כלם. ואין לתמוה היות אות מקבלת מחברתה עם שאינה בן זוגה מפני שכל האותיות הם כלולות מי"ס כי כל הדברים הנשפעים ומתאצלים מעצם הספירות הם בעלי עשר מפני שלא היה בו פירוד. וא"כ כאשר האות של מעלה יאיר עבר פניה להשפיע, האות התחתונה עומדת לקבל כפי מדתה של עליונה והעליונה כפי מדתה של תחתונה. והמשל בזה כאשר העליונה תהיה בחינת התפארת יזמין ויאיר התחתונה צד אשר לה ממלכות לקבל וכאשר התחתונה ת"ת יזמין העליונה צד אשר לה מכתר להשפיע וע"ד זה כל האותיות באופן שהוא מקבילות הלולאות ומקבלין דין מדין ואין אחת שיהיה ח"ו עינו רעה בשל חבירו:

ואחר שאנו בהקדמה זו בין האולם ולמזבח עוד נכנס עמה מן האולם ולפנים כי לפי דרך זה יהיו האותיות כל א' כלולה מהכ"ב כי כן דרך הדברים הרוחניים כל א' כלולה מחברתה כדפי' לעיל בשער פרטי השמות בענין תל"י גלג"ל ל"ב וכן בשער היכלות בפ"ד בענין ע' מאורות שנכללים וכו'. ודבר מבואר הוא כי אחר שכל א' כלול מי' מפני שלא יהיה פירוד ח"ו, כן ג"כ כל הענפים הפרטיים כלולים. וכמו שנאמר בספי' כלם ג"כ נאמר בכל ספירה וספירה ובכל ענף. והחילוק שביניהם הוא על דרך חילוק הספירות שפי' בשער מהות והנהגה שהעיקר הוא הגובר כן בענפים כל ענף וענף כלול מחבירו אלא שכאן מתגלה ענף זה יותר מחבירו וכו'. ונחזור לענייננו שאחר שכל א' מהאותיות כלולה מהכ"ב א"כ לא יפלא שיתחלף כל א' מהם באיזו שתהיה כיון שבה גם כן חלק מאותו האות המתחלף בה אלא שעכ"ז העקר הוא האות הכתובה בעקר השם ואותה המתחלפת הוא ענף ממנה. והמשל בזה שם יה"ו יתחלף בא"ת ב"ש מצ"ף. והנה האותיות האלה הם ענפים ממנו לא שיהי' כל עצם השם שביה"ו במצ"ף ומפני זה כח התמורה לא ישובח כצירוף כי הצרוף כל עצמות האותיות הוא השם שנצטרף ולא חסר דבר אלא שנהפך בערך הבחינות כדפי' בפ"ג. אבל התמורה יתמעט כח השם הנזכר ע"ד שפי'. וע"ד זה נקיש לכל התמורות ולכל השמות. ובתיקונים (תקונא כ"א דף נ"ט ודף ע') מוכח כי ענין התמורות האלה הם מצד מטטרו"ן ומתפשט קב"ה מכל כנויין ומכל מרכבות דמטטרו"ן דאינון כוז"ו במוכס"ז כוז"ו מצפ"ץ וכו' ואמר כי תמורות יהו"ה אלהינ"ו יהו"ה בכוז"ו במוכס"ז כוז"ו וכן יהו"ה במצפ"ץ הם מרכבו' ה' במטטרו"ן והם לבושי השם שהם בזמן הגלות. ונדרש שם כי בזמן הגאולה מתפשט הקב"ה מכל הכנויין וכו' כדמסיק. המשל בזה כאשר שם בן ד' מתלבש באותיות מצפ"ץ מורה על שנתלבש השם במטטרו"ן בלבוש המכונה כן וכן לשאר כל השמות ולכל התמורות:

פרק ז:

ומה שצריך שנדענו שאין כל האלפא ביתות שוות כי האלפא ביתא שתהיה עולה בחשבונה לעולם מורה על מעלתה שהיא עולה דרך הסולם ואינה יורדת. המשל בזה אלפא ביתא של אח"ס בט"ע וכו' עולה לעולם ואינה יורדת. ר"ל כי חשבון של אות ראשונה של תיבה הראשונה היא א' והראשונה שבתיבה שנייה הוא בי"ת עולה לעולם. וכן כל שאר ה תיבות וכן כל שאר האותיות הם עולות לעולם ואינם יורדות. וזה מורה על דבקות האלפא ביתא הזאת במקורה העליון ולכן עולה כנגד מעלה בחשבון אותיותיה. ויש אלפא ביתא שתעלה ותרד המשל א"ת ב"ש כי עולה בחצייה ויורדת בחצייה מורה על כי אינה גדולה במעלתה כ"כ. כי העולה עולה ומתאחדת במקורה ואינה יורדת שמורה על תוקף עלייתה עד שלא יורדת. והאחרת אמת כי עלתה אבל לא עלתה כ"כ עד שנתייחדה במקורה אלא חזרה לרדת דרך המעלות אשר עלתה. לפעמים תעלה במקצת ותרד יותר מאותם המעלות אשר עלתה זה מורה על שאינה עולה במעלה ובדרגה כאשר האלפא ביתות השוות בעלייתם

וירידתם ומכל שכן שאינם שוות עם העולה יותר מירידתה. סוף דבר לפי ענין העלייה והירידה תהיה מדרגת האלפא ביתא. ולא בלבד האלפא ביתא אלא אפי' השם המצטרף מהאלפא ביתא העולה תהיה מעלתו משובח מהשם המצטרף מאלפא ביתא היורדת שהיא תשר"ק וכו'. וכן המצטרף על ידי האלפא ביתא העולה ויורדת משובח מאותה היורדת לעולם ולכן השם שיצטרף ע"י אבג"ד משובח משם המצטרף ע"י א"ת ב"ש כמו מצפ"ץ, מפני שאבג"ד עולה ואינה יורדת וא"ת ב"ש עולה בחציה ויורדת בחציה. ושם מ"ב שעיקר צרופו הוא ע"י אלפא ביתות העולות ואינם יורדת שהם אלב"ם, אי"ק בכ"ר, אח"ס בט"ע, ואבג"ד והשאר כמבואר בשער פרטי השמות ע"פ קבלת הגאונים ע"ש. הנה מעלתו ומדרגתו יותר מכלם להיות שעולה ואינו יורד. ובהקדמה זו יובן דברי הרשב"י ע"ה בפ' תרומה (דף קל"ב ע"ב) וז"ל שמא דמ"ב אתוון רזא דיליה אבהן דקא מתעטרן בעלמא עלאה, ועלמא עלאה במה דלעילא. וע"ד סליק ולא נחית אתעטר גו מחשבה עלאה. זכאה חולקיה מאן דידע ביה ואזדהר ביה. שמא דע"ב אתוון דוד דקא מתעטרא באבהן ורזא דיליה סליק ונחית. כגוונא דא מצפ"ץ שמא דתליסר מכילין דרחמי. אינון תריסר רזא דרתיכא קדישא דנפיק מחד דשרייא עלייהו. ובג"כ סליק ונחית וכולהו סלקין ונחתין בר האי [שמא דמ"ב] דסליק ולא נחית וע"ד שמא דע"ב סליק ונחית סליק מסטרא דא ונחית מסטרא דא. [שמא די"ג מכילן סליק מסטרא דא ונחית מסטרא דא] וההוא דנחית [בגין] לאמשכא טיבו לתתא. ועל דא א"ת ב"ש ג"ר ד"ק ה"ץ ו"ף ז"ע ח"ס ט"ן י"מ כ"ל. אתוון קדמאין סלקין בחשבנא ואתוון אחרנין נחתין בחושבנא בגין לאמשכא טיבו מעילא לתתא. שמא דמ"ב איהו מעטרא לרתיכא עלאה שמא דע"ב איהו מעטרא לרתיכא תתאה. זכאה חולקיה מאן דאשתדל למנדע למאריה זכאה איהו בעלמא דין ובעלמא דאתי עכ"ל. וכוונתו מבוארת כי אמר כי שם בן מ"ב הוא עולה ואינו יורד כדפי' לעיל מפני זה הוא מורה במקום גבוה כי אותיו רומזים האבות שהם מתייחדים בבינה ובינה בחכמה וכתר נמצא עולה למעלה ואינו יורד. וזה כיוון באמרו שמא דמ"ב רזא דיליה אבהן שהם גדולה וגבורה ת"ת. וכבר נודע שהם אחוזים בג' ענפיהם המסתעפים מהם ולכן בהם רמז ששה משמותם ואולם השם השביעי רמוז בבינה כי ת"ת ומלכות ובינה הכל א' והם סוד שבת. וכן ז' שמות אלו סוד ז' ימים כדפי' בשער פרטי השמות בפי"ג ולכן עקרו באבות שהם אבות לנצח הוא יסוד והם עולים ומתעטרים בסוד יום השבת שהוא השביעי בבינה עצמה והבינה מתייחדת במה שלמעלה ממנה. נמצאנו למדים כי הוא עולה ואינו יורד כי הוא עולה גו מחשבה עלאה הוא סוד כ"ע הנקרא מחשבה עליונה כנודע. אמנם שם בן ע"ב דוד דקא מתעטר באבהן כי ג' פסוקים שהם ו"יסע ו"יבא ו"יט הם גדולה גבורה ת"ת ובפרטם וכלליותם ע"ב רי"ו דהיינו ויעב"ר סוד העיבור כי עיבור ויעבר אותיות דדין כאותיות דדין והוא יורד למטה בסוד הזווג איש ואשתו בסוד ת"ת ומלכות כי שם עיבור הנשמות. ולכן עולה בסוד הפסוק המהופך המורה על העלייה וההסתלקות למעלה כי הוא הופך את פניו לעלות אל מקורו. ואין לתמוה על היות העלייה ע"י הגבורה שהיא השמאל פסוק ויבא כי אין עלייה דרך מעלות הסולם אלא בסוד השמאל והירידה בימין ומפורסם הוא ולכן הדחייה לעולם בשמאל כאז"ל (סנהדרין קז) לעולם תהא שמאל דוחה וימין מקרבת ולכן ההסתלקות בשמאל מורה על הדחייה משא"כ שמות הרחמים כי העקר הוא ההמשכה למטה בסוד ההשפעה הנשפעת. וזה כוון באמרו כגוונא דא מצפץ שמא דתליסר מכילן דרחמי וכו' הם חלוף י"ג מדות בא"ת ב"ש כמפורסם ומצד האלפא ביתא שבה הוא מתחלף בערך זה נקרא עולה ויורד. ואמר ואינון תריסר רזא דרתיכא וכו' פי' כי הם י"ב גבולין והכח הכולל המקור המשפיעם ומאצילם הם י"ג. והי"ב הם י"ב אבנים שהם מרכבה לת"ת כדפי' בענין י"ב גבולין בשער פרטי השמות פ"ו. והי"ג הוא המקור המאצילם הסובב אותם ומקיפם הוא השוכן עליהם וחופף עליהם. ובג"כ סליק ונחית וכו' פי' מטעם היותו רחמים הוצרך לרדת ולהשפיע. וכלהו סלקין כו' פי' כי להיות העלייה צורך אל הקבלה והירידה צורך אל ההשפעה כל השמות כלם עולים ויורדים עולים לקבל ויורדים להשפיע כדרך הכחות והשמות זולת שם בן מ"ב שהוא עולה להתעטר למעלה ואינו יורד להראות עוצם גבורתו וכחו ושהוא מתאחד בשרשו ולכן יצדק עליו שהוא דין עם היות שאין עקר עלייתו אלא לשבח להתעלות עכ"ז עולה להתעטר ואינו יורד להשפיע ויש בענין הזה דין כיון שהוא מסתלק ואינו משפיע. ואין כן שם ע"ב שהוא רחמים ומשפיע עולה ויורד. וזה רצה באמרו וע"ד שמא דע"ב סליק ונחית וכו' שמא דתליסר וכו' כי י"ג מדות הם של רחמים וסוד הרחמים להשפיע ולכן עולה ויורד. וע"ב וי"ג הכל דבר א', כי שם ע"ב תלוי בי"ב גבולים שהם י"ג כמבואר בשער פרטי השמות. וכל עצמו לא הביא שם הרשב"י ע"ה י"ג מדות אלא

להכריח לשם ע"ב שהוא רחמים ומשפיע. ולכן אחר עלייתו יורד. ובזה נתבאר כל שאר המאמר. ויצא לנו ענין סוד האלפא ביתות העולות והיורדות. גם נמצאנו למדים כי העולות הם בסוד העלייה ולכן הם עולות במספרם. וקשה כי לפי זה הי' ראוי שאלפא ביתא של אבג"ד שמורה על העלייה יהיה בסוד המלכות בסוד האור החוזר בסוד הקבלה, ואלפא בית"א של תשר"ק תהיה בסוד הת"ת בסוד האור ישר בסוד ההשפעה והרחמים, ולא כן דברי הרשב"י בשיר השירים כדפי' בפרק הקודם דקאמר כי תשר"ק היא במלכות ואבג"ד בת"ת. ולזה נשיב כי כשנדקדק דברי הרשב"י התם דקאמר כי ענין תשר"ק במלכות ואבג"ד בת"ת הוא בסוד אחור וקדם צרתני. פי' קודם הנסירה של חוה שבארנוהו בשער המיעוט פ"ב. ולכן היו אחוריים באחוריים מתדבקים הזכר פונה למעלה אל שרשיו והנקבה למטה נמצאו לפי זה סדר האותיות כך אבג"ד וכו' פנים, והאחוריים הם א"ת ב"ש וכו', והזכר פונה למעלה בסוד האחוריים והנקבה פונה למטה הפך רדתם. ואחר הנסירה שהיה חיבורם פנים בפנים הזכר משפיע מביט כלפי מטה אל הנקבה והנקבה כלפי מעלה אל הזכר לקבל ממנו ולכן עולה אבג"ד בזכר ותשר"ק בנקבה וכדפי'. הנה נכלל חלק הצרוף בכל הצריך. ועתה נבא לבאר חלק גימטריאות:

פרק שמיני:

בחלק הגימטריא והוא ענין מספר האותיות שוה בשוה ולחלק זה חלוקים אחרים והם ראשונה חלק המשקל והוא המשובח שבכל הגימטריא ופי' כמו רזיא"ל שעולה לחשבון אברהם ואותיותיהם שוות זה ה' אותיות וזה ה' אותיות וכן בי"ט עולה יה"ו שבזה ג' אותיות וזה ג' אותיות והם שקולים יחד זה כזה וזה כזה וזה המשובח שבכל הגימטריאות מפני שכל ענין הענפים והכחות שבשם זה הם בשם זה אלא שנתחלפו האותיות והכחות בכחות אחרים. וזה אפשר להיות ע"ד שכתבנו למעלה ודרך זו קרובה בצד מה אל התמורה. ותחת החלק הזה יש חלק אחר והוא חלק החיבור והפרוד. וענין החיבור הוא אם יהיו בתוכה ג' אותיות שיתחברו אל שתים כיצד הו"ה שיתחברו שני ההי"ן אל י' ויהי' י"ו וכן אהי"ה שיתחברו אל"ף וה"א אל וא"ו ויעלה יה"ו וכן חיים שיתחברו שני יודי"ן אל כ"ף ויהיה חכם וזה חלק משובח קצת שאינם משתנים האותיות מכל וכל בדרך החשבון כמו שנבאר אלא הם עומדות במקומם אלא שתים מהם נתחברו או נפרדו ומהיחוד והחבור יודע הפירוד ומהפירוד יודע היחוד ולכן אין צורך להאריך בו. אמנם הענין הוא כי כל אות ואות לפי מספרו יהיו כחותיו כי המספר לא על חנם הוא. כי התי"ו יהיו לה ד' מאות ענפים מסתעפים ממנה כלם כפתור ופרח. וכן לכל הקנים היוצאים מן המנורה הטהורה שבה קבועות כ"ב חפצים כדפי' בשער האותיות. ועם היות שנמצא שהא' הוא בכתר חשבונו א' מורה על ענף א', ות' היא במלכות או באיזה מקום שיהיה מורה על ד' מאות. ובודאי כי אלף הוא במעלה גדולה יותר מן התי"ו. זו אינה שאלה, כי יש ענף כי עם היותו מיוחד כולל ענפים רבים מסתתמים ומתעלמים בו כמו האלף הכוללת כל הענפים ר"ל כל האותיות כמו שפי' בשער האותיות וכלן מתיחדות בא'. ובזה יובן עתה ענין הגמטריא כי הוא ענין א' עם הדבר הנמנה בו. המשל אמ"ן שעולה יאדהונה"י כמפורסם בדברי הרשב"י ע"ה. כי כאשר יתחברו ת"ת ומלכות יתייחדו ביחוד כ"ו ענפים שבת"ת כמנין שם בן ד', וס"ה ענפים שבמלכות כמנין אדנ"י. וכאשר נרצה לחברם נחברם בשם סוכ"ה או בשם אמ"ן או בשם מלאך כי בכלם נרמזים צ"א ענפים שביחודם. אמת שלא ישתוו בעניינם כי סוכה הוא מיוחד יותר שהוא כ"ו ה"ס שענפיהם מתגלים על ענין הנרמז בשתי שמות וכיוצא בזה כאשר נחבר שתי אותיות אל אחד וכן שני שמות אל אחד הנה אותו האות ואותו השם לא יתייחס בעצם [א] באות הראשון או בשם הראשון שהיה עיקרי ברוחניותיה. ומזה נקיש אל כאשר תשתנה התיבה מכל וכל. ואולם סדר מנין הגימטריא קבלו בהם היותם תשעה ואלה שמותם כאשר כנו להם הקדמונים. א מספר המעוגל הכללי והוא בחזרת הגלגל ר"ל שהאלפים אינם נחשבים אלא כאחדים כגון חמשה פעמים רי"ו שעולים אנכ"י. ורבים כנו מספר זה בשם מספר קטן והטעם מפני שהוא מקטין המספר כי ממאה יעשה א' ומשלש מאות ג' ומארבע מאות ארבעה. וכן על דרך זה יקטין מספר האלפים אל מדרגת האחדים. ומכנה הרשב"י ע"ה המספר הזה לחנוך וכן המורגל במקומות הרבה בפרט בתיקונים לחשבן זעיר דחנוך. ונראה לנו היות הענין הזה כי חנוך הוא נער מטטרו"ן והמלאך הזה המקטין את המדות מפני שהוא מראה קטנה רצה לומר שיש בו ענפי הספירות מתפשטות ומתלבשות באורו ואינו זוכה אליהם בהיותם כלולות מעשר או יותר. כי זהו סוד המספר שבאותיות כי יתעלו האחדים אל העשירות בסוד אחד כלולה מעשר ומהעשירות אל המאות בסוד כי כל א' כלולה מי' וי' מי' כי כל אחד מי' ענפים

יוכללו עוד מעשר ונמצא מא' עולה אל מאה וכן על דרך זה יעלו לאלף. ומטטרון הפך מדה זו כי אור הכללות חשך בעדו ואין לו כללות המדות לפי שהוא בעולם הפירוד (היינו עולם היצירה) ולכן אדרבה הוא מקטין מספר האותיות ומה שמאיר למעלה בספירה באלף מאיר למטה במטטרון באחד וזהו סוד מספר קטן ומזה נוכל להקיש אל המספרים המוסיפים שהם מוסיפים הכלליות והמוסיפים באותיות עצמם הם מוסיפים עצם הענף הכולל וכן המוסיף התיבה וכיוצא בזה וכן המוסיפים המילוי בסוד המילויים שפי' בשער שם בן ד' ודי בזה הערה להשכלות שאר המספרים כדי שלא נצטרך לבארם כי בשער זה יכנסו כלם מעלה מטה:

ב מספר הקדמי כגון ג' עולה ששה כשנמנה מתחלת האלפא ביתא ועד הג'. ד' עולה י' וה' עולה ט"ו כשנמנה מראש האלפא ביתא. והנרצה לסיים הנה כל המספרים כלם מראש האלפא ביתא ועד סופה כדי שיקל אלינו למנות כשנצטרך אל המספר. וזו צורתה

א ב עולה ג.
א ב ג עולה ו.
א ב ג ד עולה י.
א ב ג ד ה עולה טו.
אבגדהו עולה כא.
אבגדהוז עולה כח.
א ב ג ד ה ו ז ח עולה לו.
אבגדהוזחט עולה מה.
אבגדהוזחטי עולה נה.
אבגדהוזחטיס עולה עה.
אבגדהוזחטיכל עולה קה.
אבגדהוזחטיכלמ עולה קמה.
אבגדהוזחטיכלמג עולה קצה.
אבגדהוזחטיכלמנס עולה רנה.
אבגדהוזחטיכלמנסע עולה שכה.
אבגדהוזחטיכלמנסעפ עולה תה.
אבגדהוזחטיכלמנסעפצ עולה תצה.
אבגדהוזחטיכלמנסעפצק עולה תרצה.
אבגדהוזחטיכלמנסעפצקר עולהתשצה
אבגדהוזחטיכלמנסעפצקרש עולה אלפצה
אבגדהוזחטיכלמנסעפצקרשת עולה אתצ"ה.

והנה בלוח זה יקל אלינו הוצאת המספר לכל המצטרך בעזר הצור וישועתו:

ג מספר הכרחי והוא מספר המלה לפי מה שהיא כגון חסד עולה ע"ב גבורה רי"ו או ארי"ה:

ד מספר מוספי הוא שמוסיפין האותיות מן המלה על המספר או המלה עצמה אם יצטרך הכל לפי הצורך וכן אלה נתבאר העלמם למעלה וכן טעמם והטעם אל הקדמיי מאחר שהיא סבתה ע"ד שפירשתי בספירות בשער סדר האצילות:

ה מספר המרובע הכללי כגון דוד שעולה יד צריך לצרף המלה לפי סדר האותיות. ונאמר ד' פעמים י"ד יעלה נ"ו. ו' פעמים י"ד יעלה פ"ד הרי ק"מ. וד' פעמים י"ד יעלה נ"ו. סך כלם קצ"ו. וטעם הענין כי אחר שהם י"ד ענפים בג' כחות וודאי כל אחד מהכחות שבג' כחות כלול מכל הכחות ולכן יהי' י"ד פעם י"ד כי כל אחד מהכחות כלול מכלם כמו שפי' ולכן יעלו למספר גדול הזה:

ו מספר המרובע הפרטי כגון שני פעמים ב' עולים ד', ג' פעמים ג' הרי ט', וכן ד' פעמים ד' הרי י"ו. והענין הזה שיוכלל האות בכלל הכחות שבה לבד לא בכל כוחות שבתיבה כמו הכללות הקודם במספר הכללי:

ז מספר שמיי ר"ל לשום על המלה מלוי האותיות כגון ידוד במלוי אלפין כזה יוד ה"א וא"ו ה"א שעולה מ"ה כמספר אדם. וזה כבר נתבאר לעיל:

ח מספר המספריי ר"ל י' עשרה, ועשרה עולה תקע"ה. ה' חמשה, וחמשה עולה שנ"ג. והענין הזה הוא כי אותם חמשה כחות נכללים במנין שמם כי שם מספרם מעיד עליהם:

ט מספריי הגדול ר"ל יו"ד במילואו עשרים ועשרים בגימט' כתר. וביאורו ע"ד שפי' בהשמיני ויגיד עליו רעו. הנה נכלל החלק הגימטריאה:

עוד יש קרוב לענין זה והוא נקרא נוטריקון והוא ענין ראשי תיבות וסופי תיבות ותוכי התיבות. המשל אל, מלך, נאמן, שראשי תיבות אמן וסופי תיבות לכ"ן ותוכי תיבות מל"א וכיוצא בזה ושאר מן השמות היוצאים מראשי תיבות או מסופם או מאמצעותם או בדילוג אות אחת ולקחת אות אחת בדילוג חברתה וכדברים האלה כמו שם הס"ר תי"ו אה"ן היוצא מהנסתרות לה' אלדינו בדילוג אות ולקחת אות וכן רבים כדברים האלה. ואין צריך להאריך כי כל ענין זה מורה על כבוד התורה והעלמה שנתגשמה וקבלה כל הצרופים שיכולים להיות בעולם ונתלבשה בלבוש נכר כדפרישית בשער האותיות בפרק א' וכל זה כדי להשלים נפשותינו כי ה' חפץ למען צדקו וגו'. ובזהר פרשת בראשית (דף מ"ו ע"ב) נראה בפירוש כי חשבונות

וגימטריאות הם כלם תלוים במלכות. כי בספירות למעלה אין הענפים מתגלים בחשבונות וגימטריאות ומה שנמצא חשבון וגימטריא שם עם כל זאת עקרן במלכות ומשם רומזים למעלה. ובזה נשלם הפרק הזה ונכלל השער הזה בס"ד. ברוך ה' לעולם אמן ואמן ברוך הנותן ליעף כח ולאין אונים עצמה ירבה:

שער לא הוא שער הנשמה

אחר שבשערים הקודמים נתעסקנו בכל חלקי החכמה הנעלמה הן רב הן מעט. כוונתנו בשער זה לבאר ענין האדם ר"ל צורתו שהוא נשמתו ורוחו ונפשו ויהיה עסקנו בג' חלקי הדרוש הזה. האחד מקום הנשמה ועניינה בעה"ו ותועלת בריאתה. שנית חיבורה בגוף הנגוף עם היותה הויה דקה רוחניות יותר ממלאכי השרת כדפירשנו בשער היכלות. שלישית ענין חטאה ועונשה ופגימתה למעלה בשרשים הנכבדים ופגימת עצמה וכן קיצוצה בנטיעות ח"ו:

פרק ראשון:

בביאור חלק א' שהוא **מקום הנשמה**. המפורסם בדברי הרשב"י ע"ה כי הנשמה רצה לומר צורת האדם נחלק לשלשה חלקים והם נפש רוח ונשמה. והנפש מרכבה לרוח והרוח מרכבה לנשמה ואצילות שלשתם מהספירות העליונות שרשי כל השרשים אשר למו. אמנם נחלקים באצילותם כי הנשמה אצולה מבינה וסימן ונשמת שדי תבינם (איוב לב ח). והרוח אצולה מתפארת וכן הת"ת כסא ומכון לבינה ולכן הרוח כסא ומכון לנשמה. והנפש אצולה מהמלכות ולכן הנפש כסא ומכון לרוח כמו שהמלכות מכון וכסא לתפארת. וכן באר הרשב"י ע"ה אצילותם בזהר פ' ויגש (דף ר"ו) וז"ל ת"ח כלא אינון דרגין אילין על אילין נפש רוח נשמה דרגא על דרגא נפש בקדמיתא ואיהי דרגא תתאה כדקאמרן. רוח לבתר דשריא על נפש וקיימא עלה. נשמה דרגא דסלקא על כלא ואוקמוה. נפש דא נפש דוד ואיהי דקיימא לקבלא נפש מההוא נהר דנגיד ונפיק. רוח דא רוח דקיימא עליה דנפשא ולית קיומא לנפש אלא ברוח ודא הוא רוח דשריא בין אשא ומייא ומהכא אתזן האי נפש. רוח קיימא בקיומא דדרגא אחרא עילאה דאקרי נשמה, דהא מתמן נפקי נפש ורוח, מתמן אתזן רוח. וכד נטיל רוח כדין נטלא נפש וכלא חד ואתקריבו דא בדא. נפש אתקרב ברוח ורוח אתקריב בנשמה וכלא חד עכ"ל. ובפירוש פי' כי הם נשמה בינה רוח תפארת נפש מלכות. וכן נתבאר בתיקונים (תקוני ז"ח דף קי"ד.) וז"ל נר ה' נשמת אדם. נ"ר, נפש רוח ואינון אצילות דשכינתא ועמודא דאמצעיתא דכליל שית ספירין. נשמת אדם, אצילותא דאימא עלאה עכ"ל. והנה בכחו יתברך מתקשרים שלשה הכחות האלה קשר אמיץ וחזק כל אחד לפי מדרגתו ועניינו איש על עבודתו ועל משאו. ויש שואלים כי אחד ששלשה החלקים נאצלים מבינה ת"ת ומלכות אם כן איך אנו אומרים שנשמת אברהם היא מצד החסד וכן יצחק מצד הגבורה ויעקב מצד התפארת וכיוצא בזה. ושאלה זו שאל רבי יהודה חייט לרבי אלקשטלי. וזאת תשובתו אליו מה ששאלת מענין מה שארז"ל שנפש אברהם מיוחס אל הימין ויצחק לשמאל וכן הרבה כל אחד וא' מיוחס למדתו והקשית והלא כל אדם כלול משלשה מדרגות נפש רוח ונשמה נפש ממלכות ורוח מתפארת ונשמה מבינה אם כן איך אפשר שיתיישבו הדברים. כבר ידעת אחי שכל המדרגות כלולות זו בזו כי נעוץ סופן בתחילתן ולפיכך נמצאת כל אחד ואחד כוללת כל האצילות ומאחר ששלשה צורות נמצאות מג' מדרגות מן האצילות שמהם יונקות המושכל והמורגש והמוטבע בסוד נפש רוח ונשמה הם בעצמם נמצאות בכל ספירה וספירה עכ"ל. וכלל דבריו כי שלשת המדרגות הם לאברהם מהבינה והת"ת והמלכות שבחסד. וכן ליצחק מצד הגבורה, וכן ליעקב מצד הת"ת. ויש שפירשו בענין אחר על דרך זה כי נשמת אברהם מצד חסד שבבינה ונשמת יצחק מצד הגבורה שבבינה ונשמת יעקב מצד התפארת שבבינה, ורוח אברהם אבינו ע"ה מצד חסד שבתפארת ורוח יצחק מצד גבורה שבתפארת ורוח יעקב מצד תפארת שבתפארת. וכן לנפש מצד חסד שבמלכות או מצד הגבורה שבמלכות או מצד הת"ת שבמלכות. ולנו בזה דרך אחרת כי כל נשמה ונשמה כלולה מעשר וכן ביאר הרשב"י ע"ה והעתקנו לשונו בשער עשר ולא תשע בפ"ה במאמר ואית אחרנין מארי ס"ת וכו' ע"ש. והנה אחר שכל נשמה כלולה מעשר. וכמו שהאדם במעשיו הראויים יגביר מדה מן המדות לפעול ויהיו כל שאר המדות מתלבשות בענין המדה ההיא מצד תוקף ההשפעה כדפירשנו בשער מהות והנהגה, כן גם אם ירצה האדם יגביר בנשמתו מצד פעולותיו איזה חלק שירצה כגון אם יעסוק בתורה יגביר על עצמו כח התפארת ונמצא חלק התפארת שבנשמתו מאיר עד שיהיה הוא העיקר ושאר החלקים נטפלים אליו. ובזה יובן ענין אברהם אבינו שדרשו בספר הבהיר (הובא בהשמטות הזהר ח"א דף י"ג) בפסוק (תהלים קיח) אבן מאסו הבונים היתה לראש פנה שדחה אברהם אבינו מדת המלכות וכן יצחק וכו', ואם היתה נשמתם אצולה ממנה כיצד דחו אותה וכן אם היתה נשמת אברהם אצולה מצד החסד אם כן בהכרח היה מרכבה לחסד ואם כן איך אפשר לדחות או איך דחה. ובמה שביארנו נתישב עניין זה כי האדם יכול להגביר

בנשמתו איזה חלק שירצה לפי מעשיו והנה האבות לא רצו לידבק כי אם במקום גבוה והגבירו בנשמתם אברהם חלק החסד יצחק חלק הגבורה כו' וכן כל האנשים וכבר בארנו זה הענין בארוכה בשער הכנויים בפ"ד בס"ד. ועל דרך זה אפשר להישראל להתגלגל בכהן או לוי לפי תגברות החלק שזכה להגביר במעשיו קודם גלגולו. והנה בזולת שהנשמה כלולה מעשר כמבואר עוד היא כלולה מארבע יסודות עליונות כגוף שהוא כלול מארבע יסודות. ויסודות הנשמה הם המים הרוחניים מצד החסד והאש הרוחני מצד הגבורה והרוח הקדוש מצד התפארת והעפר הדק מצד המלכות וכן באר הרשב"י ע"ה פ' וארא (דף כ"ד ע"ב) וז"ל אר"ש הא דאמר רבי חזקיה דכר ברא קודשא בריך הוא לאדם מעפרא דמקדשא דלתתא אתברי. מעפר דמקדשא דלעילא אתיהיב ביה נשמתא. כמה דכד אתברי מעפרא דלתתא אתחברו ביה תלת סטרי יסודי דעלמא, ה"נ כד אתברי מעפרא דלעילא אתחברי ביה ג' סטרי יסודי דעלמא ואשתלים אדם עכ"ל. כי הנשמה לעולם היא כלולה מעשר ספי' ומלבד זה גוברים בה יותר מראה הד' [יסודות הנז'] עד שיתראו הד' פנים מאירים בה יותר ויותר משאר העשר. וכענין הזה בספירות עצמם, כי עם היות שכל אחד כלולה מעשר, פעמים הם נכללות בד' פעמים בחמש פעמים בז' כדפי' בשער מהות והנהגה. והענין הוא כי מלבד כללות העשר גוברים בו השבע מדות עד יאירו יותר מהכל וכן לגבי הת"ת כי עם היות שהוא כלול מעשר כשאר הספירות עם כל זאת נאמר בו שהוא כולל שש קצות. וכמשפט הזה לכל הספירות כדפירשנו בשער הנזכר. ובזולת הכלליות האלה שיש בנשמה עצמה יש במציאות הנשמה כמה וכמה פרטים אחרים:

פרק שני:

אחר שבפרק הקודם בארנו אצילות ג' חלקי צורת האדם ממקום גבוה מבי"נה ותפארת ומלכות. יש לשאול שא"כ היה מן הראוי שבהסתלק האדם מן העולם יסתלקו כל שלשה חלקים האלה אל מקורם ויסודם הרוחני ואין הדבר כן כי בפירוש פירש הרשב"י ע"ה כי משכן הנפש בקבר ומשכן הרוח בגן תחתון ומשכן הנשמה בגן העליון ויש לשאול למה. וז"ל הרשב"י ע"ה בזוהר (ויחי דף רכ"ד ע"ב) תאנא אלף וחמש מאה ריחין סלקין בכל יומא מגנתא דעדן דמתבשמי בהו אינון לבושי יקר דההוא עלמא דמתעטרין מן יומין דבר נש. אמר רבי יהודה כמה לבושין אינון. אמר רבי אליעזר טורי עלמא בדא פליגו. אבל תלתא אינון, חד דמתלבש ביה רוח דבגנתא דעדן דארעא, וחד דמתלבשא ביה נשמתא בגו צרורא דחיי בין פורפירא דבי מלכא, וחד לבושא דלבר דקאים ולא קאים אתתחזי ולא אתחזי בהאי מתלבשת ביה נפשא ואזלא ושטא בעלמא ובכל ריש ירחא ושבתא אזלת ואתקשרת ברוחא דגנתא דעדן דבארעא דקיימא בין פרגודא יקירא ומיניה אוליף וידע מה דידע ושאט ואודע ליה בעלמא עכ"ל. ומתוכו מתברר כי עקר ישיבת הנפש בעולם הזה ורוח בגן עדן התחתון והנשמה למעלה. וכן מתבאר בפ' אחרי (דף ע' ע"ב) וז"ל תלת מדורין עבד קודשא בריך הוא לצדיקייא חד דזכו אינון צדיקייא דלא אשתציאו מהאי עלמא וכד אצטריכו בני עלמא רחמין ואינון חייא בצערא יתבין אינון מצלי צלותא עלייהו ואזלין ומודעין מלה לאינון דמיכי חברון ומתערין ואעלין לגן עדן דארעא דתמן רוחיהון דצדיקייא מתלבשין בעטרין דנהורא ואתייעטו בהו וגזרין גזירה וקודשא בריך הוא עביד רעותהון וחס על עלמא. ואינון נפשאין דצדיקייא משתכחין בהאי עלמא לאגנא על חייא. והאי איקרי נפש. ודא לא אשתצי מהאי עלמא כו' לאסתכלא ולמנדע ולאגנא על דרא והאי הוא דאמרו חברייא דמיתי ידעי בצערא דעלמא ועונשא דחייבייא די בארעא בהאי הוא דכתיב ונכרתה הנפש ההיא מעמיה.

מדורא תניינא הוא ג"ע די בארעא. דעביד ביה קב"ה מדורין עילאין יקירין כגוונא דהאי עלמא וכגוונא דעלמא עלאה. והיכלין בתרין גוונין דלית לון חושבנא ואילנין ועשבין וריחין דסלקין בכל יומא. ובהאי אתר שארי ההוא דאקרי רוח דאינון צדיקייא ומדורא דההוא רוחא ביה שארי. וכל רוח ורוח מתלבשא בלבושא יקירא כגונא דהאי עלמא וכגוונא דההוא עלמא עלאה.

מדורא תליתאי ההוא מדורא עלאה קדישא דאקרי צרורא דחיי דתמן מתעדנא ההוא דרגא עלאה קדישא דאקרי נשמה והאי אתדבק לאתענגא בעדונא עלאה עלה כתיב אז תתענג על ה' והרכבתיך על במותי ארץ עכ"ל. ועוד מתבאר הענין שם וכן מתבאר בכמה מקומות מהזהר ועתה למה לא תעלה הנפש והרוח אל שרשם העליון כיון שהם נאצלות מלמעלה:

ולזה נאמר כי ודאי אין נשמה אצולה מתאצלת למטה בעולם התחתון אם לא שיתברא ויתייצר ויתעשה ואלו הבחינות לא יפרדו ר"ל שאין מציאות אצילות בעולם אם לא שישתלשלו המדרגות כי לבוש האצילות הוא הבריאה ולבוש הבריאה היא

היצירה ולבוש היצירה היא העשייה. ולכן הוכרח היות אל נשמת האצילות לבוש א' והוא נשמה דבריאה והיא היותר נמצאת כי מי זוכה אל האצילות. ואמנם מי שיש בו נשמת הבריאה יקרא עבד ה' ומי שיהיה בו נשמת האצילות יקרא בן. וכן פירש הרשב"י ע"ה בתיקונים (בהקדמה דף ו'.) וז"ל מסטרא דכבוד נברא, אמרין ישראל לגבי אדון עלמא אם כעבדים. ומסטרא דכבוד נאצל, אתמר בהו אם כבנים עכ"ל. וכן פירש בספר ר"מ. אמנם נשמת יצירה ועשיה לא נמצא כלל מפני שהרוח הוא יצירה אל נשמת הבריאה והנפש עשיה אל הרוח הנוצר. וכן פירש הרשב"י ע"ה בתקונים (תקוני ז"ח דף קל"ב ע"ב) וז"ל נעשה אדם, אתחברא אופן ומלאך וכסא ואמרו נעשה אדם דיהא בשותפו דילן נשמתא מכסא ורוחא ממלאך ונפשא מאופן למהוי בדיוקנא דילן וכו' עכ"ל. ועוד יותר מבואר במ"א בתקונים (תקונא ו' דף כ"א ע"ב) לא תקח האם על הבנים. ביצים אינון מסטרא דאופנים, אפרוחים מסטרא דנער מטטרו"ן, בנים מסטרא דכורסייא דאיהי סוכת שלום. דאיהו קינא דשכינתא. דאימא עלאה מקננא בכורסייא בתלת ספירן עילאין. עמודא דאמצעיתא כליל שית ספירן. מקננן במטטרו"ן. אימא תתאה מקננא באופן דאתמר ביה (יחזקאל א) והנה אופן א' בארץ. ועוד שכינתא מסטרא דכורסייא אתקריאת נשר. מסטרא דנער יונה, ומסטרא דאופן, צפור. ושכינתא דמות אדם להנה. שלח תשלח. ת"ח, מלאכא אית דממנא על עופין אינון נשמתין דאתקריאו צפרין וסנדלפו"ן שמיה. ובזמנא דישראל מקיימי האי פקודא ואזלא אימא מתתרכא ובנין צווחין, איהו אוליף זכו על עופין דיליה ואמר קמי קב"ה כתיב בך ורחמיו על כל מעשיו, אמאי גזרתא על האי עופא דאתתרכא מקינה. וכן מטטרון אוליף זכו על עופין דיליה דאינון רוחין דפרחין בבני נשא. דמכורסייא, אינון נשמתין. ומהאי חיה, אינון רוחין. ומאופן נפשין. ואינון בבריאה יצירה עשייה. בשבת ויום טוב נחתין עלייהו נשמתין ורוחין ונפשין באורח אצילות דאינון רוחא דקודשא עכ"ל. ועם שהעתקנוהו בשער אבי"ע עכ"ז הארכנו בהעתקתו לפי שמצטרך אלינו. והכוונה כי הכסא דהיינו הבריאה, ומטטרו"ן דהיינו היצירה, וסנדלפו"ן שהוא אופן שעל ידו משרה הקב"ה שכינתו בעולם, ועליו נאמר והנה אופן אחד בארץ, הוא לבוש אל השכינה להתלבש בעשייה כמו שנתבאר בשער אבי"ע. ואמר כי הנשמות הם מצד אור המתגלה ומתלבש ומתפשט מעצם הספי' אל הבריאה, והרוחות הם מאור המתלבש ביצירה, והנפשות מאור המתלבש בעשיה דהיינו באופן. ומפני כי סתם נשמה רוח נפש הם מבינה ת"ת מלכות, לזה אמר שיתגלה אור הבינה בבריאה ואור הת"ת ביצירה ואור המלכות בעשיה, דהיינו כסא ומטטרו"ן וסנדלפו"ן שהוא אופן. ונמצא לפי זה, הנשמה דבריאה מתלבשת ברוח דיצירה, ורוח דיצירה מתלבשת בנפש דעשייה. והנה העשיה היא העולם הזה בכל בחינותיו כמבואר בזהר בכמה מקומות. ופורפירא שאמר לעיל במאמר דר' אלעזר הוא הבריאה לבוש יקר אל המלך כמבואר בשער הנזכר. ולהיות כי אלה המאורות אין עקרם אלא מהמאור המתפשט בבחינות אלה, לכן בהסתלק האדם מן העולם יסתלקו כל א' מהמדרגות ממש אל שרשם שהם בריאה יצירה עשיה. ולכן הרוח בגן כי שם היצירה בהיכלות הקדושות והנפש משוטטת בעה"ז לארכה ולרחבה בסוד האור המתפשט בו דהיינו עשיה. אמנם ג' כחות אלה כשהם מצד האצילות. בשבתות וי"ט [יתוסף בו] ענין הנקרא תוספת נשמה כמו תוספות אור המתוסף מצד הכתר דהיינו מה שלמעלה מהבריאה. כי הבינה מתלבשת בבריאה. ולמעלה ממנה כתר וחכמה ולפי האמת היינו ע"ס הנאצלות בסוד אצילותם משם נשפע תוספות נשמה. ומפני כי שתים אלה לא יתלבשו בבריאה כדפי' לכן פירש הרשב"י ע"ה בקצת מקומות כי תוספות נשמה הוא מצד הכתר וכאשר הוא נשמה מאצילות זו היא נשמה שתתעלה עד שרשיה העליונים בסוד האצילות. ולכן בימי החול נאמר (שמות כ ט) ששת ימים תעבוד לשון עבד שהאדם אז בבחי' עבד כי נשמתו אז מסטרא דעבד מבריאה לבד אפי' לכשרים ועכ"ז לפעמים יתעלו הנפש והרוח והנשמה ויתקשרו זה בזה ויתעלו עד השרשים. מאחר שהם ניצוצות מתפשטות מאור עליון לכן ביחוד העולמות יתקשרו הענפי' בשרשים כמו שיתקשרו ויתייחדו ההיכלות ויתעלו אל שרשם העליון בסוד התפלה כמבואר בשער ההיכלות. כן דין הנפש והרוח והנשמה. וכן בארו בזהר בפי' תרומה (דף קמ"ב ע"ב) וז"ל נפש דאית לה נייחא, האי כד אזלא ומשטטא איערעת בהאי ממנא ידומיע"ם ובאינון סרכין דיליה ונטלין לה ועאלין לה בכל פתחי דג"ע, ואחזיין לה יקרא דצדיקייא ויקרא דההוא רוח דילה ומתדבקא ביה בנייחא גו ההוא לבושא וכדין ידעת באינון מילין דעלמא כו'. ואתנהירת מניה כסיהרא כד אתנהרא מן שמשא. ורוח מתקשרא גו ההוא נשמתא. וההוא נשמתא אתקשרת גו סוף מחשבה דאיהי רזא דנפש דלעילא. וההוא נפש אתקשרא גו ההוא רוח

עילאה. וההוא רוח אתקשר גו ההוא נשמה עלאה. וההוא נשמה אתקשרת בא"ס כו' עכ"ל. ומתוכו מתבאר ענין ייחוד וקשר הענפי' והסתלקותם במקורם כדפי' כי עשיה מתיחד ביצירה ויצירה בבריאה ובריאה באצילות ואצילות בנקודה עליונה. ולעמוד בעומק הדרוש הזה צריך להתבונן במה שפי' בשער אבי"ע בכללו ואח"כ יושכלו ויובנו דברינו זה על מתכונתם בעה"ו:

פרק ג:

עם היות שבפרק הקודם חייבנו שלא ימצא נשמה דבריאה אם לא תתלבש ברוח דיצירה ולא ימצא רוח דיצירה אם לא תתלבש בנפש דעשייה. עכ"ז אפשר שימצא נפש דעשיה בלא רוח דיצירה וכן רוח דיצירה בלא נשמה דבריאה מפני כי לא הכל זוכים אל הרוח ולא הכל זוכים אל הנשמה כי לפי מה שהאדם מתקרב אל קונו כן יושפע עליו רוחו. וכאשר יזדכך יותר, יושפע עליו נשמתו. וכאשר יוסיף אומץ בעבודתו, יושפע עליו נשמת האצילות כדי שיקרא בן בית להקב"ה. ועכ"ז אינם חונים עליו כל המדרגות האלה רק לעתים ידועות לפי שיעור טהרתו. וכן בארו בזהר פ' ויקרא (דף כ"ד ע"ב) וז"ל בר נש מקדש גרמיה מלרע, מקדשין ליה מלעילא. וכד אתקדש בקדושה דמאריה, מלבישין ליה נשמתא קדישתא אחסנתא דקב"ה ובנ"י. וכדין ירית כלא ואלין אקרין בנין לקב"ה כד"א בנים אתם לה' אלהיכם והא אוקמוה עכ"ל. וזהו דבר נגד הנשמה האצולה ולכן אמר אחסנתא דקב"ה וכנ"י דהיינו מיחוד הת"ת והמלכות הם מצד האצילות שמשם נקראים בנים כדפי' לעיל בפ' הקודם. וז"ש ואילין איקרון בנין וכו'. ועוד הוסיף הביאור הרשב"י ע"ה בפ' זו (שם דף כ"ה) וז"ל הא תנינן אית מאן דזכה בנשמתא, ואית מאן דזכה באתערותא דרוח, ואית מאן דלא זכה אלא בנפש עכ"ל. וכן בארו בפ' אחרי (דף ע' ע"ב) וז"ל דא"ר יוסי בכלהו בני נשא אית נפש ואית נפש עלאה מנפש. זכה בר נש בהאי נפש, מריקין עליה עטרא חדא דאקרי רוח הה"ד עד יערה עלינו רוח ממרום כדין אתער בר נש באתערותא אוחרא עלאה לאסתכלא בנימוסי מלכא קדישא. זכה בר נש ביה בההוא רוחא, מעטרין ליה בעטרא דכתרא קדישא עלאה דכליל כולא ואקרי נשמה דאתקריאת נשמת אלוה וכו' עכ"ל. והנה ר' יוסי במאמר הזה הכביר תוספת ביאור כי אפי' אל הנפש עצמה לא יזכה. ומפני דלכאורה משמע שאם אין לאדם נפש לא יוכל לחיות לזה אמר אית נפש ואית נפש כי יש נפש החיונית הטבעית שהיא מרכבה אל הנפש האלהית כמו שנבאר ואע"פ שיהיה האדם חי אפשר שלא יתאצל בו נפש אלא הוא חי מצד הנפש החיונית. וכשיזכה יושפע עליו נפש האלהית. ואם יזכה עוד ישפיעו עליו רוח ונשמה כדמפרש. עוד בארו ענין זה בזהר בפ' ויגש (דף ר"ו.) וז"ל ואלין תלת דרגין כלילן בהו בבני נשא לאינון דזכאן לפולחנא דמאריהון. דהא בקדמיתא אית ביה נפש ואיהו תיקונא קדישא לאתתקנא בה בר נש. כיון דאתי בר נש לאתדכאה בהאי דרגא אתתקן לאתעטרא ברוח דאיהו דרגא קדישא דשריא על נפש לאתעטרא ביה בר נש ההוא דזכי. כיון דאסתלק בהו בנפש ורוח ואעל ואתתקן בפולחנא דמאריה כדקא יאות כדין שריא עליה נשמתא דרגא עלאה קדישא דשלטא על כולא בגין לאתעטרא בדרגא עלאה קדישא וכדין איהו שלימו דכולא שלים בכל סטרין למזכי בעלמא דאתי. ואיהו רחימא דקב"ה כד"א להנחיל אוהבי יש, מאן אינון אוהבי אלין אינון דנשמתא קדישא בהו עכ"ל. וממנו מתבאר כוונתינו באור יפה. וכן נתבאר בזוהר (חדש דף י"ב ע"ב ע"ש וינעם לך) שהרשב"י ע"ה עשה סעודה לכבוד ר"א בנו שנשפע עליו נשמתו. עוד נתבאר בתיקונים (תקוני ז"ח דף קל"ד) וז"ל ת"ח דבר נש מיד דאתייליד יהבין ליה נפשא דבעירא מסטרא דדכיו מאילין דאתקריאו אופני קדש. זכה יתיר יהבין ליה רוחא [מסטרא דחיוון דאינון] חיות הקדש. זכה יתיר יהבין ליה נשמתא מסטרא דכרסייא. ותלת אילין אינון אמה ועבד ושפחה דברתא דמלכא. זכה יתיר יהבין ליה נפשא באורח אצילות מסטרא דבת יחידה ואתקריאת איהי בת מלך. זכה יתיר יהבין ליה רוח באורח אצילות מסטרא דעמודא דאמצעיתא ואתקרי בן לקב"ה הה"ד בנים אתם לה' אלהיכם. זכה יתיר יהבין ליה נשמתא מסטרא דאבא ואימא וכו' ע"ש עכ"ל לענייננו. הנה נמצא שלפי שיעור עסק האדם בעה"ז כן יושפע עליו נשמתו או רוחו או נפשו הכל לפי שיעור עבודתו. ואופן פגימתה עם היות שאינה בגוף זה יתבאר בס"ד. ויש פעמים שהנשמה יושפע על האדם בעת יקיים איזה מצוה או באיזה ענין עסק התורה אז ישגיח בו ה' ויושפע עליו נשמה לפי מה שהוא כדי שישתלם בה. ובזולת ג' חלקים אלה עוד יש חלקים זולתם שהם המלאכים המלוים לאדם לשומרו שעליהם נאמר (תהלים צא) כי מלאכיו יצוה לך. וכן ביאר הרשב"י ע"ה בספר הזהר (בהקדמה דף י"ג.) ונחלקו ר"ש ור' פנחס במספרם במה שר"ש אמר שהם שנים שנאמר כי מלאכיו יצוה לך. ור"פ אמר ג'. דכתיב (איוב לג) אם יש עליו

מלאך הרי א', מליץ תרי, אחד מני אלף, הרי ג'. ובמ"א (במשפטים דף ק"ו ע"ב) פי' כי אלו המלאכים הם הנבדלים מן האדם בעת חטאו ועליהם נאמר (ישעיה נז יח) ואשלם נחומים לו ולאבליו שהם המלאכים האלה שהם מתאבלים עליו ובדלים ממנו כפי מעשיו הרעים שהם נעלמים במעשיו והם מתגלים במעשיו. והטעם מפני שהם נאצלים באצילות נשמתו כי בעת שהנשמה מתאצלת מייחוד הקב"ה ושכינתיה המלאכים האלה נאצלים עמה. וכן ביאר הרשב"י (בהקדמה שם דף י"ב) וז"ל ישרצו המים שרץ נפש חיה, דא ברית קיימא קדישא נהר דנגיד ונפיק. ומייא דיליה אתרביאו ורחשין ריחשא ורבוייא דנשמתין להההיא חיה. ובאינון נשמתין דעאלין בהאי חיה נפקין כמה עופין וחילין רברבין דטאסין כל עלמא וכד נשמתא נפקא להאי עלמא ההוא עופא דפרח ונפיק בהדי האי נשמתא מההוא אילנא נפק עמיה. כמה נפקין בכל נשמתא ונשמתא, תרין, חד מימינא וחד משמאלא. אי זכי אינון נטרין ליה דכתיב כי מלאכיו יצוה לך. ואי לא אינון מקטרגי עליה. א"ר פנחס תלתא אינון דקיימי אפטרופסין עליה דבר נש דכתיב אם יש עליו מלאך מליץ וכו'. ומסיק התם שהודה ר"ש לר' פנחס. ואין לומר שאין המלאכים האלה אותם שארז"ל יצה"ט ויצה"ר, כי בפי' בארו בזהר (וישלח דף קס"ה ע"ב) שהם עצמם יצה"ט ויצה"ר. וז"ל ר' יהודה פתח כי מלאכיו יצוה האי קרא אוקמוה חברייא דהא בשעתא דבר נש אתי לעלמא מיד אזדמן בהדיה יצה"ר דאיהו מקטרגא ליה לבר נש תדיר כד"א לפתח חטאת רובץ מאי חטאת רובץ דא יצה"ר. ודוד נמי הכי קרייה חטאת דכתיב וחטאתי נגדי תמיד בגין דאיהו עביד ליה לבר נש למחטי קמיה מאריה. ויצה"ר דא לא אתעדי מן בר נש מן יומא דאתיילד ולעלמין. ויצה"ט אתי עם בר נש מיומא דאתי לאתדכאה ואימתי אתי לאתדכאה כדקא יאות כד איהו בר תליסר שנין כדין אזדווג בר נש בתרוייהו חד מימינא וחד משמאלא כו' ואלין אינון תרין מלאכין ממש ממנן ואינון משתכחי תדיר בהדיה. אתי בר נש לאתדכאה ההוא יצה"ר אתכפייא קמיה ושליט ימינא על שמאלא ותרוויהו מזדווגין לנטרא ליה לבר נש מכל אורחוי דאיהו עביד כד"א כי מלאכיו יצוה לך וגו' עכ"ל. וממנו מתבאר כי ענין הנדרש לעיל על שני המלאכים הםם יצה"ט ויצה"ר. עוד שם (דף קע"ד ע"ב) א"ר אבא בשעתא דבר נש אזיל באורחי דאורייתא וכל אורחוי מתתקנן כדקא יאות כמה סנגורין קיימין עליה לאדכרא ליה לטב. פתח ואמר אם יש עליו מלאך מליץ א' וגו' ויחוננו ויאמר פדעהו וגו'. וכי לא איתגלי וכו'. ת"ח בהאי קרא תשכח ברירא דמלה כתיב אם יש עליו מלאך אי לא כתיב יתיר יאות הוא. אבל מלאך מליץ א' מני אלף כתיב. ומאן איהו, דא איהו מלאך דממנא עמיה דבר נש בסטר שמאלא דכתיב יפול מצדך אלף ודא הוא סטרא דשמאלא דכתיב בתריה ורבבה מימינך. אבל אחד מני אלף דא הוא יצה"ר דאיהו אחד מאינון אלף דהוו לסטר שמאלא בגין דאיהו סליק לעילא ונטל רשו. וע"ד אי בר נש אזיל באורח קשוט ההוא יצה"ר איהו עבד לו כמה דכתיב טוב נקלה ועבד לו. כדין איהו סליק ואתעביד סניגורא ואמר קמי קב"ה זכו עליה דב"נ. כדין קב"ה אמר פדעהו מרדת שחת וכו' עכ"ל לענייננו. והנה מתוכו מתבאר כי השני מלאכים הם יצה"ר ויצה"ט. ומ"ש לעיל שיצה"ר מתאצל עם הנשמה ג"כ כמו שיצה"ט מתאצל עמה. מפני כי יצה"ר הוא מצד הגבורה והוא מלאך קדוש. אמנם מרכבתו הוא טמא והוא מתלבש בכח הטומאה. כי כן יש כמה מלאכים קדושים ממונים על כחות הזרים. ומרכבתו הוא כח מתפשט מד' קליפות טמאות שהם עון משחית אף וחמה והוא רוכב על ארבעתם והולך לצד שמאלו ש"א וכן יצה"ט רוכב במרכבה קדושה שהם כח מיכאל גבריאל אוריאל רפאל והוא רוכב על ארבעתם והולך לצד ימינו של אדם. והאדם מטה עצמו לא' מן הצדדים ויש בידו יכולת להכריע כף החובה לצד הזכות או להפך כי כן בארו ענין זה בספר ר"מ. ושאר ענייני הנשמה מעניין אצילותה נתבאר בשער מהות והנהגה. וכן יצה"ר נתבאר בשער היכלות הטומאה:

פרק ד:

בבירור ענין הצלם הנדרש בזהר מקומות רבים. ומהמפורסם היות הצלם הזה ענין רביעי שאינו לא נפש ולא רוח ולא נשמה אמנם הוא מתגלה יותר מהם עד שיש מן החסידים משיגים דמותו בעולם זה. ואמנם בענין מהותו ואפן יצירתו נתבאר בפ' אמור (דף ק"ד ע"ב) וז"ל בספרא דשלמה מלכא אשכחנא דבשעתא דזווגא אשתכח לתתא שדר קב"ה חד דיוקנא בפרצופא דבר נש רשימה חקיקה בצולמא וקיימא על ההוא זווגא. ואלמלא אתיהיב רשו לעינא למחמי, חמי בר נש על רישיה חד צולמא רשימא כפרצופא דבר נש ובההוא צולמא אתברי ב"נ. ועד דלא קיימא ההוא צולמא דשדר ליה מאריה על רישיה וישתכח תמן, לא אתברי בר נש. הה"ד ויברא אלקים את האדם בצלמו. ההוא צלם אזדמן לקבליה עד דנפק לעלמא. כד נפק, בההוא

צלם אתרבי. בההוא צלם אזיל, הה"ד אך בצלם יתהלך איש. והאי צלם הוא מלעילא. בשעתא דאינון רוחין נפקין מאתרייהו כל רוחא ורוחא אתתקן קמי מלכא קדישא בתקוני יקר בפרצופא דקאים בהאי עלמא. ומההוא דיוקנא תקונא יקר נפק האי צלם. ודא תליתאה לרוחא. ואקדימת בהאי עלמא בשעתא דזווגא אשתכח. ולית לך זווגא בעלמא דלא אשתכח צלם בגווייהו. אבל ישראל קדישין, האי צלם קדישא ומאתר קדישא אשתכח בגווייהו. ולעכו"ם צלם מאינון זינין בישין מסטרא דמסאבותא אשתכח בגווייהו. וע"ד לא ליבעי ליה לאיניש לאתערבא צולמא דיליה בצולמא דעובדי כו"ם, בגין דהאי קדישא והאי מסאבא עכ"ל. ודבריו מבוארים, שאמר שהצלם שלישי אל הרוח הטהור והקדוש, והוא שני אל הנפש, ורביעי אל הנשמה. ואולם באופן מציאות הוייתו אמר בשעתא דאינון רוחין נפקין מאתרייהו וכו', ירצה כי מציאות הנשמה הוא כמו האומן הצורף הכסף וברצונו לצייר צורה ומתיך את הכסף. והנה לצייר צורת ענין הנרצה אליו צריך לצייר קודם המקום שבו יצטייר הצורה ההוא ויגלם בתוך אויר הצורה ההיא המציירת הכסף המתוקן אל הצורה והנה הנשמות הם רוחניות בין חלק הרוח בין חלק הנפש בין חלק הנשמה. והנה מאחר שע"י הזווג נתקן השפע הראוי אל החלקים האלה צריך בחינה רביעית שבה יגלמו לצורת אדם המצויירת באויר הגן. והנה מציאות גולם האויר שבו נצטיירו צורת החלקים הנזכרים ולכן הוא שלישי לרוח ורביעי לנשמה ושני לנפש. והוא כי הנפש מצויירת בגולם הצלם, והרוח מצטיירת באמצעות הנפש, והנשמה באמצעות הרוח. ועל הציור הזה הוא שאמר אתתקן קמי מלכא קדישא כו' בפרצופא דקאים כו' ומההוא דיוקנא תקונא יקר נפיק האי צלם. כי ממציאות הגלם החלקים הנז' בגולמם הוא הצלם. ולכן כאשר האדם מזדווג עם אשתו מקדים הצלם הזה כדי שעל ידו יגלם הוולד כגולם צורת הפרצוף כדפי' בראש המאמר:

הנה זהו מהות הצלם ונקרא צל לפי שהוא מצל על ראשו של אדם כדמפרש ואזיל. ואולם כמו שהוא הקודם אל היצירה כן הוא מסתלק קודם המיתה ל' יום וכן נתבאר בזוהר פ' ויחי (דף רי"ז ע"ב) וז"ל א"ר יוסי כד ההוא בר נש אתקריבו יומוי תלתין יומין מכריזי עלוי בעלמא כו'. ואי זכאה הוא תלתין יומין מכריזין עלוי בין צדיקייא בג"ע. תנא כל אינון תלתין יומין נשמתיה נפקא מניה בכל ליליא וסלקת וחמאת דוכתה בההוא עלמא, וההוא בר נש לא ידע ולא אשגח ולא שליט בנשמתיה כל אינון ל' יומין כמה דהוה בקדמיתא דכתיב אין אדם שליט ברוח לכלוא את הרוח וגו'. א"ר יהודה מכד שראן אינון תלתין יומין, צולמא דבר נש אתחשך ודיוקנא דאתחזי בארעא אתמנעת עכ"ל. ועוד האריך שם בענין יותר. וכן ביאר במקום אחר בפרשה (זו דף רכ"ז.) וז"ל ר' חזקיה פתח ויהי השמש לבא ותרדמה נפלה על אברם והנה אימה חשכה גדולה נופלת עליו כו', דא יומא דדינא קשיא דאפקי ליה לבר נש מהאי עלמא. דתניא ההוא יומא דבר נש נפק מעלמא, ההוא יומא דדינא רבא דאתחשך שמשא מן סהרא כו' דא נשמתא קדישא דאתמנעת מבר נש ל' יומין עד לא יפוק מעלמא וחמא דצולמא דאתמנעת מניה ולא אתחזי. מ"ט אתמנעת מניה בגין דנשמתא קדישא סלקא ואתעברת מניה ולא אתחזי. דלא תימא דכד בר נש מית ואתחלש האי נשמתא אתעברת מיניה, אלא כד איהו בחייוי בתוקפוי אתעברת מיניה נשמתא ולא נהרא לרוחא ורוחא לא נהיר לנפשא כדין צולמא אתעברת מניה ולא נהיר ליה. מההוא יומא כלא מכרזי עליה ואפילו צפרי שמייא. מאי טעמא בגין דנשמתא איהי סלקא מיניה ורוחא לא נהיר לנפשא כדין נפשא אתחלשת ומיכלא וכל תאובתא דגופא סלקא מניה ואתעבר עכ"ל. וממנו ג"כ מתבאר כי הסתלקות הצלם עם שאר החלקים הוא ל' יום קודם הפטירה. ואינו כן דברי הזהר (בפ' זו דף ר"כ.) אלא שבליל הושענא מסתלק הצלם. וז"ל ת"ח כד אתער דינא בעלמא דקב"ה יתיב על כורסיא דדינא למידן עלמא, בעי ב"נ לאתערא תשובה דיתוב מחובוי. דהא ההוא יומא פתקין כתיבו ומשתכחו כלהו באחמתא הא כתיבין. אי זכי ב"נ דיתוב קמי מריה קרעין פתקין דעליה. לבתר זמין קב"ה קמיה דב"נ יומא דכפורי יומא דתשובה. אי תב מחטאוי טב. ואי לאו פקיד מלכא למחתם פתקין. ווי ליה דהא תשובה בעיא לאסתלקא מניה. אי זכי בתשובה ולאו שלימתא כדקא יאות, תליין ליה עד יומא בתראה דעצרת דהוא תמינאה לחג. ואי עביד תשובה שלימתא לקמיה מאריה פתקין אתקריעו. ואי לא זכי, אינון פתקין נפקין מבי מלכא ואתמסרן בידוי דסנטירא ודינא אתעביד ופתקין לא מתהדרין תו לגבי מלכא. כדין צולמין אתעברו מניה ולא משתכחו עמיה וכיון דמתעברן מניה הא ודאי טופסקא דמלכא יעבר עלוי ויטעום כסא דמותא. ובההוא ליליא דחגא בתראה, סנטירין זמינין ופתקין נטלין. בתר דנטלי לון, צולמין מתעברין ולא משתכחין. ואי משתכחי בהו גריע או יעבר עליה דינא או מרעין בישין בגריעותא דלהון והא אוקימנא להא עכ"ל. ומתוכו מתבאר בפי' כי

הסתלקות הצלם הוא בליל הושענא ומעשים בכל יום כו'. ונראה לומר כי הם ודאי מסתלקים בליל החותם כדמפרש הכא ובשאר מקומות זולתו. אבל ענין הסתלקות הזה אינו אלא לשעתו להראות לאדם ענייני החתימה אבל אחר כך חוזר הצל על ראשו עד סמוך למיתתו ל' יום ואז מסתלק ושוב אינו חוזר. ונתבאר בזהר כי מהצלם הזה עוד מתהוה צלם אחר ושתיהם מתיחדים. וז"ל בפ' (ויחי דף ר"כ.) ת"ח האי צלם קדישא כד אזיל בר נש ואתרבי ואתעביד מהאי פרצופא דיוקנא דיליה, אתעביד צולמא אחרא ומתחברן כחדא ודא נטיל לדא. בשעתא דאשתכחו תרין צולמין נטיר הוא בר נש וגופא דיליה בנטירו ורוחא שרייה בגויה. בשעתא דקריבו יומוי מתעברן מניה ודא סליק לדא ואשתאר ב"נ בלא נטירו כדין כתיב עד שיפוח היום ונסו הצללים תרי. והנה מתוך המאמר הזה מתבאר כי נעשה צלם לצלם:

נמצאו כללי האדם בעולם הזה בצורתו ז' כחות ג' מהם נפש רוח נשמה ב' מהם יצה"ר ויצה"ט הם המלאכים הנ"ל ולדעת רבי פנחס הם ג' ועוד ב' צללים כללם ז' או ח' לדעת ר' פנחס. ואפשר דלא פליג ר' פנחס אר"ש ומשום הכי קאמר ר"ש התם שפיר קאמר ולא מפני שחוזר בו הרשב"י ע"ה דקאמר תרי אלא משום דתרי אינון ותלת אינון כי המלאך השמאלי שהוא יצה"ר מתהפך לשני גוונים הא' קטיגור ולפעמים הוא סניגור ונמצא שבו כללות שני כחות והוא נשפט לשנים והנה נמצא דברי הרשב"י ודברי רבי פנחס ע"ה צודקים כי הם שנים והם שלשה והכל אחד כדפירשנו. ואחר שנכלל בפרקים הקודמים מציאות צורת האדם בכלליו ובפרטיו נבא עתה לבאר תועלת הוייתו בעולם השפל עם היות ברמים משכנו:

פרק חמישי:

בביאור תועלת הנשמה בעולם הזה. והענין הוא כי עקר הנשמה היא אחר עלותה מעולם המעשה אל עולם השכר. כי קודם רדתה היא חסרה הרבה ואף אם היא במקום גבוה ברומו של עולם והענין הוא הנשמה אין לה מציאות קודם ההולדה העליונה ואף אחר ההולדה היא כערומה. והיא מתלבשת אחר רדתה בגן עדן התחתון בלבוש טהור מאויר ג"ע וכן כל דרך המדרגות שתתעלה אז תרד ותתלבש. וכאשר תתעסק בעולם הזה במעשה התורה אז תזכה אל לבוש יפה הנקרא חלוקא דרבנן והוא לבוש התורה והמצות שבהם נתעסק בעה"ז ובלבוש הזה זוכה לעלות ולראות את פני המלך ה' צבאות אביה כי קודם בואה בעולם הזה היתה ערומה ובצאתה מעה"ז לא תבא אל המלך עד היותה מתלבשת בלבושי התורה והמצות. מפני שלבוש אויר ג"ע הוא לבוש פשוט מגוהץ בלי קישוטין והיא צריכה להיות שש וארגמן לבושה לבושי הקשוטין שהם רוחניות המצות והם דקים רוחניים שבהם תתקרב על גבי המזבח על ידי [מיכאל] הכהן הגדול. וענייני הלבושים האלה פי' הרשב"י ע"ה בזהר פ' ויקהל (דף ר"י.) וז"ל כדין אילין תרין רתיכין עאלין לגו היכלא טמירא דגנתא דאיקרי אהלות ותמן תריסר מיני בוסמין גניזין דכתיב (שה"ש ד) נרד וכרכם קנה וקנמון וכו'. ואינון תריסר זיני בוסמין דלתתא. ותמן כל אינון לבושין דנשמתין דאתחזון לאתלבשא בהו כל חד וחד כדקא חזי ליה. בההוא לבושא אתרשימו כל אינון עובדין טבין דעבד בהאי עלמא וכלהו אתרשים ביה ומכריזי האי איהו לבושא דפלניא ונטלין לההוא לבושא ואתלבשת ביה ההיא נשמתא דצדיקייא דבגנתא כגוונא דדיוקנא דהאי עלמא וכו'. זכאה חולקיה מאן דזכי לאילין לבושין דאמרן דמתלבשן בהו צדיקיא בגנתא דעדן. אילין מעובדין טבין דעביד ב"נ בהאי עלמא בפיקודי דאורייתא ובהון קיימא נשמתא בגנתא דעדן ואתלבשת בהני לבושין יקירין. כד סלקא נשמתא בההוא פתחא דרקיע לעילא אזדמנן לה לבושין אחרנין יקירין עלאין דאנון מרעותא וכוונא דלבא באורייתא ובצלותא. דכד סלקא ההיא רעותא לעילא מתעטר בה מאן דמתעטרא ואשתאר חולקא לההוא ב"נ ואתעביד מניה לבושין דנהורא דמתלבשת בהו נשמתא לסלקא לעילא. ואף על גב דאוקמוה דאינון לבושין בעובדין תליין. אילין לא תליין אלא ברעותא דרוחא כמה דאתמר לקיימא גו מלאכין רוחין קדישין. ודא איהו ברירא דמלה. ובוצינא קדישא אוליף הכי מאליהו. לבושין דלתתא בגנתא דארעא בעובדין, לבושין דלעילא ברוחא ורעותא וכוונה דלבא עכ"ל. ורצוננו לבאר הענין הזה בענין שמתוכו יתבאר המאמר הזה. נודע כי מציאות הנשמה והנפש והרוח בעת אדיקתם בשרשם קודם אצילותם אינם נגבלות במציאות ההוויה אלא הווייתם היא מצד התפשטותם והשפעתם בנקבה. ע"ד אור מים רקיע שפירשנו בשער האותיות פכ"ז. ר"ל שאין לה הוייה כלל אלא כדרך הזרע המתהווה מצד הכח הדק המתפשט מן המוח שאין שם מציאות זרע אלא כדמיון אור ר"ל כח הראוי להתהוות ממנו זרע עד השפעתו אל מקום הבשול ובדרך ירידתו מתהווה

אל דם ובמקום הבשול מתבשל ומתהפך אל הזרע ובהיותו בבטן המלאה מתהוה ממנו הצורה ההיא. וכן דרך הנשמה כי בבינה היא כדמיון אור וכן השפע הראוי לרוח בתפארת ושפע הראוי לנפש במלכות ועל ידי הייחוד מתהוה השפע ההוא אל צורת הנשמה ורוח ונפש וענין היחוד נתבאר בשער מהות והנהגה ועל ידי הזווג הקדוש והטהור מתהוה מאין צורה אל מציאות הצורה:

ועתה בהקדמה זו לא יקשה בעינינו ענין תועלת הנשמה במציאות השפעתה מהשרשים מפני שעל ידי כך מתהווה בצורת נשמה [ותצא מכח אל הפועל ע' בעס"ר) כי הנשמות בנים לה' והאב והאם הוא תפארת ומלכות וכמו שלא יפול השאלה במציאות הבן על הווייתו מכח האב והאם בצאתו החוצה אל אויר העולם מפני העדרו הקודם, כן לא יפול השאלה בענין הנשמה כי זה כזה ומן הגשמי נבין הרוחני כי דרך שוה לשניהם. ומה שנשאר עתה לספק על זה הא תינח בענין מציאות אצילותם והווייתם מהשרשים עד אצילותם אל הגן העליון כי שם יוצאים אל מציאות הנשמה. אבל בואם מגן עדנים אל חרפות העולם הזה למה. כי טוב היותם שם ממציאותם בעולם הזה כי בעולם הזה הם קרובים אל ההפסד ורחוקים מן השכר כי כל הטוב אשר ייטיב ה' אותם הוא עלייתם אל מקום אשר חוצבו. והנה לא נשכרו בזה הנשמות כלל. כי קודם רדתם היה להם הענין הזה, ועתה בקרבתם אל החומר העכור עכ"פ תפגם כי האדם אין צדיק בארץ אשר יעשה טוב ולא יחטא. והנה השאלה הזאת תתבאר על ידי המאמר הזה שכתבנו כי בהיותה למעלה קודם רדתה אל מציאות עולם הזה עולם העשיה היא יושבת ערומה בלי לבוש כלל ולא תראה אל המלך אביה כלל עד רדתה אל העולם הזה ואז תזכה אל כתונת הפסים הנהו חלוקי דרבנן שפי' למעלה במאמר הזהר ונאמר על הכלים האלה (שמואל ב' י"ג) כי כן תלבשן בנות המלך הבתולות מעילים, מועילים להראות אל פני המלך. ובזולת זה צריך הוא אל שני מיני לבושים לבוש לגן עדן התחתון ולבוש לגן עדן עליון מפני שני מציאיותיה ברוח ונשמה. המציאות הדק שבג"ע עליון היא הנשמה, ומציאות שבגן עדן תחתון הוא הרוח כמבואר לעיל. ולכן צריך ב' לבושים א' לג"ע תחתון וא' לג"ע עליון. ועוד נוסיף לקח בענין הלבושים האלה בס"ד:

כבר בארנו בשער האותיות ענין רוחניות האותיות והזכרתם ועלייתם ויחודם בשרשם. ולכן בתפלה בהיות האדם מתפלל בלא כונת הלב נמצאת התפלה כמעשה בלא מחשבה ולכן כאשר תרצה לעלות אין לה יכולת לעלות מג"ע התחתון ולמעלה מפני שאפיסת המעשה הוא שם ומשם ולמעלה צריך לפשוט א"ע מהגוף והגשמות שהוא המעשה ולעלות בהויה רוחניות שהיא המחשבה. והכוונה הוא נשמת המעשה ולכן התפלה ההיא נדחת מגן עדן של מעלה ואין לה מקום לעלות לשם ויש תפלה שתעלה קצת ג"כ לג"ע אבל לא תזכה ליכנס במדרגות הפנימיות. ונמצאנו אומרים גם בענין הנשמה כי כפי מעשיה כן תעלה אם מעשיה רוחניים דקים בדקות המדרגה העליונה ודאי שתעלה כפי שעור לבושיה מדרגה אחר מדרגה עד כלות הלבושים ההם שלא הגיעה זכותה לעלות משם ולמעלה מפני כוונתו. ובזה יובן מה שפי' הרשב"י ע"ה בהיכלות בענין התפלה כי עם היות שקבלו אותה בהיכל הראשון עדין מדקדקים בה בהיכל שני. וקשה אחר שדנו אותה בהיכל א' וזכוה בדינה וזכתה לעלות למה לא יקבלוה בהיכל שני וכן בשאר ההיכלות ולא תצטרך לדינים אלו. ועוד שפעמים שדוחים אותה בהיכל זה אחר שקבלוה בהקודם מפני שחייבוה מצד הדין. וכי נוכל לומר כי ח"ו העוו הדין בהיכל הקודם זה ודאי לא. אלא ודאי כדקאמרי' כי אף על פי שתכשר בעניינים לפי שעור דקות ההיכל הזה עדין צריכים לדונה בהיכל שני שמא לא זכתה בענייני פעולותיה אל רוחניות היכל שני וע"ד זה לכל המדרגות. ובהקדמה זו יובן ז' חשבונות שמחשבים לאדם מעת פטירתו עד התחיה כדפי' בזהר (ויקהל דף קצ"ט ע"ב). וכן בזה יתבאר ענין יום הדין הגדול למה אחר שכבר דנו אותם והשכירום לג"ע למה יצטרכו עוד אל הדין והחשבון. והענין הוא לראות אם יש להם כח בדקות לזכות לעולם הבא האמתי שהוא אחר התחייה. וכן יתבאר בזה מה שארז"ל (מנחות דף כ"ט) במרע"ה בשעה שעלה למרום מצאו להקב"ה שהיה יושב וקושר כתרים לאותיות כו' ועקיבא בן יוסף שמו שעתיד לדרוש ע"כ קוץ וקוץ כו' אמר לפניו רבש"ע הראהו לי כו' אמר לפניו רבש"ע הראיתני תורתו הראיני שכרו כו' ראה ששוקלין בשרו במקולין כו' א"ל שתוק כך עלה במחשבה לפני. וקשיא טובא וכי מרע"ה שאל על מיתתו או עונשו עד שהראוהו שהיו שוקלין את בשרו, היה להקב"ה להראות לו שכרו ומה לנו עסק במיתתו במה יהיה כי אין תשובה זו מעין שאלתו. והענין הוא כי הקב"ה מדקדק עם הצדיקים כחוט השערה מפני כי כשיעור מעשיו הטובים כן תתעלה נשמתו במעלות הסולם ועם היות שהוא חטא חטא קטן שבעולם אם הפגם

הקטן ההוא ימנעהו מלזכות אל המדרגה הגדולה והעצומה אשר שם עוצם דקות מעשיו הנה אם לא יענשוהו ויטהרוהו ממנו הוא מאבד אבוד גדול שמאבד מעשיו הטובים וזכות רוחניותם העולים מעלה מעלה דרך מעלות הסולם מפני החטא ההוא וזה אינו מהראוי. ולכן ה' חפץ למען צדקו ולמען דכאו החלי לזכותו ולנקותו ליכנס אל המדרגה ההיא מדרגת מעשיו ולכן הקב"ה מדקדק עם הצדיקים. וזהו מעלת ר' עקיבא כי מעשיו הנכונים היו מגיעים עד המחשבה העליונה והוכרח היות עונשו גדול לעון דק כחוט השערה כי לפי מעלת המקום שהנשמה מסתלקת לשם כן גדול החטא והעונש. ולכן הראהו הקב"ה למרע"ה שהיו שוקלין את בשרו שמתוך כך יכיר עוצם מעלת נשמתו שעם היותו צדיק גמור וגודל תורתו על ידי זה הוצרך לתקון גדול להעלות נשמתו אל מעלת מעשיו שגברו למעלה ראש. ועם כל זאת תמה מרע"ה תימא באמרו זו תורה וזו שכרה שהיה נראה בעיניו עונש גדול והשיב לו שתוק כך עלה במחשבה פי' כי כך עלה ר"ע במדרגות מעשיו הטובים למדרגת המחשבה ולעלות למעלה בלי שום פגם היה צריך אל העונש הזה:

ונחזור לענייננו כי בעלות התפלה דרך המדרגות לפי שיעור מדרגת הדבקות והכונה אשר למתפלל או לעוסק במצוה ההיא כן תעלה במעלותיה. כי המעשה לא תעלה מגן עדן התחתון ולמעלה כי שם מעמד מעלת הגוף וממנו ולמעלה תש כח מעלת הגוף ונפסק ואינו ראוי לעלות אלא נשמת התפלה שהוא הכונה והרוחניות וכן הדין אל המצות כי כוונת התפלה והמצוה היא נשמתם כאמרם תפלה בלא כוונה כגוף בלא נשמה. ועכ"ז אין כל הנשמות שוות כמו שאין כל הכוונות שוות לפי שיעור הכוונה תהיה גודל הנשמה. וזהו שאמר במאמר [הזהר] שלפנינו אזדמן לה לבושין אחרנין יקירין עלאין דאינון מרעותא וכוונה דלבא באורייתא ובצלותא דכד סלקא כו' מתעטרא וכו' פי' כאשר עולה התפלה מעוטרת באותם העניינים הידועים שהיא מתעטרת כמו שבארנו בשער היכלות. ואשתאר חולקא וכו' פי' ידוע הוא כי עקר התפלה הוא להמשיך ברכות ושפע לעולם ואמר שאעפ"י שהתפלה תועלת לכל העולם עכ"ז מאותו השפע והאור היורד על ידי התפלה נשאר שם חלקו כדי שאותו האור יעשה לו לבוש לנשמתו בעת עלייתה אל מקומה. ועם הקדמה זו יובן עניני הלבושים כי אין הכונה שהמצות יעשו לו לבוש כי הענין הזה אין הדעת מקיפו אמנם הכונה כי אותו המתפלל או המקיים המצוה ההיא כאשר יזכה להעלות מצוותו או תפלתו דרך מעלות העליונות ומקבלים אותה ההיכלות ומשם מקבלת אותה המלכות אז מכחה מעורר הזכר ומשפיע בה מן המדרגות העליונות והנה בזכותו נשפע עליה שפע רב וברכה. ומאותו האור הנשפע נותנים גם לו חלקו ונעשה לו לבוש ואלו הם חלוקא דרבנן. ואלו הם המצוות העומדים לפני מלכו של עולם ללמד זכות עליו ואומרת אנא מפלניא דעבד לי כדפי' בזהר (קדושים דף פ"ג ע"ב). ולפי כח השפעתו ע"י תפלתו כן יזכה לאור באור לבושו. והנה בזה נמצא כי גם הלבושים הם מאור עליון אור הספירות אלא שיש חלוק גדול ביניהם. שהנשמה מתהווה על ידי היחוד והזווג כמער איש ולויות כדרך חבור איש ואשתו. אמנם הלבושים הם מענין יחוד המלכות עם הת"ת המקבלת שפע רב טוב ואור גדול. ובהקדמות אלו יובן המאמר הזה היטב. ואין שאר הלשון צריך ביאור כי מבואר הוא מעצמו (ע' עס"ר):

פרק ששי:

אחר כתבנו את כל הרשום בכתב אמת מצאנו מעיר לעזור מאמר א' מפ' פקודי (דף רכ"ט ע"ב) וז"ל ת"ח נשמתא לא סלקא לאתחזאה קמי מלכא קדישא עד דזכאת לאתלבשא בלבושא [דלעילא לאתחזאה תמן. וכן כג"ד לא נחתא לתתא עד דאתלבשת בלבושא דהאי עלמא. כגונא דא מלאכין קדישין דלעילא כו' לא נתתין לתתא עד דמתלבשין בלבושא] דהאי עלמא וכלא איהו כגוונא דההוא אתר דאזיל תמן. והא אוקימנא דנשמתא לא סלקא אלא בההוא לבושא דנהיר. ות"ח אדם הראשון כד הוה בג"ע הוה מתלבש בלבושא כגוונא דלעילא ואיהו לבושא דנהורא עלאה. כיון דאתתרך מג"ע ואצטריך לגוונין דהאי עלמא מה כתיב (בראשית ג) ויעש ה' אלדים לאדם ולאשתו כתנות עור וילבישם. בקדמיתא הוה כתנות אור אור דההוא נהורא עלאה דשימש ביה בג"ע. בגין דהא גנתא דעדן נהורא עלאה דנהיר משמש ביה. ועל דא אדם קדמאה כד עאל לנו גנתא אלביש ליה קב"ה בלבושא דההוא נהורא ואעיל ליה תמן. ואי לא אתלבש בקדמיתא בההוא נהורא לא ייעול לתמן. כיון דאתתרך מתמן אצטריך למלבושא אחרא כדין ויעש ה' אלדים וגו'. וכולא כמה דאצטריך. והכא כגוונא דא עשו בגדי שרד לשרת בקודש לעאלא בקודשא. והא אוקמוה דעובדין טבין נש דבר נש דעביד בהאי עלמא, אינון עובדין משכי מנהורא דזיווא עלאה לבושא לאתתקנא ביה לההוא עלמא לאתחזאה קמי מלכא

קדישא. ובההיא לבושא דאתלבש אתהני וחמי גו אספקלריאה דנהרא כד"א לחזות בנועם ה' ולבקר בהיכלו. וע"ד נשמתא אתלבשת בתרי עלמין למהוי לה שלימו בכלא בהאי עלמא דלתתא ובעלמא דלעילא. ועל דא כתיב (תהלים קח) אך צדיקים כו' יודו לשמך, בהאי עלמא. ישבו ישרים את פניך, בההוא עלמא עכ"ל. והנה מתוך המאמר הזה מתבאר כל חלקי הדרוש אשר אנו בו ביאור שלם. ראשונה במה שאמר נשמתא לא סלקא וכו' והנה כיון שהנשמה היא ערומה עד עלותה מן העה"ז בלבושיה הנכבדות והם לבושי המעשים כדפי' בס"ד וז"ש בלבושא דלעילא פירוש הלבוש הנעשה ע"י המצות הנעשות בעה"ז וזה אי אפשר להשיגם עד בואה להתלבש בעה"ז שהוא עולם קיום המצות והמעשה. עוד באר כי האדם מתלבש מהאור העליון אשר מושך עליו ע"י המעשים כדפי' בפ' הקודם וז"ש אינון עובדין משכי מנהורא וכו' וכדפירשנו לעיל כי ע"י תפלתו ומצותיו יתיחדו הספירות וישפיעו אור גדול ומקבלין דין מן דין ומהאור ההוא חלק שמור לו עד עלותו להתלבש בו. ועתה בהקדמה זו יובן ענין בריאת אדם הראשון כי הי' עבודתו בעיון ובכונה ובלמוד והשכלת הנסתרות מסודות המצוות העליונות לבד. מטעם כי לא היה צריך אל לבוש עולם המעשה דהיינו לבוש ג"ע שלמטה כמבואר בפ' הקודם. וענין זה מוכרח ואליו כוונו רז"ל (בזהר בראשית דכ"ז ובתקונא כ"א דס"א ופ"ה) לעבדה ולשמרה (בראשית ב). לעבדה אלו מצות עשה, ולשמרה אלו מצות לא תעשה. וראוי לחקור וכי בג"ע נצטרך אדם לחרוש עד שנצטוה לא תחרוש בשור ובחמור יחדיו כו' והלא אחר גורשו מג"ע נאמר לו בזיעת אפך תאכל לחם (שם ג). ומזה נקיש אל השאר לקט שכחה ופיאה ומעשר עני שאם אין חריש וקציר לקט שכחה ופאה מהיכי תיתא. ועוד עני גר יתום ואלמנה איך שייך התם והאריכות בזה ללא צורך. אמנם הכונה על המצות העיונית ר"ל השכלת רוחניותם. לא תחרוש בשור ובחמור יחדיו פי' לא תייחד שתי הקליפות האלה יחד. וזהו בהמשכו אחריהם נותן להם כח להתייחד ח"ו. וכן ענין עטיפת ציצית פי' שישפיע אור אל המלכות ויקשטה בקשוטים ההם שהם ד' ציצית ד' כנפים וכו' כמו שנדרש בזוהר שהם פנימיות התורה. וזה היה עקר עבודתו ואין לו שם במעשיות חלק כלל. אבל כאשר גורש מגן עדן ספר רפואותיו גרשו עמו. וכמו שהנשמה נתלבשה לבוש גופני כן התורה נתלבשה לבוש גופני. ובחזירתו אל פנימיותי' ויפשוט הבגדים הגופניים גם התורה תפשוט בגדיה ויובנו כלליה ופרטיה ודקדוקיה וסדרי משניותיה בפנימיותה וזהו עסק הצדיקים בג"ע. וענין ל"ת הוא להצילו שלא ימשך אחר הקליפה הסובבת את הגן כמבואר בשער היכלות. ומי יתן ויעמיק המשכיל בדברים האלה וישכיל מעלת העוסק בפנימיות בעה"ז כי פעל בעה"ז מצות העה"ב. ומה שיש לנו לשאול בזה הוא כי מאחר שפי' רז"ל (שבת דף קמ"ו.) שכיון שעמדו ישראל על הר סיני פסקה זוהמתן, אם כן למה לא הכניסן אז בגן עדן של מטה ולמה נצטרכו עוד אל יישוב העולם הזה ואל א"י ואל שאר הדברים. והאיר השם עינינו בדרוש הנעלה הזה שפי' מענין הלבושים כי אחר שגורש אדם מעדן אבד את לבושו ונשאר ערום כדכתיב (בראשית ג) וידעו כי ערומים הם כי נסתלק מהם האור ונשארו הרוחות שלהם ערומים בלי לבוש עד שהלבישם הקב"ה כתנות עור ואויר העה"ז ועמד בעה"ז זמן עד שמתוך המעשה וקיום המצות התלבש בג"ע כדפי'. ולכן עם היות שכשעמדו ישראל על הר סיני פסקה זוהמתן אמת כי זכו חומרם הרבה אבל עכ"ז אלו היו נכנסין בגן עדן היו עומדים ערומים בלי לבוש מפני שעדיין לא קיימו את המצות ובלי קיום המצות אין להם במה להתלבש כדפי'. ולומר שיכנסו שם בלבוש הזה שהם לבושים בעולם הזה עם שנזדכך חומרם, ח"ו לומר כן. ודבר זה לאות (ועמל) [וסמל] כי אין לחשוב בהיות האדם זך תכלית הזיכוך שיוכל מפני זה ליכנס בחומרו העכור בג"ע בחייו אם לא יפשוט הלבוש ההוא ויכלה מאליו וילבש הבגדים אשר הם מעין העולם ההוא כדפי' במאמר ריש פירקין. כי אפילו אליהו אין עלייתו בין המלאכים בלבוש גופני שהוא מתלבש בהיותו בעה"ז כדפי' בשער ההיכלות. וכן ריב"ל וחביריו (במס' כתובות דף ע"ז ע"ב) שהם חיים בג"ע כי גם הם מתלבשים בלבוש הגן והגוף העכור כלה מאליו ונשארו מתלבשים בלבוש מעשיהם הנכונים. וראייה גדולה שהרי פגע שם ברשב"י ע"ה וכי יעלה על הדעת שיעמוד חתן בין השושבינים ושושבין בין החתנים בלבוש נכרי ח"ו. אלא ודאי כמוהו כמוהם כלם שווים לטובה לבושים בלבוש מעשיהם הטובים. וא"ת אם כן מה ענין מעלתם באמרנו שהם חיים בג"ע כיון שמקרה אחד להם ולצדיקים אשר בגן. לזה נשיב כי מעלתם רבה מאד כי מי שהוא טועם טעם מיתה הוא מתדבק בחלק המיתה. והקליפות שהם המיתה שולטים בו כענין שליטתם בכל העולם ועפר הוא ואל עפר ישוב ועפר יבלה גופו וגם את יהיה צדיק לא יזכה להתלבש בעדן הגן עד שתכלה גופו כי כן

נתבאר בזהר (תרומה דף קנ"א). ועתה ודאי גדלה מעלת הצדיק שלא טעם טעם מיתה וגופו כלה ונשרף מכח האויר הטהור והקדוש ויתלבש שם בלבושו בלי טעם מיתה כי אין שם קליפה ח"ו ואין תימה ממיתת מרע"ה ושאר מיתת הצדיקים הנזכר בתורה כי המיתה ההיא אינה מיתה כי אם גניזה כל א' לפי שעורו ואין צריך להאריך יותר. והנה נשאר לנו לבאר ענין קצר בחלק הזה ונבארנו בפרק בפני עצמו והוא ענין לבושי הצדיקים:

פרק שביעי:

הנרצה בפרק זה לבאר ענין זה הנמצא בזהר פ' (אמור דף ק"א) וז"ל כמה דתנינן דעובדין טבין דעביד בר נש בהאי עלמא עבדין ליה בההוא עלמא לבושא יקירא עלאה לאתלבשא בהו. וכד בר נש אתקין עובדין טבין וגברין עליה עובדין בישין ואשגח ביה קב"ה ועובדוי בישין סגיאין ואיהו רשע דאשתכח חטאה קמי מאריה ותוהא על אינון טבוון דעבד בקדמיתא, הא אתאביד הוא מכולא מהאי עלמא ומעלמא דאתי. מה עביד קב"ה מאינון טבוון דעבד האי חטאה בקדמיתא. אלא קב"ה אע"ג דההוא רשע חטאה אתאביד, אינון טבוון וזכיין לא אתאבידו. אית צדיק דאזיל בארחא דמלכא עלאה ואתקין לבושוי מעובדוי [ועד לא אשלים לבושוי אסתלק]. קב"ה אשלים ליה מאינון עובדין דעבד ההוא רשע חטאה ואשלים לבושוי לאתתקנ' בהו בההוא עלמא הה"ד יכין וצדיק ילבש. ההוא חטאה אתקין, וצדיק דא אתחפי ממה דהוא אתקין. הה"ד כסוי חטאה כו' עכ"ל. וכוונת המאמר עצמו מבוארת. והכונה לפרש פי' הפסוק כסוי חטאה שפירושו שיש צדיק לובש כסוי החוטא כיצד הרי שאדם אחד שעשה קצת מצות ותוהא עליהם אבד אותם כדפי' רז"ל (קדושין ד"מ ע"ב) בפסוק צדקת הצדיק לא תצילנו כו' ואמר ר"ל בתוהא על הראשונות. ואמר הרשב"י שאותם המצות שעשה לא נאבדו מכל וכל. דנהי שהוא בהיותו תוהא אבד אותם, אבל הם בעצם לא נאבדו. אבל הקב"ה נותן אותם לצדיק שנסתלק בבחרותו ולא קיים ככל הצורך ומשלים לבושו על ידי פעולתו של הרשע ההוא התוהא. זהו כללות המאמר. וקשיא לי טובא וכי כמה תוהים יהיו כדי שיזכו הצדיקים ללבושים ההם הנאמר כי הלובשים הצדיקים הם כמנין התוהים שוה בשוה ומעולם לא מת צדיק שיצטרך לכך שלא יהא כנגדו רשע תוהא על מצותיו כדי שילבש הצדיק. ועוד אם ימותו שני צדיקים ויצטרכו לשני לבושים ולא נמצא כי אם תוהא אחד הנאמר שיפיסו על הלבוש ההוא למי יפול בגורלו או יחדיו חלק כחלק יאכלו. ועוד היקבע אלהים את האדם. תינח שהרשע ההוא ביצרו הרע תוהא על צדקותיו אשר עשה. אך הנשמה הטהורה העניה שזכתה אל קצת מהלבוש ההוא למה אחר שתקבל עונשה יפשיטוה ערומה כיום הולדה כי אין זה שורת הדין. כי כן דרך הנשמות זה משלים קצת וזה משלים קצת עד שישתלם נשמה אדם אחת גופים. וזה הי' סבת הגלגול לבלתי ידח ממנו נדח. והנשמה העשוקה הזאת טעמה מרירות וזוהמת החוטא ההוא ולא ראתה בטובה כי כל צדקותיו לא תזכרנה ותם לריק כחה ויגיעה. זה ודאי חוץ משורת הדין:

לכן נאמר כי ענין זה יובן בהקדמת סוד הגילגול למי שזכה אל סודו. ונודע כי הנשמה תושלם על ידי גופים רבים והגופים ההם מתנוצץ בהם נשמה כמדליק נר מנר מהנשמה העקרית ואותם הגופים יבלו בטוב ימיהם ונוחלים עולמם שזכו בחייהם. הנה בעל הנשמה העיקרית לא יטעם משלימותיה או ממצוותיה אשר פעלה (קודם בואה אל גופה או) אחרי צאתה מגופה אם תבא אל גוף אחר כי אע"פ שמצד גלגולה ימשך אליה תועלת רב עכ"ז שכר המצות לא יקבל שכרם כי אם הפועל אותם. המשל בזה אם נשמת ראובן תתגלגל בגופו של יהודה לא יקבל ראובן שכר המצות שפעל יהודה ולא יהודה שכר המצות שפעל ראובן עם היות נשמתם אחת היא ומתפשטת לשתי נצוצות. ועם היות שנמשך אליהם תועלת רב לכל אחד מחבירו לפי שבאמצעות שניהם הנשמה משלתמת ונמצאו שניהם זוכים אל נשמות שלימות נקיות וברות. ושעליהם נאמר (דניאל יב יג) ואתה לך לקץ ותנוח ותעמוד וכו'. ועכ"ז עיקר המצות כל או"א יאכל חלק כחלק מעשיו אם מעט ואם הרבה. ואחר שכללנו הרב במעט בהקדמה זו נאמר שאין במה"ד כח לאבד נשמת התוהא כי עם היות שהיה תוהא עכ"ז על כרחו הנשמה נשתלמה במעשיו הטובים אשר עשה והגוף הנגוף התוהא יכלה בעפר ונאבד ונכרת מכל וכל. אמנם הנשמה ההיא תתגלגל ובהיות הנשמה הענייה אח"כ בגוף השני צדיק. הקב"ה בחכמתו מקצר שנותיו כדי שלא ידחה גם הוא מארץ החיים כגוף הראשון התוהא ונדחה. והגוף השני הצדיק עם היות שלא פעל המ"ט והמצוות ללבושו. הקב"ה ישלים לבושו במצות שפעל בגוף הא' התוהא ובדין ילבש אותם כי הם משלו יכין וצדיק ילבש כי צדיק היה וצדקות אהב ונקצרו שנותיו ולא ראה בטובה ולא טעם כי אם מעט מיערת הדבש ההוא ובטבע העניין שהצדקות

שתוהא הגוף הראשון עליהם הוא לובש אותם כי הנה נשמתו זכתה אל הלבוש הזה קודם בואו הנה ומה גם עתה בהיותו צדיק אלא שמת בקצרות שנים כי אז ודאי תהיה מנוחתו כבוד. והנה בפרק זה כללנו המרובה במעוט והנה נשלם חלק אחד שבשער זה. ועתה נבא לבאר חיבור הנשמה בגוף הנגוף עם היותה הויה דקה רוחניות יותר ממלאכי השרת:

פרק שמיני:

מפורסם הוא כי לפי הכנת הדברים התחתונים כן חשק העליונים לדבק בהם. וראיה גדולה ממעשה המשכן כי מפני היות אבריו [א] כללם ופרטם רומזים אל העניינים העליונים רצוני לומר אל המרכבות העליונות לכן היו העולמות והמרכבות ההם נמשכות ושופעות בגולמים ההם. וממה שהיו גולמים מתים, מצד רמז פעולתם נמשך עליהם החיים העליונים ולכן השכינה היתה שורה בהם וכבוד ה' מלא את המשכן. וכן הענין כי להיות הגוף דומה אל הרוחני לכן הוכרח כי אפילו שיהיה הדבר רוחני יתדבק בגשמי לרוב תשוקתו אליו. והטעם מפני שהתחתונים הם משכן לעליונים וכמו שחשק המסובב לעלות אל סבתו כן חשק הסבה שיהיה מסובבו קרוב אליו. וכחשק העלול אל עלתו כן חשק העלה שיתקרב עלולו אליו. והדברים האלה מוכרחים מעצמם כי ע"י כך הוא קשר העולמות עם היותם מנורה של פרקים. ואם ח"ו היה חפץ הסבה לעלות והמסובב לרדת לא הי' אל מציאות ההויות תקומה בעולם והיחוד והקשר היה נתפרק לפרקים. ואל ענין כזה נאמר בתורה קדושים תהיו כי קדוש אני. וזהו אחד מן הטעמים שהאין סוף מתייחד במדותיו בזולת מה שכתבנו בשער עצמות וכלים. והנה על פי הדברים האלה לא יתרחק ממנו קשר הרוחני בגשמי. ומה גם כי המדרגות בכל הענינים משתלשלות מאצילות לבריאה ומבריאה ליצירה ומיצירה לעשייה והכל נקשר בקשר אמיץ. וכן הענין בנשמה כי משתלשלת מעלה לעלול ע"י המדרגות הנז' כמבואר בפי'. ועל אכו"כ טובה כפולה כי כמו שרמזנו בשער זה ובשערים הקודמים בהנשמה כן הגוף שהוא מרכבתה שברא לה הקב"ה הוא דומה אליה בכל ענייניו:

ועתה נבאר קצת מהרמז אל תבנית הגוף. כבר נתבאר כי האצילות כלו נכלל בחסד דין ורחמים והרמז לשלשתם גדולה גבורה ת"ת. ולכ"א מאלה ע"ב ענפים כדפירשנו בשער פרטי השמות. וכללותם רי"ו. וכשנכלול עמהם שורש הע"ב שהם ל"ב נתיבות שבחכמה יעלה אל מספר רמ"ח והם רמ"ח אברים שבאדם רמ"ח כחות עליונים שהם רמ"ח מצות עשה מאורות מצד החסד. ועוד יש באדם שס"ה גידים כנגד שס"ה מאורות שבגבורה שכנגדה נתן אלינו שס"ה מצות לא תעשה וכללם תרי"ג והם תרי"ג מצות התלויים בשם יהו"ה כענבין באתכלא כדפי' הרשב"י ע"ה בתקונים. זהו כלל אבריו. ופרטיו הם רבים. והנה בראשו הם נרמזות ג' ראשונות כיצד קרום של מוח והעצם החופה והעור שעליו הוא רמז לכ"ע. ולכן יש בו שערות לרמוז אל שרשו העליון והם עולמות וצנורות המתפשטות מכח הא"ס הנעלם בתוכו. ולהראות מעלתו וכחו יש לכל אחד משער הראש גומא בפני עצמו ויניקה בפני עצמה להראות עוצם וגבורת ההשפעה העליונה שממנו שואבים כל הנאצלים שפע ממקור המקורות הוא הא"ס אשר אין לפניו צרות עין כלל. ולכן לכל או"א תעלה בפני עצמו ואין מצטרך אל חברו כי אין עניות במקום עשירות. משא"כ בשאר שערות הגוף. וידוע כי כל שערה ושערה הוא עולם בפני עצמו ויש לו שרש נעלם המתאחד בסבתו כמו השערה שכל מה שכינס יותר במקורו שבתוך העור מתקרב אל מציאות טבע הבשר. והמוח תחת הקרום מתחלק אל שלשה מוחות להראות שלשה מציאות שבחכמה והם חכמה תבונה ודעת כמו שבארנו בשערים הקודמים וכן העצם החופה על המוח חלול חללים רבים וחדרים רבים להראות עולמות נעלמים כענין תר"ך עמודי אור שבכתר כדפירשנו בשער מהות והנהגה. וכן תלויים מהמוח החושים והם י' ראייה י"ה שמיעה יה"ו ריחא יהו"ה דבור כמבואר בתקונים (תקוני ז"ח דף קט"ז.) ואמרו חכמי הנתוח כי ל"ב נתיבות נמשכים מהמוח אל הגוף. לרמוז אל ל"ב נתיבות שבחכמה כדפירשנו בשער הנתיבות. וכן נשפעים ל"ב מקורות מהראש אל ל"ב שינים שיש לאדם בפה לרמוז אל ל"ב נתיבות ול"ב כנגד ל"ב. והל"ב שינים הם נחלקים בצורה רוחניות ד' שינים עליונים וד' התחתונים ושני ניבים עליונים וב' תחתונים הם י"ב. וה' טוחנות מצד ימין וה' מצד שמאל הם עשר למעלה בלחיים בעליונים, וכנגדם בתחתונים עשר. ובאו לרמוז ענין גדול כי הם ה' מפה וה' מפה וששה באמצע בין ניבים ושינים הרי שתי ההין ו' באמצע להראות על שם בן ד' והיו"ד הוא המוח על הכל שמשם נשפעים כל הל"ב והם סוד הו"ה למעלה בשינים העליונים והו"ה למטה בשינים התחתונים דהיינו זכר ונקבה שבעה בשבעה מוצקות כזה הוה י הוה והם שבעה קני

מנורה העליונה בסוד המשפיע וסוד ז' קני מנורה התחתונה המקבלת והם ת"ת ומלכות והרוח אשר ביניהם קו האמצעי המייחדם היוצא בכח הדבור. ובזה יובן הטעם שבני ישראל לא ידברו כזב וגם הטעם שעונש הכזב גדול מאד כי יהפך לו מקור מים חיים לאכזב. ועוד הפה רומז אל הבינה והחיך אל החכמה ומפני שאין השגה בחכמה לכן החיך משולל מכל טעם בעולם כי אין לו שום טעם. ועוד בקנה שש' טבעות לרמוז אל ו' ספי' שבקו האמצעי. ועוד הפנים יש בהם ב' תפוחים כעין התפוחים העליונים הנשפעים על ידי המלכות הנק' שדה תפוחים וגוונם אדום ולבן בסוד דודי צח ואדום והזקן זקן אהרן. וב' עינים הרומזים אל שני יודין והחוטם וא"ו באמצע בסוד הא שפי' בשערים הקודמים. ושני נקבי החוטם לרמוז אל ב' השפעות הנשפעות מהת"ת הימיני חסד והשמאלי גבורה והם רומזים גם אל ב' ההי"ן שהם כ"א ג' ווין שהם ג' אבות. ובת עין לרמוז אל היוד שבתוך הה"א. והלבן שבו רומז אל מציאות המלכות י' שנקראת ים. ושבעה גלדי עינא (כדפי' גם חכמי הנתוח) הם רמז אל ז' ספי'. אור שבהם רומז על הכתר. בת עין הפנימי הוא י' בהצטרפות הבינה ועיקרה בחכמה נמצאו עשר ספי' בעין. וכאשר נדקדק נמצא שם מלוי יודי"ן. יו"ד הוא סוד המוח המשפיע חוש הראות וראיה בחכמה והראיה עצמה יו"ד ושתי עינים הי' הי'. כי הי' הם בת עין הפנימי וג' ווין הם ג' אבות שבה"א כזה ה והחוטם האמצעי הוא הוא"ו בין ההה"ין והוא וא"ו במלאוה שני ואוי"ן שני מקורות החוטם והבחי' המיחדת הוא א' וכבר נתבארו עניינים אלה בשערים הקודמים. ושתי הכרובים [של העינים שהם גבות העינים] שהם פורשי כנפים הם נצח והוד ושערות שבהם רומזות אל עולמות מתפשטים. ומכח הדין אינן גדול' שהם נשרפות באשם כי סתם עין הוא דין והיינו נתן עיניו בו וכו' וכל מקום שנתנו חכמי' עיניהם. והגיד המקיף שתי הכרובים שעל ידו מתייחדים פותחים וסוגרים הוא יסוד עולם הנקרא גי"ד. ומציאות העינים בכלל נרמזים אל החכמה והבינה ומציאות החוטם בכלל נרמז אל הדעת המתמצע בין שתיהם. והמצח שעל שלשתן הוא מצח הרצון כ"ע. והזקן זקן אהרון נרמז בחסד לרמוז אל עולמות הנמשכים מהכתר בסוד י"ג מדות של רחמים שבו והם י"ג תקוני הזקן עם פאתי הראש כמבואר באדרא. ועוד כמה שרטוטים בפנים ובמצח ובשאר אברים שנעלם אלינו סודם. והצואר הוא הבינה ועליו נאמר (שה"ש ז ח) זאת קומתך דמתה לתמר וקומת הגוף נרמז אליה והוא נקרא קומ"ה מקו"ה מים אבל הגוף נרמז בת"ת בכלל. ושתי הזרועות ימין ושמאל שהם גדולה וגבורה מפני שהכלל ג' אבות שהם ג' ווי"ן עולים ח"י בסוד ויס"ע ויב"א וי"ט ולכן ח"י חוליות בשדרה. והענין כי כל א' מג' אבות כלול משש קצוות והם ג"פ ו' שהם ח"י הנזכר והמשכתו מחכמה בסוד הדעת והיינו חוט לבן הנמשך מהמוח ונרתקו הת"ת עצמו והדעת נשמה אליו כמבואר בשערים הקודמים. והנה הזרועות נמשכות מהגוף נרמז בהם שם בן ד' כיצד ה' בכתף ו' בזרוע י' כף היד ה' ה' אצבעות הם יהו"ה וכן פירש הרשב"י בתקונים מקומות רבים. וקש' לן מפני מה היו"ד למטה אצל ה' אחרונה. ואם נאמר שה' אצבעות הם ה' ראשונ', סוף סוף קשה כי היוד למטה מה' או למטה מו' אחר שהיא בין ו' שבזרוע לה' שבאצבעות. לכן נראה לומר כי סתם יד היא מלכות וכף היד יו"ד שבמלכות שהיא נפתחת בה' שהם ה' אצבעות וי' שבחכמה הוא האחוז בזרוע המתפשט בכתף הנקר' בלע"ז פאל"ה. ועוד בזרוע עצמו במציאות ב' קנים אצל כף היד והם ב' תאומים והם שני הנצחים המשפיעים ביסוד להשקות י' וה' שבמלכות דהיינו י"ד והקנה העליון הוא מציאות הת"ת המשפיע על ידם אל היסוד וכשאדם כופל זרועו למעלה עולה היד אל הכתף היינו עליית המלכות אל הבינה ע"י יחוד הת"ת באמצעות המלכות ואז היא ז' יוד על ואו כף היד על ואו זעירא ואם יעלוה על ראשה אז ירמז עלייתה בכתר ואז היא ז' גדולה י' על ו' גדולה והיא אשת חיל עטרת בעלה וכזה אל שתי הזרועות. וחמשה אצבעות סוד חמשה בריחי המשכן והאמצעי מבריח מן הקצה אל הקצה וכלל י' אצבעות י' ספי'. י"ד פרקים שבאצבעות שבימין וי"ד פרקים שבאצבעות שבשמאל לרמוז אל הידות שפי' בשער פרטי השמות. וכל זה מורה על חילוקים ומציאיות ובחינות שבכל ספירה וספירה. והמעיים המתפשטים בתוך הגוף הם רמז עליון ומה גם כי פרכת מסך מבדיל בין הקדש ובין קודש הקדשים שהוא הלב. הלב רמז אל הבינה וגם ירמוז אל הת"ת וגם אל המלכות ובלב ב' חללים שהם שני ההי"ן ובתוכה שתי נקודות היא היו"ד הימינית שבבינה והיא שופעת חיים לכל האיברים והשני שבו הדם רמז אל היו"ד השמאלית דין ודאי היא המלכות ובו שתי טבעות על שני החללים רמז אל אגן הסהר אל יחסר המזג (שה"ש ז ג) והם רמז אל שתי מציאיות המלכות שהם בטיבור בטבעת ממש והם א' מצד החכמה וא' מצד הבינה והם בתים

לבדים שהם שני יודין. ומי יוכל לספר לרום חכמה נעלמה שבהם. ושתי אומות הריאה שבהם ה' אונות שהם ז' הם ז' ספירות נושבות רוח חיוני מצד החכמה שהיא ראיה ימין ריא"ה ראי"ה הכל ענין אחד ונושב רוח רחמים על הלב שהוא הבינה להשקיט הדין. וחוצה לפרכ' הוושט הוא הוא"ו והמשכתו אל מעים רחמים ומעי המו עליו (שה"ש ה ד). אמנם אינו קדש הקדשים מצד המותר הנשפע ממנו להם לחוץ. בחוץ הטחול והכבד והמרה ויותרת הכבד הם ד' כוחות חצוניים להיותו כלול בכל. למטה הכליות והם המורים על נצח והוד היועצים ונובעות חכמה והם משפיעים אל הברית הוא יסוד. ואמר שיש לכל אחד מן הכליות י"ב צנורות נובעים ממקורם ומשפיעים אל הברית לרמוז אל השפעת הימיני נצח שהוא ו' הרי ו' וחסד ו' הרי ו' הם י"ב. וכן השמאלי הוד ו' וגבור' ו' הרי י"ב. כי האבות נרמזים בשלשה ווין וכן הנצחים והכל נשפע אל היסוד שהוא הברית ובו ב' נקבים לרמוז אל ב' צנורות המבוארים בשער הצנורות א' אל הקדושה וא' אל הקליפה ושני האשכים הם נצח והוד והם שני יודין ו' באמצע והיינו מציאות **א**. וענין הירכים והשוקים והמתנים הם נצח והוד לפי בחינותיהם וכן נקרא חלצים ובארנום בשער ערכי הכנויים. ועשר אצבעות רגלים לרמוז אל ע"ס תחתונות שבבריאה שהם למטה ממלכות ולמיעוט יכלתם שאינם אלא כסא לכן אינם מתנועעות כמעט לא בידם טובם. ואחרי אשר נשים אל דעתנו כל העניינים האלה נבין מה שדרשו (חז"ל בב"ר פי"ב) בפסוק (דברים לב) הוא עשך ויכוננך, הקב"ה ובית דינו נמנו על כל אבר ואבר והושיבוהו על כנו. כל זה להראות כי כל הב"ד העליון כל העולמות הנעלמות כלם נרמזים באדם. ומי שהוא בקי בחכמת הניתוח על דרך האמת ישכיל ויבין כמה עניינים נעלמים כמה מיני חכמה ודעת בענין העולמות הנעלמות בשרשם וענין מעשה בראשית ומעשה מרכבה כי גוף האדם עם היותו גשם עכור כולל הכל עליונים ותחתונים כדפי':

פרק תשיעי:

ואחרי היות הגוף הזה בנוי בנין נחמד וחשוב כזה המבואר בפ' הקודם. עוד טובה כפולה כי באברים הנחמדים האלה יורכב רוח חיוני אשר אין הרוח ההוא ממש נאצל ממקום גבוה. אמנם יתהוה בתוך הגוף מצד זיכוך החמרים אל מדרגת הצורה והבריאה ההוא. ומצד עליות החמר והעפר אל מצב צורת האדם כמו שביארנו בשער היכלות (פ"י). ועל הרוח החיוני הזה הוא משכן הנפש ועל הנפש הרוח ועל הרוח הנשמה ובזה נחלקו (התנאים) [המפ'] כאשר נבאר. וקודם ביאור ההקדמה הזאת ראוי לבטל דעת קצת המפרשים שאמרו שהעצמות משכן לרוח והבשר משכן לנפש ורצו להכריח ענין זה מן הכתוב שאמר (איוב יד כב) אך בשרו עליו יכאב ונפשו עליו תאבל. והם אומרים מאחר שהנפש מתאבלת מכאב הבשר הרי ודאי שהבשר מרכבה לנפש. ואין סברא זו עולה יפה מכמה טעמים. ראשונה שאם הוא כן שהבשר מרכבה לנפש והעצמות משכן לרוח א"כ היה מן הראוי שאחר הקבורה ככלות הבשר תסתלק הנפש ותשאר הרוח שם בעוד שהעצמות קיימין ואין הדבר כן. אלא אדרבה הרוח תשוב אל האלדים אשר נתנה אל גן עדנים והנפש בקבר מעדנת את הגוף או להפך הכל לפי המעשה וכן בארו בזהר פ' תרומה (דף קמ"א ע"ב) וכבר כתבנו מזה קצת לעיל בפ"ג. וכן בפרשת אחרי (דף ע' ע"ב). ועוד כי אחר שהנפש היא למטה ממדרגת הרוח ודאי אם כן היה ראוי להיות שהרוח שחיותו גדול יהיה משכנו בבשר שחיותו גדול מהעצמות בבירור כי הבשר בה מתפשטים הוורידים הדופקים ובלתי דופקים ומרגיש ודאי בחיות יותר מהעצמות. וקשה מכלם כי הרשב"י ע"ה (בפ' לך) מפ' כדפי' כי יש רוח חיוני שבו משכן הנפש כאשר נבאר. ועתה נבא בביאור השתלשלות הנשמה הזאת מתחלתה ועד סופה. כבר קדם לנו בשערים הקודמים מענין האותיות ורוחניותם כי לא דבר רק הוא. וכן הענין ממש בהבל הפה מההבל מתהוה אותיות ורוחניות ונשמה שהם מסתלקים מעלול לעילה עד המקום הנרצה אליהם המיוחדים בשרשי הנשמה הזאת וזהו ענין שמים החדשים וארץ החדשה הנעשה מחידושי תורה כמו שנדרש בזהר בראשית (בהקדמה ד"ד וד"ה) ובפ' קדושים (דף פ"ה) כי כאשר יחדש האדם חידושי תורה אותם האותיות המתהוות ומצטרפות בפיו יתהוה מהם רוחניות וענין נחמד. וזהו ענין התפלה שאכתריא"ל מקבל אותה וקושר כתרים לרבו כדפי' בערכו. וההקדמה זו היא מפתח לכמה היכלי תורה. ולזה אז"ל מצות צריכות כונה [דהיינו כוונה לצאת י"ח] וכלם הסכימו שאם כונתו שלא לצאת י"ח בוודאי שלא יצא (ע' ב"י סי' תקפ"ט). והענין כי בהיות האדם מקיים המצות הגופניות הנה הם יהיו גוף ומשכן לרוחניות כונתו הנמשך מנשמתו. והכונה מתלבשת במעשה המצוה. ולכן כאשר אין למצוה כונה הנה לפי האמת היא כגוף בלא נשמה.

ומזה נקיש כי כל עוד שתגדל כונת האדם במעשה המצות הנה לפי שיעורה תגדל רוחניותיה ותעלה מעלה מעלה דרך המדרגות כדפי' לעיל בפ"ו. ואחר היות הקדמה הזאת אמיתית ונכונה הנה בהיות האדם מתייחד עם בת זוגו בטוב ובכונה שלימה לעבודתו ית' כדי ליחד החתן והכלה ולהמציא אליו מתוך כך נשמה מהקדושה הנה אז באמת ימציא לו השי"ת נשמה מתוך נשמות הקדושות. ומה גם אם קדם לו אל הזווג התפלה הנחמדה הידועה. הנה עאכ"ו טובה כפולה שיתהוה מן המעשה ההוא גוף וטפה מוכנת לנשמה קדושה. והנה כמו שביחוד הזכר והנקבה הגופניים כן ביחוד הנשמות הנעימות אשר גם להם זכר ונקבה ויפעלו בטוב כוונתם ברוחניות נפש רוח ונשמה להתלבש הנשמה במעלותיה העליונות. והכונה הזו הנחמדת היא הטפה שמעלה אותה המלאך הממונה על ההריון דליכא למימר דטיפה גופניות קאמר. והנה כזה פירש בזהר (בראשית דף נ"ד ע"ש ע"ב) בקרי ונגעי בני אדם שמתעברין הרוחות מקרי. והוקשה להם שאחר שהאדם גשמי איך אפשר שיתעבר ממנו הרוח הפשוט עם היותו טמא. ואמרו שאין העיבור מהטיפה כי הטיפה נמשכת באיבוד אמנם מתעברת מהתאוה ההיא שהאדם מתחמם בה להזריע ופי' בשער היכלות הטומאה פ"ב. וכן הוא לענין הקדושה כדפרישית. ואז בהעלות הטפה ההיא ר"ל כוונתו הקדושה והרוחניות לפי האדון יי' צבאות בעל המשפט ונשפט עליה. וכפי הכנתה כן גזרת האדון בחיוב הנשמה הנשפעת ונתנת בטפה ההיא. ועתה יתגלה לנו ענין המצוה שישא אדם בת ת"ח כדי שתהיה נשמתה זכה וברה ותכוין דעתה לשם שמים. וכן הענין מה שאחז"ל (שבועות דף י"ח ע"ב) המקדש עצמו בשעת התשמיש כו'. וכן ענין היתר בעילת המעוברת והמניקה ואינו נק' זרע לבטלה ח"ו, מפני שעם היות שאינו לענין הולדה גשמית הוא לענין הולדה רוחניות כי בטוב כונתם יתייחדו חתן וכלה העליונים כמו משאר מעשה המצות. וזהו סוד אברהם ושרה שהיו מולידים נשמות לגרים כדפי' רז"ל כי ע"י כונתם היו מתייחדים החתן והכלה ומולידים בסוד ההולדה העליונה המבוארת בשער מהות והנהגה נשמות קדושות לגרים ההם והיינו (בראשית יב ה) ואת הנפש אשר עשו בחרן. ונחזור לענייננו שאז בהיות הטפה ההיא לפני המלך נשפע עליה נשמה. וכבר נתבאר בזוהר בסבא (דמשפטים דף ק"ב) כי בהיות האדם משתמש בבת זוגו מכניס בה נצוץ מרוחו והרוח ההוא עומד בתוך גופה מתקשקש בה כמבואר הענין הזה שם בארוכה. ומזה נקיש אל הנשמה העליונה השלוחה אל הולד תתלבש בטפה הרוחניות בתוך נשמת הנקבה ונמצאת הנקבה מעוברת היא בעצמה ומעוברת בנשמתה. ואין תימה בזה כלל כי כן הדרך אפי' בזכרים שמתעברים [בעיבור נשמה אחרת] כענין פנחס שנתעבר בנשמת נדב ואביהוא כמבואר בזוהר פרשת אחרי (דף נ"ז ע"ב) ופרשת פנחס (דף רי"ז.) וכענין אדה"ר שנצטרף באברהם יצחק ויעקב כנדרש בזהר וספר ר"מ ובתקונים. וענין בחי' העיבור הוא סוד מסודות הגלגול. ולכן אמרו (חז"ל ערכין ד"ז) עובר ירך אמו ואין ממתינין לאשה מלהענישה מיתה עד שתלד כי כמו שנטמאת נשמת האשה בתוך הקליפה בעבירה ההיא כן נטמאת נשמת העובר ושתיהן צריכין טהרה ולכן ימותו שניהם ואין ממתינין להם עד שתלד. ודי בהערה זו אל מעלת המשכת הנשמה ומתוכה יפתחו להמשכיל כמה מסתרי המלך:

עתה נבאר ענין שכינתה בתוך הגוף הנגוף. והוא כי עיקר משכן הנפש הוא כח החיוני אשר באדם אשר הכח ההוא טבע מטבע בו כדמיון החיות בבהמות ואינו דבר נאצל עליו כענין ז' חלקי האדם שבארנו בפ"ד. ולכן יש שקראוהו נפש הבהמיות שהוא כח חיות הבהמות ואין לה ידיעה עיקרית בעולם אלא הוא אד עשניי שוכן בחלל הלב מתפשט בכל הגוף והוא חיות המתהוה מתוך העלות העפר הזה אל מדרגת צורת האדם כמו שהיו בוראים אותם האנשים המתעסקים במעשה ספר יצירה כדפי' בשער היכלות (פ"י). ולהיות כי כח החיוני הזה הוא משכן לנפש הוצטרך להיות כדמות הנפש הנאצלת בתכונתה ואברים הפנימים הנעימים המבוארים בפ' הקודם, והוצרך אל החיות הזה להיותה מתפשטת ומסתעפת כענין הדמות אשר לגוף. ומפני שהנפש הזאת עדיין היא דקה ביותר הוצרך להיות לה ענין דק שבו תתלבש והיינו הדם הדק שבוורידי הלב והם הוורידים החיים הדופקים. ומטעם שאם מחיות הזה המתפשט בורידים ההם בלי הצטרפות עצמות וגידים לא היה יכול להתקיים כלל כי לא יהיה עומד לחולשתו והיה נפסד ודבר קל יזיקהו. לזה הוצרך לערוך מערכת עצמות שהם כדמות גשרים שעליהם מתפשטים העורקים האלה. ומפני היות העצמות קשי המשוש ומקומות בולטים ומקומות שוקעים הוצרך להשוותם בבשר בתכונתם הנבחרת עם התדמות הצורה אל הצורה העליונה כדפי'. ומפני שהבשר היא בלתי בעלי שמירה מתוך רכות טבעה כי היא רפה ומתמסמסת

והולכת, לכן הוצרך לקרום עליה העור שהוא גדר וסייג לבל יפסד הבשר ולא יתקלקל. ומטעם שלא יפגם הבשר ויפסד מעצמו הוצרך להיות תעלות משקים הגידים והם וורידי הכבד שהם מתים שאין בהם כ"א השקאת הבשר לשיגדל ויתעדן ויהיה מלוחלח וישוקה על ידם תמורת מה שניתך מחום הטבעי. זהו הקצור הצריך אלינו מחכמת טבע הבריאה אל הנשמה. והנה על רוח החיוני ההוא יהיה משכן הנפש. וראיה אל הכח החיוני הזה הוא בעת שינת האדם בהסתלק הנפש לחשוב לפני קונה ישאר הרוח החיוני ההוא יושב וזן ומפרנס תכונת האדם וזהו ענין רוח החיוני הנושב בו הנשימה וכחות הגוף אשר לו, כדמיון כח העכול ושאר כחות הנפש כגון כח המושך והדוחה וכו' המבואר אצל חכמת הטבע. ונתבאר ענין זה בזהר פ' לך לך (דף פ"ג) וז"ל ת"ח נפשא דבר נש כד סליק לערסיה נפקת מיניה וסלקא לעילא. ואי תימא דכלהו סלקין לאו כל חד וחד חמי אפי מלכא אלא נפשא נפקא וסלקא ולא אשתאר ביה בהדיה גופא בר חד רשימו דקוסטא דחיותא דליבא. ונפשא אזלת ובעיא לסלקא וכו' עכ"ל. והכונה מבוארת כי בעת שינת האדם נפשו מסתלקת ממנו ולא נשאר בגוף כ"א רוח חיוני בעלמא והוא לפי האמת החיות הטבעי אשר בגוף והוא הנעשה מרכבה לנפש והנפש אל הרוח והרוח אל הנשמה וכל זה ע"י הצלם הנכבד כמבואר לעיל בפרקים הקודמים. והנה עתה לא יפלא בעינינו היות הנשמה מתחברת אל הגוף עם היותו גשמי והנשמה הויה דקה ורוחניות. והנה נכלל החלק השני. ועתה נבא בביאור חלק השלישי והוא ענין פגימתה בעצמה ופגימתה בשערים הנכבדים:

פרק עשירי:

יש קצת מהמקובלים שאמרו שאין חטא בנשמה אמנם החטא הוא לנפש שהיא הנפגמת והכריחו הענין ממה שלא נמצא בכל פ' הקרבנות נשמה כי תחטא או רוח כי תחטא אלא נפש כי תחטא וכן נאמר (יחזקאל יח) הנפש החוטאת היא תמות. כי אין מיתה אלא בנפש וכן כתיב (איוב י"ד) ונפשו עליו תאבל. כי הרוח תסתלק ג"כ ממנו כאשר האדם בא לידי חטא. ואין הדעת הזה בקצת צודק. כי אמת הוא שהכרת והכליון והאבוד הוא בנפש ולא בשאר החלקים. וכן ביארו בזוהר בפ' אחרי (דף ע' ע"ב) במאמר תניא א"ר יהודה כתיב תוצא הארץ נפש חיה כו' ושם האריכו הרבה בענין הנפש ובכלל דבריו אמר ועונשא דחייבין די בארעא בהאי הוא דכתיב ונכרתה הנפש ההיא מעמיה עכ"ל. ומ"ש עונשא דחייבין בהאי הוא פי' עונש הכרת כי שאר המדרגות אינם נכרתים מכל וכל ח"ו. אמנם מיטמאים, ומיטהרים מזוהמתן ע"י נהר דינור כמבואר בשער היכלות. אמנם הנפש תכרת מכל וכל והנשמה מתטמאת. וכן פי' בזוהר בפ' תצוה (דף קפ"ב) וז"ל דהא כד ברא קב"ה לב"נ עבד ליה בדמות דיוקנא עלאה ונפח ביה רוחא קדישא דכליל בתלת והא אוקמוה דאית ביה נפש רוח ונשמה ועילא מכלהו נשמה דאיהו חילא עלאה למנדע ולמטר פקודוי דקב"ה ואי ההיא נשמתא קדישא אעיל לה בפולחנא אוחרא האי איהו מסאיב לה ונפיק מפולחנא דמאריה בגין דתלת חילין אילין כולהו חד נפש רוח נשמה משתתפי כחדא והוו חד עכ"ל. ואין דברי המאמר צריכים ביאור כי מבוארים הם, ומתוכם אנו למדים כי הנשמה מתטמאת. ועוד שם לפנים מן הענין אשר נשמה באפו דההיא נשמתא קדישא טריף לה וסאיב לה בגין אפו אשר נשמה אחלף לה באפו. והנה הכרח גמור שהנשמה נפגמת ונטמאת. ואמנם ענין טומאתה עם היותה מסתלקת מן הגוף יהיה כמה שפי' בשער המציאיות (בפ"א ע"ש) בענין הקדושה כי היא מתרבה. וכן הנשמה בהיותה מתאצלת כפי הדרכים שנתבא' כן תשאר מציאותה מצויה במקום אשר ממנה חוצבה מציאות דק ונעים ומדרגותיה יורדים מדרגה אחר מדרגה דרך מעלות הסולם עד בואה אל עולם השפל. וזה נתבאר בתיקונים (תקונא כ"ב דף ס"ד) וז"ל שימני כחותם דא נשמתא דאיהו רשימו דילה גליפא לעילא כמה דאוקמוה ביעקב דדיוקנו חקוק בכסא הכבוד כל נשמתין דאינון גזורות מתמן גליפו דלהון איהו חקוק לעילא ורשימו דלהון [דלתתא. וההוא גליפו דלעילא] איהו חותם ורשימו דלתתא רשימו דחותם ומיד דרשימו דגלופא דנשמתא איהו לעילא ורשימו דילה לתתא אתמר בה והנה מלאכי אלדים עולים ויורדים בו סלקין לעילא ומסתכלן בדיוקנא דנשמתא דנהרא בההוא גליפו ומזדעזעין מיניה נחתין לתתא ומסתכלין ברשימו דההוא דיוקנא דלתתא וחזאן דלא אשתני מדיוקנא דלעילא ודחלין מניה עכ"ל. ומתוכו נראה בפי' כי נשאר למעלה מקום חציבת הנשמה דיוקן משובח ודק עד שהוא משובח יותר ויותר מהנשמה למטה כי בדיוקן העליון של יעקב אמר ודחלין מיניה מה שאין כן בנשמה למטה כמו שבאר. וכאשר הנשמה ההיא בדרך מדרגותיה מתייחסת אל גוף זה אע"פ שתתעלה ותסתלק מהגוף הנה כל פעולת הגוף ימשכו אל הנשמה דרך שלשלת השתלשלותה

ותתפגם בהכרח. והלא כאשר יש מדרגת השתלשלות הקדושה כן יש מדרגות הטומאה וכמו שכאשר יחטא האדם ימשיך עליו כח הטומאה כן ימשיך וישפיע על נשמתו כי בטומאה עצמה יש חלוקים ויש מציאיות. יש מציאיות דק כטינוף נעלם אצילות טמא ויש מציאות עב ולכן המטמא עצמו מטמא נשמתו כי ימשיך עליה כח הטומאה וידביקה בקליפות אם דקות אם גסות. וראיה לזה מחסיד המתדבק בקדושה ע"י מעשיו ישפיע על נשמתו שפע רב ממקום העליון דרך מעלות ויבינהו דעת וילמדהו חכמה כדרך הנביאים ומדברים ברוה"ק המתדבקים בקונם עד ימשיכו האור על נשמתם ונשמתם ישפיע בהם הסודות אשר קבלו ודברי החכמה הנעלמה. וכן הדבר בטומאה כי כאשר יחטא האדם ישליט על עצמו כח הטומאה לרוב. כפי שיעור הפעולה שבה חטא כן יהיה ענין הטומאה. וראייה לזה מהזוהר פ' קדושים (דף פ"ו ע"ב) וז"ל ות"ח בשעתא דבר נש אחזי לתתא עובדא באורח מישר כמה דאצטריך נגיד ונפיק ושרייא עלוי רוח קדישא עלאה (כמה דאצטריך). ובשעתא דאיהו אחזי עובדא לתתא באורח עקימא דלאו איהו אורח מישר כדין נגיד ונפיק ושריא עלוי רוח אחירא דלא אצטריך דסטי ליה לבר נש לסטר ביש מאן משיך עליה ההוא רוחא הוי אומר ההוא עובדא דאחזי בסטר אוחרא עכ"ל. והנה הוכרח כי כפי מדרגת החסיד בהמשכתו עליו רוח קודשא כן מדרגת הרשע בהמשכתו עליו רוח הטומאה לרוב. ובפ' נשא (דף קכ"ב.) ג"כ בארו ענין זה וז"ל דכד ב"נ אזיל באורחוי דאורייתא משיך עליה רוחא קדישא עלאה כד"א עד יערה עלינו רוח ממרום וכד ב"נ סטי אורחוי משיך עליה רוחא מסטרא אחרא דאיהו סטרא מסאבא וסטרא דמסאבא אתער מסטרא דנוקבא דתהומא רבה דתמן מדורין דרוחין בישין דנזקי לבני נשא ואקרון נזקי עלמא עכ"ל. והנה הורה בפי' כי בנטות האדם מדרך הישר ישפיע כח הטומאה לרוב עד שיושפע על נשמתו ומשם יושפע אל הגוף כי מקרה א' לצדיק ולרשע והטומאה ההיא הוא הפגם אשר בנשמה והוא הפגם אשר צריך כבוס בתשובה כי בשובו אל אלהיו ויקבל עליו תשובתו כראוי. כפי אשר נדבק בקליפה יכניע עצמו עד אשר ישבר הקליפות ההם שבהם נכנס ע"י העון ואז תחזור נשמתו למקום הקדש ותשיג מעלה רוחנית וע"ד זה יובן אמרם ז"ל (ברכות דף ל"ד) במקום שבעלי תשובה עומדים אין צדיקים גמורים וכו' כי בתשובתו ישבר הקליפות המשל אם נכנס בקליפה הז' ישבר אותה עד רדתה למטה הנה הכניע הקליפות וכחותם ושברם וזהו ודאי מעלה גדולה כי בזולת ששב בתשובה שלימה וחזרה הנשמה אל מקומה עוד נמשך מזה הכנעה ושברון לקליפות מה שלא היה כן לצדיק גמור שמעולם לא חטא. כי אמת הוא שתקן את עצמו אבל עכ"ז לא קלקל את אחרים שלא שבר הקליפות ועדין כחם בם להזיק נגד אדוניהם. וקרוב לענין זה דרשו בזוהר פרשת ויקרא (ד"ה). וז"ל זבחי אלהים כתיב ולא זבחי יי' א"ל ודאי כו' אלא זבחי אלקים וע"ד שחיטתן בצפון דהא זביחה בגין אלדים ההוא סטר גבורה דאתבסם ואתבר רוחא דדינא ויתחלש דינא ויגברון רחמי על דינא וע"ד זבחי אלדים לתברא חילא ותוקפא דדינא קשיא דכתיב רוח נשברה למהוי ההוא רוחא תקיפא נשברה ולא יתגבר רוחיה וחיליה ותוקפיה. ובר נש בעי כדין למיקם על מדבחא ברוח נשברה ויכסף מעובדוי בגין דיהא ההוא רוחא תקיפא תבירא וכלא בגין דדינא יתבסם ויתגברון רחמי על דינא עכ"ל. והנה בפי' כי בהכנעת האדם את יצרו הרע ובהיותו מתבייש מעונותיו יכניע כח הגבורה והדין. ואם בקדושה כן כ"ש וק"ו בן בנו של ק"ו שמכניע סטרא דשמאלא שהם תלויים בצד תוקף הדין. ואין הדבר הזה קל כי היא יסוד ועמוד העולם שהרי אברהם אבינו ע"ה הוצרך לרדת מצרים להכניע כח הקליפות ליכנס לתוכם ולצאת בשלום ולולא שנכנס שם לא היה אפשר לו להיות מרכבה לחסד וכן נתבאר בזהר פ' לך (דף פ"ג.) בענין ירידת אברהם למצרים וז"ל ת"ח רזא דמלה אי דאברהם לא נחית למצרים ולא יצטרף תמן בקדמיתא לא יהא חולק עדביה דקב"ה. כגוונא דא לבנוי כד בעא קב"ה למעבד לון עמא חדא עמא שלים ולקרבא לון לגביה אי לא נחתו בקדמיתא למצרים ולא יצטרפו תמן לא הוו עמא יחידא דליה כגוונא דא אי לא אתיהיבת ארעא קדישא לכנען בקדמיתא וישלוט בה לא הות ארעא חולקיה ועדביה דקב"ה וכלא רזא חדא עכ"ל. והיא ראייה גמורה אל כוונתנו. וכן בת שבע שנתנה לאוריה קודם שיקחנה דוד מפני היותה נבחרת לזרע ראוי למלוכה כמו שנתבאר בזהר פ' נח (דף ע"ג ע"ב) והקצור יפה:

פרק אחד עשר:

אחר שבפ' הקודם בארנו פגימת הנשמה בעצמה. עתה נבאר מציאות פגימתה למעלה במה שהקדמנו בפ' הקודם מענין הנשמה שיש לה מציאות למעלה ממציאות. והנה ע"י פעולותיה כלם נפגמים בזה אלא שיש חלוק שכאשר יפגום האדם

בנפשו בחטא שאין בו משפט מות כגון לאווי התורה לא ימשוך עליו כח הטומאה כ"כ. אמנם ימשיך עליו קצת ואותו הקצת יהיה מדרגה אחת כי הקליפות יש מהם דקות ר"ל רפות כי הם למטה במדרגה ר"ל טומאה מועטת או טומאה מרובה. ואם יחטא האדם בקלות ימשיך עליו מן הקלה ולפי מה שימשיך עליו כן יפגום למעלה כי השליט הקליפה במקום העון ההוא שבו תלויה המצוה. המשל בזה אם יחטא במצוה קלה והיא תלויה במדה מן המדות ישליט הקליפה באותו מקום בקצת מן מציאות נשמתו העליון אשר במקום ההוא כי כפי שהמשיך על עצמו הקליפה למטה כן המשיך על עצמו הקליפה למעלה. ואין לחשוב שהלקיפה נכנסת במקום הקדש ח"ו אמנם הענין הוא תביעת הדין לומר זו הנשמה מחלקה ויוכרח שתתגרש הנשמה ההיא מהמקום העליון ההוא ושולטת בה הקליפה הדקה. ואם ח"ו יחטא עון חמור באיזו ספי' שיהיה בחינתה ג"כ ישליט הקליפה בנשמה הדקה העליונה ותתגרש ממקומה ונמצא פגם למעלה וקצץ בנטיעות מפני שנמצא המקום ההוא פגום ונמצא הנשמה בתוך הקליפות. והכוונה באמרנו שתתגרש הנשמה העליונה ממקומה וכן שתתכנס בקליפות אין הכונה ממש על שהיא נכנסת בקליפות ח"ו אמנם על ענין יניקתה מתוך הצנור המר הידוע בברית העליון שהוא מקום מזון הקליפות ומוצא המותרות ולפיכך הוכרח כי כמו שקודם חטאו היא יונקת מן הימין וע"י היה נשפע מקום אחיזתו המלכות וכל מדרגות הקדושה משפע הק', כן ע"י חטאה יושפע המדרגה הקדושה שהיא אחוזה בו ממרירות הצנור השמאלי ההוא וישפיע מהיתוך הכסף והזהב. ואין פגם גדול מזה כי יזקיק מדרגתו הקדושה להשפיע לקליפה ע"י צנור נשמתו. ובאור הענין הזה הוא כמו שכאשר ישפיע האדם במעשיו הטובים שפע לעולם תשאר מאור השפע ההוא חלקו להתלבש בו בג"ע כדפי' בפ"ה וממנו מתהוה לבוש הנקי להנשמה כן ענין הלבושים הצואים שהנשמה מתלבשת משפע אי נקי וישפיע לקליפות וישאר חלקו שמור להתלבש בו. וכמו שהאדם הישר במעשיו הטובים ישפיע אל המלכות שפע טוב ונעים כי על ידו תתחבר המלכות אל הת"ת והאיר אל עבר פניה, כן האיש הרשע במעשיו המקולקלים ישפיע ע"י נשמתו כדפי' לעיל שפע מר ממות דרך הצנור הרע שהוא צנור המותרות ואז הכלה פירסה נדה ואומרת כדמות שושנה אדומה ראיתי וכו'. ונמצא מצדו היא נפרדת מאלוף נעוריה ויונקת מהשמאל הכיעור והמותרות ויהיה נשמת הרשע מתדבקת בצד הצינור ההוא ונותנת כח בקליפות ומעוררות אותם לינק מרורות פתנים אכזר ונמצא חלקו שמור לו ללבוש ממנו נשמתו בעת הסתלקה מן העולם. ואלו הן בגדים הצואים בגדי העונות. ודבר זה נרמז בזהר פרשת פנחס (ד"ריד.) וז"ל ויהושע היה לבוש בגדים צואים ואוקמוה. אבל בגדים צואים ודאי אינון לבושא דאתלבשא ביה רוחא בההוא עלמא כו' והאי אתמר כל מאן דבעיין לעאלא לגיהנם אינון לבושין דמלבשין ליה היך אינון. מה כתיב הכא ויהושע היה לבוש בגדים צואים ועומד לפני המלאך מאן מלאך דא מלאך דממנא על גיהנם וממנא על מאן דחמי באינון לבושין עד דאתיב קלא ואמר הסירו הבגדים הצואים מעליו. מהכא אית לאסתכלא דעובדין בישין דבני נשא עבדין ליה אינון בגדים צואים. ויאמר אליו ראה העברתי מעליך עונך והלבש אותך מחלצות אלבישיניה לבושין אחרנין מתתקנן דבהו אסתלק בר נש בזיו יקרא דמאריה. ות"ח כגוונא דא פנחס דלא אסתלק מעלמא עד דאתקנו קמיה לבושין אחרנין דרוחא אתהני בהו לעלמא דאתי. בשעתא חדא אתפשט מאילין ואתלביש באילין לקיימא דכתיב הנני נותן לו את בריתי שלום עכ"ל.

והנה במאמר הזה השוה המדות כי כמקרה הצדיק בלבושיו הנעימים כן מקרה הרשע בבגדיו הצואים והכל ממעשה העולם הזה ובעובדא תלייא מלתא. ומן הלבושים אתה מקיש אל הפגם הנפגם למעלה במדרגות הקדושות כי הלבוש הוא חלקו מכל עמלו שעמל ומשפעו שהשפיע. והנה זה פתח להבין ענין הפגם והקיצוץ. והקיצור בזה יפה לחוש על כבוד קונה. וע"ד זה יובן כי בהיות שהנשמה יונקת מן המותר נמצאו הנטיעות מצדה קצוצות והצנור ההוא נפגם וזהו הקצוץ. ובתשובתו ישבר הקליפה ההיא והנשמה תחזור אל מקומה הראשון והנטיעה הנטועה במקום הקדש שואבת ממקום טהור. ובזה יובן ענין הכתוב (תהלים נ טז) ולרשע אמר אלקים מה לך לספר חקי כו' כי אחר שהרשע הוא תוך הקליפות כשהוא מברך ישפיע לקליפות בהכרח כדפירשנו כי על ידי הברכה ההיא יושפע עליו שפע מה והוא בתוך הקליפה ואם כן יוכרח שהקליפות תובעים ואומרים הנה תפלתו וברכתו של פלוני שהתפלל שלנו הוא ואז נשפע עליהם בהכרח. וזהו (משלי ל) ושפחה כי תירש גבירתה. ומטעם זה אמרו בזהר פ' שמות (דף ט"ז ע"ב) כי כל אומה שישראל שרוים בתוכה בגלות היא מתעלית מפני שכשישראל מתפללים הם נשפעים על כרחנו מפני שהם שולטים עלינו. וכן הקליפות מפני ששולטים

על הרשע לוקחים השפע ההוא הנשפע ע"י הברכה. ומפני זה אמר דהמע"ה ולרשע אמר אלקים וגו'. ועפ"י הדברים האלה אמרו במקום שבעלי תשובה עומדים וכו' ומכניעם ולוקת מהם כל ברכותיו. וזהו (קהלח ח ט) עת אשר שלט האדם באדם לרע לו, והוא לרע של אדם בליעל כדפי' בשער אבי"ע. והנה בזה ישבר מתלעות עול ומשיניו ישליך טרף וחיל בלע ויקיאנו וזהו פי' הכתוב (איוב ח') כי עתה יעיר עליך ושלם נות צדקך. והכונה יעיר על המצות ההם ויקבלם מצד הטומאה. ואז ושלם פי' משתלמות נות צדק שהוא השכינה כמש"כ בערך נוה שהוא המלכות והכסא שמשם הנשמות חצובות בערך תציבה שהיא היצירה [ב] ואין לחשוב שאותם הברכות או המצות הנטמעות שם שיהיו אחר כך מאוסות בעיניו ית' ח"ו כי אדרבה הם משובחים ע"ד במקום שבעלי תשובה עומדין כו' וכן נרמז בזוהר. ובזה נשלם הפרק הזה ונכלל השער הזה ברוך ה' לעולם אמן ואמן:

שער לב הוא שער הכוונה

הנרצה בשער זה הוא לבאר מה התועלת בעשיית המצות ובענייני התפילה וסדר אשר בו יכוין בתפלתו ולא יהיה בו תקלה ח"ו:

פרק ראשון:

אחר שכבר נתבאר בשער הקודם שהאדם הוא חלק אלוה ממעל אם זך ואם ישר פעלו והוא אחוז בעבותות האהבה בשרשי הקדושה בנשמתו העולה בכל העולמות ובכל המדרגות כמו שבארנו בשער הקודם. הנה בהיותו פועל הצדק והיושר ומתכוין במחשבתו הנכונה דרך המעלות לייחד המדרגות מקבילות הלולאות איש באחיהו ידובקו ותתלבש נשמתו בנשמתו חלק בחלק מנורה של חוליות. הנה חוייב שעל ידו יתייחדו הספירות ויתקשרו קשר אמיץ ויהיה הוא בנשמתו צנור שבו יושפעו הספי' מן הראשונה עד האחרונה ע"י החבל האמיץ הקושר אותן כי בהתייחד נשמתו בנשמתו ע"י משנתו ימשך מזה שישארו השרשים מקושרים קשר אמיץ. וע"ד זה יובן הטעם למה מה שיפגום זה לא יוכלו לתקן שאר כל הנשמות פגימתו עד שובו בתשובה עתה או בגלגול ויקשר החבל על ידו ממש. ונמשיל משל נאה כשנעלה בדעתנו שיהיה כאן מעיין נאה גדול כעובי קורות בית הבד ושורש המעיין הזה מקורות מקורות דקים כצינורי המחט אמנם כאשר יתייחדו כלם יחד יעשה הכל נהר גדול מי שיחור. ועתה אם יבא א' ויסגור מקור א' מן המקורות הדקים הקטנים הלא עכ"פ ימעט המעיין שיעור המקור ההוא. ובזה נתבונן כי המעיין הגדול הוא תוקף ההשפעה הנשפעות בעולם והצנורות הדקים הם מציאות הנשמות שהם חוטי שלהבות עולות ונעלמים תוך מקורם בכל הספי' ועל ידם יהיה יחודם וקשורם והשפעתם. וכאשר יחטא החוטא ויעקור מציאותו הדק מאחד מן המדרגות לפי שעור החטא אם גדול למעלה ואם קטן למטה הלא ימעט הטוב וההשפעה הנשפעת דרך צנור נשמתו כי יסגיר הצנור ההוא ויקצץ כדפי'. וכי יש בכל אותם הצנורות הדקים הנשארים מי שיוכל לתקן את אשר העוה צנור השבור ההוא. דבר גדול הוא שאין מי שיוכל לתקנו אבל אדרבה כולם קבלו פגם וקלקול כי עד עתה כל אחד מהצנורות הדקים היה כלול מס' רבוא צנורות כמנין הנשמות ועתה נשארו ס' רבוא בלא א' וכלם כלולים בס' רבוא בלא אחד והחלק הא' פגום. הרי בפי' שפגם את עצמו ואת אחרים. וזהו כל ישראל ערבים זה לזה. ואם היות שאמרנו שהם צנורות לא מפני זה נאמר שיהיו הצנורות שוים אלא יש בענין הזה חילוקים רבים. כי כאשר יעשה האדם הישר מצוה א' לפי שיעור המצוה ושכרה כן ישפיע בה ויגדל השפעת הצנור ההוא ויתעבה ויגדל אורו והשפעתו. וכאשר יהיה האדם תורתו אומנתו לא יפסק גודל ההשפעה ההיא לעולם. ולזה נמצא בזמן הרשב"י ע"ה שהי' תורתם אומנת' היו נענשים על ביטול תורתם אפי' רגע כממריה כמבואר בזהר פ' שמות (דף י"ז ע"ב) ר' יוסי נפק לאורחא והוה ר' אחא בר יעקב אזיל עמיה עד דהוו אזלי שתק רבי יוסי והרהר במלי דעלמא ורבי אחא הרהר במלי דאורייתא עד דהוי אזלי חמא ר' יוסי חד חויא דרהיט אבתריה אמר ר"י לר' אחא חזי ההיא חויא דרהיט אבתראי אמר ליה ר"א אנא לא חמינא ליה. רהט ר' יוסי וחויא אבתריה נפל ר' יוסי ודמא שתית ונחית מחוטמוי שמע דהוו אמרין רק אתכם ידעתי מכל משפחות האדמה וכו'. א"ר יוסי ומה על שעתא חדא כך מאן דמתייאש מינה עאכ"ו עכ"ל. והרי מתוך המאמר הזה אנו למדים שבחם שמעולם לא היו מפסיקים מתורתם אפי' רגע. ועל כך נענש ר' יוסי והטעם כדפי' כי בהיותם עוסקים בתורה ובמצות גודל ההשפעה היה נשפע על ידם והעולם בנחת וכמו שאמר הרשב"י ע"ה עליו ועל חבירו אנן ז' עיני ה' אנן לרמוז שעל ידם היתה השכינה מתייחדת בשבעת הימים ומטעם זה בהפסיקם רגע יחסר השפע ההוא ח"ו ונמצא חוסר ההשפעה למעלה ולכן נענשים ברגע. וזהו שראה הנחש העקלתון רץ אחריו ור' אחא לא ראה אותו. לרמוז שעל בטול תורתו של ר' יוסי בא וזהו ששמע רק אתכם ידעתי וכו' ע"כ אפקוד עליכם. וזהו טעם שהקב"ה מדקדק עם הצדיקים כחוט השערה. והדרוש הזה נתבאר בקצור נמרץ בתיקונים (תקונא כ"ב דף ס"ד ע"ב) וז"ל שימני כחותם דא איהי נשמתא דאיהי חקוקה בכורסייא בזמנא דאיהי אתערא בצלותא לתתא כורסייא אתער לעילא כו' עכ"ל. והנה באר כי להיות דמות ודיוקן נשמתו חקוקה בכסא הוכרח שע"י תפלותיו ומעשיו הטובים תתעורר נשמתו ותעורר הכסא בעצמו וזה ודאי הכרח גדול לכוונתנו. וכאשר האיש החסיד יחטא יגדל עונשו יותר ויותר מא' מן הרקים מפני שעלה במעשיו בשרשים במעלה גדולה והפליא לעשות בהשפעתו עד כי רוב עובי הצנור היה תלוי בו. כי לפי רוב החסידות יגדל עובי הצנור על ידי הנשמה כדפירש וכאשר יחטא ואשם חס וחלילה ימעט ההשפעה ההיא כרגע ונשאר העולם חשוך בסבתו ועל כן יחרה אף ה' עליו עד להשמיד ח"ו עד אשר ישוב בתשובתו ויתקן עותו:

ואחר שנתבאר הקדמה זו עתה יובן כמה וכמה טובה כפולה מדרגת האיש החסיד בתפילתו לפי שיעור כונתו כי אם יכוון להשפיע ממדרגה למדרגה כמדרגות הסולם וידבק בקונו בידיעותיו בעשיית מצוותיו תעלה ותתעלה נשמתו ממדרגה למדרגה ומסיבה לסיבה ומעלה לעלה עד ישפיע עליו שפע רב ויהיה הוא מקום מושב ומכון להשפעה וממנו יתחלק לכל העולם כמבואר בזהר פ' תרומה (דף קס"ט.) וז"ל מאן דמברך ברכת מזונא איהו נטיל ברכאן בקדמיתא מכולהו ואתברך בכלל ברכת מזונא וע"ד אית ליה אורכא דחיין עכ"ל [א]. ואומרו ואתברך בכלל ברכת מזונא הכוונה כי הוא מתברך בכלל המלכות דהיינו ברכת המזון ומטעם כי מציאותו הוא למעלה כדפי' לכן נטיל ברכאן בקדמיתא כי הוא קודם לכל העולם כדפי'. וכן נתבאר עוד בפ' פקודי (דף רל"ח.) וז"ל וע"ד כל מאן דמצלי צלותא וקשיר יחודא, מסתכלין ביה אי איהי צלותא וקשורא כדקא יאות. ואי ההיא צלותא וההוא קשורא כדק"י כדין מתברך איהו בקדמיתא מאתר דכל ברכאן נפקין עכ"ל. ולכן על פי הדברים האלה יהיה מכון לשכינה מאחר שהשפע בא על ידו נמצא שהצדיק הוא במקום הצנור הגדול יסוד עולם ולכן ראוי שידבק בו השכינה ונקרא שושבין למלכא ואשריו ואשרי חלקו כי זכה וזיכה וכל העולם נידון לכף זכות בעבורו. ועד"ז נמצא כי בשעה שיש צדיק וחסיד בעולם כל העולם נזון על ידו כאמרם ז"ל (ברכות די"ז) כל העולם נזון בשביל חנינא בני וכו'. ובזה ודאי נדע ונשיג כמה מעלות היודע לכוין בשרשים וסם חיים שיזכהו האל יותר על מי שאינו יודע לכוין רק בפשט. ובודאי זהו עיקר החכמה הזאת ואם רבו תועלתיה מלבד אלה. וז"ל הרשב"י ע"ה בזהר פ' חוקת (דף קפ"ד) אר"ש הכא בעינא לגלאה מלה. ת"ח כל מאן דידע לסדרא עובדא כדקא יאות ולסדרא מלין כדק"י כו' הא ודאי מתערי לקב"ה לאמשכא מילין עילאין דמתכשרן כו'. אי הכי הא כל עלמא ידעי לסדרא עובדא ולסדרא מילין, מאי חשיבו דלהון דצדיקייא, דידעי עיקרא דמלה ועובדא וידעי לכוונא לבא ורעותא יתיר מאילין אחרנין דלא ידעי כ"כ. אלא אלין דלא ידעי עיקרא דעובדא כולי האי אלא סדורא בעלמא ולא יתיר משכין עלייהו משיכו דבתר כתפוי דקב"ה דלא טאס באוירא דשגיחו אקרי. ואלין דידעי ומכוונא לבא ורעותא מפקין ברכאן מאתר דמחשבה ונפקי בכל גזעין ושרשין בארח מישר כדקא יאות, עד דמתברכין עלאין ותתאין ושמא קדישא מתברך על ידיהון. זכאה חולקהון דהא קב"ה קרוב לגביהון וזמין לקבליהון. בשעתא דקראן ליה הוא זמין להון, בשעתא דאינון בעאקו הוא לגבייהו. הוא אוקיר לו בעלמא דין ובעלמא דאתי, דכתיב כי בי חשק ואפלטהו וגו' עכ"ל. והנה מן המאמר הזה בפי' יובן מעלת המכוין על השאינו מכוון במינים שונים אם שזה שאינו מכוון אלא מתפלל כסדר העולם הוא נוטל מבתר כתפוי וכו', הכונה שאין המלך משיב פניו לענותו אמנם הוא נוטל מבחוץ כמלך השומע צעקתו של א' מבני העם מבחוץ להיכלו וצוה לבלי יכנס האיש ההוא בצעקתו לפנים, אמנם מבחוץ יענוהו ע"י אחד ממשרתי המלך, וזהו ענין מבתר כתפוי וכו'. ונתן סבה לזה כי אין תפלתו עולה למעלה, מפני שאין לה כנפים לעוף באויר הטהור והקדוש ולבקוע אוירין ורקיען וחיילין. אמנם מעלת המכוין בתפלתו עשה יעשה לו כנפים לעוף השמים ותפלתו בוקעת עד למעלה למעלה עד הכתר ומשם דרך המדרגות ישפיע שפע רב מאת פני המלך וישא משאת רב כיד המלך הטובה עליו:

פרק שני:

אחר שבפרק הקודם הפלגנו במעלת המכוין. ראוי להתבונן כי בענין הכונה בספירות יש קצת גמגום כי איתא בספרי כה' אלדינו בכל קראנו אליו (דברים ד ז) אליו ולא למדותיו. וכן ראוי כי איך אפשר שישאל מעבד המלך ולא מהמלך ואין ראוי להתפלל אלא לבעל האוצרות ולמה נייחס כל תפילתינו אל הספי'. ובפרט שכל התיבות הם ככנויים אליהם ואם יכוין להם נמצא כל תפילותיו רומזות בספי' ולא נשאר לו כונה במקור המקורות. שנית כי איך אפשר לכוין במדות והלא כאשר ידמה האדם בדעתו ספי' מן הספי' בהכרח יגבילה ויגשימה כי מה יוכל לדמות בענין הרוחניות כי כל מה שהאדם חושב במחשבתו הוא גשמי ואין ראות שכלו יכול לדמות הרוחניות בלתי אם יגשימהו ויגבילהו א"כ נמצא כי הכונה בספי' אי אפשר. עוד שלישית כי כאשר יחשוב האדם מדה מן המדות בהכרח הוא מפריד שהרי הוא מדמה בשכלו מדה נפרדת משאר המדות וזה ודאי אין ראוי כמו שחוייבנו על יחודם כנודע:

ועתה נבאר כי לתיקון העניינים האלה צריך קודם כל דבר לדעת כי הא"ס ממ"ה ב"ה אין שם ומלה שיגבילהו ח"ו ואין מדות צודקות בעצמותו מפני שאינו בעל שנויים ולא בעל תוארים ואינו משתנה מרצון אל רצון ולא מפעולה אל פעולה ולכן אין ראוי לאדם לכוין בו לומר שהוא נקרא אל או אלוה או אלדים ושאר השמות ושאר הכנויים. והשמות

האלה הם בספירות. ואמרנו בספי', אין הכונה בספי' בעצמם ח"ו שהעושה כן הוא נופל בשוחה עמוקה ועל כזה אמרו בספרי אליו ולא למדותיו. אמנם כוונתינו כדפי' בשער עצמות וכלים כי הכונה שהוא נקרא גבור במדת הגבורה כי הוא הנותן כח בגבורה לפעול ולכן צריך המכוין לכוין כשיאמר האל הגדול שהוא רומז בגדולה והתיבה עצמה הוא בגדולה אמנם כוונתו על העצמות המתפשט בגדולה וכמו כן גבורה ושאר הספירות ונמצא התיבות מכנה אותם בספי' שהם תאריו אבל כוונתו אל הא"ס המשתמש עמהם ומתלבש בהם. וכן פי' הרשב"י ע"ה בתקונים (בהקדמה ד"ג.) וז"ל בכל אתר ובכל ממלל צריך לכוונא דבור באדנ"י קול ביהו"ה וליחדא לון כחדא ביחודא דאיהו יחיד נעלם דמחבר לון ומייחד לון כחדא וביה צריך הכונה דלא תלייא למימר ביה קול ודבור אלא מחשבתא עכ"ל. והרי בפי' כי שם בן ד' הוא בתפארת וסתם כל התפלה הוא בו ולכן כל הקול היוצא מפיו הרמז בו. והדבור באדני שהיא מלכות. אבל המחשבה באין סוף שע"י מתייחדים שתי מדות אלה ואין בכל התפלה מה שירמוז אליו אלא הכונה שיכוון האדם בו שהוא הכל והוא המיחד המדות והמשפיעם וזהו בסוד העצמות המתפשט בתוך הספי' ועי"כ כח הספירות לפעול וע"י כך יתייחסו אליו הפעולות כמבואר בשער עצמות וכלים. ואולם בענין הספירות אין הכונה שיכוין האדם בספירות כך שידמה ענין הספירות כי זה אי אפשר כדפי' אבל הכונה הוא שהספי' יש להם עשר שמות של שם בן ד' כדפי' בשער שם בן ד' והם מתחלקים בנקודתם ואלו הן.

כתר עליון יָהָוָהָ ונקודו כולו קמץ מורה על הכתר והד' אותיות שבו מורות על ע"ס שבו כדי שלא יהיה פרוד ח"ו.

ושם החכמה יַהַוַהַ וכלו פתח והוא שם שבו יתגלה החכמה.

וגם הבינה יש לה שם יֵהֵוֵהֵ וכולו צירי והוא שם שבו יתגלה הבינה.

וגם החסד יש לו שם יֶהֶוֶהֶ וכולו סגול והוא שם שבו יתגלה החסד.

וגם הגבורה יש לה שם יְהְוְהְ וכולו שבא והוא שם שבו יתגלה הגבורה.

וגם לתפארת יש לו שם יֹהֹוֹהֹ וכולו בחולם.

וגם לנצח יש לו שם יִהִוִהִ והוא נקוד כלו חירק והוא שם שבו מתגלה הנצח.

וגם להוד יש לו שם יֻהֻוֻהֻ והוא נקוד קבוץ שפתים.

וגם ליסוד יש לו שם יוּהוּווּהוּ והוא כלו בשורק.

ולמלכות יש לה שם יהוה והוא בלי נקוד כלל אלא פשוט ולפי קבלתה כן נקודתה:

ועתה המכוין יכוון בשמות האלה ויעלה בדעתו שאין דבר שיוכל לרמוז אל המדה הנרצה אליו אלא בהוייה המצויירת בדעתו שהם ארבע אותיות מנקודות לפי נקודתם כדפי'. ואז ילך לבטח דרכו ולא יירא ולא יפחד. וגם יכוין כי בד' אותיות אלה כלולות ע"ס לרמוז שע"ס הם מסכימות עם פעולות המדה ההיא הנרצה אליו. ומה טוב ומה נעים אם ירצה לצייר הויות האלה בגוונם כי אז ודאי תפלתו מועילה יותר ויותר ובתנאי שיהיה בכונתו שאין בעולם הזה דבר שיוכל להמשיל פעולת המדה ההיא אלא בגוון ידוע שהוא פלוני. ומפני שרבו הגוונים אלינו בשער הגוונים לא נבאר הנה הגוונים אלא כאשר ירצה לכוין הנה השער ההוא לפני המעיין ובזה לא נפחד מטעות בשום אחד מג' דברים שאמרנו בפ' זה. ועוד בזולת זה תנאים אל הכוונה נבארם בפ' בפני עצמו. בעה"ו:

פרק שלישי:

הנרצה בפ' הזה הוא לבאר עקר הכונה. צריך המכוון להמשיך רוחניות מהמדרגות העליונות אל האותיות שהוא מזכיר כדי שיוכל להפריח האותיות ההם עד המדרגה העליונה ההיא למהר שאלתו. והכונה כי הבל פיו של אדם לא דבר רק הוא כדפי' בשערים הקודמים אמנם היא רוחניות מתהווה מהבל פיו של אדם. וצריך אל הרוחניות ההוא כח להפריח שאלותיו ולהעלות האותיות עד המדרגות הנרצות לו. וזהו עקר הכוונה להמשיך כח כדי שבכח ההוא יעלו האותיות למעלה ויתהוו במקום רומו של עולם וימהרו בקשתו. אמנם ראוי לדעת כי לא ישתווה הזכרת הכנויים כהזכרת שם בן ד' עם היות שיהיה בכונתו לעולם אל ההויות כדפי' לעיל. והענין כי כאשר יזכיר האדם שם בן ד' אז ראוי שיכון אל עצם הספירות ואל רוחניותם הפנימי הנעשה לבוש אל עצם המתפשט מהא"ס. וכשיכוין בכנויים אז יצייר בדעתו אל ספירה בבחינה פרטיות שבספי' עם היותה כלולה מעשר ספירות הנרמזות בד' אותיות השם והם ענפי הספירה ההיא כמבואר לעיל עם היותה מתייחדת בכל העשר ע"י עשרה הענפים כי זהו קשר ויחוד הספירות כדפי' בשער מהות והנהגה. ועם היות ששם בן ד' בארו הרשב"י

ע"ה בספי' ידועה עכ"ז ירמוז אל עשר השרשים בכלל עם התעוררת פרטי לספירה ההיא:

ועוד ראוי לדעת כי בהזכיר כנוי מהכנויים ראוי שנדע הכנוי ההוא לאיזו בחי' מהבחי' שבספי' הוא רומז כמו שביארנו בשער הכנויים ובשער ערכי הכנויים. ובזה לא יקשה כפל מלות במדה אחת כי מה שירמוז הכנוי הזה לא ירמוז זה. וראוי לכוון בכל ענין וענין כפי דרכו וקרוב אלינו הדבר מאד בפינו ובלבבנו לעשותו. ועתה נשוב לבאר כי כאשר נזכיר שם משמות שאינם נמחקים צריכין אנו לכוין בכלל הספי' ההיא הנרמזת בו בלי פנות אל בחינה מבחינותיה עם היות שיש להם פי' כדפי' בשער השמות איך הם כוללות כל המדות וכמה בחי' אחרות אמנם הם היכלות לעצם הספירות שהם השמות הנזכר לעיל שהוא שם הוי"ה שבכל ספירה וספירה. ולכן כאשר נזכיר שם בן ד' ממש שהוא לפעמים רומז בספירה מן הספי' אז ודאי יהי' הכונה [גם] אל עצם פנימיות הספירות וזה לא ימצא אלא מעט מן המעט. וכאשר נזכיר שם משמות שאינם נמחקים אז הכוונה שהוא היכל אל העצם [הספי' הפנימיות שהן ההויות הנז'] אבל בכללות הספי' [ב]. וכאשר נזכיר כנוי מהכנוים אז ודאי הוא בבחי' המתבחנות בכל ספי' וספי' לפי מה שיהיה הכנוי. זהו בערך פרטיות המלות. אמנם בכל התפלה צריך לכוון קול בת"ת ודבור שהוא חיתוך המלות במלכות ידו"ד אדנ"י ומתייחדים יחד שהרי הוא אומר קול ודבור יחד נמצא שלעולם דעתו אל שם זה יאהדונה"י שהוא רמז אל היחוד. וכן בכל עת שירצה לרמוז אל היחוד יכוין אל שם הזה. ועוד יכוון כי הקול והדבור הם כלולים מאש מים אויר שהם גדולה וגבורה ת"ת שעל ידם היחוד כנודע שהקול יוצא מורכב מאש ומים ואויר כמבואר בערכי הכנויים. ואחר שכוונת היחוד בתפלה אל שם היחוד לא תבא לידי עון. וראוי לכוין בכל שם משמות שם בן ד' אל שם י"ב שפי' בשער פרטי השמות. עוד ראוי שיכוין בתפלתו באיזו מדה מן התפלות הוא כעת אם שחרית אם מנחה אם ערבית ובאותה מדה יהיו כל כוונותיו לפי שעתו ר"ל קודם תפלתו. ויש עוד כמה וכמה פרטים אשר מתבארים בענייני התפלה שאין ראוי להעלותם בכתב הנה לאריכתם ועוד שאינם מתייחסים לכאן ויבואו בספר בפני עצמו אם יגזור השם בחיים. והנה נשלם הפרק הזה ונכלל השער הזה ונשתכלל הס' הזה תהלה לאל יתברך והודאות לשמו הגדול והקדוש ברוך הוא:

ויגיענו לזמן ומלא הארץ דעה את ה׳ אמן ואמן ברוך ה׳ לעולם אמן ואמן

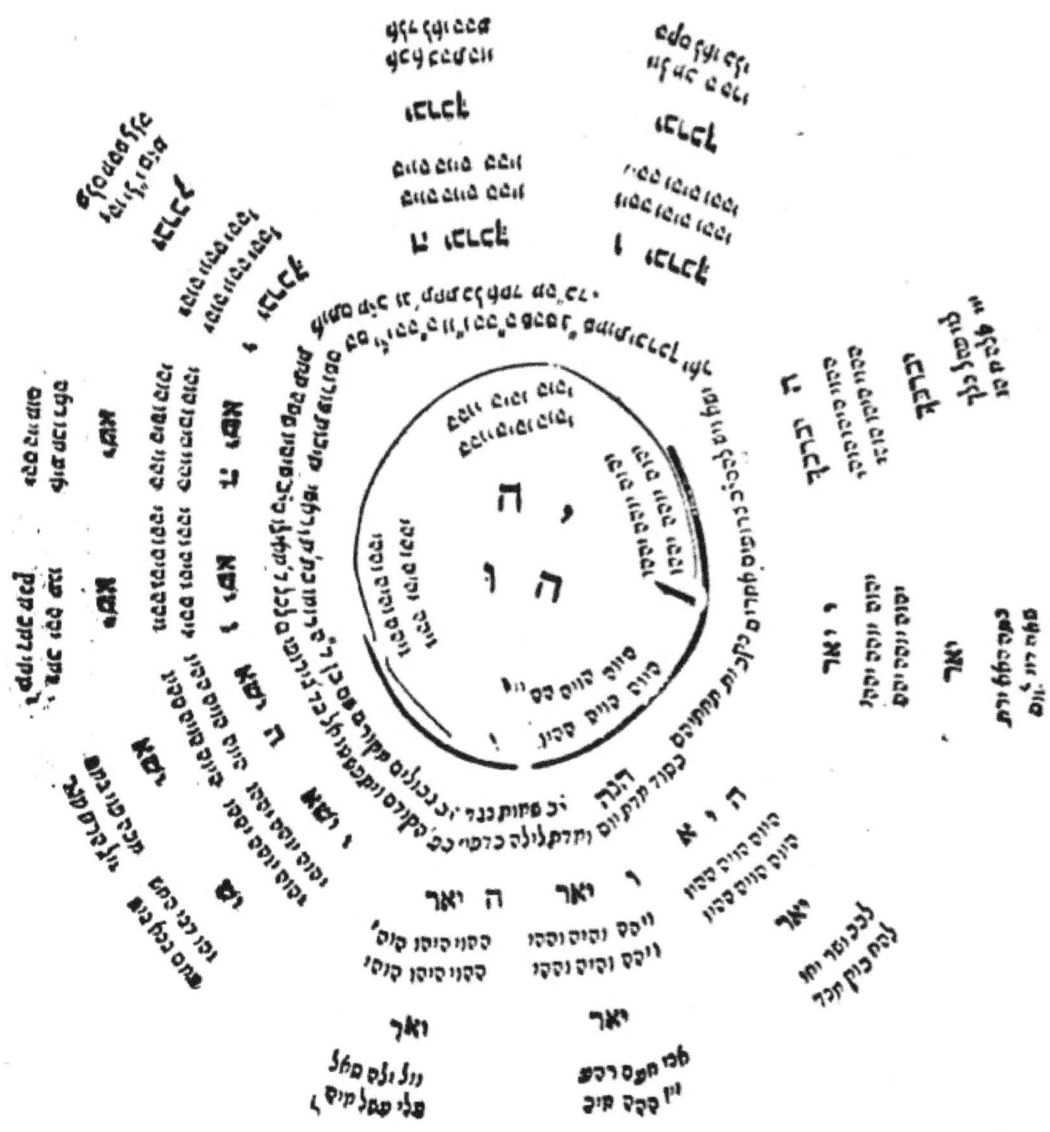

www.ingramcontent.com/pod-product-compliance
Lightning Source LLC
Chambersburg PA
CBHW062000090426
42811CB00006B/994
* 9 7 8 1 6 1 7 0 4 5 8 0 6 *